STATS™ 1995 Player Profiles

STATS, Inc.

Published by STATS Publishing
A division of Sports Team Analysis & Tracking Systems, Inc.
Dr. Richard Cramer, Chairman • John Dewan, President

Cover by John Grimwade, New York, NY

Photos courtesy of *The Sporting News*

© Copyright 1994 by STATS, Inc.

All rights reserved. No information contained in this book nor any part of this book may be used, reproduced or transmitted for commercial use in any form without express written consent of STATS, Inc., 8131 Monticello, Skokie, Illinois 60076. (708) 676-3322.

STATS is a trademark of Sports Team Analysis and Tracking Systems, Inc.

First Edition: November, 1994

Printed in the United States of America

ISBN 1-88406409-4

This book is dedicated to the long-suffering baseball fans.

Let's hope this book takes some of the sting out of your joyless Fall.

Acknowledgments

While we here at STATS are fond of referring to the 11-day grind in October as "book season," the fact of the matter is that book season is a year-round event. The performances of the entire staff are critical to the success of these labors of love, and we'd like to acknowledge the entire staff.

Dr. Richard Cramer is the Chairman and founder of STATS, as well as the brains behind the computer system which manages all this information.

John Dewan is the President and CEO. In addition to managing STATS into an Inc. 500 company, he developed the original concept for the Profiles book. Stephanie Seburn, John's assistant, makes sure he keeps busy while handling many of his details.

Vice President Sue Dewan and assistant Mike Canter manage the Systems Department, consisting of Stefan Kretschmann, Dave Mundo, Jeff Schinski and Madison Smith. Rob McQuown, also a member of the Systems Department did most of the core programming for the book. Bob Mecca created the Leader Board section.

Systems VP Art Ashley and Director of Sports Operations Steve Moyer are instrumental in STATS' continued growth. Art keeps our computer system from crashing. Steve rules the Reporter Network, the group of individuals who originally collected the data. Assisting Steve are Ethan Cooperson, Allan Spear and Peter Woelflein.

The Department of Finance and Human Resources, run by VP Bob Meyerhoff, is responsible for a number of duties. Helping Bob are Jules Aquino, Drew Faust, Patti Foy, Virginia Hamill, Marge Morra, Betty Moy, Pat Quinn and Wendy Walshe.

Director of Marketing Ross Schaufelberger assures our products put forth their very best face. Helping him are Jim Capuano, Jason Gumbs, Chuck Miller, Jim Musso, Jeff Schwarze, Lisa Suarez and numerous part-time employees. Mike Hammer, Jim Husbands, and Kenn Ruby concentrate on football.

Don Zminda heads the Publications Department, responsible for the production of all STATS publications. Michael Coulter and Rob Neyer assist Don in these tasks. David Pinto, who also assisted in data verification, and Jim Husbands spend their time working at ESPN to bring the STATS touch right into your living room and Craig Wright continues to use his talents to oversee our Major League Operations.

Table of Contents

Introduction 1

1994 Player Profiles 2

1994 Team and League Profiles 439

Leader Boards 471

About STATS, Inc. 482

Glossary 483

Introduction

The *STATS Major League Handbook* offers you all the career statistics you could ever want. The *Minor League Handbook* offers you a glimpse into baseball's future. So what does *STATS Player Profiles* have to offer? Plenty.

Now in its third edition, *Player Profiles* is the ultimate source for solving all those nagging arguments with your favorite baseball fan. You know, the guy who doesn't believe players can perform differently in day or night games. The obnoxious bore who thinks that it doesn't matter where a hitter is placed in the lineup. The one who pooh-poohs the idea that crucial game situations can have an adverse effect on batters and pitchers' performances. Well, here's a book full of material to refute these points and more.

On these pages, you will find statistical breakdowns for all 991 players who appeared in the majors last season—from Jim Abbott to Bob Zupcic. League and team stat splits and leader boards offer even more fuel for your favorite baseball debate. An easy to read glossary helps you become fluent in the language of baseball. All this in just one publication!

As always, we encourage readers to send in their suggestions to improve the quality of the book. So jot them down and send them along. And when that pig-headed baseball fan friend of yours suggests that your favorite pitcher is better off hurling on three days rest, or your team's cleanup hitter can't hit in the clutch, just smile and reach for your copy of *Player Profiles*.

— *Michael Coulter*

Jim Abbott — Yankees
Age 27 – Pitches Left (groundball pitcher)

	ERA	W	L	Sv	G	GS	IP	BB	SO	Avg	H	2B	3B	HR	RBI	OBP	SLG	CG	ShO	Sup	QS	#P/S	SB	CS	GB	FB	G/F
1994 Season	4.55	9	8	0	24	24	160.1	64	90	.273	167	36	2	24	84	.341	.456	2	0	4.49	11	106	13	7	247	154	1.60
Last Five Years	3.76	55	62	0	152	152	1040.0	350	578	.269	1064	174	9	88	425	.329	.384	22	3	4.19	92	102	70	44	1771	916	1.93

1994 Season

	ERA	W	L	Sv	G	GS	IP	H	HR	BB	SO		Avg	AB	H	2B	3B	HR	RBI	BB	SO	OBP	SLG
Home	3.86	5	5	0	13	13	93.1	88	13	26	57	vs. Left	.295	95	28	5	1	3	11	5	12	.330	.463
Away	5.51	4	3	0	11	11	67.0	79	11	38	33	vs. Right	.269	517	139	31	1	21	73	59	78	.343	.455
Day	4.17	3	2	0	7	7	49.2	46	7	17	25	Inning 1-6	.273	532	145	28	1	21	75	57	82	.343	.447
Night	4.72	6	6	0	17	17	110.2	121	17	47	65	Inning 7+	.275	80	22	8	1	3	9	7	8	.330	.513
Grass	4.13	8	7	0	21	21	144.0	142	21	56	79	None on	.300	340	102	23	1	14	14	34	52	.367	.497
Turf	8.27	1	1	0	3	3	16.1	25	3	8	11	Runners on	.239	272	65	13	1	10	70	30	38	.309	.404
April	3.41	3	2	0	5	5	31.2	30	4	19	22	Scoring Posn	.233	163	38	8	1	5	57	22	21	.316	.387
May	2.68	3	1	0	6	6	43.2	36	3	19	22	Close & Late	.290	31	9	5	0	2	5	1	2	.313	.645
June	5.85	1	2	0	5	5	32.1	44	6	5	14	None on/out	.340	150	51	14	1	5	5	19	27	.418	.547
July	5.88	1	2	0	6	6	41.1	45	10	13	23	vs. 1st Batr (relief)	.000	0	0	0	0	0	0	0	0	.000	.000
August	6.35	1	1	0	2	2	11.1	12	1	8	9	First Inning Pitched	.261	92	24	6	0	2	13	9	13	.327	.391
September/October	0.00	0	0	0	0	0	0.0	0	0	0	0	First 75 Pitches	.267	412	110	24	2	12	51	43	67	.336	.422
Starter	4.55	9	8	0	24	24	160.1	167	24	64	90	Pitch 76-90	.319	91	29	6	0	8	19	8	9	.366	.648
Reliever	0.00	0	0	0	0	0	0.0	0	0	0	0	Pitch 91-105	.262	65	17	4	0	2	8	9	8	.360	.415
0-3 Days Rest (St)	0.00	0	0	0	0	0	0.0	0	0	0	0	Pitch 106+	.250	44	11	2	0	2	6	4	6	.313	.432
4 Days Rest	4.46	6	6	0	17	17	117.0	117	17	53	69	First Pitch	.389	95	37	11	0	4	19	0	0	.402	.632
5+ Days Rest	4.78	3	2	0	7	7	43.1	50	7	11	21	Ahead in Count	.226	243	55	12	1	8	26	0	79	.224	.383
Pre-All Star	3.75	7	6	0	18	18	124.2	123	16	47	69	Behind in Count	.256	160	41	8	1	7	22	41	0	.404	.450
Post-All Star	7.32	2	2	0	6	6	35.2	44	8	17	21	Two Strikes	.211	232	49	6	1	7	25	23	90	.280	.336

Last Five Years

	ERA	W	L	Sv	G	GS	IP	H	HR	BB	SO		Avg	AB	H	2B	3B	HR	RBI	BB	SO	OBP	SLG
Home	3.48	27	33	0	75	75	540.0	536	47	150	292	vs. Left	.294	581	171	34	2	9	65	54	82	.357	.406
Away	4.05	28	29	0	77	77	500.0	528	41	200	286	vs. Right	.264	3377	893	140	7	79	360	296	496	.324	.380
Day	3.45	20	15	0	42	42	289.1	268	22	97	164	Inning 1-6	.262	3267	857	138	7	65	351	297	488	.325	.369
Night	3.87	35	47	0	110	110	750.2	796	66	253	414	Inning 7+	.300	691	207	36	2	23	74	53	90	.351	.457
Grass	3.64	45	51	0	127	127	875.2	875	75	291	486	None on	.268	2292	615	105	4	45	45	197	328	.329	.377
Turf	4.38	10	11	0	25	25	164.1	189	13	59	92	Runners on	.270	1666	449	69	5	43	380	153	250	.329	.394
April	3.83	5	14	0	22	22	143.1	156	8	52	80	Scoring Posn	.263	887	233	39	4	23	330	110	147	.337	.393
May	3.63	13	9	0	30	30	200.2	188	15	79	105	Close & Late	.307	349	107	14	1	10	44	23	39	.349	.438
June	4.19	9	9	0	26	26	178.1	191	15	57	102	None on/out	.282	1020	288	57	2	24	24	91	138	.343	.413
July	3.55	9	10	0	25	25	177.1	170	20	46	106	vs. 1st Batr (relief)	.000	0	0	0	0	0	0	0	0	.000	.000
August	3.93	11	9	0	25	25	169.1	181	13	57	92	First Inning Pitched	.254	568	144	27	1	9	64	69	83	.334	.352
September/October	3.42	8	11	0	24	24	171.0	178	17	59	93	First 75 Pitches	.256	2803	717	119	5	50	268	251	418	.318	.355
Starter	3.76	55	62	0	152	152	1040.0	1064	88	350	578	Pitch 76-90	.305	537	164	28	1	17	73	45	68	.362	.456
Reliever	0.00	0	0	0	0	0	0.0	0	0	0	0	Pitch 91-105	.303	376	114	16	2	12	57	38	54	.368	.452
0-3 Days Rest (St)	2.49	2	1	0	4	4	25.1	24	2	10	24	Pitch 106+	.285	242	69	11	1	9	27	16	36	.329	.450
4 Days Rest	3.77	35	36	0	93	93	639.1	641	51	220	368	First Pitch	.335	662	222	37	1	22	99	16	0	.351	.494
5+ Days Rest	3.81	18	25	0	55	55	375.1	399	35	120	186	Ahead in Count	.214	1756	376	56	4	26	132	0	507	.217	.295
Pre-All Star	3.79	28	38	0	88	88	591.0	603	44	208	336	Behind in Count	.311	862	268	48	2	26	118	206	0	.441	.462
Post-All Star	3.71	27	24	0	64	64	449.0	461	44	142	242	Two Strikes	.198	1613	319	45	3	21	119	128	578	.259	.268

Pitcher vs. Batter (career)

Pitches Best Vs.	Avg	AB	H	2B	3B	HR	RBI	BB	SO	OBP	SLG	Pitches Worst Vs.	Avg	AB	H	2B	3B	HR	RBI	BB	SO	OBP	SLG
Mike Bordick	.000	18	0	0	0	0	0	5	4	.217	.000	Chris Hoiles	.636	22	14	2	0	2	6	3	0	.654	1.000
Joey Cora	.000	16	0	0	0	0	0	1	1	.059	.000	Manny Ramirez	.500	10	5	1	0	2	3	1	1	.500	1.200
Chris James	.000	15	0	0	0	0	0	0	3	.000	.000	Mike Blowers	.476	21	10	2	0	2	6	1	2	.500	.857
Scott Fletcher	.045	22	1	0	0	0	1	0	1	.045	.045	Dave Henderson	.423	26	11	1	0	3	9	3	4	.467	1.038
Willie Wilson	.091	11	1	0	0	0	3	0	2	.083	.091	Mark McGwire	.387	31	12	0	0	5	10	9	4	.525	.871

Kurt Abbott — Marlins
Age 26 – Bats Right

	Avg	G	AB	R	H	2B	3B	HR	RBI	BB	SO	HBP	GDP	SB	CS	OBP	SLG	IBB	SH	SF	#Pit	#P/PA	GB	FB	G/F
1994 Season	.249	101	345	41	86	17	3	9	33	16	98	5	5	3	0	.291	.394	1	3	2	1294	3.49	101	87	1.16
Career (1993-1994)	.249	121	406	52	101	18	3	12	42	19	118	5	8	5	0	.289	.397	1	6	2	1555	3.55	117	101	1.16

1994 Season

	Avg	AB	H	2B	3B	HR	RBI	BB	SO	OBP	SLG		Avg	AB	H	2B	3B	HR	RBI	BB	SO	OBP	SLG
vs. Left	.262	107	28	8	1	2	7	6	22	.298	.411	Scoring Posn	.229	70	16	2	1	3	24	3	24	.273	.414
vs. Right	.244	238	58	9	2	7	26	10	76	.287	.387	Close & Late	.241	58	14	5	0	2	8	2	15	.262	.431
Groundball	.250	100	25	5	1	4	17	5	26	.296	.440	None on/out	.300	90	27	6	1	2	2	2	22	.323	.456
Flyball	.193	57	11	2	1	1	5	4	23	.246	.316	Batting #7	.242	219	53	7	3	5	15	11	59	.278	.370
Home	.257	183	47	11	2	4	15	9	54	.301	.404	Batting #8	.287	94	27	8	0	4	16	4	32	.330	.500
Away	.241	162	39	6	1	5	18	7	44	.279	.383	Other	.188	32	6	2	0	0	2	1	7	.257	.250
Day	.266	64	17	2	1	3	12	2	25	.309	.469	April	.243	70	17	4	0	2	4	6	27	.329	.386
Night	.246	281	69	15	2	6	21	14	73	.287	.377	May	.246	70	17	5	1	0	6	6	18	.312	.343
Grass	.255	275	70	16	3	7	26	15	82	.303	.411	June	.241	87	21	1	1	5	13	2	21	.258	.448
Turf	.229	70	16	1	0	2	7	1	16	.239	.329	July	.253	79	20	2	0	2	8	2	19	.274	.354
First Pitch	.462	52	24	2	1	5	12	1	0	.483	.827	August	.282	39	11	5	1	0	2	0	13	.282	.462
Ahead in Count	.288	59	17	3	0	2	8	7	0	.364	.441	September/October	.000	0	0	0	0	0	0	0	0	.000	.000
Behind in Count	.172	186	32	10	1	2	8	0	90	.181	.269	Pre-All Star	.247	255	63	11	2	7	25	14	71	.296	.388
Two Strikes	.143	175	25	4	1	1	6	98	.189	.194		Post-All Star	.256	90	23	6	1	2	8	2	27	.277	.411

1994 By Position

Position	Avg	AB	H	2B	3B	HR	RBI	BB	SO	OBP	SLG	G	GS	Innings	PO	A	E	DP	Fld Pct	Rng Fctr	In Zone	Outs	Zone Rtg	MLB Zone
As ss	.246	342	84	16	3	9	32	16	98	.288	.389	99	93	825.1	165	258	15	57	.966	4.61	314	270	.860	.889

Mark Acre — Athletics
Age 26 – Pitches Right

	ERA	W	L	Sv	G	GS	IP	BB	SO	Avg	H	2B	3B	HR	RBI	OBP	SLG	GF	IR	IRS	Hld	SvOp	SB	CS	GB	FB	G/F
1994 Season	3.41	5	1	0	34	0	34.1	23	21	.202	24	6	1	4	16	.333	.370	6	15	5	3	1	1	3	38	34	1.12

1994 Season

	ERA	W	L	Sv	G	GS	IP	H	HR	BB	SO		Avg	AB	H	2B	3B	HR	RBI	BB	SO	OBP	SLG
Home	4.34	2	1	0	17	0	18.2	14	4	11	10	vs. Left	.260	50	13	2	0	2	7	13	10	.413	.420
Away	2.30	3	0	0	17	0	15.2	10	0	12	11	vs. Right	.159	69	11	4	1	2	9	10	11	.272	.333
Starter	0.00	0	0	0	0	0	0.0	0	0	0	0	Scoring Posn	.261	23	6	3	0	0	12	9	2	.455	.391
Reliever	3.41	5	1	0	34	0	34.1	24	4	23	21	Close & Late	.211	38	8	2	0	0	7	13	6	.404	.316
0 Days rest (Re)	0.00	3	0	0	7	0	9.1	3	0	6	2	None on/out	.125	32	4	0	0	2	2	5	8	.243	.313
1 or 2 Days rest	5.60	2	1	0	19	0	17.2	15	3	13	15	First Pitch	.278	18	5	2	0	0	1	0	0	.409	.389
3+ Days rest	2.45	0	0	0	8	0	7.1	6	1	4	4	Ahead in Count	.057	53	3	0	0	1	3	0	20	.057	.113
Pre-All Star	3.00	4	0	0	22	0	21.0	15	1	14	9	Behind in Count	.385	26	10	2	0	2	7	14	0	.600	.692
Post-All Star	4.05	1	1	0	12	0	13.1	9	3	9	12	Two Strikes	.094	53	5	1	0	1	3	6	21	.186	.170

Rick Aguilera — Twins
Age 33 – Pitches Right (flyball pitcher)

	ERA	W	L	Sv	G	GS	IP	BB	SO	Avg	H	2B	3B	HR	RBI	OBP	SLG	GF	IR	IRS	Hld	SvOp	SB	CS	GB	FB	G/F
1994 Season	3.63	1	4	23	44	0	44.2	10	46	.306	57	5	0	7	24	.340	.446	40	15	6	0	29	3	0	50	59	0.85
Last Five Years	2.89	16	21	172	292	0	318.0	90	279	.232	276	42	4	31	140	.288	.352	276	172	46	0	207	22	0	336	394	0.85

1994 Season

	ERA	W	L	Sv	G	GS	IP	H	HR	BB	SO		Avg	AB	H	2B	3B	HR	RBI	BB	SO	OBP	SLG
Home	3.65	0	2	13	23	0	24.2	30	5	6	28	vs. Left	.242	95	23	2	0	3	10	8	29	.301	.358
Away	3.60	1	2	10	21	0	20.0	27	2	4	18	vs. Right	.374	91	34	3	0	4	14	2	17	.383	.538
Starter	0.00	0	0	0	0	0	0.0	0	0	0	0	Scoring Posn	.296	54	16	0	0	1	17	4	15	.339	.352
Reliever	3.63	1	4	23	44	0	44.2	57	7	10	46	Close & Late	.294	119	35	3	0	4	19	8	33	.336	.420
0 Days rest (Re)	3.21	0	0	11	14	0	14.0	15	4	2	15	None on/out	.282	39	11	2	0	2	2	3	8	.333	.487
1 or 2 Days rest	3.68	1	1	5	14	0	14.2	21	2	5	16	First Pitch	.423	26	11	0	0	2	6	2	0	.464	.654
3+ Days rest	3.94	0	3	7	16	0	16.0	21	1	3	15	Ahead in Count	.214	98	21	0	0	4	11	0	40	.212	.337
Pre-All Star	4.41	0	3	19	34	0	32.2	48	6	7	34	Behind in Count	.517	29	15	3	0	1	6	5	0	.588	.724
Post-All Star	1.50	1	1	4	10	0	12.0	9	1	3	12	Two Strikes	.136	88	12	1	0	1	7	3	46	.163	.182

Last Five Years

	ERA	W	L	Sv	G	GS	IP	H	HR	BB	SO		Avg	AB	H	2B	3B	HR	RBI	BB	SO	OBP	SLG
Home	2.97	8	8	84	148	0	160.2	135	20	39	154	vs. Left	.216	619	134	14	3	11	59	58	153	.287	.302
Away	2.80	8	13	88	144	0	157.1	141	11	51	125	vs. Right	.248	573	142	28	1	20	81	32	126	.289	.405
Day	2.08	5	4	56	104	0	121.0	101	10	40	105	Inning 1-6	.000	0	0	0	0	0	0	0	0	.000	.000
Night	3.38	8	17	116	188	0	197.0	175	21	50	174	Inning 7+	.232	1192	276	42	4	31	140	90	279	.288	.352
Grass	3.22	7	11	73	115	0	123.0	114	11	42	99	None on	.231	618	143	21	0	16	16	38	145	.282	.343
Turf	2.68	9	10	99	177	0	195.0	162	20	48	180	Runners on	.232	574	133	21	4	15	124	52	134	.293	.361
April	4.11	0	5	24	44	0	46.0	49	5	14	43	Scoring Posn	.237	338	80	11	1	10	106	43	85	.317	.364
May	2.70	3	3	36	52	0	63.1	60	3	20	54	Close & Late	.228	819	187	27	3	21	115	69	195	.288	.346
June	1.94	2	2	39	61	0	60.1	46	5	15	52	None on/out	.208	255	53	10	0	5	5	18	53	.268	.306
July	3.54	3	8	28	52	0	53.1	50	7	16	54	vs. 1st Batr (relief)	.205	268	55	12	0	7	27	21	60	.267	.328
August	2.23	3	2	20	39	0	44.1	28	4	12	33	First Inning Pitched	.237	1005	238	36	4	29	123	76	249	.292	.367
September/October	3.02	5	1	25	44	0	50.2	43	7	13	43	First 15 Pitches	.237	868	206	35	3	24	90	64	204	.291	.368
Starter	0.00	0	0	0	0	0	0.0	0	0	0	0	Pitch 16-30	.201	268	54	4	1	5	36	21	66	.264	.280
Reliever	2.89	16	21	172	292	0	318.0	276	31	90	279	Pitch 31-45	.269	52	14	3	0	2	13	5	9	.333	.442
0 Days rest (Re)	2.62	4	5	58	73	0	75.2	66	9	19	59	Pitch 46+	.500	4	2	0	0	0	1	0	0	.500	.500
1 or 2 Days rest	3.37	8	10	73	117	0	131.0	116	16	42	122	First Pitch	.289	152	44	5	1	5	21	14	0	.347	.434
3+ Days rest	2.51	4	6	41	102	0	111.1	96	6	29	98	Ahead in Count	.177	610	108	14	1	14	55	0	250	.183	.272
Pre-All Star	3.01	6	13	111	178	0	191.2	177	16	60	171	Behind in Count	.325	203	66	14	0	5	32	43	0	.443	.468
Post-All Star	2.71	10	8	61	114	0	126.1	99	15	30	108	Two Strikes	.150	619	93	13	1	11	51	33	279	.196	.228

Pitcher vs. Batter (career)

Pitches Best Vs.	Avg	AB	H	2B	3B	HR	RBI	BB	SO	OBP	SLG	Pitches Worst Vs.	Avg	AB	H	2B	3B	HR	RBI	BB	SO	OBP	SLG
Lou Whitaker	.000	11	0	0	0	0	0	1	2	.083	.000	Jim Eisenreich	.583	12	7	1	1	0	0	0	1	.583	.833
Dave Henderson	.071	14	1	0	0	0	0	0	8	.071	.071	Paul Molitor	.462	13	6	1	0	1	5	1	2	.500	.769
Mike Aldrete	.111	18	2	0	0	0	2	4	4	.200	.111	Tim Wallach	.423	26	11	4	0	0	10	4	5	.484	.577
Scott Fletcher	.118	17	2	0	0	0	1	0	3	.118	.118	Lance Parrish	.385	13	5	2	0	1	5	1	4	.429	.769
Milt Thompson	.176	17	3	0	0	0	0	4	1	.176	.176	Sid Bream	.333	15	5	3	0	1	6	1	1	.353	.733

Mike Aldrete — Athletics
Age 34 – Bats Left (groundball hitter)

	Avg	G	AB	R	H	2B	3B	HR	RBI	BB	SO	HBP	GDP	SB	CS	OBP	SLG	IBB	SH	SF	#Pit	#P/PA	GB	FB	G/F
1994 Season	.242	76	178	23	43	5	0	4	18	20	35	0	2	2	0	.313	.337	1	0	3	823	4.09	77	37	2.08
Last Five Years	.250	364	792	109	198	31	3	16	89	130	152	1	12	5	6	.354	.357	6	4	8	3752	4.02	330	177	1.86

1994 Season

	Avg	AB	H	2B	3B	HR	RBI	BB	SO	OBP	SLG		Avg	AB	H	2B	3B	HR	RBI	BB	SO	OBP	SLG
vs. Left	.250	16	4	0	0	0	0	3	6	.368	.250	Scoring Posn	.257	35	9	1	0	1	13	8	5	.371	
vs. Right	.241	162	39	5	0	4	18	17	32	.308	.346	Close & Late	.114	35	4	0	0	3	6	9	.233	.114	
Home	.169	77	13	1	0	2	10	13	18	.283	.260	None on/out	.259	54	14	1	0	2	2	10	.286	.389	

3

1994 Season

	Avg	AB	H	2B	3B	HR	RBI	BB	SO	OBP	SLG		Avg	AB	H	2B	3B	HR	RBI	BB	SO	OBP	SLG
Away	.297	101	30	4	0	2	8	7	17	.339	.396	Batting #2	.314	35	11	1	0	3	4	7	4	.429	.600
First Pitch	.389	18	7	1	0	0	2	1	0	.400	.444	Batting #6	.237	76	18	2	0	0	9	8	15	.306	.263
Ahead in Count	.189	37	7	3	0	0	5	9	0	.340	.270	Other	.209	67	14	2	0	1	5	5	16	.257	.284
Behind in Count	.176	85	15	0	0	1	4	0	32	.174	.212	Pre-All Star	.250	132	33	5	0	4	13	13	26	.313	.379
Two Strikes	.179	95	17	0	0	3	10	10	35	.255	.274	Post-All Star	.217	46	10	0	0	0	5	7	9	.315	.217

Last Five Years

	Avg	AB	H	2B	3B	HR	RBI	BB	SO	OBP	SLG		Avg	AB	H	2B	3B	HR	RBI	BB	SO	OBP	SLG
vs. Left	.152	66	10	3	0	5	11	16	.269	.273		Scoring Posn	.260	181	47	9	0	4	67	40	35	.386	.376
vs. Right	.259	726	188	31	2	14	84	119	136	.362	.365	Close & Late	.219	169	37	3	1	3	18	28	37	.325	.302
Groundball	.257	222	57	7	1	3	20	35	35	.358	.338	None on/out	.256	207	53	4	2	6	6	28	38	.345	.382
Flyball	.299	177	53	9	1	7	27	21	35	.372	.480	Batting #5	.198	131	26	3	1	2	14	24	25	.318	.282
Home	.221	380	84	7	2	7	39	73	77	.346	.305	Batting #6	.261	348	91	16	0	9	48	50	61	.355	.385
Away	.277	412	114	24	1	9	50	57	75	.362	.405	Other	.259	313	81	12	2	5	27	56	66	.368	.358
Day	.239	255	61	8	0	5	27	46	52	.353	.329	April	.220	41	9	1	0	3	6	9	8	.360	.463
Night	.255	537	137	23	3	11	62	84	100	.355	.371	May	.260	104	27	3	0	1	8	10	23	.319	.317
Grass	.241	560	135	19	2	16	65	73	108	.326	.368	June	.256	168	43	11	1	2	14	31	30	.375	.369
Turf	.272	232	63	12	1	0	24	57	44	.416	.332	July	.265	151	40	5	2	3	19	26	30	.371	.384
First Pitch	.351	77	27	6	0	2	13	3	0	.366	.506	August	.261	180	47	6	0	6	26	21	36	.338	.394
Ahead in Count	.323	186	60	13	1	6	42	68	0	.502	.500	September/October	.216	148	32	5	0	1	16	33	25	.353	.270
Behind in Count	.185	346	64	9	0	3	20	0	127	.184	.237	Pre-All Star	.256	367	94	17	2	8	35	58	73	.357	.379
Two Strikes	.168	382	64	8	1	3	23	57	152	.274	.217	Post-All Star	.245	425	104	14	1	8	54	72	79	.351	.339

Batter vs. Pitcher (career)

Hits Best Against	Avg	AB	H	2B	3B	HR	RBI	BB	SO	OBP	SLG	Hits Worst Against	Avg	AB	H	2B	3B	HR	RBI	BB	SO	OBP	SLG
Scott Erickson	.600	10	6	1	0	0	1	1	.636	.700		Fernando Valenzuela	.000	8	0	0	0	0	1	3	2	.250	.000
Kevin Appier	.533	15	8	2	0	0	4	3	.632	.667	Greg Harris	.100	10	1	0	0	0	0	2	2	.250	.100
John Smoltz	.500	8	4	1	1	0	1	3	0	.636	.875	Rick Aguilera	.111	18	2	0	0	0	0	2	4	.200	.111
Danny Cox	.438	16	7	0	0	1	2	4	3	.550	.625	Kevin Brown	.167	18	3	0	0	0	0	0	3	.167	.167
Scott Sanderson	.375	16	6	2	0	1	1	1	2	.412	.688	John Burkett	.167	12	2	0	0	0	2	1	1	.231	.167

Luis Alicea — Cardinals

Age 29 – Bats Both

	Avg	G	AB	R	H	2B	3B	HR	RBI	BB	SO	HBP	GDP	SB	CS	OBP	SLG	IBB	SH	SF	#Pit	#P/PA	GB	FB	G/F
1994 Season	.278	88	205	32	57	12	5	5	29	30	38	3	1	4	5	.373	.459	4	1	3	909	3.76	64	63	1.02
Last Five Years	.262	344	900	113	236	43	19	10	107	112	151	11	16	17	12	.346	.386	7	4	14	3902	3.75	293	279	1.05

1994 Season

	Avg	AB	H	2B	3B	HR	RBI	BB	SO	OBP	SLG		Avg	AB	H	2B	3B	HR	RBI	BB	SO	OBP	SLG
vs. Left	.308	39	12	4	0	0	5	6	4	.391	.410	Scoring Posn	.200	50	10	5	0	1	20	13	13	.348	.360
vs. Right	.271	166	45	8	5	5	24	24	34	.369	.470	Close & Late	.325	40	13	1	0	3	8	4	8	.386	.575
Home	.190	79	15	4	1	3	9	8	18	.270	.380	None on/out	.167	42	7	0	0	0	0	5	9	.271	.167
Away	.333	126	42	8	4	2	20	22	20	.434	.508	Batting #2	.362	58	21	3	4	0	5	6	6	.422	.552
First Pitch	.462	26	12	0	1	0	3	4	0	.548	.538	Batting #7	.235	98	23	8	0	2	17	19	19	.361	.378
Ahead in Count	.327	52	17	6	1	2	10	10	0	.415	.596	Other	.265	49	13	1	1	3	7	5	13	.345	.510
Behind in Count	.195	82	16	4	1	1	6	0	28	.214	.305	Pre-All Star	.224	147	33	4	5	3	14	23	34	.339	.381
Two Strikes	.148	88	13	3	2	1	8	16	38	.292	.261	Post-All Star	.414	58	24	8	0	2	15	7	4	.463	.655

Last Five Years

	Avg	AB	H	2B	3B	HR	RBI	BB	SO	OBP	SLG		Avg	AB	H	2B	3B	HR	RBI	BB	SO	OBP	SLG
vs. Left	.320	219	70	14	3	1	26	22	21	.382	.425	Scoring Posn	.256	207	53	14	6	3	88	39	41	.359	.425
vs. Right	.244	681	166	29	16	9	81	90	130	.335	.373	Close & Late	.259	193	50	7	2	4	29	32	35	.364	.378
Groundball	.245	335	82	13	8	3	31	54	30	.305	.358	None on/out	.201	229	46	6	1	0	0	29	44	.299	.236
Flyball	.327	156	51	9	4	3	18	27	29	.433	.494	Batting #1	.268	157	42	7	1	0	8	10	26	.312	.325
Home	.260	454	118	18	13	7	52	53	69	.340	.403	Batting #7	.240	371	89	21	6	4	55	58	61	.346	.361
Away	.265	446	118	25	6	3	55	59	82	.352	.368	Other	.282	372	105	15	12	6	44	44	64	.360	.435
Day	.274	281	77	10	9	4	33	33	50	.356	.416	April	.185	119	22	2	1	1	11	17	24	.291	.244
Night	.257	619	159	33	10	6	74	79	101	.342	.372	May	.309	175	54	6	10	1	23	21	22	.389	.474
Grass	.235	243	57	8	4	2	16	34	48	.331	.325	June	.300	80	24	6	1	3	13	11	17	.391	.513
Turf	.272	657	179	35	15	8	91	78	103	.352	.408	July	.285	165	47	9	2	2	16	18	30	.353	.400
First Pitch	.368	95	35	3	1	0	12	6	0	.413	.421	August	.268	220	59	11	3	2	28	34	31	.364	.373
Ahead in Count	.315	267	84	26	5	4	38	50	0	.416	.494	September/October	.213	141	30	9	2	1	16	11	27	.276	.326
Behind in Count	.189	371	70	9	7	3	33	0	124	.196	.275	Pre-All Star	.264	425	112	15	13	5	50	51	72	.347	.395
Two Strikes	.160	388	62	7	4	3	35	56	151	.272	.242	Post-All Star	.261	475	124	28	6	5	57	61	79	.346	.377

Batter vs. Pitcher (career)

Hits Best Against	Avg	AB	H	2B	3B	HR	RBI	BB	SO	OBP	SLG	Hits Worst Against	Avg	AB	H	2B	3B	HR	RBI	BB	SO	OBP	SLG
Darryl Kile	.500	12	6	1	1	0	4	2	0	.533	.750	Bill Swift	.000	12	0	0	0	0	0	0	4	.000	.000
Tom Glavine	.467	15	7	2	0	0	5	2	1	.500	.600	Ken Hill	.071	14	1	0	0	0	0	2	3	1	.235	.071
Curt Schilling	.417	12	5	2	1	0	5	0	2	.417	.750	Anthony Young	.083	12	1	0	0	0	0	0	1	.083	.167
Jose Rijo	.400	15	6	0	1	0	1	4	4	.526	.533	Armando Reynoso	.083	12	1	0	0	0	0	0	1	.083	.167
Pete Harnisch	.375	8	3	1	0	0	0	3	1	.545	.625	Mark Portugal	.105	19	2	0	0	0	1	1	4	.150	.105

Roberto Alomar — Blue Jays

Age 27 – Bats Both (groundball hitter)

	Avg	G	AB	R	H	2B	3B	HR	RBI	BB	SO	HBP	GDP	SB	CS	OBP	SLG	IBB	SH	SF	#Pit	#P/PA	GB	FB	G/F
1994 Season	.306	107	392	78	120	25	4	8	38	51	41	2	14	19	8	.386	.452	2	7	3	1813	3.98	173	96	1.80
Last Five Years	.305	720	2775	460	845	155	34	48	336	323	318	18	56	200	50	.378	.437	16	38	20	12207	3.85	1131	737	1.53

1994 Season

	Avg	AB	H	2B	3B	HR	RBI	BB	SO	OBP	SLG		Avg	AB	H	2B	3B	HR	RBI	BB	SO	OBP	SLG
vs. Left	.254	114	29	6	0	4	14	12	15	.331	.412	Scoring Posn	.229	83	19	1	0	2	25	14	5	.330	.313
vs. Right	.327	278	91	19	4	4	24	39	26	.408	.468	Close & Late	.229	48	11	2	1	2	6	9	6	.351	.438
Groundball	.250	92	23	3	3	0	7	11	8	.337	.348	None on/out	.341	82	28	7	2	0	0	11	7	.419	.476
Flyball	.340	94	32	6	0	2	9	10	15	.400	.468	Batting #2	.308	389	120	25	4	8	38	50	41	.387	.455
Home	.292	185	54	12	1	4	21	26	19	.379	.432	Batting #8	.000	2	0	0	0	0	0	0	0	.000	.000
Away	.319	207	66	13	3	4	17	25	22	.393	.469	Other	.000	1	0	0	0	0	0	1	0	.500	.000
Day	.337	104	35	7	1	4	12	15	10	.417	.538	April	.372	94	35	6	2	1	12	10	2	.430	.511
Night	.295	288	85	18	3	4	26	36	31	.375	.420	May	.274	73	20	4	0	3	12	9	10	.354	.452
Grass	.348	164	57	13	3	3	11	15	16	.406	.518	June	.340	100	34	8	0	2	9	8	14	.391	.480
Turf	.276	228	63	12	1	5	27	36	25	.373	.404	July	.233	86	20	5	2	1	4	19	10	.371	.372
First Pitch	.326	43	14	5	0	0	4	1	0	.326	.442	August	.282	39	11	2	0	1	1	5	5	.364	.410
Ahead in Count	.356	101	36	5	3	4	15	26	0	.488	.584	September/October	.000	0	0	0	0	0	0	0	0	.000	.000
Behind in Count	.274	157	43	8	1	2	9	0	27	.281	.376	Pre-All Star	.313	297	93	19	2	7	35	33	31	.382	.461
Two Strikes	.266	173	46	8	0	3	13	24	41	.359	.364	Post-All Star	.264	95	27	6	2	1	3	18	10	.398	.421

1994 By Position

Position	Avg	AB	H	2B	3B	HR	RBI	BB	SO	OBP	SLG	G	GS	Innings	PO	A	E	DP	Fld Pct	Rng Fctr	In Zone	Outs	Zone Rtg	MLB Zone
As 2b	.309	388	120	25	4	8	38	50	41	.388	.456	106	102	873.1	176	275	4	69	.991	4.65	315	269	.854	.889

Last Five Years

	Avg	AB	H	2B	3B	HR	RBI	BB	SO	OBP	SLG		Avg	AB	H	2B	3B	HR	RBI	BB	SO	OBP	SLG
vs. Left	.261	831	217	44	5	21	105	81	134	.333	.402	Scoring Posn	.311	673	209	34	10	14	275	91	77	.387	.453
vs. Right	.323	1944	628	111	29	27	231	242	184	.397	.452	Close & Late	.290	421	122	20	5	8	65	60	64	.379	.418
Groundball	.287	750	215	40	7	6	82	72	80	.354	.383	None on/out	.318	584	186	33	9	13	13	66	54	.389	.473
Flyball	.323	588	190	29	7	14	70	73	78	.398	.468	Batting #2	.300	2290	686	125	27	39	264	270	265	.375	.429
Home	.311	1353	421	76	22	27	184	166	144	.387	.460	Batting #3	.346	272	94	23	4	3	44	30	26	.409	.493
Away	.298	1422	424	79	12	21	152	157	174	.370	.415	Other	.305	213	65	7	3	6	28	23	27	.377	.451
Day	.296	837	248	58	8	14	116	103	96	.373	.435	April	.325	424	138	22	4	6	53	45	42	.389	.439
Night	.308	1938	597	97	26	34	220	220	222	.380	.438	May	.294	497	146	24	6	13	73	57	59	.367	.445
Grass	.298	1321	393	70	13	18	138	122	158	.358	.411	June	.325	492	160	35	6	9	58	52	52	.394	.476
Turf	.311	1454	452	85	21	30	198	201	160	.396	.460	July	.282	490	138	28	8	4	46	63	64	.364	.396
First Pitch	.374	310	116	20	5	9	52	8	0	.389	.558	August	.297	499	148	27	5	8	48	52	62	.363	.419
Ahead in Count	.359	652	234	42	9	17	85	180	0	.497	.529	September/October	.308	373	115	19	5	8	58	54	39	.398	.450
Behind in Count	.257	1218	313	50	9	11	124	0	260	.261	.340	Pre-All Star	.307	1565	481	93	18	31	197	176	177	.380	.449
Two Strikes	.244	1224	299	55	12	16	141	135	318	.322	.348	Post-All Star	.301	1210	364	62	16	17	139	147	141	.376	.421

Batter vs. Pitcher (career)

Hits Best Against	Avg	AB	H	2B	3B	HR	RBI	BB	SO	OBP	SLG	Hits Worst Against	Avg	AB	H	2B	3B	HR	RBI	BB	SO	OBP	SLG
Jaime Navarro	.550	20	11	2	1	0	0	0	0	.550	.750	Atlee Hammaker	.000	10	0	0	0	0	1	1	2	.091	.000
Eric Plunk	.545	11	6	1	1	0	0	1	1	.583	.818	Charlie Hough	.063	16	1	0	0	0	2	2	1	.158	.063
Scott Sanderson	.524	21	11	2	1	1	5	3	3	.560	.857	Bill Krueger	.077	13	1	0	0	0	0	1	0	.143	.077
Jack McDowell	.522	23	12	0	0	2	6	4	5	.593	.783	Dan Plesac	.077	13	1	0	0	1	1	1	2	.143	.077
Julio Valera	.417	12	5	0	0	2	4	1	1	.500	.917	Trevor Wilson	.091	11	1	0	0	0	0	0	1	.091	.091

Sandy Alomar Jr — Indians

Age 29 – Bats Right

	Avg	G	AB	R	H	2B	3B	HR	RBI	BB	SO	HBP	GDP	SB	CS	OBP	SLG	IBB	SH	SF	#Pit	#P/PA	GB	FB	G/F
1994 Season	.288	80	292	44	84	15	1	14	43	25	31	2	7	8	4	.347	.490	2	0	1	1139	3.56	104	91	1.14
Last Five Years	.269	416	1435	160	386	73	4	31	174	82	161	19	31	18	13	.315	.390	8	11	12	5331	3.42	533	474	1.12

1994 Season

	Avg	AB	H	2B	3B	HR	RBI	BB	SO	OBP	SLG		Avg	AB	H	2B	3B	HR	RBI	BB	SO	OBP	SLG
vs. Left	.189	74	14	1	0	0	3	9	12	.277	.203	Scoring Posn	.309	68	21	3	0	3	30	8	8	.385	.485
vs. Right	.321	218	70	14	1	14	40	16	19	.371	.587	Close & Late	.309	55	17	1	0	1	6	4	9	.350	.382
Groundball	.250	68	17	1	0	3	9	6	10	.311	.397	None on/out	.235	68	16	0	0	4	4	6	8	.297	.471
Flyball	.311	74	23	7	0	8	18	6	9	.370	.730	Batting #7	.275	120	33	4	1	4	15	7	8	.315	.425
Home	.266	139	37	9	1	4	15	11	14	.325	.432	Batting #9	.361	83	30	5	0	7	17	9	9	.430	.675
Away	.307	153	47	6	0	10	28	14	17	.367	.542	Other	.236	89	21	6	0	3	11	9	14	.310	.404
Day	.250	76	19	4	0	5	13	11	8	.345	.500	April	.234	47	11	1	0	2	6	5	6	.308	.383
Night	.301	216	65	11	1	9	30	14	23	.348	.486	May	.196	56	11	2	0	3	6	6	8	.274	.393
Grass	.284	243	69	14	1	12	34	21	24	.346	.498	June	.310	84	26	5	0	4	13	5	9	.352	.512
Turf	.306	49	15	1	0	2	9	4	7	.352	.449	July	.342	79	27	5	1	3	11	5	6	.381	.544
First Pitch	.327	49	16	2	0	4	11	2	0	.353	.612	August	.346	26	9	2	0	2	7	4	2	.452	.654
Ahead in Count	.388	67	26	2	1	4	12	9	0	.468	.627	September/October	.000	0	0	0	0	0	0	0	0	.000	.000
Behind in Count	.227	119	27	6	0	3	12	0	29	.233	.353	Pre-All Star	.263	217	57	10	1	10	29	18	25	.321	.456
Two Strikes	.214	103	22	5	0	3	13	14	31	.311	.350	Post-All Star	.360	75	27	5	0	4	14	7	6	.422	.587

1994 By Position

Position	Avg	AB	H	2B	3B	HR	RBI	BB	SO	OBP	SLG	G	GS	Innings	PO	A	E	DP	Fld Pct	Rng Fctr	In Zone	Outs	Zone Rtg	MLB Zone
As c	.290	290	84	15	1	14	43	25	31	.349	.493	78	78	685.2	453	40	2	0	.996	---	---	---	---	---

Last Five Years

	Avg	AB	H	2B	3B	HR	RBI	BB	SO	OBP	SLG		Avg	AB	H	2B	3B	HR	RBI	BB	SO	OBP	SLG
vs. Left	.271	351	95	12	1	3	34	29	43	.326	.336	Scoring Posn	.257	373	96	22	1	4	137	32	51	.320	.354
vs. Right	.268	1084	291	61	3	28	140	53	118	.311	.408	Close & Late	.292	291	85	11	1	6	40	15	33	.333	.399
Groundball	.241	406	98	14	1	4	38	22	49	.286	.310	None on/out	.284	349	99	14	1	10	10	18	36	.328	.415
Flyball	.252	333	84	18	1	13	42	19	47	.302	.429	Batting #8	.266	448	119	26	0	10	60	34	51	.320	.391
Home	.277	685	190	37	1	13	76	44	73	.324	.391	Batting #9	.303	436	132	22	1	13	64	20	46	.344	.447
Away	.261	750	196	36	3	18	98	38	88	.306	.389	Other	.245	551	135	25	3	8	50	28	64	.266	.345
Day	.266	403	107	18	0	10	56	30	51	.324	.385	April	.217	281	61	12	0	5	30	21	43	.282	.313
Night	.270	1032	279	55	4	21	118	52	110	.311	.392	May	.228	197	45	8	1	5	23	13	32	.282	.355
Grass	.274	1195	328	63	4	27	141	71	129	.322	.402	June	.271	277	75	9	1	5	27	13	32	.306	.365
Turf	.242	240	58	10	0	4	33	11	32	.278	.333	July	.298	285	85	19	1	5	33	16	16	.341	.425
First Pitch	.254	224	57	12	0	9	39	6	0	.282	.429	August	.316	237	75	13	1	8	42	12	21	.355	.481
Ahead in Count	.354	308	109	12	4	7	42	46	0	.440	.487	September/October	.285	158	45	12	0	3	19	7	17	.322	.418
Behind in Count	.238	640	152	37	0	9	61	0	146	.246	.338	Pre-All Star	.253	854	216	38	3	16	91	54	113	.304	.361
Two Strikes	.203	561	114	21	0	10	52	28	143	.243	.294	Post-All Star	.293	581	170	35	1	15	83	28	48	.330	.434

Batter vs. Pitcher (career)

Hits Best Against	Avg	AB	H	2B	3B	HR	RBI	BB	SO	OBP	SLG	Hits Worst Against	Avg	AB	H	2B	3B	HR	RBI	BB	SO	OBP	SLG
Rick Sutcliffe	.455	11	5	1	0	0	0	1	.455	.455		Bob Milacki	.000	13	0	0	0	0	0	0	1	.000	.000
Greg Harris	.412	17	7	2	0	2	3	1	2	.500	.882	Mark Eichhorn	.077	13	1	0	0	0	2	0	4	.077	.077
Melido Perez	.389	18	7	3	0	0	6	0	0	.389	.556	Jimmy Key	.100	10	1	1	0	0	1	0	1	.091	.200
Kevin Tapani	.375	16	6	0	1	1	2	1	1	.412	.688	Jeff Montgomery	.182	11	2	0	0	1	0	4	.182	.182
Bobby Witt	.357	14	5	2	0	0	2	1	0	.438	.500	Chris Bosio	.188	16	3	0	0	0	0	0	2	.188	.188

Moises Alou — Expos
Age 28 – Bats Right

	Avg	G	AB	R	H	2B	3B	HR	RBI	BB	SO	HBP	GDP	SB	CS	OBP	SLG	IBB	SH	SF	#Pit	#P/PA	GB	FB	G/F
1994 Season	.339	107	422	81	143	31	5	22	78	42	63	2	7	7	6	.397	.592	10	0	5	1583	3.36	146	135	1.08
Career (1990-1994)	.301	374	1265	208	381	88	14	49	219	105	165	8	22	40	14	.354	.509	19	9	17	4658	3.32	444	417	1.06

1994 Season

	Avg	AB	H	2B	3B	HR	RBI	BB	SO	OBP	SLG		Avg	AB	H	2B	3B	HR	RBI	BB	SO	OBP	SLG
vs. Left	.365	104	38	8	0	5	16	11	18	.426	.587	Scoring Posn	.320	128	41	6	1	7	59	26	21	.421	.547
vs. Right	.330	318	105	23	5	17	62	31	45	.388	.594	Close & Late	.333	57	19	4	1	2	7	11	12	.449	.544
Groundball	.351	134	47	12	3	5	25	13	13	.409	.597	None on/out	.395	81	32	12	2	7	3	9	.424	.852
Flyball	.231	65	15	4	0	2	10	5	11	.286	.385	Batting #3	.329	289	95	18	5	20	62	28	44	.385	.633
Home	.371	186	69	17	3	9	35	26	23	.444	.640	Batting #5	.348	112	39	10	0	1	14	14	17	.422	.464
Away	.314	236	74	14	2	13	43	16	40	.357	.555	Other	.429	21	9	3	0	1	2	0	2	.429	.714
Day	.314	137	43	10	1	7	20	15	21	.386	.555	April	.372	78	29	8	0	3	13	5	8	.405	.590
Night	.351	285	100	21	4	15	58	27	42	.403	.611	May	.337	98	33	9	0	2	11	12	15	.412	.490
Grass	.310	142	44	6	1	9	27	14	26	.371	.556	June	.321	106	34	4	1	9	30	19	15	.417	.632
Turf	.354	280	99	25	4	13	51	28	37	.410	.611	July	.305	95	29	4	3	5	14	6	20	.347	.568
First Pitch	.411	73	30	8	1	7	20	7	0	.459	.836	August	.400	45	18	6	1	3	10	0	5	.400	.778
Ahead in Count	.429	105	45	12	2	8	27	25	0	.538	.810	September/October	.000	0	0	0	0	0	0	0	0	.000	.000
Behind in Count	.267	176	47	5	2	4	19	0	56	.266	.386	Pre-All Star	.331	320	106	23	1	18	59	39	47	.402	.578
Two Strikes	.239	163	39	8	1	4	18	9	63	.276	.374	Post-All Star	.363	102	37	8	4	4	19	3	16	.381	.637

1994 By Position

Position	Avg	AB	H	2B	3B	HR	RBI	BB	SO	OBP	SLG	G	GS	Innings	PO	A	E	DP	Fld Pct	Rng Fctr	In Zone	Outs	Zone Rtg	MLB Zone
As lf	.344	247	85	20	1	12	46	22	31	.398	.579	63	63	540.2	97	1	1	0	.990	1.63	107	93	.869	.815
As rf	.333	174	58	11	4	10	32	20	31	.398	.615	45	43	381.2	104	3	2	0	.982	2.52	118	102	.864	.826

Career (1990-1994)

	Avg	AB	H	2B	3B	HR	RBI	BB	SO	OBP	SLG		Avg	AB	H	2B	3B	HR	RBI	BB	SO	OBP	SLG
vs. Left	.297	421	125	29	3	12	54	29	43	.344	.466	Scoring Posn	.301	389	117	27	3	16	173	61	54	.385	.509
vs. Right	.303	844	256	59	11	37	165	76	122	.359	.531	Close & Late	.278	194	54	10	3	6	31	30	36	.373	.454
Groundball	.293	406	119	28	5	9	64	36	46	.354	.453	None on/out	.345	252	87	28	6	14	14	12	35	.382	.671
Flyball	.263	243	64	20	1	11	50	14	35	.301	.490	Batting #3	.307	600	184	39	8	29	109	52	81	.360	.543
Home	.311	569	177	39	7	25	117	57	72	.369	.536	Batting #5	.287	356	102	26	3	5	52	29	49	.342	.419
Away	.293	696	204	49	7	24	102	48	93	.341	.487	Other	.307	309	95	23	3	15	58	24	35	.357	.547
Day	.308	412	127	35	2	13	57	34	55	.361	.498	April	.345	171	59	14	2	5	24	11	19	.378	.538
Night	.298	853	254	53	12	36	162	71	110	.351	.515	May	.318	239	76	19	1	4	28	24	29	.385	.456
Grass	.289	395	114	27	3	14	55	36	58	.347	.478	June	.274	274	75	14	2	16	67	34	31	.349	.515
Turf	.307	870	267	61	11	35	164	69	107	.357	.523	July	.300	243	73	18	4	12	43	16	39	.344	.556
First Pitch	.374	238	89	23	5	14	49	14	0	.408	.689	August	.283	237	67	16	3	8	38	16	36	.324	.477
Ahead in Count	.349	295	103	24	3	16	66	56	0	.449	.614	September/October	.307	101	31	7	2	4	19	4	11	.346	.535
Behind in Count	.253	525	133	20	5	12	62	0	137	.258	.379	Pre-All Star	.305	789	241	56	5	35	140	76	97	.365	.522
Two Strikes	.232	478	111	22	4	10	54	34	165	.282	.358	Post-All Star	.294	476	140	32	9	14	79	29	68	.335	.487

Batter vs. Pitcher (career)

Hits Best Against	Avg	AB	H	2B	3B	HR	RBI	BB	SO	OBP	SLG	Hits Worst Against	Avg	AB	H	2B	3B	HR	RBI	BB	SO	OBP	SLG
Mike Harkey	.636	11	7	2	0	0	3	0	2	.636	.818	Jose Guzman	.000	11	0	0	0	0	0	0	2	.000	.000
John Burkett	.467	15	7	2	0	1	4	1	1	.500	.800	Orel Hershiser	.083	12	1	0	0	0	1	0	2	.083	.167
Mark Portugal	.462	13	6	1	1	2	5	1	2	.467	1.154	Ramon Martinez	.133	15	2	0	0	0	1	0	2	.188	.133
Denny Neagle	.429	14	6	2	0	0	4	0	0	.429	.571	Steve Avery	.176	17	3	1	0	1	0	1	0	.167	.235
Andy Benes	.350	20	7	4	0	1	5	0	4	.350	.700	Mike Morgan	.214	14	3	0	0	0	4	0	1	.188	.214

Wilson Alvarez — White Sox
Age 25 – Pitches Left

	ERA	W	L	Sv	G	GS	IP	BB	SO	Avg	H	2B	3B	HR	RBI	OBP	SLG	CG	ShO	Sup	QS	#P/S	SB	CS	GB	FB	G/F
1994 Season	3.45	12	8	0	24	24	161.2	62	108	.241	147	21	0	16	66	.309	.354	2	1	5.85	17	105	3	4	170	202	0.84
Last Five Years	3.59	35	21	1	99	73	526.0	278	361	.242	465	69	2	51	208	.339	.359	5	3	5.51	43	106	33	33	612	611	1.00

1994 Season

	ERA	W	L	Sv	G	GS	IP	H	HR	BB	SO		Avg	AB	H	2B	3B	HR	RBI	BB	SO	OBP	SLG
Home	3.11	6	4	0	12	12	84.0	71	7	22	56	vs. Left	.232	95	22	4	0	1	10	8	16	.288	.305
Away	3.82	6	4	0	12	12	77.2	76	9	40	52	vs. Right	.242	516	125	17	0	15	56	54	92	.313	.362
Day	4.39	4	2	0	7	7	41.0	43	3	16	28	Inning 1-6	.242	516	125	15	0	14	58	51	94	.309	.353
Night	3.13	8	6	0	17	17	120.2	104	13	46	80	Inning 7+	.232	95	22	6	0	2	8	11	14	.308	.358
Grass	3.32	11	6	0	21	21	143.2	129	14	54	97	None on	.248	347	86	10	0	7	7	43	54	.331	.337
Turf	4.50	1	2	0	3	3	18.0	18	2	8	11	Runners on	.231	264	61	11	0	9	59	19	54	.280	.375
April	3.03	5	0	0	5	5	32.2	29	5	16	22	Scoring Posn	.273	110	30	8	0	1	40	12	18	.336	.373
May	1.85	3	0	0	5	5	39.0	35	2	12	20	Close & Late	.220	50	11	2	0	2	5	7	10	.316	.380
June	4.62	1	3	0	6	6	37.0	35	3	16	28	None on/out	.226	155	35	5	0	5	5	19	19	.310	.355
July	3.72	3	3	0	6	6	38.2	35	3	11	26	vs. 1st Batr (relief)	.000	0	0	0	0	0	0	0	0	.000	.000
August	5.02	0	2	0	2	2	14.1	13	3	7	12	First Inning Pitched	.268	97	26	6	0	4	13	8	16	.324	.454
September/October	0.00	0	0	0	0	0	0.0	0	0	0	0	First 75 Pitches	.244	422	103	14	0	11	47	39	75	.307	.355
Starter	3.45	12	8	0	24	24	161.2	147	16	62	108	Pitch 76-90	.256	78	20	1	0	3	11	8	16	.326	.385
Reliever	0.00	0	0	0	0	0	0.0	0	0	0	0	Pitch 91-105	.217	69	15	2	0	1	3	8	9	.299	.290
0-3 Days Rest (St)	4.72	1	1	0	2	2	13.1	13	1	6	14	Pitch 106+	.214	42	9	4	0	1	5	7	6	.320	.381
4 Days Rest	3.87	5	4	0	12	12	79.0	67	10	34	51	First Pitch	.420	88	37	2	0	5	17	1	0	.427	.614
5+ Days Rest	2.73	6	3	0	10	10	69.1	67	5	22	43	Ahead in Count	.167	269	45	7	0	4	21	0	87	.167	.238
Pre-All Star	3.63	10	4	0	18	18	116.2	111	11	49	78	Behind in Count	.264	140	37	7	0	4	16	36	0	.410	.400
Post-All Star	3.00	2	4	0	6	6	45.0	36	5	13	30	Two Strikes	.156	262	41	6	0	4	19	25	108	.230	.225

Last Five Years

	ERA	W	L	Sv	G	GS	IP	H	HR	BB	SO		Avg	AB	H	2B	3B	HR	RBI	BB	SO	OBP	SLG
Home	3.63	16	11	0	45	34	255.1	220	27	130	178	vs. Left	.237	291	69	12	0	2	30	53	58	.356	.299
Away	3.56	19	10	1	54	39	270.2	245	24	148	183	vs. Right	.243	1632	396	57	2	49	178	225	303	.335	.370
Day	3.87	10	7	0	30	23	146.1	134	15	84	98	Inning 1-6	.236	1573	371	55	1	42	170	227	314	.333	.352
Night	3.48	25	14	1	69	50	379.2	331	36	194	263	Inning 7+	.269	350	94	14	1	9	38	51	47	.365	.391
Grass	3.64	30	17	1	84	64	459.2	402	47	239	323	None on	.250	1098	275	41	2	28	28	161	211	.348	.368
Turf	3.26	5	4	0	15	9	66.1	63	4	39	38	Runners on	.230	825	190	28	0	23	180	117	150	.327	.348
April	2.37	6	1	0	7	6	60.2	50	6	27	43	Scoring Posn	.234	415	97	20	0	9	146	76	80	.348	.347
May	2.95	7	1	0	15	11	91.2	83	7	55	59	Close & Late	.255	149	38	4	0	4	16	26	19	.378	.362
June	4.37	3	8	0	19	13	92.2	89	7	45	70	None on/out	.243	502	122	15	1	17	17	62	86	.327	.378
July	3.73	6	6	0	17	15	99.0	88	8	53	51	vs. 1st Batr (relief)	.105	19	2	1	0	0	2	5	5	.308	.158
August	4.96	4	0	0	18	10	74.1	77	11	38	62	First Inning Pitched	.227	344	78	14	1	7	34	48	69	.325	.334
September/October	3.09	9	0	0	18	18	107.2	78	12	60	76	First 75 Pitches	.241	1352	326	46	1	36	147	196	260	.338	.357
Starter	3.47	33	19	0	73	73	469.0	407	48	240	325	Pitch 76-90	.224	219	49	4	0	6	24	27	49	.306	.324
Reliever	4.58	2	2	1	26	0	57.0	58	3	38	36	Pitch 91-105	.262	187	49	8	0	4	13	28	29	.364	.369
0-3 Days Rest (St)	5.40	1	1	0	3	3	18.1	16	3	11	16	Pitch 106+	.248	165	41	11	1	5	24	27	23	.355	.418
4 Days Rest	3.90	17	12	0	41	41	258.2	229	32	138	168	First Pitch	.307	241	74	10	1	7	29	10	0	.341	.444
5+ Days Rest	2.72	15	6	0	29	29	192.0	162	13	91	141	Ahead in Count	.180	871	157	17	0	14	58	0	289	.183	.248
Pre-All Star	3.61	20	12	1	53	39	287.0	264	24	145	190	Behind in Count	.304	405	123	24	1	15	57	152	0	.489	.479
Post-All Star	3.58	15	9	0	46	34	239.0	201	27	133	171	Two Strikes	.171	924	158	18	0	14	73	116	361	.263	.236

Pitcher vs. Batter (career)

Pitches Best Vs.	Avg	AB	H	2B	3B	HR	RBI	BB	SO	OBP	SLG	Pitches Worst Vs.	Avg	AB	H	2B	3B	HR	RBI	BB	SO	OBP	SLG
J.T. Snow	.000	11	0	0	0	0	0	1	3	.083	.000	Tony Phillips	.500	14	7	1	0	0	1	5	2	.632	.571
Eddie Murray	.077	13	1	0	0	0	0	0	0	.077	.077	Roberto Alomar	.471	17	8	1	0	1	4	1	5	.500	.706
Gary Gaetti	.077	13	1	0	0	0	0	1	5	.143	.077	Damion Easley	.462	13	6	1	0	2	3	1	3	.500	1.000
Juan Gonzalez	.091	11	1	0	0	0	0	1	1	.167	.091	John Olerud	.400	10	4	0	0	1	3	5	0	.563	.700
Mike Devereaux	.125	24	3	0	0	0	0	0	5	.125	.125	Kirby Puckett	.364	11	4	1	0	1	3	1	1	.417	.727

Rich Amaral — Mariners
Age 33 – Bats Right

	Avg	G	AB	R	H	2B	3B	HR	RBI	BB	SO	HBP	GDP	SB	CS	OBP	SLG	IBB	SH	SF	#Pit	#P/PA	GB	FB	G/F
1994 Season	.263	77	228	37	60	10	2	4	18	24	28	1	3	5	1	.333	.377	1	7	2	944	3.60	77	80	0.96
Career (1991-1994)	.269	236	717	101	193	37	3	6	69	63	103	5	13	28	14	.330	.354	1	18	7	2846	3.51	258	213	1.21

1994 Season

	Avg	AB	H	2B	3B	HR	RBI	BB	SO	OBP	SLG		Avg	AB	H	2B	3B	HR	RBI	BB	SO	OBP	SLG
vs. Left	.297	101	30	4	1	4	12	12	16	.368	.475	Scoring Posn	.286	49	14	0	0	1	14	8	6	.373	.347
vs. Right	.236	127	30	6	1	0	6	12	12	.305	.299	Close & Late	.321	28	9	3	0	0	2	5	5	.424	.429
Home	.310	87	27	3	1	2	8	8	10	.368	.437	None on/out	.229	83	19	6	0	1	1	5	12	.281	.337
Away	.234	141	33	7	1	2	10	16	18	.313	.340	Batting #1	.246	134	33	4	1	2	9	15	16	.322	.336
First Pitch	.393	28	11	1	1	1	4	0	0	.414	.607	Batting #2	.296	81	24	5	1	1	7	6	9	.345	.420
Ahead in Count	.356	73	26	6	1	1	5	13	0	.448	.507	Other	.231	13	3	1	0	1	2	3	3	.375	.538
Behind in Count	.099	81	8	0	0	1	6	0	24	.108	.136	Pre-All Star	.276	203	56	8	2	4	17	21	25	.345	.394
Two Strikes	.148	88	13	0	0	0	5	0	28	.242	.216	Post-All Star	.160	25	4	2	0	0	1	3	3	.241	.240

Career (1991-1994)

	Avg	AB	H	2B	3B	HR	RBI	BB	SO	OBP	SLG		Avg	AB	H	2B	3B	HR	RBI	BB	SO	OBP	SLG
vs. Left	.321	293	94	19	2	5	37	43	29	.372	.451	Scoring Posn	.304	158	48	7	1	2	60	17	20	.357	.399
vs. Right	.233	424	99	18	1	1	32	39	69	.301	.288	Close & Late	.270	111	30	6	0	0	15	12	20	.339	.324
Groundball	.324	139	45	8	0	2	15	17	16	.395	.424	None on/out	.250	232	58	14	0	1	1	17	34	.304	.323
Flyball	.152	164	25	3	0	1	9	13	31	.217	.201	Batting #1	.303	297	90	17	2	3	31	30	38	.366	.394
Home	.263	319	84	13	2	2	28	36	45	.341	.335	Batting #2	.262	172	45	7	1	2	13	14	26	.326	.349

Career (1991-1994)

	Avg	AB	H	2B	3B	HR	RBI	BB	SO	OBP	SLG		Avg	AB	H	2B	3B	HR	RBI	BB	SO	OBP	SLG
Away	.274	398	109	24	1	4	41	27	58	.320	.369	Other	.234	248	58	13	0	2	25	19	41	.288	.310
Day	.250	216	54	12	1	1	21	18	39	.311	.329	April	.324	185	60	14	1	3	20	14	23	.376	.459
Night	.277	501	139	25	2	5	48	45	64	.338	.365	May	.255	184	47	8	1	3	20	18	33	.325	.359
Grass	.272	327	89	16	0	4	32	20	54	.313	.358	June	.231	104	24	5	0	0	6	11	14	.310	.279
Turf	.267	390	104	21	3	2	37	43	49	.342	.351	July	.263	99	26	3	0	0	9	12	10	.342	.293
First Pitch	.319	113	36	8	1	1	15	1	0	.331	.434	August	.212	33	7	2	0	0	3	2	4	.243	.273
Ahead in Count	.347	190	66	13	2	3	24	29	0	.428	.484	September/October	.259	112	29	5	1	0	11	6	19	.292	.321
Behind in Count	.178	281	50	10	0	1	22	0	90	.182	.224	Pre-All Star	.278	522	145	27	2	6	50	51	75	.345	.372
Two Strikes	.181	282	51	9	0	2	19	33	103	.268	.234	Post-All Star	.246	195	48	10	1	0	19	12	28	.286	.308

Batter vs. Pitcher (career)

Hits Best Against	Avg	AB	H	2B	3B	HR	RBI	BB	SO	OBP	SLG	Hits Worst Against	Avg	AB	H	2B	3B	HR	RBI	BB	SO	OBP	SLG
Jamie Moyer	.533	15	8	1	0	0	2	1	2	.563	.600	David Wells	.077	13	1	0	0	0	0	1	0	.143	.077
Mark Langston	.529	17	9	2	0	1	4	1	2	.526	.824	Ron Darling	.182	11	2	0	0	0	0	0	2	.182	.182
Joe Magrane	.500	10	5	1	0	0	1	1	0	.545	.600	Melido Perez	.214	14	3	0	0	0	0	0	0	.214	.214
Jim Abbott	.444	9	4	0	0	1	2	2	1	.545	.778												
Chuck Finley	.333	15	5	1	0	1	1	1	3	.375	.600												

Ruben Amaro — Indians   Age 30 – Bats Both

	Avg	G	AB	R	H	2B	3B	HR	RBI	BB	SO	HBP	GDP	SB	CS	OBP	SLG	IBB	SH	SF	#Pit	#P/PA	GB	FB	G/F
1994 Season	.217	26	23	5	5	1	0	2	5	2	3	0	0	2	1	.280	.522	0	0	0	88	3.52	5	13	0.38
Career (1991-1994)	.231	187	468	55	108	19	8	10	47	48	65	13	9	13	6	.313	.370	2	7	3	1949	3.64	177	139	1.27

1994 Season

	Avg	AB	H	2B	3B	HR	RBI	BB	SO	OBP	SLG		Avg	AB	H	2B	3B	HR	RBI	BB	SO	OBP	SLG
vs. Left	.333	6	2	1	0	1	1	1	0	.429	1.000	Scoring Posn	.250	8	2	0	0	0	3	1	1	.333	.250
vs. Right	.176	17	3	0	0	1	4	1	3	.222	.353	Close & Late	.167	6	1	0	0	0	1	0	1	.167	.167

Career (1991-1994)

	Avg	AB	H	2B	3B	HR	RBI	BB	SO	OBP	SLG		Avg	AB	H	2B	3B	HR	RBI	BB	SO	OBP	SLG
vs. Left	.286	192	55	11	5	4	23	24	15	.374	.458	Scoring Posn	.196	112	22	4	3	0	33	18	16	.306	.286
vs. Right	.192	276	53	8	3	6	24	24	50	.269	.306	Close & Late	.224	85	19	2	0	2	6	9	17	.305	.318
Groundball	.246	211	52	14	5	5	22	21	34	.328	.431	None on/out	.274	124	34	7	3	4	4	11	16	.357	.476
Flyball	.245	94	23	2	1	2	11	8	10	.324	.351	Batting #1	.173	156	27	7	2	5	11	16	23	.270	.340
Home	.197	198	39	8	4	5	17	19	30	.279	.354	Batting #7	.248	105	26	4	4	2	15	8	15	.301	.419
Away	.256	270	69	11	4	5	30	29	35	.337	.381	Other	.266	207	55	8	2	3	21	24	27	.350	.367
Day	.208	149	31	2	3	3	16	16	23	.292	.322	April	.138	65	9	3	0	3	7	10	9	.273	.323
Night	.241	319	77	17	5	7	31	32	42	.322	.392	May	.224	49	11	2	1	0	5	6	10	.309	.265
Grass	.247	146	36	6	1	1	13	21	13	.351	.322	June	.280	100	28	6	3	2	11	15	16	.385	.460
Turf	.224	322	72	13	7	9	34	27	52	.294	.391	July	.189	74	14	0	1	1	5	3	8	.228	.257
First Pitch	.277	83	23	2	2	2	8	2	0	.326	.422	August	.344	32	11	0	1	2	4	3	5	.400	.594
Ahead in Count	.303	89	27	9	2	4	11	24	0	.451	.584	September/October	.236	148	35	8	3	2	15	11	17	.303	.372
Behind in Count	.183	191	35	5	0	1	17	0	51	.193	.225	Pre-All Star	.222	279	62	11	4	6	28	34	41	.317	.355
Two Strikes	.183	202	37	5	2	3	19	22	65	.269	.272	Post-All Star	.243	189	46	8	4	4	19	14	24	.306	.392

Batter vs. Pitcher (career)

Hits Best Against	Avg	AB	H	2B	3B	HR	RBI	BB	SO	OBP	SLG	Hits Worst Against	Avg	AB	H	2B	3B	HR	RBI	BB	SO	OBP	SLG
Dwight Gooden	.417	12	5	2	0	0	0	1	1	.462	.583	Ken Hill	.000	10	0	0	0	0	0	1	4	.091	.000
Sid Fernandez	.400	10	4	1	0	0	3	0	.538	.500		Doug Drabek	.077	13	1	1	0	0	0	1	1	.143	.154
Donovan Osborne	.333	12	4	0	2	0	2	0	2	.333	.667	Greg Maddux	.111	9	1	0	0	0	1	0	4	.273	.111
												Rheal Cormier	.111	9	1	1	0	0	0	2	1	.273	.222
												Mike Morgan	.125	16	2	0	0	0	0	0	4	.176	.125

Larry Andersen — Phillies   Age 42 – Pitches Right (groundball pitcher)

	ERA	W	L	Sv	G	GS	IP	BB	SO	Avg	H	2B	3B	HR	RBI	OBP	SLG	GF	IR	IRS	Hld	SvOp	SB	CS	GB	FB	G/F
1994 Season	4.41	1	2	0	29	0	32.2	15	27	.256	33	7	1	2	15	.333	.372	11	16	3	5	0	4	0	44	35	1.26
Last Five Years	2.65	13	11	22	230	0	272.0	84	262	.230	231	27	5	10	112	.289	.296	85	247	86	52	33	37	7	354	222	1.59

1994 Season

	ERA	W	L	Sv	G	GS	IP	H	HR	BB	SO		Avg	AB	H	2B	3B	HR	RBI	BB	SO	OBP	SLG
Home	5.02	0	1	0	13	0	14.1	15	1	8	15	vs. Left	.306	72	22	4	0	2	12	6	11	.359	.444
Away	3.93	1	1	0	16	0	18.1	18	1	7	12	vs. Right	.193	57	11	3	1	0	3	9	16	.303	.281
Starter	0.00	0	0	0	0	0	0.0	0	0	0	0	Scoring Posn	.185	54	10	1	0	1	13	6	12	.267	.204
Reliever	4.41	1	2	0	29	0	32.2	33	2	15	27	Close & Late	.321	53	17	4	1	1	12	6	8	.410	.434
0 Days rest (Re)	1.69	0	0	0	5	0	5.1	3	0	5	8	None on/out	.385	26	10	3	1	1	6	5	.500	.692	
1 or 2 Days rest	5.79	0	1	0	16	0	18.2	23	2	8	11	First Pitch	.571	14	8	2	1	0	2	3	0	.647	.857
3+ Days rest	3.12	1	0	0	8	0	8.2	7	0	2	8	Ahead in Count	.197	66	13	1	0	2	6	0	26	.197	.303
Pre-All Star	3.32	1	1	0	20	0	21.2	21	1	9	17	Behind in Count	.261	23	6	2	0	0	2	6	0	.414	.348
Post-All Star	6.55	0	1	0	9	0	11.0	12	1	6	10	Two Strikes	.185	65	12	1	0	2	6	1	27	.254	.308

Last Five Years

	ERA	W	L	Sv	G	GS	IP	H	HR	BB	SO		Avg	AB	H	2B	3B	HR	RBI	BB	SO	OBP	SLG
Home	1.82	9	1	13	119	0	143.1	116	1	39	145	vs. Left	.274	482	132	15	2	7	68	44	90	.336	.357
Away	3.57	4	10	9	111	0	128.2	115	9	45	117	vs. Right	.189	524	99	12	3	3	44	40	172	.245	.240
Day	3.71	4	1	5	54	0	60.2	58	4	24	65	Inning 1-6	.211	71	15	2	0	0	10	1	14	.216	.239
Night	2.34	9	10	17	176	0	211.1	173	6	60	197	Inning 7+	.231	935	216	25	5	10	102	83	248	.295	.301
Grass	2.58	6	4	15	115	0	139.1	109	5	34	117	None on	.242	532	129	15	2	8	8	46	135	.305	.323
Turf	2.71	7	7	7	115	0	132.2	122	5	50	145	Runners on	.215	474	102	12	3	2	104	38	127	.272	.266

Last Five Years

	ERA	W	L	Sv	G	GS	IP	H	HR	BB	SO		Avg	AB	H	2B	3B	HR	RBI	BB	SO	OBP	SLG
April	1.95	4	1	1	35	0	32.1	35	1	14	30	Scoring Posn	.228	303	69	11	2	0	98	28	81	.288	.277
May	3.74	2	2	2	26	0	33.2	27	1	16	24	Close & Late	.242	567	137	14	2	3	70	53	154	.306	.289
June	1.87	4	1	2	45	0	53.0	43	1	12	47	None on/out	.222	230	51	7	1	2	27	60	.304	.287
July	3.94	2	3	5	48	0	61.2	48	5	24	58	vs. 1st Batr (relief)	.210	214	45	7	0	1	27	13	57	.257	.257
August	2.81	1	4	7	35	0	41.2	38	1	13	48	First Inning Pitched	.223	717	160	18	3	7	89	50	184	.274	.286
September/October	1.45	0	0	5	41	0	49.2	40	1	5	55	First 15 Pitches	.227	652	148	18	2	5	72	41	159	.274	.284
Starter	0.00	0	0	0	0	0	0.0	0	0	0	0	Pitch 16-30	.241	295	71	6	2	4	29	36	86	.321	.315
Reliever	2.65	13	11	22	230	0	272.0	231	10	84	262	Pitch 31-45	.182	55	10	2	1	1	8	7	16	.274	.309
0 Days rest (Re)	1.59	4	3	1	47	0	51.0	38	1	15	45	Pitch 46+	.500	4	2	1	0	0	3	0	1	.500	.750
1 or 2 Days rest	3.83	5	6	5	106	0	120.0	132	5	49	115	First Pitch	.345	84	29	5	2	1	9	13	0	.423	.488
3+ Days rest	1.78	4	2	16	77	0	101.0	61	4	20	102	Ahead in Count	.193	555	107	9	3	7	57	0	227	.194	.258
Pre-All Star	2.88	10	5	6	124	0	143.2	127	4	53	128	Behind in Count	.259	158	41	3	0	0	15	31	0	.380	.278
Post-All Star	2.38	3	6	16	106	0	128.1	104	6	31	134	Two Strikes	.162	556	90	9	2	7	52	40	262	.220	.223

Pitcher vs. Batter (since 1984)

Pitches Best Vs.	Avg	AB	H	2B	3B	HR	RBI	BB	SO	OBP	SLG	Pitches Worst Vs.	Avg	AB	H	2B	3B	HR	RBI	BB	SO	OBP	SLG
Chili Davis	.000	9	0	0	0	0	0	2	1	.182	.000	Jeff Treadway	.500	12	6	1	0	0	2	0	0	.500	.583
Eddie Murray	.083	12	1	0	0	0	1	1	4	.154	.083	Brett Butler	.500	10	5	0	0	0	1	3	3	.615	.500
Eric Davis	.111	27	3	1	0	0	1	1	8	.143	.148	Barry Bonds	.455	11	5	0	0	2	3	1	1	.500	1.000
Shawon Dunston	.111	18	2	0	0	0	1	1	6	.158	.111	Ozzie Smith	.438	16	7	1	0	0	5	6	2	.565	.500
Ryne Sandberg	.118	34	4	0	0	3	0	0	8	.114	.118	Gerald Perry	.375	16	6	2	0	1	5	1	0	.389	.688

Brady Anderson — Orioles
Age 31 – Bats Left

	Avg	G	AB	R	H	2B	3B	HR	RBI	BB	SO	HBP	GDP	SB	CS	OBP	SLG	IBB	SH	SF	#Pit	#P/PA	GB	FB	G/F
1994 Season	.263	111	453	78	119	25	5	12	48	57	75	10	7	31	1	.356	.419	3	3	2	1994	3.80	155	135	1.15
Last Five Years	.258	614	2126	329	548	106	28	51	245	306	362	39	19	135	36	.358	.406	23	34	25	10149	4.01	727	642	1.13

1994 Season

	Avg	AB	H	2B	3B	HR	RBI	BB	SO	OBP	SLG		Avg	AB	H	2B	3B	HR	RBI	BB	SO	OBP	SLG
vs. Left	.248	125	31	7	1	1	15	15	23	.347	.344	Scoring Posn	.219	105	23	9	0	2	35	18	16	.339	.362
vs. Right	.268	328	88	18	4	11	33	42	52	.360	.448	Close & Late	.222	54	12	1	1	0	2	8	10	.328	.278
Groundball	.301	103	31	5	1	3	13	16	16	.411	.456	None on/out	.304	184	56	11	3	8	28	36	.407	.527
Flyball	.229	96	22	3	1	1	8	14	20	.333	.313	Batting #1	.263	452	119	25	5	12	48	57	75	.357	.420
Home	.257	214	55	13	1	7	23	27	36	.350	.425	Batting #9	.000	1	0	0	0	0	0	0	0	.000	.000
Away	.268	239	64	12	4	5	25	30	39	.362	.414	Other	.000	0	0	0	0	0	0	0	0	.000	.000
Day	.248	133	33	6	2	3	12	16	23	.336	.391	April	.247	93	23	7	0	5	13	13	22	.352	.484
Night	.269	320	86	19	3	9	36	41	51	.365	.431	May	.238	105	25	4	0	0	2	12	12	.331	.276
Grass	.272	393	107	23	4	9	40	49	63	.361	.420	June	.255	110	28	5	2	4	9	16	19	.362	.445
Turf	.200	60	12	2	1	3	8	8	12	.324	.417	July	.298	104	31	6	3	2	18	10	18	.365	.471
First Pitch	.250	64	16	4	0	1	5	3	0	.333	.359	August	.293	41	12	3	0	1	6	6	4	.396	.439
Ahead in Count	.354	127	45	9	3	4	17	33	0	.488	.567	September/October	.000	0	0	0	0	0	0	0	0	.000	.000
Behind in Count	.207	184	38	8	1	3	14	0	58	.218	.310	Pre-All Star	.263	346	91	20	3	11	36	47	58	.362	.434
Two Strikes	.195	190	37	7	2	5	16	21	75	.277	.332	Post-All Star	.262	107	28	5	2	1	12	10	17	.336	.374

1994 By Position

Position	Avg	AB	H	2B	3B	HR	RBI	BB	SO	OBP	SLG	G	GS	Innings	PO	A	E	DP	Fld Pct	Rng Fctr	In Zone	Outs	Zone Rtg	MLB Zone
As lf	.244	291	71	13	3	5	23	37	46	.338	.361	76	70	621.2	153	1	0	0	1.000	2.23	181	145	.801	.815
As cf	.273	139	38	9	1	7	20	18	24	.377	.504	38	34	298.1	82	2	1	0	.988	2.53	98	79	.806	.824

Last Five Years

	Avg	AB	H	2B	3B	HR	RBI	BB	SO	OBP	SLG		Avg	AB	H	2B	3B	HR	RBI	BB	SO	OBP	SLG
vs. Left	.229	567	130	26	4	8	67	94	119	.352	.332	Scoring Posn	.264	477	126	29	6	7	186	90	89	.373	.394
vs. Right	.268	1559	418	80	24	43	178	212	243	.360	.433	Close & Late	.272	312	85	12	7	4	36	46	52	.364	.394
Groundball	.301	525	158	28	5	13	66	69	69	.390	.448	None on/out	.261	817	213	38	11	29	106	129	.353	.441
Flyball	.196	455	89	19	2	6	38	69	87	.314	.286	Batting #1	.265	1787	473	93	26	47	201	256	298	.363	.425
Home	.241	1029	248	49	8	26	125	146	190	.342	.380	Batting #2	.215	200	43	11	1	0	15	18	32	.335	.340
Away	.273	1097	300	57	20	25	120	160	172	.373	.430	Other	.230	139	32	2	1	0	15	18	32	.319	.259
Day	.284	638	181	38	14	16	72	86	108	.375	.462	April	.273	289	79	21	6	9	48	40	60	.389	.481
Night	.247	1488	367	68	14	35	173	220	254	.351	.382	May	.220	419	92	19	1	9	36	48	65	.309	.337
Grass	.256	1792	459	86	19	39	198	250	310	.354	.391	June	.254	355	90	21	4	12	36	50	59	.355	.437
Turf	.266	334	89	20	9	12	47	56	52	.380	.488	July	.297	353	105	17	6	9	49	46	58	.384	.456
First Pitch	.260	219	57	11	2	5	22	16	0	.322	.397	August	.256	340	87	12	6	7	44	68	48	.380	.376
Ahead in Count	.338	536	181	39	7	18	87	194	0	.513	.537	September/October	.257	370	95	15	7	5	32	45	72	.343	.376
Behind in Count	.208	897	187	32	9	14	72	0	295	.226	.311	Pre-All Star	.254	1171	298	69	12	34	146	166	197	.356	.421
Two Strikes	.208	1012	210	35	15	22	96	95	362	.283	.337	Post-All Star	.262	955	250	37	16	17	99	140	165	.360	.387

Batter vs. Pitcher (career)

Hits Best Against	Avg	AB	H	2B	3B	HR	RBI	BB	SO	OBP	SLG	Hits Worst Against	Avg	AB	H	2B	3B	HR	RBI	BB	SO	OBP	SLG
Phil Leftwich	.500	10	5	2	1	0	1	3	0	.615	.900	Tom Henke	.000	9	0	0	0	0	1	1	3	.091	.000
Hipolito Pichardo	.455	11	5	0	1	1	1	1	2	.500	.909	Dennis Eckersley	.067	15	1	0	0	1	0	0	4	.067	.067
Erik Hanson	.400	25	10	6	0	1	7	3	5	.448	.760	Juan Guzman	.077	13	1	0	0	0	0	2	4	.200	.077
Dave Fleming	.368	19	7	0	1	2	4	0	.500	.789	Mark Clark	.100	10	1	0	0	0	1	0	.182	.100
Bobby Witt	.348	23	8	3	0	2	4	8	5	.516	.739	Jack McDowell	.103	29	3	0	0	0	2	5	.161	.103

Brian Anderson — Angels
Age 23 – Pitches Left (flyball pitcher)

	ERA	W	L	Sv	G	GS	IP	BB	SO	Avg	H	2B	3B	HR	RBI	OBP	SLG	CG	ShO	Sup	QS	#P/S	SB	CS	GB	FB	G/F
1994 Season	5.22	7	5	0	18	18	101.2	27	47	.300	120	36	0	13	55	.347	.488	0	0	6.82	9	88	4	5	102	164	0.62
Career (1993-1994)	5.10	7	5	0	22	19	113.0	29	51	.296	131	39	1	14	61	.342	.483	0	0	6.53	10	88	5	5	110	186	0.59

1994 Season

	ERA	W	L	Sv	G	GS	IP	H	HR	BB	SO		Avg	AB	H	2B	3B	HR	RBI	BB	SO	OBP	SLG
Home	6.40	2	3	0	10	10	52.0	62	9	17	27	vs. Left	.333	84	28	6	0	4	14	1	13	.360	.548
Away	3.99	5	2	0	8	8	49.2	58	4	10	20	vs. Right	.291	316	92	30	0	9	41	26	34	.344	.472
Starter	5.22	7	5	0	18	18	101.2	120	13	27	47	Scoring Posn	.323	96	31	11	0	2	42	9	13	.366	.500
Reliever	0.00	0	0	0	0	0	0.0	0	0	0	0	Close & Late	.417	12	5	2	0	1	3	0	1	.417	.833
0-3 Days Rest (St)	0.00	0	0	0	0	0	0.0	0	0	0	0	None on/out	.238	101	24	8	0	2	2	9	12	.300	.376
4 Days Rest	5.64	3	4	0	12	12	67.0	80	10	15	32	First Pitch	.295	61	18	6	0	2	5	0	0	.313	.492
5+ Days Rest	4.41	4	1	0	6	6	34.2	40	3	12	15	Ahead in Count	.276	152	42	12	0	2	14	0	38	.282	.395
Pre-All Star	5.74	5	4	0	13	13	69.0	80	8	23	29	Behind in Count	.385	109	42	13	0	5	22	14	0	.448	.642
Post-All Star	4.13	2	1	0	5	5	32.2	40	5	4	18	Two Strikes	.245	159	39	12	0	5	20	13	47	.313	.415

Garret Anderson — Angels
Age 23 – Bats Left

	Avg	G	AB	R	H	2B	3B	HR	RBI	BB	SO	HBP	GDP	SB	CS	OBP	SLG	IBB	SH	SF	#Pit	#P/PA	GB	FB	G/F
1994 Season	.385	5	13	0	5	0	0	1	0	2	0	0	0	0	0	.385	.385	0	0	0	44	3.38	5	4	1.25

1994 Season

	Avg	AB	H	2B	3B	HR	RBI	BB	SO	OBP	SLG		Avg	AB	H	2B	3B	HR	RBI	BB	SO	OBP	SLG
vs. Left	.000	1	0	0	0	0	0	0	0	.000	.000	Scoring Posn	.500	4	2	0	0	0	1	0	0	.500	.500
vs. Right	.417	12	5	0	0	1	0	2	0	.417	.417	Close & Late	.000	1	0	0	0	0	0	0	0	.000	.000

Eric Anthony — Mariners
Age 27 – Bats Left

	Avg	G	AB	R	H	2B	3B	HR	RBI	BB	SO	HBP	GDP	SB	CS	OBP	SLG	IBB	SH	SF	#Pit	#P/PA	GB	FB	G/F
1994 Season	.237	79	262	31	62	14	1	10	30	23	66	0	6	6	2	.297	.412	4	2	1	1051	3.65	91	64	1.42
Last Five Years	.228	484	1545	183	352	62	6	55	212	151	371	5	27	20	11	.296	.383	15	3	15	6473	3.76	569	403	1.41

1994 Season

	Avg	AB	H	2B	3B	HR	RBI	BB	SO	OBP	SLG		Avg	AB	H	2B	3B	HR	RBI	BB	SO	OBP	SLG
vs. Left	.245	49	12	5	1	0	3	4	19	.302	.388	Scoring Posn	.218	55	12	2	0	1	18	12	18	.353	.309
vs. Right	.235	213	50	9	0	10	27	19	47	.296	.418	Close & Late	.184	38	7	3	0	1	2	3	14	.244	.342
Home	.281	114	32	9	1	3	15	14	31	.359	.456	None on/out	.290	62	18	0	0	3	3	2	15	.313	.484
Away	.203	148	30	5	0	7	15	9	35	.247	.378	Batting #5	.286	56	16	3	1	0	4	12	12	.339	.554
First Pitch	.152	33	5	1	0	2	5	3	0	.222	.364	Batting #7	.236	72	17	3	0	4	8	7	16	.304	.444
Ahead in Count	.425	73	31	8	1	8	17	7	0	.475	.890	Other	.216	134	29	8	1	2	10	11	38	.276	.336
Behind in Count	.121	107	13	5	0	0	6	0	55	.120	.168	Pre-All Star	.225	200	45	10	1	7	23	20	53	.294	.390
Two Strikes	.107	112	12	3	0	5	13	66	200	.134	Post-All Star	.274	62	17	4	0	3	7	3	13	.308	.484

Last Five Years

	Avg	AB	H	2B	3B	HR	RBI	BB	SO	OBP	SLG		Avg	AB	H	2B	3B	HR	RBI	BB	SO	OBP	SLG
vs. Left	.223	476	106	18	2	13	44	133	264	.288	.351	Scoring Posn	.228	400	91	17	1	11	143	51	103	.308	.358
vs. Right	.230	1069	246	44	4	42	145	107	238	.299	.397	Close & Late	.228	268	61	7	0	12	43	25	72	.292	.388
Groundball	.220	513	113	20	2	18	73	47	114	.284	.372	None on/out	.212	377	80	9	1	13	13	36	82	.284	.345
Flyball	.229	310	71	13	1	6	48	37	95	.312	.432	Batting #4	.259	541	140	24	4	21	90	54	102	.326	.434
Home	.246	731	180	34	5	22	98	70	173	.314	.397	Batting #5	.221	358	79	11	1	18	59	31	82	.281	.408
Away	.211	814	172	28	1	33	114	81	198	.280	.370	Other	.206	646	133	27	0	16	63	66	187	.279	.325
Day	.227	445	101	19	4	17	63	43	92	.292	.402	April	.275	171	47	8	1	7	27	16	36	.335	.456
Night	.228	1100	251	43	2	38	149	108	279	.298	.375	May	.249	325	81	18	1	9	42	34	75	.320	.394
Grass	.195	498	97	13	0	24	77	43	119	.256	.365	June	.212	344	73	14	2	9	38	35	94	.283	.343
Turf	.244	1047	255	49	6	31	135	108	252	.315	.391	July	.200	285	57	9	0	12	41	25	74	.260	.358
First Pitch	.279	204	57	16	2	8	41	9	0	.307	.495	August	.236	220	52	6	2	11	38	25	45	.314	.432
Ahead in Count	.318	343	109	20	2	18	56	65	0	.423	.545	September/October	.210	200	42	7	0	7	26	18	47	.277	.350
Behind in Count	.156	672	105	14	2	14	70	0	301	.160	.246	Pre-All Star	.231	948	219	41	4	31	125	94	235	.299	.381
Two Strikes	.140	741	104	12	1	16	73	76	371	.200	.224	Post-All Star	.223	597	133	21	2	24	87	57	136	.292	.385

Batter vs. Pitcher (career)

Hits Best Against	Avg	AB	H	2B	3B	HR	RBI	BB	SO	OBP	SLG	Hits Worst Against	Avg	AB	H	2B	3B	HR	RBI	BB	SO	OBP	SLG
Rheal Cormier	.417	12	5	1	0	1	4	2	2	.500	.750	Jose DeJesus	.000	10	0	0	0	0	0	2	4	.167	.000
Mike Bielecki	.400	10	4	0	0	1	1	3	.455	.700	Trevor Wilson	.077	13	1	0	0	0	0	0	5	.077	.077
Tom Candiotti	.375	16	6	0	0	1	1	0	6	.375	.563	Ken Hill	.100	20	2	0	0	0	0	3	11	.217	.100
Chris Nabholz	.364	11	4	0	0	1	3	1	1	.417	.636	Craig Lefferts	.154	13	2	1	0	0	1	0	4	.143	.231
Jose DeLeon	.357	14	5	2	0	0	1	4	.400	.500	Doug Drabek	.154	13	2	0	0	0	1	2	.154	.154

Kevin Appier — Royals
Age 27 – Pitches Right

	ERA	W	L	Sv	G	GS	IP	BB	SO	Avg	H	2B	3B	HR	RBI	OBP	SLG	CG	ShO	Sup	QS	#P/S	SB	CS	GB	FB	G/F
1994 Season	3.83	7	6	0	23	23	155.0	63	145	.240	137	22	6	11	63	.317	.358	1	0	5.11	15	114	14	6	191	134	1.43
Last Five Years	2.96	65	40	0	153	142	995.1	327	766	.234	871	17	55	317	.297	.330	18	7	4.56	100	108	66	32	1283	1028	1.25

1994 Season

	ERA	W	L	Sv	G	GS	IP	H	HR	BB	SO		Avg	AB	H	2B	3B	HR	RBI	BB	SO	OBP	SLG
Home	4.01	4	2	0	11	11	76.1	64	7	34	73	vs. Left	.279	290	81	17	3	3	29	43	61	.370	.390
Away	3.66	3	4	0	12	12	78.2	73	4	29	72	vs. Right	.200	280	56	5	3	8	34	20	84	.259	.325
Day	3.12	4	1	0	6	6	40.1	35	3	14	31	Inning 1-6	.246	475	117	16	5	9	55	54	121	.323	.358
Night	4.08	3	5	0	17	17	114.2	102	8	49	114	Inning 7+	.211	95	20	6	1	2	8	9	24	.283	.358

1994 Season

	ERA	W	L	Sv	G	GS	IP	H	HR	BB	SO		Avg	AB	H	2B	3B	HR	RBI	BB	SO	OBP	SLG
Grass	3.95	3	3	0	11	11	70.2	70	4	28	62	None on	.252	317	80	15	4	6	6	31	85	.325	.382
Turf	3.74	4	3	0	12	12	84.1	67	7	35	83	Runners on	.225	253	57	7	2	5	57	32	60	.307	.328
April	7.86	2	2	0	5	5	26.1	34	6	10	30	Scoring Posn	.204	162	33	5	2	2	50	20	37	.280	.296
May	4.08	2	3	0	6	6	39.2	42	3	17	41	Close & Late	.217	69	15	5	0	1	6	7	15	.295	.333
June	1.85	1	1	0	4	4	24.1	18	0	12	24	None on/out	.301	143	43	7	2	2	2	16	31	.379	.420
July	2.94	1	0	0	6	6	49.0	32	1	20	38	vs. 1st Batr (relief)	.000	0	0	0	0	0	0	0	0	.000	.000
August	2.30	1	0	0	2	2	15.2	11	1	4	12	First Inning Pitched	.297	91	27	4	1	2	18	16	21	.394	.429
September/October	0.00	0	0	0	0	0	0.0	0	0	0	0	First 75 Pitches	.262	355	93	16	4	8	63	42	84	.337	.397
Starter	3.83	7	6	0	23	23	155.0	137	11	63	145	Pitch 76-90	.164	67	11	0	0	3	8	20	.278	.164
Reliever	0.00	0	0	0	0	0	0.0	0	0	0	0	Pitch 91-105	.239	67	16	3	0	1	10	5	21	.297	.328
0-3 Days Rest (St)	0.00	0	0	0	0	0	0.0	0	0	0	0	Pitch 106+	.210	81	17	3	2	2	7	8	20	.278	.370
4 Days Rest	3.42	3	3	0	13	13	94.2	79	3	36	81	First Pitch	.323	65	21	2	2	2	10	6	0	.389	.508
5+ Days Rest	4.48	4	3	0	10	10	60.1	58	8	27	64	Ahead in Count	.195	307	60	7	3	4	22	0	119	.199	.277
Pre-All Star	4.36	5	6	0	17	17	105.1	101	9	48	105	Behind in Count	.338	77	26	4	0	3	13	26	0	.491	.506
Post-All Star	2.72	2	0	0	6	6	49.2	36	2	15	40	Two Strikes	.161	323	52	11	3	4	24	31	145	.237	.251

Last Five Years

	ERA	W	L	Sv	G	GS	IP	H	HR	BB	SO		Avg	AB	H	2B	3B	HR	RBI	BB	SO	OBP	SLG
Home	2.84	32	21	0	73	68	478.0	397	24	150	378	vs. Left	.249	1812	451	85	10	30	168	203	321	.322	.357
Away	3.06	33	19	0	80	74	517.1	474	31	177	388	vs. Right	.221	1904	420	71	7	25	149	124	445	.272	.305
Day	2.33	22	9	0	44	41	273.2	247	11	102	208	Inning 1-6	.234	3043	711	125	14	46	264	267	645	.295	.329
Night	3.19	43	31	0	109	101	721.2	624	44	225	558	Inning 7+	.238	673	160	31	3	9	53	60	121	.304	.333
Grass	3.13	28	16	0	67	61	425.0	398	27	152	329	None on	.228	2197	502	87	12	32	32	188	456	.292	.323
Turf	2.82	37	24	0	86	81	570.1	473	28	175	437	Runners on	.243	1519	369	69	5	23	285	139	310	.303	.340
April	3.98	5	10	0	22	20	126.2	121	11	47	104	Scoring Posn	.216	853	184	36	5	8	243	95	190	.288	.298
May	3.31	12	7	0	30	22	179.1	182	12	62	129	Close & Late	.207	410	85	14	1	5	34	37	70	.275	.283
June	2.89	11	6	0	27	26	177.1	148	12	56	131	None on/out	.227	956	217	42	6	13	13	83	183	.291	.324
July	2.59	14	2	0	28	28	201.2	153	5	59	168	vs. 1st Batr (relief)	.111	9	1	1	0	0	2	1	2	.182	.222
August	2.75	15	6	0	25	25	173.1	145	10	53	127	First Inning Pitched	.228	561	128	26	4	11	65	62	109	.301	.348
September/October	2.43	9	7	0	21	21	137.0	122	5	50	107	First 75 Pitches	.239	2533	605	116	13	36	214	212	510	.297	.338
Starter	2.92	65	39	0	142	142	972.1	838	52	318	745	Pitch 76-90	.216	444	96	13	0	10	38	44	98	.293	.313
Reliever	4.70	0	1	0	11	0	23.0	33	3	9	21	Pitch 91-105	.202	391	79	13	1	6	34	37	99	.271	.299
0-3 Days Rest (St)	2.70	2	1	0	4	4	26.2	27	1	8	19	Pitch 106+	.261	348	91	14	3	3	31	34	59	.328	.345
4 Days Rest	2.71	35	22	0	80	80	558.2	464	27	188	431	First Pitch	.311	470	146	23	4	10	48	16	0	.333	.440
5+ Days Rest	3.23	28	16	0	58	58	387.0	347	24	122	295	Ahead in Count	.179	1818	326	53	7	16	105	0	644	.181	.243
Pre-All Star	3.25	34	23	0	89	78	548.2	498	35	190	425	Behind in Count	.320	740	237	47	4	18	80	150	0	.434	.459
Post-All Star	2.60	31	17	0	64	64	446.2	373	20	137	347	Two Strikes	.160	1802	289	53	6	15	111	161	766	.230	.221

Pitcher vs. Batter (career)

Pitches Best Vs.	Avg	AB	H	2B	3B	HR	RBI	BB	SO	OBP	SLG	Pitches Worst Vs.	Avg	AB	H	2B	3B	HR	RBI	BB	SO	OBP	SLG
Tino Martinez	.000	14	0	0	0	0	1	4	4	.222	.000	Darryl Hamilton	.600	15	9	0	0	0	3	3	2	.667	.600
Ed Sprague	.000	13	0	0	0	0	0	0	6	.000	.000	Mike Aldrete	.533	15	8	2	0	0	4	3	.632	.667
Kevin Seitzer	.071	14	1	0	0	0	3	0	3	.071	.071	Chris James	.500	16	8	0	1	1	2	1	2	.529	.813
Gary Gaetti	.077	13	1	0	0	0	0	6	.077	.077	Leo Gomez	.450	20	9	1	0	2	4	2	4	.500	.800
Sam Horn	.091	11	1	0	0	0	0	6	.167	.091	Phil Plantier	.400	10	4	3	0	0	3	2	.538	.700

Luis Aquino — Marlins

Age 30 – Pitches Right

	ERA	W	L	Sv	G	GS	IP	BB	SO	Avg	H	2B	3B	HR	RBI	OBP	SLG	GF	IR	IRS	Hld	SvOp	SB	CS	GB	FB	G/F
1994 Season	3.73	2	1	0	29	1	50.2	22	22	.210	39	8	2	3	18	.300	.323	2	18	3	4	0	4	0	53	75	0.71
Last Five Years	3.59	23	20	3	140	48	454.1	156	208	.259	446	92	9	30	178	.324	.376	21	84	30	9	6	28	15	616	579	1.06

1994 Season

	ERA	W	L	Sv	G	GS	IP	H	HR	BB	SO		Avg	AB	H	2B	3B	HR	RBI	BB	SO	OBP	SLG
Home	5.23	1	1	0	13	0	20.2	16	2	11	8	vs. Left	.152	79	12	0	1	1	5	11	9	.264	.215
Away	2.70	1	0	0	16	1	30.0	23	1	11	14	vs. Right	.252	107	27	8	1	2	13	11	13	.328	.402
Starter	3.38	0	0	0	1	1	5.1	5	0	3	2	Scoring Posn	.186	43	8	2	1	1	13	9	6	.327	.349
Reliever	3.77	2	1	0	28	0	45.1	34	3	19	20	Close & Late	.246	57	14	5	0	0	2	12	5	.386	.333
0 Days rest (Re)	0.00	0	0	0	2	0	1.2	0	0	0	0	None on/out	.200	45	9	3	1	0	0	5	6	.306	.311
1 or 2 Days rest	5.18	0	1	0	16	0	24.1	23	2	12	7	First Pitch	.364	33	12	2	1	1	7	3	0	.421	.576
3+ Days rest	2.33	2	0	0	10	0	19.1	11	1	7	11	Ahead in Count	.157	83	13	4	0	0	2	6	11	0	.167	.205
Pre-All Star	5.40	2	1	0	18	0	26.2	27	2	14	14	Behind in Count	.294	34	10	1	0	2	6	11	0	.457	.500
Post-All Star	1.88	0	0	0	11	1	24.0	12	1	8	8	Two Strikes	.107	84	9	2	0	0	3	8	22	.185	.131

Last Five Years

	ERA	W	L	Sv	G	GS	IP	H	HR	BB	SO		Avg	AB	H	2B	3B	HR	RBI	BB	SO	OBP	SLG
Home	3.33	10	8	1	68	19	205.1	193	13	77	96	vs. Left	.255	839	214	40	6	13	78	82	105	.322	.364
Away	3.80	13	12	2	72	29	249.0	253	17	79	112	vs. Right	.263	881	232	52	3	17	100	74	103	.326	.387
Day	3.20	4	4	2	37	12	121.0	113	9	42	66	Inning 1-6	.261	1257	328	67	7	24	141	98	144	.316	.383
Night	3.73	19	16	1	103	36	333.1	333	23	114	142	Inning 7+	.255	463	118	25	2	6	37	58	64	.345	.356
Grass	3.54	16	12	2	87	27	259.0	263	19	92	137	None on	.257	1001	257	55	6	12	12	72	128	.313	.360
Turf	3.64	7	8	1	53	21	195.1	183	11	64	71	Runners on	.263	719	189	37	3	18	166	84	80	.339	.398
April	6.12	3	1	0	24	4	57.1	69	9	24	25	Scoring Posn	.240	405	97	21	2	8	137	59	52	.331	.360
May	2.48	1	2	0	28	4	72.2	61	3	26	41	Close & Late	.275	244	67	14	0	4	17	34	38	.371	.381
June	3.44	4	3	1	16	7	68.0	72	4	23	33	None on/out	.241	424	102	28	5	1	1	35	50	.308	.337
July	2.10	8	4	2	24	10	98.2	81	4	24	47	vs. 1st Batr (relief)	.291	79	23	9	1	2	15	9	9	.374	.506
August	3.09	4	2	0	26	10	81.2	67	4	34	34	First Inning Pitched	.260	492	128	28	3	11	74	55	71	.338	.396
September/October	5.33	3	6	0	22	13	76.0	96	6	25	28	First 15 Pitches	.263	430	113	23	2	10	53	47	52	.340	.395
Starter	3.61	15	16	0	48	48	286.1	287	17	87	121	Pitch 16-30	.269	372	100	21	1	3	34	35	47	.336	.355

11

Last Five Years

	ERA	W	L	Sv	G	GS	IP	H	HR	BB	SO		Avg	AB	H	2B	3B	HR	RBI	BB	SO	OBP	SLG
Reliever	3.54	8	4	3	92	0	168.0	159	13	69	87	Pitch 31-45	.230	287	66	13	4	5	26	23	31	.287	.355
0 Days rest (Re)	2.84	1	1	0	10	0	12.2	12	0	9	6	Pitch 46+	.265	631	167	35	2	12	65	51	78	.324	.384
1 or 2 Days rest	3.36	3	1	1	37	0	59.0	49	3	31	35	First Pitch	.311	267	83	15	2	3	41	14	0	.348	.416
3+ Days rest	3.74	4	2	2	45	0	96.1	98	10	29	46	Ahead in Count	.205	726	149	34	4	12	66	0	170	.213	.313
Pre-All Star	3.81	10	10	1	73	18	222.1	226	17	81	113	Behind in Count	.309	404	125	23	2	9	37	79	0	.424	.443
Post-All Star	3.38	13	10	2	67	30	232.0	220	13	75	95	Two Strikes	.203	698	142	27	3	10	57	63	208	.272	.294

Pitcher vs. Batter (career)

Pitches Best Vs.	Avg	AB	H	2B	3B	HR	RBI	BB	SO	OBP	SLG	Pitches Worst Vs.	Avg	AB	H	2B	3B	HR	RBI	BB	SO	OBP	SLG
Manuel Lee	.000	14	0	0	0	0	1	1	3	.067	.000	Frank Thomas	.545	11	6	1	0	3	6	2	0	.615	1.455
Alan Trammell	.059	17	1	0	0	0	0	1	0	.111	.059	Rickey Henderson	.500	10	5	1	0	0	0	2	0	.583	.600
Paul Molitor	.071	14	1	0	0	0	0	3	1	.071	.071	Lance Johnson	.462	13	6	2	2	0	2	1	0	.500	.923
Fred McGriff	.083	12	1	0	0	0	0	1	2	.154	.083	Dan Pasqua	.400	15	6	1	0	2	3	1	2	.438	.867
Luis Rivera	.100	20	2	1	0	0	0	2	1	.100	.150	Chili Davis	.364	11	4	1	0	2	5	3	3	.467	1.000

Alex Arias — Marlins
Age 27 – Bats Right (groundball hitter)

	Avg	G	AB	R	H	2B	3B	HR	RBI	BB	SO	HBP	GDP	SB	CS	OBP	SLG	IBB	SH	SF	#Pit	#P/PA	GB	FB	G/F
1994 Season	.239	59	113	4	27	5	0	0	15	9	19	1	5	0	1	.298	.283	0	1	1	476	3.81	44	28	1.57
Career (1992-1994)	.267	187	461	45	123	16	2	4	42	47	50	6	14	1	2	.340	.319	0	3	4	2001	3.84	204	107	1.91

1994 Season

	Avg	AB	H	2B	3B	HR	RBI	BB	SO	OBP	SLG		Avg	AB	H	2B	3B	HR	RBI	BB	SO	OBP	SLG
vs. Left	.233	30	7	1	0	0	4	4	4	.314	.267	Scoring Posn	.219	32	7	2	0	0	15	3	9	.297	.281
vs. Right	.241	83	20	4	0	0	11	5	15	.292	.289	Close & Late	.241	29	7	0	0	0	3	3	5	.313	.241
Home	.302	43	13	3	0	0	6	6	5	.380	.372	None on/out	.167	24	4	1	0	0	0	2	3	.231	.208
Away	.200	70	14	2	0	0	9	3	14	.243	.229	Batting #8	.184	38	7	2	0	0	3	2	6	.244	.237
First Pitch	.000	7	0	0	0	0	0	0	0	.000	.000	Batting #9	.345	29	10	2	0	0	6	4	5	.412	.414
Ahead in Count	.250	20	5	0	0	0	3	0	0	.348	.250	Other	.217	46	10	1	0	0	8	3	8	.265	.239
Behind in Count	.231	65	15	4	0	0	14	0	17	.242	.292	Pre-All Star	.244	90	22	5	0	0	14	8	16	.310	.300
Two Strikes	.192	52	10	4	0	0	10	6	19	.283	.269	Post-All Star	.217	23	5	0	0	0	1	1	3	.250	.217

Career (1992-1994)

	Avg	AB	H	2B	3B	HR	RBI	BB	SO	OBP	SLG		Avg	AB	H	2B	3B	HR	RBI	BB	SO	OBP	SLG
vs. Left	.283	152	43	7	0	0	14	17	11	.358	.329	Scoring Posn	.234	111	26	3	0	0	38	12	11	.315	.261
vs. Right	.259	309	80	9	1	2	28	30	39	.330	.314	Close & Late	.213	89	19	0	0	1	6	16	15	.333	.247
Groundball	.233	129	30	3	0	1	10	21	17	.349	.279	None on/out	.279	111	31	4	1	0	0	13	14	.360	.333
Flyball	.244	90	22	3	0	0	6	3	12	.284	.278	Batting #7	.292	120	35	3	1	1	11	15	12	.381	.358
Home	.271	203	55	7	0	1	19	20	21	.341	.320	Batting #8	.254	138	35	7	0	1	11	11	20	.322	.326
Away	.264	258	68	9	1	1	23	27	29	.339	.318	Other	.261	203	53	6	0	2	20	21	18	.326	.291
Day	.241	187	45	6	0	1	17	13	22	.294	.289	April	.256	82	21	7	1	1	16	10	10	.340	.402
Night	.285	274	78	10	1	1	25	34	28	.369	.339	May	.271	96	26	1	0	0	7	11	9	.360	.281
Grass	.265	325	86	12	0	2	38	32	34	.336	.320	June	.267	45	12	1	0	0	3	2	5	.292	.289
Turf	.272	136	37	4	1	0	4	15	16	.348	.316	July	.262	65	17	1	0	0	5	3	7	.294	.277
First Pitch	.265	34	9	0	0	2	0	0	0	.286	.265	August	.080	25	2	0	0	0	2	5	3	.226	.080
Ahead in Count	.280	107	30	3	0	1	11	25	0	.410	.336	September/October	.304	148	45	6	0	1	9	16	16	.380	.365
Behind in Count	.218	220	48	8	0	0	24	0	42	.231	.255	Pre-All Star	.265	260	69	10	1	1	31	26	27	.338	.323
Two Strikes	.226	208	47	8	1	1	20	22	50	.308	.288	Post-All Star	.269	201	54	6	0	1	11	21	23	.342	.313

Batter vs. Pitcher (career)

Hits Best Against	Avg	AB	H	2B	3B	HR	RBI	BB	SO	OBP	SLG	Hits Worst Against	Avg	AB	H	2B	3B	HR	RBI	BB	SO	OBP	SLG
Ben Rivera	.667	9	6	0	0	0	2	1	1	.636	.667	Pete Schourek	.000	10	0	0	0	0	0	1	0	.167	.000

Jack Armstrong — Rangers
Age 30 – Pitches Right

	ERA	W	L	Sv	G	GS	IP	BB	SO	Avg	H	2B	3B	HR	RBI	OBP	SLG	CG	ShO	Sup	QS	#P/S	SB	CS	GB	FB	G/F
1994 Season	3.60	0	1	0	2	2	10.0	2	7	.231	9	2	0	3	4	.268	.513	0	0	3.60	1	80	0	0	10	15	0.67
Last Five Years	4.46	34	55	0	129	109	678.2	260	442	.267	704	119	20	89	342	.334	.429	4	1	4.23	51	93	59	26	896	824	1.09

1994 Season

	ERA	W	L	Sv	G	GS	IP	H	HR	BB	SO		Avg	AB	H	2B	3B	HR	RBI	BB	SO	OBP	SLG
Home	4.50	0	1	0	1	1	4.0	5	1	0	2	vs. Left	.111	18	2	0	0	0	0	1	5	.158	.111
Away	3.00	0	0	0	1	1	6.0	4	2	2	5	vs. Right	.333	21	7	2	0	3	4	1	2	.364	.857

Last Five Years

	ERA	W	L	Sv	G	GS	IP	H	HR	BB	SO		Avg	AB	H	2B	3B	HR	RBI	BB	SO	OBP	SLG
Home	4.84	20	31	0	64	54	332.2	345	48	133	223	vs. Left	.273	1395	381	67	12	51	197	172	185	.353	.448
Away	4.06	14	24	0	65	55	346.0	359	41	127	219	vs. Right	.261	1239	323	52	8	38	145	88	257	.311	.408
Day	3.73	11	13	0	30	24	154.1	152	14	63	124	Inning 1-6	.267	2328	621	110	15	82	315	234	390	.334	.433
Night	4.67	23	42	0	99	85	524.1	552	75	197	318	Inning 7+	.271	306	83	9	5	7	27	26	52	.331	.402
Grass	4.45	18	35	0	79	64	410.2	431	61	154	261	None on	.250	1565	391	67	11	51	51	147	272	.318	.404
Turf	4.47	16	20	0	50	45	268.0	273	28	106	181	Runners on	.293	1069	313	52	9	38	291	113	170	.356	.465
April	3.30	7	7	0	18	18	109.0	103	12	32	81	Scoring Posn	.279	599	167	24	4	19	233	83	96	.356	.427
May	3.63	10	8	0	23	23	148.2	141	14	49	90	Close & Late	.263	137	36	4	4	0	8	9	25	.313	.350
June	4.75	5	13	0	23	22	130.2	138	19	54	92	None on/out	.254	693	176	25	4	29	29	49	127	.309	.427
July	6.04	5	12	0	22	18	110.1	134	18	37	64	vs. 1st Batr (relief)	.211	19	4	1	0	1	2	1	6	.250	.421
August	5.38	3	8	0	18	14	85.1	88	16	50	47	First Inning Pitched	.300	513	154	25	4	20	101	62	84	.372	.481
September/October	3.99	4	7	0	25	14	94.2	100	10	38	69	First 75 Pitches	.263	2025	533	96	14	66	264	209	345	.333	.422
Starter	4.66	30	55	0	109	109	635.0	673	86	239	403	Pitch 76-90	.272	335	91	12	1	15	40	33	57	.338	.448
Reliever	1.44	4	0	0	20	0	43.2	31	3	21	39	Pitch 91-105	.280	189	53	10	2	3	23	14	26	.330	.402

12

Last Five Years

	ERA	W	L	Sv	G	GS	IP	H	HR	BB	SO		Avg	AB	H	2B	3B	HR	RBI	BB	SO	OBP	SLG
0-3 Days Rest (St)	3.52	0	3	0	6	6	30.2	22	2	14	21	Pitch 106+	.318	85	27	1	3	5	15	4	14	.352	.576
4 Days Rest	4.78	17	30	0	63	63	374.1	414	52	137	238	First Pitch	.342	404	138	28	0	25	77	10	0	.356	.597
5+ Days Rest	4.62	13	22	0	40	40	230.0	237	32	88	144	Ahead in Count	.196	1081	212	37	6	18	95	0	371	.203	.291
Pre-All Star	4.16	25	32	0	72	71	433.0	438	54	147	291	Behind in Count	.323	659	213	28	10	33	116	133	0	.432	.546
Post-All Star	4.98	9	23	0	57	38	245.2	266	35	113	151	Two Strikes	.181	1077	195	36	6	14	76	117	442	.264	.265

Pitcher vs. Batter (career)

Pitches Best Vs.	Avg	AB	H	2B	3B	HR	RBI	BB	SO	OBP	SLG	Pitches Worst Vs.	Avg	AB	H	2B	3B	HR	RBI	BB	SO	OBP	SLG
Mike Kingery	.000	12	0	0	0	0	0	1	1	.077	.000	Eddie Murray	.538	13	7	1	0	2	4	1	1	.571	1.077
Tim Raines	.063	16	1	0	0	0	1	1	2	.118	.063	Mike Devereaux	.500	12	6	2	1	2	2	0	3	.500	1.333
Candy Maldonado	.083	12	1	0	0	0	0	2	6	.214	.083	Harold Baines	.500	10	5	0	0	2	6	1	1	.545	1.100
Derrick May	.091	11	1	1	0	0	2	1	2	.154	.182	Rick Wilkins	.500	8	4	1	0	2	3	3	0	.636	1.375
Cal Ripken	.167	12	2	0	0	0	1	0	1	.167	.167	Darren Daulton	.444	18	8	2	1	4	9	1	2	.474	1.333

Rene Arocha — Cardinals
Age 29 – Pitches Right (groundball pitcher)

	ERA	W	L	Sv	G	GS	IP	BB	SO	Avg	H	2B	3B	HR	RBI	OBP	SLG	GF	IR	IRS	Hld	SvOp	SB	CS	GB	FB	G/F
1994 Season	4.01	4	4	11	45	7	83.0	21	62	.287	94	23	3	9	44	.336	.457	25	22	6	6	12	5	5	122	88	1.39
Career (1993-1994)	3.85	15	12	11	77	36	271.0	52	158	.276	291	59	10	29	127	.313	.433	25	22	6	6	12	19	13	432	286	1.51

1994 Season

	ERA	W	L	Sv	G	GS	IP	H	HR	BB	SO		Avg	AB	H	2B	3B	HR	RBI	BB	SO	OBP	SLG
Home	3.42	4	4	2	24	4	50.0	56	3	11	39	vs. Left	.271	129	35	10	0	1	15	12	22	.331	.372
Away	4.91	0	0	9	21	3	33.0	38	6	10	23	vs. Right	.296	199	59	13	3	8	29	9	40	.340	.513
Starter	6.48	1	0	7	7	7	33.1	52	4	6	23	Scoring Posn	.308	104	32	6	1	3	34	9	23	.371	.471
Reliever	2.36	3	1	11	38	0	49.2	42	5	15	39	Close & Late	.177	96	17	4	0	3	8	9	29	.255	.313
0 Days rest (Re)	4.20	1	1	6	13	0	15.0	12	1	7	17	None on/out	.250	76	19	5	0	2	0	11	0	.278	.342
1 or 2 Days rest	1.40	1	0	5	17	0	25.2	24	2	5	18	First Pitch	.326	43	14	3	0	2	6	4	0	.383	.535
3+ Days rest	2.00	1	0	0	8	0	9.0	6	2	3	4	Ahead in Count	.228	136	31	8	1	3	16	0	48	.243	.368
Pre-All Star	4.40	4	4	8	36	7	71.2	86	7	17	51	Behind in Count	.324	71	23	3	1	3	10	9	0	.400	.521
Post-All Star	1.59	0	0	3	9	0	11.1	8	2	4	11	Two Strikes	.196	158	31	10	2	2	16	0	62	.240	.323

Career (1993-1994)

	ERA	W	L	Sv	G	GS	IP	H	HR	BB	SO		Avg	AB	H	2B	3B	HR	RBI	BB	SO	OBP	SLG
Home	3.43	10	7	2	41	19	149.2	157	11	25	96	vs. Left	.301	481	145	26	5	10	59	31	57	.343	.439
Away	4.38	5	5	9	36	17	121.1	134	18	27	62	vs. Right	.254	574	146	33	5	19	68	21	101	.286	.429
Day	3.71	3	6	2	22	11	87.1	83	10	11	56	Inning 1-6	.293	782	229	48	8	21	100	35	110	.326	.455
Night	3.92	12	6	9	55	25	183.2	208	19	41	102	Inning 7+	.227	273	62	11	2	8	27	17	48	.274	.370
Grass	4.31	4	3	5	23	11	77.1	84	13	17	36	None on	.271	628	170	35	8	14	14	22	90	.298	.419
Turf	3.67	11	9	6	54	25	193.2	207	16	35	122	Runners on	.283	427	121	24	2	15	113	30	68	.333	.454
April	3.67	4	2	0	8	8	49.0	50	3	6	31	Scoring Posn	.287	268	77	14	2	8	95	26	45	.354	.444
May	4.80	2	1	3	20	5	45.0	52	8	10	30	Close & Late	.194	144	28	5	1	4	12	10	35	.250	.326
June	2.98	4	2	5	16	5	45.1	45	1	8	25	None on/out	.255	271	69	14	4	2	2	8	35	.279	.358
July	3.63	2	2	2	18	6	52.0	56	9	10	34	vs. 1st Batr (relief)	.205	39	8	3	0	2	4	2	12	.244	.436
August	3.86	2	2	1	8	6	44.1	49	3	6	16	First Inning Pitched	.276	283	78	16	1	6	33	19	44	.322	.403
September/October	4.33	1	3	0	7	6	35.1	39	5	12	22	First 15 Pitches	.282	255	72	14	2	6	28	16	37	.327	.424
Starter	4.12	12	10	0	36	36	214.1	243	23	35	113	Pitch 16-30	.246	203	50	10	2	3	17	9	37	.287	.360
Reliever	2.86	3	2	11	41	0	56.2	48	6	17	45	Pitch 31-45	.233	163	38	9	1	3	17	7	27	.276	.356
0 Days rest (Re)	4.20	1	1	6	13	0	15.0	12	1	7	17	Pitch 46+	.302	434	131	26	5	17	65	20	57	.330	.502
1 or 2 Days rest	2.64	1	1	5	19	0	30.2	23	3	7	22	First Pitch	.339	183	62	10	1	8	30	6	0	.361	.536
3+ Days rest	1.64	1	0	0	9	0	11.0	6	2	3	6	Ahead in Count	.217	428	93	18	4	7	36	0	135	.223	.327
Pre-All Star	3.89	10	7	8	51	20	157.1	169	14	28	95	Behind in Count	.310	242	75	14	2	11	31	21	0	.364	.521
Post-All Star	3.80	5	5	3	26	16	113.2	122	15	24	63	Two Strikes	.200	441	88	20	6	9	39	0	158	.243	.308

Pitcher vs. Batter (career)

Pitches Best Vs.	Avg	AB	H	2B	3B	HR	RBI	BB	SO	OBP	SLG	Pitches Worst Vs.	Avg	AB	H	2B	3B	HR	RBI	BB	SO	OBP	SLG
Jeff Bagwell	.000	11	0	0	0	0	0	1	4	.083	.000	Rick Wilkins	.667	9	6	0	0	1	1	2	2	.727	1.000
Delino DeShields	.083	12	1	0	0	0	1	1	1	.154	.250	Steve Finley	.583	12	7	1	0	1	3	0	0	.583	.833
Tony Gwynn	.091	11	1	1	0	0	0	0	0	.091	.182	Dante Bichette	.500	14	7	1	0	2	7	0	2	.500	1.000
Sammy Sosa	.167	12	2	1	0	1	0	4	0	.167	.250	Sean Berry	.400	10	4	1	1	1	2	1	2	.455	1.000
Larry Walker	.200	15	3	0	0	3	0	2	0	.200	.200	Mike Piazza	.333	12	4	1	0	0	1	0	2	.333	.917

Andy Ashby — Padres
Age 27 – Pitches Right (groundball pitcher)

	ERA	W	L	Sv	G	GS	IP	BB	SO	Avg	H	2B	3B	HR	RBI	OBP	SLG	CG	ShO	Sup	QS	#P/S	SB	CS	GB	FB	G/F
1994 Season	3.40	6	11	0	24	24	164.1	43	121	.233	145	29	4	16	66	.285	.370	4	0	3.45	15	98	27	2	267	127	2.10
Career (1991-1994)	5.26	11	29	1	74	61	366.1	139	248	.277	396	74	11	46	207	.342	.440	4	0	4.25	25	89	42	6	615	304	2.02

1994 Season

	ERA	W	L	Sv	G	GS	IP	H	HR	BB	SO		Avg	AB	H	2B	3B	HR	RBI	BB	SO	OBP	SLG
Home	2.52	3	4	0	10	10	71.1	53	7	14	52	vs. Left	.249	313	78	17	2	8	34	26	48	.308	.393
Away	4.06	3	7	0	14	14	93.0	92	9	29	69	vs. Right	.217	309	67	12	2	8	32	17	73	.261	.346
Day	2.43	2	2	0	5	5	37.0	29	2	10	25	Inning 1-6	.239	514	123	26	3	14	60	42	102	.299	.383
Night	3.68	4	9	0	19	19	127.1	116	14	33	96	Inning 7+	.204	108	22	3	1	2	6	1	19	.211	.306
Grass	3.26	5	6	0	17	17	118.2	101	15	22	87	None on	.233	390	91	15	3	10	10	17	72	.269	.364
Turf	3.74	1	5	0	7	7	45.2	44	1	21	34	Runners on	.233	232	54	14	1	6	56	26	49	.309	.379
April	3.62	0	2	0	5	5	32.1	29	4	11	21	Scoring Posn	.240	150	36	11	1	5	54	32	32	.339	.427
May	2.09	1	3	0	6	6	43.0	36	2	14	38	Close & Late	.207	82	17	1	1	2	7	1	16	.217	.280
June	3.38	2	1	0	5	5	37.1	32	5	4	18	None on/out	.238	164	39	7	2	2	2	6	32	.265	.341

1994 Season

	ERA	W	L	Sv	G	GS	IP	H	HR	BB	SO		Avg	AB	H	2B	3B	HR	RBI	BB	SO	OBP	SLG
July	5.30	1	5	0	6	6	35.2	34	4	12	29	vs. 1st Batr (relief)	.000	0	0	0	0	0	0	0	0	.000	.000
August	2.25	2	0	0	2	2	16.0	14	1	2	15	First Inning Pitched	.242	95	23	4	0	2	9	7	17	.294	.347
September/October	0.00	0	0	0	0	0	0.0	0	0	0	0	First 75 Pitches	.239	461	110	22	3	14	46	29	89	.287	.390
Starter	3.40	6	11	0	24	24	164.1	145	16	43	121	Pitch 76-90	.247	81	20	5	1	0	11	8	12	.311	.333
Reliever	0.00	0	0	0	0	0	0.0	0	0	0	0	Pitch 91-105	.193	57	11	0	0	6	4	12	0	.246	.228
0-3 Days Rest (St)	1.50	0	1	0	1	1	6.0	6	0	2	3	Pitch 106+	.174	23	4	0	0	2	3	2	8	.231	.435
4 Days Rest	3.25	4	6	0	13	13	91.1	72	9	27	68	First Pitch	.231	108	25	5	0	1	15	11	0	.308	.306
5+ Days Rest	3.76	2	4	0	10	10	67.0	67	7	14	50	Ahead in Count	.175	269	47	5	2	5	18	0	109	.177	.264
Pre-All Star	3.14	4	7	0	18	18	126.0	107	13	32	90	Behind in Count	.338	142	48	11	2	8	22	16	0	.400	.613
Post-All Star	4.23	2	4	0	6	6	38.1	38	3	11	31	Two Strikes	.163	258	42	6	1	3	14	16	121	.215	.229

Career (1991-1994)

	ERA	W	L	Sv	G	GS	IP	H	HR	BB	SO		Avg	AB	H	2B	3B	HR	RBI	BB	SO	OBP	SLG
Home	4.73	6	11	0	36	30	184.2	179	24	64	128	vs. Left	.277	765	212	30	6	22	104	80	107	.347	.418
Away	5.80	5	18	1	38	31	181.2	217	22	75	120	vs. Right	.276	666	184	44	5	24	103	59	141	.337	.465
Day	5.41	3	12	0	25	20	124.2	143	17	42	83	Inning 1-6	.282	1251	353	68	10	40	186	128	219	.350	.448
Night	5.18	8	17	1	49	41	241.2	253	29	97	165	Inning 7+	.239	180	43	6	1	6	21	11	29	.281	.383
Grass	4.54	8	12	0	45	35	228.0	240	34	71	151	None on	.264	811	214	36	7	29	29	65	139	.323	.433
Turf	6.44	3	17	1	29	26	138.1	156	12	68	97	Runners on	.294	620	182	38	4	17	178	74	109	.366	.450
April	3.55	1	4	0	12	12	71.0	71	7	25	47	Scoring Posn	.301	385	116	29	4	12	166	59	68	.387	.491
May	4.26	1	4	1	15	9	63.1	66	6	24	50	Close & Late	.211	109	23	1	1	2	7	4	19	.239	.294
June	7.11	2	4	0	14	9	57.0	71	8	17	34	None on/out	.299	358	107	19	6	13	13	33	61	.361	.494
July	5.83	1	6	0	7	7	41.2	42	5	17	33	vs. 1st Batr (relief)	.417	12	5	3	0	1	4	1	2	.462	.917
August	4.79	4	6	0	11	11	62.0	67	10	25	44	First Inning Pitched	.298	295	88	19	3	8	58	31	46	.364	.464
September/October	6.43	2	5	0	15	13	71.1	79	10	31	44	First 75 Pitches	.281	1156	325	63	9	37	160	108	198	.345	.447
Starter	5.00	11	29	0	61	61	353.0	373	44	127	241	Pitch 76-90	.305	151	46	8	2	4	28	22	21	.392	.464
Reliever	12.15	0	0	1	13	0	13.1	23	2	12	7	Pitch 91-105	.207	92	19	3	0	1	13	7	18	.260	.272
0-3 Days Rest (St)	1.50	0	1	0	1	1	6.0	6	0	2	3	Pitch 106+	.188	32	6	0	0	4	6	2	11	.229	.563
4 Days Rest	5.33	6	17	0	33	33	189.0	203	24	73	131	First Pitch	.291	227	66	10	1	5	38	14	0	.336	.410
5+ Days Rest	4.73	5	11	0	27	27	158.0	164	20	52	107	Ahead in Count	.207	619	128	19	3	15	69	0	217	.210	.320
Pre-All Star	4.84	5	13	0	43	32	204.2	218	23	69	144	Behind in Count	.384	349	134	25	4	23	64	80	0	.497	.676
Post-All Star	5.79	6	16	0	31	29	161.2	178	23	70	104	Two Strikes	.180	594	107	17	3	11	55	45	248	.241	.274

Pitcher vs. Batter (career)

Pitches Best Vs.	Avg	AB	H	2B	3B	HR	RBI	BB	SO	OBP	SLG	Pitches Worst Vs.	Avg	AB	H	2B	3B	HR	RBI	BB	SO	OBP	SLG
Jay Bell	.067	15	1	0	0	0	0	2	4	.222	.067	Lenny Dykstra	.583	12	7	3	0	0	2	2	1	.643	.833
Steve Finley	.091	11	1	0	0	0	3	3	3	.286	.091	Todd Zeile	.500	8	4	1	0	1	2	3	0	.636	1.000
Darren Lewis	.100	10	1	0	0	0	1	1	2	.182	.100	Craig Biggio	.474	19	9	2	2	1	5	3	5	.545	.947
Mike Piazza	.133	15	2	1	0	0	0	1	3	.188	.200	Mark Grace	.412	17	7	1	1	1	6	3	1	.500	.765
Dwight Smith	.200	10	2	0	0	0	1	3	.182	.200		Barry Bonds	.375	16	6	1	0	5	5	2	1	.444	1.375

Billy Ashley — Dodgers
Age 24 – Bats Right

	Avg	G	AB	R	H	2B	3B	HR	RBI	BB	SO	HBP	GDP	SB	CS	OBP	SLG	IBB	SH	SF	#Pit	#P/PA	GB	FB	G/F
1994 Season	.333	2	6	0	2	1	0	0	0	0	2	0	0	0	0	.333	.500	0	0	0	26	4.33	1	2	0.50
Career (1992-1994)	.232	45	138	6	32	6	0	2	6	7	47	0	2	0	0	.269	.319	0	0	0	541	3.73	37	35	1.06

1994 Season

	Avg	AB	H	2B	3B	HR	RBI	BB	OBP	SLG		Avg	AB	H	2B	3B	HR	RBI	BB	SO	OBP	SLG
vs. Left	.333	6	2	1	0	0	0	2	.333	.500	Scoring Posn	.000	1	0	0	0	0	0	0	0	.000	.000
vs. Right	.000	0	0	0	0	0	0	0	.000	.000	Close & Late	.000	0	0	0	0	0	0	0	0	.000	.000

Paul Assenmacher — White Sox
Age 34 – Pitches Left

	ERA	W	L	Sv	G	GS	IP	BB	SO	Avg	H	2B	3B	HR	RBI	OBP	SLG	GF	IR	IRS	Hld	SvOp	SB	CS	GB	FB	G/F
1994 Season	3.55	1	2	1	44	0	33.0	13	29	.224	26	5	0	2	7	.301	.319	11	29	5	14	3	3	0	37	31	1.19
Last Five Years	3.33	23	19	34	335	1	362.2	128	353	.242	327	53	7	33	161	.310	.365	107	404	117	75	65	30	12	428	332	1.29

1994 Season

	ERA	W	L	Sv	G	GS	IP	H	BB	SO		Avg	AB	H	2B	3B	HR	RBI	BB	SO	OBP	SLG
Home	4.40	1	2	0	20	0	14.1	13	6	4	13	vs. Left	.200	50	10	1	0	1	4	3	12	.246	.280
Away	2.89	0	0	1	24	0	18.2	13	2	9	16	vs. Right	.242	66	16	4	0	1	3	10	17	.342	.348
Starter	0.00	0	0	0	0	0	0.0	0	0	0	0	Scoring Posn	.135	37	5	0	0	0	5	6	9	.239	.135
Reliever	3.55	1	2	1	44	0	33.0	26	2	13	29	Close & Late	.190	58	11	1	0	0	4	7	17	.269	.207
0 Days rest (Re)	1.69	1	0	1	13	0	10.2	7	1	2	13	None on/out	.333	33	11	4	0	2	2	1	7	.353	.636
1 or 2 Days rest	4.76	0	0	0	16	0	11.1	11	1	5	10	First Pitch	.231	13	3	0	0	1	2	1	0	.267	.462
3+ Days rest	4.09	0	1	0	15	0	11.0	8	0	6	6	Ahead in Count	.210	62	13	3	0	0	3	0	26	.219	.258
Pre-All Star	4.32	1	2	1	34	0	25.0	22	2	12	17	Behind in Count	.261	23	6	0	0	1	2	5	0	.379	.391
Post-All Star	1.13	0	0	0	10	0	8.0	4	0	1	12	Two Strikes	.169	59	10	1	0	0	6	29	.258	.237	

Last Five Years

	ERA	W	L	Sv	G	GS	IP	H	BB	SO		Avg	AB	H	2B	3B	HR	RBI	BB	SO	OBP	SLG
Home	3.22	15	9	16	181	0	198.2	175	16	59	195	vs. Left	.211	488	103	15	2	10	62	37	144	.272	.311
Away	3.46	8	10	18	154	1	164.0	152	17	69	158	vs. Right	.260	861	224	38	5	23	99	91	209	.331	.396
Day	3.16	14	6	19	167	0	196.2	182	18	59	205	Inning 1-6	.241	87	21	5	1	2	16	7	22	.298	.391
Night	3.52	9	13	15	168	1	166.0	145	15	69	148	Inning 7+	.242	1262	306	48	6	31	145	121	331	.311	.364
Grass	3.19	19	15	26	258	0	284.2	246	24	96	281	None on	.251	713	179	31	3	20	20	78	183	.303	.387
Turf	3.81	4	4	8	77	1	78.0	81	9	32	72	Runners on	.233	636	148	22	4	13	141	77	170	.317	.341
April	2.16	2	2	4	50	0	58.1	33	4	17	55	Scoring Posn	.229	397	91	15	1	7	124	66	105	.338	.325

Last Five Years

	ERA	W	L	Sv	G	GS	IP	H	HR	BB	SO		Avg	AB	H	2B	3B	HR	RBI	BB	SO	OBP	SLG
May	4.48	3	5	4	59	0	64.1	63	7	25	52	Close & Late	.236	797	188	29	2	16	98	80	226	.307	.338
June	3.71	4	2	7	71	1	60.2	66	4	34	62	None on/out	.238	315	75	15	1	10	10	19	85	.281	.387
July	3.40	3	2	5	57	0	53.0	60	6	15	61	vs. 1st Batr (relief)	.205	297	61	9	1	13	48	24	86	.266	.374
August	2.18	7	1	6	44	0	62.0	40	8	14	64	First Inning Pitched	.249	942	235	43	4	24	132	103	238	.324	.380
September/October	3.92	4	4	7	54	0	64.1	65	4	23	59	First 15 Pitches	.250	881	220	38	4	25	116	89	216	.318	.387
Starter	36.00	0	0	0	1	1	1.0	4	1	2	1	Pitch 16-30	.231	376	87	13	3	5	35	30	110	.290	.322
Reliever	3.24	23	19	34	334	0	361.2	323	32	126	352	Pitch 31-45	.208	77	16	2	0	3	10	7	24	.299	.351
0 Days rest (Re)	3.62	10	9	12	111	0	107.0	103	9	44	110	Pitch 46+	.267	15	4	0	0	0	0	2	3	.353	.267
1 or 2 Days rest	3.63	9	9	12	136	0	151.1	138	16	56	152	First Pitch	.328	195	64	13	2	10	35	19	0	.387	.569
3+ Days rest	2.26	4	1	10	87	0	103.1	82	7	26	90	Ahead in Count	.184	717	132	20	4	8	63	0	309	.187	.257
Pre-All Star	3.57	10	11	15	205	1	206.2	191	18	85	196	Behind in Count	.354	223	79	10	1	10	47	65	0	.497	.543
Post-All Star	3.00	13	8	19	130	0	156.0	136	15	43	157	Two Strikes	.159	704	112	21	3	6	47	43	353	.210	.223

Pitcher vs. Batter (career)

Pitches Best Vs.	Avg	AB	H	2B	3B	HR	RBI	BB	SO	OBP	SLG	Pitches Worst Vs.	Avg	AB	H	2B	3B	HR	RBI	BB	SO	OBP	SLG
Milt Thompson	.053	19	1	1	0	0	1	1	2	.100	.105	Brett Butler	.692	13	9	1	0	0	4	1	2	.714	.769
Paul O'Neill	.063	16	1	0	0	0	1	1	8	.118	.063	Eric Davis	.625	8	5	0	0	2	4	2	2	.727	1.375
Keith Miller	.083	12	1	0	0	0	0	1	8	.154	.083	Lenny Dykstra	.571	14	8	2	0	1	4	0	3	.533	.929
Jeff King	.091	11	1	0	0	0	1	0	2	.091	.091	Kevin McReynolds	.500	20	10	4	0	1	6	2	3	.545	.850
Sid Bream	.143	14	2	1	0	0	4	1	4	.143	.143	Jay Bell	.455	11	5	1	1	1	4	2	1	.500	1.000

Pedro Astacio — Dodgers

Age 25 – Pitches Right

	ERA	W	L	Sv	G	GS	IP	BB	SO	Avg	H	2B	3B	HR	RBI	OBP	SLG	CG	ShO	Sup	QS	#P/S	SB	CS	GB	FB	G/F
1994 Season	4.29	6	8	0	23	23	149.0	47	108	.252	142	30	4	18	66	.312	.416	3	1	3.81	15	98	8	5	207	172	1.20
Career (1992-1994)	3.52	25	22	0	65	65	417.1	135	273	.247	387	70	8	33	147	.309	.365	10	7	4.05	41	96	32	20	621	444	1.40

1994 Season

	ERA	W	L	Sv	G	GS	IP	H	HR	BB	SO		Avg	AB	H	2B	3B	HR	RBI	BB	SO	OBP	SLG
Home	2.63	4	3	0	11	11	82.0	59	10	19	63	vs. Left	.268	269	72	17	3	10	41	26	49	.330	.465
Away	6.31	2	5	0	12	12	67.0	83	8	28	45	vs. Right	.238	294	70	13	1	8	25	21	59	.295	.371
Day	5.17	2	3	0	9	9	54.0	49	7	20	37	Inning 1-6	.252	445	112	24	1	16	57	40	92	.317	.418
Night	3.79	4	5	0	14	14	95.0	93	11	20	71	Inning 7+	.254	118	30	6	3	2	9	7	16	.291	.407
Grass	3.33	4	6	0	17	17	119.0	102	15	33	93	None on	.248	351	87	15	2	12	12	27	76	.307	.405
Turf	8.10	2	3	0	6	6	30.0	40	3	14	15	Runners on	.259	212	55	15	2	6	54	20	32	.319	.434
April	6.31	1	2	0	4	4	25.2	24	1	11	14	Scoring Posn	.274	106	29	10	0	4	47	14	13	.349	.481
May	3.18	2	2	0	6	6	39.2	39	3	12	35	Close & Late	.141	64	9	1	0	0	4	4	12	.188	.156
June	3.50	3	1	0	6	6	43.2	39	5	11	21	None on/out	.230	152	35	7	2	7	7	12	30	.291	.441
July	5.88	0	3	0	5	5	26.0	25	4	11	10	vs. 1st Batr (relief)	.000	0	0	0	0	0	0	0	0	.000	.000
August	3.21	0	0	0	2	2	14.0	15	2	2	15	First Inning Pitched	.326	92	30	9	0	1	16	8	12	.379	.457
September/October	0.00	0	0	0	0	0	0.0	0	0	0	0	First 75 Pitches	.254	386	98	21	1	14	47	31	79	.314	.422
Starter	4.29	6	8	0	23	23	149.0	142	18	47	108	Pitch 76-90	.236	72	17	4	1	2	8	7	13	.304	.403
Reliever	0.00	0	0	0	0	0	0.0	0	0	0	0	Pitch 91-105	.235	68	16	3	1	1	8	5	11	.276	.353
0-3 Days Rest (St)	0.00	0	0	0	0	0	0.0	0	0	0	0	Pitch 106+	.297	37	11	2	1	1	3	4	5	.366	.486
4 Days Rest	2.90	4	3	0	13	13	93.0	74	6	26	59	First Pitch	.313	96	30	6	2	3	0	0	0	.337	.510
5+ Days Rest	6.59	2	5	0	10	10	56.0	68	12	21	49	Ahead in Count	.189	238	45	8	2	5	26	0	87	.188	.303
Pre-All Star	3.77	6	6	0	18	18	124.0	106	14	39	88	Behind in Count	.326	138	45	9	0	9	24	29	0	.447	.587
Post-All Star	6.84	0	2	0	5	5	25.0	36	4	8	20	Two Strikes	.181	249	45	9	2	5	28	15	108	.226	.301

Career (1992-1994)

	ERA	W	L	Sv	G	GS	IP	H	HR	BB	SO		Avg	AB	H	2B	3B	HR	RBI	BB	SO	OBP	SLG
Home	2.73	13	9	0	33	33	227.1	200	15	67	147	vs. Left	.250	840	210	38	5	20	88	80	133	.314	.379
Away	4.45	12	13	0	32	32	190.0	187	18	68	126	vs. Right	.244	726	177	32	3	13	59	55	140	.302	.350
Day	4.13	6	8	0	21	21	124.1	122	12	50	83	Inning 1-6	.241	1307	315	57	4	28	129	120	240	.308	.355
Night	3.26	19	14	0	44	44	293.0	265	21	85	190	Inning 7+	.278	259	72	13	4	5	18	15	33	.314	.417
Grass	3.32	16	16	0	47	47	311.1	291	27	97	204	None on	.252	953	240	45	5	20	20	75	170	.311	.373
Turf	4.08	9	6	0	18	18	106.0	96	6	38	69	Runners on	.240	613	147	25	3	13	127	60	103	.305	.354
April	4.71	2	4	0	8	8	49.2	45	5	22	28	Scoring Posn	.248	315	78	14	0	8	111	40	57	.328	.368
May	3.88	4	3	0	11	11	65.0	71	5	19	50	Close & Late	.223	121	27	4	0	2	9	8	19	.265	.306
June	3.81	6	2	0	12	12	80.1	73	8	20	36	None on/out	.234	414	97	23	3	12	12	37	72	.302	.391
July	5.29	2	6	0	12	12	68.0	65	10	33	52	vs. 1st Batr (relief)	.000	0	0	0	0	0	0	0	0	.000	.000
August	2.29	4	2	0	10	10	63.0	58	4	19	44	First Inning Pitched	.277	249	69	18	0	7	41	27	30	.345	.434
September/October	1.87	7	5	0	12	12	91.1	75	1	22	63	First 75 Pitches	.249	1149	286	53	4	26	117	95	203	.309	.370
Starter	3.52	25	22	0	65	65	417.1	387	33	135	273	Pitch 76-90	.272	184	50	6	2	4	12	18	32	.343	.391
Reliever	0.00	0	0	0	0	0	0.0	0	0	0	0	Pitch 91-105	.213	141	30	7	1	2	14	11	23	.261	.319
0-3 Days Rest (St)	27.00	0	1	0	1	1	2.0	4	2	4	2	Pitch 106+	.228	92	21	4	1	1	4	11	15	.311	.326
4 Days Rest	2.98	8	11	0	28	28	193.0	177	10	54	112	First Pitch	.323	266	86	11	2	10	33	7	0	.339	.492
5+ Days Rest	3.76	17	10	0	36	36	222.1	206	21	77	159	Ahead in Count	.191	611	117	21	3	10	46	0	221	.196	.285
Pre-All Star	4.00	14	12	0	37	37	234.0	213	24	81	150	Behind in Count	.285	369	105	21	0	11	49	76	0	.408	.431
Post-All Star	2.90	11	10	0	28	28	183.1	174	9	54	123	Two Strikes	.168	648	109	17	4	7	39	52	273	.231	.239

Pitcher vs. Batter (career)

Pitches Best Vs.	Avg	AB	H	2B	3B	HR	RBI	BB	SO	OBP	SLG	Pitches Worst Vs.	Avg	AB	H	2B	3B	HR	RBI	BB	SO	OBP	SLG
Dave Hollins	.000	12	0	0	0	0	1	1	2	.077	.000	Ray Lankford	.500	14	7	1	0	1	5	0	5	.500	.786
Kevin Bass	.091	11	1	1	0	0	0	1	0	.167	.182	Mickey Morandini	.455	11	5	1	0	0	2	3	2	.571	.727
Darrin Fletcher	.100	10	1	1	0	0	0	1	1	.167	.200	Jeff Branson	.429	14	6	1	0	1	4	0	1	.429	.786
Eddie Taubensee	.118	17	2	0	0	0	4	0	9	.118	.118	Jim Eisenreich	.417	12	5	1	1	0	4	0	1	.500	.750
Luis Gonzalez	.136	22	3	0	0	1	1	0	4	.174	.136	Daryl Boston	.417	12	5	0	1	0	1	2	1	.462	.750

Joe Ausanio — Yankees
Age 29 – Pitches Right (flyball pitcher)

	ERA	W	L	Sv	G	GS	IP	BB	SO	Avg	H	2B	3B	HR	RBI	OBP	SLG	GF	IR	IRS	Hld	SvOp	SB	CS	GB	FB	G/F
1994 Season	5.17	2	1	0	13	0	15.2	6	15	.254	16	1	0	3	4	.319	.413	5	2	0	0	0	2	0	15	22	0.68

1994 Season

	ERA	W	L	Sv	G	GS	IP	H	HR	BB	SO		Avg	AB	H	2B	3B	HR	RBI	BB	SO	OBP	SLG
Home	8.59	1	1	0	6	0	7.1	9	2	1	6	vs. Left	.370	27	10	1	0	2	2	2	5	.414	.630
Away	2.16	1	0	0	7	0	8.1	7	1	5	9	vs. Right	.167	36	6	0	0	1	2	4	10	.250	.250

Brad Ausmus — Padres
Age 26 – Bats Right (groundball hitter)

	Avg	G	AB	R	H	2B	3B	HR	RBI	BB	SO	HBP	GDP	SB	CS	OBP	SLG	IBB	SH	SF	#Pit	#P/PA	GB	FB	G/F
1994 Season	.251	101	327	45	82	12	1	7	24	30	63	1	8	5	1	.314	.358	12	6	2	1237	3.38	136	63	2.16
Career (1993-1994)	.253	150	487	63	123	20	2	12	36	36	91	1	10	7	1	.304	.376	12	6	2	1833	3.44	191	99	1.93

1994 Season

	Avg	AB	H	2B	3B	HR	RBI	BB	SO	OBP	SLG		Avg	AB	H	2B	3B	HR	RBI	BB	SO	OBP	SLG
vs. Left	.244	86	21	4	0	1	9	8	18	.309	.326	Scoring Posn	.143	91	13	1	0	2	18	15	26	.259	.220
vs. Right	.253	241	61	8	1	6	15	22	45	.316	.369	Close & Late	.246	69	17	1	0	2	5	3	11	.278	.348
Groundball	.282	117	33	6	1	3	12	9	15	.331	.427	None on/out	.304	92	28	6	0	4	4	3	13	.333	.500
Flyball	.207	29	6	1	0	0	0	7	7	.361	.241	Batting #7	.175	57	10	2	0	1	5	9	14	.288	.263
Home	.283	159	45	8	0	6	16	17	36	.352	.447	Batting #8	.268	265	71	10	1	5	17	21	49	.322	.370
Away	.220	168	37	4	1	1	8	13	27	.277	.274	Other	.200	5	1	0	0	1	2	0	0	.200	.800
Day	.301	83	25	4	0	1	7	5	15	.341	.386	April	.247	77	19	3	1	2	6	7	17	.306	.390
Night	.234	244	57	8	1	6	17	25	48	.305	.348	May	.227	75	17	6	0	0	4	6	15	.293	.307
Grass	.270	252	68	9	0	6	20	24	49	.332	.377	June	.231	78	18	0	0	2	5	9	11	.307	.308
Turf	.187	75	14	3	1	1	4	6	14	.253	.293	July	.310	71	22	2	0	3	7	8	15	.380	.465
First Pitch	.339	59	20	2	0	2	7	11	0	.443	.475	August	.231	26	6	1	0	0	2	0	5	.231	.269
Ahead in Count	.353	68	24	7	0	3	6	7	0	.408	.588	September/October	.000	0	0	0	0	0	0	0	0	.000	.000
Behind in Count	.164	140	23	3	1	1	6	0	55	.170	.221	Pre-All Star	.235	255	60	10	1	5	18	22	50	.296	.341
Two Strikes	.134	142	19	3	1	1	7	12	63	.206	.190	Post-All Star	.306	72	22	2	0	2	6	8	13	.375	.417

1994 By Position

Position	Avg	AB	H	2B	3B	HR	RBI	BB	SO	OBP	SLG	G	GS	Innings	PO	A	E	DP	Fld Pct	Rng Fctr	In Zone	Zone Outs	Zone Rtg	MLB Zone
As C	.252	326	82	12	1	7	24	30	62	.315	.359	99	94	833.2	684	59	7	2	.991	---	---	---	---	---

Steve Avery — Braves
Age 25 – Pitches Left

	ERA	W	L	Sv	G	GS	IP	BB	SO	Avg	H	2B	3B	HR	RBI	OBP	SLG	CG	ShO	Sup	QS	#P/S	SB	CS	GB	FB	G/F
1994 Season	4.04	8	3	0	24	24	151.2	55	122	.227	127	34	0	15	58	.298	.369	1	0	5.28	14	98	14	3	202	139	1.45
Career (1990-1994)	3.58	58	39	0	150	149	918.0	279	588	.252	869	158	16	71	358	.307	.368	10	5	4.71	85	93	129	50	1312	947	1.39

1994 Season

	ERA	W	L	Sv	G	GS	IP	H	HR	BB	SO		Avg	AB	H	2B	3B	HR	RBI	BB	SO	OBP	SLG
Home	3.70	5	1	0	12	12	75.1	58	7	25	61	vs. Left	.200	80	16	5	0	1	6	9	23	.293	.300
Away	4.36	3	2	0	12	12	76.1	69	8	30	61	vs. Right	.232	479	111	29	0	14	52	46	99	.299	.380
Day	7.18	1	1	0	7	7	36.1	36	6	22	31	Inning 1-6	.230	478	110	30	0	14	54	50	110	.305	.381
Night	3.04	7	2	0	17	17	115.1	91	9	33	91	Inning 7+	.210	81	17	4	0	1	4	5	12	.253	.296
Grass	3.37	7	1	0	18	18	117.2	91	9	37	93	None on	.216	366	79	19	0	10	31	82	.281	.350
Turf	6.35	1	2	0	6	6	34.0	36	6	18	29	Runners on	.249	193	48	15	0	5	48	24	40	.329	.404
April	3.86	1	1	0	5	5	30.1	23	2	11	23	Scoring Posn	.236	110	26	7	0	4	43	16	28	.318	.409
May	2.18	4	0	0	6	6	41.1	30	2	13	34	Close & Late	.220	50	11	2	0	0	2	2	9	.245	.260
June	8.25	0	1	0	5	5	24.0	24	5	17	17	None on/out	.214	154	33	7	0	5	5	11	41	.267	.357
July	4.95	2	1	0	6	6	40.0	41	6	9	32	vs. 1st Batr (relief)	.000	0	0	0	0	0	0	0	0	.000	.000
August	0.56	1	0	0	2	2	16.0	9	0	5	16	First Inning Pitched	.233	90	21	7	0	2	13	10	14	.317	.378
September/October	0.00	0	0	0	0	0	0.0	0	0	0	0	First 75 Pitches	.224	407	91	27	0	10	41	40	93	.295	.364
Starter	4.04	8	3	0	24	24	151.2	127	15	55	122	Pitch 76-90	.186	70	13	4	0	4	7	7	21	.253	.414
Reliever	0.00	0	0	0	0	0	0.0	0	0	0	0	Pitch 91-105	.327	55	18	3	0	0	8	8	6	.422	.382
0-3 Days Rest (St)	5.68	0	0	0	1	1	6.1	7	1	3	3	Pitch 106+	.185	27	5	0	0	1	2	0	2	.185	.296
4 Days Rest	3.50	6	1	0	15	15	97.2	78	8	33	76	First Pitch	.324	71	23	6	0	1	15	3	0	.338	.451
5+ Days Rest	4.91	2	1	0	8	8	47.2	42	6	19	43	Ahead in Count	.181	271	49	10	0	7	20	0	105	.191	.295
Pre-All Star	4.03	6	2	0	18	18	111.2	90	10	42	86	Behind in Count	.260	131	34	12	0	5	16	25	0	.378	.466
Post-All Star	4.05	2	1	0	6	6	40.0	37	5	13	36	Two Strikes	.152	264	40	9	0	5	17	27	122	.234	.242

Career (1990-1994)

	ERA	W	L	Sv	G	GS	IP	H	HR	BB	SO		Avg	AB	H	2B	3B	HR	RBI	BB	SO	OBP	SLG
Home	3.29	32	16	0	75	75	464.2	450	32	131	290	vs. Left	.224	603	135	21	3	9	58	57	145	.292	.313
Away	3.87	26	23	0	75	74	453.1	419	39	148	298	vs. Right	.258	2850	734	137	13	62	300	222	443	.310	.380
Day	4.08	17	11	0	41	40	240.2	234	25	74	161	Inning 1-6	.250	2965	741	138	15	63	313	246	521	.306	.370
Night	3.40	41	28	0	109	109	677.1	635	46	205	427	Inning 7+	.262	488	128	20	1	8	45	33	67	.309	.357
Grass	3.15	47	25	0	112	111	705.0	650	46	197	429	None on	.238	2134	507	99	10	39	39	162	360	.293	.348
Turf	4.99	11	14	0	38	38	213.0	219	25	82	159	Runners on	.274	1319	362	59	6	32	319	117	228	.328	.401
April	3.14	5	6	0	18	18	114.2	96	7	35	66	Scoring Posn	.253	772	195	33	1	16	272	84	154	.315	.360
May	3.06	14	4	0	25	25	159.0	146	8	59	108	Close & Late	.253	308	78	11	1	3	28	22	43	.301	.325
June	4.09	9	6	0	25	25	147.1	150	12	50	87	None on/out	.255	922	235	49	6	22	22	67	158	.306	.393
July	3.82	10	7	0	30	30	186.1	176	16	57	110	vs. 1st Batr (relief)	.000	1	0	0	0	0	0	0	0	.000	.000
August	3.60	12	9	0	26	26	162.2	167	11	47	114	First Inning Pitched	.268	568	152	26	3	13	74	54	90	.330	.393
September/October	3.65	8	7	0	26	25	148.0	134	17	31	103	First 75 Pitches	.247	2644	652	124	15	55	267	200	470	.299	.367
Starter	3.56	58	38	0	149	149	916.0	864	71	279	588	Pitch 76-90	.260	420	109	17	1	11	42	41	71	.322	.383
Reliever	13.50	0	1	0	1	0	2.0	5	0	0	0	Pitch 91-105	.291	268	78	15	0	1	34	29	30	.360	.358

Career (1990-1994)

	ERA	W	L	Sv	G	GS	IP	H	HR	BB	SO		Avg	AB	H	2B	3B	HR	RBI	BB	SO	OBP	SLG
0-3 Days Rest (St)	5.52	2	3	0	9	9	45.2	46	7	22	22	Pitch 106+	.248	121	30	2	0	4	15	9	17	.303	.364
4 Days Rest	3.31	44	23	0	104	104	658.1	597	51	189	412	First Pitch	.315	536	169	26	3	12	75	9	0	.324	.442
5+ Days Rest	3.91	12	12	0	36	36	212.0	221	13	68	154	Ahead in Count	.199	1609	320	62	6	23	123	0	512	.200	.288
Pre-All Star	3.52	31	20	0	78	78	481.1	451	31	163	303	Behind in Count	.321	742	238	48	4	27	114	152	0	.432	.505
Post-All Star	3.65	27	19	0	72	71	436.2	418	40	116	285	Two Strikes	.178	1576	280	52	5	15	104	118	588	.235	.246

Pitcher vs. Batter (career)

Pitches Best Vs.	Avg	AB	H	2B	3B	HR	RBI	BB	SO	OBP	SLG	Pitches Worst Vs.	Avg	AB	H	2B	3B	HR	RBI	BB	SO	OBP	SLG
Gerald Perry	.000	11	0	0	0	0	0	2	1	.154	.000	Kevin Mitchell	.500	12	6	1	0	1	6	0	3	.500	.833
Dave Gallagher	.000	10	0	0	0	0	0	1	1	.091	.000	Royce Clayton	.450	20	9	2	1	1	3	0	4	.429	.800
Mike Benjamin	.000	9	0	0	0	0	0	2	1	.182	.000	Brian Jordan	.364	11	4	2	0	1	2	1	1	.417	.818
Jose Offerman	.059	17	1	0	0	0	0	0	1	.059	.059	Lenny Dykstra	.333	15	5	3	0	1	5	4	2	.450	.733
Scott Servais	.077	13	1	0	0	0	0	1	1	.143	.077	Randy Ready	.333	12	4	0	0	2	3	2	1	.429	.833

Bobby Ayala — Mariners   Age 25 – Pitches Right (groundball pitcher)

	ERA	W	L	Sv	G	GS	IP	BB	SO	Avg	H	2B	3B	HR	RBI	OBP	SLG	GF	IR	IRS	Hld	SvOp	SB	CS	GB	FB	G/F
1994 Season	2.86	4	3	18	46	0	56.2	26	76	.203	42	7	0	2	26	.289	.266	40	15	5	0	24	2	0	75	34	2.21
Career (1992-1994)	4.56	13	14	21	94	14	183.2	84	164	.257	181	32	2	19	104	.341	.389	48	38	11	6	29	13	4	283	146	1.94

1994 Season

	ERA	W	L	Sv	G	GS	IP	H	HR	BB	SO		Avg	AB	H	2B	3B	HR	RBI	BB	SO	OBP	SLG
Home	3.90	2	1	8	22	0	27.2	22	1	12	36	vs. Left	.219	114	25	4	0	1	16	14	46	.305	.281
Away	1.86	2	2	10	24	0	29.0	20	1	14	40	vs. Right	.183	93	17	3	0	1	10	12	30	.271	.247
Starter	0.00	0	0	0	0	0	0.0	0	0	0	0	Scoring Posn	.255	51	13	3	0	0	22	6	19	.322	.314
Reliever	2.86	4	3	18	46	0	56.2	42	2	26	76	Close & Late	.208	120	25	5	0	1	19	16	46	.297	.275
0 Days rest (Re)	1.80	1	0	9	13	0	15.0	11	1	5	18	None on/out	.220	50	11	0	0	0	4	18	0	.278	.220
1 or 2 Days rest	1.40	3	1	5	18	0	25.2	18	0	15	39	First Pitch	.250	24	6	1	0	0	2	0	0	.240	.292
3+ Days rest	6.19	0	2	4	15	0	16.0	13	1	6	19	Ahead in Count	.142	106	15	2	0	0	8	0	67	.142	.160
Pre-All Star	1.67	3	1	13	33	0	43.0	27	1	18	59	Behind in Count	.282	39	11	1	0	1	14	18	0	.500	.410
Post-All Star	6.59	1	2	5	13	0	13.2	15	1	8	17	Two Strikes	.145	117	17	1	0	0	8	76	.200	.179

Carlos Baerga — Indians   Age 26 – Bats Both (groundball hitter)

	Avg	G	AB	R	H	2B	3B	HR	RBI	BB	SO	HBP	GDP	SB	CS	OBP	SLG	IBB	SH	SF	#Pit	#P/PA	GB	FB	G/F
1994 Season	.314	103	442	81	139	32	2	19	80	10	45	6	10	8	2	.333	.525	1	3	8	1548	3.30	181	128	1.41
Career (1990-1994)	.303	684	2628	404	796	137	13	78	415	143	320	35	58	36	12	.342	.454	25	13	38	9769	3.42	1149	662	1.74

1994 Season

	Avg	AB	H	2B	3B	HR	RBI	BB	SO	OBP	SLG		Avg	AB	H	2B	3B	HR	RBI	BB	SO	OBP	SLG
vs. Left	.261	161	42	10	0	8	35	4	25	.284	.472	Scoring Posn	.262	130	34	12	0	5	58	6	11	.293	.469
vs. Right	.345	281	97	22	2	11	55	6	20	.360	.555	Close & Late	.279	68	19	2	0	2	7	3	9	.324	.397
Groundball	.258	97	25	4	1	3	12	1	10	.267	.412	None on/out	.260	73	19	6	0	1	1	1	13	.289	.384
Flyball	.327	101	33	8	0	3	15	3	11	.352	.495	Total	.314	442	139	32	2	19	80	10	45	.333	.525
Home	.290	193	56	15	1	8	38	7	16	.311	.503	Batting #3	.314	442	139	32	2	19	80	10	45	.333	.525
Away	.333	249	83	17	1	11	42	3	29	.350	.542	Other	.000	0	0	0	0	0	0	0	0	.000	.000
Day	.320	150	48	16	0	7	34	3	17	.340	.567	April	.292	96	28	5	0	3	14	1	9	.307	.438
Night	.312	292	91	16	2	12	46	7	28	.335	.503	May	.302	106	32	9	0	5	20	0	15	.312	.528
Grass	.308	370	114	27	2	14	63	8	35	.322	.505	June	.282	117	33	7	1	2	18	5	12	.307	.410
Turf	.347	72	25	5	0	5	17	2	10	.385	.625	July	.447	76	34	7	1	5	19	2	7	.456	.763
First Pitch	.463	54	25	2	1	6	17	0	0	.455	.870	August	.255	47	12	4	0	4	9	2	2	.300	.596
Ahead in Count	.297	118	35	6	0	6	21	6	0	.331	.500	September/October	.000	0	0	0	0	0	0	0	0	.000	.000
Behind in Count	.247	186	46	14	0	4	24	0	42	.259	.387	Pre-All Star	.307	361	111	25	2	12	64	8	39	.325	.488
Two Strikes	.252	163	41	11	0	2	18	3	45	.277	.356	Post-All Star	.346	81	28	7	0	7	16	2	6	.369	.691

1994 By Position

Position	Avg	AB	H	2B	3B	HR	RBI	BB	SO	OBP	SLG	G	GS	Innings	PO	A	E	DP	Fld Pct	Rng Fctr	In Zone	Outs	Zone Rtg	MLB Zone
As 2b	.317	438	139	32	2	19	80	10	44	.335	.530	102	102	891.2	205	334	15	70	.973	5.44	366	334	.913	.889

Career (1990-1994)

	Avg	AB	H	2B	3B	HR	RBI	BB	SO	OBP	SLG		Avg	AB	H	2B	3B	HR	RBI	BB	SO	OBP	SLG
vs. Left	.310	812	252	36	3	22	129	23	105	.336	.443	Scoring Posn	.296	716	212	30	4	25	327	16	94	.350	.454
vs. Right	.300	1816	544	101	10	56	286	120	215	.345	.459	Close & Late	.276	457	126	23	0	10	55	35	64	.336	.392
Groundball	.281	648	182	35	4	11	97	38	88	.323	.398	None on/out	.288	504	145	27	2	13	13	26	55	.331	.427
Flyball	.287	593	170	33	1	16	75	34	86	.334	.427	Batting #3	.307	2276	699	120	11	68	363	108	272	.343	.459
Home	.317	1270	403	66	7	30	208	69	140	.353	.451	Batting #5	.310	87	27	3	1	2	11	7	9	.371	.437
Away	.289	1358	393	71	6	48	207	74	180	.333	.457	Other	.264	265	70	14	1	8	41	28	39	.332	.415
Day	.303	839	254	39	4	28	151	50	109	.350	.459	April	.278	370	103	14	1	12	46	14	59	.309	.419
Night	.303	1789	542	98	9	50	264	87	211	.339	.452	May	.289	481	139	21	5	12	83	22	53	.326	.428
Grass	.307	2224	683	113	11	68	356	121	257	.345	.460	June	.286	468	134	28	2	19	76	32	63	.331	.476
Turf	.280	404	113	24	2	10	59	22	63	.330	.423	July	.341	413	141	24	2	14	62	23	50	.380	.511
First Pitch	.351	328	115	13	2	13	65	20	0	.393	.521	August	.306	461	141	25	1	15	78	23	57	.347	.462
Ahead in Count	.358	671	240	43	6	31	129	73	0	.421	.578	September/October	.317	435	138	25	2	6	70	29	58	.362	.425
Behind in Count	.268	1187	318	54	3	23	153	0	285	.279	.377	Pre-All Star	.293	1481	434	73	9	51	233	79	175	.332	.458
Two Strikes	.239	1061	254	47	5	18	118	47	320	.277	.338	Post-All Star	.315	1147	362	64	4	27	182	64	145	.356	.449

Batter vs. Pitcher (career)

Hits Best Against	Avg	AB	H	2B	3B	HR	RBI	BB	SO	OBP	SLG	Hits Worst Against	Avg	AB	H	2B	3B	HR	RBI	BB	SO	OBP	SLG
Jim Deshaies	.533	15	8	1	0	2	4	2	2	.588	1.000	Sterling Hitchcock	.000	11	0	0	0	0	0	0	4	.083	.000

Batter vs. Pitcher (career)																		
Hits Best Against	Avg	AB	H	2B	3B	HR	RBI	BB	SO	OBP	SLG	Hits Worst Against	Avg	AB	H	2B	3B	HR	RBI	BB	SO	OBP	SLG
Bob Welch	.519	27	14	3	0	1	3	0	1	.519	.741	Hipolito Pichardo	.083	12	1	1	0	0	4	1	1	.133	.167
Aaron Sele	.462	13	6	1	0	1	1	1	1	.533	.769	Bill Krueger	.083	12	1	0	0	0	0	3	.154	.083
Willie Banks	.455	11	5	1	0	1	4	1	0	.500	.818	Mike Henneman	.091	11	1	1	0	0	0	1	1	.167	.182
Pat Hentgen	.455	11	5	3	0	0	1	0	0	.500	.727	Erik Hanson	.143	21	3	0	0	0	1	0	3	.182	.143

Jeff Bagwell — Astros
Age 27 – Bats Right

	Avg	G	AB	R	H	2B	3B	HR	RBI	BB	SO	HBP	GDP	SB	CS	OBP	SLG	IBB	SH	SF	#Pit	#P/PA	GB	FB	G/F
1994 Season	.368	110	400	104	147	32	2	39	116	65	65	4	12	15	4	.451	.750	14	0	10	1836	3.83	118	150	0.79
Career (1991-1994)	.309	570	2075	346	641	129	16	92	382	286	351	32	62	45	18	.394	.520	38	3	39	9118	3.74	693	647	1.07

1994 Season

	Avg	AB	H	2B	3B	HR	RBI	BB	SO	OBP	SLG		Avg	AB	H	2B	3B	HR	RBI	BB	SO	OBP	SLG
vs. Left	.457	105	48	11	1	18	43	20	9	.544	1.095	Scoring Posn	.341	126	43	10	1	8	74	33	18	.456	.627
vs. Right	.336	295	99	21	1	21	73	45	56	.418	.627	Close & Late	.280	50	14	4	0	2	9	13	15	.429	.480
Groundball	.321	137	44	11	0	8	31	19	26	.394	.577	None on/out	.455	101	46	9	1	14	14	11	12	.513	.980
Flyball	.345	55	19	0	2	8	19	12	10	.471	.855	Batting #3	.417	180	75	19	0	22	57	32	28	.505	.889
Home	.373	201	75	16	2	23	58	30	35	.459	.816	Batting #4	.327	220	72	13	2	17	59	33	37	.406	.636
Away	.362	199	72	16	0	16	58	35	30	.443	.683	Other	.000	0	0	0	0	0	0	0	0	.000	.000
Day	.339	112	38	9	0	10	32	12	12	.400	.688	April	.360	89	32	5	1	6	26	9	18	.406	.640
Night	.378	288	109	23	2	29	84	53	43	.470	.774	May	.301	93	28	5	1	6	22	19	15	.415	.570
Grass	.358	109	39	9	0	10	30	21	18	.445	.716	June	.394	99	39	11	0	13	28	10	12	.455	.899
Turf	.371	291	108	23	2	29	86	44	47	.453	.763	July	.409	88	36	8	0	11	29	20	14	.509	.875
First Pitch	.417	60	25	2	0	11	25	11	0	.500	1.000	August	.387	31	12	3	0	3	11	6	6	.500	.774
Ahead in Count	.506	89	45	11	0	12	33	23	0	.586	1.034	September/October	.000	0	0	0	0	0	0	0	0	.000	.000
Behind in Count	.267	172	46	12	1	7	30	0	54	.270	.471	Pre-All Star	.348	305	106	22	2	27	82	46	51	.425	.698
Two Strikes	.283	184	52	11	1	11	42	31	65	.390	.533	Post-All Star	.432	95	41	10	0	12	34	19	14	.530	.916

1994 By Position

Position	Avg	AB	H	2B	3B	HR	RBI	BB	SO	OBP	SLG	G	GS	Innings	PO	A	E	DP	Fld Pct	Rng Fctr	In Zone	Outs	Zone Rtg	MLB Zone
As 1b	.368	397	146	32	2	38	115	63	64	.449	.746	109	107	945.2	923	117	9	93	.991	---	211	182	.863	.818

Career (1991-1994)

	Avg	AB	H	2B	3B	HR	RBI	BB	SO	OBP	SLG		Avg	AB	H	2B	3B	HR	RBI	BB	SO	OBP	SLG
vs. Left	.331	700	232	51	5	45	150	121	97	.427	.611	Scoring Posn	.297	583	173	27	6	22	280	118	108	.404	.477
vs. Right	.297	1375	409	78	11	47	232	165	254	.377	.473	Close & Late	.310	319	99	23	2	14	59	62	61	.430	.527
Groundball	.298	724	216	45	0	24	133	83	128	.377	.474	None on/out	.333	469	156	36	4	24	49	78	.404	.580
Flyball	.267	382	102	15	3	22	68	64	64	.374	.495	Batting #3	.313	1292	404	83	10	62	241	170	202	.394	.536
Home	.309	1036	320	69	9	46	184	145	169	.399	.526	Batting #4	.308	556	171	35	5	25	112	88	88	.404	.523
Away	.309	1039	321	60	7	46	198	141	182	.390	.513	Other	.291	227	66	11	1	5	29	28	61	.370	.414
Day	.298	561	167	31	2	28	103	64	98	.370	.510	April	.301	312	94	19	3	13	61	44	65	.385	.506
Night	.313	1514	474	98	14	64	279	222	253	.403	.523	May	.298	389	116	18	2	20	77	56	77	.388	.509
Grass	.322	605	195	27	5	31	127	88	107	.403	.537	June	.311	396	123	27	2	20	60	48	56	.383	.540
Turf	.303	1470	446	102	11	61	255	198	244	.391	.512	July	.311	373	116	24	5	21	78	58	61	.402	.571
First Pitch	.366	287	105	16	2	26	78	30	0	.425	.707	August	.298	349	104	24	4	10	62	52	56	.393	.476
Ahead in Count	.389	506	197	45	6	29	103	119	0	.501	.674	September/October	.344	256	88	17	0	8	44	28	36	.423	.504
Behind in Count	.241	883	213	40	5	19	119	0	290	.252	.362	Pre-All Star	.306	1224	375	71	11	58	227	172	221	.390	.525
Two Strikes	.237	920	218	47	3	29	146	137	351	.340	.393	Post-All Star	.313	851	266	58	5	34	155	114	130	.400	.512

Batter vs. Pitcher (career)																							
Hits Best Against	Avg	AB	H	2B	3B	HR	RBI	BB	SO	OBP	SLG	Hits Worst Against	Avg	AB	H	2B	3B	HR	RBI	BB	SO	OBP	SLG
Bryan Hickerson	.769	13	10	3	0	4	7	2	1	.800	1.923	Frank Castillo	.000	15	0	0	0	0	0	1	1	.118	.000
Steve Cooke	.636	11	7	1	0	2	5	1	0	.667	1.273	Rene Arocha	.000	11	0	0	0	0	0	1	4	.083	.000
Greg W. Harris	.500	14	7	0	0	2	4	7	1	.682	.929	Jim Gott	.000	9	0	0	0	0	0	1	3	.182	.000
Norm Charlton	.500	8	4	1	0	1	2	3	1	.636	1.000	Bruce Ruffin	.000	9	0	0	0	0	2	4	.182	.000
Randy Myers	.455	11	5	3	0	2	5	1	3	.500	1.273	Donovan Osborne	.111	9	1	0	0	0	1	2	.182	.111

Cory Bailey — Red Sox
Age 24 – Pitches Right (groundball pitcher)

	ERA	W	L	Sv	G	GS	IP	BB	SO	Avg	H	2B	3B	HR	RBI	OBP	SLG	GF	IR	IRS	Hld	SvOp	SB	CS	GB	FB	G/F
1994 Season	12.46	0	1	0	5	0	4.1	3	4	.476	10	2	0	2	6	.542	.857	2	2	0	1	0	0	7	2	3.50
Career (1993-1994)	5.40	0	2	0	16	0	20.0	15	15	.301	22	3	1	2	14	.416	.452	7	12	4	0	1	3	2	28	14	2.00

1994 Season

	ERA	W	L	Sv	G	GS	IP	H	HR	BB	SO		Avg	AB	H	2B	3B	HR	RBI	BB	SO	OBP	SLG
Home	12.46	0	1	0	5	0	4.1	10	2	3	4	vs. Left	.625	8	5	1	0	1	2	2	0	.700	1.125
Away	0.00	0	0	0	0	0	0.0	0	0	0	0	vs. Right	.385	13	5	1	0	1	4	1	4	.429	.692

Harold Baines — Orioles
Age 36 – Bats Left (groundball hitter)

	Avg	G	AB	R	H	2B	3B	HR	RBI	BB	SO	HBP	GDP	SB	CS	OBP	SLG	IBB	SH	SF	#Pit	#P/PA	GB	FB	G/F
1994 Season	.294	94	326	44	96	12	1	16	54	30	49	1	9	0	0	.356	.485	6	0	1	1260	3.53	147	80	1.84
Last Five Years	.287	628	2123	294	609	92	3	88	363	285	309	1	63	1	7	.368	.457	53	1	24	8528	3.50	875	566	1.55

1994 Season

	Avg	AB	H	2B	3B	HR	RBI	BB	SO	OBP	SLG		Avg	AB	H	2B	3B	HR	RBI	BB	SO	OBP	SLG
vs. Left	.176	51	9	1	0	1	6	2	13	.208	.255	Scoring Posn	.264	87	23	4	1	1	35	10	12	.340	.368
vs. Right	.316	275	87	11	1	15	48	28	36	.382	.527	Close & Late	.295	44	13	1	0	0	9	6	11	.380	.364
Groundball	.321	84	27	3	0	6	16	4	14	.352	.571	None on/out	.271	85	23	0	0	7	7	5	11	.311	.518

1994 Season

	Avg	AB	H	2B	3B	HR	RBI	BB	SO	OBP	SLG		Avg	AB	H	2B	3B	HR	RBI	BB	SO	OBP	SLG
Flyball	.364	66	24	2	1	2	15	11	8	.455	.515	Batting #4	.289	152	44	7	0	7	21	11	18	.337	.474
Home	.316	152	48	5	0	11	29	14	25	.377	.566	Batting #5	.294	163	48	5	0	9	30	16	26	.361	.491
Away	.276	174	48	7	1	5	25	16	24	.337	.414	Other	.364	11	4	0	1	0	3	3	5	.500	.545
Day	.296	108	32	5	0	5	19	7	13	.339	.481	April	.360	50	18	2	1	3	9	5	7	.418	.620
Night	.294	218	64	7	1	11	35	23	36	.364	.491	May	.259	81	21	4	0	3	12	6	12	.310	.420
Grass	.313	275	86	10	1	16	53	26	42	.374	.531	June	.287	94	27	1	0	6	17	8	9	.343	.489
Turf	.196	51	10	2	0	0	1	4	7	.255	.235	July	.284	74	21	2	0	4	15	8	19	.361	.473
First Pitch	.310	58	18	4	1	2	11	6	0	.375	.517	August	.333	27	9	3	0	0	1	3	2	.400	.444
Ahead in Count	.364	88	32	2	0	5	16	11	0	.434	.557	September/October	.000	0	0	0	0	0	0	0	0	.000	.000
Behind in Count	.175	114	20	1	0	4	12	0	42	.175	.289	Pre-All Star	.292	253	74	8	1	12	42	21	34	.349	.474
Two Strikes	.180	122	22	4	0	2	9	13	49	.259	.262	Post-All Star	.301	73	22	4	0	4	12	9	15	.378	.521

1994 By Position

Position	Avg	AB	H	2B	3B	HR	RBI	BB	SO	OBP	SLG	G	GS	Innings	PO	A	E	DP	Fld Pct	Rng Fctr	In Zone	Outs	Zone Rtg	MLB Zone
As Designated Hitter	.296	324	96	12	1	16	54	29	47	.356	.488	91	81	---	---	---	---	---	---	---	---	---	---	---
As Pinch Hitter	.400	10	4	0	1	0	4	3	3	.538	.600	13	0	---	---	---	---	---	---	---	---	---	---	---

Last Five Years

	Avg	AB	H	2B	3B	HR	RBI	BB	SO	OBP	SLG		Avg	AB	H	2B	3B	HR	RBI	BB	SO	OBP	SLG
vs. Left	.254	374	95	13	0	13	65	34	81	.316	.393	Scoring Posn	.282	574	162	27	1	20	267	110	85	.384	.437
vs. Right	.294	1749	514	79	3	75	298	251	228	.379	.471	Close & Late	.266	293	78	13	1	10	45	51	56	.373	.420
Groundball	.294	572	168	25	0	18	94	71	79	.368	.432	None on/out	.273	535	146	21	0	21	57	80	.343	.430
Flyball	.279	441	123	15	1	15	77	87	80	.393	.420	Batting #4	.281	1394	392	66	1	60	241	198	174	.367	.459
Home	.294	1007	296	39	0	53	213	136	155	.373	.491	Batting #5	.299	394	118	16	1	18	65	44	66	.370	.482
Away	.280	1116	313	53	3	35	150	149	154	.364	.427	Other	.296	335	99	10	1	10	57	43	69	.371	.421
Day	.307	661	203	33	1	30	114	81	92	.380	.496	April	.255	310	79	14	2	8	41	28	63	.317	.390
Night	.278	1462	406	59	2	58	249	204	217	.363	.440	May	.293	331	97	16	0	10	51	52	46	.384	.432
Grass	.292	1774	518	74	1	81	325	248	254	.376	.472	June	.309	424	131	20	1	23	90	56	56	.386	.524
Turf	.261	349	91	18	2	7	38	37	55	.328	.384	July	.332	365	121	13	0	17	71	40	61	.395	.507
First Pitch	.374	425	159	23	2	23	89	31	0	.413	.600	August	.251	346	87	14	0	12	42	51	41	.346	.396
Ahead in Count	.353	518	183	31	0	29	111	135	0	.482	.555	September/October	.271	347	94	15	0	18	68	58	42	.370	.470
Behind in Count	.197	782	154	23	1	18	83	0	258	.196	.298	Pre-All Star	.292	1195	349	56	3	46	205	149	187	.368	.459
Two Strikes	.193	803	155	27	1	18	97	108	309	.288	.296	Post-All Star	.280	928	260	36	0	42	158	136	122	.368	.455

Batter vs. Pitcher (since 1984)

Hits Best Against	Avg	AB	H	2B	3B	HR	RBI	BB	SO	OBP	SLG	Hits Worst Against	Avg	AB	H	2B	3B	HR	RBI	BB	SO	OBP	SLG
Edwin Nunez	.615	13	8	2	0	2	8	1	2	.643	1.231	Mike Mussina	.000	10	0	0	0	0	0	1	3	.091	.000
David Cone	.583	12	7	2	0	2	4	2	0	.643	1.250	Kenny Rogers	.077	13	1	0	0	0	1	3	.143	.077
Jack Armstrong	.500	10	5	0	0	2	6	1	1	.545	1.100	Melido Perez	.125	40	5	1	0	0	3	4	8	.200	.150
Ben McDonald	.462	13	6	1	0	2	5	2	1	.533	1.000	John Doherty	.125	16	2	0	0	0	0	3	.125	.125
Bill Gullickson	.429	14	6	1	0	2	4	1	1	.467	.929	Bud Black	.143	28	4	0	0	0	2	1	3	.161	.143

Jeff Ballard — Pirates
Age 31 – Pitches Left

	ERA	W	L	Sv	G	GS	IP	H	BB	SO	Avg	H	2B	3B	HR	RBI	OBP	SLG	GF	IR	IRS	Hld	SvOp	SB	CS	GB	FB	G/F
1994 Season	6.66	1	1	2	28	0	24.1	10	11	.323	32	7	2	5	24	.387	.586	11	22	7		5	1	0	43	25	1.72
Last Five Years	5.29	13	25	2	123	44	335.0	95	114	.304	407	86	8	46	197	.351	.482	22	55	13	11	5	12	11	533	416	1.28

1994 Season

	ERA	W	L	Sv	G	GS	IP	H	HR	BB	SO		Avg	AB	H	2B	3B	HR	RBI	BB	SO	OBP	SLG
Home	2.08	0	0	1	11	0	8.2	8	1	4	5	vs. Left	.344	32	11	5	0	1	12	5	6	.421	.594
Away	9.19	1	1	1	17	0	15.2	24	4	6	6	vs. Right	.313	67	21	2	2	4	12	5	5	.370	.582
Starter	0.00	0	0	0	0	0	0.0	0	0	0	0	Scoring Posn	.524	21	11	2	0	3	19	7	3	.621	1.048
Reliever	6.66	1	1	2	28	0	24.1	32	5	10	11	Close & Late	.364	22	8	2	0	0	6	2	2	.417	.455
0 Days rest (Re)	13.50	0	0	0	4	0	4.0	7	2	3	1	None on/out	.292	24	7	1	0	1	1	2	2	.370	.458
1 or 2 Days rest	9.28	1	0	0	12	0	10.2	19	3	5	4	First Pitch	.571	14	8	1	1	3	11	2	0	.588	1.429
3+ Days rest	0.93	0	1	2	12	0	9.2	6	0	2	6	Ahead in Count	.233	43	10	1	1	1	3	0	10	.250	.372
Pre-All Star	6.66	1	1	2	28	0	24.1	32	5	10	11	Behind in Count	.250	24	6	1	0	1	5	5	0	.379	.417
Post-All Star	0.00	0	0	0	0	0	0.0	0	0	0	0	Two Strikes	.293	41	12	3	1	0	3	3	11	.341	.415

Last Five Years

	ERA	W	L	Sv	G	GS	IP	H	HR	BB	SO		Avg	AB	H	2B	3B	HR	RBI	BB	SO	OBP	SLG
Home	4.72	1	14	1	56	20	152.2	174	18	44	62	vs. Left	.274	317	87	16	1	6	42	26	50	.329	.388
Away	5.78	12	11	1	67	24	182.1	233	28	51	52	vs. Right	.313	1024	320	70	7	40	155	69	64	.359	.512
Day	5.83	5	5	2	30	11	88.0	102	11	19	28	Inning 1-6	.302	1019	308	65	6	36	149	64	81	.346	.484
Night	5.10	8	20	0	93	33	247.0	305	35	76	86	Inning 7+	.307	322	99	21	2	10	48	31	33	.370	.478
Grass	5.27	10	21	1	73	34	235.2	281	35	63	80	None on	.281	794	223	45	3	26	26	41	69	.321	.443
Turf	5.35	3	4	1	50	10	99.1	126	11	32	34	Runners on	.336	547	184	41	5	20	171	54	45	.393	.539
April	3.88	3	5	1	18	9	65.0	59	10	12	22	Scoring Posn	.335	310	104	21	3	15	150	46	29	.413	.568
May	4.03	2	6	0	21	11	67.0	81	9	22	20	Close & Late	.301	113	34	10	0	2	17	11	12	.357	.442
June	7.83	1	7	1	17	11	66.2	96	12	20	28	None on/out	.285	347	99	23	1	15	15	20	27	.330	.487
July	4.93	3	3	0	28	8	65.2	77	6	17	18	vs. 1st Batr (relief)	.261	69	18	2	0	2	8	8	12	.342	.377
August	6.69	1	0	0	19	2	29.0	55	5	15	18	First Inning Pitched	.290	396	115	26	0	12	72	40	44	.363	.447
September/October	4.55	3	3	0	20	3	31.2	39	4	8	8	First 15 Pitches	.274	372	102	23	1	14	54	30	37	.334	.454
Starter	5.18	8	23	0	44	44	239.2	293	34	58	74	Pitch 16-30	.298	272	81	12	2	4	32	21	25	.355	.401
Reliever	5.57	5	2	2	79	0	95.1	114	12	37	40	Pitch 31-45	.353	215	76	18	1	14	43	13	17	.387	.642
0 Days rest (Re)	6.35	0	0	0	12	0	17.0	21	2	6	3	Pitch 46+	.307	482	148	33	4	16	68	31	35	.347	.479
1 or 2 Days rest	7.15	3	0	0	34	0	39.0	51	5	16	19	First Pitch	.350	214	75	17	2	10	46	12	0	.389	.589

19

(continued from previous page)

	ERA	W	L	Sv	G	GS	IP	H	HR	BB	SO		Avg	AB	H	2B	3B	HR	RBI	BB	SO	OBP	SLG
3+ Days rest	3.66	2	1	2	33	0	39.1	42	5	15	18	Ahead in Count	.224	490	110	18	2	9	36	0	97	.230	.324
Pre-All Star	5.09	8	19	2	69	34	228.0	266	33	62	82	Behind in Count	.337	374	126	25	2	17	64	53	0	.418	.551
Post-All Star	5.72	5	6	0	54	10	107.0	141	13	33	32	Two Strikes	.213	474	101	20	2	8	38	30	114	.264	.314

Pitcher vs. Batter (career)

Pitches Best Vs.	Avg	AB	H	2B	3B	HR	RBI	BB	SO	OBP	SLG	Pitches Worst Vs.	Avg	AB	H	2B	3B	HR	RBI	BB	SO	OBP	SLG
Lou Whitaker	.063	16	1	0	0	0	1	0	5	.063	.063	Kirby Puckett	.563	16	9	2	0	1	3	1	0	.556	.875
Terry Steinbach	.063	16	1	0	0	0	0	1	1	.118	.063	Ron Karkovice	.556	9	5	0	0	1	3	2	1	.636	.889
Mike Gallego	.067	15	1	1	0	0	0	1	1	.125	.133	Ken Griffey Jr	.500	14	7	2	0	0	6	3	0	.526	.643
Omar Vizquel	.083	12	1	0	0	0	1	1	0	.154	.083	Jay Buhner	.467	15	7	1	1	1	2	1	1	.500	.867
Felix Fermin	.143	14	2	1	0	0	2	1	0	.200	.214	Dave Valle	.458	24	11	0	0	3	10	3	1	.500	.833

Scott Bankhead — Yankees   Age 31 – Pitches Right (flyball pitcher)

	ERA	W	L	Sv	G	GS	IP	BB	SO	Avg	H	2B	3B	HR	RBI	OBP	SLG	GF	IR	IRS	Hld	SvOp	SB	CS	GB	FB	G/F
1994 Season	4.54	3	2	0	27	0	37.2	12	25	.239	34	4	1	5	18	.295	.387	3	25	3	7	0	4	1	41	49	0.84
Last Five Years	4.24	18	15	1	142	13	246.1	98	163	.257	241	45	2	26	119	.326	.403	19	90	21	25	7	23	4	287	312	0.92

1994 Season

	ERA	W	L	Sv	G	GS	IP	H	HR	BB	SO		Avg	AB	H	2B	3B	HR	RBI	BB	SO	OBP	SLG
Home	4.24	3	1	0	14	0	23.1	23	3	5	16	vs. Left	.260	50	13	2	1	2	5	5	7	.327	.460
Away	5.02	0	1	0	13	0	14.1	11	2	7	9	vs. Right	.228	92	21	2	0	3	13	7	18	.277	.348
Starter	0.00	0	0	0	0	0	0.0	0	0	0	0	Scoring Posn	.188	32	6	1	0	2	13	7	7	.317	.406
Reliever	4.54	3	2	0	27	0	37.2	34	5	12	25	Close & Late	.220	50	11	2	1	2	6	6	9	.304	.420
0 Days rest (Re)	6.35	0	0	0	5	0	5.2	6	1	2	5	None on/out	.229	35	8	1	0	2	2	1	6	.250	.429
1 or 2 Days rest	6.46	0	1	0	12	0	15.1	15	4	5	7	First Pitch	.200	20	4	1	0	0	2	2	0	.261	.250
3+ Days rest	2.16	3	1	0	10	0	16.2	13	0	5	13	Ahead in Count	.207	58	12	3	1	2	7	0	20	.207	.397
Pre-All Star	3.05	3	0	0	15	0	20.2	18	2	3	11	Behind in Count	.350	40	14	0	0	3	8	7	0	.447	.575
Post-All Star	6.35	0	2	0	12	0	17.0	16	3	9	14	Two Strikes	.145	55	8	1	1	1	3	25	0	.190	.255

Last Five Years

	ERA	W	L	Sv	G	GS	IP	H	HR	BB	SO		Avg	AB	H	2B	3B	HR	RBI	BB	SO	OBP	SLG
Home	4.38	10	5	0	74	7	123.1	134	12	49	86	vs. Left	.264	424	112	27	3	9	52	48	65	.338	.406
Away	4.10	8	10	1	68	6	123.0	107	14	49	77	vs. Right	.250	515	129	18	4	17	67	50	98	.316	.400
Day	4.17	5	3	0	53	3	95.0	86	14	35	66	Inning 1-6	.255	487	124	24	2	13	70	46	82	.315	.392
Night	4.28	13	12	1	89	10	151.1	155	12	63	97	Inning 7+	.259	452	117	21	5	13	49	52	81	.338	.414
Grass	3.79	9	7	1	78	5	135.1	124	15	52	91	None on	.246	553	136	24	5	14	14	39	92	.300	.383
Turf	4.78	9	8	0	64	8	111.0	117	11	46	72	Runners on	.272	386	105	21	2	12	105	59	71	.359	.430
April	5.20	6	4	1	26	5	53.2	57	7	18	34	Scoring Posn	.256	227	58	12	1	7	90	45	45	.364	.410
May	3.02	5	2	0	23	5	50.2	44	4	18	33	Close & Late	.237	241	57	12	1	5	20	28	45	.321	.357
June	4.66	3	3	0	22	3	38.2	39	3	10	27	None on/out	.210	233	49	9	1	7	7	14	37	.264	.348
July	4.31	1	1	0	25	0	31.1	29	5	15	21	vs. 1st Batr (relief)	.218	119	26	6	0	3	15	7	22	.256	.345
August	5.08	3	3	0	23	0	33.2	35	4	15	27	First Inning Pitched	.241	465	112	18	3	14	71	51	92	.313	.383
September/October	3.29	3	2	0	23	0	38.1	37	3	22	21	First 15 Pitches	.261	429	112	18	3	14	58	37	67	.320	.415
Starter	6.79	2	7	0	13	13	55.2	75	8	23	33	Pitch 16-30	.224	263	59	9	0	10	32	37	57	.317	.373
Reliever	3.49	16	8	1	129	0	190.2	166	18	75	130	Pitch 31-45	.252	135	34	10	2	2	13	14	20	.320	.400
0 Days rest (Re)	3.14	1	1	0	12	0	14.1	12	1	4	15	Pitch 46+	.321	112	36	8	2	0	16	10	19	.379	.429
1 or 2 Days rest	4.06	4	4	1	51	0	64.1	62	7	30	42	First Pitch	.348	132	46	10	1	5	18	10	0	.392	.553
3+ Days rest	3.21	11	3	0	66	0	112.0	92	10	41	73	Ahead in Count	.178	398	71	13	3	7	40	0	135	.185	.279
Pre-All Star	4.36	15	10	1	79	13	154.2	153	17	52	100	Behind in Count	.318	223	71	12	2	9	37	43	0	.419	.511
Post-All Star	4.03	3	5	0	63	0	91.2	88	9	46	63	Two Strikes	.183	410	75	14	4	7	45	45	163	.267	.288

Pitcher vs. Batter (career)

Pitches Best Vs.	Avg	AB	H	2B	3B	HR	RBI	BB	SO	OBP	SLG	Pitches Worst Vs.	Avg	AB	H	2B	3B	HR	RBI	BB	SO	OBP	SLG
Kevin Seitzer	.000	11	0	0	0	0	0	2	2	.154	.000	Jerry Browne	.600	10	6	1	0	0	2	1	0	.636	.700
Mickey Tettleton	.059	17	1	0	0	0	1	4	4	.105	.059	Walt Weiss	.545	11	6	1	1	1	4	1	0	.583	1.091
Dick Schofield	.105	19	2	0	0	0	2	1	4	.217	.105	Dave Winfield	.474	19	9	4	0	2	7	3	3	.522	1.000
Tony Fernandez	.129	31	4	0	0	0	1	3	3	.156	.129	Rafael Palmeiro	.429	14	6	1	0	2	3	2	1	.500	.929
Julio Franco	.130	23	3	0	0	0	1	3	3	.167	.130	Matt Nokes	.385	13	5	1	0	2	7	0	2	.429	.923

Willie Banks — Cubs   Age 26 – Pitches Right (groundball pitcher)

	ERA	W	L	Sv	G	GS	IP	BB	SO	Avg	H	2B	3B	HR	RBI	OBP	SLG	CG	ShO	Sup	QS	#P/S	SB	CS	GB	FB	G/F
1994 Season	5.40	8	12	0	23	23	138.1	56	91	.261	139	21	4	16	73	.332	.405	1		4.49	8	99	6	7	218	114	1.91
Career (1991-1994)	4.88	24	29	0	75	68	398.0	183	282	.275	426	76	8	40	196	.352	.412	1		4.45	26	95	22	17	586	388	1.51

1994 Season

	ERA	W	L	Sv	G	GS	IP	H	HR	BB	SO		Avg	AB	H	2B	3B	HR	RBI	BB	SO	OBP	SLG
Home	4.78	5	7	0	12	12	75.1	76	8	25	51	vs. Left	.278	252	70	14	3	5	32	19	37	.330	.417
Away	6.14	3	5	0	11	11	63.0	63	8	31	40	vs. Right	.246	281	69	7	1	11	41	37	54	.334	.395
Day	4.88	5	7	0	13	13	79.1	77	7	34	48	Inning 1-6	.258	472	122	19	4	14	66	53	84	.335	.405
Night	6.10	3	5	0	10	10	59.0	62	9	22	43	Inning 7+	.279	61	17	2	0	2	7	3	7	.313	.410
Grass	4.46	8	8	0	17	17	109.0	104	10	39	74	None on	.242	322	78	9	2	9	34	58	.317	.366
Turf	8.90	0	4	0	6	6	29.1	35	6	17	17	Runners on	.289	211	61	12	2	7	64	22	33	.356	.464
April	5.17	2	2	0	5	5	31.1	29	3	16	20	Scoring Posn	.321	112	36	7	1	5	56	13	21	.391	.536
May	3.86	4	2	0	6	6	37.1	29	3	14	30	Close & Late	.238	42	10	0	0	5	2	6	.273	.381
June	3.46	2	2	0	4	4	26.0	23	3	6	15	None on/out	.250	140	35	5	1	7	12	25	.309	.450
July	9.68	0	4	0	6	6	30.2	41	5	16	11	vs. 1st Batr (relief)	.000	0	0	0	0	0	0	0	0	.000	.000
August	4.15	0	2	0	2	2	13.0	17	2	4	6	First Inning Pitched	.225	80	18	1	1	2	5	8	13	.295	.338

1994 Season

	ERA	W	L	Sv	G	GS	IP	H	HR	BB	SO		Avg	AB	H	2B	3B	HR	RBI	BB	SO	OBP	SLG
September/October	0.00	0	0	0	0	0	0.0	0	0	0	0	First 75 Pitches	.241	373	90	13	2	13	54	46	67	.326	.391
Starter	5.40	8	12	0	23	23	138.1	139	16	56	91	Pitch 76-90	.297	74	22	5	1	1	6	2	13	.316	.432
Reliever	0.00	0	0	0	0	0	0.0	0	0	0	0	Pitch 91-105	.286	42	12	3	0	1	4	5	8	.362	.429
0-3 Days Rest (St)	0.00	0	0	0	0	0	0.0	0	0	0	0	Pitch 106+	.341	44	15	0	1	1	9	3	3	.383	.455
4 Days Rest	7.29	3	8	0	14	14	75.1	89	12	31	48	First Pitch	.366	82	30	6	0	5	17	2	0	.388	.622
5+ Days Rest	3.14	5	4	0	9	9	63.0	50	4	25	43	Ahead in Count	.206	218	45	6	1	4	21	0	82	.209	.298
Pre-All Star	4.50	8	7	0	17	17	106.0	97	11	42	79	Behind in Count	.288	132	38	5	1	6	22	36	0	.440	.477
Post-All Star	8.35	0	5	0	6	6	32.1	42	5	14	12	Two Strikes	.214	234	50	6	2	3	26	18	91	.271	.295

Career (1991-1994)

	ERA	W	L	Sv	G	GS	IP	H	HR	BB	SO		Avg	AB	H	2B	3B	HR	RBI	BB	SO	OBP	SLG
Home	4.18	13	17	0	40	38	221.2	228	18	93	159	vs. Left	.288	817	235	43	5	18	93	80	146	.350	.419
Away	5.77	11	12	0	35	30	176.1	198	22	90	123	vs. Right	.261	732	191	33	3	22	103	103	136	.354	.404
Day	4.52	9	11	0	27	26	151.1	149	13	70	98	Inning 1-6	.271	1376	373	70	7	35	173	162	259	.348	.408
Night	5.11	15	18	0	48	42	246.2	277	27	113	184	Inning 7+	.306	173	53	6	1	5	23	21	23	.385	.439
Grass	5.01	14	14	0	36	32	196.0	209	20	90	138	None on	.275	867	238	37	3	23	23	106	146	.355	.404
Turf	4.77	10	15	0	39	36	202.0	217	20	93	144	Runners on	.276	682	188	39	5	17	173	77	136	.348	.422
April	4.09	4	3	0	9	9	55.0	54	5	26	50	Scoring Posn	.275	367	101	20	2	12	152	51	79	.359	.439
May	4.55	6	3	0	11	10	59.1	60	5	23	44	Close & Late	.247	85	21	3	0	3	8	7	15	.312	.388
June	4.78	5	5	0	14	14	79.0	85	10	29	50	None on/out	.268	388	104	16	1	13	13	44	59	.343	.415
July	5.61	4	10	0	18	17	94.2	98	9	43	46	vs. 1st Batr (relief)	.143	7	1	0	0	0	0	0	3	.143	.143
August	5.52	2	5	0	15	12	73.1	86	8	37	61	First Inning Pitched	.265	279	74	11	1	5	38	32	57	.337	.366
September/October	3.68	3	3	0	8	6	36.2	43	3	25	31	First 75 Pitches	.268	1179	316	54	5	32	155	142	224	.346	.404
Starter	4.61	24	29	0	68	68	385.0	397	38	171	274	Pitch 76-90	.299	177	53	12	2	4	18	16	29	.361	.458
Reliever	13.15	0	0	0	7	0	13.0	29	2	12	8	Pitch 91-105	.303	119	36	7	0	3	10	16	18	.390	.437
0-3 Days Rest (St)	3.60	1	0	0	1	1	5.0	6	1	1	5	Pitch 106+	.284	74	21	3	1	1	13	9	11	.369	.392
4 Days Rest	5.77	9	19	0	37	37	192.0	219	21	93	121	First Pitch	.370	211	78	14	1	14	45	3	0	.380	.645
5+ Days Rest	3.45	14	10	0	30	30	188.0	172	16	77	148	Ahead in Count	.205	633	130	18	3	12	54	0	233	.210	.300
Pre-All Star	4.63	16	16	0	42	41	235.1	242	25	93	162	Behind in Count	.350	408	143	30	2	10	65	119	0	.495	.507
Post-All Star	5.26	8	13	0	33	27	162.2	184	15	90	120	Two Strikes	.194	697	135	21	3	9	56	61	282	.261	.271

Pitcher vs. Batter (career)

Pitches Best Vs.	Avg	AB	H	2B	3B	HR	RBI	BB	SO	OBP	SLG	Pitches Worst Vs.	Avg	AB	H	2B	3B	HR	RBI	BB	SO	OBP	SLG
Scott Livingstone	.091	11	1	0	0	0	0	1	2	.167	.091	Kevin McReynolds	.583	12	7	3	0	2	7	2	0	.643	1.333
Wade Boggs	.100	10	1	0	0	0	2	1	0	.250	.100	Wally Joyner	.467	15	7	3	0	0	4	2	3	.529	.667
Charlie Hayes	.182	11	2	0	0	0	0	2	0	.182	.182	Carlos Baerga	.455	11	5	1	0	1	4	1	0	.500	.818
Albert Belle	.182	11	2	1	0	0	3	1	3	.250	.273	Don Mattingly	.333	9	3	1	0	0	3	1	0	.364	.444
Phil Plantier	.200	10	2	0	0	0	1	4	2	.333	.200												

Bret Barberie — Marlins   Age 27 – Bats Both

	Avg	G	AB	R	H	2B	3B	HR	RBI	BB	SO	HBP	GDP	SB	CS	OBP	SLG	IBB	SH	SF	#Pit	#P/PA	GB	FB	G/F
1994 Season	.301	107	372	40	112	20	2	5	31	23	65	9	4	2	0	.356	.406	3	2	0	1402	3.45	132	102	1.29
Career (1991-1994)	.283	374	1168	127	330	59	6	13	106	123	207	26	19	13	9	.362	.377	10	9	8	5004	3.75	415	314	1.32

1994 Season

	Avg	AB	H	2B	3B	HR	RBI	BB	SO	OBP	SLG		Avg	AB	H	2B	3B	HR	RBI	BB	SO	OBP	SLG
vs. Left	.319	119	38	7	1	0	6	5	21	.362	.395	Scoring Posn	.259	81	21	3	0	1	25	8	17	.348	.333
vs. Right	.292	253	74	13	1	5	25	18	44	.354	.411	Close & Late	.301	73	22	4	0	2	8	5	14	.354	.438
Groundball	.339	112	38	6	1	0	12	5	17	.378	.411	None on/out	.304	102	31	5	1	1	1	5	19	.336	.402
Flyball	.259	58	15	3	0	0	3	3	16	.295	.310	Batting #6	.256	78	20	7	0	3	8	4	11	.293	.462
Home	.299	177	53	14	2	2	14	12	27	.358	.435	Batting #8	.311	177	55	7	1	1	12	15	27	.384	.379
Away	.303	195	59	6	0	3	17	11	38	.355	.379	Other	.316	117	37	6	1	1	11	4	27	.355	.410
Day	.307	88	27	5	0	0	6	5	10	.371	.364	April	.208	77	16	5	0	3	9	5	19	.265	.390
Night	.299	284	85	15	2	5	25	18	55	.352	.419	May	.321	84	27	7	0	0	9	5	15	.380	.405
Grass	.307	300	92	20	2	4	26	19	49	.360	.427	June	.277	83	23	2	0	1	6	7	12	.348	.337
Turf	.278	72	20	0	0	1	5	4	16	.342	.319	July	.337	92	31	3	1	1	5	5	16	.390	.424
First Pitch	.423	71	30	7	0	9	2	0	0	.453	.521	August	.417	36	15	3	1	0	2	1	3	.432	.556
Ahead in Count	.299	87	26	3	0	0	1	14	0	.402	.333	September/October	.000	0	0	0	0	0	0	0	0	.000	.000
Behind in Count	.218	156	34	4	0	3	14	0	61	.242	.301	Pre-All Star	.276	275	76	15	1	5	25	20	50	.341	.393
Two Strikes	.220	150	33	5	0	4	13	7	65	.282	.333	Post-All Star	.371	97	36	5	1	0	6	3	15	.402	.443

1994 By Position

Position	Avg	AB	H	2B	3B	HR	RBI	BB	SO	OBP	SLG	G	GS	Innings	PO	A	E	DP	Fld Pct	Rng Fctr	In Zone	Outs	Zone Rtg	MLB Zone
As 2b	.300	367	110	20	1	5	30	22	64	.354	.401	106	98	861.0	223	320	14	61	.975	5.68	380	316	.832	.889

Career (1991-1994)

	Avg	AB	H	2B	3B	HR	RBI	BB	SO	OBP	SLG		Avg	AB	H	2B	3B	HR	RBI	BB	SO	OBP	SLG
vs. Left	.280	332	93	19	1	3	21	29	59	.349	.370	Scoring Posn	.254	272	69	14	0	2	87	44	58	.364	.327
vs. Right	.283	836	237	40	5	10	85	94	148	.366	.379	Close & Late	.290	245	71	15	0	3	25	22	51	.358	.388
Groundball	.304	408	124	22	4	0	30	52	69	.391	.377	None on/out	.297	293	87	17	2	5	5	15	47	.340	.420
Flyball	.311	222	69	13	0	2	19	24	48	.382	.396	Batting #2	.293	400	117	20	2	4	32	47	64	.376	.383
Home	.268	549	147	26	3	6	48	62	88	.353	.359	Batting #8	.318	220	70	13	1	3	21	23	34	.396	.427
Away	.296	619	183	33	3	7	58	61	119	.369	.393	Other	.261	548	143	26	3	6	53	53	109	.357	.352
Day	.272	334	91	21	1	2	31	39	62	.360	.359	April	.231	182	42	9	0	1	11	25	43	.330	.330
Night	.287	834	239	38	5	11	75	84	145	.362	.384	May	.302	126	38	7	0	0	14	12	27	.385	.357
Grass	.272	714	194	38	5	9	67	64	128	.342	.377	June	.277	206	57	9	1	2	20	25	35	.366	.359
Turf	.300	454	136	21	1	4	39	59	79	.391	.377	July	.287	178	51	8	1	3	17	17	33	.363	.393

Career (1991-1994)

	Avg	AB	H	2B	3B	HR	RBI	BB	SO	OBP	SLG		Avg	AB	H	2B	3B	HR	RBI	BB	SO	OBP	SLG
First Pitch	.375	168	63	10	0	1	18	5	0	.404	.452	August	.317	246	78	13	3	5	22	15	41	.368	.455
Ahead in Count	.344	288	99	17	1	5	22	63	0	.464	.462	September/October	.278	230	64	13	1	0	22	29	28	.362	.343
Behind in Count	.209	464	97	14	2	4	36	0	169	.231	.274	Pre-All Star	.266	587	156	29	2	7	51	70	119	.357	.358
Two Strikes	.194	511	99	19	3	6	40	55	207	.290	.278	Post-All Star	.299	581	174	30	4	6	55	53	88	.367	.396

Batter vs. Pitcher (career)

Hits Best Against	Avg	AB	H	2B	3B	HR	RBI	BB	SO	OBP	SLG	Hits Worst Against	Avg	AB	H	2B	3B	HR	RBI	BB	SO	OBP	SLG
Heathcliff Slocumb	.667	9	6	0	0	0	4	1	1	.727	.667	John Smiley	.000	11	0	0	0	0	0	1	4	.083	.000
David Cone	.500	8	4	1	0	0	2	4	2	.692	.625	Andy Benes	.067	15	1	0	0	0	0	2	3	.176	.067
Greg Swindell	.444	18	8	1	0	1	0	0	4	.444	.667	Ben Rivera	.071	14	1	0	0	0	0	0	5	.133	.071
Omar Olivares	.429	21	9	1	1	0	1	2	2	.520	.571	Denny Neagle	.100	10	1	0	0	0	0	2	5	.250	.100
Tom Candiotti	.364	11	4	0	0	1	1	0	1	.364	.727	Rich Rodriguez	.182	11	2	0	0	0	0	0	3	.182	.182

Brian Barnes — Dodgers

Age 28 – Pitches Left

	ERA	W	L	Sv	G	GS	IP	BB	SO	Avg	H	2B	3B	HR	RBI	OBP	SLG	GF	IR	IRS	Hld	SvOp	SB	CS	GB	FB	G/F
1994 Season	5.89	0	1	0	11	0	18.1	19	10	.289	22	3	1	3	14	.427	.474	3	14	5	0	0	2	0	28	24	1.17
Career (1990-1994)	3.94	14	22	3	116	56	406.1	204	275	.242	364	68	8	39	179	.334	.375	13	48	20	1	5	48	18	488	444	1.10

1994 Season

	ERA	W	L	Sv	G	GS	IP	H	HR	BB	SO		Avg	AB	H	2B	3B	HR	RBI	BB	SO	OBP	SLG
Home	1.42	0	1	0	5	0	6.1	4	0	7	1	vs. Left	.227	22	5	1	0	0	4	5	4	.357	.273
Away	8.25	0	0	0	6	0	12.0	18	3	12	9	vs. Right	.315	54	17	2	1	3	10	14	6	.456	.556

Career (1990-1994)

	ERA	W	L	Sv	G	GS	IP	H	HR	BB	SO		Avg	AB	H	2B	3B	HR	RBI	BB	SO	OBP	SLG
Home	3.39	7	11	3	54	26	202.0	163	15	87	147	vs. Left	.269	297	80	18	3	9	43	53	51	.283	.441
Away	4.49	7	11	0	62	30	204.1	201	24	117	128	vs. Right	.235	1210	284	50	5	30	136	151	224	.321	.359
Day	3.49	5	5	1	36	13	116.0	98	10	59	83	Inning 1-6	.240	1211	291	52	6	35	140	166	224	.334	.380
Night	4.12	9	17	2	80	43	290.1	266	29	145	192	Inning 7+	.247	296	73	16	2	4	39	38	51	.330	.355
Grass	3.68	5	4	0	43	16	117.1	114	10	67	65	None on	.230	869	200	36	4	20	20	105	159	.317	.350
Turf	4.05	9	18	3	73	40	289.0	250	29	137	210	Runners on	.257	638	164	32	4	19	159	99	116	.355	.409
April	3.98	1	1	2	12	0	20.1	18	2	11	6	Scoring Posn	.242	388	94	20	1	10	132	63	79	.345	.376
May	5.47	0	3	1	18	6	51.0	52	5	33	33	Close & Late	.185	135	25	6	0	0	12	19	28	.284	.230
June	4.15	2	4	0	17	13	78.0	80	8	39	57	None on/out	.238	382	91	18	1	10	10	44	65	.322	.369
July	3.63	3	3	0	12	10	72.0	65	10	32	50	vs. 1st Batr (relief)	.271	48	13	4	1	0	10	8	8	.362	.396
August	3.08	3	5	0	20	11	79.0	60	7	36	53	First Inning Pitched	.218	394	86	19	2	7	50	63	75	.325	.330
September/October	3.91	5	6	0	28	16	106.0	89	7	53	76	First 15 Pitches	.240	350	84	19	2	8	36	50	67	.335	.374
Starter	3.82	13	18	0	56	56	320.2	275	30	156	220	Pitch 16-30	.244	299	73	13	1	8	41	35	54	.322	.375
Reliever	4.41	1	4	3	60	0	85.2	89	9	48	55	Pitch 31-45	.261	222	58	15	1	3	23	28	46	.353	.378
0 Days rest (Re)	2.70	0	1	0	9	0	13.1	12	0	5	5	Pitch 46+	.234	636	149	21	4	20	79	91	110	.332	.374
1 or 2 Days rest	5.00	0	2	2	25	0	36.0	37	5	14	30	First Pitch	.353	204	72	14	0	8	34	6	0	.373	.539
3+ Days rest	4.46	1	1	1	26	0	36.1	40	4	29	20	Ahead in Count	.173	648	112	20	1	6	55	0	242	.175	.235
Pre-All Star	4.54	3	10	3	55	23	178.1	178	19	99	113	Behind in Count	.321	408	131	23	7	22	72	123	0	.479	.574
Post-All Star	3.47	11	12	0	61	33	228.0	186	20	105	162	Two Strikes	.146	652	95	17	0	7	45	75	275	.237	.204

Pitcher vs. Batter (career)

Pitches Best Vs.	Avg	AB	H	2B	3B	HR	RBI	BB	SO	OBP	SLG	Pitches Worst Vs.	Avg	AB	H	2B	3B	HR	RBI	BB	SO	OBP	SLG
Bobby Bonilla	.091	11	1	1	0	0	2	2	2	.231	.182	Charlie Hayes	.526	19	10	4	0	2	5	0	2	.526	1.053
Wes Chamberlain	.095	21	2	0	0	0	3	8	2	.208	.095	Barry Bonds	.500	10	5	0	2	2	2	0	0	.583	1.300
Eric Davis	.100	10	1	0	0	0	2	1	0	.250	.100	Eddie Murray	.500	10	5	1	0	1	6	1	0	.545	.900
Darrin Jackson	.167	12	2	0	0	0	0	0	3	.167	.167	Jeff Bagwell	.444	9	4	0	0	1	4	3	1	.583	.778
Gary Redus	.200	10	2	0	0	0	1	3	2	.273	.200	Darren Daulton	.417	12	5	1	0	1	3	2	3	.533	.750

Skeeter Barnes — Tigers

Age 38 – Bats Right

	Avg	G	AB	R	H	2B	3B	HR	RBI	BB	SO	HBP	GDP	SB	CS	OBP	SLG	IBB	SH	SF	#Pit	#P/PA	GB	FB	G/F
1994 Season	.286	24	21	4	6	0	0	1	4	0	2	0	1	0	1	.286	.429	0	0	0	80	3.81	10	7	1.43
Last Five Years	.281	278	505	83	142	29	4	11	73	30	63	2	8	18	14	.319	.420	2	8	8	1935	3.50	168	168	1.00

1994 Season

	Avg	AB	H	2B	3B	HR	RBI	BB	SO	OBP	SLG		Avg	AB	H	2B	3B	HR	RBI	BB	SO	OBP	SLG
vs. Left	.300	10	3	0	0	0	1	0	1	.300	.300	Scoring Posn	.125	8	1	0	0	1	4	0	0	.125	.500
vs. Right	.273	11	3	0	0	1	3	0	1	.273	.545	Close & Late	.000	2	0	0	0	0	0	0	0	.000	.000

Last Five Years

	Avg	AB	H	2B	3B	HR	RBI	BB	SO	OBP	SLG		Avg	AB	H	2B	3B	HR	RBI	BB	SO	OBP	SLG
vs. Left	.271	310	84	17	4	7	50	20	42	.314	.419	Scoring Posn	.303	132	40	3	3	4	62	13	16	.346	.462
vs. Right	.297	195	58	12	0	4	23	10	21	.327	.421	Close & Late	.265	68	18	5	0	0	8	5	9	.311	.338
Groundball	.261	138	36	5	1	4	23	9	18	.307	.399	None on/out	.259	112	29	6	0	1	1	2	15	.284	.339
Flyball	.302	126	38	9	2	1	18	6	17	.321	.429	Batting #7	.284	134	38	8	0	2	18	5	15	.310	.388
Home	.274	230	63	11	3	6	34	11	28	.305	.426	Batting #8	.257	70	18	1	1	1	11	8	14	.311	.345
Away	.287	275	79	18	1	5	39	19	35	.331	.415	Other	.291	258	75	16	3	8	44	17	34	.327	.469
Day	.299	157	47	8	0	4	23	9	21	.329	.427	April	.294	17	5	1	0	0	3	3	1	.364	.353
Night	.273	348	95	21	4	7	50	21	42	.315	.415	May	.230	61	14	3	0	2	10	4	6	.277	.377
Grass	.276	417	115	27	4	9	60	27	54	.317	.424	June	.256	82	21	1	3	3	14	2	8	.279	.451
Turf	.307	88	27	2	0	2	13	3	9	.330	.398	July	.281	114	32	9	0	3	15	4	16	.308	.439
First Pitch	.156	64	10	2	0	1	2	0	0	.194	.234	August	.340	106	36	5	0	3	16	7	17	.377	.472
Ahead in Count	.448	134	60	16	2	5	31	12	0	.483	.709	September/October	.272	125	34	10	1	0	15	10	15	.319	.368
Behind in Count	.231	216	50	9	0	4	24	0	50	.232	.329	Pre-All Star	.262	210	55	9	3	7	37	12	22	.300	.433

	Avg	AB	H	2B	3B	HR	RBI	BB	SO	OBP	SLG		Avg	AB	H	2B	3B	HR	RBI	BB	SO	OBP	SLG
										Last Five Years													
Two Strikes	.214	206	44	9	1	5	24	16	63	.270	.340	Post-All Star	.295	295	87	20	1	4	36	18	41	.333	.410
								Batter vs. Pitcher (since 1984)															
Hits Best Against	Avg	AB	H	2B	3B	HR	RBI	BB	SO	OBP	SLG	Hits Worst Against	Avg	AB	H	2B	3B	HR	RBI	BB	SO	OBP	SLG
Randy Johnson	.333	15	5	1	0	1	3	3	5	.444	.600	Chuck Finley	.133	15	2	1	0	0	0	0	3	.133	.200
Joe Hesketh	.333	12	4	1	0	1	3	0	3	.333	.667	Dave Fleming	.182	11	2	0	0	1	2	0	2	.182	.455
Wilson Alvarez	.308	13	4	1	0	1	1	1	4	.357	.615	Mark Langston	.214	14	3	1	0	0	2	0	1	.200	.429

Kevin Bass — Astros   Age 36 – Bats Both

	Avg	G	AB	R	H	2B	3B	HR	RBI	BB	SO	HBP	GDP	SB	CS	OBP	SLG	IBB	SH	SF	#Pit	#P/PA	GB	FB	G/F
1994 Season	.310	82	203	37	63	15	1	6	35	28	24	1	5	2	3	.393	.483	6	1	2	917	3.90	86	58	1.48
Last Five Years	.265	513	1409	176	374	75	11	35	183	127	207	9	34	32	19	.328	.409	23	8	9	5633	3.61	568	395	1.44

1994 Season

	Avg	AB	H	2B	3B	HR	RBI	BB	SO	OBP	SLG		Avg	AB	H	2B	3B	HR	RBI	BB	SO	OBP	SLG
vs. Left	.420	69	29	7	0	3	22	9	7	.481	.652	Scoring Posn	.386	57	22	5	0	2	27	19	4	.532	.579
vs. Right	.254	134	34	8	1	3	13	19	17	.348	.396	Close & Late	.350	40	14	1	1	2	7	4	4	.413	.575
Home	.360	89	32	9	1	3	15	16	10	.453	.584	None on/out	.233	43	10	3	0	2	2	1	6	.250	.442
Away	.272	114	31	6	0	3	20	12	14	.344	.404	Batting #5	.402	87	35	9	1	3	20	11	6	.469	.632
First Pitch	.333	15	5	3	0	1	7	3	0	.444	.733	Batting #6	.196	56	11	2	0	1	4	9	8	.308	.286
Ahead in Count	.403	62	25	6	0	2	12	10	0	.479	.597	Other	.283	60	17	4	0	2	11	8	8	.366	.450
Behind in Count	.221	86	19	4	0	3	8	0	23	.230	.372	Pre-All Star	.304	138	42	11	1	4	24	19	14	.388	.486
Two Strikes	.256	90	23	4	1	3	10	15	24	.368	.422	Post-All Star	.323	65	21	4	0	2	11	9	10	.405	.477

Last Five Years

	Avg	AB	H	2B	3B	HR	RBI	BB	SO	OBP	SLG		Avg	AB	H	2B	3B	HR	RBI	BB	SO	OBP	SLG
vs. Left	.260	496	129	38	1	20	85	30	67	.305	.462	Scoring Posn	.286	384	110	22	1	10	147	61	54	.379	.427
vs. Right	.268	913	245	37	10	15	98	97	140	.341	.380	Close & Late	.270	307	83	10	4	8	41	28	50	.330	.407
Groundball	.270	500	135	29	6	11	63	44	74	.331	.418	None on/out	.264	333	88	19	6	8	12	44	.294	.429
Flyball	.263	281	74	13	2	7	41	18	39	.310	.399	Batting #5	.300	483	145	28	3	13	81	47	55	.362	.451
Home	.266	687	183	38	5	20	93	67	118	.332	.424	Batting #6	.222	306	68	16	2	7	30	28	53	.291	.356
Away	.265	722	191	37	6	15	90	60	89	.324	.395	Other	.260	620	161	31	6	15	72	52	99	.320	.402
Day	.258	485	125	22	4	14	69	35	87	.311	.406	April	.275	240	66	12	3	5	30	15	39	.316	.413
Night	.269	924	249	53	7	21	114	92	120	.337	.410	May	.255	294	75	16	2	8	37	19	40	.305	.405
Grass	.261	850	222	36	7	23	106	71	141	.319	.401	June	.245	200	49	10	1	5	31	20	27	.318	.380
Turf	.272	559	152	39	4	12	77	56	66	.342	.420	July	.282	206	58	11	0	6	29	25	36	.358	.422
First Pitch	.268	153	41	7	0	3	25	5	0	.337	.373	August	.260	192	50	10	0	7	24	15	28	.313	.422
Ahead in Count	.347	386	134	24	3	16	72	55	0	.427	.549	September/October	.274	277	76	16	5	4	32	33	37	.356	.412
Behind in Count	.203	591	120	31	5	10	49	0	177	.209	.323	Pre-All Star	.262	828	217	46	6	20	109	61	119	.315	.405
Two Strikes	.208	566	118	26	6	9	42	54	207	.281	.323	Post-All Star	.270	581	157	29	5	15	74	66	88	.346	.415

Batter vs. Pitcher (since 1984)

Hits Best Against	Avg	AB	H	2B	3B	HR	RBI	BB	SO	OBP	SLG	Hits Worst Against	Avg	AB	H	2B	3B	HR	RBI	BB	SO	OBP	SLG
Goose Gossage	.727	11	8	1	0	0	3	0	1	.727	.818	Norm Charlton	.056	18	1	1	0	0	1	0	5	.053	.111
Mike Maddux	.600	10	6	1	1	0	2	2	1	.667	.900	Todd Worrell	.077	13	1	0	0	1	1	0	2	.077	.077
Mark Davis	.423	26	11	3	0	3	5	1	4	.444	.885	Lee Smith	.105	19	2	0	0	0	0	0	5	.105	.105
Danny Jackson	.400	25	10	3	1	1	5	2	2	.444	.720	Alejandro Pena	.111	18	2	0	0	0	1	4	4	.158	.111
Mitch Williams	.333	15	5	1	0	2	5	0	4	.333	.867	Bob Tewksbury	.143	21	3	0	0	0	0	0	2	.143	.143

Kim Batiste — Phillies   Age 27 – Bats Right (groundball hitter)

	Avg	G	AB	R	H	2B	3B	HR	RBI	BB	SO	HBP	GDP	SB	CS	OBP	SLG	IBB	SH	SF	#Pit	#P/PA	GB	FB	G/F
1994 Season	.234	64	209	17	49	6	0	2	13	1	32	1	11	1	1	.239	.278	0	1	2	729	3.41	103	40	2.58
Career (1991-1994)	.241	197	528	42	127	17	1	7	53	9	87	2	21	1	3	.253	.316	4	3	6	1795	3.28	224	130	1.72

1994 Season

	Avg	AB	H	2B	3B	HR	RBI	BB	SO	OBP	SLG		Avg	AB	H	2B	3B	HR	RBI	BB	SO	OBP	SLG
vs. Left	.127	63	8	1	0	0	0	0	11	.127	.143	Scoring Posn	.224	49	11	0	0	0	12	0	8	.216	.224
vs. Right	.281	146	41	5	0	2	13	1	21	.287	.336	Close & Late	.325	40	13	2	0	0	3	0	4	.325	.375
Home	.185	108	20	3	0	1	6	0	19	.189	.241	None on/out	.327	49	16	1	0	0	0	1	7	.340	.347
Away	.287	101	29	3	0	1	7	1	13	.294	.317	Batting #7	.222	108	24	4	0	0	8	0	16	.218	.259
First Pitch	.296	27	8	0	0	0	2	0	0	.296	.296	Batting #8	.294	51	15	2	0	0	3	0	7	.308	.333
Ahead in Count	.235	34	8	1	0	0	2	1	0	.257	.265	Other	.200	50	10	0	0	1	2	1	9	.216	.260
Behind in Count	.217	120	26	5	0	0	5	0	29	.220	.258	Pre-All Star	.250	148	37	6	0	1	8	0	18	.247	.311
Two Strikes	.188	96	18	2	0	0	2	0	32	.194	.208	Post-All Star	.197	61	12	0	0	0	5	1	14	.222	.197

Career (1991-1994)

	Avg	AB	H	2B	3B	HR	RBI	BB	SO	OBP	SLG		Avg	AB	H	2B	3B	HR	RBI	BB	SO	OBP	SLG
vs. Left	.220	191	42	4	1	4	16	3	32	.230	.314	Scoring Posn	.230	135	31	2	0	1	42	5	25	.247	.267
vs. Right	.252	337	85	13	0	3	37	6	55	.262	.318	Close & Late	.263	95	25	3	0	2	14	2	17	.276	.379
Groundball	.250	184	46	8	0	2	24	2	24	.259	.326	None on/out	.256	129	33	5	0	1	1	2	20	.267	.318
Flyball	.135	89	12	0	0	3	9	2	25	.151	.236	Batting #7	.256	195	50	6	1	1	22	0	32	.254	.313
Home	.226	261	59	6	0	2	24	3	46	.234	.295	Batting #8	.249	241	60	10	0	3	22	7	36	.269	.328
Away	.255	267	68	5	1	5	29	6	41	.272	.337	Other	.185	92	17	1	0	3	9	2	19	.211	.293
Day	.211	152	32	1	0	3	15	4	25	.234	.276	April	.231	78	18	0	0	1	6	2	17	.250	.269
Night	.253	376	95	16	1	4	38	5	62	.261	.332	May	.237	139	33	5	0	2	11	3	19	.252	.317
Grass	.301	163	49	4	0	3	21	4	21	.320	.380	June	.250	152	38	8	1	3	20	1	21	.252	.375
Turf	.214	365	78	13	1	4	32	5	66	.223	.288	July	.264	87	23	3	0	0	9	2	12	.281	.299
First Pitch	.319	69	22	3	0	1	9	3	0	.342	.406	August	.216	37	8	1	0	1	6	0	9	.237	.324

Career (1991-1994)

	Avg	AB	H	2B	3B	HR	RBI	BB	SO	OBP	SLG		Avg	AB	H	2B	3B	HR	RBI	BB	SO	OBP	SLG
Ahead in Count	.394	94	37	3	1	2	11	4	0	.418	.511	September/October	.200	35	7	0	0	0	1	1	9	.222	.200
Behind in Count	.172	291	50	10	0	2	26	0	82	.174	.227	Pre-All Star	.244	418	102	16	1	6	41	6	62	.253	.330
Two Strikes	.146	239	35	6	0	0	13	2	87	.155	.172	Post-All Star	.227	110	25	1	0	1	12	3	25	.254	.264

Batter vs. Pitcher (career)

Hits Best Against	Avg	AB	H	2B	3B	HR	RBI	BB	SO	OBP	SLG	Hits Worst Against	Avg	AB	H	2B	3B	HR	RBI	BB	SO	OBP	SLG
Anthony Young	.455	11	5	0	0	1	7	0	1	.455	.727	Butch Henry	.091	11	1	0	0	0	1	0	2	.083	.091
Steve Cooke	.333	12	4	1	0	0	0	1	2	.385	.417	Randy Tomlin	.182	11	2	0	0	0	1	0	1	.182	.182

Danny Bautista — Tigers

Age 23 – Bats Right (groundball hitter)

	Avg	G	AB	R	H	2B	3B	HR	RBI	BB	SO	HBP	GDP	SB	CS	OBP	SLG	IBB	SH	SF	#Pit	#P/PA	GB	FB	G/F
1994 Season	.232	31	99	12	23	4	1	4	15	3	18	0	3	1	2	.255	.414	0	0	0	349	3.42	45	21	2.14
Career (1993-1994)	.263	48	160	18	42	7	1	5	24	4	28	0	4	4	3	.279	.413	0	0	1	543	3.29	67	38	1.76

1994 Season

	Avg	AB	H	2B	3B	HR	RBI	BB	SO	OBP	SLG		Avg	AB	H	2B	3B	HR	RBI	BB	SO	OBP	SLG
vs. Left	.250	40	10	3	1	2	9	1	3	.268	.525	Scoring Posn	.212	33	7	1	0	2	10	0	6	.212	.424
vs. Right	.220	59	13	1	0	2	6	2	15	.246	.339	Close & Late	.143	14	2	0	0	0	0	1	.143	.143

Jose Bautista — Cubs

Age 30 – Pitches Right

	ERA	W	L	Sv	G	GS	IP	BB	SO	Avg	H	2B	3B	HR	RBI	OBP	SLG	GF	IR	IRS	Hld	SvOp	SB	CS	GB	FB	G/F
1994 Season	3.89	4	5	1	58	0	69.1	17	45	.284	75	7	1	10	34	.330	.432	24	30	9	14	4	6	3	110	67	1.64
Last Five Years	3.68	15	9	3	143	7	213.0	56	126	.271	35	6	26	110	.322	.425	50	110	39	26	6	13	6	299	220	1.36

1994 Season

	ERA	W	L	Sv	G	GS	IP	H	HR	BB	SO		Avg	AB	H	2B	3B	HR	RBI	BB	SO	OBP	SLG
Home	3.64	3	2	0	33	0	42.0	45	6	7	31	vs. Left	.315	108	34	2	1	5	14	10	15	.375	.491
Away	4.28	1	3	1	25	0	27.1	30	4	10	14	vs. Right	.263	156	41	5	0	5	20	7	30	.298	.391
Day	3.20	3	3	0	34	0	45.0	48	5	12	33	Inning 1-6	.333	15	5	0	0	1	6	1	2	.353	.533
Night	5.18	1	2	1	24	0	24.1	27	5	5	12	Inning 7+	.281	249	70	7	1	9	28	16	43	.328	.426
Grass	3.02	3	2	1	44	0	53.2	52	6	10	35	None on	.320	153	49	3	1	4	4	2	22	.338	.431
Turf	6.89	1	3	0	14	0	15.2	23	4	7	10	Runners on	.234	111	26	4	0	6	30	15	23	.321	.432
April	5.19	0	2	0	12	0	17.1	21	2	4	14	Scoring Posn	.233	60	14	3	0	2	22	11	13	.342	.383
May	3.00	1	1	0	16	0	18.0	20	2	1	8	Close & Late	.306	124	38	0	1	3	15	12	19	.360	.395
June	2.25	0	0	1	13	0	16.0	11	2	5	9	None on/out	.299	67	20	1	1	1	1	1	10	.309	.388
July	5.27	3	1	0	13	0	13.2	19	3	6	9	vs. 1st Batr (relief)	.263	57	15	1	1	2	7	0	10	.259	.421
August	4.15	0	1	0	4	0	4.1	4	1	1	5	First Inning Pitched	.280	186	52	4	1	9	26	9	31	.317	.457
September/October	0.00	0	0	0	0	0	0.0	0	0	0	0	First 15 Pitches	.277	177	49	3	1	7	22	7	25	.309	.424
Starter	0.00	0	0	0	0	0	0.0	0	0	0	0	Pitch 16-30	.289	76	22	3	0	3	10	18	.375	.447
Reliever	3.89	4	5	1	58	0	69.1	75	10	17	45	Pitch 31-45	.333	9	3	0	0	0	2	0	1	.300	.333
0 Days rest (Re)	2.53	0	3	0	18	0	21.1	18	3	7	13	Pitch 46+	.500	2	1	1	0	0	1	0	0	.500	1.000
1 or 2 Days rest	3.61	4	2	1	35	0	42.1	47	3	9	29	First Pitch	.298	47	14	0	0	4	11	3	0	.333	.553
3+ Days rest	11.12	0	0	0	5	0	5.2	10	4	1	3	Ahead in Count	.248	121	30	4	1	0	4	0	37	.258	.298
Pre-All Star	3.79	3	3	1	46	0	57.0	59	7	12	34	Behind in Count	.395	43	17	0	1	5	11	9	0	.491	.767
Post-All Star	4.38	1	2	0	12	0	12.1	16	3	5	11	Two Strikes	.234	107	25	4	1	5	5	45	.272	.318

Last Five Years

	ERA	W	L	Sv	G	GS	IP	H	HR	BB	SO		Avg	AB	H	2B	3B	HR	RBI	BB	SO	OBP	SLG
Home	2.99	8	2	1	79	2	114.1	111	13	28	71	vs. Left	.284	345	98	15	3	12	49	35	44	.354	.449
Away	4.47	7	7	2	64	5	98.2	110	13	28	55	vs. Right	.262	470	123	20	3	14	61	21	82	.298	.406
Day	3.75	7	5	1	75	3	115.1	120	15	28	73	Inning 1-6	.297	263	78	12	1	9	38	16	33	.336	.452
Night	3.59	8	4	2	68	4	97.2	101	11	28	53	Inning 7+	.259	552	143	23	5	17	62	40	93	.316	.411
Grass	3.19	12	4	3	112	5	174.2	172	19	44	100	None on	.283	449	127	21	5	11	11	21	61	.324	.425
Turf	5.87	3	5	0	31	2	38.1	49	7	12	26	Runners on	.257	366	94	14	1	15	99	35	65	.320	.423
April	6.95	0	3	0	25	0	33.2	48	6	12	26	Scoring Posn	.285	221	63	12	1	9	87	26	36	.357	.471
May	2.20	2	1	0	24	0	28.2	28	2	4	14	Close & Late	.247	251	62	3	2	7	24	24	38	.317	.359
June	2.64	1	2	1	25	3	47.2	43	6	13	29	None on/out	.263	190	50	7	3	4	4	12	24	.310	.395
July	3.41	5	1	0	25	0	31.2	37	3	8	21	vs. 1st Batr (relief)	.264	125	33	2	2	4	22	6	20	.296	.408
August	2.58	1	1	2	26	0	38.1	26	5	11	19	First Inning Pitched	.274	456	125	13	4	19	78	29	77	.325	.445
September/October	4.64	6	1	0	18	4	33.0	39	4	8	17	First 15 Pitches	.281	434	122	16	4	16	67	24	63	.325	.440
Starter	3.80	4	2	0	7	7	42.2	47	5	9	24	Pitch 16-30	.257	218	56	12	2	6	23	24	40	.335	.413
Reliever	3.65	11	7	3	136	0	170.1	174	21	47	102	Pitch 31-45	.254	63	16	1	0	1	7	4	8	.296	.317
0 Days rest (Re)	3.68	0	3	0	39	0	51.1	48	7	16	29	Pitch 46+	.270	100	27	9	0	3	13	4	15	.298	.450
1 or 2 Days rest	3.08	7	3	3	66	0	84.2	87	7	21	53	First Pitch	.248	145	36	0	1	8	26	8	0	.285	.428
3+ Days rest	4.98	1	1	0	31	0	34.1	39	7	10	18	Ahead in Count	.250	376	94	21	1	7	39	0	109	.260	.367
Pre-All Star	3.89	7	6	1	84	3	125.0	139	15	32	80	Behind in Count	.378	143	54	4	9	26	26	0	.471	.671
Post-All Star	3.38	8	3	2	59	4	88.0	82	11	24	46	Two Strikes	.250	328	82	18	1	5	36	22	126	.301	.357

Pitcher vs. Batter (career)

Pitches Best Vs.	Avg	AB	H	2B	3B	HR	RBI	BB	SO	OBP	SLG	Pitches Worst Vs.	Avg	AB	H	2B	3B	HR	RBI	BB	SO	OBP	SLG
Don Slaught	.091	11	1	0	0	0	0	0	0	.091	.091	Mike Greenwell	.500	18	9	1	1	4	7	2	0	.550	1.333
Tony Fernandez	.100	10	1	0	0	0	1	2	1	.250	.200	Dick Schofield	.500	12	6	0	0	1	1	4	.538	.500
Wade Boggs	.118	17	2	0	0	0	1	3	2	.250	.118	Dante Bichette	.455	11	5	0	0	2	0	1	.500	.636
Chili Davis	.143	14	2	0	0	0	0	0	0	.143	.143	Ruben Sierra	.400	10	4	2	0	0	2	0	1	.455	.600
Wally Joyner	.231	13	3	1	0	0	2	1	0	.286	.308	Bo Jackson	.375	16	6	0	0	2	8	0	6	.375	.750

Billy Bean — Padres
Age 31 – Bats Left

	Avg	G	AB	R	H	2B	3B	HR	RBI	BB	SO	HBP	GDP	SB	CS	OBP	SLG	IBB	SH	SF	#Pit	#P/PA	GB	FB	G/F
1994 Season	.215	84	135	7	29	5	1	0	14	7	25	0	4	0	1	.248	.267	1	1	3	511	3.50	52	36	1.44
Last Five Years	.240	172	312	26	75	14	1	5	46	13	54	2	8	2	5	.269	.340	2	3	8	1141	3.38	107	95	1.13

1994 Season

	Avg	AB	H	2B	3B	HR	RBI	BB	SO	OBP	SLG		Avg	AB	H	2B	3B	HR	RBI	BB	SO	OBP	SLG
vs. Left	.200	5	1	0	0	0	0	0	1	.200	.200	Scoring Posn	.186	43	8	1	0	0	12	1	6	.191	.209
vs. Right	.215	130	28	5	1	0	14	7	24	.250	.269	Close & Late	.286	49	14	2	1	0	7	1	6	.300	.367
Home	.200	70	14	2	0	0	7	2	17	.216	.229	None on/out	.300	20	6	1	0	0	0	3	6	.391	.350
Away	.231	65	15	3	1	0	7	5	8	.282	.308	Batting #3	.235	34	8	3	0	0	3	1	4	.257	.324
First Pitch	.222	18	4	1	0	0	1	1	0	.263	.278	Batting #9	.355	31	11	2	1	0	5	1	6	.364	.484
Ahead in Count	.216	37	8	1	1	0	5	3	0	.268	.297	Other	.143	70	10	0	0	0	6	5	15	.195	.143
Behind in Count	.172	58	10	2	0	0	6	0	22	.167	.207	Pre-All Star	.204	103	21	4	1	0	12	6	17	.241	.262
Two Strikes	.140	57	8	1	0	0	4	3	25	.183	.158	Post-All Star	.250	32	8	1	0	0	2	1	8	.273	.281

Rod Beck — Giants
Age 26 – Pitches Right (flyball pitcher)

	ERA	W	L	Sv	G	GS	IP	BB	SO	Avg	H	2B	3B	HR	RBI	OBP	SLG	GF	IR	IRS	Hld	SvOp	SB	CS	GB	FB	G/F
1994 Season	2.77	2	4	28	48	0	48.2	13	39	.261	49	6	1	10	23	.304	.463	47	19	7	0	28	2	1	66	63	1.05
Career (1991-1994)	2.45	9	9	94	220	0	272.1	54	250	.223	221	30	4	29	100	.264	.348	170	109	28	5	104	7	8	284	303	0.94

1994 Season

	ERA	W	L	Sv	G	GS	IP	H	HR	BB	SO		Avg	AB	H	2B	3B	HR	RBI	BB	SO	OBP	SLG
Home	3.25	1	3	13	28	0	27.2	27	7	6	25	vs. Left	.250	88	22	1	1	2	6	11	16	.327	.352
Away	2.14	1	1	15	20	0	21.0	22	3	7	14	vs. Right	.270	100	27	5	0	8	17	2	23	.282	.560
Starter	0.00	0	0	0	0	0	0.0	0	0	0	0	Scoring Posn	.220	41	9	1	0	3	14	6	8	.300	.463
Reliever	2.77	2	4	28	48	0	48.2	49	10	13	39	Close & Late	.280	132	37	5	0	9	20	12	24	.338	.523
0 Days rest (Re)	2.82	1	3	14	21	0	22.1	25	5	6	15	None on/out	.186	43	8	1	1	3	3	3	8	.239	.465
1 or 2 Days rest	2.35	1	0	9	16	0	15.1	13	2	4	16	First Pitch	.400	25	10	3	0	0	2	2	0	.444	.520
3+ Days rest	3.27	0	1	5	11	0	11.0	11	3	3	8	Ahead in Count	.204	108	22	3	1	6	11	0	36	.202	.417
Pre-All Star	3.48	2	4	18	34	0	33.2	33	9	7	25	Behind in Count	.417	24	10	0	0	1	5	4	0	.467	.542
Post-All Star	1.20	0	0	10	14	0	15.0	16	1	6	14	Two Strikes	.152	92	14	2	1	6	11	7	39	.210	.391

Career (1991-1994)

	ERA	W	L	Sv	G	GS	IP	H	HR	BB	SO		Avg	AB	H	2B	3B	HR	RBI	BB	SO	OBP	SLG
Home	2.51	6	7	44	112	0	136.0	115	14	22	133	vs. Left	.210	518	109	15	3	14	42	34	138	.260	.332
Away	2.38	3	2	50	108	0	136.1	106	15	32	117	vs. Right	.236	475	112	15	1	15	58	20	112	.269	.366
Day	2.68	1	4	49	102	0	114.1	99	15	19	117	Inning 1-6	.246	142	35	6	1	0	20	12	32	.314	.303
Night	2.28	8	5	45	118	0	158.0	122	14	35	133	Inning 7+	.219	851	186	24	3	29	80	42	218	.256	.356
Grass	2.19	6	8	77	165	0	201.2	163	21	39	192	None on	.229	576	132	16	3	19	19	23	148	.264	.366
Turf	3.18	3	1	17	55	0	70.2	58	8	15	58	Runners on	.213	417	89	14	1	10	81	31	102	.265	.324
April	1.05	2	1	10	24	0	34.1	17	1	5	36	Scoring Posn	.217	240	52	8	1	5	69	24	65	.280	.321
May	4.15	1	4	16	41	0	47.2	44	8	5	47	Close & Late	.209	527	110	15	1	15	53	34	136	.258	.326
June	2.88	1	2	15	31	0	34.1	37	5	8	37	None on/out	.221	235	52	4	1	7	7	10	48	.262	.336
July	1.49	1	2	23	45	0	54.1	44	4	7	54	vs. 1st Batr (relief)	.195	205	40	4	1	7	21	10	51	.233	.327
August	2.14	0	0	15	38	0	46.1	36	4	19	37	First Inning Pitched	.214	761	163	23	2	25	85	40	185	.255	.348
September/October	2.77	4	0	15	41	0	55.1	43	7	10	39	First 15 Pitches	.215	694	149	23	3	22	65	32	167	.250	.352
Starter	0.00	0	0	0	0	0	0.0	0	0	0	0	Pitch 16-30	.238	260	62	7	1	7	29	17	71	.288	.354
Reliever	2.45	9	9	94	220	0	272.1	221	29	54	250	Pitch 31-45	.256	39	10	0	0	0	6	5	12	.348	.256
0 Days rest (Re)	2.80	3	3	39	60	0	61.0	54	9	15	56	Pitch 46+	.000	0	0	0	0	0	0	0	0	.000	.000
1 or 2 Days rest	2.34	5	4	37	101	0	138.1	116	12	31	127	First Pitch	.269	134	36	10	1	3	10	9	0	.319	.425
3+ Days rest	2.34	1	2	18	59	0	73.0	51	8	8	67	Ahead in Count	.183	545	100	11	3	11	39	0	222	.186	.275
Pre-All Star	2.77	4	9	50	113	0	136.1	117	17	21	140	Behind in Count	.317	161	51	6	0	10	33	21	0	.392	.540
Post-All Star	2.12	5	0	44	107	0	136.0	104	12	33	110	Two Strikes	.158	512	81	9	3	11	36	24	250	.199	.252

Pitcher vs. Batter (career)

Pitches Best Vs.	Avg	AB	H	2B	3B	HR	RBI	BB	SO	OBP	SLG	Pitches Worst Vs.	Avg	AB	H	2B	3B	HR	RBI	BB	SO	OBP	SLG
Terry Pendleton	.071	14	1	0	0	0	0	0	5	.071	.071	Luis Gonzalez	.313	16	5	0	1	0	0	1	4	.353	.438
Marquis Grissom	.154	13	2	0	0	0	1	0	5	.154	.154												
Delino DeShields	.200	10	2	1	0	0	1	5	.273	.300												

Rich Becker — Twins
Age 23 – Bats Both (groundball hitter)

	Avg	G	AB	R	H	2B	3B	HR	RBI	BB	SO	HBP	GDP	SB	CS	OBP	SLG	IBB	SH	SF	#Pit	#P/PA	GB	FB	G/F
1994 Season	.265	28	98	12	26	3	0	1	8	13	25	0	2	6	1	.351	.327	0	1	0	437	3.90	43	14	3.07
Career (1993-1994)	.267	31	105	15	28	5	0	1	8	18	29	0	2	7	2	.374	.343	0	1	0	495	3.99	44	14	3.14

1994 Season

	Avg	AB	H	2B	3B	HR	RBI	BB	SO	OBP	SLG		Avg	AB	H	2B	3B	HR	RBI	BB	SO	OBP	SLG
vs. Left	.313	16	5	1	0	0	3	5	.421	.375	Scoring Posn	.156	32	5	1	0	1	8	3	7	.229	.281
vs. Right	.256	82	21	2	0	1	8	10	20	.337	.317	Close & Late	.278	18	5	1	0	0	3	3	.381	.333

Steve Bedrosian — Braves
Age 37 – Pitches Right (flyball pitcher)

	ERA	W	L	Sv	G	GS	IP	BB	SO	Avg	H	2B	3B	HR	RBI	OBP	SLG	GF	IR	IRS	Hld	SvOp	SB	CS	GB	FB	G/F
1994 Season	3.33	0	2	0	46	0	46.0	18	43	.243	41	10	0	4	26	.319	.373	9	25	11	7	2	8	1	63	37	1.70
Last Five Years	3.60	19	16	23	219	0	252.1	111	163	.233	217	43	2	25	126	.317	.364	96	235	68	23	31	32	5	289	333	0.87

1994 Season

	ERA	W	L	Sv	G	GS	IP	H	HR	BB	SO		Avg	AB	H	2B	3B	HR	RBI	BB	SO	OBP	SLG
Home	1.71	0	0	0	21	0	21.0	16	1	8	22	vs. Left	.304	69	21	8	0	2	13	5	15	.364	.507
Away	4.68	0	2	0	25	0	25.0	25	3	10	21	vs. Right	.200	100	20	2	0	2	13	13	28	.289	.280
Starter	0.00	0	0	0	0	0	0.0	0	0	0	0	Scoring Posn	.236	55	13	5	0	1	21	9	14	.333	.382
Reliever	3.33	0	2	0	46	0	46.0	41	4	18	43	Close & Late	.212	52	11	2	0	2	8	10	17	.349	.365
0 Days rest (Re)	2.25	0	1	0	11	0	8.0	6	0	5	10	None on/out	.222	36	8	2	0	1	1	5	7	.333	.361
1 or 2 Days rest	2.70	0	1	0	21	0	23.1	23	1	9	19	First Pitch	.200	20	4	1	0	0	1	4	0	.320	.250
3+ Days rest	4.91	0	0	0	14	0	14.2	12	3	4	14	Ahead in Count	.212	99	21	4	0	3	12	0	37	.218	.343
Pre-All Star	3.31	0	1	0	32	0	35.1	31	3	9	33	Behind in Count	.364	22	8	4	0	1	9	7	0	.517	.682
Post-All Star	3.38	0	1	0	14	0	10.2	10	1	9	10	Two Strikes	.218	101	22	0	0	3	13	7	43	.282	.356

Last Five Years

	ERA	W	L	Sv	G	GS	IP	H	HR	BB	SO		Avg	AB	H	2B	3B	HR	RBI	BB	SO	OBP	SLG
Home	3.45	12	8	13	120	0	140.2	115	10	60	94	vs. Left	.260	431	112	24	2	12	64	58	74	.350	.408
Away	3.79	7	8	10	99	0	111.2	102	15	51	69	vs. Right	.210	500	105	19	0	13	62	53	89	.288	.326
Day	4.89	8	5	8	77	0	88.1	86	14	39	60	Inning 1-6	.240	125	30	6	0	3	20	7	21	.274	.360
Night	2.91	11	11	15	142	0	164.0	131	11	72	103	Inning 7+	.232	806	187	37	2	22	106	104	142	.324	.365
Grass	3.04	14	8	19	139	0	163.0	143	15	44	109	None on	.232	479	111	21	1	16	16	48	79	.308	.380
Turf	4.63	5	8	4	80	0	89.1	74	10	67	54	Runners on	.235	452	106	22	1	9	110	63	84	.326	.347
April	4.34	2	5	3	32	0	37.1	33	5	19	23	Scoring Posn	.225	293	66	13	1	6	98	51	57	.335	.338
May	4.57	0	2	6	37	0	43.1	36	6	20	22	Close & Late	.232	388	90	17	1	9	52	58	70	.338	.351
June	2.44	3	3	1	37	0	44.1	37	2	16	32	None on/out	.236	208	49	12	1	9	9	25	30	.326	.433
July	2.09	4	1	2	45	0	56.0	43	3	24	44	vs. 1st Batr (relief)	.208	192	40	7	1	7	24	20	33	.288	.365
August	4.97	5	4	3	36	0	41.2	46	3	20	23	First Inning Pitched	.235	678	159	31	2	19	95	81	125	.318	.370
September/October	3.94	5	1	8	32	0	29.2	25	3	12	19	First 15 Pitches	.240	609	146	30	2	20	81	70	108	.320	.394
Starter	0.00	0	0	0	0	0	0.0	0	0	0	0	Pitch 16-30	.219	270	59	11	0	3	34	27	45	.295	.293
Reliever	3.60	19	16	23	219	0	252.1	217	25	111	163	Pitch 31-45	.208	48	10	2	0	1	13	9	13	.377	.313
0 Days rest (Re)	3.88	1	6	8	51	0	46.1	39	3	24	33	Pitch 46+	.500	4	2	0	0	0	2	1	1	.600	1.250
1 or 2 Days rest	3.43	11	7	10	104	0	126.0	111	11	54	81	First Pitch	.259	147	38	7	1	3	19	16	0	.327	.381
3+ Days rest	3.71	7	3	5	64	0	80.0	67	11	33	49	Ahead in Count	.200	454	91	15	0	12	51	0	138	.208	.313
Pre-All Star	3.53	5	10	10	120	0	142.2	122	14	60	93	Behind in Count	.311	164	51	18	1	6	35	59	0	.493	.543
Post-All Star	3.69	14	6	13	99	0	109.2	95	11	51	70	Two Strikes	.184	452	83	12	0	13	47	36	163	.252	.296

Pitcher vs. Batter (since 1984)

Pitches Best Vs.	Avg	AB	H	2B	3B	HR	RBI	BB	SO	OBP	SLG	Pitches Worst Vs.	Avg	AB	H	2B	3B	HR	RBI	BB	SO	OBP	SLG
Rafael Palmeiro	.000	10	0	0	0	0	0	2	1	.167	.000	Sid Bream	.538	13	7	2	0	1	2	2	2	.600	.923
Tom Foley	.083	12	1	0	0	0	2	0	3	.083	.083	Craig Biggio	.467	15	7	1	0	1	4	1	0	.500	.733
Gary Redus	.111	9	1	0	0	0	2	5	2	.273	.111	Chili Davis	.412	17	7	1	0	1	2	3	3	.500	.647
Tim Wallach	.152	33	5	0	0	0	2	2	10	.200	.152	Barry Bonds	.375	16	6	1	0	3	6	8	3	.583	1.000
Mariano Duncan	.167	18	3	1	0	0	5	0	4	.158	.222	Bobby Bonilla	.316	19	6	2	0	3	5	2	4	.381	.895

Tim Belcher — Tigers
Age 33 – Pitches Right (flyball pitcher)

	ERA	W	L	Sv	G	GS	IP	BB	SO	Avg	H	2B	3B	HR	RBI	OBP	SLG	CG	ShO	Sup	QS	#P/S	SB	CS	GB	FB	G/F
1994 Season	5.89	7	15	0	25	25	162.0	78	76	.290	192	40	7	21	110	.367	.467	3	0	5.94	6	110	17	5	213	216	0.99
Last Five Years	4.09	53	58	0	151	149	960.2	355	618	.251	916	160	30	84	423	.318	.380	17	7	4.55	79	101	62	41	1166	1170	1.00

1994 Season

	ERA	W	L	Sv	G	GS	IP	H	HR	BB	SO		Avg	AB	H	2B	3B	HR	RBI	BB	SO	OBP	SLG
Home	5.79	3	6	0	11	11	73.0	83	10	37	40	vs. Left	.294	347	102	16	3	8	55	41	39	.366	.427
Away	5.97	4	9	0	14	14	89.0	109	11	41	36	vs. Right	.286	315	90	24	4	13	55	37	37	.368	.511
Day	6.39	1	5	0	8	8	49.1	65	9	24	27	Inning 1-6	.279	551	154	34	6	16	94	62	67	.355	.450
Night	5.67	6	10	0	17	17	112.2	127	12	54	49	Inning 7+	.342	111	38	6	1	5	16	16	9	.425	.550
Grass	6.02	5	12	0	20	20	127.0	152	18	65	59	None on	.282	344	97	20	5	13	13	36	40	.352	.483
Turf	5.40	2	3	0	5	5	35.0	40	3	13	17	Runners on	.299	318	95	20	2	8	97	42	36	.383	.450
April	9.55	0	4	0	5	5	21.2	38	6	19	8	Scoring Posn	.297	195	58	16	1	5	88	29	22	.389	.467
May	5.88	2	4	0	6	6	41.1	48	6	15	19	Close & Late	.476	42	20	1	0	3	10	8	1	.560	.833
June	3.40	4	2	0	6	6	45.0	37	3	16	12	None on/out	.317	161	51	11	1	6	6	17	14	.382	.509
July	6.02	1	5	0	6	6	40.1	51	4	21	24	vs. 1st Batr (relief)	.000	0	0	0	0	0	0	0	0	.000	.000
August	7.90	0	2	0	2	2	13.2	18	2	7	5	First Inning Pitched	.215	93	20	4	2	2	9	10	11	.295	.366
September/October	0.00	0	0	0	0	0	0.0	0	0	0	0	First 75 Pitches	.311	431	134	31	6	13	79	45	49	.379	.501
Starter	5.89	7	15	0	25	25	162.0	192	21	78	76	Pitch 76-90	.192	78	15	4	0	1	10	11	10	.292	.282
Reliever	0.00	0	0	0	0	0	0.0	0	0	0	0	Pitch 91-105	.177	62	11	0	3	7	11	8	.301	.323
0-3 Days Rest (St)	6.08	1	1	0	2	2	13.1	17	2	8	6	Pitch 106+	.352	54	19	3	1	4	14	11	9	.422	.560
4 Days Rest	5.81	5	9	0	17	17	114.2	133	13	51	55	First Pitch	.429	91	39	6	2	4	20	5	0	.458	.670
5+ Days Rest	6.09	1	5	0	6	6	34.0	42	6	19	15	Ahead in Count	.236	271	64	14	2	6	36	0	62	.241	.369
Pre-All Star	5.31	6	9	0	19	19	122.0	135	16	60	54	Behind in Count	.263	171	45	13	2	6	30	47	0	.420	.456
Post-All Star	7.65	1	6	0	6	6	40.0	57	5	18	22	Two Strikes	.220	264	58	13	2	5	27	25	76	.294	.341

Last Five Years

	ERA	W	L	Sv	G	GS	IP	H	HR	BB	SO		Avg	AB	H	2B	3B	HR	RBI	BB	SO	OBP	SLG
Home	3.78	35	24	0	76	75	509.0	479	49	182	349	vs. Left	.268	1996	535	90	15	37	215	224	306	.341	.384
Away	4.44	18	34	0	75	74	451.2	437	35	173	269	vs. Right	.230	1656	381	70	15	47	208	131	312	.290	.376
Day	4.49	10	17	0	45	43	262.2	288	25	102	167	Inning 1-6	.245	3055	750	129	26	73	367	294	548	.313	.376
Night	3.95	43	41	0	106	106	698.0	628	59	253	451	Inning 7+	.278	597	166	31	4	11	56	61	70	.347	.399

26

(Top player - unnamed, continued)

Last Five Years

	ERA	W	L	Sv	G	GS	IP	H	HR	BB	SO		Avg	AB	H	2B	3B	HR	RBI	BB	SO	OBP	SLG
Grass	3.78	29	35	0	90	89	585.2	559	51	208	359	None on	.232	2162	502	91	14	51	51	192	377	.296	.358
Turf	4.58	24	23	0	61	60	375.0	357	33	147	259	Runners on	.278	1490	414	69	16	33	372	163	241	.349	.412
April	4.86	6	13	0	23	23	142.2	149	13	50	93	Scoring Posn	.266	851	226	47	9	20	327	100	155	.339	.412
May	3.63	11	11	0	27	27	173.2	156	14	71	120	Close & Late	.310	306	95	19	3	5	33	32	34	.373	.441
June	3.27	14	5	0	30	30	206.2	182	20	67	124	None on/out	.242	944	228	44	8	28	28	88	142	.306	.394
July	4.89	10	14	0	30	29	186.0	200	15	82	114	vs. 1st Batr (relief)	.000	1	0	0	0	0	0	1	1	.500	.000
August	4.23	7	9	0	22	22	142.2	136	12	48	93	First Inning Pitched	.248	557	138	22	8	8	69	56	107	.314	.359
September/October	3.88	5	6	0	19	18	109.0	93	10	37	74	First 75 Pitches	.248	2577	640	112	25	57	293	236	462	.313	.378
Starter	4.08	53	57	0	149	149	958.2	914	83	353	617	Pitch 76-90	.271	490	133	26	2	13	63	48	74	.339	.412
Reliever	9.00	0	1	0	2	0	2.0	2	1	2	1	Pitch 91-105	.202	322	65	8	1	6	31	38	55	.287	.289
0-3 Days Rest (St)	5.50	2	3	0	6	6	34.1	42	4	18	7	Pitch 106+	.297	263	78	14	2	8	36	33	27	.372	.456
4 Days Rest	3.90	38	31	0	96	96	630.2	584	52	216	408	First Pitch	.319	549	175	35	7	24	91	11	0	.336	.539
5+ Days Rest	4.32	13	23	0	47	47	293.2	288	27	119	192	Ahead in Count	.203	1662	338	53	10	21	136	0	518	.207	.285
Pre-All Star	3.83	36	32	0	90	89	587.0	551	50	220	375	Behind in Count	.298	761	227	39	10	26	127	195	0	.438	.478
Post-All Star	4.50	17	26	0	61	60	373.2	365	34	135	243	Two Strikes	.180	1617	291	45	8	21	110	148	618	.251	.257

Pitcher vs. Batter (career)

Pitches Best Vs.	Avg	AB	H	2B	3B	HR	RBI	BB	SO	OBP	SLG	Pitches Worst Vs.	Avg	AB	H	2B	3B	HR	RBI	BB	SO	OBP	SLG
Sammy Sosa	.000	13	0	0	0	0	0	0	1	.000	.000	Jose Vizcaino	.615	13	8	1	1	0	4	1	2	.667	.846
Mitch Webster	.059	17	1	0	0	0	1	5	.111	.059	Bob Melvin	.583	12	7	0	0	1	2	0	3	.583	.833
Dean Palmer	.077	13	1	0	0	0	4	.077	.077	Dave Clark	.438	16	7	3	0	2	8	0	1	.438	1.000
Kirt Manwaring	.091	11	1	0	0	0	0	2	.091	.091	Larry Walker	.429	14	6	3	0	1	4	1	2	.500	.857
Tom Brunansky	.100	10	1	0	0	0	2	0	3	.091	.100	Kevin McReynolds	.389	18	7	0	1	3	7	2	1	.450	1.000

Stan Belinda — Royals

Age 28 – Pitches Right (flyball pitcher)

	ERA	W	L	Sv	G	GS	IP	BB	SO	Avg	H	2B	3B	HR	RBI	OBP	SLG	GF	IR	IRS	Hld	SvOp	SB	CS	GB	FB	G/F
1994 Season	5.14	2	2	1	37	0	49.0	24	37	.250	47	14	2	6	34	.345	.441	10	21	9	5	2	4	1	64	49	1.31
Last Five Years	3.75	22	17	62	274	0	326.2	134	275	.224	268	52	10	34	176	.305	.370	150	157	58	28	82	51	8	343	394	0.87

1994 Season

	ERA	W	L	Sv	G	GS	IP	H	HR	BB	SO		Avg	AB	H	2B	3B	HR	RBI	BB	SO	OBP	SLG
Home	3.47	0	0	1	16	0	23.1	17	4	9	16	vs. Left	.242	62	15	4	1	1	10	13	12	.367	.387
Away	6.66	2	2	0	21	0	25.2	30	2	15	21	vs. Right	.254	126	32	10	1	5	24	11	25	.333	.468
Starter	0.00	0	0	0	0	0	0.0	0	0	0	0	Scoring Posn	.254	59	15	7	1	4	31	9	11	.356	.610
Reliever	5.14	2	2	1	37	0	49.0	47	6	24	37	Close & Late	.208	48	10	1	1	1	6	5	9	.309	.333
0 Days rest (Re)	0.00	0	0	0	3	0	6.1	4	0	1	4	None on/out	.298	47	14	2	0	1	1	3	11	.353	.404
1 or 2 Days rest	8.25	1	2	0	18	0	24.0	29	5	16	16	First Pitch	.200	30	6	2	0	0	2	2	0	.273	.267
3+ Days rest	2.89	1	0	1	16	0	18.2	14	1	7	17	Ahead in Count	.193	88	17	5	2	3	10	0	28	.207	.398
Pre-All Star	4.74	2	2	0	28	0	38.0	35	5	18	28	Behind in Count	.455	33	15	4	0	3	18	7	0	.571	.848
Post-All Star	6.55	0	0	1	9	0	11.0	12	1	6	9	Two Strikes	.171	82	14	5	1	1	6	15	37	.300	.293

Last Five Years

	ERA	W	L	Sv	G	GS	IP	H	HR	BB	SO		Avg	AB	H	2B	3B	HR	RBI	BB	SO	OBP	SLG
Home	3.24	9	5	32	127	0	158.1	131	15	54	129	vs. Left	.224	527	118	23	3	15	65	67	101	.313	.364
Away	4.22	13	12	30	147	0	168.1	137	21	80	146	vs. Right	.225	667	150	29	7	19	111	67	174	.299	.375
Day	4.72	4	6	18	80	0	101.0	100	11	51	91	Inning 1-6	.239	71	17	2	1	1	22	17	11	.383	.338
Night	3.31	18	11	44	194	0	225.2	168	23	83	184	Inning 7+	.224	1123	251	50	9	33	154	117	264	.300	.372
Grass	5.15	5	8	15	84	0	92.2	80	15	41	77	None on	.202	650	131	24	7	14	14	65	166	.282	.325
Turf	3.19	17	9	47	190	0	234.0	188	19	93	198	Runners on	.252	544	137	28	3	20	162	69	109	.332	.425
April	3.72	1	2	12	31	0	38.2	26	5	15	36	Scoring Posn	.237	358	85	16	3	17	151	54	76	.331	.441
May	4.85	6	3	9	45	0	52.0	45	5	20	44	Close & Late	.215	673	145	29	6	16	97	71	152	.293	.348
June	1.74	6	2	13	52	0	57.0	40	2	22	45	None on/out	.214	271	58	12	3	9	9	25	73	.285	.380
July	4.72	2	4	13	54	0	68.2	57	12	37	56	vs. 1st Batr (relief)	.217	240	52	12	3	11	36	31	61	.303	.429
August	3.69	1	4	9	54	0	63.1	52	6	22	60	First Inning Pitched	.231	872	201	42	8	23	140	97	193	.308	.376
September/October	3.64	6	2	6	38	0	47.0	48	4	18	34	First 15 Pitches	.221	775	171	31	8	19	99	79	177	.295	.355
Starter	0.00	0	0	0	0	0	0.0	0	0	0	0	Pitch 16-30	.229	340	78	18	2	11	57	40	80	.314	.391
Reliever	3.75	22	17	62	274	0	326.2	268	34	134	275	Pitch 31-45	.197	66	13	3	0	3	14	12	17	.329	.379
0 Days rest (Re)	3.88	4	5	14	44	0	48.2	44	6	19	39	Pitch 46+	.462	13	6	0	0	1	6	3	1	.563	.692
1 or 2 Days rest	3.64	11	8	32	147	0	188.0	152	19	73	157	First Pitch	.287	157	45	14	1	4	32	16	0	.352	.465
3+ Days rest	3.90	7	4	16	83	0	90.0	72	9	42	79	Ahead in Count	.167	598	100	18	4	11	57	0	236	.174	.266
Pre-All Star	3.14	13	8	40	149	0	175.0	125	15	72	149	Behind in Count	.321	224	72	12	3	11	48	59	0	.460	.549
Post-All Star	4.45	9	9	22	125	0	151.2	143	19	62	126	Two Strikes	.170	607	103	15	4	15	63	59	275	.245	.282

Pitcher vs. Batter (career)

Pitches Best Vs.	Avg	AB	H	2B	3B	HR	RBI	BB	SO	OBP	SLG	Pitches Worst Vs.	Avg	AB	H	2B	3B	HR	RBI	BB	SO	OBP	SLG
Charlie Hayes	.083	12	1	0	0	0	1	0	0	.083	.083	Barry Larkin	.444	9	4	0	0	3	1	0	.455	.667
Andres Galarraga	.167	18	3	0	0	1	0	7	.167	.167	Andre Dawson	.385	13	5	0	0	4	10	0	1	.467	1.308
Tim Wallach	.167	18	3	1	0	0	2	2	3	.250	.222	Ryne Sandberg	.385	13	5	0	0	1	3	1	2	.429	.615
Terry Pendleton	.167	12	2	0	1	3	0	3	.167	.417												
Todd Zeile	.167	12	2	1	0	4	2	5	.375	.500												

Derek Bell — Padres
Age 26 – Bats Right (groundball hitter)

	Avg	G	AB	R	H	2B	3B	HR	RBI	BB	SO	HBP	GDP	SB	CS	OBP	SLG	IBB	SH	SF	#Pit	#P/PA	GB	FB	G/F
1994 Season	.311	108	434	54	135	20	0	14	54	29	88	1	14	24	8	.354	.454	5	0	2	1653	3.55	214	66	3.24
Career (1991-1994)	.275	337	1165	155	320	45	4	37	142	73	249	19	27	60	17	.325	.415	11	2	11	4432	3.49	513	230	2.23

1994 Season

	Avg	AB	H	2B	3B	HR	RBI	BB	SO	OBP	SLG		Avg	AB	H	2B	3B	HR	RBI	BB	SO	OBP	SLG
vs. Left	.299	117	35	3	0	4	17	13	18	.369	.427	Scoring Posn	.266	128	34	6	0	5	43	16	24	.342	.430
vs. Right	.315	317	100	17	0	10	37	16	70	.348	.464	Close & Late	.239	71	17	3	0	2	10	5	25	.286	.366
Groundball	.266	143	38	7	0	3	12	6	34	.293	.378	None on/out	.323	99	32	8	0	2	2	4	18	.350	.465
Flyball	.250	56	14	2	0	4	13	5	11	.306	.500	Batting #3	.286	147	42	1	0	6	24	11	30	.333	.415
Home	.317	202	64	9	0	8	27	20	38	.381	.480	Batting #4	.379	153	58	13	0	6	19	8	31	.414	.582
Away	.306	232	71	11	0	6	27	9	50	.329	.431	Other	.261	134	35	6	0	2	11	10	27	.310	.351
Day	.407	123	50	6	0	4	17	8	17	.439	.553	April	.282	85	24	3	0	5	13	6	19	.330	.494
Night	.273	311	85	14	0	10	37	21	71	.320	.415	May	.283	113	32	5	0	1	9	8	21	.331	.354
Grass	.331	317	105	16	0	12	41	28	57	.385	.495	June	.324	105	34	6	0	5	16	9	20	.374	.524
Turf	.256	117	30	4	0	2	13	1	31	.263	.342	July	.337	89	30	6	0	2	8	5	22	.379	.472
First Pitch	.459	74	34	9	0	3	12	5	0	.500	.703	August	.357	42	15	0	0	1	8	1	6	.364	.429
Ahead in Count	.405	74	30	3	0	3	12	13	0	.483	.568	September/October	.000	0	0	0	0	0	0	0	0	.000	.000
Behind in Count	.231	225	52	7	0	3	20	0	80	.231	.302	Pre-All Star	.296	331	98	16	0	11	40	24	65	.345	.444
Two Strikes	.212	203	43	6	0	2	17	11	88	.252	.271	Post-All Star	.359	103	37	4	0	3	14	5	23	.385	.485

1994 By Position

Position	Avg	AB	H	2B	3B	HR	RBI	BB	SO	OBP	SLG	G	GS	Innings	PO	A	E	DP	Fld Pct	Rng Fctr	In Zone	Outs	Zone Rtg	MLB Zone
As cf	.312	433	135	20	0	14	54	28	88	.353	.455	108	105	929.0	247	3	10	0	.962	2.42	294	246	.837	.824

Career (1991-1994)

	Avg	AB	H	2B	3B	HR	RBI	BB	SO	OBP	SLG		Avg	AB	H	2B	3B	HR	RBI	BB	SO	OBP	SLG
vs. Left	.285	361	103	12	1	17	53	29	62	.347	.465	Scoring Posn	.260	311	81	10	1	10	103	34	64	.342	.395
vs. Right	.270	804	217	33	3	20	89	44	187	.315	.393	Close & Late	.235	200	47	5	0	5	22	16	55	.305	.335
Groundball	.236	382	90	18	1	13	45	21	81	.285	.390	None on/out	.303	290	88	10	1	8	8	14	54	.344	.455
Flyball	.265	211	56	6	2	10	33	17	51	.335	.455	Batting #4	.332	244	81	16	0	10	33	14	43	.373	.520
Home	.257	575	148	19	2	22	66	47	119	.327	.412	Batting #5	.285	333	95	15	0	13	44	23	74	.335	.447
Away	.292	590	172	26	2	15	76	26	130	.323	.419	Other	.245	588	144	14	4	14	65	36	132	.300	.354
Day	.271	361	98	18	1	8	35	19	72	.322	.393	April	.282	163	46	6	0	10	25	13	45	.339	.503
Night	.276	804	222	27	3	29	107	54	177	.326	.425	May	.269	268	72	8	0	7	29	15	52	.316	.377
Grass	.293	802	235	36	2	31	111	52	157	.341	.459	June	.271	229	62	10	0	8	30	19	52	.328	.419
Turf	.234	363	85	9	2	6	31	21	92	.290	.320	July	.258	217	56	10	1	4	18	11	51	.306	.369
First Pitch	.420	200	84	16	0	13	41	11	0	.454	.695	August	.294	180	53	7	2	5	30	8	25	.326	.439
Ahead in Count	.343	216	74	8	1	8	34	28	0	.413	.500	September/October	.287	108	31	4	1	3	10	7	14	.352	.426
Behind in Count	.201	583	117	13	3	8	40	0	219	.217	.274	Pre-All Star	.266	745	198	27	1	26	90	51	168	.319	.409
Two Strikes	.174	547	95	15	2	7	36	34	249	.231	.247	Post-All Star	.290	420	122	18	3	11	52	22	81	.336	.426

Batter vs. Pitcher (career)

Hits Best Against	Avg	AB	H	2B	3B	HR	RBI	BB	SO	OBP	SLG	Hits Worst Against	Avg	AB	H	2B	3B	HR	RBI	BB	SO	OBP	SLG
Greg Swindell	.467	15	7	0	0	2	4	0	1	.467	.867	Jose Rijo	.133	15	2	0	0	0	0	0	6	.133	.133
Charlie Hough	.409	22	9	0	1	2	5	0	5	.409	.773	Danny Jackson	.150	20	3	1	0	0	0	0	4	.150	.200
Kevin Gross	.391	23	9	0	0	1	4	0	4	.391	.522	Steve Cooke	.167	12	2	1	0	0	1	0	1	.167	.250
Pete Schourek	.385	13	5	0	0	0	2	1	2	.429	.385	Mark Portugal	.167	12	2	0	0	0	0	1	1	.231	.167
Steve Avery	.375	8	3	0	0	1	3	1	1	.545	.375	Orel Hershiser	.211	19	4	1	0	0	1	0	3	.211	.263

Jay Bell — Pirates
Age 29 – Bats Right

	Avg	G	AB	R	H	2B	3B	HR	RBI	BB	SO	HBP	GDP	SB	CS	OBP	SLG	IBB	SH	SF	#Pit	#P/PA	GB	FB	G/F
1994 Season	.276	110	424	68	117	35	4	9	45	49	82	3	15	2	0	.353	.441	1	8	3	1974	4.05	146	122	1.20
Last Five Years	.275	739	2851	446	783	163	34	50	270	298	515	20	72	45	27	.346	.408	8	109	15	12606	3.83	988	845	1.17

1994 Season

	Avg	AB	H	2B	3B	HR	RBI	BB	SO	OBP	SLG		Avg	AB	H	2B	3B	HR	RBI	BB	SO	OBP	SLG
vs. Left	.377	106	40	14	2	4	13	11	13	.432	.660	Scoring Posn	.318	85	27	7	1	1	32	14	18	.402	.459
vs. Right	.242	318	77	21	2	5	32	38	69	.327	.368	Close & Late	.296	71	21	3	2	2	12	8	18	.370	.479
Groundball	.234	167	39	18	2	1	19	17	31	.309	.401	None on/out	.178	90	16	6	1	1	1	6	21	.229	.300
Flyball	.276	76	21	4	0	4	9	9	21	.353	.487	Batting #2	.277	405	112	35	3	9	43	48	76	.355	.444
Home	.277	224	62	18	2	3	17	25	40	.351	.415	Batting #6	.231	13	3	0	0	0	2	0	3	.231	.231
Away	.275	200	55	17	2	6	28	24	42	.355	.470	Other	.333	6	2	0	1	0	0	1	3	.429	.667
Day	.296	125	37	11	2	0	5	13	19	.362	.416	April	.213	80	17	4	1	5	12	22	.312	.325
Night	.268	299	80	24	2	9	40	36	63	.349	.452	May	.218	101	22	5	2	4	13	7	21	.266	.426
Grass	.240	104	25	7	1	3	16	9	21	.296	.413	June	.313	96	30	11	0	2	12	11	16	.417	.490
Turf	.288	320	92	28	3	6	29	40	61	.371	.450	July	.314	105	33	10	1	2	12	11	19	.390	.486
First Pitch	.314	35	11	3	0	1	1	1	0	.333	.486	August	.357	42	15	5	0	0	3	2	4	.386	.476
Ahead in Count	.357	98	35	12	1	2	15	31	0	.504	.561	September/October	.000	0	0	0	0	0	0	0	0	.000	.000
Behind in Count	.250	204	51	15	2	3	19	0	67	.252	.387	Pre-All Star	.260	319	83	25	4	9	37	40	66	.343	.448
Two Strikes	.243	214	52	12	2	4	14	17	82	.305	.374	Post-All Star	.324	105	34	10	0	0	8	9	16	.383	.419

1994 By Position

Position	Avg	AB	H	2B	3B	HR	RBI	BB	SO	OBP	SLG	G	GS	Innings	PO	A	E	DP	Fld Pct	Rng Fctr	In Zone	Outs	Zone Rtg	MLB Zone
As ss	.277	423	117	35	4	9	45	49	82	.354	.442	110	108	943.2	152	380	15	67	.973	5.07	453	406	.896	.889

(Player stats continued)

	Avg	AB	H	2B	3B	HR	RBI	BB	SO	OBP	SLG		Avg	AB	H	2B	3B	HR	RBI	BB	SO	OBP	SLG
										Last Five Years													
vs. Left	.314	979	307	73	17	16	99	130	145	.396	.472	Scoring Posn	.297	583	173	35	9	9	204	83	105	.379	.434
vs. Right	.254	1872	476	90	17	34	171	168	370	.318	.375	Close & Late	.285	453	129	17	8	7	55	58	93	.364	.404
Groundball	.271	1012	274	60	12	12	88	91	180	.335	.389	None on/out	.268	541	145	27	9	15	15	53	93	.334	.434
Flyball	.244	557	136	30	4	16	55	60	130	.317	.399	Batting #2	.274	2827	776	163	33	49	266	297	508	.346	.407
Home	.284	1402	398	89	17	19	116	161	251	.360	.412	Batting #6	.231	13	3	0	0	0	2	0	3	.231	.231
Away	.266	1449	385	74	17	31	154	137	264	.332	.404	Other	.364	11	4	0	1	1	2	1	4	.385	.818
Day	.294	776	228	58	7	12	71	76	137	.360	.433	April	.246	378	93	17	4	3	28	45	72	.327	.336
Night	.267	2075	555	105	27	38	199	222	378	.341	.399	May	.264	508	134	37	5	12	59	45	98	.322	.427
Grass	.271	786	213	42	10	16	81	66	143	.328	.411	June	.298	493	147	29	8	9	51	65	93	.382	.444
Turf	.276	2065	570	121	24	34	189	232	372	.352	.407	July	.286	546	156	31	3	11	50	39	76	.337	.414
First Pitch	.319	310	99	20	4	8	37	7	0	.334	.487	August	.300	493	148	31	5	6	42	36	90	.350	.420
Ahead in Count	.331	577	191	44	8	15	69	179	0	.489	.513	September/October	.242	433	105	18	9	9	40	68	86	.354	.388
Behind in Count	.242	1370	331	62	17	16	101	0	435	.245	.347	Pre-All Star	.270	1580	427	97	18	28	157	167	293	.340	.408
Two Strikes	.218	1391	303	56	17	17	102	111	515	.279	.319	Post-All Star	.280	1271	356	66	16	22	113	131	222	.353	.409
						Batter vs. Pitcher (career)																	
Hits Best Against	Avg	AB	H	2B	3B	HR	RBI	BB	SO	OBP	SLG	Hits Worst Against	Avg	AB	H	2B	3B	HR	RBI	BB	SO	OBP	SLG
Mike Bielecki	.632	19	12	4	2	0	5	2	3	.667	1.053	Heathcliff Slocumb	.000	12	0	0	0	0	0	1	7	.077	.000
Jack Armstrong	.545	11	6	0	1	0	1	2	1	.615	.727	Lee Smith	.000	10	0	0	0	0	0	1	5	.091	.000
Chuck McElroy	.545	11	6	0	1	1	2	1	1	.583	1.000	Andy Ashby	.067	15	1	0	0	0	0	2	4	.222	.067
Norm Charlton	.500	14	7	0	0	1	2	0	0	.500	.714	Xavier Hernandez	.083	12	1	0	0	0	0	0	4	.083	.083
Paul Assenmacher	.455	11	5	1	1	1	2	0	2	.500	1.000	Ramon Martinez	.115	26	3	0	0	0	4	1	7	.143	.115

Juan Bell — Expos
Age 27 – Bats Both

	Avg	G	AB	R	H	2B	3B	HR	RBI	BB	SO	HBP	GDP	SB	CS	OBP	SLG	IBB	SH	SF	#Pit	#P/PA	GB	FB	G/F
1994 Season	.278	38	97	12	27	4	0	2	10	15	21	0	1	4	0	.372	.381	0	1	1	442	3.88	33	28	1.18
Last Five Years	.215	304	806	98	173	28	6	9	69	82	178	3	7	15	7	.288	.298	5	10	6	3400	3.75	268	215	1.25

1994 Season

	Avg	AB	H	2B	3B	HR	RBI	BB	SO	OBP	SLG		Avg	AB	H	2B	3B	HR	RBI	BB	SO	OBP	SLG
vs. Left	.353	17	6	1	0	0	3	1	5	.389	.412	Scoring Posn	.292	24	7	1	0	1	9	6	5	.419	.458
vs. Right	.263	80	21	3	0	2	7	14	16	.368	.375	Close & Late	.286	14	4	1	0	0	1	3	3	.412	.357

Last Five Years

	Avg	AB	H	2B	3B	HR	RBI	BB	SO	OBP	SLG		Avg	AB	H	2B	3B	HR	RBI	BB	SO	OBP	SLG
vs. Left	.229	271	62	10	0	3	19	22	62	.294	.299	Scoring Posn	.220	191	42	6	1	2	60	38	45	.343	.293
vs. Right	.207	535	111	18	6	6	50	60	116	.285	.297	Close & Late	.185	119	22	3	0	1	7	10	29	.252	.235
Groundball	.207	213	44	9	0	1	14	20	50	.278	.263	None on/out	.234	205	48	9	1	1	1	18	43	.299	.302
Flyball	.169	166	28	5	1	1	11	19	40	.259	.229	Batting #8	.216	273	59	10	3	2	24	29	49	.294	.297
Home	.230	409	94	17	6	3	38	52	89	.316	.323	Batting #9	.212	302	64	13	3	3	26	24	73	.268	.305
Away	.199	397	79	11	0	6	31	30	89	.257	.272	Other	.216	231	50	5	0	4	19	29	56	.304	.290
Day	.190	253	48	5	0	4	21	24	65	.259	.257	April	.182	55	10	4	1	0	5	2	10	.224	.291
Night	.226	553	125	23	6	5	48	58	113	.300	.316	May	.267	75	20	6	0	0	5	9	18	.341	.347
Grass	.213	507	108	15	4	5	44	47	114	.279	.288	June	.234	141	33	4	1	3	14	16	29	.314	.340
Turf	.217	299	65	13	2	4	25	35	64	.302	.314	July	.215	121	26	1	0	4	12	12	31	.286	.322
First Pitch	.310	126	39	8	1	2	16	3	0	.333	.437	August	.236	212	50	9	4	1	20	19	45	.296	.330
Ahead in Count	.229	192	44	7	1	2	18	42	0	.364	.307	September/October	.168	202	34	4	0	1	13	24	45	.258	.203
Behind in Count	.159	364	58	7	3	2	22	0	153	.161	.212	Pre-All Star	.218	303	66	14	2	4	28	32	64	.295	.317
Two Strikes	.165	400	66	6	3	4	23	37	178	.236	.225	Post-All Star	.213	503	107	14	4	5	41	50	114	.283	.286

Batter vs. Pitcher (career)

Hits Best Against	Avg	AB	H	2B	3B	HR	RBI	BB	SO	OBP	SLG	Hits Worst Against	Avg	AB	H	2B	3B	HR	RBI	BB	SO	OBP	SLG
												Danny Darwin	.091	11	1	1	0	0	0	0	2	.091	.182

Albert Belle — Indians
Age 28 – Bats Right

	Avg	G	AB	R	H	2B	3B	HR	RBI	BB	SO	HBP	GDP	SB	CS	OBP	SLG	IBB	SH	SF	#Pit	#P/PA	GB	FB	G/F
1994 Season	.357	106	412	90	147	35	2	36	101	58	71	5	5	9	6	.438	.714	9	1	4	1867	3.89	118	130	0.91
Last Five Years	.292	550	2075	325	605	125	8	137	440	212	400	22	66	43	21	.359	.558	29	4	31	8629	3.68	679	646	1.05

1994 Season

	Avg	AB	H	2B	3B	HR	RBI	BB	SO	OBP	SLG		Avg	AB	H	2B	3B	HR	RBI	BB	SO	OBP	SLG
vs. Left	.367	120	44	10	0	9	24	28	16	.480	.675	Scoring Posn	.330	115	38	8	0	11	67	26	27	.453	.687
vs. Right	.353	292	103	25	2	27	77	30	55	.419	.729	Close & Late	.358	67	24	2	0	6	14	12	12	.450	.657
Groundball	.407	86	35	10	0	8	21	7	13	.448	.802	None on/out	.391	115	45	13	1	6	6	8	21	.431	.678
Flyball	.312	109	34	9	1	8	22	13	24	.395	.633	Total	.357	412	147	35	2	36	101	58	71	.438	.714
Home	.413	179	74	19	2	21	59	32	23	.509	.894	Batting #4	.357	412	147	35	2	36	101	58	71	.438	.714
Away	.313	233	73	16	0	15	42	26	48	.381	.575	Other	.000	0	0	0	0	0	0	0	0	.000	.000
Day	.345	145	50	12	1	13	38	16	27	.418	.710	April	.333	87	29	7	0	6	18	13	10	.422	.621
Night	.363	267	97	23	1	23	63	42	44	.449	.715	May	.416	89	37	12	1	7	20	18	13	.527	.809
Grass	.378	344	130	29	2	33	93	49	58	.458	.762	June	.364	107	39	9	0	10	29	17	20	.444	.729
Turf	.250	68	17	6	0	3	8	9	13	.338	.471	July	.327	113	37	7	1	12	31	7	26	.369	.726
First Pitch	.479	71	34	9	0	7	21	7	0	.526	.901	August	.313	16	5	0	0	1	3	3	2	.421	.500
Ahead in Count	.412	97	40	11	1	8	23	21	0	.517	.794	September/October	.000	0	0	0	0	0	0	0	0	.000	.000
Behind in Count	.248	145	36	4	1	11	25	0	51	.267	.517	Pre-All Star	.357	325	116	32	1	25	76	50	52	.445	.692
Two Strikes	.291	179	52	7	1	15	41	30	71	.400	.592	Post-All Star	.356	87	31	3	1	11	25	8	19	.412	.793

1994 By Position

Position	Avg	AB	H	2B	3B	HR	RBI	BB	SO	OBP	SLG	G	GS	Innings	PO	A	E	DP	Fld Pct	Rng Fctr	In Zone	Outs	Zone Rtg	MLB Zone
As If	.359	404	145	35	2	35	99	57	69	.440	.715	104	104	933.2	205	8	6	0	.973	2.05	263	202	.768	.815

Last Five Years

	Avg	AB	H	2B	3B	HR	RBI	BB	SO	OBP	SLG		Avg	AB	H	2B	3B	HR	RBI	BB	SO	OBP	SLG
vs. Left	.307	561	172	42	1	38	126	71	102	.379	.588	Scoring Posn	.292	561	164	37	1	41	302	94	125	.382	.581
vs. Right	.286	1514	433	83	7	99	314	141	298	.351	.546	Close & Late	.276	322	89	10	2	20	73	42	72	.357	.506
Groundball	.290	455	132	25	1	21	77	47	100	.360	.488	None on/out	.295	542	160	39	4	23	23	33	98	.340	.509
Flyball	.289	498	144	33	3	43	113	47	96	.351	.627	Batting #4	.292	1970	576	120	8	130	421	208	380	.362	.559
Home	.301	984	296	59	5	65	225	114	173	.376	.569	Batting #5	.239	67	16	4	0	4	12	3	13	.264	.478
Away	.283	1091	309	66	3	72	215	98	227	.343	.547	Other	.342	38	13	1	0	3	7	1	7	.359	.605
Day	.301	684	206	51	1	45	148	63	127	.363	.576	April	.279	333	93	19	0	23	64	31	68	.350	.544
Night	.287	1391	399	74	7	92	292	149	273	.356	.549	May	.316	386	122	29	3	26	82	51	70	.402	.609
Grass	.293	1766	517	105	7	120	380	186	336	.361	.564	June	.292	325	95	21	2	22	67	36	61	.363	.572
Turf	.285	309	88	20	1	17	60	26	64	.344	.521	July	.303	373	113	16	1	31	89	31	70	.353	.601
First Pitch	.358	383	137	32	1	31	106	22	0	.389	.689	August	.280	336	94	17	0	19	65	34	66	.346	.500
Ahead in Count	.370	459	170	26	2	48	121	76	0	.455	.749	September/October	.273	322	88	23	2	16	75	29	65	.329	.506
Behind in Count	.228	795	181	38	5	29	114	0	300	.234	.397	Pre-All Star	.298	1193	355	78	5	80	244	127	226	.369	.573
Two Strikes	.219	916	201	44	5	36	144	114	400	.310	.396	Post-All Star	.263	882	250	47	3	57	196	85	174	.344	.537

Batter vs. Pitcher (career)

Hits Best Against	Avg	AB	H	2B	3B	HR	RBI	BB	SO	OBP	SLG	Hits Worst Against	Avg	AB	H	2B	3B	HR	RBI	BB	SO	OBP	SLG
Jamie Moyer	.778	9	7	3	0	0	4	2	1	.750	1.111	Frank Viola	.059	17	1	1	0	0	3	1	4	.095	.118
Brian Bohanon	.615	13	8	3	0	1	6	1	0	.643	1.077	Pat Hentgen	.083	12	1	0	0	0	1	0	3	.083	.083
Teddy Higuera	.571	7	4	2	0	1	1	4	2	.727	1.286	Dennis Eckersley	.091	11	1	0	1	0	0	1	3	.091	.273
Mark Williamson	.455	11	5	2	0	2	6	1	3	.500	1.182	Tim Leary	.100	10	1	0	0	0	1	3	.182	.100
Cal Eldred	.438	16	7	0	0	3	7	3	2	.550	1.125	Greg Hibbard	.143	21	3	0	0	0	0	1	.143	.143

Rafael Belliard — Braves
Age 33 – Bats Right (groundball hitter)

	Avg	G	AB	R	H	2B	3B	HR	RBI	BB	SO	HBP	GDP	SB	CS	OBP	SLG	IBB	SH	SF	#Pit	#P/PA	GB	FB	G/F
1994 Season	.242	46	120	9	29	7	1	0	9	2	29	2	4	0	2	.264	.317	1	2	1	413	3.25	52	19	2.74
Last Five Years	.231	477	891	81	206	30	4	0	62	47	161	11	17	4	6	.278	.274	7	26	2	2946	3.02	410	158	2.59

1994 Season

	Avg	AB	H	2B	3B	HR	RBI	BB	SO	OBP	SLG		Avg	AB	H	2B	3B	HR	RBI	BB	SO	OBP	SLG
vs. Left	.355	31	11	3	0	0	2	0	7	.355	.452	Scoring Posn	.217	23	5	2	0	0	7	1	6	.240	.304
vs. Right	.202	89	18	4	1	0	7	2	22	.234	.270	Close & Late	.200	10	2	0	0	0	0	1	.273	.200
Home	.184	38	7	2	0	0	2	1	9	.225	.237	None on/out	.216	37	8	2	0	0	0	0	9	.216	.270
Away	.268	82	22	5	1	0	7	1	20	.282	.354	Batting #2	.000	6	0	0	0	0	1	0	3	.000	.000
First Pitch	.333	24	8	3	1	0	5	1	0	.360	.542	Batting #8	.252	107	27	7	1	0	8	2	24	.279	.336
Ahead in Count	.267	15	4	0	0	0	0	1	0	.313	.267	Other	.286	7	2	0	0	0	0	2	.286	.286
Behind in Count	.190	63	12	4	0	0	3	0	27	.215	.254	Pre-All Star	.247	85	21	6	0	0	6	1	16	.270	.318
Two Strikes	.155	58	9	2	0	0	2	0	29	.183	.190	Post-All Star	.229	35	8	1	0	0	3	1	13	.250	.314

Last Five Years

	Avg	AB	H	2B	3B	HR	RBI	BB	SO	OBP	SLG		Avg	AB	H	2B	3B	HR	RBI	BB	SO	OBP	SLG
vs. Left	.231	225	52	7	0	0	16	10	41	.264	.262	Scoring Posn	.218	206	45	8	1	0	58	14	34	.269	.267
vs. Right	.231	666	154	23	4	0	46	37	120	.282	.278	Close & Late	.204	103	21	1	0	0	4	3	22	.241	.214
Groundball	.247	295	73	9	2	0	14	47	.288	.292	None on/out	.226	221	50	7	1	0	12	42	.269	.267
Flyball	.191	199	38	7	0	0	12	10	37	.233	.226	Batting #2	.233	60	14	1	0	0	4	5	8	.299	.250
Home	.217	405	88	13	2	0	27	24	60	.271	.259	Batting #8	.231	776	179	27	4	0	53	38	141	.274	.276
Away	.243	486	118	17	2	0	35	23	101	.283	.286	Other	.236	55	13	2	0	0	5	4	12	.300	.273
Day	.246	260	64	8	2	0	17	13	38	.287	.292	April	.260	150	39	5	0	0	9	6	.311	.293
Night	.225	631	142	22	2	0	45	34	123	.274	.266	May	.224	210	47	9	1	0	17	10	37	.266	.276
Grass	.228	627	143	22	3	0	37	33	105	.273	.273	June	.210	157	33	2	0	0	7	8	24	.254	.223
Turf	.239	264	63	8	1	0	23	14	56	.289	.277	July	.211	114	24	5	1	0	13	6	20	.250	.272
First Pitch	.332	217	72	9	2	0	26	6	0	.350	.392	August	.252	115	29	2	2	0	8	4	25	.289	.304
Ahead in Count	.278	108	30	7	1	0	8	33	0	.455	.361	September/October	.234	145	34	7	0	0	8	10	28	.297	.283
Behind in Count	.171	457	78	12	1	0	22	0	151	.183	.201	Pre-All Star	.229	564	129	18	1	0	36	29	95	.273	.264
Two Strikes	.133	375	50	3	1	0	14	8	161	.147	.152	Post-All Star	.235	327	77	12	3	0	26	18	66	.286	.291

Batter vs. Pitcher (since 1984)

Hits Best Against	Avg	AB	H	2B	3B	HR	RBI	BB	SO	OBP	SLG	Hits Worst Against	Avg	AB	H	2B	3B	HR	RBI	BB	SO	OBP	SLG
Mike Bielecki	.417	12	5	1	0	0	2	1	2	.462	.500	Jose Rijo	.059	17	1	0	0	0	0	1	5	.111	.059
Terry Mulholland	.417	12	5	1	1	0	2	1	1	.462	.667	Ramon Martinez	.071	14	1	0	0	0	0	1	2	.188	.071
Shawn Boskie	.364	11	4	1	0	0	1	1	2	.417	.455	Danny Cox	.077	13	1	0	0	0	0	2	3	.200	.077
												Fernando Valenzuela	.143	14	2	0	0	0	2	0	0	.143	.143
												Jeff Brantley	.143	14	2	0	0	0	0	0	1	.143	.143

Esteban Beltre — Rangers
Age 27 – Bats Right (groundball hitter)

	Avg	G	AB	R	H	2B	3B	HR	RBI	BB	SO	HBP	GDP	SB	CS	OBP	SLG	IBB	SH	SF	#Pit	#P/PA	GB	FB	G/F
1994 Season	.282	48	131	12	37	5	0	0	12	16	25	0	3	2	5	.358	.321	0	5	1	582	3.80	60	20	3.00
Career (1991-1994)	.239	105	247	33	59	7	0	1	22	20	44	0	6	4	5	.294	.279	0	7	2	1004	3.64	122	42	2.90

1994 Season

	Avg	AB	H	2B	3B	HR	RBI	BB	SO	OBP	SLG		Avg	AB	H	2B	3B	HR	RBI	BB	SO	OBP	SLG
vs. Left	.326	43	14	1	0	0	3	5	6	.396	.349	Scoring Posn	.257	35	9	1	0	0	11	5	7	.341	.286
vs. Right	.261	88	23	4	0	0	9	11	19	.340	.307	Close & Late	.188	16	3	0	0	0	1	3	5	.316	.188

1994 Season

	Avg	AB	H	2B	3B	HR	RBI	BB	SO	OBP	SLG		Avg	AB	H	2B	3B	HR	RBI	BB	SO	OBP	SLG
Home	.338	77	26	5	0	0	9	10	16	.414	.403	None on/out	.320	25	8	1	0	0	0	4	1	.414	.360
Away	.204	54	11	0	0	0	3	6	9	.279	.204	Batting #8	.270	37	10	0	0	0	1	4	10	.333	.270
First Pitch	.409	22	9	2	0	0	1	0	0	.409	.500	Batting #9	.286	84	24	4	0	0	8	8	15	.348	.333
Ahead in Count	.368	19	7	0	0	0	4	10	0	.586	.368	Other	.300	10	3	1	0	0	3	4	0	.500	.400
Behind in Count	.246	65	16	2	0	0	6	0	22	.242	.277	Pre-All Star	.269	104	28	3	0	0	11	13	18	.347	.298
Two Strikes	.185	65	12	2	0	0	5	6	25	.250	.215	Post-All Star	.333	27	9	2	0	0	1	3	7	.400	.407

Freddie Benavides — Expos   Age 29 – Bats Right (groundball hitter)

	Avg	AB	H	2B	3B	HR	RBI	BB	SO	HBP	GDP	SB	CS	OBP	SLG	IBB	SH	SF	#Pit	#P/PA	GB	FB	G/F
1994 Season	.188	85	16	5	1	0	6	3	15	1	2	0	0	.222	.271	1	0	1	314	3.49	39	17	2.29
Career (1991-1994)	.253	534	135	26	5	4	52	20	91	3	10	4	3	.282	.343	7	6	3	1883	3.33	232	103	2.25

1994 Season

	Avg	AB	H	2B	3B	HR	RBI	BB	SO	OBP	SLG		Avg	AB	H	2B	3B	HR	RBI	BB	SO	OBP	SLG
vs. Left	.143	21	3	0	1	0	2	1	6	.208	.238	Scoring Posn	.190	21	4	0	1	0	6	1	5	.217	.286
vs. Right	.203	64	13	5	0	0	4	2	9	.227	.281	Close & Late	.286	21	6	1	0	0	3	0	5	.273	.476

Career (1991-1994)

	Avg	AB	H	2B	3B	HR	RBI	BB	SO	OBP	SLG		Avg	AB	H	2B	3B	HR	RBI	BB	SO	OBP	SLG
vs. Left	.277	188	52	10	2	2	22	10	27	.322	.383	Scoring Posn	.274	124	34	3	3	1	46	11	21	.331	.371
vs. Right	.240	346	83	16	3	2	30	10	64	.260	.321	Close & Late	.313	99	31	7	2	2	22	5	14	.343	.485
Groundball	.280	182	51	11	3	1	21	8	28	.311	.390	None on/out	.241	145	35	9	1	1	1	2	21	.262	.338
Flyball	.241	108	26	5	1	2	12	4	21	.268	.361	Batting #7	.293	58	17	2	0	1	2	2	11	.317	.379
Home	.277	235	65	12	2	4	29	7	41	.302	.396	Batting #8	.248	355	88	19	3	2	33	16	58	.283	.335
Away	.234	299	70	14	3	0	23	13	50	.267	.301	Other	.248	121	30	5	2	1	15	2	22	.264	.347
Day	.282	181	51	12	2	2	24	8	33	.309	.403	April	.204	113	23	3	0	1	13	4	17	.229	.257
Night	.238	353	84	14	3	2	28	12	58	.268	.312	May	.235	102	24	4	1	0	4	2	18	.257	.294
Grass	.302	305	92	19	3	3	40	9	43	.321	.413	June	.311	61	19	8	0	6	3	14	.344	.475
Turf	.188	229	43	7	2	1	12	11	48	.233	.249	July	.291	86	25	5	1	1	12	6	11	.344	.407
First Pitch	.306	108	33	8	0	1	7	5	0	.333	.407	August	.223	103	23	2	0	2	8	1	20	.231	.301
Ahead in Count	.333	114	38	7	2	0	16	11	0	.392	.430	September/October	.304	69	21	4	2	0	9	4	11	.342	.420
Behind in Count	.196	240	47	9	3	2	26	0	81	.205	.283	Pre-All Star	.236	297	70	16	2	1	27	11	51	.267	.313
Two Strikes	.190	231	44	8	3	2	24	3	91	.207	.277	Post-All Star	.274	237	65	10	3	3	25	9	40	.301	.380

Batter vs. Pitcher (career)

Hits Best Against	Avg	AB	H	2B	3B	HR	RBI	BB	SO	OBP	SLG	Hits Worst Against	Avg	AB	H	2B	3B	HR	RBI	BB	SO	OBP	SLG
Bobby Ojeda	.375	16	6	1	0	0	2	0	2	.375	.438	Dwight Gooden	.154	13	2	1	0	0	2	0	2	.154	.231
												John Smoltz	.182	11	2	0	0	0	1	0	3	.182	.182

Andy Benes — Padres   Age 27 – Pitches Right (flyball pitcher)

	ERA	W	L	Sv	G	GS	IP	BB	SO	Avg	H	2B	3B	HR	RBI	OBP	SLG	CG	ShO	Sup	QS	#P/S	SB	CS	GB	FB	G/F
1994 Season	3.86	6	14	0	25	25	172.1	51	189	.237	155	35	6	20	66	.293	.401	2	2	4.13	14	110	12	9	172	170	1.01
Last Five Years	3.51	59	65	0	158	157	1049.2	326	844	.242	956	159	34	98	381	.301	.374	14	6	3.69	103	104	86	43	1158	1179	0.98

1994 Season

	ERA	W	L	Sv	G	GS	IP	H	HR	BB	SO		Avg	AB	H	2B	3B	HR	RBI	BB	SO	OBP	SLG
Home	4.60	5	7	0	14	14	94.0	90	11	26	104	vs. Left	.224	322	72	16	4	5	27	31	81	.292	.345
Away	2.99	1	7	0	11	11	78.1	65	9	25	85	vs. Right	.251	331	83	19	2	15	39	20	108	.295	.456
Day	3.02	3	4	0	8	8	56.2	43	7	16	58	Inning 1-6	.237	545	129	28	5	16	54	35	162	.284	.394
Night	4.28	3	10	0	17	17	115.2	112	13	35	131	Inning 7+	.241	108	26	7	1	4	12	16	27	.339	.435
Grass	3.67	6	9	0	20	20	139.2	122	15	36	153	None on	.227	401	91	21	2	13	13	29	113	.279	.387
Turf	4.68	0	5	0	5	5	32.2	33	5	15	36	Runners on	.254	252	64	14	4	7	53	22	76	.315	.425
April	4.35	1	5	0	6	6	41.1	39	3	13	42	Scoring Posn	.256	156	40	9	3	4	44	16	46	.328	.429
May	4.58	2	4	0	6	6	39.1	44	5	10	41	Close & Late	.267	60	16	4	1	2	7	10	16	.371	.467
June	2.61	2	0	0	5	5	38.0	24	3	10	38	None on/out	.284	176	50	13	1	9	9	13	41	.333	.523
July	4.28	1	3	0	6	6	40.0	34	7	10	54	vs. 1st Batr (relief)	.000	0	0	0	0	0	0	0	0	.000	.000
August	2.63	0	2	0	2	2	13.2	14	2	8	14	First Inning Pitched	.204	93	19	5	0	1	5	1	29	.213	.290
September/October	0.00	0	0	0	0	0	0.0	0	0	0	0	First 75 Pitches	.233	437	102	26	2	11	39	25	128	.276	.378
Starter	3.86	6	14	0	25	25	172.1	155	20	51	189	Pitch 76-90	.218	78	17	1	2	5	11	12	21	.322	.474
Reliever	0.00	0	0	0	0	0	0.0	0	0	0	0	Pitch 91-105	.295	88	26	5	2	3	12	8	21	.354	.500
0-3 Days Rest (St)	0.00	0	0	0	0	0	0.0	0	0	0	0	Pitch 106+	.200	50	10	3	0	1	4	6	19	.286	.320
4 Days Rest	4.81	4	12	0	18	18	118.0	123	15	38	131	First Pitch	.282	85	24	1	1	4	14	1	0	.291	.459
5+ Days Rest	1.82	2	2	0	7	7	54.1	32	5	13	58	Ahead in Count	.181	348	63	19	1	7	28	0	164	.183	.302
Pre-All Star	3.96	6	10	0	19	19	129.2	117	12	35	138	Behind in Count	.379	103	39	8	2	5	14	30	0	.519	.641
Post-All Star	3.59	0	4	0	6	6	42.2	38	8	16	51	Two Strikes	.154	351	54	14	3	7	27	20	189	.201	.271

Last Five Years

	ERA	W	L	Sv	G	GS	IP	H	HR	BB	SO		Avg	AB	H	2B	3B	HR	RBI	BB	SO	OBP	SLG
Home	3.83	30	29	0	78	77	514.2	498	53	152	449	vs. Left	.246	2190	538	83	24	47	207	200	410	.310	.370
Away	3.20	29	36	0	80	80	535.0	458	45	174	395	vs. Right	.237	1761	418	76	10	51	174	126	434	.289	.379
Day	2.68	21	12	0	46	46	312.2	260	24	84	279	Inning 1-6	.235	3353	789	127	28	80	319	265	733	.292	.361
Night	3.86	38	53	0	112	111	737.0	696	74	242	565	Inning 7+	.279	598	167	32	6	18	62	61	111	.345	.443
Grass	3.42	46	43	0	118	117	785.0	719	77	229	656	None on	.238	2421	577	96	24	63	63	170	514	.292	.376
Turf	3.77	13	22	0	40	40	264.2	237	21	97	188	Runners on	.248	1530	379	63	10	35	318	156	330	.317	.371
April	3.82	9	12	0	24	24	155.2	147	11	51	145	Scoring Posn	.231	878	203	39	8	17	271	109	202	.314	.352
May	3.62	13	13	0	29	29	198.2	184	20	52	157	Close & Late	.279	355	99	16	3	8	34	40	73	.353	.408
June	3.26	7	9	0	29	29	198.2	171	17	64	156	None on/out	.264	1069	282	44	11	38	38	68	204	.310	.432

31

Last Five Years

	ERA	W	L	Sv	G	GS	IP	H	HR	BB	SO		Avg	AB	H	2B	3B	HR	RBI	BB	SO	OBP	SLG
July	3.24	8	11	0	25	25	172.1	149	18	49	152	vs. 1st Batr (relief)	.000	1	0	0	0	0	0	0	0	.000	.000
August	4.30	13	8	0	25	24	152.2	142	16	59	99	First Inning Pitched	.211	578	122	21	1	9	43	51	137	.277	.298
September/October	2.94	9	12	0	26	26	171.2	163	16	51	135	First 75 Pitches	.229	2782	637	110	21	60	235	205	615	.283	.348
Starter	3.49	59	65	0	157	157	1047.2	954	98	324	843	Pitch 76-90	.279	527	147	23	5	16	68	56	90	.350	.433
Reliever	13.50	0	0	0	1	0	2.0	2	0	2	1	Pitch 91-105	.287	418	120	14	8	15	55	37	86	.345	.467
0-3 Days Rest (St)	7.20	1	1	0	2	2	10.0	15	0	4	7	Pitch 106+	.232	224	52	12	0	7	23	28	53	.318	.379
4 Days Rest	3.66	38	49	0	106	106	708.2	662	64	222	603	First Pitch	.310	554	172	20	5	17	64	18	0	.334	.457
5+ Days Rest	3.01	20	15	0	49	49	329.0	277	34	98	233	Ahead in Count	.189	1966	371	64	14	40	162	0	722	.191	.297
Pre-All Star	3.55	32	38	0	91	91	614.1	553	52	189	513	Behind in Count	.327	710	232	44	5	26	92	172	0	.456	.513
Post-All Star	3.45	27	27	0	67	66	435.1	403	46	137	331	Two Strikes	.168	1956	328	57	15	33	128	136	844	.223	.263

Pitcher vs. Batter (career)

Pitches Best Vs.	Avg	AB	H	2B	3B	HR	RBI	BB	SO	OBP	SLG	Pitches Worst Vs.	Avg	AB	H	2B	3B	HR	RBI	BB	SO	OBP	SLG
Greg Maddux	.000	16	0	0	0	0	0	0	9	.000	.000	Wil Cordero	.500	12	6	1	0	3	6	1	0	.538	1.333
Bret Barberie	.067	15	1	0	0	0	0	2	3	.176	.067	Brian Hunter	.455	11	5	2	0	2	2	0	3	.455	1.182
Jeff Blauser	.081	37	3	0	0	0	1	4	8	.167	.081	Jeff Reed	.440	25	11	1	0	2	6	4	3	.500	.720
Mike Felder	.091	22	2	0	0	0	2	2	6	.167	.091	Matt Williams	.385	39	15	1	1	5	9	0	7	.400	.846
Eddie Taubensee	.100	10	1	0	0	0	1	3	.182	.100	Kevin Mitchell	.367	30	11	4	1	5	10	2	8	.406	1.067

Armando Benitez — Orioles
Age 22 – Pitches Right

	ERA	W	L	Sv	G	GS	IP	BB	SO	Avg	H	2B	3B	HR	RBI	OBP	SLG	GF	IR	IRS	Hld	SvOp	SB	CS	GB	FB	G/F
1994 Season	0.90	0	0	0	3	0	10.0	4	14	.216	1	0	0	1	.310	.243	1	4	1	0	0	0	1	9	8	1.13

1994 Season

	ERA	W	L	Sv	G	GS	IP	H	BB	SO		Avg	AB	H	2B	3B	HR	RBI	BB	SO	OBP	SLG
Home	0.00	0	0	0	2	0	6.1	3	0	3	9	vs. Left	.294	17	5	1	0	0	1	2	7	.368	.353
Away	2.45	0	0	0	1	0	3.2	5	0	1	5	vs. Right	.150	20	3	0	0	0	2	7	.261	.150

Mike Benjamin — Giants
Age 29 – Bats Right (flyball hitter)

	Avg	G	AB	R	H	2B	3B	HR	RBI	BB	SO	HBP	GDP	SB	CS	OBP	SLG	IBB	SH	SF	#Pit	#P/PA	GB	FB	G/F
1994 Season	.258	38	62	9	16	5	1	1	9	5	16	3	1	5	0	.343	.419	1	5	0	279	3.72	15	25	0.60
Last Five Years	.187	217	445	54	83	20	3	10	39	28	90	9	8	10	0	.248	.312	7	17	2	1674	3.34	138	149	0.93

1994 Season

	Avg	AB	H	2B	3B	HR	RBI	BB	SO	OBP	SLG		Avg	AB	H	2B	3B	HR	RBI	BB	SO	OBP	SLG
vs. Left	.318	22	7	4	0	0	5	0	3	.318	.500	Scoring Posn	.308	13	4	2	0	0	6	2	6	.438	.462
vs. Right	.225	40	9	1	1	1	4	5	13	.354	.375	Close & Late	.222	9	2	1	0	0	0	2	4	.364	.333

Last Five Years

	Avg	AB	H	2B	3B	HR	RBI	BB	SO	OBP	SLG		Avg	AB	H	2B	3B	HR	RBI	BB	SO	OBP	SLG
vs. Left	.243	152	37	10	2	5	17	8	20	.281	.434	Scoring Posn	.176	91	16	6	0	1	22	12	18	.280	.275
vs. Right	.157	293	46	10	1	5	22	20	70	.231	.249	Close & Late	.176	68	12	1	1	0	1	5	14	.233	.221
Groundball	.194	160	31	7	1	3	11	9	30	.250	.306	None on/out	.181	116	21	4	1	3	3	5	24	.221	.310
Flyball	.159	82	13	5	1	1	8	3	25	.195	.280	Batting #2	.163	49	8	2	0	2	3	2	13	.196	.327
Home	.185	200	37	9	1	6	18	15	41	.241	.330	Batting #8	.189	355	67	16	2	7	32	22	69	.249	.304
Away	.188	245	46	11	2	4	21	13	49	.254	.298	Other	.195	41	8	2	1	1	4	4	8	.298	.366
Day	.180	178	32	10	1	6	20	13	30	.244	.348	April	.189	53	10	2	1	3	9	7	9	.302	.434
Night	.191	267	51	10	2	4	19	15	57	.251	.288	May	.077	26	2	1	0	0	1	2	3	.200	.115
Grass	.190	337	64	11	3	10	28	26	66	.255	.329	June	.168	101	17	2	0	2	7	5	24	.215	.248
Turf	.176	108	19	9	0	0	11	2	24	.224	.259	July	.279	86	24	8	1	2	14	4	16	.333	.465
First Pitch	.205	78	16	5	1	1	8	6	0	.259	.333	August	.214	70	15	5	0	2	5	4	12	.257	.371
Ahead in Count	.217	83	18	5	0	4	12	9	0	.330	.422	September/October	.138	109	15	2	1	1	3	6	26	.188	.202
Behind in Count	.176	222	39	8	2	3	13	0	82	.186	.270	Pre-All Star	.184	223	41	8	1	6	22	15	42	.259	.309
Two Strikes	.158	202	32	5	2	3	11	12	90	.213	.259	Post-All Star	.189	222	42	12	2	4	17	13	48	.236	.315

Batter vs. Pitcher (career)

Hits Best Against	Avg	AB	H	2B	3B	HR	RBI	BB	SO	OBP	SLG	Hits Worst Against	Avg	AB	H	2B	3B	HR	RBI	BB	SO	OBP	SLG
												Steve Avery	.000	9	0	0	0	0	2	1	.182	.000
												Andy Benes	.200	15	3	0	0	1	1	2	2	.294	.400
												Ryan Bowen	.222	9	2	1	0	0	2	2	1	.364	.333

Todd Benzinger — Giants
Age 32 – Bats Both

	Avg	G	AB	R	H	2B	3B	HR	RBI	BB	SO	HBP	GDP	SB	CS	OBP	SLG	IBB	SH	SF	#Pit	#P/PA	GB	FB	G/F
1994 Season	.265	107	328	32	87	13	2	9	31	17	84	2	3	2	1	.304	.399	4	3	2	1312	3.73	119	82	1.45
Last Five Years	.259	561	1590	152	412	68	13	27	185	91	308	9	21	11	15	.299	.369	14	8	20	6025	3.51	567	478	1.19

1994 Season

	Avg	AB	H	2B	3B	HR	RBI	BB	SO	OBP	SLG		Avg	AB	H	2B	3B	HR	RBI	BB	SO	OBP	SLG
vs. Left	.245	98	24	4	1	1	9	6	10	.292	.337	Scoring Posn	.190	79	15	2	1	0	21	7	29	.250	.241
vs. Right	.274	230	63	9	1	8	22	11	74	.309	.426	Close & Late	.333	60	20	3	0	3	3	4	16	.375	.533
Groundball	.294	119	35	5	1	5	18	8	34	.336	.479	None on/out	.333	78	26	5	0	1	1	2	14	.358	.436
Flyball	.310	58	18	5	1	2	5	1	11	.322	.534	Batting #6	.266	158	42	8	2	1	14	11	38	.312	.361
Home	.290	155	45	6	2	5	16	11	40	.343	.452	Batting #7	.262	107	28	4	0	4	10	3	31	.295	.411
Away	.243	173	42	7	0	4	15	6	44	.267	.353	Other	.270	63	17	1	0	4	7	3	15	.299	.476
Day	.273	172	47	7	2	4	17	10	40	.319	.407	April	.225	80	18	3	0	6	7	3	28	.281	.288
Night	.256	156	40	6	0	5	14	7	44	.287	.391	May	.278	108	30	5	0	3	12	2	29	.297	.407
Grass	.284	250	71	11	2	9	26	16	55	.331	.452	June	.231	65	15	0	0	4	3	4	18	.275	.415

1994 Season

	Avg	AB	H	2B	3B	HR	RBI	BB	SO	OBP	SLG		Avg	AB	H	2B	3B	HR	RBI	BB	SO	OBP	SLG
Turf	.205	78	16	2	0	0	5	1	18	.213	.231	July	.222	54	12	2	1	1	7	3	12	.276	.352
First Pitch	.458	48	22	5	1	2	12	3	0	.500	.729	August	.571	21	12	3	0	1	2	1	2	.591	.857
Ahead in Count	.381	63	24	4	1	5	7	10	0	.466	.714	September/October	.000	0	0	0	0	0	0	0	0	.000	.000
Behind in Count	.165	164	27	2	0	0	8	0	74	.164	.177	Pre-All Star	.247	271	67	9	1	7	23	14	75	.287	.365
Two Strikes	.157	172	27	1	0	0	4	4	84	.181	.163	Post-All Star	.351	57	20	4	1	2	8	3	9	.383	.561

1994 By Position

Position	Avg	AB	H	2B	3B	HR	RBI	BB	SO	OBP	SLG	G	GS	Innings	PO	A	E	DP	Fld Pct	Rng Fctr	In Zone	Outs	Zone Rtg	MLB Zone
As Pinch Hitter	.357	14	5	1	0	2	2	2	4	.438	.857	16	0	---	---	---	---	---	---	---	---	---	---	---
As 1b	.261	314	82	12	2	7	29	15	80	.297	.371	99	81	757.0	781	55	5	69	.994	---	151	116	.768	.818

Last Five Years

	Avg	AB	H	2B	3B	HR	RBI	BB	SO	OBP	SLG		Avg	AB	H	2B	3B	HR	RBI	BB	SO	OBP	SLG
vs. Left	.280	576	161	23	3	7	69	25	55	.307	.366	Scoring Posn	.239	444	106	17	4	6	154	40	98	.294	.336
vs. Right	.248	1014	251	45	10	20	116	66	253	.295	.371	Close & Late	.245	319	78	11	4	6	34	22	67	.294	.361
Groundball	.283	576	163	27	4	13	81	30	110	.316	.411	None on/out	.294	377	111	14	2	2	17	68	.328	.358		
Flyball	.259	336	87	20	6	6	44	16	65	.289	.408	Batting #5	.259	501	130	23	3	9	62	27	88	.297	.371
Home	.258	776	200	38	7	12	88	42	136	.297	.371	Batting #6	.253	491	124	16	4	4	59	30	103	.297	.326
Away	.260	814	212	30	6	15	97	49	172	.302	.367	Other	.264	598	158	29	6	14	64	34	117	.303	.403
Day	.263	577	152	20	5	11	60	43	118	.316	.373	April	.244	234	57	12	2	1	27	19	49	.291	.325
Night	.257	1013	260	48	8	16	125	48	190	.290	.367	May	.254	315	80	14	3	5	42	11	59	.276	.365
Grass	.255	828	211	34	5	15	84	51	170	.299	.362	June	.246	321	79	9	1	8	29	20	70	.294	.355
Turf	.264	762	201	34	8	12	101	40	138	.300	.377	July	.248	250	62	12	2	3	30	13	49	.288	.348
First Pitch	.403	253	102	18	4	10	53	8	0	.424	.625	August	.291	261	76	12	3	6	29	11	39	.321	.429
Ahead in Count	.316	323	102	14	3	8	39	49	0	.404	.452	September/October	.278	209	58	9	2	4	28	17	42	.338	.397
Behind in Count	.183	754	138	26	4	2	53	0	276	.183	.236	Pre-All Star	.247	928	229	38	6	14	102	55	191	.287	.346
Two Strikes	.171	732	125	20	5	5	60	30	308	.204	.232	Post-All Star	.276	662	183	30	7	13	83	36	117	.317	.402

Batter vs. Pitcher (career)

Hits Best Against	Avg	AB	H	2B	3B	HR	RBI	BB	SO	OBP	SLG	Hits Worst Against	Avg	AB	H	2B	3B	HR	RBI	BB	SO	OBP	SLG
Derek Lilliquist	.688	16	11	0	0	0	1	1	1	.706	.688	Pete Harnisch	.000	11	0	0	0	0	0	0	6	.000	.000
Teddy Higuera	.500	16	8	3	0	0	6	2	2	.526	.688	Greg W. Harris	.065	31	2	0	0	0	1	0	9	.065	.065
Orel Hershiser	.476	21	10	1	1	3	7	1	3	.500	1.048	Kevin Gross	.077	13	1	0	0	2	1	3	.133	.077	
Bill Gullickson	.400	10	4	0	1	0	1	0	3	.455	.800	Frank Castillo	.100	10	1	0	0	0	1	1	3	.167	.100
Jay Howell	.375	8	3	1	0	0	4	1	3	.364	.875	Bob Tewksbury	.118	17	2	0	0	0	0	0	5	.167	.118

Jason Bere — White Sox
Age 24 – Pitches Right (flyball pitcher)

	ERA	W	L	Sv	G	GS	IP	BB	SO	Avg	H	2B	3B	HR	RBI	OBP	SLG	CG	ShO	Sup	QS	#P/S	SB	CS	GB	FB	G/F
1994 Season	3.81	12	2	0	24	24	141.2	80	127	.229	119	22	1	17	55	.331	.374	0	0	6.16	12	105	25	7	133	169	0.79
Career (1993-1994)	3.64	24	7	0	48	48	284.1	161	256	.220	228	36	2	29	105	.326	.342	1	0	6.11	28	105	34	15	291	311	0.94

1994 Season

	ERA	W	L	Sv	G	GS	IP	H	HR	BB	SO		Avg	AB	H	2B	3B	HR	RBI	BB	SO	OBP	SLG
Home	3.84	5	1	0	12	12	72.2	60	7	42	62	vs. Left	.224	250	56	10	1	8	29	50	60	.353	.368
Away	3.78	7	1	0	12	12	69.0	59	10	38	65	vs. Right	.234	269	63	12	0	9	26	30	67	.309	.379
Day	3.31	3	0	0	6	6	35.1	28	3	23	24	Inning 1-6	.221	471	104	16	1	16	50	71	115	.322	.361
Night	3.98	9	2	0	18	18	106.1	91	14	57	103	Inning 7+	.313	48	15	6	0	1	5	9	12	.421	.500
Grass	3.95	12	2	0	22	22	130.0	113	16	72	116	None on	.256	289	74	19	0	9	53	67	.371	.415	
Turf	2.31	0	0	0	2	2	11.2	6	1	8	11	Runners on	.196	230	45	3	1	8	46	27	60	.279	.322
April	3.45	2	1	0	5	5	31.1	21	2	18	30	Scoring Posn	.191	115	22	2	1	5	40	19	30	.302	.357
May	3.23	4	0	0	5	5	30.2	24	2	16	20	Close & Late	.333	36	12	4	0	1	4	6	10	.429	.528
June	3.68	2	1	0	6	6	36.2	27	5	27	34	None on/out	.257	136	35	11	0	5	5	21	25	.357	.449
July	4.50	2	0	0	5	5	26.0	27	5	12	26	vs. 1st Batr (relief)	.000	0	0	0	0	0	0	0	0	.000	.000
August	4.76	2	0	0	3	3	17.0	20	3	7	17	First Inning Pitched	.165	85	14	3	0	3	5	12	28	.276	.306
September/October	0.00	0	0	0	0	0	0.0	0	0	0	0	First 75 Pitches	.210	362	76	13	0	12	32	44	90	.296	.345
Starter	3.81	12	2	0	24	24	141.2	119	17	80	127	Pitch 76-90	.311	61	19	3	0	4	13	13	13	.421	.557
Reliever	0.00	0	0	0	0	0	0.0	0	0	0	0	Pitch 91-105	.216	51	11	2	0	1	6	14	11	.385	.314
0-3 Days Rest (St)	6.32	2	0	0	3	3	15.2	22	4	8	17	Pitch 106+	.289	45	13	4	0	4	9	13	.407	.422	
4 Days Rest	3.38	4	2	0	12	12	72.0	55	8	41	64	First Pitch	.283	53	15	4	0	1	7	0	0	.296	.415
5+ Days Rest	3.67	6	0	0	9	9	54.0	42	5	31	46	Ahead in Count	.154	240	37	9	1	4	18	0	106	.154	.250
Pre-All Star	3.56	9	2	0	18	18	111.1	87	10	67	94	Behind in Count	.289	121	35	6	0	12	50	0	.491	.438	
Post-All Star	4.75	3	0	0	6	6	30.1	32	7	13	33	Two Strikes	.180	267	48	9	1	7	21	30	127	.262	.300

Sean Bergman — Tigers
Age 25 – Pitches Right (groundball pitcher)

	ERA	W	L	Sv	G	GS	IP	BB	SO	Avg	H	2B	3B	HR	RBI	OBP	SLG	CG	ShO	Sup	QS	#P/S	SB	CS	GB	FB	G/F
1994 Season	5.60	2	1	0	3	3	17.2	7	12	.301	22	5	0	2	11	.366	.452	0	0	10.70	1	104	1	1	30	16	1.88
Career (1993-1994)	5.65	3	5	0	12	9	57.1	30	31	.296	69	8	2	8	38	.377	.451	1	0	6.44	1	92	5	1	101	61	1.66

1994 Season

	ERA	W	L	Sv	G	GS	IP	H	HR	BB	SO		Avg	AB	H	2B	3B	HR	RBI	BB	SO	OBP	SLG
Home	4.26	2	0	0	2	2	12.2	14	1	4	9	vs. Left	.231	39	9	1	0	1	8	5	6	.326	.333
Away	9.00	0	1	0	1	1	5.0	8	1	3	3	vs. Right	.382	34	13	4	0	1	3	2	6	.417	.588

33

Geronimo Berroa — Athletics
Age 30 – Bats Right

	Avg	G	AB	R	H	2B	3B	HR	RBI	BB	SO	HBP	GDP	SB	CS	OBP	SLG	IBB	SH	SF	#Pit	#P/PA	GB	FB	G/F
1994 Season	.306	96	340	55	104	18	2	13	65	41	62	3	5	7	2	.379	.485	0	0	7	1558	3.98	116	91	1.27
Last Five Years	.285	130	393	60	112	20	2	13	65	46	71	4	8	7	3	.360	.445	1	0	7	1783	3.96	136	107	1.27

1994 Season

	Avg	AB	H	2B	3B	HR	RBI	BB	SO	OBP	SLG		Avg	AB	H	2B	3B	HR	RBI	BB	SO	OBP	SLG
vs. Left	.341	135	46	7	1	7	33	17	21	.411	.563	Scoring Posn	.333	99	33	5	2	2	49	11	21	.387	.485
vs. Right	.283	205	58	11	1	6	32	24	41	.356	.434	Close & Late	.250	52	13	3	0	1	9	5	16	.328	.365
Groundball	.310	71	22	2	0	5	18	7	13	.367	.549	None on/out	.306	72	22	7	0	3	3	5	11	.351	.528
Flyball	.286	91	26	8	0	1	13	13	20	.364	.407	Batting #3	.279	201	56	5	1	10	42	24	39	.358	.463
Home	.277	166	46	7	2	4	26	22	35	.359	.416	Batting #5	.360	89	32	10	0	3	14	12	9	.423	.573
Away	.333	174	58	11	0	9	39	19	27	.397	.552	Other	.320	50	16	3	1	0	9	5	14	.382	.420
Day	.344	131	45	6	1	5	31	15	26	.416	.519	April	.333	72	24	7	0	3	19	10	15	.410	.556
Night	.282	209	59	12	1	8	34	26	36	.355	.464	May	.293	99	29	1	1	4	16	13	15	.379	.444
Grass	.293	300	88	15	2	10	53	38	58	.367	.457	June	.329	79	26	7	0	2	11	10	12	.402	.494
Turf	.400	40	16	3	0	3	12	3	4	.467	.700	July	.287	87	25	3	1	4	19	8	20	.340	.483
First Pitch	.354	48	17	2	0	3	16	0	0	.360	.583	August	.000	3	0	0	0	0	0	0	0	.000	.000
Ahead in Count	.338	77	26	7	0	3	10	15	0	.441	.545	September/October	.000	0	0	0	0	0	0	0	0	.000	.000
Behind in Count	.265	136	36	5	0	3	20	0	48	.270	.368	Pre-All Star	.320	281	90	17	1	10	52	35	48	.395	.495
Two Strikes	.282	156	44	8	1	5	28	26	62	.385	.442	Post-All Star	.237	59	14	1	1	3	13	6	14	.299	.441

1994 By Position

Position	Avg	AB	H	2B	3B	HR	RBI	BB	SO	OBP	SLG	G	GS	Innings	PO	A	E	DP	Fld Pct	Rng Fctr	In Zone	Outs	Zone Rtg	MLB Zone
As Designated Hitter	.287	174	50	6	2	8	35	20	25	.355	.483	44	44	---	---	---	---	---	---	---	---	---	---	---
As lf	.327	110	36	7	0	3	23	18	23	.419	.473	36	31	254.0	71	4	0	1	1.000	2.66	78	69	.885	.815

Sean Berry — Expos
Age 29 – Bats Right

	Avg	G	AB	R	H	2B	3B	HR	RBI	BB	SO	HBP	GDP	SB	CS	OBP	SLG	IBB	SH	SF	#Pit	#P/PA	GB	FB	G/F
1994 Season	.278	103	320	43	89	19	2	11	41	32	50	3	7	14	0	.347	.453	7	2	2	1364	3.80	117	97	1.21
Career (1990-1994)	.262	288	759	105	199	39	5	26	99	81	159	6	13	28	3	.335	.430	13	5	8	3239	3.77	248	232	1.07

1994 Season

	Avg	AB	H	2B	3B	HR	RBI	BB	SO	OBP	SLG		Avg	AB	H	2B	3B	HR	RBI	BB	SO	OBP	SLG
vs. Left	.316	76	24	2	0	6	13	12	12	.409	.579	Scoring Posn	.244	82	20	5	2	2	30	16	15	.360	.427
vs. Right	.266	244	65	17	2	5	28	20	38	.327	.414	Close & Late	.175	57	10	4	1	1	6	3	13	.230	.333
Groundball	.327	101	33	6	0	3	15	5	14	.361	.475	None on/out	.311	90	28	9	0	2	2	5	14	.354	.478
Flyball	.167	54	9	0	2	6	7	4	16	.262	.333	Batting #7	.289	90	26	2	1	4	17	8	18	.343	.467
Home	.283	138	39	12	0	4	14	12	23	.344	.457	Batting #8	.315	168	53	14	1	3	17	21	20	.399	.464
Away	.275	182	50	7	2	7	27	20	27	.350	.451	Other	.161	62	10	3	0	4	7	3	12	.200	.403
Day	.295	95	28	11	0	4	13	14	16	.382	.537	April	.348	69	24	6	0	2	9	8	11	.423	.522
Night	.271	225	61	8	2	7	28	18	34	.332	.418	May	.164	61	10	4	0	0	1	7	9	.271	.230
Grass	.275	109	30	4	2	5	21	13	16	.360	.486	June	.262	61	16	3	0	3	11	3	15	.292	.459
Turf	.280	211	59	15	0	6	20	19	34	.341	.436	July	.299	87	26	3	2	3	15	11	11	.374	.483
First Pitch	.310	29	9	1	0	2	9	6	0	.432	.552	August	.310	42	13	3	0	3	5	3	4	.356	.595
Ahead in Count	.400	80	32	7	2	8	21	22	0	.524	.838	September/October	.000	0	0	0	0	0	0	0	0	.000	.000
Behind in Count	.209	153	32	8	0	0	6	0	45	.214	.261	Pre-All Star	.265	226	60	15	1	6	26	21	39	.335	.420
Two Strikes	.217	152	33	9	0	1	9	9	50	.242	.296	Post-All Star	.309	94	29	4	1	5	15	11	11	.377	.532

1994 By Position

Position	Avg	AB	H	2B	3B	HR	RBI	BB	SO	OBP	SLG	G	GS	Innings	PO	A	E	DP	Fld Pct	Rng Fctr	In Zone	Outs	Zone Rtg	MLB Zone
As 3b	.281	317	89	19	2	11	41	31	49	.348	.457	100	83	786.2	66	147	14	8	.938	2.44	214	169	.790	.826

Career (1990-1994)

	Avg	AB	H	2B	3B	HR	RBI	BB	SO	OBP	SLG		Avg	AB	H	2B	3B	HR	RBI	BB	SO	OBP	SLG
vs. Left	.258	217	56	6	2	9	25	32	39	.353	.429	Scoring Posn	.224	205	46	11	3	5	71	36	52	.332	.380
vs. Right	.264	542	143	33	3	17	74	49	120	.327	.430	Close & Late	.203	143	29	4	1	1	14	7	41	.248	.266
Groundball	.280	254	71	13	0	6	31	17	50	.326	.402	None on/out	.302	192	58	15	1	7	7	13	30	.350	.500
Flyball	.165	115	19	4	0	3	11	20	31	.292	.278	Batting #7	.273	198	54	6	2	6	32	21	50	.336	.414
Home	.272	316	86	20	0	9	39	38	72	.351	.421	Batting #8	.291	258	75	19	1	6	25	29	42	.367	.442
Away	.255	443	113	19	5	17	60	43	87	.323	.436	Other	.231	303	70	14	2	14	42	31	67	.306	.429
Day	.274	230	63	16	1	11	37	32	50	.360	.496	April	.298	94	28	6	0	2	13	16	17	.407	.426
Night	.257	529	136	23	4	15	62	49	109	.324	.401	May	.163	92	15	5	0	1	5	8	16	.252	.250
Grass	.258	267	69	10	4	12	38	32	53	.343	.461	June	.279	104	29	5	0	7	20	10	23	.336	.529
Turf	.264	492	130	29	1	14	61	49	106	.330	.413	July	.296	159	47	5	2	4	23	18	30	.361	.428
First Pitch	.200	85	17	1	1	3	17	12	0	.307	.341	August	.241	141	34	8	1	8	20	12	33	.299	.482
Ahead in Count	.354	164	58	12	2	13	37	44	0	.486	.689	September/October	.272	169	46	10	2	4	18	17	40	.340	.426
Behind in Count	.237	379	90	18	2	6	30	0	141	.240	.343	Pre-All Star	.262	351	92	19	1	12	49	41	68	.343	.425
Two Strikes	.220	378	83	18	2	8	31	25	150	.271	.341	Post-All Star	.262	408	107	20	4	14	50	40	91	.327	.434

Batter vs. Pitcher (career)

Hits Best Against	Avg	AB	H	2B	3B	HR	RBI	BB	SO	OBP	SLG	Hits Worst Against	Avg	AB	H	2B	3B	HR	RBI	BB	SO	OBP	SLG
Mark Portugal	.545	11	6	1	0	0	2	1	1	.583	.636	John Smoltz	.111	9	1	1	0	0	0	2	3	.273	.222
Darryl Kile	.400	10	4	1	0	0	1	4	1	.571	.500												
Rene Arocha	.400	10	4	1	1	1	2	1	2	.455	1.000												
Greg Maddux	.333	15	5	0	0	2	0	2	5	.333	.400												
Bob Tewksbury	.308	13	4	2	0	0	0	0	3	.286	.462												

Damon Berryhill — Red Sox
Age 31 – Bats Both (flyball hitter)

	Avg	G	AB	R	H	2B	3B	HR	RBI	BB	SO	HBP	GDP	SB	CS	OBP	SLG	IBB	SH	SF	#Pit	#P/PA	GB	FB	G/F
1994 Season	.263	82	255	30	67	17	2	6	34	19	59	0	6	0	1	.312	.416	0	0	2	1069	3.87	73	77	0.95
Last Five Years	.233	378	1110	94	259	62	5	30	143	73	246	4	22	1	5	.281	.379	7	2	10	4438	3.70	330	358	0.92

1994 Season

	Avg	AB	H	2B	3B	HR	RBI	BB	SO	OBP	SLG		Avg	AB	H	2B	3B	HR	RBI	BB	SO	OBP	SLG
vs. Left	.364	66	24	6	0	2	11	4	7	.394	.545	Scoring Posn	.333	57	19	5	1	1	24	4	14	.365	.509
vs. Right	.228	189	43	11	2	4	23	15	52	.283	.370	Close & Late	.263	57	15	3	1	1	8	4	16	.311	.404
Home	.283	145	41	11	1	3	19	15	32	.348	.434	None on/out	.255	47	12	2	0	1	1	2	15	.286	.362
Away	.236	110	26	6	1	3	15	4	27	.261	.391	Batting #6	.204	49	10	4	1	0	4	6	10	.291	.327
First Pitch	.340	47	16	4	1	3	10	0	0	.340	.660	Batting #8	.268	112	30	9	1	4	20	4	30	.291	.473
Ahead in Count	.300	50	15	5	1	1	12	10	0	.410	.500	Other	.287	94	27	4	0	2	10	9	19	.346	.394
Behind in Count	.211	114	24	4	0	1	5	0	54	.209	.272	Pre-All Star	.245	184	45	11	2	4	24	11	45	.284	.391
Two Strikes	.173	127	22	5	0	2	7	3	59	.226	.260	Post-All Star	.310	71	22	6	0	2	10	8	14	.380	.479

Last Five Years

	Avg	AB	H	2B	3B	HR	RBI	BB	SO	OBP	SLG		Avg	AB	H	2B	3B	HR	RBI	BB	SO	OBP	SLG
vs. Left	.251	275	69	15	1	6	42	17	41	.290	.378	Scoring Posn	.261	291	76	21	1	8	110	28	68	.316	.423
vs. Right	.228	835	190	47	4	24	101	56	205	.278	.380	Close & Late	.211	228	48	10	2	4	22	16	64	.267	.325
Groundball	.244	389	95	13	1	10	54	21	80	.280	.360	None on/out	.239	247	59	11	1	5	5	13	50	.280	.352
Flyball	.213	244	52	16	2	6	26	24	65	.283	.369	Batting #7	.211	299	63	19	1	7	31	18	73	.256	.351
Home	.259	572	148	35	3	19	84	39	133	.304	.430	Batting #7	.249	526	131	30	3	13	73	36	98	.295	.392
Away	.206	538	111	27	2	11	59	34	113	.256	.325	Other	.228	285	65	13	1	10	39	19	75	.279	.386
Day	.213	366	78	25	0	7	42	29	91	.269	.339	April	.235	162	38	10	0	6	18	12	30	.286	.407
Night	.243	744	181	37	5	23	109	44	155	.286	.399	May	.216	213	46	11	0	9	32	7	52	.239	.394
Grass	.244	865	211	48	4	25	115	55	191	.288	.395	June	.258	182	47	12	3	3	23	10	45	.295	.407
Turf	.196	245	48	14	1	5	28	18	55	.255	.322	July	.226	177	40	10	0	3	19	15	36	.292	.333
First Pitch	.317	202	64	15	2	10	36	5	0	.330	.559	August	.223	148	33	6	1	4	15	16	21	.301	.358
Ahead in Count	.305	197	60	18	1	8	37	23	0	.374	.528	September/October	.241	153	31	1	5	36	13	56	.260	.373
Behind in Count	.160	530	85	17	0	9	45	0	216	.165	.243	Pre-All Star	.230	621	143	36	3	19	78	35	140	.271	.390
Two Strikes	.153	537	82	17	1	9	48	44	246	.219	.238	Post-All Star	.237	489	116	26	2	11	65	38	106	.293	.366

Batter vs. Pitcher (career)

Hits Best Against	Avg	AB	H	2B	3B	HR	RBI	BB	SO	OBP	SLG	Hits Worst Against	Avg	AB	H	2B	3B	HR	RBI	BB	SO	OBP	SLG
Jose DeLeon	.333	18	6	3	0	0	1	1	7	.368	.500	Omar Olivares	.077	13	1	0	0	0	2	2	3	.188	.077
Ken Hill	.333	12	4	3	0	0	1	0	1	.333	.583	Orel Hershiser	.107	28	3	0	0	0	3	1	4	.138	.107
Doug Drabek	.308	39	12	3	0	1	7	3	7	.357	.462	Mike Morgan	.133	15	2	0	0	0	1	1	1	.188	.133
Roger McDowell	.308	13	4	1	0	0	2	3	0	.438	.385	Sid Fernandez	.150	20	3	0	0	0	2	2	4	.227	.150
												Mike Maddux	.167	12	2	0	0	0	2	2	0	.167	.167

Dante Bichette — Rockies
Age 31 – Bats Right

	Avg	G	AB	R	H	2B	3B	HR	RBI	BB	SO	HBP	GDP	SB	CS	OBP	SLG	IBB	SH	SF	#Pit	#P/PA	GB	FB	G/F
1994 Season	.304	116	484	74	147	33	2	27	95	19	70	4	17	21	8	.334	.548	3	0	2	1750	3.44	174	148	1.18
Last Five Years	.281	612	2203	297	620	136	13	83	337	101	429	18	55	72	33	.315	.468	13	4	21	8047	3.43	750	633	1.18

1994 Season

	Avg	AB	H	2B	3B	HR	RBI	BB	SO	OBP	SLG		Avg	AB	H	2B	3B	HR	RBI	BB	SO	OBP	SLG
vs. Left	.400	105	42	15	1	10	34	3	18	.413	.848	Scoring Posn	.283	138	39	9	1	7	65	6	20	.313	.514
vs. Right	.277	379	105	18	1	17	61	16	52	.313	.464	Close & Late	.318	66	21	5	0	5	19	3	11	.366	.621
Groundball	.273	165	45	12	1	6	38	6	23	.295	.467	None on/out	.299	97	29	4	0	7	7	2	17	.320	.557
Flyball	.451	91	41	11	0	10	28	2	14	.462	.901	Batting #3	.294	415	122	29	2	24	80	14	64	.323	.547
Home	.353	241	85	16	1	15	55	11	28	.387	.614	Batting #5	.415	41	17	1	0	2	11	2	3	.432	.585
Away	.255	243	62	17	1	12	40	8	42	.281	.481	Other	.286	28	8	3	0	1	4	3	3	.355	.500
Day	.330	191	63	13	1	11	46	7	24	.360	.581	April	.363	91	33	8	0	9	24	6	16	.410	.747
Night	.287	293	84	20	1	16	49	12	46	.317	.526	May	.219	105	23	4	0	4	16	4	20	.252	.371
Grass	.317	385	122	24	2	22	78	14	49	.346	.561	June	.359	128	46	10	0	7	26	1	15	.364	.602
Turf	.253	99	25	9	0	5	17	5	21	.288	.495	July	.308	120	37	10	2	7	28	5	12	.341	.600
First Pitch	.342	73	25	3	1	3	15	3	0	.359	.534	August	.200	40	8	1	0	0	1	3	7	.256	.225
Ahead in Count	.362	94	34	6	1	11	33	7	0	.406	.798	September/October	.000	0	0	0	0	0	0	0	0	.000	.000
Behind in Count	.237	228	54	12	0	9	30	0	61	.250	.408	Pre-All Star	.303	373	113	26	1	21	77	12	57	.328	.547
Two Strikes	.205	205	42	10	0	4	17	9	70	.249	.312	Post-All Star	.306	111	34	7	1	6	18	7	13	.353	.550

1994 By Position

Position	Avg	AB	H	2B	3B	HR	RBI	BB	SO	OBP	SLG	G	GS	Innings	PO	A	E	DP	Fld Pct	Rng Fctr	In Zone	Outs	Zone Rtg	MLB Zone
As rf	.303	482	146	33	2	26	91	19	70	.334	.541	116	113	1004.0	210	10	2	3	.991	1.97	259	207	.799	.826

Last Five Years

	Avg	AB	H	2B	3B	HR	RBI	BB	SO	OBP	SLG		Avg	AB	H	2B	3B	HR	RBI	BB	SO	OBP	SLG
vs. Left	.294	643	189	47	7	27	114	40	134	.336	.515	Scoring Posn	.263	585	154	28	6	22	247	38	125	.305	.444
vs. Right	.276	1560	431	89	6	56	223	61	295	.307	.449	Close & Late	.296	362	107	17	2	19	71	16	71	.335	.511
Groundball	.285	680	194	50	3	21	119	26	123	.312	.460	None on/out	.285	467	133	25	4	15	15	15	97	.311	.452
Flyball	.306	458	140	31	2	20	75	17	92	.333	.513	Batting #3	.308	786	242	62	5	39	143	30	135	.338	.548
Home	.304	1043	317	70	10	43	184	55	177	.342	.514	Batting #6	.272	471	128	31	4	14	58	20	96	.301	.444
Away	.261	1160	303	66	3	40	153	46	252	.291	.427	Other	.264	946	250	43	4	30	136	51	198	.304	.413
Day	.289	733	212	45	3	30	121	33	139	.323	.482	April	.304	345	105	22	0	17	64	17	62	.339	.516
Night	.278	1470	408	91	10	53	216	68	290	.311	.461	May	.264	478	126	23	3	17	66	31	97	.309	.431
Grass	.285	1783	509	106	13	68	275	80	332	.319	.474	June	.296	423	125	35	2	17	69	16	81	.319	.508
Turf	.264	420	111	30	0	15	62	21	97	.298	.443	July	.299	411	123	28	3	21	77	17	76	.327	.535
First Pitch	.363	361	131	21	5	14	71	10	0	.376	.565	August	.253	312	79	18	3	6	29	16	70	.301	.388

35

Last Five Years

	Avg	AB	H	2B	3B	HR	RBI	BB	SO	OBP	SLG		Avg	AB	H	2B	3B	HR	RBI	BB	SO	OBP	SLG
Ahead in Count	.346	361	125	29	5	27	86	38	0	.411	.679	September/October	.265	234	62	10	2	5	28	4	43	.285	.389
Behind in Count	.210	1102	231	49	2	25	117	0	381	.216	.326	Pre-All Star	.264	1385	393	90	6	55	235	68	268	.318	.477
Two Strikes	.182	1008	183	42	0	18	87	52	429	.226	.277	Post-All Star	.278	818	227	46	7	28	102	33	161	.312	.454

Batter vs. Pitcher (career)

Hits Best Against	Avg	AB	H	2B	3B	HR	RBI	BB	SO	OBP	SLG	Hits Worst Against	Avg	AB	H	2B	3B	HR	RBI	BB	SO	OBP	SLG
Paul Wagner	.545	11	6	2	0	2	6	0	2	.500	1.273	John Smoltz	.000	10	0	0	0	0	0	2	4	.167	.000
Rene Arocha	.500	14	7	1	0	2	7	0	2	.500	1.000	Mike Moore	.000	9	0	0	0	0	0	2	2	.182	.000
Frank Viola	.429	14	6	3	0	1	4	0	1	.400	.857	Jimmy Key	.063	16	1	0	0	0	1	0	2	.059	.063
Bill Swift	.417	12	5	2	0	2	3	1	2	.462	1.083	Luis Aquino	.091	11	1	1	0	0	0	0	1	.091	.182
Tommy Greene	.375	16	6	2	1	2	4	1	2	.389	1.000	Todd Stottlemyre	.091	11	1	0	0	0	0	0	2	.091	.091

Mike Bielecki — Braves   Age 35 – Pitches Right

	ERA	W	L	Sv	G	GS	IP	BB	SO	Avg	H	2B	3B	HR	RBI	OBP	SLG	GF	IR	IRS	Hld	SvOp	SB	CS	GB	FB	G/F
1994 Season	4.00	2	0	0	19	1	27.0	12	18	.277	28	2	1	2	11	.360	.376	7	6	2	0	0	6	3	39	24	1.63
Last Five Years	4.48	29	31	1	128	82	518.0	188	296	.277	554	102	24	43	240	.340	.416	22	38	18	1	2	62	24	768	519	1.48

1994 Season

	ERA	W	L	Sv	G	GS	IP	H	HR	BB	SO		Avg	AB	H	2B	3B	HR	RBI	BB	SO	OBP	SLG
Home	4.96	2	0	0	11	0	16.1	17	1	5	12	vs. Left	.163	49	8	0	0	0	1	4	8	.241	.163
Away	2.53	0	0	0	8	1	10.2	11	1	7	6	vs. Right	.385	52	20	2	1	2	10	8	10	.467	.577

Last Five Years

	ERA	W	L	Sv	G	GS	IP	H	HR	BB	SO		Avg	AB	H	2B	3B	HR	RBI	BB	SO	OBP	SLG
Home	4.39	16	17	0	66	43	270.2	285	25	83	154	vs. Left	.273	1108	303	51	11	22	127	116	157	.342	.399
Away	4.58	13	14	1	62	39	247.1	269	18	105	142	vs. Right	.281	893	251	51	13	21	113	72	139	.337	.438
Day	4.81	11	15	1	53	32	215.1	224	20	78	124	Inning 1-6	.282	1689	477	92	21	35	206	157	240	.344	.424
Night	4.25	18	16	0	75	50	302.2	330	23	110	172	Inning 7+	.247	312	77	10	3	8	34	31	56	.320	.375
Grass	4.64	21	25	0	95	63	382.1	410	35	133	225	None on	.279	1139	318	62	13	27	91	160	230	.336	.428
Turf	4.05	8	6	1	33	19	135.2	144	8	55	71	Runners on	.274	862	236	40	11	16	213	97	136	.346	.401
April	4.05	7	7	0	23	16	102.1	106	12	35	59	Scoring Posn	.283	505	143	27	6	6	181	77	81	.372	.396
May	4.08	9	5	0	30	19	119.0	125	7	47	72	Close & Late	.241	145	35	5	1	4	19	18	30	.331	.372
June	5.67	2	9	0	28	14	93.2	109	8	42	58	None on/out	.299	512	153	33	4	10	10	42	65	.357	.438
July	4.75	5	3	0	20	11	72.0	83	6	20	37	vs. 1st Batr (relief)	.250	44	11	3	0	2	10	2	8	.283	.455
August	4.65	3	2	0	13	13	69.2	73	7	22	35	First Inning Pitched	.287	474	136	24	6	11	72	62	69	.371	.432
September/October	3.67	3	5	1	14	9	61.1	58	3	22	35	First 15 Pitches	.302	391	118	19	5	12	44	46	52	.381	.468
Starter	4.64	23	28	0	82	82	446.1	489	40	157	252	Pitch 16-30	.269	360	97	21	3	2	44	37	49	.338	.361
Reliever	3.52	6	3	1	46	0	71.2	65	3	31	44	Pitch 31-45	.263	323	85	13	4	9	45	24	59	.311	.412
0 Days rest (Re)	0.00	1	1	0	3	0	3.0	4	0	2	2	Pitch 46+	.274	927	254	49	12	20	107	81	137	.333	.417
1 or 2 Days rest	5.61	3	2	0	21	0	33.2	3	2	17	23	First Pitch	.295	264	78	13	4	2	29	18	0	.336	.398
3+ Days rest	1.80	2	0	1	22	0	35.0	28	1	12	19	Ahead in Count	.222	801	178	26	10	10	84	0	243	.229	.317
Pre-All Star	4.69	19	23	0	86	54	341.1	371	31	132	207	Behind in Count	.330	518	171	34	9	20	73	99	0	.436	.546
Post-All Star	4.08	10	8	1	42	28	176.2	183	12	55	89	Two Strikes	.219	850	186	32	9	12	81	71	296	.284	.320

Pitcher vs. Batter (career)

Pitches Best Vs.	Avg	AB	H	2B	3B	HR	RBI	BB	SO	OBP	SLG	Pitches Worst Vs.	Avg	AB	H	2B	3B	HR	RBI	BB	SO	OBP	SLG
Spike Owen	.042	24	1	0	0	0	0	1	5	.080	.042	Jay Bell	.632	19	12	4	2	0	5	2	3	.667	1.053
Barry Bonds	.063	32	2	1	0	0	2	6	8	.211	.094	Steve Finley	.600	15	9	1	2	1	2	1	1	.647	1.133
Larry Walker	.100	10	1	0	0	0	1	1	3	.182	.100	Otis Nixon	.545	11	6	0	1	0	2	1	3	.583	.727
Todd Benzinger	.125	16	2	1	0	0	0	1	2	.176	.188	Juan Samuel	.474	19	9	2	0	2	8	2	2	.478	.895
Jeff Reed	.125	16	2	0	0	1	3	3	.250	.125	Kevin Mitchell	.333	15	5	1	2	2	6	0	1	.333	1.067

Craig Biggio — Astros   Age 29 – Bats Right

	Avg	G	AB	R	H	2B	3B	HR	RBI	BB	SO	HBP	GDP	SB	CS	OBP	SLG	IBB	SH	SF	#Pit	#P/PA	GB	FB	G/F
1994 Season	.318	114	437	88	139	44	5	6	56	62	58	8	5	39	4	.411	.483	1	2	2	1939	3.79	180	108	1.67
Last Five Years	.289	730	2761	414	798	164	19	41	247	339	396	30	33	136	53	.371	.407	21	25	13	11705	3.69	1043	762	1.37

1994 Season

	Avg	AB	H	2B	3B	HR	RBI	BB	SO	OBP	SLG		Avg	AB	H	2B	3B	HR	RBI	BB	SO	OBP	SLG
vs. Left	.294	109	32	12	1	0	13	27	8	.439	.422	Scoring Posn	.330	115	38	13	1	2	47	16	11	.423	.513
vs. Right	.326	328	107	32	4	6	43	35	50	.400	.503	Close & Late	.328	58	19	3	3	1	8	9	6	.429	.534
Groundball	.314	153	48	18	2	3	23	17	21	.391	.516	None on/out	.248	113	28	7	2	1	1	11	14	.325	.372
Flyball	.262	65	17	6	1	1	6	14	16	.400	.431	Batting #1	.347	150	52	15	2	3	21	23	19	.446	.533
Home	.332	220	73	24	2	4	34	31	32	.422	.514	Batting #3	.309	217	67	24	2	2	27	33	32	.406	.465
Away	.304	217	66	20	3	2	22	31	26	.398	.452	Other	.286	70	20	5	1	1	8	6	9	.346	.429
Day	.264	129	34	14	0	3	13	14	24	.354	.442	April	.337	86	29	12	0	2	8	12	11	.420	.547
Night	.341	308	105	30	5	3	43	48	34	.434	.500	May	.311	103	32	8	2	0	14	19	17	.427	.427
Grass	.284	116	33	10	0	1	7	13	20	.366	.397	June	.262	103	27	9	1	0	10	8	15	.319	.379
Turf	.330	321	106	34	5	5	49	49	38	.426	.514	July	.327	107	35	9	2	3	20	17	13	.429	.533
First Pitch	.280	50	14	7	1	2	15	1	0	.315	.580	August	.421	38	16	6	0	1	4	6	2	.522	.632
Ahead in Count	.369	84	31	7	1	1	10	43	0	.589	.504	September/October	.000	0	0	0	0	0	0	0	0	.000	.000
Behind in Count	.312	202	63	21	2	2	20	0	45	.317	.465	Pre-All Star	.320	337	108	35	4	5	42	43	50	.402	.493
Two Strikes	.267	187	50	16	1	3	19	18	58	.340	.412	Post-All Star	.310	100	31	9	1	1	14	19	8	.439	.450

1994 By Position

Position	Avg	AB	H	2B	3B	HR	RBI	BB	SO	OBP	SLG	G	GS	Innings	PO	A	E	DP	Fld Pct	Rng Fctr	In Zone	Zone Outs	Zone Rtg	MLB Zone
As 2b	.320	435	139	44	5	6	56	62	58	.412	.485	113	112	979.2	225	339	7	63	.988	5.18	395	350	.886	.889

Last Five Years

	Avg	AB	H	2B	3B	HR	RBI	BB	SO	OBP	SLG		Avg	AB	H	2B	3B	HR	RBI	BB	SO	OBP	SLG
vs. Left	.270	914	247	49	7	14	70	157	98	.380	.385	Scoring Posn	.298	597	178	33	3	6	194	97	97	.397	.394
vs. Right	.298	1847	551	115	12	27	177	182	298	.367	.417	Close & Late	.249	445	111	16	4	3	38	65	71	.356	.324
Groundball	.302	958	289	64	9	11	92	117	135	.382	.422	None on/out	.268	850	228	47	10	16	16	92	110	.345	.404
Flyball	.282	514	145	23	3	11	51	77	93	.378	.403	Batting #1	.287	1437	412	90	11	31	132	207	212	.383	.429
Home	.301	1372	413	93	10	17	126	177	204	.386	.421	Batting #3	.290	644	187	40	3	6	59	71	93	.363	.390
Away	.277	1389	385	71	9	24	121	162	192	.357	.393	Other	.293	680	199	34	5	4	56	61	91	.354	.375
Day	.300	707	212	43	5	15	63	75	94	.376	.438	April	.306	385	118	25	2	7	24	50	58	.386	.436
Night	.285	2054	586	121	14	26	184	264	302	.370	.396	May	.305	512	156	32	2	10	53	60	89	.384	.434
Grass	.274	847	232	39	4	15	67	86	118	.345	.383	June	.261	499	130	31	1	9	38	64	65	.349	.381
Turf	.296	1914	566	125	15	26	180	253	278	.382	.417	July	.289	502	145	27	6	5	51	58	63	.373	.396
First Pitch	.314	353	111	25	4	10	41	18	0	.353	.493	August	.306	445	136	29	4	6	50	59	49	.392	.429
Ahead in Count	.327	495	162	35	5	7	50	212	0	.529	.461	September/October	.270	418	113	20	4	4	31	45	72	.345	.366
Behind in Count	.254	1345	342	61	7	11	101	0	338	.263	.335	Pre-All Star	.291	1576	459	102	9	28	132	197	242	.372	.421
Two Strikes	.215	1216	261	53	5	13	82	108	396	.286	.299	Post-All Star	.286	1185	339	82	10	13	115	142	154	.370	.388

Batter vs. Pitcher (career)

Hits Best Against	Avg	AB	H	2B	3B	HR	RBI	BB	SO	OBP	SLG	Hits Worst Against	Avg	AB	H	2B	3B	HR	RBI	BB	SO	OBP	SLG
Donovan Osborne	.545	11	6	1	0	1	2	1	2	.583	.909	Kelly Downs	.000	11	0	0	0	0	1	0	2	.000	.000
Derek Lilliquist	.500	10	5	0	0	1	2	1	1	.545	.800	Kent Mercker	.000	9	0	0	0	0	1	2	1	.182	.000
Andy Ashby	.474	19	9	2	2	1	5	3	5	.545	.947	Randy Myers	.067	15	1	0	0	0	0	1	3	.125	.067
John Wetteland	.417	12	5	0	0	2	6	3	4	.533	.917	Kevin Gross	.071	42	3	0	0	0	2	2	8	.114	.071
Bryan Hickerson	.385	13	5	1	0	1	2	5	1	.556	.692	Bret Saberhagen	.071	14	1	0	0	0	0	0	5	.071	.071

Bud Black — Giants
Age 38 – Pitches Left

	ERA	W	L	Sv	G	GS	IP	BB	SO	Avg	H	2B	3B	HR	RBI	OBP	SLG	CG	ShO	Sup	QS	#P/S	SB	CS	GB	FB	G/F
1994 Season	4.47	4	2	0	10	10	54.1	16	28	.245	50	14	1	9	25	.307	.456	0	0	5.80	6	87	4	3	60	80	0.75
Last Five Years	3.85	47	43	0	120	119	746.0	240	365	.249	699	112	16	89	289	.309	.396	10	6	4.43	66	94	46	44	1008	933	1.08

1994 Season

	ERA	W	L	Sv	G	GS	IP	H	HR	BB	SO		Avg	AB	H	2B	3B	HR	RBI	BB	SO	OBP	SLG
Home	7.50	2	1	0	4	4	18.0	23	8	5	15	vs. Left	.313	32	10	2	0	4	3	4	.389	.375
Away	2.97	2	1	0	6	6	36.1	27	1	11	13	vs. Right	.233	172	40	12	1	9	21	13	24	.291	.471

Last Five Years

	ERA	W	L	Sv	G	GS	IP	H	HR	BB	SO		Avg	AB	H	2B	3B	HR	RBI	BB	SO	OBP	SLG
Home	3.26	30	20	0	59	58	383.2	356	45	111	195	vs. Left	.269	543	146	18	1	18	65	42	60	.319	.405
Away	4.47	17	23	0	61	61	362.1	343	44	129	170	vs. Right	.244	2263	553	94	15	71	224	198	307	.307	.393
Day	3.13	19	8	0	40	40	250.1	226	32	78	141	Inning 1-6	.252	2431	613	107	14	75	257	203	316	.310	.400
Night	4.21	28	35	0	80	79	495.2	473	57	162	224	Inning 7+	.229	375	86	5	2	14	32	37	49	.303	.365
Grass	3.61	40	31	0	96	96	613.0	565	68	197	312	None on	.245	1802	442	72	8	54	54	123	233	.297	.384
Turf	4.94	7	12	0	24	23	133.0	134	21	43	53	Runners on	.256	1004	257	40	8	35	235	117	132	.330	.416
April	3.77	4	3	0	11	11	71.2	57	9	26	36	Scoring Posn	.239	545	130	23	7	15	188	77	78	.326	.389
May	2.94	10	6	0	22	22	156.1	123	15	47	72	Close & Late	.202	183	37	2	2	4	16	20	20	.286	.301
June	3.79	10	4	0	23	23	145.0	144	14	64	69	None on/out	.243	760	185	27	2	18	18	51	78	.292	.355
July	3.24	14	7	0	26	26	166.2	143	17	42	77	vs. 1st Batr (relief)	.000	1	0	0	0	0	0	0	0	.000	.000
August	5.40	4	11	0	20	20	103.1	128	17	32	60	First Inning Pitched	.254	452	115	22	4	16	48	26	53	.294	.427
September/October	4.81	5	12	0	18	19	103.0	104	17	29	51	First 75 Pitches	.257	2195	565	98	15	66	235	169	277	.311	.406
Starter	3.85	46	43	0	119	119	744.0	698	88	239	365	Pitch 76-90	.238	328	78	10	0	13	28	31	50	.307	.387
Reliever	4.50	1	0	0	1	0	2.0	1	1	1	0	Pitch 91-105	.214	192	41	2	1	7	18	16	26	.276	.344
0-3 Days Rest (St)	7.20	1	2	0	3	3	15.0	20	1	3	7	Pitch 106+	.165	91	15	2	0	3	8	24	12	.345	.286
4 Days Rest	3.79	31	27	0	79	79	501.1	481	66	172	262	First Pitch	.300	467	140	22	5	14	67	18	0	.328	.458
5+ Days Rest	3.76	14	14	0	37	37	227.2	197	21	64	96	Ahead in Count	.207	1133	234	38	5	19	60	0	305	.212	.299
Pre-All Star	3.38	30	14	0	66	66	442.2	384	48	154	214	Behind in Count	.292	650	190	34	2	29	92	123	0	.399	.485
Post-All Star	4.54	17	29	0	54	53	303.1	315	41	86	151	Two Strikes	.189	1147	217	36	5	27	77	99	365	.256	.300

Pitcher vs. Batter (since 1984)

Pitches Best Vs.	Avg	AB	H	2B	3B	HR	RBI	BB	SO	OBP	SLG	Pitches Worst Vs.	Avg	AB	H	2B	3B	HR	RBI	BB	SO	OBP	SLG
Jose Lind	.000	14	0	0	0	0	0	0	1	.000	.000	Ruben Sierra	.667	21	14	4	0	2	7	1	0	.682	1.143
Dave Henderson	.000	13	0	0	0	0	0	1	0	.071	.000	Juan Samuel	.526	19	10	1	1	2	3	2	0	.571	1.000
Dale Sveum	.000	12	0	0	0	0	2	4	0	.143	.000	Tim Hulett	.500	20	10	3	0	2	5	2	2	.545	.950
B.J. Surhoff	.000	10	0	0	0	0	0	1	0	.000	.000	Darrin Jackson	.500	14	7	2	0	1	4	0	1	.500	.857
Bob Melvin	.083	12	1	0	0	0	3	0	1	.083	.083	Pete Incaviglia	.429	28	12	3	0	4	8	3	5	.500	.964

Willie Blair — Rockies
Age 29 – Pitches Right

	ERA	W	L	Sv	G	GS	IP	BB	SO	Avg	H	2B	3B	HR	RBI	OBP	SLG	GF	IR	IRS	Hld	SvOp	SB	CS	GB	FB	G/F
1994 Season	5.79	0	5	3	47	1	77.2	39	68	.308	98	16	5	9	55	.390	.475	13	29	11	2	6	3	5	121	65	1.86
Career (1990-1994)	4.86	16	30	3	160	38	407.0	144	256	.294	480	85	18	45	250	.351	.450	28	89	34	7	7	23	16	581	459	1.27

1994 Season

	ERA	W	L	Sv	G	GS	IP	H	BB	SO		Avg	AB	H	2B	3B	HR	RBI	BB	SO	OBP	SLG
Home	6.55	0	4	0	26	1	45.1	62	8	19	41	vs. Left	.343	137	47	9	2	2	18	24	26	.441	.482
Away	4.73	0	1	3	21	0	32.1	36	1	20	27	vs. Right	.282	181	51	7	3	7	37	15	42	.348	.470
Starter	7.20	0	1	0	1	1	5.0	7	0	3	5	Scoring Posn	.280	100	28	4	1	3	41	17	25	.387	.450
Reliever	5.70	0	4	3	46	0	72.2	91	9	36	65	Close & Late	.354	48	17	4	2	2	8	5	9	.415	.604
0 Days rest (Re)	2.70	0	0	1	6	0	10.0	10	2	2	9	None on/out	.304	69	21	3	0	1	1	9	12	.385	.391
1 or 2 Days rest	5.16	0	3	1	27	0	45.1	60	6	22	37	First Pitch	.421	38	16	3	0	2	7	3	0	.463	.658
3+ Days rest	8.83	0	1	1	13	0	17.1	21	1	12	19	Ahead in Count	.230	139	32	4	3	2	13	0	59	.241	.345

1994 Season

	ERA	W	L	Sv	G	GS	IP	H	HR	BB	SO		Avg	AB	H	2B	3B	HR	RBI	BB	SO	OBP	SLG
Pre-All Star	6.50	0	4	3	34	1	54.0	73	6	30	40	Behind in Count	.372	78	29	5	2	3	24	17	0	.485	.603
Post-All Star	4.18	0	1	0	13	0	23.2	25	3	19	28	Two Strikes	.205	151	31	4	1	2	9	19	68	.298	.285

Career (1990-1994)

	ERA	W	L	Sv	G	GS	IP	H	HR	BB	SO		Avg	AB	H	2B	3B	HR	RBI	BB	SO	OBP	SLG
Home	5.18	9	12	0	86	15	191.0	237	24	72	127	vs. Left	.291	801	233	46	9	16	107	84	120	.358	.431
Away	4.58	7	18	3	74	23	216.0	243	21	72	129	vs. Right	.297	833	247	39	9	29	143	60	136	.345	.469
Day	5.81	4	13	1	61	13	144.0	177	18	55	87	Inning 1-6	.290	1142	331	59	13	33	179	96	173	.345	.451
Night	4.35	12	17	2	99	25	263.0	303	27	89	169	Inning 7+	.303	492	149	26	5	12	71	48	83	.366	.449
Grass	5.33	7	22	3	103	26	270.1	340	37	93	173	None on	.281	890	250	43	4	20	20	75	145	.342	.406
Turf	3.95	9	8	0	57	12	136.2	140	8	51	83	Runners on	.309	744	230	42	14	25	230	69	111	.363	.504
April	4.60	1	0	1	27	0	29.1	29	3	18	19	Scoring Posn	.273	418	114	29	5	15	194	57	71	.348	.474
May	5.20	1	4	0	27	7	71.0	85	4	25	58	Close & Late	.335	188	63	11	3	6	32	19	29	.394	.521
June	5.61	2	12	1	26	12	93.0	125	14	31	49	None on/out	.270	392	106	18	1	9	9	33	57	.329	.390
July	4.48	4	6	1	32	5	78.1	88	8	33	50	vs. 1st Batr (relief)	.243	107	26	3	1	2	18	12	24	.322	.346
August	4.28	3	5	0	24	8	75.2	90	12	17	42	First Inning Pitched	.252	543	137	24	7	14	99	56	96	.322	.400
September/October	4.68	6	2	0	24	6	59.2	63	4	20	38	First 15 Pitches	.242	476	115	21	7	9	65	48	75	.312	.372
Starter	5.28	7	21	0	38	38	214.2	279	25	66	119	Pitch 16-30	.285	376	107	19	3	11	62	43	65	.358	.439
Reliever	4.40	9	9	3	122	0	192.1	201	20	78	137	Pitch 31-45	.337	258	87	13	2	9	47	16	44	.374	.508
0 Days rest (Re)	2.50	1	1	1	14	0	18.0	16	5	6	12	Pitch 46+	.326	524	171	32	6	16	76	37	72	.372	.502
1 or 2 Days rest	4.99	5	5	1	62	0	97.1	114	12	39	67	First Pitch	.384	255	98	23	5	13	65	11	0	.408	.667
3+ Days rest	4.09	3	3	1	46	0	77.0	71	3	33	58	Ahead in Count	.225	690	155	20	5	8	60	0	222	.231	.303
Pre-All Star	5.25	5	19	3	91	21	221.1	274	24	83	145	Behind in Count	.341	384	131	29	5	12	77	70	0	.436	.536
Post-All Star	4.41	11	11	0	69	17	185.2	206	21	61	111	Two Strikes	.211	683	144	16	4	8	53	63	256	.282	.281

Pitcher vs. Batter (career)

Pitches Best Vs.	Avg	AB	H	2B	3B	HR	RBI	BB	SO	OBP	SLG	Pitches Worst Vs.	Avg	AB	H	2B	3B	HR	RBI	BB	SO	OBP	SLG
Jeff Gardner	.000	15	0	0	0	0	0	0	5	.000	.000	Jody Reed	.571	14	8	1	0	2	5	0	2	.571	1.071
Dave Justice	.000	10	0	0	0	0	0	1	1	.091	.000	Mickey Morandini	.545	11	6	1	0	1	0	1	1	.545	.818
Cory Snyder	.154	13	2	1	0	0	0	1	5	.154	.231	Jose Offerman	.533	15	8	4	0	0	1	2	0	.588	.800
Jose Vizcaino	.182	11	2	0	0	0	1	0	2	.182	.182	Sammy Sosa	.500	12	6	1	1	1	4	2	1	.571	1.000
Henry Rodriguez	.182	11	2	0	0	0	1	0	3	.250	.182	Rick Wilkins	.455	11	5	0	0	0	2	4	1	.500	1.000

Jeff Blauser — Braves

Age 29 – Bats Right

	Avg	G	AB	R	H	2B	3B	HR	RBI	BB	SO	HBP	GDP	SB	CS	OBP	SLG	IBB	SH	SF	#Pit	#P/PA	GB	FB	G/F
1994 Season	.258	96	380	56	98	21	4	6	45	38	64	5	11	1	3	.329	.382	0	5	6	1664	3.83	145	104	1.39
Last Five Years	.275	624	2058	322	565	107	15	54	257	258	384	32	34	30	25	.361	.420	7	24	19	9283	3.88	682	632	1.08

1994 Season

	Avg	AB	H	2B	3B	HR	RBI	BB	SO	OBP	SLG		Avg	AB	H	2B	3B	HR	RBI	BB	SO	OBP	SLG
vs. Left	.267	116	31	7	1	1	9	11	21	.326	.371	Scoring Posn	.272	92	25	5	1	0	35	11	18	.330	.348
vs. Right	.254	264	67	14	3	5	36	27	43	.319	.386	Close & Late	.304	56	17	4	1	1	8	7	14	.381	.464
Groundball	.227	132	30	5	2	3	16	9	20	.288	.364	None on/out	.250	76	19	4	1	3	3	6	10	.313	.447
Flyball	.283	60	17	4	1	1	7	6	13	.343	.433	Total	.258	380	98	21	4	6	45	38	64	.329	.382
Home	.246	187	46	11	2	3	18	30	31	.316	.374	Batting #2	.258	380	98	21	4	6	45	38	64	.329	.382
Away	.269	193	52	10	2	3	23	20	34	.341	.389	Other	.000	0	0	0	0	0	0	0	0	.000	.000
Day	.276	116	32	6	2	1	17	13	26	.351	.388	April	.215	93	20	2	1	1	10	7	17	.276	.290
Night	.250	264	66	15	2	5	28	25	38	.319	.379	May	.314	51	16	3	1	0	9	5	9	.368	.412
Grass	.269	286	77	13	4	4	34	30	48	.341	.385	June	.290	107	31	9	0	3	13	9	18	.358	.458
Turf	.223	94	21	8	0	2	11	8	16	.292	.372	July	.236	89	21	5	1	1	9	11	13	.317	.348
First Pitch	.291	55	16	3	1	0	4	0	0	.291	.382	August	.250	40	10	2	1	1	4	6	7	.348	.425
Ahead in Count	.345	87	30	7	2	4	21	18	0	.449	.609	September/October	.000	0	0	0	0	0	0	0	0	.000	.000
Behind in Count	.167	162	27	6	0	1	10	0	55	.179	.222	Pre-All Star	.269	271	73	16	2	4	32	25	47	.337	.387
Two Strikes	.199	171	34	5	0	2	15	20	64	.291	.263	Post-All Star	.229	109	25	5	2	2	13	13	17	.309	.367

1994 By Position

Position	Avg	AB	H	2B	3B	HR	RBI	BB	SO	OBP	SLG	G	GS	Innings	PO	A	E	DP	Fld Pct	Rng Fctr	In Zone	Outs	Zone Rtg	MLB Zone
As ss	.258	380	98	21	4	6	45	38	64	.329	.382	96	96	838.2	126	289	13	44	.970	4.45	347	307	.885	.889

Last Five Years

	Avg	AB	H	2B	3B	HR	RBI	BB	SO	OBP	SLG		Avg	AB	H	2B	3B	HR	RBI	BB	SO	OBP	SLG
vs. Left	.291	667	194	43	8	22	92	99	116	.380	.478	Scoring Posn	.288	483	139	27	5	9	184	82	101	.384	.420
vs. Right	.267	1391	371	64	7	32	165	159	268	.352	.392	Close & Late	.234	342	80	13	2	12	50	39	76	.323	.389
Groundball	.287	718	206	41	6	10	77	75	121	.359	.403	None on/out	.274	427	117	23	2	14	14	35	70	.332	.436
Flyball	.249	417	104	21	5	14	56	61	99	.347	.424	Batting #2	.282	1261	355	68	8	32	150	170	234	.373	.424
Home	.274	977	268	50	7	22	121	138	171	.372	.407	Batting #6	.246	281	69	12	3	7	37	37	49	.335	.384
Away	.275	1081	297	57	8	32	136	120	213	.351	.431	Other	.273	516	141	27	4	15	70	51	101	.347	.428
Day	.270	552	149	23	7	14	68	63	113	.353	.413	April	.251	307	77	7	3	3	27	27	58	.315	.322
Night	.276	1506	416	84	8	40	189	195	271	.364	.422	May	.299	278	83	18	4	7	46	43	55	.401	.468
Grass	.280	1552	434	77	12	45	197	207	279	.370	.432	June	.281	417	117	32	2	11	57	48	70	.363	.446
Turf	.259	506	131	30	3	9	60	51	105	.332	.383	July	.241	365	88	10	2	13	50	56	67	.343	.386
First Pitch	.360	258	93	16	2	8	35	4	0	.369	.531	August	.292	349	102	18	2	11	34	46	58	.381	.452
Ahead in Count	.359	482	173	32	6	25	100	138	0	.496	.606	September/October	.287	348	100	22	2	9	43	40	76	.367	.440
Behind in Count	.187	906	169	34	4	14	65	0	318	.202	.279	Pre-All Star	.278	1099	306	60	9	28	145	131	200	.362	.426
Two Strikes	.179	964	173	33	4	14	76	114	384	.275	.266	Post-All Star	.270	959	259	47	6	26	112	127	184	.360	.413

Batter vs. Pitcher (career)																		
Hits Best Against	Avg	AB	H	2B	3B	HR	RBI	BB	SO	OBP	SLG	Hits Worst Against	Avg	AB	H	2B	3B	HR	RBI	BB	SO	OBP	SLG
Mike Harkey	.538	13	7	2	0	2	3	1	1	.571	1.154	Danny Darwin	.000	14	0	0	0	0	0	3	5	.176	.000
Eric Hillman	.500	12	6	0	0	1	2	1	0	.538	.750	David Cone	.077	13	1	0	0	0	0	2	6	.200	.077
Dave Nied	.500	8	4	1	1	0	0	4	1	.667	.875	Andy Benes	.081	37	3	0	0	0	1	4	8	.167	.081
Danny Jackson	.400	35	14	3	2	2	8	5	5	.475	.771	Jose DeLeon	.083	12	1	0	0	0	0	1	5	.154	.083
Mark Portugal	.400	20	8	0	0	3	6	3	4	.478	.850	Dennis Cook	.091	11	1	0	0	0	0	0	1	.091	.091

Greg Blosser — Red Sox
Age 24 – Bats Left

	Avg	G	AB	R	H	2B	3B	HR	RBI	BB	SO	HBP	GDP	SB	CS	OBP	SLG	IBB	SH	SF	#Pit	#P/PA	GB	FB	G/F
1994 Season	.091	5	11	2	1	0	0	0	1	4	4	0	0	0	0	.333	.091	0	0	0	71	4.73	2	3	0.67
Career (1993-1994)	.077	22	39	3	3	1	0	0	2	6	11	0	0	0	1	.200	.103	0	0	0	195	4.33	9	11	0.82

1994 Season

	Avg	AB	H	2B	3B	HR	RBI	BB	SO	OBP	SLG		Avg	AB	H	2B	3B	HR	RBI	BB	SO	OBP	SLG
vs. Left	.000	0	0	0	0	0	0	0	0	.000	.000	Scoring Posn	.200	5	1	0	0	0	1	1	2	.333	.200
vs. Right	.091	11	1	0	0	0	1	4	4	.333	.091	Close & Late	.000	1	0	0	0	0	0	0	1	.000	.000

Mike Blowers — Mariners
Age 30 – Bats Right (groundball hitter)

	Avg	G	AB	R	H	2B	3B	HR	RBI	BB	SO	HBP	GDP	SB	CS	OBP	SLG	IBB	SH	SF	#Pit	#P/PA	GB	FB	G/F
1994 Season	.289	85	270	37	78	13	0	9	49	25	60	1	12	2	2	.348	.437	2	1	3	1214	4.05	103	60	1.72
Last Five Years	.257	306	901	118	232	43	3	31	130	91	231	4	31	4	7	.327	.415	6	6	4	3992	3.97	325	208	1.56

1994 Season

	Avg	AB	H	2B	3B	HR	RBI	BB	SO	OBP	SLG		Avg	AB	H	2B	3B	HR	RBI	BB	SO	OBP	SLG
vs. Left	.290	131	38	6	0	5	24	9	28	.336	.450	Scoring Posn	.347	75	26	4	0	2	38	11	13	.416	.480
vs. Right	.288	139	40	7	0	4	25	16	32	.358	.424	Close & Late	.190	42	8	0	0	3	9	3	8	.244	.405
Groundball	.319	72	23	3	0	3	18	8	18	.383	.486	None on/out	.242	62	15	3	0	2	2	2	14	.266	.387
Flyball	.273	66	18	4	0	2	13	4	11	.319	.424	Batting #5	.333	78	26	5	0	4	20	7	18	.384	.551
Home	.256	90	23	8	0	3	19	14	24	.356	.444	Batting #6	.313	112	35	6	0	4	19	8	27	.355	.473
Away	.306	180	55	5	0	6	30	11	36	.344	.433	Other	.213	80	17	2	0	1	10	10	15	.304	.275
Day	.330	88	29	2	0	3	14	10	17	.390	.455	April	.181	72	13	2	0	0	5	8	16	.263	.208
Night	.269	182	49	11	0	6	35	15	43	.329	.429	May	.354	48	17	2	0	2	10	7	12	.436	.521
Grass	.312	157	49	3	0	6	28	9	31	.349	.446	June	.250	44	11	2	0	2	12	5	9	.327	.432
Turf	.257	113	29	10	0	3	21	16	29	.346	.425	July	.338	77	26	7	0	4	18	4	15	.369	.584
First Pitch	.333	30	10	1	0	1	6	2	0	.364	.467	August	.379	29	11	0	0	1	4	1	8	.387	.483
Ahead in Count	.404	57	23	3	0	4	19	8	0	.470	.667	September/October	.000	0	0	0	0	0	0	0	0	.000	.000
Behind in Count	.175	120	21	4	0	2	13	0	47	.180	.258	Pre-All Star	.277	202	56	8	0	7	39	22	43	.350	.421
Two Strikes	.226	137	31	7	0	3	19	15	60	.305	.343	Post-All Star	.324	68	22	5	0	2	10	3	17	.342	.485

1994 By Position

Position	Avg	AB	H	2B	3B	HR	RBI	BB	SO	OBP	SLG	G	GS	Innings	PO	A	E	DP	Fld Pct	Rng Fctr	In Zone	Outs	Zone Rtg	MLB Zone
As Pinch Hitter	.286	14	4	0	0	2	0	2	0	.286	.286	15	0	---	---	---	---	---	---	---	---	---	---	---
As 1b	.397	58	23	6	0	5	22	4	9	.435	.759	20	13	127.0	98	10	0	11	1.000	---	22	17	.773	.818
As 3b	.238	160	38	5	0	3	19	20	40	.317	.325	48	43	391.0	25	98	8	4	.939	2.83	126	96	.762	.826

Last Five Years

	Avg	AB	H	2B	3B	HR	RBI	BB	SO	OBP	SLG		Avg	AB	H	2B	3B	HR	RBI	BB	SO	OBP	SLG
vs. Left	.306	373	114	24	2	18	68	38	70	.371	.525	Scoring Posn	.298	235	70	10	1	9	100	41	58	.399	.464
vs. Right	.223	528	118	19	1	13	62	53	161	.296	.337	Close & Late	.245	139	34	8	0	6	22	17	42	.327	.432
Groundball	.290	186	54	8	0	7	33	14	44	.338	.446	None on/out	.280	211	59	11	0	8	8	11	46	.315	.445
Flyball	.239	197	47	11	0	6	28	19	40	.311	.396	Batting #6	.287	251	72	14	1	11	40	22	63	.345	.482
Home	.241	394	95	20	1	12	47	58	112	.341	.388	Batting #7	.210	243	51	10	1	4	20	32	62	.302	.309
Away	.270	507	137	23	2	19	83	33	119	.315	.436	Other	.268	407	109	19	1	16	70	37	106	.331	.437
Day	.273	286	78	14	1	8	34	29	75	.341	.413	April	.209	172	36	2	1	3	14	19	40	.288	.285
Night	.250	615	154	29	2	23	96	62	156	.321	.416	May	.285	172	49	15	0	6	35	16	46	.349	.477
Grass	.267	486	130	18	2	19	73	33	116	.315	.430	June	.223	130	29	6	1	3	19	17	33	.311	.354
Turf	.246	415	102	25	1	12	57	58	115	.340	.398	July	.318	129	41	8	0	7	25	10	25	.371	.543
First Pitch	.255	106	27	6	0	3	11	4	0	.279	.396	August	.314	121	38	5	0	6	20	7	31	.349	.504
Ahead in Count	.368	174	64	7	2	14	47	33	0	.466	.672	September/October	.220	177	39	7	1	6	17	22	56	.310	.373
Behind in Count	.195	435	85	20	0	6	44	0	191	.202	.283	Pre-All Star	.253	541	137	26	2	18	85	58	130	.328	.409
Two Strikes	.200	465	93	19	1	7	49	53	231	.285	.290	Post-All Star	.264	360	95	17	1	13	45	33	101	.326	.425

Batter vs. Pitcher (career)																		
Hits Best Against	Avg	AB	H	2B	3B	HR	RBI	BB	SO	OBP	SLG	Hits Worst Against	Avg	AB	H	2B	3B	HR	RBI	BB	SO	OBP	SLG
Joe Hesketh	.636	11	7	1	0	0	2	2	1	.692	.727	Jack McDowell	.077	13	1	0	0	0	0	0	3	.077	.077
Jim Abbott	.476	21	10	2	0	2	6	1	2	.500	.857	Cal Eldred	.083	12	1	0	0	0	0	1	5	.154	.083
Joe Magrane	.455	11	5	0	0	2	6	0	5	.455	1.000	Jack Morris	.083	12	1	0	0	0	0	2	5	.214	.083
Ron Darling	.412	17	7	0	0	1	3	2	2	.474	.588	Alex Fernandez	.125	8	1	0	0	0	1	2	4	.273	.125
Mark Langston	.364	22	8	4	0	2	5	2	5	.417	.545	Melido Perez	.182	11	2	1	0	0	0	0	3	.182	.273

Joe Boever — Tigers
Age 34 – Pitches Right

	ERA	W	L	Sv	G	GS	IP	BB	SO	Avg	H	2B	3B	HR	RBI	OBP	SLG	GF	IR	IRS	Hld	SvOp	SB	CS	GB	FB	G/F
1994 Season	3.98	9	2	3	46	0	81.1	37	49	.263	80	10	1	12	55	.345	.421	27	37	21	2	6	13	4	103	94	1.10
Last Five Years	3.42	24	22	22	323	0	481.2	231	343	.249	451	80	9	40	247	.334	.370	136	241	78	29	38	48	17	574	571	1.01

1994 Season

	ERA	W	L	Sv	G	GS	IP	H	HR	BB	SO		Avg	AB	H	2B	3B	HR	RBI	BB	SO	OBP	SLG
Home	3.15	7	0	1	23	0	45.2	46	7	14	28	vs. Left	.214	140	30	2	1	3	16	17	27	.296	.307
Away	5.05	2	2	2	23	0	35.2	34	5	23	21	vs. Right	.305	164	50	8	0	9	39	20	22	.387	.518
Starter	0.00	0	0	0	0	0	0.0	0	0	0	0	Scoring Posn	.242	91	22	3	0	5	44	18	22	.366	.440
Reliever	3.98	9	2	3	46	0	81.1	80	12	37	49	Close & Late	.247	73	18	2	0	3	13	8	14	.329	.397
0 Days rest (Re)	1.84	2	0	0	6	0	14.2	8	1	4	6	None on/out	.382	68	26	2	1	3	3	5	6	.425	.574
1 or 2 Days rest	5.20	3	1	1	25	0	36.1	43	6	17	21	First Pitch	.364	44	16	2	0	4	12	7	0	.451	.682
3+ Days rest	3.56	4	1	2	15	0	30.1	29	5	16	22	Ahead in Count	.230	139	32	4	1	3	18	0	37	.239	.338
Pre-All Star	4.05	7	2	1	36	0	66.2	62	8	33	41	Behind in Count	.254	67	17	1	0	2	9	18	0	.407	.358
Post-All Star	3.68	2	0	2	10	0	14.2	18	4	4	8	Two Strikes	.200	145	29	4	1	4	22	11	49	.266	.324

Last Five Years

	ERA	W	L	Sv	G	GS	IP	H	HR	BB	SO		Avg	AB	H	2B	3B	HR	RBI	BB	SO	OBP	SLG
Home	2.93	17	8	8	171	0	261.1	247	18	111	183	vs. Left	.238	845	201	35	5	13	115	130	161	.338	.337
Away	4.00	7	14	14	152	0	220.1	204	22	120	160	vs. Right	.260	963	250	45	4	27	132	101	182	.331	.399
Day	3.79	9	6	5	104	0	159.0	158	13	79	112	Inning 1-6	.237	427	101	16	2	11	68	47	84	.312	.361
Night	3.24	15	16	17	219	0	322.2	293	27	152	231	Inning 7+	.253	1381	350	64	7	29	179	184	259	.341	.373
Grass	4.06	17	12	9	165	0	250.1	253	30	126	168	None on	.265	935	248	38	4	25	25	87	161	.328	.395
Turf	2.72	7	10	13	158	0	231.1	198	10	105	175	Runners on	.233	873	203	42	5	15	222	144	182	.340	.344
April	3.04	1	2	1	43	0	77.0	66	7	45	54	Scoring Posn	.239	522	125	28	3	10	201	118	114	.371	.362
May	3.99	7	6	6	63	0	90.1	90	8	45	64	Close & Late	.244	628	153	30	1	12	74	93	122	.342	.352
June	3.74	6	6	1	58	0	96.1	86	7	52	64	None on/out	.277	419	116	15	3	12	12	31	63	.328	.413
July	3.39	5	2	5	55	0	77.0	87	7	32	44	vs. 1st Batr (relief)	.259	290	75	13	4	9	43	27	45	.326	.424
August	4.09	2	4	2	52	0	70.1	68	9	34	59	First Inning Pitched	.244	1072	262	49	6	19	160	143	204	.331	.354
September/October	2.04	3	2	7	52	0	70.2	54	2	23	58	First 15 Pitches	.259	983	255	41	6	19	130	114	168	.335	.371
Starter	0.00	0	0	0	0	0	0.0	0	0	0	0	Pitch 16-30	.242	550	133	25	2	12	73	86	108	.346	.360
Reliever	3.42	24	22	22	323	0	481.2	451	40	231	343	Pitch 31-45	.208	202	42	11	0	6	31	21	57	.281	.351
0 Days rest (Re)	3.75	5	8	7	74	0	103.1	95	7	48	82	Pitch 46+	.288	73	21	3	1	3	13	10	10	.381	.479
1 or 2 Days rest	3.19	12	10	10	168	0	245.2	243	21	114	167	First Pitch	.306	265	81	17	1	7	49	34	0	.382	.457
3+ Days rest	3.60	7	4	5	81	0	132.2	113	12	69	94	Ahead in Count	.205	868	178	28	2	9	80	0	285	.208	.273
Pre-All Star	3.63	17	16	10	184	0	294.2	278	24	152	197	Behind in Count	.282	347	98	18	3	13	59	112	0	.453	.464
Post-All Star	3.08	7	6	12	139	0	187.0	173	16	79	146	Two Strikes	.188	880	165	27	2	13	93	82	343	.260	.267

Pitcher vs. Batter (career)

Pitches Best Vs.	Avg	AB	H	2B	3B	HR	RBI	BB	SO	OBP	SLG	Pitches Worst Vs.	Avg	AB	H	2B	3B	HR	RBI	BB	SO	OBP	SLG
Greg Gagne	.000	11	0	0	0	0	0	1	2	.083	.000	Mark Grace	.556	9	5	1	0	0	4	4	1	.692	.667
Barry Bonds	.000	9	0	0	0	0	0	2	3	.182	.000	Lenny Harris	.556	9	5	2	0	0	1	2	0	.636	.778
Bobby Bonilla	.091	11	1	0	0	0	0	2	.091	.091	Eddie Murray	.500	10	5	1	0	1	6	4	0	.643	.900
Mike Felder	.100	10	1	0	0	0	1	0	1	.091	.100	Paul O'Neill	.471	17	8	6	0	1	6	8	3	.640	1.000
Spike Owen	.111	18	2	0	0	0	1	0	3	.105	.111	Felix Jose	.429	14	6	3	0	0	4	3	1	.529	.857

Tim Bogar — Mets
Age 28 – Bats Right

	Avg	G	AB	R	H	2B	3B	HR	RBI	BB	SO	HBP	GDP	SB	CS	OBP	SLG	IBB	SH	SF	#Pit	#P/PA	GB	FB	G/F
1994 Season	.154	50	52	5	8	0	0	2	5	4	11	0	1	1	0	.211	.269	1	2	1	215	3.64	12	16	0.75
Career (1993-1994)	.226	128	257	24	58	13	0	5	30	18	40	3	3	1	1	.282	.335	3	3	2	965	3.41	91	76	1.20

1994 Season

	Avg	AB	H	2B	3B	HR	RBI	BB	SO	OBP	SLG		Avg	AB	H	2B	3B	HR	RBI	BB	SO	OBP	SLG
vs. Left	.179	39	7	0	0	2	3	3	6	.238	.333	Scoring Posn	.333	9	3	0	0	1	4	3	3	.462	.667
vs. Right	.077	13	1	0	0	0	2	1	5	.133	.077	Close & Late	.250	12	3	0	0	1	2	1	3	.308	.500

Wade Boggs — Yankees
Age 37 – Bats Left (groundball hitter)

	Avg	G	AB	R	H	2B	3B	HR	RBI	BB	SO	HBP	GDP	SB	CS	OBP	SLG	IBB	SH	SF	#Pit	#P/PA	GB	FB	G/F
1994 Season	.342	97	366	61	125	19	1	11	55	61	29	1	10	2	1	.433	.489	3	2	4	1831	4.22	150	105	1.43
Last Five Years	.305	682	2605	388	795	153	13	34	278	385	209	6	60	4	7	.392	.413	70	3	31	12344	4.07	1129	658	1.72

1994 Season

	Avg	AB	H	2B	3B	HR	RBI	BB	SO	OBP	SLG		Avg	AB	H	2B	3B	HR	RBI	BB	SO	OBP	SLG
vs. Left	.315	108	34	4	0	1	11	18	8	.409	.380	Scoring Posn	.352	105	37	5	0	2	42	21	9	.446	.457
vs. Right	.353	258	91	15	1	10	44	43	21	.443	.535	Close & Late	.319	47	15	1	0	0	9	9	4	.431	.383
Groundball	.337	101	34	4	1	1	13	16	6	.429	.426	None on/out	.269	67	18	1	0	2	2	6	5	.329	.373
Flyball	.284	88	25	3	0	6	15	17	10	.396	.523	Batting #2	.357	333	119	16	1	11	52	53	25	.441	.511
Home	.359	181	65	8	1	6	25	28	15	.514	.514	Batting #3	.192	26	5	2	0	0	2	6	3	.344	.269
Away	.324	185	60	11	0	5	30	33	14	.425	.465	Other	.143	7	1	1	0	0	1	2	1	.400	.286
Day	.379	145	55	11	0	4	25	22	9	.456	.538	April	.301	73	22	3	0	0	9	12	5	.400	.342
Night	.317	221	70	8	1	7	30	39	20	.417	.457	May	.382	76	29	4	0	6	17	11	9	.455	.671
Grass	.337	306	103	13	1	9	46	48	27	.423	.474	June	.315	92	29	3	1	3	13	22	6	.443	.467
Turf	.367	60	22	6	0	2	9	13	2	.479	.567	July	.379	87	33	5	0	1	9	11	7	.455	.471
First Pitch	.250	16	4	0	0	0	3	0	0	.368	.250	August	.316	38	12	4	0	1	7	5	2	.378	.500
Ahead in Count	.373	110	41	9	0	5	18	34	0	.517	.591	September/October	.000	0	0	0	0	0	0	0	0	.000	.000
Behind in Count	.311	151	47	5	1	5	20	0	23	.314	.457	Pre-All Star	.331	272	90	13	1	9	41	49	24	.430	.485
Two Strikes	.333	171	57	6	1	4	23	24	29	.416	.450	Post-All Star	.372	94	35	6	0	2	14	12	5	.440	.500

1994 By Position

Position	Avg	AB	H	2B	3B	HR	RBI	BB	SO	OBP	SLG	G	GS	Innings	PO	A	E	DP	Fld Pct	Rng Fctr	In Zone	Outs	Zone Rtg	MLB Zone
As 3b	.344	349	120	18	1	11	53	58	28	.433	.496	93	87	783.1	40	213	10	19	.962	2.91	257	227	.883	.826

Last Five Years

	Avg	AB	H	2B	3B	HR	RBI	BB	SO	OBP	SLG		Avg	AB	H	2B	3B	HR	RBI	BB	SO	OBP	SLG
vs. Left	.275	830	228	42	6	6	100	86	88	.340	.361	Scoring Posn	.321	564	181	30	2	7	236	154	51	.447	.418
vs. Right	.319	1775	567	111	7	28	178	299	121	.415	.437	Close & Late	.303	383	116	15	3	2	39	66	44	.404	.373
Groundball	.322	652	210	41	1	8	74	89	41	.400	.425	None on/out	.282	776	219	49	2	10	10	86	51	.355	.389
Flyball	.289	612	177	32	7	12	62	91	71	.379	.423	Batting #1	.305	1252	382	79	7	13	106	201	95	.399	.411
Home	.332	1264	420	92	7	20	139	208	104	.424	.464	Batting #3	.295	784	231	46	5	8	90	99	61	.372	.397
Away	.280	1341	375	61	6	14	139	177	105	.361	.365	Other	.320	569	182	28	1	13	82	85	53	.404	.441
Day	.304	904	275	48	0	10	96	121	77	.384	.390	April	.298	359	107	23	0	4	38	71	32	.412	.396
Night	.306	1701	520	105	13	24	182	264	132	.396	.425	May	.310	465	144	28	1	11	59	74	38	.400	.445
Grass	.305	2189	668	130	13	31	247	324	185	.392	.419	June	.295	485	143	28	4	11	59	77	31	.389	.437
Turf	.305	416	127	23	0	3	31	61	24	.393	.382	July	.341	449	153	32	5	3	45	54	35	.409	.454
First Pitch	.353	102	36	11	0	0	5	44	0	.554	.461	August	.301	449	135	20	2	3	41	58	35	.377	.374
Ahead in Count	.357	760	271	60	5	16	105	191	0	.481	.512	September/October	.284	398	113	22	1	2	36	51	38	.365	.359
Behind in Count	.246	1140	281	43	3	10	96	0	170	.246	.316	Pre-All Star	.303	1445	438	89	7	27	168	243	117	.400	.430
Two Strikes	.252	1225	309	46	4	11	99	132	209	.324	.323	Post-All Star	.308	1160	357	64	6	7	110	142	92	.381	.391

Batter vs. Pitcher (since 1984)

Hits Best Against	Avg	AB	H	2B	3B	HR	RBI	BB	SO	OBP	SLG	Hits Worst Against	Avg	AB	H	2B	3B	HR	RBI	BB	SO	OBP	SLG
Carl Willis	.583	12	7	1	0	0	4	4	0	.688	.667	Willie Banks	.100	10	1	0	0	0	2	1	0	.250	.100
Bill Gullickson	.583	12	7	2	1	0	2	2	0	.643	.917	Jose Bautista	.118	17	2	0	0	1	3	2	0	.250	.118
Eric Plunk	.571	7	4	2	1	0	6	0	0	.769	1.143	Randy Johnson	.125	16	2	0	0	0	1	8	0	.176	.125
Pat Hentgen	.500	18	9	1	0	2	4	1	1	.500	.889	Rick Sutcliffe	.133	15	2	0	0	1	0	2	0	.133	.133
Jeff Russell	.429	14	6	2	0	1	1	4	1	.556	.786	Charles Nagy	.176	34	6	0	0	0	3	3	1	.237	.176

Brian Bohanon — Rangers
Age 26 – Pitches Left

	ERA	W	L	Sv	G	GS	IP	BB	SO	Avg	H	2B	3B	HR	RBI	OBP	SLG	GF	IR	IRS	Hld	SvOp	SB	CS	GB	FB	G/F
1994 Season	7.23	2	2	0	11	5	37.1	8	26	.321	51	9	0	7	26	.357	.509	1	5	1	0	0	3	0	62	40	1.55
Career (1990-1994)	5.61	11	13	0	87	37	271.0	120	149	.295	321	57	4	32	173	.366	.443	9	58	22	1	1	17	12	408	325	1.26

1994 Season

	ERA	W	L	Sv	G	GS	IP	H	HR	BB	SO		Avg	AB	H	2B	3B	HR	RBI	BB	SO	OBP	SLG
Home	8.10	2	2	0	6	4	23.1	36	4	6	18	vs. Left	.444	36	16	3	0	3	7	1	8	.459	.778
Away	5.79	0	0	0	5	1	14.0	15	3	2	8	vs. Right	.285	123	35	6	4	19	7	18	.328	.431

Career (1990-1994)

	ERA	W	L	Sv	G	GS	IP	H	HR	BB	SO		Avg	AB	H	2B	3B	HR	RBI	BB	SO	OBP	SLG
Home	5.68	8	9	0	45	20	141.0	172	19	64	78	vs. Left	.305	220	67	8	1	6	46	25	32	.378	.432
Away	5.54	3	4	0	42	17	130.0	149	13	56	71	vs. Right	.293	867	254	49	3	26	127	95	117	.363	.446
Day	5.88	1	2	0	19	7	59.2	72	8	25	35	Inning 1-6	.308	919	283	50	4	25	149	95	123	.373	.453
Night	5.54	10	11	0	68	30	211.1	249	24	95	114	Inning 7+	.226	168	38	7	0	7	24	25	26	.330	.393
Grass	5.58	10	11	0	72	30	219.1	266	25	99	127	None on/out	.286	584	167	30	0	16	16	61	75	.359	.420
Turf	5.75	1	2	0	15	7	51.2	55	7	21	22	Runners on	.306	503	154	27	4	16	157	59	74	.373	.471
April	5.35	0	0	0	16	5	35.1	35	3	24	16	Scoring Posn	.281	278	78	11	3	6	124	40	50	.358	.406
May	5.82	2	2	0	13	4	34.0	41	4	15	12	Close & Late	.231	52	12	4	0	2	5	9	5	.344	.423
June	5.12	1	2	0	5	4	19.1	21	4	6	10	None on/out	.273	260	71	14	0	8	8	28	33	.348	.419
July	6.98	3	2	0	15	6	49.0	58	5	20	29	vs. 1st Batr (relief)	.227	44	10	1	0	1	13	6	6	.320	.318
August	3.98	4	4	0	23	11	86.0	98	6	34	56	First Inning Pitched	.267	307	82	18	1	11	67	41	46	.355	.440
September/October	7.42	1	3	0	15	7	47.1	68	8	21	26	First 15 Pitches	.281	263	74	14	1	10	50	36	35	.369	.456
Starter	5.97	8	12	0	37	37	179.1	214	23	72	100	Pitch 16-30	.300	243	73	11	1	6	39	25	34	.369	.428
Reliever	4.91	3	1	0	50	0	91.2	107	9	48	49	Pitch 31-45	.352	193	68	10	1	7	33	23	24	.420	.523
0 Days rest (Re)	3.00	0	0	0	2	0	3.0	3	0	2	1	Pitch 46+	.273	388	106	22	1	9	51	36	56	.335	.405
1 or 2 Days rest	5.93	2	1	0	20	0	30.1	42	6	8	18	First Pitch	.358	173	62	11	1	7	31	3	0	.380	.555
3+ Days rest	4.47	1	0	0	28	0	58.1	62	3	38	30	Ahead in Count	.231	425	98	13	0	9	50	0	123	.233	.325
Pre-All Star	5.63	4	4	0	40	16	110.1	122	14	54	51	Behind in Count	.342	263	90	17	2	11	53	65	0	.470	.548
Post-All Star	5.60	7	9	0	47	21	160.2	199	16	66	98	Two Strikes	.222	424	94	18	0	10	53	52	149	.308	.335

Pitcher vs. Batter (career)

Pitches Best Vs.	Avg	AB	H	2B	3B	HR	RBI	BB	SO	OBP	SLG	Pitches Worst Vs.	Avg	AB	H	2B	3B	HR	RBI	BB	SO	OBP	SLG
Don Mattingly	.091	11	1	0	0	0	0	2	0	.231	.091	Albert Belle	.615	13	8	3	0	1	6	1	0	.643	1.077
Jay Buhner	.111	9	1	0	0	0	2	4	1	.400	.111	Greg Gagne	.600	10	6	2	0	0	2	0	0	.545	.800
Gary Gaetti	.200	10	2	1	0	0	1	1	0	.273	.300	Ken Griffey Jr	.556	9	5	0	0	2	3	1	0	.692	.556
Chuck Knoblauch	.200	10	2	0	0	0	1	2	1	.333	.200	Brian McRae	.538	13	7	2	1	0	2	0	0	.538	.846
Edgar Martinez	.231	13	3	1	0	0	2	0	5	.231	.308	Dave Winfield	.455	11	5	0	0	0	4	2	1	.538	1.000

Tom Bolton — Orioles
Age 33 – Pitches Left (groundball pitcher)

	ERA	W	L	Sv	G	GS	IP	BB	SO	Avg	H	2B	3B	HR	RBI	OBP	SLG	GF	IR	IRS	Hld	SvOp	SB	CS	GB	FB	G/F
1994 Season	5.40	1	2	0	22	0	23.1	13	12	.309	29	8	0	3	19	.389	.489	3	24	7	3	0	5	1	36	28	1.29
Last Five Years	4.43	29	27	0	148	52	431.0	193	257	.283	475	83	9	39	211	.359	.412	27	151	58	5	0	29	14	698	418	1.67

1994 Season

	ERA	W	L	Sv	G	GS	IP	H	HR	BB	SO		Avg	AB	H	2B	3B	HR	RBI	BB	SO	OBP	SLG
Home	5.93	0	1	0	11	0	13.2	16	2	6	4	vs. Left	.222	45	10	3	0	1	10	7	9	.321	.356
Away	4.66	1	1	0	11	0	9.2	13	1	7	8	vs. Right	.388	49	19	5	0	2	9	6	3	.455	.612

Last Five Years

	ERA	W	L	Sv	G	GS	IP	H	HR	BB	SO		Avg	AB	H	2B	3B	HR	RBI	BB	SO	OBP	SLG
Home	4.03	16	11	0	72	25	232.0	248	21	88	142	vs. Left	.249	401	100	18	2	7	50	40	72	.321	.357
Away	4.88	13	16	0	76	27	199.0	227	18	105	115	vs. Right	.293	1280	375	65	7	32	161	153	185	.371	.430
Day	4.45	10	12	0	49	18	139.2	160	10	60	84	Inning 1-6	.270	1223	330	55	5	26	151	141	195	.348	.387
Night	4.42	19	15	0	99	34	291.1	315	29	133	173	Inning 7+	.317	458	145	28	4	13	60	52	62	.388	.480
Grass	4.32	24	22	0	118	41	347.2	390	31	155	207	None on	.279	913	255	41	5	19	19	89	139	.347	.398
Turf	4.86	5	5	0	30	11	83.1	85	8	38	50	Runners on	.286	768	220	42	4	20	192	104	118	.373	.430
April	2.70	3	1	0	11	3	30.0	28	1	9	12	Scoring Posn	.282	426	120	21	2	11	167	76	79	.384	.418
May	5.75	4	5	0	28	8	61.0	69	10	33	45	Close & Late	.324	170	55	7	2	6	22	26	15	.422	.494
June	5.22	3	5	0	33	6	70.2	101	6	32	42	None on/out	.302	430	130	20	3	12	12	34	62	.353	.447
July	2.97	5	6	0	32	9	97.0	100	6	48	59	vs. 1st Batr (relief)	.296	81	24	6	2	3	18	14	17	.396	.531
August	4.46	8	4	0	21	16	107.0	101	11	43	58	First Inning Pitched	.285	494	141	32	4	9	88	61	79	.367	.421
September/October	5.23	6	6	0	23	10	65.1	76	5	28	41	First 15 Pitches	.291	405	118	23	4	5	56	54	61	.379	.405
Starter	4.49	22	20	0	52	52	286.1	312	29	121	160	Pitch 16-30	.274	328	90	14	2	10	55	41	52	.359	.421
Reliever	4.29	7	7	0	96	0	144.2	163	10	72	97	Pitch 31-45	.279	265	74	10	0	7	23	29	41	.356	.396
0 Days rest (Re)	8.00	0	1	0	7	0	9.0	11	1	7	7	Pitch 46+	.283	683	193	36	3	17	77	69	103	.348	.419
1 or 2 Days rest	4.93	2	3	0	34	0	49.1	60	4	20	34	First Pitch	.346	208	72	13	0	11	38	13	0	.383	.567
3+ Days rest	3.54	3	3	0	55	0	86.1	92	5	45	56	Ahead in Count	.230	677	156	19	4	7	55	0	206	.237	.301
Pre-All Star	4.55	11	12	0	87	19	195.2	236	18	91	119	Behind in Count	.339	460	156	29	2	15	76	104	0	.457	.509
Post-All Star	4.32	18	15	0	61	33	235.1	239	21	102	138	Two Strikes	.208	673	140	22	2	9	64	76	257	.292	.287

Pitcher vs. Batter (career)

Pitches Best Vs.	Avg	AB	H	2B	3B	HR	RBI	BB	SO	OBP	SLG	Pitches Worst Vs.	Avg	AB	H	2B	3B	HR	RBI	BB	SO	OBP	SLG
Bill Pecota	.091	11	1	0	0	0	1	0	2	.091	.091	Greg Vaughn	.571	7	4	0	0	1	4	0	.727	.571
Fred McGriff	.111	9	1	0	0	0	1	2	3	.273	.111	Mike Stanley	.500	10	5	1	1	1	2	2	2	.583	1.100
Luis Polonia	.167	12	2	0	0	0	1	0	3	.167	.167	Julio Franco	.462	13	6	1	0	1	4	3	.588	.769
Robin Ventura	.176	17	3	0	0	0	2	3	.263	.176	Paul Sorrento	.444	9	4	1	0	1	5	3	3	.583	.889
Tim Raines	.200	15	3	0	0	0	1	3	.250	.200	Kent Hrbek	.400	10	4	1	0	1	2	5	2	.600	.800

Barry Bonds — Giants

Age 30 – Bats Left (flyball hitter)

	Avg	G	AB	R	H	2B	3B	HR	RBI	BB	SO	HBP	GDP	SB	CS	OBP	SLG	IBB	SH	SF	#Pit	#P/PA	GB	FB	G/F
1994 Season	.312	112	391	89	122	18	1	37	81	74	43	6	3	29	9	.426	.647	18	0	3	1680	3.54	118	165	0.72
Last Five Years	.310	715	2432	526	755	152	18	175	537	527	347	20	39	192	55	.432	.604	133	0	36	11127	3.69	742	948	0.78

1994 Season

	Avg	AB	H	2B	3B	HR	RBI	BB	SO	OBP	SLG		Avg	AB	H	2B	3B	HR	RBI	BB	SO	OBP	SLG
vs. Left	.291	117	34	4	0	11	24	18	14	.400	.607	Scoring Posn	.286	84	24	3	0	6	42	35	13	.484	.536
vs. Right	.321	274	88	14	1	26	57	56	29	.437	.664	Close & Late	.257	70	18	2	0	6	13	12	13	.369	.543
Groundball	.315	149	47	6	0	14	28	25	14	.418	.638	None on/out	.302	96	29	3	0	11	11	12	10	.385	.677
Flyball	.305	59	18	4	0	4	11	16	8	.447	.576	Batting #3	.354	192	68	10	1	25	50	32	19	.454	.807
Home	.282	195	55	11	0	15	34	41	20	.410	.569	Batting #5	.268	112	30	5	0	7	14	20	14	.388	.500
Away	.342	196	67	7	1	22	47	33	23	.443	.724	Other	.276	87	24	3	0	5	17	22	10	.414	.483
Day	.324	204	66	10	0	18	44	37	21	.435	.637	April	.236	72	17	2	0	6	11	16	7	.382	.514
Night	.299	187	56	8	1	19	37	37	22	.417	.658	May	.348	89	31	5	1	7	21	10	6	.474	.663
Grass	.299	301	90	14	1	25	60	55	35	.413	.601	June	.266	94	25	3	0	8	17	15	11	.384	.553
Turf	.356	90	32	4	0	12	21	19	8	.468	.800	July	.358	106	38	8	0	11	25	15	11	.443	.745
First Pitch	.349	63	22	3	0	8	15	15	0	.481	.778	August	.367	30	11	0	0	5	7	5	2	.459	.867
Ahead in Count	.413	121	50	4	0	18	38	34	0	.535	.893	September/October	.000	0	0	0	0	0	0	0	0	.000	.000
Behind in Count	.215	121	26	7	1	4	17	0	31	.238	.388	Pre-All Star	.280	293	82	12	1	23	54	58	35	.405	.563
Two Strikes	.180	139	25	8	1	7	20	25	43	.315	.403	Post-All Star	.408	98	40	6	0	14	27	16	8	.491	.898

1994 By Position

Position	Avg	AB	H	2B	3B	HR	RBI	BB	SO	OBP	SLG	G	GS	Innings	PO	A	E	DP	Fld Pct	Rng Fctr	In Zone	Zone Outs	Zone Rtg	MLB Zone
As lf	.312	391	122	18	1	37	81	73	43	.425	.647	112	110	959.1	198	10	3	0	.986	1.95	232	182	.784	.815

Last Five Years

	Avg	AB	H	2B	3B	HR	RBI	BB	SO	OBP	SLG		Avg	AB	H	2B	3B	HR	RBI	BB	SO	OBP	SLG
vs. Left	.305	998	304	65	9	63	210	175	149	.410	.577	Scoring Posn	.340	611	208	40	6	43	349	227	82	.500	.637
vs. Right	.315	1434	451	87	9	112	327	352	198	.447	.622	Close & Late	.302	404	122	24	2	25	72	88	71	.423	.557
Groundball	.328	815	267	49	5	52	167	159	99	.436	.591	None on/out	.295	616	182	44	7	37	37	102	87	.400	.570
Flyball	.286	472	135	26	1	38	113	116	94	.424	.587	Batting #4	.311	514	160	37	4	42	124	133	71	.450	.644
Home	.295	1171	346	66	6	77	233	251	176	.413	.559	Batting #5	.309	1603	495	98	12	98	338	337	232	.427	.568
Away	.324	1261	409	86	12	98	304	276	171	.444	.645	Other	.317	315	100	17	2	35	75	57	44	.426	.717
Day	.301	867	261	52	5	68	194	188	116	.425	.608	April	.298	329	98	17	3	26	76	59	53	.408	.605
Night	.316	1565	494	100	13	107	343	339	231	.435	.601	May	.321	458	147	30	5	29	100	89	65	.436	.598
Grass	.313	1134	355	69	6	85	244	220	151	.423	.609	June	.301	392	118	24	3	25	74	87	54	.427	.569
Turf	.308	1298	400	83	12	90	293	307	196	.439	.599	July	.335	460	154	30	5	37	117	91	58	.441	.663
First Pitch	.360	350	126	32	2	34	103	90	0	.488	.731	August	.290	393	114	21	0	29	84	100	63	.428	.565
Ahead in Count	.367	705	259	47	5	75	192	252	0	.529	.767	September/October	.310	400	124	30	2	29	86	101	54	.443	.613
Behind in Count	.259	865	224	51	6	36	160	0	257	.262	.457	Pre-All Star	.309	1343	415	85	14	88	287	264	192	.424	.590
Two Strikes	.230	949	218	53	6	44	161	172	347	.337	.437	Post-All Star	.312	1089	340	67	4	87	250	263	155	.441	.621

Batter vs. Pitcher (career)

Hits Best Against	Avg	AB	H	2B	3B	HR	RBI	BB	SO	OBP	SLG	Hits Worst Against	Avg	AB	H	2B	3B	HR	RBI	BB	SO	OBP	SLG
Wally Whitehurst	.600	10	6	0	2	3	4	0	.714	1.200	Jeff Brantley	.000	15	0	0	0	0	0	1	5	.063	.000
Brian Barnes	.500	10	5	2	0	2	2	2	.583	1.300	Joe Boever	.000	9	0	0	0	0	0	2	3	.182	.000
Bill Sampen	.429	7	3	0	2	4	4	1	.636	1.286	Cris Carpenter	.000	9	0	0	0	0	0	0	5	.250	.000
Bret Saberhagen	.417	12	5	2	0	3	4	0	0	.417	1.333	Chuck McElroy	.048	21	1	0	0	0	1	1	3	.087	.095

Ricky Bones — Brewers — Age 26 – Pitches Right

Batter vs. Pitcher (career)

Hits Best Against	Avg	AB	H	2B	3B	HR	RBI	BB	SO	OBP	SLG	Hits Worst Against	Avg	AB	H	2B	3B	HR	RBI	BB	SO	OBP	SLG
Andy Ashby	.375	16	6	1	0	5	5	2	1	.444	1.375	Mike Bielecki	.063	32	2	1	0	0	2	6	8	.211	.094

Overview

	ERA	W	L	Sv	G	GS	IP	BB	SO	Avg	H	2B	3B	HR	RBI	OBP	SLG	CG	ShO	Sup	QS	#P/S	SB	CS	GB	FB	G/F
1994 Season	3.43	10	9	0	24	24	170.2	45	57	.255	166	37	5	17	67	.304	.406	4	1	4.80	13	108	4	5	251	209	1.20
Career (1991-1994)	4.37	34	36	0	98	94	591.2	174	216	.266	614	112	22	75	271	.321	.432	7	1	5.17	44	95	40	13	885	751	1.18

1994 Season

	ERA	W	L	Sv	G	GS	IP	H	HR	BB	SO		Avg	AB	H	2B	3B	HR	RBI	BB	SO	OBP	SLG
Home	3.51	4	5	0	11	11	82.0	84	10	17	30	vs. Left	.255	321	82	14	2	8	27	26	18	.309	.386
Away	3.35	6	4	0	13	13	88.2	82	7	28	27	vs. Right	.255	330	84	23	3	9	40	19	39	.299	.424
Day	1.44	3	0	0	5	5	31.1	28	1	4	11	Inning 1-6	.259	526	136	29	3	12	58	39	46	.310	.394
Night	3.88	7	9	0	19	19	139.1	138	16	41	46	Inning 7+	.240	125	30	8	2	5	9	6	11	.278	.456
Grass	3.40	8	9	0	20	20	143.0	137	13	36	47	None on	.244	405	99	25	2	11	11	28	33	.297	.398
Turf	3.58	2	0	0	4	4	27.2	29	4	9	10	Runners on	.272	246	67	12	3	6	56	17	24	.316	.419
April	1.11	3	1	0	5	5	40.2	29	3	10	10	Scoring Posn	.252	123	31	5	1	5	50	9	15	.297	.431
May	4.17	1	3	0	5	5	36.2	35	5	13	9	Close & Late	.225	40	9	2	0	3	3	3	0	.279	.500
June	3.83	3	1	0	6	6	40.0	44	5	10	17	None on/out	.195	174	34	7	1	7	7	11	10	.243	.368
July	4.46	3	2	0	6	6	36.1	45	3	8	12	vs. 1st Batr (relief)	.000	0	0	0	0	0	0	0	0	.000	.000
August	4.24	0	2	0	2	2	17.0	13	1	4	9	First Inning Pitched	.212	85	18	3	1	2	7	10	7	.299	.341
September/October	0.00	0	0	0	0	0	0.0	0	0	0	0	First 75 Pitches	.258	415	107	22	2	10	41	30	32	.308	.393
Starter	3.43	10	9	0	24	24	170.2	166	17	45	57	Pitch 76-90	.253	87	22	4	2	1	10	7	9	.305	.379
Reliever	0.00	0	0	0	0	0	0.0	0	0	0	0	Pitch 91-105	.227	88	20	4	0	4	10	3	9	.253	.409
0-3 Days Rest (St)	0.00	0	0	0	0	0	0.0	0	0	0	0	Pitch 106+	.279	61	17	7	1	2	6	5	7	.343	.525
4 Days Rest	3.41	5	8	0	15	15	108.1	100	10	23	35	First Pitch	.260	100	26	8	0	1	7	1	0	.282	.370
5+ Days Rest	3.47	5	1	0	9	9	62.1	66	7	22	22	Ahead in Count	.217	240	52	11	3	5	16	0	50	.219	.350
Pre-All Star	3.34	7	7	0	18	18	132.0	127	14	37	39	Behind in Count	.280	168	47	9	1	7	24	23	0	.363	.470
Post-All Star	3.72	3	2	0	6	6	38.2	39	3	8	18	Two Strikes	.222	257	57	15	1	6	25	21	57	.282	.358

Career (1991-1994)

	ERA	W	L	Sv	G	GS	IP	H	HR	BB	SO		Avg	AB	H	2B	3B	HR	RBI	BB	SO	OBP	SLG
Home	3.95	17	18	0	45	44	287.0	289	32	74	111	vs. Left	.260	1129	294	51	11	31	114	85	65	.311	.407
Away	4.76	17	18	0	53	50	304.2	325	43	100	105	vs. Right	.272	1175	320	61	11	44	157	89	151	.330	.455
Day	4.33	11	10	0	30	29	172.1	185	27	48	69	Inning 1-6	.274	1989	544	95	19	66	251	161	181	.330	.440
Night	4.38	23	26	0	68	65	419.1	429	48	126	147	Inning 7+	.222	315	70	17	3	9	20	13	35	.258	.381
Grass	4.49	25	32	0	80	76	471.0	499	56	141	181	None on	.255	1424	363	76	14	49	49	103	125	.310	.431
Turf	3.88	9	4	0	18	18	120.2	115	19	33	35	Runners on	.285	880	251	36	8	26	222	71	91	.337	.433
April	2.54	5	2	0	13	12	78.0	70	6	21	31	Scoring Posn	.260	470	122	15	5	16	191	47	58	.323	.415
May	4.85	2	6	0	15	14	89.0	85	16	31	31	Close & Late	.205	127	26	6	0	5	6	6	13	.241	.370
June	4.37	8	6	0	17	17	111.1	110	19	28	35	None on/out	.235	609	143	36	7	21	21	42	44	.290	.420
July	4.74	7	7	0	17	17	104.1	132	12	31	30	vs. 1st Batr (relief)	.000	2	0	0	0	0	0	1	1	.250	.000
August	4.23	5	9	0	18	16	115.0	107	17	33	54	First Inning Pitched	.248	375	93	14	3	12	44	32	33	.317	.397
September/October	5.17	7	6	0	18	18	94.0	110	10	30	35	First 75 Pitches	.270	1708	462	78	14	59	208	136	154	.327	.436
Starter	4.43	34	36	0	94	94	581.1	606	74	172	211	Pitch 76-90	.250	296	74	14	6	8	33	24	26	.313	.399
Reliever	0.87	0	0	0	4	0	10.1	8	1	2	5	Pitch 91-105	.271	199	54	13	1	8	23	7	24	.292	.467
0-3 Days Rest (St)	4.93	2	3	0	6	6	38.1	39	7	7	13	Pitch 106+	.238	101	24	7	1	2	7	7	12	.294	.386
4 Days Rest	4.24	18	24	0	51	51	324.2	333	37	91	118	First Pitch	.279	384	107	20	4	12	42	4	0	.290	.445
5+ Days Rest	4.62	14	9	0	37	37	218.1	234	30	74	80	Ahead in Count	.236	887	209	32	8	24	82	0	183	.246	.371
Pre-All Star	4.10	18	17	0	51	49	320.2	316	44	91	107	Behind in Count	.314	557	175	36	5	24	91	90	0	.405	.526
Post-All Star	4.68	16	19	0	47	45	271.0	298	31	83	109	Two Strikes	.222	883	196	36	7	21	89	80	216	.293	.350

Pitcher vs. Batter (career)

Pitches Best Vs.	Avg	AB	H	2B	3B	HR	RBI	BB	SO	OBP	SLG	Pitches Worst Vs.	Avg	AB	H	2B	3B	HR	RBI	BB	SO	OBP	SLG
Gary Gaetti	.000	14	0	0	0	0	0	0	2	.067	.000	Pedro Munoz	.643	14	9	4	1	2	1	0	0	.667	1.286
Brian McRae	.050	20	1	0	0	0	1	2	2	.130	.050	Mike Bordick	.500	12	6	2	0	1	1	2	0	.571	.917
Harold Reynolds	.071	14	1	0	0	0	1	1	0	.125	.071	Frank Thomas	.478	23	11	3	0	2	12	3	1	.538	.870
Ed Sprague	.077	13	1	0	0	0	0	0	2	.077	.077	John Olerud	.471	17	8	2	0	2	4	3	1	.550	.941
Eduardo Perez	.077	13	1	0	0	0	1	2	.143	.077	Kevin McReynolds	.455	11	5	0	0	3	5	0	1	.417	1.273

Bobby Bonilla — Mets — Age 32 – Bats Both (flyball hitter)

Overview

	Avg	G	AB	R	H	2B	3B	HR	RBI	BB	SO	HBP	GDP	SB	CS	OBP	SLG	IBB	SH	SF	#Pit	#P/PA	GB	FB	G/F
1994 Season	.290	108	403	60	117	24	1	20	67	55	101	0	10	1	3	.374	.504	9	0	2	1856	4.03	113	109	1.04
Last Five Years	.278	692	2545	417	708	151	17	123	444	328	440	4	57	14	16	.357	.496	47	0	37	10775	3.70	775	888	0.87

1994 Season

	Avg	AB	H	2B	3B	HR	RBI	BB	SO	OBP	SLG		Avg	AB	H	2B	3B	HR	RBI	BB	SO	OBP	SLG
vs. Left	.261	119	31	6	0	9	18	14	24	.338	.538	Scoring Posn	.351	94	33	7	0	2	40	20	20	.457	.489
vs. Right	.303	284	86	18	1	11	49	41	77	.388	.489	Close & Late	.290	69	20	3	0	6	15	18	17	.432	.594
Groundball	.246	134	33	9	1	8	25	14	36	.313	.507	None on/out	.263	114	30	7	0	5	5	8	31	.311	.456
Flyball	.215	65	14	2	0	2	6	12	20	.338	.338	Batting #3	.276	58	16	2	0	3	9	8	13	.364	.466
Home	.293	181	53	10	0	8	26	18	32	.357	.481	Batting #4	.293	345	101	22	1	17	58	47	88	.376	.510
Away	.288	222	64	14	1	12	41	37	69	.387	.523	Other	.000	0	0	0	0	0	0	0	0	.000	.000
Day	.319	119	38	8	0	8	22	11	30	.377	.588	April	.237	59	14	4	0	2	6	14	18	.384	.407
Night	.278	284	79	16	1	12	45	44	71	.373	.468	May	.368	106	39	10	0	6	24	13	23	.433	.632
Grass	.280	286	80	15	1	13	40	44	71	.375	.476	June	.269	93	25	3	1	4	12	17	24	.378	.452
Turf	.316	117	37	9	0	7	27	11	30	.372	.573	July	.275	102	28	4	0	7	19	11	27	.345	.520

43

1994 Season

	Avg	AB	H	2B	3B	HR	RBI	BB	SO	OBP	SLG		Avg	AB	H	2B	3B	HR	RBI	BB	SO	OBP	SLG
First Pitch	.394	66	26	6	1	4	14	7	0	.452	.697	August	.256	43	11	3	0	1	6	0	9	.256	.395
Ahead in Count	.402	92	37	4	0	10	24	15	0	.486	.772	September/October	.000	0	0	0	0	0	0	0	0	.000	.000
Behind in Count	.199	151	30	9	0	2	11	0	71	.197	.298	Pre-All Star	.293	297	87	18	1	14	46	48	80	.389	.502
Two Strikes	.183	197	36	11	0	4	20	33	101	.299	.299	Post-All Star	.283	106	30	6	0	6	21	7	21	.327	.509

1994 By Position

Position	Avg	AB	H	2B	3B	HR	RBI	BB	SO	OBP	SLG	G	GS	Innings	PO	A	E	DP	Fld Pct	Rng Fctr	In Zone	Outs	Zone Rtg	MLB Zone
As 3b	.290	403	117	24	1	20	67	54	101	.373	.504	107	107	917.2	77	217	18	24	.942	2.88	298	248	.832	.826

Last Five Years

	Avg	AB	H	2B	3B	HR	RBI	BB	SO	OBP	SLG		Avg	AB	H	2B	3B	HR	RBI	BB	SO	OBP	SLG
vs. Left	.265	961	255	50	4	51	166	88	109	.323	.485	Scoring Posn	.289	667	193	41	3	25	300	126	114	.385	.472
vs. Right	.286	1584	453	101	13	72	278	240	331	.376	.503	Close & Late	.260	388	101	18	0	23	71	82	81	.382	.485
Groundball	.259	869	225	43	7	28	132	99	147	.330	.421	None on/out	.284	670	190	38	7	34	34	55	111	.340	.513
Flyball	.263	505	133	28	5	29	79	72	90	.356	.511	Batting #4	.282	2094	591	131	17	100	370	265	357	.358	.504
Home	.272	1212	330	73	7	53	204	142	173	.346	.475	Batting #5	.266	241	64	13	0	15	45	33	36	.355	.506
Away	.284	1333	378	78	10	70	240	186	267	.367	.515	Other	.252	210	53	7	0	8	29	30	47	.346	.400
Day	.280	793	222	48	4	45	139	81	142	.344	.521	April	.268	377	101	21	0	18	74	53	62	.357	.467
Night	.277	1752	486	103	13	78	305	247	298	.363	.485	May	.297	495	147	28	4	26	90	60	88	.369	.527
Grass	.271	1288	349	63	8	71	224	162	237	.349	.498	June	.255	466	119	35	4	18	64	64	88	.343	.464
Turf	.286	1257	359	88	9	52	220	166	203	.365	.494	July	.274	492	135	27	2	25	80	57	96	.345	.490
First Pitch	.356	495	176	49	7	25	104	33	0	.391	.634	August	.319	408	130	24	4	28	84	56	52	.396	.603
Ahead in Count	.354	596	211	42	4	40	137	121	0	.457	.639	September/October	.248	307	76	16	3	8	52	38	54	.326	.397
Behind in Count	.203	954	194	40	5	31	116	0	338	.203	.353	Pre-All Star	.275	1519	417	94	9	71	255	200	285	.356	.488
Two Strikes	.188	1080	203	40	4	39	138	167	440	.294	.354	Post-All Star	.284	1026	291	57	8	52	189	128	155	.359	.507

Batter vs. Pitcher (career)

Hits Best Against	Avg	AB	H	2B	3B	HR	RBI	BB	SO	OBP	SLG	Hits Worst Against	Avg	AB	H	2B	3B	HR	RBI	BB	SO	OBP	SLG
Shawn Boskie	.556	18	10	1	1	1	4	1	1	.600	.889	Danny Darwin	.063	16	1	0	0	0	1	1	2	.118	.063
Pete Smith	.529	17	9	2	0	3	8	4	3	.591	1.176	John Wetteland	.077	13	1	0	0	0	1	1	3	.143	.077
Mike Harkey	.444	9	4	0	0	2	3	3	1	.583	1.111	Craig Lefferts	.087	23	2	0	0	0	3	0	4	.083	.087
Dave Weathers	.444	9	4	1	1	1	5	2	0	.545	1.111	Joe Boever	.091	11	1	0	0	0	0	0	2	.091	.091
Tom Browning	.409	44	18	4	1	10	20	1	2	.404	1.227	Ryan Bowen	.091	11	1	0	0	1	1	3	.154	.091

Bret Boone — Reds

Age 26 – Bats Right (groundball hitter)

	Avg	G	AB	R	H	2B	3B	HR	RBI	BB	SO	HBP	GDP	SB	CS	OBP	SLG	IBB	SH	SF	#Pit	#P/PA	GB	FB	G/F
1994 Season	.320	108	381	59	122	25	2	12	68	24	74	1	8	3	4	.368	.491	1	5	6	1490	3.51	168	85	1.98
Career (1992-1994)	.275	217	781	105	215	41	4	28	121	45	160	13	20	6	8	.322	.446	2	12	10	3059	3.55	322	196	1.64

1994 Season

	Avg	AB	H	2B	3B	HR	RBI	BB	SO	OBP	SLG		Avg	AB	H	2B	3B	HR	RBI	BB	SO	OBP	SLG
vs. Left	.270	89	24	5	1	2	14	6	15	.316	.416	Scoring Posn	.367	109	40	11	0	4	56	10	23	.427	.578
vs. Right	.336	292	98	20	1	10	54	18	59	.383	.514	Close & Late	.254	67	17	3	0	2	8	7	13	.333	.388
Groundball	.321	109	35	8	1	1	18	8	23	.385	.440	None on/out	.356	87	31	6	1	4	4	6	11	.404	.586
Flyball	.345	58	20	7	1	5	20	3	15	.371	.759	Batting #5	.372	43	16	2	0	1	9	1	9	.413	.498
Home	.323	195	63	11	2	5	25	13	33	.369	.477	Batting #7	.314	283	89	21	2	7	51	17	57	.360	.477
Away	.317	186	59	14	0	7	43	11	41	.366	.505	Other	.309	55	17	2	0	4	8	6	8	.371	.564
Day	.299	127	38	5	1	5	19	6	32	.338	.472	April	.316	57	18	3	1	0	12	4	10	.348	.404
Night	.331	254	84	20	1	7	49	18	42	.382	.500	May	.324	102	33	7	0	5	19	6	21	.364	.539
Grass	.319	135	43	8	0	7	32	6	31	.361	.533	June	.322	90	29	6	0	0	13	7	18	.380	.389
Turf	.321	246	79	17	2	5	36	18	43	.371	.467	July	.322	90	29	7	1	5	19	7	17	.384	.589
First Pitch	.341	44	15	2	0	2	11	0	0	.356	.523	August	.310	42	13	2	0	2	5	0	8	.341	.500
Ahead in Count	.381	84	32	9	1	5	22	14	0	.465	.690	September/October	.000	0	0	0	0	0	0	0	0	.000	.000
Behind in Count	.275	189	52	7	1	4	21	0	66	.294	.386	Pre-All Star	.310	281	87	18	2	5	49	18	56	.357	.441
Two Strikes	.257	171	44	8	0	4	15	10	74	.304	.374	Post-All Star	.350	100	35	7	0	7	19	6	18	.398	.630

1994 By Position

Position	Avg	AB	H	2B	3B	HR	RBI	BB	SO	OBP	SLG	G	GS	Innings	PO	A	E	DP	Fld Pct	Rng Fctr	In Zone	Outs	Zone Rtg	MLB Zone
As 2b	.319	373	119	24	2	12	64	24	72	.368	.491	106	99	892.1	191	267	12	57	.974	4.62	285	260	.912	.889

Career (1992-1994)

	Avg	AB	H	2B	3B	HR	RBI	BB	SO	OBP	SLG		Avg	AB	H	2B	3B	HR	RBI	BB	SO	OBP	SLG
vs. Left	.245	208	51	10	2	6	26	17	46	.301	.399	Scoring Posn	.306	196	60	13	0	6	88	15	40	.360	.464
vs. Right	.286	573	164	31	2	22	95	28	114	.329	.462	Close & Late	.245	139	34	9	0	2	12	9	32	.300	.353
Groundball	.291	182	53	13	1	3	24	9	35	.340	.423	None on/out	.282	174	49	8	1	5	5	11	31	.328	.425
Flyball	.285	144	41	9	2	9	34	9	38	.327	.563	Batting #2	.258	182	47	8	1	9	25	10	32	.295	.462
Home	.290	386	112	23	3	14	52	22	80	.333	.474	Batting #7	.297	364	108	23	3	9	61	19	75	.341	.451
Away	.261	395	103	18	1	14	69	23	80	.311	.418	Other	.255	235	60	10	0	10	35	16	53	.312	.426
Day	.261	245	64	9	1	11	38	15	54	.299	.441	April	.306	85	26	4	1	1	14	5	19	.344	.412
Night	.282	536	151	32	3	17	83	34	104	.332	.448	May	.324	102	33	7	0	5	19	6	21	.364	.539
Grass	.268	276	74	12	1	14	51	16	58	.319	.471	June	.292	113	33	7	0	1	16	10	22	.359	.381
Turf	.279	505	141	29	3	14	70	29	102	.323	.432	July	.322	90	29	7	1	5	19	7	17	.384	.589
First Pitch	.352	91	32	6	0	5	22	1	0	.365	.582	August	.257	179	46	8	1	8	25	7	33	.300	.447
Ahead in Count	.366	161	59	12	3	13	41	23	0	.444	.720	September/October	.226	212	48	8	1	8	28	10	46	.261	.387
Behind in Count	.208	375	78	12	1	6	35	0	138	.226	.293	Pre-All Star	.298	332	99	20	2	7	54	22	69	.350	.434
Two Strikes	.193	368	71	13	0	8	33	21	160	.241	.293	Post-All Star	.258	449	116	21	2	21	67	23	91	.300	.454

Batter vs. Pitcher (career)																			
Hits Best Against	Avg	AB	H	2B	3B	HR	RBI	BB	SO	OBP	SLG	Hits Worst Against	Avg	AB	H	2B	3B	HR	RBI	BB	SO	OBP	SLG
Mike Moore	.333	12	4	1	0	2	3	0	0	.333	.917	Kevin Tapani	.000	10	0	0	0	0	0	0	2	.091	.000

Pat Borders — Blue Jays   Age 32 – Bats Right

	Avg	G	AB	R	H	2B	3B	HR	RBI	BB	SO	HBP	GDP	SB	CS	OBP	SLG	IBB	SH	SF	#Pit	#P/PA	GB	FB	G/F
1994 Season	.247	85	295	24	73	13	1	3	26	15	50	0	7	1	1	.284	.329	0	1	6	1134	3.65	112	83	1.35
Last Five Years	.254	591	1900	167	483	110	5	45	219	97	293	5	61	4	5	.290	.388	8	16	14	7151	3.52	731	544	1.34

1994 Season

	Avg	AB	H	2B	3B	HR	RBI	BB	SO	OBP	SLG		Avg	AB	H	2B	3B	HR	RBI	BB	SO	OBP	SLG
vs. Left	.253	75	19	1	0	1	5	3	12	.282	.307	Scoring Posn	.282	71	20	2	1	0	22	4	16	.320	.338
vs. Right	.245	220	54	12	1	2	21	12	38	.284	.336	Close & Late	.305	59	18	5	0	0	6	2	8	.328	.390
Groundball	.228	79	18	2	1	0	8	6	12	.282	.278	None on/out	.163	86	14	5	0	1	1	3	15	.191	.256
Flyball	.246	69	17	5	0	0	6	2	14	.268	.319	Batting #8	.247	275	68	11	1	3	25	14	44	.284	.327
Home	.255	141	36	6	0	3	16	7	18	.291	.362	Batting #9	.250	12	3	2	0	0	1	3	.308	.417
Away	.240	154	37	7	1	0	10	8	32	.278	.299	Other	.250	8	2	0	0	0	1	0	3	.250	.250
Day	.278	79	22	5	0	1	7	1	11	.288	.380	April	.269	78	21	6	0	0	9	3	12	.296	.346
Night	.236	216	51	8	1	2	19	14	39	.283	.310	May	.265	68	18	2	0	1	6	2	9	.286	.338
Grass	.197	117	23	2	1	0	8	7	24	.242	.231	June	.200	70	14	2	0	0	1	6	13	.263	.229
Turf	.281	178	50	11	0	3	18	8	26	.312	.393	July	.286	56	16	3	1	2	8	2	10	.310	.482
First Pitch	.278	54	15	3	0	0	0	0	0	.278	.333	August	.174	23	4	0	0	0	2	2	6	.240	.174
Ahead in Count	.302	63	19	2	1	2	13	9	0	.389	.460	September/October	.000	0	0	0	0	0	0	0	0	.000	.000
Behind in Count	.208	125	26	4	0	1	7	0	40	.208	.264	Pre-All Star	.252	234	59	12	0	1	16	12	38	.289	.316
Two Strikes	.239	134	32	7	0	1	12	6	50	.271	.313	Post-All Star	.230	61	14	1	1	2	10	3	12	.266	.377

1994 By Position

Position	Avg	AB	H	2B	3B	HR	RBI	BB	SO	OBP	SLG	G	GS	Innings	PO	A	E	DP	Fld Pct	Rng Fctr	In Zone	Outs	Zone Rtg	MLB Zone
As c	.247	295	73	13	1	3	26	15	50	.284	.329	85	81	713.0	583	59	8	2	.988	---	---	---	---	---

Last Five Years

	Avg	AB	H	2B	3B	HR	RBI	BB	SO	OBP	SLG		Avg	AB	H	2B	3B	HR	RBI	BB	SO	OBP	SLG
vs. Left	.253	647	164	42	2	14	71	49	89	.305	.389	Scoring Posn	.235	463	109	25	2	8	162	43	75	.296	.350
vs. Right	.255	1253	319	68	3	31	148	48	204	.282	.388	Close & Late	.266	338	90	23	0	6	39	20	45	.309	.388
Groundball	.263	467	123	26	3	10	62	22	78	.296	.396	None on/out	.252	492	124	30	2	13	13	15	68	.274	.400
Flyball	.235	391	92	26	1	8	31	21	72	.277	.368	Batting #7	.269	360	97	26	0	12	46	20	54	.308	.442
Home	.250	929	232	52	2	28	122	50	120	.289	.400	Batting #8	.248	1155	286	55	3	27	133	61	171	.285	.371
Away	.258	971	251	58	3	17	97	47	173	.291	.377	Other	.260	385	100	29	2	6	40	16	68	.288	.392
Day	.235	592	139	34	1	16	57	20	113	.260	.377	April	.246	284	70	18	0	6	26	16	46	.285	.373
Night	.263	1308	344	76	4	29	162	77	180	.304	.394	May	.268	366	98	15	1	12	36	16	55	.298	.413
Grass	.251	753	189	34	3	14	77	42	131	.288	.360	June	.230	335	77	19	1	6	32	16	47	.268	.346
Turf	.256	1147	294	76	2	31	142	55	162	.291	.407	July	.279	298	83	22	1	9	51	14	47	.312	.450
First Pitch	.304	332	101	19	1	12	35	4	0	.311	.476	August	.279	330	92	21	0	4	33	15	54	.309	.379
Ahead in Count	.303	446	135	25	3	19	88	55	0	.377	.500	September/October	.220	287	63	15	2	8	41	20	50	.269	.369
Behind in Count	.197	803	158	36	0	7	61	0	258	.196	.268	Pre-All Star	.243	1090	265	60	2	24	100	55	166	.280	.368
Two Strikes	.190	800	152	40	1	6	56	36	293	.226	.265	Post-All Star	.269	810	218	50	3	21	119	42	127	.304	.416

Batter vs. Pitcher (career)																							
Hits Best Against	Avg	AB	H	2B	3B	HR	RBI	BB	SO	OBP	SLG	Hits Worst Against	Avg	AB	H	2B	3B	HR	RBI	BB	SO	OBP	SLG
Jack McDowell	.545	11	6	2	0	0	2	0	0	.545	.727	Alex Fernandez	.050	20	1	0	0	0	0	0	7	.050	.050
Jose Mesa	.500	12	6	2	0	0	2	0	0	.500	.667	Kirk McCaskill	.059	17	1	0	1	0	2	0	2	.059	.176
Scott Sanderson	.438	16	7	0	2	0	1	1	0	.438	.750	Bobby Witt	.077	13	1	0	0	0	0	0	0	.077	.077
Jamie Moyer	.429	14	6	0	1	1	2	1	1	.467	.786	Dan Plesac	.077	13	1	0	0	0	0	2	1	.200	.077
Paul Gibson	.400	10	4	2	0	1	3	5	0	.563	.900	Bud Black	.125	16	2	0	0	0	0	0	3	.125	.125

Mike Bordick — Athletics   Age 29 – Bats Right (groundball hitter)

	Avg	G	AB	R	H	2B	3B	HR	RBI	BB	SO	HBP	GDP	SB	CS	OBP	SLG	IBB	SH	SF	#Pit	#P/PA	GB	FB	G/F
1994 Season	.253	114	391	38	99	18	4	2	37	38	44	3	9	7	2	.320	.335	1	3	5	1652	3.75	149	118	1.26
Career (1990-1994)	.262	542	1690	181	443	63	11	8	154	153	202	26	31	32	22	.330	.327	5	39	17	7141	3.71	705	467	1.51

1994 Season

	Avg	AB	H	2B	3B	HR	RBI	BB	SO	OBP	SLG		Avg	AB	H	2B	3B	HR	RBI	BB	SO	OBP	SLG
vs. Left	.252	135	34	6	2	1	15	17	14	.333	.348	Scoring Posn	.225	89	20	5	0	0	32	10	16	.295	.281
vs. Right	.254	256	65	12	2	1	22	21	30	.313	.328	Close & Late	.224	49	11	1	0	0	7	7	2	.316	.245
Groundball	.233	86	20	4	2	0	5	8	12	.305	.326	None on/out	.221	86	19	4	0	1	1	8	4	.287	.302
Flyball	.189	90	17	5	1	1	7	12	13	.279	.300	Batting #7	.233	86	20	3	1	0	7	6	8	.277	.291
Home	.230	191	44	11	3	1	16	21	17	.309	.345	Batting #8	.258	186	48	10	2	1	21	14	25	.312	.349
Away	.275	200	55	7	1	1	21	17	27	.332	.335	Other	.261	119	31	5	1	1	9	18	11	.362	.345
Day	.248	149	37	7	0	0	12	15	19	.319	.295	April	.256	82	21	5	0	0	8	12	8	.365	.317
Night	.256	242	62	11	4	2	25	23	25	.321	.360	May	.272	92	25	6	1	0	7	10	12	.340	.359
Grass	.261	333	87	11	4	2	32	32	37	.326	.354	June	.270	89	24	6	1	0	12	7	7	.316	.393
Turf	.207	58	12	1	0	0	5	6	7	.288	.224	July	.247	89	22	1	2	1	10	8	10	.303	.337
First Pitch	.333	54	18	5	0	0	4	0	0	.339	.426	August	.179	39	7	0	0	0	0	1	2	.220	.179
Ahead in Count	.287	87	25	3	1	2	10	23	0	.432	.414	September/October	.000	0	0	0	0	0	0	0	0	.000	.000
Behind in Count	.220	168	37	5	3	0	11	0	36	.228	.286	Pre-All Star	.271	299	81	17	3	2	34	31	36	.339	.368
Two Strikes	.198	167	33	6	1	0	11	15	44	.269	.246	Post-All Star	.196	92	18	1	1	0	3	7	8	.257	.228

1994 By Position

Position	Avg	AB	H	2B	3B	HR	RBI	BB	SO	OBP	SLG	G	GS	Innings	PO	A	E	DP	Fld Pct	Rng Fctr	In Zone	Outs	Zone Rtg	MLB Zone
As ss	.251	378	95	18	4	2	36	35	43	.316	.336	112	110	959.1	182	308	13	64	.974	4.60	349	321	.920	.889

Career (1990-1994)

	Avg	AB	H	2B	3B	HR	RBI	BB	SO	OBP	SLG		Avg	AB	H	2B	3B	HR	RBI	BB	SO	OBP	SLG
vs. Left	.272	492	134	22	4	3	47	52	54	.345	.352	Scoring Posn	.271	414	112	15	2	2	140	49	57	.345	.331
vs. Right	.258	1198	309	41	7	5	107	101	148	.324	.316	Close & Late	.222	225	50	4	2	0	22	30	28	.322	.258
Groundball	.273	395	108	14	3	1	32	37	49	.349	.332	None on/out	.243	420	102	16	1	3	3	33	37	.307	.307
Flyball	.229	375	86	17	2	2	31	40	53	.308	.301	Batting #8	.271	812	220	32	7	6	80	71	100	.336	.350
Home	.254	822	209	32	8	6	68	72	87	.324	.335	Batting #9	.273	450	123	16	3	1	44	45	48	.351	.329
Away	.270	868	234	31	3	2	86	81	115	.335	.319	Other	.234	428	100	15	1	1	30	37	54	.296	.280
Day	.264	651	172	22	4	4	60	53	76	.325	.329	April	.279	219	61	9	0	1	22	23	25	.356	.333
Night	.261	1039	271	41	7	4	94	100	126	.332	.325	May	.293	273	80	12	3	1	22	27	30	.357	.370
Grass	.258	1406	363	51	11	8	114	116	167	.321	.327	June	.255	267	68	14	2	3	29	28	33	.327	.356
Turf	.282	284	80	12	0	0	40	37	35	.370	.324	July	.267	341	91	13	3	1	33	20	42	.310	.331
First Pitch	.314	194	61	8	0	0	21	3	0	.333	.356	August	.260	308	80	5	2	1	17	35	31	.351	.299
Ahead in Count	.315	384	121	19	3	3	40	92	0	.449	.404	September/October	.223	282	63	10	1	1	31	20	41	.284	.277
Behind in Count	.218	726	158	25	7	1	46	0	169	.232	.275	Pre-All Star	.276	890	246	40	6	6	92	86	104	.343	.355
Two Strikes	.206	733	151	21	5	3	52	58	202	.273	.261	Post-All Star	.246	800	197	23	5	2	62	67	98	.315	.295

Batter vs. Pitcher (career)

Hits Best Against	Avg	AB	H	2B	3B	HR	RBI	BB	SO	OBP	SLG	Hits Worst Against	Avg	AB	H	2B	3B	HR	RBI	BB	SO	OBP	SLG
Ricky Bones	.500	12	6	2	0	1	1	2	0	.571	.917	Jim Abbott	.000	18	0	0	0	0	0	5	4	.217	.000
Mike Moore	.400	15	6	3	0	0	3	0	2	.400	.600	Jaime Navarro	.059	17	1	0	1	0	0	1	1	.111	.176
Kirk McCaskill	.400	10	4	0	0	0	2	4	0	.563	.400	Mark Leiter	.071	14	1	0	0	0	1	0	3	.071	.071
David Wells	.385	13	5	2	0	0	1	0	0	.385	.538	Carl Willis	.091	11	1	1	0	0	0	0	0	.091	.182
Joe Grahe	.333	12	4	1	1	0	1	1	2	.429	.583	Dave Stewart	.091	11	1	0	0	0	1	0	1	.154	.091

Toby Borland — Phillies
Age 26 – Pitches Right (groundball pitcher)

	ERA	W	L	Sv	G	GS	IP	BB	SO	Avg	H	2B	3B	HR	RBI	OBP	SLG	GF	IR	IRS	Hld	SvOp	SB	CS	GB	FB	G/F
1994 Season	2.36	1	0	1	24	0	34.1	14	26	.248	31	3	1	1	14	.343	.312	7	19	7	0	1	1	1	56	19	2.95

1994 Season

	ERA	W	L	Sv	G	GS	IP	H	HR	BB	SO		Avg	AB	H	2B	3B	HR	RBI	BB	SO	OBP	SLG
Home	1.71	1	0	1	14	0	21.0	18	0	10	14	vs. Left	.276	58	16	2	1	0	7	8	8	.364	.345
Away	3.38	0	0	0	10	0	13.1	13	1	4	12	vs. Right	.224	67	15	1	0	1	7	6	18	.325	.284

Chris Bosio — Mariners
Age 32 – Pitches Right

	ERA	W	L	Sv	G	GS	IP	BB	SO	Avg	H	2B	3B	HR	RBI	OBP	SLG	CG	ShO	Sup	QS	#P/S	SB	CS	GB	FB	G/F
1994 Season	4.32	4	10	0	19	19	125.0	40	67	.277	137	31	2	15	68	.330	.438	4	0	4.82	11	102	6	4	206	130	1.58
Last Five Years	3.66	47	44	1	133	128	858.0	239	499	.251	816	144	18	80	347	.305	.380	20	5	4.68	71	95	42	25	1276	871	1.46

1994 Season

	ERA	W	L	Sv	G	GS	IP	H	HR	BB	SO		Avg	AB	H	2B	3B	HR	RBI	BB	SO	OBP	SLG
Home	2.84	3	2	0	9	9	66.2	59	4	15	43	vs. Left	.301	279	84	17	2	5	30	20	30	.344	.430
Away	6.02	1	8	0	10	10	58.1	78	11	25	24	vs. Right	.245	216	53	14	0	10	38	20	37	.311	.449
Day	4.82	2	3	0	6	6	37.1	48	3	10	17	Inning 1-6	.290	424	123	28	1	14	63	29	53	.333	.460
Night	4.11	2	7	0	13	13	87.2	89	12	30	50	Inning 7+	.197	71	14	3	1	1	5	11	14	.310	.310
Grass	7.02	1	6	0	8	8	42.1	62	11	21	16	None on	.280	275	77	17	2	7	25	35	.342	.433
Turf	2.94	3	4	0	11	11	82.2	75	4	19	51	Runners on	.273	220	60	14	0	8	61	15	32	.314	.445
April	3.13	0	3	0	5	5	37.1	35	4	14	20	Scoring Posn	.295	122	36	6	0	4	50	14	16	.352	.443
May	5.25	2	3	0	6	6	36.0	48	6	13	15	Close & Late	.216	51	11	2	0	1	3	5	9	.298	.314
June	4.31	1	3	0	6	6	39.2	38	2	8	25	None on/out	.310	126	39	9	2	6	9	18	.360	.556
July	5.25	1	1	0	2	2	12.0	16	3	5	7	vs. 1st Batr (relief)	.000	0	0	0	0	0	0	0	0	.000	.000
August	0.00	0	0	0	0	0	0.0	0	0	0	0	First Inning Pitched	.261	69	18	5	0	2	11	5	14	.303	.420
September/October	0.00	0	0	0	0	0	0.0	0	0	0	0	First 75 Pitches	.292	356	104	22	1	12	51	22	47	.332	.461
Starter	4.32	4	10	0	19	19	125.0	137	15	40	67	Pitch 76-90	.328	58	19	6	0	3	12	7	6	.403	.586
Reliever	0.00	0	0	0	0	0	0.0	0	0	0	0	Pitch 91-105	.156	45	7	2	0	0	2	4	5	.220	.200
0-3 Days Rest (St)	8.44	0	1	0	2	2	10.2	17	3	6	6	Pitch 106+	.194	36	7	1	1	0	0	3	7	.318	.278
4 Days Rest	3.47	4	6	0	12	12	85.2	85	7	23	50	First Pitch	.400	70	28	3	1	0	10	2	0	.411	.471
5+ Days Rest	5.34	0	3	0	5	5	28.2	35	5	11	11	Ahead in Count	.206	204	42	13	0	5	22	0	51	.206	.343
Pre-All Star	4.32	4	10	0	19	19	125.0	137	15	40	67	Behind in Count	.350	137	48	7	1	6	21	19	0	.427	.547
Post-All Star	0.00	0	0	0	0	0	0.0	0	0	0	0	Two Strikes	.165	194	32	9	0	5	17	19	67	.241	.289

Last Five Years

	ERA	W	L	Sv	G	GS	IP	H	HR	BB	SO		Avg	AB	H	2B	3B	HR	RBI	BB	SO	OBP	SLG
Home	3.51	25	24	1	72	67	466.1	435	38	119	275	vs. Left	.272	1693	460	73	15	39	178	128	200	.323	.402
Away	3.84	22	20	0	61	61	391.2	381	42	120	224	vs. Right	.229	1556	356	71	3	41	169	111	299	.265	.357
Day	3.75	13	14	0	41	39	261.2	264	30	77	161	Inning 1-6	.248	2706	671	118	15	69	300	194	431	.301	.379
Night	3.62	34	30	1	92	89	596.1	552	50	162	338	Inning 7+	.267	543	145	26	3	11	47	45	68	.326	.387
Grass	3.87	34	31	0	94	94	602.0	593	58	174	343	None on	.241	1968	474	82	11	45	45	138	295	.294	.362
Turf	3.16	13	13	1	39	34	256.0	223	22	65	156	Runners on	.267	1281	342	62	7	35	302	101	204	.321	.408
April	2.72	10	7	0	25	25	168.2	141	9	55	101	Scoring Posn	.253	685	173	30	5	17	250	62	111	.311	.385
May	4.23	5	11	0	25	24	163.2	173	23	39	94	Close & Late	.271	303	82	14	1	7	25	21	41	.320	.393
June	4.90	6	11	0	24	24	143.1	149	14	45	87	None on/out	.263	864	227	39	7	24	56	121	.309	.407
July	3.96	6	8	1	23	19	129.2	135	14	37	68	vs. 1st Batr (relief)	.250	4	1	0	0	0	1	2	.400	.250
August	3.60	10	3	0	18	18	127.1	119	10	35	79	First Inning Pitched	.208	477	99	19	1	9	46	35	91	.264	.308

46

Last Five Years

	ERA	W	L	Sv	G	GS	IP	H	HR	BB	SO		Avg	AB	H	2B	3B	HR	RBI	BB	SO	OBP	SLG
September/October	2.51	10	4	0	18	18	125.1	99	10	28	70	First 75 Pitches	.248	2459	611	104	14	62	259	162	395	.298	.378
Starter	3.65	46	44	0	128	128	850.0	810	78	237	488	Pitch 76-90	.267	382	102	23	3	15	56	36	51	.330	.461
Reliever	4.50	1	0	1	5	0	8.0	6	2	2	11	Pitch 91-105	.244	270	66	9	0	1	19	21	26	.304	.289
0-3 Days Rest (St)	4.59	2	6	0	10	10	64.2	69	9	23	36	Pitch 106+	.268	138	37	8	1	2	13	20	27	.360	.384
4 Days Rest	3.63	34	23	0	79	79	537.1	510	48	149	320	First Pitch	.314	510	160	21	3	8	64	6	0	.328	.414
5+ Days Rest	3.45	10	15	0	39	39	248.0	231	21	65	132	Ahead in Count	.209	1362	285	52	6	28	115	0	420	.214	.318
Pre-All Star	3.95	23	32	1	83	78	513.0	503	53	147	306	Behind in Count	.311	787	245	47	5	26	99	131	0	.408	.483
Post-All Star	3.23	24	12	0	50	50	345.0	313	27	92	193	Two Strikes	.172	1282	220	38	5	22	97	102	499	.235	.261

Pitcher vs. Batter (career)

Pitches Best Vs.	Avg	AB	H	2B	3B	HR	RBI	BB	SO	OBP	SLG	Pitches Worst Vs.	Avg	AB	H	2B	3B	HR	RBI	BB	SO	OBP	SLG
Dave Clark	.000	12	0	0	0	0	0	0	5	.000	.000	Alex Cole	.545	11	6	1	0	0	1	1	1	.538	.636
Chad Curtis	.000	11	0	0	0	0	0	0	3	.000	.000	Harold Reynolds	.500	28	14	2	0	0	1	2	2	.533	.571
Spike Owen	.000	10	0	0	0	0	0	1	1	.091	.000	Don Slaught	.417	12	5	1	0	1	2	0	2	.417	.750
Willie Wilson	.045	22	1	0	0	0	2	0	6	.043	.045	Felix Jose	.350	20	7	1	0	2	6	1	3	.381	.700
Tony Pena	.053	19	1	0	0	0	1	0	2	.100	.053	Dave Henderson	.345	29	10	2	1	2	9	4	6	.424	.690

Shawn Boskie — Mariners   Age 28 – Pitches Right

	ERA	W	L	Sv	G	GS	IP	BB	SO	Avg	H	2B	3B	HR	RBI	OBP	SLG	CG	ShO	Sup	QS	#P/S	SB	CS	GB	FB	G/F
1994 Season	5.06	4	7	0	22	15	90.2	30	61	.259	92	18	0	15	53	.320	.437	1	0	4.17	6	87	5	3	106	121	0.88
Career (1990-1994)	4.59	23	36	0	127	70	474.2	170	250	.275	500	104	10	58	229	.340	.438	2	0	4.17	30	88	21	13	619	582	1.06

1994 Season

	ERA	W	L	Sv	G	GS	IP	H	HR	BB	SO		Avg	AB	H	2B	3B	HR	RBI	BB	SO	OBP	SLG
Home	4.27	3	4	0	11	8	52.2	52	5	20	37	vs. Left	.264	174	46	8	0	4	18	22	30	.350	.379
Away	6.16	1	3	0	11	7	38.0	40	10	10	24	vs. Right	.254	181	46	10	0	11	35	8	31	.289	.492
Starter	5.73	4	7	0	15	15	77.0	80	15	28	53	Scoring Posn	.325	83	27	7	0	7	40	8	20	.385	.663
Reliever	1.32	0	0	0	7	0	13.2	12	0	2	8	Close & Late	.227	22	5	0	0	2	2	2	3	.292	.500
0-3 Days Rest (St)	9.00	0	1	0	1	1	3.0	7	2	1	1	None on/out	.253	91	23	3	0	5	5	9	12	.320	.451
4 Days Rest	3.43	3	1	0	6	6	39.1	26	5	15	26	First Pitch	.327	49	16	3	0	4	15	2	0	.346	.633
5+ Days Rest	8.05	1	5	0	8	8	34.2	47	8	12	26	Ahead in Count	.198	187	37	6	0	6	19	0	51	.201	.326
Pre-All Star	4.47	4	5	0	19	13	86.2	82	13	28	59	Behind in Count	.371	62	23	7	0	3	12	20	0	.524	.629
Post-All Star	18.00	0	2	0	3	2	4.0	10	2	2	2	Two Strikes	.189	175	33	6	0	6	19	8	61	.231	.326

Career (1990-1994)

	ERA	W	L	Sv	G	GS	IP	H	HR	BB	SO		Avg	AB	H	2B	3B	HR	RBI	BB	SO	OBP	SLG
Home	4.45	15	18	0	71	36	256.2	276	34	100	129	vs. Left	.286	984	281	61	8	29	120	129	125	.368	.452
Away	4.75	8	18	0	56	34	218.0	224	24	70	121	vs. Right	.262	837	219	43	2	29	109	41	125	.305	.422
Day	3.90	14	16	0	69	32	251.1	255	34	82	125	Inning 1-6	.275	1507	414	92	9	45	197	134	216	.336	.437
Night	5.36	9	20	0	58	38	223.1	245	24	88	125	Inning 7+	.274	314	86	12	1	13	32	36	34	.361	.443
Grass	4.70	15	24	0	89	43	306.1	332	41	117	150	None on	.269	1053	283	61	4	31	31	90	149	.331	.423
Turf	4.38	8	12	0	38	27	168.1	168	17	53	100	Runners on	.283	768	217	43	6	27	198	80	101	.352	.460
April	3.72	5	3	0	15	9	65.1	70	7	18	36	Scoring Posn	.260	439	114	24	4	15	159	55	66	.338	.435
May	4.67	3	8	0	20	18	115.2	120	10	35	58	Close & Late	.250	140	35	5	1	8	17	22	18	.367	.471
June	4.97	7	9	0	23	21	112.1	110	11	48	68	None on/out	.301	468	141	32	4	17	17	44	56	.368	.496
July	4.12	4	8	0	27	13	89.2	90	10	29	40	vs. 1st Batr (relief)	.240	50	12	3	0	1	9	5	7	.333	.360
August	1.82	3	2	0	19	1	39.2	36	3	13	25	First Inning Pitched	.279	448	125	24	0	14	73	51	68	.356	.426
September/October	7.62	1	6	0	23	8	52.0	74	17	27	23	First 75 Pitches	.278	1479	411	84	9	47	189	133	216	.341	.442
Starter	5.04	16	33	0	70	70	380.0	414	48	140	195	Pitch 76-90	.234	184	43	8	1	7	23	17	21	.300	.402
Reliever	2.76	7	3	0	57	0	94.2	86	10	30	55	Pitch 91-105	.263	114	30	9	0	3	13	16	9	.361	.421
0-3 Days Rest (St)	6.17	3	4	0	8	8	42.1	55	10	12	17	Pitch 106+	.364	44	16	3	0	1	4	4	3	.361	.500
4 Days Rest	4.94	7	11	0	33	33	184.0	187	17	71	99	First Pitch	.338	275	93	21	2	14	55	12	0	.361	.582
5+ Days Rest	4.86	6	18	0	29	29	153.2	172	21	57	79	Ahead in Count	.215	810	174	36	3	15	74	0	212	.225	.322
Pre-All Star	4.48	16	23	0	68	53	327.2	335	32	116	179	Behind in Count	.340	388	132	31	3	16	58	96	0	.471	.559
Post-All Star	4.84	7	13	0	59	17	147.0	165	26	54	71	Two Strikes	.216	793	171	35	3	17	78	62	250	.278	.332

Pitcher vs. Batter (career)

Pitches Best Vs.	Avg	AB	H	2B	3B	HR	RBI	BB	SO	OBP	SLG	Pitches Worst Vs.	Avg	AB	H	2B	3B	HR	RBI	BB	SO	OBP	SLG
Dave Martinez	.080	25	2	0	0	0	0	5	4	.233	.080	Paul O'Neill	.600	10	6	1	0	2	2	2	1	.667	1.300
Deion Sanders	.111	9	1	0	0	0	0	2	1	.273	.111	Orlando Merced	.538	13	7	1	1	2	4	1	2	.571	1.231
Spike Owen	.125	16	2	0	0	0	1	1	3	.176	.125	Bernard Gilkey	.500	12	6	1	0	2	3	2	1	.600	1.083
Andres Galarraga	.133	15	2	0	0	0	0	2	1	.188	.133	Andy Van Slyke	.429	14	6	0	1	2	3	3	2	.526	1.000
Ken Caminiti	.133	15	2	0	0	0	1	1	1	.188	.133	Barry Bonds	.400	15	6	1	2	2	7	5	2	.550	1.133

Daryl Boston — Yankees   Age 32 – Bats Left (flyball hitter)

	Avg	G	AB	R	H	2B	3B	HR	RBI	BB	SO	HBP	GDP	SB	CS	OBP	SLG	IBB	SH	SF	#Pit	#P/PA	GB	FB	G/F
1994 Season	.182	52	77	11	14	2	0	4	14	6	20	1	0	0	1	.250	.364	0	0	0	339	4.04	16	26	0.62
Last Five Years	.260	563	1279	199	332	68	9	45	155	128	229	8	19	47	28	.329	.432	9	0	6	5502	3.87	390	429	0.91

1994 Season

	Avg	AB	H	2B	3B	HR	RBI	BB	SO	OBP	SLG		Avg	AB	H	2B	3B	HR	RBI	BB	SO	OBP	SLG
vs. Left	.000	1	0	0	0	0	0	0	1	.000	.000	Scoring Posn	.250	24	6	1	0	2	11	1	5	.308	.542
vs. Right	.184	76	14	2	0	4	14	6	19	.253	.368	Close & Late	.263	19	5	0	0	2	6	2	5	.364	.579

Last Five Years

	Avg	AB	H	2B	3B	HR	RBI	BB	SO	OBP	SLG		Avg	AB	H	2B	3B	HR	RBI	BB	SO	OBP	SLG
vs. Left	.257	152	39	8	0	3	17	12	36	.323	.368	Scoring Posn	.258	314	81	15	2	13	113	36	51	.334	.443
vs. Right	.260	1127	293	60	9	42	138	116	193	.330	.441	Close & Late	.242	227	55	14	2	8	28	28	48	.336	.427

47

Last Five Years

	Avg	AB	H	2B	3B	HR	RBI	BB	SO	OBP	SLG		Avg	AB	H	2B	3B	HR	RBI	BB	SO	OBP	SLG
Groundball	.297	437	130	21	6	14	62	36	68	.354	.469	None on/out	.297	344	102	23	2	14	14	34	54	.361	.497
Flyball	.211	265	56	12	0	11	26	21	65	.272	.381	Batting #1	.256	328	84	22	4	7	26	36	56	.330	.412
Home	.247	640	158	35	5	16	71	71	127	.325	.392	Batting #7	.295	234	69	10	0	9	40	34	42	.385	.453
Away	.272	639	174	33	4	29	84	57	102	.334	.473	Other	.250	717	179	36	5	29	89	58	131	.310	.435
Day	.242	434	105	23	4	14	53	45	71	.316	.410	April	.237	131	31	2	2	1	11	14	24	.324	.305
Night	.269	845	227	45	5	31	102	83	158	.336	.444	May	.226	234	53	10	2	12	32	20	33	.290	.440
Grass	.263	956	251	53	7	32	116	96	170	.332	.433	June	.271	203	55	21	0	6	28	23	40	.349	.463
Turf	.251	323	81	15	2	13	39	32	59	.321	.430	July	.240	196	47	11	1	5	17	14	41	.292	.383
First Pitch	.362	149	54	8	1	11	35	5	0	.383	.651	August	.266	301	80	11	1	10	29	21	51	.332	.429
Ahead in Count	.320	334	107	25	1	19	53	64	0	.426	.572	September/October	.280	214	60	13	3	11	38	36	40	.381	.523
Behind in Count	.189	540	102	20	1	8	35	0	184	.194	.274	Pre-All Star	.246	634	156	38	4	22	76	64	112	.322	.423
Two Strikes	.168	600	101	21	3	8	37	7	229	.243	.253	Post-All Star	.273	645	176	30	5	23	79	64	117	.337	.442

Batter vs. Pitcher (career)

Hits Best Against	Avg	AB	H	2B	3B	HR	RBI	BB	SO	OBP	SLG	Hits Worst Against	Avg	AB	H	2B	3B	HR	RBI	BB	SO	OBP	SLG
Pedro Astacio	.417	12	5	1	0	1	2	1	2	.462	.750	Mike Moore	.087	23	2	2	0	0	2	0	6	.083	.174
Charlie Hough	.385	39	15	1	1	2	5	4	8	.442	.615	Mark Williamson	.091	11	1	0	1	0	0	1	3	.167	.273
Omar Olivares	.381	21	8	1	1	1	3	2	1	.417	.667	Ramon Martinez	.095	21	2	0	0	0	1	4	2	.231	.095
Bill Wegman	.333	12	4	0	0	1	1	3	0	.467	.583	Tim Belcher	.100	10	1	0	0	0	0	1	2	.182	.100
Kevin Gross	.313	16	5	0	0	1	2	4	2	.389	.688	Tommy Greene	.154	13	2	1	0	0	0	2	1	.267	.154

Ricky Bottalico — Phillies — Age 25 – Pitches Right

	ERA	W	L	Sv	G	GS	IP	BB	SO	Avg	H	2B	3B	HR	RBI	OBP	SLG	GF	IR	IRS	Hld	SvOp	SB	CS	GB	FB	G/F
1994 Season	0.00	0	0	0	3	0	3.0	1	3	.250	3	0	0	0	0	.308	.250	3	0	0	0	0	0	1	5	0.20

1994 Season

	ERA	W	L	Sv	G	GS	IP	H	HR	BB	SO		Avg	AB	H	2B	3B	HR	RBI	BB	SO	OBP	SLG
Home	0.00	0	0	0	1	0	1.0	1	0	0	2	vs. Left	.429	7	3	0	0	0	0	0	2	.429	.429
Away	0.00	0	0	0	2	0	2.0	2	0	1	1	vs. Right	.000	5	0	0	0	0	0	1	1	.167	.000

Kent Bottenfield — Giants — Age 26 – Pitches Right

	ERA	W	L	Sv	G	GS	IP	BB	SO	Avg	H	2B	3B	HR	RBI	OBP	SLG	GF	IR	IRS	Hld	SvOp	SB	CS	GB	FB	G/F
1994 Season	6.15	3	1	1	16	1	26.1	10	15	.306	33	6	4	2	21	.375	.491	3	10	5	0	1	0	45	29	1.55
Career (1992-1994)	4.78	9	13	2	63	30	218.1	92	92	.285	238	46	8	27	120	.359	.456	7	19	7	1	2	20	6	324	261	1.24

1994 Season

	ERA	W	L	Sv	G	GS	IP	H	HR	BB	SO		Avg	AB	H	2B	3B	HR	RBI	BB	SO	OBP	SLG
Home	8.04	2	1	0	8	1	15.2	23	0	7	11	vs. Left	.321	53	17	4	1	1	8	4	6	.390	.491
Away	3.38	1	0	1	8	0	10.2	10	2	3	4	vs. Right	.291	55	16	2	3	1	13	6	9	.361	.491

Career (1992-1994)

	ERA	W	L	Sv	G	GS	IP	H	HR	BB	SO		Avg	AB	H	2B	3B	HR	RBI	BB	SO	OBP	SLG
Home	5.47	4	5	0	31	15	107.0	130	12	45	49	vs. Left	.304	401	122	25	3	13	48	49	34	.383	.479
Away	4.12	5	8	2	32	15	111.1	108	15	47	43	vs. Right	.267	435	116	21	5	14	72	43	58	.337	.434
Day	4.85	1	2	0	24	12	85.1	91	11	29	40	Inning 1-6	.283	690	195	40	6	19	95	80	78	.360	.441
Night	4.74	8	11	2	39	18	133.0	147	16	63	52	Inning 7+	.295	146	43	6	2	8	25	12	14	.356	.527
Grass	5.18	7	7	1	32	17	114.2	125	17	50	46	None on	.278	446	124	25	4	16	16	54	51	.361	.460
Turf	4.34	2	6	1	31	13	103.2	113	10	42	46	Runners on	.292	390	114	21	4	11	104	38	41	.358	.451
April	4.24	1	2	0	4	4	23.1	24	5	8	5	Scoring Posn	.280	250	70	15	2	7	93	32	29	.361	.440
May	4.75	2	1	1	18	1	36.0	37	3	20	20	Close & Late	.291	55	16	2	1	2	8	7	6	.381	.473
June	3.58	2	2	0	13	4	37.2	42	3	11	19	None on/out	.340	206	70	14	1	8	8	26	24	.421	.534
July	6.00	1	3	0	7	7	33.0	38	5	20	10	vs. 1st Batr (relief)	.231	26	6	2	0	1	4	7	3	.394	.423
August	6.40	1	2	0	6	5	32.1	40	5	12	7	First Inning Pitched	.263	228	60	15	2	7	39	30	27	.350	.439
September/October	4.18	2	3	1	15	9	56.0	57	6	21	31	First 15 Pitches	.254	197	50	13	3	8	26	24	20	.339	.472
Starter	5.04	6	11	0	30	30	159.0	172	21	68	65	Pitch 16-30	.315	181	57	11	0	6	33	22	21	.401	.475
Reliever	4.10	3	2	2	33	0	59.1	66	6	24	27	Pitch 31-45	.241	145	35	5	1	1	12	18	23	.321	.310
0 Days rest (Re)	1.69	1	0	0	3	0	5.1	4	0	0	5	Pitch 46+	.307	313	96	17	4	12	49	28	28	.366	.502
1 or 2 Days rest	4.18	1	0	1	17	0	32.1	34	2	16	14	First Pitch	.270	137	37	3	1	4	18	2	0	.286	.394
3+ Days rest	4.57	1	2	1	13	0	21.2	28	4	8	8	Ahead in Count	.261	357	93	24	2	9	42	0	76	.269	.415
Pre-All Star	4.33	5	6	1	39	13	112.2	122	12	48	49	Behind in Count	.359	195	70	10	4	10	39	61	0	.514	.605
Post-All Star	5.26	4	7	1	24	17	106.0	116	15	44	43	Two Strikes	.256	347	89	22	2	10	40	29	92	.315	.418

Pitcher vs. Batter (career)

Pitches Best Vs.	Avg	AB	H	2B	3B	HR	RBI	BB	SO	OBP	SLG	Pitches Worst Vs.	Avg	AB	H	2B	3B	HR	RBI	BB	SO	OBP	SLG
Brett Butler	.111	9	1	0	0	0	2	3	1	.333	.111	Barry Bonds	.500	8	4	0	0	1	1	2	0	.636	.875
												Eric Karros	.364	11	4	0	0	1	1	1	0	.417	.636
												Jeff Kent	.333	9	3	0	0	1	1	2	1	.455	.667

Denis Boucher — Expos — Age 27 – Pitches Left

	ERA	W	L	Sv	G	GS	IP	BB	SO	Avg	H	2B	3B	HR	RBI	OBP	SLG	GF	IR	IRS	Hld	SvOp	SB	CS	GB	FB	G/F
1994 Season	6.75	0	1	0	10	2	18.2	7	17	.324	24	3	1	6	18	.378	.635	3	7	3	0	1	0	2	20	22	0.91
Career (1991-1994)	5.42	6	11	0	35	26	146.0	54	77	.294	170	33	5	28	88	.353	.514	3	8	4	0	1	4	6	190	181	1.05

1994 Season

	ERA	W	L	Sv	G	GS	IP	H	HR	BB	SO		Avg	AB	H	2B	3B	HR	RBI	BB	SO	OBP	SLG
Home	7.71	0	1	0	5	1	11.2	15	2	3	12	vs. Left	.200	20	4	0	0	2	0	4	0	.200	.500
Away	5.14	0	0	0	5	1	7.0	9	4	4	5	vs. Right	.370	54	20	3	1	4	14	7	13	.435	.685

Rafael Bournigal — Dodgers
Age 29 – Bats Right (groundball hitter)

	Avg	G	AB	R	H	2B	3B	HR	RBI	BB	SO	HBP	GDP	SB	CS	OBP	SLG	IBB	SH	SF	#Pit	#P/PA	GB	FB	G/F
1994 Season	.224	40	116	2	26	3	1	0	11	9	5	2	4	0	0	.291	.267	1	5	0	386	2.92	61	29	2.10
Career (1992-1994)	.247	58	154	3	38	5	1	0	14	10	9	3	4	0	0	.305	.292	1	5	0	484	2.81	80	38	2.11

1994 Season

	Avg	AB	H	2B	3B	HR	RBI	BB	SO	OBP	SLG		Avg	AB	H	2B	3B	HR	RBI	BB	SO	OBP	SLG
vs. Left	.174	46	8	1	0	0	4	1	1	.191	.196	Scoring Posn	.280	25	7	1	0	0	10	2	3	.379	.320
vs. Right	.257	70	18	2	1	0	7	8	4	.350	.314	Close & Late	.091	11	1	0	0	0	0	1	0	.167	.091
Home	.259	58	15	1	1	0	5	6	4	.338	.310	None on/out	.158	19	3	1	0	0	0	1	0	.200	.211
Away	.190	58	11	2	0	0	6	3	1	.242	.224	Total	.224	116	26	3	1	0	11	9	5	.291	.267
First Pitch	.273	22	6	1	0	0	0	0	0	.304	.318	Batting #8	.224	116	26	3	1	0	11	9	5	.291	.267
Ahead in Count	.200	35	7	1	1	0	5	6	0	.317	.286	Other	.000	0	0	0	0	0	0	0	0	.000	.000
Behind in Count	.205	44	9	0	0	0	3	0	4	.222	.205	Pre-All Star	.275	40	11	0	1	0	3	4	2	.356	.325
Two Strikes	.172	29	5	0	0	0	1	3	5	.273	.172	Post-All Star	.197	76	15	3	0	0	8	5	3	.256	.237

Ryan Bowen — Marlins
Age 27 – Pitches Right (groundball pitcher)

	ERA	W	L	Sv	G	GS	IP	BB	SO	Avg	H	2B	3B	HR	RBI	OBP	SLG	CG	ShO	Sup	QS	#P/S	SB	CS	GB	FB	G/F
1994 Season	4.94	1	5	0	8	8	47.1	19	32	.273	50	10	1	9	23	.345	.486	1	0	3.04	4	97	3	3	65	63	1.03
Career (1991-1994)	5.38	15	28	0	60	57	309.1	172	201	.274	327	60	5	32	158	.367	.413	3	1	4.36	22	89	35	14	489	311	1.57

1994 Season

	ERA	W	L	Sv	G	GS	IP	H	HR	BB	SO		Avg	AB	H	2B	3B	HR	RBI	BB	SO	OBP	SLG
Home	9.31	0	3	0	4	4	19.1	31	7	8	15	vs. Left	.258	93	24	6	1	5	12	9	13	.324	.505
Away	1.93	1	2	0	4	4	28.0	19	2	11	17	vs. Right	.289	90	26	4	0	4	11	10	19	.365	.467

Career (1991-1994)

	ERA	W	L	Sv	G	GS	IP	H	HR	BB	SO		Avg	AB	H	2B	3B	HR	RBI	BB	SO	OBP	SLG
Home	5.30	7	16	0	32	31	171.2	192	21	82	113	vs. Left	.292	631	184	33	3	14	91	93	95	.381	.420
Away	5.49	8	12	0	28	26	137.2	135	11	90	88	vs. Right	.254	562	143	27	2	18	67	79	106	.351	.406
Day	4.93	6	5	0	15	15	76.2	88	10	47	59	Inning 1-6	.277	1092	302	56	4	30	153	156	188	.368	.418
Night	5.53	9	23	0	45	42	232.2	239	22	125	142	Inning 7+	.248	101	25	4	1	2	5	16	13	.356	.366
Grass	4.67	10	16	0	37	35	198.2	201	21	105	138	None on	.288	650	187	38	2	18	18	90	97	.370	.435
Turf	6.67	5	12	0	23	22	110.2	126	11	67	63	Runners on	.258	543	140	22	3	14	140	82	104	.354	.387
April	5.58	2	7	0	14	12	69.1	75	15	40	45	Scoring Posn	.235	332	78	13	0	9	123	61	70	.346	.355
May	4.94	1	7	0	9	9	51.0	50	4	28	30	Close & Late	.232	69	16	4	1	1	4	11	8	.346	.362
June	6.49	1	3	0	6	6	34.2	42	3	17	23	None on/out	.270	300	81	16	1	8	8	36	46	.354	.410
July	4.38	3	3	0	7	7	39.0	42	1	18	22	vs. 1st Batr (relief)	.000	3	0	0	0	0	0	0	0	.000	.000
August	4.55	5	2	0	12	11	65.1	61	5	35	48	First Inning Pitched	.270	226	61	20	1	7	39	41	42	.376	.460
September/October	6.66	3	6	0	12	12	50.0	57	4	34	33	First 75 Pitches	.265	946	251	45	4	26	119	133	159	.356	.404
Starter	5.45	14	28	0	57	57	305.1	326	32	172	199	Pitch 76-90	.329	146	48	11	0	4	25	23	23	.424	.486
Reliever	0.00	1	0	0	3	0	4.0	1	0	0	2	Pitch 91-105	.319	72	23	3	1	2	14	14	11	.432	.472
0-3 Days Rest (St)	9.00	0	1	0	2	2	8.0	13	1	5	9	Pitch 106+	.172	29	5	1	0	0	0	2	8	.250	.207
4 Days Rest	6.35	8	14	0	27	27	136.0	155	15	89	96	First Pitch	.371	194	72	9	0	6	41	6	0	.397	.510
5+ Days Rest	4.52	6	13	0	28	28	161.1	158	16	78	94	Ahead in Count	.216	468	101	16	3	11	45	0	166	.218	.333
Pre-All Star	5.44	4	18	0	31	29	165.1	179	23	89	105	Behind in Count	.302	331	100	18	0	9	43	104	0	.469	.438
Post-All Star	5.31	11	10	0	29	28	144.0	148	9	83	96	Two Strikes	.189	492	93	18	2	9	39	62	201	.281	.289

Pitcher vs. Batter (career)

Pitches Best Vs.	Avg	AB	H	2B	3B	HR	RBI	BB	SO	OBP	SLG	Pitches Worst Vs.	Avg	AB	H	2B	3B	HR	RBI	BB	SO	OBP	SLG
Bobby Bonilla	.091	11	1	0	0	0	1	1	3	.154	.091	Brett Butler	.583	12	7	1	0	0	1	4	1	.647	.667
Ozzie Smith	.100	10	1	0	0	0	0	2	1	.250	.100	Matt Williams	.500	16	8	2	0	3	8	3	2	.579	1.188
Mark Lemke	.154	13	2	0	0	0	2	0	2	.143	.154	Andy Van Slyke	.500	10	5	1	0	1	4	0	0	.545	.900
Delino DeShields	.182	11	2	0	0	1	0	1	0	.182	.182	Dave Justice	.417	12	5	1	1	1	3	4	2	.563	.917
Darren Lewis	.182	11	2	0	0	0	1	3	0	.250	.182	Reggie Sanders	.333	9	3	1	0	1	2	4	2	.538	.778

Jim Bowie — Athletics
Age 30 – Bats Left

	Avg	G	AB	R	H	2B	3B	HR	RBI	BB	SO	HBP	GDP	SB	CS	OBP	SLG	IBB	SH	SF	#Pit	#P/PA	GB	FB	G/F
1994 Season	.214	6	14	0	3	0	0	0	2	0	1	0	0	0	0	.214	.214	0	1	0	66	4.40	9	2	4.50

1994 Season

	Avg	AB	H	2B	3B	HR	RBI	BB	SO	OBP	SLG		Avg	AB	H	2B	3B	HR	RBI	BB	SO	OBP	SLG
vs. Left	.167	6	1	0	0	0	0	2	0	.167	.167	Scoring Posn	.250	4	1	0	0	0	0	0	0	.250	.250
vs. Right	.250	8	2	0	0	0	0	2	0	.250	.250	Close & Late	.000	3	0	0	0	0	0	0	1	.000	.000

Darren Bragg — Mariners
Age 25 – Bats Left

	Avg	G	AB	R	H	2B	3B	HR	RBI	BB	SO	HBP	GDP	SB	CS	OBP	SLG	IBB	SH	SF	#Pit	#P/PA	GB	FB	G/F
1994 Season	.158	8	19	4	3	1	0	0	2	2	5	0	0	0	0	.238	.211	0	1	0	80	3.81	9	2	4.50

1994 Season

	Avg	AB	H	2B	3B	HR	RBI	BB	SO	OBP	SLG		Avg	AB	H	2B	3B	HR	RBI	BB	SO	OBP	SLG
vs. Left	.333	3	1	0	0	0	0	1	.333	.333		Scoring Posn	.143	7	1	1	0	0	2	2	2	.333	.286
vs. Right	.125	16	2	1	0	0	2	2	4	.222	.188	Close & Late	.000	3	0	0	0	0	0	0	2	.000	.000

Jeff Branson — Reds   Age 28 – Bats Left (groundball hitter)

	Avg	G	AB	R	H	2B	3B	HR	RBI	BB	SO	HBP	GDP	SB	CS	OBP	SLG	IBB	SH	SF	#Pit	#P/PA	GB	FB	G/F
1994 Season	.284	58	109	18	31	4	1	6	16	5	16	0	4	0	0	.316	.505	2	2	0	369	3.18	45	35	1.29
Career (1992-1994)	.260	255	605	70	157	26	3	9	53	29	105	0	12	4	2	.291	.357	6	12	5	2241	3.44	245	146	1.68

1994 Season

	Avg	AB	H	2B	3B	HR	RBI	BB	SO	OBP	SLG		Avg	AB	H	2B	3B	HR	RBI	BB	SO	OBP	SLG
vs. Left	.250	16	4	1	0	1	4	4	1	.400	.500	Scoring Posn	.364	22	8	1	0	2	10	4	5	.462	.682
vs. Right	.290	93	27	3	1	5	12	1	15	.298	.505	Close & Late	.370	27	10	2	0	1	3	1	4	.393	.556

Career (1992-1994)

	Avg	AB	H	2B	3B	HR	RBI	BB	SO	OBP	SLG		Avg	AB	H	2B	3B	HR	RBI	BB	SO	OBP	SLG
vs. Left	.243	115	28	6	0	2	7	8	26	.290	.348	Scoring Posn	.243	144	35	8	0	2	42	14	30	.301	.340
vs. Right	.263	490	129	20	3	7	46	21	79	.291	.359	Close & Late	.303	109	33	4	0	1	11	5	24	.333	.367
Groundball	.264	231	61	8	1	3	18	9	31	.290	.346	None on/out	.267	165	44	5	1	4	4	6	24	.292	.382
Flyball	.239	109	26	6	0	0	8	4	25	.261	.294	Batting #2	.272	136	37	7	0	1	8	10	30	.322	.346
Home	.252	290	73	17	2	3	22	11	47	.276	.355	Batting #8	.230	152	35	2	0	7	3	21	.242	.243
Away	.267	315	84	9	1	6	31	18	58	.304	.359	Other	.268	317	85	17	3	8	38	16	54	.301	.416
Day	.244	201	49	9	1	4	20	9	47	.274	.358	April	.294	34	10	1	0	0	2	3	6	.351	.324
Night	.267	404	108	17	2	5	33	20	58	.300	.356	May	.297	74	22	8	0	0	9	3	19	.321	.405
Grass	.271	199	54	4	1	5	21	12	40	.313	.377	June	.284	81	23	2	0	3	7	4	16	.314	.420
Turf	.254	406	103	22	2	4	32	17	65	.280	.347	July	.272	151	41	9	2	3	16	11	20	.319	.417
First Pitch	.307	127	39	3	1	4	9	4	0	.323	.441	August	.238	130	31	5	0	3	13	5	22	.265	.346
Ahead in Count	.323	124	40	11	1	2	13	12	0	.380	.476	September/October	.222	135	30	1	0	6	3	22	.237	.244
Behind in Count	.204	260	53	8	0	1	19	0	88	.202	.246	Pre-All Star	.288	250	72	18	2	4	25	14	50	.322	.424
Two Strikes	.184	267	49	9	1	1	17	13	105	.220	.236	Post-All Star	.239	355	85	8	1	5	28	15	55	.269	.310

Batter vs. Pitcher (career)

Hits Best Against	Avg	AB	H	2B	3B	HR	RBI	BB	SO	OBP	SLG	Hits Worst Against	Avg	AB	H	2B	3B	HR	RBI	BB	SO	OBP	SLG
Pedro Astacio	.429	14	6	0	1	1	0	2	.429	.786		John Burkett	.167	12	2	0	0	0	0	0	5	.167	.167
Curt Schilling	.357	14	5	1	0	0	0	0	3	.357	.429													

Jeff Brantley — Reds   Age 31 – Pitches Right (flyball pitcher)

	ERA	W	L	Sv	G	GS	IP	H	BB	SO	Avg	H	2B	3B	HR	RBI	OBP	SLG	GF	IR	IRS	Hld	SvOp	SB	CS	GB	FB	G/F
1994 Season	2.48	6	6	15	50	0	65.1	28	63	.202	46	6	1	6	24	.288	.316	35	25	6	1	21	3	2	68	67	1.01
Last Five Years	2.84	28	24	56	281	16	452.2	204	367	.230	380	54	5	44	171	.319	.349	147	192	55	34	76	32	14	486	552	0.88

1994 Season

	ERA	W	L	Sv	G	GS	IP	H	HR	BB	SO		Avg	AB	H	2B	3B	HR	RBI	BB	SO	OBP	SLG
Home	3.29	4	4	6	30	0	38.1	24	4	18	39	vs. Left	.206	97	20	5	0	1	6	13	28	.300	.289
Away	1.33	2	2	9	20	0	27.0	22	2	10	24	vs. Right	.198	131	26	1	1	5	18	15	35	.279	.336
Day	0.45	3	0	4	15	0	20.0	12	0	10	21	Inning 1-6	.000	0	0	0	0	0	0	0	0	.000	.000
Night	3.38	3	6	11	35	0	45.1	34	6	18	42	Inning 7+	.202	228	46	6	1	6	24	28	63	.288	.311
Grass	1.86	2	1	6	14	0	19.1	16	2	7	19	None on	.197	127	25	5	1	3	3	16	40	.287	.323
Turf	2.74	4	5	9	36	0	46.0	30	4	21	44	Runners on	.208	101	21	1	0	3	21	12	23	.289	.307
April	1.72	1	0	2	10	0	15.2	11	1	6	17	Scoring Posn	.211	57	12	1	0	0	15	10	16	.324	.228
May	3.95	2	2	2	10	0	13.2	7	0	2	14	Close & Late	.227	163	37	5	1	5	21	19	42	.306	.362
June	2.70	2	2	4	12	0	13.1	11	3	4	6	None on/out	.246	57	14	1	0	2	2	4	19	.295	.439
July	0.98	1	1	4	14	0	18.1	11	1	4	15	vs. 1st Batr (relief)	.174	46	8	1	0	2	4	3	12	.220	.326
August	6.23	0	1	3	4	0	4.1	6	1	2	9	First Inning Pitched	.209	158	33	2	1	6	22	20	39	.296	.348
September/October	0.00	0	0	0	0	0	0.0	0	0	0	0	First 15 Pitches	.195	133	26	2	1	6	13	11	34	.255	.361
Starter	0.00	0	0	0	0	0	0.0	0	0	0	0	Pitch 16-30	.222	72	16	3	0	0	5	14	22	.349	.264
Reliever	2.48	6	6	15	50	0	65.1	46	6	28	63	Pitch 31-45	.174	23	4	1	0	0	6	3	7	.269	.217
0 Days rest (Re)	1.65	2	1	3	14	0	16.1	10	2	7	16	Pitch 46+	.000	0	0	0	0	0	0	0	0	.000	.000
1 or 2 Days rest	2.00	3	3	9	22	0	27.0	15	2	7	29	First Pitch	.292	24	7	2	0	0	4	2	0	.333	.375
3+ Days rest	3.68	1	2	3	14	0	22.0	21	2	14	18	Ahead in Count	.147	116	17	1	0	2	6	0	52	.147	.207
Pre-All Star	2.44	5	4	11	38	0	48.0	33	4	23	48	Behind in Count	.341	41	14	2	1	3	9	14	0	.509	.659
Post-All Star	2.60	1	2	4	12	0	17.1	13	2	5	15	Two Strikes	.136	125	17	1	0	5	12	63	.212	.168

Last Five Years

	ERA	W	L	Sv	G	GS	IP	H	HR	BB	SO		Avg	AB	H	2B	3B	HR	RBI	BB	SO	OBP	SLG
Home	2.68	17	10	25	141	7	228.1	177	22	95	187	vs. Left	.235	882	207	38	2	20	77	134	185	.335	.350
Away	3.01	11	14	31	140	9	224.1	203	22	109	180	vs. Right	.225	769	173	16	3	24	94	70	182	.300	.347
Day	2.29	5	17	113	9	188.2	157	18	87	153	Inning 1-6	.256	429	110	21	3	16	50	45	83	.333	.431
Night	3.24	11	19	39	168	7	264.0	223	26	117	214	Inning 7+	.221	1222	270	33	2	28	121	159	284	.314	.320
Grass	2.81	20	13	32	187	13	313.2	280	32	133	250	None on	.232	906	210	36	1	32	32	102	212	.317	.380
Turf	2.91	8	11	24	94	3	139.0	100	12	71	117	Runners on	.228	745	170	18	4	12	139	102	155	.321	.311
April	2.88	3	3	6	40	4	72.0	56	7	33	59	Scoring Posn	.183	454	83	10	0	7	123	75	115	.297	.251
May	3.00	6	6	13	52	6	96.0	85	12	45	63	Close & Late	.233	791	184	22	1	18	82	113	181	.330	.331
June	2.61	8	6	10	54	2	79.1	75	10	34	54	None on/out	.230	395	91	15	1	14	14	38	82	.301	.380
July	2.88	3	3	15	56	0	72.0	56	5	26	65	vs. 1st Batr (relief)	.195	231	45	6	2	6	23	25	51	.275	.307
August	2.82	5	4	8	47	0	70.1	58	7	44	60	First Inning Pitched	.219	913	200	22	4	23	110	128	218	.317	.327
September/October	2.86	5	2	4	32	4	63.0	50	3	22	66	First 15 Pitches	.235	774	182	21	4	23	84	93	166	.319	.362
Starter	3.76	6	5	0	16	16	83.2	87	13	31	57	Pitch 16-30	.209	493	103	16	0	7	35	73	121	.318	.284
Reliever	2.63	22	19	56	265	0	369.0	293	31	173	310	Pitch 31-45	.224	196	44	10	0	3	30	24	49	.316	.321
0 Days rest (Re)	1.78	8	3	13	55	0	70.2	49	5	26	64	Pitch 46+	.271	188	51	7	1	11	22	14	31	.324	.495
1 or 2 Days rest	2.91	9	11	32	140	0	201.1	166	15	91	165	First Pitch	.267	187	50	8	1	5	25	19	0	.338	.401
3+ Days rest	2.69	5	5	11	70	0	97.0	78	11	56	81	Ahead in Count	.189	801	151	21	0	14	50	0	310	.200	.267
Pre-All Star	2.90	18	15	36	167	12	270.0	239	31	118	199	Behind in Count	.288	326	94	14	5	10	97	0	.448	.521
Post-All Star	2.76	10	9	20	114	4	182.2	141	13	86	168	Two Strikes	.154	851	131	14	1	14	56	88	367	.240	.220

Pitcher vs. Batter (career)

Pitches Best Vs.	Avg	AB	H	2B	3B	HR	RBI	BB	SO	OBP	SLG	Pitches Worst Vs.	Avg	AB	H	2B	3B	HR	RBI	BB	SO	OBP	SLG
Barry Bonds	.000	15	0	0	0	0	0	1	5	.063	.000	Orlando Merced	.571	7	4	1	0	0	2	5	0	.750	.714
Bobby Bonilla	.077	13	1	0	0	0	2	3	.200	.077		Ryne Sandberg	.500	10	5	1	0	1	3	3	3	.643	.900
Darren Daulton	.083	12	1	0	0	0	1	1	0	.154	.083	John Kruk	.400	10	4	0	0	1	1	5	1	.600	.700
Barry Larkin	.133	15	2	0	0	0	0	1	1	.133	.133	Sid Bream	.364	11	4	1	0	1	2	6	3	.588	.727
Rafael Belliard	.143	14	2	0	0	0	0	2	.143	.143		Paul O'Neill	.364	11	4	0	0	2	6	6	1	.588	.909

Sid Bream — Astros
Age 34 – Bats Left (flyball hitter)

	Avg	G	AB	R	H	2B	3B	HR	RBI	BB	SO	HBP	GDP	SB	CS	OBP	SLG	IBB	SH	SF	#Pit	#P/PA	GB	FB	G/F
1994 Season	.344	46	61	7	21	5	0	0	7	9	9	0	2	0	1	.429	.426	1	0	0	258	3.69	23	15	1.53
Last Five Years	.265	526	1364	141	362	79	4	45	215	159	199	3	25	18	10	.340	.428	16	12	15	5590	3.60	457	464	0.98

1994 Season

	Avg	AB	H	2B	3B	HR	RBI	BB	SO	OBP	SLG		Avg	AB	H	2B	3B	HR	RBI	BB	SO	OBP	SLG
vs. Left	.167	6	1	0	0	0	0	2	2	.375	.167	Scoring Posn	.412	17	7	3	0	0	7	5	3	.545	.588
vs. Right	.364	55	20	5	0	0	7	7	7	.435	.455	Close & Late	.389	18	7	3	0	0	2	6	2	.542	.556

Last Five Years

	Avg	AB	H	2B	3B	HR	RBI	BB	SO	OBP	SLG		Avg	AB	H	2B	3B	HR	RBI	BB	SO	OBP	SLG
vs. Left	.235	204	48	15	1	4	31	10	39	.272	.374	Scoring Posn	.284	388	110	26	1	12	161	63	56	.374	.448
vs. Right	.271	1160	314	64	3	41	184	149	160	.351	.437	Close & Late	.244	217	53	14	1	5	31	29	29	.331	.387
Groundball	.283	460	130	28	2	11	70	61	51	.364	.424	None on/out	.277	307	85	19	1	10	10	30	43	.341	.443
Flyball	.241	295	71	16	1	14	51	33	53	.314	.444	Batting #5	.256	453	116	29	1	14	75	49	63	.327	.417
Home	.274	632	173	36	1	20	104	73	79	.347	.429	Batting #6	.258	737	190	39	2	26	111	83	112	.331	.425
Away	.258	732	189	43	3	25	111	86	120	.334	.428	Other	.322	174	56	11	0	5	29	27	24	.409	.471
Day	.298	379	113	20	3	11	71	43	60	.369	.454	April	.220	223	49	14	0	4	20	26	40	.301	.336
Night	.253	985	249	59	1	34	144	116	139	.329	.418	May	.288	274	79	20	0	12	51	40	69	.379	.493
Grass	.247	794	196	41	2	24	116	90	122	.320	.394	June	.293	259	76	13	3	6	40	19	34	.337	.436
Turf	.291	570	166	38	2	21	99	69	77	.368	.475	July	.261	203	53	8	0	9	33	21	27	.328	.433
First Pitch	.321	212	68	11	0	7	37	8	0	.345	.472	August	.315	162	51	15	0	7	38	22	18	.392	.537
Ahead in Count	.297	377	112	27	1	13	63	98	0	.441	.477	September/October	.222	243	54	9	1	7	33	31	34	.308	.354
Behind in Count	.217	529	115	32	2	12	78	0	170	.216	.353	Pre-All Star	.269	851	229	50	3	26	122	96	134	.342	.427
Two Strikes	.214	537	115	28	2	18	84	49	199	.276	.374	Post-All Star	.259	513	133	29	1	19	93	63	65	.337	.431

Batter vs. Pitcher (since 1984)

Hits Best Against	Avg	AB	H	2B	3B	HR	RBI	BB	SO	OBP	SLG	Hits Worst Against	Avg	AB	H	2B	3B	HR	RBI	BB	SO	OBP	SLG
Steve Bedrosian	.538	13	7	2	0	1	2	2	2	.600	.923	Tom Browning	.000	10	0	0	0	0	0	2	2	.167	.000
Mike Maddux	.529	17	9	1	1	0	3	5	3	.636	.706	Sid Fernandez	.063	16	1	0	0	0	0	1	3	.118	.063
Randy Myers	.400	10	4	2	0	1	4	2	3	.429	.900	Vince Palacios	.091	11	1	0	0	0	0	1	4	.167	.091
Jeff Brantley	.364	11	4	1	0	1	2	6	3	.588	.727	Jim Deshaies	.133	15	2	0	0	0	1	0	2	.133	.133
Dennis Eckersley	.364	11	4	1	0	2	7	1	0	.385	1.000	Paul Assenmacher	.143	14	2	0	0	0	0	0	4	.143	.143

Billy Brewer — Royals
Age 27 – Pitches Left

	ERA	W	L	Sv	G	GS	IP	BB	SO	Avg	H	2B	3B	HR	RBI	OBP	SLG	GF	IR	IRS	Hld	SvOp	SB	CS	GB	FB	G/F
1994 Season	2.56	4	1	3	50	0	38.2	16	25	.207	28	4	2	4	22	.297	.356	17	50	12	7	2	2	50	35	1.43
Career (1993-1994)	3.01	6	3	3	96	0	77.2	36	53	.219	59	8	3	10	38	.312	.381	31	89	16	17	9	7	4	89	78	1.14

1994 Season

	ERA	W	L	Sv	G	GS	IP	H	HR	BB	SO		Avg	AB	H	2B	3B	HR	RBI	BB	SO	OBP	SLG
Home	2.37	2	0	2	24	0	19.0	9	1	6	8	vs. Left	.246	57	14	2	0	4	13	5	9	.313	.491
Away	2.75	2	1	1	26	0	19.2	19	3	10	17	vs. Right	.179	78	14	2	0	9	11	16	.286	.256
Day	1.84	0	0	2	16	0	14.2	12	2	4	12	Inning 1-6	.182	11	2	0	0	0	2	1	3	.231	.182
Night	3.00	4	1	1	34	0	24.0	16	2	12	13	Inning 7+	.210	124	26	4	2	4	20	15	22	.303	.371
Grass	1.84	1	1	1	18	0	14.2	14	2	9	13	None on	.194	62	12	1	2	2	2	9	11	.306	.371
Turf	3.00	3	0	2	32	0	24.0	14	2	7	12	Runners on	.219	73	16	3	0	2	20	7	14	.289	.342
April	0.69	1	0	1	11	0	13.0	9	1	4	8	Scoring Posn	.212	52	11	3	0	2	20	7	11	.306	.385
May	5.59	1	1	1	12	0	9.2	10	2	4	6	Close & Late	.214	70	15	1	0	2	14	10	10	.309	.314
June	2.70	1	0	0	11	0	6.2	6	0	2	5	None on/out	.300	30	9	0	1	2	2	4	6	.400	.567
July	0.00	1	0	1	12	0	8.2	1	0	5	6	vs. 1st Batr (relief)	.250	40	10	1	0	7	7	8	.360	.325
August	27.00	0	0	0	4	0	0.2	1	1	1	1	First Inning Pitched	.223	112	25	4	2	3	21	12	22	.305	.375
September/October	0.00	0	0	0	0	0	0.0	0	0	0	0	First 15 Pitches	.229	105	24	2	2	3	19	12	18	.314	.371
Starter	0.00	0	0	0	0	0	0.0	0	0	0	0	Pitch 16-30	.148	27	4	2	0	1	3	3	7	.233	.333
Reliever	2.56	4	1	3	50	0	38.2	28	4	16	25	Pitch 31-45	.000	3	0	0	0	0	0	1	0	.250	.000
0 Days rest (Re)	0.00	0	0	2	12	0	7.1	4	0	4	6	Pitch 46+	.000	0	0	0	0	0	0	0	0	.000	.000
1 or 2 Days rest	3.38	3	1	0	27	0	18.2	16	3	9	12	First Pitch	.250	16	4	1	1	0	2	1	0	.278	.438
3+ Days rest	2.84	1	0	1	11	0	12.2	8	1	3	7	Ahead in Count	.136	59	8	2	0	2	8	0	19	.148	.271
Pre-All Star	2.51	3	1	3	38	0	32.1	25	3	12	21	Behind in Count	.333	33	11	1	0	1	11	7	0	.463	.455
Post-All Star	2.84	1	0	0	12	0	6.1	3	1	4	4	Two Strikes	.148	61	9	2	0	2	5	8	25	.246	.279

Brad Brink — Giants
Age 30 – Pitches Right

	ERA	W	L	Sv	G	GS	IP	BB	SO	Avg	H	2B	3B	HR	RBI	OBP	SLG	GF	IR	IRS	Hld	SvOp	SB	CS	GB	FB	G/F
1994 Season	1.08	0	0	0	4	0	8.1	4	3	.143	4	2	0	1	2	.250	.321	2	4	2	0	0	0	13	11	1.18
Career (1992-1994)	3.56	0	4	0	14	7	55.2	20	27	.271	60	11	2	4	27	.335	.394	3	4	2	0	3	2	78	75	1.04

1994 Season

	ERA	W	L	Sv	G	GS	IP	H	HR	BB	SO		Avg	AB	H	2B	3B	HR	RBI	BB	SO	OBP	SLG
Home	2.45	0	0	0	1	0	3.2	3	1	2	3	vs. Left	.091	11	1	0	0	1	2	3	2	.286	.364

51

	ERA	W	L	Sv	G	GS	IP	H	HR	BB	SO	1994 Season	Avg	AB	H	2B	3B	HR	RBI	BB	SO	OBP	SLG
Away	0.00	0	0	0	3	0	4.2	1	0	2	0	vs. Right	.176	17	3	2	0	0	0	1	1	.222	.294

John Briscoe — Athletics
Age 27 – Pitches Right

	ERA	W	L	Sv	G	GS	IP	BB	SO	Avg	H	2B	3B	HR	RBI	OBP	SLG	GF	IR	IRS	Hld	SvOp	SB	CS	GB	FB	G/F
1994 Season	4.01	4	2	1	37	0	49.1	39	45	.185	31	4	0	7	23	.340	.333	8	31	7	9	2	1	1	50	49	1.02
Career (1991-1994)	5.68	5	3	1	67	2	95.0	84	82	.236	81	15	0	12	58	.384	.385	23	46	15	9	2	1	4	105	103	1.02

1994 Season

	ERA	W	L	Sv	G	GS	IP	H	HR	BB	SO		Avg	AB	H	2B	3B	HR	RBI	BB	SO	OBP	SLG
Home	3.27	1	0	0	17	0	22.0	12	3	18	16	vs. Left	.230	87	20	3	0	4	14	21	20	.380	.402
Away	4.61	3	2	1	20	0	27.1	19	4	21	29	vs. Right	.136	81	11	1	0	3	9	18	25	.297	.259
Starter	0.00	0	0	0	0	0	0	0	0	0	0	Scoring Posn	.174	46	8	1	0	0	13	15	17	.371	.196
Reliever	4.01	4	2	1	37	0	49.1	31	4	7	39	45	Close & Late	.231	65	15	3	0	4	9	11	14	.351	.462
0 Days rest (Re)	6.75	1	1	0	5	0	6.2	3	2	7	7	None on/out	.189	37	7	0	0	4	4	8	5	.333	.514
1 or 2 Days rest	3.16	3	1	0	20	0	25.2	18	3	15	22	First Pitch	.250	16	4	0	0	0	1	1	0	.294	.250
3+ Days rest	4.24	0	1	1	12	0	17.0	10	2	17	16	Ahead in Count	.127	71	9	3	0	2	7	0	33	.137	.254
Pre-All Star	4.11	3	2	1	26	0	35.0	24	6	30	31	Behind in Count	.277	47	13	1	0	3	11	26	0	.534	.489
Post-All Star	3.77	1	0	0	11	0	14.1	7	1	9	14	Two Strikes	.096	83	8	3	0	3	7	12	45	.211	.241

Doug Brocail — Padres
Age 28 – Pitches Right

	ERA	W	L	Sv	G	GS	IP	BB	SO	Avg	H	2B	3B	HR	RBI	OBP	SLG	GF	IR	IRS	Hld	SvOp	SB	CS	GB	FB	G/F
1994 Season	5.82	0	0	0	12	0	17.0	5	11	.304	21	5	3	1	16	.364	.507	4	7	6	0	1	1	0	28	16	1.75
Career (1992-1994)	4.86	4	13	0	39	27	159.1	52	96	.286	181	35	7	19	89	.342	.454	4	7	6	0	1	11	4	222	178	1.25

1994 Season

	ERA	W	L	Sv	G	GS	IP	H	HR	BB	SO		Avg	AB	H	2B	3B	HR	RBI	BB	SO	OBP	SLG
Home	5.40	0	0	0	5	0	8.1	10	0	2	5	vs. Left	.414	29	12	3	2	0	9	3	3	.485	.655
Away	6.23	0	0	0	7	0	8.2	11	1	3	6	vs. Right	.225	40	9	2	1	1	7	2	8	.273	.400

Rico Brogna — Mets
Age 25 – Bats Left

	Avg	G	AB	R	H	2B	3B	HR	RBI	BB	SO	HBP	GDP	SB	CS	OBP	SLG	IBB	SH	SF	#Pit	#P/PA	GB	FB	G/F
1994 Season	.351	39	131	16	46	11	2	7	20	6	29	0	2	1	0	.380	.626	0	1	0	510	3.70	39	36	1.08
Career (1992-1994)	.325	48	157	19	51	12	2	8	23	9	34	0	2	1	0	.361	.580	0	1	0	625	3.74	48	45	1.07

1994 Season

	Avg	AB	H	2B	3B	HR	RBI	BB	SO	OBP	SLG		Avg	AB	H	2B	3B	HR	RBI	BB	SO	OBP	SLG
vs. Left	.385	26	10	1	0	0	2	0	9	.385	.423	Scoring Posn	.346	26	9	1	1	1	11	0	3	.346	.577
vs. Right	.343	105	36	10	2	7	18	6	20	.378	.676	Close & Late	.314	35	11	0	0	3	9	3	12	.368	.571
Home	.390	59	23	5	2	2	7	3	17	.419	.644	None on/out	.367	30	11	4	0	2	2	1	8	.387	.700
Away	.319	72	23	6	0	5	13	3	12	.347	.611	Batting #6	.308	65	20	5	1	4	11	3	16	.338	.600
First Pitch	.450	20	9	2	0	1	4	0	0	.450	.700	Batting #7	.444	36	16	4	1	3	8	3	5	.487	.861
Ahead in Count	.429	28	12	3	0	1	5	2	0	.467	.643	Other	.333	30	10	2	0	0	1	0	8	.333	.400
Behind in Count	.259	54	14	2	1	3	7	0	25	.259	.500	Pre-All Star	.294	51	15	4	1	5	8	3	9	.333	.706
Two Strikes	.276	58	16	5	2	3	8	4	29	.323	.586	Post-All Star	.388	80	31	7	1	2	12	3	20	.410	.575

Jeff Bronkey — Brewers
Age 29 – Pitches Right (groundball pitcher)

	ERA	W	L	Sv	G	GS	IP	BB	SO	Avg	H	2B	3B	HR	RBI	OBP	SLG	GF	IR	IRS	Hld	SvOp	SB	CS	GB	FB	G/F
1994 Season	4.35	1	1	1	16	0	20.2	12	13	.247	20	4	0	3	16	.344	.407	9	12	8	1	2	4	0	38	19	2.00
Career (1993-1994)	4.13	2	2	2	37	0	56.2	23	31	.271	59	12	0	7	38	.340	.422	15	36	16	3	5	4	1	113	47	2.40

1994 Season

	ERA	W	L	Sv	G	GS	IP	H	HR	BB	SO		Avg	AB	H	2B	3B	HR	RBI	BB	SO	OBP	SLG
Home	1.93	0	0	1	7	0	9.1	5	1	6	8	vs. Left	.235	34	8	0	0	4	8	4	.381	.235
Away	6.35	1	1	0	9	0	11.1	15	2	6	5	vs. Right	.255	47	12	4	0	3	12	4	9	.314	.532

Hubie Brooks — Royals
Age 38 – Bats Right

	Avg	G	AB	R	H	2B	3B	HR	RBI	BB	SO	HBP	GDP	SB	CS	OBP	SLG	IBB	SH	SF	#Pit	#P/PA	GB	FB	G/F
1994 Season	.230	34	61	5	14	2	0	1	14	2	10	0	2	1	0	.239	.311	0	0	4	214	3.19	26	19	1.37
Last Five Years	.249	447	1460	169	364	66	2	46	215	102	253	11	37	9	10	.299	.392	22	0	20	5598	3.51	570	437	1.30

1994 Season

	Avg	AB	H	2B	3B	HR	RBI	BB	SO	OBP	SLG		Avg	AB	H	2B	3B	HR	RBI	BB	SO	OBP	SLG
vs. Left	.273	33	9	1	0	1	11	1	4	.270	.394	Scoring Posn	.292	24	7	1	0	1	14	2	2	.300	.458
vs. Right	.179	28	5	1	0	0	3	1	6	.200	.214	Close & Late	.227	22	5	1	0	0	1	1	3	.261	.273

Last Five Years

	Avg	AB	H	2B	3B	HR	RBI	BB	SO	OBP	SLG		Avg	AB	H	2B	3B	HR	RBI	BB	SO	OBP	SLG
vs. Left	.258	563	145	30	0	17	83	47	80	.312	.401	Scoring Posn	.249	406	101	18	1	11	166	60	79	.337	.379
vs. Right	.244	897	219	36	2	29	132	55	173	.291	.386	Close & Late	.262	260	68	10	0	8	36	25	41	.330	.392
Groundball	.262	443	116	20	2	12	65	40	67	.323	.397	None on/out	.248	367	91	21	0	11	47	8	58	.270	.395
Flyball	.236	309	73	10	0	10	43	20	61	.286	.366	Batting #4	.226	438	99	18	0	13	54	26	68	.271	.356
Home	.253	704	178	30	2	16	103	61	114	.311	.369	Batting #5	.264	614	162	28	1	21	100	41	116	.311	.415
Away	.246	756	186	36	0	30	112	41	139	.288	.413	Other	.252	408	103	20	1	12	61	35	69	.311	.395
Day	.241	386	93	23	1	11	50	29	60	.300	.391	April	.263	255	67	15	0	11	45	16	37	.304	.451

Last Five Years

	Avg	AB	H	2B	3B	HR	RBI	BB	SO	OBP	SLG		Avg	AB	H	2B	3B	HR	RBI	BB	SO	OBP	SLG
Night	.252	1074	271	43	1	35	165	73	193	.299	.392	May	.226	314	71	7	2	9	35	15	58	.265	.347
Grass	.243	1041	253	39	2	35	153	72	183	.292	.385	June	.247	279	69	11	0	11	45	26	47	.313	.405
Turf	.265	419	111	27	0	11	62	30	70	.318	.408	July	.253	233	59	10	0	4	33	15	37	.300	.348
First Pitch	.335	167	56	6	1	9	27	8	0	.363	.545	August	.293	181	53	13	0	7	29	15	37	.350	.481
Ahead in Count	.310	300	93	20	0	14	57	52	0	.412	.517	September/October	.227	198	45	10	0	4	28	15	37	.279	.338
Behind in Count	.205	748	153	28	1	17	99	0	236	.208	.314	Pre-All Star	.244	924	225	36	2	32	136	64	154	.295	.391
Two Strikes	.187	674	126	25	0	17	80	33	253	.186	.300	Post-All Star	.259	536	139	30	0	14	79	38	99	.307	.394

Batter vs. Pitcher (since 1984)

Hits Best Against	Avg	AB	H	2B	3B	HR	RBI	BB	SO	OBP	SLG	Hits Worst Against	Avg	AB	H	2B	3B	HR	RBI	BB	SO	OBP	SLG
Rick Honeycutt	.579	19	11	0	0	0	1	2	0	.619	.579	Randy Myers	.077	13	1	0	0	0	0	0	5	.077	.077
Tom Glavine	.440	25	11	2	0	1	6	2	4	.481	.640	Steve Avery	.091	11	1	0	0	0	1	1	2	.167	.091
Jim Deshaies	.333	33	11	4	1	2	3	2	4	.389	.697	Todd Worrell	.095	21	2	0	0	0	0	2	5	.174	.095
Joe Boever	.333	9	3	2	0	1	3	2	3	.417	.889	Bill Wegman	.100	10	1	0	0	0	0	1	1	.182	.100
John Smoltz	.318	22	7	1	0	3	7	0	8	.304	.773	Lee Smith	.118	17	2	1	0	0	0	0	7	.118	.176

Scott Brosius — Athletics
Age 28 – Bats Right (flyball hitter)

	Avg	G	AB	R	H	2B	3B	HR	RBI	BB	SO	HBP	GDP	SB	CS	OBP	SLG	IBB	SH	SF	#Pit	#P/PA	GB	FB	G/F
1994 Season	.238	96	324	31	77	14	1	14	49	24	57	2	7	2	6	.289	.417	0	4	6	1284	3.57	91	124	0.73
Career (1991-1994)	.238	240	692	79	165	31	2	26	91	44	118	5	15	14	7	.285	.402	1	8	9	2780	3.67	207	258	0.80

1994 Season

	Avg	AB	H	2B	3B	HR	RBI	BB	SO	OBP	SLG		Avg	AB	H	2B	3B	HR	RBI	BB	SO	OBP	SLG
vs. Left	.229	118	27	3	0	7	23	8	21	.282	.432	Scoring Posn	.263	76	20	4	0	3	34	7	11	.303	.434
vs. Right	.243	206	50	11	1	7	26	16	36	.293	.408	Close & Late	.349	43	15	3	1	2	6	2	8	.370	.605
Groundball	.286	84	24	2	0	7	17	3	12	.307	.560	None on/out	.278	79	22	2	1	4	4	3	11	.305	.481
Flyball	.160	75	12	3	0	2	10	5	13	.217	.280	Batting #7	.230	148	34	7	1	6	18	9	28	.277	.412
Home	.257	167	43	6	1	9	24	17	30	.330	.467	Batting #8	.225	111	25	4	0	4	22	6	17	.261	.369
Away	.217	157	34	8	0	5	25	7	27	.246	.363	Other	.277	65	18	3	0	4	9	9	12	.368	.508
Day	.246	134	33	6	0	6	15	11	25	.301	.425	April	.225	80	18	3	0	2	15	6	13	.276	.338
Night	.232	190	44	8	1	8	34	13	32	.281	.411	May	.250	92	23	6	1	2	9	8	10	.301	.402
Grass	.243	280	68	11	1	14	39	23	49	.303	.439	June	.200	30	6	1	0	2	4	4	5	.294	.433
Turf	.205	44	9	3	0	0	10	1	8	.204	.273	July	.264	87	23	3	0	6	14	5	19	.309	.506
First Pitch	.320	50	16	5	0	2	10	0	0	.314	.540	August	.200	35	7	1	0	2	7	1	0	.237	.400
Ahead in Count	.280	75	21	6	0	4	16	14	0	.400	.520	September/October	.000	0	0	0	0	0	0	0	0	.000	.000
Behind in Count	.188	144	27	1	1	6	17	0	48	.188	.333	Pre-All Star	.240	233	56	12	1	8	32	19	33	.292	.403
Two Strikes	.145	138	20	2	0	4	14	10	57	.197	.246	Post-All Star	.231	91	21	2	0	6	17	5	24	.283	.451

1994 By Position

Position	Avg	AB	H	2B	3B	HR	RBI	BB	SO	OBP	SLG	G	GS	Innings	PO	A	E	DP	Fld Pct	Rng Fctr	In Zone	Outs	Zone Rtg	MLB Zone
As 3b	.235	315	74	13	1	14	48	24	55	.289	.416	93	89	773.1	69	154	13	18	.945	2.60	186	169	.909	.826

Career (1991-1994)

	Avg	AB	H	2B	3B	HR	RBI	BB	SO	OBP	SLG		Avg	AB	H	2B	3B	HR	RBI	BB	SO	OBP	SLG
vs. Left	.227	247	56	8	0	13	42	18	42	.283	.417	Scoring Posn	.250	168	42	6	0	7	65	15	25	.297	.411
vs. Right	.245	445	109	23	2	13	49	26	76	.287	.393	Close & Late	.267	101	27	9	1	2	10	6	20	.318	.436
Groundball	.272	173	47	7	0	10	29	6	21	.293	.486	None on/out	.262	172	45	8	2	6	6	6	27	.287	.436
Flyball	.204	157	32	7	0	5	15	8	30	.249	.344	Batting #7	.199	297	59	13	2	7	25	15	58	.242	.327
Home	.229	341	78	13	1	14	40	29	53	.291	.396	Batting #8	.274	190	52	6	0	10	40	9	28	.299	.463
Away	.248	351	87	18	1	12	51	15	65	.279	.407	Other	.263	205	54	12	0	9	26	20	32	.333	.454
Day	.223	264	59	13	1	10	26	20	44	.281	.394	April	.234	124	29	5	0	3	18	7	19	.273	.347
Night	.248	428	106	18	1	16	65	24	74	.288	.407	May	.217	115	25	6	1	2	9	8	14	.262	.339
Grass	.234	561	131	25	2	23	67	40	92	.287	.408	June	.164	67	11	2	0	3	6	8	16	.253	.328
Turf	.260	131	34	6	0	3	24	4	26	.277	.374	July	.272	114	31	3	0	9	19	5	22	.311	.535
First Pitch	.301	83	25	7	0	4	17	1	0	.306	.530	August	.205	122	25	4	1	5	13	7	27	.252	.377
Ahead in Count	.296	152	45	13	1	8	25	26	0	.400	.553	September/October	.293	150	44	11	0	4	26	9	20	.335	.447
Behind in Count	.198	324	64	5	1	10	37	0	101	.201	.312	Pre-All Star	.225	364	82	15	1	13	42	24	57	.272	.379
Two Strikes	.182	318	58	8	0	8	33	17	118	.222	.283	Post-All Star	.253	328	83	16	1	13	49	20	61	.301	.427

Batter vs. Pitcher (career)

Hits Best Against	Avg	AB	H	2B	3B	HR	RBI	BB	SO	OBP	SLG	Hits Worst Against	Avg	AB	H	2B	3B	HR	RBI	BB	SO	OBP	SLG
Kevin Brown	.500	16	8	1	0	0	1	0	0	.500	.500	Mark Gubicza	.083	12	1	1	0	0	0	0	2	.083	.167
Kenny Rogers	.417	12	5	0	0	2	4	0	2	.417	.917	Randy Johnson	.083	12	1	0	0	0	0	2	5	.313	.083
Erik Hanson	.400	10	4	1	0	1	1	1	2	.455	.800	Kevin Appier	.167	12	2	1	0	0	0	0	3	.167	.250
Jim Abbott	.385	13	5	0	0	1	4	1	2	.429	.615	Wilson Alvarez	.167	12	2	0	0	0	0	2	2	.286	.167
												Jack McDowell	.200	10	2	0	0	0	0	0	4	.273	.200

Scott Brow — Blue Jays
Age 26 – Pitches Right (groundball pitcher)

	ERA	W	L	Sv	G	GS	IP	BB	SO	Avg	H	2B	3B	HR	RBI	OBP	SLG	GF	IR	IRS	Hld	SvOp	SB	CS	GB	FB	G/F
1994 Season	5.90	0	3	2	18	0	29.0	19	15	.288	34	4	0	4	30	.386	.424	9	15	10	0	2	3	2	53	26	2.04
Career (1993-1994)	5.94	1	4	2	24	1	47.0	29	22	.283	53	6	0	6	42	.378	.412	10	15	10	0	2	5	2	82	50	1.64

1994 Season

	ERA	W	L	Sv	G	GS	IP	H	HR	BB	SO		Avg	AB	H	2B	3B	HR	RBI	BB	SO	OBP	SLG
Home	8.62	0	1	2	10	0	15.2	19	3	12	8	vs. Left	.292	48	14	2	0	2	10	7	6	.375	.458
Away	2.70	0	2	0	8	0	13.1	15	1	7	7	vs. Right	.286	70	20	2	0	2	20	12	9	.393	.400

Jarvis Brown — Braves
Age 28 – Bats Right

	Avg	G	AB	R	H	2B	3B	HR	RBI	BB	SO	HBP	GDP	SB	CS	OBP	SLG	IBB	SH	SF	#Pit	#P/PA	GB	FB	G/F
1994 Season	.133	17	15	3	2	1	0	1	1	0	2	0	1	0	0	.133	.400	0	1	0	64	4.00	6	6	1.00
Career (1991-1994)	.210	137	200	42	42	10	2	1	9	19	40	1	5	12	6	.300	.295	0	4	1	869	3.76	65	53	1.23

1994 Season

	Avg	AB	H	2B	3B	HR	RBI	BB	SO	OBP	SLG		Avg	AB	H	2B	3B	HR	RBI	BB	SO	OBP	SLG
vs. Left	.000	9	0	0	0	0	0	1	0	.000	.000	Scoring Posn	.000	1	0	0	0	0	0	0	0	.000	.000
vs. Right	.333	6	2	1	0	1	1	0	1	.333	1.000	Close & Late	1.000	1	1	0	0	1	1	0	0	1.000	4.000

Kevin Brown — Rangers
Age 30 – Pitches Right (groundball pitcher)

	ERA	W	L	Sv	G	GS	IP	BB	SO	Avg	H	2B	3B	HR	RBI	OBP	SLG	CG	ShO	Sup	QS	#P/S	SB	CS	GB	FB	G/F
1994 Season	4.82	7	9	0	26	25	170.0	50	123	.314	218	30	7	18	89	.361	.455	3	0	4.39	12	112	7	9	355	111	3.20
Last Five Years	3.88	64	54	0	154	153	1059.1	350	622	.271	1116	185	17	73	451	.333	.378	32	6	4.72	93	105	36	46	2046	761	2.69

1994 Season

	ERA	W	L	Sv	G	GS	IP	H	HR	BB	SO		Avg	AB	H	2B	3B	HR	RBI	BB	SO	OBP	SLG
Home	4.07	5	5	0	14	13	97.1	119	7	24	71	vs. Left	.332	379	126	19	6	9	49	30	60	.379	.485
Away	5.82	2	4	0	12	12	72.2	99	11	26	52	vs. Right	.291	316	92	11	1	9	40	20	63	.341	.418
Day	5.10	2	4	0	8	8	54.2	70	11	14	45	Inning 1-6	.326	571	186	22	6	15	75	40	101	.372	.464
Night	4.68	5	5	0	18	17	115.1	148	7	36	78	Inning 7+	.258	124	32	8	1	3	14	10	22	.313	.411
Grass	4.36	7	7	0	23	22	154.2	192	16	44	114	None on	.314	376	118	17	3	9	9	29	71	.365	.447
Turf	9.39	0	2	0	3	3	15.1	26	2	6	9	Runners on	.313	319	100	13	4	9	80	21	52	.358	.464
April	8.51	1	4	0	6	6	37.0	68	7	9	22	Scoring Posn	.302	172	52	8	1	7	70	13	31	.352	.483
May	3.72	3	3	0	7	6	46.0	54	5	11	33	Close & Late	.244	78	19	6	1	1	10	6	11	.298	.385
June	4.41	1	1	0	5	5	34.2	39	3	14	25	None on/out	.309	175	54	8	1	5	5	9	34	.342	.451
July	3.89	2	1	0	6	6	37.0	39	3	12	34	vs. 1st Batr (relief)	.000	1	0	0	0	0	0	0	0	.000	.000
August	2.35	0	0	0	2	2	15.1	18	0	4	9	First Inning Pitched	.380	108	41	4	0	1	14	6	20	.405	.444
September/October	0.00	0	0	0	0	0	0	0	0	0	0	First 75 Pitches	.333	448	149	18	5	12	60	29	69	.375	.475
Starter	4.71	7	8	0	25	25	168.0	215	18	49	121	Pitch 76-90	.304	79	24	2	1	2	7	6	19	.349	.430
Reliever	13.50	0	1	0	1	0	2.0	3	0	1	2	Pitch 91-105	.329	73	24	5	0	3	14	8	14	.402	.521
0-3 Days Rest (St)	3.47	2	0	0	3	3	23.1	28	1	4	17	Pitch 106+	.221	95	21	5	1	1	8	7	21	.275	.326
4 Days Rest	4.78	4	6	0	16	16	111.0	143	11	31	79	First Pitch	.407	86	35	2	3	1	14	1	0	.418	.535
5+ Days Rest	5.35	1	2	0	6	6	33.2	44	6	14	25	Ahead in Count	.235	307	72	15	0	5	26	0	103	.238	.332
Pre-All Star	5.39	6	8	0	21	20	132.0	178	16	39	95	Behind in Count	.412	170	70	8	3	7	36	27	0	.490	.618
Post-All Star	2.84	1	1	0	5	5	38.0	40	2	11	28	Two Strikes	.194	310	60	11	0	5	19	22	123	.249	.277

Last Five Years

	ERA	W	L	Sv	G	GS	IP	H	HR	BB	SO		Avg	AB	H	2B	3B	HR	RBI	BB	SO	OBP	SLG
Home	3.17	35	23	0	76	75	543.0	543	37	158	343	vs. Left	.274	2126	583	107	11	39	234	308	304	.390
Away	4.64	29	31	0	78	78	516.1	573	36	192	279	vs. Right	.269	1985	533	78	6	34	217	142	314	.327	.365
Day	5.12	13	15	0	36	36	230.1	270	22	85	126	Inning 1-6	.272	3295	897	142	12	52	365	288	493	.336	.370
Night	3.54	51	39	0	118	117	829.0	846	51	265	496	Inning 7+	.268	816	219	43	5	21	86	62	129	.323	.411
Grass	3.78	53	46	0	130	129	895.2	931	65	302	537	None on	.266	2310	615	108	10	38	38	182	364	.326	.371
Turf	4.45	11	8	0	24	24	163.2	185	8	48	85	Runners on	.278	1801	501	77	7	35	413	168	258	.343	.387
April	4.25	13	7	0	23	23	159.0	179	12	45	91	Scoring Posn	.264	1009	266	4	4	22	364	112	161	.341	.381
May	3.86	12	13	0	30	29	207.1	219	13	63	109	Close & Late	.287	450	129	27	4	13	59	37	57	.343	.451
June	3.45	13	8	0	27	27	193.0	174	9	69	112	None on/out	.263	1040	273	49	4	13	13	73	170	.315	.355
July	4.29	10	10	0	29	29	195.0	207	20	71	130	vs. 1st Batr (relief)	.000	1	0	0	0	0	0	0	0	.000	.000
August	3.89	7	9	0	23	23	157.1	188	7	59	90	First Inning Pitched	.297	592	176	30	1	8	80	66	93	.372	.392
September/October	3.53	9	7	0	22	22	147.2	149	12	43	90	First 75 Pitches	.274	2803	768	123	10	43	303	242	415	.337	.371
Starter	3.86	64	53	0	153	153	1057.1	1113	73	349	620	Pitch 76-90	.264	538	142	21	4	12	57	41	78	.320	.385
Reliever	13.50	0	1	0	1	0	2.0	3	0	1	2	Pitch 91-105	.269	439	118	25	0	8	49	34	62	.331	.380
0-3 Days Rest (St)	2.86	4	4	0	9	9	63.0	60	2	19	42	Pitch 106+	.266	331	88	16	3	10	42	33	67	.331	.423
4 Days Rest	3.97	38	31	0	92	92	648.0	690	48	215	377	First Pitch	.331	629	208	38	5	9	87	13	0	.352	.450
5+ Days Rest	3.85	22	18	0	52	52	346.1	363	23	115	201	Ahead in Count	.210	1770	372	58	5	17	130	0	538	.210	.277
Pre-All Star	3.89	43	30	0	91	90	627.2	645	39	206	354	Behind in Count	.337	977	329	54	5	28	159	194	0	.447	.488
Post-All Star	3.88	21	24	0	63	63	431.2	471	34	144	268	Two Strikes	.186	1653	307	54	6	19	103	143	622	.257	.260

Pitcher vs. Batter (career)

Pitches Best Vs.	Avg	AB	H	2B	3B	HR	RBI	BB	SO	OBP	SLG	Pitches Worst Vs.	Avg	AB	H	2B	3B	HR	RBI	BB	SO	OBP	SLG
Randy Velarde	.000	9	0	0	0	0	0	1	1	.182	.000	Tim Salmon	.500	12	6	2	0	0	2	1	2	.538	.667
Pat Kelly	.083	12	1	0	0	0	0	1	2	.154	.083	John Olerud	.433	30	13	4	0	1	7	3	5	.485	.667
Stan Javier	.091	11	1	0	0	0	1	3	1	.167	.091	Joe Orsulak	.400	20	8	3	0	1	7	4	1	.500	.700
Gary DiSarcina	.095	21	2	1	0	0	2	1	3	.136	.143	Dave Winfield	.353	34	12	0	0	5	9	4	6	.421	.794
Ozzie Guillen	.135	37	5	1	0	0	3	.135	.162	Mark Whiten	.333	18	6	1	0	2	6	4	4	.455	.722

Jerry Browne — Marlins
Age 29 – Bats Both

	Avg	G	AB	R	H	2B	3B	HR	RBI	BB	SO	HBP	GDP	SB	CS	OBP	SLG	IBB	SH	SF	#Pit	#P/PA	GB	FB	G/F
1994 Season	.295	101	329	42	97	17	4	3	30	52	23	2	5	3	0	.392	.398	3	3	2	1510	3.89	139	96	1.45
Last Five Years	.267	535	1716	232	458	73	13	15	168	213	155	9	38	24	14	.346	.351	4	45	25	7361	3.67	723	514	1.41

1994 Season

	Avg	AB	H	2B	3B	HR	RBI	BB	SO	OBP	SLG		Avg	AB	H	2B	3B	HR	RBI	BB	SO	OBP	SLG
vs. Left	.327	104	34	6	1	2	9	15	8	.413	.462	Scoring Posn	.299	67	20	2	1	0	25	23	5	.479	.358
vs. Right	.280	225	63	11	3	1	21	37	15	.383	.369	Close & Late	.321	56	18	3	2	1	10	8	4	.400	.500
Groundball	.287	108	31	6	0	1	11	14	8	.374	.352	None on/out	.320	97	31	5	2	1	1	5	5	.371	.443
Flyball	.271	48	13	2	1	0	6	6	2	.352	.354	Batting #1	.328	116	38	9	2	2	9	18	9	.422	.491
Home	.315	162	51	8	3	0	16	22	13	.395	.401	Batting #2	.292	154	45	7	1	1	15	24	11	.383	.370

1994 Season

	Avg	AB	H	2B	3B	HR	RBI	BB	SO	OBP	SLG		Avg	AB	H	2B	3B	HR	RBI	BB	SO	OBP	SLG
Away	.275	167	46	9	1	4	13	30	10	.390	.395	Other	.237	59	14	1	0	6	10	3	.357	.288
Day	.267	90	24	3	1	1	10	19	10	.400	.356	April	.277	47	13	3	0	0	4	10	3	.404	.340
Night	.305	239	73	14	3	2	20	33	13	.389	.414	May	.250	72	18	1	2	0	5	10	4	.341	.319
Grass	.295	258	76	12	4	3	23	37	20	.384	.407	June	.333	93	31	6	1	0	12	14	8	.422	.419
Turf	.296	71	21	5	0	0	7	15	3	.420	.366	July	.256	78	20	3	0	2	6	12	7	.352	.372
First Pitch	.429	28	12	0	1	1	7	2	0	.467	.607	August	.385	39	15	4	1	1	3	6	1	.478	.615
Ahead in Count	.293	92	27	9	0	0	8	31	0	.468	.391	September/October	.000	0	0	0	0	0	0	0	0	.000	.000
Behind in Count	.248	145	36	7	1	1	7	0	20	.259	.331	Pre-All Star	.294	245	72	10	3	0	22	39	18	.392	.359
Two Strikes	.241	137	33	4	2	1	11	19	23	.331	.321	Post-All Star	.298	84	25	7	1	3	8	13	5	.394	.512

1994 By Position

Position	Avg	AB	H	2B	3B	HR	RBI	BB	SO	OBP	SLG	G	GS	Innings	PO	A	E	DP	Fld Pct	Rng Fctr	In Zone	Outs	Zone Rtg	MLB Zone
As Pinch Hitter	.250	8	2	0	0	0	2	4	0	.500	.250	12	0	---	---	---	---	---	---	---	---	---	---	---
As 2b	.341	41	14	3	1	0	7	6	3	.426	.463	15	11	97.2	24	36	3	4	.952	5.53	42	38	.905	.889
As 3b	.296	216	64	12	2	3	17	33	12	.389	.412	62	58	479.1	44	87	10	8	.929	2.46	114	98	.860	.826
As lf	.163	43	7	0	0	0	4	6	7	.280	.163	29	23	104.2	31	1	0	0	1.000	2.75	33	29	.879	.815

Last Five Years

	Avg	AB	H	2B	3B	HR	RBI	BB	SO	OBP	SLG		Avg	AB	H	2B	3B	HR	RBI	BB	SO	OBP	SLG
vs. Left	.270	430	116	19	4	3	37	55	35	.354	.353	Scoring Posn	.273	374	102	16	3	3	148	68	31	.369	.356
vs. Right	.266	1286	342	54	9	12	131	158	120	.344	.350	Close & Late	.294	296	87	10	2	4	39	29	.371	.382	
Groundball	.261	482	126	25	0	3	44	64	50	.350	.332	None on/out	.246	504	124	21	6	4	49	58	.314	.335	
Flyball	.298	396	118	16	4	4	47	49	41	.371	.389	Batting #1	.276	565	156	29	6	5	47	60	50	.345	.375
Home	.287	805	231	33	7	5	79	99	74	.366	.364	Batting #2	.267	799	213	36	3	7	82	115	76	.355	.345
Away	.249	911	227	40	6	10	89	114	81	.330	.330	Other	.253	352	89	8	4	3	39	38	29	.325	.324
Day	.263	574	151	20	4	3	58	76	45	.351	.328	April	.209	196	41	4	0	0	15	22	17	.265	.230
Night	.269	1142	307	53	9	12	110	137	110	.344	.363	May	.242	269	65	3	5	1	26	23	28	.301	.301
Grass	.268	1427	383	56	12	15	148	175	134	.347	.356	June	.295	342	101	15	1	2	32	46	27	.380	.363
Turf	.260	289	75	17	1	0	20	38	21	.342	.325	July	.249	313	78	14	4	6	29	43	30	.340	.377
First Pitch	.316	193	61	6	2	3	35	2	0	.320	.415	August	.307	326	100	18	2	4	33	35	29	.376	.411
Ahead in Count	.288	417	120	27	1	2	44	143	0	.462	.372	September/October	.270	270	73	19	1	2	33	44	24	.363	.370
Behind in Count	.251	738	185	30	6	3	57	0	133	.253	.320	Pre-All Star	.262	911	239	26	10	5	82	108	83	.339	.329
Two Strikes	.219	694	152	17	4	4	51	66	155	.286	.311	Post-All Star	.272	805	219	47	3	10	86	105	72	.354	.375

Batter vs. Pitcher (career)

Hits Best Against	Avg	AB	H	2B	3B	HR	RBI	BB	SO	OBP	SLG	Hits Worst Against	Avg	AB	H	2B	3B	HR	RBI	BB	SO	OBP	SLG
Chuck Crim	.667	15	10	1	0	1	3	2	1	.706	.933	Greg Harris	.000	14	0	0	0	0	2	2	1	.118	.000
Scott Bankhead	.600	10	6	1	0	0	2	1	0	.636	.700	Ben McDonald	.000	10	0	0	0	0	0	0	0	.167	.000
Pete Harnisch	.538	13	7	2	0	1	5	2	1	.600	.923	Todd Stottlemyre	.077	13	1	0	0	0	0	1	1	.143	.077
Jose Rijo	.500	10	5	2	0	2	2	2	0	.583	.700	Kirk McCaskill	.083	24	2	0	0	0	3	3	4	.185	.083
Scott Erickson	.467	15	7	2	0	0	1	1	2	.500	.600	Tom Henke	.100	10	1	0	0	0	0	0	2	.182	.100

Tom Browning — Reds
Age 35 – Pitches Left (flyball pitcher)

	ERA	W	L	Sv	G	GS	IP	BB	SO	Avg	H	2B	3B	HR	RBI	OBP	SLG	CG	ShO	Sup	QS	#P/S	SB	CS	GB	FB	G/F
1994 Season	4.20	3	1	0	7	7	40.2	13	22	.222	34	2	0	8	16	.284	.392	2	1	6.20	2	87	2	1	44	63	0.70
Last Five Years	4.26	45	36	0	115	114	699.2	169	322	.281	777	146	21	85	321	.323	.441	5	2	4.72	61	88	51	25	858	1034	0.83

1994 Season

	ERA	W	L	Sv	G	GS	IP	H	HR	BB	SO		Avg	AB	H	2B	3B	HR	RBI	BB	SO	OBP	SLG
Home	5.84	1	0	0	2	2	12.1	8	2	4	8	vs. Left	.083	24	2	0	0	1	2	5	4	.233	.208
Away	3.49	2	1	0	5	5	28.1	26	9	14	vs. Right	.248	129	32	2	0	7	14	8	18	.295	.426	

Last Five Years

	ERA	W	L	Sv	G	GS	IP	H	HR	BB	SO		Avg	AB	H	2B	3B	HR	RBI	BB	SO	OBP	SLG
Home	4.06	28	15	0	54	54	346.0	348	48	84	165	vs. Left	.237	557	132	33	3	13	65	52	92	.301	.377
Away	4.45	17	21	0	61	60	353.2	429	37	85	157	vs. Right	.292	2209	645	113	18	72	256	117	230	.329	.457
Day	4.23	14	14	0	38	38	230.0	254	24	66	106	Inning 1-6	.278	2451	682	129	20	74	286	154	293	.322	.438
Night	4.27	31	22	0	77	76	469.2	523	61	103	216	Inning 7+	.302	315	95	17	1	11	35	15	29	.339	.467
Grass	4.04	12	11	0	38	37	225.0	275	23	49	91	None on	.278	1655	460	78	11	60	60	81	200	.315	.447
Turf	4.36	33	25	0	77	77	474.2	502	62	120	231	Runners on	.285	1111	317	68	10	25	261	88	122	.334	.432
April	4.14	12	5	0	23	23	139.0	141	20	30	75	Scoring Posn	.283	579	164	35	6	11	218	71	77	.352	.421
May	4.17	8	10	0	25	25	153.1	160	17	43	68	Close & Late	.279	197	55	11	0	5	17	13	20	.322	.411
June	3.78	11	3	0	22	21	133.1	149	11	38	60	None on/out	.289	729	211	30	7	27	27	29	76	.322	.461
July	4.30	6	6	0	18	18	113.0	133	17	19	47	vs. 1st Batr (relief)	1.000	1	1	0	0	0	0	0	0	1.000	1.000
August	3.56	4	4	0	13	13	83.1	94	9	15	36	First Inning Pitched	.313	473	148	26	4	15	67	24	59	.347	.480
September/October	6.14	4	8	0	14	14	77.2	100	11	24	36	First 75 Pitches	.279	2284	638	118	17	68	259	126	272	.318	.435
Starter	4.25	45	36	0	114	114	698.2	775	85	169	322	Pitch 76-90	.300	310	93	17	3	10	39	21	28	.346	.471
Reliever	9.00	0	0	0	1	0	1.0	2	0	0	0	Pitch 91-105	.299	134	40	9	1	7	19	21	17	.389	.537
0-3 Days Rest (St)	5.14	5	4	0	12	12	61.1	95	9	17	31	Pitch 106+	.158	38	6	2	0	0	4	1	5	.175	.211
4 Days Rest	3.96	25	21	0	70	70	436.1	471	49	108	191	First Pitch	.319	486	155	33	5	20	59	25	0	.352	.531
5+ Days Rest	4.61	15	11	0	32	32	201.0	209	27	44	100	Ahead in Count	.250	1214	303	58	7	26	112	0	268	.253	.373
Pre-All Star	4.07	33	20	0	77	76	462.1	498	52	123	219	Behind in Count	.316	550	174	31	6	22	91	74	0	.395	.515
Post-All Star	4.63	12	16	0	38	38	237.1	279	33	46	103	Two Strikes	.230	1087	250	42	4	21	94	70	322	.279	.334

Pitcher vs. Batter (career)

Pitches Best Vs.	Avg	AB	H	2B	3B	HR	RBI	BB	SO	OBP	SLG	Pitches Worst Vs.	Avg	AB	H	2B	3B	HR	RBI	BB	SO	OBP	SLG
Sid Bream	.000	10	0	0	0	0	0	2	2	.167	.000	Brian Hunter	.545	11	6	0	1	1	3	0	0	.545	1.000

Pitcher vs. Batter (career)

Pitches Best Vs.	Avg	AB	H	2B	3B	HR	RBI	BB	SO	OBP	SLG	Pitches Worst Vs.	Avg	AB	H	2B	3B	HR	RBI	BB	SO	OBP	SLG
Milt Thompson	.071	14	1	0	0	0	0	1	3	.133	.071	Spike Owen	.500	24	12	4	1	1	2	1	1	.520	.875
Atlee Hammaker	.091	11	1	0	0	0	0	0	2	.091	.091	Lance Parrish	.455	11	5	1	0	1	3	1	1	.538	.818
Bobby Ojeda	.091	11	1	0	0	0	0	1	3	.167	.091	Bobby Bonilla	.409	44	18	4	1	10	20	1	2	.404	1.227
Delino DeShields	.100	20	2	0	0	0	1	1	4	.143	.100	Jose Oquendo	.400	25	10	4	0	2	3	4	0	.483	.800

Jacob Brumfield — Reds Age 30 – Bats Right (flyball hitter)

	Avg	G	AB	R	H	2B	3B	HR	RBI	BB	SO	HBP	GDP	SB	CS	OBP	SLG	IBB	SH	SF	#Pit	#P/PA	GB	FB	G/F
1994 Season	.311	68	122	36	38	10	2	4	11	15	18	0	3	6	3	.381	.525	0	2	2	570	4.04	40	41	0.98
Career (1992-1994)	.271	195	424	82	115	27	5	10	36	38	69	2	4	32	11	.331	.429	5	5	4	1781	3.77	138	144	0.96

1994 Season

	Avg	AB	H	2B	3B	HR	RBI	BB	SO	OBP	SLG		Avg	AB	H	2B	3B	HR	RBI	BB	SO	OBP	SLG
vs. Left	.286	49	14	2	1	3	6	4	7	.333	.551	Scoring Posn	.278	18	5	0	0	1	7	6	5	.423	.444
vs. Right	.329	73	24	8	1	1	5	11	11	.412	.507	Close & Late	.318	22	7	5	0	0	2	8	6	.484	.545
Home	.364	66	24	5	1	3	7	12	7	.456	.606	None on/out	.380	50	19	4	2	2	6	8	.446	.660	
Away	.250	56	14	5	1	1	4	3	11	.283	.429	Batting #1	.425	73	31	8	2	4	8	8	6	.481	.753
First Pitch	.429	14	6	2	0	0	2	0	0	.429	.571	Batting #9	.143	14	2	0	0	0	5	3	.368	.143	
Ahead in Count	.414	29	12	0	2	3	8	0		.541	.690	Other	.143	35	5	2	0	3	2	9	.179	.200	
Behind in Count	.254	59	15	5	1	2	6	0	14	.246	.475	Pre-All Star	.277	65	18	5	1	2	8	7	10	.338	.477
Two Strikes	.203	59	12	4	0	2	6	7	18	.279	.373	Post-All Star	.351	57	20	5	1	2	3	8	8	.431	.579

Career (1992-1994)

	Avg	AB	H	2B	3B	HR	RBI	BB	SO	OBP	SLG		Avg	AB	H	2B	3B	HR	RBI	BB	SO	OBP	SLG
vs. Left	.272	158	43	9	1	5	13	10	19	.318	.437	Scoring Posn	.273	77	21	2	1	1	24	15	18	.381	.364
vs. Right	.271	266	72	18	4	5	23	28	50	.339	.425	Close & Late	.304	79	24	7	1	2	8	11	16	.391	.494
Groundball	.263	137	36	9	0	0	9	15	17	.333	.328	None on/out	.313	147	46	12	2	6	6	10	20	.357	.544
Flyball	.254	67	17	6	1	3	7	6	16	.307	.507	Batting #1	.316	177	56	14	2	5	12	13	19	.363	.503
Home	.260	192	50	12	1	4	15	21	31	.330	.396	Batting #8	.276	98	27	8	2	2	10	11	19	.345	.459
Away	.280	232	65	15	4	6	21	17	38	.332	.457	Other	.215	149	32	5	1	3	14	14	31	.285	.322
Day	.255	149	38	11	0	4	10	6	24	.288	.409	April	.316	19	6	1	0	0	1	1	3	.350	.368
Night	.280	275	77	16	5	6	26	32	45	.353	.440	May	.135	52	7	2	0	0	3	5	10	.220	.173
Grass	.266	143	38	8	3	5	15	11	24	.321	.469	June	.250	28	7	0	0	0	3	8	6	.405	.250
Turf	.274	281	77	19	2	5	21	27	45	.337	.409	July	.335	164	55	16	4	6	18	16	21	.393	.591
First Pitch	.300	60	18	4	1	1	8	4	0	.354	.450	August	.225	71	16	4	0	1	2	5	13	.276	.324
Ahead in Count	.340	106	36	8	0	3	9	18	0	.432	.500	September/October	.267	90	24	4	1	3	9	3	16	.290	.433
Behind in Count	.212	179	38	10	2	5	12	0	54	.209	.374	Pre-All Star	.274	168	46	11	1	5	18	18	27	.344	.440
Two Strikes	.211	199	42	8	2	6	18	16	69	.266	.362	Post-All Star	.270	256	69	16	4	5	18	20	42	.323	.422

Batter vs. Pitcher (career)

Hits Best Against	Avg	AB	H	2B	3B	HR	RBI	BB	SO	OBP	SLG	Hits Worst Against	Avg	AB	H	2B	3B	HR	RBI	BB	SO	OBP	SLG
												Danny Jackson	.083	12	1	0	0	0	1	0	2	.083	.083

Duff Brumley — Rangers Age 24 – Pitches Right

	ERA	W	L	Sv	G	GS	IP	BB	SO	Avg	H	2B	3B	HR	RBI	OBP	SLG	GF	IR	IRS	Hld	SvOp	SB	CS	GB	FB	G/F
1994 Season	16.20	0	0	0	2	0	3.1	5	4	.400	6	2	0	1	7	.500	.733	1	2	1	0	0	0	0	4	6	0.67

1994 Season

	ERA	W	L	Sv	G	GS	IP	H	HR	BB	SO		Avg	AB	H	2B	3B	HR	RBI	BB	SO	OBP	SLG
Home	11.57	0	0	0	1	0	2.1	3	1	4	3	vs. Left	.500	8	4	1	0	1	5	3	1	.583	1.000
Away	27.00	0	0	0	1	0	1.0	3	0	1	1	vs. Right	.286	7	2	1	0	0	2	2	3	.400	.429

Mike Brumley — Athletics Age 32 – Bats Both (groundball hitter)

	Avg	G	AB	R	H	2B	3B	HR	RBI	BB	SO	HBP	GDP	SB	CS	OBP	SLG	IBB	SH	SF	#Pit	#P/PA	GB	FB	G/F
1994 Season	.240	11	25	3	6	0	0	0	2	1	8	0	0	0	0	.269	.240	0	0	0	88	3.38	5	10	0.50
Last Five Years	.223	146	301	36	67	10	4	0	16	22	55	0	5	4	1	.275	.282	0	8	1	1161	3.50	117	72	1.63

1994 Season

	Avg	AB	H	2B	3B	HR	RBI	BB	SO	OBP	SLG		Avg	AB	H	2B	3B	HR	RBI	BB	SO	OBP	SLG
vs. Left	.200	5	1	0	0	0	0	2	.200	.200		Scoring Posn	.250	4	1	0	0	0	2	0	1	.250	.250
vs. Right	.250	20	5	0	0	0	2	1	6	.286	.250	Close & Late	.000	4	0	0	0	0	0	1	0	.000	.000

Tom Brunansky — Red Sox Age 34 – Bats Right (flyball hitter)

	Avg	G	AB	R	H	2B	3B	HR	RBI	BB	SO	HBP	GDP	SB	CS	OBP	SLG	IBB	SH	SF	#Pit	#P/PA	GB	FB	G/F
1994 Season	.234	64	205	24	48	12	1	10	34	24	57	0	3	0	2	.309	.449	1	0	4	996	4.27	49	69	0.71
Last Five Years	.240	572	1864	211	448	101	13	63	280	230	399	7	41	11	23	.322	.410	12	4	28	8427	3.95	499	659	0.76

1994 Season

	Avg	AB	H	2B	3B	HR	RBI	BB	SO	OBP	SLG		Avg	AB	H	2B	3B	HR	RBI	BB	SO	OBP	SLG
vs. Left	.190	58	11	5	0	1	8	12	18	.324	.328	Scoring Posn	.231	52	12	3	0	5	27	10	14	.333	.577
vs. Right	.252	147	37	7	1	9	26	12	39	.302	.497	Close & Late	.324	34	11	1	0	3	9	8	9	.442	.618
Home	.193	109	21	7	1	4	16	14	32	.280	.385	None on/out	.196	46	9	1	1	1	3	13	.245	.326	
Away	.281	96	27	5	0	6	18	10	25	.343	.521	Batting #5	.170	47	8	3	0	2	7	11	16	.317	.362
First Pitch	.375	16	6	1	0	3	10	0	0	.353	1.000	Batting #6	.256	86	22	5	0	5	16	7	21	.309	.488
Ahead in Count	.314	51	16	4	0	3	9	11	0	.429	.569	Other	.250	72	18	4	1	3	11	6	20	.304	.458
Behind in Count	.181	94	17	3	0	3	8	0	50	.181	.309	Pre-All Star	.255	102	26	6	0	6	18	13	34	.336	.490

1994 Season (continued)

	Avg	AB	H	2B	3B	HR	RBI	BB	SO	OBP	SLG		Avg	AB	H	2B	3B	HR	RBI	BB	SO	OBP	SLG
Two Strikes	.133	113	15	5	0	1	6	13	57	.220	.204	Post-All Star	.214	103	22	6	1	4	16	11	23	.282	.408

Last Five Years

	Avg	AB	H	2B	3B	HR	RBI	BB	SO	OBP	SLG		Avg	AB	H	2B	3B	HR	RBI	BB	SO	OBP	SLG
vs. Left	.239	612	146	37	6	21	93	85	105	.326	.422	Scoring Posn	.228	535	122	28	4	23	219	85	109	.320	.424
vs. Right	.241	1252	302	64	7	42	187	145	294	.319	.404	Close & Late	.263	308	81	20	1	9	48	56	72	.372	.422
Groundball	.285	492	140	24	1	11	77	68	96	.369	.404	None on/out	.220	445	98	17	5	11	11	39	91	.286	.355
Flyball	.232	426	99	24	4	20	69	48	91	.306	.448	Batting #4	.259	686	178	43	6	22	108	80	145	.335	.436
Home	.277	912	253	68	9	39	171	111	181	.354	.500	Batting #6	.240	596	143	33	2	23	96	65	112	.312	.418
Away	.205	952	195	33	4	24	109	119	218	.291	.324	Other	.218	582	127	25	5	18	76	85	142	.316	.371
Day	.241	639	154	29	2	26	101	65	139	.310	.415	April	.198	187	37	9	0	4	18	29	35	.305	.310
Night	.240	1225	294	72	11	37	179	165	260	.328	.407	May	.222	329	73	14	2	13	54	38	71	.298	.395
Grass	.241	1541	371	83	11	56	235	192	319	.323	.418	June	.267	367	98	30	4	8	49	44	79	.347	.436
Turf	.238	323	77	18	2	7	45	38	80	.315	.372	July	.216	417	90	22	4	17	73	50	98	.296	.410
First Pitch	.308	227	70	16	1	13	54	3	0	.311	.559	August	.275	306	84	11	2	11	41	40	61	.359	.431
Ahead in Count	.296	433	128	22	6	23	80	116	0	.439	.533	September/October	.256	258	66	15	1	10	45	29	55	.326	.438
Behind in Count	.187	824	154	40	5	12	78	0	334	.191	.291	Pre-All Star	.234	1022	239	60	7	32	153	134	217	.321	.400
Two Strikes	.182	908	165	46	2	14	88	106	399	.269	.283	Post-All Star	.248	842	209	41	6	31	127	96	182	.323	.422

Batter vs. Pitcher (since 1984)

Hits Best Against	Avg	AB	H	2B	3B	HR	RBI	BB	SO	OBP	SLG	Hits Worst Against	Avg	AB	H	2B	3B	HR	RBI	BB	SO	OBP	SLG
Mark Eichhorn	.389	18	7	3	0	1	8	3	1	.476	.722	Jose DeLeon	.000	8	0	0	0	0	1	2	5	.182	.000
Kevin Gross	.385	13	5	0	2	1	3	3	3	.500	.923	Sid Fernandez	.063	16	1	0	0	0	0	1	3	.118	.063
Dennis Eckersley	.385	13	5	2	0	2	6	0	2	.385	1.000	Melido Perez	.080	25	2	2	0	0	0	0	7	.080	.160
David Wells	.381	21	8	2	0	3	5	0	2	.381	.905	Tim Belcher	.100	10	1	0	0	0	2	0	3	.091	.100
Alex Fernandez	.375	24	9	0	1	3	7	0	6	.375	.833	Kenny Rogers	.125	16	2	0	0	0	0	0	1	.125	.125

Gary Buckels — Cardinals

Age 29 – Pitches Right

	ERA	W	L	Sv	G	GS	IP	BB	SO	Avg	H	2B	3B	HR	RBI	OBP	SLG	GF	IR	IRS	Hld	SvOp	SB	CS	GB	FB	G/F
1994 Season	2.25	0	1	0	10	0	12.0	7	9	.186	8	3	0	2	4	.300	.395	3	1	0	0	0	1	0	14	14	1.00

1994 Season

	ERA	W	L	Sv	G	GS	IP	H	HR	BB	SO		Avg	AB	H	2B	3B	HR	RBI	BB	SO	OBP	SLG
Home	3.00	0	1	0	6	0	9.0	8	2	4	7	vs. Left	.154	13	2	1	0	1	2	3	3	.313	.462
Away	0.00	0	0	0	4	0	3.0	0	0	3	2	vs. Right	.200	30	6	2	0	1	2	4	6	.294	.367

Steve Buechele — Cubs

Age 33 – Bats Right

	Avg	G	AB	R	H	2B	3B	HR	RBI	BB	SO	HBP	GDP	SB	CS	OBP	SLG	IBB	SH	SF	#Pit	#P/PA	GB	FB	G/F
1994 Season	.242	104	339	33	82	11	1	14	52	39	80	4	8	1	0	.325	.404	2	2	3	1542	3.98	123	77	1.60
Last Five Years	.255	625	2104	242	537	93	10	67	296	215	432	25	40	4	9	.330	.404	18	28	14	9157	3.84	708	595	1.19

1994 Season

	Avg	AB	H	2B	3B	HR	RBI	BB	SO	OBP	SLG		Avg	AB	H	2B	3B	HR	RBI	BB	SO	OBP	SLG
vs. Left	.235	85	20	4	1	2	12	13	22	.330	.376	Scoring Posn	.266	94	25	2	1	2	32	7	23	.314	.372
vs. Right	.244	254	62	7	0	12	40	26	58	.323	.413	Close & Late	.173	52	9	1	0	1	3	8	17	.283	.250
Groundball	.236	110	26	6	0	1	11	10	29	.300	.318	None on/out	.148	61	9	0	0	2	2	12	17	.288	.246
Flyball	.175	57	10	1	0	3	9	7	17	.262	.351	Batting #6	.275	40	11	4	0	1	7	4	7	.333	.450
Home	.260	173	45	6	0	7	26	20	40	.342	.416	Batting #7	.236	276	65	6	1	12	44	32	67	.322	.395
Away	.223	166	37	5	1	7	26	19	40	.307	.392	Other	.261	23	6	1	0	1	1	3	6	.346	.435
Day	.239	209	50	7	0	7	28	20	54	.310	.373	April	.281	64	18	1	0	4	12	7	20	.361	.484
Night	.246	130	32	4	1	7	24	19	26	.346	.454	May	.214	84	18	5	0	3	14	12	18	.316	.381
Grass	.243	251	61	8	0	10	37	28	61	.327	.394	June	.200	75	15	1	0	2	6	8	22	.277	.293
Turf	.239	88	21	3	1	4	15	11	19	.317	.432	July	.291	86	25	4	1	4	16	10	13	.364	.500
First Pitch	.393	28	11	0	0	1	9	1	0	.387	.500	August	.200	30	6	0	0	1	4	2	7	.273	.300
Ahead in Count	.371	70	26	5	0	5	14	23	0	.527	.657	September/October	.000	0	0	0	0	0	0	0	0	.000	.000
Behind in Count	.163	166	27	5	0	3	17	0	67	.176	.247	Pre-All Star	.243	251	61	9	0	10	36	31	61	.330	.398
Two Strikes	.152	171	26	3	1	4	15	15	80	.233	.251	Post-All Star	.239	88	21	2	1	4	16	8	19	.310	.420

1994 By Position

Position	Avg	AB	H	2B	3B	HR	RBI	BB	SO	OBP	SLG	G	GS	Innings	PO	A	E	DP	Fld Pct	Rng Fctr	In Zone	Outs	Zone Rtg	MLB Zone
As 3b	.235	319	75	10	0	13	46	36	75	.318	.389	99	95	787.1	55	136	5	12	.974	2.18	192	146	.760	.826

Last Five Years

	Avg	AB	H	2B	3B	HR	RBI	BB	SO	OBP	SLG		Avg	AB	H	2B	3B	HR	RBI	BB	SO	OBP	SLG
vs. Left	.285	631	180	42	3	25	90	87	114	.374	.480	Scoring Posn	.280	574	161	25	6	15	217	81	117	.370	.423
vs. Right	.242	1473	357	51	7	42	206	128	318	.309	.372	Close & Late	.224	361	81	11	3	4	41	35	101	.299	.305
Groundball	.235	706	166	24	5	17	92	68	163	.308	.356	None on/out	.263	502	132	31	1	14	14	38	91	.320	.412
Flyball	.241	419	101	19	0	18	63	44	89	.319	.415	Batting #6	.251	786	197	36	5	22	112	76	158	.319	.393
Home	.262	1060	278	47	5	33	140	109	204	.336	.409	Batting #7	.263	615	162	23	2	25	100	75	136	.348	.433
Away	.248	1044	259	46	5	34	156	106	228	.323	.399	Other	.253	703	178	34	2	20	84	64	138	.324	.393
Day	.254	757	192	28	4	22	91	76	150	.326	.388	April	.258	298	77	14	2	13	46	30	60	.334	.450
Night	.256	1347	345	65	6	45	205	139	282	.331	.414	May	.260	366	95	20	1	17	60	40	78	.334	.459
Grass	.262	1422	372	69	6	46	198	139	260	.334	.416	June	.202	351	71	15	1	7	35	40	82	.284	.311
Turf	.242	682	165	24	4	21	98	76	152	.320	.381	July	.293	365	107	17	3	12	52	35	64	.358	.455
First Pitch	.320	197	63	11	3	6	42	12	0	.364	.497	August	.248	367	91	13	2	9	59	32	74	.320	.368
Ahead in Count	.327	441	144	32	2	22	81	121	0	.470	.558	September/October	.269	357	96	14	1	9	44	38	74	.346	.389
Behind in Count	.208	1055	219	37	2	22	114	0	365	.217	.309	Pre-All Star	.248	1131	280	55	4	39	156	116	243	.321	.407

	Avg	AB	H	2B	3B	HR	RBI	BB	SO	OBP	SLG	Last Five Years	Avg	AB	H	2B	3B	HR	RBI	BB	SO	OBP	SLG
Two Strikes	.176	1045	184	24	1	21	93	82	432	.244	.261	Post-All Star	.264	973	257	38	6	28	140	99	189	.340	.402

Batter vs. Pitcher (career)																							
Hits Best Against	Avg	AB	H	2B	3B	HR	RBI	BB	SO	OBP	SLG	**Hits Worst Against**	Avg	AB	H	2B	3B	HR	RBI	BB	SO	OBP	SLG
Tim Leary	.462	13	6	1	1	2	6	2	1	.533	1.154	Mike Jackson	.000	13	0	0	0	0	0	1	4	.071	.000
John Habyan	.455	11	5	1	0	0	2	1	3	.500	.545	Duane Ward	.000	10	0	0	0	0	0	2	6	.167	.000
Butch Henry	.368	19	7	2	0	1	3	1	3	.400	.632	Bill Wegman	.059	17	1	0	0	0	2	0	2	.111	.059
Tim Belcher	.333	21	7	1	1	2	5	0	5	.318	.762	Mike Henneman	.059	17	1	0	0	0	2	1	6	.111	.059
Pete Harnisch	.333	15	5	0	0	2	5	3	4	.444	.733	Dennis Martinez	.063	16	1	0	0	0	0	1	3	.118	.063

Damon Buford — Orioles   Age 25 – Bats Right

	Avg	G	AB	R	H	2B	3B	HR	RBI	BB	SO	HBP	GDP	SB	CS	OBP	SLG	IBB	SH	SF	#Pit	#P/PA	GB	FB	G/F
1994 Season	.500	4	2	2	1	0	0	0	1	0	0	0	0	0	0	.500	.500	0	0	0	11	5.50	1	0	0.00
Career (1993-1994)	.235	57	81	20	19	5	0	2	9	2	20	1	1	2	2	.319	.370	0	1	0	350	3.80	22	19	1.16

1994 Season																			
	Avg	AB	H	2B	3B	HR	RBI	BB	SO	OBP	SLG		Avg	AB	H	2B	3B	HR	RBI	BB	SO	OBP	SLG
vs. Left	.000	0	0	0	0	0	0	0	0	.000	.000	Scoring Posn	.000	1	0	0	0	0	0	0	1	.000	.000
vs. Right	.500	2	1	0	0	0	0	0	1	.500	.500	Close & Late	.000	1	0	0	0	0	0	0	1	.000	.000

Jay Buhner — Mariners   Age 30 – Bats Right (flyball hitter)

	Avg	G	AB	R	H	2B	3B	HR	RBI	BB	SO	HBP	GDP	SB	CS	OBP	SLG	IBB	SH	SF	#Pit	#P/PA	GB	FB	G/F
1994 Season	.279	101	358	74	100	23	4	21	68	66	63	5	7	0	1	.394	.542	3	2	5	1679	3.85	122	124	0.98
Last Five Years	.260	599	2033	314	529	93	14	107	355	307	520	23	47	4	15	.360	.478	22	7	26	9218	3.85	606	652	0.93

1994 Season																					
	Avg	AB	H	2B	3B	HR	RBI	BB	SO	OBP	SLG		Avg	AB	H	2B	3B	HR	RBI	BB	SO	OBP	SLG
vs. Left	.336	110	37	9	1	8	20	19	13	.439	.655	Scoring Posn	.266	94	25	3	1	4	41	22	18	.408	.447
vs. Right	.254	248	63	14	3	13	48	47	50	.374	.492	Close & Late	.294	51	15	4	0	2	6	13	11	.446	.490
Groundball	.323	96	31	13	1	4	24	16	15	.421	.604	None on/out	.323	93	30	8	1	9	9	17	17	.427	.720
Flyball	.247	81	20	2	0	4	12	19	18	.392	.420	Batting #4	.276	352	97	23	4	20	64	65	62	.391	.534
Home	.270	159	43	14	2	8	26	30	23	.390	.535	Batting #5	.333	3	1	0	0	0	0	1	0	.500	.333
Away	.286	199	57	9	2	13	42	36	40	.397	.548	Other	.667	3	2	0	0	1	4	0	1	.667	1.667
Day	.293	99	29	9	0	4	16	16	24	.398	.505	April	.346	81	28	7	1	6	15	7	6	.396	.679
Night	.274	259	71	14	4	17	52	50	39	.392	.556	May	.265	83	22	5	2	4	15	24	17	.422	.518
Grass	.285	158	45	7	2	11	33	29	33	.395	.563	June	.227	97	22	6	1	5	14	17	21	.359	.464
Turf	.275	200	55	16	2	10	35	37	33	.393	.525	July	.234	64	15	3	0	2	9	10	17	.338	.375
First Pitch	.317	60	19	3	0	5	13	3	0	.364	.617	August	.394	33	13	2	0	4	15	8	2	.512	.818
Ahead in Count	.289	83	24	2	1	6	17	30	0	.478	.554	September/October	.000	0	0	0	0	0	0	0	0	.000	.000
Behind in Count	.238	151	36	13	2	5	22	0	55	.242	.450	Pre-All Star	.270	267	72	18	4	15	44	48	48	.384	.536
Two Strikes	.224	161	36	11	2	6	24	33	63	.355	.429	Post-All Star	.308	91	28	5	0	6	24	18	15	.423	.560

1994 By Position																					
Position	Avg	AB	H	2B	3B	HR	RBI	BB	SO	OBP	SLG	G	GS	Innings	PO	A	E	DP	Fld Pct	Rng Fctr	In Zone	Outs	Zone Rtg	MLB Zone
As rf	.287	342	98	22	4	21	64	62	57	.400	.558	95	94	822.0	177	11	2	2	.989	2.06	219	169	.772	.826

Last Five Years																					
	Avg	AB	H	2B	3B	HR	RBI	BB	SO	OBP	SLG		Avg	AB	H	2B	3B	HR	RBI	BB	SO	OBP	SLG
vs. Left	.286	632	181	36	3	40	118	110	136	.397	.543	Scoring Posn	.273	538	147	22	5	25	234	120	123	.399	.472
vs. Right	.248	1401	348	57	11	67	237	197	384	.343	.448	Close & Late	.257	327	84	16	2	13	47	62	74	.372	.437
Groundball	.287	498	143	26	4	24	107	58	115	.363	.500	None on/out	.304	494	150	28	4	30	30	69	116	.390	.559
Flyball	.238	446	106	20	2	23	66	75	123	.351	.446	Batting #4	.265	834	221	47	5	44	148	147	187	.376	.492
Home	.254	977	248	57	9	46	167	170	258	.368	.472	Batting #6	.231	542	125	15	5	25	88	78	166	.330	.415
Away	.266	1056	281	36	5	61	188	137	262	.351	.483	Other	.279	657	183	31	4	38	119	82	167	.363	.511
Day	.275	564	155	32	1	33	98	79	153	.367	.511	April	.289	280	81	15	2	13	43	41	60	.376	.496
Night	.255	1469	374	61	13	74	257	228	367	.357	.465	May	.259	305	79	9	4	19	60	55	74	.369	.502
Grass	.278	821	228	23	5	55	155	113	190	.364	.519	June	.232	401	93	17	3	21	70	56	103	.334	.446
Turf	.248	1212	301	70	9	52	200	194	330	.356	.450	July	.274	336	92	12	1	22	61	47	87	.363	.512
First Pitch	.351	296	104	16	5	20	81	18	0	.393	.642	August	.256	344	88	18	4	19	70	58	100	.368	.497
Ahead in Count	.328	415	136	28	2	30	92	150	0	.503	.622	September/October	.262	367	96	22	0	13	51	50	96	.355	.428
Behind in Count	.195	908	177	34	4	33	115	0	413	.201	.350	Pre-All Star	.258	1101	284	44	9	64	200	166	270	.356	.489
Two Strikes	.163	1006	164	30	3	32	108	139	520	.268	.294	Post-All Star	.263	932	245	49	5	43	155	141	250	.364	.465

Batter vs. Pitcher (career)																							
Hits Best Against	Avg	AB	H	2B	3B	HR	RBI	BB	SO	OBP	SLG	**Hits Worst Against**	Avg	AB	H	2B	3B	HR	RBI	BB	SO	OBP	SLG
Carl Willis	.556	9	5	2	0	0	4	2	2	.636	.778	Jeff Reardon	.000	11	0	0	0	0	0	1	3	.083	.000
Storm Davis	.533	15	8	1	1	2	5	3	3	.632	1.133	Mark Leiter	.000	10	0	0	0	0	0	2	5	.154	.000
Jeff Ballard	.467	15	7	1	1	2	1	1	5	.500	.867	Chris Haney	.000	9	0	0	0	0	0	1	5	.182	.000
Hipolito Pichardo	.455	11	5	1	0	1	3	2	2	.571	.818	John Farrell	.100	10	1	0	0	0	0	1	3	.182	.100
Joe Magrane	.375	8	3	2	0	1	2	4	2	.583	1.000	Roger Clemens	.115	26	3	0	0	2	2	9	.179	.115

Jim Bullinger — Cubs
Age 29 – Pitches Right (groundball pitcher)

	ERA	W	L	Sv	G	GS	IP	BB	SO	Avg	H	2B	3B	HR	RBI	OBP	SLG	GF	IR	IRS	Hld	SvOp	SB	CS	GB	FB	G/F
1994 Season	3.60	6	2	2	33	10	100.0	34	72	.235	87	17	4	6	36	.298	.350	10	9	3	1	2	11	5	150	78	1.92
Career (1992-1994)	4.11	9	10	10	87	19	201.2	97	118	.238	177	31	10	16	88	.326	.370	31	37	8	8	10	20	8	305	187	1.63

1994 Season

	ERA	W	L	Sv	G	GS	IP	H	BB	SO		Avg	AB	H	2B	3B	HR	RBI	BB	SO	OBP	SLG
Home	3.35	3	0	1	16	4	45.2	44	3	35	vs. Left	.224	174	39	6	2	2	14	21	33	.310	.316
Away	3.81	3	2	1	17	6	54.1	43	3	37	vs. Right	.244	197	48	11	2	4	22	13	39	.288	.381
Starter	3.55	4	2	0	10	10	63.1	50	3	20	Scoring Posn	.256	90	23	4	1	2	29	8	17	.307	.389
Reliever	3.68	2	0	2	23	0	36.2	37	3	14	Close & Late	.303	33	10	1	1	0	2	3	11	.361	.394
0 Days rest (Re)	5.40	1	0	0	4	0	5.0	6	0	4	None on/out	.296	98	29	8	1	3	3	11	14	.367	.490
1 or 2 Days rest	2.35	0	0	0	6	0	7.2	9	0	5	First Pitch	.395	38	15	4	0	2	7	2	0	.405	.658
3+ Days rest	3.75	1	0	2	13	0	24.0	22	3	5	Ahead in Count	.140	164	23	5	2	1	13	0	61	.145	.213
Pre-All Star	3.52	3	2	2	27	5	61.1	55	3	25	Behind in Count	.309	94	29	4	1	1	8	20	0	.430	.404
Post-All Star	3.72	3	0	0	6	5	38.2	32	3	9	Two Strikes	.120	166	20	5	0	1	11	12	72	.184	.169

Dave Burba — Giants
Age 28 – Pitches Right (flyball pitcher)

	ERA	W	L	Sv	G	GS	IP	BB	SO	Avg	H	2B	3B	HR	RBI	OBP	SLG	GF	IR	IRS	Hld	SvOp	SB	CS	GB	FB	G/F
1994 Season	4.38	3	6	0	57	0	74.0	45	84	.221	59	16	2	5	32	.345	.352	13	38	12	11	3	5	4	62	87	0.71
Career (1990-1994)	4.39	17	18	1	162	18	284.2	129	239	.257	276	50	7	29	146	.341	.398	39	97	33	21	4	21	9	318	340	0.94

1994 Season

	ERA	W	L	Sv	G	GS	IP	H	HR	BB	SO		Avg	AB	H	2B	3B	HR	RBI	BB	SO	OBP	SLG
Home	4.11	2	4	0	30	0	35.0	29	2	28	46	vs. Left	.178	101	18	6	0	1	7	21	27	.325	.267
Away	4.62	1	2	0	27	0	39.0	30	3	17	38	vs. Right	.247	166	41	10	2	4	25	24	57	.357	.404
Day	5.05	2	6	0	35	0	46.1	36	3	33	58	Inning 1-6	.310	71	22	7	2	2	19	11	20	.398	.549
Night	3.25	1	0	0	22	0	27.2	23	2	12	26	Inning 7+	.189	196	37	9	0	3	13	34	64	.326	.281
Grass	4.97	3	6	0	45	0	58.0	50	4	37	66	None on	.204	137	28	6	0	2	2	27	44	.351	.292
Turf	2.25	0	0	0	12	0	16.0	9	1	8	18	Runners on	.238	130	31	10	2	3	30	18	40	.338	.415
April	1.93	0	1	0	10	0	14.0	7	1	3	16	Scoring Posn	.217	69	15	5	1	2	25	11	24	.321	.406
May	5.73	0	0	0	15	0	22.0	16	2	18	31	Close & Late	.207	116	24	7	0	3	11	24	35	.361	.345
June	4.32	0	0	0	13	0	16.2	16	1	9	14	None on/out	.148	61	9	2	0	2	2	8	24	.278	.279
July	5.40	2	1	0	14	0	11.2	10	1	10	10	vs. 1st Batr (relief)	.204	49	10	2	0	4	10	6	15	.286	.490
August	3.72	1	1	0	5	0	9.2	10	0	5	13	First Inning Pitched	.201	174	35	6	1	4	21	27	52	.310	.316
September/October	0.00	0	0	0	0	0	0.0	0	0	0	0	First 15 Pitches	.201	144	29	7	1	4	17	19	41	.310	.347
Starter	0.00	0	0	0	0	0	0.0	0	0	0	0	Pitch 16-30	.202	84	17	3	1	1	8	17	31	.343	.298
Reliever	4.38	3	6	0	57	0	74.0	59	5	45	84	Pitch 31-45	.250	28	7	3	0	0	3	7	9	.417	.357
0 Days rest (Re)	7.45	1	3	0	19	0	19.1	18	3	11	17	Pitch 46+	.545	11	6	3	0	0	4	2	3	.615	.818
1 or 2 Days rest	4.31	2	2	0	28	0	39.2	31	2	27	46	First Pitch	.333	36	12	4	1	1	6	3	0	.405	.583
3+ Days rest	0.60	0	1	0	10	0	15.0	10	0	7	21	Ahead in Count	.119	134	16	4	0	1	9	0	68	.132	.172
Pre-All Star	4.21	1	5	0	42	0	57.2	41	4	37	65	Behind in Count	.390	41	16	4	1	1	9	17	0	.569	.610
Post-All Star	4.96	2	1	0	15	0	16.1	18	1	8	19	Two Strikes	.122	147	18	4	0	2	10	25	84	.254	.190

Career (1990-1994)

	ERA	W	L	Sv	G	GS	IP	H	HR	BB	SO		Avg	AB	H	2B	3B	HR	RBI	BB	SO	OBP	SLG
Home	3.53	9	8	1	85	9	147.2	130	12	72	129	vs. Left	.261	470	132	24	1	10	53	56	77	.361	.400
Away	5.32	8	10	0	77	9	137.0	146	17	57	110	vs. Right	.238	604	144	26	6	19	93	73	162	.325	.396
Day	5.34	10	13	0	84	9	143.1	155	18	74	133	Inning 1-6	.285	601	171	28	4	18	98	72	122	.363	.434
Night	3.44	7	5	1	78	9	141.1	121	11	55	106	Inning 7+	.222	473	105	22	3	11	48	57	117	.313	.351
Grass	4.54	14	13	0	113	14	198.1	195	22	92	162	None on	.246	597	147	21	3	16	16	56	124	.318	.372
Turf	4.07	3	5	1	49	4	86.1	81	7	37	77	Runners on	.270	477	129	29	4	13	130	73	115	.368	.430
April	3.59	3	4	0	21	7	52.2	46	4	17	41	Scoring Posn	.276	261	72	15	3	7	112	58	73	.401	.437
May	5.10	4	8	0	39	3	60.0	56	7	32	56	Close & Late	.208	192	40	10	3	4	19	34	49	.338	.354
June	4.94	0	1	1	33	1	51	62	8	22	44	None on/out	.267	266	71	8	1	10	10	16	53	.321	.417
July	4.22	5	2	0	23	2	32.0	33	3	19	29	vs. 1st Batr (relief)	.260	127	33	5	1	7	28	13	29	.322	.480
August	4.18	3	2	0	15	1	28.0	28	2	13	27	First Inning Pitched	.245	526	129	20	3	16	82	69	128	.337	.386
September/October	4.02	2	1	0	31	4	53.2	51	5	26	42	First 15 Pitches	.254	460	117	24	2	14	59	50	93	.333	.407
Starter	4.78	5	8	0	18	18	81.0	96	8	34	48	Pitch 16-30	.220	282	62	5	4	5	35	41	83	.325	.319
Reliever	4.24	12	10	1	144	0	203.2	180	21	95	191	Pitch 31-45	.279	140	39	6	1	6	19	18	37	.360	.464
0 Days rest (Re)	6.91	1	4	0	30	0	28.2	27	6	16	25	Pitch 46+	.302	192	58	15	0	4	33	20	26	.369	.443
1 or 2 Days rest	3.75	8	5	0	62	0	93.2	82	9	51	85	First Pitch	.377	159	60	12	2	7	29	12	0	.429	.610
3+ Days rest	3.87	3	1	1	52	0	81.1	71	6	28	81	Ahead in Count	.173	473	82	13	3	6	44	0	196	.181	.252
Pre-All Star	4.47	9	15	1	102	11	181.1	170	19	81	150	Behind in Count	.311	219	68	14	1	6	37	57	0	.448	.466
Post-All Star	4.27	8	3	0	60	7	103.1	106	10	48	89	Two Strikes	.165	510	84	9	1	8	43	60	239	.257	.233

Pitcher vs. Batter (career)

Pitches Best Vs.	Avg	AB	H	2B	3B	HR	RBI	BB	SO	OBP	SLG	Pitches Worst Vs.	Avg	AB	H	2B	3B	HR	RBI	BB	SO	OBP	SLG
Sammy Sosa	.000	14	0	0	0	0	0	0	3	.000	.000	Pete Incaviglia	.455	11	5	1	0	2	8	0	5	.455	1.091
Benito Santiago	.000	13	0	0	0	0	0	2	0	.133	.000	Delino DeShields	.333	12	4	0	0	0	0	1	1	.385	.333
Jeff Bagwell	.100	10	1	1	0	0	1	1	1	.182	.200												

John Burkett — Giants — Age 30 – Pitches Right

	ERA	W	L	Sv	G	GS	IP	BB	SO	Avg	H	2B	3B	HR	RBI	OBP	SLG	CG	ShO	Sup	QS	#P/S	SB	CS	GB	FB	G/F
1994 Season	3.62	6	8	0	25	25	159.1	36	85	.286	176	39	0	14	62	.330	.417	0	0	3.78	15	97	13	6	242	163	1.48
Last Five Years	3.82	67	42	1	160	157	991.1	242	586	.267	1018	167	18	82	414	.315	.385	10	3	4.83	90	93	79	50	1474	1050	1.40

1994 Season

	ERA	W	L	Sv	G	GS	IP	H	HR	BB	SO		Avg	AB	H	2B	3B	HR	RBI	BB	SO	OBP	SLG
Home	4.87	2	6	0	15	15	92.1	114	12	20	54	vs. Left	.274	321	88	14	0	4	27	21	43	.325	.355
Away	1.88	4	2	0	10	10	67.0	62	2	16	31	vs. Right	.298	295	88	25	0	10	35	15	42	.335	.485
Day	3.13	3	4	0	15	15	97.2	100	8	20	51	Inning 1-6	.288	545	157	34	0	12	54	30	78	.330	.417
Night	4.38	3	4	0	10	10	61.2	76	6	16	34	Inning 7+	.268	71	19	5	0	2	8	6	7	.325	.423
Grass	4.06	4	7	0	21	21	130.2	150	13	28	64	None on	.303	363	110	22	0	10	10	16	44	.341	.446
Turf	1.57	2	1	0	4	4	28.2	26	1	8	21	Runners on	.261	253	66	17	0	4	52	20	41	.314	.375
April	1.98	3	1	0	6	6	41.0	41	3	7	24	Scoring Posn	.237	135	32	10	0	1	42	15	22	.308	.333
May	4.71	1	2	0	6	6	36.1	41	4	15	17	Close & Late	.208	53	11	3	0	1	5	5	7	.276	.321
June	3.60	1	3	0	5	5	35.0	37	2	6	20	None on/out	.275	160	44	8	0	3	7	17	34	.314	.381
July	3.93	1	1	0	6	6	34.1	39	4	5	24	vs. 1st Batr (relief)	.000	0	0	0	0	0	0	0	0	.000	.000
August	4.97	0	1	0	2	2	12.2	18	1	3	0	First Inning Pitched	.297	101	30	5	0	5	16	3	11	.327	.495
September/October	0.00	0	0	0	0	0	0.0	0	0	0	0	First 75 Pitches	.284	451	128	24	0	10	41	24	65	.328	.404
Starter	3.62	6	8	0	25	25	159.1	176	14	36	85	Pitch 76-90	.300	90	27	7	0	2	13	5	9	.330	.444
Reliever	0.00	0	0	0	0	0	0.0	0	0	0	0	Pitch 91-105	.217	60	13	4	0	2	6	5	10	.277	.383
0-3 Days Rest (St)	4.76	0	1	0	1	1	5.2	10	0	1	4	Pitch 106+	.533	15	8	4	0	0	2	2	1	.588	.800
4 Days Rest	3.98	3	5	0	17	17	108.2	115	13	27	62	First Pitch	.436	101	44	9	0	3	11	7	0	.477	.614
5+ Days Rest	2.60	3	2	0	7	7	45.0	51	1	8	19	Ahead in Count	.215	246	53	5	0	4	11	0	73	.230	.285
Pre-All Star	3.70	5	7	0	20	20	129.0	144	12	31	74	Behind in Count	.351	148	52	16	0	6	28	13	0	.399	.581
Post-All Star	3.26	1	1	0	5	5	30.1	32	2	5	11	Two Strikes	.202	248	50	6	0	2	11	16	85	.258	.250

Last Five Years

	ERA	W	L	Sv	G	GS	IP	H	HR	BB	SO		Avg	AB	H	2B	3B	HR	RBI	BB	SO	OBP	SLG
Home	3.57	33	19	0	79	79	529.1	511	46	107	336	vs. Left	.281	2172	611	100	12	47	248	145	305	.327	.403
Away	4.11	34	23	1	81	78	462.0	507	36	135	250	vs. Right	.248	1643	407	67	6	35	166	97	281	.298	.360
Day	3.29	32	20	0	78	76	495.1	482	37	121	288	Inning 1-6	.268	3278	877	139	17	67	361	211	515	.316	.382
Night	4.35	35	22	1	82	81	496.0	536	45	121	298	Inning 7+	.263	537	141	28	1	15	53	31	71	.304	.402
Grass	3.70	49	31	1	120	117	755.0	758	63	174	449	None on	.260	2258	588	88	6	47	47	122	356	.304	.367
Turf	4.23	18	11	0	40	40	236.1	260	19	68	137	Runners on	.276	1557	430	79	12	35	367	120	230	.329	.410
April	3.14	13	4	0	22	22	143.1	134	9	34	87	Scoring Posn	.280	840	235	36	8	18	309	87	143	.344	.404
May	3.89	9	5	0	29	29	180.1	185	15	56	103	Close & Late	.256	262	67	12	0	8	32	17	35	.303	.393
June	3.30	11	10	0	29	28	182.2	170	15	44	109	None on/out	.269	993	267	43	3	18	18	51	141	.309	.373
July	3.56	11	6	0	29	28	179.2	187	14	41	109	vs. 1st Batr (relief)	.000	1	0	0	0	0	1	2	0	.667	.000
August	4.98	11	9	0	25	25	151.2	176	16	30	76	First Inning Pitched	.257	606	156	17	4	14	75	47	97	.318	.368
September/October	4.16	12	8	1	26	25	153.2	166	13	37	102	First 75 Pitches	.266	2937	782	123	17	59	315	183	455	.314	.380
Starter	3.84	67	42	0	157	157	986.2	1016	82	240	585	Pitch 76-90	.282	482	136	25	1	13	63	32	70	.326	.419
Reliever	0.00	0	0	1	3	0	4.2	2	0	2	1	Pitch 91-105	.246	276	68	11	0	9	27	17	43	.295	.384
0-3 Days Rest (St)	4.22	8	6	0	21	21	130.0	136	12	39	87	Pitch 106+	.267	120	32	8	0	1	9	10	18	.323	.358
4 Days Rest	3.60	42	22	0	91	91	589.2	576	54	130	358	First Pitch	.344	672	231	38	3	17	86	23	0	.375	.548
5+ Days Rest	4.18	17	14	0	45	45	267.0	304	16	71	140	Ahead in Count	.188	1609	302	34	7	22	102	0	521	.195	.259
Pre-All Star	3.51	38	22	0	91	90	579.2	569	47	150	351	Behind in Count	.339	806	273	57	6	22	134	109	0	.416	.506
Post-All Star	4.26	29	20	1	69	67	411.2	449	35	92	235	Two Strikes	.183	1577	288	5	23	96	110	586	241	.255	

Pitcher vs. Batter (career)

Pitches Best Vs.	Avg	AB	H	2B	3B	HR	RBI	BB	SO	OBP	SLG	Pitches Worst Vs.	Avg	AB	H	2B	3B	HR	RBI	BB	SO	OBP	SLG
Cory Snyder	.000	12	0	0	0	0	0	1	7	.077	.000	Deion Sanders	.542	24	13	2	0	2	0	5	1	3	.577	.792
Joe Oliver	.083	12	1	0	0	0	0	0	3	.083	.083	Wil Cordero	.500	10	5	2	0	1	3	1	1	.545	1.000
Brian Hunter	.083	12	1	1	0	0	0	0	1	.083	.167	Dave Hansen	.500	10	5	0	0	1	6	0	2	.455	.800
Kirk Gibson	.091	11	1	0	0	0	0	2	4	.231	.091	Moises Alou	.467	15	7	2	0	1	4	1	1	.500	.800
Bernard Gilkey	.105	19	2	0	0	0	0	0	5	.150	.105	Gary Sheffield	.417	12	5	1	0	3	6	1	0	.462	1.250

Ellis Burks — Rockies — Age 30 – Bats Right

	Avg	G	AB	R	H	2B	3B	HR	RBI	BB	SO	HBP	GDP	SB	CS	OBP	SLG	IBB	SH	SF	#Pit	#P/PA	GB	FB	G/F
1994 Season	.322	42	149	33	48	8	3	13	24	16	39	0	3	3	1	.388	.678	3	0	0	692	4.19	45	35	1.29
Last Five Years	.277	536	1945	288	538	106	21	73	273	188	347	12	44	29	34	.342	.465	13	7	15	8485	3.92	658	590	1.12

1994 Season

	Avg	AB	H	2B	3B	HR	RBI	BB	SO	OBP	SLG		Avg	AB	H	2B	3B	HR	RBI	BB	SO	OBP	SLG
vs. Left	.343	35	12	1	1	4	6	3	8	.395	.771	Scoring Posn	.231	39	9	1	1	1	10	9	14	.375	.385
vs. Right	.316	114	36	7	2	9	18	13	31	.386	.649	Close & Late	.263	19	5	1	0	2	3	2	5	.333	.632
Home	.369	65	24	4	2	7	15	6	20	.423	.815	None on/out	.320	25	8	1	1	2	2	6	.370	.680	
Away	.286	84	24	4	1	6	9	10	19	.362	.571	Batting #3	.226	31	7	1	0	1	3	3	10	.294	.355
First Pitch	.545	11	6	0	2	5	2	0	0	.615	1.273	Batting #6	.395	86	34	6	2	10	18	10	18	.458	.860
Ahead in Count	.442	43	19	4	2	4	8	8	0	.529	.907	Other	.219	32	7	1	1	2	3	3	11	.286	.500
Behind in Count	.262	65	17	2	1	4	7	0	30	.262	.508	Pre-All Star	.354	130	46	8	3	12	22	15	32	.421	.738
Two Strikes	.217	83	18	2	1	4	8	6	39	.270	.446	Post-All Star	.105	19	2	0	0	1	2	1	7	.150	.263

Last Five Years

	Avg	AB	H	2B	3B	HR	RBI	BB	SO	OBP	SLG		Avg	AB	H	2B	3B	HR	RBI	BB	SO	OBP	SLG
vs. Left	.276	577	159	29	7	25	89	69	87	.351	.480	Scoring Posn	.255	525	134	31	6	18	204	66	111	.332	.440
vs. Right	.277	1368	379	77	14	48	184	119	260	.338	.459	Close & Late	.255	302	77	17	2	7	33	33	70	.338	.394
Groundball	.282	525	148	22	9	16	71	45	104	.343	.450	None on/out	.262	461	121	21	6	17	17	40	66	.325	.445
Flyball	.241	452	109	26	3	14	49	35	78	.297	.405	Batting #4	.265	453	120	19	6	14	61	43	77	.328	.426
Home	.290	940	273	62	13	36	146	92	162	.356	.499	Batting #6	.295	681	201	37	7	29	110	68	119	.361	.498

	Avg	AB	H	2B	3B	HR	RBI	BB	SO	OBP	SLG		Avg	AB	H	2B	3B	HR	RBI	BB	SO	OBP	SLG
							Last Five Years																	
Away	.264	1005	265	44	8	37	127	96	185	.329	.434	Other	.268	811	217	50	8	30	102	77	151	.333	.460
Day	.266	601	160	32	4	21	88	70	108	.346	.428	April	.287	362	104	24	6	11	43	38	73	.360	.478
Night	.281	1344	378	74	17	52	185	118	239	.340	.478	May	.280	410	115	18	7	18	59	42	73	.346	.490
Grass	.272	1597	435	83	18	60	230	152	288	.336	.460	June	.267	356	95	17	2	19	52	30	54	.325	.486
Turf	.296	348	103	23	3	13	43	36	59	.367	.491	July	.301	256	77	15	2	10	38	24	45	.366	.492
First Pitch	.291	189	55	12	3	5	28	7	0	.323	.466	August	.282	319	90	23	3	10	50	27	57	.338	.467
Ahead in Count	.329	499	164	29	8	26	98	103	0	.440	.575	September/October	.236	242	57	9	1	5	31	27	45	.310	.343
Behind in Count	.228	833	190	36	4	25	80	0	287	.235	.381	Pre-All Star	.285	1209	344	63	15	51	173	119	206	.350	.488
Two Strikes	.211	911	192	35	5	28	90	76	347	.274	.352	Post-All Star	.264	736	194	43	6	22	100	69	141	.328	.428
							Batter vs. Pitcher (career)																	
Hits Best Against	Avg	AB	H	2B	3B	HR	RBI	BB	SO	OBP	SLG	Hits Worst Against	Avg	AB	H	2B	3B	HR	RBI	BB	SO	OBP	SLG
Bill Wegman	.500	16	8	1	0	1	5	4	2	.600	.750	Tim Leary	.059	17	1	0	0	0	0	1	5	.158	.059
Erik Hanson	.481	27	13	1	0	3	8	2	4	.517	.852	Bill Krueger	.059	17	1	0	0	0	0	2	2	.158	.059
Jeff Russell	.450	20	9	2	0	2	6	2	3	.500	.850	Rich DeLucia	.100	10	1	0	0	0	1	0	3	.091	.100
Curt Schilling	.417	12	5	0	0	2	5	1	2	.429	.917	Jimmy Key	.111	36	4	1	0	0	1	3	7	.179	.139
Al Leiter	.375	8	3	1	0	1	5	3	1	.545	.875	Mark Leiter	.167	12	2	0	0	0	0	0	2	.167	.167

Jeromy Burnitz — Mets
Age 26 – Bats Left (flyball hitter)

	Avg	G	AB	R	H	2B	3B	HR	RBI	BB	SO	HBP	GDP	SB	CS	OBP	SLG	IBB	SH	SF	#Pit	#P/PA	GB	FB	G/F
1994 Season	.238	45	143	26	34	4	0	3	15	23	45	1	2	1	1	.347	.329	0	1	0	662	3.94	42	34	1.24
Career (1993-1994)	.241	131	406	75	98	14	6	16	53	61	111	2	4	4	7	.342	.424	4	3	2	1886	3.98	104	118	0.88

1994 Season

	Avg	AB	H	2B	3B	HR	RBI	BB	SO	OBP	SLG		Avg	AB	H	2B	3B	HR	RBI	BB	SO	OBP	SLG
vs. Left	.111	36	4	1	0	0	1	5	14	.220	.139	Scoring Posn	.190	42	8	0	0	0	10	2	15	.227	.190
vs. Right	.280	107	30	3	0	3	14	18	31	.389	.393	Close & Late	.286	28	8	2	0	1	2	4	8	.375	.464
Home	.238	63	15	2	0	2	8	14	22	.385	.365	None on/out	.207	29	6	1	0	0	4	4	12	.303	.241
Away	.238	80	19	2	0	1	7	9	23	.315	.300	Batting #2	.185	27	5	0	0	2	5	6	8	.333	.407
First Pitch	.238	21	5	2	0	0	2	0	0	.273	.333	Batting #3	.200	25	5	0	0	0	2	6	9	.355	.200
Ahead in Count	.615	26	16	1	0	2	6	13	0	.744	.885	Other	.264	91	24	4	0	1	8	11	28	.350	.341
Behind in Count	.095	74	7	1	0	0	4	0	39	.095	.108	Pre-All Star	.192	78	15	1	0	3	7	12	26	.300	.321
Two Strikes	.111	81	9	1	0	1	6	10	45	.209	.160	Post-All Star	.292	65	19	3	0	0	8	11	19	.403	.338

Terry Burrows — Rangers
Age 26 – Pitches Left

	ERA	W	L	Sv	G	GS	IP	BB	SO	Avg	H	2B	3B	HR	RBI	OBP	SLG	GF	IR	IRS	Hld	SvOp	SB	CS	GB	FB	G/F
1994 Season	9.00	0	0	0	1	0	1.0	1	0	.250	1	0	0	0	1	.400	1.000	1	0	0	0	0	0	0	2	2	1.00

1994 Season

	ERA	W	L	Sv	G	GS	IP	H	HR	BB	SO		Avg	AB	H	2B	3B	HR	RBI	BB	SO	OBP	SLG
Home	9.00	0	0	0	1	0	1.0	1	1	1	0	vs. Left	.000	1	0	0	0	0	0	0	0	.000	.000
Away	0.00	0	0	0	0	0	0.0	0	0	0	0	vs. Right	.333	3	1	0	0	1	1	1	0	.500	1.333

Mike Butcher — Angels
Age 29 – Pitches Right (flyball pitcher)

	ERA	W	L	Sv	G	GS	IP	BB	SO	Avg	H	2B	3B	HR	RBI	OBP	SLG	GF	IR	IRS	Hld	SvOp	SB	CS	GB	FB	G/F
1994 Season	6.67	2	1	1	33	0	29.2	23	19	.274	31	7	1	2	22	.406	.407	12	27	8	6	3	3	1	43	30	1.43
Career (1992-1994)	4.31	5	3	9	75	0	85.2	51	67	.248	81	13	1	7	52	.358	.359	29	70	24	9	14	10	1	100	103	0.97

1994 Season

	ERA	W	L	Sv	G	GS	IP	H	HR	BB	SO		Avg	AB	H	2B	3B	HR	RBI	BB	SO	OBP	SLG
Home	9.75	0	1	1	16	0	12.0	18	1	11	7	vs. Left	.314	35	11	2	0	2	7	7	5	.455	.543
Away	4.58	2	0	0	17	0	17.2	13	1	12	12	vs. Right	.256	78	20	5	1	0	15	16	14	.383	.346
Starter	0.00	0	0	0	0	0	0.0	0	0	0	0	Scoring Posn	.333	33	11	3	0	1	20	13	6	.532	.515
Reliever	6.67	2	1	1	33	0	29.2	31	2	23	19	Close & Late	.310	29	9	1	0	0	7	11	5	.500	.345
0 Days rest (Re)	14.73	0	0	0	8	0	3.2	9	1	5	1	None on/out	.208	24	5	2	0	1	1	5	4	.345	.417
1 or 2 Days rest	4.61	2	0	0	15	0	13.2	13	0	12	9	First Pitch	.188	16	3	2	0	0	4	2	0	.316	.313
3+ Days rest	6.57	0	1	1	10	0	12.1	9	1	6	9	Ahead in Count	.263	38	10	1	1	1	4	0	13	.263	.421
Pre-All Star	6.59	2	1	1	32	0	28.2	29	2	23	19	Behind in Count	.345	29	10	0	0	0	7	9	0	.500	.414
Post-All Star	9.00	0	0	0	1	0	1.0	2	0	0	0	Two Strikes	.250	48	12	2	1	1	5	12	19	.400	.396

Brett Butler — Dodgers
Age 38 – Bats Left (groundball hitter)

	Avg	G	AB	R	H	2B	3B	HR	RBI	BB	SO	HBP	GDP	SB	CS	OBP	SLG	IBB	SH	SF	#Pit	#P/PA	GB	FB	G/F
1994 Season	.314	111	417	79	131	13	9	8	33	68	52	2	2	27	8	.411	.446	0	7	2	2010	4.05	169	91	1.86
Last Five Years	.305	745	2814	465	857	81	44	17	196	447	329	17	18	196	95	.401	.383	8	56	16	13557	4.05	1253	501	2.50

1994 Season

	Avg	AB	H	2B	3B	HR	RBI	BB	SO	OBP	SLG		Avg	AB	H	2B	3B	HR	RBI	BB	SO	OBP	SLG
vs. Left	.281	128	36	6	1	1	7	21	17	.388	.367	Scoring Posn	.293	75	22	4	0	0	23	17	11	.421	.347
vs. Right	.329	289	95	7	8	7	26	47	35	.421	.481	Close & Late	.375	72	27	6	0	1	11	16	13	.483	.500
Groundball	.313	134	42	5	1	2	11	15	17	.380	.410	None on/out	.316	187	59	6	4	5	5	21	19	.385	.471
Flyball	.242	62	15	1	2	1	5	14	13	.377	.371	Batting #1	.311	354	110	11	7	7	28	53	46	.402	.441
Home	.274	190	52	4	3	4	19	39	25	.400	.379	Batting #2	.339	62	21	2	2	1	5	15	6	.462	.484
Away	.348	227	79	9	6	4	24	29	27	.421	.502	Other	.000	1	0	0	0	0	0	0	0	.000	.000
Day	.350	123	43	4	5	4	14	14	16	.416	.561	April	.329	82	27	3	4	4	9	7	21	.462	.451
Night	.299	294	88	9	4	4	19	54	36	.409	.398	May	.327	107	35	3	2	3	8	17	8	.424	.505

61

1994 Season

	Avg	AB	H	2B	3B	HR	RBI	BB	SO	OBP	SLG		Avg	AB	H	2B	3B	HR	RBI	BB	SO	OBP	SLG
Grass	.306	318	98	11	7	5	21	58	39	.418	.434	June	.295	95	28	2	0	2	7	15	12	.391	.379
Turf	.333	99	33	2	2	3	12	10	13	.387	.485	July	.298	94	28	3	1	3	8	9	10	.362	.447
First Pitch	.400	70	28	4	5	2	6	0	0	.400	.686	August	.333	39	13	2	1	0	1	6	5	.422	.436
Ahead in Count	.360	86	31	6	2	4	11	30	0	.526	.616	September/October	.000	0	0	0	0	0	0	0	0	.000	.000
Behind in Count	.238	172	41	1	0	1	5	0	41	.246	.262	Pre-All Star	.311	318	99	8	8	6	26	57	40	.418	.443
Two Strikes	.226	195	44	2	2	2	9	38	52	.352	.287	Post-All Star	.323	99	32	5	1	2	7	11	12	.387	.455

1994 By Position

Position	Avg	AB	H	2B	3B	HR	RBI	BB	SO	OBP	SLG	G	GS	Innings	PO	A	E	DP	Fld Pct	Rng Fctr	In Zone	Outs	Zone Rtg	MLB Zone
As cf	.314	417	131	13	9	8	33	68	52	.411	.446	111	108	943.2	260	8	2	1	.993	2.56	319	254	.796	.824

Last Five Years

	Avg	AB	H	2B	3B	HR	RBI	BB	SO	OBP	SLG		Avg	AB	H	2B	3B	HR	RBI	BB	SO	OBP	SLG
vs. Left	.299	1058	316	21	11	3	75	170	135	.397	.348	Scoring Posn	.293	536	157	19	9	1	170	98	68	.396	.368
vs. Right	.308	1756	541	60	33	14	121	277	194	.404	.404	Close & Late	.322	472	152	20	6	4	42	91	77	.432	.415
Groundball	.304	845	257	20	8	3	49	131	93	.402	.357	None on/out	.302	1182	357	31	19	11	11	170	139	.392	.388
Flyball	.305	574	175	17	11	2	37	100	89	.406	.383	Batting #1	.299	2497	747	70	38	14	170	382	298	.393	.374
Home	.318	1355	431	37	18	8	97	245	142	.423	.390	Batting #2	.347	308	107	11	6	3	26	63	29	.460	.451
Away	.292	1459	426	44	26	9	99	202	187	.380	.376	Other	.333	9	3	0	0	0	0	2	2	.455	.333
Day	.290	875	254	27	11	9	62	124	120	.380	.377	April	.327	410	134	15	9	3	32	71	44	.426	.429
Night	.311	1939	603	54	33	8	134	323	209	.411	.385	May	.260	511	133	9	6	3	31	74	75	.358	.319
Grass	.313	2107	660	65	30	14	155	350	230	.411	.393	June	.298	507	151	15	5	2	40	80	60	.393	.359
Turf	.279	707	197	16	14	3	41	97	99	.371	.354	July	.337	498	168	13	11	5	45	79	47	.428	.438
First Pitch	.370	346	128	13	8	3	33	5	0	.379	.480	August	.307	449	138	16	9	2	29	71	52	.406	.396
Ahead in Count	.369	563	208	27	14	6	58	235	0	.552	.499	September/October	.303	439	133	13	4	2	19	72	51	.402	.364
Behind in Count	.249	1259	313	23	10	2	56	0	271	.253	.288	Pre-All Star	.295	1611	476	42	21	10	118	254	195	.392	.366
Two Strikes	.245	1387	340	27	15	6	66	206	329	.344	.299	Post-All Star	.317	1203	381	39	23	7	78	193	134	.412	.405

Batter vs. Pitcher (since 1984)

Hits Best Against	Avg	AB	H	2B	3B	HR	RBI	BB	SO	OBP	SLG	Hits Worst Against	Avg	AB	H	2B	3B	HR	RBI	BB	SO	OBP	SLG
Paul Assenmacher	.692	13	9	1	0	0	4	1	2	.714	.769	Al Osuna	.000	7	0	0	0	0	0	5	3	.417	.000
Tim Pugh	.550	20	11	2	1	1	4	1	2	.571	.900	Frank Castillo	.053	19	1	0	0	0	1	0	2	.100	.053
Craig Lefferts	.545	11	6	0	0	1	1	1	1	.583	.818	Bill Wegman	.056	18	1	1	0	0	1	0	0	.056	.111
Chuck McElroy	.444	9	4	2	0	0	2	6	3	.667	.667	Mike Stanton	.100	10	1	0	0	0	1	3	1	.308	.100
Steve Frey	.429	7	3	0	0	1	2	3	3	.636	.857	Zane Smith	.148	27	4	0	0	0	3	4	6	.258	.148

Rob Butler — Blue Jays

Age 25 – Bats Left (groundball hitter)

	Avg	G	AB	R	H	2B	3B	HR	RBI	BB	SO	HBP	GDP	SB	CS	OBP	SLG	IBB	SH	SF	#Pit	#P/PA	GB	FB	G/F
1994 Season	.176	41	74	13	13	0	1	0	5	7	8	1	3	0	1	.250	.203	0	4	2	300	3.41	39	14	2.79
Career (1993-1994)	.213	58	122	21	26	4	1	0	7	14	20	2	3	2	3	.300	.262	0	4	2	511	3.55	60	21	2.86

1994 Season

	Avg	AB	H	2B	3B	HR	RBI	BB	SO	OBP	SLG		Avg	AB	H	2B	3B	HR	RBI	BB	SO	OBP	SLG
vs. Left	.000	13	0	0	0	0	0	2	7	.133	.000	Scoring Posn	.143	14	2	0	0	0	5	0	1	.125	.143
vs. Right	.213	61	13	0	1	0	5	5	1	.275	.246	Close & Late	.167	12	2	0	0	0	0	1	1	.231	.167

Greg Cadaret — Tigers

Age 33 – Pitches Left

	ERA	W	L	Sv	G	GS	IP	BB	SO	Avg	H	2B	3B	HR	RBI	OBP	SLG	GF	IR	IRS	Hld	SvOp	SB	CS	GB	FB	G/F
1994 Season	4.72	1	1	2	38	0	40.0	33	29	.259	41	7	0	4	22	.387	.380	17	27	5	4	2	7	2	60	41	1.46
Last Five Years	4.10	21	21	10	253	22	434.2	260	312	.264	429	80	11	35	219	.366	.391	70	315	87	35	17	46	37	610	417	1.46

1994 Season

	ERA	W	L	Sv	G	GS	IP	H	HR	BB	SO		Avg	AB	H	2B	3B	HR	RBI	BB	SO	OBP	SLG
Home	4.57	0	0	1	22	0	21.2	23	2	21	17	vs. Left	.291	55	16	2	0	0	6	13	12	.426	.327
Away	4.91	1	1	1	16	0	18.1	18	2	12	12	vs. Right	.243	103	25	5	0	4	16	20	17	.366	.408
Starter	0.00	0	0	0	0	0	0.0	0	0	0	0	Scoring Posn	.242	62	15	2	0	2	19	13	15	.373	.371
Reliever	4.72	1	1	2	38	0	40.0	41	4	33	29	Close & Late	.261	23	6	0	0	0	4	8	2	.452	.261
0 Days rest (Re)	2.89	0	1	0	9	0	9.1	1	1	9	8	None on/out	.200	30	6	1	0	0	2	8	6	.368	.433
1 or 2 Days rest	7.56	0	0	0	13	0	8.1	15	0	13	8	First Pitch	.333	15	5	0	0	0	1	3	0	.444	.333
3+ Days rest	4.43	1	0	1	16	0	22.1	19	3	12	15	Ahead in Count	.148	61	9	0	0	0	3	0	26	.148	.180
Pre-All Star	5.52	0	1	0	28	0	31.0	34	4	26	24	Behind in Count	.297	37	11	2	0	3	12	20	0	.544	.595
Post-All Star	2.00	1	0	2	10	0	9.0	7	0	7	5	Two Strikes	.194	72	14	0	0	1	6	10	29	.293	.264

Last Five Years

	ERA	W	L	Sv	G	GS	IP	H	HR	BB	SO		Avg	AB	H	2B	3B	HR	RBI	BB	SO	OBP	SLG
Home	3.57	12	8	2	131	12	234.1	222	16	141	168	vs. Left	.262	443	116	19	1	5	50	60	73	.352	.350
Away	4.72	9	13	8	122	10	200.1	207	19	119	144	vs. Right	.265	1182	313	61	10	29	169	200	239	.371	.407
Day	4.43	9	9	6	86	11	182.2	176	16	109	138	Inning 1-6	.262	789	207	41	5	19	117	116	150	.356	.399
Night	3.86	12	12	4	167	11	252.0	253	19	151	174	Inning 7+	.266	836	222	39	6	16	102	144	162	.375	.384
Grass	4.32	16	14	6	168	18	321.0	308	26	202	241	None on	.273	821	224	43	4	19	19	122	159	.371	.404
Turf	3.48	5	7	4	85	4	113.2	121	9	58	71	Runners on	.255	804	205	37	7	16	200	138	153	.361	.378
April	4.02	4	6	0	38	7	69.1	70	5	36	53	Scoring Posn	.260	496	129	19	5	10	178	102	107	.380	.379
May	4.32	2	2	2	48	4	89.2	88	11	67	50	Close & Late	.278	353	98	13	4	4	43	72	64	.402	.371
June	5.00	3	3	0	45	2	77.1	91	9	45	58	None on/out	.261	375	98	22	1	12	12	59	69	.369	.421
July	3.86	3	2	3	43	2	65.1	66	4	29	37	vs. 1st Batr (relief)	.214	187	40	8	0	2	26	39	33	.354	.289
August	3.46	7	2	2	40	2	83.1	71	5	48	73	First Inning Pitched	.254	756	192	34	3	13	116	128	156	.362	.358
September/October	3.81	2	2	3	39	0	49.2	43	1	35	41	First 15 Pitches	.274	634	174	31	2	10	81	95	111	.371	.377

(Pitcher — unnamed)

Last Five Years

	ERA	W	L	Sv	G	GS	IP	H	HR	BB	SO		Avg	AB	H	2B	3B	HR	RBI	BB	SO	OBP	SLG
Starter	5.27	7	9	0	22	22	123.0	135	16	71	81	Pitch 16-30	.241	370	89	20	2	9	56	72	98	.362	.378
Reliever	3.64	14	12	10	231	0	311.2	294	19	189	231	Pitch 31-45	.219	201	44	6	1	4	23	32	36	.323	.318
0 Days rest (Re)	1.27	2	1	4	46	0	64.0	45	1	28	45	Pitch 46+	.290	420	122	23	6	12	59	61	67	.383	.460
1 or 2 Days rest	4.78	5	6	2	105	0	139.1	157	14	106	101	First Pitch	.306	186	57	8	2	4	17	16	0	.361	.435
3+ Days rest	3.57	7	5	4	80	0	108.1	92	4	55	85	Ahead in Count	.195	645	126	25	3	4	63	0	247	.199	.262
Pre-All Star	4.48	10	16	2	148	17	261.1	276	28	164	172	Behind in Count	.339	425	144	24	5	18	92	125	0	.484	.546
Post-All Star	3.53	11	5	8	105	5	173.1	153	7	96	140	Two Strikes	.184	765	141	29	4	8	71	118	312	.295	.264

Pitcher vs. Batter (career)

Pitches Best Vs.	Avg	AB	H	2B	3B	HR	RBI	BB	SO	OBP	SLG	Pitches Worst Vs.	Avg	AB	H	2B	3B	HR	RBI	BB	SO	OBP	SLG
Bill Spiers	.000	11	0	0	0	0	0	0	5	.000	.000	Edgar Martinez	.778	9	7	4	0	0	1	2	0	.818	1.222
Mickey Tettleton	.071	14	1	0	0	1	2	0	8	.071	.286	Gary Gaetti	.733	15	11	2	0	1	7	4	1	.750	1.067
Kent Hrbek	.105	19	2	0	0	0	3	4	3	.261	.105	Dave Winfield	.500	12	6	2	0	0	3	3	1	.588	.667
Cal Ripken	.125	16	2	1	0	0	0	1	2	.176	.188	Tony Fernandez	.500	10	5	1	1	1	4	1	1	.500	1.100
Junior Felix	.167	12	2	0	0	0	0	4	.167	.167	Paul Molitor	.385	13	5	2	0	1	5	5	2	.556	.769

Ken Caminiti — Astros Age 32 – Bats Both

	Avg	G	AB	R	H	2B	3B	HR	RBI	BB	SO	HBP	GDP	SB	CS	OBP	SLG	IBB	SH	SF	#Pit	#P/PA	GB	FB	G/F
1994 Season	.283	111	406	63	115	28	2	18	75	43	71	2	8	4	3	.352	.495	13	0	3	1569	3.46	123	130	0.95
Last Five Years	.265	694	2570	323	682	140	9	61	343	230	409	8	69	35	21	.326	.398	50	9	18	9897	3.49	897	757	1.18

1994 Season

	Avg	AB	H	2B	3B	HR	RBI	BB	SO	OBP	SLG		Avg	AB	H	2B	3B	HR	RBI	BB	SO	OBP	SLG
vs. Left	.266	128	34	11	1	5	28	13	14	.331	.484	Scoring Posn	.295	129	38	11	1	4	55	22	25	.390	.488
vs. Right	.291	278	81	17	1	13	47	30	57	.362	.500	Close & Late	.207	58	12	3	0	1	4	7	17	.292	.310
Groundball	.286	126	36	5	4	19	14	20	.362	.437	None on/out	.213	94	20	6	0	3	3	6	17	.267	.372
Flyball	.194	67	13	4	0	4	12	7	17	.270	.433	Batting #4	.259	197	51	14	0	7	33	24	32	.342	.437
Home	.289	204	59	16	1	6	40	18	39	.350	.466	Batting #6	.290	131	38	8	1	8	27	14	24	.354	.550
Away	.277	202	56	12	1	12	35	25	32	.355	.525	Other	.333	78	26	6	1	3	15	5	15	.376	.551
Day	.283	113	32	7	0	6	16	12	19	.362	.504	April	.200	75	15	4	1	2	14	8	21	.277	.360
Night	.283	293	83	21	2	12	59	31	52	.349	.491	May	.372	86	32	9	1	6	21	8	10	.417	.709
Grass	.246	114	28	7	0	6	18	13	22	.326	.465	June	.303	99	30	5	0	6	16	10	18	.375	.535
Turf	.298	292	87	21	2	12	57	30	49	.363	.507	July	.259	108	28	6	0	4	18	15	13	.350	.426
First Pitch	.333	84	28	8	1	6	25	8	0	.387	.667	August	.263	38	10	4	0	0	6	2	9	.300	.368
Ahead in Count	.327	110	36	11	0	2	20	21	0	.436	.482	September/October	.000	0	0	0	0	0	0	0	0	.000	.000
Behind in Count	.172	145	25	5	0	7	18	0	61	.172	.352	Pre-All Star	.291	302	88	22	2	17	58	28	55	.352	.546
Two Strikes	.190	163	31	7	0	7	23	14	71	.257	.362	Post-All Star	.260	104	27	6	0	1	17	15	16	.353	.346

1994 By Position

Position	Avg	AB	H	2B	3B	HR	RBI	BB	SO	OBP	SLG	G	GS	Innings	PO	A	E	DP	Fld Pct	Rng Fctr	In Zone	Outs	Zone Rtg	MLB Zone
As 3b	.288	400	115	28	2	18	75	43	68	.357	.503	108	103	924.1	79	201	9	17	.969	2.73	250	218	.872	.826

Last Five Years

	Avg	AB	H	2B	3B	HR	RBI	BB	SO	OBP	SLG		Avg	AB	H	2B	3B	HR	RBI	BB	SO	OBP	SLG
vs. Left	.275	995	274	61	5	28	166	77	127	.326	.431	Scoring Posn	.271	728	197	48	2	17	269	113	124	.361	.412
vs. Right	.259	1575	408	79	4	33	177	153	282	.325	.377	Close & Late	.270	422	114	19	2	8	42	44	89	.338	.382
Groundball	.263	854	225	45	4	17	104	78	131	.327	.385	None on/out	.272	628	171	34	2	10	10	33	92	.319	.381
Flyball	.267	472	126	29	3	20	82	54	89	.343	.468	Batting #4	.247	644	159	30	2	11	80	67	101	.319	.351
Home	.281	1312	369	86	4	29	198	114	216	.338	.419	Batting #5	.265	1062	281	62	8	29	151	96	166	.326	.411
Away	.249	1258	313	54	5	32	145	116	193	.312	.376	Other	.280	864	242	48	4	21	112	67	142	.330	.418
Day	.262	691	181	33	4	12	74	70	115	.331	.373	April	.246	333	82	18	1	8	46	29	65	.309	.378
Night	.267	1879	501	107	5	49	269	160	294	.324	.407	May	.282	429	121	23	2	15	65	35	55	.335	.450
Grass	.254	781	198	32	3	20	81	74	122	.319	.379	June	.270	493	133	28	0	13	59	39	79	.322	.406
Turf	.271	1789	484	108	6	41	262	156	287	.329	.406	July	.277	465	129	24	3	10	74	44	60	.339	.406
First Pitch	.314	458	144	29	2	14	75	32	0	.361	.478	August	.255	432	110	29	2	7	56	43	80	.322	.380
Ahead in Count	.320	641	205	44	3	17	98	106	0	.416	.477	September/October	.256	418	107	18	1	8	43	40	70	.326	.361
Behind in Count	.200	1019	204	39	1	21	106	0	346	.200	.302	Pre-All Star	.271	1411	383	80	5	41	196	114	217	.326	.422
Two Strikes	.205	1035	212	46	2	19	108	86	409	.266	.308	Post-All Star	.258	1159	299	60	4	20	147	116	192	.325	.368

Batter vs. Pitcher (career)

Hits Best Against	Avg	AB	H	2B	3B	HR	RBI	BB	SO	OBP	SLG	Hits Worst Against	Avg	AB	H	2B	3B	HR	RBI	BB	SO	OBP	SLG
Bobby Ojeda	.611	18	11	2	0	1	4	4	1	.682	.889	Norm Charlton	.038	26	1	0	0	0	1	3	2	6	.107	.154
Pete Schourek	.462	13	6	0	0	2	5	2	1	.533	.923	Dave Nied	.100	10	1	0	0	0	0	1	1	.182	.100
Alejandro Pena	.429	14	6	1	1	1	1	1	2	.467	.857	Chris Hammond	.103	29	3	0	0	0	2	0	4	.103	.103
Mitch Williams	.417	12	5	0	1	0	3	3	4	.533	.667	Jay Howell	.125	16	2	0	0	0	0	6	1	.125	.125
Trevor Wilson	.360	25	9	3	0	3	11	3	0	.433	.840	Chris Nabholz	.125	16	2	0	0	1	0	1	0	.125	.125

Kevin Campbell — Twins Age 30 – Pitches Right (flyball pitcher)

	ERA	W	L	Sv	G	GS	IP	BB	SO	Avg	H	2B	3B	HR	RBI	OBP	SLG	GF	IR	IRS	Hld	SvOp	SB	CS	GB	FB	G/F
1994 Season	2.92	1	0	0	14	0	24.2	5	15	.233	20	5	0	2	12	.274	.360	5	16	6	0	0	1	1	34	28	1.21
Career (1991-1994)	4.55	4	3	1	71	5	128.2	75	78	.251	119	25	1	11	63	.352	.377	17	61	14	6	2	4	8	156	158	0.99

1994 Season

	ERA	W	L	Sv	G	GS	IP	H	HR	BB	SO		Avg	AB	H	2B	3B	HR	RBI	BB	SO	OBP	SLG
Home	2.63	1	0	0	8	0	13.2	9	2	2	8	vs. Left	.268	41	11	3	0	2	9	3	5	.304	.488
Away	3.27	0	0	0	6	0	11.0	11	0	3	7	vs. Right	.200	45	9	2	0	0	2	10	.245	.244

Mike Campbell — Padres

Age 31 – Pitches Right (flyball pitcher)

	ERA	W	L	Sv	G	GS	IP	BB	SO	Avg	H	2B	3B	HR	RBI	OBP	SLG	CG	ShO	Sup	QS	#P/S	SB	CS	GB	FB	G/F
1994 Season	12.96	1	1	0	3	2	8.1	5	10	.351	13	2	0	5	14	.429	.811	0	0	10.80	0	87	3	0	5	12	0.42
Last Five Years	12.00	1	2	0	4	2	12.0	7	12	.320	16	3	0	6	18	.404	.740	0	0	9.75	0	87	4	0	6	16	0.56

1994 Season

	ERA	W	L	Sv	G	GS	IP	H	BB	SO		Avg	AB	H	2B	3B	HR	RBI	BB	SO	OBP	SLG
Home	10.80	1	1	0	2	1	5.0	8	3	6	vs. Left	.222	9	2	0	0	2	6	5	4	.500	.889
Away	16.20	0	0	0	1	1	3.1	5	2	4	vs. Right	.393	28	11	2	0	3	8	0	6	.393	.786

Tom Candiotti — Dodgers

Age 37 – Pitches Right

	ERA	W	L	Sv	G	GS	IP	BB	SO	Avg	H	2B	3B	HR	RBI	OBP	SLG	CG	ShO	Sup	QS	#P/S	SB	CS	GB	FB	G/F
1994 Season	4.12	7	7	0	23	22	153.0	54	102	.259	149	31	5	9	69	.323	.377	5	0	5.18	13	107	16	5	204	158	1.29
Last Five Years	3.24	54	56	0	153	147	1010.1	316	704	.244	927	170	23	69	367	.304	.356	22	3	3.86	98	108	115	31	1368	1050	1.30

1994 Season

	ERA	W	L	Sv	G	GS	IP	H	BB	SO		Avg	AB	H	2B	3B	HR	RBI	BB	SO	OBP	SLG
Home	5.46	3	4	0	10	10	64.1	73	7	19	43	vs. Left	.251	287	72	13	4	4	29	30	50	.322	.366
Away	3.15	4	3	0	13	12	88.2	76	2	35	59	vs. Right	.266	289	77	18	1	5	40	24	52	.325	.388
Day	1.88	3	0	0	4	4	28.2	24	1	4	20	Inning 1-6	.254	460	117	23	5	7	54	49	81	.328	.372
Night	4.63	4	7	0	19	18	124.1	125	8	50	82	Inning 7+	.276	116	32	8	0	2	15	5	21	.306	.397
Grass	4.47	4	5	0	16	15	108.2	110	8	38	75	None on	.256	324	83	16	3	6	6	31	59	.325	.380
Turf	3.25	3	2	0	7	7	44.1	39	1	16	27	Runners on	.262	252	66	15	2	3	63	23	43	.322	.373
April	3.93	3	1	0	5	5	34.1	35	3	10	19	Scoring Posn	.250	148	37	9	1	2	58	19	28	.328	.365
May	5.17	1	1	0	6	6	38.1	38	3	14	28	Close & Late	.291	55	16	5	0	2	10	3	12	.328	.491
June	3.03	1	1	0	4	4	29.2	25	1	11	23	None on/out	.272	147	40	8	0	4	4	13	28	.335	.408
July	2.82	2	3	0	6	5	44.2	37	1	18	30	vs. 1st Batr (relief)	.000	1	0	0	0	0	0	0	1	.000	.000
August	13.50	0	1	0	2	2	6.0	14	1	1	2	First Inning Pitched	.279	86	24	6	2	0	10	9	18	.337	.395
September/October	0.00	0	0	0	0	0	0.0	0	0	0	0	First 75 Pitches	.281	356	100	21	5	7	49	41	59	.355	.427
Starter	4.25	7	7	0	22	22	146.0	146	9	50	95	Pitch 76-90	.197	66	13	2	0	1	5	4	15	.250	.273
Reliever	1.29	0	0	0	1	0	7.0	3	0	4	7	Pitch 91-105	.194	67	13	3	0	3	6	12	.260	.239
0-3 Days Rest (St)	4.70	1	3	0	1	1	7.2	8	0	6	1	Pitch 106+	.264	87	23	5	0	1	12	3	16	.289	.356
4 Days Rest	5.40	2	3	0	9	9	55.0	61	5	16	40	First Pitch	.350	80	28	6	1	0	11	1	0	.357	.450
5+ Days Rest	3.46	5	3	0	12	12	83.1	77	4	28	54	Ahead in Count	.221	240	53	13	1	2	26	0	77	.220	.308
Pre-All Star	4.00	6	4	0	17	17	119.1	114	8	38	83	Behind in Count	.295	132	39	7	2	5	16	26	0	.413	.492
Post-All Star	4.54	1	3	0	6	5	33.2	35	1	16	19	Two Strikes	.214	266	57	12	2	4	29	27	102	.286	.320

Last Five Years

	ERA	W	L	Sv	G	GS	IP	H	BB	SO		Avg	AB	H	2B	3B	HR	RBI	BB	SO	OBP	SLG
Home	3.23	27	25	0	73	69	491.0	458	35	142	350	vs. Left	.245	1961	480	73	17	30	178	190	315	.310	.345
Away	3.26	27	31	0	80	78	519.1	469	34	174	354	vs. Right	.244	1833	447	97	6	39	189	126	389	.297	.367
Day	3.06	22	13	0	41	39	267.2	231	18	90	197	Inning 1-6	.246	3122	767	141	18	57	310	273	582	.308	.357
Night	3.31	32	43	0	112	108	742.2	696	51	226	507	Inning 7+	.238	672	160	29	5	12	57	43	122	.285	.350
Grass	3.26	38	40	0	108	102	720.2	658	55	208	494	None on	.243	2269	551	106	17	42	42	173	431	.301	.360
Turf	3.20	16	16	0	45	45	289.2	269	14	108	210	Runners on	.247	1525	376	64	6	27	325	143	273	.308	.350
April	3.84	11	5	0	20	20	136.0	125	13	43	99	Scoring Posn	.237	902	214	35	3	18	296	113	168	.317	.343
May	3.56	12	8	0	27	27	179.1	168	9	57	127	Close & Late	.231	407	94	17	3	6	36	32	80	.291	.332
June	2.44	7	11	0	28	27	191.2	164	15	59	138	None on/out	.240	985	236	48	5	18	18	66	188	.290	.353
July	2.44	9	12	0	30	26	206.1	165	12	68	148	vs. 1st Batr (relief)	.333	6	2	0	0	0	1	0	2	.333	.333
August	3.30	7	8	0	23	23	147.1	142	12	38	108	First Inning Pitched	.264	599	158	29	7	6	81	72	117	.344	.366
September/October	4.39	6	12	0	25	24	149.2	163	8	51	84	First 75 Pitches	.251	2497	627	113	15	49	256	225	451	.315	.367
Starter	3.22	53	56	0	147	147	994.0	911	67	308	688	Pitch 76-90	.224	455	102	19	8	34	29	93	.273	.327
Reliever	4.41	1	0	0	6	0	16.1	16	2	8	16	Pitch 91-105	.219	415	91	20	2	4	21	31	81	.276	.306
0-3 Days Rest (St)	3.48	0	4	0	10	10	67.1	58	6	20	38	Pitch 106+	.251	427	107	18	4	8	56	31	79	.303	.368
4 Days Rest	3.11	32	29	0	76	76	532.0	472	41	156	345	First Pitch	.276	456	126	25	3	6	50	8	0	.292	.384
5+ Days Rest	3.33	21	23	0	61	61	394.2	381	20	132	305	Ahead in Count	.196	1627	319	55	7	20	113	0	550	.201	.275
Pre-All Star	3.16	33	28	0	86	83	575.2	515	43	176	419	Behind in Count	.322	861	277	53	8	27	121	149	0	.419	.496
Post-All Star	3.35	21	28	0	67	64	434.2	412	26	140	285	Two Strikes	.192	1773	341	65	9	25	135	159	704	.262	.281

Pitcher vs. Batter (since 1984)

Pitches Best Vs.	Avg	AB	H	2B	3B	HR	RBI	BB	SO	OBP	SLG	Pitches Worst Vs.	Avg	AB	H	2B	3B	HR	RBI	BB	SO	OBP	SLG
Delino DeShields	.000	8	0	0	0	0	3	2	2	.273	.000	Rafael Palmeiro	.438	16	7	2	0	1	2	1	2	.471	.750
Spike Owen	.034	29	1	0	0	0	2	2	0	.097	.034	Mike Greenwell	.429	35	15	3	0	3	10	4	0	.487	.771
Edgar Martinez	.083	12	1	0	0	0	1	5	0	.154	.083	Kirk Gibson	.412	17	7	1	0	1	2	4	2	.474	.882
Bill Spiers	.100	20	2	0	0	0	3	1	5	.136	.100	Wally Joyner	.394	33	13	6	0	1	0	6	7	.500	.667
Alvaro Espinoza	.118	17	2	0	0	0	5	1	0	.118	.118	Larry Walker	.364	11	4	0	1	0	4	1	7	.429	.909

John Cangelosi — Mets

Age 32 – Bats Both (groundball hitter)

	Avg	G	AB	R	H	2B	3B	HR	RBI	BB	SO	HBP	GDP	SB	CS	OBP	SLG	IBB	SH	SF	#Pit	#P/PA	GB	FB	G/F
1994 Season	.252	62	111	14	28	4	0	4	19	20	7	1	5	5	1	.371	.288	1	3	0	534	3.96	44	23	1.91
Last Five Years	.217	193	272	39	59	8	0	1	11	48	48	3	1	8	3	.341	.257	1	8	0	1359	4.11	111	60	1.85

1994 Season

	Avg	AB	H	2B	3B	HR	RBI	BB	SO	OBP	SLG		Avg	AB	H	2B	3B	HR	RBI	BB	SO	OBP	SLG
vs. Left	.229	48	11	3	0	1	8	9	3	.339	.292	Scoring Posn	.313	16	5	0	0	0	4	6	3	.500	.313
vs. Right	.270	63	17	1	0	3	11	11	4	.395	.286	Close & Late	.222	36	8	0	0	0	1	6	9	.333	.222
Home	.217	46	10	1	0	1	10	12	3	.379	.239	None on/out	.243	37	9	0	0	0	0	6	6	.349	.297
Away	.277	65	18	3	0	3	9	8	4	.365	.323	Batting #1	.333	39	13	3	0	0	4	1	7	.350	.410

Jose Canseco — Rangers
Age 30 – Bats Right (flyball hitter)

	Avg	AB	H	2B	3B	HR	RBI	BB	SO	OBP	SLG
First Pitch	.154	13	2	0	0	0	1	1	0	.267	.154
Ahead in Count	.269	26	7	0	0	0	1	9	0	.457	.269
Behind in Count	.244	45	11	0	0	0	1	0	16	.261	.244
Two Strikes	.273	55	15	2	0	2	9	20	.375	.309	

1994 Season

	Avg	AB	H	2B	3B	HR	RBI	BB	SO	OBP	SLG
Batting #8	.194	31	6	1	0	0	0	5	5	.342	.226
Other	.220	41	9	0	0	0	0	13	8	.407	.220
Pre-All Star	.252	111	28	4	0	0	4	19	20	.371	.288
Post-All Star	.000	0	0	0	0	0	0	0	0	.000	.000

	Avg	G	AB	R	H	2B	3B	HR	RBI	BB	SO	HBP	GDP	SB	CS	OBP	SLG	IBB	SH	SF	#Pit	#P/PA	GB	FB	G/F
1994 Season	.282	111	429	88	121	19	2	31	90	69	114	5	20	15	8	.386	.552	8	0	2	2216	4.39	120	126	0.95
Last Five Years	.265	575	2152	390	571	94	6	148	446	298	614	28	67	72	37	.359	.521	28	0	20	10368	4.15	591	644	0.92

1994 Season

	Avg	AB	H	2B	3B	HR	RBI	BB	SO	OBP	SLG		Avg	AB	H	2B	3B	HR	RBI	BB	SO	OBP	SLG
vs. Left	.293	92	27	2	1	7	20	22	22	.426	.565	Scoring Posn	.323	130	42	6	0	8	61	27	28	.441	.554
vs. Right	.279	337	94	17	1	24	70	47	92	.374	.549	Close & Late	.349	63	22	3	0	4	19	17	19	.494	.587
Groundball	.296	108	32	4	0	7	23	12	27	.372	.528	None on/out	.274	84	23	4	0	6	6	11	29	.358	.536
Flyball	.301	103	31	4	2	8	25	17	31	.407	.612	Batting #3	.276	380	105	17	1	27	80	60	106	.379	.539
Home	.260	223	58	7	2	17	50	38	54	.370	.538	Batting #5	.367	30	11	1	0	3	8	4	5	.457	.700
Away	.306	206	63	12	0	14	40	31	60	.404	.568	Other	.263	19	5	1	1	1	2	5	3	.417	.579
Day	.266	109	29	5	0	6	20	18	28	.380	.477	April	.278	79	22	2	0	5	19	12	16	.387	.494
Night	.288	320	92	14	2	25	70	51	86	.388	.578	May	.280	107	30	8	0	6	23	23	25	.409	.523
Grass	.291	361	105	14	2	27	82	66	91	.406	.565	June	.326	95	31	3	0	11	28	17	26	.434	.705
Turf	.235	68	16	5	0	4	8	3	23	.268	.485	July	.252	111	28	5	2	7	15	15	34	.344	.523
First Pitch	.379	29	11	2	0	1	6	7	0	.514	.552	August	.270	37	10	1	0	2	5	2	13	.308	.459
Ahead in Count	.369	111	41	5	0	13	37	27	0	.493	.766	September/October	.000	0	0	0	0	0	0	0	0	.000	.000
Behind in Count	.187	193	36	10	1	7	22	0	92	.194	.358	Pre-All Star	.289	322	93	15	0	24	75	59	78	.404	.559
Two Strikes	.190	247	47	10	2	10	34	34	114	.291	.368	Post-All Star	.262	107	28	4	2	7	15	10	36	.328	.533

1994 By Position

Position	Avg	AB	H	2B	3B	HR	RBI	BB	SO	OBP	SLG	G	GS	Innings	PO	A	E	DP	Fld Pct	Rng Fctr	In Zone	Zone Outs	Zone Rtg	MLB Zone
As Designated Hitter	.282	429	121	19	2	31	90	69	114	.386	.552	111	111	---										

Last Five Years

	Avg	AB	H	2B	3B	HR	RBI	BB	SO	OBP	SLG		Avg	AB	H	2B	3B	HR	RBI	BB	SO	OBP	SLG
vs. Left	.265	483	128	17	2	37	94	81	146	.375	.538	Scoring Posn	.286	622	178	27	1	39	304	99	175	.380	.521
vs. Right	.265	1669	443	77	4	111	352	217	468	.354	.516	Close & Late	.249	325	81	16	0	20	80	44	99	.345	.483
Groundball	.271	605	164	25	1	36	128	67	168	.347	.494	None on/out	.279	402	112	17	2	31	54	109	.367	.562	
Flyball	.255	499	127	17	3	34	100	71	151	.350	.505	Batting #3	.264	2020	533	84	5	142	420	275	585	.356	.521
Home	.264	1021	270	40	3	72	198	157	296	.366	.521	Batting #5	.311	74	23	4	0	4	15	14	16	.433	.527
Away	.266	1131	301	54	3	76	248	141	318	.353	.521	Other	.259	58	15	6	1	2	11	9	13	.353	.500
Day	.288	702	202	40	3	47	160	98	213	.381	.554	April	.269	386	104	15	0	24	82	63	99	.376	.495
Night	.254	1450	369	54	3	101	286	200	401	.348	.505	May	.266	488	130	23	1	31	101	69	139	.354	.508
Grass	.267	1810	484	77	5	123	377	268	506	.367	.519	June	.275	345	95	15	0	33	80	41	89	.364	.626
Turf	.254	342	87	17	1	25	69	30	108	.316	.529	July	.279	366	102	18	3	30	80	44	90	.360	.590
First Pitch	.370	189	70	8	1	22	58	16	0	.440	.772	August	.236	301	71	10	0	16	49	40	111	.329	.429
Ahead in Count	.380	476	181	25	2	58	164	133	0	.515	.807	September/October	.259	266	69	13	2	14	54	41	86	.367	.481
Behind in Count	.199	1052	209	46	2	39	127	0	486	.205	.357	Pre-All Star	.270	1318	356	58	2	95	286	185	350	.363	.533
Two Strikes	.171	1221	209	40	3	37	134	142	614	.259	.300	Post-All Star	.258	834	215	36	4	53	160	113	264	.352	.501

Batter vs. Pitcher (career)

Hits Best Against	Avg	AB	H	2B	3B	HR	RBI	BB	SO	OBP	SLG	Hits Worst Against	Avg	AB	H	2B	3B	HR	RBI	BB	SO	OBP	SLG
Terry Mathews	.400	10	4	1	0	2	5	2	1	.500	1.100	Duane Ward	.000	17	0	0	0	0	2	0	10	.000	.000
Todd Stottlemyre	.367	30	11	0	0	8	15	4	8	.457	1.167	Mike Jackson	.000	11	0	0	0	0	0	2	3	.154	.000
Willie Fraser	.364	11	4	2	0	2	5	1	4	.417	1.091	Erik Hanson	.043	23	1	0	0	0	0	3	11	.154	.043
Bill Gullickson	.353	17	6	0	1	3	7	2	4	.421	1.000	Mike Mussina	.063	16	1	0	0	0	1	0	3	.063	.063
Scott Kamieniecki	.313	16	5	1	0	3	4	4	5	.450	.938	Charles Nagy	.077	26	2	0	0	0	0	2	7	.143	.077

Cris Carpenter — Rangers
Age 30 – Pitches Right (flyball pitcher)

	ERA	W	L	Sv	G	GS	IP	BB	SO	Avg	H	2B	3B	HR	RBI	OBP	SLG	GF	IR	IRS	Hld	SvOp	SB	CS	GB	FB	G/F
1994 Season	5.03	2	5	0	47	0	59.0	20	39	.291	69	10	1	7	41	.342	.430	16	44	19	5	11	2	3	83	75	1.11
Last Five Years	3.84	21	15	7	239	0	290.1	94	191	.241	260	53	5	30	155	.303	.383	74	261	73	38	23	22	11	341	359	0.95

1994 Season

	ERA	W	L	Sv	G	GS	IP	H	HR	BB	SO		Avg	AB	H	2B	3B	HR	RBI	BB	SO	OBP	SLG
Home	3.41	0	2	5	24	0	34.1	40	3	7	23	vs. Left	.363	102	37	5	0	4	23	12	15	.426	.529
Away	7.30	2	3	0	23	0	24.2	29	4	13	16	vs. Right	.237	135	32	5	1	3	18	8	24	.276	.356
Starter	0.00	0	0	0	0	0	0	0	0	0	0	Scoring Posn	.356	73	26	6	0	4	36	9	10	.412	.603
Reliever	5.03	2	5	5	47	0	59.0	69	7	20	39	Close & Late	.355	93	33	6	0	2	20	9	11	.408	.484
0 Days rest (Re)	5.59	1	2	2	10	0	9.2	13	1	3	4	None on/out	.288	52	15	1	1	1	1	3	10	.327	.404
1 or 2 Days rest	2.83	1	1	3	23	0	28.2	25	2	10	21	First Pitch	.267	30	8	1	0	1	8	6	0	.378	.400
3+ Days rest	7.84	0	2	0	14	0	20.2	31	4	7	14	Ahead in Count	.250	128	32	4	0	5	23	0	37	.246	.398
Pre-All Star	5.15	2	5	2	38	0	43.2	51	5	16	29	Behind in Count	.368	38	14	2	1	0	3	8	0	.478	.474
Post-All Star	4.70	0	0	3	9	0	15.1	18	2	4	10	Two Strikes	.270	122	33	3	0	6	23	6	39	.302	.443

Last Five Years

	ERA	W	L	Sv	G	GS	IP	H	HR	BB	SO		Avg	AB	H	2B	3B	HR	RBI	BB	SO	OBP	SLG
Home	3.67	9	5	7	116	0	152.0	136	13	44	104	vs. Left	.273	509	139	37	2	15	86	56	75	.342	.442
Away	4.03	12	10	0	123	0	138.1	124	17	50	87	vs. Right	.212	570	121	16	3	15	69	38	116	.268	.330

Last Five Years

	ERA	W	L	Sv	G	GS	IP	H	R	BB	SO		Avg	AB	H	2B	3B	HR	RBI	BB	SO	OBP	SLG
Day	2.22	5	3	0	52	0	52.2	39	4	14	29	Inning 1-6	.219	233	51	10	1	4	33	17	46	.268	.322
Night	4.20	16	12	7	187	0	237.2	221	26	80	162	Inning 7+	.247	846	209	43	4	26	122	77	145	.313	.400
Grass	3.79	8	8	6	120	0	145.0	149	14	43	100	None on	.227	573	130	23	4	16	35	104	.274	.365
Turf	3.90	13	7	1	119	0	145.1	111	16	51	91	Runners on	.257	506	130	30	1	14	139	59	87	.334	.403
April	2.38	3	2	0	45	0	53.0	35	5	16	35	Scoring Posn	.233	347	81	19	1	7	119	46	63	.320	.354
May	4.44	7	3	4	44	0	50.2	45	3	16	30	Close & Late	.271	446	121	28	2	17	74	44	77	.341	.457
June	4.73	2	5	2	42	0	51.1	50	5	15	32	None on/out	.251	243	61	8	3	8	14	38	.295	.407
July	4.55	0	4	0	42	0	65.1	66	11	18	45	vs. 1st Batr (relief)	.250	216	54	7	2	5	32	19	37	.302	.370
August	3.27	4	0	1	38	0	44.0	37	2	19	34	First Inning Pitched	.250	739	185	35	5	20	126	67	137	.314	.382
September/October	3.12	5	1	0	28	0	26.0	27	4	10	15	First 15 Pitches	.263	684	180	38	3	17	101	59	119	.324	.402
Starter	0.00	0	0	0	0	0	0.0	0	0	0	0	Pitch 16-30	.216	310	67	11	2	12	48	28	52	.283	.381
Reliever	3.84	21	15	7	239	0	290.1	260	30	94	191	Pitch 31-45	.171	70	12	4	0	1	6	7	15	.244	.271
0 Days rest (Re)	2.41	3	2	0	50	0	52.1	39	5	13	25	Pitch 46+	.067	15	1	0	0	0	0	0	5	.067	.067
1 or 2 Days rest	3.88	11	8	5	129	0	153.0	135	15	54	112	First Pitch	.295	156	46	8	0	6	36	24	0	.381	.462
3+ Days rest	4.66	2	4	0	60	0	85.0	86	10	27	54	Ahead in Count	.182	532	97	20	1	9	57	0	169	.188	.274
Pre-All Star	3.54	12	10	6	147	0	180.1	148	14	53	116	Behind in Count	.298	215	64	13	4	10	37	36	0	.398	.535
Post-All Star	4.34	9	5	1	92	0	110.0	112	16	41	75	Two Strikes	.184	517	95	20	1	11	57	34	191	.241	.290

Pitcher vs. Batter (career)

Pitches Best Vs.	Avg	AB	H	2B	3B	HR	RBI	BB	SO	OBP	SLG	Pitches Worst Vs.	Avg	AB	H	2B	3B	HR	RBI	BB	SO	OBP	SLG
Barry Bonds	.000	9	0	0	0	0	0	3	3	.250	.000	Mark Grace	.538	13	7	1	0	0	1	1	0	.571	.615
Eric Davis	.077	13	1	0	0	0	0	2	.077	.077	Shawon Dunston	.500	12	6	1	0	4	0	2	.538	.750
Ricky Jordan	.100	10	1	0	0	0	0	1	0	.250	.100	Dwight Smith	.455	11	5	3	0	0	1	1	2	.500	.727
Spike Owen	.154	13	2	1	0	0	1	0	1	.154	.231	John Kruk	.455	11	5	0	0	1	4	0	1	.417	.818
Dave Martinez	.182	11	2	0	0	0	1	0	.250	.182	Tim Raines	.429	7	3	0	0	1	0	4	0	.636	.714

Chuck Carr — Marlins

Age 26 – Bats Both (groundball hitter)

	Avg	G	AB	H	2B	3B	HR	RBI	BB	SO	HBP	GDP	SB	CS	OBP	SLG	IBB	SH	SF	#Pit	#P/PA	GB	FB	G/F
1994 Season	.263	106	433	114	19	2	2	30	22	71	5	5	32	8	.305	.330	1	6	2	1548	3.31	172	108	1.59
Career (1990-1994)	.261	286	1061	145	277	41	4	6	75	80	155	7	11	102	32	.315	.324	1	16	6	3999	3.42	427	265	1.61

1994 Season

	Avg	AB	H	2B	3B	HR	RBI	BB	SO	OBP	SLG		Avg	AB	H	2B	3B	HR	RBI	BB	SO	OBP	SLG
vs. Left	.228	136	31	8	1	1	18	6	25	.267	.324	Scoring Posn	.275	91	25	5	0	1	26	7	18	.333	.363
vs. Right	.279	297	83	11	1	1	12	16	46	.323	.333	Close & Late	.324	68	22	2	1	1	11	6	11	.378	.426
Groundball	.250	128	32	3	0	0	5	4	23	.271	.273	None on/out	.255	161	41	0	0	0	5	25	.277	.280
Flyball	.338	71	24	5	1	1	10	3	8	.382	.479	Batting #1	.258	341	88	11	1	2	25	16	55	.296	.314
Home	.262	221	58	7	2	1	17	11	36	.301	.326	Batting #2	.263	76	20	4	1	0	3	5	14	.325	.342
Away	.264	212	56	12	0	1	13	11	35	.310	.335	Other	.375	16	6	4	0	0	2	1	2	.412	.625
Day	.317	101	32	6	0	0	9	5	15	.355	.376	April	.310	84	26	6	0	0	11	5	13	.356	.381
Night	.247	332	82	13	2	2	21	17	56	.290	.316	May	.352	91	32	3	0	0	4	5	13	.392	.385
Grass	.271	354	96	14	2	1	26	22	57	.318	.331	June	.234	111	26	5	1	1	6	4	17	.261	.324
Turf	.228	79	18	5	0	1	4	0	14	.247	.329	July	.184	103	19	4	0	5	5	22	.239	.243
First Pitch	.352	91	32	5	0	1	10	0	0	.355	.440	August	.250	44	11	1	0	1	4	3	6	.298	.341
Ahead in Count	.309	81	25	5	1	1	9	14	0	.412	.432	September/October	.000	0	0	0	0	0	0	0	0	.000	.000
Behind in Count	.177	181	32	6	1	0	10	0	63	.181	.221	Pre-All Star	.276	326	90	14	1	2	23	15	50	.310	.334
Two Strikes	.168	173	29	4	1	0	8	8	71	.204	.202	Post-All Star	.224	107	24	5	1	0	7	7	21	.291	.318

1994 By Position

Position	Avg	AB	H	2B	3B	HR	RBI	BB	SO	OBP	SLG	G	GS	Innings	PO	A	E	DP	Fld Pct	Rng Fctr	In Zone	Zone Outs	Zone Rtg	MLB Zone
As cf	.263	430	113	18	2	2	28	22	71	.305	.328	104	100	880.0	297	4	6	2	.980	3.08	357	290	.812	.824

Career (1990-1994)

	Avg	AB	H	2B	3B	HR	RBI	BB	SO	OBP	SLG		Avg	AB	H	2B	3B	HR	RBI	BB	SO	OBP	SLG
vs. Left	.245	339	83	18	2	3	34	20	63	.290	.336	Scoring Posn	.253	221	56	8	0	3	67	24	41	.327	.330
vs. Right	.269	722	194	23	2	3	41	60	92	.327	.319	Close & Late	.324	170	55	7	1	1	22	17	37	.384	.394
Groundball	.245	330	81	9	1	0	19	18	52	.285	.279	None on/out	.274	438	120	13	1	1	1	29	56	.319	.315
Flyball	.280	189	53	8	1	3	23	15	27	.335	.381	Batting #1	.262	951	249	33	3	6	69	74	135	.317	.322
Home	.271	520	141	16	2	4	37	43	77	.327	.333	Batting #2	.269	78	21	4	1	0	4	5	14	.329	.346
Away	.251	541	136	25	2	2	38	37	78	.304	.316	Other	.219	32	7	4	0	0	1	6	.242	.344
Day	.268	239	64	7	1	0	13	18	29	.324	.305	April	.272	147	40	10	0	0	11	9	23	.318	.340
Night	.259	822	213	34	3	6	62	62	126	.313	.330	May	.318	195	62	8	0	1	22	20	33	.390	.374
Grass	.273	788	215	27	3	4	57	62	117	.326	.330	June	.236	208	49	9	2	2	8	11	31	.269	.327
Turf	.227	273	62	14	1	2	18	18	38	.285	.308	July	.210	157	33	6	1	0	7	7	27	.254	.261
First Pitch	.349	215	75	10	0	2	18	0	0	.350	.423	August	.282	174	49	4	0	3	11	10	20	.321	.356
Ahead in Count	.324	219	71	12	2	2	18	50	0	.450	.425	September/October	.244	180	44	4	1	0	6	23	21	.330	.278
Behind in Count	.177	441	78	11	1	4	28	0	136	.181	.213	Pre-All Star	.266	590	157	27	2	3	53	41	94	.315	.334
Two Strikes	.162	433	70	10	1	2	28	30	155	.217	.203	Post-All Star	.255	471	120	14	2	3	22	39	61	.316	.312

Batter vs. Pitcher (career)

Hits Best Against	Avg	AB	H	2B	3B	HR	RBI	BB	SO	OBP	SLG	Hits Worst Against	Avg	AB	H	2B	3B	HR	RBI	BB	SO	OBP	SLG
Mike Harkey	.538	13	7	1	0	0	1	0	1	.538	.615	Darryl Kile	.059	17	1	1	0	0	0	0	4	.059	.118
Pete Smith	.455	11	5	0	0	0	0	0	.455	.455	Dwight Gooden	.083	12	1	0	0	0	0	0	4	.083	.083
Curt Schilling	.417	12	5	1	0	0	2	1	0	.500	.500	Greg Swindell	.091	22	2	1	0	0	2	0	1	.091	.136
Tim Pugh	.333	9	3	0	0	0	2	2	.500	.333	Bill Swift	.091	11	1	0	0	0	0	0	0	.091	.091
Tommy Greene	.333	9	3	0	0	0	2	1	.455	.333	Danny Jackson	.091	11	1	0	0	0	0	0	2	.091	.091

Hector Carrasco — Reds
Age 25 – Pitches Right

	ERA	W	L	Sv	G	GS	IP	BB	SO	Avg	H	2B	3B	HR	RBI	OBP	SLG	GF	IR	IRS	Hld	SvOp	SB	CS	GB	FB	G/F
1994 Season	2.24	5	6	6	45	0	56.1	30	41	.210	42	4	1	3	15	.319	.285	29	18	6	3	8	3	1	65	51	1.27

1994 Season

	ERA	W	L	Sv	G	GS	IP	H	BB	SO		Avg	AB	H	2B	3B	HR	RBI	BB	SO	OBP	SLG
Home	2.51	3	4	4	26	0	28.2	23	2	13	vs. Left	.198	96	19	2	1	1	7	9	16	.280	.271
Away	1.95	2	2	2	19	0	27.2	19	1	17	vs. Right	.221	104	23	2	0	2	8	21	25	.352	.298
Starter	0.00	0	0	0	0	0	0.0	0	0	0	Scoring Posn	.192	52	10	2	0	0	10	10	9	.333	.231
Reliever	2.24	5	6	6	45	0	56.1	42	3	30	Close & Late	.225	120	27	3	0	1	11	18	22	.336	.275
0 Days rest (Re)	2.00	0	1	1	8	0	9.0	7	1	6	None on/out	.289	45	13	1	0	1	1	8	11	.407	.378
1 or 2 Days rest	2.31	2	4	4	27	0	35.0	28	2	19	First Pitch	.316	38	12	2	0	3	6	1	0	.333	.605
3+ Days rest	2.19	3	1	1	10	0	12.1	7	0	5	Ahead in Count	.193	88	17	0	1	0	4	0	35	.211	.216
Pre-All Star	2.33	4	6	5	31	0	38.2	28	2	22	Behind in Count	.268	41	11	1	0	0	5	13	0	.444	.293
Post-All Star	2.04	1	0	1	14	0	17.2	14	1	8	Two Strikes	.129	93	12	0	0	0	2	16	41	.270	.129

Mark Carreon — Giants
Age 31 – Bats Right (flyball hitter)

	Avg	G	AB	R	H	2B	3B	HR	RBI	BB	SO	HBP	GDP	SB	CS	OBP	SLG	IBB	SH	SF	#Pit	#P/PA	GB	FB	G/F
1994 Season	.270	51	100	8	27	4	0	3	20	7	20	2	1	0	0	.324	.400	0	0	2	396	3.57	31	39	0.79
Last Five Years	.260	418	1028	112	267	42	2	34	141	69	148	8	36	7	2	.308	.404	6	2	12	4122	3.68	348	356	0.98

1994 Season

	Avg	AB	H	2B	3B	HR	RBI	BB	SO	OBP	SLG		Avg	AB	H	2B	3B	HR	RBI	BB	SO	OBP	SLG
vs. Left	.214	42	9	2	0	1	6	1	9	.227	.333	Scoring Posn	.379	29	11	2	0	2	18	4	6	.444	.655
vs. Right	.310	58	18	2	0	2	14	6	11	.388	.448	Close & Late	.308	26	8	0	0	0	3	2	6	.379	.308

Last Five Years

	Avg	AB	H	2B	3B	HR	RBI	BB	SO	OBP	SLG		Avg	AB	H	2B	3B	HR	RBI	BB	SO	OBP	SLG
vs. Left	.255	534	136	24	0	19	70	34	71	.301	.406	Scoring Posn	.265	287	76	14	1	8	104	26	42	.324	.404
vs. Right	.265	494	131	18	2	15	71	35	77	.315	.401	Close & Late	.268	213	57	4	0	4	19	12	32	.310	.343
Groundball	.302	305	92	21	1	9	48	12	29	.330	.466	None on/out	.259	224	58	10	0	9	9	14	35	.305	.433
Flyball	.213	239	51	6	0	6	22	20	56	.275	.314	Batting #6	.235	366	86	10	1	8	50	20	57	.277	.333
Home	.244	528	129	25	2	13	63	42	83	.305	.373	Batting #7	.303	132	40	4	0	5	15	13	24	.370	.447
Away	.276	500	138	17	0	21	78	27	65	.311	.436	Other	.266	530	141	28	1	21	76	36	67	.313	.442
Day	.274	435	119	18	2	16	62	23	57	.311	.434	April	.268	164	44	7	0	8	23	18	27	.341	.457
Night	.250	593	148	24	0	18	79	46	91	.306	.381	May	.282	213	60	11	1	8	31	9	40	.313	.455
Grass	.258	798	206	36	2	26	109	53	118	.307	.406	June	.279	154	43	2	0	5	18	10	23	.321	.390
Turf	.265	230	61	6	0	8	32	16	30	.312	.396	July	.207	198	41	9	1	7	30	18	27	.275	.369
First Pitch	.280	132	37	4	0	5	22	5	0	.314	.424	August	.220	141	31	4	0	2	15	8	19	.275	.291
Ahead in Count	.278	284	79	16	1	9	41	33	0	.354	.437	September/October	.304	158	48	9	0	4	24	6	12	.325	.437
Behind in Count	.237	426	101	14	1	10	41	0	128	.240	.345	Pre-All Star	.275	610	168	24	1	27	88	46	101	.327	.451
Two Strikes	.231	429	99	15	1	11	44	31	148	.284	.347	Post-All Star	.237	418	99	18	1	7	53	23	47	.279	.335

Batter vs. Pitcher (career)

Hits Best Against	Avg	AB	H	2B	3B	HR	RBI	BB	SO	OBP	SLG	Hits Worst Against	Avg	AB	H	2B	3B	HR	RBI	BB	SO	OBP	SLG
Mark Langston	.500	14	7	2	0	0	1	3	1	.588	.643	Scott Sanderson	.083	12	1	0	0	1	2	0	4	.083	.333
Rheal Cormier	.429	14	6	1	0	1	3	0	0	.467	.714	Tom Glavine	.143	14	2	0	0	0	1	1	1	.200	.143
Zane Smith	.429	14	6	2	0	0	4	0	1	.429	.571	Tom Browning	.154	13	2	1	0	0	1	0	0	.154	.231
Randy Tomlin	.364	11	4	0	0	1	1	1	0	.417	.636	Terry Mulholland	.176	17	3	0	0	0	0	0	1	.176	.176
Ken Hill	.333	9	3	1	0	1	2	1	2	.455	.778	Mitch Williams	.182	11	2	1	0	0	2	0	5	.167	.273

Matias Carrillo — Marlins
Age 32 – Bats Left

	Avg	G	AB	R	H	2B	3B	HR	RBI	BB	SO	HBP	GDP	SB	CS	OBP	SLG	IBB	SH	SF	#Pit	#P/PA	GB	FB	G/F
1994 Season	.250	80	136	13	34	7	0	0	9	9	31	0	5	3	3	.295	.301	0	0	1	532	3.64	48	35	1.37
Career (1991-1994)	.251	107	191	17	48	13	0	0	12	10	38	1	10	3	3	.291	.319	0	1	2	720	3.53	69	49	1.41

1994 Season

	Avg	AB	H	2B	3B	HR	RBI	BB	SO	OBP	SLG		Avg	AB	H	2B	3B	HR	RBI	BB	SO	OBP	SLG
vs. Left	.125	16	2	0	0	0	1	0	4	.125	.125	Scoring Posn	.226	31	7	3	0	0	9	3	5	.286	.323
vs. Right	.267	120	32	7	0	0	8	9	27	.315	.325	Close & Late	.129	31	4	1	0	0	1	0	6	.176	.161
Home	.194	67	13	1	0	0	5	4	19	.236	.209	None on/out	.300	30	9	2	0	0	0	3	6	.364	.367
Away	.304	69	21	6	0	0	4	5	12	.351	.391	Batting #3	.295	44	13	1	0	0	1	4	10	.354	.318
First Pitch	.250	16	4	0	0	0	1	0	0	.235	.250	Batting #5	.231	39	9	2	0	0	3	0	6	.231	.282
Ahead in Count	.344	32	11	2	0	0	3	7	0	.462	.406	Other	.226	53	12	4	0	0	5	5	13	.288	.302
Behind in Count	.148	61	9	0	0	0	1	0	26	.148	.148	Pre-All Star	.270	111	30	5	0	0	7	7	28	.311	.315
Two Strikes	.136	59	8	0	0	0	1	2	31	.164	.153	Post-All Star	.160	25	4	2	0	0	2	2	3	.222	.240

Andy Carter — Phillies
Age 26 – Pitches Left (flyball pitcher)

	ERA	W	L	Sv	G	GS	IP	BB	SO	Avg	H	2B	3B	HR	RBI	OBP	SLG	GF	IR	IRS	Hld	SvOp	SB	CS	GB	FB	G/F
1994 Season	4.46	0	2	0	20	0	34.1	12	18	.268	34	9	0	5	15	.351	.457	7	17	3	1	0	4	0	32	53	0.60

1994 Season

	ERA	W	L	Sv	G	GS	IP	H	BB	SO		Avg	AB	H	2B	3B	HR	RBI	BB	SO	OBP	SLG
Home	4.05	0	1	0	9	0	13.1	14	2	3	4	vs. Left	.294	51	15	3	0	4	11	5	8	.362	.588
Away	4.71	0	1	0	11	0	21.0	20	3	9	14	vs. Right	.250	76	19	6	0	1	4	7	10	.344	.368

67

Joe Carter — Blue Jays
Age 35 – Bats Right (flyball hitter)

	Avg	G	AB	R	H	2B	3B	HR	RBI	BB	SO	HBP	GDP	SB	CS	OBP	SLG	IBB	SH	SF	#Pit	#P/PA	GB	FB	G/F
1994 Season	.271	111	435	70	118	25	2	27	103	33	64	2	6	11	0	.317	.524	6	0	13	1763	3.65	109	198	0.55
Last Five Years	.258	748	2932	427	756	157	18	151	566	213	491	39	49	73	23	.311	.478	45	1	53	12012	3.71	772	1182	0.65

1994 Season

	Avg	AB	H	2B	3B	HR	RBI	BB	SO	OBP	SLG		Avg	AB	H	2B	3B	HR	RBI	BB	SO	OBP	SLG
vs. Left	.298	114	34	7	0	9	31	10	14	.346	.596	Scoring Posn	.311	122	38	7	0	9	71	17	18	.366	.590
vs. Right	.262	321	84	18	2	18	72	23	50	.306	.498	Close & Late	.188	64	12	2	1	4	12	3	12	.222	.438
Groundball	.325	114	37	8	0	4	22	5	13	.350	.500	None on/out	.276	116	32	6	0	7	7	5	19	.311	.509
Flyball	.232	99	23	6	1	6	20	10	14	.297	.495	Batting #4	.272	434	118	25	2	27	103	32	63	.316	.525
Home	.300	207	62	14	0	18	70	14	33	.335	.628	Batting #7	.000	1	0	0	0	0	0	1	1	.500	.000
Away	.246	228	56	11	2	9	33	19	31	.300	.430	Other	.000	0	0	0	0	0	0	0	0	.000	.000
Day	.261	134	35	7	1	9	30	10	14	.304	.530	April	.312	93	29	8	0	9	31	12	14	.376	.688
Night	.276	301	83	18	1	18	73	23	50	.322	.522	May	.341	85	29	5	0	5	25	5	7	.365	.576
Grass	.258	163	42	5	2	6	22	16	20	.315	.423	June	.175	103	18	3	2	2	11	5	15	.207	.301
Turf	.279	272	76	20	0	21	81	17	44	.318	.585	July	.279	104	29	8	0	8	28	7	21	.330	.587
First Pitch	.410	61	25	3	0	8	26	5	0	.429	.852	August	.260	50	13	1	0	3	8	4	7	.309	.460
Ahead in Count	.260	77	20	2	1	4	13	12	0	.360	.468	September/October	.000	0	0	0	0	0	0	0	0	.000	.000
Behind in Count	.234	209	49	12	1	9	36	0	57	.234	.431	Pre-All Star	.270	318	86	21	2	19	80	24	41	.315	.528
Two Strikes	.243	189	46	13	1	8	35	16	64	.300	.450	Post-All Star	.274	117	32	4	0	8	23	9	23	.323	.513

1994 By Position

Position	Avg	AB	H	2B	3B	HR	RBI	BB	SO	OBP	SLG	G	GS	Innings	PO	A	E	DP	Fld Pct	Rng Fctr	In Zone	Outs	Zone Rtg	MLB Zone
As rf	.273	432	118	25	2	27	103	31	62	.316	.528	110	109	945.0	205	4	2	1	.991	1.99	246	202	.821	.826

Last Five Years

	Avg	AB	H	2B	3B	HR	RBI	BB	SO	OBP	SLG		Avg	AB	H	2B	3B	HR	RBI	BB	SO	OBP	SLG
vs. Left	.284	824	234	46	2	43	149	61	119	.329	.501	Scoring Posn	.277	863	239	37	9	46	409	113	165	.352	.501
vs. Right	.248	2108	522	111	16	108	417	152	372	.304	.469	Close & Late	.214	468	100	12	5	15	68	35	83	.271	.357
Groundball	.262	825	216	43	3	35	137	51	131	.309	.448	None on/out	.272	640	174	38	4	39	39	24	83	.307	.527
Flyball	.257	606	156	38	7	29	110	53	111	.320	.487	Batting #3	.262	1146	300	61	10	59	200	74	197	.312	.487
Home	.261	1463	382	81	7	95	318	93	258	.309	.521	Batting #4	.257	1513	389	82	8	82	312	116	264	.312	.484
Away	.255	1469	374	76	11	56	248	120	233	.313	.436	Other	.245	273	67	14	0	10	54	23	30	.304	.407
Day	.241	918	221	50	4	53	174	60	160	.291	.477	April	.283	424	120	31	1	23	99	29	69	.324	.524
Night	.266	2014	535	107	14	98	392	153	331	.321	.479	May	.281	516	145	29	3	27	93	26	80	.325	.506
Grass	.247	1352	334	62	7	55	226	110	209	.304	.425	June	.255	509	130	29	6	31	103	39	99	.316	.519
Turf	.267	1580	422	95	11	96	340	103	282	.318	.523	July	.238	513	122	28	1	22	93	47	88	.306	.425
First Pitch	.352	355	125	31	3	34	109	20	0	.390	.744	August	.248	505	125	23	2	31	101	39	77	.301	.485
Ahead in Count	.318	548	174	28	3	32	126	100	0	.420	.555	September/October	.245	465	114	17	5	17	77	33	78	.295	.413
Behind in Count	.204	1483	303	65	8	51	204	0	429	.213	.362	Pre-All Star	.267	1621	432	98	11	88	326	109	273	.318	.503
Two Strikes	.199	1392	277	59	10	50	181	80	491	.247	.364	Post-All Star	.247	1311	324	59	7	63	240	104	218	.303	.447

Batter vs. Pitcher (since 1984)

Hits Best Against	Avg	AB	H	2B	3B	HR	RBI	BB	SO	OBP	SLG	Hits Worst Against	Avg	AB	H	2B	3B	HR	RBI	BB	SO	OBP	SLG
Tim Leary	.476	21	10	2	0	4	8	1	4	.458	1.143	Jeff Montgomery	.000	14	0	0	0	0	1	0	4	.000	.000
Bob Tewksbury	.455	11	5	0	0	2	3	1	0	.500	1.000	Todd Stottlemyre	.000	11	0	0	0	0	0	0	2	.000	.000
Ben McDonald	.440	25	11	2	1	4	11	0	1	.440	1.080	Rich DeLucia	.000	11	0	0	0	0	0	0	5	.000	.000
Mike Birkbeck	.400	15	6	1	0	3	7	0	4	.389	1.067	David Wells	.000	11	0	0	0	0	0	3	3	.214	.000
John Habyan	.333	12	4	0	1	2	4	0	4	.333	1.000	Bud Black	.111	18	2	0	0	0	0	6	.111	.111

Larry Casian — Indians
Age 29 – Pitches Left

	ERA	W	L	Sv	G	GS	IP	BB	SO	Avg	H	2B	3B	HR	RBI	OBP	SLG	GF	IR	IRS	Hld	SvOp	SB	CS	GB	FB	G/F
1994 Season	7.35	1	5	1	40	0	49.0	16	20	.358	73	12	2	2	47	.406	.613	10	31	12	6	1	0	2	72	65	1.11
Career (1990-1994)	4.94	9	9	2	120	3	153.0	42	70	.314	193	41	2	19	93	.358	.480	24	96	23	24	4	1	2	220	194	1.13

1994 Season

	ERA	W	L	Sv	G	GS	IP	H	BB	SO		Avg	AB	H	2B	3B	HR	RBI	BB	SO	OBP	SLG
Home	7.01	0	3	1	18	0	25.2	37	9	11	vs. Left	.324	68	22	3	0	3	17	1	9	.333	.500
Away	7.71	1	2	0	22	0	23.1	36	3	10	vs. Right	.375	136	51	9	2	30	15	11	.441	.669
Starter	0.00	0	0	0	0	0	0.0	0	0	0	Scoring Posn	.351	57	20	4	1	2	31	8	6	.435	.561
Reliever	7.35	1	5	1	40	0	49.0	73	12	16	Close & Late	.500	30	15	3	1	2	8	2	2	.559	.867
0 Days rest (Re)	6.75	0	0	0	6	0	6.2	8	4	2	None on/out	.347	49	17	4	0	2	2	2	.373	.551
1 or 2 Days rest	9.61	0	3	1	19	0	19.2	35	6	8	First Pitch	.500	20	10	1	0	1	4	2	0	.522	.700
3+ Days rest	5.56	1	2	0	15	0	22.2	30	2	6	Ahead in Count	.338	65	22	3	1	3	10	0	15	.338	.554
Pre-All Star	7.08	1	3	1	33	0	40.2	57	11	12	Behind in Count	.437	71	31	4	1	7	22	8	0	.494	.817
Post-All Star	8.64	0	2	0	7	0	8.1	16	1	4	Two Strikes	.235	68	16	3	0	1	9	6	20	.303	.324

Career (1990-1994)

	ERA	W	L	Sv	G	GS	IP	H	HR	BB	SO		Avg	AB	H	2B	3B	HR	RBI	BB	SO	OBP	SLG
Home	5.63	4	4	1	61	2	80.0	103	15	20	31	vs. Left	.268	194	52	9	0	4	33	3	31	.278	.376
Away	4.19	5	5	1	59	1	73.0	90	4	22	39	vs. Right	.335	421	141	32	2	15	60	39	39	.394	.527
Day	4.25	3	2	0	36	0	42.1	50	7	13	20	Inning 1-6	.332	199	66	10	0	3	29	14	21	.370	.427
Night	5.20	6	7	2	84	2	110.2	143	12	30	50	Inning 7+	.305	416	127	31	2	16	64	28	49	.353	.505
Grass	4.47	4	6	0	49	1	54.1	72	5	12	29	Scoring Posn	.316	326	103	23	0	9	19	45	.355	.469
Turf	5.20	5	3	2	71	2	98.2	121	14	30	41	Runners on	.311	289	90	18	2	10	84	23	25	.361	.491
April	5.06	0	0	0	22	0	32.0	44	6	10	14	Scoring Posn	.311	167	52	11	1	4	67	18	14	.376	.461
May	9.00	1	1	1	15	0	18.0	27	3	5	10	Close & Late	.293	167	49	9	1	3	18	9	18	.341	.413
June	2.25	1	1	0	23	0	20.0	24	2	5	8	None on/out	.283	145	41	12	0	6	8	20	.325	.448
July	4.88	1	2	1	19	0	24.0	29	5	5	10	vs. 1st Batr (relief)	.298	104	31	8	0	2	16	7	13	.348	.433

(Unknown Pitcher - top of page)

Career (1990-1994)	ERA	W	L	Sv	G	GS	IP	H	HR	BB	SO		Avg	AB	H	2B	3B	HR	RBI	BB	SO	OBP	SLG
August	2.08	3	0	0	14	0	17.1	14	0	5	11	First Inning Pitched	.328	360	118	28	2	11	75	28	37	.375	.508
September/October	5.62	3	3	0	27	3	41.2	55	3	12	17	First 15 Pitches	.337	326	110	27	1	9	53	23	33	.384	.509
Starter	3.32	1	1	0	3	3	19.0	23	2	4	11	Pitch 16-30	.280	143	40	5	1	5	28	9	18	.318	.434
Reliever	5.17	8	8	2	117	0	134.0	170	17	38	59	Pitch 31-45	.347	72	25	4	0	4	9	7	6	.405	.569
0 Days rest (Re)	5.49	0	2	1	24	0	19.2	24	4	4	10	Pitch 46+	.243	74	18	5	0	1	3	3	13	.273	.351
1 or 2 Days rest	4.66	4	4	1	58	0	63.2	78	8	20	29	First Pitch	.422	83	35	6	0	4	16	5	0	.449	.639
3+ Days rest	5.68	4	2	0	35	0	50.2	68	5	14	20	Ahead in Count	.238	252	60	13	1	4	17	0	59	.241	.345
Pre-All Star	5.40	3	4	1	69	0	83.1	113	15	23	38	Behind in Count	.419	172	72	15	1	9	44	24	0	.483	.674
Post-All Star	4.39	6	5	1	51	3	69.2	80	4	19	32	Two Strikes	.203	236	48	13	0	1	14	13	70	.247	.271

Pitcher vs. Batter (career)																					
Pitches Best Vs.	Avg	AB	H	2B	3B	HR	RBI	BB	SO	OBP	SLG	Pitches Worst Vs.	Avg	AB	H	2B	3B	HR	RBI	BB	SO	OBP	SLG
												Jay Buhner	.333	9	3	2	0	1	3	2	0	.455	.889

Vinny Castilla — Rockies
Age 27 – Bats Right

	Avg	G	AB	R	H	2B	3B	HR	RBI	BB	SO	HBP	GDP	SB	CS	OBP	SLG	IBB	SH	SF	#Pit	#P/PA	GB	FB	G/F
1994 Season	.331	52	130	16	43	11	1	3	18	7	23	0	3	2	1	.357	.500	1	1	3	464	3.29	57	36	1.58
Career (1991-1994)	.275	178	488	54	134	21	8	12	49	21	74	3	13	4	6	.304	.424	6	2	8	1573	3.01	201	145	1.39

1994 Season

	Avg	AB	H	2B	3B	HR	RBI	BB	SO	OBP	SLG		Avg	AB	H	2B	3B	HR	RBI	BB	SO	OBP	SLG
vs. Left	.222	36	8	2	0	0	6	2	6	.250	.278	Scoring Posn	.355	31	11	2	0	1	16	3	7	.378	.516
vs. Right	.372	94	35	9	1	3	12	5	17	.400	.585	Close & Late	.316	19	6	1	0	0	1	1	5	.350	.368
Home	.344	61	21	6	1	1	8	2	11	.354	.525	None on/out	.294	34	10	5	1	0	0	1	6	.314	.500
Away	.319	69	22	5	0	2	10	5	12	.360	.478	Batting #6	.375	32	12	5	0	1	6	0	5	.364	.625
First Pitch	.409	22	9	2	0	1	3	1	0	.417	.636	Batting #8	.325	40	13	1	1	0	4	2	7	.349	.400
Ahead in Count	.333	33	11	1	0	1	4	5	0	.410	.455	Other	.310	58	18	5	0	2	8	5	11	.359	.500
Behind in Count	.262	61	16	5	1	1	6	0	20	.262	.426	Pre-All Star	.319	91	29	7	1	3	14	5	14	.347	.516
Two Strikes	.214	56	12	3	0	1	5	1	23	.228	.321	Post-All Star	.359	39	14	4	0	0	4	2	9	.381	.462

Career (1991-1994)

	Avg	AB	H	2B	3B	HR	RBI	BB	SO	OBP	SLG		Avg	AB	H	2B	3B	HR	RBI	BB	SO	OBP	SLG
vs. Left	.295	129	38	6	2	3	14	7	18	.326	.442	Scoring Posn	.239	113	27	4	3	3	39	14	23	.309	.407
vs. Right	.267	359	96	15	6	9	35	14	56	.296	.418	Close & Late	.246	57	14	3	0	1	4	4	9	.286	.351
Groundball	.282	156	44	6	1	4	16	5	20	.303	.410	None on/out	.341	126	43	7	2	4	4	2	22	.352	.524
Flyball	.253	87	22	4	0	2	5	5	11	.287	.368	Batting #7	.224	161	36	5	1	2	11	8	27	.262	.304
Home	.310	248	77	12	7	6	28	14	36	.346	.488	Batting #8	.295	190	56	6	6	5	19	9	27	.324	.468
Away	.238	240	57	9	1	6	21	7	38	.259	.358	Other	.307	137	42	10	1	5	19	4	20	.326	.504
Day	.293	164	48	9	4	5	21	3	28	.304	.488	April	.226	31	7	1	2	1	3	2	5	.257	.484
Night	.265	324	86	12	4	7	28	18	46	.304	.392	May	.393	61	24	2	2	0	4	2	3	.422	.492
Grass	.285	376	107	18	8	9	43	20	57	.318	.447	June	.308	146	45	7	3	7	23	5	23	.329	.541
Turf	.241	112	27	3	0	3	6	1	17	.254	.348	July	.214	84	18	5	0	0	4	5	15	.253	.274
First Pitch	.291	103	30	3	3	4	11	4	0	.318	.495	August	.280	100	28	4	1	4	12	2	16	.288	.460
Ahead in Count	.325	114	37	4	2	3	11	12	0	.380	.474	September/October	.182	66	12	2	0	0	3	5	12	.257	.212
Behind in Count	.209	211	44	10	3	4	18	0	68	.211	.341	Pre-All Star	.304	293	89	12	7	8	32	12	39	.329	.474
Two Strikes	.179	179	32	5	1	3	11	5	74	.204	.268	Post-All Star	.231	195	45	9	1	4	17	9	35	.267	.349

Batter vs. Pitcher (career)

Hits Best Against	Avg	AB	H	2B	3B	HR	RBI	BB	SO	OBP	SLG	Hits Worst Against	Avg	AB	H	2B	3B	HR	RBI	BB	SO	OBP	SLG
Ramon Martinez	.417	12	5	0	0	0	1	1	0	.462	.417	John Burkett	.167	12	2	0	0	0	0	0	2	.167	.167
												Tom Glavine	.200	10	2	0	1	0	2	0	1	.182	.400

Frank Castillo — Cubs
Age 26 – Pitches Right

	ERA	W	L	Sv	G	GS	IP	BB	SO	Avg	H	2B	3B	HR	RBI	OBP	SLG	CG	ShO	Sup	QS	#P/S	SB	CS	GB	FB	G/F
1994 Season	4.30	2	1	0	4	4	23.0	5	19	.278	25	3	1	3	10	.316	.433	1	0	9.00	1	81	4	0	25	27	0.93
Career (1991-1994)	4.11	23	27	0	84	80	481.1	140	311	.257	473	96	13	47	198	.313	.400	7	0	4.34	43	90	36	25	607	515	1.18

1994 Season

	ERA	W	L	Sv	G	GS	IP	H	HR	BB	SO		Avg	AB	H	2B	3B	HR	RBI	BB	SO	OBP	SLG
Home	4.08	1	1	0	3	3	17.2	20	2	3	16	vs. Left	.304	46	14	2	1	2	6	2	10	.333	.522
Away	5.06	1	0	0	1	1	5.1	5	1	2	3	vs. Right	.250	44	11	1	0	1	4	3	9	.298	.341

Career (1991-1994)

	ERA	W	L	Sv	G	GS	IP	H	HR	BB	SO		Avg	AB	H	2B	3B	HR	RBI	BB	SO	OBP	SLG
Home	3.93	12	15	0	43	43	261.0	247	30	72	187	vs. Left	.261	1038	271	47	6	32	122	103	170	.327	.410
Away	4.33	11	12	0	41	37	220.1	226	17	68	124	vs. Right	.253	800	202	49	7	15	76	37	141	.295	.388
Day	3.89	14	14	0	44	43	259.0	239	27	79	172	Inning 1-6	.253	1606	407	86	12	43	178	122	277	.309	.402
Night	4.37	9	13	0	40	37	222.1	234	20	61	139	Inning 7+	.284	232	66	10	1	4	20	18	34	.343	.388
Grass	4.03	16	23	0	60	58	350.1	341	36	99	247	None on	.245	1135	278	60	10	28	28	60	202	.289	.389
Turf	4.33	7	4	0	24	22	131.0	132	11	41	64	Runners on	.277	703	195	36	3	19	170	80	109	.350	.418
April	4.03	0	3	0	8	8	44.2	38	6	16	28	Scoring Posn	.272	412	112	17	2	12	149	65	64	.367	.410
May	2.96	4	4	0	12	11	67.0	66	4	20	53	Close & Late	.306	121	37	5	1	2	12	10	21	.321	.413
June	5.14	4	5	0	12	12	70.0	79	8	19	37	None on/out	.266	485	129	30	7	12	12	34	74	.321	.431
July	3.53	7	4	0	18	18	112.1	109	7	31	71	vs. 1st Batr (relief)	.000	3	0	0	0	0	0	0	0	.250	.000
August	3.83	5	5	0	16	16	98.2	87	11	22	56	First Inning Pitched	.256	317	81	12	2	7	32	27	54	.319	.372
September/October	5.28	3	6	0	18	15	88.2	94	11	32	66	First 75 Pitches	.257	1436	369	72	10	40	156	104	247	.311	.405
Starter	4.10	23	27	0	80	80	476.1	467	46	139	308	Pitch 76-90	.214	224	48	13	2	3	22	19	36	.275	.330
Reliever	5.40	0	0	0	4	0	5.0	6	1	1	3	Pitch 91-105	.326	138	45	9	1	3	14	11	22	.384	.471

Career (1991-1994)

	ERA	W	L	Sv	G	GS	IP	H	HR	BB	SO		Avg	AB	H	2B	3B	HR	RBI	BB	SO	OBP	SLG
0-3 Days Rest (St)	4.62	1	1	0	6	6	37.0	42	3	9	22	Pitch 106+	.275	40	11	2	0	1	6	6	6	.367	.400
4 Days Rest	4.65	12	21	0	46	46	263.1	274	24	88	167	First Pitch	.293	287	84	17	5	9	34	9	0	.318	.481
5+ Days Rest	3.17	10	5	0	28	28	176.0	151	19	42	119	Ahead in Count	.216	850	184	39	0	14	70	0	266	.222	.312
Pre-All Star	3.97	9	14	0	38	37	222.0	223	22	68	146	Behind in Count	.336	351	118	24	3	15	58	79	0	.458	.550
Post-All Star	4.23	14	13	0	46	43	259.1	250	25	72	165	Two Strikes	.187	835	156	32	2	10	55	52	311	.238	.266

Pitcher vs. Batter (career)

Pitches Best Vs.	Avg	AB	H	2B	3B	HR	RBI	BB	SO	OBP	SLG	Pitches Worst Vs.	Avg	AB	H	2B	3B	HR	RBI	BB	SO	OBP	SLG
Jeff Bagwell	.000	15	0	0	0	0	0	1	1	.118	.000	Lenny Dykstra	.600	10	6	1	0	3	4	1	0	.636	1.600
Brett Butler	.053	19	1	0	0	0	0	1	2	.100	.053	Eddie Murray	.588	17	10	2	0	1	8	1	1	.579	.882
Willie McGee	.091	11	1	0	0	0	1	1	.167	.091		Andy Van Slyke	.526	19	10	0	1	2	5	1	3	.550	.947
Todd Benzinger	.100	10	1	0	0	0	1	1	3	.167	.100	Geronimo Pena	.500	8	4	1	0	1	6	4	2	.615	1.000
Tony Gwynn	.100	10	1	0	0	0	0	1	0	.182	.100	John Kruk	.412	17	7	3	0	3	5	4	4	.524	1.118

Juan Castillo — Mets
Age 25 – Pitches Right

	ERA	W	L	Sv	G	GS	IP	BB	SO	Avg	H	2B	3B	HR	RBI	OBP	SLG	CG	ShO	Sup	QS	#P/S	SB	CS	GB	FB	G/F
1994 Season	6.94	0	0	0	2	2	11.2	5	1	.362	17	3	2	2	9	.423	.638	0	0	6.17	0	87	2	1	20	19	1.05

1994 Season

	ERA	W	L	Sv	G	GS	IP	H	HR	BB	SO		Avg	AB	H	2B	3B	HR	RBI	BB	SO	OBP	SLG
Home	0.00	0	0	0	0	0	0.0	0	0	0	0	vs. Left	.391	23	9	3	1	1	4	3	0	.462	.739
Away	6.94	0	0	0	2	2	11.2	17	2	5	1	vs. Right	.333	24	8	0	1	1	5	2	1	.385	.542

Tony Castillo — Blue Jays
Age 32 – Pitches Left

	ERA	W	L	Sv	G	GS	IP	BB	SO	Avg	H	2B	3B	HR	RBI	OBP	SLG	GF	IR	IRS	Hld	SvOp	SB	CS	GB	FB	G/F
1994 Season	2.51	5	2	1	41	0	68.0	28	43	.260	66	9	1	7	26	.337	.386	8	24	9	13	4/6	6	2	87	72	1.21
Last Five Years	3.40	15	6	2	161	6	227.2	81	153	.277	243	33	3	20	114	.337	.390	31	165	49	30	7	29	7	324	232	1.40

1994 Season

	ERA	W	L	Sv	G	GS	IP	H	HR	BB	SO		Avg	AB	H	2B	3B	HR	RBI	BB	SO	OBP	SLG
Home	3.18	3	2	1	22	0	34.0	33	4	18	20	vs. Left	.237	59	14	2	0	2	6	3	11	.297	.373
Away	1.85	2	0	0	19	0	34.0	33	3	10	23	vs. Right	.267	195	52	7	1	5	20	25	32	.348	.390
Starter	0.00	0	0	0	0	0	0.0	0	0	0	0	Scoring Posn	.176	68	12	1	0	1	19	8	14	.263	.235
Reliever	2.51	5	2	1	41	0	68.0	66	7	28	43	Close & Late	.233	129	30	3	0	4	10	16	26	.327	.349
0 Days rest (Re)	6.75	0	0	0	4	0	5.1	5	1	6	5	None on/out	.273	66	18	2	0	3	3	2	13	.294	.439
1 or 2 Days rest	1.75	1	1	1	21	0	36.0	30	4	11	25	First Pitch	.361	36	13	3	1	0	3	1	0	.410	.500
3+ Days rest	2.70	4	1	0	16	0	26.2	31	2	11	13	Ahead in Count	.203	118	24	3	0	1	5	0	39	.203	.254
Pre-All Star	2.72	4	1	1	31	0	53.0	56	5	23	29	Behind in Count	.283	53	15	2	0	1	8	12	0	.412	.377
Post-All Star	1.80	1	1	0	10	0	15.0	10	2	5	14	Two Strikes	.222	117	26	2	0	5	12	15	43	.308	.368

Last Five Years

	ERA	W	L	Sv	G	GS	IP	H	HR	BB	SO		Avg	AB	H	2B	3B	HR	RBI	BB	SO	OBP	SLG
Home	4.42	7	5	1	78	3	112.0	130	14	46	77	vs. Left	.241	249	60	7	1	6	36	10	52	.275	.349
Away	2.41	8	1	1	83	3	115.2	113	6	35	76	vs. Right	.291	629	183	26	2	14	78	71	101	.360	.405
Day	3.39	5	3	1	44	1	63.2	64	7	19	45	Inning 1-6	.297	347	103	15	1	6	51	26	58	.343	.398
Night	3.40	10	3	1	117	5	164.0	179	13	62	108	Inning 7+	.264	531	140	18	2	14	63	55	95	.333	.384
Grass	3.23	3	2	1	85	4	119.2	140	10	34	96	None on	.291	447	130	18	3	11	11	42	70	.352	.418
Turf	3.58	12	4	1	76	2	108.0	103	10	47	57	Runners on	.262	431	113	15	0	9	103	39	83	.322	.360
April	4.34	1	0	0	14	0	18.2	20	2	8	12	Scoring Posn	.241	261	63	7	0	5	93	27	51	.304	.326
May	1.77	3	0	0	28	0	40.2	35	2	13	27	Close & Late	.238	248	59	6	0	6	28	30	48	.323	.335
June	3.99	1	2	1	33	0	47.1	54	5	20	34	None on/out	.276	210	58	9	0	6	6	11	31	.312	.405
July	2.88	5	0	1	21	1	34.1	36	2	9	14	vs. 1st Batr (relief)	.288	139	40	5	0	4	27	9	28	.320	.410
August	4.15	3	2	0	36	2	43.1	47	5	14	39	First Inning Pitched	.262	500	131	15	1	13	74	43	93	.316	.374
September/October	3.53	2	2	0	29	3	43.1	51	4	17	27	First 15 Pitches	.259	428	111	14	1	13	66	36	71	.312	.388
Starter	1.50	3	0	0	6	6	30.0	28	1	9	15	Pitch 16-30	.289	263	76	11	1	4	21	27	51	.357	.384
Reliever	3.69	12	6	2	155	0	197.2	215	19	72	138	Pitch 31-45	.286	119	34	6	1	3	22	11	19	.348	.429
0 Days rest (Re)	5.27	3	0	0	28	0	27.1	33	4	13	21	Pitch 46+	.324	68	22	2	0	0	5	7	12	.395	.353
1 or 2 Days rest	3.51	4	4	2	79	0	105.0	109	10	32	82	First Pitch	.400	130	52	9	1	4	27	8	0	.440	.577
3+ Days rest	3.31	5	2	0	48	0	65.1	73	5	27	35	Ahead in Count	.214	392	84	12	1	5	38	0	137	.214	.288
Pre-All Star	3.17	7	2	1	80	0	119.1	123	10	45	76	Behind in Count	.303	198	60	8	0	2	28	40	0	.416	.374
Post-All Star	3.66	8	4	1	81	6	108.1	120	10	36	77	Two Strikes	.208	394	82	9	1	12	41	33	153	.269	.327

Pitcher vs. Batter (career)

Pitches Best Vs.	Avg	AB	H	2B	3B	HR	RBI	BB	SO	OBP	SLG	Pitches Worst Vs.	Avg	AB	H	2B	3B	HR	RBI	BB	SO	OBP	SLG
												Paul O'Neill	.333	12	4	1	0	0	4	1	4	.385	.417
												Ruben Sierra	.333	12	4	0	0	1	4	1	1	.385	.583

Andujar Cedeno — Astros
Age 25 – Bats Right (groundball hitter)

	Avg	G	AB	R	H	2B	3B	HR	RBI	BB	SO	HBP	GDP	SB	CS	OBP	SLG	IBB	SH	SF	#Pit	#P/PA	GB	FB	G/F
1994 Season	.263	98	342	38	90	26	0	9	49	29	79	8	5	1	2	.334	.418	15	0	1	1371	3.61	136	73	1.86
Career (1990-1994)	.250	392	1326	149	332	76	8	31	154	100	326	15	26	16	11	.308	.390	27	5	8	5338	3.66	467	310	1.51

1994 Season

	Avg	AB	H	2B	3B	HR	RBI	BB	SO	OBP	SLG		Avg	AB	H	2B	3B	HR	RBI	BB	SO	OBP	SLG
vs. Left	.287	108	31	10	0	3	21	10	24	.353	.463	Scoring Posn	.313	83	26	7	0	2	40	18	13	.437	.470
vs. Right	.252	234	59	16	0	6	28	19	55	.326	.397	Close & Late	.316	57	18	4	0	2	12	3	14	.350	.491

1994 Season

	Avg	AB	H	2B	3B	HR	RBI	BB	SO	OBP	SLG		Avg	AB	H	2B	3B	HR	RBI	BB	SO	OBP	SLG
Groundball	.190	100	19	4	0	3	12	9	30	.289	.320	None on/out	.297	91	27	6	0	5	5	2	18	.333	.527
Flyball	.234	64	15	5	0	2	9	6	16	.300	.406	Batting #7	.000	39	0	0	0	0	0	0	13	.049	.000
Home	.261	176	46	13	0	5	26	18	42	.345	.420	Batting #8	.300	273	82	24	0	8	41	24	55	.368	.476
Away	.265	166	44	13	0	4	23	11	37	.322	.416	Other	.267	30	8	2	0	1	8	5	11	.371	.433
Day	.223	103	23	9	0	3	16	8	30	.304	.398	April	.343	67	23	7	0	5	14	7	17	.423	.672
Night	.280	239	67	17	0	6	33	21	49	.347	.427	May	.200	90	18	4	0	2	12	9	22	.280	.311
Grass	.278	97	27	7	0	3	10	5	18	.327	.443	June	.250	84	21	7	0	1	7	7	22	.308	.369
Turf	.257	245	63	19	0	6	39	24	61	.337	.408	July	.300	70	21	6	0	1	14	2	11	.347	.429
First Pitch	.391	46	18	8	0	1	10	11	0	.517	.630	August	.226	31	7	2	0	0	2	4	7	.333	.290
Ahead in Count	.379	66	25	5	0	4	14	7	0	.438	.636	September/October	.000	0	0	0	0	0	0	0	0	.000	.000
Behind in Count	.194	170	33	10	0	3	14	0	68	.217	.306	Pre-All Star	.251	263	66	19	0	8	38	24	65	.327	.414
Two Strikes	.198	177	35	10	0	3	16	11	79	.257	.305	Post-All Star	.304	79	24	7	0	1	11	5	14	.360	.430

1994 By Position

Position	Avg	AB	H	2B	3B	HR	RBI	BB	SO	OBP	SLG	G	GS	Innings	PO	A	E	DP	Fld Pct	Rng Fctr	In Zone	Zone Outs	Zone Rtg	MLB Zone
As ss	.263	339	89	26	0	8	47	28	79	.332	.410	95	93	832.2	130	280	23	69	.947	4.43	340	283	.832	.889

Career (1990-1994)

	Avg	AB	H	2B	3B	HR	RBI	BB	SO	OBP	SLG		Avg	AB	H	2B	3B	HR	RBI	BB	SO	OBP	SLG
vs. Left	.279	420	117	26	4	7	53	32	89	.333	.410	Scoring Posn	.244	348	85	17	3	6	120	46	76	.333	.362
vs. Right	.237	906	215	50	4	24	101	68	237	.297	.381	Close & Late	.260	215	56	12	0	6	27	18	53	.318	.400
Groundball	.222	464	103	24	3	9	51	24	117	.271	.345	None on/out	.274	328	90	16	0	13	15	15	82	.314	.442
Flyball	.253	245	62	12	3	12	33	26	69	.325	.473	Batting #7	.248	476	118	27	5	12	56	28	124	.293	.401
Home	.256	687	176	44	5	17	82	62	180	.325	.409	Batting #8	.253	671	170	40	2	13	71	61	156	.323	.377
Away	.244	639	156	32	3	14	72	38	146	.291	.369	Other	.246	179	44	9	1	6	27	11	46	.292	.408
Day	.249	389	97	23	3	10	54	20	97	.297	.401	April	.277	173	48	14	2	5	21	15	46	.345	.468
Night	.251	937	235	53	5	21	100	80	229	.313	.385	May	.245	245	60	15	1	5	26	21	62	.312	.376
Grass	.264	402	106	20	3	13	47	25	88	.312	.425	June	.296	162	48	9	2	3	20	14	34	.354	.432
Turf	.245	924	226	56	5	18	107	75	238	.307	.374	July	.259	185	48	11	1	2	24	11	29	.313	.362
First Pitch	.327	211	69	20	2	6	32	20	0	.391	.526	August	.249	257	64	12	1	6	29	25	65	.311	.374
Ahead in Count	.354	212	75	14	2	8	30	32	0	.441	.552	September/October	.211	304	64	15	1	10	34	16	90	.253	.365
Behind in Count	.191	676	129	29	2	11	51	0	280	.201	.288	Pre-All Star	.270	644	174	42	5	14	78	53	153	.334	.416
Two Strikes	.173	675	117	28	2	12	57	48	326	.231	.274	Post-All Star	.232	682	158	34	3	17	76	47	173	.284	.365

Batter vs. Pitcher (career)

Hits Best Against	Avg	AB	H	2B	3B	HR	RBI	BB	SO	OBP	SLG	Hits Worst Against	Avg	AB	H	2B	3B	HR	RBI	BB	SO	OBP	SLG
Bruce Ruffin	.545	11	6	1	0	0	1	0	2	.545	.636	Mike Morgan	.053	19	1	1	0	0	1	0	8	.143	.105
Bret Saberhagen	.364	11	4	1	0	1	1	0	4	.364	.727	Curt Schilling	.100	10	1	0	0	0	0	1	2	.182	.100
Tom Glavine	.357	14	5	0	1	1	2	4	3	.500	.714	Greg W. Harris	.111	18	2	1	0	0	0	3	5	.238	.111
Zane Smith	.333	12	4	1	0	3	7	0	1	.333	1.167	Jose Rijo	.129	31	4	2	0	0	1	0	12	.129	.194
Kevin Gross	.313	16	5	2	0	1	5	2	5	.389	.625	Dave Nied	.154	13	2	0	0	0	0	0	3	.154	.154

Domingo Cedeno — *Blue Jays*

Age 26 – Bats Both (groundball hitter)

	Avg	G	AB	R	H	2B	3B	HR	RBI	BB	SO	HBP	GDP	SB	CS	OBP	SLG	IBB	SH	SF	#Pit	#P/PA	GB	FB	G/F
1994 Season	.196	47	97	14	19	2	3	0	10	10	31	0	1	1	2	.261	.278	0	3	4	438	3.84	39	17	2.29
Career (1993-1994)	.189	62	143	19	27	2	3	0	17	11	41	0		3	2	.239	.245	0	5	5	619	3.77	58	27	2.15

1994 Season

	Avg	AB	H	2B	3B	HR	RBI	BB	SO	OBP	SLG		Avg	AB	H	2B	3B	HR	RBI	BB	SO	OBP	SLG
vs. Left	.167	30	5	1	0	0	2	1	7	.188	.200	Scoring Posn	.217	23	5	1	1	0	10	3	6	.267	.348
vs. Right	.209	67	14	1	3	0	8	9	24	.291	.313	Close & Late	.100	20	2	0	1	0	1	5	8	.280	.200

Wes Chamberlain — *Red Sox*

Age 29 – Bats Right

	Avg	G	AB	R	H	2B	3B	HR	RBI	BB	SO	HBP	GDP	SB	CS	OBP	SLG	IBB	SH	SF	#Pit	#P/PA	GB	FB	G/F
1994 Season	.262	75	233	20	61	14	1	6	26	15	50	0	9	0	2	.306	.408	2	0	0	896	3.61	86	57	1.51
Career (1990-1994)	.260	366	1221	140	317	71	6	42	166	74	238	4	31	19	7	.303	.431	7	2	6	4550	3.48	433	343	1.26

1994 Season

	Avg	AB	H	2B	3B	HR	RBI	BB	SO	OBP	SLG		Avg	AB	H	2B	3B	HR	RBI	BB	SO	OBP	SLG
vs. Left	.321	84	27	7	0	2	11	8	16	.380	.476	Scoring Posn	.215	65	14	2	0	1	18	5	17	.271	.292
vs. Right	.228	149	34	7	1	4	15	7	34	.263	.369	Close & Late	.167	30	5	2	0	1	3	2	11	.219	.333
Home	.257	144	37	7	1	3	18	11	32	.310	.382	None on/out	.283	60	17	3	1	1	1	5	12	.338	.417
Away	.270	89	24	7	0	3	8	4	18	.301	.449	Batting #6	.291	103	30	6	0	2	11	8	17	.342	.408
First Pitch	.256	43	11	4	0	2	6	1	0	.273	.488	Batting #7	.289	45	13	3	1	1	4	2	8	.319	.467
Ahead in Count	.357	42	15	2	0	1	7	10	0	.481	.476	Other	.212	85	18	5	0	3	11	5	25	.256	.376
Behind in Count	.227	97	22	3	0	3	10	0	39	.227	.351	Pre-All Star	.272	151	41	9	0	4	18	7	29	.304	.411
Two Strikes	.192	99	19	4	1	2	6	4	50	.223	.313	Post-All Star	.244	82	20	5	1	2	8	21	.311	.402

Career (1990-1994)

	Avg	AB	H	2B	3B	HR	RBI	BB	SO	OBP	SLG		Avg	AB	H	2B	3B	HR	RBI	BB	SO	OBP	SLG
vs. Left	.294	487	143	33	2	22	79	39	79	.347	.505	Scoring Posn	.247	320	79	11	2	13	120	31	62	.312	.416
vs. Right	.237	734	174	38	4	20	87	35	159	.273	.381	Close & Late	.222	203	45	10	0	3	19	11	49	.267	.315
Groundball	.254	457	116	28	5	17	63	25	77	.295	.449	None on/out	.279	280	78	16	2	9	9	14	53	.315	.446
Flyball	.254	232	59	10	1	11	33	16	60	.300	.448	Batting #3	.234	342	80	15	3	9	37	29	66	.298	.374
Home	.278	694	193	41	3	20	99	37	129	.316	.432	Batting #6	.274	420	115	21	1	17	69	62	73	.310	.464
Away	.235	527	124	30	3	22	67	37	109	.286	.429	Other	.266	459	122	29	2	16	60	23	99	.300	.442
Day	.255	380	97	27	1	13	55	21	79	.293	.434	April	.252	163	41	9	0	6	18	3	27	.269	.417

71

Career (1990-1994)

	Avg	AB	H	2B	3B	HR	RBI	BB	SO	OBP	SLG		Avg	AB	H	2B	3B	HR	RBI	BB	SO	OBP	SLG
Night	.262	841	220	44	5	29	111	53	159	.307	.429	May	.234	128	30	12	0	5	15	10	27	.286	.445
Grass	.251	451	113	28	1	19	58	26	95	.292	.443	June	.304	181	55	12	1	5	20	8	23	.335	.464
Turf	.265	770	204	43	5	23	108	48	143	.309	.423	July	.276	272	75	16	1	9	44	14	59	.313	.441
First Pitch	.333	219	73	22	0	11	39	6	0	.354	.584	August	.264	254	67	13	3	11	45	24	55	.327	.469
Ahead in Count	.349	235	82	19	1	13	39	43	0	.446	.604	September/October	.220	223	49	9	1	6	24	15	47	.270	.350
Behind in Count	.214	588	126	19	4	14	74	0	196	.215	.332	Pre-All Star	.271	549	149	38	1	19	70	22	96	.300	.448
Two Strikes	.186	543	101	20	3	13	62	25	238	.221	.305	Post-All Star	.250	672	168	33	5	23	96	52	142	.305	.417

Batter vs. Pitcher (career)

Hits Best Against	Avg	AB	H	2B	3B	HR	RBI	BB	SO	OBP	SLG	Hits Worst Against	Avg	AB	H	2B	3B	HR	RBI	BB	SO	OBP	SLG
Jim Deshaies	.462	13	6	1	0	0	3	0	1	.462	.538	Mel Rojas	.000	11	0	0	0	0	0	0	3	.000	.000
John Smiley	.400	15	6	0	0	2	6	0	3	.400	.800	Omar Olivares	.000	11	0	0	0	0	0	0	2	.000	.000
Mike Bielecki	.385	13	5	1	1	0	2	0	0	.385	.615	Brian Barnes	.095	21	2	0	0	0	0	3	8	.208	.095
Steve Avery	.357	14	5	1	0	1	1	2	1	.438	.643	Tom Glavine	.143	14	2	0	0	1	0	2	.143	.143
Pete Schourek	.333	9	3	0	0	1	2	1	2	.364	.667	Andy Benes	.167	12	2	0	0	0	0	0	5	.167	.167

Archi Cianfrocco — Padres Age 28 – Bats Right

	Avg	G	AB	R	H	2B	3B	HR	RBI	BB	SO	HBP	GDP	SB	CS	OBP	SLG	IBB	SH	SF	#Pit	#P/PA	GB	FB	G/F
1994 Season	.219	59	146	9	32	8	0	4	13	3	39	4	3	2	0	.252	.356	0	1	2	579	3.69	40	43	0.93
Career (1992-1994)	.237	241	674	64	160	24	4	22	91	31	174	8	14	7	0	.276	.383	1	4	9	2705	3.72	214	175	1.22

1994 Season

	Avg	AB	H	2B	3B	HR	RBI	BB	SO	OBP	SLG		Avg	AB	H	2B	3B	HR	RBI	BB	SO	OBP	SLG
vs. Left	.196	51	10	3	0	0	2	2	16	.241	.255	Scoring Posn	.185	27	5	0	0	2	10	2	8	.273	.407
vs. Right	.232	95	22	5	0	4	11	1	23	.257	.411	Close & Late	.222	27	6	1	0	0	1	0	8	.250	.259
Home	.158	76	12	4	0	3	9	1	21	.175	.329	None on/out	.133	30	4	1	0	0	0	0	5	.161	.167
Away	.286	70	20	4	0	1	4	2	18	.333	.386	Batting #5	.167	48	8	0	0	1	3	2	13	.196	.229
First Pitch	.235	17	4	2	0	0	0	0	0	.316	.470	Batting #6	.310	58	18	7	0	2	7	1	14	.339	.534
Ahead in Count	.429	28	12	4	0	2	9	2	0	.455	.786	Other	.150	40	6	1	0	1	3	0	12	.190	.250
Behind in Count	.188	85	16	2	0	2	4	0	38	.188	.282	Pre-All Star	.213	141	30	8	0	4	13	3	39	.247	.355
Two Strikes	.128	78	10	2	0	1	3	1	39	.154	.192	Post-All Star	.400	5	2	0	0	0	0	0	0	.400	.400

Career (1992-1994)

	Avg	AB	H	2B	3B	HR	RBI	BB	SO	OBP	SLG		Avg	AB	H	2B	3B	HR	RBI	BB	SO	OBP	SLG
vs. Left	.248	226	56	10	2	6	34	13	57	.285	.389	Scoring Posn	.267	165	44	4	2	7	71	11	49	.312	.442
vs. Right	.232	448	104	14	2	16	57	18	117	.271	.379	Close & Late	.290	124	36	5	1	2	12	7	35	.338	.395
Groundball	.198	243	48	7	2	7	32	16	65	.255	.329	None on/out	.221	136	30	3	1	3	3	4	26	.248	.324
Flyball	.250	120	30	4	1	8	21	3	37	.274	.500	Batting #6	.257	179	46	9	2	5	32	4	44	.283	.413
Home	.221	326	72	11	3	12	46	16	81	.262	.383	Batting #7	.258	221	57	6	0	10	28	10	51	.291	.421
Away	.253	348	88	13	1	10	45	15	93	.288	.382	Other	.208	274	57	9	2	7	31	17	79	.259	.332
Day	.239	213	51	8	2	7	28	8	56	.271	.394	April	.231	121	28	9	0	4	14	2	36	.264	.405
Night	.236	461	109	16	2	15	63	23	118	.278	.377	May	.229	118	27	1	1	6	21	4	29	.256	.407
Grass	.241	381	92	14	2	15	56	18	99	.280	.407	June	.206	102	21	2	0	1	5	3	28	.229	.255
Turf	.232	293	68	10	2	7	35	13	75	.270	.352	July	.242	128	31	6	2	5	21	11	30	.306	.438
First Pitch	.272	81	22	7	0	3	12	0	0	.289	.469	August	.298	121	36	4	0	4	14	6	26	.328	.430
Ahead in Count	.357	112	40	7	0	5	23	13	0	.414	.554	September/October	.202	84	17	2	1	2	16	5	25	.253	.321
Behind in Count	.182	362	66	5	3	8	28	0	157	.186	.279	Pre-All Star	.224	402	90	14	2	13	49	13	110	.254	.366
Two Strikes	.153	340	52	5	2	6	31	18	174	.197	.232	Post-All Star	.257	272	70	10	2	9	42	18	64	.305	.408

Batter vs. Pitcher (career)

Hits Best Against	Avg	AB	H	2B	3B	HR	RBI	BB	SO	OBP	SLG	Hits Worst Against	Avg	AB	H	2B	3B	HR	RBI	BB	SO	OBP	SLG
Tom Glavine	.333	9	3	0	0	0	4	0	2	.273	.333	Danny Jackson	.067	15	1	0	0	0	0	1	4	.125	.067
												Rheal Cormier	.083	12	1	0	0	0	1	1	5	.214	.083
												Jeff Fassero	.091	11	1	0	0	0	1	0	4	.091	.091
												Ben Rivera	.100	10	1	1	0	0	1	0	2	.091	.200
												Jose Rijo	.182	11	2	0	0	0	0	0	3	.182	.182

Frank Cimorelli — Cardinals Age 26 – Pitches Right (groundball pitcher)

	ERA	W	L	Sv	G	GS	IP	BB	SO	Avg	H	2B	3B	HR	RBI	OBP	SLG	GF	IR	IRS	Hld	SvOp	SB	CS	GB	FB	G/F
1994 Season	8.78	0	0	1	11	0	13.1	10	1	.345	20	8	1	0	14	.444	.517	2	9	4	0	1	1	0	29	15	1.93

1994 Season

	ERA	W	L	Sv	G	GS	IP	H	BB	SO		Avg	AB	H	2B	3B	HR	RBI	BB	SO	OBP	SLG
Home	1.59	0	0	1	4	0	5.2	6	0	1	vs. Left	.400	20	8	4	0	0	8	3	0	.440	.600
Away	14.09	0	0	0	7	0	7.2	14	0	9	vs. Right	.316	38	12	4	1	0	6	7	1	.447	.474

Jeff Cirillo — Brewers Age 25 – Bats Right (flyball hitter)

	Avg	G	AB	R	H	2B	3B	HR	RBI	BB	SO	HBP	GDP	SB	CS	OBP	SLG	IBB	SH	SF	#Pit	#P/PA	GB	FB	G/F
1994 Season	.238	39	126	17	30	9	0	3	12	11	16	2	4	0	1	.309	.381	0	0	0	501	3.60	39	41	0.95

1994 Season

	Avg	AB	H	2B	3B	HR	RBI	BB	SO	OBP	SLG		Avg	AB	H	2B	3B	HR	RBI	BB	SO	OBP	SLG
vs. Left	.256	39	10	6	0	3	3	3	3	.310	.410	Scoring Posn	.226	31	7	3	0	1	10	4	4	.314	.419
vs. Right	.230	87	20	3	0	3	9	8	13	.309	.368	Close & Late	.318	22	7	2	0	1	5	1	3	.375	.545
Home	.216	74	16	4	0	1	3	5	8	.284	.311	None on/out	.214	28	6	1	0	1	1	4	6	.353	.357
Away	.269	52	14	5	0	2	9	6	8	.345	.481	Batting #7	.294	34	10	1	0	2	5	1	2	.351	.500
First Pitch	.400	15	6	1	0	0	0	0	0	.438	.467	Batting #8	.250	44	11	5	0	1	6	7	8	.353	.432

1994 Season	Avg	AB	H	2B	3B	HR	RBI	BB	SO	OBP	SLG		Avg	AB	H	2B	3B	HR	RBI	BB	SO	OBP	SLG
Ahead in Count	.226	31	7	3	0	1	3	3	0	.294	.419	Other	.188	48	9	3	0	0	1	3	6	.235	.250
Behind in Count	.193	57	11	2	0	1	5	0	14	.207	.281	Pre-All Star	.107	28	3	1	0	0	1	3	6	.194	.143
Two Strikes	.176	51	9	2	0	1	3	8	16	.288	.275	Post-All Star	.276	98	27	8	0	3	11	8	10	.343	.449

Dave Clark — Pirates

Age 32 – Bats Left (groundball hitter)

	Avg	G	AB	R	H	2B	3B	HR	RBI	BB	SO	HBP	GDP	SB	CS	OBP	SLG	IBB	SH	SF	#Pit	#P/PA	GB	FB	G/F
1994 Season	.296	86	223	37	66	11	1	10	46	22	48	0	5	2	2	.355	.489	0	1	3	926	3.72	86	56	1.54
Last Five Years	.276	314	714	106	197	26	5	28	120	75	155	1	19	10	3	.342	.444	6	1	8	2911	3.64	308	151	2.04

1994 Season

	Avg	AB	H	2B	3B	HR	RBI	BB	SO	OBP	SLG		Avg	AB	H	2B	3B	HR	RBI	BB	SO	OBP	SLG
vs. Left	.231	26	6	1	0	0	6	3	9	.300	.269	Scoring Posn	.300	70	21	4	1	3	34	5	19	.333	.514
vs. Right	.305	197	60	10	1	10	40	19	39	.362	.518	Close & Late	.308	39	12	2	1	3	16	2	5	.326	.641
Home	.325	114	37	7	1	7	29	14	24	.395	.588	None on/out	.328	58	19	5	0	2	2	11	12	.435	.517
Away	.266	109	29	4	0	3	17	8	24	.311	.385	Batting #4	.319	160	51	9	0	8	28	16	39	.379	.525
First Pitch	.459	37	17	0	0	1	8	0	0	.447	.541	Batting #5	.161	31	5	0	0	1	5	1	2	.188	.258
Ahead in Count	.383	60	23	4	0	6	19	13	0	.486	.750	Other	.313	32	10	2	1	1	13	5	7	.385	.531
Behind in Count	.196	92	18	6	1	2	13	0	40	.194	.348	Pre-All Star	.317	161	51	9	1	8	36	15	31	.371	.516
Two Strikes	.165	97	16	5	1	2	13	9	48	.234	.299	Post-All Star	.242	62	15	5	0	2	10	7	17	.314	.419

Last Five Years

	Avg	AB	H	2B	3B	HR	RBI	BB	SO	OBP	SLG		Avg	AB	H	2B	3B	HR	RBI	BB	SO	OBP	SLG
vs. Left	.229	48	11	1	0	2	10	7	20	.321	.375	Scoring Posn	.276	214	59	10	2	5	85	32	60	.358	.411
vs. Right	.279	666	186	25	5	26	110	68	135	.344	.449	Close & Late	.277	148	41	4	2	6	32	14	34	.331	.453
Groundball	.295	244	72	9	0	11	40	27	47	.363	.467	None on/out	.282	181	51	9	0	7	7	22	32	.360	.448
Flyball	.247	150	37	3	3	7	20	14	38	.309	.447	Batting #4	.306	206	63	11	0	9	34	18	54	.360	.490
Home	.294	384	113	15	5	20	78	39	80	.357	.516	Batting #5	.250	292	73	5	3	10	42	30	55	.320	.390
Away	.255	330	84	11	0	8	42	36	75	.325	.361	Other	.282	216	61	10	2	9	44	27	46	.355	.472
Day	.276	246	68	11	2	7	39	23	54	.333	.423	April	.308	65	20	2	1	1	7	4	16	.357	.415
Night	.276	468	129	15	3	21	81	52	101	.347	.455	May	.261	111	29	2	0	2	15	12	16	.333	.333
Grass	.275	265	73	5	2	7	36	17	60	.317	.389	June	.244	131	32	7	1	7	31	18	28	.331	.473
Turf	.276	449	124	21	3	21	84	58	95	.356	.477	July	.281	160	45	10	0	7	30	17	39	.343	.475
First Pitch	.393	117	46	3	1	5	29	3	0	.398	.564	August	.268	149	40	4	1	6	21	13	35	.325	.430
Ahead in Count	.396	169	67	7	2	10	36	43	0	.519	.639	September/October	.316	98	31	1	2	5	16	11	21	.382	.520
Behind in Count	.171	292	50	9	2	7	35	0	125	.169	.288	Pre-All Star	.268	362	97	17	2	13	66	39	71	.337	.434
Two Strikes	.143	314	45	8	2	7	35	28	155	.212	.248	Post-All Star	.284	352	100	9	3	15	54	36	84	.347	.455

Batter vs. Pitcher (career)

Hits Best Against	Avg	AB	H	2B	3B	HR	RBI	BB	SO	OBP	SLG	Hits Worst Against	Avg	AB	H	2B	3B	HR	RBI	BB	SO	OBP	SLG
Dwight Gooden	.467	15	7	0	0	2	5	4	0	.579	.867	Chris Bosio	.000	12	0	0	0	0	0	0	5	.000	.000
Tommy Greene	.455	11	5	0	1	2	2	0	1	.455	1.182	Dave Stewart	.059	17	1	1	0	0	1	0	4	.059	.118
Tim Belcher	.438	16	7	3	0	2	8	0	1	.438	1.000	Dennis Martinez	.100	10	1	0	0	0	1	4	2	.357	.100
Kevin Gross	.400	20	8	1	0	2	6	1	3	.429	.750	Bobby Witt	.111	9	1	0	0	0	0	2	1	.273	.111
Bob Tewksbury	.333	21	7	3	0	1	1	1	1	.348	.619	Bret Saberhagen	.143	14	2	0	0	0	1	3	6	.278	.143

Mark Clark — Indians

Age 27 – Pitches Right

	ERA	W	L	Sv	G	GS	IP	BB	SO	Avg	H	2B	3B	HR	RBI	OBP	SLG	CG	ShO	Sup	QS	#P/S	SB	CS	GB	FB	G/F
1994 Season	3.82	11	3	0	20	20	127.1	40	60	.273	133	20	3	14	58	.329	.413	4	1	6.01	11	101	5	6	208	132	1.58
Career (1991-1994)	4.16	22	19	0	73	57	372.1	112	174	.269	386	61	10	47	166	.321	.424	6	2	4.81	30	91	35	19	540	443	1.22

1994 Season

	ERA	W	L	Sv	G	GS	IP	H	HR	BB	SO		Avg	AB	H	2B	3B	HR	RBI	BB	SO	OBP	SLG
Home	3.41	6	1	0	11	11	74.0	80	9	21	30	vs. Left	.252	218	55	10	0	5	29	20	26	.314	.367
Away	4.39	5	2	0	9	9	53.1	53	5	19	30	vs. Right	.290	269	78	10	3	9	29	20	34	.341	.450
Day	4.25	3	1	0	9	9	55.0	52	7	18	28	Inning 1-6	.279	408	114	19	3	11	49	34	50	.335	.422
Night	3.48	8	2	0	11	11	72.1	81	7	22	32	Inning 7+	.241	79	19	1	0	3	9	6	10	.299	.367
Grass	3.63	9	3	0	16	16	101.2	109	12	29	45	None on	.302	278	84	15	2	10	10	21	38	.358	.478
Turf	4.56	2	0	0	4	4	25.2	24	2	11	15	Runners on	.234	209	49	5	1	4	48	19	22	.292	.325
April	4.88	2	0	0	4	4	24.0	19	6	11	13	Scoring Posn	.245	98	24	4	1	2	44	17	10	.341	.367
May	3.61	3	1	0	6	6	42.1	43	4	16	13	Close & Late	.169	59	10	1	0	0	3	6	10	.242	.186
June	3.44	4	1	0	6	6	36.2	41	3	10	22	None on/out	.352	128	45	6	1	5	5	10	13	.403	.531
July	3.70	2	1	0	4	4	24.1	30	1	3	12	vs. 1st Batr (relief)	.000	0	0	0	0	0	0	0	0	.000	.000
August	0.00	0	0	0	0	0	0.0	0	0	0	0	First Inning Pitched	.267	75	20	3	0	1	6	2	9	.288	.347
September/October	0.00	0	0	0	0	0	0.0	0	0	0	0	First 75 Pitches	.287	345	99	16	3	9	39	24	41	.335	.429
Starter	3.82	11	3	0	20	20	127.1	133	14	40	60	Pitch 76-90	.211	57	12	1	0	4	13	6	9	.281	.439
Reliever	0.00	0	0	0	0	0	0.0	0	0	0	0	Pitch 91-105	.311	45	14	2	0	0	3	7	5	.404	.356
0-3 Days Rest (St)	0.00	0	0	0	0	0	0.0	0	0	0	0	Pitch 106+	.200	40	8	1	0	1	3	3	5	.256	.300
4 Days Rest	3.55	8	1	0	15	15	101.1	104	10	30	46	First Pitch	.295	61	18	5	0	4	0	0	0	.308	.377
5+ Days Rest	4.85	3	2	0	5	5	26.0	29	4	10	14	Ahead in Count	.260	204	53	7	1	6	22	0	42	.262	.392
Pre-All Star	3.71	10	3	0	18	18	116.1	120	13	38	54	Behind in Count	.317	104	33	6	1	5	25	22	0	.423	.538
Post-All Star	4.91	1	0	0	2	2	11.0	13	1	2	6	Two Strikes	.206	204	42	4	1	6	23	18	60	.272	.324

Career (1991-1994)

	ERA	W	L	Sv	G	GS	IP	H	HR	BB	SO		Avg	AB	H	2B	3B	HR	RBI	BB	SO	OBP	SLG
Home	3.87	11	12	0	37	28	195.1	196	28	57	78	vs. Left	.274	727	199	33	3	21	87	60	85	.328	.414
Away	4.47	11	7	0	36	28	177.0	190	19	55	96	vs. Right	.265	706	187	28	7	26	79	52	89	.315	.435
Day	3.93	9	5	0	28	24	153.1	150	18	44	78	Inning 1-6	.262	1216	318	52	9	38	141	101	157	.317	.413

73

Career (1991-1994)

	ERA	W	L	Sv	G	GS	IP	H	HR	BB	SO		Avg	AB	H	2B	3B	HR	RBI	BB	SO	OBP	SLG
Night	4.32	13	14	0	45	33	219.0	236	29	68	96	Inning 7+	.313	217	68	9	1	9	25	11	17	.348	.488
Grass	3.51	17	10	0	45	36	241.0	241	31	64	115	None on	.284	860	244	38	6	35	35	56	101	.330	.464
Turf	5.35	5	9	0	28	21	131.1	145	16	48	59	Runners on	.248	573	142	23	4	12	131	56	73	.309	.365
April	5.44	3	2	0	9	7	44.2	42	11	13	24	Scoring Posn	.243	304	74	16	3	7	117	43	41	.325	.385
May	4.62	3	1	0	16	7	62.1	74	9	22	21	Close & Late	.220	109	24	4	1	0	8	8	13	.271	.275
June	3.86	6	4	0	14	14	81.2	89	10	22	39	None on/out	.278	374	104	15	2	13	13	24	41	.325	.433
July	3.30	5	5	0	13	13	79.0	81	6	21	36	vs. 1st Batr (relief)	.286	14	4	1	0	0	5	2	2	.375	.357
August	5.16	1	2	0	4	4	22.2	17	2	8	9	First Inning Pitched	.263	270	71	14	1	7	38	25	45	.322	.400
September/October	3.95	4	5	0	17	12	82.0	83	9	26	45	First 75 Pitches	.265	1135	301	48	8	37	129	87	145	.317	.419
Starter	4.11	21	18	0	57	57	341.1	350	41	102	156	Pitch 76-90	.250	152	38	5	0	8	23	12	18	.301	.441
Reliever	4.65	1	1	0	16	0	31.0	36	6	10	18	Pitch 91-105	.381	97	37	6	2	1	11	10	6	.439	.515
0-3 Days Rest (St)	4.50	0	1	0	1	1	6.0	4	2	1	0	Pitch 106+	.204	49	10	2	0	1	3	3	5	.250	.306
4 Days Rest	4.08	13	7	0	32	32	196.1	195	19	65	92	First Pitch	.314	220	69	16	3	8	36	3	0	.323	.523
5+ Days Rest	4.14	8	10	0	24	24	139.0	151	20	36	64	Ahead in Count	.219	584	128	17	3	14	57	0	141	.221	.330
Pre-All Star	4.07	16	9	0	46	35	234.1	251	32	67	107	Behind in Count	.310	335	104	20	2	13	47	59	0	.405	.499
Post-All Star	4.30	6	10	0	27	22	138.0	135	15	45	67	Two Strikes	.199	582	116	10	3	16	51	50	174	.264	.309

Pitcher vs. Batter (career)

Pitches Best Vs.	Avg	AB	H	2B	3B	HR	RBI	BB	SO	OBP	SLG	Pitches Worst Vs.	Avg	AB	H	2B	3B	HR	RBI	BB	SO	OBP	SLG
Brady Anderson	.100	10	1	0	0	0	0	1	0	.182	.100	John Olerud	.455	11	5	0	0	1	3	1	1	.500	.727
Frank Thomas	.100	10	1	0	0	0	1	1	1	.182	.200	Paul Molitor	.364	11	4	1	0	0	4	2	1	.462	.455
Kirby Puckett	.154	13	2	1	0	0	1	1	2	.214	.231	Dick Schofield	.333	12	4	0	1	0	0	1	2	.385	.500
Orlando Merced	.182	11	2	1	0	0	3	0	1	.167	.273	Pat Borders	.333	12	4	0	0	0	0	0	2	.333	.333
Jose Lind	.231	13	3	0	0	0	0	0	0	.231	.231												

Phil Clark — Padres
Age 27 – Bats Right

	Avg	G	AB	R	H	2B	3B	HR	RBI	BB	SO	HBP	GDP	SB	CS	OBP	SLG	IBB	SH	SF	#Pit	#P/PA	GB	FB	G/F
1994 Season	.215	61	149	14	32	6	0	5	20	5	17	3	2	1	2	.250	.356	1	0	3	522	3.26	53	62	0.85
Career (1992-1994)	.291	186	443	50	129	27	0	15	58	19	57	8	6	4	2	.328	.454	4	2	5	1574	3.30	161	143	1.13

1994 Season

	Avg	AB	H	2B	3B	HR	RBI	BB	SO	OBP	SLG		Avg	AB	H	2B	3B	HR	RBI	BB	SO	OBP	SLG
vs. Left	.244	78	19	2	0	3	11	3	9	.274	.385	Scoring Posn	.208	48	10	1	0	2	14	1	3	.212	.354
vs. Right	.183	71	13	4	0	2	9	2	8	.224	.324	Close & Late	.184	38	7	1	0	1	5	1	6	.205	.289
Home	.271	85	23	6	0	4	16	5	11	.319	.482	None on/out	.154	39	6	1	0	1	1	1	7	.214	.256
Away	.141	64	9	0	0	1	4	0	6	.152	.188	Batting #4	.100	20	2	1	0	0	1	1	4	.174	.150
First Pitch	.367	30	11	3	0	0	5	0	0	.406	.467	Batting #5	.240	75	18	3	0	4	14	4	5	.275	.440
Ahead in Count	.324	34	11	1	0	4	9	2	0	.351	.706	Other	.222	54	12	2	0	1	5	0	8	.246	.315
Behind in Count	.067	60	4	1	0	0	2	0	15	.066	.083	Pre-All Star	.208	130	27	6	0	5	19	4	17	.237	.369
Two Strikes	.080	50	4	2	0	4	3	17	.130	.180	Post-All Star	.263	19	5	0	0	0	1	1	0	.333	.263

Will Clark — Rangers
Age 31 – Bats Left (flyball hitter)

	Avg	G	AB	R	H	2B	3B	HR	RBI	BB	SO	HBP	GDP	SB	CS	OBP	SLG	IBB	SH	SF	#Pit	#P/PA	GB	FB	G/F
1994 Season	.329	110	389	73	128	24	2	13	80	71	59	3	5	5	1	.431	.501	11	0	6	1789	3.81	127	122	1.04
Last Five Years	.300	688	2558	399	768	148	17	91	437	320	397	18	32	31	14	.377	.478	61	1	40	10663	3.63	801	835	0.96

1994 Season

	Avg	AB	H	2B	3B	HR	RBI	BB	SO	OBP	SLG		Avg	AB	H	2B	3B	HR	RBI	BB	SO	OBP	SLG
vs. Left	.314	118	37	13	0	1	26	11	19	.370	.449	Scoring Posn	.365	115	42	10	2	2	64	26	17	.470	.539
vs. Right	.336	271	91	11	2	12	54	60	40	.455	.524	Close & Late	.311	61	19	2	0	2	9	16	13	.456	.443
Groundball	.368	87	32	2	1	2	21	20	10	.486	.483	None on/out	.400	100	40	7	0	3	3	12	16	.464	.560
Flyball	.337	98	33	9	0	3	14	16	17	.422	.520	Batting #3	.250	56	14	6	0	1	16	9	7	.343	.411
Home	.338	210	71	14	0	9	43	41	29	.443	.533	Batting #4	.336	301	101	16	2	9	57	53	46	.435	.492
Away	.318	179	57	10	2	4	37	30	30	.417	.464	Other	.406	32	13	2	0	3	7	9	6	.537	.750
Day	.391	92	36	7	1	3	29	15	12	.464	.587	April	.395	76	30	7	0	3	20	12	11	.467	.605
Night	.310	297	92	17	1	10	51	56	47	.420	.475	May	.343	102	35	10	1	3	24	23	15	.465	.549
Grass	.325	335	109	21	2	11	75	61	48	.426	.499	June	.326	95	31	4	1	6	26	12	14	.407	.579
Turf	.352	54	19	3	0	2	5	10	11	.462	.519	July	.253	87	22	3	0	1	10	15	13	.358	.322
First Pitch	.393	56	22	7	0	2	11	0	0	.485	.625	August	.345	29	10	0	0	0	9	6	5	.500	.345
Ahead in Count	.412	97	40	9	0	6	28	38	0	.569	.691	September/October	.000	0	0	0	0	0	0	0	0	.000	.000
Behind in Count	.221	163	36	4	1	2	23	0	49	.223	.294	Pre-All Star	.353	303	107	23	2	13	78	55	43	.449	.571
Two Strikes	.200	170	34	5	2	2	24	22	59	.287	.288	Post-All Star	.244	86	21	1	0	0	2	16	16	.365	.256

1994 By Position

Position	Avg	AB	H	2B	3B	HR	RBI	BB	SO	OBP	SLG	G	GS	Innings	PO	A	E	DP	Fld Pct	Rng Fctr	In Zone	Zone Outs	Zone Rtg	MLB Zone
As 1b	.332	383	127	24	2	13	78	70	59	.433	.507	107	106	920.0	968	73	10	85	.990	---	192	153	.797	.818

Last Five Years

	Avg	AB	H	2B	3B	HR	RBI	BB	SO	OBP	SLG		Avg	AB	H	2B	3B	HR	RBI	BB	SO	OBP	SLG
vs. Left	.289	951	275	49	7	22	171	85	142	.347	.425	Scoring Posn	.306	692	212	40	8	22	327	129	117	.398	.483
vs. Right	.307	1607	493	99	10	69	266	235	255	.393	.510	Close & Late	.285	400	114	20	3	14	71	70	78	.390	.455
Groundball	.314	792	249	39	6	31	133	121	120	.404	.496	None on/out	.309	508	157	31	3	17	17	42	73	.369	.482
Flyball	.305	524	160	34	2	22	93	50	79	.366	.504	Batting #3	.295	2201	650	130	15	78	369	253	342	.367	.474
Home	.304	1316	400	86	8	50	209	183	207	.387	.495	Batting #4	.328	311	102	16	2	9	58	53	48	.425	.479
Away	.296	1242	368	62	9	41	228	137	190	.366	.460	Other	.348	46	16	2	0	4	10	14	7	.492	.652
Day	.298	990	295	66	9	36	165	131	164	.380	.492	April	.311	409	127	26	4	12	79	51	61	.384	.482

Last Five Years

	Avg	AB	H	2B	3B	HR	RBI	BB	SO	OBP	SLG		Avg	AB	H	2B	3B	HR	RBI	BB	SO	OBP	SLG
Night	.302	1568	473	82	8	55	272	189	233	.375	.469	May	.268	503	135	25	1	18	79	72	78	.361	.429
Grass	.304	1957	595	116	14	67	335	257	307	.383	.480	June	.326	442	144	24	4	21	99	55	65	.398	.541
Turf	.288	601	173	32	3	24	102	63	90	.355	.471	July	.293	461	135	24	2	15	67	55	74	.369	.451
First Pitch	.360	425	153	36	1	16	87	44	0	.415	.562	August	.300	400	120	27	5	15	68	47	61	.375	.505
Ahead in Count	.390	584	228	40	2	31	133	165	0	.516	.625	September/October	.312	343	107	22	1	10	45	40	58	.376	.469
Behind in Count	.226	1063	240	40	6	26	134	0	315	.231	.348	Pre-All Star	.305	1523	465	83	10	59	285	208	230	.386	.489
Two Strikes	.210	1081	227	45	10	25	126	104	397	.282	.340	Post-All Star	.293	1035	303	65	7	32	152	112	167	.362	.462

Batter vs. Pitcher (career)

Hits Best Against	Avg	AB	H	2B	3B	HR	RBI	BB	SO	OBP	SLG	Hits Worst Against	Avg	AB	H	2B	3B	HR	RBI	BB	SO	OBP	SLG
Derek Lilliquist	.500	20	10	3	0	2	3	2	2	.565	.950	Mike Harkey	.000	15	0	0	0	0	0	2	3	.118	.000
Todd Worrell	.500	10	5	2	0	1	3	3	2	.615	1.000	Chris Nabholz	.053	19	1	1	0	0	3	1	4	.100	.105
Mark Davis	.471	17	8	2	2	1	11	0	3	.471	1.000	Jamie Moyer	.105	19	2	0	0	0	1	4	.150	.105
Tim Leary	.379	29	11	3	2	3	10	3	7	.438	.931	Norm Charlton	.105	19	2	0	0	0	2	5	.190	.105
Doug Brocail	.375	8	3	1	0	1	6	2	1	.455	.875	Danny Cox	.148	27	4	0	0	0	1	2	4	.207	.148

Royce Clayton — Giants
Age 25 – Bats Right (groundball hitter)

	Avg	G	AB	R	H	2B	3B	HR	RBI	BB	SO	HBP	GDP	SB	CS	OBP	SLG	IBB	SH	SF	#Pit	#P/PA	GB	FB	G/F
1994 Season	.236	108	385	38	91	14	6	3	30	30	74	3	7	23	3	.295	.327	2	3	2	1537	3.63	145	103	1.41
Career (1991-1994)	.251	368	1281	123	321	43	13	5	126	95	234	8	35	42	17	.304	.338	7	14	11	5063	3.59	517	323	1.60

1994 Season

	Avg	AB	H	2B	3B	HR	RBI	BB	SO	OBP	SLG		Avg	AB	H	2B	3B	HR	RBI	BB	SO	OBP	SLG
vs. Left	.176	85	15	4	2	2	3	7	21	.255	.341	Scoring Posn	.235	98	23	5	1	2	28	11	22	.306	.367
vs. Right	.253	300	76	10	4	1	27	23	53	.307	.323	Close & Late	.197	66	13	0	0	0	3	5	18	.250	.197
Groundball	.231	147	34	3	0	0	10	8	25	.276	.252	None on/out	.240	100	24	3	2	1	5	17	.276	.340
Flyball	.130	54	7	1	1	4	4	13	.190	.241	Batting #6	.236	157	37	9	3	1	17	8	36	.271	.350
Home	.240	208	50	10	4	1	17	18	41	.301	.341	Batting #7	.233	172	40	5	3	1	8	19	34	.318	.314
Away	.232	177	41	4	2	2	13	12	33	.288	.311	Other	.250	56	14	0	0	1	5	3	4	.288	.304
Day	.250	192	48	8	3	1	19	16	42	.311	.339	April	.288	73	21	4	1	2	6	9	14	.361	.452
Night	.223	193	43	6	3	2	11	14	32	.279	.316	May	.234	107	25	3	2	0	12	4	20	.259	.299
Grass	.270	300	81	14	5	2	26	25	52	.328	.370	June	.247	81	20	5	1	0	4	7	16	.307	.333
Turf	.118	85	10	0	1	1	4	5	22	.176	.176	July	.220	91	20	2	2	0	5	8	19	.304	.286
First Pitch	.361	61	22	4	0	1	11	2	0	.381	.475	August	.152	33	5	0	0	1	3	2	5	.200	.242
Ahead in Count	.270	74	20	4	1	0	7	13	0	.375	.351	September/October	.000	0	0	0	0	0	0	0	0	.000	.000
Behind in Count	.145	186	27	3	4	1	6	0	66	.153	.220	Pre-All Star	.239	297	71	14	4	2	23	22	60	.290	.333
Two Strikes	.162	173	28	5	3	2	9	15	74	.236	.260	Post-All Star	.227	88	20	0	2	1	7	8	14	.313	.307

1994 By Position

Position	Avg	AB	H	2B	3B	HR	RBI	BB	SO	OBP	SLG	G	GS	Innings	PO	A	E	DP	Fld Pct	Rng Fctr	In Zone	Outs	Zone Rtg	MLB Zone
As ss	.237	384	91	14	6	3	30	30	73	.296	.328	108	106	930.0	178	331	14	62	.973	4.93	375	336	.896	.889

Career (1991-1994)

	Avg	AB	H	2B	3B	HR	RBI	BB	SO	OBP	SLG		Avg	AB	H	2B	3B	HR	RBI	BB	SO	OBP	SLG
vs. Left	.230	356	82	18	4	4	23	27	72	.287	.337	Scoring Posn	.232	358	83	9	6	4	113	35	70	.296	.324
vs. Right	.258	925	239	25	11	9	103	68	162	.310	.338	Close & Late	.188	207	39	2	0	0	7	16	54	.246	.198
Groundball	.231	497	115	12	2	4	43	28	83	.276	.288	None on/out	.276	315	87	15	3	6	6	25	48	.331	.400
Flyball	.219	187	41	4	5	3	23	18	40	.285	.342	Batting #6	.272	257	70	13	3	3	34	13	51	.305	.381
Home	.267	659	176	25	8	9	68	49	112	.318	.370	Batting #7	.259	660	171	25	8	6	66	55	125	.320	.348
Away	.233	622	145	18	7	4	58	46	122	.289	.304	Other	.220	364	80	5	4	4	26	27	58	.273	.288
Day	.248	601	149	17	7	6	63	46	108	.303	.329	April	.256	238	61	6	4	2	16	47	.300	.340
Night	.253	680	172	26	8	7	63	49	126	.304	.346	May	.255	255	65	10	4	3	33	20	44	.310	.361
Grass	.265	980	260	36	12	11	94	76	167	.329	.360	June	.246	224	55	9	2	2	17	14	39	.290	.330
Turf	.203	301	61	7	3	2	32	19	67	.252	.266	July	.275	178	49	8	3	2	26	18	31	.348	.388
First Pitch	.329	207	68	10	4	4	33	7	0	.349	.473	August	.221	154	34	4	1	1	14	10	28	.275	.279
Ahead in Count	.267	236	63	11	1	4	22	46	0	.384	.373	September/October	.246	232	57	6	1	3	15	17	45	.299	.319
Behind in Count	.196	628	123	16	8	4	49	0	207	.198	.266	Pre-All Star	.256	792	203	30	10	8	86	56	144	.304	.350
Two Strikes	.185	600	111	15	6	4	41	42	234	.241	.250	Post-All Star	.241	489	118	13	5	5	40	39	90	.304	.319

Batter vs. Pitcher (career)

Hits Best Against	Avg	AB	H	2B	3B	HR	RBI	BB	SO	OBP	SLG	Hits Worst Against	Avg	AB	H	2B	3B	HR	RBI	BB	SO	OBP	SLG
Pat Rapp	.556	9	5	0	0	0	3	2	2	.636	.556	Pete Harnisch	.000	12	0	0	0	0	1	0	1	.000	.000
Darryl Kile	.538	13	7	0	1	1	3	1	1	.571	.923	Orel Hershiser	.074	27	2	0	0	0	0	1	2	.107	.074
Armando Reynoso	.500	10	5	1	1	1	5	2	0	.500	1.100	Bobby Jones	.091	11	1	0	0	0	0	0	1	.091	.091
Steve Avery	.450	20	9	2	0	1	3	0	4	.429	.800	Mark Portugal	.154	13	2	0	0	0	0	0	2	.154	.154
Steve Cooke	.429	14	6	3	0	1	2	1	2	.500	.857	Roger Mason	.182	11	2	0	0	0	0	0	3	.182	.182

Roger Clemens — Red Sox
Age 32 – Pitches Right (groundball pitcher)

	ERA	W	L	Sv	G	GS	IP	BB	SO	Avg	H	2B	3B	HR	RBI	OBP	SLG	CG	ShO	Sup	QS	#P/S	SB	CS	GB	FB	G/F
1994 Season	2.85	9	7	0	24	24	170.2	71	168	.204	124	25	2	15	53	.289	.325	1	0	3	4.06	19	121	14	13	223	121	1.84
Last Five Years	2.78	77	48	0	151	151	1108.2	319	986	.224	914	176	22	65	342	.285	.326	36	15	4.21	108	116	91	62	1518	892	1.70

1994 Season

	ERA	W	L	Sv	G	GS	IP	H	BB	SO		Avg	AB	H	2B	3B	HR	RBI	BB	SO	OBP	SLG
Home	2.75	5	3	0	11	11	78.2	52	3	30	78	vs. Left	.219	319	70	13	2	7	23	43	84	.315	.339
Away	2.93	4	4	0	13	13	92.0	72	12	41	90	vs. Right	.186	290	54	12	0	8	30	28	84	.259	.310
Day	3.79	4	2	0	9	9	59.1	53	4	26	56	Inning 1-6	.204	506	103	20	2	12	46	66	142	.297	.322

1994 Season

	ERA	W	L	Sv	G	GS	IP	H	HR	BB	SO		Avg	AB	H	2B	3B	HR	RBI	BB	SO	OBP	SLG
Night	2.34	5	5	0	15	15	111.1	71	11	45	112	Inning 7+	.204	103	21	5	0	3	7	5	26	.245	.340
Grass	2.91	8	6	0	21	21	148.2	106	12	60	148	None on	.219	375	82	15	2	10	10	46	108	.309	.349
Turf	2.45	1	1	0	3	3	22.0	18	3	11	20	Runners on	.179	234	42	10	0	5	43	25	60	.257	.286
April	3.16	3	1	0	6	6	42.2	32	3	11	38	Scoring Posn	.157	121	19	6	0	0	31	17	36	.252	.207
May	1.80	2	1	0	5	5	35.0	22	2	17	40	Close & Late	.157	70	11	1	0	2	4	4	17	.211	.257
June	3.92	1	2	0	6	6	41.1	34	4	17	43	None on/out	.225	160	36	4	1	6	6	19	43	.311	.375
July	1.96	3	2	0	5	5	36.2	23	4	18	33	vs. 1st Batr (relief)	.000	0	0	0	0	0	0	0	0	.000	.000
August	3.60	0	1	0	2	2	15.0	13	2	8	14	First Inning Pitched	.181	83	15	1	0	4	14	19	19	.299	.217
September/October	0.00	0	0	0	0	0	0.0	0	0	0	0	First 75 Pitches	.191	350	67	12	2	5	23	48	101	.289	.280
Starter	2.85	9	7	0	24	24	170.2	124	15	71	168	Pitch 76-90	.268	82	22	3	0	4	12	8	18	.333	.451
Reliever	0.00	0	0	0	0	0	0.0	0	0	0	0	Pitch 91-105	.184	76	14	4	0	4	9	7	21	.262	.395
0-3 Days Rest (St)	0.00	0	0	0	0	0	0.0	0	0	0	0	Pitch 106+	.208	101	21	6	0	2	9	8	28	.270	.327
4 Days Rest	2.63	6	5	0	16	16	116.1	80	10	47	119	First Pitch	.306	62	19	5	0	2	6	1	0	.313	.484
5+ Days Rest	3.31	3	2	0	8	8	54.1	44	5	24	49	Ahead in Count	.142	282	40	5	0	3	17	0	138	.151	.191
Pre-All Star	2.86	7	4	0	18	18	126.0	90	9	47	131	Behind in Count	.320	125	40	7	2	6	15	26	0	.432	.552
Post-All Star	2.82	2	3	0	6	6	44.2	34	6	24	37	Two Strikes	.134	329	44	6	0	3	15	44	168	.240	.179

Last Five Years

	ERA	W	L	Sv	G	GS	IP	H	HR	BB	SO		Avg	AB	H	2B	3B	HR	RBI	BB	SO	OBP	SLG
Home	2.94	38	24	0	77	77	566.1	490	36	170	512	vs. Left	.233	2176	506	93	14	31	167	198	484	.299	.331
Away	2.62	39	24	0	74	74	542.1	424	36	149	473	vs. Right	.215	1898	408	83	8	34	175	121	502	.268	.321
Day	2.58	28	13	0	49	49	363.1	300	15	96	320	Inning 1-6	.227	3249	738	147	18	54	295	255	792	.287	.333
Night	2.89	49	35	0	102	102	745.1	614	50	223	666	Inning 7+	.213	825	176	29	4	11	47	64	194	.274	.298
Grass	2.85	65	40	0	128	128	940.1	781	54	266	873	None on	.225	2482	559	106	11	38	38	178	614	.282	.323
Turf	2.41	12	8	0	23	23	168.1	133	11	53	113	Runners on	.223	1592	355	70	11	27	304	141	372	.288	.332
April	1.97	17	5	0	25	25	187.0	128	7	44	180	Scoring Posn	.209	866	181	35	5	8	247	104	211	.290	.289
May	2.75	17	8	0	29	29	219.2	158	10	62	204	Close & Late	.187	476	89	13	3	4	22	39	108	.255	.252
June	3.17	9	10	0	26	26	184.2	175	15	60	165	None on/out	.233	1071	250	40	4	16	16	76	260	.289	.323
July	2.43	11	9	0	26	26	189.0	159	11	58	156	vs. 1st Batr (relief)	.000	0	0	0	0	0	0	0	0	.000	.000
August	2.90	15	7	0	27	27	198.1	175	16	54	173	First Inning Pitched	.238	560	133	23	5	3	51	56	129	.309	.313
September/October	3.81	8	9	0	18	18	130.0	119	6	41	108	First 75 Pitches	.227	2551	579	117	14	34	196	183	633	.284	.324
Starter	2.78	77	48	0	151	151	1108.2	914	65	319	986	Pitch 76-90	.211	541	114	21	4	12	50	49	122	.277	.331
Reliever	0.00	0	0	0	0	0	0.0	0	0	0	0	Pitch 91-105	.225	481	108	19	2	11	48	38	107	.285	.341
0-3 Days Rest (St)	6.46	1	2	0	4	4	23.2	30	4	8	20	Pitch 106+	.226	501	113	19	2	8	48	49	124	.298	.319
4 Days Rest	2.79	53	34	0	104	104	764.0	637	45	231	694	First Pitch	.289	512	148	28	4	12	56	21	0	.328	.430
5+ Days Rest	2.50	23	12	0	43	43	321.0	247	16	80	272	Ahead in Count	.166	1920	319	61	4	22	115	0	823	.174	.236
Pre-All Star	2.67	46	25	0	87	87	639.1	506	35	180	592	Behind in Count	.315	780	246	47	8	18	101	125	0	.405	.465
Post-All Star	2.93	31	23	0	64	64	469.1	408	30	139	394	Two Strikes	.145	2063	300	62	5	17	111	173	986	.213	.205

Pitcher vs. Batter (career)

Pitches Best Vs.	Avg	AB	H	2B	3B	HR	RBI	BB	SO	OBP	SLG	Pitches Worst Vs.	Avg	AB	H	2B	3B	HR	RBI	BB	SO	OBP	SLG
J.T. Snow	.000	15	0	0	0	0	1	1	9	.063	.000	Gary Sheffield	.533	15	8	1	0	0	2	1	1	.563	.600
Ron Tingley	.000	11	0	0	0	0	0	5	.000	.000	Ken Griffey Jr	.472	36	17	5	0	2	7	8	5	.568	.778
Cecil Fielder	.034	29	1	0	0	0	1	2	15	.097	.034	Jim Thome	.400	10	4	0	1	3	2	2	.462	.800
Cory Snyder	.087	23	2	0	0	0	0	12	.087	.087	Frank Thomas	.368	19	7	1	0	2	6	10	4	.567	.737
Pat Listach	.091	11	1	0	0	0	0	1	.091	.091	Brady Anderson	.350	20	7	4	0	1	2	3	6	.435	.700

Greg Colbrunn — Marlins
Age 25 – Bats Right

	Avg	G	AB	R	H	2B	3B	HR	RBI	BB	SO	HBP	GDP	SB	CS	OBP	SLG	IBB	SH	SF	#Pit	#P/PA	GB	FB	G/F
1994 Season	.303	47	155	17	47	10	0	6	31	9	27	2	3	1	1	.345	.484	0	0	2	550	3.27	49	46	1.07
Career (1992-1994)	.275	169	476	44	131	27	0	12	72	21	94	5	5	8	5	.307	.408	2	1	9	1801	3.52	157	144	1.09

1994 Season

	Avg	AB	H	2B	3B	HR	RBI	BB	SO	OBP	SLG		Avg	AB	H	2B	3B	HR	RBI	BB	SO	OBP	SLG
vs. Left	.347	49	17	2	0	2	11	4	6	.389	.510	Scoring Posn	.362	47	17	2	0	3	25	3	5	.396	.596
vs. Right	.283	106	30	8	0	4	20	5	21	.325	.472	Close & Late	.448	29	13	2	0	1	6	1	6	.467	.621
Home	.321	78	25	6	0	3	17	6	15	.376	.513	None on/out	.310	42	13	5	0	1	0	1	8	.326	.500
Away	.286	77	22	4	0	3	14	3	12	.313	.455	Batting #5	.305	141	43	8	0	5	28	8	22	.346	.468
First Pitch	.517	29	15	3	0	4	13	0	0	.500	1.034	Batting #9	.333	6	2	1	0	0	1	1	2	.429	.500
Ahead in Count	.320	25	8	1	0	0	2	3	0	.393	.360	Other	.250	8	2	1	0	1	2	0	3	.250	.750
Behind in Count	.210	81	17	3	0	2	9	0	27	.220	.321	Pre-All Star	.317	101	32	10	0	3	24	5	21	.343	.505
Two Strikes	.231	65	15	4	0	2	11	6	27	.306	.385	Post-All Star	.278	54	15	0	0	3	7	4	6	.350	.444

Career (1992-1994)

	Avg	AB	H	2B	3B	HR	RBI	BB	SO	OBP	SLG		Avg	AB	H	2B	3B	HR	RBI	BB	SO	OBP	SLG
vs. Left	.292	195	57	8	0	7	37	8	34	.313	.441	Scoring Posn	.279	129	36	6	0	6	61	11	24	.329	.465
vs. Right	.263	281	74	19	0	5	35	13	60	.304	.384	Close & Late	.301	83	25	4	0	1	7	4	15	.333	.386
Groundball	.242	157	38	7	0	4	18	3	38	.262	.363	None on/out	.288	132	38	9	0	2	2	2	29	.299	.402
Flyball	.337	86	29	2	0	3	12	7	13	.387	.465	Batting #5	.282	241	68	11	0	5	37	12	40	.322	.390
Home	.282	238	67	16	0	6	39	13	41	.320	.424	Batting #7	.333	78	26	5	0	3	15	1	11	.333	.513
Away	.269	238	64	11	0	6	33	8	53	.294	.391	Other	.236	157	37	11	0	4	20	8	43	.271	.382
Day	.250	132	33	7	0	2	14	4	13	.277	.348	April	.375	32	12	0	0	1	4	1	9	.394	.563
Night	.285	344	98	20	0	10	58	17	81	.319	.430	May	.258	66	17	3	0	3	14	5	13	.293	.439
Grass	.288	212	61	9	0	6	31	11	48	.329	.415	June	.277	112	31	8	0	3	24	4	22	.299	.429
Turf	.265	264	70	18	0	6	41	10	46	.290	.402	July	.287	101	29	7	0	1	12	5	23	.327	.386
First Pitch	.365	63	23	3	0	4	20	1	0	.353	.603	August	.288	73	21	2	0	4	12	3	10	.321	.479
Ahead in Count	.337	92	31	9	0	4	16	10	0	.402	.565	September/October	.226	92	21	4	0	0	3	17	.265	.272
Behind in Count	.238	244	58	10	0	3	20	0	86	.246	.316	Pre-All Star	.281	270	76	19	0	7	47	11	58	.307	.430

	Avg	AB	H	2B	3B	HR	RBI	BB	SO	OBP	SLG		Avg	AB	H	2B	3B	HR	RBI	BB	SO	OBP	SLG
									Career (1992-1994)														
Two Strikes	.219	219	48	9	0	2	19	10	94	.262	.288	Post-All Star	.267	206	55	8	0	5	25	10	36	.308	.379
									Batter vs. Pitcher (career)														
Hits Best Against	Avg	AB	H	2B	3B	HR	RBI	BB	SO	OBP	SLG	Hits Worst Against	Avg	AB	H	2B	3B	HR	RBI	BB	SO	OBP	SLG
Steve Avery	.313	16	5	1	0	0	3	0	5	.313	.375	Joe Magrane	.000	12	0	0	0	0	1	0	4	.000	.000

Alex Cole — Twins
Age 29 – Bats Left (groundball hitter)

	Avg	G	AB	R	H	2B	3B	HR	RBI	BB	SO	HBP	GDP	SB	CS	OBP	SLG	IBB	SH	SF	#Pit	#P/PA	GB	FB	G/F
1994 Season	.296	105	345	68	102	15	5	4	23	44	60	1	3	29	8	.375	.403	2	6	2	1458	3.66	111	89	1.25
Career (1990-1994)	.280	521	1609	263	450	50	23	4	96	201	270	6	23	142	53	.360	.347	8	15	8	6987	3.80	613	341	1.80

1994 Season

	Avg	AB	H	2B	3B	HR	RBI	BB	SO	OBP	SLG		Avg	AB	H	2B	3B	HR	RBI	BB	SO	OBP	SLG
vs. Left	.104	48	5	0	0	0	0	8	10	.232	.104	Scoring Posn	.185	81	15	3	0	0	14	11	21	.284	.222
vs. Right	.327	297	97	15	5	4	23	36	50	.399	.451	Close & Late	.364	44	16	2	0	1	4	4	6	.408	.477
Groundball	.253	99	25	2	2	1	4	12	20	.339	.343	None on/out	.415	82	34	5	2	2	2	10	11	.478	.598
Flyball	.230	74	17	4	0	1	6	7	13	.293	.324	Batting #1	.295	88	26	3	3	1	8	12	16	.380	.432
Home	.317	164	52	8	5	2	14	26	31	.411	.463	Batting #2	.297	236	70	11	2	3	14	27	38	.368	.398
Away	.276	181	50	7	0	2	9	18	29	.342	.348	Other	.286	21	6	1	0	0	1	5	6	.423	.333
Day	.391	92	36	7	1	1	4	18	16	.486	.522	April	.329	82	27	3	3	1	8	17	18	.444	.476
Night	.261	253	66	8	4	3	19	26	44	.331	.360	May	.254	71	18	4	1	0	2	7	17	.321	.338
Grass	.292	137	40	7	0	1	8	9	20	.339	.365	June	.380	79	30	5	0	2	9	5	13	.407	.519
Turf	.298	208	62	8	5	3	15	35	40	.399	.428	July	.226	84	19	2	1	1	3	11	9	.323	.310
First Pitch	.288	52	15	2	0	1	7	1	0	.304	.385	August	.276	29	8	1	0	0	1	4	3	.364	.310
Ahead in Count	.397	78	31	4	3	2	6	20	0	.520	.603	September/October	.000	0	0	0	0	0	0	0	0	.000	.000
Behind in Count	.236	148	35	3	1	0	5	0	51	.236	.270	Pre-All Star	.307	264	81	13	4	3	19	32	50	.379	.420
Two Strikes	.230	152	35	5	1	1	6	22	60	.328	.296	Post-All Star	.259	81	21	2	1	1	4	12	10	.362	.346

1994 By Position

Position	Avg	AB	H	2B	3B	HR	RBI	BB	SO	OBP	SLG	G	GS	Innings	PO	A	E	DP	Fld Pct	Rng Fctr	In Zone	Outs	Zone Rtg	MLB Zone
As Pinch Hitter	.222	9	2	0	0	0	1	2	.300	.222		11	0	---	---	---	---	---	---	---	---	---	---	---
As lf	.345	58	20	3	2	1	5	10	13	.441	.517	16	14	130.2	41	0	1	0	.976	2.82	49	40	.816	.815
As cf	.288	278	80	12	3	3	17	33	45	.363	.385	84	68	635.1	204	4	7	0	.967	2.95	255	203	.796	.824

Career (1990-1994)

	Avg	AB	H	2B	3B	HR	RBI	BB	SO	OBP	SLG		Avg	AB	H	2B	3B	HR	RBI	BB	SO	OBP	SLG
vs. Left	.254	232	59	6	5	0	18	39	51	.366	.323	Scoring Posn	.255	325	83	9	3	0	82	49	68	.351	.302
vs. Right	.284	1377	391	44	18	4	78	162	219	.359	.351	Close & Late	.273	249	68	5	2	1	21	29	44	.351	.321
Groundball	.287	534	153	13	9	1	31	62	100	.363	.350	None on/out	.290	531	154	18	8	2	2	80	84	.383	.365
Flyball	.239	318	76	9	2	1	18	43	59	.331	.289	Batting #1	.283	1029	291	30	18	1	59	134	166	.365	.350
Home	.287	783	225	25	17	2	68	114	142	.379	.370	Batting #2	.285	432	123	14	5	3	28	49	69	.357	.361
Away	.272	826	225	25	6	2	28	87	128	.341	.324	Other	.243	148	36	6	0	0	9	18	35	.333	.284
Day	.294	462	136	16	4	0	24	70	84	.384	.353	April	.298	235	70	8	6	1	13	32	43	.382	.396
Night	.274	1147	314	34	19	3	72	131	186	.350	.344	May	.239	218	52	8	1	0	13	22	41	.313	.284
Grass	.275	1064	293	33	10	1	65	127	168	.354	.350	June	.309	220	68	8	1	2	23	29	34	.384	.382
Turf	.288	545	157	17	13	3	31	74	102	.373	.383	July	.258	271	70	6	5	1	16	39	43	.354	.328
First Pitch	.370	235	87	6	4	1	21	5	0	.386	.443	August	.306	327	100	11	6	0	14	39	58	.381	.376
Ahead in Count	.355	383	136	13	13	2	29	99	0	.485	.473	September/October	.266	338	90	9	4	0	17	40	51	.344	.317
Behind in Count	.200	645	129	14	5	0	28	0	223	.204	.237	Pre-All Star	.279	760	212	26	10	3	54	93	131	.357	.351
Two Strikes	.187	707	132	18	4	1	27	96	270	.287	.228	Post-All Star	.280	849	238	24	13	1	42	108	139	.363	.343

Batter vs. Pitcher (career)

Hits Best Against	Avg	AB	H	2B	3B	HR	RBI	BB	SO	OBP	SLG	Hits Worst Against	Avg	AB	H	2B	3B	HR	RBI	BB	SO	OBP	SLG
Scott Erickson	.571	14	8	0	0	0	0	1	0	.600	.571	Eric Plunk	.000	10	0	0	0	0	0	2	4	.167	.000
Chris Bosio	.545	11	6	1	0	0	1	1	1	.538	.636	Jack McDowell	.077	13	1	0	0	0	0	1	4	.143	.154
Todd Stottlemyre	.500	20	10	1	0	0	0	1	1	.524	.550	Jose Guzman	.083	12	1	1	0	0	0	0	3	.083	.167
Melido Perez	.455	11	5	1	0	0	2	0	1	.455	.727	Ben McDonald	.133	15	2	0	0	0	0	0	3	.133	.133
Juan Guzman	.364	22	8	0	1	1	2	5	4	.481	.591	Charlie Hough	.200	10	2	0	0	0	0	1	1	.273	.200

Vince Coleman — Royals
Age 33 – Bats Both (groundball hitter)

	Avg	G	AB	R	H	2B	3B	HR	RBI	BB	SO	HBP	GDP	SB	CS	OBP	SLG	IBB	SH	SF	#Pit	#P/PA	GB	FB	G/F
1994 Season	.240	104	438	61	105	14	12	2	33	29	72	1	2	50	8	.285	.340	0	4	5	1735	3.64	180	94	1.91
Last Five Years	.269	463	1815	280	488	64	35	13	135	151	306	5	14	226	61	.325	.364	5	14	9	7320	3.67	715	404	1.77

1994 Season

	Avg	AB	H	2B	3B	HR	RBI	BB	SO	OBP	SLG		Avg	AB	H	2B	3B	HR	RBI	BB	SO	OBP	SLG
vs. Left	.262	126	33	4	3	2	10	6	15	.293	.389	Scoring Posn	.333	78	26	4	4	0	30	6	11	.360	.487
vs. Right	.231	312	72	10	9	0	23	23	57	.282	.321	Close & Late	.186	59	11	2	0	0	8	5	10	.235	.220
Groundball	.310	84	26	3	2	0	5	5	14	.352	.393	None on/out	.267	172	46	6	5	1	1	10	27	.308	.378
Flyball	.215	121	26	4	3	2	9	11	22	.278	.347	Batting #1	.230	400	92	13	11	2	26	26	69	.274	.333
Home	.300	217	65	7	10	1	22	16	33	.347	.438	Batting #2	.342	38	13	1	1	0	7	3	3	.395	.421
Away	.181	221	40	7	2	1	11	13	39	.224	.244	Other	.000	0	0	0	0	0	0	0	0	.000	.000
Day	.271	140	38	6	6	1	9	5	23	.295	.421	April	.220	91	20	3	1	1	5	5	7	.260	.308
Night	.225	298	67	8	6	1	24	24	49	.281	.302	May	.218	124	27	4	4	0	9	4	26	.240	.315
Grass	.158	165	26	4	1	0	8	10	28	.202	.194	June	.274	106	29	3	4	1	6	11	12	.352	.406
Turf	.289	273	79	10	11	2	25	19	44	.336	.429	July	.232	82	19	3	2	0	9	3	15	.256	.317
First Pitch	.309	68	21	3	4	0	7	0	0	.300	.471	August	.286	35	10	1	1	0	4	3	3	.350	.371

1994 Season

	Avg	AB	H	2B	3B	HR	RBI	BB	SO	OBP	SLG		Avg	AB	H	2B	3B	HR	RBI	BB	SO	OBP	SLG
Ahead in Count	.346	78	27	4	4	0	11	17	0	.449	.500	September/October	.000	0	0	0	0	0	0	0	0	.000	.000
Behind in Count	.199	226	45	5	3	1	11	0	61	.203	.261	Pre-All Star	.242	363	88	13	10	2	25	23	65	.285	.350
Two Strikes	.169	213	36	6	1	1	9	12	72	.217	.221	Post-All Star	.227	75	17	1	2	0	8	6	7	.289	.293

1994 By Position

Position	Avg	AB	H	2B	3B	HR	RBI	BB	SO	OBP	SLG	G	GS	Innings	PO	A	E	DP	Fld Pct	Rng Fctr	In Zone	Outs	Zone Rtg	MLB Zone
As If	.237	418	99	14	12	2	30	29	69	.285	.342	99	98	871.1	163	11	7	1	.961	1.80	202	158	.782	.815

Last Five Years

	Avg	AB	H	2B	3B	HR	RBI	BB	SO	OBP	SLG		Avg	AB	H	2B	3B	HR	RBI	BB	SO	OBP	SLG
vs. Left	.266	582	155	29	11	10	47	38	91	.311	.405	Scoring Posn	.279	359	100	17	6	3	122	38	67	.342	.384
vs. Right	.270	1233	333	35	24	3	88	113	215	.332	.345	Close & Late	.232	280	65	10	2	2	25	26	48	.295	.304
Groundball	.284	585	166	27	7	2	40	41	93	.331	.364	None on/out	.277	746	207	32	17	6	6	65	135	.338	.390
Flyball	.241	406	98	16	7	7	36	38	71	.307	.367	Batting #1	.269	1747	470	63	34	12	126	146	297	.325	.365
Home	.285	892	254	29	20	10	78	90	157	.350	.396	Batting #2	.342	38	13	1	1	0	7	3	3	.395	.421
Away	.254	923	234	35	15	3	57	61	149	.300	.334	Other	.167	30	5	0	0	1	2	2	6	.219	.267
Day	.269	550	148	19	10	6	40	44	85	.324	.373	April	.254	350	89	12	5	1	21	30	42	.313	.326
Night	.269	1265	340	45	25	7	95	107	221	.326	.360	May	.263	437	115	11	11	3	34	39	83	.322	.359
Grass	.250	945	236	26	10	4	61	87	169	.312	.311	June	.288	455	131	20	9	6	37	38	86	.344	.411
Turf	.290	870	252	38	25	9	74	64	137	.340	.422	July	.274	274	75	10	5	2	16	13	47	.303	.369
First Pitch	.358	265	95	14	9	1	27	4	0	.366	.491	August	.273	231	63	8	4	1	22	30	33	.361	.355
Ahead in Count	.320	338	108	18	9	2	40	95	0	.466	.444	September/October	.221	68	15	3	1	0	5	1	15	.232	.294
Behind in Count	.227	896	203	21	15	6	43	0	269	.229	.304	Pre-All Star	.271	1344	364	47	27	10	99	109	233	.325	.368
Two Strikes	.199	854	170	20	9	3	51	306		.246	.278	Post-All Star	.263	471	124	17	8	3	36	42	73	.326	.352

Batter vs. Pitcher (career)

Hits Best Against	Avg	AB	H	2B	3B	HR	RBI	BB	SO	OBP	SLG	Hits Worst Against	Avg	AB	H	2B	3B	HR	RBI	BB	SO	OBP	SLG
John Burkett	.583	12	7	0	0	0	0	2	0	.643	.583	Randy Tomlin	.043	23	1	0	0	0	0	0	5	.043	.043
Jose DeLeon	.571	7	4	0	0	0	1	4	1	.667	.571	Greg W. Harris	.083	12	1	0	0	0	0	1	2	.154	.083
Mark Portugal	.545	11	6	1	1	0	0	1	2	.583	.818	Pete Harnisch	.091	11	1	0	0	0	0	0	3	.091	.182
Zane Smith	.429	56	24	5	0	0	7	5	5	.484	.518	Bob Welch	.095	21	2	0	0	0	1	1	9	.136	.095
Jim Gott	.417	12	5	0	1	0	1	0	2	.417	.583	John Dopson	.100	10	1	0	0	0	1	1	4	.182	.100

Darnell Coles — Blue Jays
Age 33 – Bats Right (flyball hitter)

	Avg	G	AB	R	H	2B	3B	HR	RBI	BB	SO	HBP	GDP	SB	CS	OBP	SLG	IBB	SH	SF	#Pit	#P/PA	GB	FB	G/F
1994 Season	.210	48	143	15	30	6	1	4	15	10	25	1	2	0	0	.263	.350	0	0	2	614	3.94	44	57	0.77
Last Five Years	.242	267	707	80	171	33	5	14	79	45	109	6	11	2	5	.290	.362	3	5	8	2909	3.77	213	259	0.82

1994 Season

	Avg	AB	H	2B	3B	HR	RBI	BB	SO	OBP	SLG		Avg	AB	H	2B	3B	HR	RBI	BB	SO	OBP	SLG
vs. Left	.203	59	12	2	1	3	7	2	10	.226	.424	Scoring Posn	.237	38	9	2	0	0	9	3	8	.279	.289
vs. Right	.214	84	18	4	0	1	8	8	15	.287	.298	Close & Late	.167	24	4	1	0	1	1	3	.200	.208
Home	.171	76	13	2	1	1	5	6	13	.238	.263	None on/out	.208	24	5	1	0	1	2	7	.269	.375
Away	.254	67	17	4	0	3	10	4	12	.292	.448	Batting #6	.098	51	5	2	0	0	3	9	.164	.137
First Pitch	.333	18	6	2	0	0	0	0	0	.316	.444	Batting #7	.241	54	13	1	0	3	7	5	9	.295	.426
Ahead in Count	.357	28	10	2	0	3	5	7	0	.500	.750	Other	.316	38	12	3	1	1	7	2	7	.350	.526
Behind in Count	.115	61	7	1	0	1	3	0	22	.113	.180	Pre-All Star	.181	72	13	2	0	4	10	6	13	.241	.375
Two Strikes	.129	70	9	2	0	1	5	3	25	.162	.200	Post-All Star	.239	71	17	4	1	0	5	4	12	.286	.324

Last Five Years

	Avg	AB	H	2B	3B	HR	RBI	BB	SO	OBP	SLG		Avg	AB	H	2B	3B	HR	RBI	BB	SO	OBP	SLG
vs. Left	.246	345	85	18	3	5	35	25	47	.295	.359	Scoring Posn	.232	181	42	7	0	3	57	11	31	.269	.320
vs. Right	.238	362	86	15	2	9	44	20	62	.285	.365	Close & Late	.250	124	31	3	3	0	11	8	18	.299	.323
Groundball	.187	150	28	7	3	3	18	10	24	.238	.333	None on/out	.229	153	35	4	0	3	3	13	25	.293	.314
Flyball	.213	155	33	4	2	1	14	11	31	.276	.284	Batting #6	.244	156	38	8	0	5	13	10	18	.300	.391
Home	.245	359	88	15	3	8	45	24	53	.298	.370	Batting #7	.226	234	53	9	2	5	27	15	36	.274	.346
Away	.239	348	83	18	2	6	34	21	56	.281	.353	Other	.252	317	80	16	3	4	39	20	55	.297	.360
Day	.284	211	60	14	2	3	25	11	39	.319	.412	April	.194	62	12	3	1	2	7	8	9	.296	.371
Night	.224	496	111	19	3	11	54	34	70	.278	.341	May	.237	177	42	9	2	3	26	10	20	.274	.362
Grass	.229	301	69	12	1	2	21	17	49	.272	.296	June	.225	89	20	2	0	1	7	5	21	.263	.281
Turf	.251	406	102	21	4	12	58	28	60	.303	.411	July	.259	166	43	8	2	5	19	16	20	.324	.422
First Pitch	.368	95	35	10	0	2	14	1	0	.380	.537	August	.281	139	39	10	0	2	14	6	22	.306	.396
Ahead in Count	.306	160	49	8	1	7	22	27	0	.411	.500	September/October	.203	74	15	1	0	1	6	2	17	.244	.257
Behind in Count	.167	324	54	8	1	4	25	0	98	.168	.235	Pre-All Star	.221	375	83	15	3	9	46	28	57	.275	.349
Two Strikes	.165	334	55	9	2	3	25	15	109	.202	.231	Post-All Star	.265	332	88	18	2	5	33	17	52	.307	.377

Batter vs. Pitcher (since 1984)

Hits Best Against	Avg	AB	H	2B	3B	HR	RBI	BB	SO	OBP	SLG	Hits Worst Against	Avg	AB	H	2B	3B	HR	RBI	BB	SO	OBP	SLG
Jack Morris	.600	10	6	1	0	0	1	1	2	.636	.700	Greg Harris	.000	13	0	0	0	0	0	0	7	.000	.000
Mike Moore	.467	15	7	1	1	3	10	3	0	.556	1.267	Dave Righetti	.000	12	0	0	0	0	0	2	4	.200	.000
Charlie Hough	.462	13	6	1	0	1	6	3	5	.529	.769	Doug Drabek	.000	11	0	0	0	0	0	0	2	.000	.000
Bill Wegman	.385	13	5	2	0	1	3	4	3	.529	.769	David Cone	.000	10	0	0	0	0	0	1	2	.091	.000
Jamie Moyer	.350	20	7	2	0	1	3	5	0	.381	.900	Jimmy Key	.107	28	3	0	0	0	1	0	4	.167	.107

David Cone — Royals
Age 32 – Pitches Right (flyball pitcher)

	ERA	W	L	Sv	G	GS	IP	BB	SO	Avg	H	2B	3B	HR	RBI	OBP	SLG	CG	ShO	Sup	QS	#P/S	SB	CS	GB	FB	G/F
1994 Season	2.94	16	5	0	23	23	171.2	54	132	.209	130	28	2	15	49	.277	.332	4	3	5.50	15	114	9	4	184	208	0.88
Last Five Years	3.13	72	53	0	157	155	1119.2	417	1058	.223	917	161	29	84	366	.298	.338	28	13	4.26	106	116	140	49	1160	1255	0.92

1994 Season

	ERA	W	L	Sv	G	GS	IP	H	HR	BB	SO		Avg	AB	H	2B	3B	HR	RBI	BB	SO	OBP	SLG
Home	3.06	8	3	0	11	11	85.1	67	8	23	65	vs. Left	.238	340	81	16	2	9	31	40	61	.319	.376
Away	2.81	8	2	0	12	12	86.1	63	7	31	67	vs. Right	.173	388	67	12	0	6	18	14	71	.224	.279
Day	2.63	5	2	0	7	7	51.1	36	3	13	50	Inning 1-6	.203	488	99	19	1	15	46	42	107	.272	.338
Night	3.07	11	3	0	16	16	120.1	94	12	41	82	Inning 7+	.230	135	31	9	1	0	3	12	25	.297	.311
Grass	2.80	7	2	0	10	10	70.2	51	6	26	53	None on	.220	395	87	19	0	10	10	24	87	.270	.344
Turf	3.03	9	3	0	13	13	101.0	79	9	28	79	Runners on	.189	228	43	9	2	5	39	30	45	.288	.311
April	3.95	3	1	0	4	4	27.1	25	6	9	20	Scoring Posn	.150	120	18	4	0	3	31	22	21	.287	.258
May	1.94	5	1	0	6	6	51.0	28	2	14	30	Close & Late	.255	47	12	4	0	0	1	5	9	.333	.333
June	2.98	3	2	0	6	6	42.1	34	4	13	32	None on/out	.225	169	38	9	0	5	10	34	.272	.367
July	2.68	4	0	0	5	5	37.0	28	3	16	38	vs. 1st Batr (relief)	.000	0	0	0	0	0	0	0	0	.000	.000
August	5.14	1	1	0	2	2	14.0	15	0	2	12	First Inning Pitched	.217	83	18	3	0	2	10	7	19	.283	.325
September/October	0.00	0	0	0	0	0	0.0	0	0	0	0	First 75 Pitches	.193	393	76	13	1	12	32	36	86	.263	.323
Starter	2.94	16	5	0	23	23	171.2	130	15	54	132	Pitch 76-90	.300	90	27	8	0	3	11	4	15	.350	.489
Reliever	0.00	0	0	0	0	0	0.0	0	0	0	0	Pitch 91-105	.192	73	14	4	0	0	4	5	14	.253	.247
0-3 Days Rest (St)	0.00	0	0	0	0	0	0.0	0	0	0	0	Pitch 106+	.194	67	13	3	1	0	2	9	17	.289	.269
4 Days Rest	3.47	10	3	0	15	15	111.2	92	9	36	77	First Pitch	.237	76	18	2	0	3	9	0	0	.241	.382
5+ Days Rest	1.95	6	2	0	8	8	60.0	38	6	18	55	Ahead in Count	.176	296	52	11	0	3	15	0	111	.191	.243
Pre-All Star	2.88	12	4	0	18	18	134.1	99	14	41	95	Behind in Count	.298	114	34	7	0	6	14	27	0	.430	.518
Post-All Star	3.13	4	1	0	5	5	37.1	31	1	13	37	Two Strikes	.159	302	48	13	0	3	14	27	132	.231	.232

Last Five Years

	ERA	W	L	Sv	G	GS	IP	H	HR	BB	SO		Avg	AB	H	2B	3B	HR	RBI	BB	SO	OBP	SLG
Home	3.68	33	28	0	79	78	557.0	496	44	216	520	vs. Left	.231	2357	545	91	21	54	213	266	512	.311	.356
Away	2.58	39	25	0	78	77	562.2	421	40	201	538	vs. Right	.212	1754	372	70	8	30	153	151	546	.279	.312
Day	3.27	21	19	0	48	47	330.2	276	22	108	333	Inning 1-6	.216	3282	709	125	20	70	306	335	893	.292	.330
Night	3.07	51	34	0	109	108	789.0	641	62	309	725	Inning 7+	.251	829	208	36	9	14	60	82	165	.319	.367
Grass	3.28	41	35	0	89	89	628.2	528	50	218	621	None on	.229	2446	559	100	18	50	50	230	617	.307	.345
Turf	2.93	31	18	0	68	66	491.0	389	34	199	437	Runners on	.215	1665	358	61	11	34	316	187	441	.295	.326
April	4.05	7	9	0	22	22	149.0	144	12	64	134	Scoring Posn	.187	975	182	30	2	21	265	137	280	.285	.286
May	2.52	15	7	0	28	27	203.2	139	14	66	170	Close & Late	.249	433	108	20	6	8	36	49	87	.327	.379
June	3.13	12	9	0	26	26	186.2	161	13	60	178	None on/out	.252	1093	275	49	13	32	32	82	254	.309	.408
July	3.00	17	5	0	28	28	207.1	158	27	85	219	vs. 1st Batr (relief)	.000	2	0	0	0	0	0	0	0	.000	.000
August	3.85	10	11	0	26	26	180.0	182	8	59	161	First Inning Pitched	.228	580	132	25	1	14	64	61	167	.309	.347
September/October	2.52	11	12	0	27	26	193.0	133	10	83	196	First 75 Pitches	.221	2596	573	98	16	54	227	263	696	.297	.333
Starter	3.14	72	53	0	155	155	1116.2	914	84	416	1055	Pitch 76-90	.230	491	113	26	3	13	59	49	116	.303	.375
Reliever	0.00	0	0	0	2	0	3.0	3	0	1	3	Pitch 91-105	.218	478	104	21	5	9	35	41	106	.279	.339
0-3 Days Rest (St)	2.17	2	2	0	4	4	29.0	22	3	7	35	Pitch 106+	.233	546	127	16	5	8	45	64	140	.313	.324
4 Days Rest	3.30	41	34	0	94	94	682.0	577	54	252	638	First Pitch	.331	502	166	33	4	25	77	8	0	.345	.562
5+ Days Rest	2.93	29	17	0	57	57	405.2	315	27	157	382	Ahead in Count	.166	2022	336	54	10	12	115	0	877	.174	.221
Pre-All Star	3.15	40	25	0	86	85	614.0	503	49	225	558	Behind in Count	.306	780	239	40	10	28	104	208	0	.450	.491
Post-All Star	3.10	32	28	0	71	70	505.2	414	35	192	500	Two Strikes	.149	2142	320	55	11	17	115	201	1058	.226	.209

Pitcher vs. Batter (career)

Pitches Best Vs.	Avg	AB	H	2B	3B	HR	RBI	BB	SO	OBP	SLG	Pitches Worst Vs.	Avg	AB	H	2B	3B	HR	RBI	BB	SO	OBP	SLG
Chris James	.000	21	0	0	0	0	1	0	5	.000	.000	Deion Sanders	.600	10	6	0	0	1	1	1	1	.636	.900
Cal Ripken	.000	11	0	0	0	0	0	0	2	.000	.000	Harold Baines	.583	12	7	2	0	2	4	2	0	.643	1.250
Darnell Coles	.000	10	0	0	0	0	0	1	2	.000	.000	Bret Barberie	.500	8	4	1	0	0	2	4	2	.692	.625
Jose Offerman	.059	17	1	0	0	0	0	0	6	.059	.059	John Olerud	.375	16	6	0	0	3	5	1	4	.389	.938
Don Mattingly	.071	14	1	0	0	0	1	0	0	.071	.071	Chris Hoiles	.375	8	3	1	0	1	2	2	2	.545	.875

Jeff Conine — Marlins
Age 29 – Bats Right

	Avg	G	AB	R	H	2B	3B	HR	RBI	BB	SO	HBP	GDP	SB	CS	OBP	SLG	IBB	SH	SF	#Pit	#P/PA	GB	FB	G/F
1994 Season	.319	115	451	60	144	27	6	18	82	40	92	1	8	1	2	.373	.525	4	0	4	1861	3.75	141	138	1.02
Career (1990-1994)	.299	314	1157	148	346	58	11	30	172	102	255	6	24	3	4	.356	.446	7	0	10	4757	3.73	347	333	1.04

1994 Season

	Avg	AB	H	2B	3B	HR	RBI	BB	SO	OBP	SLG		Avg	AB	H	2B	3B	HR	RBI	BB	SO	OBP	SLG
vs. Left	.316	136	43	12	2	6	23	14	25	.375	.566	Scoring Posn	.305	128	39	9	0	3	58	19	31	.384	.445
vs. Right	.321	315	101	15	4	12	59	26	67	.372	.508	Close & Late	.324	71	23	5	1	0	8	4	10	.351	.423
Groundball	.355	141	50	10	2	3	19	7	32	.385	.518	None on/out	.275	120	33	7	0	6	6	1	27	.287	.533
Flyball	.261	69	18	2	1	1	7	9	15	.350	.362	Batting #4	.320	428	137	27	6	16	79	38	89	.374	.523
Home	.283	230	65	8	4	8	36	22	44	.345	.457	Batting #5	.250	16	4	0	0	2	3	0	3	.250	.625
Away	.357	221	79	19	2	10	46	18	48	.402	.597	Other	.429	7	3	0	0	0	0	2	0	.556	.429
Day	.288	118	34	10	0	6	19	0	31	.341	.525	April	.302	96	29	4	1	6	18	8	25	.352	.552
Night	.330	333	110	17	6	12	63	30	61	.384	.526	May	.295	105	31	7	1	4	20	11	15	.362	.495
Grass	.323	368	119	21	6	15	67	34	76	.381	.535	June	.343	99	34	7	2	3	20	9	15	.400	.515
Turf	.301	83	25	6	0	3	15	6	16	.344	.482	July	.340	106	36	6	1	5	16	9	24	.388	.557
First Pitch	.400	80	32	7	1	3	17	2	0	.410	.625	August	.311	45	14	3	1	0	8	0	13	.347	.489
Ahead in Count	.333	24	8	1	5	0	18	23	0	.464	.621	September/October	.000	0	0	0	0	0	0	0	0	.000	.000
Behind in Count	.242	198	48	8	2	6	26	0	75	.245	.394	Pre-All Star	.313	339	106	20	4	14	64	33	60	.372	.519
Two Strikes	.221	208	46	6	4	0	30	15	92	.276	.375	Post-All Star	.339	112	38	7	2	4	18	7	32	.375	.545

79

1994 By Position

Position	Avg	AB	H	2B	3B	HR	RBI	BB	SO	OBP	SLG	G	GS	Innings	PO	A	E	DP	Fld Pct	Rng Fctr	In Zone	Outs	Zone Rtg	MLB Zone
As 1b	.337	89	30	6	2	7	22	4	16	.366	.685	46	20	223.0	227	20	1	19	.996	---	50	40	.800	.818
As lf	.316	361	114	21	4	11	60	36	76	.376	.488	97	94	783.0	182	4	5	0	.974	2.14	214	169	.790	.815

Career (1990-1994)

	Avg	AB	H	2B	3B	HR	RBI	BB	SO	OBP	SLG		Avg	AB	H	2B	3B	HR	RBI	BB	SO	OBP	SLG
vs. Left	.309	337	104	21	4	11	56	41	69	.378	.493	Scoring Posn	.314	306	96	15	1	9	135	40	67	.385	.458
vs. Right	.295	820	242	37	7	19	116	61	186	.347	.427	Close & Late	.257	191	49	7	2	3	26	15	41	.305	.361
Groundball	.336	360	121	18	5	5	49	24	66	.377	.456	None on/out	.233	270	63	14	4	7	7	14	69	.274	.393
Flyball	.251	223	56	9	3	3	22	18	66	.310	.359	Batting #3	.294	279	82	10	2	5	31	26	54	.353	.398
Home	.288	569	164	22	4	13	83	48	120	.343	.409	Batting #4	.319	479	153	29	6	17	87	40	105	.370	.511
Away	.310	588	182	36	7	17	89	54	135	.369	.481	Other	.278	399	111	19	3	8	54	36	96	.342	.401
Day	.280	275	77	17	0	9	35	31	74	.353	.440	April	.310	174	54	6	1	6	25	17	45	.368	.460
Night	.305	882	269	41	11	21	137	71	181	.357	.448	May	.278	194	54	10	2	6	31	29	37	.372	.443
Grass	.301	891	268	45	7	25	129	75	198	.354	.451	June	.318	195	62	13	3	5	35	19	40	.385	.492
Turf	.293	266	78	13	4	5	43	27	57	.362	.429	July	.349	212	74	11	5	7	31	13	44	.385	.509
First Pitch	.373	228	85	14	2	7	47	3	0	.381	.544	August	.282	234	66	11	4	4	37	12	54	.316	.415
Ahead in Count	.379	214	81	17	2	11	46	41	0	.473	.631	September/October	.243	148	36	7	0	2	13	12	35	.302	.331
Behind in Count	.213	512	109	18	3	8	47	0	219	.218	.307	Pre-All Star	.299	646	193	34	6	21	107	71	138	.369	.467
Two Strikes	.189	525	99	16	6	7	47	58	255	.272	.282	Post-All Star	.299	511	153	24	5	9	65	31	117	.339	.419

Batter vs. Pitcher (career)

Hits Best Against	Avg	AB	H	2B	3B	HR	RBI	BB	SO	OBP	SLG	Hits Worst Against	Avg	AB	H	2B	3B	HR	RBI	BB	SO	OBP	SLG
Bret Saberhagen	.588	17	10	0	0	0	1	0	3	.588	.588	Greg Swindell	.056	18	1	0	0	0	0	1	10	.105	.056
Tim Pugh	.545	11	6	0	0	1	3	1	2	.583	.818	Mark Portugal	.083	12	1	1	0	0	0	0	2	.083	.167
Pete Smith	.462	13	6	1	1	1	4	2	2	.533	.923	John Smoltz	.083	12	1	0	0	0	1	2	9	.214	.083
Dave Nied	.400	10	4	0	0	2	7	1	1	.455	1.000	Mike Harkey	.125	16	2	1	0	0	0	1	2	.176	.188
Steve Trachsel	.400	10	4	0	0	1	1	1	3	.455	.700	Tom Glavine	.125	16	2	1	0	2	2	2	5	.222	.188

Jim Converse — Mariners
Age 23 – Pitches Right (groundball pitcher)

	ERA	W	L	Sv	G	GS	IP	BB	SO	Avg	H	2B	3B	HR	RBI	OBP	SLG	CG	ShO	Sup	QS	#P/S	SB	CS	GB	FB	G/F
1994 Season	8.69	0	5	0	13	8	48.2	40	39	.353	73	12	6	5	43	.454	.541	0	0	4.25	1	95	3	4	83	50	1.66
Career (1993-1994)	7.70	1	8	0	17	12	69.0	54	49	.337	96	19	6	5	55	.439	.498	0	0	3.52	3	92	5	4	118	67	1.76

1994 Season

	ERA	W	L	Sv	G	GS	IP	BB	SO		Avg	AB	H	2B	3B	HR	RBI	BB	SO	OBP	SLG
Home	9.69	0	0	0	4	2	13.0	22	1	9	9	vs. Left	.342	111	38	4	4	3	22	28	21	.479	.532
Away	8.33	0	5	0	9	6	35.2	51	4	31	30	vs. Right	.365	96	35	8	2	2	21	12	18	.423	.552

Dennis Cook — White Sox
Age 32 – Pitches Left (flyball pitcher)

	ERA	W	L	Sv	G	GS	IP	BB	SO	Avg	H	2B	3B	HR	RBI	OBP	SLG	GF	IR	IRS	Hld	SvOp	SB	CS	GB	FB	G/F
1994 Season	3.55	3	1	0	38	0	33.0	14	26	.230	29	4	0	4	21	.307	.357	8	38	9	3	1	1	1	35	44	0.80
Last Five Years	3.93	23	17	1	162	48	418.2	143	228	.259	414	81	10	62	212	.320	.439	20	124	42	10	6	27	21	484	590	0.82

1994 Season

	ERA	W	L	Sv	G	GS	IP	H	HR	BB	SO		Avg	AB	H	2B	3B	HR	RBI	BB	SO	OBP	SLG
Home	2.76	1	0	0	14	0	16.1	12	1	4	12	vs. Left	.245	49	12	0	0	2	9	5	8	.315	.367
Away	4.32	2	1	0	24	0	16.2	17	3	10	14	vs. Right	.221	77	17	4	0	2	12	9	18	.302	.351
Starter	0.00	0	0	0	0	0	0.0	0	0	0	0	Scoring Posn	.194	36	7	2	0	1	16	7	8	.326	.333
Reliever	3.55	3	1	0	38	0	33.0	29	4	14	26	Close & Late	.250	40	10	0	0	0	6	3	7	.302	.250
0 Days rest (Re)	3.38	1	0	0	5	0	5.1	8	1	1	4	None on/out	.240	25	6	1	0	0	4	5	.345	.280
1 or 2 Days rest	3.75	1	1	0	17	0	12.0	8	0	5	7	First Pitch	.333	15	5	2	0	0	2	2	0	.412	.467
3+ Days rest	3.45	1	0	0	16	0	15.2	13	3	8	15	Ahead in Count	.175	57	10	0	0	1	2	0	19	.175	.228
Pre-All Star	4.21	3	1	0	30	0	25.2	24	4	9	20	Behind in Count	.313	16	5	2	0	1	8	6	0	.500	.625
Post-All Star	1.23	0	0	0	8	0	7.1	5	0	5	6	Two Strikes	.176	68	12	0	0	2	7	5	26	.233	.265

Last Five Years

	ERA	W	L	Sv	G	GS	IP	H	HR	BB	SO		Avg	AB	H	2B	3B	HR	RBI	BB	SO	OBP	SLG
Home	3.82	13	9	0	75	26	235.1	221	39	66	137	vs. Left	.257	362	93	16	3	12	54	28	48	.309	.417
Away	4.07	10	8	0	87	22	183.1	193	23	77	91	vs. Right	.260	1235	321	65	7	50	158	115	180	.323	.445
Day	4.02	7	7	0	57	19	161.0	163	29	56	86	Inning 1-6	.262	1223	321	69	9	49	171	106	173	.321	.454
Night	3.88	16	10	1	105	29	257.2	251	33	87	142	Inning 7+	.249	374	93	12	1	13	41	37	55	.316	.390
Grass	4.06	16	12	0	110	33	270.2	270	44	92	167	None on	.250	1002	250	48	6	39	39	64	169	.297	.426
Turf	3.71	7	5	1	52	15	148.0	144	18	51	61	Runners on	.276	595	164	33	4	23	173	79	82	.356	.461
April	3.64	4	2	0	19	7	54.1	53	10	14	23	Scoring Posn	.268	347	93	18	2	13	144	55	43	.357	.444
May	4.53	7	5	0	30	12	87.1	89	13	21	45	Close & Late	.324	148	48	4	1	3	19	18	15	.399	.426
June	5.03	3	5	0	33	8	73.1	80	14	35	50	None on/out	.235	413	97	25	4	15	15	32	52	.290	.424
July	2.08	5	1	1	36	5	73.2	63	2	24	47	vs. 1st Batr (relief)	.309	94	29	5	0	1	24	12	17	.393	.394
August	4.99	3	2	0	22	6	52.1	57	8	30	26	First Inning Pitched	.267	502	134	27	4	20	97	54	74	.335	.456
September/October	3.47	2	2	0	22	10	72.2	72	15	19	37	First 15 Pitches	.272	445	121	25	4	19	85	43	59	.332	.474
Starter	4.22	13	12	0	48	48	266.1	277	43	83	135	Pitch 16-30	.230	344	79	12	1	13	37	28	63	.293	.384
Reliever	3.43	10	5	1	114	0	152.1	137	19	60	93	Pitch 31-45	.244	238	58	14	3	8	23	23	34	.309	.429
0 Days rest (Re)	4.30	1	0	0	22	0	29.1	31	4	11	15	Pitch 46+	.274	570	156	30	2	22	67	49	72	.331	.449
1 or 2 Days rest	2.95	5	4	1	45	0	58.0	48	4	25	30	First Pitch	.313	217	68	13	2	14	41	14	0	.366	.585
3+ Days rest	3.46	4	1	0	47	0	65.0	58	11	24	48	Ahead in Count	.190	707	134	21	3	18	62	0	187	.189	.304
Pre-All Star	4.18	15	13	1	97	29	250.0	245	38	79	140	Behind in Count	.318	336	107	16	2	16	62	73	0	.437	.563
Post-All Star	3.58	8	4	0	65	19	168.2	169	24	64	88	Two Strikes	.188	690	130	26	2	16	57	54	228	.247	.301

Pitcher vs. Batter (career)

Pitches Best Vs.	Avg	AB	H	2B	3B	HR	RBI	BB	SO	OBP	SLG	Pitches Worst Vs.	Avg	AB	H	2B	3B	HR	RBI	BB	SO	OBP	SLG
Jeff Blauser	.091	11	1	0	0	0	0	0	1	.091	.091	Greg Litton	.615	13	8	1	0	1	2	0	0	.615	.923
Candy Maldonado	.100	10	1	0	0	0	2	3	.250	.100	Gary Gaetti	.444	9	4	1	0	1	4	2	3	.545	.889
Kevin McReynolds	.133	15	2	0	0	0	1	2	3	.235	.133	Lonnie Smith	.412	17	7	1	0	3	6	0	1	.412	1.000
Willie McGee	.182	11	2	0	0	0	1	0	1	.167	.182	Joe Carter	.333	12	4	1	0	1	4	4	0	.500	.667
Brady Anderson	.182	11	2	0	0	0	0	0	3	.182	.182	Ruben Sierra	.333	9	3	1	0	1	3	2	1	.455	.778

Steve Cooke — Pirates — Age 25 – Pitches Left

	ERA	W	L	Sv	G	GS	IP	BB	SO	Avg	H	2B	3B	HR	RBI	OBP	SLG	CG	ShO	Sup	QS	#P/S	SB	CS	GB	FB	G/F
1994 Season	5.02	4	11	0	25	23	134.1	46	74	.298	157	29	4	21	66	.358	.488	2	0	3.75	13	89	14	3	220	146	1.51
Career (1992-1994)	4.28	16	21	1	68	55	368.0	109	216	.273	386	93	10	45	167	.326	.448	5	1	4.35	33	96	36	12	533	430	1.24

1994 Season

	ERA	W	L	Sv	G	GS	IP	H	HR	BB	SO		Avg	AB	H	2B	3B	HR	RBI	BB	SO	OBP	SLG
Home	5.03	3	5	0	13	13	78.2	93	13	20	42	vs. Left	.294	85	25	4	0	3	10	16	15	.408	.447
Away	5.01	1	6	0	12	10	55.2	64	8	26	32	vs. Right	.299	442	132	25	4	18	56	30	59	.347	.495
Day	4.72	1	4	0	7	6	40.0	46	7	19	14	Inning 1-6	.309	453	140	26	3	19	63	39	66	.368	.506
Night	5.15	3	7	0	18	17	94.1	111	14	27	60	Inning 7+	.230	74	17	3	1	2	3	7	8	.296	.378
Grass	5.04	0	3	0	6	5	25.0	29	2	17	13	None on	.288	309	89	21	4	9	9	17	41	.331	.469
Turf	5.02	4	8	0	19	18	109.1	128	19	29	61	Runners on	.312	218	68	8	0	12	57	29	33	.393	.514
April	5.06	1	3	0	5	5	32.0	40	6	13	16	Scoring Posn	.321	131	42	3	0	5	43	21	23	.414	.458
May	5.88	0	2	0	7	6	33.2	39	4	13	15	Close & Late	.235	51	12	1	1	2	3	5	6	.304	.412
June	2.50	2	0	0	5	5	36.0	31	4	9	23	None on/out	.333	141	47	9	3	7	7	9	13	.382	.589
July	8.71	1	4	0	6	5	20.2	33	4	6	15	vs. 1st Batr (relief)	.000	1	0	0	0	0	0	1	0	.500	.000
August	3.75	0	2	0	2	2	12.0	14	3	5	5	First Inning Pitched	.264	91	24	3	0	3	9	9	10	.330	.396
September/October	0.00	0	0	0	0	0	0.0	0	0	0	0	First 75 Pitches	.308	399	123	23	2	16	56	37	60	.371	.496
Starter	5.15	3	11	0	23	23	131.0	156	21	43	73	Pitch 76-90	.242	66	16	3	0	2	3	5	8	.306	.379
Reliever	0.00	1	0	0	2	0	3.1	1	0	3	1	Pitch 91-105	.327	49	16	2	2	3	7	2	4	.346	.633
0-3 Days Rest (St)	63.00	0	1	0	1	1	1.0	5	1	3	0	Pitch 106+	.154	13	2	1	2	0	0	2	2	.267	.231
4 Days Rest	6.43	3	6	0	13	13	71.1	93	12	19	41	First Pitch	.371	70	26	4	0	7	16	6	0	.423	.729
5+ Days Rest	2.61	0	4	0	9	9	58.2	58	8	21	32	Ahead in Count	.236	233	55	14	2	3	14	0	64	.242	.352
Pre-All Star	4.37	4	6	0	20	18	113.1	123	15	39	60	Behind in Count	.379	132	50	6	2	9	23	25	0	.475	.659
Post-All Star	8.57	0	5	0	5	5	21.0	34	6	7	14	Two Strikes	.220	214	47	9	3	13	15	74		.277	.304

Career (1992-1994)

	ERA	W	L	Sv	G	GS	IP	H	HR	BB	SO		Avg	AB	H	2B	3B	HR	RBI	BB	SO	OBP	SLG
Home	4.45	9	10	0	33	29	196.1	210	23	53	103	vs. Left	.270	244	66	12	3	5	31	28	43	.347	.406
Away	4.09	7	11	1	35	26	171.2	176	22	56	113	vs. Right	.273	1171	320	81	7	40	136	81	173	.322	.457
Day	4.55	5	8	1	22	17	118.2	135	19	37	62	Inning 1-6	.272	1161	316	74	7	36	144	98	186	.331	.441
Night	4.15	11	13	0	46	38	249.1	251	26	72	154	Inning 7+	.276	254	70	19	3	9	23	11	30	.306	.480
Grass	3.51	5	5	1	23	16	107.2	104	12	39	71	None on	.269	844	227	64	6	24	24	55	119	.318	.444
Turf	4.60	11	16	0	45	39	260.1	282	33	70	145	Runners on	.278	571	159	29	4	21	143	54	97	.338	.454
April	4.85	1	4	0	9	9	55.2	65	9	22	27	Scoring Posn	.282	333	94	18	2	9	114	44	64	.361	.429
May	4.32	3	3	0	13	12	77.0	77	9	25	44	Close & Late	.234	141	33	7	2	4	10	8	18	.275	.397
June	2.69	4	1	0	10	10	73.2	59	5	21	53	None on/out	.277	376	104	31	4	16	16	26	44	.328	.508
July	6.92	1	7	0	12	10	53.1	71	8	17	34	vs. 1st Batr (relief)	.083	12	1	0	0	0	0	1	2	.154	.083
August	4.76	4	4	0	12	8	56.2	73	10	11	29	First Inning Pitched	.244	246	60	10	0	6	23	22	32	.306	.358
September/October	2.61	3	2	1	12	6	51.2	41	4	13	29	First 75 Pitches	.271	1049	284	63	6	28	120	89	164	.330	.422
Starter	4.37	13	21	0	55	55	341.2	363	43	102	205	Pitch 76-90	.255	192	49	19	1	6	21	11	27	.295	.458
Reliever	3.08	3	0	1	13	0	26.1	23	2	7	11	Pitch 91-105	.302	116	35	5	2	9	18	6	14	.333	.612
0-3 Days Rest (St)	63.00	0	1	0	1	1	1.0	5	1	3	0	Pitch 106+	.310	58	18	6	1	2	8	3	11	.344	.552
4 Days Rest	4.93	8	8	0	30	30	184.1	207	23	47	104	First Pitch	.337	181	61	15	1	11	31	9	0	.371	.613
5+ Days Rest	3.34	5	8	0	24	24	156.1	151	19	52	101	Ahead in Count	.198	597	118	29	4	9	40	0	188	.202	.305
Pre-All Star	4.00	9	10	0	37	35	232.0	231	25	76	137	Behind in Count	.346	381	132	33	5	17	63	55	0	.424	.593
Post-All Star	4.76	7	11	1	31	20	136.0	155	20	33	79	Two Strikes	.191	586	112	24	1	11	42	45	216	.253	.292

Pitcher vs. Batter (career)

Pitches Best Vs.	Avg	AB	H	2B	3B	HR	RBI	BB	SO	OBP	SLG	Pitches Worst Vs.	Avg	AB	H	2B	3B	HR	RBI	BB	SO	OBP	SLG
Kirt Manwaring	.091	11	1	0	0	0	0	1	3	.231	.091	Tony Gwynn	.643	14	9	2	0	0	3	1	0	.667	.786
Orestes Destrade	.100	10	1	0	0	0	0	1	4	.182	.100	Jeff Bagwell	.636	11	7	0	0	2	5	1	0	.667	1.273
Barry Bonds	.125	16	2	1	0	0	1	2	1	.176	.188	Kevin Stocker	.444	9	4	1	0	1	2	0	.545	.889
Larry Walker	.143	14	2	0	0	2	2	4	.250	.143	Royce Clayton	.429	14	6	3	0	1	1	2	1	.500	.857
Terry Pendleton	.154	13	2	0	0	0	2	0	.154	.154	Fred McGriff	.364	11	4	0	0	2	3	3	1	.500	.909

Scott Coolbaugh — Cardinals — Age 29 – Bats Right

	Avg	G	AB	R	H	2B	3B	HR	RBI	BB	SO	HBP	GDP	SB	CS	OBP	SLG	IBB	SH	SF	#Pit	#P/PA	GB	FB	G/F
1994 Season	.190	15	21	4	4	0	0	2	6	1	3	0	2	0	0	.217	.476	0	0	1	77	3.35	11	5	2.20
Last Five Years	.207	142	381	37	79	14	1	6	34	35	96	2	12	1	3	.276	.297	2	8	3	1765	4.11	130	99	1.31

1994 Season

	Avg	AB	H	2B	3B	HR	RBI	BB	SO	OBP	SLG		Avg	AB	H	2B	3B	HR	RBI	BB	SO	OBP	SLG
vs. Left	.273	11	3	0	0	2	4	1	2	.273	.818	Scoring Posn	.400	5	2	0	0	0	3	1	0	.429	.400
vs. Right	.100	10	1	0	0	0	2	0	1	.167	.100	Close & Late	.167	6	1	0	0	0	0	0	1	.167	.167

Last Five Years

	Avg	AB	H	2B	3B	HR	RBI	BB	SO	OBP	SLG		Avg	AB	H	2B	3B	HR	RBI	BB	SO	OBP	SLG
vs. Left	.274	117	32	8	0	3	18	13	19	.341	.419	Scoring Posn	.213	89	19	2	0	1	27	12	22	.298	.270
vs. Right	.178	264	47	6	1	3	16	22	77	.246	.242	Close & Late	.211	57	12	1	1	1	5	6	18	.297	.316

Scott Cooper — Red Sox
Age 27 – Bats Left

Last Five Years

	Avg	AB	H	2B	3B	HR	RBI	BB	SO	OBP	SLG		Avg	AB	H	2B	3B	HR	RBI	BB	SO	OBP	SLG
Groundball	.139	122	17	2	0	0	5	7	30	.186	.156	None on/out	.266	79	21	3	0	3	3	9	22	.356	.418
Flyball	.267	86	23	4	1	3	8	11	24	.364	.442	Batting #7	.230	122	28	6	1	1	10	15	30	.312	.320
Home	.233	189	44	12	0	4	20	15	54	.293	.360	Batting #8	.197	183	36	5	0	2	14	13	48	.256	.257
Away	.182	192	35	2	1	2	14	20	42	.258	.234	Other	.197	76	15	3	0	3	10	7	18	.262	.355
Day	.194	103	20	6	0	1	12	7	24	.243	.282	April	.105	19	2	0	0	0	0	3	8	.227	.105
Night	.212	278	59	8	1	5	22	28	72	.287	.302	May	.220	118	26	3	1	2	11	9	35	.276	.314
Grass	.189	291	55	14	1	2	23	27	82	.261	.265	June	.281	121	34	5	0	2	13	12	22	.346	.372
Turf	.267	90	24	0	0	4	11	8	14	.323	.400	July	.137	95	13	4	0	2	8	8	27	.212	.242
First Pitch	.333	30	10	0	0	2	4	0	0	.323	.533	August	.200	5	1	0	0	0	2	1	0	.286	.200
Ahead in Count	.342	76	26	7	0	4	16	14	0	.435	.592	September/October	.130	23	3	2	0	0	0	2	4	.200	.217
Behind in Count	.128	187	24	5	1	0	9	0	79	.138	.166	Pre-All Star	.220	300	66	9	1	4	25	30	77	.293	.297
Two Strikes	.128	211	27	4	1	0	10	21	96	.210	.156	Post-All Star	.160	81	13	5	0	2	9	5	19	.207	.296

	Avg	G	AB	R	H	2B	3B	HR	RBI	BB	SO	HBP	GDP	SB	CS	OBP	SLG	IBB	SH	SF	#Pit	#P/PA	GB	FB	G/F
1994 Season	.282	104	369	49	104	16	4	13	53	30	65	1	6	0	3	.333	.453	2	1	5	1543	3.80	117	107	1.09
Career (1990-1994)	.284	399	1268	156	360	70	9	27	156	127	182	6	19	6	6	.349	.417	17	7	10	5143	3.62	428	385	1.11

1994 Season

	Avg	AB	H	2B	3B	HR	RBI	BB	SO	OBP	SLG		Avg	AB	H	2B	3B	HR	RBI	BB	SO	OBP	SLG
vs. Left	.194	108	21	0	3	13	8	28		.252	.278	Scoring Posn	.292	89	26	9	0	2	40	16	13	.382	.461
vs. Right	.318	261	83	16	4	10	40	22	37	.367	.525	Close & Late	.215	65	14	2	0	0	5	1	15	.224	.246
Groundball	.261	69	18	2	1	4	8	3	10	.301	.493	None on/out	.265	113	30	4	3	4	4	18		.291	.460
Flyball	.290	100	29	6	2	2	16	10	22	.348	.450	Batting #6	.292	113	33	7	2	4	15	9	20	.341	.496
Home	.296	199	59	8	3	9	25	19	35	.357	.503	Batting #7	.282	181	51	6	2	6	25	16	30	.337	.436
Away	.265	170	45	8	1	4	28	11	30	.304	.394	Other	.267	75	20	3	0	3	13	5	15	.313	.427
Day	.268	138	37	5	0	5	24	8	32	.306	.413	April	.342	76	26	6	1	7	23	6	13	.381	.724
Night	.290	231	67	11	4	8	29	22	33	.349	.476	May	.307	88	27	4	2	2	10	9	14	.374	.466
Grass	.282	326	92	12	3	12	43	28	59	.336	.448	June	.238	101	24	3	0	4	14	7	17	.282	.386
Turf	.279	43	12	4	1	1	10	2	6	.311	.488	July	.247	89	22	2	1	0	4	7	18	.302	.292
First Pitch	.373	67	25	6	2	4	11	2	0	.386	.701	August	.333	15	5	1	0	0	2	1	3	.375	.400
Ahead in Count	.424	66	28	4	2	5	16	7	0	.467	.773	September/October	.000	0	0	0	0	0	0	0	0	.000	.000
Behind in Count	.207	169	35	6	0	3	21	0	54	.211	.296	Pre-All Star	.292	298	87	15	4	13	50	24	51	.341	.500
Two Strikes	.194	175	34	5	0	2	16	21	65	.283	.257	Post-All Star	.239	71	17	1	0	0	3	6	14	.299	.254

1994 By Position

Position	Avg	AB	H	2B	3B	HR	RBI	BB	SO	OBP	SLG	G	GS	Innings	PO	A	E	DP	Fld Pct	Rng Fctr	In Zone	Zone Outs	Zone Rtg	MLB Zone
As 3b	.283	367	104	16	4	13	53	30	63	.335	.455	104	99	882.0	51	219	16	20	.944	2.76	296	237	.801	.826

Career (1990-1994)

	Avg	AB	H	2B	3B	HR	RBI	BB	SO	OBP	SLG		Avg	AB	H	2B	3B	HR	RBI	BB	SO	OBP	SLG
vs. Left	.244	299	73	8	3	6	37	26	60	.312	.351	Scoring Posn	.304	299	91	19	0	5	127	51	48	.394	.418
vs. Right	.296	969	287	62	6	21	119	101	122	.361	.438	Close & Late	.249	225	56	16	2	0	22	23	38	.316	.338
Groundball	.322	242	78	19	2	5	31	15	30	.364	.479	None on/out	.269	316	85	21	5	6	6	11	41	.294	.424
Flyball	.300	343	103	19	4	5	42	35	52	.367	.423	Batting #6	.300	283	85	21	2	9	44	31	40	.366	.484
Home	.317	635	201	37	6	14	73	65	90	.380	.460	Batting #7	.269	628	169	26	6	11	70	69	90	.343	.382
Away	.251	633	159	33	3	13	83	62	92	.319	.374	Other	.297	357	106	23	7	7	42	27	52	.347	.426
Day	.289	422	122	25	1	9	58	45	63	.358	.417	April	.331	166	55	10	1	9	41	15	32	.360	.566
Night	.281	846	238	45	8	18	98	82	119	.345	.417	May	.285	207	59	9	3	2	19	21	27	.361	.386
Grass	.290	1091	316	55	7	24	129	109	157	.354	.419	June	.257	268	69	16	0	6	34	27	36	.322	.384
Turf	.249	177	44	15	2	3	27	18	25	.321	.407	July	.251	223	56	7	1	3	16	25	40	.327	.332
First Pitch	.322	199	64	16	3	7	28	16	0	.370	.538	August	.252	147	37	11	2	1	15	14	25	.321	.374
Ahead in Count	.386	319	123	24	4	9	51	48	0	.462	.571	September/October	.327	257	84	17	2	6	31	25	26	.385	.479
Behind in Count	.221	511	113	24	2	6	52	0	152	.225	.311	Pre-All Star	.280	735	206	38	5	19	104	73	113	.346	.423
Two Strikes	.199	513	102	15	1	5	51	63	182	.288	.261	Post-All Star	.289	533	154	32	4	8	52	54	69	.355	.409

Batter vs. Pitcher (career)

Hits Best Against	Avg	AB	H	2B	3B	HR	RBI	BB	SO	OBP	SLG	Hits Worst Against	Avg	AB	H	2B	3B	HR	RBI	BB	SO	OBP	SLG
John Doherty	.600	10	6	4	0	2	2	0	.667	1.000		Cal Eldred	.071	14	1	0	0	0	0	3	1	.235	.071
David Wells	.600	10	6	0	0	0	1	0	2	.636	.600	Jim Deshaies	.077	13	1	0	0	0	2	1	5	.200	.077
Bill Gullickson	.421	19	8	0	0	2	5	2	2	.476	.737	Jose Mesa	.143	14	2	0	0	0	1	0	3	.250	.143
Todd Van Poppel	.400	10	4	1	0	1	4	1	1	.455	.800	Chris Bosio	.188	16	3	0	0	0	1	2	1	.278	.250
Dave Stewart	.350	20	7	5	0	1	5	3	.462	.750		David Cone	.214	14	3	0	0	0	1	2	3	.313	.214

Joey Cora — White Sox
Age 30 – Bats Both

	Avg	G	AB	R	H	2B	3B	HR	RBI	BB	SO	HBP	GDP	SB	CS	OBP	SLG	IBB	SH	SF	#Pit	#P/PA	GB	FB	G/F
1994 Season	.276	90	312	55	86	13	4	2	30	38	32	2	8	8	4	.353	.362	0	11	5	1428	3.88	125	77	1.62
Last Five Years	.263	462	1341	226	353	40	21	4	110	153	138	20	26	57	24	.344	.333	2	40	15	5902	3.76	513	349	1.47

1994 Season

	Avg	AB	H	2B	3B	HR	RBI	BB	SO	OBP	SLG		Avg	AB	H	2B	3B	HR	RBI	BB	SO	OBP	SLG
vs. Left	.269	67	18	1	1	0	5	5	9	.319	.313	Scoring Posn	.279	68	19	3	2	0	26	8	8	.333	.382
vs. Right	.278	245	68	12	3	2	25	33	23	.361	.376	Close & Late	.286	42	12	0	1	0	4	5	5	.362	.333
Groundball	.184	87	16	1	0	0	4	11	5	.280	.195	None on/out	.301	83	25	4	1	1	1	15	6	.408	.410
Flyball	.323	93	30	4	1	0	14	9	10	.381	.387	Batting #1	.278	115	32	1	1	1	7	12	8	.341	.357
Home	.324	139	45	7	2	2	15	17	15	.389	.446	Batting #2	.255	184	47	9	2	1	21	23	22	.340	.342

1994 Season

	Avg	AB	H	2B	3B	HR	RBI	BB	SO	OBP	SLG		Avg	AB	H	2B	3B	HR	RBI	BB	SO	OBP	SLG
Away	.237	173	41	6	2	0	15	21	17	.323	.295	Other	.538	13	7	0	1	0	2	3	2	.625	.692
Day	.306	85	26	4	1	1	10	11	9	.388	.412	April	.194	72	14	0	2	0	5	7	9	.263	.250
Night	.264	227	60	9	3	1	20	27	23	.340	.344	May	.298	84	25	7	1	1	13	14	10	.402	.440
Grass	.279	262	73	11	4	2	28	34	26	.360	.374	June	.365	74	27	4	0	0	7	8	6	.417	.419
Turf	.260	50	13	2	0	0	2	4	6	.315	.300	July	.220	59	13	2	0	1	3	3	4	.258	.305
First Pitch	.300	30	9	1	0	0	1	0	0	.300	.333	August	.304	23	7	0	1	0	2	6	3	.448	.391
Ahead in Count	.261	69	18	5	1	1	11	26	0	.454	.406	September/October	.000	0	0	0	0	0	0	0	0	.000	.000
Behind in Count	.254	130	33	2	1	1	11	0	23	.259	.308	Pre-All Star	.287	230	66	11	3	1	25	29	25	.365	.374
Two Strikes	.282	142	40	5	1	1	10	12	32	.333	.352	Post-All Star	.244	82	20	2	1	1	5	9	7	.319	.329

1994 By Position

Position	Avg	AB	H	2B	3B	HR	RBI	BB	SO	OBP	SLG	G	GS	Innings	PO	A	E	DP	Fld Pct	Rng Fctr	In Zone	Outs	Zone Rtg	MLB Zone
As 2b	.275	306	84	13	4	2	30	35	30	.348	.363	84	74	675.1	161	195	8	47	.978	4.74	209	175	.837	.889

Last Five Years

	Avg	AB	H	2B	3B	HR	RBI	BB	SO	OBP	SLG		Avg	AB	H	2B	3B	HR	RBI	BB	SO	OBP	SLG
vs. Left	.262	340	89	7	2	0	17	36	41	.337	.294	Scoring Posn	.258	299	77	8	5	0	96	38	28	.334	.318
vs. Right	.264	1001	264	33	19	4	93	117	97	.346	.347	Close & Late	.224	196	44	4	2	0	10	20	24	.301	.265
Groundball	.246	325	80	6	5	0	22	34	29	.319	.295	None on/out	.240	354	85	10	7	2	2	48	34	.342	.325
Flyball	.306	320	98	14	4	0	24	44	37	.401	.375	Batting #1	.273	362	99	13	7	1	27	43	32	.351	.356
Home	.280	617	173	19	5	2	54	72	59	.363	.357	Batting #2	.264	655	173	21	10	3	60	77	71	.349	.340
Away	.249	724	180	21	10	2	56	81	79	.327	.314	Other	.250	324	81	6	4	0	23	33	35	.326	.293
Day	.259	405	105	11	5	1	30	43	39	.337	.319	April	.255	184	47	5	4	0	13	21	21	.333	.326
Night	.265	936	248	29	16	3	80	110	99	.347	.340	May	.259	228	59	11	3	1	25	34	26	.359	.346
Grass	.264	1103	291	33	18	4	92	138	110	.352	.337	June	.304	257	78	8	3	1	20	27	25	.378	.370
Turf	.261	238	62	7	3	0	18	15	28	.303	.315	July	.247	231	57	10	3	1	18	19	17	.314	.329
First Pitch	.266	173	46	4	2	1	12	1	0	.283	.329	August	.239	213	51	2	3	1	22	22	31	.308	.291
Ahead in Count	.305	318	97	9	9	2	45	78	0	.438	.409	September/October	.268	228	61	4	5	0	12	30	18	.361	.329
Behind in Count	.217	572	124	17	2	1	29	0	115	.231	.259	Pre-All Star	.273	719	196	27	10	2	60	85	77	.355	.346
Two Strikes	.231	577	133	18	5	1	28	73	138	.324	.284	Post-All Star	.252	622	157	13	11	2	50	68	61	.331	.318

Batter vs. Pitcher (career)

Hits Best Against	Avg	AB	H	2B	3B	HR	RBI	BB	SO	OBP	SLG	Hits Worst Against	Avg	AB	H	2B	3B	HR	RBI	BB	SO	OBP	SLG
Tom Gordon	.500	12	6	0	0	0	1	0	3	.500	.500	Jim Abbott	.000	16	0	0	0	0	0	1	1	.059	.000
Pat Hentgen	.455	11	5	1	0	0	0	0	1	.455	.545	Kelly Downs	.000	11	0	0	0	0	0	1	0	.083	.000
Orel Hershiser	.444	9	4	0	0	0	1	2	0	.545	.444	Greg Harris	.000	10	0	0	0	1	0	1	0	.000	.000
Danny Darwin	.389	18	7	3	1	0	3	1	2	.421	.667	John Smiley	.000	8	0	0	0	0	0	2	1	.273	.000
Kevin Tapani	.385	13	5	3	0	0	1	0	1	.385	.615	Sid Fernandez	.100	10	1	0	0	0	0	1	2	.182	.100

Wil Cordero — Expos Age 23 – Bats Right

	Avg	G	AB	R	H	2B	3B	HR	RBI	BB	SO	HBP	GDP	SB	CS	OBP	SLG	IBB	SH	SF	#Pit	#P/PA	GB	FB	G/F
1994 Season	.294	110	415	65	122	30	3	15	63	41	62	6	8	16	3	.363	.489	3	2	3	1729	3.70	156	131	1.19
Career (1992-1994)	.274	293	1016	138	278	66	6	27	129	84	153	14	22	28	6	.336	.430	11	7	4	4170	3.71	393	297	1.32

1994 Season

	Avg	AB	H	2B	3B	HR	RBI	BB	SO	OBP	SLG		Avg	AB	H	2B	3B	HR	RBI	BB	SO	OBP	SLG
vs. Left	.356	101	36	8	0	5	16	13	12	.440	.584	Scoring Posn	.246	122	30	11	0	2	41	26	21	.354	.385
vs. Right	.274	314	86	22	3	10	47	28	50	.338	.459	Close & Late	.318	66	21	3	1	3	12	5	11	.361	.530
Groundball	.271	129	35	9	0	2	17	14	20	.338	.388	None on/out	.323	99	32	8	1	5	5	9	14	.380	.576
Flyball	.344	64	22	5	0	4	10	7	9	.417	.609	Batting #6	.300	150	45	15	0	6	22	12	30	.352	.520
Home	.278	180	50	15	1	5	33	21	29	.351	.456	Batting #7	.253	91	23	2	1	3	9	8	10	.327	.396
Away	.306	235	72	15	2	10	30	20	33	.373	.515	Other	.310	174	54	13	2	6	32	21	22	.392	.511
Day	.252	135	34	6	2	5	19	5	24	.289	.437	April	.274	84	23	4	2	1	12	10	16	.358	.405
Night	.314	280	88	24	1	10	44	36	38	.396	.514	May	.247	89	22	5	1	2	7	10	12	.330	.393
Grass	.270	159	43	8	2	8	23	8	26	.322	.497	June	.355	107	38	10	0	6	19	10	13	.412	.617
Turf	.309	256	79	22	1	7	40	33	36	.388	.484	July	.293	92	27	8	0	6	21	7	12	.356	.576
First Pitch	.543	46	25	6	0	6	15	2	0	.563	1.065	August	.279	43	12	3	0	0	4	4	9	.340	.349
Ahead in Count	.355	124	44	11	1	5	21	22	0	.456	.581	September/October	.000	0	0	0	0	0	0	0	0	.000	.000
Behind in Count	.231	173	40	8	2	3	16	0	51	.250	.315	Pre-All Star	.306	320	98	23	3	13	48	32	48	.375	.519
Two Strikes	.214	168	36	6	1	3	15	17	62	.305	.315	Post-All Star	.253	95	24	7	0	2	15	9	14	.324	.389

1994 By Position

Position	Avg	AB	H	2B	3B	HR	RBI	BB	SO	OBP	SLG	G	GS	Innings	PO	A	E	DP	Fld Pct	Rng Fctr	In Zone	Outs	Zone Rtg	MLB Zone
As ss	.292	414	121	29	3	15	62	41	62	.362	.486	109	109	968.2	124	316	22	55	.952	4.09	395	341	.863	.889

Career (1992-1994)

	Avg	AB	H	2B	3B	HR	RBI	BB	SO	OBP	SLG		Avg	AB	H	2B	3B	HR	RBI	BB	SO	OBP	SLG
vs. Left	.311	283	88	20	2	6	32	30	34	.384	.459	Scoring Posn	.257	261	67	20	1	6	92	40	40	.359	.410
vs. Right	.259	733	190	46	4	21	97	54	119	.318	.419	Close & Late	.267	172	46	8	1	7	26	11	26	.314	.448
Groundball	.258	322	83	22	1	3	30	25	56	.313	.360	None on/out	.287	254	73	18	1	8	8	18	29	.337	.461
Flyball	.317	164	52	10	0	8	27	17	22	.388	.524	Batting #6	.267	281	75	27	1	9	40	20	48	.317	.466
Home	.257	455	117	31	3	14	67	42	73	.321	.431	Batting #7	.243	292	71	15	2	4	23	22	44	.305	.349
Away	.287	561	161	35	3	13	67	42	80	.349	.430	Other	.298	443	132	24	3	14	66	42	61	.368	.460
Day	.227	317	72	14	2	5	36	13	61	.266	.331	April	.255	188	48	11	3	3	22	17	28	.328	.412
Night	.295	699	206	52	4	22	93	71	92	.367	.475	May	.251	187	47	14	1	3	17	13	23	.305	.401
Grass	.271	332	90	14	2	11	51	20	48	.326	.425	June	.296	189	56	15	0	6	23	18	25	.368	.471
Turf	.275	684	188	52	4	16	78	64	105	.341	.433	July	.289	180	52	8	1	8	32	18	30	.363	.478

	Avg	AB	H	2B	3B	HR	RBI	BB	SO	OBP	SLG		Avg	AB	H	2B	3B	HR	RBI	BB	SO	OBP	SLG
First Pitch	.467	75	35	10	0	7	19	9	0	.524	.880	August	.265	147	39	10	0	1	12	10	26	.321	.354
Ahead in Count	.325	305	99	27	3	7	44	42	0	.410	.502	September/October	.284	148	42	8	1	5	23	8	21	.325	.453
Behind in Count	.203	453	92	18	2	8	36	0	134	.221	.305	Pre-All Star	.274	599	164	44	4	18	73	55	87	.343	.451
Two Strikes	.194	432	84	15	1	10	43	33	153	.268	.303	Post-All Star	.273	417	114	22	2	9	56	29	66	.327	.400

Batter vs. Pitcher (career)

Hits Best Against	Avg	AB	H	2B	3B	HR	RBI	BB	SO	OBP	SLG	Hits Worst Against	Avg	AB	H	2B	3B	HR	RBI	BB	SO	OBP	SLG
Andy Benes	.500	12	6	1	0	3	6	1	0	.538	1.333	Bret Saberhagen	.083	12	1	0	0	0	0	0	1	.083	.083
Danny Jackson	.500	10	5	2	0	0	0	4	0	.643	.700	Greg Maddux	.176	17	3	1	0	0	1	0	3	.167	.235
John Burkett	.500	10	5	2	0	1	3	1	1	.545	1.000	Mike Morgan	.182	11	2	0	0	0	2	0	2	.182	.182
Bob Tewksbury	.462	13	6	2	0	0	1	0	3	.500	.615	Bill Swift	.182	11	2	0	0	0	1	1	4	.250	.182
Steve Cooke	.385	13	5	2	0	1	2	2	0	.500	.692	Tom Glavine	.231	13	3	0	0	0	0	0	2	.231	.231

Rheal Cormier — **Cardinals**   Age 28 – Pitches Left

	ERA	W	L	Sv	G	GS	IP	BB	SO	Avg	H	2B	3B	HR	RBI	OBP	SLG	CG	ShO	Sup	QS	#P/S	SB	CS	GB	FB	G/F
1994 Season	5.45	3	2	0	7	7	39.2	7	26	.256	40	10	2	6	21	.298	.462	0	0	4.99	2	91	1	1	71	44	1.61
Career (1991-1994)	4.12	24	23	0	87	68	438.2	75	256	.274	471	99	9	44	188	.308	.419	6	0	4.37	35	86	16	10	691	461	1.50

1994 Season

	ERA	W	L	Sv	G	GS	IP	H	HR	BB	SO		Avg	AB	H	2B	3B	HR	RBI	BB	SO	OBP	SLG
Home	9.28	0	1	0	2	2	10.2	14	1	3	9	vs. Left	.269	26	7	4	0	1	2	6	.321	.423
Away	4.03	3	1	0	5	5	29.0	26	5	4	17	vs. Right	.254	130	33	6	2	6	20	5	20	.293	.469

Career (1991-1994)

	ERA	W	L	Sv	G	GS	IP	H	HR	BB	SO		Avg	AB	H	2B	3B	HR	RBI	BB	SO	OBP	SLG
Home	3.70	15	8	0	39	31	209.1	225	14	33	106	vs. Left	.234	351	82	17	1	4	25	16	64	.271	.322
Away	4.51	9	15	0	48	37	229.1	246	30	42	150	vs. Right	.285	1366	389	82	8	40	163	59	192	.317	.444
Day	3.41	11	5	0	28	23	148.0	156	16	16	80	Inning 1-6	.267	1465	391	80	7	37	162	61	228	.300	.407
Night	4.49	13	18	0	59	45	290.2	315	28	59	176	Inning 7+	.317	252	80	19	2	7	26	14	28	.356	.492
Grass	3.74	5	9	0	25	21	134.2	136	17	25	85	None on	.268	1031	276	63	4	21	21	38	169	.299	.398
Turf	4.29	19	14	0	62	47	304.0	335	27	50	171	Runners on	.284	686	195	36	5	23	167	37	87	.321	.452
April	5.00	2	6	0	12	12	68.1	76	8	16	48	Scoring Posn	.254	393	100	22	3	12	138	28	56	.305	.417
May	5.23	2	3	0	18	10	63.2	68	6	11	31	Close & Late	.339	115	39	8	0	2	14	8	13	.387	.461
June	4.26	4	2	0	10	8	44.1	51	7	10	21	None on/out	.287	449	129	33	0	10	10	16	73	.318	.428
July	4.96	2	4	0	14	6	45.1	67	5	6	30	vs. 1st Batr (relief)	.412	17	7	1	0	1	1	2	1	.474	.647
August	3.21	5	5	0	15	15	98.0	88	8	18	45	First Inning Pitched	.279	323	90	16	3	6	33	14	49	.306	.402
September/October	3.40	9	3	0	18	17	119.0	121	10	14	81	First 75 Pitches	.268	1428	383	79	7	37	152	62	217	.302	.411
Starter	4.05	23	22	0	68	68	413.0	436	41	69	241	Pitch 76-90	.285	172	49	7	0	5	20	5	28	.306	.413
Reliever	5.26	1	1	0	19	0	25.2	35	3	6	15	Pitch 91-105	.353	85	30	8	2	2	15	4	5	.385	.565
0-3 Days Rest (St)	2.19	2	1	0	4	4	24.2	24	3	2	11	Pitch 106+	.281	32	9	0	1	4	6	.361	.438
4 Days Rest	3.69	9	11	0	32	32	202.1	204	19	34	110	First Pitch	.342	330	113	27	4	14	57	6	0	.363	.576
5+ Days Rest	4.69	12	10	0	32	32	186.0	208	19	33	120	Ahead in Count	.212	706	150	25	3	6	61	0	218	.221	.282
Pre-All Star	4.69	9	13	0	44	33	193.2	214	23	38	117	Behind in Count	.328	393	129	33	1	15	47	37	0	.382	.532
Post-All Star	3.67	15	10	0	43	35	245.0	257	17	37	139	Two Strikes	.201	661	133	24	3	10	57	32	256	.244	.292

Pitcher vs. Batter (career)

Pitches Best Vs.	Avg	AB	H	2B	3B	HR	RBI	BB	SO	OBP	SLG	Pitches Worst Vs.	Avg	AB	H	2B	3B	HR	RBI	BB	SO	OBP	SLG
John Kruk	.077	13	1	0	0	0	2	2	2	.200	.077	Tony Gwynn	.500	12	6	3	1	0	2	0	0	.500	.917
Darren Daulton	.091	11	1	0	0	0	0	0	4	.091	.091	Delino DeShields	.462	13	6	0	0	1	3	3	4	.563	.692
Hal Morris	.091	11	1	0	0	0	0	0	3	.091	.091	Mark Carreon	.429	14	6	1	0	1	3	0	0	.467	.714
Darren Lewis	.111	18	2	0	0	0	0	1	0	.158	.111	Eric Anthony	.417	12	5	1	0	1	4	2	2	.500	.750
Kevin McReynolds	.154	13	2	0	0	0	1	0	0	.143	.154	Matt Williams	.400	15	6	0	0	3	4	0	0	.400	1.000

Brad Cornett — **Blue Jays**   Age 26 – Pitches Right (groundball pitcher)

	ERA	W	L	Sv	G	GS	IP	BB	SO	Avg	H	2B	3B	HR	RBI	OBP	SLG	GF	IR	IRS	Hld	SvOp	SB	CS	GB	FB	G/F
1994 Season	6.68	1	3	0	9	4	31.0	11	22	.331	40	10	3	1	23	.394	.488	0	1	0	0	0	1	2	41	18	2.28

1994 Season

	ERA	W	L	Sv	G	GS	IP	H	HR	BB	SO		Avg	AB	H	2B	3B	HR	RBI	BB	SO	OBP	SLG
Home	8.53	1	1	0	2	2	6.1	8	0	3	7	vs. Left	.333	63	21	9	2	1	15	6	15	.400	.587
Away	6.20	0	2	0	7	2	24.2	32	1	8	15	vs. Right	.328	58	19	1	1	0	8	5	7	.388	.379

Rod Correia — **Angels**   Age 27 – Bats Right (groundball hitter)

	Avg	G	AB	R	H	2B	3B	HR	RBI	BB	SO	HBP	GDP	SB	CS	OBP	SLG	IBB	SH	SF	#Pit	#P/PA	GB	FB	G/F
1994 Season	.235	6	17	4	4	1	0	0	0	2	6	0	0	0	0	.316	.294	0	0	0	66	3.47	6	8	0.75
Career (1993-1994)	.262	70	145	16	38	6	0	0	9	6	20	6	1	2	4	.318	.303	0	5	0	541	3.34	60	38	1.58

1994 Season

	Avg	AB	H	2B	3B	HR	RBI	BB	SO	OBP	SLG		Avg	AB	H	2B	3B	HR	RBI	BB	SO	OBP	SLG
vs. Left	.125	8	1	0	0	0	0	2	2	.222	.125	Scoring Posn	.000	6	0	0	0	0	0	0	0	.000	.000
vs. Right	.333	9	3	1	0	0	0	0	4	.400	.444	Close & Late	1.000	1	1	1	0	0	0	0	1	1.000	2.000

Danny Cox — Blue Jays
Age 35 – Pitches Right

	ERA	W	L	Sv	G	GS	IP	BB	SO	Avg	H	2B	3B	HR	RBI	OBP	SLG	GF	IR	IRS	Hld	SvOp	SB	CS	GB	FB	G/F
1994 Season	1.45	1	1	3	10	0	18.2	7	14	.113	7	1	0	0	2	.211	.129	5	2	0	2	3	3	1	22	22	1.00
Last Five Years	3.91	17	16	8	102	24	267.1	102	192	.243	244	41	4	27	128	.311	.373	28	52	19	15	14	26	12	360	280	1.29

1994 Season

	ERA	W	L	Sv	G	GS	IP	H	HR	BB	SO		Avg	AB	H	2B	3B	HR	RBI	BB	SO	OBP	SLG
Home	0.96	0	1	3	5	0	9.1	3	0	6	8	vs. Left	.094	32	3	1	0	0	1	4	5	.189	.125
Away	1.93	1	0	0	5	0	9.1	4	0	1	6	vs. Right	.133	30	4	0	0	0	1	3	9	.235	.133

Last Five Years

	ERA	W	L	Sv	G	GS	IP	H	HR	BB	SO		Avg	AB	H	2B	3B	HR	RBI	BB	SO	OBP	SLG
Home	3.67	8	8	5	51	12	137.1	120	16	57	105	vs. Left	.260	489	127	27	2	15	74	67	76	.344	.415
Away	4.15	9	8	3	51	12	130.0	124	11	45	87	vs. Right	.228	514	117	14	2	12	54	35	116	.277	.333
Day	3.55	4	5	3	34	6	76.0	62	9	29	52	Inning 1-6	.256	577	148	24	3	19	87	61	97	.325	.407
Night	4.05	13	11	5	68	18	191.1	182	18	73	140	Inning 7+	.225	426	96	17	1	8	41	41	95	.292	.326
Grass	3.39	9	3	2	39	8	98.1	79	7	31	71	None on	.226	588	133	22	1	15	15	55	110	.293	.344
Turf	4.21	8	13	6	63	16	169.0	165	20	71	121	Runners on	.267	415	111	19	3	12	113	47	82	.335	.414
April	3.02	3	1	0	14	6	47.2	42	4	14	40	Scoring Posn	.282	255	72	12	2	9	103	35	52	.354	.451
May	3.95	5	3	1	17	6	57.0	49	6	24	42	Close & Late	.212	260	55	11	0	3	23	30	56	.292	.288
June	5.40	2	2	0	10	3	26.2	27	1	14	20	None on/out	.224	250	56	8	0	5	5	20	37	.281	.316
July	4.59	0	6	3	15	3	33.1	36	5	19	20	vs. 1st Batr (relief)	.162	74	12	0	0	3	16	2	19	.179	.284
August	3.53	5	3	2	22	6	63.2	55	8	16	37	First Inning Pitched	.219	360	79	13	1	8	51	36	82	.287	.328
September/October	3.92	2	1	2	24	0	39.0	35	3	15	33	First 15 Pitches	.227	321	73	14	1	7	33	30	67	.291	.343
Starter	4.75	6	8	0	24	24	125.0	130	15	53	68	Pitch 16-30	.198	258	51	9	0	5	28	25	59	.268	.291
Reliever	3.16	11	8	8	78	0	142.1	114	12	49	124	Pitch 31-45	.282	174	49	8	1	3	17	13	26	.330	.391
0 Days rest (Re)	9.00	0	1	0	1	0	2.0	4	0	1	3	Pitch 46+	.284	250	71	10	2	12	50	34	40	.366	.484
1 or 2 Days rest	1.70	10	1	3	35	0	63.2	40	2	19	57	First Pitch	.231	117	27	7	0	0	13	8	0	.271	.291
3+ Days rest	4.23	1	6	5	42	0	76.2	70	10	29	64	Ahead in Count	.193	419	81	12	0	4	25	0	158	.194	.251
Pre-All Star	3.81	10	8	2	46	16	144.0	129	11	60	109	Behind in Count	.313	252	79	11	3	14	54	49	0	.423	.548
Post-All Star	4.01	7	8	6	56	8	123.1	115	16	42	83	Two Strikes	.174	443	77	15	1	3	33	45	192	.250	.233

Pitcher vs. Batter (since 1984)

Pitches Best Vs.	Avg	AB	H	2B	3B	HR	RBI	BB	SO	OBP	SLG	Pitches Worst Vs.	Avg	AB	H	2B	3B	HR	RBI	BB	SO	OBP	SLG
Gary Redus	.059	17	1	0	0	0	1	0	2	.111	.059	Gerald Perry	.550	20	11	2	0	2	2	1	.591	.650
Rafael Belliard	.077	13	1	0	0	0	2	3	.200	.077	Matt Williams	.455	11	5	1	0	3	5	1	0	.500	1.364
Kevin Bass	.120	25	3	0	0	0	1	2	3	.179	.120	Mike Aldrete	.438	16	7	0	0	1	2	4	3	.550	.625
Will Clark	.148	27	4	0	0	0	1	2	4	.207	.148	Darryl Strawberry	.405	37	15	5	0	1	3	4	3	.463	.622
Mariano Duncan	.154	13	2	0	0	0	0	2	.154	.154	Rafael Palmeiro	.385	13	5	3	0	1	1	2	1	.467	.846

Chuck Crim — Cubs
Age 33 – Pitches Right

	ERA	W	L	Sv	G	GS	IP	BB	SO	Avg	H	2B	3B	HR	RBI	OBP	SLG	GF	IR	IRS	Hld	SvOp	SB	CS	GB	FB	G/F
1994 Season	4.48	5	4	2	49	1	64.1	24	43	.272	69	9	1	9	38	.337	.421	16	24	7	5	5	8	1	82	72	1.14
Last Five Years	4.50	25	22	17	250	1	343.2	106	161	.285	389	53	4	38	209	.340	.413	89	383	130	47	29	35	7	564	376	1.50

1994 Season

	ERA	W	L	Sv	G	GS	IP	H	HR	BB	SO		Avg	AB	H	2B	3B	HR	RBI	BB	SO	OBP	SLG
Home	4.81	3	3	1	25	1	33.2	32	6	10	17	vs. Left	.307	101	31	3	1	3	19	9	10	.364	.446
Away	4.11	2	1	1	24	0	30.2	37	3	14	26	vs. Right	.248	153	38	6	0	6	19	15	33	.320	.405
Starter	6.75	1	0	0	1	1	5.1	6	1	0	4	Scoring Posn	.300	70	21	1	0	2	30	18	12	.443	.400
Reliever	4.27	4	4	2	48	0	59.0	63	8	24	39	Close & Late	.283	99	28	3	1	3	16	11	13	.355	.424
0 Days rest (Re)	4.50	1	2	1	14	0	18.0	17	2	9	11	None on/out	.290	62	18	4	0	3	3	2	14	.313	.500
1 or 2 Days rest	4.88	2	1	0	25	0	31.1	39	4	12	25	First Pitch	.373	51	19	1	0	2	12	5	0	.429	.510
3+ Days rest	1.86	1	0	0	9	0	9.2	7	2	3	3	Ahead in Count	.116	95	11	2	0	0	3	0	40	.125	.137
Pre-All Star	3.68	3	3	2	36	0	44.0	41	6	15	26	Behind in Count	.318	66	21	1	0	5	12	11	0	.416	.561
Post-All Star	6.20	2	1	0	13	1	20.1	28	3	9	17	Two Strikes	.217	92	20	4	1	1	9	7	43	.280	.315

Last Five Years

	ERA	W	L	Sv	G	GS	IP	H	HR	BB	SO		Avg	AB	H	2B	3B	HR	RBI	BB	SO	OBP	SLG
Home	4.74	14	9	9	127	1	172.2	197	19	50	78	vs. Left	.275	579	159	21	1	14	89	42	57	.326	.387
Away	4.26	11	13	8	123	0	171.0	192	19	56	83	vs. Right	.292	787	230	32	3	24	120	64	104	.349	.432
Day	4.41	11	9	4	92	0	118.1	115	14	41	54	Inning 1-6	.276	257	71	9	0	13	57	18	36	.330	.463
Night	4.55	14	13	13	158	1	225.1	274	24	65	107	Inning 7+	.287	1109	318	44	4	25	152	88	125	.342	.401
Grass	4.36	21	17	14	205	1	276.2	314	29	82	118	None on	.253	754	191	35	4	22	22	36	96	.293	.398
Turf	5.10	4	5	3	45	0	67.0	75	9	24	43	Runners on	.324	612	198	18	0	16	187	70	65	.393	.431
April	3.23	6	2	4	40	0	61.1	54	5	19	25	Scoring Posn	.326	383	125	10	0	13	175	63	41	.416	.454
May	5.29	3	2	0	55	0	66.1	78	6	24	37	Close & Late	.284	582	165	19	2	16	87	47	65	.338	.405
June	6.66	2	5	2	44	0	51.1	72	8	20	20	None on/out	.270	322	87	21	1	9	9	14	44	.305	.425
July	3.93	7	5	0	41	0	66.1	71	7	15	38	vs. 1st Batr (relief)	.294	228	67	11	1	11	43	17	34	.341	.496
August	4.53	4	3	4	36	1	55.2	59	11	15	21	First Inning Pitched	.299	836	250	37	2	23	158	72	103	.356	.431
September/October	3.38	2	2	3	34	0	42.2	55	3	11	20	First 15 Pitches	.293	799	234	35	2	22	124	59	86	.343	.424
Starter	6.75	1	0	0	1	1	5.1	6	1	0	4	Pitch 16-30	.260	396	103	15	2	12	63	32	45	.319	.399
Reliever	4.47	24	22	17	249	0	338.1	383	37	106	157	Pitch 31-45	.302	139	42	0	2	4	20	13	25	.372	.403
0 Days rest (Re)	6.69	5	5	6	59	0	72.2	100	13	25	39	Pitch 46+	.313	32	10	1	0	0	2	2	5	.371	.344
1 or 2 Days rest	3.98	13	12	10	123	0	172.0	191	16	56	79	First Pitch	.310	252	78	10	0	6	33	17	0	.360	.421
3+ Days rest	3.65	6	1	1	67	0	93.2	92	6	23	39	Ahead in Count	.211	521	110	12	0	9	59	0	139	.220	.286
Pre-All Star	4.74	14	15	11	152	0	208.2	227	21	70	103	Behind in Count	.329	343	113	20	1	12	66	47	0	.407	.499
Post-All Star	4.13	11	7	6	98	1	135.0	162	17	36	58	Two Strikes	.223	506	113	13	2	13	64	40	161	.289	.334

Pitches Best Vs.	Avg	AB	H	2B	3B	HR	RBI	BB	SO	OBP	SLG	Pitches Worst Vs.	Avg	AB	H	2B	3B	HR	RBI	BB	SO	OBP	SLG
Cory Snyder	.063	16	1	0	0	0	0	0	5	.063	.063	Jerry Browne	.667	15	10	1	0	1	3	2	1	.706	.933
Lou Whitaker	.067	15	1	0	0	0	1	1	0	.125	.067	Cal Ripken	.529	17	9	1	0	1	6	1	1	.556	.765
Brian Harper	.083	12	1	0	0	0	2	0	0	.077	.083	Frank Thomas	.500	12	6	0	0	1	5	1	1	.538	.750
Manuel Lee	.133	15	2	0	0	0	2	0	4	.133	.133	Gary Gaetti	.438	16	7	2	0	1	4	2	1	.500	.750
Ozzie Guillen	.176	17	3	0	0	0	1	0	0	.176	.176	Fred McGriff	.333	9	3	1	0	1	2	2	1	.455	.778

Fausto Cruz — Athletics   Age 23 – Bats Right

	Avg	G	AB	R	H	2B	3B	HR	RBI	BB	SO	HBP	GDP	SB	CS	OBP	SLG	IBB	SH	SF	#Pit	#P/PA	GB	FB	G/F
1994 Season	.107	17	28	2	3	0	0	0	0	4	6	0	0	0	0	.219	.107	0	0	0	136	4.25	8	8	1.00

1994 Season

	Avg	AB	H	2B	3B	HR	RBI	BB	SO	OBP	SLG		Avg	AB	H	2B	3B	HR	RBI	BB	SO	OBP	SLG
vs. Left	.000	14	0	0	0	0	0	3	4	.176	.000	Scoring Posn	.000	9	0	0	0	0	0	0	2	.000	.000
vs. Right	.214	14	3	0	0	0	0	1	2	.267	.214	Close & Late	.000	4	0	0	0	0	0	0	1	.200	.000

John Cummings — Mariners   Age 26 – Pitches Left (groundball pitcher)

	ERA	W	L	Sv	G	GS	IP	BB	SO	Avg	H	2B	3B	HR	RBI	OBP	SLG	GF	IR	IRS	Hld	SvOp	SB	CS	GB	FB	G/F
1994 Season	5.63	2	4	0	17	8	64.0	37	33	.270	66	10	0	7	33	.363	.398	2	7	0	0	3	2	0	104	64	1.63
Career (1993-1994)	5.79	2	10	0	27	16	110.1	53	52	.290	125	17	0	13	63	.367	.420	2	7	2	0	5	6	1	181	111	1.63

1994 Season

	ERA	W	L	Sv	G	GS	IP	H	BB	SO		Avg	AB	H	2B	3B	HR	RBI	BB	SO	OBP	SLG
Home	8.49	0	2	0	3	2	11.2	13	3	6	vs. Left	.371	70	26	6	0	1	8	8	8	.436	.500
Away	4.99	2	2	0	14	6	52.1	53	4	31	vs. Right	.230	174	40	4	0	6	25	29	25	.335	.356
Starter	5.66	1	4	0	8	8	41.1	41	4	25	Scoring Posn	.254	67	17	3	0	3	28	12	11	.354	.433
Reliever	5.56	1	0	0	9	0	22.2	25	3	12	Close & Late	.556	9	5	1	0	0	2	1	0	.600	.667
0 Days rest (Re)	7.71	0	0	0	1	0	2.1	3	0	2	None on/out	.322	59	19	3	0	2	13	6	.444	.475
1 or 2 Days rest	2.45	0	0	0	2	0	7.1	6	1	4	First Pitch	.333	33	11	1	0	0	3	2	0	.371	.364
3+ Days rest	6.92	1	0	0	6	0	13.0	16	2	6	Ahead in Count	.232	95	22	2	0	3	9	0	29	.232	.347
Pre-All Star	6.19	1	3	0	12	3	36.1	39	5	22	Behind in Count	.342	73	25	7	0	3	15	17	0	.457	.562
Post-All Star	4.88	1	1	0	5	5	27.2	27	2	15	Two Strikes	.191	89	17	1	0	3	7	18	33	.327	.303

Midre Cummings — Pirates   Age 23 – Bats Left

	Avg	G	AB	R	H	2B	3B	HR	RBI	BB	SO	HBP	GDP	SB	CS	OBP	SLG	IBB	SH	SF	#Pit	#P/PA	GB	FB	G/F
1994 Season	.244	24	86	11	21	4	0	1	12	4	18	1	0	0	0	.283	.326	0	0	1	329	3.58	38	24	1.58
Career (1993-1994)	.205	37	122	16	25	5	0	1	15	8	27	1	0	0	0	.256	.270	0	0	2	462	3.47	51	35	1.46

1994 Season

	Avg	AB	H	2B	3B	HR	RBI	BB	SO	OBP	SLG		Avg	AB	H	2B	3B	HR	RBI	BB	SO	OBP	SLG
vs. Left	.167	18	3	1	0	0	3	0	6	.200	.222	Scoring Posn	.238	21	5	2	0	0	10	2	8	.320	.333
vs. Right	.265	68	18	3	0	1	9	4	12	.306	.353	Close & Late	.500	12	6	2	0	0	1	0	0	.500	.667

Chad Curtis — Angels   Age 26 – Bats Right (groundball hitter)

	Avg	G	AB	R	H	2B	3B	HR	RBI	BB	SO	HBP	GDP	SB	CS	OBP	SLG	IBB	SH	SF	#Pit	#P/PA	GB	FB	G/F
1994 Season	.256	114	453	67	116	23	4	11	50	37	69	5	10	25	11	.317	.397	0	7	4	1848	3.65	192	113	1.70
Career (1992-1994)	.268	405	1477	220	396	64	9	27	155	158	229	15	36	116	53	.342	.378	4	19	15	6254	3.71	629	369	1.70

1994 Season

	Avg	AB	H	2B	3B	HR	RBI	BB	SO	OBP	SLG		Avg	AB	H	2B	3B	HR	RBI	BB	SO	OBP	SLG
vs. Left	.280	132	37	10	2	2	7	15	18	.367	.432	Scoring Posn	.250	108	27	3	2	0	33	7	23	.292	.315
vs. Right	.246	321	79	13	2	9	43	22	51	.295	.383	Close & Late	.176	68	12	1	0	1	5	8	14	.263	.235
Groundball	.279	104	29	5	2	2	11	10	15	.348	.423	None on/out	.218	110	24	6	0	1	1	13	18	.317	.300
Flyball	.276	105	29	6	0	6	18	5	14	.313	.505	Batting #1	.243	148	36	7	0	5	24	13	23	.311	.392
Home	.253	237	60	13	1	8	28	26	40	.332	.418	Batting #2	.289	159	46	6	0	4	3	16	11	.343	.459
Away	.259	216	56	10	3	3	22	11	29	.299	.375	Other	.233	146	34	6	0	3	10	13	29	.294	.336
Day	.267	116	31	7	2	0	10	5	17	.309	.362	April	.218	101	22	3	1	1	7	5	17	.262	.297
Night	.252	337	85	16	2	11	40	32	52	.319	.409	May	.254	142	29	7	3	2	13	4	17	.277	.421
Grass	.253	399	101	20	3	11	46	35	63	.317	.401	June	.245	94	23	5	0	2	8	13	10	.349	.362
Turf	.278	54	15	3	1	0	4	2	6	.316	.370	July	.311	106	33	7	0	6	21	10	18	.372	.547
First Pitch	.232	69	16	1	0	2	13	0	0	.229	.333	August	.237	38	9	1	0	1	5	7	.326	.263
Ahead in Count	.270	100	27	4	1	3	7	24	0	.421	.420	September/October	.000	0	0	0	0	0	0	0	0	.000	.000
Behind in Count	.250	204	51	11	3	4	22	0	53	.258	.392	Pre-All Star	.249	353	88	16	4	7	34	24	55	.301	.377
Two Strikes	.208	197	41	9	3	2	14	13	69	.266	.315	Post-All Star	.280	100	28	7	0	4	16	13	14	.368	.470

1994 By Position

Position	Avg	AB	H	2B	3B	HR	RBI	BB	SO	OBP	SLG	G	GS	Innings	PO	A	E	DP	Fld Pct	Rng Fctr	In Zone	Outs	Zone Rtg	MLB Zone
As cf	.256	453	116	23	4	11	50	37	69	.317	.397	114	112	1000.0	331	9	4	0	.988	3.06	375	313	.835	.824

Career (1992-1994)

	Avg	AB	H	2B	3B	HR	RBI	BB	SO	OBP	SLG		Avg	AB	H	2B	3B	HR	RBI	BB	SO	OBP	SLG
vs. Left	.294	402	118	24	5	10	40	62	55	.390	.453	Scoring Posn	.252	357	90	13	3	4	121	31	67	.307	.339
vs. Right	.259	1075	278	40	4	17	115	96	174	.323	.351	Close & Late	.247	239	59	6	0	3	16	32	59	.338	.310
Groundball	.270	318	86	12	3	3	22	39	44	.357	.355	None on/out	.282	308	87	15	2	7	7	44	40	.383	.412
Flyball	.289	370	107	14	1	12	54	35	61	.353	.430	Batting #1	.255	184	47	9	0	6	28	18	26	.325	.402

86

Career (1992-1994)

	Avg	AB	H	2B	3B	HR	RBI	BB	SO	OBP	SLG		Avg	AB	H	2B	3B	HR	RBI	BB	SO	OBP	SLG
Home	.279	741	207	36	3	16	83	80	116	.354	.401	Batting #2	.281	909	255	39	7	12	89	99	131	.354	.378
Away	.257	736	189	28	6	11	72	78	113	.330	.356	Other	.245	384	94	16	2	9	38	41	72	.322	.367
Day	.264	398	105	18	2	5	44	44	58	.344	.357	April	.260	196	51	7	2	1	17	17	27	.321	.332
Night	.270	1079	291	46	7	22	111	114	171	.341	.386	May	.281	274	77	16	5	6	32	40	53	.358	.442
Grass	.267	1250	334	53	5	22	127	131	199	.339	.370	June	.255	263	67	11	0	4	29	37	35	.354	.342
Turf	.273	227	62	11	4	5	28	27	30	.359	.423	July	.273	297	81	15	0	13	39	27	50	.338	.455
First Pitch	.308	227	70	11	0	7	45	2	0	.319	.449	August	.271	240	65	6	0	1	20	28	45	.334	.308
Ahead in Count	.308	315	97	13	3	10	39	86	0	.459	.463	September/October	.266	207	55	9	2	2	18	17	32	.325	.357
Behind in Count	.233	681	159	23	5	6	53	0	188	.238	.308	Pre-All Star	.267	860	230	41	7	16	91	94	125	.343	.387
Two Strikes	.222	677	150	18	5	5	45	70	229	.297	.285	Post-All Star	.269	617	166	23	2	11	64	64	104	.340	.366

Batter vs. Pitcher (career)

Hits Best Against	Avg	AB	H	2B	3B	HR	RBI	BB	SO	OBP	SLG	Hits Worst Against	Avg	AB	H	2B	3B	HR	RBI	BB	SO	OBP	SLG
Jack Morris	.462	13	6	2	0	1	6	2	1	.563	.846	Chris Bosio	.000	11	0	0	0	0	0	0	3	.000	.000
Wilson Alvarez	.450	20	9	2	0	0	2	4	2	.542	.550	Danny Darwin	.077	13	1	0	0	0	1	1	4	.143	.077
Frank Viola	.389	18	7	1	0	1	1	2	4	.450	.611	Juan Guzman	.083	12	1	0	0	0	0	0	4	.083	.083
Todd Stottlemyre	.389	18	7	3	0	1	2	1	2	.421	.722	Scott Kamieniecki	.125	16	2	0	0	0	0	0	2	.125	.125
Erik Hanson	.357	14	5	0	1	1	2	2	0	.471	.714	Charles Nagy	.125	16	2	0	0	0	0	1	0	.176	.125

Milt Cuyler — Tigers
Age 26 – Bats Both (groundball hitter)

	Avg	G	AB	R	H	2B	3B	HR	RBI	BB	SO	HBP	GDP	SB	CS	OBP	SLG	IBB	SH	SF	#Pit	#P/PA	GB	FB	G/F
1994 Season	.241	48	116	20	28	3	1	1	11	13	21	1	3	5	3	.318	.310	0	2	2	526	3.93	41	29	1.41
Career (1990-1994)	.242	392	1182	190	286	43	17	7	99	99	238	13	14	68	22	.306	.325	0	28	6	4830	3.64	437	245	1.78

1994 Season

	Avg	AB	H	2B	3B	HR	RBI	BB	SO	OBP	SLG		Avg	AB	H	2B	3B	HR	RBI	BB	SO	OBP	SLG
vs. Left	.310	29	9	1	0	0	2	3	7	.364	.345	Scoring Posn	.235	34	8	1	0	1	10	4	6	.300	.353
vs. Right	.218	87	19	2	1	1	9	10	14	.303	.299	Close & Late	.200	15	3	0	0	0	1	0	4	.250	.200
Home	.278	72	20	1	1	1	8	8	17	.349	.361	None on/out	.290	31	9	1	1	0	0	7	6	.421	.387
Away	.182	44	8	2	0	0	3	5	4	.265	.227	Batting #8	.269	52	14	3	0	0	4	6	10	.356	.327
First Pitch	.278	18	5	0	0	0	1	0	0	.263	.278	Batting #9	.244	45	11	0	1	1	7	6	9	.321	.356
Ahead in Count	.286	21	6	2	0	0	3	6	0	.448	.381	Other	.158	19	3	0	0	0	0	1	2	.200	.158
Behind in Count	.200	60	12	1	1	1	7	0	19	.200	.300	Pre-All Star	.218	55	12	1	1	0	3	7	15	.302	.236
Two Strikes	.220	59	13	0	1	1	6	1	21	.303	.305	Post-All Star	.262	61	16	2	1	1	8	6	6	.333	.377

Career (1990-1994)

	Avg	AB	H	2B	3B	HR	RBI	BB	SO	OBP	SLG		Avg	AB	H	2B	3B	HR	RBI	BB	SO	OBP	SLG
vs. Left	.261	326	85	12	2	2	29	25	51	.319	.328	Scoring Posn	.218	293	64	11	5	4	91	24	69	.279	.331
vs. Right	.235	856	201	31	15	5	70	74	187	.301	.324	Close & Late	.227	163	37	7	3	2	10	9	37	.284	.344
Groundball	.212	354	75	9	4	0	32	30	72	.278	.260	None on/out	.248	307	76	12	5	1	1	31	63	.321	.329
Flyball	.251	255	64	14	4	4	22	23	46	.316	.384	Batting #1	.250	176	44	7	3	1	8	17	38	.327	.341
Home	.230	587	135	15	7	3	45	61	112	.312	.295	Batting #9	.239	908	217	30	14	6	79	69	183	.298	.323
Away	.254	595	151	28	10	4	54	38	126	.300	.355	Other	.255	98	25	6	0	0	12	13	17	.345	.316
Day	.258	391	101	17	7	3	44	33	75	.323	.361	April	.213	183	39	9	2	1	16	12	41	.268	.301
Night	.234	791	185	26	10	4	55	66	163	.298	.307	May	.255	255	65	3	6	2	28	23	47	.319	.337
Grass	.233	976	227	33	14	5	83	87	203	.302	.310	June	.225	253	57	11	3	3	18	10	49	.266	.328
Turf	.286	206	59	10	3	2	16	12	35	.329	.393	July	.249	189	47	6	1	1	12	25	44	.338	.307
First Pitch	.321	190	61	8	1	2	20	0	0	.325	.405	August	.205	151	31	8	2	0	11	17	27	.297	.285
Ahead in Count	.267	251	67	18	7	1	20	54	0	.395	.406	September/October	.311	151	47	6	3	0	14	12	30	.364	.391
Behind in Count	.195	517	101	9	6	3	39	0	199	.209	.253	Pre-All Star	.231	784	181	26	11	6	66	50	166	.283	.315
Two Strikes	.171	515	88	9	7	1	28	45	238	.247	.219	Post-All Star	.264	398	105	17	6	1	33	49	72	.350	.344

Batter vs. Pitcher (career)

Hits Best Against	Avg	AB	H	2B	3B	HR	RBI	BB	SO	OBP	SLG	Hits Worst Against	Avg	AB	H	2B	3B	HR	RBI	BB	SO	OBP	SLG
Dave Fleming	.364	11	4	0	0	0	0	2	0	.462	.364	Tim Leary	.000	15	0	0	0	0	0	0	0	.000	.000
Juan Guzman	.357	14	5	1	0	0	0	2	2	.438	.429	Erik Hanson	.071	14	1	0	0	0	0	2	5	.188	.071
Jack Morris	.333	15	5	1	0	1	6	2	3	.412	.600	Mark Langston	.083	12	1	0	0	0	0	0	1	.083	.083
Randy Johnson	.333	12	4	0	0	0	4	3	.500	.333	Dave Stewart	.100	10	1	0	0	0	0	1	.182	.100
Mike Moore	.333	12	4	2	0	0	4	1	3	.385	.500	Jim Abbott	.182	11	2	0	0	0	0	1	1	.182	.182

Jim Czajkowski — Rockies
Age 31 – Pitches Right

	ERA	W	L	Sv	G	GS	IP	BB	SO	Avg	H	2B	3B	HR	RBI	OBP	SLG	GF	IR	IRS	Hld	SvOp	SB	CS	GB	FB	G/F
1994 Season	4.15	0	0	0	5	0	8.2	6	2	.281	9	1	0	2	4	.439	.500	2	3	0	0	0	0	0	15	10	1.50

1994 Season

	ERA	W	L	Sv	G	GS	IP	H	HR	BB	SO		Avg	AB	H	2B	3B	HR	RBI	BB	SO	OBP	SLG
Home	0.00	0	0	0	1	0	2.1	0	0	2	1	vs. Left	.353	17	6	1	0	1	2	3	0	.450	.588
Away	5.68	0	0	0	4	0	6.1	9	2	4	1	vs. Right	.200	15	3	0	0	1	2	3	2	.429	.400

Omar Daal — Dodgers
Age 23 – Pitches Left (groundball pitcher)

	ERA	W	L	Sv	G	GS	IP	BB	SO	Avg	H	2B	3B	HR	RBI	OBP	SLG	GF	IR	IRS	Hld	SvOp	SB	CS	GB	FB	G/F
1994 Season	3.29	0	0	0	24	0	13.2	5	9	.245	12	3	0	1	8	.315	.367	5	31	10	3	0	1	0	21	8	2.63
Career (1993-1994)	4.59	2	3	0	71	0	49.0	26	28	.268	48	7	1	6	35	.357	.419	17	79	23	10	1	2	1	83	35	2.37

1994 Season

	ERA	W	L	Sv	G	GS	IP	H	HR	BB	SO		Avg	AB	H	2B	3B	HR	RBI	BB	SO	OBP	SLG
Home	2.57	0	0	0	10	0	7.0	5	1	2	6	vs. Left	.185	27	5	2	0	1	6	2	5	.241	.370

	ERA	W	L	Sv	G	GS	IP	H	HR	BB	SO		Avg	AB	H	2B	3B	HR	RBI	BB	SO	OBP	SLG
Away	4.05	0	0	0	14	0	6.2	7	0	3	3	vs. Right	.318	22	7	1	0	0	2	3	4	.400	.364

Mark Dalesandro — Angels   Age 27 – Bats Right

	Avg	G	AB	R	H	2B	3B	HR	RBI	BB	SO	HBP	GDP	SB	CS	OBP	SLG	IBB	SH	SF	#Pit	#P/PA	GB	FB	G/F
1994 Season	.200	19	25	5	5	1	0	1	2	2	4	0	2	0	0	.259	.360	0	0	0	109	4.04	10	4	2.50

1994 Season

	Avg	AB	H	2B	3B	HR	RBI	BB	SO	OBP	SLG		Avg	AB	H	2B	3B	HR	RBI	BB	SO	OBP	SLG
vs. Left	.143	14	2	0	0	1	1	1	3	.200	.357	Scoring Posn	.400	5	2	0	0	0	1	1	0	.500	.400
vs. Right	.273	11	3	1	0	0	1	1	1	.333	.364	Close & Late	.400	5	2	0	0	0	1	2	0	.571	.400

Ron Darling — Athletics   Age 34 – Pitches Right

	ERA	W	L	Sv	G	GS	IP	BB	SO	Avg	H	2B	3B	HR	RBI	OBP	SLG	CG	ShO	Sup	QS	#P/S	SB	CS	GB	FB	G/F
1994 Season	4.50	10	11	0	25	25	160.0	59	108	.267	162	28	3	18	77	.337	.413	4	0	4.84	13	101	7	6	222	160	1.39
Last Five Years	4.38	45	54	0	154	137	864.2	318	530	.265	878	159	27	97	413	.332	.417	12	3	4.42	72	96	79	37	1196	991	1.21

1994 Season

	ERA	W	L	Sv	G	GS	IP	H	HR	BB	SO		Avg	AB	H	2B	3B	HR	RBI	BB	SO	OBP	SLG
Home	4.25	4	7	0	13	13	82.2	83	7	29	54	vs. Left	.255	298	76	10	0	12	43	33	55	.330	.409
Away	4.77	6	4	0	12	12	77.1	79	11	30	54	vs. Right	.279	308	86	18	3	6	34	26	53	.343	.416
Day	3.71	4	2	0	7	7	51.0	46	1	18	42	Inning 1-6	.262	500	131	22	2	15	66	49	91	.332	.404
Night	4.87	6	9	0	18	18	109.0	116	17	41	66	Inning 7+	.292	106	31	6	1	3	11	10	17	.359	.453
Grass	4.75	8	9	0	21	21	130.2	141	12	46	87	None on	.246	370	91	18	2	6	6	32	65	.311	.354
Turf	3.38	2	2	0	4	4	29.1	21	6	13	21	Runners on	.301	236	71	10	1	12	71	27	43	.375	.504
April	4.60	2	2	0	5	5	29.1	29	4	10	18	Scoring Posn	.300	120	36	5	0	3	51	20	23	.395	.417
May	4.38	2	4	0	6	6	37.0	41	3	16	23	Close & Late	.306	62	19	3	1	3	9	6	12	.377	.532
June	5.82	1	3	0	5	5	34.0	34	7	15	26	None on/out	.230	161	37	8	0	3	3	9	29	.275	.335
July	2.95	5	0	0	6	6	42.2	38	1	11	35	vs. 1st Batr (relief)	.000	0	0	0	0	0	0	0	0	.000	.000
August	5.82	0	2	0	3	3	17.0	20	3	7	6	First Inning Pitched	.349	106	37	9	0	2	19	8	25	.398	.491
September/October	0.00	0	0	0	0	0	0.0	0	0	0	0	First 75 Pitches	.282	443	125	22	1	15	62	37	75	.343	.438
Starter	4.50	10	11	0	25	25	160.0	162	18	59	108	Pitch 76-90	.169	59	10	1	0	1	11	14	.300	.186
Reliever	0.00	0	0	0	0	0	0.0	0	0	0	0	Pitch 91-105	.283	46	13	3	0	1	7	7	11	.377	.413
0-3 Days Rest (St)	4.50	1	0	0	1	1	8.0	6	0	5	7	Pitch 106+	.241	58	14	2	2	7	4	8	.297	.448
4 Days Rest	4.42	5	7	0	16	16	106.0	106	10	37	73	First Pitch	.333	90	30	7	0	3	15	2	0	.355	.511
5+ Days Rest	4.70	4	4	0	8	8	46.0	50	8	17	28	Ahead in Count	.165	249	41	5	2	2	14	0	99	.178	.225
Pre-All Star	4.61	8	9	0	19	19	123.0	124	15	48	85	Behind in Count	.383	149	57	8	0	9	35	29	0	.483	.617
Post-All Star	4.14	2	2	0	6	6	37.0	38	3	11	23	Two Strikes	.148	257	38	7	1	5	18	28	108	.236	.241

Last Five Years

	ERA	W	L	Sv	G	GS	IP	H	HR	BB	SO		Avg	AB	H	2B	3B	HR	RBI	BB	SO	OBP	SLG
Home	4.34	22	30	0	75	68	427.0	411	45	161	263	vs. Left	.259	1695	439	75	11	47	210	185	268	.332	.399
Away	4.42	23	24	0	79	69	437.2	467	52	157	267	vs. Right	.271	1621	439	84	16	50	203	133	262	.332	.435
Day	3.99	18	17	0	51	44	286.1	277	30	104	179	Inning 1-6	.268	2861	767	140	23	84	369	271	453	.334	.421
Night	4.58	27	37	0	103	93	578.1	601	67	214	351	Inning 7+	.244	455	111	19	4	13	44	47	77	.320	.389
Grass	4.48	38	44	0	122	110	684.2	700	80	250	427	None on	.257	1970	507	96	15	53	158	319	453	.318	.402
Turf	4.00	7	10	0	32	27	180.0	178	17	68	103	Runners on	.276	1346	371	63	12	44	360	160	211	.352	.438
April	4.44	5	8	0	20	19	105.1	106	11	37	70	Scoring Posn	.270	770	208	35	9	21	299	115	134	.361	.421
May	5.00	6	10	0	27	25	147.2	149	22	59	91	Close & Late	.242	219	53	6	4	6	22	25	43	.328	.388
June	5.20	8	9	0	26	23	147.0	163	15	51	83	None on/out	.258	869	224	43	4	22	22	50	144	.304	.381
July	3.43	13	7	0	30	26	178.2	175	17	61	107	vs. 1st Batr (relief)	.214	14	3	1	0	1	4	1	4	.235	.500
August	4.35	8	10	0	27	26	161.1	181	20	58	90	First Inning Pitched	.283	605	171	30	3	15	100	65	113	.356	.417
September/October	4.04	5	10	0	24	18	124.2	104	12	52	89	First 75 Pitches	.277	2546	706	129	20	75	339	230	391	.341	.432
Starter	4.39	44	52	0	137	137	828.1	842	93	305	506	Pitch 76-90	.223	372	83	16	2	7	25	46	73	.310	.333
Reliever	4.21	1	2	0	17	0	36.1	36	4	13	24	Pitch 91-105	.248	238	59	8	3	11	30	23	39	.313	.445
0-3 Days Rest (St)	3.86	3	2	0	5	5	35.0	38	2	11	18	Pitch 106+	.188	160	30	6	2	4	19	27	.279	.325
4 Days Rest	4.45	26	31	0	81	81	492.0	499	52	183	302	First Pitch	.303	485	147	29	2	16	78	15	0	.331	.470
5+ Days Rest	4.36	15	19	0	51	51	301.1	305	39	111	186	Ahead in Count	.192	1318	253	41	8	14	95	0	452	.203	.267
Pre-All Star	4.73	25	29	0	84	77	467.2	474	55	179	283	Behind in Count	.345	893	308	59	9	43	166	155	0	.438	.576
Post-All Star	3.97	20	25	0	70	60	397.0	404	42	142	247	Two Strikes	.180	1377	248	42	8	25	106	148	530	.264	.272

Pitcher vs. Batter (since 1984)

Pitches Best Vs.	Avg	AB	H	2B	3B	HR	RBI	BB	SO	OBP	SLG	Pitches Worst Vs.	Avg	AB	H	2B	3B	HR	RBI	BB	SO	OBP	SLG
Tom Browning	.000	11	0	0	0	0	0	0	5	.000	.000	Lenny Dykstra	.500	10	5	2	0	0	1	2	1	.615	.700
Doug Strange	.000	10	0	0	0	0	0	1	1	.091	.000	Jeff King	.455	11	5	1	0	1	3	1	2	.500	.818
Jose DeLeon	.056	18	1	0	0	0	0	0	11	.056	.056	Kent Hrbek	.444	9	4	1	0	3	8	3	2	.538	1.556
Gerald Young	.083	12	1	0	0	0	0	1	3	.154	.083	Cecil Fielder	.400	10	4	2	0	1	2	1	1	.455	.900
Rick Sutcliffe	.100	20	2	0	0	0	1	1	8	.143	.100	Greg Vaughn	.381	21	8	0	0	3	5	6	1	.519	.905

Danny Darwin — Red Sox   Age 39 – Pitches Right (flyball pitcher)

	ERA	W	L	Sv	G	GS	IP	BB	SO	Avg	H	2B	3B	HR	RBI	OBP	SLG	CG	ShO	Sup	QS	#P/S	SB	CS	GB	FB	G/F
1994 Season	6.30	7	5	0	13	13	75.2	24	54	.317	101	22	2	13	51	.361	.520	0	0	8.09	5	99	6	0	85	103	0.83
Last Five Years	3.69	45	35	5	158	91	697.0	172	459	.249	663	146	12	81	281	.296	.404	7	1	4.49	56	97	53	18	697	978	0.71

1994 Season

	ERA	W	L	Sv	G	GS	IP	H	HR	BB	SO		Avg	AB	H	2B	3B	HR	RBI	BB	SO	OBP	SLG
Home	6.66	4	4	0	9	9	51.1	70	9	20	38	vs. Left	.369	157	58	12	1	7	28	14	15	.414	.592

1994 Season

	ERA	W	L	Sv	G	GS	IP	H	HR	BB	SO		Avg	AB	H	2B	3B	HR	RBI	BB	SO	OBP	SLG
Away	5.55	3	1	0	4	4	24.1	31	4	4	16	vs. Right	.265	162	43	10	1	6	23	10	39	.309	.451
Starter	6.30	7	5	0	13	13	75.2	101	13	24	54	Scoring Posn	.309	81	25	4	2	5	40	15	14	.402	.593
Reliever	0.00	0	0	0	0	0	0.0	0	0	0	0	Close & Late	.083	12	1	0	0	0	0	0	0	.083	.083
0-3 Days Rest (St)	0.00	0	0	0	0	0	0.0	0	0	0	0	None on/out	.379	87	33	9	0	5	5	0	13	.379	.655
4 Days Rest	4.64	5	2	0	7	7	42.2	49	5	11	32	First Pitch	.304	46	14	4	1	0	8	4	0	.353	.435
5+ Days Rest	8.45	2	3	0	6	6	33.0	52	8	13	22	Ahead in Count	.213	150	32	7	0	4	15	0	47	.216	.340
Pre-All Star	6.30	7	5	0	13	13	75.2	101	13	24	54	Behind in Count	.508	65	33	8	0	6	17	9	0	.560	.908
Post-All Star	0.00	0	0	0	0	0	0.0	0	0	0	0	Two Strikes	.221	149	33	7	0	2	10	11	54	.280	.309

Last Five Years

	ERA	W	L	Sv	G	GS	IP	H	HR	BB	SO		Avg	AB	H	2B	3B	HR	RBI	BB	SO	OBP	SLG
Home	4.02	26	17	2	80	47	351.1	371	38	85	253	vs. Left	.273	1409	384	92	8	37	147	107	206	.323	.428
Away	3.36	19	18	3	78	44	345.2	292	43	87	206	vs. Right	.222	1255	279	54	4	44	134	65	253	.266	.377
Day	3.48	20	11	1	55	33	253.2	241	24	65	182	Inning 1-6	.244	2031	496	109	10	63	217	124	353	.289	.401
Night	3.82	25	24	4	103	58	443.1	422	57	107	277	Inning 7+	.264	633	167	37	2	18	64	48	106	.319	.414
Grass	3.78	35	30	4	111	71	535.2	505	66	131	360	None on	.249	1634	407	97	4	52	52	79	274	.288	.409
Turf	3.40	10	5	1	47	20	161.1	158	15	41	99	Runners on	.249	1030	256	49	8	29	229	93	185	.308	.396
April	5.30	7	6	1	26	12	91.2	101	17	24	64	Scoring Posn	.232	600	139	27	6	18	196	71	111	.307	.387
May	3.18	10	3	2	36	13	113.1	100	10	25	78	Close & Late	.244	356	87	21	0	9	31	26	63	.297	.379
June	4.84	6	13	2	40	15	126.1	139	23	32	69	None on/out	.276	713	197	52	2	24	24	24	112	.303	.456
July	2.84	7	3	0	20	15	107.2	90	8	25	69	vs. 1st Batr (relief)	.117	60	7	3	1	0	7	5	18	.197	.200
August	2.29	10	2	0	17	17	126.0	101	7	29	91	First Inning Pitched	.251	578	145	34	3	16	75	30	101	.294	.403
September/October	3.95	5	8	0	19	19	132.0	132	16	37	88	First 75 Pitches	.247	2092	517	113	9	61	216	128	365	.293	.397
Starter	3.69	38	30	0	91	91	597.2	567	71	147	381	Pitch 76-90	.257	288	74	17	3	9	37	24	49	.314	.431
Reliever	3.71	7	5	5	67	0	99.1	96	10	25	78	Pitch 91-105	.226	195	44	6	0	10	20	12	31	.269	.410
0-3 Days Rest (St)	3.10	1	0	0	3	3	20.1	15	2	6	13	Pitch 106+	.315	89	28	10	0	1	8	8	14	.378	.461
4 Days Rest	3.37	27	20	0	60	60	408.1	369	50	94	272	First Pitch	.294	436	128	25	4	15	62	21	0	.330	.472
5+ Days Rest	4.53	10	10	0	28	28	169.0	183	19	47	96	Ahead in Count	.199	1323	263	56	1	29	105	0	403	.202	.308
Pre-All Star	4.24	25	23	5	111	45	369.1	372	54	80	237	Behind in Count	.306	438	134	31	3	20	68	83	0	.415	.527
Post-All Star	3.08	20	12	0	47	46	327.2	291	27	83	225	Two Strikes	.180	1222	220	53	0	25	86	68	459	.227	.285

Pitcher vs. Batter (since 1984)

Pitches Best Vs.	Avg	AB	H	2B	3B	HR	RBI	BB	SO	OBP	SLG	Pitches Worst Vs.	Avg	AB	H	2B	3B	HR	RBI	BB	SO	OBP	SLG
Frank Thomas	.000	15	0	0	0	0	0	3	1	.167	.000	Andre Dawson	.500	14	7	1	0	2	4	3	3	.556	1.000
Jeff Blauser	.000	14	0	0	0	0	0	3	5	.176	.000	Chad Kreuter	.462	13	6	2	0	2	4	1	3	.500	1.077
Bobby Bonilla	.063	16	1	0	0	0	1	1	2	.118	.063	Ken Griffey Jr	.438	16	7	0	1	2	5	0	1	.438	.938
Jose Lind	.071	14	1	0	0	0	1	0	4	.071	.071	Howard Johnson	.409	22	9	1	0	3	8	3	4	.462	.864
Otis Nixon	.091	11	1	0	0	0	0	0	3	.091	.091	Chili Davis	.308	13	4	1	0	2	3	5	4	.500	.846

Jeff Darwin — Mariners   Age 25 – Pitches Right

	ERA	W	L	Sv	G	GS	IP	BB	SO	Avg	H	2B	3B	HR	RBI	OBP	SLG	GF	IR	IRS	Hld	SvOp	SB	CS	GB	FB	G/F
1994 Season	13.50	0	0	0	2	0	4.0	3	1	.389	7	1	0	1	7	.500	.611	1	4	1	0	0	0	0	4	7	0.57

1994 Season

	ERA	W	L	Sv	G	GS	IP	H	HR	BB	SO		Avg	AB	H	2B	3B	HR	RBI	BB	SO	OBP	SLG
Home	0.00	0	0	0	0	0	0.0	0	0	0	0	vs. Left	.182	11	2	1	0	0	1	3	1	.357	.273
Away	13.50	0	0	0	2	0	4.0	7	1	3	1	vs. Right	.714	7	5	0	0	1	6	0	0	.750	1.143

Darren Daulton — Phillies   Age 33 – Bats Left (flyball hitter)

	Avg	G	AB	R	H	2B	3B	HR	RBI	BB	SO	HBP	GDP	SB	CS	OBP	SLG	IBB	SH	SF	#Pit	#P/PA	GB	FB	G/F
1994 Season	.300	69	257	43	77	17	1	15	56	33	43	1	3	4	1	.380	.549	2	0	1	1173	4.02	67	100	0.67
Last Five Years	.260	593	1996	311	518	126	11	90	369	351	395	13	18	32	4	.370	.469	38	5	24	9333	3.91	590	694	0.85

1994 Season

	Avg	AB	H	2B	3B	HR	RBI	BB	SO	OBP	SLG		Avg	AB	H	2B	3B	HR	RBI	BB	SO	OBP	SLG
vs. Left	.289	90	26	5	0	4	18	7	17	.347	.478	Scoring Posn	.325	80	26	7	0	5	42	10	13	.402	.600
vs. Right	.305	167	51	12	1	11	38	26	26	.397	.587	Close & Late	.205	44	9	2	0	0	6	6	11	.300	.250
Home	.305	128	39	8	0	7	25	15	21	.375	.531	None on/out	.286	70	20	3	0	5	5	4	11	.324	.543
Away	.295	129	38	9	1	8	31	18	22	.385	.566	Batting #4	.264	129	34	7	1	5	20	12	22	.324	.450
First Pitch	.316	38	12	1	1	3	9	2	0	.366	.632	Batting #5	.333	123	41	10	0	9	33	21	18	.434	.634
Ahead in Count	.418	55	23	5	0	5	16	15	0	.543	.782	Other	.400	5	2	0	0	1	3	0	3	.400	1.000
Behind in Count	.252	103	26	8	0	6	20	0	29	.250	.505	Pre-All Star	.300	257	77	17	1	15	56	33	43	.380	.549
Two Strikes	.246	126	31	0	0	6	25	16	43	.331	.460	Post-All Star	.000	0	0	0	0	0	0	0	0	.000	.000

Last Five Years

	Avg	AB	H	2B	3B	HR	RBI	BB	SO	OBP	SLG		Avg	AB	H	2B	3B	HR	RBI	BB	SO	OBP	SLG
vs. Left	.234	689	161	43	1	26	105	106	161	.340	.412	Scoring Posn	.281	552	155	40	3	24	264	138	104	.414	.495
vs. Right	.273	1307	357	83	10	64	264	245	234	.385	.499	Close & Late	.236	364	86	19	0	11	58	61	99	.348	.379
Groundball	.298	735	219	49	8	36	150	115	132	.390	.533	None on/out	.233	467	109	29	0	23	23	57	88	.323	.443
Flyball	.203	374	76	22	0	13	58	66	79	.325	.366	Batting #4	.260	311	81	22	2	10	51	43	63	.352	.441
Home	.269	995	268	65	7	47	190	167	197	.365	.490	Batting #5	.263	810	213	53	7	50	189	175	163	.392	.531
Away	.250	1001	250	61	4	43	179	184	198	.366	.448	Other	.256	875	224	51	2	30	129	133	169	.355	.422
Day	.256	473	121	25	1	25	91	79	108	.360	.471	April	.246	317	78	22	2	12	63	66	73	.375	.442
Night	.261	1523	397	101	10	65	278	272	287	.373	.468	May	.269	338	91	23	2	18	67	67	75	.389	.509
Grass	.242	587	142	36	1	26	105	111	113	.361	.440	June	.264	375	99	21	1	16	68	50	67	.349	.453
Turf	.267	1409	376	90	10	64	264	240	282	.374	.481	July	.250	324	81	19	3	17	66	62	63	.369	.485
First Pitch	.339	221	75	19	3	10	48	23	0	.400	.588	August	.252	345	87	19	2	19	55	58	65	.363	.484

Last Five Years

	Avg	AB	H	2B	3B	HR	RBI	BB	SO	OBP	SLG		Avg	AB	H	2B	3B	HR	RBI	BB	SO	OBP	SLG
Ahead in Count	.334	485	162	33	4	34	122	173	0	.507	.629	September/October	.276	297	82	22	1	8	50	48	52	.378	.438
Behind in Count	.214	842	180	48	3	26	120	0	304	.215	.371	Pre-All Star	.252	1149	289	71	5	49	212	203	238	.362	.450
Two Strikes	.178	928	165	46	3	23	119	146	395	.291	.308	Post-All Star	.270	847	229	55	6	41	157	148	157	.381	.495

Batter vs. Pitcher (since 1984)

Hits Best Against	Avg	AB	H	2B	3B	HR	RBI	BB	SO	OBP	SLG	Hits Worst Against	Avg	AB	H	2B	3B	HR	RBI	BB	SO	OBP	SLG
Alejandro Pena	.500	8	4	1	0	1	7	2	2	.545	1.000	Bobby Ojeda	.000	11	0	0	0	0	0	0	5	.000	.000
Bill Swift	.444	18	8	3	0	2	6	3	2	.524	.944	Bob Patterson	.077	13	1	0	0	0	0	1	2	.143	.077
Jack Armstrong	.444	18	8	2	1	4	9	1	2	.474	1.333	Craig Lefferts	.083	12	1	0	0	0	0	1	4	.154	.083
Donovan Osborne	.444	9	4	1	0	1	4	3	2	.583	.889	Bryan Hickerson	.091	11	1	0	0	0	2	0	0	.091	.091
Darryl Kile	.400	10	4	1	0	2	4	2	2	.500	1.100	Rheal Cormier	.091	11	1	0	0	0	0	0	4	.091	.091

Butch Davis — Rangers   Age 37 – Bats Right

	Avg	G	AB	R	H	2B	3B	HR	RBI	BB	SO	HBP	GDP	SB	CS	OBP	SLG	IBB	SH	SF	#Pit	#P/PA	GB	FB	G/F
1994 Season	.235	4	17	2	4	3	0	0	0	0	3	0	0	1	0	.235	.412	0	0	0	49	2.88	4	6	0.67
Last Five Years	.243	67	177	26	43	13	4	3	20	5	31	1	0	4	1	.268	.412	1	5	0	614	3.27	65	50	1.30

1994 Season

	Avg	AB	H	2B	3B	HR	RBI	BB	SO	OBP	SLG		Avg	AB	H	2B	3B	HR	RBI	BB	SO	OBP	SLG
vs. Left	.200	15	3	2	0	0	0	0	2	.200	.333	Scoring Posn	.000	2	0	0	0	0	0	0	0	.000	.000
vs. Right	.500	2	1	1	0	0	0	0	1	.500	1.000	Close & Late	.000	1	0	0	0	0	0	0	1	.000	.000

Chili Davis — Angels   Age 35 – Bats Both

	Avg	G	AB	R	H	2B	3B	HR	RBI	BB	SO	HBP	GDP	SB	CS	OBP	SLG	IBB	SH	SF	#Pit	#P/PA	GB	FB	G/F
1994 Season	.311	108	392	72	122	18	1	26	84	69	84	1	12	3	2	.410	.561	11	0	6	1765	3.77	130	103	1.26
Last Five Years	.274	664	2355	351	646	128	5	106	413	369	501	6	64	17	16	.371	.468	51	0	22	10461	3.80	834	642	1.30

1994 Season

	Avg	AB	H	2B	3B	HR	RBI	BB	SO	OBP	SLG		Avg	AB	H	2B	3B	HR	RBI	BB	SO	OBP	SLG
vs. Left	.319	116	37	6	0	8	29	21	25	.414	.578	Scoring Posn	.290	107	31	4	0	6	55	27	29	.414	.495
vs. Right	.308	276	85	12	1	18	55	48	59	.409	.554	Close & Late	.306	49	15	3	0	2	14	17	9	.485	.490
Groundball	.284	88	25	6	0	3	11	13	21	.375	.455	None on/out	.333	114	38	3	0	12	12	11	22	.397	.675
Flyball	.298	84	25	7	0	4	12	13	19	.388	.524	Total	.311	392	122	18	1	26	84	69	84	.410	.561
Home	.270	215	58	8	0	14	44	42	50	.387	.502	Batting #4	.311	392	122	18	1	26	84	69	84	.410	.561
Away	.362	177	64	10	1	12	40	27	34	.440	.633	Other	.000	0	0	0	0	0	0	0	0	.000	.000
Day	.337	95	32	9	0	6	16	20	21	.452	.621	April	.356	90	32	5	0	5	19	17	19	.463	.578
Night	.303	297	90	9	1	20	68	49	63	.397	.542	May	.365	85	31	4	1	4	16	17	22	.466	.576
Grass	.299	358	107	16	1	24	76	64	80	.401	.550	June	.274	84	23	3	0	4	19	14	15	.370	.452
Turf	.441	34	15	2	0	2	8	5	4	.513	.676	July	.306	98	30	6	0	10	25	16	15	.393	.673
First Pitch	.486	70	34	5	0	7	20	9	0	.531	.857	August	.171	35	6	0	0	3	5	5	13	.275	.429
Ahead in Count	.438	73	32	3	4	1	6	22	30	0	.590	.767	September/October	.000	0	0	0	0	0	0	0	0	.000	.000
Behind in Count	.192	182	35	5	0	10	27	0	71	.196	.346	Pre-All Star	.340	297	101	17	1	17	61	55	62	.440	.576
Two Strikes	.170	182	31	5	0	9	25	30	84	.288	.346	Post-All Star	.221	95	21	1	0	9	23	14	22	.315	.516

1994 By Position

Position	Avg	AB	H	2B	3B	HR	RBI	BB	SO	OBP	SLG	G	GS	Innings	PO	A	E	DP	Fld Pct	Rng Fctr	In Zone	Outs	Zone Rtg	MLB Zone
As Designated Hitter	.314	385	121	18	1	26	84	69	81	.414	.569	106	106	---	---	---	---	---	---	---	---	---	---	---

Last Five Years

	Avg	AB	H	2B	3B	HR	RBI	BB	SO	OBP	SLG		Avg	AB	H	2B	3B	HR	RBI	BB	SO	OBP	SLG
vs. Left	.271	668	181	32	6	35	134	90	147	.353	.476	Scoring Posn	.280	660	185	48	0	28	293	153	151	.410	.480
vs. Right	.276	1687	465	96	5	71	279	279	354	.378	.465	Close & Late	.302	344	104	22	0	10	63	76	76	.426	.453
Groundball	.279	569	159	29	2	18	93	71	132	.357	.432	None on/out	.263	579	152	27	2	29	29	70	120	.343	.466
Flyball	.277	545	151	32	2	24	79	77	132	.365	.475	Batting #4	.268	1540	412	75	2	77	287	233	322	.363	.469
Home	.284	1226	348	71	4	57	227	200	251	.383	.488	Batting #5	.296	544	161	40	2	21	84	91	119	.397	.493
Away	.264	1129	298	57	1	49	186	169	250	.358	.446	Other	.269	271	73	13	1	8	42	45	60	.369	.413
Day	.279	635	177	37	1	30	117	112	138	.385	.482	April	.284	348	99	18	1	12	54	58	80	.390	.445
Night	.273	1720	469	91	4	76	296	257	363	.366	.463	May	.293	464	136	27	3	16	82	72	97	.384	.468
Grass	.270	1538	415	76	2	72	278	232	346	.365	.462	June	.265	464	123	24	0	29	98	65	90	.353	.504
Turf	.283	817	231	52	3	34	135	137	155	.383	.479	July	.270	408	110	22	0	20	76	66	71	.366	.471
First Pitch	.365	367	134	30	1	18	74	39	0	.424	.599	August	.249	389	97	22	0	14	54	60	97	.350	.414
Ahead in Count	.347	507	176	37	1	28	112	162	0	.499	.590	September/October	.287	282	81	15	1	15	49	48	66	.390	.507
Behind in Count	.191	1006	192	32	3	37	138	0	401	.194	.339	Pre-All Star	.279	1428	399	77	4	63	254	227	286	.376	.471
Two Strikes	.185	1108	205	33	2	40	147	165	501	.290	.327	Post-All Star	.266	927	247	51	1	43	159	143	215	.363	.463

Batter vs. Pitcher (since 1984)

Hits Best Against	Avg	AB	H	2B	3B	HR	RBI	BB	SO	OBP	SLG	Hits Worst Against	Avg	AB	H	2B	3B	HR	RBI	BB	SO	OBP	SLG
Mike Jackson	.667	9	6	0	0	0	2	5	0	.750	.667	Larry Andersen	.000	9	0	0	0	0	0	0	2	.182	.000
Kirk McCaskill	.417	12	5	1	0	2	4	2	3	.500	1.000	Jeff Montgomery	.063	16	1	0	0	0	0	0	4	5	.250	.063
Alex Fernandez	.400	15	6	0	0	3	8	3	5	.500	1.133	Cal Eldred	.067	15	1	0	0	1	2	0	8	.067	.267
Carl Willis	.400	10	4	0	0	2	3	1	3	.455	1.000	Steve Farr	.077	13	1	0	0	1	2	4	.188	.077
Luis Aquino	.364	11	4	0	0	2	5	3	3	.467	1.000	Jose Bautista	.143	14	2	0	0	0	0	2	.143	.143

Eric Davis — Tigers
Age 33 – Bats Right

	Avg	G	AB	R	H	2B	3B	HR	RBI	BB	SO	HBP	GDP	SB	CS	OBP	SLG	IBB	SH	SF	#Pit	#P/PA	GB	FB	G/F
1994 Season	.183	37	120	19	22	4	0	3	13	18	45	0	4	5	0	.290	.292	0	0	0	600	4.35	36	28	1.29
Last Five Years	.238	460	1576	234	375	66	4	63	232	217	414	11	35	94	13	.332	.405	20	0	11	7118	3.92	540	425	1.27

1994 Season

	Avg	AB	H	2B	3B	HR	RBI	BB	SO	OBP	SLG		Avg	AB	H	2B	3B	HR	RBI	BB	SO	OBP	SLG
vs. Left	.125	24	3	0	0	0	2	7	7	.323	.125	Scoring Posn	.212	33	7	1	0	0	7	8	15	.366	.242
vs. Right	.198	96	19	4	0	3	11	11	38	.280	.333	Close & Late	.083	12	1	0	0	0	1	1	5	.154	.083
Home	.224	67	15	4	0	3	9	12	23	.342	.418	None on/out	.077	26	2	0	0	0	0	3	13	.172	.077
Away	.132	53	7	0	0	0	4	6	22	.220	.132	Batting #3	.167	48	8	2	0	2	7	5	17	.245	.333
First Pitch	.250	4	1	0	0	0	0	0	0	.250	.250	Batting #7	.179	56	10	1	0	1	5	10	22	.303	.250
Ahead in Count	.379	29	11	2	0	1	7	9	0	.526	.552	Other	.250	16	4	1	0	0	1	3	6	.368	.313
Behind in Count	.079	63	5	1	0	2	5	0	37	.079	.190	Pre-All Star	.186	118	22	4	0	3	13	17	44	.289	.297
Two Strikes	.069	72	5	2	0	1	4	9	45	.173	.139	Post-All Star	.000	2	0	0	0	0	0	1	1	.333	.000

Last Five Years

	Avg	AB	H	2B	3B	HR	RBI	BB	SO	OBP	SLG		Avg	AB	H	2B	3B	HR	RBI	BB	SO	OBP	SLG
vs. Left	.240	505	121	26	0	19	79	91	115	.355	.404	Scoring Posn	.241	427	103	23	2	13	162	92	112	.375	.396
vs. Right	.237	1071	254	40	4	44	153	126	299	.321	.405	Close & Late	.202	262	53	8	0	9	35	34	68	.299	.336
Groundball	.240	501	120	16	1	15	63	73	133	.339	.365	None on/out	.243	366	89	13	1	24	24	31	96	.304	.481
Flyball	.269	312	84	19	1	13	50	39	79	.355	.462	Batting #3	.199	376	75	13	0	15	47	50	102	.299	.354
Home	.239	765	183	30	4	32	115	124	188	.344	.407	Batting #4	.247	730	180	34	2	29	114	104	176	.341	.418
Away	.237	811	192	36	3	31	117	93	226	.320	.403	Other	.255	470	120	19	2	19	71	63	136	.345	.426
Day	.229	493	113	21	3	19	62	56	145	.312	.400	April	.237	308	73	12	1	8	40	38	87	.322	.360
Night	.242	1083	262	45	1	44	170	161	269	.341	.407	May	.196	260	51	10	0	12	36	50	80	.331	.373
Grass	.244	928	226	38	2	36	139	126	244	.336	.405	June	.260	242	63	9	1	13	44	39	61	.364	.467
Turf	.230	648	149	28	2	27	93	91	170	.327	.404	July	.239	348	83	14	1	9	45	42	83	.322	.362
First Pitch	.311	164	51	13	0	4	26	11	0	.359	.463	August	.244	193	47	12	0	7	24	16	47	.302	.415
Ahead in Count	.327	397	130	22	1	27	85	106	0	.467	.592	September/October	.258	225	58	9	1	14	43	32	56	.354	.493
Behind in Count	.172	681	117	16	2	15	65	0	326	.178	.267	Pre-All Star	.233	927	216	35	2	36	133	137	257	.334	.392
Two Strikes	.154	754	116	19	1	20	76	94	414	.251	.261	Post-All Star	.245	649	159	31	2	27	99	80	157	.329	.424

Batter vs. Pitcher (career)

Hits Best Against	Avg	AB	H	2B	3B	HR	RBI	BB	SO	OBP	SLG	Hits Worst Against	Avg	AB	H	2B	3B	HR	RBI	BB	SO	OBP	SLG
Paul Assenmacher	.625	8	5	0	0	2	4	2	2	.727	1.375	Todd Worrell	.000	12	0	0	0	0	0	3	2	.200	.000
John Smoltz	.500	26	13	2	0	4	6	5	3	.581	1.038	Ken Hill	.000	9	0	0	0	0	2	3	5	.231	.000
Butch Henry	.429	7	3	2	0	1	4	4	1	.583	1.143	Cris Carpenter	.077	13	1	0	0	0	0	0	2	.077	.077
Kevin Gross	.385	26	10	2	1	3	5	6	6	.500	.885	Chris Nabholz	.091	11	1	1	0	0	2	1	3	.091	.182
Jim Gott	.357	14	5	2	0	2	4	3	5	.471	.929	Bryan Hickerson	.100	10	1	0	0	0	0	1	6	.182	.100

Mark Davis — Padres
Age 34 – Pitches Left

	ERA	W	L	Sv	G	GS	IP	BB	SO	Avg	H	2B	3B	HR	RBI	OBP	SLG	GF	IR	IRS	Hld	SvOp	SB	CS	GB	FB	G/F
1994 Season	8.82	0	1	0	20	0	16.1	13	15	.299	20	2	0	4	12	.413	.507	3	12	1	4	0	2	0	22	16	1.38
Last Five Years	5.36	11	19	11	189	14	270.1	189	239	.273	289	56	6	38	186	.382	.444	63	289	82	18	19	37	6	337	299	1.13

1994 Season

	ERA	W	L	Sv	G	GS	IP	H	HR	BB	SO		Avg	AB	H	2B	3B	HR	RBI	BB	SO	OBP	SLG
Home	10.80	0	0	0	10	0	8.1	9	1	9	5	vs. Left	.217	23	5	1	0	0	3	6	6	.379	.261
Away	6.75	0	1	0	10	0	8.0	11	3	4	10	vs. Right	.341	44	15	1	0	4	9	7	9	.431	.636

Last Five Years

	ERA	W	L	Sv	G	GS	IP	H	HR	BB	SO		Avg	AB	H	2B	3B	HR	RBI	BB	SO	OBP	SLG
Home	5.60	8	7	7	98	7	138.1	149	15	98	118	vs. Left	.261	287	75	12	1	6	40	44	72	.366	.373
Away	5.11	3	12	4	91	7	132.0	140	23	91	121	vs. Right	.277	773	214	44	5	32	146	145	167	.388	.471
Day	5.83	2	5	4	63	4	83.1	88	13	67	78	Inning 1-6	.257	397	102	18	3	16	70	77	71	.372	.438
Night	5.15	9	14	7	126	10	187.0	201	25	122	161	Inning 7+	.282	663	187	38	3	22	116	112	168	.389	.448
Grass	5.33	4	9	3	94	6	130.0	143	22	98	111	Runners on	.272	504	137	31	2	21	123	81	111	.379	.466
Turf	5.39	7	10	8	95	8	140.1	146	16	101	128	Runners on	.273	556	152	25	4	17	165	106	128	.385	.424
April	7.33	0	4	2	35	3	43.0	44	6	37	36	Scoring Posn	.271	351	95	15	2	12	151	70	84	.383	.427
May	5.98	3	4	2	39	1	43.2	57	5	39	45	Close & Late	.308	253	78	10	2	8	51	49	69	.425	.458
June	4.39	3	3	0	32	5	41.0	41	5	20	35	None on/out	.254	232	59	11	1	10	10	43	58	.375	.440
July	8.79	0	2	3	19	3	28.2	40	11	27	26	vs. 1st Batr (relief)	.255	141	36	5	1	6	17	32	39	.400	.433
August	4.78	2	4	0	26	3	43.1	45	3	26	30	First Inning Pitched	.271	606	164	28	3	18	121	127	100	.397	.416
September/October	3.31	3	2	2	38	3	70.2	62	8	40	67	First 15 Pitches	.268	489	131	23	2	18	81	91	112	.385	.434
Starter	6.61	4	6	0	14	14	64.0	65	10	49	29	Pitch 16-30	.283	297	84	18	1	10	50	56	76	.394	.451
Reliever	4.97	7	13	11	175	0	206.1	224	28	140	210	Pitch 31-45	.228	123	28	6	1	1	22	21	25	.338	.317
0 Days rest (Re)	4.97	3	2	3	35	0	41.2	43	6	24	49	Pitch 46+	.305	151	46	9	2	9	33	21	26	.385	.570
1 or 2 Days rest	5.80	2	8	3	82	0	85.1	104	12	66	83	First Pitch	.368	117	43	10	0	4	17	10	0	.426	.556
3+ Days rest	4.08	2	3	2	58	0	79.1	77	10	50	78	Ahead in Count	.199	542	108	15	1	10	62	0	211	.203	.286
Pre-All Star	6.47	6	13	6	112	7	137.2	161	20	111	104	Behind in Count	.350	237	83	21	3	16	70	104	0	.542	.667
Post-All Star	4.21	5	6	5	77	7	132.2	128	18	78	115	Two Strikes	.184	521	96	13	1	12	60	75	239	.289	.282

Pitcher vs. Batter (since 1984)

Pitches Best Vs.	Avg	AB	H	2B	3B	HR	RBI	BB	SO	OBP	SLG	Pitches Worst Vs.	Avg	AB	H	2B	3B	HR	RBI	BB	SO	OBP	SLG
Tim Wallach	.000	11	0	0	0	0	0	1	5	.083	.000	Will Clark	.471	17	8	2	1	1	0	3	.471	1.000
Fred McGriff	.000	9	0	0	0	0	1	4	4	.308	.000	Howard Johnson	.455	11	5	0	0	2	5	2	4	.538	1.000

91

Pitcher vs. Batter (since 1984)										Pitcher vs. Batter (since 1984)									
Pitches Best Vs.	Avg	AB	H	2B	3B	HR	RBI	BB	SO	OBP	SLG	Pitches Worst Vs.	Avg	AB	H	2B	3B	HR	RBI	BB	SO	OBP	SLG
Kevin McReynolds	.111	27	3	0	0	0	0	2	7	.172	.111	Andy Van Slyke	.455	11	5	2	0	1	4	1	3	.462	.909
Andre Dawson	.143	14	2	0	0	0	1	1	3	.200	.143	Mark Grace	.455	11	5	0	0	2	3	0	1	.455	1.091
Kirk Gibson	.167	12	2	0	0	0	1	0	3	.167	.167	Kevin Bass	.423	26	11	3	0	3	5	1	4	.444	.885

Russ Davis — Yankees   Age 25 – Bats Right

	Avg	G	AB	R	H	2B	3B	HR	RBI	BB	SO	HBP	GDP	SB	CS	OBP	SLG	IBB	SH	SF	#Pit	#P/PA	GB	FB	G/F
1994 Season	.143	4	14	0	2	0	0	0	1	0	4	0	1	0	0	.143	.143	0	0	0	57	4.07	5	3	1.67

1994 Season

	Avg	AB	H	2B	3B	HR	RBI	BB	SO	OBP	SLG		Avg	AB	H	2B	3B	HR	RBI	BB	SO	OBP	SLG
vs. Left	.200	10	2	0	0	0	1	0	3	.200	.200	Scoring Posn	.500	2	1	0	0	0	1	0	0	.500	.500
vs. Right	.000	4	0	0	0	0	0	0	1	.000	.000	Close & Late	.000	3	0	0	0	0	0	0	1	.000	.000

Storm Davis — Tigers   Age 33 – Pitches Right

	ERA	W	L	Sv	G	GS	IP	BB	SO	Avg	H	2B	3B	HR	RBI	OBP	SLG	GF	IR	IRS	Hld	SvOp	SB	CS	GB	FB	G/F
1994 Season	3.56	2	4	0	35	0	48.0	34	38	.207	36	7	2	3	16	.335	.322	10	12	3	7	1	7	0	72	36	2.00
Last Five Years	4.48	21	34	10	198	39	461.2	199	279	.267	477	81	11	37	235	.340	.387	68	126	33	19	1	36	7	687	508	1.35

1994 Season

	ERA	W	L	Sv	G	GS	IP	H	HR	BB	SO		Avg	AB	H	2B	3B	HR	RBI	BB	SO	OBP	SLG
Home	4.01	1	1	0	18	0	24.2	18	1	21	26	vs. Left	.116	69	8	2	1	1	4	17	18	.291	.217
Away	3.09	1	3	0	17	0	23.1	18	2	13	12	vs. Right	.267	105	28	5	1	2	12	17	20	.366	.390
Starter	0.00	0	0	0	0	0	0.0	0	0	0	0	Scoring Posn	.146	48	7	2	0	0	13	20	18	.391	.188
Reliever	3.56	2	4	0	35	0	48.0	36	3	34	38	Close & Late	.258	62	16	4	0	1	6	11	10	.370	.371
0 Days rest (Re)	2.70	0	0	0	7	0	10.0	9	1	3	7	None on/out	.286	49	14	2	1	3	3	3	7	.327	.551
1 or 2 Days rest	3.29	2	1	0	11	0	13.2	9	1	11	9	First Pitch	.333	18	6	2	0	0	4	0	0	.455	.444
3+ Days rest	4.07	0	2	0	17	0	24.1	18	1	20	22	Ahead in Count	.170	88	15	2	2	2	8	0	28	.169	.307
Pre-All Star	3.79	0	2	0	27	0	38.0	31	3	30	33	Behind in Count	.300	30	9	2	0	1	4	15	0	.533	.467
Post-All Star	2.70	2	2	0	8	0	10.0	5	0	4	5	Two Strikes	.163	92	15	1	2	2	7	15	38	.278	.283

Last Five Years

	ERA	W	L	Sv	G	GS	IP	H	HR	BB	SO		Avg	AB	H	2B	3B	HR	RBI	BB	SO	OBP	SLG
Home	4.09	14	16	4	107	23	270.1	271	19	102	157	vs. Left	.269	845	227	39	6	16	119	118	147	.356	.386
Away	5.03	7	18	6	91	16	191.1	206	18	97	122	vs. Right	.265	942	250	42	5	21	116	81	132	.325	.387
Day	5.46	5	14	5	73	10	151.2	172	16	72	102	Inning 1-6	.277	995	276	49	8	18	135	101	135	.342	.397
Night	4.01	16	20	5	125	29	310.0	305	21	127	177	Inning 7+	.254	792	201	32	3	19	100	98	144	.337	.374
Grass	4.47	10	20	9	130	15	258.0	251	24	129	175	None on	.271	960	260	51	8	22	22	78	146	.327	.409
Turf	4.51	11	14	1	68	24	203.2	226	13	70	104	Runners on	.262	827	217	30	3	15	213	121	133	.354	.360
April	4.37	4	9	2	25	12	92.2	94	4	37	52	Scoring Posn	.272	508	138	19	2	9	196	90	75	.373	.370
May	5.66	2	8	0	32	14	97.0	105	10	49	52	Close & Late	.268	325	87	10	0	8	46	47	44	.361	.372
June	3.76	3	6	3	44	2	79.0	73	7	35	47	None on/out	.274	430	118	24	5	12	12	33	65	.328	.437
July	3.04	4	2	2	33	5	71.0	71	3	27	40	vs. 1st Batr (relief)	.231	134	31	3	2	5	21	20	23	.329	.396
August	4.14	6	6	3	39	6	87.0	91	7	30	56	First Inning Pitched	.271	690	187	24	5	15	109	88	120	.352	.386
September/October	6.94	2	3	2	25	0	35.0	43	6	21	32	First 15 Pitches	.271	601	163	22	2	12	57	68	97	.345	.374
Starter	4.67	10	19	0	39	39	210.0	235	16	77	106	Pitch 16-30	.256	457	117	26	4	11	81	59	78	.343	.403
Reliever	4.33	11	15	10	159	0	251.2	242	21	122	173	Pitch 31-45	.248	266	66	10	2	5	39	23	43	.305	.357
0 Days rest (Re)	4.58	1	4	0	26	0	35.1	35	3	15	24	Pitch 46+	.283	463	131	23	3	9	58	49	61	.349	.404
1 or 2 Days rest	3.16	10	5	6	72	0	128.0	110	5	58	81	First Pitch	.301	249	75	12	1	9	37	23	0	.359	.466
3+ Days rest	5.91	0	5	3	61	0	88.1	97	13	49	68	Ahead in Count	.224	781	175	35	4	8	89	0	223	.226	.310
Pre-All Star	4.56	9	23	3	110	29	288.0	287	23	130	164	Behind in Count	.322	388	125	19	3	10	58	91	0	.447	.464
Post-All Star	4.35	12	11	7	88	10	173.2	190	14	69	115	Two Strikes	.216	791	171	32	6	13	89	85	279	.293	.321

Pitcher vs. Batter (since 1984)

Pitches Best Vs.	Avg	AB	H	2B	3B	HR	RBI	BB	SO	OBP	SLG	Pitches Worst Vs.	Avg	AB	H	2B	3B	HR	RBI	BB	SO	OBP	SLG
Pete Incaviglia	.056	18	1	0	0	0	0	3	5	.190	.056	Jay Buhner	.533	15	8	1	1	2	5	3	3	.632	1.133
Greg Vaughn	.100	10	1	0	0	0	1	1	2	.250	.100	Felix Fermin	.500	18	9	3	0	1	2	0	0	.500	.833
Lance Johnson	.150	20	3	0	0	0	0	3	2	.261	.150	Billy Ripken	.429	14	6	1	1	0	0	1	0	.467	.643
Dave Winfield	.174	23	4	0	0	0	2	0	2	.167	.174	Tony Phillips	.400	25	10	1	0	2	8	6	3	.516	.680
Tim Hulett	.182	11	2	0	0	0	0	0	2	.182	.182	Greg Myers	.375	8	3	3	0	0	1	2	1	.455	.750

Tim Davis — Mariners   Age 24 – Pitches Left (groundball pitcher)

	ERA	W	L	Sv	G	GS	IP	BB	SO	Avg	H	2B	3B	HR	RBI	OBP	SLG	GF	IR	IRS	Hld	SvOp	SB	CS	GB	FB	G/F
1994 Season	4.01	2	2	2	42	1	49.1	25	28	.295	57	9	0	4	26	.374	.404	12	24	10	5	4	2	2	88	41	2.15

1994 Season

	ERA	W	L	Sv	G	GS	IP	H	HR	BB	SO		Avg	AB	H	2B	3B	HR	RBI	BB	SO	OBP	SLG
Home	3.92	1	1	1	21	0	20.2	18	1	11	10	vs. Left	.308	65	20	3	0	2	12	9	9	.387	.446
Away	4.08	1	1	1	21	1	28.2	39	3	14	18	vs. Right	.289	128	37	6	0	2	14	16	19	.367	.383
Starter	3.60	1	0	0	1	1	5.0	7	0	1	2	Scoring Posn	.286	56	16	1	0	2	22	15	8	.419	.411

1994 Season

	ERA	W	L	Sv	G	GS	IP	H	HR	BB	SO		Avg	AB	H	2B	3B	HR	RBI	BB	SO	OBP	SLG
Reliever	4.06	1	2	2	41	0	44.1	50	4	24	26	Close & Late	.293	41	12	3	0	1	7	9	7	.420	.439
0 Days rest (Re)	2.89	0	0	2	8	0	9.1	7	0	4	5	None on/out	.293	41	12	2	0	1	1	4	6	.356	.415
1 or 2 Days rest	6.28	1	2	0	16	0	14.1	19	2	8	7	First Pitch	.323	31	10	1	0	0	3	4	0	.400	.355
3+ Days rest	3.05	0	0	0	17	0	20.2	24	2	12	14	Ahead in Count	.273	77	21	1	0	3	12	0	22	.275	.403
Pre-All Star	3.41	1	2	2	36	0	34.1	34	2	18	19	Behind in Count	.327	52	17	5	0	1	8	16	0	.485	.481
Post-All Star	5.40	1	0	0	6	1	15.0	23	2	7	9	Two Strikes	.237	76	18	0	0	2	9	5	28	.286	.316

Andre Dawson — Red Sox   Age 40 – Bats Right

	Avg	G	AB	R	H	2B	3B	HR	RBI	BB	SO	HBP	GDP	SB	CS	OBP	SLG	IBB	SH	SF	#Pit	#P/PA	GB	FB	G/F
1994 Season	.240	75	292	34	70	18	0	16	48	9	53	4	15	2	2	.271	.466	3	0	1	959	3.13	100	100	1.00
Last Five Years	.278	635	2387	279	663	123	12	109	409	120	317	28	68	30	12	.316	.476	39	0	28	8585	3.35	880	762	1.15

1994 Season

	Avg	AB	H	2B	3B	HR	RBI	BB	SO	OBP	SLG		Avg	AB	H	2B	3B	HR	RBI	BB	SO	OBP	SLG
vs. Left	.288	80	23	6	0	6	14	5	16	.329	.588	Scoring Posn	.245	94	23	6	0	5	34	5	18	.287	.468
vs. Right	.222	212	47	12	0	10	34	4	37	.249	.420	Close & Late	.222	45	10	3	0	3	7	2	10	.255	.489
Groundball	.250	60	15	4	0	1	7	2	10	.286	.367	None on/out	.255	55	14	4	0	2	2	2	6	.281	.436
Flyball	.274	73	20	6	0	7	18	0	10	.284	.644	Batting #4	.251	171	43	10	0	12	31	5	28	.281	.520
Home	.267	146	39	13	0	7	25	4	25	.291	.500	Batting #5	.226	115	26	7	0	4	16	4	23	.262	.391
Away	.212	146	31	5	0	9	23	5	28	.252	.432	Other	.167	6	1	1	0	0	1	0	2	.167	.333
Day	.309	97	30	9	0	7	22	1	13	.323	.619	April	.277	65	18	7	0	5	15	5	8	.333	.615
Night	.205	195	40	9	0	9	26	8	40	.246	.390	May	.217	69	15	2	0	5	12	1	12	.229	.464
Grass	.255	243	62	18	0	12	39	6	42	.276	.477	June	.291	79	23	6	0	4	15	2	11	.325	.519
Turf	.163	49	8	0	0	4	9	3	11	.250	.408	July	.170	47	8	2	0	2	2	1	11	.188	.340
First Pitch	.314	51	16	4	0	2	11	3	0	.364	.510	August	.188	32	6	1	0	0	4	0	11	.212	.219
Ahead in Count	.373	51	19	3	0	8	17	5	0	.429	.902	September/October	.000	0	0	0	0	0	0	0	0	.000	.000
Behind in Count	.179	151	27	7	0	5	14	0	48	.194	.325	Pre-All Star	.245	249	61	17	0	15	43	9	39	.279	.494
Two Strikes	.133	120	16	6	0	2	5	1	53	.144	.233	Post-All Star	.209	43	9	1	0	1	5	0	14	.227	.302

1994 By Position

Position	Avg	AB	H	2B	3B	HR	RBI	BB	SO	OBP	SLG	G	GS	Innings	PO	A	E	DP	Fld Pct	Rng Fctr	In Zone	Outs	Zone Rtg	MLB Zone
As Designated Hitter	.237	291	69	17	0	16	47	9	53	.269	.460	74	73	---	---	---	---	---	---	---	---	---	---	---

Last Five Years

	Avg	AB	H	2B	3B	HR	RBI	BB	SO	OBP	SLG		Avg	AB	H	2B	3B	HR	RBI	BB	SO	OBP	SLG
vs. Left	.297	804	239	45	5	44	143	41	100	.332	.530	Scoring Posn	.290	670	194	38	3	29	298	66	92	.348	.485
vs. Right	.268	1583	424	78	7	65	266	79	217	.309	.449	Close & Late	.282	439	124	17	0	22	65	25	65	.325	.472
Groundball	.264	677	179	24	4	27	107	34	85	.305	.431	None on/out	.248	569	141	28	2	23	23	23	76	.288	.425
Flyball	.310	590	183	44	2	37	108	28	73	.342	.580	Batting #4	.279	1787	498	93	8	85	307	99	228	.319	.482
Home	.300	1191	357	69	7	64	228	72	146	.343	.531	Batting #5	.275	483	133	21	4	20	82	19	75	.309	.460
Away	.256	1196	306	54	5	45	181	48	171	.290	.422	Other	.274	117	32	9	0	4	20	2	14	.307	.453
Day	.299	1092	327	58	7	61	217	65	134	.341	.533	April	.287	338	97	19	2	18	69	16	48	.325	.515
Night	.259	1295	336	65	5	48	192	55	183	.295	.429	May	.289	394	114	20	3	22	81	18	47	.320	.523
Grass	.286	1780	509	94	9	88	327	99	226	.327	.497	June	.266	447	119	25	1	16	62	24	60	.310	.434
Turf	.254	607	154	29	3	21	82	21	91	.285	.421	July	.270	396	107	17	0	20	66	26	56	.317	.465
First Pitch	.337	347	117	24	4	21	78	21	0	.380	.611	August	.266	432	115	22	4	13	56	21	61	.306	.426
Ahead in Count	.324	491	159	25	2	38	124	55	0	.394	.615	September/October	.292	380	111	20	2	20	75	15	45	.324	.513
Behind in Count	.238	1170	278	53	3	34	150	0	282	.243	.395	Pre-All Star	.277	1347	373	70	6	68	240	72	179	.317	.489
Two Strikes	.221	1009	223	39	4	27	108	28	317	.248	.348	Post-All Star	.279	1040	290	53	6	41	169	48	138	.315	.460

Batter vs. Pitcher (since 1984)

Hits Best Against	Avg	AB	H	2B	3B	HR	RBI	BB	SO	OBP	SLG	Hits Worst Against	Avg	AB	H	2B	3B	HR	RBI	BB	SO	OBP	SLG
Jesse Orosco	.545	11	6	1	0	1	3	1	2	.583	.909	Danny Jackson	.071	14	1	0	0	0	0	0	3	.071	.071
Danny Darwin	.500	14	7	1	0	2	4	3	3	.556	1.000	Jay Howell	.091	11	1	0	0	0	0	0	3	.091	.091
Tim Leary	.400	20	8	1	0	3	7	0	3	.400	1.000	Chuck Finley	.091	11	1	0	0	0	0	0	3	.091	.091
Stan Belinda	.385	13	5	0	0	4	10	0	1	.467	1.308	Jose DeJesus	.091	11	1	0	0	0	2	0	1	.091	.091
Pete Smith	.368	19	7	2	0	4	8	0	4	.350	1.105	Scott Kamieniecki	.091	11	1	0	0	0	0	0	0	.091	.091

Jose DeJesus — Royals   Age 30 – Pitches Right

	ERA	W	L	Sv	G	GS	IP	BB	SO	Avg	H	2B	3B	HR	RBI	OBP	SLG	CG	ShO	Sup	QS	#P/S	SB	CS	GB	FB	G/F
1994 Season	4.72	3	1	0	5	4	26.2	13	12	.276	27	6	1	2	13	.360	.418	0	0	7.43	2	100	5	1	32	34	0.94
Last Five Years	3.64	20	18	1	58	55	338.1	214	217	.223	271	54	7	19	125	.342	.326	6	4	4.34	29	101	34	18	448	351	1.28

1994 Season

	ERA	W	L	Sv	G	GS	IP	H	HR	BB	SO		Avg	AB	H	2B	3B	HR	RBI	BB	SO	OBP	SLG
Home	5.52	2	0	0	3	2	14.2	17	2	6	7	vs. Left	.268	41	11	2	0	1	3	9	7	.400	.390
Away	3.75	1	1	0	2	2	12.0	10	0	7	5	vs. Right	.281	57	16	4	1	1	10	4	5	.328	.439

Last Five Years

	ERA	W	L	Sv	G	GS	IP	H	HR	BB	SO		Avg	AB	H	2B	3B	HR	RBI	BB	SO	OBP	SLG
Home	3.71	8	10	0	26	25	162.2	141	11	94	108	vs. Left	.217	715	155	31	5	6	64	151	129	.354	.299
Away	3.59	12	8	1	32	30	175.2	130	8	120	109	vs. Right	.233	498	116	23	2	13	61	63	88	.324	.365

Last Five Years

	ERA	W	L	Sv	G	GS	IP	H	HR	BB	SO		Avg	AB	H	2B	3B	HR	RBI	BB	SO	OBP	SLG
Day	4.71	5	4	0	13	13	70.2	64	4	49	53	Inning 1-6	.222	1031	229	45	5	16	109	195	187	.348	.322
Night	3.36	15	14	1	45	42	267.2	207	15	165	164	Inning 7+	.231	182	42	9	2	3	16	19	30	.305	.352
Grass	3.34	7	4	1	18	16	97.0	59	3	63	53	None on	.222	657	146	29	4	11	11	120	116	.345	.329
Turf	3.77	13	14	0	40	39	241.1	212	16	151	164	Runners on	.225	556	125	25	3	8	114	94	101	.338	.324
April	5.40	0	1	0	4	4	20.0	15	1	20	9	Scoring Posn	.223	337	75	12	2	5	103	60	69	.342	.315
May	3.45	1	1	0	3	3	15.2	14	0	13	10	Close & Late	.235	102	24	5	1	1	8	9	16	.295	.333
June	3.05	4	2	1	10	8	56.0	47	1	37	32	None on/out	.227	304	69	15	3	6	6	55	53	.347	.355
July	3.44	6	2	0	14	13	81.0	68	6	42	50	vs. 1st Batr (relief)	.333	3	1	0	0	0	2	0	0	.333	.333
August	3.34	6	4	0	14	14	91.2	72	6	50	71	First Inning Pitched	.265	215	57	7	1	5	33	49	40	.404	.377
September/October	4.26	3	8	0	13	13	74.0	55	5	52	45	First 75 Pitches	.224	831	186	36	5	14	89	165	150	.354	.330
Starter	3.57	20	18	0	55	55	332.2	267	18	207	213	Pitch 76-90	.230	148	34	7	0	3	17	25	23	.343	.338
Reliever	7.94	0	0	1	3	0	5.2	4	1	7	4	Pitch 91-105	.192	120	23	4	0	1	6	12	25	.276	.250
0-3 Days Rest (St)	2.18	3	0	0	3	3	20.2	13	0	15	13	Pitch 106+	.246	114	28	7	2	1	13	12	19	.315	.368
4 Days Rest	3.68	12	12	0	33	33	200.2	168	12	121	131	First Pitch	.261	157	41	9	1	5	20	6	0	.299	.427
5+ Days Rest	3.64	5	6	0	19	19	111.1	86	6	71	69	Ahead in Count	.192	521	100	19	4	4	37	0	174	.195	.267
Pre-All Star	3.82	5	6	1	20	18	110.2	99	6	73	70	Behind in Count	.299	284	85	19	1	9	43	131	0	.520	.468
Post-All Star	3.56	15	12	0	38	37	227.2	172	13	141	147	Two Strikes	.151	556	84	14	4	4	36	77	217	.256	.212

Pitcher vs. Batter (career)

Pitches Best Vs.	Avg	AB	H	2B	3B	HR	RBI	BB	SO	OBP	SLG	Pitches Worst Vs.	Avg	AB	H	2B	3B	HR	RBI	BB	SO	OBP	SLG
Howard Johnson	.000	16	0	0	0	0	0	2	3	.111	.000	Dave Martinez	.444	18	8	1	0	2	6	2	1	.500	.833
Lenny Harris	.000	11	0	0	0	0	0	1	1	.083	.000	Todd Zeile	.429	7	3	0	0	1	2	4	1	.636	.857
Eric Anthony	.000	10	0	0	0	0	0	2	4	.167	.000	Barry Bonds	.375	16	6	3	1	0	2	4	3	.500	.688
Andre Dawson	.091	11	1	0	0	0	2	0	1	.091	.091	Ozzie Smith	.364	11	4	1	0	0	1	5	1	.563	.455
Jose Lind	.091	11	1	0	0	0	0	1	3	.167	.091	Bip Roberts	.357	14	5	1	0	0	2	6	3	.550	.429

Jose DeLeon — White Sox

Age 34 – Pitches Right (flyball pitcher)

	ERA	W	L	Sv	G	GS	IP	BB	SO	Avg	H	2B	3B	HR	RBI	OBP	SLG	GF	IR	IRS	Hld	SvOp	SB	CS	GB	FB	G/F
1994 Season	3.36	3	2	2	42	0	67.0	31	67	.200	48	10	1	5	30	.301	.313	11	32	10	5	4	4	0	54	87	0.62
Last Five Years	3.68	20	38	2	169	81	587.0	256	468	.237	515	102	16	49	238	.321	.366	21	56	16	12	6	53	37	567	761	0.75

1994 Season

	ERA	W	L	Sv	G	GS	IP	H	HR	BB	SO		Avg	AB	H	2B	3B	HR	RBI	BB	SO	OBP	SLG
Home	4.40	0	2	0	14	0	28.2	23	5	10	29	vs. Left	.228	92	21	5	1	2	8	14	17	.339	.370
Away	2.58	3	0	2	28	0	38.1	25	0	21	38	vs. Right	.182	148	27	5	0	3	22	17	50	.277	.277
Starter	0.00	0	0	0	0	0	0.0	0	0	0	0	Scoring Posn	.227	66	15	3	0	0	22	10	22	.341	.273
Reliever	3.36	3	2	2	42	0	67.0	48	5	31	67	Close & Late	.218	55	12	3	0	1	8	9	23	.333	.327
0 Days rest (Re)	4.91	0	0	0	7	0	11.0	8	0	6	12	None on/out	.232	56	13	4	0	3	3	10	13	.358	.464
1 or 2 Days rest	1.65	2	2	2	22	0	32.2	23	1	15	35	First Pitch	.148	27	4	0	0	2	4	5	0	.294	.370
3+ Days rest	5.01	0	0	0	13	0	23.1	17	4	10	20	Ahead in Count	.185	130	24	6	0	1	15	0	60	.200	.254
Pre-All Star	3.10	2	2	2	32	0	49.1	35	3	23	53	Behind in Count	.273	44	12	3	0	2	7	17	0	.484	.477
Post-All Star	4.08	1	0	0	10	0	17.2	13	2	8	14	Two Strikes	.182	143	26	6	0	1	15	9	67	.242	.245

Last Five Years

	ERA	W	L	Sv	G	GS	IP	H	HR	BB	SO		Avg	AB	H	2B	3B	HR	RBI	BB	SO	OBP	SLG
Home	3.70	9	18	0	81	43	304.1	273	24	127	239	vs. Left	.268	1158	310	63	14	27	132	156	184	.356	.416
Away	3.66	11	20	2	88	38	282.2	242	25	129	229	vs. Right	.202	1014	205	39	2	22	106	100	284	.280	.310
Day	3.93	7	10	2	46	22	167.0	152	12	62	156	Inning 1-6	.236	1736	410	79	13	40	192	201	382	.318	.366
Night	3.58	13	28	0	123	59	420.0	363	37	194	312	Inning 7+	.241	436	105	23	3	9	46	55	86	.333	.369
Grass	3.69	5	14	1	74	20	202.1	170	19	78	173	None on	.233	1237	288	56	15	30	30	148	261	.322	.375
Turf	3.67	15	24	1	95	61	384.2	345	30	178	295	Runners on	.243	935	227	46	1	19	208	108	207	.320	.355
April	3.47	6	5	0	32	14	96.0	77	8	49	78	Scoring Posn	.229	554	127	25	1	10	179	73	126	.316	.332
May	4.43	5	8	0	28	17	111.2	105	9	46	96	Close & Late	.245	184	45	12	3	5	23	25	39	.343	.424
June	3.11	5	7	1	36	14	124.1	103	9	49	108	None on/out	.234	547	128	32	3	14	14	71	114	.325	.380
July	3.70	2	8	1	32	12	112.0	110	10	46	74	vs. 1st Batr (relief)	.179	67	12	3	0	3	10	15	19	.345	.358
August	3.44	2	4	0	24	14	91.2	68	7	43	82	First Inning Pitched	.232	578	134	30	2	14	77	88	137	.339	.363
September/October	4.21	0	6	0	17	10	51.1	52	6	24	30	First 15 Pitches	.252	464	117	26	2	10	46	70	96	.355	.381
Starter	3.78	14	36	0	81	81	457.1	418	39	188	359	Pitch 16-30	.198	439	87	16	2	9	52	51	110	.288	.305
Reliever	3.33	6	2	2	88	0	129.2	97	10	68	109	Pitch 31-45	.244	328	80	14	4	9	29	38	71	.331	.393
0 Days rest (Re)	5.82	1	0	0	13	0	17.0	18	2	9	15	Pitch 46+	.245	941	231	46	8	21	111	97	191	.316	.378
1 or 2 Days rest	2.40	3	2	2	39	0	56.1	39	2	22	51	First Pitch	.300	303	91	19	4	8	36	18	0	.354	.469
3+ Days rest	3.51	2	0	0	36	0	56.1	40	6	37	43	Ahead in Count	.190	1037	197	33	7	10	83	0	420	.198	.264
Pre-All Star	3.57	16	22	2	109	48	367.2	316	28	157	313	Behind in Count	.313	486	152	40	4	23	79	139	0	.462	.553
Post-All Star	3.86	4	16	0	60	33	219.1	199	21	99	155	Two Strikes	.165	1050	173	25	5	11	78	99	468	.241	.230

Pitcher vs. Batter (since 1984)

Pitches Best Vs.	Avg	AB	H	2B	3B	HR	RBI	BB	SO	OBP	SLG	Pitches Worst Vs.	Avg	AB	H	2B	3B	HR	RBI	BB	SO	OBP	SLG
Danny Cox	.000	10	0	0	0	0	0	1	7	.091	.000	Terry Pendleton	.542	24	13	3	2	0	3	3	2	.607	.833
Zane Smith	.000	10	0	0	0	0	0	1	5	.091	.000	Kirby Puckett	.533	15	8	1	0	2	3	0	2	.533	1.000
Terry Steinbach	.000	10	0	0	0	0	0	2	3	.167	.000	John Kruk	.481	27	13	3	0	1	10	5	5	.563	.704
Tom Brunansky	.000	8	0	0	0	0	0	1	2	.182	.000	Barry Bonds	.406	32	13	1	0	5	11	7	5	.513	.906
Dick Schofield	.067	15	1	1	0	0	0	0	5	.067	.133	Danny Tartabull	.333	12	4	1	0	2	2	1	5	.385	.917

Carlos Delgado — Blue Jays
Age 23 – Bats Left

	Avg	G	AB	R	H	2B	3B	HR	RBI	BB	SO	HBP	GDP	SB	CS	OBP	SLG	IBB	SH	SF	#Pit	#P/PA	GB	FB	G/F
1994 Season	.215	43	130	17	28	2	0	9	24	25	46	3	5	1	1	.352	.438	4	0	1	681	4.28	42	30	1.40
Career (1993-1994)	.214	45	131	17	28	2	0	9	24	26	46	3	5	1	1	.354	.435	4	0	1	692	4.30	42	31	1.35

1994 Season

	Avg	AB	H	2B	3B	HR	RBI	BB	SO	OBP	SLG		Avg	AB	H	2B	3B	HR	RBI	BB	SO	OBP	SLG
vs. Left	.176	34	6	1	0	3	7	1	13	.194	.441	Scoring Posn	.225	40	9	0	0	5	19	7	11	.347	.600
vs. Right	.229	96	22	1	0	6	17	24	33	.398	.438	Close & Late	.200	15	3	1	0	2	4	3	5	.368	.667
Home	.236	72	17	1	0	5	12	17	22	.398	.458	None on/out	.160	25	4	1	0	2	2	4	11	.300	.440
Away	.190	58	11	1	0	4	12	8	24	.288	.414	Batting #6	.237	76	18	2	0	7	19	17	26	.383	.539
First Pitch	.455	11	5	1	0	1	4	0	0	.588	.818	Batting #7	.196	51	10	0	0	2	5	8	20	.323	.314
Ahead in Count	.250	28	7	0	0	1	3	10	0	.462	.357	Other	.000	3	0	0	0	0	0	0	0	.000	.000
Behind in Count	.136	59	8	1	0	2	3	0	35	.150	.254	Pre-All Star	.215	130	28	2	0	9	24	25	46	.352	.438
Two Strikes	.134	82	11	1	0	4	8	11	46	.245	.293	Post-All Star	.000	0	0	0	0	0	0	0	0	.000	.000

Rich DeLucia — Reds
Age 30 – Pitches Right (flyball pitcher)

	ERA	W	L	Sv	G	GS	IP	BB	SO	Avg	H	2B	3B	HR	RBI	OBP	SLG	GF	IR	IRS	Hld	SvOp	SB	CS	GB	FB	G/F
1994 Season	4.22	0	0	0	8	0	10.2	5	15	.214	9	2	0	4	8	.298	.548	2	4	3	0	0	0	0	7	12	0.58
Career (1990-1994)	4.79	19	27	1	105	48	355.0	150	247	.265	361	73	7	55	192	.337	.450	19	51	23	9	7	11	14	367	510	0.72

1994 Season

	ERA	W	L	Sv	G	GS	IP	H	HR	BB	SO		Avg	AB	H	2B	3B	HR	RBI	BB	SO	OBP	SLG
Home	2.45	0	0	0	5	0	7.1	6	1	5	9	vs. Left	.400	10	4	1	0	2	5	3	1	.538	1.100
Away	8.10	0	0	0	3	0	3.1	3	3	0	6	vs. Right	.156	32	5	1	0	2	3	2	14	.206	.375

Career (1990-1994)

	ERA	W	L	Sv	G	GS	IP	H	HR	BB	SO		Avg	AB	H	2B	3B	HR	RBI	BB	SO	OBP	SLG
Home	4.63	13	8	1	55	21	179.0	186	29	67	126	vs. Left	.298	627	187	33	6	21	84	91	76	.384	.470
Away	4.96	6	19	0	50	27	176.0	175	26	83	121	vs. Right	.236	736	174	40	1	34	108	59	171	.295	.432
Day	6.63	3	12	0	31	15	95.0	111	12	47	66	Inning 1-6	.262	992	260	55	6	33	137	116	158	.338	.429
Night	4.12	16	15	1	74	33	260.0	250	43	103	181	Inning 7+	.272	371	101	18	1	22	55	34	89	.333	.504
Grass	5.18	4	17	0	40	21	139.0	139	20	69	89	None on	.249	819	204	40	4	33	33	73	145	.312	.429
Turf	4.54	15	10	1	65	27	216.0	222	35	81	158	Runners on	.289	544	157	33	3	22	159	77	102	.372	.482
April	5.16	4	4	0	14	7	52.1	55	10	25	38	Scoring Posn	.277	303	84	15	2	12	133	53	65	.369	.459
May	4.85	4	4	0	20	6	55.2	61	6	25	50	Close & Late	.318	154	49	8	1	9	29	17	40	.387	.558
June	5.22	3	6	0	23	11	70.2	73	13	40	54	None on/out	.263	361	95	16	3	16	16	26	58	.314	.457
July	4.72	4	4	0	20	8	61.0	65	7	22	43	vs. 1st Batr (relief)	.280	50	14	2	0	3	16	6	14	.368	.500
August	3.62	2	2	0	7	5	32.1	30	7	6	14	First Inning Pitched	.290	376	109	23	2	15	84	55	92	.377	.481
September/October	4.66	2	7	1	21	11	83.0	77	12	32	48	First 15 Pitches	.293	276	81	20	1	10	37	35	64	.372	.482
Starter	5.08	15	22	0	48	48	265.2	278	41	108	150	Pitch 16-30	.254	248	63	10	1	10	49	36	49	.344	.423
Reliever	3.93	4	5	1	57	0	89.1	83	14	42	97	Pitch 31-45	.257	230	59	10	3	9	37	20	48	.322	.443
0 Days rest (Re)	2.84	0	0	0	6	0	12.2	13	2	6	14	Pitch 46+	.259	609	158	33	2	26	69	59	86	.323	.448
1 or 2 Days rest	5.14	3	2	0	25	0	35.0	40	4	18	42	First Pitch	.287	171	49	9	2	11	28	6	0	.311	.556
3+ Days rest	3.24	1	3	0	26	0	41.2	30	8	18	41	Ahead in Count	.219	556	122	19	0	11	57	0	182	.223	.313
Pre-All Star	5.07	12	15	0	63	27	195.1	204	30	99	155	Behind in Count	.321	305	98	18	2	23	57	78	0	.451	.620
Post-All Star	4.45	7	12	1	42	21	159.2	157	25	51	92	Two Strikes	.188	632	119	24	1	16	60	65	247	.263	.305

Pitcher vs. Batter (career)

Pitches Best Vs.	Avg	AB	H	2B	3B	HR	RBI	BB	SO	OBP	SLG	Pitches Worst Vs.	Avg	AB	H	2B	3B	HR	RBI	BB	SO	OBP	SLG
Joe Carter	.000	11	0	0	0	0	0	0	5	.000	.000	Chili Davis	.455	11	5	0	0	1	2	2	2	.538	.727
Travis Fryman	.000	10	0	0	0	0	0	2	3	.231	.000	Dave Henderson	.417	12	5	1	0	2	4	1	0	.500	1.000
Ellis Burks	.100	10	1	0	0	0	1	0	3	.091	.100	Sam Horn	.375	8	3	0	0	1	2	5	2	.615	.750
Mark McGwire	.118	17	2	1	0	0	0	1	3	.167	.176	Cecil Fielder	.333	12	4	0	0	3	11	2	2	.429	1.083
Kirby Puckett	.182	11	2	0	0	0	0	0	3	.182	.182	Jose Canseco	.313	16	5	1	0	3	3	1	4	.353	.938

Jim Deshaies — Twins
Age 35 – Pitches Left (flyball pitcher)

	ERA	W	L	Sv	G	GS	IP	BB	SO	Avg	H	2B	3B	HR	RBI	OBP	SLG	CG	ShO	Sup	QS	#P/S	SB	CS	GB	FB	G/F
1994 Season	7.39	6	12	0	25	25	130.1	54	78	.321	170	39	5	30	92	.382	.583	0	0	6.08	5	92	18	8	165	179	0.92
Last Five Years	4.71	35	58	0	134	133	781.0	300	426	.268	787	164	20	102	362	.336	.441	4	0	4.01	61	96	74	59	824	1102	0.75

1994 Season

	ERA	W	L	Sv	G	GS	IP	H	HR	BB	SO		Avg	AB	H	2B	3B	HR	RBI	BB	SO	OBP	SLG
Home	6.85	4	5	0	13	13	71.0	85	19	30	41	vs. Left	.338	68	23	4	0	4	16	11	14	.422	.574
Away	8.04	2	7	0	12	12	59.1	85	11	24	37	vs. Right	.318	462	147	35	5	26	76	43	64	.376	.584
Day	11.25	0	5	0	5	5	24.0	36	5	10	18	Inning 1-6	.318	503	160	38	5	29	90	53	75	.382	.586
Night	6.52	6	7	0	20	20	106.1	134	25	44	60	Inning 7+	.370	27	10	1	0	1	2	1	3	.393	.519
Grass	6.87	2	5	0	10	10	56.1	73	11	22	36	None on	.308	305	94	20	3	21	21	31	43	.372	.600
Turf	7.78	4	7	0	15	15	74.0	97	19	32	42	Runners on	.338	225	76	19	2	9	71	23	35	.396	.560
April	7.44	2	2	0	6	6	32.2	47	12	15	23	Scoring Posn	.347	124	43	10	0	4	55	17	24	.419	.524
May	5.88	2	3	0	5	5	26.0	34	3	5	15	Close & Late	.286	14	4	1	0	1	1	0	1	.286	.571
June	6.21	2	2	0	6	6	33.1	40	10	12	23	None on/out	.294	136	40	9	0	8	8	5	21	.364	.537
July	8.49	1	4	0	6	6	29.2	36	4	15	16	vs. 1st Batr (relief)	.000	0	0	0	0	0	0	0	0	.000	.000
August	12.46	1	1	0	2	2	8.2	13	1	7	1	First Inning Pitched	.284	95	27	5	1	4	8	16	12	.361	.484

95

1994 Season (Pitcher)

	ERA	W	L	Sv	G	GS	IP	H	HR	BB	SO		Avg	AB	H	2B	3B	HR	RBI	BB	SO	OBP	SLG
September/October	0.00	0	0	0	0	0	0.0	0	0	0	0	First 75 Pitches	.324	389	126	28	4	21	66	42	58	.389	.578
Starter	7.39	6	12	0	25	25	130.1	170	30	54	78	Pitch 76-90	.282	78	22	5	1	6	14	7	12	.337	.603
Reliever	0.00	0	0	0	0	0	0.0	0	0	0	0	Pitch 91-105	.373	51	19	6	0	2	8	4	6	.418	.608
0-3 Days Rest (St)	22.09	0	1	0	1	1	3.2	7	2	5	3	Pitch 106+	.250	12	3	0	0	1	4	1	2	.308	.500
4 Days Rest	8.93	4	9	0	17	17	81.2	120	21	37	49	First Pitch	.438	73	32	7	0	7	19	0	0	.438	.822
5+ Days Rest	3.40	2	2	0	7	7	45.0	43	7	12	26	Ahead in Count	.204	196	40	11	1	7	29	0	59	.211	.378
Pre-All Star	6.82	4	9	0	19	19	103.0	135	26	39	68	Behind in Count	.411	151	62	15	3	9	27	31	0	.503	.728
Post-All Star	9.55	2	3	0	6	6	27.1	35	4	15	10	Two Strikes	.213	221	47	11	2	8	27	23	78	.285	.389

Last Five Years

	ERA	W	L	Sv	G	GS	IP	H	HR	BB	SO		Avg	AB	H	2B	3B	HR	RBI	BB	SO	OBP	SLG
Home	4.13	20	21	0	61	61	374.2	347	45	135	197	vs. Left	.291	468	136	24	4	13	59	74	75	.391	.442
Away	5.25	15	37	0	73	72	405.1	440	57	165	229	vs. Right	.263	2474	651	140	16	89	303	226	351	.324	.441
Day	5.31	8	16	0	34	33	191.2	207	22	65	120	Inning 1-6	.270	2651	715	152	19	95	346	273	387	.338	.449
Night	4.52	27	42	0	100	100	589.1	580	80	235	306	Inning 7+	.247	291	72	12	1	7	16	27	39	.314	.368
Grass	5.15	13	27	0	56	55	316.1	349	42	129	177	None on	.255	1798	458	89	11	68	68	166	254	.322	.430
Turf	4.42	22	31	0	78	78	464.2	438	60	171	249	Runners on	.288	1144	329	75	9	34	294	134	172	.357	.458
April	4.36	7	5	0	20	20	119.2	123	15	49	60	Scoring Posn	.282	634	179	42	4	15	238	100	109	.368	.432
May	5.62	6	11	0	23	23	125.0	135	15	49	69	Close & Late	.233	172	40	6	0	3	9	20	25	.313	.320
June	5.11	6	8	0	22	22	128.2	130	28	52	65	None on/out	.272	795	216	42	4	33	33	69	101	.332	.459
July	5.25	6	13	0	26	26	145.2	145	19	61	83	vs. 1st Batr (relief)	1.000	1	1	0	0	1	2	0	0	1.000	4.000
August	4.69	5	15	0	24	24	153.2	145	16	57	92	First Inning Pitched	.280	507	142	30	3	16	80	55	73	.347	.446
September/October	2.91	5	6	0	19	18	108.1	109	9	32	57	First 75 Pitches	.270	2182	589	124	15	74	272	220	310	.338	.442
Starter	4.71	35	58	0	133	133	780.1	785	101	299	425	Pitch 76-90	.286	357	102	19	3	16	51	36	52	.347	.490
Reliever	13.50	0	0	0	1	0	0.2	2	1	1	1	Pitch 91-105	.243	263	64	15	1	8	28	26	42	.311	.399
0-3 Days Rest (St)	7.02	1	2	0	3	3	16.2	13	4	12	11	Pitch 106+	.229	140	32	6	1	4	11	18	22	.319	.371
4 Days Rest	4.84	23	37	0	85	85	496.0	511	58	199	271	First Pitch	.319	427	136	32	4	14	62	12	0	.341	.511
5+ Days Rest	4.30	11	19	0	45	45	267.2	261	39	88	143	Ahead in Count	.218	1117	243	47	5	26	104	0	316	.222	.338
Pre-All Star	5.07	21	29	0	73	73	421.0	434	65	176	226	Behind in Count	.321	716	230	54	10	35	112	161	0	.442	.571
Post-All Star	4.30	14	29	0	61	60	360.0	353	37	124	200	Two Strikes	.203	1268	257	48	6	29	109	127	426	.275	.319

Pitcher vs. Batter (career)

Pitches Best Vs.	Avg	AB	H	2B	3B	HR	RBI	SO	OBP	SLG	Pitches Worst Vs.	Avg	AB	H	2B	3B	HR	RBI	BB	SO	OBP	SLG
Luis Rivera	.000	12	0	0	0	0	0	5	.000	.000	Don Slaught	.583	12	7	3	0	0	3	3	1	.625	.833
Tim Salmon	.000	11	0	0	0	0	1	3	.083	.000	Alan Trammell	.538	13	7	2	0	1	1	2	0	.600	.923
Billy Hatcher	.040	25	1	0	0	0	1	2	.077	.040	Carlos Baerga	.533	15	8	1	0	2	4	2	2	.588	1.000
Greg Litton	.071	14	1	0	0	0	1	3	.071	.071	Mike Greenwell	.500	10	5	2	0	1	2	1	1	.583	1.000
Junior Noboa	.091	11	1	0	0	0	2	0	.091	.091	Rickey Henderson	.444	9	4	0	0	2	4	2	.615	1.111

Delino DeShields — Dodgers
Age 26 – Bats Left (groundball hitter)

	Avg	G	AB	R	H	2B	3B	HR	RBI	BB	SO	HBP	GDP	SB	CS	OBP	SLG	IBB	SH	SF	#Pit	#P/PA	GB	FB	G/F
1994 Season	.250	89	320	51	80	11	3	2	33	54	53	0	9	27	7	.357	.322	0	1	1	1594	4.24	149	54	2.76
Career (1990-1994)	.274	627	2393	360	655	90	28	25	214	341	472	12	40	214	77	.365	.366	12	23	13	11389	4.09	1006	499	2.02

1994 Season

	Avg	AB	H	2B	3B	HR	RBI	BB	SO	OBP	SLG		Avg	AB	H	2B	3B	HR	RBI	BB	SO	OBP	SLG
vs. Left	.276	98	27	4	1	0	11	20	16	.398	.337	Scoring Posn	.256	82	21	4	1	2	32	19	11	.392	.402
vs. Right	.239	222	53	7	2	2	22	34	37	.339	.315	Close & Late	.260	50	13	2	1	1	12	15	11	.431	.400
Groundball	.217	115	25	5	0	0	9	7	21	.262	.261	None on/out	.258	66	17	0	0	0	0	7	15	.329	.258
Flyball	.243	37	9	0	0	0	5	15	9	.453	.243	Batting #1	.171	82	14	1	1	0	5	12	15	.274	.207
Home	.285	151	43	5	1	1	16	20	23	.366	.351	Batting #2	.272	213	58	9	2	2	24	37	34	.380	.362
Away	.219	169	37	6	2	1	17	34	30	.350	.296	Other	.320	25	8	1	0	0	4	5	4	.433	.360
Day	.244	90	22	3	1	0	8	13	16	.340	.300	April	.210	62	13	1	0	0	7	9	11	.306	.226
Night	.252	230	58	8	2	2	25	41	37	.364	.330	May	.276	87	24	2	1	0	6	17	14	.394	.322
Grass	.264	227	60	9	2	2	22	36	33	.364	.348	June	.359	39	14	5	0	0	8	7	5	.457	.487
Turf	.215	93	20	2	1	0	11	18	20	.342	.258	July	.226	93	21	2	1	2	8	15	16	.333	.333
First Pitch	.407	27	11	2	1	0	6	0	0	.407	.556	August	.205	39	8	1	1	0	4	6	7	.311	.282
Ahead in Count	.239	67	16	1	0	1	8	27	0	.457	.299	September/October	.000	0	0	0	0	0	0	0	0	.000	.000
Behind in Count	.227	132	30	6	1	0	12	0	43	.226	.288	Pre-All Star	.262	229	60	9	1	0	21	35	37	.358	.310
Two Strikes	.246	167	41	7	1	1	17	27	53	.349	.317	Post-All Star	.220	91	20	2	2	2	12	19	16	.355	.352

1994 By Position

Position	Avg	AB	H	2B	3B	HR	RBI	BB	SO	OBP	SLG	G	GS	Innings	PO	A	E	DP	Fld Pct	Rng Fctr	In Zone	Outs	Zone Rtg	MLB Zone
As 2b	.240	308	74	10	3	1	26	53	50	.351	.302	88	84	715.1	155	277	6	47	.986	5.44	313	291	.930	.889
As ss	.500	10	5	1	0	1	5	1	3	.545	.900	10	0	17.1	1	5	1	1	.857	3.12	12	6	.500	.889

Career (1990-1994)

	Avg	AB	H	2B	3B	HR	RBI	BB	SO	OBP	SLG		Avg	AB	H	2B	3B	HR	RBI	BB	SO	OBP	SLG
vs. Left	.275	826	227	29	9	9	76	125	177	.374	.364	Scoring Posn	.270	522	141	27	6	5	184	106	104	.385	.374
vs. Right	.273	1567	428	61	19	16	138	216	295	.361	.367	Close & Late	.267	424	113	14	5	4	58	66	101	.364	.351
Groundball	.270	816	220	33	9	8	77	107	154	.356	.362	None on/out	.286	859	246	24	10	11	11	93	156	.361	.376
Flyball	.238	471	112	13	6	3	36	75	109	.343	.310	Batting #1	.277	1708	473	63	22	22	144	234	327	.366	.378
Home	.295	1120	330	47	12	10	91	160	213	.385	.385	Batting #2	.271	575	156	23	6	2	53	87	110	.365	.343
Away	.255	1273	325	43	16	15	123	181	259	.348	.350	Other	.236	110	26	4	0	1	17	20	35	.361	.300

Career (1990-1994)

	Avg	AB	H	2B	3B	HR	RBI	BB	SO	OBP	SLG		Avg	AB	H	2B	3B	HR	RBI	BB	SO	OBP	SLG
Day	.297	670	199	28	6	4	63	97	147	.385	.375	April	.276	351	97	15	3	5	28	52	70	.369	.379
Night	.265	1723	456	62	22	21	151	244	325	.358	.363	May	.252	468	118	16	3	6	31	84	96	.367	.338
Grass	.257	846	217	28	8	9	82	116	164	.344	.340	June	.293	406	119	17	7	2	39	64	84	.390	.384
Turf	.283	1547	438	62	20	16	132	225	308	.377	.380	July	.316	478	151	19	5	5	42	56	72	.388	.408
First Pitch	.345	238	82	10	2	3	30	7	0	.369	.441	August	.273	377	103	14	7	4	45	44	64	.354	.379
Ahead in Count	.343	595	204	28	11	12	82	172	0	.489	.487	September/October	.214	313	67	9	3	3	29	41	86	.306	.291
Behind in Count	.205	986	202	32	9	0	50	0	373	.208	.256	Pre-All Star	.282	1385	390	54	14	15	106	215	281	.379	.373
Two Strikes	.207	1192	247	36	8	2	62	159	472	.301	.256	Post-All Star	.263	1008	265	36	14	10	108	126	191	.347	.356

Batter vs. Pitcher (career)

Hits Best Against	Avg	AB	H	2B	3B	HR	RBI	BB	SO	OBP	SLG	Hits Worst Against	Avg	AB	H	2B	3B	HR	RBI	BB	SO	OBP	SLG
Tim Belcher	.556	9	5	0	0	0	2	3	1	.667	.556	Tom Candiotti	.000	8	0	0	0	0	0	3	2	.273	.000
Joe Magrane	.500	14	7	1	0	1	2	1	1	.611	.786	Rene Arocha	.083	12	1	0	1	0	0	1	1	.154	.250
Rheal Cormier	.462	13	6	0	0	1	3	3	4	.563	.692	Denny Neagle	.091	11	1	0	0	0	0	2	2	.286	.091
Anthony Young	.438	16	7	1	2	0	4	0	1	.438	.750	Tom Browning	.100	20	2	0	0	0	1	1	4	.143	.100
Steve Cooke	.400	15	6	1	2	0	2	1	2	.471	.733	Ryan Bowen	.182	11	2	0	0	0	1	0	5	.182	.182

Orestes Destrade — Marlins

Age 33 – Bats Both (flyball hitter)

	Avg	G	AB	R	H	2B	3B	HR	RBI	BB	SO	HBP	GDP	SB	CS	OBP	SLG	IBB	SH	SF	#Pit	#P/PA	GB	FB	G/F
1994 Season	.208	39	130	12	27	4	0	5	15	19	32	2	2	1	0	.316	.354	1	0	1	607	3.99	41	42	0.98
Last Five Years	.246	192	699	73	172	24	3	25	102	77	162	5	19	1	2	.322	.396	9	1	7	2906	3.68	211	217	0.97

1994 Season

	Avg	AB	H	2B	3B	HR	RBI	BB	SO	OBP	SLG		Avg	AB	H	2B	3B	HR	RBI	BB	SO	OBP	SLG
vs. Left	.263	38	10	1	0	2	5	10	10	.440	.447	Scoring Posn	.195	41	8	3	0	0	10	6	10	.292	.268
vs. Right	.185	92	17	3	0	3	10	9	22	.255	.315	Close & Late	.273	22	6	0	0	1	3	2	6	.333	.409
Home	.240	75	18	3	0	3	9	11	16	.352	.400	None on/out	.250	28	7	1	0	2	2	4	5	.344	.500
Away	.164	55	9	1	0	2	6	8	16	.266	.291	Batting #5	.238	84	20	3	0	5	13	11	16	.337	.452
First Pitch	.267	15	4	0	0	2	3	1	0	.333	.667	Batting #6	.222	27	6	1	0	0	2	5	8	.344	.259
Ahead in Count	.290	31	9	2	0	1	5	10	0	.463	.452	Other	.053	19	1	0	0	0	0	3	8	.182	.053
Behind in Count	.140	57	8	1	0	1	4	0	27	.155	.211	Pre-All Star	.208	130	27	4	0	5	15	19	32	.316	.354
Two Strikes	.147	68	10	0	0	2	3	8	32	.237	.235	Post-All Star	.000	0	0	0	0	0	0	0	0	.000	.000

Last Five Years

	Avg	AB	H	2B	3B	HR	RBI	BB	SO	OBP	SLG		Avg	AB	H	2B	3B	HR	RBI	BB	SO	OBP	SLG
vs. Left	.288	215	62	6	3	8	33	23	49	.364	.456	Scoring Posn	.280	193	54	12	1	4	74	32	52	.373	.415
vs. Right	.227	484	110	18	0	17	69	54	113	.304	.370	Close & Late	.245	110	27	3	1	1	13	16	29	.338	.318
Groundball	.252	222	56	10	2	9	29	25	56	.333	.437	None on/out	.192	172	33	3	1	7	7	13	39	.253	.343
Flyball	.227	141	32	4	0	5	21	13	34	.283	.362	Batting #4	.247	385	95	14	3	12	55	32	88	.304	.392
Home	.261	357	93	16	2	12	55	44	76	.345	.417	Batting #5	.238	282	67	8	0	12	42	37	65	.330	.394
Away	.231	342	79	8	1	13	47	33	86	.298	.374	Other	.313	32	10	2	0	1	5	8	9	.450	.469
Day	.278	158	44	5	1	7	31	19	41	.359	.456	April	.253	166	42	6	1	5	20	21	29	.335	.392
Night	.237	541	128	19	2	18	71	58	121	.311	.379	May	.192	151	29	4	0	3	19	14	35	.272	.278
Grass	.228	544	124	20	2	20	83	70	129	.318	.382	June	.316	98	31	5	2	4	16	8	24	.358	.531
Turf	.310	155	48	4	1	5	19	7	33	.337	.445	July	.215	93	20	6	0	2	14	7	24	.277	.344
First Pitch	.324	108	35	3	1	6	19	3	0	.345	.537	August	.301	93	28	1	0	8	16	14	24	.393	.570
Ahead in Count	.351	185	65	13	2	8	40	39	0	.460	.573	September/October	.224	98	22	2	0	3	17	13	26	.316	.337
Behind in Count	.137	284	39	3	0	6	24	0	135	.144	.211	Pre-All Star	.238	454	108	17	3	12	58	45	99	.309	.368
Two Strikes	.136	308	42	3	0	8	21	35	162	.225	.224	Post-All Star	.261	245	64	7	0	13	44	32	63	.346	.449

Batter vs. Pitcher (career)

Hits Best Against	Avg	AB	H	2B	3B	HR	RBI	BB	SO	OBP	SLG	Hits Worst Against	Avg	AB	H	2B	3B	HR	RBI	BB	SO	OBP	SLG
Tim Pugh	.375	8	3	0	0	1	4	3	2	.545	.750	John Smoltz	.000	11	0	0	0	0	1	1	2	.083	.000
Dwight Gooden	.333	9	3	2	0	1	4	2	3	.455	.889	Mike Harkey	.083	12	1	0	0	0	1	1	1	.143	.083
Tom Browning	.313	16	5	1	0	1	3	0	1	.313	.563	Steve Cooke	.100	10	1	0	0	0	0	1	4	.182	.100
Greg Swindell	.313	16	5	1	0	0	1	0	3	.313	.375	Jose Rijo	.182	11	2	1	0	1	0	4	.182	.273		
												Bret Saberhagen	.200	15	3	1	0	0	2	0	3	.200	.267

John Dettmer — Rangers

Age 25 – Pitches Right

	ERA	W	L	Sv	G	GS	IP	BB	SO	Avg	H	2B	3B	HR	RBI	OBP	SLG	CG	ShO	Sup	QS	#P/S	SB	CS	GB	FB	G/F
1994 Season	4.33	0	6	0	11	9	54.0	20	27	.286	63	13	3	10	37	.347	.509	0	0	4.50	1	87	3	1	77	66	1.17

1994 Season

	ERA	W	L	Sv	G	GS	IP	H	HR	BB	SO		Avg	AB	H	2B	3B	HR	RBI	BB	SO	OBP	SLG
Home	4.84	0	5	0	7	6	35.1	46	5	10	19	vs. Left	.276	98	27	6	1	5	16	16	12	.376	.510
Away	3.38	0	1	0	4	3	18.2	17	5	10	8	vs. Right	.295	122	36	7	2	5	21	4	15	.321	.508

Mike Devereaux — Orioles
Age 32 – Bats Right

	Avg	G	AB	R	H	2B	3B	HR	RBI	BB	SO	HBP	GDP	SB	CS	OBP	SLG	IBB	SH	SF	#Pit	#P/PA	GB	FB	G/F
1994 Season	.203	85	301	35	61	8	2	9	33	22	72	1	6	1	2	.256	.332	0	2	4	1227	3.72	116	76	1.53
Last Five Years	.252	629	2456	313	619	113	27	78	323	184	428	8	56	43	34	.303	.415	3	15	25	10232	3.81	885	790	1.12

1994 Season

	Avg	AB	H	2B	3B	HR	RBI	BB	SO	OBP	SLG		Avg	AB	H	2B	3B	HR	RBI	BB	SO	OBP	SLG
vs. Left	.235	81	19	4	0	2	7	4	16	.267	.358	Scoring Posn	.229	70	16	0	1	1	25	9	14	.301	.300
vs. Right	.191	220	42	4	2	7	26	18	56	.252	.323	Close & Late	.103	39	4	1	1	0	3	1	12	.119	.179
Groundball	.137	73	10	0	1	1	9	5	20	.188	.205	None on/out	.194	62	12	3	0	3	3	1	13	.206	.387
Flyball	.150	60	9	2	0	0	1	4	15	.203	.183	Batting #2	.197	157	31	2	1	4	20	17	39	.274	.299
Home	.210	124	26	2	1	5	20	13	33	.286	.363	Batting #9	.192	52	10	2	0	1	6	3	10	.236	.288
Away	.198	177	35	6	1	4	13	9	39	.234	.311	Other	.217	92	20	4	1	4	7	2	23	.234	.413
Day	.220	91	20	3	2	4	13	5	18	.268	.429	April	.169	71	12	2	0	4	10	6	26	.231	.366
Night	.195	210	41	5	0	5	20	17	54	.251	.290	May	.255	98	25	1	2	3	12	10	17	.324	.398
Grass	.216	259	56	8	2	9	30	22	61	.277	.367	June	.222	54	12	1	0	1	7	2	13	.246	.296
Turf	.119	42	5	0	0	0	3	0	11	.116	.119	July	.125	48	6	2	0	1	4	1	11	.143	.229
First Pitch	.222	36	8	2	0	1	5	0	0	.216	.361	August	.200	30	6	2	0	0	0	3	5	.273	.267
Ahead in Count	.274	62	17	2	2	3	14	9	0	.356	.516	September/October	.000	0	0	0	0	0	0	0	0	.000	.000
Behind in Count	.151	152	23	4	0	3	9	0	67	.156	.237	Pre-All Star	.207	246	51	5	2	8	30	18	58	.260	.341
Two Strikes	.117	145	17	2	0	5	8	13	72	.194	.234	Post-All Star	.182	55	10	3	0	1	3	4	14	.237	.291

1994 By Position

Position	Avg	AB	H	2B	3B	HR	RBI	BB	SO	OBP	SLG	G	GS	Innings	PO	A	E	DP	Fld Pct	Rng Fctr	In Zone	Outs	Zone Rtg	MLB Zone
As cf	.201	299	60	7	2	9	33	22	72	.255	.328	84	77	687.1	203	3	1	1	.995	2.70	248	204	.823	.824

Last Five Years

	Avg	AB	H	2B	3B	HR	RBI	BB	SO	OBP	SLG		Avg	AB	H	2B	3B	HR	RBI	BB	SO	OBP	SLG
vs. Left	.283	732	207	36	9	29	97	57	114	.332	.475	Scoring Posn	.268	601	161	35	10	18	248	44	98	.308	.449
vs. Right	.239	1724	412	77	18	49	226	127	314	.291	.390	Close & Late	.226	381	86	9	2	11	48	29	73	.278	.346
Groundball	.240	592	142	31	6	16	82	53	101	.298	.394	None on/out	.256	601	154	34	6	22	22	48	104	.313	.443
Flyball	.228	517	118	28	4	16	65	41	106	.286	.391	Batting #1	.264	606	160	32	9	17	59	50	116	.320	.431
Home	.249	1160	289	54	14	43	178	99	200	.306	.431	Batting #2	.256	793	203	32	14	25	132	54	121	.301	.426
Away	.255	1296	330	59	13	35	145	85	228	.301	.401	Other	.242	1057	256	49	4	36	132	80	191	.296	.398
Day	.240	683	164	28	7	20	84	42	117	.287	.389	April	.216	334	72	15	4	11	33	23	64	.267	.383
Night	.257	1773	455	85	20	58	239	142	311	.310	.425	May	.273	352	96	20	3	11	47	31	57	.332	.440
Grass	.250	2055	514	95	24	73	285	162	360	.304	.426	June	.257	451	116	23	6	13	59	36	73	.309	.421
Turf	.262	401	105	18	3	5	38	22	68	.302	.359	July	.277	470	130	18	7	14	62	32	83	.321	.434
First Pitch	.259	205	53	11	1	7	32	2	0	.263	.424	August	.235	438	103	21	4	14	65	40	72	.298	.397
Ahead in Count	.305	597	182	34	7	31	104	95	0	.397	.541	September/October	.248	411	102	16	3	15	57	22	79	.287	.411
Behind in Count	.208	1160	241	44	14	24	115	0	367	.210	.332	Pre-All Star	.251	1312	329	65	14	39	159	95	219	.300	.411
Two Strikes	.202	1185	239	36	14	26	107	87	428	.237	.322	Post-All Star	.253	1144	290	48	13	39	164	89	209	.307	.420

Batter vs. Pitcher (career)

Hits Best Against	Avg	AB	H	2B	3B	HR	RBI	BB	SO	OBP	SLG	Hits Worst Against	Avg	AB	H	2B	3B	HR	RBI	BB	SO	OBP	SLG
Dave Fleming	.500	16	8	2	0	2	6	3	1	.579	1.000	Tom Henke	.059	17	1	0	0	0	0	1	8	.111	.059
Bobby Thigpen	.500	14	7	3	0	0	5	0	4	.533	.714	Bobby Witt	.063	16	1	0	0	0	1	2	.118	.063
Jack Armstrong	.500	12	6	2	1	2	2	0	3	.500	1.333	Bret Saberhagen	.077	13	1	0	0	1	0	3	.077	.077
Jim Abbott	.452	31	14	2	0	1	2	7	4	.564	.613	David Cone	.091	11	1	0	0	0	0	2	5	.231	.091
Bill Krueger	.435	23	10	1	0	2	2	0	2	.435	.739	Wilson Alvarez	.125	24	3	0	0	0	0	5	.125	.125

Mark Dewey — Pirates
Age 30 – Pitches Right (groundball pitcher)

	ERA	W	L	Sv	G	GS	IP	BB	SO	Avg	H	2B	3B	HR	RBI	OBP	SLG	GF	IR	IRS	Hld	SvOp	SB	CS	GB	FB	G/F
1994 Season	3.68	2	1	1	45	0	51.1	19	30	.303	61	10	2	4	34	.371	.433	18	47	13	10	2	3	2	81	58	1.40
Career (1990-1994)	3.43	5	4	8	100	0	134.0	44	79	.264	134	23	5	7	71	.328	.371	46	77	26	12	15	8	6	211	139	1.52

1994 Season

	ERA	W	L	Sv	G	GS	IP	H	HR	BB	SO		Avg	AB	H	2B	3B	HR	RBI	BB	SO	OBP	SLG
Home	3.03	1	1	0	22	0	29.2	33	3	9	17	vs. Left	.299	67	20	2	2	3	13	11	8	.405	.522
Away	4.57	1	0	1	23	0	21.2	28	1	10	13	vs. Right	.306	134	41	8	0	1	21	8	22	.352	.388
Starter	0.00	0	0	0	0	0	0.0	0	0	0	0	Scoring Posn	.294	85	25	4	1	2	32	8	11	.365	.435
Reliever	3.68	2	1	1	45	0	51.1	61	4	19	30	Close & Late	.291	79	23	3	1	1	8	7	11	.364	.392
0 Days rest (Re)	2.25	0	0	0	8	0	8.0	6	0	0	6	None on/out	.227	44	10	1	0	2	2	1	6	.244	.386
1 or 2 Days rest	2.38	2	1	1	27	0	34.0	38	3	13	16	First Pitch	.333	33	11	0	0	2	7	3	0	.405	.515
3+ Days rest	9.64	0	0	0	10	0	9.1	17	1	6	8	Ahead in Count	.301	93	28	7	0	0	11	0	25	.301	.376
Pre-All Star	3.06	2	0	1	33	0	35.1	37	2	10	22	Behind in Count	.341	44	15	3	2	2	12	9	0	.464	.636
Post-All Star	5.06	0	1	0	12	0	16.0	24	2	9	8	Two Strikes	.225	89	20	5	0	0	8	7	30	.281	.281

Alex Diaz — Brewers
Age 26 – Bats Both (groundball hitter)

	Avg	G	AB	R	H	2B	3B	HR	RBI	BB	SO	HBP	GDP	SB	CS	OBP	SLG	IBB	SH	SF	#Pit	#P/PA	GB	FB	G/F
1994 Season	.251	79	187	17	47	5	7	1	17	10	19	0	5	5	5	.285	.369	1	3	3	598	2.95	86	47	1.83
Career (1992-1994)	.264	133	265	31	70	7	7	1	19	12	31	0	8	13	10	.288	.355	1	6	3	816	2.87	118	62	1.90

1994 Season

	Avg	AB	H	2B	3B	HR	RBI	BB	SO	OBP	SLG		Avg	AB	H	2B	3B	HR	RBI	BB	SO	OBP	SLG
vs. Left	.233	43	10	1	1	0	5	3	5	.277	.302	Scoring Posn	.205	44	9	2	0	1	14	4	4	.255	.318
vs. Right	.257	144	37	4	6	1	12	7	14	.288	.389	Close & Late	.306	36	11	0	1	0	1	2	3	.342	.361
Home	.255	102	26	4	4	0	8	9	7	.310	.373	None on/out	.278	54	15	1	2	0	0	1	5	.291	.370
Away	.247	85	21	1	3	1	9	1	12	.253	.365	Batting #1	.233	43	10	0	1	0	3	2	6	.267	.279
First Pitch	.364	44	16	2	3	0	3	1	0	.378	.545	Batting #8	.274	95	26	4	2	1	7	5	6	.307	.389
Ahead in Count	.333	39	13	2	0	1	6	4	0	.378	.462	Other	.224	49	11	1	4	0	7	3	7	.259	.408
Behind in Count	.145	76	11	0	3	0	4	0	17	.143	.224	Pre-All Star	.273	165	45	4	7	1	14	9	16	.309	.400
Two Strikes	.115	52	6	0	0	0	2	5	19	.190	.154	Post-All Star	.091	22	2	1	0	0	3	1	3	.120	.136

Mario Diaz — Marlins
Age 33 – Bats Right (groundball hitter)

	Avg	G	AB	R	H	2B	3B	HR	RBI	BB	SO	HBP	GDP	SB	CS	OBP	SLG	IBB	SH	SF	#Pit	#P/PA	GB	FB	G/F
1994 Season	.325	32	77	10	25	4	2	0	11	6	6	1	1	0	0	.376	.429	0	0	1	293	3.45	37	23	1.61
Last Five Years	.269	234	517	60	139	23	3	3	59	30	42	2	14	1	2	.307	.342	0	12	8	1977	3.47	236	146	1.62

1994 Season

	Avg	AB	H	2B	3B	HR	RBI	BB	SO	OBP	SLG		Avg	AB	H	2B	3B	HR	RBI	BB	SO	OBP	SLG
vs. Left	.393	28	11	2	1	0	7	2	3	.433	.536	Scoring Posn	.474	19	9	2	1	0	10	2	2	.522	.684
vs. Right	.286	49	14	2	1	0	4	4	3	.345	.367	Close & Late	.222	18	4	1	0	0	3	0	1	.222	.278

Last Five Years

	Avg	AB	H	2B	3B	HR	RBI	BB	SO	OBP	SLG		Avg	AB	H	2B	3B	HR	RBI	BB	SO	OBP	SLG
vs. Left	.296	189	56	11	1	1	27	14	15	.341	.381	Scoring Posn	.302	126	38	4	1	0	52	7	10	.329	.349
vs. Right	.253	328	83	12	2	2	32	16	27	.287	.320	Close & Late	.318	85	27	3	0	0	9	3	10	.341	.341
Groundball	.280	125	35	6	2	0	10	6	9	.311	.360	None on/out	.230	122	28	8	1	1	1	7	11	.271	.336
Flyball	.263	99	26	4	0	1	11	5	8	.292	.333	Batting #8	.211	147	31	10	1	0	10	7	7	.245	.293
Home	.262	260	68	9	2	2	28	17	21	.304	.335	Batting #9	.308	201	62	8	1	2	30	10	23	.341	.388
Away	.276	257	71	14	1	1	31	13	21	.310	.350	Other	.272	169	46	5	1	1	19	13	12	.319	.331
Day	.270	100	27	9	1	0	9	7	6	.321	.380	April	.067	15	1	0	0	0	1	1	0	.125	.067
Night	.269	417	112	14	2	3	50	23	36	.304	.333	May	.341	41	14	4	0	1	10	2	1	.372	.512
Grass	.269	424	114	19	2	3	52	27	33	.310	.344	June	.320	100	32	4	1	1	12	8	6	.367	.410
Turf	.269	93	25	4	1	0	7	3	9	.292	.333	July	.268	153	41	8	2	0	18	6	19	.290	.346
First Pitch	.264	91	24	1	0	1	12	1	0	.277	.308	August	.211	123	26	5	0	1	12	6	9	.258	.276
Ahead in Count	.320	100	32	7	1	0	18	17	0	.412	.410	September/October	.294	85	25	2	0	0	6	7	7	.337	.318
Behind in Count	.248	226	56	7	1	2	19	0	36	.242	.314	Pre-All Star	.315	197	62	12	3	2	31	12	12	.352	.437
Two Strikes	.231	216	50	5	1	1	24	12	42	.266	.278	Post-All Star	.241	320	77	11	0	1	28	18	30	.280	.284

Batter vs. Pitcher (career)

Hits Best Against	Avg	AB	H	2B	3B	HR	RBI	BB	SO	OBP	SLG	Hits Worst Against	Avg	AB	H	2B	3B	HR	RBI	BB	SO	OBP	SLG
Alex Fernandez	.500	10	5	0	0	0	1	1	0	.545	.500													

Jerry DiPoto — Indians
Age 27 – Pitches Right (groundball pitcher)

	ERA	W	L	Sv	G	GS	IP	BB	SO	Avg	H	2B	3B	HR	RBI	OBP	SLG	GF	IR	IRS	Hld	SvOp	SB	CS	GB	FB	G/F
1994 Season	8.04	0	0	0	7	0	15.2	10	9	.406	26	4	0	1	20	.468	.516	1	7	6	1	0	2	1	26	12	2.17
Career (1993-1994)	3.63	4	4	11	53	0	72.0	40	50	.302	83	11	0	1	43	.387	.353	27	37	16	7	17	3	1	131	44	2.98

1994 Season

	ERA	W	L	Sv	G	GS	IP	H	HR	BB	SO		Avg	AB	H	2B	3B	HR	RBI	BB	SO	OBP	SLG
Home	7.11	0	0	0	3	0	6.1	11	1	3	4	vs. Left	.360	25	9	1	0	0	5	6	2	.469	.400
Away	8.68	0	0	0	4	0	9.1	15	0	7	5	vs. Right	.436	39	17	3	0	1	15	4	7	.468	.590

Gary DiSarcina — Angels
Age 27 – Bats Right (groundball hitter)

	Avg	G	AB	R	H	2B	3B	HR	RBI	BB	SO	HBP	GDP	SB	CS	OBP	SLG	IBB	SH	SF	#Pit	#P/PA	GB	FB	G/F
1994 Season	.260	112	389	53	101	14	2	3	33	18	28	2	10	3	7	.294	.329	0	10	2	1315	3.12	183	92	1.99
Last Five Years	.242	431	1437	158	348	56	4	9	123	59	130	17	41	18	21	.279	.305	0	23	8	4958	3.21	640	374	1.71

1994 Season

	Avg	AB	H	2B	3B	HR	RBI	BB	SO	OBP	SLG		Avg	AB	H	2B	3B	HR	RBI	BB	SO	OBP	SLG
vs. Left	.274	117	32	4	1	2	13	5	7	.303	.376	Scoring Posn	.286	98	28	5	0	1	30	4	9	.314	.367
vs. Right	.254	272	69	10	1	1	20	13	21	.291	.309	Close & Late	.311	74	23	3	0	0	5	1	7	.320	.351
Groundball	.211	90	19	3	0	1	9	3	12	.253	.278	None on/out	.234	94	22	3	0	1	1	3	3	.258	.298
Flyball	.244	82	20	2	0	1	3	2	3	.262	.305	Batting #7	1.000	1	1	0	0	0	0	0	0	1.000	1.000
Home	.261	207	54	4	2	2	19	10	12	.294	.329	Batting #9	.258	387	100	14	2	3	33	18	28	.293	.328
Away	.258	182	47	10	0	1	14	8	16	.295	.330	Other	.000	1	0	0	0	0	0	0	0	.000	.000
Day	.265	98	26	7	1	2	9	5	2	.314	.388	April	.306	85	26	3	0	0	6	5	4	.344	.341
Night	.258	291	75	7	1	2	24	13	23	.288	.309	May	.322	90	29	4	2	1	13	5	8	.351	.478

99

1994 Season

	Avg	AB	H	2B	3B	HR	RBI	BB	SO	OBP	SLG		Avg	AB	H	2B	3B	HR	RBI	BB	SO	OBP	SLG
Grass	.249	345	86	11	2	3	28	17	22	.287	.319	June	.184	87	16	3	0	1	8	3	11	.211	.253
Turf	.341	44	15	3	0	0	5	1	6	.356	.409	July	.232	95	22	3	0	0	4	4	5	.277	.263
First Pitch	.239	71	17	3	0	0	3	0	0	.239	.282	August	.250	32	8	1	0	0	2	1	0	.273	.281
Ahead in Count	.267	86	23	3	0	1	6	9	0	.340	.337	September/October	.000	0	0	0	0	0	0	0	0	.000	.000
Behind in Count	.263	167	44	5	2	2	15	0	24	.266	.353	Pre-All Star	.268	298	80	13	2	3	29	15	25	.306	.356
Two Strikes	.203	123	25	4	1	0	6	9	28	.256	.252	Post-All Star	.231	91	21	1	0	0	4	3	3	.255	.242

1994 By Position

Position	Avg	AB	H	2B	3B	HR	RBI	BB	SO	OBP	SLG	G	GS	Innings	PO	A	E	DP	Fld Pct	Rng Fctr	In Zone	Outs	Zone Rtg	MLB Zone
As ss	.258	387	100	14	2	3	33	18	28	.293	.328	110	110	982.0	160	359	9	66	.983	4.76	399	384	.962	.889

Last Five Years

	Avg	AB	H	2B	3B	HR	RBI	BB	SO	OBP	SLG		Avg	AB	H	2B	3B	HR	RBI	BB	SO	OBP	SLG
vs. Left	.229	380	87	13	1	2	25	14	31	.259	.284	Scoring Posn	.252	349	88	15	0	2	109	19	31	.301	.312
vs. Right	.247	1057	261	43	3	7	98	45	99	.286	.313	Close & Late	.191	256	49	5	0	1	19	12	30	.236	.223
Groundball	.259	332	86	16	1	2	32	11	36	.292	.334	None on/out	.243	342	83	16	1	1	1	15	25	.279	.304
Flyball	.190	342	65	9	0	2	17	17	33	.237	.234	Batting #8	.231	286	66	12	0	1	24	8	26	.253	.283
Home	.237	727	172	22	3	6	72	30	58	.273	.300	Batting #9	.245	1028	252	40	4	8	89	50	94	.287	.315
Away	.248	710	176	34	1	3	51	29	72	.285	.311	Other	.244	123	30	4	0	0	10	1	10	.266	.276
Day	.247	388	96	22	2	4	30	21	34	.296	.345	April	.282	213	60	10	0	1	15	12	21	.322	.343
Night	.240	1049	252	34	2	5	93	38	96	.272	.291	May	.245	290	71	9	2	3	30	16	26	.284	.321
Grass	.233	1219	284	43	3	8	100	53	108	.272	.293	June	.234	282	66	14	2	4	30	10	29	.264	.340
Turf	.294	218	64	13	1	1	23	6	22	.316	.376	July	.225	275	62	9	0	4	20	12	21	.271	.258
First Pitch	.285	256	73	13	0	2	21	0	0	.292	.359	August	.234	209	49	8	0	1	20	3	15	.258	.287
Ahead in Count	.260	323	84	19	1	5	29	28	0	.320	.372	September/October	.238	168	40	6	0	0	8	6	18	.277	.274
Behind in Count	.219	621	136	19	3	2	47	0	117	.230	.269	Pre-All Star	.251	897	225	39	4	8	84	42	83	.288	.330
Two Strikes	.186	499	93	13	1	0	32	31	130	.241	.216	Post-All Star	.228	540	123	17	0	1	39	17	47	.264	.265

Batter vs. Pitcher (career)

Hits Best Against	Avg	AB	H	2B	3B	HR	RBI	BB	SO	OBP	SLG	Hits Worst Against	Avg	AB	H	2B	3B	HR	RBI	BB	SO	OBP	SLG
Dave Fleming	.500	18	9	2	0	0	2	0	1	.500	.611	Kenny Rogers	.000	17	0	0	0	0	0	0	0	.000	.000
Melido Perez	.444	18	8	1	0	1	6	5	0	.565	.667	Todd Stottlemyre	.063	16	1	0	0	0	0	0	0	.063	.063
Bob Welch	.385	13	5	0	0	1	2	1	1	.429	.615	Bill Gullickson	.091	11	1	0	0	0	0	0	0	.091	.091
Ron Darling	.385	13	5	1	1	0	1	0	1	.385	.615	Kevin Brown	.095	21	2	1	0	0	2	1	3	.136	.143
Erik Hanson	.313	16	5	2	0	1	2	0	1	.353	.625	Kevin Tapani	.100	20	2	0	0	0	0	0	3	.100	.100

Steve Dixon — Cardinals   Age 25 – Pitches Left

	ERA	W	L	Sv	G	GS	IP	BB	SO	Avg	H	2B	3B	HR	RBI	OBP	SLG	GF	IR	IRS	Hld	SvOp	SB	CS	GB	FB	G/F
1994 Season	23.14	0	0	0	2	0	2.1	8	1	.333	3	1	0	0	6	.611	.444	0	2	2	0	0	1	0	3	4	0.75
Career (1993-1994)	26.80	0	0	0	6	0	5.0	13	3	.455	10	3	0	1	13	.639	.727	0	5	3	0	0	6	7	0.86		

1994 Season

	ERA	W	L	Sv	G	GS	IP	H	HR	BB	SO		Avg	AB	H	2B	3B	HR	RBI	BB	SO	OBP	SLG
Home	0.00	0	0	0	0	0	0.0	0	0	0	0	vs. Left	.500	2	1	0	0	0	1	1	0	.667	.500
Away	23.14	0	0	0	2	0	2.1	3	0	8	1	vs. Right	.286	7	2	1	0	0	5	7	1	.600	.429

John Doherty — Tigers   Age 28 – Pitches Right (groundball pitcher)

	ERA	W	L	Sv	G	GS	IP	BB	SO	Avg	H	2B	3B	HR	RBI	OBP	SLG	CG	ShO	Sup	QS	#P/S	SB	CS	GB	FB	G/F
1994 Season	6.48	6	7	0	18	17	101.1	26	28	.337	139	30	0	13	65	.374	.504	2	0	5.33	6	89	0	4	199	94	2.12
Career (1992-1994)	4.79	27	22	3	97	59	402.0	99	128	.299	475	77	5	36	204	.342	.422	5	2	5.96	27	86	11	20	820	318	2.58

1994 Season

	ERA	W	L	Sv	G	GS	IP	H	HR	BB	SO		Avg	AB	H	2B	3B	HR	RBI	BB	SO	OBP	SLG
Home	6.75	6	4	0	11	11	61.1	87	8	13	21	vs. Left	.328	195	64	11	0	6	23	18	18	.381	.477
Away	6.07	0	3	0	7	6	40.0	52	5	13	7	vs. Right	.344	218	75	19	0	7	42	8	10	.368	.528
Starter	6.50	6	7	0	17	17	98.1	135	13	26	27	Scoring Posn	.349	106	37	5	0	6	53	13	6	.402	.566
Reliever	6.00	0	0	0	1	0	3.0	4	0	0	1	Close & Late	.500	18	9	4	0	1	5	0	1	.500	.889
0-3 Days Rest (St)	12.46	0	1	0	1	1	4.1	9	1	1	1	None on/out	.378	111	42	11	0	6	6	5	7	.405	.640
4 Days Rest	6.79	5	4	0	11	11	61.0	87	8	13	20	First Pitch	.366	71	26	4	0	4	20	4	0	.397	.592
5+ Days Rest	5.18	1	2	0	5	5	33.0	39	4	12	6	Ahead in Count	.282	156	44	11	0	2	23	0	25	.278	.391
Pre-All Star	6.48	6	7	0	18	17	101.1	139	13	26	28	Behind in Count	.417	108	45	12	0	7	15	11	0	.471	.722
Post-All Star	0.00	0	0	0	0	0	0.0	0	0	0	0	Two Strikes	.255	149	38	8	0	0	14	11	28	.305	.309

Career (1992-1994)

	ERA	W	L	Sv	G	GS	IP	H	HR	BB	SO		Avg	AB	H	2B	3B	HR	RBI	BB	SO	OBP	SLG
Home	5.09	17	11	1	53	33	214.0	262	25	59	78	vs. Left	.296	784	232	36	3	19	91	50	71	.336	.422
Away	4.45	10	11	2	44	26	188.0	213	11	40	50	vs. Right	.302	804	243	41	2	17	113	49	57	.349	.422
Day	5.96	8	15	1	39	23	151.0	194	20	46	47	Inning 1-6	.298	1282	382	58	4	33	176	86	103	.344	.427
Night	4.09	19	7	2	58	36	251.0	281	16	53	81	Inning 7+	.304	306	93	19	1	3	28	13	25	.334	.402
Grass	4.93	24	20	3	85	54	355.2	423	33	94	118	None on	.289	926	268	43	3	20	20	42	88	.324	.407
Turf	3.69	3	2	0	12	5	46.1	52	3	5	10	Runners on	.313	662	207	34	2	16	184	57	40	.366	.443
April	3.78	4	3	1	16	9	66.2	70	8	17	17	Scoring Posn	.319	370	118	16	2	14	170	44	27	.385	.486

100

Career (1992-1994)

	ERA	W	L	Sv	G	GS	IP	H	HR	BB	SO		Avg	AB	H	2B	3B	HR	RBI	BB	SO	OBP	SLG
May	4.35	8	3	0	22	11	93.0	97	9	28	29	Close & Late	.381	134	51	8	0	3	18	5	10	.407	.507
June	6.65	3	4	0	14	8	46.0	68	4	16	14	None on/out	.296	412	122	19	2	10	10	17	42	.329	.425
July	5.97	2	5	2	22	8	66.1	85	7	10	24	vs. 1st Batr (relief)	.278	36	10	3	0	0	4	1	3	.316	.361
August	4.18	4	5	0	11	11	60.1	68	4	15	16	First Inning Pitched	.298	349	104	22	1	4	51	31	33	.357	.401
September/October	4.52	6	2	0	12	12	69.2	87	4	13	28	First 75 Pitches	.291	1323	385	63	4	25	157	87	108	.337	.401
Starter	4.91	25	20	0	59	59	343.0	415	34	83	106	Pitch 76-90	.350	140	49	7	0	6	25	5	12	.374	.529
Reliever	4.12	2	2	3	38	0	59.0	60	2	16	22	Pitch 91-105	.341	91	31	5	1	5	19	5	3	.375	.582
0-3 Days Rest (St)	4.26	2	2	0	4	4	25.1	25	4	8	7	Pitch 106+	.294	34	10	2	0	0	3	2	5	.324	.353
4 Days Rest	5.72	15	14	0	38	38	207.2	272	22	45	67	First Pitch	.307	241	74	7	0	8	40	11	0	.345	.436
5+ Days Rest	3.52	8	4	0	17	17	110.0	118	8	30	32	Ahead in Count	.275	621	171	30	2	10	76	0	112	.279	.378
Pre-All Star	5.01	16	13	2	62	33	240.2	287	26	65	70	Behind in Count	.327	413	135	28	3	14	55	54	0	.403	.511
Post-All Star	4.46	11	9	1	35	26	161.1	188	10	34	58	Two Strikes	.265	573	152	25	2	9	70	34	128	.309	.363

Pitcher vs. Batter (career)

Pitches Best Vs.	Avg	AB	H	2B	3B	HR	RBI	BB	SO	OBP	SLG	Pitches Worst Vs.	Avg	AB	H	2B	3B	HR	RBI	BB	SO	OBP	SLG
Pat Listach	.071	14	1	0	0	0	0	0	4	.071	.071	Brian McRae	.667	12	8	2	0	1	5	0	1	.615	1.083
Lance Johnson	.100	10	1	0	0	0	0	1	0	.182	.100	Shane Mack	.667	9	6	1	0	0	1	2	0	.750	.778
Harold Baines	.125	16	2	0	0	0	0	3	3	.125	.125	Scott Cooper	.600	10	6	4	0	0	2	2	0	.667	1.000
Brady Anderson	.136	22	3	0	0	0	0	2	3	.208	.136	Ivan Rodriguez	.500	10	5	1	0	1	2	0	0	.583	.900
Rafael Palmeiro	.182	22	4	0	0	0	1	0	1	.182	.182	Ken Griffey Jr.	.353	17	6	1	0	3	6	2	2	.421	.941

Chris Donnels — Astros
Age 29 – Bats Left (groundball hitter)

	Avg	G	AB	R	H	2B	3B	HR	RBI	BB	SO	HBP	GDP	SB	CS	OBP	SLG	IBB	SH	SF	#Pit	#P/PA	GB	FB	G/F
1994 Season	.267	54	86	12	23	5	0	3	5	13	18	0	1	1	0	.364	.430	0	0	0	395	3.99	38	18	2.11
Career (1991-1994)	.232	224	475	45	110	25	2	5	40	63	95	0	8	5	1	.321	.324				2101	3.88	202	101	2.00

1994 Season

	Avg	AB	H	2B	3B	HR	RBI	BB	SO	OBP	SLG		Avg	AB	H	2B	3B	HR	RBI	BB	SO	OBP	SLG
vs. Left	.111	9	1	0	0	1	1	2	2	.273	.444	Scoring Posn	.190	21	4	1	0	2	5	5	.346	.238
vs. Right	.286	77	22	5	0	2	4	11	16	.375	.429	Close & Late	.250	24	6	2	0	0	4	5	.357	.333

Career (1991-1994)

	Avg	AB	H	2B	3B	HR	RBI	BB	SO	OBP	SLG		Avg	AB	H	2B	3B	HR	RBI	BB	SO	OBP	SLG
vs. Left	.230	100	23	4	1	1	5	14	20	.325	.320	Scoring Posn	.215	121	26	5	0	1	30	19	27	.319	.281
vs. Right	.232	375	87	21	1	4	35	49	75	.320	.325	Close & Late	.190	100	19	6	0	0	4	15	22	.296	.250
Groundball	.232	185	43	8	1	1	14	15	37	.290	.303	None on/out	.190	100	19	4	0	2	2	14	22	.289	.290
Flyball	.153	85	13	5	0	0	3	20	24	.314	.212	Batting #6	.263	171	45	8	2	3	13	27	27	.364	.368
Home	.212	222	47	11	0	2	16	19	46	.274	.288	Batting #7	.198	106	21	5	0	0	8	13	20	.286	.245
Away	.249	253	63	14	2	3	24	44	49	.359	.356	Other	.222	198	44	12	0	3	19	23	48	.302	.328
Day	.257	179	46	11	1	3	16	18	33	.323	.380	April	.242	33	8	1	0	3	5	5	4	.342	.545
Night	.216	296	64	14	1	2	24	45	62	.320	.291	May	.283	60	17	4	0	0	6	12	14	.403	.350
Grass	.216	245	53	11	1	0	15	34	55	.312	.269	June	.200	35	7	2	0	0	0	4	11	.282	.257
Turf	.248	230	57	14	1	5	25	29	40	.331	.383	July	.255	47	12	3	1	0	6	9	10	.375	.362
First Pitch	.271	59	16	2	0	1	5	1	0	.283	.356	August	.191	115	22	7	0	0	6	13	20	.273	.252
Ahead in Count	.287	115	33	11	0	0	14	36	0	.454	.383	September/October	.238	185	44	8	1	2	17	20	36	.311	.324
Behind in Count	.177	203	36	5	1	2	13	0	75	.177	.241	Pre-All Star	.246	138	34	7	0	3	13	23	33	.354	.362
Two Strikes	.181	221	40	6	1	2	13	26	95	.267	.244	Post-All Star	.226	337	76	18	2	2	27	40	62	.307	.309

Batter vs. Pitcher (career)

Hits Best Against	Avg	AB	H	2B	3B	HR	RBI	BB	SO	OBP	SLG	Hits Worst Against	Avg	AB	H	2B	3B	HR	RBI	BB	SO	OBP	SLG
Bob Tewksbury	.375	16	6	1	0	0	1	0	3	.375	.438	Greg Maddux	.143	14	2	0	0	0	1	2	6	.250	.143
												John Smoltz	.143	7	1	0	0	0	1	4	1	.455	.143
												Andy Ashby	.200	10	2	0	0	0	1	1	1	.273	.200
												Randy Tomlin	.231	13	3	0	1	0	1	0	1	.231	.385

John Dopson — Angels
Age 31 – Pitches Right (groundball pitcher)

	ERA	W	L	Sv	G	GS	IP	BB	SO	Avg	H	2B	3B	HR	RBI	OBP	SLG	GF	IR	IRS	Hld	SvOp	SB	CS	GB	FB	G/F
1994 Season	6.14	1	4	1	21	5	58.2	26	33	.288	67	14	0	6	34	.365	.425	9	5	1	2	4	1	0	112	48	2.33
Last Five Years	4.71	15	26	1	85	62	374.1	133	186	.282	411	80	7	41	181	.342	.430	8	19	7	2	2	33	14	706	293	2.41

1994 Season

	ERA	W	L	Sv	G	GS	IP	H	BB	SO		Avg	AB	H	2B	3B	HR	RBI	BB	SO	OBP	SLG
Home	5.94	0	2	0	12	3	36.1	40	5	10	16	vs. Left	.248	105	26	4	0	1	9	9	16	.310	.314
Away	6.45	1	2	1	9	2	22.1	27	1	16	17	vs. Right	.320	128	41	10	0	5	25	17	17	.408	.516

Last Five Years

	ERA	W	L	Sv	G	GS	IP	H	HR	BB	SO		Avg	AB	H	2B	3B	HR	RBI	BB	SO	OBP	SLG
Home	4.10	10	10	0	48	34	217.1	234	21	64	99	vs. Left	.279	699	195	32	6	16	83	63	74	.338	.411
Away	5.56	5	16	1	37	28	157.0	177	20	69	87	vs. Right	.284	761	216	48	1	25	98	70	112	.345	.448
Day	5.22	5	9	0	30	22	117.1	142	19	44	46	Inning 1-6	.270	1243	335	61	5	34	145	108	161	.328	.409
Night	4.48	10	17	1	55	40	257.0	269	22	89	140	Inning 7+	.350	217	76	19	2	7	36	25	25	.418	.553
Grass	4.38	14	21	0	76	56	341.1	366	37	114	166	None on	.279	861	240	46	4	25	72	118	.336	.429
Turf	8.18	1	5	0	9	6	33.0	45	4	19	20	Runners on	.285	599	171	34	3	16	156	61	68	.350	.432

101

Last Five Years

	ERA	W	L	Sv	G	GS	IP	H	HR	BB	SO		Avg	AB	H	2B	3B	HR	RBI	BB	SO	OBP	SLG
April	3.76	3	4	0	13	13	69.1	66	7	25	51	Scoring Posn	.282	340	96	17	1	7	129	45	38	.361	.400
May	4.17	2	5	1	19	9	73.1	79	4	25	36	Close & Late	.405	74	30	9	1	3	14	11	10	.488	.676
June	4.62	6	3	0	17	11	76.0	71	11	28	34	None on/out	.262	378	99	27	3	11	9	35	53	.324	.437
July	4.58	1	0	0	11	11	59.0	69	6	18	27	vs. 1st Batr (relief)	.211	19	4	1	0	0	2	4	4	.348	.263
August	4.86	0	7	0	12	9	53.2	67	7	22	22	First Inning Pitched	.282	319	90	20	1	7	41	28	45	.339	.417
September/October	7.33	1	6	0	13	9	43.0	59	6	15	16	First 15 Pitches	.287	293	84	19	1	7	33	24	32	.342	.430
Starter	4.46	15	23	0	62	62	335.0	369	39	113	165	Pitch 16-30	.230	283	65	9	1	5	25	21	47	.283	.322
Reliever	6.86	0	3	1	23	0	39.1	42	2	20	21	Pitch 31-45	.268	239	64	10	0	6	29	23	31	.328	.385
0 Days rest (Re)	0.00	0	0	0	0	0	0.0	0	0	0	0	Pitch 46+	.307	645	198	42	5	23	94	65	76	.371	.495
1 or 2 Days rest	7.59	0	1	1	13	0	21.1	22	1	12	10	First Pitch	.352	227	80	19	3	8	42	9	0	.375	.568
3+ Days rest	6.00	0	2	0	10	0	18.0	20	1	8	11	Ahead in Count	.230	595	137	26	1	14	62	0	153	.234	.348
Pre-All Star	4.29	14	13	1	54	38	247.1	256	26	85	132	Behind in Count	.320	337	108	16	2	12	48	74	0	.440	.487
Post-All Star	5.53	1	13	0	31	24	127.0	155	19	48	54	Two Strikes	.198	570	113	19	1	10	51	50	186	.266	.288

Pitcher vs. Batter (career)

Pitches Best Vs.	Avg	AB	H	2B	3B	HR	RBI	BB	SO	OBP	SLG	Pitches Worst Vs.	Avg	AB	H	2B	3B	HR	RBI	BB	SO	OBP	SLG
Steve Sax	.087	23	2	0	0	0	0	3	1	.192	.087	Troy Neel	.533	15	8	2	0	2	6	0	1	.533	1.067
Vince Coleman	.100	10	1	0	0	0	1	1	4	.182	.100	Devon White	.467	15	7	0	0	2	4	0	2	.500	.867
Roberto Kelly	.100	10	1	0	0	0	0	0	0	.182	.100	Bobby Bonilla	.400	10	4	1	0	1	3	3	1	.538	.800
Don Mattingly	.158	19	3	0	0	0	0	1	0	.200	.158	Juan Samuel	.357	14	5	1	2	1	4	0	1	.357	.929
Rene Gonzales	.182	11	2	0	0	1	0	2	.182	.182	Jose Canseco	.313	16	5	1	0	3	6	0	3	.313	.938

Brian Dorsett — Reds

Age 34 – Bats Right (flyball hitter)

	Avg	G	AB	R	H	2B	3B	HR	RBI	BB	SO	HBP	GDP	SB	CS	OBP	SLG	IBB	SH	SF	#Pit	#P/PA	GB	FB	G/F
1994 Season	.245	76	216	21	53	8	0	5	26	21	33	1	10	0	0	.313	.352	7	1	2	884	3.67	61	82	0.74
Last Five Years	.230	126	326	30	75	14	0	7	39	26	54	1	13	0	0	.287	.337	7	1	2	1318	3.70	87	122	0.71

1994 Season

	Avg	AB	H	2B	3B	HR	RBI	BB	SO	OBP	SLG		Avg	AB	H	2B	3B	HR	RBI	BB	SO	OBP	SLG
vs. Left	.284	74	21	4	0	1	5	10	8	.376	.378	Scoring Posn	.250	60	15	2	0	1	19	14	11	.382	.333
vs. Right	.225	142	32	4	0	4	21	11	25	.277	.338	Close & Late	.216	37	8	1	0	1	5	5	8	.310	.324
Home	.232	99	23	4	0	2	13	11	12	.313	.333	None on/out	.241	54	13	1	0	1	1	10	8	.241	.315
Away	.256	117	30	4	0	3	13	10	21	.313	.368	Batting #7	.200	10	2	0	0	0	1	1	1	.273	.200
First Pitch	.310	29	9	1	0	1	7	6	0	.417	.448	Batting #8	.238	202	48	7	0	4	22	19	32	.304	.332
Ahead in Count	.245	53	13	4	0	3	10	9	0	.355	.491	Other	.750	4	3	1	0	1	3	1	0	.800	1.750
Behind in Count	.230	100	23	0	0	0	7	0	28	.235	.230	Pre-All Star	.253	178	45	7	0	4	24	16	23	.315	.360
Two Strikes	.217	106	23	1	0	3	6	33	.265	.226	Post-All Star	.211	38	8	1	0	1	2	5	10	.302	.316

Doug Drabek — Astros

Age 32 – Pitches Right (groundball pitcher)

	ERA	W	L	Sv	G	GS	IP	BB	SO	Avg	H	2B	3B	HR	RBI	OBP	SLG	CG	ShO	Sup	QS	#P/S	SB	CS	GB	FB	G/F
1994 Season	2.84	12	6	0	23	23	164.2	45	121	.220	132	22	1	14	46	.275	.331	6	2	5.52	16	108	13	5	248	152	1.63
Last Five Years	3.06	73	55	0	159	159	1125.0	277	728	.245	1027	176	18	80	362	.293	.353	37	13	4.70	110	103	106	50	1727	1036	1.67

1994 Season

	ERA	W	L	Sv	G	GS	IP	H	HR	BB	SO		Avg	AB	H	2B	3B	HR	RBI	BB	SO	OBP	SLG
Home	3.50	6	5	0	12	12	87.1	86	10	28	65	vs. Left	.220	305	67	12	0	6	26	27	56	.283	.318
Away	2.09	6	1	0	11	11	77.1	64	4	17	56	vs. Right	.221	294	65	10	1	8	20	18	65	.266	.344
Day	1.82	3	2	0	7	7	49.1	37	4	9	35	Inning 1-6	.229	481	110	14	1	10	39	34	102	.280	.324
Night	3.28	9	4	0	16	16	115.1	95	10	36	86	Inning 7+	.186	118	22	8	0	4	7	11	19	.254	.356
Grass	1.35	4	0	0	4	4	33.1	23	1	7	20	None on	.236	377	89	14	1	11	11	28	80	.291	.366
Turf	3.22	8	6	0	19	19	131.1	109	13	38	101	Runners on	.194	222	43	8	0	3	35	17	41	.248	.270
April	3.58	2	1	0	5	5	32.2	28	4	10	27	Scoring Posn	.151	119	18	3	0	2	29	14	27	.236	.227
May	1.65	5	1	0	6	6	49.0	34	4	12	38	Close & Late	.189	53	10	1	0	2	3	9	9	.246	.321
June	3.62	3	2	0	5	5	37.1	35	3	9	26	None on/out	.217	157	34	4	1	3	3	14	33	.281	.312
July	3.34	0	2	0	5	5	29.2	27	1	9	20	vs. 1st Batr (relief)	.000	0	0	0	0	0	0	0	0	.000	.000
August	2.25	2	0	0	2	2	16.0	8	2	5	10	First Inning Pitched	.241	87	21	4	1	1	8	5	17	.287	.345
September/October	0.00	0	0	0	0	0	0.0	0	0	0	0	First 75 Pitches	.242	388	94	13	1	7	31	30	82	.296	.335
Starter	2.84	12	6	0	23	23	164.2	132	14	45	121	Pitch 76-90	.175	80	14	2	0	5	10	4	17	.212	.388
Reliever	0.00	0	0	0	0	0	0.0	0	0	0	0	Pitch 91-105	.152	79	12	4	0	1	2	4	16	.193	.241
0-3 Days Rest (St)	0.00	0	0	0	0	0	0.0	0	0	0	0	Pitch 106+	.231	52	12	3	0	1	3	7	8	.322	.346
4 Days Rest	2.66	8	3	0	14	14	105.0	87	8	27	78	First Pitch	.352	88	31	3	0	5	10	1	0	.360	.557
5+ Days Rest	3.17	4	3	0	9	9	59.2	45	6	18	43	Ahead in Count	.167	275	46	9	0	2	17	0	111	.165	.222
Pre-All Star	3.07	10	5	0	18	18	132.0	111	12	34	101	Behind in Count	.238	126	30	2	1	4	11	19	0	.333	.365
Post-All Star	1.93	2	1	0	5	5	32.2	21	2	11	20	Two Strikes	.161	280	45	8	0	4	22	25	121	.229	.232

Last Five Years

	ERA	W	L	Sv	G	GS	IP	H	HR	BB	SO		Avg	AB	H	2B	3B	HR	RBI	BB	SO	OBP	SLG
Home	2.85	39	27	0	80	80	591.1	523	37	148	411	vs. Left	.263	2374	624	116	11	46	228	180	334	.314	.379
Away	3.29	34	28	0	79	79	533.2	504	43	129	317	vs. Right	.222	1816	403	60	7	34	134	97	394	.264	.319
Day	2.80	24	13	0	46	46	324.2	285	22	75	208	Inning 1-6	.246	3407	839	142	16	67	310	219	598	.292	.356
Night	3.16	49	42	0	113	113	800.1	742	58	202	520	Inning 7+	.240	783	188	34	2	13	52	58	130	.293	.338
Grass	4.39	17	16	0	39	39	250.1	264	28	69	141	None on	.245	2621	641	104	13	54	54	144	460	.285	.356

Last Five Years

	ERA	W	L	Sv	G	GS	IP	H	HR	BB	SO		Avg	AB	H	2B	3B	HR	RBI	BB	SO	OBP	SLG
Turf	2.68	56	39	0	120	120	874.2	763	52	208	587	Runners on	.246	1569	386	72	5	26	308	133	268	.304	.348
April	2.91	12	11	0	25	25	170.1	146	12	47	106	Scoring Posn	.220	897	197	31	2	18	272	113	173	.302	.319
May	2.81	13	8	0	27	27	201.2	173	16	41	134	Close & Late	.227	445	101	12	0	7	27	37	84	.289	.301
June	3.44	11	11	0	29	29	198.2	204	15	54	128	None on/out	.242	1117	270	41	6	18	18	60	190	.280	.338
July	3.03	12	10	0	28	28	196.1	175	11	57	125	vs. 1st Batr (relief)	.000	0	0	0	0	0	0	0	0	.000	.000
August	2.91	11	7	0	25	25	176.1	160	15	39	115	First Inning Pitched	.267	617	165	31	3	12	69	42	110	.315	.386
September/October	3.22	14	8	0	25	25	181.2	169	11	39	120	First 75 Pitches	.249	2989	743	126	15	55	257	182	518	.292	.356
Starter	3.06	73	55	0	159	159	1125.0	1027	80	277	728	Pitch 76-90	.222	536	119	16	2	14	50	39	97	.278	.338
Reliever	0.00	0	0	0	0	0	0.0	0	0	0	0	Pitch 91-105	.246	431	106	16	1	8	32	25	72	.287	.343
0-3 Days Rest (St)	2.00	1	0	0	1	1	9.0	6	1	1	11	Pitch 106+	.252	234	59	18	0	3	23	31	41	.336	.368
4 Days Rest	2.78	53	30	0	104	104	750.0	677	40	170	482	First Pitch	.306	651	199	34	6	16	72	25	0	.335	.450
5+ Days Rest	3.64	19	25	0	54	54	366.0	344	39	106	235	Ahead in Count	.193	1863	359	57	4	18	100	0	636	.196	.257
Pre-All Star	3.11	41	33	0	91	91	644.2	593	46	158	416	Behind in Count	.290	910	264	45	6	30	117	134	0	.377	.452
Post-All Star	2.98	32	22	0	68	68	480.1	434	34	119	312	Two Strikes	.179	1829	327	50	4	23	99	117	728	.229	.248

Pitcher vs. Batter (career)

Pitches Best Vs.	Avg	AB	H	2B	3B	HR	RBI	BB	SO	OBP	SLG	Pitches Worst Vs.	Avg	AB	H	2B	3B	HR	RBI	BB	SO	OBP	SLG
Dennis Martinez	.000	16	0	0	0	0	0	0	8	.000	.000	Barry Bonds	.571	14	8	4	0	1	3	4	2	.667	1.071
Darnell Coles	.000	11	0	0	0	0	0	0	2	.000	.000	Fred McGriff	.474	19	9	0	0	2	4	4	3	.542	.789
Joe Girardi	.067	15	1	0	0	0	0	0	3	.067	.067	Eddie Murray	.447	47	21	2	0	3	7	6	6	.509	.681
Mike Morgan	.071	14	1	0	0	0	0	0	6	.071	.071	Jeff Kent	.444	18	8	2	0	1	1	3	1	.545	.722
Dwight Gooden	.077	13	1	0	0	0	0	0	2	.077	.077	Eric Karros	.385	13	5	1	0	2	5	2	1	.438	.923

Brian Drahman — Marlins
Age 28 – Pitches Right

	ERA	W	L	Sv	G	GS	IP	BB	SO	Avg	H	2B	3B	HR	RBI	OBP	SLG	GF	IR	IRS	Hld	SvOp	SB	CS	GB	FB	G/F
1994 Season	6.23	0	0	0	9	0	13.0	6	7	.300	15	1	1	2	9	.362	.480	3	0	0	0	0	1	0	25	15	1.67
Career (1991-1994)	3.54	3	2	0	47	0	56.0	23	29	.237	49	6	2	6	33	.309	.372	17	39	12	4	3	2	1	82	64	1.28

1994 Season

	ERA	W	L	Sv	G	GS	IP	H	HR	BB	SO		Avg	AB	H	2B	3B	HR	RBI	BB	SO	OBP	SLG
Home	5.06	0	0	0	7	0	10.2	12	1	4	6	vs. Left	.250	20	5	0	0	1	3	1	.348	.250
Away	11.57	0	0	0	2	0	2.1	3	1	2	1	vs. Right	.333	30	10	1	1	2	8	3	6	.371	.633

Darren Dreifort — Dodgers
Age 23 – Pitches Right (groundball pitcher)

	ERA	W	L	Sv	G	GS	IP	BB	SO	Avg	H	2B	3B	HR	RBI	OBP	SLG	GF	IR	IRS	Hld	SvOp	SB	CS	GB	FB	G/F
1994 Season	6.21	0	5	6	27	0	29.0	15	22	.357	45	6	1	0	20	.441	.421	15	12	8	3	9	3	3	71	15	4.73

1994 Season

	ERA	W	L	Sv	G	GS	IP	H	HR	BB	SO		Avg	AB	H	2B	3B	HR	RBI	BB	SO	OBP	SLG
Home	0.79	0	0	2	10	0	11.1	9	0	4	9	vs. Left	.316	57	18	4	1	0	9	9	5	.418	.421
Away	9.68	0	5	4	17	0	17.2	36	0	11	13	vs. Right	.391	69	27	2	0	0	11	6	17	.462	.420
Starter	0.00	0	0	0	0	0	0.0	0	0	0	0	Scoring Posn	.377	53	20	1	0	0	18	6	9	.459	.396
Reliever	6.21	0	5	6	27	0	29.0	45	0	15	22	Close & Late	.384	73	28	2	1	0	14	8	12	.458	.438
0 Days rest (Re)	9.45	0	2	3	8	0	6.2	11	0	2	6	None on/out	.240	25	6	1	0	0	0	3	6	.345	.280
1 or 2 Days Rest	3.68	0	1	2	10	0	14.2	17	0	9	14	First Pitch	.563	16	9	0	0	0	5	2	0	.632	.563
3+ Days rest	8.22	0	2	1	9	0	7.2	17	0	4	2	Ahead in Count	.250	56	14	1	1	0	6	0	19	.263	.304
Pre-All Star	6.21	0	5	6	27	0	29.0	45	0	15	22	Behind in Count	.481	27	13	2	0	0	4	9	0	.622	.556
Post-All Star	0.00	0	0	0	0	0	0.0	0	0	0	0	Two Strikes	.228	57	13	3	1	0	8	4	22	.279	.316

Steve Dreyer — Rangers
Age 25 – Pitches Right

	ERA	W	L	Sv	G	GS	IP	BB	SO	Avg	H	2B	3B	HR	RBI	OBP	SLG	CG	ShO	Sup	QS	#P/S	SB	CS	GB	FB	G/F
1994 Season	5.71	1	1	0	5	3	17.1	8	11	.271	19	3	1	1	12	.350	.386	0	0	5.19	0	83	1	1	26	16	1.63
Career (1993-1994)	5.71	4	4	0	15	9	58.1	28	34	.285	67	13	1	8	31	.365	.451	0	0	6.79	2	86	3	3	87	62	1.40

1994 Season

	ERA	W	L	Sv	G	GS	IP	H	HR	BB	SO		Avg	AB	H	2B	3B	HR	RBI	BB	SO	OBP	SLG
Home	3.60	0	1	0	3	2	10.0	12	1	3	7	vs. Left	.205	39	8	1	0	0	6	5	10	.289	.231
Away	8.59	1	0	0	2	1	7.1	7	0	5	4	vs. Right	.355	31	11	2	1	1	6	3	1	.429	.581

Rob Ducey — Rangers
Age 30 – Bats Left (flyball hitter)

	Avg	G	AB	R	H	2B	3B	HR	RBI	BB	SO	HBP	GDP	SB	CS	OBP	SLG	IBB	SH	SF	#Pit	#P/PA	GB	FB	G/F
1994 Season	.172	11	29	1	5	1	0	0	1	2	1	0	1	0	0	.226	.207	0	0	0	117	3.77	13	13	1.00
Last Five Years	.241	150	315	38	76	18	5	3	23	30	67	1	4	4	7	.306	.359	2	3	4	1406	3.98	82	96	0.85

1994 Season

	Avg	AB	H	2B	3B	HR	RBI	BB	SO	OBP	SLG		Avg	AB	H	2B	3B	HR	RBI	BB	SO	OBP	SLG
vs. Left	.000	0	0	0	0	0	0	0	0	.000	.000	Scoring Posn	.167	6	1	0	0	0	1	1	1	.286	.167
vs. Right	.172	29	5	1	0	0	1	2	1	.226	.207	Close & Late	.000	3	0	0	0	0	0	0	0	.000	.000

Mariano Duncan — Phillies
Age 32 – Bats Right (groundball hitter)

	Avg	G	AB	R	H	2B	3B	HR	RBI	BB	SO	HBP	GDP	SB	CS	OBP	SLG	IBB	SH	SF	#Pit	#P/PA	GB	FB	G/F
1994 Season	.268	88	347	49	93	22	1	8	48	17	72	4	9	10	2	.306	.406	1	2	4	1278	3.42	136	79	1.72
Last Five Years	.277	579	2185	301	605	117	23	49	266	82	392	20	47	57	21	.307	.419	5	20	17	7971	3.43	912	509	1.79

1994 Season

	Avg	AB	H	2B	3B	HR	RBI	BB	SO	OBP	SLG		Avg	AB	H	2B	3B	HR	RBI	BB	SO	OBP	SLG
vs. Left	.297	111	33	10	0	4	18	7	22	.345	.495	Scoring Posn	.337	101	34	9	1	6	43	2	19	.355	.624
vs. Right	.254	236	60	12	1	4	30	10	50	.289	.364	Close & Late	.340	50	17	2	1	1	11	3	13	.382	.480
Groundball	.280	100	28	5	0	2	13	4	27	.311	.390	None on/out	.132	53	7	2	0	0	0	6	21	.233	.170
Flyball	.275	51	14	2	1	1	8	1	10	.268	.412	Batting #2	.270	333	90	21	1	8	46	17	66	.310	.411
Home	.247	190	47	9	0	6	28	7	40	.285	.389	Batting #3	.154	13	2	1	0	0	1	0	6	.154	.231
Away	.293	157	46	13	1	2	20	10	32	.331	.427	Other	1.000	1	1	0	0	0	1	0	0	1.000	1.000
Day	.210	105	22	4	0	4	16	4	30	.241	.362	April	.250	76	19	5	0	4	17	5	16	.293	.474
Night	.293	242	71	18	1	4	32	13	42	.335	.426	May	.307	114	35	8	0	2	18	6	24	.352	.430
Grass	.281	114	32	9	0	2	17	8	22	.323	.412	June	.247	81	20	5	1	0	7	6	13	.299	.333
Turf	.262	233	61	13	1	6	31	9	50	.298	.403	July	.279	61	17	4	0	1	4	0	13	.286	.393
First Pitch	.293	41	12	0	0	2	10	1	0	.304	.439	August	.133	15	2	0	0	1	2	0	6	.133	.333
Ahead in Count	.423	71	30	12	0	2	17	11	0	.676		September/October	.000	0	0	0	0	0	0	0	0	.000	.000
Behind in Count	.184	179	33	8	0	2	12	0	63	.192	.263	Pre-All Star	.265	291	77	20	1	6	43	17	60	.310	.402
Two Strikes	.155	155	24	5	1	2	11	5	72	.190	.239	Post-All Star	.286	56	16	2	0	2	5	0	12	.286	.429

1994 By Position

Position	Avg	AB	H	2B	3B	HR	RBI	BB	SO	OBP	SLG	G	GS	Innings	PO	A	E	DP	Fld Pct	Rng Fctr	In Zone	Outs	Zone Rtg	MLB Zone
As 2b	.246	138	34	9	0	4	22	9	24	.291	.399	37	34	295.1	77	100	5	22	.973	5.39	105	97	.924	.889
As 3b	.257	113	29	7	1	2	9	2	25	.274	.389	28	28	225.1	16	42	4	2	.935	2.32	63	48	.762	.826
As ss	.305	82	25	5	0	2	14	4	18	.352	.439	19	19	163.2	30	44	3	13	.961	4.07	47	48	1.021	.889

Last Five Years

	Avg	AB	H	2B	3B	HR	RBI	BB	SO	OBP	SLG		Avg	AB	H	2B	3B	HR	RBI	BB	SO	OBP	SLG
vs. Left	.316	868	274	58	8	23	107	35	137	.344	.480	Scoring Posn	.297	553	164	31	8	15	215	12	105	.312	.463
vs. Right	.251	1317	331	59	15	26	159	47	255	.283	.378	Close & Late	.271	336	91	14	2	5	45	12	72	.301	.369
Groundball	.279	804	224	49	4	10	80	25	149	.301	.387	None on/out	.274	430	118	21	6	11	11	25	76	.319	.428
Flyball	.287	425	122	24	8	13	71	15	80	.315	.473	Batting #2	.268	1396	374	79	10	32	168	52	252	.298	.408
Home	.277	1074	298	52	11	29	129	42	195	.309	.427	Batting #7	.259	266	69	15	4	4	31	8	38	.287	.391
Away	.276	1111	307	65	12	20	137	40	197	.304	.410	Other	.310	523	162	23	9	13	67	22	102	.341	.463
Day	.279	587	164	25	10	18	84	27	109	.315	.448	April	.284	303	86	23	1	9	45	16	55	.331	.455
Night	.276	1598	441	92	13	31	182	55	283	.304	.406	May	.258	453	117	21	5	8	54	16	86	.287	.380
Grass	.274	660	181	39	8	12	85	24	126	.303	.412	June	.267	427	114	21	6	7	43	18	62	.305	.393
Turf	.278	1525	424	78	15	37	181	58	266	.306	.422	July	.284	313	89	16	2	6	30	9	59	.304	.406
First Pitch	.306	304	93	12	5	11	55	1	0	.304	.487	August	.291	347	101	18	7	7	52	12	63	.316	.444
Ahead in Count	.377	446	168	37	9	15	73	45	0	.435	.601	September/October	.287	342	98	18	2	12	42	11	66	.307	.456
Behind in Count	.222	1064	236	47	6	18	96	0	343	.230	.328	Pre-All Star	.267	1290	345	72	12	27	152	51	226	.302	.405
Two Strikes	.189	963	182	34	5	13	82	34	392	.225	.275	Post-All Star	.291	895	260	45	11	22	114	31	166	.314	.439

Batter vs. Pitcher (career)

Hits Best Against	Avg	AB	H	2B	3B	HR	RBI	BB	SO	OBP	SLG	Hits Worst Against	Avg	AB	H	2B	3B	HR	RBI	BB	SO	OBP	SLG
Lee Smith	.500	16	8	0	2	1	7	0	1	.500	.938	Rick Sutcliffe	.053	19	1	1	0	0	2	1	5	.100	.105
Armando Reynoso	.500	10	5	0	1	1	3	1	0	.545	1.000	Jim Gott	.071	14	1	0	0	0	1	1	2	.125	.071
Trevor Wilson	.444	27	12	3	1	1	5	0	1	.464	.741	Mike Maddux	.077	13	1	0	0	0	1	1	5	.143	.077
Bryan Hickerson	.438	16	7	3	0	2	6	1	6	.471	1.000	Bill Swift	.091	22	2	0	0	0	1	0	7	.091	.091
Derek Lilliquist	.400	10	4	1	0	1	2	1	1	.455	.800	Butch Henry	.111	18	2	0	0	0	0	0	2	.150	.111

Steve Dunn — Twins
Age 25 – Bats Left

	Avg	G	AB	R	H	2B	3B	HR	RBI	BB	SO	HBP	GDP	SB	CS	OBP	SLG	IBB	SH	SF	#Pit	#P/PA	GB	FB	G/F
1994 Season	.229	14	35	2	8	5	0	0	4	1	12	0	1	0	0	.250	.371	0	0	0	155	4.31	8	10	0.80

1994 Season

	Avg	AB	H	2B	3B	HR	RBI	BB	SO	OBP	SLG		Avg	AB	H	2B	3B	HR	RBI	BB	SO	OBP	SLG
vs. Left	.000	1	0	0	0	0	0	1	1	.500	.000	Scoring Posn	.222	9	2	2	0	0	3	0	3	.222	.444
vs. Right	.235	34	8	5	0	0	4	0	11	.235	.382	Close & Late	.500	6	3	3	0	0	1	0	1	.500	1.000

Shawon Dunston — Cubs
Age 32 – Bats Right (flyball hitter)

	Avg	G	AB	R	H	2B	3B	HR	RBI	BB	SO	HBP	GDP	SB	CS	OBP	SLG	IBB	SH	SF	#Pit	#P/PA	GB	FB	G/F
1994 Season	.278	88	331	38	92	19	0	11	35	16	48	2	4	3	8	.313	.435	3	5	2	1115	3.13	106	104	1.02
Last Five Years	.269	401	1451	181	390	68	16	40	155	57	213	9	22	51	22	.297	.420	9	13	19	4989	3.22	452	496	0.91

1994 Season

	Avg	AB	H	2B	3B	HR	RBI	BB	SO	OBP	SLG		Avg	AB	H	2B	3B	HR	RBI	BB	SO	OBP	SLG
vs. Left	.267	90	24	8	0	6	9	5	12	.302	.556	Scoring Posn	.270	74	20	2	0	1	23	8	11	.341	.338
vs. Right	.282	241	68	11	0	5	26	11	36	.318	.390	Close & Late	.294	51	15	1	0	3	7	3	7	.333	.490
Groundball	.307	101	31	6	0	3	11	5	20	.336	.455	None on/out	.288	111	32	7	0	4	4	3	11	.307	.459
Flyball	.266	64	17	5	0	3	4	2	3	.288	.484	Batting #1	.336	140	47	11	0	7	13	6	18	.365	.564
Home	.220	159	35	8	0	2	8	8	28	.256	.308	Batting #2	.239	92	22	3	0	3	9	4	16	.278	.370
Away	.331	172	57	11	0	9	27	8	20	.366	.552	Other	.232	99	23	5	0	1	13	6	14	.274	.313
Day	.247	170	42	6	0	5	17	11	27	.295	.371	April	.226	53	12	2	0	1	10	3	10	.263	.321
Night	.311	161	50	13	0	6	18	5	21	.333	.503	May	.239	88	21	5	0	2	9	7	12	.302	.364
Grass	.246	228	56	9	0	6	20	11	39	.285	.364	June	.326	92	30	4	0	5	8	2	14	.347	.533

104

1994 Season

	Avg	AB	H	2B	3B	HR	RBI	BB	SO	OBP	SLG		Avg	AB	H	2B	3B	HR	RBI	BB	SO	OBP	SLG
Turf	.350	103	36	10	0	5	15	5	9	.376	.592	July	.364	77	28	8	0	3	8	4	10	.390	.584
First Pitch	.360	50	18	2	0	4	10	3	0	.407	.640	August	.048	21	1	0	0	0	0	0	2	.048	.048
Ahead in Count	.397	63	25	5	0	4	9	7	0	.457	.698	September/October	.000	0	0	0	0	0	0	0	0	.000	.000
Behind in Count	.207	179	37	7	0	1	12	0	47	.209	.263	Pre-All Star	.279	262	73	13	0	9	30	14	39	.318	.431
Two Strikes	.168	131	22	3	0	2	5	6	48	.209	.237	Post-All Star	.275	69	19	6	0	2	5	2	9	.296	.449

1994 By Position

Position	Avg	AB	H	2B	3B	HR	RBI	BB	SO	OBP	SLG	G	GS	Innings	PO	A	E	DP	Fld Pct	Rng Fctr	In Zone	Zone Outs	Zone Rtg	MLB Zone
As ss	.274	328	90	18	0	10	33	15	47	.308	.421	84	83	696.2	121	219	12	47	.966	4.39	277	249	.899	.889

Last Five Years

	Avg	AB	H	2B	3B	HR	RBI	BB	SO	OBP	SLG		Avg	AB	H	2B	3B	HR	RBI	BB	SO	OBP	SLG
vs. Left	.270	503	136	23	6	20	53	18	63	.293	.459	Scoring Posn	.254	315	80	12	6	7	109	20	51	.289	.397
vs. Right	.268	948	254	45	10	20	102	39	150	.299	.400	Close & Late	.317	271	86	13	3	9	35	12	38	.352	.487
Groundball	.290	445	129	26	7	8	46	11	67	.306	.434	None on/out	.297	411	122	24	2	11	11	18	61	.331	.445
Flyball	.250	352	88	17	4	13	40	12	49	.276	.432	Batting #1	.319	248	79	16	1	7	18	11	34	.349	.476
Home	.263	695	183	32	8	16	61	27	110	.295	.401	Batting #7	.267	662	177	31	9	22	73	24	101	.289	.441
Away	.274	756	207	36	8	24	94	30	103	.299	.438	Other	.248	541	134	21	6	11	64	22	78	.282	.370
Day	.278	731	203	34	4	23	79	32	117	.310	.430	April	.269	249	67	10	1	6	25	12	37	.300	.390
Night	.260	720	187	34	12	17	76	25	96	.283	.411	May	.270	293	79	12	2	11	34	10	41	.298	.437
Grass	.269	1013	272	43	10	31	112	38	164	.298	.423	June	.265	287	76	13	2	9	34	9	50	.292	.418
Turf	.269	438	118	25	6	9	43	19	49	.295	.416	July	.290	241	70	15	4	7	29	15	33	.330	.473
First Pitch	.355	200	71	12	3	11	35	7	0	.382	.610	August	.312	199	62	11	5	4	22	6	27	.327	.477
Ahead in Count	.325	255	83	12	5	12	38	0	.411	.553	September/October	.198	182	36	7	2	3	11	5	25	.221	.308
Behind in Count	.230	764	176	32	6	13	67	0	201	.231	.339	Pre-All Star	.268	922	247	38	5	30	105	36	143	.297	.418
Two Strikes	.196	597	117	21	4	8	38	11	213	.212	.285	Post-All Star	.270	529	143	30	11	10	50	21	70	.297	.425

Batter vs. Pitcher (career)

Hits Best Against	Avg	AB	H	2B	3B	HR	RBI	BB	SO	OBP	SLG	Hits Worst Against	Avg	AB	H	2B	3B	HR	RBI	BB	SO	OBP	SLG
Cris Carpenter	.500	12	6	1	1	0	4	0	2	.538	.750	Steve Avery	.083	12	1	0	0	0	1	0	4	.154	.083
Mike Maddux	.333	18	6	3	0	1	2	2	6	.400	.667	Larry Andersen	.111	18	2	0	0	0	1	1	6	.158	.111
Danny Jackson	.333	18	6	1	1	1	3	1	1	.368	.667	Todd Worrell	.133	15	2	0	0	0	2	0	4	.133	.133
Mike Morgan	.333	15	5	2	0	1	2	2	1	.412	.667	Tom Glavine	.143	21	3	0	0	1	0	4	6	.136	.143
Craig Lefferts	.333	15	5	0	0	2	5	0	3	.333	.733	Ken Hill	.158	19	3	1	0	0	1	6	6	.158	.158

Mike Dyer — Pirates
Age 28 – Pitches Right

	ERA	W	L	Sv	G	GS	IP	BB	SO	Avg	H	2B	3B	HR	RBI	OBP	SLG	GF	IR	IRS	Hld	SvOp	SB	CS	GB	FB	G/F
1994 Season	5.87	1	1	4	14	0	15.1	12	13	.268	15	3	0	1	11	.411	.375	7	8	2	1	6	5	1	18	17	1.06

1994 Season

	ERA	W	L	Sv	G	GS	IP	H	HR	BB	SO		Avg	AB	H	2B	3B	HR	RBI	BB	SO	OBP	SLG
Home	7.71	1	1	2	10	0	11.2	12	1	11	10	vs. Left	.304	23	7	2	0	0	5	8	4	.515	.391
Away	0.00	0	0	2	4	0	3.2	3	0	1	3	vs. Right	.242	33	8	1	0	1	6	4	9	.325	.364

Lenny Dykstra — Phillies
Age 32 – Bats Left

	Avg	G	AB	R	H	2B	3B	HR	RBI	BB	SO	HBP	GDP	SB	CS	OBP	SLG	IBB	SH	SF	#Pit	#P/PA	GB	FB	G/F
1994 Season	.273	84	315	68	86	26	5	5	24	68	44	2	3	15	4	.404	.435	11	0	1	1465	3.80	105	95	1.11
Last Five Years	.304	542	2133	418	649	136	19	42	201	363	208	15	18	139	30	.407	.445	39	2	13	9608	3.80	791	644	1.23

1994 Season

	Avg	AB	H	2B	3B	HR	RBI	BB	SO	OBP	SLG		Avg	AB	H	2B	3B	HR	RBI	BB	SO	OBP	SLG
vs. Left	.231	91	21	6	0	1	6	24	12	.388	.330	Scoring Posn	.233	60	14	3	1	1	18	26	7	.460	.367
vs. Right	.290	224	65	20	5	4	18	44	32	.411	.478	Close & Late	.182	44	8	1	1	1	5	18	10	.419	.318
Groundball	.336	107	36	10	3	2	12	20	11	.445	.542	None on/out	.271	140	38	15	2	3	3	23	19	.378	.471
Flyball	.234	47	11	3	0	0	2	9	6	.357	.298	Batting #1	.271	314	85	26	5	5	24	68	44	.403	.433
Home	.291	165	48	19	3	3	13	38	14	.426	.497	Batting #9	1.000	1	1	0	0	0	0	0	0	1.000	1.000
Away	.253	150	38	7	2	2	11	30	30	.379	.367	Other	.000	0	0	0	0	0	0	0	0	.000	.000
Day	.207	82	17	0	1	3	5	24	13	.393	.341	April	.226	93	21	8	0	2	5	18	15	.351	.376
Night	.296	233	69	26	4	2	19	44	31	.409	.468	May	.392	102	40	15	3	3	12	23	13	.504	.686
Grass	.236	110	26	6	2	0	8	24	25	.375	.382	June	.236	55	13	2	0	0	3	9	6	.344	.273
Turf	.293	205	60	20	3	3	16	44	19	.420	.463	July	.192	26	5	1	0	0	4	9	4	.417	.308
First Pitch	.361	36	13	3	2	2	8	10	0	.500	.722	August	.179	39	7	0	1	0	0	9	4	.333	.231
Ahead in Count	.269	93	25	8	2	1	5	32	0	.456	.430	September/October	.000	0	0	0	0	0	0	0	0	.000	.000
Behind in Count	.248	125	31	9	1	1	6	0	39	.252	.360	Pre-All Star	.296	250	74	25	3	5	20	50	34	.414	.480
Two Strikes	.246	130	32	10	1	2	8	26	44	.376	.385	Post-All Star	.185	65	12	1	2	0	4	18	10	.369	.262

1994 By Position

Position	Avg	AB	H	2B	3B	HR	RBI	BB	SO	OBP	SLG	G	GS	Innings	PO	A	E	DP	Fld Pct	Rng Fctr	In Zone	Zone Outs	Zone Rtg	MLB Zone
As cf	.271	314	85	26	5	5	24	68	44	.403	.433	83	83	725.1	235	4	4	0	.984	2.97	269	231	.859	.824

Last Five Years

	Avg	AB	H	2B	3B	HR	RBI	BB	SO	OBP	SLG		Avg	AB	H	2B	3B	HR	RBI	BB	SO	OBP	SLG
vs. Left	.289	748	216	39	6	10	70	133	89	.398	.397	Scoring Posn	.309	405	125	22	3	5	149	117	41	.454	.415
vs. Right	.313	1385	433	97	13	32	131	230	119	.412	.471	Close & Late	.325	320	104	18	1	9	56	75	36	.454	.472
Groundball	.291	784	228	47	9	11	67	115	71	.386	.416	None on/out	.292	900	263	60	9	22	56	144	99	.394	.452
Flyball	.327	382	125	30	3	12	54	80	44	.442	.516	Batting #1	.304	2126	646	135	19	42	201	362	206	.407	.444

105

Last Five Years

	Avg	AB	H	2B	3B	HR	RBI	BB	SO	OBP	SLG		Avg	AB	H	2B	3B	HR	RBI	BB	SO	OBP	SLG
Home	.312	1066	333	74	9	29	109	205	94	.423	.480	Batting #3	.333	3	1	0	0	0	0	1	1	.500	.333
Away	.296	1067	316	62	10	13	92	158	114	.390	.410	Other	.500	4	2	1	0	0	0	0	1	.500	.750
Day	.296	567	168	39	4	9	45	110	53	.416	.427	April	.257	350	90	27	3	8	23	61	33	.372	.420
Night	.307	1566	481	97	15	33	156	253	155	.404	.451	May	.343	434	149	37	4	7	47	70	36	.438	.495
Grass	.285	604	172	37	5	9	52	103	69	.393	.407	June	.316	370	117	22	0	6	33	66	36	.419	.424
Turf	.312	1529	477	99	14	33	149	260	139	.412	.460	July	.328	341	112	18	2	8	35	69	39	.444	.463
First Pitch	.321	302	97	27	4	7	50	21	0	.364	.507	August	.281	409	115	24	7	8	30	64	40	.379	.433
Ahead in Count	.334	554	185	39	7	17	56	188	0	.504	.522	September/October	.288	229	66	8	3	5	33	33	24	.375	.415
Behind in Count	.257	842	216	32	6	7	53	0	179	.263	.334	Pre-All Star	.308	1216	375	90	7	24	112	220	111	.416	.453
Two Strikes	.263	895	235	41	7	13	65	142	208	.366	.368	Post-All Star	.299	917	274	46	12	18	89	143	97	.394	.434

Batter vs. Pitcher (career)

Hits Best Against	Avg	AB	H	2B	3B	HR	RBI	BB	SO	OBP	SLG	Hits Worst Against	Avg	AB	H	2B	3B	HR	RBI	BB	SO	OBP	SLG
Frank Castillo	.600	10	6	1	0	3	4	1	0	.636	1.600	Norm Charlton	.000	10	0	0	0	0	0	1	4	.091	.000
Andy Ashby	.583	12	7	3	0	0	2	2	1	.643	.833	Randy Myers	.000	9	0	0	0	0	0	4	3	.308	.000
Paul Assenmacher	.571	14	8	2	0	1	4	0	3	.533	.929	Chris Hammond	.000	8	0	0	0	0	0	3	1	.273	.000
Greg Swindell	.529	17	9	1	2	0	0	1	2	.556	.824	Joe Magrane	.074	27	2	0	0	0	0	2	1	.138	.074
Rich Rodriguez	.444	9	4	0	0	1	3	3	1	.583	.778	Craig Lefferts	.111	18	2	1	0	0	0	1	4	.158	.167

Damion Easley — Angels

Age 25 – Bats Right (groundball hitter)

	Avg	G	AB	R	H	2B	3B	HR	RBI	BB	SO	HBP	GDP	SB	CS	OBP	SLG	IBB	SH	SF	#Pit	#P/PA	GB	FB	G/F
1994 Season	.215	88	316	41	68	16	1	6	30	29	48	4	8	4	5	.288	.329	0	4	2	1236	3.48	140	81	1.73
Career (1992-1994)	.257	208	697	88	179	34	3	9	64	65	109	10	15	19	16	.327	.353	2	7	5	2803	3.58	295	182	1.62

1994 Season

	Avg	AB	H	2B	3B	HR	RBI	BB	SO	OBP	SLG		Avg	AB	H	2B	3B	HR	RBI	BB	SO	OBP	SLG
vs. Left	.189	106	20	6	0	3	10	11	20	.263	.330	Scoring Posn	.260	73	19	5	0	1	22	6	13	.317	.370
vs. Right	.229	210	48	10	1	3	20	18	28	.300	.329	Close & Late	.300	40	12	1	0	3	8	6	6	.404	.550
Groundball	.145	69	10	2	0	0	2	3	11	.181	.174	None on/out	.147	95	14	5	0	1	1	8	15	.214	.232
Flyball	.250	64	16	4	0	3	11	2	9	.294	.453	Batting #1	.239	109	26	5	0	3	13	9	17	.300	.367
Home	.209	153	32	6	1	4	20	17	20	.291	.340	Batting #2	.219	73	16	4	0	1	6	4	12	.266	.315
Away	.221	163	36	10	0	2	10	12	28	.285	.319	Other	.194	134	26	7	1	2	11	16	19	.289	.306
Day	.132	68	9	4	0	0	3	9	7	.234	.191	April	.267	90	24	5	0	3	8	9	13	.347	.422
Night	.238	248	59	12	1	6	27	20	41	.303	.367	May	.202	84	17	2	0	1	10	8	9	.277	.262
Grass	.215	284	61	14	1	5	29	26	42	.288	.324	June	.189	37	7	3	0	0	5	1	8	.205	.270
Turf	.219	32	7	2	0	1	1	3	6	.286	.375	July	.167	84	14	4	1	0	2	7	14	.239	.238
First Pitch	.250	44	11	2	0	2	4	0	0	.267	.432	August	.286	21	6	1	0	2	5	4	4	.400	.667
Ahead in Count	.253	79	20	7	1	2	11	19	0	.396	.443	September/October	.000	0	0	0	0	0	0	0	0	.000	.000
Behind in Count	.172	134	23	2	0	0	9	0	44	.178	.187	Pre-All Star	.221	249	55	13	0	4	24	22	35	.290	.321
Two Strikes	.140	129	18	1	0	2	9	10	48	.207	.194	Post-All Star	.194	67	13	3	1	2	6	7	13	.280	.358

1994 By Position

Position	Avg	AB	H	2B	3B	HR	RBI	BB	SO	OBP	SLG	G	GS	Innings	PO	A	E	DP	Fld Pct	Rng Fctr	In Zone	Zone Outs	Zone Rtg	MLB Zone
As 2b	.191	141	27	9	1	2	12	12	26	.258	.312	40	39	338.1	83	95	1	31	.994	4.73	92	85	.924	.889
As 3b	.233	172	40	7	0	4	18	16	22	.307	.343	47	44	386.1	39	83	6	3	.953	2.84	113	89	.788	.826

Career (1992-1994)

	Avg	AB	H	2B	3B	HR	RBI	BB	SO	OBP	SLG		Avg	AB	H	2B	3B	HR	RBI	BB	SO	OBP	SLG
vs. Left	.262	214	56	14	0	4	16	18	35	.323	.383	Scoring Posn	.259	162	42	9	0	3	52	16	34	.332	.352
vs. Right	.255	483	123	20	3	5	48	47	74	.328	.340	Close & Late	.258	120	31	3	0	4	18	12	22	.331	.383
Groundball	.201	149	30	8	1	0	8	11	27	.261	.268	None on/out	.254	205	52	13	1	2	2	17	27	.314	.356
Flyball	.281	167	47	8	0	5	24	11	25	.337	.419	Batting #1	.239	142	34	5	0	3	14	11	27	.297	.338
Home	.255	349	89	15	3	5	38	36	52	.332	.358	Batting #7	.281	171	48	10	1	3	15	18	31	.351	.404
Away	.259	348	90	19	0	4	26	29	57	.322	.348	Other	.253	384	97	19	2	3	35	36	51	.327	.336
Day	.212	170	36	7	1	3	14	17	24	.293	.318	April	.279	147	41	7	1	5	16	11	23	.335	.442
Night	.271	527	143	27	2	6	50	48	85	.338	.364	May	.259	158	41	6	0	1	18	19	21	.348	.316
Grass	.258	629	162	31	3	8	59	61	96	.330	.355	June	.247	81	20	7	1	0	7	5	15	.287	.358
Turf	.250	68	17	3	0	1	5	4	13	.292	.338	July	.230	139	32	7	1	0	6	18	20	.325	.295
First Pitch	.310	100	31	8	0	3	11	2	0	.333	.480	August	.286	77	22	5	0	2	9	7	9	.349	.429
Ahead in Count	.346	182	63	15	1	4	21	34	0	.452	.505	September/October	.242	95	23	2	0	1	8	5	21	.294	.295
Behind in Count	.175	291	51	5	1	0	19	0	93	.186	.199	Pre-All Star	.259	448	116	25	2	6	44	42	66	.327	.364
Two Strikes	.157	286	45	4	1	2	20	29	109	.244	.199	Post-All Star	.253	249	63	9	1	3	20	23	43	.326	.333

Batter vs. Pitcher (career)

Hits Best Against	Avg	AB	H	2B	3B	HR	RBI	BB	SO	OBP	SLG	Hits Worst Against	Avg	AB	H	2B	3B	HR	RBI	BB	SO	OBP	SLG
Frank Viola	.500	10	5	0	0	1	0	0	0	.545	.500	Cal Eldred	.000	12	0	0	0	0	0	0	1	.000	.000
Wilson Alvarez	.462	13	6	1	0	2	3	1	3	.500	1.000	Randy Johnson	.154	13	2	0	0	0	1	0	5	.154	.154
Rick Sutcliffe	.400	10	4	0	0	0	1	2	0	.500	.400	Jim Abbott	.154	13	2	1	0	0	3	1	.313	.231
Mike Mussina	.385	13	5	2	0	0	2	0	3	.385	.538	Roger Clemens	.167	18	3	1	0	0	1	4	.211	.222
Ben McDonald	.333	9	3	1	0	0	2	0	.455	.444	Melido Perez	.231	13	3	1	0	0	1	2	.286	.231

Dennis Eckersley — Athletics
Age 40 – Pitches Right (flyball pitcher)

	ERA	W	L	Sv	G	GS	IP	BB	SO	Avg	H	2B	3B	HR	RBI	OBP	SLG	GF	IR	IRS	Hld	SvOp	SB	CS	GB	FB	G/F
1994 Season	4.26	5	4	19	45	0	44.1	13	47	.275	49	11	3	5	30	.328	.455	39	21	5	0	25	4	1	43	52	0.83
Last Five Years	2.62	23	15	197	308	0	340.2	50	380	.219	279	47	11	30	136	.251	.344	276	250	65	0	226	34	7	280	404	0.69

1994 Season

	ERA	W	L	Sv	G	GS	IP	H	HR	BB	SO		Avg	AB	H	2B	3B	HR	RBI	BB	SO	OBP	SLG
Home	3.57	4	3	7	23	0	22.2	28	2	8	26	vs. Left	.322	87	28	6	1	2	10	11	21	.398	.483
Away	4.98	1	1	12	22	0	21.2	21	3	5	21	vs. Right	.231	91	21	5	2	3	20	2	26	.255	.429
Starter	0.00	0	0	0	0	0	0.0	0	0	0	0	Scoring Posn	.340	50	17	4	1	2	26	9	17	.441	.580
Reliever	4.26	5	4	19	45	0	44.1	49	5	13	47	Close & Late	.274	124	34	10	1	3	22	12	32	.338	.444
0 Days rest (Re)	0.00	2	1	10	14	0	15.0	10	0	6	16	None on/out	.171	35	6	0	1	0	0	2	9	.216	.229
1 or 2 Days rest	2.70	2	0	5	15	0	13.1	13	1	3	13	First Pitch	.478	23	11	2	0	1	9	1	0	.500	.696
3+ Days rest	9.56	1	3	4	16	0	16.0	26	4	4	18	Ahead in Count	.196	97	19	3	2	1	10	0	38	.204	.299
Pre-All Star	4.15	2	3	15	34	0	34.2	38	4	7	37	Behind in Count	.370	27	10	5	1	1	6	4	0	.452	.741
Post-All Star	4.66	3	1	4	11	0	9.2	11	1	6	10	Two Strikes	.170	94	16	1	0	2	6	8	47	.243	.181

Last Five Years

	ERA	W	L	Sv	G	GS	IP	H	HR	BB	SO		Avg	AB	H	2B	3B	HR	RBI	BB	SO	OBP	SLG
Home	2.38	20	9	87	159	0	177.2	139	15	35	218	vs. Left	.258	636	164	28	5	16	83	36	135	.298	.393
Away	2.87	3	6	110	149	0	163.0	140	15	15	162	vs. Right	.180	638	115	19	6	14	53	14	245	.202	.295
Day	1.68	12	7	73	122	0	134.0	94	9	21	158	Inning 1-6	.000	0	0	0	0	0	0	0	0	.000	.000
Night	3.22	11	8	124	186	0	206.2	185	21	29	222	Inning 7+	.219	1274	279	47	11	30	136	50	380	.251	.344
Grass	2.31	21	14	160	258	0	284.1	223	23	47	321	None on	.220	717	158	25	7	17	17	16	212	.240	.346
Turf	4.15	2	1	37	50	0	56.1	56	7	3	59	Runners on	.217	557	121	22	4	13	119	34	168	.263	.341
April	2.49	2	4	24	44	0	47.0	40	2	5	45	Scoring Posn	.229	328	75	12	2	7	101	29	106	.291	.341
May	2.97	3	1	36	54	0	57.2	51	6	3	71	Close & Late	.210	958	201	37	7	19	114	41	292	.244	.323
June	2.45	4	1	40	53	0	62.1	56	5	12	63	None on/out	.217	286	62	8	4	5	5	6	75	.233	.325
July	2.84	3	3	32	51	0	57.0	39	7	11	67	vs. 1st Batr (relief)	.211	299	63	10	5	3	18	7	87	.228	.308
August	2.12	7	2	34	55	0	59.1	42	2	13	65	First Inning Pitched	.223	1072	239	39	10	23	115	38	307	.252	.342
September/October	2.83	4	4	31	51	0	57.1	43	8	6	69	First 15 Pitches	.230	959	221	36	10	25	88	27	266	.254	.367
Starter	0.00	0	0	0	0	0	0.0	0	0	0	0	Pitch 16-30	.184	283	52	10	0	4	41	18	103	.234	.261
Reliever	2.62	23	15	197	308	0	340.2	279	30	50	380	Pitch 31-45	.188	32	6	1	1	1	7	5	11	.297	.375
0 Days rest (Re)	1.08	6	2	72	90	0	91.1	62	3	15	101	Pitch 46+	.000	0	0	0	0	0	0	0	0	.000	.000
1 or 2 Days rest	2.51	9	8	79	125	0	143.1	113	13	21	160	First Pitch	.354	164	58	9	0	5	25	13	0	.401	.500
3+ Days rest	4.08	8	5	46	93	0	106.0	104	14	14	119	Ahead in Count	.169	781	132	24	7	13	51	0	340	.174	.268
Pre-All Star	2.43	9	6	114	169	0	188.2	159	14	23	203	Behind in Count	.354	144	51	11	3	6	34	14	0	.409	.597
Post-All Star	2.84	14	9	83	139	0	152.0	120	16	27	177	Two Strikes	.146	756	110	14	4	8	45	2	380	.173	.206

Pitcher vs. Batter (since 1984)

Pitches Best Vs.	Avg	AB	H	2B	3B	HR	RBI	BB	SO	OBP	SLG	Pitches Worst Vs.	Avg	AB	H	2B	3B	HR	RBI	BB	SO	OBP	SLG
Lance Parrish	.000	12	0	0	0	0	0	0	5	.000	.000	Jim Eisenreich	.500	10	5	2	0	0	1	1	3	.545	.700
Wally Joyner	.000	8	0	0	0	0	0	3	1	.273	.000	Ozzie Smith	.389	18	7	3	1	0	5	3	0	.476	.667
Frank Thomas	.083	12	1	0	0	0	0	0	4	.083	.083	Tom Brunansky	.385	13	5	2	0	2	6	0	2	.385	1.000
Mike Macfarlane	.091	11	1	0	0	0	1	0	4	.167	.091	Sid Bream	.364	11	4	1	0	2	7	1	0	.385	1.000
Dick Schofield	.143	14	2	0	0	0	0	5	.143	.143	Kent Hrbek	.333	9	3	1	0	1	1	3	2	.500	.778

Tom Edens — Phillies
Age 34 – Pitches Right

	ERA	W	L	Sv	G	GS	IP	BB	SO	Avg	H	2B	3B	HR	RBI	OBP	SLG	GF	IR	IRS	Hld	SvOp	SB	CS	GB	FB	G/F
1994 Season	4.33	5	1	1	42	0	54.0	18	39	.288	59	18	2	3	29	.346	.439	15	28	8	3	3	7	2	69	64	1.08
Last Five Years	3.76	18	12	6	175	12	301.1	116	176	.260	294	52	9	18	137	.331	.369	58	129	37	19	11	37	15	445	300	1.48

1994 Season

	ERA	W	L	Sv	G	GS	IP	H	HR	BB	SO		Avg	AB	H	2B	3B	HR	RBI	BB	SO	OBP	SLG
Home	4.03	4	0	0	19	0	29.0	28	0	8	23	vs. Left	.273	88	24	7	1	0	12	7	18	.327	.375
Away	4.68	1	1	1	23	0	25.0	31	3	10	16	vs. Right	.299	117	35	11	1	3	17	11	21	.362	.487
Starter	0.00	0	0	0	0	0	0.0	0	0	0	0	Scoring Posn	.227	75	17	3	1	3	29	8	20	.291	.413
Reliever	4.33	5	1	1	42	0	54.0	59	3	18	39	Close & Late	.267	60	16	2	0	1	5	7	7	.343	.350
0 Days rest (Re)	4.50	0	1	0	6	0	6.0	6	0	1	2	None on/out	.347	49	17	9	1	0	0	4	6	.407	.571
1 or 2 Days rest	4.24	1	0	1	18	0	23.1	21	1	6	18	First Pitch	.240	25	6	2	1	1	5	2	0	.296	.520
3+ Days rest	4.38	4	0	0	18	0	24.2	32	2	11	19	Ahead in Count	.191	68	13	0	1	0	5	0	29	.214	.221
Pre-All Star	3.59	4	1	1	33	0	42.2	43	3	14	30	Behind in Count	.451	71	32	12	0	2	17	9	0	.494	.704
Post-All Star	7.15	1	0	0	9	0	11.1	16	0	4	9	Two Strikes	.161	87	14	3	0	0	4	7	39	.232	.195

Last Five Years

	ERA	W	L	Sv	G	GS	IP	H	HR	BB	SO		Avg	AB	H	2B	3B	HR	RBI	BB	SO	OBP	SLG
Home	4.52	12	5	2	82	4	141.1	144	6	51	87	vs. Left	.264	478	126	18	7	4	51	46	84	.329	.356
Away	3.09	6	7	4	93	8	160.0	150	12	65	89	vs. Right	.257	654	168	34	2	14	86	70	92	.332	.379
Day	2.89	6	3	3	60	2	109.0	90	6	37	70	Inning 1-6	.288	583	168	32	7	10	90	50	89	.344	.419
Night	4.26	12	9	3	115	10	192.1	204	12	79	106	Inning 7+	.230	549	126	20	2	8	47	66	87	.317	.317
Grass	3.56	7	8	2	75	9	159.1	162	10	60	78	None on	.268	605	162	34	6	9	9	54	95	.329	.388
Turf	3.99	11	4	4	100	3	142.0	132	8	56	98	Runners on	.250	527	132	18	3	9	128	62	81	.333	.347
April	3.14	3	1	1	16	0	28.2	30	0	9	26	Scoring Posn	.258	337	87	13	2	6	120	52	60	.353	.362
May	3.13	4	3	1	29	0	31.2	33	1	17	14	Close & Late	.237	219	52	6	0	3	16	28	37	.329	.306
June	2.95	2	0	1	35	0	55.0	46	2	21	29	None on/out	.274	270	74	15	5	6	6	21	37	.329	.433
July	4.78	3	2	2	39	0	58.1	59	6	22	39	vs. 1st Batr (relief)	.268	142	38	7	0	2	20	16	18	.344	.359
August	3.41	2	2	1	30	5	68.2	59	4	25	40	First Inning Pitched	.276	561	155	26	5	11	89	62	82	.350	.399
September/October	4.58	4	6	0	26	7	59.0	67	5	22	30	First 15 Pitches	.279	484	135	20	5	10	71	53	64	.352	.403
Starter	4.25	4	4	0	12	12	59.1	69	5	21	33	Pitch 16-30	.227	339	77	15	2	5	32	35	62	.301	.327
Reliever	3.64	14	8	6	163	0	242.0	225	13	95	143	Pitch 31-45	.259	162	42	5	3	2	18	15	31	.326	.340

Jim Edmonds — Angels
Age 25 – Bats Left (groundball hitter)

Last Five Years

	ERA	W	L	Sv	G	GS	IP	H	HR	BB	SO		Avg	AB	H	2B	3B	HR	RBI	BB	SO	OBP	SLG
0 Days rest (Re)	2.33	1	1	0	22	0	27.0	23	0	12	13	Pitch 46+	.272	147	40	12	1	1	16	13	19	.333	.388
1 or 2 Days rest	4.46	3	5	6	72	0	107.0	98	5	41	65	First Pitch	.273	161	44	9	1	1	26	9	0	.316	.360
3+ Days rest	3.17	10	2	0	69	0	108.0	104	8	42	65	Ahead in Count	.197	427	84	7	2	2	34	0	143	.206	.237
Pre-All Star	2.73	11	3	3	97	0	142.0	128	3	55	81	Behind in Count	.336	298	100	24	4	10	50	57	0	.438	.544
Post-All Star	4.69	7	9	3	78	12	159.1	166	15	61	95	Two Strikes	.186	501	93	12	2	4	39	50	176	.265	.242

Pitcher vs. Batter (career)

Pitches Best Vs.	Avg	AB	H	2B	3B	HR	RBI	BB	SO	OBP	SLG	Pitches Worst Vs.	Avg	AB	H	2B	3B	HR	RBI	BB	SO	OBP	SLG
Sammy Sosa	.077	13	1	0	0	1	3	0	4	.077	.308	Scott Fletcher	.500	10	5	0	0	0	2	1	0	.545	.500
Candy Maldonado	.083	12	1	0	1	0	1	0	3	.083	.250	Cal Ripken	.417	12	5	3	0	0	4	0	0	.417	.667
Randy Milligan	.182	11	2	0	0	0	0	4	1	.400	.182	Roberto Kelly	.400	10	4	0	0	1	2	1	1	.455	.700
Robin Ventura	.200	10	2	0	0	0	2	1	0	.273	.200	Dante Bichette	.364	11	4	0	0	0	5	0	1	.364	.364
Mike Devereaux	.222	9	2	1	0	1	2	2	2	.364	.667												

	Avg	G	AB	R	H	2B	3B	HR	RBI	BB	SO	HBP	GDP	SB	CS	OBP	SLG	IBB	SH	SF	#Pit	#P/PA	GB	FB	G/F
1994 Season	.273	94	289	35	79	13	1	5	37	30	72	1	3	4	2	.343	.377	3	1	1	1249	3.88	106	53	2.00
Career (1993-1994)	.269	112	350	40	94	17	2	5	41	32	88	1	4	4	4	.331	.371	4	1	1	1513	3.93	124	65	1.91

1994 Season

	Avg	AB	H	2B	3B	HR	RBI	BB	SO	OBP	SLG		Avg	AB	H	2B	3B	HR	RBI	BB	SO	OBP	SLG
vs. Left	.289	76	22	4	0	2	9	3	16	.325	.421	Scoring Posn	.349	83	29	3	1	1	31	10	20	.421	.446
vs. Right	.268	213	57	9	1	3	28	27	56	.349	.362	Close & Late	.273	44	12	3	0	0	7	5	12	.347	.341
Groundball	.250	68	17	3	0	0	5	10	20	.354	.294	None on/out	.182	66	12	2	0	2	2	7	20	.260	.303
Flyball	.300	50	15	1	1	2	9	4	13	.345	.480	Batting #5	.289	135	39	6	0	5	21	16	29	.362	.444
Home	.296	162	48	6	1	3	25	18	46	.365	.401	Batting #6	.308	65	20	3	0	0	5	6	11	.375	.354
Away	.244	127	31	7	0	2	12	12	26	.314	.346	Other	.225	89	20	4	1	0	11	8	32	.289	.292
Day	.302	63	19	0	0	0	7	5	19	.353	.302	April	.444	18	8	0	0	0	4	4	5	.545	.444
Night	.265	226	60	13	1	5	30	25	58	.340	.398	May	.313	67	21	3	0	1	11	8	15	.395	.403
Grass	.274	266	73	11	1	5	36	29	66	.347	.380	June	.277	83	23	4	0	3	12	6	21	.326	.434
Turf	.261	23	6	2	0	0	1	6	.292	.348	July	.231	91	21	4	1	1	9	10	24	.304	.330
First Pitch	.486	35	17	3	0	2	8	2	0	.514	.743	August	.200	30	6	2	0	0	1	2	7	.250	.267
Ahead in Count	.311	45	14	4	0	1	5	21	0	.530	.467	September/October	.000	0	0	0	0	0	0	0	0	.000	.000
Behind in Count	.234	137	32	2	0	2	15	0	56	.237	.292	Pre-All Star	.282	202	57	7	0	5	30	21	47	.353	.391
Two Strikes	.196	153	30	5	1	1	16	7	72	.236	.261	Post-All Star	.253	87	22	6	1	0	7	9	25	.320	.345

1994 By Position

Position	Avg	AB	H	2B	3B	HR	RBI	BB	SO	OBP	SLG	G	GS	Innings	PO	A	E	DP	Fld Pct	Rng Fctr	In Zone	Outs	Zone Rtg	MLB Zone
As 1b	.329	73	24	4	0	1	13	6	14	.388	.425	22	18	162.1	156	11	0	10	1.000	---	33	24	.727	.818
As lf	.248	141	35	4	0	4	16	14	34	.316	.362	59	36	345.1	91	4	2	0	.979	2.48	100	86	.860	.815
As rf	.267	60	16	4	1	0	5	7	17	.343	.367	19	15	138.1	41	5	1	0	.979	2.99	47	39	.830	.826

Robert Eenhoorn — Yankees
Age 27 – Bats Right

	Avg	G	AB	R	H	2B	3B	HR	RBI	BB	SO	HBP	GDP	SB	CS	OBP	SLG	IBB	SH	SF	#Pit	#P/PA	GB	FB	G/F
1994 Season	.500	3	4	1	2	1	0	0	0	0	0	0	0	0	0	.500	.750	0	0	0	17	4.25	0	2	0.00

1994 Season

	Avg	AB	H	2B	3B	HR	RBI	BB	SO	OBP	SLG		Avg	AB	H	2B	3B	HR	RBI	BB	SO	OBP	SLG
vs. Left	.000	0	0	0	0	0	0	0	0	.000	.000	Scoring Posn	.000	1	0	0	0	0	0	0	0	.000	.000
vs. Right	.500	4	2	1	0	0	0	0	0	.500	.750	Close & Late	.000	0	0	0	0	0	0	0	0	.000	.000

Mark Eichhorn — Orioles
Age 34 – Pitches Right (groundball pitcher)

	ERA	W	L	Sv	G	GS	IP	BB	SO	Avg	H	2B	3B	HR	RBI	OBP	SLG	GF	IR	IRS	Hld	SvOp	SB	CS	FB	G/F
1994 Season	2.15	6	5	1	43	0	71.0	19	35	.240	62	14	1	1	27	.301	.314	20	44	10	10	5	4	1	52	2.37
Last Five Years	2.63	18	18	17	292	0	397.2	102	261	.256	385	70	10	11	192	.308	.338	125	435	142	49	33	25	12	296	2.31

1994 Season

	ERA	W	L	Sv	G	GS	IP	H	HR	BB	SO		Avg	AB	H	2B	3B	HR	RBI	BB	SO	OBP	SLG
Home	2.11	2	2	1	22	0	38.1	33	0	8	21	vs. Left	.177	96	17	4	0	0	7	9	9	.250	.219
Away	2.20	4	3	0	21	0	32.2	29	1	11	14	vs. Right	.278	162	45	10	1	1	20	10	26	.331	.370
Starter	0.00	0	0	0	0	0	0.0	0	0	0	0	Scoring Posn	.195	82	16	5	1	0	25	11	15	.286	.280
Reliever	2.15	6	5	1	43	0	71.0	62	1	19	35	Close & Late	.252	115	29	4	0	1	11	15	15	.323	.287
0 Days rest (Re)	0.37	3	1	0	11	0	24.1	15	0	4	17	None on/out	.271	59	16	5	0	0	1	6	.283	.356
1 or 2 Days rest	4.88	0	3	1	17	0	24.0	29	1	9	9	First Pitch	.244	45	11	1	0	0	2	3	0	.300	.267
3+ Days rest	1.19	3	1	0	15	0	22.2	18	0	6	9	Ahead in Count	.221	113	25	7	0	1	13	0	30	.231	.310
Pre-All Star	2.09	5	2	1	34	0	56.0	50	1	14	30	Behind in Count	.304	46	14	4	1	0	5	9	0	.411	.435
Post-All Star	2.40	1	3	0	9	0	15.0	12	0	5	5	Two Strikes	.198	101	20	5	0	0	10	7	35	.265	.248

Last Five Years

	ERA	W	L	Sv	G	GS	IP	H	HR	BB	SO		Avg	AB	H	2B	3B	HR	RBI	BB	SO	OBP	SLG
Home	2.68	11	9	7	144	0	201.1	197	6	45	141	vs. Left	.285	639	182	24	5	7	78	47	96	.339	.371
Away	2.57	7	9	10	148	0	196.1	188	5	57	120	vs. Right	.235	862	203	46	5	4	114	55	165	.285	.314
Day	3.16	7	5	4	91	0	119.2	133	6	35	85	Inning 1-6	.298	208	62	12	4	2	56	14	35	.348	.423
Night	2.40	11	13	13	201	0	278.0	252	5	67	176	Inning 7+	.250	1293	323	58	6	9	136	88	226	.303	.325
Grass	2.64	12	15	12	215	0	290.0	276	7	65	185	None on	.259	758	196	33	4	8	27	114	.290	.344
Turf	2.59	6	3	5	77	0	107.2	109	4	37	76	Runners on	.254	743	189	37	6	3	184	75	147	.325	.332

Last Five Years

	ERA	W	L	Sv	G	GS	IP	H	HR	BB	SO		Avg	AB	H	2B	3B	HR	RBI	BB	SO	OBP	SLG
April	2.93	1	3	4	44	0	67.2	69	2	15	43	Scoring Posn	.240	516	124	29	2	2	174	60	113	.318	.316
May	1.66	3	5	5	58	0	92.1	77	3	22	62	Close & Late	.252	611	154	29	2	4	71	54	106	.317	.326
June	1.33	6	1	5	57	0	74.1	72	6	9	54	None on/out	.252	329	83	21	2	4	4	7	49	.272	.365
July	3.97	3	5	2	49	0	68.0	71	2	26	42	vs. 1st Batr (relief)	.263	270	71	21	1	3	44	14	45	.299	.381
August	3.00	5	3	0	54	0	54.0	52	0	23	37	First Inning Pitched	.260	945	246	45	6	10	152	65	178	.311	.352
September/October	3.92	2	2	0	38	0	41.1	44	2	10	23	First 15 Pitches	.260	920	239	43	8	8	126	50	152	.302	.350
Starter	0.00	0	0	0	0	0	0.0	0	0	0	0	Pitch 16-30	.229	450	103	21	1	3	45	40	90	.296	.300
Reliever	2.63	18	18	17	292	0	397.2	385	11	102	261	Pitch 31-45	.323	96	31	2	1	0	16	9	15	.383	.365
0 Days rest (Re)	2.02	7	2	5	65	0	84.2	75	0	23	58	Pitch 46+	.343	35	12	4	0	0	5	3	4	.410	.457
1 or 2 Days rest	3.63	6	11	10	137	0	186.0	199	8	54	126	First Pitch	.275	218	60	10	2	1	26	16	0	.329	.353
3+ Days rest	1.56	5	5	2	90	0	127.0	111	3	25	77	Ahead in Count	.203	694	141	25	3	3	65	0	228	.210	.261
Pre-All Star	2.12	10	11	15	177	0	263.1	248	8	56	179	Behind in Count	.321	312	100	23	2	5	61	52	0	.416	.455
Post-All Star	3.62	8	7	2	115	0	134.1	137	3	46	82	Two Strikes	.180	621	112	17	3	3	53	34	261	.228	.232

Pitcher vs. Batter (since 1984)

Pitches Best Vs.	Avg	AB	H	2B	3B	HR	RBI	BB	SO	OBP	SLG	Pitches Worst Vs.	Avg	AB	H	2B	3B	HR	RBI	BB	SO	OBP	SLG
Steve Buechele	.063	16	1	0	0	0	0	1	3	.118	.063	Wally Joyner	.600	10	6	1	0	0	2	1	1	.636	.700
Sandy Alomar Jr	.077	13	1	0	0	0	2	0	4	.077	.077	Dale Sveum	.500	14	7	1	0	1	6	0	1	.500	.786
Frank Thomas	.091	11	1	0	0	0	1	0	2	.091	.091	Mark McGwire	.471	17	8	0	0	1	5	1	3	.500	.647
Dick Schofield	.091	11	1	0	0	0	1	1	0	.154	.091	Mickey Tettleton	.400	15	6	0	0	4	7	3	5	.474	1.200
Cecil Fielder	.105	19	2	0	0	0	3	1	5	.143	.105	Tom Brunansky	.389	18	7	3	0	1	8	3	1	.476	.722

Joey Eischen — Expos
Age 25 – Pitches Left

	ERA	W	L	Sv	G	GS	IP	BB	SO	Avg	H	2B	3B	HR	RBI	OBP	SLG	GF	IR	IRS	Hld	SvOp	SB	CS	GB	FB	G/F
1994 Season	54.00	0	0	0	1	0	0.2	0	1	.667	4	1	0	0	4	.714	.833	0	0	0	0	0	0	0	3	1	3.00

1994 Season

	ERA	W	L	Sv	G	GS	IP	H	HR	BB	SO		Avg	AB	H	2B	3B	HR	RBI	BB	SO	OBP	SLG
Home	54.00	0	0	0	1	0	0.2	4	0	0	1	vs. Left	.500	2	1	0	0	0	4	0	0	.667	1.000
Away	0.00	0	0	0	0	0	0.0	0	0	0	0	vs. Right	.750	4	3	0	0	0	0	0	1	.750	.750

Jim Eisenreich — Phillies
Age 36 – Bats Left (groundball hitter)

	Avg	G	AB	R	H	2B	3B	HR	RBI	BB	SO	HBP	GDP	SB	CS	OBP	SLG	IBB	SH	SF	#Pit	#P/PA	GB	FB	G/F
1994 Season	.300	104	290	42	87	15	4	4	43	31	25	1	8	6	2	.371	.421	3	3	2	1143	3.47	123	75	1.64
Last Five Years	.293	647	1876	232	549	96	21	49	223	145	189	4	38	39	25	.342	.398	15	11	17	6908	3.36	823	486	1.69

1994 Season

	Avg	AB	H	2B	3B	HR	RBI	BB	SO	OBP	SLG		Avg	AB	H	2B	3B	HR	RBI	BB	SO	OBP	SLG
vs. Left	.264	53	14	3	0	0	5	4	6	.316	.321	Scoring Posn	.341	82	28	5	1	1	33	13	8	.423	.463
vs. Right	.308	237	73	12	4	4	38	29	25	.383	.443	Close & Late	.246	61	15	0	0	1	8	5	2	.303	.295
Groundball	.295	88	26	6	0	1	7	8	10	.354	.398	None on/out	.169	59	10	3	0	0	0	6	5	.258	.220
Flyball	.350	40	14	3	0	2	8	7	4	.447	.575	Batting #5	.333	117	39	9	1	3	17	14	17	.402	.504
Home	.372	148	55	11	2	3	23	15	9	.430	.534	Batting #6	.289	76	22	2	0	0	10	8	7	.357	.316
Away	.225	142	32	4	2	1	20	18	22	.311	.303	Other	.268	97	26	4	3	1	16	11	7	.345	.402
Day	.294	85	25	7	1	0	13	6	7	.337	.400	April	.266	64	17	2	1	0	8	4	5	.309	.328
Night	.302	205	62	8	3	4	30	27	24	.385	.429	May	.391	64	25	3	0	2	7	7	5	.451	.438
Grass	.198	111	22	4	2	1	19	17	16	.302	.297	June	.279	61	17	4	1	2	10	7	10	.353	.475
Turf	.363	179	65	11	2	3	24	16	15	.416	.497	July	.253	75	19	6	1	2	16	13	10	.356	.440
First Pitch	.190	42	8	0	0	1	7	2	0	.227	.262	August	.346	26	9	0	1	0	2	2	1	.414	.423
Ahead in Count	.405	84	34	6	2	3	17	23	0	.528	.631	September/October	.000	0	0	0	0	0	0	0	0	.000	.000
Behind in Count	.281	114	32	7	1	0	13	0	29	.284	.360	Pre-All Star	.286	217	62	10	2	2	27	22	26	.351	.378
Two Strikes	.240	100	24	6	0	1	8	3	31	.303	.300	Post-All Star	.342	73	25	5	2	2	16	11	5	.425	.548

1994 By Position

Position	Avg	AB	H	2B	3B	HR	RBI	BB	SO	OBP	SLG	G	GS	Innings	PO	A	E	DP	Fld Pct	Rng Fctr	In Zone	Zone Outs	Zone Rtg	MLB Zone
As Pinch Hitter	.235	17	4	1	0	1	5	0	3	.235	.471	18	0	---	---	---	---	---	---	---	---	---	---	---
As rf	.307	261	80	14	3	2	34	32	27	.382	.406	90	68	643.0	169	4	2	2	.989	2.42	191	170	.890	.826

Last Five Years

	Avg	AB	H	2B	3B	HR	RBI	BB	SO	OBP	SLG		Avg	AB	H	2B	3B	HR	RBI	BB	SO	OBP	SLG
vs. Left	.261	429	112	20	5	3	55	29	62	.305	.352	Scoring Posn	.277	541	150	21	5	6	195	60	56	.341	.368
vs. Right	.302	1447	437	76	16	17	168	116	127	.353	.412	Close & Late	.264	364	96	13	5	5	40	27	45	.311	.368
Groundball	.270	581	157	32	3	5	58	40	45	.317	.361	None on/out	.303	446	135	34	5	5	31	49	49	.349	.435
Flyball	.287	411	118	22	7	5	45	39	63	.345	.411	Batting #5	.288	531	153	36	9	7	63	35	60	.330	.429
Home	.298	893	266	41	14	11	114	73	72	.349	.412	Batting #6	.297	683	203	30	4	8	83	61	70	.353	.388
Away	.288	983	283	55	7	9	109	72	117	.335	.386	Other	.292	662	193	30	8	5	77	49	59	.339	.384
Day	.306	504	154	31	5	4	72	34	42	.346	.411	April	.270	241	65	13	4	2	28	14	32	.307	.382
Night	.288	1372	395	65	16	16	151	111	147	.340	.394	May	.327	342	112	22	0	2	44	31	31	.393	.409
Grass	.293	730	214	44	4	7	81	57	91	.343	.393	June	.296	358	106	22	4	5	44	30	39	.350	.422
Turf	.292	1146	335	52	17	13	142	88	98	.341	.401	July	.284	398	113	20	7	3	47	32	32	.335	.392
First Pitch	.299	335	100	19	2	10	47	10	0	.319	.457	August	.295	254	75	7	4	7	32	16	21	.339	.437
Ahead in Count	.360	508	183	32	11	5	86	82	0	.445	.496	September/October	.276	283	78	12	2	1	28	22	34	.323	.343
Behind in Count	.245	685	168	26	5	1	52	0	161	.246	.302	Pre-All Star	.295	1093	322	62	11	9	126	86	115	.345	.396
Two Strikes	.231	631	146	23	5	3	45	51	189	.291	.298	Post-All Star	.290	783	227	34	10	11	97	59	74	.337	.401

Batter vs. Pitcher (since 1984)

Hits Best Against	Avg	AB	H	2B	3B	HR	RBI	BB	SO	OBP	SLG	Hits Worst Against	Avg	AB	H	2B	3B	HR	RBI	BB	SO	OBP	SLG
Rick Aguilera	.583	12	7	1	1	0	0	0	1	.583	.833	John Smoltz	.000	9	0	0	0	0	1	2	0	.167	.000
Dennis Eckersley	.500	10	5	2	0	0	1	1	3	.545	.700	David Wells	.091	11	1	0	0	0	0	0	0	.091	.091
Ramon Martinez	.455	11	5	0	0	1	5	2	1	.538	.727	Mike Mussina	.091	11	1	1	0	0	0	0	1	.091	.182
Pedro Astacio	.417	12	5	1	0	1	4	2	0	.500	.750	Dave Weathers	.100	10	1	0	0	0	1	1	1	.182	.100
Pete Harnisch	.385	13	5	2	2	0	1	3	1	.500	.846	Rick Sutcliffe	.154	13	2	0	0	0	0	0	5	.154	.154

Cal Eldred — Brewers
Age 27 – Pitches Right (flyball pitcher)

	ERA	W	L	Sv	G	GS	IP	BB	SO	Avg	H	2B	3B	HR	RBI	OBP	SLG	CG	ShO	Sup	QS	#P/S	SB	CS	GB	FB	G/F
1994 Season	4.68	11	11	0	25	25	179.0	84	98	.236	158	38	1	23	88	.322	.399	6	0	4.78	13	115	28	5	230	215	1.07
Career (1991-1994)	3.84	40	29	0	78	78	553.1	204	350	.235	486	96	11	61	219	.305	.380	16	2	5.06	47	115	60	19	650	730	0.89

1994 Season

	ERA	W	L	Sv	G	GS	IP	H	BB	SO		Avg	AB	H	2B	3B	HR	RBI	BB	SO	OBP	SLG
Home	3.95	5	3	0	10	10	73.0	56	8	34	50	vs. Left	.221	367	81	16	1	11	41	46	57	.309	.360
Away	5.18	6	8	0	15	15	106.0	102	15	50	48	vs. Right	.255	302	77	22	0	12	47	38	41	.337	.447
Day	5.57	3	4	0	8	8	53.1	52	4	27	35	Inning 1-6	.231	549	127	34	0	18	74	71	81	.320	.392
Night	4.30	8	7	0	17	17	125.2	106	19	57	63	Inning 7+	.258	120	31	4	1	5	14	13	17	.333	.433
Grass	4.79	9	9	0	20	20	142.2	125	20	72	83	None on	.238	403	96	27	1	11	11	46	61	.318	.392
Turf	4.21	2	2	0	5	5	36.1	33	3	12	15	Runners on	.233	266	62	11	0	12	77	38	37	.328	.410
April	3.51	2	2	0	5	5	33.1	29	1	19	23	Scoring Posn	.247	166	41	8	0	9	68	26	22	.347	.458
May	6.38	2	4	0	6	6	42.1	47	8	20	29	Close & Late	.375	48	18	1	0	4	12	5	9	.436	.646
June	2.29	5	1	0	6	6	51.0	26	4	20	24	None on/out	.275	178	49	16	1	7	7	20	23	.352	.494
July	5.75	1	3	0	6	6	40.2	40	7	16	12	vs. 1st Batr (relief)	.000	0	0	0	0	0	0	0	0	.000	.000
August	8.49	1	1	0	2	2	11.2	16	3	9	10	First Inning Pitched	.263	95	25	6	0	3	24	23	15	.400	.421
September/October	0.00	0	0	0	0	0	0.0	0	0	0	0	First 75 Pitches	.250	400	100	28	0	13	59	58	59	.343	.418
Starter	4.68	11	11	0	25	25	179.0	158	23	84	98	Pitch 76-90	.210	105	22	3	0	4	10	7	14	.270	.352
Reliever	0.00	0	0	0	0	0	0.0	0	0	0	0	Pitch 91-105	.264	87	23	5	1	5	16	8	13	.330	.517
0-3 Days Rest (St)	0.00	0	0	0	0	0	0.0	0	0	0	0	Pitch 106+	.169	77	13	2	0	1	3	11	12	.270	.234
4 Days Rest	4.81	8	10	0	19	19	140.1	125	16	68	86	First Pitch	.305	95	29	8	0	8	19	0	0	.302	.642
5+ Days Rest	4.19	3	1	0	6	6	38.2	33	7	16	12	Ahead in Count	.184	293	54	9	0	4	22	0	83	.189	.256
Pre-All Star	4.26	9	9	0	19	19	141.2	119	16	66	78	Behind in Count	.269	156	42	14	1	7	24	52	0	.448	.506
Post-All Star	6.27	2	2	0	6	6	37.1	39	7	18	20	Two Strikes	.164	286	47	11	0	5	22	32	98	.250	.255

Career (1991-1994)

	ERA	W	L	Sv	G	GS	IP	H	BB	SO		Avg	AB	H	2B	3B	HR	RBI	BB	SO	OBP	SLG
Home	2.85	24	9	0	39	39	290.1	227	23	91	182	vs. Left	.227	1064	242	45	7	26	100	110	160	.304	.356
Away	4.93	16	20	0	39	39	263.0	259	38	113	168	vs. Right	.242	1008	244	51	4	35	119	94	190	.307	.405
Day	4.36	13	10	0	27	27	183.2	166	15	68	124	Inning 1-6	.232	1676	389	82	7	47	181	175	287	.307	.374
Night	3.58	27	19	0	51	51	369.2	320	46	136	226	Inning 7+	.245	396	97	14	4	14	38	29	63	.299	.407
Grass	3.74	36	25	0	68	68	484.1	419	53	180	308	None on	.242	1271	307	67	8	34	34	111	200	.307	.387
Turf	4.57	4	4	0	10	10	69.0	67	8	24	42	Runners on	.223	801	179	29	3	27	185	93	150	.303	.368
April	3.62	5	4	0	10	10	64.2	52	3	29	49	Scoring Posn	.214	463	99	15	1	17	157	61	90	.301	.361
May	5.04	5	7	0	12	12	84.0	93	12	30	58	Close & Late	.266	207	55	5	3	10	30	13	34	.314	.464
June	2.84	8	4	0	12	12	95.0	65	12	33	45	None on/out	.252	552	139	32	1	13	13	46	90	.314	.395
July	5.23	4	7	0	16	16	105.0	110	16	42	55	vs. 1st Batr (relief)	.000	0	0	0	0	0	0	0	0	.000	.000
August	3.21	9	2	0	12	12	89.2	74	8	36	61	First Inning Pitched	.242	293	71	15	3	8	47	40	55	.336	.396
September/October	3.13	9	5	0	16	16	115.0	92	10	34	82	First 75 Pitches	.236	1278	301	63	7	33	132	135	216	.311	.373
Starter	3.84	40	29	0	78	78	553.1	486	61	204	350	Pitch 76-90	.253	292	74	13	0	13	42	26	42	.318	.432
Reliever	0.00	0	0	0	0	0	0.0	0	0	0	0	Pitch 91-105	.254	260	66	14	2	8	29	16	45	.301	.415
0-3 Days Rest (St)	4.18	1	3	0	4	4	28.0	24	4	8	11	Pitch 106+	.186	242	45	6	2	7	16	27	47	.266	.314
4 Days Rest	4.31	24	24	0	52	52	370.0	345	41	143	247	First Pitch	.295	271	80	15	1	16	35	2	0	.307	.535
5+ Days Rest	2.67	15	2	0	22	22	155.1	117	16	53	92	Ahead in Count	.172	918	158	26	4	13	61	0	290	.177	.252
Pre-All Star	4.06	19	17	0	39	39	277.1	248	33	107	167	Behind in Count	.297	468	139	31	4	21	71	106	0	.425	.515
Post-All Star	3.62	21	12	0	39	39	276.0	238	28	96	183	Two Strikes	.167	987	165	28	4	17	75	96	350	.242	.255

Pitcher vs. Batter (career)

Pitches Best Vs.	Avg	AB	H	2B	3B	HR	RBI	BB	SO	OBP	SLG	Pitches Worst Vs.	Avg	AB	H	2B	3B	HR	RBI	BB	SO	OBP	SLG
Devon White	.000	17	0	0	0	0	1	0	4	.000	.000	Tim Hulett	.500	12	6	1	1	0	2	3	.571	.750		
Ruben Sierra	.000	13	0	0	0	0	1	1	2	.067	.000	Mickey Tettleton	.455	22	10	1	1	2	7	2	3	.500	.864
Damion Easley	.000	12	0	0	0	0	0	0	1	.000	.000	Kent Hrbek	.455	11	5	1	0	2	10	3	1	.533	1.091
Bob Zupcic	.000	11	0	0	0	0	0	0	2	.000	.000	Frank Thomas	.450	20	9	4	0	1	2	3	4	.542	.950
John Olerud	.053	19	1	1	0	0	0	1	2	.053	.105	Albert Belle	.438	16	7	0	1	3	7	3	2	.550	1.125

Donnie Elliott — Padres
Age 26 – Pitches Right

	ERA	W	L	Sv	G	GS	IP	BB	SO	Avg	H	2B	3B	HR	RBI	OBP	SLG	GF	IR	IRS	Hld	SvOp	SB	CS	GB	FB	G/F
1994 Season	3.27	0	1	0	30	1	33.0	21	24	.250	31	4	0	3	17	.363	.355	10	15	8	7	1	7	0	43	37	1.16

1994 Season

	ERA	W	L	Sv	G	GS	IP	H	BB	SO		Avg	AB	H	2B	3B	HR	RBI	BB	SO	OBP	SLG
Home	2.05	0	0	0	16	1	22.0	14	2	9	18	vs. Left	.286	49	14	1	0	2	5	9	4	.397	.429
Away	5.73	0	1	0	14	0	11.0	17	1	12	6	vs. Right	.227	75	17	3	0	1	12	12	20	.341	.307
Starter	6.75	0	0	0	1	1	2.2	4	1	2	2	Scoring Posn	.282	39	11	2	0	2	16	11	7	.440	.487
Reliever	2.97	0	1	0	29	0	30.1	27	2	19	22	Close & Late	.218	55	12	0	0	1	5	5	12	.295	.273
0 Days rest (Re)	4.26	0	0	0	6	0	6.1	8	2	2	0	None on/out	.214	28	6	1	0	0	0	6	7	.371	.250
1 or 2 Days rest	3.57	0	0	0	17	0	17.2	15	0	15	15	First Pitch	.350	20	7	0	0	1	2	2	0	.409	.500
3+ Days rest	0.00	0	0	0	6	0	6.1	4	0	2	7	Ahead in Count	.167	48	8	0	0	1	6	0	21	.184	.229

1994 Season

	ERA	W	L	Sv	G	GS	IP	H	HR	BB	SO		Avg	AB	H	2B	3B	HR	RBI	BB	SO	OBP	SLG
Pre-All Star	3.27	0	1	0	30	1	33.0	31	3	21	24	Behind in Count	.242	33	8	2	0	0	4	11	0	.432	.303
Post-All Star	0.00	0	0	0	0	0	0.0	0	0	0	0	Two Strikes	.185	54	10	0	0	1	6	8	24	.302	.241

Kevin Elster — Yankees Age 30 – Bats Right (flyball hitter)

	Avg	G	AB	R	H	2B	3B	HR	RBI	BB	SO	HBP	GDP	SB	CS	OBP	SLG	IBB	SH	SF	#Pit	#P/PA	GB	FB	G/F
1994 Season	.000	7	20	0	0	0	0	0	0	1	6	0	0	0	0	.048	.000	0	1	0	72	3.27	8	5	1.60
Last Five Years	.219	220	700	69	153	36	3	15	81	71	115	2	9	4	3	.289	.343	8	3	10	2935	3.73	232	255	0.91

1994 Season

	Avg	AB	H	2B	3B	HR	RBI	BB	SO	OBP	SLG		Avg	AB	H	2B	3B	HR	RBI	BB	SO	OBP	SLG
vs. Left	.000	10	0	0	0	0	0	1	3	.091	.000	Scoring Posn	.000	6	0	0	0	0	0	0	0	.000	.000
vs. Right	.000	10	0	0	0	0	0	0	3	.000	.000	Close & Late	.000	1	0	0	0	0	0	0	1	.000	.000

Last Five Years

	Avg	AB	H	2B	3B	HR	RBI	BB	SO	OBP	SLG		Avg	AB	H	2B	3B	HR	RBI	BB	SO	OBP	SLG
vs. Left	.255	294	75	16	0	3	22	28	35	.317	.340	Scoring Posn	.249	173	43	12	2	4	67	24	27	.327	.410
vs. Right	.192	406	78	20	3	12	59	43	80	.269	.345	Close & Late	.130	108	14	2	0	1	10	17	19	.246	.176
Groundball	.249	233	58	9	1	6	30	22	39	.313	.373	None on/out	.196	158	31	3	0	5	5	16	21	.274	.310
Flyball	.246	126	31	12	0	3	15	7	27	.286	.413	Batting #7	.258	217	56	10	0	4	23	22	22	.321	.359
Home	.222	370	82	22	1	5	38	35	59	.288	.327	Batting #8	.188	304	57	21	2	6	37	32	54	.265	.329
Away	.215	330	71	14	2	10	43	36	56	.289	.361	Other	.223	179	40	5	1	5	21	17	34	.269	.346
Day	.176	216	38	9	1	5	22	19	32	.245	.296	April	.185	119	22	2	2	3	13	11	21	.250	.311
Night	.238	484	115	27	2	10	59	52	83	.308	.364	May	.238	122	29	5	0	5	18	19	17	.338	.402
Grass	.227	484	110	29	2	9	59	48	74	.295	.351	June	.233	159	37	17	0	1	25	11	28	.277	.358
Turf	.199	216	43	7	1	6	22	23	41	.274	.324	July	.163	147	24	6	0	4	13	11	27	.226	.286
First Pitch	.172	87	15	4	0	3	10	4	0	.209	.322	August	.294	68	20	2	0	2	7	7	11	.360	.412
Ahead in Count	.314	175	55	15	1	6	38	40	0	.439	.514	September/October	.247	85	21	4	1	0	5	12	11	.333	.318
Behind in Count	.163	307	50	13	1	3	16	0	101	.162	.241	Pre-All Star	.210	461	97	26	2	11	62	45	80	.278	.347
Two Strikes	.173	323	56	11	0	5	22	25	115	.227	.254	Post-All Star	.234	239	56	10	1	4	19	26	35	.310	.335

Batter vs. Pitcher (career)

Hits Best Against	Avg	AB	H	2B	3B	HR	RBI	BB	SO	OBP	SLG	Hits Worst Against	Avg	AB	H	2B	3B	HR	RBI	BB	SO	OBP	SLG
Bruce Hurst	.421	19	8	2	0	0	1	2	2	.476	.526	Rob Dibble	.000	8	0	0	0	0	1	2	5	.182	.000
Steve Avery	.417	12	5	2	0	0	3	0	0	.417	.583	Jim Deshaies	.063	16	1	0	0	0	2	4	1	.167	.063
Joe Magrane	.385	13	5	2	0	0	1	1	0	.429	.538	Mark Portugal	.083	12	1	0	0	0	0	1	1	.077	.083
Doug Drabek	.370	27	10	1	1	2	7	4	4	.452	.704	Pete Smith	.091	11	1	1	0	0	0	7	0	.091	.182
Orel Hershiser	.357	14	5	1	0	0	0	0	4	.400	.429	Mark Langston	.167	12	2	0	0	0	1	0	3	.154	.167

Scott Erickson — Twins Age 27 – Pitches Right (groundball pitcher)

	ERA	W	L	Sv	G	GS	IP	BB	SO	Avg	H	2B	3B	HR	RBI	OBP	SLG	CG	ShO	Sup	QS	#P/S	SB	CS	GB	FB	G/F
1994 Season	5.44	8	11	0	23	23	144.0	59	104	.299	173	38	2	15	83	.370	.449	2	1	5.19	8	104	14	8	251	128	1.96
Career (1990-1994)	4.05	57	54	0	140	138	891.2	335	482	.273	933	165	22	72	396	.342	.398	14	7	5.05	70	97	75	32	1637	749	2.19

1994 Season

	ERA	W	L	Sv	G	GS	IP	H	HR	BB	SO		Avg	AB	H	2B	3B	HR	RBI	BB	SO	OBP	SLG
Home	4.13	6	3	0	11	11	69.2	73	3	27	58	vs. Left	.338	308	104	20	2	10	49	40	40	.415	.513
Away	6.66	2	8	0	12	12	74.1	100	12	32	46	vs. Right	.255	271	69	18	0	5	34	19	64	.318	.376
Day	4.26	3	3	0	6	6	38.0	46	6	17	24	Inning 1-6	.299	508	152	31	1	13	73	49	93	.368	.441
Night	5.86	5	8	0	17	17	106.0	127	9	42	80	Inning 7+	.296	71	21	7	1	2	10	10	11	.383	.507
Grass	6.23	2	5	0	8	8	52.0	67	8	23	30	None on	.278	320	89	21	1	10	10	30	56	.346	.444
Turf	4.99	6	6	0	15	15	92.0	106	7	36	74	Runners on	.324	259	84	17	1	5	73	29	48	.399	.456
April	5.28	2	3	0	5	5	30.2	38	4	19	18	Scoring Posn	.314	172	54	13	0	5	70	22	36	.390	.477
May	4.88	3	1	0	4	4	27.2	28	1	8	25	Close & Late	.296	27	8	2	1	1	5	4	4	.387	.556
June	5.03	2	1	0	5	5	34.0	37	5	12	24	None on/out	.268	142	38	6	0	6	16	26	26	.346	.451
July	6.46	1	5	0	7	7	39.0	54	5	17	24	vs. 1st Batr (relief)	.000	0	0	0	0	0	0	0	0	.000	.000
August	4.97	0	1	0	2	2	12.2	16	0	3	13	First Inning Pitched	.326	95	31	5	0	5	18	13	16	.404	.537
September/October	0.00	0	0	0	0	0	0.0	0	0	0	0	First 75 Pitches	.292	404	118	22	1	13	58	39	76	.361	.448
Starter	5.44	8	11	0	23	23	144.0	173	15	59	104	Pitch 76-90	.329	79	26	7	0	0	9	4	12	.376	.418
Reliever	0.00	0	0	0	0	0	0.0	0	0	0	0	Pitch 91-105	.290	62	18	4	0	2	9	8	12	.375	.452
0-3 Days Rest (St)	12.00	0	1	0	1	1	3.0	7	2	2	1	Pitch 106+	.324	34	11	5	1	0	7	8	4	.452	.529
4 Days Rest	5.45	4	9	0	17	17	109.0	129	12	45	76	First Pitch	.313	83	26	6	1	0	11	0	0	.326	.410
5+ Days Rest	4.78	4	1	0	5	5	32.0	37	1	12	27	Ahead in Count	.227	229	52	10	1	4	26	0	89	.236	.332
Pre-All Star	5.10	8	7	0	17	17	109.1	125	13	49	76	Behind in Count	.361	166	60	12	0	6	28	34	0	.476	.542
Post-All Star	6.49	0	4	0	6	6	34.2	48	2	10	28	Two Strikes	.172	232	40	10	1	3	22	25	104	.252	.263

Career (1990-1994)

	ERA	W	L	Sv	G	GS	IP	H	HR	BB	SO		Avg	AB	H	2B	3B	HR	RBI	BB	SO	OBP	SLG
Home	4.03	35	25	0	76	75	495.2	526	34	159	290	vs. Left	.296	1833	543	96	16	36	210	197	192	.364	.425
Away	4.07	22	29	0	64	63	396.0	407	38	176	192	vs. Right	.246	1583	390	69	6	36	186	138	290	.316	.366
Day	3.36	24	18	0	49	49	324.0	326	20	105	170	Inning 1-6	.270	2923	790	138	18	56	337	277	422	.335	.387
Night	4.44	33	36	0	91	89	567.2	607	52	230	312	Inning 7+	.290	493	143	27	4	16	59	58	60	.368	.458
Grass	3.48	20	17	0	47	46	297.1	287	26	139	136	None on	.270	1904	515	101	11	43	43	194	277	.344	.403
Turf	4.33	37	37	0	93	92	594.1	646	46	196	346	Runners on	.276	1512	418	64	11	29	353	141	205	.339	.391
April	4.89	4	11	0	17	17	106.2	115	10	50	49	Scoring Posn	.270	869	235	36	6	20	319	104	141	.342	.395
May	3.53	13	5	0	21	21	142.2	129	11	40	94	Close & Late	.291	265	77	14	4	6	31	28	35	.361	.442
June	4.07	13	7	0	25	25	166.0	174	13	62	100	None on/out	.278	866	241	54	2	25	25	86	119	.350	.432

Career (1990-1994)

	ERA	W	L	Sv	G	GS	IP	H	HR	BB	SO		Avg	AB	H	2B	3B	HR	RBI	BB	SO	OBP	SLG
July	4.53	7	11	0	28	26	161.0	188	22	71	77	vs. 1st Batr (relief)	1.000	1	1	0	0	0	0	1	0	1.000	1.000
August	4.76	7	13	0	24	24	143.2	172	7	48	74	First Inning Pitched	.275	531	146	21	1	15	70	63	78	.348	.403
September/October	2.88	13	7	0	25	25	171.2	155	9	64	88	First 75 Pitches	.269	2521	677	109	13	53	285	241	362	.335	.385
Starter	4.03	57	54	0	138	138	886.0	925	70	329	481	Pitch 76-90	.291	423	123	28	6	11	56	38	59	.356	.463
Reliever	6.35	0	0	0	2	0	5.2	6	2	6	1	Pitch 91-105	.274	296	81	16	1	5	33	27	41	.339	.385
0-3 Days Rest (St)	4.94	2	4	0	8	8	47.1	58	6	16	26	Pitch 106+	.295	176	52	12	2	3	22	29	20	.399	.438
4 Days Rest	4.24	36	37	0	90	90	575.1	611	50	222	317	First Pitch	.309	541	167	25	4	12	78	6	0	.325	.436
5+ Days Rest	3.42	19	13	0	40	40	263.1	256	14	91	138	Ahead in Count	.217	1308	284	56	8	16	115	0	394	.226	.309
Pre-All Star	4.13	32	26	0	71	71	460.1	478	41	173	265	Behind in Count	.318	978	311	49	7	30	130	189	0	.428	.474
Post-All Star	3.96	25	28	0	69	67	431.1	455	31	162	217	Two Strikes	.182	1228	223	47	6	12	90	140	482	.272	.259

Pitcher vs. Batter (career)

Pitches Best Vs.	Avg	AB	H	2B	3B	HR	RBI	BB	SO	OBP	SLG	Pitches Worst Vs.	Avg	AB	H	2B	3B	HR	RBI	BB	SO	OBP	SLG
Dave Valle	.000	14	0	0	0	0	1	4	5	.300	.000	Mike Aldrete	.600	10	6	1	0	0	1	1	1	.636	.700
Bob Melvin	.000	9	0	0	0	0	2	1	2	.091	.000	Mark McGwire	.484	31	15	5	0	2	7	5	1	.526	.839
Andre Dawson	.077	13	1	1	0	0	2	0	4	.077	.154	Mark McGwire	.455	22	10	3	0	4	9	3	4	.520	1.136
Joey Cora	.083	12	1	0	0	0	2	1	0	.200	.083	Greg Vaughn	.450	20	9	3	0	3	9	2	5	.500	1.050
Kevin Seitzer	.100	20	2	0	0	0	1	0	1	.100	.100	Jim Thome	.444	9	4	1	0	1	3	2	1	.545	.889

Alvaro Espinoza — Indians
Age 33 – Bats Right

	Avg	G	AB	R	H	2B	3B	HR	RBI	BB	SO	HBP	GDP	SB	CS	OBP	SLG	IBB	SH	SF	#Pit	#P/PA	GB	FB	G/F
1994 Season	.238	90	231	27	55	13	0	1	19	6	33	1	8	1	3	.258	.307	0	4	2	793	3.25	84	69	1.22
Last Five Years	.247	517	1412	143	349	63	4	12	99	46	180	9	38	8	8	.274	.323	0	32	9	4683	3.11	555	407	1.36

1994 Season

	Avg	AB	H	2B	3B	HR	RBI	BB	SO	OBP	SLG		Avg	AB	H	2B	3B	HR	RBI	BB	SO	OBP	SLG
vs. Left	.271	85	23	6	0	1	9	1	13	.276	.376	Scoring Posn	.207	58	12	0	0	0	15	2	7	.238	.207
vs. Right	.219	146	32	7	0	0	10	5	20	.248	.267	Close & Late	.162	37	6	1	0	0	3	0	8	.158	.189
Home	.327	98	32	7	0	1	9	3	12	.347	.429	None on/out	.235	51	12	3	0	0	0	1	9	.250	.294
Away	.173	133	23	6	0	0	10	3	21	.194	.218	Batting #2	.288	80	23	8	0	0	11	5	11	.330	.388
First Pitch	.314	51	16	4	0	0	5	0	0	.308	.392	Batting #9	.253	95	24	4	0	1	8	0	13	.253	.326
Ahead in Count	.270	37	10	3	0	1	6	3	0	.341	.432	Other	.143	56	8	1	0	0	0	1	9	.158	.161
Behind in Count	.175	114	20	4	0	0	7	0	31	.175	.211	Pre-All Star	.277	173	48	12	0	1	17	6	26	.302	.364
Two Strikes	.133	98	13	2	0	0	5	3	33	.157	.153	Post-All Star	.121	58	7	1	0	0	2	0	7	.121	.138

Last Five Years

	Avg	AB	H	2B	3B	HR	RBI	BB	SO	OBP	SLG		Avg	AB	H	2B	3B	HR	RBI	BB	SO	OBP	SLG
vs. Left	.278	503	140	27	1	5	45	21	50	.307	.366	Scoring Posn	.238	303	72	13	1	2	84	11	33	.264	.307
vs. Right	.230	909	209	36	3	7	54	25	130	.255	.299	Close & Late	.244	217	53	9	1	2	18	7	26	.263	.323
Groundball	.236	322	76	16	1	2	21	11	34	.265	.311	None on/out	.258	329	85	17	2	5	5	7	38	.278	.368
Flyball	.253	324	82	12	0	4	21	9	48	.275	.327	Batting #8	.237	438	104	20	1	5	26	9	60	.254	.322
Home	.243	695	169	31	3	6	46	24	80	.271	.322	Batting #9	.254	515	131	18	3	3	33	18	57	.284	.318
Away	.251	717	180	32	1	6	53	22	100	.276	.324	Other	.248	459	114	25	0	4	40	19	63	.280	.329
Day	.242	442	107	21	3	5	35	18	53	.275	.337	April	.290	131	38	11	1	1	15	5	18	.317	.412
Night	.249	970	242	42	1	7	64	28	127	.273	.316	May	.232	272	63	12	0	1	16	9	31	.256	.287
Grass	.243	1194	290	49	3	9	78	43	153	.272	.312	June	.267	285	76	14	1	5	25	10	38	.293	.375
Turf	.271	218	59	14	1	3	21	3	27	.286	.385	July	.249	293	73	9	1	2	19	14	35	.282	.307
First Pitch	.296	324	96	17	1	2	25	0	0	.302	.373	August	.223	233	52	9	1	3	14	2	25	.238	.309
Ahead in Count	.310	226	70	13	1	5	27	30	0	.390	.442	September/October	.237	198	47	8	0	0	10	6	33	.269	.278
Behind in Count	.195	672	131	18	1	1	29	0	172	.200	.229	Pre-All Star	.269	784	211	39	3	7	62	26	95	.293	.353
Two Strikes	.184	537	99	15	2	4	26	16	180	.213	.242	Post-All Star	.220	628	138	24	1	5	37	20	85	.249	.285

Batter vs. Pitcher (career)

Hits Best Against	Avg	AB	H	2B	3B	HR	RBI	BB	SO	OBP	SLG	Hits Worst Against	Avg	AB	H	2B	3B	HR	RBI	BB	SO	OBP	SLG
Bret Saberhagen	.529	17	9	2	1	0	1	0	0	.529	.765	Jamie Moyer	.091	11	1	0	0	0	0	0	0	.091	.091
Scott Sanderson	.500	12	6	1	0	0	4	0	0	.500	.583	Tom Gordon	.091	11	1	0	0	0	2	1	4	.167	.091
Mark Williamson	.455	11	5	2	0	0	2	1	1	.500	.636	Tom Candiotti	.118	17	2	0	0	0	0	5	.118	.118
Jim Deshaies	.455	11	5	0	0	1	2	0	3	.455	.727	Mark Langston	.130	23	3	0	0	0	1	2	.167	.130
Jack McDowell	.333	12	4	1	1	1	3	1	3	.467	.583	Joe Hesketh	.154	13	2	0	0	0	0	0	.154	.154

Tony Eusebio — Astros
Age 28 – Bats Right (groundball hitter)

	Avg	G	AB	R	H	2B	3B	HR	RBI	BB	SO	HBP	GDP	SB	CS	OBP	SLG	IBB	SH	SF	#Pit	#P/PA	GB	FB	G/F
1994 Season	.296	55	159	18	47	9	1	5	30	8	33	0	4	0	1	.320	.459	0	2	5	588	3.38	81	26	3.12
Career (1991-1994)	.275	65	178	22	49	10	1	5	30	14	41	0	5	0	1	.320	.427	0	2	5	693	3.48	88	28	3.14

1994 Season

	Avg	AB	H	2B	3B	HR	RBI	BB	SO	OBP	SLG		Avg	AB	H	2B	3B	HR	RBI	BB	SO	OBP	SLG
vs. Left	.426	61	26	7	1	3	18	3	7	.439	.721	Scoring Posn	.283	46	13	2	0	3	25	2	11	.283	.522
vs. Right	.214	98	21	2	0	2	12	5	26	.245	.296	Close & Late	.276	29	8	1	0	2	6	1	11	.290	.517
Home	.250	72	18	2	0	3	11	2	16	.260	.333	None on/out	.278	36	10	3	0	1	0	1	7	.297	.417
Away	.333	87	29	6	1	4	19	6	17	.368	.563	Batting #7	.320	128	41	8	1	4	25	7	23	.348	.492
First Pitch	.333	18	6	2	0	1	4	0	0	.316	.611	Batting #8	.263	19	5	1	0	1	4	1	6	.250	.316
Ahead in Count	.442	43	19	5	0	2	11	3	0	.478	.698	Other	.083	12	1	0	0	0	1	4	.143	.333
Behind in Count	.186	70	13	1	0	1	6	0	31	.181	.214	Pre-All Star	.274	117	32	7	1	4	20	6	25	.302	.453
Two Strikes	.167	60	10	2	1	0	6	5	33	.224	.283	Post-All Star	.357	42	15	2	0	1	10	2	8	.370	.476

Carl Everett — Marlins
Age 25 – Bats Both

	Avg	G	AB	R	H	2B	3B	HR	RBI	BB	SO	HBP	GDP	SB	CS	OBP	SLG	IBB	SH	SF	#Pit	#P/PA	GB	FB	G/F
1994 Season	.216	16	51	7	11	1	0	2	6	3	15	0	0	4	0	.259	.353	0	0	0	210	3.89	14	14	1.00
Career (1993-1994)	.186	27	70	7	13	1	0	2	6	4	24	0	0	5	0	.230	.286	0	0	0	305	4.12	18	17	1.06

1994 Season

	Avg	AB	H	2B	3B	HR	RBI	BB	SO	OBP	SLG		Avg	AB	H	2B	3B	HR	RBI	BB	SO	OBP	SLG
vs. Left	.158	19	3	1	0	1	3	2	7	.238	.368	Scoring Posn	.154	13	2	0	0	0	2	0	7	.154	.154
vs. Right	.250	32	8	0	0	1	3	1	8	.273	.344	Close & Late	.273	11	3	0	0	0	1	1	2	.333	.273

Bryan Eversgerd — Cardinals
Age 26 – Pitches Left (groundball pitcher)

	ERA	W	L	Sv	G	GS	IP	BB	SO	Avg	H	2B	3B	HR	RBI	OBP	SLG	GF	IR	IRS	Hld	SvOp	SB	CS	GB	FB	G/F
1994 Season	4.52	2	3	0	40	1	67.2	20	47	.295	75	12	1	8	37	.349	.445	8	27	10	0	1	1	3	97	63	1.54

1994 Season

	ERA	W	L	Sv	G	GS	IP	H	BB	SO		Avg	AB	H	2B	3B	HR	RBI	BB	SO	OBP	SLG
Home	4.19	1	1	0	21	0	38.2	33	4	15	27	vs. Left	.274	73	20	3	0	2	9	9	13	.357	.397
Away	4.97	1	2	0	19	1	29.0	42	4	5	20	vs. Right	.304	181	55	9	1	6	28	11	34	.345	.464
Starter	0.00	1	0	0	1	1	5.0	4	0	0	4	Scoring Posn	.306	72	22	1	1	0	25	7	14	.366	.347
Reliever	4.88	1	3	0	39	0	62.2	71	8	20	43	Close & Late	.533	15	8	1	0	1	4	0	2	.563	.800
0 Days rest (Re)	12.54	1	1	0	10	0	9.1	22	1	3	8	None on/out	.305	59	18	2	0	3	3	4	11	.349	.492
1 or 2 Days rest	3.41	0	1	0	19	0	34.1	30	7	11	17	First Pitch	.318	44	14	4	0	1	3	1	0	.333	.477
3+ Days rest	3.79	1	0	0	10	0	19.0	19	0	6	18	Ahead in Count	.206	97	20	4	0	3	10	0	36	.220	.340
Pre-All Star	3.35	2	0	0	28	1	48.1	44	4	10	40	Behind in Count	.396	53	21	2	0	3	9	11	0	.500	.604
Post-All Star	7.45	0	3	0	12	0	19.1	31	4	10	7	Two Strikes	.190	105	20	1	0	4	12	6	47	.254	.314

Jorge Fabregas — Angels
Age 25 – Bats Left

	Avg	G	AB	R	H	2B	3B	HR	RBI	BB	SO	HBP	GDP	SB	CS	OBP	SLG	IBB	SH	SF	#Pit	#P/PA	GB	FB	G/F
1994 Season	.283	43	127	12	36	3	0	0	16	7	18	0	5	2	1	.321	.307	1	1	0	467	3.46	46	32	1.44

1994 Season

	Avg	AB	H	2B	3B	HR	RBI	BB	SO	OBP	SLG		Avg	AB	H	2B	3B	HR	RBI	BB	SO	OBP	SLG
vs. Left	.316	19	6	0	0	0	3	0	4	.316	.316	Scoring Posn	.375	40	15	2	0	0	15	2	6	.405	.425
vs. Right	.278	108	30	3	0	0	13	7	14	.322	.306	Close & Late	.350	20	7	1	0	0	4	1	2	.381	.400
Home	.270	74	20	1	0	0	5	4	12	.308	.284	None on/out	.333	27	9	1	0	0	0	1	4	.357	.370
Away	.302	53	16	2	0	0	11	3	6	.339	.340	Batting #7	.320	50	16	2	0	0	9	8	.346	.360
First Pitch	.478	23	11	2	0	0	7	1	0	.500	.565	Batting #8	.253	75	19	1	0	0	7	5	10	.300	.267
Ahead in Count	.241	29	7	0	0	0	2	2	0	.290	.241	Other	.500	2	1	0	0	0	0	0	0	.500	.500
Behind in Count	.192	52	10	1	0	0	3	0	17	.192	.212	Pre-All Star	.283	127	36	3	0	0	16	7	18	.321	.307
Two Strikes	.241	54	13	1	0	0	6	4	18	.293	.259	Post-All Star	.000	0	0	0	0	0	0	0	0	.000	.000

Hector Fajardo — Rangers
Age 24 – Pitches Right

	ERA	W	L	Sv	G	GS	IP	BB	SO	Avg	H	2B	3B	HR	RBI	OBP	SLG	CG	ShO	Sup	QS	#P/S	SB	CS	GB	FB	G/F
1994 Season	6.91	5	7	0	18	12	83.1	26	45	.284	95	17	5	15	65	.336	.500	0	0	5.29	5	96	2	2	115	108	1.06
Career (1991-1994)	6.83	5	9	0	25	17	109.1	37	69	.295	130	23	6	17	75	.349	.491	0	0	5.43	6	93	9	4	143	140	1.02

1994 Season

	ERA	W	L	Sv	G	GS	IP	H	BB	SO		Avg	AB	H	2B	3B	HR	RBI	BB	SO	OBP	SLG
Home	4.97	4	2	0	8	6	41.2	41	6	9	20	vs. Left	.331	175	58	10	3	10	41	16	20	.383	.594
Away	8.86	1	5	0	10	6	41.2	54	9	17	25	vs. Right	.233	159	37	7	2	5	24	10	25	.283	.396
Starter	6.75	5	7	0	12	12	70.2	78	15	21	37	Scoring Posn	.383	81	31	7	3	3	46	6	9	.413	.654
Reliever	7.82	0	0	0	6	0	12.2	17	0	5	8	Close & Late	.333	6	2	1	0	1	2	0	0	.333	1.000
0-3 Days Rest (St)	15.43	0	1	0	1	1	4.2	7	2	4	2	None on/out	.231	78	18	3	1	4	4	10	13	.318	.449
4 Days Rest	6.86	1	6	0	7	7	40.2	49	7	12	25	First Pitch	.349	43	15	2	1	3	10	0	0	.356	.651
5+ Days Rest	4.97	4	0	0	4	4	25.1	22	6	5	10	Ahead in Count	.227	150	34	8	2	3	18	0	41	.227	.367
Pre-All Star	5.85	4	5	0	14	9	67.2	75	10	19	41	Behind in Count	.395	76	30	5	1	6	19	17	0	.500	.724
Post-All Star	11.49	1	2	0	4	3	15.2	20	5	7	4	Two Strikes	.196	153	30	7	1	5	22	9	45	.241	.353

Rikkert Faneyte — Giants
Age 26 – Bats Right

	Avg	G	AB	R	H	2B	3B	HR	RBI	BB	SO	HBP	GDP	SB	CS	OBP	SLG	IBB	SH	SF	#Pit	#P/PA	GB	FB	G/F
1994 Season	.115	19	26	1	3	3	0	0	4	3	11	0	1	0	0	.207	.231	0	0	0	117	4.03	7	5	1.40
Career (1993-1994)	.122	26	41	3	5	3	0	0	4	5	15	0	1	0	0	.217	.195	0	0	0	173	3.76	11	10	1.10

1994 Season

	Avg	AB	H	2B	3B	HR	RBI	BB	SO	OBP	SLG		Avg	AB	H	2B	3B	HR	RBI	BB	SO	OBP	SLG
vs. Left	.182	11	2	2	0	0	2	8	.308	.364	Scoring Posn	.091	11	1	1	0	0	4	0	4	.091	.182
vs. Right	.067	15	1	1	0	0	4	1	3	.125	.133	Close & Late	.000	4	0	0	0	0	0	0	3	.000	.000

Steve Farr — Red Sox
Age 38 – Pitches Right

	ERA	W	L	Sv	G	GS	IP	BB	SO	Avg	H	2B	3B	HR	RBI	OBP	SLG	GF	IR	IRS	Hld	SvOp	SB	CS	GB	FB	G/F
1994 Season	5.72	2	1	4	30	0	28.1	18	20	.345	41	7	0	5	22	.436	.529	16	25	5	1	7	2	2	33	43	0.77
Last Five Years	2.61	24	17	83	246	6	324.1	133	250	.232	275	45	4	25	137	.315	.340	163	253	89	12	105	23	8	369	362	1.02

1994 Season

	ERA	W	L	Sv	G	GS	IP	H	HR	BB	SO		Avg	AB	H	2B	3B	HR	RBI	BB	SO	OBP	SLG
Home	6.60	1	0	0	13	0	15.0	24	4	9	9	vs. Left	.360	50	18	3	0	2	9	8	6	.458	.540

1994 Season

	ERA	W	L	Sv	G	GS	IP	H	HR	BB	SO		Avg	AB	H	2B	3B	HR	RBI	BB	SO	OBP	SLG
Away	4.72	1	1	4	17	0	13.1	17	1	9	11	vs. Right	.333	69	23	4	0	3	13	10	14	.420	.522
Starter	0.00	0	0	0	0	0	0.0	0	0	0	0	Scoring Posn	.300	50	15	0	0	2	18	6	10	.368	.420
Reliever	5.72	2	1	4	30	0	28.1	41	5	18	20	Close & Late	.400	40	16	3	0	1	9	6	10	.490	.550
0 Days rest (Re)	0.00	0	1	1	5	0	3.1	4	0	3	1	None on/out	.560	25	14	5	0	2	6	2	.656	1.000	
1 or 2 Days rest	12.96	0	0	3	10	0	8.1	18	3	5	7	First Pitch	.313	16	5	0	0	2	3	1	0	.389	.688
3+ Days rest	3.24	2	0	0	15	0	16.2	19	2	10	12	Ahead in Count	.362	58	21	6	0	1	5	0	17	.373	.517
Pre-All Star	4.67	1	1	4	20	0	17.1	20	3	15	13	Behind in Count	.462	26	12	1	0	2	12	8	0	.571	.731
Post-All Star	7.36	1	0	0	10	0	11.0	21	2	3	7	Two Strikes	.345	55	19	4	0	1	7	9	20	.446	.473

Last Five Years

	ERA	W	L	Sv	G	GS	IP	H	HR	BB	SO		Avg	AB	H	2B	3B	HR	RBI	BB	SO	OBP	SLG
Home	2.66	14	8	45	125	3	169.0	136	14	67	123	vs. Left	.250	528	132	19	3	10	51	72	86	.350	.354
Away	2.55	10	9	38	121	3	155.1	139	11	66	127	vs. Right	.217	659	143	26	1	15	86	61	164	.286	.328
Day	2.78	7	6	24	71	2	103.2	87	7	43	86	Inning 1-6	.211	190	40	5	0	2	16	18	40	.284	.268
Night	2.53	17	11	59	175	4	220.2	188	18	90	164	Inning 7+	.236	997	235	40	4	23	121	115	210	.321	.353
Grass	3.11	11	12	70	180	2	214.0	196	23	89	168	None on	.240	647	155	27	2	13	13	52	135	.303	.348
Turf	1.63	13	5	13	66	4	110.1	79	2	44	82	Runners on	.222	540	120	18	2	12	124	81	115	.329	.330
April	3.86	1	4	14	38	0	39.2	41	5	17	37	Scoring Posn	.216	328	71	9	1	10	115	57	82	.338	.341
May	2.25	6	3	9	47	0	56.0	46	5	32	49	Close & Late	.232	591	137	21	1	9	80	76	136	.324	.316
June	2.04	2	1	21	43	2	57.1	35	2	21	45	None on/out	.275	284	78	20	0	6	6	20	51	.331	.408
July	2.41	5	2	10	39	1	52.1	46	4	21	42	vs. 1st Batr (relief)	.249	209	52	10	0	4	20	24	42	.338	.354
August	3.23	4	4	15	43	0	64.0	58	6	17	40	First Inning Pitched	.234	800	187	30	2	18	112	95	170	.321	.344
September/October	2.13	6	3	14	36	3	55.0	49	3	25	37	First 15 Pitches	.238	676	161	27	2	14	84	66	143	.314	.346
Starter	1.47	5	1	0	6	6	36.2	29	1	13	24	Pitch 16-30	.225	307	69	10	1	9	37	45	68	.324	.352
Reliever	2.75	19	16	83	240	0	287.2	246	24	120	226	Pitch 31-45	.207	111	23	5	1	0	5	12	27	.296	.270
0 Days rest (Re)	1.75	9	3	17	36	0	36.0	27	2	11	32	Pitch 46+	.237	93	22	3	0	2	11	10	12	.317	.333
1 or 2 Days rest	3.11	6	11	40	117	0	144.2	127	14	71	112	First Pitch	.258	151	39	8	1	2	20	15	0	.337	.364
3+ Days rest	2.61	7	2	26	87	0	107.0	92	8	38	82	Ahead in Count	.192	605	116	16	2	8	44	0	198	.206	.264
Pre-All Star	2.42	10	8	46	139	3	171.0	135	13	77	147	Behind in Count	.314	194	61	12	0	11	43	56	0	.462	.546
Post-All Star	2.82	14	9	37	107	3	153.1	140	12	56	103	Two Strikes	.185	632	117	17	2	10	57	62	250	.268	.266

Pitcher vs. Batter (career)

Pitches Best Vs.	Avg	AB	H	2B	3B	HR	RBI	BB	SO	OBP	SLG	Pitches Worst Vs.	Avg	AB	H	2B	3B	HR	RBI	BB	SO	OBP	SLG
Oddibe McDowell	.067	15	1	1	0	0	0	2	7	.176	.133	Ruben Sierra	.500	22	11	2	0	1	3	2	7	.542	.727
Mickey Tettleton	.067	15	1	0	0	0	3	10	.222	.067		Luis Polonia	.500	18	9	4	0	0	0	2	2	.550	.722
Chili Davis	.077	13	1	0	0	1	2	4	.188	.077		Don Mattingly	.375	16	6	1	0	2	4	3	0	.474	.813
Jody Reed	.091	11	1	0	0	0	0	0	.167	.091		Matt Nokes	.375	8	3	0	0	1	3	2	0	.545	.750
Walt Weiss	.167	12	2	0	0	0	0	1	.167	.167		Joe Carter	.313	16	5	0	0	3	6	1	2	.353	.875

John Farrell — Indians
Age 32 – Pitches Right

	ERA	W	L	Sv	G	GS	IP	BB	SO	Avg	H	2B	3B	HR	RBI	OBP	SLG	CG	ShO	Sup	QS	#P/S	SB	CS	GB	FB	G/F
1994 Season	9.00	1	2	0	3	3	13.0	8	10	.308	16	3	0	2	11	.410	.481	0	0	3.46	1	79	3	0	17	13	1.31
Last Five Years	5.98	8	19	0	41	37	200.1	85	99	.295	234	50	5	34	125	.368	.499	1	0	4.45	12	87	23	7	277	256	1.08

1994 Season

	ERA	W	L	Sv	G	GS	IP	H	HR	BB	SO		Avg	AB	H	2B	3B	HR	RBI	BB	SO	OBP	SLG
Home	2.35	1	0	0	1	1	7.2	6	0	2	8	vs. Left	.361	36	13	2	0	2	9	6	6	.465	.583
Away	18.56	0	2	0	2	2	5.1	10	2	6	2	vs. Right	.188	16	3	1	0	0	2	2	4	.278	.250

Last Five Years

	ERA	W	L	Sv	G	GS	IP	H	HR	BB	SO		Avg	AB	H	2B	3B	HR	RBI	BB	SO	OBP	SLG
Home	6.12	4	8	0	15	14	75.0	95	12	30	45	vs. Left	.305	430	131	29	2	16	66	53	47	.382	.493
Away	5.89	4	11	0	26	23	125.1	139	22	55	54	vs. Right	.283	364	103	21	3	18	59	32	52	.351	.505
Day	6.00	3	6	0	13	11	57.0	70	11	21	25	Inning 1-6	.284	711	202	46	5	30	110	78	90	.360	.489
Night	5.97	5	13	0	28	26	143.1	164	23	64	74	Inning 7+	.386	83	32	4	0	4	15	7	9	.440	.578
Grass	5.94	8	17	0	31	30	159.0	182	27	65	82	None on	.279	462	129	29	3	15	15	44	54	.350	.452
Turf	6.10	0	2	0	10	7	41.1	52	7	20	17	Runners on	.316	332	105	21	2	19	110	41	45	.392	.563
April	5.44	3	4	0	8	8	44.2	44	4	21	24	Scoring Posn	.297	192	57	13	2	11	92	30	27	.390	.557
May	5.46	3	6	0	15	15	85.2	99	14	38	39	Close & Late	.425	40	17	2	0	1	7	3	2	.465	.550
June	6.98	1	4	0	7	7	29.2	41	6	14	12	None on/out	.302	202	61	16	1	8	8	19	21	.368	.510
July	0.00	0	0	0	0	0	0.0	0	0	0	0	vs. 1st Batr (relief)	.750	4	3	0	0	2	2	0	0	.750	2.250
August	9.00	0	3	0	3	3	15.0	19	5	5	9	First Inning Pitched	.255	161	41	10	1	9	29	19	27	.344	.497
September/October	5.68	1	2	0	8	4	25.1	31	5	7	15	First 75 Pitches	.288	660	190	40	5	25	93	62	84	.356	.477
Starter	5.84	8	18	0	37	37	194.1	226	31	85	95	Pitch 76-90	.306	72	22	5	0	6	17	15	7	.416	.625
Reliever	10.50	0	1	0	4	0	6.0	8	3	0	4	Pitch 91-105	.341	44	15	3	0	3	12	6	4	.420	.614
0-3 Days Rest (St)	0.00	0	0	0	0	0	0.0	0	0	0	0	Pitch 106+	.389	18	7	2	0	0	3	2	4	.450	.500
4 Days Rest	5.69	5	9	0	22	22	123.1	144	20	50	53	First Pitch	.318	110	35	8	1	4	14	1	0	.330	.518
5+ Days Rest	6.08	3	9	0	15	15	71.0	82	11	35	42	Ahead in Count	.265	324	86	17	3	7	38	0	84	.280	.401
Pre-All Star	5.74	7	14	0	30	30	160.0	184	24	73	75	Behind in Count	.305	213	65	12	1	14	57	51	0	.434	.568
Post-All Star	6.92	1	5	0	11	7	40.1	50	10	12	24	Two Strikes	.273	330	90	20	2	17	40	33	99	.342	.415

Pitcher vs. Batter (career)

Pitches Best Vs.	Avg	AB	H	2B	3B	HR	RBI	BB	SO	OBP	SLG	Pitches Worst Vs.	Avg	AB	H	2B	3B	HR	RBI	BB	SO	OBP	SLG
Danny Tartabull	.059	17	1	0	0	0	0	1	6	.059	.059	Mike Gallego	.500	10	5	1	0	0	2	1	.583	.600	
Scott Fletcher	.067	15	1	0	0	0	1	1	2	.176	.067	Lou Whitaker	.438	16	7	1	0	3	6	3	1	.526	1.063
Jay Buhner	.100	10	1	0	0	1	3	1	3	.182	.100	Edgar Martinez	.400	15	6	1	0	1	2	1	0	.438	.667
Stan Javier	.154	13	2	0	0	0	0	6	.154	.154		Ozzie Guillen	.364	11	4	3	0	0	1	0	1	.462	.636
Mike Felder	.167	12	2	0	0	1	0	1	9	.231	.167	Cecil Fielder	.364	11	4	0	0	1	1	4	.417	1.000	

Jeff Fassero — Expos
Age 32 – Pitches Left (groundball pitcher)

	ERA	W	L	Sv	G	GS	IP	BB	SO	Avg	H	2B	3B	HR	RBI	OBP	SLG	CG	ShO	Sup	QS	#P/S	SB	CS	GB	FB	G/F
1994 Season	2.99	8	6	0	21	21	138.2	40	119	.229	119	21	1	13	49	.285	.349	1	0	4.41	15	95	11	4	214	101	2.12
Career (1991-1994)	2.64	30	23	10	198	36	429.1	145	364	.225	358	58	9	22	150	.290	.314	2	0	4.13	24	93	38	11	694	305	2.28

1994 Season

	ERA	W	L	Sv	G	GS	IP	H	HR	BB	SO		Avg	AB	H	2B	3B	HR	RBI	BB	SO	OBP	SLG
Home	3.99	4	3	0	11	11	70.0	65	9	22	52	vs. Left	.204	93	19	4	0	2	6	9	24	.272	.312
Away	1.97	4	3	0	10	10	68.2	54	4	18	67	vs. Right	.235	426	100	17	1	11	43	31	95	.288	.357
Day	2.21	2	1	0	9	9	61.0	53	3	10	56	Inning 1-6	.234	448	105	20	1	10	43	36	103	.292	.350
Night	3.59	6	5	0	12	12	77.2	66	10	30	63	Inning 7+	.197	71	14	1	0	3	6	4	16	.240	.338
Grass	2.14	3	3	0	8	8	54.2	42	3	16	54	None on	.210	334	70	15	1	8	8	23	77	.263	.332
Turf	3.54	5	3	0	13	13	84.0	77	10	24	65	Runners on	.265	185	49	6	0	5	41	17	42	.324	.378
April	2.73	2	1	0	5	5	33.0	29	5	12	27	Scoring Posn	.252	115	29	3	0	3	35	13	28	.323	.357
May	2.16	2	2	0	6	6	41.2	35	2	8	41	Close & Late	.196	46	9	1	0	1	3	2	10	.229	.283
June	4.78	2	2	0	6	6	37.2	35	5	16	26	None on/out	.275	142	39	9	1	3	3	7	32	.313	.415
July	2.05	2	1	0	4	4	26.1	20	1	4	25	vs. 1st Batr (relief)	.000	0	0	0	0	0	0	0	0	.000	.000
August	0.00	0	0	0	0	0	0.0	0	0	0	0	First Inning Pitched	.130	69	9	2	0	2	6	7	20	.211	.246
September/October	0.00	0	0	0	0	0	0.0	0	0	0	0	First 75 Pitches	.237	392	93	17	1	7	35	32	94	.295	.339
Starter	2.99	8	6	0	21	21	138.2	119	13	40	119	Pitch 76-90	.197	71	14	3	0	3	8	3	14	.230	.366
Reliever	0.00	0	0	0	0	0	0.0	0	0	0	0	Pitch 91-105	.186	43	8	1	0	1	2	2	7	.222	.279
0-3 Days Rest (St)	0.00	0	0	0	0	0	0.0	0	0	0	0	Pitch 106+	.308	13	4	0	0	2	4	3	4	.438	.769
4 Days Rest	2.09	5	2	0	11	11	77.2	55	5	20	69	First Pitch	.286	91	26	3	0	4	13	1	0	.290	.451
5+ Days Rest	4.13	3	4	0	10	10	61.0	64	8	20	50	Ahead in Count	.195	241	47	7	0	7	22	0	102	.195	.311
Pre-All Star	2.97	7	5	0	19	19	127.1	107	12	37	112	Behind in Count	.298	104	31	6	1	2	10	21	0	.413	.433
Post-All Star	3.18	1	1	0	2	2	11.1	12	1	3	7	Two Strikes	.157	235	37	6	0	5	13	18	119	.217	.247

Career (1991-1994)

	ERA	W	L	Sv	G	GS	IP	H	HR	BB	SO		Avg	AB	H	2B	3B	HR	RBI	BB	SO	OBP	SLG
Home	3.09	19	9	4	99	17	206.2	170	13	83	166	vs. Left	.221	371	82	12	3	4	43	35	96	.288	.302
Away	2.22	11	14	6	99	19	222.2	188	9	62	198	vs. Right	.226	1223	276	46	6	18	107	110	268	.290	.317
Day	2.92	5	9	2	65	13	142.0	132	6	41	121	Inning 1-6	.226	847	191	36	2	15	77	74	205	.288	.326
Night	2.51	25	14	8	133	23	287.1	226	16	104	243	Inning 7+	.224	747	167	22	7	7	73	71	159	.292	.300
Grass	2.04	6	9	4	50	14	136.2	113	6	37	125	None on	.213	934	199	40	4	10	10	71	213	.270	.297
Turf	2.92	24	14	6	148	22	292.2	245	16	108	239	Runners on	.241	660	159	18	5	12	140	74	151	.316	.338
April	3.49	3	2	0	26	6	59.1	53	6	27	39	Scoring Posn	.237	410	97	10	2	6	119	57	103	.326	.315
May	2.07	7	5	2	32	6	78.1	57	3	19	76	Close & Late	.227	415	94	10	3	3	44	43	86	.301	.287
June	3.02	5	4	4	44	6	89.1	69	8	38	70	None on/out	.247	409	101	19	3	3	3	25	88	.292	.330
July	1.96	4	2	2	32	8	78.0	63	1	22	73	vs. 1st Batr (relief)	.204	142	29	5	1	1	12	17	33	.284	.275
August	1.90	6	5	2	32	6	66.1	58	3	20	55	First Inning Pitched	.225	626	141	21	4	6	76	65	134	.296	.300
September/October	3.72	5	5	2	32	5	58.0	58	1	19	51	First 75 Pitches	.226	1401	317	51	9	14	128	132	323	.293	.305
Starter	2.70	15	10	0	36	36	233.0	200	17	69	208	Pitch 76-90	.214	117	25	6	0	5	14	6	26	.252	.393
Reliever	2.57	15	13	10	162	0	196.1	158	5	76	156	Pitch 91-105	.203	59	12	1	0	1	4	4	11	.254	.271
0-3 Days Rest (St)	0.00	0	0	0	0	0	0.0	0	0	0	0	Pitch 106+	.235	17	4	0	0	2	4	3	4	.350	.588
4 Days Rest	2.05	10	4	0	20	20	136.0	103	8	39	125	First Pitch	.274	274	75	11	1	5	40	7	0	.291	.376
5+ Days Rest	3.62	5	6	0	16	16	97.0	97	9	30	83	Ahead in Count	.168	751	126	20	3	8	52	0	321	.169	.234
Pre-All Star	2.75	16	12	4	115	20	255.1	201	17	92	216	Behind in Count	.276	315	87	15	2	4	30	71	0	.406	.375
Post-All Star	2.48	14	11	6	83	16	174.0	157	5	53	148	Two Strikes	.155	741	115	17	2	7	40	67	364	.226	.212

Pitcher vs. Batter (career)

Pitches Best Vs.	Avg	AB	H	2B	3B	HR	RBI	BB	SO	OBP	SLG	Pitches Worst Vs.	Avg	AB	H	2B	3B	HR	RBI	BB	SO	OBP	SLG
Orlando Merced	.000	10	0	0	0	0	2	3	0	.167	.000	Darren Daulton	.455	11	5	1	0	1	4	2	6	.538	.818
Luis Gonzalez	.077	13	1	1	0	0	0	5	0	.077	.154	Eddie Murray	.417	12	5	3	0	0	2	0	0	.417	.667
Carlos Garcia	.083	12	1	0	0	0	0	1	0	.083	.083	Jay Bell	.375	16	6	0	0	1	6	5	2	.524	.563
Rey Sanchez	.083	12	1	0	0	0	1	2	0	.154	.083	Bobby Bonilla	.333	9	3	0	0	2	8	2	0	.455	1.000
Archi Cianfrocco	.091	11	1	0	0	0	1	0	4	.091	.091	Matt Williams	.308	13	4	0	0	2	3	2	2	.400	.769

Mike Felder — Astros
Age 32 – Bats Both (groundball hitter)

	Avg	G	AB	R	H	2B	3B	HR	RBI	BB	SO	HBP	GDP	SB	CS	OBP	SLG	IBB	SH	SF	#Pit	#P/PA	GB	FB	G/F
1994 Season	.239	58	117	10	28	2	2	0	13	4	12			3	0	.264	.291	0	2	0	456	3.71	55	29	1.90
Last Five Years	.255	565	1366	174	349	39	18	8	101	99	123			73	28	.306	.328	5	24	9	5395	3.59	580	386	1.50

1994 Season

	Avg	AB	H	2B	3B	HR	RBI	BB	SO	OBP	SLG		Avg	AB	H	2B	3B	HR	RBI	BB	SO	OBP	SLG
vs. Left	.257	35	9	0	2	0	5	0	3	.257	.371	Scoring Posn	.313	32	10	1	1	0	13	0	2	.313	.406
vs. Right	.232	82	19	2	0	0	8	4	9	.267	.256	Close & Late	.286	21	6	0	0	0	4	0	1	.286	.286

Last Five Years

	Avg	AB	H	2B	3B	HR	RBI	BB	SO	OBP	SLG		Avg	AB	H	2B	3B	HR	RBI	BB	SO	OBP	SLG
vs. Left	.265	373	99	13	6	4	31	23	29	.308	.365	Scoring Posn	.251	295	74	9	6	1	89	28	25	.311	.332
vs. Right	.252	993	250	26	12	4	70	76	94	.305	.314	Close & Late	.233	300	70	8	2	1	32	30	33	.304	.283
Groundball	.259	413	107	8	4	1	30	30	36	.307	.305	None on/out	.246	467	115	16	3	4	30	47	39	.293	.319
Flyball	.243	292	71	13	5	4	24	23	30	.299	.363	Batting #1	.251	752	189	26	9	6	43	46	73	.296	.334
Home	.259	673	174	21	10	2	44	43	64	.305	.328	Batting #2	.247	291	72	7	6	2	23	19	24	.295	.333
Away	.253	693	175	18	8	6	57	56	59	.308	.328	Other	.272	323	88	6	3	0	35	34	26	.340	.310
Day	.232	495	115	13	4	6	37	42	50	.296	.311	April	.295	176	52	4	0	1	11	13	19	.346	.335
Night	.269	871	234	26	14	2	64	57	73	.312	.338	May	.265	306	81	5	12	1	28	20	31	.309	.369
Grass	.257	875	225	21	10	5	59	61	82	.307	.321	June	.222	302	67	11	2	0	17	25	25	.283	.272

Last Five Years

	Avg	AB	H	2B	3B	HR	RBI	BB	SO	OBP	SLG		Avg	AB	H	2B	3B	HR	RBI	BB	SO	OBP	SLG
Turf	.253	491	124	18	8	3	42	38	41	.306	.340	July	.230	213	49	7	1	3	17	15	20	.281	.315
First Pitch	.317	161	51	6	2	4	23	4	0	.341	.453	August	.291	151	44	4	1	3	15	6	5	.319	.391
Ahead in Count	.279	297	83	9	4	3	28	67	0	.410	.367	September/October	.257	218	56	8	2	0	13	20	23	.320	.312
Behind in Count	.205	611	125	11	5	1	29	0	106	.205	.244	Pre-All Star	.250	852	213	23	14	2	58	62	84	.302	.317
Two Strikes	.179	592	106	9	3	0	25	28	123	.216	.204	Post-All Star	.265	514	136	16	4	6	43	37	39	.314	.346

Batter vs. Pitcher (career)

Hits Best Against	Avg	AB	H	2B	3B	HR	RBI	BB	SO	OBP	SLG	Hits Worst Against	Avg	AB	H	2B	3B	HR	RBI	BB	SO	OBP	SLG
John Smiley	.500	10	5	1	0	0	1	1	0	.545	.600	Paul Gibson	.000	15	0	0	0	0	0	1	3	.063	.000
Alex Fernandez	.455	11	5	1	0	0	0	0	1	.455	.545	Greg Harris	.000	9	0	0	0	0	1	1	2	.091	.000
Tom Candiotti	.429	14	6	0	0	0	1	0	0	.429	.429	Jack McDowell	.077	13	1	0	0	1	1	1	1	.143	.077
John Smoltz	.389	18	7	1	1	0	2	1	2	.450	.556	Andy Benes	.091	22	2	0	0	2	2	6	.167	.091
Terry Mulholland	.333	12	4	1	0	1	1	0	2	.333	.667	Joe Boever	.100	10	1	0	0	0	0	1	.091	.100

Junior Felix — Tigers
Age 27 – Bats Both (groundball hitter)

	Avg	G	AB	R	H	2B	3B	HR	RBI	BB	SO	HBP	GDP	SB	CS	OBP	SLG	IBB	SH	SF	#Pit	#P/PA	GB	FB	G/F
1994 Season	.306	86	301	54	92	25	1	13	49	26	76	8	6	1	6	.372	.525	2	0	4	1173	3.46	102	67	1.52
Last Five Years	.265	475	1717	247	455	91	16	46	234	125	391	30	31	28	.317	.417	8	7	20	6769	3.59	660	384	1.72

1994 Season

	Avg	AB	H	2B	3B	HR	RBI	BB	SO	OBP	SLG		Avg	AB	H	2B	3B	HR	RBI	BB	SO	OBP	SLG
vs. Left	.298	84	25	6	0	4	13	3	20	.318	.512	Scoring Posn	.273	77	21	5	0	2	33	9	26	.362	.416
vs. Right	.309	217	67	19	1	9	36	23	56	.390	.530	Close & Late	.250	48	12	4	0	1	7	4	12	.308	.396
Groundball	.325	80	26	9	0	3	17	7	17	.393	.550	None on/out	.288	73	21	11	0	3	3	3	16	.325	.562
Flyball	.351	74	26	5	1	6	13	7	18	.417	.689	Batting #6	.384	73	28	5	0	4	11	3	14	.425	.616
Home	.279	154	43	13	1	4	21	15	43	.355	.455	Batting #7	.270	163	44	15	0	6	27	17	45	.348	.472
Away	.333	147	49	12	0	9	28	11	33	.389	.599	Other	.308	65	20	5	1	3	11	6	17	.375	.554
Day	.291	103	30	7	1	2	19	13	29	.378	.437	April	.179	28	5	1	1	0	3	5	8	.303	.286
Night	.313	198	62	18	0	11	30	13	47	.368	.571	May	.308	39	12	5	0	4	12	4	10	.404	.744
Grass	.301	259	78	20	1	11	42	22	69	.368	.514	June	.351	111	39	13	0	7	24	5	24	.388	.658
Turf	.333	42	14	5	0	2	7	4	7	.392	.595	July	.284	102	29	5	0	2	9	8	28	.345	.392
First Pitch	.412	68	28	6	0	4	14	1	0	.425	.676	August	.333	21	7	1	0	0	1	4	6	.440	.381
Ahead in Count	.370	46	17	6	0	1	9	16	0	.524	.565	September/October	.000	0	0	0	0	0	0	0	0	.000	.000
Behind in Count	.213	136	29	10	0	2	8	0	69	.236	.331	Pre-All Star	.303	221	67	19	1	13	44	18	55	.367	.575
Two Strikes	.203	143	29	9	0	4	14	9	76	.235	.350	Post-All Star	.313	80	25	6	0	0	5	8	21	.385	.388

1994 By Position

Position	Avg	AB	H	2B	3B	HR	RBI	BB	SO	OBP	SLG	G	GS	Innings	PO	A	E	DP	Fld Pct	Rng Fctr	In Zone	Outs	Zone Rtg	MLB Zone
As rf	.312	276	86	24	1	13	47	25	67	.378	.547	75	73	659.0	176	3	3	0	.984	2.44	210	174	.829	.826

Last Five Years

	Avg	AB	H	2B	3B	HR	RBI	BB	SO	OBP	SLG		Avg	AB	H	2B	3B	HR	RBI	BB	SO	OBP	SLG
vs. Left	.256	477	122	28	3	20	73	23	119	.288	.453	Scoring Posn	.267	439	117	18	4	11	181	37	108	.323	.401
vs. Right	.269	1240	333	63	13	26	161	102	289	.328	.403	Close & Late	.219	265	58	11	2	5	22	19	66	.278	.332
Groundball	.274	464	127	25	7	10	69	35	84	.326	.422	None on/out	.269	413	111	27	3	12	12	29	102	.320	.436
Flyball	.255	428	109	16	5	17	59	34	121	.314	.435	Batting #3	.241	406	98	18	3	7	53	28	100	.290	.352
Home	.263	829	218	39	11	21	100	69	196	.324	.413	Batting #9	.279	251	70	12	3	11	42	28	54	.352	.482
Away	.267	888	237	52	5	25	134	56	212	.311	.411	Other	.271	1060	287	61	10	28	139	69	254	.319	.426
Day	.267	532	142	29	6	15	88	39	117	.318	.429	April	.260	347	83	15	5	11	62	25	76	.320	.433
Night	.264	1185	313	62	10	31	146	86	291	.317	.412	May	.274	350	96	21	1	14	44	26	84	.325	.460
Grass	.270	1187	321	59	10	34	161	87	295	.323	.423	June	.291	354	103	28	3	9	46	24	80	.337	.463
Turf	.253	530	134	32	6	12	73	38	113	.304	.404	July	.239	222	53	9	3	4	28	19	56	.305	.360
First Pitch	.369	290	107	20	1	13	52	4	0	.383	.579	August	.259	232	60	11	2	3	25	16	60	.305	.362
Ahead in Count	.358	369	132	31	4	14	75	78	0	.465	.577	September/October	.250	224	56	7	2	5	29	15	52	.296	.366
Behind in Count	.175	744	130	26	7	9	61	0	350	.183	.265	Pre-All Star	.271	1146	311	67	11	37	168	84	271	.324	.446
Two Strikes	.153	798	122	22	6	10	60	43	408	.200	.233	Post-All Star	.252	571	144	24	5	9	66	41	137	.304	.359

Batter vs. Pitcher (career)

Hits Best Against	Avg	AB	H	2B	3B	HR	RBI	BB	SO	OBP	SLG	Hits Worst Against	Avg	AB	H	2B	3B	HR	RBI	BB	SO	OBP	SLG
Hipolito Pichardo	.556	9	5	2	0	0	3	2	2	.692	.778	Bill Krueger	.000	16	0	0	0	0	0	7	.000	.000
Jimmy Key	.500	12	6	2	0	1	3	1	2	.538	.917	Bret Saberhagen	.063	16	1	0	0	0	1	2	7	.167	.063
Charlie Hough	.444	9	4	2	0	1	1	3	1	.583	1.000	Todd Stottlemyre	.091	11	1	0	0	0	1	1	3	.154	.091
Mark Leiter	.400	10	4	1	0	1	2	0	1	.455	.800	Alex Fernandez	.105	19	2	1	0	0	0	2	.105	.105
Kirk McCaskill	.385	13	5	0	0	1	2	3	1	.500	.615	Jaime Navarro	.111	18	2	0	0	0	0	2	6	.200	.111

Felix Fermin — Mariners
Age 31 – Bats Right (groundball hitter)

	Avg	G	AB	R	H	2B	3B	HR	RBI	BB	SO	HBP	GDP	SB	CS	OBP	SLG	IBB	SH	SF	#Pit	#P/PA	GB	FB	G/F
1994 Season	.317	101	379	52	120	21	0	1	35	11	22	9	4	4	.338	.380	0	12	5	1241	3.02	214	71	3.01
Last Five Years	.272	597	1912	204	521	70	8	4	164	105	95	12	57	16	16	.312	.324	2	52	16	6473	3.09	1011	401	2.52

1994 Season

	Avg	AB	H	2B	3B	HR	RBI	BB	SO	OBP	SLG		Avg	AB	H	2B	3B	HR	RBI	BB	SO	OBP	SLG
vs. Left	.400	105	42	7	0	1	14	2	4	.420	.467	Scoring Posn	.310	87	27	6	0	0	33	0	5	.323	.379
vs. Right	.285	274	78	14	0	0	21	9	18	.311	.347	Close & Late	.333	72	24	4	0	1	7	1	4	.355	.431
Groundball	.259	108	28	7	0	0	13	2	9	.274	.324	None on/out	.307	101	31	4	0	0	5	8	.340	.347
Flyball	.378	90	34	4	0	1	6	4	2	.417	.456	Batting #1	.273	88	24	2	0	0	7	3	6	.301	.295
Home	.329	146	48	10	0	0	13	3	12	.342	.397	Batting #8	.358	109	39	9	0	0	12	3	7	.365	.440

1994 Season

	Avg	AB	H	2B	3B	HR	RBI	BB	SO	OBP	SLG		Avg	AB	H	2B	3B	HR	RBI	BB	SO	OBP	SLG
Away	.309	233	72	11	0	1	22	8	10	.336	.369	Other	.313	182	57	10	0	1	16	5	9	.340	.385
Day	.306	98	30	5	0	0	11	1	6	.317	.357	April	.323	65	21	3	0	0	5	3	3	.348	.369
Night	.320	261	90	16	0	1	24	10	16	.346	.388	May	.326	92	30	4	0	1	9	2	4	.351	.402
Grass	.292	192	56	7	0	1	18	7	8	.315	.344	June	.371	89	33	11	0	0	8	2	6	.383	.494
Turf	.342	187	64	14	0	0	17	4	14	.362	.417	July	.237	97	23	1	0	0	7	3	7	.260	.247
First Pitch	.337	86	29	2	0	1	12	0	0	.326	.395	August	.361	36	13	2	0	0	6	1	2	.385	.417
Ahead in Count	.373	75	28	6	0	0	10	9	0	.440	.453	September/October	.000	0	0	0	0	0	0	0	0	.000	.000
Behind in Count	.308	156	48	8	0	0	9	0	19	.321	.359	Pre-All Star	.324	284	92	18	0	1	25	9	16	.347	.398
Two Strikes	.290	124	36	4	0	0	11	2	22	.318	.323	Post-All Star	.295	95	28	2	0	0	10	2	6	.313	.326

1994 By Position

Position	Avg	AB	H	2B	3B	HR	RBI	BB	SO	OBP	SLG	G	GS	Innings	PO	A	E	DP	Fld Pct	Rng Fctr	In Zone	Outs	Zone Rtg	MLB Zone
As 2b	.279	104	29	3	0	0	11	3	5	.296	.308	25	24	209.0	53	71	2	17	.984	5.34	78	71	.910	.889
As ss	.331	275	91	18	0	1	24	8	17	.354	.407	77	75	640.0	115	180	8	40	.974	4.15	221	205	.928	.889

Last Five Years

	Avg	AB	H	2B	3B	HR	RBI	BB	SO	OBP	SLG		Avg	AB	H	2B	3B	HR	RBI	BB	SO	OBP	SLG
vs. Left	.306	555	170	24	2	1	56	35	19	.348	.362	Scoring Posn	.288	472	136	18	3	1	156	30	23	.330	.345
vs. Right	.259	1357	351	46	6	3	108	70	76	.297	.306	Close & Late	.282	291	82	12	0	2	20	20	16	.338	.344
Groundball	.249	530	132	17	2	1	39	29	27	.290	.294	None on/out	.249	442	110	11	2	2	27	25	.294	.296
Flyball	.256	402	103	15	2	1	34	29	17	.311	.311	Batting #8	.289	627	181	24	2	2	52	31	29	.324	.343
Home	.279	889	248	39	7	1	85	50	47	.317	.342	Batting #9	.255	697	178	25	2	1	64	35	36	.292	.301
Away	.267	1023	273	31	1	3	79	55	48	.308	.308	Other	.276	588	162	21	4	1	48	39	30	.323	.330
Day	.267	561	150	17	1	2	48	31	33	.308	.312	April	.252	230	58	6	1	1	19	13	9	.293	.300
Night	.275	1351	371	53	7	2	116	74	62	.314	.329	May	.280	318	89	12	2	1	30	12	16	.313	.340
Grass	.262	1495	392	47	7	3	123	85	69	.303	.309	June	.272	383	104	20	0	0	21	17	18	.305	.324
Turf	.309	417	129	23	1	1	41	20	26	.343	.376	July	.262	390	102	10	3	1	30	18	18	.297	.310
First Pitch	.281	399	112	10	1	1	33	2	0	.287	.318	August	.275	306	84	13	0	0	36	17	16	.311	.317
Ahead in Count	.288	403	116	16	3	0	40	79	0	.401	.342	September/October	.295	285	84	9	2	1	28	28	18	.356	.351
Behind in Count	.253	789	200	31	3	1	61	0	89	.260	.304	Pre-All Star	.270	1052	284	42	4	3	82	47	47	.305	.326
Two Strikes	.237	613	145	16	2	2	51	24	95	.272	.275	Post-All Star	.276	860	237	28	4	1	82	58	48	.320	.321

Batter vs. Pitcher (career)

Hits Best Against	Avg	AB	H	2B	3B	HR	RBI	BB	SO	OBP	SLG	Hits Worst Against	Avg	AB	H	2B	3B	HR	RBI	BB	SO	OBP	SLG
Mark Guthrie	.833	12	10	1	0	0	4	0	1	.769	.917	Joe Hesketh	.000	14	0	0	0	0	0	2	0	.125	.000
Bobby Witt	.542	24	13	2	0	0	5	4	0	.607	.625	Juan Guzman	.059	17	1	0	0	0	0	1	1	.059	.059
Storm Davis	.500	18	9	3	0	1	2	0	0	.500	.833	Charlie Hough	.067	15	1	0	0	0	1	1	1	.125	.133
Al Leiter	.462	13	6	0	0	0	3	2	0	.533	.462	Hipolito Pichardo	.077	13	1	0	0	0	0	0	0	.143	.077
Wilson Alvarez	.438	16	7	1	0	0	3	3	0	.526	.500	Fernando Valenzuela	.133	15	2	0	0	0	0	0	5	.133	.133

Alex Fernandez — White Sox
Age 25 – Pitches Right

	ERA	W	L	Sv	G	GS	IP	BB	SO	Avg	H	2B	3B	HR	RBI	OBP	SLG	CG	ShO	Sup	QS	#P/S	SB	CS	GB	FB	G/F
1994 Season	3.86	11	7	0	24	24	170.1	50	122	.250	163	26	3	25	76	.302	.415	4	3	6.34	14	112	6	6	219	191	1.15
Career (1990-1994)	3.88	51	45	0	134	132	884.2	289	592	.255	858	139	18	95	367	.316	.392	16	6	4.84	78	107	42	36	1084	1053	1.03

1994 Season

	ERA	W	L	Sv	G	GS	IP	H	HR	BB	SO		Avg	AB	H	2B	3B	HR	RBI	BB	SO	OBP	SLG
Home	2.23	8	1	0	11	11	88.2	70	10	17	72	vs. Left	.240	325	78	10	3	14	37	33	63	.309	.418
Away	5.62	3	6	0	13	13	81.2	93	15	33	50	vs. Right	.261	326	85	16	0	11	39	17	59	.295	.411
Day	3.96	3	2	0	7	7	50.0	52	10	11	27	Inning 1-6	.253	534	135	22	3	21	66	43	103	.307	.423
Night	3.81	8	5	0	17	17	120.1	111	15	39	95	Inning 7+	.239	117	28	4	0	4	10	7	19	.280	.376
Grass	3.51	10	5	0	21	21	151.1	146	23	42	109	None on	.254	406	103	13	2	16	16	29	79	.303	.414
Turf	6.63	1	2	0	3	3	19.0	17	2	8	13	Runners on	.245	245	60	13	1	9	60	21	43	.300	.416
April	2.65	2	3	0	5	5	37.1	33	3	12	16	Scoring Posn	.221	113	25	7	1	2	43	11	22	.277	.354
May	3.99	3	3	0	6	6	38.1	37	6	12	30	Close & Late	.273	55	15	3	0	2	8	4	8	.317	.436
June	5.86	1	1	0	5	5	35.1	36	7	10	21	None on/out	.201	174	35	4	1	6	6	8	35	.236	.339
July	2.66	5	0	0	6	6	47.1	36	5	14	49	vs. 1st Batr (relief)	.000	0	0	0	0	0	0	0	0	.000	.000
August	6.00	0	0	0	2	2	12.0	21	4	2	6	First Inning Pitched	.236	89	21	2	1	4	9	10	21	.310	.416
September/October	0.00	0	0	0	0	0	0.0	0	0	0	0	First 75 Pitches	.243	420	102	14	3	16	46	35	75	.300	.405
Starter	3.86	11	7	0	24	24	170.1	163	25	50	122	Pitch 76-90	.290	93	27	3	0	4	15	4	20	.316	.452
Reliever	0.00	0	0	0	0	0	0.0	0	0	0	0	Pitch 91-105	.268	71	19	6	0	3	9	8	13	.342	.479
0-3 Days Rest (St)	3.21	0	0	0	2	2	14.0	16	4	6	8	Pitch 106+	.224	67	15	3	0	2	6	3	14	.254	.358
4 Days Rest	3.79	7	2	0	13	13	95.0	92	14	25	61	First Pitch	.179	95	17	1	0	4	13	2	0	.194	.316
5+ Days Rest	4.11	4	5	0	9	9	61.1	55	7	19	53	Ahead in Count	.208	289	60	4	2	5	12	0	100	.210	.287
Pre-All Star	3.76	7	7	0	18	18	127.0	115	17	39	82	Behind in Count	.396	134	53	12	1	9	30	25	0	.481	.701
Post-All Star	4.15	4	0	0	6	6	43.1	48	8	11	40	Two Strikes	.174	299	52	6	2	5	18	23	122	.234	.258

Career (1990-1994)

	ERA	W	L	Sv	G	GS	IP	H	HR	BB	SO		Avg	AB	H	2B	3B	HR	RBI	BB	SO	OBP	SLG
Home	3.50	28	20	0	65	63	442.0	388	42	129	288	vs. Left	.254	1624	412	79	8	45	173	145	283	.315	.395
Away	4.25	23	25	0	69	69	442.2	470	53	160	304	vs. Right	.257	1737	446	60	10	50	194	144	309	.317	.389
Day	4.50	11	13	0	34	34	220.0	227	29	70	155	Inning 1-6	.260	2812	730	120	17	78	327	252	502	.317	.398
Night	3.67	40	32	0	100	98	664.2	631	66	219	437	Inning 7+	.233	549	128	19	1	17	40	37	90	.282	.364
Grass	4.01	41	41	0	112	110	726.1	709	82	234	488	None on	.247	2001	495	79	12	62	62	164	350	.309	.392
Turf	3.24	10	4	0	22	22	158.1	149	13	55	104	Runners on	.267	1360	363	60	6	33	305	125	242	.327	.393
April	3.86	8	9	0	19	18	119.0	111	11	46	79	Scoring Posn	.250	693	173	31	2	12	248	84	132	.324	.352
May	3.94	6	9	0	21	21	139.1	128	15	53	98	Close & Late	.243	304	74	11	0	9	26	20	51	.289	.368

Career (1990-1994)

	ERA	W	L	Sv	G	GS	IP	H	HR	BB	SO		Avg	AB	H	2B	3B	HR	RBI	BB	SO	OBP	SLG
June	4.48	7	7	0	22	22	150.2	143	15	53	100	None on/out	.244	873	213	38	6	23	23	71	138	.305	.380
July	3.31	11	1	0	21	20	141.1	122	19	41	105	vs. 1st Batr (relief)	.000	2	0	0	0	0	0	0	0	.000	.000
August	4.53	9	8	0	26	26	159.0	178	14	37	96	First Inning Pitched	.244	517	126	22	4	8	47	47	111	.308	.348
September/October	3.18	10	11	0	25	25	175.1	176	21	59	114	First 75 Pitches	.257	2252	579	96	16	59	240	195	398	.319	.393
Starter	3.89	51	45	0	132	132	882.0	857	95	288	590	Pitch 76-90	.239	439	105	12	0	14	44	37	77	.299	.362
Reliever	0.00	0	0	0	2	0	2.2	1	0	1	2	Pitch 91-105	.285	365	104	20	1	10	44	32	61	.343	.427
0-3 Days Rest (St)	3.96	0	1	0	4	4	25.0	29	5	11	18	Pitch 106+	.230	305	70	11	1	12	39	25	56	.286	.390
4 Days Rest	3.96	37	25	0	86	86	571.0	562	56	186	362	First Pitch	.314	449	141	22	2	16	70	7	0	.325	.479
5+ Days Rest	3.74	14	19	0	42	42	286.0	266	34	91	210	Ahead in Count	.201	1514	304	46	7	21	90	0	490	.207	.282
Pre-All Star	3.95	24	25	0	68	67	451.2	415	44	167	302	Behind in Count	.317	722	229	45	5	33	109	132	0	.418	.530
Post-All Star	3.80	27	20	0	66	65	433.0	443	51	122	290	Two Strikes	.182	1532	279	38	9	23	101	150	592	.259	.264

Pitcher vs. Batter (career)

Pitches Best Vs.	Avg	AB	H	2B	3B	HR	RBI	BB	SO	OBP	SLG	Pitches Worst Vs.	Avg	AB	H	2B	3B	HR	RBI	BB	SO	OBP	SLG
Tony Fernandez	.000	11	0	0	0	0	0	3	0	.214	.000	Billy Hatcher	.600	10	6	2	0	0	2	0	0	.636	.800
Pat Borders	.050	20	1	0	0	0	0	0	7	.050	.050	Mike Gallego	.462	13	6	2	0	1	5	1	2	.467	.846
Doug Strange	.050	20	1	0	0	0	0	0	2	.050	.050	Greg Myers	.455	11	5	1	0	2	1	1	1	.500	.818
Kirk Gibson	.053	19	1	0	0	0	1	2	10	.143	.053	Rafael Palmeiro	.429	28	12	4	0	2	7	6	4	.529	.786
Junior Felix	.105	19	2	0	0	0	0	6	.105	.105	Chili Davis	.400	15	6	2	0	3	8	3	5	.500	1.133

Sid Fernandez — Orioles
Age 32 – Pitches Left (flyball pitcher)

	ERA	W	L	Sv	G	GS	IP	BB	SO	Avg	H	2B	3B	HR	RBI	OBP	SLG	CG	ShO	Sup	QS	#P/S	SB	CS	GB	FB	G/F
1994 Season	5.15	6	6	0	19	19	115.1	46	95	.248	109	25	4	27	64	.320	.508	2	0	4.14	7	104	8	3	92	191	0.48
Last Five Years	3.38	35	40	0	107	107	673.0	225	581	.212	519	110	20	78	246	.280	.365	10	4	4.15	68	100	61	23	502	971	0.52

1994 Season

	ERA	W	L	Sv	G	GS	IP	H	HR	BB	SO		Avg	AB	H	2B	3B	HR	RBI	BB	SO	OBP	SLG
Home	4.69	3	4	0	9	9	63.1	57	13	21	45	vs. Left	.255	55	14	4	0	1	7	4	13	.305	.382
Away	5.71	3	2	0	10	10	52.0	52	14	25	50	vs. Right	.247	384	95	21	4	26	57	42	82	.323	.526
Starter	5.15	6	6	0	19	19	115.1	109	27	46	95	Scoring Posn	.200	85	17	1	0	4	28	13	24	.297	.353
Reliever	0.00	0	0	0	0	0	0.0	0	0	0	0	Close & Late	.344	32	11	3	0	3	7	3	4	.400	.719
0-3 Days Rest (St)	0.00	0	0	0	0	0	0.0	0	0	0	0	None on/out	.303	122	37	9	2	6	10	21	.361	.557
4 Days Rest	5.54	4	4	0	12	12	78.0	72	20	25	59	First Pitch	.333	45	15	2	1	4	11	2	0	.367	.689
5+ Days Rest	4.34	2	1	0	7	7	37.1	37	7	21	36	Ahead in Count	.196	240	47	12	3	11	28	0	86	.198	.408
Pre-All Star	4.96	5	4	0	15	15	90.2	85	20	37	68	Behind in Count	.342	79	27	4	0	8	15	20	0	.470	.696
Post-All Star	5.84	1	2	0	4	4	24.2	24	7	9	27	Two Strikes	.205	234	48	13	3	13	34	24	95	.281	.453

Last Five Years

	ERA	W	L	Sv	G	GS	IP	H	HR	BB	SO		Avg	AB	H	2B	3B	HR	RBI	BB	SO	OBP	SLG
Home	2.85	21	16	0	49	49	344.2	232	39	97	315	vs. Left	.218	449	98	18	6	7	49	49	130	.300	.332
Away	3.95	14	24	0	58	58	328.1	287	39	128	266	vs. Right	.211	1999	421	83	14	71	197	176	451	.275	.373
Day	3.84	7	12	0	28	28	171.0	139	22	63	146	Inning 1-6	.206	2122	438	86	18	64	216	203	533	.277	.354
Night	3.23	28	28	0	79	79	502.0	380	56	162	435	Inning 7+	.248	326	81	15	2	14	30	22	48	.300	.436
Grass	3.20	30	23	0	77	77	503.1	370	64	155	430	None on	.210	1601	337	68	12	48	48	121	386	.271	.358
Turf	3.93	5	17	0	30	30	169.2	149	14	70	151	Runners on	.215	847	182	33	8	30	198	104	195	.296	.379
April	4.21	4	4	0	17	17	98.1	71	13	42	96	Scoring Posn	.213	461	98	16	1	12	146	66	117	.299	.330
May	2.90	6	7	0	16	16	99.1	81	15	28	80	Close & Late	.285	158	45	10	0	6	17	9	23	.331	.462
June	3.97	6	5	0	14	14	88.1	83	15	27	75	None on/out	.239	682	163	28	8	23	45	146	.288	.405
July	3.90	7	7	0	19	19	113.0	92	15	39	109	vs. 1st Batr (relief)	.000	0	0	0	0	0	0	0	0	.000	.000
August	3.21	7	9	0	23	23	151.1	116	13	44	121	First Inning Pitched	.206	389	80	16	4	9	40	43	103	.284	.337
September/October	2.42	5	8	0	18	18	122.2	76	7	45	100	First 75 Pitches	.203	1729	351	71	13	52	167	169	455	.276	.349
Starter	3.38	35	40	0	107	107	673.0	519	78	225	581	Pitch 76-90	.212	307	65	10	4	9	32	27	62	.279	.358
Reliever	0.00	0	0	0	0	0	0.0	0	0	0	0	Pitch 91-105	.245	233	57	7	3	12	31	14	41	.288	.455
0-3 Days Rest (St)	0.00	0	0	0	0	0	0.0	0	0	0	0	Pitch 106+	.257	179	46	13	0	5	16	15	23	.313	.413
4 Days Rest	3.36	25	23	0	68	68	436.2	333	53	139	362	First Pitch	.320	306	98	19	5	16	56	10	0	.351	.572
5+ Days Rest	3.43	10	17	0	39	39	236.1	186	25	86	219	Ahead in Count	.160	1323	212	40	8	25	89	0	508	.161	.259
Pre-All Star	3.87	18	17	0	52	52	313.2	258	47	111	277	Behind in Count	.293	430	126	24	5	28	65	104	0	.418	.567
Post-All Star	2.96	17	23	0	55	55	359.1	261	31	114	304	Two Strikes	.153	1313	201	36	7	28	91	111	581	.220	.255

Pitcher vs. Batter (since 1984)

Pitches Best Vs.	Avg	AB	H	2B	3B	HR	RBI	BB	SO	OBP	SLG	Pitches Worst Vs.	Avg	AB	H	2B	3B	HR	RBI	BB	SO	OBP	SLG
Luis Rivera	.000	12	0	0	0	0	0	2	3	.143	.000	Mariano Duncan	.405	42	17	6	2	0	5	3	5	.447	.643
Jim Lindeman	.000	10	0	0	0	0	0	1	3	.091	.000	Ruben Amaro	.400	10	4	1	0	2	0	3	0	.538	.500
Chris Sabo	.037	27	1	1	0	0	0	2	6	.103	.074	Lance Parrish	.389	18	7	1	0	2	4	3	4	.476	.778
Charlie Hayes	.048	21	1	0	0	0	2	7	.130	.048	Larry Walker	.364	11	4	0	0	1	3	1	6	.462	.636
Greg Maddux	.083	12	1	0	0	0	0	1	.083	.083	Kevin Mitchell	.320	25	8	2	0	4	9	2	4	.346	.880

Tony Fernandez — Reds
Age 33 – Bats Both (groundball hitter)

	Avg	G	AB	R	H	2B	3B	HR	RBI	BB	SO	HBP	GDP	SB	CS	OBP	SLG	IBB	SH	SF	#Pit	#P/PA	GB	FB	G/F
1994 Season	.279	104	366	50	102	18	6	8	50	44	60	5	12	7	.361	.426	8	4	3	1518	3.60	154	97	1.59
Last Five Years	.276	707	2707	364	747	127	43	25	302	255	282	17	55	102	59	.346	.382	19	30	16	10792	3.54	1125	680	1.65

1994 Season

	Avg	AB	H	2B	3B	HR	RBI	BB	SO	OBP	SLG		Avg	AB	H	2B	3B	HR	RBI	BB	SO	OBP	SLG
vs. Left	.290	100	29	4	2	3	16	8	11	.342	.460	Scoring Posn	.356	87	31	7	3	4	45	23	6	.478	.644
vs. Right	.274	266	73	14	4	5	34	36	29	.368	.414	Close & Late	.266	64	17	1	0	2	9	9	5	.365	.375
Groundball	.256	117	30	3	1	1	7	10	21	.318	.325	None on/out	.268	97	26	2	1	3	7	13	.330	.402

1994 Season

	Avg	AB	H	2B	3B	HR	RBI	BB	SO	OBP	SLG		Avg	AB	H	2B	3B	HR	RBI	BB	SO	OBP	SLG
Flyball	.218	55	12	1	1	1	5	8	5	.317	.327	Batting #2	.339	62	21	2	2	0	7	5	2	.406	.435
Home	.245	184	45	6	1	3	22	22	21	.332	.337	Batting #6	.282	202	57	11	4	6	27	26	24	.368	.465
Away	.313	182	57	12	5	5	28	22	19	.391	.516	Other	.235	102	24	5	0	2	16	13	14	.322	.343
Day	.264	110	29	5	0	1	13	18	10	.371	.336	April	.267	60	16	2	0	5	11	10	9	.380	.550
Night	.285	256	73	13	6	7	37	26	30	.357	.465	May	.295	88	26	4	1	0	11	16	10	.406	.364
Grass	.267	120	32	7	4	1	15	16	13	.350	.417	June	.256	86	22	4	2	1	11	12	9	.350	.384
Turf	.285	246	70	11	2	7	35	28	27	.367	.431	July	.297	91	27	7	3	2	12	5	8	.347	.505
First Pitch	.327	55	18	2	1	2	6	0	0	.393	.509	August	.268	41	11	1	0	0	5	1	4	.279	.293
Ahead in Count	.301	103	31	4	2	3	17	26	0	.442	.466	September/October	.000	0	0	0	0	0	0	0	0	.000	.000
Behind in Count	.244	131	32	9	0	2	20	0	28	.257	.359	Pre-All Star	.300	273	82	17	4	8	41	43	30	.401	.480
Two Strikes	.200	145	29	6	0	1	15	12	40	.263	.262	Post-All Star	.215	93	20	1	2	0	9	1	10	.229	.269

1994 By Position

Position	Avg	AB	H	2B	3B	HR	RBI	BB	SO	OBP	SLG	G	GS	Innings	PO	A	E	DP	Fld Pct	Rng Fctr	In Zone	Outs	Zone Rtg	MLB Zone
As 3b	.279	323	90	15	4	6	41	37	33	.359	.406	93	87	762.0	54	165	2	10	.991	2.59	205	174	.849	.826

Last Five Years

	Avg	AB	H	2B	3B	HR	RBI	BB	SO	OBP	SLG		Avg	AB	H	2B	3B	HR	RBI	BB	SO	OBP	SLG
vs. Left	.261	858	224	34	7	7	74	101	70	.339	.341	Scoring Posn	.311	602	187	27	17	11	229	92	69	.397	.467
vs. Right	.283	1849	523	93	36	18	181	181	221	.350	.401	Close & Late	.299	431	129	14	4	3	39	50	41	.373	.371
Groundball	.265	841	223	35	11	5	58	74	99	.327	.351	None on/out	.267	750	200	32	8	7	7	66	73	.332	.359
Flyball	.263	479	126	19	9	3	43	63	50	.349	.359	Batting #1	.263	905	238	40	7	7	60	88	103	.333	.346
Home	.283	1332	377	62	23	10	127	148	150	.357	.387	Batting #2	.272	1068	291	47	23	7	94	119	121	.347	.379
Away	.269	1375	370	65	20	15	128	134	141	.335	.378	Other	.297	734	218	40	13	11	101	75	70	.362	.432
Day	.258	805	208	32	7	8	81	95	100	.340	.345	April	.274	390	107	12	4	7	47	42	53	.350	.379
Night	.283	1902	539	95	36	17	174	187	191	.349	.398	May	.266	482	128	23	7	4	37	64	60	.354	.367
Grass	.267	1500	401	68	21	13	128	170	167	.342	.369	June	.290	497	144	25	13	4	49	62	59	.371	.416
Turf	.287	1207	346	59	22	11	127	112	124	.352	.399	July	.231	458	106	22	8	3	35	49	43	.293	.334
First Pitch	.327	507	166	29	12	5	53	11	0	.342	.462	August	.275	454	125	20	8	3	52	39	39	.332	.374
Ahead in Count	.321	707	227	38	15	10	73	150	0	.437	.460	September/October	.322	426	137	25	3	4	35	36	37	.374	.423
Behind in Count	.225	1020	229	40	10	5	68	0	238	.233	.298	Pre-All Star	.280	1538	430	72	27	17	147	189	185	.362	.395
Two Strikes	.201	1038	209	36	5	5	77	117	291	.286	.260	Post-All Star	.271	1169	317	55	16	8	108	93	106	.324	.366

Batter vs. Pitcher (since 1984)

Hits Best Against	Avg	AB	H	2B	3B	HR	RBI	BB	SO	OBP	SLG	Hits Worst Against	Avg	AB	H	2B	3B	HR	RBI	BB	SO	OBP	SLG
Greg Cadaret	.500	10	5	1	1	1	4	1	1	.500	1.100	Bobby Thigpen	.000	12	0	0	0	0	0	1	1	.077	.000
Jaime Navarro	.462	13	6	1	1	0	1	1	2	.500	.692	Chris Nabholz	.000	12	0	0	0	0	0	1	0	.077	.000
Mike Henneman	.444	9	4	0	1	1	4	3	0	.583	1.000	Alex Fernandez	.000	11	0	0	0	0	0	3	0	.214	.000
Curt Schilling	.429	14	6	2	1	0	2	2	3	.500	.714	Dave Nied	.000	10	0	0	0	0	0	1	3	2	.231	.000
Paul Gibson	.421	19	8	2	1	2	8	6	2	.560	.895	Butch Henry	.100	10	1	0	0	0	0	1	1	.182	.100

Mike Fetters — Brewers

Age 30 – Pitches Right (groundball pitcher)

	ERA	W	L	Sv	G	GS	IP	BB	SO	Avg	H	2B	3B	HR	OBP	SLG	GF	IR	IRS	Hld	SvOp	SB	CS	GB	FB	G/F
1994 Season	2.54	1	4	17	42	0	46.0	27	31	.243	41	7	0	0	14	.345	.284	31	18	7	3	20	4	0	85	31	2.74
Last Five Years	3.31	12	14	20	182	6	280.1	121	156	.261	268	34	4	20	149	.344	.360	74	152	58	20	27	26	17	483	208	2.32

1994 Season

	ERA	W	L	Sv	G	GS	IP	H	HR	BB	SO		Avg	AB	H	2B	3B	HR	RBI	BB	SO	OBP	SLG
Home	3.00	1	4	6	23	0	27.0	20	0	20	21	vs. Left	.269	78	21	4	0	0	6	13	8	.366	.321
Away	1.89	0	0	11	19	0	19.0	21	0	7	10	vs. Right	.220	91	20	3	0	0	8	14	23	.327	.253
Starter	0.00	0	0	0	0	0	0.0	0	0	0	0	Scoring Posn	.138	58	8	0	0	0	14	10	10	.264	.138
Reliever	2.54	1	4	17	42	0	46.0	41	0	27	31	Close & Late	.223	112	25	4	0	0	11	20	23	.341	.259
0 Days rest (Re)	1.23	0	0	5	8	0	7.1	4	0	5	2	None on/out	.235	34	8	3	0	0	0	5	7	.333	.324
1 or 2 Days rest	3.24	0	2	8	15	0	16.2	17	0	8	13	First Pitch	.292	24	7	2	0	0	4	5	0	.387	.375
3+ Days rest	2.45	1	2	4	19	0	22.0	20	0	14	16	Ahead in Count	.130	69	9	3	0	0	5	0	27	.141	.174
Pre-All Star	2.23	1	4	9	32	0	36.1	31	0	21	27	Behind in Count	.318	44	14	0	0	0	17	0	0	.508	.318
Post-All Star	3.72	0	0	8	10	0	9.2	10	0	6	4	Two Strikes	.182	77	14	0	0	0	5	5	31	.238	.221

Last Five Years

	ERA	W	L	Sv	G	GS	IP	H	HR	BB	SO		Avg	AB	H	2B	3B	HR	RBI	BB	SO	OBP	SLG
Home	2.79	7	7	8	94	0	135.2	118	8	58	72	vs. Left	.273	455	124	14	4	11	69	58	51	.355	.393
Away	3.79	5	7	12	88	6	144.2	150	12	63	84	vs. Right	.251	573	144	20	0	9	80	63	105	.336	.333
Day	4.65	4	5	5	60	4	89.0	104	9	32	49	Inning 1-6	.319	323	103	13	2	8	70	37	43	.394	.446
Night	2.68	8	9	15	122	2	191.1	164	11	89	107	Inning 7+	.234	705	165	21	2	12	79	84	113	.321	.321
Grass	3.33	10	11	14	151	3	229.2	218	18	99	127	None on	.255	506	129	21	0	9	9	58	81	.339	.350
Turf	3.20	2	3	6	31	3	50.2	50	2	22	29	Runners on	.266	522	139	13	4	11	140	63	75	.349	.370
April	3.12	0	1	1	19	0	17.1	18	0	10	12	Scoring Posn	.262	313	82	8	3	6	128	46	47	.357	.364
May	2.77	1	2	3	26	1	39.0	33	2	12	22	Close & Late	.210	309	65	7	1	6	44	49	57	.322	.298
June	3.26	4	3	6	39	0	58.0	50	6	28	24	None on/out	.246	224	55	6	0	4	4	22	35	.316	.326
July	3.64	2	4	4	9	43	0	71.2	70	5	25	46	vs. 1st Batr (relief)	.318	148	47	9	2	1	29	22	18	.408	.426
August	3.10	2	2	1	29	1	49.1	54	2	24	24	First Inning Pitched	.267	574	153	21	4	8	108	68	90	.347	.359
September/October	3.60	3	1	2	26	0	45.0	43	5	22	22	First 15 Pitches	.266	533	142	21	4	8	91	63	76	.349	.366
Starter	6.84	0	4	0	6	6	25.0	39	4	13	16	Pitch 16-30	.218	280	61	8	0	5	29	32	52	.305	.300
Reliever	2.96	12	10	20	176	0	255.1	229	16	108	140	Pitch 31-45	.274	117	32	3	1	4	15	13	16	.351	.402
0 Days rest (Re)	6.52	2	0	5	25	0	29.0	28	5	14	16	Pitch 46+	.337	98	33	2	0	3	14	13	12	.420	.449
1 or 2 Days rest	2.49	7	5	10	59	0	79.2	60	3	28	46	First Pitch	.281	146	41	7	3	1	29	9	0	.327	.390
3+ Days rest	2.52	3	5	5	92	0	146.2	141	8	66	78	Ahead in Count	.194	407	79	14	1	5	41	0	128	.202	.270

119

Last Five Years

	ERA	W	L	Sv	G	GS	IP	H	HR	BB	SO		Avg	AB	H	2B	3B	HR	RBI	BB	SO	OBP	SLG
Pre-All Star	3.26	8	7	10	101	1	140.2	126	9	58	76	Behind in Count	.328	274	90	5	2	8	46	73	0	.470	.449
Post-All Star	3.35	4	7	10	81	5	139.2	142	11	63	80	Two Strikes	.190	421	80	15	0	7	41	39	156	.264	.276

Pitcher vs. Batter (career)

Pitches Best Vs.	Avg	AB	H	2B	3B	HR	RBI	BB	SO	OBP	SLG	Pitches Worst Vs.	Avg	AB	H	2B	3B	HR	RBI	BB	SO	OBP	SLG
Robin Ventura	.000	8	0	0	0	0	0	3	0	.273	.000	Rafael Palmeiro	.444	9	4	0	1	1	4	2	0	.583	1.000
Harold Reynolds	.091	11	1	0	0	0	1	1	1	.167	.182	Ruben Sierra	.364	11	4	0	0	1	4	1	0	.385	.636
Pat Borders	.182	11	2	1	0	0	1	0	2	.182	.273	Julio Franco	.333	12	4	0	0	0	2	2	3	.429	.333
Mark McGwire	.182	11	2	0	0	0	2	3	.306	.182												
John Olerud	.200	10	2	0	0	0	1	2	0	.333	.200												

Cecil Fielder — Tigers
Age 31 – Bats Right (flyball hitter)

	Avg	G	AB	R	H	2B	3B	HR	RBI	BB	SO	HBP	GDP	SB	CS	OBP	SLG	IBB	SH	SF	#Pit	#P/PA	GB	FB	G/F
1994 Season	.259	109	425	67	110	16	2	28	90	50	110	2	17	0	0	.337	.504	4	0	4	1972	4.10	133	112	1.19
Last Five Years	.262	739	2789	433	730	111	3	188	596	381	719	19	85	0	2	.352	.506	50	0	25	12541	3.93	800	829	0.97

1994 Season

	Avg	AB	H	2B	3B	HR	RBI	BB	SO	OBP	SLG		Avg	AB	H	2B	3B	HR	RBI	BB	SO	OBP	SLG
vs. Left	.260	77	20	5	1	6	13	16	16	.387	.584	Scoring Posn	.280	125	35	6	0	10	68	19	27	.365	.568
vs. Right	.259	348	90	11	1	22	77	34	94	.325	.486	Close & Late	.246	57	14	1	0	1	8	6	13	.328	.316
Groundball	.298	104	31	2	0	1	15	7	21	.342	.346	None on/out	.321	109	35	7	0	7	7	11	25	.388	.578
Flyball	.204	103	21	2	0	9	28	8	31	.254	.485	Total	.259	425	110	16	2	28	90	50	110	.337	.504
Home	.284	204	58	10	1	12	45	27	53	.369	.520	Batting #4	.259	425	110	16	2	28	90	50	110	.337	.504
Away	.235	221	52	6	1	16	45	23	57	.306	.489	Other	.000	0	0	0	0	0	0	0	0	.000	.000
Day	.290	162	47	5	2	11	32	16	45	.356	.549	April	.259	81	21	3	1	7	17	9	22	.341	.580
Night	.240	263	63	11	0	17	58	34	65	.326	.475	May	.275	91	25	5	0	5	19	15	21	.374	.495
Grass	.263	369	97	14	2	24	79	40	97	.336	.507	June	.236	106	25	3	0	5	15	8	27	.289	.406
Turf	.232	56	13	2	0	4	11	10	13	.343	.482	July	.264	110	29	5	1	8	25	11	29	.336	.545
First Pitch	.320	50	16	0	0	8	21	3	0	.352	.800	August	.270	37	10	0	0	3	14	7	11	.362	.514
Ahead in Count	.353	85	30	6	2	7	24	18	0	.457	.718	September/October	.000	0	0	0	0	0	0	0	0	.000	.000
Behind in Count	.165	188	31	6	0	5	20	0	83	.173	.277	Pre-All Star	.248	326	81	12	2	21	62	35	87	.322	.491
Two Strikes	.169	231	39	5	0	10	26	29	110	.263	.320	Post-All Star	.293	99	29	4	0	7	28	15	23	.381	.545

1994 By Position

Position	Avg	AB	H	2B	3B	HR	RBI	BB	SO	OBP	SLG	G	GS	Innings	PO	A	E	DP	Fld Pct	Rng Fctr	In Zone	Outs	Zone Rtg	MLB Zone
As 1b	.261	398	104	13	2	27	83	44	100	.335	.508	102	102	852.0	887	108	7	72	.993	---	205	176	.859	.818

Last Five Years

	Avg	AB	H	2B	3B	HR	RBI	BB	SO	OBP	SLG		Avg	AB	H	2B	3B	HR	RBI	BB	SO	OBP	SLG
vs. Left	.304	690	210	41	1	61	164	140	162	.423	.632	Scoring Posn	.278	828	230	35	1	54	402	161	205	.390	.518
vs. Right	.248	2099	520	70	2	127	432	241	557	.326	.465	Close & Late	.254	394	100	10	0	14	66	57	102	.351	.386
Groundball	.267	757	202	25	0	34	124	74	185	.338	.435	None on/out	.273	711	194	25	0	51	51	70	179	.341	.523
Flyball	.237	653	155	40	1	56	163	92	183	.328	.528	Batting #3	.182	66	12	1	0	4	9	8	27	.276	.379
Home	.271	1359	368	62	1	102	315	200	335	.366	.543	Batting #4	.262	2635	690	104	3	172	558	362	666	.352	.499
Away	.253	1430	362	49	2	86	281	181	384	.337	.471	Other	.318	88	28	6	0	12	29	11	26	.396	.795
Day	.252	924	233	29	2	67	212	124	240	.343	.505	April	.259	386	100	12	0	26	91	43	93	.339	.497
Night	.266	1865	497	82	1	121	384	257	479	.356	.506	May	.273	462	126	30	0	31	89	75	124	.376	.539
Grass	.263	2374	624	90	2	165	512	329	598	.354	.511	June	.268	522	140	17	0	39	126	75	136	.360	.525
Turf	.255	415	106	21	1	23	84	52	121	.338	.477	July	.258	528	136	22	1	39	116	63	141	.338	.525
First Pitch	.368	351	129	24	0	38	109	29	0	.414	.761	August	.262	455	119	22	1	29	104	67	122	.355	.505
Ahead in Count	.384	558	214	43	2	62	184	161	0	.519	.801	September/October	.250	436	109	8	0	24	70	58	103	.339	.433
Behind in Count	.184	1285	237	34	1	51	184	0	565	.190	.324	Pre-All Star	.266	1565	417	64	2	111	354	217	408	.357	.523
Two Strikes	.167	1447	242	27	1	54	178	181	719	.261	.299	Post-All Star	.256	1224	313	47	1	77	242	164	311	.344	.484

Batter vs. Pitcher (career)

Hits Best Against	Avg	AB	H	2B	3B	HR	RBI	BB	SO	OBP	SLG	Hits Worst Against	Avg	AB	H	2B	3B	HR	RBI	BB	SO	OBP	SLG
Ken Patterson	.625	8	5	0	0	3	8	3	3	.727	1.750	Roger Clemens	.034	29	1	0	0	0	1	2	15	.097	.034
Mike Jeffcoat	.600	10	6	0	0	2	6	3	1	.692	1.200	Rick Sutcliffe	.083	12	1	0	0	0	1	0	0	.083	.083
Pat Hentgen	.389	18	7	0	0	5	8	0	5	.389	1.222	Jason Grimsley	.100	10	1	0	0	0	1	4	5	.182	.100
John Farrell	.364	11	4	1	0	2	7	1	4	.417	1.000	Mark Eichhorn	.105	19	2	0	0	0	3	1	5	.143	.105
Rich DeLucia	.333	12	4	0	0	3	11	2	2	.429	1.083	Duane Ward	.133	15	2	0	0	0	0	0	7	.133	.133

Chuck Finley — Angels
Age 32 – Pitches Left

	ERA	W	L	Sv	G	GS	IP	H	BB	SO	Avg	H	2B	3B	HR	RBI	OBP	SLG	CG	ShO	Sup	QS	#P/S	SB	CS	GB	FB	G/F
1994 Season	4.32	10	10	0	25	25	183.1	71	148	.260	178	38	2	21	85	.329	.413	7	2	4.22	13	117	20	9	213	189	1.13
Last Five Years	3.47	69	54	0	157	157	1102.1	433	807	.255	1048	189	12	107	417	.327	.385	35	9	4.47	100	113	92	68	1398	1220	1.15

1994 Season

	ERA	W	L	Sv	G	GS	IP	H	HR	SO		Avg	AB	H	2B	3B	HR	RBI	BB	SO	OBP	SLG
Home	4.50	4	6	0	14	14	106.0	100	13	89	vs. Left	.288	111	32	6	0	5	12	19	22	.392	.477
Away	4.07	6	4	0	11	11	77.1	78	8	59	vs. Right	.254	574	146	32	2	16	73	52	126	.317	.401
Day	4.41	2	4	0	7	7	49.0	46	7	13	Inning 1-6	.273	556	152	34	1	17	77	54	121	.338	.430
Night	4.29	8	6	0	18	18	134.1	132	14	58	109	Inning 7+	.202	129	26	4	1	4	8	17	27	.295	.341
Grass	4.60	8	8	0	21	21	152.2	155	18	62	120	None on	.253	403	102	25	1	16	16	43	81	.327	.439
Turf	2.93	2	2	0	4	4	30.2	23	3	9	28	Runners on	.270	282	76	13	1	5	69	28	67	.333	.376
April	6.42	0	2	0	5	5	33.2	39	6	22	Scoring Posn	.302	162	49	7	1	3	63	21	41	.374	.414
May	3.13	4	2	0	6	6	46.0	32	4	19	48	Close & Late	.216	88	19	2	1	2	6	14	17	.324	.330

120

1994 Season

	ERA	W	L	Sv	G	GS	IP	H	HR	BB	SO		Avg	AB	H	2B	3B	HR	RBI	BB	SO	OBP	SLG
June	3.47	1	4	0	6	6	46.2	43	4	17	40	None on/out	.253	178	45	11	0	6	6	17	35	.318	.416
July	5.80	3	2	0	6	6	40.1	47	5	19	29	vs. 1st Batr (relief)	.000	0	0	0	0	0	0	0	0	.000	.000
August	2.16	2	0	0	2	2	16.2	17	2	4	9	First Inning Pitched	.271	96	26	6	0	3	12	11	25	.345	.427
September/October	0.00	0	0	0	0	0	0.0	0	0	0	0	First 75 Pitches	.266	432	115	27	1	11	52	41	93	.329	.410
Starter	4.32	10	10	0	25	25	183.1	178	21	71	148	Pitch 76-90	.267	90	24	5	0	4	14	9	18	.333	.456
Reliever	0.00	0	0	0	0	0	0.0	0	0	0	0	Pitch 91-105	.238	80	19	3	1	3	9	8	19	.311	.413
0-3 Days Rest (St)	0.00	0	0	0	0	0	0.0	0	0	0	0	Pitch 106+	.241	29	7	3	0	3	10	13	18	.344	.386
4 Days Rest	4.06	8	8	0	19	19	144.0	135	17	52	117	First Pitch	.299	97	29	7	0	2	14	0	0	.293	.433
5+ Days Rest	5.26	2	2	0	6	6	39.1	43	4	19	31	Ahead in Count	.182	286	52	11	1	3	21	0	125	.188	.259
Pre-All Star	4.18	7	8	0	19	19	140.0	129	16	53	120	Behind in Count	.369	176	65	18	1	12	34	32	0	.466	.688
Post-All Star	4.78	3	2	0	6	6	43.1	49	5	18	28	Two Strikes	.176	307	54	12	1	7	28	39	148	.274	.290

Last Five Years

	ERA	W	L	Sv	G	GS	IP	H	HR	BB	SO		Avg	AB	H	2B	3B	HR	RBI	BB	SO	OBP	SLG
Home	3.09	35	23	0	80	80	591.0	522	58	211	464	vs. Left	.299	556	166	26	1	12	45	66	90	.373	.414
Away	3.91	34	31	0	77	77	511.1	526	49	222	343	vs. Right	.248	3553	882	163	11	95	372	367	717	.320	.381
Day	3.96	19	21	0	51	51	339.0	352	40	136	246	Inning 1-6	.255	3316	847	159	11	88	360	355	657	.329	.390
Night	3.25	50	33	0	106	106	763.1	696	67	297	561	Inning 7+	.253	793	201	30	1	19	57	78	150	.321	.366
Grass	3.52	54	46	0	132	132	925.1	893	93	361	698	None on	.261	2395	624	118	8	73	73	256	464	.335	.408
Turf	3.20	15	8	0	25	25	177.0	155	14	72	109	Runners on	.247	1714	424	71	4	34	344	177	343	.317	.353
April	3.56	10	5	0	20	20	136.1	109	17	58	94	Scoring Posn	.251	945	237	38	4	21	311	118	203	.329	.366
May	3.90	15	11	0	29	29	194.0	198	22	79	164	Close & Late	.244	491	120	17	1	7	33	53	102	.317	.326
June	3.53	12	12	0	29	29	194.0	191	16	70	149	None on/out	.262	1074	281	46	4	31	31	104	198	.330	.399
July	3.92	14	8	0	30	30	215.2	221	25	79	164	vs. 1st Batr (relief)	.000	0	0	0	0	0	0	0	0	.000	.000
August	2.95	9	8	0	23	23	171.0	153	14	68	117	First Inning Pitched	.255	591	151	28	1	19	72	71	112	.337	.403
September/October	2.87	9	10	0	26	26	191.1	176	13	79	134	First 75 Pitches	.259	2660	689	131	10	72	284	285	512	.332	.397
Starter	3.47	69	54	0	157	157	1102.1	1048	107	433	807	Pitch 76-90	.243	502	122	22	1	12	52	55	96	.321	.363
Reliever	0.00	0	0	0	0	0	0.0	0	0	0	0	Pitch 91-105	.240	459	110	22	1	10	37	37	106	.296	.357
0-3 Days Rest (St)	6.21	3	1	0	5	5	29.0	29	3	13	22	Pitch 106+	.260	488	127	14	0	13	44	56	93	.338	.369
4 Days Rest	3.34	44	33	0	104	104	749.1	712	73	291	558	First Pitch	.313	540	169	31	0	21	74	6	0	.317	.487
5+ Days Rest	3.53	22	20	0	48	48	324.0	307	31	129	227	Ahead in Count	.195	1777	346	51	5	25	112	0	666	.201	.271
Pre-All Star	3.74	42	31	0	89	89	601.0	570	64	240	465	Behind in Count	.321	1005	323	74	4	41	140	222	0	.443	.525
Post-All Star	3.14	27	23	0	68	68	501.1	478	43	193	342	Two Strikes	.175	1887	330	49	5	33	130	205	807	.259	.259

Pitcher vs. Batter (career)

Pitches Best Vs.	Avg	AB	H	2B	3B	HR	RBI	BB	SO	OBP	SLG	Pitches Worst Vs.	Avg	AB	H	2B	3B	HR	RBI	BB	SO	OBP	SLG
Chris Gomez	.000	11	0	0	0	0	0	1	3	.083	.000	Kenny Lofton	.611	18	11	1	0	0	1	3	1	.667	.667
Terry Shumpert	.063	16	1	0	0	0	1	2	1	.118	.063	Billy Hatcher	.529	17	9	4	0	0	3	2	0	.579	.765
Tim Hulett	.077	13	1	0	0	0	2	5	.200	.077	Mark Whiten	.500	16	8	3	1	0	1	2	3	.556	.813
Andre Dawson	.091	11	1	0	0	0	0	3	.091	.091	Rafael Palmeiro	.469	32	15	2	0	3	4	4	4	.528	.813
Junior Ortiz	.100	20	2	0	0	0	1	1	0	.143	.100	Shane Mack	.436	39	17	6	0	3	8	5	7	.511	.846

Steve Finley — Astros

Age 30 – Bats Left (groundball hitter)

	Avg	G	AB	R	H	2B	3B	HR	RBI	BB	SO	HBP	GDP	SB	CS	OBP	SLG	IBB	SH	SF	#Pit	#P/PA	GB	FB	G/F
1994 Season	.276	94	373	64	103	16	5	11	33	28	52	2	3	13	7	.329	.434	0	13	1	1532	3.67	138	105	1.31
Last Five Years	.276	699	2585	347	714	104	45	35	223	188	298	12	37	132	49	.326	.392	15	54	17	10070	3.52	1104	661	1.67

1994 Season

	Avg	AB	H	2B	3B	HR	RBI	BB	SO	OBP	SLG		Avg	AB	H	2B	3B	HR	RBI	BB	SO	OBP	SLG
vs. Left	.204	108	22	2	0	1	4	11	18	.283	.250	Scoring Posn	.208	101	21	3	0	3	23	9	20	.270	.327
vs. Right	.306	265	81	14	5	10	29	17	34	.349	.509	Close & Late	.232	56	13	1	1	2	5	4	11	.295	.393
Groundball	.298	121	36	8	2	2	7	10	17	.351	.446	None on/out	.271	59	16	1	2	3	3	4	5	.328	.508
Flyball	.192	52	10	0	0	5	6	3	11	.232	.481	Batting #1	.250	4	1	0	0	0	0	0	0	.250	.250
Home	.270	185	50	10	1	4	15	13	28	.318	.400	Batting #2	.276	366	101	16	5	11	33	28	50	.330	.437
Away	.282	188	53	6	4	7	18	15	24	.340	.468	Other	.333	3	1	0	0	0	0	0	1	.333	.333
Day	.304	112	34	5	2	2	7	6	15	.339	.438	April	.323	93	30	4	2	7	16	8	9	.376	.634
Night	.264	261	69	11	3	9	26	22	37	.325	.433	May	.207	111	23	3	1	1	6	9	20	.273	.279
Grass	.287	87	25	3	3	3	6	6	7	.340	.494	June	.208	24	5	0	0	0	0	2	6	.296	.208
Turf	.273	286	78	13	2	8	27	22	45	.326	.416	July	.291	110	32	5	2	2	8	7	11	.331	.427
First Pitch	.283	46	13	1	0	1	1	0	0	.283	.370	August	.371	35	13	4	0	1	3	2	6	.405	.571
Ahead in Count	.318	88	28	3	2	2	10	19	0	.439	.466	September/October	.000	0	0	0	0	0	0	0	0	.000	.000
Behind in Count	.230	165	38	7	3	5	12	0	50	.240	.400	Pre-All Star	.259	263	68	8	4	9	25	22	39	.319	.422
Two Strikes	.229	157	36	10	3	4	12	9	52	.274	.427	Post-All Star	.318	110	35	8	1	2	8	6	13	.353	.464

1994 By Position

Position	Avg	AB	H	2B	3B	HR	RBI	BB	SO	OBP	SLG	G	GS	Innings	PO	A	E	DP	Fld Pct	Rng Fctr	In Zone	Outs	Zone Rtg	MLB Zone
As cf	.278	371	103	16	5	11	33	28	52	.331	.437	92	89	791.2	214	9	4	0	.982	2.54	249	207	.831	.824

Last Five Years

	Avg	AB	H	2B	3B	HR	RBI	BB	SO	OBP	SLG		Avg	AB	H	2B	3B	HR	RBI	BB	SO	OBP	SLG
vs. Left	.247	796	197	24	9	6	46	46	105	.291	.323	Scoring Posn	.270	560	151	14	13	7	178	56	83	.328	.379
vs. Right	.289	1789	517	80	36	29	159	142	193	.342	.423	Close & Late	.274	401	110	12	3	8	43	30	49	.327	.379
Groundball	.282	837	236	31	18	8	64	69	95	.337	.391	None on/out	.268	627	168	27	14	6	6	41	69	.316	.384
Flyball	.272	497	135	22	8	11	52	36	53	.319	.414	Batting #1	.292	617	180	28	10	9	56	36	75	.329	.413
Home	.266	1278	340	50	26	11	100	91	158	.316	.372	Batting #2	.272	1826	496	69	33	24	153	142	207	.326	.385
Away	.286	1307	374	54	19	24	123	97	140	.337	.412	Other	.268	142	38	7	2	2	14	10	16	.314	.387
Day	.272	725	197	30	9	8	50	59	73	.328	.371	April	.269	364	98	13	7	9	34	32	46	.330	.418

	Avg	AB	H	2B	3B	HR	RBI	BB	SO	OBP	SLG	Last Five Years	Avg	AB	H	2B	3B	HR	RBI	BB	SO	OBP	SLG
Night	.278	1860	517	74	36	27	173	129	225	.326	.400	May	.264	469	124	24	9	5	32	34	51	.316	.386
Grass	.278	1057	294	47	14	14	80	73	116	.325	.389	June	.252	393	99	15	7	2	23	33	38	.315	.341
Turf	.275	1528	420	57	31	21	143	115	182	.327	.394	July	.298	446	133	17	9	5	37	26	46	.337	.410
First Pitch	.347	334	116	12	3	2	40	8	0	.361	.419	August	.287	428	123	20	5	4	48	34	52	.340	.386
Ahead in Count	.330	552	182	30	15	9	63	120	0	.450	.487	September/October	.282	485	137	15	8	10	49	29	65	.320	.408
Behind in Count	.226	1191	269	41	19	16	76	0	265	.230	.332	Pre-All Star	.267	1381	369	56	26	19	109	111	155	.324	.387
Two Strikes	.210	1075	226	39	17	14	67	58	298	.253	.317	Post-All Star	.287	1204	345	48	19	16	114	77	143	.329	.398

							Batter vs. Pitcher (career)																
Hits Best Against	Avg	AB	H	2B	3B	HR	RBI	BB	SO	OBP	SLG	Hits Worst Against	Avg	AB	H	2B	3B	HR	RBI	BB	SO	OBP	SLG
Mike Bielecki	.600	15	9	1	2	1	2	1	1	.647	1.133	Rich Rodriguez	.000	13	0	0	0	0	0	2	3	.133	.000
Rene Arocha	.583	12	7	0	0	1	3	0	0	.583	.833	Greg Swindell	.048	21	1	1	0	0	0	1	4	.091	.095
Mel Rojas	.500	8	4	0	1	0	5	2	0	.545	.750	Bob Welch	.063	16	1	0	0	0	0	1	0	.118	.063
Charlie Hough	.458	24	11	3	0	1	4	0	0	.440	.708	Randy Tomlin	.091	11	1	0	0	0	1	1	2	.167	.091
Roger McDowell	.455	11	5	0	2	0	2	2	0	.500	.818	Dave Nied	.143	14	2	0	0	0	0	0	0	.143	.143

Gar Finnvold — Red Sox — Age 27 – Pitches Right

	ERA	W	L	Sv	G	GS	IP	BB	SO	Avg	H	2B	3B	HR	RBI	OBP	SLG	CG	ShO	Sup	QS	#P/S	SB	CS	GB	FB	G/F
1994 Season	5.94	0	4	0	8	8	36.1	15	17	.304	45	6	2	4	24	.377	.453	0	0	4.95	2	81	10	3	50	49	1.02

1994 Season

	ERA	W	L	Sv	G	GS	IP	H	HR	BB	SO		Avg	AB	H	2B	3B	HR	RBI	BB	SO	OBP	SLG
Home	8.59	0	2	0	4	4	14.2	24	2	6	10	vs. Left	.278	72	20	2	1	0	8	11	7	.376	.333
Away	4.15	0	2	0	4	4	21.2	21	2	9	7	vs. Right	.329	76	25	4	1	4	16	4	10	.378	.566

John Flaherty — Tigers — Age 27 – Bats Right (flyball hitter)

	Avg	G	AB	R	H	2B	3B	HR	RBI	BB	SO	HBP	GDP	SB	CS	OBP	SLG	IBB	SH	SF	#Pit	#P/PA	GB	FB	G/F
1994 Season	.150	34	40	2	6	1	0	0	4	1	11	0	1	0	1	.167	.175	0	2	1	151	3.43	12	12	1.00
Career (1992-1994)	.168	82	131	8	22	5	0	0	8	6	24	1	1	0	1	.207	.206	0	4	2	513	3.56	41	45	0.91

1994 Season

	Avg	AB	H	2B	3B	HR	RBI	BB	SO	OBP	SLG		Avg	AB	H	2B	3B	HR	RBI	BB	SO	OBP	SLG
vs. Left	.111	27	3	0	0	0	2	1	9	.143	.111	Scoring Posn	.250	12	3	0	0	0	4	0	2	.231	.250
vs. Right	.231	13	3	1	0	0	2	0	2	.214	.308	Close & Late	.000	4	0	0	0	0	0	0	1	.000	.000

Dave Fleming — Mariners — Age 25 – Pitches Left

	ERA	W	L	Sv	G	GS	IP	BB	SO	Avg	H	2B	3B	HR	RBI	OBP	SLG	CG	ShO	Sup	QS	#P/S	SB	CS	GB	FB	G/F
1994 Season	6.46	7	11	0	23	23	117.0	65	65	.311	152	30	4	17	75	.391	.494	0	0	6.77	7	95	7	3	159	167	0.95
Career (1991-1994)	4.48	37	26	0	91	85	530.1	195	263	.281	585	124	11	48	244	.344	.420	8	5	5.11	43	101	34	30	746	678	1.10

1994 Season

	ERA	W	L	Sv	G	GS	IP	H	HR	BB	SO		Avg	AB	H	2B	3B	HR	RBI	BB	SO	OBP	SLG
Home	6.93	2	5	0	9	9	49.1	64	8	25	27	vs. Left	.279	68	19	3	0	3	11	12	13	.383	.456
Away	6.12	5	6	0	14	14	67.2	88	9	40	38	vs. Right	.317	420	133	27	4	14	64	53	52	.393	.500
Starter	6.46	7	11	0	23	23	117.0	152	17	65	65	Scoring Posn	.311	135	42	6	1	3	57	27	20	.422	.437
Reliever	0.00	0	0	0	0	0	0.0	0	0	0	0	Close & Late	.462	13	6	1	0	1	5	1	3	.500	.769
0-3 Days Rest (St)	0.00	1	0	0	1	1	7.0	4	0	1	4	None on/out	.341	132	45	12	1	9	9	6	16	.370	.652
4 Days Rest	6.03	5	6	0	14	14	74.2	93	12	43	41	First Pitch	.426	54	23	7	1	1	10	2	0	.439	.648
5+ Days Rest	8.66	1	5	0	8	8	35.1	55	5	21	20	Ahead in Count	.238	151	36	4	0	2	14	0	42	.243	.305
Pre-All Star	6.75	6	10	0	18	18	92.0	118	16	50	52	Behind in Count	.369	157	58	13	2	8	29	40	0	.495	.631
Post-All Star	5.40	1	1	0	5	5	25.0	34	1	15	13	Two Strikes	.197	188	37	4	0	5	16	23	65	.286	.298

Career (1991-1994)

	ERA	W	L	Sv	G	GS	IP	H	HR	BB	SO		Avg	AB	H	2B	3B	HR	RBI	BB	SO	OBP	SLG
Home	4.38	15	11	0	44	37	242.2	267	23	84	121	vs. Left	.260	346	90	20	3	9	44	29	51	.324	.413
Away	4.57	22	15	0	50	48	287.2	318	25	111	142	vs. Right	.285	1738	495	104	8	39	200	166	212	.348	.421
Day	4.86	8	8	0	25	23	142.2	187	14	53	81	Inning 1-6	.273	1761	481	103	8	40	214	175	228	.341	.409
Night	4.34	29	16	0	66	62	387.2	398	34	142	182	Inning 7+	.322	323	104	21	3	8	30	20	35	.365	.480
Grass	4.64	16	10	0	37	36	207.1	235	21	81	112	None on/out	.282	1192	336	76	7	30	30	90	139	.335	.433
Turf	4.37	21	16	0	54	49	323.0	350	27	114	151	Runners on	.279	892	249	48	4	18	214	105	124	.356	.402
April	6.20	4	4	0	9	9	45.0	52	6	23	24	Scoring Posn	.258	515	133	25	4	9	185	72	71	.348	.375
May	5.00	6	4	0	14	14	81.0	95	8	39	38	Close & Late	.300	140	42	9	1	4	15	11	15	.351	.464
June	3.82	8	6	0	17	17	108.1	107	8	40	52	None on/out	.298	544	162	35	2	17	17	36	66	.345	.463
July	4.06	6	2	0	16	16	108.2	123	11	26	50	vs. 1st Batr (relief)	.000	5	0	0	0	0	0	0	0	.000	.000
August	3.82	7	3	0	17	13	92.0	92	9	33	51	First Inning Pitched	.284	345	98	15	5	9	52	43	43	.363	.435
September/October	5.10	6	7	0	18	16	95.1	116	6	34	48	First 75 Pitches	.272	1459	397	83	9	33	180	151	186	.343	.409
Starter	4.46	37	26	0	85	85	524.1	581	48	194	262	Pitch 76-90	.280	268	75	18	0	6	28	20	36	.330	.414
Reliever	6.00	0	0	0	6	0	6.0	4	0	1	1	Pitch 91-105	.336	214	72	13	1	7	25	14	24	.377	.505
0-3 Days Rest (St)	3.38	2	0	0	3	3	13.1	15	0	3	7	Pitch 106+	.287	143	41	10	1	2	11	10	17	.333	.413
4 Days Rest	4.19	22	17	0	54	54	339.2	371	32	137	167	First Pitch	.358	285	102	23	4	6	43	10	0	.378	.530
5+ Days Rest	5.10	13	9	0	28	28	171.1	195	16	54	88	Ahead in Count	.229	770	176	26	1	10	55	0	197	.235	.304
Pre-All Star	4.56	21	14	0	46	46	274.1	298	27	110	133	Behind in Count	.308	555	171	43	4	18	90	110	0	.421	.497
Post-All Star	4.39	16	12	0	45	39	256.0	287	21	85	130	Two Strikes	.217	824	179	32	2	15	61	75	263	.287	.316

Pitcher vs. Batter (career)

Pitches Best Vs.	Avg	AB	H	2B	3B	HR	RBI	BB	SO	OBP	SLG	Pitches Worst Vs.	Avg	AB	H	2B	3B	HR	RBI	BB	SO	OBP	SLG
Chris Hoiles	.077	13	1	0	0	0	0	0	2	.077	.077	Paul Molitor	.692	13	9	0	0	1	5	3	1	.706	.923
Michael Huff	.091	11	1	1	0	0	1	0	2	.091	.182	Devon White	.600	20	12	2	2	1	4	2	0	.609	1.050
Dave McCarty	.091	11	1	0	0	0	0	0	3	.091	.091	John Valentin	.545	11	6	1	0	1	2	2	0	.615	.909
Ed Sprague	.100	10	1	0	0	0	0	2	4	.250	.100	Mike Devereaux	.500	16	8	2	0	2	6	3	1	.579	1.000
Pat Kelly	.167	12	2	1	0	0	0	0	0	.167	.167	Tim Salmon	.444	9	4	0	0	2	4	0	0	.615	1.111

Darrin Fletcher — Expos   Age 28 – Bats Left (flyball hitter)

	Avg	G	AB	R	H	2B	3B	HR	RBI	BB	SO	HBP	GDP	SB	CS	OBP	SLG	IBB	SH	SF	#Pit	#P/PA	GB	FB	G/F
1994 Season	.260	94	285	28	74	18	1	10	57	25	23	3	6	0	0	.314	.435	4	0	12	1118	3.44	103	120	0.86
Last Five Years	.248	367	1062	82	263	57	4	22	156	79	112	11	23	0	3	.301	.371	9	8	20	4217	3.57	369	388	0.95

1994 Season

	Avg	AB	H	2B	3B	HR	RBI	BB	SO	OBP	SLG		Avg	AB	H	2B	3B	HR	RBI	BB	SO	OBP	SLG
vs. Left	.139	36	5	2	0	2	8	1	4	.162	.361	Scoring Posn	.224	85	19	7	0	2	42	9	7	.271	.376
vs. Right	.277	249	69	16	1	8	49	24	19	.333	.446	Close & Late	.314	35	11	2	0	2	7	9	3	.455	.543
Groundball	.255	98	25	5	0	4	18	10	11	.315	.429	None on/out	.328	61	20	3	1	2	2	7	5	.406	.508
Flyball	.319	47	15	3	1	3	12	9	3	.429	.617	Batting #5	.225	173	39	5	0	7	28	11	14	.276	.376
Home	.293	123	36	11	0	4	25	10	10	.338	.480	Batting #6	.313	64	20	5	0	1	15	10	5	.390	.438
Away	.235	162	38	7	1	6	32	15	13	.296	.401	Other	.313	48	15	8	1	2	14	4	4	.339	.646
Day	.241	83	20	5	0	2	9	8	7	.298	.373	April	.274	62	17	3	0	2	4	6	2	.357	.419
Night	.267	202	54	13	1	8	48	17	16	.320	.460	May	.300	60	18	4	0	1	19	9	6	.370	.417
Grass	.232	112	26	6	1	6	24	8	10	.276	.464	June	.296	81	24	5	0	4	17	3	5	.314	.506
Turf	.277	173	48	12	0	4	33	17	13	.338	.416	July	.190	63	12	4	1	3	14	6	8	.253	.429
First Pitch	.243	37	9	1	0	1	6	3	0	.286	.351	August	.158	19	3	2	0	0	3	1	2	.190	.263
Ahead in Count	.385	91	35	12	1	2	23	14	0	.450	.604	September/October	.000	0	0	0	0	0	0	0	0	.000	.000
Behind in Count	.173	110	19	3	0	6	20	0	20	.181	.364	Pre-All Star	.289	225	65	13	1	10	49	20	15	.342	.489
Two Strikes	.160	94	15	3	0	4	15	8	23	.224	.319	Post-All Star	.150	60	9	5	0	0	8	5	8	.206	.233

1994 By Position

Position	Avg	AB	H	2B	3B	HR	RBI	BB	SO	OBP	SLG	G	GS	Innings	PO	A	E	DP	Fld Pct	Rng Fctr	In Zone	Outs	Zone Rtg	MLB Zone
As Pinch Hitter	.167	12	2	2	0	0	1	1	1	.231	.333	14	0	---							---	---	---	---
As C	.264	273	72	16	1	10	56	24	22	.317	.440	81	79	619.0	479	20	2	2	.996		---	---	---	---

Last Five Years

	Avg	AB	H	2B	3B	HR	RBI	BB	SO	OBP	SLG		Avg	AB	H	2B	3B	HR	RBI	BB	SO	OBP	SLG
vs. Left	.235	153	36	8	0	4	24	15	24	.306	.366	Scoring Posn	.225	311	70	21	0	6	125	38	40	.300	.350
vs. Right	.250	909	227	49	4	18	132	64	88	.300	.372	Close & Late	.261	176	46	13	1	2	20	19	26	.342	.381
Groundball	.278	367	102	22	1	8	56	24	35	.323	.409	None on/out	.269	242	65	12	2	7	11	19	.303	.421	
Flyball	.237	177	42	8	1	3	25	19	29	.312	.345	Batting #5	.261	426	111	19	1	11	67	30	36	.312	.387
Home	.252	461	116	30	1	10	70	35	47	.302	.386	Batting #6	.245	261	64	16	1	6	43	23	29	.307	.383
Away	.245	601	147	27	3	12	86	44	65	.301	.359	Other	.235	375	88	22	2	5	46	26	47	.284	.344
Day	.250	296	74	18	1	4	34	23	34	.306	.358	April	.269	156	42	8	0	4	19	12	13	.331	.397
Night	.247	766	189	39	3	18	122	56	78	.299	.376	May	.246	167	41	8	0	2	31	12	18	.290	.329
Grass	.256	351	90	14	3	10	56	29	34	.318	.399	June	.239	180	43	9	0	5	31	14	17	.294	.372
Turf	.243	711	173	43	1	12	100	50	78	.293	.357	July	.286	199	57	11	2	6	32	22	20	.355	.452
First Pitch	.240	150	36	5	1	1	14	6	0	.267	.307	August	.240	150	36	7	0	3	24	9	19	.288	.347
Ahead in Count	.296	287	85	23	3	6	49	52	0	.400	.460	September/October	.210	210	44	14	2	2	19	10	25	.248	.324
Behind in Count	.217	443	96	16	0	11	57	0	98	.224	.327	Pre-All Star	.258	577	149	28	1	15	95	48	53	.316	.388
Two Strikes	.224	419	94	19	0	10	60	21	112	.268	.341	Post-All Star	.235	485	114	29	3	7	61	31	59	.283	.351

Batter vs. Pitcher (career)

Hits Best Against	Avg	AB	H	2B	3B	HR	RBI	BB	SO	OBP	SLG	Hits Worst Against	Avg	AB	H	2B	3B	HR	RBI	BB	SO	OBP	SLG
Orel Hershiser	.600	10	6	1	0	1	2	0	.667	.700		Mike Harkey	.000	10	0	0	0	0	0	1	1	.091	.000
Mark Gardner	.500	8	4	0	0	1	2	4	1	.667	.875	Curt Schilling	.040	25	1	0	0	0	4	0	4	.038	.040
Jose Rijo	.444	18	8	2	0	2	4	2	2	.500	.889	Pedro Astacio	.100	10	1	0	0	1	0	0	0	.167	.200
Omar Olivares	.400	15	6	2	0	0	2	0	1	.400	.533	Bill Swift	.118	17	2	0	0	0	1	1	1	.167	.118
Doug Drabek	.320	25	8	2	0	1	3	0	1	.320	.520	Greg Maddux	.133	30	4	1	0	0	5	1	5	.152	.167

Scott Fletcher — Red Sox   Age 36 – Bats Right

	Avg	G	AB	R	H	2B	3B	HR	RBI	BB	SO	HBP	GDP	SB	CS	OBP	SLG	IBB	SH	SF	#Pit	#P/PA	GB	FB	G/F
1994 Season	.227	63	185	31	42	9	1	3	11	16	14	2	7	8	1	.296	.335	1	3	0	700	3.40	81	53	1.53
Last Five Years	.254	548	1808	233	459	86	13	16	191	145	171	20	36	42	19	.314	.342	6	32	15	6801	3.37	730	528	1.38

1994 Season

	Avg	AB	H	2B	3B	HR	RBI	BB	SO	OBP	SLG		Avg	AB	H	2B	3B	HR	RBI	BB	SO	OBP	SLG
vs. Left	.206	68	14	5	1	1	6	4	6	.250	.353	Scoring Posn	.190	42	8	1	0	0	7	5	2	.277	.214
vs. Right	.239	117	28	4	0	2	5	12	8	.321	.325	Close & Late	.143	21	3	1	0	1	1	5	2	.333	.333
Home	.216	111	24	6	0	2	7	11	7	.293	.324	None on/out	.220	59	13	3	0	3	3	5	2	4	.246	.424
Away	.243	74	18	3	1	1	4	5	7	.300	.351	Batting #2	.197	61	12	4	1	0	1	0	5	.258	.295
First Pitch	.344	32	11	3	0	1	2	0	0	.364	.531	Batting #9	.205	73	15	3	0	1	3	6	5	.266	.288
Ahead in Count	.222	45	10	2	0	1	4	8	0	.352	.333	Other	.294	51	15	2	0	2	5	5	5	.379	.451
Behind in Count	.188	80	15	4	1	0	1	0	13	.198	.263	Pre-All Star	.228	145	33	6	1	2	9	11	10	.291	.324
Two Strikes	.206	68	14	1	1	0	4	2	7	14	.289	.250	Post-All Star	.225	40	9	3	0	1	2	5	4	.311	.375

Last Five Years

	Avg	AB	H	2B	3B	HR	RBI	BB	SO	OBP	SLG		Avg	AB	H	2B	3B	HR	RBI	BB	SO	OBP	SLG
vs. Left	.258	569	147	25	3	5	54	42	53	.315	.339	Scoring Posn	.280	436	122	25	3	4	168	43	42	.345	.378

Last Five Years

	Avg	AB	H	2B	3B	HR	RBI	BB	SO	OBP	SLG		Avg	AB	H	2B	3B	HR	RBI	BB	SO	OBP	SLG
vs. Right	.252	1239	312	61	10	11	137	103	118	.313	.344	Close & Late	.240	296	71	11	0	3	35	30	33	.319	.307
Groundball	.278	431	120	12	3	5	55	32	40	.334	.355	None on/out	.231	537	124	31	3	6	41	56	.289	.333
Flyball	.270	445	120	31	4	4	53	40	46	.333	.384	Batting #1	.292	511	149	33	5	7	50	39	38	.347	.417
Home	.259	916	237	48	3	7	98	80	85	.323	.341	Batting #9	.267	472	126	21	4	5	37	39	37	.331	.360
Away	.249	892	222	38	10	9	93	65	86	.305	.344	Other	.223	825	184	32	4	4	74	67	96	.283	.286
Day	.267	529	141	29	5	3	56	47	46	.325	.357	April	.262	225	59	9	4	3	25	25	25	.345	.378
Night	.249	1279	318	57	8	13	135	98	125	.309	.336	May	.246	337	83	16	4	5	34	35	31	.315	.362
Grass	.254	1546	393	73	8	14	159	123	148	.312	.338	June	.249	277	69	12	1	2	19	25	24	.322	.321
Turf	.256	262	67	13	5	2	32	22	23	.325	.366	July	.257	327	84	18	2	2	38	21	29	.303	.343
First Pitch	.320	284	91	17	3	5	39	1	0	.340	.454	August	.276	333	92	19	1	1	39	19	25	.319	.348
Ahead in Count	.292	479	140	30	5	5	56	82	0	.397	.407	September/October	.233	309	72	10	1	7	36	20	37	.287	.307
Behind in Count	.202	717	145	27	4	3	54	0	153	.204	.264	Pre-All Star	.249	979	244	44	11	10	87	98	92	.322	.347
Two Strikes	.172	651	112	19	5	3	39	59	171	.243	.230	Post-All Star	.259	829	215	42	2	6	104	47	79	.304	.337

Batter vs. Pitcher (since 1984)

Hits Best Against	Avg	AB	H	2B	3B	HR	RBI	BB	SO	OBP	SLG	Hits Worst Against	Avg	AB	H	2B	3B	HR	RBI	BB	SO	OBP	SLG
Greg Hibbard	.556	9	5	2	0	0	2	3	0	.667	.778	Jim Abbott	.045	22	1	0	0	0	1	0	1	.045	.045
Dave Fleming	.556	9	5	1	0	0	1	1	0	.636	.667	John Farrell	.067	15	1	0	0	0	0	1	2	.176	.067
Scott Sanderson	.516	31	16	2	1	2	12	0	2	.516	.839	Mark Williamson	.083	12	1	1	0	0	2	1	0	.154	.167
Tom Edens	.500	10	5	0	0	0	2	1	0	.545	.500	Rick Aguilera	.118	17	2	0	0	0	1	0	3	.118	.118
Pat Hentgen	.385	13	5	0	1	1	2	0	.467	.769	Ron Darling	.133	15	2	1	0	0	3	0	0	.133	.200

Bryce Florie — Padres
Age 25 – Pitches Right

	ERA	W	L	Sv	G	GS	IP	BB	SO	Avg	H	2B	3B	HR	RBI	OBP	SLG	GF	IR	IRS	Hld	SvOp	SB	CS	GB	FB	G/F
1994 Season	0.96	0	0	0	9	0	9.1	3	8	.242	8	1	1	0	2	.297	.333	4	5	1	0	1	1	17	4	4.25

1994 Season

	ERA	W	L	Sv	G	GS	IP	H	HR	BB	SO		Avg	AB	H	2B	3B	HR	RBI	BB	SO	OBP	SLG
Home	0.00	0	0	0	4	0	3.1	3	0	1	4	vs. Left	.444	9	4	0	0	0	1	1	0	.455	.444
Away	1.50	0	0	0	5	0	6.0	5	0	2	4	vs. Right	.167	24	4	1	1	0	1	2	8	.231	.292

Cliff Floyd — Expos
Age 22 – Bats Left (groundball hitter)

	Avg	G	AB	R	H	2B	3B	HR	RBI	BB	SO	HBP	GDP	SB	CS	OBP	SLG	IBB	SH	SF	#Pit	#P/PA	GB	FB	G/F
1994 Season	.281	100	334	43	94	19	4	4	41	24	63	3	3	10	3	.332	.398	0	2	3	1271	3.47	139	72	1.93
Career (1993-1994)	.277	110	365	46	101	19	4	5	43	24	72	3	3	10	3	.324	.392	0	2	3	1374	3.46	148	80	1.85

1994 Season

	Avg	AB	H	2B	3B	HR	RBI	BB	SO	OBP	SLG		Avg	AB	H	2B	3B	HR	RBI	BB	SO	OBP	SLG
vs. Left	.319	47	15	1	0	0	4	4	9	.365	.340	Scoring Posn	.344	93	32	6	1	1	35	12	17	.413	.462
vs. Right	.275	287	79	18	4	4	37	20	54	.327	.408	Close & Late	.373	51	19	1	1	2	11	5	10	.429	.549
Groundball	.273	110	30	5	0	3	17	8	20	.331	.400	None on/out	.191	68	13	1	0	2	2	1	16	.225	.294
Flyball	.214	56	12	1	2	1	7	3	13	.254	.357	Batting #2	.268	168	45	8	3	2	21	13	27	.322	.387
Home	.265	147	39	7	2	2	20	13	28	.327	.381	Batting #7	.269	67	18	2	0	3	4	16	.310	.299
Away	.294	187	55	12	2	2	21	11	35	.337	.412	Other	.313	99	31	9	1	2	17	7	20	.364	.485
Day	.298	94	28	8	1	2	10	8	19	.359	.468	April	.272	81	22	5	1	1	6	4	17	.302	.395
Night	.275	240	66	11	3	2	31	16	44	.322	.371	May	.278	79	22	5	1	1	7	7	15	.352	.405
Grass	.310	129	40	8	2	2	13	7	20	.346	.450	June	.273	88	24	5	0	1	18	6	12	.323	.364
Turf	.263	205	54	11	2	2	28	17	43	.325	.366	July	.356	59	21	3	2	1	8	6	11	.409	.525
First Pitch	.333	69	23	5	1	1	10	0	0	.342	.478	August	.185	27	5	1	0	0	2	1	8	.214	.222
Ahead in Count	.348	89	31	5	2	0	10	12	0	.426	.449	September/October	.000	0	0	0	0	0	0	0	0	.000	.000
Behind in Count	.202	129	26	7	1	3	17	0	52	.206	.341	Pre-All Star	.275	265	73	16	4	3	34	17	48	.324	.400
Two Strikes	.206	131	27	5	1	3	18	12	63	.276	.328	Post-All Star	.304	69	21	3	0	1	7	7	15	.364	.391

1994 By Position

Position	Avg	AB	H	2B	3B	HR	RBI	BB	SO	OBP	SLG	G	GS	Innings	PO	A	E	DP	Fld Pct	Rng Fctr	In Zone	Zone Outs	Zone Rtg	MLB Zone
As 1b	.287	254	73	16	3	3	32	18	45	.338	.409	77	63	563.2	527	40	5	43	.991	---	95	80	.842	.818
As lf	.216	51	11	1	0	0	4	3	11	.259	.235	17	12	118.0	27	1	0	1	1.000	2.14	28	25	.893	.815

Tom Foley — Pirates
Age 35 – Bats Left

	Avg	G	AB	R	H	2B	3B	HR	RBI	BB	SO	HBP	GDP	SB	CS	OBP	SLG	IBB	SH	SF	#Pit	#P/PA	GB	FB	G/F
1994 Season	.236	59	123	13	29	7	0	3	15	13	18	0	1	0	0	.307	.366	2	0	1	444	3.24	40	42	0.95
Last Five Years	.220	376	764	61	168	34	4	6	69	58	117	2	19	5	1	.273	.298	11	7	11	2899	3.44	293	229	1.28

1994 Season

	Avg	AB	H	2B	3B	HR	RBI	BB	SO	OBP	SLG		Avg	AB	H	2B	3B	HR	RBI	BB	SO	OBP	SLG
vs. Left	.333	15	5	2	0	1	2	1	3	.375	.667	Scoring Posn	.276	29	8	3	0	0	12	5	4	.371	.379
vs. Right	.222	108	24	5	0	2	13	12	15	.298	.324	Close & Late	.250	28	7	3	0	0	3	1	6	.276	.357
Home	.217	69	15	4	0	2	13	6	6	.276	.362	None on/out	.229	35	8	0	0	3	0	2	2	7	.270	.486
Away	.259	54	14	3	0	1	2	7	12	.344	.370	Batting #8	.207	58	12	3	0	1	10	6	5	.281	.310
First Pitch	.346	26	9	3	0	1	3	2	0	.379	.577	Batting #9	.286	21	6	2	0	0	2	2	3	.333	.381
Ahead in Count	.259	27	7	0	0	2	4	5	0	.375	.481	Other	.250	44	11	2	0	2	3	5	10	.327	.432
Behind in Count	.190	58	11	3	0	0	6	0	18	.190	.241	Pre-All Star	.211	90	19	5	0	2	9	12	14	.301	.333
Two Strikes	.130	46	6	3	0	0	8	6	18	.231	.196	Post-All Star	.303	33	10	2	0	1	6	1	4	.324	.455

Last Five Years

	Avg	AB	H	2B	3B	HR	RBI	BB	SO	OBP	SLG		Avg	AB	H	2B	3B	HR	RBI	BB	SO	OBP	SLG
vs. Left	.250	84	21	4	0	1	7	3	16	.278	.333	Scoring Posn	.232	181	42	10	1	1	61	26	30	.315	.315
vs. Right	.216	680	147	30	4	5	62	55	101	.272	.294	Close & Late	.221	190	42	8	2	1	20	11	38	.261	.300
Groundball	.235	298	70	13	1	1	27	18	32	.280	.295	None on/out	.233	193	45	13	2	3	3	6	32	.256	.368
Flyball	.175	143	25	5	1	1	11	13	36	.239	.245	Batting #7	.163	123	20	3	1	0	5	4	20	.195	.203
Home	.209	378	79	19	3	3	37	27	46	.257	.299	Batting #8	.224	380	85	18	2	1	41	31	52	.277	.289
Away	.231	386	89	15	1	3	32	31	71	.288	.298	Other	.241	261	63	13	1	5	23	23	45	.302	.356
Day	.230	230	53	13	2	1	21	10	28	.262	.317	April	.233	86	20	4	0	1	11	8	12	.286	.314
Night	.215	534	115	21	2	5	48	48	89	.277	.290	May	.200	145	29	6	2	2	17	8	19	.237	.310
Grass	.253	217	55	8	1	2	14	19	35	.311	.327	June	.261	153	40	8	1	0	20	18	23	.333	.327
Turf	.207	547	113	26	3	4	55	39	82	.258	.287	July	.252	151	38	8	1	2	13	14	24	.317	.358
First Pitch	.243	148	36	8	1	1	12	6	0	.266	.331	August	.200	115	23	5	0	1	7	4	20	.227	.270
Ahead in Count	.290	169	49	7	1	3	23	30	0	.391	.396	September/October	.158	114	18	3	0	0	1	6	20	.207	.184
Behind in Count	.196	337	66	13	2	2	23	0	105	.196	.264	Pre-All Star	.231	450	104	23	3	4	53	41	67	.291	.322
Two Strikes	.164	317	52	12	2	2	19	117		.212	.233	Post-All Star	.204	314	64	11	1	2	16	17	50	.246	.264

Batter vs. Pitcher (since 1984)

Hits Best Against	Avg	AB	H	2B	3B	HR	RBI	BB	SO	OBP	SLG	Hits Worst Against	Avg	AB	H	2B	3B	HR	RBI	BB	SO	OBP	SLG
Ron Darling	.348	46	16	1	0	2	9	3	4	.388	.500	Jose Rijo	.056	18	1	0	0	0	1	1	5	.105	.056
Bill Gullickson	.333	21	7	2	1	0	2	2	2	.391	.524	Fernando Valenzuela	.077	13	1	0	0	0	0	0	4	.077	.077
Craig Lefferts	.333	12	4	0	0	0	0	0	2	.333	.333	Steve Bedrosian	.083	12	1	0	0	0	2	0	3	.083	.083
Dennis Eckersley	.316	19	6	3	0	0	1	0	1	.316	.474	Omar Olivares	.083	12	1	0	0	0	0	0	1	.083	.083
Greg Maddux	.310	58	18	2	0	0	5	6	7	.385	.345	Joe Boever	.091	11	1	0	0	0	0	1	5	.167	.091

Tim Fortugno — Reds
Age 33 – Pitches Left (flyball pitcher)

	ERA	W	L	Sv	G	GS	IP	BB	SO	Avg	H	2B	3B	HR	RBI	OBP	SLG	GF	IR	IRS	Hld	SvOp	SB	CS	GB	FB	G/F
1994 Season	4.20	1	0	0	25	0	30.0	14	29	.288	32	10	0	2	17	.380	.432	9	19	8	1	0	4	1	30	41	0.73
Career (1992-1994)	4.77	2	1	1	39	5	71.2	33	60	.257	69	14	0	7	39	.343	.388	14	24	11	1	1	9	3	66	107	0.62

1994 Season

	ERA	W	L	Sv	G	GS	IP	H	HR	BB	SO		Avg	AB	H	2B	3B	HR	RBI	BB	SO	OBP	SLG
Home	5.00	1	0	0	16	0	18.0	20	2	9	19	vs. Left	.270	37	10	1	0	0	2	3	9	.341	.297
Away	3.00	0	0	0	9	0	12.0	12	0	5	10	vs. Right	.297	74	22	9	0	2	15	11	20	.398	.500
Starter	0.00	0	0	0	0	0	0.0	0	0	0	0	Scoring Posn	.314	35	11	3	0	1	16	7	9	.432	.486
Reliever	4.20	1	0	0	25	0	30.0	32	2	14	29	Close & Late	.333	15	5	1	0	0	4	1	4	.412	.400
0 Days rest (Re)	0.00	0	0	0	4	0	3.1	3	0	0	2	1	None on/out	.308	26	8	3	0	0	0	1	7	.333	.423
1 or 2 Days rest	1.76	1	0	0	11	0	15.1	14	0	8	16	First Pitch	.250	12	3	1	0	0	0	0	0	.308	.333
3+ Days rest	8.74	0	0	0	10	0	11.1	15	2	4	12	Ahead in Count	.193	57	11	4	0	0	4	0	23	.220	.263
Pre-All Star	2.42	1	0	0	19	0	22.1	21	0	9	22	Behind in Count	.458	24	11	3	0	2	10	6	0	.567	.833
Post-All Star	9.39	0	0	0	6	0	7.2	11	2	5	7	Two Strikes	.238	63	15	6	0	0	3	8	29	.333	.333

Tony Fossas — Red Sox
Age 37 – Pitches Left (groundball pitcher)

	ERA	W	L	Sv	G	GS	IP	BB	SO	Avg	H	2B	3B	HR	RBI	OBP	SLG	GF	IR	IRS	Hld	SvOp	SB	CS	GB	FB	G/F
1994 Season	4.76	2	0	1	44	0	34.0	15	31	.263	35	8	1	6	28	.342	.474	14	38	14	9	1	1	0	45	34	1.32
Last Five Years	4.36	9	8	4	271	0	190.0	82	142	.265	197	41	3	19	139	.343	.406	77	328	99	62	10	15	4	286	179	1.60

1994 Season

	ERA	W	L	Sv	G	GS	IP	H	HR	BB	SO		Avg	AB	H	2B	3B	HR	RBI	BB	SO	OBP	SLG
Home	3.12	1	0	0	22	0	17.1	14	2	7	19	vs. Left	.182	55	10	2	0	1	8	8	22	.286	.273
Away	6.48	1	0	1	22	0	16.2	21	4	8	12	vs. Right	.321	78	25	6	1	5	20	7	9	.384	.615
Starter	0.00	0	0	0	0	0	0.0	0	0	0	0	Scoring Posn	.212	52	11	4	0	1	20	7	9	.305	.346
Reliever	4.76	2	0	1	44	0	34.0	35	6	15	31	Close & Late	.214	28	6	2	0	2	5	4	7	.313	.500
0 Days rest (Re)	2.19	1	0	0	17	0	12.1	11	1	4	7	None on/out	.280	25	7	1	0	0	0	4	7	.379	.320
1 or 2 Days rest	6.59	0	0	1	16	0	13.2	15	2	9	16	First Pitch	.176	17	3	1	0	0	0	0	0	.222	.235
3+ Days rest	5.63	1	0	0	11	0	8.0	9	3	2	8	Ahead in Count	.258	62	16	2	1	5	14	0	23	.258	.565
Pre-All Star	4.98	2	0	1	31	0	21.2	21	4	10	20	Behind in Count	.333	18	6	1	0	0	5	5	0	.500	.389
Post-All Star	4.38	0	0	0	13	0	12.1	14	2	5	11	Two Strikes	.254	71	18	3	1	4	15	9	31	.338	.493

Last Five Years

	ERA	W	L	Sv	G	GS	IP	H	HR	BB	SO		Avg	AB	H	2B	3B	HR	RBI	BB	SO	OBP	SLG
Home	2.98	4	3	2	137	0	96.2	85	6	40	76	vs. Left	.193	305	59	13	0	4	45	28	87	.269	.275
Away	5.79	5	5	2	134	0	93.1	112	13	42	66	vs. Right	.316	437	138	28	3	15	94	54	55	.394	.497
Day	2.76	2	3	1	84	0	62.0	60	4	28	41	Inning 1-6	.295	61	18	3	0	0	17	7	7	.368	.344
Night	5.13	7	5	3	187	0	128.0	137	15	54	101	Inning 7+	.263	681	179	38	3	19	122	75	135	.341	.411
Grass	3.71	8	6	3	234	0	167.1	164	16	72	124	None on	.261	307	80	15	2	9	33	62	62	.340	.410
Turf	9.13	1	2	1	37	0	22.2	33	3	10	18	Runners on	.269	435	117	26	1	10	130	49	80	.346	.402
April	6.41	2	4	0	38	0	26.2	31	4	12	22	Scoring Posn	.270	289	78	19	1	4	118	40	57	.360	.384
May	4.25	0	1	0	46	0	29.2	28	4	15	16	Close & Late	.231	234	54	12	1	6	42	30	49	.325	.368
June	3.44	2	0	2	47	0	36.2	34	6	14	20	None on/out	.229	144	33	5	0	3	3	19	35	.327	.326
July	3.93	3	0	0	53	0	36.2	37	3	19	30	vs. 1st Batr (relief)	.205	239	49	11	0	3	46	21	60	.280	.289
August	6.48	2	2	0	42	0	25.0	36	1	8	21	First Inning Pitched	.262	626	164	37	2	15	124	67	126	.338	.399
September/October	2.80	0	1	2	45	0	35.1	31	1	14	24	First 15 Pitches	.265	578	153	32	2	12	106	57	112	.335	.389
Starter	0.00	0	0	0	0	0	0.0	0	0	0	0	Pitch 16-30	.243	136	33	8	1	5	28	22	24	.354	.426
Reliever	4.36	9	8	4	271	0	190.0	197	19	82	142	Pitch 31-45	.350	20	7	1	0	2	3	3	4	.435	.700
0 Days rest (Re)	2.76	4	1	1	98	0	65.1	65	2	25	49	Pitch 46+	.500	8	4	0	0	0	2	0	2	.500	.500
1 or 2 Days rest	6.66	3	5	3	95	0	73.0	87	12	32	55	First Pitch	.375	120	45	10	0	4	31	14	0	.444	.558
3+ Days rest	3.14	2	2	0	78	0	51.2	45	5	25	43	Ahead in Count	.196	322	63	11	2	9	45	0	124	.203	.326

125

	ERA	W	L	Sv	G	GS	IP	H	HR	BB	SO	Last Five Years	Avg	AB	H	2B	3B	HR	RBI	BB	SO	OBP	SLG
Pre-All Star	4.50	5	5	2	142	0	100.0	99	14	45	73	Behind in Count	.288	153	44	11	1	2	35	37	0	.430	.412
Post-All Star	4.20	4	3	2	129	0	90.0	98	5	37	69	Two Strikes	.197	325	64	12	2	10	51	31	142	.271	.338

							Pitcher vs. Batter (career)								
Pitches Best Vs.	Avg	AB	H	2B	3B	HR	RBI	BB	SO	OBP	SLG	Pitches Worst Vs.	Avg	AB	H	2B	3B	HR	RBI	BB	SO	OBP	SLG
Lance Johnson	.091	11	1	0	0	0	0	1	.091	.091		Robin Ventura	.500	8	4	0	0	1	2	4	2	.667	.875
Ken Griffey Jr	.130	23	3	0	0	1	3	1	7	.167	.261	Lou Whitaker	.455	11	5	2	0	0	4	0	0	.455	.636
Wally Joyner	.143	14	2	0	0	1	6	0	6	.143	.357	Mickey Tettleton	.333	12	4	1	0	2	5	2	3	.429	.917
Kent Hrbek	.143	14	2	0	0	0	3	2	3	.250	.143	Alan Trammell	.333	6	2	0	0	1	4	5	0	.636	.833
Wade Boggs	.200	15	3	0	0	0	2	3	.294	.200												

Kevin Foster — Cubs
Age 26 – Pitches Right (flyball pitcher)

	ERA	W	L	Sv	G	GS	IP	BB	SO	Avg	H	2B	3B	HR	RBI	OBP	SLG	CG	ShO	Sup	QS	#P/S	SB	CS	GB	FB	G/F
1994 Season	2.89	3	4	0	13	13	81.0	35	75	.234	70	16	0	7	25	.315	.358	0	0	4.22	7	104	10	6	59	108	0.55
Career (1993-1994)	3.80	3	5	0	15	14	87.2	42	81	.250	83	19	0	10	35	.335	.398	0	0	4.00	7	104	12	6	71	120	0.59

1994 Season

	ERA	W	L	Sv	G	GS	IP	H	HR	BB	SO		Avg	AB	H	2B	3B	HR	RBI	BB	SO	OBP	SLG
Home	2.36	1	2	0	7	7	45.2	40	4	18	39	vs. Left	.257	140	36	6	0	4	14	16	23	.333	.386
Away	3.57	2	2	0	6	6	35.1	30	3	17	36	vs. Right	.214	159	34	10	0	3	11	19	52	.300	.333
Starter	2.89	3	4	0	13	13	81.0	70	7	35	75	Scoring Posn	.194	67	13	2	0	2	16	7	23	.276	.313
Reliever	0.00	0	0	0	0	0	0.0	0	0	0	0	Close & Late	.263	19	5	3	0	0	2	1	4	.300	.421
0-3 Days Rest (St)	0.00	0	0	0	0	0	0.0	0	0	0	0	None on/out	.237	76	18	5	0	1	1	12	18	.341	.342
4 Days Rest	4.27	2	4	0	8	8	46.1	49	6	24	40	First Pitch	.371	35	13	1	0	1	2	1	0	.389	.486
5+ Days Rest	1.04	1	0	0	5	5	34.2	21	1	11	35	Ahead in Count	.151	139	21	5	0	1	6	0	65	.157	.209
Pre-All Star	3.14	2	3	0	8	8	48.2	37	4	24	36	Behind in Count	.321	56	18	5	0	3	9	21	0	.506	.571
Post-All Star	2.51	1	1	0	5	5	32.1	33	3	11	39	Two Strikes	.141	149	21	7	0	0	5	13	75	.215	.188

Eric Fox — Athletics
Age 31 – Bats Both

	Avg	G	AB	R	H	2B	3B	HR	RBI	BB	SO	HBP	GDP	SB	CS	OBP	SLG	IBB	SH	SF	#Pit	#P/PA	GB	FB	G/F
1994 Season	.205	26	44	7	9	2	0	1	1	3	8	0	0	0	2	.255	.318	0	0	0	159	3.38	16	11	1.45
Career (1992-1994)	.210	106	243	36	51	8	2	5	19	18	44	0	1	5	6	.263	.321	0	9	1	1004	3.70	86	67	1.28

1994 Season

	Avg	AB	H	2B	3B	HR	RBI	BB	SO	OBP	SLG		Avg	AB	H	2B	3B	HR	RBI	BB	SO	OBP	SLG
vs. Left	.267	15	4	1	0	1	1	0	2	.267	.533	Scoring Posn	.000	5	0	0	0	0	0	2	0	.286	.000
vs. Right	.172	29	5	1	0	0	0	3	6	.250	.207	Close & Late	.333	6	2	1	0	0	0	1	0	.429	.500

John Franco — Mets
Age 34 – Pitches Left (groundball pitcher)

	ERA	W	L	Sv	G	GS	IP	BB	SO	Avg	H	2B	3B	HR	RBI	OBP	SLG	GF	IR	IRS	Hld	SvOp	SB	CS	GB	FB	G/F
1994 Season	2.70	1	4	30	47	0	50.0	19	42	.244	47	7	1	2	21	.313	.321	43	11	3	0	36	1	1	74	48	1.54
Last Five Years	2.93	21	21	118	220	0	242.1	88	192	.259	244	36	6	15	117	.323	.358	199	158	49	1	144	17	7	416	177	2.35

1994 Season

	ERA	W	L	Sv	G	GS	IP	H	HR	BB	SO		Avg	AB	H	2B	3B	HR	RBI	BB	SO	OBP	SLG
Home	2.55	1	2	15	24	0	24.2	25	1	10	20	vs. Left	.306	49	15	2	0	0	8	2	10	.340	.347
Away	2.84	0	2	15	23	0	25.1	22	1	9	22	vs. Right	.222	144	32	5	1	2	13	17	32	.304	.313
Starter	0.00	0	0	0	0	0	0.0	0	0	0	0	Scoring Posn	.250	48	12	1	0	0	18	8	8	.351	.271
Reliever	2.70	1	4	30	47	0	50.0	47	2	19	42	Close & Late	.266	128	34	5	0	1	16	14	29	.340	.328
0 Days rest (Re)	3.55	0	0	9	11	0	12.2	14	0	2	10	None on/out	.234	47	11	2	0	1	1	1	10	.250	.340
1 or 2 Days rest	2.96	1	2	17	24	0	24.1	22	2	12	22	First Pitch	.250	24	6	1	1	0	1	0	0	.250	.375
3+ Days rest	1.38	0	2	4	12	0	13.0	11	0	5	10	Ahead in Count	.234	94	22	4	0	1	6	0	38	.240	.309
Pre-All Star	2.72	1	4	19	34	0	36.1	29	2	16	32	Behind in Count	.366	41	15	2	0	1	11	9	0	.480	.488
Post-All Star	2.63	0	0	11	13	0	13.2	18	0	3	10	Two Strikes	.174	92	16	2	0	0	5	10	42	.252	.228

Last Five Years

	ERA	W	L	Sv	G	GS	IP	H	HR	BB	SO		Avg	AB	H	2B	3B	HR	RBI	BB	SO	OBP	SLG
Home	2.57	11	9	64	115	0	126.0	129	6	43	97	vs. Left	.289	228	66	3	2	2	35	25	49	.362	.368
Away	3.33	10	12	54	105	0	116.1	115	9	45	95	vs. Right	.249	714	178	28	4	13	82	63	143	.310	.354
Day	2.45	7	7	38	82	0	92.0	84	6	36	73	Inning 1-6	.000	0	0	0	0	0	0	0	0	.000	.000
Night	3.23	14	14	80	138	0	150.1	160	9	52	119	Inning 7+	.259	942	244	36	6	15	117	88	192	.323	.358
Grass	2.48	14	13	85	160	0	174.1	166	12	61	132	None on	.265	461	122	17	2	11	35	110	.317	.382
Turf	4.10	7	8	33	60	0	68.0	78	3	27	60	Runners on	.254	481	122	19	4	4	106	53	82	.328	.335
April	1.46	2	1	21	33	0	37.0	22	2	9	33	Scoring Posn	.242	297	72	12	2	2	97	44	47	.339	.316
May	1.76	6	4	19	37	0	41.0	30	2	18	29	Close & Late	.263	710	187	26	4	10	92	69	139	.329	.354
June	3.18	5	6	19	47	0	51.0	60	2	23	36	None on/out	.260	208	54	10	0	4	4	9	42	.290	.365
July	2.62	3	0	30	41	0	44.2	47	3	12	40	vs. 1st Batr (relief)	.224	201	45	9	0	1	11	15	37	.276	.284
August	2.21	2	2	19	35	0	40.2	39	3	11	28	First Inning Pitched	.258	788	203	32	6	12	101	74	159	.321	.359
September/October	7.71	3	8	10	27	0	28.0	46	3	15	26	First 15 Pitches	.259	653	169	27	6	12	71	55	122	.315	.374
Starter	0.00	0	0	0	0	0	0.0	0	0	0	0	Pitch 16-30	.250	252	63	8	0	3	35	26	63	.339	.317
Reliever	2.93	21	21	118	220	0	242.1	244	15	88	192	Pitch 31-45	.324	37	12	1	0	0	11	7	7	.432	.351
0 Days rest (Re)	3.80	3	4	26	39	0	42.2	50	4	10	42	Pitch 46+	.000	0	0	0	0	0	0	0	0	.000	.000
1 or 2 Days rest	3.04	10	9	58	101	0	112.2	112	6	50	85	First Pitch	.320	125	40	7	2	1	15	8	0	.358	.432
3+ Days rest	2.38	8	8	34	80	0	87.0	82	5	28	65	Ahead in Count	.210	420	88	11	5	37	0	169	.213	.276
Pre-All Star	2.42	14	11	70	132	0	145.1	129	9	55	116	Behind in Count	.320	222	71	14	3	7	41	42	0	.429	.505
Post-All Star	3.71	7	10	48	88	0	97.0	115	6	33	76	Two Strikes	.192	433	83	8	1	4	40	38	192	.257	.242

Pitcher vs. Batter (career)

Pitches Best Vs.	Avg	AB	H	2B	3B	HR	RBI	BB	SO	OBP	SLG	Pitches Worst Vs.	Avg	AB	H	2B	3B	HR	RBI	BB	SO	OBP	SLG
Tom Pagnozzi	.000	14	0	0	0	0	0	2	6	.125	.000	Mariano Duncan	.474	19	9	1	0	0	1	2	5	.524	.526
Jose Lind	.083	12	1	0	0	0	0	1	1	.083	.083	Todd Zeile	.467	15	7	0	0	1	1	2	3	.529	.667
Darren Daulton	.083	12	1	1	0	0	0	1	5	.154	.167	Bip Roberts	.455	11	5	0	0	0	1	2	2	.538	.455
Mark Grace	.105	19	2	0	0	0	0	4	1	.261	.105	Kevin McReynolds	.385	13	5	1	0	1	4	2	1	.467	.692
Bobby Thompson	.133	15	2	0	0	0	1	2	1	.235	.133	Kevin Mitchell	.357	14	5	0	0	2	6	3	.550	.786

Julio Franco — White Sox
Age 33 – Bats Right (groundball hitter)

	Avg	G	AB	R	H	2B	3B	HR	RBI	BB	SO	HBP	GDP	SB	CS	OBP	SLG	IBB	SH	SF	#Pit	#P/PA	GB	FB	G/F
1994 Season	.319	112	433	72	138	19	2	20	98	62	75	5	14	8	1	.406	.510	4	0	5	2048	4.06	183	91	2.01
Last Five Years	.306	594	2243	380	690	111	9	62	337	286	348	11	58	85	24	.386	.448	21	8	16	10118	3.95	962	487	1.98

1994 Season

	Avg	AB	H	2B	3B	HR	RBI	BB	SO	OBP	SLG		Avg	AB	H	2B	3B	HR	RBI	BB	SO	OBP	SLG
vs. Left	.364	99	36	8	1	7	27	27	18	.496	.677	Scoring Posn	.313	147	46	9	2	4	75	16	27	.376	.483
vs. Right	.305	334	102	11	1	13	71	35	57	.376	.461	Close & Late	.333	63	21	0	1	4	16	11	12	.434	.556
Groundball	.359	128	46	4	0	7	32	15	19	.435	.555	None on/out	.333	90	30	2	0	4	4	16	13	.434	.489
Flyball	.281	114	32	8	0	4	27	14	25	.369	.456	Total	.319	433	138	19	2	20	98	62	75	.406	.510
Home	.359	198	71	12	0	10	52	25	24	.427	.571	Batting #4	.319	433	138	19	2	20	98	62	75	.406	.510
Away	.285	235	67	7	2	10	46	37	51	.389	.460	Other	.000	0	0	0	0	0	0	0	0	.000	.000
Day	.289	121	35	5	0	4	24	14	23	.360	.430	April	.247	93	23	3	0	2	23	11	16	.327	.505
Night	.330	312	103	14	2	16	74	48	52	.423	.542	May	.340	94	32	5	1	3	29	12	22	.414	.511
Grass	.325	379	123	17	1	18	91	50	61	.403	.517	June	.364	99	36	4	0	2	14	16	15	.457	.465
Turf	.278	54	15	2	1	2	7	12	14	.426	.463	July	.304	115	35	5	1	5	22	13	16	.374	.496
First Pitch	.455	44	20	2	1	2	13	0	0	.500	.682	August	.375	32	12	2	0	3	10	10	6	.535	.719
Ahead in Count	.404	94	38	6	1	9	35	28	0	.540	.777	September/October	.000	0	0	0	0	0	0	0	0	.000	.000
Behind in Count	.261	218	57	8	0	5	33	0	65	.265	.367	Pre-All Star	.315	327	103	14	1	14	76	47	58	.403	.492
Two Strikes	.231	225	52	6	0	4	33	31	75	.323	.311	Post-All Star	.330	106	35	5	1	6	22	15	17	.416	.566

1994 By Position

Position	Avg	AB	H	2B	3B	HR	RBI	BB	SO	OBP	SLG	G	GS	Innings	PO	A	E	DP	Fld Pct	Rng Fctr	In Zone	Outs	Zone Rtg	MLB Zone
As Designated Hitter	.306	385	118	15	2	16	85	53	71	.394	.481	99	99	---	---	---	---	---	---	---	---	---	---	---
As 1b	.417	48	20	4	0	4	13	9	4	.500	.750	14	13	115.0	88	7	3	9	.969		13	8	.615	.818

Last Five Years

	Avg	AB	H	2B	3B	HR	RBI	BB	SO	OBP	SLG		Avg	AB	H	2B	3B	HR	RBI	BB	SO	OBP	SLG
vs. Left	.324	574	186	35	5	22	96	89	91	.413	.517	Scoring Posn	.311	610	190	27	4	16	264	96	100	.400	.448
vs. Right	.302	1669	504	76	4	40	241	197	257	.377	.424	Close & Late	.306	353	108	12	3	10	43	53	59	.397	.442
Groundball	.305	629	192	31	2	19	98	80	92	.385	.452	None on/out	.301	519	156	29	0	10	10	51	84	.364	.414
Flyball	.302	506	153	26	0	18	87	61	82	.379	.460	Batting #2	.321	673	216	34	2	18	97	98	99	.406	.458
Home	.334	1123	375	68	6	29	171	140	157	.407	.483	Batting #4	.318	676	215	33	3	26	136	87	113	.398	.491
Away	.281	1120	315	43	3	33	166	146	191	.366	.413	Other	.290	894	259	44	4	18	104	101	136	.362	.408
Day	.288	458	132	25	1	12	77	66	74	.380	.426	April	.253	332	84	15	1	0	50	30	51	.317	.395
Night	.313	1785	558	86	8	50	260	220	274	.388	.454	May	.322	401	129	27	2	14	74	43	78	.388	.504
Grass	.312	1889	590	99	7	54	290	240	287	.390	.458	June	.306	431	132	20	1	10	55	58	64	.389	.427
Turf	.282	354	100	12	2	8	47	46	61	.367	.395	July	.300	423	127	19	1	13	65	58	59	.385	.442
First Pitch	.396	207	82	11	2	4	35	9	0	.421	.527	August	.343	321	110	12	1	7	49	60	40	.448	.452
Ahead in Count	.380	532	202	36	3	23	108	167	0	.525	.588	September/October	.322	335	108	18	3	8	44	37	56	.385	.466
Behind in Count	.245	1051	257	43	4	16	106	0	301	.248	.339	Pre-All Star	.295	1303	384	69	4	40	206	154	214	.370	.446
Two Strikes	.239	1103	264	45	3	23	132	105	348	.307	.348	Post-All Star	.326	940	306	42	5	22	131	132	134	.408	.451

Batter vs. Pitcher (since 1984)

Hits Best Against	Avg	AB	H	2B	3B	HR	RBI	BB	SO	OBP	SLG	Hits Worst Against	Avg	AB	H	2B	3B	HR	RBI	BB	SO	OBP	SLG
Bobby Thigpen	.643	14	9	2	0	1	0	1	0	.643	1.000	Tom Henke	.111	18	2	0	0	0	1	1	2	.158	.111
Scott Sanderson	.500	18	9	1	0	2	4	3	0	.571	.889	Scott Bankhead	.130	23	3	0	0	0	1	1	3	.167	.130
Mike Birkbeck	.500	12	6	1	1	1	3	1	0	.600	1.000	Chuck Crim	.136	22	3	0	0	0	3	2	1	.240	.136
Tom Bolton	.462	13	6	0	0	1	1	4	3	.588	.769	Mike Mussina	.167	12	2	0	0	0	1	1	4	.231	.167
Dan Plesac	.455	11	5	0	0	0	1	2	1	.538	.727	Jeff Montgomery	.176	17	3	0	0	0	0	2	4	.263	.176

John Frascatore — Cardinals
Age 25 – Pitches Right

	ERA	W	L	Sv	G	GS	IP	BB	SO	Avg	H	2B	3B	HR	RBI	OBP	SLG	CG	ShO	Sup	QS	#P/S	SB	CS	GB	FB	G/F
1994 Season	16.20	0	1	0	1	1	3.1	2	2	.438	7	2	0	2	6	.500	.938	0	0	0.00	0	51	0	1	6	5	1.20

1994 Season

	ERA	W	L	Sv	G	GS	IP	H	HR	BB	SO		Avg	AB	H	2B	3B	HR	RBI	BB	SO	OBP	SLG
Home	16.20	0	1	0	1	1	3.1	7	2	2	2	vs. Left	.333	6	2	1	0	3	2	0	.500	1.000
Away	0.00	0	0	0	0	0	0.0	0	0	0	0	vs. Right	.500	10	5	1	0	2	4	2	2	.500	.900

Willie Fraser — Marlins
Age 31 – Pitches Right (flyball pitcher)

	ERA	W	L	Sv	G	GS	IP	BB	SO	Avg	H	2B	3B	HR	RBI	OBP	SLG	GF	IR	IRS	Hld	SvOp	SB	CS	GB	FB	G/F
1994 Season	5.84	2	0	0	9	0	12.1	6	7	.370	20	3	0	1	8	.426	.481	4	2	0	0	0	0	0	17	17	1.00
Last Five Years	4.34	10	9	2	102	1	164.0	62	76	.263	166	28	2	18	96	.331	.399	46	114	42	9	5	15	7	214	219	0.98

1994 Season

	ERA	W	L	Sv	G	GS	IP	H	HR	BB	SO		Avg	AB	H	2B	3B	HR	RBI	BB	SO	OBP	SLG
Home	4.70	2	0	0	6	0	7.2	14	1	3	5	vs. Left	.400	20	8	1	0	1	7	2	3	.455	.600
Away	7.71	0	0	0	3	0	4.2	6	0	3	2	vs. Right	.353	34	12	2	0	0	1	4	4	.410	.412

Last Five Years

	ERA	W	L	Sv	G	GS	IP	H	HR	BB	SO		Avg	AB	H	2B	3B	HR	RBI	BB	SO	OBP	SLG
Home	3.71	7	4	1	52	1	89.2	92	9	34	47	vs. Left	.240	275	66	8	1	7	38	31	35	.319	.353
Away	5.09	3	5	1	50	0	74.1	74	9	28	29	vs. Right	.281	356	100	20	1	11	58	31	41	.341	.435
Day	5.40	1	3	1	27	1	43.1	52	6	21	21	Inning 1-6	.278	169	47	8	1	7	38	15	14	.346	.462
Night	3.95	9	6	1	75	0	120.2	114	12	41	55	Inning 7+	.258	462	119	20	1	11	58	47	62	.326	.377
Grass	3.86	7	5	2	62	0	98.0	102	9	35	48	None on	.217	345	75	13	0	8	8	30	48	.288	.325
Turf	5.05	3	4	0	40	1	66.0	64	9	27	28	Runners on	.318	286	91	15	2	10	88	32	28	.382	.490
April	6.55	0	1	0	8	0	11.0	13	2	3	5	Scoring Posn	.329	173	57	8	0	7	78	27	20	.409	.497
May	4.63	2	2	0	13	0	23.1	31	1	9	7	Close & Late	.313	192	60	8	1	5	29	20	19	.374	.443
June	7.26	2	1	0	21	1	31.0	49	4	17	18	None on/out	.206	141	29	6	0	1	1	13	17	.277	.270
July	2.84	2	0	0	18	0	31.2	21	4	9	11	vs. 1st Batr (relief)	.238	84	20	5	0	1	15	15	10	.360	.333
August	3.34	3	1	1	21	0	35.0	29	5	11	15	First Inning Pitched	.269	346	93	17	0	9	58	37	42	.343	.396
September/October	3.09	1	4	1	21	0	32.0	23	2	13	20	First 15 Pitches	.272	331	90	17	0	8	45	32	38	.337	.396
Starter	18.00	0	1	0	1	1	3.0	7	1	3	1	Pitch 16-30	.254	201	51	8	2	5	35	21	27	.329	.388
Reliever	4.08	10	8	2	101	0	161.0	159	17	59	75	Pitch 31-45	.303	76	23	2	0	4	14	6	10	.357	.487
0 Days rest (Re)	2.45	2	0	0	12	0	14.2	13	1	6	8	Pitch 46+	.087	23	2	1	0	1	2	3	1	.192	.261
1 or 2 Days rest	2.77	8	5	1	47	0	78.0	62	6	25	28	First Pitch	.277	112	31	4	0	3	13	11	0	.344	.393
3+ Days rest	5.93	0	3	1	42	0	68.1	84	10	26	39	Ahead in Count	.224	263	59	12	1	4	38	0	63	.234	.323
Pre-All Star	5.35	5	4	0	49	1	79.0	97	7	32	35	Behind in Count	.301	143	43	7	1	8	28	32	0	.426	.531
Post-All Star	3.39	5	5	2	53	0	85.0	69	11	30	41	Two Strikes	.223	247	55	8	1	5	37	19	76	.284	.324

Pitcher vs. Batter (career)

Pitches Best Vs.	Avg	AB	H	2B	3B	HR	RBI	BB	SO	OBP	SLG	Pitches Worst Vs.	Avg	AB	H	2B	3B	HR	RBI	BB	SO	OBP	SLG
Billy Ripken	.077	13	1	0	0	0	0	0	1	.077	.077	Harold Reynolds	.467	15	7	3	2	0	4	1	0	.471	.933
Ruben Sierra	.091	22	2	0	0	1	3	2	4	.192	.227	Bo Jackson	.417	12	5	2	0	1	6	2	2	.500	.833
Alan Trammell	.133	15	2	0	0	0	1	1	2	.188	.133	Gary Gaetti	.400	10	4	1	0	1	2	1	2	.500	.800
Willie Wilson	.182	22	4	0	0	0	1	0	6	.182	.182	Don Mattingly	.389	18	7	0	0	3	4	3	0	.476	.889
Roberto Kelly	.182	11	2	0	0	0	1	0	2	.182	.182	Jose Canseco	.364	11	4	2	0	2	5	1	4	.417	1.091

Lou Frazier — Expos

Age 30 – Bats Both (groundball hitter)

	Avg	AB	G	R	H	2B	3B	HR	RBI	BB	SO	HBP	GDP	SB	CS	OBP	SLG	IBB	SH	SF	#Pit	#P/PA	GB	FB	G/F
1994 Season	.271	76	140	25	38	3	1	0	14	18	23	1	1	20	4	.358	.307	0	1	0	649	4.06	71	24	2.96
Career (1993-1994)	.280	188	329	52	92	10	2	1	30	34	47	1	4	37	6	.348	.331	0	6	1	1439	3.88	160	66	2.42

1994 Season

	Avg	AB	H	2B	3B	HR	RBI	BB	SO	OBP	SLG		Avg	AB	H	2B	3B	HR	RBI	BB	SO	OBP	SLG
vs. Left	.071	14	1	0	0	0	1	1	1	.133	.071	Scoring Posn	.304	46	14	0	0	0	14	10	8	.439	.304
vs. Right	.294	126	37	3	1	0	13	17	22	.382	.333	Close & Late	.333	30	10	0	0	0	3	5	7	.429	.333
Home	.265	68	18	3	0	0	7	10	9	.359	.309	None on/out	.265	34	9	0	0	0	0	5	5	.359	.324
Away	.278	72	20	0	1	0	7	8	14	.358	.306	Batting #1	.324	34	11	0	0	0	1	4	4	.395	.324
First Pitch	.400	15	6	0	1	0	3	0	0	.438	.533	Batting #2	.219	64	14	0	1	0	7	6	12	.286	.250
Ahead in Count	.281	32	9	0	0	0	4	11	0	.465	.281	Other	.310	42	13	3	0	0	6	8	7	.431	.381
Behind in Count	.209	67	14	2	0	0	5	0	21	.209	.239	Pre-All Star	.316	117	37	3	1	0	12	16	19	.403	.359
Two Strikes	.243	74	18	2	0	0	6	7	23	.309	.270	Post-All Star	.043	23	1	0	0	0	2	2	4	.120	.043

Marvin Freeman — Rockies

Age 32 – Pitches Right (groundball pitcher)

	ERA	W	L	Sv	G	GS	IP	BB	SO	Avg	H	2B	3B	HR	RBI	OBP	SLG	CG	ShO	Sup	QS	#P/S	SB	CS	GB	FB	G/F
1994 Season	2.80	10	2	0	19	18	112.2	23	67	.262	113	20	2	10	36	.306	.387	0	0	6.63	13	83	13	5	200	93	2.15
Last Five Years	3.43	21	9	5	157	21	296.2	92	205	.246	276	43	6	25	133	.310	.362	0	0	5.34	14	81	29	18	514	224	2.29

1994 Season

	ERA	W	L	Sv	G	GS	IP	H	HR	BB	SO		Avg	AB	H	2B	3B	HR	RBI	BB	SO	OBP	SLG
Home	2.90	5	0	0	9	8	49.2	52	4	8	30	vs. Left	.280	207	58	12	2	4	17	11	29	.326	.415
Away	2.71	5	2	0	10	10	63.0	61	6	15	37	vs. Right	.244	225	55	8	0	6	19	12	38	.288	.360
Starter	2.82	9	2	0	18	18	108.2	111	10	20	65	Scoring Posn	.221	104	23	5	1	1	24	7	18	.274	.317
Reliever	2.25	1	0	0	1	0	4.0	2	0	3	2	Close & Late	.375	24	9	0	0	2	4	0	4	.360	.625
0-3 Days Rest (St)	0.00	0	0	0	0	0	0.0	0	0	0	0	None on/out	.235	115	27	4	1	5	5	22		.267	.417
4 Days Rest	3.15	4	1	0	7	7	45.2	49	6	6	26	First Pitch	.371	70	26	2	0	3	8	1	0	.400	.529
5+ Days Rest	2.57	5	1	0	11	11	63.0	62	4	14	39	Ahead in Count	.219	201	44	10	1	3	17	0	62	.223	.323
Pre-All Star	3.18	7	2	0	15	14	85.0	90	8	20	53	Behind in Count	.309	97	30	6	1	4	11	11	0	.385	.515
Post-All Star	1.63	3	0	0	4	4	27.2	23	2	3	14	Two Strikes	.188	160	30	6	1	3	11	67		.244	.294

Last Five Years

	ERA	W	L	Sv	G	GS	IP	H	HR	BB	SO		Avg	AB	H	2B	3B	HR	RBI	BB	SO	OBP	SLG
Home	3.29	10	4	3	80	9	147.2	140	12	45	100	vs. Left	.267	506	135	16	5	12	60	54	65	.343	.395
Away	3.56	11	5	2	77	12	149.0	136	13	47	105	vs. Right	.229	617	141	24	1	13	73	38	140	.282	.334
Day	4.12	7	0	1	49	10	111.1	101	10	33	76	Inning 1-6	.251	684	172	27	5	14	76	51	122	.315	.367
Night	3.01	14	9	4	108	11	185.1	175	15	59	129	Inning 7+	.237	439	104	16	1	11	57	41	83	.303	.353
Grass	3.11	18	4	3	115	17	231.1	208	16	65	148	None on	.240	642	154	24	2	16	16	46	118	.298	.358
Turf	4.55	3	5	2	42	4	65.1	68	9	27	57	Runners on	.254	481	122	19	4	9	117	46	87	.326	.366
April	3.44	4	1	0	19	2	34.0	33	3	17	26	Scoring Posn	.236	301	71	13	4	3	101	34	58	.336	.336
May	3.99	3	2	1	35	5	67.2	70	5	28	51	Close & Late	.230	204	47	7	0	5	23	23	41	.307	.338
June	4.33	3	2	0	22	8	60.1	64	5	14	37	None on/out	.235	281	66	7	1	10	10	19	51	.286	.374
July	3.13	5	3	1	32	5	69.0	61	5	15	41	vs. 1st Batr (relief)	.208	125	26	2	0	1	15	9	24	.265	.248
August	3.38	5	3	1	24	1	29.1	30	3	10	22	First Inning Pitched	.229	510	117	18	5	7	79	48	107	.307	.325
September/October	1.49	3	1	0	25	0	36.1	18	1	8	28	First 75 Pitches	.245	1044	256	40	6	22	125	89	191	.312	.358
Starter	3.25	9	3	0	21	21	121.2	126	13	23	74	Pitch 76-90	.200	60	12	1	0	2	5	3	10	.246	.333

	ERA	W	L	Sv	G	GS	IP	H	HR	BB	SO		Avg	AB	H	2B	3B	HR	RBI	BB	SO	OBP	SLG
												Last Five Years											
Reliever	3.55	12	6	5	136	0	175.0	150	12	69	131	Pitch 91-105	.444	18	8	1	0	1	3	0	3	.444	.667
0-3 Days Rest (St)	0.00	0	0	0	0	0	0.0	0	0	0	0	Pitch 106+	.000	1	0	0	0	0	0	0	1	.000	.000
4 Days Rest	3.31	4	1	0	8	8	51.2	55	7	7	32	First Pitch	.339	165	56	7	0	6	26	9	0	.382	.491
5+ Days Rest	3.21	5	2	0	13	13	70.0	71	6	16	42	Ahead in Count	.202	540	109	22	4	6	53	0	182	.210	.291
Pre-All Star	3.82	10	7	3	88	17	188.1	192	18	63	124	Behind in Count	.290	241	70	11	2	9	41	50	4	.422	.465
Post-All Star	2.74	11	2	2	69	4	108.1	84	7	29	81	Two Strikes	.179	474	85	16	2	5	37	31	205	.235	.253
												Pitcher vs. Batter (career)											
Pitches Best Vs.	Avg	AB	H	2B	3B	HR	RBI	BB	SO	OBP	SLG	Pitches Worst Vs.	Avg	AB	H	2B	3B	HR	RBI	BB	SO	OBP	SLG
Barry Larkin	.000	16	0	0	0	0	0	0	0	.000	.000	Tim Wallach	.556	9	5	0	0	1	3	2	2	.636	.889
Robby Thompson	.077	13	1	1	0	0	1	1	3	.143	.154	Barry Bonds	.538	13	7	2	0	0	1	2	4	.647	.692
Todd Zeile	.077	13	1	0	0	0	0	1	6	.143	.077	Ozzie Smith	.444	9	4	0	1	0	1	2	0	.545	.667
Benito Santiago	.133	15	2	0	0	0	1	0	1	.133	.133	Gary Sheffield	.364	11	4	1	0	0	1	1	0	.417	.455
Mark Grace	.150	20	3	0	0	0	1	1	2	.190	.150	Brett Butler	.333	15	5	0	0	0	3	5	3	.500	.333

Steve Frey — Giants   Age 31 – Pitches Left

	ERA	W	L	Sv	G	GS	IP	BB	SO	Avg	H	2B	3B	HR	RBI	OBP	SLG	GF	IR	IRS	Hld	SvOp	SB	CS	GB	FB	G/F
1994 Season	4.94	1	0	0	44	0	31.0	15	20	.322	37	9	0	6	20	.397	.557	12	32	10	6	3	5	0	45	33	1.36
Last Five Years	3.52	15	8	27	232	0	220.0	115	116	.252	204	34	1	20	100	.346	.370	86	183	47	26	35	21	7	285	273	1.04

										1994 Season								
	ERA	W	L	Sv	G	GS	IP	H	HR	BB	SO		Avg	AB	H	2B	3B	HR	RBI	BB	SO	OBP	SLG
Home	3.57	0	0	0	23	0	17.2	18	4	8	11	vs. Left	.238	42	10	1	0	3	10	4	8	.306	.476
Away	6.75	1	0	0	21	0	13.1	19	2	7	9	vs. Right	.370	73	27	8	0	3	10	11	12	.448	.603
Starter	0.00	0	0	0	0	0	0.0	0	0	0	0	Scoring Posn	.211	38	8	3	0	1	15	10	7	.358	.368
Reliever	4.94	1	0	0	44	0	31.0	37	6	15	20	Close & Late	.333	27	9	1	0	1	6	5	4	.424	.481
0 Days rest (Re)	6.30	0	0	0	15	0	10.0	14	3	4	7	None on/out	.407	27	11	1	0	4	4	2	5	.467	.889
1 or 2 Days rest	0.90	1	0	0	14	0	10.0	9	1	5	3	First Pitch	.316	19	6	1	0	2	4	3	0	.409	.684
3+ Days rest	7.36	0	0	0	15	0	11.0	14	3	6	10	Ahead in Count	.194	36	7	1	0	1	6	0	15	.225	.306
Pre-All Star	5.19	1	0	0	34	0	26.0	29	6	14	13	Behind in Count	.400	40	16	4	0	2	7	8	0	.480	.650
Post-All Star	3.60	0	0	0	10	0	5.0	8	0	1	7	Two Strikes	.190	42	8	2	0	2	6	4	20	.271	.381

										Last Five Years								
	ERA	W	L	Sv	G	GS	IP	H	HR	BB	SO		Avg	AB	H	2B	3B	HR	RBI	BB	SO	OBP	SLG
Home	2.67	8	3	16	121	0	114.2	104	10	53	62	vs. Left	.237	266	63	9	1	11	43	38	51	.340	.402
Away	4.44	7	5	11	111	0	105.1	100	10	62	54	vs. Right	.259	545	141	25	0	9	57	77	65	.350	.354
Day	4.46	6	2	9	78	0	76.2	81	10	42	49	Inning 1-6	.271	85	23	3	0	2	16	12	13	.370	.376
Night	3.01	9	6	18	154	0	143.1	123	10	73	67	Inning 7+	.249	726	181	31	1	18	84	103	103	.344	.369
Grass	4.09	7	7	15	145	0	127.2	122	14	70	56	None on	.254	386	98	19	1	14	14	54	62	.353	.417
Turf	2.73	8	1	12	87	0	92.1	82	6	45	60	Runners on	.249	425	106	15	0	6	86	61	54	.341	.327
April	4.10	3	1	5	40	0	41.2	30	5	22	25	Scoring Posn	.214	266	57	7	0	3	77	48	37	.328	.274
May	3.99	2	1	3	55	0	49.2	49	6	26	23	Close & Late	.234	385	90	13	0	7	42	66	52	.343	.322
June	2.17	2	1	7	30	0	29.0	30	1	15	15	None on/out	.257	179	46	7	0	6	6	21	29	.348	.397
July	2.23	4	1	3	43	0	36.1	35	3	21	18	vs. 1st Batr (relief)	.277	195	54	12	0	5	30	27	24	.370	.415
August	5.83	2	4	4	34	0	29.1	37	4	17	16	First Inning Pitched	.254	627	159	31	1	16	85	84	90	.345	.383
September/October	2.65	2	0	7	30	0	34.0	23	1	14	19	First 15 Pitches	.266	557	148	29	0	17	77	76	69	.357	.409
Starter	0.00	0	0	0	0	0	0.0	0	0	0	0	Pitch 16-30	.201	209	42	5	1	1	18	35	41	.313	.249
Reliever	3.52	15	8	27	232	0	220.0	204	20	115	116	Pitch 31-45	.368	38	14	0	0	2	5	4	4	.429	.526
0 Days rest (Re)	2.90	2	2	10	57	0	49.2	40	7	22	26	Pitch 46+	.000	7	0	0	0	0	0	0	2	.000	.000
1 or 2 Days rest	2.06	9	4	13	91	0	91.2	72	7	49	41	First Pitch	.273	121	33	3	0	4	18	16	0	.353	.397
3+ Days rest	5.61	4	2	4	84	0	78.2	92	6	44	49	Ahead in Count	.193	296	57	11	0	4	27	0	85	.202	.270
Pre-All Star	3.31	9	3	16	145	0	138.2	125	12	79	72	Behind in Count	.324	210	68	13	0	7	29	54	0	.457	.486
Post-All Star	3.87	6	5	11	87	0	81.1	79	8	36	44	Two Strikes	.180	333	60	10	1	7	34	45	116	.262	.279

										Pitcher vs. Batter (career)								
Pitches Best Vs.	Avg	AB	H	2B	3B	HR	RBI	BB	SO	OBP	SLG	Pitches Worst Vs.	Avg	AB	H	2B	3B	HR	RBI	BB	SO	OBP	SLG
John Kruk	.111	9	1	0	0	0	0	2	1	.273	.111	Barry Bonds	.500	12	6	1	0	1	6	1	1	.538	.833
												Brett Butler	.429	7	3	0	0	1	2	3	3	.636	.857
												Bobby Bonilla	.400	10	4	0	0	0	0	1	2	.455	.400
												Mark Grace	.400	10	4	0	0	0	1	0	1	.455	.400

Todd Frohwirth — Red Sox   Age 32 – Pitches Right (groundball pitcher)

	ERA	W	L	Sv	G	GS	IP	BB	SO	Avg	H	2B	3B	HR	RBI	OBP	SLG	GF	IR	IRS	Hld	SvOp	SB	CS	GB	FB	G/F
1994 Season	10.80	0	3	1	22	0	26.2	17	13	.339	40	7	1	3	26	.431	.492	8	19	4	2	1	3	0	58	20	2.90
Last Five Years	3.42	17	17	11	213	0	326.1	137	199	.244	295	46	5	16	161	.325	.330	71	278	86	42	20	41	10	565	247	2.29

										1994 Season								
	ERA	W	L	Sv	G	GS	IP	H	HR	BB	SO		Avg	AB	H	2B	3B	HR	RBI	BB	SO	OBP	SLG
Home	5.28	0	1	1	13	0	15.1	21	1	3	8	vs. Left	.375	48	18	4	1	0	8	6	4	.444	.500
Away	18.26	0	2	0	9	0	11.1	19	2	14	5	vs. Right	.314	70	22	3	0	3	18	11	9	.422	.486

										Last Five Years								
	ERA	W	L	Sv	G	GS	IP	H	HR	BB	SO		Avg	AB	H	2B	3B	HR	RBI	BB	SO	OBP	SLG
Home	3.00	12	6	5	111	0	186.0	164	5	57	112	vs. Left	.261	437	114	18	4	5	57	67	65	.356	.355
Away	3.98	5	13	6	102	0	140.1	131	7	80	87	vs. Right	.235	771	181	28	1	11	104	75	145	.306	.316
Day	4.95	6	5	4	63	0	87.1	94	8	49	58	Inning 1-6	.222	288	64	14	1	3	51	29	48	.298	.309
Night	2.86	11	12	7	150	0	239.0	201	8	88	141	Inning 7+	.251	920	231	32	4	13	110	106	151	.333	.337
Grass	3.14	15	12	9	177	0	272.0	249	12	104	155	None on	.230	599	138	21	3	6	60	112	.305	.306

129

Last Five Years

Turf	ERA	W	L	Sv	G	GS	IP	H	HR	BB	SO		Avg	AB	H	2B	3B	HR	RBI	BB	SO	OBP	SLG
Turf	4.80	2	5	2	36	0	54.1	46	4	33	44	Runners on	.258	609	157	25	2	10	155	77	87	.344	.355
April	2.28	1	2	2	20	0	23.2	10	0	16	21	Scoring Posn	.249	406	101	14	2	7	144	62	69	.348	.345
May	5.21	2	4	2	40	0	46.2	56	3	19	22	Close & Late	.228	461	105	14	3	3	50	64	83	.325	.291
June	2.69	5	1	0	42	0	70.1	66	3	31	41	None on/out	.263	266	70	9	3	1	1	26	46	.336	.331
July	4.89	2	3	2	34	0	57.0	56	6	18	30	vs. 1st Batr (relief)	.250	188	47	8	1	3	36	22	29	.327	.351
August	2.15	5	5	2	47	0	71.0	57	1	33	44	First Inning Pitched	.255	644	164	22	2	9	112	71	99	.330	.337
September/October	3.43	2	2	2	30	0	57.2	50	3	20	41	First 15 Pitches	.254	635	161	23	2	6	92	63	97	.321	.324
Starter	0.00	0	0	0	0	0	0.0	0	0	0	0	Pitch 16-30	.240	333	80	18	2	9	42	42	54	.331	.387
Reliever	3.42	17	17	11	213	0	326.1	295	16	137	199	Pitch 31-45	.227	176	40	2	1	0	18	21	32	.318	.250
0 Days rest (Re)	3.72	4	5	2	53	0	75.0	75	2	35	41	Pitch 46+	.219	64	14	3	0	1	9	11	16	.342	.313
1 or 2 Days rest	2.88	10	5	5	104	0	169.0	143	6	64	104	First Pitch	.253	170	43	7	0	3	30	18	0	.326	.347
3+ Days rest	4.26	3	7	4	56	0	82.1	77	8	38	54	Ahead in Count	.184	543	100	13	2	4	58	0	167	.191	.238
Pre-All Star	3.53	8	8	6	116	0	165.2	152	9	72	96	Behind in Count	.323	269	87	16	1	5	43	71	0	.469	.446
Post-All Star	3.30	9	9	5	97	0	160.2	143	7	65	103	Two Strikes	.153	497	76	10	1	4	39	48	199	.234	.201

Pitcher vs. Batter (career)

Pitches Best Vs.	Avg	AB	H	2B	3B	HR	RBI	BB	SO	OBP	SLG	Pitches Worst Vs.	Avg	AB	H	2B	3B	HR	RBI	BB	SO	OBP	SLG
Ruben Sierra	.000	11	0	0	0	0	0	0	0	.000	.000	Cecil Fielder	.462	13	6	0	0	3	1	1	.500	.462
Jody Reed	.000	10	0	0	0	0	1	2	4	.167	.000	Candy Maldonado	.455	11	5	2	0	0	1	0	2	.455	.636
Billy Hatcher	.077	13	1	0	0	0	1	0	2	.077	.077	Brian McRae	.400	10	4	0	1	0	1	1	2	.455	.600
Juan Gonzalez	.143	14	2	0	0	0	0	0	3	.143	.143	Tony Phillips	.375	8	3	2	0	1	2	4	0	.583	1.000
Mike Macfarlane	.167	12	2	0	0	0	1	0	4	.167	.167	Albert Belle	.333	12	4	0	0	0	1	1	2	.385	.333

Jeff Frye — Rangers
Age 28 – Bats Right

	Avg	G	AB	R	H	2B	3B	HR	RBI	BB	SO	HBP	GDP	SB	CS	OBP	SLG	IBB	SH	SF	#Pit	#P/PA	GB	FB	G/F
1994 Season	.327	57	205	37	67	20	3	0	18	29	23	1	1	6	1	.408	.454	0	5	3	1015	4.18	77	54	1.43
Career (1992-1994)	.292	124	404	61	118	29	4	1	30	45	50	4	3	7	4	.365	.391	0	16	4	1932	4.08	161	109	1.48

1994 Season

	Avg	AB	H	2B	3B	HR	RBI	BB	SO	OBP	SLG		Avg	AB	H	2B	3B	HR	RBI	BB	SO	OBP	SLG
vs. Left	.326	46	15	4	1	0	5	9	5	.429	.457	Scoring Posn	.308	39	12	4	0	0	17	6	4	.388	.410
vs. Right	.327	159	52	16	2	0	13	20	18	.401	.453	Close & Late	.355	31	11	5	0	0	3	4	3	.417	.516
Home	.407	86	35	6	2	0	7	15	5	.500	.523	None on/out	.351	57	20	6	1	0	0	11	7	.456	.491
Away	.269	119	32	14	1	0	11	14	18	.338	.403	Batting #1	.300	90	27	9	0	0	9	12	12	.375	.400
First Pitch	.125	8	1	0	0	0	0	0	0	.125	.125	Batting #2	.339	109	37	10	1	0	8	14	10	.416	.450
Ahead in Count	.378	45	17	8	0	0	4	25	0	.600	.556	Other	.500	6	3	1	2	0	1	3	1	.667	1.333
Behind in Count	.321	109	35	9	1	0	9	0	21	.321	.422	Pre-All Star	.347	150	52	13	3	0	14	24	16	.433	.473
Two Strikes	.269	119	32	7	2	0	9	4	23	.291	.361	Post-All Star	.273	55	15	7	0	0	4	5	7	.333	.400

Travis Fryman — Tigers
Age 26 – Bats Right (flyball hitter)

	Avg	G	AB	R	H	2B	3B	HR	RBI	BB	SO	HBP	GDP	SB	CS	OBP	SLG	IBB	SH	SF	#Pit	#P/PA	GB	FB	G/F
1994 Season	.263	114	464	66	122	34	5	18	85	45	128	5	6	2	2	.326	.474	1	4	13	2180	4.13	118	156	0.76
Career (1990-1994)	.275	641	2519	348	692	149	18	90	396	224	600	19	43	34	18	.335	.455	3	14	31	10957	3.90	660	773	0.85

1994 Season

	Avg	AB	H	2B	3B	HR	RBI	BB	SO	OBP	SLG		Avg	AB	H	2B	3B	HR	RBI	BB	SO	OBP	SLG
vs. Left	.255	94	24	9	0	7	24	8	18	.311	.574	Scoring Posn	.314	121	38	13	1	2	59	18	35	.388	.488
vs. Right	.265	370	98	25	5	11	61	37	110	.330	.449	Close & Late	.229	70	16	7	0	1	10	3	21	.253	.371
Groundball	.351	111	39	14	3	3	21	11	27	.408	.613	None on/out	.209	91	19	5	2	3	3	6	24	.258	.407
Flyball	.286	112	32	7	1	1	15	13	32	.354	.393	Batting #3	.261	394	103	25	4	17	76	43	113	.331	.475
Home	.262	229	60	17	4	10	43	21	61	.314	.502	Batting #5	.271	70	19	9	1	1	9	2	15	.297	.471
Away	.264	235	62	17	1	8	42	24	67	.338	.447	Other	.000	0	0	0	0	0	0	0	0	.000	.000
Day	.277	177	49	12	3	6	34	15	41	.330	.480	April	.232	82	19	9	1	1	10	3	21	.264	.402
Night	.254	287	73	22	2	12	51	30	87	.324	.470	May	.327	113	37	6	1	5	22	10	28	.380	.531
Grass	.265	393	104	30	5	14	66	35	109	.321	.473	June	.313	112	35	10	1	5	22	14	32	.385	.554
Turf	.254	71	18	4	0	4	19	10	19	.353	.479	July	.202	114	23	8	2	6	27	14	36	.286	.465
First Pitch	.250	44	11	5	0	0	8	0	0	.292	.364	August	.186	43	8	1	0	1	4	4	11	.250	.279
Ahead in Count	.378	98	37	14	2	9	38	21	0	.465	.837	September/October	.000	0	0	0	0	0	0	0	0	.000	.000
Behind in Count	.191	225	43	10	2	5	23	0	105	.188	.320	Pre-All Star	.285	355	101	28	3	13	64	29	99	.338	.490
Two Strikes	.167	252	42	7	2	6	25	24	128	.235	.282	Post-All Star	.193	109	21	6	2	5	21	16	29	.291	.422

1994 By Position

Position	Avg	AB	H	2B	3B	HR	RBI	BB	SO	OBP	SLG	G	GS	Innings	PO	A	E	DP	Fld Pct	Rng Fctr	In Zone	Outs	Zone Rtg	MLB Zone
As 3b	.263	464	122	34	5	18	85	45	128	.326	.474	114	114	1009.0	78	222	14	12	.955	2.68	276	228	.826	.826

Career (1990-1994)

	Avg	AB	H	2B	3B	HR	RBI	BB	SO	OBP	SLG		Avg	AB	H	2B	3B	HR	RBI	BB	SO	OBP	SLG
vs. Left	.283	658	186	39	4	33	119	62	139	.344	.505	Scoring Posn	.294	708	208	54	6	17	286	73	185	.350	.459
vs. Right	.272	1861	506	110	14	57	277	162	461	.331	.438	Close & Late	.251	338	85	22	1	9	50	30	96	.310	.402
Groundball	.299	658	197	45	7	18	106	48	143	.348	.471	None on/out	.277	469	130	31	6	14	14	35	97	.330	.458
Flyball	.267	621	166	31	9	23	93	58	148	.332	.432	Batting #3	.273	1588	434	91	13	57	252	159	379	.340	.455
Home	.264	1202	317	64	11	45	178	119	286	.330	.448	Batting #6	.263	205	54	11	1	8	28	14	44	.314	.444
Away	.285	1317	375	85	7	45	218	105	314	.339	.462	Other	.281	726	204	47	4	25	116	51	177	.329	.460
Day	.285	863	246	50	9	28	128	67	200	.336	.461	April	.275	313	86	17	3	10	48	25	66	.330	.444
Night	.269	1656	446	99	9	62	268	157	400	.334	.452	May	.274	409	112	18	3	15	72	34	105	.327	.443
Grass	.276	2145	592	122	17	75	313	188	506	.335	.454	June	.276	439	121	30	3	16	71	35	104	.329	.467

Career (1990-1994)

	Avg	AB	H	2B	3B	HR	RBI	BB	SO	OBP	SLG		Avg	AB	H	2B	3B	HR	RBI	BB	SO	OBP	SLG
Turf	.267	374	100	27	1	15	83	36	94	.335	.465	July	.269	479	129	36	5	21	82	45	125	.331	.497
First Pitch	.329	319	105	18	2	15	61	2	0	.339	.539	August	.283	467	132	24	2	15	59	42	105	.344	.439
Ahead in Count	.374	537	201	52	6	36	140	96	0	.465	.695	September/October	.272	412	112	24	2	13	64	43	95	.345	.434
Behind in Count	.208	1184	246	47	6	23	125	0	497	.209	.316	Pre-All Star	.272	1333	363	70	9	47	221	107	323	.326	.449
Two Strikes	.175	1254	219	39	6	22	118	126	600	.250	.268	Post-All Star	.277	1186	329	73	9	43	175	117	277	.344	.463

Batter vs. Pitcher (career)

Hits Best Against	Avg	AB	H	2B	3B	HR	RBI	BB	SO	OBP	SLG	Hits Worst Against	Avg	AB	H	2B	3B	HR	RBI	BB	SO	OBP	SLG
Mark Williamson	.583	12	7	4	0	0	5	0	1	.583	.917	Rich DeLucia	.000	10	0	0	0	0	0	2	3	.231	.000
Kevin Tapani	.529	17	9	1	0	1	2	0	1	.556	.765	Carl Willis	.063	16	1	1	0	0	1	0	2	.059	.125
Mike Moore	.467	15	7	2	0	1	4	1	2	.500	.800	Melido Perez	.077	26	2	1	0	0	0	9	.077	.115
Joe Hesketh	.385	13	5	1	1	2	5	2	4	.500	1.077	Erik Hanson	.080	25	2	1	0	0	2	1	8	.107	.120
Randy Johnson	.348	23	8	0	0	4	9	4	7	.444	.870	Tom Henke	.083	12	1	0	0	0	1	0	8	.077	.083

Gary Gaetti — Royals
Age 36 – Bats Right

	Avg	G	AB	R	H	2B	3B	HR	RBI	BB	SO	HBP	GDP	SB	CS	OBP	SLG	IBB	SH	SF	#Pit	#P/PA	GB	FB	G/F
1994 Season	.287	90	327	53	94	15	3	12	57	19	63	2	9	0	2	.328	.462	3	1	3	1184	3.36	123	92	1.34
Last Five Years	.243	628	2277	253	554	97	12	72	306	130	434	27	58	15	12	.289	.391	11	6	26	8414	3.41	762	741	1.03

1994 Season

	Avg	AB	H	2B	3B	HR	RBI	BB	SO	OBP	SLG		Avg	AB	H	2B	3B	HR	RBI	BB	SO	OBP	SLG
vs. Left	.263	95	25	7	2	5	21	8	15	.317	.537	Scoring Posn	.305	95	29	6	0	6	46	9	16	.361	.558
vs. Right	.297	232	69	8	1	7	36	11	48	.332	.431	Close & Late	.357	56	20	3	2	3	16	4	8	.400	.643
Groundball	.315	73	23	4	0	2	13	3	14	.338	.452	None on/out	.254	67	17	5	0	4	4	4	11	.306	.507
Flyball	.351	74	26	5	2	2	16	3	17	.385	.554	Batting #5	.273	128	35	3	2	2	16	4	19	.296	.375
Home	.292	154	45	9	3	5	27	8	25	.325	.487	Batting #6	.294	143	42	9	1	7	31	11	33	.346	.517
Away	.283	173	49	6	0	7	30	11	38	.330	.439	Other	.304	56	17	3	0	3	10	4	11	.350	.518
Day	.321	106	34	5	1	3	24	4	21	.357	.472	April	.254	71	18	3	0	4	16	4	13	.312	.465
Night	.271	221	60	10	2	9	33	15	42	.314	.457	May	.340	94	32	7	1	3	18	6	19	.380	.532
Grass	.284	148	42	5	0	7	30	9	30	.329	.439	June	.255	94	24	2	1	3	13	3	21	.273	.394
Turf	.291	179	52	10	3	6	30	10	33	.326	.480	July	.359	39	14	2	0	2	8	4	7	.409	.564
First Pitch	.359	64	23	6	0	2	16	2	0	.377	.547	August	.207	29	6	1	1	0	2	2	3	.258	.310
Ahead in Count	.377	69	26	3	1	3	11	8	0	.442	.580	September/October	.000	0	0	0	0	0	0	0	0	.000	.000
Behind in Count	.231	134	31	2	2	3	17	0	54	.230	.343	Pre-All Star	.282	262	74	12	2	10	47	13	54	.319	.458
Two Strikes	.169	130	22	5	1	0	9	8	63	.216	.223	Post-All Star	.308	65	20	3	1	2	10	6	9	.361	.477

1994 By Position

Position	Avg	AB	H	2B	3B	HR	RBI	BB	SO	OBP	SLG	G	GS	Innings	PO	A	E	DP	Fld Pct	Rng Fctr	In Zone	Outs	Zone Rtg	MLB Zone
As 3b	.285	305	87	14	2	11	53	18	60	.327	.452	85	80	708.1	61	162	4	15	.982	2.83	196	178	.908	.826

Last Five Years

	Avg	AB	H	2B	3B	HR	RBI	BB	SO	OBP	SLG		Avg	AB	H	2B	3B	HR	RBI	BB	SO	OBP	SLG
vs. Left	.246	641	158	35	2	28	100	56	108	.309	.438	Scoring Posn	.269	579	156	27	2	22	233	53	111	.327	.437
vs. Right	.242	1636	396	62	10	44	206	74	326	.281	.373	Close & Late	.237	379	90	14	4	10	51	20	63	.277	.375
Groundball	.213	560	119	13	2	10	76	34	104	.269	.296	None on/out	.232	548	127	26	3	17	17	25	84	.273	.383
Flyball	.250	524	131	25	5	21	79	28	98	.291	.437	Batting #5	.242	797	193	36	6	20	105	45	142	.289	.378
Home	.266	1119	298	53	8	38	159	63	206	.310	.430	Batting #6	.252	571	144	30	3	20	73	38	126	.305	.420
Away	.221	1158	256	44	4	34	147	67	228	.268	.354	Other	.239	909	217	31	3	32	128	47	166	.279	.385
Day	.252	618	156	24	4	22	112	29	121	.290	.411	April	.248	294	73	12	3	9	37	20	59	.299	.401
Night	.240	1659	398	73	8	50	194	101	313	.288	.384	May	.271	424	115	24	2	14	71	22	70	.308	.436
Grass	.242	1379	334	47	3	44	171	82	264	.290	.376	June	.230	378	87	9	1	10	40	17	75	.273	.339
Turf	.245	898	220	50	9	28	135	48	170	.287	.414	July	.286	392	112	24	2	11	67	31	76	.340	.441
First Pitch	.306	438	134	23	2	17	70	6	0	.320	.484	August	.194	392	76	13	3	15	36	18	86	.234	.357
Ahead in Count	.295	444	131	26	5	16	80	73	0	.393	.484	September/October	.229	397	91	15	1	13	55	22	74	.279	.370
Behind in Count	.191	1041	199	30	4	25	103	0	381	.202	.300	Pre-All Star	.252	1212	305	51	7	35	165	70	229	.296	.392
Two Strikes	.165	970	160	29	3	12	66	49	434	.214	.238	Post-All Star	.234	1065	249	46	5	37	141	60	205	.281	.391

Batter vs. Pitcher (since 1984)

Hits Best Against	Avg	AB	H	2B	3B	HR	RBI	BB	SO	OBP	SLG	Hits Worst Against	Avg	AB	H	2B	3B	HR	RBI	BB	SO	OBP	SLG
Greg Cadaret	.733	15	11	2	0	1	7	4	1	.750	1.067	Ricky Bones	.000	14	0	0	0	0	0	0	2	.067	.000
Dennis Cook	.444	9	4	1	0	1	4	2	3	.545	.889	Jeff Russell	.048	21	1	0	0	0	1	1	6	.087	.048
Chuck Crim	.438	16	7	2	0	1	4	2	1	.500	.750	Tim Leary	.048	21	1	0	0	0	1	1	3	.091	.048
Brian Holman	.429	14	6	1	0	2	4	2	0	.500	.929	Greg Hibbard	.077	26	2	0	0	0	1	1	1	.111	.077
Willie Fraser	.400	10	4	1	0	1	2	1	2	.500	.800	Kevin Appier	.077	13	1	0	0	0	0	0	6	.077	.077

Greg Gagne — Royals
Age 33 – Bats Right

	Avg	G	AB	R	H	2B	3B	HR	RBI	BB	SO	HBP	GDP	SB	CS	OBP	SLG	IBB	SH	SF	#Pit	#P/PA	GB	FB	G/F
1994 Season	.259	107	375	39	97	23	3	7	51	27	79	4	8	10	17	.314	.392	0	2	1	1510	3.69	121	98	1.23
Last Five Years	.258	689	2150	248	555	123	12	39	227	129	403	10	46	45	53	.301	.381	1	31	13	8340	3.57	683	660	1.03

1994 Season

	Avg	AB	H	2B	3B	HR	RBI	BB	SO	OBP	SLG		Avg	AB	H	2B	3B	HR	RBI	BB	SO	OBP	SLG
vs. Left	.233	90	21	4	0	1	9	7	16	.289	.311	Scoring Posn	.313	99	31	7	2	2	41	7	24	.361	.485
vs. Right	.267	285	76	19	3	6	42	20	63	.323	.418	Close & Late	.233	60	14	4	0	1	10	3	18	.266	.350
Groundball	.250	68	17	3	0	1	7	3	12	.311	.338	None on/out	.176	68	12	2	1	1	1	6	13	.253	.279
Flyball	.255	102	26	10	2	1	14	5	28	.287	.422	Batting #7	.268	71	19	3	2	1	7	6	15	.329	.408
Home	.313	176	55	12	2	2	25	20	34	.395	.438	Batting #8	.249	185	46	13	0	5	29	13	41	.308	.400

1994 Season

	Avg	AB	H	2B	3B	HR	RBI	BB	SO	OBP	SLG		Avg	AB	H	2B	3B	HR	RBI	BB	SO	OBP	SLG
Away	.211	199	42	11	1	5	26	7	45	.237	.352	Other	.269	119	32	7	1	1	15	8	23	.315	.370
Day	.283	106	30	8	0	4	16	7	28	.339	.472	April	.220	59	13	3	0	1	8	5	11	.292	.322
Night	.249	269	67	15	3	4	35	20	51	.305	.361	May	.309	94	29	6	0	2	16	12	25	.393	.436
Grass	.229	153	35	10	1	4	21	6	30	.256	.386	June	.244	90	22	6	1	3	13	4	19	.274	.433
Turf	.279	222	62	13	2	3	30	21	49	.352	.396	July	.258	93	24	4	2	1	9	6	17	.310	.376
First Pitch	.365	63	23	6	1	2	12	0	0	.365	.587	August	.231	39	9	4	0	0	5	0	7	.250	.333
Ahead in Count	.352	71	25	12	0	1	15	17	0	.484	.563	September/October	.000	0	0	0	0	0	0	0	0	.000	.000
Behind in Count	.169	166	28	4	2	3	16	0	72	.179	.271	Pre-All Star	.261	272	71	15	1	7	40	24	63	.327	.401
Two Strikes	.142	169	24	3	2	4	16	10	79	.194	.254	Post-All Star	.252	103	26	8	2	0	11	3	16	.280	.369

1994 By Position

Position	Avg	AB	H	2B	3B	HR	RBI	BB	SO	OBP	SLG	G	GS	Innings	PO	A	E	DP	Fld Pct	Rng Fctr	In Zone	Outs	Zone Rtg	MLB Zone
As ss	.259	375	97	23	3	7	51	27	79	.314	.392	106	104	922.0	189	323	12	63	.977	5.00	390	337	.864	.889

Last Five Years

	Avg	AB	H	2B	3B	HR	RBI	BB	SO	OBP	SLG		Avg	AB	H	2B	3B	HR	RBI	BB	SO	OBP	SLG
vs. Left	.267	574	153	40	3	9	65	47	106	.322	.394	Scoring Posn	.267	520	139	29	4	10	179	42	108	.318	.396
vs. Right	.255	1576	402	83	9	30	162	82	297	.294	.376	Close & Late	.257	343	88	16	2	4	30	15	68	.290	.350
Groundball	.259	517	134	24	2	6	46	27	67	.300	.348	None on/out	.248	491	122	26	4	9	9	28	91	.290	.373
Flyball	.254	485	123	30	4	13	58	20	125	.283	.412	Batting #8	.237	575	136	31	3	12	68	38	128	.287	.363
Home	.272	1040	283	64	8	12	112	74	185	.324	.384	Batting #9	.256	1117	286	60	6	17	110	62	202	.296	.366
Away	.245	1110	272	59	4	27	115	55	218	.280	.378	Other	.290	458	133	32	3	10	49	29	73	.331	.439
Day	.262	629	165	40	2	16	71	34	139	.303	.409	April	.253	297	75	14	2	8	31	30	48	.325	.394
Night	.256	1521	390	83	10	23	156	95	264	.301	.369	May	.295	413	122	24	3	7	49	31	82	.348	.419
Grass	.254	851	216	49	4	22	92	43	157	.288	.398	June	.220	419	92	21	3	8	43	20	80	.253	.341
Turf	.261	1299	339	74	8	17	135	86	246	.310	.370	July	.260	416	108	22	2	5	43	17	76	.289	.358
First Pitch	.343	344	118	27	6	11	49	0	0	.343	.552	August	.274	336	92	29	2	7	38	15	60	.311	.435
Ahead in Count	.280	435	122	27	2	8	55	83	0	.396	.407	September/October	.245	269	66	13	0	4	23	16	57	.286	.338
Behind in Count	.197	1011	199	43	2	15	83	0	374	.200	.288	Pre-All Star	.257	1259	323	66	8	25	135	86	236	.305	.381
Two Strikes	.190	961	183	42	2	15	84	46	403	.229	.285	Post-All Star	.260	891	232	57	4	14	92	43	167	.296	.380

Batter vs. Pitcher (since 1984)

Hits Best Against	Avg	AB	H	2B	3B	HR	RBI	BB	SO	OBP	SLG	Hits Worst Against	Avg	AB	H	2B	3B	HR	RBI	BB	SO	OBP	SLG
Brian Bohanon	.600	10	6	2	0	0	2	0	1	.545	.800	Frank Viola	.000	11	0	0	0	0	0	1	5	.083	.000
Greg Hibbard	.474	19	9	4	0	1	2	0	0	.474	.842	Joe Boever	.000	11	0	0	0	0	0	1	2	.083	.000
Melido Perez	.424	33	14	2	2	2	6	5	3	.500	.788	Mike Morgan	.077	13	1	1	0	0	0	0	0	.143	.154
Joe Hesketh	.417	12	5	1	0	1	3	1	2	.462	.750	Ben McDonald	.077	13	1	0	0	0	0	1	3	.143	.154
Tom Candiotti	.400	35	14	8	0	1	3	0	5	.417	.714	Jeff Montgomery	.100	10	1	0	0	0	0	1	1	.182	.100

Andres Galarraga — Rockies
Age 34 – Bats Right (groundball hitter)

	Avg	G	AB	R	H	2B	3B	HR	RBI	BB	SO	HBP	GDP	SB	CS	OBP	SLG	IBB	SH	SF	#Pit	#P/PA	GB	FB	G/F
1994 Season	.319	103	417	77	133	21	0	31	85	19	93	8	10	8	3	.356	.592	8	0	5	1543	3.44	164	93	1.76
Last Five Years	.284	580	2166	285	616	112	8	92	342	117	490	28	47	30	18	.327	.471	33	0	19	7936	3.41	796	515	1.55

1994 Season

	Avg	AB	H	2B	3B	HR	RBI	BB	SO	OBP	SLG		Avg	AB	H	2B	3B	HR	RBI	BB	SO	OBP	SLG
vs. Left	.386	88	34	8	0	12	29	5	17	.406	.886	Scoring Posn	.248	117	29	6	0	10	56	11	27	.321	.556
vs. Right	.301	329	99	13	0	19	56	14	76	.343	.514	Close & Late	.271	48	13	1	0	3	11	9	9	.417	.479
Groundball	.313	150	47	8	0	11	33	3	32	.333	.587	None on/out	.352	105	37	8	0	7	7	5	27	.387	.629
Flyball	.343	70	24	4	0	7	18	7	15	.400	.700	Total	.319	417	133	21	0	31	85	19	93	.356	.592
Home	.348	204	71	9	0	16	44	10	34	.390	.627	Batting #4	.319	417	133	21	0	31	85	19	93	.356	.592
Away	.291	213	62	12	0	15	41	9	59	.323	.559	Other	.000	0	0	0	0	0	0	0	0	.000	.000
Day	.331	172	57	8	0	14	42	8	29	.369	.622	April	.303	89	27	3	0	9	30	4	20	.337	.640
Night	.310	245	76	13	0	17	43	11	64	.347	.571	May	.342	114	39	6	0	9	19	4	28	.367	.632
Grass	.329	334	110	15	0	24	67	16	68	.368	.590	June	.339	112	38	10	0	4	14	4	28	.380	.536
Turf	.277	83	23	6	0	7	18	3	25	.307	.602	July	.284	102	29	2	0	9	22	7	17	.336	.569
First Pitch	.406	64	26	5	0	4	15	5	0	.444	.672	August	.000	0	0	0	0	0	0	0	0	.000	.000
Ahead in Count	.418	91	38	10	0	8	28	8	0	.465	.791	September/October	.000	0	0	0	0	0	0	0	0	.000	.000
Behind in Count	.256	195	50	5	0	12	23	0	78	.270	.467	Pre-All Star	.316	361	114	20	0	25	73	16	87	.352	.579
Two Strikes	.198	182	36	3	0	10	19	5	93	.234	.379	Post-All Star	.339	56	19	1	0	6	12	3	6	.383	.679

1994 By Position

Position	Avg	AB	H	2B	3B	HR	RBI	BB	SO	OBP	SLG	G	GS	Innings	PO	A	E	DP	Fld Pct	Rng Fctr	In Zone	Outs	Zone Rtg	MLB Zone
As 1b	.319	417	133	21	0	31	85	19	93	.356	.592	103	103	901.1	954	64	8	89	.992	---	222	191	.860	.818

Last Five Years

	Avg	AB	H	2B	3B	HR	RBI	BB	SO	OBP	SLG		Avg	AB	H	2B	3B	HR	RBI	BB	SO	OBP	SLG
vs. Left	.277	675	187	31	4	39	125	34	153	.310	.508	Scoring Posn	.269	606	163	32	2	26	249	65	161	.340	.457
vs. Right	.288	1491	429	81	4	53	217	83	337	.334	.454	Close & Late	.261	364	95	17	0	8	49	32	93	.329	.374
Groundball	.266	773	206	39	3	27	101	42	166	.308	.429	None on/out	.291	540	157	36	3	22	22	20	125	.321	.491
Flyball	.288	424	122	24	1	25	77	27	105	.335	.526	Batting #4	.321	1148	369	71	4	60	217	54	231	.358	.547
Home	.309	1067	330	61	5	42	180	56	222	.348	.494	Batting #6	.278	471	131	23	3	13	57	25	112	.317	.423
Away	.260	1099	286	51	3	50	162	61	268	.305	.449	Other	.212	547	116	18	1	19	68	38	147	.270	.353
Day	.277	701	194	32	3	35	123	46	152	.326	.481	April	.300	310	93	17	0	15	64	27	65	.356	.500
Night	.288	1465	422	80	5	57	219	71	338	.327	.466	May	.303	373	113	20	0	16	62	15	85	.333	.485
Grass	.303	1048	318	50	6	54	192	55	216	.342	.513	June	.304	395	120	28	3	11	48	16	95	.344	.473
Turf	.267	1118	298	62	4	38	150	62	274	.312	.431	July	.281	431	121	19	3	24	70	27	85	.332	.506

132

(continued from previous page) — Last Five Years

	Avg	AB	H	2B	3B	HR	RBI	BB	SO	OBP	SLG		Avg	AB	H	2B	3B	HR	RBI	BB	SO	OBP	SLG
First Pitch	.367	379	139	34	2	14	72	23	0	.407	.578	August	.212	312	66	10	0	10	37	11	82	.247	.340
Ahead in Count	.395	451	178	34	1	24	97	41	0	.444	.634	September/October	.299	345	103	18	2	16	61	21	78	.336	.501
Behind in Count	.203	976	198	32	4	31	103	0	421	.212	.339	Pre-All Star	.294	1236	363	77	4	49	199	68	280	.338	.481
Two Strikes	.164	952	156	26	3	29	89	46	490	.209	.289	Post-All Star	.272	930	253	35	4	43	143	49	210	.312	.457

Batter vs. Pitcher (career)

Hits Best Against	Avg	AB	H	2B	3B	HR	RBI	BB	SO	OBP	SLG	Hits Worst Against	Avg	AB	H	2B	3B	HR	RBI	BB	SO	OBP	SLG
Greg Swindell	.563	16	9	3	0	2	6	1	3	.588	1.125	Jose DeLeon	.061	33	2	0	0	1	3	3	13	.162	.152
Mike Maddux	.500	18	9	2	0	2	7	1	2	.526	.944	Pat Rapp	.077	13	1	0	0	0	0	0	2	.077	.077
Charlie Hough	.500	12	6	1	0	2	4	0	3	.538	1.083	Randy Tomlin	.083	12	1	0	0	0	0	0	4	.083	.083
Paul Wagner	.455	11	5	2	0	1	2	0	3	.455	.909	Wally Whitehurst	.111	18	2	0	0	0	0	5	5	.158	.111
Randy Myers	.368	19	7	0	0	3	11	5	6	.500	.842	Shawn Boskie	.133	15	2	0	0	0	0	0	2	.188	.133

Dave Gallagher — Braves
Age 34 – Bats Right

	Avg	G	AB	R	H	2B	3B	HR	RBI	BB	SO	HBP	GDP	SB	CS	OBP	SLG	IBB	SH	SF	#Pit	#P/PA	GB	FB	G/F
1994 Season	.224	89	152	27	34	5	0	2	14	22	17	1	5	0	2	.326	.296	2	2	0	635	3.59	55	52	1.06
Last Five Years	.262	444	924	125	242	49	4	10	100	92	106	5	28	8	14	.329	.356	3	29	9	3835	3.62	333	305	1.09

1994 Season

	Avg	AB	H	2B	3B	HR	RBI	BB	SO	OBP	SLG		Avg	AB	H	2B	3B	HR	RBI	BB	SO	OBP	SLG
vs. Left	.208	96	20	3	0	1	3	16	8	.327	.271	Scoring Posn	.250	36	9	2	0	1	13	7	4	.372	.389
vs. Right	.250	56	14	2	0	1	11	6	9	.323	.339	Close & Late	.306	36	11	1	0	0	5	7	6	.419	.333
Home	.220	59	13	2	0	1	4	14	11	.373	.305	None on/out	.280	50	14	1	0	1	1	8	4	.379	.360
Away	.226	93	21	3	0	1	10	8	6	.294	.290	Batting #1	.317	60	19	3	0	0	4	10	4	.414	.367
First Pitch	.222	18	4	1	0	0	0	2	0	.333	.278	Batting #3	.179	39	7	1	0	1	7	5	5	.273	.282
Ahead in Count	.353	34	12	2	0	1	7	10	0	.500	.500	Other	.151	53	8	1	0	1	3	7	8	.262	.226
Behind in Count	.134	67	9	0	0	1	3	0	14	.134	.179	Pre-All Star	.226	106	24	5	0	2	12	14	15	.322	.330
Two Strikes	.143	56	8	1	0	1	3	10	17	.273	.232	Post-All Star	.217	46	10	0	0	0	2	8	2	.333	.217

Last Five Years

	Avg	AB	H	2B	3B	HR	RBI	BB	SO	OBP	SLG		Avg	AB	H	2B	3B	HR	RBI	BB	SO	OBP	SLG
vs. Left	.257	553	142	25	4	5	46	54	54	.324	.344	Scoring Posn	.279	219	61	12	1	2	86	32	26	.358	.370
vs. Right	.270	371	100	24	0	5	54	38	52	.337	.375	Close & Late	.245	188	46	10	1	0	23	25	19	.335	.309
Groundball	.305	282	86	20	1	5	25	24	30	.361	.436	None on/out	.295	234	69	8	0	3	3	24	16	.360	.368
Flyball	.206	180	37	10	1	2	17	25	16	.298	.306	Batting #2	.274	197	54	18	0	2	16	21	27	.345	.396
Home	.248	439	109	24	2	3	36	56	57	.331	.333	Batting #7	.298	161	48	9	2	1	18	9	19	.343	.398
Away	.274	485	133	25	2	7	64	36	49	.327	.377	Other	.247	566	140	22	2	7	66	62	60	.320	.330
Day	.279	298	83	13	2	5	32	31	29	.344	.386	April	.301	83	25	7	1	1	16	11	5	.371	.446
Night	.254	626	159	36	2	5	68	61	77	.322	.342	May	.258	132	34	8	0	3	18	17	15	.344	.386
Grass	.256	718	184	35	3	7	75	76	88	.327	.343	June	.263	171	45	10	0	1	15	13	23	.315	.339
Turf	.282	206	58	14	1	3	25	16	18	.336	.403	July	.247	182	45	6	1	3	18	17	22	.317	.341
First Pitch	.306	111	34	4	0	1	14	3	0	.319	.369	August	.257	183	47	6	2	1	16	14	21	.310	.328
Ahead in Count	.353	252	89	19	1	7	44	41	0	.441	.520	September/October	.266	173	46	12	0	1	17	20	20	.342	.353
Behind in Count	.203	365	74	16	2	2	30	0	87	.208	.274	Pre-All Star	.270	445	120	29	1	5	53	45	52	.336	.373
Two Strikes	.182	362	66	13	2	1	29	48	106	.230	.238	Post-All Star	.255	479	122	20	3	5	47	47	54	.323	.340

Batter vs. Pitcher (career)

Hits Best Against	Avg	AB	H	2B	3B	HR	RBI	BB	SO	OBP	SLG	Hits Worst Against	Avg	AB	H	2B	3B	HR	RBI	BB	SO	OBP	SLG
Greg Hibbard	.462	13	6	2	0	0	2	3	1	.563	.615	Steve Avery	.000	10	0	0	0	0	0	1	1	.091	.000
Scott Bankhead	.462	13	6	0	1	0	3	1	0	.500	.615	Dan Plesac	.000	9	0	0	0	0	0	2	4	.182	.000
Dave Otto	.455	11	5	2	0	1	2	0	1	.455	.909	Roger Clemens	.100	10	1	0	0	0	1	0	4	.182	.100
Steve Cooke	.444	18	8	2	0	1	4	1	0	.474	.722	Jack Morris	.125	16	2	0	0	1	0	2	.125	.125
Danny Jackson	.417	24	10	0	1	3	5	2	.517	.625	David Wells	.154	13	2	0	0	0	0	0	1	.154	.154

Mike Gallego — Yankees
Age 34 – Bats Right

	Avg	G	AB	R	H	2B	3B	HR	RBI	BB	SO	HBP	GDP	SB	CS	OBP	SLG	IBB	SH	SF	#Pit	#P/PA	GB	FB	G/F
1994 Season	.239	89	306	39	73	17	1	6	41	38	46	4	4	0	1	.327	.359	1	5	4	1355	3.80	115	86	1.34
Last Five Years	.245	560	1753	229	430	72	9	34	192	210	267	21	46	14	18	.331	.355	4	38	15	7523	3.69	642	531	1.21

1994 Season

	Avg	AB	H	2B	3B	HR	RBI	BB	SO	OBP	SLG		Avg	AB	H	2B	3B	HR	RBI	BB	SO	OBP	SLG
vs. Left	.275	80	22	7	0	3	13	11	13	.370	.475	Scoring Posn	.181	94	17	4	0	0	30	17	16	.308	.223
vs. Right	.226	226	51	10	1	3	28	27	33	.312	.319	Close & Late	.300	40	12	3	0	1	5	2	7	.364	.450
Groundball	.224	67	15	3	0	1	11	6	11	.299	.313	None on/out	.308	78	24	5	0	2	2	6	11	.365	.449
Flyball	.267	86	23	4	1	2	10	13	11	.364	.407	Batting #8	.217	221	48	11	1	6	30	27	37	.310	.357
Home	.239	142	34	12	0	2	13	17	25	.331	.366	Batting #9	.297	64	19	0	0	0	9	6	7	.351	.375
Away	.238	164	39	5	1	4	28	21	21	.323	.354	Other	.286	21	6	1	0	0	2	5	2	.423	.333
Day	.195	123	24	5	1	2	9	19	19	.313	.301	April	.208	77	16	2	0	2	12	12	8	.322	.312
Night	.268	183	49	12	0	4	32	19	27	.337	.399	May	.227	75	17	4	0	1	7	9	13	.306	.320
Grass	.238	261	62	16	0	5	32	31	42	.324	.356	June	.269	78	21	6	1	1	9	10	10	.352	.410
Turf	.244	45	11	1	1	1	9	7	4	.340	.378	July	.289	38	11	4	0	1	7	3	10	.357	.474
First Pitch	.246	57	14	3	0	1	5	1	0	.259	.298	August	.211	38	8	1	0	1	6	4	5	.295	.316
Ahead in Count	.296	81	24	6	1	2	19	15	0	.406	.469	September/October	.000	0	0	0	0	0	0	0	0	.000	.000
Behind in Count	.160	106	17	2	0	0	7	0	41	.167	.179	Pre-All Star	.235	230	54	12	1	4	28	31	31	.327	.348
Two Strikes	.202	124	25	6	0	2	12	22	46	.331	.298	Post-All Star	.250	76	19	5	0	2	13	7	15	.326	.395

1994 By Position

Position	Avg	AB	H	2B	3B	HR	RBI	BB	SO	OBP	SLG	G	GS	Innings	PO	A	E	DP	Fld Pct	Rng Fctr	In Zone	Zone Outs	Zone Rtg	MLB Zone
As 2b	.275	69	19	5	0	0	9	6	8	.329	.348	26	19	172.1	35	66	0	16	1.000	5.27	71	70	.986	.889
As ss	.228	237	54	12	1	6	32	32	38	.326	.363	72	69	610.0	106	245	11	53	.970	5.18	293	268	.915	.889

Last Five Years

	Avg	AB	H	2B	3B	HR	RBI	BB	SO	OBP	SLG		Avg	AB	H	2B	3B	HR	RBI	BB	SO	OBP	SLG
vs. Left	.266	519	138	29	2	14	56	67	64	.351	.410	Scoring Posn	.221	435	96	20	2	4	147	62	70	.321	.303
vs. Right	.237	1234	292	43	7	20	136	143	203	.322	.331	Close & Late	.293	263	77	10	2	7	31	22	40	.356	.426
Groundball	.256	469	120	19	4	4	48	41	60	.329	.339	None on/out	.235	459	108	20	1	15	15	54	65	.320	.381
Flyball	.219	388	85	12	1	11	43	54	58	.316	.340	Batting #8	.252	811	204	35	4	25	98	98	142	.335	.397
Home	.255	828	211	39	5	15	75	114	121	.349	.368	Batting #9	.228	680	155	24	4	5	61	72	90	.309	.297
Away	.237	925	219	33	4	19	117	96	146	.314	.343	Other	.271	262	71	13	1	4	33	40	35	.371	.374
Day	.245	613	150	22	6	10	60	93	93	.351	.349	April	.204	191	39	3	1	5	22	31	26	.318	.309
Night	.246	1140	280	50	3	24	132	117	174	.320	.358	May	.268	314	84	19	2	5	43	43	43	.362	.389
Grass	.252	1487	375	61	7	27	154	179	220	.337	.357	June	.251	335	84	15	1	4	26	35	50	.320	.337
Turf	.207	266	55	11	2	7	38	31	47	.295	.342	July	.259	328	85	14	2	7	42	26	49	.326	.378
First Pitch	.287	296	85	14	1	7	26	3	0	.304	.412	August	.242	289	70	13	2	7	33	28	38	.310	.374
Ahead in Count	.313	448	140	24	4	11	61	113	0	.451	.458	September/October	.230	296	68	8	1	6	26	47	61	.342	.324
Behind in Count	.173	693	120	17	1	4	50	4	239	.178	.218	Pre-All Star	.246	932	229	38	5	16	102	116	127	.334	.349
Two Strikes	.182	736	134	22	3	12	70	94	267	.278	.269	Post-All Star	.245	821	201	34	6	18	90	94	140	.327	.362

Batter vs. Pitcher (career)

Hits Best Against	Avg	AB	H	2B	3B	HR	RBI	BB	SO	OBP	SLG	Hits Worst Against	Avg	AB	H	2B	3B	HR	RBI	BB	SO	OBP	SLG
Dave Stewart	.556	9	5	0	1	1	3	2	0	.636	1.111	Bill Krueger	.000	10	0	0	0	0	0	2	2	.167	.000
Scott Bankhead	.500	16	8	2	0	1	3	3	3	.579	.625	Mark Gubicza	.053	19	1	0	0	0	0	3	3	.182	.053
John Farrell	.500	10	5	1	0	0	2	1	1	.583	.600	Ben McDonald	.056	18	1	0	0	0	0	2	5	.150	.056
Alex Fernandez	.462	13	6	2	0	1	5	1	2	.467	.846	Jeff Ballard	.067	15	1	1	0	0	0	0	1	.125	.133
Kenny Rogers	.444	9	4	1	0	1	2	1	2	.455	.889	Pat Hentgen	.083	12	1	0	0	0	0	1	2	.154	.083

Keith Garagozzo — Twins
Age 25 – Pitches Left

	ERA	W	L	Sv	G	GS	IP	H	BB	SO	Avg	2B	3B	HR	RBI	OBP	SLG	GF	IR	IRS	Hld	SvOp	SB	CS	GB	FB	G/F
1994 Season	9.64	0	0	0	7	0	9.1	13	3	.273	9	2	3	9	.468	.606	4	2	0	0	0	1	1	9	16	0.56

1994 Season

	ERA	W	L	Sv	G	GS	IP	H	HR	BB	SO		Avg	AB	H	2B	3B	HR	RBI	BB	SO	OBP	SLG
Home	9.82	0	0	0	5	0	7.1	6	2	11	2	vs. Left	.750	4	3	2	0	3	5	0	.889	1.250
Away	9.00	0	0	0	2	0	2.0	3	1	2	1	vs. Right	.207	29	6	0	0	3	6	3	.368	.517

Carlos Garcia — Pirates
Age 27 – Bats Right (groundball hitter)

	Avg	G	AB	R	H	2B	3B	HR	RBI	BB	SO	HBP	GDP	SB	CS	OBP	SLG	IBB	SH	SF	#Pit	#P/PA	GB	FB	G/F
1994 Season	.277	98	412	49	114	15	2	6	28	16	67	4	6	18	9	.309	.367	2	1	1	1586	3.65	174	101	1.72
Career (1990-1994)	.270	277	1025	133	277	41	9	18	80	48	153	13	17	36	20	.309	.380	4	8	8	3897	3.54	425	274	1.55

1994 Season

	Avg	AB	H	2B	3B	HR	RBI	BB	SO	OBP	SLG		Avg	AB	H	2B	3B	HR	RBI	BB	SO	OBP	SLG
vs. Left	.314	105	33	6	0	3	10	3	22	.333	.457	Scoring Posn	.275	69	19	3	1	1	22	7	12	.338	.391
vs. Right	.264	307	81	9	2	3	18	13	45	.302	.336	Close & Late	.283	60	17	3	1	1	5	5	12	.348	.417
Groundball	.302	159	48	5	1	4	13	8	21	.347	.421	None on/out	.255	161	41	5	0	4	4	2	30	.281	.360
Flyball	.299	67	20	4	0	1	8	4	10	.347	.403	Batting #1	.268	332	89	14	2	6	25	12	55	.301	.377
Home	.292	219	64	8	2	4	17	12	30	.332	.402	Batting #8	.296	54	16	0	0	0	3	2	9	.321	.389
Away	.259	193	50	7	0	2	11	4	37	.284	.326	Other	.346	26	9	1	0	0	0	2	3	.393	.385
Day	.297	118	35	2	1	2	6	6	19	.336	.381	April	.304	79	24	3	1	1	9	4	16	.337	.405
Night	.269	294	79	13	1	4	22	10	48	.299	.361	May	.297	91	27	3	0	1	4	7	13	.354	.363
Grass	.256	86	22	2	0	1	2	2	18	.289	.314	June	.225	102	23	2	0	1	4	2	18	.259	.275
Turf	.282	326	92	13	2	5	26	14	49	.315	.380	July	.253	99	25	5	1	2	9	3	15	.275	.384
First Pitch	.333	51	17	4	0	1	2	2	0	.370	.471	August	.366	41	15	2	1	0	5	0	5	.366	.488
Ahead in Count	.315	89	28	2	1	2	10	12	0	.396	.427	September/October	.000	0	0	0	0	0	0	0	0	.000	.000
Behind in Count	.234	197	46	4	0	2	8	0	55	.245	.284	Pre-All Star	.267	307	82	9	1	3	20	14	55	.307	.332
Two Strikes	.215	191	41	4	0	2	12	2	67	.230	.267	Post-All Star	.305	105	32	6	1	3	8	2	12	.318	.467

1994 By Position

Position	Avg	AB	H	2B	3B	HR	RBI	BB	SO	OBP	SLG	G	GS	Innings	PO	A	E	DP	Fld Pct	Rng Fctr	In Zone	Zone Outs	Zone Rtg	MLB Zone
As 2b	.277	412	114	15	2	6	28	16	67	.309	.367	98	98	855.0	226	316	12	78	.978	5.71	344	292	.849	.889

Career (1990-1994)

	Avg	AB	H	2B	3B	HR	RBI	BB	SO	OBP	SLG		Avg	AB	H	2B	3B	HR	RBI	BB	SO	OBP	SLG
vs. Left	.302	311	94	21	4	7	27	14	43	.330	.463	Scoring Posn	.235	196	46	7	1	2	60	19	40	.295	.311
vs. Right	.256	714	183	20	5	11	53	34	110	.300	.345	Close & Late	.251	167	42	6	4	1	14	12	32	.308	.353
Groundball	.284	345	98	12	5	6	28	15	39	.321	.400	None on/out	.274	376	103	17	0	9	10	57	.305	.391
Flyball	.222	176	39	6	1	3	9	31	0	.318		Batting #1	.272	709	193	26	5	16	57	28	99	.308	.391
Home	.271	542	147	18	7	11	46	26	83	.307	.391	Batting #8	.254	240	61	12	3	2	17	13	38	.296	.354
Away	.269	483	130	23	2	7	34	22	70	.312	.369	Other	.303	76	23	3	1	0	6	7	16	.357	.368
Day	.294	296	87	9	2	5	16	15	38	.335	.389	April	.281	146	41	7	1	2	16	7	26	.321	.384
Night	.261	729	190	32	7	13	64	33	115	.298	.377	May	.280	164	46	8	2	2	11	14	23	.341	.390
Grass	.290	269	78	11	2	6	21	16	34	.343	.413	June	.220	182	40	6	1	2	7	28	.258	.297
Turf	.263	756	199	30	7	12	59	32	119	.296	.369	July	.251	211	53	10	1	5	17	9	33	.284	.379
First Pitch	.303	119	36	5	0	4	9	4	0	.344	.445	August	.340	159	54	6	1	5	16	6	18	.380	.484

Career (1990-1994)	Avg	AB	H	2B	3B	HR	RBI	BB	SO	OBP	SLG		Avg	AB	H	2B	3B	HR	RBI	BB	SO	OBP	SLG
Ahead in Count	.307	238	73	9	3	7	25	31	0	.391	.458	September/October	.264	163	43	4	3	2	12	5	25	.285	.362
Behind in Count	.224	478	107	14	3	2	21	0	133	.234	.278	Pre-All Star	.264	572	151	26	4	7	40	30	90	.307	.360
Two Strikes	.211	435	92	15	2	4	23	13	153	.240	.283	Post-All Star	.278	453	126	15	5	11	40	18	63	.311	.406

Batter vs. Pitcher (career)

Hits Best Against	Avg	AB	H	2B	3B	HR	RBI	BB	SO	OBP	SLG	Hits Worst Against	Avg	AB	H	2B	3B	HR	RBI	BB	SO	OBP	SLG
Bob Tewksbury	.538	13	7	1	0	0	3	1	1	.571	.615	Tom Glavine	.077	13	1	0	0	0	0	1	3	.143	.077
Pete Schourek	.500	12	6	2	0	0	4	0	2	.500	.667	Ramon Martinez	.083	12	1	0	0	0	0	0	2	.083	.083
Doug Drabek	.417	12	5	2	0	0	1	3	2	.533	.583	Jeff Fassero	.083	12	1	0	0	0	0	1	1	.083	.083
Omar Olivares	.417	12	5	0	0	1	2	0	0	.417	.667	Pete Harnisch	.095	21	2	0	0	0	0	0	5	.095	.095
Darryl Kile	.375	16	6	1	0	1	1	0	2	.375	.625	Ben Rivera	.182	11	2	0	0	0	0	0	4	.182	.182

Mike Gardiner — Tigers — Age 29 – Pitches Right

	ERA	W	L	Sv	G	GS	IP	BB	SO	Avg	H	2B	3B	HR	RBI	OBP	SLG	GF	IR	IRS	Hld	SvOp	SB	CS	GB	FB	G/F
1994 Season	4.14	2	2	5	38	1	58.2	23	31	.233	53	10	1	10	35	.302	.419	14	34	6	6	6	1	0	65	90	0.72
Career (1990-1994)	4.91	17	27	5	127	46	381.1	159	232	.264	393	64	13	44	204	.335	.414	22	84	15	10	8	19	10	511	457	1.12

1994 Season

	ERA	W	L	Sv	G	GS	IP	H	HR	BB	SO		Avg	AB	H	2B	3B	HR	RBI	BB	SO	OBP	SLG
Home	2.70	1	1	4	19	0	23.1	19	2	11	15	vs. Left	.245	106	26	5	1	4	16	11	14	.314	.425
Away	5.09	1	1	1	19	1	35.1	34	8	12	16	vs. Right	.223	121	27	5	0	6	19	12	17	.291	.413
Starter	7.94	0	0	0	1	1	5.2	6	3	1	1	Scoring Posn	.221	68	15	1	0	1	25	12	13	.329	.279
Reliever	3.74	2	2	5	37	0	53.0	47	7	22	30	Close & Late	.257	74	19	3	0	3	8	9	14	.337	.419
0 Days rest (Re)	3.38	0	0	0	3	0	5.1	7	0	2	2	None on/out	.231	52	12	1	1	5	5	6	8	.310	.577
1 or 2 Days rest	3.28	1	2	3	20	0	24.2	23	4	8	19	First Pitch	.297	37	11	2	1	1	2	5	0	.381	.486
3+ Days rest	4.30	1	0	2	14	0	23.0	17	3	12	9	Ahead in Count	.182	99	18	1	0	1	8	0	23	.182	.222
Pre-All Star	3.07	2	2	5	31	0	44.0	38	4	19	25	Behind in Count	.255	47	12	4	0	4	12	10	0	.379	.596
Post-All Star	7.36	0	0	0	7	1	14.2	15	6	4	6	Two Strikes	.188	96	18	1	0	2	12	8	31	.248	.260

Career (1990-1994)

	ERA	W	L	Sv	G	GS	IP	H	HR	BB	SO		Avg	AB	H	2B	3B	HR	RBI	BB	SO	OBP	SLG
Home	4.69	8	12	4	62	24	186.0	197	15	85	109	vs. Left	.262	692	181	32	9	14	82	69	109	.327	.395
Away	5.11	9	15	1	65	22	195.1	196	29	74	123	vs. Right	.267	794	212	32	4	30	122	90	123	.342	.431
Day	4.47	5	8	4	46	13	131.0	118	13	54	73	Inning 1-6	.269	1176	316	54	10	38	175	124	184	.337	.429
Night	5.14	12	19	1	81	33	250.1	275	31	105	159	Inning 7+	.248	310	77	10	3	6	29	35	48	.328	.358
Grass	4.48	14	17	5	94	35	295.1	293	36	121	183	None on	.245	821	201	37	6	23	23	76	135	.310	.389
Turf	6.38	3	10	0	33	11	86.0	100	8	38	49	Runners on	.289	665	192	27	7	21	181	83	97	.364	.445
April	3.15	3	1	1	19	2	40.0	28	3	16	29	Scoring Posn	.261	379	99	14	5	8	151	63	61	.358	.388
May	3.58	3	3	2	19	7	55.1	49	1	23	34	Close & Late	.273	154	42	6	0	4	15	19	27	.356	.390
June	5.09	3	9	1	31	11	97.1	108	12	40	62	None on/out	.265	362	96	12	4	15	15	45	57	.346	.445
July	6.65	1	7	1	17	6	46.0	60	9	28	22	vs. 1st Batr (relief)	.145	69	10	0	1	0	5	11	12	.259	.174
August	5.55	3	1	0	12	6	48.2	50	11	13	32	First Inning Pitched	.200	424	85	10	4	9	65	47	74	.281	.307
September/October	5.07	4	6	0	29	14	94.0	98	8	39	53	First 15 Pitches	.198	369	73	10	4	10	44	41	55	.278	.328
Starter	5.38	12	21	0	46	46	252.2	273	31	99	163	Pitch 16-30	.269	312	84	11	0	11	46	41	56	.353	.410
Reliever	3.99	5	6	5	81	0	128.2	120	13	60	69	Pitch 31-45	.299	234	70	12	6	5	38	18	31	.346	.466
0 Days rest (Re)	3.38	0	0	0	9	0	16.0	19	1	8	11	Pitch 46+	.291	571	166	31	3	18	76	59	90	.357	.450
1 or 2 Days rest	4.15	2	4	3	36	0	47.2	49	6	24	30	First Pitch	.304	217	66	8	3	8	28	1	0	.338	.479
3+ Days rest	4.02	3	2	2	36	0	65.0	52	6	28	28	Ahead in Count	.234	650	152	21	4	12	64	0	185	.234	.334
Pre-All Star	4.54	9	16	5	76	22	210.0	209	18	92	135	Behind in Count	.289	305	88	18	3	11	49	76	0	.426	.475
Post-All Star	5.36	8	11	0	51	24	171.1	184	26	67	97	Two Strikes	.207	672	139	20	2	12	71	72	232	.283	.296

Pitcher vs. Batter (career)

Pitches Best Vs.	Avg	AB	H	2B	3B	HR	RBI	BB	SO	OBP	SLG	Pitches Worst Vs.	Avg	AB	H	2B	3B	HR	RBI	BB	SO	OBP	SLG
Sam Horn	.000	10	0	0	0	0	0	2	2	.167	.000	Kirby Puckett	.600	10	6	2	0	1	3	1	1	.636	1.100
Greg Vaughn	.083	12	1	0	0	0	1	0	2	.077	.083	Frank Thomas	.474	19	9	1	0	2	5	2	2	.524	.842
B.J. Surhoff	.083	12	1	1	0	0	0	1	0	.154	.167	Leo Gomez	.455	11	5	1	0	1	2	3	3	.571	.818
Jay Buhner	.083	12	1	0	0	0	2	5	5	.214	.083	Robin Ventura	.421	19	8	0	0	3	5	0	3	.421	.895
Gary Gaetti	.100	10	1	1	0	0	0	1	0	.182	.200	Mark McGwire	.333	9	3	0	0	3	7	3	3	.462	1.333

Jeff Gardner — Expos — Age 31 – Bats Left (groundball hitter)

	Avg	G	AB	R	H	2B	3B	HR	RBI	BB	SO	HBP	GDP	SB	CS	OBP	SLG	IBB	SH	SF	#Pit	#P/PA	GB	FB	G/F
1994 Season	.219	18	32	4	7	0	0	0	1	3	5	0	1	0	0	.286	.281	0	0	0	129	3.69	12	6	2.00
Career (1991-1994)	.246	186	492	60	121	21	8	1	26	53	88	1	4	2	6	.319	.327	0	1	2	2123	3.87	193	93	2.08

1994 Season

	Avg	AB	H	2B	3B	HR	RBI	BB	SO	OBP	SLG		Avg	AB	H	2B	3B	HR	RBI	BB	SO	OBP	SLG
vs. Left	.500	2	1	0	0	0	0	0	1	.500	.500	Scoring Posn	.000	6	0	0	0	0	0	2	1	.250	.000
vs. Right	.200	30	6	0	0	0	1	3	4	.273	.267	Close & Late	.333	3	1	0	0	0	0	1	0	.500	.333

Career (1991-1994)

	Avg	AB	H	2B	3B	HR	RBI	BB	SO	OBP	SLG		Avg	AB	H	2B	3B	HR	RBI	BB	SO	OBP	SLG
vs. Left	.143	35	5	1	0	0	6	12		.268	.171	Scoring Posn	.247	93	23	5	1	0	22	13	22	.333	.323
vs. Right	.254	457	116	20	8	1	26	47	76	.323	.339	Close & Late	.193	88	17	3	0	0	6	10	16	.283	.250
Groundball	.281	185	52	11	2	0	11	16	23	.338	.362	None on/out	.259	143	37	9	2	1	1	20	20	.350	.371
Flyball	.171	76	13	3	0	0	4	7	20	.238	.211	Batting #1	.301	176	53	11	3	1	11	16	34	.363	.415
Home	.219	242	53	7	3	1	12	25	50	.293	.285	Batting #2	.209	182	38	8	2	0	6	24	26	.301	.275
Away	.272	250	68	14	5	0	14	28	38	.345	.368	Other	.224	134	30	2	3	0	9	13	28	.289	.284
Day	.237	169	40	9	1	0	6	23	34	.332	.302	April	.257	74	19	2	0	0	4	5	12	.304	.365

Career (1991-1994)

	Avg	AB	H	2B	3B	HR	RBI	BB	SO	OBP	SLG		Avg	AB	H	2B	3B	HR	RBI	BB	SO	OBP	SLG
Night	.251	323	81	12	7	1	20	30	54	.313	.341	May	.279	86	24	6	1	0	4	10	13	.351	.372
Grass	.246	366	90	16	5	1	20	41	66	.322	.325	June	.221	77	17	3	1	0	1	11	13	.326	.286
Turf	.246	126	31	5	3	0	6	12	22	.312	.333	July	.368	68	25	4	1	1	8	6	13	.419	.500
First Pitch	.333	69	23	5	2	0	4	0	0	.333	.464	August	.257	70	18	3	1	0	2	6	13	.316	.329
Ahead in Count	.218	101	22	4	2	0	5	28	0	.385	.297	September/October	.154	117	18	1	2	0	7	15	24	.248	.197
Behind in Count	.209	220	46	6	3	1	12	0	76	.208	.277	Pre-All Star	.256	266	68	16	4	0	14	26	43	.323	.346
Two Strikes	.199	231	46	6	2	1	12	25	88	.276	.277	Post-All Star	.235	226	53	4	1	1	12	27	45	.315	.305

Batter vs. Pitcher (career)

Hits Best Against	Avg	AB	H	2B	3B	HR	RBI	BB	SO	OBP	SLG	Hits Worst Against	Avg	AB	H	2B	3B	HR	RBI	BB	SO	OBP	SLG
Dwight Gooden	.417	12	5	0	0	0	0	3	.417	.417		Willie Blair	.000	15	0	0	0	0	0	0	5	.000	.000
Bill Swift	.400	15	6	1	0	0	1	1	.438	.467		Kevin Gross	.091	11	1	0	0	0	0	2	2	.231	.091
												Dennis Martinez	.200	10	2	0	0	0	0	1	.273	.200

Mark Gardner — Marlins
Age 33 – Pitches Right (flyball pitcher)

	ERA	W	L	Sv	G	GS	IP	BB	SO	Avg	H	2B	3B	HR	RBI	OBP	SLG	CG	ShO	Sup	QS	#P/S	SB	CS	GB	FB	G/F
1994 Season	4.87	4	4	0	20	14	92.1	30	57	.276	97	21	4	14	55	.331	.479	0	0	3.90	7	92	4	11	105	126	0.83
Last Five Years	4.34	36	40	0	124	113	684.2	262	485	.250	636	125	15	76	316	.323	.401	3	4	4.02	62	95	70	56	780	850	0.92

1994 Season

	ERA	W	L	Sv	G	GS	IP	H	BB	SO		Avg	AB	H	2B	3B	HR	RBI	BB	SO	OBP	SLG
Home	5.63	0	3	0	11	7	48.0	55	9	21	28	vs. Left	.327	162	53	11	3	4	19	14	22	.380	.506
Away	4.06	4	1	0	9	7	44.1	42	5	9	29	vs. Right	.233	189	44	10	1	10	36	16	35	.288	.455
Starter	4.52	4	4	0	14	14	81.2	84	11	27	50	Scoring Posn	.296	81	24	7	1	4	41	10	15	.354	.556
Reliever	7.59	0	0	0	6	0	10.2	13	3	3	7	Close & Late	.300	10	3	2	0	1	2	1	1	.364	.800
0-3 Days Rest (St)	0.00	0	0	0	0	0	0.0	0	0	0	0	None on/out	.315	92	29	6	1	2	6	13	.357	.467
4 Days Rest	5.03	1	2	0	7	7	39.1	49	3	13	25	First Pitch	.288	59	17	5	1	3	11	1	0	.311	.559
5+ Days Rest	4.04	3	2	0	7	7	42.1	35	8	14	25	Ahead in Count	.255	149	38	8	2	4	24	0	44	.253	.416
Pre-All Star	4.50	2	2	0	14	8	58.0	60	10	20	42	Behind in Count	.342	73	25	2	0	5	8	17	0	.462	.575
Post-All Star	5.50	2	2	0	6	6	34.1	37	4	10	15	Two Strikes	.264	159	42	10	2	5	23	12	57	.314	.447

Last Five Years

	ERA	W	L	Sv	G	GS	IP	H	HR	BB	SO		Avg	AB	H	2B	3B	HR	RBI	BB	SO	OBP	SLG
Home	3.97	18	17	0	60	55	337.2	318	31	124	260	vs. Left	.262	1422	372	67	13	37	165	161	235	.338	.405
Away	4.69	18	23	0	64	58	347.0	318	45	138	225	vs. Right	.235	1122	264	58	2	39	151	101	250	.305	.395
Day	4.65	10	17	0	39	35	205.0	217	28	70	159	Inning 1-6	.245	2245	551	111	10	66	287	228	428	.319	.392
Night	4.20	26	23	0	85	78	479.2	419	48	192	326	Inning 7+	.284	299	85	14	5	10	29	34	57	.356	.465
Grass	5.07	10	17	0	49	42	250.1	252	41	96	160	None on	.229	1570	360	68	8	45	45	141	298	.297	.369
Turf	3.92	26	23	0	75	71	434.1	384	35	166	325	Runners on	.283	974	276	57	7	31	271	121	187	.363	.452
April	4.56	4	4	0	18	11	79.0	71	9	31	58	Scoring Posn	.286	580	166	34	5	19	232	89	121	.377	.460
May	3.66	5	8	0	24	24	140.0	131	15	52	109	Close & Late	.273	154	42	5	2	4	13	22	32	.364	.409
June	4.55	10	9	0	24	24	142.1	139	22	52	85	None on/out	.252	678	171	30	4	25	25	60	122	.318	.419
July	3.09	9	9	0	24	24	160.0	129	11	54	120	vs. 1st Batr (relief)	.111	9	1	0	0	0	2	0	1	.091	.111
August	4.47	6	5	0	18	18	102.2	100	7	39	70	First Inning Pitched	.288	469	135	22	3	13	63	58	88	.369	.431
September/October	8.16	2	5	0	16	16	60.2	66	12	34	43	First 75 Pitches	.246	1916	471	97	8	55	242	191	380	.319	.391
Starter	4.23	35	39	0	113	113	666.1	613	73	255	475	Pitch 76-90	.241	320	77	14	3	14	42	34	53	.313	.434
Reliever	8.35	1	1	0	11	0	18.1	23	3	7	10	Pitch 91-105	.302	212	64	10	3	7	24	20	27	.362	.476
0-3 Days Rest (St)	12.00	0	1	0	1	1	3.0	5	2	1	2	Pitch 106+	.250	96	24	4	1	0	8	17	25	.363	.313
4 Days Rest	3.66	21	17	0	63	63	386.0	347	37	145	280	First Pitch	.292	325	95	16	2	12	40	7	0	.322	.465
5+ Days Rest	4.93	14	21	0	49	49	277.1	261	34	109	192	Ahead in Count	.206	1156	238	44	8	20	114	0	381	.210	.310
Pre-All Star	3.98	23	24	0	75	68	420.2	395	50	160	295	Behind in Count	.311	566	176	41	2	27	93	142	0	.448	.534
Post-All Star	4.91	13	16	0	49	45	264.0	241	26	102	190	Two Strikes	.189	1191	225	43	10	24	117	113	485	.262	.302

Pitcher vs. Batter (career)

Pitches Best Vs.	Avg	AB	H	2B	3B	HR	RBI	BB	SO	OBP	SLG	Pitches Worst Vs.	Avg	AB	H	2B	3B	HR	RBI	BB	SO	OBP	SLG
Eric Karros	.091	11	1	0	0	0	0	0	7	.091	.091	Mike Kingery	.500	12	6	3	1	0	2	0	3	.500	.917
Jose Oquendo	.091	11	1	0	0	0	1	2	2	.214	.091	Darrin Fletcher	.500	8	4	0	0	1	2	4	1	.667	.875
Charlie Hayes	.091	11	1	0	0	0	1	1	3	.231	.091	Dwight Smith	.429	14	6	1	1	1	3	2	2	.471	.857
Sid Bream	.100	10	1	0	0	0	1	1	1	.250	.100	Felix Jose	.357	14	5	1	0	2	4	3	4	.471	.857
Gary Varsho	.167	12	2	0	0	0	0	1	5	.167	.167	Andre Dawson	.348	23	8	4	0	3	10	0	5	.375	.913

Brent Gates — Athletics
Age 25 – Bats Both (groundball hitter)

	Avg	G	AB	R	H	2B	3B	HR	RBI	BB	SO	HBP	GDP	SB	CS	OBP	SLG	IBB	SH	SF	#Pit	#P/PA	GB	FB	G/F
1994 Season	.283	64	233	29	66	11	1	2	24	21	32	1	8	3	0	.337	.365	1	3	6	1046	3.96	103	54	1.91
Career (1993-1994)	.288	203	768	93	221	40	3	9	93	77	107	5	25	10	3	.351	.383	5	9	14	3354	3.84	316	185	1.71

1994 Season

	Avg	AB	H	2B	3B	HR	RBI	BB	SO	OBP	SLG		Avg	AB	H	2B	3B	HR	RBI	BB	SO	OBP	SLG
vs. Left	.344	64	22	5	1	0	8	4	13	.361	.453	Scoring Posn	.216	74	16	3	0	0	22	7	11	.264	.257
vs. Right	.260	169	44	6	0	2	16	17	19	.328	.331	Close & Late	.379	29	11	4	0	0	4	3	5	.438	.517
Home	.304	92	28	4	1	0	10	9	13	.365	.370	None on/out	.342	38	13	1	0	1	1	3	3	.390	.605
Away	.270	141	38	7	0	2	17	11	23	.318	.362	Batting #3	.286	84	24	3	0	0	9	9	13	.347	.321
First Pitch	.227	22	5	2	0	0	3	0	0	.217	.318	Batting #6	.333	48	16	3	0	1	4	4	7	.377	.458
Ahead in Count	.463	41	19	1	1	0	6	15	0	.579	.537	Other	.257	101	26	5	1	1	11	8	12	.310	.356
Behind in Count	.232	112	26	6	0	1	7	0	29	.237	.313	Pre-All Star	.288	229	66	11	1	2	24	21	32	.342	.371
Two Strikes	.203	118	24	4	0	1	8	6	32	.246	.280	Post-All Star	.000	4	0	0	0	0	0	0	0	.000	.000

Career (1993-1994)

	Avg	AB	H	2B	3B	HR	RBI	BB	SO	OBP	SLG		Avg	AB	H	2B	3B	HR	RBI	BB	SO	OBP	SLG
vs. Left	.280	236	66	14	1	2	26	24	37	.343	.373	Scoring Posn	.249	217	54	10	1	1	78	27	32	.317	.318
vs. Right	.291	532	155	26	2	7	67	53	70	.354	.387	Close & Late	.303	119	36	10	0	1	22	16	24	.382	.412
Groundball	.312	157	49	11	0	2	16	6	12	.333	.420	None on/out	.331	142	47	13	0	2	2	14	15	.395	.465
Flyball	.299	177	53	7	0	3	34	22	29	.377	.390	Batting #2	.321	330	106	19	1	5	36	34	38	.385	.430
Home	.274	350	96	13	1	4	43	35	48	.338	.351	Batting #5	.275	153	42	10	2	3	26	13	23	.331	.425
Away	.299	418	125	27	2	5	50	42	59	.362	.409	Other	.256	285	73	11	0	1	31	30	46	.321	.305
Day	.285	267	76	15	0	2	26	32	41	.358	.363	April	.417	12	5	0	0	1	3	2	0	.533	.667
Night	.289	501	145	25	3	7	67	45	66	.346	.393	May	.319	166	53	10	1	3	19	24	22	.400	.446
Grass	.267	630	168	28	2	7	70	60	87	.330	.351	June	.271	203	55	9	0	1	27	17	35	.322	.330
Turf	.384	138	53	12	1	2	23	17	20	.444	.529	July	.248	157	39	3	0	1	13	14	21	.314	.287
First Pitch	.315	73	23	4	0	1	10	3	0	.333	.411	August	.277	112	31	8	1	2	13	7	11	.314	.420
Ahead in Count	.318	154	49	8	2	3	22	51	0	.479	.455	September/October	.322	118	38	10	1	1	18	13	18	.389	.449
Behind in Count	.270	359	97	19	1	3	39	0	89	.274	.354	Pre-All Star	.289	463	134	22	1	5	56	51	68	.357	.374
Two Strikes	.248	375	93	20	0	3	39	23	107	.293	.325	Post-All Star	.285	305	87	18	2	4	37	26	39	.341	.397

Batter vs. Pitcher (career)

Hits Best Against	Avg	AB	H	2B	3B	HR	RBI	BB	SO	OBP	SLG	Hits Worst Against	Avg	AB	H	2B	3B	HR	RBI	BB	SO	OBP	SLG
Jack Morris	.400	10	4	1	0	0	1	1	0	.455	.500	Jack McDowell	.000	12	0	0	0	0	1	0	3	.000	.000
Alex Fernandez	.333	12	4	1	0	0	2	1	1	.429	.417	Ben McDonald	.000	10	0	0	0	0	2	0	4	.083	.000
Chuck Finley	.308	13	4	0	0	0	1	1	0	.357	.308	Juan Guzman	.000	8	0	0	0	0	0	4	2	.333	.000
												Randy Johnson	.111	18	2	0	0	0	0	1	6	.158	.111
												Kevin Appier	.231	13	3	0	0	0	1	0	2	.231	.231

Kirk Gibson — *Tigers*

Age 38 – Bats Left

	Avg	G	AB	R	H	2B	3B	HR	RBI	BB	SO	HBP	GDP	SB	CS	OBP	SLG	IBB	SH	SF	#Pit	#P/PA	GB	FB	G/F
1994 Season	.276	98	330	71	91	17	2	23	72	42	69	3	2	4	5	.358	.548	3	2	5	1488	3.90	92	107	0.86
Last Five Years	.254	451	1566	279	398	72	14	62	232	197	336	16	18	66	18	.341	.437	10	4	12	6974	3.89	482	475	1.01

1994 Season

	Avg	AB	H	2B	3B	HR	RBI	BB	SO	OBP	SLG		Avg	AB	H	2B	3B	HR	RBI	BB	SO	OBP	SLG
vs. Left	.273	33	9	1	0	3	10	5	9	.350	.576	Scoring Posn	.358	81	29	4	1	9	54	14	12	.441	.765
vs. Right	.276	297	82	16	2	20	62	37	60	.359	.545	Close & Late	.220	50	11	1	0	5	13	8	16	.322	.540
Groundball	.280	82	23	4	0	6	20	8	16	.337	.549	None on/out	.256	78	20	4	0	4	4	9	16	.341	.462
Flyball	.221	95	21	4	0	7	22	8	21	.280	.484	Batting #5	.275	255	70	16	1	17	49	30	54	.354	.545
Home	.305	164	50	8	1	9	39	20	29	.380	.530	Batting #7	.308	26	8	0	0	4	11	5	4	.406	.769
Away	.247	166	41	9	1	14	33	22	40	.337	.566	Other	.265	49	13	1	1	2	12	7	11	.351	.449
Day	.294	126	37	7	1	6	26	20	22	.389	.508	April	.212	52	11	2	1	2	10	9	12	.323	.404
Night	.265	204	54	10	1	17	46	22	47	.338	.574	May	.346	81	28	2	1	8	24	10	9	.419	.691
Grass	.280	275	77	15	2	18	61	35	56	.362	.545	June	.218	78	17	4	0	3	11	10	16	.307	.385
Turf	.255	55	14	2	0	5	11	7	13	.339	.564	July	.330	88	29	6	0	8	20	7	25	.378	.670
First Pitch	.185	27	5	0	0	2	2	2	0	.267	.407	August	.194	31	6	3	0	2	7	6	7	.333	.484
Ahead in Count	.373	75	28	3	0	10	29	21	0	.495	.813	September/October	.000	0	0	0	0	0	0	0	0	.000	.000
Behind in Count	.247	162	40	6	2	8	27	0	60	.250	.457	Pre-All Star	.278	245	68	12	2	15	51	30	45	.357	.527
Two Strikes	.213	164	35	7	2	6	23	19	69	.295	.390	Post-All Star	.271	85	23	5	0	8	21	12	24	.360	.612

1994 By Position

Position	Avg	AB	H	2B	3B	HR	RBI	BB	SO	OBP	SLG	G	GS	Innings	PO	A	E	DP	Fld Pct	Rng Fctr	In Zone	Outs	Zone Rtg	MLB Zone
As Designated Hitter	.293	205	60	10	2	17	50	24	45	.368	.610	56	54	---	---	---	---	---	---	---	---	---	---	---
As Pinch Hitter	.250	8	2	0	0	2	8	3	1	.417	1.000	12	0	---	---	---	---	---	---	---	---	---	---	---
As cf	.295	78	23	6	0	4	14	6	14	.353	.526	23	20	180.0	48	1	1	0	.980	2.45	57	46	.807	.824
As rf	.150	40	6	1	0	0	1	10	9	.314	.175	15	12	104.0	28	2	0	0	1.000	2.60	36	29	.806	.826

Last Five Years

	Avg	AB	H	2B	3B	HR	RBI	BB	SO	OBP	SLG		Avg	AB	H	2B	3B	HR	RBI	BB	SO	OBP	SLG
vs. Left	.229	314	72	12	3	8	44	34	84	.321	.363	Scoring Posn	.271	369	100	18	4	17	165	62	69	.376	.480
vs. Right	.260	1252	326	60	11	54	188	163	252	.346	.455	Close & Late	.225	244	55	8	3	8	37	38	67	.334	.381
Groundball	.270	441	119	18	2	22	81	51	75	.349	.469	None on/out	.250	360	90	17	3	14	14	38	84	.333	.431
Flyball	.245	363	89	16	2	15	55	47	85	.330	.424	Batting #2	.262	493	129	29	5	14	59	66	95	.356	.426
Home	.252	773	195	29	12	20	114	99	148	.339	.398	Batting #5	.253	600	152	27	6	28	104	74	132	.337	.458
Away	.256	793	203	43	2	42	118	98	188	.343	.474	Other	.247	473	117	16	3	20	69	57	109	.330	.421
Day	.237	524	124	27	4	16	71	66	120	.327	.395	April	.273	231	63	8	2	13	42	35	49	.368	.494
Night	.263	1042	274	45	10	46	161	131	216	.348	.458	May	.275	244	67	8	3	12	38	34	45	.364	.480
Grass	.250	1014	253	45	7	43	165	129	220	.336	.435	June	.194	314	61	14	2	12	49	33	68	.269	.366
Turf	.263	552	145	27	7	19	67	68	116	.350	.440	July	.317	306	97	23	2	12	41	23	52	.370	.523
First Pitch	.333	180	60	12	2	6	28	6	0	.363	.522	August	.272	298	81	12	4	13	48	40	71	.367	.470
Ahead in Count	.328	375	123	19	5	26	80	98	0	.464	.613	September/October	.168	173	29	7	1	0	14	32	51	.308	.220
Behind in Count	.186	710	132	21	4	15	68	0	287	.195	.290	Pre-All Star	.249	874	218	39	7	39	142	105	176	.330	.444
Two Strikes	.168	746	125	23	4	15	70	93	336	.264	.269	Post-All Star	.260	692	180	33	7	23	90	92	150	.355	.428

Batter vs. Pitcher (since 1984)

Hits Best Against	Avg	AB	H	2B	3B	HR	RBI	BB	SO	OBP	SLG	Hits Worst Against	Avg	AB	H	2B	3B	HR	RBI	BB	SO	OBP	SLG
Steve Ontiveros	.438	16	7	0	0	3	5	0	2	.438	1.000	Cal Eldred	.000	14	0	0	0	0	1	3	2	.222	.000
Bob Welch	.417	12	5	2	0	2	5	3	3	.500	1.083	Mike Mussina	.000	13	0	0	0	0	0	0	5	.000	.000
Tom Candiotti	.412	17	7	1	2	1	4	2	1	.450	.882	Melido Perez	.000	10	0	0	0	0	0	0	4	.286	.000
Eric Plunk	.400	15	6	0	0	3	5	3	5	.500	1.000	Alex Fernandez	.053	19	1	0	0	1	2	10	.143	.053
Kirk McCaskill	.393	28	11	3	0	4	6	8	7	.528	.929	Ricky Bones	.071	14	1	0	0	0	2	0	1	.071	.214

137

Paul Gibson — Brewers
Age 35 – Pitches Left

	ERA	W	L	Sv	G	GS	IP	BB	SO	Avg	H	2B	3B	HR	RBI	OBP	SLG	GF	IR	IRS	Hld	SvOp	SB	CS	GB	FB	G/F
1994 Season	4.97	1	1	0	30	0	29.0	17	21	.236	26	6	0	5	20	.338	.427	15	26	8	0	2	3	0	38	31	1.23
Last Five Years	4.14	14	14	11	230	1	328.1	145	215	.277	10	0	37	195	.351	.433	82	297	103	25	22	27	11	424	388	1.09

1994 Season

	ERA	W	L	Sv	G	GS	IP	H	HR	BB	SO		Avg	AB	H	2B	3B	HR	RBI	BB	SO	OBP	SLG
Home	5.51	1	1	0	13	0	16.1	18	5	7	13	vs. Left	.243	37	9	1	0	1	8	4	8	.318	.351
Away	4.26	0	0	0	17	0	12.2	8	0	10	8	vs. Right	.233	73	17	5	0	4	12	13	13	.349	.466
Starter	0.00	0	0	0	0	0	0.0	0	0	0	0	Scoring Posn	.276	29	8	1	0	1	13	8	7	.410	.414
Reliever	4.97	1	1	0	30	0	29.0	26	5	17	21	Close & Late	.217	23	5	1	0	2	4	4	6	.357	.522
0 Days rest (Re)	0.00	0	0	0	1	0	0.2	0	0	0	1	None on/out	.120	25	3	1	0	0	0	1	6	.154	.160
1 or 2 Days rest	5.68	1	0	0	16	0	12.2	11	3	7	8	First Pitch	.231	13	3	1	0	0	3	0	0	.375	.308
3+ Days rest	4.60	0	1	0	13	0	15.2	15	2	10	12	Ahead in Count	.180	50	9	2	0	0	3	0	16	.196	.220
Pre-All Star	5.48	1	0	0	22	0	23.0	20	5	14	19	Behind in Count	.240	25	6	2	0	1	4	11	0	.472	.440
Post-All Star	3.00	0	0	0	8	0	6.0	6	0	3	2	Two Strikes	.185	54	10	2	0	2	6	3	21	.224	.333

Last Five Years

	ERA	W	L	Sv	G	GS	IP	H	HR	BB	SO		Avg	AB	H	2B	3B	HR	RBI	BB	SO	OBP	SLG
Home	3.58	10	7	6	110	0	173.1	172	17	67	128	vs. Left	.291	406	118	16	4	13	74	41	57	.353	.446
Away	4.76	4	7	5	120	1	155.0	180	20	78	87	vs. Right	.271	863	234	50	6	24	121	104	158	.349	.426
Day	3.77	4	3	3	74	1	112.1	118	10	52	82	Inning 1-6	.304	408	124	32	2	11	82	47	68	.375	.473
Night	4.33	10	11	8	156	0	216.0	234	27	93	133	Inning 7+	.265	861	228	34	8	26	113	98	147	.339	.413
Grass	3.91	13	11	7	175	1	251.0	267	27	106	169	None on	.273	644	176	35	2	20	20	66	115	.345	.427
Turf	4.89	1	3	4	55	0	77.1	85	10	39	46	Runners on	.282	625	176	31	8	17	175	79	100	.357	.438
April	3.44	2	1	1	27	0	36.2	38	3	18	25	Scoring Posn	.278	374	104	17	4	6	140	62	63	.370	.393
May	2.54	3	2	5	52	0	74.1	57	7	30	59	Close & Late	.285	365	104	10	3	14	50	36	65	.348	.444
June	6.26	2	5	1	44	0	50.1	73	7	28	34	None on/out	.279	287	80	16	2	9	9	29	46	.349	.443
July	4.74	2	1	1	43	0	62.2	66	6	29	31	vs. 1st Batr (relief)	.317	202	64	12	3	3	48	18	29	.363	.450
August	5.29	1	4	1	33	0	51.0	61	10	22	29	First Inning Pitched	.283	693	196	35	4	23	134	88	115	.360	.444
September/October	3.04	4	1	2	31	1	53.1	57	4	16	31	First 15 Pitches	.284	644	183	34	4	19	114	73	98	.353	.438
Starter	3.86	0	0	0	1	1	4.2	6	0	1	1	Pitch 16-30	.236	351	83	14	1	10	39	45	85	.328	.368
Reliever	4.14	14	14	11	229	0	323.2	346	37	144	214	Pitch 31-45	.322	171	55	11	3	6	22	15	22	.376	.526
0 Days rest (Re)	3.96	1	2	1	40	0	52.1	61	6	23	36	Pitch 46+	.301	103	31	7	2	2	20	12	10	.374	.466
1 or 2 Days rest	4.02	9	5	9	113	0	159.0	164	15	75	94	First Pitch	.300	160	48	7	3	5	37	19	0	.372	.475
3+ Days rest	4.41	4	7	1	76	0	112.1	121	16	46	84	Ahead in Count	.219	608	133	25	3	8	54	0	186	.220	.309
Pre-All Star	4.01	7	9	8	137	0	177.1	187	20	83	130	Behind in Count	.342	272	93	20	3	10	53	75	0	.480	.548
Post-All Star	4.29	7	5	3	93	1	151.0	165	17	62	85	Two Strikes	.203	580	118	23	2	12	57	50	215	.266	.312

Pitcher vs. Batter (career)

Pitches Best Vs.	Avg	AB	H	2B	3B	HR	RBI	BB	SO	OBP	SLG	Pitches Worst Vs.	Avg	AB	H	2B	3B	HR	RBI	BB	SO	OBP	SLG
Mike Felder	.000	15	0	0	0	0	0	1	3	.063	.000	Ellis Burks	.571	14	8	1	0	0	4	1	0	.588	.643
Devon White	.071	14	1	0	0	0	1	4	.188	.143	Ken Griffey Jr	.556	18	10	2	0	2	3	1	0	.619	1.000
Dave Henderson	.154	13	2	0	0	0	1	1	2	.214	.154	Steve Sax	.545	11	6	2	0	0	1	0	0	.545	.727
Kevin Seitzer	.182	11	2	0	0	0	2	1	2	.250	.182	Tony Fernandez	.421	19	8	2	2	1	8	6	2	.560	.895
Manuel Lee	.200	15	3	0	0	0	0	1	5	.250	.200	Pat Borders	.400	10	4	2	0	1	3	5	0	.563	.900

Bernard Gilkey — Cardinals
Age 28 – Bats Right

	Avg	G	AB	R	H	2B	3B	HR	RBI	BB	SO	HBP	GDP	SB	CS	OBP	SLG	IBB	SH	SF	#Pit	#P/PA	GB	FB	G/F
1994 Season	.253	105	380	52	96	22	1	6	45	39	65	10	6	15	8	.336	.363	2	0	2	1651	3.83	126	110	1.15
Career (1990-1994)	.278	472	1653	246	459	93	14	35	181	187	221	16	42	86	39	.352	.414	5	4	13	6725	3.60	609	532	1.14

1994 Season

	Avg	AB	H	2B	3B	HR	RBI	BB	SO	OBP	SLG		Avg	AB	H	2B	3B	HR	RBI	BB	SO	OBP	SLG
vs. Left	.279	104	29	3	1	2	12	20	18	.395	.385	Scoring Posn	.271	96	26	4	0	4	40	12	16	.368	.438
vs. Right	.243	276	67	19	0	4	33	19	47	.313	.355	Close & Late	.293	58	17	5	0	3	12	5	10	.373	.534
Groundball	.248	117	29	9	0	2	16	12	23	.323	.376	None on/out	.234	111	26	6	0	1	1	13	25	.320	.315
Flyball	.190	58	11	0	0	0	3	8	9	.309	.190	Batting #1	.229	157	36	10	1	3	15	11	30	.291	.363
Home	.189	180	34	6	1	0	12	18	40	.279	.233	Batting #6	.277	119	33	9	0	0	14	14	17	.370	.353
Away	.310	200	62	16	0	6	33	21	25	.388	.480	Other	.260	104	27	3	0	3	16	14	18	.364	.375
Day	.291	103	30	9	0	1	11	12	18	.368	.408	April	.300	70	21	4	0	1	9	7	12	.380	.400
Night	.238	277	66	13	1	5	34	27	47	.325	.347	May	.256	90	23	5	0	3	14	11	16	.352	.411
Grass	.337	101	34	10	0	5	23	12	9	.409	.584	June	.229	83	19	8	0	0	3	7	13	.304	.325
Turf	.222	279	62	12	1	1	22	27	56	.310	.283	July	.239	92	22	3	1	1	12	9	20	.324	.326
First Pitch	.227	44	10	2	0	0	4	2	0	.292	.273	August	.244	45	11	2	0	1	7	5	4	.320	.356
Ahead in Count	.352	108	38	6	1	3	19	20	0	.470	.509	September/October	.000	0	0	0	0	0	0	0	0	.000	.000
Behind in Count	.203	148	30	6	0	1	13	0	54	.217	.264	Pre-All Star	.261	268	70	18	0	4	28	26	43	.345	.373
Two Strikes	.178	163	29	7	0	1	12	17	65	.262	.239	Post-All Star	.232	112	26	4	1	2	17	13	22	.315	.339

1994 By Position

Position	Avg	AB	H	2B	3B	HR	RBI	BB	SO	OBP	SLG	G	GS	Innings	PO	A	E	DP	Fld Pct	Rng Fctr	In Zone	Outs	Zone Rtg	MLB Zone
As lf	.250	376	94	22	1	5	42	37	64	.332	.354	102	96	850.0	168	9	3	3	.983	1.87	198	157	.793	.815

Career (1990-1994)

	Avg	AB	H	2B	3B	HR	RBI	BB	SO	OBP	SLG		Avg	AB	H	2B	3B	HR	RBI	BB	SO	OBP	SLG
vs. Left	.295	583	172	25	7	10	63	71	68	.372	.413	Scoring Posn	.295	380	112	19	5	11	148	65	56	.393	.458
vs. Right	.268	1070	287	68	7	25	118	110	153	.341	.415	Close & Late	.294	296	87	20	1	9	42	38	43	.379	.459
Groundball	.287	565	162	36	5	9	65	53	75	.348	.416	None on/out	.289	536	155	32	5	15	15	48	67	.352	.451
Flyball	.253	281	71	7	3	6	21	41	43	.353	.363	Batting #1	.265	951	252	58	11	19	93	104	126	.341	.409
Home	.261	823	215	43	8	12	78	80	107	.330	.377	Batting #6	.307	283	87	19	1	6	32	24	36	.367	.445

Joe Girardi — Rockies
Age 30 – Bats Right (groundball hitter)

Career (1990-1994)

	Avg	AB	H	2B	3B	HR	RBI	BB	SO	OBP	SLG		Avg	AB	H	2B	3B	HR	RBI	BB	SO	OBP	SLG
Away	.294	830	244	50	6	23	103	101	114	.373	.452	Other	.286	419	120	16	2	10	56	53	59	.367	.406
Day	.293	475	139	33	3	10	46	44	60	.357	.438	April	.296	250	74	13	2	2	19	31	42	.377	.388
Night	.272	1178	320	60	11	25	135	137	161	.350	.405	May	.251	263	66	12	2	6	29	36	36	.347	.380
Grass	.303	419	127	27	3	15	64	54	60	.383	.489	June	.299	274	82	24	3	4	27	21	40	.353	.453
Turf	.269	1234	332	66	11	20	117	127	161	.342	.389	July	.265	321	85	11	2	7	42	32	53	.336	.377
First Pitch	.306	284	87	14	1	5	33	4	0	.322	.415	August	.231	273	63	15	1	7	38	33	29	.316	.370
Ahead in Count	.334	461	154	26	6	16	71	95	0	.451	.521	September/October	.327	272	89	18	4	9	26	28	21	.389	.522
Behind in Count	.234	590	138	31	4	7	44	0	184	.240	.394	Pre-All Star	.285	878	250	53	7	13	83	95	132	.360	.405
Two Strikes	.195	614	120	24	1	9	45	82	221	.293	.295	Post-All Star	.270	775	209	40	7	22	98	86	89	.344	.425

Batter vs. Pitcher (career)

Hits Best Against	Avg	AB	H	2B	3B	HR	RBI	BB	SO	OBP	SLG	Hits Worst Against	Avg	AB	H	2B	3B	HR	RBI	BB	SO	OBP	SLG
Chris Hammond	.650	20	13	2	0	0	4	5	0	.720	.750	Armando Reynoso	.000	12	0	0	0	0	0	2	1	.143	.000
Jose Rijo	.600	15	9	1	0	0	3	1	1	.625	.667	John Smoltz	.091	11	1	0	0	0	0	1	1	.167	.091
Terry Mulholland	.500	24	12	1	2	1	4	2	0	.538	.833	Charlie Hough	.100	10	1	0	0	0	0	1	1	.182	.100
Shawn Boskie	.500	12	6	1	0	2	3	2	1	.600	1.083	John Burkett	.105	19	2	0	0	0	0	0	5	.150	.105
Curt Schilling	.438	16	7	1	0	0	2	2	1	.500	.688	Tom Candiotti	.125	16	2	1	0	0	3	0	0	.118	.188

	Avg	G	AB	R	H	2B	3B	HR	RBI	BB	SO	HBP	GDP	SB	CS	OBP	SLG	IBB	SH	SF	#Pit	#P/PA	GB	FB	G/F
1994 Season	.276	93	330	47	91	9	4	4	34	21	48	2	13	3	3	.321	.364	1	6	2	1163	3.22	150	70	2.14
Last Five Years	.273	424	1376	140	376	52	12	9	121	87	183	9	40	17	14	.319	.348	16	23	8	4628	3.08	636	303	2.10

1994 Season

	Avg	AB	H	2B	3B	HR	RBI	BB	SO	OBP	SLG		Avg	AB	H	2B	3B	HR	RBI	BB	SO	OBP	SLG
vs. Left	.324	71	23	1	0	1	7	7	8	.392	.380	Scoring Posn	.294	85	25	1	0	0	25	11	11	.367	.306
vs. Right	.263	259	68	8	4	3	27	14	40	.301	.359	Close & Late	.250	52	13	1	0	1	6	5	5	.316	.327
Groundball	.262	122	32	1	1	2	13	5	22	.289	.336	None on/out	.324	74	24	2	3	0	0	3	11	.359	.432
Flyball	.348	46	16	1	0	0	5	1	4	.388	.370	Batting #2	.242	66	16	1	2	2	7	7	16	.320	.409
Home	.286	147	42	4	4	1	15	11	23	.338	.388	Batting #7	.274	190	52	6	2	2	19	11	24	.315	.358
Away	.268	183	49	5	0	3	19	10	25	.308	.344	Other	.311	74	23	2	0	0	8	3	8	.338	.338
Day	.256	129	33	4	1	1	12	9	18	.307	.326	April	.230	61	14	1	1	0	5	9	9	.333	.279
Night	.289	201	58	5	3	3	22	12	30	.330	.388	May	.262	84	22	1	1	0	5	6	15	.308	.298
Grass	.290	255	74	6	4	4	30	18	38	.339	.392	June	.295	95	28	3	2	2	14	2	14	.316	.432
Turf	.227	75	17	3	0	0	4	3	10	.256	.267	July	.339	56	19	2	0	2	7	3	5	.373	.482
First Pitch	.338	77	26	4	0	1	9	0	0	.333	.429	August	.235	34	8	2	0	0	3	1	5	.257	.294
Ahead in Count	.295	78	23	2	1	2	8	11	0	.382	.423	September/October	.000	0	0	0	0	0	0	0	0	.000	.000
Behind in Count	.188	128	24	3	0	1	10	0	42	.200	.234	Pre-All Star	.275	276	76	6	4	3	28	19	40	.324	.359
Two Strikes	.143	119	17	1	0	0	6	10	48	.209	.176	Post-All Star	.278	54	15	3	0	1	6	2	8	.304	.389

1994 By Position

Position	Avg	AB	H	2B	3B	HR	RBI	BB	SO	OBP	SLG	G	GS	Innings	PO	A	E	DP	Fld Pct	Rng Fctr	In Zone	Zone Outs	MLB Zone Rtg
As c	.276	330	91	9	4	4	34	20	48	.319	.364	93	85	757.0	548	55	5	5	.992	---	---	---	---

Last Five Years

	Avg	AB	H	2B	3B	HR	RBI	BB	SO	OBP	SLG		Avg	AB	H	2B	3B	HR	RBI	BB	SO	OBP	SLG
vs. Left	.305	462	141	25	4	3	39	31	45	.348	.396	Scoring Posn	.276	322	89	13	2	1	101	38	52	.347	.339
vs. Right	.257	914	235	27	8	6	82	56	138	.304	.324	Close & Late	.266	241	64	5	2	1	18	12	34	.303	.315
Groundball	.269	495	133	15	7	3	41	18	76	.299	.345	None on/out	.282	319	90	13	4	1	1	10	42	.310	.357
Flyball	.267	292	78	11	2	1	23	16	49	.309	.329	Batting #7	.256	508	130	12	5	3	48	30	68	.299	.317
Home	.289	657	190	25	9	5	72	44	94	.335	.377	Batting #8	.280	486	136	28	2	1	43	28	55	.321	.352
Away	.259	719	186	27	3	4	49	43	89	.304	.321	Other	.288	382	110	12	5	5	30	29	60	.343	.385
Day	.276	619	171	27	5	4	58	37	74	.319	.355	April	.270	226	61	9	2	0	15	12	33	.311	.327
Night	.271	757	205	25	7	5	63	50	109	.319	.342	May	.264	322	85	10	3	2	31	29	43	.324	.332
Grass	.283	991	280	36	10	9	101	68	132	.331	.366	June	.284	225	64	9	3	3	23	6	35	.309	.391
Turf	.249	385	96	16	2	0	20	19	51	.287	.301	July	.327	165	54	7	0	2	17	8	10	.354	.406
First Pitch	.299	328	98	19	1	5	39	5	0	.308	.409	August	.246	256	63	11	3	1	20	17	32	.293	.327
Ahead in Count	.312	292	91	13	4	2	20	42	0	.397	.404	September/October	.269	182	49	6	1	1	15	10	30	.335	.330
Behind in Count	.225	555	125	15	1	1	40	0	170	.236	.261	Pre-All Star	.276	842	232	32	8	6	75	52	114	.320	.354
Two Strikes	.174	478	83	6	0	2	29	30	183	.228	.199	Post-All Star	.270	534	144	20	4	3	46	35	69	.317	.339

Batter vs. Pitcher (career)

Hits Best Against	Avg	AB	H	2B	3B	HR	RBI	BB	SO	OBP	SLG	Hits Worst Against	Avg	AB	H	2B	3B	HR	RBI	BB	SO	OBP	SLG
Bruce Ruffin	.500	12	6	2	0	1	4	1	2	.538	.917	Bob Tewksbury	.056	18	1	0	0	0	0	0	1	.150	.056
Mark Portugal	.481	27	13	3	0	0	5	0	1	.500	.593	Doug Drabek	.067	15	1	0	0	0	0	0	3	.067	.067
Greg Swindell	.455	11	5	1	0	0	0	1	.455	.545	Dwight Gooden	.067	15	1	0	0	0	1	2	2	.222	.067
Jose Rijo	.412	17	7	1	0	1	2	1	3	.444	.647	Bud Black	.125	16	2	0	0	0	2	1	1	.176	.125
Trevor Wilson	.357	14	5	1	0	0	0	0	1	.400	.429	Ken Hill	.143	14	2	0	0	0	0	1	3	.200	.143

Tom Glavine — Braves
Age 29 – Pitches Left

	ERA	W	L	Sv	G	GS	IP	BB	SO	Avg	H	2B	3B	HR	RBI	OBP	SLG	CG	ShO	Sup	QS	#Pit	SB	CS	GB	FB	G/F
1994 Season	3.97	13	9	0	25	25	165.1	70	140	.268	173	34	3	10	69	.338	.377	2	0	5.99	11	108	13	1	235	136	1.73
Last Five Years	3.29	85	46	0	161	161	1090.2	377	710	.252	1039	201	21	67	384	.314	.359	23	8	5.17	104	103	75	35	1563	1105	1.41

1994 Season

	ERA	W	L	Sv	G	GS	IP	H	HR	BB	SO		Avg	AB	H	2B	3B	HR	RBI	BB	SO	OBP	SLG
Home	3.89	5	5	0	11	11	74.0	77	2	36	66	vs. Left	.323	124	40	8	1	1	16	15	27	.396	.427

139

1994 Season

	ERA	W	L	Sv	G	GS	IP	H	HR	BB	SO		Avg	AB	H	2B	3B	HR	RBI	BB	SO	OBP	SLG
Away	4.04	8	4	0	14	14	91.1	96	8	34	74	vs. Right	.255	521	133	26	2	9	53	55	113	.324	.365
Day	3.62	2	2	0	6	6	37.1	34	2	21	31	Inning 1-6	.254	566	144	32	2	6	56	61	132	.326	.350
Night	4.06	11	7	0	19	19	128.0	139	8	49	109	Inning 7+	.367	79	29	2	1	4	13	9	8	.422	.570
Grass	3.72	9	7	0	18	18	118.2	116	7	57	109	None on	.273	359	98	16	2	7	7	28	76	.326	.387
Turf	4.63	4	2	0	7	7	46.2	57	3	13	31	Runners on	.262	286	75	18	1	3	62	42	64	.352	.364
April	3.38	2	2	0	5	5	29.1	27	2	21	34	Scoring Posn	.213	160	34	6	1	1	50	34	35	.343	.281
May	3.43	3	3	0	6	6	42.0	33	3	19	37	Close & Late	.222	36	8	1	0	0	2	4	4	.300	.250
June	5.17	3	2	0	6	6	38.1	48	3	15	32	None on/out	.265	166	44	8	1	2	2	7	36	.295	.361
July	3.98	4	1	0	6	6	43.0	53	1	10	29	vs. 1st Batr (relief)	.000	0	0	0	0	0	0	0	0	.000	.000
August	3.55	1	1	0	2	2	12.2	12	1	5	8	First Inning Pitched	.265	98	26	6	0	4	18	15	18	.365	.449
September/October	0.00	0	0	0	0	0	0.0	0	0	0	0	First 75 Pitches	.259	432	112	25	2	6	47	49	98	.334	.368
Starter	3.97	13	9	0	25	25	165.1	173	10	70	140	Pitch 76-90	.258	97	25	5	1	0	3	6	21	.295	.330
Reliever	0.00	0	0	0	0	0	0.0	0	0	0	0	Pitch 91-105	.233	73	17	2	0	2	9	6	17	.291	.342
0-3 Days Rest (St)	4.40	1	0	0	2	2	14.1	21	0	0	10	Pitch 106+	.442	43	19	2	0	2	10	9	4	.528	.628
4 Days Rest	4.69	5	7	0	13	13	80.2	95	5	45	70	First Pitch	.396	101	40	7	1	3	14	7	0	.427	.574
5+ Days Rest	3.07	7	2	0	10	10	70.1	57	5	25	60	Ahead in Count	.218	280	61	11	0	3	26	0	117	.219	.289
Pre-All Star	4.20	10	7	0	19	19	124.1	129	9	57	111	Behind in Count	.289	142	41	10	1	4	18	32	0	.417	.458
Post-All Star	3.29	3	2	0	6	6	41.0	44	1	13	29	Two Strikes	.187	294	55	12	0	1	19	30	140	.265	.238

Last Five Years

	ERA	W	L	Sv	G	GS	IP	H	HR	BB	SO		Avg	AB	H	2B	3B	HR	RBI	BB	SO	OBP	SLG
Home	3.28	46	24	0	82	82	559.2	542	38	183	344	vs. Left	.276	791	218	36	4	9	77	95	158	.352	.365
Away	3.31	39	22	0	79	79	531.0	497	29	194	366	vs. Right	.246	3335	821	165	17	58	307	282	552	.305	.358
Day	3.82	19	14	0	44	44	282.2	293	22	109	198	Inning 1-6	.249	3449	860	169	18	52	326	337	612	.316	.354
Night	3.11	66	32	0	117	117	808.0	746	45	268	512	Inning 7+	.264	677	179	32	3	15	58	40	98	.305	.387
Grass	3.45	60	33	0	115	115	775.0	774	54	265	510	None on	.249	2451	610	107	11	50	50	174	423	.300	.363
Turf	2.91	25	13	0	46	46	315.2	265	13	112	200	Runners on	.256	1675	429	94	10	17	334	203	287	.334	.355
April	2.91	11	7	0	23	23	151.1	131	7	57	108	Scoring Posn	.244	914	223	46	7	10	298	159	167	.351	.342
May	2.91	18	7	0	30	30	210.0	175	16	70	145	Close & Late	.257	397	102	21	2	3	29	26	59	.302	.343
June	3.47	14	8	0	28	28	202.1	202	13	67	133	None on/out	.249	1070	266	52	5	19	19	69	174	.296	.360
July	3.01	18	4	0	28	28	197.1	192	10	59	142	vs. 1st Batr (relief)	.000	0	0	0	0	0	0	0	0	.000	.000
August	4.18	10	12	0	27	27	163.2	177	11	65	105	First Inning Pitched	.278	629	175	35	6	12	92	76	110	.355	.410
September/October	3.36	14	8	0	25	25	166.0	162	10	59	107	First 75 Pitches	.249	2908	724	153	16	47	268	279	510	.315	.361
Starter	3.29	85	46	0	161	161	1090.2	1039	67	377	710	Pitch 76-90	.241	564	136	23	3	7	42	42	85	.292	.330
Reliever	0.00	0	0	0	0	0	0.0	0	0	0	0	Pitch 91-105	.258	426	110	15	1	6	45	32	82	.310	.340
0-3 Days Rest (St)	4.18	4	5	0	13	13	84.0	88	5	16	59	Pitch 106+	.303	228	69	10	1	7	29	24	33	.368	.447
4 Days Rest	3.58	56	30	0	103	103	690.2	676	44	266	437	First Pitch	.303	654	198	51	1	12	65	25	0	.326	.439
5+ Days Rest	2.42	25	11	0	45	45	316.0	275	18	95	214	Ahead in Count	.191	1738	332	56	8	22	115	0	601	.194	.270
Pre-All Star	3.05	50	23	0	90	90	629.0	575	38	205	421	Behind in Count	.322	944	304	62	6	24	124	201	0	.439	.477
Post-All Star	3.63	35	23	0	71	71	461.2	464	29	172	289	Two Strikes	.176	1770	312	54	10	15	112	150	710	.243	.244

Pitcher vs. Batter (career)

Pitches Best Vs.	Avg	AB	H	2B	3B	HR	RBI	BB	SO	OBP	SLG	Pitches Worst Vs.	Avg	AB	H	2B	3B	HR	RBI	BB	SO	OBP	SLG
Stan Javier	.000	12	0	0	0	0	0	3	2	.200	.000	Mark Whiten	.538	13	7	1	0	0	1	0	2	.538	.615
Tim Belcher	.000	11	0	0	0	0	0	0	5	.000	.000	Robby Thompson	.452	42	19	7	1	3	6	4	6	.500	.881
Paul O'Neill	.050	20	1	0	0	0	0	0	7	.050	.050	Mike Piazza	.385	13	5	1	0	2	3	1	2	.429	.923
Mark Parent	.050	20	1	0	0	0	0	0	2	.050	.050	Andujar Cedeno	.357	14	5	0	1	1	2	4	3	.500	.714
Rey Sanchez	.077	13	1	0	0	0	0	0	0	.077	.077	Kevin Mitchell	.325	40	13	3	0	4	10	9	7	.449	.700

George Glinatsis — Mariners Age 26 – Pitches Right

	ERA	W	L	Sv	G	GS	IP	BB	SO	Avg	H	2B	3B	HR	RBI	OBP	SLG	CG	ShO	Sup	QS	#P/S	SB	CS	GB	FB	G/F
1994 Season	13.50	0	1	0	2	2	5.1	6	1	.429	10	3	0	2	7	.536	.857	0	0	6.75	0	54	0	0	11	8	1.38

1994 Season

	ERA	W	L	Sv	G	GS	IP	H	HR	BB	SO		Avg	AB	H	2B	3B	HR	RBI	BB	SO	OBP	SLG
Home	9.64	0	0	0	1	1	4.2	4	1	6	1	vs. Left	.455	11	5	1	0	1	3	4	0	.600	.818
Away	40.50	0	1	0	1	1	0.2	5	1	0	0	vs. Right	.400	10	4	2	0	1	4	2	1	.462	.900

Jerry Goff — Pirates Age 31 – Bats Left

	Avg	G	AB	R	H	2B	3B	HR	RBI	BB	SO	HBP	GDP	SB	CS	OBP	SLG	IBB	SH	SF	#Pit	#P/PA	GB	FB	G/F
1994 Season	.080	8	25	0	2	0	0	0	1	0	11	0	1	0	0	.080	.080	0	1	0	94	3.62	9	4	2.25
Career (1990-1994)	.217	77	184	19	40	3	0	5	14	29	59	1	0	1	2	.324	.315	5	1	0	809	3.75	48	46	1.04

1994 Season

	Avg	AB	H	2B	3B	HR	RBI	BB	SO	OBP	SLG		Avg	AB	H	2B	3B	HR	RBI	BB	SO	OBP	SLG
vs. Left	.000	3	0	0	0	0	0	2	.000	.000		Scoring Posn	.000	6	0	0	0	0	1	0	1	.000	.000
vs. Right	.091	22	2	0	0	0	1	0	9	.091	.091	Close & Late	.333	3	1	0	0	0	0	0	2	.333	.333

Greg Gohr — Tigers Age 27 – Pitches Right

	ERA	W	L	Sv	G	GS	IP	BB	SO	Avg	H	2B	3B	HR	RBI	OBP	SLG	CG	ShO	Sup	QS	#P/S	SB	CS	GB	FB	G/F
1994 Season	4.50	2	2	0	8	6	34.0	21	21	.263	36	6	1	3	17	.358	.387	0	0	5.56	2	91	4	0	42	37	1.14
Career (1993-1994)	5.08	2	2	0	24	6	56.2	35	44	.273	62	10	3	4	32	.372	.396	0	0	6.51	2	91	5	0	65	62	1.05

1994 Season

	ERA	W	L	Sv	G	GS	IP	H	HR	BB	SO		Avg	AB	H	2B	3B	HR	RBI	BB	SO	OBP	SLG
Home	3.86	1	1	0	2	2	11.2	13	1	3	10	vs. Left	.268	71	19	2	0	1	12	14	13	.384	.338

					1994 Season															
	ERA	W	L	Sv	G	GS	IP	H	HR	BB	SO		Avg	AB	H	2B	3B	HR	RBI	BB	SO	OBP	SLG
Away	4.84	1	1	0	6	4	22.1	23	2	18	11	vs. Right	.258	66	17	4	1	2	5	7	8	.329	.439

Chris Gomez — Tigers
Age 24 – Bats Right

	Avg	G	AB	R	H	2B	3B	HR	RBI	BB	SO	HBP	GDP	SB	CS	OBP	SLG	IBB	SH	SF	#Pit	#P/PA	GB	FB	G/F
1994 Season	.257	84	296	32	76	19	0	8	53	33	64	3	8	5	3	.336	.402	0	3	1	1369	4.07	101	75	1.35
Career (1993-1994)	.255	130	424	43	108	26	1	8	64	42	81	4	10	7	5	.327	.377	0	6	1	1848	3.87	141	116	1.22

1994 Season

	Avg	AB	H	2B	3B	HR	RBI	BB	SO	OBP	SLG		Avg	AB	H	2B	3B	HR	RBI	BB	SO	OBP	SLG
vs. Left	.349	86	30	8	0	1	16	10	14	.429	.477	Scoring Posn	.354	82	29	9	0	3	47	8	20	.419	.573
vs. Right	.219	210	46	11	0	7	37	23	50	.298	.371	Close & Late	.114	44	5	0	0	0	0	4	15	.188	.114
Groundball	.315	54	17	5	0	0	11	8	11	.413	.407	None on/out	.145	62	9	2	0	2	2	8	16	.243	.274
Flyball	.212	66	14	5	0	2	9	7	12	.288	.379	Batting #8	.244	90	22	9	0	2	22	11	17	.324	.411
Home	.299	144	43	12	0	5	31	21	27	.392	.486	Batting #9	.232	99	23	2	0	3	13	10	26	.309	.343
Away	.217	152	33	7	0	3	22	12	37	.281	.322	Other	.290	107	31	8	0	3	18	12	21	.372	.449
Day	.322	115	37	7	0	5	25	12	16	.391	.513	April	.136	22	3	0	0	0	1	2	5	.208	.136
Night	.215	181	39	12	0	3	28	21	48	.302	.331	May	.346	78	27	7	0	5	26	15	16	.447	.628
Grass	.263	240	63	17	0	7	42	28	49	.344	.421	June	.261	92	24	4	0	2	16	6	22	.320	.370
Turf	.232	56	13	2	0	1	11	5	15	.302	.321	July	.217	83	18	7	0	1	9	10	14	.309	.337
First Pitch	.189	37	7	3	0	0	4	0	0	.189	.270	August	.190	21	4	1	0	0	1	0	7	.190	.238
Ahead in Count	.348	66	23	7	0	4	23	20	0	.500	.636	September/October	.000	0	0	0	0	0	0	0	0	.000	.000
Behind in Count	.215	130	28	5	0	3	18	0	51	.215	.323	Pre-All Star	.274	230	63	13	0	7	47	28	48	.356	.422
Two Strikes	.218	147	32	7	0	4	19	13	64	.286	.347	Post-All Star	.197	66	13	6	0	1	6	5	16	.264	.333

1994 By Position

Position	Avg	AB	H	2B	3B	HR	RBI	BB	SO	OBP	SLG	G	GS	Innings	PO	A	E	DP	Fld Pct	Rng Fctr	In Zone	Outs	Zone Rtg	MLB Zone
As 2b	.283	106	30	8	0	2	12	14	24	.372	.415	30	28	249.1	64	76	4	18	.972	5.05	80	70	.875	.889
As ss	.242	190	46	11	0	6	41	19	40	.316	.395	57	54	478.0	77	134	4	21	.981	3.97	156	136	.872	.889

Leo Gomez — Orioles
Age 28 – Bats Right (flyball hitter)

	Avg	G	AB	R	H	2B	3B	HR	RBI	BB	SO	HBP	GDP	SB	CS	OBP	SLG	IBB	SH	SF	#Pit	#P/PA	GB	FB	G/F
1994 Season	.274	84	285	46	78	20	0	15	56	41	55	3	5	0	0	.366	.502	0	0	4	1405	4.21	75	114	0.66
Career (1990-1994)	.245	422	1427	181	350	68	2	58	191	184	282	16	34	3	5	.334	.418	5	14	21	6763	4.06	361	569	0.63

1994 Season

	Avg	AB	H	2B	3B	HR	RBI	BB	SO	OBP	SLG		Avg	AB	H	2B	3B	HR	RBI	BB	SO	OBP	SLG
vs. Left	.306	72	22	6	0	5	13	9	13	.383	.597	Scoring Posn	.379	66	25	0	0	1	38	9	13	.430	.606
vs. Right	.263	213	56	14	0	10	43	32	42	.361	.469	Close & Late	.341	41	14	6	0	1	9	5	6	.426	.561
Groundball	.362	69	25	6	0	4	14	8	9	.429	.623	None on/out	.192	73	14	0	0	6	6	7	10	.263	.438
Flyball	.096	52	5	1	0	0	5	7	14	.210	.115	Batting #5	.323	62	20	3	0	5	12	9	11	.408	.613
Home	.266	139	37	7	0	11	26	20	26	.360	.554	Batting #6	.239	163	39	11	0	7	30	23	29	.335	.436
Away	.281	146	41	13	0	4	30	21	29	.372	.452	Other	.317	60	19	6	0	3	14	9	17	.408	.567
Day	.303	76	23	5	0	5	18	8	16	.369	.566	April	.348	23	8	3	0	1	6	3	5	.464	.609
Night	.263	209	55	15	0	10	38	33	39	.365	.478	May	.325	77	25	10	0	4	20	7	15	.381	.610
Grass	.279	247	69	17	0	14	49	34	48	.366	.518	June	.269	93	25	6	0	4	16	14	16	.360	.462
Turf	.237	38	9	3	0	1	7	7	7	.367	.395	July	.218	55	12	0	0	6	11	9	11	.343	.545
First Pitch	.289	38	11	3	0	2	8	0	0	.282	.526	August	.216	37	8	1	0	0	5	6	8	.326	.243
Ahead in Count	.442	52	23	6	0	5	19	14	0	.552	.846	September/October	.000	0	0	0	0	0	0	0	0	.000	.000
Behind in Count	.200	130	26	7	0	4	16	0	42	.212	.346	Pre-All Star	.297	219	65	19	0	13	46	28	39	.377	.562
Two Strikes	.190	147	28	4	0	4	12	27	55	.299	.299	Post-All Star	.197	66	13	1	0	2	10	13	16	.333	.303

1994 By Position

Position	Avg	AB	H	2B	3B	HR	RBI	BB	SO	OBP	SLG	G	GS	Innings	PO	A	E	DP	Fld Pct	Rng Fctr	In Zone	Outs	Zone Rtg	MLB Zone
As 3b	.274	266	73	19	0	13	52	38	51	.368	.492	78	74	666.0	54	139	5	12	.975	2.61	197	160	.812	.826

Career (1990-1994)

	Avg	AB	H	2B	3B	HR	RBI	BB	SO	OBP	SLG		Avg	AB	H	2B	3B	HR	RBI	BB	SO	OBP	SLG
vs. Left	.248	375	93	20	0	17	52	53	67	.340	.437	Scoring Posn	.239	339	81	0	10	126	47	74	.320	.389
vs. Right	.244	1052	257	48	2	41	139	131	215	.331	.411	Close & Late	.244	225	55	12	0	10	32	28	51	.331	.431
Groundball	.272	394	107	20	0	15	50	45	64	.351	.437	None on/out	.212	321	68	8	1	14	14	34	66	.293	.374
Flyball	.161	286	46	8	0	8	31	39	73	.263	.273	Batting #6	.237	372	88	23	0	17	60	55	76	.342	.435
Home	.244	698	170	31	2	31	89	91	127	.334	.427	Batting #7	.241	648	156	31	2	23	83	82	133	.326	.401
Away	.247	729	180	37	0	27	102	93	155	.334	.409	Other	.260	407	106	14	0	18	48	47	73	.339	.428
Day	.251	391	98	17	0	18	56	39	81	.318	.432	April	.293	181	53	14	0	3	20	28	31	.389	.420
Night	.243	1036	252	51	2	40	135	145	201	.339	.412	May	.278	255	71	16	0	14	43	27	61	.349	.506
Grass	.247	1202	297	58	2	51	164	148	231	.331	.426	June	.229	323	74	13	1	10	40	51	59	.338	.368
Turf	.236	225	53	10	0	7	27	36	51	.348	.373	July	.213	254	54	10	0	14	41	31	50	.303	.425
First Pitch	.250	180	45	8	1	8	24	5	0	.281	.439	August	.223	206	46	6	1	12	30	28	43	.324	.437
Ahead in Count	.313	294	92	22	0	13	53	74	0	.446	.520	September/October	.250	208	52	7	0	5	17	19	38	.307	.356
Behind in Count	.198	621	123	22	1	20	61	0	220	.203	.333	Pre-All Star	.259	856	222	50	1	33	117	118	167	.352	.436
Two Strikes	.174	712	124	23	1	16	58	105	282	.282	.277	Post-All Star	.224	571	128	18	1	25	74	66	115	.306	.391

Batter vs. Pitcher (career)

Hits Best Against	Avg	AB	H	2B	3B	HR	RBI	BB	SO	OBP	SLG	Hits Worst Against	Avg	AB	H	2B	3B	HR	RBI	BB	SO	OBP	SLG
Erik Hanson	.500	14	7	0	0	1	2	5	5	.632	.714	Jack McDowell	.091	11	1	1	0	0	0	1	3	.167	.182
Mike Gardiner	.455	11	5	1	0	2	3	3	5	.571	.818	Mark Leiter	.091	11	1	0	0	0	0	1	6	.167	.091

Batter vs. Pitcher (career)																		
Hits Best Against	Avg	AB	H	2B	3B	HR	RBI	BB	SO	OBP	SLG	Hits Worst Against	Avg	AB	H	2B	3B	HR	RBI	BB	SO	OBP	SLG
Hipolito Pichardo	.455	11	5	1	0	1	2	1	2	.500	.818	Pat Mahomes	.091	11	1	0	0	0	0	1	2	.167	.091
Kevin Appier	.450	20	9	1	0	2	4	2	4	.500	.800	Charles Nagy	.154	13	2	0	0	0	0	0	3	.154	.154
Jack Morris	.353	17	6	2	0	1	3	6	3	.522	.647	Pat Hentgen	.167	12	2	0	0	0	0	0	4	.167	.167

Pat Gomez — Giants
Age 27 – Pitches Left (groundball pitcher)

	ERA	W	L	Sv	G	GS	IP	BB	SO	Avg	H	2B	3B	HR	RBI	OBP	SLG	GF	IR	IRS	Hld	SvOp	SB	CS	GB	FB	G/F
1994 Season	3.78	0	1	0	26	0	33.1	20	14	.211	23	9	1	0	2	16	.328	.294	11	16	5	1	0	1	1	53	32	1.66
Career (1993-1994)	4.43	1	3	0	53	1	65.0	39	40	.254	58	9	1	0	4	35	.355	.355	17	37	13	2	0	1	4	101	58	1.74

1994 Season

	ERA	W	L	Sv	G	GS	IP	H	HR	BB	SO		Avg	AB	H	2B	3B	HR	RBI	BB	SO	OBP	SLG
Home	3.92	0	0	0	16	0	20.2	13	1	18	9	vs. Left	.061	33	2	0	0	0	2	1	2	.088	.061
Away	3.55	0	0	0	10	0	12.2	10	1	2	5	vs. Right	.276	76	21	3	0	2	14	19	12	.412	.395
Starter	0.00	0	0	0	0	0	0	0	0	0	0	Scoring Posn	.321	28	9	1	0	1	14	6	7	.417	.464
Reliever	3.78	0	1	0	26	0	33.1	23	2	20	14	Close & Late	.125	16	2	0	0	0	2	3	4	.250	.125
0 Days rest (Re)	9.82	0	0	0	5	0	7.1	11	1	6	3	None on/out	.231	26	6	0	0	0	0	3	3	.310	.231
1 or 2 Days rest	1.84	0	0	0	11	0	14.2	7	1	4	6	First Pitch	.200	15	3	1	0	1	4	1	0	.222	.467
3+ Days rest	2.38	0	1	0	10	0	11.1	5	0	10	5	Ahead in Count	.238	42	10	0	0	0	4	0	11	.238	.238
Pre-All Star	0.87	0	1	0	16	0	20.2	6	0	13	6	Behind in Count	.259	27	7	2	0	1	8	8	0	.429	.444
Post-All Star	8.53	0	0	0	10	0	12.2	17	2	7	8	Two Strikes	.191	47	9	0	0	0	2	11	14	.345	.191

Rene Gonzales — Indians
Age 33 – Bats Right (groundball hitter)

	Avg	G	AB	R	H	2B	3B	HR	RBI	BB	SO	HBP	GDP	SB	CS	OBP	SLG	IBB	SH	SF	#Pit	#P/PA	GB	FB	G/F
1994 Season	.348	22	23	6	8	1	1	1	5	5	3	0	0	2	0	.448	.609	0	1	1	125	4.17	7	8	0.88
Last Five Years	.251	381	908	116	228	41	3	12	92	119	130	9	37	15	11	.342	.343	3	20	5	3915	3.69	368	230	1.60

1994 Season

	Avg	AB	H	2B	3B	HR	RBI	BB	SO	OBP	SLG		Avg	AB	H	2B	3B	HR	RBI	BB	SO	OBP	SLG
vs. Left	.143	7	1	1	0	0	0	3	0	.400	.286	Scoring Posn	.125	8	1	0	0	0	4	2	0	.273	.125
vs. Right	.438	16	7	0	1	1	5	2	3	.474	.750	Close & Late	.333	3	1	1	0	0	1	3	0	.667	.667

Last Five Years

	Avg	AB	H	2B	3B	HR	RBI	BB	SO	OBP	SLG		Avg	AB	H	2B	3B	HR	RBI	BB	SO	OBP	SLG
vs. Left	.264	250	66	15	1	4	26	44	34	.381	.380	Scoring Posn	.270	204	55	7	2	4	81	44	32	.396	.382
vs. Right	.246	658	162	26	2	8	66	75	96	.326	.328	Close & Late	.206	141	29	4	0	3	14	29	24	.345	.298
Groundball	.240	225	54	9	0	1	16	26	27	.317	.293	None on/out	.288	208	60	10	0	3	3	25	32	.365	.380
Flyball	.263	224	59	11	1	5	34	29	32	.355	.388	Batting #6	.261	303	79	16	1	2	22	44	43	.358	.340
Home	.256	438	112	26	0	9	48	62	58	.352	.377	Batting #9	.229	192	44	5	2	3	17	20	30	.313	.323
Away	.247	470	116	15	3	4	57	72	72	.333	.311	Other	.254	413	105	20	0	7	53	55	57	.343	.354
Day	.250	292	73	18	1	5	39	41	38	.343	.370	April	.243	107	26	5	0	4	14	21	19	.369	.402
Night	.252	616	155	23	2	7	53	78	92	.341	.330	May	.259	228	59	7	1	4	35	32	29	.352	.351
Grass	.265	699	185	35	2	11	83	94	98	.352	.368	June	.224	156	35	10	1	2	13	20	20	.320	.340
Turf	.206	209	43	6	1	1	9	25	32	.308	.258	July	.293	184	54	9	0	1	12	22	23	.367	.359
First Pitch	.265	136	36	4	0	2	13	2	0	.275	.338	August	.283	120	34	7	1	0	11	11	21	.353	.358
Ahead in Count	.284	197	56	19	1	4	31	61	0	.454	.452	September/October	.177	113	20	3	0	1	7	13	18	.271	.230
Behind in Count	.222	409	91	12	1	3	27	0	113	.232	.279	Pre-All Star	.250	572	143	25	2	11	68	78	80	.343	.358
Two Strikes	.206	393	81	9	2	4	27	56	130	.312	.270	Post-All Star	.253	336	85	16	1	1	24	41	50	.339	.315

Batter vs. Pitcher (career)

Hits Best Against	Avg	AB	H	2B	3B	HR	RBI	BB	SO	OBP	SLG	Hits Worst Against	Avg	AB	H	2B	3B	HR	RBI	BB	SO	OBP	SLG
Melido Perez	.583	12	7	1	0	0	2	2	3	.643	.667	Roger Clemens	.136	22	3	1	0	0	0	0	4	.136	.182
Jaime Navarro	.500	8	4	1	0	0	1	2	0	.636	.625	Mike Moore	.143	21	3	1	0	0	0	1	1	.182	.190
Randy Johnson	.467	15	7	0	0	1	2	5	2	.652	.733	John Dopson	.182	11	2	0	0	0	1	0	2	.182	.182
Kevin Brown	.444	9	4	0	0	0	0	2	0	.545	.444	Bob Welch	.200	15	3	0	0	0	0	1	4	.250	.200
Mark Langston	.357	14	5	0	1	0	3	2	3	.438	.500	Jack Morris	.214	14	3	0	0	0	3	0	4	.214	.214

Alex Gonzalez — Blue Jays
Age 22 – Bats Right (groundball hitter)

	Avg	G	AB	R	H	2B	3B	HR	RBI	BB	SO	HBP	GDP	SB	CS	OBP	SLG	IBB	SH	SF	#Pit	#P/PA	GB	FB	G/F
1994 Season	.151	15	53	7	8	3	1	0	1	4	17	1	2	3	0	.224	.245	0	1	0	229	3.88	19	9	2.11

1994 Season

	Avg	AB	H	2B	3B	HR	RBI	BB	SO	OBP	SLG		Avg	AB	H	2B	3B	HR	RBI	BB	SO	OBP	SLG
vs. Left	.167	18	3	1	1	0	1	2	5	.250	.333	Scoring Posn	.000	14	0	0	0	0	1	1	5	.067	.000
vs. Right	.143	35	5	2	0	0	0	2	12	.211	.200	Close & Late	.000	6	0	0	0	0	0	1	2	.250	.000

Juan Gonzalez — Rangers
Age 25 – Bats Right (flyball hitter)

	Avg	G	AB	R	H	2B	3B	HR	RBI	BB	SO	HBP	GDP	SB	CS	OBP	SLG	IBB	SH	SF	#Pit	#P/PA	GB	FB	G/F
1994 Season	.275	107	422	57	116	18	4	19	85	30	66	7	18	6	4	.330	.472	10	0	4	1582	3.42	124	149	0.83
Last Five Years	.277	569	2177	328	604	116	9	139	426	146	444	32	57	14	11	.330	.531	25	0	17	8340	3.52	652	735	0.89

1994 Season

	Avg	AB	H	2B	3B	HR	RBI	BB	SO	OBP	SLG		Avg	AB	H	2B	3B	HR	RBI	BB	SO	OBP	SLG
vs. Left	.298	94	28	4	1	5	24	11	15	.352	.521	Scoring Posn	.278	126	35	5	1	6	61	20	21	.371	.476
vs. Right	.268	328	88	14	3	14	61	19	51	.314	.457	Close & Late	.178	73	13	2	1	3	15	9	17	.286	.356
Groundball	.315	92	29	6	2	7	31	5	17	.356	.652	None on/out	.215	93	20	3	0	4	4	3	15	.247	.376

1994 Season

	Avg	AB	H	2B	3B	HR	RBI	BB	SO	OBP	SLG		Avg	AB	H	2B	3B	HR	RBI	BB	SO	OBP	SLG
Flyball	.278	108	30	6	0	3	15	9	12	.331	.417	Batting #4	.248	109	27	4	1	6	20	5	16	.297	.468
Home	.272	228	62	9	4	6	37	21	34	.346	.425	Batting #5	.284	313	89	14	3	13	64	23	50	.338	.473
Away	.278	194	54	9	0	13	48	9	32	.311	.526	Other	.000	0	0	0	0	0	1	2	0	1.000	.000
Day	.280	107	30	7	0	5	27	4	14	.307	.486	April	.241	87	21	4	1	5	21	3	14	.272	.483
Night	.273	315	86	11	4	14	58	26	52	.338	.467	May	.272	92	25	4	2	1	16	11	15	.352	.391
Grass	.279	369	103	16	4	17	78	26	54	.333	.482	June	.257	101	26	6	1	5	21	7	18	.327	.485
Turf	.245	53	13	2	0	2	7	4	12	.310	.396	July	.321	106	34	3	0	5	18	8	15	.374	.491
First Pitch	.383	60	23	4	0	6	19	7	0	.456	.750	August	.278	36	10	1	0	3	9	1	4	.289	.556
Ahead in Count	.314	118	37	4	0	7	23	14	0	.390	.525	September/October	.000	0	0	0	0	0	0	0	0	.000	.000
Behind in Count	.194	175	34	6	2	4	30	0	61	.201	.320	Pre-All Star	.256	317	81	15	4	13	67	23	49	.317	.451
Two Strikes	.175	160	28	5	0	4	20	8	66	.221	.281	Post-All Star	.333	105	35	3	0	6	18	7	17	.372	.533

1994 By Position

Position	Avg	AB	H	2B	3B	HR	RBI	BB	SO	OBP	SLG	G	GS	Innings	PO	A	E	DP	Fld Pct	Rng Fctr	In Zone	Zone Outs	Zone Rtg	MLB Zone
As lf	.275	422	116	18	4	19	84	29	66	.329	.472	107	105	932.0	223	9	2	1	.991	2.24	263	214	.814	.815

Last Five Years

	Avg	AB	H	2B	3B	HR	RBI	BB	SO	OBP	SLG		Avg	AB	H	2B	3B	HR	RBI	BB	SO	OBP	SLG
vs. Left	.292	531	155	28	1	32	102	48	111	.350	.529	Scoring Posn	.272	655	178	28	2	39	279	71	144	.341	.499
vs. Right	.273	1646	449	88	8	107	324	98	333	.323	.531	Close & Late	.246	354	87	19	1	23	67	30	88	.316	.500
Groundball	.316	531	168	34	2	38	121	30	107	.356	.603	None on/out	.269	491	132	30	2	25	25	20	91	.312	.491
Flyball	.260	520	135	26	2	37	117	37	110	.316	.531	Batting #4	.280	943	264	50	2	72	184	61	192	.336	.566
Home	.286	1104	316	64	7	59	193	76	242	.342	.517	Batting #5	.280	763	214	39	4	41	155	47	151	.325	.503
Away	.268	1073	288	52	2	80	233	70	202	.317	.544	Other	.268	471	126	27	3	26	87	38	101	.324	.503
Day	.286	420	120	26	2	26	100	25	79	.339	.543	April	.283	269	76	13	1	17	53	15	52	.326	.528
Night	.275	1757	484	90	7	113	326	121	365	.327	.528	May	.296	365	108	27	3	16	71	36	64	.364	.518
Grass	.281	1832	514	94	8	116	361	125	372	.333	.531	June	.278	395	110	17	2	26	84	36	84	.342	.529
Turf	.261	345	90	22	1	23	65	21	72	.315	.530	July	.292	397	116	18	1	30	88	25	83	.339	.569
First Pitch	.366	262	96	18	0	26	67	19	0	.426	.740	August	.271	380	103	17	1	34	80	20	82	.316	.589
Ahead in Count	.351	518	182	38	1	48	139	73	0	.432	.707	September/October	.245	371	91	24	1	16	50	14	79	.287	.445
Behind in Count	.220	1016	224	38	5	40	150	0	378	.228	.386	Pre-All Star	.284	1171	333	64	7	67	238	97	222	.345	.523
Two Strikes	.187	961	180	30	4	35	114	68	544	.234	.334	Post-All Star	.269	1006	271	52	2	72	188	64	222	.311	.540

Batter vs. Pitcher (career)

Hits Best Against	Avg	AB	H	2B	3B	HR	RBI	BB	SO	OBP	SLG	Hits Worst Against	Avg	AB	H	2B	3B	HR	RBI	BB	SO	OBP	SLG
Mark Gubicza	.500	16	8	2	0	2	7	0	2	.500	1.000	Chris Bosio	.048	21	1	0	0	0	0	2	8	.130	.048
Alan Mills	.455	11	5	1	0	3	6	0	5	.455	1.364	Arthur Rhodes	.063	16	1	0	0	0	2	0	7	.056	.063
David Wells	.438	16	7	0	0	2	7	2	1	.500	.813	Greg Harris	.071	14	1	0	0	0	1	1	4	.133	.071
Mike Henneman	.357	14	5	1	0	3	10	0	3	.313	1.071	Rich Monteleone	.077	13	1	1	0	0	0	0	3	.077	.154
Charlie Hough	.333	12	4	0	2	1	2	4	1	.385	.917	Wilson Alvarez	.091	11	1	0	0	0	0	0	1	.167	.091

Luis Gonzalez — Astros

Age 27 – Bats Left

	Avg	G	AB	R	H	2B	3B	HR	RBI	BB	SO	HBP	GDP	SB	CS	OBP	SLG	IBB	SH	SF	#Pit	#P/PA	GB	FB	G/F
1994 Season	.273	112	392	57	107	29	4	8	67	49	57	3	10	15	13	.353	.429	6	0	6	1593	3.54	141	120	1.18
Career (1990-1994)	.269	537	1813	231	487	112	19	46	263	162	298	23	34	52	36	.333	.427	21	5	22	7097	3.50	602	570	1.06

1994 Season

	Avg	AB	H	2B	3B	HR	RBI	BB	SO	OBP	SLG		Avg	AB	H	2B	3B	HR	RBI	BB	SO	OBP	SLG
vs. Left	.267	101	27	7	0	1	22	11	23	.347	.366	Scoring Posn	.313	115	36	13	2	3	59	17	11	.393	.539
vs. Right	.275	291	80	22	4	7	45	38	34	.355	.450	Close & Late	.315	54	17	6	1	0	9	7	10	.397	.463
Groundball	.296	142	42	13	1	7	28	12	14	.346	.549	None on/out	.309	94	29	8	2	1	1	12	14	.393	.468
Flyball	.250	64	16	4	3	0	11	10	18	.368	.406	Batting #5	.279	272	76	21	3	4	45	38	37	.368	.423
Home	.294	204	60	16	2	3	37	23	28	.365	.436	Batting #6	.287	101	29	8	1	4	22	10	16	.348	.505
Away	.250	188	47	13	2	5	30	26	29	.341	.420	Other	.105	19	2	0	0	0	0	1	4	.150	.105
Day	.254	122	31	8	2	5	26	18	18	.350	.475	April	.250	72	18	3	1	1	8	9	12	.341	.361
Night	.281	270	76	21	2	3	41	31	39	.355	.407	May	.286	98	28	7	0	3	16	6	12	.324	.449
Grass	.274	113	31	7	2	3	19	17	16	.371	.451	June	.207	92	19	5	2	1	14	11	20	.286	.337
Turf	.272	279	76	22	2	5	48	32	41	.346	.419	July	.303	99	30	9	0	3	22	14	10	.391	.485
First Pitch	.284	74	21	5	0	3	10	6	0	.349	.473	August	.387	31	12	5	1	0	7	9	3	.525	.613
Ahead in Count	.337	101	34	12	1	1	17	24	0	.457	.505	September/October	.000	0	0	0	0	0	0	0	0	.000	.000
Behind in Count	.207	145	30	7	2	4	22	0	47	.211	.366	Pre-All Star	.267	296	79	19	3	7	47	32	46	.337	.422
Two Strikes	.236	157	37	8	2	3	24	19	57	.322	.369	Post-All Star	.292	96	28	10	1	1	7	11	11	.400	.448

1994 By Position

Position	Avg	AB	H	2B	3B	HR	RBI	BB	SO	OBP	SLG	G	GS	Innings	PO	A	E	DP	Fld Pct	Rng Fctr	In Zone	Zone Outs	Zone Rtg	MLB Zone
As lf	.272	390	106	29	4	8	67	48	56	.351	.428	111	103	927.2	228	5	2	1	.991	2.26	272	217	.798	.815

Career (1990-1994)

	Avg	AB	H	2B	3B	HR	RBI	BB	SO	OBP	SLG		Avg	AB	H	2B	3B	HR	RBI	BB	SO	OBP	SLG
vs. Left	.269	476	128	30	3	6	69	43	93	.341	.382	Scoring Posn	.274	508	139	34	5	14	209	68	98	.354	.443
vs. Right	.269	1337	359	82	16	40	194	119	205	.330	.444	Close & Late	.302	291	88	20	3	4	42	26	53	.367	.433
Groundball	.282	628	177	40	6	22	96	42	80	.331	.470	None on/out	.300	380	114	24	6	12	12	31	56	.359	.489
Flyball	.273	352	96	22	7	12	60	39	77	.360	.477	Batting #5	.301	429	129	33	5	6	67	52	62	.375	.443
Home	.268	907	243	57	10	19	134	78	149	.328	.416	Batting #6	.289	502	145	32	7	16	83	37	78	.342	.476
Away	.269	906	244	55	9	27	129	84	149	.337	.439	Other	.241	882	213	47	7	24	113	73	158	.306	.392
Day	.262	520	136	35	7	18	75	53	81	.333	.460	April	.219	256	56	12	2	6	28	21	48	.295	.352
Night	.271	1293	351	77	12	28	188	109	217	.333	.415	May	.251	327	82	20	4	12	50	21	49	.296	.446

Career (1990-1994)

	Avg	AB	H	2B	3B	HR	RBI	BB	SO	OBP	SLG		Avg	AB	H	2B	3B	HR	RBI	BB	SO	OBP	SLG
Grass	.279	574	160	32	7	18	87	51	93	.342	.453	June	.253	316	80	19	3	8	45	35	53	.330	.408
Turf	.264	1239	327	80	12	28	176	111	205	.328	.416	July	.307	316	97	22	4	10	56	39	44	.386	.497
First Pitch	.318	330	105	17	3	17	62	17	0	.359	.542	August	.310	290	90	18	5	4	40	23	54	.365	.448
Ahead in Count	.349	430	150	34	5	10	68	73	0	.441	.521	September/October	.266	308	82	21	1	6	44	23	50	.320	.399
Behind in Count	.203	735	149	38	7	13	86	0	249	.212	.327	Pre-All Star	.253	1018	258	60	12	32	149	100	164	.325	.430
Two Strikes	.197	745	147	33	7	13	81	70	298	.273	.313	Post-All Star	.288	795	229	52	7	14	114	62	134	.343	.424

Batter vs. Pitcher (career)

Hits Best Against	Avg	AB	H	2B	3B	HR	RBI	BB	SO	OBP	SLG	Hits Worst Against	Avg	AB	H	2B	3B	HR	RBI	BB	SO	OBP	SLG
Mike Harkey	.583	12	7	1	1	2	6	0	2	.583	1.333	Scott Sanders	.000	10	0	0	0	0	0	1	3	.091	.000
Dwight Gooden	.526	19	10	4	0	3	1	3	.550	.895	Ken Hill	.074	27	2	0	1	0	3	1	5	.107	.148
Pete Schourek	.467	15	7	2	0	0	4	1	1	.500	.600	Jeff Fassero	.077	13	1	1	0	0	0	0	5	.077	.154
Randy Myers	.455	11	5	3	0	0	5	1	2	.500	.727	Randy Tomlin	.143	14	2	0	0	0	1	0	2	.143	.143
Jose DeLeon	.333	12	4	0	0	2	3	0	2	.385	.833	Dennis Martinez	.154	13	2	0	0	0	1	0	2	.154	.154

Dwight Gooden — *Mets*   Age 30 – Pitches Right (groundball pitcher)

	ERA	W	L	Sv	G	GS	IP	BB	SO	Avg	H	2B	3B	HR	RBI	OBP	SLG	CG	ShO	Sup	QS	#P/S	SB	CS	GB	FB	G/F
1994 Season	6.31	3	4	0	7	7	41.1	15	40	.282	46	7	1	9	27	.346	.503	0	0	5.66	3	98	11	3	61	36	1.69
Last Five Years	3.77	57	46	0	128	128	878.2	272	707	.254	845	150	25	58	361	.313	.367	15	4	5.09	78	105	154	56	1285	707	1.82

1994 Season

	ERA	W	L	Sv	G	GS	IP	H	HR	BB	SO		Avg	AB	H	2B	3B	HR	RBI	BB	SO	OBP	SLG
Home	6.45	1	3	0	4	4	22.1	22	5	11	26	vs. Left	.256	78	20	1	1	6	13	9	21	.333	.526
Away	6.16	2	1	0	3	3	19.0	24	4	4	14	vs. Right	.306	85	26	6	0	3	14	6	19	.359	.482

Last Five Years

	ERA	W	L	Sv	G	GS	IP	H	HR	BB	SO		Avg	AB	H	2B	3B	HR	RBI	BB	SO	OBP	SLG
Home	3.61	34	24	0	71	71	491.1	449	37	143	387	vs. Left	.257	1858	477	87	9	34	188	177	360	.321	.368
Away	3.97	23	22	0	57	57	387.1	396	21	129	320	vs. Right	.251	1465	368	63	16	24	173	95	347	.303	.365
Day	3.54	20	17	0	44	44	307.1	287	17	106	238	Inning 1-6	.258	2782	719	134	22	48	319	231	595	.317	.374
Night	3.89	37	29	0	84	84	571.1	558	41	166	469	Inning 7+	.233	541	126	16	3	10	42	41	112	.290	.329
Grass	3.65	49	33	0	98	98	682.2	637	49	210	535	None on	.252	1910	482	92	13	34	34	166	405	.316	.368
Turf	4.18	8	13	0	30	30	196.0	208	9	62	172	Runners on	.257	1413	363	58	12	24	327	106	302	.309	.366
April	3.36	10	8	0	22	22	147.1	124	8	50	115	Scoring Posn	.246	887	218	33	7	13	287	80	209	.307	.343
May	3.94	9	10	0	23	23	162.0	169	11	53	126	Close & Late	.222	297	66	6	0	7	26	23	62	.279	.313
June	4.70	10	11	0	27	27	184.0	185	16	60	139	None on/out	.284	849	241	53	4	16	16	69	163	.341	.412
July	3.00	12	5	0	19	19	138.0	126	6	40	122	vs. 1st Batr (relief)	.000	0	0	0	0	0	0	0	0	.000	.000
August	4.27	9	9	0	23	23	141.1	142	12	45	121	First Inning Pitched	.270	485	131	28	4	6	64	43	94	.330	.381
September/October	2.80	7	3	0	14	14	106.0	99	5	24	84	First 75 Pitches	.258	2318	599	115	19	39	248	178	489	.314	.375
Starter	3.77	57	46	0	128	128	878.2	845	58	272	707	Pitch 76-90	.262	416	109	16	1	9	49	41	82	.330	.370
Reliever	0.00	0	0	0	0	0	0.0	0	0	0	0	Pitch 91-105	.245	355	87	13	3	6	40	29	75	.302	.349
0-3 Days Rest (St)	5.11	1	1	0	2	2	12.1	13	2	3	14	Pitch 106+	.214	234	50	6	2	4	22	24	61	.292	.308
4 Days Rest	3.78	42	27	0	89	89	621.0	598	37	191	498	First Pitch	.312	520	162	25	6	17	82	11	0	.329	.481
5+ Days Rest	3.67	14	18	0	37	37	245.1	234	19	78	195	Ahead in Count	.188	1545	290	55	14	11	111	0	602	.195	.263
Pre-All Star	4.05	33	32	0	79	79	547.1	527	38	173	429	Behind in Count	.347	688	239	42	5	24	109	121	0	.444	.528
Post-All Star	3.31	24	14	0	49	49	331.1	318	20	99	278	Two Strikes	.168	1555	262	51	10	13	111	140	707	.241	.239

Pitcher vs. Batter (career)

Pitches Best Vs.	Avg	AB	H	2B	3B	HR	RBI	BB	SO	OBP	SLG	Pitches Worst Vs.	Avg	AB	H	2B	3B	HR	RBI	BB	SO	OBP	SLG
Fernando Valenzuela	.067	15	1	1	0	0	0	0	4	.067	.133	Luis Gonzalez	.526	19	10	4	0	1	3	1	3	.550	.895
Dennis Martinez	.071	14	1	0	0	0	0	0	6	.071	.071	Randy Ready	.500	12	6	1	1	0	0	1	2	.538	.750
Jose Offerman	.071	14	1	0	0	0	2	1	1	.133	.071	Dave Clark	.467	15	7	0	0	2	5	4	0	.579	.867
Jose Oquendo	.077	26	2	0	0	0	0	0	3	.111	.077	Ray Lankford	.440	25	11	2	0	2	7	5	4	.533	.760
Chuck Carr	.083	12	1	0	0	0	0	0	4	.083	.083	Orestes Destrade	.333	9	3	2	0	1	4	2	3	.455	.889

Tom Goodwin — *Royals*   Age 26 – Bats Left

	Avg	G	AB	R	H	2B	3B	HR	RBI	BB	SO	HBP	GDP	SB	CS	OBP	SLG	IBB	SH	SF	#Pit	#P/PA	GB	FB	G/F
1994 Season	.000	2	2	0	0	0	0	0	0	0	1	0	0	0	0	.000	.000	0	0	0	11	5.50	0	1	0.00
Career (1991-1994)	.232	105	99	24	23	2	1	0	4	7	15	0	1	9	6	.283	.273	0	0	0	378	3.57	36	24	1.50

1994 Season

	Avg	AB	H	2B	3B	HR	RBI	BB	SO	OBP	SLG		Avg	AB	H	2B	3B	HR	RBI	BB	SO	OBP	SLG
vs. Left	.000	0	0	0	0	0	0	0	0	.000	.000	Scoring Posn	.000	2	0	0	0	0	0	0	1	.000	.000
vs. Right	.000	2	0	0	0	0	0	0	1	.000	.000	Close & Late	.000	0	0	0	0	0	0	0	0	.000	.000

Tom Gordon — *Royals*   Age 27 – Pitches Right

	ERA	W	L	Sv	G	GS	IP	BB	SO	Avg	H	2B	3B	HR	RBI	OBP	SLG	CG	ShO	Sup	QS	#P/S	SB	CS	GB	FB	G/F
1994 Season	4.35	11	7	0	24	24	155.1	87	126	.237	136	24	4	15	70	.336	.371	0	0	5.10	14	108	32	8	230	127	1.81
Last Five Years	3.98	50	48	2	189	95	782.0	405	709	.240	698	121	24	68	339	.333	.368	9	1	4.73	52	104	69	41	1043	724	1.44

1994 Season

	ERA	W	L	Sv	G	GS	IP	H	HR	BB	SO		Avg	AB	H	2B	3B	HR	RBI	BB	SO	OBP	SLG
Home	4.33	4	4	0	13	13	79.0	65	8	44	60	vs. Left	.248	282	70	13	2	6	33	41	60	.346	.372
Away	4.36	7	3	0	11	11	76.1	71	9	43	66	vs. Right	.226	292	66	11	2	9	37	46	66	.328	.370
Day	6.69	2	2	0	6	6	35.0	37	4	20	25	Inning 1-6	.240	491	118	21	3	14	66	75	108	.339	.381
Night	3.66	9	5	0	18	18	120.1	99	11	67	101	Inning 7+	.217	83	18	3	1	1	4	12	18	.320	.313

1994 Season

	ERA	W	L	Sv	G	GS	IP	H	HR	BB	SO		Avg	AB	H	2B	3B	HR	RBI	BB	SO	OBP	SLG
Grass	3.93	4	3	0	8	8	55.0	55	4	34	43	None on	.236	301	71	16	3	6	6	41	70	.319	.353
Turf	4.57	7	4	0	16	16	100.1	81	11	53	83	Runners on	.238	231	55	8	1	9	64	46	56	.359	.398
April	3.23	1	1	0	5	5	30.2	23	2	17	23	Scoring Posn	.232	138	32	5	1	7	58	33	35	.370	.435
May	5.56	4	2	0	6	6	43.2	42	6	24	37	Close & Late	.226	53	12	3	1	1	4	7	12	.311	.377
June	2.32	3	1	0	5	5	31.0	25	3	17	24	None on/out	.230	152	35	6	1	3	14	34	29	.299	.342
July	7.15	2	2	0	6	6	34.0	36	4	23	28	vs. 1st Batr (relief)	.000	0	0	0	0	0	0	0	0	.000	.000
August	1.13	1	1	0	2	2	16.0	10	0	6	14	First Inning Pitched	.173	81	14	3	0	3	11	20	23	.333	.321
September/October	0.00	0	0	0	0	0	0.0	0	0	0	0	First 75 Pitches	.230	369	85	17	2	10	41	61	83	.340	.369
Starter	4.35	11	7	0	24	24	155.1	136	15	87	126	Pitch 76-90	.286	77	22	3	1	1	12	6	15	.329	.390
Reliever	0.00	0	0	0	0	0	0.0	0	0	0	0	Pitch 91-105	.231	65	15	3	0	4	14	10	11	.325	.462
0-3 Days Rest (St)	0.00	0	0	0	0	0	0.0	0	0	0	0	Pitch 106+	.222	63	14	1	1	0	3	10	17	.333	.270
4 Days Rest	3.97	8	4	0	17	17	113.1	99	8	56	96	First Pitch	.320	75	24	3	2	3	15	3	0	.349	.533
5+ Days Rest	5.36	3	3	0	7	7	42.0	37	7	31	30	Ahead in Count	.176	255	45	7	0	7	27	0	98	.178	.286
Pre-All Star	3.95	9	4	0	18	18	118.1	101	12	63	96	Behind in Count	.315	127	40	8	2	4	22	49	0	.503	.504
Post-All Star	5.59	2	3	0	6	6	37.0	35	3	24	30	Two Strikes	.144	263	38	7	0	7	22	35	126	.243	.251

Last Five Years

	ERA	W	L	Sv	G	GS	IP	H	HR	BB	SO		Avg	AB	H	2B	3B	HR	RBI	BB	SO	OBP	SLG
Home	3.46	24	22	2	95	46	395.1	324	25	194	351	vs. Left	.251	1445	362	53	12	25	151	201	333	.342	.356
Away	4.52	26	26	0	94	49	386.2	374	43	211	358	vs. Right	.229	1469	336	68	12	43	188	204	376	.324	.379
Day	3.60	20	15	0	55	30	240.1	218	23	109	217	Inning 1-6	.240	2129	512	93	20	5	258	302	506	.335	.375
Night	4.15	30	33	2	134	65	541.2	480	45	296	492	Inning 7+	.237	785	186	28	4	17	81	103	203	.328	.348
Grass	4.62	16	21	0	71	37	288.1	291	34	151	267	None on	.250	1623	406	78	13	38	38	208	377	.338	.384
Turf	3.61	34	27	2	118	58	493.2	407	34	254	442	Runners on	.226	1291	292	43	11	30	301	197	332	.327	.346
April	3.14	4	5	0	25	14	111.2	95	7	56	107	Scoring Posn	.236	762	180	28	9	20	270	127	208	.341	.375
May	4.88	10	10	1	35	21	153.0	141	15	80	130	Close & Late	.270	370	100	18	3	8	41	46	105	.355	.400
June	3.70	8	8	0	32	15	121.2	111	14	62	109	None on/out	.241	722	174	34	5	15	15	84	170	.323	.364
July	4.87	9	10	0	34	17	136.2	129	14	90	124	vs. 1st Batr (relief)	.200	80	16	3	1	1	14	12	22	.309	.300
August	2.87	11	9	1	27	15	138.0	117	10	53	132	First Inning Pitched	.192	642	123	25	2	11	76	107	185	.307	.288
September/October	4.17	8	6	0	36	13	121.0	105	8	64	107	First 75 Pitches	.233	2188	509	84	18	47	245	325	553	.333	.352
Starter	4.20	36	34	0	95	95	583.1	544	55	307	504	Pitch 76-90	.294	303	89	20	4	7	44	28	59	.351	.455
Reliever	3.35	14	14	2	94	0	198.2	154	13	98	205	Pitch 91-105	.250	240	60	11	0	9	36	32	46	.335	.408
0-3 Days Rest (St)	1.33	3	0	0	4	4	27.0	17	0	13	27	Pitch 106+	.219	183	40	6	2	5	14	20	51	.301	.355
4 Days Rest	4.30	22	22	0	58	58	357.2	331	32	182	318	First Pitch	.328	360	118	16	4	11	70	16	0	.358	.486
5+ Days Rest	4.39	11	12	0	33	33	198.2	196	23	112	159	Ahead in Count	.185	1327	246	39	6	24	107	0	548	.189	.283
Pre-All Star	4.02	24	28	1	104	55	434.2	383	40	224	390	Behind in Count	.296	646	191	36	7	22	108	243	0	.485	.475
Post-All Star	3.94	26	20	1	85	40	347.1	315	28	181	319	Two Strikes	.150	1424	214	39	8	23	94	146	709	.230	.237

Pitcher vs. Batter (career)

Pitches Best Vs.	Avg	AB	H	2B	3B	HR	RBI	BB	SO	OBP	SLG	Pitches Worst Vs.	Avg	AB	H	2B	3B	HR	RBI	BB	SO	OBP	SLG
Robin Ventura	.000	19	0	0	0	0	0	4	5	.174	.000	Alan Trammell	.412	17	7	1	0	2	3	3	1	.500	.824
Roberto Kelly	.000	13	0	0	0	0	1	0	6	.000	.000	Sam Horn	.400	10	4	1	0	3	2	3	.500	.800
Dave Henderson	.000	12	0	0	0	0	0	1	9	.077	.000	Ken Griffey Jr	.393	28	11	1	0	5	10	5	4	.485	.964
Geno Petralli	.000	11	0	0	0	0	0	3	2	.214	.000	Dave Nilsson	.385	13	5	2	1	1	2	2	1	.467	.923
Junior Ortiz	.077	13	1	0	0	0	0	3	.143	.077	Paul Sorrento	.333	9	3	1	0	1	4	7	2	.625	.778

Goose Gossage — Mariners
Age 43 – Pitches Right

	ERA	W	L	Sv	G	GS	IP	BB	SO	Avg	H	2B	3B	HR	RBI	OBP	SLG	GF	IR	IRS	Hld	SvOp	SB	CS	GB	FB	G/F
1994 Season	4.18	3	0	1	36	0	47.1	15	29	.251	44	1	6	32	.318	.440	21	40	11	3	1	5	1	65	57	1.14
Last Five Years	3.84	11	9	3	149	0	173.1	76	123	.245	158	30	5	21	111	.331	.406	62	205	74	23	11	17	6	220	203	1.08

1994 Season

	ERA	W	L	Sv	G	GS	IP	H	HR	BB	SO		Avg	AB	H	2B	3B	HR	RBI	BB	SO	OBP	SLG
Home	3.20	1	0	0	15	0	19.2	17	0	7	11	vs. Left	.205	78	16	5	0	2	14	5	7	.253	.346
Away	4.88	2	0	1	21	0	27.2	27	6	8	18	vs. Right	.289	97	28	8	1	4	18	10	22	.366	.515
Starter	0.00	0	0	0	0	0	0.0	0	0	0	0	Scoring Posn	.258	66	17	5	0	1	23	7	11	.338	.379
Reliever	4.18	3	0	1	36	0	47.1	44	6	15	29	Close & Late	.241	29	7	1	0	0	1	5	6	.378	.276
0 Days rest (Re)	0.00	1	0	0	3	0	4.0	4	0	1	3	None on/out	.282	39	11	2	0	1	1	1	8	.300	.410
1 or 2 Days rest	7.45	0	0	1	15	0	19.1	22	6	6	14	First Pitch	.304	23	7	2	0	1	7	1	0	.333	.522
3+ Days rest	2.25	2	0	0	18	0	24.0	18	0	8	12	Ahead in Count	.181	72	13	1	1	2	9	0	21	.192	.306
Pre-All Star	4.75	2	0	1	26	0	36.0	37	6	13	25	Behind in Count	.237	38	9	3	0	3	8	9	0	.388	.553
Post-All Star	2.38	1	0	0	10	0	11.1	7	0	2	4	Two Strikes	.222	81	18	6	1	2	13	5	29	.273	.395

Last Five Years

	ERA	W	L	Sv	G	GS	IP	H	HR	BB	SO		Avg	AB	H	2B	3B	HR	RBI	BB	SO	OBP	SLG
Home	3.08	6	1	2	71	0	84.2	73	7	39	61	vs. Left	.231	251	58	14	0	4	33	32	34	.319	.335
Away	4.57	5	8	1	78	0	88.2	85	14	37	62	vs. Right	.255	392	100	16	5	17	78	44	89	.339	.452
Day	3.83	2	2	0	41	0	44.2	48	6	9	38	Inning 1-6	.227	66	15	3	1	3	12	5	11	.282	.439
Night	3.85	9	7	3	108	0	128.2	110	15	67	85	Inning 7+	.248	577	143	27	4	18	99	71	112	.336	.402
Grass	4.01	10	6	3	113	0	130.1	118	19	56	102	None on	.229	315	72	17	3	10	10	37	56	.319	.397
Turf	3.35	1	3	0	36	0	43.0	40	2	20	21	Runners on	.262	328	86	13	2	11	101	39	67	.342	.415
April	1.62	4	1	0	28	0	33.1	21	2	14	24	Scoring Posn	.264	216	57	8	0	6	84	31	45	.358	.384
May	3.62	4	2	1	39	0	49.2	34	6	31	41	Close & Late	.242	240	58	10	1	7	42	42	53	.363	.379
June	4.03	2	3	0	30	0	38.0	42	4	15	16	None on/out	.264	137	36	7	1	5	5	10	26	.327	.438
July	8.78	0	4	1	31	0	27.2	42	7	11	24	vs. 1st Batr (relief)	.305	131	40	9	1	6	28	14	26	.383	.527
August	2.40	1	0	1	12	0	15.0	11	2	4	11	First Inning Pitched	.253	466	118	22	4	20	103	54	92	.335	.446
September/October	0.00	0	0	0	9	0	9.2	8	0	1	7	First 15 Pitches	.275	403	111	20	5	17	86	49	71	.358	.476
Starter	0.00	0	0	0	0	0	0.0	0	0	0	0	Pitch 16-30	.202	193	39	4	2	6	21	22	38	.291	.306

	ERA	W	L	Sv	G	GS	IP	H	HR	BB	SO		Avg	AB	H	2B	3B	HR	RBI	BB	SO	OBP	SLG
Reliever	3.84	11	9	3	149	0	173.1	158	21	76	123	Pitch 31-45	.140	43	6	2	0	0	4	5	14	.245	.186
0 Days rest (Re)	9.16	2	1	0	17	0	18.2	29	4	9	11	Pitch 46+	.500	4	2	0	0	0	0	0	0	.500	.500
1 or 2 Days rest	4.13	4	6	2	66	0	76.1	69	14	31	55	First Pitch	.301	73	22	5	0	2	14	6	0	.363	.452
3+ Days rest	2.30	5	2	1	66	0	78.1	60	3	36	57	Ahead in Count	.190	295	56	5	3	3	32	0	105	.202	.258
Pre-All Star	3.57	10	7	1	105	0	128.2	110	14	64	90	Behind in Count	.264	140	37	8	1	12	41	40	0	.424	.593
Post-All Star	4.63	1	2	2	44	0	44.2	48	7	12	33	Two Strikes	.198	298	59	10	4	6	36	30	123	.278	.319

Pitcher vs. Batter (since 1984)

Pitches Best Vs.	Avg	AB	H	2B	3B	HR	RBI	BB	SO	OBP	SLG	Pitches Worst Vs.	Avg	AB	H	2B	3B	HR	RBI	BB	SO	OBP	SLG
Gerald Perry	.100	10	1	0	0	0	2	0	2	.091	.100	Kevin Bass	.727	11	8	1	0	0	3	0	1	.727	.818
Darryl Strawberry	.167	12	2	0	0	0	3	2	5	.286	.167	Andy Van Slyke	.545	11	6	0	0	1	4	0	1	.545	.818
Tony Pena	.211	19	4	0	0	0	3	1	1	.238	.211	Lenny Dykstra	.417	12	5	0	1	0	3	0	0	.417	.583
Ozzie Smith	.231	13	3	1	0	0	1	1	0	.286	.462	Hubie Brooks	.400	15	6	0	0	1	4	0	5	.400	.600
Chili Davis	.235	17	4	1	0	0	3	1	4	.278	.294	Terry Pendleton	.385	13	5	2	0	0	2	0	0	.385	.538

Jim Gott — Dodgers
Age 35 – Pitches Right (groundball pitcher)

	ERA	W	L	Sv	G	GS	IP	BB	SO	Avg	H	2B	3B	HR	RBI	OBP	SLG	GF	IR	IRS	Hld	SvOp	SB	CS	GB	FB	G/F
1994 Season	5.94	5	3	2	37	0	36.1	20	29	.322	46	7	0	3	22	.413	.434	17	19	9	6	7	2	2	53	33	1.61
Last Five Years	2.99	19	22	38	272	0	340.0	144	288	.247	311	36	4	23	127	.325	.336	140	207	66	35	53	22	11	477	283	1.69

1994 Season

	ERA	W	L	Sv	G	GS	IP	H	HR	BB	SO		Avg	AB	H	2B	3B	HR	RBI	BB	SO	OBP	SLG
Home	6.35	4	1	0	12	0	11.1	11	2	5	7	vs. Left	.333	66	22	4	0	1	8	10	13	.423	.439
Away	5.76	1	2	2	25	0	25.0	35	1	15	22	vs. Right	.312	77	24	3	0	2	14	10	16	.404	.429
Starter	0.00	0	0	0	0	0	0.0	0	0	0	0	Scoring Posn	.306	49	15	3	0	0	17	8	9	.407	.367
Reliever	5.94	5	3	2	37	0	36.1	46	3	20	29	Close & Late	.373	67	25	4	0	1	13	6	13	.440	.478
0 Days rest (Re)	7.15	0	1	1	13	0	11.1	20	1	7	13	None on/out	.452	31	14	2	0	1	5	7	7	.528	.613
1 or 2 Days rest	5.93	2	1	1	13	0	13.2	17	1	7	10	First Pitch	.391	23	9	1	0	1	6	4	0	.500	.565
3+ Days rest	4.76	3	1	0	11	0	11.1	9	1	6	6	Ahead in Count	.236	72	17	2	0	1	6	0	28	.257	.306
Pre-All Star	5.13	5	2	1	27	0	26.1	29	3	13	21	Behind in Count	.433	30	13	3	0	1	7	5	0	.514	.633
Post-All Star	8.10	0	1	1	10	0	10.0	17	0	7	8	Two Strikes	.238	63	15	3	0	0	4	11	29	.364	.286

Last Five Years

	ERA	W	L	Sv	G	GS	IP	H	HR	BB	SO		Avg	AB	H	2B	3B	HR	RBI	BB	SO	OBP	SLG
Home	2.89	10	9	16	127	0	165.1	137	13	72	151	vs. Left	.250	640	160	20	4	12	60	84	150	.337	.350
Away	3.09	9	13	22	145	0	174.2	174	10	72	137	vs. Right	.243	621	151	16	0	11	67	60	138	.312	.322
Day	2.80	7	3	9	67	0	83.2	80	6	43	67	Inning 1-6	.196	112	22	1	0	4	11	17	26	.295	.313
Night	3.05	12	19	29	205	0	256.1	231	17	101	221	Inning 7+	.252	1149	289	35	4	19	116	127	262	.328	.339
Grass	3.07	15	17	30	202	0	255.0	232	19	117	208	None on	.251	681	171	25	1	9	9	59	154	.312	.330
Turf	2.75	4	5	8	70	0	85.0	79	4	27	80	Runners on	.241	580	140	11	3	14	118	85	134	.339	.343
April	2.61	3	2	4	39	0	48.1	41	2	24	38	Scoring Posn	.221	353	78	6	3	6	101	68	85	.343	.306
May	2.98	4	2	6	43	0	51.1	44	2	19	42	Close & Late	.251	622	156	21	2	13	80	74	147	.332	.354
June	4.02	2	9	7	50	0	56.0	60	7	29	49	None on/out	.295	298	88	17	0	5	5	32	60	.364	.403
July	2.80	3	2	8	50	0	64.1	62	3	24	47	vs. 1st Batr (relief)	.293	246	72	13	0	2	21	22	50	.348	.370
August	1.76	4	3	11	50	0	71.2	50	5	27	59	First Inning Pitched	.257	891	229	27	3	16	104	109	207	.339	.348
September/October	4.28	3	4	2	40	0	48.1	54	4	21	48	First 15 Pitches	.261	819	214	27	2	14	87	91	180	.335	.350
Starter	0.00	0	0	0	0	0	0.0	0	0	0	0	Pitch 16-30	.210	367	77	7	1	7	33	48	97	.305	.292
Reliever	2.99	19	22	38	272	0	340.0	311	23	144	288	Pitch 31-45	.274	62	17	2	1	2	7	5	9	.328	.435
0 Days rest (Re)	2.19	2	1	16	80	0	94.2	78	6	46	81	Pitch 46+	.231	13	3	0	0	0	0	0	0	.231	.231
1 or 2 Days rest	3.23	10	15	14	120	0	156.0	147	10	58	135	First Pitch	.304	158	48	6	1	4	24	30	0	.415	.430
3+ Days rest	3.43	7	6	8	72	0	89.1	86	7	40	72	Ahead in Count	.180	634	114	7	1	8	42	0	257	.183	.222
Pre-All Star	2.98	10	14	21	149	0	178.0	162	12	81	153	Behind in Count	.365	260	95	16	0	7	38	52	0	.468	.508
Post-All Star	3.00	9	8	17	123	0	162.0	149	11	63	135	Two Strikes	.166	620	103	7	2	7	34	62	288	.245	.218

Pitcher vs. Batter (since 1984)

Pitches Best Vs.	Avg	AB	H	2B	3B	HR	RBI	BB	SO	OBP	SLG	Pitches Worst Vs.	Avg	AB	H	2B	3B	HR	RBI	BB	SO	OBP	SLG
Marquis Grissom	.000	10	0	0	0	0	0	1	4	.091	.000	Mark Grace	.462	13	6	1	0	0	3	1	1	.563	.538
Jeff Bagwell	.000	9	0	0	0	0	0	1	3	.182	.000	Milt Thompson	.455	11	5	1	1	0	3	2	2	.538	.727
Mariano Duncan	.071	14	1	0	0	0	1	1	2	.125	.071	Juan Samuel	.417	12	5	1	0	1	3	0	2	.471	.750
Kevin Mitchell	.077	13	1	0	0	0	1	1	2	.143	.077	Eric Davis	.357	14	5	2	0	2	4	3	5	.471	.929
Ozzie Smith	.143	14	2	0	0	0	0	2	1	.133	.143	Dave Justice	.333	9	3	0	0	1	3	2	1	.500	.556

Mauro Gozzo — Mets
Age 29 – Pitches Right (groundball pitcher)

	ERA	W	L	Sv	G	GS	IP	BB	SO	Avg	H	2B	3B	HR	RBI	OBP	SLG	GF	IR	IRS	Hld	SvOp	SB	CS	GB	FB	G/F
1994 Season	4.83	3	5	0	23	8	69.0	26	33	.304	86	23	1	5	37	.363	.445	3	22	5	7	1	1	6	3	123	74	1.66
Last Five Years	5.46	3	6	1	39	10	92.1	42	45	.304	115	32	1	8	53	.370	.458	11	11	3	4	2	1	8	3	158	103	1.53

1994 Season

	ERA	W	L	Sv	G	GS	IP	H	HR	BB	SO		Avg	AB	H	2B	3B	HR	RBI	BB	SO	OBP	SLG
Home	5.35	1	3	0	11	4	33.2	48	2	8	19	vs. Left	.336	143	48	14	0	3	20	18	11	.405	.497
Away	4.33	2	2	0	12	4	35.1	38	3	20	14	vs. Right	.271	140	38	9	1	2	17	10	22	.318	.393
Starter	5.08	2	3	0	8	8	44.1	49	3	16	21	Scoring Posn	.247	77	19	9	0	1	30	14	9	.344	.403
Reliever	4.38	1	2	0	15	0	24.2	37	2	10	12	Close & Late	.342	38	13	3	0	1	5	7	1	.435	.500
0 Days rest (Re)	9.00	0	1	0	2	0	1.0	2	0	1	0	None on/out	.292	65	19	5	0	1	0	7	8	.370	.400
1 or 2 Days rest	6.75	0	0	0	2	0	2.2	5	1	2	1	First Pitch	.440	50	22	5	0	5	17	0	0	.509	.540
3+ Days rest	3.86	1	1	0	11	0	21.0	30	1	9	12	Ahead in Count	.263	114	30	7	0	2	11	0	30	.263	.377
Pre-All Star	4.53	2	3	0	15	8	57.2	66	3	20	28	Behind in Count	.324	74	24	8	1	3	15	12	0	.402	.581

	ERA	W	L	Sv	G	GS	IP	H	HR	BB	SO		Avg	AB	H	2B	3B	HR	RBI	BB	SO	OBP	SLG
										1994 Season													
Post-All Star	6.35	1	2	0	8	0	11.1	20	2	8	5	Two Strikes	.207	111	23	4	0	1	11	8	33	.261	.270

Mark Grace — Cubs   Age 31 – Bats Left

	Avg	G	AB	R	H	2B	3B	HR	RBI	BB	SO	HBP	GDP	SB	CS	OBP	SLG	IBB	SH	SF	#Pit	#P/PA	GB	FB	G/F
1994 Season	.298	106	403	55	120	23	3	6	44	48	41	0	10	0	1	.370	.414	5	0	3	1574	3.47	151	108	1.40
Last Five Years	.302	736	2808	372	849	159	18	46	361	320	216	13	65	32	16	.372	.421	39	8	35	10835	3.40	1119	759	1.47

1994 Season

	Avg	AB	H	2B	3B	HR	RBI	BB	SO	OBP	SLG		Avg	AB	H	2B	3B	HR	RBI	BB	SO	OBP	SLG
vs. Left	.295	122	36	9	0	1	11	10	20	.343	.393	Scoring Posn	.326	86	28	8	2	1	38	15	9	.413	.500
vs. Right	.299	281	84	14	3	5	33	38	21	.381	.423	Close & Late	.368	76	28	3	0	4	13	11	11	.448	.566
Groundball	.263	133	35	8	1	2	16	10	15	.313	.383	None on/out	.261	88	23	1	0	3	3	8	8	.323	.375
Flyball	.338	65	22	4	1	1	7	10	9	.421	.477	Batting #3	.285	256	73	15	1	5	24	30	32	.356	.410
Home	.270	222	60	5	1	5	23	28	17	.349	.369	Batting #4	.363	91	33	5	1	1	13	13	7	.442	.473
Away	.331	181	60	18	2	1	21	20	24	.396	.470	Other	.250	56	14	3	1	0	7	5	2	.311	.339
Day	.299	241	72	11	1	4	29	30	22	.374	.402	April	.242	66	16	3	1	0	8	8	5	.316	.318
Night	.296	162	48	12	2	2	15	18	19	.365	.432	May	.356	101	36	7	0	1	15	16	11	.441	.455
Grass	.291	313	91	17	3	5	35	39	28	.367	.412	June	.248	101	25	3	2	0	8	11	6	.321	.317
Turf	.322	90	29	6	0	1	9	9	13	.380	.422	July	.333	99	33	9	0	4	14	9	12	.389	.545
First Pitch	.294	68	20	3	0	1	9	4	0	.324	.382	August	.278	36	10	1	0	1	1	4	7	.350	.389
Ahead in Count	.278	115	32	7	0	2	7	29	0	.424	.391	September/October	.000	0	0	0	0	0	0	0	0	.000	.000
Behind in Count	.283	159	45	12	1	2	20	0	39	.283	.409	Pre-All Star	.275	313	86	14	3	3	34	41	25	.356	.356
Two Strikes	.264	140	37	10	2	1	17	15	41	.333	.386	Post-All Star	.378	90	34	9	0	3	10	7	16	.423	.578

1994 By Position

Position	Avg	AB	H	2B	3B	HR	RBI	BB	SO	OBP	SLG	G	GS	Innings	PO	A	E	DP	Fld Pct	Rng Fctr	In Zone	Outs	Zone Rtg	MLB Zone
As 1b	.296	398	118	23	3	6	42	47	41	.368	.415	103	100	905.2	925	76	7	90	.993	---	190	164	.863	.818

Last Five Years

	Avg	AB	H	2B	3B	HR	RBI	BB	SO	OBP	SLG		Avg	AB	H	2B	3B	HR	RBI	BB	SO	OBP	SLG
vs. Left	.299	977	292	53	5	15	133	91	105	.358	.409	Scoring Posn	.310	677	210	49	7	6	294	118	59	.400	.430
vs. Right	.304	1831	557	106	13	31	228	229	111	.380	.427	Close & Late	.335	486	163	16	1	13	78	75	39	.426	.453
Groundball	.302	964	291	57	7	12	108	98	72	.364	.413	None on/out	.278	550	153	17	2	14	14	50	44	.339	.393
Flyball	.291	601	175	31	2	5	56	77	58	.371	.374	Batting #2	.278	418	116	17	5	3	33	43	33	.344	.364
Home	.307	1437	441	77	4	24	193	177	105	.381	.416	Batting #3	.300	1967	591	115	10	39	275	222	161	.369	.429
Away	.298	1371	408	82	14	22	168	143	111	.363	.426	Other	.336	423	142	27	3	4	53	55	22	.412	.442
Day	.307	1497	460	78	8	31	208	179	119	.380	.432	April	.267	352	94	19	3	6	46	54	19	.361	.389
Night	.297	1311	389	81	10	15	153	141	97	.363	.408	May	.315	523	165	35	5	7	76	58	46	.381	.442
Grass	.304	2063	628	117	12	35	269	240	169	.375	.424	June	.308	509	157	28	4	6	63	57	35	.376	.415
Turf	.297	745	221	42	6	11	92	80	47	.365	.413	July	.289	464	134	28	2	9	41	53	37	.363	.416
First Pitch	.319	562	179	33	4	9	86	26	0	.346	.440	August	.332	503	167	24	1	11	69	47	45	.391	.449
Ahead in Count	.340	808	275	52	8	17	124	187	0	.460	.488	September/October	.289	457	132	25	3	7	66	51	34	.356	.403
Behind in Count	.251	939	236	50	4	10	91	0	179	.253	.345	Pre-All Star	.294	1546	454	87	13	25	204	193	115	.370	.415
Two Strikes	.245	915	224	44	4	13	86	104	216	.322	.344	Post-All Star	.313	1262	395	72	5	21	157	127	101	.375	.428

Batter vs. Pitcher (career)

Hits Best Against	Avg	AB	H	2B	3B	HR	RBI	BB	SO	OBP	SLG	Hits Worst Against	Avg	AB	H	2B	3B	HR	RBI	BB	SO	OBP	SLG
Brian Williams	.556	9	5	0	0	2	5	0	.714	.556		Ron Darling	.042	24	1	1	0	0	2	4	1	.179	.083
Joe Boever	.556	9	5	1	0	0	4	4	1	.692	.667	Mitch Williams	.067	15	1	0	0	0	0	0	3	.067	.067
Craig Lefferts	.500	10	5	2	0	0	1	0	0	.615	.700	Jay Howell	.091	11	1	0	0	0	0	0	2	.091	.091
Mark Davis	.455	11	5	1	0	2	3	0	1	.455	1.091	Trevor Wilson	.115	26	3	1	0	0	2	4	.179	.154
Randy Myers	.429	14	6	0	2	1	6	1	3	.467	.929	Butch Henry	.125	16	2	1	0	0	0	0	1	.125	.188

Joe Grahe — Angels   Age 27 – Pitches Right (groundball pitcher)

	ERA	W	L	Sv	G	GS	IP	BB	SO	Avg	H	2B	3B	HR	RBI	OBP	SLG	GF	IR	IRS	Hld	SvOp	SB	CS	GB	FB	G/F
1994 Season	6.65	2	5	13	40	0	43.1	18	26	.362	68	5	1	5	43	.428	.479	32	20	13	0	19	5	0	93	25	3.72
Career (1990-1994)	4.34	17	23	45	157	25	311.0	138	161	.281	342	57	7	20	180	.361	.389	97	83	31	5	56	28	11	578	246	2.35

1994 Season

	ERA	W	L	Sv	G	GS	IP	H	HR	BB	SO		Avg	AB	H	2B	3B	HR	RBI	BB	SO	OBP	SLG
Home	6.15	1	3	7	24	0	26.1	44	4	10	14	vs. Left	.405	84	34	2	0	5	25	7	11	.469	.607
Away	7.41	1	2	6	16	0	17.0	24	1	8	12	vs. Right	.327	104	34	3	1	0	18	11	15	.395	.375
Starter	0.00	0	0	0	0	0	0.0	0	0	0	0	Scoring Posn	.338	71	24	1	0	4	42	9	9	.425	.521
Reliever	6.65	2	5	13	40	0	43.1	68	5	18	26	Close & Late	.369	111	41	1	0	4	27	9	17	.432	.486
0 Days rest (Re)	11.57	0	1	4	8	0	7.0	16	3	1	3	None on/out	.514	37	19	0	1	1	1	2	1	.538	.649
1 or 2 Days rest	6.14	1	3	5	15	0	14.2	24	0	5	10	First Pitch	.320	25	8	1	0	0	2	4	0	.400	.360
3+ Days rest	5.40	1	1	4	17	0	21.2	28	2	12	13	Ahead in Count	.330	91	30	3	1	4	27	0	24	.361	.516
Pre-All Star	6.00	1	4	12	31	0	36.0	56	4	11	24	Behind in Count	.500	46	23	1	0	1	9	8	0	.574	.587
Post-All Star	9.82	1	1	1	9	0	7.1	12	1	7	2	Two Strikes	.325	83	27	3	1	4	22	6	26	.387	.530

Career (1990-1994)

	ERA	W	L	Sv	G	GS	IP	H	HR	BB	SO		Avg	AB	H	2B	3B	HR	RBI	BB	SO	OBP	SLG
Home	4.55	8	13	28	82	11	162.1	182	14	65	81	vs. Left	.325	547	178	32	3	11	80	55	67	.394	.455
Away	4.12	9	10	17	75	14	148.2	160	6	73	80	vs. Right	.246	668	164	25	4	9	100	83	94	.335	.335
Day	3.79	6	6	18	50	6	90.1	96	3	38	48	Inning 1-6	.298	570	170	38	4	7	92	71	72	.384	.416
Night	4.57	11	17	27	107	19	220.2	246	17	100	113	Inning 7+	.267	645	172	19	3	13	88	67	89	.341	.366
Grass	4.07	16	21	43	139	23	287.1	313	18	121	150	None on	.266	621	165	26	1	9	9	57	85	.332	.354

147

	ERA	W	L	Sv	G	GS	IP	H	HR	BB	SO	Career (1990-1994)	Avg	AB	H	2B	3B	HR	RBI	BB	SO	OBP	SLG
Turf	7.61	1	2	2	18	2	23.2	29	2	17	11	Runners on	.298	594	177	31	6	11	171	81	76	.389	.426
April	6.00	3	5	6	18	5	48.0	60	4	20	26	Scoring Posn	.285	358	102	20	4	8	156	62	50	.395	.430
May	4.11	1	2	8	23	2	35.0	34	5	19	20	Close & Late	.254	390	99	11	0	9	54	44	56	.336	.351
June	4.15	2	1	7	24	1	39.0	46	2	11	30	None on/out	.283	276	78	12	1	2	2	24	31	.349	.355
July	4.24	3	2	9	29	0	34.0	39	3	14	12	vs. 1st Batr (relief)	.321	112	36	3	1	3	20	15	14	.412	.446
August	4.33	3	8	6	33	9	79.0	89	3	39	34	First Inning Pitched	.297	543	161	23	4	12	104	63	75	.378	.420
September/October	3.55	5	5	9	30	8	76.0	74	3	35	39	First 15 Pitches	.292	466	136	19	2	10	71	49	55	.368	.406
Starter	5.40	7	14	0	25	25	136.2	160	8	69	65	Pitch 16-30	.279	290	81	13	2	3	44	38	40	.367	.369
Reliever	3.51	10	9	45	132	0	174.1	182	12	69	96	Pitch 31-45	.254	138	35	5	0	2	19	15	24	.327	.333
0 Days rest (Re)	6.00	1	2	10	23	0	24.0	31	4	18	9	Pitch 46+	.280	321	90	20	3	5	46	36	42	.361	.408
1 or 2 Days rest	2.12	6	4	21	56	0	76.1	71	3	24	40	First Pitch	.279	179	50	9	0	4	25	8	0	.319	.397
3+ Days rest	4.14	3	3	14	53	0	74.0	80	5	27	47	Ahead in Count	.238	509	121	15	3	7	65	0	141	.256	.320
Pre-All Star	5.03	6	9	22	73	8	132.1	156	7	55	80	Behind in Count	.352	304	107	17	2	5	57	80	0	.483	.470
Post-All Star	3.83	11	14	23	84	17	178.2	186	8	83	81	Two Strikes	.210	490	103	17	2	6	50	50	161	.292	.286

Pitcher vs. Batter (career)

Pitches Best Vs.	Avg	AB	H	2B	3B	HR	RBI	BB	SO	OBP	SLG	Pitches Worst Vs.	Avg	AB	H	2B	3B	HR	RBI	BB	SO	OBP	SLG
Harold Baines	.077	13	1	0	0	0	2	4	1	.294	.077	B.J. Surhoff	.556	9	5	1	0	0	2	3	0	.667	.667
Darryl Hamilton	.100	10	1	0	0	0	2	0	0	.250	.100	Tim Raines	.500	12	6	1	0	0	1	1	1	.538	.583
Rafael Palmeiro	.111	9	1	0	0	0	1	0	1	.182	.111	John Olerud	.444	9	4	1	0	0	2	0	0	.545	.556
Edgar Martinez	.111	9	1	0	0	0	0	3	1	.333	.111	Paul Molitor	.357	14	5	0	0	1	2	3	0	.471	.571
Dave Henderson	.154	13	2	1	0	0	0	4	.154	.231	Lou Whitaker	.333	12	4	3	0	1	0	2	.333	.833

Jeff Granger — Royals   Age 23 – Pitches Left

	ERA	W	L	Sv	G	GS	IP	BB	SO	Avg	H	2B	3B	HR	RBI	OBP	SLG	CG	ShO	Sup	QS	#P/S	SB	CS	GB	FB	G/F
1994 Season	6.75	0	1	0	2	2	9.1	6	3	.325	13	4	1	2	8	.404	.625	0	0	7.71	0	90	2	0	16	15	1.07
Career (1993-1994)	8.71	0	1	0	3	2	10.1	4	3	.348	16	4	1	2	11	.436	.609	0	0	7.84	0	90	2	0	18	16	1.13

1994 Season

	ERA	W	L	Sv	G	GS	IP	H	HR	BB	SO		Avg	AB	H	2B	3B	HR	RBI	BB	SO	OBP	SLG
Home	5.06	0	1	0	1	1	5.1	7	0	2	2	vs. Left	.000	3	0	0	0	0	0	0	1	.000	.000
Away	9.00	0	0	0	1	1	4.0	6	2	4	1	vs. Right	.351	37	13	4	1	2	8	6	2	.432	.676

Craig Grebeck — White Sox   Age 30 – Bats Right (flyball hitter)

	Avg	G	AB	R	H	2B	3B	HR	RBI	BB	SO	HBP	GDP	SB	CS	OBP	SLG	IBB	SH	SF	#Pit	#P/PA	GB	FB	G/F
1994 Season	.309	35	97	17	30	5	0	0	5	12	5	1	1	0	0	.391	.361	0	3	0	411	3.64	29	40	0.73
Career (1990-1994)	.254	361	917	110	233	50	6	11	92	114	129	7	20	2	8	.339	.358	0	27	7	4047	3.78	287	315	0.91

1994 Season

	Avg	AB	H	2B	3B	HR	RBI	BB	SO	OBP	SLG		Avg	AB	H	2B	3B	HR	RBI	BB	SO	OBP	SLG
vs. Left	.222	45	10	2	0	0	1	6	3	.327	.267	Scoring Posn	.250	16	4	0	0	0	5	7	0	.478	.250
vs. Right	.385	52	20	3	0	0	4	6	2	.448	.442	Close & Late	.222	9	2	1	0	0	1	0	1	.222	.333

Career (1990-1994)

	Avg	AB	H	2B	3B	HR	RBI	BB	SO	OBP	SLG		Avg	AB	H	2B	3B	HR	RBI	BB	SO	OBP	SLG
vs. Left	.242	451	109	24	3	5	41	49	67	.317	.341	Scoring Posn	.256	207	53	15	0	2	73	40	31	.374	.357
vs. Right	.266	466	124	26	3	6	51	65	62	.359	.373	Close & Late	.225	151	34	8	1	1	18	17	18	.304	.311
Groundball	.280	246	69	11	1	1	16	23	34	.344	.346	None on/out	.237	241	57	8	1	4	4	22	40	.300	.328
Flyball	.284	215	61	11	2	6	30	29	35	.371	.437	Batting #8	.235	183	43	9	1	3	15	19	33	.311	.344
Home	.268	451	121	26	2	6	51	58	61	.351	.375	Batting #9	.245	327	80	17	2	4	38	44	46	.338	.346
Away	.240	466	112	24	4	5	41	56	68	.326	.341	Other	.270	407	110	24	3	4	39	51	50	.352	.373
Day	.240	246	59	12	1	2	27	32	30	.323	.341	April	.241	83	20	4	0	2	9	11	8	.326	.361
Night	.259	671	174	38	5	9	65	82	99	.345	.371	May	.247	190	47	9	0	1	18	22	23	.330	.311
Grass	.261	781	204	43	5	9	84	97	109	.345	.364	June	.236	182	43	11	1	3	14	14	28	.289	.357
Turf	.213	136	29	7	1	2	8	17	20	.301	.324	July	.305	187	57	11	2	3	22	21	21	.377	.433
First Pitch	.338	154	52	13	1	4	28	0	0	.340	.513	August	.246	142	35	8	2	1	17	14	23	.319	.352
Ahead in Count	.294	201	59	17	1	6	34	66	0	.471	.478	September/October	.233	133	31	7	1	1	12	32	27	.386	.323
Behind in Count	.212	377	80	16	1	0	18	0	109	.215	.260	Pre-All Star	.251	561	141	28	3	6	47	56	71	.320	.344
Two Strikes	.159	395	63	9	1	1	17	48	129	.253	.195	Post-All Star	.258	356	92	22	3	5	45	58	58	.363	.379

Batter vs. Pitcher (career)

Hits Best Against	Avg	AB	H	2B	3B	HR	RBI	BB	SO	OBP	SLG	Hits Worst Against	Avg	AB	H	2B	3B	HR	RBI	BB	SO	OBP	SLG
David Wells	.391	23	9	2	0	1	1	0	2	.391	.609	Randy Johnson	.000	13	0	0	0	0	0	2	4	.188	.000
Kenny Rogers	.333	15	5	1	0	2	7	2	2	.412	.800	Mark Langston	.087	23	2	0	0	0	1	0	4	.160	.087
Frank Viola	.333	12	4	0	0	0	1	0		.385	.333	Erik Hanson	.091	11	1	0	0	0	0	1	2	.167	.091
												Jaime Navarro	.182	11	2	0	0	0	1	1		.250	.182
												Jimmy Key	.208	24	5	1	0	0	0	1	2	.231	.250

Shawn Green — Blue Jays   Age 22 – Bats Left

	Avg	G	AB	R	H	2B	3B	HR	RBI	BB	SO	HBP	GDP	SB	CS	OBP	SLG	IBB	SH	SF	#Pit	#P/PA	GB	FB	G/F
1994 Season	.091	14	33	1	3	1	0	0	1	1	8	0	1	0	1	.118	.121	0	0	0	128	3.76	10	13	0.77
Career (1993-1994)	.077	17	39	1	3	1	0	0	1	1	9	0	1	0	1	.100	.103	0	0	0	147	3.68	12	16	0.75

1994 Season

	Avg	AB	H	2B	3B	HR	RBI	BB	SO	OBP	SLG		Avg	AB	H	2B	3B	HR	RBI	BB	SO	OBP	SLG
vs. Left	.000	0	0	0	0	0	0	0	0	.000	.000	Scoring Posn	.091	11	1	0	0	0	1	0	3	.091	.091
vs. Right	.091	33	3	1	0	0	1	1	8	.118	.121	Close & Late	.000	5	0	0	0	0	0	0	2	.000	.000

Tommy Greene — Phillies
Age 28 – Pitches Right (flyball pitcher)

	ERA	W	L	Sv	G	GS	IP	BB	SO	Avg	H	2B	3B	HR	RBI	OBP	SLG	CG	ShO	Sup	QS	#P/S	SB	CS	GB	FB	G/F
1994 Season	4.54	2	0	0	7	7	35.2	22	28	.272	37	4	1	5	14	.371	.426	0	0	9.34	2	95	3	3	48	39	1.23
Last Five Years	3.85	37	17	0	102	85	559.0	210	409	.244	514	99	13	49	224	.311	.373	10	4	5.72	45	100	54	21	666	689	0.97

1994 Season

	ERA	W	L	Sv	G	GS	IP	H	HR	BB	SO		Avg	AB	H	2B	3B	HR	RBI	BB	SO	OBP	SLG
Home	4.15	2	0	0	4	4	21.2	22	2	12	18	vs. Left	.295	61	18	1	0	0	3	11	11	.397	.311
Away	5.14	0	0	0	3	3	14.0	15	3	10	10	vs. Right	.253	75	19	3	1	5	11	11	17	.349	.520

Last Five Years

	ERA	W	L	Sv	G	GS	IP	H	HR	BB	SO		Avg	AB	H	2B	3B	HR	RBI	BB	SO	OBP	SLG
Home	3.42	22	6	0	54	46	308.1	267	24	113	241	vs. Left	.270	1102	297	55	8	23	118	138	193	.349	.397
Away	4.38	15	11	0	48	39	250.2	247	25	97	168	vs. Right	.216	1006	217	44	5	26	106	72	216	.268	.347
Day	4.26	11	5	0	24	20	129.0	99	17	59	102	Inning 1-6	.246	1792	441	81	12	44	199	188	354	.317	.378
Night	3.73	26	12	0	78	65	430.0	415	32	151	307	Inning 7+	.231	316	73	18	1	5	25	22	55	.279	.342
Grass	4.34	7	3	0	28	22	134.2	134	17	56	86	Runners on	.240	1259	302	53	5	35	35	117	259	.307	.373
Turf	3.69	30	14	0	74	63	424.1	380	32	154	323	Runners on	.250	849	212	46	8	14	189	93	150	.317	.372
April	4.63	4	1	0	20	11	89.1	77	8	43	61	Scoring Posn	.250	480	120	29	6	7	165	65	95	.327	.379
May	2.14	11	0	0	17	14	105.1	74	4	38	89	Close & Late	.243	115	28	8	0	2	14	9	21	.298	.365
June	5.00	4	3	0	15	14	81.0	91	11	28	63	None on/out	.240	545	131	26	2	12	12	47	108	.302	.361
July	3.78	5	4	0	11	11	66.2	60	7	25	46	1st Batr (relief)	.200	15	3	0	0	0	3	0	2	.188	.200
August	4.90	2	4	0	13	13	71.2	82	9	26	52	First Inning Pitched	.240	371	89	17	3	8	59	53	69	.330	.367
September/October	3.48	11	5	0	26	22	145.0	130	10	50	98	First 75 Pitches	.247	1496	369	72	10	36	164	159	285	.318	.380
Starter	3.79	36	17	0	85	85	520.2	478	46	193	393	Pitch 76-90	.258	260	67	10	1	9	31	27	51	.329	.408
Reliever	4.70	1	0	0	17	0	38.1	36	3	17	16	Pitch 91-105	.218	193	42	8	2	3	17	13	42	.264	.326
0-3 Days Rest (St)	0.95	2	0	0	3	3	19.0	10	2	8	14	Pitch 106+	.226	159	36	9	0	1	12	11	31	.272	.302
4 Days Rest	4.33	20	13	0	51	51	311.2	308	28	112	225	First Pitch	.261	276	72	17	3	5	32	7	0	.278	.399
5+ Days Rest	3.17	14	4	0	31	31	190.0	160	16	73	154	Ahead in Count	.190	981	186	31	4	11	66	0	360	.191	.263
Pre-All Star	3.94	21	6	0	56	43	299.1	267	26	118	226	Behind in Count	.320	444	142	34	4	18	79	115	0	.452	.536
Post-All Star	3.74	16	11	0	46	42	259.2	247	23	92	183	Two Strikes	.177	1031	183	33	6	17	77	88	409	.243	.271

Pitcher vs. Batter (career)

Pitches Best Vs.	Avg	AB	H	2B	3B	HR	RBI	BB	SO	OBP	SLG	Pitches Worst Vs.	Avg	AB	H	2B	3B	HR	RBI	BB	SO	OBP	SLG
Jose Lind	.000	13	0	0	0	0	1	1	1	.067	.000	Felix Jose	.571	14	8	4	1	0	4	2	2	.556	1.000
Todd Hundley	.067	15	1	0	0	0	0	0	4	.067	.067	Dave Clark	.455	11	5	0	1	2	2	0	1	.455	1.182
Eric Karros	.067	15	1	0	0	0	0	0	3	.067	.067	Barry Bonds	.412	17	7	1	0	3	9	5	4	.522	1.000
Otis Nixon	.083	12	1	0	0	0	2	2	1	.214	.083	Dante Bichette	.375	16	6	2	1	2	4	1	2	.389	1.000
Eric Young	.100	10	1	0	0	0	1	2		.182	.100	Darryl Strawberry	.375	8	3	0	0	1	3	1		.545	.750

Willie Greene — Reds
Age 23 – Bats Left

	Avg	G	AB	R	H	2B	3B	HR	RBI	BB	SO	HBP	GDP	SB	CS	OBP	SLG	IBB	SH	SF	#Pit	#P/PA	GB	FB	G/F
1994 Season	.216	16	37	5	8	2	0	0	3	6	14	0	1	0	0	.318	.270	1	0	1	170	3.86	11	11	1.00
Career (1992-1994)	.228	60	180	22	41	8	3	4	21	18	56	0		3	0	2	.294	.372	1	0	3	734	3.65	54	51	1.06

1994 Season

	Avg	AB	H	2B	3B	HR	RBI	BB	SO	OBP	SLG		Avg	AB	H	2B	3B	HR	RBI	BB	SO	OBP	SLG
vs. Left	.143	7	1	1	0	0	1	1	2	.250	.286	Scoring Posn	.200	5	1	0	0	0	3	2	1	.375	.200
vs. Right	.233	30	7	1	0	0	2	5	12	.333	.267	Close & Late	.000	5	0	0	0	0	0	1	2	.167	.000

Mike Greenwell — Red Sox
Age 31 – Bats Left

	Avg	G	AB	R	H	2B	3B	HR	RBI	BB	SO	HBP	GDP	SB	CS	OBP	SLG	IBB	SH	SF	#Pit	#P/PA	GB	FB	G/F
1994 Season	.269	95	327	60	88	25	1	11	45	38	26	4	12	2	2	.348	.453	6	0	5	1213	3.24	143	108	1.32
Last Five Years	.293	596	2201	300	644	121	19	49	291	218	169	17	67	32	21	.358	.432	37	3	20	7773	3.16	951	676	1.41

1994 Season

	Avg	AB	H	2B	3B	HR	RBI	BB	SO	OBP	SLG		Avg	AB	H	2B	3B	HR	RBI	BB	SO	OBP	SLG
vs. Left	.288	104	30	7	0	5	16	3	5	.313	.500	Scoring Posn	.275	80	22	6	0	3	33	16	8	.382	.463
vs. Right	.260	223	58	18	1	6	29	35	21	.363	.430	Close & Late	.275	51	14	2	0	1	6	3	2	.321	.373
Groundball	.242	66	16	6	0	3	9	5	5	.296	.470	None on/out	.217	92	20	5	0	4	4	11	9	.301	.402
Flyball	.273	77	21	4	1	4	12	14	8	.387	.506	Batting #3	.219	128	28	4	1	7	25	14	9	.299	.430
Home	.272	180	49	11	1	10	29	22	10	.350	.511	Batting #5	.349	149	52	18	0	4	17	21	12	.427	.550
Away	.265	147	39	14	0	1	16	16	16	.345	.381	Other	.160	50	8	3	0	0	3	3	5	.232	.220
Day	.274	113	31	5	1	8	21	16	8	.368	.549	April	.238	84	20	4	1	5	18	10	7	.323	.488
Night	.266	214	57	20	0	3	24	22	18	.336	.402	May	.281	89	25	11	0	3	13	8	5	.347	.506
Grass	.256	289	74	18	1	11	34	21	21	.338	.439	June	.333	78	26	5	0	1	6	16	8	.442	.436
Turf	.368	38	14	7	0	0	4	4	5	.419	.553	July	.222	72	16	5	0	2	7	3	6	.260	.375
First Pitch	.279	68	19	4	0	3	12	5	0	.325	.471	August	.250	4	1	0	0	0	1	1	0	.400	.250
Ahead in Count	.310	100	31	11	0	4	10	25	0	.452	.540	September/October	.000	0	0	0	0	0	0	0	0	.000	.000
Behind in Count	.221	104	23	4	1	3	12	0	22	.229	.365	Pre-All Star	.279	283	79	24	1	10	39	35	20	.360	.477
Two Strikes	.207	92	19	5	1	3	14	8	26	.275	.380	Post-All Star	.205	44	9	1	0	1	6	3	6	.265	.295

1994 By Position

Position	Avg	AB	H	2B	3B	HR	RBI	BB	SO	OBP	SLG	G	GS	Innings	PO	A	E	DP	Fld Pct	Rng Fctr	In Zone	Outs	Zone Rtg	MLB Zone
As lf	.257	303	78	25	1	10	43	34	25	.335	.446	84	82	708.2	141	10	1	1	.993	1.92	202	137	.678	.815

Last Five Years

	Avg	AB	H	2B	3B	HR	RBI	BB	SO	OBP	SLG		Avg	AB	H	2B	3B	HR	RBI	BB	SO	OBP	SLG
vs. Left	.287	693	199	32	6	17	103	45	58	.338	.424	Scoring Posn	.279	577	161	29	6	11	230	88	49	.367	.407
vs. Right	.295	1508	445	89	13	32	188	173	111	.367	.435	Close & Late	.304	345	105	11	4	7	50	33	26	.372	.420
Groundball	.298	514	153	27	3	9	71	41	39	.350	.414	None on/out	.273	499	136	26	5	9	9	32	32	.319	.399
Flyball	.272	507	138	22	3	19	66	59	36	.350	.440	Batting #3	.263	895	235	43	8	20	106	102	73	.342	.396
Home	.301	1071	322	70	10	27	158	120	73	.370	.460	Batting #5	.318	843	268	53	7	18	123	75	52	.374	.461
Away	.285	1130	322	51	9	22	133	98	96	.346	.404	Other	.305	463	141	25	4	11	62	41	44	.361	.447
Day	.308	705	217	37	5	17	101	81	57	.384	.447	April	.258	368	95	15	6	12	53	42	33	.340	.429
Night	.285	1496	427	84	14	32	190	137	112	.345	.424	May	.279	394	110	25	1	4	46	41	27	.345	.378
Grass	.290	1850	537	101	14	41	242	194	134	.359	.426	June	.307	456	140	18	1	8	62	51	41	.376	.404
Turf	.305	351	107	20	5	8	49	24	35	.352	.459	July	.268	362	97	19	3	10	38	34	26	.336	.420
First Pitch	.333	528	176	28	2	17	80	20	0	.358	.491	August	.312	314	98	18	2	5	44	22	17	.356	.430
Ahead in Count	.337	587	198	48	8	17	86	124	0	.451	.533	September/October	.339	307	104	26	6	10	48	28	25	.398	.560
Behind in Count	.234	739	173	23	7	10	79	0	143	.240	.325	Pre-All Star	.283	1344	381	66	8	27	177	149	106	.356	.405
Two Strikes	.223	663	148	23	7	11	71	64	169	.294	.329	Post-All Star	.307	857	263	55	11	22	114	69	63	.361	.474

Batter vs. Pitcher (career)

Hits Best Against	Avg	AB	H	2B	3B	HR	RBI	BB	SO	OBP	SLG	Hits Worst Against	Avg	AB	H	2B	3B	HR	RBI	BB	SO	OBP	SLG
Jeff Russell	.615	13	8	1	0	2	11	2	2	.667	1.154	Ricky Bones	.059	17	1	1	0	0	1	2	1	.150	.118
Juan Guzman	.600	10	6	1	1	0	5	2	0	.667	.900	Bryan Harvey	.091	11	1	0	0	0	1	0	2	.083	.091
Bill Wegman	.545	22	12	3	0	2	5	7	1	.655	.955	Kenny Rogers	.111	18	2	2	0	0	1	1	3	.158	.222
Jose Bautista	.500	18	9	1	1	4	7	2	0	.550	1.333	Jose Mesa	.125	32	4	0	0	0	2	1	3	.152	.125
Jim Deshaies	.500	10	5	2	0	1	2	1	1	.583	1.000	Russ Swan	.154	13	2	0	0	1	1	1	1	.200	.154

Rusty Greer — Rangers
Age 26 – Bats Left (flyball hitter)

	Avg	G	AB	R	H	2B	3B	HR	RBI	BB	SO	HBP	GDP	SB	CS	OBP	SLG	IBB	SH	SF	#Pit	#P/PA	GB	FB	G/F
1994 Season	.314	80	277	36	87	16	1	10	46	46	46	2	3	0	0	.410	.487	2	2	4	1297	3.92	85	90	0.94

1994 Season

	Avg	AB	H	2B	3B	HR	RBI	BB	SO	OBP	SLG		Avg	AB	H	2B	3B	HR	RBI	BB	SO	OBP	SLG
vs. Left	.264	72	19	5	0	3	13	5	15	.313	.458	Scoring Posn	.304	79	24	2	0	2	34	13	18	.385	.405
vs. Right	.332	205	68	11	1	7	33	41	31	.442	.498	Close & Late	.333	39	13	3	0	2	12	6	10	.404	.564
Groundball	.322	59	19	2	1	0	4	14	7	.452	.390	None on/out	.333	66	22	7	1	2	2	8	12	.405	.561
Flyball	.420	69	29	6	0	5	16	15	8	.523	.725	Batting #6	.369	111	41	9	1	5	20	16	20	.442	.604
Home	.287	143	41	4	0	3	24	27	24	.393	.378	Batting #7	.307	88	27	3	0	4	14	16	14	.413	.477
Away	.343	134	46	12	1	7	22	19	22	.429	.604	Other	.244	78	19	4	0	1	12	14	12	.365	.333
Day	.273	55	15	4	0	1	5	9	12	.385	.400	April	.000	0	0	0	0	0	0	0	0	.000	.000
Night	.324	222	72	12	1	9	41	37	34	.417	.509	May	.382	55	21	5	1	1	12	4	10	.424	.564
Grass	.309	230	71	13	0	6	37	41	35	.412	.443	June	.263	95	25	5	0	4	13	15	15	.372	.442
Turf	.340	47	16	3	1	4	9	5	11	.404	.702	July	.327	98	32	4	0	4	17	20	15	.433	.490
First Pitch	.429	35	15	3	0	4	15	1	0	.432	.857	August	.310	29	9	2	0	1	4	7	6	.432	.483
Ahead in Count	.384	73	28	5	0	1	14	26	0	.535	.493	September/October	.000	0	0	0	0	0	0	0	0	.000	.000
Behind in Count	.259	108	28	5	0	3	14	0	37	.264	.389	Pre-All Star	.305	187	57	11	1	6	32	27	28	.396	.471
Two Strikes	.193	119	23	5	1	4	9	19	46	.307	.353	Post-All Star	.333	90	30	5	0	4	14	19	18	.438	.522

1994 By Position

Position	Avg	AB	H	2B	3B	HR	RBI	BB	SO	OBP	SLG	G	GS	Innings	PO	A	E	DP	Fld Pct	Rng Fctr	In Zone	Outs	Zone Rtg	MLB Zone
As lf	.310	29	9	2	0	1	5	6	6	.429	.483	11	7	75.0	21	0	0	0	1.000	2.52	22	18	.818	.815
As cf	.269	67	18	5	0	4	11	6	16	.342	.522	23	19	159.2	51	0	1	0	.981	2.87	60	50	.833	.824
As rf	.311	151	47	8	1	4	23	30	24	.418	.457	53	45	388.0	87	2	3	2	.967	2.06	108	83	.769	.826

Ken Griffey Jr — Mariners
Age 25 – Bats Left

	Avg	G	AB	R	H	2B	3B	HR	RBI	BB	SO	HBP	GDP	SB	CS	OBP	SLG	IBB	SH	SF	#Pit	#P/PA	GB	FB	G/F
1994 Season	.323	111	433	94	140	24	4	40	90	56	73	2	8	11	3	.402	.674	19	0	2	1791	3.63	121	149	0.81
Last Five Years	.313	718	2725	457	852	171	19	156	482	330	394	16	58	72	34	.387	.561	92	4	25	10984	3.54	911	862	1.06

1994 Season

	Avg	AB	H	2B	3B	HR	RBI	BB	SO	OBP	SLG		Avg	AB	H	2B	3B	HR	RBI	BB	SO	OBP	SLG
vs. Left	.296	162	48	6	2	16	46	12	29	.343	.654	Scoring Posn	.287	101	29	3	2	12	54	27	22	.435	.713
vs. Right	.339	271	92	18	2	24	44	44	44	.434	.686	Close & Late	.317	63	20	5	0	10	20	9	9	.403	.873
Groundball	.358	120	43	6	0	12	23	13	19	.421	.708	None on/out	.359	78	28	5	0	13	13	6	8	.405	.923
Flyball	.295	105	31	5	2	8	22	11	25	.359	.610	Total	.323	433	140	24	4	40	90	56	73	.402	.674
Home	.343	166	57	13	2	18	36	28	32	.441	.771	Batting #3	.323	433	140	24	4	40	90	56	73	.402	.674
Away	.311	267	83	11	2	22	54	28	41	.376	.614	Other	.000	0	0	0	0	0	0	0	0	.000	.000
Day	.320	125	40	7	1	9	21	14	24	.393	.608	April	.315	92	29	5	3	7	20	9	13	.376	.663
Night	.325	308	100	17	3	31	69	42	49	.405	.701	May	.333	99	33	3	0	15	25	16	17	.426	.818
Grass	.332	214	71	9	2	17	47	24	33	.398	.631	June	.308	107	33	8	0	10	19	15	19	.398	.664
Turf	.315	219	69	15	2	23	43	32	40	.405	.717	July	.333	96	32	6	1	4	13	10	15	.398	.542
First Pitch	.359	64	23	3	0	9	21	15	0	.488	.828	August	.333	39	13	2	0	4	13	6	9	.413	.692
Ahead in Count	.459	109	50	8	3	14	29	24	0	.556	.972	September/October	.000	0	0	0	0	0	0	0	0	.000	.000
Behind in Count	.247	178	44	8	1	9	25	0	53	.247	.455	Pre-All Star	.329	337	111	17	4	33	69	43	53	.407	.697
Two Strikes	.235	179	42	10	1	7	21	17	73	.299	.419	Post-All Star	.302	96	29	7	0	7	21	13	20	.382	.594

1994 By Position

Position	Avg	AB	H	2B	3B	HR	RBI	BB	SO	OBP	SLG	G	GS	Innings	PO	A	E	DP	Fld Pct	Rng Fctr	In Zone	Outs	Zone Rtg	MLB Zone
As cf	.329	392	129	22	4	37	83	52	67	.408	.689	103	102	862.0	223	12	4	1	.983	2.45	287	218	.760	.824

Last Five Years

	Avg	AB	H	2B	3B	HR	RBI	BB	SO	OBP	SLG		Avg	AB	H	2B	3B	HR	RBI	BB	SO	OBP	SLG
vs. Left	.318	924	294	54	3	51	165	84	165	.379	.549	Scoring Posn	.303	694	210	39	7	39	317	162	127	.425	.548
vs. Right	.310	1801	558	117	16	105	317	246	229	.391	.567	Close & Late	.289	415	120	23	3	20	69	68	80	.391	.504
Groundball	.334	650	217	42	4	31	111	80	80	.406	.554	None on/out	.298	547	163	30	4	37	37	30	62	.337	.570
Flyball	.314	647	203	43	4	42	124	70	102	.379	.587	Batting #3	.311	2389	743	155	15	141	436	293	350	.387	.566
Home	.327	1304	427	96	9	79	251	179	183	.410	.597	Batting #5	.324	204	66	11	2	9	26	24	17	.393	.529
Away	.299	1421	425	75	10	77	231	151	211	.365	.529	Other	.326	132	43	5	2	6	20	13	27	.384	.530
Day	.332	735	244	41	6	46	127	92	122	.408	.592	April	.307	407	125	20	4	23	74	45	67	.374	.545
Night	.306	1990	608	130	13	110	355	238	272	.379	.550	May	.315	504	159	32	2	34	85	60	66	.387	.589
Grass	.304	1113	338	57	8	62	194	119	165	.370	.536	June	.297	445	132	32	0	28	71	63	66	.385	.557
Turf	.319	1612	514	114	11	94	288	211	229	.399	.578	July	.336	506	170	36	5	26	92	48	76	.394	.581
First Pitch	.392	436	171	30	3	36	118	66	0	.471	.722	August	.323	436	141	31	3	28	78	65	62	.412	.601
Ahead in Count	.399	626	250	51	4	45	127	161	0	.519	.709	September/October	.293	427	125	20	5	17	82	49	57	.367	.482
Behind in Count	.235	1138	267	55	7	47	139	0	325	.236	.419	Pre-All Star	.311	1533	476	92	8	91	255	186	225	.385	.559
Two Strikes	.216	1140	246	52	7	47	142	94	394	.397	.397	Post-All Star	.315	1192	376	79	11	65	227	144	169	.390	.564

Batter vs. Pitcher (career)

Hits Best Against	Avg	AB	H	2B	3B	HR	RBI	BB	SO	OBP	SLG	Hits Worst Against	Avg	AB	H	2B	3B	HR	RBI	BB	SO	OBP	SLG
Paul Gibson	.556	18	10	2	0	2	3	3	0	.619	1.000	Arthur Rhodes	.071	14	1	0	0	1	2	1	4	.133	.286
Scott Erickson	.484	31	15	5	0	2	7	5	1	.526	.839	Greg Hibbard	.077	13	1	0	0	0	1	0	2	.133	.077
Danny Darwin	.438	16	7	0	1	2	5	0	1	.438	.938	Bret Saberhagen	.083	12	1	0	0	0	0	2	3	.214	.083
Tom Gordon	.393	28	11	1	0	5	10	5	4	.485	.964	Dan Plesac	.167	12	2	1	0	0	1	0	2	.167	.250
Charles Nagy	.381	21	8	3	1	2	5	3	6	.458	.905	Chuck Crim	.182	11	2	0	0	0	0	2	.182	.182

Jason Grimsley — Indians   Age 27 – Pitches Right (groundball pitcher)

	ERA	W	L	Sv	G	GS	IP	BB	SO	Avg	H	2B	3B	HR	RBI	OBP	SLG	CG	ShO	Sup	QS	#P/S	SB	CS	GB	FB	G/F
1994 Season	4.57	5	2	0	14	13	82.2	34	59	.283	91	20	2	7	41	.360	.422	1	0	6.42	7	104	7	2	120	80	1.50
Last Five Years	4.48	12	15	0	47	42	243.1	138	169	.264	244	44	5	15	98	.365	.371	1	0	4.81	19	95	33	8	378	216	1.75

1994 Season

	ERA	W	L	Sv	G	GS	IP	H	HR	BB	SO		Avg	AB	H	2B	3B	HR	RBI	BB	SO	OBP	SLG
Home	4.93	2	0	0	6	6	42.0	52	4	16	28	vs. Left	.299	147	44	10	0	3	15	18	19	.377	.429
Away	4.20	3	2	0	8	7	40.2	39	3	18	31	vs. Right	.269	175	47	10	2	4	26	16	40	.345	.417
Starter	4.63	5	2	0	13	13	81.2	90	7	34	57	Scoring Posn	.289	76	22	8	0	1	29	18	14	.429	.434
Reliever	0.00	0	0	0	1	0	1.0	1	0	0	2	Close & Late	.304	23	7	2	1	0	2	1	6	.360	.478
0-3 Days Rest (St)	2.63	2	0	0	2	2	13.2	13	1	7	12	None on/out	.357	84	30	3	1	2	5	9	.400	.488
4 Days Rest	4.69	3	2	0	8	8	48.0	48	4	23	32	First Pitch	.268	41	11	0	0	1	4	1	0	.302	.341
5+ Days Rest	5.85	0	0	0	3	3	20.0	29	2	4	13	Ahead in Count	.197	137	27	6	1	0	6	0	52	.214	.255
Pre-All Star	5.36	1	1	0	7	7	45.1	47	6	15	35	Behind in Count	.386	83	32	9	0	3	18	21	0	.514	.602
Post-All Star	3.62	4	1	0	7	6	37.1	44	1	19	24	Two Strikes	.207	135	28	6	2	1	8	12	59	.280	.304

Marquis Grissom — Expos   Age 28 – Bats Right

	Avg	G	AB	R	H	2B	3B	HR	RBI	BB	SO	HBP	GDP	SB	CS	OBP	SLG	IBB	SH	SF	#Pit	#P/PA	GB	FB	G/F
1994 Season	.288	110	475	96	137	25	4	11	45	41	66	1	0	36	6	.344	.427	4	0	4	1889	3.63	209	138	1.51
Last Five Years	.280	672	2604	414	728	128	23	53	274	196	352	10	43	265	48	.330	.407	18	11	17	10186	3.59	1106	760	1.46

1994 Season

	Avg	AB	H	2B	3B	HR	RBI	BB	SO	OBP	SLG		Avg	AB	H	2B	3B	HR	RBI	BB	SO	OBP	SLG
vs. Left	.250	112	28	5	1	4	11	12	14	.323	.420	Scoring Posn	.229	109	25	3	1	0	29	12	19	.302	.275
vs. Right	.300	363	109	20	3	7	34	29	52	.350	.430	Close & Late	.414	70	29	3	2	2	13	7	10	.468	.600
Groundball	.331	151	50	10	1	2	9	14	11	.386	.450	None on/out	.324	148	48	10	1	5	5	10	16	.367	.507
Flyball	.282	78	22	3	1	6	12	9	16	.356	.577	Batting #1	.299	311	93	17	3	8	27	29	39	.357	.450
Home	.295	210	62	12	2	4	19	14	35	.336	.429	Batting #3	.266	158	42	8	1	3	18	12	25	.318	.386
Away	.283	265	75	13	2	7	26	27	31	.349	.426	Other	.333	6	2	0	0	0	0	0	2	.333	.333
Day	.255	153	39	9	1	4	15	11	23	.301	.405	April	.242	99	24	5	1	1	13	6	21	.287	.343
Night	.304	322	98	16	3	7	30	30	43	.363	.438	May	.253	99	25	4	1	2	8	10	14	.318	.374
Grass	.274	168	46	10	2	5	15	15	20	.335	.446	June	.385	122	47	10	1	3	9	14	16	.449	.557
Turf	.296	307	91	15	2	6	30	26	46	.348	.417	July	.271	107	29	6	1	3	11	7	10	.313	.430
First Pitch	.371	70	26	4	0	2	10	3	0	.392	.514	August	.250	48	12	0	0	2	4	4	5	.308	.375
Ahead in Count	.291	103	30	8	1	2	10	21	0	.409	.447	September/October	.000	0	0	0	0	0	0	0	0	.000	.000
Behind in Count	.225	213	48	10	2	4	10	0	54	.224	.347	Pre-All Star	.281	359	101	22	3	6	32	33	56	.341	.409
Two Strikes	.225	218	49	8	3	4	13	17	66	.280	.321	Post-All Star	.310	116	36	3	1	5	13	8	10	.352	.483

1994 By Position

Position	Avg	AB	H	2B	3B	HR	RBI	BB	SO	OBP	SLG	G	GS	Innings	PO	A	E	DP	Fld Pct	Rng Fctr	In Zone	Zone Outs	Zone Rtg	MLB Zone
As cf	.287	474	136	25	4	11	45	41	66	.342	.426	109	109	979.2	321	7	5	0	.985	3.01	366	314	.858	.824

Last Five Years

	Avg	AB	H	2B	3B	HR	RBI	BB	SO	OBP	SLG		Avg	AB	H	2B	3B	HR	RBI	BB	SO	OBP	SLG
vs. Left	.273	908	248	54	9	22	97	83	119	.334	.425	Scoring Posn	.267	648	173	32	3	13	214	69	90	.333	.386
vs. Right	.283	1696	480	74	14	31	177	113	233	.328	.398	Close & Late	.285	453	129	18	4	9	66	38	69	.339	.402
Groundball	.286	901	258	40	7	9	79	66	90	.338	.377	None on/out	.301	688	207	37	8	17	47	92	146	.347	.452
Flyball	.246	520	128	18	4	18	59	43	88	.302	.400	Batting #1	.298	926	276	48	12	21	86	71	117	.347	.444
Home	.285	1212	345	61	9	26	135	85	168	.332	.414	Batting #3	.274	756	207	36	4	19	101	60	102	.328	.407
Away	.275	1392	383	67	14	27	139	111	184	.329	.402	Other	.266	922	245	44	7	13	87	65	133	.331	.371
Day	.257	783	201	31	7	18	86	59	129	.309	.383	April	.258	387	100	23	2	9	53	31	60	.314	.398
Night	.289	1821	527	97	16	35	188	137	223	.340	.418	May	.283	477	135	20	4	10	46	36	71	.335	.405

151

Last Five Years

	Avg	AB	H	2B	3B	HR	RBI	BB	SO	OBP	SLG		Avg	AB	H	2B	3B	HR	RBI	BB	SO	OBP	SLG
Grass	.267	782	209	34	8	13	72	57	112	.319	.381	June	.314	446	140	30	4	7	41	48	58	.380	.446
Turf	.285	1822	519	94	15	40	202	139	240	.335	.419	July	.243	485	118	18	5	8	52	34	70	.295	.351
First Pitch	.304	326	99	19	3	12	43	13	0	.335	.491	August	.270	403	109	17	5	11	41	28	50	.316	.419
Ahead in Count	.312	667	208	43	5	13	83	120	0	.413	.450	September/October	.310	406	126	20	3	8	41	19	43	.342	.433
Behind in Count	.240	1116	268	45	11	14	84	0	296	.243	.338	Pre-All Star	.275	1495	411	80	11	27	154	127	220	.331	.397
Two Strikes	.230	1109	255	42	11	14	84	61	352	.271	.326	Post-All Star	.286	1109	317	48	12	26	120	69	132	.329	.421

Batter vs. Pitcher (career)

Hits Best Against	Avg	AB	H	2B	3B	HR	RBI	BB	SO	OBP	SLG	Hits Worst Against	Avg	AB	H	2B	3B	HR	RBI	BB	SO	OBP	SLG
Curt Schilling	.517	29	15	2	0	1	6	1	2	.533	.690	Jim Gott	.000	10	0	0	0	0	0	1	4	.091	.000
Rich Rodriguez	.462	13	6	0	0	1	3	0	1	.500	.692	Pat Rapp	.056	18	1	0	0	0	0	1	4	.105	.056
Roger Mason	.455	11	5	0	0	1	5	1	1	.500	.727	Bill Swift	.063	16	1	0	0	0	0	0	1	.063	.063
Greg Swindell	.444	18	8	1	1	4	7	0	3	.444	1.278	Pete Schourek	.091	11	1	0	0	0	0	0	3	.091	.091
Trevor Wilson	.350	20	7	1	0	3	4	2	1	.409	.850	Bud Black	.125	16	2	0	0	0	0	0	0	.125	.125

Buddy Groom — Tigers
Age 29 – Pitches Left (groundball pitcher)

	ERA	W	L	Sv	G	GS	IP	BB	SO	Avg	H	2B	3B	HR	RBI	OBP	SLG	GF	IR	IRS	Hld	SvOp	SB	CS	GB	FB	G/F
1994 Season	3.94	0	1	1	40	0	32.0	13	27	.256	31	3	1	4	15	.331	.397	10	26	4	11	1	2	0	49	30	1.63
Career (1992-1994)	5.37	0	8	2	71	10	107.1	48	57	.302	127	25	3	12	62	.372	.462	21	37	8	12	3	6	4	168	107	1.57

1994 Season

	ERA	W	L	Sv	G	GS	IP	H	HR	BB	SO		Avg	AB	H	2B	3B	HR	RBI	BB	SO	OBP	SLG
Home	6.57	0	0	0	19	0	12.1	16	1	9	10	vs. Left	.286	42	12	2	0	1	7	2	8	.319	.405
Away	2.29	0	1	1	21	0	19.2	15	3	4	17	vs. Right	.241	79	19	1	1	3	8	11	19	.337	.392
Starter	0.00	0	0	0	0	0	0.0	0	0	0	0	Scoring Posn	.174	23	4	1	0	1	11	8	4	.371	.348
Reliever	3.94	0	1	1	40	0	32.0	31	4	13	27	Close & Late	.270	37	10	1	0	2	8	5	9	.341	.459
0 Days rest (Re)	3.24	0	0	0	8	0	8.1	7	1	1	3	None on/out	.179	28	5	1	0	0	0	1	8	.233	.286
1 or 2 Days rest	4.80	0	1	0	21	0	15.0	12	2	7	17	First Pitch	.400	20	8	1	0	0	4	2	0	.435	.450
3+ Days rest	3.12	0	0	1	11	0	8.2	10	1	5	7	Ahead in Count	.193	57	11	0	1	4	7	0	21	.217	.439
Pre-All Star	4.71	0	1	0	30	0	21.0	22	3	10	18	Behind in Count	.375	24	9	0	0	0	1	4	0	.464	.375
Post-All Star	2.45	0	0	1	10	0	11.0	9	1	3	9	Two Strikes	.203	59	12	1	1	3	6	7	27	.299	.407

Kevin Gross — Dodgers
Age 34 – Pitches Right (groundball pitcher)

	ERA	W	L	Sv	G	GS	IP	BB	SO	Avg	H	2B	3B	HR	RBI	OBP	SLG	CG	ShO	Sup	QS	#P/S	SB	CS	GB	FB	G/F
1994 Season	3.60	9	7	1	25	23	157.1	43	124	.263	162	27	3	11	61	.313	.371	1	0	3.89	14	104	27	5	234	142	1.65
Last Five Years	3.81	49	56	4	169	121	843.1	309	638	.266	862	125	15	56	348	.330	.366	10	4	4.39	69	97	109	35	1227	779	1.58

1994 Season

	ERA	W	L	Sv	G	GS	IP	H	HR	BB	SO		Avg	AB	H	2B	3B	HR	RBI	BB	SO	OBP	SLG
Home	3.07	4	3	1	12	11	76.1	71	6	18	67	vs. Left	.272	323	88	19	1	8	36	35	60	.344	.412
Away	4.11	5	4	0	13	12	81.0	91	5	25	57	vs. Right	.253	292	74	8	2	3	25	8	64	.276	.325
Day	3.20	5	2	0	8	7	50.2	51	1	11	31	Inning 1-6	.255	522	133	23	3	11	56	37	110	.306	.374
Night	3.80	4	5	1	17	16	106.2	111	10	32	93	Inning 7+	.312	93	29	4	0	0	5	6	14	.354	.355
Grass	2.89	8	4	1	18	17	121.1	114	8	33	96	None on	.251	354	89	20	1	5	5	25	71	.303	.356
Turf	6.00	1	3	0	7	6	36.0	48	3	10	28	Runners on	.280	261	73	7	2	6	56	18	53	.327	.391
April	4.10	0	0	0	4	4	26.1	26	4	7	31	Scoring Posn	.299	164	49	5	1	4	51	16	38	.359	.415
May	3.83	4	2	0	7	6	40.0	43	4	9	37	Close & Late	.319	69	22	1	0	0	5	3	12	.347	.333
June	3.68	3	2	0	5	5	36.2	36	1	13	24	None on/out	.242	157	38	10	1	4	4	10	26	.287	.395
July	3.89	1	3	1	7	6	39.1	43	2	14	21	vs. 1st Batr (relief)	.000	2	0	0	0	0	0	0	1	.000	.000
August	1.20	1	0	0	2	2	15.0	14	0	0	11	First Inning Pitched	.202	89	18	1	1	0	6	6	18	.253	.236
September/October	0.00	0	0	0	0	0	0.0	0	0	0	0	First 75 Pitches	.251	423	106	18	2	8	37	31	87	.303	.359
Starter	3.65	9	7	0	23	23	155.1	160	11	42	123	Pitch 76-90	.280	82	23	5	0	2	14	4	19	.322	.415
Reliever	0.00	0	0	1	2	0	2.0	2	0	1	1	Pitch 91-105	.343	67	23	4	1	1	4	6	12	.380	.478
0-3 Days Rest (St)	2.25	1	0	0	2	2	16.0	15	1	3	10	Pitch 106+	.233	43	10	0	0	0	3	4	6	.298	.233
4 Days Rest	4.34	3	4	0	9	9	58.0	63	5	23	48	First Pitch	.412	97	40	3	1	1	15	2	0	.430	.495
5+ Days Rest	3.43	5	3	0	12	12	81.1	82	5	16	65	Ahead in Count	.191	278	53	9	1	1	18	0	102	.194	.241
Pre-All Star	3.64	7	5	1	19	17	118.2	119	9	37	103	Behind in Count	.349	129	45	10	1	4	15	24	0	.448	.535
Post-All Star	3.49	2	2	0	6	6	38.2	43	2	6	21	Two Strikes	.170	288	49	11	0	2	16	17	124	.219	.229

Last Five Years

	ERA	W	L	Sv	G	GS	IP	H	HR	BB	SO		Avg	AB	H	2B	3B	HR	RBI	BB	SO	OBP	SLG
Home	3.38	27	25	2	80	60	429.0	395	25	136	331	vs. Left	.284	1728	491	82	9	33	213	224	324	.365	.399
Away	4.26	22	31	2	89	61	414.1	467	31	173	307	vs. Right	.245	1513	371	43	6	23	135	85	314	.289	.327
Day	3.33	16	13	0	47	32	235.0	230	7	81	173	Inning 1-6	.264	2629	694	102	13	47	296	249	532	.328	.366
Night	3.99	33	43	4	122	89	608.1	632	49	228	465	Inning 7+	.275	612	168	23	2	9	52	60	106	.340	.363
Grass	3.65	36	35	4	116	81	584.0	589	36	209	449	None on	.260	1841	479	73	6	37	37	161	375	.323	.367
Turf	4.16	13	21	0	53	40	259.1	273	20	100	189	Runners on	.274	1400	383	52	9	19	311	148	263	.340	.364
April	4.96	5	9	0	23	21	119.2	137	7	52	102	Scoring Posn	.273	816	223	29	6	12	289	114	174	.355	.368
May	3.42	15	8	0	30	28	163.1	153	9	51	145	Close & Late	.297	350	104	14	0	4	32	33	70	.358	.371
June	3.46	8	11	3	28	21	153.1	146	10	48	115	None on/out	.276	822	227	34	4	21	21	79	157	.343	.404
July	3.70	6	12	2	30	20	141.0	149	8	65	95	vs. 1st Batr (relief)	.333	42	14	3	0	2	4	6	9	.417	.548
August	4.41	6	11	0	31	19	130.2	144	12	51	89	First Inning Pitched	.275	614	169	20	3	7	78	84	120	.363	.352
September/October	3.19	9	5	0	27	17	135.1	133	10	42	92	First 75 Pitches	.267	2476	662	90	12	43	260	232	501	.331	.366
Starter	3.94	42	49	0	121	121	755.1	770	50	273	564	Pitch 76-90	.249	373	93	21	2	8	53	40	73	.325	.381
Reliever	2.66	7	7	4	48	0	88.0	92	6	36	74	Pitch 91-105	.285	270	77	10	1	3	22	22	43	.338	.363
0-3 Days Rest (St)	3.74	5	4	0	10	10	67.1	59	5	20	54	Pitch 106+	.246	122	30	4	0	2	13	15	21	.326	.328

	ERA	W	L	Sv	G	GS	IP	H	HR	BB	SO	Last Five Years	Avg	AB	H	2B	3B	HR	RBI	BB	SO	OBP	SLG
4 Days Rest	3.91	20	25	0	55	55	359.1	354	25	132	264	First Pitch	.345	502	173	17	2	13	69	23	0	.379	.464
5+ Days Rest	4.03	17	20	0	56	56	328.2	357	20	121	246	Ahead in Count	.191	1442	275	35	6	7	110	0	536	.192	.238
Pre-All Star	3.87	31	31	4	92	72	488.0	494	29	178	398	Behind in Count	.357	683	244	42	5	21	97	156	0	.474	.526
Post-All Star	3.72	18	25	0	77	49	355.1	368	27	131	240	Two Strikes	.172	1437	247	40	5	7	99	129	638	.241	.221

Pitcher vs. Batter (since 1984)

Pitches Best Vs.	Avg	AB	H	2B	3B	HR	RBI	BB	SO	OBP	SLG	Pitches Worst Vs.	Avg	AB	H	2B	3B	HR	RBI	BB	SO	OBP	SLG
Doug Drabek	.000	16	0	0	0	0	0	0	7	.000	.000	Charlie Hayes	.556	18	10	1	0	2	4	2	0	.600	.944
Ron Darling	.000	11	0	0	0	0	0	0	5	.000	.000	Pete Incaviglia	.500	12	6	0	0	2	5	0	2	.500	1.000
Scott Servais	.000	11	0	0	0	0	0	0	1	.000	.000	Rafael Palmeiro	.429	14	6	2	1	1	5	3	0	.529	.929
Bob Melvin	.000	10	0	0	0	0	0	1	4	.091	.000	Eric Davis	.385	26	10	2	1	3	5	6	6	.500	.885
Craig Biggio	.071	42	3	0	0	0	2	2	8	.114	.071	Tom Brunansky	.385	13	5	0	2	1	3	3	3	.500	.923

Eddie Guardado — Twins   Age 24 – Pitches Left (flyball pitcher)

	ERA	W	L	Sv	G	GS	IP	BB	SO	Avg	H	2B	3B	HR	RBI	OBP	SLG	CG	ShO	Sup	QS	#P/S	SB	CS	GB	FB	G/F
1994 Season	8.47	0	2	0	4	4	17.0	4	8	.351	26	9	1	3	16	.375	.622	0	0	2.65	1	76	2	0	15	39	0.38
Career (1993-1994)	6.53	3	10	0	23	20	111.2	40	54	.325	149	43	6	16	80	.376	.549	0	0	4.43	6	90	14	5	121	203	0.60

1994 Season

	ERA	W	L	Sv	G	GS	IP	H	BB	SO		Avg	AB	H	2B	3B	HR	RBI	BB	SO	OBP	SLG
Home	3.52	0	0	0	1	1	7.2	7	1	2	vs. Left	.400	5	2	0	0	0	1	0	0	.400	.400
Away	12.54	0	2	0	3	3	9.1	19	2	6	vs. Right	.348	69	24	9	1	3	15	4	8	.373	.638

Mark Gubicza — Royals   Age 32 – Pitches Right (groundball pitcher)

	ERA	W	L	Sv	G	GS	IP	BB	SO	Avg	H	2B	3B	HR	RBI	OBP	SLG	CG	ShO	Sup	QS	#P/S	SB	CS	GB	FB	G/F
1994 Season	4.50	7	9	0	22	22	130.0	26	59	.301	158	33	2	11	66	.331	.434	0	0	4.64	11	92	7	4	255	106	2.41
Last Five Years	4.65	32	42	2	131	88	572.2	185	380	.293	665	122	13	36	294	.347	.406	4	3	3.98	35	92	51	18	992	453	2.19

1994 Season

	ERA	W	L	Sv	G	GS	IP	H	HR	BB	SO		Avg	AB	H	2B	3B	HR	RBI	BB	SO	OBP	SLG
Home	4.34	5	3	0	12	12	74.2	90	5	11	34	vs. Left	.291	261	76	19	1	4	33	14	25	.326	.418
Away	4.72	2	6	0	10	10	55.1	68	6	15	25	vs. Right	.311	264	82	14	1	7	33	12	34	.336	.451
Day	6.00	3	4	0	8	8	42.0	61	6	10	11	Inning 1-6	.294	487	143	32	2	10	61	20	53	.320	.429
Night	3.78	4	5	0	14	14	88.0	97	5	16	48	Inning 7+	.395	38	15	1	0	1	5	6	6	.457	.500
Grass	5.11	1	5	0	7	7	37.0	49	5	9	18	None on	.266	316	84	16	2	6	6	13	36	.295	.386
Turf	4.26	6	4	0	15	15	93.0	109	6	17	41	Runners on	.354	209	74	17	0	5	60	13	23	.383	.507
April	5.65	0	2	0	3	3	14.1	22	2	1	4	Scoring Posn	.350	120	42	11	0	3	53	10	12	.385	.517
May	4.54	3	2	0	6	6	37.2	44	6	8	14	Close & Late	.389	18	7	0	0	0	2	5	3	.480	.389
June	3.32	3	0	0	6	6	38.0	42	3	7	21	None on/out	.263	137	36	9	1	1	1	5	14	.289	.365
July	4.97	1	1	0	5	5	29.0	36	0	8	16	vs. 1st Batr (relief)	.000	0	0	0	0	0	0	0	0	.000	.000
August	5.73	1	1	0	2	2	11.0	14	0	2	4	First Inning Pitched	.258	89	23	5	0	2	12	2	6	.275	.382
September/October	0.00	0	0	0	0	0	0.0	0	0	0	0	First 75 Pitches	.298	429	128	27	2	9	54	17	44	.323	.434
Starter	4.50	7	9	0	22	22	130.0	158	11	26	59	Pitch 76-90	.250	52	13	4	0	0	4	5	9	.316	.327
Reliever	0.00	0	0	0	0	0	0.0	0	0	0	0	Pitch 91-105	.410	39	16	2	0	2	8	2	5	.419	.615
0-3 Days Rest (St)	0.00	0	0	0	0	0	0.0	0	0	0	0	Pitch 106+	.200	5	1	0	0	0	0	2	1	.429	.200
4 Days Rest	4.86	3	6	0	13	13	76.0	102	6	16	39	First Pitch	.273	77	21	1	0	1	12	5	0	.306	.325
5+ Days Rest	4.00	4	3	0	9	9	54.0	56	6	10	20	Ahead in Count	.235	179	42	11	0	2	16	0	48	.233	.330
Pre-All Star	4.66	5	4	0	17	17	100.1	123	11	19	44	Behind in Count	.382	157	60	13	0	5	26	12	0	.424	.561
Post-All Star	3.94	2	1	0	5	5	29.2	35	0	7	15	Two Strikes	.224	196	44	15	1	2	19	9	59	.259	.342

Last Five Years

	ERA	W	L	Sv	G	GS	IP	H	HR	BB	SO		Avg	AB	H	2B	3B	HR	RBI	BB	SO	OBP	SLG
Home	4.47	21	17	2	72	45	308.0	349	13	91	197	vs. Left	.287	1082	310	62	8	16	135	107	170	.352	.403
Away	4.86	11	25	0	59	43	264.2	316	23	94	183	vs. Right	.299	1187	355	60	5	20	159	78	210	.342	.409
Day	4.63	10	13	1	40	26	171.0	208	11	53	110	Inning 1-6	.291	1880	548	103	10	29	243	158	304	.341	.403
Night	4.66	22	29	1	91	62	401.2	457	25	132	270	Inning 7+	.301	389	117	19	3	7	51	47	76	.372	.419
Grass	4.93	6	19	0	45	32	201.0	241	19	71	142	None on	.276	1246	344	61	7	19	19	98	214	.331	.382
Turf	4.50	26	23	2	86	56	371.2	424	17	114	238	Runners on	.314	1023	321	61	6	17	275	87	166	.365	.435
April	6.17	2	10	0	15	15	74.1	102	3	32	47	Scoring Posn	.306	604	185	39	6	14	256	69	111	.368	.460
May	4.14	9	10	3	30	19	167.1	171	13	53	107	Close & Late	.280	236	66	10	1	2	28	36	42	.371	.356
June	3.86	8	10	0	32	22	151.2	166	10	39	103	None on/out	.277	566	157	33	5	8	8	30	86	.317	.396
July	4.74	7	2	1	23	13	81.2	97	7	26	50	vs. 1st Batr (relief)	.342	38	13	2	0	0	9	4	4	.405	.500
August	4.26	4	3	1	18	8	61.1	73	0	15	40	First Inning Pitched	.295	509	150	27	2	3	77	41	96	.349	.373
September/October	7.68	2	7	0	13	6	36.1	56	3	20	24	First 75 Pitches	.293	1853	543	101	10	24	228	138	305	.343	.397
Starter	4.80	27	38	0	88	88	500.1	584	35	154	319	Pitch 76-90	.283	219	62	8	2	3	27	20	43	.340	.379
Reliever	3.61	5	4	2	43	0	72.1	81	1	31	61	Pitch 91-105	.310	142	44	10	0	5	28	20	19	.395	.486
0-3 Days Rest (St)	7.11	0	1	0	1	1	6.1	7	1	3	3	Pitch 106+	.291	55	16	3	1	2	4	11	7	.365	.600
4 Days Rest	4.54	15	22	0	52	52	299.2	340	16	101	203	First Pitch	.317	334	106	16	2	10	70	20	0	.347	.467
5+ Days Rest	5.14	12	15	0	35	35	194.1	237	18	50	113	Ahead in Count	.224	871	195	33	7	6	85	0	294	.232	.299
Pre-All Star	4.51	22	32	0	87	67	427.1	482	28	133	281	Behind in Count	.403	591	238	54	1	13	99	85	0	.474	.563
Post-All Star	5.08	10	10	2	44	21	145.1	183	8	52	99	Two Strikes	.212	954	202	37	7	8	88	80	380	.275	.290

Pitcher vs. Batter (career)

Pitches Best Vs.	Avg	AB	H	2B	3B	HR	RBI	BB	SO	OBP	SLG	Pitches Worst Vs.	Avg	AB	H	2B	3B	HR	RBI	BB	SO	OBP	SLG
Dick Schofield	.000	28	0	0	0	0	2	5	6	.067	.000	Randy Velarde	.583	12	7	0	0	1	2	0	0	.583	.833
Stan Javier	.000	18	0	0	0	0	0	2	0	.000	.000	Kevin Seitzer	.563	16	9	3	0	1	4	1	0	.588	.875
Geno Petralli	.050	20	1	0	0	0	1	2	7	.167	.050	Fred McGriff	.500	20	10	3	0	4	3	3	3	.583	1.250

Pitcher vs. Batter (career)

Pitches Best Vs.	Avg	AB	H	2B	3B	HR	RBI	BB	SO	OBP	SLG	Pitches Worst Vs.	Avg	AB	H	2B	3B	HR	RBI	BB	SO	OBP	SLG
Mark McLemore	.063	16	1	0	0	0	1	0	2	.063	.063	Juan Gonzalez	.500	16	8	2	0	2	7	0	2	.500	1.000
Turner Ward	.071	14	1	0	0	0	0	1	.071	.071	Randy Milligan	.417	12	5	1	1	2	7	1	4	.462	1.167

Ozzie Guillen — White Sox
Age 31 – Bats Left (groundball hitter)

	Avg	G	AB	R	H	2B	3B	HR	RBI	BB	SO	HBP	GDP	SB	CS	OBP	SLG	IBB	SH	SF	#Pit	#P/PA	GB	FB	G/F
1994 Season	.288	100	365	46	105	9	5	1	39	14	35	0	5	5	4	.311	.348	2	7	4	1156	2.96	162	86	1.88
Last Five Years	.278	560	1902	208	528	77	16	9	203	62	156	1	25	45	40	.297	.349	11	49	23	5879	2.89	827	517	1.60

1994 Season

	Avg	AB	H	2B	3B	HR	RBI	BB	SO	OBP	SLG		Avg	AB	H	2B	3B	HR	RBI	BB	SO	OBP	SLG
vs. Left	.261	115	30	1	1	1	15	6	13	.298	.313	Scoring Posn	.267	101	27	2	0	1	36	4	10	.284	.317
vs. Right	.300	250	75	8	4	0	24	8	22	.317	.364	Close & Late	.250	60	15	2	2	0	6	4	5	.288	.350
Groundball	.330	115	38	2	2	1	15	3	8	.342	.409	None on/out	.329	79	26	2	3	0	0	4	7	.361	.430
Flyball	.340	100	34	1	2	0	9	4	12	.365	.390	Batting #2	.000	1	0	0	0	0	0	0	0	.000	.000
Home	.250	164	41	4	3	0	20	7	13	.277	.311	Batting #9	.288	364	105	9	5	1	39	14	35	.312	.349
Away	.318	201	64	5	2	1	19	7	22	.338	.378	Other	.000	0	0	0	0	0	0	0	0	.000	.000
Day	.262	103	27	4	3	0	8	4	11	.287	.359	April	.267	86	23	3	0	0	10	1	10	.270	.302
Night	.298	262	78	5	2	1	31	10	24	.320	.344	May	.308	65	20	0	0	9	1	2	.318	.354
Grass	.280	307	86	7	5	0	30	11	28	.301	.336	June	.258	89	23	2	2	1	9	8	10	.320	.360
Turf	.328	58	19	2	0	1	9	3	7	.361	.414	July	.292	96	28	1	1	0	7	3	10	.307	.323
First Pitch	.364	88	32	1	3	0	14	1	0	.363	.443	August	.379	29	11	0	2	0	4	1	3	.400	.517
Ahead in Count	.339	56	19	3	0	1	8	11	0	.448	.446	September/October	.000	0	0	0	0	0	0	0	0	.000	.000
Behind in Count	.240	175	42	5	1	0	15	0	34	.237	.280	Pre-All Star	.272	276	75	8	3	1	30	10	27	.294	.333
Two Strikes	.237	135	32	5	1	0	8	2	35	.246	.289	Post-All Star	.337	89	30	1	2	0	9	4	8	.362	.393

1994 By Position

Position	Avg	AB	H	2B	3B	HR	RBI	BB	SO	OBP	SLG	G	GS	Innings	PO	A	E	DP	Fld Pct	Rng Fctr	In Zone	Outs	Zone Rtg	MLB Zone
As ss	.289	363	105	9	5	1	39	14	34	.312	.350	99	97	860.1	141	235	16	44	.959	3.93	291	274	.942	.889

Last Five Years

	Avg	AB	H	2B	3B	HR	RBI	BB	SO	OBP	SLG		Avg	AB	H	2B	3B	HR	RBI	BB	SO	OBP	SLG
vs. Left	.241	631	152	19	4	2	59	15	61	.258	.293	Scoring Posn	.292	490	143	23	4	5	187	24	36	.312	.386
vs. Right	.296	1271	376	58	12	7	144	47	95	.317	.377	Close & Late	.270	363	98	16	2	1	41	24	38	.313	.333
Groundball	.292	524	153	16	4	4	69	18	39	.310	.361	None on/out	.290	411	119	19	4	0	0	15	32	.315	.355
Flyball	.281	445	125	11	6	1	37	11	44	.296	.339	Batting #8	.262	107	28	3	0	0	8	4	10	.283	.290
Home	.278	887	247	36	10	5	98	31	75	.299	.359	Batting #9	.280	1773	497	74	16	9	194	56	144	.299	.355
Away	.277	1015	281	41	6	4	105	31	81	.296	.341	Other	.136	22	3	0	0	0	2	2	2	.200	.136
Day	.278	510	142	21	6	3	60	20	39	.304	.374	April	.252	310	78	12	3	0	35	10	26	.270	.310
Night	.277	1392	386	56	10	6	143	42	117	.295	.345	May	.319	310	99	12	2	1	32	9	19	.333	.381
Grass	.274	1603	439	63	13	8	164	53	129	.294	.344	June	.271	354	96	13	5	1	32	13	27	.295	.345
Turf	.298	299	89	14	3	1	39	9	27	.315	.375	July	.277	364	101	11	3	3	39	12	35	.301	.338
First Pitch	.307	459	141	23	3	5	71	2	0	.303	.403	August	.259	297	77	17	4	3	36	8	25	.273	.374
Ahead in Count	.299	324	97	20	1	2	41	40	0	.375	.386	September/October	.288	267	77	12	1	1	29	10	24	.313	.352
Behind in Count	.245	860	211	29	8	1	70	0	146	.243	.301	Pre-All Star	.278	1090	303	42	11	4	114	36	83	.297	.348
Two Strikes	.237	651	154	22	6	1	44	12	156	.249	.293	Post-All Star	.277	812	225	35	5	5	89	26	73	.298	.351

Batter vs. Pitcher (career)

Hits Best Against	Avg	AB	H	2B	3B	HR	RBI	BB	SO	OBP	SLG	Hits Worst Against	Avg	AB	H	2B	3B	HR	RBI	BB	SO	OBP	SLG
Mark Leiter	.545	11	6	0	1	0	2	0	1	.545	.727	Dennis Martinez	.000	13	0	0	0	0	0	0	1	.000	.000
David Wells	.533	15	8	0	1	0	0	1	1	.563	.667	Kenny Rogers	.071	14	1	0	0	0	2	0	0	.071	.071
Danny Jackson	.526	19	10	0	0	0	2	0	2	.526	.526	Jeff Reardon	.100	10	1	0	0	0	1	1	1	.167	.100
Ben McDonald	.421	19	8	2	1	0	4	1	2	.450	.632	Mark Williamson	.111	18	2	0	0	0	3	0	2	.111	.111
John Farrell	.364	11	4	3	0	0	2	0	0	.462	.636	Mike Campbell	.118	17	2	0	0	0	0	0	1	.118	.118

Bill Gullickson — Tigers
Age 36 – Pitches Right

	ERA	W	L	Sv	G	GS	IP	H	BB	SO	Avg	H	2B	3B	HR	RBI	OBP	SLG	CG	ShO	Sup	QS	#P/S	SB	CS	GB	FB	G/F
1994 Season	5.93	4	5	0	21	19	115.1	25	65	.322	156	27	6	24	79	.360	.552	1	0	7.57	6	92	8	3	162	142	1.14
Last Five Years	4.50	61	50	0	150	148	916.0	224	363	.288	1047	190	32	130	460	.329	.465	13	2	5.66	70	88	79	33	1238	1219	1.02

1994 Season

	ERA	W	L	Sv	G	GS	IP	H	HR	BB	SO		Avg	AB	H	2B	3B	HR	RBI	BB	SO	OBP	SLG
Home	4.01	3	2	0	11	10	67.1	73	11	12	36	vs. Left	.335	245	82	13	4	10	40	15	24	.379	.543
Away	8.63	1	3	0	10	9	48.0	83	13	13	29	vs. Right	.310	239	74	14	2	14	39	10	41	.340	.561
Starter	5.98	4	5	0	19	19	108.1	147	23	23	63	Scoring Posn	.283	120	34	5	3	8	53	9	17	.341	.575
Reliever	5.14	0	0	0	2	0	7.0	9	1	2	2	Close & Late	.273	22	6	0	0	0	0	4	.273	.273
0-3 Days Rest (St)	10.24	0	2	0	2	2	9.2	21	2	1	6	None on/out	.309	123	38	9	1	5	5	3	12	.325	.520
4 Days Rest	5.53	2	0	0	8	8	42.1	55	10	8	28	First Pitch	.420	81	34	6	2	7	21	2	0	.440	.802
5+ Days Rest	5.59	2	3	0	9	9	56.1	71	11	14	29	Ahead in Count	.250	224	56	8	1	6	21	0	56	.260	.375
Pre-All Star	5.80	4	4	0	16	14	90.0	120	18	18	50	Behind in Count	.365	96	35	8	2	9	28	12	0	.435	.771
Post-All Star	6.39	0	1	0	5	5	25.1	36	6	1	15	Two Strikes	.236	203	48	5	1	5	19	11	65	.281	.365

Last Five Years

	ERA	W	L	Sv	G	GS	IP	H	HR	BB	SO		Avg	AB	H	2B	3B	HR	RBI	BB	SO	OBP	SLG
Home	4.44	34	29	0	82	81	510.2	572	81	116	198	vs. Left	.303	1930	584	110	19	68	253	134	135	.348	.485
Away	4.57	27	21	0	68	67	405.1	475	99	108	165	vs. Right	.272	1705	463	80	13	62	207	90	228	.307	.443
Day	4.66	18	16	0	53	51	313.0	372	46	81	117	Inning 1-6	.285	3113	888	170	29	109	401	189	320	.325	.464
Night	4.42	43	34	0	97	97	603.0	675	84	143	246	Inning 7+	.305	522	159	20	3	21	59	35	43	.349	.475

Last Five Years

	ERA	W	L	Sv	G	GS	IP	H	HR	SO		Avg	AB	H	2B	3B	HR	RBI	BB	SO	OBP	SLG
Grass	4.65	40	34	0	102	100	632.1	717	99	153	249	None on	.289	2175	629	119	16	75	75	114	220	.327	.462
Turf	4.16	21	16	0	48	48	283.2	330	31	71	114	Runners on	.286	1460	418	71	16	55	385	110	143	.331	.470
April	4.84	7	4	0	16	15	89.1	110	12	24	39	Scoring Posn	.278	795	221	38	7	27	301	86	82	.339	.445
May	4.44	12	9	0	28	28	168.1	202	18	35	67	Close & Late	.316	237	75	9	1	9	28	18	24	.364	.477
June	3.65	12	9	0	27	26	177.2	189	18	45	76	None on/out	.282	952	268	51	7	29	29	48	96	.317	.441
July	5.39	9	10	0	27	27	162.0	195	31	46	62	vs. 1st Batr (relief)	.500	2	1	1	0	0	0	0	1	.500	1.000
August	3.59	14	6	0	27	27	170.1	167	24	37	62	First Inning Pitched	.288	586	169	30	9	20	82	40	53	.336	.473
September/October	5.46	7	12	0	25	25	148.1	184	27	27	57	First 75 Pitches	.280	2879	807	156	28	97	351	170	289	.320	.455
Starter	4.50	61	50	0	148	148	909.0	1038	129	222	361	Pitch 76-90	.306	431	132	25	3	18	63	27	42	.348	.503
Reliever	5.14	0	0	0	2	0	7.0	9	1	2	2	Pitch 91-105	.357	230	82	7	1	11	33	22	23	.413	.539
0-3 Days Rest (St)	5.35	3	2	0	6	6	35.1	48	7	3	16	Pitch 106+	.274	95	26	2	0	4	13	5	9	.310	.421
4 Days Rest	4.33	39	32	0	99	99	613.2	702	77	150	231	First Pitch	.320	619	198	40	5	30	94	25	0	.347	.546
5+ Days Rest	4.78	19	16	0	43	43	260.0	288	45	69	114	Ahead in Count	.254	1490	379	63	11	35	164	0	317	.256	.382
Pre-All Star	4.23	34	24	0	81	79	502.1	574	58	125	208	Behind in Count	.306	909	278	54	13	44	125	133	0	.391	.539
Post-All Star	4.83	27	26	0	69	69	413.2	473	72	99	155	Two Strikes	.235	1295	304	61	7	27	130	66	363	.272	.355

Pitcher vs. Batter (since 1984)

Pitches Best Vs.	Avg	AB	H	2B	3B	HR	RBI	BB	SO	OBP	SLG	Pitches Worst Vs.	Avg	AB	H	2B	3B	HR	RBI	BB	SO	OBP	SLG
B.J. Surhoff	.077	13	1	0	0	0	1	1	0	.133	.077	Wade Boggs	.583	12	7	2	1	0	2	2	0	.643	.917
Jay Buhner	.083	24	2	0	0	0	0	4	8	.214	.083	Kenny Lofton	.571	21	12	4	0	1	4	2	0	.609	.905
Gary DiSarcina	.091	11	1	0	0	0	0	0	0	.091	.091	Rafael Palmeiro	.471	17	8	1	0	4	7	0	1	.471	1.235
Hubie Brooks	.161	31	5	0	0	1	2	3	.206	.161		Barry Bonds	.467	15	7	3	1	1	4	2	0	.529	1.000
Greg Gagne	.167	18	3	0	0	0	3	0	4	.167	.167	Roberto Kelly	.455	11	5	1	0	2	7	1	3	.462	1.091

Eric Gunderson — Mets

Age 29 – Pitches Left

	ERA	W	L	Sv	G	GS	IP	BB	SO	Avg	H	2B	3B	HR	RBI	OBP	SLG	GF	IR	IRS	Hld	SvOp	SB	CS	GB	FB	G/F
1994 Season	0.00	0	0	0	14	0	9.0	4	4	.185	5	2	0	0	2	.290	.259	3	19	2	2	0	0	1	12	5	2.40
Career (1990-1994)	5.01	3	3	1	32	4	41.1	21	22	.288	47	10	0	3	32	.369	.405	9	29	6	2	1	3	6	53	51	1.04

1994 Season

	ERA	W	L	Sv	G	GS	IP	H	HR	BB	SO		Avg	AB	H	2B	3B	HR	RBI	BB	SO	OBP	SLG
Home	0.00	0	0	0	9	0	4.2	3	0	4	3	vs. Left	.176	17	3	1	0	0	1	1	4	.222	.235
Away	0.00	0	0	0	5	0	4.1	2	0	0	1	vs. Right	.200	10	2	1	0	0	1	3	0	.385	.300

Mark Guthrie — Twins

Age 29 – Pitches Left

	ERA	W	L	Sv	G	GS	IP	BB	SO	Avg	H	2B	3B	HR	RBI	OBP	SLG	GF	IR	IRS	Hld	SvOp	SB	CS	GB	FB	G/F
1994 Season	6.14	4	2	1	50	2	51.1	18	38	.316	65	23	3	8	46	.366	.573	13	49	12	12	3	5	1	67	60	1.12
Last Five Years	4.11	22	20	8	191	35	390.0	137	302	.277	414	80	9	36	180	.337	.415	43	145	40	44	13	41	23	530	395	1.34

1994 Season

	ERA	W	L	Sv	G	GS	IP	H	HR	BB	SO		Avg	AB	H	2B	3B	HR	RBI	BB	SO	OBP	SLG
Home	3.68	3	0	1	23	0	22.0	19	3	9	21	vs. Left	.284	67	19	5	1	1	10	9	14	.363	.433
Away	7.98	1	2	0	27	2	29.1	46	5	9	17	vs. Right	.331	139	46	18	2	7	36	9	24	.368	.640
Day	9.75	0	1	0	11	0	12.0	17	4	3	8	Inning 1-6	.375	56	21	4	1	2	13	5	6	.429	.589
Night	5.03	4	1	1	39	1	39.1	48	4	15	30	Inning 7+	.293	150	44	19	2	6	33	13	32	.343	.567
Grass	7.25	1	1	0	21	1	22.1	33	4	5	13	None on	.355	93	33	10	1	4	4	7	15	.406	.613
Turf	5.28	3	1	1	29	1	29.0	32	4	13	25	Runners on	.283	113	32	13	2	4	42	11	23	.336	.540
April	10.20	1	1	0	10	2	15.0	27	4	6	12	Scoring Posn	.310	71	22	10	1	2	35	9	17	.368	.563
May	7.00	2	0	0	8	0	9.0	11	2	3	9	Close & Late	.313	64	20	9	0	2	13	2	12	.319	.547
June	3.95	1	1	0	14	0	13.2	11	2	2	12	None on/out	.372	43	16	6	1	2	2	2	6	.413	.698
July	3.09	0	1	0	15	0	11.2	12	0	6	4	vs. 1st Batr (relief)	.238	42	10	3	0	4	9	5	9	.313	.595
August	4.50	0	0	0	3	0	2.0	4	0	1	1	First Inning Pitched	.301	136	41	16	0	6	29	13	28	.357	.551
September/October	0.00	0	0	0	0	0	0.0	0	0	0	0	First 15 Pitches	.293	116	34	13	1	4	21	10	23	.344	.526
Starter	21.60	0	1	0	2	2	5.0	16	2	1	1	Pitch 16-30	.340	50	17	7	0	4	16	5	10	.404	.720
Reliever	4.47	4	1	1	48	0	46.1	49	6	17	37	Pitch 31-45	.333	24	8	2	1	0	7	1	4	.360	.500
0 Days rest (Re)	2.51	2	1	0	17	0	14.1	16	3	0	6	Pitch 46+	.375	16	6	1	1	0	2	2	1	.421	.563
1 or 2 Days rest	4.35	1	0	1	19	0	20.2	20	1	12	19	First Pitch	.200	20	4	0	0	1	5	2	0	.261	.350
3+ Days rest	7.15	1	0	0	12	0	11.1	13	2	5	12	Ahead in Count	.333	90	30	11	2	4	19	0	28	.337	.633
Pre-All Star	6.65	4	1	1	37	2	43.1	55	8	14	34	Behind in Count	.315	54	17	6	0	3	13	10	0	.412	.593
Post-All Star	3.38	0	1	0	13	0	8.0	10	0	4	4	Two Strikes	.260	96	25	9	2	2	15	6	38	.301	.458

Last Five Years

	ERA	W	L	Sv	G	GS	IP	H	HR	BB	SO		Avg	AB	H	2B	3B	HR	RBI	BB	SO	OBP	SLG
Home	4.17	9	9	5	91	17	183.1	189	19	65	163	vs. Left	.283	367	104	15	2	6	38	27	69	.329	.384
Away	4.05	13	11	3	100	18	206.2	225	17	72	139	vs. Right	.275	1128	310	65	7	30	142	110	233	.339	.425
Day	3.51	5	6	3	62	8	115.1	111	12	34	90	Inning 1-6	.294	867	255	39	5	21	107	71	147	.348	.423
Night	4.36	17	14	5	129	27	274.2	303	24	103	212	Inning 7+	.253	628	159	41	4	15	73	66	155	.321	.403
Grass	3.56	11	6	3	73	13	156.2	163	12	45	102	None on	.297	801	238	48	4	19	19	69	153	.354	.438
Turf	4.47	11	14	5	118	22	233.1	251	24	92	200	Runners on	.254	694	176	32	5	17	161	68	149	.317	.388
April	8.10	2	4	0	34	6	46.2	64	11	29	35	Scoring Posn	.257	408	105	21	2	7	132	53	101	.336	.370
May	3.36	10	1	1	37	7	85.2	82	5	33	73	Close & Late	.277	311	86	23	2	9	42	31	76	.337	.450
June	6.71	2	5	1	30	8	55.0	74	10	22	42	None on/out	.310	365	113	22	4	7	7	22	70	.351	.449
July	2.13	3	3	3	39	3	67.2	64	2	19	51	vs. 1st Batr (relief)	.254	142	36	8	0	6	26	11	31	.303	.437
August	4.08	2	5	2	25	6	64.0	69	6	19	46	First Inning Pitched	.254	568	144	33	2	18	81	63	134	.324	.414
September/October	2.28	3	2	2	26	6	71.0	61	1	15	55	First 15 Pitches	.266	515	137	29	3	15	64	52	114	.329	.421
Starter	4.94	11	14	0	35	35	195.0	235	17	62	135	Pitch 16-30	.284	328	93	19	1	13	48	35	77	.352	.466

155

	ERA	W	L	Sv	G	GS	IP	H	HR	BB	SO	Last Five Years	Avg	AB	H	2B	3B	HR	RBI	BB	SO	OBP	SLG
Reliever	3.28	11	6	8	156	0	195.0	179	19	75	167	Pitch 31-45	.284	211	60	9	2	3	29	12	31	.321	.389
0 Days rest (Re)	2.22	2	2	1	27	0	24.1	21	3	2	17	Pitch 46+	.281	441	124	23	3	5	39	38	80	.340	.381
1 or 2 Days rest	3.64	3	2	5	77	0	94.0	86	8	44	80	First Pitch	.295	183	54	12	1	4	33	13	0	.340	.437
3+ Days rest	3.17	6	2	2	52	0	76.2	72	8	29	70	Ahead in Count	.213	676	144	27	2	11	53	0	253	.215	.308
Pre-All Star	5.07	14	11	3	114	20	209.1	237	28	92	165	Behind in Count	.376	348	131	22	4	13	69	69	0	.472	.575
Post-All Star	2.99	8	9	5	77	15	180.2	177	8	45	137	Two Strikes	.193	688	133	29	2	8	39	55	302	.254	.276

								Pitcher vs. Batter (career)									
Pitches Best Vs.	Avg	AB	H	2B	3B	HR	RBI	BB	SO	OBP	SLG	Pitches Worst Vs.	Avg	AB	H	2B	3B	HR	RBI	BB	SO	OBP	SLG
Greg Vaughn	.000	13	0	0	0	0	1	4	.071	.000	Felix Fermin	.833	12	10	1	0	0	4	0	1	.769	.917
Darnell Coles	.100	10	1	0	0	0	1	1	.182	.100	Glenallen Hill	.538	13	7	2	0	1	4	0	3	.538	.923
Paul Molitor	.133	15	2	0	0	0	1	0	4	.133	.133	Ken Griffey Jr	.526	19	10	0	0	1	2	2	3	.571	.684
Pat Borders	.167	18	3	1	0	0	0	0	2	.167	.222	Danny Tartabull	.429	14	6	0	0	2	5	6	4	.600	.857
Mike Macfarlane	.222	18	4	0	0	0	3	1	4	.250	.222	Kenny Lofton	.400	10	4	1	1	0	2	1	0	.455	.700

Ricky Gutierrez — Padres

Age 25 – Bats Right (groundball hitter)

	Avg	G	AB	R	H	2B	3B	HR	RBI	BB	SO	HBP	GDP	SB	CS	OBP	SLG	IBB	SH	SF	#Pit	#P/PA	GB	FB	G/F
1994 Season	.240	90	275	27	66	11	2	1	28	32	54	2	7	2	6	.321	.305	2	3	1257	4.00	123	48	2.56
Career (1993-1994)	.247	223	713	103	176	21	7	6	54	82	151	7	14	6	9	.329	.321	3	3	4	3223	3.98	311	111	2.80

1994 Season

	Avg	AB	H	2B	3B	HR	RBI	BB	SO	OBP	SLG		Avg	AB	H	2B	3B	HR	RBI	BB	SO	OBP	SLG
vs. Left	.258	93	24	4	2	1	10	7	20	.311	.376	Scoring Posn	.272	81	22	3	0	0	26	12	19	.361	.309
vs. Right	.231	182	42	7	0	0	18	25	34	.325	.269	Close & Late	.200	40	8	2	0	0	5	9	6	.340	.250
Groundball	.264	91	24	5	1	0	6	8	18	.323	.341	None on/out	.194	62	12	0	0	1	1	7	11	.275	.242
Flyball	.241	29	7	2	0	0	1	3	6	.333	.310	Batting #7	.252	155	39	6	2	0	14	16	29	.320	.316
Home	.248	129	32	4	0	1	11	20	25	.353	.302	Batting #8	.217	60	13	1	0	1	7	12	15	.365	.283
Away	.233	146	34	7	2	0	17	12	29	.289	.308	Other	.233	60	14	4	0	0	7	4	10	.273	.300
Day	.292	89	26	4	0	0	7	12	16	.376	.337	April	.194	62	12	5	1	0	6	1	13	.203	.306
Night	.215	186	40	7	2	1	21	20	38	.294	.290	May	.167	60	10	1	0	1	5	13	16	.315	.233
Grass	.243	210	51	6	1	1	21	29	38	.336	.295	June	.363	80	29	3	1	0	9	12	9	.446	.425
Turf	.231	65	15	5	1	0	7	3	16	.265	.338	July	.233	60	14	2	0	0	7	6	13	.314	.267
First Pitch	.286	28	8	2	0	1	3	0	0	.300	.464	August	.077	13	1	0	0	0	1	0	5	.077	.077
Ahead in Count	.364	55	20	0	2	0	9	22	0	.545	.436	September/October	.000	0	0	0	0	0	0	0	0	.000	.000
Behind in Count	.191	136	26	6	0	0	8	0	49	.194	.235	Pre-All Star	.257	230	59	9	2	1	23	30	41	.340	.326
Two Strikes	.190	142	27	7	0	0	15	10	54	.245	.239	Post-All Star	.156	45	7	2	0	0	5	2	13	.220	.200

1994 By Position

Position	Avg	AB	H	2B	3B	HR	RBI	BB	SO	OBP	SLG	G	GS	Innings	PO	A	E	DP	Fld Pct	Rng Fctr	In Zone	Zone Outs	Zone Rtg	MLB Zone
As ss	.246	248	61	10	2	1	24	29	46	.327	.315	78	71	619.1	85	186	22	33	.925	3.94	236	195	.826	.889

Career (1993-1994)

	Avg	AB	H	2B	3B	HR	RBI	BB	SO	OBP	SLG		Avg	AB	H	2B	3B	HR	RBI	BB	SO	OBP	SLG
vs. Left	.270	252	68	7	3	4	22	29	52	.345	.369	Scoring Posn	.238	181	43	3	1	0	43	29	39	.340	.265
vs. Right	.234	461	108	14	4	2	32	53	99	.320	.295	Close & Late	.280	118	33	3	1	0	9	22	29	.394	.322
Groundball	.248	234	58	9	1	1	10	24	48	.320	.308	None on/out	.251	183	46	3	2	2	19	41	.332	.322
Flyball	.202	119	24	3	2	1	8	12	25	.289	.286	Batting #2	.235	213	50	5	2	3	14	20	49	.305	.319
Home	.253	359	91	6	1	6	27	44	83	.341	.326	Batting #7	.249	205	51	6	2	0	16	22	37	.320	.298
Away	.240	354	85	15	6	0	27	38	68	.316	.316	Other	.254	295	75	10	3	3	24	40	65	.351	.339
Day	.270	211	57	7	2	3	18	29	44	.362	.365	April	.253	95	24	5	1	0	7	5	22	.294	.326
Night	.237	502	119	14	5	3	36	53	107	.314	.303	May	.189	95	18	2	0	1	5	17	17	.313	.242
Grass	.255	556	142	14	3	6	44	68	119	.342	.324	June	.321	168	54	4	2	1	16	18	34	.387	.387
Turf	.217	157	34	7	4	0	10	14	32	.279	.312	July	.252	159	40	5	4	2	15	24	34	.353	.371
First Pitch	.265	68	18	4	1	1	5	1	0	.282	.397	August	.219	105	23	5	0	0	4	12	20	.308	.267
Ahead in Count	.348	138	48	2	4	4	19	46	0	.511	.507	September/October	.187	91	17	0	0	2	7	6	24	.253	.253
Behind in Count	.197	366	72	8	2	1	18	0	134	.206	.238	Pre-All Star	.263	426	112	14	5	2	33	50	85	.340	.333
Two Strikes	.195	374	73	10	1	1	26	35	151	.268	.235	Post-All Star	.223	287	64	7	2	4	21	32	66	.312	.303

Batter vs. Pitcher (career)

Hits Best Against	Avg	AB	H	2B	3B	HR	RBI	BB	SO	OBP	SLG	Hits Worst Against	Avg	AB	H	2B	3B	HR	RBI	BB	SO	OBP	SLG
John Smiley	.400	10	4	1	0	0	1	0	1	.455	.500	Pete Schourek	.000	11	0	0	0	0	1	3	.083	.000
Tom Candiotti	.385	13	5	1	0	0	2	0	2	.385	.462	Steve Cooke	.154	13	2	1	0	0	1	3	.214	.231
Greg Swindell	.308	13	4	1	0	0	0	1	2	.357	.385	Tom Browning	.167	12	2	0	0	0	1	0	3	.167	.167
												Bill Swift	.182	11	2	0	0	0	0	1	1	.250	.182
												Kevin Gross	.214	14	3	1	0	0	2	1	2	.267	.286

Jose Guzman — Cubs

Age 32 – Pitches Right

	ERA	W	L	Sv	G	GS	IP	BB	SO	Avg	H	2B	3B	HR	RBI	OBP	SLG	CG	ShO	Sup	QS	#P/S	SB	CS	GB	FB	G/F
1994 Season	9.15	2	2	0	4	4	19.2	13	11	.289	22	4	1	1	15	.396	.408	0	0	8.24	2	82	0	1	33	20	1.65
Last Five Years	3.89	43	30	0	92	92	604.1	244	478	.258	591	128	11	53	235	.330	.392	12	2	5.36	58	105	47	39	804	587	1.37

1994 Season

	ERA	W	L	Sv	G	GS	IP	H	HR	BB	SO		Avg	AB	H	2B	3B	HR	RBI	BB	SO	OBP	SLG
Home	9.72	1	1	0	2	2	8.1	9	0	7	3	vs. Left	.344	32	11	2	0	0	5	11	2	.523	.406
Away	8.74	1	1	0	2	2	11.1	13	1	6	8	vs. Right	.250	44	11	2	1	1	10	2	9	.277	.409

Last Five Years

	ERA	W	L	Sv	G	GS	IP	H	HR	BB	SO		Avg	AB	H	2B	3B	HR	RBI	BB	SO	OBP	SLG
Home	4.36	20	16	0	44	44	286.2	291	36	105	223	vs. Left	.269	1109	298	73	6	28	127	131	196	.345	.421
Away	3.46	23	14	0	48	48	317.2	300	17	139	255	vs. Right	.247	1185	293	55	5	25	108	113	282	.316	.365
Day	3.59	13	7	0	27	27	175.1	156	8	83	147	Inning 1-6	.253	1949	494	107	11	47	210	217	407	.329	.392
Night	4.01	30	23	0	65	65	429.0	435	45	161	331	Inning 7+	.281	345	97	21	0	6	25	27	71	.334	.394
Grass	3.76	37	22	0	74	74	492.2	476	47	184	385	None on	.260	1349	351	79	4	38	38	131	282	.328	.409
Turf	4.43	6	8	0	18	18	111.2	115	6	60	93	Runners on	.254	945	240	49	7	15	197	113	196	.333	.368
April	4.07	5	6	0	12	12	73.0	62	3	35	45	Scoring Posn	.236	547	129	25	6	7	169	75	121	.323	.342
May	4.55	5	4	0	16	16	97.0	105	10	38	71	Close & Late	.257	187	48	8	0	1	14	16	38	.317	.316
June	4.26	9	6	0	17	17	112.0	117	17	42	87	None on/out	.253	589	149	37	2	17	17	55	105	.319	.409
July	3.29	6	5	0	15	15	98.1	92	6	47	85	vs. 1st Batr (relief)	.000	0	0	0	0	0	0	0	0	.000	.000
August	3.51	9	5	0	18	18	120.2	123	12	39	108	First Inning Pitched	.272	349	95	24	6	6	35	33	72	.333	.427
September/October	3.75	9	4	0	14	14	103.1	92	5	43	82	First 75 Pitches	.256	1566	401	93	11	33	165	176	317	.332	.393
Starter	3.89	43	30	0	92	92	604.1	591	53	244	478	Pitch 76-90	.273	319	87	14	0	15	44	27	61	.331	.458
Reliever	0.00	0	0	0	0	0	0.0	0	0	0	0	Pitch 91-105	.266	229	61	10	0	3	16	27	54	.345	.349
0-3 Days Rest (St)	4.67	1	2	0	3	3	17.1	21	1	8	17	Pitch 106+	.233	180	42	11	0	2	10	14	46	.292	.328
4 Days Rest	3.64	24	15	0	53	53	353.1	341	30	142	276	First Pitch	.322	335	108	20	1	10	39	6	0	.337	.478
5+ Days Rest	4.20	18	13	0	36	36	233.2	229	22	94	185	Ahead in Count	.173	955	165	31	1	10	57	0	405	.174	.239
Pre-All Star	4.24	20	19	0	50	50	312.1	318	33	127	233	Behind in Count	.330	551	182	39	7	21	80	132	0	.458	.541
Post-All Star	3.51	23	11	0	42	42	292.0	273	20	117	245	Two Strikes	.173	1016	176	44	2	12	71	106	478	.252	.256

Pitcher vs. Batter (career)

Pitches Best Vs.	Avg	AB	H	2B	3B	HR	RBI	BB	SO	OBP	SLG	Pitches Worst Vs.	Avg	AB	H	2B	3B	HR	RBI	BB	SO	OBP	SLG
Moises Alou	.000	11	0	0	0	0	0	0	2	.000	.000	Pat Listach	.545	11	6	1	0	0	2	1	1	.583	.636
Ron Gant	.000	10	0	0	0	0	1	4	.091	.000	Jeff Blauser	.455	11	5	0	0	1	3	1	2	.500	.727
Dan Pasqua	.000	10	0	0	0	0	2	2	.167	.000	Danny Tartabull	.375	40	15	2	1	3	7	4	11	.432	.700
Darryl Hamilton	.059	17	1	0	0	0	1	0	1	.059	.059	Kent Hrbek	.344	32	11	3	0	3	6	6	4	.447	.719
Tony Pena	.083	12	1	0	0	0	0	1	.083	.083	Phil Plantier	.333	12	4	1	0	1	3	3	3	.467	.667

Juan Guzman — Blue Jays
Age 28 – Pitches Right

	ERA	W	L	Sv	G	GS	IP	BB	SO	Avg	H	2B	3B	HR	RBI	OBP	SLG	CG	ShO	Sup	QS	#P/S	SB	CS	GB	FB	G/F
1994 Season	5.68	12	11	0	25	25	147.1	76	124	.282	165	25	3	20	95	.364	.438	2	0	7.27	9	105	23	3	190	169	1.12
Career (1991-1994)	3.80	52	22	0	109	109	687.2	324	606	.237	609	97	7	49	273	.322	.337	6	1	6.03	62	107	86	34	792	727	1.09

1994 Season

	ERA	W	L	Sv	G	GS	IP	H	HR	BB	SO		Avg	AB	H	2B	3B	HR	RBI	BB	SO	OBP	SLG
Home	5.05	7	6	0	15	15	87.1	100	9	35	69	vs. Left	.309	311	96	13	2	9	49	37	54	.381	.450
Away	6.60	5	5	0	10	10	60.0	65	11	41	55	vs. Right	.252	274	69	12	1	11	46	39	70	.346	.423
Day	6.16	4	7	0	12	12	73.0	88	10	30	57	Inning 1-6	.263	491	129	21	2	13	71	68	115	.350	.393
Night	5.21	8	4	0	13	13	74.1	77	10	46	67	Inning 7+	.383	94	36	4	1	7	24	8	9	.442	.670
Grass	6.86	2	5	0	7	7	40.2	48	7	24	40	None on	.261	310	81	11	2	11	11	39	66	.348	.416
Turf	5.23	10	6	0	18	18	106.2	117	13	52	84	Runners on	.305	275	84	14	1	9	84	37	58	.382	.462
April	5.05	3	2	0	6	6	41.0	44	6	19	33	Scoring Posn	.331	157	52	10	0	7	77	25	35	.413	.529
May	8.53	2	3	0	5	5	25.1	42	4	13	23	Close & Late	.389	36	14	2	0	4	10	4	1	.450	.778
June	5.88	1	4	0	6	6	33.2	30	7	17	28	None on/out	.279	140	39	5	2	8	20	27	.373	.514
July	4.64	5	1	0	6	6	33.0	34	3	20	30	vs. 1st Batr (relief)	.000	0	0	0	0	0	0	0	0	.000	.000
August	4.40	1	1	0	2	2	14.1	15	0	7	10	First Inning Pitched	.255	94	24	5	0	2	11	19	24	.377	.372
September/October	0.00	0	0	0	0	0	0.0	0	0	0	0	First 75 Pitches	.260	369	96	17	2	9	47	50	89	.344	.390
Starter	5.68	12	11	0	25	25	147.1	165	20	76	124	Pitch 76-90	.307	75	23	3	0	2	10	13	11	.416	.427
Reliever	0.00	0	0	0	0	0	0.0	0	0	0	0	Pitch 91-105	.300	70	21	1	0	3	17	8	16	.367	.443
0-3 Days Rest (St)	0.00	0	0	0	0	0	0.0	0	0	0	0	Pitch 106+	.352	71	25	4	1	6	21	5	8	.410	.690
4 Days Rest	5.23	8	7	0	16	16	103.1	109	12	54	90	First Pitch	.329	82	27	5	0	2	11	1	0	.337	.463
5+ Days Rest	6.75	4	4	0	9	9	44.0	56	8	22	34	Ahead in Count	.185	243	45	5	1	3	24	0	99	.184	.251
Pre-All Star	5.97	8	9	0	19	19	113.0	128	18	58	98	Behind in Count	.447	123	55	5	1	9	35	36	0	.568	.740
Post-All Star	4.72	4	2	0	6	6	34.1	37	2	18	26	Two Strikes	.164	274	45	6	1	7	29	39	124	.268	.270

Career (1991-1994)

	ERA	W	L	Sv	G	GS	IP	H	HR	BB	SO		Avg	AB	H	2B	3B	HR	RBI	BB	SO	OBP	SLG
Home	3.79	26	10	0	54	54	334.2	316	21	142	295	vs. Left	.255	1300	331	44	4	18	121	172	234	.340	.336
Away	3.80	26	12	0	55	55	353.0	293	28	182	311	vs. Right	.219	1270	278	53	3	31	152	152	372	.304	.339
Day	4.09	18	11	0	43	43	268.2	256	21	127	235	Inning 1-6	.232	2203	511	84	6	41	231	278	541	.317	.331
Night	3.61	34	11	0	66	66	419.0	353	28	197	371	Inning 7+	.267	367	98	13	1	8	42	46	65	.353	.373
Grass	3.90	17	10	0	40	40	254.0	213	20	131	230	None on	.230	1445	333	51	2	24	24	180	346	.319	.318
Turf	3.74	35	12	0	69	69	433.2	396	29	193	376	Runners on	.245	1125	276	46	5	25	249	144	260	.327	.362
April	3.87	9	2	0	16	16	107.0	101	9	53	100	Scoring Posn	.240	629	151	24	2	14	210	95	160	.331	.351
May	5.01	6	3	0	16	16	97.0	102	9	44	76	Close & Late	.233	180	42	4	0	5	19	29	31	.338	.339
June	3.91	10	8	0	20	20	126.2	99	11	53	112	None on/out	.231	642	148	20	2	14	14	84	139	.323	.333
July	3.18	8	4	0	22	22	133.0	121	7	69	125	vs. 1st Batr (relief)	.000	0	0	0	0	0	0	0	0	.000	.000
August	4.09	6	2	0	15	15	92.1	80	6	48	90	First Inning Pitched	.238	404	96	20	2	6	45	67	110	.343	.342
September/October	3.14	13	3	0	20	20	131.2	106	7	57	103	First 75 Pitches	.225	1701	383	61	5	34	171	216	412	.317	.327
Starter	3.80	52	22	0	109	109	687.2	609	49	324	606	Pitch 76-90	.269	346	93	16	1	9	51	36	78	.335	.364
Reliever	0.00	0	0	0	0	0	0.0	0	0	0	0	Pitch 91-105	.221	289	64	7	0	4	31	37	67	.307	.287
0-3 Days Rest (St)	3.13	2	1	0	4	4	23.0	23	0	7	10	Pitch 106+	.295	234	69	13	1	6	35	36	49	.394	.436
4 Days Rest	4.04	28	13	0	61	61	390.1	356	26	191	353	First Pitch	.299	335	100	15	1	6	43	5	0	.306	.403
5+ Days Rest	3.51	22	8	0	44	44	274.1	230	21	126	243	Ahead in Count	.179	1186	212	30	3	13	82	0	494	.183	.242
Pre-All Star	4.05	29	15	0	61	61	389.0	352	31	178	343	Behind in Count	.348	506	176	27	3	17	84	142	0	.486	.514
Post-All Star	3.47	23	7	0	48	48	298.2	257	18	146	263	Two Strikes	.147	1292	190	32	2	13	83	177	606	.251	.205

Pitcher vs. Batter (career)

Pitches Best Vs.	Avg	AB	H	2B	3B	HR	RBI	BB	SO	OBP	SLG	Pitches Worst Vs.	Avg	AB	H	2B	3B	HR	RBI	BB	SO	OBP	SLG
Dave Henderson	.000	14	0	0	0	0	0	0	7	.000	.000	Mike Greenwell	.600	10	6	1	1	0	5	2	0	.667	.900
Chris Gomez	.000	10	0	0	0	0	0	1	5	.091	.000	Wally Joyner	.471	17	8	1	1	1	3	2	1	.526	.824
Felix Fermin	.059	17	1	0	0	0	0	0	1	.059	.059	Frank Thomas	.467	15	7	1	0	1	3	4	2	.579	.733
Chad Curtis	.083	12	1	0	0	0	0	0	4	.083	.083	Jody Reed	.462	13	6	1	0	1	3	2	1	.533	.769
Scott Livingstone	.091	11	1	0	0	0	0	0	1	.091	.091	Albert Belle	.400	30	12	4	0	3	8	2	5	.438	.833

Chris Gwynn — Dodgers

Age 30 – Bats Left (groundball hitter)

	Avg	G	AB	R	H	2B	3B	HR	RBI	BB	SO	HBP	GDP	SB	CS	OBP	SLG	IBB	SH	SF	#Pit	#P/PA	GB	FB	G/F
1994 Season	.268	58	71	9	19	0	0	3	13	7	7	0	1	0	2	.333	.394	0	0	0	301	3.86	32	22	1.45
Last Five Years	.283	390	722	92	204	24	8	15	89	51	102	2	16	1	4	.327	.400	8	4	10	2771	3.51	302	198	1.53

1994 Season

	Avg	AB	H	2B	3B	HR	RBI	BB	SO	OBP	SLG		Avg	AB	H	2B	3B	HR	RBI	BB	SO	OBP	SLG
vs. Left	.400	5	2	0	0	0	1	0	0	.400	.400	Scoring Posn	.421	19	8	0	0	0	9	0	2	.421	.421
vs. Right	.258	66	17	0	0	3	12	7	7	.329	.394	Close & Late	.158	19	3	0	0	0	1	2	3	.238	.158

Last Five Years

	Avg	AB	H	2B	3B	HR	RBI	BB	SO	OBP	SLG		Avg	AB	H	2B	3B	HR	RBI	BB	SO	OBP	SLG
vs. Left	.190	58	11	1	1	1	8	1	12	.203	.293	Scoring Posn	.264	182	48	5	1	5	74	22	35	.330	.385
vs. Right	.291	664	193	23	7	14	81	50	90	.337	.410	Close & Late	.247	158	39	7	3	2	21	15	23	.309	.367
Groundball	.270	148	40	6	2	0	20	13	30	.327	.338	None on/out	.328	174	57	9	3	2	6	17		.350	.448
Flyball	.276	181	50	9	3	5	25	9	21	.311	.442	Batting #5	.286	161	46	5	1	2	12	15	24	.343	.366
Home	.299	314	94	12	5	3	34	23	44	.345	.398	Batting #6	.289	166	48	4	2	2	18	12	11	.337	.373
Away	.270	408	110	12	3	12	55	28	58	.314	.402	Other	.278	395	110	15	5	11	59	24	67	.317	.425
Day	.317	227	72	8	2	4	25	19	35	.365	.423	April	.306	98	30	3	0	1	17	5	14	.340	.367
Night	.267	495	132	16	6	11	64	32	67	.310	.390	May	.287	167	48	5	3	1	20	10	23	.326	.371
Grass	.283	413	117	7	4	10	44	33	59	.336	.392	June	.298	124	37	8	1	5	20	11	14	.350	.500
Turf	.282	309	87	17	4	5	45	18	43	.316	.411	July	.247	154	38	3	2	4	17	13	20	.300	.370
First Pitch	.382	123	47	7	3	2	16	5	0	.397	.537	August	.307	88	27	3	1	3	11	5	15	.347	.466
Ahead in Count	.356	146	52	6	2	7	33	22	0	.430	.568	September/October	.264	91	24	2	1	4	7	16		.313	.341
Behind in Count	.184	332	61	8	2	4	23	0	85	.188	.256	Pre-All Star	.291	437	127	16	5	7	58	29	58	.333	.398
Two Strikes	.182	319	58	9	3	3	19	22	102	.238	.257	Post-All Star	.270	285	77	8	3	8	31	22	44	.319	.404

Batter vs. Pitcher (career)

Hits Best Against	Avg	AB	H	2B	3B	HR	RBI	BB	SO	OBP	SLG	Hits Worst Against	Avg	AB	H	2B	3B	HR	RBI	BB	SO	OBP	SLG
Mark Leiter	.500	10	5	1	1	0	1	0	1	.455	.800	Pete Smith	.200	10	2	0	0	0	2	1	0	.250	.200
Jack Morris	.429	14	6	1	0	3	0	0	0	.429	.643	Juan Guzman	.222	9	2	0	0	0	0	1	0	.417	.222
Danny Darwin	.357	14	5	3	0	0	0	0	2	.357	.571												
John Smoltz	.333	15	5	1	0	0	1	2		.375	.400												

Tony Gwynn — Padres

Age 35 – Bats Left (groundball hitter)

	Avg	G	AB	R	H	2B	3B	HR	RBI	BB	SO	HBP	GDP	SB	CS	OBP	SLG	IBB	SH	SF	#Pit	#P/PA	GB	FB	G/F
1994 Season	.394	110	419	79	165	35	1	12	64	48	19	2	19	5	0	.454	.568	16	1	5	1550	3.26	217	89	2.44
Last Five Years	.336	635	2531	374	850	159	28	33	298	208	96	4	77	47	23	.384	.460	67	9	24	9079	3.27	1198	551	2.17

1994 Season

	Avg	AB	H	2B	3B	HR	RBI	BB	SO	OBP	SLG		Avg	AB	H	2B	3B	HR	RBI	BB	SO	OBP	SLG
vs. Left	.374	139	52	12	0	2	17	13	11	.429	.504	Scoring Posn	.298	104	31	10	0	1	47	23	7	.414	.423
vs. Right	.404	280	113	23	1	10	47	35	8	.466	.600	Close & Late	.421	76	32	5	0	1	12	9	4	.482	.526
Groundball	.391	133	52	10	0	3	16	14	5	.443	.534	None on/out	.541	61	33	9	1	3	3	9	3	.600	.869
Flyball	.288	52	15	3	0	1	8	5	1	.362	.404	Batting #2	.434	136	59	13	0	4	14	11	5	.480	.618
Home	.403	181	73	14	1	4	29	29	11	.486	.558	Batting #3	.380	279	106	22	1	8	49	37	14	.447	.552
Away	.387	238	92	21	0	8	35	19	8	.427	.576	Other	.000	4	0	0	0	0	1	0	0	.000	.000
Day	.414	116	48	10	0	4	19	11	6	.469	.603	April	.395	76	30	7	0	2	7	3	4	.425	.566
Night	.386	303	117	25	1	8	45	37	13	.448	.554	May	.392	97	38	8	1	3	14	15	4	.473	.588
Grass	.405	309	125	28	1	9	52	42	15	.473	.589	June	.387	106	41	7	0	4	22	12	5	.443	.566
Turf	.364	110	40	7	0	3	12	6	4	.393	.509	July	.370	100	37	8	0	2	18	15	5	.444	.510
First Pitch	.439	57	25	10	0	2	15	12	0	.534	.719	August	.475	40	19	5	0	1	3	3	1	.512	.675
Ahead in Count	.405	116	47	11	0	4	15	30	0	.527	.603	September/October	.000	0	0	0	0	0	0	0	0	.000	.000
Behind in Count	.380	166	63	8	1	5	24	0	19	.373	.530	Pre-All Star	.383	308	118	23	1	9	49	37	16	.447	.552
Two Strikes	.397	131	52	5	0	5	17	6	19	.423	.550	Post-All Star	.423	111	47	12	0	3	15	11	3	.472	.613

1994 By Position

Position	Avg	AB	H	2B	3B	HR	RBI	BB	SO	OBP	SLG	G	GS	Innings	PO	A	E	DP	Fld Pct	Rng Fctr	In Zone	Zone Outs	Zone Rtg	MLB Zone
As rf	.335	410	162	35	1	12	62	48	18	.456	.573	105	104	899.2	190	6	3	1	.985	1.96	217	185	.853	.826

Last Five Years

	Avg	AB	H	2B	3B	HR	RBI	BB	SO	OBP	SLG		Avg	AB	H	2B	3B	HR	RBI	BB	SO	OBP	SLG
vs. Left	.322	975	314	49	8	13	100	59	39	.360	.429	Scoring Posn	.333	562	187	46	9	4	242	102	28	.421	.468
vs. Right	.344	1556	536	110	20	20	198	149	57	.398	.479	Close & Late	.352	435	153	25	2	7	54	46	20	.411	.467
Groundball	.339	882	299	52	8	7	100	70	34	.385	.440	None on/out	.313	482	151	28	5	8	8	37	21	.363	.442
Flyball	.296	439	130	25	5	9	48	32	15	.345	.437	Batting #2	.341	944	322	55	6	15	81	71	30	.386	.460
Home	.338	1214	410	71	13	15	139	113	58	.391	.455	Batting #3	.337	1444	487	94	20	17	203	123	56	.386	.465
Away	.334	1317	440	88	15	18	159	95	38	.377	.465	Other	.287	143	41	10	2	1	14	14	10	.348	.406
Day	.314	761	239	45	12	11	83	56	34	.360	.448	April	.335	427	143	28	6	4	37	28	16	.373	.457
Night	.345	1770	611	114	16	22	215	152	62	.394	.465	May	.361	518	187	38	7	10	73	49	14	.416	.519
Grass	.337	1845	622	118	19	24	215	168	79	.390	.461	June	.324	487	158	26	5	7	65	47	27	.380	.441

Last Five Years

	Avg	AB	H	2B	3B	HR	RBI	BB	SO	OBP	SLG		Avg	AB	H	2B	3B	HR	RBI	BB	SO	OBP	SLG
Turf	.332	686	228	41	9	9	83	40	17	.367	.458	July	.315	505	159	31	5	7	58	41	21	.364	.438
First Pitch	.366	352	129	34	2	6	57	38	0	.423	.526	August	.359	457	164	28	2	5	47	36	16	.402	.462
Ahead in Count	.353	669	236	43	8	12	88	111	0	.440	.495	September/October	.285	137	39	8	3	0	18	7	2	.315	.387
Behind in Count	.315	995	313	58	11	11	105	0	91	.314	.428	Pre-All Star	.341	1584	540	100	20	22	191	138	67	.391	.471
Two Strikes	.310	790	245	39	7	10	84	43	96	.346	.415	Post-All Star	.327	947	310	59	8	11	107	70	29	.371	.441

Batter vs. Pitcher (since 1984)

Hits Best Against	Avg	AB	H	2B	3B	HR	RBI	BB	SO	OBP	SLG	Hits Worst Against	Avg	AB	H	2B	3B	HR	RBI	BB	SO	OBP	SLG
Steve Cooke	.643	14	9	2	0	0	3	1	0	.667	.786	Charlie Hough	.077	13	1	1	0	0	1	0	1	.071	.154
Ben Rivera	.600	10	6	3	0	0	3	1	1	.636	.900	Denny Neagle	.077	13	1	0	0	0	0	1	1	.143	.077
Jeff Brantley	.571	21	12	1	0	0	1	4	0	.640	.619	Mel Rojas	.083	12	1	0	0	0	2	0	0	.071	.083
Curt Schilling	.500	18	9	3	0	1	3	0	1	.526	.833	Anthony Young	.091	11	1	0	0	0	1	0	0	.091	.091
Rheal Cormier	.500	12	6	3	0	2	0	0	0	.500	.917	Rene Arocha	.091	11	1	0	0	0	0	0	0	.091	.182

John Habyan — Cardinals Age 31 – Pitches Right (groundball pitcher)

	ERA	W	L	Sv	G	GS	IP	BB	SO	Avg	H	2B	3B	HR	RBI	OBP	SLG	GF	IR	IRS	Hld	SvOp	SB	CS	GB	FB	G/F
1994 Season	3.23	1	0	1	52	0	47.1	20	46	.275	50	17	1	2	24	.347	.412	10	43	14	10	3	4	0	65	34	1.91
Last Five Years	3.24	12	9	11	228	0	275.0	83	203	.265	276	63	9	16	136	.320	.389	70	194	66	53	23	19	1	417	230	1.81

1994 Season

	ERA	W	L	Sv	G	GS	IP	H	HR	BB	SO		Avg	AB	H	2B	3B	HR	RBI	BB	SO	OBP	SLG
Home	2.08	1	0	1	28	0	26.0	26	1	7	20	vs. Left	.313	67	21	7	1	1	9	10	12	.403	.493
Away	4.64	0	0	0	24	0	21.1	24	1	13	26	vs. Right	.252	115	29	10	0	1	15	10	34	.312	.365
Day	4.15	0	0	0	14	0	13.0	16	1	8	15	Inning 1-6	.250	60	15	4	0	0	6	7	16	.328	.317
Night	2.88	1	0	1	38	0	34.1	34	1	12	31	Inning 7+	.287	122	35	13	1	2	18	13	30	.356	.459
Grass	4.85	0	0	0	12	0	13.0	16	0	9	14	None on	.289	83	24	6	1	0	0	3	21	.314	.386
Turf	2.62	1	0	1	40	0	34.1	34	2	11	32	Runners on	.263	99	26	11	0	2	24	17	25	.371	.434
April	1.74	0	0	0	10	0	10.1	9	0	5	5	Scoring Posn	.215	79	17	8	0	1	21	15	22	.340	.354
May	4.58	1	0	1	17	0	17.2	24	1	7	21	Close & Late	.265	49	13	2	0	0	5	8	11	.368	.306
June	6.00	0	0	0	13	0	9.0	12	1	7	7	None on/out	.278	36	10	2	0	0	2	2	7	.316	.333
July	0.00	0	0	0	7	0	7.0	5	0	0	8	vs. 1st Batr (relief)	.265	49	13	4	0	0	5	3	12	.308	.347
August	0.00	0	0	0	5	0	3.1	0	0	1	5	First Inning Pitched	.273	150	41	14	0	1	20	15	35	.339	.387
September/October	0.00	0	0	0	0	0	0.0	0	0	0	0	First 15 Pitches	.284	141	40	13	0	1	17	14	33	.348	.397
Starter	0.00	0	0	0	0	0	0.0	0	0	0	0	Pitch 16-30	.263	38	10	4	1	1	7	6	11	.364	.500
Reliever	3.23	1	0	1	52	0	47.1	50	2	20	46	Pitch 31-45	.000	3	0	0	0	0	0	0	2	.000	.000
0 Days rest (Re)	1.10	0	0	1	20	0	16.1	12	1	5	16	Pitch 46+	.000	0	0	0	0	0	0	0	0	.000	.000
1 or 2 Days rest	5.09	1	0	0	24	0	23.0	32	1	12	20	First Pitch	.381	21	8	1	1	0	2	6	0	.519	.524
3+ Days rest	2.25	0	0	0	8	0	8.0	6	0	3	10	Ahead in Count	.216	88	19	8	0	0	2	0	40	.216	.307
Pre-All Star	4.14	1	0	1	40	0	37.0	45	2	19	33	Behind in Count	.422	45	19	8	0	2	17	11	0	.536	.733
Post-All Star	0.00	0	0	0	12	0	10.1	5	0	1	13	Two Strikes	.186	86	16	6	0	0	2	3	46	.213	.256

Last Five Years

	ERA	W	L	Sv	G	GS	IP	H	HR	BB	SO		Avg	AB	H	2B	3B	HR	RBI	BB	SO	OBP	SLG
Home	2.50	11	3	7	111	0	140.2	136	5	32	95	vs. Left	.296	399	118	27	5	6	55	33	50	.346	.434
Away	4.02	1	6	4	117	0	134.1	140	11	51	108	vs. Right	.246	643	158	36	4	10	81	50	153	.304	.361
Day	3.84	6	4	4	67	0	82.0	89	4	21	64	Inning 1-6	.229	227	52	13	0	1	27	24	42	.310	.300
Night	2.98	6	5	7	161	0	193.0	187	12	62	139	Inning 7+	.275	815	224	50	9	15	109	59	161	.323	.413
Grass	3.11	11	7	9	155	0	200.0	186	12	61	139	None on	.251	534	134	23	4	5	5	29	105	.293	.337
Turf	3.60	1	2	2	73	0	75.0	90	4	22	64	Runners on	.280	508	142	40	5	11	131	54	98	.347	.443
April	1.62	1	2	2	36	0	44.1	41	2	17	30	Scoring Posn	.270	333	90	26	5	9	120	49	68	.362	.459
May	3.25	6	1	2	49	0	69.1	58	4	20	53	Close & Late	.277	465	129	16	5	8	65	37	90	.332	.385
June	4.24	2	2	0	45	0	40.1	49	3	16	27	None on/out	.265	226	60	9	3	3	16	33	45	.314	.372
July	2.33	1	2	6	36	0	46.1	47	1	10	37	vs. 1st Batr (relief)	.269	208	56	11	3	4	29	18	45	.330	.409
August	4.64	0	2	2	32	0	33.0	35	4	10	32	First Inning Pitched	.260	716	186	48	4	11	105	65	149	.323	.384
September/October	3.89	2	0	1	30	0	41.2	46	2	10	24	First 15 Pitches	.265	705	187	46	7	9	86	57	141	.321	.389
Starter	0.00	0	0	0	0	0	0.0	0	0	0	0	Pitch 16-30	.278	259	72	16	2	7	43	26	50	.346	.436
Reliever	3.24	12	9	11	228	0	275.0	276	16	83	203	Pitch 31-45	.206	68	14	1	0	0	7	0	10	.214	.221
0 Days rest (Re)	3.44	3	1	3	52	0	52.1	55	2	17	45	Pitch 46+	.300	10	3	0	0	0	0	0	2	.300	.300
1 or 2 Days rest	3.23	5	4	6	100	0	122.2	129	7	39	91	First Pitch	.311	151	47	5	2	0	14	15	0	.381	.371
3+ Days rest	3.15	4	4	2	76	0	100.0	92	7	27	67	Ahead in Count	.211	488	103	30	1	4	42	0	172	.213	.301
Pre-All Star	2.89	9	6	9	141	0	171.0	165	9	55	123	Behind in Count	.373	252	94	23	4	11	64	46	0	.467	.627
Post-All Star	3.81	3	3	2	87	0	104.0	111	7	28	80	Two Strikes	.151	449	68	22	4	4	33	22	203	.194	.227

Pitcher vs. Batter (career)

Pitches Best Vs.	Avg	AB	H	2B	3B	HR	RBI	BB	SO	OBP	SLG	Pitches Worst Vs.	Avg	AB	H	2B	3B	HR	RBI	BB	SO	OBP	SLG
Paul Molitor	.083	12	1	0	0	0	0	1	4	.154	.083	Dave Winfield	.667	12	8	3	0	0	4	2	1	.714	.917
Tony Phillips	.083	12	1	0	0	0	1	1	1	.154	.083	Steve Buechele	.455	11	5	1	0	0	2	1	3	.500	.545
Lou Whitaker	.083	12	1	0	0	0	0	3	0	.267	.083	Frank Thomas	.444	9	4	0	0	1	1	1	2	.545	.444
Ruben Sierra	.167	12	2	0	0	0	3	0	3	.143	.167	Tony Fernandez	.364	11	4	1	1	0	0	1	0	.417	.636
Terry Steinbach	.182	11	2	0	0	0	1	3	.250	.182	Joe Carter	.333	12	4	0	1	2	4	0	4	.333	1.000

Chip Hale — Twins
Age 30 – Bats Left

	Avg	G	AB	R	H	2B	3B	HR	RBI	BB	SO	HBP	GDP	SB	CS	OBP	SLG	IBB	SH	SF	#Pit	#P/PA	GB	FB	G/F
1994 Season	.263	67	118	13	31	9	0	1	11	16	14	1	2	0	2	.350	.364	1	1	2	517	3.75	53	28	1.89
Last Five Years	.304	137	306	38	93	15	1	4	40	34	32	7	5	2	3	.381	.399	1	3	5	1324	3.73	119	83	1.43

1994 Season

	Avg	AB	H	2B	3B	HR	RBI	BB	SO	OBP	SLG		Avg	AB	H	2B	3B	HR	RBI	BB	SO	OBP	SLG
vs. Left	.429	7	3	2	0	1	2	0	2	.429	1.143	Scoring Posn	.143	28	4	1	0	0	8	4	7	.235	.179
vs. Right	.252	111	28	7	0	0	9	16	12	.346	.315	Close & Late	.290	31	9	1	0	0	3	1	3	.303	.323
Home	.212	66	14	4	0	0	4	11	9	.321	.273	None on/out	.333	24	8	2	0	0	0	4	0	.429	.417
Away	.327	52	17	5	0	1	7	5	5	.390	.481	Batting #6	.116	43	5	1	0	0	3	6	7	.224	.140
First Pitch	.214	14	3	0	0	0	0	1	0	.267	.214	Batting #7	.364	33	12	4	0	0	3	8	3	.488	.485
Ahead in Count	.524	21	11	3	0	0	5	11	0	.676	.667	Other	.333	42	14	4	0	1	5	2	4	.356	.500
Behind in Count	.173	52	9	2	0	1	4	0	9	.173	.269	Pre-All Star	.263	95	25	6	0	1	8	15	12	.366	.358
Two Strikes	.125	56	7	3	0	0	3	4	14	.183	.179	Post-All Star	.261	23	6	3	0	0	3	1	2	.280	.391

Darren Hall — Blue Jays
Age 30 – Pitches Right (groundball pitcher)

	ERA	W	L	Sv	G	GS	IP	BB	SO	Avg	H	2B	3B	HR	RBI	OBP	SLG	GF	IR	IRS	Hld	SvOp	SB	CS	GB	FB	G/F
1994 Season	3.41	2	3	17	30	0	31.2	14	28	.226	26	4	0	3	11	.315	.339	28	12	0	1	20	3	0	50	23	2.17

1994 Season

	ERA	W	L	Sv	G	GS	IP	H	HR	BB	SO		Avg	AB	H	2B	3B	HR	RBI	BB	SO	OBP	SLG
Home	5.11	1	2	5	12	0	12.1	16	2	5	11	vs. Left	.203	59	12	2	0	1	6	7	11	.299	.288
Away	2.33	1	1	12	18	0	19.1	10	1	9	17	vs. Right	.250	56	14	2	0	2	5	7	17	.333	.393
Starter	0.00	0	0	0	0	0	0.0	0	0	0	0	Scoring Posn	.242	33	8	0	0	0	7	4	6	.324	.242
Reliever	3.41	2	3	17	30	0	31.2	26	3	14	28	Close & Late	.256	78	20	2	0	1	8	8	17	.333	.321
0 Days rest (Re)	7.71	0	2	3	5	0	4.2	12	0	1	4	None on/out	.269	26	7	2	0	1	1	5	6	.387	.462
1 or 2 Days rest	2.31	0	0	10	12	0	11.2	6	1	4	7	First Pitch	.250	12	3	0	0	0	2	1	0	.308	.250
3+ Days rest	2.93	2	1	4	13	0	15.1	8	2	9	17	Ahead in Count	.213	47	10	1	0	1	4	0	20	.213	.298
Pre-All Star	3.66	1	3	7	19	0	19.2	16	1	11	20	Behind in Count	.240	25	6	0	0	1	2	11	0	.472	.360
Post-All Star	3.00	1	0	11	0	12.0	10	2	3	8	Two Strikes	.083	48	4	1	0	0	1	2	28	.120	.104

Joe Hall — White Sox
Age 29 – Bats Right

	Avg	G	AB	R	H	2B	3B	HR	RBI	BB	SO	HBP	GDP	SB	CS	OBP	SLG	IBB	SH	SF	#Pit	#P/PA	GB	FB	G/F
1994 Season	.393	17	28	6	11	3	0	1	5	2	4	1	2	0	0	.452	.607	0	0	0	132	4.26	10	5	2.00

1994 Season

	Avg	AB	H	2B	3B	HR	RBI	BB	SO	OBP	SLG		Avg	AB	H	2B	3B	HR	RBI	BB	SO	OBP	SLG
vs. Left	.421	19	8	3	0	0	2	2	2	.500	.579	Scoring Posn	.400	10	4	1	0	0	3	0	1	.455	.500
vs. Right	.333	9	3	0	0	1	3	0	2	.333	.667	Close & Late	.333	3	1	0	0	0	0	0	2	.333	.333

Bob Hamelin — Royals
Age 27 – Bats Left (flyball hitter)

	Avg	G	AB	R	H	2B	3B	HR	RBI	BB	SO	HBP	GDP	SB	CS	OBP	SLG	IBB	SH	SF	#Pit	#P/PA	GB	FB	G/F
1994 Season	.282	101	312	64	88	25	1	24	65	56	62	1	4	4	3	.388	.599	3	0	5	1525	4.07	89	110	0.81
Career (1993-1994)	.274	117	361	66	99	28	1	26	70	62	77	1	6	4	3	.378	.573	3	0	5	1760	4.09	101	124	0.81

1994 Season

	Avg	AB	H	2B	3B	HR	RBI	BB	SO	OBP	SLG		Avg	AB	H	2B	3B	HR	RBI	BB	SO	OBP	SLG
vs. Left	.255	51	13	5	0	0	4	6	11	.333	.353	Scoring Posn	.203	79	16	4	0	5	36	19	14	.340	.443
vs. Right	.287	261	75	20	1	24	61	50	51	.397	.648	Close & Late	.359	39	14	4	1	3	9	11	7	.490	.744
Groundball	.268	56	15	5	0	5	13	11	17	.382	.625	None on/out	.288	73	21	7	1	5	5	10	12	.373	.616
Flyball	.333	87	29	7	0	8	18	20	7	.454	.690	Batting #4	.277	159	44	16	0	13	30	24	32	.368	.623
Home	.311	161	50	15	0	13	37	27	29	.403	.646	Batting #5	.265	102	27	8	0	8	25	23	19	.398	.578
Away	.252	151	38	10	1	11	28	29	33	.372	.550	Other	.333	51	17	1	1	3	10	9	11	.426	.569
Day	.223	94	21	7	0	4	17	16	25	.330	.426	April	.361	61	22	4	0	6	21	10	11	.432	.721
Night	.307	218	67	18	1	20	48	40	37	.412	.674	May	.158	57	9	2	1	4	10	16	14	.342	.439
Grass	.237	118	28	8	0	7	22	21	24	.352	.483	June	.238	63	15	9	0	2	6	5	13	.304	.476
Turf	.309	194	60	17	1	17	43	35	38	.409	.670	July	.296	98	29	6	0	9	20	18	20	.402	.633
First Pitch	.333	42	14	2	0	5	9	3	0	.370	.738	August	.394	33	13	4	0	3	8	7	4	.488	.788
Ahead in Count	.426	68	29	8	1	11	28	36	0	.613	1.059	September/October	.000	0	0	0	0	0	0	0	0	.000	.000
Behind in Count	.186	129	24	7	0	6	16	0	49	.191	.380	Pre-All Star	.267	217	58	17	1	16	44	34	41	.363	.576
Two Strikes	.208	154	32	11	0	7	21	17	62	.285	.416	Post-All Star	.316	95	30	8	0	8	21	22	21	.441	.653

1994 By Position

Position	Avg	AB	H	2B	3B	HR	RBI	BB	SO	OBP	SLG	G	GS	Innings	PO	A	E	DP	Fld Pct	Rng Fctr	In Zone	Zone Outs	Zone Rtg	MLB Zone
As Designated Hitter	.269	216	58	16	0	17	48	47	46	.396	.579	70	67	---	---	---	---	---	---	---	---	---	---	---
As Pinch Hitter	.333	6	2	1	1	0	0	2	3	.500	.833	10	0	---	---	---	---	---	---	---	---	---	---	---
As 1b	.315	92	29	9	0	7	17	7	14	.360	.641	24	24	212.1	234	18	2	11	.992	---	54	44	.815	.818

Darryl Hamilton — Brewers
Age 30 – Bats Left (groundball hitter)

	Avg	G	AB	R	H	2B	3B	HR	RBI	BB	SO	HBP	GDP	SB	CS	OBP	SLG	IBB	SH	SF	#Pit	#P/PA	GB	FB	G/F
1994 Season	.262	36	141	23	37	10	1	1	13	15	17	0	2	3	0	.331	.369	1	2	1	648	4.08	60	32	1.88
Last Five Years	.301	510	1692	255	510	70	15	17	198	147	171	4	32	91	36	.356	.391	8	20	12	7269	3.87	712	388	1.84

1994 Season

	Avg	AB	H	2B	3B	HR	RBI	BB	SO	OBP	SLG		Avg	AB	H	2B	3B	HR	RBI	BB	SO	OBP	SLG
vs. Left	.258	31	8	2	1	0	1	3	3	.324	.387	Scoring Posn	.235	34	8	2	0	0	12	4	4	.308	.294
vs. Right	.264	110	29	8	0	1	12	12	14	.333	.364	Close & Late	.227	22	5	0	0	2	1	3	.261	.318
Home	.306	72	22	7	0	0	9	9	4	.378	.403	None on/out	.283	60	17	4	0	0	0	4	7	.328	.350
Away	.217	69	15	3	1	1	4	6	13	.280	.333	Batting #1	.279	129	36	9	1	1	13	14	16	.347	.388
First Pitch	.167	6	1	0	0	0	1	0	0	.250	.167	Batting #2	.083	12	1	1	0	0	0	1	1	.154	.167
Ahead in Count	.333	36	12	2	1	1	5	9	0	.467	.528	Other	.000	0	0	0	0	0	0	0	0	.000	.000
Behind in Count	.258	62	16	4	0	0	4	0	12	.258	.323	Pre-All Star	.262	141	37	10	1	1	13	15	17	.331	.369
Two Strikes	.212	66	14	3	0	0	4	5	17	.268	.258	Post-All Star	.000	0	0	0	0	0	0	0	0	.000	.000

Last Five Years

	Avg	AB	H	2B	3B	HR	RBI	BB	SO	OBP	SLG		Avg	AB	H	2B	3B	HR	RBI	BB	SO	OBP	SLG
vs. Left	.259	398	103	11	4	1	35	32	50	.316	.314	Scoring Posn	.319	430	137	14	4	3	177	51	41	.385	.391
vs. Right	.315	1294	407	59	11	16	163	115	121	.369	.414	Close & Late	.349	255	89	13	3	2	31	27	28	.410	.447
Groundball	.269	449	121	12	3	2	57	31	44	.315	.323	None on/out	.297	458	136	26	3	5	5	26	52	.336	.400
Flyball	.329	343	113	15	2	8	51	35	31	.390	.455	Batting #1	.306	536	164	27	3	5	48	53	66	.367	.396
Home	.308	834	257	38	9	7	99	89	79	.373	.400	Batting #2	.297	488	145	17	6	6	63	37	41	.348	.393
Away	.295	858	253	32	6	10	99	58	92	.339	.381	Other	.301	668	201	26	6	6	87	57	64	.353	.385
Day	.279	573	160	21	5	5	63	45	49	.331	.360	April	.263	240	63	9	1	1	23	30	27	.344	.321
Night	.313	1119	350	49	10	12	135	102	122	.369	.407	May	.287	188	54	8	0	2	17	16	19	.341	.362
Grass	.302	1386	419	59	11	14	166	122	146	.358	.391	June	.324	284	92	15	3	2	34	18	26	.363	.419
Turf	.297	306	91	11	4	3	32	25	25	.349	.389	July	.319	304	97	18	4	3	36	24	38	.364	.438
First Pitch	.370	127	47	6	3	1	17	6	0	.401	.488	August	.305	344	105	13	4	5	50	26	27	.355	.410
Ahead in Count	.316	374	118	16	2	8	50	92	0	.450	.433	September/October	.298	332	99	7	4	3	38	33	34	.362	.370
Behind in Count	.262	772	202	27	4	6	81	0	136	.261	.330	Pre-All Star	.299	814	243	38	4	6	86	73	81	.355	.377
Two Strikes	.256	753	193	31	6	6	49	171	0	.337		Post-All Star	.304	878	267	32	11	11	112	74	90	.358	.403

Batter vs. Pitcher (career)

Hits Best Against	Avg	AB	H	2B	3B	HR	RBI	BB	SO	OBP	SLG	Hits Worst Against	Avg	AB	H	2B	3B	HR	RBI	BB	SO	OBP	SLG
Kevin Appier	.600	15	9	0	0	0	3	2	.667	.600		Jeff Montgomery	.000	14	0	0	0	0	0	1	1	.067	.000
Kevin Tapani	.480	25	12	2	1	0	5	2	1	.519	.640	Jose Guzman	.059	17	1	0	0	0	0	1	0	.059	.059
Bill Gullickson	.400	10	4	1	0	1	3	2	0	.500	.800	Kenny Rogers	.083	12	1	0	0	0	2	1	3	.154	.083
Scott Kamieniecki	.389	18	7	3	0	1	3	3	0	.476	.722	Roger Clemens	.150	20	3	0	0	0	3	0	1	.143	.150
Bret Saberhagen	.364	11	4	0	1	0	4	1	5	.417	.727	Pat Hentgen	.154	13	2	0	0	0	0	0	3	.154	.154

Joey Hamilton — Padres
Age 24 – Pitches Right (groundball pitcher)

	ERA	W	L	Sv	G	GS	IP	BB	SO	Avg	H	HR	BB	RBI	2B	3B	HR	RBI	OBP	SLG	CG	ShO	Sup	QS	#P/S	SB	CS	GB	FB	G/F
1994 Season	2.98	9	6	0	16	16	108.2	29	61	.241	98	10	5	7	32				.300	.342	1	1	5.30	14	100	1	2	184	85	2.16

1994 Season

	ERA	W	L	Sv	G	GS	IP	H	HR	BB	SO		Avg	AB	H	2B	3B	HR	RBI	BB	SO	OBP	SLG
Home	3.27	4	4	0	8	8	52.1	43	5	17	35	vs. Left	.233	202	47	3	2	2	10	16	36	.290	.297
Away	2.72	5	2	0	8	8	56.1	55	2	12	26	vs. Right	.250	204	51	7	3	5	22	13	25	.311	.387
Starter	2.98	9	6	0	16	16	108.2	98	7	29	61	Scoring Posn	.177	79	14	2	0	2	26	10	15	.280	.278
Reliever	0.00	0	0	0	0	0	0.0	0	0	0	0	Close & Late	.333	21	7	2	0	1	5	4	1	.440	.571
0-3 Days Rest (St)	0.00	0	0	0	0	0	0.0	0	0	0	0	None on/out	.212	104	22	1	3	1	1	7	18	.274	.308
4 Days Rest	3.26	6	6	0	12	12	80.0	73	7	21	47	First Pitch	.222	54	12	0	0	4	13	3	0	.300	.444
5+ Days Rest	2.20	3	0	0	4	4	28.2	25	0	8	14	Ahead in Count	.211	190	40	5	3	1	6	0	56	.223	.284
Pre-All Star	2.70	5	4	0	10	10	70.0	62	4	20	36	Behind in Count	.250	84	21	1	1	2	7	15	0	.360	.357
Post-All Star	3.49	4	2	0	6	6	38.2	36	3	9	25	Two Strikes	.220	186	41	9	4	1	10	1	61	.271	.328

Atlee Hammaker — White Sox
Age 37 – Pitches Left (groundball pitcher)

	ERA	W	L	Sv	G	GS	IP	BB	SO	Avg	H	2B	3B	HR	RBI	OBP	SLG	GF	IR	IRS	Hld	SvOp	SB	CS	GB	FB	G/F
1994 Season	0.00	0	0	0	2	0	1.1	0	1	.200	1	0	0	0	0	.200	.200	0	2	0	1	0	0	0	2	1	2.00
Last Five Years	4.37	4	10	0	37	8	92.2	30	46	.265	94	13	2	8	40	.319	.380	8	53	20	3	0	7	3	169	88	1.92

1994 Season

	ERA	W	L	Sv	G	GS	IP	H	HR	BB	SO		Avg	AB	H	2B	3B	HR	RBI	BB	SO	OBP	SLG
Home	0.00	0	0	0	0	0	0.0	0	0	0	0	vs. Left	.000	3	0	0	0	0	0	0	1	.000	.000
Away	0.00	0	0	0	2	0	1.1	1	0	0	1	vs. Right	.500	2	1	0	0	0	0	0	0	.500	.500

Chris Hammond — Marlins
Age 29 – Pitches Left (groundball pitcher)

	ERA	W	L	Sv	G	GS	IP	BB	SO	Avg	H	2B	3B	HR	RBI	OBP	SLG	CG	ShO	Sup	QS	#P/S	SB	CS	GB	FB	G/F
1994 Season	3.07	4	4	0	13	13	73.1	23	40	.281	79	11	3	5	29	.336	.395	1		3.68	4	86	1	2	107	85	1.26
Career (1990-1994)	4.24	29	35	0	96	92	522.0	204	281	.270	540	81	19	42	232	.338	.393	2		3.89	43	86	22	16	855	534	1.60

1994 Season

	ERA	W	L	Sv	G	GS	IP	H	HR	BB	SO		Avg	AB	H	2B	3B	HR	RBI	BB	SO	OBP	SLG
Home	2.45	2	2	0	6	6	36.2	35	2	11	14	vs. Left	.284	74	21	3	0	1	4	4	8	.321	.365
Away	3.68	2	2	0	7	7	36.2	44	3	12	26	vs. Right	.280	207	58	8	3	4	25	19	32	.341	.406
Starter	3.07	4	4	0	13	13	73.1	79	5	23	40	Scoring Posn	.239	67	16	3	1	2	24	7	10	.303	.403
Reliever	0.00	0	0	0	0	0	0.0	0	0	0	0	Close & Late	.133	15	2	0	0	0	0	2	3	.235	.133

1994 Season

	ERA	W	L	Sv	G	GS	IP	H	HR	BB	SO		Avg	AB	H	2B	3B	HR	RBI	BB	SO	OBP	SLG
0-3 Days Rest (St)	0.00	0	0	0	0	0	0.0	0	0	0	0	None on/out	.270	74	20	2	0	0	4	13	.308	.297
4 Days Rest	3.67	2	2	0	5	5	27.0	31	1	10	17	First Pitch	.111	36	4	0	0	0	1	0	.135	.167
5+ Days Rest	2.72	2	2	0	8	8	46.1	48	4	13	23	Ahead in Count	.222	117	26	3	1	0	5	0	34	.229	.265
Pre-All Star	2.94	4	4	0	12	12	70.1	73	5	23	38	Behind in Count	.397	73	29	4	2	3	13	0	.488	.630
Post-All Star	6.00	0	0	0	1	1	3.0	6	0	0	2	Two Strikes	.237	118	28	4	1	1	7	9	40	.297	.314

Career (1990-1994)

	ERA	W	L	Sv	G	GS	IP	H	HR	BB	SO		Avg	AB	H	2B	3B	HR	RBI	BB	SO	OBP	SLG
Home	4.24	15	15	0	47	44	252.2	265	21	99	137	vs. Left	.260	430	112	16	6	12	45	55	66	.347	.409
Away	4.23	14	20	0	49	48	270.0	275	21	105	144	vs. Right	.273	1570	428	65	13	30	187	149	215	.336	.388
Day	3.59	11	9	0	31	27	165.2	157	14	55	87	Inning 1-6	.269	1836	493	70	17	39	219	183	262	.336	.389
Night	4.54	18	26	0	65	65	357.0	383	28	149	194	Inning 7+	.287	164	47	11	2	3	13	21	19	.366	.433
Grass	3.89	15	13	0	43	42	245.0	259	19	79	137	None on	.241	1189	286	39	12	17	112	185		.308	.336
Turf	4.54	14	22	0	53	50	277.2	281	23	125	144	Runners on	.313	811	254	42	7	25	215	92	96	.382	.475
April	3.30	6	7	0	18	17	103.2	102	9	37	58	Scoring Posn	.309	457	141	20	6	10	171	64	67	.390	.444
May	3.47	8	5	0	19	18	106.1	83	9	45	52	Close & Late	.281	89	25	5	1	2	7	12	14	.366	.427
June	4.36	10	5	0	19	19	109.1	124	7	47	50	None on/out	.247	522	129	13	6	9	9	45	67	.308	.347
July	4.94	2	6	0	16	15	78.1	94	6	36	40	vs. 1st Batr (relief)	.250	4	1	0	0	0	0	0	1	.250	.250
August	6.33	2	8	0	14	14	69.2	89	7	23	42	First Inning Pitched	.296	368	109	14	3	8	44	36	57	.362	.416
September/October	3.58	1	4	0	10	9	55.1	48	4	16	39	First 75 Pitches	.266	1662	442	58	17	36	181	155	241	.330	.386
Starter	4.26	29	35	0	92	92	515.2	536	42	201	277	Pitch 76-90	.287	209	60	15	2	3	35	30	22	.375	.421
Reliever	2.57	0	0	0	4	0	7.0	4	0	3	4	Pitch 91-105	.274	106	29	6	0	2	11	16	14	.369	.387
0-3 Days Rest (St)	3.75	1	1	0	2	2	12.0	13	0	4	6	Pitch 106+	.391	23	9	2	0	1	5	3	4	.444	.609
4 Days Rest	4.06	18	19	0	50	50	284.0	280	24	95	159	First Pitch	.309	291	90	17	5	8	41	10	0	.336	.485
5+ Days Rest	4.55	10	15	0	40	40	219.2	243	18	102	112	Ahead in Count	.221	814	180	26	8	10	68	0	242	.224	.310
Pre-All Star	3.67	26	18	0	61	59	350.2	336	27	136	176	Behind in Count	.294	511	150	22	4	12	68	123	0	.431	.423
Post-All Star	5.39	3	17	0	35	33	172.0	204	15	68	105	Two Strikes	.213	836	178	25	6	13	79	71	281	.277	.304

Pitcher vs. Batter (career)

Pitches Best Vs.	Avg	AB	H	2B	3B	HR	RBI	BB	SO	OBP	SLG	Pitches Worst Vs.	Avg	AB	H	2B	3B	HR	RBI	BB	SO	OBP	SLG
Lenny Dykstra	.000	8	0	0	0	0	0	3	1	.273	.000	Bernard Gilkey	.650	20	13	2	0	0	4	5	0	.720	.750
Ricky Jordan	.091	11	1	1	0	0	0	0	2	.091	.182	Reggie Sanders	.556	9	5	1	2	1	6	2	0	.636	1.444
Charlie O'Brien	.100	10	1	0	0	0	1	1	1	.182	.100	Charlie Hayes	.417	12	5	1	0	1	3	1	2	.462	.750
Ken Caminiti	.103	29	3	0	0	0	2	0	4	.103	.103	Andres Galarraga	.333	15	5	0	1	2	6	1	1	.375	.867
Mark Grace	.133	15	2	0	0	0	1	2	1	.235	.133	Darren Daulton	.333	12	4	0	0	2	5	1	2	.385	.833

Jeffrey Hammonds — Orioles   Age 24 – Bats Right (flyball hitter)

	Avg	G	AB	R	H	2B	3B	HR	RBI	BB	SO	HBP	GDP	SB	CS	OBP	SLG	IBB	SH	SF	#Pit	#P/PA	GB	FB	G/F
1994 Season	.296	68	250	45	74	18	2	8	31	17	39	2	3	5	0	.339	.480	1	0	5	944	3.45	79	97	0.81
Career (1993-1994)	.299	101	355	55	106	26	2	11	50	19	55	2	6	9	0	.332	.476	2	1	7	1302	3.39	108	135	0.80

1994 Season

	Avg	AB	H	2B	3B	HR	RBI	BB	SO	OBP	SLG		Avg	AB	H	2B	3B	HR	RBI	BB	SO	OBP	SLG
vs. Left	.238	63	15	3	0	2	6	7	8	.301	.381	Scoring Posn	.214	56	12	4	0	0	21	6	7	.269	.286
vs. Right	.316	187	59	15	2	6	25	10	31	.353	.513	Close & Late	.286	42	12	1	0	1	4	2	6	.326	.381
Home	.287	122	35	8	0	6	18	6	16	.323	.500	None on/out	.352	54	19	5	0	4	4	6	4	.417	.667
Away	.305	128	39	10	2	2	13	11	23	.355	.461	Batting #2	.317	104	33	6	1	1	9	3	11	.339	.423
First Pitch	.278	36	10	5	0	1	6	1	0	.289	.500	Batting #9	.303	89	27	9	1	4	16	5	12	.340	.562
Ahead in Count	.250	64	16	3	0	3	9	10	0	.351	.438	Other	.246	57	14	3	0	3	6	9	16	.338	.456
Behind in Count	.317	104	33	8	1	1	7	0	32	.318	.442	Pre-All Star	.288	160	46	10	2	8	23	10	22	.328	.525
Two Strikes	.232	99	23	5	1	1	7	6	39	.274	.333	Post-All Star	.311	90	28	8	0	0	8	7	17	.360	.400

Mike Hampton — Astros   Age 22 – Pitches Left (groundball pitcher)

	ERA	W	L	Sv	G	GS	IP	BB	SO	Avg	H	2B	3B	HR	RBI	OBP	SLG	GF	IR	IRS	Hld	SvOp	SB	CS	GB	FB	G/F
1994 Season	3.70	2	1	0	44	0	41.1	16	24	.282	46	8	1	4	20	.354	.417	7	27	8	10	1	4	3	77	27	2.85
Career (1993-1994)	5.40	3	4	1	57	3	58.1	33	32	.310	74	14	2	7	37	.396	.473	9	31	9	12	2	8	3	103	47	2.19

1994 Season

	ERA	W	L	Sv	G	GS	IP	H	HR	BB	SO		Avg	AB	H	2B	3B	HR	RBI	BB	SO	OBP	SLG
Home	3.98	2	1	0	21	0	20.1	25	2	9	15	vs. Left	.324	71	23	5	0	2	11	7	12	.392	.479
Away	3.43	0	0	0	23	0	21.0	21	2	7	9	vs. Right	.250	92	23	3	1	2	9	9	12	.324	.370
Starter	0.00	0	0	0	0	0	0.0	0	0	0	0	Scoring Posn	.231	52	12	3	0	2	16	7	3	.333	.404
Reliever	3.70	2	1	0	44	0	41.1	46	4	16	24	Close & Late	.340	53	18	2	0	2	9	4	6	.397	.491
0 Days rest (Re)	2.45	0	0	0	5	0	3.2	4	1	1	2	None on/out	.368	38	14	2	0	1	1	2	10	.400	.500
1 or 2 Days rest	4.03	2	1	0	23	0	22.1	25	2	9	12	First Pitch	.478	23	11	1	0	0	4	1	0	.520	.609
3+ Days rest	3.52	0	0	0	16	0	15.1	17	1	6	10	Ahead in Count	.169	77	13	4	0	1	7	0	19	.179	.260
Pre-All Star	3.31	1	1	0	34	0	32.2	38	2	15	19	Behind in Count	.375	32	12	2	0	2	6	7	0	.487	.625
Post-All Star	5.19	1	0	0	10	0	8.2	8	2	1	5	Two Strikes	.207	82	17	4	0	2	8	8	24	.286	.329

Chris Haney — Royals
Age 26 – Pitches Left

	ERA	W	L	Sv	G	GS	IP	BB	SO	Avg	H	2B	3B	HR	RBI	OBP	SLG	CG	ShO	Sup	QS	#P/S	SB	CS	GB	FB	G/F
1994 Season	7.31	2	2	0	6	6	28.1	11	18	.333	36	9	3	2	21	.387	.528	0	0	6.99	2	83	3	2	33	35	0.94
Career (1991-1994)	5.25	18	24	0	61	58	317.0	133	188	.279	346	75	10	32	180	.349	.433	3	3	4.66	21	90	27	16	446	381	1.17

1994 Season

	ERA	W	L	Sv	G	GS	IP	H	HR	BB	SO		Avg	AB	H	2B	3B	HR	RBI	BB	SO	OBP	SLG
Home	9.49	1	2	0	3	3	12.1	19	1	4	7	vs. Left	.444	18	8	1	1	1	6	2	2	.500	.778
Away	5.63	1	0	0	3	3	16.0	17	1	7	11	vs. Right	.311	90	28	8	2	1	15	9	16	.365	.478

Career (1991-1994)

	ERA	W	L	Sv	G	GS	IP	H	HR	BB	SO		Avg	AB	H	2B	3B	HR	RBI	BB	SO	OBP	SLG
Home	5.43	9	15	0	32	31	169.0	189	16	52	90	vs. Left	.260	227	59	11	4	4	38	27	35	.349	.396
Away	5.05	9	9	0	29	27	148.0	157	16	81	98	vs. Right	.283	1013	287	64	6	28	142	106	153	.349	.441
Day	5.51	5	3	0	15	15	80.0	84	10	44	43	Inning 1-6	.283	1130	320	68	10	29	170	126	168	.355	.438
Night	5.16	13	21	0	46	43	237.0	262	22	89	145	Inning 7+	.236	110	26	7	0	3	10	7	20	.286	.382
Grass	5.17	6	4	0	16	16	85.1	90	11	48	50	None on	.269	703	189	43	5	19	19	65	106	.335	.425
Turf	5.28	12	20	0	45	42	231.2	256	21	85	138	Runners on	.292	537	157	32	5	13	161	68	82	.367	.443
April	6.82	3	2	0	7	6	33.0	39	4	12	18	Scoring Posn	.300	313	94	18	5	6	144	51	49	.389	.447
May	5.92	2	3	0	8	7	38.0	44	4	10	24	Close & Late	.257	35	9	1	0	2	5	1	5	.278	.457
June	6.20	2	2	0	9	8	45.0	46	8	15	32	None on/out	.279	312	87	18	0	10	10	28	43	.344	.433
July	4.11	5	4	0	10	10	57.0	62	3	22	33	vs. 1st Batr (relief)	.667	3	2	2	0	0	2	0	0	.667	1.333
August	3.30	4	3	0	12	12	71.0	64	3	17	37	First Inning Pitched	.300	240	72	16	2	10	10	49	40	.403	.508
September/October	6.41	2	9	0	15	15	73.0	91	10	37	41	First 75 Pitches	.287	973	279	61	6	27	141	108	152	.358	.445
Starter	5.23	18	24	0	58	58	309.2	339	31	130	179	Pitch 76-90	.243	152	37	10	3	3	24	12	15	.299	.408
Reliever	6.14	0	0	0	3	0	7.1	7	1	3	9	Pitch 91-105	.265	83	22	3	1	1	10	10	12	.344	.361
0-3 Days Rest (St)	15.75	0	1	0	1	1	4.0	8	1	1	0	Pitch 106+	.250	32	8	1	0	1	5	3	9	.314	.375
4 Days Rest	5.97	6	12	0	24	24	126.2	147	11	61	75	First Pitch	.303	142	43	9	1	4	23	5	0	.322	.465
5+ Days Rest	4.47	12	11	0	33	33	179.0	184	19	68	104	Ahead in Count	.225	546	123	21	3	9	64	0	165	.232	.324
Pre-All Star	6.37	8	10	0	27	24	128.2	147	17	44	81	Behind in Count	.324	312	101	22	3	5	41	78	0	.456	.462
Post-All Star	4.49	10	14	0	34	34	188.1	199	15	89	107	Two Strikes	.225	551	124	24	3	13	69	50	188	.292	.350

Pitcher vs. Batter (career)

Pitches Best Vs.	Avg	AB	H	2B	3B	HR	RBI	BB	SO	OBP	SLG	Pitches Worst Vs.	Avg	AB	H	2B	3B	HR	RBI	BB	SO	OBP	SLG
Jay Buhner	.000	9	0	0	0	0	0	2	5	.182	.000	Joe Carter	.444	9	4	2	0	0	2	2	1	.545	.667
Billy Hatcher	.167	12	2	2	0	0	0	1	0	.231	.333	Andre Dawson	.417	12	5	0	0	1	3	2	0	.500	.667
Chuck Knoblauch	.200	10	2	0	0	0	2	0	3	.333	.200	Darnell Coles	.400	10	4	1	0	0	0	2	1	.500	.500
Devon White	.222	9	2	1	0	0	3	1	6	.385	.333	Kirby Puckett	.400	10	4	1	0	0	2	0	4	.364	.500
												Ken Griffey Jr.	.333	9	3	1	0	0	0	3	1	.500	.444

Todd Haney — Cubs
Age 29 – Bats Right (flyball hitter)

	Avg	G	AB	R	H	2B	3B	HR	RBI	BB	SO	HBP	GDP	SB	CS	OBP	SLG	IBB	SH	SF	#Pit	#P/PA	GB	FB	G/F
1994 Season	.162	17	37	6	6	0	0	1	2	3	3	1	0	2	1	.238	.243	0	1	1	164	3.81	9	18	0.50
Career (1992-1994)	.191	24	47	6	9	1	0	1	3	3	3	1	1	2	1	.250	.277	0	2	1	206	3.81	11	23	0.48

1994 Season

	Avg	AB	H	2B	3B	HR	RBI	BB	SO	OBP	SLG		Avg	AB	H	2B	3B	HR	RBI	BB	SO	OBP	SLG
vs. Left	.250	12	3	0	0	0	0	2	1	.357	.250	Scoring Posn	.000	6	0	0	0	0	1	1	0	.125	.000
vs. Right	.120	25	3	0	0	1	2	1	2	.179	.240	Close & Late	.143	7	1	0	0	0	0	0	1	.143	.143

Dave Hansen — Dodgers
Age 26 – Bats Left

	Avg	G	AB	R	H	2B	3B	HR	RBI	BB	SO	HBP	GDP	SB	CS	OBP	SLG	IBB	SH	SF	#Pit	#P/PA	GB	FB	G/F
1994 Season	.341	40	44	3	15	3	0	0	5	5	5	0	0	0	0	.408	.409	0	0	0	218	4.45	21	10	2.10
Career (1990-1994)	.257	314	553	49	142	21	0	11	63	62	82	1	9	1	3	.331	.354	6	0	3	2359	3.80	220	148	1.49

1994 Season

	Avg	AB	H	2B	3B	HR	RBI	BB	SO	OBP	SLG		Avg	AB	H	2B	3B	HR	RBI	BB	SO	OBP	SLG
vs. Left	.500	4	2	1	0	0	1	0	0	.500	.750	Scoring Posn	.200	20	4	0	0	0	5	2	3	.273	.200
vs. Right	.325	40	13	2	0	0	4	5	5	.400	.375	Close & Late	.500	16	8	1	0	0	2	0	2	.500	.563

Career (1990-1994)

	Avg	AB	H	2B	3B	HR	RBI	BB	SO	OBP	SLG		Avg	AB	H	2B	3B	HR	RBI	BB	SO	OBP	SLG
vs. Left	.203	59	12	4	0	0	2	4	12	.250	.271	Scoring Posn	.270	141	38	5	0	2	47	24	25	.369	.348
vs. Right	.263	494	130	17	0	11	61	58	70	.341	.364	Close & Late	.270	137	37	6	0	3	24	13	28	.331	.380
Groundball	.239	176	42	6	0	2	19	23	20	.327	.307	None on/out	.274	146	40	6	0	4	4	9	21	.316	.397
Flyball	.276	134	37	9	0	5	18	16	26	.358	.455	Batting #7	.288	146	42	8	0	4	11	19	22	.373	.425
Home	.280	286	80	8	0	3	28	32	37	.353	.339	Batting #8	.190	142	27	4	0	2	11	9	23	.235	.261
Away	.232	267	62	13	0	8	35	30	45	.308	.371	Other	.275	265	73	9	0	5	41	34	37	.357	.366
Day	.202	173	35	5	0	4	24	24	27	.295	.301	April	.160	50	8	2	0	1	3	3	8	.208	.260
Night	.282	380	107	16	0	7	39	38	55	.348	.379	May	.254	59	15	3	0	2	7	9	6	.353	.407
Grass	.264	401	106	12	0	7	46	46	55	.343	.347	June	.215	65	14	0	0	2	8	12	8	.338	.338
Turf	.237	152	36	9	0	4	17	16	27	.308	.375	July	.310	113	35	6	0	2	16	6	17	.342	.416
First Pitch	.258	93	24	1	0	1	12	5	0	.300	.301	August	.262	122	32	4	0	1	14	15	18	.343	.320
Ahead in Count	.272	125	34	7	0	4	22	34	0	.425	.424	September/October	.264	144	38	4	0	3	15	17	25	.342	.354
Behind in Count	.183	224	41	5	0	2	12	0	68	.182	.232	Pre-All Star	.250	228	57	10	0	5	24	26	30	.327	.360
Two Strikes	.234	261	61	9	0	3	19	23	82	.295	.303	Post-All Star	.262	325	85	11	0	6	39	36	52	.334	.351

Batter vs. Pitcher (career)

Hits Best Against	Avg	AB	H	2B	3B	HR	RBI	BB	SO	OBP	SLG	Hits Worst Against	Avg	AB	H	2B	3B	HR	RBI	BB	SO	OBP	SLG
John Burkett	.500	10	5	0	0	1	6	0	2	.455	.800	Darryl Kile	.067	15	1	0	0	0	0	1	0	.125	.133

Batter vs. Pitcher (career)																		
Hits Best Against	Avg	AB	H	2B	3B	HR	RBI	BB	SO	OBP	SLG	Hits Worst Against	Avg	AB	H	2B	3B	HR	RBI	BB	SO	OBP	SLG
Bill Swift	.375	16	6	0	0	0	2	0	1	.375	.375	Greg W. Harris	.083	12	1	0	0	0	1	1	4	.154	.083
												Doug Drabek	.200	10	2	1	0	0	0	2	1	.333	.300

Erik Hanson — Reds
Age 30 – Pitches Right (groundball pitcher)

	ERA	W	L	Sv	G	GS	IP	BB	SO	Avg	H	2B	3B	HR	RBI	OBP	SLG	CG	ShO	Sup	QS	#P/S	SB	CS	GB	FB	G/F
1994 Season	4.11	5	5	0	22	21	122.2	23	101	.283	137	22	4	10	55	.317	.407	0	0	4.92	13	93	6	6	166	120	1.38
Last Five Years	3.83	50	51	0	144	141	935.0	264	730	.264	948	176	26	72	377	.315	.388	20	3	4.57	89	103	65	41	1354	866	1.56

1994 Season

	ERA	W	L	Sv	G	GS	IP	H	HR	BB	SO		Avg	AB	H	2B	3B	HR	RBI	BB	SO	OBP	SLG
Home	3.58	1	1	0	9	8	50.1	52	7	5	43	vs. Left	.275	222	61	6	4	6	29	14	51	.317	.419
Away	4.48	4	4	0	13	13	72.1	85	3	18	58	vs. Right	.290	262	76	16	0	4	26	9	50	.318	.397
Starter	4.12	5	5	0	21	21	122.1	137	10	23	101	Scoring Posn	.291	117	34	5	1	2	44	10	23	.341	.402
Reliever	0.00	0	0	0	1	0	0.1	0	0	0	0	Close & Late	.222	18	4	0	0	0	1	6	.263	.222
0-3 Days Rest (St)	5.40	0	0	0	1	1	5.0	4	1	0	3	None on/out	.289	128	37	9	1	6	6	4	22	.311	.516
4 Days Rest	4.66	4	3	0	13	13	75.1	89	6	13	65	First Pitch	.411	73	30	6	0	1	13	2	0	.416	.534
5+ Days Rest	3.00	1	2	0	7	7	42.0	44	3	10	33	Ahead in Count	.188	202	38	6	1	3	17	0	88	.196	.272
Pre-All Star	4.70	5	5	0	18	17	97.2	117	9	18	77	Behind in Count	.382	123	47	6	3	5	20	11	0	.430	.602
Post-All Star	1.80	0	0	0	4	4	25.0	20	1	5	24	Two Strikes	.166	223	37	7	1	2	14	10	101	.205	.233

Last Five Years

	ERA	W	L	Sv	G	GS	IP	H	HR	BB	SO		Avg	AB	H	2B	3B	HR	RBI	BB	SO	OBP	SLG
Home	3.73	24	23	0	71	70	460.1	474	43	110	372	vs. Left	.237	1835	435	82	17	30	187	132	400	.287	.349
Away	3.92	26	28	0	73	71	474.2	474	29	154	358	vs. Right	.292	1755	513	94	9	42	190	132	330	.344	.428
Day	3.71	12	15	0	42	41	255.0	272	22	73	193	Inning 1-6	.271	3017	817	153	22	62	338	222	599	.322	.398
Night	3.88	38	36	0	102	100	680.0	676	50	191	537	Inning 7+	.229	573	131	23	4	10	39	42	131	.282	.335
Grass	3.83	19	23	0	58	56	376.0	366	25	127	298	None on	.253	2182	551	107	16	42	42	138	452	.299	.374
Turf	3.83	31	28	0	86	85	559.0	582	47	137	432	Runners on	.282	1408	397	69	10	30	335	126	278	.339	.409
April	3.59	9	5	0	23	23	145.1	146	11	53	118	Scoring Posn	.269	789	212	38	9	20	300	88	168	.336	.416
May	4.09	9	14	0	27	27	171.2	198	14	39	146	Close & Late	.257	292	75	14	4	9	30	24	66	.314	.414
June	4.14	8	11	0	25	23	163.0	166	17	53	113	None on/out	.244	945	231	53	6	21	21	55	182	.287	.380
July	3.35	12	9	0	28	27	188.0	178	13	45	141	vs. 1st Batr (relief)	.000	2	0	0	0	0	0	1	0	.333	.000
August	4.76	4	8	0	22	22	140.0	144	12	38	105	First Inning Pitched	.250	539	135	29	3	10	46	36	86	.297	.371
September/October	3.05	8	4	0	19	19	127.0	116	5	36	107	First 75 Pitches	.274	2513	689	135	16	54	274	188	489	.325	.405
Starter	3.80	49	50	0	141	141	925.2	937	71	261	727	Pitch 76-90	.259	459	119	20	6	9	62	31	80	.306	.388
Reliever	6.75	1	1	0	3	0	9.1	11	1	3	3	Pitch 91-105	.225	355	80	9	2	7	22	23	95	.279	.321
0-3 Days Rest (St)	1.78	2	0	0	4	4	25.1	17	1	8	21	Pitch 106+	.228	263	60	12	2	2	19	22	66	.290	.312
4 Days Rest	3.94	30	29	0	83	83	555.2	576	41	140	436	First Pitch	.319	542	173	33	5	13	60	11	0	.333	.470
5+ Days Rest	3.73	17	21	0	54	54	344.2	344	29	113	270	Ahead in Count	.173	1420	246	42	8	14	106	0	607	.177	.244
Pre-All Star	3.85	32	32	0	86	83	552.1	579	47	159	431	Behind in Count	.369	899	332	69	8	33	146	123	0	.442	.574
Post-All Star	3.81	18	19	0	58	58	382.2	369	25	105	299	Two Strikes	.164	1631	268	48	9	17	120	130	730	.228	.236

Pitcher vs. Batter (career)

Pitches Best Vs.	Avg	AB	H	2B	3B	HR	RBI	BB	SO	OBP	SLG	Pitches Worst Vs.	Avg	AB	H	2B	3B	HR	RBI	BB	SO	OBP	SLG
Sam Horn	.000	21	0	0	0	0	2	8	0	.087	.000	Leo Gomez	.500	14	7	0	0	1	2	5	5	.632	.714
Jose Canseco	.043	23	1	0	0	0	3	11	.154	.043	Ellis Burks	.481	27	13	1	0	3	8	2	4	.517	.852
Pat Kelly	.083	12	1	0	0	0	0	3	.083	.083	Bo Jackson	.455	11	5	0	0	4	6	2	5	.538	1.545
Randy Velarde	.091	11	1	0	0	0	0	3	.091	.091	Frank Thomas	.450	20	9	1	0	2	4	7	3	.593	.800
Bill Spiers	.100	20	2	1	0	0	5	.100	.100	Fred McGriff	.375	8	3	0	0	2	3	5	1	.615	1.125

Shawn Hare — Mets
Age 28 – Bats Left (groundball hitter)

	Avg	G	AB	R	H	2B	3B	HR	RBI	BB	SO	HBP	GDP	SB	CS	OBP	SLG	IBB	SH	SF	#Pit	#P/PA	GB	FB	G/F
1994 Season	.225	22	40	7	9	1	1	0	2	4	11	0	4	0	0	.295	.300	0	0	0	188	4.27	14	7	2.00
Career (1991-1994)	.153	46	85	7	13	3	1	0	7	8	16	0	7	0	0	.223	.212	0	0	1	398	4.23	35	22	1.59

1994 Season

	Avg	AB	H	2B	3B	HR	RBI	BB	SO	OBP	SLG		Avg	AB	H	2B	3B	HR	RBI	BB	SO	OBP	SLG
vs. Left	.000	3	0	0	0	0	2	1	.400	.000	Scoring Posn	.143	14	2	0	0	0	2	1	6	.200	.143
vs. Right	.243	37	9	1	1	0	2	2	10	.282	.324	Close & Late	.111	9	1	0	0	0	1	2	.200	.111

Mike Harkey — Rockies
Age 28 – Pitches Right

	ERA	W	L	Sv	G	GS	IP	BB	SO	Avg	H	2B	3B	HR	RBI	OBP	SLG	CG	ShO	Sup	QS	#P/S	SB	CS	GB	FB	G/F
1994 Season	5.79	1	6	0	24	13	91.2	35	39	.336	125	31	2	10	54	.393	.511	0	0	3.44	5	89	7	6	160	91	1.76
Last Five Years	4.37	27	24	0	90	79	479.1	158	236	.280	520	93	18	48	225	.338	.427	3	1	4.81	40	88	27	21	724	534	1.36

1994 Season

	ERA	W	L	Sv	G	GS	IP	H	HR	BB	SO		Avg	AB	H	2B	3B	HR	RBI	BB	SO	OBP	SLG
Home	5.98	1	2	0	13	6	46.2	63	5	22	19	vs. Left	.373	177	66	19	2	5	29	21	15	.437	.588
Away	5.60	0	4	0	11	7	45.0	62	5	13	20	vs. Right	.303	195	59	12	0	5	25	14	24	.351	.441
Starter	6.03	0	6	0	13	13	74.2	100	8	31	29	Scoring Posn	.304	92	28	8	0	3	40	15	11	.394	.489
Reliever	4.76	1	0	0	11	0	17.0	25	2	4	10	Close & Late	.346	26	9	3	0	1	3	3	2	.414	.577
0-3 Days Rest (St)	1.23	1	0	0	1	1	7.1	7	0	4	2	None on/out	.344	90	31	6	1	2	2	6	14	.385	.500
4 Days Rest	6.84	0	2	0	5	5	26.1	39	3	8	13	First Pitch	.421	57	24	6	0	2	10	4	0	.452	.632
5+ Days Rest	6.37	0	4	0	7	7	41.0	54	5	19	14	Ahead in Count	.292	137	40	10	2	4	16	0	28	.292	.482
Pre-All Star	5.82	1	5	0	19	12	82.0	113	10	31	33	Behind in Count	.346	107	37	9	0	3	14	18	0	.441	.514
Post-All Star	5.59	0	1	0	5	1	9.2	12	0	4	6	Two Strikes	.260	127	33	5	2	5	16	13	39	.329	.449

Last Five Years

	ERA	W	L	Sv	G	GS	IP	H	HR	BB	SO		Avg	AB	H	2B	3B	HR	RBI	BB	SO	OBP	SLG
Home	4.04	12	11	0	44	37	240.1	268	27	84	117	vs. Left	.275	1011	278	54	10	25	124	98	130	.338	.422
Away	4.71	15	13	0	46	42	239.0	252	21	74	119	vs. Right	.286	845	242	39	8	23	101	60	106	.337	.433
Day	4.14	16	13	0	48	46	280.2	296	27	81	146	Inning 1-6	.283	1644	465	82	17	43	209	136	217	.339	.432
Night	4.71	11	11	0	42	33	198.2	224	21	77	90	Inning 7+	.259	212	55	11	1	5	16	22	19	.326	.392
Grass	4.09	22	17	0	68	60	376.2	409	41	118	178	None on	.272	1127	306	52	12	35	35	76	149	.320	.432
Turf	5.44	5	7	0	22	19	102.2	111	7	40	58	Runners on	.294	729	214	41	6	13	190	82	87	.363	.420
April	4.47	5	5	0	15	15	86.2	92	7	32	52	Scoring Posn	.284	408	116	24	4	6	164	63	54	.371	.407
May	6.17	6	4	0	18	15	84.2	119	14	29	38	Close & Late	.287	108	31	5	1	3	10	15	9	.371	.435
June	3.63	0	2	0	12	8	57.0	56	4	22	26	None on/out	.264	492	130	16	5	19	19	29	69	.312	.433
July	4.21	7	7	0	16	16	94.0	101	7	26	44	vs. 1st Batr (relief)	.200	10	2	0	0	0	0	1	3	.273	.200
August	3.38	7	3	0	21	17	114.1	110	14	33	55	First Inning Pitched	.332	368	122	18	1	8	62	24	37	.373	.451
September/October	4.64	2	3	0	8	8	42.2	42	2	16	21	First 75 Pitches	.281	1523	428	73	15	39	184	122	195	.336	.425
Starter	4.36	26	24	0	79	79	462.1	495	46	154	226	Pitch 76-90	.294	180	53	13	2	5	25	21	29	.371	.472
Reliever	4.76	1	0	0	11	0	17.0	25	2	4	10	Pitch 91-105	.286	98	28	6	1	3	13	9	9	.343	.459
0-3 Days Rest (St)	3.76	3	2	0	7	7	40.2	44	1	14	22	Pitch 106+	.200	55	11	1	0	1	3	6	3	.279	.273
4 Days Rest	4.32	12	13	0	39	39	235.2	239	27	73	117	First Pitch	.331	287	95	14	5	12	38	14	0	.364	.540
5+ Days Rest	4.55	11	9	0	33	33	186.0	212	18	67	87	Ahead in Count	.222	778	173	26	6	11	70	0	203	.228	.314
Pre-All Star	4.70	13	13	0	50	43	262.1	302	28	90	125	Behind in Count	.332	467	155	26	7	18	69	86	0	.432	.533
Post-All Star	3.98	14	11	0	40	36	217.0	218	20	68	111	Two Strikes	.205	741	152	24	6	12	68	58	236	.266	.302

Pitcher vs. Batter (career)

Pitches Best Vs.	Avg	AB	H	2B	3B	HR	RBI	BB	SO	OBP	SLG	Pitches Worst Vs.	Avg	AB	H	2B	3B	HR	RBI	BB	SO	OBP	SLG
Will Clark	.000	15	0	0	0	0	0	2	3	.118	.000	Moises Alou	.636	11	7	2	0	0	3	0	2	.636	.818
Jose DeLeon	.000	10	0	0	0	0	0	1	5	.091	.000	Luis Gonzalez	.583	12	7	1	1	2	6	0	2	.583	1.333
Darrin Fletcher	.000	10	0	0	0	0	0	1	1	.091	.000	Jeff Blauser	.538	13	7	2	0	2	3	1	1	.571	1.154
Orestes Destrade	.083	12	1	0	0	0	1	1	0	.143	.083	Paul O'Neill	.500	10	5	0	0	2	4	3	0	.615	1.100
Jay Bell	.167	12	2	0	0	0	0	0	1	.167	.167	Bobby Bonilla	.444	9	4	0	0	2	3	3	1	.583	1.111

Pete Harnisch — Astros   Age 28 – Pitches Right (flyball pitcher)

	ERA	W	L	Sv	G	GS	IP	BB	SO	Avg	H	2B	3B	HR	RBI	OBP	SLG	CG	ShO	Sup	QS	#P/S	SB	CS	GB	FB	G/F
1994 Season	5.40	8	5	0	17	17	95.0	39	62	.269	100	17	4	13	52	.341	.441	1	0	7.11	8	89	12	1	123	120	1.03
Last Five Years	3.60	56	44	0	148	148	924.2	351	705	.234	811	147	27	82	355	.306	.363	13	6	4.90	87	100	99	29	1038	1118	0.93

1994 Season

	ERA	W	L	Sv	G	GS	IP	H	HR	BB	SO		Avg	AB	H	2B	3B	HR	RBI	BB	SO	OBP	SLG
Home	5.49	5	3	0	10	10	59.0	54	10	22	36	vs. Left	.274	168	46	8	4	4	20	20	21	.349	.440
Away	5.25	3	2	0	7	7	36.0	46	3	17	26	vs. Right	.265	204	54	9	0	9	32	19	41	.335	.441
Starter	5.40	8	5	0	17	17	95.0	100	13	39	62	Scoring Posn	.317	82	26	7	0	2	35	15	14	.414	.476
Reliever	0.00	0	0	0	0	0	0.0	0	0	0	0	Close & Late	.071	14	1	0	0	0	1	0	5	.071	.071
0-3 Days Rest (St)	0.00	0	0	0	0	0	0.0	0	0	0	0	None on/out	.265	98	26	3	2	4	4	6	13	.308	.459
4 Days Rest	5.67	6	2	0	10	10	54.0	59	7	27	31	First Pitch	.246	57	14	2	1	2	7	0	0	.246	.421
5+ Days Rest	5.05	2	3	0	7	7	41.0	41	6	12	31	Ahead in Count	.225	178	40	5	2	5	19	0	57	.233	.360
Pre-All Star	5.63	5	4	0	12	12	64.0	64	9	32	44	Behind in Count	.318	85	27	4	0	6	19	21	0	.444	.576
Post-All Star	4.94	3	1	0	5	5	31.0	36	4	7	18	Two Strikes	.212	165	35	6	3	3	17	18	62	.297	.339

Last Five Years

	ERA	W	L	Sv	G	GS	IP	H	HR	BB	SO		Avg	AB	H	2B	3B	HR	RBI	BB	SO	OBP	SLG
Home	3.24	35	22	0	81	81	534.0	424	47	165	429	vs. Left	.250	1954	489	79	24	47	195	220	333	.328	.387
Away	4.10	21	22	0	67	67	390.2	387	35	186	276	vs. Right	.213	1514	322	68	3	35	160	131	372	.277	.331
Day	4.24	11	9	0	35	35	201.2	186	18	83	155	Inning 1-6	.236	3049	719	129	24	73	324	308	618	.306	.366
Night	3.42	45	35	0	113	113	723.0	625	64	268	550	Inning 7+	.220	419	92	18	3	9	31	43	87	.292	.341
Grass	3.57	21	17	0	53	53	317.2	285	26	141	234	None on	.224	2067	462	75	20	51	51	201	437	.297	.353
Turf	3.62	35	27	0	95	95	607.0	526	56	210	471	Runners on	.249	1401	349	72	7	31	304	150	268	.319	.377
April	3.58	8	5	0	24	24	143.1	117	11	71	97	Scoring Posn	.241	802	193	49	3	15	258	114	163	.328	.365
May	4.29	9	11	0	27	27	168.0	156	15	62	118	Close & Late	.183	246	45	9	3	5	17	28	57	.264	.305
June	3.55	7	10	0	23	23	144.1	126	20	53	123	None on/out	.230	915	210	29	9	26	26	77	181	.292	.366
July	3.48	12	5	0	27	27	176.0	160	16	59	127	vs. 1st Batr (relief)	.000	0	0	0	0	0	0	0	0	.000	.000
August	3.54	7	8	0	25	25	150.0	134	13	65	126	First Inning Pitched	.248	552	137	26	5	7	66	69	99	.327	.351
September/October	3.06	13	5	0	22	22	143.0	118	7	41	114	First 75 Pitches	.232	2482	576	111	17	55	248	240	514	.302	.357
Starter	3.60	56	44	0	148	148	924.2	811	82	351	705	Pitch 76-90	.245	457	112	19	6	11	53	53	80	.324	.385
Reliever	0.00	0	0	0	0	0	0.0	0	0	0	0	Pitch 91-105	.251	315	79	9	3	13	37	32	73	.320	.422
0-3 Days Rest (St)	1.99	2	1	0	3	3	22.2	12	2	4	21	Pitch 106+	.206	214	44	8	1	3	17	26	38	.293	.294
4 Days Rest	3.72	25	17	0	86	86	534.2	497	48	206	382	First Pitch	.293	482	141	30	3	10	66	13	0	.313	.429
5+ Days Rest	3.53	19	16	0	59	59	367.1	302	32	141	302	Ahead in Count	.189	1728	326	52	10	24	124	0	599	.193	.272
Pre-All Star	3.68	28	29	0	84	84	523.2	456	50	209	385	Behind in Count	.289	653	189	37	4	34	96	171	0	.435	.515
Post-All Star	3.50	28	15	0	64	64	401.0	355	32	142	320	Two Strikes	.171	1732	296	50	16	24	116	166	705	.246	.260

Pitcher vs. Batter (career)

Pitches Best Vs.	Avg	AB	H	2B	3B	HR	RBI	BB	SO	OBP	SLG	Pitches Worst Vs.	Avg	AB	H	2B	3B	HR	RBI	BB	SO	OBP	SLG
Royce Clayton	.000	12	0	0	0	0	1	0	5	.000	.000	Kent Hrbek	.556	9	5	2	0	2	7	2	0	.636	1.444
Todd Benzinger	.000	11	0	0	0	0	0	0	6	.000	.000	Jerry Browne	.538	13	7	2	0	1	5	2	1	.600	.923
Rey Sanchez	.000	11	0	0	0	0	1	2	0	.154	.000	Willie McGee	.455	22	10	0	2	1	4	2	0	.500	.773
Walt Weiss	.000	9	0	0	0	0	0	2	5	.182	.000	Nelson Liriano	.444	9	4	0	0	1	2	1	1	.545	.778
Ruben Sierra	.067	15	1	0	0	0	1	3	1	.118	.067	Jim Eisenreich	.385	13	5	2	0	0	3	1	3	.500	.846

Brian Harper — Brewers
Age 35 – Bats Right

	Avg	G	AB	R	H	2B	3B	HR	RBI	BB	SO	HBP	GDP	SB	CS	OBP	SLG	IBB	SH	SF	#Pit	#P/PA	GB	FB	G/F
1994 Season	.291	64	251	23	73	15	0	4	32	9	18	3	8	0	2	.318	.398	1	0	4	913	3.42	90	80	1.13
Last Five Years	.302	608	2203	248	666	136	5	41	301	97	118	32	72	5	10	.337	.424	22	3	29	7793	3.30	822	770	1.07

1994 Season

	Avg	AB	H	2B	3B	HR	RBI	BB	SO	OBP	SLG		Avg	AB	H	2B	3B	HR	RBI	BB	SO	OBP	SLG
vs. Left	.367	49	18	3	0	1	6	4	4	.415	.490	Scoring Posn	.258	66	17	2	0	2	28	2	5	.284	.379
vs. Right	.272	202	55	12	0	3	26	5	14	.294	.376	Close & Late	.372	43	16	6	0	0	4	2	2	.413	.512
Home	.304	115	35	8	0	2	15	5	5	.336	.426	None on/out	.339	56	19	5	0	0	0	2	3	.362	.429
Away	.279	136	38	7	0	2	17	4	13	.303	.371	Batting #4	.311	90	28	5	0	0	5	4	4	.337	.367
First Pitch	.292	24	7	1	0	0	4	1	0	.308	.333	Batting #6	.263	80	21	5	0	1	10	2	7	.277	.363
Ahead in Count	.305	59	18	7	0	1	12	2	0	.323	.475	Other	.296	81	24	5	0	3	17	3	7	.337	.469
Behind in Count	.315	124	39	5	0	3	13	0	16	.320	.427	Pre-All Star	.291	251	73	15	0	4	32	9	18	.318	.398
Two Strikes	.253	99	25	4	0	1	4	6	18	.302	.323	Post-All Star	.000	0	0	0	0	0	0	0	0	.000	.000

Last Five Years

	Avg	AB	H	2B	3B	HR	RBI	BB	SO	OBP	SLG		Avg	AB	H	2B	3B	HR	RBI	BB	SO	OBP	SLG
vs. Left	.316	541	171	44	3	13	78	38	37	.359	.481	Scoring Posn	.308	600	185	30	0	10	245	43	36	.354	.408
vs. Right	.298	1662	495	92	2	28	223	59	81	.329	.406	Close & Late	.315	371	117	16	1	8	56	22	20	.357	.429
Groundball	.310	600	186	42	1	11	86	20	35	.336	.438	None on/out	.319	508	162	38	1	13	13	18	15	.351	.474
Flyball	.284	483	137	21	0	9	69	20	23	.322	.383	Batting #5	.300	831	249	52	3	13	109	39	44	.337	.416
Home	.317	1058	335	67	4	16	147	58	56	.354	.433	Batting #6	.305	1007	307	57	1	22	141	40	50	.336	.429
Away	.289	1145	331	69	1	25	154	39	62	.320	.417	Other	.301	365	110	27	1	6	51	18	24	.338	.430
Day	.316	588	186	45	1	13	93	28	32	.352	.463	April	.283	293	83	16	0	4	36	15	12	.322	.379
Night	.297	1615	480	91	4	28	208	69	86	.331	.411	May	.320	440	141	36	0	9	76	16	28	.347	.464
Grass	.294	971	285	59	0	21	134	39	54	.325	.419	June	.315	422	133	23	1	9	55	18	23	.353	.438
Turf	.309	1232	381	77	5	20	167	58	64	.346	.429	July	.320	350	112	25	0	6	48	13	17	.349	.443
First Pitch	.327	318	104	26	1	5	50	16	0	.366	.462	August	.292	367	107	20	2	9	51	16	18	.323	.431
Ahead in Count	.372	527	196	49	2	17	100	53	0	.422	.569	September/October	.272	331	90	16	2	4	35	19	20	.319	.369
Behind in Count	.268	970	260	43	2	12	110	0	100	.280	.357	Pre-All Star	.308	1280	394	82	1	26	190	54	69	.341	.434
Two Strikes	.248	804	199	37	2	4	73	27	118	.285	.313	Post-All Star	.295	923	272	54	4	15	111	43	49	.331	.411

Batter vs. Pitcher (since 1984)

Hits Best Against	Avg	AB	H	2B	3B	HR	RBI	BB	SO	OBP	SLG	Hits Worst Against	Avg	AB	H	2B	3B	HR	RBI	BB	SO	OBP	SLG
Dan Plesac	.545	11	6	0	0	3	8	1	0	.583	1.364	Chuck Crim	.083	12	1	0	0	0	2	0	0	.077	.083
Frank Viola	.500	10	5	1	0	1	1	3	0	.615	.900	Melido Perez	.087	23	2	0	0	1	4	0	0	.087	.217
Edwin Nunez	.455	11	5	1	0	1	3	2	1	.538	.818	Duane Ward	.091	11	1	1	0	0	0	1	.167	.182
Todd Stottlemyre	.444	18	8	1	2	8	0	0	.429	.889	Mike Magnante	.091	11	1	0	0	0	0	1	0	.167	.091
Rick Honeycutt	.444	9	4	0	1	0	3	1	0	.545	.667	Dave Fleming	.188	16	3	0	0	0	3	0	1	.176	.188

Gene Harris — Tigers
Age 30 – Pitches Right (groundball pitcher)

	ERA	W	L	Sv	G	GS	IP	BB	SO	Avg	H	2B	3B	HR	RBI	OBP	SLG	GF	IR	IRS	Hld	SvOp	SB	CS	GB	FB	G/F
1994 Season	7.61	1	1	1	24	0	23.2	12	19	.333	34	8	2	3	20	.409	.539	6	16	7	3	5	0	1	49	21	2.33
Last Five Years	4.37	8	11	25	138	0	164.2	104	132	.252	160	29	4	15	90	.359	.382	73	96	28	8	38	19	1	270	131	2.06

1994 Season

	ERA	W	L	Sv	G	GS	IP	H	HR	BB	SO		Avg	AB	H	2B	3B	HR	RBI	BB	SO	OBP	SLG
Home	10.05	1	1	1	14	0	14.1	21	3	7	11	vs. Left	.419	43	18	3	0	1	8	6	2	.490	.558
Away	3.86	0	0	0	10	0	9.1	13	0	5	8	vs. Right	.271	59	16	5	2	2	12	6	17	.348	.525

Last Five Years

	ERA	W	L	Sv	G	GS	IP	H	HR	BB	SO		Avg	AB	H	2B	3B	HR	RBI	BB	SO	OBP	SLG
Home	4.34	7	5	10	70	1	93.1	86	8	50	69	vs. Left	.248	282	70	15	0	3	29	54	48	.373	.333
Away	4.42	1	6	15	68	0	71.1	74	7	54	63	vs. Right	.256	352	90	14	4	12	61	50	84	.348	.420
Day	5.57	2	5	9	46	0	51.2	51	6	33	41	Inning 1-6	.167	114	19	5	0	0	11	22	32	.301	.211
Night	3.82	6	6	16	92	1	113.0	109	9	71	91	Inning 7+	.271	520	141	24	4	15	79	82	100	.372	.419
Grass	4.73	7	7	18	84	1	91.1	90	10	50	74	None on	.232	310	72	12	2	11	11	42	67	.328	.390
Turf	3.93	1	4	7	54	0	73.1	70	5	54	58	Runners on	.272	324	88	17	2	4	79	62	65	.388	.373
April	4.91	2	0	5	30	0	33.0	34	3	22	29	Scoring Posn	.238	223	53	10	1	1	69	45	46	.363	.305
May	6.62	2	2	3	28	0	34.0	33	7	23	24	Close & Late	.266	267	71	5	2	7	39	48	54	.381	.378
June	3.03	1	2	4	23	1	32.2	26	0	10	35	None on/out	.241	137	33	9	0	2	2	18	22	.329	.350
July	4.91	0	4	5	17	0	18.1	25	3	16	14	vs. 1st Batr (relief)	.264	125	33	11	0	2	18	11	21	.321	.400
August	4.05	2	1	4	21	0	20.0	19	3	17	12	First Inning Pitched	.256	453	116	21	2	14	69	78	90	.366	.404
September/October	2.36	1	2	4	19	0	26.2	23	1	16	18	First 15 Pitches	.268	381	102	21	3	8	49	56	66	.360	.402
Starter	9.82	0	0	0	1	1	3.2	6	0	1	3	Pitch 16-30	.234	197	46	5	0	7	32	36	49	.360	.365
Reliever	4.25	8	11	25	137	0	161.0	154	15	103	129	Pitch 31-45	.182	44	8	2	0	0	5	10	14	.333	.273
0 Days rest (Re)	2.86	2	2	6	20	0	22.0	20	1	13	12	Pitch 46+	.333	12	4	1	0	0	4	2	3	.429	.417
1 or 2 Days rest	4.83	4	5	10	55	0	63.1	64	9	39	50	First Pitch	.325	117	38	5	1	2	17	9	0	.375	.436
3+ Days rest	4.16	2	4	9	62	0	75.2	70	5	51	67	Ahead in Count	.165	284	47	7	1	6	25	0	109	.171	.261
Pre-All Star	5.00	5	6	15	87	1	104.1	102	10	61	91	Behind in Count	.397	116	46	10	2	3	28	58	0	.594	.595
Post-All Star	3.28	3	5	10	51	0	60.1	58	5	43	41	Two Strikes	.161	299	48	10	1	8	31	37	132	.260	.281

Greg Harris — Yankees
Age 39 – Pitches Right (groundball pitcher)

	ERA	W	L	Sv	G	GS	IP	BB	SO	Avg	H	2B	3B	HR	RBI	OBP	SLG	GF	IR	IRS	Hld	SvOp	SB	CS	GB	FB	G/F
1994 Season	7.99	3	5	2	38	0	50.2	26	48	.312	64	13	0	9	51	.394	.507	10	30	16	7	7	4	0	67	55	1.22
Last Five Years	3.98	37	42	16	275	53	628.0	292	468	.249	584	106	13	48	291	.336	.367	74	315	105	49	40	28	23	905	561	1.61

1994 Season

	ERA	W	L	Sv	G	GS	IP	H	HR	BB	SO		Avg	AB	H	2B	3B	HR	RBI	BB	SO	OBP	SLG
Home	7.22	1	2	1	20	0	33.2	34	7	15	35	vs. Left	.287	94	27	7	0	1	17	17	21	.396	.394
Away	9.53	2	3	1	18	0	17.0	30	2	11	13	vs. Right	.333	111	37	6	0	8	34	9	27	.392	.604
Starter	0.00	0	0	0	0	0	0.0	0	0	0	0	Scoring Posn	.386	70	27	7	0	3	41	11	14	.464	.614
Reliever	7.99	3	5	2	38	0	50.2	64	9	26	48	Close & Late	.262	84	22	3	0	2	15	10	19	.347	.369
0 Days rest (Re)	7.88	0	1	2	8	0	8.0	6	2	7	5	None on/out	.326	43	14	2	0	2	2	4	10	.383	.512
1 or 2 Days rest	5.57	2	4	0	22	0	32.1	37	4	16	33	First Pitch	.385	13	5	2	0	2	10	5	0	.556	1.000
3+ Days rest	15.68	1	0	0	8	0	10.1	21	3	3	10	Ahead in Count	.299	97	29	5	0	1	15	0	34	.306	.381
Pre-All Star	7.99	3	5	2	38	0	50.2	64	9	26	48	Behind in Count	.378	45	17	2	0	5	18	12	0	.500	.756
Post-All Star	0.00	0	0	0	0	0	0.0	0	0	0	0	Two Strikes	.264	110	29	7	0	2	16	9	48	.325	.382

Last Five Years

	ERA	W	L	Sv	G	GS	IP	H	HR	BB	SO		Avg	AB	H	2B	3B	HR	RBI	BB	SO	OBP	SLG
Home	4.35	19	19	11	141	23	306.1	284	31	148	250	vs. Left	.243	1089	265	53	6	15	124	144	202	.333	.344
Away	3.64	18	23	5	134	30	321.2	300	17	144	218	vs. Right	.254	1256	319	53	7	33	167	148	266	.338	.386
Day	3.96	14	14	5	99	15	211.1	178	15	113	180	Inning 1-6	.257	1206	310	68	4	23	147	132	229	.330	.377
Night	4.00	23	28	11	176	38	416.2	406	33	179	288	Inning 7+	.241	1139	274	38	9	25	144	160	239	.341	.356
Grass	4.06	33	34	16	234	44	529.1	499	44	244	393	None on	.232	1271	295	56	6	25	25	139	255	.315	.345
Turf	3.56	4	8	0	41	9	98.2	85	4	48	75	Runners on	.269	1074	289	50	7	23	266	153	213	.359	.393
April	2.75	5	5	2	38	5	78.2	60	6	41	58	Scoring Posn	.257	638	164	28	6	11	231	110	134	.363	.371
May	4.31	5	9	1	53	10	110.2	113	8	41	82	Close & Late	.232	650	151	19	5	8	71	91	139	.335	.314
June	4.24	9	6	2	54	11	125.1	105	6	58	98	None on/out	.241	564	136	22	3	15	15	55	101	.318	.371
July	3.14	7	9	3	43	11	114.2	98	6	47	73	vs. 1st Batr (relief)	.263	194	51	10	3	7	36	18	28	.335	.454
August	3.39	8	3	2	39	6	106.1	93	11	49	86	First Inning Pitched	.246	894	220	39	5	23	150	115	192	.337	.378
September/October	6.04	3	10	6	48	7	92.1	115	11	56	69	First 15 Pitches	.247	756	187	32	5	20	110	91	140	.336	.382
Starter	4.14	19	20	0	53	53	313.0	305	23	125	210	Pitch 16-30	.252	552	139	25	3	10	62	77	150	.345	.362
Reliever	3.83	18	22	16	222	0	315.0	279	25	167	258	Pitch 31-45	.236	339	80	11	1	5	33	34	61	.306	.319
0 Days rest (Re)	3.68	3	4	7	65	0	78.1	64	5	54	64	Pitch 46+	.255	698	178	38	4	13	86	90	117	.342	.377
1 or 2 Days rest	3.50	9	14	8	111	0	169.2	147	14	76	142	First Pitch	.280	289	81	11	0	8	49	35	0	.370	.401
3+ Days rest	4.84	6	4	1	46	0	67.0	68	6	37	52	Ahead in Count	.204	1069	218	45	5	11	89	0	389	.212	.286
Pre-All Star	3.81	21	22	7	161	29	350.0	309	23	156	267	Behind in Count	.319	548	175	28	6	24	104	133	0	.448	.524
Post-All Star	4.21	16	20	9	114	24	278.0	275	21	136	201	Two Strikes	.184	1103	203	50	4	9	81	124	468	.269	.261

Pitcher vs. Batter (since 1984)

Pitches Best Vs.	Avg	AB	H	2B	3B	HR	RBI	BB	SO	OBP	SLG	Pitches Worst Vs.	Avg	AB	H	2B	3B	HR	RBI	BB	SO	OBP	SLG
Jerry Browne	.000	14	0	0	0	0	2	2	1	.118	.000	Gary Sheffield	.444	9	4	1	0	1	3	2	0	.545	.889
Darnell Coles	.000	13	0	0	0	0	0	0	7	.000	.000	Sandy Alomar Jr	.412	17	7	2	0	2	3	1	2	.500	.882
Joey Cora	.000	10	0	0	0	0	1	0	1	.000	.000	Albert Belle	.353	17	6	1	0	3	6	2	3	.400	.941
Mike Felder	.000	9	0	0	0	0	1	1	2	.091	.000	Roberto Kelly	.333	15	5	1	1	2	3	0	2	.333	.933
Juan Gonzalez	.071	14	1	0	0	0	1	1	4	.133	.071	Mark McGwire	.304	23	7	0	0	4	7	6	4	.433	.826

Greg W. Harris — Rockies
Age 31 – Pitches Right

	ERA	W	L	Sv	G	GS	IP	BB	SO	Avg	H	2B	3B	HR	RBI	OBP	SLG	CG	ShO	Sup	QS	#P/S	SB	CS	GB	FB	G/F
1994 Season	6.65	3	12	1	29	19	130.0	52	82	.300	154	32	8	22	84	.366	.522	1	0	3.95	7	101	15	7	188	137	1.37
Last Five Years	4.08	35	50	10	177	94	723.2	232	463	.259	714	128	20	90	342	.318	.418	9	4	3.72	49	94	76	32	993	733	1.35

1994 Season

	ERA	W	L	Sv	G	GS	IP	H	HR	BB	SO		Avg	AB	H	2B	3B	HR	RBI	BB	SO	OBP	SLG
Home	7.20	1	7	0	15	11	70.0	89	12	28	45	vs. Left	.301	259	78	11	5	15	47	28	41	.372	.556
Away	6.00	2	5	1	14	8	60.0	65	10	24	37	vs. Right	.299	254	76	21	3	7	37	24	41	.360	.488
Day	6.82	2	4	1	14	9	62.0	71	9	20	34	Inning 1-6	.297	421	125	25	8	17	68	40	70	.360	.515
Night	6.49	1	8	0	15	10	68.0	83	13	32	48	Inning 7+	.315	92	29	7	0	5	16	12	12	.396	.554
Grass	6.15	3	8	1	25	15	108.1	117	16	41	66	None on	.299	301	90	23	5	7	7	26	47	.359	.478
Turf	9.14	0	4	0	4	4	21.2	37	6	11	16	Runners on	.302	212	64	9	3	15	77	26	35	.377	.585
April	5.80	1	1	0	5	5	35.2	34	3	16	25	Scoring Posn	.271	129	35	5	1	10	54	22	26	.375	.442
May	5.88	2	3	0	6	6	33.2	36	3	15	18	Close & Late	.310	42	13	3	0	1	8	3	3	.362	.452
June	8.69	0	5	0	6	6	29.0	42	6	11	20	None on/out	.286	133	38	9	2	4	4	14	24	.358	.474
July	7.36	0	1	1	10	1	18.1	21	7	4	11	vs. 1st Batr (relief)	.200	10	2	1	0	1	1	0	0	.200	.600
August	5.40	0	2	0	2	2	13.1	21	3	6	8	First Inning Pitched	.325	114	37	10	3	6	28	9	14	.381	.623
September/October	0.00	0	0	0	0	0	0.0	0	0	0	0	First 75 Pitches	.319	386	123	28	8	15	70	33	63	.374	.549
Starter	6.42	3	11	0	19	19	116.1	139	19	49	76	Pitch 76-90	.222	54	12	1	0	3	5	9	7	.344	.407
Reliever	8.56	0	1	1	10	0	13.2	15	3	3	6	Pitch 91-105	.188	48	9	3	0	2	4	7	4	.231	.375
0-3 Days Rest (St)	7.94	0	2	0	2	2	11.1	20	5	6	10	Pitch 106+	.400	25	10	0	0	2	4	7	4	.531	.640
4 Days Rest	5.93	2	6	0	11	11	68.1	79	6	25	47	First Pitch	.385	91	35	7	3	5	22	2	0	.394	.692
5+ Days Rest	6.87	1	3	0	6	6	36.2	40	6	18	19	Ahead in Count	.218	202	44	9	2	8	18	0	66	.236	.342
Pre-All Star	6.86	3	10	0	20	17	106.1	124	16	43	71	Behind in Count	.402	122	49	9	3	8	29	28	0	.503	.721
Post-All Star	5.70	0	2	1	9	2	23.2	30	6	9	11	Two Strikes	.199	201	40	8	1	4	17	22	82	.289	.338

Last Five Years

	ERA	W	L	Sv	G	GS	IP	H	HR	BB	SO		Avg	AB	H	2B	3B	HR	RBI	BB	SO	OBP	SLG
Home	3.69	18	23	3	89	48	380.1	373	45	108	248	vs. Left	.274	1538	422	60	11	56	199	134	238	.333	.437
Away	4.51	17	27	7	88	46	343.1	341	45	124	215	vs. Right	.239	1221	292	68	9	34	143	98	225	.300	.393
Day	4.59	16	15	4	60	32	241.1	235	21	92	136	Inning 1-6	.268	2015	540	96	16	70	263	157	325	.323	.436
Night	3.83	19	35	6	117	62	482.1	479	69	140	327	Inning 7+	.234	744	174	32	4	20	79	75	138	.306	.368

(continued pitcher stats)

	ERA	W	L	Sv	G	GS	IP	H	HR	BB	SO		Avg	AB	H	2B	3B	HR	RBI	BB	SO	OBP	SLG
Grass	3.68	28	33	8	134	70	559.1	528	64	165	358	None on	.263	1670	439	84	10	50	50	107	277	.310	.415
Turf	5.42	7	17	2	43	24	164.1	186	26	67	105	Runners on	.253	1089	275	44	10	40	292	125	186	.330	.421
April	3.74	6	7	0	26	18	132.1	117	14	35	80	Scoring Posn	.235	643	151	26	4	17	233	105	122	.341	.367
May	4.57	8	8	3	31	18	126.0	130	16	54	84	Close & Late	.222	477	106	18	2	7	52	54	89	.303	.312
June	4.90	3	9	1	27	12	93.2	105	12	35	62	None on/out	.258	724	187	35	3	29	29	47	121	.307	.435
July	4.33	5	8	2	35	12	112.1	108	17	30	63	vs. 1st Batr (relief)	.274	73	20	6	1	3	13	6	11	.329	.507
August	3.89	5	10	1	28	16	122.2	125	15	38	86	First Inning Pitched	.279	655	183	31	6	19	107	66	112	.348	.432
September/October	3.36	8	8	3	30	18	136.2	129	16	40	88	First 75 Pitches	.261	2185	570	105	15	59	268	187	377	.321	.404
Starter	4.33	27	41	0	94	94	592.2	607	81	180	360	Pitch 76-90	.232	284	66	9	3	19	43	18	40	.281	.486
Reliever	2.95	8	9	10	83	0	131.0	107	9	52	103	Pitch 91-105	.269	208	56	13	2	7	18	16	34	.320	.452
0-3 Days Rest (St)	8.04	0	3	0	3	3	15.2	28	6	6	15	Pitch 106+	.268	82	22	1	0	5	13	11	12	.355	.463
4 Days Rest	3.92	20	24	0	61	61	400.0	401	49	114	238	First Pitch	.326	470	153	25	6	22	82	23	0	.353	.545
5+ Days Rest	4.93	7	14	0	30	30	177.0	178	26	60	107	Ahead in Count	.194	1170	227	44	6	17	88	0	391	.203	.285
Pre-All Star	4.45	18	27	6	95	52	386.1	389	50	133	242	Behind in Count	.332	641	213	38	8	35	114	113	0	.431	.580
Post-All Star	3.66	17	23	4	82	42	337.1	325	40	99	221	Two Strikes	.183	1131	207	37	3	18	83	95	463	.251	.269

Pitcher vs. Batter (career)

Pitches Best Vs.	Avg	AB	H	2B	3B	HR	RBI	BB	SO	OBP	SLG	Pitches Worst Vs.	Avg	AB	H	2B	3B	HR	RBI	BB	SO	OBP	SLG
Mark Lemke	.000	14	0	0	0	0	0	3	4	.176	.000	Jeff Bagwell	.500	14	7	0	0	2	4	7	1	.682	.929
Matt Williams	.038	26	1	0	0	0	0	2	3	.107	.038	Larry Walker	.478	23	11	1	0	3	7	5	3	.571	.913
Todd Benzinger	.065	31	2	0	0	0	1	0	9	.065	.065	Eric Karros	.450	20	9	2	0	3	6	2	2	.500	1.000
Gerald Young	.071	14	1	0	0	0	1	1	1	.133	.071	Mike Piazza	.400	10	4	2	0	1	3	2	0	.500	.900
Vince Coleman	.083	12	1	0	0	0	1	2	2	.154	.083	Geronimo Pena	.400	10	4	0	0	3	3	1	0	.455	1.300

Lenny Harris — Reds
Age 30 – Bats Left (groundball hitter)

	Avg	G	AB	R	H	2B	3B	HR	RBI	BB	SO	HBP	GDP	SB	CS	OBP	SLG	IBB	SH	SF	#Pit	#P/PA	GB	FB	G/F
1994 Season	.310	66	100	13	31	3	0	0	14	5	13	0	0	7	2	.340	.360	0	0	1	355	3.35	52	15	3.47
Last Five Years	.284	590	1467	181	417	52	7	7	122	110	115	7	39	56	23	.336	.344	14	22	6	5179	3.21	758	309	2.45

1994 Season

	Avg	AB	H	2B	3B	HR	RBI	BB	SO	OBP	SLG		Avg	AB	H	2B	3B	HR	RBI	BB	SO	OBP	SLG
vs. Left	.545	11	6	0	0	0	3	1	3	.583	.545	Scoring Posn	.370	27	10	0	1	0	12	1	5	.379	.444
vs. Right	.281	89	25	3	1	0	11	4	10	.309	.337	Close & Late	.273	33	9	2	0	0	6	1	7	.273	.333

Last Five Years

	Avg	AB	H	2B	3B	HR	RBI	BB	SO	OBP	SLG		Avg	AB	H	2B	3B	HR	RBI	BB	SO	OBP	SLG
vs. Left	.246	191	47	1	1	1	19	13	23	.306	.277	Scoring Posn	.308	315	97	11	5	2	110	28	34	.358	.394
vs. Right	.290	1276	370	51	6	6	103	97	92	.340	.353	Close & Late	.293	270	79	7	0	0	23	26	29	.360	.319
Groundball	.293	492	144	17	1	2	47	18	38	.320	.343	None on/out	.269	401	108	8	2	3	3	25	23	.314	.322
Flyball	.297	293	87	13	1	0	21	27	24	.362	.348	Batting #1	.316	345	109	14	3	2	26	24	25	.362	.391
Home	.276	722	199	24	2	1	49	48	61	.322	.319	Batting #2	.308	321	99	12	0	2	26	26	21	.362	.364
Away	.293	745	218	28	5	6	73	62	54	.349	.368	Other	.261	801	209	26	4	3	70	60	69	.314	.315
Day	.276	438	121	12	3	4	44	36	42	.333	.345	April	.253	158	40	2	1	0	14	11	9	.300	.278
Night	.288	1029	296	40	4	3	78	74	73	.337	.343	May	.350	246	86	10	3	0	20	21	26	.401	.415
Grass	.287	1045	300	33	6	4	85	75	79	.335	.342	June	.284	296	84	11	2	2	26	19	25	.329	.355
Turf	.277	422	117	19	1	3	37	35	36	.337	.348	July	.245	269	66	9	1	0	18	18	20	.297	.286
First Pitch	.324	306	99	11	3	1	37	7	0	.341	.389	August	.282	245	69	11	0	2	21	17	15	.331	.351
Ahead in Count	.303	347	105	23	3	1	35	65	0	.409	.395	September/October	.285	253	72	9	0	3	23	24	20	.349	.356
Behind in Count	.260	543	141	11	0	3	31	0	94	.264	.297	Pre-All Star	.284	820	233	25	6	2	68	59	68	.332	.337
Two Strikes	.245	437	122	7	0	4	32	36	115	.299	.284	Post-All Star	.284	647	184	27	1	5	54	51	47	.340	.352

Batter vs. Pitcher (career)

Hits Best Against	Avg	AB	H	2B	3B	HR	RBI	BB	SO	OBP	SLG	Hits Worst Against	Avg	AB	H	2B	3B	HR	RBI	BB	SO	OBP	SLG
Joe Boever	.556	9	5	2	0	0	1	2	0	.636	.778	Jose DeJesus	.000	11	0	0	0	0	0	1	1	.083	.000
Bob Tewksbury	.538	13	7	2	0	0	1	0	0	.538	.692	Doug Drabek	.080	25	2	1	0	0	0	1	2	.148	.120
Omar Olivares	.455	11	5	1	0	0	1	1	1	.500	.545	Frank Castillo	.154	13	2	0	0	0	1	0	4	.143	.154
Mark Gardner	.435	23	10	1	0	1	2	1	0	.458	.609	Curt Schilling	.154	13	2	0	0	0	2	1	1	.214	.154
Tommy Greene	.308	13	4	1	0	1	5	3	0	.471	.615	Dennis Martinez	.179	28	5	0	0	0	1	0	3	.179	.179

Bryan Harvey — Marlins
Age 32 – Pitches Right

	ERA	W	L	Sv	G	GS	IP	BB	SO	Avg	H	2B	3B	HR	RBI	OBP	SLG	GF	IR	IRS	Hld	SvOp	SB	CS	GB	FB	G/F
1994 Season	5.23	0	0	6	12	0	10.1	4	10	.279	12	1	0	1	5	.340	.372	10	3	2	0	6	3	0	15	11	1.36
Last Five Years	2.33	7	17	135	217	0	251.0	80	300	.194	175	18	1	19	88	.257	.280	196	191	51	1	154	35	2	276	216	1.28

1994 Season

	ERA	W	L	Sv	G	GS	IP	H	HR	BB	SO		Avg	AB	H	2B	3B	HR	RBI	BB	SO	OBP	SLG
Home	9.00	0	0	1	4	0	3.0	5	1	1	3	vs. Left	.348	23	8	1	0	0	4	3	6	.423	.391
Away	3.68	0	0	5	8	0	7.1	7	0	3	7	vs. Right	.200	20	4	0	0	1	1	1	4	.238	.350

Last Five Years

	ERA	W	L	Sv	G	GS	IP	H	HR	BB	SO		Avg	AB	H	2B	3B	HR	RBI	BB	SO	OBP	SLG
Home	2.56	6	7	63	111	0	133.2	102	12	45	152	vs. Left	.182	472	86	13	1	7	44	48	171	.255	.258
Away	2.07	1	10	72	106	0	117.1	73	7	35	148	vs. Right	.207	429	89	5	0	12	44	32	129	.259	.303
Day	2.03	1	2	38	59	0	71.0	49	6	23	88	Inning 1-6	.000	0	0	0	0	0	0	0	0	.000	.000
Night	2.45	6	15	97	158	0	180.0	126	13	57	212	Inning 7+	.194	901	175	18	1	19	88	80	300	.257	.280
Grass	2.49	7	15	114	183	0	213.0	146	19	71	254	None on	.205	474	97	6	0	13	13	34	154	.258	.300
Turf	1.42	0	2	21	34	0	38.0	29	0	9	46	Runners on	.183	427	78	12	1	6	75	46	146	.256	.258
April	2.76	2	3	25	43	0	45.2	42	4	17	53	Scoring Posn	.167	251	42	6	1	4	69	37	88	.263	.247

Last Five Years

	ERA	W	L	Sv	G	GS	IP	H	HR	BB	SO		Avg	AB	H	2B	3B	HR	RBI	BB	SO	OBP	SLG
May	1.95	2	3	25	43	0	55.1	40	2	13	61	Close & Late	.195	661	129	14	0	12	76	60	231	.258	.271
June	2.21	0	2	21	37	0	40.2	24	5	13	53	None on/out	.199	191	38	5	0	4	18	56	.268	.288
July	3.18	2	4	15	26	0	28.1	23	2	10	37	vs. 1st Batr (relief)	.218	197	43	6	0	4	14	19	56	.286	.310
August	0.86	0	1	24	31	0	42.0	19	3	8	47	First Inning Pitched	.198	731	145	14	1	13	77	67	238	.262	.274
September/October	3.46	1	4	25	37	0	39.0	27	3	19	49	First 15 Pitches	.210	643	135	10	1	14	62	47	201	.260	.294
Starter	0.00	0	0	0	0	0	0.0	0	0	0	0	Pitch 16-30	.154	228	35	7	0	4	19	28	88	.245	.237
Reliever	2.33	7	17	135	217	0	251.0	175	19	80	300	Pitch 31-45	.179	28	5	1	0	1	7	5	11	.286	.321
0 Days rest (Re)	0.43	1	0	38	41	0	42.1	20	1	12	38	Pitch 46+	.000	2	0	0	0	0	0	0	0	.000	.000
1 or 2 Days rest	3.28	5	13	60	101	0	118.0	95	8	47	160	First Pitch	.327	110	36	3	0	4	15	10	0	.380	.464
3+ Days rest	1.99	1	4	37	75	0	90.2	60	10	21	102	Ahead in Count	.135	539	73	5	0	5	29	0	270	.134	.173
Pre-All Star	2.21	4	9	77	131	0	150.2	109	11	45	179	Behind in Count	.274	113	31	4	0	7	29	31	0	.409	.496
Post-All Star	2.51	3	8	58	86	0	100.1	66	8	35	121	Two Strikes	.132	531	70	6	0	5	30	39	300	.190	.171

Pitcher vs. Batter (career)

Pitches Best Vs.	Avg	AB	H	2B	3B	HR	RBI	BB	SO	OBP	SLG	Pitches Worst Vs.	Avg	AB	H	2B	3B	HR	RBI	BB	SO	OBP	SLG
Kent Hrbek	.000	10	0	0	0	0	0	1	3	.091	.000	Tony Fernandez	.333	9	3	2	0	0	0	2	0	.455	.556
Mike Greenwell	.091	11	1	0	0	0	1	0	2	.083	.091	Nelson Liriano	.333	9	3	0	1	1	4	1	4	.364	.889
Kirby Puckett	.100	10	1	0	0	0	0	1	4	.182	.100											
Fred McGriff	.111	9	1	0	0	0	2	4	0	.273	.111											
Harold Reynolds	.182	11	2	0	0	0	0	6	0	.182	.182											

Bill Haselman — Mariners   Age 29 – Bats Right (groundball hitter)

	Avg	G	AB	R	H	2B	3B	HR	RBI	BB	SO	HBP	GDP	SB	CS	OBP	SLG	IBB	SH	SF	#Pit	#P/PA	GB	FB	G/F
1994 Season	.193	38	83	11	16	7	1	1	8	3	11	1	2	1	0	.230	.337	0	1	0	347	3.94	35	23	1.52
Career (1990-1994)	.230	111	252	33	58	15	1	6	27	16	42	2	8	3	1	.279	.369	0	3	2	1012	3.68	108	66	1.64

1994 Season

	Avg	AB	H	2B	3B	HR	RBI	BB	SO	OBP	SLG		Avg	AB	H	2B	3B	HR	RBI	BB	SO	OBP	SLG
vs. Left	.171	35	6	5	1	0	6	1	5	.194	.371	Scoring Posn	.208	24	5	3	1	0	7	1	6	.240	.417
vs. Right	.208	48	10	2	0	1	2	2	6	.255	.313	Close & Late	.077	13	1	0	0	0	1	0	1	.143	.154

Billy Hatcher — Phillies   Age 34 – Bats Right

	Avg	G	AB	R	H	2B	3B	HR	RBI	BB	SO	HBP	GDP	SB	CS	OBP	SLG	IBB	SH	SF	#Pit	#P/PA	GB	FB	G/F
1994 Season	.245	87	298	39	73	14	2	3	31	9	28	1	5	8	6	.283	.336	0	5	6	1156	3.54	130	93	1.40
Last Five Years	.267	618	2161	270	576	110	15	24	187	126	223	28	43	67	40	.313	.365	14	27	18	7904	3.35	912	610	1.50

1994 Season

	Avg	AB	H	2B	3B	HR	RBI	BB	SO	OBP	SLG		Avg	AB	H	2B	3B	HR	RBI	BB	SO	OBP	SLG
vs. Left	.198	106	21	3	0	1	10	6	10	.233	.255	Scoring Posn	.208	77	16	4	1	0	27	4	6	.230	.286
vs. Right	.271	192	52	11	2	2	21	11	18	.311	.380	Close & Late	.261	46	12	3	1	0	9	3	3	.294	.370
Groundball	.356	45	16	5	0	1	4	4	4	.400	.533	None on/out	.274	84	23	4	0	2	2	6	7	.322	.393
Flyball	.280	50	14	3	1	0	6	3	5	.321	.380	Batting #1	.242	95	23	4	1	1	8	6	9	.282	.337
Home	.294	143	42	10	1	0	16	9	11	.333	.378	Batting #2	.270	122	33	7	1	1	15	9	14	.319	.369
Away	.200	155	31	4	1	3	15	8	17	.235	.297	Other	.210	81	17	3	0	1	8	2	5	.226	.284
Day	.213	89	19	5	1	0	7	5	8	.260	.292	April	.272	81	22	7	1	1	10	8	6	.337	.420
Night	.258	209	54	9	1	3	24	12	20	.292	.354	May	.217	83	18	2	0	0	8	3	8	.244	.241
Grass	.246	179	44	9	2	0	18	11	18	.292	.318	June	.281	57	16	3	0	2	6	3	5	.311	.439
Turf	.244	119	29	5	0	3	13	6	10	.269	.361	July	.197	61	12	1	1	0	4	3	9	.231	.246
First Pitch	.200	45	9	0	0	1	3	0	0	.191	.267	August	.313	16	5	1	0	0	3	0	0	.278	.375
Ahead in Count	.317	63	20	3	1	1	10	12	0	.416	.444	September/October	.000	0	0	0	0	0	0	0	0	.000	.000
Behind in Count	.252	143	36	9	1	1	13	0	22	.253	.350	Pre-All Star	.249	249	62	12	2	3	27	16	22	.294	.349
Two Strikes	.238	126	30	8	0	1	10	5	28	.263	.325	Post-All Star	.224	49	11	2	0	0	4	1	6	.226	.265

1994 By Position

Position	Avg	AB	H	2B	3B	HR	RBI	BB	SO	OBP	SLG	G	GS	Innings	PO	A	E	DP	Fld Pct	Rng Fctr	In Zone	Outs	Zone Rtg	MLB Zone
As cf	.253	87	22	4	0	1	7	5	9	.287	.333	26	19	179.0	38	3	0	0	1.000	2.06	52	37	.712	.824
As rf	.241	195	47	9	2	2	23	11	16	.280	.338	54	51	437.0	107	3	3	1	.973	2.27	132	107	.811	.826

Last Five Years

	Avg	AB	H	2B	3B	HR	RBI	BB	SO	OBP	SLG		Avg	AB	H	2B	3B	HR	RBI	BB	SO	OBP	SLG
vs. Left	.241	722	174	33	3	6	50	44	72	.283	.320	Scoring Posn	.271	499	135	24	5	4	155	38	49	.317	.363
vs. Right	.279	1439	402	77	12	18	137	82	151	.328	.387	Close & Late	.296	348	103	14	5	3	41	20	38	.339	.391
Groundball	.275	579	159	25	3	5	43	31	60	.316	.354	None on/out	.258	625	161	35	3	9	36	74	—	.305	.366
Flyball	.298	456	136	27	6	7	54	28	53	.343	.430	Batting #1	.234	760	178	39	4	6	50	39	81	.280	.320
Home	.278	1057	294	67	7	10	96	71	94	.328	.383	Batting #2	.289	900	260	45	9	14	100	59	94	.337	.406
Away	.255	1104	282	43	8	14	91	55	129	.298	.347	Other	.275	501	138	26	2	4	37	28	48	.318	.359
Day	.245	599	147	36	3	8	59	45	48	.307	.356	April	.256	293	75	13	3	3	25	18	31	.305	.352
Night	.275	1562	429	74	12	16	128	81	175	.315	.368	May	.307	365	112	15	3	3	32	15	37	.343	.389
Grass	.268	1211	325	54	10	15	122	75	125	.317	.367	June	.287	383	110	25	3	8	36	29	38	.343	.431
Turf	.264	950	251	56	5	9	65	51	98	.308	.362	July	.284	402	114	24	1	5	43	20	46	.318	.386
First Pitch	.285	368	105	11	2	5	31	8	0	.303	.367	August	.243	375	91	22	5	2	25	40	—	.297	.357
Ahead in Count	.289	477	138	34	3	7	62	78	0	.388	.417	September/October	.216	343	74	11	2	0	19	19	31	.266	.259
Behind in Count	.244	986	241	49	8	8	73	0	198	.256	.335	Pre-All Star	.288	1166	336	58	10	17	111	69	115	.334	.399
Two Strikes	.218	831	181	36	5	7	53	35	223	.259	.298	Post-All Star	.241	995	240	52	5	7	76	57	108	.288	.325

Charlie Hayes — Rockies
Age 30 – Bats Right

Batter vs. Pitcher (career)																		
Hits Best Against	Avg	AB	H	2B	3B	HR	RBI	BB	SO	OBP	SLG	Hits Worst Against	Avg	AB	H	2B	3B	HR	RBI	BB	SO	OBP	SLG
Alex Fernandez	.600	10	6	2	0	0	2	0	0	.636	.800	Ben McDonald	.000	13	0	0	0	0	0	1	5	.071	.000
Chuck Finley	.529	17	9	4	0	0	3	2	0	.579	.765	Jim Deshaies	.040	25	1	0	0	0	0	1	2	.077	.040
Dave Stewart	.500	8	4	0	1	0	4	1	0	.583	.750	Dennis Martinez	.063	16	1	0	0	0	0	1	1	.118	.063
Alejandro Pena	.450	20	9	4	0	1	5	0	5	.476	.800	Randy Johnson	.071	14	1	0	0	0	1	1	5	.133	.071
Ricky Bones	.357	14	5	1	0	2	4	1	2	.471	.857	Todd Frohwirth	.077	13	1	0	0	0	1	0	2	.077	.077

	Avg	G	AB	R	H	2B	3B	HR	RBI	BB	SO	HBP	GDP	SB	CS	OBP	SLG	IBB	SH	SF	#Pit	#P/PA	GB	FB	G/F
1994 Season	.288	113	423	46	122	23	4	10	50	36	71	3	11	3	6	.348	.433	4	0	1	1682	3.63	169	105	1.61
Last Five Years	.269	706	2526	277	679	130	9	75	324	151	419	14	73	24	24	.311	.416	16	6	22	9619	3.54	905	748	1.21

1994 Season

	Avg	AB	H	2B	3B	HR	RBI	BB	SO	OBP	SLG		Avg	AB	H	2B	3B	HR	RBI	BB	SO	OBP	SLG
vs. Left	.270	89	24	6	1	4	9	6	14	.316	.494	Scoring Posn	.303	99	30	6	0	2	40	15	18	.391	.424
vs. Right	.293	334	98	17	3	6	41	30	57	.356	.416	Close & Late	.271	59	16	5	0	0	10	4	10	.313	.356
Groundball	.287	150	43	9	3	4	15	13	23	.344	.467	None on/out	.272	114	31	8	2	4	9	17	.325	.482
Flyball	.235	68	16	4	0	2	12	4	17	.274	.382	Batting #5	.292	281	82	13	3	6	29	28	50	.362	.423
Home	.317	208	66	14	4	4	25	15	25	.364	.481	Batting #6	.245	94	23	6	1	3	16	6	16	.287	.426
Away	.260	215	56	9	0	6	25	21	46	.332	.386	Other	.354	48	17	4	0	1	5	2	5	.380	.500
Day	.269	175	47	9	0	4	17	13	35	.323	.389	April	.247	89	22	3	1	2	6	5	18	.302	.371
Night	.302	248	75	14	4	6	33	23	36	.365	.464	May	.265	102	27	4	1	2	12	8	17	.318	.382
Grass	.294	330	97	18	4	7	36	30	54	.355	.436	June	.344	93	32	9	0	3	17	6	13	.386	.538
Turf	.269	93	25	5	0	3	14	6	17	.320	.419	July	.265	102	27	4	2	2	10	15	19	.359	.402
First Pitch	.375	64	24	5	1	3	13	0	0	.412	.625	August	.378	37	14	3	0	1	5	2	4	.410	.541
Ahead in Count	.353	85	30	5	0	3	9	20	0	.486	.518	September/October	.000	0	0	0	0	0	0	0	0	.000	.000
Behind in Count	.268	205	55	9	3	4	24	0	64	.267	.400	Pre-All Star	.282	323	91	16	2	8	39	25	58	.338	.418
Two Strikes	.232	198	46	10	3	3	17	13	71	.280	.359	Post-All Star	.310	100	31	7	2	2	11	11	13	.378	.480

1994 By Position

Position	Avg	AB	H	2B	3B	HR	RBI	BB	SO	OBP	SLG	G	GS	Innings	PO	A	E	DP	Fld Pct	Rng Fctr	In Zone	Zone Outs	Zone Rtg	MLB Zone
As 3b	.288	420	121	23	4	10	50	36	71	.348	.433	110	110	955.1	72	216	17	19	.944	2.71	291	243	.835	.826

Last Five Years

	Avg	AB	H	2B	3B	HR	RBI	BB	SO	OBP	SLG		Avg	AB	H	2B	3B	HR	RBI	BB	SO	OBP	SLG
vs. Left	.275	764	210	47	1	24	92	35	114	.308	.433	Scoring Posn	.271	606	164	30	0	20	242	52	104	.322	.419
vs. Right	.266	1762	469	83	8	51	232	116	305	.312	.409	Close & Late	.285	417	119	26	1	10	52	23	80	.323	.424
Groundball	.257	846	217	38	5	17	86	52	129	.301	.374	None on/out	.270	619	167	40	4	25	25	59	93	.304	.468
Flyball	.250	529	132	21	2	16	66	22	100	.279	.388	Batting #5	.294	727	214	4	4	21	102	59	111	.350	.453
Home	.277	1279	354	71	8	37	181	75	188	.317	.432	Batting #6	.257	647	166	38	2	18	77	32	107	.293	.405
Away	.261	1247	325	59	1	38	143	76	231	.305	.401	Other	.260	1152	299	48	3	36	145	60	201	.296	.400
Day	.257	794	204	40	3	21	88	46	148	.299	.394	April	.274	390	107	16	1	11	52	17	55	.308	.405
Night	.274	1732	475	90	6	54	236	105	271	.317	.427	May	.245	486	119	23	2	15	53	33	85	.293	.393
Grass	.274	1454	399	75	8	51	199	101	241	.323	.442	June	.301	438	132	25	1	13	64	30	77	.347	.452
Turf	.261	1072	280	55	1	24	125	50	178	.295	.382	July	.245	416	102	16	3	13	53	26	78	.290	.392
First Pitch	.337	466	157	29	3	19	67	11	0	.359	.534	August	.258	457	118	28	1	12	45	19	67	.288	.403
Ahead in Count	.324	494	160	33	2	19	77	71	0	.406	.514	September/October	.298	339	101	22	1	11	57	26	57	.350	.466
Behind in Count	.222	1145	254	48	3	23	119	0	362	.224	.329	Pre-All Star	.268	1477	396	69	4	42	185	90	246	.312	.406
Two Strikes	.200	1138	228	49	4	23	117	66	419	.245	.311	Post-All Star	.270	1049	283	61	5	33	139	61	173	.310	.432

Batter vs. Pitcher (career)

Hits Best Against	Avg	AB	H	2B	3B	HR	RBI	BB	SO	OBP	SLG	Hits Worst Against	Avg	AB	H	2B	3B	HR	RBI	BB	SO	OBP	SLG
Randy Tomlin	.600	10	6	1	0	0	1	1	1	.636	.700	Randy Johnson	.000	9	0	0	0	0	2	0	2	.091	.000
Kevin Gross	.556	18	10	1	0	2	4	2	0	.600	.944	Paul Wagner	.000	9	0	0	0	0	0	2	1	.182	.000
Rick Reed	.556	18	10	1	0	2	6	0	3	.556	.944	Sid Fernandez	.048	21	1	0	0	0	0	2	7	.130	.048
Curt Schilling	.545	11	6	2	0	0	3	0	1	.545	.727	David Cone	.053	19	1	1	0	0	1	0	7	.053	.105
Brian Barnes	.526	19	10	4	0	2	5	0	2	.526	1.053	Stan Belinda	.083	12	1	0	0	0	0	0	0	.083	.083

Heath Haynes — Expos
Age 26 – Pitches Right

	ERA	W	L	Sv	G	GS	IP	BB	SO	Avg	H	2B	3B	HR	RBI	OBP	SLG	GF	IR	IRS	Hld	SvOp	SB	CS	GB	FB	G/F
1994 Season	0.00	0	0	0	4	0	3.2	3	1	.231	3	0	1	0	2	.353	.385	2	7	1	0	0	1	0	6	4	1.50

1994 Season

	ERA	W	L	Sv	G	GS	IP	H	HR	BB	SO		Avg	AB	H	2B	3B	HR	RBI	BB	SO	OBP	SLG
Home	0.00	0	0	0	2	0	2.0	1	0	3	0	vs. Left	.200	5	1	0	1	0	2	2	0	.375	.600
Away	0.00	0	0	0	2	0	1.2	2	0	0	1	vs. Right	.250	8	2	0	0	0	0	1	1	.333	.250

Eric Helfand — Athletics
Age 26 – Bats Left

	Avg	G	AB	R	H	2B	3B	HR	RBI	BB	SO	HBP	GDP	SB	CS	OBP	SLG	IBB	SH	SF	#Pit	#P/PA	GB	FB	G/F
1994 Season	.167	7	6	1	1	0	0	0	1	0	1	0	0	0	0	.167	.167	0	0	0	27	4.50	2	2	1.00
Career (1993-1994)	.211	15	19	2	4	0	0	0	2	0	4	0	0	0	0	.211	.211	0	0	0	67	3.53	7	5	1.40

1994 Season

	Avg	AB	H	2B	3B	HR	RBI	BB	SO	OBP	SLG		Avg	AB	H	2B	3B	HR	RBI	BB	SO	OBP	SLG
vs. Left	.000	0	0	0	0	0	0	0	0	.000	.000	Scoring Posn	.333	3	1	0	0	0	1	0	1	.333	.333
vs. Right	.167	6	1	0	0	0	1	0	1	.167	.167	Close & Late	.000	0	0	0	0	0	0	0	0	.000	.000

Rick Helling — Rangers
Age 24 – Pitches Right (flyball pitcher)

	ERA	W	L	Sv	G	GS	IP	BB	SO	Avg	H	2B	3B	HR	RBI	OBP	SLG	CG	ShO	Sup	QS	#P/S	SB	CS	GB	FB	G/F
1994 Season	5.88	3	2	0	9	9	52.0	18	25	.295	62	9	2	14	32	.351	.557	1	1	7.62	4	98	4	1	55	94	0.59

1994 Season

	ERA	W	L	Sv	G	GS	IP	H	HR	BB	SO		Avg	AB	H	2B	3B	HR	RBI	BB	SO	OBP	SLG
Home	4.94	3	1	0	4	4	23.2	31	6	6	9	vs. Left	.398	98	39	7	2	11	22	15	9	.478	.847
Away	6.67	0	1	0	5	5	28.1	31	8	12	16	vs. Right	.205	112	23	2	0	3	10	3	16	.226	.304

Scott Hemond — Athletics
Age 29 – Bats Right (flyball hitter)

	Avg	G	AB	R	H	2B	3B	HR	RBI	BB	SO	HBP	GDP	SB	CS	OBP	SLG	IBB	SH	SF	#Pit	#P/PA	GB	FB	G/F
1994 Season	.222	91	198	23	44	11	0	3	20	16	51	0	5	7	6	.280	.323	0	2	1	810	3.75	66	52	1.27
Last Five Years	.235	237	489	66	115	29	0	9	49	53	131	1	9	23	13	.310	.350	0	8	4	2112	3.82	135	137	0.99

1994 Season

	Avg	AB	H	2B	3B	HR	RBI	BB	SO	OBP	SLG		Avg	AB	H	2B	3B	HR	RBI	BB	SO	OBP	SLG
vs. Left	.207	87	18	5	0	1	6	6	18	.258	.299	Scoring Posn	.244	45	11	2	0	1	17	5	12	.320	.356
vs. Right	.234	111	26	6	0	2	14	10	33	.298	.342	Close & Late	.174	23	4	0	0	1	3	3	9	.269	.304
Home	.232	99	23	5	0	2	12	8	24	.290	.343	None on/out	.326	43	14	4	0	0	0	4	12	.383	.419
Away	.212	99	21	6	0	1	8	8	27	.271	.303	Batting #8	.314	35	11	3	0	0	3	1	7	.333	.400
First Pitch	.200	25	5	1	0	1	4	0	0	.200	.360	Batting #9	.209	139	29	8	0	2	10	14	38	.281	.309
Ahead in Count	.348	46	16	3	0	1	5	9	0	.455	.478	Other	.167	24	4	0	0	1	7	1	6	.200	.292
Behind in Count	.135	96	13	4	0	0	7	0	43	.135	.177	Pre-All Star	.226	137	31	9	0	1	11	8	35	.269	.314
Two Strikes	.172	99	17	4	0	1	8	7	51	.226	.242	Post-All Star	.213	61	13	2	0	2	9	8	16	.304	.344

Last Five Years

	Avg	AB	H	2B	3B	HR	RBI	BB	SO	OBP	SLG		Avg	AB	H	2B	3B	HR	RBI	BB	SO	OBP	SLG
vs. Left	.243	202	49	13	0	3	15	24	55	.320	.351	Scoring Posn	.219	114	25	8	0	2	37	16	34	.311	.342
vs. Right	.230	287	66	16	0	6	34	29	76	.303	.348	Close & Late	.239	67	16	2	0	2	7	11	25	.354	.358
Groundball	.260	104	27	5	0	0	7	9	28	.319	.308	None on/out	.315	111	35	9	0	0	0	14	26	.397	.396
Flyball	.216	116	25	8	0	3	10	12	37	.289	.362	Batting #8	.280	75	21	5	0	0	6	5	23	.325	.347
Home	.236	229	54	11	0	5	24	27	60	.315	.349	Batting #9	.240	338	81	21	0	8	33	43	83	.327	.373
Away	.235	260	61	18	0	4	25	26	71	.306	.350	Other	.171	76	13	3	0	1	10	5	25	.217	.250
Day	.226	190	43	9	0	2	16	26	53	.323	.305	April	.147	68	10	3	0	0	2	9	13	.247	.191
Night	.241	299	72	20	0	7	33	27	78	.302	.378	May	.250	68	17	3	0	1	8	4	20	.292	.338
Grass	.231	390	90	20	0	8	40	44	101	.309	.344	June	.224	67	15	6	0	0	4	2	24	.246	.313
Turf	.253	99	25	9	0	1	9	9	30	.315	.374	July	.264	110	29	6	0	3	19	11	24	.333	.400
First Pitch	.333	60	20	5	0	2	8	0	0	.333	.517	August	.186	97	18	3	0	3	8	15	33	.295	.309
Ahead in Count	.323	99	32	6	0	3	14	30	0	.477	.475	September/October	.329	79	26	8	0	2	8	12	17	.413	.506
Behind in Count	.144	243	35	10	0	1	15	0	112	.147	.198	Pre-All Star	.217	235	51	14	0	1	16	21	62	.281	.289
Two Strikes	.147	251	37	11	0	3	16	23	131	.221	.227	Post-All Star	.252	254	64	15	0	8	33	32	69	.336	.406

Batter vs. Pitcher (career)

Hits Best Against	Avg	AB	H	2B	3B	HR	RBI	BB	SO	OBP	SLG	Hits Worst Against	Avg	AB	H	2B	3B	HR	RBI	BB	SO	OBP	SLG
Jim Abbott	.313	16	5	1	0	0	2	1	5	.353	.375	Randy Johnson	.150	20	3	0	0	1	1	4	11	.292	.300
												Wilson Alvarez	.231	13	3	0	0	2	4	2	1	.412	.231

Dave Henderson — Royals
Age 36 – Bats Right (flyball hitter)

	Avg	G	AB	R	H	2B	3B	HR	RBI	BB	SO	HBP	GDP	SB	CS	OBP	SLG	IBB	SH	SF	#Pit	#P/PA	GB	FB	G/F
1994 Season	.247	56	198	27	49	14	1	5	31	16	28	1	3	2	0	.304	.404	1	1	2	794	3.64	56	71	0.79
Last Five Years	.253	460	1665	216	422	95	0	70	234	148	375	6	17	11	10	.314	.438	5	3	14	7122	3.88	433	576	0.75

1994 Season

	Avg	AB	H	2B	3B	HR	RBI	BB	SO	OBP	SLG		Avg	AB	H	2B	3B	HR	RBI	BB	SO	OBP	SLG
vs. Left	.298	84	25	7	0	3	16	9	9	.362	.488	Scoring Posn	.296	54	16	2	0	1	24	6	12	.355	.389
vs. Right	.211	114	24	7	1	2	15	7	19	.260	.342	Close & Late	.133	30	4	0	0	0	2	3	4	.206	.133
Home	.278	97	27	10	1	2	15	8	10	.330	.464	None on/out	.225	40	9	6	0	1	1	5	6	.279	.450
Away	.218	101	22	4	0	3	16	8	18	.279	.347	Batting #2	.245	49	12	4	0	5	4	9	.309	.327
First Pitch	.414	29	12	5	1	0	4	1	0	.433	.655	Batting #4	.256	121	31	1	0	3	7	4	5	.319	.488
Ahead in Count	.235	51	12	5	0	2	7	7	0	.328	.451	Other	.245	106	26	9	1	2	19	8	14	.296	.406
Behind in Count	.225	80	18	4	0	2	14	0	19	.220	.350	Pre-All Star	.251	167	42	13	1	5	30	14	25	.306	.431
Two Strikes	.178	73	13	3	0	2	11	8	28	.256	.288	Post-All Star	.226	31	7	1	0	0	1	2	3	.294	.258

Last Five Years

	Avg	AB	H	2B	3B	HR	RBI	BB	SO	OBP	SLG		Avg	AB	H	2B	3B	HR	RBI	BB	SO	OBP	SLG
vs. Left	.304	527	160	35	0	33	94	48	98	.361	.558	Scoring Posn	.238	454	108	25	0	12	154	49	134	.304	.372
vs. Right	.230	1138	262	60	1	37	140	100	277	.293	.382	Close & Late	.237	279	66	13	0	4	25	21	64	.289	.326
Groundball	.245	470	115	28	1	9	57	36	93	.296	.366	None on/out	.264	368	97	25	0	18	18	27	75	.316	.478
Flyball	.267	341	91	20	0	19	56	31	75	.332	.493	Batting #2	.272	669	182	37	0	33	99	50	139	.326	.475
Home	.250	851	213	42	1	35	117	71	187	.306	.425	Batting #5	.239	330	79	17	0	13	48	38	71	.318	.409
Away	.257	814	209	53	0	35	117	77	188	.323	.451	Other	.242	666	161	41	1	24	90	60	165	.300	.414
Day	.245	601	147	35	0	31	93	53	154	.304	.458	April	.262	229	60	14	0	13	39	28	47	.342	.493
Night	.258	1064	275	60	1	39	141	95	221	.320	.427	May	.264	341	90	20	0	17	53	22	64	.308	.472
Grass	.255	1363	348	68	0	60	192	119	315	.315	.437	June	.251	255	64	13	0	15	39	27	62	.322	.478
Turf	.245	302	74	27	1	10	42	29	60	.311	.440	July	.249	325	81	20	1	8	36	33	74	.320	.391
First Pitch	.397	204	81	21	1	10	36	3	0	.405	.657	August	.263	274	72	15	0	9	36	17	63	.308	.416
Ahead in Count	.316	351	111	34	0	21	69	82	0	.444	.593	September/October	.228	241	55	13	0	8	31	21	65	.287	.382
Behind in Count	.188	791	149	28	0	23	80	0	302	.190	.311	Pre-All Star	.253	920	233	56	1	47	140	90	200	.320	.470
Two Strikes	.173	831	144	27	0	26	88	62	375	.231	.300	Post-All Star	.254	745	189	39	0	23	94	58	175	.308	.399

Batter vs. Pitcher (since 1984)																			
Hits Best Against	Avg	AB	H	2B	3B	HR	RBI	BB	SO	OBP	SLG	Hits Worst Against	Avg	AB	H	2B	3B	HR	RBI	BB	SO	OBP	SLG
Bill Swift	.615	13	8	1	0	0	2	1	0	.600	.692	Juan Guzman	.000	14	0	0	0	0	0	0	7	.000	.000
Jim Abbott	.423	26	11	1	0	5	9	3	4	.467	1.038	Bud Black	.000	13	0	0	0	0	1	0	0	.071	.000
Rich DeLucia	.417	12	5	1	0	2	4	1	0	.500	1.000	Tom Gordon	.000	12	0	0	0	0	1	9	0	.077	.000
Melido Perez	.360	25	9	2	1	2	10	3	6	.429	.760	Dave Righetti	.000	10	0	0	0	0	2	0	0	.000	.000
Chris Bosio	.345	29	10	2	1	2	9	4	6	.424	.690	Rick Aguilera	.071	14	1	0	0	0	0	0	8	.071	.071

Rickey Henderson — Athletics
Age 36 – Bats Right

	Avg	G	AB	R	H	2B	3B	HR	RBI	BB	SO	HBP	GDP	SB	CS	OBP	SLG	IBB	SH	SF	#Pit	#P/PA	GB	FB	G/F
1994 Season	.260	87	296	66	77	13	0	6	20	72	45	5	0	22	7	.411	.365	1	1	2	1729	4.60	98	95	1.03
Last Five Years	.288	608	2132	481	613	103	9	88	243	482	299	26	34	246	54	.422	.468	22	4	14	11669	4.39	726	711	1.02

1994 Season

	Avg	AB	H	2B	3B	HR	RBI	BB	SO	OBP	SLG		Avg	AB	H	2B	3B	HR	RBI	BB	SO	OBP	SLG
vs. Left	.248	105	26	4	0	3	11	29	20	.407	.371	Scoring Posn	.196	51	10	2	0	1	15	19	10	.403	.294
vs. Right	.267	191	51	9	0	3	9	43	25	.413	.361	Close & Late	.220	41	9	0	0	0	0	10	8	.385	.220
Groundball	.213	61	13	2	0	1	2	17	7	.392	.295	None on/out	.276	134	37	7	0	4	4	28	20	.416	.418
Flyball	.286	70	20	4	0	0	5	20	8	.457	.343	Batting #1	.268	287	77	13	0	6	20	68	40	.414	.376
Home	.250	132	33	5	0	4	9	35	22	.415	.379	Batting #3	.000	6	0	0	0	0	4	3	4	.400	.000
Away	.268	164	44	8	0	2	11	37	23	.407	.354	Other	.000	3	0	0	0	0	0	2	0	.000	.000
Day	.234	111	26	6	0	1	7	23	14	.372	.315	April	.233	60	14	4	0	0	4	23	5	.440	.300
Night	.276	185	51	7	0	5	13	49	31	.433	.395	May	.220	41	9	2	0	2	5	6	7	.333	.415
Grass	.255	259	66	11	0	5	16	59	37	.398	.355	June	.298	84	25	5	0	2	4	17	16	.422	.429
Turf	.297	37	11	2	0	1	4	13	8	.490	.432	July	.269	78	21	2	0	1	6	19	11	.420	.333
First Pitch	.200	10	2	1	0	1	2	0	0	.273	.600	August	.242	33	8	0	0	1	1	7	6	.390	.333
Ahead in Count	.377	69	26	4	0	3	6	40	0	.604	.565	September/October	.000	0	0	0	0	0	0	0	0	.000	.000
Behind in Count	.197	137	27	2	0	1	6	0	37	.213	.234	Pre-All Star	.264	216	57	11	0	4	16	52	32	.410	.370
Two Strikes	.193	171	33	5	0	2	8	32	45	.329	.257	Post-All Star	.250	80	20	2	0	2	4	20	13	.412	.350

1994 By Position

Position	Avg	AB	H	2B	3B	HR	RBI	BB	SO	OBP	SLG	G	GS	Innings	PO	A	E	DP	Fld Pct	Rng Fctr	In Zone	Outs	Zone Rtg	MLB Zone
As Designated Hitter	.205	44	9	1	0	1	3	16	10	.417	.295	13	13	---										
As lf	.275	218	60	12	0	5	13	50	29	.420	.399	66	61	518.1	147	4	4	0	.974	2.62	162	138	.852	.815
As cf	.258	31	8	0	0	0	4	5	4	.351	.258	10		68.0	19	0	0	0	1.000	2.51	20	19	.950	.824

Last Five Years

	Avg	AB	H	2B	3B	HR	RBI	BB	SO	OBP	SLG		Avg	AB	H	2B	3B	HR	RBI	BB	SO	OBP	SLG
vs. Left	.289	588	170	28	1	37	74	133	101	.421	.529	Scoring Posn	.242	430	104	12	3	18	158	147	76	.432	.409
vs. Right	.287	1544	443	75	8	51	169	349	198	.423	.445	Close & Late	.283	297	84	11	4	12	50	81	45	.438	.468
Groundball	.312	564	176	30	4	21	69	115	69	.434	.491	None on/out	.297	890	264	48	3	45	45	179	124	.419	.509
Flyball	.309	437	135	25	1	22	60	117	70	.460	.522	Batting #1	.290	2094	608	103	9	88	243	466	288	.423	.474
Home	.284	1051	299	47	4	40	112	239	145	.421	.451	Batting #3	.136	22	3	0	0	0	0	10	4	.406	.136
Away	.290	1081	314	56	5	48	131	243	154	.424	.485	Other	.125	16	2	0	0	0	0	6	7	.364	.125
Day	.273	758	207	40	1	26	77	178	106	.415	.431	April	.270	289	78	18	0	9	34	73	43	.418	.426
Night	.295	1374	406	63	8	62	166	304	193	.427	.488	May	.296	375	111	22	2	15	43	91	56	.437	.485
Grass	.291	1758	511	83	7	72	192	394	236	.424	.469	June	.312	385	120	17	2	13	39	99	48	.454	.468
Turf	.273	374	102	20	2	16	51	88	63	.416	.465	July	.310	387	120	19	2	21	51	70	50	.419	.532
First Pitch	.263	95	25	7	0	5	14	16	0	.377	.495	August	.257	354	91	12	1	19	37	81	55	.401	.415
Ahead in Count	.345	571	197	36	2	47	98	290	0	.567	.662	September/October	.272	342	93	15	2	16	39	68	47	.399	.468
Behind in Count	.242	951	230	27	3	20	75	0	243	.340	.474	Pre-All Star	.294	1172	345	60	4	45	138	285	165	.434	.468
Two Strikes	.245	1162	285	39	6	22	85	175	299	.349	.346	Post-All Star	.279	960	268	43	5	43	105	197	134	.408	.469

Batter vs. Pitcher (since 1984)

Hits Best Against	Avg	AB	H	2B	3B	HR	RBI	BB	SO	OBP	SLG	Hits Worst Against	Avg	AB	H	2B	3B	HR	RBI	BB	SO	OBP	SLG
Rick Sutcliffe	.583	12	7	0	0	1	3	7	2	.737	.833	Lee Smith	.000	9	0	0	0	0	0	3	5	.250	.000
Mark Portugal	.500	8	4	1	0	1	3	2	0	.545	1.000	Steve Ontiveros	.077	13	1	0	0	0	0	0	1	.077	.077
Jim Deshaies	.444	9	4	0	0	2	2	4	2	.615	1.111	Julio Valera	.091	11	1	0	0	0	1	3	0	.167	.091
Mike Morgan	.400	10	4	0	0	2	2	1	2	.455	1.000	John Smiley	.100	10	1	0	0	0	1	1	1	.182	.100
Todd Stottlemyre	.333	12	4	1	0	0	2	8	2	.600	.833	Mike Campbell	.100	10	1	0	0	0	0	0	1	.182	.100

Rodney Henderson — Expos
Age 24 – Pitches Right

	ERA	W	L	Sv	G	GS	IP	BB	SO	Avg	H	2B	3B	HR	RBI	OBP	SLG	CG	ShO	Sup	QS	#P/S	SB	CS	GB	FB	G/F
1994 Season	9.45	0	1	0	3	2	6.2	7	3	.333	9	1	2	1	8	.471	.630	0	0	5.40	0	61	4	0	8	12	0.67

1994 Season

	ERA	W	L	Sv	G	GS	IP	H	HR	BB	SO		Avg	AB	H	2B	3B	HR	RBI	OBP	SLG
Home	6.00	0	1	0	1	1	3.0	6	0	1	1	vs. Left	.385	13	5	0	2	0	4	3	0	.500	.692
Away	12.27	0	0	0	2	1	3.2	3	1	6	2	vs. Right	.286	14	4	1	0	1	4	4	3	.444	.571

Tom Henke — Rangers
Age 37 – Pitches Right (flyball pitcher)

	ERA	W	L	Sv	G	GS	IP	BB	SO	Avg	H	2B	3B	HR	RBI	OBP	SLG	GF	IR	IRS	Hld	SvOp	SB	CS	GB	FB	G/F
1994 Season	3.79	3	6	15	37	0	38.0	12	39	.232	33	6	3	6	25	.290	.444	31	22	10	1	21	1	1	48	32	1.50
Last Five Years	2.61	13	19	153	270	0	293.0	91	292	.206	219	38	5	30	114	.268	.336	242	250	77	9	178	13	4	310	312	0.99

1994 Season

	ERA	W	L	Sv	G	GS	IP	H	HR	BB	SO		Avg	AB	H	2B	3B	HR	RBI	BB	SO	OBP	SLG
Home	2.21	1	2	9	20	0	20.1	14	4	6	25	vs. Left	.208	72	15	4	2	4	15	9	20	.293	.486

1994 Season

	ERA	W	L	Sv	G	GS	IP	H	HR	BB	SO		Avg	AB	H	2B	3B	HR	RBI	BB	SO	OBP	SLG
Away	5.60	2	4	6	17	0	17.2	19	2	6	14	vs. Right	.257	70	18	2	1	2	10	3	19	.288	.400
Starter	0.00	0	0	0	0	0	0.0	0	0	0	0	Scoring Posn	.256	39	10	0	2	4	22	2	9	.286	.667
Reliever	3.79	3	6	15	37	0	38.0	33	6	12	39	Close & Late	.238	101	24	3	3	6	24	11	29	.310	.505
0 Days rest (Re)	6.00	0	1	5	7	0	6.0	4	2	2	10	None on/out	.188	32	6	2	0	1	1	2	8	.235	.344
1 or 2 Days rest	3.43	2	3	7	19	0	21.0	21	2	5	21	First Pitch	.200	15	3	0	2	0	5	0	0	.200	.467
3+ Days rest	3.27	1	2	3	11	0	11.0	8	2	5	8	Ahead in Count	.254	71	18	2	0	3	14	0	32	.250	.408
Pre-All Star	4.62	2	4	9	27	0	25.1	23	5	9	32	Behind in Count	.292	24	7	1	0	2	4	8	0	.469	.583
Post-All Star	2.13	1	2	6	10	0	12.2	10	1	3	7	Two Strikes	.200	75	15	3	0	4	15	4	39	.238	.400

Last Five Years

	ERA	W	L	Sv	G	GS	IP	H	HR	BB	SO		Avg	AB	H	2B	3B	HR	RBI	BB	SO	OBP	SLG
Home	2.15	8	4	85	140	0	154.2	108	20	37	160	vs. Left	.199	542	108	23	4	16	69	58	145	.274	.345
Away	3.12	3	15	68	130	0	138.1	111	10	54	132	vs. Right	.213	522	111	15	1	14	45	33	147	.261	.326
Day	2.91	1	4	34	76	0	80.1	64	7	37	72	Inning 1-6	.250	8	2	1	0	0	1	2	2	.400	.375
Night	2.50	15	15	119	194	0	212.2	155	23	54	220	Inning 7+	.205	1056	217	37	5	30	113	89	290	.267	.335
Grass	2.87	9	17	81	155	0	169.1	131	17	55	174	None on	.204	623	127	25	3	13	13	42	168	.254	.316
Turf	2.26	4	2	72	115	0	123.2	88	13	36	118	Runners on	.209	441	92	13	2	17	101	49	124	.286	.363
April	2.09	3	3	13	37	0	38.2	33	4	12	38	Scoring Posn	.200	270	54	8	2	11	86	32	74	.282	.367
May	2.68	5	3	19	42	0	47.0	30	6	17	44	Close & Late	.209	726	152	27	5	24	95	60	216	.270	.360
June	2.23	0	1	28	47	0	48.1	30	4	10	50	None on/out	.218	261	57	9	1	6	6	12	61	.253	.330
July	3.09	2	4	35	52	0	55.1	44	3	20	55	First Pitch	.242	256	62	7	2	8	26	12	64	.278	.379
August	2.77	2	5	32	48	0	55.1	38	8	8	61	First Inning Pitched	.203	919	187	34	5	26	104	72	255	.261	.336
September/October	2.61	1	3	26	44	0	48.1	44	5	24	44	First 15 Pitches	.199	804	160	32	5	21	72	59	211	.254	.330
Starter	0.00	0	0	0	0	0	0.0	0	0	0	0	Pitch 16-30	.228	219	50	5	0	7	35	24	70	.301	.347
Reliever	2.61	13	19	153	270	0	293.0	219	30	91	292	Pitch 31-45	.225	40	9	1	0	2	7	7	11	.340	.400
0 Days rest (Re)	2.56	1	4	37	53	0	52.2	37	8	17	63	Pitch 46+	.000	1	0	0	0	0	0	0	0	.500	.000
1 or 2 Days rest	2.53	6	8	78	130	0	138.2	106	13	35	128	First Pitch	.283	159	45	6	2	5	20	8	0	.315	.440
3+ Days rest	2.74	6	7	38	87	0	101.2	76	9	39	101	Ahead in Count	.167	546	91	15	1	7	44	0	246	.167	.236
Pre-All Star	2.41	9	8	73	145	0	153.1	103	15	46	150	Behind in Count	.268	164	44	7	0	9	23	42	0	.413	.476
Post-All Star	2.84	4	11	80	125	0	139.2	116	15	45	142	Two Strikes	.148	566	84	15	2	10	44	41	292	.205	.235

Pitcher vs. Batter (since 1984)

Pitches Best Vs.	Avg	AB	H	2B	3B	HR	RBI	BB	SO	OBP	SLG	Pitches Worst Vs.	Avg	AB	H	2B	3B	HR	RBI	BB	SO	OBP	SLG
Dick Schofield	.000	12	0	0	0	0	0	1	5	.077	.000	Jody Reed	.556	9	5	1	0	0	1	2	0	.636	.667
Brady Anderson	.000	9	0	0	0	0	1	1	3	.091	.000	Mike Greenwell	.417	12	5	1	0	1	6	1	3	.462	.750
Mike Devereaux	.059	17	1	0	0	0	1	1	8	.111	.059	Ruben Sierra	.400	15	6	1	0	1	5	1	5	.438	.667
Lou Whitaker	.074	27	2	0	0	0	1	1	6	.107	.074	Don Mattingly	.333	21	7	1	0	2	5	2	4	.391	.667
Travis Fryman	.083	12	1	0	0	0	1	0	8	.077	.083	Luis Polonia	.333	12	4	2	1	0	3	1	2	.385	.667

Mike Henneman — Tigers
Age 33 – Pitches Right (groundball pitcher)

	ERA	W	L	Sv	G	GS	IP	BB	SO	Avg	H	2B	3B	HR	RBI	OBP	SLG	GF	IR	IRS	Hld	SvOp	SB	CS	GB	FB	G/F
1994 Season	5.19	1	3	8	30	0	34.2	17	27	.297	43	9	0	5	28	.376	.462	23	10	5	0	13	1	0	54	38	1.42
Last Five Years	3.33	26	20	99	282	0	362.1	136	254	.259	358	63	8	21	163	.325	.362	229	320	85	7	122	13	5	548	335	1.64

1994 Season

	ERA	W	L	Sv	G	GS	IP	H	HR	BB	SO		Avg	AB	H	2B	3B	HR	RBI	BB	SO	OBP	SLG
Home	8.15	1	1	4	15	0	17.2	29	4	5	13	vs. Left	.281	64	18	4	0	2	13	12	9	.397	.438
Away	2.12	0	2	4	15	0	17.0	14	1	12	14	vs. Right	.309	81	25	5	0	3	15	5	18	.356	.481
Starter	0.00	0	0	0	0	0	0.0	0	0	0	0	Scoring Posn	.360	50	18	3	0	4	27	8	11	.441	.660
Reliever	5.19	1	3	8	30	0	34.2	43	5	17	27	Close & Late	.267	75	20	6	0	3	18	13	18	.371	.467
0 Days rest (Re)	7.71	0	0	2	5	0	4.2	7	2	2	4	None on/out	.071	28	2	1	0	0	0	3	6	.161	.107
1 or 2 Days rest	4.32	1	2	2	13	0	16.2	20	2	9	15	First Pitch	.263	19	5	1	0	1	3	6	0	.444	.474
3+ Days rest	5.40	0	1	4	12	0	13.1	16	1	6	8	Ahead in Count	.289	76	22	5	0	4	22	0	26	.299	.513
Pre-All Star	6.07	1	3	8	27	0	29.2	40	5	14	27	Behind in Count	.419	31	13	2	0	3	6	0	0	.514	.484
Post-All Star	0.00	0	0	0	3	0	5.0	3	0	3	0	Two Strikes	.250	68	17	4	0	3	17	5	27	.301	.441

Last Five Years

	ERA	W	L	Sv	G	GS	IP	H	HR	BB	SO		Avg	AB	H	2B	3B	HR	RBI	BB	SO	OBP	SLG
Home	3.49	17	9	48	148	0	190.2	181	17	58	141	vs. Left	.278	609	169	35	3	7	73	82	82	.361	.379
Away	3.15	9	11	51	134	0	171.2	177	4	78	113	vs. Right	.244	774	189	28	5	14	90	54	172	.295	.348
Day	3.16	11	5	30	88	0	114.0	113	6	49	68	Inning 1-6	.500	6	3	0	0	0	3	0	1	.429	.500
Night	3.41	15	15	69	194	0	248.1	245	15	87	186	Inning 7+	.258	1377	355	63	8	21	160	136	253	.325	.361
Grass	3.32	25	14	81	238	0	309.0	300	21	112	217	None on	.257	697	179	30	4	10	10	49	125	.310	.354
Turf	3.38	1	6	18	44	0	53.1	58	0	24	37	Runners on	.261	686	179	33	4	11	153	87	129	.339	.369
April	2.35	2	1	20	45	0	53.2	54	0	19	33	Scoring Posn	.242	426	103	17	3	9	145	65	92	.353	.359
May	3.41	5	7	22	59	0	74.0	76	6	32	50	Close & Late	.255	860	219	39	2	14	113	98	169	.330	.353
June	3.25	3	3	18	55	0	69.1	54	5	31	50	None on/out	.244	299	73	10	4	2	2	21	48	.296	.324
July	5.05	6	6	15	47	0	62.1	72	5	25	38	vs. 1st Batr (relief)	.240	258	62	10	1	2	10	20	53	.296	.310
August	2.67	4	3	13	41	0	57.1	60	3	15	41	First Inning Pitched	.263	977	257	42	5	15	125	94	183	.328	.362
September/October	2.96	5	0	11	35	0	45.2	42	2	14	42	First 15 Pitches	.249	901	224	36	5	9	77	81	164	.311	.330
Starter	0.00	0	0	0	0	0	0.0	0	0	0	0	Pitch 16-30	.283	396	112	24	3	11	71	47	72	.357	.442
Reliever	3.33	26	20	99	282	0	362.1	358	21	136	254	Pitch 31-45	.256	82	21	2	0	1	14	6	17	.307	.317
0 Days rest (Re)	1.55	4	2	31	72	0	81.1	68	3	34	49	Pitch 46+	.250	4	1	0	0	0	2	1	1	.500	.500
1 or 2 Days rest	3.15	18	12	44	127	0	177.1	191	11	57	132	First Pitch	.258	213	55	11	4	3	13	24	41	0	.370	.390
3+ Days rest	5.04	4	6	24	83	0	103.2	99	7	45	73	Ahead in Count	.219	675	148	24	1	10	71	0	225	.223	.316
Pre-All Star	3.09	12	16	67	178	0	224.0	210	14	90	152	Behind in Count	.315	254	80	13	1	3	42	50	0	.421	.409
Post-All Star	3.71	14	4	32	104	0	138.1	148	7	46	102	Two Strikes	.201	631	127	24	2	11	62	45	254	.257	.298

Pitcher vs. Batter (career)

Pitches Best Vs.	Avg	AB	H	2B	3B	HR	RBI	BB	SO	OBP	SLG	Pitches Worst Vs.	Avg	AB	H	2B	3B	HR	RBI	BB	SO	OBP	SLG
Fred McGriff	.000	16	0	0	0	0	1	1	4	.059	.000	Harold Reynolds	.529	17	9	3	1	1	5	2	3	.600	1.000
Bo Jackson	.000	10	0	0	0	0	1	1	4	.091	.000	Tony Fernandez	.444	9	4	0	1	1	4	3	0	.583	1.000
Don Slaught	.000	10	0	0	0	0	1	3	.167	.000	Brady Anderson	.385	13	5	1	0	1	5	3	0	.500	.692
Steve Buechele	.059	17	1	0	0	0	2	1	6	.111	.059	Frank Thomas	.385	13	5	2	0	1	2	2	1	.467	.769
Pete Incaviglia	.077	13	1	0	0	0	1	0	3	.071	.077	Juan Gonzalez	.357	14	5	1	0	3	10	0	3	.313	1.071

Butch Henry — Expos   Age 26 – Pitches Left

	ERA	W	L	Sv	G	GS	IP	BB	SO	Avg	H	2B	3B	HR	RBI	OBP	SLG	CG	ShO	Sup	QS	#P/S	SB	CS	GB	FB	G/F
1994 Season	2.43	8	3	1	24	15	107.1	20	70	.241	97	16	2	10	28	.278	.365	0	0	5.28	8	83	8	4	141	121	1.17
Career (1992-1994)	4.14	17	21	1	82	59	376.0	89	213	.282	417	79	9	41	166	.321	.431	3	1	4.26	23	85	27	15	551	432	1.28

1994 Season

	ERA	W	L	Sv	G	GS	IP	H	HR	BB	SO		Avg	AB	H	2B	3B	HR	RBI	BB	SO	OBP	SLG
Home	3.02	3	2	1	13	7	50.2	57	5	10	35	vs. Left	.241	87	21	3	0	3	7	6	11	.290	.379
Away	1.91	5	1	0	11	8	56.2	40	5	10	35	vs. Right	.241	79	19	7	2	7	21	14	59	.275	.361
Starter	2.53	8	3	0	15	15	89.0	80	9	19	58	Scoring Posn	.158	76	12	4	1	2	18	7	18	.230	.316
Reliever	1.96	0	0	1	9	0	18.1	17	1	1	12	Close & Late	.267	15	4	0	0	1	1	2	3	.353	.467
0-3 Days Rest (St)	2.25	0	0	0	1	1	4.0	5	0	2	3	None on/out	.291	110	32	7	0	3	3	4	14	.316	.436
4 Days Rest	2.39	3	2	0	6	6	37.2	34	1	7	29	First Pitch	.270	63	17	5	0	3	8	1	0	.277	.492
5+ Days Rest	2.66	5	1	0	8	8	47.1	41	8	10	26	Ahead in Count	.173	197	34	4	2	2	10	0	64	.179	.244
Pre-All Star	2.14	6	1	1	18	9	71.1	61	6	15	47	Behind in Count	.233	73	17	3	0	2	3	6	0	.291	.356
Post-All Star	3.00	2	2	0	6	6	36.0	36	4	5	23	Two Strikes	.141	170	24	4	1	3	8	13	70	.209	.229

Career (1992-1994)

	ERA	W	L	Sv	G	GS	IP	H	HR	BB	SO		Avg	AB	H	2B	3B	HR	RBI	BB	SO	OBP	SLG
Home	4.28	7	9	1	43	29	187.0	225	22	41	105	vs. Left	.297	327	97	24	1	7	36	25	35	.345	.440
Away	4.00	10	12	0	39	30	189.0	192	19	48	108	vs. Right	.278	1151	320	55	8	34	130	64	178	.315	.428
Day	3.10	5	4	0	26	14	110.1	114	7	22	78	Inning 1-6	.280	1282	359	69	7	38	148	73	182	.314	.434
Night	4.57	12	17	1	56	45	265.2	303	34	67	135	Inning 7+	.296	196	58	10	2	3	18	16	31	.344	.413
Grass	4.79	7	9	0	33	23	146.2	173	16	40	80	None on	.291	894	260	52	5	24	24	41	124	.323	.441
Turf	3.73	10	12	1	49	36	229.1	244	25	49	133	Runners on	.269	584	157	27	4	17	142	48	89	.320	.416
April	3.72	1	4	0	12	8	55.2	60	7	16	30	Scoring Posn	.269	316	85	14	2	9	119	36	49	.332	.411
May	5.94	4	6	0	20	16	89.1	106	12	23	42	Close & Late	.296	71	21	4	0	2	5	5	14	.338	.437
June	3.99	3	4	1	16	11	70.0	79	5	24	42	None on/out	.277	386	107	27	2	8	20	49	113	.313	.420
July	3.51	5	3	0	15	13	82.0	88	8	14	55	vs. 1st Batr (relief)	.348	23	8	2	1	0	4	0	3	.348	.522
August	3.03	3	3	0	10	10	62.1	68	8	9	36	First Inning Pitched	.267	303	81	15	3	4	41	20	34	.309	.376
September/October	3.78	1	1	0	9	1	16.2	16	1	3	8	First 75 Pitches	.275	1243	342	65	8	33	135	70	176	.313	.420
Starter	4.21	17	20	0	59	59	338.0	377	40	80	188	Pitch 76-90	.326	141	46	6	1	6	20	11	23	.370	.511
Reliever	3.55	0	1	1	23	0	38.0	40	1	9	25	Pitch 91-105	.338	68	23	8	0	1	8	4	8	.375	.500
0-3 Days Rest (St)	1.80	0	0	0	2	2	10.0	12	1	2	3	Pitch 106+	.231	26	6	0	0	1	3	4	6	.333	.346
4 Days Rest	4.09	8	14	0	32	32	184.2	206	18	51	104	First Pitch	.298	245	73	19	3	6	36	10	0	.323	.473
5+ Days Rest	4.52	9	6	0	25	23	143.1	159	21	27	81	Ahead in Count	.207	682	141	24	3	6	50	0	194	.209	.277
Pre-All Star	4.56	11	15	1	56	42	254.1	293	27	71	144	Behind in Count	.354	302	107	20	2	13	42	44	0	.430	.563
Post-All Star	3.25	6	6	0	26	17	121.2	124	14	18	69	Two Strikes	.205	621	127	23	2	11	41	35	213	.248	.301

Pitcher vs. Batter (career)

Pitches Best Vs.	Avg	AB	H	2B	3B	HR	RBI	BB	SO	OBP	SLG	Pitches Worst Vs.	Avg	AB	H	2B	3B	HR	RBI	BB	SO	OBP	SLG
Kim Batiste	.091	11	1	0	0	0	1	0	2	.083	.091	Dave Hollins	.800	5	4	1	0	1	2	0	0	.789	2.000
Tony Fernandez	.100	10	1	0	0	0	0	1	1	.182	.100	Ozzie Smith	.600	10	6	2	0	0	0	1	0	.636	.800
Mariano Duncan	.111	18	2	0	0	0	1	0	2	.150	.111	Barry Larkin	.556	9	5	1	0	1	4	2	1	.636	1.000
Mark Grace	.125	16	2	1	0	0	0	0	.125	.188	Darren Daulton	.462	13	6	2	0	1	4	3	0	.563	.846
Eric Karros	.150	20	3	0	0	0	4	.150	.150	Eric Davis	.429	7	3	2	0	0	1	4	1	.583	1.143

Doug Henry — Brewers   Age 31 – Pitches Right

	ERA	W	L	Sv	G	GS	IP	BB	SO	Avg	H	2B	3B	HR	RBI	OBP	SLG	GF	IR	IRS	Hld	SvOp	SB	CS	GB	FB	G/F
1994 Season	4.60	2	3	0	25	0	31.1	23	20	.271	32	6	0	7	21	.394	.500	7	18	7	4	0	5	0	38	36	1.06
Career (1991-1994)	3.99	9	12	61	179	0	187.1	86	138	.252	179	39	4	21	106	.333	.406	129	89	29	8	73	13	4	219	216	1.01

1994 Season

	ERA	W	L	Sv	G	GS	IP	H	HR	BB	SO		Avg	AB	H	2B	3B	HR	RBI	BB	SO	OBP	SLG
Home	4.76	1	1	0	15	0	17.0	18	3	17	11	vs. Left	.340	53	18	4	0	7	16	7	6	.417	.811
Away	4.40	1	2	0	10	0	14.1	14	4	6	9	vs. Right	.215	65	14	2	0	0	5	16	14	.378	.246
Starter	0.00	0	0	0	0	0	0.0	0	0	0	0	Scoring Posn	.296	27	8	4	0	0	11	9	3	.486	.444
Reliever	4.60	2	3	0	25	0	31.1	32	7	23	20	Close & Late	.225	40	9	1	0	3	7	10	7	.392	.475
0 Days rest (Re)	4.91	0	0	0	4	0	3.2	6	1	3	2	None on/out	.000	22	0	0	0	0	0	6	6	.214	.000
1 or 2 Days rest	5.23	0	1	0	10	0	10.1	11	2	12	6	First Pitch	.182	11	2	1	0	0	4	0	0	.182	.545
3+ Days rest	4.15	2	2	0	11	0	17.1	15	4	8	12	Ahead in Count	.209	43	9	3	0	3	10	0	14	.227	.488
Pre-All Star	4.71	2	3	0	21	0	28.2	29	7	19	19	Behind in Count	.419	31	13	2	0	3	6	11	0	.571	.774
Post-All Star	3.38	0	0	0	4	0	2.2	3	0	4	1	Two Strikes	.190	63	12	2	0	3	8	12	20	.320	.365

Career (1991-1994)

	ERA	W	L	Sv	G	GS	IP	H	HR	BB	SO		Avg	AB	H	2B	3B	HR	RBI	BB	SO	OBP	SLG
Home	4.04	5	4	33	97	0	100.1	94	13	48	80	vs. Left	.249	321	80	18	1	10	44	44	57	.337	.405
Away	3.93	4	8	28	82	0	87.0	85	8	38	58	vs. Right	.254	390	99	21	3	11	62	42	81	.329	.408
Day	3.39	3	4	22	61	0	63.2	55	6	26	38	Inning 1-6	.304	69	21	7	0	2	12	10	11	.420	.493
Night	4.29	6	11	39	118	0	123.2	124	15	60	100	Inning 7+	.246	642	158	32	4	19	94	76	127	.325	.397
Grass	3.54	9	10	55	156	0	162.2	146	18	71	123	None on	.244	393	96	20	1	11	31	79	.303	.384

Pat Hentgen — Blue Jays
Age 26 – Pitches Right (flyball pitcher)

Career (1991-1994)

	ERA	W	L	Sv	G	GS	IP	H	HR	BB	SO		Avg	AB	H	2B	3B	HR	RBI	BB	SO	OBP	SLG
Turf	6.93	0	2	6	23	0	24.2	33	3	15	15	Runners on	.261	318	83	19	3	10	95	55	59	.366	.434
April	7.23	0	0	9	18	0	18.2	28	2	10	10	Scoring Posn	.280	186	52	11	1	6	81	43	35	.403	.446
May	2.09	2	2	7	32	0	38.2	30	4	19	27	Close & Late	.243	382	93	20	3	8	59	49	87	.328	.374
June	2.59	1	4	11	30	0	31.1	25	3	11	27	None on/out	.204	162	33	9	1	3	3	15	33	.275	.327
July	5.79	3	1	10	29	0	28.0	29	6	13	19	vs. 1st Batr (relief)	.269	156	42	13	0	4	26	22	30	.360	.429
August	5.32	3	3	10	40	0	44.0	46	8	26	35	First Inning Pitched	.256	583	149	35	3	16	93	68	111	.334	.408
September/October	2.03	0	2	14	30	0	26.2	21	0	7	20	First 15 Pitches	.262	492	129	30	2	13	73	54	94	.336	.411
Starter	0.00	0	0	0	0	0	0.0	0	0	0	0	Pitch 16-30	.217	175	38	8	1	5	25	22	33	.307	.360
Reliever	3.99	9	12	61	179	0	187.1	179	21	86	138	Pitch 31-45	.278	36	10	1	1	2	7	10	9	.417	.528
0 Days rest (Re)	2.55	2	2	22	43	0	42.1	38	2	21	29	Pitch 46+	.250	8	2	0	0	1	1	0	2	.250	.625
1 or 2 Days rest	4.09	2	7	27	71	0	72.2	73	8	41	52	First Pitch	.301	93	28	6	1	3	20	13	0	.376	.484
3+ Days rest	4.73	5	3	12	65	0	72.1	68	11	24	57	Ahead in Count	.171	304	52	12	0	5	26	0	110	.181	.260
Pre-All Star	3.96	5	6	32	93	0	102.1	98	14	44	74	Behind in Count	.366	153	56	12	1	8	35	36	0	.487	.614
Post-All Star	4.02	4	6	29	86	0	85.0	81	7	42	64	Two Strikes	.166	356	59	11	1	5	29	37	138	.244	.244

	ERA	W	L	Sv	G	GS	IP	BB	SO	Avg	H	2B	3B	HR	RBI	OBP	SLG	CG	ShO	Sup	QS	#P/S	SB	CS	GB	FB	G/F
1994 Season	3.40	13	8	0	24	24	174.2	59	147	.240	158	26	1	21	68	.305	.379	6	3	4.84	15	118	11	10	197	198	0.99
Career (1991-1994)	3.83	37	19	0	89	59	448.2	168	311	.250	427	74	9	56	184	.320	.402	9	3	5.48	32	108	33	16	516	575	0.90

1994 Season

	ERA	W	L	Sv	G	GS	IP	H	HR	BB	SO		Avg	AB	H	2B	3B	HR	RBI	BB	SO	OBP	SLG
Home	2.05	7	4	0	12	12	92.1	63	9	29	88	vs. Left	.266	346	92	14	1	11	33	27	73	.321	.408
Away	4.92	6	4	0	12	12	82.1	95	12	30	59	vs. Right	.212	311	66	12	0	10	35	32	74	.287	.347
Day	3.75	4	0	0	5	5	36.0	30	2	16	34	Inning 1-6	.249	535	133	23	1	17	56	50	119	.314	.391
Night	3.31	9	8	0	19	19	138.2	128	19	43	113	Inning 7+	.205	122	25	3	0	4	12	9	28	.265	.328
Grass	4.96	5	4	0	11	11	74.1	86	10	28	53	None on	.240	387	93	16	1	11	11	35	92	.307	.372
Turf	2.24	8	4	0	13	13	100.1	72	11	31	94	Runners on	.241	270	65	10	0	10	57	24	55	.302	.389
April	5.67	3	2	0	5	5	33.1	35	3	12	26	Scoring Posn	.241	137	33	4	0	4	43	13	36	.301	.358
May	2.62	3	3	0	6	6	44.2	42	3	9	41	Close & Late	.143	70	10	1	0	1	2	4	24	.200	.200
June	1.42	3	0	0	5	5	38.0	25	5	14	30	None on/out	.232	164	38	7	1	2	2	17	34	.308	.317
July	3.79	3	2	0	5	5	35.2	39	6	15	33	vs. 1st Batr (relief)	.000	0	0	0	0	0	0	0	0	.000	.000
August	4.30	1	1	0	3	3	23.0	17	4	9	17	First Inning Pitched	.250	92	23	2	0	4	16	9	24	.314	.402
September/October	0.00	0	0	0	0	0	0.0	0	0	0	0	First 75 Pitches	.250	404	101	14	0	16	45	30	91	.302	.403
Starter	3.40	13	8	0	24	24	174.2	158	21	59	147	Pitch 76-90	.213	75	16	6	1	1	8	14	19	.341	.360
Reliever	0.00	0	0	0	0	0	0.0	0	0	0	0	Pitch 91-105	.213	89	19	4	0	1	8	18	.278	.258
0-3 Days Rest (St)	0.00	0	0	0	0	0	0.0	0	0	0	0	Pitch 106+	.247	89	22	2	0	4	14	7	19	.309	.404
4 Days Rest	4.20	9	4	0	14	14	100.2	100	11	36	87	First Pitch	.322	87	28	3	1	5	14	0	0	.322	.552
5+ Days Rest	2.31	4	4	0	10	10	74.0	58	10	23	60	Ahead in Count	.190	300	57	6	0	5	18	0	124	.189	.260
Pre-All Star	3.16	11	5	0	18	18	131.0	117	13	39	112	Behind in Count	.290	155	45	9	0	8	26	27	0	.400	.503
Post-All Star	4.12	2	3	0	6	6	43.2	41	8	20	35	Two Strikes	.175	320	56	10	0	5	18	32	147	.249	.253

Career (1991-1994)

	ERA	W	L	Sv	G	GS	IP	H	HR	BB	SO		Avg	AB	H	2B	3B	HR	RBI	BB	SO	OBP	SLG
Home	3.71	17	11	0	47	30	235.1	210	31	88	168	vs. Left	.275	867	238	39	6	24	86	80	135	.339	.416
Away	3.97	20	8	0	42	29	213.1	217	25	80	143	vs. Right	.225	841	189	35	3	32	98	88	176	.301	.388
Day	4.53	14	3	0	27	17	117.1	109	14	51	83	Inning 1-6	.253	1325	335	57	8	44	144	117	240	.316	.408
Night	3.59	23	16	0	62	42	331.1	318	42	117	228	Inning 7+	.240	383	92	17	1	12	40	51	71	.333	.384
Grass	4.31	15	8	0	36	25	179.2	196	21	71	123	None on	.259	977	253	49	9	34	34	98	184	.332	.432
Turf	3.51	22	11	0	53	34	269.0	231	35	97	188	Runners on	.238	731	174	25	0	22	150	70	127	.303	.363
April	4.10	8	3	0	19	8	74.2	66	7	30	54	Scoring Posn	.219	392	86	10	0	10	120	44	79	.293	.321
May	3.03	7	4	0	17	12	89.0	83	7	25	73	Close & Late	.201	159	32	5	1	3	8	20	39	.295	.302
June	2.59	10	0	0	15	11	83.1	72	10	30	50	None on/out	.253	430	109	21	6	13	13	43	75	.330	.421
July	5.09	4	7	0	16	12	81.1	86	11	39	57	vs. 1st Batr (relief)	.240	25	6	3	0	0	1	2	7	.310	.360
August	4.36	5	3	0	12	9	74.1	69	13	28	42	First Inning Pitched	.258	326	84	16	2	10	46	40	67	.339	.411
September/October	4.11	3	2	0	10	7	46.0	51	8	16	35	First 75 Pitches	.259	1203	311	52	7	42	138	113	224	.325	.418
Starter	3.68	32	17	0	59	59	396.1	379	49	134	270	Pitch 76-90	.246	187	46	12	1	8	21	24	33	.333	.449
Reliever	4.99	5	2	0	30	0	52.1	48	7	34	41	Pitch 91-105	.186	177	33	6	1	1	4	17	30	.256	.249
0-3 Days Rest (St)	0.00	1	0	0	1	1	5.0	3	0	2	3	Pitch 106+	.262	141	37	4	0	5	21	14	24	.335	.397
4 Days Rest	4.39	21	10	0	35	35	227.2	235	30	83	164	First Pitch	.313	224	70	12	6	11	30	4	0	.332	.567
5+ Days Rest	2.80	10	7	0	23	23	163.2	141	19	49	103	Ahead in Count	.209	770	161	25	1	12	59	0	258	.214	.291
Pre-All Star	3.50	27	10	0	57	37	280.2	262	28	100	203	Behind in Count	.311	389	121	22	1	23	63	86	0	.435	.550
Post-All Star	4.39	10	9	0	32	22	168.0	165	28	68	108	Two Strikes	.189	808	153	27	1	14	56	78	311	.262	.277

Pitcher vs. Batter (career)

Pitches Best Vs.	Avg	AB	H	2B	3B	HR	RBI	BB	SO	OBP	SLG	Pitches Worst Vs.	Avg	AB	H	2B	3B	HR	RBI	BB	SO	OBP	SLG
Rafael Palmeiro	.000	12	0	0	0	0	0	2	2	.143	.000	Wade Boggs	.500	18	9	1	0	2	4	1	1	.500	.889
Felix Jose	.059	17	1	1	0	0	0	3	.056	.118	John Jaha	.444	9	4	1	0	1	5	2	.643	.889
Albert Belle	.083	12	1	0	0	0	1	0	3	.083	.083	Cecil Fielder	.389	18	7	1	0	5	8	0	5	.389	1.222
Mike Gallego	.083	12	1	0	0	0	0	1	2	.154	.083	Alan Trammell	.375	8	3	1	0	1	1	3	0	.545	.875
Torey Lovullo	.091	11	1	0	0	0	1	0	0	.091	.091	Chili Davis	.313	16	5	1	0	3	5	4	5	.450	.938

Gil Heredia — Expos
Age 29 – Pitches Right (groundball pitcher)

	ERA	W	L	Sv	G	GS	IP	BB	SO	Avg	H	2B	3B	HR	RBI	OBP	SLG	GF	IR	IRS	Hld	SvOp	SB	CS	GB	FB	G/F
1994 Season	3.46	6	3	0	39	3	75.1	13	62	.281	85	13	0	7	38	.311	.393	8	24	9	5	0	2	3	135	53	2.55
Career (1991-1994)	3.81	12	10	2	86	21	210.1	54	137	.275	222	33	2	19	98	.322	.392	15	45	16	7	3	16	8	389	150	2.59

1994 Season

	ERA	W	L	Sv	G	GS	IP	H	HR	BB	SO		Avg	AB	H	2B	3B	HR	RBI	BB	SO	OBP	SLG
Home	3.12	3	1	0	19	1	40.1	44	4	2	33	vs. Left	.262	149	39	4	0	1	12	7	32	.293	.309
Away	3.86	3	2	0	20	2	35.0	41	3	11	29	vs. Right	.299	154	46	9	0	6	26	6	30	.327	.474
Starter	1.45	2	0	0	3	3	18.2	16	0	3	14	Scoring Posn	.260	77	20	4	0	2	30	4	15	.291	.390
Reliever	4.13	4	3	0	36	0	56.2	69	7	10	48	Close & Late	.269	52	14	3	0	1	4	2	9	.296	.385
0 Days rest (Re)	5.40	0	2	0	8	0	11.2	18	3	0	7	None on/out	.232	69	16	2	0	0	3	21		.264	.261
1 or 2 Days rest	5.57	2	1	0	16	0	21.0	28	3	7	17	First Pitch	.362	47	17	4	0	1	12	3	0	.396	.511
3+ Days rest	2.25	2	0	0	12	0	24.0	23	1	3	24	Ahead in Count	.211	161	34	6	0	1	10	0	57	.216	.267
Pre-All Star	4.56	4	3	0	31	0	49.1	63	6	10	39	Behind in Count	.386	57	22	1	0	4	7	6	0	.444	.614
Post-All Star	1.38	2	0	0	8	3	26.0	22	1	3	23	Two Strikes	.161	137	22	2	0	1	7	4	62	.190	.197

Carlos Hernandez — Dodgers
Age 28 – Bats Right (groundball hitter)

	Avg	G	AB	R	H	2B	3B	HR	RBI	BB	SO	HBP	GDP	SB	CS	OBP	SLG	IBB	SH	SF	#Pit	#P/PA	GB	FB	G/F
1994 Season	.219	32	64	6	14	2	0	2	6	1	14	0	0	0	0	.231	.344	0	0	0	207	3.18	24	12	2.00
Career (1990-1994)	.246	176	370	26	91	13	0	7	32	14	53	5	10	1	1	.281	.338	1	1	3	1230	3.13	151	89	1.70

1994 Season

	Avg	AB	H	2B	3B	HR	RBI	BB	SO	OBP	SLG		Avg	AB	H	2B	3B	HR	RBI	BB	SO	OBP	SLG
vs. Left	.300	30	9	1	0	1	5	0	3	.300	.433	Scoring Posn	.111	18	2	0	0	0	3	0	4	.111	.111
vs. Right	.147	34	5	1	0	1	1	1	11	.171	.265	Close & Late	.083	12	1	0	0	0	0	0	2	.083	.083

Career (1990-1994)

	Avg	AB	H	2B	3B	HR	RBI	BB	SO	OBP	SLG		Avg	AB	H	2B	3B	HR	RBI	BB	SO	OBP	SLG
vs. Left	.287	188	54	7	0	5	17	8	17	.322	.404	Scoring Posn	.203	79	16	1	0	1	24	3	11	.258	.253
vs. Right	.203	182	37	6	0	2	15	6	36	.238	.269	Close & Late	.163	80	13	0	0	1	4	2	14	.193	.200
Groundball	.245	106	26	5	0	0	6	2	14	.279	.292	None on/out	.291	86	25	4	0	3	3	4	9	.322	.442
Flyball	.301	83	25	3	0	2	9	4	10	.337	.410	Batting #7	.275	236	65	9	0	5	23	12	35	.319	.377
Home	.253	178	45	8	0	2	13	10	21	.301	.331	Batting #8	.241	58	14	2	0	1	5	1	9	.250	.328
Away	.240	192	46	5	0	5	19	4	32	.261	.344	Other	.158	76	12	2	0	1	4	1	9	.179	.224
Day	.244	135	33	6	0	5	20	2	16	.250	.400	April	.242	33	8	2	0	0	2	2	6	.286	.303
Night	.247	235	58	7	0	2	12	12	37	.298	.302	May	.306	62	19	1	0	1	5	1	8	.328	.371
Grass	.258	275	71	12	0	4	23	12	36	.293	.345	June	.242	62	15	0	0	1	2	2	7	.284	.323
Turf	.211	95	20	1	0	3	9	2	17	.224	.316	July	.186	86	16	2	0	4	13	7	12	.258	.349
First Pitch	.314	70	22	3	0	2	6	1	0	.319	.443	August	.292	72	21	3	0	1	5	2	10	.311	.375
Ahead in Count	.241	87	21	3	0	1	6	9	0	.313	.310	September/October	.218	55	12	3	0	0	5	5	10	.218	.273
Behind in Count	.203	153	31	4	0	1	11	0	45	.220	.248	Pre-All Star	.241	199	48	7	0	2	12	9	26	.288	.307
Two Strikes	.147	129	19	2	0	3	10	4	53	.196	.233	Post-All Star	.251	171	43	6	0	5	20	5	27	.271	.374

Batter vs. Pitcher (career)

Hits Best Against	Avg	AB	H	2B	3B	HR	RBI	BB	SO	OBP	SLG	Hits Worst Against	Avg	AB	H	2B	3B	HR	RBI	BB	SO	OBP	SLG
Danny Jackson	.385	13	5	0	0	0	1	0	2	.385	.385												
Tom Glavine	.364	11	4	1	0	0	0	0	0	.364	.455												

Jeremy Hernandez — Marlins
Age 28 – Pitches Right (groundball pitcher)

	ERA	W	L	Sv	G	GS	IP	BB	SO	Avg	H	2B	3B	HR	RBI	OBP	SLG	GF	IR	IRS	Hld	SvOp	SB	CS	GB	FB	G/F
1994 Season	2.70	3	3	9	21	0	23.1	14	13	.205	16	5	2	0	12	.337	.321	13	5	0	13	12	2	2	22	28	0.79
Career (1991-1994)	3.34	10	14	20	126	0	186.0	64	117	.261	179	25	7	18	87	.322	.397	66	80	26	13	29	9	9	281	169	1.66

1994 Season

	ERA	W	L	Sv	G	GS	IP	H	HR	BB	SO		Avg	AB	H	2B	3B	HR	RBI	BB	SO	OBP	SLG
Home	3.72	1	1	5	10	0	9.2	8	0	7	4	vs. Left	.206	34	7	2	1	0	8	12	6	.417	.324
Away	1.98	2	2	4	11	0	13.2	8	0	7	9	vs. Right	.205	44	9	3	1	0	4	2	7	.255	.318

Career (1991-1994)

	ERA	W	L	Sv	G	GS	IP	H	HR	BB	SO		Avg	AB	H	2B	3B	HR	RBI	BB	SO	OBP	SLG
Home	3.52	6	7	12	72	0	107.1	111	9	37	61	vs. Left	.259	320	83	10	1	11	44	45	50	.345	.400
Away	3.09	4	7	8	54	0	78.2	68	9	27	56	vs. Right	.262	366	96	15	6	7	43	19	67	.299	.393
Day	3.70	5	4	5	38	0	65.2	54	5	24	39	Inning 1-6	.215	79	17	1	1	1	8	5	19	.258	.291
Night	3.14	5	10	15	88	0	120.1	125	13	40	78	Inning 7+	.267	607	162	24	6	17	79	59	98	.330	.410
Grass	3.17	8	10	20	107	0	159.0	146	12	58	90	None on	.260	373	97	12	4	13	13	27	58	.313	.418
Turf	4.33	2	4	0	19	0	27.0	33	6	6	27	Runners on	.262	313	82	13	3	5	74	37	59	.331	.371
April	4.69	2	4	4	27	0	40.1	47	4	15	28	Scoring Posn	.308	172	53	7	3	3	69	30	30	.391	.436
May	3.62	1	2	5	27	0	37.1	32	0	13	25	Close & Late	.268	310	83	15	2	8	40	33	47	.336	.406
June	1.08	1	1	4	14	0	25.0	13	2	5	12	None on/out	.272	162	44	4	1	5	5	13	23	.330	.401
July	5.14	1	1	3	11	0	14.0	16	5	5	7	vs. 1st Batr (relief)	.298	114	34	3	2	3	19	10	21	.365	.439
August	2.49	2	0	1	14	0	25.1	25	3	4	16	First Inning Pitched	.248	411	102	13	6	11	57	43	76	.318	.389
September/October	3.07	3	6	3	33	0	44.0	46	4	22	29	First 15 Pitches	.253	384	97	12	4	11	45	31	66	.310	.391
Starter	0.00	0	0	0	0	0	0.0	0	0	0	0	Pitch 16-30	.254	232	59	9	3	5	30	28	39	.328	.384
Reliever	3.34	10	14	20	126	0	186.0	179	18	64	117	Pitch 31-45	.344	64	22	4	0	2	12	5	10	.380	.500
0 Days rest (Re)	3.40	2	3	5	30	0	42.1	38	3	15	29	Pitch 46+	.167	6	1	0	0	0	0	0	2	.167	.167
1 or 2 Days rest	3.30	3	7	14	60	0	92.2	97	10	36	57	First Pitch	.319	91	29	1	0	3	16	11	0	.388	.429
3+ Days rest	3.35	5	4	1	36	0	51.0	44	5	13	35	Ahead in Count	.206	311	64	7	2	3	28	0	102	.211	.270
Pre-All Star	3.35	4	8	15	73	0	110.0	100	7	34	69	Behind in Count	.322	171	55	11	3	8	24	31	0	.417	.561

	ERA	W	L	Sv	G	GS	IP	H	HR	BB	SO		Avg	AB	H	2B	3B	HR	RBI	BB	SO	OBP	SLG
Post-All Star	3.32	6	6	5	53	0	76.0	79	11	30	48	Two Strikes	.200	305	61	9	4	5	32	22	117	.254	.305

Jose Hernandez — Cubs
Age 25 – Bats Right (groundball hitter)

	Avg	G	AB	R	H	2B	3B	HR	RBI	BB	SO	HBP	GDP	SB	CS	OBP	SLG	IBB	SH	SF	#Pit	#P/PA	GB	FB	G/F
1994 Season	.242	56	132	18	32	2	3	1	5	8	29	1	4	2	2	.291	.326	0	5	0	511	3.50	49	31	1.58
Career (1991-1994)	.214	104	234	26	50	4	4	1	13	11	62	1	6	2	3	.252	.278	0	11	0	915	3.56	86	48	1.79

1994 Season

	Avg	AB	H	2B	3B	HR	RBI	BB	SO	OBP	SLG		Avg	AB	H	2B	3B	HR	RBI	BB	SO	OBP	SLG
vs. Left	.290	31	9	0	1	1	3	1	5	.313	.452	Scoring Posn	.194	31	6	1	1	0	7	2	14	.242	.290
vs. Right	.228	101	23	2	2	0	2	7	24	.284	.287	Close & Late	.111	27	3	0	0	0	2	2	5	.200	.111
Home	.239	67	16	1	1	0	6	7	15	.311	.284	None on/out	.342	38	13	0	1	1	1	2	5	.375	.474
Away	.246	65	16	1	2	1	3	1	14	.269	.369	Batting #1	.260	50	13	1	1	0	1	2	10	.288	.320
First Pitch	.458	24	11	0	2	1	6	0	0	.458	.750	Batting #8	.167	24	4	0	1	0	2	3	5	.286	.250
Ahead in Count	.188	32	6	1	1	0	1	1	0	.212	.281	Other	.259	58	15	1	1	1	6	3	14	.295	.362
Behind in Count	.190	58	11	1	0	0	1	0	24	.203	.207	Pre-All Star	.300	80	24	1	2	1	9	5	16	.349	.400
Two Strikes	.164	61	10	1	0	0	2	7	29	.261	.180	Post-All Star	.154	52	8	1	1	0	3	13	.200	.212

Roberto Hernandez — White Sox
Age 30 – Pitches Right

	ERA	W	L	Sv	G	GS	IP	BB	SO	Avg	H	2B	3B	HR	RBI	OBP	SLG	GF	IR	IRS	Hld	SvOp	SB	CS	GB	FB	G/F
1994 Season	4.91	4	4	14	45	0	47.2	19	50	.238	44	5	1	5	37	.311	.357	43	17	8	0	20	3	0	49	45	1.09
Career (1991-1994)	3.05	15	11	64	167	3	212.1	66	195	.220	173	26	3	16	106	.282	.321	138	97	37	6	80	11	8	238	201	1.18

1994 Season

	ERA	W	L	Sv	G	GS	IP	H	HR	BB	SO		Avg	AB	H	2B	3B	HR	RBI	BB	SO	OBP	SLG
Home	4.79	2	2	7	20	0	20.2	21	2	8	20	vs. Left	.217	92	20	1	0	2	18	10	33	.291	.293
Away	5.00	2	2	7	25	0	27.0	23	3	11	30	vs. Right	.258	93	24	4	1	3	19	9	17	.330	.419
Starter	0.00	0	0	0	0	0	0.0	0	0	0	0	Scoring Posn	.375	56	21	2	0	5	36	7	13	.438	.679
Reliever	4.91	4	4	14	45	0	47.2	44	5	19	50	Close & Late	.240	100	24	2	0	4	25	10	23	.313	.380
0 Days rest (Re)	5.79	1	1	5	10	0	9.1	2	3	6	8	None on/out	.111	36	4	1	0	0	0	4	15	.200	.139
1 or 2 Days rest	5.66	1	3	7	19	0	20.2	22	3	9	25	First Pitch	.333	18	6	1	0	2	6	1	0	.368	.722
3+ Days rest	3.57	2	0	2	16	0	17.2	16	0	7	17	Ahead in Count	.206	107	22	2	1	2	15	0	42	.206	.299
Pre-All Star	5.91	3	3	9	33	0	35.0	36	4	15	34	Behind in Count	.222	27	6	1	0	1	7	4	0	.313	.370
Post-All Star	2.13	1	1	5	12	0	12.2	8	1	4	16	Two Strikes	.181	105	19	2	0	1	12	14	50	.277	.229

Career (1991-1994)

	ERA	W	L	Sv	G	GS	IP	H	HR	BB	SO		Avg	AB	H	2B	3B	HR	RBI	BB	SO	OBP	SLG
Home	2.30	10	6	31	84	1	109.1	88	5	25	97	vs. Left	.212	349	74	12	0	6	51	39	107	.290	.298
Away	3.84	5	5	33	83	2	103.0	85	11	41	98	vs. Right	.226	438	99	14	3	10	55	27	88	.276	.340
Day	2.72	3	1	18	48	0	56.1	46	3	18	54	Inning 1-6	.228	57	13	2	0	1	12	10	13	.338	.316
Night	3.17	12	10	46	119	3	156.0	127	13	48	141	Inning 7+	.219	730	160	24	3	15	94	56	182	.278	.322
Grass	2.84	14	9	54	147	3	186.2	147	13	61	176	None on	.181	425	77	11	2	6	6	36	117	.247	.259
Turf	4.56	1	2	10	20	0	25.2	26	3	5	19	Runners on	.265	362	96	15	1	10	100	30	78	.323	.395
April	2.91	1	1	5	19	0	21.2	14	1	15	23	Scoring Posn	.271	214	58	6	1	7	91	23	40	.341	.407
May	3.91	1	1	7	23	0	25.1	25	1	10	22	Close & Late	.213	441	94	14	2	11	69	39	106	.282	.329
June	5.18	3	4	10	26	0	33.0	30	5	10	29	None on/out	.149	175	26	4	0	4	4	14	52	.212	.240
July	2.21	2	2	14	38	0	40.2	32	4	11	41	vs. 1st Batr (relief)	.209	148	31	6	0	2	23	14	33	.274	.291
August	0.49	5	3	13	27	0	36.2	15	1	4	36	First Inning Pitched	.225	560	126	16	3	14	87	47	143	.285	.339
September/October	3.76	5	1	15	34	3	55.0	57	4	15	44	First 15 Pitches	.218	468	102	15	2	10	57	36	114	.274	.323
Starter	6.35	1	0	0	3	3	11.1	10	1	5	5	Pitch 16-30	.231	221	51	6	0	5	33	20	57	.300	.326
Reliever	2.87	14	11	64	164	0	201.0	163	15	61	190	Pitch 31-45	.231	65	15	3	1	0	12	9	18	.329	.308
0 Days rest (Re)	2.09	3	3	18	32	0	38.2	26	3	17	36	Pitch 46+	.152	33	5	2	0	1	4	1	6	.176	.303
1 or 2 Days rest	3.48	7	6	36	85	0	101.0	96	9	26	96	First Pitch	.283	92	26	5	1	3	15	2	0	.309	.457
3+ Days rest	2.35	4	2	10	47	0	61.1	41	3	18	58	Ahead in Count	.170	436	74	8	1	6	46	0	172	.172	.234
Pre-All Star	3.64	6	7	27	85	0	99.0	83	8	42	92	Behind in Count	.289	128	37	8	2	5	22	23	0	.395	.477
Post-All Star	2.54	9	4	37	82	3	113.1	90	8	24	103	Two Strikes	.168	428	72	9	1	6	43	41	195	.239	.236

Pitcher vs. Batter (career)

Pitches Best Vs.	Avg	AB	H	2B	3B	HR	RBI	BB	SO	OBP	SLG	Pitches Worst Vs.	Avg	AB	H	2B	3B	HR	RBI	BB	SO	OBP	SLG
Paul Sorrento	.182	11	2	0	0	0	2	0	2	.182	.182												

Xavier Hernandez — Yankees
Age 29 – Pitches Right

	ERA	W	L	Sv	G	GS	IP	BB	SO	Avg	H	2B	3B	HR	RBI	OBP	SLG	GF	IR	IRS	Hld	SvOp	SB	CS	GB	FB	G/F
1994 Season	5.85	4	4	6	31	0	40.0	21	37	.300	48	11	2	7	28	.384	.525	14	19	7	1	8	4	1	60	44	1.36
Last Five Years	3.50	21	18	25	246	7	373.0	147	313	.235	330	64	5	32	170	.310	.356	86	159	47	37	42	38	12	518	350	1.48

1994 Season

	ERA	W	L	Sv	G	GS	IP	H	HR	BB	SO		Avg	AB	H	2B	3B	HR	RBI	BB	SO	OBP	SLG
Home	7.79	1	3	5	15	0	17.1	22	3	9	16	vs. Left	.283	60	17	4	1	3	12	11	14	.389	.533
Away	4.37	3	1	1	16	0	22.2	26	4	12	21	vs. Right	.310	100	31	7	1	4	16	10	23	.381	.520
Starter	0.00	0	0	0	0	0	0.0	0	0	0	0	Scoring Posn	.298	47	14	4	1	1	19	8	11	.386	.489
Reliever	5.85	4	4	6	31	0	40.0	48	7	21	37	Close & Late	.262	61	16	4	0	0	8	6	19	.324	.328
0 Days rest (Re)	11.57	0	1	1	4	0	2.1	4	0	2	3	None on/out	.316	38	12	4	1	2	2	2	6	.350	.632
1 or 2 Days rest	5.11	2	0	3	9	0	12.1	17	2	6	11	First Pitch	.458	24	11	1	0	2	9	1	0	.500	.750
3+ Days rest	5.68	2	3	2	18	0	25.1	27	5	13	23	Ahead in Count	.164	55	9	3	1	0	7	0	33	.161	.273
Pre-All Star	5.97	3	4	6	27	0	31.2	38	4	19	33	Behind in Count	.404	47	19	3	1	4	8	9	0	.500	.766

1994 Season

	ERA	W	L	Sv	G	GS	IP	H	HR	BB	SO		Avg	AB	H	2B	3B	HR	RBI	BB	SO	OBP	SLG
Post-All Star	5.40	1	0	0	4	0	8.1	10	3	2	4	Two Strikes	.127	55	7	2	0	1	6	11	37	.273	.218

Last Five Years

	ERA	W	L	Sv	G	GS	IP	H	HR	BB	SO		Avg	AB	H	2B	3B	HR	RBI	BB	SO	OBP	SLG
Home	2.71	11	9	16	117	3	182.2	138	9	59	155	vs. Left	.233	681	159	27	4	16	79	95	154	.329	.355
Away	4.26	10	9	9	129	4	190.1	192	23	88	158	vs. Right	.237	722	171	37	1	16	91	52	159	.291	.357
Day	3.82	6	6	6	69	1	96.2	81	13	48	87	Inning 1-6	.243	437	106	20	1	13	58	52	77	.324	.382
Night	3.39	15	12	19	177	6	276.1	249	19	99	226	Inning 7+	.232	966	224	44	4	19	112	95	236	.303	.345
Grass	4.50	8	9	12	97	2	138.0	139	21	65	122	None on	.230	756	174	34	1	14	69	167	244	.300	.333
Turf	2.91	13	9	13	149	5	235.0	191	11	82	191	Runners on	.241	647	156	30	4	18	156	78	146	.321	.383
April	2.35	4	1	5	36	1	53.2	41	2	26	46	Scoring Posn	.229	389	89	16	3	8	130	64	94	.332	.347
May	6.25	4	7	2	48	4	76.1	85	13	26	59	Close & Late	.238	495	118	26	2	6	60	48	128	.308	.335
June	3.82	2	3	5	42	1	66.0	62	6	33	48	None on/out	.219	320	70	17	1	6	6	29	69	.284	.334
July	4.06	2	2	3	38	0	57.2	58	7	19	41	vs. 1st Batr (relief)	.244	217	53	8	1	3	31	16	44	.289	.332
August	2.17	3	2	2	35	0	49.2	36	3	16	55	First Inning Pitched	.236	808	191	34	4	21	113	86	177	.309	.366
September/October	1.55	6	3	6	47	1	69.2	48	1	27	64	First 15 Pitches	.242	785	190	31	3	18	85	67	165	.303	.358
Starter	6.00	0	6	0	7	7	36.0	37	5	25	24	Pitch 16-30	.225	409	92	23	1	8	56	52	100	.315	.345
Reliever	3.23	21	12	25	239	0	337.0	293	27	122	289	Pitch 31-45	.234	128	30	6	1	4	20	17	34	.333	.391
0 Days rest (Re)	2.95	6	2	10	58	0	76.1	60	4	29	73	Pitch 46+	.222	81	18	4	0	2	9	11	14	.315	.346
1 or 2 Days rest	2.75	9	6	13	105	0	150.1	128	9	56	128	First Pitch	.299	244	73	10	1	6	41	21	0	.360	.422
3+ Days rest	4.08	6	4	2	76	0	110.1	105	14	37	114	Ahead in Count	.163	621	101	22	0	8	58	0	290	.165	.237
Pre-All Star	4.42	10	12	14	141	6	216.0	209	24	95	170	Behind in Count	.298	329	98	16	2	14	41	79	0	.433	.486
Post-All Star	2.24	11	6	11	105	1	157.0	121	8	52	143	Two Strikes	.139	590	82	16	1	5	46	47	313	.203	.195

Pitcher vs. Batter (career)

Pitches Best Vs.	Avg	AB	H	2B	3B	HR	RBI	BB	SO	OBP	SLG	Pitches Worst Vs.	Avg	AB	H	2B	3B	HR	RBI	BB	SO	OBP	SLG
Jay Bell	.083	12	1	0	0	0	0	0	4	.083	.083	Jeff Blauser	.538	13	7	1	0	0	5	1	2	.571	.615
Otis Nixon	.100	10	1	0	0	0	1	0	1	.091	.100	Tony Gwynn	.455	11	5	1	0	0	1	1	1	.500	.545
Eric Karros	.100	10	1	0	0	1	1	5	.182	.100	Will Clark	.385	13	5	0	0	1	3	3	0	.500	.615
Bip Roberts	.133	15	2	0	0	0	0	1	5	.188	.133	Matt Williams	.385	13	5	2	0	1	6	0	2	.385	.769
Paul O'Neill	.133	15	2	0	0	0	2	4	3	.316	.133	Bobby Thompson	.308	13	4	2	0	0	4	1	1	.400	.462

Orel Hershiser — Dodgers

Age 36 – Pitches Right (groundball pitcher)

	ERA	W	L	Sv	G	GS	IP	BB	SO	Avg	H	2B	3B	HR	RBI	OBP	SLG	CG	ShO	Sup	QS	#P/S	SB	CS	GB	FB	G/F
1994 Season	3.79	6	6	0	21	21	135.1	42	72	.279	146	33	3	15	59	.333	.439	1	0	4.92	14	93	11	3	238	109	2.18
Last Five Years	3.66	36	38	0	112	112	699.0	219	432	.258	694	139	14	51	281	.318	.378	7	1	4.62	68	89	45	23	1201	590	2.04

1994 Season

	ERA	W	L	Sv	G	GS	IP	H	HR	BB	SO		Avg	AB	H	2B	3B	HR	RBI	BB	SO	OBP	SLG
Home	3.59	3	4	0	12	12	80.1	83	8	21	43	vs. Left	.297	273	81	18	3	9	26	31	28	.368	.484
Away	4.09	3	2	0	9	9	55.0	63	7	21	29	vs. Right	.259	251	65	15	0	6	33	11	44	.292	.390
Day	3.29	3	2	0	9	9	54.2	52	7	24	26	Inning 1-6	.272	464	126	29	3	10	52	36	69	.323	.412
Night	4.13	3	4	0	12	12	80.2	94	8	18	46	Inning 7+	.333	60	20	4	0	5	7	6	3	.403	.650
Grass	3.84	5	6	0	19	19	122.0	130	14	37	63	None on	.300	290	87	20	2	10	10	23	38	.356	.486
Turf	3.38	1	0	0	2	2	13.1	16	1	5	9	Runners on	.252	234	59	13	1	5	49	19	34	.305	.380
April	2.81	1	0	0	5	5	32.0	32	2	9	21	Scoring Posn	.244	135	33	6	0	2	38	13	23	.305	.333
May	3.02	2	2	0	6	6	41.2	44	3	5	26	Close & Late	.300	30	9	1	0	3	3	6	1	.417	.633
June	6.75	1	2	0	5	5	30.2	38	9	12	8	None on/out	.377	138	52	13	0	4	4	8	14	.415	.558
July	2.37	1	1	0	3	3	19.0	19	1	8	10	vs. 1st Batr (relief)	.000	0	0	0	0	0	0	0	0	.000	.000
August	3.75	1	1	0	2	2	12.0	13	0	8	7	First Inning Pitched	.234	77	18	3	0	1	6	5	11	.277	.312
September/October	0.00	0	0	0	0	0	0.0	0	0	0	0	First 75 Pitches	.268	411	110	22	3	7	41	31	61	.318	.387
Starter	3.79	6	6	0	21	21	135.1	146	15	42	72	Pitch 76-90	.333	72	24	10	0	4	11	6	8	.385	.639
Reliever	0.00	0	0	0	0	0	0.0	0	0	0	0	Pitch 91-105	.281	32	9	1	0	3	6	4	3	.378	.594
0-3 Days Rest (St)	0.00	0	0	0	0	0	0.0	0	0	0	0	Pitch 106+	.333	9	3	0	0	1	1	1	0	.400	.667
4 Days Rest	2.77	3	1	0	8	8	52.0	58	3	10	30	First Pitch	.354	99	35	5	0	5	17	5	0	.377	.556
5+ Days Rest	4.43	3	5	0	13	13	83.1	88	12	32	42	Ahead in Count	.236	220	52	14	0	2	18	0	63	.242	.327
Pre-All Star	3.73	5	4	0	18	18	118.1	127	14	31	61	Behind in Count	.331	124	41	10	3	7	16	22	0	.432	.629
Post-All Star	4.24	1	2	0	3	3	17.0	19	1	11	11	Two Strikes	.214	210	45	12	0	2	17	15	72	.273	.300

Last Five Years

	ERA	W	L	Sv	G	GS	IP	H	HR	BB	SO		Avg	AB	H	2B	3B	HR	RBI	BB	SO	OBP	SLG
Home	3.19	18	20	0	60	60	380.1	361	23	106	233	vs. Left	.271	1423	385	74	12	28	138	158	190	.344	.398
Away	4.21	18	18	0	52	52	318.2	333	28	103	199	vs. Right	.245	1263	309	65	2	23	143	61	240	.288	.354
Day	4.03	12	15	0	37	37	232.1	242	19	75	136	Inning 1-6	.257	2376	610	120	14	41	253	184	390	.314	.371
Night	3.47	24	23	0	75	75	466.2	452	32	144	296	Inning 7+	.271	310	84	19	0	10	28	35	42	.351	.429
Grass	3.46	33	27	0	91	91	576.2	551	42	172	355	None on	.252	1557	393	80	8	37	37	102	250	.305	.385
Turf	4.56	3	11	0	21	21	122.1	143	9	47	77	Runners on	.267	1129	301	59	6	14	244	117	182	.336	.367
April	3.41	7	5	0	19	19	126.2	114	6	36	79	Scoring Posn	.266	669	178	34	4	7	214	94	122	.355	.360
May	3.77	6	6	0	17	17	100.1	104	7	31	73	Close & Late	.253	174	44	9	0	6	17	27	24	.360	.408
June	3.97	6	8	0	22	22	142.2	144	16	55	84	None on/out	.280	703	197	36	4	17	17	40	106	.324	.415
July	3.94	5	7	0	19	19	112.0	131	6	35	69	vs. 1st Batr (relief)	.000	0	0	0	0	0	0	0	0	.000	.000
August	4.06	7	6	0	19	19	115.1	113	9	35	69	First Inning Pitched	.272	445	121	24	1	4	53	33	63	.329	.357
September/October	2.65	5	6	0	16	16	102.0	88	7	23	72	First 75 Pitches	.255	2161	550	104	14	36	210	158	353	.309	.366
Starter	3.66	36	38	0	112	112	699.0	694	51	219	432	Pitch 76-90	.255	318	81	24	0	8	44	31	49	.323	.406
Reliever	0.00	0	0	0	0	0	0.0	0	0	0	0	Pitch 91-105	.299	157	47	4	0	6	19	19	23	.383	.439
0-3 Days Rest (St)	2.00	1	0	0	1	1	9.0	9	0	0	5	Pitch 106+	.320	50	16	7	0	1	8	1	7	.435	.520
4 Days Rest	3.20	19	14	0	53	53	331.2	329	15	82	202	First Pitch	.301	478	144	28	2	14	61	30	0	.347	.456
5+ Days Rest	4.12	16	24	0	58	58	358.1	356	36	137	225	Ahead in Count	.212	1131	240	47	4	13	93	0	378	.223	.295

	ERA	W	L	Sv	G	GS	IP	H	HR	BB	SO		Avg	AB	H	2B	3B	HR	RBI	BB	SO	OBP	SLG
												Last Five Years											
Pre-All Star	3.64	23	22	0	66	66	422.2	430	30	137	264	Behind in Count	.313	620	194	40	6	21	89	118	0	.421	.498
Post-All Star	3.68	13	16	0	46	46	276.1	264	21	82	168	Two Strikes	.176	1063	187	39	2	9	73	71	432	.236	.242

								Pitcher vs. Batter (since 1984)								
Pitches Best Vs.	Avg	AB	H	2B	3B	HR	RBI	BB	SO	OBP	SLG	Pitches Worst Vs.	Avg	AB	H	2B	3B	HR	RBI	BB	SO	OBP	SLG
Spike Owen	.000	13	0	0	0	0	0	2	2	.133	.000	Darrin Fletcher	.600	10	6	1	0	0	1	2	0	.667	.700
Junior Ortiz	.000	11	0	0	0	0	1	0	0	.000	.000	Sammy Sosa	.533	15	8	1	0	3	6	1	2	.563	1.200
Randy Ready	.000	11	0	0	0	0	0	1	1	.083	.000	Todd Benzinger	.476	21	10	1	1	3	7	1	3	.500	1.048
Jim Deshaies	.063	16	1	0	0	0	1	0	5	.063	.063	Jeff Conine	.417	12	5	0	0	1	1	1	3	.462	.667
Darren Lewis	.069	29	2	0	0	0	2	1	5	.100	.069	Steve Finley	.400	25	10	0	1	1	5	2	.500	.600

Joe Hesketh — Red Sox   Age 36 – Pitches Left

	ERA	W	L	Sv	G	GS	IP	BB	SO	Avg	H	2B	3B	HR	RBI	OBP	SLG	CG	ShO	Sup	QS	#P/S	SB	CS	GB	FB	G/F
1994 Season	4.26	8	5	0	25	20	114.0	46	83	.267	117	33	2	9	53	.334	.413	0	0	6.55	8	87	13	2	148	108	1.37
Last Five Years	4.12	32	28	7	167	69	529.0	211	375	.270	552	133	10	54	249	.336	.424	1	0	5.46	31	88	43	16	756	508	1.49

										1994 Season								
	ERA	W	L	Sv	G	GS	IP	H	HR	BB	SO		Avg	AB	H	2B	3B	HR	RBI	BB	SO	OBP	SLG
Home	3.86	5	2	0	15	10	65.1	72	6	28	47	vs. Left	.222	63	14	1	0	1	3	6	12	.282	.286
Away	4.81	3	3	0	10	10	48.2	45	3	18	36	vs. Right	.275	375	103	32	2	8	50	40	71	.343	.435
Starter	4.43	8	5	0	20	20	107.2	113	8	39	81	Scoring Posn	.218	101	22	6	1	4	36	16	23	.304	.327
Reliever	1.42	0	0	0	5	0	6.1	4	1	7	2	Close & Late	.364	11	4	2	0	0	1	2	1	.462	.545
0-3 Days Rest (St)	2.45	0	0	0	1	1	3.2	6	0	2	4	None on/out	.234	107	25	7	0	2	2	13	22	.322	.355
4 Days Rest	3.33	6	2	0	12	12	75.2	66	6	20	56	First Pitch	.364	66	24	5	1	4	17	3	0	.394	.652
5+ Days Rest	7.62	2	3	0	7	7	28.1	41	2	17	21	Ahead in Count	.217	180	39	9	0	4	12	0	67	.219	.333
Pre-All Star	4.99	5	5	0	20	15	83.0	90	7	35	51	Behind in Count	.340	103	35	11	0	0	12	23	0	.446	.447
Post-All Star	2.32	3	0	0	5	5	31.0	27	2	11	32	Two Strikes	.177	181	32	8	1	3	15	20	83	.259	.282

										Last Five Years								
	ERA	W	L	Sv	G	GS	IP	H	HR	BB	SO		Avg	AB	H	2B	3B	HR	RBI	BB	SO	OBP	SLG
Home	3.38	19	11	4	86	32	266.1	281	22	112	191	vs. Left	.238	390	93	17	1	9	43	37	82	.303	.356
Away	4.87	13	17	3	81	37	262.2	271	32	99	184	vs. Right	.277	1657	459	116	9	45	206	174	293	.344	.439
Day	3.42	15	9	2	58	27	210.2	203	20	87	148	Inning 1-6	.275	1616	445	105	8	46	202	152	300	.336	.436
Night	4.58	17	19	7	109	42	318.1	349	34	124	227	Inning 7+	.248	431	107	28	2	8	47	59	75	.339	.378
Grass	4.03	25	22	5	133	56	435.0	459	42	183	313	None on	.282	1128	318	80	4	30	30	109	192	.348	.440
Turf	4.50	7	6	2	34	13	94.0	93	12	28	62	Runners on	.255	919	234	53	6	24	219	102	183	.323	.404
April	4.55	3	2	0	21	9	57.1	58	1	33	44	Scoring Posn	.237	528	125	24	2	13	184	77	120	.323	.364
May	4.22	7	7	2	35	13	108.2	115	8	44	73	Close & Late	.248	133	33	9	1	4	19	20	26	.351	.421
June	5.16	3	5	3	42	11	99.1	103	17	45	73	None on/out	.271	509	138	37	3	17	17	46	91	.334	.456
July	4.22	7	7	0	28	14	100.1	112	14	29	67	vs. 1st Batr (relief)	.229	83	19	5	0	3	23	9	15	.298	.398
August	3.65	5	4	1	24	12	86.1	93	9	30	63	First Inning Pitched	.258	551	142	29	0	13	81	57	109	.325	.381
September/October	2.69	5	4	1	17	10	77.0	71	3	30	55	First 75 Pitches	.268	1759	472	116	9	45	212	167	327	.330	.421
Starter	4.22	26	23	0	69	69	388.0	414	37	134	277	Pitch 76-90	.292	171	50	7	0	7	25	33	.386	.456
Reliever	3.83	6	5	7	98	0	141.0	138	17	77	98	Pitch 91-105	.263	95	25	9	1	2	12	15	13	.364	.442
0-3 Days Rest (St)	4.85	2	2	0	5	5	26.0	32	5	14	20	Pitch 106+	.227	22	5	1	0	0	4	2	.346	.273
4 Days Rest	3.77	13	14	0	37	37	219.2	220	17	65	157	First Pitch	.326	301	98	19	3	11	59	13	0	.351	.518
5+ Days Rest	4.81	11	7	0	27	27	142.1	162	15	55	100	Ahead in Count	.204	879	179	41	2	14	80	0	311	.205	.303
Pre-All Star	4.72	15	18	5	107	37	297.1	311	31	136	208	Behind in Count	.372	479	178	47	3	20	77	110	0	.482	.608
Post-All Star	3.34	17	10	2	60	32	231.2	241	23	75	167	Two Strikes	.173	860	149	38	3	12	57	98	375	.249	.266

								Pitcher vs. Batter (career)								
Pitches Best Vs.	Avg	AB	H	2B	3B	HR	RBI	BB	SO	OBP	SLG	Pitches Worst Vs.	Avg	AB	H	2B	3B	HR	RBI	BB	SO	OBP	SLG
Felix Fermin	.000	14	0	0	0	0	0	2	0	.125	.000	Kevin Mitchell	.600	15	9	2	0	1	3	2	2	.647	.933
Lance Parrish	.083	12	1	0	0	0	1	1	4	.154	.083	Randy Velarde	.556	18	10	3	0	1	1	2	2	.600	.889
Chris James	.091	11	1	0	0	0	0	0	2	.091	.091	Frank Thomas	.545	11	6	3	0	2	6	6	3	.706	1.364
Michael Huff	.100	10	1	0	0	0	0	1	1	.182	.100	Shane Mack	.533	15	8	1	0	2	5	3	1	.611	1.000
Alvaro Espinoza	.154	13	2	0	0	0	0	0	0	.154	.154	Travis Fryman	.385	13	5	1	1	2	5	2	4	.500	1.077

Greg Hibbard — Mariners   Age 30 – Pitches Left (groundball pitcher)

	ERA	W	L	Sv	G	GS	IP	BB	SO	Avg	H	2B	3B	HR	RBI	OBP	SLG	CG	ShO	Sup	QS	#P/S	SB	CS	GB	FB	G/F
1994 Season	6.69	1	5	0	15	14	80.2	31	39	.328	115	18	2	11	64	.383	.484	0	0	4.02	4	97	5	0	153	81	1.89
Last Five Years	4.19	51	43	1	142	135	852.2	247	353	.277	909	158	18	81	386	.328	.410	9	4	4.30	66	90	33	32	1493	810	1.84

										1994 Season								
	ERA	W	L	Sv	G	GS	IP	H	HR	BB	SO		Avg	AB	H	2B	3B	HR	RBI	BB	SO	OBP	SLG
Home	8.91	0	2	0	7	6	32.1	47	6	13	18	vs. Left	.240	75	18	2	0	4	17	7	9	.310	.427
Away	5.21	1	3	0	8	8	48.1	68	5	18	21	vs. Right	.351	276	97	16	2	7	47	24	30	.404	.500
Starter	6.87	1	5	0	14	14	77.1	110	11	31	34	Scoring Posn	.327	101	33	4	0	3	52	15	12	.412	.455
Reliever	2.70	0	0	0	1	0	3.1	5	0	0	5	Close & Late	.143	7	1	0	0	0	1	1	.250	.143
0-3 Days Rest (St)	8.74	0	0	0	2	2	11.1	15	0	2	8	None on/out	.284	81	23	2	0	5	5	6	0	.333	.383
4 Days Rest	6.75	1	3	0	9	9	49.1	71	9	25	16	First Pitch	.444	45	20	4	0	2	9	1	0	.457	.667
5+ Days Rest	5.94	0	2	0	3	3	16.2	24	2	4	10	Ahead in Count	.266	124	33	3	0	1	15	0	34	.276	.315
Pre-All Star	6.69	1	5	0	15	14	80.2	115	11	31	39	Behind in Count	.393	122	48	9	2	7	29	21	0	.483	.672
Post-All Star	0.00	0	0	0	0	0	0.0	0	0	0	0	Two Strikes	.244	123	30	4	0	2	16	9	39	.304	.325

										Last Five Years								
	ERA	W	L	Sv	G	GS	IP	H	HR	BB	SO		Avg	AB	H	2B	3B	HR	RBI	BB	SO	OBP	SLG
Home	3.90	26	21	1	73	70	443.1	436	44	128	177	vs. Left	.242	488	118	15	0	15	68	35	61	.302	.365

Last Five Years

	ERA	W	L	Sv	G	GS	IP	H	HR	BB	SO		Avg	AB	H	2B	3B	HR	RBI	BB	SO	OBP	SLG
Away	4.51	25	22	0	69	65	409.1	473	37	119	176	vs. Right	.283	2798	791	143	18	66	318	212	292	.333	.417
Day	4.75	13	14	0	42	42	250.0	260	31	68	111	Inning 1-6	.279	2852	796	142	18	72	361	215	312	.330	.417
Night	3.96	38	29	1	100	93	602.2	649	50	179	242	Inning 7+	.260	434	113	16	0	9	25	32	41	.316	.359
Grass	3.97	42	32	1	112	107	679.1	702	63	191	271	None on	.266	1967	523	79	10	48	48	143	222	.319	.389
Turf	5.04	9	11	0	30	28	173.1	207	18	56	82	Runners on	.293	1319	386	79	8	33	338	104	131	.341	.440
April	3.51	10	4	0	21	21	136.0	123	15	43	57	Scoring Posn	.299	688	206	49	5	17	292	75	73	.361	.459
May	4.29	8	11	0	29	28	178.1	193	16	62	69	Close & Late	.246	268	66	12	0	5	16	20	28	.305	.347
June	4.76	8	8	0	25	24	151.1	180	20	32	58	None on/out	.265	865	229	37	6	21	21	57	81	.314	.394
July	4.68	5	7	0	22	22	125.0	132	14	37	59	vs. 1st Batr (relief)	.000	7	0	0	0	0	0	0	1	.000	.000
August	3.90	8	10	1	22	21	131.2	133	6	43	47	First Inning Pitched	.243	522	127	17	2	13	61	44	75	.305	.358
September/October	3.94	12	3	0	23	19	130.1	148	10	30	63	First 75 Pitches	.279	2610	729	126	14	63	314	191	279	.329	.411
Starter	4.27	50	43	0	135	135	832.2	892	81	246	339	Pitch 76-90	.247	380	94	13	1	11	33	28	43	.304	.374
Reliever	0.90	1	0	1	7	0	20.0	17	0	1	14	Pitch 91-105	.280	218	61	15	3	5	27	22	25	.349	.445
0-3 Days Rest (St)	3.52	1	3	0	7	7	46.0	43	2	13	22	Pitch 106+	.321	78	25	4	0	2	12	6	6	.376	.449
4 Days Rest	4.32	32	22	0	82	82	512.2	547	57	165	201	First Pitch	.290	544	158	25	1	11	65	11	0	.307	.401
5+ Days Rest	4.30	17	18	0	46	46	274.0	302	22	68	116	Ahead in Count	.223	1267	282	38	5	21	116	0	306	.226	.310
Pre-All Star	4.17	27	27	0	83	81	514.0	543	56	149	207	Behind in Count	.342	872	298	60	7	37	135	152	0	.438	.554
Post-All Star	4.23	24	16	1	59	54	338.2	366	25	98	146	Two Strikes	.205	1212	248	41	5	19	95	84	353	.260	.294

Pitcher vs. Batter (career)

Pitches Best Vs.	Avg	AB	H	2B	3B	HR	RBI	BB	SO	OBP	SLG	Pitches Worst Vs.	Avg	AB	H	2B	3B	HR	RBI	BB	SO	OBP	SLG
Mark McGwire	.063	16	1	0	0	0	1	2	2	.158	.063	Scott Fletcher	.556	9	5	2	0	0	2	3	0	.667	.778
Gary Gaetti	.077	26	2	0	0	0	1	1	1	.111	.077	Lance Parrish	.500	18	9	0	0	2	3	2	1	.550	.833
Ken Griffey Jr	.077	13	1	0	0	0	1	0	2	.133	.077	Mickey Tettleton	.500	16	8	3	0	2	4	1	3	.529	1.063
Gary Sheffield	.083	12	1	0	0	0	1	1	2	.154	.083	Chris Hoiles	.500	8	4	1	0	3	4	0	0	.667	1.750
Luis Sojo	.091	11	1	0	0	0	1	0	0	.091	.091	Greg Gagne	.474	19	9	4	0	1	2	0	0	.474	.842

Bryan Hickerson — Giants
Age 31 – Pitches Left

	ERA	W	L	Sv	G	GS	IP	BB	SO	Avg	H	2B	3B	HR	RBI	OBP	SLG	CG	ShO	Sup	QS	#P/S	SB	CS	GB	FB	G/F
1994 Season	5.40	4	8	1	28	14	98.1	38	59	.301	118	22	1	20	56	.363	.515	0	0	4.67	9	90	2	0	148	112	1.32
Career (1991-1994)	4.20	18	18	1	153	36	356.0	115	239	.279	382	73	3	44	158	.334	.433	0	0	4.60	18	82	13	18	460	412	1.12

1994 Season

	ERA	W	L	Sv	G	GS	IP	H	HR	BB	SO		Avg	AB	H	2B	3B	HR	RBI	BB	SO	OBP	SLG
Home	3.05	2	2	1	14	5	44.1	44	7	13	31	vs. Left	.299	67	20	5	1	2	13	9	7	.382	.493
Away	7.33	2	6	0	14	9	54.0	74	13	25	28	vs. Right	.302	325	98	17	0	18	43	29	52	.360	.520
Starter	4.89	3	7	0	14	14	81.0	97	15	24	50	Scoring Posn	.242	95	23	4	0	4	34	14	15	.336	.411
Reliever	7.79	1	1	1	14	0	17.1	21	5	14	9	Close & Late	.333	33	11	1	0	2	3	4	3	.405	.545
0-3 Days Rest (St)	4.38	0	1	0	2	2	12.1	14	2	5	7	None on/out	.333	105	35	6	0	10	8	14	.381	.676
4 Days Rest	4.38	2	2	0	7	7	39.0	51	7	8	26	First Pitch	.377	53	20	5	0	4	11	5	0	.431	.698
5+ Days Rest	5.76	1	4	0	5	5	29.2	32	6	11	17	Ahead in Count	.208	178	37	6	0	2	11	0	53	.212	.275
Pre-All Star	5.03	2	8	0	20	13	82.1	99	15	31	49	Behind in Count	.377	77	29	5	1	7	15	27	0	.538	.740
Post-All Star	7.31	2	0	1	8	1	16.0	19	5	7	10	Two Strikes	.210	176	37	7	0	5	17	6	59	.240	.335

Career (1991-1994)

	ERA	W	L	Sv	G	GS	IP	H	HR	BB	SO		Avg	AB	H	2B	3B	HR	RBI	BB	SO	OBP	SLG
Home	3.71	9	9	1	74	16	170.0	163	20	39	127	vs. Left	.250	324	81	12	2	4	33	25	48	.299	.336
Away	4.65	9	9	0	79	20	186.0	219	24	76	112	vs. Right	.288	1045	301	61	1	40	125	90	191	.345	.463
Day	4.58	8	8	1	65	16	153.1	160	24	45	105	Inning 1-6	.294	957	281	53	3	31	119	82	159	.350	.452
Night	3.91	10	10	0	88	20	202.2	222	20	70	134	Inning 7+	.245	412	101	20	0	13	39	33	80	.298	.388
Grass	4.02	11	15	1	113	27	259.2	272	32	71	176	None on	.288	786	226	48	2	28	28	61	156	.341	.461
Turf	4.67	7	3	0	40	9	96.1	110	12	44	63	Runners on	.268	583	156	25	1	16	130	54	83	.325	.396
April	4.21	2	2	0	25	4	47.0	54	5	17	32	Scoring Posn	.254	319	81	15	0	8	108	33	51	.315	.376
May	4.45	2	4	0	28	6	60.2	64	10	21	38	Close & Late	.250	220	55	8	0	5	21	21	38	.310	.355
June	4.65	1	3	0	25	5	50.1	53	6	20	28	None on/out	.299	354	106	24	1	17	17	26	62	.349	.517
July	3.99	8	2	1	23	7	65.1	61	10	15	39	vs. 1st Batr (relief)	.163	104	17	3	0	1	12	7	21	.207	.221
August	4.90	3	5	0	30	4	68.0	78	10	20	53	First Inning Pitched	.266	523	139	27	2	15	76	48	93	.325	.411
September/October	3.06	2	2	0	22	10	64.2	72	3	22	49	First 75 Pitches	.279	1255	350	67	3	36	141	106	216	.334	.423
Starter	4.32	12	12	0	36	36	195.2	226	29	60	124	Pitch 76-90	.301	73	22	4	0	7	15	7	16	.370	.644
Reliever	4.04	6	6	1	117	0	160.1	156	15	55	115	Pitch 91-105	.250	36	9	2	0	1	2	2	5	.289	.389
0-3 Days Rest (St)	4.03	1	2	0	6	6	29.0	39	5	12	20	Pitch 106+	.200	5	1	0	0	0	0	0	0	.200	.200
4 Days Rest	4.40	9	4	0	18	18	100.1	114	15	22	63	First Pitch	.341	214	73	14	0	10	28	12	0	.374	.547
5+ Days Rest	4.34	2	6	0	12	12	66.1	73	9	26	41	Ahead in Count	.200	630	126	19	2	7	42	0	220	.202	.270
Pre-All Star	4.28	8	10	0	84	18	185.0	200	25	63	115	Behind in Count	.349	295	103	21	1	15	51	66	0	.466	.580
Post-All Star	4.11	10	8	1	69	18	171.0	182	19	52	124	Two Strikes	.204	613	125	20	2	10	47	37	239	.251	.292

Pitcher vs. Batter (career)

Pitches Best Vs.	Avg	AB	H	2B	3B	HR	RBI	BB	SO	OBP	SLG	Pitches Worst Vs.	Avg	AB	H	2B	3B	HR	RBI	BB	SO	OBP	SLG
Darren Daulton	.091	11	1	0	0	0	2	0	0	.091	.091	Jeff Bagwell	.769	13	10	3	0	4	7	2	1	.800	1.923
Dave Hollins	.091	11	1	0	0	0	0	0	5	.091	.091	Terry Pendleton	.625	16	10	1	0	3	0	0	0	.625	.875
Eric Davis	.100	10	1	0	0	0	1	6	6	.182	.100	Scott Servais	.444	9	4	1	0	1	2	2	1	.545	.889
Paul O'Neill	.100	10	1	0	0	0	0	0	2	.182	.100	Mariano Duncan	.438	16	7	3	0	2	6	1	6	.471	1.000
Todd Zeile	.100	10	1	0	0	0	1	0	3	.182	.100	Ron Gant	.385	13	5	2	0	2	5	2	2	.467	1.000

Teddy Higuera — Brewers
Age 36 – Pitches Left (flyball pitcher)

	ERA	W	L	Sv	G	GS	IP	BB	SO	Avg	H	2B	3B	HR	RBI	OBP	SLG	CG	ShO	Sup	QS	#P/S	SB	CS	GB	FB	G/F
1994 Season	7.06	1	5	0	17	12	58.2	36	35	.311	74	17	3	13	47	.403	.571	0	0	4.45	4	80	8	2	75	81	0.93
Last Five Years	4.85	16	20	0	59	53	295.0	112	224	.276	321	71	6	35	161	.342	.438	4	1	5.25	21	87	31	7	311	376	0.83

1994 Season

	ERA	W	L	Sv	G	GS	IP	H	HR	BB	SO		Avg	AB	H	2B	3B	HR	RBI	BB	SO	OBP	SLG
Home	9.75	0	2	0	8	6	24.0	34	6	21	16	vs. Left	.224	49	11	0	1	2	9	8	11	.328	.388
Away	5.19	1	3	0	9	6	34.2	40	7	15	19	vs. Right	.333	189	63	17	2	11	38	28	24	.423	.619

Last Five Years

	ERA	W	L	Sv	G	GS	IP	H	HR	BB	SO		Avg	AB	H	2B	3B	HR	RBI	BB	SO	OBP	SLG
Home	4.62	10	8	0	32	29	157.2	161	22	61	127	vs. Left	.232	220	51	6	1	3	25	17	50	.288	.309
Away	5.11	6	12	0	27	24	137.1	160	13	51	97	vs. Right	.287	941	270	65	5	32	136	95	174	.354	.469
Day	4.00	5	7	0	16	16	87.2	90	6	25	79	Inning 1-6	.276	1024	283	63	6	30	149	94	200	.340	.438
Night	5.21	11	13	0	43	37	207.1	231	29	87	145	Inning 7+	.277	137	38	8	0	5	12	18	24	.354	.445
Grass	4.59	13	14	0	50	44	245.0	259	27	97	185	None on	.256	660	169	38	3	18	18	64	139	.326	.405
Turf	6.12	3	6	0	9	9	50.0	62	8	15	39	Runners on	.303	501	152	33	3	17	143	48	85	.361	.483
April	1.82	3	1	0	7	7	39.2	30	2	17	27	Scoring Posn	.315	279	88	15	3	7	115	32	56	.378	.466
May	6.47	2	4	0	11	10	57.0	72	13	26	39	Close & Late	.253	87	22	4	0	1	5	11	17	.330	.333
June	5.13	4	4	0	12	10	52.2	55	3	17	42	None on/out	.253	288	73	22	0	7	7	27	64	.322	.403
July	5.04	1	3	0	7	5	30.1	35	3	7	27	vs. 1st Batr (relief)	.400	5	2	1	0	0	0	1	1	.500	.600
August	3.55	2	2	0	10	7	45.2	36	4	17	33	First Inning Pitched	.297	236	70	9	2	7	39	24	41	.364	.441
September/October	5.81	4	6	0	12	12	69.2	93	10	28	56	First 75 Pitches	.266	909	242	55	6	25	113	85	179	.332	.422
Starter	4.90	16	20	0	53	53	286.2	313	34	107	218	Pitch 76-90	.347	150	52	13	0	6	35	13	26	.398	.553
Reliever	3.24	0	0	0	6	0	8.1	8	1	5	6	Pitch 91-105	.271	70	19	1	0	3	9	9	9	.350	.414
0-3 Days Rest (St)	0.00	0	0	0	0	0	0	0	0	0	0	Pitch 106+	.250	32	8	2	0	1	4	5	10	.342	.406
4 Days Rest	4.69	9	11	0	26	26	147.2	157	14	52	121	First Pitch	.305	187	57	13	0	9	34	3	0	.318	.519
5+ Days Rest	5.12	7	9	0	27	27	139.0	156	20	55	97	Ahead in Count	.232	513	119	26	3	8	54	0	176	.236	.341
Pre-All Star	4.58	10	9	0	32	30	157.1	160	19	63	117	Behind in Count	.390	223	87	21	2	12	47	54	0	.509	.664
Post-All Star	5.16	6	11	0	27	23	137.2	161	16	49	107	Two Strikes	.206	519	107	18	4	5	46	55	224	.282	.285

Pitcher vs. Batter (career)

Pitches Best Vs.	Avg	AB	H	2B	3B	HR	RBI	BB	SO	OBP	SLG	Pitches Worst Vs.	Avg	AB	H	2B	3B	HR	RBI	BB	SO	OBP	SLG
Luis Polonia	.000	11	0	0	0	0	0	1	3	.083	.000	Albert Belle	.571	7	4	2	0	1	1	4	2	.727	1.286
Mike Stanley	.000	9	0	0	0	0	1	2	2	.182	.000	Todd Benzinger	.500	16	8	3	0	0	6	2	2	.526	.688
Robin Ventura	.083	12	1	0	0	0	1	1	5	.143	.083	Don Slaught	.357	28	10	3	0	2	4	4	5	.438	.679
Willie Wilson	.118	34	4	1	0	0	0	1	3	.143	.147	Mark McGwire	.333	18	6	1	1	2	6	2	5	.400	.833
Lonnie Smith	.125	24	3	0	0	0	1	2	5	.185	.125	Candy Maldonado	.333	9	3	0	0	1	3	3	3	.462	.667

Glenallen Hill — Cubs
Age 30 – Bats Right

	Avg	G	AB	R	H	2B	3B	HR	RBI	BB	SO	HBP	GDP	SB	CS	OBP	SLG	IBB	SH	SF	#Pit	#P/PA	GB	FB	G/F
1994 Season	.297	89	269	48	80	12	1	10	38	29	57	0	5	19	6	.365	.461	0	0	1	1134	3.79	95	65	1.46
Last Five Years	.257	444	1380	195	355	61	9	63	191	107	317	5	32	50	22	.311	.451	1	2	9	5341	3.55	447	409	1.09

1994 Season

	Avg	AB	H	2B	3B	HR	RBI	BB	SO	OBP	SLG		Avg	AB	H	2B	3B	HR	RBI	BB	SO	OBP	SLG
vs. Left	.281	114	32	2	1	3	13	9	19	.333	.395	Scoring Posn	.260	73	19	3	0	1	26	12	16	.360	.342
vs. Right	.310	155	48	10	0	7	25	20	38	.386	.510	Close & Late	.283	60	17	3	0	0	7	4	12	.328	.333
Home	.261	142	37	7	1	3	13	17	32	.340	.387	None on/out	.373	67	25	3	0	3	6	6	16	.425	.552
Away	.339	127	43	5	0	7	25	12	25	.393	.543	Batting #4	.263	114	30	5	0	5	11	11	18	.328	.439
First Pitch	.383	47	18	1	0	3	11	0	0	.383	.596	Batting #5	.336	119	40	6	0	5	25	16	29	.412	.513
Ahead in Count	.420	50	21	5	0	4	11	12	0	.524	.760	Other	.278	36	10	1	1	0	2	2	10	.316	.361
Behind in Count	.187	123	23	4	0	2	11	0	52	.187	.268	Pre-All Star	.282	170	48	8	0	7	22	20	31	.356	.453
Two Strikes	.202	124	25	3	1	2	13	17	57	.298	.290	Post-All Star	.323	99	32	4	1	3	16	9	26	.380	.475

Last Five Years

	Avg	AB	H	2B	3B	HR	RBI	BB	SO	OBP	SLG		Avg	AB	H	2B	3B	HR	RBI	BB	SO	OBP	SLG
vs. Left	.264	611	161	27	6	31	88	49	122	.318	.480	Scoring Posn	.262	332	87	14	3	10	123	38	77	.330	.413
vs. Right	.252	769	194	34	3	32	103	58	195	.306	.429	Close & Late	.230	248	57	8	0	9	28	16	69	.284	.371
Groundball	.316	358	113	21	1	5	34	36	73	.378	.489	None on/out	.272	342	93	17	3	19	19	24	83	.327	.506
Flyball	.197	289	57	10	2	16	41	21	88	.252	.412	Batting #6	.226	332	75	12	4	14	43	22	84	.276	.413
Home	.256	665	170	35	3	25	83	53	141	.313	.430	Batting #7	.248	254	63	8	3	13	38	20	58	.306	.457
Away	.259	715	185	26	6	38	108	54	176	.309	.471	Other	.273	794	217	41	2	36	110	65	175	.328	.466
Day	.253	513	130	30	1	20	70	38	125	.306	.433	April	.283	198	56	11	4	4	18	9	46	.311	.409
Night	.260	867	225	31	8	43	121	69	192	.314	.463	May	.184	207	38	5	2	7	24	12	53	.228	.329
Grass	.258	954	246	39	7	40	134	75	226	.313	.439	June	.289	228	66	13	2	13	38	20	35	.351	.535
Turf	.256	426	109	22	2	23	57	32	91	.307	.479	July	.288	292	84	12	0	15	43	31	65	.358	.483
First Pitch	.361	263	95	13	1	11	40	1	0	.368	.544	August	.224	303	68	13	4	10	37	27	77	.287	.393
Ahead in Count	.346	269	93	15	1	18	51	49	0	.438	.610	September/October	.283	152	43	7	0	14	31	8	41	.317	.605
Behind in Count	.164	623	102	21	4	21	65	0	270	.167	.311	Pre-All Star	.256	730	187	34	5	31	92	54	153	.308	.444
Two Strikes	.161	629	101	19	3	19	62	57	317	.231	.291	Post-All Star	.258	650	168	27	4	32	99	53	164	.315	.460

Batter vs. Pitcher (career)

Hits Best Against	Avg	AB	H	2B	3B	HR	RBI	BB	SO	OBP	SLG	Hits Worst Against	Avg	AB	H	2B	3B	HR	RBI	BB	SO	OBP	SLG
Mark Guthrie	.538	13	7	2	0	1	4	0	3	.538	.923	Bret Saberhagen	.063	16	1	0	0	0	0	0	7	.063	.063
Kirk McCaskill	.500	8	4	0	0	2	5	1	2	.692	.500	Jamie Moyer	.071	14	1	1	0	0	0	2	4	.188	.143
Greg Hibbard	.381	21	8	2	2	0	3	3	2	.480	.667	Bill Krueger	.154	13	2	0	0	0	2	0	2	.154	.154
Joe Hesketh	.333	12	4	1	0	2	0	0	0	.333	.667	Dave Fleming	.167	12	2	1	0	0	0	0	6	.167	.250
Erik Hanson	.308	13	4	1	0	0	3	1	6	.357	.615	Bud Black	.182	11	2	0	0	0	0	3	1	.182	.182

Ken Hill — Expos
Age 29 – Pitches Right (groundball pitcher)

	ERA	W	L	Sv	G	GS	IP	BB	SO	Avg	H	2B	3B	HR	RBI	OBP	SLG	CG	ShO	Sup	QS	#P/S	SB	CS	GB	FB	G/F
1994 Season	3.32	16	5	0	23	23	154.2	44	85	.248	145	25	7	12	51	.304	.376	2	1	6.40	16	101	19	5	266	145	1.83
Last Five Years	3.40	57	37	0	131	128	816.1	293	504	.237	721	143	23	54	294	.307	.353	8	4	4.67	82	96	98	36	1237	811	1.53

1994 Season

	ERA	W	L	Sv	G	GS	IP	H	HR	BB	SO		Avg	AB	H	2B	3B	HR	RBI	BB	SO	OBP	SLG
Home	2.59	7	2	0	9	9	62.2	53	5	18	28	vs. Left	.270	296	80	14	6	5	26	27	34	.330	.409
Away	3.82	9	3	0	14	14	92.0	92	7	26	57	vs. Right	.225	289	65	11	1	7	25	17	51	.277	.343
Day	4.06	5	3	0	9	9	57.2	58	7	20	33	Inning 1-6	.238	509	121	19	5	11	44	40	80	.296	.360
Night	2.88	11	2	0	14	14	97.0	87	5	24	52	Inning 7+	.316	76	24	6	2	1	7	4	5	.361	.487
Grass	3.10	6	2	0	9	9	61.0	54	5	16	43	None on	.239	351	84	19	5	6	6	24	47	.294	.373
Turf	3.46	10	3	0	14	14	93.2	91	7	28	42	Runners on	.261	234	61	6	2	6	45	20	38	.319	.380
April	2.78	4	1	0	5	5	35.2	34	2	10	20	Scoring Posn	.255	145	37	3	1	4	39	17	26	.333	.372
May	3.72	4	2	0	6	6	38.2	36	4	10	29	Close & Late	.455	33	15	1	2	1	7	1	3	.472	.697
June	3.13	3	0	0	5	5	31.2	36	1	12	17	None on/out	.250	156	39	9	2	3	3	10	19	.299	.391
July	3.03	3	2	0	5	5	35.2	30	4	9	18	vs. 1st Batr (relief)	.000	0	0	0	0	0	0	0	0	.000	.000
August	4.85	2	0	0	2	2	13.0	13	1	3	1	First Inning Pitched	.212	85	18	2	2	0	14	7	8	.278	.282
September/October	0.00	0	0	0	0	0	0.0	0	0	0	0	First 75 Pitches	.240	420	101	16	5	7	35	32	66	.297	.352
Starter	3.32	16	5	0	23	23	154.2	145	12	44	85	Pitch 76-90	.296	81	24	5	2	1	6	6	9	.345	.444
Reliever	0.00	0	0	0	0	0	0.0	0	0	0	0	Pitch 91-105	.226	62	14	3	0	3	6	5	8	.294	.419
0-3 Days Rest (St)	0.00	0	0	0	0	0	0.0	0	0	0	0	Pitch 106+	.273	22	6	1	0	1	4	1	2	.320	.455
4 Days Rest	3.74	9	2	0	11	11	74.2	68	6	21	52	First Pitch	.255	98	25	6	0	3	9	3	0	.272	.408
5+ Days Rest	2.93	7	3	0	12	12	80.0	77	6	23	33	Ahead in Count	.215	260	56	6	5	4	19	0	71	.226	.323
Pre-All Star	3.27	13	3	0	18	18	121.0	116	8	37	78	Behind in Count	.323	127	41	7	1	4	15	21	0	.423	.488
Post-All Star	3.48	3	2	0	5	5	33.2	29	4	7	7	Two Strikes	.204	240	49	5	3	4	19	20	85	.273	.300

Last Five Years

	ERA	W	L	Sv	G	GS	IP	H	HR	BB	SO		Avg	AB	H	2B	3B	HR	RBI	BB	SO	OBP	SLG
Home	3.32	25	18	0	60	59	373.2	332	19	140	205	vs. Left	.241	1692	407	76	17	27	150	188	250	.316	.353
Away	3.46	32	19	0	71	69	442.2	389	35	153	299	vs. Right	.234	1344	314	67	6	27	144	105	254	.294	.353
Day	2.84	22	14	0	46	46	301.0	247	22	97	184	Inning 1-6	.233	2618	609	121	16	43	254	257	446	.303	.340
Night	3.72	35	23	0	85	82	515.1	474	32	196	320	Inning 7+	.268	418	112	22	7	11	40	36	58	.329	.433
Grass	3.23	18	11	0	39	38	247.2	209	19	71	172	None on	.235	1777	418	87	13	33	33	166	290	.306	.355
Turf	3.47	39	26	0	92	90	568.2	512	35	222	332	Runners on	.241	1259	303	56	10	21	261	127	214	.308	.351
April	2.62	12	4	0	22	19	137.2	118	6	43	74	Scoring Posn	.233	759	177	31	4	15	230	97	135	.314	.344
May	3.48	11	3	0	22	22	139.2	118	15	49	87	Close & Late	.289	239	69	10	5	8	28	20	38	.345	.473
June	3.12	9	7	0	20	20	127.0	117	4	18	72	None on/out	.235	796	187	41	5	16	16	64	113	.298	.359
July	3.74	10	4	0	20	20	125.0	99	12	50	91	vs. 1st Batr (relief)	.333	3	1	0	0	0	0	0	0	.333	.333
August	3.43	8	10	0	22	22	134.0	127	8	47	79	First Inning Pitched	.230	478	110	22	3	7	64	66	84	.325	.333
September/October	3.94	7	9	0	25	25	153.0	142	9	56	101	First 75 Pitches	.228	2282	521	104	13	34	205	218	390	.298	.330
Starter	3.33	57	37	0	128	128	812.2	713	53	290	502	Pitch 76-90	.288	396	114	16	6	10	48	43	57	.354	.434
Reliever	17.18	0	0	0	3	0	3.2	8	1	3	2	Pitch 91-105	.254	256	65	19	4	7	31	19	41	.312	.441
0-3 Days Rest (St)	4.26	1	0	0	1	1	6.1	9	0	0	5	Pitch 106+	.206	102	21	4	0	3	10	13	16	.297	.333
4 Days Rest	3.19	31	20	0	66	66	434.1	386	30	139	280	First Pitch	.301	495	149	31	1	11	52	14	0	.319	.434
5+ Days Rest	3.48	25	17	0	61	61	372.0	318	23	151	217	Ahead in Count	.167	1376	230	31	12	16	93	0	436	.173	.242
Pre-All Star	3.14	36	14	0	70	67	444.2	385	31	155	264	Behind in Count	.330	627	207	53	7	19	98	157	0	.460	.528
Post-All Star	3.70	21	23	0	61	61	371.2	336	23	138	240	Two Strikes	.156	1338	209	35	9	18	93	121	504	.230	.236

Pitcher vs. Batter (career)

Pitches Best Vs.	Avg	AB	H	2B	3B	HR	RBI	BB	SO	OBP	SLG	Pitches Worst Vs.	Avg	AB	H	2B	3B	HR	RBI	BB	SO	OBP	SLG
Karl Rhodes	.000	13	0	0	0	0	0	1	.000	.000		Tim Raines	.714	14	10	3	1	0	4	7	1	.810	1.071
Ruben Amaro	.000	10	0	0	0	0	0	1	.091	.000		Jeff Kent	.583	12	7	0	0	2	6	0	1	.583	1.083
Eric Davis	.000	9	0	0	0	2	3	5	.231	.000		Lonnie Smith	.545	11	6	3	0	0	2	4	0	.667	.818
Robby Thompson	.059	17	1	0	0	0	1	2	.111	.059		Rick Wilkins	.500	22	11	4	0	2	5	2	2	.538	.955
Luis Gonzalez	.074	27	2	0	1	0	3	1	5	.107	.148	Brian Hunter	.500	14	7	1	0	0	5	0	2	.500	.857

Milt Hill — Mariners
Age 29 – Pitches Right

	ERA	W	L	Sv	G	GS	IP	BB	SO	Avg	H	2B	3B	HR	RBI	OBP	SLG	GF	IR	IRS	Hld	SvOp	SB	CS	GB	FB	G/F
1994 Season	6.94	1	0	0	23	0	35.0	17	26	.327	48	15	2	7	35	.394	.599	7	19	10	3	0	1	2	51	37	1.38
Career (1991-1994)	5.08	5	1	0	78	0	117.0	39	79	.294	133	33	5	14	80	.345	.481	22	61	22	4	2	9	7	168	129	1.30

1994 Season

	ERA	W	L	Sv	G	GS	IP	H	HR	BB	SO		Avg	AB	H	2B	3B	HR	RBI	BB	SO	OBP	SLG
Home	8.68	0	0	0	10	0	18.2	28	4	11	17	vs. Left	.400	50	20	7	1	2	13	9	9	.492	.700
Away	4.96	1	0	0	13	0	16.1	20	3	6	9	vs. Right	.289	97	28	8	1	5	22	8	17	.340	.546

Eric Hillman — Mets
Age 29 – Pitches Left (groundball pitcher)

	ERA	W	L	Sv	G	GS	IP	BB	SO	Avg	H	2B	3B	HR	RBI	OBP	SLG	CG	ShO	Sup	QS	#P/S	SB	CS	GB	FB	G/F
1994 Season	7.79	0	3	0	11	6	34.2	11	20	.321	45	13	1	9	26	.377	.621	0	0	4.41	1	67	0	2	55	34	1.62
Career (1992-1994)	4.85	4	14	0	49	36	232.0	45	96	.306	285	51	7	30	127	.340	.473	3	1	4.11	17	82	15	5	442	210	2.10

1994 Season

	ERA	W	L	Sv	G	GS	IP	H	HR	BB	SO		Avg	AB	H	2B	3B	HR	RBI	BB	SO	OBP	SLG
Home	9.00	0	1	0	4	3	16.0	20	6	4	7	vs. Left	.325	40	13	4	0	3	8	3	4	.386	.650
Away	6.75	0	2	0	7	3	18.2	25	3	7	13	vs. Right	.320	100	32	9	1	6	18	8	16	.373	.610

Career (1992-1994)

	ERA	W	L	Sv	G	GS	IP	H	HR	BB	SO		Avg	AB	H	2B	3B	HR	RBI	BB	SO	OBP	SLG
Home	4.84	2	6	0	20	16	111.2	134	17	17	48	vs. Left	.292	202	59	9	2	4	24	13	28	.342	.416
Away	4.86	2	8	0	29	20	120.1	151	13	28	48	vs. Right	.310	728	226	42	5	26	103	32	68	.339	.489
Day	6.11	2	5	0	19	15	81.0	103	13	18	36	Inning 1-6	.299	780	233	46	6	26	106	38	80	.333	.473
Night	4.17	2	9	0	30	21	151.0	182	17	27	60	Inning 7+	.347	150	52	5	1	4	21	7	16	.374	.473
Grass	4.69	4	9	0	33	25	167.0	201	23	22	71	None on	.292	530	155	37	2	15	15	21	59	.327	.455
Turf	5.26	0	5	0	16	11	65.0	84	7	23	25	Runners on	.325	400	130	14	5	15	112	24	37	.356	.496
April	6.75	0	2	0	5	4	21.1	27	4	5	14	Scoring Posn	.329	225	74	7	3	6	90	17	22	.363	.467
May	6.91	0	3	0	13	7	41.2	61	8	17	16	Close & Late	.369	84	31	4	0	2	10	2	10	.382	.488
June	5.14	0	1	0	5	0	7.0	11	1	1	3	None on/out	.363	245	89	22	2	9	9	7	16	.393	.580
July	2.86	1	2	0	5	5	34.2	34	2	0	15	vs. 1st Batr (relief)	.667	12	8	3	0	2	3	1	0	.692	1.417
August	3.66	2	2	0	9	9	64.0	66	6	11	28	First Inning Pitched	.299	194	58	10	1	11	36	17	16	.355	.531
September/October	5.12	1	4	0	12	11	63.1	86	9	11	20	First 75 Pitches	.303	788	239	44	4	25	101	39	77	.338	.464
Starter	4.70	4	13	0	36	36	212.2	256	27	37	86	Pitch 76-90	.329	85	28	5	3	3	15	4	11	.363	.565
Reliever	6.52	0	1	0	13	0	19.1	29	3	8	10	Pitch 91-105	.268	41	11	2	0	1	6	1	7	.279	.390
0-3 Days Rest (St)	4.18	0	2	0	4	4	23.2	22	2	6	9	Pitch 106+	.438	16	7	0	0	1	5	1	1	.444	.625
4 Days Rest	5.30	1	7	0	19	19	108.2	142	16	27	44	First Pitch	.397	174	69	14	2	9	38	5	0	.409	.655
5+ Days Rest	4.03	3	4	0	13	13	80.1	92	9	4	33	Ahead in Count	.260	388	101	23	1	10	45	0	87	.267	.402
Pre-All Star	6.43	0	6	0	24	12	77.0	105	13	23	38	Behind in Count	.335	221	74	7	3	8	31	27	0	.407	.502
Post-All Star	4.06	4	8	0	25	24	155.0	180	17	22	58	Two Strikes	.241	332	80	15	0	9	34	13	96	.271	.367

Pitcher vs. Batter (career)

Pitches Best Vs.	Avg	AB	H	2B	3B	HR	RBI	BB	SO	OBP	SLG	Pitches Worst Vs.	Avg	AB	H	2B	3B	HR	RBI	BB	SO	OBP	SLG
Cory Snyder	.083	12	1	1	0	0	1	0	2	.083	.167	John Kruk	.545	11	6	0	0	1	4	1	2	.538	.818
Lenny Dykstra	.091	11	1	0	0	0	0	3	0	.333	.091	Jeff Blauser	.500	12	6	0	0	1	2	1	0	.538	.750
Darren Daulton	.167	12	2	1	0	0	1	0	2	.167	.250	Ryne Sandberg	.500	12	6	0	0	1	2	0	0	.500	.750
												Larry Walker	.444	9	4	1	0	0	1	1	1	.500	.556
												Ron Gant	.444	9	4	1	0	1	3	1	0	.455	.889

Sterling Hitchcock — *Yankees*

Age 24 – Pitches Left (flyball pitcher)

	ERA	W	L	Sv	G	GS	IP	BB	SO	Avg	H	2B	3B	HR	RBI	OBP	SLG	GF	IR	IRS	Hld	SvOp	SB	CS	GB	FB	G/F
1994 Season	4.20	4	1	2	23	5	49.1	29	37	.265	48	6	1	3	20	.355	.359	4	11	3	3	2	2	5	61	51	1.20
Career (1992-1994)	4.92	5	5	2	32	14	93.1	49	69	.286	103	18	1	9	49	.367	.417	4	11	3	3	2	6	8	110	112	0.98

1994 Season

	ERA	W	L	Sv	G	GS	IP	H	HR	BB	SO		Avg	AB	H	2B	3B	HR	RBI	BB	SO	OBP	SLG
Home	4.76	1	1	1	9	2	22.2	22	1	12	17	vs. Left	.200	45	9	2	1	0	6	7	13	.296	.289
Away	3.71	3	0	1	14	3	26.2	26	2	17	20	vs. Right	.287	136	39	4	0	3	14	22	24	.374	.382

Denny Hocking — *Twins*

Age 25 – Bats Both (groundball hitter)

	Avg	G	AB	R	H	2B	3B	HR	RBI	BB	SO	HBP	GDP	SB	CS	OBP	SLG	IBB	SH	SF	#Pit	#P/PA	GB	FB	G/F
1994 Season	.323	11	31	3	10	3	0	0	2	0	4	0	1	2	0	.323	.419	0	0	0	104	3.35	16	6	2.67
Career (1993-1994)	.224	26	67	10	15	4	0	0	2	6	12	0	2	3	0	.288	.284	0	0	0	272	3.73	27	17	1.59

1994 Season

	Avg	AB	H	2B	3B	HR	RBI	BB	SO	OBP	SLG		Avg	AB	H	2B	3B	HR	RBI	BB	SO	OBP	SLG
vs. Left	.300	10	3	0	0	0	2	0	2	.300	.300	Scoring Posn	.250	8	2	0	0	0	2	0	0	.250	.250
vs. Right	.333	21	7	3	0	0	2	0	2	.333	.476	Close & Late	.667	3	2	1	0	0	0	0	0	.667	1.000

Trevor Hoffman — *Padres*

Age 27 – Pitches Right (flyball pitcher)

	ERA	W	L	Sv	G	GS	IP	BB	SO	Avg	H	2B	3B	HR	RBI	OBP	SLG	GF	IR	IRS	Hld	SvOp	SB	CS	GB	FB	G/F
1994 Season	2.57	4	4	20	47	0	56.0	20	68	.193	39	9	4	4	23	.263	.337	41	30	9	1	23	2	0	47	56	0.84
Career (1993-1994)	3.39	8	10	25	114	0	146.0	59	147	.219	119	25	8	14	63	.293	.371	67	75	15	16	31	9	1	132	180	0.73

1994 Season

	ERA	W	L	Sv	G	GS	IP	H	HR	BB	SO		Avg	AB	H	2B	3B	HR	RBI	BB	SO	OBP	SLG
Home	2.63	3	2	11	25	0	27.1	18	3	12	33	vs. Left	.212	104	22	6	2	0	9	12	31	.293	.308
Away	2.51	1	2	9	22	0	28.2	21	1	8	35	vs. Right	.173	98	17	3	2	4	14	8	37	.231	.367
Starter	0.00	0	0	0	0	0	0.0	0	0	0	0	Scoring Posn	.143	70	10	3	1	1	17	12	25	.262	.257
Reliever	2.57	4	4	20	47	0	56.0	39	4	20	68	Close & Late	.217	138	30	6	3	2	18	14	47	.286	.348
0 Days rest (Re)	1.29	0	0	5	7	0	7.0	3	0	3	9	None on/out	.302	43	13	3	2	2	2	3	10	.348	.605
1 or 2 Days rest	2.38	3	4	13	27	0	34.0	28	2	12	43	First Pitch	.200	15	3	1	0	2	2	5	0	.400	.667
3+ Days rest	3.60	1	0	2	13	0	15.0	8	2	5	16	Ahead in Count	.154	117	18	4	2	2	11	0	62	.153	.274
Pre-All Star	2.85	3	3	14	36	0	41.0	33	2	16	49	Behind in Count	.111	27	3	0	0	0	0	9	0	.333	.111
Post-All Star	1.80	1	1	6	11	0	15.0	6	2	4	19	Two Strikes	.189	132	25	4	2	2	15	6	68	.223	.295

Career (1993-1994)

	ERA	W	L	Sv	G	GS	IP	H	HR	BB	SO		Avg	AB	H	2B	3B	HR	RBI	BB	SO	OBP	SLG
Home	3.11	5	5	12	59	0	72.1	63	6	27	69	vs. Left	.218	262	57	9	5	6	32	39	69	.317	.359
Away	3.67	3	5	13	55	0	73.2	56	8	32	78	vs. Right	.220	282	62	16	3	8	31	20	78	.269	.383
Day	2.70	0	4	10	41	0	53.1	32	6	13	59	Inning 1-6	.222	18	4	2	1	1	4	0	3	.200	.611
Night	3.79	8	6	15	73	0	92.2	87	8	36	88	Inning 7+	.219	526	115	23	7	13	59	59	144	.296	.363
Grass	3.04	6	7	20	88	0	112.1	93	11	43	110	None on	.236	284	67	13	6	9	26	67	102	.302	.419
Turf	4.54	2	3	5	26	0	33.2	26	3	16	37	Runners on	.200	260	52	12	2	5	54	33	80	.283	.319
April	1.85	2	0	4	20	0	24.1	13	2	12	21	Scoring Posn	.166	169	28	5	1	3	45	27	53	.271	.260
May	2.96	2	2	4	21	0	24.1	18	1	17	25	Close & Late	.224	331	74	16	5	5	38	39	90	.304	.347
June	5.14	1	3	7	23	0	28.0	34	2	6	25	None on/out	.281	128	36	8	4	5	9	25	.333	.523

183

Career (1993-1994)

	ERA	W	L	Sv	G	GS	IP	H	HR	BB	SO		Avg	AB	H	2B	3B	HR	RBI	BB	SO	OBP	SLG
July	3.42	2	2	2	19	0	26.1	17	4	15	35	vs. 1st Batr (relief)	.226	106	24	7	4	3	6	7	31	.272	.453
August	3.24	0	2	7	19	0	25.0	20	1	5	21	First Inning Pitched	.221	385	85	20	5	11	51	44	103	.298	.384
September/October	3.50	1	1	1	12	0	18.0	17	4	4	20	First 15 Pitches	.226	332	75	20	4	12	43	33	84	.293	.419
Starter	0.00	0	0	0	0	0	0.0	0	0	0	0	Pitch 16-30	.209	158	33	3	3	1	13	21	46	.302	.285
Reliever	3.39	8	10	25	114	0	146.0	119	14	59	147	Pitch 31-45	.200	50	10	2	1	1	6	5	15	.268	.340
0 Days rest (Re)	3.77	0	0	6	15	0	14.1	11	1	5	12	Pitch 46+	.250	4	1	0	0	0	1	0	2	.250	.250
1 or 2 Days rest	2.98	7	8	16	72	0	96.2	84	7	38	103	First Pitch	.281	57	16	3	1	3	9	17	0	.440	.526
3+ Days rest	4.37	1	2	3	27	0	35.0	24	6	16	32	Ahead in Count	.180	295	53	11	4	6	28	0	128	.181	.305
Pre-All Star	3.83	5	6	16	71	0	84.2	75	7	40	83	Behind in Count	.238	84	20	5	0	2	8	24	0	.400	.369
Post-All Star	2.79	3	4	9	43	0	61.1	44	7	19	64	Two Strikes	.185	314	58	10	4	6	29	18	147	.230	.299

Chris Hoiles — Orioles   Age 30 – Bats Right (flyball hitter)

	Avg	G	AB	R	H	2B	3B	HR	RBI	BB	SO	HBP	GDP	SB	CS	OBP	SLG	IBB	SH	SF	#Pit	#P/PA	GB	FB	G/F
1994 Season	.247	99	332	45	82	10	0	19	53	63	73	5	6	2	0	.371	.449	2	1	4	1705	4.20	73	139	0.53
Last Five Years	.268	451	1465	217	392	66	1	80	212	221	300	17	35	3	5	.368	.478	10	5	11	7000	4.07	367	581	0.63

1994 Season

	Avg	AB	H	2B	3B	HR	RBI	BB	SO	OBP	SLG		Avg	AB	H	2B	3B	HR	RBI	BB	SO	OBP	SLG
vs. Left	.289	76	22	2	0	8	15	11	14	.375	.632	Scoring Posn	.294	68	20	2	0	3	30	19	16	.441	.456
vs. Right	.234	256	60	8	0	11	38	52	59	.370	.395	Close & Late	.125	48	6	1	0	1	3	10	13	.283	.208
Groundball	.300	70	21	3	0	4	7	13	19	.400	.514	None on/out	.288	73	21	1	0	5	5	10	14	.388	.507
Flyball	.193	57	11	0	0	5	11	20	12	.405	.456	Batting #6	.226	155	35	4	0	6	22	23	36	.326	.368
Home	.253	150	38	2	0	11	31	36	36	.400	.487	Batting #7	.299	117	35	4	0	9	21	24	21	.421	.564
Away	.242	182	44	8	0	8	22	27	37	.346	.418	Other	.200	60	12	2	0	4	10	16	16	.385	.433
Day	.287	87	25	5	0	5	20	21	22	.427	.517	April	.239	71	17	3	0	5	13	16	21	.386	.493
Night	.233	245	57	5	0	14	33	42	51	.350	.424	May	.214	84	18	4	0	2	9	12	21	.320	.333
Grass	.264	280	74	8	0	16	47	56	62	.391	.464	June	.244	78	19	1	0	6	15	15	15	.365	.487
Turf	.154	52	8	2	0	3	6	7	11	.254	.365	July	.246	65	16	1	0	5	12	16	12	.405	.492
First Pitch	.194	36	7	1	0	3	9	1	0	.225	.472	August	.353	34	12	1	0	1	4	4	4	.410	.471
Ahead in Count	.337	89	30	4	0	11	19	32	0	.512	.753	September/October	.000	0	0	0	0	0	0	0	0	.000	.000
Behind in Count	.167	132	22	1	0	3	16	0	59	.184	.242	Pre-All Star	.242	260	63	8	0	17	45	52	61	.372	.469
Two Strikes	.195	159	31	4	0	3	18	30	73	.332	.277	Post-All Star	.264	72	19	2	0	2	8	11	12	.368	.375

1994 By Position

Position	Avg	AB	H	2B	3B	HR	RBI	BB	SO	OBP	SLG	G	GS	Innings	PO	A	E	DP	Fld Pct	Rng Fctr	In Zone	Zone Outs	Zone Rtg	MLB Zone
As c	.249	329	82	10	0	19	53	63	73	.374	.453	98	95	838.2	615	36	7	2	.989	---	---	---	---	---

Last Five Years

	Avg	AB	H	2B	3B	HR	RBI	BB	SO	OBP	SLG		Avg	AB	H	2B	3B	HR	RBI	BB	SO	OBP	SLG
vs. Left	.274	412	113	17	0	26	53	64	64	.370	.505	Scoring Posn	.248	322	80	12	0	14	124	69	82	.378	.416
vs. Right	.265	1053	279	49	1	54	159	157	236	.367	.467	Close & Late	.206	238	49	7	0	14	39	29	63	.300	.412
Groundball	.328	351	115	19	0	25	62	48	71	.414	.595	None on/out	.270	333	90	13	1	22	22	43	67	.357	.514
Flyball	.199	297	59	8	0	13	33	48	74	.309	.357	Batting #6	.255	451	115	17	0	24	68	75	105	.366	.452
Home	.273	706	193	30	0	41	112	118	141	.381	.490	Batting #8	.268	425	114	21	0	15	42	40	81	.331	.424
Away	.262	759	199	36	1	39	100	103	159	.355	.466	Other	.277	589	163	28	1	41	102	106	114	.392	.537
Day	.254	350	89	15	0	24	58	59	88	.364	.503	April	.246	228	56	11	0	12	28	35	59	.354	.452
Night	.272	1115	303	51	1	56	154	162	212	.369	.470	May	.257	296	76	15	1	14	36	59	68	.383	.456
Grass	.274	1239	340	54	1	71	185	191	254	.374	.492	June	.265	279	74	10	0	19	49	41	50	.360	.505
Turf	.230	226	52	12	0	9	27	30	46	.331	.403	July	.287	223	64	9	0	13	42	34	36	.392	.502
First Pitch	.282	156	44	7	0	10	28	5	0	.315	.519	August	.256	195	50	8	0	5	18	17	38	.313	.374
Ahead in Count	.374	366	137	25	1	38	85	107	0	.515	.760	September/October	.295	244	72	13	0	17	39	35	49	.387	.557
Behind in Count	.190	615	117	16	0	16	57	0	236	.201	.294	Pre-All Star	.262	887	232	39	1	54	135	152	187	.373	.490
Two Strikes	.193	700	135	22	0	22	69	109	300	.307	.319	Post-All Star	.277	578	160	27	0	26	77	69	113	.358	.458

Batter vs. Pitcher (career)

Hits Best Against	Avg	AB	H	2B	3B	HR	RBI	BB	SO	OBP	SLG	Hits Worst Against	Avg	AB	H	2B	3B	HR	RBI	BB	SO	OBP	SLG
Jim Abbott	.636	22	14	2	0	2	6	3	0	.654	1.000	Dave Fleming	.077	13	1	0	0	0	0	0	0	.077	.077
Bobby Witt	.500	12	6	1	0	1	5	4	2	.625	.833	Mark Langston	.133	15	2	0	0	0	1	4	.188	.133
Greg Hibbard	.500	8	4	1	0	3	3	4	0	.667	1.750	Mark Leiter	.154	13	2	1	0	0	1	2	.267	.154
Bob Wickman	.444	9	4	0	0	2	3	3	3	.571	1.111	Greg Harris	.158	19	3	1	0	0	2	10	.238	.211
David Cone	.375	8	3	1	0	1	2	2	2	.545	.875	Jack Morris	.176	17	3	1	0	0	1	4	.263	.176

Ray Holbert — Padres   Age 24 – Bats Right

	Avg	G	AB	R	H	2B	3B	HR	RBI	BB	SO	HBP	GDP	SB	CS	OBP	SLG	IBB	SH	SF	#Pit	#P/PA	GB	FB	G/F
1994 Season	.200	5	5	1	1	0	0	0	0	0	4	0	0	0	0	.200	.200	0	0	0	25	5.00	1	0	0.00

1994 Season

	Avg	AB	H	2B	3B	HR	RBI	BB	SO	OBP	SLG		Avg	AB	H	2B	3B	HR	RBI	BB	SO	OBP	SLG
vs. Left	.333	3	1	0	0	0	0	0	2	.333	.333	Scoring Posn	.000	1	0	0	0	0	0	0	1	.000	.000
vs. Right	.000	2	0	0	0	0	0	0	2	.000	.000	Close & Late	.000	2	0	0	0	0	0	0	2	.000	.000

Dave Hollins — Phillies
Age 29 – Bats Both

	Avg	G	AB	R	H	2B	3B	HR	RBI	BB	SO	HBP	GDP	SB	CS	OBP	SLG	IBB	SH	SF	#Pit	#P/PA	GB	FB	G/F
1994 Season	.222	44	162	28	36	7	1	4	26	23	32	4	6	1	0	.328	.352	0	0	3	795	4.14	62	36	1.72
Career (1990-1994)	.262	471	1556	268	408	75	11	60	248	211	305	32	32	13	10	.358	.440	13	0	17	7003	3.86	537	455	1.18

1994 Season

	Avg	AB	H	2B	3B	HR	RBI	BB	SO	OBP	SLG		Avg	AB	H	2B	3B	HR	RBI	BB	SO	OBP	SLG
vs. Left	.193	57	11	2	1	1	5	6	9	.266	.316	Scoring Posn	.255	47	12	2	0	2	22	7	11	.356	.426
vs. Right	.238	105	25	5	0	3	21	17	23	.359	.371	Close & Late	.240	25	6	1	0	1	9	4	6	.323	.400
Home	.225	89	20	4	0	1	11	8	18	.297	.303	None on/out	.195	41	8	1	0	0	6	9	13	.313	.220
Away	.219	73	16	3	1	3	15	15	14	.363	.411	Batting #3	.211	38	8	1	0	1	5	2	7	.268	.316
First Pitch	.316	19	6	0	0	0	3	0	0	.316	.316	Batting #4	.226	124	28	6	1	3	21	21	25	.344	.363
Ahead in Count	.298	47	14	1	0	3	11	13	0	.443	.511	Other	.000	0	0	0	0	0	0	0	0	.000	.000
Behind in Count	.109	55	6	3	1	0	3	10	22	.164	.200	Pre-All Star	.226	159	36	7	1	4	26	23	31	.333	.358
Two Strikes	.103	68	7	1	0	1	7	10	32	.250	.176	Post-All Star	.000	3	0	0	0	0	0	0	0	.000	.000

Career (1990-1994)

	Avg	AB	H	2B	3B	HR	RBI	BB	SO	OBP	SLG		Avg	AB	H	2B	3B	HR	RBI	BB	SO	OBP	SLG
vs. Left	.308	588	181	33	9	32	101	49	107	.368	.558	Scoring Posn	.277	447	124	26	2	15	174	87	89	.395	.445
vs. Right	.235	968	227	42	2	28	147	162	198	.353	.369	Close & Late	.218	257	56	7	2	9	44	31	62	.313	.366
Groundball	.251	593	149	23	2	22	98	67	123	.337	.408	None on/out	.234	337	79	14	0	4	4	36	78	.319	.312
Flyball	.221	294	65	16	3	10	39	42	67	.327	.398	Batting #3	.276	539	149	27	4	22	80	67	103	.372	.464
Home	.255	760	194	42	4	29	112	114	149	.363	.436	Batting #4	.266	708	188	38	5	23	123	111	141	.367	.431
Away	.269	796	214	33	7	31	136	97	156	.354	.445	Other	.230	309	71	10	2	15	45	33	61	.313	.421
Day	.278	449	125	25	3	21	86	63	92	.375	.488	April	.240	271	65	12	1	8	51	40	57	.353	.380
Night	.256	1107	283	50	8	39	162	148	213	.352	.421	May	.275	280	77	18	2	11	46	43	55	.379	.471
Grass	.276	474	131	24	4	20	94	61	96	.367	.470	June	.237	173	41	5	1	7	21	23	35	.322	.399
Turf	.256	1082	277	51	7	40	154	150	209	.355	.427	July	.268	284	76	12	5	12	47	29	58	.352	.472
First Pitch	.354	212	75	15	2	8	43	9	0	.389	.557	August	.268	220	59	12	0	10	32	36	45	.379	.459
Ahead in Count	.337	371	125	24	4	24	80	112	0	.486	.617	September/October	.274	328	90	16	2	12	51	40	55	.356	.445
Behind in Count	.200	644	129	18	4	18	74	0	237	.228	.325	Pre-All Star	.247	827	204	38	5	27	128	113	173	.346	.403
Two Strikes	.179	700	125	16	1	18	78	87	305	.289	.281	Post-All Star	.280	729	204	37	6	33	120	98	132	.373	.483

Batter vs. Pitcher (career)

Hits Best Against	Avg	AB	H	2B	3B	HR	RBI	BB	SO	OBP	SLG	Hits Worst Against	Avg	AB	H	2B	3B	HR	RBI	BB	SO	OBP	SLG
Butch Henry	.800	15	12	3	0	5	9	2	3	.789	2.000	Pedro Astacio	.000	12	0	0	0	0	1	1	2	.077	.000
Bruce Hurst	.500	14	7	1	0	2	5	4	3	.611	1.000	Bryan Hickerson	.091	11	1	0	0	0	0	0	5	.091	.091
Charlie Hough	.444	9	4	1	0	1	4	2	2	.545	.778	Kevin Gross	.091	11	1	0	0	0	3	1	3	.167	.091
John Smoltz	.429	7	3	0	0	3	3	0	.545	.714	Randy Tomlin	.118	17	2	0	0	0	1	1	3	.211	.118
Bud Black	.417	12	5	0	0	1	1	0	.417	.833	Jose Rijo	.143	14	2	0	0	0	0	0	5	.143	.143

Darren Holmes — Rockies
Age 29 – Pitches Right

	ERA	W	L	Sv	G	GS	IP	BB	SO	Avg	H	2B	3B	HR	RBI	OBP	SLG	GF	IR	IRS	Hld	SvOp	SB	CS	GB	FB	G/F
1994 Season	6.35	0	3	3	29	0	28.1	24	33	.313	35	9	0	5	25	.435	.527	14	14	8	3	8	6	1	33	30	1.10
Career (1990-1994)	4.36	8	15	37	186	0	231.0	93	202	.260	231	42	5	19	123	.332	.383	100	118	37	10	51	18	9	322	235	1.37

1994 Season

	ERA	W	L	Sv	G	GS	IP	H	HR	BB	SO		Avg	AB	H	2B	3B	HR	RBI	BB	SO	OBP	SLG
Home	7.71	0	3	0	15	0	14.0	22	2	9	20	vs. Left	.353	51	18	2	0	3	11	12	11	.484	.569
Away	5.02	0	0	3	14	0	14.1	13	3	15	13	vs. Right	.279	61	17	7	0	2	14	12	22	.392	.492
Starter	0.00	0	0	0	0	0	0.0	0	0	0	0	Scoring Posn	.357	42	15	5	0	2	21	12	12	.491	.619
Reliever	6.35	0	3	3	29	0	28.1	35	5	24	33	Close & Late	.367	49	18	5	0	1	16	19	14	.544	.531
0 Days rest (Re)	9.00	0	1	0	4	0	3.0	5	0	2	3	None on/out	.364	22	8	1	0	0	0	8	7	.533	.409
1 or 2 Days rest	5.89	0	1	1	16	0	18.1	20	4	14	24	First Pitch	.300	10	3	1	0	0	3	0	0	.462	.400
3+ Days rest	6.43	0	1	2	9	0	7.0	10	1	8	6	Ahead in Count	.203	64	13	3	0	2	13	0	30	.200	.344
Pre-All Star	7.04	0	3	3	25	0	23.0	28	4	24	27	Behind in Count	.526	19	10	2	0	1	4	11	0	.710	.789
Post-All Star	3.38	0	0	0	4	0	5.1	7	1	0	6	Two Strikes	.209	67	14	3	0	2	11	10	33	.312	.343

Career (1990-1994)

	ERA	W	L	Sv	G	GS	IP	H	HR	BB	SO		Avg	AB	H	2B	3B	HR	RBI	BB	SO	OBP	SLG
Home	5.32	6	9	17	98	0	120.0	136	10	43	112	vs. Left	.262	435	114	21	2	6	50	47	80	.339	.361
Away	3.32	2	6	20	88	0	111.0	95	9	50	90	vs. Right	.258	453	117	21	3	13	73	46	122	.326	.404
Day	4.07	1	4	16	65	0	84.0	85	9	35	76	Inning 1-6	.274	175	48	8	1	5	35	25	51	.371	.417
Night	4.53	7	11	21	121	0	147.0	146	10	58	126	Inning 7+	.257	713	183	34	4	14	88	68	151	.322	.374
Grass	5.29	8	14	26	147	0	178.2	195	17	76	158	None on	.254	457	116	17	3	7	9	30	98	.304	.350
Turf	1.20	0	1	11	39	0	52.1	36	2	17	44	Runners on	.267	431	115	25	2	12	116	63	104	.360	.418
April	7.06	1	5	4	23	0	29.1	33	0	24	32	Scoring Posn	.249	261	65	16	1	7	102	49	69	.363	.398
May	3.92	2	3	4	29	0	39.0	45	7	13	31	Close & Late	.249	366	91	17	3	8	52	45	76	.331	.377
June	4.17	2	2	2	32	0	36.2	40	4	11	31	None on/out	.317	199	63	8	1	3	3	17	38	.376	.412
July	7.30	2	2	6	36	0	40.2	47	5	16	36	vs. 1st Batr (relief)	.267	161	43	7	1	2	17	18	33	.346	.360
August	2.30	0	1	11	25	0	31.1	24	1	8	26	First Inning Pitched	.250	619	155	30	4	13	87	69	150	.329	.375
September/October	2.33	3	2	10	41	0	54.0	42	2	21	46	First 15 Pitches	.265	535	142	25	4	12	62	68	119	.329	.394
Starter	0.00	0	0	0	0	0	0.0	0	0	0	0	Pitch 16-30	.225	240	54	11	1	2	37	33	67	.318	.304
Reliever	4.36	8	15	37	186	0	231.0	231	19	93	202	Pitch 31-45	.307	88	27	4	0	4	18	10	15	.380	.489
0 Days rest (Re)	4.43	1	5	11	38	0	42.2	48	2	19	38	Pitch 46+	.320	25	8	2	0	1	6	2	1	.370	.520
1 or 2 Days rest	4.76	5	9	14	85	0	107.2	112	13	45	100	First Pitch	.324	105	34	3	1	1	10	9	0	.377	.400
3+ Days rest	3.79	2	1	12	63	0	80.2	71	4	29	64	Ahead in Count	.217	434	94	19	1	5	47	0	169	.223	.300
Pre-All Star	5.03	3	10	14	99	0	121.2	133	13	58	112	Behind in Count	.332	193	64	11	1	8	39	35	0	.433	.523
Post-All Star	3.62	5	5	23	87	0	109.1	98	6	35	90	Two Strikes	.213	470	100	23	1	6	56	49	202	.287	.304

Rick Honeycutt — Rangers
Age 41 – Pitches Left (groundball pitcher)

	ERA	W	L	Sv	G	GS	IP	BB	SO	Avg	H	2B	3B	HR	RBI	OBP	SLG	GF	IR	IRS	Hld	SvOp	SB	CS	GB	FB	G/F
1994 Season	7.20	1	2	1	42	0	25.0	9	18	.349	37	10	0	4	17	.410	.557	9	31	8	11	2	4	1	45	21	2.14
Last Five Years	3.61	7	16	12	254	0	206.2	81	135	.249	191	33	6	13	96	.324	.359	43	274	68	90	26	17	9	309	193	1.60

1994 Season

	ERA	W	L	Sv	G	GS	IP	H	HR	BB	SO		Avg	AB	H	2B	3B	HR	RBI	BB	SO	OBP	SLG
Home	8.25	0	1	0	21	0	12.0	20	2	5	5	vs. Left	.412	51	21	7	0	1	10	1	9	.423	.608
Away	6.23	1	1	1	21	0	13.0	17	2	4	13	vs. Right	.291	55	16	3	0	3	7	8	9	.400	.509
Starter	0.00	0	0	0	0	0	0.0	0	0	0	0	Scoring Posn	.333	33	11	1	0	1	13	5	8	.421	.455
Reliever	7.20	1	2	1	42	0	25.0	37	4	9	18	Close & Late	.325	40	13	3	0	1	6	8	7	.460	.475
0 Days rest (Re)	10.80	0	1	1	16	0	8.1	17	1	4	6	None on/out	.292	24	7	2	0	1	1	1	4	.346	.500
1 or 2 Days rest	5.87	0	0	0	15	0	7.2	13	3	3	2	First Pitch	.545	11	6	1	0	0	2	1	0	.583	.636
3+ Days rest	5.00	1	1	0	11	0	9.0	7	0	2	10	Ahead in Count	.283	53	15	2	0	2	7	0	16	.309	.434
Pre-All Star	7.11	1	2	1	32	0	19.0	24	1	7	13	Behind in Count	.389	18	7	3	0	1	4	5	0	.522	.722
Post-All Star	7.50	0	0	0	10	0	6.0	13	3	2	5	Two Strikes	.293	58	17	4	0	3	9	3	18	.349	.517

Last Five Years

	ERA	W	L	Sv	G	GS	IP	H	HR	BB	SO		Avg	AB	H	2B	3B	HR	RBI	BB	SO	OBP	SLG
Home	2.92	3	7	9	125	0	101.2	84	5	38	61	vs. Left	.247	308	76	15	1	5	38	23	56	.302	.351
Away	4.29	4	9	3	129	0	105.0	107	8	43	74	vs. Right	.251	458	115	18	5	8	58	58	79	.338	.365
Day	2.89	2	7	6	93	0	84.0	69	7	33	60	Inning 1-6	.327	52	17	3	0	4	21	1	10	.352	.615
Night	4.11	5	9	6	161	0	122.2	122	6	48	75	Inning 7+	.244	714	174	30	6	9	75	80	125	.322	.340
Grass	3.51	6	12	12	212	0	171.2	153	12	66	114	None on	.239	377	90	14	5	4	4	36	65	.315	.334
Turf	4.11	1	4	0	42	0	35.0	38	1	15	21	Runners on	.260	389	101	19	1	9	92	45	70	.332	.383
April	3.99	1	4	1	33	0	29.1	22	3	6	19	Scoring Posn	.231	212	49	8	0	5	80	34	43	.327	.340
May	3.60	1	3	4	46	0	35.0	28	1	16	20	Close & Late	.227	476	108	16	4	5	51	59	84	.315	.309
June	3.09	1	1	0	39	0	35.0	36	3	8	26	None on/out	.242	165	40	7	4	1	1	9	33	.290	.352
July	4.38	3	2	2	44	0	39.0	42	4	18	26	vs. 1st Batr (relief)	.234	235	55	7	3	6	31	8	44	.266	.366
August	4.33	0	4	4	52	0	35.1	40	1	17	24	First Inning Pitched	.257	650	167	26	5	13	90	62	118	.323	.372
September/October	2.18	1	2	1	40	0	33.0	23	1	16	20	First 15 Pitches	.251	609	153	25	5	12	81	55	110	.317	.368
Starter	0.00	0	0	0	0	0	0.0	0	0	0	0	Pitch 16-30	.237	139	33	8	0	2	13	23	22	.345	.317
Reliever	3.61	7	16	12	254	0	206.2	191	13	81	135	Pitch 31-45	.294	17	5	0	1	0	2	3	3	.400	.412
0 Days rest (Re)	4.17	1	5	7	66	0	49.2	53	5	20	30	Pitch 46+	.000	1	0	0	0	0	0	0	0	.000	.000
1 or 2 Days rest	3.21	3	6	4	118	0	103.2	89	5	38	60	First Pitch	.257	101	26	6	0	0	10	14	0	.345	.317
3+ Days rest	3.88	3	5	1	70	0	53.1	49	3	23	45	Ahead in Count	.212	358	76	10	4	4	27	0	112	.228	.296
Pre-All Star	3.63	3	9	5	129	0	109.0	96	7	32	73	Behind in Count	.362	149	54	10	1	6	33	38	0	.482	.564
Post-All Star	3.59	4	7	7	125	0	97.2	95	6	49	62	Two Strikes	.193	347	67	10	3	5	25	29	135	.269	.282

Pitcher vs. Batter (since 1984)

Pitches Best Vs.	Avg	AB	H	2B	3B	HR	RBI	BB	SO	OBP	SLG	Pitches Worst Vs.	Avg	AB	H	2B	3B	HR	RBI	BB	SO	OBP	SLG
Lou Whitaker	.000	14	0	0	0	0	1	4	3	.250	.000	Hubie Brooks	.579	19	11	0	0	0	1	2	0	.619	.579
Fred McGriff	.000	12	0	0	0	0	1	0	5	.000	.000	Kevin Mitchell	.538	13	7	2	0	2	3	0	0	.538	1.154
Manuel Lee	.000	12	0	0	0	0	2	3	.143	.143	.000	Kevin McReynolds	.469	32	15	2	0	1	5	3	3	.514	.625
Bip Roberts	.000	11	0	0	0	0	1	2	2	.083	.000	Brian Harper	.444	9	4	0	1	0	3	1	0	.545	.667
Tony Fernandez	.154	13	2	0	0	0	0	0	0	.154	.154	Chili Davis	.357	28	10	1	0	4	8	1	1	.379	.821

John Hope — Pirates
Age 24 – Pitches Right

	ERA	W	L	Sv	G	GS	IP	BB	SO	Avg	H	2B	3B	HR	RBI	OBP	SLG	GF	IR	IRS	Hld	SvOp	SB	CS	GB	FB	G/F
1994 Season	5.79	0	0	0	9	0	14.0	4	6	.310	18	6	0	1	7	.375	.466	3	1	3	0	0	0	0	27	11	2.45
Career (1993-1994)	4.50	0	2	0	16	7	52.0	12	14	.313	65	17	0	2	26	.360	.457	3	1	3	0	0	3	2	87	61	1.43

1994 Season

	ERA	W	L	Sv	G	GS	IP	H	HR	BB	SO		Avg	AB	H	2B	3B	HR	RBI	BB	SO	OBP	SLG
Home	3.00	0	0	0	4	0	6.0	3	0	2	3	vs. Left	.409	22	9	5	0	0	5	3	3	.480	.636
Away	7.88	0	0	0	5	0	8.0	15	1	2	3	vs. Right	.250	36	9	1	0	1	2	1	3	.308	.361

Vince Horsman — Athletics
Age 28 – Pitches Left

	ERA	W	L	Sv	G	GS	IP	BB	SO	Avg	H	2B	3B	HR	RBI	OBP	SLG	GF	IR	IRS	Hld	SvOp	SB	CS	GB	FB	G/F
1994 Season	4.91	0	1	0	33	0	29.1	11	20	.266	29	5	0	2	20	.331	.385	6	24	9	1	0	1	3	36	33	1.09
Career (1991-1994)	3.81	4	2	1	135	0	101.2	50	57	.254	95	11	0	7	55	.345	.340	22	113	29	2	3	6	142	107	1.33

1994 Season

	ERA	W	L	Sv	G	GS	IP	H	HR	BB	SO		Avg	AB	H	2B	3B	HR	RBI	BB	SO	OBP	SLG
Home	3.00	0	1	0	18	0	15.0	13	0	8	11	vs. Left	.265	49	13	2	0	0	10	5	12	.339	.306
Away	6.91	0	0	0	15	0	14.1	16	2	3	9	vs. Right	.267	60	16	3	0	2	10	6	8	.324	.417
Starter	0.00	0	0	0	0	0	0.0	0	0	0	0	Scoring Posn	.385	26	10	2	0	2	17	7	3	.486	.462
Reliever	4.91	0	1	0	33	0	29.1	29	2	11	20	Close & Late	.200	10	2	0	0	0	2	1	1	.231	.200
0 Days rest (Re)	12.71	0	1	0	8	0	5.2	9	1	6	2	None on/out	.414	29	12	2	0	1	1	2	3	.452	.586
1 or 2 Days rest	3.68	0	0	0	13	0	14.2	11	1	2	9	First Pitch	.100	10	1	1	0	0	2	0	0	.267	.200
3+ Days rest	2.00	0	0	0	12	0	9.0	9	0	3	9	Ahead in Count	.200	15	3	0	0	0	1	0	16	.200	.273
Pre-All Star	4.79	0	0	0	26	0	20.2	18	2	9	15	Behind in Count	.344	32	11	3	0	1	8	5	0	.421	.531
Post-All Star	5.19	0	0	0	7	0	8.2	11	0	2	5	Two Strikes	.231	52	12	0	0	1	6	4	20	.286	.288

Career (1991-1994)

	ERA	W	L	Sv	G	GS	IP	H	HR	BB	SO		Avg	AB	H	2B	3B	HR	RBI	BB	SO	OBP	SLG
Home	4.02	1	2	0	75	0	56.0	51	4	29	31	vs. Left	.250	172	43	3	0	1	27	26	28	.351	.285
Away	3.55	3	0	1	60	0	45.2	44	3	21	26	vs. Right	.257	202	52	8	0	6	28	24	29	.339	.386
Day	3.43	1	0	0	52	0	39.1	42	2	20	22	Inning 1-6	.312	141	44	7	0	4	31	20	22	.406	.447

Career (1991-1994)

	ERA	W	L	Sv	G	GS	IP	H	HR	BB	SO		Avg	AB	H	2B	3B	HR	RBI	BB	SO	OBP	SLG
Night	4.04	3	2	1	83	0	62.1	53	5	30	35	Inning 7+	.219	233	51	4	0	3	24	30	35	.307	.275
Grass	4.31	2	2	0	117	0	85.2	84	6	44	52	None on	.240	196	47	6	0	2	2	14	31	.294	.301
Turf	1.13	2	0	1	18	0	16.0	11	1	6	5	Runners on	.270	178	48	5	0	5	53	36	26	.394	.382
April	0.75	1	0	1	12	0	12.0	9	0	6	6	Scoring Posn	.288	111	32	4	0	4	51	23	19	.407	.432
May	3.77	0	0	0	20	0	14.1	14	3	8	10	Close & Late	.172	64	11	0	0	1	9	10	10	.273	.219
June	3.22	1	1	0	28	0	22.1	17	1	4	11	None on/out	.310	87	27	3	0	2	2	5	10	.348	.414
July	7.45	1	0	0	27	0	19.1	30	2	16	10	vs. 1st Batr (relief)	.294	119	35	3	0	2	20	9	11	.344	.370
August	2.16	0	0	0	21	0	16.2	9	1	6	9	First Inning Pitched	.252	313	79	10	0	6	50	44	49	.348	.342
September/October	4.24	1	1	0	27	0	17.0	16	0	10	11	First 15 Pitches	.252	294	74	8	0	7	45	39	45	.344	.350
Starter	0.00	0	0	0	0	0	0.0	0	0	0	0	Pitch 16-30	.246	69	17	2	0	0	6	10	10	.338	.275
Reliever	3.81	4	2	1	135	0	101.2	95	7	50	57	Pitch 31-45	.222	9	2	1	0	0	2	1	2	.300	.333
0 Days rest (Re)	8.37	3	2	0	40	0	23.2	35	4	16	13	Pitch 46+	1.000	2	2	0	0	0	2	0	0	1.000	1.000
1 or 2 Days rest	2.89	1	0	1	49	0	43.2	31	3	20	26	First Pitch	.222	36	8	1	0	0	2	7	0	.362	.250
3+ Days rest	1.83	0	0	0	46	0	34.1	29	0	14	18	Ahead in Count	.210	157	33	2	0	2	13	0	43	.215	.261
Pre-All Star	3.67	3	1	0	69	0	54.0	51	5	21	31	Behind in Count	.291	110	32	5	0	4	26	24	0	.412	.445
Post-All Star	3.97	1	1	0	66	0	47.2	44	2	29	26	Two Strikes	.198	162	32	1	0	3	18	19	57	.282	.259

Charlie Hough — Marlins   Age 47 – Pitches Right

	ERA	W	L	Sv	G	GS	IP	BB	SO	Avg	H	2B	3B	HR	RBI	OBP	SLG	CG	ShO	Sup	QS	#P/S	SB	CS	GB	FB	G/F
1994 Season	5.15	5	9	0	21	21	113.2	52	65	.274	118	21	6	17	65	.359	.470	1	1	3.96	11	89	8	7	150	148	1.01
Last Five Years	4.21	42	59	0	145	143	912.1	402	488	.245	832	144	26	101	414	.329	.391	14	2	3.97	78	101	87	39	1221	1131	1.08

1994 Season

	ERA	W	L	Sv	G	GS	IP	H	HR	BB	SO		Avg	AB	H	2B	3B	HR	RBI	BB	SO	OBP	SLG
Home	7.94	1	5	0	10	10	45.1	59	10	26	26	vs. Left	.256	195	50	6	3	3	24	17	27	.327	.364
Away	3.29	4	4	0	11	11	68.1	59	7	26	39	vs. Right	.289	235	68	15	3	14	41	35	38	.385	.557
Starter	5.15	5	9	0	21	21	113.2	118	17	52	65	Scoring Posn	.263	99	26	6	1	2	46	27	14	.406	.404
Reliever	0.00	0	0	0	0	0	0.0	0	0	0	0	Close & Late	.300	10	3	0	0	1	2	4	0	.467	.600
0-3 Days Rest (St)	0.00	0	0	0	0	0	0.0	0	0	0	0	None on/out	.209	115	24	6	0	4	4	5	19	.254	.365
4 Days Rest	4.85	4	6	0	12	12	68.2	73	11	32	38	First Pitch	.333	57	19	2	1	3	12	0	0	.355	.561
5+ Days Rest	5.60	1	3	0	9	9	45.0	45	6	20	27	Ahead in Count	.224	170	38	8	1	2	13	0	46	.229	.318
Pre-All Star	4.58	5	8	0	19	19	108.0	109	15	49	62	Behind in Count	.359	103	37	6	2	9	20	40	0	.544	.718
Post-All Star	15.88	0	1	0	2	2	5.2	9	2	3	3	Two Strikes	.214	173	37	7	3	1	21	12	65	.267	.306

Last Five Years

	ERA	W	L	Sv	G	GS	IP	H	HR	BB	SO		Avg	AB	H	2B	3B	HR	RBI	BB	SO	OBP	SLG
Home	4.27	22	28	0	72	72	463.1	435	51	195	242	vs. Left	.243	1549	376	56	13	36	168	178	204	.323	.365
Away	4.15	20	31	0	73	71	449.0	402	50	207	246	vs. Right	.247	1866	461	88	13	65	246	224	284	.334	.413
Day	3.14	9	10	0	34	32	226.2	182	18	85	124	Inning 1-6	.243	2917	709	124	24	84	357	344	426	.327	.388
Night	4.57	33	49	0	111	111	685.2	655	83	317	364	Inning 7+	.257	498	128	20	2	17	57	58	62	.337	.408
Grass	4.12	38	39	0	112	110	722.2	654	79	321	380	None on	.242	2048	496	94	7	66	66	210	311	.320	.392
Turf	4.56	4	20	0	33	33	189.2	183	22	81	108	Runners on	.249	1367	341	50	19	35	348	192	177	.341	.391
April	4.10	5	5	0	18	17	107.2	105	10	47	66	Scoring Posn	.238	773	184	25	9	16	291	137	106	.344	.356
May	4.67	8	11	0	28	27	173.1	159	17	71	88	Close & Late	.264	265	70	11	0	8	30	41	31	.362	.396
June	3.39	11	11	0	28	28	188.1	144	22	95	110	None on/out	.238	901	214	39	3	24	24	75	125	.303	.367
July	4.09	3	13	0	25	25	160.2	144	25	64	66	vs. 1st Batr (relief)	.000	2	0	0	0	0	0	0	1	.000	.000
August	5.31	9	11	0	24	24	142.1	161	18	67	83	First Inning Pitched	.256	539	138	21	6	17	89	84	96	.362	.412
September/October	3.86	6	8	0	22	22	140.0	124	9	58	75	First 75 Pitches	.247	2413	597	104	20	71	309	278	362	.328	.395
Starter	4.20	42	59	0	143	143	906.2	833	101	397	483	Pitch 76-90	.259	425	110	20	3	9	31	43	53	.335	.384
Reliever	6.35	0	0	0	2	0	5.2	4	0	5	5	Pitch 91-105	.197	315	62	9	1	5	29	48	38	.304	.279
0-3 Days Rest (St)	3.41	1	3	0	4	4	29.0	28	2	10	17	Pitch 106+	.260	262	68	11	2	16	45	33	35	.352	.500
4 Days Rest	3.97	28	32	0	85	85	548.1	480	59	250	304	First Pitch	.286	458	131	25	1	14	63	5	0	.308	.437
5+ Days Rest	4.65	13	24	0	54	54	329.1	325	40	137	162	Ahead in Count	.206	1440	296	50	11	27	134	0	378	.211	.312
Pre-All Star	4.11	25	32	0	83	81	525.0	457	62	238	284	Behind in Count	.296	817	242	41	8	40	127	260	0	.465	.513
Post-All Star	4.35	17	27	0	62	62	387.1	380	39	164	204	Two Strikes	.200	1438	287	45	10	26	135	137	488	.273	.299

Pitcher vs. Batter (since 1984)

Pitches Best Vs.	Avg	AB	H	2B	3B	HR	RBI	BB	SO	OBP	SLG	Pitches Worst Vs.	Avg	AB	H	2B	3B	HR	RBI	BB	SO	OBP	SLG
Roberto Alomar	.063	16	1	0	0	0	2	0	1	.158	.063	Cecil Fielder	.545	11	6	3	0	0	4	2	1	.571	.818
Felix Fermin	.067	15	1	1	0	0	0	1	1	.125	.133	Andres Galarraga	.500	12	6	1	0	2	4	0	3	.538	1.083
Otis Nixon	.071	14	1	0	0	0	1	2	0	.176	.071	Junior Felix	.444	9	4	2	0	1	3	1	1	.583	1.000
Tony Gwynn	.077	13	1	1	0	0	1	0	1	.071	.154	Dave Hollins	.444	9	4	1	1	0	4	2	2	.545	.778
David Segui	.091	11	1	0	0	0	1	0	.167	.091	Kevin Mitchell	.364	11	4	1	0	2	4	1	1	.417	1.000

Chris Howard — Mariners   Age 29 – Bats Right

	Avg	G	AB	R	H	2B	3B	HR	RBI	BB	SO	HBP	GDP	SB	CS	OBP	SLG	IBB	SH	SF	#Pit	#P/PA	GB	FB	G/F
1994 Season	.200	9	25	2	5	1	0	0	2	1	6	1	0	0	0	.250	.240	0	1	1	110	3.79	10	6	1.67
Career (1991-1994)	.188	22	32	3	6	2	0	0	2	2	9	1	0	0	0	.250	.250	0	1	1	135	3.65	11	9	1.22

1994 Season

	Avg	AB	H	2B	3B	HR	RBI	BB	SO	OBP	SLG		Avg	AB	H	2B	3B	HR	RBI	BB	SO	OBP	SLG
vs. Left	.333	9	3	1	0	0	0	2	.333	.444		Scoring Posn	.167	6	1	0	0	0	2	0	1	.250	.167
vs. Right	.125	16	2	0	0	0	2	1	4	.211	.125	Close & Late	.000	3	0	0	0	0	1	0	0	.000	.000

187

Chris Howard — Red Sox — Age 29 – Pitches Left (flyball pitcher)

	ERA	W	L	Sv	G	GS	IP	BB	SO	Avg	H	2B	3B	HR	RBI	OBP	SLG	GF	IR	IRS	Hld	SvOp	SB	CS	GB	FB	G/F
1994 Season	3.63	1	0	1	37	0	39.2	12	22	.233	35	5	0	5	16	.287	.367	5	28	8	6	2	5	1	41	58	0.71
Career (1993-1994)	3.43	2	0	1	40	0	42.0	15	23	.236	37	5	0	5	17	.299	.363	5	30	9	6	2	5	2	44	60	0.73

1994 Season

	ERA	W	L	Sv	G	GS	IP	H	HR	BB	SO		Avg	AB	H	2B	3B	HR	RBI	BB	SO	OBP	SLG
Home	2.86	1	0	1	18	0	22.0	18	4	4	13	vs. Left	.231	52	12	3	0	2	8	3	9	.273	.404
Away	4.58	0	0	0	19	0	17.2	17	1	8	9	vs. Right	.235	98	23	2	0	3	8	9	13	.294	.347
Starter	0.00	0	0	0	0	0	0.0	0	0	0	0	Scoring Posn	.176	34	6	0	0	2	12	5	4	.268	.353
Reliever	3.63	1	0	1	37	0	39.2	35	5	12	22	Close & Late	.292	24	7	1	0	1	5	2	2	.346	.458
0 Days rest (Re)	9.00	0	0	0	11	0	9.0	12	1	6	5	None on/out	.171	35	6	2	0	0	0	8	.171	.229	
1 or 2 Days rest	2.04	1	0	0	19	0	17.2	13	1	6	11	First Pitch	.467	15	7	3	0	1	5	3	0	.556	.867
3+ Days rest	2.08	0	0	1	7	0	13.0	10	3	0	6	Ahead in Count	.197	66	13	1	0	2	7	0	20	.191	.303
Pre-All Star	3.42	1	0	1	25	0	23.2	21	3	10	16	Behind in Count	.200	45	9	0	0	1	3	5	0	.280	.267
Post-All Star	3.94	0	0	0	12	0	16.0	14	2	2	6	Two Strikes	.171	70	12	2	0	1	6	4	22	.211	.243

Dave Howard — Royals — Age 28 – Bats Both

	Avg	G	AB	R	H	2B	3B	HR	RBI	BB	SO	HBP	GDP	SB	CS	OBP	SLG	IBB	SH	SF	#Pit	#P/PA	GB	FB	G/F
1994 Season	.229	46	83	9	19	4	0	1	13	11	23	0	1	3	2	.309	.313	0	3	3	377	3.77	15	28	0.64
Career (1991-1994)	.226	229	562	53	127	17	3	4	50	44	116	1	5	10	8	.280	.283	0	22	8	2290	3.59	184	155	1.19

1994 Season

	Avg	AB	H	2B	3B	HR	RBI	BB	SO	OBP	SLG		Avg	AB	H	2B	3B	HR	RBI	BB	SO	OBP	SLG
vs. Left	.200	15	3	3	0	0	5	3	1	.300	.400	Scoring Posn	.179	28	5	3	0	0	11	5	9	.278	.286
vs. Right	.235	68	16	1	0	1	8	8	22	.312	.294	Close & Late	.235	17	4	0	0	0	2	2	5	.316	.235

Career (1991-1994)

	Avg	AB	H	2B	3B	HR	RBI	BB	SO	OBP	SLG		Avg	AB	H	2B	3B	HR	RBI	BB	SO	OBP	SLG
vs. Left	.216	167	36	7	1	1	17	11	28	.260	.287	Scoring Posn	.230	152	35	6	0	2	47	13	26	.277	.309
vs. Right	.230	395	91	10	2	3	33	33	88	.288	.281	Close & Late	.230	87	20	5	0	1	9	5	18	.269	.322
Groundball	.266	128	34	5	1	0	11	10	18	.324	.320	None on/out	.218	133	29	3	3	0	0	10	30	.273	.286
Flyball	.171	158	27	3	1	2	13	14	30	.237	.241	Batting #8	.179	145	26	4	0	1	14	13	32	.245	.228
Home	.239	301	72	10	2	1	34	28	61	.298	.296	Batting #9	.245	375	92	12	3	2	36	28	78	.294	.309
Away	.211	261	55	7	1	2	16	16	55	.258	.268	Other	.214	42	9	1	0	0	0	3	6	.267	.238
Day	.224	147	33	2	1	0	10	14	27	.289	.252	April	.106	47	5	1	0	0	5	5	9	.189	.128
Night	.227	415	94	15	2	3	40	30	89	.276	.294	May	.182	33	6	0	0	0	3	7	11	.325	.182
Grass	.222	185	41	4	1	0	9	9	37	.260	.254	June	.208	48	10	1	1	0	3	4	10	.264	.271
Turf	.228	377	86	13	2	3	41	35	79	.289	.297	July	.245	143	35	6	0	2	18	9	27	.288	.329
First Pitch	.250	116	29	5	1	0	13	0	0	.248	.310	August	.302	162	49	9	1	1	18	11	30	.343	.377
Ahead in Count	.305	82	25	2	1	2	11	19	0	.423	.427	September/October	.171	129	22	0	2	0	3	8	29	.217	.202
Behind in Count	.174	264	46	4	0	0	14	0	100	.175	.189	Pre-All Star	.188	160	30	3	1	1	19	18	38	.264	.238
Two Strikes	.177	266	47	4	1	1	14	25	116	.244	.211	Post-All Star	.241	402	97	14	2	2	31	26	78	.286	.301

Batter vs. Pitcher (career)

Hits Best Against	Avg	AB	H	2B	3B	HR	RBI	BB	SO	OBP	SLG	Hits Worst Against	Avg	AB	H	2B	3B	HR	RBI	BB	SO	OBP	SLG
Mike Moore	.333	12	4	0	0	0	1	0	1	.333	.333	Dave Stewart	.143	14	2	0	0	1	4	1	4	.188	.357
												Randy Johnson	.182	11	2	1	0	0	1	0	5	.182	.273
												Mike Mussina	.182	11	2	0	0	0	0	0	1	.182	.182

Thomas Howard — Reds — Age 30 – Bats Both (groundball hitter)

	Avg	G	AB	R	H	2B	3B	HR	RBI	BB	SO	HBP	GDP	SB	CS	OBP	SLG	IBB	SH	SF	#Pit	#P/PA	GB	FB	G/F
1994 Season	.264	83	178	24	47	11	0	5	24	10	30	0	2	4	2	.302	.410	1	3	1	682	3.55	70	51	1.37
Career (1990-1994)	.262	443	1183	143	310	55	8	18	114	75	221	1	20	39	25	.304	.368	6	17	9	4578	3.56	483	265	1.82

1994 Season

	Avg	AB	H	2B	3B	HR	RBI	BB	SO	OBP	SLG		Avg	AB	H	2B	3B	HR	RBI	BB	SO	OBP	SLG
vs. Left	.214	28	6	1	0	0	1	2	9	.267	.250	Scoring Posn	.265	49	13	4	0	1	17	2	7	.288	.408
vs. Right	.273	150	41	10	0	5	23	8	21	.308	.440	Close & Late	.341	44	15	2	0	1	7	4	11	.388	.455
Home	.318	88	28	4	0	4	16	7	13	.365	.500	None on/out	.257	35	9	2	0	2	2	3	6	.316	.486
Away	.211	90	19	7	0	1	8	3	17	.237	.322	Batting #4	.218	55	12	2	0	1	3	2	10	.246	.309
First Pitch	.207	29	6	2	0	0	1	0	0	.207	.276	Batting #9	.313	32	10	3	0	2	0	6	13	.313	.406
Ahead in Count	.344	32	11	2	0	0	4	6	0	.447	.406	Other	.275	91	25	6	0	4	19	8	14	.330	.473
Behind in Count	.273	88	24	5	0	5	16	0	22	.270	.500	Pre-All Star	.266	158	42	9	0	5	20	9	26	.304	.418
Two Strikes	.262	84	22	4	0	5	15	3	30	.287	.488	Post-All Star	.250	20	5	2	0	0	4	1	4	.286	.350

Career (1990-1994)

	Avg	AB	H	2B	3B	HR	RBI	BB	SO	OBP	SLG		Avg	AB	H	2B	3B	HR	RBI	BB	SO	OBP	SLG
vs. Left	.225	285	64	5	1	4	22	22	75	.277	.291	Scoring Posn	.271	291	79	13	1	6	95	26	65	.322	.385
vs. Right	.274	898	246	50	7	14	92	53	146	.313	.392	Close & Late	.244	246	60	11	0	3	32	16	50	.286	.325
Groundball	.280	322	90	14	4	5	38	22	40	.326	.394	None on/out	.258	314	81	20	2	3	3	19	52	.300	.363
Flyball	.237	249	59	12	3	3	17	12	54	.269	.345	Batting #1	.280	361	101	20	5	6	26	26	58	.328	.413
Home	.272	574	156	19	4	14	65	43	102	.321	.392	Batting #2	.264	386	102	15	1	3	40	17	78	.292	.332
Away	.253	609	154	36	4	4	49	32	119	.288	.345	Other	.245	436	107	20	2	9	48	32	85	.296	.362
Day	.261	406	106	20	2	6	33	24	61	.302	.365	April	.333	129	43	5	0	3	18	8	21	.370	.442
Night	.263	777	204	35	6	12	81	51	160	.306	.369	May	.208	231	48	5	2	1	12	7	47	.228	.260
Grass	.255	805	205	34	6	9	70	45	149	.293	.345	June	.288	219	63	14	1	3	24	16	27	.335	.402
Turf	.278	378	105	21	2	9	44	30	72	.329	.415	July	.257	191	49	8	0	2	14	18	45	.321	.330
First Pitch	.406	180	73	13	1	4	25	5	0	.413	.556	August	.274	186	51	10	1	5	26	8	35	.301	.419

	Career (1990-1994)																			
	Avg	AB	H	2B	3B	HR	RBI	BB	SO	OBP	SLG		Avg	AB	H	2B	3B	HR	RBI	BB	SO	OBP	SLG
Ahead in Count	.291	220	64	10	3	4	26	32	0	.379	.418	September/October	.247	227	56	13	4	4	20	18	46	.302	.392
Behind in Count	.209	603	126	23	2	10	51	0	191	.209	.303	Pre-All Star	.263	666	175	27	3	8	63	39	116	.302	.348
Two Strikes	.185	556	103	15	2	8	40	37	221	.235	.263	Post-All Star	.261	517	135	28	5	10	51	36	105	.308	.393

	Batter vs. Pitcher (career)																			
Hits Best Against	Avg	AB	H	2B	3B	HR	RBI	BB	SO	OBP	SLG	Hits Worst Against	Avg	AB	H	2B	3B	HR	RBI	BB	SO	OBP	SLG
Jack Morris	.500	12	6	1	0	1	5	0	1	.500	.833	Rick Sutcliffe	.000	11	0	0	0	0	1	0	1	.000	.000
Mike Moore	.462	13	6	0	0	1	3	0	0	.462	.692	Greg Maddux	.111	9	1	0	0	0	1	0	2	.182	.111
Kevin Brown	.455	11	5	1	0	0	1	0	1	.455	.545	Chris Bosio	.182	11	2	0	0	0	0	0	2	.182	.182
John Smiley	.417	12	5	1	0	1	3	0	4	.417	.750	John Burkett	.182	11	2	0	0	0	0	0	2	.182	.182
Ramon Martinez	.308	13	4	1	1	0	0	2	1	.400	.538	Dwight Gooden	.182	11	2	0	0	0	0	1	3	.250	.182

Steve Howe — Yankees
Age 37 – Pitches Left (groundball pitcher)

	ERA	W	L	Sv	G	GS	IP	BB	SO	Avg	H	2B	3B	HR	RBI	OBP	SLG	GF	IR	IRS	Hld	SvOp	SB	CS	GB	FB	G/F
1994 Season	1.80	3	0	15	40	0	40.0	7	18	.194	28	6	0	2	15	.232	.278	25	33	10	3	19	3	0	75	31	2.42
Last Five Years	2.85	12	6	28	148	0	161.0	27	83	.228	134	25	0	11	64	.267	.326	64	159	39	25	36	5	1	267	142	1.88

1994 Season

	ERA	W	L	Sv	G	GS	IP	H	BB	SO		Avg	AB	H	2B	3B	HR	RBI	BB	SO	OBP	SLG
Home	0.89	1	0	9	20	0	20.1	11	1	2	vs. Left	.205	44	9	0	0	0	6	1	10	.222	.205
Away	2.75	2	0	6	20	0	19.2	17	1	5	vs. Right	.190	100	19	6	0	2	9	6	8	.236	.310
Starter	0.00	0	0	0	0	0	0.0	0	0	0	Scoring Posn	.200	40	8	1	0	0	12	2	2	.238	.225
Reliever	1.80	3	0	15	40	0	40.0	28	2	7	18	Close & Late	.159	88	14	3	0	1	10	4	11	.196	.227
0 Days rest (Re)	0.00	1	0	5	10	0	8.0	2	0	1	7	None on/out	.037	27	1	0	0	0	0	2	5	.103	.037
1 or 2 Days rest	0.87	1	0	7	15	0	20.2	9	2	4	9	First Pitch	.111	27	3	0	0	1	3	1	0	.143	.222
3+ Days rest	4.76	1	0	3	15	0	11.1	17	0	2	3	Ahead in Count	.185	65	12	4	0	0	5	0	16	.185	.246
Pre-All Star	2.55	1	0	9	27	0	24.2	21	1	4	12	Behind in Count	.179	28	5	2	0	0	3	2	0	.233	.250
Post-All Star	0.59	2	0	6	13	0	15.1	7	1	3	6	Two Strikes	.220	59	13	3	0	0	5	4	18	.270	.271

Last Five Years

	ERA	W	L	Sv	G	GS	IP	H	HR	BB	SO		Avg	AB	H	2B	3B	HR	RBI	BB	SO	OBP	SLG
Home	2.85	5	3	14	66	0	75.2	63	6	9	36	vs. Left	.197	173	34	2	0	1	16	5	32	.227	.225
Away	2.85	7	3	14	82	0	85.1	71	5	18	47	vs. Right	.240	416	100	23	0	10	48	22	51	.283	.368
Day	2.66	2	1	9	46	0	47.1	41	4	11	18	Inning 1-6	.226	31	7	2	0	0	5	2	7	.273	.290
Night	2.93	10	5	19	102	0	113.2	93	7	16	65	Inning 7+	.228	558	127	23	0	11	59	25	76	.266	.328
Grass	2.88	8	4	23	119	0	137.1	112	9	25	69	None on	.201	324	65	12	0	5	5	10	51	.236	.284
Turf	2.66	4	2	5	29	0	23.2	22	2	2	14	Runners on	.260	265	69	13	0	6	59	17	32	.303	.377
April	4.87	4	0	4	22	0	20.1	19	2	2	11	Scoring Posn	.250	152	38	8	0	2	50	15	16	.314	.342
May	4.33	2	1	6	23	0	27.0	18	2	9	10	Close & Late	.217	286	62	11	0	7	38	17	43	.262	.329
June	1.77	2	2	7	37	0	45.2	34	2	6	22	None on/out	.194	134	26	2	0	2	2	3	28	.223	.254
July	2.06	3	2	11	38	0	39.1	36	2	5	18	vs. 1st Batr (relief)	.200	135	27	1	0	3	23	6	23	.241	.274
August	1.83	1	0	0	18	0	19.2	19	2	4	7	First Inning Pitched	.229	414	95	18	0	7	52	19	61	.271	.324
September/October	5.00	0	1	0	10	0	9.0	8	1	1	6	First 15 Pitches	.209	426	89	14	0	8	48	20	62	.249	.298
Starter	0.00	0	0	0	0	0	0.0	0	0	0	0	Pitch 16-30	.293	140	41	11	0	3	16	7	18	.333	.436
Reliever	2.85	12	6	28	148	0	161.0	134	11	27	83	Pitch 31-45	.190	21	4	0	0	0	0	0	3	.190	.190
0 Days rest (Re)	0.85	2	0	9	30	0	31.2	11	2	2	23	Pitch 46+	.000	2	0	0	0	0	0	0	0	.000	.000
1 or 2 Days rest	2.72	5	4	14	69	0	82.2	73	6	17	38	First Pitch	.282	110	31	4	0	1	13	7	0	.328	.345
3+ Days rest	4.44	5	2	5	49	0	46.2	50	3	8	22	Ahead in Count	.185	265	49	14	0	3	21	0	78	.193	.272
Pre-All Star	3.07	8	3	20	96	0	105.2	87	6	19	56	Behind in Count	.244	123	30	4	0	3	18	11	0	.307	.350
Post-All Star	2.44	4	3	8	52	0	55.1	47	5	8	27	Two Strikes	.182	242	44	10	0	4	21	9	83	.220	.281

	Pitcher vs. Batter (since 1984)																			
Pitches Best Vs.	Avg	AB	H	2B	3B	HR	RBI	BB	SO	OBP	SLG	Pitches Worst Vs.	Avg	AB	H	2B	3B	HR	RBI	BB	SO	OBP	SLG
Lou Whitaker	.000	9	0	0	0	0	2	2	1	.182	.000												
Ken Griffey Jr.	.231	13	3	0	0	0	4	0	3	.231	.231												

Jay Howell — Rangers
Age 39 – Pitches Right

	ERA	W	L	Sv	G	GS	IP	BB	SO	Avg	H	2B	3B	HR	RBI	OBP	SLG	GF	IR	IRS	Hld	SvOp	SB	CS	GB	FB	G/F
1994 Season	5.44	4	1	2	40	0	43.0	16	22	.262	44	7	1	10	35	.324	.494	17	36	12	5	5	2	1	71	58	1.22
Last Five Years	2.82	19	17	38	224	0	265.0	81	194	.235	231	32	4	23	116	.296	.346	135	188	69	20	56	27	9	327	300	1.09

1994 Season

	ERA	W	L	Sv	G	GS	IP	H	HR	BB	SO		Avg	AB	H	2B	3B	HR	RBI	BB	SO	OBP	SLG
Home	2.82	1	0	0	20	0	22.1	20	2	11	8	vs. Left	.278	72	20	2	0	7	12	9	12	.358	.597
Away	8.27	3	1	2	20	0	20.2	24	8	5	14	vs. Right	.250	96	24	5	1	3	23	7	10	.299	.417
Starter	0.00	0	0	0	0	0	0.0	0	0	0	0	Scoring Posn	.310	42	13	3	0	1	23	7	4	.385	.452
Reliever	5.44	4	1	2	40	0	43.0	44	10	16	22	Close & Late	.258	66	17	3	1	4	17	6	5	.307	.515
0 Days rest (Re)	10.38	1	0	0	7	0	4.1	8	1	3	2	None on/out	.179	39	7	2	0	2	2	2	7	.220	.385
1 or 2 Days rest	1.50	2	0	0	18	0	18.0	9	1	5	11	First Pitch	.333	27	9	2	0	2	6	2	0	.379	.630
3+ Days rest	7.84	1	1	0	15	0	20.2	28	8	8	9	Ahead in Count	.147	68	10	2	0	1	6	0	16	.145	.221
Pre-All Star	5.40	3	1	2	32	0	35.0	34	6	16	20	Behind in Count	.405	42	17	1	0	6	17	7	0	.481	.857
Post-All Star	5.63	1	0	0	8	0	8.0	10	4	0	2	Two Strikes	.179	67	12	2	0	1	8	1	22	.253	.254

Last Five Years

	ERA	W	L	Sv	G	GS	IP	H	HR	BB	SO		Avg	AB	H	2B	3B	HR	RBI	BB	SO	OBP	SLG
Home	2.39	11	8	16	123	0	150.2	127	8	43	107	vs. Left	.232	499	116	17	2	13	50	38	109	.293	.353
Away	3.38	8	9	22	101	0	114.1	104	15	38	87	vs. Right	.238	484	115	15	2	10	66	43	85	.300	.339
Day	2.76	4	4	13	58	0	65.1	56	5	21	50	Inning 1-6	.210	62	13	1	0	0	5	5	14	.265	.226

Last Five Years

	ERA	W	L	Sv	G	GS	IP	H	HR	BB	SO		Avg	AB	H	2B	3B	HR	RBI	BB	SO	OBP	SLG
Night	2.84	15	13	25	166	0	199.2	175	18	60	144	Inning 7+	.237	921	218	31	4	23	111	76	180	.299	.354
Grass	2.54	16	10	30	176	0	209.0	174	16	58	152	None on	.217	571	124	16	1	18	18	33	117	.268	.343
Turf	3.86	3	7	8	48	0	56.0	57	7	23	42	Runners on	.260	412	107	16	3	5	98	48	77	.333	.350
April	4.40	4	3	1	25	0	28.2	34	2	7	20	Scoring Posn	.255	247	63	9	2	3	90	35	47	.340	.344
May	4.26	0	4	11	38	0	44.1	44	6	15	29	Close & Late	.247	514	127	16	3	11	73	46	99	.314	.354
June	2.09	5	2	5	48	0	60.1	43	3	24	40	None on/out	.234	244	57	8	1	9	9	10	46	.270	.385
July	2.96	4	2	4	37	0	48.2	41	7	15	37	vs. 1st Batr (relief)	.251	199	50	8	0	7	28	17	33	.312	.397
August	1.68	3	5	10	45	0	48.1	37	4	12	33	First Inning Pitched	.228	718	164	24	3	17	94	61	137	.292	.341
September/October	2.34	3	1	7	31	0	34.2	32	1	8	35	First 15 Pitches	.234	674	158	21	3	14	82	57	117	.297	.337
Starter	0.00	0	0	0	0	0	0	0	0	0	0	Pitch 16-30	.233	262	61	7	1	8	29	18	67	.284	.359
Reliever	2.82	19	17	38	224	0	265.0	231	23	81	194	Pitch 31-45	.261	46	12	4	0	1	5	6	9	.358	.413
0 Days rest (Re)	3.78	7	6	9	46	0	47.2	42	2	10	32	Pitch 46+	.000	1	0	0	0	0	0	0	1	.000	.000
1 or 2 Days rest	1.93	7	4	18	95	0	116.1	93	7	39	95	First Pitch	.269	145	39	5	0	3	20	13	0	.327	.366
3+ Days rest	3.39	5	7	11	83	0	101.0	96	14	32	67	Ahead in Count	.187	466	87	11	1	8	36	0	171	.198	.266
Pre-All Star	3.20	9	9	17	124	0	149.0	135	11	50	102	Behind in Count	.320	197	63	8	2	9	35	40	0	.430	.518
Post-All Star	2.33	10	8	21	100	0	116.0	96	12	31	92	Two Strikes	.174	461	80	12	1	8	38	28	194	.223	.256

Pitcher vs. Batter (since 1984)

Pitches Best Vs.	Avg	AB	H	2B	3B	HR	RBI	BB	SO	OBP	SLG	Pitches Worst Vs.	Avg	AB	H	2B	3B	HR	RBI	BB	SO	OBP	SLG
Tim Wallach	.000	9	0	0	0	0	1	1	1	.091	.000	Paul O'Neill	.667	12	8	2	1	2	10	2	1	.714	1.500
Andre Dawson	.091	11	1	0	0	0	0	0	3	.091	.091	Harold Baines	.400	10	4	0	0	0	0	1	3	.455	.400
Mark Grace	.091	11	1	0	0	0	0	0	0	.091	.091	Gary Gaetti	.385	13	5	1	0	0	0	0	2	.385	.462
Robby Thompson	.118	17	2	0	0	3	0	9	0	.111	.118	Todd Benzinger	.375	8	3	1	0	1	4	1	3	.364	.875
Ken Caminiti	.125	16	2	0	0	0	0	0	6	.125	.125	Matt Williams	.313	16	5	3	0	0	2	0	5	.313	.500

Dann Howitt — White Sox
Age 31 – Bats Left

	Avg	G	AB	R	H	2B	3B	HR	RBI	BB	SO	HBP	GDP	SB	CS	OBP	SLG	IBB	SH	SF	#Pit	#P/PA	GB	FB	G/F
1994 Season	.357	10	14	4	5	3	0	0	0	1	7	0	1	0	0	.400	.571	0	0	0	59	3.93	2	2	1.00
Last Five Years	.197	112	239	25	47	11	3	5	22	17	58	0	8	1	1	.246	.331	1	1	4	978	3.75	83	71	1.17

1994 Season

	Avg	AB	H	2B	3B	HR	RBI	BB	SO	OBP	SLG		Avg	AB	H	2B	3B	HR	RBI	BB	SO	OBP	SLG
vs. Left	1.000	1	1	0	0	0	0	0	0	1.000	1.000	Scoring Posn	.500	2	1	1	0	0	0	1	1	.667	1.000
vs. Right	.308	13	4	3	0	0	0	1	7	.357	.538	Close & Late	.000	0	0	0	0	0	0	0	1	1.000	.000

Kent Hrbek — Twins
Age 35 – Bats Left

	Avg	G	AB	R	H	2B	3B	HR	RBI	BB	SO	HBP	GDP	SB	CS	OBP	SLG	IBB	SH	SF	#Pit	#P/PA	GB	FB	G/F
1994 Season	.270	81	274	34	74	11	0	10	53	37	28	1	8	0	0	.353	.420	6	0	5	1149	3.62	112	90	1.24
Last Five Years	.267	591	2014	279	537	88	2	92	362	315	281	9	65	18	10	.365	.449	33	10	22	8348	3.52	809	651	1.24

1994 Season

	Avg	AB	H	2B	3B	HR	RBI	BB	SO	OBP	SLG		Avg	AB	H	2B	3B	HR	RBI	BB	SO	OBP	SLG
vs. Left	.282	39	11	1	0	2	12	5	5	.378	.462	Scoring Posn	.354	82	29	6	0	4	45	17	7	.448	.573
vs. Right	.268	235	63	10	0	8	41	32	23	.349	.413	Close & Late	.340	47	16	1	0	0	8	7	5	.418	.362
Groundball	.289	83	24	2	0	3	16	13	10	.381	.422	None on/out	.213	80	17	2	0	3	3	7	7	.276	.350
Flyball	.370	54	20	4	0	5	17	7	5	.435	.722	Batting #4	.258	248	64	9	0	9	45	31	22	.335	.403
Home	.274	135	37	8	0	4	28	23	16	.374	.422	Batting #6	.231	13	3	0	0	0	4	4	3	.444	.231
Away	.266	139	37	3	0	6	25	14	12	.331	.417	Other	.538	13	7	2	0	1	4	2	3	.600	.923
Day	.208	77	16	4	0	2	19	8	4	.276	.338	April	.280	75	21	4	0	2	11	16	8	.398	.413
Night	.294	197	58	7	0	8	34	29	24	.383	.452	May	.500	2	1	1	0	0	0	0	1	.500	1.000
Grass	.248	105	26	1	0	6	18	11	9	.316	.429	June	.215	79	17	2	0	3	14	9	7	.292	.354
Turf	.284	169	48	10	0	4	35	26	19	.375	.414	July	.292	89	26	3	0	3	17	6	7	.330	.427
First Pitch	.212	52	11	1	0	3	9	4	0	.263	.404	August	.310	29	9	1	0	2	11	6	5	.444	.552
Ahead in Count	.385	78	30	6	0	3	18	22	0	.510	.577	September/October	.000	0	0	0	0	0	0	0	0	.000	.000
Behind in Count	.228	92	21	1	0	2	14	0	23	.226	.304	Pre-All Star	.250	188	47	8	0	5	29	27	18	.336	.372
Two Strikes	.202	99	20	3	0	2	14	11	26	.279	.293	Post-All Star	.314	86	27	3	0	5	24	10	10	.392	.523

1994 By Position

Position	Avg	AB	H	2B	3B	HR	RBI	BB	SO	OBP	SLG	G	GS	Innings	PO	A	E	DP	Fld Pct	Rng Fctr	In Zone	Outs	Zone Rtg	MLB Zone
As Pinch Hitter	.625	8	5	1	0	0	2	2	2	.700	.750	11	0	---	---	---	---	---	---	---	---	---	---	---
As 1b	.272	250	68	10	0	10	47	31	25	.348	.432	72	66	578.2	567	41	2	51	.997	---	108	88	.815	.818

Last Five Years

	Avg	AB	H	2B	3B	HR	RBI	BB	SO	OBP	SLG		Avg	AB	H	2B	3B	HR	RBI	BB	SO	OBP	SLG
vs. Left	.272	437	119	13	0	14	77	55	63	.356	.398	Scoring Posn	.265	585	155	26	1	25	259	131	76	.390	.441
vs. Right	.265	1577	418	75	2	78	285	260	171	.367	.464	Close & Late	.318	302	96	16	0	6	44	52	28	.414	.430
Groundball	.268	526	141	18	0	18	85	89	60	.373	.405	None on/out	.233	486	113	24	0	21	21	62	56	.322	.412
Flyball	.320	441	141	28	0	27	97	74	46	.415	.571	Batting #4	.269	1551	417	68	1	77	298	242	166	.365	.463
Home	.278	1004	279	51	1	45	197	158	111	.374	.465	Batting #7	.291	151	44	9	0	8	21	25	27	.399	.510
Away	.255	1010	258	37	1	47	165	157	123	.356	.434	Other	.244	312	76	11	1	7	43	48	41	.346	.353
Day	.250	604	151	25	0	25	113	89	60	.343	.416	April	.270	278	75	16	1	11	55	51	35	.383	.453
Night	.274	1410	386	63	2	67	249	226	174	.374	.464	May	.273	322	88	14	1	14	47	61	31	.386	.453
Grass	.258	759	196	28	0	40	132	122	89	.361	.453	June	.259	363	94	22	0	16	62	49	42	.345	.452
Turf	.272	1255	341	60	2	52	230	193	145	.367	.447	July	.275	426	117	16	0	18	75	54	45	.358	.439
First Pitch	.307	417	128	19	0	24	85	21	0	.340	.525	August	.257	409	105	12	0	20	75	57	60	.346	.433
Ahead in Count	.315	565	178	28	1	38	129	170	0	.468	.570	September/October	.269	216	58	8	0	13	48	43	21	.389	.486

	Avg	AB	H	2B	3B	HR	RBI	BB	SO	OBP	SLG		Last Five Years	Avg	AB	H	2B	3B	HR	RBI	BB	SO	OBP	SLG
Behind in Count	.221	679	150	22	1	17	87	0	192	.223	.331		Pre-All Star	.268	1099	294	56	2	45	190	180	123	.368	.445
Two Strikes	.196	703	138	30	1	13	82	118	234	.311	.297		Post-All Star	.266	915	243	32	0	47	172	135	111	.361	.455

Batter vs. Pitcher (since 1984)

Hits Best Against	Avg	AB	H	2B	3B	HR	RBI	BB	SO	OBP	SLG	Hits Worst Against	Avg	AB	H	2B	3B	HR	RBI	BB	SO	OBP	SLG
Pete Harnisch	.556	9	5	2	0	2	7	2	0	.636	1.444	Bryan Harvey	.000	10	0	0	0	0	0	1	3	.091	.000
Doug Jones	.500	14	7	2	0	2	5	1	1	.533	1.071	Dan Plesac	.000	8	0	0	0	0	0	2	1	.091	.000
Cal Eldred	.455	11	5	1	0	2	10	3	1	.533	1.091	Edwin Nunez	.063	16	1	0	0	0	1	3	3	.211	.063
Ron Darling	.444	9	4	1	0	3	8	3	2	.538	1.556	Bruce Hurst	.125	16	2	1	0	0	0	0	4	.125	.188
Tom Bolton	.400	10	4	1	0	2	5	2	2	.600	.800	Jimmy Key	.143	21	3	0	0	0	2	0	7	.143	.143

Trent Hubbard — Rockies
Age 29 – Bats Right

	Avg	G	AB	R	H	2B	3B	HR	RBI	BB	SO	HBP	GDP	SB	CS	OBP	SLG	IBB	SH	SF	#Pit	#P/PA	GB	FB	G/F
1994 Season	.280	18	25	3	7	1	1	1	3	3	4	0	1	0	0	.357	.520	0	0	0	129	4.61	10	5	2.00

1994 Season

	Avg	AB	H	2B	3B	HR	RBI	BB	SO	OBP	SLG		Avg	AB	H	2B	3B	HR	RBI	BB	SO	OBP	SLG
vs. Left	.364	11	4	1	0	0	1	1	0	.417	.455	Scoring Posn	.286	7	2	0	0	1	2	0	3	.286	.714
vs. Right	.214	14	3	0	1	1	2	2	4	.313	.571	Close & Late	.000	5	0	0	0	0	0	0	2	.000	.000

John Hudek — Astros
Age 28 – Pitches Right (flyball pitcher)

	ERA	W	L	Sv	G	GS	IP	BB	SO	Avg	H	2B	3B	HR	R	OBP	SLG	GF	IR	IRS	Hld	SvOp	SB	CS	GB	FB	G/F
1994 Season	2.97	0	2	16	42	0	39.1	18	39	.174	24	3	0	5	19	.270	.304	33	19	6	1	18	2	0	33	46	0.72

1994 Season

	ERA	W	L	Sv	G	GS	IP	H	BB	SO		Avg	AB	H	2B	3B	HR	RBI	BB	SO	OBP	SLG
Home	3.54	0	0	7	21	0	20.1	12	3	9	25	vs. Left	.161	62	10	1	0	5	14	11	16	.293	.419
Away	2.37	0	2	9	21	0	19.0	12	2	9	14	vs. Right	.184	76	14	2	0	0	5	7	23	.250	.211
Starter	0.00	0	0	0	0	0	0	0	0	0	0	Scoring Posn	.206	34	7	1	0	2	13	10	7	.370	.412
Reliever	2.97	0	2	16	42	0	39.1	24	5	18	39	Close & Late	.186	86	16	2	0	4	15	10	26	.273	.349
0 Days rest (Re)	10.80	0	0	3	4	0	3.1	2	2	4	3	None on/out	.194	36	7	1	0	1	1	1	8	.216	.306
1 or 2 Days rest	2.92	0	2	11	28	0	24.2	19	3	12	24	First Pitch	.200	20	4	1	0	1	3	2	0	.273	.400
3+ Days rest	0.79	0	2	10	0	0	11.1	3	0	2	12	Ahead in Count	.083	72	6	1	0	1	4	0	34	.082	.139
Pre-All Star	1.97	0	1	15	33	0	32.0	18	3	12	34	Behind in Count	.391	23	9	1	0	3	9	3	0	.462	.826
Post-All Star	7.36	0	1	1	9	0	7.1	6	2	6	5	Two Strikes	.056	72	4	0	0	1	13	39	0	.195	.111

Rex Hudler — Angels
Age 34 – Bats Right

	Avg	G	AB	R	H	2B	3B	HR	RBI	BB	SO	HBP	GDP	SB	CS	OBP	SLG	IBB	SH	SF	#Pit	#P/PA	GB	FB	G/F
1994 Season	.298	56	124	17	37	8	0	8	20	6	28	0	7	2	2	.326	.556	0	4	2	536	3.94	44	32	1.38
Last Five Years	.262	311	649	86	170	33	4	19	62	30	112	3	11	34	26	.295	.413	2	9	6	2562	3.68	247	171	1.44

1994 Season

	Avg	AB	H	2B	3B	HR	RBI	BB	SO	OBP	SLG		Avg	AB	H	2B	3B	HR	RBI	BB	SO	OBP	SLG
vs. Left	.307	75	23	7	0	3	9	2	14	.316	.520	Scoring Posn	.381	21	8	3	0	2	13	2	7	.400	.810
vs. Right	.286	49	14	1	0	5	11	4	14	.340	.612	Close & Late	.300	20	6	0	0	1	4	1	6	.333	.450
Home	.283	46	13	4	0	4	8	3	9	.320	.630	None on/out	.179	39	7	2	0	1	1	1	11	.200	.308
Away	.308	78	24	4	0	4	12	3	19	.329	.513	Batting #1	.333	39	13	5	0	3	7	1	8	.350	.692
First Pitch	.800	5	4	0	0	1	1	0	0	.800	1.400	Batting #8	.314	35	11	3	0	1	3	1	6	.324	.486
Ahead in Count	.360	25	9	0	0	3	6	3	0	.414	.720	Other	.260	50	13	0	0	4	10	4	14	.309	.500
Behind in Count	.219	73	16	6	0	0	6	0	24	.216	.301	Pre-All Star	.324	102	33	8	0	7	18	5	22	.352	.608
Two Strikes	.225	71	16	4	0	2	6	3	28	.253	.366	Post-All Star	.182	22	4	0	0	1	2	1	6	.208	.318

Last Five Years

	Avg	AB	H	2B	3B	HR	RBI	BB	SO	OBP	SLG		Avg	AB	H	2B	3B	HR	RBI	BB	SO	OBP	SLG
vs. Left	.267	419	112	25	3	11	33	19	67	.297	.420	Scoring Posn	.285	144	41	10	2	3	43	11	28	.327	.444
vs. Right	.252	230	58	8	1	8	29	11	45	.291	.400	Close & Late	.259	135	35	3	0	6	12	5	31	.284	.415
Groundball	.249	213	53	6	1	6	17	12	38	.288	.371	None on/out	.209	191	40	6	3	3	7	28	28	.241	.298
Flyball	.237	131	31	4	0	3	14	6	24	.271	.374	Batting #1	.269	145	39	11	1	3	11	7	23	.305	.421
Home	.244	287	70	16	2	9	26	15	47	.283	.408	Batting #6	.210	143	30	4	0	4	11	7	24	.250	.322
Away	.276	362	100	17	2	10	36	15	65	.305	.417	Other	.280	361	101	18	3	12	40	16	65	.309	.446
Day	.267	195	52	13	1	4	22	9	35	.293	.405	April	.253	95	24	6	0	2	5	3	18	.273	.379
Night	.260	454	118	20	3	15	40	21	77	.296	.416	May	.348	115	40	9	1	5	17	6	13	.377	.574
Grass	.265	257	68	13	0	11	33	15	46	.302	.444	June	.192	78	15	4	1	2	7	6	17	.250	.346
Turf	.260	392	102	20	4	8	29	15	66	.290	.393	July	.203	138	28	3	0	2	8	8	29	.250	.268
First Pitch	.373	67	25	3	0	1	5	1	0	.382	.463	August	.347	124	43	8	2	5	18	3	19	.367	.565
Ahead in Count	.426	122	52	7	2	7	22	22	0	.510	.689	September/October	.202	99	20	3	0	3	7	4	16	.234	.323
Behind in Count	.180	344	62	13	2	3	18	0	99	.183	.256	Pre-All Star	.260	339	88	20	2	10	33	18	60	.297	.419
Two Strikes	.161	322	52	9	1	6	18	6	112	.177	.252	Post-All Star	.265	310	82	13	2	9	29	12	52	.293	.406

Batter vs. Pitcher (career)

Hits Best Against	Avg	AB	H	2B	3B	HR	RBI	BB	SO	OBP	SLG	Hits Worst Against	Avg	AB	H	2B	3B	HR	RBI	BB	SO	OBP	SLG
Jim Deshaies	.435	23	10	2	0	1	4	0	1	.435	.652	Mitch Williams	.091	11	1	0	0	0	0	0	3	.091	.091
Chris Nabholz	.429	14	6	2	0	2	2	2	0	.500	1.000	Randy Tomlin	.154	13	2	0	0	1	0	0	3	.154	.308
Joe Magrane	.429	14	6	3	0	2	6	1	1	.471	1.071	Terry Mulholland	.179	28	5	1	0	0	0	0	3	.179	.214
Bruce Hurst	.409	22	9	1	0	1	1	1	2	.435	.455	Randy Myers	.188	16	3	0	0	0	0	0	2	.188	.188
Bruce Ruffin	.375	16	6	2	1	0	0	0	5	.375	.625	Bobby Ojeda	.194	31	6	0	0	0	1	0	6	.219	.194

Michael Huff — Blue Jays
Age 31 – Bats Right

	Avg	G	AB	R	H	2B	3B	HR	RBI	BB	SO	HBP	GDP	SB	CS	OBP	SLG	IBB	SH	SF	#Pit	#P/PA	GB	FB	G/F
1994 Season	.304	80	207	31	63	15	3	3	25	27	27	3	6	2	1	.392	.449	2	0	0	898	3.79	78	61	1.28
Last Five Years	.256	285	609	90	156	32	5	7	64	83	114	11	15	18	7	.353	.360	5	9	6	2786	3.87	214	170	1.26

1994 Season

	Avg	AB	H	2B	3B	HR	RBI	BB	SO	OBP	SLG		Avg	AB	H	2B	3B	HR	RBI	BB	SO	OBP	SLG
vs. Left	.297	74	22	5	1	1	7	12	10	.395	.432	Scoring Posn	.294	51	15	5	2	0	22	10	9	.429	.471
vs. Right	.308	133	41	10	2	2	18	15	17	.391	.459	Close & Late	.400	35	14	2	0	0	1	5	6	.488	.457
Home	.286	84	24	6	1	1	8	13	9	.394	.417	None on/out	.367	49	18	1	0	2	2	3	7	.404	.510
Away	.317	123	39	9	2	2	17	14	18	.391	.472	Batting #6	.300	130	39	9	1	1	16	13	13	.372	.408
First Pitch	.400	30	12	3	0	0	3	2	0	.455	.500	Batting #7	.283	46	13	3	1	2	4	9	12	.400	.522
Ahead in Count	.250	36	9	2	0	0	4	12	0	.449	.306	Other	.355	31	11	3	1	0	5	5	2	.459	.516
Behind in Count	.284	95	27	7	1	2	11	0	19	.292	.442	Pre-All Star	.283	152	43	11	2	2	19	20	24	.370	.421
Two Strikes	.287	94	27	5	2	3	13	13	27	.374	.479	Post-All Star	.364	55	20	4	1	1	6	7	3	.453	.527

Last Five Years

	Avg	AB	H	2B	3B	HR	RBI	BB	SO	OBP	SLG		Avg	AB	H	2B	3B	HR	RBI	BB	SO	OBP	SLG
vs. Left	.240	300	72	15	2	5	25	39	52	.330	.353	Scoring Posn	.288	139	40	10	3	0	57	26	27	.393	.403
vs. Right	.272	309	84	17	3	2	39	44	62	.374	.366	Close & Late	.296	115	34	5	1	0	8	13	24	.379	.357
Groundball	.235	183	43	6	2	0	20	26	24	.352	.290	None on/out	.279	165	46	7	1	4	4	23	27	.374	.406
Flyball	.238	130	31	7	1	1	8	13	29	.310	.331	Batting #1	.244	193	47	7	2	2	11	32	31	.357	.332
Home	.243	292	71	16	3	2	27	38	53	.344	.339	Batting #6	.295	207	61	12	1	1	21	19	28	.361	.377
Away	.268	317	85	16	2	5	37	45	61	.361	.379	Other	.230	209	48	13	2	4	32	32	55	.341	.368
Day	.216	204	44	12	2	1	11	32	47	.331	.309	April	.284	81	23	5	2	0	10	18	15	.410	.395
Night	.277	405	112	20	3	6	53	51	67	.364	.385	May	.257	136	35	7	0	2	12	24	32	.375	.353
Grass	.259	413	107	21	3	4	41	55	85	.353	.354	June	.272	136	37	7	1	3	11	11	22	.327	.404
Turf	.250	196	49	11	2	3	23	28	29	.351	.372	July	.174	69	12	5	0	0	12	8	11	.266	.246
First Pitch	.365	74	27	5	1	0	7	3	0	.392	.459	August	.361	83	30	5	2	2	15	10	7	.448	.542
Ahead in Count	.259	116	30	7	1	1	17	45	0	.469	.362	September/October	.183	104	19	3	0	0	4	12	27	.286	.212
Behind in Count	.214	295	63	14	1	3	26	0	86	.229	.298	Pre-All Star	.256	394	101	22	3	5	41	57	74	.354	.365
Two Strikes	.205	308	63	13	2	6	25	35	114	.293	.318	Post-All Star	.256	215	55	10	2	2	23	26	40	.351	.349

Batter vs. Pitcher (career)

Hits Best Against	Avg	AB	H	2B	3B	HR	RBI	BB	SO	OBP	SLG	Hits Worst Against	Avg	AB	H	2B	3B	HR	RBI	BB	SO	OBP	SLG
Bill Krueger	.400	10	4	1	0	0	1	1	3	.417	.500	Randy Johnson	.083	12	1	0	0	0	0	2	9	.214	.083
												Dave Fleming	.091	11	1	1	0	0	1	0	2	.091	.182
												Joe Hesketh	.100	10	1	0	0	0	0	1	1	.182	.100
												Jim Abbott	.105	19	2	0	0	0	1	3	.150	.105
												David Wells	.235	17	4	0	0	0	2	2	1	.300	.235

Tim Hulett — Orioles
Age 35 – Bats Right

	Avg	G	AB	R	H	2B	3B	HR	RBI	BB	SO	HBP	GDP	SB	CS	OBP	SLG	IBB	SH	SF	#Pit	#P/PA	GB	FB	G/F
1994 Season	.228	36	92	11	21	2	1	2	15	12	24	0	2	0	0	.314	.337	0	1	1	425	4.01	29	26	1.12
Last Five Years	.259	310	853	107	221	40	4	16	93	73	201	5	19	2	4	.320	.372	2	4	3	3718	3.96	254	244	1.04

1994 Season

	Avg	AB	H	2B	3B	HR	RBI	BB	SO	OBP	SLG		Avg	AB	H	2B	3B	HR	RBI	BB	SO	OBP	SLG
vs. Left	.313	32	10	1	0	1	5	7	6	.436	.438	Scoring Posn	.267	30	8	2	1	0	11	3	11	.324	.400
vs. Right	.183	60	11	1	1	1	10	5	18	.242	.283	Close & Late	.286	14	4	1	0	0	2	2	7	.375	.357

Last Five Years

	Avg	AB	H	2B	3B	HR	RBI	BB	SO	OBP	SLG		Avg	AB	H	2B	3B	HR	RBI	BB	SO	OBP	SLG
vs. Left	.246	333	82	15	1	8	38	29	70	.308	.369	Scoring Posn	.268	224	60	15	3	4	77	22	59	.329	.415
vs. Right	.267	520	139	25	3	8	55	44	131	.328	.373	Close & Late	.252	159	40	4	3	3	14	11	44	.297	.346
Groundball	.303	178	54	11	0	3	18	7	30	.326	.416	None on/out	.270	189	51	7	1	4	4	18	41	.333	.381
Flyball	.264	197	52	11	2	5	27	19	53	.332	.416	Batting #7	.269	242	65	11	1	4	26	20	60	.325	.372
Home	.284	395	112	22	2	8	44	41	96	.351	.410	Batting #8	.309	162	50	8	2	0	20	14	37	.374	.383
Away	.238	458	109	18	2	8	49	32	105	.293	.338	Other	.236	449	106	21	1	12	47	39	104	.298	.367
Day	.267	243	65	10	3	2	25	19	65	.325	.358	April	.294	85	25	4	0	1	10	4	18	.326	.376
Night	.256	610	156	30	1	14	68	54	136	.318	.377	May	.287	136	39	7	2	4	19	13	31	.351	.456
Grass	.272	707	192	32	4	14	78	63	161	.332	.388	June	.256	172	44	6	0	4	19	17	33	.325	.360
Turf	.199	146	29	8	0	2	15	10	40	.259	.295	July	.237	173	41	10	1	2	15	13	39	.298	.341
First Pitch	.258	66	17	2	0	2	3	1	0	.290	.379	August	.273	172	47	7	0	3	19	19	47	.345	.366
Ahead in Count	.338	222	75	14	1	4	27	43	0	.444	.464	September/October	.217	115	25	6	1	2	11	7	33	.262	.339
Behind in Count	.208	414	86	12	1	8	43	0	170	.209	.300	Pre-All Star	.269	453	122	20	3	10	55	40	93	.332	.393
Two Strikes	.188	437	82	14	1	7	39	29	201	.241	.272	Post-All Star	.248	400	99	20	1	6	38	33	108	.307	.348

Batter vs. Pitcher (since 1984)

Hits Best Against	Avg	AB	H	2B	3B	HR	RBI	BB	SO	OBP	SLG	Hits Worst Against	Avg	AB	H	2B	3B	HR	RBI	BB	SO	OBP	SLG
Bud Black	.500	20	10	3	0	2	5	2	2	.545	.950	Chuck Finley	.077	13	1	0	0	0	0	2	5	.200	.077
Cal Eldred	.500	12	6	1	0	1	2	3	.571	.750	Storm Davis	.182	11	2	0	0	0	0	2	.182	.182
Greg Swindell	.417	24	10	2	0	0	4	1	4	.440	.500	Bruce Hurst	.188	16	3	0	0	0	2	3	.278	.188
Jose Rijo	.364	11	4	3	0	1	0	2	.364	.636	John Doherty	.200	15	3	0	0	1	0	2	.188	.200
Bill Krueger	.320	25	8	3	1	1	6	2	0	.370	.640	Mark Langston	.219	32	7	1	0	1	0	7	.212	.250

David Hulse — Rangers
Age 27 – Bats Left (groundball hitter)

	Avg	G	AB	R	H	2B	3B	HR	RBI	BB	SO	HBP	GDP	SB	CS	OBP	SLG	IBB	SH	SF	#Pit	#P/PA	GB	FB	G/F
1994 Season	.255	77	310	58	79	8	4	1	19	21	53	2	2	18	2	.305	.316	0	7	1	1175	3.45	139	47	2.96
Career (1992-1994)	.278	223	809	143	225	21	14	2	50	50	128	3	11	50	12	.321	.346	1	14	3	3052	3.47	362	135	2.68

1994 Season

	Avg	AB	H	2B	3B	HR	RBI	BB	SO	OBP	SLG		Avg	AB	H	2B	3B	HR	RBI	BB	SO	OBP	SLG
vs. Left	.200	60	12	4	1	0	5	9	19	.314	.300	Scoring Posn	.235	68	16	0	1	0	16	6	8	.303	.265
vs. Right	.268	250	67	4	3	1	14	12	34	.303	.320	Close & Late	.175	40	7	0	0	0	2	7	7	.327	.175
Groundball	.231	65	15	1	0	0	3	3	6	.275	.246	None on/out	.267	116	31	4	3	1	1	8	19	.315	.379
Flyball	.260	77	20	3	0	0	6	8	13	.329	.299	Batting #1	.243	268	65	7	4	1	14	18	44	.293	.310
Home	.284	169	48	5	3	1	15	11	31	.330	.367	Batting #2	.385	26	10	0	0	0	1	2	4	.414	.385
Away	.220	141	31	3	1	0	4	10	22	.276	.255	Other	.250	16	4	1	0	0	4	1	5	.333	.313
Day	.263	80	21	4	0	0	2	6	16	.322	.313	April	.326	89	29	4	2	0	4	8	16	.388	.416
Night	.252	230	58	4	4	1	17	15	37	.300	.317	May	.241	112	27	3	2	0	5	6	17	.280	.304
Grass	.267	270	72	8	4	1	19	20	44	.321	.337	June	.238	63	15	1	0	1	6	5	15	.294	.302
Turf	.175	40	7	0	0	0	0	1	9	.195	.175	July	.174	46	8	0	0	0	4	2	5	.220	.174
First Pitch	.315	54	17	2	2	0	5	0	0	.309	.426	August	.000	0	0	0	0	0	0	0	0	.000	.000
Ahead in Count	.311	45	14	3	0	1	3	11	0	.446	.444	September/October	.000	0	0	0	0	0	0	0	0	.000	.000
Behind in Count	.191	152	29	1	2	0	7	0	46	.196	.224	Pre-All Star	.265	287	76	8	4	1	15	20	49	.315	.331
Two Strikes	.185	135	25	3	1	0	5	10	53	.247	.222	Post-All Star	.130	23	3	0	0	0	4	1	4	.192	.130

1994 By Position

Position	Avg	AB	H	2B	3B	HR	RBI	BB	SO	OBP	SLG	G	GS	Innings	PO	A	E	DP	Fld Pct	Rng Fctr	In Zone	Outs	Zone Rtg	MLB Zone
As cf	.255	310	79	8	4	1	19	21	53	.305	.316	76	72	650.0	179	0	4	0	.978	2.48	208	172	.827	.824

Career (1992-1994)

	Avg	AB	H	2B	3B	HR	RBI	BB	SO	OBP	SLG		Avg	AB	H	2B	3B	HR	RBI	BB	SO	OBP	SLG
vs. Left	.233	116	27	6	2	0	11	14	31	.326	.319	Scoring Posn	.256	160	41	1	2	0	45	14	21	.315	.288
vs. Right	.286	693	198	15	12	2	39	36	97	.321	.351	Close & Late	.275	102	28	3	2	0	8	8	14	.339	.343
Groundball	.209	163	34	3	1	0	6	5	19	.240	.239	None on/out	.279	308	86	12	5	1	1	21	44	.325	.360
Flyball	.278	194	54	6	4	0	14	18	31	.338	.351	Batting #1	.273	710	194	20	14	2	43	43	106	.316	.349
Home	.285	411	117	12	9	1	31	22	68	.321	.365	Batting #9	.298	47	14	1	0	0	4	2	9	.340	.319
Away	.271	398	108	9	5	1	19	28	60	.322	.327	Other	.327	52	17	0	0	0	3	5	13	.379	.327
Day	.321	212	68	9	4	1	10	16	29	.372	.415	April	.283	127	36	4	3	0	5	13	25	.352	.362
Night	.263	597	157	12	10	1	40	34	99	.303	.322	May	.273	216	59	7	6	0	9	10	26	.305	.361
Grass	.286	699	200	20	12	2	49	45	110	.331	.358	June	.273	143	39	3	2	1	13	12	26	.329	.343
Turf	.227	110	25	1	2	0	1	5	18	.261	.273	July	.242	124	30	2	3	0	9	7	15	.286	.306
First Pitch	.331	130	43	5	3	1	7	1	0	.331	.438	August	.284	74	21	1	0	0	6	4	14	.325	.297
Ahead in Count	.297	118	35	4	0	1	10	24	0	.415	.356	September/October	.320	125	40	4	0	1	8	4	22	.341	.376
Behind in Count	.226	403	91	6	7	0	21	0	114	.229	.275	Pre-All Star	.277	556	154	15	12	1	28	39	84	.325	.353
Two Strikes	.199	357	71	6	6	0	15	25	128	.253	.249	Post-All Star	.281	253	71	6	2	1	22	11	44	.313	.332

Batter vs. Pitcher (career)

Hits Best Against	Avg	AB	H	2B	3B	HR	RBI	BB	SO	OBP	SLG	Hits Worst Against	Avg	AB	H	2B	3B	HR	RBI	BB	SO	OBP	SLG
Alex Fernandez	.444	18	8	0	1	1	2	1	1	.474	.722	Tim Leary	.083	12	1	0	0	0	0	0	0	.083	.083
Juan Guzman	.412	17	7	0	0	2	1	2	1	.444	.412	Dave Stewart	.111	18	2	0	1	0	0	0	5	.111	.222
Jack Morris	.400	15	6	1	1	0	0	2	0	.471	.600	David Cone	.125	16	2	1	0	0	1	0	1	.125	.188
Ben McDonald	.400	10	4	0	0	0	1	1	3	.455	.400	Charles Nagy	.154	13	2	0	0	0	0	1	0	.214	.154
Tom Gordon	.385	13	5	0	0	0	1	4		.429	.385	Jack McDowell	.214	14	3	1	0	0	0	0	2	.214	.214

Todd Hundley — Mets
Age 26 – Bats Both

	Avg	G	AB	R	H	2B	3B	HR	RBI	BB	SO	HBP	GDP	SB	CS	OBP	SLG	IBB	SH	SF	#Pit	#P/PA	GB	FB	G/F
1994 Season	.237	91	291	45	69	10	1	16	42	25	73	3	3	2	1	.303	.443	4	3	1	1301	4.03	81	103	0.79
Career (1990-1994)	.219	401	1193	130	261	50	4	35	136	79	243	10	25	6	2	.271	.355	15	14	8	4709	3.61	406	368	1.10

1994 Season

	Avg	AB	H	2B	3B	HR	RBI	BB	SO	OBP	SLG		Avg	AB	H	2B	3B	HR	RBI	BB	SO	OBP	SLG
vs. Left	.204	49	10	0	0	2	5	6	15	.286	.327	Scoring Posn	.206	63	13	3	1	2	21	11	12	.338	.381
vs. Right	.244	242	59	10	1	14	37	19	58	.307	.467	Close & Late	.188	64	12	2	0	2	7	1	18	.197	.313
Groundball	.226	106	24	1	0	4	9	11	32	.305	.349	None on/out	.208	72	15	0	0	6	6	4	24	.250	.458
Flyball	.250	48	12	3	0	2	8	3	13	.308	.438	Batting #2	.248	149	37	5	0	6	12	13	33	.309	.403
Home	.264	140	37	4	0	8	20	13	30	.335	.479	Batting #8	.257	70	18	3	1	5	14	5	19	.307	.543
Away	.212	151	32	6	0	8	22	12	43	.273	.411	Other	.194	72	14	2	0	5	16	7	21	.289	.431
Day	.250	92	23	3	0	8	17	3	28	.281	.543	April	.333	54	18	2	0	6	13	4	13	.379	.704
Night	.231	199	46	7	1	8	25	22	45	.313	.397	May	.200	65	13	3	1	3	10	3	20	.246	.415
Grass	.260	215	56	6	1	13	31	18	52	.325	.479	June	.233	60	14	2	0	3	11	9	13	.347	.417
Turf	.171	76	13	4	0	3	11	7	21	.241	.342	July	.226	84	19	3	0	4	8	7	19	.286	.405
First Pitch	.286	28	8	1	0	3	6	4	0	.375	.643	August	.179	28	5	0	0	0	2	8	.233	.179
Ahead in Count	.266	64	17	0	0	8	11	12	0	.390	.641	September/October	.000	0	0	0	0	0	0	0	0	.000	.000
Behind in Count	.229	140	32	6	1	3	16	0	60	.229	.350	Pre-All Star	.235	213	50	7	1	13	35	17	55	.299	.469
Two Strikes	.194	160	31	5	1	2	13	9	73	.246	.275	Post-All Star	.244	78	19	3	0	3	7	8	18	.314	.397

1994 By Position

Position	Avg	AB	H	2B	3B	HR	RBI	BB	SO	OBP	SLG	G	GS	Innings	PO	A	E	DP	Fld Pct	Rng Fctr	In Zone	Outs	Zone Rtg	MLB Zone
As Pinch Hitter	.267	15	4	1	0	1	3	0	3	.267	.533	15	0	---	---	---	---	---	---	---	---	---	---	---
As c	.236	276	65	9	1	15	39	25	70	.305	.438	82	72	659.0	448	28	5	0	.990	---	---	---	---	---

Career (1990-1994)

	Avg	AB	H	2B	3B	HR	RBI	BB	SO	OBP	SLG		Avg	AB	H	2B	3B	HR	RBI	BB	SO	OBP	SLG
vs. Left	.199	256	51	7	0	6	23	20	78	.268	.297	Scoring Posn	.222	284	63	9	3	7	98	34	59	.310	.349
vs. Right	.224	937	210	43	4	29	113	59	165	.272	.371	Close & Late	.211	251	53	12	1	5	25	18	57	.267	.327
Groundball	.233	433	101	19	1	9	36	35	94	.291	.344	None on/out	.203	291	59	9	0	12	12	12	59	.237	.357
Flyball	.192	214	41	10	0	6	23	11	43	.245	.322	Batting #7	.197	361	71	11	2	7	41	26	68	.252	.296
Home	.241	582	140	26	2	16	68	39	101	.295	.375	Batting #8	.219	442	97	23	2	15	59	31	89	.281	.382
Away	.198	611	121	24	2	19	68	40	142	.249	.337	Other	.238	390	93	16	0	13	36	22	86	.279	.379
Day	.229	376	86	16	0	15	43	20	81	.272	.391	April	.245	147	36	5	1	11	26	12	35	.315	.517
Night	.214	817	175	34	4	20	93	59	162	.271	.339	May	.197	213	42	8	1	6	23	14	48	.257	.329
Grass	.228	873	199	37	3	26	102	60	165	.283	.367	June	.208	197	41	9	1	8	32	14	36	.265	.386
Turf	.194	320	62	13	1	9	34	19	78	.240	.325	July	.217	235	51	11	0	6	19	18	43	.271	.340
First Pitch	.249	177	44	9	1	7	30	12	0	.297	.429	August	.212	165	35	8	0	1	8	10	38	.260	.279
Ahead in Count	.268	269	72	12	0	12	39	41	0	.364	.446	September/October	.237	236	56	9	1	3	28	11	43	.271	.322
Behind in Count	.167	552	92	16	3	9	40	0	218	.177	.255	Pre-All Star	.215	646	139	26	3	27	88	46	136	.275	.390
Two Strikes	.166	565	94	19	3	12	42	26	243	.211	.274	Post-All Star	.223	547	122	24	1	8	48	33	107	.267	.314

Batter vs. Pitcher (career)

Hits Best Against	Avg	AB	H	2B	3B	HR	RBI	BB	SO	OBP	SLG	Hits Worst Against	Avg	AB	H	2B	3B	HR	RBI	BB	SO	OBP	SLG
Andy Ashby	.455	11	5	0	0	0	3	1	0	.455	.455	Tommy Greene	.067	15	1	0	0	0	0	0	4	.067	.067
Mike Morgan	.417	24	10	3	0	2	3	2	3	.462	.792	Pete Harnisch	.067	15	1	0	0	1	2	1	1	.125	.267
Frank Castillo	.333	15	5	0	0	2	7	0	1	.333	.733	Doug Drabek	.105	19	2	1	0	0	2	1	4	.150	.158
Pedro Astacio	.308	13	4	1	0	2	3	0	2	.308	.846	Paul Wagner	.154	13	2	0	0	1	0	1	1	.154	.154
John Burkett	.308	13	4	1	0	2	3	0	3	.286	.846	Curt Schilling	.174	23	4	0	0	1	1	6	6	.208	.174

Brian Hunter — Reds
Age 27 – Bats Right (flyball hitter)

	Avg	G	AB	R	H	2B	3B	HR	RBI	BB	SO	HBP	GDP	SB	CS	OBP	SLG	IBB	SH	SF	#Pit	#P/PA	GB	FB	G/F
1994 Season	.234	85	256	34	60	16	1	15	57	17	56	0	3	0	0	.277	.480	2	0	5	1000	3.60	69	106	0.65
Career (1991-1994)	.232	321	845	104	196	48	5	41	156	57	169	4	12	1	4	.276	.446	6	1	18	3334	3.62	222	343	0.65

1994 Season

	Avg	AB	H	2B	3B	HR	RBI	BB	SO	OBP	SLG		Avg	AB	H	2B	3B	HR	RBI	BB	SO	OBP	SLG
vs. Left	.198	81	16	2	0	4	17	8	19	.267	.370	Scoring Posn	.254	71	18	7	0	3	38	4	17	.275	.479
vs. Right	.251	175	44	14	1	11	40	9	37	.282	.531	Close & Late	.196	51	10	1	0	3	8	3	15	.236	.392
Home	.278	115	32	9	0	4	26	7	25	.312	.461	None on/out	.172	64	11	0	0	5	5	4	9	.221	.406
Away	.199	141	28	7	1	11	31	10	31	.248	.496	Batting #4	.198	111	22	4	0	4	19	6	29	.235	.342
First Pitch	.194	36	7	3	0	1	8	2	0	.220	.361	Batting #5	.250	88	22	6	0	9	23	6	16	.292	.625
Ahead in Count	.296	54	16	5	0	4	17	13	0	.420	.611	Other	.281	57	16	6	1	2	15	5	11	.333	.526
Behind in Count	.221	131	29	6	0	7	24	0	52	.221	.427	Pre-All Star	.239	205	49	14	1	11	46	13	46	.279	.478
Two Strikes	.205	122	25	5	1	3	15	2	56	.218	.336	Post-All Star	.216	51	11	2	0	4	11	4	10	.268	.490

Career (1991-1994)

	Avg	AB	H	2B	3B	HR	RBI	BB	SO	OBP	SLG		Avg	AB	H	2B	3B	HR	RBI	BB	SO	OBP	SLG
vs. Left	.242	413	100	19	2	22	77	32	70	.289	.458	Scoring Posn	.261	238	62	21	1	7	106	17	47	.289	.445
vs. Right	.222	432	96	29	3	19	79	25	99	.262	.435	Close & Late	.200	150	30	9	1	10	31	12	39	.253	.473
Groundball	.227	286	65	19	2	10	54	20	54	.272	.413	None on/out	.202	198	40	5	1	15	15	14	36	.255	.465
Flyball	.215	195	42	6	1	15	30	15	55	.272	.487	Batting #5	.274	179	49	11	0	16	42	16	34	.325	.603
Home	.264	409	108	23	2	20	88	34	80	.314	.477	Batting #6	.216	389	84	19	4	17	69	29	67	.264	.416
Away	.202	436	88	25	3	21	68	23	89	.238	.417	Other	.227	277	63	18	1	8	45	12	68	.259	.386
Day	.239	230	55	15	0	14	39	16	48	.286	.487	April	.143	91	13	6	0	4	13	5	21	.186	.341
Night	.229	615	141	33	5	27	117	41	121	.272	.431	May	.290	124	36	8	3	4	21	10	28	.333	.500
Grass	.223	521	116	26	3	29	95	41	99	.274	.451	June	.257	175	45	11	1	12	43	11	32	.290	.537
Turf	.247	324	80	22	2	12	61	16	70	.278	.438	July	.186	199	37	7	1	8	34	6	35	.208	.352
First Pitch	.288	125	36	12	0	8	30	6	0	.304	.576	August	.245	163	40	9	0	8	29	15	31	.308	.448
Ahead in Count	.314	185	58	15	1	17	56	37	0	.421	.681	September/October	.269	93	25	7	0	5	16	10	22	.337	.505
Behind in Count	.189	403	76	17	2	11	53	0	146	.187	.323	Pre-All Star	.228	465	106	26	5	23	91	27	94	.263	.454
Two Strikes	.164	409	67	14	3	6	41	14	169	.189	.257	Post-All Star	.237	380	90	22	0	18	65	30	75	.291	.437

Batter vs. Pitcher (career)

Hits Best Against	Avg	AB	H	2B	3B	HR	RBI	BB	SO	OBP	SLG	Hits Worst Against	Avg	AB	H	2B	3B	HR	RBI	BB	SO	OBP	SLG
Tom Browning	.545	11	6	0	1	1	3	0	0	.545	1.000	John Burkett	.083	12	1	1	0	0	0	0	0	.083	.167
Donovan Osborne	.545	11	6	0	0	2	2	0	1	.545	1.091	Steve Avery	.154	13	2	0	0	0	1	0	1	.154	.154
Ken Hill	.500	14	7	5	0	0	5	0	2	.500	.857	Chris Hammond	.182	11	2	0	0	1	3	0	3	.182	.455
Andy Benes	.455	11	5	2	0	2	2	0	3	.455	1.182	Randy Myers	.222	9	2	1	0	0	4	2	1	.364	.333
Pete Schourek	.364	11	4	1	0	3	7	1	2	.417	1.273	Greg Swindell	.235	17	4	0	0	2	2	0	4	.235	.588

Brian L. Hunter — Astros
Age 24 – Bats Right

	Avg	G	AB	R	H	2B	3B	HR	RBI	BB	SO	HBP	GDP	SB	CS	OBP	SLG	IBB	SH	SF	#Pit	#P/PA	GB	FB	G/F
1994 Season	.250	6	24	2	6	1	0	0	0	1	6	0	0	2	1	.280	.292	0	1	0	97	3.73	10	2	5.00

1994 Season

	Avg	AB	H	2B	3B	HR	RBI	BB	SO	OBP	SLG		Avg	AB	H	2B	3B	HR	RBI	BB	SO	OBP	SLG
vs. Left	.333	3	1	0	0	0	0	1	.333	.333	Scoring Posn	.000	4	0	0	0	0	0	0	2	.000	.000
vs. Right	.238	21	5	1	0	0	0	1	5	.273	.286	Close & Late	.167	6	1	0	0	0	0	0	2	.167	.167

Bruce Hurst — Rangers
Age 37 – Pitches Left

	ERA	W	L	Sv	G	GS	IP	BB	SO	Avg	H	2B	3B	HR	RBI	OBP	SLG	CG	ShO	Sup	QS	#P/S	SB	CS	GB	FB	G/F
1994 Season	7.11	2	1	0	8	8	38.0	16	24	.342	53	13	1	8	28	.394	.594	0	0	6.63	1	79	2	1	42	62	0.68
Last Five Years	3.70	42	29	0	109	109	713.2	195	467	.252	680	110	9	69	271	.302	.376	19	8	4.25	64	93	53	25	1006	686	1.47

1994 Season

	ERA	W	L	Sv	G	GS	IP	H	HR	BB	SO		Avg	AB	H	2B	3B	HR	RBI	BB	SO	OBP	SLG
Home	6.17	1	0	0	5	5	23.1	30	5	6	16	vs. Left	.280	25	7	2	0	3	8	2	4	.333	.720
Away	8.59	1	1	0	3	3	14.2	23	3	10	8	vs. Right	.354	130	46	11	1	5	20	14	20	.405	.569

Last Five Years

	ERA	W	L	Sv	G	GS	IP	H	HR	BB	SO		Avg	AB	H	2B	3B	HR	RBI	BB	SO	OBP	SLG
Home	3.62	20	14	0	59	59	382.2	335	44	105	277	vs. Left	.238	488	116	11	3	19	65	43	107	.299	.389
Away	3.78	22	15	0	50	50	331.0	345	25	90	190	vs. Right	.255	2213	564	99	6	50	206	152	360	.302	.373
Day	3.74	6	6	0	21	21	149.0	143	14	37	95	Inning 1-6	.251	2247	563	93	7	57	231	164	414	.301	.374
Night	3.68	36	23	0	88	88	564.2	537	55	158	372	Inning 7+	.258	454	117	17	2	12	40	31	53	.307	.383
Grass	3.66	32	17	0	81	81	528.0	489	54	146	355	None on	.243	1643	399	57	0	46	46	130	301	.299	.364
Turf	3.78	10	12	0	28	28	185.2	191	15	49	112	Runners on	.266	1058	281	53	7	23	225	65	166	.306	.394
April	3.87	3	5	0	13	13	88.1	77	12	26	64	Scoring Posn	.257	568	146	29	3	12	187	40	99	.301	.382
May	4.16	9	7	0	23	23	149.1	154	15	49	101	Close & Late	.274	263	72	10	2	7	29	16	28	.318	.407
June	3.71	11	6	0	23	23	143.0	142	13	39	94	None on/out	.225	699	157	26	2	23	23	64	124	.291	.366
July	3.64	8	3	0	17	17	118.2	107	15	31	75	vs. 1st Batr (relief)	.000	0	0	0	0	0	0	0	0	.000	.000
August	3.21	7	3	0	17	17	117.2	105	7	32	72	First Inning Pitched	.236	403	95	15	1	8	45	35	83	.295	.337
September/October	3.44	4	5	0	16	16	96.2	95	7	18	61	First 75 Pitches	.249	2020	503	88	6	51	206	150	368	.300	.374
Starter	3.70	42	29	0	109	109	713.2	680	69	195	467	Pitch 76-90	.256	348	89	13	0	10	26	21	56	.298	.379
Reliever	0.00	0	0	0	0	0	0.0	0	0	0	0	Pitch 91-105	.275	244	67	6	2	5	25	14	31	.314	.377
0-3 Days Rest (St)	9.00	0	1	0	1	1	4.0	5	0	3	3	Pitch 106+	.236	89	21	3	1	3	14	10	12	.320	.393
4 Days Rest	3.50	27	17	0	66	66	452.1	411	37	123	311	First Pitch	.322	459	148	21	1	11	60	7	0	.330	.444
5+ Days Rest	3.95	15	11	0	42	42	257.1	264	32	69	153	Ahead in Count	.205	1285	263	40	2	27	92	0	407	.206	.302
Pre-All Star	3.98	24	19	0	64	64	415.2	404	47	127	283	Behind in Count	.311	533	166	26	3	21	78	121	0	.438	.490
Post-All Star	3.29	18	10	0	45	45	298.0	276	22	68	184	Two Strikes	.175	1159	203	32	3	23	81	67	467	.222	.267

Pitcher vs. Batter (since 1984)

Pitches Best Vs.	Avg	AB	H	2B	3B	HR	RBI	BB	SO	OBP	SLG	Pitches Worst Vs.	Avg	AB	H	2B	3B	HR	RBI	BB	SO	OBP	SLG
Mike Felder	.091	11	1	0	0	0	0	2	1	.231	.091	Terry Steinbach	.545	11	6	4	0	1	0	3	.545	.909
Darryl Strawberry	.125	24	3	0	0	0	1	1	3	.160	.125	Dave Hollins	.500	14	7	1	0	2	5	4	3	.611	1.000
Kent Hrbek	.125	16	2	1	0	0	0	0	4	.125	.188	Barry Bonds	.462	26	12	3	0	3	8	4	5	.588	.923
Hal Morris	.125	16	2	1	0	0	2	0	2	.125	.188	Lance Parrish	.385	13	5	0	0	3	7	3	4	.500	1.077
Doug Drabek	.154	13	2	1	0	0	0	0	4	.154	.154	Kevin Mitchell	.333	21	7	1	0	3	8	5	2	.481	1.095

James Hurst — Rangers
Age 28 – Pitches Left

	ERA	W	L	Sv	G	GS	IP	BB	SO	Avg	H	2B	3B	HR	RBI	OBP	SLG	GF	IR	IRS	Hld	SvOp	SB	CS	GB	FB	G/F
1994 Season	10.13	0	0	0	8	0	10.2	8	5	.362	17	2	0	1	8	.446	.468	0	4	2	0	0	0	0	16	14	1.14

1994 Season

	ERA	W	L	Sv	G	GS	IP	H	HR	BB	SO		Avg	AB	H	2B	3B	HR	RBI	BB	SO	OBP	SLG
Home	13.50	0	0	0	4	0	6.0	13	0	5	3	vs. Left	.316	19	6	0	0	1	3	5	4	.440	.474
Away	5.79	0	0	0	4	0	4.2	4	1	3	2	vs. Right	.393	28	11	2	0	0	5	3	1	.452	.464

Jon Hurst — Mets
Age 28 – Pitches Right (flyball pitcher)

	ERA	W	L	Sv	G	GS	IP	BB	SO	Avg	H	2B	3B	HR	RBI	OBP	SLG	GF	IR	IRS	Hld	SvOp	SB	CS	GB	FB	G/F
1994 Season	12.60	0	1	0	7	0	10.0	5	6	.341	15	1	1	5	16	.400	.750	5	2	2	0	1	0	0	12	19	0.63
Career (1992-1994)	8.20	1	2	0	10	3	26.1	12	10	.306	33	4	2	6	23	.377	.546	5	2	2	0	1	1	3	34	45	0.76

1994 Season

	ERA	W	L	Sv	G	GS	IP	H	HR	BB	SO		Avg	AB	H	2B	3B	HR	RBI	BB	SO	OBP	SLG
Home	12.00	0	0	0	3	0	3.0	5	3	1	1	vs. Left	.211	19	4	0	1	1	4	4	3	.333	.474
Away	12.86	0	1	0	4	0	7.0	10	2	4	5	vs. Right	.440	25	11	1	0	4	12	1	3	.462	.960

Mark Hutton — Yankees
Age 25 – Pitches Right

	ERA	W	L	Sv	G	GS	IP	BB	SO	Avg	H	2B	3B	HR	RBI	OBP	SLG	GF	IR	IRS	Hld	SvOp	SB	CS	GB	FB	G/F
1994 Season	4.91	0	0	0	2	0	3.2	2	1	.250	4	2	1	0	3	.250	.500	1	1	0	0	0	0	0	3	8	0.38
Career (1993-1994)	5.61	1	1	0	9	4	25.2	17	13	.286	28	7	1	2	18	.390	.439	3	1	0	0	0	0	4	40	28	1.43

1994 Season

	ERA	W	L	Sv	G	GS	IP	H	HR	BB	SO		Avg	AB	H	2B	3B	HR	RBI	BB	SO	OBP	SLG
Home	0.00	0	0	0	0	0	0.0	0	0	0	0	vs. Left	.000	3	0	0	0	0	0	0	1	.000	.000
Away	4.91	0	0	0	2	0	3.2	4	0	2	1	vs. Right	.308	13	4	2	1	0	3	0	0	.308	.615

Tim Hyers — Padres
Age 23 – Bats Left (groundball hitter)

	Avg	G	AB	R	H	2B	3B	HR	RBI	BB	SO	HBP	GDP	SB	CS	OBP	SLG	IBB	SH	SF	#Pit	#P/PA	GB	FB	G/F
1994 Season	.254	52	118	13	30	3	0	0	7	9	15	0	1	3	0	.307	.280	0	2	0	458	3.55	52	27	1.93

1994 Season

	Avg	AB	H	2B	3B	HR	RBI	BB	SO	OBP	SLG		Avg	AB	H	2B	3B	HR	RBI	BB	SO	OBP	SLG
vs. Left	.125	16	2	0	0	0	1	2	2	.222	.125	Scoring Posn	.333	18	6	0	0	0	5	3	1	.429	.333
vs. Right	.275	102	28	3	0	0	6	7	13	.321	.304	Close & Late	.158	19	3	0	0	0	0	3	3	.273	.158
Home	.178	45	8	0	0	0	3	8	.229	.178		None on/out	.269	26	7	1	0	0	0	3	2	.345	.308

1994 Season

	Avg	AB	H	2B	3B	HR	RBI	BB	SO	OBP	SLG		Avg	AB	H	2B	3B	HR	RBI	BB	SO	OBP	SLG
Away	.301	73	22	3	0	0	7	6	7	.354	.342	Batting #2	.224	67	15	1	0	0	2	5	8	.278	.239
First Pitch	.238	21	5	0	0	0	2	0	0	.238	.238	Batting #6	.250	20	5	1	0	0	2	1	2	.286	.300
Ahead in Count	.273	33	9	1	0	0	1	2	0	.314	.303	Other	.323	31	10	1	0	0	3	3	5	.382	.355
Behind in Count	.188	48	9	0	0	0	1	0	13	.188	.188	Pre-All Star	.248	117	29	3	0	0	7	9	15	.302	.274
Two Strikes	.111	45	5	0	0	0	1	7	15	.231	.111	Post-All Star	1.000	1	1	0	0	0	0	0	0	1.000	1.000

Mike Ignasiak — Brewers   Age 29 – Pitches Right

	ERA	W	L	Sv	G	GS	IP	BB	SO	Avg	H	2B	3B	HR	RBI	OBP	SLG	GF	IR	IRS	Hld	SvOp	SB	CS	GB	FB	G/F
1994 Season	4.53	3	1	0	23	5	47.2	13	24	.276	51	15	0	5	26	.325	.438	5	16	4	3	1	4	1	75	58	1.29
Career (1991-1994)	4.35	6	3	0	54	6	97.1	42	62	.249	90	19	2	9	52	.331	.388	9	44	12	6	3	7	4	121	114	1.06

1994 Season

	ERA	W	L	Sv	G	GS	IP	H	HR	BB	SO		Avg	AB	H	2B	3B	HR	RBI	BB	SO	OBP	SLG
Home	4.68	1	1	0	13	2	25.0	24	3	8	12	vs. Left	.360	86	31	7	0	2	13	6	7	.402	.512
Away	4.37	2	0	0	10	3	22.2	27	2	5	12	vs. Right	.202	99	20	8	0	3	13	7	17	.259	.374

Blaise Ilsley — Cubs   Age 31 – Pitches Left (groundball pitcher)

	ERA	W	L	Sv	G	GS	IP	BB	SO	Avg	H	2B	3B	HR	RBI	OBP	SLG	GF	IR	IRS	Hld	SvOp	SB	CS	GB	FB	G/F
1994 Season	7.80	0	0	0	10	0	15.0	9	9	.385	25	6	0	2	18	.459	.569	1	11	7	0	0	1	0	23	15	1.53

1994 Season

	ERA	W	L	Sv	G	GS	IP	H	HR	BB	SO		Avg	AB	H	2B	3B	HR	RBI	BB	SO	OBP	SLG
Home	8.38	0	0	0	6	0	9.2	18	0	5	9	vs. Left	.167	18	3	1	0	0	1	3	3	.286	.222
Away	6.75	0	0	0	4	0	5.1	7	2	4	0	vs. Right	.468	47	22	5	0	2	17	6	6	.528	.702

Pete Incaviglia — Phillies   Age 31 – Bats Right

	Avg	G	AB	R	H	2B	3B	HR	RBI	BB	SO	HBP	GDP	SB	CS	OBP	SLG	IBB	SH	SF	#Pit	#P/PA	GB	FB	G/F
1994 Season	.230	80	244	28	56	10	1	13	32	16	71	1	3	1	0	.278	.439	3	0	2	999	3.80	70	72	0.97
Last Five Years	.244	559	1827	216	445	87	6	83	288	143	490	20	42	8	10	.303	.434	11	1	17	7323	3.65	560	512	1.09

1994 Season

	Avg	AB	H	2B	3B	HR	RBI	BB	SO	OBP	SLG		Avg	AB	H	2B	3B	HR	RBI	BB	SO	OBP	SLG
vs. Left	.252	103	26	5	0	4	6	9	24	.319	.417	Scoring Posn	.149	67	10	0	0	4	22	10	23	.253	.328
vs. Right	.213	141	30	5	1	9	26	7	47	.247	.454	Close & Late	.200	45	9	3	0	2	5	1	12	.217	.400
Home	.209	115	24	5	0	6	14	10	28	.276	.409	None on/out	.218	55	12	3	0	3	3	2	12	.246	.436
Away	.248	129	32	5	1	7	18	6	43	.279	.465	Batting #4	.222	99	22	2	0	4	11	5	29	.267	.364
First Pitch	.351	37	13	4	0	5	7	2	0	.385	.865	Batting #5	.192	78	15	3	1	6	12	5	26	.235	.487
Ahead in Count	.308	52	16	3	0	3	9	10	0	.419	.538	Other	.284	67	19	5	0	3	9	6	16	.342	.493
Behind in Count	.138	109	15	1	1	2	6	0	57	.144	.220	Pre-All Star	.234	188	44	7	0	11	25	14	52	.289	.447
Two Strikes	.142	127	18	1	1	5	12	4	71	.167	.283	Post-All Star	.214	56	12	3	1	2	7	2	19	.237	.411

Last Five Years

	Avg	AB	H	2B	3B	HR	RBI	BB	SO	OBP	SLG		Avg	AB	H	2B	3B	HR	RBI	BB	SO	OBP	SLG
vs. Left	.258	701	181	37	4	32	110	63	164	.324	.459	Scoring Posn	.222	523	116	23	1	18	192	58	164	.299	.373
vs. Right	.234	1126	264	50	2	51	178	80	326	.289	.418	Close & Late	.190	357	93	22	2	9	46	26	102	.245	.325
Groundball	.242	590	143	24	3	25	90	41	154	.296	.420	None on/out	.241	398	96	21	1	22	22	25	83	.293	.465
Flyball	.253	352	89	21	2	12	45	39	106	.331	.426	Batting #5	.235	510	120	21	2	21	80	45	141	.308	.408
Home	.251	927	233	46	3	48	152	77	257	.316	.463	Batting #6	.257	669	172	36	4	36	124	51	164	.311	.484
Away	.236	900	212	41	3	35	136	66	233	.290	.404	Other	.236	648	153	30	0	26	84	47	185	.291	.403
Day	.222	478	106	14	2	20	69	48	136	.293	.385	April	.226	287	65	12	0	10	44	14	93	.270	.373
Night	.251	1349	339	73	4	63	219	95	354	.307	.451	May	.261	357	93	22	2	21	66	26	98	.314	.510
Grass	.233	992	231	49	3	41	141	86	278	.298	.412	June	.256	340	87	14	0	16	53	27	86	.316	.438
Turf	.256	835	214	38	3	42	147	57	212	.309	.460	July	.248	315	78	21	1	14	46	23	79	.302	.454
First Pitch	.311	309	96	23	2	20	56	4	0	.320	.592	August	.241	257	62	7	0	13	39	27	70	.320	.420
Ahead in Count	.347	372	129	25	0	27	96	72	0	.449	.632	September/October	.221	271	60	11	3	9	40	26	64	.291	.384
Behind in Count	.172	822	141	30	4	17	78	0	397	.184	.280	Pre-All Star	.249	1086	270	56	2	52	177	77	308	.304	.448
Two Strikes	.145	895	130	28	3	22	90	64	490	.211	.257	Post-All Star	.236	741	175	31	4	31	111	66	182	.301	.414

Batter vs. Pitcher (career)

Hits Best Against	Avg	AB	H	2B	3B	HR	RBI	BB	SO	OBP	SLG	Hits Worst Against	Avg	AB	H	2B	3B	HR	RBI	BB	SO	OBP	SLG
Randy Tomlin	.538	13	7	3	0	1	5	0	1	.538	1.000	Dan Plesac	.048	21	1	0	0	0	2	1	5	.091	.048
Mike Birkbeck	.500	10	5	0	0	2	5	1	1	.500	1.100	Bob Welch	.056	18	1	0	0	0	1	7	.105	.056
Bob Milacki	.462	13	6	0	0	3	8	2	3	.533	1.385	Storm Davis	.056	18	1	0	0	0	0	3	5	.190	.056
Dave Burba	.455	11	5	1	0	2	8	0	5	.455	1.091	Mike Henneman	.077	13	1	0	0	0	1	0	3	.071	.077
Dave Righetti	.364	11	4	1	0	2	6	3	4	.500	1.091	Doug Drabek	.083	12	1	0	0	0	0	4	.154	.083

Garey Ingram — Dodgers   Age 24 – Bats Right

	Avg	G	AB	R	H	2B	3B	HR	RBI	BB	SO	HBP	GDP	SB	CS	OBP	SLG	IBB	SH	SF	#Pit	#P/PA	GB	FB	G/F
1994 Season	.282	26	78	10	22	1	0	3	8	7	22	0	2	0	0	.341	.410	3	1	0	329	3.83	23	19	1.21

1994 Season

	Avg	AB	H	2B	3B	HR	RBI	BB	SO	OBP	SLG		Avg	AB	H	2B	3B	HR	RBI	BB	SO	OBP	SLG
vs. Left	.364	22	8	0	0	1	1	4	7	.462	.500	Scoring Posn	.250	20	5	0	0	0	5	7	8	.444	.250
vs. Right	.250	56	14	1	0	2	7	3	15	.288	.375	Close & Late	.250	8	2	1	0	0	0	0	1	.250	.375

Riccardo Ingram — Tigers
Age 28 – Bats Right

	Avg	G	AB	R	H	2B	3B	HR	RBI	BB	SO	HBP	GDP	SB	CS	OBP	SLG	IBB	SH	SF	#Pit	#P/PA	GB	FB	G/F
1994 Season	.217	12	23	3	5	0	0	0	2	1	2	0	0	0	1	.240	.217	0	0	1	67	2.68	10	8	1.25

1994 Season

	Avg	AB	H	2B	3B	HR	RBI	BB	SO	OBP	SLG		Avg	AB	H	2B	3B	HR	RBI	BB	SO	OBP	SLG
vs. Left	.167	12	2	0	0	0	1	1	1	.231	.167	Scoring Posn	.167	6	1	0	0	0	2	1	1	.250	.167
vs. Right	.273	11	3	0	0	0	1	0	1	.250	.273	Close & Late	.000	1	0	0	0	0	0	1	1	.500	.000

Bo Jackson — Angels
Age 32 – Bats Right (groundball hitter)

	Avg	G	AB	R	H	2B	3B	HR	RBI	BB	SO	HBP	GDP	SB	CS	OBP	SLG	IBB	SH	SF	#Pit	#P/PA	GB	FB	G/F
1994 Season	.279	75	201	23	56	7	0	13	43	20	72	1	2	1	0	.344	.507	2	0	2	900	4.02	76	26	2.92
Last Five Years	.258	294	961	137	248	36	1	60	180	99	331	3	20	16	12	.326	.485	6	0	9	4216	3.93	344	169	2.04

1994 Season

	Avg	AB	H	2B	3B	HR	RBI	BB	SO	OBP	SLG		Avg	AB	H	2B	3B	HR	RBI	BB	SO	OBP	SLG
vs. Left	.289	97	28	4	0	6	19	10	37	.352	.515	Scoring Posn	.310	58	18	2	0	5	33	10	23	.408	.603
vs. Right	.269	104	28	3	0	7	24	10	35	.336	.500	Close & Late	.316	38	12	2	0	4	10	2	15	.350	.684
Home	.287	101	29	2	0	10	20	11	38	.354	.604	None on/out	.250	48	12	2	0	2	2	1	17	.265	.417
Away	.270	100	27	5	0	3	23	9	34	.333	.410	Batting #4	.304	23	7	0	0	0	0	2	9	.360	.304
First Pitch	.421	19	8	0	0	4	12	2	0	.455	1.053	Batting #5	.268	157	42	5	0	11	37	13	56	.324	.510
Ahead in Count	.477	44	21	4	0	5	17	8	0	.558	.909	Other	.333	21	7	2	0	2	6	5	7	.462	.714
Behind in Count	.173	98	17	3	0	2	9	0	62	.172	.265	Pre-All Star	.272	151	41	7	0	7	32	15	53	.339	.457
Two Strikes	.136	110	15	2	0	3	10	10	72	.207	.236	Post-All Star	.300	50	15	0	0	6	11	5	19	.357	.660

Last Five Years

	Avg	AB	H	2B	3B	HR	RBI	BB	SO	OBP	SLG		Avg	AB	H	2B	3B	HR	RBI	BB	SO	OBP	SLG
vs. Left	.251	399	100	10	0	27	71	41	146	.320	.479	Scoring Posn	.265	264	70	5	0	21	125	44	88	.364	.523
vs. Right	.263	562	148	26	1	33	109	58	185	.331	.489	Close & Late	.296	142	42	3	0	12	31	11	59	.346	.570
Groundball	.238	210	50	8	1	8	34	22	63	.309	.400	None on/out	.244	234	57	9	0	12	12	13	84	.286	.436
Flyball	.262	210	55	5	0	15	44	23	81	.331	.500	Batting #4	.254	354	90	12	1	22	68	39	120	.327	.480
Home	.270	478	129	24	0	34	92	46	158	.331	.533	Batting #5	.278	284	79	12	0	20	66	28	91	.343	.532
Away	.246	483	119	12	1	26	88	53	173	.322	.437	Other	.245	323	79	12	0	18	46	32	120	.311	.449
Day	.240	246	59	6	0	16	49	19	100	.291	.459	April	.296	135	40	8	0	5	19	17	48	.379	.467
Night	.264	715	189	30	1	44	131	80	231	.338	.494	May	.275	204	56	7	0	11	34	26	69	.353	.471
Grass	.249	627	156	17	1	41	119	60	218	.314	.475	June	.230	161	37	6	0	8	21	15	63	.299	.416
Turf	.275	334	92	19	0	19	61	39	113	.350	.503	July	.256	176	45	4	1	17	55	12	58	.295	.580
First Pitch	.377	122	46	3	0	15	49	4	0	.395	.770	August	.259	81	21	0	0	7	15	10	29	.337	.531
Ahead in Count	.399	173	69	11	1	22	59	41	0	.509	.855	September/October	.240	204	49	10	0	12	36	19	64	.307	.466
Behind in Count	.185	480	89	13	0	15	43	0	268	.186	.306	Pre-All Star	.260	581	151	24	1	30	100	64	205	.332	.460
Two Strikes	.146	526	77	14	0	10	40	52	331	.222	.230	Post-All Star	.255	380	97	12	0	30	80	35	126	.317	.524

Batter vs. Pitcher (career)

Hits Best Against	Avg	AB	H	2B	3B	HR	RBI	BB	SO	OBP	SLG	Hits Worst Against	Avg	AB	H	2B	3B	HR	RBI	BB	SO	OBP	SLG
Paul Kilgus	.500	14	7	2	0	2	4	0	4	.500	1.071	Bobby Witt	.000	11	0	0	0	0	0	2	8	.154	.000
Erik Hanson	.455	11	5	0	0	4	6	2	5	.538	1.545	Mike Henneman	.000	10	0	0	0	0	0	1	4	.091	.000
Jim Deshaies	.429	14	6	1	0	2	4	1	5	.467	.929	David Wells	.077	13	1	0	0	0	1	2	7	.200	.077
Willie Fraser	.417	12	5	2	0	1	6	2	2	.500	.833	Chris Bosio	.167	24	4	0	0	0	3	0	7	.167	.167
Mike Moore	.409	22	9	0	0	3	6	2	5	.462	.864	Bill Swift	.167	12	2	0	0	0	0	2	1	.167	.167

Chuck Jackson — Rangers
Age 32 – Bats Right

	Avg	G	AB	R	H	2B	3B	HR	RBI	BB	SO	HBP	GDP	SB	CS	OBP	SLG	IBB	SH	SF	#Pit	#P/PA	GB	FB	G/F
1994 Season	.000	1	2	0	0	0	0	0	0	0	0	0	0	0	0	.000	.000	0	0	0	6	3.00	2	0	0.00

1994 Season

	Avg	AB	H	2B	3B	HR	RBI	BB	SO	OBP	SLG		Avg	AB	H	2B	3B	HR	RBI	BB	SO	OBP	SLG
vs. Left	.000	0	0	0	0	0	0	0	0	.000	.000	Scoring Posn	.000	1	0	0	0	0	0	0	0	.000	.000
vs. Right	.000	2	0	0	0	0	0	0	0	.000	.000	Close & Late	.000	2	0	0	0	0	0	0	0	.000	.000

Danny Jackson — Phillies
Age 33 – Pitches Left (groundball pitcher)

	ERA	W	L	Sv	G	GS	IP	BB	SO	Avg	H	2B	3B	HR	RBI	OBP	SLG	CG	ShO	Sup	QS	#P/S	SB	CS	GB	FB	G/F
1994 Season	3.26	14	6	0	25	25	179.1	46	129	.266	183	34	3	13	67	.312	.381	4	1	6.62	20	107	14	2	288	139	2.07
Last Five Years	3.92	41	41	0	130	126	779.0	291	453	.271	816	140	20	50	332	.335	.381	6	2	5.16	74	94	73	27	1277	700	1.82

1994 Season

	ERA	W	L	Sv	G	GS	IP	H	HR	BB	SO		Avg	AB	H	2B	3B	HR	RBI	BB	SO	OBP	SLG
Home	3.10	8	4	0	15	15	110.1	106	7	23	84	vs. Left	.240	96	23	2	0	0	7	3	27	.260	.260
Away	3.52	6	2	0	10	10	69.0	77	6	23	45	vs. Right	.271	591	160	32	3	13	60	43	102	.320	.401
Day	2.52	4	2	0	7	7	50.0	46	2	13	47	Inning 1-6	.270	574	155	27	3	13	59	43	110	.319	.395
Night	3.55	10	4	0	18	18	129.1	137	11	33	82	Inning 7+	.248	113	28	7	0	0	8	3	19	.274	.310
Grass	3.44	4	2	0	8	8	55.0	62	6	17	42	None on	.282	380	107	19	2	7	7	25	66	.329	.397
Turf	3.18	10	4	0	17	17	124.1	121	7	29	87	Runners on	.248	307	76	15	1	6	60	21	63	.290	.362
April	3.12	2	0	0	5	5	34.2	32	3	13	29	Scoring Posn	.195	174	34	6	1	3	50	11	51	.236	.293
May	3.13	4	1	0	6	6	46.0	50	1	14	35	Close & Late	.229	35	8	3	0	0	6	0	6	.229	.314
June	3.59	4	1	0	6	6	42.2	38	6	9	22	None on/out	.277	177	49	12	1	3	3	8	31	.308	.407
July	3.83	3	3	0	6	6	40.0	50	2	9	29	vs. 1st Batr (relief)	.000	0	0	0	0	0	0	0	0	.000	.000
August	1.69	1	0	0	2	2	16.0	13	1	1	14	First Inning Pitched	.278	97	27	7	1	1	14	8	19	.336	.402
September/October	0.00	0	0	0	0	0	0	0	0	0	0	First 75 Pitches	.265	441	117	22	1	6	36	31	89	.312	.361

1994 Season

	ERA	W	L	Sv	G	GS	IP	H	HR	BB	SO		Avg	AB	H	2B	3B	HR	RBI	BB	SO	OBP	SLG
Starter	3.26	14	6	0	25	25	179.1	183	13	46	129	Pitch 76-90	.279	111	31	8	1	6	19	9	16	.331	.532
Reliever	0.00	0	0	0	0	0	0.0	0	0	0	0	Pitch 91-105	.289	83	24	2	1	1	9	5	11	.330	.373
0-3 Days Rest (St)	2.25	1	0	0	1	1	8.0	4	0	3	5	Pitch 106+	.212	52	11	2	0	0	3	1	13	.241	.250
4 Days Rest	2.92	11	4	0	18	18	132.1	132	8	28	101	First Pitch	.308	104	32	6	0	4	9	1	0	.318	.481
5+ Days Rest	4.62	2	2	0	6	6	39.0	47	5	15	23	Ahead in Count	.199	302	60	6	0	2	18	0	107	.200	.238
Pre-All Star	3.33	11	3	0	19	19	135.1	142	11	38	97	Behind in Count	.348	155	54	14	1	3	18	32	0	.455	.510
Post-All Star	3.07	3	3	0	6	6	44.0	41	2	8	32	Two Strikes	.190	295	56	10	1	3	24	13	129	.225	.261

Last Five Years

	ERA	W	L	Sv	G	GS	IP	H	HR	BB	SO		Avg	AB	H	2B	3B	HR	RBI	BB	SO	OBP	SLG
Home	3.70	24	18	0	69	66	430.2	444	29	136	261	vs. Left	.262	503	132	15	2	8	58	58	95	.342	.348
Away	4.19	17	23	0	61	60	348.1	372	21	155	192	vs. Right	.273	2508	684	125	18	42	274	233	358	.333	.387
Day	3.82	12	16	0	48	47	276.0	287	14	114	169	Inning 1-6	.267	2640	704	123	17	43	290	268	398	.333	.375
Night	3.97	29	25	0	82	79	503.0	529	36	177	284	Inning 7+	.302	371	112	17	3	7	42	23	55	.344	.420
Grass	3.86	14	20	0	56	54	330.2	338	24	142	180	None on	.271	1630	442	81	13	25	25	159	234	.340	.383
Turf	3.95	27	21	0	74	72	448.1	478	26	149	273	Runners on	.271	1381	374	59	7	25	307	132	219	.329	.378
April	4.47	4	5	0	20	20	112.2	122	9	50	65	Scoring Posn	.258	809	209	34	3	12	266	84	153	.319	.352
May	3.45	6	7	0	19	19	127.2	128	4	44	73	Close & Late	.341	170	58	8	1	6	27	12	21	.380	.506
June	3.67	14	6	0	27	27	179.0	170	12	67	85	None on/out	.268	747	200	42	5	12	12	80	100	.343	.386
July	3.24	8	9	0	20	20	133.1	138	12	50	86	vs. 1st Batr (relief)	.667	3	2	0	0	0	1	1	0	.750	.667
August	4.05	5	5	0	19	18	100.0	103	6	35	66	First Inning Pitched	.266	492	131	23	3	8	63	72	82	.361	.374
September/October	4.84	4	9	0	25	22	126.1	155	7	45	78	First 75 Pitches	.263	2262	595	107	13	30	235	235	349	.331	.362
Starter	3.89	41	41	0	126	126	773.1	805	50	287	449	Pitch 76-90	.290	372	108	20	4	12	48	33	46	.350	.462
Reliever	7.94	0	0	0	4	0	5.2	11	0	4	4	Pitch 91-105	.305	262	80	7	1	6	34	18	36	.346	.408
0-3 Days Rest (St)	4.40	3	1	0	5	5	28.2	35	1	13	17	Pitch 106+	.287	115	33	6	2	2	15	5	22	.322	.426
4 Days Rest	3.59	28	23	0	78	78	496.2	496	30	183	298	First Pitch	.322	503	162	26	2	14	63	15	0	.343	.465
5+ Days Rest	4.43	10	17	0	43	43	248.0	274	19	91	134	Ahead in Count	.214	1311	281	47	6	15	123	0	392	.217	.294
Pre-All Star	3.87	26	22	0	74	74	467.2	485	32	178	256	Behind in Count	.336	702	236	43	7	15	86	164	0	.459	.481
Post-All Star	3.99	15	19	0	56	52	311.1	331	18	113	197	Two Strikes	.191	1203	230	39	4	13	108	112	453	.262	.263

Pitcher vs. Batter (since 1984)

Pitches Best Vs.	Avg	AB	H	2B	3B	HR	RBI	BB	SO	OBP	SLG	Pitches Worst Vs.	Avg	AB	H	2B	3B	HR	RBI	BB	SO	OBP	SLG
Gary Redus	.000	18	0	0	0	0	1	5	2	.217	.000	Phil Clark	.500	16	8	2	0	1	4	1	1	.529	.813
Archi Cianfrocco	.067	15	1	0	0	0	1	4	.125			Felix Jose	.500	12	6	5	0	0	4	0	1	.500	.917
Andre Dawson	.071	14	1	0	0	0	3	0	.071	.071		Wil Cordero	.500	10	5	2	0	0	0	4	0	.643	.700
Jacob Brumfield	.083	12	1	0	0	0	1	0	2	.083	.083	Kent Hrbek	.450	20	9	5	0	1	4	2	4	.500	.850
Chuck Carr	.091	11	1	0	0	0	2	0	.091	.091		Harold Reynolds	.444	9	4	2	1	0	1	0	1	.545	.889

Darrin Jackson — White Sox — Age 31 – Bats Right

	Avg	G	AB	R	H	2B	3B	HR	RBI	BB	SO	HBP	GDP	SB	CS	OBP	SLG	IBB	SH	SF	#Pit	#P/PA	GB	FB	G/F
1994 Season	.312	104	369	43	115	17	3	10	51	27	56	9	3	5	7	1	.362	.455	3	2	1	1326	3.29	125	102	1.23
Last Five Years	.260	516	1691	195	439	64	9	57	205	95	327	9	41	29	9	.300	.409	10	18	12	6345	3.48	534	495	1.08

1994 Season

	Avg	AB	H	2B	3B	HR	RBI	BB	SO	OBP	SLG		Avg	AB	H	2B	3B	HR	RBI	BB	SO	OBP	SLG
vs. Left	.317	123	39	4	1	5	14	10	16	.368	.488	Scoring Posn	.254	114	29	3	0	5	44	11	17	.326	.412
vs. Right	.309	246	76	13	2	5	37	17	40	.358	.439	Close & Late	.283	60	17	5	0	0	5	2	11	.306	.367
Groundball	.324	102	33	3	1	2	11	7	14	.369	.431	None on/out	.337	86	29	5	1	3	3	3	12	.367	.523
Flyball	.253	99	25	9	1	3	15	3	16	.282	.455	Batting #5	.188	16	3	0	0	1	3	1	1	.235	.375
Home	.346	162	56	11	1	4	24	11	19	.392	.500	Batting #6	.320	347	111	17	3	9	48	25	54	.369	.464
Away	.285	207	59	6	2	6	27	16	37	.338	.420	Other	.167	6	1	0	0	0	0	1	1	.286	.167
Day	.274	95	26	1	1	5	14	11	15	.352	.463	April	.351	74	26	5	1	4	11	9	11	.422	.608
Night	.325	274	89	16	2	5	37	16	41	.365	.453	May	.306	85	26	6	0	3	17	4	15	.348	.482
Grass	.314	325	102	16	2	8	48	19	45	.355	.449	June	.345	84	29	4	0	1	13	6	9	.389	.429
Turf	.295	44	13	1	1	2	3	8	11	.404	.500	July	.289	90	26	1	2	2	7	6	15	.340	.411
First Pitch	.338	71	24	3	0	3	18	3	0	.360	.507	August	.222	36	8	1	0	0	3	2	6	.256	.250
Ahead in Count	.329	70	23	4	1	1	7	9	0	.413	.457	September/October	.000	0	0	0	0	0	0	0	0	.000	.000
Behind in Count	.273	176	48	9	1	3	17	0	49	.281	.386	Pre-All Star	.315	279	88	15	1	9	46	20	41	.366	.473
Two Strikes	.248	149	37	5	2	4	15	5	56	.317	.389	Post-All Star	.300	90	27	2	2	1	5	7	15	.347	.400

1994 By Position

Position	Avg	AB	H	2B	3B	HR	RBI	BB	SO	OBP	SLG	G	GS	Innings	PO	A	E	DP	Fld Pct	Rng Fctr	In Zone	Outs	Zone Rtg	MLB Zone
As cf	.326	46	15	1	2	0	8	9	.436	.435		16	13	110.1	35	1	0	1	1.000	2.94	38	33	.868	.824
As rf	.308	315	97	16	1	9	49	18	45	.347	.451	92	74	705.0	190	1	1	0	.995	2.44	222	186	.838	.826

Last Five Years

	Avg	AB	H	2B	3B	HR	RBI	BB	SO	OBP	SLG		Avg	AB	H	2B	3B	HR	RBI	BB	SO	OBP	SLG
vs. Left	.255	623	159	19	5	27	72	38	104	.297	.432	Scoring Posn	.263	415	109	16	2	16	156	38	73	.325	.427
vs. Right	.262	1068	280	45	4	30	133	57	223	.302	.396	Close & Late	.249	269	67	11	1	10	32	18	58	.296	.409
Groundball	.262	542	142	20	3	18	67	31	99	.301	.431	None on/out	.279	445	124	19	3	18	18	14	85	.302	.456
Flyball	.235	370	87	22	2	15	45	19	77	.280	.427	Batting #5	.243	325	79	13	2	8	42	12	59	.270	.369
Home	.280	806	226	34	5	32	111	41	140	.317	.454	Batting #6	.288	674	194	32	5	19	90	43	126	.335	.435
Away	.241	885	213	30	4	25	94	54	187	.285	.368	Other	.240	692	166	19	2	30	73	40	142	.280	.403
Day	.249	490	122	23	2	22	66	32	105	.296	.439	April	.279	265	74	15	2	12	38	22	59	.334	.487
Night	.264	1201	317	41	7	35	139	63	222	.302	.397	May	.238	328	78	16	0	9	41	17	62	.279	.369

	Avg	AB	H	2B	3B	HR	RBI	BB	SO	OBP	SLG		Avg	AB	H	2B	3B	HR	RBI	BB	SO	OBP	SLG
												Last Five Years											
Grass	.280	1259	352	47	8	48	170	68	214	.318	.444	June	.278	299	83	9	2	9	38	16	53	.313	.411
Turf	.201	432	87	17	1	9	35	27	113	.248	.308	July	.278	241	67	5	4	9	27	12	39	.315	.444
First Pitch	.287	261	75	13	1	9	44	6	0	.301	.448	August	.227	229	52	8	1	7	30	12	47	.266	.362
Ahead in Count	.318	321	102	21	1	20	53	41	0	.396	.576	September/October	.258	329	85	11	0	11	31	16	67	.295	.392
Behind in Count	.202	840	170	21	5	14	54	0	294	.207	.289	Pre-All Star	.264	989	261	41	4	34	132	58	188	.306	.417
Two Strikes	.180	773	139	14	4	15	49	47	327	.229	.266	Post-All Star	.254	702	178	23	5	23	73	37	139	.292	.399
												Batter vs. Pitcher (career)											
Hits Best Against	Avg	AB	H	2B	3B	HR	RBI	BB	SO	OBP	SLG	**Hits Worst Against**	Avg	AB	H	2B	3B	HR	RBI	BB	SO	OBP	SLG
Bud Black	.500	14	7	2	0	1	4	0	1	.500	.857	Randy Tomlin	.000	11	0	0	0	0	0	1	2	.083	.000
Roger McDowell	.500	12	6	2	0	0	1	1	2	.538	.667	Ramon Martinez	.059	17	1	0	0	0	1	0	2	.059	.059
Donovan Osborne	.467	15	7	0	0	1	2	1	2	.500	.667	Randy Myers	.100	10	1	0	0	0	1	2	0	.250	.100
Danny Jackson	.417	24	10	1	0	2	5	3	4	.464	.708	Charles Nagy	.125	16	2	0	0	0	0	1	4	.176	.125
John Smoltz	.400	20	8	3	0	1	4	0	4	.400	.700	Brian Barnes	.167	12	2	1	0	0	0	0	3	.167	.167

Mike Jackson — Giants
Age 30 – Pitches Right (flyball pitcher)

	ERA	W	L	Sv	G	GS	IP	BB	SO	Avg	H	2B	3B	HR	RBI	OBP	SLG	GF	IR	IRS	Hld	SvOp	SB	CS	GB	FB	G/F
1994 Season	1.49	3	2	4	36	0	42.1	11	51	.164	23	2	0	4	18	.234	.264	12	30	11	9	6	1	2	31	48	0.65
Last Five Years	3.38	27	28	24	319	0	367.2	146	344	.215	285	43	7	31	173	.299	.329	116	417	135	74	49	25	8	383	411	0.93

1994 Season

	ERA	W	L	Sv	G	GS	IP	H	HR	BB	SO		Avg	AB	H	2B	3B	HR	RBI	BB	SO	OBP	SLG
Home	1.44	2	1	2	22	0	25.0	13	2	6	29	vs. Left	.194	67	13	1	0	2	11	7	16	.267	.299
Away	1.56	1	1	2	14	0	17.1	10	2	5	22	vs. Right	.137	73	10	1	0	2	7	4	35	.203	.233
Starter	0.00	0	0	0	0	0	0.0	0	0	0	0	Scoring Posn	.212	33	7	0	0	2	13	4	13	.289	.394
Reliever	1.49	3	2	4	36	0	42.1	23	4	11	51	Close & Late	.164	110	18	1	0	3	15	9	37	.225	.255
0 Days rest (Re)	0.61	0	0	1	12	0	14.2	5	1	2	16	None on/out	.229	35	8	1	0	1	1	1	9	.250	.343
1 or 2 Days rest	1.71	1	2	2	18	0	21.0	12	2	8	26	First Pitch	.214	14	3	0	0	2	4	0	0	.267	.643
3+ Days rest	2.70	0	0	1	6	0	6.2	6	1	1	9	Ahead in Count	.111	81	9	0	0	2	11	0	40	.110	.185
Pre-All Star	1.49	3	2	4	36	0	42.1	23	4	11	51	Behind in Count	.278	18	5	1	0	0	2	8	0	.500	.333
Post-All Star	0.00	0	0	0	0	0	0.0	0	0	0	0	Two Strikes	.100	90	9	1	0	2	10	3	51	.129	.178

Last Five Years

	ERA	W	L	Sv	G	GS	IP	H	HR	BB	SO		Avg	AB	H	2B	3B	HR	RBI	BB	SO	OBP	SLG
Home	3.39	14	11	10	157	0	186.0	132	14	67	171	vs. Left	.249	579	144	26	4	15	76	82	104	.343	.385
Away	3.37	13	17	14	162	0	181.2	153	17	79	173	vs. Right	.189	745	141	17	3	16	97	64	240	.264	.285
Day	2.77	9	7	8	124	0	139.2	90	12	52	129	Inning 1-6	.247	89	22	5	2	1	16	13	22	.343	.382
Night	3.75	18	21	16	195	0	228.0	195	19	94	215	Inning 7+	.213	1235	263	38	5	30	157	133	322	.296	.325
Grass	3.54	18	15	15	193	0	213.2	176	21	92	211	None on	.201	723	145	17	3	18	18	56	186	.266	.307
Turf	3.16	9	13	9	126	0	154.0	109	10	54	133	Runners on	.233	601	140	26	4	13	155	90	158	.336	.354
April	2.30	4	5	7	52	0	62.2	43	6	13	56	Scoring Posn	.224	370	83	17	1	10	143	76	96	.357	.357
May	2.20	8	3	5	67	0	90.0	55	9	22	91	Close & Late	.218	807	176	26	5	19	114	81	216	.295	.333
June	3.02	5	3	10	50	0	56.2	32	6	21	53	None on/out	.224	304	68	5	2	7	7	22	68	.278	.322
July	5.47	4	4	0	49	0	49.1	52	5	28	45	vs. 1st Batr (relief)	.219	283	62	7	1	6	36	25	83	.289	.314
August	3.44	3	7	1	49	0	52.1	40	2	26	40	First Inning Pitched	.216	970	210	31	6	20	144	106	256	.301	.323
September/October	4.92	3	6	1	52	0	56.2	63	3	36	59	First 15 Pitches	.226	890	201	29	4	20	125	88	221	.304	.335
Starter	0.00	0	0	0	0	0	0.0	0	0	0	0	Pitch 16-30	.184	374	69	13	2	10	37	46	113	.276	.310
Reliever	3.38	27	28	24	319	0	367.2	285	31	146	344	Pitch 31-45	.246	57	14	1	1	1	10	11	10	.368	.351
0 Days rest (Re)	4.32	8	13	6	87	0	93.2	79	10	37	87	Pitch 46+	.333	3	1	0	0	0	1	1	0	.500	.333
1 or 2 Days rest	3.09	14	12	12	160	0	192.1	142	15	76	179	First Pitch	.296	162	48	7	2	7	36	31	0	.423	.494
3+ Days rest	2.98	5	3	4	72	0	81.2	64	6	33	78	Ahead in Count	.158	673	106	13	1	8	53	0	280	.166	.215
Pre-All Star	2.51	19	12	22	188	0	229.2	149	23	64	223	Behind in Count	.300	227	68	11	2	7	38	70	0	.463	.458
Post-All Star	4.83	8	16	2	131	0	138.0	136	8	82	121	Two Strikes	.134	707	95	13	3	8	59	45	344	.191	.195

Pitcher vs. Batter (career)

Pitches Best Vs.	Avg	AB	H	2B	3B	HR	RBI	BB	SO	OBP	SLG	Pitches Worst Vs.	Avg	AB	H	2B	3B	HR	RBI	BB	SO	OBP	SLG
Steve Buechele	.000	13	0	0	0	0	0	1	4	.071	.000	Rafael Palmeiro	.778	9	7	1	0	2	3	2	1	.833	1.556
Paul Molitor	.000	12	0	0	0	0	0	1	0	.077	.000	Chili Davis	.667	9	6	0	0	0	2	5	0	.750	.667
Jose Canseco	.000	11	0	0	0	0	0	2	3	.154	.000	Dave Martinez	.571	7	4	0	0	0	1	3	1	.636	.571
Roberto Kelly	.000	9	0	0	0	0	0	1	4	.182	.000	Candy Maldonado	.455	11	5	1	0	2	6	0	3	.455	1.091
Cory Snyder	.071	14	1	0	0	0	2	8	.188	.071	Ozzie Smith	.375	8	3	1	0	0	2	3	1	.545	.750

Jason Jacome — Mets
Age 24 – Pitches Left (groundball pitcher)

	ERA	W	L	Sv	G	GS	IP	BB	SO	Avg	H	2B	3B	HR	RBI	OBP	SLG	CG	ShO	Sup	QS	#P/S	SB	CS	GB	FB	G/F
1994 Season	2.67	4	3	0	8	8	54.0	17	30	.269	54	10	2	3	17	.324	.383	1	1	3.83	7	92	2	2	88	38	2.32

1994 Season

	ERA	W	L	Sv	G	GS	IP	H	HR	BB	SO		Avg	AB	H	2B	3B	HR	RBI	BB	SO	OBP	SLG
Home	3.60	2	2	0	4	4	25.0	27	2	10	11	vs. Left	.219	32	7	2	0	2	4	6	8	.342	.469
Away	1.86	2	1	0	4	4	29.0	27	1	7	19	vs. Right	.278	169	47	8	2	1	13	11	22	.320	.367

199

John Jaha — Brewers

Age 29 – Bats Right

	Avg	G	AB	R	H	2B	3B	HR	RBI	BB	SO	HBP	GDP	SB	CS	OBP	SLG	IBB	SH	SF	#Pit	#P/PA	GB	FB	G/F
1994 Season	.241	84	291	45	70	14	0	12	39	32	75	10	8	3	3	.332	.412	3	1	4	1347	3.99	103	74	1.39
Career (1992-1994)	.251	284	939	140	236	38	1	33	119	95	214	20	15	26	12	.329	.399	8	6	12	4114	3.84	349	237	1.47

1994 Season

	Avg	AB	H	2B	3B	HR	RBI	BB	SO	OBP	SLG		Avg	AB	H	2B	3B	HR	RBI	BB	SO	OBP	SLG
vs. Left	.283	60	17	3	0	5	8	12	12	.403	.583	Scoring Posn	.213	80	17	5	0	3	26	8	24	.280	.388
vs. Right	.229	231	53	11	0	7	31	20	63	.313	.368	Close & Late	.200	45	9	4	0	3	10	5	12	.308	.489
Groundball	.299	67	20	4	0	2	11	8	16	.402	.448	None on/out	.301	73	22	5	0	5	5	7	18	.378	.575
Flyball	.259	54	14	3	0	1	5	9	15	.385	.370	Batting #5	.241	58	14	2	0	3	13	7	17	.324	.431
Home	.248	117	29	5	0	5	14	13	34	.353	.419	Batting #6	.279	104	29	8	0	5	12	11	25	.356	.500
Away	.236	174	41	9	0	7	25	19	41	.318	.408	Other	.209	129	27	4	0	4	14	14	33	.318	.333
Day	.276	87	24	5	0	4	13	17	18	.411	.471	April	.233	60	14	0	0	5	12	5	22	.304	.483
Night	.225	204	46	9	0	8	26	15	57	.296	.387	May	.256	82	21	6	0	2	10	11	22	.361	.402
Grass	.251	247	62	13	0	10	36	26	61	.339	.425	June	.237	76	18	4	0	2	6	12	13	.376	.368
Turf	.182	44	8	1	0	2	3	6	14	.294	.341	July	.200	35	7	0	0	2	4	2	8	.243	.371
First Pitch	.325	40	13	4	0	3	12	2	0	.408	.650	August	.263	38	10	4	0	1	7	2	10	.293	.447
Ahead in Count	.321	56	18	3	0	4	8	10	0	.433	.589	September/October	.000	0	0	0	0	0	0	0	0	.000	.000
Behind in Count	.180	128	23	5	0	5	13	0	56	.197	.336	Pre-All Star	.228	241	55	10	0	9	28	29	64	.332	.382
Two Strikes	.180	161	29	5	0	3	10	20	75	.281	.267	Post-All Star	.300	50	15	4	0	3	11	3	11	.333	.560

1994 By Position

Position	Avg	AB	H	2B	3B	HR	RBI	BB	SO	OBP	SLG	G	GS	Innings	PO	A	E	DP	Fld Pct	Rng Fctr	In Zone	Outs	Zone Rtg	MLB Zone
As Designated Hitter	.314	35	11	4	0	1	7	3	7	.359	.514	11	9	---	---	---	---	---	---	---	---	---	---	---
As 1b	.230	256	59	10	0	11	32	29	68	.329	.398	73	71	626.0	660	47	8	60	.989	---	134	118	.881	.818

Career (1992-1994)

	Avg	AB	H	2B	3B	HR	RBI	BB	SO	OBP	SLG		Avg	AB	H	2B	3B	HR	RBI	BB	SO	OBP	SLG
vs. Left	.234	278	65	10	0	12	39	33	58	.315	.399	Scoring Posn	.262	225	59	12	0	5	81	37	56	.357	.382
vs. Right	.259	661	171	28	1	21	80	62	156	.335	.399	Close & Late	.280	157	44	7	0	6	20	16	35	.369	.439
Groundball	.303	188	57	11	1	3	25	17	40	.375	.420	None on/out	.262	237	62	12	1	13	13	19	52	.324	.485
Flyball	.258	198	51	8	0	8	20	17	53	.321	.419	Batting #6	.256	242	62	12	0	12	34	26	56	.339	.455
Home	.251	458	115	18	1	11	55	39	114	.320	.367	Batting #7	.245	269	66	9	1	7	29	23	61	.313	.364
Away	.252	481	121	20	0	22	64	56	100	.338	.430	Other	.252	428	108	17	0	14	56	46	97	.333	.390
Day	.219	320	70	15	0	8	38	37	73	.311	.341	April	.225	120	27	1	0	5	16	10	32	.304	.358
Night	.268	619	166	23	1	25	81	58	141	.339	.430	May	.265	170	45	9	0	5	22	17	45	.344	.406
Grass	.251	797	200	32	1	25	103	77	183	.325	.388	June	.228	171	39	8	0	4	11	21	34	.333	.345
Turf	.254	142	36	6	0	8	16	18	31	.354	.465	July	.244	164	40	7	0	3	20	9	34	.289	.341
First Pitch	.378	135	51	10	0	7	30	7	0	.436	.607	August	.273	205	56	11	1	10	30	19	46	.330	.483
Ahead in Count	.322	183	59	12	1	11	26	41	0	.449	.579	September/October	.266	109	29	2	0	6	20	19	23	.382	.450
Behind in Count	.182	429	78	11	0	8	36	0	173	.193	.263	Pre-All Star	.242	534	129	22	0	14	55	52	124	.323	.361
Two Strikes	.170	476	81	9	0	10	39	47	214	.249	.252	Post-All Star	.264	405	107	16	1	19	64	43	90	.337	.449

Batter vs. Pitcher (career)

Hits Best Against	Avg	AB	H	2B	3B	HR	RBI	BB	SO	OBP	SLG	Hits Worst Against	Avg	AB	H	2B	3B	HR	RBI	BB	SO	OBP	SLG
Pat Hentgen	.444	9	4	1	0	1	1	5	2	.643	.889	Jimmy Key	.000	12	0	0	0	0	0	0	4	.000	.000
Dave Stewart	.417	12	5	1	0	0	0	0	2	.417	.500	Jack McDowell	.077	13	1	0	0	0	0	0	2	.077	.077
David Wells	.313	16	5	1	0	1	2	0	2	.313	.563	Randy Johnson	.118	17	2	0	0	0	0	1	7	.167	.118
												Kirk McCaskill	.167	12	2	0	0	0	2	0	4	.154	.167
												Jason Bere	.200	10	2	0	0	0	1	0	2	.182	.200

Chris James — Rangers

Age 32 – Bats Right

	Avg	G	AB	R	H	2B	3B	HR	RBI	BB	SO	HBP	GDP	SB	CS	OBP	SLG	IBB	SH	SF	#Pit	#P/PA	GB	FB	G/F
1994 Season	.256	52	133	26	34	8	4	7	19	20	38	3	3	0	0	.361	.534	0	1	2	629	3.96	32	41	0.78
Last Five Years	.266	491	1506	170	400	77	15	38	188	101	255	14	23	17	11	.315	.412	10	7	12	5812	3.54	552	452	1.22

1994 Season

	Avg	AB	H	2B	3B	HR	RBI	BB	SO	OBP	SLG		Avg	AB	H	2B	3B	HR	RBI	BB	SO	OBP	SLG
vs. Left	.349	63	22	7	2	5	10	19	19	.434	.762	Scoring Posn	.171	41	7	1	1	1	12	6	16	.294	.317
vs. Right	.171	70	12	1	2	2	4	10	19	.293	.329	Close & Late	.182	22	4	1	0	1	3	3	7	.308	.364
Home	.233	60	14	4	1	4	7	11	16	.351	.533	None on/out	.241	29	7	2	0	1	1	4	7	.333	.414
Away	.274	73	20	4	3	3	12	9	22	.369	.534	Batting #2	.250	48	12	3	2	1	6	10	16	.393	.458
First Pitch	.263	19	5	1	2	0	1	0	0	.300	.526	Batting #8	.179	28	5	1	1	2	2	6	7	.324	.500
Ahead in Count	.276	29	8	3	0	2	4	6	0	.400	.586	Other	.298	57	17	4	1	4	11	4	15	.349	.614
Behind in Count	.228	57	13	3	1	2	7	0	31	.256	.421	Pre-All Star	.264	110	29	7	4	4	15	18	35	.371	.509
Two Strikes	.217	69	15	4	2	4	8	14	38	.353	.507	Post-All Star	.217	23	5	1	0	3	4	2	3	.308	.652

Last Five Years

	Avg	AB	H	2B	3B	HR	RBI	BB	SO	OBP	SLG		Avg	AB	H	2B	3B	HR	RBI	BB	SO	OBP	SLG
vs. Left	.273	590	161	36	6	21	81	50	109	.329	.461	Scoring Posn	.268	396	106	14	5	7	146	44	80	.338	.381
vs. Right	.261	916	239	41	9	17	107	51	146	.306	.381	Close & Late	.241	253	61	12	0	5	24	21	55	.308	.348
Groundball	.273	495	135	25	7	8	58	32	72	.320	.400	None on/out	.220	328	72	13	1	12	12	19	52	.271	.375
Flyball	.285	295	84	21	3	9	36	27	48	.354	.468	Batting #5	.290	403	117	23	4	10	44	25	59	.333	.442
Home	.269	707	190	35	8	20	94	46	110	.317	.426	Batting #6	.248	234	58	12	1	5	25	18	35	.308	.372
Away	.263	799	210	42	7	18	94	55	145	.314	.401	Other	.259	869	225	42	10	23	119	58	161	.309	.410
Day	.297	468	139	36	5	12	72	31	89	.346	.472	April	.226	190	43	10	1	5	19	21	39	.309	.368

200

Last Five Years

	Avg	AB	H	2B	3B	HR	RBI	BB	SO	OBP	SLG		Avg	AB	H	2B	3B	HR	RBI	BB	SO	OBP	SLG
Night	.251	1038	261	41	10	26	116	70	166	.301	.385	May	.258	264	68	14	2	6	37	26	48	.329	.394
Grass	.271	1155	313	54	11	26	146	78	181	.319	.404	June	.272	290	79	14	4	5	37	16	55	.313	.400
Turf	.248	351	87	23	4	12	42	23	74	.304	.439	July	.271	291	79	16	5	9	31	15	44	.312	.454
First Pitch	.339	192	65	8	4	7	19	5	0	.361	.531	August	.295	261	77	14	1	7	30	14	42	.333	.437
Ahead in Count	.330	394	130	26	5	21	80	43	0	.394	.581	September/October	.257	210	54	9	2	6	34	9	27	.290	.405
Behind in Count	.202	667	135	26	4	5	50	0	218	.211	.276	Pre-All Star	.264	851	225	43	11	20	110	69	156	.323	.411
Two Strikes	.186	640	119	21	6	8	55	50	255	.251	.275	Post-All Star	.267	655	175	34	4	18	78	32	99	.304	.414

Batter vs. Pitcher (career)

Hits Best Against	Avg	AB	H	2B	3B	HR	RBI	BB	SO	OBP	SLG	Hits Worst Against	Avg	AB	H	2B	3B	HR	RBI	BB	SO	OBP	SLG
Kevin Appier	.500	16	8	0	1	1	2	1	2	.529	.813	David Cone	.000	21	0	0	0	0	1	0	5	.000	.000
Scott Sanderson	.421	19	8	1	0	1	2	1	2	.450	.632	Jim Abbott	.000	15	0	0	0	0	0	0	3	.000	.000
Zane Smith	.389	18	7	1	1	2	5	1	2	.421	.889	Jose Rijo	.091	11	1	1	0	0	0	0	0	.091	.182
Rick Sutcliffe	.375	24	9	2	1	1	3	4	2	.448	.667	Joe Hesketh	.091	11	1	0	0	0	0	0	2	.091	.091
Jack McDowell	.364	11	4	2	0	1	1	0	2	.417	.818	Atlee Hammaker	.133	15	2	0	0	0	0	0	2	.133	.133

Kevin Jarvis — Reds
Age 25 – Pitches Right

	ERA	W	L	Sv	G	GS	IP	BB	SO	Avg	H	2B	3B	HR	RBI	OBP	SLG	CG	ShO	Sup	QS	#P/S	SB	CS	GB	FB	G/F
1994 Season	7.13	1	1	0	6	3	17.2	5	10	.301	22	6	0	4	12	.346	.548	0	0	7.64	0	74	3	0	29	24	1.21

1994 Season

	ERA	W	L	Sv	G	GS	IP	H	SO	BB	SO		Avg	AB	H	2B	3B	HR	RBI	BB	SO	OBP	SLG
Home	6.00	1	0	0	4	3	15.0	18	3	3	9	vs. Left	.313	32	10	3	0	2	7	2	5	.353	.594
Away	13.50	0	1	0	2	0	2.2	4	1	2	1	vs. Right	.293	41	12	3	0	2	5	3	5	.341	.512

Stan Javier — Athletics
Age 31 – Bats Both (groundball hitter)

	Avg	G	AB	R	H	2B	3B	HR	RBI	BB	SO	HBP	GDP	SB	CS	OBP	SLG	IBB	SH	SF	#Pit	#P/PA	GB	FB	G/F
1994 Season	.272	109	419	75	114	23	0	10	44	49	76	2	7	24	7	.349	.399	1	7	3	1931	4.02	141	112	1.26
Last Five Years	.267	575	1475	231	394	64	14	18	139	169	249	6	28	76	20	.342	.366	6	20	12	6512	3.87	591	346	1.71

1994 Season

	Avg	AB	H	2B	3B	HR	RBI	BB	SO	OBP	SLG		Avg	AB	H	2B	3B	HR	RBI	BB	SO	OBP	SLG
vs. Left	.318	154	49	13	0	3	19	16	24	.386	.461	Scoring Posn	.226	93	21	5	0	1	29	13	17	.312	.312
vs. Right	.245	265	65	10	0	7	25	33	52	.328	.362	Close & Late	.216	51	11	1	0	1	6	8	14	.311	.294
Groundball	.280	93	26	6	0	1	11	10	17	.356	.376	None on/out	.245	98	24	4	0	1	1	15	19	.351	.316
Flyball	.284	102	29	5	0	5	13	14	19	.373	.480	Batting #1	.248	117	29	5	0	2	8	18	19	.346	.342
Home	.267	191	51	9	0	1	15	28	34	.363	.330	Batting #2	.276	293	81	18	0	8	36	30	54	.346	.420
Away	.276	228	63	14	0	9	29	21	42	.336	.456	Other	.444	9	4	0	0	0	0	1	3	.500	.444
Day	.279	154	43	9	0	3	15	17	27	.351	.396	April	.363	91	33	7	0	3	15	11	6	.427	.538
Night	.268	265	71	14	0	7	29	32	49	.348	.400	May	.225	102	23	2	0	3	6	14	20	.319	.333
Grass	.262	355	93	21	0	6	31	40	64	.338	.372	June	.297	101	30	6	0	4	16	11	17	.365	.475
Turf	.328	64	21	2	0	4	13	9	12	.411	.547	July	.238	84	20	8	0	0	5	12	16	.340	.333
First Pitch	.390	41	16	2	0	2	6	1	0	.395	.585	August	.195	41	8	0	0	0	2	1	7	.214	.195
Ahead in Count	.319	91	29	6	0	2	11	19	0	.432	.451	September/October	.000	0	0	0	0	0	0	0	0	.000	.000
Behind in Count	.204	186	38	9	0	2	14	0	62	.212	.285	Pre-All Star	.291	330	96	19	0	10	40	42	63	.370	.439
Two Strikes	.184	201	37	8	0	3	12	29	76	.290	.269	Post-All Star	.202	89	18	4	0	0	4	7	13	.268	.247

1994 By Position

Position	Avg	AB	H	2B	3B	HR	RBI	BB	SO	OBP	SLG	G	GS	Innings	PO	A	E	DP	Fld Pct	Rng Fctr	In Zone	Outs	Zone Rtg	MLB Zone
As lf	.379	29	11	2	0	3	5	2	6	.419	.759	12	5	62.0	13	0	0	0	1.000	1.89	16	13	.813	.815
As cf	.265	385	102	21	0	7	39	47	70	.346	.374	102	97	836.1	257	3	4	0	.985	2.80	298	247	.829	.824

Last Five Years

	Avg	AB	H	2B	3B	HR	RBI	BB	SO	OBP	SLG		Avg	AB	H	2B	3B	HR	RBI	BB	SO	OBP	SLG
vs. Left	.276	606	167	30	7	5	51	68	88	.350	.373	Scoring Posn	.253	344	87	12	5	3	131	44	60	.328	.343
vs. Right	.261	869	227	34	7	13	88	101	161	.337	.361	Close & Late	.205	278	57	4	4	2	26	36	64	.294	.270
Groundball	.270	408	110	16	6	1	33	39	61	.334	.346	None on/out	.259	379	98	15	2	4	4	49	67	.345	.340
Flyball	.229	323	74	15	4	7	36	42	67	.318	.365	Batting #1	.261	482	126	19	5	4	39	69	69	.351	.346
Home	.272	673	183	28	3	6	64	86	115	.354	.336	Batting #2	.272	514	140	25	3	10	51	51	91	.340	.391
Away	.263	802	211	36	11	15	75	83	134	.333	.392	Other	.267	479	128	20	6	4	49	49	89	.335	.359
Day	.259	482	125	21	4	6	48	49	82	.328	.357	April	.294	163	48	7	2	3	20	12	29	.341	.417
Night	.271	993	269	43	10	12	91	120	167	.349	.371	May	.225	244	55	4	4	4	23	35	44	.324	.324
Grass	.256	1028	263	40	6	11	92	124	173	.334	.339	June	.290	293	85	20	4	6	32	31	45	.355	.447
Turf	.293	447	131	24	8	7	47	45	76	.361	.430	July	.231	260	60	12	1	0	18	33	51	.326	.285
First Pitch	.312	189	59	5	4	3	22	4	0	.320	.429	August	.255	251	64	10	1	0	21	28	43	.326	.303
Ahead in Count	.321	287	92	15	2	4	32	96	0	.488	.429	September/October	.311	264	82	11	2	5	25	30	37	.380	.424
Behind in Count	.210	676	142	24	6	3	41	0	211	.215	.277	Pre-All Star	.267	812	217	35	11	13	82	97	142	.345	.385
Two Strikes	.216	718	155	30	7	7	50	67	249	.284	.306	Post-All Star	.267	663	177	29	3	5	57	72	107	.339	.342

Batter vs. Pitcher (career)

Hits Best Against	Avg	AB	H	2B	3B	HR	RBI	BB	SO	OBP	SLG	Hits Worst Against	Avg	AB	H	2B	3B	HR	RBI	BB	SO	OBP	SLG
Erik Hanson	.500	12	6	1	1	0	2	2	1	.571	.750	Mark Gubicza	.000	18	0	0	0	0	0	0	2	.000	.000

201

Batter vs. Pitcher (career)																		
Hits Best Against	Avg	AB	H	2B	3B	HR	RBI	BB	SO	OBP	SLG	Hits Worst Against	Avg	AB	H	2B	3B	HR	RBI	BB	SO	OBP	SLG
Wilson Alvarez	.467	15	7	0	0	0	0	3	1	.556	.467	Tom Glavine	.000	12	0	0	0	0	0	3	2	.200	.000
Mark Eichhorn	.444	9	4	1	0	0	1	2	0	.545	.556	Kevin Brown	.091	11	1	0	0	0	1	1	3	.167	.091
Bill Gullickson	.417	12	5	1	0	1	3	0	0	.417	.750	John Smoltz	.133	15	2	0	0	0	1	0	2	.133	.133
Chuck Finley	.375	16	6	4	0	0	3	2	3	.444	.625	John Farrell	.154	13	2	0	0	0	0	0	6	.154	.154

Mike Jeffcoat — Marlins
Age 35 – Pitches Left

	ERA	W	L	Sv	G	GS	IP	BB	SO	Avg	H	2B	3B	HR	RBI	OBP	SLG	GF	IR	IRS	Hld	SvOp	SB	CS	GB	FB	G/F
1994 Season	10.13	0	0	0	4	0	2.2	0	1	.364	4	0	0	2	4	.333	.909	1	5	1	1	0	0	0	3	6	0.50
Last Five Years	4.87	10	10	6	124	15	212.2	58	108	.305	258	43	8	24	119	.350	.460	35	73	27	13	15	5	9	302	269	1.12

1994 Season

	ERA	W	L	Sv	G	GS	IP	H	HR	BB	SO		Avg	AB	H	2B	3B	HR	RBI	BB	SO	OBP	SLG
Home	10.80	0	0	0	3	0	1.2	3	1	0	0	vs. Left	.250	4	1	0	0	1	1	0	1	.250	1.000
Away	9.00	0	0	0	1	0	1.0	1	1	0	1	vs. Right	.429	7	3	0	0	1	3	0	0	.375	.857

Last Five Years

	ERA	W	L	Sv	G	GS	IP	H	HR	BB	SO		Avg	AB	H	2B	3B	HR	RBI	BB	SO	OBP	SLG
Home	3.98	7	1	4	64	8	113.0	130	8	32	67	vs. Left	.272	235	64	6	3	3	28	10	33	.303	.362
Away	5.87	3	9	2	60	7	99.2	128	16	26	41	vs. Right	.318	611	194	37	5	21	91	48	75	.368	.498
Day	4.24	1	1	0	23	3	40.1	53	6	7	26	Inning 1-6	.335	403	135	25	4	13	69	28	45	.378	.514
Night	5.01	9	9	6	101	12	172.1	205	18	51	82	Inning 7+	.278	443	123	18	4	11	50	30	63	.325	.411
Grass	4.36	10	7	5	102	12	173.1	205	18	48	86	None on	.280	492	138	21	3	11	28	74	.323	.402
Turf	7.09	0	3	1	22	3	39.1	53	6	10	22	Runners on	.339	354	120	22	5	13	108	30	34	.386	.540
April	1.89	1	0	2	16	0	19.0	15	1	4	11	Scoring Posn	.342	190	65	11	2	8	89	19	16	.388	.547
May	4.22	0	3	1	30	4	59.2	71	5	16	22	Close & Late	.281	199	56	11	2	4	24	15	34	.329	.417
June	6.24	4	2	0	24	7	57.2	73	8	17	25	None on/out	.295	217	64	9	2	6	11	34	.332	.438
July	4.72	2	3	1	13	3	26.2	35	5	8	15	vs. 1st Batr (relief)	.327	98	32	4	2	4	21	8	11	.380	.531
August	4.30	2	1	0	15	1	23.0	32	2	5	14	First Inning Pitched	.297	381	113	18	4	12	67	31	49	.352	.459
September/October	6.08	1	1	2	26	0	26.2	32	3	8	21	First 15 Pitches	.296	362	107	17	3	9	49	25	44	.340	.434
Starter	6.33	3	6	0	15	15	79.2	109	11	23	39	Pitch 16-30	.287	209	60	5	1	6	30	15	36	.339	.407
Reliever	3.99	7	4	6	109	0	133.0	149	13	35	75	Pitch 31-45	.366	101	37	7	2	4	12	8	12	.416	.594
0 Days rest (Re)	3.90	2	1	2	29	0	30.0	43	2	8	15	Pitch 46+	.310	174	54	14	2	5	28	10	16	.346	.500
1 or 2 Days rest	4.19	4	3	3	50	0	62.1	70	9	16	37	First Pitch	.289	121	35	3	0	4	19	5	0	.328	.413
3+ Days rest	3.76	1	0	1	30	0	40.2	36	2	11	23	Ahead in Count	.255	349	89	16	5	5	36	0	96	.261	.372
Pre-All Star	4.42	6	5	4	73	12	148.2	167	15	39	63	Behind in Count	.376	202	76	11	2	10	37	31	0	.453	.599
Post-All Star	5.91	4	5	2	51	3	64.0	91	8	19	45	Two Strikes	.228	342	78	15	3	6	30	22	108	.279	.342

Pitcher vs. Batter (since 1984)																		
Pitches Best Vs.	Avg	AB	H	2B	3B	HR	RBI	BB	SO	OBP	SLG	Pitches Worst Vs.	Avg	AB	H	2B	3B	HR	RBI	BB	SO	OBP	SLG
Dick Schofield	.077	13	1	0	0	0	0	2	0	.250	.077	Cecil Fielder	.600	10	6	0	0	2	6	3	1	.692	1.200
Mike Macfarlane	.083	12	1	1	0	0	3	0	0	.083	.167	Kirby Puckett	.500	12	6	1	2	1	5	0	2	.500	1.167
Dave Valle	.100	10	1	0	0	0	0	0	1	.250	.100	Wade Boggs	.467	15	7	1	0	0	3	2	.526	.533
Lou Whitaker	.143	14	2	1	0	0	3	1	3	.188	.214	Mike Greenwell	.467	15	7	1	0	0	6	0	0	.500	.533
Ozzie Guillen	.167	12	2	0	0	0	0	0	1	.167	.167	Brian Harper	.400	10	4	0	0	1	0	1	0	.455	.700

Gregg Jefferies — Cardinals
Age 27 – Bats Both

	Avg	G	AB	H	2B	3B	HR	RBI	BB	SO	HBP	GDP	SB	CS	OBP	SLG	IBB	SH	SF	#Pit	#P/PA	GB	FB	G/F
1994 Season	.325	103	397	52	129	27	1	12	55	45	26	1	9	12	5	.391	.489	12	0	4	1545	3.46	162	131	1.24
Last Five Years	.300	686	2635	362	790	146	12	62	343	243	165	11	73	114	30	.358	.435	27	1	24	10318	3.54	1045	903	1.16

1994 Season

	Avg	AB	H	2B	3B	HR	RBI	BB	SO	OBP	SLG		Avg	AB	H	2B	3B	HR	RBI	BB	SO	OBP	SLG
vs. Left	.301	123	37	7	1	2	11	11	6	.350	.423	Scoring Posn	.305	95	29	4	0	4	38	21	6	.421	.474
vs. Right	.336	274	92	20	0	10	44	34	20	.410	.518	Close & Late	.204	49	10	3	1	1	8	15	2	.391	.367
Groundball	.385	122	47	13	0	3	22	13	4	.438	.566	None on/out	.259	81	21	4	1	2	2	5	5	.302	.407
Flyball	.306	62	19	4	0	2	3	12	3	.413	.468	Batting #3	.325	391	127	26	1	12	53	45	26	.392	.488
Home	.343	201	69	16	1	7	29	24	15	.414	.537	Batting #4	.200	5	1	0	0	0	1	0	0	.200	.200
Away	.306	196	60	11	0	5	26	21	11	.368	.439	Other	1.000	1	1	1	0	0	1	0	0	1.000	2.000
Day	.348	92	32	10	0	3	13	13	10	.425	.554	April	.368	76	28	0	0	3	13	13	5	.457	.526
Night	.318	305	97	17	1	9	42	32	16	.381	.469	May	.294	102	30	8	0	2	12	15	5	.381	.431
Grass	.272	92	25	6	0	1	12	11	3	.346	.370	June	.351	74	26	9	1	2	10	8	8	.410	.581
Turf	.341	305	104	21	1	11	43	34	23	.405	.525	July	.315	108	34	5	0	4	17	4	6	.339	.472
First Pitch	.452	42	19	5	0	0	4	7	0	.520	.571	August	.297	37	11	2	0	1	3	5	2	.381	.432
Ahead in Count	.395	114	45	10	0	6	21	26	0	.507	.640	September/October	.000	0	0	0	0	0	0	0	0	.000	.000
Behind in Count	.275	153	42	8	1	5	22	0	23	.271	.438	Pre-All Star	.330	288	95	21	1	9	39	38	21	.405	.503
Two Strikes	.283	127	36	5	0	5	19	12	26	.345	.441	Post-All Star	.312	109	34	6	0	3	16	7	5	.353	.450

1994 By Position

Position	Avg	AB	H	2B	3B	HR	RBI	BB	SO	OBP	SLG	G	GS	Innings	PO	A	E	DP	Fld Pct	Rng Fctr	In Zone	Outs	Zone Rtg	MLB Zone
As 1b	.322	394	127	26	1	12	53	45	26	.390	.485	102	100	865.1	890	52	7	91	.993	---	163	128	.785	.818

Last Five Years

	Avg	AB	H	2B	3B	HR	RBI	BB	SO	OBP	SLG		Avg	AB	H	2B	3B	HR	RBI	BB	SO	OBP	SLG
vs. Left	.290	846	245	50	4	19	93	55	49	.333	.426	Scoring Posn	.303	663	201	28	5	12	260	90	44	.377	.415
vs. Right	.305	1789	545	96	8	43	250	188	116	.370	.439	Close & Late	.296	429	127	17	1	6	55	57	18	.377	.382
Groundball	.312	779	243	45	2	15	105	64	49	.365	.433	None on/out	.277	555	154	35	2	13	13	45	28	.334	.418
Flyball	.288	579	167	38	2	12	59	62	36	.356	.423	Batting #1	.285	361	103	22	3	10	39	29	18	.342	.446
Home	.316	1285	406	77	8	34	178	84	81	.383	.468	Batting #3	.310	1696	526	93	8	45	235	158	102	.368	.454
Away	.284	1350	384	69	4	28	165	104	81	.334	.404	Other	.279	578	161	31	1	7	69	56	45	.341	.372
Day	.317	777	246	52	4	16	97	71	53	.374	.456	April	.260	362	94	20	1	8	42	44	30	.341	.387
Night	.293	1858	544	94	8	46	246	172	112	.352	.426	May	.300	467	140	30	0	11	61	34	31	.349	.435
Grass	.295	1351	399	79	3	28	162	117	77	.351	.420	June	.348	462	161	34	3	17	71	36	25	.392	.545
Turf	.305	1284	391	67	9	34	181	126	88	.366	.450	July	.318	469	149	21	3	14	73	37	29	.368	.465
First Pitch	.317	268	85	19	2	2	34	18	0	.362	.425	August	.289	436	126	23	3	8	48	45	24	.355	.411
Ahead in Count	.318	771	245	48	0	22	116	175	0	.441	.466	September/October	.273	439	120	18	2	4	48	47	26	.343	.351
Behind in Count	.285	1030	294	44	9	24	129	0	145	.286	.416	Pre-All Star	.307	1446	444	87	4	42	196	128	98	.363	.460
Two Strikes	.263	934	246	48	4	16	107	48	165	.300	.375	Post-All Star	.291	1189	346	59	8	20	147	115	67	.353	.405

Batter vs. Pitcher (career)

Hits Best Against	Avg	AB	H	2B	3B	HR	RBI	BB	SO	OBP	SLG	Hits Worst Against	Avg	AB	H	2B	3B	HR	RBI	BB	SO	OBP	SLG
Jose Mesa	.615	13	8	2	0	1	1	0	0	.615	1.000	Pete Harnisch	.067	15	1	0	0	0	0	4	1	.263	.067
Dave Stewart	.556	9	5	1	0	1	1	2	1	.636	1.000	Jack McDowell	.091	11	1	0	0	0	0	1	0	.167	.091
Brian Williams	.500	10	5	1	0	1	4	3	0	.615	.900	Danny Jackson	.150	20	3	1	0	0	2	1	2	.182	.200
Joe Magrane	.417	12	5	3	0	0	3	0	1	.533	.667	Erik Hanson	.154	13	2	0	0	0	2	1	1	.214	.154
Tom Browning	.368	19	7	1	0	3	6	0	1	.368	.895	Bret Saberhagen	.182	11	2	0	0	0	0	0	0	.182	.182

Reggie Jefferson — Mariners
Age 26 – Bats Both (groundball hitter)

	Avg	G	AB	R	H	2B	3B	HR	RBI	BB	SO	HBP	GDP	SB	CS	OBP	SLG	IBB	SH	SF	#Pit	#P/PA	GB	FB	G/F
1994 Season	.327	63	162	24	53	11	0	8	32	17	32	1	6	0	0	.392	.543	5	0	1	658	3.64	67	39	1.72
Career (1991-1994)	.269	231	725	78	195	31	4	22	85	50	151	7	16	1	3	.321	.414	12	3	3	2823	3.58	304	160	1.90

1994 Season

	Avg	AB	H	2B	3B	HR	RBI	BB	SO	OBP	SLG		Avg	AB	H	2B	3B	HR	RBI	BB	SO	OBP	SLG
vs. Left	.000	9	0	0	0	0	0	1	2	.100	.000	Scoring Posn	.476	42	20	4	0	4	28	8	7	.549	.857
vs. Right	.346	153	53	11	0	8	32	16	30	.409	.575	Close & Late	.212	33	7	1	0	0	2	6	6	.333	.242
Home	.294	68	20	2	0	4	17	9	17	.377	.500	None on/out	.292	48	14	4	0	2	2	4	11	.358	.500
Away	.351	94	33	9	0	4	15	8	15	.404	.574	Batting #5	.286	42	12	2	0	2	11	6	12	.375	.476
First Pitch	.462	26	12	3	0	3	6	4	0	.516	.923	Batting #6	.298	47	14	1	0	4	11	3	9	.340	.574
Ahead in Count	.368	38	14	5	0	2	13	8	0	.478	.658	Other	.370	73	27	8	0	2	10	8	11	.434	.562
Behind in Count	.197	66	13	0	0	2	8	0	27	.209	.288	Pre-All Star	.328	116	38	6	0	7	23	11	23	.391	.560
Two Strikes	.247	81	20	3	0	2	8	5	32	.291	.358	Post-All Star	.326	46	15	5	0	1	9	6	9	.396	.500

Career (1991-1994)

	Avg	AB	H	2B	3B	HR	RBI	BB	SO	OBP	SLG		Avg	AB	H	2B	3B	HR	RBI	BB	SO	OBP	SLG
vs. Left	.188	160	30	6	1	2	15	11	42	.257	.275	Scoring Posn	.279	172	48	8	1	8	70	25	37	.371	.477
vs. Right	.292	565	165	25	3	20	70	39	109	.339	.453	Close & Late	.266	128	34	5	0	2	11	14	19	.347	.352
Groundball	.270	163	44	6	0	3	22	11	27	.324	.362	None on/out	.260	192	50	10	0	4	9	41	.300	.375
Flyball	.257	179	46	4	3	10	22	18	45	.328	.480	Batting #5	.254	130	33	4	0	5	24	10	31	.305	.400
Home	.252	353	89	10	1	11	39	27	78	.309	.380	Batting #6	.255	353	90	12	3	10	31	18	70	.295	.391
Away	.285	372	106	21	3	11	46	23	73	.333	.446	Other	.298	242	72	15	1	7	30	22	50	.365	.455
Day	.264	220	58	11	1	7	29	12	43	.300	.418	April	.330	115	38	7	1	5	16	12	28	.394	.539
Night	.271	505	137	20	3	15	56	38	103	.330	.412	May	.266	94	25	2	0	4	15	7	15	.320	.415
Grass	.275	563	155	24	4	16	57	36	107	.325	.417	June	.256	121	31	3	0	6	13	9	27	.318	.430
Turf	.247	162	40	7	0	6	28	14	44	.309	.401	July	.175	160	28	4	0	3	10	6	40	.210	.256
First Pitch	.361	122	44	6	1	9	21	9	0	.406	.648	August	.310	100	31	6	1	2	14	8	19	.364	.450
Ahead in Count	.325	169	55	11	1	5	25	16	0	.385	.491	September/October	.311	135	42	9	2	2	17	8	22	.356	.452
Behind in Count	.176	312	55	3	1	6	24	0	129	.184	.250	Pre-All Star	.258	414	107	14	1	17	48	30	92	.314	.420
Two Strikes	.195	338	66	9	1	6	23	25	151	.252	.281	Post-All Star	.283	311	88	17	3	5	37	20	59	.330	.405

Batter vs. Pitcher (career)

Hits Best Against	Avg	AB	H	2B	3B	HR	RBI	BB	SO	OBP	SLG	Hits Worst Against	Avg	AB	H	2B	3B	HR	RBI	BB	SO	OBP	SLG
Juan Guzman	.500	12	6	0	0	0	3	0	3	.500	.500	Randy Johnson	.083	12	1	0	0	0	1	1	6	.154	.083
Roger Clemens	.400	20	8	3	0	0	2	1	7	.455	.550	David Cone	.176	17	3	1	0	1	2	0	6	.211	.412
Kevin Brown	.389	18	7	1	0	0	3	1	0	.421	.444	Mike Moore	.182	11	2	0	0	1	2	0	0	.308	.182
Scott Kamieniecki	.385	13	5	1	0	0	3	3	.429	.692	Ben McDonald	.231	13	3	0	0	1	1	1	1	.286	.462

Miguel Jimenez — Athletics
Age 25 – Pitches Right (flyball pitcher)

	ERA	W	L	Sv	G	GS	IP	BB	SO	Avg	H	2B	3B	HR	RBI	OBP	SLG	CG	ShO	Sup	QS	#P/S	SB	CS	GB	FB	G/F
1994 Season	7.41	1	4	0	8	7	34.0	32	22	.275	38	7	0	9	26	.413	.522	0	0	7.68	1	82	4	2	42	53	0.79
Career (1993-1994)	5.90	2	4	0	13	11	61.0	48	35	.270	65	11	0	14	38	.394	.490	0	0	6.93	4	89	5	3	66	96	0.69

1994 Season

	ERA	W	L	Sv	G	GS	IP	H	HR	BB	SO		Avg	AB	H	2B	3B	HR	RBI	BB	SO	OBP	SLG
Home	5.84	1	2	0	5	4	24.2	22	3	25	15	vs. Left	.260	77	20	4	0	5	13	16	11	.387	.506
Away	11.57	0	2	0	3	3	9.1	16	6	7	7	vs. Right	.295	61	18	3	0	4	13	16	11	.443	.541

203

Brian Johnson — Padres
Age 27 – Bats Right (groundball hitter)

	Avg	G	AB	R	H	2B	3B	HR	RBI	BB	SO	HBP	GDP	SB	CS	OBP	SLG	IBB	SH	SF	#Pit	#P/PA	GB	FB	G/F
1994 Season	.247	36	93	7	23	4	1	3	16	5	21	0	4	0	0	.283	.409	0	2	1	366	3.62	35	18	1.94

1994 Season

	Avg	AB	H	2B	3B	HR	RBI	BB	SO	OBP	SLG		Avg	AB	H	2B	3B	HR	RBI	BB	SO	OBP	SLG
vs. Left	.296	27	8	2	0	1	2	3	6	.367	.481	Scoring Posn	.242	33	8	1	1	1	13	1	8	.257	.424
vs. Right	.227	66	15	2	1	2	14	2	15	.246	.379	Close & Late	.333	18	6	2	0	1	3	0	5	.333	.611

Charles Johnson — Marlins
Age 23 – Bats Right

	Avg	G	AB	R	H	2B	3B	HR	RBI	BB	SO	HBP	GDP	SB	CS	OBP	SLG	IBB	SH	SF	#Pit	#P/PA	GB	FB	G/F
1994 Season	.455	4	11	5	5	1	0	1	4	1	4	0	1	0	0	.462	.818	0	0	1	60	4.62	3	3	1.00

1994 Season

	Avg	AB	H	2B	3B	HR	RBI	BB	SO	OBP	SLG		Avg	AB	H	2B	3B	HR	RBI	BB	SO	OBP	SLG
vs. Left	.500	2	1	0	0	0	0	1	.500	.500		Scoring Posn	.500	4	2	1	0	0	3	1	2	.500	.750
vs. Right	.444	9	4	1	0	1	4	1	3	.455	.889	Close & Late	.000	2	0	0	0	0	0	0	1	.000	.000

Dane Johnson — White Sox
Age 32 – Pitches Right

	ERA	W	L	Sv	G	GS	IP	BB	SO	Avg	H	2B	3B	HR	RBI	OBP	SLG	GF	IR	IRS	Hld	SvOp	SB	CS	GB	FB	G/F
1994 Season	6.57	2	1	0	15	0	12.1	11	7	.327	16	0	0	0	15	.443	.449	4	11	8	2	0	4	0	19	19	1.00

1994 Season

	ERA	W	L	Sv	G	GS	IP	H	HR	BB	SO		Avg	AB	H	2B	3B	HR	RBI	BB	SO	OBP	SLG
Home	9.64	1	1	0	5	0	4.2	5	2	5	1	vs. Left	.333	12	4	0	0	1	4	3	2	.438	.583
Away	4.70	1	0	0	10	0	7.2	11	0	6	6	vs. Right	.324	37	12	0	0	1	11	8	5	.444	.405

Erik Johnson — Giants
Age 29 – Bats Right

	Avg	G	AB	R	H	2B	3B	HR	RBI	BB	SO	HBP	GDP	SB	CS	OBP	SLG	IBB	SH	SF	#Pit	#P/PA	GB	FB	G/F
1994 Season	.154	5	13	0	2	0	0	0	0	4	0	0	0	0	0	.154	.154	0	0	0	51	3.92	4	3	1.33
Career (1993-1994)	.222	9	18	1	4	2	0	0	0	5	0	0	0	0	0	.222	.333	0	0	0	67	3.72	5	4	1.25

1994 Season

	Avg	AB	H	2B	3B	HR	RBI	BB	SO	OBP	SLG		Avg	AB	H	2B	3B	HR	RBI	BB	SO	OBP	SLG
vs. Left	.000	1	0	0	0	0	0	0	0	.000	.000	Scoring Posn	.000	3	0	0	0	0	0	0	2	.000	.000
vs. Right	.167	12	2	0	0	0	0	4	0	.167	.167	Close & Late	.250	4	1	0	0	0	0	0	3	.250	.250

Howard Johnson — Rockies
Age 34 – Bats Both (flyball hitter)

	Avg	G	AB	R	H	2B	3B	HR	RBI	BB	SO	HBP	GDP	SB	CS	OBP	SLG	IBB	SH	SF	#Pit	#P/PA	GB	FB	G/F
1994 Season	.211	93	227	30	48	10	2	10	40	39	73	0	2	11	3	.323	.405	2	0	3	1131	4.20	44	72	0.61
Last Five Years	.240	575	1966	307	472	108	11	85	316	284	415	3	23	103	36	.332	.436	34	0	32	8702	3.81	448	772	0.58

1994 Season

	Avg	AB	H	2B	3B	HR	RBI	BB	SO	OBP	SLG		Avg	AB	H	2B	3B	HR	RBI	BB	SO	OBP	SLG
vs. Left	.176	34	6	3	0	1	5	6	16	.300	.353	Scoring Posn	.293	58	17	2	1	3	26	15	17	.421	.517
vs. Right	.218	193	42	7	2	9	35	33	57	.328	.415	Close & Late	.145	55	8	0	1	2	8	8	20	.254	.291
Home	.278	90	25	6	2	3	22	18	29	.391	.489	None on/out	.234	47	11	3	0	0	0	5	8	.308	.298
Away	.168	137	23	4	0	7	18	21	44	.277	.350	Batting #2	.135	52	7	2	0	3	8	7	14	.233	.346
First Pitch	.208	24	5	1	0	1	3	2	0	.269	.375	Batting #6	.167	42	7	2	1	4	9	15	.308	.333
Ahead in Count	.340	50	17	3	2	4	14	15	0	.485	.720	Other	.256	133	34	6	1	6	28	23	44	.363	.451
Behind in Count	.129	101	13	3	0	3	14	0	55	.126	.248	Pre-All Star	.206	189	39	7	2	10	35	33	64	.320	.423
Two Strikes	.153	124	19	4	0	4	17	22	73	.279	.282	Post-All Star	.237	38	9	3	0	0	5	6	9	.341	.316

Last Five Years

	Avg	AB	H	2B	3B	HR	RBI	BB	SO	OBP	SLG		Avg	AB	H	2B	3B	HR	RBI	BB	SO	OBP	SLG
vs. Left	.220	672	148	35	1	25	91	92	167	.310	.387	Scoring Posn	.275	495	136	36	2	15	217	106	110	.382	.446
vs. Right	.250	1294	324	73	10	60	225	192	248	.343	.461	Close & Late	.240	359	86	17	2	13	60	51	106	.331	.407
Groundball	.237	651	154	36	5	23	103	96	138	.331	.413	None on/out	.264	503	133	26	2	30	30	50	101	.331	.503
Flyball	.244	369	90	19	1	20	67	61	78	.348	.463	Batting #3	.246	476	117	22	1	19	75	55	103	.319	.416
Home	.237	941	223	42	6	42	159	126	204	.323	.428	Batting #5	.239	564	135	24	4	27	93	99	108	.347	.440
Away	.243	1025	249	66	5	43	157	158	211	.341	.443	Other	.238	926	220	62	6	39	148	130	204	.330	.444
Day	.244	710	173	44	3	34	131	96	145	.331	.458	April	.210	324	68	16	0	15	54	47	75	.308	.398
Night	.238	1256	299	64	8	51	185	188	270	.333	.424	May	.245	412	101	19	3	16	68	95	.346	.422
Grass	.239	1410	337	68	8	59	227	205	296	.331	.424	June	.241	374	90	24	5	18	64	54	71	.333	.476
Turf	.243	556	135	40	3	26	89	79	119	.334	.466	July	.248	391	97	20	1	12	55	61	74	.346	.396
First Pitch	.311	251	78	18	3	12	59	17	0	.347	.550	August	.239	238	57	13	1	11	35	22	44	.307	.441
Ahead in Count	.311	499	155	38	4	30	110	144	0	.457	.583	September/October	.260	227	59	16	1	13	45	32	56	.343	.511
Behind in Count	.170	790	134	33	1	18	76	0	311	.170	.282	Pre-All Star	.235	1263	297	64	8	55	205	189	268	.330	.429

	Avg	AB	H	2B	3B	HR	RBI	BB	SO	OBP	SLG		Avg	AB	H	2B	3B	HR	RBI	BB	SO	OBP	SLG
Two Strikes	.158	872	138	26	3	25	93	110	415	.250	.281	Post-All Star	.249	703	175	44	3	30	111	95	147	.335	.448

Batter vs. Pitcher (since 1984)

Hits Best Against	Avg	AB	H	2B	3B	HR	RBI	BB	SO	OBP	SLG	Hits Worst Against	Avg	AB	H	2B	3B	HR	RBI	BB	SO	OBP	SLG
Todd Worrell	.545	11	6	0	0	4	9	6	1	.706	1.636	Jose DeJesus	.000	16	0	0	0	0	0	2	3	.111	.000
Mark Davis	.455	11	5	0	0	2	5	2	4	.538	1.000	Kelly Downs	.063	16	1	0	0	0	1	3	2	.211	.063
Derek Lilliquist	.417	12	5	1	0	2	3	0	0	.417	1.000	John Smiley	.091	44	4	1	0	0	1	1	12	.111	.114
Danny Darwin	.409	22	9	1	0	3	8	3	4	.462	.864	John Wetteland	.091	11	1	1	0	0	2	0	4	.091	.182
Ramon Martinez	.370	27	10	6	0	2	5	10	3	.541	.815	Chris Nabholz	.100	10	1	0	0	0	1	1	3	.167	.100

Lance Johnson — White Sox
Age 31 – Bats Left (groundball hitter)

	Avg	G	AB	R	H	2B	3B	HR	RBI	BB	SO	HBP	GDP	SB	CS	OBP	SLG	IBB	SH	SF	#Pit	#P/PA	GB	FB	G/F
1994 Season	.277	106	412	56	114	11	14	3	54	26	23	2	7	26	6	.321	.393	5	0	3	1262	2.85	191	105	1.82
Last Five Years	.285	721	2648	346	755	76	62	7	248	155	62	5	62	164	60	.324	.369	14	21	15	8593	3.02	1302	570	2.28

1994 Season

	Avg	AB	H	2B	3B	HR	RBI	BB	SO	OBP	SLG		Avg	AB	H	2B	3B	HR	RBI	BB	SO	OBP	SLG
vs. Left	.298	131	39	2	3	1	20	8	11	.338	.382	Scoring Posn	.267	120	32	0	6	2	52	13	7	.331	.417
vs. Right	.267	281	75	9	11	2	34	18	12	.312	.399	Close & Late	.270	63	17	0	4	1	6	5	5	.333	.444
Groundball	.269	119	32	1	2	1	20	7	9	.307	.336	None on/out	.311	106	33	7	3	1	4	2	6	.336	.462
Flyball	.239	113	27	4	3	0	6	7	3	.289	.327	Batting #1	.250	64	16	3	0	0	7	2	6	.269	.297
Home	.254	201	51	7	5	1	22	13	9	.301	.353	Batting #7	.280	343	96	8	14	3	46	24	17	.329	.411
Away	.299	211	63	4	9	2	32	13	14	.339	.431	Other	.400	5	2	0	0	0	1	0	0	.400	.400
Day	.275	109	30	2	4	1	22	7	7	.316	.394	April	.244	90	22	1	2	0	11	6	2	.296	.300
Night	.277	303	84	9	10	2	32	19	16	.322	.393	May	.281	96	27	3	4	1	11	6	3	.324	.427
Grass	.269	368	99	10	12	3	44	22	19	.310	.386	June	.278	97	27	2	6	0	16	10	8	.343	.423
Turf	.341	44	15	1	2	0	10	4	4	.400	.455	July	.289	90	26	4	1	1	14	3	6	.316	.389
First Pitch	.325	123	40	6	4	1	15	5	0	.349	.463	August	.308	39	12	1	1	1	2	1	4	.325	.462
Ahead in Count	.385	96	37	2	5	2	25	16	0	.478	.573	September/October	.000	0	0	0	0	0	0	0	0	.000	.000
Behind in Count	.180	128	23	1	2	0	7	0	22	.177	.219	Pre-All Star	.271	325	88	8	13	1	44	23	17	.318	.385
Two Strikes	.185	108	20	2	2	0	9	5	23	.217	.241	Post-All Star	.299	87	26	3	1	2	10	3	6	.330	.425

1994 By Position

Position	Avg	AB	H	2B	3B	HR	RBI	BB	SO	OBP	SLG	G	GS	Innings	PO	A	E	DP	Fld Pct	Rng Fctr	In Zone	Outs	Zone Rtg	MLB Zone
As cf	.279	409	114	11	14	3	54	26	22	.323	.396	103	100	899.0	317	1	0	0	1.000	3.18	358	310	.866	.824

Last Five Years

	Avg	AB	H	2B	3B	HR	RBI	BB	SO	OBP	SLG		Avg	AB	H	2B	3B	HR	RBI	BB	SO	OBP	SLG
vs. Left	.279	756	211	16	11	1	70	45	81	.320	.333	Scoring Posn	.297	634	188	18	22	3	236	53	40	.346	.409
vs. Right	.288	1892	544	60	51	6	178	110	111	.326	.383	Close & Late	.246	439	108	9	12	1	40	33	41	.301	.328
Groundball	.266	726	193	11	14	1	66	44	61	.308	.324	None on/out	.290	656	190	19	15	3	28	36	319	.319	.378
Flyball	.280	650	182	23	20	2	60	35	44	.316	.386	Batting #2	.299	488	146	13	7	0	38	24	38	.333	.355
Home	.282	1285	362	33	27	3	113	82	81	.324	.356	Batting #7	.289	1223	353	34	38	5	117	88	66	.337	.391
Away	.288	1363	393	43	35	4	135	73	111	.325	.380	Other	.273	937	256	29	17	2	93	43	88	.302	.347
Day	.282	724	204	20	18	1	68	52	65	.328	.363	April	.276	370	102	10	4	0	35	10	30	.307	.324
Night	.286	1924	551	56	44	6	180	103	127	.323	.371	May	.270	486	131	10	7	2	38	28	40	.309	.331
Grass	.282	2257	636	58	49	7	197	131	162	.321	.360	June	.283	470	133	14	13	0	47	33	33	.327	.368
Turf	.304	391	119	18	13	0	51	24	30	.344	.417	July	.293	495	145	12	13	2	52	23	39	.324	.382
First Pitch	.332	710	236	21	22	2	63	10	0	.341	.432	August	.274	412	113	11	10	3	38	24	29	.314	.371
Ahead in Count	.310	587	182	16	16	3	84	100	0	.410	.407	September/October	.316	415	131	19	15	0	38	31	27	.363	.434
Behind in Count	.234	916	214	21	14	1	65	0	177	.234	.290	Pre-All Star	.275	1513	416	38	31	2	142	84	119	.312	.345
Two Strikes	.228	808	184	18	18	0	49	43	192	.266	.295	Post-All Star	.299	1135	339	38	31	5	106	71	73	.340	.400

Batter vs. Pitcher (career)

Hits Best Against	Avg	AB	H	2B	3B	HR	RBI	BB	SO	OBP	SLG	Hits Worst Against	Avg	AB	H	2B	3B	HR	RBI	BB	SO	OBP	SLG
Pat Mahomes	.538	13	7	0	1	0	2	0	0	.538	.692	Russ Swan	.000	11	0	0	0	0	0	0	0	.000	.000
Rich DeLucia	.500	18	9	0	2	0	3	1	0	.526	.722	Jamie Moyer	.083	12	1	0	0	0	1	0	2	.083	.083
Rick Sutcliffe	.500	12	6	0	1	0	1	0	1	.538	.667	Tony Fossas	.091	11	1	0	0	0	0	0	1	.091	.091
Scott Erickson	.480	25	12	1	0	0	6	1	0	.500	.600	John Doherty	.100	10	1	0	0	0	1	0	1	.182	.100
Luis Aquino	.462	13	6	2	2	0	2	1	0	.500	.923	Roger Clemens	.125	40	5	0	0	0	1	0	7	.125	.125

Randy Johnson — Mariners
Age 31 – Pitches Left

	ERA	W	L	Sv	G	GS	IP	BB	SO	Avg	H	2B	3B	HR	RBI	OBP	SLG	CG	ShO	Sup	QS	#P/S	SB	CS	GB	FB	G/F
1994 Season	3.19	13	6	0	23	23	172.0	72	204	.216	132	27	3	14	57	.304	.338	9	4	5.39	18	126	22	15	207	115	1.80
Last Five Years	3.56	71	49	1	155	154	1058.2	587	1175	.210	796	155	13	90	396	.323	.329	32	12	4.95	101	119	138	60	1111	1001	1.11

1994 Season

	ERA	W	L	Sv	G	GS	IP	H	HR	BB	SO		Avg	AB	H	2B	3B	HR	RBI	BB	SO	OBP	SLG
Home	3.39	5	3	0	9	9	69.0	58	9	25	83	vs. Left	.235	51	12	5	0	0	5	4	18	.316	.333
Away	3.06	8	3	0	14	14	103.0	74	5	47	121	vs. Right	.214	514	14	52	6	68	186	.303	.339
Day	3.86	4	1	0	6	6	42.0	31	2	22	38	Inning 1-6	.235	477	112	23	3	11	46	56	154	.321	.365
Night	2.98	9	5	0	17	17	130.0	101	12	50	166	Inning 7+	.148	135	20	4	0	3	11	16	50	.243	.244

1994 Season

	ERA	W	L	Sv	G	GS	IP	H	HR	BB	SO		Avg	AB	H	2B	3B	HR	RBI	BB	SO	OBP	SLG
Grass	2.45	7	2	0	12	12	91.2	64	3	39	109	None on	.209	398	83	16	3	11	11	42	133	.287	.347
Turf	4.03	6	4	0	11	11	80.1	68	11	33	95	Runners on	.229	214	49	11	0	3	46	30	71	.333	.322
April	5.01	2	2	0	6	6	41.1	35	6	24	42	Scoring Posn	.261	119	31	9	0	1	42	18	37	.360	.361
May	3.51	4	1	0	5	5	33.1	27	1	15	29	Close & Late	.211	57	12	3	0	2	8	5	20	.274	.368
June	1.23	1	0	0	5	5	44.0	25	2	14	58	None on/out	.170	165	28	1	0	6	6	16	57	.243	.285
July	3.96	2	2	0	5	5	36.1	33	5	15	54	vs. 1st Batr (relief)	.000	0	0	0	0	0	0	0	0	.000	.000
August	1.59	2	0	0	2	2	17.0	12	0	4	21	First Inning Pitched	.263	80	21	2	1	2	7	12	30	.366	.388
September/October	0.00	0	0	0	0	0	0.0	0	0	0	0	First 75 Pitches	.240	346	83	16	3	7	31	39	115	.321	.364
Starter	3.19	13	6	0	23	23	172.0	132	14	72	204	Pitch 76-90	.157	70	11	2	0	3	6	11	22	.272	.314
Reliever	0.00	0	0	0	0	0	0.0	0	0	0	0	Pitch 91-105	.211	71	15	4	0	0	6	8	21	.309	.268
0-3 Days Rest (St)	0.00	0	0	0	0	0	0.0	0	0	0	0	Pitch 106+	.184	125	23	5	0	4	14	14	46	.271	.320
4 Days Rest	1.84	8	3	0	12	12	98.0	61	7	36	125	First Pitch	.373	51	19	2	1	6	12	1	0	.407	.804
5+ Days Rest	4.99	5	3	0	11	11	74.0	71	7	36	79	Ahead in Count	.151	345	52	12	1	1	13	0	176	.156	.200
Pre-All Star	3.09	10	4	0	18	18	134.0	100	10	57	150	Behind in Count	.327	104	34	9	1	2	16	37	0	.507	.490
Post-All Star	3.55	3	2	0	5	5	38.0	32	4	15	54	Two Strikes	.142	373	53	11	1	6	21	34	204	.215	.225

Last Five Years

	ERA	W	L	Sv	G	GS	IP	H	HR	BB	SO		Avg	AB	H	2B	3B	HR	RBI	BB	SO	OBP	SLG
Home	3.12	38	21	1	78	78	545.1	388	40	278	620	vs. Left	.201	364	73	15	0	3	38	42	112	.294	.266
Away	4.03	33	28	0	77	77	513.1	408	50	309	555	vs. Right	.211	3424	723	140	13	87	358	545	1063	.326	.336
Day	3.70	18	6	0	38	38	265.1	199	23	147	290	Inning 1-6	.215	3092	665	129	12	73	338	477	942	.326	.335
Night	3.52	53	43	1	117	116	793.1	597	67	440	885	Inning 7+	.188	696	131	26	1	17	58	110	233	.306	.302
Grass	4.13	27	20	0	61	61	400.2	317	38	256	437	None on	.201	2217	446	87	11	59	59	333	675	.315	.330
Turf	3.21	44	29	1	94	93	658.0	479	52	331	738	Runners on	.223	1571	350	68	2	31	337	254	500	.334	.328
April	3.73	6	2	0	23	23	161.2	131	23	82	157	Scoring Posn	.220	919	202	43	1	5	297	164	321	.337	.318
May	4.15	11	13	0	30	30	186.1	144	11	122	187	Close & Late	.184	375	69	14	1	9	40	59	138	.302	.299
June	2.66	15	5	0	24	24	175.2	110	14	98	208	None on/out	.209	975	204	38	6	26	26	151	292	.324	.341
July	4.25	8	14	0	27	27	180.0	154	19	109	207	vs. 1st Batr (relief)	1.000	1	1	0	0	0	2	0	0	1.000	1.000
August	2.98	17	5	1	26	25	184.1	131	13	80	212	First Inning Pitched	.210	542	114	25	4	9	57	85	176	.325	.321
September/October	3.59	8	6	0	25	25	170.2	126	10	96	204	First 75 Pitches	.213	2323	494	97	11	54	238	350	718	.323	.334
Starter	3.57	71	49	0	154	154	1057.1	795	90	586	1171	Pitch 76-90	.222	451	100	19	0	18	51	82	126	.346	.384
Reliever	0.00	0	0	1	1	0	1.1	1	0	1	4	Pitch 91-105	.206	441	91	16	1	9	56	61	138	.308	.308
0-3 Days Rest (St)	3.27	1	1	0	2	2	11.0	6	1	4	13	Pitch 106+	.194	573	111	23	1	9	51	94	193	.314	.284
4 Days Rest	3.44	43	29	0	95	95	657.1	472	59	373	733	First Pitch	.313	386	121	18	2	17	58	4	0	.332	.503
5+ Days Rest	3.79	27	19	0	57	57	389.0	317	30	209	425	Ahead in Count	.140	2005	280	58	3	27	130	0	1028	.151	.212
Pre-All Star	3.55	40	27	0	86	86	587.2	441	56	332	619	Behind in Count	.317	703	223	47	6	26	116	305	0	.525	.512
Post-All Star	3.57	31	22	1	69	68	471.0	355	34	255	556	Two Strikes	.131	2148	281	57	4	31	150	278	1175	.237	.204

Pitcher vs. Batter (career)

Pitches Best Vs.	Avg	AB	H	2B	3B	HR	RBI	BB	SO	OBP	SLG	Pitches Worst Vs.	Avg	AB	H	2B	3B	HR	RBI	BB	SO	OBP	SLG
Craig Grebeck	.000	13	0	0	0	0	0	2	4	.188	.000	Rene Gonzales	.467	15	7	1	0	1	2	5	2	.652	.733
Kevin McReynolds	.000	10	0	0	0	0	0	1	4	.091	.000	Ellis Burks	.400	15	6	1	0	2	6	2	5	.471	.867
Charlie Hayes	.000	9	0	0	0	0	2	0	2	.091	.000	Jody Reed	.385	13	5	4	0	0	6	4	4	.579	.692
Steve Sax	.038	26	1	1	0	0	2	4	2	.107	.077	Bill Pecota	.364	11	4	1	0	2	2	5	0	.563	1.000
Rafael Palmeiro	.059	17	1	0	0	0	2	.059		.059		Travis Fryman	.348	23	8	0	0	4	9	4	7	.444	.870

Joel Johnston — Pirates
Age 28 – Pitches Right (flyball pitcher)

	ERA	W	L	Sv	G	GS	IP	BB	SO	Avg	H	2B	3B	HR	RBI	OBP	SLG	GF	IR	IRS	Hld	SvOp	SB	CS	GB	FB	G/F
1994 Season	29.70	0	0	0	4	0	3.1	4	5	.583	14	4	0	0	10	.667	.750	0	0	0	0	0	2	0	8	4	2.00
Career (1991-1994)	3.97	3	4	2	55	0	81.2	34	57	.215	64	15	1	9	32	.300	.364	18	28	3	8	3	5	2	94	106	0.89

1994 Season

	ERA	W	L	Sv	G	GS	IP	H	HR	BB	SO		Avg	AB	H	2B	3B	HR	RBI	BB	SO	OBP	SLG
Home	37.13	0	0	0	3	0	2.2	13	0	3	5	vs. Left	.556	9	5	2	0	0	4	3	1	.667	.778
Away	0.00	0	0	0	1	0	0.2	1	0	1	0	vs. Right	.600	15	9	2	0	0	6	1	4	.667	.733

John Johnstone — Marlins
Age 26 – Pitches Right (flyball pitcher)

	ERA	W	L	Sv	G	GS	IP	BB	SO	Avg	H	2B	3B	HR	RBI	OBP	SLG	GF	IR	IRS	Hld	SvOp	SB	CS	GB	FB	G/F
1994 Season	5.91	1	2	0	17	0	21.1	16	23	.264	23	5	4	4	19	.385	.552	7	8	2	3	0	2	2	26	27	0.96
Career (1993-1994)	5.91	1	4	0	24	0	32.0	23	28	.291	39	5	4	5	26	.399	.530	10	11	2	3	0	3	2	42	43	0.98

1994 Season

	ERA	W	L	Sv	G	GS	IP	H	HR	BB	SO		Avg	AB	H	2B	3B	HR	RBI	BB	SO	OBP	SLG
Home	4.38	1	1	0	10	0	12.1	12	1	13	11	vs. Left	.303	33	10	2	2	2	10	9	10	.465	.667
Away	8.00	0	1	0	7	0	9.0	11	3	3	12	vs. Right	.241	54	13	3	2	2	9	7	13	.328	.481

Bobby Jones — Mets
Age 25 – Pitches Right

	ERA	W	L	Sv	G	GS	IP	BB	SO	Avg	H	2B	3B	HR	RBI	OBP	SLG	CG	ShO	Sup	QS	#P/S	SB	CS	GB	FB	G/F
1994 Season	3.15	12	7	0	24	24	160.0	56	80	.257	157	25	1	10	62	.322	.351	1	1	4.16	15	98	10	3	239	171	1.40
Career (1993-1994)	3.29	14	11	0	33	33	221.2	78	115	.259	218	43	2	16	89	.323	.371	1	1	3.86	21	100	13	5	318	250	1.27

1994 Season

	ERA	W	L	Sv	G	GS	IP	H	HR	BB	SO		Avg	AB	H	2B	3B	HR	RBI	BB	SO	OBP	SLG
Home	4.25	4	6	0	14	14	89.0	98	8	37	44	vs. Left	.267	330	88	17	0	5	32	34	41	.332	.364
Away	1.77	8	1	0	10	10	71.0	59	2	19	36	vs. Right	.246	280	69	8	1	5	30	22	39	.309	.336
Day	5.35	3	2	0	6	6	37.0	42	3	13	20	Inning 1-6	.243	502	122	19	1	9	50	46	69	.309	.339
Night	2.49	9	5	0	18	18	123.0	115	7	43	60	Inning 7+	.324	108	35	6	0	1	12	10	11	.381	.407
Grass	3.60	8	7	0	19	19	122.1	119	9	47	65	None on	.264	352	93	18	0	3	3	31	45	.327	.341
Turf	1.67	4	0	0	5	5	37.2	38	1	9	15	Runners on	.248	258	64	7	1	7	59	25	35	.315	.364
April	3.16	3	1	0	5	5	31.1	21	1	16	19	Scoring Posn	.272	125	34	3	1	2	47	22	24	.379	.360
May	3.10	3	3	0	6	6	40.2	45	2	13	20	Close & Late	.242	62	15	1	0	1	5	6	8	.309	.306
June	4.22	1	3	0	5	5	32.0	37	5	8	14	None on/out	.258	159	41	5	0	1	1	13	21	.314	.308
July	2.88	4	0	0	6	6	40.2	39	1	14	20	vs. 1st Batr (relief)	.000	0	0	0	0	0	0	0	0	.000	.000
August	1.76	1	0	0	2	2	15.1	15	1	5	7	First Inning Pitched	.305	95	29	7	0	1	11	6	17	.346	.411
September/October	0.00	0	0	0	0	0	0.0	0	0	0	0	First 75 Pitches	.241	440	106	17	1	9	43	40	63	.307	.345
Starter	3.15	12	7	0	24	24	160.0	157	10	56	80	Pitch 76-90	.259	81	21	2	0	1	10	7	5	.318	.321
Reliever	0.00	0	0	0	0	0	0.0	0	0	0	0	Pitch 91-105	.350	60	21	6	0	0	4	8	9	.426	.450
0-3 Days Rest (St)	3.86	0	0	0	1	1	7.0	9	1	3	1	Pitch 106+	.310	29	9	0	0	0	5	1	3	.333	.310
4 Days Rest	2.84	8	4	0	15	15	98.1	89	4	38	54	First Pitch	.274	117	32	3	0	3	16	4	0	.301	.376
5+ Days Rest	3.62	4	3	0	8	8	54.2	59	5	15	25	Ahead in Count	.238	239	57	8	0	3	20	0	71	.240	.310
Pre-All Star	3.30	9	7	0	18	18	117.1	110	8	41	64	Behind in Count	.268	157	42	10	0	3	16	31	0	.386	.389
Post-All Star	2.74	3	0	0	6	6	42.2	47	2	15	16	Two Strikes	.213	230	49	5	0	2	17	21	80	.282	.261

Chris Jones — Rockies
Age 29 – Bats Right (groundball hitter)

	Avg	G	AB	R	H	2B	3B	HR	RBI	BB	SO	HBP	GDP	SB	CS	OBP	SLG	IBB	SH	SF	#Pit	#P/PA	GB	FB	G/F
1994 Season	.300	21	40	6	12	2	1	0	2	2	14	0	1	0	1	.333	.400	1	0	0	158	3.76	16	3	5.33
Career (1991-1994)	.267	213	401	56	107	16	8	9	43	21	114	0	10	14	6	.302	.414	2	8	2	1568	3.63	148	74	2.00

1994 Season

	Avg	AB	H	2B	3B	HR	RBI	BB	SO	OBP	SLG		Avg	AB	H	2B	3B	HR	RBI	BB	SO	OBP	SLG
vs. Left	.231	26	6	1	0	0	0	1	11	.259	.269	Scoring Posn	.125	8	1	1	0	0	2	1	4	.222	.250
vs. Right	.429	14	6	1	0	0	2	1	3	.467	.643	Close & Late	.000	1	0	0	0	0	0	0	0	.000	.000

Career (1991-1994)

	Avg	AB	H	2B	3B	HR	RBI	BB	SO	OBP	SLG		Avg	AB	H	2B	3B	HR	RBI	BB	SO	OBP	SLG
vs. Left	.260	215	56	10	3	3	20	9	67	.289	.377	Scoring Posn	.247	93	23	3	1	3	31	8	26	.301	.398
vs. Right	.274	186	51	6	5	6	23	12	47	.317	.457	Close & Late	.238	80	19	4	1	3	13	4	21	.271	.425
Groundball	.234	111	26	5	2	1	8	6	31	.274	.342	None on/out	.284	95	27	5	2	0	0	3	33	.306	.379
Flyball	.250	96	24	5	2	1	10	4	29	.277	.375	Batting #5	.343	70	24	2	2	3	10	7	18	.403	.557
Home	.264	208	55	8	4	3	19	14	56	.309	.385	Batting #6	.274	84	23	2	0	2	9	3	25	.299	.369
Away	.269	193	52	8	4	6	24	7	58	.294	.446	Other	.243	247	60	12	6	4	24	11	71	.273	.389
Day	.220	109	24	3	3	2	9	4	31	.248	.358	April	.200	20	4	0	0	1	3	3	6	.304	.350
Night	.284	292	83	13	5	7	34	17	83	.322	.435	May	.178	45	8	0	0	0	4	18		.245	.178
Grass	.265	230	61	11	6	5	27	12	62	.300	.430	June	.377	114	43	7	3	4	17	6	29	.408	.596
Turf	.269	171	46	5	2	4	16	9	52	.304	.392	July	.298	84	25	4	3	1	13	2	18	.310	.452
First Pitch	.344	61	21	3	0	2	16	2	0	.354	.492	August	.176	68	12	3	0	0	4	3	23	.211	.221
Ahead in Count	.509	57	29	7	3	4	13	7	0	.563	.947	September/October	.214	70	15	2	2	3	6	3	20	.243	.429
Behind in Count	.196	230	45	6	4	2	10	0	101	.196	.283	Pre-All Star	.321	224	72	10	5	6	29	13	63	.357	.491
Two Strikes	.161	223	36	3	4	2	8	13	114	.208	.238	Post-All Star	.198	177	35	6	3	3	14	8	51	.231	.316

Batter vs. Pitcher (career)

Hits Best Against	Avg	AB	H	2B	3B	HR	RBI	BB	SO	OBP	SLG	Hits Worst Against	Avg	AB	H	2B	3B	HR	RBI	BB	SO	OBP	SLG
Terry Mulholland	.545	11	6	1	0	0	1	0	1	.545	.636	Steve Avery	.167	18	3	1	0	0	2	2	6	.250	.389

Doug Jones — Phillies
Age 38 – Pitches Right (groundball pitcher)

	ERA	W	L	Sv	G	GS	IP	BB	SO	Avg	H	2B	3B	HR	RBI	OBP	SLG	GF	IR	IRS	Hld	SvOp	SB	CS	GB	FB	G/F
1994 Season	2.17	2	4	27	47	0	54.0	6	38	.255	55	4	0	2	23	.275	.301	42	20	10	0	29	1	1	84	53	1.58
Last Five Years	3.21	26	35	139	300	4	398.2	83	300	.263	406	65	7	26	189	.305	.365	265	274	97	1	168	15	6	580	368	1.58

1994 Season

	ERA	W	L	Sv	G	GS	IP	H	HR	BB	SO		Avg	AB	H	2B	3B	HR	RBI	BB	SO	OBP	SLG
Home	1.14	2	2	19	28	0	31.2	31	0	4	22	vs. Left	.327	110	36	3	0	2	16	3	16	.345	.409
Away	3.63	0	2	8	19	0	22.1	24	2	2	16	vs. Right	.179	106	19	1	0	0	7	3	22	.202	.189
Starter	0.00	0	0	0	0	0	0.0	0	0	0	0	Scoring Posn	.217	60	13	2	0	1	22	0	9	.217	.300
Reliever	2.17	2	4	27	47	0	54.0	55	2	6	38	Close & Late	.251	179	45	3	0	2	19	5	34	.272	.302
0 Days rest (Re)	2.76	0	3	9	14	0	16.1	22	0	1	11	None on/out	.216	51	11	0	0	1	1	1	6	.231	.275
1 or 2 Days rest	2.38	2	0	11	20	0	22.2	23	2	2	15	First Pitch	.308	26	8	0	0	0	0	0	0	.308	.308
3+ Days rest	1.20	0	1	7	13	0	15.0	10	0	3	12	Ahead in Count	.223	139	31	3	0	2	17	0	37	.223	.288
Pre-All Star	2.40	2	3	21	37	0	41.1	43	2	5	29	Behind in Count	.308	26	8	1	0	0	2	5	0	.419	.346
Post-All Star	1.42	0	1	6	10	0	12.2	12	0	1	9	Two Strikes	.194	108	21	0	0	2	16	1	38	.202	.269

207

Last Five Years

	ERA	W	L	Sv	G	GS	IP	H	HR	BB	SO		Avg	AB	H	2B	3B	HR	RBI	BB	SO	OBP	SLG
Home	3.35	16	19	68	152	2	204.0	199	11	43	156	vs. Left	.271	789	214	38	3	14	100	47	128	.315	.380
Away	3.05	10	16	71	148	2	194.2	207	15	40	144	vs. Right	.255	753	192	27	4	12	89	36	172	.293	.349
Day	1.81	6	8	54	98	0	119.1	98	6	22	86	Inning 1-6	.238	105	25	5	0	0	6	6	21	.277	.286
Night	3.80	20	27	85	202	4	279.1	308	20	61	214	Inning 7+	.265	1437	381	60	7	26	183	77	279	.307	.371
Grass	3.70	13	22	71	151	4	209.0	223	12	44	146	None on	.272	790	215	38	1	10	10	36	141	.308	.361
Turf	2.66	13	13	68	149	0	189.2	183	14	39	154	Runners on	.254	752	191	27	6	16	179	47	159	.301	.370
April	2.01	3	4	24	49	0	62.2	60	6	9	57	Scoring Posn	.267	442	118	21	5	8	161	34	93	.321	.391
May	3.89	5	9	32	63	0	76.1	81	9	17	54	Close & Late	.269	1016	273	43	7	18	137	56	198	.311	.378
June	4.04	6	8	22	56	0	64.2	78	1	15	41	None on/out	.246	349	86	15	0	6	6	16	58	.283	.341
July	2.73	4	6	21	47	0	59.1	51	4	16	43	vs. 1st Batr (relief)	.256	277	71	12	0	5	28	14	42	.301	.354
August	3.57	1	6	19	40	0	53.0	43	5	12	35	First Inning Pitched	.259	1082	280	43	3	21	134	54	222	.300	.362
September/October	2.94	7	2	21	45	4	82.2	93	1	17	70	First 15 Pitches	.272	972	264	39	3	23	108	44	182	.309	.389
Starter	3.77	3	1	0	4	4	31.0	40	0	6	24	Pitch 16-30	.238	403	96	14	3	2	56	32	82	.293	.303
Reliever	3.16	23	34	139	296	0	367.2	366	26	77	276	Pitch 31-45	.256	78	20	3	0	1	14	4	18	.301	.333
0 Days rest (Re)	2.72	7	12	49	83	0	99.1	107	9	16	91	Pitch 46+	.292	89	26	9	1	0	11	3	18	.315	.416
1 or 2 Days rest	3.22	14	11	64	134	0	176.0	169	10	44	110	First Pitch	.374	182	68	8	1	5	37	19	0	.439	.511
3+ Days rest	3.51	2	11	26	79	0	92.1	90	7	17	75	Ahead in Count	.203	881	179	31	2	12	87	0	273	.207	.284
Pre-All Star	3.38	16	23	82	184	0	224.0	238	17	42	168	Behind in Count	.345	249	86	14	2	8	42	46	0	.443	.514
Post-All Star	2.99	10	12	57	116	4	174.2	168	9	41	132	Two Strikes	.187	779	146	33	1	6	75	14	300	.210	.255

Pitcher vs. Batter (since 1984)

Pitches Best Vs.	Avg	AB	H	2B	3B	HR	RBI	BB	SO	OBP	SLG	Pitches Worst Vs.	Avg	AB	H	2B	3B	HR	RBI	BB	SO	OBP	SLG
Fred McGriff	.067	15	1	0	0	0	1	2	3	.176	.067	Cal Ripken	.556	18	10	3	0	1	6	2	2	.600	.889
Ruben Sierra	.071	14	1	0	0	0	0	0	2	.071	.071	Kent Hrbek	.500	14	7	2	0	2	5	1	1	.533	1.071
Dan Pasqua	.077	13	1	0	0	0	1	0	5	.077	.077	Greg Vaughn	.500	12	6	4	0	1	3	0	1	.500	1.083
Paul Molitor	.100	20	2	0	0	0	0	0	3	.100	.100	Mark McGwire	.467	15	7	1	0	1	5	2	3	.529	.733
Danny Tartabull	.167	12	2	0	0	0	0	0	4	.167	.167	Nelson Liriano	.400	10	4	0	0	1	2	3	0	.500	.700

Todd Jones — Astros
Age 27 – Pitches Right (groundball pitcher)

	ERA	W	L	Sv	G	GS	IP	BB	SO	Avg	H	2B	3B	HR	RBI	OBP	SLG	GF	IR	IRS	Hld	SvOp	SB	CS	GB	FB	G/F
1994 Season	2.72	5	2	5	48	0	72.2	26	63	.202	52	15	1	3	28	.277	.304	20	43	9	8	9	6	1	112	48	2.33
Career (1993-1994)	2.86	6	4	7	75	0	110.0	41	88	.206	80	19	1	7	38	.284	.314	28	51	10	14	12	8	4	179	71	2.52

1994 Season

	ERA	W	L	Sv	G	GS	IP	H	HR	BB	SO		Avg	AB	H	2B	3B	HR	RBI	BB	SO	OBP	SLG
Home	1.79	3	1	4	23	0	40.1	21	1	13	31	vs. Left	.265	113	30	10	1	1	10	14	23	.344	.398
Away	3.90	2	1	1	25	0	32.1	31	2	13	32	vs. Right	.153	144	22	5	0	2	18	12	40	.223	.229
Starter	0.00	0	0	0	0	0	0.0	0	0	0	0	Scoring Posn	.190	84	16	3	0	1	23	13	20	.303	.262
Reliever	2.72	5	2	5	48	0	72.2	52	3	26	63	Close & Late	.157	127	20	4	0	2	13	14	37	.245	.236
0 Days rest (Re)	1.93	2	0	1	7	0	9.1	6	0	6	5	None on/out	.259	58	15	6	1	0	0	5	16	.317	.397
1 or 2 Days rest	3.18	2	2	4	29	0	45.1	36	2	14	42	First Pitch	.200	25	5	3	0	0	5	3	0	.276	.320
3+ Days rest	2.00	1	0	0	12	0	18.0	10	1	6	16	Ahead in Count	.160	131	21	5	1	1	7	0	59	.160	.237
Pre-All Star	2.82	3	2	2	36	0	51.0	35	2	22	44	Behind in Count	.230	61	14	5	0	1	8	13	0	.373	.361
Post-All Star	2.49	2	0	3	12	0	21.2	17	1	4	19	Two Strikes	.133	135	18	5	0	1	8	9	63	.188	.193

Brian Jordan — Cardinals
Age 28 – Bats Right (groundball hitter)

	Avg	G	AB	R	H	2B	3B	HR	RBI	BB	SO	HBP	GDP	SB	CS	OBP	SLG	IBB	SH	SF	#Pit	#P/PA	GB	FB	G/F
1994 Season	.258	53	178	14	46	8	2	5	15	16	40	1	6	4	3	.320	.410	0	0	2	707	3.59	73	39	1.87
Career (1992-1994)	.261	175	594	64	155	27	2	12	20	81	123	6	18	17	11	.309	.448	1	0	5	2291	3.56	235	154	1.53

1994 Season

	Avg	AB	H	2B	3B	HR	RBI	BB	SO	OBP	SLG		Avg	AB	H	2B	3B	HR	RBI	BB	SO	OBP	SLG
vs. Left	.262	61	16	2	1	2	6	4	14	.313	.426	Scoring Posn	.042	48	2	0	0	1	6	7	14	.158	.104
vs. Right	.256	117	30	6	1	3	9	12	26	.323	.402	Close & Late	.267	30	8	2	0	1	2	3	10	.333	.433
Home	.269	104	28	4	1	4	10	7	22	.310	.442	None on/out	.283	46	13	1	1	1	1	3	14	.327	.413
Away	.243	74	18	4	1	1	5	9	18	.333	.365	Batting #5	.241	58	14	4	0	2	5	5	13	.302	.414
First Pitch	.324	34	11	0	1	1	2	0	0	.343	.471	Batting #6	.256	82	21	3	1	1	6	10	18	.337	.354
Ahead in Count	.344	32	11	3	0	1	4	6	0	.425	.531	Other	.289	38	11	1	1	2	4	1	9	.308	.526
Behind in Count	.188	85	16	4	1	2	6	0	39	.188	.329	Pre-All Star	.258	178	46	8	2	5	15	16	40	.320	.410
Two Strikes	.113	80	9	2	0	1	4	10	40	.211	.175	Post-All Star	.000	0	0	0	0	0	0	0	0	.000	.000

Career (1992-1994)

	Avg	AB	H	2B	3B	HR	RBI	BB	SO	OBP	SLG		Avg	AB	H	2B	3B	HR	RBI	BB	SO	OBP	SLG
vs. Left	.282	188	53	8	3	13	34	15	35	.337	.564	Scoring Posn	.205	171	35	5	3	4	53	16	41	.281	.339
vs. Right	.251	406	102	19	9	7	47	23	88	.297	.394	Close & Late	.248	109	27	5	2	3	6	8	30	.305	.413
Groundball	.256	227	58	10	3	6	25	12	41	.293	.405	None on/out	.229	140	32	4	3	3	5	32	.255	.364
Flyball	.216	116	25	3	1	4	15	11	29	.281	.362	Batting #5	.250	260	65	15	5	9	41	15	51	.295	.450
Home	.274	321	88	16	8	11	53	19	61	.319	.477	Batting #6	.293	205	60	10	6	4	29	18	45	.357	.478
Away	.245	273	67	11	4	9	28	19	62	.298	.414	Other	.233	129	30	2	2	5	11	5	25	.259	.395
Day	.271	181	49	10	4	5	22	12	28	.321	.453	April	.195	159	33	12	3	3	14	9	44	.236	.343
Night	.257	413	106	17	8	15	59	26	95	.304	.446	May	.281	96	27	2	2	4	16	12	22	.358	.469
Grass	.266	169	45	8	1	5	15	14	33	.321	.414	June	.248	113	28	3	4	2	10	7	17	.301	.398

Career (1992-1994)

	Avg	AB	H	2B	3B	HR	RBI	BB	SO	OBP	SLG		Avg	AB	H	2B	3B	HR	RBI	BB	SO	OBP	SLG
Turf	.259	425	110	19	11	15	66	24	90	.305	.461	July	.290	131	38	6	1	6	24	6	27	.324	.489
First Pitch	.333	99	33	2	3	4	14	0	0	.343	.535	August	.342	73	25	4	3	4	16	3	11	.385	.644
Ahead in Count	.348	115	40	8	3	5	22	15	0	.422	.600	September/October	.333	12	4	0	0	1	1	1	2	.385	.583
Behind in Count	.200	280	56	12	6	7	30	0	111	.206	.361	Pre-All Star	.241	465	112	20	9	13	56	33	105	.293	.406
Two Strikes	.164	268	44	9	4	6	23	23	123	.235	.295	Post-All Star	.333	129	43	7	3	7	25	5	18	.370	.597

Batter vs. Pitcher (career)

Hits Best Against	Avg	AB	H	2B	3B	HR	RBI	BB	SO	OBP	SLG	Hits Worst Against	Avg	AB	H	2B	3B	HR	RBI	BB	SO	OBP	SLG
Mark Portugal	.417	12	5	1	0	0	2	0	4	.462	.500	Doug Drabek	.133	15	2	1	1	0	3	0	7	.133	.333
Danny Jackson	.364	11	4	0	0	0	0	1	1	.417	.364	Greg Swindell	.182	11	2	0	0	1	3	1	3	.250	.455
Steve Avery	.364	11	4	2	0	1	2	1	1	.417	.818												
Greg Maddux	.313	16	5	0	0	0	1	0	2	.294	.313												

Ricky Jordan — Phillies   Age 30 – Bats Right (groundball hitter)

	Avg	G	AB	R	H	2B	3B	HR	RBI	BB	SO	HBP	GDP	SB	CS	OBP	SLG	IBB	SH	SF	#Pit	#P/PA	GB	FB	G/F
1994 Season	.282	72	220	29	62	14	2	8	37	6	32	1	7	0	0	.303	.473	1	0	1	775	3.40	102	45	2.27
Last Five Years	.275	449	1280	153	352	79	6	31	182	46	196	9	37	5	2	.301	.419	10	0	15	4305	3.19	529	321	1.65

1994 Season

	Avg	AB	H	2B	3B	HR	RBI	BB	SO	OBP	SLG		Avg	AB	H	2B	3B	HR	RBI	BB	SO	OBP	SLG
vs. Left	.299	77	23	2	1	3	10	3	10	.321	.468	Scoring Posn	.302	63	19	4	0	1	26	4	8	.338	.413
vs. Right	.273	143	39	12	1	5	27	3	22	.293	.476	Close & Late	.267	45	12	4	0	0	8	2	5	.298	.400
Home	.289	114	33	4	1	5	19	3	16	.314	.474	None on/out	.333	39	13	2	0	3	0	0	3	.350	.718
Away	.274	106	29	10	1	3	18	3	16	.291	.472	Batting #3	.280	125	35	7	2	6	21	2	19	.289	.512
First Pitch	.368	38	14	3	0	0	10	1	0	.385	.447	Batting #6	.212	33	7	2	0	1	6	2	5	.278	.364
Ahead in Count	.302	43	13	3	1	5	8	3	0	.348	.767	Other	.323	62	20	5	0	1	10	2	8	.344	.452
Behind in Count	.221	86	19	4	0	2	14	0	29	.227	.337	Pre-All Star	.257	171	44	13	1	6	28	5	27	.281	.450
Two Strikes	.180	89	16	3	1	1	10	2	32	.207	.270	Post-All Star	.367	49	18	1	1	2	9	1	5	.380	.551

Last Five Years

	Avg	AB	H	2B	3B	HR	RBI	BB	SO	OBP	SLG		Avg	AB	H	2B	3B	HR	RBI	BB	SO	OBP	SLG
vs. Left	.305	522	159	34	2	14	69	27	65	.337	.458	Scoring Posn	.263	372	98	20	1	9	143	25	62	.302	.395
vs. Right	.255	758	193	45	4	17	113	19	131	.277	.392	Close & Late	.261	261	68	12	2	2	33	13	42	.302	.345
Groundball	.285	414	118	30	1	3	56	16	75	.320	.384	None on/out	.300	277	83	12	2	12	12	7	39	.322	.487
Flyball	.268	265	71	21	2	7	42	8	53	.294	.442	Batting #4	.263	346	91	22	1	5	50	14	46	.293	.376
Home	.288	615	177	28	4	17	97	17	94	.308	.429	Batting #5	.301	319	96	23	1	11	52	9	36	.321	.483
Away	.263	665	175	51	2	14	85	29	102	.296	.409	Other	.268	615	165	34	4	15	80	23	114	.296	.410
Day	.296	412	122	30	3	12	62	11	64	.316	.471	April	.286	147	42	13	2	2	19	14	25	.352	.442
Night	.265	868	230	49	3	19	120	35	132	.295	.394	May	.273	322	88	20	1	12	57	7	44	.290	.453
Grass	.276	355	98	29	1	3	54	12	59	.301	.473	June	.235	230	54	17	0	4	26	13	35	.278	.361
Turf	.275	925	254	50	5	18	128	34	137	.302	.398	July	.237	219	52	7	2	6	29	7	46	.263	.370
First Pitch	.353	232	82	19	1	9	53	3	0	.363	.560	August	.289	166	48	9	1	4	28	2	21	.296	.428
Ahead in Count	.314	242	76	20	3	7	35	29	0	.383	.508	September/October	.347	196	68	13	0	3	23	3	25	.356	.459
Behind in Count	.231	605	140	29	1	12	72	0	176	.236	.342	Pre-All Star	.262	790	207	52	4	23	112	35	128	.295	.425
Two Strikes	.180	500	90	15	2	7	48	10	196	.198	.260	Post-All Star	.296	490	145	27	2	8	70	11	68	.312	.408

Batter vs. Pitcher (career)

Hits Best Against	Avg	AB	H	2B	3B	HR	RBI	BB	SO	OBP	SLG	Hits Worst Against	Avg	AB	H	2B	3B	HR	RBI	BB	SO	OBP	SLG
Tom Browning	.455	22	10	1	0	1	4	0	2	.435	.636	Rob Dibble	.083	12	1	1	0	0	1	1	3	.154	.167
Alejandro Pena	.455	11	5	2	0	1	5	0	1	.500	.909	Randy Myers	.083	12	1	0	0	0	0	2	3	.214	.083
John Burkett	.417	12	5	0	0	1	1	1	3	.462	.667	Chris Hammond	.091	11	1	1	0	0	0	0	2	.091	.182
Ramon Martinez	.412	17	7	2	0	1	4	0	1	.444	.706	Doug Drabek	.105	19	2	1	0	0	1	0	8	.105	.158
Jose DeLeon	.368	19	7	2	0	2	6	0	2	.368	.789	Ken Hill	.133	15	2	0	0	0	0	1	1	.133	.133

Felix Jose — Royals   Age 30 – Bats Both (groundball hitter)

	Avg	G	AB	R	H	2B	3B	HR	RBI	BB	SO	HBP	GDP	SB	CS	OBP	SLG	IBB	SH	SF	#Pit	#P/PA	GB	FB	G/F
1994 Season	.303	99	366	56	111	28	1	11	55	35	75	0	9	10	12	.362	.475	6	0	2	1446	3.59	135	82	1.65
Last Five Years	.284	659	2368	305	673	130	14	50	302	185	464	9	44	101	55	.337	.414	27	3	11	9014	3.50	962	515	1.87

1994 Season

	Avg	AB	H	2B	3B	HR	RBI	BB	SO	OBP	SLG		Avg	AB	H	2B	3B	HR	RBI	BB	SO	OBP	SLG
vs. Left	.324	105	34	9	1	3	11	7	24	.363	.514	Scoring Posn	.315	92	29	8	0	2	42	12	22	.387	.467
vs. Right	.295	261	77	19	0	8	44	28	51	.362	.460	Close & Late	.361	61	22	5	0	4	11	7	12	.426	.639
Groundball	.222	63	14	0	0	0	4	7	9	.296	.222	None on/out	.241	87	21	8	0	1	1	7	18	.298	.368
Flyball	.296	98	29	11	0	3	21	9	25	.352	.500	Batting #5	.301	136	41	10	0	3	15	9	28	.342	.441
Home	.295	200	59	20	1	4	27	21	39	.360	.420	Batting #6	.333	108	36	9	1	3	19	14	18	.407	.519
Away	.313	166	52	8	0	10	28	14	36	.365	.542	Other	.279	122	34	9	0	5	21	12	29	.343	.475
Day	.381	84	32	8	0	2	19	11	14	.443	.548	April	.214	28	6	1	0	0	5	1	7	.241	.321
Night	.280	282	79	20	1	9	36	24	61	.337	.454	May	.271	107	29	8	0	2	19	12	24	.345	.402
Grass	.330	115	38	4	0	8	19	13	22	.398	.574	June	.333	84	28	6	0	4	11	11	22	.406	.548
Turf	.291	251	73	24	1	3	36	22	53	.345	.430	July	.299	107	32	7	0	4	15	9	16	.350	.477
First Pitch	.387	62	24	4	1	4	13	4	0	.424	.677	August	.400	40	16	6	0	1	5	2	6	.429	.625
Ahead in Count	.338	65	22	10	0	2	15	17	0	.476	.585	September/October	.000	0	0	0	0	0	0	0	0	.000	.000

209

1994 Season

	Avg	AB	H	2B	3B	HR	RBI	BB	SO	OBP	SLG		Avg	AB	H	2B	3B	HR	RBI	BB	SO	OBP	SLG
Behind in Count	.203	172	35	7	0	2	14	0	62	.202	.279	Pre-All Star	.285	256	73	19	1	7	38	29	59	.355	.449
Two Strikes	.202	173	35	9	0	2	14	14	75	.261	.289	Post-All Star	.345	110	38	9	0	4	17	6	16	.379	.536

1994 By Position

Position	Avg	AB	H	2B	3B	HR	RBI	BB	SO	OBP	SLG	G	GS	Innings	PO	A	E	DP	Fld Pct	Rng Fctr	In Zone	Outs	Zone Rtg	MLB Zone
As rf	.302	364	110	28	1	11	55	35	75	.362	.475	98	97	875.2	193	7	4	1	.980	2.06	229	186	.812	.826

Last Five Years

	Avg	AB	H	2B	3B	HR	RBI	BB	SO	OBP	SLG		Avg	AB	H	2B	3B	HR	RBI	BB	SO	OBP	SLG
vs. Left	.303	716	217	44	6	13	92	55	144	.352	.436	Scoring Posn	.298	607	181	39	4	12	242	67	126	.366	.435
vs. Right	.276	1652	456	86	8	37	210	130	320	.330	.405	Close & Late	.301	399	120	21	1	13	52	38	92	.362	.456
Groundball	.296	632	187	30	3	9	74	45	110	.344	.396	None on/out	.285	624	178	39	2	7	7	42	120	.331	.388
Flyball	.287	513	147	33	4	16	88	48	115	.347	.460	Batting #4	.265	422	112	15	2	9	54	44	87	.336	.374
Home	.279	1183	330	69	9	23	163	106	217	.339	.411	Batting #5	.307	733	225	50	6	14	85	50	149	.350	.449
Away	.289	1185	343	61	5	27	139	79	247	.335	.418	Other	.277	1213	336	65	6	27	163	91	228	.329	.407
Day	.292	716	209	38	4	15	111	52	130	.339	.419	April	.301	216	65	17	3	5	34	19	31	.359	.477
Night	.281	1652	464	92	10	35	191	133	334	.336	.412	May	.294	456	134	23	2	8	71	46	94	.360	.406
Grass	.281	925	260	40	4	20	108	56	195	.325	.398	June	.291	444	129	30	3	8	56	31	86	.336	.426
Turf	.286	1443	413	90	10	30	194	129	269	.345	.425	July	.266	444	118	20	1	10	45	35	90	.321	.383
First Pitch	.360	447	161	30	4	21	88	19	0	.388	.586	August	.292	418	122	24	0	6	38	25	89	.336	.392
Ahead in Count	.333	393	131	32	3	11	60	93	0	.458	.514	September/October	.269	390	105	16	5	13	58	29	74	.318	.436
Behind in Count	.224	1125	252	48	4	7	92	0	400	.225	.292	Pre-All Star	.287	1265	363	79	8	22	168	107	239	.343	.414
Two Strikes	.213	1109	236	47	5	11	86	73	464	.262	.294	Post-All Star	.281	1103	310	51	6	28	134	78	225	.330	.414

Batter vs. Pitcher (career)

Hits Best Against	Avg	AB	H	2B	3B	HR	RBI	BB	SO	OBP	SLG	Hits Worst Against	Avg	AB	H	2B	3B	HR	RBI	BB	SO	OBP	SLG
Chris Nabholz	.636	11	7	2	0	0	3	1	3	.667	.818	Greg Maddux	.000	16	0	0	0	0	0	1	7	.059	.000
Tommy Greene	.571	14	8	4	1	0	4	2	2	.556	1.000	Pat Hentgen	.059	17	1	1	0	0	1	0	3	.056	.118
Danny Jackson	.500	12	6	5	0	0	4	0	1	.500	.917	Ben McDonald	.071	14	1	0	0	0	1	4	7	.278	.071
Joe Boever	.429	14	6	3	0	1	4	3	1	.529	.857	Jose Mesa	.091	11	1	0	0	0	0	0	2	.091	.091
Mark Gardner	.357	14	5	1	0	2	4	3	4	.471	.857	Terry Mulholland	.143	28	4	0	0	0	2	1	5	.172	.143

Wally Joyner — Royals

Age 33 – Bats Left

	Avg	G	AB	R	H	2B	3B	HR	RBI	BB	SO	HBP	GDP	SB	CS	OBP	SLG	IBB	SH	SF	#Pit	#P/PA	GB	FB	G/F
1994 Season	.311	97	363	52	113	20	3	8	57	47	43	0	12	3	2	.386	.449	3	2	5	1533	3.68	131	113	1.16
Last Five Years	.288	613	2293	315	661	141	11	61	325	261	260	9	58	23	17	.360	.439	28	7	22	9285	3.58	809	775	1.04

1994 Season

	Avg	AB	H	2B	3B	HR	RBI	BB	SO	OBP	SLG		Avg	AB	H	2B	3B	HR	RBI	BB	SO	OBP	SLG
vs. Left	.306	124	38	6	0	1	16	13	15	.367	.379	Scoring Posn	.315	92	29	4	0	3	49	17	13	.404	.457
vs. Right	.314	239	75	14	3	7	41	34	28	.395	.485	Close & Late	.320	50	16	3	0	0	4	8	2	.414	.380
Groundball	.342	76	26	2	0	1	13	9	3	.412	.408	None on/out	.228	57	13	3	2	1	1	8	3	.323	.404
Flyball	.354	82	29	7	1	1	18	15	8	.449	.500	Batting #2	.305	82	25	5	0	1	10	6	8	.344	.402
Home	.359	192	69	14	2	2	34	23	23	.418	.484	Batting #3	.314	264	83	14	3	7	46	39	33	.399	.470
Away	.257	171	44	6	1	6	23	24	20	.349	.409	Other	.294	17	5	1	0	0	1	2	2	.368	.353
Day	.304	102	31	5	1	4	18	16	11	.392	.490	April	.288	80	23	4	1	2	13	10	7	.367	.438
Night	.314	261	82	15	2	4	39	31	32	.383	.433	May	.324	108	35	5	1	4	17	16	12	.405	.500
Grass	.260	146	38	5	0	5	20	16	17	.333	.397	June	.281	64	18	6	0	0	13	10	8	.368	.375
Turf	.346	217	75	15	3	3	37	31	26	.419	.484	July	.361	72	26	2	1	2	11	7	8	.418	.500
First Pitch	.321	53	17	1	1	0	5	2	0	.333	.377	August	.282	39	11	3	0	0	3	4	8	.341	.359
Ahead in Count	.326	95	31	8	0	1	22	27	0	.472	.442	September/October	.000	0	0	0	0	0	0	0	0	.000	.000
Behind in Count	.262	141	37	5	2	4	12	0	36	.261	.411	Pre-All Star	.302	252	76	15	2	6	43	36	27	.384	.448
Two Strikes	.283	145	41	5	2	5	22	18	43	.358	.448	Post-All Star	.333	111	37	5	1	2	14	11	16	.390	.450

1994 By Position

Position	Avg	AB	H	2B	3B	HR	RBI	BB	SO	OBP	SLG	G	GS	Innings	PO	A	E	DP	Fld Pct	Rng Fctr	In Zone	Outs	Zone Rtg	MLB Zone
As Designated Hitter	.231	39	9	1	1	1	7	8	11	.362	.385	11	11	---	---	---	---	---	---	---	---	---	---	---
As 1b	.321	324	104	19	2	7	50	39	32	.389	.457	86	82	744.0	779	64	8	67	.991	---	180	153	.850	.818

Last Five Years

	Avg	AB	H	2B	3B	HR	RBI	BB	SO	OBP	SLG		Avg	AB	H	2B	3B	HR	RBI	BB	SO	OBP	SLG
vs. Left	.261	777	203	48	1	12	101	65	106	.322	.372	Scoring Posn	.299	579	173	37	2	14	253	94	77	.389	.442
vs. Right	.302	1516	458	93	10	49	224	196	154	.379	.474	Close & Late	.282	362	102	22	0	11	53	45	39	.362	.434
Groundball	.314	529	166	26	2	13	86	46	44	.369	.444	None on/out	.253	494	125	28	4	19	19	47	38	.319	.441
Flyball	.294	561	165	36	5	20	91	74	68	.377	.483	Batting #2	.315	483	152	29	2	14	73	51	50	.380	.470
Home	.297	1133	337	77	8	22	158	123	115	.365	.438	Batting #3	.281	1058	297	66	6	26	150	118	123	.350	.428
Away	.279	1160	324	64	3	39	167	138	145	.354	.441	Other	.282	752	212	46	3	21	102	92	87	.361	.435
Day	.264	609	161	34	3	18	79	76	78	.343	.419	April	.289	380	110	28	1	6	43	53	37	.374	.416
Night	.297	1684	500	107	8	43	246	185	182	.366	.447	May	.335	463	155	22	1	25	88	64	51	.417	.549
Grass	.271	1283	348	65	2	45	183	151	145	.346	.430	June	.263	479	126	32	2	5	62	42	60	.321	.376
Turf	.310	1010	313	76	9	16	142	110	115	.378	.450	July	.289	412	119	27	3	11	64	43	51	.354	.449
First Pitch	.308	377	116	25	4	11	51	15	0	.333	.483	August	.270	367	99	19	3	11	46	31	44	.327	.428
Ahead in Count	.339	623	211	54	1	21	110	140	0	.459	.530	September/October	.271	192	52	13	1	3	22	28	17	.362	.396
Behind in Count	.233	877	204	36	5	14	88	0	216	.235	.333	Pre-All Star	.294	1465	430	93	5	40	217	171	159	.366	.446
Two Strikes	.235	892	210	42	4	16	103	104	260	.315	.345	Post-All Star	.279	828	231	48	6	21	108	90	101	.349	.428

Batter vs. Pitcher (career)

Hits Best Against	Avg	AB	H	2B	3B	HR	RBI	BB	SO	OBP	SLG	Hits Worst Against	Avg	AB	H	2B	3B	HR	RBI	BB	SO	OBP	SLG
Eric Plunk	.625	16	10	2	0	3	8	3	1	.684	1.313	Dennis Eckersley	.000	8	0	0	0	0	0	3	1	.273	.000
Mark Eichhorn	.600	10	6	1	0	0	2	1	1	.636	.700	Pat Hentgen	.000	8	0	0	0	0	0	3	3	.273	.000
John Doherty	.500	10	5	0	0	1	4	1	0	.545	.800	Bud Black	.083	24	2	1	0	0	2	1	0	.115	.125
Juan Guzman	.471	17	8	1	1	1	3	2	1	.526	.824	Greg Hibbard	.136	22	3	0	0	0	0	0	0	.136	.136
Mike Morgan	.417	12	5	2	0	1	4	0	1	.417	.833	Gregg Olson	.167	12	2	0	0	0	2	0	3	.154	.167

Jeff Juden — Phillies
Age 24 – Pitches Right (groundball pitcher)

	ERA	W	L	Sv	G	GS	IP	BB	SO	Avg	H	2B	3B	HR	RBI	OBP	SLG	CG	ShO	Sup	QS	#P/S	SB	CS	GB	FB	G/F
1994 Season	6.18	1	4	0	6	5	27.2	12	22	.276	29	4	0	4	19	.350	.429	0	0	5.53	2	86	5	1	45	19	2.37
Career (1991-1994)	6.04	1	7	0	12	8	50.2	23	40	.271	52	8	0	6	35	.342	.438	0	0	3.55	3	86	9	2	76	46	1.65

1994 Season

	ERA	W	L	Sv	G	GS	IP	H	HR	BB	SO		Avg	AB	H	2B	3B	HR	RBI	BB	SO	OBP	SLG
Home	3.00	1	1	0	2	2	12.0	7	2	5	14	vs. Left	.391	46	18	4	0	3	11	7	9	.463	.674
Away	8.62	0	3	0	4	3	15.2	22	2	7	8	vs. Right	.186	59	11	0	0	1	8	5	13	.258	.237

Dave Justice — Braves
Age 29 – Bats Left (flyball hitter)

	Avg	G	AB	R	H	2B	3B	HR	RBI	BB	SO	HBP	GDP	SB	CS	OBP	SLG	IBB	SH	SF	#Pit	#P/PA	GB	FB	G/F
1994 Season	.313	104	352	61	110	16	2	19	59	69	45	2	8	2	4	.427	.531	5	0	1	1718	4.05	124	113	1.10
Last Five Years	.277	641	2256	372	625	98	14	129	416	355	393	10	25	26	27	.375	.504	38	0	17	10266	3.89	666	761	0.88

1994 Season

	Avg	AB	H	2B	3B	HR	RBI	BB	SO	OBP	SLG		Avg	AB	H	2B	3B	HR	RBI	BB	SO	OBP	SLG
vs. Left	.287	122	35	6	1	4	20	26	17	.416	.451	Scoring Posn	.386	83	32	3	2	4	28	11	11	.536	.614
vs. Right	.326	230	75	10	1	15	39	43	28	.433	.574	Close & Late	.245	49	12	0	0	4	12	9	7	.356	.490
Groundball	.286	119	34	8	1	6	19	21	20	.393	.521	None on/out	.297	91	27	6	0	6	6	13	12	.385	.560
Flyball	.317	63	20	2	0	2	8	11	5	.427	.444	Batting #3	.329	73	24	4	1	3	10	12	6	.424	.534
Home	.335	173	58	8	1	9	25	30	21	.436	.549	Batting #5	.296	250	74	10	1	12	43	51	36	.417	.488
Away	.291	179	52	8	1	10	34	39	24	.418	.514	Other	.414	29	12	2	0	4	6	6	3	.514	.897
Day	.265	102	27	4	0	5	17	18	8	.380	.451	April	.236	55	13	2	0	2	6	7	8	.328	.382
Night	.332	250	83	12	2	14	42	51	37	.446	.564	May	.344	93	32	2	0	5	11	16	10	.440	.527
Grass	.316	269	85	10	2	12	40	48	34	.423	.502	June	.382	76	29	8	1	5	21	24	11	.530	.711
Turf	.301	83	25	6	0	7	19	21	11	.438	.627	July	.304	92	28	4	1	4	14	17	8	.418	.500
First Pitch	.298	47	14	4	0	3	12	4	0	.365	.574	August	.222	36	8	0	0	3	7	5	8	.317	.472
Ahead in Count	.500	82	41	4	0	10	23	28	0	.627	.915	September/October	.000	0	0	0	0	0	0	0	0	.000	.000
Behind in Count	.264	140	37	7	1	2	13	0	33	.262	.371	Pre-All Star	.344	256	88	14	2	13	44	52	31	.457	.566
Two Strikes	.216	162	35	5	1	3	12	37	45	.360	.315	Post-All Star	.229	96	22	2	0	6	15	17	14	.345	.438

1994 By Position

Position	Avg	AB	H	2B	3B	HR	RBI	BB	SO	OBP	SLG	G	GS	Innings	PO	A	E	DP	Fld Pct	Rng Fctr	In Zone	Outs	Zone Rtg	MLB Zone
As rf	.311	350	109	16	2	18	57	69	45	.427	.523	102	102	879.0	193	6	11	0	.948	2.04	233	190	.815	.826

Last Five Years

	Avg	AB	H	2B	3B	HR	RBI	BB	SO	OBP	SLG		Avg	AB	H	2B	3B	HR	RBI	BB	SO	OBP	SLG
vs. Left	.300	744	223	34	3	37	144	92	118	.378	.503	Scoring Posn	.307	615	189	30	5	36	285	157	114	.441	.548
vs. Right	.266	1512	402	64	11	92	272	263	275	.374	.505	Close & Late	.255	337	86	11	3	20	58	50	73	.351	.484
Groundball	.301	747	225	36	5	45	153	108	128	.388	.544	None on/out	.235	586	138	26	2	30	30	57	104	.305	.440
Flyball	.259	490	127	25	3	20	75	87	89	.373	.445	Batting #4	.263	1076	283	49	9	63	211	174	194	.365	.501
Home	.282	1108	312	53	8	67	206	169	197	.376	.525	Batting #5	.278	825	229	31	4	41	141	125	140	.373	.474
Away	.273	1148	313	45	6	62	210	186	196	.374	.484	Other	.318	355	113	18	1	25	64	56	59	.411	.586
Day	.276	591	163	20	4	35	112	109	82	.388	.501	April	.183	240	44	9	0	8	27	32	56	.283	.321
Night	.277	1665	462	78	10	94	304	246	311	.371	.506	May	.314	446	140	24	1	24	82	55	68	.393	.534
Grass	.283	1694	479	72	14	100	313	250	303	.375	.519	June	.272	412	112	19	5	19	74	76	75	.384	.481
Turf	.260	562	146	26	0	29	103	105	90	.375	.461	July	.293	355	104	15	2	17	57	57	48	.393	.490
First Pitch	.344	299	103	13	3	23	78	26	0	.398	.639	August	.276	391	108	15	2	32	83	49	70	.357	.570
Ahead in Count	.370	481	178	27	2	49	116	170	0	.532	.740	September/October	.284	412	117	16	4	29	93	86	76	.403	.553
Behind in Count	.215	988	212	40	4	32	125	0	314	.215	.360	Pre-All Star	.277	1224	339	60	8	57	206	184	217	.374	.479
Two Strikes	.199	1074	214	30	6	31	137	155	393	.300	.325	Post-All Star	.277	1032	286	38	6	72	210	171	176	.377	.535

Batter vs. Pitcher (career)

Hits Best Against	Avg	AB	H	2B	3B	HR	RBI	BB	SO	OBP	SLG	Hits Worst Against	Avg	AB	H	2B	3B	HR	RBI	BB	SO	OBP	SLG
Greg Swindell	.467	15	7	0	0	3	3	2	2	.529	1.067	Willie Blair	.000	10	0	0	0	0	0	1	1	.091	.000
Ryan Bowen	.417	12	5	1	1	3	4	2	1	.563	.917	Mike Maddux	.000	9	0	0	0	0	1	4	2	.286	.000
Anthony Young	.385	13	5	0	0	2	5	1	3	.429	.846	Danny Darwin	.100	10	1	0	0	0	2	5	2	.250	.100
Paul Wagner	.375	16	6	0	0	3	6	1	2	.412	.938	Jose DeLeon	.125	16	2	1	0	0	1	0	6	.125	.188
Curt Schilling	.318	22	7	1	0	3	8	6	5	.464	.773	Mitch Williams	.154	13	2	1	0	0	1	0	4	.214	.154

Scott Kamieniecki — Yankees — Age 31 – Pitches Right

	ERA	W	L	Sv	G	GS	IP	BB	SO	Avg	H	2B	3B	HR	RBI	OBP	SLG	CG	ShO	Sup	QS	#P/S	SB	CS	GB	FB	G/F
1994 Season	3.76	8	6	0	22	16	117.1	59	71	.261	115	28	1	13	48	.350	.418	1	0	7.36	9	104	5	3	179	110	1.63
Career (1991-1994)	4.09	28	31	1	89	73	515.0	214	265	.268	525	103	10	51	223	.342	.409	7	0	5.28	39	104	45	21	779	541	1.44

1994 Season

	ERA	W	L	Sv	G	GS	IP	H	HR	BB	SO		Avg	AB	H	2B	3B	HR	RBI	BB	SO	OBP	SLG
Home	3.86	3	4	0	10	7	53.2	60	5	24	33	vs. Left	.276	214	59	13	0	6	24	24	29	.351	.421
Away	3.68	5	2	0	12	9	63.2	55	8	35	38	vs. Right	.248	226	56	15	1	7	24	35	42	.350	.416
Starter	3.83	7	6	0	16	16	101.0	96	11	50	54	Scoring Posn	.204	108	22	4	1	3	32	21	20	.331	.343
Reliever	3.31	1	0	0	6	0	16.1	19	2	9	17	Close & Late	.211	38	8	3	0	1	4	5	7	.295	.368
0-3 Days Rest (St)	0.00	0	0	0	0	0	0.0	0	0	0	0	None on/out	.261	119	31	6	0	4	4	8	19	.307	.412
4 Days Rest	3.90	5	4	0	10	10	64.2	63	5	30	34	First Pitch	.298	57	17	6	0	3	10	2	0	.317	.561
5+ Days Rest	3.72	2	2	0	6	6	36.1	33	6	20	20	Ahead in Count	.176	170	30	4	0	1	10	0	55	.186	.218
Pre-All Star	4.06	5	5	0	17	11	82.0	86	9	40	48	Behind in Count	.336	116	39	9	0	7	15	32	0	.473	.595
Post-All Star	3.06	3	1	0	5	5	35.1	29	4	19	23	Two Strikes	.211	199	42	6	0	8	18	25	71	.302	.286

Career (1991-1994)

	ERA	W	L	Sv	G	GS	IP	H	HR	BB	SO		Avg	AB	H	2B	3B	HR	RBI	BB	SO	OBP	SLG
Home	3.90	19	12	0	47	39	279.0	283	27	107	150	vs. Left	.278	952	265	50	6	25	105	101	131	.347	.422
Away	4.31	9	19	1	42	34	236.0	242	24	107	115	vs. Right	.259	1005	260	53	4	26	118	113	134	.338	.397
Day	3.75	9	9	1	31	24	185.0	177	15	72	96	Inning 1-6	.263	1618	426	86	9	40	177	178	230	.338	.402
Night	4.28	19	22	0	58	49	330.0	348	36	142	169	Inning 7+	.292	339	99	17	1	11	46	36	35	.363	.445
Grass	4.04	24	28	1	80	64	458.2	462	45	193	233	None on	.272	1143	311	59	4	33	33	102	155	.335	.417
Turf	4.47	4	3	0	9	9	56.1	63	6	21	32	Runners on	.263	814	214	44	6	18	190	112	110	.353	.398
April	2.94	2	0	1	9	3	33.2	35	4	19	21	Scoring Posn	.261	460	120	22	2	11	163	79	71	.362	.389
May	3.32	3	3	0	18	9	81.1	77	4	37	34	Close & Late	.313	147	46	10	1	4	21	23	20	.407	.476
June	5.02	5	8	0	18	17	107.2	117	11	43	52	None on/out	.280	515	144	23	0	17	17	39	70	.333	.423
July	4.04	9	9	0	20	20	133.2	133	18	46	75	vs. 1st Batr (relief)	.462	13	6	0	0	1	1	9	2	.500	.692
August	3.80	6	5	0	13	13	87.2	79	8	38	39	First Inning Pitched	.294	340	100	16	0	14	61	39	45	.368	.465
September/October	4.56	3	6	0	11	11	71.0	84	6	31	44	First 75 Pitches	.269	1400	377	73	9	36	160	152	193	.342	.411
Starter	4.04	27	30	0	73	73	474.2	477	44	196	237	Pitch 76-90	.266	229	61	14	0	6	22	27	37	.349	.406
Reliever	4.69	1	1	1	16	0	40.1	48	7	18	28	Pitch 91-105	.246	211	52	9	1	6	24	19	23	.307	.384
0-3 Days Rest (St)	0.00	0	0	0	0	0	0.0	0	0	0	0	Pitch 106+	.299	117	35	7	0	3	17	16	12	.394	.436
4 Days Rest	4.50	14	16	0	40	40	252.0	261	26	105	137	First Pitch	.308	260	80	16	2	12	37	15	0	.349	.523
5+ Days Rest	3.52	13	14	0	33	33	222.2	216	18	91	100	Ahead in Count	.233	820	191	29	3	15	77	0	206	.240	.330
Pre-All Star	4.16	13	15	1	52	36	268.0	278	25	115	130	Behind in Count	.304	494	150	33	2	16	65	117	0	.432	.476
Post-All Star	4.01	15	16	0	37	37	247.0	247	26	99	135	Two Strikes	.223	853	190	30	3	13	76	82	265	.296	.311

Pitcher vs. Batter (career)

Pitches Best Vs.	Avg	AB	H	2B	3B	HR	RBI	BB	SO	OBP	SLG	Pitches Worst Vs.	Avg	AB	H	2B	3B	HR	RBI	BB	SO	OBP	SLG
Greg Myers	.000	10	0	0	0	0	0	1	5	.091	.000	Lou Whitaker	.500	12	6	2	0	1	3	1	1	.538	.917
Joe Carter	.077	13	1	0	0	0	1	0	0	.077	.154	Devon White	.429	14	6	0	1	2	4	0	3	.429	1.000
Andre Dawson	.091	11	1	0	0	0	1	0	0	.091	.091	Frank Thomas	.385	13	5	1	0	1	2	5	1	.556	.692
Harold Reynolds	.111	18	2	0	0	2	0	2	.111	.111	Mark McGwire	.375	16	6	2	0	3	6	2	3	.444	1.063
Chad Curtis	.125	16	2	0	0	0	2	.125	.125	Jose Canseco	.313	16	5	1	0	3	4	4	5	.450	.938

Ron Karkovice — White Sox — Age 31 – Bats Right (flyball hitter)

	Avg	G	AB	R	H	2B	3B	HR	RBI	BB	SO	HBP	GDP	SB	CS	OBP	SLG	IBB	SH	SF	#Pit	#P/PA	GB	FB	G/F
1994 Season	.213	77	207	33	44	9	1	11	29	36	68	0	0	0	3	.325	.425	2	2	3	998	4.02	53	58	0.91
Last Five Years	.233	471	1302	187	303	61	3	55	175	126	377	11	18	14	9	.303	.411	6	33	11	5513	3.72	320	392	0.82

1994 Season

	Avg	AB	H	2B	3B	HR	RBI	BB	SO	OBP	SLG		Avg	AB	H	2B	3B	HR	RBI	BB	SO	OBP	SLG
vs. Left	.241	79	19	3	0	6	12	17	28	.367	.506	Scoring Posn	.119	67	8	2	0	4	20	18	22	.295	.328
vs. Right	.195	128	25	6	1	5	17	19	40	.297	.375	Close & Late	.182	22	4	0	0	3	5	1	7	.217	.591
Home	.226	106	24	6	1	6	19	16	34	.323	.472	None on/out	.250	52	13	3	1	2	2	4	17	.304	.462
Away	.198	101	20	3	0	5	10	20	34	.328	.376	Batting #8	.214	206	44	9	1	11	29	36	67	.327	.427
First Pitch	.294	17	5	0	0	0	1	0	.333	.294	Batting #9	.000	1	0	0	0	0	0	0	1	.000	.000
Ahead in Count	.333	39	13	4	0	3	14	19	0	.542	.667	Other	.000	0	0	0	0	0	0	0	0	.000	.000
Behind in Count	.145	110	16	2	0	4	7	0	60	.144	.273	Pre-All Star	.208	197	41	9	0	10	28	36	65	.326	.406
Two Strikes	.133	120	16	1	0	5	7	16	68	.235	.283	Post-All Star	.300	10	3	0	1	1	1	0	3	.300	.800

Last Five Years

	Avg	AB	H	2B	3B	HR	RBI	BB	SO	OBP	SLG		Avg	AB	H	2B	3B	HR	RBI	BB	SO	OBP	SLG
vs. Left	.229	432	99	20	1	22	62	55	134	.318	.433	Scoring Posn	.206	339	70	14	1	11	113	59	104	.320	.351
vs. Right	.234	870	204	41	2	33	113	71	243	.296	.400	Close & Late	.236	199	47	8	1	7	17	12	56	.288	.392
Groundball	.245	331	81	18	0	10	33	33	94	.322	.390	None on/out	.286	332	95	19	1	16	16	18	86	.325	.494
Flyball	.209	321	67	13	0	13	46	27	104	.271	.371	Batting #7	.229	245	56	14	0	6	28	22	60	.298	.359
Home	.224	630	141	31	2	17	70	57	172	.293	.360	Batting #8	.242	809	196	38	3	42	121	81	243	.313	.452
Away	.241	672	162	30	1	38	105	69	205	.313	.458	Other	.206	248	51	9	0	7	26	23	74	.277	.327
Day	.234	414	97	24	1	17	59	32	135	.293	.420	April	.259	185	48	11	0	7	27	35	50	.377	.432
Night	.232	888	206	37	2	38	116	94	242	.308	.407	May	.221	262	58	12	0	7	30	23	69	.284	.347
Grass	.235	1102	259	50	2	44	146	106	314	.306	.404	June	.246	191	47	6	1	13	28	18	64	.318	.492
Turf	.220	200	44	11	1	11	29	20	63	.288	.450	July	.218	211	46	12	1	8	23	15	52	.278	.398
First Pitch	.288	177	51	6	0	6	25	3	0	.304	.424	August	.224	219	49	9	0	10	33	16	67	.277	.402
Ahead in Count	.307	267	82	19	0	14	54	59	0	.430	.536	September/October	.235	234	55	11	1	10	34	19	75	.297	.419
Behind in Count	.173	623	108	22	2	23	63	0	319	.182	.326	Pre-All Star	.235	707	166	30	1	31	92	84	203	.317	.412

Last Five Years

	Avg	AB	H	2B	3B	HR	RBI	BB	SO	OBP	SLG		Avg	AB	H	2B	3B	HR	RBI	BB	SO	OBP	SLG
Two Strikes	.140	652	91	17	2	27	59	63	377	.219	.296	Post-All Star	.230	595	137	31	2	24	83	42	174	.286	.410

Batter vs. Pitcher (career)

Hits Best Against	Avg	AB	H	2B	3B	HR	RBI	BB	SO	OBP	SLG	Hits Worst Against	Avg	AB	H	2B	3B	HR	RBI	BB	SO	OBP	SLG
Jeff Ballard	.556	9	5	0	0	1	3	2	1	.636	.889	Jaime Navarro	.000	14	0	0	0	0	0	1	7	.125	.000
Jack Morris	.450	20	9	2	0	1	3	1	3	.476	.700	Ben McDonald	.000	12	0	0	0	0	0	0	3	.000	.000
David West	.364	11	4	1	0	1	5	1	2	.417	.727	Dave Stewart	.063	16	1	0	0	0	0	3	6	.211	.063
Jim Abbott	.333	15	5	0	0	2	6	6	2	.500	.733	Greg Swindell	.077	13	1	0	0	0	0	1	7	.143	.077
Ron Darling	.308	13	4	2	0	1	5	0	5	.308	.692	Kevin Appier	.083	12	1	0	0	0	0	4	3	.313	.083

Eric Karros — Dodgers
Age 27 – Bats Right

	Avg	G	AB	R	H	2B	3B	HR	RBI	BB	SO	HBP	GDP	SB	CS	OBP	SLG	IBB	SH	SF	#Pit	#P/PA	GB	FB	G/F
1994 Season	.266	111	406	51	108	21	1	14	46	29	53	2	14	2	0	.310	.426	1	0	11	1656	3.70	139	140	0.99
Career (1991-1994)	.254	432	1584	188	402	79	4	57	215	101	244	6	46	4	5	.298	.417	5	0	19	6170	3.61	541	522	1.04

1994 Season

	Avg	AB	H	2B	3B	HR	RBI	BB	SO	OBP	SLG		Avg	AB	H	2B	3B	HR	RBI	BB	SO	OBP	SLG
vs. Left	.265	102	27	3	0	4	14	12	9	.331	.412	Scoring Posn	.209	86	18	2	0	1	30	10	16	.262	.267
vs. Right	.266	304	81	18	1	10	32	17	44	.303	.431	Close & Late	.208	72	15	1	0	2	7	4	12	.241	.306
Groundball	.256	133	34	6	0	3	14	8	17	.294	.368	None on/out	.248	105	26	5	0	3	3	3	10	.269	.381
Flyball	.188	64	12	0	0	2	7	5	16	.233	.281	Batting #5	.264	144	38	7	0	4	18	9	16	.300	.396
Home	.267	191	51	6	0	5	25	15	18	.313	.377	Batting #6	.284	211	60	11	1	10	25	13	31	.323	.488
Away	.265	215	57	15	1	9	21	14	35	.308	.470	Other	.196	51	10	3	0	0	3	7	6	.288	.255
Day	.235	119	28	8	1	2	8	12	14	.305	.370	April	.278	79	22	3	0	2	7	12	13	.374	.392
Night	.279	287	80	13	0	12	38	17	39	.312	.449	May	.274	106	29	8	0	4	12	6	17	.310	.462
Grass	.278	317	88	16	1	12	42	22	35	.319	.448	June	.277	94	26	5	0	2	9	4	11	.291	.394
Turf	.225	89	20	5	0	2	4	7	18	.278	.348	July	.264	87	23	3	1	3	11	6	7	.313	.425
First Pitch	.333	69	23	8	0	2	11	1	0	.342	.536	August	.200	40	8	2	0	3	7	1	5	.214	.475
Ahead in Count	.296	98	29	4	0	6	12	10	0	.355	.520	September/October	.000	0	0	0	0	0	0	0	0	.000	.000
Behind in Count	.198	167	33	5	1	4	9	0	45	.199	.311	Pre-All Star	.263	308	81	16	0	8	29	24	43	.311	.393
Two Strikes	.171	170	29	4	1	3	12	18	53	.249	.259	Post-All Star	.276	98	27	5	1	6	17	5	10	.308	.531

1994 By Position

Position	Avg	AB	H	2B	3B	HR	RBI	BB	SO	OBP	SLG	G	GS	Innings	PO	A	E	DP	Fld Pct	Rng Fctr	In Zone	Outs	Zone Rtg	MLB Zone
As 1b	.267	404	108	21	1	14	45	29	52	.312	.428	109	108	930.1	896	116	9	79	.991	---	236	197	.835	.818

Career (1991-1994)

	Avg	AB	H	2B	3B	HR	RBI	BB	SO	OBP	SLG		Avg	AB	H	2B	3B	HR	RBI	BB	SO	OBP	SLG
vs. Left	.281	495	139	27	1	17	73	37	59	.327	.442	Scoring Posn	.237	439	104	20	1	13	159	47	78	.302	.376
vs. Right	.242	1089	263	52	3	40	142	64	185	.284	.405	Close & Late	.212	293	62	11	0	10	33	20	55	.262	.352
Groundball	.260	489	127	18	0	12	51	28	67	.299	.370	None on/out	.275	397	109	21	1	15	15	14	45	.299	.446
Flyball	.206	316	65	14	1	10	48	21	66	.251	.351	Batting #4	.229	621	142	37	0	21	97	49	101	.285	.390
Home	.249	751	187	32	2	24	103	59	99	.302	.393	Batting #5	.251	439	110	16	2	14	55	22	64	.284	.392
Away	.258	833	215	47	2	33	112	42	145	.294	.438	Other	.286	524	150	26	2	22	63	30	79	.324	.469
Day	.258	466	120	29	3	13	52	31	78	.305	.416	April	.259	201	52	8	0	6	26	21	30	.326	.388
Night	.252	1118	282	50	1	44	163	70	166	.294	.417	May	.281	260	73	16	1	10	28	16	43	.320	.465
Grass	.256	1193	306	62	4	44	167	80	176	.302	.426	June	.286	304	87	16	0	9	30	13	45	.311	.428
Turf	.246	391	96	17	0	13	48	21	68	.283	.389	July	.238	311	74	15	2	12	45	15	34	.280	.415
First Pitch	.305	226	69	19	0	10	37	4	0	.323	.522	August	.213	249	53	12	0	13	47	17	42	.262	.418
Ahead in Count	.323	365	118	18	0	24	65	44	0	.395	.570	September/October	.243	259	63	12	1	7	39	19	50	.292	.378
Behind in Count	.198	701	139	24	3	14	54	0	209	.197	.301	Pre-All Star	.267	904	241	44	2	27	99	55	131	.307	.409
Two Strikes	.180	685	123	20	1	14	51	53	244	.238	.273	Post-All Star	.237	680	161	35	2	30	116	46	113	.286	.426

Batter vs. Pitcher (career)

Hits Best Against	Avg	AB	H	2B	3B	HR	RBI	BB	SO	OBP	SLG	Hits Worst Against	Avg	AB	H	2B	3B	HR	RBI	BB	SO	OBP	SLG
Frank Castillo	.538	13	7	2	1	0	0	0	3	.571	.846	Greg Maddux	.000	17	0	0	0	0	1	1	3	.056	.000
Bryan Hickerson	.500	12	6	3	0	0	1	0	0	.500	.750	Tommy Greene	.067	15	1	0	0	0	0	0	3	.067	.067
Greg W. Harris	.450	20	9	2	0	3	6	2	2	.500	1.000	Mark Gardner	.091	11	1	0	0	0	0	0	7	.091	.091
Doug Drabek	.385	13	5	1	0	2	5	2	1	.438	.923	Bud Black	.095	21	2	1	0	0	1	1	1	.136	.143
Tim Belcher	.357	14	5	2	0	2	6	1	2	.400	.929	Xavier Hernandez	.100	10	1	0	0	0	0	1	5	.182	.100

Steve Karsay — Athletics
Age 23 – Pitches Right (flyball pitcher)

	ERA	W	L	Sv	G	GS	IP	BB	SO	Avg	H	2B	3B	HR	RBI	OBP	SLG	CG	ShO	Sup	QS	#P/S	SB	CS	GB	FB	G/F
1994 Season	2.57	1	1	0	4	4	28.0	8	15	.252	26	2	1	1	6	.310	.320	1	0	7.71	3	96	0	1	39	29	1.34
Career (1993-1994)	3.51	4	4	0	12	12	77.0	24	48	.256	75	10	3	5	28	.316	.362	1	0	5.84	7	98	5	3	92	93	0.99

1994 Season

	ERA	W	L	Sv	G	GS	IP	H	HR	BB	SO		Avg	AB	H	2B	3B	HR	RBI	BB	SO	OBP	SLG
Home	1.13	0	0	0	1	1	8.0	5	0	2	3	vs. Left	.191	47	9	1	0	0	2	4	9	.250	.213
Away	3.15	1	1	0	3	3	20.0	21	1	6	12	vs. Right	.304	56	17	1	1	1	4	4	6	.361	.411

Mike Kelly — Braves
Age 25 – Bats Right (flyball hitter)

	Avg	G	AB	R	H	2B	3B	HR	RBI	BB	SO	HBP	GDP	SB	CS	OBP	SLG	IBB	SH	SF	#Pit	#P/PA	GB	FB	G/F
1994 Season	.273	30	77	14	21	10	1	2	9	2	17	1	1	0	0	.300	.506	0	0	0	337	4.21	20	22	0.91

1994 Season

	Avg	AB	H	2B	3B	HR	RBI	BB	SO	OBP	SLG		Avg	AB	H	2B	3B	HR	RBI	BB	SO	OBP	SLG
vs. Left	.278	54	15	7	0	2	9	1	10	.304	.519	Scoring Posn	.158	19	3	2	0	0	6	1	6	.200	.263
vs. Right	.261	23	6	3	1	0	0	1	7	.292	.478	Close & Late	.286	14	4	2	0	1	4	0	3	.286	.643

Pat Kelly — Yankees
Age 27 – Bats Right (flyball hitter)

	Avg	G	AB	R	H	2B	3B	HR	RBI	BB	SO	HBP	GDP	SB	CS	OBP	SLG	IBB	SH	SF	#Pit	#P/PA	GB	FB	G/F
1994 Season	.280	93	286	35	80	21	2	3	41	19	51	5	10	6	5	.330	.399	1	14	5	1190	3.62	81	88	0.92
Career (1991-1994)	.256	422	1308	157	335	79	9	20	142	83	243	25	30	40	22	.309	.376	2	32	16	5169	3.53	374	407	0.92

1994 Season

	Avg	AB	H	2B	3B	HR	RBI	BB	SO	OBP	SLG		Avg	AB	H	2B	3B	HR	RBI	BB	SO	OBP	SLG
vs. Left	.305	95	29	5	1	1	12	5	16	.347	.411	Scoring Posn	.243	74	18	5	0	0	35	5	15	.291	.311
vs. Right	.267	191	51	16	1	2	29	14	35	.322	.393	Close & Late	.143	28	4	1	0	0	3	4	7	.250	.179
Groundball	.273	66	18	5	1	0	11	3	9	.320	.379	None on/out	.228	79	18	5	1	0	0	4	9	.265	.316
Flyball	.253	79	20	6	0	0	11	5	16	.306	.329	Batting #8	.429	7	3	0	0	0	1	0	1	.429	.429
Home	.271	140	38	13	0	1	14	8	19	.313	.386	Batting #9	.271	269	73	20	1	3	38	19	48	.326	.387
Away	.288	146	42	8	2	2	27	11	32	.345	.411	Other	.400	10	4	1	1	0	2	0	2	.400	.700
Day	.265	113	30	10	0	2	17	7	21	.312	.407	April	.250	60	15	7	0	0	8	9	10	.366	.367
Night	.289	173	50	11	2	1	24	12	30	.342	.393	May	.296	71	21	5	0	0	8	3	12	.320	.366
Grass	.281	231	65	17	1	2	27	17	42	.337	.390	June	.326	46	15	3	0	1	7	4	6	.377	.457
Turf	.273	55	15	4	1	1	14	2	9	.302	.436	July	.246	69	17	2	1	1	10	0	10	.264	.348
First Pitch	.333	48	16	2	1	2	7	1	0	.346	.479	August	.300	40	12	4	1	1	8	3	13	.341	.525
Ahead in Count	.389	54	21	8	1	0	11	8	0	.469	.574	September/October	.000	0	0	0	0	0	0	0	0	.000	.000
Behind in Count	.214	131	28	8	0	2	18	0	43	.216	.321	Pre-All Star	.298	191	57	15	0	2	25	16	30	.357	.408
Two Strikes	.209	139	29	8	0	2	21	10	51	.270	.309	Post-All Star	.242	95	23	6	2	1	16	3	21	.275	.379

1994 By Position

Position	Avg	AB	H	2B	3B	HR	RBI	BB	SO	OBP	SLG	G	GS	Innings	PO	A	E	DP	Fld Pct	Rng Fctr	In Zone	Outs	Zone Rtg	MLB Zone
As 2b	.281	285	80	21	2	3	41	19	51	.331	.399	93	86	768.1	182	257	10	69	.978	5.14	267	242	.906	.889

Career (1991-1994)

	Avg	AB	H	2B	3B	HR	RBI	BB	SO	OBP	SLG		Avg	AB	H	2B	3B	HR	RBI	BB	SO	OBP	SLG
vs. Left	.269	453	122	23	2	8	43	27	74	.316	.382	Scoring Posn	.233	318	74	20	0	2	110	24	82	.295	.314
vs. Right	.249	855	213	56	7	12	99	56	169	.306	.373	Close & Late	.246	183	45	15	1	1	20	15	37	.305	.355
Groundball	.229	314	72	19	3	1	32	14	48	.277	.318	None on/out	.264	314	83	18	4	4	21	44	.313	.366
Flyball	.275	313	86	26	4	7	44	21	57	.333	.450	Batting #1	.250	8	2	0	0	1	1	0	2	.250	.625
Home	.252	652	164	39	5	11	62	47	110	.309	.377	Batting #9	.255	1277	326	78	8	19	138	83	237	.310	.374
Away	.261	656	171	40	4	9	80	36	133	.310	.375	Other	.304	23	7	1	1	0	3	0	4	.304	.435
Day	.253	438	111	29	4	9	63	32	90	.314	.400	April	.239	159	38	13	0	2	17	17	27	.320	.358
Night	.257	870	224	50	5	11	79	51	153	.307	.364	May	.266	241	64	17	2	4	30	14	47	.321	.402
Grass	.257	1095	281	63	6	17	111	74	201	.315	.372	June	.262	233	61	11	1	5	27	15	43	.318	.382
Turf	.254	213	54	16	3	3	31	9	42	.281	.399	July	.245	294	72	13	3	5	32	13	51	.284	.361
First Pitch	.297	246	73	17	1	7	27	1	0	.313	.459	August	.261	276	72	14	3	4	30	15	54	.309	.377
Ahead in Count	.366	246	90	25	4	4	36	26	0	.424	.549	September/October	.267	105	28	11	0	0	6	5	21	.316	.371
Behind in Count	.192	567	109	24	4	5	50	0	206	.209	.275	Pre-All Star	.260	723	188	44	3	12	78	51	133	.320	.379
Two Strikes	.182	570	104	21	4	8	61	56	243	.225	.275	Post-All Star	.251	585	147	35	6	8	64	32	110	.296	.373

Batter vs. Pitcher (career)

Hits Best Against	Avg	AB	H	2B	3B	HR	RBI	BB	SO	OBP	SLG	Hits Worst Against	Avg	AB	H	2B	3B	HR	RBI	BB	SO	OBP	SLG
Mark Williamson	.727	11	8	1	0	1	5	1	1	.750	1.091	Erik Hanson	.083	12	1	0	0	0	0	0	3	.083	.083
Mike Moore	.615	13	8	2	0	0	3	0	2	.643	.769	Kevin Brown	.083	12	1	0	0	0	0	1	2	.154	.083
Dave Stewart	.500	14	7	1	1	1	5	1	3	.563	.929	Todd Stottlemyre	.111	27	3	0	1	0	2	1	5	.143	.185
Bob Welch	.500	12	6	3	0	0	1	1	2	.538	.750	Wilson Alvarez	.118	17	2	0	0	0	0	1	5	.167	.118
Mike Mussina	.455	11	5	1	0	0	3	0	1	.455	.818	Kevin Tapani	.133	15	2	0	0	0	0	1	1	.188	.133

Roberto Kelly — Braves
Age 30 – Bats Right

	Avg	G	AB	R	H	2B	3B	HR	RBI	BB	SO	HBP	GDP	SB	CS	OBP	SLG	IBB	SH	SF	#Pit	#P/PA	GB	FB	G/F
1994 Season	.293	110	434	73	127	23	9	9	45	35	71	3	8	19	11	.347	.422	1	0	3	1842	3.87	172	99	1.74
Last Five Years	.284	628	2461	351	700	125	14	63	276	171	435	18	58	142	47	.333	.423	7	7	21	9742	3.62	914	667	1.37

1994 Season

	Avg	AB	H	2B	3B	HR	RBI	BB	SO	OBP	SLG		Avg	AB	H	2B	3B	HR	RBI	BB	SO	OBP	SLG
vs. Left	.296	108	32	5	0	2	12	11	18	.361	.398	Scoring Posn	.347	98	34	3	1	4	37	9	15	.396	.520
vs. Right	.291	326	95	18	3	7	33	24	53	.343	.429	Close & Late	.377	61	23	5	1	2	11	4	8	.409	.590
Groundball	.312	154	48	9	1	1	11	11	26	.359	.403	None on/out	.292	144	42	12	1	2	2	9	20	.338	.431
Flyball	.324	74	24	3	0	5	18	7	10	.378	.568	Batting #1	.301	196	59	11	3	5	20	19	25	.361	.464
Home	.263	205	54	12	0	4	24	18	28	.323	.380	Batting #5	.268	97	26	5	0	1	7	6	19	.314	.351
Away	.319	229	73	11	3	5	21	17	43	.369	.459	Other	.298	141	42	7	0	3	18	10	27	.351	.411
Day	.278	133	37	8	0	3	12	3	26	.297	.406	April	.300	80	24	4	0	1	10	5	20	.349	.388
Night	.299	301	90	15	3	6	33	32	45	.368	.429	May	.315	108	34	5	0	3	13	7	16	.364	.444
Grass	.322	236	76	13	2	6	23	21	31	.378	.470	June	.330	112	37	9	2	2	7	12	17	.395	.500

1994 Season

	Avg	AB	H	2B	3B	HR	RBI	BB	SO	OBP	SLG		Avg	AB	H	2B	3B	HR	RBI	BB	SO	OBP	SLG
Turf	.258	198	51	10	1	3	22	14	40	.310	.364	July	.214	112	24	4	1	2	11	9	15	.268	.321
First Pitch	.361	36	13	3	0	0	5	1	0	.368	.444	August	.364	22	8	1	0	1	4	2	3	.417	.545
Ahead in Count	.333	111	37	7	2	3	12	14	0	.402	.514	September/October	.000	0	0	0	0	0	0	0	0	.000	.000
Behind in Count	.240	200	48	8	0	4	13	0	60	.251	.340	Pre-All Star	.311	334	104	20	3	6	32	29	55	.370	.443
Two Strikes	.255	192	49	9	1	4	15	20	71	.329	.375	Post-All Star	.230	100	23	3	0	1	13	6	16	.271	.350

1994 By Position

Position	Avg	AB	H	2B	3B	HR	RBI	BB	SO	OBP	SLG	G	GS	Innings	PO	A	E	DP	Fld Pct	Rng Fctr	In Zone	Outs	Zone Rtg	MLB Zone
As cf	.293	434	127	23	3	9	45	35	71	.347	.422	110	110	939.2	247	5	3	0	.988	2.41	299	240	.803	.824

Last Five Years

	Avg	AB	H	2B	3B	HR	RBI	BB	SO	OBP	SLG		Avg	AB	H	2B	3B	HR	RBI	BB	SO	OBP	SLG
vs. Left	.287	728	209	34	2	15	84	66	122	.347	.434	Scoring Posn	.283	561	159	27	2	13	205	51	88	.340	.408
vs. Right	.283	1733	491	91	12	40	192	105	313	.327	.419	Close & Late	.274	402	110	18	2	14	61	30	73	.326	.433
Groundball	.302	771	233	35	6	20	88	45	131	.343	.441	None on/out	.288	698	201	47	4	22	22	32	122	.323	.461
Flyball	.291	515	150	34	2	21	70	46	98	.350	.487	Batting #1	.286	823	235	45	6	25	75	56	147	.333	.446
Home	.286	1200	343	64	5	30	136	83	193	.333	.423	Batting #3	.287	571	164	34	2	14	82	47	100	.342	.427
Away	.283	1261	357	61	9	33	140	88	242	.333	.424	Other	.282	1067	301	46	6	24	119	68	188	.328	.404
Day	.296	709	210	41	4	21	99	42	125	.338	.454	April	.305	367	112	16	3	6	46	25	65	.350	.414
Night	.280	1752	490	84	10	42	177	129	310	.331	.411	May	.299	549	164	30	2	15	62	36	94	.345	.443
Grass	.289	1774	512	98	9	49	196	127	304	.338	.437	June	.280	536	150	27	5	13	51	32	109	.324	.422
Turf	.274	687	188	27	5	14	80	44	131	.320	.389	July	.262	351	92	17	2	9	41	21	59	.302	.399
First Pitch	.335	349	117	21	1	6	55	6	0	.343	.453	August	.287	314	90	17	0	12	33	25	57	.343	.455
Ahead in Count	.333	505	168	33	5	19	68	88	0	.431	.531	September/October	.267	344	92	18	2	8	43	32	51	.332	.401
Behind in Count	.231	1167	270	45	3	29	98	0	378	.238	.350	Pre-All Star	.292	1590	465	83	11	36	172	101	292	.336	.426
Two Strikes	.228	1121	256	48	4	24	98	76	435	.281	.343	Post-All Star	.270	871	235	42	3	27	104	70	143	.326	.418

Batter vs. Pitcher (career)

Hits Best Against	Avg	AB	H	2B	3B	HR	RBI	BB	SO	OBP	SLG	Hits Worst Against	Avg	AB	H	2B	3B	HR	RBI	BB	SO	OBP	SLG
Bruce Ruffin	.500	8	4	1	0	0	4	3	3	.636	.625	Tom Gordon	.000	13	0	0	0	0	1	0	6	.000	.000
Bill Gullickson	.455	11	5	1	0	2	7	1	3	.462	1.091	Mike Jackson	.000	9	0	0	0	0	0	1	4	.182	.000
Bill Krueger	.417	12	5	1	0	1	2	2	2	.533	.750	Jack McDowell	.000	9	0	0	0	0	0	2	5	.182	.000
Erik Hanson	.400	20	8	4	1	1	4	1	4	.429	.850	Chris Bosio	.077	13	1	0	0	0	0	0	4	.077	.077
Greg Harris	.333	15	5	1	0	2	3	0	2	.333	.933	John Dopson	.100	10	1	0	1	0	0	0	1	.182	.100

Jeff Kent — Mets

Age 27 – Bats Right (flyball hitter)

	Avg	G	AB	R	H	2B	3B	HR	RBI	BB	SO	HBP	GDP	SB	CS	OBP	SLG	IBB	SH	SF	#Pit	#P/PA	GB	FB	G/F
1994 Season	.292	107	415	53	121	24	5	14	68	23	84	10	7	1	4	.341	.475	3	1	3	1577	3.49	132	130	1.02
Career (1992-1994)	.270	349	1216	170	328	69	7	46	198	80	248	25	23	7	11	.325	.451	5	7	11	4739	3.54	352	378	0.93

1994 Season

	Avg	AB	H	2B	3B	HR	RBI	BB	SO	OBP	SLG		Avg	AB	H	2B	3B	HR	RBI	BB	SO	OBP	SLG
vs. Left	.373	110	41	9	1	4	13	10	16	.434	.582	Scoring Posn	.385	104	40	6	4	4	52	12	26	.446	.635
vs. Right	.262	305	80	15	4	10	55	13	68	.325	.436	Close & Late	.274	84	23	4	0	5	12	5	20	.322	.500
Groundball	.297	138	41	9	2	7	27	7	25	.338	.543	None on/out	.248	109	27	4	0	4	4	3	16	.281	.431
Flyball	.208	72	15	2	0	1	8	2	15	.250	.278	Batting #5	.298	369	110	24	4	12	59	22	76	.351	.482
Home	.319	188	60	11	4	10	42	9	37	.360	.580	Batting #6	.239	46	11	0	1	2	9	1	8	.265	.413
Away	.269	227	61	13	1	4	26	14	47	.327	.388	Other	.000	0	0	0	0	0	0	0	0	.000	.000
Day	.292	130	38	7	0	9	26	6	23	.348	.554	April	.375	88	33	8	0	8	26	3	18	.421	.739
Night	.291	285	83	17	5	5	42	17	61	.339	.439	May	.266	94	25	3	3	3	12	6	24	.324	.457
Grass	.298	305	91	19	4	12	58	17	63	.349	.505	June	.258	93	24	5	0	1	9	9	20	.337	.344
Turf	.273	110	30	5	1	2	10	6	21	.328	.391	July	.237	97	23	3	1	2	6	4	19	.272	.351
First Pitch	.302	86	26	5	1	5	18	2	0	.330	.558	August	.372	43	16	5	1	0	7	1	3	.386	.535
Ahead in Count	.365	85	31	8	0	2	18	16	0	.481	.529	September/October	.000	0	0	0	0	0	0	0	0	.000	.000
Behind in Count	.229	175	40	6	3	2	18	0	76	.244	.331	Pre-All Star	.284	310	88	17	3	12	49	20	73	.344	.474
Two Strikes	.211	175	37	5	3	3	20	5	84	.245	.326	Post-All Star	.314	105	33	7	2	2	19	3	11	.333	.476

1994 By Position

Position	Avg	AB	H	2B	3B	HR	RBI	BB	SO	OBP	SLG	G	GS	Innings	PO	A	E	DP	Fld Pct	Rng Fctr	In Zone	Outs	Zone Rtg	MLB Zone
As 2b	.292	415	121	24	5	14	68	23	84	.341	.475	107	107	937.2	221	338	14	76	.976	5.37	369	343	.930	.889

Career (1992-1994)

	Avg	AB	H	2B	3B	HR	RBI	BB	SO	OBP	SLG		Avg	AB	H	2B	3B	HR	RBI	BB	SO	OBP	SLG
vs. Left	.271	350	95	23	1	7	38	30	58	.331	.403	Scoring Posn	.321	315	101	18	6	16	153	32	72	.385	.568
vs. Right	.269	866	233	46	6	39	160	50	190	.323	.471	Close & Late	.253	233	59	11	0	13	36	12	61	.298	.468
Groundball	.293	403	118	22	3	19	73	19	75	.334	.504	None on/out	.279	287	80	22	0	8	8	12	50	.315	.439
Flyball	.196	230	45	9	1	4	27	12	58	.242	.296	Batting #5	.301	429	129	29	4	15	68	28	86	.355	.492
Home	.279	602	168	38	5	23	103	40	120	.331	.473	Batting #6	.278	486	135	24	1	20	77	28	88	.322	.455
Away	.261	614	160	31	2	23	95	40	128	.319	.430	Other	.213	301	64	16	2	11	53	24	74	.289	.389
Day	.254	393	100	24	0	20	54	24	78	.312	.468	April	.304	168	51	13	0	10	34	12	42	.370	.560
Night	.277	823	228	45	7	26	144	56	170	.331	.443	May	.264	174	46	12	3	5	22	12	39	.326	.454
Grass	.277	847	235	45	6	36	153	49	175	.328	.472	June	.250	232	58	11	1	6	31	17	45	.315	.384
Turf	.252	369	93	24	1	10	45	31	73	.320	.404	July	.256	258	66	10	1	10	47	15	50	.297	.419
First Pitch	.260	208	54	12	2	7	32	4	0	.284	.438	August	.308	201	62	12	2	8	33	12	34	.352	.507
Ahead in Count	.363	226	82	19	1	14	60	48	0	.482	.642	September/October	.246	183	45	11	0	7	31	12	38	.303	.421

Career (1992-1994)

	Avg	AB	H	2B	3B	HR	RBI	BB	SO	OBP	SLG		Avg	AB	H	2B	3B	HR	RBI	BB	SO	OBP	SLG
Behind in Count	.214	576	123	19	3	13	69	0	218	.226	.325	Pre-All Star	.267	690	184	40	4	22	98	45	155	.325	.432
Two Strikes	.200	556	111	24	3	15	69	28	248	.245	.335	Post-All Star	.274	526	144	29	3	24	100	35	93	.325	.477

Batter vs. Pitcher (career)

Hits Best Against	Avg	AB	H	2B	3B	HR	RBI	BB	SO	OBP	SLG	Hits Worst Against	Avg	AB	H	2B	3B	HR	RBI	BB	SO	OBP	SLG
Zane Smith	.583	12	7	0	0	0	1	0	0	.583	.583	Paul Wagner	.000	10	0	0	0	0	1	0	3	.000	.000
Ken Hill	.583	12	7	0	0	2	6	0	1	.583	1.083	Greg Maddux	.136	22	3	1	0	0	0	0	6	.174	.182
Dave Weathers	.545	11	6	2	1	0	5	1	2	.615	.909	Tom Glavine	.154	13	2	0	0	0	0	0	4	.154	.154
Pat Rapp	.462	13	6	1	0	3	7	2	3	.533	1.231	Orel Hershiser	.167	12	2	0	0	1	0	0	2	.154	.167
Doug Drabek	.444	18	8	2	0	1	3	1	.545	.722	Chris Nabholz	.167	12	2	0	0	0	0	1	4	.231	.167

Jimmy Key — Yankees

Age 34 – Pitches Left

	ERA	W	L	Sv	G	GS	IP	BB	SO	Avg	H	2B	3B	HR	RBI	OBP	SLG	CG	ShO	Sup	QS	#P/S	SB	CS	GB	FB	G/F
1994 Season	3.27	17	4	0	25	25	168.0	52	97	.273	177	32	2	10	62	.329	.374	1	0	7.45	18	107	9	3	274	155	1.77
Last Five Years	3.37	77	42	0	152	152	985.1	220	600	.258	977	179	11	92	356	.299	.384	11	6	5.74	99	101	50	24	1428	1096	1.30

1994 Season

	ERA	W	L	Sv	G	GS	IP	H	HR	BB	SO		Avg	AB	H	2B	3B	HR	RBI	BB	SO	OBP	SLG
Home	3.86	7	4	0	14	14	91.0	95	3	26	52	vs. Left	.238	126	30	10	0	1	14	3	16	.273	.341
Away	2.57	10	0	0	11	11	77.0	82	7	26	45	vs. Right	.281	523	147	22	2	9	48	49	81	.341	.382
Day	3.99	6	2	0	9	9	58.2	66	3	17	34	Inning 1-6	.270	560	151	26	2	8	54	46	87	.328	.366
Night	2.88	11	2	0	16	16	109.1	111	7	35	63	Inning 7+	.292	89	26	6	0	2	8	6	10	.333	.427
Grass	3.58	13	4	0	20	20	133.1	145	8	41	74	None on	.277	372	103	15	1	5	5	28	55	.331	.363
Turf	2.08	4	0	0	5	5	34.2	32	2	11	23	Runners on	.267	277	74	17	1	5	57	24	42	.326	.390
April	3.38	4	1	0	6	6	40.0	34	4	10	21	Scoring Posn	.271	140	38	11	0	4	51	14	22	.338	.436
May	2.68	3	0	0	5	5	37.0	38	2	4	18	Close & Late	.242	33	8	1	0	0	5	1	3	.257	.273
June	2.95	5	0	0	6	6	39.2	42	2	19	25	None on/out	.256	164	42	8	0	1	1	7	23	.295	.323
July	4.10	4	2	0	6	6	37.1	46	2	17	25	vs. 1st Batr (relief)	.000	0	0	0	0	0	0	0	0	.000	.000
August	3.21	1	1	0	2	2	14.0	17	0	2	8	First Inning Pitched	.283	92	26	5	1	0	7	8	19	.353	.359
September/October	0.00	0	0	0	0	0	0.0	0	0	0	0	First 75 Pitches	.263	437	115	21	2	5	33	36	72	.324	.355
Starter	3.27	17	4	0	25	25	168.0	177	10	52	97	Pitch 76-90	.318	88	28	3	0	1	10	9	11	.374	.386
Reliever	0.00	0	0	0	0	0	0.0	0	0	0	0	Pitch 91-105	.296	81	24	7	0	2	12	4	10	.329	.457
0-3 Days Rest (St)	0.00	0	0	0	0	0	0.0	0	0	0	0	Pitch 106+	.233	43	10	1	0	2	7	3	4	.283	.395
4 Days Rest	3.68	13	4	0	19	19	124.2	148	7	42	75	First Pitch	.250	96	24	4	0	2	7	0	0	.260	.354
5+ Days Rest	2.08	4	0	0	6	6	43.1	29	3	10	22	Ahead in Count	.208	255	53	11	2	3	21	0	79	.211	.302
Pre-All Star	3.31	9	2	0	19	19	127.2	130	8	38	72	Behind in Count	.348	155	54	8	0	4	19	32	0	.460	.477
Post-All Star	3.12	4	2	0	6	6	40.1	47	2	14	25	Two Strikes	.203	286	58	11	1	2	22	20	97	.255	.269

Last Five Years

	ERA	W	L	Sv	G	GS	IP	H	HR	BB	SO		Avg	AB	H	2B	3B	HR	RBI	BB	SO	OBP	SLG
Home	3.53	36	22	0	79	79	499.1	500	45	117	313	vs. Left	.230	588	135	20	0	11	49	25	94	.265	.320
Away	3.20	41	20	0	73	73	486.0	477	47	103	287	vs. Right	.264	3195	842	159	11	81	307	195	506	.305	.396
Day	4.03	20	16	0	50	50	310.2	337	31	65	190	Inning 1-6	.258	3291	848	155	11	72	309	196	532	.299	.377
Night	3.07	57	26	0	102	102	674.2	640	61	155	410	Inning 7+	.262	492	129	24	0	20	47	24	68	.297	.433
Grass	3.35	45	22	0	83	83	561.1	550	52	121	344	None on	.252	2322	585	109	6	56	56	121	365	.292	.376
Turf	3.40	32	20	0	69	69	424.0	427	40	99	256	Runners on	.268	1461	392	70	5	36	300	99	235	.310	.397
April	2.74	14	2	0	23	23	154.1	127	13	30	81	Scoring Posn	.244	741	181	37	3	19	252	73	128	.302	.379
May	3.31	12	8	0	27	27	176.2	172	19	34	111	Close & Late	.280	225	63	11	0	9	25	11	26	.311	.449
June	3.15	14	5	0	25	25	163.0	180	9	41	98	None on/out	.244	1002	244	49	1	24	24	37	144	.274	.366
July	3.65	12	11	0	27	27	182.1	188	22	43	98	vs. 1st Batr (relief)	.000	0	0	0	0	0	0	0	0	.000	.000
August	4.24	11	10	0	25	25	150.2	169	17	29	95	First Inning Pitched	.286	583	167	34	3	10	62	41	104	.333	.407
September/October	3.13	14	6	0	25	25	158.1	141	12	43	117	First 75 Pitches	.257	2719	700	129	9	58	242	156	442	.297	.376
Starter	3.37	77	42	0	152	152	985.1	977	92	220	600	Pitch 76-90	.238	508	121	21	1	12	43	29	73	.280	.354
Reliever	0.00	0	0	0	0	0	0.0	0	0	0	0	Pitch 91-105	.292	383	112	23	1	14	49	24	53	.335	.467
0-3 Days Rest (St)	1.29	1	0	0	1	1	7.0	6	0	1	2	Pitch 106+	.254	173	44	6	0	8	22	11	32	.303	.428
4 Days Rest	3.44	49	27	0	95	95	614.1	630	55	140	388	First Pitch	.273	499	136	27	1	9	43	6	0	.282	.385
5+ Days Rest	3.29	27	15	0	56	56	364.0	341	37	79	210	Ahead in Count	.190	1554	296	56	4	23	109	0	491	.192	.276
Pre-All Star	3.04	45	18	0	84	84	556.1	536	45	120	325	Behind in Count	.331	952	315	57	2	31	109	121	0	.404	.493
Post-All Star	3.80	32	24	0	68	68	429.0	441	47	100	275	Two Strikes	.198	1688	334	57	4	35	126	93	600	.241	.299

Pitcher vs. Batter (career)

Pitches Best Vs.	Avg	AB	H	2B	3B	HR	RBI	BB	SO	OBP	SLG	Pitches Worst Vs.	Avg	AB	H	2B	3B	HR	RBI	BB	SO	OBP	SLG
John Jaha	.000	12	0	0	0	0	0	4	2	.000	.000	Junior Felix	.500	12	6	2	0	1	3	1	2	.538	.917
Ed Sprague	.000	10	0	0	0	0	1	2	3	.167	.000	Shane Mack	.474	19	9	1	0	1	5	2	1	.524	.684
Dante Bichette	.063	16	1	0	0	0	1	0	2	.059	.063	Tony Pena	.455	33	15	2	0	2	6	0	1	.455	.697
J.T. Snow	.091	11	1	0	0	0	1	4	0	.167	.091	Rickey Henderson	.412	85	35	4	1	9	14	13	8	.485	.800
Kenny Lofton	.118	17	2	0	0	0	1	0	4	.118	.118	Mo Vaughn	.381	21	8	1	0	3	6	1	2	.409	.857

Mark Kiefer — Brewers
Age 26 – Pitches Right (flyball pitcher)

	ERA	W	L	Sv	G	GS	IP	BB	SO	Avg	H	2B	3B	HR	RBI	OBP	SLG	GF	IR	IRS	Hld	SvOp	SB	CS	GB	FB	G/F
1994 Season	8.44	1	0	0	7	0	10.2	8	8	.357	15	2	2	4	13	.442	.786	1	8	4	3	0	1	1	8	17	0.47
Career (1993-1994)	4.50	1	0	1	13	0	20.0	13	15	.247	18	2	2	4	16	.360	.493	5	14	7	3	2	2	1	16	30	0.53

1994 Season

	ERA	W	L	Sv	G	GS	IP	H	HR	BB	SO		Avg	AB	H	2B	3B	HR	RBI	BB	SO	OBP	SLG
Home	7.88	1	0	0	5	0	8.0	13	3	6	6	vs. Left	.550	20	11	0	2	4	11	3	0	.560	1.350
Away	10.13	0	0	0	2	0	2.2	2	1	2	2	vs. Right	.182	22	4	2	0	0	2	5	8	.333	.273

Darryl Kile — Astros
Age 26 – Pitches Right

	ERA	W	L	Sv	G	GS	IP	BB	SO	Avg	H	2B	3B	HR	RBI	OBP	SLG	CG	ShO	Sup	QS	#P/S	SB	CS	GB	FB	G/F
1994 Season	4.57	9	6	0	24	24	147.2	82	105	.275	153	30	4	13	67	.375	.413	0	0	5.67	15	102	12	5	212	154	1.38
Career (1991-1994)	3.91	36	35	0	115	94	598.1	298	436	.254	573	105	19	49	252	.347	.383	6	2	5.07	55	98	39	16	798	633	1.26

1994 Season

	ERA	W	L	Sv	G	GS	IP	H	HR	BB	SO		Avg	AB	H	2B	3B	HR	RBI	BB	SO	OBP	SLG
Home	4.37	4	3	0	13	13	82.1	84	7	42	58	vs. Left	.269	283	76	17	0	7	35	45	42	.372	.403
Away	4.82	5	3	0	11	11	65.1	69	6	40	47	vs. Right	.281	274	77	13	4	6	32	37	63	.379	.423
Day	2.47	4	0	0	7	7	51.0	47	4	19	43	Inning 1-6	.267	501	134	28	3	10	61	74	92	.368	.395
Night	5.68	5	6	0	17	17	96.2	106	9	63	62	Inning 7+	.339	56	19	2	1	3	6	8	13	.439	.571
Grass	4.69	3	2	0	8	8	48.0	53	5	26	40	None on	.285	288	82	15	4	8	8	47	58	.391	.448
Turf	4.52	6	4	0	16	16	99.2	100	8	56	65	Runners on	.264	269	71	15	0	5	59	35	47	.359	.375
April	3.66	2	1	0	5	5	32.0	31	6	14	34	Scoring Posn	.284	162	46	8	0	4	54	23	32	.379	.407
May	5.45	1	1	0	6	6	36.1	37	2	32	27	Close & Late	.263	38	10	1	0	2	5	6	8	.391	.447
June	5.34	2	1	0	5	5	30.1	32	2	16	17	None on/out	.276	134	37	6	3	5	5	26	29	.398	.478
July	4.75	2	3	0	6	6	36.0	38	3	20	20	vs. 1st Batr (relief)	.000	0	0	0	0	0	0	0	0	.000	.000
August	2.08	2	0	0	2	2	13.0	15	0	7	7	First Inning Pitched	.310	100	31	6	0	3	18	14	24	.405	.460
September/October	0.00	0	0	0	0	0	0.0	0	0	0	0	First 75 Pitches	.265	408	108	21	2	8	43	50	76	.352	.385
Starter	4.57	9	6	0	24	24	147.2	153	13	82	105	Pitch 76-90	.319	69	22	6	2	0	7	12	9	.440	.464
Reliever	0.00	0	0	0	0	0	0.0	0	0	0	0	Pitch 91-105	.333	60	20	3	0	5	16	12	13	.444	.633
0-3 Days Rest (St)	0.00	0	0	0	0	0	0.0	0	0	0	0	Pitch 106+	.150	20	3	0	0	0	1	8	7	.393	.150
4 Days Rest	4.79	4	3	0	13	13	82.2	92	8	40	67	First Pitch	.387	75	29	5	1	3	13	4	0	.432	.600
5+ Days Rest	4.29	5	3	0	11	11	65.0	61	5	42	38	Ahead in Count	.175	234	41	10	1	0	14	0	88	.188	.226
Pre-All Star	4.66	6	3	0	18	18	112.0	113	11	69	84	Behind in Count	.344	154	53	11	1	6	24	46	0	.498	.545
Post-All Star	4.29	3	3	0	6	6	35.2	40	2	13	21	Two Strikes	.153	236	36	7	1	1	17	32	105	.264	.203

Career (1991-1994)

	ERA	W	L	Sv	G	GS	IP	H	HR	BB	SO		Avg	AB	H	2B	3B	HR	RBI	BB	SO	OBP	SLG
Home	3.36	20	17	0	58	49	315.2	279	16	155	241	vs. Left	.255	1227	313	59	9	27	139	191	210	.356	.384
Away	4.52	16	18	0	57	45	282.2	294	33	143	195	vs. Right	.253	1028	260	46	10	22	113	107	226	.337	.381
Day	3.43	7	9	0	26	22	141.2	132	15	63	111	Inning 1-6	.247	1947	480	91	13	39	212	256	378	.341	.367
Night	4.06	29	26	0	89	72	456.2	441	34	235	325	Inning 7+	.302	308	93	14	6	10	40	42	58	.388	.484
Grass	4.40	9	10	0	36	29	186.1	182	21	90	135	None on	.256	1203	308	58	13	29	29	172	257	.356	.398
Turf	3.69	27	25	0	79	65	412.0	391	28	208	301	Runners on	.252	1052	265	47	6	20	223	126	179	.337	.365
April	3.71	5	4	0	21	13	89.2	78	11	43	79	Scoring Posn	.239	620	148	25	2	13	193	91	119	.333	.348
May	4.79	3	5	0	23	14	94.0	99	7	70	56	Close & Late	.264	125	33	4	2	4	15	17	29	.359	.424
June	3.10	9	3	0	19	16	104.2	90	7	56	62	None on/out	.252	560	141	28	10	18	18	80	120	.348	.434
July	4.42	7	9	0	18	17	97.2	107	11	42	73	vs. 1st Batr (relief)	.357	14	5	0	1	1	1	7	2	.571	.714
August	4.15	7	7	0	17	17	102.0	104	7	39	73	First Inning Pitched	.259	432	112	20	3	9	59	67	85	.367	.382
September/October	3.43	5	7	0	17	17	110.1	95	6	48	92	First 75 Pitches	.252	1702	429	76	13	35	184	212	330	.342	.374
Starter	3.81	35	33	0	94	94	567.0	534	43	275	427	Pitch 76-90	.267	258	69	19	5	6	29	38	51	.375	.450
Reliever	5.74	1	2	0	21	0	31.1	39	6	23	9	Pitch 91-105	.285	200	57	8	1	7	29	27	34	.366	.440
0-3 Days Rest (St)	1.27	2	1	0	5	5	28.1	20	0	12	22	Pitch 106+	.189	95	18	2	0	1	10	21	21	.331	.242
4 Days Rest	4.02	17	17	0	45	45	280.0	269	27	137	225	First Pitch	.305	347	106	22	2	8	40	11	0	.340	.450
5+ Days Rest	3.86	16	15	0	44	44	258.2	245	16	126	180	Ahead in Count	.172	917	158	28	5	12	73	0	379	.184	.253
Pre-All Star	3.74	21	12	0	68	48	325.0	303	29	180	222	Behind in Count	.316	591	187	36	8	17	78	170	0	.469	.491
Post-All Star	4.12	15	23	0	47	46	273.1	270	20	118	214	Two Strikes	.166	976	162	26	5	13	75	117	436	.263	.243

Pitcher vs. Batter (career)

Pitches Best Vs.	Avg	AB	H	2B	3B	HR	RBI	BB	SO	OBP	SLG	Pitches Worst Vs.	Avg	AB	H	2B	3B	HR	RBI	BB	SO	OBP	SLG
Andy Van Slyke	.000	11	0	0	0	0	1	2	0	.143	.000	Mark Whiten	.636	11	7	1	1	1	4	2	0	.692	1.182
Darren Lewis	.000	11	0	0	0	2	0	2	3	.154	.000	Willie McGee	.588	17	10	2	0	0	3	3	3	.650	.706
Hal Morris	.000	10	0	0	0	0	1	1	2	.091	.000	Royce Clayton	.538	13	7	0	1	1	3	1	1	.571	.923
Chuck Carr	.059	17	1	1	0	0	0	4	.059	.118	Kevin Mitchell	.500	10	5	1	0	2	5	3	0	.571	1.200
Dave Hansen	.067	15	1	0	0	0	0	1	0	.125	.133	Darren Daulton	.400	10	4	1	0	0	4	2	2	.500	1.100

Jeff King — Pirates
Age 30 – Bats Right (flyball hitter)

	Avg	G	AB	R	H	2B	3B	HR	RBI	BB	SO	HBP	GDP	SB	CS	OBP	SLG	IBB	SH	SF	#Pit	#P/PA	GB	FB	G/F
1994 Season	.263	94	339	36	89	23	0	5	42	30	38	0	7	3	2	.316	.375	1	2	7	1346	3.56	119	128	0.93
Last Five Years	.260	542	1910	236	497	97	7	46	276	151	213	8	47	21	18	.313	.391	12	13	28	7497	3.55	692	710	0.97

1994 Season

	Avg	AB	H	2B	3B	HR	RBI	BB	SO	OBP	SLG		Avg	AB	H	2B	3B	HR	RBI	BB	SO	OBP	SLG
vs. Left	.244	86	21	6	0	2	10	9	.323	.384	Scoring Posn	.247	89	22	8	0	0	32	10	8	.302	.371
vs. Right	.269	253	68	17	0	3	32	20	29	.314	.372	Close & Late	.261	46	12	2	0	1	8	4	6	.308	.370
Groundball	.250	136	34	11	0	0	14	12	13	.305	.331	None on/out	.238	84	20	4	0	2	2	5	12	.281	.357
Flyball	.194	62	12	1	0	3	5	3	10	.224	.355	Batting #4	.263	114	30	7	0	1	15	6	16	.295	.351
Home	.288	184	53	16	0	2	25	16	21	.338	.408	Batting #5	.264	91	24	8	0	0	7	8	9	.320	.352

1994 Season

	Avg	AB	H	2B	3B	HR	RBI	BB	SO	OBP	SLG		Avg	AB	H	2B	3B	HR	RBI	BB	SO	OBP	SLG
Away	.232	155	36	7	0	3	17	14	17	.291	.335	Other	.261	134	35	8	0	4	20	16	13	.331	.410
Day	.276	87	24	6	0	2	10	5	9	.312	.414	April	.267	75	20	7	0	0	9	4	13	.300	.360
Night	.258	252	65	17	0	3	32	25	29	.318	.361	May	.273	66	18	5	0	1	11	8	6	.347	.394
Grass	.203	64	13	4	0	0	4	6	8	.268	.266	June	.254	71	18	5	0	2	13	9	9	.325	.408
Turf	.276	275	76	19	0	5	38	24	30	.328	.400	July	.234	94	22	5	0	1	6	7	4	.287	.319
First Pitch	.200	60	12	6	0	0	4	1	0	.213	.300	August	.333	33	11	1	0	1	3	2	6	.351	.455
Ahead in Count	.282	78	22	5	0	2	14	18	0	.408	.423	September/October	.000	0	0	0	0	0	0	0	0	.000	.000
Behind in Count	.263	137	36	8	0	3	21	0	34	.254	.387	Pre-All Star	.250	248	62	19	0	3	33	24	31	.310	.363
Two Strikes	.271	129	35	7	0	0	16	11	38	.324	.326	Post-All Star	.297	91	27	4	0	2	9	6	7	.333	.407

1994 By Position

Position	Avg	AB	H	2B	3B	HR	RBI	BB	SO	OBP	SLG	G	GS	Innings	PO	A	E	DP	Fld Pct	Rng Fctr	In Zone	Outs	Zone Rtg	MLB Zone
As 3b	.266	334	89	23	0	5	42	30	38	.321	.380	91	89	772.1	59	193	12	24	.955	2.94	253	218	.862	.826

Last Five Years

	Avg	AB	H	2B	3B	HR	RBI	BB	SO	OBP	SLG		Avg	AB	H	2B	3B	HR	RBI	BB	SO	OBP	SLG
vs. Left	.271	752	204	43	4	22	116	66	66	.328	.427	Scoring Posn	.259	556	144	28	5	7	214	60	71	.324	.365
vs. Right	.253	1158	293	54	3	24	160	85	147	.303	.367	Close & Late	.219	320	70	9	0	5	40	26	46	.282	.294
Groundball	.257	634	163	29	4	11	90	46	61	.310	.368	None on/out	.281	491	138	28	0	15	15	21	44	.312	.430
Flyball	.262	378	99	21	1	19	61	24	46	.301	.474	Batting #4	.271	594	161	38	3	6	87	55	58	.332	.375
Home	.274	970	266	56	4	24	162	76	105	.325	.414	Batting #6	.256	477	122	25	1	13	66	35	61	.304	.394
Away	.246	940	231	41	3	22	114	75	108	.301	.366	Other	.255	839	214	34	3	27	123	61	94	.304	.399
Day	.273	531	145	30	2	13	85	39	56	.318	.411	April	.236	322	76	12	3	2	32	35	42	.311	.311
Night	.255	1379	352	67	5	33	191	112	157	.311	.383	May	.233	330	77	18	0	9	46	21	34	.279	.370
Grass	.229	506	116	24	1	7	56	43	69	.286	.322	June	.259	317	82	13	1	9	47	26	41	.315	.391
Turf	.271	1404	381	73	6	39	220	108	144	.322	.415	July	.281	302	85	16	0	7	41	25	21	.337	.404
First Pitch	.272	265	72	17	2	6	40	10	0	.299	.419	August	.288	319	92	21	3	10	58	16	39	.314	.467
Ahead in Count	.283	456	129	26	0	23	89	78	0	.384	.491	September/October	.266	320	85	17	0	9	52	28	36	.322	.403
Behind in Count	.243	815	198	32	3	13	108	0	177	.243	.337	Pre-All Star	.245	1068	262	46	4	23	138	89	125	.304	.360
Two Strikes	.223	734	164	28	4	7	73	62	213	.286	.301	Post-All Star	.279	842	235	51	3	23	138	62	88	.325	.429

Batter vs. Pitcher (career)

Hits Best Against	Avg	AB	H	2B	3B	HR	RBI	BB	SO	OBP	SLG	Hits Worst Against	Avg	AB	H	2B	3B	HR	RBI	BB	SO	OBP	SLG
Darryl Kile	.500	16	8	2	0	1	6	1	3	.529	.813	John Wetteland	.059	17	1	0	0	0	1	1	7	.105	.059
Doug Drabek	.462	13	6	2	0	0	3	0	0	.462	.615	Tim Belcher	.083	12	1	0	0	0	1	1	2	.154	.083
Ron Darling	.455	11	5	1	0	1	3	1	2	.500	.818	Paul Assenmacher	.091	11	1	0	0	0	1	0	2	.091	.091
Charlie Hough	.417	12	5	1	0	0	2	3	1	.533	.500	Jose Rijo	.118	17	2	0	0	0	1	0	6	.111	.118
Rheal Cormier	.385	13	5	1	0	1	3	1	0	.467	.692	Donovan Osborne	.133	15	2	0	0	0	1	0	1	.133	.133

Kevin King — Mariners
Age 26 – Pitches Left (groundball pitcher)

	ERA	W	L	Sv	G	GS	IP	BB	SO	Avg	H	2B	3B	HR	RBI	OBP	SLG	GF	IR	IRS	Hld	SvOp	SB	CS	GB	FB	G/F
1994 Season	7.04	0	2	0	19	0	15.1	17	6	.333	21	3	0	0	9	.481	.381	1	18	5	3	1	1	0	26	13	2.00
Career (1993-1994)	6.67	0	3	0	32	0	27.0	21	14	.294	30	6	0	3	19	.417	.441	4	33	9	7	2	2	0	41	24	1.71

1994 Season

	ERA	W	L	Sv	G	GS	IP	H	HR	BB	SO		Avg	AB	H	2B	3B	HR	RBI	BB	SO	OBP	SLG
Home	19.29	0	0	0	5	0	2.1	2	0	4	1	vs. Left	.214	28	6	2	0	0	2	9	2	.421	.286
Away	4.85	0	2	0	14	0	13.0	19	0	13	5	vs. Right	.429	35	15	1	0	0	7	8	4	.535	.457

Mike Kingery — Rockies
Age 34 – Bats Left

	Avg	G	AB	R	H	2B	3B	HR	RBI	BB	SO	HBP	GDP	SB	CS	OBP	SLG	IBB	SH	SF	#Pit	#P/PA	GB	FB	G/F
1994 Season	.349	105	301	56	105	27	8	4	41	30	26	2	8	5	7	.402	.532	2	5	8	1217	3.52	117	100	1.17
Last Five Years	.293	313	646	96	189	36	11	4	74	58	69	3	13	12	8	.349	.401	3	10	9	2520	3.46	263	195	1.35

1994 Season

	Avg	AB	H	2B	3B	HR	RBI	BB	SO	OBP	SLG		Avg	AB	H	2B	3B	HR	RBI	BB	SO	OBP	SLG
vs. Left	.378	37	14	1	0	1	11	2	6	.415	.486	Scoring Posn	.314	70	22	5	1	1	35	10	8	.364	.457
vs. Right	.345	264	91	26	8	3	30	28	20	.405	.538	Close & Late	.310	58	18	8	1	1	8	5	7	.365	.534
Groundball	.355	110	39	7	4	2	18	11	8	.403	.545	None on/out	.508	65	33	13	2	1	1	4	7	.536	.815
Flyball	.300	50	15	6	2	0	5	3	11	.321	.500	Batting #2	.400	120	48	7	7	1	13	13	8	.455	.600
Home	.333	138	46	10	7	0	17	12	13	.381	.507	Batting #6	.310	87	27	9	1	0	11	8	8	.367	.437
Away	.362	163	59	17	1	4	24	18	13	.419	.552	Other	.319	94	30	11	0	3	17	9	10	.367	.532
Day	.300	130	39	6	5	1	15	13	11	.351	.446	April	.400	20	8	2	1	0	0	4	2	.500	.600
Night	.386	171	66	21	3	3	26	17	15	.440	.596	May	.286	63	18	2	2	2	10	5	9	.329	.476
Grass	.333	237	79	15	7	3	33	28	21	.397	.494	June	.360	86	31	13	0	0	15	8	6	.414	.512
Turf	.406	64	26	12	1	1	8	2	5	.420	.672	July	.333	96	32	7	2	2	12	12	8	.400	.510
First Pitch	.364	44	16	5	0	0	7	2	0	.388	.500	August	.444	36	16	3	3	0	4	1	1	.447	.694
Ahead in Count	.424	85	36	8	4	3	20	19	0	.514	.718	September/October	.000	0	0	0	0	0	0	0	0	.000	.000
Behind in Count	.289	114	33	6	3	1	11	0	25	.284	.421	Pre-All Star	.341	211	72	22	3	3	28	21	22	.397	.517
Two Strikes	.299	107	32	5	3	1	11	9	26	.350	.430	Post-All Star	.367	90	33	5	5	1	13	9	4	.412	.567

1994 By Position

Position	Avg	AB	H	2B	3B	HR	RBI	BB	SO	OBP	SLG	G	GS	Innings	PO	A	E	DP	Fld Pct	Rng Fctr	In Zone	Outs	Zone Rtg	MLB Zone
As Pinch Hitter	.250	12	3	2	0	0	2	0	2	.357	.417	14	0	---	---	---	---	---	---	---	---	---	---	---
As lf	.364	33	12	1	0	2	6	2	.462	.515	20	7	88.1	14	1	0	0	1.000	1.53	17	14	.824	.815
As cf	.359	248	89	24	6	4	39	21	23	.401	.552	77	66	605.2	167	4	4	0	.977	2.54	225	163	.724	.824

Last Five Years

	Avg	AB	H	2B	3B	HR	RBI	BB	SO	OBP	SLG		Avg	AB	H	2B	3B	HR	RBI	BB	SO	OBP	SLG
vs. Left	.329	76	25	2	1	1	15	4	11	.373	.421	Scoring Posn	.305	164	50	8	2	1	67	20	20	.363	.396
vs. Right	.288	570	164	34	10	3	59	54	58	.346	.398	Close & Late	.285	130	37	8	2	1	19	13	15	.352	.400
Groundball	.310	210	65	10	5	2	24	19	20	.365	.433	None on/out	.389	126	49	14	3	1	1	8	11	.425	.571
Flyball	.254	122	31	8	2	0	12	11	23	.309	.352	Batting #2	.299	324	97	14	9	1	29	28	28	.356	.407
Home	.278	306	85	15	9	0	30	29	34	.340	.386	Batting #6	.293	99	29	9	1	0	11	9	10	.351	.404
Away	.306	340	104	21	2	4	44	29	35	.357	.415	Other	.283	223	63	13	1	3	34	21	31	.339	.390
Day	.299	274	82	10	6	1	33	22	22	.347	.391	April	.220	59	13	2	2	0	4	8	6	.313	.322
Night	.288	372	107	26	5	3	41	36	47	.351	.409	May	.250	80	20	2	2	2	11	8	16	.311	.400
Grass	.299	489	146	23	9	3	58	52	48	.364	.401	June	.305	167	51	14	1	0	26	16	11	.365	.401
Turf	.274	157	43	13	2	1	16	6	21	.301	.401	July	.299	144	43	8	3	2	17	21	18	.387	.438
First Pitch	.339	115	39	6	0	0	16	3	0	.355	.391	August	.320	103	33	7	3	0	11	2	12	.330	.447
Ahead in Count	.373	158	59	10	4	3	26	38	0	.485	.544	September/October	.312	93	29	3	0	0	5	3	6	.333	.344
Behind in Count	.234	248	58	11	5	1	27	0	62	.232	.331	Pre-All Star	.282	362	102	23	6	3	46	41	40	.353	.403
Two Strikes	.239	243	58	9	6	1	25	17	69	.287	.337	Post-All Star	.306	284	87	13	5	1	28	17	29	.344	.398

Batter vs. Pitcher (career)

Hits Best Against	Avg	AB	H	2B	3B	HR	RBI	BB	SO	OBP	SLG	Hits Worst Against	Avg	AB	H	2B	3B	HR	RBI	BB	SO	OBP	SLG
Mark Gardner	.500	12	6	3	1	0	2	0	3	.500	.917	Jack Armstrong	.000	12	0	0	0	0	0	1	1	.077	.000
Kirk McCaskill	.444	18	8	3	0	1	4	1	0	.474	.778	Doug Drabek	.133	15	2	0	0	0	1	1	1	.188	.133
Bob Welch	.364	11	4	1	0	0	1	0	2	.364	.455	Mark Gubicza	.143	14	2	1	0	0	0	2	5	.250	.214
Orel Hershiser	.333	12	4	0	2	0	0	0	0	.333	.667	John Smoltz	.167	12	2	0	0	0	1	1	0	.231	.167
												Andy Benes	.190	21	4	1	0	0	2	1	3	.227	.238

Wayne Kirby — *Indians*

Age 31 – Bats Left (groundball hitter)

	Avg	G	AB	R	H	2B	3B	HR	RBI	BB	SO	HBP	GDP	SB	CS	OBP	SLG	IBB	SH	SF	#Pit	#P/PA	GB	FB	G/F
1994 Season	.293	78	191	33	56	6	0	5	23	13	30	1	1	11	4	.341	.403	0	2	0	762	3.68	72	50	1.44
Career (1991-1994)	.269	251	710	117	191	28	5	12	89	55	96	4	12	29	14	.322	.373	2	10	7	2801	3.56	280	185	1.51

1994 Season

	Avg	AB	H	2B	3B	HR	RBI	BB	SO	OBP	SLG		Avg	AB	H	2B	3B	HR	RBI	BB	SO	OBP	SLG
vs. Left	.273	33	9	3	0	0	3	1	8	.294	.364	Scoring Posn	.322	59	19	1	0	1	19	3	8	.355	.390
vs. Right	.297	158	47	3	0	5	20	12	22	.351	.411	Close & Late	.342	38	13	1	0	1	6	2	7	.375	.447
Home	.265	83	22	4	0	3	12	7	14	.330	.422	None on/out	.316	38	12	1	0	1	1	6	6	.409	.421
Away	.315	108	34	2	0	2	11	6	16	.351	.389	Batting #2	.280	75	21	1	0	3	14	2	10	.308	.413
First Pitch	.333	24	8	1	0	0	2	0	0	.333	.375	Batting #9	.333	78	26	4	0	2	6	5	12	.373	.462
Ahead in Count	.435	23	10	0	0	2	7	9	0	.594	.696	Other	.237	38	9	1	0	0	3	6	8	.341	.263
Behind in Count	.225	102	23	2	0	2	7	0	27	.233	.304	Pre-All Star	.274	135	37	3	0	3	17	9	16	.324	.363
Two Strikes	.226	93	21	2	0	1	7	4	30	.258	.280	Post-All Star	.339	56	19	3	0	2	6	4	14	.383	.500

Career (1991-1994)

	Avg	AB	H	2B	3B	HR	RBI	BB	SO	OBP	SLG		Avg	AB	H	2B	3B	HR	RBI	BB	SO	OBP	SLG
vs. Left	.227	150	34	6	1	0	13	13	33	.297	.280	Scoring Posn	.302	192	58	8	3	5	77	16	25	.344	.453
vs. Right	.280	560	157	22	4	12	76	42	63	.329	.398	Close & Late	.246	122	30	5	1	2	16	12	24	.309	.352
Groundball	.313	128	40	5	2	1	20	13	21	.378	.406	None on/out	.210	143	30	3	0	1	1	16	22	.294	.252
Flyball	.221	131	29	5	0	5	14	13	18	.290	.374	Batting #2	.281	463	130	20	3	10	65	33	56	.327	.402
Home	.268	354	95	16	3	7	43	28	49	.324	.390	Batting #9	.295	122	36	6	0	2	11	7	17	.331	.393
Away	.270	356	96	12	2	5	46	27	47	.320	.357	Other	.200	125	25	2	2	0	13	15	23	.296	.248
Day	.265	226	60	7	3	4	33	19	27	.323	.376	April	.379	29	11	0	0	0	6	1	2	.400	.379
Night	.271	484	131	21	2	8	56	36	69	.322	.372	May	.285	137	39	4	1	2	18	5	16	.313	.372
Grass	.261	602	157	21	5	9	75	49	80	.315	.357	June	.270	115	31	7	0	3	14	12	15	.336	.409
Turf	.315	108	34	7	0	3	14	6	16	.351	.463	July	.269	134	36	5	1	4	17	14	18	.336	.410
First Pitch	.367	90	33	3	0	2	12	2	0	.372	.467	August	.282	131	37	4	3	2	19	10	21	.340	.405
Ahead in Count	.331	133	44	8	1	3	22	37	0	.474	.474	September/October	.226	164	37	8	0	1	15	13	24	.281	.293
Behind in Count	.203	349	71	11	4	5	39	0	89	.206	.301	Pre-All Star	.287	331	95	12	1	6	45	22	37	.331	.384
Two Strikes	.189	317	60	9	3	4	33	16	96	.229	.274	Post-All Star	.253	379	96	16	4	6	44	33	59	.314	.364

Batter vs. Pitcher (career)

Hits Best Against	Avg	AB	H	2B	3B	HR	RBI	BB	SO	OBP	SLG	Hits Worst Against	Avg	AB	H	2B	3B	HR	RBI	BB	SO	OBP	SLG
Scott Erickson	.500	12	6	0	0	0	3	2	2	.533	.500	Roger Clemens	.000	10	0	0	0	0	0	2	1	.231	.000
Ben McDonald	.389	18	7	0	0	0	1	1	1	.421	.389	Jason Bere	.091	11	1	1	0	0	0	1	0	.167	.182
Ricky Bones	.385	13	5	0	1	3	0	0	0	.385	.615	Mike Moore	.154	13	2	1	0	0	0	1	1	.214	.231
Kevin Tapani	.353	17	6	1	0	0	2	1	2	.389	.412	David Cone	.182	11	2	0	0	0	0	0	5	.182	.182
Todd Stottlemyre	.333	12	4	0	0	1	3	0	2	.333	.583	Aaron Sele	.182	11	2	1	0	0	0	0	1	.250	.182

Ryan Klesko — *Braves*

Age 24 – Bats Left (flyball hitter)

	Avg	G	AB	R	H	2B	3B	HR	RBI	BB	SO	HBP	GDP	SB	CS	OBP	SLG	IBB	SH	SF	#Pit	#P/PA	GB	FB	G/F
1994 Season	.278	92	245	42	68	13	3	17	47	26	48	1	7	1	0	.344	.563	3	0	4	1016	3.68	69	94	0.73
Career (1992-1994)	.268	127	276	45	74	14	3	19	53	29	57	2	7	1	0	.338	.547	4	0	4	1141	3.67	76	104	0.73

1994 Season

	Avg	AB	H	2B	3B	HR	RBI	BB	SO	OBP	SLG		Avg	AB	H	2B	3B	HR	RBI	BB	SO	OBP	SLG
vs. Left	.227	22	5	1	1	0	2	3	6	.320	.364	Scoring Posn	.254	59	15	2	1	4	29	9	14	.333	.525
vs. Right	.283	223	63	12	2	17	45	23	42	.347	.583	Close & Late	.261	23	6	3	0	2	3	2	5	.320	.652
Home	.248	117	29	7	0	7	16	3	21	.270	.487	None on/out	.386	44	17	3	0	6	6	4	9	.438	.864
Away	.305	128	39	6	3	10	31	23	27	.403	.633	Batting #3	.302	179	54	9	3	12	32	17	34	.357	.587
First Pitch	.333	42	14	1	0	3	9	1	0	.370	.571	Batting #5	.220	50	11	4	0	4	13	8	9	.322	.540
Ahead in Count	.415	65	27	5	2	6	21	11	0	.494	.831	Other	.188	16	3	0	0	1	2	1	5	.278	.375

219

	Avg	AB	H	2B	3B	HR	RBI	BB	SO	OBP	SLG		Avg	AB	H	2B	3B	HR	RBI	BB	SO	OBP	SLG
										1994 Season													
Behind in Count	.231	91	21	6	1	4	8	0	33	.231	.451	Pre-All Star	.311	196	61	11	3	16	40	17	39	.359	.643
Two Strikes	.196	102	20	5	1	5	10	12	48	.281	.412	Post-All Star	.143	49	7	2	0	1	7	9	9	.288	.245

Scott Klingenbeck — Orioles   Age 24 – Pitches Right

	ERA	W	L	Sv	G	GS	IP	BB	SO	Avg	H	2B	3B	HR	RBI	OBP	SLG	CG	ShO	Sup	QS	#P/S	SB	CS	GB	FB	G/F
1994 Season	3.86	1	0	0	1	1	7.0	4	5	.240	6	2	0	1	4	.355	.440	0	0	10.29	1	122	0	0	10	5	2.00

	ERA	W	L	Sv	G	GS	IP	H	HR	BB	SO		Avg	AB	H	2B	3B	HR	RBI	BB	SO	OBP	SLG
												1994 Season											
Home	3.86	1	0	0	1	1	7.0	6	1	4	5	vs. Left	.182	11	2	1	0	1	4	3	1	.375	.545
Away	0.00	0	0	0	0	0	0.0	0	0	0	0	vs. Right	.286	14	4	1	0	0	0	1	0	.333	.357

Chuck Knoblauch — Twins   Age 26 – Bats Right (groundball hitter)

	Avg	G	AB	R	H	2B	3B	HR	RBI	BB	SO	HBP	GDP	SB	CS	OBP	SLG	IBB	SH	SF	#Pit	#P/PA	GB	FB	G/F
1994 Season	.312	109	445	85	139	45	3	5	51	41	56	10	13	35	6	.381	.461	2	0	3	1789	3.59	176	128	1.38
Career (1991-1994)	.291	568	2212	349	643	115	19	10	198	253	200	28	40	123	35	.367	.373	4	7	25	8959	3.55	963	607	1.62

1994 Season

	Avg	AB	H	2B	3B	HR	RBI	BB	SO	OBP	SLG		Avg	AB	H	2B	3B	HR	RBI	BB	SO	OBP	SLG
vs. Left	.286	105	30	10	0	2	10	10	21	.348	.438	Scoring Posn	.362	94	34	9	1	0	43	9	12	.432	.479
vs. Right	.321	340	109	35	3	3	41	31	35	.391	.468	Close & Late	.328	58	19	6	0	1	10	4	3	.394	.483
Groundball	.339	109	37	8	1	0	14	14	12	.425	.431	None on/out	.290	155	45	12	1	4	4	20	19	.379	.458
Flyball	.333	90	30	10	2	2	14	7	13	.396	.556	Batting #1	.312	362	113	37	3	5	40	33	45	.380	.472
Home	.344	227	78	25	2	1	28	23	28	.411	.485	Batting #2	.313	83	26	8	0	0	11	8	11	.385	.410
Away	.280	218	61	20	1	4	23	18	28	.349	.436	Other	.000	0	0	0	0	0	0	0	0	.000	.000
Day	.295	132	39	14	0	3	17	9	13	.363	.470	April	.284	88	25	9	0	1	14	9	13	.373	.420
Night	.319	313	100	31	3	2	34	32	43	.388	.457	May	.361	97	35	14	1	0	11	8	8	.411	.526
Grass	.279	165	46	14	1	3	17	14	19	.343	.430	June	.321	112	36	12	1	3	18	6	9	.358	.527
Turf	.332	280	93	31	2	2	34	27	37	.403	.479	July	.292	106	31	7	1	1	6	13	18	.385	.406
First Pitch	.358	53	19	6	1	0	7	2	0	.404	.509	August	.286	42	12	3	0	0	2	5	8	.375	.357
Ahead in Count	.354	96	34	13	0	1	13	24	0	.488	.521	September/October	.000	0	0	0	0	0	0	0	0	.000	.000
Behind in Count	.309	207	64	19	2	4	25	0	49	.318	.478	Pre-All Star	.320	338	108	37	3	4	45	27	37	.377	.482
Two Strikes	.275	178	49	12	1	4	21	15	56	.338	.421	Post-All Star	.290	107	31	8	0	1	6	14	19	.392	.393

1994 By Position

Position	Avg	AB	H	2B	3B	HR	RBI	BB	SO	OBP	SLG	G	GS	Innings	PO	A	E	DP	Fld Pct	Rng Fctr	In Zone	Zone Outs	Zone Rtg	MLB Zone
As 2b	.313	444	139	45	3	5	51	41	56	.382	.462	109	108	928.0	190	284	3	60	.994	4.60	321	281	.875	.889

Career (1991-1994)

	Avg	AB	H	2B	3B	HR	RBI	BB	SO	OBP	SLG		Avg	AB	H	2B	3B	HR	RBI	BB	SO	OBP	SLG
vs. Left	.280	533	149	33	3	3	35	51	55	.347	.370	Scoring Posn	.293	482	141	22	7	0	178	66	52	.373	.367
vs. Right	.294	1679	494	82	16	7	163	202	145	.373	.375	Close & Late	.272	320	87	16	1	1	36	34	25	.345	.338
Groundball	.308	548	169	25	5	2	54	52	47	.370	.383	None on/out	.289	655	189	30	4	6	6	64	58	.359	.374
Flyball	.302	477	144	26	4	4	48	62	56	.384	.398	Batting #1	.287	1031	296	62	11	6	79	111	111	.362	.386
Home	.312	1115	348	54	10	4	99	135	90	.388	.389	Batting #2	.296	1153	341	52	8	4	117	138	89	.373	.365
Away	.269	1097	295	61	9	6	99	118	110	.345	.357	Other	.214	28	6	1	0	0	2	4	0	.313	.250
Day	.311	646	201	37	7	4	69	76	53	.390	.409	April	.276	319	88	16	2	2	35	41	38	.363	.357
Night	.282	1566	442	78	12	6	129	177	147	.358	.359	May	.328	378	124	33	3	0	39	45	31	.403	.431
Grass	.276	842	232	44	5	4	73	86	72	.346	.354	June	.275	403	111	18	4	3	42	46	23	.352	.362
Turf	.300	1370	411	71	14	6	125	167	128	.379	.385	July	.289	398	115	22	5	2	32	42	38	.359	.384
First Pitch	.323	347	112	26	2	0	35	3	0	.332	.409	August	.292	370	108	18	2	2	23	27	16	.356	.368
Ahead in Count	.322	513	165	29	6	5	55	163	0	.484	.431	September/October	.282	344	97	8	3	1	27	44	26	.365	.331
Behind in Count	.265	953	253	40	9	4	75	0	171	.270	.339	Pre-All Star	.296	1237	366	75	10	6	128	145	105	.373	.387
Two Strikes	.255	823	210	30	8	4	68	87	200	.331	.326	Post-All Star	.284	975	277	40	9	4	70	108	95	.359	.356

Batter vs. Pitcher (career)

Hits Best Against	Avg	AB	H	2B	3B	HR	RBI	BB	SO	OBP	SLG	Hits Worst Against	Avg	AB	H	2B	3B	HR	RBI	BB	SO	OBP	SLG
Frank Viola	.462	13	6	1	0	0	2	0	0	.533	.538	Jose Mesa	.083	12	1	0	0	0	1	2	1	.200	.083
Scott Bankhead	.455	11	5	0	1	0	2	1	1	.462	.636	Kirk McCaskill	.100	20	2	0	1	0	2	2	1	.174	.200
Cal Eldred	.400	10	4	0	0	1	2	1	0	.538	.700	Pat Hentgen	.133	15	2	0	0	0	0	1	2	.188	.133
Tom Gordon	.353	17	6	2	1	0	8	1	0	.560	.588	Randy Johnson	.156	32	5	1	0	0	0	4	6	.229	.188
Joe Hesketh	.333	12	4	2	1	0	1	3	2	.467	.667	Greg Hibbard	.182	11	2	0	0	0	2	0	1	.167	.182

Randy Knorr — Blue Jays   Age 26 – Bats Right

	Avg	G	AB	R	H	2B	3B	HR	RBI	BB	SO	HBP	GDP	SB	CS	OBP	SLG	IBB	SH	SF	#Pit	#P/PA	GB	FB	G/F
1994 Season	.242	40	124	20	30	2	0	7	19	10	35	1	7	0	0	.301	.427	0	0	1	501	3.68	41	34	1.21
Career (1991-1994)	.245	90	245	32	60	5	2	12	41	21	70	1	9	0	0	.306	.429	1	2	1	989	3.66	75	66	1.14

1994 Season

	Avg	AB	H	2B	3B	HR	RBI	BB	SO	OBP	SLG		Avg	AB	H	2B	3B	HR	RBI	BB	SO	OBP	SLG
vs. Left	.333	42	14	1	0	4	11	5	10	.404	.643	Scoring Posn	.250	28	7	1	0	1	12	4	6	.353	.393
vs. Right	.195	82	16	1	0	3	8	5	25	.247	.317	Close & Late	.300	10	3	0	0	0	0	0	1	.300	.300
Home	.246	61	15	2	0	4	12	7	17	.319	.475	None on/out	.300	30	9	0	0	3	3	1	9	.323	.600
Away	.238	63	15	0	0	3	7	3	18	.284	.381	Batting #8	.215	65	14	1	0	4	12	5	23	.271	.415
First Pitch	.125	8	1	0	0	0	0	2	0	.222	.125	Batting #9	.281	57	16	1	0	3	7	5	11	.344	.456

1994 Season

	Avg	AB	H	2B	3B	HR	RBI	BB	SO	OBP	SLG		Avg	AB	H	2B	3B	HR	RBI	BB	SO	OBP	SLG
Ahead in Count	.316	38	12	1	0	2	8	5	0	.395	.500	Other	.000	2	0	0	0	0	0	0	1	.000	.000
Behind in Count	.179	56	10	1	0	3	8	0	31	.175	.357	Pre-All Star	.222	81	18	1	0	5	12	7	27	.284	.420
Two Strikes	.182	55	10	1	0	3	7	5	35	.246	.364	Post-All Star	.279	43	12	1	0	2	7	3	8	.333	.442

Kurt Knudsen — Tigers
Age 28 – Pitches Right (flyball pitcher)

	ERA	W	L	Sv	G	GS	IP	BB	SO	Avg	H	2B	3B	HR	RBI	OBP	SLG	GF	IR	IRS	Hld	SvOp	SB	CS	GB	FB	G/F
1994 Season	13.50	1	0	0	4	0	5.1	11	1	.304	7	0	0	2	8	.529	.565	0	2	2	1	1	0	0	6	14	0.43
Career (1992-1994)	5.07	6	5	7	82	1	113.2	68	81	.272	118	18	2	20	79	.373	.456	21	71	26	15	12	8	8	99	166	0.60

1994 Season

	ERA	W	L	Sv	G	GS	IP	H	HR	BB	SO		Avg	AB	H	2B	3B	HR	RBI	BB	SO	OBP	SLG
Home	0.00	0	0	0	1	0	0.0	2	0	2	0	vs. Left	.400	5	2	0	0	1	3	4	0	.667	1.000
Away	11.81	1	0	0	3	0	5.1	5	2	9	1	vs. Right	.278	18	5	0	0	1	5	7	1	.480	.444

Career (1992-1994)

	ERA	W	L	Sv	G	GS	IP	H	HR	BB	SO		Avg	AB	H	2B	3B	HR	RBI	BB	SO	OBP	SLG
Home	4.50	2	2	2	35	0	52.0	56	7	25	39	vs. Left	.309	165	51	7	0	10	35	28	13	.408	.533
Away	5.55	4	3	5	47	1	61.2	62	13	43	42	vs. Right	.249	269	67	11	1	10	44	40	68	.351	.409
Day	6.55	1	2	1	27	0	44.0	48	10	29	25	Inning 1-6	.270	126	34	4	0	7	35	24	21	.384	.468
Night	4.13	5	3	6	55	1	69.2	70	10	39	56	Inning 7+	.273	308	84	14	1	13	44	44	60	.368	.451
Grass	5.68	5	4	5	67	1	90.1	95	16	60	69	None on	.274	212	58	7	1	11	11	28	44	.364	.472
Turf	2.70	1	1	2	15	0	23.1	23	4	8	12	Runners on	.270	222	60	11	0	9	68	40	37	.381	.441
April	0.00	0	0	0	0	0	0.0	0	0	0	0	Scoring Posn	.260	131	34	6	0	3	54	32	24	.404	.374
May	1.62	2	0	1	13	0	16.2	16	1	12	9	Close & Late	.264	140	37	4	0	5	17	21	33	.356	.400
June	4.91	1	0	2	26	0	36.2	39	11	22	20	None on/out	.298	94	28	4	0	6	6	17	22	.411	.532
July	4.76	1	2	3	22	0	28.1	29	6	14	19	vs. 1st Batr (relief)	.279	68	19	3	0	4	16	11	19	.383	.500
August	9.82	1	2	0	10	1	14.2	21	0	14	14	First Inning Pitched	.246	252	62	11	0	10	53	43	52	.358	.409
September/October	5.19	1	1	1	11	0	17.1	13	2	6	19	First 15 Pitches	.281	210	59	8	0	11	45	33	39	.379	.476
Starter	22.50	0	1	0	1	1	2.0	4	0	4	1	Pitch 16-30	.252	135	34	8	1	6	23	17	30	.338	.459
Reliever	4.76	6	4	7	81	0	111.2	114	20	64	80	Pitch 31-45	.255	51	13	1	0	2	5	11	11	.397	.392
0 Days rest (Re)	2.95	0	0	1	16	0	21.1	20	4	10	14	Pitch 46+	.316	38	12	1	0	1	6	7	1	.426	.421
1 or 2 Days rest	5.12	4	3	4	40	0	58.0	58	10	33	35	First Pitch	.354	48	17	2	0	3	10	10	0	.475	.583
3+ Days rest	5.29	2	1	3	25	0	32.1	36	6	21	31	Ahead in Count	.240	208	50	7	0	6	36	0	66	.247	.361
Pre-All Star	4.18	4	1	3	50	0	64.2	64	15	38	37	Behind in Count	.337	92	31	4	1	9	22	27	0	.487	.696
Post-All Star	6.24	2	4	4	32	1	49.0	54	5	30	44	Two Strikes	.217	212	46	4	0	6	38	31	81	.321	.344

Kevin Koslofski — Royals
Age 28 – Bats Left

	Avg	G	AB	R	H	2B	3B	HR	RBI	BB	SO	HBP	GDP	SB	CS	OBP	SLG	IBB	SH	SF	#Pit	#P/PA	GB	FB	G/F
1994 Season	.250	2	4	2	1	0	0	0	2	1	0	0	0	0	0	.500	.250	1	0	0	29	4.83	3	0	0.00
Career (1992-1994)	.252	72	163	26	41	0	2	4	15	18	29	2	3	2	2	.332	.350	1	4	1	650	3.46	58	49	1.18

1994 Season

	Avg	AB	H	2B	3B	HR	RBI	BB	SO	OBP	SLG		Avg	AB	H	2B	3B	HR	RBI	BB	SO	OBP	SLG
vs. Left	.000	0	0	0	0	0	0	0	0	.000	.000	Scoring Posn	.000	1	0	0	0	0	0	2	0	.667	.000
vs. Right	.250	4	1	0	0	0	2	1	0	.500	.250	Close & Late	.000	0	0	0	0	0	0	0	0	.000	.000

Chad Kreuter — Tigers
Age 30 – Bats Both

	Avg	G	AB	R	H	2B	3B	HR	RBI	BB	SO	HBP	GDP	SB	CS	OBP	SLG	IBB	SH	SF	#Pit	#P/PA	GB	FB	G/F
1994 Season	.224	65	170	17	38	8	0	1	19	28	36	1	0	3	0	.327	.288	0	2	4	835	4.09	62	45	1.38
Last Five Years	.255	276	760	100	194	41	3	18	88	105	176	3	2	3	2	.344	.388	5	8	10	3575	4.03	245	201	1.22

1994 Season

	Avg	AB	H	2B	3B	HR	RBI	BB	SO	OBP	SLG		Avg	AB	H	2B	3B	HR	RBI	BB	SO	OBP	SLG
vs. Left	.114	35	4	1	0	0	3	5	5	.214	.143	Scoring Posn	.180	50	9	1	0	0	17	11	11	.308	.200
vs. Right	.252	135	34	7	0	1	16	23	31	.356	.326	Close & Late	.100	20	2	1	0	0	1	4	5	.250	.150
Home	.212	85	18	2	0	1	12	18	21	.340	.271	None on/out	.232	56	13	4	0	1	1	5	11	.295	.357
Away	.235	85	20	6	0	0	7	10	15	.313	.306	Batting #7	.237	59	14	3	0	1	6	8	14	.328	.339
First Pitch	.375	24	9	2	0	1	5	0	0	.346	.583	Batting #8	.230	87	20	3	0	0	6	15	14	.343	.264
Ahead in Count	.395	38	15	3	0	0	7	15	0	.556	.474	Other	.167	24	4	2	0	0	7	5	8	.273	.250
Behind in Count	.092	65	6	1	0	0	1	0	26	.091	.108	Pre-All Star	.235	149	35	6	0	1	13	25	29	.345	.295
Two Strikes	.084	83	7	2	0	0	2	13	36	.206	.108	Post-All Star	.143	21	3	2	0	0	6	3	7	.214	.238

Last Five Years

	Avg	AB	H	2B	3B	HR	RBI	BB	SO	OBP	SLG		Avg	AB	H	2B	3B	HR	RBI	BB	SO	OBP	SLG
vs. Left	.175	228	40	10	0	6	29	37	56	.286	.298	Scoring Posn	.214	196	42	11	1	5	69	36	47	.325	.357
vs. Right	.289	532	154	31	3	12	59	68	120	.369	.427	Close & Late	.243	111	27	9	0	1	11	18	34	.346	.351
Groundball	.269	167	45	9	0	1	14	25	33	.362	.341	None on/out	.264	197	52	9	2	5	5	18	40	.326	.406
Flyball	.261	188	49	10	0	7	24	19	44	.333	.426	Batting #7	.291	203	59	15	2	4	20	29	49	.374	.443
Home	.256	387	99	16	1	12	48	57	102	.348	.395	Batting #8	.239	309	74	17	0	9	39	41	78	.329	.382
Away	.255	373	95	25	2	6	40	48	74	.340	.381	Other	.246	248	61	9	1	5	29	35	49	.338	.351
Day	.294	272	80	15	1	7	37	39	59	.384	.434	April	.280	100	28	7	1	3	13	12	17	.357	.460
Night	.234	488	114	26	2	11	51	66	117	.321	.363	May	.255	165	42	8	0	4	16	28	36	.363	.376
Grass	.262	634	166	35	2	15	75	90	149	.352	.394	June	.257	167	43	10	2	1	10	18	27	.330	.359
Turf	.222	126	28	6	1	3	13	15	27	.303	.301	July	.185	146	27	8	0	3	15	19	38	.271	.301
First Pitch	.337	98	33	5	0	1	12	5	0	.362	.418	August	.283	92	26	2	0	3	16	13	27	.377	.402
Ahead in Count	.402	169	68	14	3	8	29	49	0	.529	.663	September/October	.311	90	28	6	0	4	18	15	25	.404	.511

	Avg	AB	H	2B	3B	HR	RBI	BB	SO	OBP	SLG	Last Five Years	Avg	AB	H	2B	3B	HR	RBI	BB	SO	OBP	SLG
Behind in Count	.159	333	53	12	0	4	27	0	144	.162	.231	Pre-All Star	.252	508	128	28	3	10	45	64	107	.336	.378
Two Strikes	.154	383	59	16	0	6	27	51	176	.252	.243	Post-All Star	.262	252	66	13	0	8	43	41	69	.360	.409

Batter vs. Pitcher (career)																							
Hits Best Against	Avg	AB	H	2B	3B	HR	RBI	BB	SO	OBP	SLG	Hits Worst Against	Avg	AB	H	2B	3B	HR	RBI	BB	SO	OBP	SLG
Jose Mesa	.600	10	6	2	0	1	4	1	1	.667	1.100	Juan Guzman	.182	11	2	0	0	0	1	0	4	.182	.182
Melido Perez	.500	12	6	0	0	0	0	0	3	.500	.500	Dave Fleming	.182	11	2	1	0	0	0	0	2	.182	.273
Danny Darwin	.462	13	6	2	0	2	4	1	3	.500	1.077	Kevin Brown	.200	15	3	1	0	0	1	1	5	.250	.267
Kevin Appier	.455	11	5	0	0	0	2	2	4	.500	.455	Mark Langston	.200	15	3	2	0	0	1	2	7	.278	.333
Dave Stewart	.417	12	5	0	0	1	4	1	2	.462	.667	Mark Gubicza	.200	10	2	0	0	0	3	1	2	.250	.400

Bill Krueger — Padres   Age 37 – Pitches Left

	ERA	W	L	Sv	G	GS	IP	BB	SO	Avg	H	2B	3B	HR	RBI	OBP	SLG	GF	IR	IRS	Hld	SvOp	SB	CS	GB	FB	G/F
1994 Season	6.38	3	4	0	24	9	60.2	24	47	.280	68	10	4	8	38	.344	.453	0	17	4	3	2	9	2	94	52	1.81
Last Five Years	4.19	36	32	0	157	87	625.1	221	361	.279	678	117	16	57	288	.340	.411	16	109	35	9	5	62	21	878	726	1.21

1994 Season

	ERA	W	L	Sv	G	GS	IP	H	BB	SO		Avg	AB	H	2B	3B	HR	RBI	BB	SO	OBP	SLG
Home	5.08	1	2	0	14	3	28.1	28	4	13	vs. Left	.254	59	15	3	1	2	8	9	15	.353	.441
Away	7.52	2	2	0	10	6	32.1	40	4	11	vs. Right	.288	184	53	7	3	6	30	15	32	.341	.457
Starter	6.09	3	3	0	9	9	44.1	52	6	10	Scoring Posn	.246	69	17	1	1	2	29	14	14	.371	.377
Reliever	7.16	0	1	0	15	0	16.1	16	2	14	Close & Late	.240	25	6	1	0	0	2	5	7	.355	.280
0 Days rest (Re)	7.36	0	1	0	2	0	3.2	3	0	2	None on/out	.295	61	18	7	1	0	0	3	13	.328	.443
1 or 2 Days rest	7.94	0	0	0	5	0	5.2	6	2	6	First Pitch	.423	26	11	1	0	1	6	2	0	.448	.577
3+ Days rest	6.43	0	0	0	8	0	7.0	0	0	6	Ahead in Count	.204	93	19	3	1	1	6	0	37	.202	.290
Pre-All Star	8.19	1	3	0	19	4	29.2	37	5	18	Behind in Count	.338	71	24	4	2	3	16	12	0	.430	.577
Post-All Star	4.65	2	1	0	5	5	31.0	31	3	6	Two Strikes	.210	105	22	4	1	2	7	10	47	.278	.324

Last Five Years

	ERA	W	L	Sv	G	GS	IP	H	BB	SO		Avg	AB	H	2B	3B	HR	RBI	BB	SO	OBP	SLG
Home	3.92	18	15	0	75	41	307.1	315	33	107	vs. Left	.285	467	133	25	4	9	62	31	69	.331	.413
Away	4.44	18	17	0	82	46	318.0	363	24	170	vs. Right	.278	1963	545	92	12	48	226	190	292	.342	.410
Day	3.82	9	9	0	52	21	167.1	180	14	64	Inning 1-6	.287	1989	570	98	15	46	246	177	282	.346	.420
Night	4.32	27	23	0	105	66	458.0	498	43	157	Inning 7+	.245	441	108	19	1	11	42	44	79	.313	.367
Grass	3.78	22	19	0	100	52	385.2	403	32	134	None on	.278	1404	391	69	6	36	36	87	208	.324	.413
Turf	4.84	14	13	0	57	35	239.2	275	25	87	Runners on	.280	1026	287	48	10	21	252	134	153	.360	.407
April	3.13	7	2	0	22	8	74.2	74	4	27	Scoring Posn	.268	585	157	26	6	14	226	100	89	.369	.405
May	4.24	5	4	0	38	10	114.2	123	13	46	Close & Late	.261	218	57	9	0	5	23	20	38	.324	.372
June	3.18	10	7	0	28	16	127.1	123	9	44	None on/out	.286	626	179	28	3	15	15	35	79	.329	.412
July	3.69	8	5	0	24	21	126.2	132	13	42	vs. 1st Batr (relief)	.355	62	22	5	2	2	14	7	12	.414	.597
August	7.14	3	9	0	19	16	80.2	111	9	31	First Inning Pitched	.294	568	167	32	4	14	95	61	94	.363	.438
September/October	4.44	3	5	0	26	16	101.1	115	9	31	First 15 Pitches	.285	502	143	26	2	10	53	35	85	.337	.404
Starter	4.24	30	24	0	87	87	492.0	547	48	150	Pitch 16-30	.269	475	128	20	3	9	64	48	67	.340	.381
Reliever	3.98	6	8	0	70	0	133.1	131	9	71	Pitch 31-45	.328	408	134	23	4	10	60	39	49	.381	.478
0 Days rest (Re)	7.45	0	2	0	6	0	9.2	9	1	5	Pitch 46+	.261	1045	273	48	7	28	111	99	160	.325	.401
1 or 2 Days rest	3.09	3	3	0	27	0	58.1	55	5	21	First Pitch	.343	396	136	27	1	8	47	9	0	.357	.477
3+ Days rest	4.27	3	3	0	37	0	65.1	67	3	45	Ahead in Count	.199	861	171	24	3	13	66	0	310	.205	.279
Pre-All Star	3.78	24	15	0	98	41	360.0	365	32	133	Behind in Count	.328	699	229	45	9	22	107	116	0	.420	.512
Post-All Star	4.75	12	17	0	59	46	265.1	313	25	88	Two Strikes	.207	957	198	34	2	18	85	96	361	.280	.303

Pitcher vs. Batter (since 1984)

Pitches Best Vs.	Avg	AB	H	2B	3B	HR	RBI	BB	SO	OBP	SLG	Pitches Worst Vs.	Avg	AB	H	2B	3B	HR	RBI	BB	SO	OBP	SLG
Junior Felix	.000	16	0	0	0	0	0	0	7	.000	.000	Cory Snyder	.667	9	6	3	0	0	3	1	1	.636	1.000
Mike Gallego	.000	10	0	0	0	0	2	2	1	.167	.000	Mike Greenwell	.600	20	12	2	1	0	5	1	1	.619	.800
Ellis Burks	.059	17	1	0	0	0	2	2	1	.158	.059	Shane Mack	.545	11	6	1	1	2	11	2	0	.615	1.364
Roberto Alomar	.077	13	1	0	0	0	1	0	.143	.077	Danny Tartabull	.375	16	6	0	0	3	10	3	5	.474	.938
Carlos Baerga	.083	12	1	0	0	0	0	3	.154	.083	Ken Griffey Jr	.333	12	4	1	0	2	4	2	3	.429	.917

John Kruk — Phillies   Age 34 – Bats Left (groundball hitter)

	Avg	G	AB	R	H	2B	3B	HR	RBI	BB	SO	HBP	GDP	SB	CS	OBP	SLG	IBB	SH	SF	#Pit	#P/PA	GB	FB	G/F
1994 Season	.302	75	255	35	77	17	0	5	38	42	51	0	9	4	1	.395	.427	4	0	4	1158	3.85	94	59	1.59
Last Five Years	.306	663	2278	357	697	132	23	57	352	381	396	2	51	30	13	.402	.459	54	2	26	10175	3.78	904	514	1.76

1994 Season

	Avg	AB	H	2B	3B	HR	RBI	BB	SO	OBP	SLG		Avg	AB	H	2B	3B	HR	RBI	BB	SO	OBP	SLG
vs. Left	.219	73	16	1	0	1	10	11	18	.321	.274	Scoring Posn	.250	80	20	4	0	0	29	14	18	.347	.300
vs. Right	.335	182	61	16	0	4	28	31	33	.424	.489	Close & Late	.310	42	13	1	0	2	5	7	10	.408	.476
Groundball	.275	80	22	3	0	1	8	10	17	.356	.350	None on/out	.286	49	14	3	0	1	1	3	10	.327	.408
Flyball	.294	34	10	4	0	2	6	3	6	.351	.588	Batting #3	.286	168	48	8	0	3	21	34	36	.402	.387
Home	.290	124	36	9	0	3	15	23	28	.399	.435	Batting #4	.321	78	25	7	0	1	12	6	12	.360	.449
Away	.313	131	41	8	0	2	23	19	23	.392	.420	Other	.444	9	4	2	0	1	5	2	3	.545	1.000
Day	.343	70	24	5	0	1	10	18	13	.467	.457	April	.353	51	18	3	0	0	8	12	10	.469	.412
Night	.286	185	53	12	0	4	28	24	38	.365	.416	May	.250	32	8	0	0	1	2	4	6	.333	.344
Grass	.290	107	31	4	0	2	15	17	19	.381	.383	June	.300	70	21	7	0	2	12	12	17	.398	.486
Turf	.311	148	46	13	0	3	23	25	32	.406	.459	July	.269	78	21	5	0	1	12	12	15	.359	.372
First Pitch	.405	42	17	1	0	2	11	3	0	.435	.571	August	.375	24	9	2	0	1	4	2	3	.423	.583
Ahead in Count	.345	55	19	5	0	1	13	23	0	.519	.491	September/October	.000	0	0	0	0	0	0	0	0	.000	.000

1994 Season

	Avg	AB	H	2B	3B	HR	RBI	BB	SO	OBP	SLG		Avg	AB	H	2B	3B	HR	RBI	BB	SO	OBP	SLG
Behind in Count	.222	108	24	6	0	2	7	0	39	.222	.333	Pre-All Star	.302	182	55	11	0	3	27	37	36	.416	.412
Two Strikes	.216	116	25	8	0	2	12	16	51	.311	.336	Post-All Star	.301	73	22	6	0	2	11	5	15	.338	.466

1994 By Position

Position	Avg	AB	H	2B	3B	HR	RBI	BB	SO	OBP	SLG	G	GS	Innings	PO	A	E	DP	Fld Pct	Rng Fctr	In Zone	Outs	Zone Rtg	MLB Zone
As 1b	.295	251	74	15	0	4	33	40	50	.386	.402	69	67	585.1	540	46	3	45	.995	---	122	102	.836	.818

Last Five Years

	Avg	AB	H	2B	3B	HR	RBI	BB	SO	OBP	SLG		Avg	AB	H	2B	3B	HR	RBI	BB	SO	OBP	SLG
vs. Left	.282	787	222	30	6	13	108	107	157	.364	.421	Scoring Posn	.283	642	182	33	5	15	278	164	120	.417	.421
vs. Right	.319	1491	475	102	17	44	244	274	239	.421	.498	Close & Late	.302	388	117	13	4	9	54	83	74	.422	.425
Groundball	.319	793	253	41	6	18	112	136	127	.417	.454	None on/out	.331	511	169	36	3	12	12	57	87	.398	.483
Flyball	.289	443	128	20	4	12	71	66	92	.378	.433	Batting #3	.300	1007	302	55	10	27	158	185	173	.405	.455
Home	.307	1125	345	66	10	28	184	189	180	.403	.458	Batting #4	.318	792	252	51	5	21	121	122	149	.405	.475
Away	.305	1153	352	66	13	29	168	192	216	.401	.461	Other	.299	479	143	26	8	9	73	74	74	.390	.443
Day	.314	574	180	32	7	19	88	105	106	.416	.493	April	.335	337	113	17	2	10	72	49	49	.414	.487
Night	.303	1704	517	100	16	38	264	276	290	.397	.448	May	.322	373	120	21	4	7	53	72	61	.426	.456
Grass	.294	676	199	28	6	21	97	109	129	.390	.447	June	.299	421	126	27	6	10	61	72	71	.400	.463
Turf	.311	1602	498	104	17	36	255	272	267	.407	.464	July	.285	382	109	20	2	9	51	84	80	.411	.419
First Pitch	.335	325	109	17	5	14	68	27	0	.384	.548	August	.293	382	112	19	2	11	57	56	60	.381	.440
Ahead in Count	.403	580	234	50	6	23	121	190	0	.546	.629	September/October	.305	383	117	28	7	10	58	48	75	.380	.493
Behind in Count	.232	912	212	38	6	12	90	0	315	.230	.327	Pre-All Star	.313	1286	402	71	13	32	207	233	210	.414	.463
Two Strikes	.224	972	218	39	7	13	101	150	396	.325	.319	Post-All Star	.297	992	295	61	10	25	145	148	186	.385	.455

Batter vs. Pitcher (career)

Hits Best Against	Avg	AB	H	2B	3B	HR	RBI	BB	SO	OBP	SLG	Hits Worst Against	Avg	AB	H	2B	3B	HR	RBI	BB	SO	OBP	SLG
Eric Hillman	.545	11	6	0	0	1	4	1	2	.538	.818	Lee Smith	.000	15	0	0	0	0	0	1	6	.063	.000
Wally Whitehurst	.500	12	6	1	0	1	3	0	1	.538	.833	Rich Rodriguez	.000	10	0	0	0	0	0	2	2	.167	.000
Roger Mason	.444	9	4	0	1	1	1	4	0	.615	1.000	Rheal Cormier	.077	13	1	0	0	0	2	2	2	.200	.077
Frank Castillo	.412	17	7	3	0	3	5	4	4	.524	1.118	Mark Portugal	.143	21	3	0	0	0	1	6	.182	.143
John Wetteland	.375	8	3	1	0	0	2	3	3	.545	.875	Bobby Ojeda	.152	33	5	0	0	0	2	1	13	.171	.152

Mark Langston — Angels
Age 34 – Pitches Left

	ERA	W	L	Sv	G	GS	IP	BB	SO	Avg	H	2B	3B	HR	RBI	OBP	SLG	CG	ShO	Sup	QS	#P/S	SB	CS	GB	FB	G/F
1994 Season	4.68	7	8	0	18	18	119.1	54	109	.268	121	21	3	19	62	.340	.454	2	1	4.90	8	107	7	7	152	114	1.33
Last Five Years	3.66	65	58	0	152	152	1074.0	413	857	.240	952	172	17	98	420	.312	.367	30	4	4.15	94	110	70	58	1305	1153	1.13

1994 Season

	ERA	W	L	Sv	G	GS	IP	H	HR	BB	SO		Avg	AB	H	2B	3B	HR	RBI	BB	SO	OBP	SLG
Home	4.96	3	5	0	10	10	65.1	69	12	27	67	vs. Left	.214	70	15	1	0	3	11	4	18	.247	.357
Away	4.33	4	3	0	8	8	54.0	52	7	27	42	vs. Right	.277	382	106	20	3	16	51	50	91	.357	.471
Starter	4.68	7	8	0	18	18	119.1	121	19	54	109	Scoring Posn	.238	101	24	2	2	1	39	14	26	.309	.327
Reliever	0.00	0	0	0	0	0	0.0	0	0	0	0	Close & Late	.212	52	11	2	0	2	5	6	5	.293	.365
0-3 Days Rest (St)	0.00	0	0	0	0	0	0.0	0	0	0	0	None on/out	.298	121	36	9	1	6	6	11	31	.356	.537
4 Days Rest	5.22	4	4	0	10	10	69.0	67	9	28	66	First Pitch	.373	75	28	3	1	4	18	1	0	.372	.600
5+ Days Rest	3.93	3	4	0	8	8	50.1	54	10	26	43	Ahead in Count	.194	227	44	13	1	2	15	0	102	.191	.286
Pre-All Star	4.64	5	5	0	12	12	75.2	79	12	33	63	Behind in Count	.393	89	35	4	1	9	20	28	0	.529	.764
Post-All Star	4.74	2	3	0	6	6	43.2	42	7	21	46	Two Strikes	.152	223	34	11	1	8	25	109	.235	.224

Last Five Years

	ERA	W	L	Sv	G	GS	IP	H	HR	BB	SO		Avg	AB	H	2B	3B	HR	RBI	BB	SO	OBP	SLG
Home	3.91	33	31	0	81	81	578.1	520	64	198	485	vs. Left	.206	583	120	22	3	9	56	53	122	.273	.300
Away	3.38	32	27	0	71	71	495.2	432	34	215	372	vs. Right	.246	3376	832	150	14	89	364	360	735	.319	.378
Day	4.12	13	15	0	41	41	268.2	261	19	102	240	Inning 1-6	.242	3201	774	146	15	72	356	339	716	.314	.364
Night	3.51	52	43	0	111	111	805.1	691	79	311	617	Inning 7+	.235	758	178	26	2	26	64	74	141	.304	.377
Grass	3.61	56	48	0	130	130	923.1	800	89	353	754	None on	.229	2378	545	95	8	62	62	272	521	.310	.354
Turf	4.00	9	10	0	22	22	150.2	152	9	60	103	Runners on	.257	1581	407	77	9	36	358	141	336	.315	.386
April	3.86	8	3	0	17	17	107.1	98	10	43	93	Scoring Posn	.264	817	216	40	6	18	312	92	192	.328	.394
May	3.50	13	10	0	28	28	200.2	174	18	82	153	Close & Late	.231	471	109	16	1	14	42	49	88	.304	.359
June	3.11	15	8	0	27	27	197.0	171	19	70	162	None on/out	.240	1022	245	45	2	20	20	113	230	.318	.346
July	4.75	7	18	0	29	29	202.2	199	25	82	148	vs. 1st Batr (relief)	.000	0	0	0	0	0	0	0	0	.000	.000
August	3.56	13	9	0	26	26	179.1	153	15	77	138	First Inning Pitched	.250	567	142	29	0	12	62	66	126	.328	.365
September/October	3.22	9	10	0	25	25	187.0	157	11	59	163	First 75 Pitches	.237	2629	622	117	11	59	259	271	588	.308	.357
Starter	3.66	65	58	0	152	152	1074.0	952	98	413	857	Pitch 76-90	.271	502	136	24	2	13	75	56	94	.341	.404
Reliever	0.00	0	0	0	0	0	0.0	0	0	0	0	Pitch 91-105	.229	441	101	19	1	11	42	38	92	.293	.351
0-3 Days Rest (St)	3.30	4	1	0	6	6	43.2	35	5	15	41	Pitch 106+	.240	387	93	12	3	15	44	48	83	.322	.403
4 Days Rest	3.67	38	39	0	95	95	686.1	605	60	255	541	First Pitch	.298	593	177	33	2	19	79	8	0	.308	.457
5+ Days Rest	3.69	23	18	0	51	51	344.0	312	33	143	275	Ahead in Count	.170	1809	308	63	5	17	120	0	738	.172	.239
Pre-All Star	3.70	38	27	0	82	82	571.1	516	53	225	451	Behind in Count	.332	900	299	48	7	43	145	220	0	.461	.544
Post-All Star	3.62	27	31	0	70	70	502.2	436	45	188	406	Two Strikes	.156	1855	289	61	7	22	126	185	857	.232	.232

Pitcher vs. Batter (career)

Pitches Best Vs.	Avg	AB	H	2B	3B	HR	RBI	BB	SO	OBP	SLG	Pitches Worst Vs.	Avg	AB	H	2B	3B	HR	RBI	BB	SO	OBP	SLG
Scott Leius	.000	15	0	0	0	0	0	3	2	.167	.000	Rich Amaral	.529	17	9	2	0	1	4	1	2	.526	.824
John Valentin	.000	11	0	0	0	0	1	2	3	.154	.000	Mark Carreon	.500	14	7	2	0	0	1	3	1	.588	.643
Keith Miller	.063	16	1	0	0	0	0	3	.063	.125	Jeff Tackett	.500	8	4	0	0	2	2	1	.636	1.250
Jim Leyritz	.077	26	2	0	0	2	9	.143	.077	Kevin Mitchell	.467	15	7	0	0	4	7	0	2	.467	.800
Milt Cuyler	.083	12	1	0	0	0	0	.083	.083	Frank Thomas	.452	31	14	1	0	4	7	15	5	.630	.871

Ray Lankford — Cardinals
Age 28 – Bats Left

	Avg	G	AB	R	H	2B	3B	HR	RBI	BB	SO	HBP	GDP	SB	CS	OBP	SLG	IBB	SH	SF	#Pit	#P/PA	GB	FB	G/F
1994 Season	.267	109	416	89	111	25	5	19	57	58	113	4	0	11	10	.359	.488	3	0	4	1953	4.05	102	133	0.77
Career (1990-1994)	.265	579	2113	335	561	115	30	58	269	265	512	13	16	119	70	.349	.431	17	7	15	9665	4.01	656	588	1.12

1994 Season

	Avg	AB	H	2B	3B	HR	RBI	BB	SO	OBP	SLG		Avg	AB	H	2B	3B	HR	RBI	BB	SO	OBP	SLG
vs. Left	.190	105	20	3	1	3	9	19	41	.317	.324	Scoring Posn	.245	98	24	4	2	3	38	17	33	.355	.418
vs. Right	.293	311	91	22	4	16	48	39	72	.374	.543	Close & Late	.154	52	8	1	0	3	6	9	16	.297	.346
Groundball	.313	128	40	7	1	4	20	18	34	.403	.477	None on/out	.285	144	41	10	2	7	7	16	42	.356	.528
Flyball	.211	71	15	6	1	1	3	12	25	.321	.366	Batting #1	.268	261	70	13	3	12	34	40	76	.368	.479
Home	.318	195	62	19	2	8	31	25	46	.390	.559	Batting #4	.265	68	18	5	2	2	12	6	19	.329	.485
Away	.222	221	49	6	3	11	26	33	67	.332	.425	Other	.264	87	23	7	0	5	11	12	18	.354	.517
Day	.204	103	21	5	1	2	8	14	36	.308	.330	April	.352	88	31	6	1	5	16	17	25	.462	.614
Night	.288	313	90	20	4	17	49	44	77	.376	.540	May	.255	106	27	6	1	6	11	17	33	.363	.500
Grass	.211	123	26	3	3	5	12	22	34	.336	.407	June	.222	81	18	6	0	4	10	14	18	.330	.444
Turf	.290	293	85	22	2	14	45	36	79	.369	.522	July	.258	93	24	7	2	2	13	8	25	.320	.441
First Pitch	.347	49	17	3	1	5	11	2	0	.377	.755	August	.229	48	11	0	1	2	7	2	12	.269	.396
Ahead in Count	.304	69	21	5	1	6	16	23	0	.473	.667	September/October	.000	0	0	0	0	0	0	0	0	.000	.000
Behind in Count	.218	211	46	11	2	5	19	0	90	.228	.330	Pre-All Star	.279	305	85	20	4	17	44	53	84	.387	.538
Two Strikes	.197	223	44	7	2	7	21	33	113	.308	.341	Post-All Star	.234	111	26	5	1	2	13	5	29	.275	.351

1994 By Position

Position	Avg	AB	H	2B	3B	HR	RBI	BB	SO	OBP	SLG	G	GS	Innings	PO	A	E	DP	Fld Pct	Rng Fctr	In Zone	Outs	Zone Rtg	MLB Zone
As cf	.270	411	111	25	5	19	57	58	110	.363	.494	104	103	902.0	259	5	6	1	.978	2.63	324	254	.784	.824

Career (1990-1994)

	Avg	AB	H	2B	3B	HR	RBI	BB	SO	OBP	SLG		Avg	AB	H	2B	3B	HR	RBI	BB	SO	OBP	SLG
vs. Left	.235	702	165	29	12	7	75	92	200	.328	.340	Scoring Posn	.281	552	155	29	13	15	210	97	144	.385	.462
vs. Right	.281	1411	396	86	18	51	194	173	312	.359	.476	Close & Late	.243	367	89	13	4	10	40	50	104	.339	.381
Groundball	.305	685	209	36	6	21	96	85	142	.385	.467	None on/out	.267	630	168	28	9	20	20	53	159	.325	.435
Flyball	.232	449	104	23	13	6	50	52	133	.312	.394	Batting #1	.269	822	221	39	13	25	94	94	209	.347	.439
Home	.277	1032	286	59	17	33	150	130	224	.356	.463	Batting #3	.287	700	201	43	13	24	112	74	146	.354	.489
Away	.254	1081	275	56	13	25	119	135	288	.342	.400	Other	.235	591	139	33	4	9	63	97	157	.344	.350
Day	.227	582	132	34	9	11	59	76	160	.317	.373	April	.281	306	86	10	5	8	30	46	65	.382	.425
Night	.280	1531	429	81	21	47	210	189	352	.361	.453	May	.278	395	110	18	3	10	49	50	98	.360	.415
Grass	.253	597	151	32	8	12	66	76	152	.339	.394	June	.252	345	87	21	6	8	42	51	82	.350	.417
Turf	.270	1516	410	83	22	46	203	189	360	.352	.445	July	.278	316	88	25	5	7	44	34	81	.349	.456
First Pitch	.359	217	78	14	6	9	41	11	0	.392	.604	August	.237	371	88	18	9	4	48	33	96	.301	.391
Ahead in Count	.338	432	146	29	10	23	91	126	0	.482	.611	September/October	.268	380	102	23	5	16	56	51	90	.353	.482
Behind in Count	.204	1032	211	44	7	17	84	0	425	.211	.310	Pre-All Star	.270	1139	307	57	16	30	135	156	270	.360	.427
Two Strikes	.193	1107	214	42	9	17	90	128	512	.281	.294	Post-All Star	.261	974	254	58	14	28	134	109	242	.335	.435

Batter vs. Pitcher (career)

Hits Best Against	Avg	AB	H	2B	3B	HR	RBI	BB	SO	OBP	SLG	Hits Worst Against	Avg	AB	H	2B	3B	HR	RBI	BB	SO	OBP	SLG
Paul Assenmacher	.500	12	6	2	0	0	3	4	2	.625	.667	Bud Black	.100	10	1	1	0	0	2	1	0	.182	.200
Mitch Williams	.500	10	5	1	1	0	2	4	3	.643	.800	Randy Tomlin	.125	16	2	1	0	0	0	0	5	.125	.188
Kevin Gross	.467	15	7	3	0	1	4	1	3	.500	.867	Bruce Ruffin	.125	16	2	0	0	0	0	3	4	.263	.125
Dwight Gooden	.440	25	11	3	0	2	7	5	4	.533	.760	Frank Castillo	.136	22	3	1	0	0	0	0	6	.136	.182
Armando Reynoso	.400	10	4	1	0	2	3	5	1	.571	1.100	Bobby Ojeda	.188	16	3	0	0	0	1	0	7	.188	.188

Mike Lansing — Expos
Age 27 – Bats Right (groundball hitter)

	Avg	G	AB	R	H	2B	3B	HR	RBI	BB	SO	HBP	GDP	SB	CS	OBP	SLG	IBB	SH	SF	#Pit	#P/PA	GB	FB	G/F
1994 Season	.266	106	394	44	105	21	2	5	35	30	37	7	10	12	8	.328	.368	3	2	5	1508	3.47	182	105	1.73
Career (1993-1994)	.278	247	885	108	246	50	3	8	80	76	93	12	26	35	13	.342	.368	5	12	5	3466	3.50	400	229	1.75

1994 Season

	Avg	AB	H	2B	3B	HR	RBI	BB	SO	OBP	SLG		Avg	AB	H	2B	3B	HR	RBI	BB	SO	OBP	SLG
vs. Left	.308	91	28	6	1	3	8	4	8	.337	.495	Scoring Posn	.272	103	28	6	1	2	31	17	8	.384	.408
vs. Right	.254	303	77	15	1	2	27	26	29	.325	.330	Close & Late	.224	58	13	3	0	0	5	5	6	.281	.276
Groundball	.261	119	31	4	1	2	12	6	8	.313	.361	None on/out	.262	126	33	5	0	0	0	5	11	.295	.302
Flyball	.250	68	17	5	1	0	2	2	9	.282	.353	Batting #2	.264	140	37	6	1	0	3	16	16	.316	.386
Home	.313	179	56	14	1	3	20	16	21	.371	.453	Batting #7	.257	109	28	7	0	2	11	8	10	.331	.349
Away	.228	215	49	7	1	2	15	14	16	.292	.298	Other	.276	145	40	8	1	3	21	11	11	.338	.366
Day	.258	128	33	2	0	2	10	10	17	.324	.320	April	.238	84	20	2	1	0	4	10	10	.319	.286
Night	.271	266	72	19	2	3	25	20	20	.330	.391	May	.236	106	25	4	1	3	13	4	10	.268	.377
Grass	.242	132	32	5	0	1	12	10	10	.318	.303	June	.280	82	23	6	0	0	8	7	5	.359	.354
Turf	.279	262	73	16	2	4	23	20	27	.333	.401	July	.306	85	26	7	0	1	9	8	8	.381	.424
First Pitch	.403	67	27	4	0	2	8	3	0	.452	.552	August	.297	37	11	2	0	1	1	1	4	.316	.432
Ahead in Count	.287	115	33	7	0	2	13	11	0	.349	.400	September/October	.000	0	0	0	0	0	0	0	0	.000	.000
Behind in Count	.170	141	24	5	1	0	8	0	31	.182	.220	Pre-All Star	.258	306	79	15	2	4	31	24	26	.322	.359
Two Strikes	.193	140	27	5	2	0	16	37	.285	.257	Post-All Star	.295	88	26	6	0	1	4	6	11	.347	.398

1994 By Position

Position	Avg	AB	H	2B	3B	HR	RBI	BB	SO	OBP	SLG	G	GS	Innings	PO	A	E	DP	Fld Pct	Rng Fctr	In Zone	Outs	Zone Rtg	MLB Zone
As 2b	.274	285	78	17	2	5	25	24	29	.338	.400	82	75	653.0	144	206	6	46	.983	4.82	242	210	.868	.889
As 3b	.247	85	21	4	0	0	10	6	6	.316	.294	28	25	194.1	10	64	3	3	.961	3.43	73	62	.849	.826

1994 By Position

Position	Avg	AB	H	2B	3B	HR	RBI	BB	SO	OBP	SLG	G	GS	Innings	PO	A	E	DP	Fld Pct	Rng Fctr	In Zone	Outs	Zone Rtg	MLB Zone
As ss	.250	24	6	0	0	0	0	0	2	.250	.250	12	4	52.0	10	13	1	5	.958	3.98	15	16	1.067	.889

Career (1993-1994)

	Avg	AB	H	2B	3B	HR	RBI	BB	SO	OBP	SLG		Avg	AB	H	2B	3B	HR	RBI	BB	SO	OBP	SLG
vs. Left	.270	241	65	12	1	4	20	19	28	.323	.378	Scoring Posn	.271	225	61	15	1	4	72	35	27	.374	.400
vs. Right	.281	644	181	38	2	4	60	57	65	.348	.365	Close & Late	.268	142	38	8	0	0	11	15	17	.333	.324
Groundball	.297	259	77	11	1	3	29	24	25	.366	.382	None on/out	.279	240	67	12	1	0	0	12	21	.316	.338
Flyball	.284	141	40	9	1	0	6	7	19	.325	.362	Batting #2	.273	264	72	16	2	1	24	28	26	.347	.360
Home	.282	440	124	29	2	4	43	41	49	.347	.384	Batting #8	.311	180	56	9	0	1	12	17	16	.381	.378
Away	.274	445	122	21	1	4	37	35	44	.336	.353	Other	.268	441	118	25	1	6	44	31	51	.322	.370
Day	.286	290	83	14	0	5	24	22	40	.344	.386	April	.288	160	46	8	1	3	19	14	19	.345	.406
Night	.274	595	163	36	3	3	56	54	53	.340	.360	May	.255	196	50	9	2	3	17	15	20	.318	.367
Grass	.295	261	77	13	0	3	26	18	26	.350	.379	June	.242	161	39	10	0	0	14	14	13	.315	.304
Turf	.271	624	169	37	3	5	54	58	67	.338	.364	July	.302	159	48	11	0	1	12	19	18	.385	.390
First Pitch	.365	137	50	10	0	2	12	4	0	.400	.482	August	.280	125	35	5	0	1	8	6	13	.318	.344
Ahead in Count	.320	253	81	18	1	4	31	41	0	.415	.447	September/October	.333	84	28	7	0	0	10	8	10	.391	.417
Behind in Count	.193	342	66	12	1	0	22	0	81	.202	.234	Pre-All Star	.265	582	154	32	3	7	57	52	56	.333	.366
Two Strikes	.225	329	74	12	2	1	25	31	93	.296	.283	Post-All Star	.304	303	92	18	0	1	23	24	37	.359	.373

Batter vs. Pitcher (career)

Hits Best Against	Avg	AB	H	2B	3B	HR	RBI	BB	SO	OBP	SLG	Hits Worst Against	Avg	AB	H	2B	3B	HR	RBI	BB	SO	OBP	SLG
Mark Portugal	.417	12	5	2	0	0	1	3	2	.533	.583	Brian Williams	.125	8	1	0	0	0	0	2	1	.364	.125
Andy Benes	.417	12	5	2	0	0	1	0	4	.417	.583	Tom Glavine	.154	13	2	0	0	0	1	0	5	.154	.154
Jose Guzman	.400	10	4	0	0	0	1	2	3	.500	.400	Danny Jackson	.200	10	2	0	0	0	1	1	1	.273	.200
Tom Candiotti	.385	13	5	3	0	0	4	2	2	.467	.615	Greg Schilling	.200	10	2	0	0	0	0	1	0	.273	.200
Bob Tewksbury	.357	14	5	1	0	0	1	2	0	.438	.429	Curt Schilling	.231	13	3	0	0	0	0	0	2	.286	.231

Barry Larkin — Reds
Age 31 – Bats Right (groundball hitter)

	Avg	G	AB	R	H	2B	3B	HR	RBI	BB	SO	HBP	GDP	SB	CS	OBP	SLG	IBB	SH	SF	#Pit	#P/PA	GB	FB	G/F
1994 Season	.279	110	427	78	119	23	5	9	52	64	58	0	6	26	2	.369	.419	3	5	5	2071	4.13	170	118	1.44
Last Five Years	.300	631	2422	384	727	127	24	56	317	282	262	15	53	109	18	.374	.442	21	18	21	10438	3.78	1061	682	1.56

1994 Season

	Avg	AB	H	2B	3B	HR	RBI	BB	SO	OBP	SLG		Avg	AB	H	2B	3B	HR	RBI	BB	SO	OBP	SLG
vs. Left	.284	102	29	5	1	3	13	18	10	.382	.441	Scoring Posn	.323	99	32	8	0	1	40	24	18	.438	.434
vs. Right	.277	325	90	18	4	6	39	46	48	.365	.412	Close & Late	.227	75	17	3	1	1	10	14	14	.344	.333
Groundball	.247	150	37	6	1	1	12	26	24	.358	.320	None on/out	.289	90	26	6	1	2	2	13	7	.379	.444
Flyball	.345	58	20	5	0	0	12	12	7	.444	.431	Batting #1	.293	133	39	7	1	4	18	24	19	.401	.451
Home	.260	219	57	12	1	3	20	38	29	.365	.365	Batting #2	.280	218	61	12	3	4	24	31	31	.365	.417
Away	.298	208	62	11	4	6	32	26	29	.373	.476	Other	.250	76	19	4	1	1	10	9	8	.322	.368
Day	.289	135	39	6	1	4	16	28	14	.411	.437	April	.221	77	17	2	0	2	9	22	7	.386	.325
Night	.274	292	80	17	4	5	36	36	44	.348	.411	May	.245	110	27	5	1	2	14	10	18	.308	.364
Grass	.331	142	47	10	4	3	23	20	22	.414	.542	June	.366	101	37	6	2	1	13	14	14	.440	.495
Turf	.253	285	72	13	1	5	29	44	36	.347	.358	July	.276	105	29	6	2	1	10	12	15	.345	.400
First Pitch	.382	34	13	1	0	3	10	3	0	.421	.676	August	.265	34	9	4	0	3	6	6	4	.375	.647
Ahead in Count	.271	107	29	6	1	1	13	35	0	.444	.374	September/October	.000	0	0	0	0	0	0	0	0	.000	.000
Behind in Count	.253	182	46	11	3	2	16	0	40	.251	.379	Pre-All Star	.286	325	93	16	3	6	39	49	44	.376	.409
Two Strikes	.231	208	48	11	4	3	14	26	58	.315	.365	Post-All Star	.255	102	26	7	2	3	13	15	14	.347	.451

1994 By Position

Position	Avg	AB	H	2B	3B	HR	RBI	BB	SO	OBP	SLG	G	GS	Innings	PO	A	E	DP	Fld Pct	Rng Fctr	In Zone	Outs	Zone Rtg	MLB Zone
As ss	.279	427	119	23	5	9	52	63	58	.368	.419	110	108	960.1	178	312	10	56	.980	4.59	358	324	.905	.889

Last Five Years

	Avg	AB	H	2B	3B	HR	RBI	BB	SO	OBP	SLG		Avg	AB	H	2B	3B	HR	RBI	BB	SO	OBP	SLG
vs. Left	.316	735	232	51	10	25	106	119	60	.408	.514	Scoring Posn	.317	624	198	28	7	9	249	116	75	.415	.428
vs. Right	.293	1687	495	76	14	31	211	163	202	.358	.410	Close & Late	.275	375	103	12	7	3	47	51	57	.360	.368
Groundball	.296	872	258	47	11	14	114	89	101	.361	.423	None on/out	.285	492	140	23	5	13	13	42	47	.343	.431
Flyball	.278	454	126	23	4	9	55	65	58	.372	.405	Batting #2	.290	693	201	35	8	23	77	68	77	.355	.463
Home	.292	1196	349	58	8	35	174	158	136	.377	.441	Batting #3	.304	1375	418	74	14	26	200	170	140	.380	.435
Away	.308	1226	378	69	16	21	143	124	126	.371	.442	Other	.305	354	108	18	2	7	40	44	45	.383	.427
Day	.286	676	193	25	8	21	94	96	66	.374	.439	April	.268	332	89	8	3	6	41	52	34	.372	.364
Night	.306	1746	534	102	16	35	223	186	196	.373	.443	May	.308	432	133	22	4	8	63	42	50	.371	.433
Grass	.300	716	215	44	11	12	83	66	80	.359	.443	June	.306	517	158	24	3	16	73	61	65	.377	.456
Turf	.300	1706	512	83	13	44	234	216	182	.380	.441	July	.315	461	145	36	5	11	53	48	49	.379	.486
First Pitch	.309	236	73	8	2	6	39	16	0	.353	.436	August	.292	391	114	23	6	10	51	53	38	.377	.458
Ahead in Count	.358	645	231	40	9	21	101	188	0	.501	.546	September/October	.304	289	88	14	3	5	36	26	26	.361	.426
Behind in Count	.256	1037	265	51	9	15	105	0	207	.256	.365	Pre-All Star	.300	1456	437	71	12	36	199	175	160	.376	.440
Two Strikes	.238	1065	254	44	10	17	105	74	262	.289	.346	Post-All Star	.300	966	290	56	12	20	118	107	102	.370	.445

Batter vs. Pitcher (career)

Hits Best Against	Avg	AB	H	2B	3B	HR	RBI	BB	SO	OBP	SLG	Hits Worst Against	Avg	AB	H	2B	3B	HR	RBI	BB	SO	OBP	SLG
Randy Tomlin	.714	14	10	4	1	1	4	1	0	.733	1.357	Marvin Freeman	.000	16	0	0	0	0	1	0	5	.000	.000
Butch Henry	.556	9	5	1	0	1	4	2	1	.636	1.000	John Wetteland	.077	13	1	1	0	0	3	0	0	.071	.154
Frank Seminara	.455	11	5	0	1	2	5	0	2	.417	1.182	Todd Worrell	.091	11	1	0	0	0	1	0	2	.091	.091
Jim Deshaies	.444	36	16	2	0	5	8	2	2	.487	.917	Jeff Brantley	.133	15	2	0	0	0	1	0	5	.133	.133
Paul Wagner	.444	9	4	1	0	1	2	2	0	.545	.889	Danny Cox	.188	16	3	0	0	0	1	0	3	.188	.188

225

Mike LaValliere — White Sox   Age 34 – Bats Left

	Avg	G	AB	R	H	2B	3B	HR	RBI	BB	SO	HBP	GDP	SB	CS	OBP	SLG	IBB	SH	SF	#Pit	#P/PA	GB	FB	G/F
1994 Season	.281	59	139	6	39	4	0	1	24	20	15	1	4	0	2	.368	.331	0	9	3	672	3.91	42	45	0.93
Last Five Years	.269	396	1149	86	309	45	3	9	133	145	97	2	29	2	10	.350	.337	26	21	16	4600	3.44	432	385	1.12

1994 Season

	Avg	AB	H	2B	3B	HR	RBI	BB	SO	OBP	SLG		Avg	AB	H	2B	3B	HR	RBI	BB	SO	OBP	SLG
vs. Left	.304	23	7	2	0	0	7	5	2	.414	.391	Scoring Posn	.282	39	11	3	0	0	21	7	2	.380	.359
vs. Right	.276	116	32	2	0	1	17	15	13	.358	.319	Close & Late	.409	22	9	0	0	1	4	4	1	.481	.545
Home	.279	61	17	1	0	0	7	7	7	.353	.295	None on/out	.344	32	11	1	0	0	0	7	2	.462	.375
Away	.282	78	22	3	0	1	17	13	8	.379	.359	Batting #1	.500	2	1	0	0	0	1	1	0	.667	.500
First Pitch	.400	15	6	2	0	0	5	0	0	.375	.533	Batting #8	.269	134	36	4	0	1	21	19	15	.359	.321
Ahead in Count	.400	30	12	1	0	0	7	14	0	.591	.433	Other	.667	3	2	0	0	0	2	0	0	.500	.667
Behind in Count	.161	62	10	0	0	0	4	0	12	.172	.161	Pre-All Star	.322	87	28	3	0	0	11	12	10	.400	.356
Two Strikes	.231	65	15	0	0	1	7	6	15	.301	.277	Post-All Star	.212	52	11	1	0	1	13	8	5	.317	.288

Last Five Years

	Avg	AB	H	2B	3B	HR	RBI	BB	SO	OBP	SLG		Avg	AB	H	2B	3B	HR	RBI	BB	SO	OBP	SLG
vs. Left	.281	178	50	8	2	2	39	22	24	.363	.382	Scoring Posn	.269	308	83	15	3	3	123	61	30	.379	.367
vs. Right	.267	971	259	37	1	7	94	123	73	.347	.329	Close & Late	.211	152	32	6	0	1	13	36	15	.365	.270
Groundball	.271	380	103	14	2	1	34	52	28	.357	.326	None on/out	.271	280	76	16	0	0	0	33	17	.352	.329
Flyball	.257	276	71	10	1	4	33	34	23	.339	.344	Batting #7	.265	780	207	35	3	6	90	107	59	.354	.341
Home	.285	543	155	17	2	4	64	74	44	.370	.346	Batting #8	.272	265	72	8	0	1	34	27	30	.337	.313
Away	.254	606	154	28	1	5	69	71	53	.331	.328	Other	.288	104	30	2	0	2	9	11	8	.350	.365
Day	.305	338	103	14	1	4	43	37	31	.375	.388	April	.248	141	35	4	1	1	16	18	7	.331	.312
Night	.254	811	206	31	2	5	90	108	66	.339	.316	May	.304	158	48	5	1	1	17	29	15	.405	.367
Grass	.261	444	116	17	0	4	47	50	48	.336	.327	June	.267	195	52	9	0	2	22	23	15	.342	.344
Turf	.274	705	193	28	3	5	86	95	49	.358	.343	July	.266	259	69	8	0	1	25	29	24	.342	.309
First Pitch	.296	216	64	12	2	2	23	15	0	.346	.398	August	.289	187	54	10	0	4	34	23	19	.364	.406
Ahead in Count	.323	282	91	13	0	1	37	88	0	.479	.379	September/October	.244	209	51	9	1	0	19	23	17	.319	.297
Behind in Count	.213	428	91	9	0	3	33	0	84	.215	.255	Pre-All Star	.282	593	167	21	2	4	61	81	51	.366	.344
Two Strikes	.201	412	83	5	1	2	37	36	97	.268	.233	Post-All Star	.255	556	142	24	1	5	72	64	46	.332	.329

Batter vs. Pitcher (career)

Hits Best Against	Avg	AB	H	2B	3B	HR	RBI	BB	SO	OBP	SLG	Hits Worst Against	Avg	AB	H	2B	3B	HR	RBI	BB	SO	OBP	SLG
John Smoltz	.550	20	11	2	0	1	3	5	0	.640	.800	Bob Welch	.077	13	1	0	0	0	1	1	0	.143	.077
Omar Olivares	.545	11	6	0	0	0	1	2	0	.615	.545	Steve Bedrosian	.111	9	1	0	0	0	1	3	2	.308	.111
Frank Castillo	.500	16	8	1	0	0	1	2	0	.556	.563	Bob Tewksbury	.138	29	4	1	0	0	1	1	1	.167	.172
Kelly Downs	.478	23	11	3	0	0	3	5	1	.571	.609	Danny Cox	.154	13	2	0	0	0	1	1	2	.214	.154
Jack Armstrong	.444	9	4	0	0	0	3	0	1	.583	.444	Andy Benes	.176	17	3	0	0	0	0	1	1	.222	.176

Tim Leary — Rangers   Age 36 – Pitches Right (groundball pitcher)

	ERA	W	L	Sv	G	GS	IP	BB	SO	Avg	H	2B	3B	HR	RBI	OBP	SLG	CG	ShO	Sup	QS	#P/S	SB	CS	GB	FB	G/F
1994 Season	8.14	1	1	0	6	3	21.0	11	9	.306	26	7	1	4	18	.380	.553	0	0	5.57	0	86	3	0	33	28	1.18
Last Five Years	5.18	33	49	0	124	102	660.0	291	344	.280	711	142	13	75	334	.358	.435	10	4	4.58	41	95	68	27	1060	690	1.54

1994 Season

	ERA	W	L	Sv	G	GS	IP	H	HR	BB	SO		Avg	AB	H	2B	3B	HR	RBI	BB	SO	OBP	SLG
Home	5.40	1	0	0	4	1	11.2	11	1	5	7	vs. Left	.333	45	15	4	1	2	7	9	4	.436	.600
Away	11.57	0	1	0	2	2	9.1	15	3	6	2	vs. Right	.275	40	11	3	0	2	11	2	5	.311	.500

Last Five Years

	ERA	W	L	Sv	G	GS	IP	H	HR	BB	SO		Avg	AB	H	2B	3B	HR	RBI	BB	SO	OBP	SLG
Home	5.16	11	21	0	54	43	275.2	296	29	131	149	vs. Left	.285	1311	374	88	9	37	165	157	165	.362	.451
Away	5.20	22	28	0	70	59	384.1	415	46	160	195	vs. Right	.275	1225	337	54	4	38	169	134	179	.355	.419
Day	6.97	8	14	0	39	32	183.1	219	25	98	92	Inning 1-6	.278	2163	602	123	10	62	288	239	292	.354	.430
Night	4.49	25	35	0	85	70	476.2	492	50	193	252	Inning 7+	.292	373	109	19	3	13	46	52	52	.382	.464
Grass	4.98	18	35	0	83	68	440.2	467	51	199	242	None on	.272	1432	390	80	8	46	46	155	205	.349	.436
Turf	5.58	15	14	0	41	34	219.1	244	24	92	102	Runners on	.291	1104	321	62	5	29	288	136	139	.370	.435
April	4.16	5	3	0	17	12	88.2	86	9	32	62	Scoring Posn	.276	633	175	37	2	20	258	105	88	.378	.436
May	4.12	8	11	0	22	22	148.2	141	16	61	81	Close & Late	.272	180	49	5	2	5	20	29	23	.376	.406
June	5.14	5	11	0	22	22	136.2	152	14	46	57	None on/out	.285	638	182	35	4	24	81	88	114	.370	.466
July	8.52	5	7	0	22	16	87.2	128	10	48	39	vs. 1st Batr (relief)	.471	17	8	0	0	1	4	4	3	.545	.647
August	5.63	4	7	0	24	14	96.0	94	13	53	57	First Inning Pitched	.312	471	147	28	3	15	82	67	64	.400	.480
September/October	4.40	6	10	0	17	16	102.1	110	13	51	48	First 75 Pitches	.284	1990	565	113	12	54	251	206	269	.355	.434
Starter	5.02	33	46	0	102	102	620.2	665	71	268	319	Pitch 76-90	.260	289	75	14	0	11	52	46	37	.362	.422
Reliever	7.78	0	3	0	22	0	39.1	46	4	23	25	Pitch 91-105	.307	163	50	11	1	9	24	25	20	.403	.552
0-3 Days Rest (St)	8.62	0	1	0	3	3	15.2	22	2	7	6	Pitch 106+	.223	94	21	4	0	1	7	16	18	.353	.298
4 Days Rest	4.73	21	30	0	62	62	378.2	407	42	170	201	First Pitch	.299	432	129	26	2	10	59	11	0	.328	.438
5+ Days Rest	5.25	12	15	0	37	37	226.1	236	27	91	112	Ahead in Count	.219	948	208	44	4	18	85	0	293	.226	.331
Pre-All Star	4.86	20	29	0	69	62	409.0	430	44	160	218	Behind in Count	.347	671	233	46	5	27	105	153	0	.469	.551
Post-All Star	5.70	13	20	0	55	40	251.0	281	31	131	126	Two Strikes	.194	942	183	38	3	20	102	127	344	.291	.305

Pitcher vs. Batter (since 1984)

Pitches Best Vs.	Avg	AB	H	2B	3B	HR	RBI	BB	SO	OBP	SLG	Pitches Worst Vs.	Avg	AB	H	2B	3B	HR	RBI	BB	SO	OBP	SLG
Milt Cuyler	.000	15	0	0	0	0	1	0	2	.000	.000	Luis Rivera	.615	13	8	2	0	1	3	1	0	.643	1.000
Greg Vaughn	.000	11	0	0	0	0	1	2	1	.143	.000	Cory Snyder	.583	12	7	0	0	2	8	0	2	.583	1.083
Gary Gaetti	.048	21	1	0	0	0	1	3	1	.091	.048	Dick Schofield	.556	9	5	1	0	1	6	3	0	.667	1.000
Spike Owen	.056	18	1	0	0	0	1	1	1	.105	.056	Mike Macfarlane	.545	11	6	3	0	2	6	1	1	.583	1.364

Pitcher vs. Batter (since 1984)																			
Pitches Best Vs.	Avg	AB	H	2B	3B	HR	RBI	BB	SO	OBP	SLG	Pitches Worst Vs.	Avg	AB	H	2B	3B	HR	RBI	BB	SO	OBP	SLG
David Hulse	.083	12	1	0	0	0	0	0	0	.083	.083	Steve Buechele	.462	13	6	1	1	2	6	2	1	.533	1.154

Manuel Lee — Rangers
Age 30 – Bats Both (groundball hitter)

	Avg	G	AB	R	H	2B	3B	HR	RBI	BB	SO	HBP	GDP	SB	CS	OBP	SLG	IBB	SH	SF	#Pit	#P/PA	GB	FB	G/F
1994 Season	.278	95	335	41	93	18	2	2	38	21	66	0	6	3	1	.319	.361	0	6	1	1347	3.71	138	64	2.16
Last Five Years	.249	551	1772	207	441	61	11	12	159	143	375	4	35	21	10	.305	.316	3	34	12	7487	3.81	750	336	2.23

1994 Season

	Avg	AB	H	2B	3B	HR	RBI	BB	SO	OBP	SLG		Avg	AB	H	2B	3B	HR	RBI	BB	SO	OBP	SLG
vs. Left	.296	71	21	4	0	0	5	6	11	.351	.352	Scoring Posn	.337	92	31	7	1	2	38	4	16	.361	.500
vs. Right	.273	264	72	14	2	2	33	15	55	.311	.364	Close & Late	.286	56	16	2	0	1	9	2	11	.305	.375
Groundball	.324	74	24	3	0	1	14	4	16	.359	.405	None on/out	.348	92	32	6	0	0	0	5	12	.381	.413
Flyball	.215	79	17	4	0	0	5	8	16	.287	.266	Batting #8	.295	112	33	7	2	1	17	6	22	.331	.420
Home	.269	171	46	8	1	1	20	16	31	.330	.345	Batting #9	.280	207	58	11	0	1	21	14	43	.324	.348
Away	.287	164	47	10	1	1	18	5	35	.308	.378	Other	.125	16	2	0	0	0	0	1	1	.176	.125
Day	.333	84	28	5	1	0	8	2	18	.349	.417	April	.254	71	18	1	0	0	5	4	11	.293	.268
Night	.259	251	65	13	1	2	30	19	48	.310	.343	May	.320	103	33	7	1	0	15	6	23	.355	.408
Grass	.284	289	82	15	2	2	38	21	53	.331	.370	June	.273	22	6	1	0	0	1	0	4	.273	.318
Turf	.239	46	11	3	0	0	0	0	13	.239	.304	July	.252	107	27	7	0	1	10	9	20	.310	.346
First Pitch	.200	45	9	0	0	0	4	0	0	.200	.200	August	.281	32	9	2	1	1	7	2	8	.324	.500
Ahead in Count	.344	93	32	8	1	2	19	17	0	.441	.516	September/October	.000	0	0	0	0	0	0	0	0	.000	.000
Behind in Count	.234	145	34	6	1	0	10	0	56	.234	.290	Pre-All Star	.277	235	65	11	1	0	25	17	45	.324	.332
Two Strikes	.234	154	36	8	1	0	12	4	66	.253	.299	Post-All Star	.280	100	28	7	1	2	13	4	21	.308	.430

1994 By Position

Position	Avg	AB	H	2B	3B	HR	RBI	BB	SO	OBP	SLG	G	GS	Innings	PO	A	E	DP	Fld Pct	Rng Fctr	In Zone	Outs	Zone Rtg	MLB Zone
As 2b	.234	47	11	1	0	0	3	3	10	.280	.255	13	12	108.1	20	26	0	4	1.000	3.82	31	28	.903	.889
As ss	.285	288	82	17	2	2	35	18	56	.326	.378	85	82	713.1	132	255	13	49	.968	4.88	304	271	.891	.889

Last Five Years

	Avg	AB	H	2B	3B	HR	RBI	BB	SO	OBP	SLG		Avg	AB	H	2B	3B	HR	RBI	BB	SO	OBP	SLG
vs. Left	.253	554	140	26	2	6	49	40	102	.304	.339	Scoring Posn	.275	443	122	20	3	4	147	30	89	.316	.361
vs. Right	.247	1218	301	35	9	6	110	103	273	.305	.305	Close & Late	.224	286	64	6	1	1	22	25	63	.286	.262
Groundball	.253	471	119	15	2	1	38	35	107	.304	.299	None on/out	.274	442	121	17	1	2	2	40	83	.334	.330
Flyball	.242	385	93	12	4	2	29	38	88	.309	.309	Batting #8	.245	621	152	22	6	6	60	44	145	.293	.329
Home	.252	834	210	30	6	4	75	83	177	.318	.317	Batting #9	.258	1072	277	38	5	6	98	98	215	.321	.320
Away	.246	938	231	31	5	8	84	60	198	.292	.316	Other	.152	79	12	1	0	0	1	1	15	.163	.165
Day	.256	503	129	16	3	4	39	34	105	.304	.324	April	.255	271	69	7	1	0	19	29	55	.328	.288
Night	.246	1269	312	45	8	8	120	109	270	.305	.313	May	.276	330	91	10	4	8	39	23	71	.322	.403
Grass	.256	952	244	33	7	6	94	72	186	.309	.325	June	.245	273	67	14	1	1	26	20	61	.296	.315
Turf	.240	820	197	28	4	6	65	71	189	.300	.306	July	.205	352	72	10	1	1	27	24	71	.255	.247
First Pitch	.307	212	65	8	0	2	31	2	0	.319	.373	August	.243	333	81	10	2	1	31	22	73	.288	.294
Ahead in Count	.313	355	111	17	3	4	48	99	0	.455	.411	September/October	.286	213	61	10	2	1	17	25	44	.363	.366
Behind in Count	.195	866	169	23	6	5	55	0	332	.196	.253	Pre-All Star	.254	988	251	34	7	9	92	84	211	.312	.330
Two Strikes	.180	898	162	23	8	4	49	42	375	.218	.237	Post-All Star	.242	784	190	27	4	3	67	59	164	.295	.298

Batter vs. Pitcher (career)

Hits Best Against	Avg	AB	H	2B	3B	HR	RBI	BB	SO	OBP	SLG	Hits Worst Against	Avg	AB	H	2B	3B	HR	RBI	BB	SO	OBP	SLG
Danny Darwin	.545	11	6	0	0	0	1	2	1	.615	.545	Luis Aquino	.000	14	0	0	0	0	1	1	3	.067	.000
Tom Candiotti	.500	12	6	0	1	0	3	0	1	.462	.667	Rick Honeycutt	.000	12	0	0	0	0	0	2	3	.143	.000
Dave Righetti	.471	17	8	0	0	0	4	1	2	.500	.471	Charles Nagy	.074	27	2	0	0	0	1	2	8	.138	.074
Frank Viola	.350	20	7	3	1	0	0	3	.350	.600	Greg Harris	.105	19	2	0	0	0	1	7	.150	.105
Bobby Witt	.333	21	7	2	1	0	4	1	3	.364	.524	Chuck Crim	.133	15	2	0	0	0	2	0	4	.133	.133

Craig Lefferts — Angels
Age 37 – Pitches Left

	ERA	W	L	Sv	G	GS	IP	BB	SO	Avg	H	HR	2B	3B	HR	RBI	OBP	SLG	GF	IR	IRS	Hld	SvOp	SB	CS	GB	FB	G/F
1994 Season	4.67	1	1	1	30	0	34.2	12	27	.350	50	11	0	7	28	.392	.573	10	25	13	0	1	3	1	44	46	0.96
Last Five Years	4.05	26	33	47	224	40	462.0	117	297	.283	508	72	9	58	242	.325	.430	103	300	90	15	61	36	21	585	515	1.14

1994 Season

	ERA	W	L	Sv	G	GS	IP	H	HR	BB	SO		Avg	AB	H	2B	3B	HR	RBI	BB	SO	OBP	SLG
Home	3.29	1	0	1	16	0	13.2	16	2	6	11	vs. Left	.341	44	15	2	0	2	13	4	9	.380	.523
Away	5.57	0	1	0	14	0	21.0	34	5	6	16	vs. Right	.354	99	35	9	0	5	15	8	18	.398	.596
Starter	0.00	0	0	0	0	0	0.0	0	0	0	0	Scoring Posn	.375	48	18	4	0	1	22	5	8	.411	.521
Reliever	4.67	1	1	1	30	0	34.2	50	7	12	27	Close & Late	.478	23	11	0	0	6	2	3	.500	.478
0 Days rest (Re)	2.61	0	0	1	7	0	10.1	9	2	4	10	None on/out	.364	33	12	2	0	4	4	1	6	.382	.788
1 or 2 Days rest	7.36	1	0	0	8	0	7.1	15	2	5	2	First Pitch	.278	18	5	1	0	1	2	3	0	.381	.500
3+ Days rest	4.76	0	1	0	15	0	17.0	26	3	3	15	Ahead in Count	.278	72	20	3	0	1	14	0	24	.267	.361
Pre-All Star	4.67	1	1	1	30	0	34.2	50	7	12	27	Behind in Count	.464	28	13	3	0	4	7	2	0	.500	1.000
Post-All Star	0.00	0	0	0	0	0	0.0	0	0	0	0	Two Strikes	.237	59	14	3	0	2	11	7	27	.304	.390

Last Five Years

	ERA	W	L	Sv	G	GS	IP	H	HR	BB	SO		Avg	AB	H	2B	3B	HR	RBI	BB	SO	OBP	SLG
Home	3.66	13	16	22	109	19	221.1	229	24	56	145	vs. Left	.254	405	103	12	3	8	59	24	85	.296	.358
Away	4.41	13	17	25	115	21	240.2	279	34	61	152	vs. Right	.291	1390	405	60	6	50	183	93	212	.333	.451
Day	3.68	10	11	13	61	13	151.2	142	21	28	102	Inning 1-6	.288	927	267	43	5	31	123	56	151	.326	.446
Night	4.23	16	22	34	163	27	310.1	366	37	89	195	Inning 7+	.278	868	241	29	4	27	119	61	146	.323	.414

Last Five Years

	ERA	W	L	Sv	G	GS	IP	H	HR	BB	SO		Avg	AB	H	2B	3B	HR	RBI	BB	SO	OBP	SLG
Grass	4.17	20	28	33	174	31	358.1	391	44	97	234	None on	.281	1000	281	44	2	37	37	52	161	.317	.440
Turf	3.65	6	5	14	50	9	103.2	117	14	20	63	Runners on	.286	795	227	28	7	21	205	65	136	.334	.418
April	5.22	5	7	7	34	9	70.2	87	12	19	42	Scoring Posn	.293	440	129	14	5	9	173	46	82	.349	.409
May	4.44	5	4	13	39	9	97.1	106	14	30	70	Close & Late	.267	554	148	12	2	14	82	35	81	.309	.372
June	3.55	6	7	6	46	5	91.1	90	8	19	56	None on/out	.301	442	133	16	1	19	19	19	64	.331	.471
July	3.35	6	4	5	37	6	78.0	80	9	22	49	vs. 1st Batr (relief)	.299	164	49	4	1	4	26	12	31	.337	.409
August	4.09	5	5	11	38	6	66.0	81	8	12	26	First Inning Pitched	.268	727	195	28	6	19	111	57	142	.319	.402
September/October	3.68	2	6	5	30	5	58.2	64	7	15	54	First 15 Pitches	.285	708	202	35	4	21	103	47	123	.327	.435
Starter	4.55	15	17	0	40	40	235.1	269	30	53	130	Pitch 16-30	.263	414	109	11	2	15	46	31	74	.314	.408
Reliever	3.53	11	16	47	184	0	226.2	239	28	64	167	Pitch 31-45	.266	214	57	8	0	6	26	9	41	.293	.388
0 Days rest (Re)	3.35	2	3	10	35	0	40.1	41	8	18	21	Pitch 46+	.305	459	140	18	3	16	67	30	59	.346	.462
1 or 2 Days rest	3.73	6	7	24	82	0	101.1	103	12	23	71	First Pitch	.366	276	101	14	1	10	49	13	0	.391	.533
3+ Days rest	3.39	3	6	13	67	0	85.0	95	8	23	75	Ahead in Count	.216	828	179	25	4	13	85	0	257	.216	.303
Pre-All Star	4.45	18	22	26	134	26	295.1	325	43	77	189	Behind in Count	.351	359	126	19	1	19	57	63	0	.447	.568
Post-All Star	3.35	8	11	21	90	14	166.2	183	15	40	108	Two Strikes	.186	743	138	21	4	12	66	41	297	.228	.273

Pitcher vs. Batter (since 1984)

Pitches Best Vs.	Avg	AB	H	2B	3B	HR	RBI	BB	SO	OBP	SLG	Pitches Worst Vs.	Avg	AB	H	2B	3B	HR	RBI	BB	SO	OBP	SLG
Gary Redus	.067	15	1	0	0	0	0	4	1	.263	.067	Brett Butler	.545	11	6	0	0	1	1	1	1	.583	.818
Darren Daulton	.083	12	1	0	0	0	0	1	4	.154	.083	Andre Dawson	.500	16	8	1	0	1	6	3	0	.550	.750
Bobby Bonilla	.087	23	2	0	0	0	3	0	4	.083	.087	Mark Grace	.500	10	5	2	0	0	1	3	0	.615	.700
Don Slaught	.091	11	1	0	0	0	0	0	0	.091	.091	Tim Raines	.476	21	10	3	1	1	5	3	2	.520	.857
Lenny Dykstra	.111	18	2	1	0	0	1	4	1	.158	.167	Andres Galarraga	.348	23	8	1	0	4	9	0	4	.348	.913

Phil Leftwich — Angels

Age 26 – Pitches Right

	ERA	W	L	Sv	G	GS	IP	BB	SO	Avg	H	2B	3B	HR	RBI	OBP	SLG	CG	ShO	Sup	QS	#P/S	SB	CS	GB	FB	G/F
1994 Season	5.68	5	10	0	20	20	114.0	42	67	.283	127	29	4	16	67	.346	.473	1	0	4.18	6	96	7	4	163	119	1.37
Career (1993-1994)	4.90	9	16	0	32	32	194.2	69	98	.275	208	44	5	21	100	.338	.429	2	0	4.62	14	98	11	8	279	225	1.24

1994 Season

	ERA	W	L	Sv	G	GS	IP	H	HR	BB	SO		Avg	AB	H	2B	3B	HR	RBI	BB	SO	OBP	SLG
Home	7.07	3	5	0	11	11	56.0	71	10	20	32	vs. Left	.272	239	65	12	2	8	32	29	32	.349	.439
Away	4.34	2	5	0	9	9	58.0	56	6	22	35	vs. Right	.297	209	62	17	2	8	35	13	35	.342	.512
Starter	5.68	5	10	0	20	20	114.0	127	16	42	67	Scoring Posn	.337	101	34	9	0	3	48	10	19	.393	.515
Reliever	0.00	0	0	0	0	0	0.0	0	0	0	0	Close & Late	.280	25	7	2	0	1	2	5	4	.400	.480
0-3 Days Rest (St)	0.00	0	0	0	0	0	0.0	0	0	0	0	None on/out	.268	123	33	6	3	9	9	9	15	.323	.585
4 Days Rest	4.92	3	3	0	10	10	60.1	59	8	25	34	First Pitch	.385	52	20	5	0	3	8	1	0	.407	.654
5+ Days Rest	6.54	2	7	0	10	10	53.2	68	8	17	33	Ahead in Count	.223	211	47	7	3	3	27	0	54	.224	.327
Pre-All Star	4.67	4	7	0	15	15	94.1	97	12	33	57	Behind in Count	.282	103	29	5	0	8	16	24	0	.419	.563
Post-All Star	10.53	1	3	0	5	5	19.2	30	4	9	10	Two Strikes	.235	217	51	11	3	3	27	17	67	.291	.355

Dave Leiper — Athletics

Age 33 – Pitches Left

	ERA	W	L	Sv	G	GS	IP	BB	SO	Avg	H	2B	3B	HR	RBI	OBP	SLG	GF	IR	IRS	Hld	SvOp	SB	CS	GB	FB	G/F
1994 Season	1.93	0	0	1	26	0	18.2	6	14	.206	13	1	0	0	8	.278	.222	8	25	7	3	1	0	0	18	17	1.06

1994 Season

	ERA	W	L	Sv	G	GS	IP	H	HR	BB	SO		Avg	AB	H	2B	3B	HR	RBI	BB	SO	OBP	SLG
Home	0.93	0	0	0	14	0	9.2	7	0	3	8	vs. Left	.176	34	6	1	0	0	3	3	8	.263	.206
Away	3.00	0	0	1	12	0	9.0	6	0	3	6	vs. Right	.241	29	7	0	0	0	5	3	6	.294	.241
Starter	0.00	0	0	0	0	0	0.0	0	0	0	0	Scoring Posn	.222	27	6	0	0	0	8	2	9	.258	.222
Reliever	1.93	0	0	1	26	0	18.2	13	0	6	14	Close & Late	.231	13	3	1	0	0	1	1	3	.286	.308
0 Days rest (Re)	1.35	0	0	1	8	0	6.2	4	0	1	4	None on/out	.273	11	3	0	0	0	0	2	2	.429	.273
1 or 2 Days rest	2.45	0	0	0	11	0	7.1	4	0	2	6	First Pitch	.250	8	2	0	0	0	1	1	0	.400	.250
3+ Days rest	1.93	0	0	0	7	0	4.2	5	0	3	4	Ahead in Count	.250	28	7	1	0	0	3	0	12	.250	.286
Pre-All Star	0.90	0	0	1	12	0	10.0	4	0	4	6	Behind in Count	.231	13	3	0	0	0	4	2	0	.294	.231
Post-All Star	3.12	0	0	0	14	0	8.2	9	0	2	8	Two Strikes	.147	34	5	1	0	0	1	3	14	.216	.176

Al Leiter — Blue Jays

Age 29 – Pitches Left (groundball pitcher)

	ERA	W	L	Sv	G	GS	IP	BB	SO	Avg	H	2B	3B	HR	RBI	OBP	SLG	CG	ShO	Sup	QS	#P/S	SB	CS	GB	FB	G/F
1994 Season	5.08	6	7	0	20	20	111.2	65	100	.285	125	29	3	6	60	.374	.406	1	0	5.56	9	103	3	4	158	102	1.55
Last Five Years	4.67	15	13	2	62	32	225.2	130	172	.260	223	36	3	14	108	.357	.358	2	1	5.34	14	99	10	9	337	203	1.66

1994 Season

	ERA	W	L	Sv	G	GS	IP	H	HR	BB	SO		Avg	AB	H	2B	3B	HR	RBI	BB	SO	OBP	SLG
Home	4.37	5	2	0	9	9	55.2	61	3	25	53	vs. Left	.269	67	18	3	2	1	10	6	21	.316	.418
Away	5.79	1	5	0	11	11	56.0	64	3	40	47	vs. Right	.288	371	107	26	1	5	50	59	79	.384	.404
Starter	5.08	6	7	0	20	20	111.2	125	6	65	100	Scoring Posn	.257	136	35	8	1	2	53	22	35	.347	.375
Reliever	0.00	0	0	0	0	0	0.0	0	0	0	0	Close & Late	.500	14	7	2	0	0	3	4	0	.600	.643
0-3 Days Rest (St)	4.05	0	0	0	1	1	6.2	6	1	4	8	None on/out	.333	105	35	6	1	3	3	15	21	.417	.495
4 Days Rest	5.68	1	5	0	10	10	57.0	65	4	36	50	First Pitch	.338	65	22	6	0	1	8	1	0	.353	.477
5+ Days Rest	4.50	5	2	0	9	9	48.0	54	1	25	42	Ahead in Count	.254	185	47	7	1	3	26	0	80	.253	.351
Pre-All Star	5.07	3	5	0	15	15	81.2	92	4	49	72	Behind in Count	.367	98	36	12	2	1	19	28	0	.504	.561
Post-All Star	5.10	3	2	0	5	5	30.0	33	2	16	28	Two Strikes	.196	209	41	6	1	4	19	36	100	.312	.292

Mark Leiter — Angels
Age 32 – Pitches Right (flyball pitcher)

	ERA	W	L	Sv	G	GS	IP	BB	SO	Avg	H	2B	3B	HR	RBI	OBP	SLG	GF	IR	IRS	Hld	SvOp	SB	CS	GB	FB	G/F
1994 Season	4.72	4	7	2	40	7	95.1	35	71	.265	99	21	3	13	50	.340	.442	15	25	3	3	3	7	4	119	110	1.08
Career (1990-1994)	4.57	28	26	3	148	52	475.0	181	340	.265	484	78	16	60	238	.335	.424	35	100	25	9	6	31	24	545	574	0.95

1994 Season

	ERA	W	L	Sv	G	GS	IP	H	HR	BB	SO		Avg	AB	H	2B	3B	HR	RBI	BB	SO	OBP	SLG
Home	4.63	3	6	0	24	3	56.1	59	8	20	40	vs. Left	.303	165	50	9	3	8	26	23	33	.396	.539
Away	4.85	1	1	2	16	4	39.0	40	5	15	31	vs. Right	.236	208	49	12	0	5	24	12	38	.293	.365
Starter	5.15	2	3	0	7	7	43.2	51	6	15	27	Scoring Posn	.214	103	22	6	0	4	38	12	17	.315	.388
Reliever	4.35	2	4	2	33	0	51.2	48	7	20	44	Close & Late	.234	77	18	4	1	4	10	8	15	.326	.468
0 Days rest (Re)	5.87	1	1	1	8	0	7.2	8	3	3	10	None on/out	.311	90	28	7	1	4	4	5	20	.361	.544
1 or 2 Days rest	6.30	0	2	1	17	0	20.0	24	3	9	17	First Pitch	.346	52	18	4	0	2	10	5	0	.452	.538
3+ Days rest	2.25	1	1	0	8	0	24.0	16	1	8	17	Ahead in Count	.187	155	29	6	1	5	18	0	55	.205	.335
Pre-All Star	4.41	4	4	1	27	7	79.2	82	9	27	57	Behind in Count	.333	81	27	6	1	5	14	17	0	.444	.617
Post-All Star	6.32	0	3	1	13	0	15.2	17	4	8	14	Two Strikes	.174	172	30	6	2	8	17	13	71	.233	.337

Career (1990-1994)

	ERA	W	L	Sv	G	GS	IP	H	HR	BB	SO		Avg	AB	H	2B	3B	HR	RBI	BB	SO	OBP	SLG
Home	4.58	13	16	1	82	25	259.1	263	35	100	196	vs. Left	.278	852	237	36	12	32	114	108	130	.360	.461
Away	4.55	15	10	2	66	27	215.2	221	25	81	144	vs. Right	.254	972	247	42	4	28	124	73	210	.313	.392
Day	5.14	9	6	2	42	13	122.2	134	19	40	96	Inning 1-6	.269	1284	345	54	10	40	168	123	237	.335	.420
Night	4.37	19	20	1	106	39	352.1	350	41	141	244	Inning 7+	.257	540	139	24	6	20	70	58	103	.336	.435
Grass	4.49	25	24	3	129	44	421.0	420	54	155	315	None on	.261	1030	269	48	11	33	33	93	208	.328	.425
Turf	5.17	3	2	0	19	8	54.0	64	6	26	25	Runners on	.271	794	215	30	5	27	205	88	132	.344	.423
April	4.59	6	5	0	22	6	64.2	62	6	25	46	Scoring Posn	.260	443	115	15	2	10	163	64	78	.354	.370
May	3.14	6	2	0	32	10	114.2	103	11	34	84	Close & Late	.258	233	60	8	2	9	33	24	34	.336	.438
June	6.21	5	6	1	26	12	82.2	97	13	41	63	None on/out	.263	448	118	20	2	15	15	43	90	.335	.417
July	4.73	3	4	2	34	10	91.1	97	16	25	61	vs. 1st Batr (relief)	.215	79	17	4	0	2	14	11	17	.319	.342
August	5.23	5	3	0	14	5	43.0	50	8	12	30	First Inning Pitched	.263	513	135	20	5	16	81	56	108	.347	.415
September/October	4.35	3	6	0	20	9	78.2	75	6	24	56	First 15 Pitches	.252	424	107	22	3	11	53	42	75	.330	.396
Starter	4.60	20	16	0	52	52	305.0	332	38	107	202	Pitch 16-30	.279	359	100	9	4	12	45	34	85	.356	.426
Reliever	4.50	8	10	3	96	0	170.0	152	22	74	138	Pitch 31-45	.225	284	64	9	1	8	40	28	57	.288	.349
0 Days rest (Re)	5.14	1	2	1	13	0	14.0	14	4	8	15	Pitch 46+	.281	757	213	38	8	29	100	77	123	.346	.468
1 or 2 Days rest	3.74	3	3	2	45	0	67.1	59	7	28	59	First Pitch	.328	244	80	12	1	11	40	16	0	.380	.520
3+ Days rest	4.97	4	5	0	38	0	88.2	79	11	38	64	Ahead in Count	.206	831	171	26	6	13	72	0	288	.216	.298
Pre-All Star	4.50	17	14	2	93	32	292.0	298	32	129	210	Behind in Count	.332	365	121	18	5	24	67	81	0	.446	.605
Post-All Star	4.67	11	12	1	55	20	183.0	186	28	52	130	Two Strikes	.194	880	171	27	8	16	79	84	340	.235	.298

Pitcher vs. Batter (career)

Pitches Best Vs.	Avg	AB	H	2B	3B	HR	RBI	BB	SO	OBP	SLG	Pitches Worst Vs.	Avg	AB	H	2B	3B	HR	RBI	BB	SO	OBP	SLG
Tony Phillips	.000	10	0	0	0	0	1	0	2	.000	.000	John Olerud	.667	9	6	1	1	0	4	3	1	.750	1.000
Jay Buhner	.000	10	0	0	0	0	1	2	5	.154	.000	Rafael Palmeiro	.632	19	12	2	0	3	7	5	1	.708	1.211
Mike Bordick	.071	14	1	0	0	0	0	0	3	.071	.071	Paul O'Neill	.600	10	6	0	0	2	4	2	0	.667	1.200
Brian McRae	.091	22	2	0	0	0	1	1	3	.130	.091	Tim Raines	.467	15	7	0	0	3	4	4	2	.579	1.067
Terry Shumpert	.091	11	1	0	0	0	0	0	2	.091	.091	Bill Spiers	.375	8	3	0	0	1	3	2	1	.545	.750

Scott Leius — Twins
Age 29 – Bats Right

	Avg	G	AB	R	H	2B	3B	HR	RBI	BB	SO	HBP	GDP	SB	CS	OBP	SLG	IBB	SH	SF	#Pit	#P/PA	GB	FB	G/F
1994 Season	.246	97	350	57	86	16	1	14	49	37	58	1	9	2	4	.318	.417	0	1	2	1522	3.89	130	112	1.16
Career (1990-1994)	.254	359	1001	150	254	42	5	22	110	105	160	4	26	13	14	.324	.372	1	12	5	4182	3.72	401	277	1.45

1994 Season

	Avg	AB	H	2B	3B	HR	RBI	BB	SO	OBP	SLG		Avg	AB	H	2B	3B	HR	RBI	BB	SO	OBP	SLG
vs. Left	.242	91	22	4	0	1	12	11	12	.324	.319	Scoring Posn	.212	113	24	3	0	3	36	8	26	.260	.319
vs. Right	.247	259	64	12	1	13	37	26	46	.316	.452	Close & Late	.151	53	8	2	0	1	6	6	13	.237	.245
Groundball	.286	84	24	5	0	4	9	9	12	.362	.488	None on/out	.276	76	21	6	1	3	3	9	9	.353	.500
Flyball	.266	64	17	3	0	5	18	9	13	.356	.547	Batting #6	.295	105	31	7	1	3	17	17	20	.390	.467
Home	.216	190	41	5	0	7	16	33	29	.279	.353	Batting #7	.239	188	45	8	0	9	25	14	27	.292	.426
Away	.281	160	45	11	1	7	22	21	25	.363	.494	Other	.175	57	10	1	0	2	7	6	11	.262	.298
Day	.257	105	27	4	1	3	14	12	16	.331	.400	April	.257	70	18	4	1	4	9	8	10	.329	.514
Night	.241	245	59	12	0	11	35	25	42	.313	.424	May	.235	166	39	3	0	1	11	7	15	.316	.324
Grass	.288	118	34	8	0	5	16	13	18	.359	.483	June	.302	86	26	4	0	6	16	9	9	.365	.558
Turf	.224	232	52	8	1	9	33	24	40	.297	.384	July	.204	93	19	7	0	2	9	8	15	.267	.323
First Pitch	.265	34	9	4	0	3	7	0	0	.278	.547	August	.212	33	7	0	0	1	4	5	2	.316	.303
Ahead in Count	.259	85	22	3	1	2	14	22	0	.411	.388	September/October	.000	0	0	0	0	0	0	0	0	.000	.000
Behind in Count	.238	151	36	4	0	6	17	0	44	.237	.384	Pre-All Star	.252	254	64	11	1	11	39	26	49	.322	.433
Two Strikes	.211	152	32	3	0	4	14	15	58	.281	.309	Post-All Star	.229	96	22	5	0	3	10	11	9	.308	.375

1994 By Position

Position	Avg	AB	H	2B	3B	HR	RBI	BB	SO	OBP	SLG	G	GS	Innings	PO	A	E	DP	Fld Pct	Rng Fctr	In Zone	Outs	Zone Rtg	MLB Zone
As 3b	.247	344	85	15	1	14	49	37	57	.320	.419	95	92	824.0	63	184	8	13	.969	2.70	248	198	.798	.826

Career (1990-1994)

	Avg	AB	H	2B	3B	HR	RBI	BB	SO	OBP	SLG		Avg	AB	H	2B	3B	HR	RBI	BB	SO	OBP	SLG
vs. Left	.289	353	102	15	2	5	39	52	43	.379	.385	Scoring Posn	.230	296	68	10	1	3	87	29	61	.294	.301
vs. Right	.235	648	152	27	3	17	71	53	117	.293	.364	Close & Late	.227	150	34	7	0	2	13	13	27	.288	.313
Groundball	.260	258	67	12	1	8	30	20	39	.316	.407	None on/out	.268	246	66	14	3	7	7	21	37	.328	.435
Flyball	.257	206	53	6	1	6	30	29	54	.349	.383	Batting #7	.261	314	82	14	1	10	40	24	50	.313	.408
Home	.266	523	139	17	3	11	66	53	80	.333	.373	Batting #8	.258	380	98	15	2	5	37	40	57	.329	.347

Career (1990-1994)

	Avg	AB	H	2B	3B	HR	RBI	BB	SO	OBP	SLG		Avg	AB	H	2B	3B	HR	RBI	BB	SO	OBP	SLG
Away	.241	478	115	25	2	11	44	52	80	.315	.370	Other	.241	307	74	13	2	7	33	41	53	.330	.365
Day	.250	300	75	11	2	6	34	32	37	.321	.360	April	.250	172	43	6	3	6	23	22	28	.330	.424
Night	.255	701	179	31	3	16	76	73	123	.326	.377	May	.232	155	36	5	1	1	16	15	30	.304	.297
Grass	.247	361	89	18	1	9	34	35	57	.313	.377	June	.295	227	67	12	0	7	27	17	34	.343	.441
Turf	.258	640	165	24	4	13	76	70	103	.331	.369	July	.269	201	54	12	1	4	24	20	26	.333	.398
First Pitch	.341	123	42	8	2	3	16	0	0	.344	.512	August	.218	110	24	4	0	2	9	19	16	.333	.309
Ahead in Count	.285	246	70	8	2	5	31	60	0	.425	.394	September/October	.221	136	30	3	0	2	11	12	26	.289	.287
Behind in Count	.203	424	86	16	1	9	39	0	130	.204	.309	Pre-All Star	.258	628	162	25	4	14	71	62	106	.324	.377
Two Strikes	.198	424	84	13	1	6	37	45	160	.273	.276	Post-All Star	.247	373	92	17	1	8	39	43	54	.325	.362

Batter vs. Pitcher (career)

Hits Best Against	Avg	AB	H	2B	3B	HR	RBI	BB	SO	OBP	SLG	Hits Worst Against	Avg	AB	H	2B	3B	HR	RBI	BB	SO	OBP	SLG
Bill Wegman	.526	19	10	3	0	1	3	0	1	.526	.842	Mark Langston	.000	15	0	0	0	0	0	3	2	.167	.000
Todd Stottlemyre	.429	21	9	3	0	0	1	0	5	.429	.571	Melido Perez	.077	13	1	1	0	0	3	0	4	.077	.154
Joe Hesketh	.400	15	6	2	1	0	2	0	3	.400	.667	Alex Fernandez	.182	11	2	0	0	0	0	0	5	.182	.182
Chuck Finley	.316	19	6	1	0	0	1	4	1	.435	.368	Ben McDonald	.231	13	3	0	0	0	1	2	.286	.231
Rick Sutcliffe	.308	13	4	0	0	0	3	0	0	.308	.308	Jimmy Key	.231	13	3	0	0	0	2	2	0	.333	.231

Mark Lemke — Braves
Age 29 – Bats Both (groundball hitter)

	Avg	G	AB	R	H	2B	3B	HR	RBI	BB	SO	HBP	GDP	SB	CS	OBP	SLG	IBB	SH	SF	#Pit	#P/PA	GB	FB	G/F
1994 Season	.294	104	350	40	103	15	0	3	31	38	37	0	11	0	3	.363	.363	12	6	0	1265	3.21	160	79	2.03
Last Five Years	.248	648	1778	188	441	65	8	18	150	203	175	0	55	2	11	.323	.324	41	33	14	6585	3.25	760	496	1.53

1994 Season

	Avg	AB	H	2B	3B	HR	RBI	BB	SO	OBP	SLG		Avg	AB	H	2B	3B	HR	RBI	BB	SO	OBP	SLG
vs. Left	.294	102	30	5	0	3	13	10	11	.357	.431	Scoring Posn	.264	72	23	4	0	1	27	23	13	.418	.345
vs. Right	.294	248	73	10	0	0	18	28	26	.366	.335	Close & Late	.299	67	20	2	0	2	7	4	8	.338	.418
Groundball	.314	118	37	3	0	2	14	12	18	.377	.390	None on/out	.321	84	27	2	0	1	1	6	6	.367	.381
Flyball	.250	64	16	3	0	0	3	5	6	.304	.297	Batting #7	.276	98	27	5	0	1	11	16	11	.377	.357
Home	.316	177	56	6	0	2	17	16	22	.373	.384	Batting #8	.302	199	60	7	0	2	15	17	23	.356	.367
Away	.272	173	47	9	0	1	14	22	15	.354	.341	Other	.302	53	16	3	0	0	5	5	3	.362	.358
Day	.330	100	33	7	0	1	10	11	6	.396	.430	April	.273	66	18	3	0	1	3	8	5	.351	.364
Night	.280	250	70	8	0	2	21	27	31	.350	.336	May	.352	91	32	5	0	1	11	8	6	.404	.440
Grass	.307	270	83	10	0	2	22	29	26	.375	.367	June	.267	90	24	3	0	1	14	11	13	.347	.333
Turf	.250	80	20	5	0	1	9	9	11	.326	.350	July	.287	94	27	4	0	0	3	9	13	.350	.330
First Pitch	.284	88	25	3	0	0	6	11	0	.364	.318	August	.222	9	2	0	0	0	0	2	0	.364	.222
Ahead in Count	.397	73	29	2	0	2	10	18	0	.516	.507	September/October	.000	0	0	0	0	0	0	0	0	.000	.000
Behind in Count	.240	121	29	4	0	0	4	0	31	.240	.273	Pre-All Star	.294	279	82	12	0	3	29	30	24	.362	.369
Two Strikes	.207	111	23	5	0	1	10	9	37	.267	.279	Post-All Star	.296	71	21	3	0	0	2	8	13	.367	.338

1994 By Position

Position	Avg	AB	H	2B	3B	HR	RBI	BB	SO	OBP	SLG	G	GS	Innings	PO	A	E	DP	Fld Pct	Rng Fctr	In Zone	Outs	Zone Rtg	MLB Zone
As 2b	.296	348	103	15	0	3	31	38	37	.365	.365	103	102	899.0	208	300	3	54	.994	5.09	333	292	.877	.889

Last Five Years

	Avg	AB	H	2B	3B	HR	RBI	BB	SO	OBP	SLG		Avg	AB	H	2B	3B	HR	RBI	BB	SO	OBP	SLG
vs. Left	.270	597	161	26	4	13	63	60	41	.334	.392	Scoring Posn	.245	441	108	20	3	2	128	81	43	.353	.317
vs. Right	.237	1181	280	39	4	5	87	143	134	.317	.290	Close & Late	.258	322	83	8	2	7	37	35	39	.328	.360
Groundball	.243	605	147	21	3	4	51	70	76	.319	.307	None on/out	.238	424	101	15	3	6	6	36	39	.298	.330
Flyball	.280	382	107	20	2	6	35	43	33	.352	.390	Batting #7	.250	344	86	16	3	3	28	38	23	.323	.340
Home	.258	886	229	34	2	11	81	94	86	.328	.339	Batting #8	.246	1036	255	33	6	13	84	118	115	.321	.321
Away	.238	892	212	31	6	7	69	109	89	.318	.309	Other	.251	398	100	16	2	2	38	47	37	.328	.317
Day	.277	476	132	22	3	4	46	53	42	.345	.355	April	.233	223	52	9	0	3	17	28	25	.315	.314
Night	.237	1302	309	43	5	15	104	150	133	.315	.313	May	.278	349	97	16	3	5	28	38	33	.346	.384
Grass	.254	1330	338	47	6	14	112	157	123	.331	.331	June	.246	281	69	9	2	3	26	34	30	.327	.324
Turf	.230	448	103	18	2	4	38	46	52	.299	.306	July	.260	312	81	13	1	2	30	38	29	.337	.327
First Pitch	.246	406	100	11	2	3	34	30	0	.295	.305	August	.262	298	78	8	0	4	26	29	34	.324	.329
Ahead in Count	.281	416	117	20	2	8	51	128	0	.448	.397	September/October	.203	315	64	10	2	1	20	36	27	.283	.257
Behind in Count	.212	646	137	20	3	1	37	0	158	.210	.257	Pre-All Star	.252	952	240	37	6	12	84	112	90	.329	.341
Two Strikes	.208	601	125	22	0	4	41	42	175	.258	.265	Post-All Star	.243	826	201	28	2	6	66	91	85	.316	.304

Batter vs. Pitcher (career)

Hits Best Against	Avg	AB	H	2B	3B	HR	RBI	BB	SO	OBP	SLG	Hits Worst Against	Avg	AB	H	2B	3B	HR	RBI	BB	SO	OBP	SLG
Curt Schilling	.500	22	11	0	0	2	3	3	2	.560	.773	Greg W. Harris	.000	14	0	0	0	0	0	3	4	.176	.000
Kevin Gross	.500	14	7	0	0	0	0	4	1	.611	.500	Dwight Gooden	.091	11	1	1	0	0	2	0	1	.083	.182
Wally Whitehurst	.500	10	5	0	2	0	0	3	0	.615	.900	Mel Rojas	.100	10	1	0	0	0	0	1	6	.182	.100
Randy Myers	.444	9	4	1	0	0	2	2	0	.545	.556	Bob Tewksbury	.115	26	3	1	0	0	0	1	2	.148	.154
Denny Neagle	.308	13	4	1	0	2	2	1	2	.357	.846	Ryan Bowen	.154	13	2	0	0	0	0	2	1	.143	.154

Mark Leonard — Giants
Age 30 – Bats Left (flyball hitter)

	Avg	G	AB	R	H	2B	3B	HR	RBI	BB	SO	HBP	GDP	SB	CS	OBP	SLG	IBB	SH	SF	#Pit	#P/PA	GB	FB	G/F
1994 Season	.364	14	11	2	4	1	1	0	2	3	2	0	0	0	0	.500	.636	0	0	0	70	5.00	3	4	0.75
Career (1990-1994)	.230	154	300	33	69	17	2	7	37	37	73	4	6	0	2	.317	.370	1	1	6	1392	4.00	91	92	0.99

1994 Season

	Avg	AB	H	2B	3B	HR	RBI	BB	SO	OBP	SLG		Avg	AB	H	2B	3B	HR	RBI	BB	SO	OBP	SLG
vs. Left	.500	2	1	0	0	0	0	0	0	.500	.500	Scoring Posn	.200	5	1	0	0	0	1	1	0	.333	.200

230

1994 Season

	Avg	AB	H	2B	3B	HR	RBI	BB	SO	OBP	SLG		Avg	AB	H	2B	3B	HR	RBI	BB	SO	OBP	SLG
vs. Right	.333	9	3	1	1	0	2	3	2	.500	.667	Close & Late	.400	5	2	1	0	0	0	2	1	.571	.600

Career (1990-1994)

	Avg	AB	H	2B	3B	HR	RBI	BB	SO	OBP	SLG		Avg	AB	H	2B	3B	HR	RBI	BB	SO	OBP	SLG
vs. Left	.171	35	6	1	0	0	1	3	11	.237	.200	Scoring Posn	.205	88	18	2	1	1	25	7	27	.262	.284
vs. Right	.238	265	63	16	2	7	36	34	62	.327	.392	Close & Late	.231	65	15	4	1	1	10	12	19	.354	.369
Groundball	.211	114	24	6	1	3	15	10	21	.282	.360	None on/out	.231	65	15	5	0	0	0	10	16	.351	.308
Flyball	.222	54	12	6	0	0	6	6	19	.306	.333	Batting #4	.220	109	24	6	0	2	12	10	25	.298	.330
Home	.189	132	25	7	1	3	18	17	32	.280	.326	Batting #5	.158	57	9	2	0	1	6	6	14	.238	.246
Away	.262	168	44	10	1	4	19	20	41	.345	.405	Other	.269	134	36	9	2	4	19	21	34	.363	.455
Day	.264	110	29	5	2	3	15	12	28	.336	.427	April	.182	22	4	2	0	0	2	1	5	.208	.273
Night	.211	190	40	12	0	4	22	25	45	.306	.337	May	.059	17	1	1	0	0	4	3	8	.167	.118
Grass	.209	220	46	11	1	7	26	29	55	.300	.364	June	.288	52	15	3	1	1	8	3	11	.327	.442
Turf	.288	80	23	6	1	0	11	8	18	.362	.388	July	.290	62	18	4	1	1	11	8	15	.366	.435
First Pitch	.333	27	9	5	1	0	4	1	0	.357	.593	August	.240	50	12	1	0	3	6	8	9	.356	.440
Ahead in Count	.313	80	25	5	0	4	13	14	0	.411	.525	September/October	.196	97	19	6	0	2	6	14	25	.316	.320
Behind in Count	.143	133	19	4	0	2	11	0	64	.163	.218	Pre-All Star	.224	107	24	7	1	2	19	8	29	.267	.364
Two Strikes	.143	140	20	6	1	0	9	22	73	.268	.200	Post-All Star	.233	193	45	10	1	5	18	29	44	.344	.373

Batter vs. Pitcher (career)

	Avg	AB	H	2B	3B	HR	RBI	BB	SO	OBP	SLG		Avg	AB	H	2B	3B	HR	RBI	BB	SO	OBP	SLG
Hits Best Against												Hits Worst Against											
												Ramon Martinez	.000	9	0	0	0	0	0	2	4	.182	.000

Curt Leskanic — Rockies

Age 27 – Pitches Right (groundball pitcher)

	ERA	W	L	Sv	G	GS	IP	BB	SO	Avg	H	2B	3B	HR	RBI	OBP	SLG	GF	IR	IRS	Hld	SvOp	SB	CS	GB	FB	G/F
1994 Season	5.64	1	1	0	8	3	22.1	10	17	.314	27	2	1	2	11	.385	.430	2	4	2	0	0	1	3	35	13	2.69
Career (1993-1994)	5.45	2	6	0	26	11	79.1	37	47	.279	86	11	1	9	48	.356	.409	3	10	6	0	4	4	125	82	1.52

1994 Season

	ERA	W	L	Sv	G	GS	IP	H	HR	BB	SO		Avg	AB	H	2B	3B	HR	RBI	BB	SO	OBP	SLG
Home	9.00	0	1	0	3	1	7.0	10	0	4	1	vs. Left	.242	33	8	0	0	1	6	9	6	.405	.333
Away	4.11	1	0	0	5	2	15.1	17	2	6	16	vs. Right	.358	53	19	2	1	1	5	1	11	.370	.491

Jesse Levis — Indians

Age 27 – Bats Left (groundball hitter)

	Avg	G	AB	R	H	2B	3B	HR	RBI	BB	SO	HBP	GDP	SB	CS	OBP	SLG	IBB	SH	SF	#Pit	#P/PA	GB	FB	G/F
1994 Season	1.000	1	1	0	1	0	0	0	0	0	0	0	0	0	0	1.000	1.000	0	0	0	1	1.00	1	0	0.00
Career (1992-1994)	.224	60	107	9	24	6	0	1	7	2	15	0	1	0	0	.236	.308	0	1	1	379	3.41	43	28	1.54

1994 Season

	Avg	AB	H	2B	3B	HR	RBI	BB	SO	OBP	SLG		Avg	AB	H	2B	3B	HR	RBI	BB	SO	OBP	SLG
vs. Left	.000	0	0	0	0	0	0	0	0	.000	.000	Scoring Posn	.000	0	0	0	0	0	0	0	0	.000	.000
vs. Right	1.000	1	1	0	0	0	0	0	0	1.000	1.000	Close & Late	1.000	1	1	0	0	0	0	0	0	1.000	1.000

Darren Lewis — Giants

Age 27 – Bats Right (groundball hitter)

	Avg	G	AB	R	H	2B	3B	HR	RBI	BB	SO	HBP	GDP	SB	CS	OBP	SLG	IBB	SH	SF	#Pit	#P/PA	GB	FB	G/F
1994 Season	.257	114	451	70	116	15	9	4	29	53	50	4	6	30	13	.340	.357	0	4	1	1809	3.53	231	97	2.38
Career (1990-1994)	.248	447	1550	237	385	45	20	8	111	155	170	15	16	119	43	.322	.319	0	36	4	6279	3.57	738	343	2.15

1994 Season

	Avg	AB	H	2B	3B	HR	RBI	BB	SO	OBP	SLG		Avg	AB	H	2B	3B	HR	RBI	BB	SO	OBP	SLG
vs. Left	.217	115	25	3	1	1	10	13	9	.297	.287	Scoring Posn	.234	94	22	2	1	1	23	12	13	.336	.309
vs. Right	.271	336	91	12	8	3	19	40	41	.354	.381	Close & Late	.276	76	21	3	1	1	10	6	8	.337	.382
Groundball	.213	164	35	3	3	2	7	19	19	.299	.305	None on/out	.278	198	55	6	6	3	3	23	26	.353	.414
Flyball	.317	63	20	4	0	0	6	9	8	.403	.381	Batting #1	.262	439	115	14	9	4	28	52	47	.345	.362
Home	.259	228	59	6	3	4	16	25	29	.339	.364	Batting #2	.091	11	1	1	0	0	1	1	3	.167	.182
Away	.256	223	57	9	6	0	13	28	21	.341	.350	Other	.000	1	0	0	0	0	0	0	0	.000	.000
Day	.283	230	65	11	4	4	19	33	23	.377	.417	April	.262	84	22	1	1	1	3	13	11	.361	.333
Night	.231	221	51	4	5	0	10	20	27	.299	.294	May	.243	107	26	2	2	0	4	17	10	.354	.299
Grass	.259	348	90	12	7	4	24	38	41	.338	.368	June	.262	103	27	5	2	0	8	12	13	.345	.350
Turf	.252	103	26	3	2	0	5	15	9	.347	.320	July	.271	118	32	6	3	3	8	8	10	.323	.449
First Pitch	.329	85	28	5	2	0	6	0	0	.337	.435	August	.231	39	9	1	1	0	6	3	6	.286	.308
Ahead in Count	.321	78	25	5	1	0	6	27	0	.500	.410	September/October	.000	0	0	0	0	0	0	0	0	.000	.000
Behind in Count	.218	202	44	4	4	4	15	0	41	.224	.337	Pre-All Star	.265	339	90	9	5	4	21	42	38	.352	.357
Two Strikes	.207	179	37	3	3	4	9	26	50	.311	.324	Post-All Star	.232	112	26	6	4	0	8	11	12	.301	.357

1994 By Position

Position	Avg	AB	H	2B	3B	HR	RBI	BB	SO	OBP	SLG	G	GS	Innings	PO	A	E	DP	Fld Pct	Rng Fctr	In Zone	Outs	Zone Rtg	MLB Zone
As cf	.258	450	116	15	9	4	29	53	50	.341	.358	113	111	991.2	281	5	2	1	.993	2.60	321	267	.832	.824

Career (1990-1994)

	Avg	AB	H	2B	3B	HR	RBI	BB	SO	OBP	SLG		Avg	AB	H	2B	3B	HR	RBI	BB	SO	OBP	SLG
vs. Left	.246	495	122	17	5	3	36	52	50	.320	.319	Scoring Posn	.264	330	87	6	3	3	99	29	40	.329	.327
vs. Right	.249	1055	263	28	15	5	75	103	120	.323	.318	Close & Late	.246	232	57	7	3	1	22	22	34	.319	.315
Groundball	.251	533	134	12	6	4	48	48	48	.316	.316	None on/out	.255	609	155	15	11	5	5	72	74	.337	.340
Flyball	.227	260	59	8	3	1	29	33	43	.316	.292	Batting #1	.249	1340	333	34	18	7	93	134	144	.322	.316
Home	.236	759	179	22	5	7	56	75	78	.311	.306	Batting #2	.264	148	39	10	2	1	14	11	19	.317	.378

231

Career (1990-1994)

	Avg	AB	H	2B	3B	HR	RBI	BB	SO	OBP	SLG		Avg	AB	H	2B	3B	HR	RBI	BB	SO	OBP	SLG
Away	.260	791	206	23	15	1	55	80	92	.333	.331	Other	.210	62	13	1	0	0	4	10	7	.338	.226
Day	.253	723	183	21	7	6	61	77	70	.330	.326	April	.277	238	66	7	4	1	12	30	33	.357	.353
Night	.244	827	202	24	13	2	50	78	100	.314	.312	May	.225	302	68	6	6	1	23	29	32	.301	.295
Grass	.242	1147	278	35	14	8	84	115	119	.318	.318	June	.246	256	63	11	2	1	15	26	27	.323	.316
Turf	.266	403	107	10	6	0	27	40	51	.334	.320	July	.289	301	87	13	4	4	28	24	31	.350	.399
First Pitch	.290	238	69	9	2	0	21	0	0	.292	.345	August	.253	182	46	2	3	1	16	17	20	.320	.313
Ahead in Count	.269	335	90	16	5	2	24	78	0	.412	.364	September/October	.203	271	55	6	1	0	17	29	27	.285	.232
Behind in Count	.226	676	153	13	8	6	49	0	140	.236	.296	Pre-All Star	.254	893	227	25	12	6	62	89	101	.327	.329
Two Strikes	.199	633	126	11	8	5	37	77	170	.294	.265	Post-All Star	.240	657	158	20	8	2	49	66	69	.315	.304

Batter vs. Pitcher (career)

Hits Best Against	Avg	AB	H	2B	3B	HR	RBI	BB	SO	OBP	SLG	Hits Worst Against	Avg	AB	H	2B	3B	HR	RBI	BB	SO	OBP	SLG
Tom Browning	.471	17	8	1	1	0	3	0	2	.471	.647	Darryl Kile	.000	11	0	0	0	0	0	2	3	.154	.000
Butch Henry	.417	12	5	1	0	0	0	2	0	.500	.500	Orel Hershiser	.069	29	2	0	0	0	2	1	5	.100	.069
Anthony Young	.400	15	6	1	0	0	1	2	2	.471	.467	Andy Ashby	.100	10	1	0	0	0	0	1	1	.182	.100
Willie Blair	.333	12	4	0	1	0	3	1	2	.429	.500	Rheal Cormier	.111	18	2	0	0	0	1	0	0	.158	.111
Armando Reynoso	.333	9	3	1	0	0	2	1	0	.500	.444	Ken Hill	.154	13	2	0	0	0	0	0	0	.154	.154

Mark Lewis — Indians
Age 25 – Bats Right (flyball hitter)

	Avg	G	AB	R	H	2B	3B	HR	RBI	BB	SO	HBP	GDP	SB	CS	OBP	SLG	IBB	SH	SF	#Pit	#P/PA	GB	FB	G/F
1994 Season	.205	20	73	6	15	5	0	1	8	2	13	0	2	1	0	.227	.315	0	1	0	277	3.64	19	24	0.79
Career (1991-1994)	.258	240	852	85	220	43	1	7	73	42	134	3	27	10	7	.292	.336	1	5	9	3186	3.50	264	274	0.96

1994 Season

	Avg	AB	H	2B	3B	HR	RBI	BB	SO	OBP	SLG		Avg	AB	H	2B	3B	HR	RBI	BB	SO	OBP	SLG
vs. Left	.184	38	7	1	0	1	2	1	7	.205	.289	Scoring Posn	.222	18	4	3	0	0	6	1	5	.263	.389
vs. Right	.229	35	8	4	0	0	6	1	6	.250	.343	Close & Late	.267	15	4	1	0	1	2	1	3	.313	.533

Career (1991-1994)

	Avg	AB	H	2B	3B	HR	RBI	BB	SO	OBP	SLG		Avg	AB	H	2B	3B	HR	RBI	BB	SO	OBP	SLG
vs. Left	.264	239	63	16	0	3	22	14	35	.301	.368	Scoring Posn	.245	188	46	11	0	0	61	13	35	.281	.303
vs. Right	.256	613	157	27	1	4	51	28	99	.289	.323	Close & Late	.204	162	33	6	0	1	13	12	35	.267	.259
Groundball	.253	198	50	9	1	1	14	8	26	.282	.323	None on/out	.245	163	40	9	1	2	2	24	.301	.350
Flyball	.226	226	51	10	0	2	14	14	42	.274	.296	Batting #2	.270	348	94	25	0	3	33	14	57	.299	.368
Home	.271	421	114	22	1	4	41	21	57	.303	.356	Batting #8	.260	231	60	8	0	2	11	7	34	.282	.320
Away	.246	431	106	21	0	3	32	21	77	.282	.316	Other	.242	273	66	10	1	2	29	21	43	.294	.308
Day	.297	232	69	15	0	1	27	14	30	.331	.375	April	.309	139	43	11	0	2	14	10	21	.351	.432
Night	.244	620	151	28	1	6	46	28	104	.278	.321	May	.295	207	61	10	0	2	26	11	31	.329	.372
Grass	.257	739	190	39	1	7	66	37	117	.291	.341	June	.178	169	30	5	0	0	10	5	21	.200	.207
Turf	.265	113	30	4	0	0	7	5	17	.303	.301	July	.170	106	18	2	1	1	3	5	23	.212	.236
First Pitch	.259	112	29	7	0	0	9	1	0	.267	.321	August	.337	86	29	7	0	1	5	7	15	.394	.453
Ahead in Count	.337	208	70	14	0	3	31	23	0	.400	.447	September/October	.269	145	39	8	0	1	15	4	23	.285	.345
Behind in Count	.188	372	70	7	1	1	17	0	119	.187	.220	Pre-All Star	.257	567	146	28	1	4	52	28	85	.290	.332
Two Strikes	.182	347	63	12	1	2	14	18	134	.221	.239	Post-All Star	.260	285	74	15	0	3	21	14	49	.297	.344

Batter vs. Pitcher (career)

Hits Best Against	Avg	AB	H	2B	3B	HR	RBI	BB	SO	OBP	SLG	Hits Worst Against	Avg	AB	H	2B	3B	HR	RBI	BB	SO	OBP	SLG
Mike Moore	.636	11	7	3	0	0	3	0	1	.636	.909	Greg Hibbard	.091	11	1	1	0	0	0	0	1	.091	.182
Rick Sutcliffe	.364	11	4	0	0	1	2	0	1	.364	.636	Chuck Finley	.130	23	3	0	0	0	3	3	.231	.130
Ben McDonald	.364	11	4	1	0	1	0	0	0	.364	.455	Jaime Navarro	.150	20	3	1	0	0	0	1	.150	.200
Jack Morris	.308	13	4	1	0	0	2	1	1	.333	.385	Wilson Alvarez	.182	11	2	0	0	0	1	0	1	.182	.182
												Dave Stewart	.182	11	2	0	0	0	0	1	5	.250	.182

Richie Lewis — Marlins
Age 29 – Pitches Right

	ERA	W	L	Sv	G	GS	IP	BB	SO	Avg	H	2B	3B	HR	RBI	OBP	SLG	GF	IR	IRS	Hld	SvOp	SB	CS	GB	FB	G/F
1994 Season	5.67	1	4	0	45	0	54.0	38	45	.284	62	9	5	7	41	.391	.468	9	30	10	4	0	8	0	76	67	1.13
Career (1992-1994)	4.57	8	8	0	104	2	138.0	88	114	.267	143	27	8	15	93	.369	.432	23	85	30	7	2	16	3	169	161	1.05

1994 Season

	ERA	W	L	Sv	G	GS	IP	H	HR	BB	SO		Avg	AB	H	2B	3B	HR	RBI	BB	SO	OBP	SLG
Home	6.63	1	1	0	26	0	36.2	43	7	22	31	vs. Left	.353	102	36	5	2	4	23	22	19	.468	.559
Away	3.63	0	3	0	19	0	17.1	19	0	16	14	vs. Right	.224	116	26	4	3	3	18	16	26	.321	.388
Starter	0.00	0	0	0	0	0	0.0	0	0	0	0	Scoring Posn	.268	82	22	4	1	2	34	20	18	.413	.415
Reliever	5.67	1	4	0	45	0	54.0	62	7	38	45	Close & Late	.250	44	11	2	1	0	7	16	9	.450	.341
0 Days rest (Re)	5.11	1	1	0	10	0	12.1	10	0	14	9	None on/out	.295	44	13	1	2	1	1	7	7	.392	.477
1 or 2 Days rest	8.17	0	3	0	20	0	25.1	36	6	11	22	First Pitch	.310	29	9	1	0	1	5	3	0	.375	.448
3+ Days rest	2.20	0	0	0	15	0	16.1	16	1	13	14	Ahead in Count	.212	99	21	3	4	2	12	0	42	.212	.384
Pre-All Star	4.43	1	3	0	34	0	40.2	43	4	28	38	Behind in Count	.315	54	17	1	1	1	9	20	0	.493	.426
Post-All Star	9.45	0	1	0	11	0	13.1	19	3	10	7	Two Strikes	.188	101	19	3	1	4	12	14	45	.293	.356

Scott Lewis — Angels
Age 29 – Pitches Right (flyball pitcher)

	ERA	W	L	Sv	G	GS	IP	BB	SO	Avg	H	2B	3B	HR	RBI	OBP	SLG	GF	IR	IRS	Hld	SvOp	SB	CS	GB	FB	G/F
1994 Season	6.10	0	1	0	20	0	31.0	10	10	.359	46	13	0	5	28	.414	.578	6	17	10	1	0	4	1	39	49	0.80
Career (1990-1994)	5.01	9	9	0	74	19	178.0	59	84	.299	210	39	1	22	100	.356	.452	15	51	21	8	0	13	8	239	249	0.96

1994 Season

	ERA	W	L	Sv	G	GS	IP	H	HR	BB	SO		Avg	AB	H	2B	3B	HR	RBI	BB	SO	OBP	SLG
Home	5.96	0	1	0	12	0	22.2	33	4	7	5	vs. Left	.408	49	20	6	0	2	6	5	1	.463	.653
Away	6.48	0	0	0	8	0	8.1	13	1	3	5	vs. Right	.329	79	26	7	0	3	22	5	9	.384	.532

Jim Leyritz — Yankees
Age 31 – Bats Right

	Avg	G	AB	R	H	2B	3B	HR	RBI	BB	SO	HBP	GDP	SB	CS	OBP	SLG	IBB	SH	SF	#Pit	#P/PA	GB	FB	G/F
1994 Season	.265	75	249	47	66	12	0	17	58	35	61	6	9	0	0	.365	.518	1	0	3	1184	4.04	79	73	1.08
Career (1990-1994)	.266	357	1032	143	275	48	1	43	166	126	208	27	34	2	5	.359	.440	6	2	8	4763	3.99	363	285	1.27

1994 Season

	Avg	AB	H	2B	3B	HR	RBI	BB	SO	OBP	SLG		Avg	AB	H	2B	3B	HR	RBI	BB	SO	OBP	SLG
vs. Left	.246	118	29	5	0	6	19	19	34	.357	.441	Scoring Posn	.264	72	19	3	0	6	40	17	24	.398	.556
vs. Right	.282	131	37	7	0	11	39	16	27	.373	.588	Close & Late	.222	27	6	0	0	4	7	4	10	.333	.667
Home	.257	109	28	4	0	4	18	11	28	.341	.404	None on/out	.222	45	10	1	0	3	3	4	7	.327	.444
Away	.271	140	38	8	0	13	40	24	33	.383	.607	Batting #2	.436	39	17	2	0	6	19	6	7	.500	.949
First Pitch	.300	20	6	1	0	0	5	0	0	.286	.350	Batting #6	.266	94	25	4	0	6	15	16	21	.378	.500
Ahead in Count	.379	66	25	6	0	5	15	24	0	.543	.697	Other	.207	116	24	6	0	5	24	13	33	.306	.388
Behind in Count	.168	107	18	3	0	6	20	0	49	.196	.364	Pre-All Star	.275	193	53	11	0	13	44	28	44	.378	.534
Two Strikes	.154	123	19	3	0	8	24	11	61	.228	.374	Post-All Star	.232	56	13	1	0	4	14	7	17	.317	.464

Career (1990-1994)

	Avg	AB	H	2B	3B	HR	RBI	BB	SO	OBP	SLG		Avg	AB	H	2B	3B	HR	RBI	BB	SO	OBP	SLG
vs. Left	.267	509	136	28	1	19	70	74	107	.371	.438	Scoring Posn	.260	258	67	12	0	13	121	46	61	.370	.457
vs. Right	.266	523	139	20	0	24	96	52	101	.347	.442	Close & Late	.245	163	40	7	0	6	26	13	35	.332	.399
Groundball	.280	239	67	8	1	9	39	30	49	.371	.435	None on/out	.289	232	67	10	0	6	6	20	32	.360	.409
Flyball	.245	229	56	10	0	8	34	28	57	.343	.393	Batting #6	.215	302	65	10	0	12	38	36	55	.307	.368
Home	.277	483	134	24	1	14	66	62	91	.373	.418	Batting #7	.310	184	57	7	1	6	27	21	33	.390	.457
Away	.257	549	141	24	0	29	100	64	117	.346	.459	Other	.280	546	153	31	0	25	101	69	120	.376	.474
Day	.313	361	113	20	1	19	62	51	70	.412	.532	April	.337	86	29	2	0	10	24	17	20	.448	.709
Night	.241	671	162	28	0	24	104	75	138	.329	.390	May	.274	197	54	11	0	9	37	22	34	.367	.467
Grass	.261	842	220	38	1	31	128	104	175	.357	.419	June	.285	207	59	9	0	10	34	32	40	.389	.473
Turf	.289	190	55	10	0	12	38	22	33	.369	.532	July	.226	217	49	9	0	4	22	27	49	.328	.323
First Pitch	.406	69	28	7	0	1	12	4	0	.447	.551	August	.238	164	39	8	1	2	16	17	34	.323	.335
Ahead in Count	.408	245	100	16	0	20	58	70	0	.537	.718	September/October	.280	161	45	9	0	8	33	11	31	.335	.484
Behind in Count	.173	497	86	13	1	10	59	0	179	.201	.264	Pre-All Star	.278	569	158	25	0	29	101	80	109	.379	.475
Two Strikes	.149	509	76	12	0	13	66	50	208	.242	.250	Post-All Star	.253	463	117	23	1	14	65	46	99	.333	.397

Batter vs. Pitcher (career)

Hits Best Against	Avg	AB	H	2B	3B	HR	RBI	BB	SO	OBP	SLG	Hits Worst Against	Avg	AB	H	2B	3B	HR	RBI	BB	SO	OBP	SLG
John Cummings	.455	11	5	1	0	2	5	0	1	.455	1.091	Mark Langston	.077	26	2	0	0	0	0	2	9	.143	.077
Dave Fleming	.400	20	8	3	0	0	1	1	1	.429	.550	Frank Viola	.111	9	1	0	0	0	0	2	1	.273	.111
Arthur Rhodes	.333	9	3	0	0	0	2	1	1	.455	.333	Kenny Rogers	.111	9	1	0	0	0	1	3	1	.333	.111
Chuck Finley	.318	22	7	3	0	1	6	1	11	.348	.591	Jamie Moyer	.133	15	2	0	0	0	0	2	5	.235	.133
												Kevin Tapani	.182	11	2	0	0	0	0	0	1	.250	.182

Jon Lieber — Pirates
Age 25 – Pitches Right (groundball pitcher)

	ERA	W	L	Sv	G	GS	IP	BB	SO	Avg	H	2B	3B	HR	RBI	OBP	SLG	CG	ShO	Sup	QS	#P/S	SB	CS	GB	FB	G/F
1994 Season	3.73	6	7	0	17	17	108.2	25	71	.271	116	30	2	12	57	.311	.435	1	0	5.30	9	92	2	5	192	108	1.78

1994 Season

	ERA	W	L	Sv	G	GS	IP	H	HR	BB	SO		Avg	AB	H	2B	3B	HR	RBI	BB	SO	OBP	SLG
Home	3.30	3	3	0	9	9	62.2	60	7	12	43	vs. Left	.308	237	73	22	1	8	35	18	40	.355	.511
Away	4.30	3	4	0	8	8	46.0	56	5	13	28	vs. Right	.225	191	43	8	1	4	22	7	31	.254	.340
Starter	3.73	6	7	0	17	17	108.2	116	12	25	71	Scoring Posn	.278	97	27	4	1	3	44	9	14	.336	.433
Reliever	0.00	0	0	0	0	0	0.0	0	0	0	0	Close & Late	.304	23	7	3	0	1	2	2	1	.360	.565
0-3 Days Rest (St)	0.00	0	0	0	0	0	0.0	0	0	0	0	None on/out	.234	107	25	8	0	2	2	7	15	.281	.364
4 Days Rest	4.87	2	6	0	10	10	61.0	74	7	17	40	First Pitch	.247	77	19	4	0	4	13	3	0	.275	.455
5+ Days Rest	2.27	4	1	0	7	7	47.2	42	5	8	31	Ahead in Count	.214	196	42	8	1	6	25	0	65	.213	.357
Pre-All Star	3.69	4	4	0	11	11	68.1	74	7	16	44	Behind in Count	.402	82	33	9	1	2	10	13	0	.485	.610
Post-All Star	3.79	2	3	0	6	6	40.1	42	5	9	27	Two Strikes	.209	177	37	7	0	3	20	9	71	.246	.299

Mike Lieberthal — Phillies
Age 23 – Bats Right (groundball hitter)

	Avg	G	AB	R	H	2B	3B	HR	RBI	BB	SO	HBP	GDP	SB	CS	OBP	SLG	IBB	SH	SF	#Pit	#P/PA	GB	FB	G/F
1994 Season	.266	24	79	6	21	3	1	0	5	3	5	1	4	0	0	.301	.367	0	1	0	270	3.21	37	24	1.54

1994 Season

	Avg	AB	H	2B	3B	HR	RBI	BB	SO	OBP	SLG		Avg	AB	H	2B	3B	HR	RBI	BB	SO	OBP	SLG
vs. Left	.267	15	4	1	0	0	2	1	1	.313	.333	Scoring Posn	.211	19	4	0	0	0	4	0	2	.250	.211
vs. Right	.266	64	17	2	1	0	3	2	4	.299	.375	Close & Late	.375	16	6	1	0	0	0	2	1	.444	.438

Derek Lilliquist — Indians
Age 29 – Pitches Left (flyball pitcher)

	ERA	W	L	Sv	G	GS	IP	BB	SO	Avg	H	2B	3B	HR	RBI	OBP	SLG	GF	IR	IRS	Hld	SvOp	SB	CS	GB	FB	G/F
1994 Season	4.91	1	3	1	36	0	29.1	8	15	.304	34	6	0	6	24	.347	.518	12	47	14	4	3	0	1	21	55	0.38
Last Five Years	4.02	15	23	17	197	22	291.1	91	172	.269	298	59	1	35	135	.325	.419	66	150	36	30	27	18	7	295	428	0.69

1994 Season

	ERA	W	L	Sv	G	GS	IP	H	HR	BB	SO		Avg	AB	H	2B	3B	HR	RBI	BB	SO	OBP	SLG
Home	3.31	0	0	0	16	0	16.1	13	3	5	6	vs. Left	.205	39	8	3	0	1	10	3	8	.273	.359
Away	6.92	1	3	1	20	0	13.0	21	3	3	9	vs. Right	.356	73	26	3	0	5	14	5	7	.388	.603
Starter	0.00	0	0	0	0	0	0.0	0	0	0	0	Scoring Posn	.237	38	9	2	0	1	17	6	8	.319	.368
Reliever	4.91	1	3	1	36	0	29.1	34	6	8	15	Close & Late	.277	47	13	4	0	2	14	6	6	.352	.489
0 Days rest (Re)	3.00	1	1	0	6	0	3.0	3	0	2	1	None on/out	.519	27	14	3	0	1	1	1	2	.536	.741
1 or 2 Days rest	5.93	0	2	0	15	0	13.2	15	4	1	5	First Pitch	.438	16	7	1	0	2	4	1	0	.500	.875
3+ Days rest	4.26	0	0	1	15	0	12.2	16	2	5	9	Ahead in Count	.188	48	9	1	0	3	11	0	15	.184	.396
Pre-All Star	8.10	1	3	1	27	0	16.2	20	5	6	8	Behind in Count	.406	32	13	4	0	1	6	4	0	.459	.625
Post-All Star	0.71	0	0	0	9	0	12.2	14	1	2	7	Two Strikes	.190	42	8	1	0	5	3	15	.239	.214

Last Five Years

	ERA	W	L	Sv	G	GS	IP	H	HR	BB	SO		Avg	AB	H	2B	3B	HR	RBI	BB	SO	OBP	SLG
Home	3.81	7	12	11	100	9	141.2	126	18	43	83	vs. Left	.262	302	79	14	1	6	35	20	70	.312	.374
Away	4.21	8	11	6	97	13	149.2	172	17	48	89	vs. Right	.272	805	219	45	0	29	100	71	102	.330	.436
Day	4.22	4	6	8	63	7	91.2	98	12	27	58	Inning 1-6	.293	516	151	28	1	20	70	35	67	.340	.467
Night	3.92	11	17	9	134	15	199.2	200	23	64	114	Inning 7+	.249	591	147	31	0	15	65	56	105	.312	.377
Grass	4.26	10	19	16	166	15	226.0	233	29	67	140	None on	.270	603	163	33	1	21	21	41	104	.323	.433
Turf	3.17	5	4	1	31	7	65.1	65	6	24	32	Runners on	.268	504	135	26	0	14	114	50	68	.327	.403
April	4.26	1	4	5	31	4	44.1	45	5	11	25	Scoring Posn	.244	303	74	16	0	8	98	43	48	.325	.376
May	4.12	5	7	3	36	7	67.2	58	8	21	39	Close & Late	.255	325	83	16	0	6	42	35	60	.325	.360
June	7.55	2	5	2	35	2	31.0	39	6	12	18	None on/out	.280	271	76	13	1	11	21	45	.337	.458
July	2.56	1	0	3	34	1	38.2	41	5	14	20	vs. 1st Batr (relief)	.266	154	41	9	0	3	23	13	23	.316	.383
August	2.80	2	1	3	29	3	54.2	55	7	17	29	First Inning Pitched	.246	536	132	23	0	16	65	45	78	.312	.379
September/October	3.93	4	6	1	32	5	55.0	60	4	16	37	First 15 Pitches	.270	507	137	23	0	16	63	45	66	.330	.410
Starter	5.39	5	12	0	22	22	122.0	144	18	33	60	Pitch 16-30	.218	229	50	11	1	6	19	19	54	.279	.354
Reliever	3.03	10	11	17	175	0	169.1	154	17	58	112	Pitch 31-45	.349	126	44	8	0	5	17	9	18	.390	.532
0 Days rest (Re)	3.20	2	3	6	37	0	25.1	25	3	11	12	Pitch 46+	.273	245	67	17	0	8	36	18	34	.325	.441
1 or 2 Days rest	2.84	5	4	8	77	0	73.0	62	9	18	50	First Pitch	.369	160	59	9	0	5	23	16	0	.429	.519
3+ Days rest	3.17	3	4	3	61	0	71.0	67	5	29	50	Ahead in Count	.189	534	101	23	1	10	44	0	155	.193	.292
Pre-All Star	4.72	8	16	10	109	13	150.2	146	20	47	91	Behind in Count	.362	221	80	20	0	14	43	43	0	.461	.643
Post-All Star	3.26	7	7	7	88	9	140.2	152	15	44	81	Two Strikes	.177	479	85	17	1	4	32	32	172	.227	.242

Pitcher vs. Batter (career)

Pitches Best Vs.	Avg	AB	H	2B	3B	HR	RBI	BB	SO	OBP	SLG	Pitches Worst Vs.	Avg	AB	H	2B	3B	HR	RBI	BB	SO	OBP	SLG
Kevin McReynolds	.059	17	1	0	0	0	1	2	2	.158	.059	Todd Benzinger	.688	16	11	0	0	0	1	1	1	.706	.688
Don Mattingly	.083	12	1	0	0	0	0	0	2	.083	.083	Willie McGee	.538	13	7	0	1	1	2	1	0	.571	.923
Jose Lind	.091	11	1	0	0	0	0	0	1	.091	.091	Will Clark	.500	20	10	3	0	2	3	2	2	.565	.950
Gerald Young	.167	12	2	1	0	0	1	1	1	.231	.250	Craig Biggio	.500	10	5	0	0	1	2	1	1	.545	.800
Dave Magadan	.200	10	2	1	0	0	1	0	1	.273	.200	Howard Johnson	.417	12	5	1	0	2	3	0	0	.417	1.000

Jose Lima — Tigers
Age 22 – Pitches Right

	ERA	W	L	Sv	G	GS	IP	BB	SO	Avg	H	2B	3B	HR	RBI	OBP	SLG	GF	IR	IRS	Hld	SvOp	SB	CS	GB	FB	G/F
1994 Season	13.50	0	1	0	3	1	6.2	3	7	.355	11	1	0	2	8	.412	.581	1	0	0	0	0	1	0	9	7	1.29

1994 Season

	ERA	W	L	Sv	G	GS	IP	H	HR	BB	SO		Avg	AB	H	2B	3B	HR	RBI	BB	SO	OBP	SLG
Home	10.50	0	1	0	2	1	6.0	7	2	2	6	vs. Left	.267	15	4	0	0	0	1	4	.313	.267
Away	40.50	0	0	0	1	0	0.2	4	0	1	1	vs. Right	.438	16	7	1	0	2	8	2	3	.500	.875

Jose Lind — Royals
Age 31 – Bats Right (groundball hitter)

	Avg	G	AB	R	H	2B	3B	HR	RBI	BB	SO	HBP	GDP	SB	CS	OBP	SLG	IBB	SH	SF	#Pit	#P/PA	GB	FB	G/F
1994 Season	.269	85	290	34	78	16	2	1	31	16	34	0	7	9	5	.306	.348	1	8	1	1162	3.69	119	51	2.33
Last Five Years	.255	658	2205	204	562	87	16	5	209	120	207	6	67	30	12	.292	.316	42	37	23	7960	3.33	1009	581	1.74

1994 Season

	Avg	AB	H	2B	3B	HR	RBI	BB	SO	OBP	SLG		Avg	AB	H	2B	3B	HR	RBI	BB	SO	OBP	SLG
vs. Left	.257	74	19	6	2	1	7	7	5	.321	.432	Scoring Posn	.289	83	24	4	1	0	28	3	10	.310	.361
vs. Right	.273	216	59	10	0	0	24	9	29	.301	.319	Close & Late	.333	45	15	2	1	1	7	2	5	.354	.489
Groundball	.200	55	11	2	0	0	5	3	7	.241	.236	None on/out	.299	87	26	5	0	1	1	4	11	.330	.391
Flyball	.234	64	15	1	1	0	7	1	9	.242	.281	Batting #8	.263	114	30	5	2	0	13	5	13	.294	.342
Home	.313	163	51	10	2	0	23	10	14	.351	.399	Batting #9	.275	167	46	11	0	1	17	10	19	.315	.359
Away	.213	127	27	6	0	1	8	6	20	.248	.283	Other	.222	9	2	0	0	0	1	1	2	.300	.222
Day	.224	85	19	2	1	0	7	4	11	.258	.271	April	.261	69	18	1	1	0	8	1	8	.271	.304
Night	.288	205	59	14	1	1	24	12	23	.326	.380	May	.242	62	15	3	1	0	4	2	8	.266	.323
Grass	.207	116	24	6	0	1	7	4	15	.233	.284	June	.245	53	13	3	0	0	4	6	6	.317	.302
Turf	.310	174	54	10	2	0	24	12	17	.353	.391	July	.297	74	22	5	0	1	8	7	9	.358	.405
First Pitch	.156	32	5	0	0	0	5	0	0	.156	.156	August	.313	32	10	4	0	0	7	0	3	.313	.438
Ahead in Count	.325	80	26	8	1	0	6	6	0	.372	.450	September/October	.000	0	0	0	0	0	0	0	0	.000	.000
Behind in Count	.260	123	32	4	1	0	15	0	28	.258	.309	Pre-All Star	.248	202	50	8	2	0	20	14	25	.295	.307
Two Strikes	.250	128	32	7	1	0	10	1	34	.302	.320	Post-All Star	.318	88	28	8	0	1	11	2	9	.333	.443

1994 By Position

Position	Avg	AB	H	2B	3B	HR	RBI	BB	SO	OBP	SLG		G	GS	Innings	PO	A	E	DP	Fld Pct	Rng Fctr	In Zone	Outs	Zone Rtg	MLB Zone
As 2b	.270	289	78	16	2	1	31	16	34	.307	.349		84	84	750.2	149	252	5	44	.988	4.81	273	246	.901	.889

Last Five Years

	Avg	AB	H	2B	3B	HR	RBI	BB	SO	OBP	SLG		Avg	AB	H	2B	3B	HR	RBI	BB	SO	OBP	SLG
vs. Left	.248	739	183	32	8	4	63	52	72	.294	.329	Scoring Posn	.275	568	156	21	7	1	192	59	55	.333	.342
vs. Right	.259	1466	379	55	8	1	146	68	135	.291	.309	Close & Late	.270	381	103	13	2	1	34	18	34	.302	.323
Groundball	.261	637	166	20	6	1	58	39	53	.305	.316	None on/out	.247	530	131	26	2	3	15	49		.269	.321
Flyball	.239	468	112	18	4	1	46	18	54	.265	.301	Batting #8	.255	1638	418	63	14	4	155	95	148	.295	.318
Home	.260	1106	288	44	12	3	130	62	102	.297	.330	Batting #9	.255	447	114	21	0	1	40	18	45	.282	.309
Away	.249	1099	274	43	4	2	78	58	105	.287	.301	Other	.250	120	30	3	2	0	14	7	14	.292	.308
Day	.253	580	147	20	7	0	44	39	68	.300	.312	April	.257	323	83	10	3	1	34	15	26	.290	.316
Night	.255	1625	415	67	9	5	165	81	139	.289	.317	May	.261	371	97	17	3	1	44	9	32	.275	.332
Grass	.229	690	158	20	1	1	45	32	67	.263	.265	June	.279	366	102	18	1	1	31	29	37	.330	.342
Turf	.267	1515	404	67	15	4	164	88	140	.305	.339	July	.254	402	102	16	3	2	31	23	35	.295	.323
First Pitch	.275	295	81	7	2	0	32	0	0	.310	.312	August	.227	415	94	16	2	0	33	21	43	.262	.275
Ahead in Count	.320	594	190	31	9	3	69	61	0	.381	.418	September/October	.256	328	84	10	4	0	36	23	34	.304	.311
Behind in Count	.217	968	210	33	5	1	76	0	189	.217	.264	Pre-All Star	.263	1184	311	49	7	3	118	66	110	.300	.323
Two Strikes	.198	843	167	28	4	1	60	26	207	.222	.244	Post-All Star	.246	1021	251	38	9	2	91	54	97	.283	.307

Batter vs. Pitcher (career)

Hits Best Against	Avg	AB	H	2B	3B	HR	RBI	BB	SO	OBP	SLG	Hits Worst Against	Avg	AB	H	2B	3B	HR	RBI	BB	SO	OBP	SLG
Shawn Boskie	.500	12	6	1	0	0	1	0	0	.500	.583	Bud Black	.000	14	0	0	0	0	0	0	1	.000	.000
Lee Smith	.455	11	5	1	0	0	1	0	1	.455	.545	Tommy Greene	.000	13	0	0	0	0	1	1	1	.067	.000
Todd Stottlemyre	.455	11	5	1	0	0	2	0	2	.455	.545	Jason Bere	.000	13	0	0	0	0	0	1	4	.071	.000
Chris Hammond	.429	14	6	1	0	0	2	3	0	.529	.500	Danny Darwin	.071	14	1	0	0	0	1	0	4	.071	.071
Joe Hesketh	.308	13	4	2	0	0	1	5	1	.500	.462	John Franco	.083	12	1	0	0	0	0	0	1	.083	.083

Jim Lindeman — Mets Age 33 – Bats Right

	Avg	G	AB	R	H	2B	3B	HR	RBI	BB	SO	HBP	GDP	SB	CS	OBP	SLG	IBB	SH	SF	#Pit	#P/PA	GB	FB	G/F
1994 Season	.270	52	137	18	37	8	1	7	20	6	35	1	0	0	0	.303	.496	2	0	1	605	4.17	33	42	0.79
Last Five Years	.288	167	326	44	94	18	1	10	46	24	80		0		1	.337	.442	3	2	2	1403	3.95	99	81	1.22

1994 Season

	Avg	AB	H	2B	3B	HR	RBI	BB	SO	OBP	SLG		Avg	AB	H	2B	3B	HR	RBI	BB	SO	OBP	SLG
vs. Left	.254	67	17	2	0	5	11	1	17	.261	.507	Scoring Posn	.323	31	10	2	0	2	13	3	6	.371	.581
vs. Right	.286	70	20	6	1	2	9	5	18	.342	.486	Close & Late	.464	28	13	3	0	1	5	4	6	.531	.679
Home	.326	46	15	3	1	3	10	3	15	.373	.630	None on/out	.194	36	7	3	1	1	0	12		.194	.417
Away	.242	91	22	5	0	4	10	3	20	.266	.429	Batting #3	.279	61	17	3	0	4	10	2	13	.302	.525
First Pitch	.500	8	4	1	0	2	3	1	0	.556	1.375	Batting #7	.265	34	9	2	0	2	6	0	7	.286	.500
Ahead in Count	.393	28	11	1	1	2	7	3	0	.452	.714	Other	.262	42	11	3	1	1	4	4	15	.319	.452
Behind in Count	.217	69	15	3	0	2	6	0	27	.229	.348	Pre-All Star	.255	106	27	6	0	4	14	4	26	.288	.425
Two Strikes	.213	80	17	5	0	2	9	2	35	.229	.350	Post-All Star	.323	31	10	2	1	3	6	2	9	.353	.742

Doug Linton — Mets Age 29 – Pitches Right

	ERA	W	L	Sv	G	GS	IP	BB	SO	Avg	H	2B	3B	HR	RBI	OBP	SLG	GF	IR	IRS	Hld	SvOp	SB	CS	GB	FB	G/F
1994 Season	4.47	6	2	0	32	3	50.1	20	29	.341	74	13	0	4	33	.395	.456	8	17	8	0	0	5	1	93	46	2.02
Career (1992-1994)	6.32	9	6	0	63	7	111.0	60	68	.325	151	27	2	17	85	.399	.502	16	41	18	0	1	8	5	177	122	1.45

1994 Season

	ERA	W	L	Sv	G	GS	IP	H	HR	BB	SO		Avg	AB	H	2B	3B	HR	RBI	BB	SO	OBP	SLG
Home	3.97	3	1	0	14	2	22.2	35	2	9	14	vs. Left	.419	93	39	5	0	2	17	14	9	.495	.538
Away	4.88	3	1	0	18	1	27.2	39	2	11	15	vs. Right	.282	124	35	8	0	2	16	6	20	.313	.395
Starter	4.80	1	1	0	3	3	15.0	24	0	6	4	Scoring Posn	.409	66	27	6	0	1	28	10	11	.481	.545
Reliever	4.33	5	1	0	29	0	35.1	50	4	14	25	Close & Late	.326	43	14	1	0	0	4	2	6	.356	.349
0 Days rest (Re)	6.00	0	1	0	3	0	3.0	5	0	3	3	None on/out	.294	51	15	3	0	1	2	4	7	.321	.412
1 or 2 Days rest	3.38	2	0	0	11	0	16.0	15	1	4	10	First Pitch	.450	40	18	0	0	1	7	2	0	.476	.600
3+ Days rest	4.96	3	0	0	15	0	16.1	30	3	7	12	Ahead in Count	.298	94	28	9	0	1	13	0	24	.295	.426
Pre-All Star	4.70	6	2	0	28	3	46.0	66	4	17	26	Behind in Count	.319	47	15	1	0	2	8	12	0	.458	.468
Post-All Star	2.08	0	0	0	4	0	4.1	8	0	3	3	Two Strikes	.289	90	26	8	0	2	6	29		.330	.378

Nelson Liriano — Rockies Age 31 – Bats Both (groundball hitter)

	Avg	G	AB	R	H	2B	3B	HR	RBI	BB	SO	HBP	GDP	SB	CS	OBP	SLG	IBB	SH	SF	#Pit	#P/PA	GB	FB	G/F
1994 Season	.255	87	255	39	65	17	5	3	31	42	44	0	4	0	2	.357	.396	5	3	3	1198	3.95	106	55	1.93
Last Five Years	.259	248	783	118	203	35	17	6	75	98	112		18	14	14	.340	.370	7	13	6	3383	3.75	340	168	2.02

1994 Season

	Avg	AB	H	2B	3B	HR	RBI	BB	SO	OBP	SLG		Avg	AB	H	2B	3B	HR	RBI	BB	SO	OBP	SLG
vs. Left	.150	40	6	1	0	1	4	12	5	.346	.250	Scoring Posn	.296	54	16	5	1	1	25	15	9	.431	.481
vs. Right	.274	215	59	16	5	2	27	30	39	.359	.423	Close & Late	.286	49	14	2	1	0	7	12	13	.426	.367
Groundball	.256	78	20	5	0	0	5	13	13	.363	.321	None on/out	.167	78	13	2	1	0	0	10	15	.261	.218
Flyball	.256	43	11	3	1	0	4	6	12	.365	.372	Batting #2	.378	37	14	4	1	0	3	4	6	.465	.541
Home	.252	123	31	11	4	2	19	21	19	.356	.455	Batting #8	.226	186	42	11	4	3	23	33	34	.338	.376
Away	.258	132	34	6	1	1	12	21	25	.357	.341	Other	.281	32	9	2	0	0	5	3	6	.343	.344
Day	.326	86	28	6	4	2	15	14	16	.416	.558	April	.278	18	5	2	0	0	1	4	6	.409	.389
Night	.219	169	37	11	1	1	16	28	28	.327	.314	May	.244	45	11	3	1	1	7	6	7	.333	.422

235

1994 Season

	Avg	AB	H	2B	3B	HR	RBI	BB	SO	OBP	SLG		Avg	AB	H	2B	3B	HR	RBI	BB	SO	OBP	SLG
Grass	.270	200	54	15	5	3	28	35	31	.374	.440	June	.240	75	18	7	1	0	8	15	10	.367	.360
Turf	.200	55	11	2	0	0	3	7	13	.290	.236	July	.293	82	24	3	3	2	14	13	15	.378	.476
First Pitch	.353	34	12	4	2	0	7	4	0	.410	.588	August	.200	35	7	2	0	0	1	4	6	.282	.257
Ahead in Count	.322	59	19	4	0	0	12	19	0	.475	.390	September/October	.000	0	0	0	0	0	0	0	0	.000	.000
Behind in Count	.190	100	19	3	3	1	6	0	36	.190	.310	Pre-All Star	.256	172	44	13	3	1	19	29	29	.363	.384
Two Strikes	.233	129	30	8	3	2	8	19	44	.331	.388	Post-All Star	.253	83	21	4	2	2	12	13	15	.343	.422

1994 By Position

Position	Avg	AB	H	2B	3B	HR	RBI	BB	SO	OBP	SLG	G	GS	Innings	PO	A	E	DP	Fld Pct	Rng Fctr	In Zone	Outs	Zone Rtg	MLB Zone
As 2b	.246	244	60	15	5	2	27	39	42	.346	.373	79	72	648.2	144	222	10	42	.973	5.08	256	233	.910	.889

Last Five Years

	Avg	AB	H	2B	3B	HR	RBI	BB	SO	OBP	SLG		Avg	AB	H	2B	3B	HR	RBI	BB	SO	OBP	SLG
vs. Left	.184	141	26	3	3	1	14	25	25	.307	.270	Scoring Posn	.270	163	44	9	5	1	63	32	26	.378	.405
vs. Right	.276	642	177	32	14	5	61	73	87	.348	.393	Close & Late	.221	131	29	4	1	0	11	22	26	.331	.267
Groundball	.279	222	62	11	3	1	17	26	23	.357	.369	None on/out	.224	246	55	9	2	2	2	26	37	.298	.301
Flyball	.270	126	34	7	3	1	14	18	25	.356	.397	Batting #2	.278	227	63	8	7	0	17	28	27	.355	.374
Home	.277	401	111	21	13	3	55	51	56	.354	.416	Batting #8	.233	344	80	18	5	4	36	50	52	.328	.349
Away	.241	382	92	14	4	3	20	47	56	.325	.322	Other	.283	212	60	9	5	2	22	20	33	.343	.401
Day	.269	234	63	10	7	3	28	31	31	.351	.410	April	.214	56	12	3	1	1	4	12	11	.353	.357
Night	.255	549	140	25	10	3	47	67	81	.335	.353	May	.260	177	46	6	2	2	20	15	20	.316	.350
Grass	.270	441	119	23	11	4	44	57	58	.352	.399	June	.239	138	33	9	1	0	12	20	21	.340	.319
Turf	.246	342	84	12	6	2	31	41	54	.325	.333	July	.258	120	31	4	3	2	16	18	19	.348	.392
First Pitch	.380	100	38	9	4	0	19	6	0	.417	.550	August	.265	136	36	6	3	0	9	12	19	.324	.353
Ahead in Count	.272	217	59	8	2	1	26	46	0	.393	.341	September/October	.288	156	45	7	7	1	14	21	22	.369	.442
Behind in Count	.203	310	63	10	8	2	17	0	96	.203	.306	Pre-All Star	.248	411	102	20	5	3	41	53	58	.335	.343
Two Strikes	.203	345	70	13	7	4	19	46	112	.296	.316	Post-All Star	.272	372	101	15	12	3	34	45	54	.346	.401

Batter vs. Pitcher (career)

Hits Best Against	Avg	AB	H	2B	3B	HR	RBI	BB	SO	OBP	SLG	Hits Worst Against	Avg	AB	H	2B	3B	HR	RBI	BB	SO	OBP	SLG
Pete Harnisch	.444	9	4	0	0	1	1	2	1	.545	.778	Jose Rijo	.077	13	1	0	0	0	0	1	1	.143	.077
Doug Jones	.400	10	4	0	0	1	2	3	0	.500	.700	Bob Welch	.091	11	1	0	0	0	0	1	3	.167	.091
Bud Black	.364	11	4	1	0	1	2	2	2	.462	.727	Chris Bosio	.150	20	3	0	0	0	0	1	1	.190	.150
Melido Perez	.333	15	5	1	1	0	3	3	2	.444	.533	Erik Hanson	.154	13	2	0	0	0	0	0	6	.154	.154
Bryan Harvey	.333	9	3	0	1	1	4	1	4	.364	.889	Charlie Hough	.167	12	2	0	0	0	0	0	1	.167	.167

Pat Listach — Brewers

Age 27 – Bats Both (groundball hitter)

	Avg	G	AB	R	H	2B	3B	HR	RBI	BB	SO	HBP	GDP	SB	CS	OBP	SLG	IBB	SH	SF	#Pit	#P/PA	GB	FB	G/F
1994 Season	.296	16	54	8	16	3	0	0	2	3	8	0	1	2	1	.333	.352	0	0	0	201	3.53	19	8	2.38
Career (1992-1994)	.274	263	989	151	271	37	7	4	79	95	202	4	11	74	28	.339	.338	0	17	4	4348	3.92	356	185	1.92

1994 Season

	Avg	AB	H	2B	3B	HR	RBI	BB	SO	OBP	SLG		Avg	AB	H	2B	3B	HR	RBI	BB	SO	OBP	SLG
vs. Left	.476	21	10	2	0	0	0	0	1	.476	.571	Scoring Posn	.125	8	1	0	0	0	1	0	1	.125	.125
vs. Right	.182	33	6	1	0	0	2	3	7	.250	.212	Close & Late	.125	8	1	1	0	0	0	0	2	.125	.250

Career (1992-1994)

	Avg	AB	H	2B	3B	HR	RBI	BB	SO	OBP	SLG		Avg	AB	H	2B	3B	HR	RBI	BB	SO	OBP	SLG
vs. Left	.326	298	97	16	4	3	32	20	47	.371	.436	Scoring Posn	.253	237	60	9	1	1	70	23	64	.320	.312
vs. Right	.252	691	174	21	3	1	47	75	155	.326	.295	Close & Late	.309	162	50	9	1	0	22	13	30	.358	.377
Groundball	.258	221	57	6	1	1	21	8	51	.281	.308	None on/out	.268	340	91	12	4	3	3	36	61	.340	.353
Flyball	.288	229	66	7	1	1	22	26	43	.366	.341	Batting #1	.276	704	194	29	5	3	56	68	148	.341	.344
Home	.249	470	117	17	1	0	43	48	88	.320	.289	Batting #9	.226	106	24	1	1	0	7	14	30	.311	.255
Away	.297	519	154	20	6	4	36	47	114	.356	.382	Other	.296	179	53	7	1	1	16	13	24	.347	.363
Day	.282	340	96	15	0	2	30	42	67	.364	.344	April	.284	141	40	5	1	0	5	13	21	.353	.333
Night	.270	649	175	22	7	2	49	53	135	.325	.334	May	.257	210	54	6	2	1	10	19	45	.319	.319
Grass	.271	816	221	32	3	2	60	77	159	.335	.325	June	.238	101	24	1	1	0	9	5	28	.269	.267
Turf	.289	173	50	5	4	2	19	18	43	.356	.399	July	.275	153	42	6	3	0	12	22	39	.366	.353
First Pitch	.390	141	55	9	0	0	12	0	0	.396	.454	August	.295	220	65	13	0	1	26	21	34	.357	.354
Ahead in Count	.350	200	70	6	2	1	23	54	0	.488	.415	September/October	.280	164	46	6	0	2	17	15	35	.344	.354
Behind in Count	.182	434	79	15	3	3	25	0	168	.184	.251	Pre-All Star	.269	495	133	15	6	1	28	46	108	.332	.329
Two Strikes	.203	498	101	16	4	3	33	41	202	.264	.269	Post-All Star	.279	494	138	22	1	3	51	49	94	.346	.346

Batter vs. Pitcher (career)

Hits Best Against	Avg	AB	H	2B	3B	HR	RBI	BB	SO	OBP	SLG	Hits Worst Against	Avg	AB	H	2B	3B	HR	RBI	BB	SO	OBP	SLG
Jose Guzman	.545	11	6	1	0	0	2	1	1	.583	.636	John Doherty	.071	14	1	0	0	0	0	0	4	.071	.071
Bill Gullickson	.455	11	5	1	0	0	1	0	1	.455	.545	Alex Fernandez	.077	13	1	0	0	0	0	2	6	.200	.077
Jack Morris	.417	12	5	2	0	0	0	1	3	.462	.583	Roger Clemens	.091	11	1	0	0	0	0	0	5	.091	.091
Kenny Rogers	.400	15	6	1	1	0	4	0	2	.400	.600	Danny Darwin	.176	17	3	0	0	0	0	0	4	.176	.176
Jimmy Key	.368	19	7	1	1	0	1	3	.400	.526	Tom Gordon	.182	11	2	0	0	0	1	0	4	.182	.182

Greg Litton — Red Sox
Age 30 – Bats Right

	Avg	G	AB	R	H	2B	3B	HR	RBI	BB	SO	HBP	GDP	SB	CS	OBP	SLG	IBB	SH	SF	#Pit	#P/PA	GB	FB	G/F
1994 Season	.095	11	21	2	2	0	0	0	1	0	5	0	0	0	0	.091	.095	0	0	1	67	3.05	5	10	0.50
Last Five Years	.239	303	666	66	159	38	2	9	80	51	138	3	15	1	4	.294	.342	2	13	5	2704	3.66	245	183	1.34

1994 Season

	Avg	AB	H	2B	3B	HR	RBI	BB	SO	OBP	SLG		Avg	AB	H	2B	3B	HR	RBI	BB	SO	OBP	SLG
vs. Left	.111	9	1	0	0	0	0	0	1	.111	.111	Scoring Posn	.000	3	0	0	0	0	1	0	1	.000	.000
vs. Right	.083	12	1	0	0	0	1	0	4	.077	.083	Close & Late	.500	2	1	0	0	0	0	0	0	.333	.500

Last Five Years

	Avg	AB	H	2B	3B	HR	RBI	BB	SO	OBP	SLG		Avg	AB	H	2B	3B	HR	RBI	BB	SO	OBP	SLG
vs. Left	.265	343	91	27	1	6	45	23	53	.311	.402	Scoring Posn	.247	182	45	15	1	2	71	13	37	.297	.374
vs. Right	.211	323	68	11	1	3	35	28	85	.276	.279	Close & Late	.259	147	38	7	1	2	23	7	28	.285	.361
Groundball	.229	205	47	13	0	2	20	16	47	.291	.322	None on/out	.281	146	41	8	1	4	4	8	26	.318	.432
Flyball	.210	162	34	7	0	3	15	5	35	.231	.309	Batting #2	.262	168	44	11	0	2	15	7	34	.288	.363
Home	.266	289	77	25	2	5	44	28	62	.330	.419	Batting #6	.169	160	27	7	0	1	12	13	34	.230	.231
Away	.218	377	82	13	0	4	36	23	76	.265	.284	Other	.260	338	88	20	2	6	53	31	70	.326	.385
Day	.274	234	64	14	0	5	35	16	50	.324	.397	April	.185	27	5	1	0	0	3	3	9	.267	.222
Night	.220	432	95	24	2	4	45	35	88	.278	.313	May	.203	118	24	5	0	3	10	9	35	.266	.322
Grass	.236	398	94	21	2	2	40	34	82	.299	.314	June	.205	156	32	5	1	1	17	8	29	.240	.269
Turf	.243	268	65	17	0	7	40	17	56	.286	.384	July	.272	125	34	7	0	1	16	2	23	.295	.352
First Pitch	.311	90	28	9	0	0	15	2	0	.323	.411	August	.214	117	25	7	0	2	9	16	24	.308	.325
Ahead in Count	.266	128	34	7	0	4	20	27	0	.391	.414	September/October	.317	123	39	13	1	2	25	13	18	.377	.488
Behind in Count	.194	324	63	12	2	3	25	0	121	.196	.272	Pre-All Star	.225	346	78	14	1	5	36	20	82	.270	.315
Two Strikes	.173	318	55	11	2	4	28	22	138	.227	.258	Post-All Star	.253	320	81	24	1	4	44	31	56	.319	.372

Batter vs. Pitcher (career)

Hits Best Against	Avg	AB	H	2B	3B	HR	RBI	BB	SO	OBP	SLG	Hits Worst Against	Avg	AB	H	2B	3B	HR	RBI	BB	SO	OBP	SLG
Dennis Cook	.615	13	8	1	0	1	2	0	0	.615	.923	Jim Deshaies	.071	14	1	0	0	0	1	0	3	.071	.071
Frank Viola	.444	18	8	4	0	0	3	3	4	.524	.667	Zane Smith	.091	11	1	0	0	0	1	0	1	.091	.091
Norm Charlton	.417	12	5	2	0	0	0	0	2	.417	.583	Bruce Hurst	.143	14	2	0	0	0	0	1	2	.200	.143
Joe Magrane	.417	12	5	0	0	0	2	0	2	.417	.417	Fernando Valenzuela	.150	20	3	2	0	0	1	0	4	.150	.250
Greg Maddux	.333	9	3	1	0	0	2	2	5	.500	.444	Terry Mulholland	.217	23	5	1	0	0	1	0	4	.217	.261

Scott Livingstone — Padres
Age 29 – Bats Left

	Avg	G	AB	R	H	2B	3B	HR	RBI	BB	SO	HBP	GDP	SB	CS	OBP	SLG	IBB	SH	SF	#Pit	#P/PA	GB	FB	G/F
1994 Season	.266	72	203	11	54	13	1	2	11	7	26	0	5	2	2	.289	.369	0	0	1	681	3.23	80	57	1.40
Career (1991-1994)	.283	331	988	112	280	49	3	10	107	57	119	0	17	6	9	.319	.369	2	5	12	3492	3.29	377	264	1.43

1994 Season

	Avg	AB	H	2B	3B	HR	RBI	BB	SO	OBP	SLG		Avg	AB	H	2B	3B	HR	RBI	BB	SO	OBP	SLG
vs. Left	.167	12	2	0	0	1	1	0	3	.167	.417	Scoring Posn	.143	42	6	2	0	0	9	4	10	.213	.190
vs. Right	.272	191	52	13	1	1	10	7	23	.296	.366	Close & Late	.357	28	10	3	0	0	0	1	2	.379	.464
Home	.261	88	23	6	1	1	2	3	14	.286	.386	None on/out	.442	43	19	7	0	0	1	4	.455	.605		
Away	.270	115	31	7	0	1	9	4	12	.292	.357	Batting #2	.239	71	17	3	1	1	5	4	6	.280	.352
First Pitch	.404	47	19	1	0	1	3	0	0	.404	.489	Batting #6	.284	67	19	3	0	0	2	1	10	.290	.328
Ahead in Count	.231	39	9	6	1	0	2	3	0	.286	.436	Other	.277	65	18	7	0	1	4	2	10	.299	.431
Behind in Count	.215	79	17	3	0	1	5	0	22	.213	.291	Pre-All Star	.245	143	35	10	1	1	6	5	22	.270	.350
Two Strikes	.169	77	13	3	0	0	3	4	26	.210	.208	Post-All Star	.317	60	19	3	0	1	5	2	4	.333	.417

Career (1991-1994)

	Avg	AB	H	2B	3B	HR	RBI	BB	SO	OBP	SLG		Avg	AB	H	2B	3B	HR	RBI	BB	SO	OBP	SLG
vs. Left	.283	92	26	3	0	3	12	8	14	.337	.413	Scoring Posn	.244	246	60	7	1	2	97	18	32	.283	.305
vs. Right	.283	896	254	46	3	7	95	49	105	.317	.365	Close & Late	.297	138	41	8	0	2	17	7	13	.329	.399
Groundball	.226	252	57	10	0	3	23	10	29	.255	.302	None on/out	.323	232	75	17	0	2	2	12	23	.357	.431
Flyball	.261	245	64	8	0	3	35	16	32	.301	.331	Batting #7	.337	175	59	13	0	2	25	9	16	.364	.446
Home	.266	467	124	18	3	5	56	29	59	.305	.345	Batting #8	.275	425	117	17	1	3	53	27	48	.315	.341
Away	.299	521	156	31	0	5	51	28	60	.331	.388	Other	.268	388	104	19	2	5	29	21	55	.303	.366
Day	.294	354	104	20	1	4	40	23	42	.332	.390	April	.317	82	26	2	0	1	10	6	9	.350	.378
Night	.278	634	176	29	2	6	67	34	77	.311	.358	May	.239	142	34	7	0	0	9	7	21	.273	.289
Grass	.278	809	225	37	3	9	92	51	101	.317	.365	June	.289	190	55	12	1	0	15	14	23	.335	.363
Turf	.307	179	55	12	0	1	15	6	18	.328	.391	July	.255	208	53	9	0	1	18	8	21	.287	.313
First Pitch	.312	205	64	6	1	2	20	1	0	.310	.380	August	.298	208	62	10	1	3	32	9	12	.332	.399
Ahead in Count	.300	223	67	18	1	2	29	34	0	.390	.417	September/October	.316	158	50	9	1	5	23	9	12	.349	.481
Behind in Count	.249	397	99	17	0	4	38	0	107	.247	.322	Pre-All Star	.270	489	132	24	1	2	41	28	63	.307	.335
Two Strikes	.212	363	77	10	0	4	34	22	119	.254	.273	Post-All Star	.297	499	148	25	2	8	66	29	56	.330	.403

Batter vs. Pitcher (career)

Hits Best Against	Avg	AB	H	2B	3B	HR	RBI	BB	SO	OBP	SLG	Hits Worst Against	Avg	AB	H	2B	3B	HR	RBI	BB	SO	OBP	SLG
Rick Sutcliffe	.636	11	7	2	0	0	3	0	0	.636	.818	Juan Guzman	.091	11	1	0	0	0	0	0	1	.091	.091
Jose Mesa	.533	15	8	1	0	0	4	2	0	.556	.600	Willie Banks	.091	11	1	0	0	0	0	1	2	.167	.091
Jack Morris	.500	12	6	1	0	0	1	0	2	.500	.583	Erik Hanson	.105	19	2	0	0	0	1	0	4	.100	.105
Bill Wegman	.462	13	6	0	1	0	4	0	0	.462	.615	Cal Eldred	.176	17	3	0	0	0	0	0	1	.176	.176
Tom Candiotti	.364	11	4	1	0	0	1	1	1	.333	.636	Danny Darwin	.188	16	3	0	0	0	1	1	3	.222	.188

Graeme Lloyd — Brewers
Age 28 – Pitches Left (groundball pitcher)

	ERA	W	L	Sv	G	GS	IP	BB	SO	Avg	H	2B	3B	HR	RBI	OBP	SLG	GF	IR	IRS	Hld	SvOp	SB	CS	GB	FB	G/F
1994 Season	5.17	2	3	3	43	0	47.0	15	31	.269	49	7	3	4	36	.332	.407	21	42	18	3	6	2	1	65	50	1.30
Career (1993-1994)	3.82	5	7	3	98	0	110.2	28	62	.262	113	15	4	9	70	.313	.377	33	107	39	9	10	4	1	179	111	1.61

1994 Season

	ERA	W	L	Sv	G	GS	IP	H	HR	BB	SO		Avg	AB	H	2B	3B	HR	RBI	BB	SO	OBP	SLG
Home	7.46	2	3	1	24	0	25.1	34	3	12	13	vs. Left	.222	63	14	1	1	0	10	7	10	.310	.270
Away	2.49	0	0	2	19	0	21.2	15	1	3	18	vs. Right	.294	119	35	6	2	4	26	8	21	.344	.479
Starter	0.00	0	0	0	0	0	0.0	0	0	0	0	Scoring Posn	.283	60	17	3	2	1	30	11	10	.400	.450
Reliever	5.17	2	3	3	43	0	47.0	49	4	15	31	Close & Late	.299	77	23	2	1	1	14	9	12	.375	.390
0 Days rest (Re)	6.75	0	0	2	8	0	9.1	11	0	1	6	None on/out	.176	34	6	2	0	0	0	2	9	.222	.235
1 or 2 Days rest	5.25	2	1	1	21	0	24.0	25	2	9	18	First Pitch	.542	24	13	3	0	1	9	5	0	.633	.792
3+ Days rest	3.95	0	2	0	14	0	13.2	13	2	5	7	Ahead in Count	.234	77	18	1	2	1	6	0	27	.234	.338
Pre-All Star	4.89	2	3	3	34	0	38.2	42	3	10	25	Behind in Count	.208	53	11	2	0	1	14	6	0	.290	.302
Post-All Star	6.48	0	0	0	9	0	8.1	7	1	5	6	Two Strikes	.177	79	14	1	2	0	7	4	31	.217	.241

Keith Lockhart — Padres
Age 30 – Bats Left (flyball hitter)

	Avg	G	AB	R	H	2B	3B	HR	RBI	BB	SO	HBP	GDP	SB	CS	OBP	SLG	IBB	SH	SF	#Pit	#P/PA	GB	FB	G/F
1994 Season	.209	27	43	4	9	0	0	2	6	4	10	1	2	1	0	.286	.349	0	1	1	183	3.66	12	17	0.71

1994 Season

	Avg	AB	H	2B	3B	HR	RBI	BB	SO	OBP	SLG		Avg	AB	H	2B	3B	HR	RBI	BB	SO	OBP	SLG
vs. Left	.000	3	0	0	0	0	2	0	0	.400	.000	Scoring Posn	.200	15	3	0	0	0	4	0	4	.188	.200
vs. Right	.225	40	9	0	0	2	6	2	10	.273	.375	Close & Late	.200	15	3	0	0	0	1	1	4	.250	.200

Kenny Lofton — Indians
Age 28 – Bats Left (groundball hitter)

	Avg	G	AB	R	H	2B	3B	HR	RBI	BB	SO	HBP	GDP	SB	CS	OBP	SLG	IBB	SH	SF	#Pit	#P/PA	GB	FB	G/F
1994 Season	.349	112	459	105	160	32	9	12	57	52	56	2	5	60	12	.412	.536	5	4	6	1886	3.61	174	102	1.71
Career (1991-1994)	.312	426	1678	326	524	76	25	18	141	206	212	5	20	198	39	.387	.420	14	10	11	6988	3.66	685	332	2.06

1994 Season

	Avg	AB	H	2B	3B	HR	RBI	BB	SO	OBP	SLG		Avg	AB	H	2B	3B	HR	RBI	BB	SO	OBP	SLG
vs. Left	.331	169	56	10	5	3	18	23	35	.409	.503	Scoring Posn	.322	87	28	7	3	1	42	16	10	.404	.506
vs. Right	.359	290	104	22	4	9	39	29	21	.414	.555	Close & Late	.254	71	18	2	1	2	7	8	5	.325	.394
Groundball	.356	90	32	7	1	2	12	8	12	.402	.522	None on/out	.358	190	68	12	2	9	9	22	22	.430	.584
Flyball	.381	118	45	8	2	7	18	11	17	.435	.661	Batting #1	.349	458	160	32	9	12	57	52	56	.413	.537
Home	.365	200	73	14	4	10	34	27	18	.433	.625	Batting #9	.000	1	0	0	0	0	0	0	0	.000	.000
Away	.336	259	87	18	5	2	23	25	38	.395	.467	Other	.000	0	0	0	0	0	0	0	0	.000	.000
Day	.399	148	59	14	4	3	23	20	15	.462	.608	April	.364	88	32	4	3	3	10	16	8	.462	.580
Night	.325	311	101	18	5	9	34	32	41	.388	.502	May	.392	102	40	5	3	4	9	6	16	.431	.618
Grass	.353	388	137	28	7	11	50	43	49	.415	.546	June	.336	113	38	11	1	1	16	14	9	.403	.478
Turf	.324	71	23	4	2	1	7	9	7	.400	.479	July	.336	113	38	9	1	3	16	11	15	.386	.513
First Pitch	.419	74	31	3	1	0	9	4	0	.438	.486	August	.279	43	12	3	1	1	6	5	8	.360	.465
Ahead in Count	.475	139	66	18	3	7	19	29	0	.562	.799	September/October	.000	0	0	0	0	0	0	0	0	.000	.000
Behind in Count	.217	152	33	6	2	1	13	0	44	.226	.303	Pre-All Star	.378	341	129	24	7	10	43	42	40	.443	.578
Two Strikes	.195	164	32	4	3	3	14	19	56	.285	.311	Post-All Star	.263	118	31	8	2	2	14	10	16	.321	.415

1994 By Position

Position	Avg	AB	H	2B	3B	HR	RBI	BB	SO	OBP	SLG	G	GS	Innings	PO	A	E	DP	Fld Pct	Rng Fctr	In Zone	Outs	Zone Rtg	MLB Zone
As cf	.349	459	160	32	9	12	57	52	56	.412	.536	112	111	974.2	276	13	2	1	.993	2.67	311	270	.868	.824

Career (1991-1994)

	Avg	AB	H	2B	3B	HR	RBI	BB	SO	OBP	SLG		Avg	AB	H	2B	3B	HR	RBI	BB	SO	OBP	SLG
vs. Left	.322	506	163	25	7	3	45	76	94	.412	.417	Scoring Posn	.304	309	94	10	6	4	118	42	38	.377	.414
vs. Right	.308	1172	361	51	18	15	96	130	118	.376	.421	Close & Late	.258	275	71	8	1	3	19	37	30	.348	.327
Groundball	.296	314	93	13	2	3	23	47	26	.386	.379	None on/out	.307	685	210	28	9	11	11	90	96	.389	.422
Flyball	.300	407	122	15	6	9	30	55	60	.384	.432	Batting #1	.311	1647	513	76	25	17	135	204	209	.387	.419
Home	.313	789	247	33	14	14	71	114	98	.398	.444	Batting #9	.375	24	9	0	0	1	6	1	1	.400	.500
Away	.312	889	277	43	11	4	70	92	114	.377	.398	Other	.286	7	2	0	0	0	1	0	2	.375	.286
Day	.329	556	183	28	8	4	49	81	65	.412	.426	April	.305	233	71	9	6	3	19	37	25	.401	.433
Night	.304	1122	341	50	17	14	92	125	147	.374	.416	May	.355	312	111	9	4	5	27	27	36	.409	.457
Grass	.316	1377	435	66	23	17	125	176	169	.393	.434	June	.288	312	90	19	7	2	30	37	32	.362	.413
Turf	.296	301	89	10	2	1	16	30	43	.358	.352	July	.294	310	91	19	2	5	30	33	32	.358	.416
First Pitch	.351	271	95	7	1	2	29	11	0	.372	.395	August	.326	227	74	12	6	3	24	33	38	.411	.471
Ahead in Count	.432	431	186	34	8	10	46	113	0	.548	.617	September/October	.307	283	87	8	0	0	11	39	49	.390	.336
Behind in Count	.216	631	136	18	7	2	35	0	179	.220	.276	Pre-All Star	.322	975	314	48	18	13	90	111	108	.391	.448
Two Strikes	.218	684	149	19	11	4	40	82	212	.305	.295	Post-All Star	.299	703	210	28	7	5	51	95	104	.381	.380

Batter vs. Pitcher (career)

Hits Best Against	Avg	AB	H	2B	3B	HR	RBI	BB	SO	OBP	SLG	Hits Worst Against	Avg	AB	H	2B	3B	HR	RBI	BB	SO	OBP	SLG
Chuck Finley	.611	18	11	1	0	0	3	0	1	.667	.667	David Cone	.071	14	1	0	0	0	0	1	3	.133	.071
Bill Gullickson	.571	21	12	4	0	1	4	2	0	.609	.905	Roger Pavlik	.111	9	1	0	0	0	0	2	3	.273	.111
Sterling Hitchcock	.500	12	6	1	1	0	3	2	1	.571	.750	Jimmy Key	.118	17	2	0	0	0	1	0	4	.118	.118
Fernando Valenzuela	.500	8	4	3	0	0	1	3	1	.636	.875	Chris Bosio	.118	17	2	0	0	0	0	1	2	.167	.118
Al Leiter	.444	9	4	1	2	0	3	2	5	.583	1.000	Erik Hanson	.167	12	2	0	0	0	2	0	6	.286	.167

Tony Longmire — Phillies
Age 26 – Bats Left

	Avg	G	AB	R	H	2B	3B	HR	RBI	BB	SO	HBP	GDP	SB	CS	OBP	SLG	IBB	SH	SF	#Pit	#P/PA	GB	FB	G/F
1994 Season	.237	69	139	10	33	11	0	0	17	10	27	1	5	2	1	.289	.317	1	1	2	566	3.70	48	46	1.04
Career (1993-1994)	.237	80	152	11	36	11	0	0	18	10	28	1	5	2	1	.285	.309	1	1	2	615	3.70	54	51	1.06

1994 Season

	Avg	AB	H	2B	3B	HR	RBI	BB	SO	OBP	SLG		Avg	AB	H	2B	3B	HR	RBI	BB	SO	OBP	SLG
vs. Left	.192	26	5	2	0	0	5	1	5	.250	.269	Scoring Posn	.355	31	11	7	0	0	17	2	8	.371	.581
vs. Right	.248	113	28	9	0	0	12	9	22	.298	.327	Close & Late	.154	26	4	1	0	0	1	4	8	.267	.192
Home	.297	74	22	7	0	0	10	5	17	.338	.392	None on/out	.115	26	3	0	0	0	0	5	7	.281	.115
Away	.169	65	11	4	0	0	7	5	10	.236	.231	Batting #3	.240	25	6	3	0	0	2	4	3	.333	.360
First Pitch	.375	16	6	2	0	0	1	0	0	.412	.500	Batting #9	.184	38	7	3	0	0	3	3	8	.244	.263
Ahead in Count	.152	33	5	3	0	0	6	5	0	.263	.242	Other	.263	76	20	5	0	0	12	3	16	.296	.329
Behind in Count	.197	66	13	4	0	0	4	0	24	.194	.258	Pre-All Star	.224	98	22	7	0	0	12	6	18	.274	.296
Two Strikes	.203	69	14	3	0	0	5	5	27	.253	.246	Post-All Star	.268	41	11	4	0	0	5	4	9	.326	.366

Brian Looney — Expos
Age 25 – Pitches Left

	ERA	W	L	Sv	G	GS	IP	BB	SO	Avg	H	2B	3B	HR	RBI	OBP	SLG	GF	IR	IRS	Hld	SvOp	SB	CS	GB	FB	G/F
1994 Season	22.50	0	0	0	1	0	2.0	0	2	.400	4	1	0	1	4	.455	.800	0	0	0	0	0	0	0	3	3	1.00
Career (1993-1994)	7.88	0	0	0	4	1	8.0	2	9	.333	12	3	0	1	6	.385	.500	1	3	0	0	0	0	0	8	12	0.67

1994 Season

	ERA	W	L	Sv	G	GS	IP	H	HR	BB	SO		Avg	AB	H	2B	3B	HR	RBI	BB	SO	OBP	SLG
Home	22.50	0	0	0	1	0	2.0	4	1	0	2	vs. Left	.500	2	1	0	0	0	0	0	0	.667	.500
Away	0.00	0	0	0	0	0	0.0	0	0	0	0	vs. Right	.375	8	3	1	0	1	4	0	2	.375	.875

Albie Lopez — Indians
Age 23 – Pitches Right

	ERA	W	L	Sv	G	GS	IP	BB	SO	Avg	H	2B	3B	HR	RBI	OBP	SLG	CG	ShO	Sup	QS	#P/S	SB	CS	GB	FB	G/F
1994 Season	4.24	1	2	0	4	4	17.0	6	18	.290	20	0	0	3	8	.355	.420	1	0	4.24	1	74	0	2	26	13	2.00
Career (1993-1994)	5.54	4	3	0	13	13	66.2	38	43	.270	69	7	0	10	38	.367	.414	1	0	6.75	6	87	5	5	98	67	1.46

1994 Season

	ERA	W	L	Sv	G	GS	IP	H	HR	BB	SO		Avg	AB	H	2B	3B	HR	RBI	BB	SO	OBP	SLG
Home	0.00	1	0	0	1	1	9.0	5	0	3	11	vs. Left	.400	35	14	0	0	3	8	5	6	.488	.657
Away	9.00	0	2	0	3	3	8.0	15	3	3	7	vs. Right	.176	34	6	0	0	0	0	1	12	.200	.176

Javy Lopez — Braves
Age 24 – Bats Right (groundball hitter)

	Avg	G	AB	R	H	2B	3B	HR	RBI	BB	SO	HBP	GDP	SB	CS	OBP	SLG	IBB	SH	SF	#Pit	#P/PA	GB	FB	G/F
1994 Season	.245	80	277	27	68	9	0	13	35	17	61	5	12	0	2	.299	.419	0	2	2	1027	3.39	107	68	1.57
Career (1992-1994)	.259	97	309	31	80	12	1	14	39	17	64	6	12	0	2	.308	.440	0	2	2	1106	3.29	119	78	1.53

1994 Season

	Avg	AB	H	2B	3B	HR	RBI	BB	SO	OBP	SLG		Avg	AB	H	2B	3B	HR	RBI	BB	SO	OBP	SLG
vs. Left	.211	95	20	3	0	5	10	4	22	.250	.400	Scoring Posn	.211	71	15	2	0	2	20	7	19	.284	.324
vs. Right	.264	182	48	6	0	8	25	13	39	.323	.429	Close & Late	.208	48	10	2	0	1	5	3	11	.250	.313
Groundball	.277	94	26	1	0	5	14	4	19	.317	.447	None on/out	.281	64	18	2	0	5	5	3	14	.333	.547
Flyball	.180	50	9	2	0	1	3	2	15	.212	.280	Batting #6	.250	84	21	2	0	1	3	8	21	.330	.310
Home	.218	124	27	1	0	4	11	4	25	.265	.323	Batting #7	.278	144	40	7	0	9	27	8	27	.325	.514
Away	.268	153	41	8	0	9	24	13	36	.325	.497	Other	.143	49	7	0	0	3	5	1	13	.160	.327
Day	.230	87	20	3	0	3	11	2	15	.253	.368	April	.286	77	22	3	0	6	18	2	18	.305	.558
Night	.253	190	48	6	0	10	24	15	46	.319	.442	May	.271	70	19	2	0	4	8	2	14	.311	.471
Grass	.257	214	55	8	0	11	31	11	39	.306	.449	June	.194	62	12	1	0	0	1	5	14	.275	.210
Turf	.206	63	13	1	0	2	4	6	22	.275	.317	July	.224	49	11	1	0	3	7	3	11	.269	.429
First Pitch	.481	54	26	1	0	7	21	0	0	.483	.889	August	.211	19	4	2	0	0	1	5	4	.375	.316
Ahead in Count	.327	49	16	2	0	3	5	10	0	.441	.551	September/October	.000	0	0	0	0	0	0	0	0	.000	.000
Behind in Count	.155	129	20	5	0	2	5	0	52	.162	.240	Pre-All Star	.241	220	53	6	0	10	27	10	49	.287	.405
Two Strikes	.132	121	16	3	0	1	3	7	61	.186	.182	Post-All Star	.263	57	15	3	0	3	8	7	12	.344	.474

1994 By Position

Position	Avg	AB	H	2B	3B	HR	RBI	BB	SO	OBP	SLG	G	GS	Innings	PO	A	E	DP	Fld Pct	Rng Fctr	In Zone	Outs	Zone Rtg	MLB Zone
As c	.247	271	67	9	0	13	34	17	60	.302	.424	75	72	643.1	560	35	3	0	.995	---	---	---	---	---

Luis Lopez — Padres
Age 24 – Bats Both

	Avg	G	AB	R	H	2B	3B	HR	RBI	BB	SO	HBP	GDP	SB	CS	OBP	SLG	IBB	SH	SF	#Pit	#P/PA	GB	FB	G/F
1994 Season	.277	77	235	29	65	16	1	2	20	15	39	3	7	3	2	.325	.379	2	2	2	873	3.40	87	56	1.55
Career (1993-1994)	.252	94	278	30	70	17	1	2	21	15	47	3	7	3	2	.294	.342	2	2	3	1016	3.38	103	70	1.47

1994 Season

	Avg	AB	H	2B	3B	HR	RBI	BB	SO	OBP	SLG		Avg	AB	H	2B	3B	HR	RBI	BB	SO	OBP	SLG
vs. Left	.333	45	15	2	0	0	5	4	4	.400	.378	Scoring Posn	.273	55	15	3	0	1	19	8	8	.364	.382
vs. Right	.263	190	50	14	1	2	15	11	35	.307	.379	Close & Late	.130	46	6	2	0	0	2	5	11	.216	.174
Home	.292	96	28	9	0	2	12	11	17	.365	.448	None on/out	.377	61	23	6	1	0	0	3	7	.411	.528
Away	.266	139	37	7	1	0	8	4	22	.297	.331	Batting #1	.300	40	12	3	0	0	4	1	9	.341	.375
First Pitch	.293	41	12	2	0	1	5	2	0	.326	.415	Batting #7	.275	91	25	7	0	1	5	14	.316	.385
Ahead in Count	.319	47	15	5	0	0	4	6	0	.421	.426	Other	.269	104	28	6	1	1	8	9	16	.327	.375
Behind in Count	.259	108	28	7	1	0	6	0	34	.259	.343	Pre-All Star	.303	145	44	13	1	2	16	12	21	.369	.448

	\multicolumn{9}{c}{1994 Season}									
	Avg	AB	H	2B	3B	HR	RBI	BB	SO	OBP	SLG		Avg	AB	H	2B	3B	HR	RBI	BB	SO	OBP	SLG
Two Strikes	.235	102	24	6	0	0	7	7	39	.282	.294	Post-All Star	.233	90	21	3	0	0	4	3	18	.253	.267

Andrew Lorraine — *Angels* Age 22 – Pitches Left (flyball pitcher)

| | ERA | W | L | Sv | G | GS | IP | BB | SO | Avg | H | 2B | 3B | HR | RBI | OBP | SLG | CG | ShO | Sup | QS | #P/S | SB | CS | GB | FB | G/F |
| 1994 Season | 10.61 | 0 | 2 | 0 | 4 | 3 | 18.2 | 11 | 10 | .366 | 30 | 3 | 1 | 7 | 19 | .436 | .683 | 0 | 0 | 3.38 | 0 | 94 | 2 | 0 | 25 | 28 | 0.89 |

	\multicolumn{9}{c}{1994 Season}									
	ERA	W	L	Sv	G	GS	IP	H	HR	BB	SO		Avg	AB	H	2B	3B	HR	RBI	BB	SO	OBP	SLG
Home	13.50	0	1	0	3	2	12.0	24	4	9	6	vs. Left	.481	27	13	2	0	0	5	3	5	.533	.556
Away	5.40	0	1	0	1	1	6.2	6	3	2	4	vs. Right	.309	55	17	1	1	7	14	8	5	.391	.745

Torey Lovullo — *Mariners* Age 29 – Bats Both

	Avg	G	AB	R	H	2B	3B	HR	RBI	BB	SO	HBP	GDP	SB	CS	OBP	SLG	IBB	SH	SF	#Pit	#P/PA	GB	FB	G/F
1994 Season	.222	36	72	9	16	5	0	2	7	9	13	0	2	1	0	.309	.375	1	0	0	328	4.05	26	17	1.53
Last Five Years	.239	174	490	51	117	27	0	8	39	50	69	1	10	8	6	.309	.343	3	6	2	1983	3.61	164	158	1.04

	\multicolumn{9}{c}{1994 Season}									
	Avg	AB	H	2B	3B	HR	RBI	BB	SO	OBP	SLG		Avg	AB	H	2B	3B	HR	RBI	BB	SO	OBP	SLG
vs. Left	.364	11	4	0	0	0	0	2	2	.462	.364	Scoring Posn	.286	14	4	2	0	1	6	2	1	.375	.643
vs. Right	.197	61	12	5	0	2	7	7	11	.279	.377	Close & Late	.294	17	5	1	0	1	4	3	2	.400	.529

	\multicolumn{9}{c}{Last Five Years}									
	Avg	AB	H	2B	3B	HR	RBI	BB	SO	OBP	SLG		Avg	AB	H	2B	3B	HR	RBI	BB	SO	OBP	SLG
vs. Left	.288	80	23	2	0	1	7	8	6	.356	.350	Scoring Posn	.230	113	26	6	0	3	33	15	12	.315	.363
vs. Right	.229	410	94	25	0	7	32	42	63	.300	.341	Close & Late	.269	104	28	2	0	4	21	13	13	.350	.404
Groundball	.223	103	23	5	0	1	11	13	13	.308	.301	None on/out	.187	123	23	4	0	1	1	13	25	.265	.244
Flyball	.206	97	20	6	0	2	8	14	11	.313	.330	Batting #5	.220	100	22	2	0	1	7	15	11	.316	.270
Home	.250	224	56	13	0	6	22	27	27	.328	.388	Batting #8	.257	113	29	8	0	2	10	19	17	.368	.381
Away	.229	266	61	14	0	2	17	23	42	.293	.305	Other	.238	277	66	17	0	5	22	16	39	.280	.354
Day	.243	173	42	13	0	0	10	19	24	.316	.318	April	.203	64	13	3	0	1	5	7	12	.282	.297
Night	.237	317	75	14	0	8	29	31	45	.306	.356	May	.288	80	23	9	0	2	7	6	14	.345	.475
Grass	.239	355	85	17	0	5	26	38	45	.313	.330	June	.270	89	24	4	0	2	13	11	12	.347	.382
Turf	.237	135	32	10	0	3	13	12	24	.299	.378	July	.202	84	17	1	0	0	4	10	8	.284	.214
First Pitch	.325	83	27	6	0	1	8	2	0	.345	.434	August	.239	46	11	5	0	0	1	2	4	.271	.348
Ahead in Count	.289	128	37	7	0	4	11	33	0	.422	.438	September/October	.228	127	29	5	0	3	9	14	19	.305	.339
Behind in Count	.168	197	33	7	0	0	8	0	59	.168	.203	Pre-All Star	.241	278	67	17	0	5	29	28	43	.311	.356
Two Strikes	.149	194	29	7	0	1	10	15	69	.211	.201	Post-All Star	.236	212	50	10	0	3	10	22	26	.308	.325

	\multicolumn{9}{c}{Batter vs. Pitcher (career)}									
Hits Best Against	Avg	AB	H	2B	3B	HR	RBI	BB	SO	OBP	SLG	Hits Worst Against	Avg	AB	H	2B	3B	HR	RBI	BB	SO	OBP	SLG
Jaime Navarro	.500	12	6	1	0	2	0	0	0	.500	.583	Pat Hentgen	.091	11	1	0	0	0	1	0	0	.091	.091
Ricky Bones	.455	11	5	3	0	0	0	0	0	.455	.727	Dave Stewart	.154	13	2	1	0	0	0	2	1	.267	.231
Kevin Brown	.333	9	3	0	0	1	1	2	3	.455	.667	Roger Clemens	.167	12	2	1	0	1	1	0	5	.167	.500
												Kevin Tapani	.231	13	3	1	0	0	0	4	2	.231	.308

John Mabry — *Cardinals* Age 24 – Bats Left

| | Avg | G | AB | R | H | 2B | 3B | HR | RBI | BB | SO | HBP | GDP | SB | CS | OBP | SLG | IBB | SH | SF | #Pit | #P/PA | GB | FB | G/F |
| 1994 Season | .304 | 6 | 23 | 2 | 7 | 3 | 0 | 0 | 3 | 2 | 4 | 0 | 0 | 0 | 0 | .360 | .435 | 0 | 0 | 0 | 76 | 3.04 | 7 | 7 | 1.00 |

	\multicolumn{9}{c}{1994 Season}									
	Avg	AB	H	2B	3B	HR	RBI	BB	SO	OBP	SLG		Avg	AB	H	2B	3B	HR	RBI	BB	SO	OBP	SLG
vs. Left	.000	2	0	0	0	0	0	1	0	.333	.000	Scoring Posn	.400	5	2	1	0	0	2	0	1	.400	.600
vs. Right	.333	21	7	3	0	0	3	1	4	.364	.476	Close & Late	.250	4	1	1	0	0	1	1	2	.400	.500

Mike Macfarlane — *Royals* Age 31 – Bats Right (flyball hitter)

	Avg	G	AB	R	H	2B	3B	HR	RBI	BB	SO	HBP	GDP	SB	CS	OBP	SLG	IBB	SH	SF	#Pit	#P/PA	GB	FB	G/F
1994 Season	.255	92	314	53	80	17	3	14	47	35	71	18	9	1	0	.359	.462	1	0	3	1271	3.44	103	104	0.99
Last Five Years	.257	546	1771	230	456	114	12	70	261	147	364	62	38	6	10	.332	.454	7	4	21	6959	3.47	539	600	0.90

	\multicolumn{9}{c}{1994 Season}									
	Avg	AB	H	2B	3B	HR	RBI	BB	SO	OBP	SLG		Avg	AB	H	2B	3B	HR	RBI	BB	SO	OBP	SLG
vs. Left	.260	104	27	6	2	3	16	12	23	.350	.442	Scoring Posn	.222	81	18	2	1	7	36	13	20	.371	.531
vs. Right	.252	210	53	11	1	11	31	23	48	.364	.471	Close & Late	.170	53	9	1	0	2	6	6	12	.297	.302
Groundball	.292	48	14	5	0	1	9	6	10	.424	.458	None on/out	.247	93	23	6	0	3	3	10	14	.333	.409
Flyball	.202	84	17	1	2	8	20	8	17	.299	.548	Batting #4	.230	183	42	7	1	6	17	23	38	.347	.377
Home	.280	161	45	12	2	9	32	18	34	.380	.547	Batting #7	.220	41	9	4	1	2	12	4	13	.292	.512
Away	.229	153	35	5	1	5	15	17	37	.339	.373	Other	.322	90	29	6	1	6	18	8	20	.415	.611
Day	.307	75	23	4	1	4	13	9	17	.418	.547	April	.255	55	14	1	1	3	6	12	9	.414	.473
Night	.238	239	57	13	2	10	34	26	54	.341	.435	May	.291	79	23	6	0	4	15	8	19	.391	.519
Grass	.257	113	29	4	1	5	12	16	25	.360	.442	June	.192	73	14	1	1	1	6	3	19	.256	.274
Turf	.254	201	51	13	2	9	35	19	46	.343	.473	July	.266	79	21	6	0	5	16	12	15	.398	.532
First Pitch	.291	55	16	3	0	4	12	1	0	.344	.564	August	.286	28	8	3	1	1	4	0	9	.286	.571
Ahead in Count	.385	65	25	8	1	3	11	16	0	.512	.677	September/October	.000	0	0	0	0	0	0	0	0	.000	.000
Behind in Count	.181	149	27	3	1	6	15	0	63	.228	.336	Pre-All Star	.259	243	63	11	2	12	41	28	54	.365	.469
Two Strikes	.142	134	19	4	2	8	18	7	71	.281	.231	Post-All Star	.239	71	17	6	1	2	6	7	17	.341	.437

1994 By Position

Position	Avg	AB	H	2B	3B	HR	RBI	BB	SO	OBP	SLG	G	GS	Innings	PO	A	E	DP	Fld Pct	Rng Fctr	In Zone	Outs	Zone Rtg	MLB Zone
As c	.241	278	67	14	3	10	34	32	64	.352	.421	81	77	690.0	498	39	4	2	.993	---	---	---	---	---

Last Five Years

	Avg	AB	H	2B	3B	HR	RBI	BB	SO	OBP	SLG		Avg	AB	H	2B	3B	HR	RBI	BB	SO	OBP	SLG
vs. Left	.261	651	170	43	7	21	79	59	130	.337	.445	Scoring Posn	.237	481	114	26	3	17	185	54	97	.333	.410
vs. Right	.255	1120	286	71	5	49	182	88	234	.330	.459	Close & Late	.249	325	81	17	4	13	47	31	75	.337	.446
Groundball	.284	405	115	28	4	12	64	32	69	.359	.462	None on/out	.251	478	120	32	3	23	23	35	100	.318	.475
Flyball	.222	459	102	22	4	25	79	34	103	.290	.451	Batting #4	.243	564	137	28	1	29	70	59	126	.335	.450
Home	.268	859	230	67	8	30	135	76	158	.345	.469	Batting #7	.269	316	85	22	2	11	51	19	78	.314	.456
Away	.248	912	226	47	4	40	126	71	206	.320	.440	Other	.263	891	234	64	9	30	140	69	160	.337	.456
Day	.291	398	116	26	2	20	62	37	81	.371	.518	April	.269	208	56	15	2	5	23	24	44	.362	.433
Night	.248	1373	340	88	10	50	199	110	283	.321	.436	May	.260	373	97	28	2	20	68	30	78	.339	.507
Grass	.258	698	180	35	4	31	106	59	146	.334	.453	June	.238	382	91	15	4	10	44	20	75	.292	.377
Turf	.257	1073	276	79	8	39	155	88	218	.331	.455	July	.268	313	84	22	0	14	57	31	69	.355	.473
First Pitch	.305	298	91	26	1	16	56	4	0	.338	.560	August	.250	256	64	17	1	15	40	24	60	.323	.500
Ahead in Count	.340	379	129	36	5	20	67	71	0	.453	.620	September/October	.268	239	64	17	3	6	29	18	38	.338	.439
Behind in Count	.189	800	151	27	3	18	78	0	317	.215	.298	Pre-All Star	.258	1090	281	69	8	40	161	86	225	.331	.446
Two Strikes	.170	757	129	29	3	16	66	70	364	.261	.280	Post-All Star	.257	681	175	45	4	30	100	61	139	.335	.467

Batter vs. Pitcher (career)

Hits Best Against	Avg	AB	H	2B	3B	HR	RBI	BB	SO	OBP	SLG	Hits Worst Against	Avg	AB	H	2B	3B	HR	RBI	BB	SO	OBP	SLG
Tim Leary	.545	11	6	3	0	2	6	1	1	.583	1.364	Jamie Moyer	.077	13	1	0	0	0	0	1	4	.143	.077
Mark Williamson	.538	13	7	1	0	1	4	1	0	.571	.846	Mike Jeffcoat	.083	12	1	1	0	0	3	0	3	.083	.167
Jason Bere	.500	12	6	0	0	3	6	5	3	.647	1.250	Jim Deshaies	.091	11	1	0	0	0	0	0	5	.091	.091
Dave Fleming	.350	20	7	3	0	2	2	2	2	.458	.800	Dennis Eckersley	.091	11	1	0	0	0	1	0	4	.167	.091
Mike Mussina	.333	18	6	1	0	3	4	2	4	.381	.889	Greg Swindell	.143	21	3	0	0	0	0	0	5	.143	.143

Quinn Mack — Mariners
Age 29 – Bats Left

	Avg	G	AB	R	H	2B	3B	HR	RBI	BB	SO	HBP	GDP	SB	CS	OBP	SLG	IBB	SH	SF	#Pit	#P/PA	GB	FB	G/F
1994 Season	.238	5	21	1	5	3	0	0	2	1	3	0	0	2	0	.273	.381	0	0	0	83	3.77	10	2	5.00

1994 Season

	Avg	AB	H	2B	3B	HR	RBI	BB	SO	OBP	SLG		Avg	AB	H	2B	3B	HR	RBI	BB	SO	OBP	SLG
vs. Left	1.000	1	1	0	0	0	0	0	0	1.000	1.000	Scoring Posn	.200	5	1	1	0	0	2	0	1	.200	.400
vs. Right	.200	20	4	3	0	0	2	1	3	.238	.350	Close & Late	1.000	1	1	1	0	0	1	0	0	1.000	2.000

Shane Mack — Twins
Age 31 – Bats Right (groundball hitter)

	Avg	G	AB	R	H	2B	3B	HR	RBI	BB	SO	HBP	GDP	SB	CS	OBP	SLG	IBB	SH	SF	#Pit	#P/PA	GB	FB	G/F
1994 Season	.333	81	303	55	101	21	2	15	61	32	51	6	11	4	1	.402	.564	1	1	5	1245	3.59	144	64	2.25
Last Five Years	.309	633	2161	351	668	119	24	67	315	200	381	36	51	71	33	.375	.479	5	23	14	8537	3.51	954	488	1.95

1994 Season

	Avg	AB	H	2B	3B	HR	RBI	BB	SO	OBP	SLG		Avg	AB	H	2B	3B	HR	RBI	BB	SO	OBP	SLG
vs. Left	.418	79	33	8	1	5	15	9	9	.467	.734	Scoring Posn	.350	80	28	5	1	6	51	12	14	.430	.663
vs. Right	.304	224	68	13	1	10	46	23	42	.379	.504	Close & Late	.275	40	11	2	1	2	11	3	7	.347	.525
Groundball	.346	78	27	3	1	4	22	10	16	.419	.564	None on/out	.333	72	24	7	0	4	4	2	12	.351	.597
Flyball	.339	59	20	6	1	3	9	4	10	.375	.627	Batting #4	.364	110	40	9	2	5	27	13	16	.429	.618
Home	.331	166	55	11	1	8	37	17	26	.399	.554	Batting #5	.318	110	35	7	0	4	19	11	18	.384	.491
Away	.336	137	46	10	1	7	24	15	25	.405	.577	Other	.313	83	26	5	0	6	15	8	17	.389	.590
Day	.329	73	24	4	2	0	16	10	14	.425	.438	April	.000	0	0	0	0	0	0	0	0	.000	.000
Night	.335	230	77	17	0	15	45	22	37	.394	.604	May	.318	88	28	7	1	5	20	8	14	.374	.591
Grass	.313	99	31	6	1	5	17	15	18	.408	.545	June	.313	99	31	7	1	5	19	13	20	.405	.556
Turf	.343	204	70	15	1	10	44	17	33	.398	.574	July	.296	81	24	6	0	3	13	5	14	.330	.481
First Pitch	.487	39	19	3	0	2	6	1	0	.476	.718	August	.514	35	18	1	0	2	9	6	3	.605	.714
Ahead in Count	.317	60	19	2	0	3	15	16	0	.443	.500	September/October	.000	0	0	0	0	0	0	0	0	.000	.000
Behind in Count	.262	149	39	12	1	7	26	0	47	.281	.497	Pre-All Star	.313	208	65	15	2	11	45	25	38	.390	.563
Two Strikes	.272	136	37	11	0	5	22	15	51	.353	.463	Post-All Star	.379	95	36	6	0	4	16	7	13	.429	.568

1994 By Position

Position	Avg	AB	H	2B	3B	HR	RBI	BB	SO	OBP	SLG	G	GS	Innings	PO	A	E	DP	Fld Pct	Rng Fctr	In Zone	Outs	Zone Rtg	MLB Zone
As lf	.333	207	69	15	1	13	40	26	37	.413	.604	66	52	501.1	151	2	2	0	.987	2.75	166	141	.849	.815
As cf	.351	77	27	6	1	2	18	6	12	.407	.532	24	22	156.0	50	0	0	0	1.000	2.88	57	49	.860	.824

Last Five Years

	Avg	AB	H	2B	3B	HR	RBI	BB	SO	OBP	SLG		Avg	AB	H	2B	3B	HR	RBI	BB	SO	OBP	SLG
vs. Left	.340	608	207	48	10	25	111	53	86	.397	.576	Scoring Posn	.312	509	159	27	5	20	244	67	88	.396	.503
vs. Right	.297	1553	461	71	14	42	204	147	295	.366	.442	Close & Late	.262	324	85	16	2	8	48	29	64	.326	.398
Groundball	.314	500	157	20	7	14	82	48	105	.380	.466	None on/out	.308	611	188	34	5	20	20	38	100	.357	.478
Flyball	.305	472	144	29	6	20	73	44	85	.372	.519	Batting #1	.298	699	208	34	7	16	80	55	118	.356	.435
Home	.320	1024	328	64	19	30	158	101	183	.388	.508	Batting #2	.314	287	90	15	2	9	41	28	51	.386	.474
Away	.299	1137	340	55	5	37	157	99	198	.363	.454	Other	.315	1175	370	70	15	42	194	117	212	.383	.507
Day	.293	652	191	35	9	18	101	68	97	.369	.457	April	.246	211	52	12	3	4	24	13	37	.309	.389
Night	.316	1509	477	84	15	49	214	132	284	.378	.489	May	.320	319	102	17	3	13	59	28	44	.381	.514
Grass	.304	868	264	46	2	30	118	86	151	.376	.465	June	.265	430	114	24	5	18	67	50	81	.348	.470
Turf	.312	1293	404	73	22	37	197	114	230	.374	.489	July	.350	431	151	27	6	14	62	48	76	.413	.538
First Pitch	.390	354	138	25	5	19	71	4	0	.408	.650	August	.318	431	137	20	5	10	57	35	81	.379	.457

	Last Five Years																		
	Avg	AB	H	2B	3B	HR	RBI	BB	SO	OBP	SLG		Avg	AB	H	2B	3B	HR	RBI	BB	SO	OBP	SLG
Ahead in Count	.391	453	177	36	10	18	91	100	0	.498	.634	September/October	.330	339	112	19	2	8	44	26	62	.390	.469
Behind in Count	.234	990	232	43	4	20	101	0	339	.247	.346	Pre-All Star	.280	1079	302	61	11	37	168	109	187	.353	.460
Two Strikes	.195	920	179	34	4	15	90	95	381	.278	.289	Post-All Star	.338	1082	366	58	13	30	147	91	194	.397	.499

	Batter vs. Pitcher (career)																		
Hits Best Against	Avg	AB	H	2B	3B	HR	RBI	BB	SO	OBP	SLG	Hits Worst Against	Avg	AB	H	2B	3B	HR	RBI	BB	SO	OBP	SLG
John Doherty	.667	12	8	1	0	0	1	2	0	.750	.778	Bob Wickman	.083	12	1	0	0	0	0	2	4	.214	.083
Scott Sanderson	.556	18	10	1	0	3	6	1	2	.619	1.111	Alex Fernandez	.103	29	3	0	0	0	2	1	9	.129	.103
Bill Krueger	.545	11	6	1	1	2	11	2	0	.615	1.364	Mike Magnante	.125	16	2	0	0	0	0	0	0	.125	.125
Joe Hesketh	.533	15	8	1	0	2	5	3	1	.611	1.000	Greg Hibbard	.133	15	2	1	0	0	2	1	2	.188	.200
Ben McDonald	.450	20	9	2	0	3	5	2	4	.500	1.000	Greg Swindell	.167	12	2	0	0	0	0	1	2	.231	.167

Greg Maddux — Braves   Age 29 – Pitches Right (groundball pitcher)

	ERA	W	L	Sv	G	GS	IP	BB	SO	Avg	H	2B	3B	HR	RBI	OBP	SLG	CG	ShO	Sup	QS	#P/S	SB	CS	GB	FB	G/F
1994 Season	1.56	16	6	0	25	25	202.0	31	156	.207	150	22	2	4	38	.243	.259	10	3	4.23	24	105	22	6	335	128	2.62
Last Five Years	2.61	86	53	0	168	168	1237.0	290	894	.231	1053	172	21	54	369	.281	.313	42	12	4.17	128	101	113	36	2095	812	2.58

1994 Season

	ERA	W	L	Sv	G	GS	IP	H	HR	BB	SO		Avg	AB	H	2B	3B	HR	RBI	BB	SO	OBP	SLG
Home	1.76	6	4	0	12	12	97.0	71	2	9	74	vs. Left	.201	374	75	9	0	3	23	22	92	.249	.249
Away	1.37	10	2	0	13	13	105.0	79	2	22	82	vs. Right	.213	352	75	13	2	1	15	9	64	.238	.270
Day	0.94	7	0	0	7	7	57.2	44	1	3	48	Inning 1-6	.195	534	104	19	1	2	22	23	123	.232	.245
Night	1.81	9	6	0	18	18	144.1	106	3	28	108	Inning 7+	.240	192	46	3	1	2	16	8	33	.274	.297
Grass	1.40	13	4	0	19	19	154.0	108	3	22	119	None on	.209	469	98	15	2	3	3	18	98	.241	.269
Turf	2.06	3	2	0	6	6	48.0	42	1	9	37	Runners on	.202	257	52	7	0	1	35	13	58	.247	.241
April	1.12	4	2	0	6	6	48.1	32	1	7	37	Scoring Posn	.162	148	24	4	0	1	33	10	36	.228	.209
May	1.91	4	0	0	5	5	37.2	27	1	6	34	Close & Late	.287	108	31	2	0	2	13	6	21	.336	.361
June	2.63	2	2	0	6	6	48.0	47	1	13	35	None on/out	.263	198	52	7	0	1	1	8	43	.291	.313
July	1.07	3	2	0	5	5	42.0	30	0	3	31	vs. 1st Batr (relief)	.000	0	0	0	0	0	0	0	0	.000	.000
August	0.69	3	0	0	3	3	26.0	14	1	2	19	First Inning Pitched	.180	89	16	3	0	0	1	4	18	.223	.213
September/October	0.00	0	0	0	0	0	0.0	0	0	0	0	First 75 Pitches	.200	501	100	18	1	2	21	16	106	.230	.251
Starter	1.56	16	6	0	25	25	202.0	150	4	31	156	Pitch 76-90	.240	104	25	2	1	1	9	4	26	.270	.298
Reliever	0.00	0	0	0	0	0	0.0	0	0	0	0	Pitch 91-105	.235	81	19	2	0	1	6	9	16	.304	.296
0-3 Days Rest (St)	1.00	1	0	0	1	1	9.0	5	0	0	8	Pitch 106+	.150	40	6	0	0	0	2	2	8	.205	.150
4 Days Rest	1.73	10	4	0	16	16	124.2	86	3	26	98	First Pitch	.237	131	31	2	0	0	5	3	0	.265	.252
5+ Days Rest	1.32	5	2	0	8	8	68.1	59	1	5	50	Ahead in Count	.131	352	46	4	0	2	13	0	130	.140	.159
Pre-All Star	1.80	11	5	0	19	19	150.0	116	3	28	118	Behind in Count	.357	115	41	8	1	1	14	14	0	.420	.470
Post-All Star	0.87	5	1	0	6	6	52.0	34	1	3	38	Two Strikes	.125	313	39	5	0	3	8	14	156	.170	.169

Last Five Years

	ERA	W	L	Sv	G	GS	IP	H	HR	BB	SO		Avg	AB	H	2B	3B	HR	RBI	BB	SO	OBP	SLG
Home	2.59	41	23	0	79	79	600.2	505	25	148	437	vs. Left	.246	2609	641	95	14	34	235	203	499	.302	.332
Away	2.63	45	30	0	89	89	636.1	548	29	142	457	vs. Right	.211	1952	412	77	7	20	134	87	395	.252	.288
Day	2.83	34	20	0	65	65	468.0	436	22	128	342	Inning 1-6	.225	3585	806	140	17	38	286	223	724	.275	.305
Night	2.48	52	33	0	103	103	769.0	617	32	162	552	Inning 7+	.253	976	247	32	4	16	83	67	170	.303	.343
Grass	2.63	66	37	0	122	122	903.0	760	44	220	659	None on	.222	2813	624	98	9	32	32	156	567	.267	.297
Turf	2.56	20	16	0	46	46	334.0	293	10	70	235	Runners on	.245	1748	429	74	12	22	337	134	327	.302	.339
April	2.42	14	7	0	24	24	175.0	138	7	35	119	Scoring Posn	.227	1013	230	35	10	12	296	105	203	.303	.317
May	2.87	12	11	0	28	28	206.2	166	10	50	159	Close & Late	.260	576	150	17	2	9	56	50	109	.324	.344
June	3.24	10	13	0	31	31	216.1	194	11	61	161	None on/out	.249	1201	299	39	3	17	17	78	228	.301	.329
July	2.66	17	6	0	29	29	213.1	192	11	43	150	vs. 1st Batr (relief)	.000	0	0	0	0	0	0	0	0	.000	.000
August	2.06	18	7	0	29	29	227.2	184	8	55	151	First Inning Pitched	.237	628	149	27	2	6	56	57	142	.305	.315
September/October	2.41	15	9	0	27	27	198.0	179	7	46	154	First 75 Pitches	.227	3276	743	120	17	35	242	195	642	.275	.306
Starter	2.61	86	53	0	168	168	1237.0	1053	54	290	894	Pitch 76-90	.231	629	145	25	1	7	56	34	130	.274	.307
Reliever	0.00	0	0	0	0	0	0.0	0	0	0	0	Pitch 91-105	.247	421	104	14	1	8	48	37	82	.308	.342
0-3 Days Rest (St)	1.93	12	2	0	17	17	130.2	101	3	24	89	Pitch 106+	.260	235	61	13	2	4	23	24	40	.332	.383
4 Days Rest	2.71	56	42	0	117	117	847.0	714	40	217	644	First Pitch	.275	759	209	34	3	8	80	25	0	.305	.360
5+ Days Rest	2.64	18	9	0	34	34	259.1	238	11	49	161	Ahead in Count	.162	2043	330	44	6	14	99	0	743	.171	.209
Pre-All Star	2.93	39	35	0	93	93	663.2	564	32	160	495	Behind in Count	.333	948	316	55	6	18	119	153	0	.424	.461
Post-All Star	2.24	47	18	0	75	75	573.1	489	22	130	399	Two Strikes	.140	1907	267	38	7	11	84	112	894	.192	.185

	Pitcher vs. Batter (career)																		
Pitches Best Vs.	Avg	AB	H	2B	3B	HR	RBI	BB	SO	OBP	SLG	Pitches Worst Vs.	Avg	AB	H	2B	3B	HR	RBI	BB	SO	OBP	SLG
Eric Karros	.000	17	0	0	0	0	1	1	3	.056	.000	Bip Roberts	.485	33	16	4	0	0	3	7	4	.575	.606
Felix Jose	.000	16	0	0	0	0	1	7	.059	.000	Hal Morris	.471	34	16	4	0	0	2	1	3	.486	.528
Andy Benes	.000	14	0	0	0	0	0	9	.000	.000	Tony Gwynn	.444	54	24	3	1	0	7	8	0	.516	.537
Jose Rijo	.000	11	0	0	0	0	1	0	0	.000	.000	Andy Van Slyke	.344	64	22	7	0	4	11	9	12	.440	.641
Bob Melvin	.000	11	0	0	0	0	0	4	.083	.000	Luis Gonzalez	.333	39	13	4	0	3	9	3	4	.381	.667

Mike Maddux — Mets   Age 33 – Pitches Right (groundball pitcher)

	ERA	W	L	Sv	G	GS	IP	BB	SO	Avg	H	2B	3B	HR	RBI	OBP	SLG	GF	IR	IRS	Hld	SvOp	SB	CS	GB	FB	G/F
1994 Season	5.11	2	1	2	27	0	44.0	13	32	.263	45	8	1	7	27	.312	.444	12	14	4	1	4	8	0	66	45	1.47
Last Five Years	3.34	14	14	5	210	4	318.0	95	217	.241	285	41	9	19	129	.297	.339	87	156	50	22	9	31	14	533	227	2.35

1994 Season

	ERA	W	L	Sv	G	GS	IP	H	HR	BB	SO		Avg	AB	H	2B	3B	HR	RBI	BB	SO	OBP	SLG
Home	5.61	1	1	1	14	0	25.2	29	7	4	15	vs. Left	.291	79	23	7	0	5	16	8	14	.352	.570

242

1994 Season

	ERA	W	L	Sv	G	GS	IP	H	HR	BB	SO		Avg	AB	H	2B	3B	HR	RBI	BB	SO	OBP	SLG
Away	4.42	1	0	1	13	0	18.1	16	0	9	17	vs. Right	.239	92	22	1	1	2	11	5	18	.276	.337
Starter	0.00	0	0	0	0	0	0.0	0	0	0	0	Scoring Posn	.308	39	12	5	0	1	19	8	7	.408	.513
Reliever	5.11	2	1	2	27	0	44.0	45	7	13	32	Close & Late	.353	51	18	5	1	2	12	8	8	.433	.608
0 Days rest (Re)	4.50	0	0	0	1	0	2.0	1	0	1	1	None on/out	.238	42	10	2	1	0	0	0	7	.238	.333
1 or 2 Days rest	7.40	0	0	2	13	0	24.1	32	4	5	18	First Pitch	.286	28	8	3	0	1	5	2	0	.333	.500
3+ Days rest	2.04	1	1	0	13	0	17.2	12	3	7	13	Ahead in Count	.235	85	20	0	0	4	9	0	29	.233	.376
Pre-All Star	5.17	1	0	2	23	0	38.1	41	5	12	30	Behind in Count	.333	27	9	3	0	1	8	8	0	.472	.556
Post-All Star	4.76	1	1	0	4	0	5.2	4	2	1	2	Two Strikes	.208	77	16	1	1	2	5	2	32	.225	.325

Last Five Years

	ERA	W	L	Sv	G	GS	IP	H	HR	BB	SO		Avg	AB	H	2B	3B	HR	RBI	BB	SO	OBP	SLG
Home	2.99	11	5	5	106	1	156.1	134	10	37	105	vs. Left	.255	580	148	26	4	9	68	55	101	.317	.360
Away	3.67	3	9	12	104	3	161.2	151	9	58	112	vs. Right	.227	603	137	15	5	10	61	40	116	.277	.318
Day	2.93	4	2	5	68	1	101.1	82	7	25	59	Inning 1-6	.209	306	64	9	2	4	31	20	61	.261	.291
Night	3.53	10	12	12	142	3	216.2	203	12	70	158	Inning 7+	.252	877	221	32	7	15	98	75	156	.310	.356
Grass	3.57	12	10	13	158	2	242.0	228	17	73	163	None on	.243	666	162	19	7	10	10	35	120	.286	.338
Turf	2.61	2	4	4	52	2	76.0	57	2	22	54	Runners on	.238	517	123	22	2	9	119	60	97	.311	.340
April	3.60	2	2	5	30	0	40.0	35	3	16	24	Scoring Posn	.224	322	72	19	1	2	101	50	65	.318	.307
May	3.68	1	2	0	49	0	73.1	66	5	21	49	Close & Late	.271	384	104	18	3	5	60	46	67	.348	.372
June	4.44	1	3	5	40	3	71.0	75	6	18	46	None on/out	.270	289	78	11	4	6	6	19	38	.319	.398
July	1.64	2	2	1	30	0	38.1	30	2	13	21	vs. 1st Batr (relief)	.229	188	43	7	2	2	18	14	33	.284	.319
August	3.73	6	1	2	28	0	41.0	43	2	10	36	First Inning Pitched	.237	679	161	23	5	9	79	53	123	.292	.325
September/October	2.15	2	3	4	33	0	54.1	36	1	17	41	First 15 Pitches	.247	701	173	22	7	11	69	42	123	.290	.345
Starter	5.02	1	2	0	4	4	14.1	12	2	3	9	Pitch 16-30	.205	322	66	10	2	6	36	40	62	.291	.304
Reliever	3.26	13	12	17	206	0	303.2	273	17	92	208	Pitch 31-45	.270	115	31	7	0	2	18	7	20	.315	.383
0 Days rest (Re)	2.14	2	2	2	27	0	42.0	34	1	11	20	Pitch 46+	.333	45	15	2	0	0	6	6	12	.404	.378
1 or 2 Days rest	3.59	6	4	12	111	0	160.2	143	9	50	113	First Pitch	.312	199	62	8	0	3	27	13	0	.353	.397
3+ Days rest	3.21	5	6	3	68	0	101.0	96	7	31	75	Ahead in Count	.201	536	108	15	2	7	37	0	198	.205	.276
Pre-All Star	3.76	4	9	11	130	3	196.1	187	14	60	129	Behind in Count	.269	227	61	10	6	7	44	40	0	.370	.458
Post-All Star	2.66	10	5	6	80	1	121.2	98	5	35	88	Two Strikes	.156	499	78	11	2	2	24	41	217	.221	.198

Pitcher vs. Batter (career)

Pitches Best Vs.	Avg	AB	H	2B	3B	HR	RBI	BB	SO	OBP	SLG	Pitches Worst Vs.	Avg	AB	H	2B	3B	HR	RBI	BB	SO	OBP	SLG
Dave Justice	.000	9	0	0	0	0	1	4	2	.286	.000	Kevin Bass	.600	10	6	1	1	0	2	2	1	.667	.900
Mariano Duncan	.077	13	1	0	0	0	1	1	5	.143	.077	Lonnie Smith	.556	9	5	1	0	0	1	2	2	.667	.667
Jose Lind	.091	11	1	0	0	0	0	0	0	.091	.091	Sid Bream	.529	17	9	1	1	0	3	5	3	.636	.706
Chris Sabo	.154	13	2	1	0	0	0	0	2	.154	.154	Andres Galarraga	.500	18	9	2	0	2	7	1	2	.526	.944
Jeff King	.154	13	2	1	0	0	0	0	1	.154	.154	Robby Thompson	.471	17	8	1	1	2	6	0	2	.471	1.000

Dave Magadan — Marlins
Age 32 — Bats Left

	Avg	G	AB	R	H	2B	3B	HR	RBI	BB	SO	HBP	GDP	SB	CS	OBP	SLG	IBB	SH	SF	#Pit	#P/PA	GB	FB	G/F
1994 Season	.275	74	211	30	58	7	0	1	17	39	25	1	8	0	0	.386	.322	0	0	3	1028	4.05	85	48	1.77
Last Five Years	.285	578	1856	244	529	90	7	19	218	332	237	6	41	6	3	.391	.372	17	15	26	9011	4.03	700	471	1.49

1994 Season

	Avg	AB	H	2B	3B	HR	RBI	BB	SO	OBP	SLG		Avg	AB	H	2B	3B	HR	RBI	BB	SO	OBP	SLG
vs. Left	.269	67	18	3	0	0	4	5	9	.315	.313	Scoring Posn	.200	45	9	2	0	1	15	11	6	.339	.311
vs. Right	.278	144	40	4	0	1	13	34	16	.414	.326	Close & Late	.286	35	10	0	0	0	5	7	3	.409	.286
Home	.306	121	37	5	0	1	11	22	12	.407	.372	None on/out	.184	49	9	2	0	0	0	9	6	.322	.224
Away	.233	90	21	2	0	0	6	17	13	.358	.256	Batting #2	.235	136	32	5	0	1	10	23	19	.342	.294
First Pitch	.458	24	11	1	0	0	2	0	0	.458	.500	Batting #5	.391	23	9	2	0	0	2	4	0	.500	.478
Ahead in Count	.267	60	16	2	0	0	5	19	0	.438	.300	Other	.327	52	17	0	0	0	5	12	6	.446	.327
Behind in Count	.237	93	22	3	0	0	6	0	23	.242	.269	Pre-All Star	.272	191	52	7	0	1	16	35	23	.380	.325
Two Strikes	.258	97	25	4	0	1	7	20	25	.387	.330	Post-All Star	.300	20	6	0	0	0	1	4	2	.440	.300

Last Five Years

	Avg	AB	H	2B	3B	HR	RBI	BB	SO	OBP	SLG		Avg	AB	H	2B	3B	HR	RBI	BB	SO	OBP	SLG
vs. Left	.261	624	163	23	2	2	68	84	89	.346	.314	Scoring Posn	.289	457	132	19	1	7	192	99	65	.398	.381
vs. Right	.297	1232	366	67	5	17	150	248	148	.412	.401	Close & Late	.280	293	82	8	1	5	42	58	42	.402	.365
Groundball	.290	566	164	22	2	6	65	111	68	.401	.367	None on/out	.271	387	105	21	3	3	3	69	45	.384	.354
Flyball	.264	356	94	19	0	1	45	64	44	.376	.326	Batting #2	.286	878	251	48	6	10	108	157	97	.390	.388
Home	.282	894	252	45	3	10	111	183	104	.399	.372	Batting #3	.271	424	115	16	1	7	54	72	64	.375	.363
Away	.288	962	277	45	4	9	107	149	133	.382	.371	Other	.294	554	163	26	0	2	56	103	76	.403	.352
Day	.253	558	141	24	3	7	62	107	77	.369	.344	April	.296	277	82	13	0	4	28	56	47	.414	.354
Night	.299	1298	388	66	4	12	156	225	160	.400	.384	May	.268	370	99	15	1	5	39	64	43	.370	.354
Grass	.282	1254	354	52	4	15	153	230	163	.389	.366	June	.291	350	102	14	3	5	45	65	42	.400	.391
Turf	.291	602	175	38	3	4	65	102	74	.393	.384	July	.315	378	119	23	1	5	52	65	37	.412	.421
First Pitch	.316	209	66	12	0	2	23	6	0	.333	.402	August	.262	286	75	11	0	0	26	52	39	.373	.301
Ahead in Count	.323	465	150	25	3	8	63	188	0	.511	.441	September/October	.267	195	52	14	2	3	28	30	29	.360	.405
Behind in Count	.260	761	198	29	4	6	85	0	183	.261	.332	Pre-All Star	.285	1133	323	49	4	12	130	211	145	.395	.367
Two Strikes	.259	850	220	39	4	7	84	135	237	.359	.336	Post-All Star	.285	723	206	41	3	7	88	121	92	.383	.379

Batter vs. Pitcher (career)

Hits Best Against	Avg	AB	H	2B	3B	HR	RBI	BB	SO	OBP	SLG	Hits Worst Against	Avg	AB	H	2B	3B	HR	RBI	BB	SO	OBP	SLG
Bill Swift	.500	14	7	1	0	0	3	3	0	.588	.571	Bud Black	.077	13	1	0	0	0	1	0	1	.143	.077
Roger McDowell	.500	10	5	1	0	1	5	2	3	.538	.900	Joe Magrane	.133	15	2	0	1	0	0	4	6	.133	.267
Tim Belcher	.450	20	9	2	0	0	3	2	4	.500	.550	Jose Rijo	.136	22	3	0	0	0	1	4	6	.269	.136
John Smoltz	.407	27	11	4	0	0	3	6	0	.515	.556	Randy Tomlin	.136	22	3	0	0	0	1	4	1	.269	.136

Batter vs. Pitcher (career)																		
Hits Best Against	Avg	AB	H	2B	3B	HR	RBI	BB	SO	OBP	SLG	Hits Worst Against	Avg	AB	H	2B	3B	HR	RBI	BB	SO	OBP	SLG
Jack Armstrong	.385	13	5	2	0	0	0	2	2	.467	.538	Danny Cox	.182	11	2	1	0	0	2	0	1	.154	.273

Mike Magnante — Royals
Age 30 – Pitches Left

	ERA	W	L	Sv	G	GS	IP	BB	SO	Avg	H	2B	3B	HR	RBI	OBP	SLG	GF	IR	IRS	Hld	SvOp	SB	CS	GB	FB	G/F
1994 Season	4.60	2	3	0	36	1	47.0	16	21	.289	55	7	2	5	28	.340	.426	10	23	8	6	0	7	0	68	61	1.11
Career (1991-1994)	4.13	7	15	0	125	19	226.2	85	110	.296	262	44	7	16	118	.355	.416	31	77	22	12	3	17	9	329	268	1.23

1994 Season

	ERA	W	L	Sv	G	GS	IP	H	HR	BB	SO		Avg	AB	H	2B	3B	HR	RBI	BB	SO	OBP	SLG
Home	3.27	1	1	0	17	0	22.0	21	1	9	11	vs. Left	.273	66	18	2	0	1	9	7	7	.342	.348
Away	5.76	1	2	0	19	1	25.0	34	4	7	10	vs. Right	.298	124	37	5	2	4	19	9	14	.338	.468
Starter	30.00	0	1	0	1	1	3.0	11	2	1	1	Scoring Posn	.370	46	17	2	1	3	25	7	7	.429	.652
Reliever	2.86	2	2	0	35	0	44.0	44	3	15	20	Close & Late	.404	47	19	1	2	1	12	5	6	.453	.574
0 Days rest (Re)	2.25	0	0	0	5	0	4.0	6	1	2	1	None on/out	.267	45	12	1	1	0	0	1	4	.283	.333
1 or 2 Days rest	3.42	0	2	0	17	0	23.2	25	1	8	11	First Pitch	.226	31	7	3	0	1	5	1	0	.242	.419
3+ Days rest	2.20	0	0	0	13	0	16.1	13	1	5	8	Ahead in Count	.263	80	21	2	1	3	12	0	16	.256	.425
Pre-All Star	4.89	2	3	0	32	1	42.1	51	5	15	19	Behind in Count	.366	41	15	1	1	0	6	7	0	.458	.439
Post-All Star	1.93	0	0	0	4	0	4.2	4	0	1	2	Two Strikes	.263	80	21	2	0	3	10	8	21	.322	.400

Career (1991-1994)

	ERA	W	L	Sv	G	GS	IP	H	HR	BB	SO		Avg	AB	H	2B	3B	HR	RBI	BB	SO	OBP	SLG
Home	3.40	4	5	0	64	8	121.2	125	4	37	69	vs. Left	.309	236	73	11	2	3	30	26	31	.376	.411
Away	4.97	3	10	0	61	11	105.0	137	12	48	41	vs. Right	.291	649	189	33	5	13	88	59	79	.348	.418
Day	5.32	1	5	0	34	7	69.1	84	7	25	29	Inning 1-6	.291	522	152	22	3	12	71	47	60	.348	.414
Night	3.60	6	10	0	91	12	157.1	178	9	60	82	Inning 7+	.303	363	110	22	4	4	47	38	50	.365	.419
Grass	4.86	2	8	0	47	7	76.0	100	10	36	28	None on	.279	476	133	23	1	8	8	43	60	.340	.382
Turf	3.76	5	7	0	78	12	150.2	162	6	49	82	Runners on	.315	409	129	21	6	8	110	42	50	.372	.455
April	3.82	1	2	0	18	1	30.2	41	1	15	15	Scoring Posn	.299	234	70	10	4	8	103	35	37	.378	.479
May	8.10	1	3	0	17	5	26.2	43	5	15	15	Close & Late	.380	158	60	6	3	2	28	16	13	.432	.494
June	4.09	3	4	0	19	6	50.2	58	4	11	20	None on/out	.306	216	66	11	1	3	3	10	25	.339	.407
July	3.30	0	2	0	19	1	30.0	32	2	12	15	vs. 1st Batr (relief)	.242	99	24	5	1	1	15	7	17	.292	.343
August	2.64	1	1	0	25	3	47.2	44	2	16	24	First Inning Pitched	.301	395	119	25	2	3	58	45	58	.370	.397
September/October	4.17	1	3	0	27	3	41.0	44	2	16	21	First 15 Pitches	.275	349	96	19	1	2	35	39	44	.345	.352
Starter	5.86	4	8	0	19	19	90.2	123	9	31	32	Pitch 16-30	.318	245	78	13	2	7	40	24	36	.376	.473
Reliever	2.98	3	7	0	106	0	136.0	139	7	54	78	Pitch 31-45	.277	130	36	6	1	2	16	5	18	.297	.385
0 Days rest (Re)	3.68	0	1	0	20	0	22.0	26	2	8	12	Pitch 46+	.323	161	52	6	3	5	27	17	12	.389	.491
1 or 2 Days rest	4.25	1	4	0	42	0	55.0	65	2	20	33	First Pitch	.351	131	46	11	0	4	20	8	0	.383	.527
3+ Days rest	1.53	2	2	0	44	0	59.0	48	3	26	33	Ahead in Count	.257	397	102	14	3	6	51	0	95	.258	.353
Pre-All Star	4.98	5	9	0	61	13	121.0	156	12	47	52	Behind in Count	.350	183	64	12	2	3	28	51	0	.485	.486
Post-All Star	3.15	2	6	0	64	6	105.2	106	4	38	58	Two Strikes	.241	382	92	11	4	8	44	26	110	.286	.353

Pitcher vs. Batter (career)																		
Pitches Best Vs.	Avg	AB	H	2B	3B	HR	RBI	BB	SO	OBP	SLG	Pitches Worst Vs.	Avg	AB	H	2B	3B	HR	RBI	BB	SO	OBP	SLG
Brian Harper	.091	11	1	0	0	0	0	1	0	.167	.091	Kirby Puckett	.533	15	8	1	0	2	6	1	0	.563	1.000
Shane Mack	.125	16	2	0	0	0	0	0	0	.125	.125	Don Mattingly	.455	11	5	1	0	0	2	2	0	.538	.545
Dave Winfield	.167	12	2	0	0	0	0	0	2	.167	.167	Wade Boggs	.444	9	4	0	0	0	0	2	0	.545	.444
Chuck Knoblauch	.200	15	3	1	0	0	0	1	1	.250	.267	Frank Thomas	.385	13	5	1	0	0	0	1	2	.429	.462
Ken Griffey Jr	.200	10	2	1	0	0	1	1	1	.273	.300	Robin Ventura	.357	14	5	0	0	1	1	2	1	.438	.571

Joe Magrane — Angels
Age 30 – Pitches Left

	ERA	W	L	Sv	G	GS	IP	BB	SO	Avg	H	2B	3B	HR	RBI	OBP	SLG	CG	ShO	Sup	QS	#P/S	SB	CS	GB	FB	G/F
1994 Season	7.30	2	6	0	20	11	74.0	51	33	.300	89	11	4	18	61	.409	.545	1	0	4.74	2	105	10	1	110	97	1.13
Last Five Years	4.57	24	37	0	86	75	472.2	183	215	.276	502	86	17	49	226	.346	.423	4	2	3.73	39	96	55	31	725	553	1.31

1994 Season

	ERA	W	L	Sv	G	GS	IP	H	HR	BB	SO		Avg	AB	H	2B	3B	HR	RBI	BB	SO	OBP	SLG
Home	7.04	1	3	0	13	6	47.1	52	10	31	21	vs. Left	.370	54	20	2	2	4	12	8	6	.460	.704
Away	7.76	1	3	0	7	5	26.2	37	8	20	12	vs. Right	.284	243	69	9	2	14	49	43	27	.398	.510
Starter	6.64	2	5	0	11	11	61.0	68	15	43	27	Scoring Posn	.301	83	25	2	0	7	42	14	13	.408	.578
Reliever	10.38	0	1	0	9	0	13.0	21	3	8	6	Close & Late	.333	12	4	1	1	0	2	1	0	.385	.583
0-3 Days Rest (St)	0.00	0	0	0	0	0	0.0	0	0	0	0	None on/out	.314	70	22	1	2	2	2	10	5	.400	.471
4 Days Rest	7.20	0	3	0	6	6	35.0	38	8	23	17	First Pitch	.094	32	3	1	0	2	8	0	0	.094	.313
5+ Days Rest	5.88	2	2	0	5	5	26.0	30	7	20	10	Ahead in Count	.234	111	26	4	1	1	10	0	26	.267	.315
Pre-All Star	6.64	2	5	0	13	11	62.1	70	15	44	27	Behind in Count	.384	86	33	4	1	10	29	27	0	.522	.802
Post-All Star	10.80	0	1	0	7	0	11.2	19	3	7	6	Two Strikes	.256	125	32	6	0	4	14	24	33	.392	.400

Last Five Years

	ERA	W	L	Sv	G	GS	IP	H	HR	BB	SO		Avg	AB	H	2B	3B	HR	RBI	BB	SO	OBP	SLG
Home	4.83	10	17	0	45	37	240.1	254	21	86	94	vs. Left	.288	316	91	11	5	8	38	42	46	.380	.430
Away	4.30	14	20	0	41	38	232.1	248	28	97	121	vs. Right	.274	1501	411	75	12	41	188	141	169	.338	.422
Day	4.60	10	6	0	21	16	109.2	115	10	42	61	Inning 1-6	.270	1555	420	74	11	40	186	159	191	.342	.409
Night	4.56	14	31	0	65	59	363.0	387	39	141	154	Inning 7+	.313	262	82	12	6	9	40	24	24	.372	.508
Grass	5.25	10	12	0	36	27	175.0	188	27	80	92	None on	.276	1028	284	50	8	25	25	107	123	.351	.413
Turf	4.17	14	25	0	50	48	297.2	314	22	103	123	Runners on	.276	789	218	36	9	24	201	76	92	.340	.436
April	4.64	1	6	0	9	9	52.1	56	2	15	18	Scoring Posn	.252	457	115	19	3	13	166	57	63	.328	.392
May	4.99	4	9	0	16	16	97.1	107	13	38	41	Close & Late	.326	132	43	4	4	2	19	10	12	.372	.462
June	3.70	8	5	0	16	16	112.0	102	8	45	54	None on/out	.297	462	137	21	3	10	10	44	53	.359	.420

(Unnamed Pitcher)

	ERA	W	L	Sv	G	GS	IP	H	HR	BB	SO		Avg	AB	H	2B	3B	HR	RBI	BB	SO	OBP	SLG
												Last Five Years											
July	6.65	3	6	0	18	12	66.1	90	11	25	30	vs. 1st Batr (relief)	.545	11	6	0	1	2	5	0	1	.545	1.273
August	4.56	2	6	0	12	7	51.1	53	7	20	21	First Inning Pitched	.307	329	101	14	5	10	52	38	42	.384	.471
September/October	3.66	6	5	0	15	15	93.1	94	8	40	51	First 75 Pitches	.278	1348	375	68	9	33	170	135	167	.348	.415
Starter	4.34	24	35	0	75	75	458.0	476	45	173	209	Pitch 76-90	.277	220	61	7	1	5	23	27	20	.360	.386
Reliever	11.66	2	2	0	11	0	14.2	26	4	10	6	Pitch 91-105	.265	151	40	7	5	6	19	9	16	.307	.497
0-3 Days Rest (St)	1.23	1	0	0	2	2	14.2	11	0	4	8	Pitch 106+	.265	98	26	4	2	5	14	12	12	.345	.500
4 Days Rest	4.48	14	24	0	45	45	283.1	298	29	100	128	First Pitch	.303	274	83	17	2	8	37	9	0	.323	.467
5+ Days Rest	4.39	9	11	0	28	28	160.0	167	16	69	73	Ahead in Count	.213	687	146	32	6	5	59	0	181	.226	.298
Pre-All Star	4.45	14	24	0	48	46	289.1	295	28	111	123	Behind in Count	.325	507	165	21	5	24	81	96	0	.433	.529
Post-All Star	4.76	10	13	0	38	29	183.1	207	21	72	92	Two Strikes	.219	708	155	30	3	7	62	78	215	.302	.299

								Pitcher vs. Batter (career)												
Pitches Best Vs.	Avg	AB	H	2B	3B	HR	RBI	BB	SO	OBP	SLG	Pitches Worst Vs.	Avg	AB	H	2B	3B	HR	RBI	BB	SO	OBP	SLG
Greg Colbrunn	.000	12	0	0	0	0	1	0	4	.000	.000	Delino DeShields	.500	14	7	1	0	1	2	3	1	.611	.786
Lenny Dykstra	.074	27	2	0	0	0	0	2	1	.138	.074	Mike Blowers	.455	11	5	0	0	2	6	0	5	.455	1.000
Billy Hatcher	.100	30	3	0	0	0	1	4		.182	.100	Rex Hudler	.429	14	6	3	0	2	6	1	1	.471	1.071
Joe Oliver	.133	15	2	0	0	0	0	0	2	.133	.133	Jay Buhner	.375	8	3	2	0	1	2	4	2	.583	1.000
Junior Ortiz	.143	14	2	0	0	0	0	0	1	.200	.143	Ron Gant	.368	19	7	1	0	3	4	1	0	.400	.895

Pat Mahomes — Twins
Age 24 – Pitches Right (flyball pitcher)

	ERA	W	L	Sv	G	GS	IP	BB	SO	Avg	H	2B	3B	HR	RBI	OBP	SLG	CG	ShO	Sup	QS	#P/S	SB	CS	GB	FB	G/F
1994 Season	4.72	9	5	0	21	21	120.0	62	53	.269	121	21	2	22	64	.357	.472	0	0	7.05	8	100	11	10	146	183	0.80
Career (1992-1994)	5.31	13	14	0	47	39	227.0	115	120	.279	241	50	10	35	134	.362	.482	0	0	5.59	12	95	25	21	258	328	0.79

1994 Season

	ERA	W	L	Sv	G	GS	IP	H	HR	BB	SO		Avg	AB	H	2B	3B	HR	RBI	BB	SO	OBP	SLG
Home	4.73	4	4	0	12	12	72.1	69	13	40	29	vs. Left	.293	232	68	9	1	12	33	45	23	.407	.496
Away	4.72	5	1	0	9	9	47.2	52	9	22	24	vs. Right	.244	217	53	12	1	10	31	17	30	.297	.447
Starter	4.72	9	5	0	21	21	120.0	121	22	62	53	Scoring Posn	.237	93	22	1	1	4	36	11	14	.306	.398
Reliever	0.00	0	0	0	0	0	0.0	0	0	0	0	Close & Late	.391	23	9	1	0	2	5	1	4	.417	.696
0-3 Days Rest (St)	0.00	1	0	0	1	1	6.2	3	0	3	2	None on/out	.279	111	31	4	0	4	4	20	8	.389	.423
4 Days Rest	5.22	5	4	0	12	12	69.0	72	12	41	31	First Pitch	.354	48	17	1	0	3	7	1	0	.360	.563
5+ Days Rest	4.67	3	1	0	8	8	44.1	46	10	18	20	Ahead in Count	.171	170	29	4	2	3	13	0	40	.174	.271
Pre-All Star	5.48	7	4	0	17	17	95.1	102	21	50	45	Behind in Count	.395	129	51	12	0	10	24	35	0	.521	.721
Post-All Star	1.82	2	1	0	4	4	24.2	19	1	12	8	Two Strikes	.180	194	35	2	1	6	23	26	53	.278	.294

Mike Maksudian — Cubs
Age 29 – Bats Left (flyball hitter)

	Avg	G	AB	R	H	2B	3B	HR	RBI	BB	SO	HBP	GDP	SB	CS	OBP	SLG	IBB	SH	SF	#Pit	#P/PA	GB	FB	G/F
1994 Season	.269	26	26	6	7	2	0	0	4	10	4	0	0	0	1	.472	.346	0	0	0	153	4.25	10	10	1.00
Career (1992-1994)	.220	34	41	8	9	3	0	0	6	14	6	0	1	0	1	.411	.293	0	0	1	226	4.04	15	18	0.83

1994 Season

	Avg	AB	H	2B	3B	HR	RBI	BB	SO	OBP	SLG		Avg	AB	H	2B	3B	HR	RBI	BB	SO	OBP	SLG
vs. Left	.000	3	0	0	0	0	1	0	2	.250	.000	Scoring Posn	.273	11	3	1	0	0	4	3	1	.429	.364
vs. Right	.304	23	7	2	0	0	3	9	4	.500	.391	Close & Late	.333	6	2	0	0	0	0	1	5	.636	.333

Candy Maldonado — Indians
Age 34 – Bats Right

	Avg	G	AB	R	H	2B	3B	HR	RBI	BB	SO	HBP	GDP	SB	CS	OBP	SLG	IBB	SH	SF	#Pit	#P/PA	GB	FB	G/F
1994 Season	.196	42	92	14	18	5	1	5	12	19	31	0	1	1	1	.333	.435	1	0	0	455	4.10	24	25	0.96
Last Five Years	.256	518	1680	210	430	84	7	67	256	187	411	19	40	10	9	.335	.434	14	3	14	7269	3.82	518	487	1.06

1994 Season

	Avg	AB	H	2B	3B	HR	RBI	BB	SO	OBP	SLG		Avg	AB	H	2B	3B	HR	RBI	BB	SO	OBP	SLG
vs. Left	.211	76	16	5	1	5	11	18	24	.362	.500	Scoring Posn	.182	22	4	1	0	2	8	8	8	.400	.500
vs. Right	.125	16	2	0	0	0	1	1	7	.176	.125	Close & Late	.091	11	1	0	0	0	2	4	5	.333	.091

Last Five Years

	Avg	AB	H	2B	3B	HR	RBI	BB	SO	OBP	SLG		Avg	AB	H	2B	3B	HR	RBI	BB	SO	OBP	SLG
vs. Left	.284	549	156	26	2	27	93	83	119	.378	.486	Scoring Posn	.252	453	114	22	3	18	178	89	121	.370	.433
vs. Right	.242	1131	274	58	5	40	163	104	292	.313	.406	Close & Late	.226	261	59	8	0	7	40	30	78	.307	.337
Groundball	.267	535	143	27	1	16	83	53	127	.339	.411	None on/out	.256	414	106	19	0	15	15	25	101	.306	.411
Flyball	.283	360	102	18	2	17	46	49	97	.370	.486	Batting #4	.256	618	158	34	2	22	98	53	143	.315	.424
Home	.254	784	199	32	4	36	130	84	205	.328	.443	Batting #6	.245	465	114	20	4	21	68	69	118	.352	.441
Away	.258	896	231	52	3	31	126	103	206	.341	.426	Other	.265	597	158	30	1	24	90	65	150	.340	.439
Day	.250	536	134	21	2	20	81	50	140	.319	.409	April	.226	212	48	10	1	8	29	18	49	.298	.396
Night	.259	1144	296	63	5	47	175	137	271	.342	.446	May	.295	176	52	14	0	8	30	24	53	.376	.511
Grass	.260	1144	297	54	3	46	179	127	270	.335	.433	June	.214	248	53	14	1	12	40	32	62	.305	.423
Turf	.248	536	133	30	4	21	77	60	141	.335	.437	July	.274	325	89	14	1	9	38	35	74	.344	.406
First Pitch	.348	224	78	11	0	6	32	6	0	.372	.478	August	.251	359	90	16	1	16	57	31	80	.313	.435
Ahead in Count	.369	398	147	27	3	25	94	90	0	.484	.641	September/October	.272	360	98	16	3	14	62	47	93	.368	.450
Behind in Count	.170	696	118	20	3	15	68	0	319	.181	.272	Pre-All Star	.243	749	182	43	3	29	107	83	193	.322	.425
Two Strikes	.153	780	119	26	1	18	78	89	411	.243	.263	Post-All Star	.266	931	248	41	4	38	149	104	218	.345	.441

Batter vs. Pitcher (since 1984)

Hits Best Against	Avg	AB	H	2B	3B	HR	RBI	BB	SO	OBP	SLG	Hits Worst Against	Avg	AB	H	2B	3B	HR	RBI	BB	SO	OBP	SLG
Rick Sutcliffe	.455	11	5	1	0	1	3	1	1	.500	.818	Kevin Tapani	.000	11	0	0	0	0	0	1	5	.083	.000
Mike Jackson	.455	11	5	1	0	2	6	0	3	.455	1.091	Tom Edens	.083	12	1	0	1	0	1	0	3	.083	.250

Batter vs. Pitcher (since 1984)

Hits Best Against	Avg	AB	H	2B	3B	HR	RBI	BB	SO	OBP	SLG	Hits Worst Against	Avg	AB	H	2B	3B	HR	RBI	BB	SO	OBP	SLG
Chuck Finley	.381	21	8	2	0	2	6	3	4	.458	.762	Eric Plunk	.083	12	1	0	0	0	2	2	4	.214	.083
Arthur Rhodes	.375	8	3	0	0	1	1	3	3	.545	.750	Jack Armstrong	.083	12	1	0	0	0	0	2	6	.214	.083
Jesse Orosco	.333	9	3	0	0	2	4	2	2	.417	1.000	Sid Fernandez	.103	29	3	0	0	0	1	1	8	.133	.103

Kirt Manwaring — Giants
Age 29 – Bats Right (groundball hitter)

	Avg	G	AB	R	H	2B	3B	HR	RBI	BB	SO	HBP	GDP	SB	CS	OBP	SLG	IBB	SH	SF	#Pit	#P/PA	GB	FB	G/F
1994 Season	.250	97	316	30	79	17	1	1	29	25	50	3	10	1	1	.308	.320	3	4	3	1183	3.37	130	87	1.49
Last Five Years	.252	411	1288	118	325	51	6	10	124	104	193	17	38	5	6	.315	.328	16	22	7	4899	3.41	526	335	1.57

1994 Season

	Avg	AB	H	2B	3B	HR	RBI	BB	SO	OBP	SLG		Avg	AB	H	2B	3B	HR	RBI	BB	SO	OBP	SLG
vs. Left	.200	80	16	3	0	1	3	11	16	.304	.275	Scoring Posn	.250	80	20	4	0	0	28	10	18	.323	.300
vs. Right	.267	236	63	14	1	0	26	14	34	.310	.335	Close & Late	.143	63	9	3	0	0	8	3	7	.182	.190
Groundball	.303	119	36	12	0	1	12	5	15	.328	.429	None on/out	.303	76	23	7	1	0	0	15	.338	.421
Flyball	.200	40	8	1	0	0	4	4	8	.283	.225	Batting #7	.233	30	7	3	0	0	1	2	4	.281	.333
Home	.280	164	46	10	1	0	19	16	29	.350	.354	Batting #8	.253	285	72	14	1	1	28	23	46	.312	.319
Away	.217	152	33	7	0	1	10	9	21	.262	.283	Other	.000	1	0	0	0	0	0	0	0	.000	.000
Day	.220	164	36	10	1	0	14	16	28	.295	.293	April	.167	66	11	3	0	1	7	5	11	.233	.258
Night	.283	152	43	7	0	1	15	9	22	.323	.349	May	.318	85	27	5	1	0	12	1	11	.326	.400
Grass	.249	245	61	12	1	0	26	19	38	.306	.306	June	.250	72	18	3	0	0	3	6	10	.313	.292
Turf	.254	71	18	5	0	1	3	6	12	.316	.366	July	.200	70	14	5	0	0	5	10	14	.309	.271
First Pitch	.297	64	19	5	0	0	7	3	0	.343	.375	August	.391	23	9	1	0	0	2	3	4	.444	.435
Ahead in Count	.400	50	20	5	0	0	4	15	0	.538	.500	September/October	.000	0	0	0	0	0	0	0	0	.000	.000
Behind in Count	.181	155	28	6	1	1	14	0	44	.185	.252	Pre-All Star	.240	250	60	12	1	1	23	14	37	.284	.308
Two Strikes	.156	135	21	3	0	1	8	7	50	.201	.200	Post-All Star	.288	66	19	5	0	0	6	11	13	.392	.364

1994 By Position

Position	Avg	AB	H	2B	3B	HR	RBI	BB	SO	OBP	SLG	G	GS	Innings	PO	A	E	DP	Fld Pct	Rng Fctr	In Zone	Outs	Zone Rtg	MLB Zone
As c	.250	316	79	17	1	1	29	25	50	.308	.320	97	95	829.1	540	53	4	4	.993	---	---	---	---	---

Last Five Years

	Avg	AB	H	2B	3B	HR	RBI	BB	SO	OBP	SLG		Avg	AB	H	2B	3B	HR	RBI	BB	SO	OBP	SLG
vs. Left	.288	430	124	17	4	3	37	38	70	.348	.367	Scoring Posn	.261	329	86	20	2	0	109	37	52	.337	.334
vs. Right	.234	858	201	34	4	7	87	66	123	.298	.308	Close & Late	.190	221	42	10	1	2	22	13	36	.238	.271
Groundball	.253	447	113	23	3	2	31	31	49	.308	.331	None on/out	.288	319	92	14	3	4	4	26	52	.353	.389
Flyball	.239	209	50	8	1	0	32	19	46	.314	.287	Batting #7	.241	584	141	24	5	7	54	37	68	.295	.336
Home	.259	617	160	31	4	4	64	44	88	.313	.342	Batting #8	.262	668	175	25	2	3	66	63	123	.331	.319
Away	.246	671	165	20	4	6	60	60	105	.316	.314	Other	.250	36	9	2	1	0	4	6	6	.341	.361
Day	.244	587	143	26	4	8	62	52	80	.312	.342	April	.240	179	43	5	1	2	22	12	23	.296	.313
Night	.260	701	182	25	4	2	62	52	113	.317	.315	May	.301	206	62	10	3	0	23	22	24	.377	.379
Grass	.253	960	243	38	5	8	95	71	143	.309	.328	June	.254	213	54	7	3	1	13	15	34	.307	.319
Turf	.250	328	82	13	3	2	29	33	50	.331	.326	July	.260	246	64	11	1	2	27	24	38	.333	.337
First Pitch	.291	237	69	12	2	2	21	12	0	.335	.384	August	.232	259	60	13	1	4	27	18	45	.285	.336
Ahead in Count	.285	235	67	12	3	0	27	53	0	.419	.362	September/October	.227	185	42	5	0	1	12	13	29	.289	.270
Behind in Count	.222	607	135	18	3	6	53	0	170	.233	.292	Pre-All Star	.266	696	185	25	6	3	67	55	94	.326	.332
Two Strikes	.188	533	100	13	1	5	36	39	193	.201	.244	Post-All Star	.236	592	140	26	2	7	57	49	99	.302	.323

Batter vs. Pitcher (career)

Hits Best Against	Avg	AB	H	2B	3B	HR	RBI	BB	SO	OBP	SLG	Hits Worst Against	Avg	AB	H	2B	3B	HR	RBI	BB	SO	OBP	SLG
Butch Henry	.455	11	5	0	1	0	1	0	2	.455	.636	Zane Smith	.000	16	0	0	0	0	0	0	1	.059	.000
Bruce Ruffin	.417	12	5	1	0	0	0	2	2	.500	.500	John Smoltz	.053	19	1	0	0	0	1	0	6	.053	.053
Frank Castillo	.400	10	4	0	1	0	2	0	0	.364	.700	Mike Morgan	.080	25	2	0	0	0	2	4	5	.148	.080
Terry Mulholland	.385	13	5	1	0	1	1	1	2	.467	.692	Dennis Martinez	.083	12	1	0	0	0	1	0	3	.083	.083
Greg W. Harris	.308	13	4	2	0	0	3	1	0	.400	.692	Tim Belcher	.091	11	1	0	0	0	0	0	2	.091	.091

Josias Manzanillo — Mets
Age 27 – Pitches Right (groundball pitcher)

	ERA	W	L	Sv	G	GS	IP	BB	SO	Avg	H	2B	3B	HR	RBI	OBP	SLG	GF	IR	IRS	Hld	SvOp	SB	CS	GB	FB	G/F
1994 Season	2.66	3	2	2	37	0	47.1	13	48	.200	34	7	1	4	22	.269	.324	14	30	15	11	5	0	2	67	34	1.97
Career (1991-1994)	4.42	4	3	3	54	1	77.1	35	70	.229	66	18	1	6	52	.320	.361	21	41	22	11	7	2	2	109	68	1.60

1994 Season

	ERA	W	L	Sv	G	GS	IP	H	HR	BB	SO		Avg	AB	H	2B	3B	HR	RBI	BB	SO	OBP	SLG
Home	3.54	2	2	0	22	0	28.0	23	4	7	25	vs. Left	.256	82	21	3	1	2	11	8	21	.337	.390
Away	1.40	1	0	2	15	0	19.1	11	0	6	23	vs. Right	.148	88	13	4	0	2	11	5	27	.202	.261
Starter	0.00	0	0	0	0	0	0.0	0	0	0	0	Scoring Posn	.255	51	13	3	0	1	18	7	14	.356	.373
Reliever	2.66	3	2	2	37	0	47.1	34	4	13	48	Close & Late	.214	103	22	7	1	2	13	9	36	.289	.359
0 Days rest (Re)	0.00	1	0	0	9	0	11.2	9	0	3	17	None on/out	.162	37	6	0	1	0	0	3	11	.225	.216
1 or 2 Days rest	3.86	1	2	1	19	0	23.1	18	3	5	17	First Pitch	.381	21	8	3	0	1	5	2	0	.435	.667
3+ Days rest	2.92	1	0	1	9	0	12.1	7	1	5	14	Ahead in Count	.126	95	12	2	1	0	3	0	44	.144	.168
Pre-All Star	2.06	2	1	2	29	0	39.1	28	3	13	41	Behind in Count	.324	34	11	1	0	2	10	6	0	.425	.529
Post-All Star	5.63	1	1	0	8	0	8.0	6	1	0	7	Two Strikes	.133	90	12	2	1	1	3	5	48	.196	.211

Ravelo Manzanillo — Pirates
Age 31 – Pitches Left

	ERA	W	L	Sv	G	GS	IP	BB	SO	Avg	H	2B	3B	HR	RBI	OBP	SLG	GF	IR	IRS	Hld	SvOp	SB	CS	GB	FB	G/F
1994 Season	4.14	4	2	1	46	0	50.0	42	39	.245	45	12	2	4	29	.385	.397	11	33	7	9	3	3	2	59	57	1.04

1994 Season

	ERA	W	L	Sv	G	GS	IP	H	HR	BB	SO		Avg	AB	H	2B	3B	HR	RBI	BB	SO	OBP	SLG
Home	3.70	3	0	1	21	0	24.1	19	2	16	15	vs. Left	.177	62	11	1	0	1	7	16	18	.354	.242
Away	4.56	1	2	0	25	0	25.2	26	2	26	24	vs. Right	.279	122	34	11	2	3	22	26	21	.401	.475
Starter	0.00	0	0	0	0	0	0.0	0	0	0	0	Scoring Posn	.226	62	14	7	1	0	24	23	16	.430	.371
Reliever	4.14	4	2	1	46	0	50.0	45	4	42	39	Close & Late	.211	71	15	5	1	1	12	18	15	.359	.352
0 Days rest (Re)	10.38	1	1	1	11	0	8.2	12	0	12	9	None on/out	.333	42	14	2	1	1	4	6	.391	.500
1 or 2 Days rest	3.00	2	1	0	24	0	30.0	24	3	21	19	First Pitch	.389	18	7	2	2	1	5	3	0	.478	.889
3+ Days rest	2.38	1	0	0	11	0	11.1	9	1	9	11	Ahead in Count	.218	78	17	1	0	0	6	0	28	.232	.231
Pre-All Star	3.09	2	2	1	34	0	35.0	28	1	27	29	Behind in Count	.265	49	13	6	0	3	12	27	0	.519	.571
Post-All Star	6.60	2	0	0	12	0	15.0	17	3	15	10	Two Strikes	.151	86	13	2	0	0	7	12	39	.262	.174

Tom Marsh — Phillies
Age 29 – Bats Right

	Avg	G	AB	R	H	2B	3B	HR	RBI	BB	SO	HBP	GDP	SB	CS	OBP	SLG	IBB	SH	SF	#Pit	#P/PA	GB	FB	G/F
1994 Season	.278	8	18	3	5	1	1	0	3	1	1	0	0	0	0	.316	.444	0	1	0	69	3.45	8	4	2.00
Career (1992-1994)	.210	50	143	10	30	4	3	2	19	3	24	1	2	0	1	.228	.322	0	3	2	498	3.28	52	45	1.16

1994 Season

	Avg	AB	H	2B	3B	HR	RBI	BB	SO	OBP	SLG		Avg	AB	H	2B	3B	HR	RBI	BB	SO	OBP	SLG
vs. Left	.188	16	3	1	1	0	2	0	1	.188	.375	Scoring Posn	.600	5	3	0	1	0	3	0	0	.600	1.000
vs. Right	1.000	2	2	0	0	0	1	0	0	1.000	1.000	Close & Late	.000	5	0	0	0	0	0	0	1	.000	.000

Al Martin — Pirates
Age 27 – Bats Left

	Avg	G	AB	R	H	2B	3B	HR	RBI	BB	SO	HBP	GDP	SB	CS	OBP	SLG	IBB	SH	SF	#Pit	#P/PA	GB	FB	G/F
1994 Season	.286	82	276	48	79	12	4	9	33	34	56	2	3	15	6	.367	.457	3	0	1	1164	3.72	92	73	1.26
Career (1992-1994)	.281	237	768	134	216	38	13	27	99	76	183	3	8	31	15	.346	.470	8	2	5	3137	3.67	252	217	1.16

1994 Season

	Avg	AB	H	2B	3B	HR	RBI	BB	SO	OBP	SLG		Avg	AB	H	2B	3B	HR	RBI	BB	SO	OBP	SLG
vs. Left	.288	52	15	4	0	1	6	4	12	.339	.423	Scoring Posn	.246	69	17	1	1	1	20	13	17	.376	.333
vs. Right	.286	224	64	8	4	8	27	30	44	.374	.464	Close & Late	.308	39	12	2	1	0	3	9	8	.429	.410
Groundball	.263	118	31	5	2	2	10	14	24	.343	.390	None on/out	.289	83	24	5	1	2	2	13	13	.385	.446
Flyball	.250	36	9	1	0	2	4	6	9	.357	.444	Batting #1	.284	95	27	6	0	2	11	15	15	.387	.411
Home	.319	135	43	8	3	6	22	18	22	.399	.556	Batting #6	.297	91	27	1	2	4	12	12	23	.379	.484
Away	.255	141	36	4	1	3	11	16	34	.338	.362	Other	.278	90	25	5	2	3	10	7	18	.333	.478
Day	.256	86	22	6	0	3	12	10	19	.340	.430	April	.279	68	19	2	2	3	13	10	13	.367	.500
Night	.300	190	57	6	4	6	21	24	37	.380	.468	May	.310	100	31	8	1	3	11	13	22	.389	.500
Grass	.226	84	19	3	1	3	8	8	25	.309	.393	June	.287	94	27	1	3	9	10	17	.368	.426
Turf	.313	192	60	9	3	6	25	26	31	.393	.484	July	.143	14	2	0	0	0	1	4	.200	.143
First Pitch	.413	46	19	3	1	2	11	2	0	.429	.652	August	.000	0	0	0	0	0	0	0	0	.000	.000
Ahead in Count	.302	63	19	5	1	3	9	19	0	.463	.556	September/October	.000	0	0	0	0	0	0	0	0	.000	.000
Behind in Count	.210	124	26	4	1	4	11	0	47	.216	.355	Pre-All Star	.286	276	79	12	4	9	33	34	56	.367	.457
Two Strikes	.158	120	19	2	1	3	9	13	56	.246	.267	Post-All Star	.000	0	0	0	0	0	0	0	0	.000	.000

1994 By Position

Position	Avg	AB	H	2B	3B	HR	RBI	BB	SO	OBP	SLG	G	GS	Innings	PO	A	E	DP	Fld Pct	Rng Fctr	In Zone	Outs	Zone Rtg	MLB Zone
As lf	.298	228	68	11	4	7	26	27	45	.376	.474	67	60	539.0	97	8	2	1	.981	1.72	120	94	.783	.815
As cf	.244	45	11	0	0	2	7	6	10	.333	.400	13	12	108.0	32	2	1	0	.971	2.83	39	32	.821	.824

Career (1992-1994)

	Avg	AB	H	2B	3B	HR	RBI	BB	SO	OBP	SLG		Avg	AB	H	2B	3B	HR	RBI	BB	SO	OBP	SLG
vs. Left	.224	143	32	9	1	2	14	15	40	.296	.343	Scoring Posn	.270	185	50	6	3	4	64	30	52	.369	.400
vs. Right	.294	625	184	29	12	25	85	61	143	.358	.499	Close & Late	.320	122	39	6	1	4	13	15	35	.388	.484
Groundball	.274	274	75	11	5	4	28	23	67	.328	.394	None on/out	.277	224	62	13	7	3	3	25	49	.340	.438
Flyball	.277	112	31	8	2	4	11	15	28	.362	.491	Batting #1	.265	257	68	16	5	4	20	22	47	.323	.412
Home	.288	393	113	20	8	21	67	43	96	.357	.539	Batting #6	.339	174	59	6	5	12	38	21	45	.408	.638
Away	.275	375	103	18	5	6	32	33	87	.335	.397	Other	.264	337	89	16	3	11	41	33	91	.332	.427
Day	.248	214	53	13	2	7	34	19	51	.306	.425	April	.270	141	38	7	5	4	18	11	30	.318	.475
Night	.294	554	163	25	11	20	68	58	132	.361	.487	May	.272	158	43	10	2	4	14	17	35	.341	.437
Grass	.283	244	69	14	3	5	23	20	56	.338	.426	June	.286	175	50	7	2	7	16	19	36	.368	.469
Turf	.281	524	147	24	10	22	76	56	127	.350	.490	July	.264	106	28	5	0	0	8	11	36	.339	.311
First Pitch	.451	122	55	7	4	6	33	5	0	.462	.721	August	.337	92	31	4	1	5	16	9	18	.396	.565
Ahead in Count	.319	163	52	11	5	6	20	35	0	.437	.558	September/October	.271	96	26	5	3	7	27	9	28	.327	.604
Behind in Count	.187	343	64	11	2	14	35	0	147	.191	.353	Pre-All Star	.273	532	145	26	9	15	53	51	116	.338	.440
Two Strikes	.151	357	54	10	3	9	24	36	183	.233	.272	Post-All Star	.301	236	71	12	4	12	46	25	67	.365	.538

Batter vs. Pitcher (career)

Hits Best Against	Avg	AB	H	2B	3B	HR	RBI	BB	SO	OBP	SLG	Hits Worst Against	Avg	AB	H	2B	3B	HR	RBI	BB	SO	OBP	SLG
John Smoltz	.636	11	7	2	0	1	4	3	1	.714	1.091	Darryl Kile	.111	9	1	0	0	0	1	2	2	.333	.111
Andy Benes	.385	13	5	2	1	0	2	1	1	.429	.692	Greg W. Harris	.143	14	2	0	1	0	1	1	2	.250	.286
Kevin Gross	.375	16	6	1	0	1	1	1	6	.412	.625	Bill Swift	.154	13	2	0	0	0	1	0	4	.154	.385
Dwight Gooden	.364	11	4	0	0	0	3	0	5	.500	.364	Mark Portugal	.167	12	2	0	0	0	0	1	3	.231	.167
Charlie Hough	.357	14	5	1	0	2	4	3	3	.438	.857	Ryan Bowen	.167	12	2	1	0	0	0	1	0	.231	.250

Norberto Martin — White Sox
Age 28 – Bats Right (groundball hitter)

	Avg	G	AB	R	H	2B	3B	HR	RBI	BB	SO	HBP	GDP	SB	CS	OBP	SLG	IBB	SH	SF	#Pit	#P/PA	GB	FB	G/F
1994 Season	.275	45	131	19	36	7	1	1	16	9	16	0	2	4	2	.317	.366	0	3	2	515	3.55	68	24	2.83
Career (1993-1994)	.283	53	145	22	41	7	1	1	18	10	17	0	2	5	2	.325	.366	0	3	2	553	3.46	74	26	2.85

1994 Season

	Avg	AB	H	2B	3B	HR	RBI	BB	SO	OBP	SLG		Avg	AB	H	2B	3B	HR	RBI	BB	SO	OBP	SLG
vs. Left	.250	80	20	5	0	1	11	4	9	.282	.350	Scoring Posn	.375	24	9	2	0	1	16	2	0	.393	.583
vs. Right	.314	51	16	2	1	0	5	5	7	.368	.392	Close & Late	.400	15	6	1	1	1	7	2	2	.444	.800
Home	.274	62	17	3	0	0	6	3	10	.308	.355	None on/out	.200	50	10	3	0	0	0	5	6	.273	.260
Away	.275	69	19	4	1	1	10	6	6	.325	.377	Batting #1	.270	100	27	6	0	1	13	6	13	.306	.360
First Pitch	.409	22	9	1	0	1	7	0	0	.409	.591	Batting #2	.231	13	3	0	0	0	1	1	0	.286	.231
Ahead in Count	.158	19	3	1	0	0	2	3	0	.250	.211	Other	.333	18	6	1	0	0	2	2	3	.400	.500
Behind in Count	.254	71	18	4	1	0	5	0	15	.254	.338	Pre-All Star	.281	89	25	6	1	1	11	5	8	.319	.404
Two Strikes	.263	57	15	3	0	0	4	6	16	.333	.316	Post-All Star	.262	42	11	1	0	0	5	4	8	.313	.286

Dave Martinez — Giants
Age 30 – Bats Left

	Avg	G	AB	R	H	2B	3B	HR	RBI	BB	SO	HBP	GDP	SB	CS	OBP	SLG	IBB	SH	SF	#Pit	#P/PA	GB	FB	G/F
1994 Season	.247	97	235	23	58	9	3	4	27	21	22	2	6	3	4	.314	.362	1	2	0	964	3.71	99	71	1.39
Last Five Years	.267	565	1656	205	442	72	19	30	166	134	6	28	50	33		.322	.388	13	16	9	6778	3.72	635	497	1.28

1994 Season

	Avg	AB	H	2B	3B	HR	RBI	BB	SO	OBP	SLG		Avg	AB	H	2B	3B	HR	RBI	BB	SO	OBP	SLG
vs. Left	.250	28	7	2	0	0	1	1	1	.316	.321	Scoring Posn	.250	56	14	3	1	0	21	10	7	.364	.339
vs. Right	.246	207	51	7	3	4	27	20	21	.313	.367	Close & Late	.262	42	11	0	0	1	3	5	5	.354	.333
Home	.200	125	25	2	1	1	13	10	17	.270	.256	None on/out	.250	52	13	3	0	2	2	3	6	.291	.423
Away	.300	110	33	7	2	3	14	11	5	.364	.482	Batting #5	.250	52	13	4	1	2	10	5	1	.328	.481
First Pitch	.300	20	6	1	0	1	4	1	0	.364	.500	Batting #6	.221	77	17	0	2	1	5	3	6	.259	.312
Ahead in Count	.280	82	23	6	2	3	14	15	0	.392	.512	Other	.264	106	28	5	0	1	12	13	15	.345	.340
Behind in Count	.232	95	22	1	0	0	7	0	20	.240	.242	Pre-All Star	.241	170	41	8	2	3	20	18	18	.317	.365
Two Strikes	.185	92	17	2	0	0	6	5	22	.227	.207	Post-All Star	.262	65	17	1	1	1	7	3	4	.304	.354

Last Five Years

	Avg	AB	H	2B	3B	HR	RBI	BB	SO	OBP	SLG		Avg	AB	H	2B	3B	HR	RBI	BB	SO	OBP	SLG
vs. Left	.249	285	71	15	3	1	28	30	58	.325	.333	Scoring Posn	.249	417	104	20	5	5	131	59	65	.343	.357
vs. Right	.271	1375	372	57	16	29	138	104	159	.322	.399	Close & Late	.192	271	52	5	2	2	25	30	44	.278	.247
Groundball	.265	581	154	22	7	9	48	47	77	.321	.373	None on/out	.268	366	98	17	4	6	27	38	55	.318	.385
Flyball	.258	333	86	19	7	6	37	33	38	.322	.411	Batting #1	.271	207	56	11	1	7	20	25	31	.348	.435
Home	.258	815	210	33	7	13	76	59	102	.308	.363	Batting #2	.264	667	176	26	9	9	60	46	71	.313	.370
Away	.276	845	233	39	12	17	90	75	115	.337	.411	Other	.268	786	211	35	9	14	86	63	115	.324	.389
Day	.234	572	134	28	5	13	66	56	91	.304	.369	April	.210	186	39	7	2	0	16	24	20	.279	.269
Night	.284	1088	309	44	14	17	100	78	126	.332	.397	May	.232	194	45	6	2	2	21	18	31	.296	.314
Grass	.237	675	160	26	8	8	63	53	104	.295	.335	June	.292	384	112	21	7	10	48	30	55	.339	.461
Turf	.287	985	283	46	11	22	103	81	113	.342	.423	July	.292	343	100	9	2	8	23	23	37	.343	.399
First Pitch	.326	181	59	11	3	2	20	9	0	.356	.453	August	.270	300	81	13	6	8	33	23	36	.325	.393
Ahead in Count	.303	511	155	35	7	15	58	77	0	.396	.487	September/October	.261	253	66	16	3	4	25	22	34	.320	.395
Behind in Count	.223	672	150	17	5	10	56	0	185	.226	.308	Pre-All Star	.256	888	227	42	11	15	95	77	134	.314	.378
Two Strikes	.207	694	144	20	4	10	57	46	217	.256	.291	Post-All Star	.280	768	215	30	8	15	71	57	83	.333	.398

Batter vs. Pitcher (career)

Hits Best Against	Avg	AB	H	2B	3B	HR	RBI	BB	SO	OBP	SLG	Hits Worst Against	Avg	AB	H	2B	3B	HR	RBI	BB	SO	OBP	SLG
Mike Jackson	.571	7	4	0	0	0	1	3	1	.636	.571	Alejandro Pena	.077	13	1	0	0	0	1	3	.143	.077		
Mike Maddux	.545	11	6	0	0	0	3	1		.667	.545	Shawn Boskie	.080	25	2	0	0	0	5	4	.233	.080		
Ryan Bowen	.500	10	5	0	0	0	3	1		.615	.600	Chuck McElroy	.091	11	1	0	0	0	0	8	.091	.091		
Jose DeJesus	.444	18	8	1	0	2	6	2	1	.500	.833	Rich Rodriguez	.100	10	1	0	0	0	1	5	.182	.100		
Jose Bijo	.389	18	7	2	0	3	5	2	3	.450	1.000	Larry Andersen	.154	13	2	0	0	0	0	0	.154	.154		

Dennis Martinez — Indians
Age 40 – Pitches Right (groundball pitcher)

	ERA	W	L	Sv	G	GS	IP	BB	SO	Avg	H	2B	3B	HR	RBI	OBP	SLG	CG	ShO	Sup	QS	#P/S	SB	CS	GB	FB	G/F
1994 Season	3.52	11	6	0	24	24	176.2	44	92	.247	166	32	6	14	64	.298	.371	3	5.45	15	106	8	3	280	153	1.83
Last Five Years	3.01	66	48	1	154	153	1075.2	279	656	.231	927	158	27	78	358	.286	.342	31	10	4.31	106	103	120	39	1733	935	1.85

1994 Season

	ERA	W	L	Sv	G	GS	IP	H	HR	BB	SO		Avg	AB	H	2B	3B	HR	RBI	BB	SO	OBP	SLG
Home	3.26	3	3	0	11	11	80.0	83	5	11	35	vs. Left	.273	359	98	12	3	9	31	25	45	.311	.398
Away	3.72	8	3	0	13	13	96.2	83	9	33	57	vs. Right	.218	312	68	20	3	5	33	23	47	.285	.349
Day	3.58	4	2	0	8	8	55.1	58	6	19	33	Inning 1-6	.246	529	130	25	5	12	54	36	75	.300	.380
Night	3.49	7	4	0	16	16	121.1	108	8	25	59	Inning 7+	.254	142	36	7	1	2	10	8	17	.291	.359
Grass	3.34	9	5	0	19	19	140.0	129	12	32	73	None on	.261	403	105	22	4	11	11	19	58	.300	.417
Turf	4.17	2	1	0	5	5	36.2	37	2	12	19	Runners on	.228	268	61	10	2	3	53	25	34	.296	.313
April	4.29	0	3	0	6	6	42.0	41	1	11	21	Scoring Posn	.219	146	32	4	2	2	48	20	20	.316	.315
May	2.79	3	1	0	5	5	38.2	36	4	10	23	Close & Late	.256	82	21	5	0	0	6	5	6	.295	.317
June	5.45	3	0	0	6	6	38.0	49	5	11	16	None on/out	.253	174	44	11	2	2	9	22	.293	.374	
July	2.57	4	2	0	6	6	49.0	38	4	11	26	vs. 1st Batr (relief)	.000	0	0	0	0	0	0	0	0	.000	.000
August	0.00	1	0	0	1	1	9.0	2	0	1	6	First Inning Pitched	.269	93	25	2	0	2	12	10	12	.355	.333
September/October	0.00	0	0	0	0	0	0.0	0	0	0	0	First 75 Pitches	.234	435	102	21	5	9	43	33	59	.295	.368
Starter	3.52	11	6	0	24	24	176.2	166	14	44	92	Pitch 76-90	.283	106	30	4	0	4	9	1	17	.290	.434
Reliever												Pitch 91-105	.272	81	22	4	0	1	10	5	9	.322	.346
0-3 Days Rest (St)	0.00	0	0	0	0	0	0.0	0	0	0	0	Pitch 106+	.245	49	12	3	0	0	2	5	7	.309	.367

1994 Season

	ERA	W	L	Sv	G	GS	IP	H	HR	BB	SO		Avg	AB	H	2B	3B	HR	RBI	BB	SO	OBP	SLG
4 Days Rest	3.63	7	5	0	16	16	119.0	123	9	26	56	First Pitch	.241	112	27	6	1	1	15	2	0	.250	.339
5+ Days Rest	3.28	4	1	0	8	8	57.2	43	5	18	36	Ahead in Count	.213	300	64	9	3	3	18	0	81	.219	.293
Pre-All Star	3.94	8	4	0	19	19	134.2	138	11	34	71	Behind in Count	.340	141	48	8	6	18	20	0	.429	.525
Post-All Star	2.14	3	2	0	5	5	42.0	28	3	10	21	Two Strikes	.182	274	50	9	3	3	16	22	92	.247	.270

Last Five Years

	ERA	W	L	Sv	G	GS	IP	H	HR	BB	SO		Avg	AB	H	2B	3B	HR	RBI	BB	SO	OBP	SLG
Home	2.90	33	23	1	76	75	537.0	464	37	117	315	vs. Left	.235	2291	539	81	12	43	195	172	367	.288	.337
Away	3.12	33	25	0	78	78	538.2	463	41	162	341	vs. Right	.226	1718	388	77	15	35	163	107	289	.283	.349
Day	3.84	16	18	1	48	47	304.2	299	30	94	200	Inning 1-6	.228	3254	743	133	24	55	290	233	553	.284	.335
Night	2.68	50	30	0	106	106	771.0	628	48	185	456	Inning 7+	.244	755	184	25	3	23	68	46	103	.295	.376
Grass	3.33	23	18	0	52	52	364.2	336	27	98	218	None on	.240	2484	597	104	15	51	51	126	394	.281	.356
Turf	2.85	43	30	1	102	101	711.0	591	51	181	438	Runners on	.216	1525	330	54	12	27	307	153	262	.294	.321
April	3.03	7	14	0	27	27	178.1	147	7	54	105	Scoring Posn	.203	902	183	27	9	14	262	125	176	.305	.299
May	2.93	13	7	0	26	26	187.1	174	18	45	110	Close & Late	.240	450	108	16	2	11	45	28	59	.294	.358
June	2.96	16	5	0	30	30	212.2	187	16	66	126	None on/out	.244	1065	260	45	7	19	19	58	149	.286	.353
July	3.27	12	10	1	30	29	206.1	186	15	43	125	vs. 1st Batr (relief)	.000	1	0	0	0	0	0	0	1	.000	.000
August	3.33	11	6	0	22	22	159.1	131	14	38	103	First Inning Pitched	.231	562	130	17	4	11	56	52	105	.301	.335
September/October	2.39	7	6	0	19	19	131.2	102	8	32	87	First 75 Pitches	.223	2784	622	108	20	44	225	201	476	.280	.324
Starter	3.01	66	48	0	153	153	1075.1	927	78	279	655	Pitch 76-90	.258	563	145	24	4	18	61	32	72	.302	.410
Reliever	0.00	0	0	1	1	0	0.1	0	0	0	1	Pitch 91-105	.235	405	95	17	3	8	45	28	68	.294	.351
0-3 Days Rest (St)	6.51	0	4	0	5	5	27.2	31	1	8	18	Pitch 106+	.253	257	65	9	0	8	27	18	40	.311	.381
4 Days Rest	3.09	43	32	0	98	98	687.0	616	55	176	405	First Pitch	.281	613	172	35	2	11	73	16	0	.305	.398
5+ Days Rest	2.60	23	12	0	50	50	360.2	280	22	95	232	Ahead in Count	.196	1847	362	55	12	25	122	0	564	.203	.279
Pre-All Star	3.02	43	29	1	94	93	647.1	580	46	176	383	Behind in Count	.269	800	215	40	4	26	93	136	0	.375	.426
Post-All Star	3.00	23	19	0	60	60	428.1	347	32	103	273	Two Strikes	.180	1771	318	52	13	27	127	656	.238	.269

Pitcher vs. Batter (since 1984)

Pitches Best Vs.	Avg	AB	H	2B	3B	HR	RBI	BB	SO	OBP	SLG	Pitches Worst Vs.	Avg	AB	H	2B	3B	HR	RBI	BB	SO	OBP	SLG
Ozzie Guillen	.000	13	0	0	0	0	0	0	1	.000	.000	Wade Boggs	.444	18	8	3	0	1	2	2	2	.500	.778
Ramon Martinez	.000	13	0	0	0	0	0	0	4	.000	.000	Derrick May	.444	18	8	2	0	2	8	1	1	.474	.889
Mickey Morandini	.045	22	1	0	0	0	0	1	3	.087	.045	Don Slaught	.400	20	8	2	1	1	3	1	0	.455	.750
Mike Morgan	.083	12	1	0	0	0	0	0	3	.083	.083	Andres Galarraga	.389	18	7	3	0	2	7	1	4	.450	.889
Kirt Manwaring	.083	12	1	0	0	0	1	0	1	.083	.083	Kevin Mitchell	.323	31	10	1	0	5	8	2	4	.364	.839

Edgar Martinez — Mariners

Age 32 – Bats Right

	Avg	G	AB	H	2B	3B	HR	RBI	BB	SO	HBP	GDP	SB	CS	OBP	SLG	IBB	SH	SF	#Pit	#P/PA	GB	FB	G/F
1994 Season	.285	89	326	47	93	23	1	13	51	53	42	3	2	6	2	.387	.482	3	2	3	1582	4.09	114	109	1.05
Last Five Years	.307	560	2020	336	620	138	7	60	238	293	256	20	53	21	13	.397	.471	18	7	16	9597	4.07	755	593	1.27

1994 Season

	Avg	AB	H	2B	3B	HR	RBI	BB	SO	OBP	SLG		Avg	AB	H	2B	3B	HR	RBI	BB	SO	OBP	SLG
vs. Left	.329	82	27	8	0	4	16	22	6	.471	.573	Scoring Posn	.280	82	23	6	0	3	37	29	12	.466	.463
vs. Right	.270	244	66	15	1	9	35	31	36	.356	.451	Close & Late	.366	41	15	6	1	1	10	12	7	.519	.634
Groundball	.353	85	30	7	0	4	19	15	10	.451	.576	None on/out	.310	71	22	7	0	2	2	9	4	.388	.493
Flyball	.360	75	27	7	1	6	17	10	9	.442	.720	Batting #2	.318	129	41	9	1	5	22	18	15	.407	.519
Home	.319	119	38	10	0	4	24	22	18	.427	.504	Batting #5	.252	123	31	9	0	4	18	21	13	.356	.423
Away	.266	207	55	13	1	9	27	31	24	.364	.469	Other	.284	74	21	5	0	4	11	14	14	.404	.514
Day	.278	97	27	5	1	6	15	11	14	.358	.536	April	.000	7	0	0	0	0	1	1	2	.222	.000
Night	.288	229	66	18	0	7	36	42	28	.399	.459	May	.314	86	27	8	1	3	13	14	15	.416	.535
Grass	.261	165	43	12	1	5	18	27	21	.367	.436	June	.313	99	31	5	0	5	16	17	8	.410	.515
Turf	.311	161	50	11	0	8	33	26	21	.407	.528	July	.280	93	26	9	0	2	11	17	13	.387	.441
First Pitch	.371	35	13	6	0	0	4	2	0	.405	.543	August	.220	41	9	1	0	3	10	4	4	.298	.463
Ahead in Count	.412	97	40	7	1	8	28	21	0	.521	.753	September/October	.000	0	0	0	0	0	0	0	0	.000	.000
Behind in Count	.213	127	27	7	0	3	11	0	31	.221	.339	Pre-All Star	.298	228	68	15	1	10	34	41	31	.408	.504
Two Strikes	.181	144	26	5	0	4	14	29	42	.322	.299	Post-All Star	.255	98	25	8	0	3	17	12	11	.336	.429

1994 By Position

Position	Avg	AB	H	2B	3B	HR	RBI	BB	SO	OBP	SLG	G	GS	Innings	PO	A	E	DP	Fld Pct	Rng Fctr	In Zone	Outs	Zone Rtg	MLB Zone
As Designated Hitter	.275	91	25	6	0	3	15	15	12	.383	.440	23	23	---	---	---	---	---	---	---	---	---	---	---
As 3b	.289	235	68	17	1	10	36	38	30	.388	.498	65	65	549.0	44	127	9	8	.950	2.80	174	143	.822	.826

Last Five Years

	Avg	AB	H	2B	3B	HR	RBI	BB	SO	OBP	SLG		Avg	AB	H	2B	3B	HR	RBI	BB	SO	OBP	SLG
vs. Left	.329	571	188	46	1	16	72	101	55	.429	.497	Scoring Posn	.268	470	126	25	1	17	178	110	55	.404	.434
vs. Right	.298	1449	432	92	6	44	166	192	201	.384	.461	Close & Late	.346	301	104	25	1	9	49	66	42	.465	.525
Groundball	.319	508	162	35	0	15	71	78	61	.412	.476	None on/out	.333	493	164	44	2	15	15	52	58	.400	.521
Flyball	.297	481	143	39	5	16	56	62	71	.381	.499	Batting #2	.330	612	202	49	2	18	80	77	68	.407	.505
Home	.307	938	288	70	3	27	116	149	123	.403	.474	Batting #6	.325	326	106	20	2	12	58	44	47	.441	.509
Away	.307	1082	332	68	4	33	122	144	133	.392	.469	Other	.288	1082	312	69	3	30	119	150	144	.378	.441
Day	.302	526	159	30	5	20	68	63	58	.378	.492	April	.308	195	60	15	0	5	23	33	23	.423	.462
Night	.309	1494	461	108	2	40	170	230	198	.402	.464	May	.313	416	130	21	6	16	58	60	60	.402	.507
Grass	.310	846	262	54	4	24	94	119	105	.398	.468	June	.297	407	121	26	0	11	43	55	59	.382	.450
Turf	.305	1174	358	84	3	36	144	174	151	.397	.468	July	.321	405	130	28	1	13	50	57	51	.406	.491
First Pitch	.368	155	57	15	0	9	15	5	0	.390	.561	August	.296	375	111	33	0	12	45	53	57	.385	.480
Ahead in Count	.377	567	214	42	3	26	83	149	0	.507	.600	September/October	.306	222	68	15	0	2	19	35	26	.396	.496
Behind in Count	.253	853	216	50	2	16	74	0	202	.261	.373	Pre-All Star	.303	1134	344	67	6	37	139	167	157	.396	.471

Last Five Years

	Avg	AB	H	2B	3B	HR	RBI	BB	SO	OBP	SLG		Avg	AB	H	2B	3B	HR	RBI	BB	SO	OBP	SLG
Two Strikes	.246	916	225	54	2	19	92	135	256	.345	.371	Post-All Star	.312	886	276	71	1	23	99	126	99	.398	.472

Batter vs. Pitcher (career)

Hits Best Against	Avg	AB	H	2B	3B	HR	RBI	BB	SO	OBP	SLG	Hits Worst Against	Avg	AB	H	2B	3B	HR	RBI	BB	SO	OBP	SLG
Greg Cadaret	.778	9	7	4	0	0	1	2	0	.818	1.222	Tom Candiotti	.083	12	1	0	0	0	0	1	5	.154	.083
Rick Sutcliffe	.571	14	8	3	1	0	1	3	2	.611	.929	Bud Black	.091	11	1	0	0	0	0	1	3	.167	.091
Dave Stewart	.500	22	11	3	0	0	3	6	1	.621	.636	Chuck Finley	.114	35	4	0	0	0	1	6	5	.244	.114
Greg Swindell	.500	14	7	0	1	1	1	1	5	.533	.857	Alex Fernandez	.130	23	3	1	0	0	0	3	0	.231	.174
Hipolito Pichardo	.444	9	4	1	0	2	5	3	0	.583	1.222	Bobby Witt	.158	19	3	0	0	0	0	3	6	.273	.158

Jose Martinez — Padres

Age 24 – Pitches Right (groundball pitcher)

	ERA	W	L	Sv	G	GS	IP	BB	SO	Avg	H	2B	3B	HR	RBI	OBP	SLG	GF	IR	IRS	Hld	SvOp	SB	CS	GB	FB	G/F
1994 Season	6.75	0	2	0	4	1	12.0	5	7	.375	18	4	1	2	8	.434	.625	0	0	0	0	0	1	2	17	10	1.70

1994 Season

	ERA	W	L	Sv	G	GS	IP	H	BB	SO		Avg	AB	H	2B	3B	HR	RBI	BB	SO	OBP	SLG
Home	6.23	0	1	0	1	1	4.1	7	2	1	vs. Left	.375	16	6	1	0	0	2	2	3	.444	.438
Away	7.04	0	1	0	3	0	7.2	11	0	4	vs. Right	.375	32	12	3	1	2	6	3	4	.429	.719

Pedro Martinez — Expos

Age 23 – Pitches Right (flyball pitcher)

	ERA	W	L	Sv	G	GS	IP	BB	SO	Avg	H	2B	3B	HR	RBI	OBP	SLG	CG	ShO	Sup	QS	#P/S	SB	CS	GB	FB	G/F
1994 Season	3.42	11	5	1	24	23	144.2	45	142	.220	115	29	4	11	52	.294	.354	1	1	4.85	14	97	11	3	158	152	1.04
Career (1992-1994)	3.05	21	11	3	91	26	259.2	103	269	.212	197	38	9	16	83	.298	.323	1	1	4.44	15	94	17	7	258	262	0.98

1994 Season

	ERA	W	L	Sv	G	GS	IP	H	HR	BB	SO		Avg	AB	H	2B	3B	HR	RBI	BB	SO	OBP	SLG
Home	3.63	4	3	0	9	9	57.0	43	2	18	59	vs. Left	.250	292	73	18	2	9	32	24	66	.316	.418
Away	3.29	7	2	1	15	14	87.2	72	9	27	83	vs. Right	.182	231	42	11	2	2	20	21	76	.266	.273
Day	2.35	3	2	0	6	6	38.1	29	2	11	40	Inning 1-6	.231	463	107	27	4	11	51	43	128	.308	.378
Night	3.81	8	3	1	18	17	106.1	86	9	34	102	Inning 7+	.133	60	8	2	0	0	1	2	14	.175	.167
Grass	3.98	4	2	0	9	9	54.1	45	6	17	56	None on	.222	320	71	14	3	5	5	21	86	.287	.331
Turf	3.09	7	3	1	15	14	90.1	70	5	28	86	Runners on	.217	203	44	15	1	6	47	24	56	.305	.389
April	3.03	1	2	0	5	5	32.2	20	2	8	41	Scoring Posn	.204	113	23	7	1	4	37	18	36	.316	.389
May	2.97	2	1	0	5	5	30.1	29	3	8	29	Close & Late	.130	23	3	0	0	0	0	1	6	.200	.130
June	2.67	3	1	1	6	5	33.2	28	1	9	32	None on/out	.257	140	36	8	1	3	3	8	31	.311	.393
July	6.89	3	1	0	6	6	31.1	30	5	13	27	vs. 1st Batr (relief)	.000	1	0	0	0	0	0	0	0	.000	.000
August	0.00	2	0	0	2	2	16.2	8	0	7	13	First Inning Pitched	.253	87	22	10	1	1	10	6	25	.302	.425
September/October	0.00	0	0	0	0	0	0.0	0	0	0	0	First 75 Pitches	.239	380	91	22	4	9	39	34	103	.316	.389
Starter	3.44	11	5	0	23	23	144.0	115	11	45	141	Pitch 76-90	.224	67	15	4	0	1	6	6	18	.297	.328
Reliever	0.00	0	0	1	1	0	0.2	0	0	0	1	Pitch 91-105	.104	48	5	1	0	1	6	4	13	.173	.188
0-3 Days Rest (St)	1.29	1	0	0	1	1	7.0	7	0	2	6	Pitch 106+	.143	28	4	2	0	0	1	1	8	.172	.214
4 Days Rest	2.34	7	0	0	11	11	73.0	50	3	22	69	First Pitch	.342	79	27	9	0	3	11	2	0	.366	.570
5+ Days Rest	4.92	3	5	0	11	11	64.0	58	8	21	66	Ahead in Count	.172	261	45	12	1	1	16	0	115	.199	.238
Pre-All Star	3.36	6	4	1	18	17	104.1	85	7	30	109	Behind in Count	.255	98	25	4	2	5	17	18	0	.373	.490
Post-All Star	3.57	5	1	0	6	6	40.1	30	4	15	33	Two Strikes	.162	277	45	12	1	2	14	25	142	.251	.235

Career (1992-1994)

	ERA	W	L	Sv	G	GS	IP	H	HR	BB	SO		Avg	AB	H	2B	3B	HR	RBI	BB	SO	OBP	SLG
Home	2.77	11	6	2	42	10	110.1	84	5	42	125	vs. Left	.240	525	126	23	5	12	52	50	130	.311	.371
Away	3.25	10	5	1	49	16	149.1	113	11	61	144	vs. Right	.175	406	71	15	4	4	31	53	139	.282	.261
Day	3.04	4	6	1	26	8	77.0	62	4	35	78	Inning 1-6	.229	571	131	33	8	11	62	57	156	.308	.373
Night	3.05	17	5	2	65	18	182.2	135	12	68	191	Inning 7+	.183	360	66	5	1	5	21	46	113	.282	.244
Grass	3.17	13	6	2	59	11	136.1	107	10	57	151	None on	.217	538	117	18	6	8	8	57	150	.306	.318
Turf	2.92	8	5	1	32	15	123.1	90	6	46	118	Runners on	.204	393	80	20	3	8	75	46	119	.287	.331
April	3.18	1	3	0	12	5	45.1	30	3	18	52	Scoring Posn	.190	211	40	9	2	5	62	27	76	.278	.322
May	2.28	4	2	1	16	5	47.1	36	4	15	42	Close & Late	.182	258	47	3	1	4	14	30	88	.277	.248
June	2.94	3	1	1	17	5	52.0	42	2	19	54	None on/out	.243	239	58	11	2	4	4	20	59	.314	.356
July	4.61	6	1	1	19	6	52.2	41	5	23	56	vs. 1st Batr (relief)	.190	58	11	2	0	1	2	6	15	.277	.276
August	2.16	3	1	0	14	2	33.1	26	2	18	34	First Inning Pitched	.223	310	69	17	2	5	29	35	96	.302	.339
September/October	2.48	1	0	0	13	3	29.0	22	0	10	31	First 75 Pitches	.221	782	173	31	9	14	70	92	227	.311	.338
Starter	3.60	11	8	0	26	26	157.1	130	11	49	154	Pitch 76-90	.205	73	15	4	0	1	6	6	21	.275	.301
Reliever	2.20	10	3	3	65	0	102.1	67	5	54	115	Pitch 91-105	.104	48	5	1	0	1	6	4	13	.173	.188
0-3 Days Rest (St)	1.29	1	0	0	1	1	7.0	7	0	2	6	Pitch 106+	.143	28	4	2	0	0	1	1	8	.172	.214
4 Days Rest	2.34	7	0	0	11	11	73.0	50	3	22	69	First Pitch	.338	142	48	13	2	4	15	5	0	.369	.542
5+ Days Rest	5.00	3	8	0	14	14	77.1	73	8	25	79	Ahead in Count	.157	440	69	14	3	2	24	0	211	.175	.216
Pre-All Star	3.07	12	6	2	53	17	161.1	122	10	64	165	Behind in Count	.259	170	44	6	2	6	27	45	0	.411	.424
Post-All Star	3.02	9	5	1	38	9	98.1	75	6	39	104	Two Strikes	.141	488	69	12	2	4	24	53	269	.239	.201

Pitcher vs. Batter (career)

Pitches Best Vs.	Avg	AB	H	2B	3B	HR	RBI	BB	SO	OBP	SLG	Pitches Worst Vs.	Avg	AB	H	2B	3B	HR	RBI	BB	SO	OBP	SLG
Sammy Sosa	.100	10	1	1	0	0	0	5	2	.182	.200	Barry Bonds	.571	7	4	2	0	0	0	4	2	.727	.857
Bobby Bonilla	.111	9	1	1	0	0	2	1	4	.182	.222	Fred McGriff	.455	11	5	0	0	2	3	1	3	.500	1.000
Reggie Sanders	.200	10	2	0	0	0	2	0	3	.273	.300	Andy Van Slyke	.375	8	3	1	0	1	1	3	1	.545	.875
Dave Martinez	.231	13	3	1	0	1	1	0	2	.231	.538	Lenny Dykstra	.375	8	3	2	0	0	0	3	1	.545	.625
												Gary Sheffield	.375	8	3	1	0	0	4	1	2	.364	.500

Pedro A. Martinez — Padres
Age 26 – Pitches Left

	ERA	W	L	Sv	G	GS	IP	BB	SO	Avg	H	2B	3B	HR	RBI	OBP	SLG	GF	IR	IRS	Hld	SvOp	SB	CS	GB	FB	G/F
1994 Season	2.90	3	2	3	48	1	68.1	49	52	.210	52	11	2	4	32	.341	.319	18	35	8	3	5	3	8	91	64	1.42
Career (1993-1994)	2.73	6	3	3	80	1	105.1	62	84	.196	75	16	2	8	43	.311	.312	27	57	13	6	6	6	10	126	105	1.20

1994 Season

	ERA	W	L	Sv	G	GS	IP	H	HR	BB	SO		Avg	AB	H	2B	3B	HR	RBI	BB	SO	OBP	SLG
Home	2.10	1	1	2	22	0	30.0	15	1	22	23	vs. Left	.206	68	14	2	1	0	8	13	14	.333	.265
Away	3.52	2	0	2	26	1	38.1	37	3	27	29	vs. Right	.211	180	38	9	1	4	24	36	38	.344	.339
Starter	11.57	0	0	0	1	1	2.1	4	0	4	1	Scoring Posn	.163	86	14	3	1	3	29	17	16	.305	.326
Reliever	2.59	3	2	3	47	0	66.0	48	4	45	51	Close & Late	.220	91	20	6	0	2	15	20	21	.357	.352
0 Days rest (Re)	3.65	0	1	2	10	0	12.1	10	1	10	7	None on/out	.275	51	14	3	0	0	0	10	13	.393	.333
1 or 2 Days rest	1.67	0	1	0	21	0	32.1	21	1	24	28	First Pitch	.276	29	8	0	0	2	8	7	0	.417	.483
3+ Days rest	3.38	3	0	1	16	0	21.1	17	2	11	16	Ahead in Count	.143	112	16	3	0	2	8	0	46	.143	.223
Pre-All Star	2.62	2	1	3	37	1	55.0	39	3	36	44	Behind in Count	.228	57	13	4	1	0	11	20	0	.423	.333
Post-All Star	4.05	1	1	0	11	0	13.1	13	1	13	8	Two Strikes	.168	113	19	6	1	0	4	22	52	.304	.239

Ramon Martinez — Dodgers
Age 27 – Pitches Right

	ERA	W	L	Sv	G	GS	IP	BB	SO	Avg	H	2B	3B	HR	RBI	OBP	SLG	CG	ShO	Sup	QS	#P/S	SB	CS	GB	FB	G/F
1994 Season	3.97	12	7	0	24	24	170.0	56	119	.249	160	20	6	18	64	.312	.383	4	3	5.56	11	109	3	7	214	197	1.09
Last Five Years	3.46	67	49	0	147	147	987.0	365	720	.239	884	152	22	84	373	.310	.360	27	14	4.63	89	108	76	47	1179	1159	1.02

1994 Season

	ERA	W	L	Sv	G	GS	IP	H	HR	BB	SO		Avg	AB	H	2B	3B	HR	RBI	BB	SO	OBP	SLG
Home	3.59	5	3	0	11	11	85.1	77	7	25	64	vs. Left	.233	305	71	9	2	10	34	31	51	.300	.374
Away	4.36	7	4	0	13	13	84.2	83	11	31	55	vs. Right	.264	337	89	11	4	8	30	25	68	.323	.392
Day	3.33	2	1	0	4	4	27.0	28	5	8	21	Inning 1-6	.240	508	122	18	3	13	51	44	102	.303	.364
Night	4.09	10	6	0	20	20	143.0	132	13	48	98	Inning 7+	.284	134	38	2	3	5	13	12	17	.347	.455
Grass	3.73	10	4	0	18	18	132.2	117	14	39	97	None on	.242	384	93	13	4	14	14	30	72	.302	.406
Turf	4.82	2	3	0	6	6	37.1	43	4	17	22	Runners on	.260	258	67	7	2	4	50	26	47	.325	.349
April	5.23	0	2	0	5	5	31.0	31	4	13	30	Scoring Posn	.228	127	29	1	2	1	43	15	24	.303	.291
May	3.76	3	0	0	5	5	38.1	32	3	15	15	Close & Late	.254	63	16	1	1	2	8	5	10	.319	.397
June	3.94	4	2	0	6	6	45.2	41	4	13	34	None on/out	.287	171	49	8	4	6	6	11	24	.337	.485
July	3.86	3	3	0	6	6	39.2	41	6	10	24	vs. 1st Batr (relief)	.000	0	0	0	0	0	0	0	0	.000	.000
August	2.35	2	0	0	2	2	15.1	15	1	5	11	First Inning Pitched	.227	88	20	3	0	0	4	5	12	.274	.261
September/October	0.00	0	0	0	0	0	0.0	0	0	0	0	First 75 Pitches	.246	427	105	17	3	11	43	37	80	.309	.377
Starter	3.97	12	7	0	24	24	170.0	160	18	56	119	Pitch 76-90	.238	80	19	1	0	4	10	8	21	.303	.400
Reliever	0.00	0	0	0	0	0	0.0	0	0	0	0	Pitch 91-105	.242	66	16	0	1	2	4	4	9	.296	.364
0-3 Days Rest (St)	7.20	0	1	0	1	1	5.0	8	1	2	4	Pitch 106+	.290	69	20	2	1	7	7	9	.355	.420
4 Days Rest	3.87	7	2	0	12	12	88.1	82	7	27	58	First Pitch	.402	97	39	5	0	6	20	2	0	.406	.639
5+ Days Rest	3.87	5	4	0	11	11	76.2	70	10	27	57	Ahead in Count	.199	251	50	6	2	0	10	0	97	.210	.223
Pre-All Star	4.18	8	5	0	18	18	129.1	117	12	45	94	Behind in Count	.256	176	45	7	2	9	25	24	0	.346	.472
Post-All Star	3.32	4	2	0	6	6	40.2	43	6	11	25	Two Strikes	.172	261	45	5	2	3	12	30	119	.262	.241

Last Five Years

	ERA	W	L	Sv	G	GS	IP	H	HR	BB	SO		Avg	AB	H	2B	3B	HR	RBI	BB	SO	OBP	SLG
Home	3.47	35	24	0	75	75	523.1	463	46	191	408	vs. Left	.240	1997	480	94	11	48	209	262	365	.329	.371
Away	3.44	32	25	0	72	72	463.2	421	38	174	312	vs. Right	.237	1707	404	58	11	36	164	103	355	.286	.347
Day	2.77	19	15	0	40	40	270.0	218	27	100	200	Inning 1-6	.238	3052	726	128	19	69	326	304	605	.310	.360
Night	3.72	48	34	0	107	107	717.0	666	57	265	520	Inning 7+	.242	652	158	24	3	15	47	61	115	.310	.357
Grass	3.42	52	35	0	113	113	770.2	684	69	278	567	None on	.233	2189	511	97	14	55	55	201	436	.303	.366
Turf	3.58	15	14	0	34	34	216.1	200	15	87	153	Runners on	.246	1515	373	55	8	29	318	164	284	.320	.350
April	3.31	7	7	0	23	23	149.1	122	12	60	116	Scoring Posn	.226	847	191	31	5	14	275	100	175	.305	.323
May	3.44	16	4	0	27	27	185.2	172	14	70	136	Close & Late	.212	344	73	12	1	7	23	26	65	.273	.314
June	3.14	13	8	0	27	27	189.0	167	13	68	148	None on/out	.252	964	243	44	10	29	29	84	174	.319	.409
July	2.95	15	11	0	28	28	192.1	169	17	64	126	vs. 1st Batr (relief)	.000	0	0	0	0	0	0	0	0	.000	.000
August	3.98	9	12	0	23	23	156.0	152	15	50	106	First Inning Pitched	.226	548	124	18	3	11	51	55	92	.330	
September/October	4.32	7	7	0	19	19	114.2	102	13	53	88	First 75 Pitches	.238	2497	594	108	16	55	264	237	498	.307	.383
Starter	3.46	67	49	0	147	147	987.0	884	84	365	720	Pitch 76-90	.260	480	125	19	2	12	48	53	85	.337	.383
Reliever	0.00	0	0	0	0	0	0.0	0	0	0	0	Pitch 91-105	.225	369	83	12	2	10	33	37	70	.298	.350
0-3 Days Rest (St)	4.24	2	2	0	4	4	23.1	22	3	12	24	Pitch 106+	.229	358	82	13	2	7	28	38	67	.306	.335
4 Days Rest	3.76	30	25	0	72	72	481.1	452	45	174	371	First Pitch	.305	489	149	19	4	18	73	20	0	.335	.470
5+ Days Rest	3.12	35	22	0	71	71	482.2	410	36	179	325	Ahead in Count	.186	1625	303	50	7	18	108	0	607	.192	.259
Pre-All Star	3.34	41	22	0	86	86	582.1	519	47	224	445	Behind in Count	.311	835	260	50	6	39	127	192	0	.440	.526
Post-All Star	3.63	26	27	0	61	61	404.2	365	37	141	275	Two Strikes	.169	1732	293	51	10	26	125	153	720	.240	.255

Pitcher vs. Batter (career)

Pitches Best Vs.	Avg	AB	H	2B	3B	HR	RBI	BB	SO	OBP	SLG	Pitches Worst Vs.	Avg	AB	H	2B	3B	HR	RBI	BB	SO	OBP	SLG
Darrin Jackson	.059	17	1	0	0	0	1	0	2	.059	.059	Jim Eisenreich	.455	11	5	0	0	1	5	2	1	.538	.727
Darryl Strawberry	.067	15	1	0	0	0	1	0	7	.067	.067	Mackey Sasser	.438	16	7	2	0	1	1	0	1	.471	.750
Lonnie Smith	.071	14	1	0	0	0	1	0	6	.067	.071	Howard Johnson	.370	27	10	6	0	2	5	10	3	.541	.815
Tom Glavine	.083	12	1	0	0	0	0	0	4	.083	.083	Eddie Murray	.364	11	4	0	0	2	3	3	2	.500	.909
Carlos Garcia	.083	12	1	0	0	0	0	0	2	.083	.083	Bobby Bonilla	.333	33	11	0	1	6	12	3	9	.389	.939

Tino Martinez — Mariners
Age 27 – Bats Left

	Avg	G	AB	R	H	2B	3B	HR	RBI	BB	SO	HBP	GDP	SB	CS	OBP	SLG	IBB	SH	SF	#Pit	#P/PA	GB	FB	G/F
1994 Season	.261	97	329	42	86	21	0	20	61	29	52	1	9	1	2	.320	.508	2	4	3	1342	3.67	111	122	0.91
Career (1990-1994)	.254	402	1377	158	350	71	3	57	201	136	218	4	42	3	6	.321	.434	20	8	17	5807	3.76	473	473	1.00

1994 Season

	Avg	AB	H	2B	3B	HR	RBI	BB	SO	OBP	SLG		Avg	AB	H	2B	3B	HR	RBI	BB	SO	OBP	SLG
vs. Left	.273	77	21	4	0	4	15	8	22	.345	.481	Scoring Posn	.263	80	21	6	0	3	39	9	9	.326	.450
vs. Right	.258	252	65	17	0	16	46	21	30	.313	.516	Close & Late	.275	51	14	5	0	2	8	9	10	.377	.490
Groundball	.279	86	24	5	0	3	17	5	11	.315	.442	None on/out	.298	84	25	6	0	3	3	8	10	.366	.476
Flyball	.219	73	16	5	0	3	12	5	10	.266	.411	Batting #6	.267	105	28	10	0	8	24	10	16	.330	.590
Home	.264	121	32	9	0	8	31	16	18	.350	.537	Batting #7	.271	129	35	9	0	7	21	12	25	.336	.504
Away	.260	208	54	12	0	12	30	13	34	.302	.490	Other	.242	95	23	2	0	5	16	7	11	.288	.421
Day	.214	98	21	2	0	7	17	11	16	.288	.449	April	.200	70	14	4	0	1	12	8	17	.288	.300
Night	.281	231	65	19	0	13	44	18	36	.335	.532	May	.215	65	14	5	0	5	13	8	12	.297	.523
Grass	.275	160	44	9	0	11	25	11	26	.320	.538	June	.228	79	18	4	0	3	10	8	8	.295	.392
Turf	.249	169	42	12	0	9	36	18	26	.321	.491	July	.347	72	25	7	0	6	14	5	9	.390	.694
First Pitch	.382	34	13	4	0	2	10	2	0	.417	.676	August	.349	43	15	1	0	5	12	0	6	.349	.721
Ahead in Count	.264	72	19	6	0	6	15	17	0	.404	.597	September/October	.000	0	0	0	0	0	0	0	0	.000	.000
Behind in Count	.228	145	33	9	0	9	27	0	44	.230	.476	Pre-All Star	.228	241	55	17	0	11	41	24	42	.297	.436
Two Strikes	.192	146	28	6	0	9	21	10	52	.241	.418	Post-All Star	.352	88	31	4	0	9	20	5	10	.387	.705

1994 By Position

Position	Avg	AB	H	2B	3B	HR	RBI	BB	SO	OBP	SLG	G	GS	Innings	PO	A	E	DP	Fld Pct	Rng Fctr	In Zone	Outs	Zone Rtg	MLB Zone
As 1b	.256	293	75	18	0	17	48	24	45	.313	.491	82	81	699.2	705	45	2	62	.997	---	134	101	.754	.818

Career (1990-1994)

	Avg	AB	H	2B	3B	HR	RBI	BB	SO	OBP	SLG		Avg	AB	H	2B	3B	HR	RBI	BB	SO	OBP	SLG
vs. Left	.250	360	90	19	1	13	53	30	75	.313	.417	Scoring Posn	.239	335	80	18	2	12	146	52	59	.330	.412
vs. Right	.256	1017	260	52	2	44	148	106	143	.324	.441	Close & Late	.284	257	73	17	0	10	40	31	51	.361	.467
Groundball	.254	315	80	12	0	13	54	31	52	.327	.416	None on/out	.276	348	96	19	0	11	24	48	52	.328	.425
Flyball	.255	329	84	16	0	11	40	25	50	.305	.404	Batting #6	.242	405	98	26	1	16	64	47	72	.321	.430
Home	.250	620	155	32	0	30	103	69	86	.327	.447	Batting #7	.261	414	108	26	2	16	56	36	64	.322	.449
Away	.258	757	195	39	3	27	98	67	132	.317	.424	Other	.258	558	144	19	0	25	81	53	82	.320	.427
Day	.251	403	101	14	1	22	64	38	70	.310	.454	April	.213	207	44	9	1	8	30	26	35	.305	.382
Night	.256	974	249	57	2	35	137	98	148	.326	.426	May	.274	252	69	16	0	12	38	29	42	.351	.480
Grass	.275	585	161	30	1	26	78	48	99	.329	.463	June	.256	262	67	16	2	9	42	24	30	.316	.435
Turf	.239	792	189	41	2	31	123	88	119	.316	.413	July	.275	236	65	11	0	11	36	18	35	.328	.479
First Pitch	.358	123	44	9	0	7	21	16	0	.444	.602	August	.264	227	60	8	0	10	35	11	36	.300	.432
Ahead in Count	.304	313	95	22	1	20	68	74	0	.428	.572	September/October	.233	193	45	7	0	7	20	26	40	.321	.378
Behind in Count	.216	630	136	33	2	22	81	0	182	.219	.379	Pre-All Star	.249	815	203	49	3	31	122	82	120	.319	.431
Two Strikes	.187	626	117	27	1	20	71	46	218	.243	.329	Post-All Star	.262	562	147	22	0	26	79	54	98	.324	.440

Batter vs. Pitcher (career)

Hits Best Against	Avg	AB	H	2B	3B	HR	RBI	BB	SO	OBP	SLG	Hits Worst Against	Avg	AB	H	2B	3B	HR	RBI	BB	SO	OBP	SLG
Bobby Witt	.538	13	7	2	0	1	2	1	1	.571	.923	Kevin Appier	.000	14	0	0	0	0	1	4	4	.222	.000
Scott Erickson	.412	17	7	3	0	1	6	2	1	.450	.765	Jack Morris	.083	12	1	1	0	0	2	1	1	.154	.167
Ben McDonald	.400	15	6	2	0	1	1	0	4	.400	.733	Wilson Alvarez	.100	10	1	0	0	0	1	2		.182	.100
John Doherty	.364	11	4	0	0	1	2	0	2	.364	.636	Kevin Brown	.136	22	3	0	0	0	0	1	0	.174	.136
Jimmy Key	.316	19	6	1	0	2	5	0	3	.316	.684	Scott Sanderson	.143	14	2	0	0	0	1	0	1	.133	.143

Roger Mason — Mets
Age 36 – Pitches Right (flyball pitcher)

	ERA	W	L	Sv	G	GS	IP	BB	SO	Avg	H	2B	3B	HR	RBI	OBP	SLG	GF	IR	IRS	Hld	SvOp	SB	CS	GB	FB	G/F
1994 Season	3.75	3	5	1	47	0	60.0	25	33	.243	55	10	0	8	29	.323	.394	12	23	8	9	2	8	1	73	67	1.09
Last Five Years	3.89	16	26	12	204	0	277.1	98	181	.240	246	40	5	31	131	.309	.380	73	129	30	33	18	17	13	322	334	0.96

1994 Season

	ERA	W	L	Sv	G	GS	IP	H	HR	BB	SO		Avg	AB	H	2B	3B	HR	RBI	BB	SO	OBP	SLG
Home	3.86	1	1	1	24	0	30.1	29	4	10	19	vs. Left	.243	107	26	6	0	3	10	19	15	.357	.383
Away	3.64	2	4	0	23	0	29.2	26	4	15	14	vs. Right	.244	119	29	4	0	5	19	6	18	.289	.403
Starter	0.00	0	0	0	0	0	0.0	0	0	0	0	Scoring Posn	.218	55	12	2	0	1	18	9	8	.333	.309
Reliever	3.75	3	5	1	47	0	60.0	55	8	25	33	Close & Late	.242	132	32	6	0	3	15	13	22	.308	.356
0 Days rest (Re)	5.25	0	0	0	10	0	12.0	12	3	7	5	None on/out	.288	59	17	2	0	3	3	2	7	.323	.475
1 or 2 Days rest	3.77	1	3	1	25	0	31.0	30	5	11	18	First Pitch	.294	34	10	1	0	2	6	5	0	.400	.500
3+ Days rest	2.65	2	2	0	12	0	17.0	13	0	7	10	Ahead in Count	.204	93	19	2	0	1	6	0	29	.211	.258
Pre-All Star	4.36	2	4	0	32	0	43.1	39	6	19	21	Behind in Count	.275	51	14	5	0	3	10	11	0	.403	.549
Post-All Star	2.16	1	1	1	15	0	16.2	16	2	6	12	Two Strikes	.180	89	16	2	0	2	7	9	33	.263	.270

Last Five Years

	ERA	W	L	Sv	G	GS	IP	H	HR	BB	SO		Avg	AB	H	2B	3B	HR	RBI	BB	SO	OBP	SLG
Home	3.84	9	9	7	102	0	152.1	140	15	41	99	vs. Left	.243	469	114	21	3	9	45	63	80	.329	.358
Away	3.96	7	17	5	102	0	125.0	106	16	57	82	vs. Right	.237	556	132	19	2	22	86	35	101	.291	.397
Day	4.48	6	7	2	58	0	76.1	67	11	34	43	Inning 1-6	.245	237	58	8	0	12	40	29	42	.305	.430
Night	3.67	10	19	10	146	0	201.0	179	20	64	138	Inning 7+	.239	788	188	32	5	19	91	78	139	.310	.364
Grass	3.76	5	14	4	94	0	131.2	121	12	50	86	None on	.238	575	137	25	3	18	18	47	101	.304	.386
Turf	4.02	11	12	8	110	0	145.2	125	19	48	95	Runners on	.242	450	109	15	2	13	113	51	80	.315	.371
April	2.80	2	2	3	25	0	35.1	31	3	20	28	Scoring Posn	.253	269	68	9	2	7	99	42	54	.346	.379
May	2.77	1	4	1	37	0	55.1	38	3	17	24	Close & Late	.258	520	134	23	3	15	72	56	91	.329	.400
June	5.20	1	7	2	33	0	45.0	53	4	15	29	None on/out	.249	253	63	12	1	7	7	11	44	.283	.387
July	4.91	2	5	0	35	0	44.0	47	6	20	24	vs. 1st Batr (relief)	.230	191	44	8	1	2	17	10	41	.271	.314

252

Last Five Years

	ERA	W	L	Sv	G	GS	IP	H	HR	BB	SO		Avg	AB	H	2B	3B	HR	RBI	BB	SO	OBP	SLG
August	2.90	7	4	3	38	0	59.0	36	8	11	42	First Inning Pitched	.237	655	155	29	3	20	85	67	118	.312	.382
September/October	5.35	3	4	3	36	0	38.2	41	7	15	34	First 15 Pitches	.233	615	143	27	2	19	71	57	105	.302	.376
Starter	0.00	0	0	0	0	0	0.0	0	0	0	0	Pitch 16-30	.225	311	70	8	2	10	44	30	58	.294	.360
Reliever	3.89	16	26	12	204	0	277.1	246	31	98	181	Pitch 31-45	.329	70	23	4	1	1	12	10	16	.398	.457
0 Days rest (Re)	5.93	1	8	5	44	0	54.2	64	10	20	34	Pitch 46+	.345	29	10	1	0	1	4	1	2	.387	.483
1 or 2 Days rest	3.21	12	9	5	107	0	145.2	118	13	49	99	First Pitch	.308	156	48	6	0	11	36	17	0	.380	.558
3+ Days rest	3.74	3	9	2	53	0	77.0	64	8	29	48	Ahead in Count	.219	475	104	16	3	5	41	0	145	.224	.297
Pre-All Star	3.85	4	15	6	108	0	154.1	145	11	61	92	Behind in Count	.234	201	47	9	0	9	25	45	0	.372	.413
Post-All Star	3.95	12	11	6	96	0	123.0	101	20	37	89	Two Strikes	.187	471	88	13	4	5	36	36	181	.248	.263

Pitcher vs. Batter (career)

Pitches Best Vs.	Avg	AB	H	2B	3B	HR	RBI	BB	SO	OBP	SLG	Pitches Worst Vs.	Avg	AB	H	2B	3B	HR	RBI	BB	SO	OBP	SLG
Larry Walker	.000	9	0	0	0	0	1	1	2	.091	.000	Marquis Grissom	.455	11	5	0	1	0	1	5	1	.500	.727
Ron Gant	.182	11	2	0	0	1	2	0	2	.182	.455	John Kruk	.444	9	4	0	1	1	1	4	0	.615	1.000
Royce Clayton	.182	11	2	0	0	0	1	0	3	.182	.182	Terry Pendleton	.385	13	5	1	0	0	3	3	1	.500	.462
Ryne Sandberg	.200	15	3	1	0	1	2	3	6	.368	.467	Kirt Manwaring	.333	9	3	1	0	0	2	2	1	.455	.444
Mariano Duncan	.222	18	4	0	0	1	4	2	5	.333	.389	Tony Gwynn	.316	19	6	0	1	2	4	0	2	.316	.737

Mike Matheny — Brewers
Age 24 – Bats Right (groundball hitter)

	Avg	G	AB	R	H	2B	3B	HR	RBI	BB	SO	HBP	GDP	SB	CS	OBP	SLG	IBB	SH	SF	#Pit	#P/PA	GB	FB	G/F
1994 Season	.226	28	53	3	12	3	0	1	2	3	13	0	0	0	1	.293	.340	0	1	0	204	3.46	17	11	1.55

1994 Season

	Avg	AB	H	2B	3B	HR	RBI	BB	SO	OBP	SLG		Avg	AB	H	2B	3B	HR	RBI	BB	SO	OBP	SLG
vs. Left	.421	19	8	2	0	1	2	2	2	.476	.684	Scoring Posn	.000	10	0	0	0	0	1	0	3	.000	.000
vs. Right	.118	34	4	1	0	0	1	1	11	.189	.147	Close & Late	.222	9	2	0	0	0	0	0	2	.300	.222

Terry Mathews — Marlins
Age 30 – Pitches Right (flyball pitcher)

	ERA	W	L	Sv	G	GS	IP	BB	SO	Avg	H	2B	3B	HR	RBI	OBP	SLG	GF	IR	IRS	Hld	SvOp	SB	CS	GB	FB	G/F
1994 Season	3.35	2	1	0	24	2	43.0	9	21	.268	45	13	1	4	16	.309	.429	5	12	3	3	1	4	2	54	56	0.96
Career (1991-1994)	4.23	8	5	1	98	4	142.2	58	98	.269	147	45	2	13	66	.341	.430	24	64	24	11	8	12	9	161	176	0.91

1994 Season

	ERA	W	L	Sv	G	GS	IP	H	HR	BB	SO		Avg	AB	H	2B	3B	HR	RBI	BB	SO	OBP	SLG
Home	4.71	0	1	0	12	1	21.0	23	1	5	14	vs. Left	.338	80	27	11	1	2	7	5	5	.376	.575
Away	2.05	2	0	0	12	1	22.0	22	3	4	7	vs. Right	.205	88	18	2	0	2	9	4	16	.247	.295

Career (1991-1994)

	ERA	W	L	Sv	G	GS	IP	H	HR	BB	SO		Avg	AB	H	2B	3B	HR	RBI	BB	SO	OBP	SLG
Home	4.46	2	3	1	48	2	66.2	67	5	27	52	vs. Left	.323	223	72	21	2	6	25	25	29	.394	.516
Away	4.03	6	2	0	50	2	76.0	80	8	31	46	vs. Right	.232	323	75	24	0	7	41	33	69	.305	.372
Day	5.34	6	1	0	17	2	28.2	26	3	13	22	Inning 1-6	.293	215	63	22	1	7	30	19	32	.352	.502
Night	3.95	2	4	1	81	2	114.0	121	10	45	76	Inning 7+	.254	331	84	23	1	6	36	39	66	.334	.384
Grass	4.63	5	5	1	83	4	114.2	121	10	50	88	None on	.295	295	87	29	1	8	8	27	55	.354	.481
Turf	2.57	3	0	0	15	0	28.0	26	3	8	10	Runners on	.239	251	60	16	1	5	58	31	43	.326	.371
April	4.85	1	2	0	10	0	13.0	14	3	3	11	Scoring Posn	.253	162	41	9	1	2	50	18	30	.330	.358
May	11.12	0	1	0	7	0	5.2	6	1	3	2	Close & Late	.270	163	44	11	1	3	18	24	40	.365	.405
June	4.25	1	0	0	19	2	36.0	39	3	13	19	None on/out	.301	136	41	9	1	7	7	11	25	.354	.537
July	5.11	2	0	0	27	2	37.0	45	6	17	27	vs. 1st Batr (relief)	.268	82	22	4	0	4	14	12	13	.362	.463
August	2.22	1	0	1	17	0	28.1	25	0	3	15	First Inning Pitched	.258	298	77	23	0	8	48	37	55	.339	.416
September/October	3.18	3	0	0	18	0	22.2	18	0	9	24	First 15 Pitches	.262	267	70	19	1	8	33	33	46	.340	.431
Starter	5.89	1	0	0	4	4	18.1	27	4	4	11	Pitch 16-30	.297	158	47	16	0	2	24	18	35	.373	.437
Reliever	3.98	7	4	1	94	0	124.1	120	9	54	87	Pitch 31-45	.190	58	11	3	1	1	3	5	10	.266	.328
0 Days rest (Re)	4.13	2	2	0	25	0	28.1	31	3	16	15	Pitch 46+	.302	63	19	7	0	2	6	2	7	.333	.508
1 or 2 Days rest	4.16	4	2	1	47	0	67.0	62	4	29	51	First Pitch	.259	58	15	3	0	0	6	5	0	.313	.310
3+ Days rest	3.41	0	0	0	22	0	29.0	27	2	9	21	Ahead in Count	.242	293	71	24	2	3	24	0	86	.248	.369
Pre-All Star	5.11	2	4	0	44	3	68.2	77	9	33	46	Behind in Count	.355	107	38	7	0	9	27	30	0	.496	.673
Post-All Star	3.41	6	1	1	54	1	74.0	70	4	25	52	Two Strikes	.234	278	65	23	2	2	25	23	98	.298	.353

Pitcher vs. Batter (career)

Pitches Best Vs.	Avg	AB	H	2B	3B	HR	RBI	BB	SO	OBP	SLG	Pitches Worst Vs.	Avg	AB	H	2B	3B	HR	RBI	BB	SO	OBP	SLG
												Jose Canseco	.400	10	4	1	0	2	5	2	1	.500	1.100

Francisco Matos — Athletics
Age 25 – Bats Right

	Avg	G	AB	R	H	2B	3B	HR	RBI	BB	SO	HBP	GDP	SB	CS	OBP	SLG	IBB	SH	SF	#Pit	#P/PA	GB	FB	G/F
1994 Season	.250	14	28	1	7	1	0	0	2	1	2	0	1	0	1	.267	.286	0	0	1	95	3.17	11	9	1.22

1994 Season

	Avg	AB	H	2B	3B	HR	RBI	BB	SO	OBP	SLG		Avg	AB	H	2B	3B	HR	RBI	BB	SO	OBP	SLG
vs. Left	.222	9	2	0	0	0	1	1	0	.300	.222	Scoring Posn	.000	4	0	0	0	0	2	0	0	.000	.000
vs. Right	.263	19	5	1	0	0	1	0	2	.250	.316	Close & Late	.000	1	0	0	0	0	0	0	0	.000	.000

Don Mattingly — Yankees
Age 34 – Bats Left

	Avg	G	AB	R	H	2B	3B	HR	RBI	BB	SO	HBP	GDP	SB	CS	OBP	SLG	IBB	SH	SF	#Pit	#P/PA	GB	FB	G/F
1994 Season	.304	97	372	62	113	20	1	6	51	60	24	0	8	0	0	.397	.411	7	0	4	1559	3.58	147	112	1.31
Last Five Years	.286	642	2523	333	721	138	3	51	333	234	171	10	72	6	0	.346	.403	47	0	25	9342	3.35	944	887	1.06

1994 Season

	Avg	AB	H	2B	3B	HR	RBI	BB	SO	OBP	SLG		Avg	AB	H	2B	3B	HR	RBI	BB	SO	OBP	SLG
vs. Left	.299	134	40	7	0	1	19	19	10	.378	.373	Scoring Posn	.340	100	34	7	0	2	43	25	5	.457	.470
vs. Right	.307	238	73	13	1	5	32	41	14	.407	.433	Close & Late	.364	44	16	3	0	1	10	10	1	.481	.500
Groundball	.298	84	25	5	0	1	14	12	5	.378	.393	None on/out	.271	70	19	3	0	1	11	5	.370	.357
Flyball	.221	104	23	3	0	1	6	16	7	.322	.279	Batting #3	.301	292	88	17	1	5	43	50	17	.400	.418
Home	.295	173	51	6	0	3	22	24	11	.377	.382	Batting #5	.320	50	16	2	0	0	3	4	4	.370	.360
Away	.312	199	62	14	1	3	29	36	13	.414	.437	Other	.300	30	9	1	0	1	5	6	3	.405	.433
Day	.336	128	43	10	0	4	23	23	7	.431	.508	April	.250	84	21	6	0	2	14	17	6	.373	.393
Night	.287	244	70	10	1	2	28	37	17	.378	.361	May	.363	91	33	3	0	1	8	15	2	.449	.429
Grass	.307	306	94	16	0	6	45	44	22	.391	.418	June	.301	93	28	6	1	2	8	10	6	.365	.452
Turf	.288	66	19	4	1	0	6	16	2	.422	.379	July	.279	61	17	3	0	1	8	14	7	.413	.377
First Pitch	.370	46	17	1	0	0	3	6	0	.434	.391	August	.326	43	14	2	0	0	3	4	3	.375	.372
Ahead in Count	.344	90	31	6	0	3	23	36	0	.528	.511	September/October	.000	0	0	0	0	0	0	0	0	.000	.000
Behind in Count	.258	151	39	9	0	1	13	0	21	.257	.338	Pre-All Star	.306	268	82	15	1	5	40	42	14	.396	.425
Two Strikes	.227	132	30	8	0	2	12	18	24	.318	.333	Post-All Star	.298	104	31	5	0	1	11	18	10	.398	.375

1994 By Position

Position	Avg	AB	H	2B	3B	HR	RBI	BB	SO	OBP	SLG	G	GS	Innings	PO	A	E	DP	Fld Pct	Rng Fctr	In Zone	Outs	Zone Rtg	MLB Zone
As 1b	.303	370	112	20	1	5	48	60	24	.396	.403	97	93	836.2	916	66	2	95	.998	---	163	137	.840	.818

Last Five Years

	Avg	AB	H	2B	3B	HR	RBI	BB	SO	OBP	SLG		Avg	AB	H	2B	3B	HR	RBI	BB	SO	OBP	SLG
vs. Left	.274	892	244	52	0	13	131	77	75	.332	.376	Scoring Posn	.320	619	198	38	1	13	271	107	42	.408	.447
vs. Right	.292	1631	477	86	3	38	202	157	96	.353	.419	Close & Late	.282	390	110	22	0	14	71	46	27	.361	.446
Groundball	.283	611	173	35	0	10	77	58	39	.342	.390	None on/out	.248	495	123	25	1	9	9	29	30	.293	.358
Flyball	.294	595	175	34	1	13	66	65	42	.362	.420	Batting #2	.270	400	108	25	0	9	45	33	25	.325	.400
Home	.297	1166	346	68	2	28	164	121	73	.362	.431	Batting #3	.286	1875	536	99	3	38	258	186	123	.350	.403
Away	.276	1357	375	70	1	23	169	113	98	.331	.380	Other	.310	248	77	14	0	4	30	15	23	.343	.415
Day	.306	790	242	49	1	19	117	97	51	.380	.443	April	.255	388	99	20	0	7	40	45	27	.333	.361
Night	.276	1733	479	89	2	32	216	137	120	.329	.385	May	.300	450	135	26	0	12	61	44	36	.364	.438
Grass	.292	2104	615	116	2	47	286	202	149	.353	.416	June	.296	504	149	23	1	11	66	35	26	.338	.411
Turf	.253	419	106	22	1	4	47	32	22	.306	.339	July	.296	426	126	26	1	7	57	39	30	.355	.411
First Pitch	.367	270	99	16	0	5	49	27	0	.424	.481	August	.300	347	104	22	1	7	59	33	26	.357	.429
Ahead in Count	.305	752	229	43	2	20	125	139	0	.412	.447	September/October	.265	408	108	21	0	7	50	38	26	.327	.368
Behind in Count	.244	1004	245	49	0	18	98	0	150	.245	.347	Pre-All Star	.286	1457	416	79	1	31	181	130	98	.343	.405
Two Strikes	.234	808	189	44	0	12	68	55	171	.283	.333	Post-All Star	.286	1066	305	59	2	20	152	104	73	.349	.402

Batter vs. Pitcher (since 1984)

Hits Best Against	Avg	AB	H	2B	3B	HR	RBI	BB	SO	OBP	SLG	Hits Worst Against	Avg	AB	H	2B	3B	HR	RBI	BB	SO	OBP	SLG
Roger Pavlik	.500	10	5	0	0	1	2	3	0	.615	.800	David Cone	.071	14	1	0	0	0	1	0	0	.071	.071
Mark Williamson	.500	10	5	1	0	1	2	1	0	.545	.800	Derek Lilliquist	.083	12	1	0	0	0	0	0	2	.083	.083
Bill Gullickson	.474	19	9	3	0	1	7	2	0	.524	.789	Gregg Olson	.091	11	1	0	0	0	0	2	1	.231	.091
Rick Sutcliffe	.438	16	7	0	0	2	7	2	0	.474	.813	Brian Bohanon	.091	11	1	0	0	0	0	2	0	.231	.091
Willie Fraser	.389	18	7	0	0	3	4	3	0	.476	.889	Cal Eldred	.167	18	3	0	0	0	1	0	2	.158	.167

Tim Mauser — Padres
Age 28 – Pitches Right

	ERA	W	L	Sv	G	GS	IP	BB	SO	Avg	H	2B	3B	HR	RBI	OBP	SLG	GF	IR	IRS	Hld	SvOp	SB	CS	GB	FB	G/F
1994 Season	3.49	2	4	2	35	0	49.0	19	32	.269	50	6	1	3	25	.335	.360	12	22	8	1	2	7	1	65	53	1.23
Career (1991-1994)	4.12	2	5	2	74	0	113.2	46	84	.269	119	21	2	12	68	.337	.406	29	58	22	1	2	11	4	148	115	1.29

1994 Season

	ERA	W	L	Sv	G	GS	IP	H	BB	SO		Avg	AB	H	2B	3B	HR	RBI	BB	SO	OBP	SLG
Home	4.03	1	0	1	16	0	29.0	29	3	11	21	vs. Left	.259	81	21	3	1	0	12	12	11	.347	.321
Away	2.70	1	4	1	19	0	20.0	21	0	8	11	vs. Right	.276	105	29	3	0	3	13	7	21	.325	.390
Starter	0.00	0	0	0	0	0	0.0	0	0	0	0	Scoring Posn	.281	57	16	0	0	1	22	8	11	.362	.333
Reliever	3.49	2	4	2	35	0	49.0	50	3	19	32	Close & Late	.400	25	10	1	0	0	6	4	0	.483	.440
0 Days rest (Re)	3.52	0	1	1	10	0	15.1	18	0	4	9	None on/out	.304	46	14	1	1	1	1	3	7	.347	.435
1 or 2 Days rest	2.77	1	0	1	11	0	13.0	13	1	7	5	First Pitch	.323	31	10	2	1	0	4	3	0	.371	.452
3+ Days rest	3.92	1	3	0	14	0	20.2	19	2	8	18	Ahead in Count	.187	75	14	0	0	1	7	0	26	.197	.227
Pre-All Star	3.79	2	3	0	27	0	38.0	40	2	15	30	Behind in Count	.417	48	20	3	0	2	12	11	0	.517	.604
Post-All Star	2.45	0	1	2	8	0	11.0	10	1	4	2	Two Strikes	.123	73	9	0	0	1	8	5	32	.188	.164

Derrick May — Cubs
Age 26 – Bats Left (groundball hitter)

	Avg	G	AB	R	H	2B	3B	HR	RBI	BB	SO	HBP	GDP	SB	CS	OBP	SLG	IBB	SH	SF	#Pit	#P/PA	GB	FB	G/F
1994 Season	.284	100	345	43	98	19	2	8	51	30	34	0	11	3	2	.340	.420	4	1	2	1304	3.45	160	85	1.88
Career (1990-1994)	.282	384	1244	150	351	60	4	28	187	79	123	4	37	19	8	.325	.404	14	3	10	4253	3.17	514	327	1.57

1994 Season

	Avg	AB	H	2B	3B	HR	RBI	BB	SO	OBP	SLG		Avg	AB	H	2B	3B	HR	RBI	BB	SO	OBP	SLG
vs. Left	.313	67	21	3	0	2	14	1	4	.324	.448	Scoring Posn	.311	103	32	7	0	1	41	12	11	.376	.408
vs. Right	.277	278	77	16	2	6	37	29	30	.343	.414	Close & Late	.237	59	14	3	0	1	9	5	9	.297	.339
Groundball	.306	108	33	4	0	1	16	11	13	.367	.370	None on/out	.278	72	20	4	0	1	4	4	7	.316	.528

254

1994 Season

	Avg	AB	H	2B	3B	HR	RBI	BB	SO	OBP	SLG		Avg	AB	H	2B	3B	HR	RBI	BB	SO	OBP	SLG
Flyball	.214	56	12	3	0	1	7	2	5	.241	.321	Batting #4	.290	145	42	8	1	2	22	17	11	.360	.400
Home	.280	175	49	8	1	5	23	14	17	.332	.423	Batting #5	.277	112	31	7	1	5	17	7	16	.319	.491
Away	.288	170	49	11	1	3	28	16	17	.348	.418	Other	.284	88	25	4	0	1	12	6	7	.330	.364
Day	.288	208	60	10	1	7	33	16	20	.339	.447	April	.317	60	19	6	0	1	15	8	4	.391	.467
Night	.277	137	38	9	1	1	18	14	14	.340	.380	May	.357	70	25	4	0	4	15	5	8	.400	.586
Grass	.281	253	71	14	1	7	40	21	25	.335	.427	June	.169	83	14	2	1	0	3	6	10	.225	.217
Turf	.293	92	27	5	1	1	11	9	9	.353	.402	July	.304	102	31	6	1	1	12	8	9	.355	.412
First Pitch	.294	51	15	4	0	1	11	2	0	.321	.431	August	.300	30	9	1	0	2	6	3	3	.353	.533
Ahead in Count	.340	94	32	4	1	6	18	13	0	.421	.596	September/October	.000	0	0	0	0	0	0	0	0	.000	.000
Behind in Count	.221	145	32	9	1	1	14	0	33	.221	.317	Pre-All Star	.278	255	71	13	1	5	38	23	26	.337	.396
Two Strikes	.258	132	34	6	1	0	11	14	34	.327	.318	Post-All Star	.300	90	27	6	1	3	13	7	8	.347	.489

1994 By Position

Position	Avg	AB	H	2B	3B	HR	RBI	BB	SO	OBP	SLG	G	GS	Innings	PO	A	E	DP	Fld Pct	Rng Fctr	In Zone	Zone Outs	Zone Rtg	MLB Zone
As Pinch Hitter	.091	11	1	1	0	0	2	1	3	.167	.182	12	0	---	---	---	---	---	---	---	---	---	---	---
As lf	.290	334	97	18	2	8	49	29	31	.345	.428	92	87	742.2	154	4	1	0	.994	1.91	177	148	.836	.815

Career (1990-1994)

	Avg	AB	H	2B	3B	HR	RBI	BB	SO	OBP	SLG		Avg	AB	H	2B	3B	HR	RBI	BB	SO	OBP	SLG
vs. Left	.269	238	64	8	1	8	46	8	30	.296	.412	Scoring Posn	.310	348	108	24	1	11	157	32	42	.362	.480
vs. Right	.285	1006	287	52	3	20	141	71	93	.331	.403	Close & Late	.259	220	57	8	0	7	38	10	27	.291	.391
Groundball	.290	435	126	19	1	5	59	30	47	.337	.372	None on/out	.264	295	78	10	1	9	9	16	22	.304	.397
Flyball	.268	228	61	7	1	6	34	5	21	.283	.386	Batting #4	.298	400	119	20	2	8	66	35	34	.350	.418
Home	.297	670	199	35	2	13	102	44	64	.340	.413	Batting #5	.274	481	132	30	2	12	83	26	53	.312	.420
Away	.265	574	152	25	2	15	85	35	59	.307	.394	Other	.275	363	100	10	0	8	38	18	36	.313	.369
Day	.285	706	201	32	4	15	107	50	68	.332	.399	April	.310	129	40	7	0	4	30	15	10	.381	.457
Night	.279	538	150	28	2	13	80	29	55	.315	.411	May	.294	218	64	12	0	5	32	14	26	.336	.417
Grass	.288	925	266	47	3	18	142	61	88	.331	.403	June	.250	248	62	10	1	6	29	12	21	.282	.371
Turf	.266	319	85	13	1	10	45	18	35	.305	.408	July	.299	231	69	12	1	4	32	19	21	.351	.411
First Pitch	.325	271	88	18	1	8	51	9	0	.343	.487	August	.302	205	62	10	1	4	32	12	21	.344	.420
Ahead in Count	.313	320	100	15	2	11	60	29	0	.366	.475	September/October	.254	124	34	9	1	5	32	7	24	.276	.376
Behind in Count	.225	454	102	20	1	3	43	0	108	.228	.293	Pre-All Star	.280	690	193	32	1	16	102	49	65	.326	.399
Two Strikes	.219	416	91	14	1	5	45	40	123	.287	.293	Post-All Star	.285	554	158	28	3	12	85	30	58	.323	.412

Batter vs. Pitcher (career)

Hits Best Against	Avg	AB	H	2B	3B	HR	RBI	BB	SO	OBP	SLG	Hits Worst Against	Avg	AB	H	2B	3B	HR	RBI	BB	SO	OBP	SLG
Omar Olivares	.600	10	6	2	0	0	3	1	1	.636	.800	Jack Armstrong	.091	11	1	1	0	0	2	1	2	.154	.182
Paul Wagner	.600	10	6	0	0	0	3	1	0	.583	.600	Luis Aquino	.091	11	1	1	0	0	1	2	0	.231	.182
Dave Nied	.500	8	4	0	0	0	2	2	0	.545	.500	John Smoltz	.167	24	4	1	0	0	0	0	2	.167	.208
Dennis Martinez	.444	18	8	2	0	2	8	1	1	.474	.889	Rheal Cormier	.167	12	2	0	0	0	0	0	1	.167	.167
Greg W. Harris	.333	18	6	2	0	2	6	0	1	.333	.778	Tim Belcher	.214	14	3	0	0	0	1	0	0	.214	.214

Brent Mayne — Royals

Age 27 – Bats Left (groundball hitter)

	Avg	G	AB	R	H	2B	3B	HR	RBI	BB	SO	HBP	GDP	SB	CS	OBP	SLG	IBB	SH	SF	#Pit	#P/PA	GB	FB	G/F
1994 Season	.257	46	144	19	37	5	1	2	20	14	27	0	3	1	0	.323	.347	1	0	0	622	3.94	49	40	1.23
Career (1990-1994)	.246	289	806	81	198	32	2	7	92	69	129	1	20	6	11	.304	.316	12	7	6	3262	3.67	326	197	1.65

1994 Season

	Avg	AB	H	2B	3B	HR	RBI	BB	SO	OBP	SLG		Avg	AB	H	2B	3B	HR	RBI	BB	SO	OBP	SLG
vs. Left	.250	16	4	0	0	0	1	1	4	.294	.250	Scoring Posn	.343	35	12	0	0	2	17	4	6	.410	.514
vs. Right	.258	128	33	5	1	2	19	13	23	.326	.359	Close & Late	.375	24	9	1	0	1	6	0	6	.375	.542
Home	.282	78	22	3	1	1	12	10	17	.364	.385	None on/out	.147	34	5	2	0	0	0	3	5	.216	.206
Away	.227	66	15	2	0	1	8	4	10	.271	.303	Batting #6	.267	30	8	1	0	1	6	1	8	.290	.400
First Pitch	.235	17	4	1	0	1	3	1	0	.278	.471	Batting #7	.289	83	24	3	1	1	12	10	14	.366	.386
Ahead in Count	.310	42	13	1	0	0	4	7	0	.408	.333	Other	.161	31	5	1	0	0	2	3	5	.235	.194
Behind in Count	.197	61	12	2	1	1	9	0	24	.197	.311	Pre-All Star	.226	115	26	3	0	2	13	8	24	.276	.304
Two Strikes	.172	64	11	1	1	0	5	6	27	.243	.219	Post-All Star	.379	29	11	2	1	0	7	6	3	.486	.517

Career (1990-1994)

	Avg	AB	H	2B	3B	HR	RBI	BB	SO	OBP	SLG		Avg	AB	H	2B	3B	HR	RBI	BB	SO	OBP	SLG
vs. Left	.165	79	13	0	0	0	6	7	21	.225	.165	Scoring Posn	.303	198	60	10	1	4	84	26	41	.374	.424
vs. Right	.254	727	185	32	2	7	86	62	108	.313	.333	Close & Late	.281	146	41	3	0	2	15	13	31	.340	.342
Groundball	.239	201	48	11	1	2	14	29	30	.287	.318	None on/out	.232	198	46	8	0	1	1	12	24	.276	.288
Flyball	.223	215	48	9	1	2	24	23	32	.296	.302	Batting #6	.258	221	57	10	0	3	29	18	37	.315	.344
Home	.274	424	116	17	2	3	49	36	65	.330	.344	Batting #7	.248	363	90	18	2	3	43	29	59	.301	.333
Away	.215	382	82	15	0	4	43	33	64	.275	.285	Other	.230	222	51	4	0	1	20	22	33	.297	.261
Day	.247	291	72	14	0	2	35	26	51	.307	.316	April	.248	101	25	4	0	1	11	7	21	.294	.317
Night	.245	515	126	18	2	5	57	43	78	.302	.317	May	.226	93	21	4	1	1	9	7	13	.280	.323
Grass	.211	279	59	10	0	3	29	21	43	.264	.280	June	.300	130	39	6	0	1	11	10	22	.348	.346
Turf	.264	527	139	22	2	4	63	48	86	.325	.336	July	.247	198	49	6	0	1	25	11	28	.287	.293
First Pitch	.270	100	27	6	0	3	16	11	0	.333	.420	August	.226	124	28	7	1	3	21	20	17	.333	.371
Ahead in Count	.316	206	65	13	0	3	33	33	0	.405	.379	September/October	.225	160	36	5	0	1	15	14	28	.284	.275
Behind in Count	.170	370	63	6	2	3	29	0	120	.173	.222	Pre-All Star	.251	399	100	14	2	3	39	28	65	.298	.313
Two Strikes	.161	347	56	4	2	2	25	25	129	.218	.202	Post-All Star	.241	407	98	18	0	4	53	41	64	.309	.319

Batter vs. Pitcher (career)

Hits Best Against	Avg	AB	H	2B	3B	HR	RBI	BB	SO	OBP	SLG	Hits Worst Against	Avg	AB	H	2B	3B	HR	RBI	BB	SO	OBP	SLG
Jaime Navarro	.438	16	7	1	0	0	0	1	2	.471	.500	Melido Perez	.100	10	1	0	0	0	1	0	3	.091	.100

Dave McCarty — Twins
Age 25 – Bats Right (groundball hitter)

Batter vs. Pitcher (career)

Hits Best Against	Avg	AB	H	2B	3B	HR	RBI	BB	SO	OBP	SLG	Hits Worst Against	Avg	AB	H	2B	3B	HR	RBI	BB	SO	OBP	SLG
Kevin Brown	.400	15	6	2	0	0	2	1	3	.438	.533	Scott Erickson	.188	16	3	2	0	0	2	1	2	.235	.313
Scott Sanderson	.385	13	5	2	0	0	1	1	1	.429	.538	Juan Guzman	.188	16	3	0	0	1	4	1	4	.235	.375
Ben McDonald	.375	16	6	0	0	1	2	1	4	.412	.563	Kevin Tapani	.200	20	4	1	0	0	2	1	5	.238	.250
Ron Darling	.364	11	4	1	0	0	0	2	0	.462	.455	Mike Moore	.200	15	3	1	0	0	2	1	2	.250	.267

1994 Season

	Avg	AB	R	H	2B	3B	HR	RBI	BB	SO	HBP	GDP	SB	CS	OBP	SLG	IBB	SH	SF	#Pit	#P/PA	GB	FB	G/F
1994 Season	.260	131	21	34	8	2	1	12	7	32	5	3	2	1	.322	.374	1	0	0	560	3.92	51	29	1.76
Career (1993-1994)	.227	142	481	57	109	23	4	3	33	26	112	6	16	4	7	.275	.310	1	1	0	1911	3.72	178	114	1.56

1994 Season

	Avg	AB	H	2B	3B	HR	RBI	BB	SO	OBP	SLG		Avg	AB	H	2B	3B	HR	RBI	BB	SO	OBP	SLG
vs. Left	.304	56	17	4	1	1	8	5	13	.400	.464	Scoring Posn	.224	49	11	3	1	0	10	3	12	.296	.327
vs. Right	.227	75	17	4	1	0	4	2	19	.256	.307	Close & Late	.111	9	1	0	0	0	0	1	.111	.222
Home	.217	69	15	3	1	1	8	5	16	.289	.333	None on/out	.095	21	2	1	1	0	0	1	4	.208	.238
Away	.306	62	19	5	1	0	4	2	16	.358	.419	Batting #6	.222	18	4	1	0	0	1	4	5	.391	.278
First Pitch	.381	21	8	3	0	0	1	1	0	.409	.524	Batting #7	.275	91	25	6	2	1	10	3	21	.320	.418
Ahead in Count	.333	24	8	2	1	0	1	3	0	.407	.500	Other	.227	22	5	1	0	0	1	0	6	.261	.273
Behind in Count	.169	59	10	2	1	0	5	0	23	.222	.237	Pre-All Star	.260	131	34	8	2	1	12	7	32	.322	.374
Two Strikes	.136	66	9	1	0	0	4	3	32	.197	.152	Post-All Star	.000	0	0	0	0	0	0	0	0	.000	.000

Career (1993-1994)

	Avg	AB	H	2B	3B	HR	RBI	BB	SO	OBP	SLG		Avg	AB	H	2B	3B	HR	RBI	BB	SO	OBP	SLG
vs. Left	.239	163	39	7	2	1	11	10	35	.303	.325	Scoring Posn	.215	130	28	7	1	0	28	7	35	.266	.285
vs. Right	.220	318	70	16	2	2	22	16	77	.260	.302	Close & Late	.218	78	17	4	0	0	2	1	16	.228	.269
Groundball	.272	81	22	6	2	1	8	3	19	.314	.358	None on/out	.180	89	16	4	2	0	0	3	17	.223	.270
Flyball	.255	94	24	6	2	1	7	10	18	.333	.394	Batting #7	.237	198	47	9	3	2	19	9	50	.284	.343
Home	.221	235	52	12	2	3	16	17	53	.282	.328	Batting #8	.190	126	24	6	1	1	6	7	32	.239	.278
Away	.232	246	57	11	2	0	17	9	59	.267	.293	Other	.242	157	38	8	0	0	8	10	30	.292	.293
Day	.286	154	44	13	2	2	15	8	32	.333	.435	April	.243	37	9	2	0	0	1	2	11	.282	.297
Night	.199	327	65	10	2	1	18	18	80	.247	.251	May	.298	104	31	10	3	1	14	4	22	.342	.481
Grass	.231	199	46	6	2	0	12	8	45	.271	.281	June	.252	111	28	2	0	1	4	7	26	.314	.297
Turf	.223	282	63	17	2	3	21	18	67	.277	.330	July	.203	59	12	2	0	0	3	1	12	.217	.237
First Pitch	.356	73	26	5	1	0	5	1	0	.365	.452	August	.115	61	7	2	1	0	0	6	19	.194	.180
Ahead in Count	.253	95	24	7	1	1	2	13	0	.343	.379	September/October	.202	109	22	5	0	1	11	6	22	.243	.275
Behind in Count	.168	214	36	7	2	0	15	0	89	.187	.220	Pre-All Star	.268	272	73	14	3	2	19	13	63	.316	.364
Two Strikes	.154	227	35	8	1	0	16	12	112	.203	.198	Post-All Star	.172	209	36	9	1	1	14	13	49	.221	.239

Batter vs. Pitcher (career)

Hits Best Against	Avg	AB	H	2B	3B	HR	RBI	BB	SO	OBP	SLG	Hits Worst Against	Avg	AB	H	2B	3B	HR	RBI	BB	SO	OBP	SLG
Kenny Rogers	.333	15	5	1	1	0	1	0	2	.333	.533	Dave Fleming	.091	11	1	0	0	0	0	0	3	.091	.091
Pat Hentgen	.333	9	3	2	0	0	1	2	0	.455	.556	Jimmy Key	.100	10	1	0	0	0	1	1	3	.182	.100

Kirk McCaskill — White Sox
Age 34 – Pitches Right (groundball pitcher)

	ERA	W	L	Sv	G	GS	IP	BB	SO	Avg	H	2B	3B	HR	RBI	OBP	SLG	GF	IR	IRS	Hld	SvOp	SB	CS	GB	FB	G/F
1994 Season	3.42	1	4	3	40	0	52.2	22	37	.252	51	11	1	6	26	.322	.406	18	23	10	8	6	2	1	67	66	1.02
Last Five Years	4.08	39	55	5	163	107	727.1	291	360	.265	742	123	22	57	347	.335	.386	24	37	17	10	8	36	35	1140	753	1.51

1994 Season

	ERA	W	L	Sv	G	GS	IP	H	BB	SO		Avg	AB	H	2B	3B	HR	RBI	BB	SO	OBP	SLG
Home	2.01	1	1	1	16	0	22.1	17	7	17	vs. Left	.221	77	17	4	0	3	10	13	16	.330	.390
Away	4.45	0	3	2	24	0	30.1	34	15	20	vs. Right	.272	125	34	7	1	3	16	9	21	.316	.416
Starter	0.00	0	0	0	0	0	0.0	0	0	0	Scoring Posn	.218	55	12	2	1	2	19	8	8	.303	.400
Reliever	3.42	1	4	3	40	0	52.2	51	6	22	37	Close & Late	.291	103	30	7	0	4	17	14	16	.367	.476
0 Days rest (Re)	2.35	0	0	1	7	0	7.2	6	0	0	8	None on/out	.222	45	10	2	0	3	3	5	11	.300	.467
1 or 2 Days rest	5.73	0	4	2	19	0	22.0	27	4	9	16	First Pitch	.444	27	12	4	0	2	5	4	0	.500	.815
3+ Days rest	1.57	1	0	0	14	0	23.0	18	2	13	13	Ahead in Count	.188	85	16	2	1	2	11	0	35	.186	.306
Pre-All Star	2.57	0	2	3	33	0	42.0	37	4	17	32	Behind in Count	.216	51	11	3	0	0	4	10	0	.339	.275
Post-All Star	6.75	1	2	0	7	0	10.2	14	2	5	5	Two Strikes	.198	101	20	3	1	3	12	8	37	.255	.337

Last Five Years

	ERA	W	L	Sv	G	GS	IP	H	BB	SO		Avg	AB	H	2B	3B	HR	RBI	BB	SO	OBP	SLG
Home	3.46	20	23	2	80	51	372.0	355	133	191	vs. Left	.289	1341	387	62	13	33	180	137	132	.354	.428
Away	4.74	19	32	3	83	56	355.1	387	29	158	169	vs. Right	.243	1458	355	61	9	24	167	154	228	.317	.347
Day	2.81	8	7	1	32	18	141.0	119	4	50	75	Inning 1-6	.267	2306	615	97	19	48	289	239	281	.336	.388
Night	4.39	31	48	4	131	89	586.1	623	53	241	285	Inning 7+	.258	493	127	26	3	9	58	52	79	.329	.377
Grass	4.00	33	44	5	138	90	614.1	614	48	245	302	None on	.246	1576	388	61	9	29	29	172	214	.323	.352
Turf	4.54	6	11	0	25	17	113.0	128	9	46	58	Runners on	.289	1223	354	62	13	28	318	119	146	.349	.430
April	3.52	7	7	1	27	17	122.2	117	11	62	64	Scoring Posn	.285	649	185	36	10	15	280	86	82	.361	.441
May	4.00	6	8	1	31	20	119.1	135	10	37	62	Close & Late	.272	283	77	18	2	7	41	33	41	.347	.424
June	3.60	7	12	0	28	19	125.0	120	10	49	58	None on/out	.237	692	164	27	4	15	15	77	88	.317	.353
July	5.14	4	10	1	30	17	126.0	124	9	62	51	vs. 1st Batr (relief)	.255	51	13	5	0	2	8	4	7	.304	.431
August	4.23	10	9	1	26	20	132.0	145	11	44	66	First Inning Pitched	.262	599	157	24	3	14	74	74	72	.339	.382
September/October	3.96	5	8	2	21	14	102.1	101	6	37	59	First 15 Pitches	.262	497	130	19	1	10	44	48	51	.327	.364
Starter	4.11	38	50	0	107	107	633.1	646	48	255	295	Pitch 16-30	.246	479	118	19	5	14	58	52	78	.318	.395
Reliever	3.93	1	5	5	56	0	94.0	96	9	36	65	Pitch 31-45	.244	430	105	15	1	4	43	33	56	.301	.312
0 Days rest (Re)	2.00	0	0	2	8	0	9.0	6	0	0	10	Pitch 46+	.279	1393	389	70	15	29	202	158	175	.353	.413

Last Five Years

	ERA	W	L	Sv	G	GS	IP	H	HR	BB	SO		Avg	AB	H	2B	3B	HR	RBI	BB	SO	OBP	SLG
1 or 2 Days rest	5.06	0	5	2	24	0	32.0	42	4	11	25	First Pitch	.307	414	127	25	5	8	66	13	0	.329	.449
3+ Days rest	3.57	1	0	1	24	0	53.0	48	5	25	30	Ahead in Count	.218	1147	250	40	5	16	109	0	301	.222	.303
Pre-All Star	4.09	21	31	3	96	61	405.0	419	35	172	198	Behind in Count	.303	687	208	37	7	17	98	150	0	.425	.451
Post-All Star	4.08	18	24	2	67	46	322.1	323	22	119	162	Two Strikes	.213	1190	254	42	9	20	128	128	360	.292	.314

Pitcher vs. Batter (career)

Pitches Best Vs.	Avg	AB	H	2B	3B	HR	RBI	BB	SO	OBP	SLG	Pitches Worst Vs.	Avg	AB	H	2B	3B	HR	RBI	BB	SO	OBP	SLG
Mike Stanley	.000	11	0	0	0	0	0	1	5	.083	.000	Mo Vaughn	.538	13	7	1	0	2	6	2	0	.625	1.077
Tony Pena	.053	19	1	0	0	0	1	1	4	.100	.053	Paul Sorrento	.444	9	4	1	1	1	5	2	3	.545	1.111
Pat Borders	.059	17	1	0	1	0	2	0	2	.059	.176	Chili Davis	.417	12	5	1	0	2	4	2	3	.500	1.000
Jerry Browne	.083	24	2	0	0	0	3	3	4	.185	.083	Lance Parrish	.412	17	7	1	0	3	4	0	5	.412	1.000
Robin Ventura	.091	11	1	0	0	0	1	2	.167	.091	Kirk Gibson	.393	28	11	3	0	4	6	8	7	.528	.929

Lloyd McClendon — Pirates
Age 36 – Bats Right (flyball hitter)

	Avg	G	AB	R	H	2B	3B	HR	RBI	BB	SO	HBP	GDP	SB	CS	OBP	SLG	IBB	SH	SF	#Pit	#P/PA	GB	FB	G/F
1994 Season	.239	51	92	9	22	4	0	4	12	4	11	1	1	0	1	.278	.413	0	0	0	355	3.66	34	37	0.92
Last Five Years	.238	361	736	86	175	33	2	18	87	87	97	5	14	4	8	.320	.361	3	2	6	3139	3.75	256	270	0.95

1994 Season

	Avg	AB	H	2B	3B	HR	RBI	BB	SO	OBP	SLG		Avg	AB	H	2B	3B	HR	RBI	BB	SO	OBP	SLG
vs. Left	.226	62	14	1	0	3	8	3	6	.273	.387	Scoring Posn	.226	31	7	1	0	0	7	0	6	.250	.258
vs. Right	.267	30	8	3	0	1	4	1	5	.290	.467	Close & Late	.300	20	6	0	0	1	3	2	4	.364	.450

Last Five Years

	Avg	AB	H	2B	3B	HR	RBI	BB	SO	OBP	SLG		Avg	AB	H	2B	3B	HR	RBI	BB	SO	OBP	SLG
vs. Left	.259	575	149	26	2	13	69	69	67	.340	.379	Scoring Posn	.220	245	54	6	1	5	69	31	39	.306	.314
vs. Right	.161	161	26	7	0	5	18	18	30	.249	.298	Close & Late	.259	166	43	5	1	3	23	18	28	.339	.355
Groundball	.229	223	51	10	1	3	27	32	36	.328	.323	None on/out	.231	160	37	10	0	6	17	24	34	.309	.406
Flyball	.236	144	34	7	0	7	22	15	23	.304	.431	Batting #4	.240	196	47	9	1	3	24	24	24	.321	.342
Home	.219	343	75	14	1	8	47	41	51	.305	.335	Batting #5	.240	263	63	13	1	5	28	28	35	.315	.354
Away	.254	393	100	19	1	10	40	46	46	.333	.384	Other	.235	277	65	11	0	10	35	35	38	.324	.383
Day	.240	242	58	11	1	7	30	32	36	.330	.380	April	.245	98	24	6	0	3	15	8	18	.296	.398
Night	.237	494	117	22	1	11	57	55	61	.315	.352	May	.216	162	35	3	0	3	15	26	27	.325	.290
Grass	.257	296	76	11	0	8	34	37	43	.338	.375	June	.226	146	33	8	0	1	12	14	16	.294	.301
Turf	.225	440	99	22	2	10	53	50	54	.308	.352	July	.237	97	23	0	0	5	16	16	11	.353	.392
First Pitch	.340	103	35	6	0	5	14	1	0	.346	.544	August	.233	116	27	8	1	4	13	10	14	.291	.422
Ahead in Count	.265	223	59	18	1	4	27	44	0	.381	.408	September/October	.282	117	33	8	1	2	16	13	11	.364	.419
Behind in Count	.188	277	52	7	1	6	35	0	82	.194	.285	Pre-All Star	.221	435	96	17	0	9	46	50	65	.300	.322
Two Strikes	.195	298	58	7	1	6	38	40	97	.294	.285	Post-All Star	.262	301	79	16	2	9	41	37	32	.349	.419

Batter vs. Pitcher (career)

Hits Best Against	Avg	AB	H	2B	3B	HR	RBI	BB	SO	OBP	SLG	Hits Worst Against	Avg	AB	H	2B	3B	HR	RBI	BB	SO	OBP	SLG
Randy Myers	.600	10	6	0	0	0	2	0	0	.545	.600	Trevor Wilson	.000	13	0	0	0	0	0	5	1	.278	.000
Bud Black	.462	13	6	1	0	0	0	6	2	.632	.538	Chris Nabholz	.071	14	1	0	0	0	0	2	1	.188	.071
Rheal Cormier	.444	18	8	3	0	0	2	1	1	.500	.611	Fernando Valenzuela	.091	11	1	0	0	0	1	0	2	.083	.091
Craig Lefferts	.429	14	6	0	0	1	3	3	2	.529	.643	John Smiley	.167	24	4	0	0	0	1	2	6	.231	.167
Dwight Gooden	.333	9	3	0	0	1	2	2	2	.455	.667	Greg Swindell	.182	11	2	0	0	0	0	0	1	.182	.182

Ray McDavid — Padres
Age 23 – Bats Left

	Avg	G	AB	R	H	2B	3B	HR	RBI	BB	SO	HBP	GDP	SB	CS	OBP	SLG	IBB	SH	SF	#Pit	#P/PA	GB	FB	G/F
1994 Season	.250	9	28	2	7	1	0	0	2	1	8	0	0	1	0	.276	.286	0	0	0	107	3.69	11	4	2.75

1994 Season

	Avg	AB	H	2B	3B	HR	RBI	BB	SO	OBP	SLG		Avg	AB	H	2B	3B	HR	RBI	BB	SO	OBP	SLG
vs. Left	.250	4	1	0	0	0	0	0	2	.250	.250	Scoring Posn	.273	11	3	1	0	0	2	0	5	.273	.364
vs. Right	.250	24	6	1	0	0	2	1	6	.280	.292	Close & Late	.250	8	2	0	0	0	0	1	3	.333	.250

Ben McDonald — Orioles
Age 27 – Pitches Right

	ERA	W	L	Sv	G	GS	IP	BB	SO	Avg	H	2B	3B	HR	RBI	OBP	SLG	CG	ShO	Sup	QS	#P/S	SB	CS	GB	FB	G/F
1994 Season	4.06	14	7	0	24	24	157.1	54	94	.255	151	24	3	14	61	.319	.377	5	1	6.64	13	104	14	8	243	149	1.63
Last Five Years	3.82	54	47	0	135	129	849.2	292	573	.240	763	136	16	88	330	.306	.376	20	6	4.73	74	103	77	32	1175	904	1.30

1994 Season

	ERA	W	L	Sv	G	GS	IP	H	HR	BB	SO		Avg	AB	H	2B	3B	HR	RBI	BB	SO	OBP	SLG
Home	5.55	5	4	0	10	10	60.0	75	10	19	29	vs. Left	.244	307	75	9	2	8	35	27	52	.309	.365
Away	3.14	9	3	0	14	14	97.1	76	4	35	65	vs. Right	.267	285	76	15	1	6	26	27	42	.330	.389
Day	5.13	4	1	0	6	6	40.1	37	6	13	25	Inning 1-6	.245	474	116	18	3	12	47	45	72	.313	.371
Night	3.69	10	6	0	18	18	117.0	114	8	41	69	Inning 7+	.297	118	35	6	0	2	14	9	22	.344	.398
Grass	3.79	14	5	0	22	22	145.0	137	13	47	82	None on	.255	369	94	21	2	9	9	24	58	.304	.396
Turf	7.30	0	2	0	2	2	12.1	14	1	7	12	Runners on	.256	223	57	3	1	5	52	30	36	.343	.345
April	2.65	5	0	0	5	5	37.1	33	4	8	20	Scoring Posn	.270	126	34	2	1	3	47	26	27	.392	.373
May	5.24	3	3	0	6	6	34.1	40	3	15	28	Close & Late	.241	29	7	1	0	0	5	4	7	.324	.276
June	7.45	2	2	0	5	5	29.0	37	4	9	18	None on/out	.256	160	41	10	2	1	1	10	27	.300	.363
July	3.35	2	2	0	6	6	40.1	35	3	18	17	vs. 1st Batr (relief)	.000	0	0	0	0	0	0	0	0	.000	.000
August	0.55	2	0	0	2	2	16.1	6	0	4	11	First Inning Pitched	.179	78	14	0	0	1	2	6	11	.238	.244
September/October	0.00	0	0	0	0	0	0.0	0	0	0	0	First 75 Pitches	.249	414	103	18	2	8	39	34	64	.307	.360
Starter	4.06	14	7	0	24	24	157.1	151	14	54	94	Pitch 76-90	.250	76	19	3	1	5	8	4	8	.296	.513

257

Jack McDowell — White Sox

Age 29 – Pitches Right

1994 Season

	ERA	W	L	Sv	G	GS	IP	H	HR	BB	SO		Avg	AB	H	2B	3B	HR	RBI	BB	SO	OBP	SLG
Reliever	0.00	0	0	0	0	0	0.0	0	0	0	0	Pitch 91-105	.328	58	19	2	0	0	7	8	13	.409	.362
0-3 Days Rest (St)	0.00	0	0	0	0	0	0.0	0	0	0	0	Pitch 106+	.227	44	10	1	0	1	7	8	9	.340	.318
4 Days Rest	4.33	10	6	0	18	18	116.1	114	12	37	66	First Pitch	.342	73	25	5	2	3	7	2	0	.372	.589
5+ Days Rest	3.29	4	1	0	6	6	41.0	37	2	17	28	Ahead in Count	.196	240	47	5	0	3	18	0	81	.196	.254
Pre-All Star	4.47	10	6	0	18	18	114.2	121	11	40	71	Behind in Count	.281	153	43	7	0	6	19	25	0	.382	.444
Post-All Star	2.95	4	1	0	6	6	42.2	30	3	14	23	Two Strikes	.212	259	55	8	0	5	24	27	94	.287	.301

Last Five Years

	ERA	W	L	Sv	G	GS	IP	H	HR	BB	SO		Avg	AB	H	2B	3B	HR	RBI	BB	SO	OBP	SLG
Home	3.76	26	23	0	70	66	457.2	428	53	131	299	vs. Left	.225	1623	365	60	10	37	151	163	306	.296	.343
Away	3.90	28	24	0	65	63	392.0	335	35	161	274	vs. Right	.256	1556	398	76	6	51	179	129	267	.316	.411
Day	4.95	8	13	0	33	31	191.0	192	23	78	132	Inning 1-6	.235	2616	614	109	16	69	273	254	478	.304	.368
Night	3.50	46	34	0	102	98	658.2	571	65	214	441	Inning 7+	.265	563	149	27	0	19	57	38	95	.314	.414
Grass	3.61	50	39	0	121	115	772.0	673	74	258	511	None on	.225	2013	453	85	8	54	54	158	377	.285	.356
Turf	5.91	4	8	0	14	14	77.2	90	14	34	62	Runners on	.266	1166	301	51	8	34	276	134	196	.340	.411
April	4.10	9	3	0	16	16	94.1	99	10	39	60	Scoring Posn	.253	636	161	26	6	18	231	99	121	.347	.398
May	4.87	9	10	0	22	22	131.1	123	20	41	95	Close & Late	.245	269	66	12	0	9	33	22	46	.303	.390
June	4.88	5	7	0	17	17	103.1	104	13	36	73	None on/out	.226	862	195	44	7	22	22	64	159	.283	.370
July	3.25	14	8	0	33	27	196.1	166	18	62	129	vs. 1st Batr (relief)	.333	6	2	1	0	0	0	0	1	.333	.500
August	3.94	8	11	0	24	24	162.0	160	16	57	96	First Inning Pitched	.196	469	92	13	3	9	36	46	83	.270	.294
September/October	2.72	9	8	0	23	23	162.1	111	11	57	120	First 75 Pitches	.234	2197	515	93	15	55	218	204	413	.301	.365
Starter	3.86	54	47	0	129	129	840.0	755	88	291	568	Pitch 76-90	.245	417	102	16	1	13	38	28	58	.295	.381
Reliever	0.93	0	0	0	6	0	9.2	8	0	1	5	Pitch 91-105	.262	336	88	19	0	10	48	35	54	.332	.408
0-3 Days Rest (St)	4.98	2	2	0	4	4	21.2	19	2	8	12	Pitch 106+	.253	229	58	8	0	10	26	25	48	.329	.419
4 Days Rest	4.28	32	35	0	87	87	560.0	529	66	194	367	First Pitch	.320	413	132	31	3	16	60	8	0	.337	.525
5+ Days Rest	2.86	20	10	0	38	38	258.1	207	20	89	189	Ahead in Count	.174	1290	224	38	5	20	69	0	487	.179	.257
Pre-All Star	4.51	26	23	0	66	64	391.1	379	49	141	259	Behind in Count	.310	840	260	43	3	41	129	149	0	.410	.514
Post-All Star	3.24	28	24	0	69	65	458.1	384	39	151	314	Two Strikes	.168	1408	236	46	4	25	89	135	573	.243	.259

Pitcher vs. Batter (career)

Pitches Best Vs.	Avg	AB	H	2B	3B	HR	RBI	BB	SO	OBP	SLG	Pitches Worst Vs.	Avg	AB	H	2B	3B	HR	RBI	BB	SO	OBP	SLG
Billy Hatcher	.000	13	0	0	0	0	0	1	5	.071	.000	Steve Sax	.500	18	9	1	2	1	4	0	1	.474	.944
Ron Karkovice	.000	12	0	0	0	0	0	0	3	.000	.000	Harold Baines	.462	13	6	1	0	2	5	2	1	.533	1.000
Brent Gates	.000	10	0	0	0	0	2	0	4	.083	.000	Shane Mack	.450	20	9	2	0	3	5	2	4	.500	1.000
Jerry Browne	.000	10	0	0	0	0	2	0	1	.167	.000	Joe Carter	.440	25	11	2	1	4	11	0	1	.440	1.080
Ruben Sierra	.037	27	1	0	0	0	1	1	0	.071	.037	Cecil Fielder	.368	19	7	0	0	3	4	4	5	.478	.842

Jack McDowell — White Sox

Age 29 – Pitches Right

	ERA	W	L	Sv	G	GS	IP	BB	SO	Avg	H	2B	3B	HR	RBI	OBP	SLG	CG	ShO	Sup	QS	#P/S	SB	CS	GB	FB	G/F
1994 Season	3.73	10	9	0	25	25	181.0	42	127	.266	186	36	4	14	72	.310	.380	2	4.23	16	112	18	5	243	189	1.29
Last Five Years	3.47	83	48	0	161	161	1157.0	345	819	.251	1095	200	29	92	428	.308	.373	48	10	5.23	103	110	102	57	1378	1280	1.08

1994 Season

	ERA	W	L	Sv	G	GS	IP	H	HR	BB	SO		Avg	AB	H	2B	3B	HR	RBI	BB	SO	OBP	SLG
Home	3.38	5	4	0	12	12	88.0	93	4	18	59	vs. Left	.268	343	92	17	3	6	38	22	62	.317	.388
Away	4.06	5	5	0	13	13	93.0	93	8	24	68	vs. Right	.263	357	94	19	1	6	35	20	65	.303	.373
Day	4.08	4	4	0	8	8	53.0	60	5	15	35	Inning 1-6	.269	558	150	26	4	8	61	36	102	.313	.373
Night	3.59	6	5	0	17	17	128.0	126	7	27	92	Inning 7+	.254	142	36	10	0	4	12	6	25	.287	.408
Grass	3.89	9	8	0	21	21	148.0	160	10	34	105	None on	.271	406	110	25	3	5	5	23	72	.315	.384
Turf	3.00	1	1	0	4	4	33.0	26	2	8	22	Runners on	.259	294	76	11	1	7	68	19	55	.304	.374
April	6.61	1	3	0	5	5	31.1	38	4	14	18	Scoring Posn	.285	172	49	9	1	4	62	13	29	.332	.419
May	5.91	1	4	0	6	6	35.0	48	3	7	17	Close & Late	.253	99	25	7	0	3	10	4	17	.279	.414
June	3.00	2	0	0	5	5	39.0	29	3	9	27	None on/out	.243	177	43	8	2	1	1	9	28	.283	.328
July	1.69	5	1	0	7	7	58.2	54	1	11	50	vs. 1st Batr (relief)	.000	0	0	0	0	0	0	0	0	.000	.000
August	2.65	1	1	0	2	2	17.0	17	1	1	15	First Inning Pitched	.207	87	18	2	2	1	10	4	19	.266	.310
September/October	0.00	0	0	0	0	0	0.0	0	0	0	0	First 75 Pitches	.257	443	114	22	2	6	36	27	85	.305	.357
Starter	3.73	10	9	0	25	25	181.0	186	12	42	127	Pitch 76-90	.303	89	27	5	1	1	14	5	9	.337	.416
Reliever	0.00	0	0	0	0	0	0.0	0	0	0	0	Pitch 91-105	.295	78	23	5	0	2	12	5	13	.337	.436
0-3 Days Rest (St)	1.80	2	0	0	2	2	15.0	13	0	2	21	Pitch 106+	.244	90	22	4	1	3	11	5	20	.289	.411
4 Days Rest	3.44	5	6	0	14	14	107.1	111	8	21	71	First Pitch	.358	106	38	6	2	2	20	0	.373	.509
5+ Days Rest	4.76	3	3	0	9	9	58.2	62	4	19	35	Ahead in Count	.190	332	63	9	2	4	24	0	108	.199	.265
Pre-All Star	4.42	7	7	0	19	19	128.1	138	11	34	82	Behind in Count	.392	125	49	12	0	3	24	16	0	.458	.560
Post-All Star	2.05	3	2	0	6	6	52.2	48	1	8	45	Two Strikes	.186	333	62	11	1	3	24	127	.249	.252

Last Five Years

	ERA	W	L	Sv	G	GS	IP	H	HR	BB	SO		Avg	AB	H	2B	3B	HR	RBI	BB	SO	OBP	SLG
Home	3.53	42	26	0	85	85	592	46	178	421		vs. Left	.251	2215	555	96	16	45	202	175	389	.307	.369
Away	3.40	41	22	0	76	76	550.2	503	46	167	398	vs. Right	.251	2155	540	104	13	47	226	170	430	.308	.376
Day	3.69	25	17	0	50	50	354.0	330	33	114	249	Inning 1-6	.253	3444	873	160	26	77	359	284	650	.312	.382
Night	3.37	58	31	0	111	111	803.0	765	59	231	570	Inning 7+	.240	926	222	40	3	15	69	61	169	.290	.338
Grass	3.51	72	41	0	137	137	981.2	932	80	292	708	None on	.249	2627	654	115	20	50	50	195	505	.305	.365
Turf	3.23	11	7	0	24	24	175.1	163	8	53	111	Runners on	.253	1743	441	85	9	42	378	150	314	.311	.384
April	4.28	16	5	0	24	24	157.2	148	20	52	105	Scoring Posn	.251	957	240	50	6	22	315	103	191	.319	.385
May	4.95	6	15	0	28	28	182.0	204	24	57	130	Close & Late	.235	477	112	21	2	9	38	29	99	.281	.344
June	2.64	19	2	0	28	28	208.1	171	12	65	139	None on/out	.239	1151	275	50	9	23	23	69	215	.285	.358
July	3.11	29	17	0	28	28	219.2	210	11	56	163	vs. 1st Batr (relief)	.000	0	0	0	0	0	0	0	0	.000	.000
August	2.60	16	8	0	27	27	211.0	191	12	53	151	First Inning Pitched	.261	606	158	28	7	13	73	46	123	.317	.394
September/October	3.68	9	11	0	26	26	178.1	171	13	62	131	First 75 Pitches	.254	2852	723	138	18	65	292	230	534	.312	.383

Last Five Years

	ERA	W	L	Sv	G	GS	IP	H	HR	BB	SO		Avg	AB	H	2B	3B	HR	RBI	BB	SO	OBP	SLG
Starter	3.47	83	48	0	161	161	1157.0	1095	92	345	819	Pitch 76-90	.245	564	138	24	5	8	43	37	94	.291	.348
Reliever	0.00	0	0	0	0	0	0.0	0	0	0	0	Pitch 91-105	.262	497	130	26	4	11	57	41	88	.322	.396
0-3 Days Rest (St)	2.13	4	0	0	5	5	38.0	31	1	5	29	Pitch 106+	.228	457	104	12	2	8	36	37	103	.287	.315
4 Days Rest	3.26	55	31	0	105	105	772.2	743	55	236	543	First Pitch	.289	647	187	30	4	23	83	17	0	.312	.454
5+ Days Rest	4.08	24	17	0	51	51	346.1	321	36	104	247	Ahead in Count	.209	2147	449	69	14	31	172	0	706	.214	.298
Pre-All Star	3.79	47	25	0	90	90	624.0	597	61	195	425	Behind in Count	.317	823	261	62	8	28	110	172	0	.434	.514
Post-All Star	3.09	36	23	0	71	71	533.0	498	31	150	394	Two Strikes	.187	2079	389	68	12	25	138	156	819	.246	.267

Pitcher vs. Batter (career)

Pitches Best Vs.	Avg	AB	H	2B	3B	HR	RBI	BB	SO	OBP	SLG	Pitches Worst Vs.	Avg	AB	H	2B	3B	HR	RBI	BB	SO	OBP	SLG
Willie Wilson	.000	13	0	0	0	0	0	0	4	.000	.000	Gary Sheffield	.545	11	6	2	0	0	2	2	0	.615	.727
Brent Gates	.000	12	0	0	0	0	1	0	3	.000	.000	Roberto Alomar	.522	23	12	0	0	2	6	4	5	.593	.783
Walt Weiss	.048	21	1	0	0	0	0	4	4	.048	.048	Rickey Henderson	.500	36	18	3	1	1	3	7	4	.568	.722
Billy Ripken	.077	13	1	0	0	0	1	0	2	.077	.077	Kirk Gibson	.471	17	8	2	0	1	6	3	3	.550	.765
Mike Blowers	.077	13	1	0	0	0	0	3	.077	.077	Fred McGriff	.400	10	4	1	1	1	1	3	.455	1.000

Oddibe McDowell — Rangers
Age 32 – Bats Left

	Avg	G	AB	R	H	2B	3B	HR	RBI	BB	SO	HBP	GDP	SB	CS	OBP	SLG	IBB	SH	SF	#Pit	#P/PA	GB	FB	G/F
1994 Season	.262	59	183	34	48	5	1	1	15	28	39	0	3	14	2	.355	.317	0	6	3	906	4.12	55	49	1.12
Last Five Years	.250	172	488	81	122	19	1	8	40	49	92	2	6	27	4	.319	.342	0	6	4	2051	3.74	155	136	1.14

1994 Season

	Avg	AB	H	2B	3B	HR	RBI	BB	SO	OBP	SLG		Avg	AB	H	2B	3B	HR	RBI	BB	SO	OBP	SLG
vs. Left	.308	26	8	0	0	0	3	8	10	.444	.308	Scoring Posn	.342	38	13	1	0	0	13	9	9	.440	.368
vs. Right	.255	157	40	5	1	1	12	20	29	.337	.318	Close & Late	.406	32	13	1	0	0	3	4	8	.472	.438
Home	.231	104	24	1	1	1	7	19	21	.344	.288	None on/out	.207	58	12	1	0	1	1	5	12	.270	.276
Away	.304	79	24	4	0	0	8	9	18	.371	.354	Batting #1	.250	80	20	3	1	1	6	8	17	.315	.350
First Pitch	.222	9	2	0	0	0	1	0	0	.222	.222	Batting #2	.316	57	18	2	0	0	3	12	13	.435	.351
Ahead in Count	.225	40	9	2	1	0	2	14	0	.418	.325	Other	.217	46	10	0	0	0	6	8	9	.321	.217
Behind in Count	.259	81	21	1	0	0	6	0	26	.256	.272	Pre-All Star	.292	144	42	4	1	1	12	21	27	.377	.354
Two Strikes	.181	94	17	2	0	0	6	14	39	.287	.202	Post-All Star	.154	39	6	1	0	0	3	7	12	.277	.179

Last Five Years

	Avg	AB	H	2B	3B	HR	RBI	BB	SO	OBP	SLG		Avg	AB	H	2B	3B	HR	RBI	BB	SO	OBP	SLG
vs. Left	.185	65	12	0	0	0	4	13	18	.321	.185	Scoring Posn	.341	88	30	3	0	3	34	14	19	.421	.477
vs. Right	.260	423	110	19	1	8	36	36	74	.318	.366	Close & Late	.280	75	21	2	0	1	6	7	13	.337	.347
Groundball	.248	141	35	4	0	1	9	14	23	.318	.326	None on/out	.249	189	47	12	0	5	5	13	32	.297	.392
Flyball	.226	124	28	3	1	5	13	27	.297	.290	Batting #1	.248	347	86	14	1	8	31	26	61	.302	.363
Home	.256	254	65	8	1	5	21	29	42	.331	.354	Batting #2	.311	61	19	2	0	0	3	12	13	.425	.344
Away	.244	234	57	11	0	3	19	20	50	.305	.329	Other	.213	80	17	3	0	0	6	11	18	.301	.250
Day	.277	112	31	6	0	1	8	7	27	.317	.357	April	.222	63	14	3	0	2	8	9	13	.319	.365
Night	.242	376	91	13	1	7	32	42	65	.319	.338	May	.304	102	31	5	0	1	10	11	16	.365	.382
Grass	.263	396	104	14	1	8	38	40	70	.329	.364	June	.290	145	42	5	0	2	15	11	27	.342	.366
Turf	.196	92	18	5	0	0	2	9	22	.275	.250	July	.196	92	18	2	1	2	6	11	18	.279	.304
First Pitch	.236	55	13	1	0	1	2	0	0	.236	.309	August	.193	57	11	4	0	0	6	7	.270	.263
Ahead in Count	.265	113	30	5	1	2	8	25	0	.400	.381	September/October	.207	29	6	0	0	1	1	11	.258	.310
Behind in Count	.230	204	47	9	0	2	17	0	70	.228	.304	Pre-All Star	.271	343	93	14	1	6	35	33	61	.334	.370
Two Strikes	.163	221	36	7	0	4	17	24	92	.244	.249	Post-All Star	.200	145	29	5	0	2	5	16	31	.282	.276

Batter vs. Pitcher (career)

Hits Best Against	Avg	AB	H	2B	3B	HR	RBI	BB	SO	OBP	SLG	Hits Worst Against	Avg	AB	H	2B	3B	HR	RBI	BB	SO	OBP	SLG
Steve Ontiveros	.500	12	6	0	1	0	2	0	.571	.667	Steve Farr	.067	15	1	1	0	0	0	2	7	.176	.133
Mike Morgan	.444	27	12	3	1	2	3	2	6	.483	.852	Bobby Ojeda	.083	12	1	0	0	0	0	0	1	.083	.083
Willie Fraser	.438	16	7	3	0	1	4	1	2	.471	.813	Mike Birkbeck	.083	12	1	0	0	0	0	0	1	.083	.083
Mike Moore	.410	39	16	3	2	0	3	6	6	.489	.590	Kirk McCaskill	.095	21	2	1	0	0	0	1	7	.136	.143
Andy Benes	.308	13	4	0	1	1	5	.357	.692	Jack Morris	.154	39	6	0	0	1	3	2	14	.154	.231

Roger McDowell — Dodgers
Age 34 – Pitches Right (groundball pitcher)

	ERA	W	L	Sv	G	GS	IP	BB	SO	Avg	H	2B	3B	HR	OBP	SLG	GF	IR	IRS	Hld	SvOp	SB	CS	GB	FB	G/F
1994 Season	5.23	0	3	0	32	0	41.1	22	29	.303	50	8	2	3	.388	.430	11	24	10	0	1	4	2	83	26	3.19
Last Five Years	3.52	26	33	48	294	0	380.2	177	195	.287	421	62	10	14	.364	.371	163	300	97	19	69	34	16	803	237	3.39

1994 Season

	ERA	W	L	Sv	G	GS	IP	H	BB	SO		Avg	AB	H	2B	3B	HR	RBI	BB	SO	OBP	SLG
Home	3.57	0	1	0	13	0	17.2	16	2	8	9	vs. Left	.333	72	24	1	2	1	13	14	9	.448	.444
Away	6.46	0	2	0	19	0	23.2	34	1	14	20	vs. Right	.280	93	26	7	0	2	19	8	20	.337	.419
Starter	0.00	0	0	0	0	0	0	0	0	0	Scoring Posn	.305	59	18	3	0	1	27	14	11	.446	.407
Reliever	5.23	0	3	0	32	0	41.1	50	3	22	29	Close & Late	.500	26	13	2	0	1	8	3	5	.552	.692
0 Days rest (Re)	4.50	0	2	0	7	0	10.0	15	2	3	10	None on/out	.235	34	8	1	0	0	1	6	.257	.265
1 or 2 Days rest	6.89	0	1	0	13	0	15.2	22	0	8	12	First Pitch	.367	30	11	2	0	1	6	0	.441	.533
3+ Days rest	4.02	0	0	0	12	0	15.2	13	1	11	7	Ahead in Count	.222	63	14	1	0	0	8	0	23	.222	.238
Pre-All Star	4.91	0	3	0	24	0	29.1	36	3	14	25	Behind in Count	.344	32	11	2	1	2	9	13	0	.543	.656
Post-All Star	6.00	0	0	0	8	0	12.0	14	0	8	4	Two Strikes	.254	67	17	1	0	0	9	5	29	.306	.299

Last Five Years

	ERA	W	L	Sv	G	GS	IP	H	HR	BB	SO		Avg	AB	H	2B	3B	HR	RBI	BB	SO	OBP	SLG
Home	3.58	12	13	22	134	0	176.0	198	8	70	89	vs. Left	.309	729	225	30	7	9	123	125	81	.410	.406
Away	3.47	14	20	26	160	0	204.2	223	6	107	106	vs. Right	.265	740	196	32	3	5	83	52	114	.314	.336

Last Five Years

	ERA	W	L	Sv	G	GS	IP	H	HR	BB	SO		Avg	AB	H	2B	3B	HR	RBI	BB	SO	OBP	SLG
Day	3.88	6	10	13	84	0	109.0	118	5	53	58	Inning 1-6	.299	144	43	8	1	2	26	17	19	.380	.410
Night	3.38	20	23	35	210	0	271.2	303	9	124	137	Inning 7+	.285	1325	378	54	9	12	180	160	176	.362	.367
Grass	3.34	16	20	27	172	0	226.1	254	12	101	117	None on	.288	688	198	27	6	5	58	87	87	.344	.366
Turf	3.79	10	13	21	122	0	154.1	167	2	76	78	Runners on	.286	781	223	35	4	9	201	119	108	.380	.375
April	2.64	7	3	9	46	0	58.0	46	2	25	32	Scoring Posn	.270	519	140	21	2	5	185	105	74	.392	.347
May	2.89	3	5	13	51	0	71.2	74	2	28	36	Close & Late	.288	773	223	30	4	7	118	103	98	.371	.365
June	5.37	3	9	5	51	0	62.0	92	3	34	38	None on/out	.276	323	89	15	2	0	0	21	44	.320	.334
July	4.27	1	3	5	45	0	52.2	59	3	27	36	vs. 1st Batr (relief)	.292	267	78	15	1	0	24	18	40	.340	.356
August	3.05	6	7	4	53	0	76.2	75	3	34	28	First Inning Pitched	.286	1010	289	40	8	7	150	117	140	.361	.362
September/October	3.17	6	6	12	48	0	59.2	75	1	29	25	First 15 Pitches	.277	937	260	37	9	5	110	105	119	.351	.352
Starter	0.00	0	0	0	0	0	0	0	0	0	0	Pitch 16-30	.287	436	125	18	1	7	72	60	64	.376	.381
Reliever	3.52	26	33	48	294	0	380.2	421	14	177	195	Pitch 31-45	.373	83	31	6	0	2	22	10	9	.427	.518
0 Days rest (Re)	4.22	6	14	18	79	0	100.1	122	6	35	49	Pitch 46+	.385	13	5	1	0	0	2	2	3	.467	.462
1 or 2 Days rest	3.03	14	14	16	137	0	181.0	194	6	85	94	First Pitch	.276	268	74	14	3	2	34	46	0	.381	.373
3+ Days rest	3.71	6	5	14	78	0	99.1	105	2	57	52	Ahead in Count	.250	627	157	25	3	4	73	0	163	.253	.319
Pre-All Star	3.35	14	17	29	163	0	212.0	225	7	96	122	Behind in Count	.351	302	106	11	1	7	62	73	0	.476	.464
Post-All Star	3.74	12	16	19	131	0	168.2	196	7	81	73	Two Strikes	.236	569	134	16	3	3	62	57	195	.303	.290

Pitcher vs. Batter (career)

Pitches Best Vs.	Avg	AB	H	2B	3B	HR	RBI	BB	SO	OBP	SLG	Pitches Worst Vs.	Avg	AB	H	2B	3B	HR	RBI	BB	SO	OBP	SLG
Gerald Young	.000	12	0	0	0	0	0	2	2	.143	.000	Eddie Murray	.600	10	6	2	0	0	2	2	0	.667	.800
Rafael Belliard	.077	13	1	0	0	0	1	3	4	.250	.077	Jeff Bagwell	.538	13	7	1	0	1	4	1	1	.533	.846
Dwight Smith	.083	12	1	0	0	0	0	0	1	.154	.083	Andy Van Slyke	.500	24	12	3	0	2	5	4	3	.571	.875
Juan Samuel	.120	25	3	0	0	0	3	3	3	.207	.120	Dave Magadan	.500	10	5	1	0	1	5	2	3	.538	.900
Andres Galarraga	.174	23	4	0	0	0	0	4	.174	.174	Steve Finley	.455	11	5	0	0	2	0	2	0	.500	.818

Chuck McElroy — Reds
Age 27 – Pitches Left

	ERA	W	L	Sv	G	GS	IP	BB	SO	Avg	H	2B	3B	HR	RBI	OBP	SLG	GF	IR	IRS	Hld	SvOp	SB	CS	GB	FB	G/F
1994 Season	2.34	1	2	5	52	0	57.2	15	38	.244	52	9	1	3	21	.294	.338	13	35	14	10	11	0	5	79	64	1.23
Last Five Years	3.14	13	14	14	260	0	304.0	158	260	.245	273	45	3	19	136	.336	.353	74	183	64	27	28	22	20	348	314	1.11

1994 Season

	ERA	W	L	Sv	G	GS	IP	H	HR	BB	SO		Avg	AB	H	2B	3B	HR	RBI	BB	SO	OBP	SLG
Home	1.67	1	0	4	30	0	37.2	26	1	6	24	vs. Left	.237	76	18	5	0	0	10	9	12	.318	.303
Away	3.60	0	2	1	22	0	20.0	26	2	9	14	vs. Right	.248	137	34	4	1	3	11	6	26	.280	.358
Day	2.16	0	1	4	20	0	25.0	19	3	7	19	Inning 1-6	.182	11	2	1	0	0	4	2	2	.308	.273
Night	2.48	1	1	1	32	0	32.2	33	0	8	19	Inning 7+	.248	202	50	8	1	3	17	13	36	.293	.342
Grass	1.84	0	0	1	14	0	14.2	15	0	8	7	None on	.211	128	27	4	1	1	6	27	0	.246	.281
Turf	2.51	1	2	4	38	0	43.0	37	3	7	31	Runners on	.294	85	25	5	0	2	20	9	11	.362	.424
April	1.93	0	1	0	9	0	9.1	6	0	2	6	Scoring Posn	.255	51	13	3	0	1	16	8	5	.356	.373
May	0.49	1	0	1	13	0	18.1	7	0	7	11	Close & Late	.273	128	35	5	1	2	13	11	19	.331	.375
June	3.71	1	1	2	11	0	17.0	19	3	0	13	None on/out	.204	54	11	3	0	0	2	10	.232	.259
July	3.12	0	0	0	14	0	8.2	14	0	3	4	vs. 1st Batr (relief)	.213	47	10	2	0	0	4	5	6	.288	.255
August	4.15	0	0	1	5	0	4.1	6	0	3	4	First Inning Pitched	.276	152	42	8	1	2	19	13	23	.333	.382
September/October	0.00	0	0	0	0	0	0.0	0	0	0	0	First 15 Pitches	.293	150	44	8	1	1	17	13	21	.350	.380
Starter	0.00	0	0	0	0	0	0.0	0	0	0	0	Pitch 16-30	.125	48	6	1	0	0	2	4	1	16	.143	.271
Reliever	2.34	1	2	5	52	0	57.2	52	3	15	38	Pitch 31-45	.133	15	2	0	0	0	0	1	1	.188	.133
0 Days rest (Re)	3.68	0	0	3	16	0	14.2	15	0	3	12	Pitch 46+	.000	0	0	0	0	0	0	0	0	.000	.000
1 or 2 Days rest	2.08	1	2	2	26	0	30.1	30	3	7	20	First Pitch	.375	32	12	2	0	0	5	1	0	.394	.438
3+ Days rest	1.42	0	0	0	10	0	12.2	7	0	5	6	Ahead in Count	.153	98	15	1	1	1	4	0	31	.153	.214
Pre-All Star	2.02	1	2	4	39	0	49.0	37	3	10	34	Behind in Count	.364	44	16	3	0	1	10	11	0	.491	.500
Post-All Star	4.15	0	0	1	13	0	8.2	15	0	5	4	Two Strikes	.110	91	10	2	1	1	2	3	38	.138	.187

Last Five Years

	ERA	W	L	Sv	G	GS	IP	H	HR	BB	SO		Avg	AB	H	2B	3B	HR	RBI	BB	SO	OBP	SLG
Home	3.15	8	7	8	139	0	174.1	156	9	80	142	vs. Left	.240	387	93	20	1	7	54	55	98	.330	.351
Away	3.12	5	6	6	121	0	129.2	117	10	78	118	vs. Right	.247	728	180	34	4	12	82	103	162	.338	.354
Day	3.01	9	4	11	124	0	152.2	127	11	72	133	Inning 1-6	.232	237	55	7	1	4	41	43	55	.350	.321
Night	3.27	4	10	3	136	0	151.1	146	8	86	127	Inning 7+	.248	878	218	47	4	15	95	115	205	.332	.362
Grass	2.81	9	8	8	154	0	192.0	166	12	99	152	None on	.237	587	139	27	3	10	10	71	141	.319	.344
Turf	3.70	4	7	6	106	0	112.0	107	7	59	108	Runners on	.254	528	134	27	2	9	126	87	119	.353	.364
April	2.20	2	1	4	43	0	45.0	24	1	23	51	Scoring Posn	.256	309	79	16	2	7	116	67	69	.377	.388
May	2.41	3	4	4	45	0	59.2	43	2	28	41	Close & Late	.262	477	125	30	4	6	55	72	114	.356	.379
June	3.36	5	3	2	41	0	59.0	61	9	22	48	None on/out	.244	262	64	15	1	2	2	30	59	.322	.332
July	2.89	1	3	1	41	0	43.2	43	4	18	33	vs. 1st Batr (relief)	.291	223	65	15	1	2	34	29	48	.367	.395
August	3.52	1	1	3	42	0	46.0	46	2	26	39	First Inning Pitched	.261	769	201	39	5	11	101	105	177	.346	.368
September/October	4.44	1	2	0	48	0	50.2	56	1	36	48	First 15 Pitches	.273	713	195	40	5	10	90	96	148	.356	.386
Starter	0.00	0	0	0	0	0	0.0	0	0	0	0	Pitch 16-30	.205	312	64	13	0	6	34	50	88	.313	.304
Reliever	3.14	13	14	14	260	0	304.0	273	19	158	260	Pitch 31-45	.171	76	13	0	0	3	10	7	22	.238	.289
0 Days rest (Re)	3.13	2	4	5	70	0	72.0	59	4	32	67	Pitch 46+	.071	14	1	1	0	0	0	2	5	.316	.143
1 or 2 Days rest	2.84	8	8	6	124	0	152.0	138	9	78	125	First Pitch	.342	158	54	11	2	2	23	24	0	.417	.475
3+ Days rest	3.71	3	2	3	66	0	80.0	76	6	48	68	Ahead in Count	.203	531	108	22	3	5	49	0	215	.204	.284
Pre-All Star	2.68	11	8	10	147	0	181.1	141	12	82	154	Behind in Count	.284	215	61	12	0	6	36	75	0	.463	.423
Post-All Star	3.82	2	6	4	113	0	122.2	132	7	76	106	Two Strikes	.177	553	98	23	3	5	46	59	260	.257	.257

Pitcher vs. Batter (career)

Pitches Best Vs.	Avg	AB	H	2B	3B	HR	RBI	BB	SO	OBP	SLG	Pitches Worst Vs.	Avg	AB	H	2B	3B	HR	RBI	BB	SO	OBP	SLG
Barry Bonds	.048	21	1	1	0	0	1	1	3	.087	.095	Jay Bell	.545	11	6	0	1	1	2	1	1	.583	1.000

Pitcher vs. Batter (career)

Pitches Best Vs.	Avg	AB	H	2B	3B	HR	RBI	BB	SO	OBP	SLG	Pitches Worst Vs.	Avg	AB	H	2B	3B	HR	RBI	BB	SO	OBP	SLG
Dave Martinez	.091	11	1	0	0	0	0	0	8	.091	.091	Brett Butler	.444	9	4	2	0	0	2	6	3	.667	.667
Howard Johnson	.091	11	1	1	0	0	1	2	4	.214	.182	Bobby Bonilla	.417	12	5	1	0	0	0	2	4	.500	.500
Todd Zeile	.100	10	1	0	0	0	2	0	0	.250	.100	Eddie Murray	.375	8	3	0	0	0	3	5	0	.615	.375
Darren Daulton	.143	14	2	0	0	0	1	0	6	.133	.143	Fred McGriff	.333	15	5	3	0	1	4	1	3	.375	.733

Willie McGee — Giants
Age 36 – Bats Both (groundball hitter)

	Avg	G	AB	R	H	2B	3B	HR	RBI	BB	SO	HBP	GDP	SB	CS	OBP	SLG	IBB	SH	SF	#Pit	#P/PA	GB	FB	G/F
1994 Season	.282	45	156	19	44	3	0	5	23	15	24	0	8	3	0	.337	.397	2	1	4	595	3.38	85	31	2.74
Last Five Years	.308	598	2216	294	682	116	13	17	225	164	357	5	51	74	31	.355	.395	21	17	11	8632	3.58	1172	327	3.58

1994 Season

	Avg	AB	H	2B	3B	HR	RBI	BB	SO	OBP	SLG		Avg	AB	H	2B	3B	HR	RBI	BB	SO	OBP	SLG
vs. Left	.279	43	12	1	0	2	7	3	6	.326	.442	Scoring Posn	.255	47	12	1	0	1	18	6	7	.316	.340
vs. Right	.283	113	32	2	0	3	16	12	18	.341	.381	Close & Late	.257	35	9	1	0	0	3	4	6	.325	.286
Home	.299	97	29	2	0	2	15	9	13	.349	.381	None on/out	.417	24	10	0	0	3	3	5	5	.517	.792
Away	.254	59	15	1	0	3	8	6	11	.318	.424	Batting #3	.282	71	20	2	0	2	11	6	10	.329	.394
First Pitch	.371	35	13	1	0	0	4	1	0	.378	.400	Batting #5	.316	76	24	1	0	3	12	8	10	.372	.447
Ahead in Count	.400	35	14	2	0	3	10	9	0	.500	.714	Other	.000	9	0	0	0	0	0	1	4	.100	.000
Behind in Count	.164	61	10	0	0	0	1	0	21	.164	.164	Pre-All Star	.282	156	44	3	0	5	23	15	24	.337	.397
Two Strikes	.158	57	9	0	0	1	2	5	24	.226	.211	Post-All Star	.000	0	0	0	0	0	0	0	0	.000	.000

Last Five Years

	Avg	AB	H	2B	3B	HR	RBI	BB	SO	OBP	SLG		Avg	AB	H	2B	3B	HR	RBI	BB	SO	OBP	SLG
vs. Left	.314	725	228	38	5	8	79	34	130	.346	.414	Scoring Posn	.314	561	176	31	4	2	193	74	85	.390	.394
vs. Right	.304	1491	454	78	8	9	146	130	227	.360	.386	Close & Late	.334	383	128	21	1	3	48	27	66	.376	.418
Groundball	.330	724	239	35	8	7	80	50	111	.374	.430	None on/out	.288	528	152	22	1	7	7	35	101	.335	.373
Flyball	.300	417	125	21	3	5	37	32	72	.350	.400	Batting #2	.299	874	261	51	8	4	79	60	150	.344	.389
Home	.312	1088	339	57	6	5	110	80	148	.357	.389	Batting #3	.319	514	164	25	3	6	66	35	87	.360	.414
Away	.304	1128	343	59	7	12	115	84	209	.354	.401	Other	.310	828	257	40	2	7	80	69	120	.364	.389
Day	.329	836	275	42	8	6	90	64	119	.375	.420	April	.303	376	114	18	2	4	36	28	68	.349	.394
Night	.295	1380	407	74	5	11	135	100	238	.343	.380	May	.306	471	144	25	4	5	46	30	63	.345	.408
Grass	.298	1418	422	67	7	10	140	105	221	.345	.376	June	.332	370	123	20	2	2	31	39	59	.395	.414
Turf	.326	798	260	49	6	7	85	59	136	.374	.429	July	.346	214	74	16	0	3	26	12	44	.386	.463
First Pitch	.383	386	148	33	0	6	51	13	0	.403	.516	August	.289	412	119	22	2	3	56	23	58	.329	.374
Ahead in Count	.386	391	151	37	3	6	59	89	0	.495	.542	September/October	.290	373	108	15	3	0	30	32	65	.346	.346
Behind in Count	.254	1038	264	31	6	1	68	0	307	.257	.299	Pre-All Star	.318	1296	412	72	8	12	121	105	206	.367	.414
Two Strikes	.229	977	224	22	6	5	66	77	357	.274	.268	Post-All Star	.293	920	270	44	5	5	104	59	151	.338	.368

Batter vs. Pitcher (since 1984)

Hits Best Against	Avg	AB	H	2B	3B	HR	RBI	BB	SO	OBP	SLG	Hits Worst Against	Avg	AB	H	2B	3B	HR	RBI	BB	SO	OBP	SLG
Darryl Kile	.588	17	10	2	0	0	3	3	3	.650	.706	Kelly Downs	.083	12	1	0	0	0	1	0	2	.083	.083
Derek Lilliquist	.538	13	7	0	1	1	2	1	0	.571	.923	Frank Castillo	.091	11	1	0	0	0	0	1	1	.167	.091
Pat Rapp	.500	10	5	2	0	0	1	2	0	.583	.700	Tim Wakefield	.133	15	2	0	0	0	1	0	4	.133	.133
Pete Harnisch	.455	22	10	0	2	1	4	2	0	.500	.773	Norm Charlton	.143	14	2	0	0	0	0	0	1	.143	.143
Ryan Bowen	.429	14	6	1	0	1	3	3	2	.529	.714	Dennis Cook	.182	11	2	0	0	0	1	1	2	.167	.182

Fred McGriff — Braves
Age 31 – Bats Left

	Avg	G	AB	R	H	2B	3B	HR	RBI	BB	SO	HBP	GDP	SB	CS	OBP	SLG	IBB	SH	SF	#Pit	#P/PA	GB	FB	G/F
1994 Season	.318	113	424	81	135	25	1	34	94	50	76	1	8	7	3	.389	.623	8	0	3	1786	3.74	139	126	1.10
Last Five Years	.294	722	2597	446	763	124	9	172	493	421	533	6	57	29	16	.391	.547	75	1	23	11579	3.80	851	734	1.16

1994 Season

	Avg	AB	H	2B	3B	HR	RBI	BB	SO	OBP	SLG		Avg	AB	H	2B	3B	HR	RBI	BB	SO	OBP	SLG
vs. Left	.293	157	46	6	0	10	35	15	25	.351	.522	Scoring Posn	.315	108	34	2	0	11	59	19	20	.408	.639
vs. Right	.333	267	89	19	1	24	59	35	51	.411	.682	Close & Late	.345	55	19	7	1	3	13	10	9	.439	.673
Groundball	.285	144	41	6	1	9	26	20	26	.372	.528	None on/out	.270	122	33	8	1	7	7	10	21	.331	.525
Flyball	.357	70	25	5	0	5	12	5	16	.390	.643	Batting #4	.319	423	135	25	1	34	94	50	75	.390	.624
Home	.284	201	57	12	1	13	42	27	31	.365	.547	Batting #8	.000	1	0	0	0	0	0	0	0	.000	.000
Away	.350	223	78	13	0	21	52	23	45	.411	.691	Other	.000	0	0	0	0	0	0	0	0	.000	.000
Day	.323	130	42	13	0	8	22	14	22	.384	.608	April	.313	83	26	3	0	5	16	13	18	.398	.530
Night	.316	294	93	12	1	26	72	36	54	.392	.629	May	.262	103	27	6	1	9	16	11	20	.339	.602
Grass	.309	324	100	18	0	25	69	40	57	.383	.602	June	.337	101	34	10	0	5	21	15	12	.422	.584
Turf	.350	100	35	7	0	9	25	10	19	.409	.690	July	.323	99	32	4	0	8	28	7	21	.364	.606
First Pitch	.373	75	28	9	0	6	19	5	0	.407	.733	August	.421	38	16	2	0	7	13	4	5	.476	1.026
Ahead in Count	.364	107	39	5	0	13	36	25	0	.485	.776	September/October	.000	0	0	0	0	0	0	0	0	.000	.000
Behind in Count	.290	162	47	9	1	10	26	0	59	.290	.543	Pre-All Star	.310	323	100	21	1	23	63	40	57	.385	.594
Two Strikes	.243	181	44	8	1	10	28	20	76	.317	.464	Post-All Star	.347	101	35	4	0	10	19	10	19	.402	.713

1994 By Position

Position	Avg	AB	H	2B	3B	HR	RBI	BB	SO	OBP	SLG	G	GS	Innings	PO	A	E	DP	Fld Pct	Rng Fctr	In Zone	Outs	Zone Rtg	MLB Zone
As 1b	.319	423	135	25	1	34	94	50	75	.390	.624	112	112	996.1	1004	66	7	73	.994	---	158	139	.880	.818

Last Five Years

	Avg	AB	H	2B	3B	HR	RBI	BB	SO	OBP	SLG		Avg	AB	H	2B	3B	HR	RBI	BB	SO	OBP	SLG
vs. Left	.275	978	269	37	6	53	193	128	216	.357	.488	Scoring Posn	.282	657	185	30	5	37	302	185	146	.429	.511
vs. Right	.305	1619	494	87	3	119	300	293	317	.411	.583	Close & Late	.282	376	106	26	2	18	61	72	87	.393	.505
Groundball	.296	855	253	43	2	55	146	143	174	.395	.544	None on/out	.287	742	213	34	3	46	46	72	138	.351	.527

261

Last Five Years

	Avg	AB	H	2B	3B	HR	RBI	BB	SO	OBP	SLG		Avg	AB	H	2B	3B	HR	RBI	BB	SO	OBP	SLG
Flyball	.278	475	132	26	2	27	84	76	100	.374	.512	Batting #4	.294	2113	622	105	7	140	410	337	427	.390	.549
Home	.286	1232	352	56	3	81	236	233	234	.399	.533	Batting #5	.292	439	128	18	2	29	76	78	95	.399	.540
Away	.301	1365	411	68	6	91	257	188	299	.384	.560	Other	.289	45	13	1	0	3	7	6	11	.365	.511
Day	.292	759	222	49	1	48	137	110	145	.380	.549	April	.274	379	104	11	1	20	59	78	96	.397	.467
Night	.294	1838	541	75	8	124	356	311	388	.395	.546	May	.290	489	142	22	3	34	84	67	101	.378	.556
Grass	.297	1746	518	85	5	115	327	269	366	.389	.549	June	.287	415	119	24	1	26	86	86	66	.409	.537
Turf	.288	851	245	39	4	57	166	152	167	.394	.544	July	.316	455	144	21	2	35	92	53	87	.383	.602
First Pitch	.366	402	147	24	1	44	105	49	0	.432	.759	August	.290	431	125	20	1	35	91	62	99	.375	.585
Ahead in Count	.392	660	259	36	2	64	189	153	0	.505	.744	September/October	.301	428	129	26	1	22	81	75	84	.406	.521
Behind in Count	.222	1008	224	37	6	38	129	0	408	.223	.384	Pre-All Star	.290	1449	420	64	5	93	263	247	289	.393	.533
Two Strikes	.195	1184	231	45	6	40	134	206	533	.312	.345	Post-All Star	.299	1148	343	60	4	79	230	174	244	.389	.564

Batter vs. Pitcher (career)

Hits Best Against	Avg	AB	H	2B	3B	HR	RBI	BB	SO	OBP	SLG	Hits Worst Against	Avg	AB	H	2B	3B	HR	RBI	BB	SO	OBP	SLG
Trevor Wilson	.529	17	9	1	0	2	6	4	1	.636	.941	Mike Henneman	.000	16	0	0	0	0	1	1	4	.059	.000
Mark Gubicza	.500	20	10	3	0	4	4	3	3	.583	1.250	Rick Honeycutt	.000	12	0	0	0	0	1	0	5	.000	.000
Chris Nabholz	.500	12	6	0	1	2	4	4	1	.625	1.167	Randy Tomlin	.042	24	1	0	0	0	2	4	8	.172	.042
Tim Pugh	.444	9	4	0	1	1	4	2	1	.545	1.000	Luis Aquino	.083	12	1	0	0	0	0	1	2	.154	.083
Erik Hanson	.375	8	3	0	0	2	3	5	1	.615	1.125	Bruce Ruffin	.083	12	1	0	0	0	0	1	5	.154	.083

Terry McGriff — Cardinals   Age 31 – Bats Right (groundball hitter)

	Avg	G	AB	R	H	2B	3B	HR	RBI	BB	SO	HBP	GDP	SB	CS	OBP	SLG	IBB	SH	SF	#Pit	#P/PA	GB	FB	G/F
1994 Season	.219	42	114	10	25	6	0	0	13	13	11	2	8	0	0	.308	.272	1	1	1	463	3.53	52	25	2.08
Last Five Years	.192		51	130	10	25	6	0	0	13	14	14	2	8	0	0	.279	.238	1	1	1	519	3.51	59	31	1.90

1994 Season

	Avg	AB	H	2B	3B	HR	RBI	BB	SO	OBP	SLG		Avg	AB	H	2B	3B	HR	RBI	BB	SO	OBP	SLG
vs. Left	.250	36	9	2	0	0	5	7	5	.372	.306	Scoring Posn	.241	29	7	1	0	0	12	5	4	.343	.276
vs. Right	.205	78	16	4	0	0	8	6	6	.276	.256	Close & Late	.235	17	4	0	0	0	4	1	0	.263	.235
Home	.214	56	12	5	0	0	8	5	5	.290	.304	None on/out	.211	19	4	2	0	0	0	1	2	.286	.316
Away	.224	58	13	1	0	0	5	8	6	.324	.241	Batting #7	.234	47	11	2	0	0	4	7	2	.345	.277
First Pitch	.217	23	5	1	0	0	0	0	0	.217	.261	Batting #8	.190	63	12	4	0	0	8	5	9	.257	.254
Ahead in Count	.290	31	9	1	0	0	4	9	0	.450	.323	Other	.500	4	2	0	0	0	1	1	0	.600	.500
Behind in Count	.200	40	8	2	0	0	9	0	9	.233	.250	Pre-All Star	.233	90	21	6	0	0	11	12	10	.327	.300
Two Strikes	.190	42	8	1	0	0	8	4	11	.286	.238	Post-All Star	.167	24	4	0	0	0	2	1	1	.231	.167

Mark McGwire — Athletics   Age 31 – Bats Right (flyball hitter)

	Avg	G	AB	R	H	2B	3B	HR	RBI	BB	SO	HBP	GDP	SB	CS	OBP	SLG	IBB	SH	SF	#Pit	#P/PA	GB	FB	G/F
1994 Season	.252	47	135	26	34	3	0	9	25	37	40	0	3	0	0	.413	.474	3	0	1	687	3.99	26	52	0.50
Last Five Years	.241	523	1692	278	407	69	0	121	336	351	396	16	39	4	4	.372	.496	32	2	24	7731	3.71	359	726	0.49

1994 Season

	Avg	AB	H	2B	3B	HR	RBI	BB	SO	OBP	SLG		Avg	AB	H	2B	3B	HR	RBI	BB	SO	OBP	SLG
vs. Left	.194	62	12	1	0	4	13	23	18	.412	.403	Scoring Posn	.250	40	10	1	0	4	18	14	11	.444	.575
vs. Right	.301	73	22	2	0	5	12	14	22	.414	.534	Close & Late	.143	21	3	0	0	1	2	3	8	.250	.286
Home	.210	62	13	1	0	6	15	19	19	.395	.516	None on/out	.269	26	7	0	0	1	1	8	10	.441	.385
Away	.288	73	21	2	0	3	10	18	21	.429	.438	Batting #4	.295	61	18	3	0	4	11	20	22	.469	.541
First Pitch	.211	19	4	1	0	2	6	2	0	.286	.579	Batting #5	.259	58	15	0	0	5	13	12	12	.386	.517
Ahead in Count	.375	24	9	0	0	2	7	26	0	.700	.625	Other	.063	16	1	0	0	0	1	5	6	.286	.063
Behind in Count	.203	59	12	1	0	3	8	0	32	.203	.373	Pre-All Star	.292	106	31	3	0	7	19	30	32	.449	.519
Two Strikes	.194	72	14	1	0	5	10	9	40	.284	.417	Post-All Star	.103	29	3	0	0	2	6	7	8	.278	.310

Last Five Years

	Avg	AB	H	2B	3B	HR	RBI	BB	SO	OBP	SLG		Avg	AB	H	2B	3B	HR	RBI	BB	SO	OBP	SLG
vs. Left	.257	443	114	16	0	37	109	101	82	.392	.544	Scoring Posn	.253	434	110	17	0	27	210	113	104	.395	.479
vs. Right	.235	1249	293	53	0	84	227	250	314	.364	.479	Close & Late	.242	219	53	5	0	17	52	66	58	.416	.498
Groundball	.257	510	131	19	0	35	99	106	104	.387	.500	None on/out	.249	414	103	17	0	38	58	77	82	.372	.565
Flyball	.221	371	82	16	0	28	70	78	110	.359	.491	Batting #4	.265	724	192	30	0	65	175	146	167	.387	.576
Home	.225	809	182	29	0	64	167	189	195	.374	.498	Batting #5	.233	559	130	21	0	38	98	125	137	.374	.474
Away	.255	883	225	40	0	57	169	162	201	.369	.494	Other	.208	409	85	18	0	18	63	80	92	.340	.384
Day	.238	661	157	26	0	55	139	130	149	.364	.526	April	.272	305	83	16	0	24	60	80	69	.425	.561
Night	.242	1031	250	43	0	66	197	221	247	.376	.476	May	.245	298	73	15	0	20	68	81	74	.405	.537
Grass	.236	1422	336	54	0	106	291	306	346	.372	.498	June	.234	282	66	4	0	25	64	50	78	.349	.514
Turf	.263	270	71	15	0	15	45	45	50	.372	.485	July	.213	334	71	13	0	18	52	50	74	.321	.413
First Pitch	.350	309	108	17	0	39	107	14	0	.379	.783	August	.244	246	60	7	0	18	51	43	53	.353	.492
Ahead in Count	.287	366	105	20	0	33	81	187	0	.529	.612	September/October	.238	227	54	14	0	12	41	47	48	.371	.458
Behind in Count	.159	667	106	20	0	25	82	0	295	.160	.301	Pre-All Star	.246	1005	247	39	0	79	210	227	246	.383	.520
Two Strikes	.134	744	100	20	0	26	84	141	396	.272	.266	Post-All Star	.233	687	160	30	0	42	126	124	150	.354	.460

Batter vs. Pitcher (career)

Hits Best Against	Avg	AB	H	2B	3B	HR	RBI	BB	SO	OBP	SLG	Hits Worst Against	Avg	AB	H	2B	3B	HR	RBI	BB	SO	OBP	SLG
Paul Kilgus	.556	9	5	2	0	2	4	4	0	.692	1.444	Juan Guzman	.000	8	0	0	0	0	0	2	3	.273	.000
John Smiley	.500	10	5	2	0	2	2	3	2	.615	1.300	Jose Mesa	.000	8	0	0	0	0	0	4	5	.333	.000
Scott Erickson	.455	22	10	3	0	4	9	3	4	.520	1.136	Charles Nagy	.059	17	1	0	0	0	1	6	6	.273	.059
Scott Kamieniecki	.375	16	6	2	0	3	6	2	3	.444	1.063	Greg Hibbard	.063	16	1	0	0	0	1	2	2	.158	.063
Mike Gardiner	.333	9	3	0	0	3	7	3	3	.462	1.333	Jeff Russell	.125	16	2	0	0	0	0	1	4	.176	.125

Jeff McKnight — Mets

Age 32 – Bats Both

	Avg	G	AB	R	H	2B	3B	HR	RBI	BB	SO	HBP	GDP	SB	CS	OBP	SLG	IBB	SH	SF	#Pit	#P/PA	GB	FB	G/F
1994 Season	.148	31	27	1	4	1	0	0	2	4	12	0	0	0	0	.250	.185	0	0	1	142	4.44	8	4	2.00
Last Five Years	.232	212	392	43	91	10	2	5	34	26	75	2	7	1	1	.281	.306	0	6	3	1651	3.85	137	107	1.28

1994 Season

	Avg	AB	H	2B	3B	HR	RBI	BB	SO	OBP	SLG		Avg	AB	H	2B	3B	HR	RBI	BB	SO	OBP	SLG
vs. Left	.200	5	1	0	0	0	1	0	1	.200	.200	Scoring Posn	.125	8	1	0	0	0	2	1	5	.200	.125
vs. Right	.136	22	3	1	0	0	1	4	11	.259	.182	Close & Late	.100	10	1	0	0	0	1	3	4	.286	.100

Last Five Years

	Avg	AB	H	2B	3B	HR	RBI	BB	SO	OBP	SLG		Avg	AB	H	2B	3B	HR	RBI	BB	SO	OBP	SLG
vs. Left	.250	120	30	2	0	0	11	6	16	.291	.267	Scoring Posn	.165	97	16	4	0	1	27	6	21	.208	.237
vs. Right	.224	272	61	8	2	5	23	20	59	.277	.324	Close & Late	.267	116	31	2	1	1	8	5	23	.290	.328
Groundball	.219	128	28	2	1	1	6	7	26	.265	.273	None on/out	.313	83	26	3	0	1	8	7	13	.374	.386
Flyball	.275	80	22	5	0	1	14	9	15	.344	.375	Batting #8	.270	74	20	2	0	0	5	3	14	.308	.297
Home	.244	205	50	4	2	4	23	12	36	.283	.341	Batting #9	.206	102	21	2	1	0	5	9	26	.265	.245
Away	.219	187	41	6	0	1	11	14	39	.279	.267	Other	.231	216	50	6	1	5	24	14	35	.280	.338
Day	.244	131	32	3	0	2	15	12	24	.313	.313	April	.200	20	4	1	0	0	1	2	7	.273	.250
Night	.226	261	59	7	2	3	19	14	51	.264	.303	May	.141	71	10	1	0	1	7	8	14	.235	.197
Grass	.250	304	76	9	2	5	32	21	55	.298	.342	June	.222	27	6	0	0	0	2	4	8	.323	.222
Turf	.170	88	15	1	0	0	2	5	20	.223	.182	July	.350	20	7	0	0	0	3	0	3	.333	.350
First Pitch	.191	47	9	1	0	0	3	0	0	.191	.213	August	.320	97	31	4	2	0	9	6	11	.365	.402
Ahead in Count	.345	87	30	3	1	3	7	16	0	.442	.506	September/October	.210	157	33	4	0	4	12	6	32	.238	.312
Behind in Count	.204	181	37	6	1	1	18	0	63	.208	.265	Pre-All Star	.165	127	21	2	0	1	10	14	31	.252	.205
Two Strikes	.177	198	35	5	0	1	17	10	75	.216	.217	Post-All Star	.264	265	70	8	2	4	24	12	44	.296	.355

Mark McLemore — Orioles

Age 30 – Bats Both (groundball hitter)

	Avg	G	AB	R	H	2B	3B	HR	RBI	BB	SO	HBP	GDP	SB	CS	OBP	SLG	IBB	SH	SF	#Pit	#P/PA	GB	FB	G/F
1994 Season	.257	104	343	44	88	11	1	3	29	51	50	1	7	20	5	.354	.321	3	4	1	1501	3.75	149	80	1.86
Last Five Years	.257	402	1273	177	327	48	8	7	132	146	196	2	36	53	26	.332	.324	8	22	6	5380	3.71	526	307	1.71

1994 Season

	Avg	AB	H	2B	3B	HR	RBI	BB	SO	OBP	SLG		Avg	AB	H	2B	3B	HR	RBI	BB	SO	OBP	SLG
vs. Left	.167	54	9	1	0	0	3	12	11	.318	.185	Scoring Posn	.222	90	20	2	0	1	26	21	14	.372	.278
vs. Right	.273	289	79	10	1	3	26	39	39	.361	.346	Close & Late	.220	59	13	0	0	1	3	9	7	.324	.220
Groundball	.243	74	18	3	0	0	6	14	11	.371	.284	None on/out	.268	82	22	3	0	1	1	8	14	.333	.341
Flyball	.243	74	18	2	0	0	2	11	13	.341	.270	Batting #8	.282	209	59	7	0	2	17	26	28	.363	.344
Home	.272	162	44	5	0	2	12	20	22	.355	.340	Batting #9	.237	59	14	2	0	0	6	13	11	.375	.271
Away	.243	181	44	6	1	1	17	31	28	.352	.304	Other	.200	75	15	2	1	1	6	12	11	.310	.293
Day	.229	109	25	4	1	0	9	10	14	.294	.284	April	.280	75	21	1	0	0	4	9	12	.357	.293
Night	.269	234	63	7	0	3	20	41	36	.379	.338	May	.192	78	15	1	1	2	8	20	13	.364	.308
Grass	.255	294	75	11	1	3	25	42	42	.349	.330	June	.325	83	27	4	0	0	5	7	8	.378	.373
Turf	.265	49	13	0	0	0	4	9	8	.379	.265	July	.260	77	20	3	0	1	7	11	13	.352	.338
First Pitch	.261	46	12	2	0	0	1	2	0	.292	.304	August	.167	30	5	2	0	0	1	5	4	.257	.233
Ahead in Count	.284	88	25	3	1	0	6	29	0	.462	.341	September/October	.000	0	0	0	0	0	0	0	0	.000	.000
Behind in Count	.220	132	29	5	0	3	13	0	39	.224	.326	Pre-All Star	.268	265	71	7	1	3	19	41	40	.368	.336
Two Strikes	.190	142	27	5	0	2	13	20	50	.293	.268	Post-All Star	.218	78	17	4	0	0	10	10	10	.303	.269

1994 By Position

Position	Avg	AB	H	2B	3B	HR	RBI	BB	SO	OBP	SLG	G	GS	Innings	PO	A	E	DP	Fld Pct	Rng Fctr	In Zone	Outs	Zone Rtg	MLB Zone
As 2b	.255	321	82	11	1	2	27	47	47	.351	.315	96	91	816.0	202	270	9	53	.981	5.21	310	264	.852	.889

Last Five Years

	Avg	AB	H	2B	3B	HR	RBI	BB	SO	OBP	SLG		Avg	AB	H	2B	3B	HR	RBI	BB	SO	OBP	SLG
vs. Left	.216	324	70	9	1	0	28	31	55	.285	.250	Scoring Posn	.267	348	93	17	2	1	122	54	52	.361	.336
vs. Right	.271	949	257	39	7	7	104	115	141	.348	.349	Close & Late	.233	219	51	4	1	1	19	29	41	.321	.274
Groundball	.247	291	72	9	1	0	28	35	38	.328	.285	None on/out	.221	263	58	7	0	3	3	28	50	.296	.281
Flyball	.251	275	69	17	1	1	25	32	44	.327	.331	Batting #2	.260	584	152	23	6	4	68	73	89	.340	.341
Home	.264	632	167	23	4	4	63	66	96	.333	.332	Batting #8	.264	337	89	12	1	2	25	35	49	.333	.323
Away	.250	641	160	25	4	3	69	80	100	.331	.315	Other	.244	352	86	13	1	1	39	38	58	.317	.295
Day	.256	402	103	18	4	2	40	38	69	.320	.336	April	.240	221	53	6	0	1	23	26	45	.320	.281
Night	.257	871	224	30	4	5	92	108	127	.338	.318	May	.227	286	65	10	2	2	25	39	42	.319	.297
Grass	.250	1037	259	40	6	6	106	117	154	.325	.317	June	.300	227	68	10	1	1	28	21	31	.364	.366
Turf	.288	236	68	8	2	1	26	29	42	.365	.352	July	.296	226	67	12	4	1	27	24	28	.363	.398
First Pitch	.289	187	54	6	1	0	9	6	0	.309	.332	August	.268	157	42	8	1	2	19	16	24	.331	.369
Ahead in Count	.335	328	110	15	4	2	42	79	0	.462	.424	September/October	.205	156	32	2	0	0	10	18	26	.286	.218
Behind in Count	.182	489	89	18	1	4	54	0	157	.183	.247	Pre-All Star	.259	838	217	32	5	3	87	97	133	.335	.322
Two Strikes	.182	527	96	21	2	3	56	61	196	.266	.247	Post-All Star	.253	435	110	16	5	2	45	49	63	.326	.326

Batter vs. Pitcher (career)

Hits Best Against	Avg	AB	H	2B	3B	HR	RBI	BB	SO	OBP	SLG	Hits Worst Against	Avg	AB	H	2B	3B	HR	RBI	BB	SO	OBP	SLG
Pat Mahomes	.556	9	5	2	0	0	1	3	2	.667	.778	Kenny Rogers	.000	11	0	0	0	0	0	1	2	.083	.000
Jaime Navarro	.500	14	7	1	0	0	3	2	2	.529	.571	Mark Gubicza	.063	16	1	0	0	0	1	0	2	.063	.063
Todd Stottlemyre	.450	20	9	2	1	0	3	2	2	.500	.650	Mark Williamson	.091	11	1	0	0	0	0	1	1	.167	.091
Bobby Witt	.438	16	7	1	0	4	3	1	1	.500	.625	Charles Nagy	.091	11	1	0	0	0	0	1	1	.167	.091
Greg Harris	.417	12	5	1	0	1	1	1	1	.462	.667	Bill Wegman	.125	16	2	0	0	0	0	0	3	.125	.125

Greg McMichael — Braves
Age 28 – Pitches Right (groundball pitcher)

	ERA	W	L	Sv	G	GS	IP	BB	SO	Avg	H	2B	3B	HR	RBI	OBP	SLG	GF	IR	IRS	Hld	SvOp	SB	CS	GB	FB	G/F
1994 Season	3.84	4	6	21	51	0	58.2	19	47	.280	66	11	1	1	24	.332	.347	41	14	5	1	31	3	1	95	54	1.76
Career (1993-1994)	2.75	6	9	40	125	0	150.1	48	136	.237	134	18	2	4	47	.295	.297	81	36	11	13	52	8	3	225	115	1.96

1994 Season

	ERA	W	L	Sv	G	GS	IP	H	HR	BB	SO		Avg	AB	H	2B	3B	HR	RBI	BB	SO	OBP	SLG
Home	5.84	1	3	10	23	0	24.2	37	0	9	21	vs. Left	.288	118	34	5	1	1	12	10	25	.344	.373
Away	2.38	3	3	11	28	0	34.0	29	1	10	26	vs. Right	.271	118	32	6	0	0	12	9	22	.320	.322
Day	2.96	2	1	8	20	0	24.1	25	1	5	17	Inning 1-6	.333	3	1	0	0	0	0	1	1	.500	.333
Night	4.46	2	5	13	31	0	34.1	41	0	14	30	Inning 7+	.279	233	65	11	1	1	24	18	46	.329	.348
Grass	3.80	4	4	19	42	0	47.1	53	0	13	40	None on	.286	126	36	5	0	1	4	27	.308	.349
Turf	3.97	0	2	2	9	0	11.1	13	1	6	7	Runners on	.273	110	30	6	1	0	23	15	20	.357	.345
April	4.76	1	1	5	10	0	11.1	12	0	2	11	Scoring Posn	.254	71	18	3	1	0	22	12	13	.357	.324
May	0.48	1	1	5	15	0	18.2	16	0	7	13	Close & Late	.302	149	45	9	1	1	21	15	31	.364	.396
June	4.70	1	2	6	15	0	15.1	20	0	6	13	None on/out	.218	55	12	1	0	0	2	12	.246	.236
July	7.71	0	1	4	8	0	9.1	13	1	2	9	vs. 1st Batr (relief)	.271	48	13	1	0	0	1	3	9	.314	.292
August	4.50	1	1	1	3	0	4.0	5	0	2	1	First Inning Pitched	.288	191	55	11	1	0	22	18	42	.349	.356
September/October	0.00	0	0	0	0	0	0.0	0	0	0	0	First 15 Pitches	.305	151	46	10	0	0	12	13	32	.360	.371
Starter	0.00	0	0	0	0	0	0.0	0	0	0	0	Pitch 16-30	.237	76	18	1	1	1	11	6	14	.293	.316
Reliever	3.84	4	6	21	51	0	58.2	66	1	19	47	Pitch 31-45	.222	9	2	0	0	0	1	0	1	.200	.222
0 Days rest (Re)	2.16	2	1	8	14	0	16.2	16	0	5	15	Pitch 46+	.000	0	0	0	0	0	0	0	0	.000	.000
1 or 2 Days rest	3.26	2	3	10	26	0	30.1	33	0	9	25	First Pitch	.467	30	14	1	1	0	6	4	0	.529	.567
3+ Days rest	7.71	0	2	3	11	0	11.2	17	1	5	7	Ahead in Count	.202	129	26	2	0	1	9	0	39	.200	.240
Pre-All Star	2.79	3	4	18	43	0	48.1	49	0	15	42	Behind in Count	.333	39	13	2	0	0	12	8	0	.447	.385
Post-All Star	8.71	1	2	3	8	0	10.1	17	1	4	5	Two Strikes	.178	118	21	8	1	0	8	7	47	.222	.195

Career (1993-1994)

	ERA	W	L	Sv	G	GS	IP	H	HR	BB	SO		Avg	AB	H	2B	3B	HR	RBI	BB	SO	OBP	SLG
Home	3.12	1	5	18	59	0	69.1	72	2	19	59	vs. Left	.234	273	64	9	2	2	24	26	62	.301	.304
Away	2.44	5	4	22	66	0	81.0	62	2	29	77	vs. Right	.239	293	70	9	0	2	23	22	74	.289	.290
Day	2.92	3	2	14	42	0	52.1	46	2	16	41	Inning 1-6	.256	39	10	1	0	1	6	2	9	.286	.359
Night	2.66	3	7	26	83	0	98.0	88	2	32	95	Inning 7+	.235	527	124	17	2	3	41	46	127	.296	.292
Grass	2.54	6	6	34	99	0	120.1	108	3	31	111	None on	.234	316	74	11	0	4	4	22	82	.284	.307
Turf	3.60	0	3	6	26	0	30.0	26	1	17	25	Runners on	.240	250	60	7	2	0	43	26	54	.308	.284
April	4.26	1	2	5	18	0	25.1	22	2	6	22	Scoring Posn	.237	152	36	4	1	0	41	19	37	.316	.276
May	1.11	1	2	9	25	0	32.1	33	0	14	28	Close & Late	.266	335	89	13	1	3	34	29	73	.322	.337
June	3.60	1	2	6	26	0	30.0	24	0	11	29	None on/out	.212	137	29	4	0	2	2	10	41	.265	.285
July	3.91	0	1	6	25	0	25.1	25	1	5	32	vs. 1st Batr (relief)	.246	114	28	1	0	0	5	9	30	.296	.272
August	1.47	1	1	10	17	0	18.1	15	0	5	15	First Inning Pitched	.248	439	109	17	2	1	40	37	110	.305	.303
September/October	1.89	1	0	8	14	0	19.0	15	1	7	12	First 15 Pitches	.252	389	98	16	0	2	26	30	94	.304	.308
Starter	0.00	0	0	0	0	0	0.0	0	0	0	0	Pitch 16-30	.214	154	33	2	2	1	19	16	39	.288	.273
Reliever	2.75	6	9	40	125	0	150.1	134	4	48	136	Pitch 31-45	.130	23	3	0	0	1	2	2	3	.192	.261
0 Days rest (Re)	1.98	2	3	13	37	0	41.0	35	2	11	42	Pitch 46+	.000	0	0	0	0	0	0	0	0	.000	.000
1 or 2 Days rest	2.37	4	4	23	64	0	79.2	70	1	24	73	First Pitch	.368	68	25	3	1	1	8	7	0	.427	.485
3+ Days rest	4.85	0	2	4	24	0	29.2	29	1	13	21	Ahead in Count	.162	308	50	1	2	20	0	121	.161	.198
Pre-All Star	2.80	4	7	18	78	0	96.1	84	2	33	90	Behind in Count	.293	92	27	4	0	1	9	26	0	.445	.370
Post-All Star	2.67	2	2	22	47	0	54.0	50	2	15	46	Two Strikes	.152	289	44	3	1	1	16	15	136	.193	.180

Brian McRae — Royals
Age 27 – Bats Both (groundball hitter)

	Avg	G	AB	R	H	2B	3B	HR	RBI	BB	SO	HBP	GDP	SB	CS	OBP	SLG	IBB	SH	SF	#Pit	#P/PA	GB	FB	G/F
1994 Season	.273	114	436	71	119	22	6	4	40	54	67	6	3	28	8	.359	.378	3	6	3	1907	3.78	176	97	1.81
Career (1990-1994)	.262	614	2393	319	627	109	32	30	248	166	388	18	38	93	41	.313	.372	6	33	17	9705	3.69	976	542	1.80

1994 Season

	Avg	AB	H	2B	3B	HR	RBI	BB	SO	OBP	SLG		Avg	AB	H	2B	3B	HR	RBI	BB	SO	OBP	SLG
vs. Left	.307	127	39	6	3	1	9	13	18	.380	.425	Scoring Posn	.233	103	24	8	1	0	33	21	24	.374	.330
vs. Right	.259	309	80	16	3	3	31	41	49	.350	.359	Close & Late	.229	70	16	6	0	0	5	8	13	.316	.314
Groundball	.318	85	27	4	1	0	4	12	10	.408	.388	None on/out	.243	107	26	3	1	0	0	10	12	.308	.290
Flyball	.245	110	27	5	1	1	13	11	18	.328	.336	Batting #2	.282	227	64	10	4	1	23	26	33	.368	.374
Home	.285	221	63	13	2	2	27	32	29	.377	.389	Batting #3	.289	128	37	7	2	2	10	14	17	.361	.422
Away	.260	215	56	9	4	2	13	22	38	.339	.367	Other	.222	81	18	5	0	1	7	14	17	.330	.321
Day	.303	119	36	7	1	1	7	15	17	.394	.403	April	.359	78	28	5	2	1	10	14	9	.438	.513
Night	.262	317	83	15	5	3	33	39	50	.345	.369	May	.310	113	35	8	2	0	16	16	17	.397	.416
Grass	.263	167	44	7	3	2	10	15	28	.337	.377	June	.212	104	22	3	2	2	12	13	18	.308	.337
Turf	.279	269	75	15	3	2	30	39	39	.372	.379	July	.229	105	24	3	0	0	6	8	17	.296	.257
First Pitch	.333	66	22	3	1	1	7	1	0	.362	.455	August	.278	36	10	3	0	1	4	7	6	.386	.444
Ahead in Count	.316	117	37	7	3	1	16	30	0	.457	.453	September/October	.000	0	0	0	0	0	0	0	0	.000	.000
Behind in Count	.247	170	42	8	2	2	12	0	51	.256	.353	Pre-All Star	.287	328	94	16	6	3	32	42	49	.374	.399
Two Strikes	.209	182	38	8	2	1	10	23	67	.304	.291	Post-All Star	.231	108	25	6	0	1	8	12	18	.311	.315

1994 By Position

Position	Avg	AB	H	2B	3B	HR	RBI	BB	SO	OBP	SLG	G	GS	Innings	PO	A	E	DP	Fld Pct	Rng Fctr	In Zone	Zone Outs	Zone Rtg	MLB Zone
As cf	.272	427	116	22	5	4	38	52	66	.357	.375	110	109	978.2	252	2	3	0	.988	2.34	284	240	.845	.824

Career (1990-1994)

	Avg	AB	H	2B	3B	HR	RBI	BB	SO	OBP	SLG		Avg	AB	H	2B	3B	HR	RBI	BB	SO	OBP	SLG
vs. Left	.297	765	227	39	11	12	87	38	91	.335	.424	Scoring Posn	.258	554	143	20	10	10	208	53	107	.323	.384
vs. Right	.246	1628	400	70	21	18	161	128	297	.303	.348	Close & Late	.259	398	103	20	6	4	44	32	60	.314	.369

Career (1990-1994)

	Avg	AB	H	2B	3B	HR	RBI	BB	SO	OBP	SLG		Avg	AB	H	2B	3B	HR	RBI	BB	SO	OBP	SLG
Groundball	.264	535	141	32	6	3	44	27	78	.302	.363	None on/out	.283	672	190	40	9	2	2	33	94	.319	.378
Flyball	.231	606	140	25	5	6	56	36	101	.282	.318	Batting #1	.254	843	214	32	11	9	74	50	142	.299	.350
Home	.274	1198	328	61	19	13	144	87	188	.326	.389	Batting #2	.265	1002	266	46	13	14	109	71	159	.317	.379
Away	.250	1195	299	48	13	17	104	79	200	.299	.355	Other	.268	548	147	31	8	7	65	45	87	.325	.392
Day	.248	636	158	24	10	12	66	48	107	.306	.374	April	.252	298	75	14	5	4	32	23	46	.306	.372
Night	.267	1757	469	85	22	18	182	118	281	.315	.371	May	.282	418	118	22	6	3	41	43	60	.350	.385
Grass	.253	910	230	30	9	10	73	53	146	.296	.338	June	.269	431	116	18	7	5	49	31	69	.318	.378
Turf	.268	1483	397	79	23	20	175	113	242	.323	.392	July	.268	429	115	16	4	6	38	29	72	.324	.366
First Pitch	.310	368	114	20	4	3	39	3	0	.317	.410	August	.261	395	103	16	5	6	45	23	57	.303	.372
Ahead in Count	.300	503	151	25	12	11	66	81	0	.397	.463	September/October	.237	422	100	23	5	6	43	17	84	.270	.358
Behind in Count	.239	1069	255	41	12	9	88	0	332	.246	.325	Pre-All Star	.274	1290	353	60	19	14	133	104	199	.329	.382
Two Strikes	.204	1085	221	39	12	9	81	82	388	.264	.287	Post-All Star	.248	1103	274	49	13	16	115	62	189	.293	.360

Batter vs. Pitcher (career)

Hits Best Against	Avg	AB	H	2B	3B	HR	RBI	BB	SO	OBP	SLG	Hits Worst Against	Avg	AB	H	2B	3B	HR	RBI	BB	SO	OBP	SLG
John Doherty	.667	12	8	2	0	1	5	0	1	.615	1.083	Ricky Bones	.050	20	1	0	0	0	1	2	2	.130	.050
Brian Bohanon	.538	13	7	2	1	0	2	0	0	.538	.846	Danny Darwin	.056	18	1	0	0	1	1	1	3	.105	.222
Melido Perez	.526	19	10	2	0	1	4	0	4	.526	.789	Jose Guzman	.077	13	1	0	0	0	0	2	4	.200	.077
David Wells	.435	23	10	3	0	0	0	0	3	.435	.565	Mark Leiter	.091	22	2	0	0	0	1	1	3	.130	.091
Todd Frohwirth	.400	10	4	0	1	0	1	1	2	.455	.600	Juan Guzman	.138	29	4	1	0	0	1	1	7	.167	.172

Kevin McReynolds — Mets
Age 35 – Bats Right (flyball hitter)

	Avg	G	AB	R	H	2B	3B	HR	RBI	BB	SO	HBP	GDP	SB	CS	OBP	SLG	IBB	SH	SF	#Pit	#P/PA	GB	FB	G/F
1994 Season	.256	51	180	23	46	11	2	4	21	20	34	0	2	2	0	.328	.406	1	0	1	780	3.88	56	69	0.81
Last Five Years	.256	560	1947	252	499	113	8	68	268	244	245	4	32	26	11	.337	.427	28	2	21	8451	3.81	558	829	0.67

1994 Season

	Avg	AB	H	2B	3B	HR	RBI	BB	SO	OBP	SLG		Avg	AB	H	2B	3B	HR	RBI	BB	SO	OBP	SLG
vs. Left	.279	43	12	4	1	1	7	9	4	.404	.488	Scoring Posn	.303	33	10	1	1	1	15	7	6	.415	.485
vs. Right	.248	137	34	7	1	3	14	11	30	.302	.380	Close & Late	.133	30	4	0	0	1	3	2	8	.188	.233
Home	.291	86	25	5	1	3	10	8	19	.351	.477	None on/out	.242	33	8	3	0	1	1	5	9	.342	.424
Away	.223	94	21	6	1	1	11	12	15	.308	.340	Batting #3	.270	126	34	8	1	4	14	11	20	.326	.444
First Pitch	.308	26	8	3	0	2	1	0	0	.333	.423	Batting #4	.310	29	9	2	0	0	3	4	8	.394	.379
Ahead in Count	.317	41	13	2	1	2	5	13	0	.473	.561	Other	.120	25	3	1	0	0	4	5	6	.267	.240
Behind in Count	.203	79	16	4	0	2	7	0	29	.203	.329	Pre-All Star	.255	161	41	10	2	4	19	17	30	.324	.416
Two Strikes	.159	88	14	4	0	2	6	6	34	.213	.273	Post-All Star	.263	19	5	1	0	0	2	3	4	.364	.316

Last Five Years

	Avg	AB	H	2B	3B	HR	RBI	BB	SO	OBP	SLG		Avg	AB	H	2B	3B	HR	RBI	BB	SO	OBP	SLG
vs. Left	.260	665	173	44	3	18	77	109	72	.362	.417	Scoring Posn	.283	477	135	24	2	16	194	96	72	.390	.442
vs. Right	.254	1282	326	69	5	50	191	135	173	.323	.433	Close & Late	.253	360	91	18	2	16	61	42	53	.330	.447
Groundball	.251	529	133	30	3	12	68	64	58	.332	.388	None on/out	.216	477	103	29	1	14	14	52	65	.294	.369
Flyball	.245	441	108	27	0	17	55	63	65	.337	.422	Batting #4	.256	704	180	48	1	17	95	90	94	.340	.399
Home	.260	946	246	55	5	33	125	106	101	.332	.433	Batting #5	.262	520	136	25	4	24	79	69	52	.344	.463
Away	.253	1001	253	58	3	35	143	138	144	.341	.422	Other	.253	723	183	40	3	27	94	85	99	.329	.429
Day	.266	597	159	34	3	26	83	76	90	.349	.464	April	.225	284	64	13	1	9	30	30	31	.298	.373
Night	.252	1350	340	79	5	42	185	168	155	.332	.411	May	.271	317	86	25	0	11	46	51	31	.369	.454
Grass	.261	1113	291	56	4	46	168	129	141	.336	.443	June	.268	370	99	27	2	14	61	51	53	.355	.465
Turf	.249	834	208	57	4	22	100	115	104	.339	.406	July	.259	406	105	24	2	11	56	66	48	.357	.409
First Pitch	.267	236	63	13	1	6	24	13	0	.310	.407	August	.234	278	65	6	1	11	32	23	41	.291	.381
Ahead in Count	.306	448	137	29	2	21	79	138	0	.463	.520	September/October	.274	292	80	18	2	12	43	23	41	.328	.473
Behind in Count	.225	867	195	49	2	34	119	0	205	.224	.404	Pre-All Star	.261	1105	288	73	4	40	161	157	130	.351	.443
Two Strikes	.222	874	194	53	2	30	107	85	245	.288	.390	Post-All Star	.251	842	211	40	4	28	107	87	115	.319	.407

Batter vs. Pitcher (since 1984)

Hits Best Against	Avg	AB	H	2B	3B	HR	RBI	BB	SO	OBP	SLG	Hits Worst Against	Avg	AB	H	2B	3B	HR	RBI	BB	SO	OBP	SLG
Willie Banks	.583	12	7	3	0	2	7	2	0	.643	1.333	Randy Johnson	.000	10	0	0	0	0	0	1	4	.091	.000
Mitch Williams	.556	9	5	3	0	1	2	2	2	.636	1.222	Norm Charlton	.000	9	0	0	0	0	3	4	4	.250	.000
Paul Assenmacher	.500	20	10	4	0	1	6	2	3	.545	.850	Derek Lilliquist	.059	17	1	0	0	0	1	2	2	.158	.059
Ricky Bones	.455	11	5	0	0	3	5	0	1	.417	1.273	Jose Rijo	.077	26	2	1	0	0	1	0	5	.074	.115
Tim Belcher	.389	18	7	0	1	3	7	2	5	.450	1.000	Jim Abbott	.083	12	1	0	0	0	2	1	1	.154	.083

Rusty Meacham — Royals
Age 27 – Pitches Right

	ERA	W	L	Sv	G	GS	IP	BB	SO	Avg	H	2B	3B	HR	RBI	OBP	SLG	GF	IR	IRS	Hld	SvOp	SB	CS	GB	FB	G/F
1994 Season	3.73	3	3	4	36	0	50.2	12	36	.263	51	12	1	7	28	.307	.443	15	39	9	7	5	1	0	82	42	1.95
Career (1991-1994)	3.63	17	10	6	125	4	201.0	49	127	.263	205	41	5	18	110	.306	.398	47	106	33	24	11	3	1	307	212	1.45

1994 Season

	ERA	W	L	Sv	G	GS	IP	H	HR	BB	SO		Avg	AB	H	2B	3B	HR	RBI	BB	SO	OBP	SLG
Home	3.62	3	2	0	18	0	32.1	31	4	6	26	vs. Left	.297	74	22	6	0	4	9	5	8	.342	.541
Away	3.93	0	1	4	18	0	18.1	20	3	6	10	vs. Right	.242	120	29	6	1	3	19	7	28	.286	.383
Starter	0.00	0	0	0	0	0	0	0	0	0	0	Scoring Posn	.241	54	13	5	0	2	20	3	12	.262	.444
Reliever	3.73	3	3	4	36	0	50.2	51	7	12	36	Close & Late	.259	81	21	6	0	3	12	5	16	.292	.444
0 Days rest (Re)	11.57	1	1	0	5	0	4.2	9	2	2	2	None on/out	.262	42	11	3	1	1	1	3	6	.311	.452
1 or 2 Days rest	2.93	1	2	3	19	0	27.2	25	2	6	21	First Pitch	.333	27	9	2	0	2	6	1	0	.367	.630
3+ Days rest	2.95	1	0	1	12	0	18.1	17	3	4	13	Ahead in Count	.170	94	16	3	1	5	0	30	.177	.255
Pre-All Star	2.29	1	2	4	26	0	35.1	32	2	11	27	Behind in Count	.326	43	14	4	0	2	9	5	0	.396	.558

1994 Season

	ERA	W	L	Sv	G	GS	IP	H	HR	BB	SO		Avg	AB	H	2B	3B	HR	RBI	BB	SO	OBP	SLG
Post-All Star	7.04	2	1	0	10	0	15.1	19	5	7	9	Two Strikes	.163	92	15	2	1	3	6	36	.214	.239

Career (1991-1994)

	ERA	W	L	Sv	G	GS	IP	H	HR	BB	SO		Avg	AB	H	2B	3B	HR	RBI	BB	SO	OBP	SLG
Home	4.40	12	3	1	68	2	116.2	128	13	22	74	vs. Left	.275	305	84	16	2	9	46	24	37	.325	.430
Away	2.56	5	7	5	57	2	84.1	77	5	27	53	vs. Right	.256	473	121	25	3	9	64	25	90	.293	.378
Day	4.27	4	1	1	26	2	46.1	49	5	13	28	Inning 1-6	.283	191	54	12	1	5	35	16	27	.330	.435
Night	3.43	13	9	5	99	2	154.2	156	13	36	99	Inning 7+	.257	587	151	29	4	13	75	33	100	.298	.387
Grass	2.92	5	5	5	46	3	77.0	73	7	29	50	None on	.252	421	106	23	3	8	8	21	69	.287	.378
Turf	4.06	12	5	1	79	1	124.0	132	11	20	77	Runners on	.277	357	99	18	2	10	102	28	58	.326	.423
April	3.80	1	1	0	14	0	21.1	25	2	5	11	Scoring Posn	.260	223	58	12	2	4	89	20	41	.305	.386
May	1.04	3	0	1	24	0	34.2	25	0	9	27	Close & Late	.260	339	88	17	1	8	37	17	58	.293	.386
June	2.49	3	2	3	31	1	47.0	43	3	8	23	None on/out	.217	175	38	10	2	5	5	11	23	.263	.383
July	5.15	5	6	2	32	3	57.2	69	9	16	38	vs. 1st Batr (relief)	.245	106	26	7	0	2	15	9	16	.292	.368
August	3.60	3	1	0	14	0	25.0	28	4	7	15	First Inning Pitched	.237	417	99	22	2	8	69	31	72	.285	.357
September/October	7.04	2	0	0	10	0	15.1	15	0	4	13	First 15 Pitches	.245	392	96	21	2	6	55	24	64	.281	.355
Starter	6.52	2	1	0	4	4	19.1	27	4	5	12	Pitch 16-30	.255	231	59	10	1	9	30	16	40	.315	.417
Reliever	3.32	15	9	6	121	0	181.2	178	14	44	115	Pitch 31-45	.297	101	30	6	2	0	15	6	17	.330	.396
0 Days rest (Re)	4.30	2	2	0	23	0	29.1	33	3	9	19	Pitch 46+	.370	54	20	4	0	3	10	3	6	.404	.611
1 or 2 Days rest	3.25	7	6	5	64	0	97.0	92	7	26	68	First Pitch	.278	108	30	6	0	3	17	7	0	.317	.417
3+ Days rest	2.93	6	1	1	34	0	55.1	53	4	9	28	Ahead in Count	.218	339	74	13	4	5	40	0	108	.224	.324
Pre-All Star	2.65	9	6	5	79	2	125.2	119	8	30	75	Behind in Count	.298	205	61	14	1	5	36	23	0	.365	.449
Post-All Star	5.26	8	4	1	46	2	75.1	86	10	19	52	Two Strikes	.209	330	69	14	3	4	32	19	127	.253	.306

Pitcher vs. Batter (career)

Pitches Best Vs.	Avg	AB	H	2B	3B	HR	RBI	BB	SO	OBP	SLG	Pitches Worst Vs.	Avg	AB	H	2B	3B	HR	RBI	BB	SO	OBP	SLG
Juan Gonzalez	.167	12	2	1	0	0	0	0	5	.167	.250	Ivan Rodriguez	.385	13	5	1	0	0	0	0	3	.385	.462

Pat Meares — Twins
Age 26 – Bats Right (groundball hitter)

	Avg	G	AB	R	H	2B	3B	HR	RBI	BB	SO	HBP	GDP	SB	CS	OBP	SLG	IBB	SH	SF	#Pit	#P/PA	GB	FB	G/F
1994 Season	.266	80	229	29	61	12	1	2	24	14	50	2	3	5	1	.310	.354	0	6	3	929	3.66	82	67	1.22
Career (1993-1994)	.257	191	575	62	148	26	4	2	57	21	102	3	14	9	6	.284	.327	0	10	6	2073	3.37	238	144	1.65

1994 Season

	Avg	AB	H	2B	3B	HR	RBI	BB	SO	OBP	SLG		Avg	AB	H	2B	3B	HR	RBI	BB	SO	OBP	SLG
vs. Left	.242	62	15	2	0	0	8	4	17	.294	.274	Scoring Posn	.283	60	17	4	0	1	22	7	13	.352	.400
vs. Right	.275	167	46	10	1	2	16	10	33	.317	.383	Close & Late	.190	21	4	1	0	0	2	2	3	.261	.238
Home	.259	108	28	3	1	0	10	4	24	.289	.306	None on/out	.267	60	16	2	0	0	3	14	.313	.300
Away	.273	121	33	9	0	2	14	10	26	.328	.397	Batting #8	.333	3	1	0	0	0	0	1	1	.500	.333
First Pitch	.313	32	10	1	0	0	2	0	0	.303	.344	Batting #9	.267	225	60	12	1	2	24	13	49	.309	.356
Ahead in Count	.333	48	16	5	0	0	6	8	0	.421	.438	Other	.000	1	0	0	0	0	0	0	0	.000	.000
Behind in Count	.207	111	23	4	1	0	9	0	47	.221	.288	Pre-All Star	.289	159	46	12	0	2	21	11	39	.337	.403
Two Strikes	.159	113	18	3	0	2	9	6	50	.215	.239	Post-All Star	.214	70	15	0	1	0	3	3	11	.247	.243

Career (1993-1994)

	Avg	AB	H	2B	3B	HR	RBI	BB	SO	OBP	SLG		Avg	AB	H	2B	3B	HR	RBI	BB	SO	OBP	SLG
vs. Left	.242	157	38	3	0	0	12	8	32	.278	.261	Scoring Posn	.271	129	35	7	2	1	53	9	26	.310	.380
vs. Right	.263	418	110	23	4	2	45	13	70	.287	.352	Close & Late	.319	72	23	7	1	0	9	2	12	.338	.444
Groundball	.305	118	36	6	0	0	21	5	18	.333	.356	None on/out	.265	147	39	5	0	0	0	5	24	.294	.299
Flyball	.261	111	29	8	0	1	10	5	15	.297	.360	Batting #8	.227	22	5	0	0	0	1	1	4	.250	.227
Home	.275	265	73	11	1	0	26	10	43	.304	.325	Batting #9	.262	527	138	26	4	2	55	20	93	.290	.338
Away	.242	310	75	15	3	2	31	11	59	.268	.329	Other	.192	26	5	0	0	0	1	0	5	.192	.192
Day	.259	147	38	6	2	2	12	2	30	.272	.367	April	.254	59	15	2	0	0	5	7	13	.333	.288
Night	.257	428	110	20	2	0	45	19	72	.289	.313	May	.282	110	31	7	1	0	14	5	27	.314	.364
Grass	.253	237	60	14	3	2	25	8	37	.271	.363	June	.341	123	42	10	1	2	13	2	21	.357	.488
Turf	.260	338	88	12	1	0	32	13	65	.291	.302	July	.248	129	32	4	2	0	10	5	26	.274	.310
First Pitch	.330	94	31	4	1	0	8	0	0	.326	.394	August	.181	94	17	2	0	0	6	1	11	.189	.202
Ahead in Count	.345	116	40	10	2	0	16	13	0	.408	.466	September/October	.183	60	11	1	0	0	9	1	4	.194	.200
Behind in Count	.202	272	55	10	1	1	22	0	93	.209	.257	Pre-All Star	.294	327	96	21	2	2	36	16	69	.328	.388
Two Strikes	.173	260	45	9	0	2	17	8	102	.205	.231	Post-All Star	.210	248	52	5	2	0	21	5	33	.224	.246

Batter vs. Pitcher (career)

Hits Best Against	Avg	AB	H	2B	3B	HR	RBI	BB	SO	OBP	SLG	Hits Worst Against	Avg	AB	H	2B	3B	HR	RBI	BB	SO	OBP	SLG
Ron Darling	.444	9	4	0	0	0	1	1	0	.545	.444	Kenny Rogers	.091	11	1	1	0	0	1	0	2	.083	.182
Jimmy Key	.308	13	4	0	0	0	0	4	0	.308	.308	Cal Eldred	.111	9	1	1	0	0	0	2	1	.273	.222

Roberto Mejia — Rockies
Age 23 – Bats Right

	Avg	G	AB	R	H	2B	3B	HR	RBI	BB	SO	HBP	GDP	SB	CS	OBP	SLG	IBB	SH	SF	#Pit	#P/PA	GB	FB	G/F
1994 Season	.241	38	116	11	28	8	1	4	14	15	33	0	1	3	1	.326	.431	2	0	1	520	3.94	39	26	1.50
Career (1993-1994)	.235	103	345	42	81	22	6	9	34	28	96	1	3	7	2	.293	.412	3	4	2	1398	3.68	99	99	1.00

1994 Season

	Avg	AB	H	2B	3B	HR	RBI	BB	SO	OBP	SLG		Avg	AB	H	2B	3B	HR	RBI	BB	SO	OBP	SLG
vs. Left	.115	26	3	0	0	1	3	4	9	.233	.231	Scoring Posn	.154	26	4	3	0	0	8	4	9	.258	.269
vs. Right	.278	90	25	8	1	3	11	11	24	.353	.489	Close & Late	.455	11	5	3	1	0	1	1	4	.500	.909
Home	.250	56	14	5	1	1	9	7	13	.328	.429	None on/out	.281	32	9	3	1	1	1	0	4	.378	.531
Away	.233	60	14	3	0	3	5	8	20	.324	.433	Batting #7	.500	4	2	0	0	0	0	0	2	.500	.500
First Pitch	.286	14	4	2	0	0	1	0	0	.333	.429	Batting #8	.239	109	26	8	1	4	14	12	28	.311	.440

	Avg	AB	H	2B	3B	HR	RBI	BB	SO	OBP	SLG		Avg	AB	H	2B	3B	HR	RBI	BB	SO	OBP	SLG
Ahead in Count	.389	18	7	0	0	3	5	8	0	.556	.889	Other	.000	3	0	0	0	0	0	3	3	.500	.000
Behind in Count	.179	56	10	2	1	1	3	0	25	.179	.304	Pre-All Star	.241	116	28	8	1	4	14	15	33	.326	.431
Two Strikes	.161	62	10	5	0	0	4	6	33	.235	.242	Post-All Star	.000	0	0	0	0	0	0	0	0	.000	.000

Jose Melendez — Red Sox
Age 29 – Pitches Right (flyball pitcher)

	ERA	W	L	Sv	G	GS	IP	BB	SO	Avg	H	2B	3B	HR	RBI	OBP	SLG	GF	IR	IRS	Hld	SvOp	SB	CS	GB	FB	G/F
1994 Season	6.06	0	1	0	10	0	16.1	8	9	.323	20	3	1	3	14	.417	.548	3	8	4	0	0	0	0	16	24	0.67
Career (1990-1994)	3.47	16	14	3	109	12	220.2	60	172	.241	197	31	4	27	106	.294	.387	37	69	30	6	7	5	10	216	284	0.76

1994 Season

	ERA	W	L	Sv	G	GS	IP	H	HR	BB	SO		Avg	AB	H	2B	3B	HR	RBI	BB	SO	OBP	SLG
Home	5.79	0	1	0	6	0	9.1	10	1	7	3	vs. Left	.385	26	10	2	1	1	6	6	3	.500	.654
Away	6.43	0	0	0	4	0	7.0	10	2	1	6	vs. Right	.278	36	10	1	0	2	8	2	6	.350	.472

Career (1990-1994)

	ERA	W	L	Sv	G	GS	IP	H	HR	BB	SO		Avg	AB	H	2B	3B	HR	RBI	BB	SO	OBP	SLG
Home	3.70	9	8	1	56	7	124.0	114	19	32	98	vs. Left	.261	394	103	13	3	13	49	45	75	.332	.409
Away	3.17	7	6	2	53	5	96.2	83	8	28	74	vs. Right	.221	425	94	18	1	14	57	15	97	.256	.367
Day	3.13	5	5	3	29	5	60.1	50	8	17	45	Inning 1-6	.246	431	106	13	3	20	66	28	83	.296	.429
Night	3.59	11	9	0	80	7	160.1	147	19	43	127	Inning 7+	.235	388	91	18	1	7	40	32	89	.292	.340
Grass	3.50	11	13	3	81	9	167.0	149	22	42	127	None on	.230	492	113	19	2	17	17	32	108	.284	.380
Turf	3.35	5	1	0	28	3	53.2	48	5	18	45	Runners on	.257	327	84	12	2	10	89	28	64	.309	.398
April	1.74	3	0	0	13	0	20.2	14	3	3	19	Scoring Posn	.293	174	51	9	2	3	75	22	37	.354	.420
May	4.26	3	3	0	9	4	31.2	25	5	6	21	Close & Late	.244	213	52	9	0	4	23	18	48	.304	.343
June	3.62	4	6	0	24	5	59.2	52	8	17	46	None on/out	.224	205	46	7	1	8	8	10	51	.277	.385
July	3.24	2	3	0	19	0	33.1	29	3	13	28	vs. 1st Batr (relief)	.247	89	22	5	0	4	14	2	19	.258	.438
August	2.50	1	1	2	25	0	39.2	41	3	11	30	First Inning Pitched	.253	364	92	16	3	7	53	20	85	.291	.371
September/October	4.79	3	1	1	19	3	35.2	36	5	10	28	First 15 Pitches	.275	357	98	17	3	8	49	19	76	.311	.406
Starter	4.86	5	6	0	12	12	70.1	69	14	16	41	Pitch 16-30	.196	199	39	8	0	5	20	16	51	.264	.312
Reliever	2.81	11	8	3	97	0	150.1	128	13	44	131	Pitch 31-45	.228	101	23	1	0	5	15	11	21	.298	.386
0 Days rest (Re)	2.37	1	1	1	18	0	30.1	27	2	11	27	Pitch 46+	.228	162	37	5	1	9	22	14	24	.292	.438
1 or 2 Days rest	2.98	1	4	1	43	0	63.1	53	4	18	45	First Pitch	.287	115	33	6	0	4	16	13	0	.366	.443
3+ Days rest	2.86	7	3	1	36	0	56.2	48	7	15	59	Ahead in Count	.190	448	85	16	2	9	46	0	160	.193	.295
Pre-All Star	3.26	11	10	0	53	9	121.1	97	16	29	95	Behind in Count	.315	130	41	7	0	7	18	28	0	.431	.531
Post-All Star	3.71	5	4	3	56	3	99.1	100	11	31	77	Two Strikes	.175	411	72	13	2	10	43	19	172	.214	.290

Pitcher vs. Batter (career)

Pitches Best Vs.	Avg	AB	H	2B	3B	HR	RBI	BB	SO	OBP	SLG	Pitches Worst Vs.	Avg	AB	H	2B	3B	HR	RBI	BB	SO	OBP	SLG
Paul O'Neill	.100	10	1	0	0	0	0	1	1	.182	.100	Andre Dawson	.545	11	6	1	0	0	0	0	2	.545	.636
Ken Caminiti	.111	9	1	0	0	0	1	2	3	.273	.111	Ryne Sandberg	.429	14	6	0	1	1	4	1	1	.467	.786
Steve Finley	.167	6	1	0	0	0	1	4	0	.455	.167	Mark Grace	.308	13	4	1	0	1	4	1	1	.333	.615

Bob Melvin — White Sox
Age 33 – Bats Right (groundball hitter)

	Avg	G	AB	R	H	2B	3B	HR	RBI	BB	SO	HBP	GDP	SB	CS	OBP	SLG	IBB	SH	SF	#Pit	#P/PA	GB	FB	G/F
1994 Season	.212	20	33	5	7	0	0	1	4	1	7	0	2	0	0	.235	.303	0	1	0	117	3.34	13	6	2.17
Last Five Years	.245	301	808	64	198	36	1	10	93	35	163	1	20	0	1	.273	.329	3	8	13	2913	3.37	311	193	1.61

1994 Season

	Avg	AB	H	2B	3B	HR	RBI	BB	SO	OBP	SLG		Avg	AB	H	2B	3B	HR	RBI	BB	SO	OBP	SLG
vs. Left	.318	22	7	0	0	1	3	0	3	.318	.455	Scoring Posn	.182	11	2	0	0	1	4	1	2	.250	.455
vs. Right	.000	11	0	0	0	0	1	1	4	.083	.000	Close & Late	.200	5	1	0	0	0	0	0	0	.200	.200

Last Five Years

	Avg	AB	H	2B	3B	HR	RBI	BB	SO	OBP	SLG		Avg	AB	H	2B	3B	HR	RBI	BB	SO	OBP	SLG
vs. Left	.287	342	98	22	0	5	33	24	49	.329	.395	Scoring Posn	.265	245	65	7	1	3	80	16	52	.298	.339
vs. Right	.215	466	100	14	1	5	60	11	114	.230	.281	Close & Late	.219	137	30	3	0	1	15	5	34	.238	.263
Groundball	.235	187	44	4	0	2	22	10	34	.271	.289	None on/out	.208	202	42	10	0	1	1	6	44	.231	.272
Flyball	.242	231	56	11	0	2	23	8	58	.263	.316	Batting #7	.259	205	53	10	0	4	27	10	40	.292	.366
Home	.218	354	77	14	1	5	45	10	83	.236	.305	Batting #8	.237	430	102	19	1	5	47	15	92	.260	.321
Away	.267	454	121	22	0	5	48	25	80	.302	.348	Other	.249	173	43	7	0	1	19	10	31	.283	.306
Day	.287	265	76	16	1	4	38	9	46	.307	.400	April	.179	95	17	5	0	1	9	3	27	.200	.263
Night	.225	543	122	20	0	6	55	26	117	.257	.295	May	.313	166	52	9	0	2	26	8	26	.345	.404
Grass	.231	627	145	25	1	9	78	28	125	.261	.317	June	.276	152	42	7	0	2	18	10	34	.319	.362
Turf	.293	181	53	11	0	1	15	7	38	.316	.370	July	.207	111	23	2	1	0	11	3	26	.222	.243
First Pitch	.328	116	38	7	0	2	20	2	0	.336	.440	August	.206	136	28	5	0	2	14	5	24	.231	.287
Ahead in Count	.317	180	57	12	1	4	26	18	0	.373	.461	September/October	.243	148	36	8	0	3	15	6	26	.268	.358
Behind in Count	.166	374	62	11	0	3	32	0	152	.163	.219	Pre-All Star	.270	445	120	23	0	5	58	23	97	.303	.355
Two Strikes	.155	343	53	11	0	22	1	15	163	.188	.187	Post-All Star	.215	363	78	13	1	5	35	12	66	.236	.298

Batter vs. Pitcher (career)

Hits Best Against	Avg	AB	H	2B	3B	HR	RBI	BB	SO	OBP	SLG	Hits Worst Against	Avg	AB	H	2B	3B	HR	RBI	BB	SO	OBP	SLG
Tim Belcher	.583	12	7	0	1	2	5	0	3	.583	.833	Greg Maddux	.000	11	0	0	0	0	0	1	4	.083	.000
Jim Deshaies	.471	17	8	1	0	0	2	1	0	.474	.706	Kevin Gross	.000	10	0	0	0	0	0	1	4	.091	.000
Scott Sanderson	.412	17	7	1	0	1	5	1	1	.444	.647	Scott Erickson	.000	9	0	0	0	0	2	1	2	.091	.000
Bobby Ojeda	.385	13	5	0	1	1	3	2	5	.438	.769	Bud Black	.083	12	1	0	0	0	0	3	.083	.083
Juan Guzman	.333	12	4	1	0	1	3	1	3	.385	.667	Tim Leary	.133	15	2	0	0	0	0	3	.133	.133

Tony Menendez — Giants
Age 30 – Pitches Right (flyball pitcher)

	ERA	W	L	Sv	G	GS	IP	BB	SO	Avg	H	2B	3B	HR	RBI	OBP	SLG	GF	IR	IRS	Hld	SvOp	SB	CS	GB	FB	G/F
1994 Season	21.60	0	1	0	6	0	3.1	2	2	.471	8	1	1	2	6	.526	1.000	2	3	1	1	1	1	0	5	4	1.25
Career (1992-1994)	4.97	3	1	0	23	0	29.0	6	20	.264	29	5	1	7	15	.305	.518	6	13	2	1	1	1	1	27	49	0.55

1994 Season

	ERA	W	L	Sv	G	GS	IP	H	HR	BB	SO		Avg	AB	H	2B	3B	HR	RBI	BB	SO	OBP	SLG
Home	11.57	0	0	0	4	0	2.1	3	1	0	2	vs. Left	.500	10	5	0	1	1	4	1	1	.545	1.000
Away	45.00	0	1	0	2	0	1.0	5	1	2	0	vs. Right	.429	7	3	1	0	1	2	1	1	.500	1.000

Orlando Merced — Pirates
Age 28 – Bats Left (groundball hitter)

	Avg	G	AB	R	H	2B	3B	HR	RBI	BB	SO	HBP	GDP	SB	CS	OBP	SLG	IBB	SH	SF	#Pit	#P/PA	GB	FB	G/F
1994 Season	.272	108	386	48	105	21	3	9	51	42	58	1	17	4	1	.343	.412	5	0	2	1562	3.62	165	108	1.53
Career (1990-1994)	.277	524	1673	252	463	93	14	33	231	236	275	5	39	20	12	.366	.408	27	2	10	7352	3.81	693	447	1.55

1994 Season

	Avg	AB	H	2B	3B	HR	RBI	BB	SO	OBP	SLG		Avg	AB	H	2B	3B	HR	RBI	BB	SO	OBP	SLG
vs. Left	.281	96	27	3	1	3	20	12	16	.361	.427	Scoring Posn	.276	105	29	7	1	3	41	17	16	.371	.448
vs. Right	.269	290	78	18	2	6	31	30	42	.337	.407	Close & Late	.339	56	19	3	0	4	17	7	10	.406	.607
Groundball	.283	152	43	4	1	1	13	11	25	.331	.342	None on/out	.263	80	21	4	0	2	2	6	13	.322	.388
Flyball	.254	67	17	5	0	3	8	10	12	.351	.463	Batting #3	.219	96	21	3	0	3	10	7	15	.272	.344
Home	.249	201	50	11	2	4	20	27	33	.338	.383	Batting #5	.248	153	38	11	2	4	21	23	27	.348	.425
Away	.297	185	55	10	1	5	31	15	25	.350	.443	Other	.336	137	46	7	1	2	20	12	16	.387	.445
Day	.218	110	24	6	1	2	14	12	21	.298	.345	April	.270	63	17	6	0	0	8	12	12	.395	.365
Night	.293	276	81	15	2	7	37	30	37	.362	.438	May	.306	85	26	3	1	1	8	7	13	.355	.400
Grass	.294	85	25	3	1	2	15	6	11	.344	.424	June	.311	103	32	6	2	4	24	7	12	.351	.524
Turf	.266	301	80	18	2	7	36	36	47	.343	.409	July	.250	100	25	6	0	3	9	14	15	.342	.400
First Pitch	.268	56	15	1	0	2	6	5	0	.328	.393	August	.143	35	5	0	0	1	2	2	6	.189	.229
Ahead in Count	.327	113	37	10	2	4	23	15	0	.403	.558	September/October	.000	0	0	0	0	0	0	0	0	.000	.000
Behind in Count	.253	158	40	5	1	3	18	0	47	.256	.354	Pre-All Star	.286	287	82	16	3	6	43	29	43	.351	.425
Two Strikes	.212	151	32	7	1	3	15	22	58	.314	.331	Post-All Star	.232	99	23	5	0	3	8	13	15	.321	.374

1994 By Position

Position	Avg	AB	H	2B	3B	HR	RBI	BB	SO	OBP	SLG	G	GS	Innings	PO	A	E	DP	Fld Pct	Rng Fctr	In Zone	Outs	Zone Rtg	MLB Zone
As 1b	.264	182	48	8	2	6	24	18	28	.330	.429	55	47	401.2	409	26	3	45	.993	---	77	56	.727	.818
As rf	.282	202	57	13	1	3	27	24	30	.358	.401	68	55	486.1	100	3	2	1	.981	1.91	114	99	.868	.826

Career (1990-1994)

	Avg	AB	H	2B	3B	HR	RBI	BB	SO	OBP	SLG		Avg	AB	H	2B	3B	HR	RBI	BB	SO	OBP	SLG
vs. Left	.250	352	88	15	5	3	47	45	59	.337	.347	Scoring Posn	.303	465	141	30	5	15	198	84	74	.404	.486
vs. Right	.284	1321	375	78	9	30	184	191	216	.374	.425	Close & Late	.277	289	80	20	0	10	55	46	59	.374	.450
Groundball	.258	598	154	23	3	6	59	74	114	.339	.336	None on/out	.271	443	120	25	5	5	60	79	.360	.384
Flyball	.251	323	81	17	1	11	45	53	53	.359	.412	Batting #1	.276	463	128	25	4	10	58	76	90	.378	.413
Home	.263	809	213	49	6	16	87	127	133	.363	.398	Batting #5	.264	488	129	26	5	8	71	69	80	.354	.387
Away	.289	864	250	44	8	17	144	109	142	.369	.418	Other	.285	722	206	42	5	15	102	91	105	.366	.420
Day	.278	460	128	27	5	9	76	69	83	.372	.417	April	.285	193	55	10	1	0	26	41	38	.414	.347
Night	.276	1213	335	66	9	24	155	167	192	.363	.405	May	.327	297	97	20	2	8	42	40	51	.406	.488
Grass	.287	463	133	19	4	9	80	52	75	.358	.404	June	.269	331	89	18	4	9	54	35	42	.338	.429
Turf	.273	1210	330	74	10	24	151	184	200	.369	.410	July	.284	338	96	21	2	8	42	44	56	.362	.429
First Pitch	.341	182	62	14	2	3	30	22	0	.406	.489	August	.235	289	68	15	1	4	38	41	50	.328	.336
Ahead in Count	.366	424	155	33	7	14	92	109	0	.493	.575	September/October	.258	225	58	9	4	4	29	37	38	.364	.387
Behind in Count	.203	696	141	27	3	7	61	0	228	.206	.280	Pre-All Star	.298	969	289	60	9	23	148	129	158	.381	.450
Two Strikes	.192	734	141	32	2	11	67	104	275	.293	.286	Post-All Star	.247	704	174	33	5	10	83	107	117	.346	.351

Batter vs. Pitcher (career)

Hits Best Against	Avg	AB	H	2B	3B	HR	RBI	BB	SO	OBP	SLG	Hits Worst Against	Avg	AB	H	2B	3B	HR	RBI	BB	SO	OBP	SLG
Jeff Brantley	.571	7	4	1	0	0	2	5	0	.750	.714	Jeff Fassero	.000	10	0	0	0	0	0	2	3	.167	.000
Shawn Boskie	.538	13	7	1	1	2	4	1	2	.571	1.231	David Cone	.125	16	2	0	0	0	1	1	5	.176	.125
Jose Rijo	.476	21	10	2	0	0	2	4	4	.560	.571	John Burkett	.136	22	3	0	0	0	1	1	4	.208	.136
Mark Portugal	.435	23	10	2	1	1	7	1	4	.458	.739	Greg Maddux	.161	31	5	1	0	1	0	2	9	.235	.194
Ryan Bowen	.429	14	6	2	0	1	3	0	.529	.571	Bill Swift	.167	12	2	1	0	0	0	0	1	.167	.250

Jose Mercedes — Brewers
Age 24 – Pitches Right

	ERA	W	L	Sv	G	GS	IP	BB	SO	Avg	H	2B	3B	HR	RBI	OBP	SLG	GF	IR	IRS	Hld	SvOp	SB	CS	GB	FB	G/F
1994 Season	2.32	2	0	0	19	0	31.0	16	11	.216	22	2	0	4	8	.333	.353	5	11	0	3	1	0	0	42	33	1.27

1994 Season

	ERA	W	L	Sv	G	GS	IP	H	HR	BB	SO		Avg	AB	H	2B	3B	HR	RBI	BB	SO	OBP	SLG
Home	1.61	2	0	0	11	0	22.1	15	2	10	7	vs. Left	.225	40	9	2	0	0	5	5	.326	.275
Away	4.15	0	0	0	8	0	8.2	7	2	6	4	vs. Right	.210	62	13	0	0	4	8	11	6	.338	.403

Kent Mercker — Braves
Age 27 – Pitches Left

	ERA	W	L	Sv	G	GS	IP	BB	SO	Avg	H	2B	3B	HR	RBI	OBP	SLG	CG	ShO	Sup	QS	#P/S	SB	CS	GB	FB	G/F
1994 Season	3.45	9	4	0	20	17	112.1	45	111	.220	90	15	1	16	42	.295	.379	2	1	4.01	10	106	9	7	117	113	1.04
Last Five Years	3.13	24	17	19	202	27	368.1	175	320	.217	292	50	5	33	142	.309	.335	2	1	3.35	12	97	42	15	423	390	1.08

1994 Season

	ERA	W	L	Sv	G	GS	IP	H	HR	BB	SO		Avg	AB	H	2B	3B	HR	RBI	BB	SO	OBP	SLG
Home	3.52	4	1	0	9	7	46.0	36	8	18	49	vs. Left	.206	63	13	4	1	1	4	8	17	.288	.349
Away	3.39	5	3	0	11	10	66.1	54	8	27	62	vs. Right	.223	346	77	11	0	15	38	37	94	.297	.384
Starter	3.29	9	4	0	17	17	109.1	86	15	40	107	Scoring Posn	.200	90	18	0	0	4	29	13	25	.292	.333
Reliever	9.00	0	0	0	3	0	3.0	4	1	5	4	Close & Late	.143	28	4	0	0	1	2	3	7	.226	.250
0-3 Days Rest (St)	6.00	1	0	0	1	1	6.0	5	1	3	6	None on/out	.198	111	22	7	1	5	5	11	33	.270	.414
4 Days Rest	3.55	2	2	0	4	4	25.1	26	5	8	18	First Pitch	.367	49	18	5	0	2	7	3	0	.396	.592
5+ Days Rest	3.00	7	1	0	12	12	78.0	55	9	29	83	Ahead in Count	.127	204	26	3	0	4	12	0	93	.127	.201
Pre-All Star	3.77	7	2	0	15	12	76.1	64	12	34	79	Behind in Count	.320	75	24	5	1	5	14	21	0	.464	.613
Post-All Star	2.75	2	2	0	5	5	36.0	26	4	11	32	Two Strikes	.121	223	27	3	0	5	9	21	111	.197	.202

Last Five Years

	ERA	W	L	Sv	G	GS	IP	H	HR	BB	SO		Avg	AB	H	2B	3B	HR	RBI	BB	SO	OBP	SLG
Home	3.19	15	5	14	105	11	180.1	146	17	86	150	vs. Left	.221	326	72	15	1	4	29	53	87	.326	.310
Away	3.06	9	12	5	97	16	188.0	146	16	89	170	vs. Right	.216	1020	220	35	4	29	113	122	233	.303	.343
Day	2.70	9	6	3	55	7	93.1	88	7	39	85	Inning 1-6	.213	662	141	26	2	18	71	82	170	.302	.340
Night	3.27	15	11	16	147	20	275.0	204	26	136	235	Inning 7+	.221	684	151	24	3	15	71	93	150	.316	.330
Grass	3.15	22	11	15	149	21	274.2	231	25	133	228	None on	.206	766	158	33	5	20	20	97	185	.300	.341
Turf	3.07	2	6	4	53	6	93.2	61	8	42	92	Runners on	.231	580	134	17	0	13	122	78	135	.321	.328
April	3.86	2	1	2	25	3	44.1	33	5	26	42	Scoring Posn	.237	337	80	9	0	10	113	58	86	.347	.353
May	3.02	6	2	2	36	3	56.2	53	6	27	56	Close & Late	.222	379	84	12	1	10	43	56	82	.323	.338
June	2.66	7	2	3	33	5	61.0	46	6	26	61	None on/out	.183	327	60	15	4	7	7	46	79	.288	.318
July	2.26	7	4	3	44	5	87.2	57	6	44	73	vs. 1st Batr (relief)	.178	146	26	5	2	2	16	26	43	.309	.281
August	4.06	0	4	4	32	4	57.2	56	6	20	45	First Inning Pitched	.201	643	129	24	3	10	68	92	164	.304	.294
September/October	3.54	2	4	3	32	7	61.0	47	4	32	43	First 75 Pitches	.214	1191	255	46	4	25	122	161	288	.309	.322
Starter	3.18	11	5	0	27	27	158.2	120	16	60	147	Pitch 76-90	.247	77	19	3	1	4	10	7	16	.318	.468
Reliever	3.09	13	12	19	175	0	209.2	172	17	115	173	Pitch 91-105	.208	48	10	0	0	2	5	6	9	.296	.333
0-3 Days Rest (St)	3.60	0	1	0	2	2	10.0	9	1	4	9	Pitch 106+	.267	30	8	1	0	2	5	1	7	.290	.500
4 Days Rest	3.15	3	3	0	8	8	45.2	31	5	16	39	First Pitch	.298	141	42	10	0	5	18	10	0	.342	.475
5+ Days Rest	3.15	8	1	0	17	17	103.0	80	10	40	99	Ahead in Count	.149	676	101	20	2	9	42	0	271	.159	.225
Pre-All Star	2.80	17	5	7	107	12	186.2	148	19	88	182	Behind in Count	.306	255	78	12	1	8	46	80	0	.469	.455
Post-All Star	3.47	7	12	12	95	15	181.2	144	14	87	138	Two Strikes	.145	739	107	17	3	15	50	85	320	.238	.237

Pitcher vs. Batter (career)

Pitches Best Vs.	Avg	AB	H	2B	3B	HR	RBI	BB	SO	OBP	SLG	Pitches Worst Vs.	Avg	AB	H	2B	3B	HR	RBI	BB	SO	OBP	SLG
Craig Biggio	.000	9	0	0	0	0	1	2	1	.182	.000	Larry Walker	.417	12	5	2	0	0	3	2	3	.500	.583
Juan Samuel	.100	10	1	0	0	0	1	3		.182	.100	Will Clark	.385	13	5	1	0	1	5	1	0	.429	.692
Delino DeShields	.143	14	2	0	0	0	1	3	2	.294	.143	Todd Zeile	.333	9	3	1	0	2	6	3	1	.500	1.111
Ken Caminiti	.167	12	2	1	0	0	1	1	2	.231	.250	Bobby Bonilla	.313	16	5	1	0	2	4	1	3	.353	.750
Jay Bell	.176	17	3	0	0	0	1	0	4	.222	.176	Andy Van Slyke	.308	13	4	2	0	1	2	3	1	.438	.692

Brett Merriman — Twins
Age 28 – Pitches Right (groundball pitcher)

	ERA	W	L	Sv	G	GS	IP	BB	SO	Avg	H	2B	3B	HR	RBI	OBP	SLG	GF	IR	IRS	Hld	SvOp	SB	CS	GB	FB	G/F
1994 Season	6.35	0	1	0	15	0	17.0	14	10	.269	18	4	0	0	13	.414	.328	5	13	4	3	1	0	0	31	20	1.55
Career (1993-1994)	8.39	1	2	0	34	0	44.0	37	24	.314	54	14	1	3	40	.445	.459	15	25	8	4	1	1	0	81	42	1.93

1994 Season

	ERA	W	L	Sv	G	GS	IP	H	HR	BB	SO		Avg	AB	H	2B	3B	HR	RBI	BB	SO	OBP	SLG
Home	3.00	0	0	0	3	0	3.0	5	0	2	0	vs. Left	.192	26	5	2	0	0	5	8	6	.371	.269
Away	7.07	0	1	0	12	0	14.0	13	0	12	10	vs. Right	.317	41	13	2	0	0	8	6	4	.442	.366

Matt Merullo — Indians
Age 29 – Bats Left (flyball hitter)

	Avg	G	AB	R	H	2B	3B	HR	RBI	BB	SO	HBP	GDP	SB	CS	OBP	SLG	IBB	SH	SF	#Pit	#P/PA	GB	FB	G/F
1994 Season	.100	4	10	1	1	0	0	0	0	2	1	0	0	0	0	.250	.100	0	1	0	40	3.08	4	3	1.33
Last Five Years	.195	116	220	13	43	2	1	5	24	12	28	1	2	0	0	.235	.282	1	3	5	765	3.17	67	91	0.74

1994 Season

	Avg	AB	H	2B	3B	HR	RBI	BB	SO	OBP	SLG		Avg	AB	H	2B	3B	HR	RBI	BB	SO	OBP	SLG
vs. Left	.000	1	0	0	0	0	0	0	0	.000	.000	Scoring Posn	.000	2	0	0	0	0	0	0	0	.000	.000
vs. Right	.111	9	1	0	0	0	0	2	1	.273	.111	Close & Late	.000	2	0	0	0	0	0	1	1	.333	.000

Jose Mesa — Indians
Age 29 – Pitches Right

	ERA	W	L	Sv	G	GS	IP	BB	SO	Avg	H	2B	3B	HR	RBI	OBP	SLG	GF	IR	IRS	Hld	SvOp	SB	CS	GB	FB	G/F
1994 Season	3.82	7	5	2	51	0	73.0	26	63	.254	71	12	0	3	42	.321	.330	22	48	15	8	6	3	0	111	52	2.13
Last Five Years	4.83	33	42	2	143	90	612.2	247	331	.278	660	16	6	51	290	.348	.399	23	52	15	8	6	42	28	830	739	1.12

1994 Season

	ERA	W	L	Sv	G	GS	IP	H	HR	BB	SO		Avg	AB	H	2B	3B	HR	RBI	BB	SO	OBP	SLG
Home	2.45	5	3	1	24	0	44.0	34	0	13	35	vs. Left	.269	119	32	4	0	1	15	13	28	.346	.328
Away	5.90	2	2	1	27	0	29.0	37	3	13	28	vs. Right	.244	160	39	8	0	2	27	13	35	.301	.331
Day	5.59	0	2	1	17	0	19.1	24	1	12	22	Inning 1-6	.231	39	9	4	0	0	11	2	8	.256	.333
Night	3.19	7	3	2	34	0	53.2	47	2	14	41	Inning 7+	.258	240	62	8	0	3	31	24	55	.331	.329

269

1994 Season

	ERA	W	L	Sv	G	GS	IP	H	HR	BB	SO		Avg	AB	H	2B	3B	HR	RBI	BB	SO	OBP	SLG
Grass	3.61	6	4	2	43	0	67.1	62	2	23	58	None on	.211	142	30	8	0	0	0	12	31	.277	.268
Turf	6.35	1	1	0	8	0	5.2	9	1	3	5	Runners on	.299	137	41	4	0	3	42	14	32	.363	.394
April	4.11	3	0	2	12	0	15.1	16	1	4	13	Scoring Posn	.314	86	27	4	0	2	40	13	19	.394	.430
May	2.57	1	2	0	11	0	14.0	10	0	6	16	Close & Late	.244	160	39	7	0	2	19	16	33	.318	.325
June	4.08	3	2	0	14	0	17.2	20	1	6	14	None on/out	.150	60	9	1	0	0	0	1	14	.164	.167
July	5.40	0	1	0	10	0	16.2	17	1	8	13	vs. 1st Batr (relief)	.261	46	12	0	0	0	7	3	10	.300	.261
August	1.93	0	0	0	4	0	9.1	8	0	2	7	First Inning Pitched	.255	161	41	6	0	2	29	14	40	.317	.329
September/October	0.00	0	0	0	0	0	0.0	0	0	0	0	First 15 Pitches	.244	135	33	5	0	2	23	13	31	.314	.326
Starter	0.00	0	0	0	0	0	0.0	0	0	0	0	Pitch 16-30	.299	87	26	4	0	0	13	9	21	.361	.345
Reliever	3.82	7	5	2	51	0	73.0	71	3	26	63	Pitch 31-45	.190	42	8	2	0	1	3	2	9	.244	.310
0 Days rest (Re)	5.89	3	1	1	15	0	18.1	24	2	7	15	Pitch 46+	.267	15	4	1	0	0	3	2	2	.353	.333
1 or 2 Days rest	2.47	4	2	1	28	0	43.2	33	1	14	40	First Pitch	.467	30	14	1	0	2	9	7	0	.553	.700
3+ Days rest	5.73	0	2	0	8	0	11.0	14	0	5	8	Ahead in Count	.211	152	32	5	0	1	20	0	56	.219	.263
Pre-All Star	3.31	7	4	2	40	0	51.2	50	2	17	47	Behind in Count	.255	55	14	3	0	0	6	6	0	.333	.309
Post-All Star	5.06	0	1	0	11	0	21.1	21	1	9	16	Two Strikes	.156	141	22	4	0	0	9	13	63	.237	.184

Last Five Years

	ERA	W	L	Sv	G	GS	IP	H	HR	BB	SO		Avg	AB	H	2B	3B	HR	RBI	BB	SO	OBP	SLG
Home	4.44	18	22	1	70	45	308.1	316	23	126	162	vs. Left	.293	1174	344	53	0	20	128	126	133	.362	.389
Away	5.23	15	20	1	73	45	304.1	344	28	121	169	vs. Right	.264	1196	316	68	6	31	162	121	198	.334	.409
Day	5.74	5	18	0	47	29	185.0	221	20	80	109	Inning 1-6	.278	1881	522	97	6	43	237	197	248	.347	.404
Night	4.44	28	24	2	96	61	427.2	439	31	167	222	Inning 7+	.282	489	138	24	0	8	53	50	83	.351	.380
Grass	4.79	27	35	2	119	74	511.0	538	42	210	278	None on	.259	1330	345	68	3	25	25	142	176	.334	.371
Turf	5.05	6	7	0	24	16	101.2	122	9	37	53	Runners on	.303	1040	315	53	3	26	265	105	155	.365	.435
April	3.63	6	6	2	23	11	84.1	85	9	23	55	Scoring Posn	.300	594	178	34	2	14	234	73	88	.368	.434
May	4.16	9	9	0	30	18	123.1	125	12	55	66	Close & Late	.253	292	74	13	0	4	30	31	49	.328	.339
June	5.94	6	10	0	29	15	97.0	114	9	37	43	None on/out	.272	610	166	31	0	14	14	48	77	.327	.392
July	4.38	3	4	0	20	9	74.0	80	5	27	44	vs. 1st Batr (relief)	.250	48	12	0	0	0	7	3	10	.288	.250
August	5.09	2	5	0	19	15	106.0	108	9	41	57	First Inning Pitched	.252	503	127	26	1	9	78	61	91	.334	.362
September/October	5.48	7	8	0	22	22	128.0	148	7	64	66	First 15 Pitches	.268	418	112	23	1	8	48	44	59	.339	.385
Starter	4.98	26	37	0	90	90	536.1	587	48	217	268	Pitch 16-30	.279	412	115	13	0	10	55	41	75	.344	.383
Reliever	3.77	7	5	2	53	0	76.1	73	3	30	63	Pitch 31-45	.259	351	91	19	2	6	45	37	59	.329	.376
0 Days rest (Re)	5.89	3	1	1	15	0	18.1	24	2	7	15	Pitch 46+	.288	1189	342	66	3	27	142	125	138	.358	.416
1 or 2 Days rest	2.42	4	2	1	29	0	44.2	33	1	14	40	First Pitch	.354	333	118	21	3	9	53	13	0	.376	.517
3+ Days rest	5.40	0	2	0	9	0	13.1	16	0	9	8	Ahead in Count	.246	1059	260	45	2	15	110	0	286	.252	.334
Pre-All Star	4.53	22	26	2	88	46	322.0	342	30	127	173	Behind in Count	.295	525	155	37	1	12	69	126	0	.428	.438
Post-All Star	5.17	11	16	0	55	44	290.2	318	21	120	158	Two Strikes	.229	1036	237	35	2	19	97	108	331	.306	.321

Pitcher vs. Batter (career)

Pitchers Best Vs.	Avg	AB	H	2B	3B	HR	RBI	BB	SO	OBP	SLG	Pitchers Worst Vs.	Avg	AB	H	2B	3B	HR	RBI	BB	SO	OBP	SLG
Matt Nokes	.000	15	0	0	0	0	0	2	2	.118	.000	Gregg Jefferies	.615	13	8	2	0	1	1	0	0	.615	1.000
Troy Neel	.077	13	1	0	0	0	0	2	3	.200	.077	Chad Kreuter	.600	10	6	2	0	1	4	1	1	.667	1.100
Tim Raines	.091	11	1	0	0	0	0	0	0	.091	.091	Ken Griffey Jr	.500	20	10	1	0	1	3	0	1	.500	.700
Felix Jose	.091	11	1	0	0	0	0	0	2	.091	.091	Pat Borders	.500	12	6	0	0	2	0	0	0	.500	.667
Mike Greenwell	.125	32	4	0	0	0	2	1	3	.152	.125	Rickey Henderson	.421	19	8	3	0	0	0	9	0	.607	.579

Danny Miceli — Pirates

Age 24 – Pitches Right (flyball pitcher)

	ERA	W	L	Sv	G	GS	IP	BB	SO	Avg	H	2B	3B	HR	RBI	OBP	SLG	GF	IR	IRS	Hld	SvOp	SB	CS	GB	FB	G/F
1994 Season	5.93	2	1	2	28	0	27.1	11	27	.267	28	6	0	5	22	.342	.467	9	20	4	4	3	5	2	25	39	0.64
Career (1993-1994)	5.79	2	1	2	37	0	32.2	14	31	.268	34	8	0	5	25	.345	.449	10	28	5	4	3	7	2	28	50	0.56

1994 Season

	ERA	W	L	Sv	G	GS	IP	H	HR	BB	SO		Avg	AB	H	2B	3B	HR	RBI	BB	SO	OBP	SLG
Home	5.50	2	1	1	16	0	18.0	18	3	7	22	vs. Left	.243	37	9	3	0	2	8	4	7	.317	.486
Away	6.75	0	0	1	12	0	9.1	10	2	4	5	vs. Right	.279	68	19	3	0	3	14	7	20	.354	.456
Starter	0.00	0	0	0	0	0	0.0	0	0	0	0	Scoring Posn	.278	36	10	3	0	2	17	6	11	.378	.528
Reliever	5.93	2	1	2	28	0	27.1	28	5	11	27	Close & Late	.214	28	6	2	0	0	6	5	10	.333	.286
0 Days rest (Re)	3.00	1	0	0	4	0	3.0	3	0	0	3	None on/out	.240	25	6	0	0	1	1	1	6	.269	.360
1 or 2 Days rest	1.76	1	0	2	13	0	15.1	8	1	4	14	First Pitch	.333	12	4	2	0	0	3	1	0	.400	.500
3+ Days rest	14.00	0	1	0	11	0	9.0	17	4	7	10	Ahead in Count	.246	57	14	2	0	3	13	0	24	.259	.439
Pre-All Star	8.10	0	0	0	17	0	13.1	15	5	7	17	Behind in Count	.200	15	3	1	0	0	1	7	0	.435	.267
Post-All Star	3.86	2	1	2	11	0	14.0	13	0	4	10	Two Strikes	.246	65	16	2	0	2	9	3	27	.290	.369

Matt Mieske — Brewers

Age 27 – Bats Right

	Avg	G	AB	R	H	2B	3B	HR	RBI	BB	SO	HBP	GDP	SB	CS	OBP	SLG	IBB	SH	SF	#Pit	#P/PA	GB	FB	G/F
1994 Season	.259	84	259	39	67	13	1	10	38	21	62	3	6	3	5	.320	.432	0	2	1	1137	3.98	87	70	1.24
Career (1993-1994)	.256	107	317	48	81	13	1	13	45	25	76	3	8	3	7	.315	.426	0	3	1	1380	3.95	112	80	1.40

1994 Season

	Avg	AB	H	2B	3B	HR	RBI	BB	SO	OBP	SLG		Avg	AB	H	2B	3B	HR	RBI	BB	SO	OBP	SLG
vs. Left	.299	67	20	3	0	7	19	7	8	.368	.657	Scoring Posn	.282	71	20	4	1	3	31	7	21	.350	.493
vs. Right	.245	192	47	10	1	3	19	14	54	.303	.354	Close & Late	.333	36	12	1	0	2	6	1	7	.351	.528
Home	.229	144	33	2	1	7	21	14	35	.304	.403	None on/out	.215	65	14	4	0	2	2	2	14	.239	.369
Away	.296	115	34	11	0	3	17	7	27	.341	.470	Batting #7	.238	84	20	3	0	2	11	4	17	.286	.345
First Pitch	.320	25	8	1	0	2	5	0	0	.346	.600	Batting #8	.293	92	27	5	0	5	14	6	19	.343	.533
Ahead in Count	.353	68	24	5	0	6	22	16	0	.476	.691	Other	.241	83	20	5	0	3	13	11	26	.330	.410

1994 Season	Avg	AB	H	2B	3B	HR	RBI	BB	SO	OBP	SLG		Avg	AB	H	2B	3B	HR	RBI	BB	SO	OBP	SLG
Behind in Count	.205	112	23	3	0	2	6	0	54	.204	.286	Pre-All Star	.284	176	50	7	1	8	28	16	42	.354	.472
Two Strikes	.208	130	27	6	0	2	9	5	62	.246	.300	Post-All Star	.205	83	17	6	0	2	10	5	20	.247	.349

Bob Milacki — Royals

Age 30 – Pitches Right

	ERA	W	L	Sv	G	GS	IP	BB	SO	Avg	H	2B	3B	HR	RBI	OBP	SLG	CG	ShO	Sup	QS	#P/S	SB	CS	GB	FB	G/F
1994 Season	6.14	0	5	0	10	10	55.2	20	17	.298	68	18	2	6	33	.352	.474	0	0	4.37	3	86	3	0	94	53	1.77
Last Five Years	4.76	22	31	1	96	82	506.2	189	243	.276	545	120	7	60	260	.337	.434	4	2	4.41	37	88	46	10	724	608	1.19

1994 Season

	ERA	W	L	Sv	G	GS	IP	H	HR	BB	SO		Avg	AB	H	2B	3B	HR	RBI	BB	SO	OBP	SLG
Home	5.55	0	3	0	6	6	35.2	36	2	12	11	vs. Left	.264	110	29	2	2	3	15	11	8	.323	.400
Away	7.20	0	2	0	4	4	20.0	32	4	8	6	vs. Right	.331	118	39	16	0	3	18	9	9	.380	.542

Last Five Years

	ERA	W	L	Sv	G	GS	IP	H	HR	BB	SO		Avg	AB	H	2B	3B	HR	RBI	BB	SO	OBP	SLG
Home	5.37	10	14	0	48	40	236.1	275	31	78	121	vs. Left	.265	976	259	53	5	22	110	104	125	.333	.398
Away	4.23	12	17	1	48	42	270.1	270	29	111	122	vs. Right	.285	1002	286	67	2	38	150	85	118	.342	.470
Day	4.44	6	8	1	25	21	127.2	124	17	54	62	Inning 1-6	.278	1749	486	109	7	53	244	165	220	.339	.439
Night	4.87	16	23	0	71	61	379.0	421	43	135	181	Inning 7+	.258	229	59	11	0	7	16	24	23	.328	.397
Grass	4.81	18	23	1	77	64	393.0	429	51	157	192	None on	.265	1141	302	69	6	35	35	109	151	.330	.428
Turf	4.59	4	8	0	19	18	113.2	116	9	32	51	Runners on	.290	837	243	51	1	25	225	80	92	.347	.443
April	3.66	3	2	0	11	10	64.0	51	7	33	28	Scoring Posn	.305	456	139	30	0	11	188	56	46	.370	.443
May	5.49	4	6	0	18	14	80.1	108	12	39	33	Close & Late	.291	110	32	6	0	7	10	14	11	.371	.536
June	4.74	6	5	0	24	24	144.1	163	16	44	71	None on/out	.278	508	141	29	4	18	18	48	62	.341	.457
July	6.89	2	12	0	16	16	79.2	86	12	33	37	vs. 1st Batr (relief)	.538	13	7	2	1	0	7	1	0	.571	.846
August	3.51	2	2	0	6	6	41.0	43	7	5	23	First Inning Pitched	.271	377	102	18	3	12	73	40	48	.340	.430
September/October	3.70	5	4	1	21	12	97.1	94	6	35	51	First 75 Pitches	.276	1610	445	92	7	49	228	142	195	.334	.434
Starter	4.86	20	31	0	82	82	464.2	503	56	173	228	Pitch 76-90	.299	201	60	18	0	6	17	23	26	.371	.478
Reliever	3.64	2	0	1	14	0	42.0	42	4	16	15	Pitch 91-105	.220	123	27	6	0	2	8	15	15	.302	.317
0-3 Days Rest (St)	12.46	1	2	0	3	3	8.2	14	3	7	5	Pitch 106+	.295	44	13	4	0	3	7	9	7	.415	.591
4 Days Rest	4.88	9	21	0	49	49	282.0	312	35	103	143	First Pitch	.272	309	84	20	0	6	41	9	0	.289	.395
5+ Days Rest	4.45	10	8	0	30	30	174.0	177	18	63	80	Ahead in Count	.216	765	165	34	2	12	75	0	203	.217	.312
Pre-All Star	5.12	13	19	0	59	54	316.2	360	41	129	148	Behind in Count	.352	531	187	42	4	28	96	96	0	.449	.605
Post-All Star	4.17	9	12	1	37	28	190.0	185	19	60	95	Two Strikes	.209	755	158	30	3	15	65	84	243	.289	.317

Pitcher vs. Batter (career)

Pitches Best Vs.	Avg	AB	H	2B	3B	HR	RBI	BB	SO	OBP	SLG	Pitches Worst Vs.	Avg	AB	H	2B	3B	HR	RBI	BB	SO	OBP	SLG
Sandy Alomar Jr	.000	13	0	0	0	0	0	0	1	.000	.000	Frank Thomas	.583	12	7	1	0	2	6	1	2	.615	1.167
Bernie Williams	.071	14	1	0	0	0	0	1	0	.133	.071	Rafael Palmeiro	.500	18	9	2	0	2	5	5	0	.609	.944
Alan Trammell	.094	32	3	1	0	0	1	5	5	.216	.125	Mickey Tettleton	.500	14	7	1	0	1	5	4	2	.611	.786
Greg Vaughn	.105	19	2	0	0	1	2	0	1	.105	.263	Pete Incaviglia	.462	13	6	3	0	3	8	2	3	.533	1.385
Greg Gagne	.154	13	2	1	0	0	1	0	2	.143	.231	Jose Canseco	.357	14	5	0	0	3	6	1	3	.353	1.000

Keith Miller — Royals

Age 32 – Bats Right

	Avg	G	AB	R	H	2B	3B	HR	RBI	BB	SO	HBP	GDP	SB	CS	OBP	SLG	IBB	SH	SF	#Pit	#P/PA	GB	FB	G/F
1994 Season	.133	5	15	1	2	0	0	0	0	0	3	0	0	0	0	.133	.133	0	0	0	57	3.80	5	3	1.67
Last Five Years	.263	334	1047	150	275	57	5	9	76	85	158	22	8	49	14	.329	.352	1	3	6	4185	3.60	357	304	1.17

1994 Season

	Avg	AB	H	2B	3B	HR	RBI	BB	SO	OBP	SLG		Avg	AB	H	2B	3B	HR	RBI	BB	SO	OBP	SLG
vs. Left	.000	7	0	0	0	0	0	0	1	.000	.000	Scoring Posn	.200	5	1	0	0	0	0	0	0	.200	.200
vs. Right	.250	8	2	0	0	0	0	0	2	.250	.250	Close & Late	.500	4	2	0	0	0	0	0	0	.500	.500

Last Five Years

	Avg	AB	H	2B	3B	HR	RBI	BB	SO	OBP	SLG		Avg	AB	H	2B	3B	HR	RBI	BB	SO	OBP	SLG
vs. Left	.251	450	113	27	2	1	25	38	77	.311	.327	Scoring Posn	.286	210	60	13	1	0	63	17	38	.353	.357
vs. Right	.271	597	162	30	3	8	51	47	81	.343	.372	Close & Late	.266	177	47	5	0	2	13	19	39	.342	.328
Groundball	.269	268	72	11	2	0	17	21	42	.337	.325	None on/out	.231	360	83	17	2	3	3	36	43	.309	.314
Flyball	.249	277	69	13	1	1	20	16	38	.308	.314	Batting #1	.268	637	171	35	4	5	54	51	89	.334	.359
Home	.262	534	140	24	2	4	38	54	68	.342	.337	Batting #2	.290	255	74	19	1	4	17	18	36	.348	.420
Away	.263	513	135	33	3	5	38	31	90	.316	.368	Other	.194	155	30	3	0	0	5	16	33	.282	.213
Day	.246	333	82	24	0	2	22	28	46	.313	.336	April	.249	169	42	14	0	2	6	17	23	.328	.367
Night	.270	714	193	33	5	7	54	57	112	.337	.360	May	.285	144	41	8	0	2	10	7	23	.322	.382
Grass	.254	551	140	31	0	5	39	49	91	.321	.338	June	.281	160	45	7	2	1	19	13	23	.346	.369
Turf	.272	496	135	26	5	4	37	36	67	.338	.369	July	.321	134	43	9	0	0	10	1	17	.341	.388
First Pitch	.376	170	64	16	3	1	20	0	0	.399	.524	August	.188	144	27	3	0	2	11	14	30	.282	.250
Ahead in Count	.290	248	72	16	1	4	24	52	0	.415	.411	September/October	.260	296	77	16	3	2	20	33	42	.342	.355
Behind in Count	.205	439	90	15	1	2	18	0	145	.217	.257	Pre-All Star	.279	538	150	34	2	5	41	38	76	.336	.377
Two Strikes	.198	444	88	15	1	2	18	32	158	.262	.250	Post-All Star	.246	509	125	23	3	4	35	47	82	.323	.326

Batter vs. Pitcher (career)

Hits Best Against	Avg	AB	H	2B	3B	HR	RBI	BB	SO	OBP	SLG	Hits Worst Against	Avg	AB	H	2B	3B	HR	RBI	BB	SO	OBP	SLG
Bruce Ruffin	.500	16	8	4	1	0	1	4	3	.600	.875	Mark Langston	.063	16	1	1	0	0	0	0	3	.063	.125
Jaime Navarro	.400	10	4	2	0	0	1	1	0	.455	.600	Paul Assenmacher	.083	12	1	0	0	0	0	1	8	.154	.083
Melido Perez	.364	11	4	0	1	0	2	0	2	.417	.545	Randy Johnson	.083	12	1	0	0	0	0	2	4	.214	.083
Scott Erickson	.333	12	4	0	1	0	1	0	3	.385	.500	Greg Maddux	.091	11	1	0	0	0	0	0	1	.091	.091
Bud Black	.333	9	3	1	0	0	0	1	3	.455	.444	Rheal Cormier	.143	14	2	1	0	0	0	0	3	.143	.214

Kurt Miller — Marlins
Age 22 – Pitches Right

	ERA	W	L	Sv	G	GS	IP	BB	SO	Avg	H	2B	3B	HR	RBI	OBP	SLG	CG	ShO	Sup	QS	#P/S	SB	CS	GB	FB	G/F
1994 Season	8.10	1	3	0	4	4	20.0	7	11	.317	26	3	1	3	15	.380	.488	0	0	4.50	1	82	0	0	28	23	1.22

1994 Season

	ERA	W	L	Sv	G	GS	IP	H	HR	BB	SO		Avg	AB	H	2B	3B	HR	RBI	BB	SO	OBP	SLG
Home	4.50	1	1	0	2	2	14.0	14	1	3	8	vs. Left	.231	39	9	0	1	1	6	4	7	.318	.359
Away	16.50	0	2	0	2	2	6.0	12	2	4	3	vs. Right	.395	43	17	3	0	2	9	3	4	.438	.605

Orlando Miller — Astros
Age 26 – Bats Right

	Avg	G	AB	R	H	2B	3B	HR	RBI	BB	SO	HBP	GDP	SB	CS	OBP	SLG	IBB	SH	SF	#Pit	#P/PA	GB	FB	G/F
1994 Season	.325	16	40	3	13	0	1	2	9	2	12	2	0	1	0	.386	.525	2	0	0	144	3.27	10	11	0.91

1994 Season

	Avg	AB	H	2B	3B	HR	RBI	BB	SO	OBP	SLG		Avg	AB	H	2B	3B	HR	RBI	BB	SO	OBP	SLG
vs. Left	.200	10	2	0	1	0	3	1	4	.273	.400	Scoring Posn	.462	13	6	0	1	1	8	2	5	.533	.846
vs. Right	.367	30	11	0	0	2	6	1	8	.424	.567	Close & Late	.200	5	1	0	0	0	1	0	2	.200	.200

Randy Milligan — Expos
Age 33 – Bats Right

	Avg	G	AB	R	H	2B	3B	HR	RBI	BB	SO	HBP	GDP	SB	CS	OBP	SLG	IBB	SH	SF	#Pit	#P/PA	GB	FB	G/F
1994 Season	.232	47	82	10	19	2	0	2	12	14	21	0	1	0	0	.337	.329	1	0	2	416	4.24	23	24	0.96
Last Five Years	.262	536	1670	239	437	78	5	55	231	352	331	9	53	6	11	.390	.413	8	0	14	8399	4.11	557	492	1.13

1994 Season

	Avg	AB	H	2B	3B	HR	RBI	BB	SO	OBP	SLG		Avg	AB	H	2B	3B	HR	RBI	BB	SO	OBP	SLG
vs. Left	.260	50	13	2	0	1	7	8	12	.362	.360	Scoring Posn	.206	34	7	1	0	1	10	10	9	.370	.324
vs. Right	.188	32	6	0	0	1	5	6	9	.300	.281	Close & Late	.143	21	3	1	0	1	5	6	6	.310	.333

Last Five Years

	Avg	AB	H	2B	3B	HR	RBI	BB	SO	OBP	SLG		Avg	AB	H	2B	3B	HR	RBI	BB	SO	OBP	SLG
vs. Left	.300	530	159	33	3	21	83	123	100	.432	.492	Scoring Posn	.265	449	119	20	1	11	173	101	102	.393	.388
vs. Right	.244	1140	278	45	2	34	148	229	231	.371	.376	Close & Late	.221	285	63	13	1	9	42	65	51	.364	.368
Groundball	.243	498	121	20	2	9	72	93	93	.365	.345	None on/out	.250	199	48	15	2	18	18	97	74	.400	.436
Flyball	.290	338	98	16	0	21	51	93	73	.441	.524	Batting #5	.264	707	187	37	1	21	93	150	124	.392	.409
Home	.245	811	199	32	2	32	115	190	165	.389	.408	Batting #6	.263	304	80	11	1	10	37	50	63	.373	.405
Away	.277	859	238	46	3	23	116	162	166	.391	.418	Other	.258	659	170	30	3	24	101	152	144	.396	.422
Day	.279	466	130	25	0	11	62	97	86	.403	.403	April	.244	246	60	6	1	4	26	51	61	.371	.325
Night	.255	1204	307	53	5	44	169	255	245	.385	.417	May	.242	355	86	20	1	10	48	85	73	.392	.389
Grass	.254	1233	313	56	3	41	166	261	235	.384	.404	June	.317	334	106	18	0	22	69	56	59	.416	.569
Turf	.284	437	124	22	2	14	65	91	96	.407	.439	July	.239	314	75	12	1	12	46	66	53	.369	.398
First Pitch	.338	213	72	14	0	13	42	4	0	.350	.587	August	.279	222	62	12	1	3	27	58	41	.428	.383
Ahead in Count	.322	370	119	26	2	13	56	195	0	.553	.508	September/October	.241	199	48	10	1	4	15	36	44	.359	.362
Behind in Count	.199	697	139	14	2	14	65	0	231	.205	.286	Pre-All Star	.267	1045	279	49	2	40	155	216	209	.393	.433
Two Strikes	.197	847	167	20	3	21	89	152	331	.323	.302	Post-All Star	.253	625	158	29	3	15	76	136	122	.386	.381

Batter vs. Pitcher (career)

Hits Best Against	Avg	AB	H	2B	3B	HR	RBI	BB	SO	OBP	SLG	Hits Worst Against	Avg	AB	H	2B	3B	HR	RBI	BB	SO	OBP	SLG
Kenny Rogers	.444	9	4	3	0	0	1	4	2	.615	.778	Bud Black	.000	13	0	0	0	0	0	3	0	.188	.000
Frank Viola	.429	14	6	1	0	1	6	4	1	.556	.714	Scott Sanderson	.000	9	0	0	0	0	0	5	3	.357	.000
Mark Gubicza	.417	12	5	1	1	2	7	1	4	.462	1.167	Jack Morris	.053	19	1	0	0	0	0	0	6	.053	.105
Greg Swindell	.412	34	14	1	0	6	10	3	4	.459	.971	Dave Stewart	.091	11	1	0	0	0	1	1	1	.167	.091
Melido Perez	.333	12	4	0	0	2	2	1	3	.385	.833	Mike Moore	.125	16	2	0	0	0	1	1	6	.167	.125

Alan Mills — Orioles
Age 28 – Pitches Right

	ERA	W	L	Sv	G	GS	IP	BB	SO	Avg	H	2B	3B	HR	RBI	OBP	SLG	GF	IR	IRS	Hld	SvOp	SB	CS	GB	FB	G/F
1994 Season	5.16	3	3	2	47	0	45.1	24	44	.251	43	7	0	7	28	.348	.415	16	47	8	14	4	3	0	53	53	1.00
Career (1990-1994)	3.49	20	17	8	169	5	307.0	170	207	.238	265	46	7	31	148	.339	.376	67	163	48	23	16	28	8	369	363	1.02

1994 Season

	ERA	W	L	Sv	G	GS	IP	H	HR	BB	SO		Avg	AB	H	2B	3B	HR	RBI	BB	SO	OBP	SLG
Home	4.35	2	1	0	21	0	20.2	17	1	9	23	vs. Left	.292	65	19	4	0	0	8	10	16	.387	.354
Away	5.84	1	2	2	26	0	24.2	26	6	15	21	vs. Right	.226	106	24	3	0	7	20	14	28	.325	.453
Starter	0.00	0	0	0	0	0	0.0	0	0	0	0	Scoring Posn	.206	63	13	1	0	2	20	12	19	.338	.317
Reliever	5.16	3	3	2	47	0	45.1	43	7	24	44	Close & Late	.222	81	18	3	0	4	14	14	22	.344	.407
0 Days rest (Re)	4.50	0	1	1	11	0	10.0	7	3	6	4	None on/out	.256	39	10	0	0	3	3	2	12	.310	.487
1 or 2 Days rest	6.75	3	1	1	24	0	20.0	20	2	11	23	First Pitch	.143	21	3	0	0	1	3	1	0	.182	.286
3+ Days rest	3.52	0	1	0	12	0	15.1	16	2	7	17	Ahead in Count	.192	78	15	1	0	3	8	0	34	.210	.321
Pre-All Star	5.00	3	3	2	39	0	36.0	32	6	18	38	Behind in Count	.300	30	9	3	0	2	8	10	0	.475	.600
Post-All Star	5.79	0	0	0	8	0	9.1	11	1	6	6	Two Strikes	.191	94	18	3	0	2	11	13	44	.300	.287

Career (1990-1994)

	ERA	W	L	Sv	G	GS	IP	H	HR	BB	SO		Avg	AB	H	2B	3B	HR	RBI	BB	SO	OBP	SLG
Home	3.25	10	10	5	84	1	155.0	132	14	79	97	vs. Left	.277	488	135	22	2	9	56	76	66	.374	.385
Away	3.73	10	7	3	85	4	152.0	133	17	91	110	vs. Right	.208	625	130	24	5	22	92	94	141	.313	.368
Day	4.62	2	7	2	55	0	97.1	96	7	64	79	Inning 1-6	.226	439	99	16	1	14	61	59	79	.319	.362
Night	2.96	18	10	6	114	2	209.2	169	24	106	128	Inning 7+	.246	674	166	30	6	17	87	111	126	.353	.384
Grass	3.29	17	15	8	147	3	265.0	220	26	150	175	None on	.263	551	145	32	3	18	18	80	89	.360	.430
Turf	4.71	3	2	0	22	2	42.0	45	5	20	32	Runners on	.214	562	120	14	4	13	130	90	118	.320	.322
April	4.95	1	2	0	26	0	40.0	33	8	23	30	Scoring Posn	.201	353	71	9	3	9	117	71	87	.330	.320

Career (1990-1994)

	ERA	W	L	Sv	G	GS	IP	H	HR	BB	SO		Avg	AB	H	2B	3B	HR	RBI	BB	SO	OBP	SLG
May	2.47	1	3	1	32	0	54.2	44	1	30	36	Close & Late	.230	335	77	15	4	8	44	64	72	.356	.370
June	2.22	7	4	1	34	0	56.2	53	6	25	39	None on/out	.280	254	71	12	1	10	10	35	39	.371	.453
July	4.77	3	1	1	34	0	54.2	47	8	34	31	vs. 1st Batr (relief)	.264	144	38	8	0	7	27	14	24	.329	.465
August	3.11	3	3	2	20	3	55.0	48	5	32	37	First Inning Pitched	.242	509	123	23	2	14	92	76	102	.341	.377
September/October	3.91	5	4	3	23	2	46.0	40	3	26	34	First 15 Pitches	.236	441	104	19	2	13	73	65	83	.337	.376
Starter	5.64	1	2	0	5	5	22.1	26	2	12	11	Pitch 16-30	.260	308	80	13	2	10	41	45	59	.349	.412
Reliever	3.32	19	15	8	164	0	284.2	239	29	158	196	Pitch 31-45	.235	200	47	8	2	5	16	28	38	.332	.370
0 Days rest (Re)	3.03	1	2	4	25	0	32.2	26	6	14	23	Pitch 46+	.207	164	34	6	1	3	18	32	27	.337	.311
1 or 2 Days rest	2.68	7	3	4	63	0	94.0	72	5	57	73	First Pitch	.281	153	43	7	1	4	25	18	0	.355	.418
3+ Days rest	3.76	11	10	0	76	0	158.0	141	18	87	100	Ahead in Count	.186	463	86	11	1	7	43	0	162	.197	.259
Pre-All Star	3.21	12	9	3	107	0	176.2	149	21	91	122	Behind in Count	.274	248	68	15	2	10	40	76	0	.439	.472
Post-All Star	3.87	8	8	5	62	5	130.1	116	10	79	85	Two Strikes	.177	521	92	12	4	12	60	76	207	.285	.284

Pitcher vs. Batter (career)

Pitches Best Vs.	Avg	AB	H	2B	3B	HR	RBI	BB	SO	OBP	SLG	Pitches Worst Vs.	Avg	AB	H	2B	3B	HR	RBI	BB	SO	OBP	SLG
Kevin Seitzer	.077	13	1	1	0	0	0	0	1	.077	.154	Lance Johnson	.500	10	5	0	0	0	2	1	0	.545	.500
Frank Thomas	.083	12	1	0	0	0	1	5	4	.333	.083	Juan Gonzalez	.455	11	5	1	0	3	6	0	5	.455	1.364
Lou Whitaker	.100	10	1	0	0	0	1	3	1	.308	.100	Travis Fryman	.308	13	4	1	0	1	3	1	3	.357	.615
Carlos Baerga	.167	12	2	0	0	0	2	2	2	.286	.167												
Mickey Tettleton	.222	9	2	0	1	1	2	4	4	.462	.778												

Nate Minchey — Red Sox
Age 25 – Pitches Right

	ERA	W	L	Sv	G	GS	IP	BB	SO	Avg	H	2B	3B	HR	RBI	OBP	SLG	CG	ShO	Sup	QS	#P/S	SB	CS	GB	FB	G/F
1994 Season	8.61	3	2	0	6	5	23.0	14	15	.427	44	11	1	2	22	.483	.583	0	0	4.70	1	79	0	1	32	27	1.19
Career (1993-1994)	5.63	3	5	0	11	10	56.0	22	33	.336	79	19	2	6	36	.388	.511	0	0	5.30	4	91	1	2	83	61	1.36

1994 Season

	ERA	W	L	Sv	G	GS	IP	H	HR	BB	SO		Avg	AB	H	2B	3B	HR	RBI	BB	SO	OBP	SLG
Home	7.63	1	2	0	4	3	15.1	31	1	10	8	vs. Left	.460	50	23	6	1	0	9	6	8	.509	.620
Away	10.57	1	1	0	2	2	7.2	13	0	4	7	vs. Right	.396	53	21	5	0	1	13	8	7	.460	.547

Blas Minor — Pirates
Age 29 – Pitches Right

	ERA	W	L	Sv	G	GS	IP	BB	SO	Avg	H	2B	3B	HR	RBI	OBP	SLG	GF	IR	IRS	Hld	SvOp	SB	CS	GB	FB	G/F
1994 Season	8.05	0	1	1	17	0	19.0	9	17	.351	27	10	0	4	19	.420	.636	2	14	7	2	1	0	0	29	19	1.53
Career (1992-1994)	4.76	8	7	3	83	0	115.1	35	101	.279	124	23	5	12	62	.335	.435	20	51	22	9	4	6	4	159	107	1.49

1994 Season

	ERA	W	L	Sv	G	GS	IP	H	HR	BB	SO		Avg	AB	H	2B	3B	HR	RBI	BB	SO	OBP	SLG
Home	7.50	0	0	0	6	0	6.0	8	0	2	7	vs. Left	.320	25	8	2	0	1	3	5	6	.452	.520
Away	8.31	0	1	1	11	0	13.0	19	4	7	10	vs. Right	.365	52	19	8	0	3	16	4	11	.404	.692

Career (1992-1994)

	ERA	W	L	Sv	G	GS	IP	H	HR	BB	SO		Avg	AB	H	2B	3B	HR	RBI	BB	SO	OBP	SLG
Home	4.69	5	3	1	43	0	55.2	59	2	17	51	vs. Left	.293	167	49	7	2	6	26	20	31	.368	.467
Away	4.83	3	4	2	40	0	59.2	65	10	18	50	vs. Right	.271	277	75	16	3	6	36	15	70	.314	.415
Day	4.03	3	2	1	22	0	29.0	31	1	6	19	Inning 1-6	.307	163	50	9	1	5	33	11	35	.356	.466
Night	5.00	5	5	2	61	0	86.1	93	11	29	82	Inning 7+	.263	281	74	14	4	7	29	24	66	.324	.416
Grass	3.09	2	3	1	22	0	35.0	32	3	10	31	None on	.265	249	66	13	4	5	5	17	60	.320	.410
Turf	5.49	6	4	2	61	0	80.1	92	9	25	70	Runners on	.297	195	58	10	1	7	57	18	41	.355	.467
April	4.88	3	0	0	19	0	24.0	22	3	6	23	Scoring Posn	.325	123	40	5	0	6	53	14	32	.385	.512
May	6.91	1	2	0	12	0	14.1	20	1	6	15	Close & Late	.244	156	38	6	1	4	17	15	36	.310	.372
June	4.13	0	1	2	16	0	24.0	27	4	5	18	None on/out	.265	102	27	6	3	1	1	8	24	.330	.412
July	4.23	2	2	1	18	0	27.2	28	2	11	21	vs. 1st Batr (relief)	.267	75	20	3	2	1	15	4	18	.305	.400
August	8.25	1	1	0	10	0	12.0	17	2	4	12	First Inning Pitched	.288	267	77	12	3	8	49	24	55	.351	.446
September/October	1.35	1	1	0	8	0	13.1	10	0	3	12	First 15 Pitches	.280	257	72	11	4	6	38	18	51	.330	.424
Starter	0.00	0	0	0	0	0	0.0	0	0	0	0	Pitch 16-30	.317	123	39	10	1	4	20	11	32	.375	.512
Reliever	4.76	8	7	3	83	0	115.1	124	12	35	101	Pitch 31-45	.205	39	8	2	0	1	2	4	11	.295	.333
0 Days rest (Re)	4.11	0	0	0	15	0	15.1	13	0	4	11	Pitch 46+	.200	25	5	0	0	1	2	2	7	.259	.320
1 or 2 Days rest	4.37	3	2	3	45	0	70.0	69	8	21	60	First Pitch	.348	66	23	4	1	5	11	4	0	.389	.667
3+ Days rest	6.00	2	1	0	23	0	30.0	42	4	10	30	Ahead in Count	.180	200	36	2	3	2	14	0	84	.188	.250
Pre-All Star	4.87	5	4	3	56	0	77.2	82	10	24	70	Behind in Count	.386	101	39	10	0	5	30	20	0	.480	.634
Post-All Star	4.54	3	3	0	27	0	37.2	42	2	11	31	Two Strikes	.175	200	35	6	2	1	10	11	101	.225	.240

Angel Miranda — Brewers
Age 25 – Pitches Left

	ERA	W	L	Sv	G	GS	IP	BB	SO	Avg	H	2B	3B	HR	RBI	OBP	SLG	CG	ShO	Sup	QS	#P/S	SB	CS	GB	FB	G/F
1994 Season	5.28	2	5	0	8	8	46.0	27	24	.234	39	9	0	8	25	.338	.431	1	0	5.48	3	96	9	0	52	56	0.93
Career (1993-1994)	3.85	6	10	0	30	25	166.0	79	112	.228	139	32	3	20	69	.317	.389	3	0	4.72	14	102	16	3	201	196	1.03

1994 Season

	ERA	W	L	Sv	G	GS	IP	H	HR	BB	SO		Avg	AB	H	2B	3B	HR	RBI	BB	SO	OBP	SLG
Home	5.34	0	4	0	5	5	28.2	21	5	19	17	vs. Left	.208	24	5	1	0	1	4	2	3	.269	.375
Away	5.19	2	1	0	3	3	17.1	18	3	8	7	vs. Right	.238	143	34	8	0	7	21	25	21	.349	.441

Keith Mitchell — Mariners
Age 25 – Bats Right

	Avg	G	AB	R	H	2B	3B	HR	RBI	BB	SO	HBP	GDP	SB	CS	OBP	SLG	IBB	SH	SF	#Pit	#P/PA	GB	FB	G/F
1994 Season	.227	46	128	21	29	2	0	5	15	18	22	1	2	0	0	.324	.359	0	1	1	569	3.82	51	33	1.55
Career (1991-1994)	.258	94	194	32	50	2	0	7	20	26	34	1	3	3	1	.347	.376	0	1	1	833	3.74	72	49	1.47

1994 Season

	Avg	AB	H	2B	3B	HR	RBI	BB	SO	OBP	SLG		Avg	AB	H	2B	3B	HR	RBI	BB	SO	OBP	SLG
vs. Left	.190	63	12	1	0	2	6	11	10	.311	.302	Scoring Posn	.188	32	6	0	0	1	9	6	9	.308	.281
vs. Right	.262	65	17	1	0	3	9	7	12	.338	.415	Close & Late	.400	15	6	0	0	2	4	6	1	.571	.800
Home	.184	38	7	0	0	2	4	10	5	.347	.342	None on/out	.121	33	4	1	0	1	1	5	4	.237	.242
Away	.244	90	22	2	0	3	11	8	17	.313	.367	Batting #6	.200	45	9	0	0	0	3	5	5	.294	.200
First Pitch	.263	19	5	1	0	1	3	0	0	.300	.474	Batting #7	.283	46	13	1	0	5	11	7	8	.370	.630
Ahead in Count	.368	38	14	1	0	1	4	6	0	.455	.474	Other	.189	37	7	1	0	0	1	6	9	.302	.216
Behind in Count	.137	51	7	0	0	1	3	0	20	.135	.196	Pre-All Star	.242	99	24	2	0	5	15	15	16	.345	.414
Two Strikes	.151	53	8	0	0	1	4	12	22	.303	.208	Post-All Star	.172	29	5	0	0	0	3	6	6	.250	.172

Kevin Mitchell — Reds
Age 33 – Bats Right (flyball hitter)

	Avg	G	AB	R	H	2B	3B	HR	RBI	BB	SO	HBP	GDP	SB	CS	OBP	SLG	IBB	SH	SF	#Pit	#P/PA	GB	FB	G/F
1994 Season	.326	95	310	57	101	18	1	30	77	59	62	3	12	2	0	.429	.681	15	0	8	1434	3.77	92	115	0.80
Last Five Years	.297	540	1888	303	561	100	7	120	370	220	300	14	45	9	12	.370	.548	40	0	25	7617	3.55	588	714	0.82

1994 Season

	Avg	AB	H	2B	3B	HR	RBI	BB	SO	OBP	SLG		Avg	AB	H	2B	3B	HR	RBI	BB	SO	OBP	SLG
vs. Left	.346	78	27	4	1	9	19	14	12	.441	.769	Scoring Posn	.329	85	28	5	0	6	46	34	19	.492	.600
vs. Right	.319	232	74	14	0	21	58	45	50	.425	.651	Close & Late	.217	46	10	2	0	3	10	18	7	.424	.457
Groundball	.313	112	35	2	1	7	22	17	18	.405	.536	None on/out	.244	86	21	4	0	7	7	9	22	.316	.535
Flyball	.405	42	17	4	0	7	14	11	9	.537	1.000	Batting #3	.000	1	0	0	0	0	0	3	0	.750	.000
Home	.347	170	59	10	0	18	43	38	33	.462	.724	Batting #4	.328	305	100	18	1	29	76	55	62	.426	.679
Away	.300	140	42	8	1	12	34	21	29	.387	.629	Other	.250	4	1	0	0	1	1	1	0	.400	1.000
Day	.355	93	33	5	0	11	26	20	23	.479	.763	April	.289	76	22	5	0	5	13	6	17	.345	.553
Night	.313	217	68	13	1	19	51	39	39	.407	.645	May	.387	62	24	1	0	10	17	9	12	.459	.887
Grass	.348	92	32	7	0	12	30	16	17	.438	.815	June	.309	68	21	5	1	4	14	17	12	.438	.588
Turf	.317	218	69	11	1	18	47	43	45	.425	.624	July	.311	74	23	5	0	8	23	23	14	.465	.703
First Pitch	.381	42	16	1	0	5	10	10	0	.481	.762	August	.367	30	11	2	0	3	10	4	7	.441	.733
Ahead in Count	.400	75	30	5	1	9	32	29	0	.541	.853	September/October	.000	0	0	0	0	0	0	0	0	.000	.000
Behind in Count	.295	139	41	10	0	12	28	0	45	.308	.626	Pre-All Star	.322	233	75	14	1	21	50	37	47	.412	.661
Two Strikes	.227	141	32	6	0	10	20	18	62	.325	.482	Post-All Star	.338	77	26	4	0	9	27	22	15	.475	.740

1994 By Position

Position	Avg	AB	H	2B	3B	HR	RBI	BB	SO	OBP	SLG	G	GS	Innings	PO	A	E	DP	Fld Pct	Rng Fctr	In Zone	Outs	Zone Rtg	MLB Zone
As lf	.330	303	100	18	1	29	76	57	61	.431	.683	89	89	706.0	132	9	4	2	.972	1.80	149	127	.852	.815

Last Five Years

	Avg	AB	H	2B	3B	HR	RBI	BB	SO	OBP	SLG		Avg	AB	H	2B	3B	HR	RBI	BB	SO	OBP	SLG
vs. Left	.332	548	182	31	2	39	113	74	61	.408	.609	Scoring Posn	.276	554	153	35	1	20	233	102	96	.378	.451
vs. Right	.283	1340	379	69	5	81	257	146	239	.354	.523	Close & Late	.268	299	80	13	0	17	53	48	48	.365	.482
Groundball	.332	588	195	31	4	40	125	66	81	.402	.602	None on/out	.279	476	133	19	2	35	35	47	75	.348	.568
Flyball	.266	403	107	17	1	28	71	42	74	.336	.521	Batting #4	.298	1846	551	98	7	116	362	210	292	.370	.548
Home	.305	994	303	59	4	57	188	116	146	.376	.544	Batting #9	.200	10	2	1	0	1	1	5	4	.467	.600
Away	.289	894	258	41	3	63	182	104	154	.364	.553	Other	.250	32	8	1	0	3	7	5	4	.351	.563
Day	.308	640	197	35	0	42	125	74	114	.381	.559	April	.292	325	95	17	0	18	57	27	44	.345	.511
Night	.292	1248	364	65	7	78	245	146	186	.365	.542	May	.292	390	114	13	2	27	67	53	68	.374	.544
Grass	.280	964	270	42	3	63	182	109	156	.356	.526	June	.346	344	119	29	2	22	71	40	36	.414	.634
Turf	.315	924	291	58	4	57	188	111	144	.385	.571	July	.297	364	108	21	0	27	93	51	73	.382	.577
First Pitch	.298	326	97	18	1	18	66	21	0	.343	.525	August	.297	337	100	15	2	20	65	37	54	.370	.531
Ahead in Count	.409	447	183	27	3	47	131	103	0	.512	.799	September/October	.195	128	25	5	1	6	17	12	25	.271	.391
Behind in Count	.254	773	196	39	3	37	126	0	238	.257	.455	Pre-All Star	.307	1175	361	66	4	76	220	134	173	.377	.564
Two Strikes	.217	766	166	32	2	31	102	88	300	.299	.385	Post-All Star	.281	713	200	34	3	44	150	86	127	.360	.522

Batter vs. Pitcher (career)

Hits Best Against	Avg	AB	H	2B	3B	HR	RBI	BB	SO	OBP	SLG	Hits Worst Against	Avg	AB	H	2B	3B	HR	RBI	BB	SO	OBP	SLG
Joe Hesketh	.600	15	9	2	0	1	3	2	2	.647	.933	Jim Gott	.077	13	1	0	0	0	0	1	2	.143	.077
Rick Honeycutt	.538	13	7	2	0	2	3	0	0	.538	1.154	Paul Assenmacher	.100	10	1	0	0	0	0	3	3	.308	.100
Greg Swindell	.500	12	6	1	0	2	3	0	0	.500	1.083	Kevin Gross	.128	39	5	1	1	0	6	3	12	.222	.205
Darryl Kile	.500	10	5	1	0	2	5	3	0	.571	1.200	Danny Cox	.143	14	2	1	0	0	0	2	5	.250	.214
Bruce Hurst	.333	21	7	1	0	5	8	5	2	.481	1.095	Shawn Boskie	.214	14	3	0	0	0	1	0	2	.214	.214

Mike Mohler — Athletics
Age 26 – Pitches Left (flyball pitcher)

	ERA	W	L	Sv	G	GS	IP	BB	SO	Avg	H	2B	3B	HR	RBI	OBP	SLG	CG	ShO	Sup	QS	#P/S	SB	CS	GB	FB	G/F
1994 Season	7.71	0	1	1	1	0	2.1	2	4	.167	2	1	0	1	2	.286	.500	0	0	7.71	0	55	0	0	3	4	0.75
Career (1993-1994)	5.67	1	7	0	43	10	66.2	46	46	.237	59	12	0	11	45	.358	.418	0	0	3.38	0	64	8	3	78	86	0.91

1994 Season

	ERA	W	L	Sv	G	GS	IP	H	HR	BB	SO		Avg	AB	H	2B	3B	HR	RBI	BB	SO	OBP	SLG
Home	7.71	0	1	1	1	0	2.1	2	1	2	4	vs. Left	.250	4	1	0	1	2	0	2	0	.250	1.000
Away	0.00	0	0	0	0	0	0.0	0	0	0	0	vs. Right	.125	8	1	1	0	0	2	2	2	.300	.250

Paul Molitor — Blue Jays
Age 38 – Bats Right

	Avg	G	AB	R	H	2B	3B	HR	RBI	BB	SO	HBP	GDP	SB	CS	OBP	SLG	IBB	SH	SF	#Pit	#P/PA	GB	FB	G/F
1994 Season	.341	115	454	86	155	30	4	14	75	55	48	1	13	20	0	.410	.518	4	0	5	1822	3.53	155	141	1.10
Last Five Years	.322	694	2782	493	896	162	35	77	395	319	298	14	56	110	21	.391	.488	39	5	27	11267	3.57	1034	815	1.27

1994 Season

	Avg	AB	H	2B	3B	HR	RBI	BB	SO	OBP	SLG		Avg	AB	H	2B	3B	HR	RBI	BB	SO	OBP	SLG
vs. Left	.391	110	43	7	2	5	19	20	9	.481	.627	Scoring Posn	.411	112	46	7	1	4	56	27	11	.510	.598
vs. Right	.326	344	112	23	2	9	56	35	39	.385	.483	Close & Late	.246	57	14	1	2	1	5	12	6	.377	.386
Groundball	.270	115	31	7	0	1	11	15	18	.354	.357	None on/out	.261	88	23	3	0	3	3	7	11	.316	.398
Flyball	.346	104	36	11	1	4	12	15	7	.433	.587	Total	.341	454	155	30	4	14	75	55	48	.410	.518
Home	.378	230	87	14	3	8	41	23	30	.430	.570	Batting #3	.341	454	155	30	4	14	75	55	48	.410	.518
Away	.304	224	68	16	1	6	34	32	18	.390	.464	Other	.000	0	0	0	0	0	0	0	0	.000	.000
Day	.329	140	46	7	2	6	26	18	19	.400	.536	April	.330	103	34	6	2	2	19	10	12	.386	.485
Night	.347	314	109	23	2	8	49	37	29	.414	.510	May	.347	98	34	7	0	4	16	13	11	.420	.541
Grass	.290	162	47	9	0	2	22	23	13	.378	.383	June	.309	97	30	8	0	2	14	14	10	.398	.454
Turf	.370	292	108	21	4	12	53	32	35	.428	.592	July	.393	107	42	5	1	5	19	13	8	.455	.598
First Pitch	.316	76	24	8	1	1	8	2	0	.333	.487	August	.306	49	15	4	1	1	7	5	7	.364	.490
Ahead in Count	.378	127	48	5	1	6	23	36	0	.512	.575	September/October	.000	0	0	0	0	0	0	0	0	.000	.000
Behind in Count	.278	169	47	7	2	2	25	0	43	.279	.379	Pre-All Star	.342	339	116	25	2	9	54	43	36	.415	.507
Two Strikes	.301	156	47	11	2	4	29	17	48	.367	.474	Post-All Star	.339	115	39	5	2	5	21	12	12	.395	.548

1994 By Position

Position	Avg	AB	H	2B	3B	HR	RBI	BB	SO	OBP	SLG	G	GS	Innings	PO	A	E	DP	Fld Pct	Rng Fctr	In Zone	Outs	Zone Rtg	MLB Zone
As Designated Hitter	.339	436	148	30	3	13	70	52	46	.408	.511	110	110	---	---	---	---	---	---	---	---	---	---	---

Last Five Years

	Avg	AB	H	2B	3B	HR	RBI	BB	SO	OBP	SLG		Avg	AB	H	2B	3B	HR	RBI	BB	SO	OBP	SLG
vs. Left	.361	699	252	48	10	28	114	93	72	.432	.578	Scoring Posn	.354	684	242	41	7	15	303	141	74	.455	.500
vs. Right	.309	2063	644	114	25	49	281	226	226	.377	.458	Close & Late	.308	377	116	16	2	9	60	67	47	.412	.432
Groundball	.318	661	210	32	10	16	92	87	72	.397	.469	None on/out	.316	768	243	44	13	23	23	60	77	.369	.497
Flyball	.329	592	195	51	7	19	91	65	67	.395	.535	Batting #1	.312	1158	361	62	20	29	128	127	122	.381	.475
Home	.326	1332	434	78	18	38	202	159	137	.396	.497	Batting #3	.329	1500	493	91	14	44	245	182	159	.399	.496
Away	.319	1450	462	84	17	39	193	160	161	.386	.481	Other	.339	124	42	9	1	4	22	10	17	.384	.524
Day	.318	844	268	44	8	27	125	112	97	.397	.485	April	.299	354	106	19	3	7	52	37	40	.362	.429
Night	.324	1938	628	118	27	50	270	207	201	.389	.490	May	.346	538	186	25	8	20	72	60	55	.413	.533
Grass	.305	1799	549	93	24	43	225	224	183	.381	.455	June	.310	471	146	38	2	15	71	61	44	.390	.495
Turf	.353	983	347	69	11	34	170	95	115	.410	.549	July	.335	430	144	16	5	14	62	55	53	.411	.493
First Pitch	.363	435	158	33	6	17	66	25	0	.396	.584	August	.338	517	175	36	9	12	83	56	64	.399	.513
Ahead in Count	.367	753	276	45	4	24	132	187	0	.488	.533	September/October	.294	472	139	28	8	9	55	50	42	.362	.445
Behind in Count	.270	1091	295	48	16	20	129	0	261	.275	.399	Pre-All Star	.318	1509	480	90	13	45	212	179	156	.390	.484
Two Strikes	.260	1045	272	46	14	21	116	104	298	.330	.391	Post-All Star	.327	1273	416	72	22	32	183	140	142	.392	.493

Batter vs. Pitcher (since 1984)

Hits Best Against	Avg	AB	H	2B	3B	HR	RBI	BB	SO	OBP	SLG	Hits Worst Against	Avg	AB	H	2B	3B	HR	RBI	BB	SO	OBP	SLG
Dave Fleming	.692	13	9	0	0	1	5	3	1	.706	.923	Carl Willis	.000	12	0	0	0	0	0	0	1	.000	.000
Mike Campbell	.600	10	6	1	0	0	2	1	0	.667	.700	Mike Jackson	.000	12	0	0	0	0	1	4	0	.077	.000
Tim Leary	.583	12	7	0	0	1	6	1	0	.571	.833	Luis Aquino	.071	14	1	0	0	0	0	3	0	.071	.071
Eric Plunk	.556	18	10	1	1	1	6	5	3	.652	.889	John Habyan	.083	12	1	0	0	0	1	4	0	.154	.083
Greg Cadaret	.385	13	5	2	0	1	5	5	2	.556	.769	Doug Jones	.100	20	2	0	0	0	0	3	0	.100	.100

Raul Mondesi — Dodgers
Age 24 – Bats Right

	Avg	G	AB	R	H	2B	3B	HR	RBI	BB	SO	HBP	GDP	SB	CS	OBP	SLG	IBB	SH	SF	#Pit	#P/PA	GB	FB	G/F
1994 Season	.306	112	434	63	133	27	8	16	56	16	78	2	9	11	8	.333	.516	5	0	2	1523	3.35	168	118	1.42
Career (1993-1994)	.304	154	520	76	158	30	9	20	66	20	94	2	10	15	9	.331	.512	5	1	2	1816	3.33	195	145	1.34

1994 Season

	Avg	AB	H	2B	3B	HR	RBI	BB	SO	OBP	SLG		Avg	AB	H	2B	3B	HR	RBI	BB	SO	OBP	SLG
vs. Left	.262	122	32	7	1	4	12	3	24	.278	.434	Scoring Posn	.363	91	33	8	1	3	41	8	15	.406	.571
vs. Right	.324	312	101	20	7	12	44	13	54	.354	.548	Close & Late	.320	75	24	2	2	3	12	3	5	.346	.520
Groundball	.285	137	39	9	3	3	17	1	24	.290	.460	None on/out	.277	101	28	5	4	7	7	3	20	.298	.614
Flyball	.232	69	16	2	1	6	12	3	14	.264	.551	Batting #6	.287	94	27	2	2	2	8	2	14	.299	.415
Home	.281	210	59	13	0	10	26	8	39	.306	.486	Batting #7	.312	247	77	20	6	10	30	12	46	.347	.563
Away	.330	224	74	14	8	6	30	8	39	.357	.545	Other	.312	93	29	5	0	4	18	2	18	.326	.495
Day	.308	130	40	8	3	4	22	5	23	.331	.508	April	.292	89	26	5	2	2	14	1	13	.297	.461
Night	.306	304	93	19	5	12	34	11	55	.333	.520	May	.336	107	36	11	3	5	18	4	24	.363	.636
Grass	.304	329	100	21	5	14	42	14	63	.332	.526	June	.330	103	34	3	0	6	11	2	20	.349	.534
Turf	.314	105	33	6	3	2	14	2	15	.333	.486	July	.255	98	25	6	0	2	9	6	17	.298	.378
First Pitch	.345	84	29	5	2	5	16	5	0	.385	.631	August	.324	37	12	2	3	1	4	3	4	.375	.622
Ahead in Count	.319	69	22	5	3	4	5	5	0	.365	.652	September/October	.000	0	0	0	0	0	0	0	0	.000	.000
Behind in Count	.276	210	58	15	1	3	23	0	70	.278	.400	Pre-All Star	.320	337	108	22	5	15	49	8	66	.338	.549
Two Strikes	.245	192	47	10	1	4	17	6	78	.270	.323	Post-All Star	.258	97	25	5	3	1	7	8	12	.314	.402

1994 By Position

Position	Avg	AB	H	2B	3B	HR	RBI	BB	SO	OBP	SLG	G	GS	Innings	PO	A	E	DP	Fld Pct	Rng Fctr	In Zone	Outs	Zone Rtg	MLB Zone
As cf	.467	30	14	1	1	2	8	3	4	.529	.767	15	6	70.1	19	1	1	0	.952	2.56	26	19	.731	.824
As rf	.295	404	119	26	7	14	48	13	74	.317	.498	109	106	915.1	187	15	7	1	.967	1.99	223	185	.830	.826

Rich Monteleone — Giants
Age 32 – Pitches Right

	ERA	W	L	Sv	G	GS	IP	BB	SO	Avg	H	2B	3B	HR	RBI	OBP	SLG	GF	IR	IRS	Hld	SvOp	SB	CS	GB	FB	G/F
1994 Season	3.18	4	3	0	39	0	45.1	13	16	.253	43	11	1	6	26	.299	.435	8	30	13	6	1	2	0	70	67	1.04
Last Five Years	3.92	21	12	0	159	0	278.0	96	170	.247	260	50	11	32	148	.307	.407	46	146	55	14	4	12	9	368	347	1.06

1994 Season

	ERA	W	L	Sv	G	GS	IP	H	HR	BB	SO		Avg	AB	H	2B	3B	HR	RBI	BB	SO	OBP	SLG
Home	3.38	2	1	0	19	0	24.0	27	4	3	10	vs. Left	.297	74	22	3	0	3	15	9	8	.365	.459
Away	2.95	2	2	0	20	0	21.1	16	2	10	6	vs. Right	.219	96	21	8	1	3	11	4	8	.245	.417
Starter	0.00	0	0	0	0	0	0.0	0	0	0	0	Scoring Posn	.306	49	15	2	1	1	20	4	5	.333	.449
Reliever	3.18	4	3	0	39	0	45.1	43	6	13	16	Close & Late	.316	57	18	4	1	2	12	5	3	.354	.526
0 Days rest (Re)	2.77	2	1	0	12	0	13.0	8	1	7	4	None on/out	.143	35	5	3	0	0	0	4	2	.231	.229
1 or 2 Days rest	4.19	1	2	0	15	0	19.1	23	3	4	6	First Pitch	.154	26	4	1	0	2	6	2	0	.207	.423
3+ Days rest	2.08	1	0	0	12	0	13.0	12	2	2	6	Ahead in Count	.241	79	19	4	0	2	7	0	15	.238	.367
Pre-All Star	3.74	2	2	0	26	0	33.2	36	4	8	12	Behind in Count	.325	40	13	4	1	1	6	8	0	.429	.550
Post-All Star	1.54	2	1	0	13	0	11.2	7	2	5	4	Two Strikes	.190	58	11	2	0	1	5	3	16	.226	.276

Last Five Years

	ERA	W	L	Sv	G	GS	IP	H	HR	BB	SO		Avg	AB	H	2B	3B	HR	RBI	BB	SO	OBP	SLG
Home	4.09	9	6	0	84	0	138.2	138	20	39	89	vs. Left	.268	448	120	21	5	16	64	45	60	.332	.444
Away	3.75	12	6	0	75	0	139.1	122	12	57	81	vs. Right	.232	603	140	29	6	16	84	51	110	.289	.380
Day	3.25	6	4	0	61	0	97.0	87	12	35	58	Inning 1-6	.223	341	76	21	6	7	50	34	64	.291	.381
Night	4.28	15	8	0	98	0	181.0	173	20	61	112	Inning 7+	.259	710	184	29	5	25	98	62	106	.315	.420
Grass	4.12	19	10	0	129	0	231.1	220	29	76	146	None on	.235	601	141	34	4	18	18	39	108	.295	.394
Turf	2.89	2	2	0	30	0	46.2	40	3	20	24	Runners on	.264	450	119	16	7	14	130	57	62	.339	.424
April	3.60	5	2	0	26	0	40.0	30	4	12	26	Scoring Posn	.289	270	78	12	4	9	117	44	32	.374	.463
May	3.00	2	4	0	24	0	45.0	43	6	21	25	Close & Late	.253	273	69	14	1	8	34	31	36	.325	.399
June	3.86	3	1	0	22	0	49.0	48	4	15	29	None on/out	.210	243	51	9	1	6	6	23	37	.278	.329
July	5.01	3	2	0	26	0	41.1	44	4	12	30	vs. 1st Batr (relief)	.217	138	30	6	1	5	30	15	18	.287	.384
August	3.51	4	1	0	33	0	51.1	43	7	21	34	First Inning Pitched	.255	517	132	26	7	13	90	57	85	.324	.408
September/October	4.56	4	2	0	28	0	51.1	52	7	15	38	First 15 Pitches	.261	495	129	28	6	12	74	45	73	.318	.414
Starter	0.00	0	0	0	0	0	0.0	0	0	0	0	Pitch 16-30	.228	302	69	11	2	6	37	33	53	.303	.358
Reliever	3.92	21	12	0	159	0	278.0	260	32	96	170	Pitch 31-45	.242	182	44	7	2	7	23	13	32	.291	.418
0 Days rest (Re)	1.73	2	1	0	21	0	26.0	14	1	10	14	Pitch 46+	.250	72	18	4	1	5	14	5	12	.295	.542
1 or 2 Days rest	4.37	8	5	0	58	0	94.2	101	14	32	50	First Pitch	.241	141	34	7	1	5	21	15	0	.312	.411
3+ Days rest	4.00	11	6	0	80	0	157.1	145	17	54	97	Ahead in Count	.214	509	109	19	3	13	56	0	142	.212	.340
Pre-All Star	3.64	12	8	0	83	0	153.1	138	14	52	88	Behind in Count	.335	215	72	15	4	7	37	49	0	.453	.540
Post-All Star	4.26	9	4	0	76	0	124.2	122	18	44	82	Two Strikes	.198	479	95	14	1	15	55	32	170	.248	.326

Pitcher vs. Batter (career)

Pitches Best Vs.	Avg	AB	H	2B	3B	HR	RBI	BB	SO	OBP	SLG	Pitches Worst Vs.	Avg	AB	H	2B	3B	HR	RBI	BB	SO	OBP	SLG
Juan Gonzalez	.077	13	1	1	0	0	0	0	3	.077	.154	Manuel Lee	.364	11	4	1	0	0	3	0	2	.364	.455
												Jose Canseco	.333	12	4	1	0	1	6	1	3	.385	.667
												Ruben Sierra	.333	9	3	2	0	0	1	3	1	.500	.556
												Cal Ripken	.308	13	4	0	0	0	0	0	1	.308	.308

Jeff Montgomery — Royals
Age 33 – Pitches Right

	ERA	W	L	Sv	G	GS	IP	BB	SO	Avg	H	2B	3B	HR	RBI	OBP	SLG	GF	IR	IRS	Hld	SvOp	SB	CS	GB	FB	G/F
1994 Season	4.03	2	3	27	42	0	44.2	15	50	.276	48	10	1	5	23	.335	.431	38	15	5	0	32	1	0	59	36	1.64
Last Five Years	2.62	20	23	168	316	0	399.0	127	356	.225	338	63	6	25	166	.293	.330	277	212	77	10	202	31	6	508	374	1.36

1994 Season

	ERA	W	L	Sv	G	GS	IP	H	HR	BB	SO		Avg	AB	H	2B	3B	HR	RBI	BB	SO	OBP	SLG
Home	5.09	2	2	12	22	0	23.0	23	3	8	21	vs. Left	.302	96	29	5	1	3	18	10	27	.364	.469
Away	2.91	0	1	15	20	0	21.2	25	2	7	29	vs. Right	.244	78	19	5	0	2	5	5	23	.298	.385
Starter	0.00	0	0	0	0	0	0.0	0	0	0	0	Scoring Posn	.196	56	11	3	1	0	15	7	14	.281	.286
Reliever	4.03	2	3	27	42	0	44.2	48	5	15	50	Close & Late	.277	119	33	7	1	4	16	11	35	.336	.454
0 Days rest (Re)	2.63	0	0	10	11	0	13.2	15	1	1	18	None on/out	.222	36	8	2	0	0	0	2	11	.263	.278
1 or 2 Days rest	5.52	1	3	10	15	0	14.2	20	3	7	14	First Pitch	.417	12	5	1	0	0	5	1	0	.429	.500
3+ Days rest	3.86	1	0	7	16	0	16.1	13	1	7	18	Ahead in Count	.236	110	26	4	0	1	7	0	45	.236	.300
Pre-All Star	5.76	2	3	14	29	0	29.2	40	5	11	36	Behind in Count	.333	27	9	3	0	1	2	7	0	.486	.556
Post-All Star	0.60	0	0	13	13	0	15.0	8	0	4	14	Two Strikes	.242	99	24	4	1	2	10	7	50	.292	.364

Last Five Years

	ERA	W	L	Sv	G	GS	IP	H	HR	BB	SO		Avg	AB	H	2B	3B	HR	RBI	BB	SO	OBP	SLG
Home	2.53	14	14	81	168	0	217.1	190	12	50	197	vs. Left	.254	744	189	36	5	14	99	75	147	.325	.372
Away	2.72	6	9	87	148	0	181.2	148	13	77	159	vs. Right	.202	737	149	27	1	11	67	52	209	.261	.286
Day	3.00	4	8	41	85	0	111.0	97	10	43	106	Inning 1-6	.600	5	3	2	0	0	5	1	1	.667	1.000
Night	2.47	16	15	127	231	0	288.0	241	15	84	250	Inning 7+	.227	1476	335	61	6	25	161	126	355	.292	.327
Grass	2.99	6	8	64	113	0	138.1	115	12	61	121	None on	.235	770	181	41	3	12	12	59	186	.295	.343
Turf	2.42	14	15	104	203	0	260.2	223	13	66	235	Runners on	.221	711	157	22	3	13	154	68	170	.291	.315
April	2.95	3	6	14	43	0	55.0	52	3	13	51	Scoring Posn	.205	439	90	13	3	6	134	51	108	.289	.289
May	3.28	4	6	30	60	0	79.2	71	6	29	76	Close & Late	.238	1055	251	42	4	19	134	97	244	.304	.339
June	3.26	1	3	32	54	0	66.1	65	5	15	57	None on/out	.211	327	69	17	0	4	4	27	79	.277	.300
July	1.79	5	2	38	57	0	75.1	56	4	23	67	vs. 1st Batr (relief)	.222	288	64	18	0	5	30	20	72	.283	.337
August	2.10	3	5	31	53	0	60.0	41	3	26	53	First Inning Pitched	.229	1122	257	53	4	20	138	97	263	.294	.337
September/October	2.30	6	2	23	49	0	62.2	53	4	21	52	First 15 Pitches	.237	961	228	49	3	19	110	75	212	.296	.354
Starter	0.00	0	0	0	0	0	0.0	0	0	0	0	Pitch 16-30	.207	405	84	10	2	3	41	41	116	.286	.274
Reliever	2.62	20	23	168	316	0	399.0	338	25	127	356	Pitch 31-45	.217	92	20	1	0	2	11	10	26	.294	.293
0 Days rest (Re)	1.70	2	3	63	79	0	95.1	68	4	32	83	Pitch 46+	.261	23	6	0	1	0	1	4	1	.292	.435

	ERA	W	L	Sv	G	GS	IP	H	HR	BB	SO	Last Five Years	Avg	AB	H	2B	3B	HR	RBI	BB	SO	OBP	SLG
1 or 2 Days rest	3.23	10	16	69	151	0	192.1	178	14	62	174	First Pitch	.296	179	53	12	1	3	35	15	0	.355	.425
3+ Days rest	2.34	8	4	36	86	0	111.1	92	7	33	99	Ahead in Count	.182	806	147	24	3	9	65	0	311	.189	.253
Pre-All Star	3.04	10	16	83	175	0	225.1	204	16	61	209	Behind in Count	.313	240	75	18	1	7	35	72	0	.470	.483
Post-All Star	2.07	10	7	85	141	0	173.2	134	9	66	147	Two Strikes	.156	793	124	20	3	6	52	40	356	.202	.212

Pitcher vs. Batter (career)										
Pitches Best Vs.	Avg	AB	H	2B	3B	HR	RBI	BB	SO	OBP	SLG
Joe Carter	.000	14	0	0	0	0	1	0	4	.000	.000
Darryl Hamilton	.000	14	0	0	0	0	0	1	1	.067	.000
Pete Incaviglia	.083	12	1	0	0	0	2	5	.214	.083
Greg Gagne	.100	10	1	0	0	0	1	1	.182	.100
Steve Sax	.125	16	2	0	0	0	1	0	5	.125	.125

Pitches Worst Vs.	Avg	AB	H	2B	3B	HR	RBI	BB	SO	OBP	SLG
Lou Whitaker	.545	11	6	1	0	1	3	2	0	.615	.909
Don Mattingly	.471	17	8	2	0	1	5	1	0	.500	.765
Mike Greenwell	.429	14	6	1	0	1	2	0	0	.429	.714
Cal Ripken	.400	15	6	3	0	0	1	4	0	.526	.600
Kent Hrbek	.400	15	6	1	0	1	4	2	0	.471	.667

Marcus Moore — Rockies
Age 24 – Pitches Right

	ERA	W	L	Sv	G	GS	IP	BB	SO	Avg	H	2B	3B	HR	RBI	OBP	SLG	GF	IR	IRS	SB	CS	GB	FB	G/F
1994 Season	6.15	1	1	0	29	0	33.2	21	33	.252	33	9	1	4	24	.376	.427	13	12	6	1	0	0	46	29	1.59
Career (1993-1994)	6.45	4	2	0	56	0	60.0	41	46	.269	63	14	3	8	47	.386	.457	21	34	14	4	2	2	82	67	1.22

1994 Season

	ERA	W	L	Sv	G	GS	IP	H	HR	BB	SO		Avg	AB	H	2B	3B	HR	RBI	BB	SO	OBP	SLG
Home	5.79	1	1	0	20	0	23.1	22	2	13	22	vs. Left	.242	62	15	6	0	1	10	11	21	.373	.387
Away	6.97	0	0	0	9	0	10.1	11	2	8	11	vs. Right	.261	69	18	3	1	3	14	10	12	.378	.464
Starter	0.00	0	0	0	0	0	0	0	0	0	0	Scoring Posn	.275	51	14	6	0	1	20	7	11	.413	.451
Reliever	6.15	1	1	0	29	0	33.2	33	4	21	33	Close & Late	.222	9	2	0	1	0	1	0	2	.222	.444
0 Days rest (Re)	6.35	0	1	0	6	0	5.2	3	0	6	5	None on/out	.208	24	5	2	0	1	1	5	5	.345	.417
1 or 2 Days rest	7.45	1	0	0	15	0	19.1	24	3	9	20	First Pitch	.267	15	4	1	1	0	3	1	0	.389	.467
3+ Days rest	3.12	0	0	0	8	0	8.2	6	1	6	8	Ahead in Count	.167	54	9	2	0	1	3	0	25	.182	.259
Pre-All Star	6.15	1	1	0	29	0	33.2	33	4	21	33	Behind in Count	.346	26	9	4	0	1	8	6	0	.500	.615
Post-All Star	0.00	0	0	0	0	0	0	0	0	0	0	Two Strikes	.190	63	12	3	0	1	6	14	33	.346	.238

Mike Moore — Tigers
Age 35 – Pitches Right (groundball pitcher)

	ERA	W	L	Sv	G	GS	IP	BB	SO	Avg	H	2B	3B	HR	RBI	OBP	SLG	CG	ShO	Sup	QS	#P/S	SB	CS	GB	FB	G/F
1994 Season	5.42	11	10	0	25	25	154.1	89	62	.263	152	36	2	27	85	.361	.472	4	0	5.71	10	94	21	10	237	165	1.44
Last Five Years	4.42	71	54	0	163	163	1000.1	470	494	.260	988	195	18	107	467	.342	.405	16	4	5.09	83	99	99	49	1573	1020	1.54

1994 Season

	ERA	W	L	Sv	G	GS	IP	H	HR	BB	SO		Avg	AB	H	2B	3B	HR	RBI	BB	SO	OBP	SLG
Home	4.74	6	4	0	13	13	87.1	76	15	49	32	vs. Left	.260	300	78	16	1	12	40	54	25	.375	.440
Away	6.31	5	6	0	12	12	67.0	76	12	40	30	vs. Right	.265	279	74	20	1	15	45	35	37	.347	.505
Day	6.48	5	4	0	12	12	66.2	70	14	44	20	Inning 1-6	.268	497	133	30	2	22	78	79	57	.369	.469
Night	4.62	6	6	0	13	13	87.2	82	13	45	42	Inning 7+	.232	82	19	6	0	5	7	10	5	.315	.488
Grass	5.40	10	8	0	22	22	135.0	127	24	80	51	None on	.259	351	91	24	1	22	22	46	37	.347	.521
Turf	5.59	1	2	0	3	3	19.1	25	3	9	11	Runners on	.268	228	61	12	1	5	63	43	25	.383	.395
April	5.76	2	2	0	5	5	29.2	24	5	22	14	Scoring Posn	.281	146	41	8	0	3	55	27	19	.384	.397
May	6.02	2	2	0	7	7	40.1	43	6	30	17	Close & Late	.231	39	9	3	0	3	5	3	2	.286	.538
June	7.90	2	3	0	5	5	27.1	32	7	15	7	None on/out	.248	149	37	13	0	9	9	23	14	.349	.517
July	3.38	3	2	0	5	5	37.1	33	6	14	20	vs. 1st Batr (relief)	.000	0	0	0	0	0	0	0	0	.000	.000
August	4.12	1	1	0	3	3	19.2	20	3	8	4	First Inning Pitched	.286	91	26	6	0	4	22	21	13	.409	.484
September/October	0.00	0	0	0	0	0	0.0	0	0	0	0	First 75 Pitches	.273	443	121	29	1	18	70	72	50	.374	.465
Starter	5.42	11	10	0	25	25	154.1	152	27	89	62	Pitch 76-90	.271	70	19	4	0	7	11	9	4	.363	.629
Reliever	0.00	0	0	0	0	0	0.0	0	0	0	0	Pitch 91-105	.163	43	7	2	1	1	3	4	7	.234	.326
0-3 Days Rest (St)	10.38	0	1	0	1	1	4.1	7	0	4	5	Pitch 106+	.217	23	5	1	0	1	1	4	1	.333	.391
4 Days Rest	4.95	9	6	0	17	17	109.0	103	21	59	34	First Pitch	.250	104	26	11	0	3	14	4	0	.273	.442
5+ Days Rest	6.15	2	3	0	7	7	41.0	42	6	26	23	Ahead in Count	.217	221	48	12	0	7	26	0	54	.219	.367
Pre-All Star	6.26	8	8	0	19	19	110.2	115	20	73	44	Behind in Count	.305	151	46	9	0	13	31	61	0	.509	.623
Post-All Star	3.30	3	2	0	6	6	43.2	37	7	16	18	Two Strikes	.210	205	43	10	0	4	21	23	62	.288	.317

Last Five Years

	ERA	W	L	Sv	G	GS	IP	H	HR	BB	SO		Avg	AB	H	2B	3B	HR	RBI	BB	SO	OBP	SLG
Home	3.96	37	25	0	83	83	520.0	484	57	228	245	vs. Left	.256	1975	506	98	10	44	230	247	207	.339	.383
Away	4.91	34	29	0	80	80	480.1	504	50	242	249	vs. Right	.264	1826	482	97	8	63	237	223	287	.346	.429
Day	4.61	33	20	0	68	68	416.0	403	52	194	209	Inning 1-6	.263	3308	869	172	17	88	427	419	438	.346	.405
Night	4.28	38	34	0	95	95	584.1	585	55	276	285	Inning 7+	.241	493	119	23	1	19	40	51	56	.315	.408
Grass	4.40	60	48	0	140	140	859.0	840	92	409	417	None on	.260	2203	572	112	9	72	72	235	301	.335	.417
Turf	4.52	11	6	0	23	23	141.1	148	15	61	77	Runners on	.260	1598	416	83	9	35	395	235	193	.351	.389
April	4.32	12	4	0	24	24	145.2	137	12	79	66	Scoring Posn	.257	929	239	51	6	19	345	169	118	.363	.386
May	5.21	13	10	0	30	30	179.2	188	19	97	86	Close & Late	.241	237	57	12	0	7	19	20	29	.303	.380
June	5.73	8	18	0	30	30	172.2	184	27	90	78	None on/out	.252	977	246	52	5	29	29	153	137	.332	.404
July	4.14	12	8	0	27	27	163.0	162	18	68	77	vs. 1st Batr (relief)	.000	0	0	0	0	0	0	0	0	.000	.000
August	3.04	13	6	0	26	26	180.2	158	16	64	98	First Inning Pitched	.277	618	171	31	2	21	110	92	76	.367	.435
September/October	4.03	13	8	0	26	26	158.2	159	15	72	89	First 75 Pitches	.265	2749	729	151	13	71	349	352	363	.349	.407
Starter	4.42	71	54	0	163	163	1000.1	988	107	470	494	Pitch 76-90	.249	469	117	22	1	18	64	52	45	.327	.416
Reliever	0.00	0	0	0	0	0	0.0	0	0	0	0	Pitch 91-105	.218	331	72	8	2	11	33	38	54	.298	.353
0-3 Days Rest (St)	5.19	7	6	0	20	20	118.0	123	16	65	49	Pitch 106+	.278	252	70	14	2	7	21	28	32	.353	.433
4 Days Rest	4.50	48	37	0	108	108	663.2	667	67	309	345	First Pitch	.295	556	164	40	3	15	87	18	0	.313	.459
5+ Days Rest	3.75	16	11	0	35	35	218.2	198	24	96	100	Ahead in Count	.224	1502	337	53	6	36	132	0	405	.229	.340

	Last Five Years																	
	ERA	W	L	Sv	G	GS	IP	H	HR	BB	SO		Avg	AB	H	2B	3B	HR	RBI	BB	SO	OBP	SLG
Pre-All Star	4.99	39	33	0	94	94	559.0	569	65	290	260	Behind in Count	.295	948	280	65	3	38	158	263	0	.447	.491
Post-All Star	3.69	32	21	0	69	69	441.1	419	42	180	234	Two Strikes	.209	1547	324	58	8	24	120	188	494	.297	.304

Pitcher vs. Batter (since 1984)																			
Pitches Best Vs.	Avg	AB	H	2B	3B	HR	RBI	BB	SO	OBP	SLG	Pitches Worst Vs.	Avg	AB	H	2B	3B	HR	RBI	BB	SO	OBP	SLG
Dante Bichette	.000	9	0	0	0	0	0	2	2	.182	.000	Mark Lewis	.636	11	7	3	0	0	3	0	1	.636	.909
Daryl Boston	.087	23	2	2	0	0	2	0	6	.083	.174	Pat Kelly	.615	13	8	2	0	0	3	0	2	.643	.769
Randy Milligan	.125	16	2	0	0	0	1	0	6	.167	.125	Darnell Coles	.467	15	7	1	1	3	10	3	0	.556	1.267
Jeff Huson	.143	21	3	0	0	0	1	2	3	.217	.143	Sammy Sosa	.462	13	6	2	1	1	3	1	1	.500	1.000
Mark Whiten	.143	14	2	0	0	0	0	0	3	.143	.143	Greg Vaughn	.375	24	9	2	1	4	6	6	1	.500	1.042

Mickey Morandini — Phillies
Age 29 – Bats Left (groundball hitter)

	Avg	G	AB	R	H	2B	3B	HR	RBI	BB	SO	HBP	GDP	SB	CS	OBP	SLG	IBB	SH	SF	#Pit	#P/PA	GB	FB	G/F
1994 Season	.292	87	274	40	80	16	5	2	26	34	33	4	4	10	5	.378	.409	5	4	0	1137	3.60	106	73	1.45
Career (1990-1994)	.260	457	1525	191	397	58	26	10	112	128	291	14	22	47	12	.321	.352	9	22	6	6217	3.67	618	353	1.75

1994 Season

	Avg	AB	H	2B	3B	HR	RBI	BB	SO	OBP	SLG		Avg	AB	H	2B	3B	HR	RBI	BB	SO	OBP	SLG
vs. Left	.235	51	12	4	1	0	3	8	7	.361	.353	Scoring Posn	.313	64	20	3	1	0	22	14	9	.443	.391
vs. Right	.305	223	68	12	4	2	23	26	26	.382	.422	Close & Late	.208	53	11	1	0	0	3	3	9	.263	.226
Groundball	.250	88	22	9	1	0	6	12	9	.347	.375	None on/out	.194	62	12	5	2	1	9	5	.296	.387
Flyball	.263	38	10	1	1	1	4	2	6	.317	.421	Batting #2	.302	116	35	5	2	0	15	12	16	.377	.379
Home	.261	142	37	8	3	1	13	18	22	.352	.380	Batting #8	.271	70	19	5	2	0	6	12	6	.386	.400
Away	.326	132	43	8	2	1	13	16	11	.407	.439	Other	.295	88	26	6	1	2	5	10	11	.374	.455
Day	.359	78	28	8	1	0	8	8	7	.425	.487	April	.242	33	8	1	1	0	2	6	0	.359	.333
Night	.265	196	52	8	4	2	18	26	26	.360	.378	May	.282	71	20	5	0	0	6	8	9	.370	.352
Grass	.316	95	30	5	1	1	12	8	10	.381	.421	June	.298	57	17	5	2	1	4	10	8	.412	.509
Turf	.279	179	50	11	4	1	14	26	23	.377	.402	July	.345	87	30	4	2	1	14	9	11	.412	.471
First Pitch	.224	49	11	0	0	0	1	3	0	.269	.224	August	.192	26	5	1	0	0	0	1	5	.222	.231
Ahead in Count	.379	66	25	7	2	1	12	18	0	.518	.591	September/October	.000	0	0	0	0	0	0	0	0	.000	.000
Behind in Count	.241	116	28	5	3	1	10	0	31	.248	.362	Pre-All Star	.286	192	55	12	3	2	17	29	20	.388	.411
Two Strikes	.235	115	27	1	3	1	9	13	33	.313	.322	Post-All Star	.305	82	25	4	2	0	9	5	13	.352	.402

1994 By Position

Position	Avg	AB	H	2B	3B	HR	RBI	BB	SO	OBP	SLG	G	GS	Innings	PO	A	E	DP	Fld Pct	Rng Fctr	In Zone	Outs	Zone Rtg	MLB Zone
As Pinch Hitter	.375	8	3	2	0	0	1	3	1	.545	.625	12	0	---	---	---	---	---	---	---	---	---	---	---
As 2b	.289	266	77	14	5	2	25	31	32	.372	.402	79	70	634.0	167	216	6	38	.985	5.44	234	218	.932	.889

Career (1990-1994)

	Avg	AB	H	2B	3B	HR	RBI	BB	SO	OBP	SLG		Avg	AB	H	2B	3B	HR	RBI	BB	SO	OBP	SLG
vs. Left	.202	351	71	8	4	2	20	28	52	.266	.265	Scoring Posn	.252	345	87	6	8	3	96	49	63	.347	.342
vs. Right	.278	1174	326	50	22	8	92	100	182	.337	.378	Close & Late	.240	263	63	9	3	2	19	21	40	.301	.319
Groundball	.273	557	152	22	12	4	38	48	73	.334	.377	None on/out	.270	355	96	14	5	2	2	32	45	.332	.355
Flyball	.223	274	61	9	2	2	17	20	55	.277	.292	Batting #2	.271	739	200	29	11	4	62	59	106	.327	.356
Home	.261	782	204	28	13	7	61	62	122	.318	.357	Batting #8	.251	398	100	15	9	4	27	30	69	.308	.349
Away	.260	743	193	30	13	5	51	66	112	.324	.347	Other	.250	388	97	14	6	4	23	39	59	.323	.348
Day	.285	417	119	21	8	1	33	35	59	.343	.381	April	.280	186	52	7	4	2	10	18	29	.343	.392
Night	.251	1108	278	37	18	9	79	93	175	.313	.341	May	.245	261	64	11	1	1	20	22	43	.311	.307
Grass	.282	436	123	20	7	2	41	32	61	.334	.374	June	.247	300	74	15	8	2	25	31	52	.322	.370
Turf	.252	1089	274	38	19	8	71	96	173	.316	.343	July	.271	317	86	11	5	3	34	27	41	.331	.366
First Pitch	.275	244	67	2	5	1	16	6	0	.292	.336	August	.244	156	38	4	5	0	7	12	22	.302	.333
Ahead in Count	.332	319	106	15	6	4	38	68	0	.450	.455	September/October	.272	305	83	10	3	2	16	18	47	.314	.344
Behind in Count	.222	679	151	29	12	4	44	0	196	.227	.318	Pre-All Star	.260	894	232	37	13	7	70	83	142	.326	.353
Two Strikes	.201	676	136	23	12	3	37	54	234	.262	.284	Post-All Star	.261	631	165	21	13	3	42	45	92	.314	.350

Batter vs. Pitcher (career)

Hits Best Against	Avg	AB	H	2B	3B	HR	RBI	BB	SO	OBP	SLG	Hits Worst Against	Avg	AB	H	2B	3B	HR	RBI	BB	SO	OBP	SLG
Willie Blair	.545	11	6	1	1	0	1	0	1	.545	.818	Dennis Martinez	.045	22	1	0	0	0	0	1	3	.087	.045
Kevin Gross	.467	15	7	2	0	0	4	4	2	.579	.600	Omar Olivares	.059	17	1	0	0	0	0	1	1	.111	.059
Pedro Astacio	.455	11	5	1	1	0	2	3	2	.571	.727	Donovan Osborne	.091	11	1	0	0	0	0	0	0	.091	.091
Mike Bielecki	.417	12	5	2	0	0	2	2	1	.533	.583	Bob Tewksbury	.115	26	3	0	0	0	0	0	3	.115	.115
Bill Swift	.400	15	6	1	0	0	0	3	1	.500	.467	Pete Harnisch	.143	14	2	0	0	0	0	0	6	.143	.143

Mike Mordecai — Braves
Age 27 – Bats Both

	Avg	G	AB	R	H	2B	3B	HR	RBI	BB	SO	HBP	GDP	SB	CS	OBP	SLG	IBB	SH	SF	#Pit	#P/PA	GB	FB	G/F
1994 Season	.250	4	4	1	1	0	0	0	3	1	0	0	0	0	0	.400	1.000	0	0	0	17	3.40	0	4	0.00

1994 Season

	Avg	AB	H	2B	3B	HR	RBI	BB	SO	OBP	SLG		Avg	AB	H	2B	3B	HR	RBI	BB	SO	OBP	SLG
vs. Left	.000	1	0	0	0	0	0	0	0	.000	.000	Scoring Posn	1.000	1	1	0	0	1	3	0	0	1.000	4.000
vs. Right	.333	3	1	0	0	1	3	1	0	.500	1.333	Close & Late	.333	3	1	0	0	1	3	1	0	.500	1.333

Mike Morgan — Cubs
Age 35 – Pitches Right (groundball pitcher)

	ERA	W	L	Sv	G	GS	IP	BB	SO	Avg	H	2B	3B	HR	BB	OBP	SLG	CG	ShO	Sup	QS	#P/S	SB	CS	GB	FB	G/F
1994 Season	6.69	2	10	0	15	15	80.2	35	57	.338	111	20	1	12	57	.402	.515	1	0	5.13	5	92	6	2	146	64	2.28
Last Five Years	3.52	53	58	1	148	147	975.2	309	537	.255	933	149	19	72	370	.315	.365	19	7	3.93	96	96	69	45	1753	711	2.47

1994 Season

	ERA	W	L	Sv	G	GS	IP	H	HR	BB	SO		Avg	AB	H	2B	3B	HR	RBI	BB	SO	OBP	SLG
Home	6.69	0	5	0	7	7	37.2	49	8	15	29	vs. Left	.386	145	56	9	0	6	26	20	29	.450	.572
Away	6.70	2	5	0	8	8	43.0	62	4	20	28	vs. Right	.301	183	55	11	1	6	31	15	28	.361	.470
Starter	6.69	2	10	0	15	15	80.2	111	12	35	57	Scoring Posn	.295	95	28	5	0	3	43	16	17	.376	.442
Reliever	0.00	0	0	0	0	0	0.0	0	0	0	0	Close & Late	.286	7	2	1	0	0	0	0	1	.286	.429
0-3 Days Rest (St)	0.00	0	0	0	0	0	0.0	0	0	0	0	None on/out	.449	78	35	5	0	3	3	8	10	.511	.628
4 Days Rest	7.46	0	6	0	8	8	44.2	68	6	18	28	First Pitch	.380	50	19	3	0	2	7	1	0	.415	.560
5+ Days Rest	5.75	2	4	0	7	7	36.0	43	6	17	29	Ahead in Count	.243	144	35	8	0	4	18	0	52	.245	.382
Pre-All Star	7.71	1	9	0	12	12	60.2	89	10	30	45	Behind in Count	.468	77	36	6	1	5	23	21	0	.574	.766
Post-All Star	3.60	1	1	0	3	3	20.0	22	2	5	12	Two Strikes	.283	145	41	8	0	4	17	13	57	.342	.421

Last Five Years

	ERA	W	L	Sv	G	GS	IP	H	HR	BB	SO		Avg	AB	H	2B	3B	HR	RBI	BB	SO	OBP	SLG
Home	3.12	25	24	1	72	71	496.1	457	40	143	278	vs. Left	.261	2010	525	89	11	39	189	205	279	.331	.375
Away	3.94	28	34	0	76	76	479.1	476	32	166	259	vs. Right	.247	1654	408	60	8	33	181	104	258	.294	.352
Day	3.14	26	27	0	72	71	485.0	455	29	158	266	Inning 1-6	.253	3086	781	125	14	60	329	275	466	.316	.361
Night	3.91	27	31	1	76	76	490.2	478	43	151	271	Inning 7+	.263	578	152	24	5	12	41	34	71	.306	.384
Grass	3.35	41	36	1	105	104	706.0	667	56	209	381	None on	.246	2218	546	88	10	41	41	151	329	.298	.350
Turf	3.97	12	22	0	43	43	269.2	266	16	100	156	Runners on	.268	1446	387	61	9	31	329	208	208	.339	.387
April	3.63	6	12	0	21	21	136.1	125	10	45	72	Scoring Posn	.256	805	206	35	6	14	282	121	140	.348	.366
May	3.66	13	9	0	25	25	164.2	157	8	57	94	Close & Late	.281	278	78	13	3	5	24	21	32	.333	.403
June	3.35	10	8	0	23	23	166.1	155	12	49	87	None on/out	.253	957	242	38	4	16	16	69	134	.309	.351
July	3.28	7	10	1	29	28	175.2	172	10	55	101	vs. 1st Batr (relief)	.000	1	0	0	0	0	0	0	0	.000	.000
August	3.37	7	11	0	24	24	165.2	180	10	54	90	First Inning Pitched	.255	553	141	23	3	7	66	47	94	.317	.345
September/October	3.88	10	8	0	26	26	167.0	144	22	49	93	First 75 Pitches	.257	2740	703	113	14	52	286	227	421	.316	.365
Starter	3.53	53	58	0	147	147	973.1	932	72	309	535	Pitch 76-90	.228	479	109	16	2	10	43	46	55	.292	.332
Reliever	0.00	0	0	1	1	0	2.1	1	0	0	2	Pitch 91-105	.262	324	85	14	2	5	28	24	45	.314	.364
0-3 Days Rest (St)	2.08	1	1	0	2	2	13.0	11	0	3	6	Pitch 106+	.298	121	36	6	1	5	13	12	16	.363	.488
4 Days Rest	3.50	32	34	0	94	94	629.2	608	51	194	331	First Pitch	.283	639	181	32	4	15	75	23	0	.314	.416
5+ Days Rest	3.65	20	23	0	51	51	330.2	313	21	112	198	Ahead in Count	.197	1445	284	48	4	18	107	0	443	.201	.273
Pre-All Star	3.61	30	33	1	80	79	526.2	512	35	167	292	Behind in Count	.316	899	284	40	6	28	118	173	0	.425	.467
Post-All Star	3.43	23	25	0	68	68	449.0	421	37	142	245	Two Strikes	.190	1438	273	46	7	14	101	113	537	.250	.262

Pitcher vs. Batter (since 1984)

Pitches Best Vs.	Avg	AB	H	2B	3B	HR	RBI	BB	SO	OBP	SLG	Pitches Worst Vs.	Avg	AB	H	2B	3B	HR	RBI	BB	SO	OBP	SLG
Doug Drabek	.000	13	0	0	0	0	0	0	4	.000	.000	Danny Tartabull	.727	11	8	0	0	1	4	1	0	.750	1.000
Gerald Young	.000	11	0	0	0	0	1	0	1	.000	.000	Don Slaught	.500	12	6	1	0	2	4	3	0	.625	1.083
Dennis Martinez	.063	16	1	0	0	0	0	0	4	.063	.063	Oddibe McDowell	.444	27	12	3	1	2	3	2	6	.483	.852
Eddie Taubensee	.071	14	1	0	0	1	0	0	4	.067	.071	Rickey Henderson	.400	10	4	0	0	2	2	1	2	.455	1.000
Cal Ripken	.091	22	2	0	0	0	0	0	4	.091	.091	Dan Pasqua	.385	13	5	0	0	0	2	4	4	.467	.846

Russ Morman — Marlins
Age 33 – Bats Right (flyball hitter)

	Avg	G	AB	R	H	2B	3B	HR	RBI	BB	SO	HBP	GDP	SB	CS	OBP	SLG	IBB	SH	SF	#Pit	#P/PA	GB	FB	G/F
1994 Season	.212	13	33	2	7	0	1	1	2	2	9	1	1	0	0	.278	.364	0	0	0	135	3.75	10	6	1.67
Last Five Years	.247	37	93	8	23	4	3	2	6	6	13	1	1	0	1	.297	.419	1	0	1	395	3.91	27	32	0.84

1994 Season

	Avg	AB	H	2B	3B	HR	RBI	BB	SO	OBP	SLG		Avg	AB	H	2B	3B	HR	RBI	BB	SO	OBP	SLG
vs. Left	.375	8	3	0	0	1	2	1	0	.444	.750	Scoring Posn	.091	11	1	0	0	0	1	2	2	.231	.091
vs. Right	.160	25	4	0	1	0	0	1	9	.222	.240	Close & Late	.000	5	0	0	0	0	0	1	1	.286	.000

Hal Morris — Reds
Age 30 – Bats Left (groundball hitter)

	Avg	G	AB	R	H	2B	3B	HR	RBI	BB	SO	HBP	GDP	SB	CS	OBP	SLG	IBB	SH	SF	#Pit	#P/PA	GB	FB	G/F
1994 Season	.335	112	436	60	146	30	4	10	78	34	62	5	16	6	2	.385	.491	8	2	6	1759	3.64	194	89	2.18
Last Five Years	.315	571	1997	271	630	124	11	44	275	180	259	11	49	33	17	.371	.455	31	12	23	8014	3.61	835	482	1.73

1994 Season

	Avg	AB	H	2B	3B	HR	RBI	BB	SO	OBP	SLG		Avg	AB	H	2B	3B	HR	RBI	BB	SO	OBP	SLG
vs. Left	.255	110	28	8	0	0	18	10	20	.331	.327	Scoring Posn	.331	121	40	8	1	3	59	17	18	.400	.488
vs. Right	.362	326	118	22	4	10	60	24	42	.403	.546	Close & Late	.286	70	20	2	0	3	15	9	15	.358	.443
Groundball	.349	149	52	7	1	3	17	10	25	.390	.470	None on/out	.286	77	22	4	0	1	1	6	11	.353	.377
Flyball	.234	64	15	4	0	1	8	5	9	.296	.344	Batting #2	.340	97	33	11	0	1	19	9	13	.385	.485
Home	.328	232	76	20	2	5	42	16	37	.375	.496	Batting #3	.335	263	88	15	4	8	48	13	36	.367	.513
Away	.343	204	70	10	2	5	36	18	25	.396	.485	Other	.329	76	25	4	0	1	11	12	13	.440	.421
Day	.365	148	54	9	2	4	23	13	17	.417	.541	April	.326	89	29	7	0	2	19	6	5	.357	.472
Night	.319	288	92	21	2	6	55	21	45	.368	.465	May	.354	113	40	10	3	0	18	8	13	.390	.496
Grass	.355	138	49	6	2	3	23	11	19	.400	.493	June	.368	95	35	5	1	3	19	7	14	.429	.537
Turf	.326	298	97	24	2	7	55	23	43	.378	.490	July	.346	107	37	7	0	4	22	10	18	.398	.523
First Pitch	.383	81	31	8	0	3	20	4	0	.414	.593	August	.156	32	5	1	0	1	3	4	5	.270	.281
Ahead in Count	.480	100	48	8	3	4	25	17	0	.551	.740	September/October	.000	0	0	0	0	0	0	0	0	.000	.000
Behind in Count	.239	176	42	10	1	1	17	0	57	.249	.324	Pre-All Star	.358	335	120	27	4	7	67	27	45	.406	.525
Two Strikes	.224	183	41	11	1	2	21	13	62	.280	.311	Post-All Star	.257	101	26	3	0	3	11	7	17	.312	.376

1994 By Position

Position	Avg	AB	H	2B	3B	HR	RBI	BB	SO	OBP	SLG	G	GS	Innings	PO	A	E	DP	Fld Pct	Rng Fctr	In Zone	Outs	Zone Rtg	MLB Zone
As 1b	.336	435	146	30	4	10	77	34	61	.386	.492	112	109	964.1	899	77	6	76	.994	---	169	145	.858	.818

Last Five Years

	Avg	AB	H	2B	3B	HR	RBI	BB	SO	OBP	SLG		Avg	AB	H	2B	3B	HR	RBI	BB	SO	OBP	SLG
vs. Left	.247	514	127	25	1	2	54	42	108	.309	.311	Scoring Posn	.306	530	162	33	2	8	215	80	81	.383	.421
vs. Right	.339	1483	503	99	10	42	221	138	151	.393	.504	Close & Late	.290	317	92	17	3	6	32	28	59	.350	.420
Groundball	.317	668	212	45	2	11	84	51	81	.366	.440	None on/out	.314	421	132	24	3	8	8	26	53	.356	.442
Flyball	.282	418	118	25	1	11	51	40	56	.343	.426	Batting #2	.306	497	152	31	1	7	56	48	71	.365	.423
Home	.315	1000	315	76	5	22	144	82	131	.367	.467	Batting #3	.309	732	226	35	6	20	114	49	94	.350	.455
Away	.316	997	315	48	6	22	131	98	128	.376	.442	Other	.328	768	252	54	4	17	105	83	94	.395	.475
Day	.331	613	203	42	6	19	93	63	66	.393	.512	April	.314	188	59	15	1	4	27	9	26	.345	.468
Night	.309	1384	427	82	5	25	182	117	193	.362	.429	May	.331	260	86	20	5	2	42	24	28	.384	.469
Grass	.314	592	186	29	5	13	80	58	84	.372	.446	June	.325	360	117	18	2	6	57	28	50	.375	.436
Turf	.316	1405	444	95	6	31	195	122	175	.371	.453	July	.333	460	153	28	2	13	63	49	62	.394	.487
First Pitch	.379	343	130	30	2	11	62	18	0	.409	.574	August	.289	357	103	21	0	11	43	27	45	.340	.440
Ahead in Count	.396	500	198	38	3	18	90	87	0	.482	.592	September/October	.301	372	112	22	1	8	43	43	48	.372	.430
Behind in Count	.230	790	182	35	4	8	76	0	216	.235	.302	Pre-All Star	.331	953	315	62	8	18	154	86	119	.385	.469
Two Strikes	.220	810	178	35	4	8	77	71	259	.285	.302	Post-All Star	.302	1044	315	62	3	26	121	94	140	.359	.442

Batter vs. Pitcher (career)

Hits Best Against	Avg	AB	H	2B	3B	HR	RBI	BB	SO	OBP	SLG	Hits Worst Against	Avg	AB	H	2B	3B	HR	RBI	BB	SO	OBP	SLG
Willie Blair	.667	12	8	0	0	2	1	0	.692	.667		Darryl Kile	.000	10	0	0	0	0	0	1	2	.091	.000
Mel Rojas	.533	15	8	2	0	1	2	1	0	.500	.867	Frank Seminara	.000	9	0	0	0	0	2	2	1	.167	.000
Brian Williams	.500	14	7	3	0	0	4	1	0	.533	.714	Rheal Cormier	.091	11	1	0	0	0	0	0	3	.091	.091
Jeff Juden	.455	11	5	2	0	1	3	1	3	.462	.909	Bruce Hurst	.125	16	2	1	0	0	2	0	2	.125	.188
Bill Swift	.429	14	6	1	0	1	3	0	1	.429	.714	Al Osuna	.154	13	2	0	0	0	0	2	0	.143	.154

Jack Morris — Indians
Age 40 – Pitches Right

	ERA	W	L	Sv	G	GS	IP	BB	SO	Avg	H	2B	3B	HR	RBI	OBP	SLG	CG	ShO	Sup	QS	#P/S	SB	CS	GB	FB	G/F
1994 Season	5.60	10	6	0	23	23	141.1	67	100	.292	163	35	4	14	82	.369	.444	1	0	7.00	10	103	15	9	197	135	1.46
Last Five Years	4.54	71	54	0	155	155	1031.0	401	660	.260	1031	177	22	94	508	.330	.387	32	7	5.56	75	103	131	49	1471	1067	1.38

1994 Season

	ERA	W	L	Sv	G	GS	IP	H	HR	BB	SO		Avg	AB	H	2B	3B	HR	RBI	BB	SO	OBP	SLG
Home	5.97	6	2	0	12	12	72.1	85	6	32	53	vs. Left	.302	301	91	18	4	8	42	31	43	.365	.468
Away	5.22	4	4	0	11	11	69.0	78	8	35	47	vs. Right	.279	258	72	17	0	6	40	36	57	.373	.415
Day	6.65	4	3	0	8	8	46.0	61	8	26	39	Inning 1-6	.285	498	142	32	4	12	73	63	86	.363	.438
Night	5.10	6	3	0	15	15	95.1	102	6	41	61	Inning 7+	.344	61	21	3	0	2	9	4	14	.420	.492
Grass	5.60	10	6	0	23	23	141.1	163	14	67	100	None on	.302	301	91	21	3	6	31	54		.369	.452
Turf	0.00	0	0	0	0	0	0.0	0	0	0	0	Runners on	.279	258	72	14	1	8	76	36	46	.369	.434
April	6.39	1	2	0	5	5	31.0	37	2	13	15	Scoring Posn	.285	151	43	7	0	5	65	26	28	.388	.430
May	4.10	3	2	0	6	6	37.1	37	2	20	28	Close & Late	.346	26	9	0	0	0	4	1	6	.433	.346
June	5.52	2	1	0	5	5	31.0	39	5	12	27	None on/out	.338	142	48	11	1	4	14	22		.401	.514
July	4.46	4	1	0	5	5	34.1	36	4	12	24	vs. 1st Batr (relief)	.000	0	0	0	0	0	0	0	0	.000	.000
August	15.26	0	0	0	2	2	7.2	14	1	10	6	First Inning Pitched	.207	82	17	4	0	1	8	14	17	.320	.293
September/October	0.00	0	0	0	0	0	0.0	0	0	0	0	First 75 Pitches	.290	397	115	25	3	9	51	45	67	.359	.436
Starter	5.60	10	6	0	23	23	141.1	163	14	67	100	Pitch 76-90	.329	73	24	3	1	3	13	9	11	.410	.521
Reliever	0.00	0	0	0	0	0	0.0	0	0	0	0	Pitch 91-105	.264	53	14	4	0	0	3	10	9	14	.391	.340
0-3 Days Rest (St)	0.00	0	0	0	0	0	0.0	0	0	0	0	Pitch 106+	.278	36	10	3	0	2	8	4	8	.366	.528
4 Days Rest	5.53	7	2	0	16	16	99.1	116	9	40	67	First Pitch	.360	86	31	9	1	5	22	2	0	.374	.663
5+ Days Rest	5.79	3	4	0	7	7	42.0	47	5	27	33	Ahead in Count	.189	222	42	7	2	3	22	0	83	.189	.279
Pre-All Star	4.88	8	5	0	18	18	114.1	122	10	48	77	Behind in Count	.420	150	63	11	1	6	27	31	0	.519	.627
Post-All Star	8.67	2	1	0	5	5	27.0	41	4	19	23	Two Strikes	.174	213	37	8	2	1	15	34	100	.287	.244

Last Five Years

	ERA	W	L	Sv	G	GS	IP	H	HR	BB	SO		Avg	AB	H	2B	3B	HR	RBI	BB	SO	OBP	SLG
Home	4.37	41	21	0	77	77	522.2	514	40	183	331	vs. Left	.283	2004	567	94	15	49	261	226	278	.354	.418
Away	4.71	30	33	0	78	78	508.1	517	54	218	329	vs. Right	.237	1957	464	83	7	45	247	175	382	.306	.356
Day	4.50	29	18	0	54	54	350.1	361	34	141	224	Inning 1-6	.264	3313	873	146	21	79	441	357	546	.336	.392
Night	4.56	42	36	0	101	101	680.2	670	60	260	436	Inning 7+	.244	648	158	31	1	15	67	44	114	.297	.364
Grass	4.75	38	39	0	91	91	593.0	606	58	247	389	None on	.248	2266	562	102	16	41	41	216	389	.317	.361
Turf	4.25	33	15	0	64	64	438.0	425	36	154	271	Runners on	.277	1695	469	75	6	53	467	185	271	.346	.422
April	6.04	9	11	0	25	25	155.0	189	16	68	102	Scoring Posn	.278	972	270	46	3	33	403	133	182	.359	.433
May	4.87	10	13	0	28	28	186.2	180	18	94	107	Close & Late	.251	391	98	15	1	8	47	28	58	.307	.355
June	4.36	18	5	0	27	27	179.2	184	20	61	114	None on/out	.258	998	257	44	7	23	23	96	163	.326	.385
July	4.51	11	11	0	26	26	169.2	163	18	50	117	vs. 1st Batr (relief)	.000	0	0	0	0	0	0	0	0	.000	.000
August	4.74	12	7	0	26	26	165.1	175	10	74	108	First Inning Pitched	.281	613	172	27	3	17	96	64	89	.349	.418
September/October	2.89	11	7	0	23	23	174.2	140	12	54	112	First 75 Pitches	.268	2777	744	122	17	68	352	287	444	.337	.398
Starter	4.54	71	54	0	155	155	1031.0	1031	94	401	660	Pitch 76-90	.257	494	127	20	2	14	72	57	85	.337	.391
Reliever	0.00	0	0	0	0	0	0.0	0	0	0	0	Pitch 91-105	.234	419	98	23	3	2	53	40	73	.305	.317
0-3 Days Rest (St)	3.89	4	0	0	6	6	39.1	37	2	19	31	Pitch 106+	.229	271	62	12	0	10	31	17	58	.280	.384
4 Days Rest	4.55	47	36	0	103	103	688.1	679	60	257	447	First Pitch	.313	603	189	41	5	21	108	15	0	.334	.502
5+ Days Rest	4.60	20	18	0	46	46	303.1	315	32	125	182	Ahead in Count	.208	1761	367	56	7	24	168	0	558	.211	.289
Pre-All Star	4.92	42	32	0	89	89	587.0	603	59	241	360	Behind in Count	.331	878	291	45	4	37	146	227	0	.467	.518
Post-All Star	4.03	29	22	0	66	66	444.0	428	35	160	300	Two Strikes	.192	1674	321	49	8	22	148	159	660	.263	.270

Pitcher vs. Batter (since 1984)

Pitches Best Vs.	Avg	AB	H	2B	3B	HR	RBI	BB	SO	OBP	SLG	Pitches Worst Vs.	Avg	AB	H	2B	3B	HR	RBI	BB	SO	OBP	SLG
Randy Milligan	.053	19	1	1	0	0	0	0	6	.053	.105	Darnell Coles	.600	10	6	1	0	0	1	1	2	.636	.700
Walt Weiss	.071	14	1	0	0	0	1	2	3	.176	.071	Kenny Lofton	.526	19	10	1	1	0	1	1	2	.550	.684
Steve Sax	.100	20	2	0	0	0	0	0	1	.100	.100	Thomas Howard	.500	12	6	1	0	1	5	0	1	.500	.833
Tony Pena	.125	16	2	0	0	0	2	0	2	.125	.125	Chad Curtis	.462	13	6	2	0	1	6	2	1	.563	.846
Dave Gallagher	.125	16	2	0	0	1	0	2	.125	.125	Ken Griffey Jr	.310	29	9	2	1	4	11	4	4	.382	.862

James Mouton — Astros
Age 26 – Bats Right

	Avg	G	AB	R	H	2B	3B	HR	RBI	BB	SO	HBP	GDP	SB	CS	OBP	SLG	IBB	SH	SF	#Pit	#P/PA	GB	FB	G/F
1994 Season	.245	99	310	43	76	11	0	2	16	27	69	5	6	24	5	.315	.300	0	2	1	1305	3.78	104	88	1.18

1994 Season

	Avg	AB	H	2B	3B	HR	RBI	BB	SO	OBP	SLG		Avg	AB	H	2B	3B	HR	RBI	BB	SO	OBP	SLG
vs. Left	.315	108	34	3	0	1	6	11	24	.375	.370	Scoring Posn	.171	82	14	1	0	2	16	4	20	.233	.256
vs. Right	.208	202	42	8	0	1	10	16	45	.283	.262	Close & Late	.158	38	6	3	0	0	2	7	9	.304	.237
Groundball	.262	103	27	4	0	0	5	3	18	.296	.301	None on/out	.254	126	32	8	0	0	0	13	32	.333	.317
Flyball	.189	37	7	0	0	2	7	5	13	.286	.351	Batting #1	.246	264	65	9	0	1	12	24	60	.318	.292
Home	.255	137	35	6	0	1	8	10	31	.313	.321	Batting #6	.206	34	7	1	0	0	2	2	6	.263	.235
Away	.237	173	41	5	0	1	8	17	38	.316	.283	Other	.333	12	4	1	0	1	2	1	3	.385	.667
Day	.301	83	25	3	0	1	3	13	15	.396	.373	April	.200	80	16	5	0	1	5	7	21	.273	.300
Night	.225	227	51	8	0	1	13	14	54	.283	.273	May	.286	98	28	3	0	0	3	8	24	.358	.316
Grass	.222	99	22	3	0	0	1	5	23	.260	.253	June	.229	96	22	1	0	0	5	6	19	.275	.240
Turf	.256	211	54	8	0	2	15	22	46	.339	.322	July	.323	31	10	2	0	1	3	5	5	.421	.484
First Pitch	.383	47	18	1	0	1	9	0	0	.396	.468	August	.000	5	0	0	0	0	0	1	0	.167	.000
Ahead in Count	.265	49	13	4	0	0	0	14	0	.429	.347	September/October	.000	0	0	0	0	0	0	0	0	.000	.000
Behind in Count	.180	167	30	4	0	0	2	0	63	.194	.204	Pre-All Star	.243	288	70	10	0	2	15	25	65	.312	.299
Two Strikes	.191	162	31	5	0	1	6	13	69	.254	.241	Post-All Star	.273	22	6	1	0	0	1	2	4	.346	.318

1994 By Position

Position	Avg	AB	H	2B	3B	HR	RBI	BB	SO	OBP	SLG	G	GS	Innings	PO	A	E	DP	Fld Pct	Rng Fctr	In Zone	Outs	Zone Rtg	MLB Zone
As cf	.243	74	18	0	0	0	5	4	16	.291	.243	19	17	149.0	34	0	3	0	.919	2.05	44	34	.773	.824
As rf	.242	231	56	10	0	2	11	22	53	.318	.312	80	54	519.0	128	5	0	2	1.000	2.31	130	121	.931	.826

Jamie Moyer — Orioles
Age 32 – Pitches Left

	ERA	W	L	Sv	G	GS	IP	BB	SO	Avg	H	2B	3B	HR	RBI	OBP	SLG	CG	ShO	Sup	QS	#P/S	SB	CS	GB	FB	G/F
1994 Season	4.77	5	7	0	23	23	149.0	38	87	.271	158	37	2	23	73	.316	.459	0	0	4.77	11	102	7	3	206	187	1.10
Last Five Years	4.35	19	27	0	89	65	434.2	131	255	.277	465	108	7	45	197	.332	.430	4	1	4.06	33	92	29	19	631	492	1.28

1994 Season

	ERA	W	L	Sv	G	GS	IP	H	HR	BB	SO		Avg	AB	H	2B	3B	HR	RBI	BB	SO	OBP	SLG
Home	4.71	2	3	0	11	11	70.2	74	10	17	45	vs. Left	.286	84	24	4	0	5	16	7	11	.347	.512
Away	4.83	3	4	0	12	12	78.1	84	13	21	42	vs. Right	.268	500	134	33	2	18	57	31	76	.311	.450
Day	3.86	2	2	0	9	9	63.0	55	10	15	31	Inning 1-6	.264	497	131	34	2	15	63	31	74	.308	.431
Night	5.44	3	5	0	14	14	86.0	103	13	23	56	Inning 7+	.310	87	27	3	0	8	10	7	13	.362	.621
Grass	4.98	5	6	0	19	19	121.0	132	20	32	71	None on	.235	374	88	19	1	14	14	22	65	.280	.404
Turf	3.86	0	1	0	4	4	28.0	26	3	6	16	Runners on	.333	210	70	18	1	9	59	16	22	.380	.557
April	5.50	1	1	0	5	5	36.0	38	8	5	24	Scoring Posn	.333	114	38	8	0	2	40	8	14	.371	.456
May	5.14	1	2	0	5	5	28.0	35	4	10	14	Close & Late	.273	55	15	1	0	4	4	6	11	.344	.509
June	5.55	0	3	0	6	6	35.2	42	5	11	23	None on/out	.231	156	36	7	0	5	5	10	34	.281	.372
July	3.24	2	1	0	5	5	33.1	29	5	8	16	vs. 1st Batr (relief)	.000	0	0	0	0	0	0	0	0	.000	.000
August	3.94	1	0	0	2	2	16.0	14	1	4	10	First Inning Pitched	.327	98	32	9	1	4	17	8	16	.377	.561
September/October	0.00	0	0	0	0	0	0.0	0	0	0	0	First 75 Pitches	.274	405	111	31	1	12	52	23	66	.315	.444
Starter	4.77	5	7	0	23	23	149.0	158	23	38	87	Pitch 76-90	.260	73	19	3	1	4	12	5	9	.308	.493
Reliever	0.00	0	0	0	0	0	0.0	0	0	0	0	Pitch 91-105	.209	67	14	1	0	2	3	5	10	.264	.313
0-3 Days Rest (St)	0.00	0	0	0	0	0	0.0	0	0	0	0	Pitch 106+	.359	39	14	2	0	5	6	5	2	.432	.795
4 Days Rest	4.49	2	7	0	16	16	106.1	108	15	28	68	First Pitch	.307	88	27	5	0	6	14	1	0	.326	.568
5+ Days Rest	5.48	0	0	0	7	7	42.2	50	8	10	19	Ahead in Count	.235	264	62	13	1	7	26	0	71	.235	.371
Pre-All Star	5.10	3	6	0	18	18	113.0	123	19	29	72	Behind in Count	.344	128	44	12	0	6	22	20	0	.430	.578
Post-All Star	3.75	2	1	0	5	5	36.0	35	4	9	15	Two Strikes	.233	262	61	16	2	6	22	17	87	.280	.378

Last Five Years

	ERA	W	L	Sv	G	GS	IP	H	HR	BB	SO		Avg	AB	H	2B	3B	HR	RBI	BB	SO	OBP	SLG
Home	4.52	7	11	0	43	31	211.0	225	20	69	140	vs. Left	.295	292	86	19	1	12	45	23	37	.353	.490
Away	4.18	12	16	0	46	34	223.2	240	25	62	115	vs. Right	.273	1389	379	89	6	33	152	108	218	.327	.417
Day	5.04	7	5	0	23	20	130.1	144	15	33	76	Inning 1-6	.270	1402	379	94	7	32	168	112	216	.327	.416
Night	4.05	12	22	0	66	45	304.1	321	30	98	179	Inning 7+	.308	279	86	14	0	13	29	19	39	.355	.498
Grass	4.41	16	20	0	67	48	330.1	355	34	98	194	None on	.254	1039	264	56	6	29	29	67	163	.305	.403
Turf	4.14	3	7	0	22	17	104.1	110	11	33	61	Runners on	.313	642	201	52	1	16	168	64	92	.373	.472
April	5.20	1	6	0	14	12	71.0	82	12	20	38	Scoring Posn	.299	365	109	26	0	6	135	40	57	.360	.419
May	5.12	1	8	0	18	11	70.1	86	9	24	43	Close & Late	.298	114	34	5	0	6	11	11	18	.360	.500
June	4.76	3	3	0	19	11	75.2	90	8	28	49	None on/out	.254	449	114	25	3	12	12	29	79	.308	.403
July	4.08	6	3	0	17	12	88.1	82	10	25	51	vs. 1st Batr (relief)	.250	20	5	1	0	0	3	4	0	.375	.300
August	3.60	5	4	0	14	14	90.0	80	2	25	52	First Inning Pitched	.296	338	100	25	1	7	31	35	56	.362	.438
September/October	2.97	3	3	0	7	5	39.1	45	4	9	25	First 75 Pitches	.279	1296	361	92	6	32	160	104	206	.335	.433
Starter	4.33	18	26	0	65	65	386.2	411	41	115	219	Pitch 76-90	.299	197	59	13	1	6	25	11	25	.343	.467
Reliever	4.50	1	1	0	24	0	48.0	54	4	16	36	Pitch 91-105	.189	132	25	1	0	2	6	10	18	.246	.242

Last Five Years

	ERA	W	L	Sv	G	GS	IP	H	HR	BB	SO		Avg	AB	H	2B	3B	HR	RBI	BB	SO	OBP	SLG
0-3 Days Rest (St)	10.50	0	1	0	2	2	6.0	9	0	3	5	Pitch 106+	.357	56	20	2	0	5	6	6	6	.419	.661
4 Days Rest	3.72	11	15	0	35	35	227.2	221	21	59	133	First Pitch	.362	246	89	20	0	10	44	6	0	.379	.565
5+ Days Rest	5.00	7	10	0	28	28	153.0	181	20	53	81	Ahead in Count	.222	738	164	32	2	12	58	0	207	.230	.320
Pre-All Star	4.69	8	18	0	58	39	259.0	291	33	83	149	Behind in Count	.345	365	126	35	1	15	59	60	0	.435	.570
Post-All Star	3.84	11	9	0	31	26	175.2	174	12	48	106	Two Strikes	.218	712	155	32	5	9	51	65	255	.288	.315

Pitcher vs. Batter (career)

Pitches Best Vs.	Avg	AB	H	2B	3B	HR	RBI	BB	SO	OBP	SLG	Pitches Worst Vs.	Avg	AB	H	2B	3B	HR	RBI	BB	SO	OBP	SLG
Mike Macfarlane	.077	13	1	0	0	0	0	1	4	.143	.077	Albert Belle	.778	9	7	3	0	0	4	2	1	.750	1.111
Lance Johnson	.083	12	1	0	0	0	1	0	2	.083	.083	Gerald Young	.615	13	8	0	0	0	0	2	0	.667	.615
Alvaro Espinoza	.091	11	1	0	0	0	0	0	1	.091	.091	Randy Ready	.500	14	7	2	1	0	2	0	0	.500	.786
Robby Thompson	.091	11	1	0	0	0	1	1	2	.167	.091	B.J. Surhoff	.500	12	6	3	0	0	2	1	0	.538	.750
Will Clark	.105	19	2	0	0	0	1	4	.150	.105	Frank Thomas	.500	10	5	1	0	1	3	3	1	.615	.900

Terry Mulholland — Yankees   Age 32 – Pitches Left

	ERA	W	L	Sv	G	GS	IP	BB	SO	Avg	H	2B	3B	HR	RBI	OBP	SLG	CG	ShO	Sup	QS	#P/S	SB	CS	GB	FB	G/F
1994 Season	6.49	6	7	0	24	19	120.2	37	72	.303	150	37	4	24	89	.353	.539	2	0	6.41	5	95	0	1	181	141	1.28
Last Five Years	3.90	56	50	0	152	139	953.1	214	530	.261	957	200	20	88	415	.301	.398	35	8	4.87	75	97	12	19	1408	1035	1.36

1994 Season

	ERA	W	L	Sv	G	GS	IP	H	HR	BB	SO		Avg	AB	H	2B	3B	HR	RBI	BB	SO	OBP	SLG
Home	6.27	4	2	0	10	8	51.2	57	16	12	28	vs. Left	.338	68	23	5	0	4	17	5	13	.390	.588
Away	6.65	2	5	0	14	11	69.0	93	8	25	44	vs. Right	.297	427	127	32	4	20	72	32	59	.346	.532
Starter	6.65	6	7	0	19	19	115.0	146	23	35	68	Scoring Posn	.299	127	38	7	0	5	59	14	12	.363	.472
Reliever	3.18	0	0	0	5	0	5.2	4	1	2	4	Close & Late	.350	20	7	3	0	2	10	0	3	.350	.800
0-3 Days Rest (St)	0.00	0	0	0	0	0	0.0	0	0	0	0	None on/out	.325	126	41	14	1	7	7	7	17	.361	.619
4 Days Rest	7.67	3	6	0	14	14	78.2	114	15	26	46	First Pitch	.324	74	24	6	0	6	13	1	0	.346	.649
5+ Days Rest	4.46	3	1	0	5	5	36.1	32	8	9	22	Ahead in Count	.190	211	40	8	0	4	21	0	65	.193	.284
Pre-All Star	6.65	6	7	0	19	19	115.0	146	23	35	68	Behind in Count	.419	124	52	14	3	12	39	20	0	.493	.871
Post-All Star	3.18	0	0	0	5	0	5.2	4	1	2	4	Two Strikes	.194	201	39	13	0	2	21	16	72	.256	.289

Last Five Years

	ERA	W	L	Sv	G	GS	IP	H	HR	BB	SO		Avg	AB	H	2B	3B	HR	RBI	BB	SO	OBP	SLG
Home	3.59	33	18	0	74	69	491.2	470	45	103	295	vs. Left	.248	185	46	25	4	19	83	35	85	.289	.393
Away	4.23	23	32	0	78	70	461.2	487	43	111	235	vs. Right	.263	3049	803	175	16	69	332	179	445	.304	.399
Day	4.14	17	22	0	47	44	298.0	295	36	72	164	Inning 1-6	.260	2972	774	160	15	68	336	188	441	.304	.393
Night	3.79	39	28	0	105	95	655.1	662	52	142	366	Inning 7+	.262	698	183	40	5	20	79	26	89	.290	.420
Grass	4.81	18	22	0	52	48	309.0	348	45	77	175	None on	.251	2206	553	122	13	50	50	106	332	.288	.386
Turf	3.46	38	28	0	100	91	644.1	609	43	137	355	Runners on	.276	1464	404	78	7	38	365	108	198	.321	.417
April	4.91	7	10	0	24	24	148.1	157	12	49	75	Scoring Posn	.287	791	227	47	4	22	319	68	98	.333	.440
May	3.31	18	7	0	29	27	198.1	188	19	43	94	Close & Late	.272	371	101	28	3	10	49	10	53	.296	.445
June	4.66	7	9	0	25	23	145.0	164	16	38	90	None on/out	.269	958	258	56	5	28	28	50	137	.310	.426
July	3.24	9	10	0	27	21	166.2	164	17	23	97	vs. 1st Batr (relief)	.417	12	5	2	0	1	8	0	1	.385	.833
August	4.33	7	7	0	25	23	156.0	171	17	35	98	First Inning Pitched	.285	590	168	32	5	14	91	51	82	.341	.427
September/October	3.17	8	7	0	22	21	139.0	113	7	26	76	First 75 Pitches	.255	2690	687	141	12	59	290	162	405	.297	.383
Starter	3.95	56	50	0	139	139	937.1	943	87	210	522	Pitch 76-90	.263	456	120	26	5	12	53	24	58	.302	.421
Reliever	1.13	0	0	0	13	0	16.0	14	1	4	8	Pitch 91-105	.281	335	94	18	3	10	41	15	49	.312	.442
0-3 Days Rest (St)	5.45	2	2	0	7	7	39.2	44	4	10	15	Pitch 106+	.296	189	56	15	0	7	31	13	18	.342	.487
4 Days Rest	4.11	34	32	0	86	86	577.2	590	56	123	330	First Pitch	.304	592	180	44	3	21	83	12	0	.317	.495
5+ Days Rest	3.46	20	16	0	46	46	320.0	309	27	77	177	Ahead in Count	.209	1663	347	70	7	18	126	0	469	.212	.292
Pre-All Star	4.16	34	29	0	87	81	544.2	566	54	138	294	Behind in Count	.308	837	258	48	6	37	148	117	0	.390	.513
Post-All Star	3.55	22	21	0	65	58	408.2	391	34	76	236	Two Strikes	.192	1524	293	72	7	13	100	84	530	.237	.274

Pitcher vs. Batter (career)

Pitches Best Vs.	Avg	AB	H	2B	3B	HR	RBI	BB	SO	OBP	SLG	Pitches Worst Vs.	Avg	AB	H	2B	3B	HR	RBI	BB	SO	OBP	SLG
Geronimo Pena	.071	14	1	1	0	0	1	2	5	.176	.143	Bernard Gilkey	.500	24	12	1	2	1	4	2	0	.538	.833
Sammy Sosa	.118	17	2	1	0	0	1	0	7	.118	.176	Fred McGriff	.464	28	13	1	1	3	8	4	3	.531	.893
Todd Benzinger	.118	17	2	0	0	0	1	1	2	.167	.118	Bobby Bonilla	.400	25	10	3	0	3	9	1	1	.464	.880
Mark Lemke	.125	16	2	1	0	0	0	0	5	.125	.188	Geronimo Berroa	.400	10	4	0	0	1	2	2	0	.500	.700
Felix Jose	.143	28	4	0	0	0	2	1	5	.172	.143	Barry Bonds	.324	34	11	2	1	6	12	2	2	.361	.971

Bobby Munoz — Phillies   Age 27 – Pitches Right (groundball pitcher)

	ERA	W	L	Sv	G	GS	IP	BB	SO	Avg	H	2B	3B	HR	RBI	OBP	SLG	CG	ShO	Sup	QS	#P/S	SB	CS	GB	FB	G/F
1994 Season	2.67	7	5	1	21	14	104.1	35	59	.252	101	18	1	8	37	.310	.362	1	0	4.49	10	99	11	0	194	82	2.37
Career (1993-1994)	3.48	10	8	1	59	14	150.0	61	92	.257	149	27	1	9	56	.325	.354	1	0	4.26	10	99	17	0	270	123	2.20

1994 Season

	ERA	W	L	Sv	G	GS	IP	H	HR	BB	SO		Avg	AB	H	2B	3B	HR	RBI	BB	SO	OBP	SLG
Home	4.12	4	2	0	10	6	43.2	53	2	15	18	vs. Left	.222	189	42	6	0	2	14	20	32	.290	.286
Away	1.63	3	3	1	11	8	60.2	48	6	20	41	vs. Right	.278	212	59	12	1	6	23	15	27	.329	.429
Starter	2.60	7	5	0	14	14	93.1	87	8	26	54	Scoring Posn	.182	99	18	5	0	1	28	18	16	.301	.263
Reliever	3.27	0	0	1	7	0	11.0	14	0	9	5	Close & Late	.237	38	9	4	0	2	6	8	7	.370	.500
0-3 Days Rest (St)	0.00	0	0	0	0	0	0.0	0	0	0	0	None on/out	.192	104	20	5	0	2	2	4	15	.222	.298

	ERA	W	L	Sv	G	GS	IP	H	HR	BB	SO		Avg	AB	H	2B	3B	HR	RBI	BB	SO	OBP	SLG
4 Days Rest	2.00	4	3	0	9	9	63.0	48	5	20	38	First Pitch	.232	56	13	5	0	0	8	0	0	.224	.321
5+ Days Rest	3.86	3	2	0	5	5	30.1	39	3	6	16	Ahead in Count	.252	163	41	5	0	3	8	0	50	.253	.337
Pre-All Star	1.96	4	3	1	16	9	69.0	63	5	31	45	Behind in Count	.277	112	31	6	1	2	12	22	0	.396	.402
Post-All Star	4.08	3	2	0	5	5	35.1	38	3	4	14	Two Strikes	.214	154	33	3	0	2	8	13	59	.276	.273

Mike Munoz — Rockies   Age 29 – Pitches Left (groundball pitcher)

	ERA	W	L	Sv	G	GS	IP	BB	SO	Avg	H	2B	3B	HR	RBI	OBP	SLG	GF	IR	IRS	Hld	SvOp	SB	CS	GB	FB	G/F
1994 Season	3.74	4	2	1	57	0	45.2	31	32	.223	37	7	1	3	22	.343	.331	8	48	12	12	2	2	2	74	29	2.55
Last Five Years	4.03	7	7	3	165	0	129.2	79	77	.259	126	21	4	8	74	.359	.368	40	135	37	31	8	6	5	227	91	2.49

1994 Season

	ERA	W	L	Sv	G	GS	IP	H	HR	BB	SO		Avg	AB	H	2B	3B	HR	RBI	BB	SO	OBP	SLG
Home	3.34	3	1	1	35	0	29.2	24	3	20	22	vs. Left	.225	71	16	5	0	1	6	11	15	.329	.338
Away	4.50	1	1	0	22	0	16.0	13	0	11	10	vs. Right	.221	95	21	2	1	2	16	20	17	.353	.326
Day	3.44	3	1	0	25	0	18.1	15	1	13	10	Inning 1-6	.185	27	5	0	1	0	7	6	5	.324	.259
Night	3.95	1	1	1	32	0	27.1	22	2	18	22	Inning 7+	.230	139	32	7	0	3	15	25	27	.348	.345
Grass	3.16	3	1	1	46	0	37.0	28	3	24	26	None on	.263	80	21	5	0	3	3	11	14	.352	.438
Turf	6.23	1	1	0	11	0	8.2	9	0	7	6	Runners on	.186	86	16	2	1	0	19	20	18	.336	.233
April	5.40	1	1	0	10	0	8.1	8	1	7	3	Scoring Posn	.182	55	10	2	1	0	19	14	12	.343	.255
May	2.45	0	0	0	11	0	7.1	7	1	5	8	Close & Late	.228	57	13	4	0	0	5	11	12	.353	.298
June	1.93	2	1	0	19	0	18.2	11	0	14	10	None on/out	.179	39	7	1	0	2	2	6	10	.289	.359
July	2.61	1	0	0	14	0	10.1	7	1	1	10	vs. 1st Batr (relief)	.163	49	8	2	1	2	7	8	12	.281	.367
August	45.00	0	0	0	3	0	1.0	4	0	4	1	First Inning Pitched	.227	150	34	7	1	3	22	29	30	.350	.347
September/October	0.00	0	0	0	0	0	0.0	0	0	0	0	First 15 Pitches	.236	127	30	6	1	3	17	22	24	.347	.370
Starter	0.00	0	0	0	0	0	0.0	0	0	0	0	Pitch 16-30	.167	36	6	1	0	0	5	9	7	.333	.194
Reliever	3.74	4	2	1	57	0	45.2	37	3	31	32	Pitch 31-45	.333	3	1	0	0	0	0	0	1	.333	.333
0 Days rest (Re)	4.50	2	1	0	26	0	22.0	20	1	16	18	Pitch 46+	.000	0	0	0	0	0	0	0	0	.000	.000
1 or 2 Days rest	2.29	2	0	1	21	0	19.2	13	2	10	12	First Pitch	.136	22	3	0	0	0	3	4	0	.269	.136
3+ Days rest	6.75	0	1	0	10	0	4.0	4	0	5	2	Ahead in Count	.253	75	19	3	0	2	7	0	30	.253	.373
Pre-All Star	2.87	4	2	1	45	0	37.2	28	2	26	24	Behind in Count	.222	45	10	3	0	0	7	15	0	.410	.289
Post-All Star	7.88	0	0	0	12	0	8.0	9	1	5	8	Two Strikes	.256	78	20	4	1	3	12	12	32	.356	.449

Last Five Years

	ERA	W	L	Sv	G	GS	IP	H	HR	BB	SO		Avg	AB	H	2B	3B	HR	RBI	BB	SO	OBP	SLG
Home	4.39	5	3	1	82	0	67.2	73	5	39	48	vs. Left	.244	205	50	12	0	3	25	23	35	.317	.346
Away	3.63	2	4	2	83	0	62.0	53	3	40	29	vs. Right	.270	281	76	9	4	5	49	56	42	.387	.384
Day	4.23	5	3	0	63	0	44.2	41	3	31	23	Inning 1-6	.257	70	18	0	1	1	21	19	11	.402	.329
Night	3.92	2	4	3	102	0	85.0	85	5	48	54	Inning 7+	.260	416	108	21	3	7	53	60	66	.351	.375
Grass	3.96	5	4	3	125	0	97.2	92	7	60	63	None on	.286	231	66	11	1	7	7	25	38	.355	.433
Turf	4.22	2	3	0	40	0	32.0	34	1	19	14	Runners on	.235	255	60	10	3	1	67	54	39	.362	.310
April	3.80	1	2	0	29	0	21.1	22	3	21	10	Scoring Posn	.241	162	39	9	2	1	66	45	29	.394	.340
May	3.91	0	1	0	28	0	23.0	25	1	12	14	Close & Late	.267	150	40	9	2	3	21	24	22	.364	.413
June	3.41	3	2	1	32	0	29.0	21	2	22	17	None on/out	.248	113	28	5	0	4	4	13	22	.325	.398
July	4.64	1	1	0	31	0	21.1	21	1	6	13	vs. 1st Batr (relief)	.230	139	32	7	1	4	20	23	26	.337	.381
August	6.59	1	0	0	17	0	13.2	19	0	8	3	First Inning Pitched	.244	405	99	17	4	7	63	69	70	.351	.358
September/October	2.95	1	1	1	28	0	21.1	18	1	10	20	First 15 Pitches	.258	360	93	14	4	7	49	52	55	.349	.378
Starter	0.00	0	0	0	0	0	0.0	0	0	0	0	Pitch 16-30	.274	106	29	7	0	1	23	24	19	.402	.368
Reliever	4.03	7	7	3	165	0	129.2	126	8	79	77	Pitch 31-45	.222	18	4	0	0	0	2	3	3	.333	.222
0 Days rest (Re)	3.38	3	2	1	65	0	53.1	51	2	33	35	Pitch 46+	.000	2	0	0	0	0	0	0	0	.000	.000
1 or 2 Days rest	4.58	2	3	1	51	0	39.1	38	3	25	26	First Pitch	.323	62	20	2	0	1	6	12	0	.432	.403
3+ Days rest	4.38	2	2	1	49	0	37.0	37	3	21	16	Ahead in Count	.217	189	41	6	2	4	24	0	63	.214	.333
Pre-All Star	3.61	5	5	1	104	0	84.2	77	6	59	47	Behind in Count	.283	138	39	8	1	1	22	38	0	.433	.377
Post-All Star	4.80	2	2	2	61	0	45.0	49	2	20	30	Two Strikes	.207	208	43	8	1	3	5	36	29	77	.299	.346

Pedro Munoz — Twins   Age 26 – Bats Right (groundball hitter)

	Avg	G	AB	R	H	2B	3B	HR	RBI	BB	SO	HBP	GDP	SB	CS	OBP	SLG	IBB	SH	SF	#Pit	#P/PA	GB	FB	G/F
1994 Season	.295	75	244	35	72	15	2	11	36	19	67	2	4	0	0	.348	.508	0	0	2	1033	3.85	82	62	1.32
Career (1990-1994)	.267	379	1211	141	323	53	8	43	176	72	301	7	34	11	7	.309	.430	3	2	9	4858	3.73	441	280	1.58

1994 Season

	Avg	AB	H	2B	3B	HR	RBI	BB	SO	OBP	SLG		Avg	AB	H	2B	3B	HR	RBI	BB	SO	OBP	SLG
vs. Left	.284	88	25	6	2	5	13	11	26	.360	.568	Scoring Posn	.254	67	17	2	0	2	23	5	16	.307	.373
vs. Right	.301	156	47	9	0	6	23	8	41	.341	.474	Close & Late	.136	22	3	0	0	2	4	2	8	.240	.409
Home	.308	120	37	11	2	5	13	11	33	.364	.558	None on/out	.509	55	28	7	2	6	6	2	11	.526	1.036
Away	.282	124	35	4	0	6	23	8	34	.333	.460	Batting #5	.208	96	20	3	0	6	16	12	32	.297	.427
First Pitch	.372	43	16	2	2	1	9	0	0	.372	.581	Batting #6	.367	109	40	9	2	3	15	5	26	.400	.569
Ahead in Count	.538	39	21	5	0	6	12	8	0	.617	1.128	Other	.308	39	12	3	0	2	5	2	9	.341	.538
Behind in Count	.193	119	23	6	0	2	10	0	55	.207	.294	Pre-All Star	.313	166	52	10	2	7	28	14	47	.370	.524
Two Strikes	.169	124	21	7	0	2	9	11	67	.239	.274	Post-All Star	.256	78	20	5	0	4	8	5	20	.301	.474

283

Career (1990-1994)

	Avg	AB	H	2B	3B	HR	RBI	BB	SO	OBP	SLG		Avg	AB	H	2B	3B	HR	RBI	BB	SO	OBP	SLG
vs. Left	.288	379	109	18	5	17	71	30	88	.337	.496	Scoring Posn	.279	312	87	11	2	14	136	24	77	.326	.462
vs. Right	.257	832	214	35	3	26	105	42	213	.296	.400	Close & Late	.258	151	39	4	0	6	20	13	46	.319	.404
Groundball	.274	296	81	13	1	8	47	13	62	.304	.405	None on/out	.300	307	92	19	3	15	15	14	63	.330	.528
Flyball	.245	265	65	11	4	9	34	13	76	.280	.419	Batting #6	.317	356	113	22	4	12	60	21	88	.361	.503
Home	.259	590	153	33	5	19	78	42	151	.310	.429	Batting #7	.243	378	92	14	1	13	40	17	99	.276	.389
Away	.274	621	170	20	3	24	98	30	150	.309	.432	Other	.247	477	118	17	3	18	76	34	114	.298	.409
Day	.247	380	94	16	2	13	55	24	101	.296	.403	April	.278	162	45	9	1	6	18	10	41	.320	.457
Night	.276	831	229	37	6	30	121	48	200	.316	.443	May	.268	228	61	11	2	5	27	16	59	.320	.399
Grass	.278	493	137	15	2	21	86	25	106	.313	.444	June	.319	210	67	10	1	14	48	14	48	.361	.576
Turf	.259	718	186	38	6	22	90	47	195	.307	.421	July	.243	177	43	7	0	6	22	12	41	.292	.384
First Pitch	.306	206	63	11	2	9	33	1	0	.308	.510	August	.200	125	25	4	1	3	9	5	38	.235	.320
Ahead in Count	.398	221	88	13	1	14	46	35	0	.475	.656	September/October	.265	309	82	12	3	9	52	15	74	.301	.411
Behind in Count	.190	559	106	20	2	11	62	0	253	.198	.292	Pre-All Star	.285	671	191	31	4	28	103	46	166	.332	.468
Two Strikes	.176	590	104	22	4	10	57	36	301	.225	.278	Post-All Star	.244	540	132	22	4	15	73	26	135	.281	.383

Batter vs. Pitcher (career)

Hits Best Against	Avg	AB	H	2B	3B	HR	RBI	BB	SO	OBP	SLG	Hits Worst Against	Avg	AB	H	2B	3B	HR	RBI	BB	SO	OBP	SLG
Ricky Bones	.643	14	9	4	1	1	2	1	0	.667	1.286	Bobby Witt	.056	18	1	0	0	0	1	0	9	.056	.056
Erik Hanson	.455	11	5	0	0	1	4	0	1	.455	.727	Jack McDowell	.067	15	1	0	0	0	0	2	4	.176	.067
Kenny Rogers	.438	16	7	1	0	1	4	1	4	.471	.688	Tim Leary	.091	11	1	0	0	0	1	0	1	.167	.091
Jim Abbott	.414	29	12	2	0	2	7	0	4	.414	.690	Mark Leiter	.091	11	1	1	0	0	0	1	4	.167	.182
Arthur Rhodes	.333	12	4	0	0	2	3	0	3	.333	.833	Mike Mussina	.125	16	2	0	0	0	0	4	.125	.125

Rob Murphy — Yankees

Age 35 – Pitches Left

	ERA	W	L	Sv	G	GS	IP	H	BB	SO	Avg	H	2B	3B	HR	RBI	OBP	SLG	GF	IR	IRS	Hld	SvOp	SB	CS	GB	FB	G/F
1994 Season	4.29	4	3	2	53	0	42.0	13	25	.238	38	7	0	9	26	.295	.450	15	36	8	12	3	0	2	46	59	0.78
Last Five Years	4.58	12	18	14	310	0	267.1	105	196	.282	299	50	9	33	165	.346	.440	90	374	92	71	23	17	7	353	323	1.09

1994 Season

	ERA	W	L	Sv	G	GS	IP	H	HR	BB	SO		Avg	AB	H	2B	3B	HR	RBI	BB	SO	OBP	SLG
Home	4.84	3	2	0	27	0	22.1	22	6	7	14	vs. Left	.246	61	15	4	0	3	11	2	14	.270	.459
Away	3.66	1	1	2	26	0	19.2	16	3	6	11	vs. Right	.232	99	23	3	0	6	15	11	11	.309	.444
Day	4.22	1	2	1	16	0	10.2	10	2	5	5	Inning 1-6	.143	7	1	0	0	0	1	1	0	.250	.143
Night	4.31	3	1	1	37	0	31.1	28	7	8	20	Inning 7+	.242	153	37	7	0	9	25	12	25	.297	.464
Grass	3.72	1	0	1	13	0	9.2	7	0	3	3	None on	.221	95	21	3	0	7	7	7	16	.275	.474
Turf	4.45	3	3	1	40	0	32.1	31	9	10	22	Runners on	.262	65	17	4	0	2	19	6	9	.324	.415
April	4.05	1	1	0	10	0	6.2	5	1	3	3	Scoring Posn	.231	39	9	1	0	0	13	6	5	.333	.256
May	4.97	1	1	2	15	0	12.2	10	3	6	10	Close & Late	.281	64	18	3	0	5	10	4	7	.324	.563
June	2.70	2	1	0	13	0	10.0	9	2	0	7	None on/out	.179	39	7	2	0	3	3	3	5	.238	.462
July	3.86	0	0	0	11	0	9.1	9	1	4	4	vs. 1st Batr (relief)	.170	47	8	3	0	2	6	5	6	.250	.362
August	8.10	0	0	0	4	0	3.1	5	2	0	1	First Inning Pitched	.239	142	34	7	0	9	26	12	23	.299	.479
September/October	0.00	0	0	0	0	0	0.0	0	0	0	0	First 15 Pitches	.220	123	27	6	0	9	18	11	18	.284	.488
Starter	0.00	0	0	0	0	0	0.0	0	0	0	0	Pitch 16-30	.257	35	9	1	0	0	8	1	7	.278	.286
Reliever	4.29	4	3	2	53	0	42.0	38	9	13	25	Pitch 31-45	1.000	2	2	0	0	0	0	1	0	1.000	1.000
0 Days rest (Re)	3.00	1	0	1	19	0	12.0	6	2	3	12	Pitch 46+	.000	0	0	0	0	0	0	0	0	.000	.000
1 or 2 Days rest	3.05	3	2	1	24	0	20.2	18	3	9	11	First Pitch	.182	22	4	1	0	1	3	2	0	.250	.364
3+ Days rest	8.68	0	1	0	10	0	9.1	14	4	1	2	Ahead in Count	.216	74	16	3	0	3	10	0	24	.216	.378
Pre-All Star	3.69	4	3	2	41	0	31.2	24	6	10	21	Behind in Count	.314	35	11	2	0	4	9	5	0	.400	.714
Post-All Star	6.10	0	0	0	12	0	10.1	14	3	3	4	Two Strikes	.265	68	18	4	0	2	12	6	25	.324	.412

Last Five Years

	ERA	W	L	Sv	G	GS	IP	H	HR	BB	SO		Avg	AB	H	2B	3B	HR	RBI	BB	SO	OBP	SLG
Home	3.88	6	7	6	151	0	141.2	145	14	47	103	vs. Left	.249	386	96	16	1	7	50	30	73	.305	.350
Away	5.37	6	11	8	159	0	125.2	154	19	58	93	vs. Right	.302	673	203	34	8	26	115	75	123	.369	.492
Day	4.84	4	7	6	97	0	80.0	90	11	41	57	Inning 1-6	.258	89	23	3	1	1	17	6	15	.306	.348
Night	4.47	8	11	8	213	0	187.1	209	22	64	139	Inning 7+	.285	970	276	47	8	32	148	99	181	.350	.448
Grass	5.22	6	8	7	138	0	108.2	133	17	48	92	None on	.269	547	147	24	3	23	23	43	96	.323	.450
Turf	4.14	6	10	7	172	0	158.2	166	16	57	104	Runners on	.297	512	152	26	6	10	142	62	100	.369	.430
April	3.38	2	4	1	44	0	48.0	47	5	21	38	Scoring Posn	.297	320	95	11	2	6	123	47	68	.379	.400
May	4.80	1	5	3	56	0	54.1	53	11	26	34	Close & Late	.281	456	128	18	3	17	73	54	87	.355	.445
June	3.14	3	3	3	67	0	51.2	47	5	12	48	None on/out	.298	248	74	15	2	12	21	37	53	.353	.520
July	5.59	1	3	3	58	0	48.1	62	4	22	28	vs. 1st Batr (relief)	.279	287	80	16	1	8	43	16	52	.313	.425
August	5.67	3	0	4	48	0	39.2	57	6	18	27	First Inning Pitched	.288	882	254	44	8	30	154	76	166	.343	.458
September/October	5.68	2	3	0	37	0	25.1	33	2	6	21	First 15 Pitches	.291	801	233	40	8	30	126	65	140	.343	.473
Starter	0.00	0	0	0	0	0	0.0	0	0	0	0	Pitch 16-30	.254	236	60	9	1	3	35	33	51	.344	.339
Reliever	4.58	12	18	14	310	0	267.1	299	33	105	196	Pitch 31-45	.273	22	6	1	0	0	4	7	5	.448	.318
0 Days rest (Re)	3.33	4	4	5	91	0	73.0	72	6	32	67	Pitch 46+	.000	0	0	0	0	0	0	0	0	.000	.000
1 or 2 Days rest	4.99	7	10	8	145	0	124.1	137	15	43	88	First Pitch	.330	179	59	10	3	9	30	13	0	.372	.570
3+ Days rest	5.14	1	4	1	74	0	70.0	90	12	30	41	Ahead in Count	.217	457	99	17	3	4	49	0	169	.217	.293
Pre-All Star	3.81	7	13	8	185	0	167.2	160	22	64	129	Behind in Count	.377	231	87	12	3	12	56	51	0	.488	.610
Post-All Star	5.87	5	5	6	125	0	99.2	139	11	41	67	Two Strikes	.198	449	89	15	3	5	52	41	196	.263	.278

Pitcher vs. Batter (career)

Pitches Best Vs.	Avg	AB	H	2B	3B	HR	RBI	BB	SO	OBP	SLG	Pitches Worst Vs.	Avg	AB	H	2B	3B	HR	RBI	BB	SO	OBP	SLG
Darryl Strawberry	.083	12	1	0	0	0	1	0	7	.077	.083	Bobby Bonilla	.400	10	4	1	0	3	1	0	.455	.800

Pitcher vs. Batter (career)

Pitches Best Vs.	Avg	AB	H	2B	3B	HR	RBI	BB	SO	OBP	SLG	Pitches Worst Vs.	Avg	AB	H	2B	3B	HR	RBI	BB	SO	OBP	SLG
Andy Van Slyke	.083	12	1	1	0	0	0	1	4	.154	.167	Darren Daulton	.375	8	3	0	0	1	5	3	2	.545	.750
Brett Butler	.143	14	2	0	0	0	2	3	4	.294	.143	Don Mattingly	.364	11	4	0	0	1	4	0	1	.364	.636
Mitch Webster	.182	11	2	0	0	0	1	0	2	.182	.182	Fred McGriff	.353	17	6	1	0	1	2	1	7	.368	.588
Dave Gallagher	.200	10	2	0	0	0	1	0	1	.182	.200	Barry Bonds	.333	15	5	2	0	1	2	3	4	.444	.667

Eddie Murray — Indians
Age 39 – Bats Both

	Avg	G	AB	R	H	2B	3B	HR	RBI	BB	SO	HBP	GDP	SB	CS	OBP	SLG	IBB	SH	SF	#Pit	#P/PA	GB	FB	G/F
1994 Season	.254	108	433	57	110	21	1	17	76	31	53	0	8	8	4	.302	.425	6	0	3	1639	3.51	165	144	1.15
Last Five Years	.279	726	2728	363	762	131	8	105	460	226	326		82	32	16	.342	.449	56	0	32	10739	3.54	1034	864	1.20

1994 Season

	Avg	AB	H	2B	3B	HR	RBI	BB	SO	OBP	SLG		Avg	AB	H	2B	3B	HR	RBI	BB	SO	OBP	SLG
vs. Left	.216	153	33	8	0	5	26	6	18	.242	.366	Scoring Posn	.331	130	43	10	1	5	57	14	13	.388	.538
vs. Right	.275	280	77	13	1	12	50	25	35	.333	.457	Close & Late	.284	67	19	2	0	4	9	5	13	.329	.493
Groundball	.269	93	25	5	0	2	14	5	10	.306	.387	None on/out	.232	95	22	5	0	5	5	9	11	.298	.442
Flyball	.255	106	27	3	1	8	22	12	13	.328	.528	Batting #4	.143	28	4	0	0	0	2	2	2	.200	.143
Home	.266	199	53	11	1	7	30	14	21	.313	.437	Batting #5	.262	405	106	21	1	17	74	29	51	.309	.444
Away	.244	234	57	10	0	10	46	17	32	.292	.415	Other	.000	0	0	0	0	0	0	0	0	.000	.000
Day	.228	145	33	5	1	7	28	11	17	.278	.421	April	.274	95	26	3	0	4	16	2	8	.289	.432
Night	.267	288	77	16	0	10	48	20	36	.314	.427	May	.224	76	17	3	1	4	13	7	11	.286	.447
Grass	.265	377	100	20	1	14	64	27	46	.312	.435	June	.333	108	36	11	0	3	27	12	16	.397	.519
Turf	.179	56	10	1	0	3	12	4	7	.233	.357	July	.216	111	24	4	0	6	17	8	15	.267	.414
First Pitch	.362	69	25	5	1	4	19	5	0	.395	.638	August	.163	43	7	0	0	3	2	3	.200	.163
Ahead in Count	.325	117	38	8	0	6	30	14	0	.397	.547	September/October	.000	0	0	0	0	0	0	0	0	.000	.000
Behind in Count	.149	174	26	3	0	3	14	0	49	.149	.218	Pre-All Star	.267	318	85	19	1	13	63	26	38	.320	.456
Two Strikes	.158	171	27	4	0	5	14	12	53	.212	.269	Post-All Star	.217	115	25	2	0	4	13	5	15	.250	.339

1994 By Position

Position	Avg	AB	H	2B	3B	HR	RBI	BB	SO	OBP	SLG	G	GS	Innings	PO	A	E	DP	Fld Pct	Rng Fctr	In Zone	Outs	Zone Rtg	MLB Zone
As Designated Hitter	.255	329	84	15	1	13	61	26	40	.308	.426	82	82	---	---	---	---	---	---	---	---	---	---	---
As 1b	.250	104	26	6	0	4	15	5	13	.282	.423	26	26	226.0	241	14	3	25	.988	---	38	30	.789	.818

Last Five Years

	Avg	AB	H	2B	3B	HR	RBI	BB	SO	OBP	SLG		Avg	AB	H	2B	3B	HR	RBI	BB	SO	OBP	SLG
vs. Left	.259	998	258	51	1	30	162	79	103	.309	.402	Scoring Posn	.300	711	213	50	2	32	355	140	90	.400	.511
vs. Right	.291	1730	504	80	7	75	298	195	223	.360	.476	Close & Late	.267	435	116	21	2	13	69	58	69	.347	.414
Groundball	.278	874	243	49	1	25	129	89	106	.342	.422	None on/out	.259	671	174	27	3	26	26	39	77	.300	.425
Flyball	.265	539	143	19	4	28	103	63	71	.339	.471	Batting #3	.276	689	190	30	2	26	110	47	75	.318	.438
Home	.280	1332	373	58	6	52	218	144	162	.348	.450	Batting #4	.284	1385	394	64	5	54	231	167	169	.358	.455
Away	.279	1396	389	73	2	53	242	130	164	.335	.448	Other	.272	654	178	37	1	25	119	60	82	.331	.446
Day	.288	816	235	38	1	38	150	71	99	.342	.477	April	.283	382	108	19	0	14	66	42	47	.354	.442
Night	.276	1912	527	93	7	67	310	203	227	.341	.437	May	.271	428	116	21	2	15	68	41	57	.328	.435
Grass	.286	2076	593	94	6	88	357	209	242	.348	.464	June	.264	492	130	28	2	16	98	51	67	.327	.427
Turf	.259	652	169	37	2	17	103	65	84	.322	.400	July	.268	504	135	27	0	21	85	45	68	.324	.446
First Pitch	.354	478	169	38	3	29	98	28	0	.383	.609	August	.248	484	120	15	2	17	62	36	46	.300	.393
Ahead in Count	.334	667	223	40	2	38	144	130	0	.439	.571	September/October	.349	438	153	21	2	22	81	59	41	.424	.557
Behind in Count	.210	1092	229	30	2	19	120	0	266	.208	.293	Pre-All Star	.270	1472	397	77	4	52	267	153	189	.334	.433
Two Strikes	.204	1081	221	33	2	20	130	101	326	.241	.294	Post-All Star	.291	1256	365	54	4	53	193	121	137	.351	.467

Batter vs. Pitcher (since 1984)

Hits Best Against	Avg	AB	H	2B	3B	HR	RBI	BB	SO	OBP	SLG	Hits Worst Against	Avg	AB	H	2B	3B	HR	RBI	BB	SO	OBP	SLG
Roger McDowell	.600	10	6	2	0	0	2	2	0	.667	.800	Curt Schilling	.077	26	2	0	0	0	0	2	6	.143	.077
Frank Castillo	.588	17	10	2	0	1	8	1	1	.579	.882	Wilson Alvarez	.077	13	1	0	0	0	0	0	0	.077	.077
Jack Armstrong	.538	13	7	1	0	2	4	1	1	.571	1.077	Mike Stanton	.083	12	1	0	0	0	0	0	1	.083	.083
Joe Boever	.500	10	5	1	0	1	6	4	0	.643	.900	Al Osuna	.083	12	1	0	0	0	3	1	3	.133	.083
Brian Barnes	.500	10	5	1	0	1	6	1	0	.545	.900	Larry Andersen	.083	12	1	0	0	0	1	1	4	.154	.083

Mike Mussina — Orioles
Age 26 – Pitches Right (flyball pitcher)

	ERA	W	L	Sv	G	GS	IP	BB	SO	Avg	H	2B	3B	HR	RBI	OBP	SLG	CG	ShO	Sup	QS	#P/S	SB	CS	GB	FB	G/F
1994 Season	3.06	16	5	0	24	24	176.1	42	99	.248	163	31	2	19	61	.291	.388	3	0	5.41	17	111	7	6	232	221	1.05
Career (1991-1994)	3.20	52	21	0	93	93	672.2	155	398	.246	615	118	10	62	233	.289	.375	16	6	5.16	64	108	23	25	808	841	0.96

1994 Season

	ERA	W	L	Sv	G	GS	IP	H	HR	BB	SO		Avg	AB	H	2B	3B	HR	RBI	BB	SO	OBP	SLG
Home	3.98	8	4	0	13	13	92.2	96	14	24	54	vs. Left	.241	361	87	13	0	7	30	23	52	.284	.335
Away	2.04	8	1	0	11	11	83.2	67	5	18	45	vs. Right	.257	296	76	18	2	12	31	19	47	.299	.453
Day	2.28	5	0	0	6	6	43.1	29	4	12	26	Inning 1-6	.255	530	135	25	1	16	52	36	83	.299	.396
Night	3.32	11	5	0	18	18	133.0	134	15	30	73	Inning 7+	.220	127	28	6	1	3	9	6	16	.254	.354
Grass	3.51	12	5	0	20	20	146.0	140	18	39	83	None on	.233	424	99	19	2	15	15	23	68	.275	.394
Turf	0.89	4	0	0	4	4	30.1	23	1	3	16	Runners on	.275	233	64	12	0	4	46	19	31	.318	.378
April	2.89	5	1	0	6	6	43.2	35	4	10	26	Scoring Posn	.254	122	31	6	0	2	42	12	16	.301	.352
May	2.25	2	1	0	5	5	40.0	35	4	7	22	Close & Late	.186	70	13	2	1	3	6	11	.247	.286

1994 Season

	ERA	W	L	Sv	G	GS	IP	H	HR	BB	SO		Avg	AB	H	2B	3B	HR	RBI	BB	SO	OBP	SLG
June	2.84	4	2	0	6	6	44.1	45	3	11	26	None on/out	.243	181	44	8	0	7	7	6	29	.271	.403
July	5.40	3	1	0	5	5	33.1	38	8	11	16	vs. 1st Batr (relief)	.000	0	0	0	0	0	0	0	0	.000	.000
August	1.20	2	0	0	2	2	15.0	10	0	3	9	First Inning Pitched	.236	89	21	5	0	2	10	8	20	.300	.360
September/October	0.00	0	0	0	0	0	0	0	0	0	0	First 75 Pitches	.247	409	101	19	0	15	42	31	71	.297	.403
Starter	3.06	16	5	0	24	24	176.1	163	19	42	99	Pitch 76-90	.221	95	21	4	1	0	4	3	8	.242	.284
Reliever	0.00	0	0	0	0	0	0	0	0	0	0	Pitch 91-105	.264	91	24	4	1	3	9	3	12	.284	.429
0-3 Days Rest (St)	0.00	0	0	0	0	0	0	0	0	0	0	Pitch 106+	.274	62	17	4	0	1	6	5	8	.328	.387
4 Days Rest	3.06	12	3	0	16	16	114.2	111	13	27	66	First Pitch	.288	118	34	7	0	8	18	1	0	.289	.551
5+ Days Rest	3.06	4	2	0	8	8	61.2	52	6	15	33	Ahead in Count	.230	305	70	10	2	5	26	0	81	.228	.325
Pre-All Star	2.96	13	4	0	19	19	140.0	130	16	30	83	Behind in Count	.245	110	27	10	0	3	9	18	0	.352	.418
Post-All Star	3.47	3	1	0	5	5	36.1	33	3	12	16	Two Strikes	.178	298	53	10	0	2	20	23	99	.236	.232

Career (1991-1994)

	ERA	W	L	Sv	G	GS	IP	H	HR	BB	SO		Avg	AB	H	2B	3B	HR	RBI	BB	SO	OBP	SLG
Home	3.51	23	10	0	46	46	325.1	309	35	75	200	vs. Left	.234	1250	292	51	3	15	96	87	201	.283	.315
Away	2.90	29	11	0	47	47	347.1	306	27	80	198	vs. Right	.258	1253	323	67	7	47	137	68	197	.296	.435
Day	2.85	16	5	0	27	27	196.0	162	15	51	117	Inning 1-6	.250	1997	500	95	8	51	193	124	332	.293	.383
Night	3.34	36	16	0	66	66	476.2	453	47	104	281	Inning 7+	.227	506	115	23	2	11	40	31	66	.274	.346
Grass	3.27	42	19	0	79	79	567.0	517	53	135	356	None on/out	.243	1574	383	78	6	40	40	101	264	.291	.377
Turf	2.81	10	2	0	14	14	105.2	98	9	20	42	Runners on	.250	929	232	40	4	22	193	54	134	.286	.372
April	2.83	11	3	0	15	15	114.1	93	11	26	56	Scoring Posn	.242	462	112	23	2	10	163	37	63	.288	.366
May	2.62	8	3	0	15	15	113.1	94	10	21	71	Close & Late	.228	246	56	11	1	3	18	19	27	.280	.317
June	3.42	9	5	0	16	16	110.2	107	8	25	71	None on/out	.250	681	170	34	2	18	18	33	118	.286	.385
July	4.86	7	3	0	15	15	96.1	112	15	25	54	vs. 1st Batr (relief)	.000	0	0	0	0	0	0	0	0	.000	.000
August	3.38	9	6	0	17	17	119.2	112	13	34	79	First Inning Pitched	.211	332	70	15	0	8	29	29	70	.275	.328
September/October	2.36	8	2	0	15	15	118.1	97	5	24	67	First 75 Pitches	.249	1670	415	78	6	43	153	112	285	.295	.380
Starter	3.20	52	21	0	93	93	672.2	615	62	155	398	Pitch 76-90	.245	327	80	17	2	10	38	12	45	.274	.401
Reliever	0.00	0	0	0	0	0	0	0	0	0	0	Pitch 91-105	.257	292	75	10	2	6	22	9	41	.279	.366
0-3 Days Rest (St)	4.50	0	1	0	1	1	8.0	10	2	1	5	Pitch 106+	.210	214	45	13	0	3	20	22	27	.283	.313
4 Days Rest	3.37	32	14	0	58	58	414.0	398	37	87	243	First Pitch	.291	374	109	24	2	15	38	3	0	.300	.487
5+ Days Rest	2.87	20	6	0	34	34	250.2	207	23	67	150	Ahead in Count	.220	1205	265	42	5	18	96	0	331	.221	.308
Pre-All Star	3.13	32	11	0	52	52	376.1	341	36	80	217	Behind in Count	.299	488	146	35	3	19	63	63	0	.378	.500
Post-All Star	3.28	20	10	0	41	41	296.1	274	26	75	181	Two Strikes	.189	1159	219	36	2	17	71	89	398	.248	.267

Pitcher vs. Batter (career)

Pitches Best Vs.	Avg	AB	H	2B	3B	HR	RBI	BB	SO	OBP	SLG	Pitches Worst Vs.	Avg	AB	H	2B	3B	HR	RBI	BB	SO	OBP	SLG
Dan Pasqua	.000	14	0	0	0	0	0	3	.000	.000		Frank Thomas	.619	21	13	4	0	4	6	4	1	.680	1.381
Kirk Gibson	.000	13	0	0	0	0	0	5	.000	.000		Pat Kelly	.455	11	5	1	0	1	3	0	1	.455	.818
Harold Baines	.000	10	0	0	0	0	1	3	.091	.000		Felix Jose	.417	12	5	2	0	1	2	0	1	.417	.833
Jose Canseco	.063	16	1	0	0	0	1	0	3	.063	.063		Mike Macfarlane	.333	18	6	1	0	3	4	2	4	.381	.889
Pedro Munoz	.125	16	2	0	0	0	0	4	.125	.125		Dave Winfield	.316	19	6	3	0	2	5	2	1	.381	.789

Jeff Mutis — Marlins
Age 28 – Pitches Left

	ERA	W	L	Sv	G	GS	IP	BB	SO	Avg	H	2B	3B	HR	RBI	OBP	SLG	GF	IR	IRS	Hld	SvOp	SB	CS	GB	FB	G/F
1994 Season	5.40	1	0	0	35	0	38.1	15	30	.331	51	3	0	6	31	.390	.468	7	34	12	4	0	0	1	53	45	1.18
Career (1991-1994)	6.48	4	11	0	58	18	143.0	61	73	.324	191	27	5	25	106	.390	.514	8	39	17	4	0	6	4	227	174	1.30

1994 Season

	ERA	W	L	Sv	G	GS	IP	H	HR	BB	SO		Avg	AB	H	2B	3B	HR	RBI	BB	SO	OBP	SLG
Home	5.96	0	0	0	20	0	25.2	31	5	13	19	vs. Left	.250	72	18	1	0	1	16	5	18	.295	.306
Away	4.26	1	0	0	15	0	12.2	20	1	2	11	vs. Right	.402	82	33	2	0	5	15	10	12	.468	.610
Starter	0.00	0	0	0	0	0	0.0	0	0	0	0	Scoring Posn	.308	52	16	2	0	2	24	5	7	.356	.462
Reliever	5.40	1	0	0	35	0	38.1	51	6	15	30	Close & Late	.333	33	11	0	0	1	5	5	7	.421	.424
0 Days rest (Re)	5.00	1	0	0	10	0	9.0	10	2	3	6	None on/out	.393	28	11	0	0	1	1	5	8	.500	.500
1 or 2 Days rest	4.00	0	0	0	17	0	18.0	24	2	5	16	First Pitch	.448	29	13	1	0	0	2	3	0	.500	.483
3+ Days Rest	7.94	0	0	0	8	0	11.1	17	2	7	8	Ahead in Count	.242	66	16	0	0	2	10	0	25	.254	.333
Pre-All Star	4.75	1	0	0	28	0	30.1	40	6	10	23	Behind in Count	.467	30	14	1	0	3	12	6	0	.541	.800
Post-All Star	7.88	0	0	0	7	0	8.0	11	0	5	7	Two Strikes	.188	69	13	1	0	2	13	6	30	.263	.290

Greg Myers — Angels
Age 29 – Bats Left

	Avg	G	AB	R	H	2B	3B	HR	RBI	BB	SO	HBP	GDP	SB	CS	OBP	SLG	IBB	SH	SF	#Pit	#P/PA	GB	FB	G/F
1994 Season	.246	45	126	10	31	6	0	2	4	8	27	0	3	0	2	.299	.341	3	5	1	488	3.44	48	28	1.71
Last Five Years	.250	377	1053	99	263	52	1	23	119	75	163	2	37	3	6	.297	.367	9	10	13	3889	3.37	408	288	1.42

1994 Season

	Avg	AB	H	2B	3B	HR	RBI	BB	SO	OBP	SLG		Avg	AB	H	2B	3B	HR	RBI	BB	SO	OBP	SLG
vs. Left	.333	21	7	1	0	0	2	4	.391	.381		Scoring Posn	.240	25	6	0	0	0	5	6	7	.375	.240
vs. Right	.229	105	24	5	0	2	8	23	.281	.333		Close & Late	.300	20	6	2	0	1	4	1	8	.333	.550
Home	.297	74	22	3	0	1	5	5	15	.342	.378		None on/out	.226	31	7	2	0	0	0	2	9	.273	.290
Away	.173	52	9	3	0	1	3	5	12	.241	.288		Batting #7	.283	60	17	2	0	1	7	2	9	.306	.367
First Pitch	.100	20	2	0	0	0	0	0	.100	.100		Batting #8	.250	36	9	1	0	1	6	6	7	.349	.361
Ahead in Count	.412	34	14	3	0	1	3	7	0	.512	.588		Other	.167	30	5	3	0	0	0	2	11	.219	.267

1994 Season

	Avg	AB	H	2B	3B	HR	RBI	BB	SO	OBP	SLG		Avg	AB	H	2B	3B	HR	RBI	BB	SO	OBP	SLG
Behind in Count	.185	54	10	2	0	1	4	0	22	.182	.278	Pre-All Star	.236	72	17	4	0	1	5	7	12	.300	.333
Two Strikes	.185	54	10	2	0	1	5	3	27	.224	.278	Post-All Star	.259	54	14	2	0	1	3	3	15	.298	.352

Last Five Years

	Avg	AB	H	2B	3B	HR	RBI	BB	SO	OBP	SLG		Avg	AB	H	2B	3B	HR	RBI	BB	SO	OBP	SLG
vs. Left	.241	108	26	5	0	1	9	7	20	.288	.315	Scoring Posn	.232	284	66	10	1	7	98	28	44	.291	.349
vs. Right	.251	945	237	47	1	22	110	68	143	.299	.372	Close & Late	.290	169	49	13	0	3	19	10	26	.333	.420
Groundball	.238	294	70	19	1	4	41	19	41	.281	.350	None on/out	.278	216	60	20	0	6	6	10	30	.310	.454
Flyball	.282	227	64	9	0	8	28	11	37	.314	.427	Batting #6	.234	286	67	13	0	6	21	15	53	.271	.343
Home	.271	516	140	29	0	13	66	43	84	.323	.403	Batting #7	.251	407	102	22	1	8	41	33	59	.303	.369
Away	.229	537	123	23	1	10	53	32	79	.272	.331	Other	.261	360	94	17	0	9	57	27	51	.312	.383
Day	.244	279	68	13	0	5	29	22	52	.299	.344	April	.243	169	41	7	0	4	18	14	20	.296	.355
Night	.252	774	195	39	1	18	90	53	111	.297	.375	May	.261	134	35	12	0	2	13	16	18	.338	.396
Grass	.232	595	138	22	1	13	57	36	103	.273	.338	June	.255	216	55	10	0	6	24	16	30	.306	.384
Turf	.273	458	125	30	0	10	62	39	60	.328	.404	July	.240	217	52	13	1	3	28	8	42	.260	.350
First Pitch	.294	238	70	14	0	4	29	4	0	.301	.403	August	.286	168	48	5	0	5	17	8	33	.320	.405
Ahead in Count	.304	253	77	13	0	10	35	45	0	.406	.474	September/October	.215	149	32	5	0	3	19	13	29	.279	.309
Behind in Count	.187	396	74	12	0	6	31	0	134	.188	.263	Pre-All Star	.255	592	151	35	0	13	63	50	77	.311	.380
Two Strikes	.180	400	72	15	1	6	34	26	163	.231	.268	Post-All Star	.243	461	112	17	1	10	56	25	86	.280	.349

Batter vs. Pitcher (career)

Hits Best Against	Avg	AB	H	2B	3B	HR	RBI	BB	SO	OBP	SLG	Hits Worst Against	Avg	AB	H	2B	3B	HR	RBI	BB	SO	OBP	SLG
Alex Fernandez	.455	11	5	1	0	1	2	1	1	.500	.818	Scott Kamieniecki	.000	10	0	0	0	0	0	1	5	.091	.000
Scott Erickson	.417	12	5	1	0	0	2	0	1	.417	.500	Tom Gordon	.118	17	2	0	0	0	1	1	4	.167	.118
Storm Davis	.375	8	3	3	0	0	1	2	1	.455	.750	Brian Holman	.143	21	3	1	0	0	3	1	4	.182	.190
Tim Leary	.368	19	7	1	0	1	8	2	1	.409	.579	Jose Mesa	.182	11	2	0	0	0	0	1	3	.250	.182
Kevin Appier	.350	20	7	0	0	0	3	2	2	.391	.350	Roger Clemens	.208	24	5	0	0	0	0	0	4	.208	.208

Randy Myers — Cubs

Age 32 – Pitches Left

	ERA	W	L	Sv	G	GS	IP	BB	SO	Avg	H	2B	3B	HR	RBI	OBP	SLG	GF	IR	IRS	Hld	SvOp	SB	CS	GB	FB	G/F
1994 Season	3.79	1	5	21	38	0	40.1	16	32	.260	40	6	0	3	25	.327	.357	34	18	7	0	26	0	1	48	42	1.14
Last Five Years	3.33	16	34	149	301	12	414.0	194	390	.239	364	62	5	31	190	.324	.347	237	298	64	8	178	9	16	449	435	1.03

1994 Season

	ERA	W	L	Sv	G	GS	IP	H	HR	BB	SO		Avg	AB	H	2B	3B	HR	RBI	BB	SO	OBP	SLG
Home	4.43	0	3	11	21	0	22.1	22	1	8	18	vs. Left	.138	29	4	1	0	0	4	3	8	.212	.172
Away	3.00	1	2	10	17	0	18.0	18	2	8	14	vs. Right	.288	125	36	5	0	3	21	13	24	.355	.400
Starter	0.00	0	0	0	0	0	0.0	0	0	0	0	Scoring Posn	.298	47	14	4	0	1	22	7	9	.382	.447
Reliever	3.79	1	5	21	38	0	40.1	40	3	16	32	Close & Late	.297	111	33	6	0	1	19	14	24	.373	.378
0 Days rest (Re)	2.25	0	1	5	9	0	8.0	6	0	3	4	None on/out	.161	31	5	0	0	1	1	5	6	.278	.258
1 or 2 Days rest	5.02	1	1	6	12	0	14.1	18	1	7	15	First Pitch	.556	18	10	0	0	1	3	0	0	.556	.722
3+ Days rest	3.50	0	3	10	17	0	18.0	16	2	6	13	Ahead in Count	.226	84	19	3	0	1	11	0	30	.224	.298
Pre-All Star	3.48	1	4	17	29	0	31.0	31	2	12	27	Behind in Count	.192	26	5	2	0	1	6	7	0	.364	.385
Post-All Star	4.82	0	1	4	9	0	9.1	9	1	4	5	Two Strikes	.148	81	12	2	0	0	4	9	32	.233	.173

Last Five Years

	ERA	W	L	Sv	G	GS	IP	H	HR	BB	SO		Avg	AB	H	2B	3B	HR	RBI	BB	SO	OBP	SLG
Home	3.24	8	15	76	159	5	214.0	196	15	100	189	vs. Left	.233	331	77	13	2	6	38	62	115	.349	.338
Away	3.42	8	19	73	142	7	200.0	168	16	94	201	vs. Right	.241	1193	287	49	3	25	152	132	275	.317	.350
Day	3.36	6	9	60	118	2	147.1	130	10	67	139	Inning 1-6	.237	236	56	6	2	4	28	36	54	.335	.331
Night	3.31	10	25	89	183	10	266.2	234	21	127	251	Inning 7+	.239	1288	308	56	3	27	162	158	336	.322	.350
Grass	3.41	8	16	92	165	5	205.2	191	17	81	198	None on	.240	784	188	33	3	20	20	91	204	.319	.366
Turf	3.24	8	18	57	136	7	208.1	173	14	113	192	Runners on	.238	740	176	29	2	11	170	103	186	.329	.327
April	3.00	2	3	21	42	0	48.0	41	2	27	53	Scoring Posn	.233	434	101	18	0	6	152	71	117	.335	.316
May	3.14	2	4	33	58	0	66.0	58	3	31	72	Close & Late	.251	926	232	40	1	19	127	118	240	.334	.357
June	2.65	2	9	20	55	0	71.1	58	6	28	71	None on/out	.240	341	82	15	3	7	7	36	82	.313	.364
July	4.54	0	7	25	53	2	71.1	65	8	36	57	vs. 1st Batr (relief)	.234	256	60	13	2	4	20	27	70	.307	.348
August	3.41	2	9	21	44	8	74.0	72	7	36	55	First Inning Pitched	.236	1035	244	49	3	19	142	125	264	.317	.344
September/October	3.13	3	5	29	49	5	83.1	70	5	36	82	First 15 Pitches	.238	829	197	40	3	16	89	91	209	.313	.351
Starter	3.45	2	6	0	12	12	70.1	62	5	43	55	Pitch 16-30	.238	407	97	12	0	6	58	58	111	.333	.312
Reliever	3.30	14	28	149	289	0	343.2	302	26	151	335	Pitch 31-45	.252	123	31	6	0	5	27	19	36	.350	.423
0 Days rest (Re)	2.97	5	8	42	70	0	75.2	65	7	29	67	Pitch 46+	.236	165	39	4	2	4	16	26	34	.340	.358
1 or 2 Days rest	3.10	6	12	76	144	0	177.1	152	10	76	190	First Pitch	.382	152	58	7	2	4	29	13	0	.429	.533
3+ Days rest	3.97	3	8	31	75	0	90.2	85	9	46	78	Ahead in Count	.186	796	148	23	0	8	65	0	326	.189	.245
Pre-All Star	3.19	11	16	82	172	0	203.1	177	13	95	212	Behind in Count	.312	276	86	17	2	9	56	81	0	.464	.486
Post-All Star	3.46	5	18	67	129	12	210.2	187	18	99	178	Two Strikes	.162	860	139	26	1	8	57	99	390	.248	.222

Pitcher vs. Batter (career)

Pitches Best Vs.	Avg	AB	H	2B	3B	HR	RBI	BB	SO	OBP	SLG	Pitches Worst Vs.	Avg	AB	H	2B	3B	HR	RBI	BB	SO	OBP	SLG
Lenny Dykstra	.000	9	0	0	0	0	4	3	.308	.000		Andre Dawson	.467	15	7	2	0	1	4	0	1	.467	.800
Craig Biggio	.067	15	1	0	0	0	0	2	.125	.067		Jeff Bagwell	.455	11	5	3	0	2	5	1	3	.500	1.273
Todd Zeile	.071	14	1	0	0	0	1	5	.133	.071		Mark Grace	.429	14	6	0	2	1	6	1	3	.467	.929
Hubie Brooks	.077	13	1	0	0	0	0	5	.077	.077		Sid Bream	.400	10	4	2	0	1	4	2	3	.429	.900
Ricky Jordan	.083	12	1	0	0	0	2	3	.214	.083		Andres Galarraga	.368	19	7	0	0	3	11	5	6	.500	.842

Chris Nabholz — Red Sox — Age 28 – Pitches Left

	ERA	W	L	Sv	G	GS	IP	H	BB	SO	Avg	2B	3B	HR	RBI	OBP	SLG	CG	ShO	Sup	QS	#P/S	SB	CS	GB	FB	G/F
1994 Season	7.64	3	5	0	14	12	53.0	38	28	28	.318	10	3	6	42	.425	.479	0	0	4.75	2	77	11	5	83	52	1.60
Career (1990-1994)	3.89	37	34	0	107	100	588.1	264	384	240	520	100	16	37	222	.326	.352	4	2	4.68	49	88	71	34	833	577	1.44

1994 Season

	ERA	W	L	Sv	G	GS	IP	H	HR	SO		Avg	AB	H	2B	3B	HR	RBI	BB	SO	OBP	SLG
Home	6.12	1	3	0	6	5	25.0	28	4	20	9	vs. Left	.333	27	9	1	2	0	10	4	9	.438	.519
Away	9.00	2	2	0	8	7	28.0	39	2	18	19	vs. Right	.315	184	58	9	1	6	32	34	19	.423	.473

Career (1990-1994)

	ERA	W	L	Sv	G	GS	IP	H	BB	SO		Avg	AB	H	2B	3B	HR	RBI	BB	SO	OBP	SLG
Home	3.26	18	19	0	53	47	311.2	240	18	135	192	vs. Left	.239	368	88	12	6	7	38	45	99	.331	.361
Away	4.59	19	15	0	54	53	276.2	280	19	129	192	vs. Right	.240	1799	432	88	10	30	184	219	285	.325	.350
Day	3.69	10	9	0	30	27	166.0	139	7	75	100	Inning 1-6	.241	1925	464	90	15	35	213	233	351	.326	.358
Night	3.96	27	25	0	77	73	422.1	381	30	189	284	Inning 7+	.231	242	56	10	1	2	9	31	33	.324	.306
Grass	5.11	10	13	0	32	31	171.0	174	14	85	103	None on	.236	1248	295	54	10	22	22	159	219	.327	.349
Turf	3.39	27	21	0	75	69	417.1	346	23	179	281	Runners on	.245	919	225	46	6	15	200	105	165	.324	.357
April	4.89	2	7	0	18	16	81.0	88	6	47	52	Scoring Posn	.259	490	127	29	3	7	176	68	95	.348	.373
May	5.28	6	5	0	15	15	76.2	71	6	40	56	Close & Late	.212	132	28	3	0	2	6	18	16	.311	.280
June	4.52	3	4	0	14	13	71.2	69	1	37	59	None on/out	.246	560	138	27	5	13	13	76	103	.341	.382
July	3.99	6	6	0	16	16	103.2	99	7	43	50	vs. 1st Batr (relief)	.400	5	2	0	0	0	0	2	1	.571	.400
August	3.52	7	7	0	19	19	117.2	86	11	46	67	First Inning Pitched	.254	386	98	16	3	6	60	57	72	.357	.358
September/October	2.42	13	5	0	25	21	137.2	107	6	51	100	First 75 Pitches	.241	1736	419	81	12	30	194	208	318	.326	.354
Starter	3.88	37	34	0	100	100	582.0	515	37	258	378	Pitch 76-90	.221	271	60	10	4	4	18	34	42	.310	.332
Reliever	4.26	0	0	0	7	0	6.1	5	0	6	6	Pitch 91-105	.278	126	35	6	0	2	9	19	21	.377	.373
0-3 Days Rest (St)	2.77	2	0	0	3	3	13.0	5	0	11	6	Pitch 106+	.176	34	6	3	0	1	1	3	3	.243	.353
4 Days Rest	3.64	18	21	0	52	52	314.0	282	20	135	202	First Pitch	.286	318	91	18	2	5	37	11	0	.310	.403
5+ Days Rest	4.24	17	13	0	45	45	255.0	228	17	112	170	Ahead in Count	.193	912	176	29	3	9	71	0	331	.201	.261
Pre-All Star	4.60	13	17	0	53	50	271.2	263	15	128	184	Behind in Count	.284	546	155	35	9	17	76	170	0	.454	.474
Post-All Star	3.27	24	17	0	54	50	316.2	257	22	126	200	Two Strikes	.168	871	146	27	4	8	70	83	384	.246	.235

Pitcher vs. Batter (career)

Pitches Best Vs.	Avg	AB	H	2B	3B	HR	RBI	BB	SO	OBP	SLG	Pitches Worst Vs.	Avg	AB	H	2B	3B	HR	RBI	BB	SO	OBP	SLG
Tony Fernandez	.000	12	0	0	0	0	1	0	0	.077	.000	Felix Jose	.636	11	7	2	0	0	3	1	3	.667	.818
Will Clark	.053	19	1	1	0	0	3	1	0	.100	.105	Chris Sabo	.500	14	7	3	1	2	5	2	0	.563	1.286
Lloyd McClendon	.071	14	1	0	0	0	0	2	1	.188	.071	Fred McGriff	.500	12	6	0	1	2	4	4	1	.625	1.167
Ken Caminiti	.125	16	2	0	0	0	0	1	1	.125	.125	Rex Hudler	.429	14	6	2	0	2	2	2	2	.500	1.000
Benito Santiago	.133	15	2	0	0	0	1	3	3	.133	.133	Matt Williams	.353	17	6	1	0	3	7	2	4	.400	.941

Tim Naehring — Red Sox — Age 28 – Bats Right

	Avg	G	AB	R	H	2B	3B	HR	RBI	BB	SO	HBP	GDP	SB	CS	OBP	SLG	IBB	SH	SF	#Pit	#P/PA	GB	FB	G/F
1994 Season	.276	80	297	41	82	18	1	7	42	30	56	4	11	1	3	.349	.414	1	7	1	1330	3.92	113	71	1.59
Career (1990-1994)	.261	235	750	78	196	43	1	13	88	72	143	7	17	2	3	.331	.373	2	20	3	3285	3.86	270	200	1.35

1994 Season

	Avg	AB	H	2B	3B	HR	RBI	BB	SO	OBP	SLG		Avg	AB	H	2B	3B	HR	RBI	BB	SO	OBP	SLG
vs. Left	.255	94	24	8	1	2	15	10	21	.330	.426	Scoring Posn	.300	80	24	5	1	2	36	10	16	.380	.463
vs. Right	.286	203	58	10	0	5	27	20	35	.358	.409	Close & Late	.239	46	11	1	1	1	9	4	11	.314	.370
Groundball	.302	43	13	4	0	0	7	1	2	.348	.395	None on/out	.237	59	14	3	0	2	2	3	12	.286	.390
Flyball	.185	81	15	4	0	2	6	6	19	.250	.309	Batting #2	.287	108	31	10	0	2	12	10	17	.345	.435
Home	.280	157	44	10	0	4	26	18	34	.362	.420	Batting #6	.246	65	16	5	1	1	10	6	5	.319	.400
Away	.271	140	38	8	1	3	16	12	22	.335	.407	Other	.282	124	35	3	0	4	20	14	34	.369	.403
Day	.306	108	33	5	0	4	22	11	21	.385	.463	April	.333	78	26	3	1	4	17	11	11	.429	.551
Night	.259	189	49	13	1	3	20	19	35	.329	.386	May	.250	80	20	5	0	2	12	7	16	.318	.388
Grass	.294	262	77	17	0	7	40	27	52	.367	.439	June	.250	16	4	4	0	0	2	1	2	.294	.500
Turf	.143	35	5	1	1	0	2	3	4	.211	.229	July	.299	77	23	4	0	1	6	9	14	.368	.390
First Pitch	.419	31	13	4	0	1	7	1	0	.455	.645	August	.196	46	9	2	0	0	5	2	12	.245	.239
Ahead in Count	.257	74	19	6	0	2	13	16	0	.396	.419	September/October	.000	0	0	0	0	0	0	0	0	.000	.000
Behind in Count	.255	145	37	6	1	2	18	0	51	.259	.352	Pre-All Star	.279	190	53	12	1	6	32	20	33	.357	.447
Two Strikes	.243	144	35	6	0	2	13	13	56	.308	.326	Post-All Star	.271	107	29	6	0	1	10	10	23	.336	.355

1994 By Position

Position	Avg	AB	H	2B	3B	HR	RBI	BB	SO	OBP	SLG	G	GS	Innings	PO	A	E	DP	Fld Pct	Rng Fctr	In Zone	Outs	Zone Rtg	MLB Zone
As 2b	.290	169	49	10	1	5	31	22	28	.376	.450	49	45	405.1	106	148	5	33	.981	5.64	163	153	.939	.889
As 3b	.146	41	6	1	0	0	2	2	10	.205	.171	11	11	91.1	9	10	1	0	.950	1.87	17	13	.765	.826

Career (1990-1994)

	Avg	AB	H	2B	3B	HR	RBI	BB	SO	OBP	SLG		Avg	AB	H	2B	3B	HR	RBI	BB	SO	OBP	SLG
vs. Left	.284	250	71	18	1	5	35	24	49	.351	.424	Scoring Posn	.294	180	53	14	1	3	74	25	28	.378	.433
vs. Right	.250	500	125	25	0	8	53	48	94	.320	.348	Close & Late	.230	126	29	4	1	3	13	12	30	.302	.349
Groundball	.253	162	41	9	0	2	20	9	14	.299	.346	None on/out	.214	173	37	7	0	5	5	15	40	.288	.341
Flyball	.211	166	35	13	0	4	17	15	36	.284	.361	Batting #2	.271	144	39	12	0	2	13	15	22	.338	.396
Home	.257	366	94	21	0	6	47	44	83	.339	.363	Batting #9	.255	149	38	10	0	5	18	13	30	.317	.423
Away	.266	384	102	22	1	7	41	28	60	.322	.383	Other	.260	457	119	21	1	6	57	44	91	.333	.350
Day	.281	281	79	14	0	6	40	37	57	.373	.395	April	.257	152	39	5	1	5	23	19	31	.347	.401
Night	.249	469	117	29	1	7	48	35	86	.303	.360	May	.215	130	28	7	0	2	13	10	30	.287	.315
Grass	.282	624	176	40	0	13	81	65	123	.353	.409	June	.216	37	8	4	0	1	3	4	2	.310	.405
Turf	.159	126	20	3	0	0	7	7	20	.215	.198	July	.241	174	42	9	0	1	12	15	27	.300	.328
First Pitch	.307	75	23	4	0	1	12	1	0	.321	.400	August	.231	108	25	3	0	1	12	7	25	.284	.287

Charles Nagy — Indians

Age 28 – Pitches Right (groundball pitcher)

Career (1990-1994) — Batter

	Avg	AB	H	2B	3B	HR	RBI	BB	SO	OBP	SLG		Avg	AB	H	2B	3B	HR	RBI	BB	SO	OBP	SLG
Ahead in Count	.299	194	58	15	0	4	26	43	0	.429	.438	September/October	.362	149	54	15	0	2	22	17	28	.423	.503
Behind in Count	.221	339	75	15	1	6	41	0	122	.229	.324	Pre-All Star	.233	360	84	16	1	8	42	35	68	.312	.350
Two Strikes	.208	351	73	16	0	5	33	28	143	.273	.296	Post-All Star	.287	390	112	27	0	5	46	37	75	.348	.395

Batter vs. Pitcher (career)

Hits Best Against	Avg	AB	H	2B	3B	HR	RBI	BB	SO	OBP	SLG	Hits Worst Against	Avg	AB	H	2B	3B	HR	RBI	BB	SO	OBP	SLG
Jaime Navarro	.364	11	4	0	0	0	4	1	2	.385	.364	Tom Gordon	.077	13	1	0	0	0	0	2	5	.200	.077
Jimmy Key	.333	18	6	1	0	1	2	0	4	.333	.556	Kevin Appier	.125	16	2	0	0	0	1	1	4	.176	.125
												Kenny Rogers	.154	13	2	1	0	0	1	1	3	.214	.231
												Todd Stottlemyre	.154	13	2	1	0	0	2	1	5	.214	.231
												Randy Johnson	.176	17	3	0	0	0	1	0	7	.176	.176

Pitcher

	ERA	W	L	Sv	G	GS	IP	BB	SO	Avg	H	2B	3B	HR	RBI	OBP	SLG	CG	ShO	Sup	QS	#P/S	SB	CS	GB	FB	G/F
1994 Season	3.45	10	8	0	23	23	169.1	48	108	.265	175	20	2	15	65	.319	.370	3	0	6.75	16	113	9	3	296	135	2.19
Career (1990-1994)	3.83	41	43	0	107	106	727.0	205	442	.274	772	126	14	54	295	.324	.386	20	4	4.83	65	104	56	29	1259	597	2.11

1994 Season

	ERA	W	L	Sv	G	GS	IP	H	HR	BB	SO		Avg	AB	H	2B	3B	HR	RBI	BB	SO	OBP	SLG
Home	3.22	5	2	0	9	9	72.2	65	7	17	51	vs. Left	.224	330	74	12	1	5	23	26	50	.285	.312
Away	3.63	5	6	0	14	14	96.2	110	8	31	57	vs. Right	.306	330	101	8	1	10	42	22	58	.353	.427
Day	3.00	4	1	0	5	5	36.0	30	4	11	26	Inning 1-6	.269	532	143	15	2	13	55	38	91	.322	.378
Night	3.58	6	7	0	18	18	133.1	145	11	37	82	Inning 7+	.250	128	32	5	0	2	10	10	17	.307	.336
Grass	3.53	8	7	0	19	19	142.2	145	14	40	86	None on	.261	394	103	15	2	7	7	21	64	.305	.363
Turf	3.04	2	1	0	4	4	26.2	30	1	8	22	Runners on	.271	266	72	5	0	8	58	27	44	.338	.380
April	4.13	2	0	0	5	5	32.2	30	4	8	20	Scoring Posn	.282	142	40	1	0	3	47	17	21	.354	.352
May	3.22	2	3	0	5	5	36.1	40	3	14	31	Close & Late	.256	43	11	2	0	1	3	2	5	.298	.372
June	2.77	2	1	0	5	5	39.0	44	3	9	26	None on/out	.224	165	37	5	1	3	3	8	29	.269	.321
July	3.99	2	4	0	6	6	47.1	45	4	15	23	vs. 1st Batr (relief)	.000	0	0	0	0	0	0	0	0	.000	.000
August	2.57	2	0	0	2	2	14.0	16	1	2	8	First Inning Pitched	.300	90	27	3	0	1	7	9	12	.364	.367
September/October	0.00	0	0	0	0	0	0.0	0	0	0	0	First 75 Pitches	.276	431	119	15	2	9	40	32	73	.329	.383
Starter	3.45	10	8	0	23	23	169.1	175	15	48	108	Pitch 76-90	.224	98	22	0	0	5	13	3	15	.245	.378
Reliever	0.00	0	0	0	0	0	0.0	0	0	0	0	Pitch 91-105	.250	76	19	3	0	0	4	3	12	.296	.329
0-3 Days Rest (St)	0.00	0	0	0	0	0	0.0	0	0	0	0	Pitch 106+	.273	55	15	2	0	1	8	10	8	.388	.364
4 Days Rest	3.24	7	5	0	16	16	119.1	114	11	30	71	First Pitch	.250	96	24	6	0	3	10	0	0	.247	.406
5+ Days Rest	3.96	3	3	0	7	7	50.0	61	4	18	37	Ahead in Count	.188	292	55	5	1	2	13	0	98	.199	.233
Pre-All Star	3.38	7	5	0	17	17	125.0	129	12	34	85	Behind in Count	.370	154	57	5	1	9	24	24	0	.453	.591
Post-All Star	3.65	3	3	0	6	6	44.1	46	3	14	23	Two Strikes	.193	285	55	6	1	2	17	24	108	.263	.242

Career (1990-1994)

	ERA	W	L	Sv	G	GS	IP	H	HR	BB	SO		Avg	AB	H	2B	3B	HR	RBI	BB	SO	OBP	SLG
Home	3.26	23	16	0	50	49	361.1	354	22	93	233	vs. Left	.265	1424	377	60	9	22	138	108	212	.316	.366
Away	4.38	18	27	0	57	57	365.2	418	32	112	209	vs. Right	.283	1397	395	66	5	32	157	97	230	.332	.406
Day	4.15	13	16	0	35	35	227.2	242	23	67	161	Inning 1-6	.275	2306	633	104	14	46	255	179	373	.328	.392
Night	3.68	28	27	0	72	71	499.1	530	31	138	281	Inning 7+	.270	515	139	22	0	8	40	26	69	.304	.359
Grass	3.67	37	31	0	87	86	595.1	617	45	158	352	None on	.276	1643	453	85	11	25	25	103	273	.321	.386
Turf	4.51	4	12	0	20	20	131.2	155	9	47	90	Runners on	.271	1178	319	41	3	29	270	102	169	.329	.385
April	3.37	7	6	0	19	19	133.2	124	10	33	85	Scoring Posn	.275	666	183	20	2	18	240	66	114	.335	.392
May	4.45	6	10	0	20	20	127.1	149	10	43	80	Close & Late	.273	231	63	9	0	3	13	13	32	.313	.351
June	2.90	7	7	0	17	17	121.0	135	5	29	75	None on/out	.260	723	188	37	5	10	10	43	122	.304	.367
July	3.31	7	9	0	18	18	130.1	130	7	40	58	vs. 1st Batr (relief)	.000	0	0	0	0	0	0	1	0	1.000	.000
August	4.95	6	5	0	15	15	100.0	117	10	29	71	First Inning Pitched	.296	425	126	25	3	7	59	47	66	.370	.419
September/October	4.24	8	6	0	18	17	114.2	117	12	31	73	First 75 Pitches	.275	1944	535	93	13	38	205	154	312	.330	.395
Starter	3.81	41	43	0	106	106	725.1	769	53	204	440	Pitch 76-90	.276	381	105	12	1	12	52	18	58	.306	.407
Reliever	10.80	0	0	0	1	0	1.2	3	1	1	2	Pitch 91-105	.257	307	79	13	0	2	12	12	46	.288	.319
0-3 Days Rest (St)	0.00	0	0	0	0	0	0.0	0	0	0	0	Pitch 106+	.280	189	53	8	0	2	16	21	26	.353	.354
4 Days Rest	4.10	16	25	0	55	55	375.2	424	30	105	233	First Pitch	.290	404	117	17	4	9	52	9	0	.306	.418
5+ Days Rest	3.50	25	18	0	51	51	349.2	345	23	99	207	Ahead in Count	.206	1217	251	40	3	14	84	0	392	.211	.279
Pre-All Star	3.48	24	25	0	62	62	429.0	448	29	114	257	Behind in Count	.360	712	256	43	6	20	98	111	0	.442	.521
Post-All Star	4.32	17	18	0	45	44	298.0	324	25	91	185	Two Strikes	.195	1175	229	38	4	11	70	85	442	.253	.262

Pitcher vs. Batter (career)

Pitches Best Vs.	Avg	AB	H	2B	3B	HR	RBI	BB	SO	OBP	SLG	Pitches Worst Vs.	Avg	AB	H	2B	3B	HR	RBI	BB	SO	OBP	SLG
Billy Ripken	.000	11	0	0	0	0	1	1	3	.083	.000	Tim Raines	.480	25	12	2	0	1	4	3	4	.517	.680
Manuel Lee	.074	27	2	0	0	0	1	2	8	.138	.074	Julio Franco	.467	15	7	1	0	1	4	0	1	.438	.733
Jose Canseco	.077	26	2	0	0	0	2	7	143	.077	Edgar Martinez	.400	20	8	0	0	2	6	3	0	.478	.700
Mark McLemore	.091	11	1	0	0	0	0	1	1	.167	.091	Ken Griffey Jr	.381	21	8	3	1	2	5	3	6	.458	.905
Darrin Jackson	.125	16	2	0	0	0	1	4	.176	.125	Mickey Tettleton	.318	22	7	1	0	4	6	3	8	.400	.909

Bob Natal — Marlins
Age 29 – Bats Right

	Avg	G	AB	R	H	2B	3B	HR	RBI	BB	SO	HBP	GDP	SB	CS	OBP	SLG	IBB	SH	SF	#Pit	#P/PA	GB	FB	G/F
1994 Season	.276	10	29	2	8	2	0	0	2	5	5	0	1	1	0	.382	.345	0	0	0	153	4.50	9	10	0.90
Career (1992-1994)	.217	56	152	5	33	6	1	1	8	12	28	0	4	2	0	.290	.289	0	3	1	665	3.87	58	46	1.26

1994 Season

	Avg	AB	H	2B	3B	HR	RBI	BB	SO	OBP	SLG		Avg	AB	H	2B	3B	HR	RBI	BB	SO	OBP	SLG
vs. Left	.400	10	4	2	0	0	2	1	2	.455	.600	Scoring Posn	.400	5	2	1	0	0	2	1	0	.500	.600
vs. Right	.211	19	4	0	0	0	0	4	3	.348	.211	Close & Late	.375	8	3	0	0	0	0	1	1	.444	.375

Jaime Navarro — Brewers
Age 27 – Pitches Right

	ERA	W	L	Sv	G	GS	IP	BB	SO	Avg	H	2B	3B	HR	RBI	OBP	SLG	GF	IR	IRS	Hld	SvOp	SB	CS	GB	FB	G/F
1994 Season	6.62	4	9	0	29	10	89.2	35	65	.314	115	22	4	10	68	.377	.478	7	17	7	0	0	21	5	140	81	1.73
Last Five Years	4.44	55	51	1	164	134	933.1	286	468	.277	1006	166	26	74	437	.331	.398	9	26	8	3	2	95	33	1445	1031	1.40

1994 Season

	ERA	W	L	Sv	G	GS	IP	H	HR	BB	SO		Avg	AB	H	2B	3B	HR	RBI	BB	SO	OBP	SLG
Home	7.87	1	5	0	14	5	42.1	55	5	15	29	vs. Left	.344	183	63	10	3	7	39	13	36	.387	.546
Away	5.51	3	4	0	15	5	47.1	60	7	20	36	vs. Right	.284	183	52	12	1	3	29	22	29	.367	.410
Starter	7.96	2	6	0	10	10	52.0	80	7	18	41	Scoring Posn	.333	111	37	10	0	2	55	17	18	.414	.477
Reliever	4.78	2	3	0	19	0	37.2	35	3	17	24	Close & Late	.324	34	11	3	0	1	5	4	6	.410	.500
0 Days rest (Re)	0.00	0	0	0	1	0	3.0	1	0	1	0	None on/out	.291	86	25	2	1	3	6	18	.344	.442
1 or 2 Days rest	3.52	1	2	0	11	0	23.0	18	1	8	18	First Pitch	.333	57	19	5	1	2	10	3	0	.367	.561
3+ Days rest	8.49	1	1	0	7	0	11.2	16	2	8	6	Ahead in Count	.270	185	50	10	1	5	33	0	57	.281	.416
Pre-All Star	6.88	3	6	0	21	9	70.2	94	8	27	52	Behind in Count	.444	63	28	6	1	3	17	8	0	.500	.714
Post-All Star	5.68	1	3	0	8	1	19.0	21	2	8	13	Two Strikes	.223	175	39	7	1	4	29	24	65	.315	.343

Last Five Years

	ERA	W	L	Sv	G	GS	IP	H	HR	BB	SO		Avg	AB	H	2B	3B	HR	RBI	BB	SO	OBP	SLG
Home	4.34	28	21	1	77	61	435.2	461	26	139	226	vs. Left	.291	1869	543	84	16	41	238	151	231	.341	.418
Away	4.52	27	30	0	87	73	497.2	545	48	147	242	vs. Right	.262	1765	463	82	10	33	199	135	237	.320	.376
Day	4.28	21	15	0	57	43	309.0	331	18	92	160	Inning 1-6	.278	2949	819	136	22	57	369	237	381	.333	.397
Night	4.51	34	36	1	107	91	624.1	675	56	194	308	Inning 7+	.273	685	187	30	4	17	68	49	87	.322	.403
Grass	4.24	44	37	1	133	105	750.0	780	56	242	382	None on	.265	2125	563	89	15	45	45	146	291	.317	.384
Turf	5.25	11	14	0	31	29	183.1	226	18	44	86	Runners on	.294	1509	443	77	11	29	392	140	177	.349	.417
April	5.91	3	6	0	21	21	115.2	148	12	44	59	Scoring Posn	.275	863	237	49	4	15	346	99	116	.338	.393
May	4.48	12	9	0	28	26	170.2	199	14	39	85	Close & Late	.287	317	91	16	3	7	34	25	35	.338	.423
June	4.32	10	7	0	27	20	152.0	143	16	61	69	None on/out	.253	931	236	36	5	20	20	63	126	.306	.367
July	3.75	6	9	1	33	16	151.1	144	7	44	69	vs. 1st Batr (relief)	.154	26	4	0	0	0	2	3	7	.267	.154
August	5.04	12	11	0	29	25	164.1	187	15	48	94	First Inning Pitched	.278	609	169	26	6	7	90	66	94	.345	.374
September/October	3.56	12	9	0	26	26	179.1	185	10	50	92	First 15 Pitches	.272	534	145	22	5	6	47	42	69	.324	.365
Starter	4.49	53	48	0	134	134	870.2	950	70	264	426	Pitch 16-30	.244	569	139	18	5	8	66	51	91	.304	.336
Reliever	3.73	2	3	1	30	0	62.2	56	4	22	42	Pitch 31-45	.276	544	150	23	1	8	52	45	61	.341	.366
0 Days rest (Re)	2.25	0	0	0	2	0	4.0	4	0	1	0	Pitch 46+	.288	1987	572	103	15	52	272	148	247	.338	.433
1 or 2 Days rest	3.34	1	2	0	17	0	35.0	27	1	11	28	First Pitch	.368	536	197	32	4	9	77	13	0	.385	.493
3+ Days rest	4.56	1	1	1	11	0	23.2	25	3	10	14	Ahead in Count	.212	1559	331	51	8	17	134	0	406	.219	.288
Pre-All Star	4.81	26	26	0	87	73	486.0	544	45	159	232	Behind in Count	.350	861	301	56	10	30	146	133	0	.430	.542
Post-All Star	4.02	29	25	1	77	61	447.1	462	29	127	236	Two Strikes	.193	1495	289	46	8	20	130	139	468	.264	.275

Pitcher vs. Batter (career)

Pitches Best Vs.	Avg	AB	H	2B	3B	HR	RBI	BB	SO	OBP	SLG	Pitches Worst Vs.	Avg	AB	H	2B	3B	HR	RBI	BB	SO	OBP	SLG
Ron Karkovice	.000	14	0	0	0	0	1	7	.125	.000		Roberto Alomar	.550	20	11	2	1	0	0	0	0	.550	.750
Mike Bordick	.059	17	1	0	1	0	1	1	.111	.176		Rene Gonzales	.500	8	4	1	0	0	1	2	0	.636	.625
Terry Steinbach	.091	11	1	0	0	0	2	1	3	.167	.091	Danny Tartabull	.480	25	12	1	0	3	8	4	8	.567	.880
Mark Whiten	.143	14	2	0	0	0	2	0	3	.143	.143	John Valentin	.455	11	5	1	0	1	3	2	2	.500	.818
Bob Zupcic	.143	14	2	0	0	0	0	3	.143	.143		Dave Winfield	.440	25	11	2	0	4	14	2	3	.481	1.000

Denny Neagle — Pirates
Age 26 – Pitches Left (flyball pitcher)

	ERA	W	L	Sv	G	GS	IP	BB	SO	Avg	H	2B	3B	HR	RBI	OBP	SLG	CG	ShO	Sup	QS	#P/S	SB	CS	GB	FB	G/F
1994 Season	5.12	9	10	0	24	24	137.0	49	122	.259	135	30	5	18	65	.322	.439	2	0	4.14	13	95	13	5	165	154	1.07
Career (1991-1994)	4.93	16	22	3	136	40	324.2	136	286	.260	326	73	9	40	165	.334	.429	2	0	4.13	17	89	45	14	352	400	0.88

1994 Season

	ERA	W	L	Sv	G	GS	IP	H	HR	BB	SO		Avg	AB	H	2B	3B	HR	RBI	BB	SO	OBP	SLG
Home	4.70	5	4	0	12	12	69.0	65	9	23	65	vs. Left	.271	96	26	4	2	2	11	7	30	.327	.417
Away	5.56	4	6	0	12	12	68.0	70	9	26	57	vs. Right	.256	426	109	26	3	16	54	42	92	.321	.444
Day	5.04	1	2	0	5	5	30.1	30	3	10	25	Inning 1-6	.256	473	121	27	4	15	60	45	113	.321	.425
Night	5.15	8	8	0	19	19	106.2	105	15	39	97	Inning 7+	.286	49	14	3	1	3	5	4	9	.340	.571
Grass	3.53	4	2	0	7	7	43.1	41	4	10	35	None on	.248	311	77	16	4	11	11	23	78	.304	.431
Turf	5.86	5	8	0	17	17	93.2	94	14	39	87	Runners on	.275	211	58	14	1	7	54	26	44	.348	.450
April	4.25	2	3	0	5	5	29.2	22	4	10	22	Scoring Posn	.246	122	30	5	1	4	44	22	25	.351	.402
May	3.86	3	3	0	5	5	30.1	32	4	9	35	Close & Late	.303	33	10	3	0	5	3	8	.361	.667
June	5.15	2	3	0	6	6	36.2	36	5	10	34	None on/out	.271	133	36	6	3	3	14	36	.345	.429
July	5.68	2	0	0	6	6	31.2	30	4	14	27	vs. 1st Batr (relief)	.000	0	0	0	0	0	0	0	0	.000	.000
August	10.38	0	2	0	2	2	8.2	15	1	6	7	First Inning Pitched	.281	89	25	5	0	1	9	11	22	.356	.371
September/October	0.00	0	0	0	0	0	0.0	0	0	0	0	First 75 Pitches	.259	379	98	22	4	12	47	36	90	.323	.433
Starter	5.12	9	10	0	24	24	137.0	135	18	49	122	Pitch 76-90	.282	78	22	7	0	3	11	6	18	.333	.487
Reliever	0.00	0	0	0	0	0	0.0	0	0	0	0	Pitch 91-105	.263	38	10	1	0	2	5	5	5	.349	.447
0-3 Days Rest (St)	0.00	0	0	0	0	0	0.0	0	0	0	0	Pitch 106+	.185	27	5	0	1	1	2	2	9	.241	.370

1994 Season

	ERA	W	L	Sv	G	GS	IP	H	HR	BB	SO		Avg	AB	H	2B	3B	HR	RBI	BB	SO	OBP	SLG
4 Days Rest	4.64	5	3	0	13	13	77.2	67	10	26	66	First Pitch	.371	62	23	8	2	3	11	3	0	.388	.710
5+ Days Rest	5.76	4	7	0	11	11	59.1	68	8	23	56	Ahead in Count	.190	263	50	9	2	3	20	0	106	.192	.274
Pre-All Star	4.60	8	8	0	18	18	107.2	101	14	35	97	Behind in Count	.353	102	36	8	1	8	17	29	0	.492	.686
Post-All Star	7.06	1	2	0	6	6	29.1	34	4	14	25	Two Strikes	.158	272	43	8	1	4	21	17	122	.207	.239

Career (1991-1994)

	ERA	W	L	Sv	G	GS	IP	H	HR	BB	SO		Avg	AB	H	2B	3B	HR	RBI	BB	SO	OBP	SLG
Home	5.03	7	11	0	70	21	162.2	176	23	65	152	vs. Left	.241	303	73	17	3	7	44	32	91	.320	.386
Away	4.83	9	11	3	66	19	162.0	150	17	71	134	vs. Right	.266	950	253	56	6	33	121	104	195	.339	.442
Day	4.48	3	4	1	37	7	78.1	70	8	30	65	Inning 1-6	.269	858	231	52	6	30	118	93	189	.340	.449
Night	5.08	13	18	2	99	33	246.1	256	32	106	221	Inning 7+	.241	395	95	21	3	10	47	43	97	.321	.385
Grass	3.14	8	4	1	36	9	86.0	75	5	30	74	None on	.248	729	181	37	6	22	22	65	168	.314	.406
Turf	5.58	8	18	2	100	31	238.2	251	35	106	212	Runners on	.277	524	145	36	3	18	143	71	118	.360	.460
April	4.22	2	4	0	18	7	53.1	46	6	17	49	Scoring Posn	.280	307	86	22	2	10	121	62	78	.395	.463
May	3.81	5	4	0	23	8	59.0	64	5	17	57	Close & Late	.221	199	44	10	0	8	26	21	57	.305	.392
June	6.26	5	7	1	23	13	83.1	86	14	40	69	None on/out	.249	313	78	13	4	6	6	37	73	.334	.374
July	5.37	2	2	0	23	8	60.1	58	8	31	59	vs. 1st Batr (relief)	.141	85	12	1	1	1	10	11	18	.240	.212
August	4.12	2	4	2	23	2	39.1	37	4	19	28	First Inning Pitched	.251	446	112	24	3	8	61	56	103	.336	.372
September/October	4.91	0	1	0	26	2	41.1	35	3	12	24	First 75 Pitches	.257	1067	274	63	8	31	142	116	250	.331	.418
Starter	5.36	12	17	0	40	40	208.1	220	29	81	179	Pitch 76-90	.301	103	31	9	0	4	13	10	20	.362	.505
Reliever	4.18	4	5	3	96	0	116.1	106	11	55	107	Pitch 91-105	.273	55	15	1	0	4	8	7	7	.355	.509
0-3 Days Rest (St)	13.50	2	2	0	3	3	7.1	14	1	4	8	Pitch 106+	.214	28	6	0	1	1	2	3	9	.290	.393
4 Days Rest	5.40	5	7	0	19	19	106.2	104	17	40	86	First Pitch	.381	134	51	14	2	8	33	11	0	.427	.694
5+ Days Rest	4.67	7	8	0	18	18	94.1	102	11	37	85	Ahead in Count	.194	630	122	24	5	8	45	0	245	.198	.286
Pre-All Star	4.99	13	16	1	73	31	221.2	221	27	90	201	Behind in Count	.382	238	91	21	2	16	52	65	0	.511	.689
Post-All Star	4.81	3	6	2	63	9	103.0	105	13	46	85	Two Strikes	.171	665	114	21	2	12	52	59	286	.241	.263

Pitcher vs. Batter (career)

Pitches Best Vs.	Avg	AB	H	2B	3B	HR	RBI	BB	SO	OBP	SLG	Pitches Worst Vs.	Avg	AB	H	2B	3B	HR	RBI	BB	SO	OBP	SLG
Tony Gwynn	.077	13	1	0	0	0	0	1	1	.143	.077	Terry Pendleton	.500	10	5	1	0	1	3	1	2	.545	.900
Dave Gallagher	.083	12	1	1	0	0	0	3	1	.267	.167	Reggie Sanders	.444	9	4	1	0	1	4	2	4	.545	.889
Delino DeShields	.091	11	1	0	0	0	0	2	2	.286	.091	Bobby Bonilla	.385	13	5	1	0	1	3	1	2	.429	.692
Bret Barberie	.100	10	1	0	0	0	0	2	5	.250	.100	Marquis Grissom	.313	16	5	1	0	2	2	2	2	.389	.750
Tim Wallach	.182	11	2	1	0	0	0	1	0	.250	.273	Mark Lemke	.308	13	4	0	0	2	1	1	2	.357	.846

Troy Neel — Athletics
Age 29 – Bats Left

	Avg	G	AB	R	H	2B	3B	HR	RBI	BB	SO	HBP	GDP	SB	CS	OBP	SLG	IBB	SH	SF	#Pit	#P/PA	GB	FB	G/F
1994 Season	.266	83	278	43	74	13	0	15	48	38	61	2	4	2	3	.357	.475	5	1	1	1336	4.18	95	59	1.61
Career (1992-1994)	.280	230	758	110	212	37	0	37	120	92	177	7	12	5	9	.362	.475	10	1	3	3427	3.98	253	174	1.45

1994 Season

	Avg	AB	H	2B	3B	HR	RBI	BB	SO	OBP	SLG		Avg	AB	H	2B	3B	HR	RBI	BB	SO	OBP	SLG
vs. Left	.350	80	28	3	0	7	21	9	13	.424	.650	Scoring Posn	.250	80	20	4	0	2	29	15	22	.371	.375
vs. Right	.232	198	46	10	0	8	27	29	48	.330	.404	Close & Late	.211	38	8	2	0	2	5	12	13	.412	.421
Groundball	.250	84	21	2	0	4	9	11	14	.337	.417	None on/out	.212	66	14	1	0	4	4	7	12	.288	.409
Flyball	.167	66	11	2	0	5	10	7	14	.247	.424	Batting #3	.303	76	23	5	0	3	13	8	11	.369	.487
Home	.301	133	40	7	0	6	22	17	32	.382	.489	Batting #6	.221	77	17	3	0	4	17	7	20	.291	.416
Away	.234	145	34	6	0	9	26	21	29	.335	.462	Other	.272	125	34	5	0	8	18	23	30	.389	.504
Day	.316	98	31	5	0	6	19	18	27	.432	.551	April	.338	68	23	5	0	3	9	7	14	.403	.544
Night	.239	180	43	8	0	9	29	20	34	.313	.433	May	.224	85	19	4	0	5	20	14	16	.333	.447
Grass	.265	230	61	11	0	12	40	33	52	.358	.470	June	.136	22	3	0	0	0	2	2	4	.240	.136
Turf	.271	48	13	2	0	3	8	5	9	.352	.500	July	.262	65	17	3	0	4	12	9	16	.351	.492
First Pitch	.348	23	8	1	0	3	7	4	0	.464	.783	August	.316	38	12	1	0	3	5	6	11	.409	.579
Ahead in Count	.358	67	24	4	0	7	18	17	0	.488	.737	September/October	.000	0	0	0	0	0	0	0	0	.000	.000
Behind in Count	.187	123	23	5	0	2	10	0	51	.187	.276	Pre-All Star	.265	200	53	11	0	10	38	26	38	.354	.470
Two Strikes	.209	148	31	6	0	4	18	17	61	.291	.331	Post-All Star	.269	78	21	2	0	5	10	12	23	.367	.487

1994 By Position

Position	Avg	AB	H	2B	3B	HR	RBI	BB	SO	OBP	SLG	G	GS	Innings	PO	A	E	DP	Fld Pct	Rng Fctr	In Zone	Outs	Zone Rtg	MLB Zone
As Designated Hitter	.292	130	38	7	0	7	21	13	33	.359	.508	35	35	---	---	---	---	---	---	---	---	---	---	---
As 1b	.239	142	34	5	0	7	26	22	26	.345	.423	45	37	331.0	295	23	2	34	.994	---	61	51	.836	.818

Career (1992-1994)

	Avg	AB	H	2B	3B	HR	RBI	BB	SO	OBP	SLG		Avg	AB	H	2B	3B	HR	RBI	BB	SO	OBP	SLG
vs. Left	.355	183	65	9	0	12	38	19	36	.425	.601	Scoring Posn	.239	205	49	9	0	7	80	35	53	.351	.385
vs. Right	.256	575	147	28	0	25	82	73	141	.342	.435	Close & Late	.236	106	25	7	0	4	18	23	31	.377	.415
Groundball	.272	195	53	12	0	9	27	24	39	.352	.472	None on/out	.306	186	57	9	0	13	13	21	37	.377	.565
Flyball	.265	185	49	7	0	13	34	19	43	.335	.514	Batting #4	.299	304	91	13	0	13	47	39	75	.383	.470
Home	.308	351	108	16	0	19	61	38	88	.382	.516	Batting #6	.263	160	42	9	0	6	25	17	38	.335	.431
Away	.256	407	104	21	0	18	59	54	89	.344	.440	Other	.269	294	79	15	0	18	48	36	64	.353	.503
Day	.294	299	88	12	0	16	54	39	77	.380	.495	April	.305	118	36	8	0	5	13	11	25	.366	.500
Night	.270	459	124	25	0	21	66	53	100	.349	.462	May	.186	156	29	6	0	7	29	21	34	.281	.359
Grass	.273	633	173	29	0	30	100	76	151	.356	.461	June	.283	60	17	3	0	2	9	5	13	.343	.433
Turf	.312	125	39	8	0	7	20	16	26	.392	.544	July	.301	176	53	8	0	10	33	24	42	.388	.517
First Pitch	.244	82	20	6	0	3	10	8	0	.333	.427	August	.317	126	40	5	0	8	19	19	34	.411	.548
Ahead in Count	.429	196	84	16	0	18	55	46	0	.535	.786	September/October	.303	122	37	7	0	5	17	12	29	.380	.484
Behind in Count	.182	330	60	8	0	8	30	0	146	.189	.279	Pre-All Star	.271	421	114	21	0	22	73	45	89	.343	.477

	Avg	AB	H	2B	3B	HR	RBI	BB	SO	OBP	SLG		Avg	AB	H	2B	3B	HR	RBI	BB	SO	OBP	SLG
Career (1992-1994)																							
Two Strikes	.191	383	73	11	0	12	44	38	177	.267	.313	Post-All Star	.291	337	98	16	0	15	47	47	88	.384	.472
Batter vs. Pitcher (career)																							
Hits Best Against	Avg	AB	H	2B	3B	HR	RBI	BB	SO	OBP	SLG	Hits Worst Against	Avg	AB	H	2B	3B	HR	RBI	BB	SO	OBP	SLG
John Dopson	.533	15	8	2	0	2	6	0	1	.533	1.067	Jose Mesa	.077	13	1	0	0	0	0	2	3	.200	.077
Jim Abbott	.333	18	6	0	0	1	2	2	0	.400	.500	Jack McDowell	.083	12	1	0	0	0	0	0	6	.083	.083
John Doherty	.333	12	4	2	0	1	2	0	1	.429	.500	Mike Mussina	.176	17	3	0	0	0	0	1	4	.222	.176
David Cone	.333	12	4	1	0	0	1	0	3	.385	.417	Kevin Appier	.182	11	2	0	0	0	1	1	4	.250	.182
Tim Leary	.333	9	3	1	0	1	2	2	1	.455	.778	Aaron Sele	.231	13	3	0	0	0	1	1	5	.286	.231

Jeff Nelson — Mariners

Age 28 – Pitches Right (groundball pitcher)

	ERA	W	L	Sv	G	GS	IP	BB	SO	Avg	H	2B	3B	HR	RBI	OBP	SLG	GF	IR	IRS	Hld	SvOp	SB	CS	GB	FB	G/F
1994 Season	2.76	0	0	0	28	0	42.1	20	44	.226	35	7	1	3	26	.342	.342	7	33	15	2	0	3	4	51	34	1.50
Career (1992-1994)	3.58	6	10	7	165	0	183.1	98	151	.245	163	25	4	15	115	.356	.362	47	191	65	25	25	17	8	253	166	1.52

1994 Season

	ERA	W	L	Sv	G	GS	IP	H	HR	BB	SO		Avg	AB	H	2B	3B	HR	RBI	BB	SO	OBP	SLG
Home	2.12	0	0	0	11	0	17.0	11	2	6	15	vs. Left	.354	48	17	2	0	1	8	10	11	.500	.458
Away	3.20	0	0	0	17	0	25.1	24	1	14	29	vs. Right	.168	107	18	5	1	2	18	10	33	.262	.290
Starter	0.00	0	0	0	0	0	0.0	0	0	0	0	Scoring Posn	.167	54	9	2	1	2	23	10	19	.324	.352
Reliever	2.76	0	0	0	28	0	42.1	35	3	20	44	Close & Late	.111	9	1	0	0	0	0	2	2	.333	.111
0 Days rest (Re)	1.20	0	0	0	11	0	15.0	10	1	7	14	None on/out	.229	35	8	0	0	0	0	2	11	.289	.229
1 or 2 Days rest	6.08	0	0	0	8	0	13.1	16	1	6	17	First Pitch	.333	9	3	1	0	0	5	4	0	.500	.444
3+ Days rest	1.29	0	0	0	9	0	14.0	9	1	7	13	Ahead in Count	.127	71	9	3	0	2	8	0	36	.195	.254
Pre-All Star	2.25	0	0	0	17	0	24.0	19	1	13	23	Behind in Count	.333	39	13	3	0	1	8	10	0	.469	.487
Post-All Star	3.44	0	0	0	11	0	18.1	16	2	7	21	Two Strikes	.103	78	8	0	0	1	6	6	44	.231	.154

Career (1992-1994)

	ERA	W	L	Sv	G	GS	IP	H	HR	BB	SO		Avg	AB	H	2B	3B	HR	RBI	BB	SO	OBP	SLG
Home	3.26	4	2	6	77	0	94.0	74	6	36	76	vs. Left	.319	204	65	10	1	6	35	45	41	.453	.466
Away	3.93	2	8	1	88	0	89.1	89	9	62	75	vs. Right	.212	462	98	15	3	9	80	53	110	.310	.316
Day	2.95	2	5	2	49	0	61.0	45	4	29	47	Inning 1-6	.259	135	35	3	1	1	22	18	28	.369	.319
Night	3.90	4	5	5	116	0	122.1	118	11	69	104	Inning 7+	.241	531	128	22	3	14	93	80	123	.353	.373
Grass	4.08	2	7	1	68	0	70.2	72	9	53	55	None on/out	.238	303	72	9	2	8	8	28	73	.323	.360
Turf	3.28	4	3	6	97	0	112.2	91	6	45	96	Runners on	.251	363	91	16	2	7	107	70	78	.382	.364
April	2.05	0	1	0	20	0	22.0	19	0	14	18	Scoring Posn	.237	245	58	6	2	5	101	58	51	.391	.339
May	3.89	1	2	0	34	0	37.0	32	1	19	32	Close & Late	.237	253	60	6	1	5	52	49	48	.367	.328
June	3.49	1	1	0	25	0	28.1	32	3	14	18	None on/out	.265	136	36	5	2	1	1	10	33	.333	.353
July	3.35	1	2	2	31	0	40.1	34	6	14	33	vs. 1st Batr (relief)	.275	142	39	6	1	6	39	16	31	.350	.458
August	3.66	3	1	3	27	0	32.0	22	2	16	33	First Inning Pitched	.264	477	126	19	3	12	102	64	106	.360	.392
September/October	4.94	0	3	2	28	0	23.2	24	3	21	17	First 15 Pitches	.273	436	119	20	4	11	88	49	95	.353	.413
Starter	0.00	0	0	0	0	0	0.0	0	0	0	0	Pitch 16-30	.209	163	34	2	0	2	20	40	35	.390	.258
Reliever	3.58	6	10	7	165	0	183.1	163	15	98	151	Pitch 31-45	.151	53	8	2	0	2	5	7	17	.262	.302
0 Days rest (Re)	3.43	1	4	0	46	0	44.2	39	3	26	42	Pitch 46+	.143	14	2	1	0	0	2	2	4	.368	.214
1 or 2 Days rest	3.40	3	3	6	83	0	95.1	81	8	52	74	First Pitch	.263	80	21	4	2	2	18	20	0	.426	.438
3+ Days rest	4.15	2	3	1	36	0	43.1	43	4	20	35	Ahead in Count	.174	305	53	6	0	6	36	0	129	.204	.252
Pre-All Star	3.34	2	5	0	88	0	97.0	91	6	50	76	Behind in Count	.347	173	60	12	0	4	36	44	0	.482	.486
Post-All Star	3.86	4	5	7	77	0	86.1	72	9	48	75	Two Strikes	.150	307	46	4	1	6	34	34	151	.258	.228

Pitcher vs. Batter (career)

Pitches Best Vs.	Avg	AB	H	2B	3B	HR	RBI	BB	SO	OBP	SLG	Pitches Worst Vs.	Avg	AB	H	2B	3B	HR	RBI	BB	SO	OBP	SLG
Dean Palmer	.000	10	0	0	0	0	0	2	7	.167	.000												

Robb Nen — Marlins

Age 25 – Pitches Right

	ERA	W	L	Sv	G	GS	IP	BB	SO	Avg	H	2B	3B	HR	RBI	OBP	SLG	GF	IR	IRS	Hld	SvOp	SB	CS	GB	FB	G/F
1994 Season	2.95	5	5	15	44	0	58.0	17	60	.222	46	11	2	6	20	.280	.382	28	28	1	1	15	4	1	67	52	1.29
Career (1993-1994)	4.82	7	6	15	68	4	114.0	63	99	.253	109	28	4	12	59	.347	.421	33	39	5	1	15	9	3	147	114	1.29

1994 Season

	ERA	W	L	Sv	G	GS	IP	H	HR	BB	SO		Avg	AB	H	2B	3B	HR	RBI	BB	SO	OBP	SLG
Home	2.51	2	2	6	24	0	32.1	26	2	9	28	vs. Left	.161	93	15	5	0	1	2	12	30	.257	.247
Away	3.51	3	3	9	20	0	25.2	20	4	8	32	vs. Right	.272	114	31	6	2	5	18	5	30	.300	.491
Starter	0.00	0	0	0	0	0	0.0	0	0	0	0	Scoring Posn	.177	62	11	3	0	1	13	4	20	.224	.274
Reliever	2.95	5	5	15	44	0	58.0	46	6	17	60	Close & Late	.182	110	20	3	1	2	8	8	35	.235	.282
0 Days rest (Re)	3.09	1	0	6	9	0	11.2	8	1	0	10	None on/out	.271	48	13	3	0	2	2	4	15	.327	.458
1 or 2 Days rest	3.98	3	5	8	23	0	31.2	31	4	13	30	First Pitch	.154	26	4	1	0	0	1	2	0	.214	.192
3+ Days rest	0.61	1	0	1	12	0	14.2	7	1	4	20	Ahead in Count	.142	106	15	3	1	2	7	0	53	.142	.245
Pre-All Star	3.05	3	4	10	34	0	44.1	38	5	12	43	Behind in Count	.412	34	14	6	0	2	6	10	0	.533	.765
Post-All Star	2.63	2	1	5	10	0	13.2	8	1	5	17	Two Strikes	.151	106	16	2	2	2	6	5	60	.189	.264

Marc Newfield — Mariners

Age 22 – Bats Right (groundball hitter)

	Avg	G	AB	R	H	2B	3B	HR	RBI	BB	SO	HBP	GDP	SB	CS	OBP	SLG	IBB	SH	SF	#Pit	#P/PA	GB	FB	G/F
1994 Season	.184	12	38	3	7	1	0	1	4	2	4	0	2	0	0	.225	.289	0	0	0	155	3.88	13	13	1.00
Career (1993-1994)	.212	34	104	8	22	4	0	2	11	4	12	1	4	0	1	.245	.308	0	0	1	411	3.74	46	28	1.64

1994 Season

	Avg	AB	H	2B	3B	HR	RBI	BB	SO	OBP	SLG		Avg	AB	H	2B	3B	HR	RBI	BB	SO	OBP	SLG
vs. Left	.176	17	3	0	0	1	2	0	2	.176	.353	Scoring Posn	.125	8	1	0	0	0	2	0	0	.125	.125
vs. Right	.190	21	4	1	0	0	2	2	2	.261	.238	Close & Late	.250	8	2	1	0	0	0	0	0	.250	.375

Warren Newson — White Sox

Age 30 – Bats Left (groundball hitter)

	Avg	G	AB	R	H	2B	3B	HR	RBI	BB	SO	HBP	GDP	SB	CS	OBP	SLG	IBB	SH	SF	#Pit	#P/PA	GB	FB	G/F
1994 Season	.255	63	102	16	26	5	0	2	7	14	23	0	2	1	0	.345	.363	1	2	0	499	4.23	44	18	2.44
Career (1991-1994)	.261	223	410	64	107	13	0	9	49	88	107	1	12	6	2	.392	.359	5	2	3	2086	4.17	163	66	2.47

1994 Season

	Avg	AB	H	2B	3B	HR	RBI	BB	SO	OBP	SLG		Avg	AB	H	2B	3B	HR	RBI	BB	SO	OBP	SLG
vs. Left	.400	5	2	0	0	0	0	3	3	.400	.400	Scoring Posn	.179	28	5	0	0	0	4	6	5	.324	.179
vs. Right	.247	97	24	5	0	2	7	14	20	.342	.361	Close & Late	.421	19	8	1	0	1	2	6	6	.560	.632

Career (1991-1994)

	Avg	AB	H	2B	3B	HR	RBI	BB	SO	OBP	SLG		Avg	AB	H	2B	3B	HR	RBI	BB	SO	OBP	SLG
vs. Left	.316	19	6	0	0	0	0	6	8	.480	.316	Scoring Posn	.274	113	31	5	0	1	40	33	33	.438	.345
vs. Right	.258	391	101	13	0	9	49	82	99	.387	.361	Close & Late	.344	90	31	5	0	1	13	22	28	.473	.433
Groundball	.221	136	30	4	0	2	13	25	27	.342	.294	None on/out	.284	95	27	3	0	2	0	24	19	.429	.379
Flyball	.313	83	26	3	0	3	12	26	26	.477	.458	Batting #5	.254	114	29	5	0	3	19	31	28	.414	.377
Home	.246	207	51	4	0	6	29	40	50	.368	.353	Batting #6	.244	135	33	1	0	3	12	16	38	.325	.319
Away	.276	203	56	9	0	3	20	48	57	.414	.365	Other	.280	161	45	7	0	3	18	41	41	.426	.379
Day	.257	136	35	4	0	3	20	30	32	.392	.353	April	.200	20	4	1	0	0	1	4	4	.333	.250
Night	.263	274	72	9	0	6	29	58	75	.392	.361	May	.224	49	11	3	0	1	5	8	12	.359	.347
Grass	.261	353	92	10	0	9	46	76	94	.392	.365	June	.250	100	25	2	0	2	9	17	25	.359	.330
Turf	.263	57	15	3	0	0	3	12	13	.391	.316	July	.250	104	26	3	0	1	16	31	29	.422	.308
First Pitch	.269	52	14	4	0	1	8	3	0	.309	.404	August	.294	68	20	2	0	4	7	13	20	.407	.500
Ahead in Count	.448	96	43	5	0	1	19	27	0	.569	.531	September/October	.304	69	21	2	0	1	11	15	17	.429	.377
Behind in Count	.168	167	28	2	0	6	14	0	80	.168	.287	Pre-All Star	.241	195	47	7	0	3	19	38	52	.365	.323
Two Strikes	.142	197	28	1	0	3	13	58	107	.337	.193	Post-All Star	.279	215	60	6	0	6	30	50	55	.415	.391

Batter vs. Pitcher (career)

Hits Best Against	Avg	AB	H	2B	3B	HR	RBI	BB	SO	OBP	SLG	Hits Worst Against	Avg	AB	H	2B	3B	HR	RBI	BB	SO	OBP	SLG
Kevin Tapani	.357	14	5	1	0	2	1	5	2	.400	.429	Bobby Witt	.100	10	1	0	0	0	0	1	4	.182	.100
Mark Gubicza	.357	14	5	1	0	1	0	2	2	.357	.429	Mike Gardiner	.111	9	1	0	0	0	0	3	3	.333	.111

Dave Nied — Rockies

Age 26 – Pitches Right

	ERA	W	L	Sv	G	GS	IP	BB	SO	Avg	H	2B	3B	HR	RBI	OBP	SLG	CG	ShO	Sup	QS	#P/S	SB	CS	GB	FB	G/F
1994 Season	4.80	9	7	0	22	22	122.0	47	74	.287	137	28	4	15	62	.354	.457	2	1	5.53	8	88	11	5	161	150	1.07
Career (1992-1994)	4.58	17	16	0	44	40	232.0	94	139	.277	246	52	5	23	117	.346	.424	3	1	5.55	13	89	29	7	300	275	1.09

1994 Season

	ERA	W	L	Sv	G	GS	IP	H	HR	BB	SO		Avg	AB	H	2B	3B	HR	RBI	BB	SO	OBP	SLG
Home	6.75	3	5	0	10	10	49.1	66	9	19	32	vs. Left	.300	220	66	14	1	7	31	30	28	.383	.468
Away	3.47	6	2	0	12	12	72.2	71	6	28	42	vs. Right	.276	257	71	14	3	8	31	17	46	.327	.447
Starter	4.80	9	7	0	22	22	122.0	137	15	47	74	Scoring Posn	.233	133	31	6	1	3	43	16	18	.318	.361
Reliever	0.00	0	0	0	0	0	0.0	0	0	0	0	Close & Late	.120	25	3	1	0	0	1	4	9	.154	.160
0-3 Days Rest (St)	0.00	0	0	0	0	0	0.0	0	0	0	0	None on/out	.306	124	38	5	1	5	5	7	21	.344	.484
4 Days Rest	6.11	3	5	0	14	14	73.2	96	11	22	48	First Pitch	.357	70	25	4	0	10	4	0	0	.400	.443
5+ Days Rest	2.79	6	2	0	8	8	48.1	41	4	25	26	Ahead in Count	.230	213	49	8	0	5	17	0	68	.237	.338
Pre-All Star	4.53	8	4	0	16	16	93.1	99	12	38	62	Behind in Count	.394	109	43	11	0	7	21	28	0	.511	.688
Post-All Star	5.65	1	3	0	6	6	28.2	38	3	9	12	Two Strikes	.224	210	47	8	2	6	20	15	74	.279	.367

Melvin Nieves — Padres

Age 23 – Bats Both (groundball hitter)

	Avg	G	AB	R	H	2B	3B	HR	RBI	BB	SO	HBP	GDP	SB	CS	OBP	SLG	IBB	SH	SF	#Pit	#P/PA	GB	FB	G/F
1994 Season	.263	10	19	2	5	1	0	1	4	3	10	0	0	0	0	.364	.474	0	0	0	113	5.14	7	2	3.50
Career (1992-1994)	.212	41	85	6	18	2	0	3	8	8	38	1	0	0	0	.287	.341	0	0	0	411	4.37	25	13	1.92

1994 Season

	Avg	AB	H	2B	3B	HR	RBI	BB	SO	OBP	SLG		Avg	AB	H	2B	3B	HR	RBI	BB	SO	OBP	SLG
vs. Left	.333	12	4	1	0	1	2	1	5	.385	.667	Scoring Posn	.333	3	1	0	0	0	2	0	0	.333	.333
vs. Right	.143	7	1	0	0	0	2	2	5	.333	.143	Close & Late	.333	3	1	0	0	0	1	0	1	.333	.333

Dave Nilsson — Brewers

Age 25 – Bats Left

	Avg	G	AB	R	H	2B	3B	HR	RBI	BB	SO	HBP	GDP	SB	CS	OBP	SLG	IBB	SH	SF	#Pit	#P/PA	GB	FB	G/F
1994 Season	.275	109	397	51	109	28	3	12	69	34	61	0	7	1	0	.326	.451	9	1	8	1651	3.75	141	126	1.12
Career (1992-1994)	.260	260	857	101	223	46	5	23	134	88	115	0	17	6	8	.325	.406	15	7	11	3565	3.70	294	278	1.06

1994 Season

	Avg	AB	H	2B	3B	HR	RBI	BB	SO	OBP	SLG		Avg	AB	H	2B	3B	HR	RBI	BB	SO	OBP	SLG
vs. Left	.228	92	21	5	0	2	14	1	20	.232	.348	Scoring Posn	.271	118	32	6	1	4	56	19	18	.352	.441
vs. Right	.289	305	88	23	3	10	55	33	41	.352	.482	Close & Late	.259	58	15	4	0	3	15	7	13	.328	.483

1994 Season

	Avg	AB	H	2B	3B	HR	RBI	BB	SO	OBP	SLG		Avg	AB	H	2B	3B	HR	RBI	BB	SO	OBP	SLG
Groundball	.365	74	27	7	0	2	20	9	12	.429	.541	None on/out	.258	97	25	8	0	4	4	7	17	.308	.464
Flyball	.202	94	19	5	1	3	13	8	19	.260	.372	Batting #4	.184	49	9	2	0	0	5	7	7	.276	.224
Home	.292	195	57	15	2	4	34	15	35	.335	.451	Batting #5	.282	294	83	24	2	10	57	26	45	.334	.480
Away	.257	202	52	13	1	8	35	19	26	.317	.450	Other	.315	54	17	2	1	2	7	1	9	.327	.500
Day	.297	128	38	8	3	4	20	10	19	.345	.500	April	.282	78	22	5	0	4	13	2	9	.296	.500
Night	.264	269	71	20	0	8	49	24	42	.317	.428	May	.277	101	28	8	1	1	12	6	19	.315	.406
Grass	.284	324	92	24	3	8	55	29	52	.336	.451	June	.322	87	28	7	1	4	24	9	18	.378	.563
Turf	.233	73	17	4	0	4	14	5	9	.278	.452	July	.255	98	25	8	1	3	16	11	11	.321	.449
First Pitch	.341	41	14	3	1	1	5	6	0	.426	.537	August	.182	33	6	0	0	0	4	6	4	.300	.182
Ahead in Count	.309	94	29	7	2	5	18	16	0	.402	.585	September/October	.000	0	0	0	0	0	0	0	0	.000	.000
Behind in Count	.238	181	43	11	0	5	30	0	50	.232	.381	Pre-All Star	.285	302	86	22	2	10	56	21	50	.325	.470
Two Strikes	.225	187	42	11	0	3	33	12	61	.266	.332	Post-All Star	.242	95	23	6	1	2	13	13	11	.327	.389

1994 By Position

Position	Avg	AB	H	2B	3B	HR	RBI	BB	SO	OBP	SLG	G	GS	Innings	PO	A	E	DP	Fld Pct	Rng Fctr	In Zone	Zone Outs	Zone Rtg	MLB Zone
As Designated Hitter	.268	164	44	1	6	34	17	5	32	.321	.476	43	42	---	---	---	---	---	---	---	---	---	---	---
As c	.279	219	61	13	2	6	34	18	25	.329	.438	60	59	484.2	295	15	2	0	.994	---	---	---	---	---

Career (1992-1994)

	Avg	AB	H	2B	3B	HR	RBI	BB	SO	OBP	SLG		Avg	AB	H	2B	3B	HR	RBI	BB	SO	OBP	SLG
vs. Left	.245	200	49	12	2	4	40	15	38	.292	.385	Scoring Posn	.261	261	68	15	2	7	110	44	27	.354	.414
vs. Right	.265	657	174	34	3	19	94	73	77	.335	.412	Close & Late	.235	132	31	5	0	3	22	13	21	.299	.341
Groundball	.306	170	52	9	0	5	39	15	25	.356	.447	None on/out	.248	202	50	11	0	6	6	18	26	.309	.391
Flyball	.215	200	43	7	1	4	21	21	32	.287	.320	Batting #5	.283	318	90	25	2	10	58	29	49	.337	.469
Home	.278	414	115	25	3	10	64	46	61	.344	.425	Batting #8	.269	160	43	9	1	3	22	16	17	.335	.394
Away	.244	443	108	21	2	13	70	42	54	.307	.388	Other	.237	379	90	12	2	10	54	43	49	.311	.359
Day	.268	269	72	15	3	7	40	25	37	.328	.424	April	.252	107	27	5	0	5	15	4	10	.277	.439
Night	.257	588	151	31	2	16	94	63	78	.324	.398	May	.250	148	37	10	1	2	18	8	24	.287	.372
Grass	.265	728	193	38	5	18	112	79	102	.333	.405	June	.258	178	46	9	1	6	34	13	30	.306	.421
Turf	.233	129	30	8	0	5	22	9	13	.281	.411	July	.263	171	45	9	2	4	28	22	21	.340	.409
First Pitch	.317	101	32	7	1	2	14	10	0	.378	.465	August	.246	126	31	5	1	2	17	19	16	.338	.349
Ahead in Count	.276	217	60	14	4	8	42	44	0	.392	.488	September/October	.291	127	37	8	0	4	22	22	14	.396	.449
Behind in Count	.222	370	82	14	0	10	50	0	97	.219	.341	Pre-All Star	.255	505	129	27	3	15	83	30	70	.293	.410
Two Strikes	.209	374	78	14	0	9	52	34	115	.272	.318	Post-All Star	.267	352	94	19	2	8	51	58	45	.367	.401

Batter vs. Pitcher (career)

Hits Best Against	Avg	AB	H	2B	3B	HR	RBI	BB	SO	OBP	SLG	Hits Worst Against	Avg	AB	H	2B	3B	HR	RBI	BB	SO	OBP	SLG
Kevin Brown	.533	15	8	1	0	0	3	0	0	.533	.600	Jason Bere	.000	13	0	0	0	0	0	2	1	.133	.000
Jack McDowell	.444	18	8	1	0	0	1	3	3	.524	.500	Roger Clemens	.133	15	2	0	0	0	0	2	3	.235	.133
Ben McDonald	.429	14	6	1	0	1	2	4	1	.556	.714	Kevin Appier	.154	13	2	2	0	0	1	0	3	.143	.308
Tom Gordon	.385	13	5	2	1	1	2	2	1	.467	.923	Mark Gubicza	.167	12	2	0	0	0	1	0	1	.167	.167
Melido Perez	.364	11	4	0	0	1	2	0	0	.333	.636	Kevin Tapani	.214	14	3	0	0	0	2	0	3	.200	.214

Otis Nixon — Red Sox
Age 36 – Bats Both (groundball hitter)

	Avg	G	AB	R	H	2B	3B	HR	RBI	BB	SO	HBP	GDP	SB	CS	OBP	SLG	IBB	SH	SF	#Pit	#P/PA	GB	FB	G/F
1994 Season	.274	103	398	60	109	15	1	0	25	55	65	0	0	42	10	.360	.317	1	6	2	1772	3.84	190	43	4.42
Last Five Years	.279	600	1947	343	544	57	9	4	117	230	255	2	20	252	75	.354	.324	6	26	13	7825	3.53	878	335	2.62

1994 Season

	Avg	AB	H	2B	3B	HR	RBI	BB	SO	OBP	SLG		Avg	AB	H	2B	3B	HR	RBI	BB	SO	OBP	SLG
vs. Left	.231	108	25	2	1	0	4	11	15	.303	.269	Scoring Posn	.289	83	24	4	0	0	25	13	18	.378	.337
vs. Right	.290	290	84	13	0	0	21	44	50	.381	.334	Close & Late	.259	54	14	3	1	0	4	12	13	.388	.352
Groundball	.208	72	15	3	0	0	2	9	20	.293	.250	None on/out	.267	150	40	2	1	0	0	23	23	.364	.293
Flyball	.258	120	31	6	0	0	12	13	19	.331	.308	Batting #1	.275	396	109	15	1	0	25	54	63	.361	.318
Home	.301	216	65	10	0	0	20	30	30	.386	.347	Batting #8	.000	2	0	0	0	0	0	0	2	.000	.000
Away	.242	182	44	5	1	0	5	25	35	.330	.280	Other	.000	0	0	0	0	0	0	1	0	1.000	.000
Day	.270	141	38	7	0	0	8	21	23	.364	.319	April	.233	90	21	4	1	0	5	14	16	.333	.300
Night	.276	257	71	8	1	0	17	34	42	.358	.315	May	.346	81	28	3	0	0	10	11	12	.424	.383
Grass	.289	343	99	14	0	0	24	50	49	.378	.329	June	.259	108	28	6	0	0	5	13	15	.339	.315
Turf	.182	55	10	1	1	0	1	5	16	.246	.236	July	.271	70	19	1	0	0	5	13	10	.381	.286
First Pitch	.283	60	17	2	0	0	5	0	0	.283	.317	August	.265	49	13	1	0	0	2	4	12	.321	.286
Ahead in Count	.363	80	29	4	1	0	10	35	0	.547	.438	September/October	.000	0	0	0	0	0	0	0	0	.000	.000
Behind in Count	.216	171	37	5	0	0	3	0	57	.216	.246	Pre-All Star	.271	288	78	13	1	0	18	41	43	.361	.323
Two Strikes	.168	185	31	5	0	0	8	20	65	.249	.195	Post-All Star	.282	110	31	2	0	0	7	14	22	.360	.300

1994 By Position

Position	Avg	AB	H	2B	3B	HR	RBI	BB	SO	OBP	SLG	G	GS	Innings	PO	A	E	DP	Fld Pct	Rng Fctr	In Zone	Zone Outs	Zone Rtg	MLB Zone
As cf	.274	398	109	15	1	0	25	54	65	.359	.317	103	99	865.1	254	4	3	1	.989	2.68	313	252	.805	.824

Last Five Years

	Avg	AB	H	2B	3B	HR	RBI	BB	SO	OBP	SLG		Avg	AB	H	2B	3B	HR	RBI	BB	SO	OBP	SLG
vs. Left	.279	684	191	19	6	4	44	69	72	.345	.342	Scoring Posn	.258	399	103	12	1	1	109	46	53	.327	.301
vs. Right	.279	1263	353	38	3	0	73	161	183	.359	.314	Close & Late	.292	318	93	13	2	0	27	46	54	.385	.346
Groundball	.284	616	175	19	5	0	29	70	79	.355	.331	None on/out	.294	796	234	22	3	1	0	97	108	.371	.333
Flyball	.235	455	107	12	0	0	33	60	70	.323	.262	Batting #1	.282	1776	500	52	7	3	100	213	224	.356	.324
Home	.296	968	287	35	4	2	66	127	115	.377	.347	Batting #2	.328	64	21	0	1	1	7	4	9	.368	.406
Away	.263	979	257	22	5	2	51	103	140	.331	.301	Other	.215	107	23	5	1	0	10	13	22	.311	.280

294

Last Five Years

	Avg	AB	H	2B	3B	HR	RBI	BB	SO	OBP	SLG		Avg	AB	H	2B	3B	HR	RBI	BB	SO	OBP	SLG
Day	.296	591	175	17	4	1	39	63	79	.363	.343	April	.244	225	55	7	1	0	17	34	33	.341	.284
Night	.272	1356	369	40	5	3	78	167	176	.350	.316	May	.326	340	111	14	1	0	24	44	34	.399	.374
Grass	.293	1364	399	47	2	4	88	172	175	.370	.339	June	.273	322	88	10	0	2	18	34	42	.345	.323
Turf	.249	583	145	10	7	0	29	58	80	.317	.290	July	.290	352	102	13	1	1	19	42	42	.364	.341
First Pitch	.328	351	115	9	2	0	22	3	0	.331	.365	August	.261	368	96	7	2	1	21	32	58	.319	.299
Ahead in Count	.289	470	136	15	1	0	31	139	0	.448	.326	September/October	.271	340	92	6	4	0	18	44	46	.351	.312
Behind in Count	.242	748	181	20	1	4	37	0	214	.242	.287	Pre-All Star	.281	980	275	36	2	2	61	125	120	.361	.328
Two Strikes	.196	754	148	19	3	3	31	88	255	.280	.241	Post-All Star	.278	967	269	21	7	2	56	105	135	.347	.321

Batter vs. Pitcher (since 1984)

Hits Best Against	Avg	AB	H	2B	3B	HR	RBI	BB	SO	OBP	SLG	Hits Worst Against	Avg	AB	H	2B	3B	HR	RBI	BB	SO	OBP	SLG
Randy Tomlin	.583	12	7	2	2	0	1	1	0	.615	1.083	Charlie Hough	.071	14	1	0	0	0	1	2	0	.176	.071
Ken Hill	.556	18	10	2	0	0	4	1	0	.636	.667	Tom Browning	.091	33	3	0	0	0	4	3	3	.167	.091
Mike Bielecki	.545	11	6	0	0	0	2	1	3	.583	.727	Dennis Martinez	.091	22	2	0	0	0	1	0	3	.091	.091
Trevor Wilson	.462	13	6	0	0	2	5	0	1	.429	.923	Danny Darwin	.091	11	1	0	0	0	0	0	3	.091	.091
Cris Carpenter	.400	10	4	1	0	0	0	2	0	.500	.500	Xavier Hernandez	.100	10	1	0	0	0	0	0	1	.091	.100

Junior Noboa — Pirates Age 30 – Bats Right (groundball hitter)

	Avg	G	AB	R	H	2B	3B	HR	RBI	BB	SO	HBP	GDP	SB	CS	OBP	SLG	IBB	SH	SF	#Pit	#P/PA	GB	FB	G/F
1994 Season	.310	19	42	3	13	1	1	0	6	2	5	0	0	1	0	.341	.381	0	0	0	124	2.82	14	14	1.00
Last Five Years	.249	213	342	30	85	11	3	1	25	13	35	2	5	7	4	.276	.307	3	3	5	1103	3.02	149	99	1.51

1994 Season

	Avg	AB	H	2B	3B	HR	RBI	BB	SO	OBP	SLG		Avg	AB	H	2B	3B	HR	RBI	BB	SO	OBP	SLG
vs. Left	.333	21	7	0	1	0	5	1	1	.364	.429	Scoring Posn	.417	12	5	0	1	0	6	0	2	.417	.583
vs. Right	.286	21	6	1	0	0	1	1	4	.318	.333	Close & Late	.500	6	3	0	0	0	0	1	.500	.500

Matt Nokes — Yankees Age 31 – Bats Left (flyball hitter)

	Avg	G	AB	R	H	2B	3B	HR	RBI	BB	SO	HBP	GDP	SB	CS	OBP	SLG	IBB	SH	SF	#Pit	#P/PA	GB	FB	G/F
1994 Season	.291	28	79	11	23	3	0	7	19	5	16	0	1	0	0	.329	.595	0	0	1	297	3.49	22	25	0.88
Last Five Years	.250	496	1487	163	372	49	2	74	230	107	205	16	36	5	5	.304	.435	24	0	18	5423	3.33	449	572	0.78

1994 Season

	Avg	AB	H	2B	3B	HR	RBI	BB	SO	OBP	SLG		Avg	AB	H	2B	3B	HR	RBI	BB	SO	OBP	SLG
vs. Left	.500	10	5	1	0	1	1	3	.545	.900	Scoring Posn	.208	24	5	1	0	2	12	0	6	.200	.500
vs. Right	.261	69	18	2	0	6	18	4	13	.297	.551	Close & Late	.200	15	3	0	0	0	2	1	2	.278	.200

Last Five Years

	Avg	AB	H	2B	3B	HR	RBI	BB	SO	OBP	SLG		Avg	AB	H	2B	3B	HR	RBI	BB	SO	OBP	SLG
vs. Left	.225	236	53	6	0	15	44	15	44	.278	.441	Scoring Posn	.238	378	90	11	0	21	156	45	64	.315	.434
vs. Right	.255	1251	319	43	2	59	186	92	161	.309	.434	Close & Late	.250	240	60	5	0	13	42	24	44	.323	.433
Groundball	.255	423	108	19	0	14	64	30	60	.309	.400	None on/out	.256	347	89	13	0	17	17	20	40	.303	.441
Flyball	.217	313	68	9	1	17	50	25	52	.282	.415	Batting #6	.259	571	148	16	1	27	82	38	67	.310	.433
Home	.258	682	176	20	0	45	131	52	83	.312	.485	Batting #7	.226	345	78	12	1	15	52	33	58	.295	.397
Away	.243	805	196	29	2	29	99	55	122	.297	.393	Other	.256	571	146	21	0	32	96	36	80	.304	.461
Day	.274	511	140	14	0	35	94	38	55	.324	.507	April	.274	223	61	12	0	8	28	12	22	.312	.435
Night	.238	976	232	35	2	39	136	69	150	.293	.398	May	.261	264	69	9	1	16	41	16	32	.307	.485
Grass	.241	1217	293	35	1	63	191	92	162	.297	.426	June	.235	247	58	5	0	13	41	15	37	.283	.413
Turf	.293	270	79	14	1	11	39	15	43	.338	.474	July	.255	255	65	7	0	19	50	22	43	.323	.506
First Pitch	.272	290	79	12	0	16	53	18	0	.322	.479	August	.234	248	58	6	0	13	39	22	36	.293	.415
Ahead in Count	.295	363	107	9	0	23	54	42	0	.362	.510	September/October	.244	250	61	10	1	5	31	20	35	.305	.352
Behind in Count	.202	583	118	20	0	20	82	0	177	.211	.340	Pre-All Star	.259	820	212	28	1	48	136	49	110	.304	.471
Two Strikes	.180	555	100	18	0	19	76	42	205	.243	.315	Post-All Star	.240	667	160	21	1	26	94	58	95	.305	.391

Batter vs. Pitcher (career)

Hits Best Against	Avg	AB	H	2B	3B	HR	RBI	BB	SO	OBP	SLG	Hits Worst Against	Avg	AB	H	2B	3B	HR	RBI	BB	SO	OBP	SLG
Jeff Russell	.417	12	5	0	0	1	3	1	1	.462	.667	Jose Mesa	.000	15	0	0	0	0	0	2	2	.118	.000
Bobby Thigpen	.400	15	6	0	0	1	2	1	2	.438	.600	Juan Guzman	.071	14	1	0	0	0	0	1	4	.133	.071
Scott Bankhead	.385	13	5	1	0	2	7	0	2	.429	.923	Tom Henke	.083	12	1	0	0	0	0	1	4	.154	.083
Todd Stottlemyre	.377	53	20	3	0	7	19	3	4	.404	.830	Edwin Nunez	.091	11	1	0	0	0	0	0	3	.091	.091
Steve Farr	.375	8	3	0	0	3	2	0	0	.545	.750	Ron Darling	.154	13	2	0	0	0	0	0	3	.214	.154

Edwin Nunez — Athletics Age 32 – Pitches Right

	ERA	W	L	Sv	G	GS	IP	BB	SO	Avg	H	2B	3B	HR	RBI	OBP	SLG	GF	IR	IRS	Hld	SvOp	SB	CS	GB	FB	G/F
1994 Season	12.00	0	0	0	15	0	15.0	10	15	.382	26	5	1	2	21	.456	.574	2	10	7	1	0	0	0	23	14	1.64
Last Five Years	4.26	9	11	18	185	0	255.2	111	212	.271	55	8	20	157	.346	.402	67	216	69	29	24	13	7	308	301	1.02

1994 Season

	ERA	W	L	Sv	G	GS	IP	H	BB	SO		Avg	AB	H	2B	3B	HR	RBI	BB	SO	OBP	SLG
Home	12.46	0	0	0	6	0	4.1	9	0	4	3	vs. Left	.500	36	18	2	1	1	13	9	6	.600	.694
Away	11.81	0	0	0	9	0	10.2	17	2	6	12	vs. Right	.250	32	8	3	0	1	8	1	9	.265	.438

Last Five Years

	ERA	W	L	Sv	G	GS	IP	H	HR	BB	SO		Avg	AB	H	2B	3B	HR	RBI	BB	SO	OBP	SLG
Home	4.42	3	5	8	88	0	116.0	127	11	56	100	vs. Left	.267	424	113	26	5	9	73	56	97	.348	.415
Away	4.12	6	6	10	97	0	139.2	144	9	55	112	vs. Right	.274	577	158	29	3	11	84	55	115	.345	.392
Day	4.81	3	3	3	54	0	67.1	87	4	30	62	Inning 1-6	.243	185	45	9	1	2	24	18	44	.314	.335

Last Five Years

	ERA	W	L	Sv	G	GS	IP	H	HR	BB	SO		Avg	AB	H	2B	3B	HR	RBI	BB	SO	OBP	SLG
Night	4.06	6	8	15	131	0	188.1	184	16	81	150	Inning 7+	.277	816	226	46	7	18	133	93	168	.353	.417
Grass	4.39	6	10	16	152	0	211.0	224	17	96	180	None on	.256	472	121	26	2	10	10	53	114	.335	.383
Turf	3.63	3	1	2	33	0	44.2	47	3	15	32	Runners on	.284	529	150	29	6	10	147	58	98	.356	.418
April	4.89	1	1	2	38	0	46.0	52	2	23	43	Scoring Posn	.304	322	98	17	5	8	139	40	64	.378	.463
May	4.20	3	3	2	34	0	49.1	52	5	22	33	Close & Late	.310	390	121	26	2	10	74	46	72	.380	.464
June	2.76	3	2	2	27	0	49.0	43	3	21	36	None on/out	.246	211	52	11	1	3	3	26	55	.335	.351
July	2.40	1	3	2	22	0	30.0	23	0	7	31	vs. 1st Batr (relief)	.268	157	42	8	0	6	33	24	33	.362	.433
August	5.52	0	1	8	37	0	45.2	54	6	23	40	First Inning Pitched	.275	612	168	30	4	14	116	68	120	.348	.405
September/October	5.55	1	1	2	27	0	35.2	47	4	15	29	First 15 Pitches	.273	527	144	27	3	13	88	61	98	.348	.410
Starter	0.00	0	0	0	0	0	0.0	0	0	0	0	Pitch 16-30	.255	329	84	16	2	6	42	28	79	.317	.371
Reliever	4.26	9	11	18	185	0	255.2	271	20	111	212	Pitch 31-45	.309	110	34	10	2	1	18	15	25	.398	.464
0 Days rest (Re)	4.28	1	1	5	27	0	33.2	32	5	12	29	Pitch 46+	.257	35	9	2	1	0	9	7	10	.409	.371
1 or 2 Days rest	3.41	7	3	8	89	0	118.2	109	8	56	98	First Pitch	.336	122	41	3	1	4	25	5	0	.381	.475
3+ Days rest	5.23	1	7	5	69	0	103.1	130	7	43	85	Ahead in Count	.195	486	95	18	4	7	48	0	188	.203	.292
Pre-All Star	3.77	8	6	7	108	0	157.2	158	10	69	128	Behind in Count	.344	192	66	17	1	5	44	50	0	.470	.521
Post-All Star	5.05	1	5	11	77	0	98.0	113	10	42	84	Two Strikes	.201	497	100	23	2	5	52	55	212	.285	.286

Pitcher vs. Batter (since 1984)

Pitches Best Vs.	Avg	AB	H	2B	3B	HR	RBI	BB	SO	OBP	SLG	Pitches Worst Vs.	Avg	AB	H	2B	3B	HR	RBI	BB	SO	OBP	SLG
Kent Hrbek	.063	16	1	0	0	0	1	3	3	.211	.063	Harold Baines	.615	13	8	2	0	2	8	1	2	.643	1.231
Matt Nokes	.091	11	1	0	0	0	0	0	3	.091	.091	Brian Harper	.455	11	5	1	0	1	3	2	1	.538	.818
Luis Polonia	.167	12	2	1	0	0	4	0	3	.167	.250	Mickey Tettleton	.438	16	7	0	0	2	10	3	4	.550	.813
Willie Wilson	.182	11	2	1	0	0	0	1	1	.250	.273	Devon White	.438	16	7	1	0	2	5	3	5	.526	.875
Scott Fletcher	.200	15	3	0	0	0	1	2	2	.294	.200	Julio Franco	.357	14	5	0	0	2	7	1	1	.400	.786

Charlie O'Brien — Braves

Age 34 – Bats Right (flyball hitter)

	Avg	G	AB	R	H	2B	3B	HR	RBI	BB	SO	HBP	GDP	SB	CS	OBP	SLG	IBB	SH	SF	#Pit	#P/PA	GB	FB	G/F
1994 Season	.243	51	152	24	37	11	0	8	28	15	24	3	5	0	0	.322	.474	2	1	1	593	3.45	38	64	0.59
Last Five Years	.213	329	877	87	187	50	2	16	98	83	115	13	22	1	4	.289	.330	8	18	6	3657	3.67	268	339	0.79

1994 Season

	Avg	AB	H	2B	3B	HR	RBI	BB	SO	OBP	SLG		Avg	AB	H	2B	3B	HR	RBI	BB	SO	OBP	SLG
vs. Left	.306	36	11	5	0	2	7	3	3	.359	.611	Scoring Posn	.325	40	13	3	0	3	22	4	8	.391	.625
vs. Right	.224	116	26	6	0	6	21	12	21	.311	.431	Close & Late	.130	23	3	1	0	1	4	1	6	.167	.304
Home	.276	87	24	7	0	6	18	5	13	.315	.563	None on/out	.226	31	7	2	0	2	2	6	4	.351	.484
Away	.200	65	13	4	0	2	10	10	11	.329	.354	Batting #7	.202	89	18	7	0	5	18	11	16	.311	.449
First Pitch	.294	34	10	2	0	0	5	1	0	.306	.353	Batting #8	.263	38	10	2	0	2	6	4	5	.333	.474
Ahead in Count	.273	33	9	4	0	4	8	0	0	.429	.758	Other	.360	25	9	2	0	1	4	0	3	.346	.560
Behind in Count	.206	63	13	4	0	2	9	0	22	.231	.365	Pre-All Star	.284	109	31	9	0	5	21	5	17	.319	.505
Two Strikes	.190	63	12	3	0	2	9	6	24	.261	.333	Post-All Star	.140	43	6	2	0	3	7	10	7	.327	.395

Last Five Years

	Avg	AB	H	2B	3B	HR	RBI	BB	SO	OBP	SLG		Avg	AB	H	2B	3B	HR	RBI	BB	SO	OBP	SLG
vs. Left	.217	433	94	28	1	5	40	34	45	.275	.321	Scoring Posn	.239	197	47	13	2	4	81	28	31	.333	.386
vs. Right	.209	444	93	22	1	11	58	49	70	.302	.338	Close & Late	.248	125	31	9	0	3	19	9	18	.304	.392
Groundball	.222	270	60	14	0	5	31	32	34	.315	.330	None on/out	.217	212	46	15	0	6	6	20	30	.288	.373
Flyball	.177	158	28	14	1	1	19	15	23	.251	.297	Batting #7	.223	269	60	20	0	8	35	23	33	.299	.387
Home	.209	407	85	16	2	9	44	40	47	.287	.324	Batting #8	.193	462	89	22	2	5	47	51	64	.279	.281
Away	.217	470	102	34	0	7	54	43	68	.291	.334	Other	.260	146	38	8	0	3	16	9	18	.306	.377
Day	.184	310	57	17	0	4	24	27	44	.257	.277	April	.193	119	23	7	0	0	14	18	18	.309	.252
Night	.229	567	130	33	2	12	74	56	71	.307	.358	May	.243	140	34	6	1	4	22	5	21	.272	.386
Grass	.215	606	130	29	2	13	69	59	73	.292	.333	June	.202	129	26	7	1	2	12	11	17	.262	.318
Turf	.210	271	57	21	0	3	29	24	42	.283	.321	July	.211	147	31	11	0	5	19	13	21	.295	.388
First Pitch	.250	164	41	10	1	2	18	2	0	.271	.360	August	.208	159	33	9	0	4	10	19	23	.308	.340
Ahead in Count	.263	194	51	15	1	7	31	50	0	.419	.459	September/October	.219	183	40	10	0	1	21	17	15	.284	.290
Behind in Count	.159	372	59	18	0	2	28	0	98	.168	.223	Pre-All Star	.219	442	97	28	2	6	51	35	64	.283	.333
Two Strikes	.158	385	61	16	0	4	29	30	115	.207	.231	Post-All Star	.207	435	90	22	0	10	47	48	51	.295	.326

Batter vs. Pitcher (career)

Hits Best Against	Avg	AB	H	2B	3B	HR	RBI	BB	SO	OBP	SLG	Hits Worst Against	Avg	AB	H	2B	3B	HR	RBI	BB	SO	OBP	SLG
Tom Glavine	.389	18	7	4	0	0	2	1	1	.421	.611	Omar Olivares	.000	10	0	0	0	0	0	3	2	.231	.000
Rheal Cormier	.353	17	6	2	0	0	2	1	1	.389	.471	Chris Hammond	.100	10	1	0	0	0	1	1	1	.182	.100
Danny Jackson	.333	24	8	2	0	0	2	1	1	.360	.417	Randy Tomlin	.125	16	2	0	0	0	0	0	1	.125	.125
Bud Black	.333	12	4	0	2	0	3	1	2	.385	.667	Terry Mulholland	.133	15	2	0	0	0	1	1	2	.188	.133
												Zane Smith	.154	13	2	1	0	0	0	0	1	.154	.231

Greg O'Halloran — Marlins

Age 27 – Bats Left

	Avg	G	AB	R	H	2B	3B	HR	RBI	BB	SO	HBP	GDP	SB	CS	OBP	SLG	IBB	SH	SF	#Pit	#P/PA	GB	FB	G/F
1994 Season	.182	12	11	1	2	0	0	0	1	0	0	0	0	0	0	.167	.182	0	0	1	43	3.58	4	6	0.67

1994 Season

	Avg	AB	H	2B	3B	HR	RBI	BB	SO	OBP	SLG		Avg	AB	H	2B	3B	HR	RBI	BB	SO	OBP	SLG
vs. Left	.000	0	0	0	0	0	0	0	0	.000	.000	Scoring Posn	.000	4	0	0	0	0	1	0	0	.000	.000
vs. Right	.182	11	2	0	0	0	1	0	0	.167	.182	Close & Late	.400	5	2	0	0	0	1	0	0	.400	.400

Troy O'Leary — Brewers
Age 25 – Bats Left (groundball hitter)

	Avg	G	AB	R	H	2B	3B	HR	RBI	BB	SO	HBP	GDP	SB	CS	OBP	SLG	IBB	SH	SF	#Pit	#P/PA	GB	FB	G/F
1994 Season	.273	27	66	9	18	1	1	2	7	5	12	1	0	1	1	.329	.409	0	0	1	271	3.71	29	13	2.23
Career (1993-1994)	.280	46	107	12	30	4	1	2	10	10	21	1	1	1	1	.345	.393	0	3	1	447	3.66	45	18	2.50

1994 Season

	Avg	AB	H	2B	3B	HR	RBI	BB	SO	OBP	SLG		Avg	AB	H	2B	3B	HR	RBI	BB	SO	OBP	SLG
vs. Left	.000	1	0	0	0	0	0	0	0	.000	.000	Scoring Posn	.200	15	3	0	1	0	5	2	3	.278	.333
vs. Right	.277	65	18	1	1	2	7	5	12	.333	.415	Close & Late	.100	10	1	0	0	0	0	1	4	.182	.100

Paul O'Neill — Yankees
Age 32 – Bats Left

	Avg	G	AB	R	H	2B	3B	HR	RBI	BB	SO	HBP	GDP	SB	CS	OBP	SLG	IBB	SH	SF	#Pit	#P/PA	GB	FB	G/F
1994 Season	.359	103	368	68	132	25	1	21	83	72	56	0	15	5	4	.460	.603	13	0	3	1742	3.93	138	100	1.38
Last Five Years	.284	689	2397	328	681	142	3	99	393	319	420	7	59	38	29	.367	.470	60	4	18	10183	3.71	839	691	1.21

1994 Season

	Avg	AB	H	2B	3B	HR	RBI	BB	SO	OBP	SLG		Avg	AB	H	2B	3B	HR	RBI	BB	SO	OBP	SLG
vs. Left	.305	105	32	7	0	7	31	26	21	.439	.571	Scoring Posn	.385	109	42	9	0	4	58	33	19	.517	.578
vs. Right	.380	263	100	18	1	14	52	46	35	.469	.616	Close & Late	.418	55	23	6	0	3	12	12	11	.522	.691
Groundball	.361	97	35	8	0	4	25	16	13	.447	.567	None on/out	.419	86	36	7	1	3	3	14	15	.500	.628
Flyball	.351	97	34	7	0	7	23	19	14	.457	.639	Batting #3	.306	85	26	7	0	4	14	13	9	.390	.529
Home	.409	176	72	12	1	10	40	28	28	.490	.659	Batting #5	.388	209	81	14	1	12	44	38	28	.480	.636
Away	.313	192	60	13	0	11	43	44	28	.435	.552	Other	.338	74	25	4	0	5	25	21	19	.484	.595
Day	.386	140	54	12	1	10	37	27	23	.482	.700	April	.448	67	30	4	0	6	23	14	10	.543	.806
Night	.342	228	78	13	0	11	46	45	33	.447	.544	May	.410	78	32	8	0	4	12	19	12	.526	.667
Grass	.360	300	108	18	1	18	67	60	51	.463	.607	June	.273	99	27	4	0	3	16	11	9	.342	.404
Turf	.353	68	24	7	0	3	16	12	5	.450	.588	July	.345	87	30	5	0	5	24	19	13	.458	.575
First Pitch	.489	47	23	2	0	4	14	12	0	.593	.787	August	.351	37	13	4	0	3	8	9	2	.468	.703
Ahead in Count	.459	98	45	6	1	8	31	33	0	.586	.786	September/October	.000	0	0	0	0	0	0	0	0	.000	.000
Behind in Count	.250	144	36	11	0	6	28	0	39	.250	.451	Pre-All Star	.382	275	105	16	1	16	62	50	45	.475	.622
Two Strikes	.280	157	44	12	0	7	25	27	56	.386	.490	Post-All Star	.290	93	27	9	0	5	21	22	11	.419	.548

1994 By Position

Position	Avg	AB	H	2B	3B	HR	RBI	BB	SO	OBP	SLG	G	GS	Innings	PO	A	E	DP	Fld Pct	Rng Fctr	In Zone	Outs	Zone Rtg	MLB Zone
As Pinch Hitter	.444	9	4	1	0	0	6	1	4	.500	.556	11	0	---	---	---	---	---	---	---	---	---	---	---
As lf	.243	37	9	3	0	1	9	11	10	.417	.405	12	10	86.0	13	1	0	0	1.000	1.47	17	13	.765	.815
As rf	.367	319	117	21	1	19	66	58	41	.461	.618	90	83	753.1	190	6	1	0	.995	2.34	224	186	.830	.826

Last Five Years

	Avg	AB	H	2B	3B	HR	RBI	BB	SO	OBP	SLG		Avg	AB	H	2B	3B	HR	RBI	BB	SO	OBP	SLG
vs. Left	.239	725	173	40	0	17	112	71	193	.306	.364	Scoring Posn	.279	684	191	42	0	17	277	152	121	.402	.415
vs. Right	.304	1672	508	102	3	82	281	248	227	.393	.516	Close & Late	.280	357	100	25	0	13	58	68	80	.392	.459
Groundball	.293	696	204	43	0	20	108	99	108	.382	.441	None on/out	.289	543	157	28	2	28	28	55	95	.358	.503
Flyball	.283	558	158	32	1	35	111	80	100	.372	.532	Batting #4	.259	536	139	26	1	22	80	77	82	.352	.435
Home	.303	1179	357	70	3	54	207	148	192	.382	.505	Batting #5	.307	991	304	62	2	46	168	123	163	.381	.513
Away	.266	1218	324	72	0	45	186	171	228	.354	.436	Other	.274	870	238	54	0	31	145	119	175	.361	.443
Day	.299	773	231	50	2	36	135	99	135	.374	.508	April	.320	316	101	19	2	16	61	51	55	.413	.544
Night	.277	1624	450	92	1	63	258	220	285	.364	.451	May	.314	437	137	31	0	18	73	59	75	.397	.508
Grass	.312	1179	368	68	2	51	195	154	206	.390	.503	June	.279	458	128	24	1	24	82	50	73	.352	.493
Turf	.257	1218	313	74	1	48	198	165	214	.345	.438	July	.268	411	110	24	0	13	61	58	80	.358	.421
First Pitch	.395	365	144	31	0	17	74	41	0	.454	.619	August	.285	386	110	26	0	15	67	66	71	.386	.469
Ahead in Count	.361	568	205	39	1	45	140	137	0	.482	.671	September/October	.244	389	95	18	0	13	49	35	66	.304	.391
Behind in Count	.211	977	206	52	1	17	115	0	337	.212	.318	Pre-All Star	.305	1332	406	79	3	62	236	186	230	.390	.508
Two Strikes	.192	1044	200	48	1	22	115	130	420	.281	.303	Post-All Star	.258	1065	275	63	0	37	157	133	190	.339	.422

Batter vs. Pitcher (career)

Hits Best Against	Avg	AB	H	2B	3B	HR	RBI	BB	SO	OBP	SLG	Hits Worst Against	Avg	AB	H	2B	3B	HR	RBI	BB	SO	OBP	SLG
Jay Howell	.667	12	8	2	1	2	10	2	1	.714	1.500	Sid Fernandez	.000	10	0	0	0	0	0	3	5	.231	.000
Shawn Boskie	.600	10	6	1	0	2	2	2	1	.667	1.300	Tom Glavine	.050	20	1	0	0	0	0	7	7	.050	.050
Mark Leiter	.600	10	6	0	0	2	4	2	0	.667	1.200	Paul Assenmacher	.063	16	1	0	0	0	1	1	8	.118	.063
Mike Harkey	.500	10	5	0	0	2	4	3	0	.615	1.100	Zane Smith	.071	14	1	1	0	0	1	4	.133	.143
Joe Boever	.471	17	8	4	0	1	6	8	3	.640	1.000	Alejandro Pena	.083	12	1	0	0	0	0	3	.083	.083

Jose Offerman — Dodgers
Age 26 – Bats Both (groundball hitter)

	Avg	G	AB	R	H	2B	3B	HR	RBI	BB	SO	HBP	GDP	SB	CS	OBP	SLG	IBB	SH	SF	#Pit	#P/PA	GB	FB	G/F
1994 Season	.210	72	243	27	51	8	4	1	25	38	38	0	6	2	1	.314	.288	4	6	2	1159	4.01	90	66	1.36
Career (1990-1994)	.247	460	1538	188	380	51	18	4	127	195	257	3	29	59	32	.331	.311	18	38	12	6699	3.75	617	329	1.88

1994 Season

	Avg	AB	H	2B	3B	HR	RBI	BB	SO	OBP	SLG		Avg	AB	H	2B	3B	HR	RBI	BB	SO	OBP	SLG
vs. Left	.162	68	11	2	1	0	6	8	17	.250	.221	Scoring Posn	.279	61	17	2	3	0	22	13	11	.395	.410
vs. Right	.229	175	40	6	3	1	19	30	21	.338	.314	Close & Late	.204	49	10	1	0	0	5	7	9	.304	.224
Home	.184	114	21	2	1	0	5	16	17	.285	.219	None on/out	.176	51	9	1	1	0	1	6	10	.263	.294
Away	.233	129	30	6	3	1	20	22	21	.340	.349	Batting #2	.224	98	22	3	1	1	9	12	13	.309	.306
First Pitch	.160	25	4	1	0	0	2	3	0	.250	.200	Batting #8	.200	140	28	5	3	0	16	25	23	.317	.279
Ahead in Count	.219	64	14	1	1	0	6	13	0	.346	.266	Other	.200	5	1	0	0	0	0	1	2	.333	.200
Behind in Count	.204	93	19	3	3	0	8	0	33	.204	.301	Pre-All Star	.210	243	51	8	4	1	25	38	38	.314	.288
Two Strikes	.181	116	21	6	2	0	13	22	38	.312	.267	Post-All Star	.000	0	0	0	0	0	0	0	0	.000	.000

Career (1990-1994)

	Avg	AB	H	2B	3B	HR	RBI	BB	SO	OBP	SLG		Avg	AB	H	2B	3B	HR	RBI	BB	SO	OBP	SLG
vs. Left	.248	529	131	18	4	2	36	56	77	.319	.308	Scoring Posn	.279	340	95	8	7	0	117	75	57	.398	.344
vs. Right	.247	1009	249	33	14	2	91	139	180	.337	.313	Close & Late	.217	281	61	2	1	0	23	32	50	.293	.231
Groundball	.272	445	121	18	5	2	53	54	81	.345	.348	None on/out	.250	380	95	10	5	3	42	64	.325	.326
Flyball	.251	335	84	5	5	0	25	38	61	.327	.296	Batting #2	.255	518	132	21	4	1	53	63	64	.333	.317
Home	.270	781	211	31	6	3	56	105	118	.358	.337	Batting #8	.238	635	151	17	9	0	48	91	118	.334	.293
Away	.223	757	169	20	12	1	71	90	139	.303	.285	Other	.252	385	97	13	5	3	26	41	75	.322	.335
Day	.264	424	112	13	6	2	39	50	71	.339	.337	April	.208	236	49	7	4	0	21	25	42	.286	.271
Night	.241	1114	268	38	12	2	88	145	186	.328	.302	May	.272	294	80	9	5	1	30	46	49	.368	.347
Grass	.246	1181	291	36	8	4	93	153	187	.332	.301	June	.250	256	64	8	4	0	15	33	40	.333	.313
Turf	.249	357	89	15	10	0	34	42	70	.326	.347	July	.269	227	61	11	1	0	18	17	43	.316	.326
First Pitch	.289	204	59	7	5	0	23	14	0	.332	.373	August	.267	281	75	8	3	2	24	42	46	.362	.338
Ahead in Count	.282	355	100	15	5	1	32	77	0	.404	.361	September/October	.209	244	51	8	1	1	19	32	37	.300	.262
Behind in Count	.201	653	131	16	5	1	42	0	222	.202	.247	Pre-All Star	.247	885	219	31	13	1	76	113	147	.332	.315
Two Strikes	.184	711	131	18	3	1	49	103	257	.289	.222	Post-All Star	.247	653	161	20	5	3	51	82	110	.329	.306

Batter vs. Pitcher (career)

Hits Best Against	Avg	AB	H	2B	3B	HR	RBI	BB	SO	OBP	SLG	Hits Worst Against	Avg	AB	H	2B	3B	HR	RBI	BB	SO	OBP	SLG
Shane Reynolds	.545	11	6	1	0	0	1	0	2	.545	.636	David Cone	.059	17	1	0	0	0	0	0	6	.059	.059
Willie Blair	.533	15	8	4	0	0	1	2	0	.588	.800	Steve Avery	.059	17	1	0	0	0	0	1	1	.059	.059
Anthony Young	.455	11	5	0	1	0	3	1	2	.500	.636	Dwight Gooden	.071	14	1	0	0	0	2	1	1	.133	.071
Terry Mulholland	.429	21	9	3	0	0	1	2	3	.478	.571	Curt Schilling	.083	12	1	0	0	0	0	1	5	.154	.083
Jose Rijo	.400	15	6	2	0	0	1	5	3	.550	.533	John Smoltz	.095	21	2	0	0	0	1	4	4	.136	.095

Chad Ogea — Indians   Age 24 – Pitches Right

	ERA	W	L	Sv	G	GS	IP	BB	SO	Avg	H	2B	3B	HR	RBI	OBP	SLG	GF	IR	IRS	Hld	SvOp	SB	CS	GB	FB	G/F
1994 Season	6.06	0	1	0	4	1	16.1	10	11	.304	21	8	0	2	12	.400	.507	0	4	1	0	0	2	0	27	20	1.35

1994 Season

	ERA	W	L	Sv	G	GS	IP	H	HR	BB	SO		Avg	AB	H	2B	3B	HR	RBI	BB	SO	OBP	SLG
Home	2.70	0	0	0	1	0	3.1	4	1	2	1	vs. Left	.375	32	12	5	0	0	2	5	6	.459	.531
Away	6.92	0	1	0	3	1	13.0	17	1	8	10	vs. Right	.243	37	9	3	0	2	10	5	5	.349	.486

Bobby Ojeda — Yankees   Age 37 – Pitches Left

	ERA	W	L	Sv	G	GS	IP	BB	SO	Avg	H	2B	3B	HR	RBI	OBP	SLG	CG	ShO	Sup	QS	#P/S	SB	CS	GB	FB	G/F
1994 Season	24.00	0	0	0	2	2	3.0	6	3	.611	11	1	0	1	7	.680	.833	0	0	12.00	0	49	1	0	4	4	1.00
Last Five Years	3.65	27	25	0	109	81	519.2	218	306	.270	532	100	15	39	226	.341	.395	4	2	3.98	45	93	60	42	760	510	1.49

1994 Season

	ERA	W	L	Sv	G	GS	IP	H	HR	BB	SO		Avg	AB	H	2B	3B	HR	RBI	BB	SO	OBP	SLG
Home	15.43	0	0	0	1	1	2.1	7	0	3	3	vs. Left	.500	2	1	0	0	0	0	0	0	.500	.500
Away	54.00	0	0	0	1	1	0.2	4	1	3	0	vs. Right	.625	16	10	1	0	1	7	6	3	.696	.875

Last Five Years

	ERA	W	L	Sv	G	GS	IP	H	HR	BB	SO		Avg	AB	H	2B	3B	HR	RBI	BB	SO	OBP	SLG
Home	3.14	15	9	0	53	39	269.1	272	15	108	160	vs. Left	.223	403	90	15	3	4	35	31	90	.283	.305
Away	4.21	12	16	0	56	42	250.1	260	24	110	146	vs. Right	.282	1569	442	85	12	35	191	187	216	.355	.418
Day	3.79	6	7	0	29	21	135.1	137	7	51	73	Inning 1-6	.270	1677	453	82	14	32	205	181	262	.338	.393
Night	3.61	21	18	0	80	60	384.1	395	32	167	233	Inning 7+	.268	295	79	18	1	7	21	37	44	.353	.407
Grass	3.61	19	16	0	79	58	376.1	394	28	154	222	None on	.282	1115	314	64	9	29	29	108	175	.347	.433
Turf	3.77	8	9	0	30	23	143.1	138	11	64	84	Runners on	.254	857	218	36	6	10	197	110	131	.333	.345
April	5.04	2	5	0	15	10	60.2	78	8	30	37	Scoring Posn	.253	509	129	22	5	4	179	81	84	.343	.340
May	2.86	6	5	0	16	13	94.1	75	7	41	50	Close & Late	.252	131	33	8	1	2	10	21	22	.359	.374
June	3.35	6	2	0	15	15	91.1	94	6	33	58	None on/out	.267	506	135	30	4	16	16	47	67	.332	.437
July	3.71	3	6	0	16	13	80.0	90	6	29	46	vs. 1st Batr (relief)	.346	26	9	3	0	0	0	2	3	.393	.462
August	3.38	5	2	0	27	14	98.2	91	4	45	58	First Inning Pitched	.276	417	115	29	3	7	57	42	61	.340	.410
September/October	4.09	5	5	0	20	16	94.2	104	8	40	60	First 75 Pitches	.264	1581	417	85	11	29	179	161	240	.329	.386
Starter	3.81	24	24	0	81	81	465.1	486	37	198	275	Pitch 76-90	.291	203	59	8	2	4	24	30	33	.385	.409
Reliever	2.32	3	1	0	28	0	54.1	46	2	20	31	Pitch 91-105	.274	113	31	5	1	3	15	17	22	.371	.416
0-3 Days Rest (St)	5.57	0	4	0	4	4	21.0	28	4	5	10	Pitch 106+	.333	75	25	2	1	3	8	10	11	.412	.507
4 Days Rest	3.38	12	11	0	39	39	237.1	254	21	92	148	First Pitch	.281	310	87	14	1	3	38	13	0	.310	.361
5+ Days Rest	4.13	12	9	0	38	38	207.0	204	12	100	117	Ahead in Count	.206	710	146	26	5	10	52	0	236	.207	.299
Pre-All Star	3.47	16	12	0	50	42	270.0	275	24	113	161	Behind in Count	.340	524	178	36	5	15	85	115	0	.453	.513
Post-All Star	3.86	11	13	0	59	39	249.2	257	15	105	145	Two Strikes	.180	767	138	29	6	15	54	90	306	.266	.292

Pitcher vs. Batter (since 1984)

Pitches Best Vs.	Avg	AB	H	2B	3B	HR	RBI	BB	SO	OBP	SLG	Pitches Worst Vs.	Avg	AB	H	2B	3B	HR	RBI	BB	SO	OBP	SLG
Darren Daulton	.000	11	0	0	0	0	0	0	5	.000	.000	Ken Caminiti	.611	18	11	2	0	1	4	4	1	.682	.889
Eddie Murray	.034	29	1	0	0	0	1	0	2	.176	.069	Dave Winfield	.444	9	4	1	1	0	1	2	0	.545	.778
Joe Oliver	.071	28	2	1	0	0	3	1	7	.103	.107	Ryne Sandberg	.433	30	13	0	0	3	10	5	2	.514	.733
Oddibe McDowell	.083	12	1	0	0	0	0	0	1	.083	.083	Reggie Sanders	.429	14	6	2	0	1	1	1	2	.467	.786
John Cangelosi	.091	11	1	0	0	0	0	2	.091	.091	Cal Ripken	.348	23	8	2	0	3	6	3	0	.423	.826

John Olerud — Blue Jays
Age 26 – Bats Left

	Avg	G	AB	R	H	2B	3B	HR	RBI	BB	SO	HBP	GDP	SB	CS	OBP	SLG	IBB	SH	SF	#Pit	#P/PA	GB	FB	G/F
1994 Season	.297	108	384	47	114	29	2	12	67	61	53	3	11	1	2	.393	.477	12	0	5	1663	3.67	135	103	1.31
Last Five Years	.297	654	2205	331	655	156	6	83	356	370	338	18	55	2	8	.397	.486	71	5	33	9767	3.71	819	602	1.36

1994 Season

	Avg	AB	H	2B	3B	HR	RBI	BB	SO	OBP	SLG		Avg	AB	H	2B	3B	HR	RBI	BB	SO	OBP	SLG
vs. Left	.264	121	32	5	0	3	28	14	27	.353	.380	Scoring Posn	.357	98	35	14	0	3	55	27	12	.477	.592
vs. Right	.312	263	82	24	2	9	39	47	26	.411	.521	Close & Late	.300	60	18	4	1	1	5	10	10	.400	.450
Groundball	.289	97	28	9	1	2	16	16	6	.389	.464	None on/out	.233	86	20	5	2	5	5	11	10	.327	.512
Flyball	.302	96	29	5	0	4	19	12	15	.378	.479	Batting #4	.278	18	5	2	0	1	1	3	4	.381	.556
Home	.305	190	58	15	0	6	28	35	30	.412	.479	Batting #5	.300	363	109	27	2	11	66	57	48	.395	.477
Away	.289	194	56	14	2	6	39	26	23	.373	.474	Other	.000	3	0	0	0	0	0	1	1	.250	.000
Day	.287	122	35	10	2	6	18	18	19	.373	.549	April	.344	90	31	10	0	4	23	12	12	.425	.589
Night	.302	262	79	19	0	6	49	43	34	.402	.443	May	.286	91	26	6	0	0	4	12	13	.362	.352
Grass	.308	143	44	11	2	5	28	19	14	.390	.517	June	.233	86	20	8	0	2	14	15	7	.353	.395
Turf	.290	241	70	18	0	7	39	42	39	.394	.452	July	.290	69	20	2	1	4	15	16	16	.419	.522
First Pitch	.368	57	21	7	1	2	10	9	0	.456	.632	August	.354	48	17	3	1	2	11	6	5	.426	.583
Ahead in Count	.325	114	37	9	0	4	16	30	0	.459	.509	September/October	.000	0	0	0	0	0	0	0	0	.000	.000
Behind in Count	.227	128	29	7	0	3	18	0	41	.238	.352	Pre-All Star	.288	299	86	26	0	8	47	49	39	.389	.455
Two Strikes	.203	148	30	7	0	3	17	22	53	.308	.311	Post-All Star	.329	85	28	3	2	4	20	12	14	.408	.553

1994 By Position

Position	Avg	AB	H	2B	3B	HR	RBI	BB	SO	OBP	SLG	G	GS	Innings	PO	A	E	DP	Fld Pct	Rng Fctr	In Zone	Outs	Zone Rtg	MLB Zone
As 1b	.304	369	112	29	2	12	65	60	47	.400	.491	104	101	900.0	823	68	6	82	.993	---	193	172	.891	.818

Last Five Years

	Avg	AB	H	2B	3B	HR	RBI	BB	SO	OBP	SLG		Avg	AB	H	2B	3B	HR	RBI	BB	SO	OBP	SLG
vs. Left	.275	546	150	28	1	16	102	102	103	.393	.418	Scoring Posn	.295	559	165	45	1	14	251	156	94	.434	.454
vs. Right	.304	1659	505	128	5	67	254	268	235	.399	.509	Close & Late	.308	367	113	26	1	12	59	65	71	.408	.482
Groundball	.292	579	169	46	2	12	81	99	80	.395	.440	None on/out	.322	522	168	53	3	28	28	74	81	.409	.596
Flyball	.296	446	132	27	2	24	85	72	81	.392	.527	Batting #5	.321	1352	434	107	4	51	229	240	180	.423	.519
Home	.294	1103	324	79	4	37	169	195	167	.402	.473	Batting #6	.253	482	122	21	2	18	71	74	86	.351	.417
Away	.300	1102	331	77	2	46	187	175	171	.393	.499	Other	.267	371	99	28	0	14	56	56	72	.363	.456
Day	.297	670	199	49	2	28	113	123	109	.405	.501	April	.324	346	112	27	0	13	60	60	43	.425	.514
Night	.297	1535	456	107	4	55	243	247	229	.394	.479	May	.253	399	101	20	2	12	44	68	71	.361	.404
Grass	.318	839	267	64	2	40	149	146	124	.417	.542	June	.320	415	133	39	1	19	88	63	55	.406	.557
Turf	.284	1366	388	92	4	43	207	224	214	.385	.452	July	.340	379	129	26	1	19	57	57	59	.429	.565
First Pitch	.380	329	125	34	1	14	59	57	0	.472	.617	August	.281	360	101	21	2	13	64	58	54	.377	.458
Ahead in Count	.360	561	202	50	1	33	114	182	0	.511	.629	September/October	.258	306	79	23	0	7	43	64	56	.387	.402
Behind in Count	.243	853	207	47	2	19	104	0	254	.246	.369	Pre-All Star	.298	1298	387	97	3	52	213	213	190	.397	.498
Two Strikes	.220	941	207	45	3	16	104	127	338	.313	.325	Post-All Star	.295	907	268	59	3	31	143	157	148	.398	.470

Batter vs. Pitcher (career)

Hits Best Against	Avg	AB	H	2B	3B	HR	RBI	BB	SO	OBP	SLG	Hits Worst Against	Avg	AB	H	2B	3B	HR	RBI	BB	SO	OBP	SLG
Mark Leiter	.667	9	6	1	1	0	4	3	1	.750	1.000	Cal Eldred	.053	19	1	1	0	0	1	0	2	.053	.105
Melido Perez	.500	16	8	3	0	0	1	9	3	.680	.688	Tom Gordon	.083	24	2	0	0	1	3	6	.185	.208
Ricky Bones	.471	17	8	2	0	2	4	3	1	.550	.941	Pat Mahomes	.100	10	1	0	0	3	1	1	.154	.100
Fernando Valenzuela	.444	9	4	0	0	1	1	3	0	.583	.778	Jimmy Key	.154	13	2	0	0	1	0	5	.154	.154
David Cone	.375	16	6	0	0	3	5	4	.389	.938	Charlie Hough	.167	18	3	0	0	0	1	4	.211	.167

Jose Oliva — Braves
Age 24 – Bats Right (flyball hitter)

	Avg	G	AB	R	H	2B	3B	HR	RBI	BB	SO	HBP	GDP	SB	CS	OBP	SLG	IBB	SH	SF	#Pit	#P/PA	GB	FB	G/F
1994 Season	.288	19	59	9	17	5	0	6	11	7	10	0	2	0	1	.364	.678	0	0	0	256	3.88	14	23	0.61

1994 Season

	Avg	AB	H	2B	3B	HR	RBI	BB	SO	OBP	SLG		Avg	AB	H	2B	3B	HR	RBI	BB	SO	OBP	SLG
vs. Left	.200	25	5	1	0	2	4	3	4	.286	.480	Scoring Posn	.250	12	3	1	0	1	6	2	1	.357	.583
vs. Right	.353	34	12	4	0	4	7	4	6	.421	.824	Close & Late	.222	9	2	1	0	1	1	2	3	.364	.667

Omar Olivares — Cardinals
Age 27 – Pitches Right (groundball pitcher)

	ERA	W	L	Sv	G	GS	IP	BB	SO	Avg	H	2B	3B	HR	RBI	OBP	SLG	CG	ShO	Sup	QS	#P/S	SB	CS	GB	FB	G/F
1994 Season	5.74	3	4	1	14	12	73.2	37	26	.294	84	16	2	10	42	.379	.469	1	0	5.86	6	96	5	2	131	82	1.60
Career (1990-1994)	4.02	29	24	3	141	81	606.0	232	324	.263	600	109	12	55	260	.336	.394	2	0	4.11	46	97	40	34	988	563	1.75

1994 Season

	ERA	W	L	Sv	G	GS	IP	H	HR	BB	SO		Avg	AB	H	2B	3B	HR	RBI	BB	SO	OBP	SLG
Home	6.17	1	2	1	7	6	35.0	33	1	21	11	vs. Left	.336	140	47	11	2	5	20	22	12	.423	.550
Away	5.35	2	2	0	7	6	38.2	51	9	16	15	vs. Right	.253	146	37	5	0	5	22	15	14	.335	.390
Starter	5.80	3	4	0	12	12	71.1	82	9	36	25	Scoring Posn	.275	80	22	4	0	2	31	7	7	.337	.400
Reliever	3.86	0	0	1	2	0	2.1	2	1	1	1	Close & Late	.313	16	5	1	0	3	5	2	1	.389	.938
0-3 Days Rest (St)	5.04	1	0	0	4	4	25.0	31	3	7	11	None on/out	.273	66	18	4	0	1	5	13	3	.392	.379
4 Days Rest	3.97	1	0	0	3	3	22.2	17	0	1	15	4	First Pitch	.294	51	15	4	0	3	11	0	0	.302	.549
5+ Days Rest	8.37	1	1	0	5	5	23.2	34	5	14	10	Ahead in Count	.234	111	26	5	1	0	7	0	19	.241	.297
Pre-All Star	4.31	1	1	1	7	6	39.2	42	5	16	14	Behind in Count	.310	71	22	5	1	4	14	17	0	.433	.521
Post-All Star	7.41	2	3	0	7	6	34.0	42	5	21	12	Two Strikes	.267	105	28	6	1	9	20	26	.384	.371

Career (1990-1994)

	ERA	W	L	Sv	G	GS	IP	H	HR	BB	SO		Avg	AB	H	2B	3B	HR	RBI	BB	SO	OBP	SLG
Home	4.08	15	16	3	72	44	328.1	316	25	118	179	vs. Left	.268	1233	331	68	9	29	147	145	171	.348	.409
Away	3.95	14	8	0	69	37	277.2	284	30	114	145	vs. Right	.257	1045	269	41	3	26	113	87	153	.321	.377
Day	5.01	6	7	0	31	21	138.1	140	19	57	84	Inning 1-6	.260	1798	467	79	8	39	199	180	256	.331	.378
Night	3.73	23	17	3	110	60	467.2	460	36	175	240	Inning 7+	.277	480	133	30	4	16	61	52	68	.352	.456
Grass	4.47	8	5	0	39	21	151.0	162	18	70	76	None on	.263	1301	342	62	7	32	32	135	187	.339	.395
Turf	3.88	21	19	3	102	60	455.0	438	37	162	248	Runners on	.264	977	258	47	5	23	228	97	137	.331	.393
April	3.21	3	2	2	16	7	70.0	57	4	21	42	Scoring Posn	.250	544	136	23	3	12	188	69	76	.333	.369
May	6.56	0	3	0	11	9	48.0	59	9	23	27	Close & Late	.262	256	67	17	1	8	29	34	39	.352	.430
June	4.19	5	1	1	21	15	103.0	104	9	48	38	None on/out	.278	587	163	32	2	10	10	46	68	.332	.390
July	5.63	6	9	0	32	15	104.0	115	15	48	50	vs. 1st Batr (relief)	.352	54	19	4	0	1	10	6	4	.417	.481
August	2.84	7	4	0	31	17	139.2	135	9	41	70	First Inning Pitched	.282	497	140	28	3	15	83	56	64	.360	.441
September/October	3.44	8	5	0	30	18	141.1	130	9	51	97	First 75 Pitches	.257	1780	458	83	8	38	191	173	259	.329	.377
Starter	4.08	26	24	0	81	81	512.0	500	47	194	279	Pitch 76-90	.265	272	72	12	3	8	34	31	31	.341	.419
Reliever	3.73	3	0	3	60	0	94.0	100	8	38	45	Pitch 91-105	.316	152	48	9	1	6	22	21	21	.397	.507
0-3 Days Rest (St)	5.11	2	1	0	8	8	49.1	57	7	16	27	Pitch 106+	.297	74	22	5	0	3	13	7	13	.358	.486
4 Days Rest	3.42	14	9	0	38	38	249.2	220	15	109	143	First Pitch	.313	364	114	22	1	7	47	11	0	.341	.437
5+ Days Rest	4.61	10	14	0	35	35	213.0	223	25	69	109	Ahead in Count	.217	931	202	32	6	17	85	0	267	.225	.319
Pre-All Star	4.40	10	8	3	61	36	264.0	261	28	103	128	Behind in Count	.302	580	175	34	1	22	84	121	0	.421	.478
Post-All Star	3.74	19	16	0	80	45	342.0	339	27	129	196	Two Strikes	.195	906	177	35	7	10	61	100	324	.281	.283

Pitcher vs. Batter (career)

Pitches Best Vs.	Avg	AB	H	2B	3B	HR	RBI	BB	SO	OBP	SLG	Pitches Worst Vs.	Avg	AB	H	2B	3B	HR	RBI	BB	SO	OBP	SLG
Wes Chamberlain	.000	11	0	0	0	0	0	0	2	.000	.000	Derrick May	.600	10	6	2	0	0	3	1	1	.636	.800
Charlie O'Brien	.000	10	0	0	0	0	0	3	2	.231	.000	Ryne Sandberg	.478	23	11	1	0	2	3	4	1	.556	.783
Mickey Morandini	.059	17	1	0	0	0	0	1	1	.111	.059	Dwight Smith	.471	17	8	3	1	1	6	1	3	.526	.941
John VanderWal	.067	15	1	0	0	0	0	0	2	.067	.067	Gary Sheffield	.455	11	5	2	0	1	2	2	2	.538	.909
Tom Foley	.083	12	1	0	0	0	0	0	1	.083	.083	Ron Gant	.444	18	8	3	0	2	3	4	3	.545	.944

Darren Oliver — Rangers   Age 24 – Pitches Left (groundball pitcher)

	ERA	W	L	Sv	G	GS	IP	BB	SO	Avg	H	2B	3B	HR	RBI	OBP	SLG	GF	IR	IRS	Hld	SvOp	SB	CS	GB	FB	G/F
1994 Season	3.42	4	0	2	43	0	50.0	35	50	.223	40	4	0	4	28	.368	.313	10	38	15	9	3	3	1	75	27	2.78
Career (1993-1994)	3.38	4	0	2	45	0	53.1	36	54	.219	42	4	0	5	29	.359	.318	10	39	15	9	3	4	1	79	31	2.55

1994 Season

	ERA	W	L	Sv	G	GS	IP	H	HR	BB	SO		Avg	AB	H	2B	3B	HR	RBI	BB	SO	OBP	SLG
Home	3.29	3	0	2	22	0	27.1	23	2	16	29	vs. Left	.119	59	7	0	0	1	6	13	25	.278	.169
Away	3.57	1	0	0	21	0	22.2	17	2	19	21	vs. Right	.275	120	33	4	0	3	22	22	25	.412	.383
Starter	0.00	0	0	0	0	0	0.0	0	0	0	0	Scoring Posn	.227	66	15	1	0	2	25	15	17	.407	.333
Reliever	3.42	4	0	2	43	0	50.0	40	4	35	50	Close & Late	.169	71	12	2	0	0	5	12	23	.298	.197
0 Days rest (Re)	6.17	1	0	1	10	0	11.2	10	3	11	11	None on/out	.257	35	9	0	0	0	0	6	11	.366	.286
1 or 2 Days rest	2.67	2	0	1	21	0	27.0	20	1	15	23	First Pitch	.333	24	8	1	0	0	5	3	0	.429	.375
3+ Days rest	2.38	1	0	0	12	0	11.1	10	0	9	16	Ahead in Count	.143	84	12	1	0	2	12	0	44	.182	.226
Pre-All Star	3.67	2	0	1	31	0	34.1	34	4	28	32	Behind in Count	.325	40	13	2	0	1	5	16	0	.526	.450
Post-All Star	2.87	2	0	1	12	0	15.2	6	0	7	18	Two Strikes	.149	94	14	1	0	1	9	16	50	.292	.191

Joe Oliver — Reds   Age 29 – Bats Right

	Avg	AB	R	H	2B	3B	HR	RBI	BB	SO	HBP	GDP	SB	CS	OBP	SLG	IBB	SH	SF	#Pit	#P/PA	GB	FB	G/F
1994 Season	.211	6	19	1	4	0	0	1	5	2	0	3	0	1	0	0	.286	.368	1	0	87	4.14	7	7	1.00
Last Five Years	.242	503	1619	138	392	87	1	44	230	119	297	4	46	3	4	.293	.379	42	17	17	6095	3.43	538	521	1.03

1994 Season

	Avg	AB	H	2B	3B	HR	RBI	BB	SO	OBP	SLG		Avg	AB	H	2B	3B	HR	RBI	BB	SO	OBP	SLG
vs. Left	.400	5	2	0	0	1	2	0	0	.400	1.000	Scoring Posn	.250	8	2	0	0	0	3	1	2	.333	.250
vs. Right	.143	14	2	0	0	0	3	2	3	.250	.143	Close & Late	.000	1	0	0	0	0	0	1	0	.500	.000

Last Five Years

	Avg	AB	H	2B	3B	HR	RBI	BB	SO	OBP	SLG		Avg	AB	H	2B	3B	HR	RBI	BB	SO	OBP	SLG
vs. Left	.281	626	176	40	0	24	106	59	97	.342	.460	Scoring Posn	.244	446	109	26	0	18	188	61	86	.326	.424
vs. Right	.218	993	216	47	1	20	124	60	200	.261	.327	Close & Late	.247	255	63	13	0	5	30	23	39	.304	.357
Groundball	.249	603	150	30	1	13	77	35	98	.289	.367	None on/out	.239	373	89	21	0	7	7	19	71	.279	.351
Flyball	.200	305	61	15	0	10	41	32	73	.273	.348	Batting #7	.261	479	125	28	1	12	79	21	81	.291	.399
Home	.242	810	196	52	0	25	121	62	145	.294	.399	Batting #8	.224	888	199	46	0	26	124	87	175	.292	.364
Away	.242	809	196	35	1	19	109	57	152	.291	.358	Other	.270	252	68	13	0	6	27	11	41	.297	.393
Day	.266	394	105	26	0	8	66	34	67	.325	.393	April	.232	241	56	14	1	4	30	24	42	.302	.349
Night	.234	1225	287	61	1	36	164	85	230	.282	.374	May	.221	271	60	14	0	9	36	28	53	.300	.373
Grass	.222	468	104	23	1	12	70	23	95	.257	.353	June	.229	253	58	10	0	5	28	14	50	.283	.379
Turf	.250	1151	288	64	0	32	160	96	202	.307	.389	July	.276	297	82	17	0	8	45	17	51	.311	.414
First Pitch	.292	291	85	16	0	11	56	24	0	.342	.460	August	.230	287	66	12	0	12	55	17	56	.271	.415
Ahead in Count	.337	279	94	23	1	12	51	41	0	.417	.556	September/October	.259	270	70	12	0	6	36	12	49	.288	.370
Behind in Count	.182	760	138	30	1	13	81	0	253	.181	.272	Pre-All Star	.241	874	211	49	1	22	116	76	155	.301	.375
Two Strikes	.152	710	108	25	0	8	62	39	297	.195	.221	Post-All Star	.243	745	181	38	0	22	114	43	142	.282	.383

Batter vs. Pitcher (career)

Hits Best Against	Avg	AB	H	2B	3B	HR	RBI	BB	SO	OBP	SLG	Hits Worst Against	Avg	AB	H	2B	3B	HR	RBI	BB	SO	OBP	SLG
Pete Schourek	.545	11	6	3	0	1	4	0	2	.545	1.091	Bill Swift	.063	16	1	0	0	0	0	0	1	.063	.063
Randy Tomlin	.385	13	5	2	0	0	2	0	2	.385	.538	Bobby Ojeda	.071	28	2	1	0	0	3	1	7	.103	.107
Zane Smith	.367	30	11	1	0	3	10	0	4	.367	.700	John Burkett	.083	12	1	0	0	0	0	0	3	.083	.083

Batter vs. Pitcher (career)

Hits Best Against	Avg	AB	H	2B	3B	HR	RBI	BB	SO	OBP	SLG	Hits Worst Against	Avg	AB	H	2B	3B	HR	RBI	BB	SO	OBP	SLG
Ben Rivera	.364	11	4	1	0	0	0	2	2	.462	.455	Joe Boever	.091	11	1	0	0	0	0	1	3	.167	.091
Bud Black	.313	16	5	1	0	2	5	1	3	.353	.750	Joe Magrane	.133	15	2	0	0	0	0	0	2	.133	.133

Gregg Olson — Braves
Age 28 – Pitches Right (groundball pitcher)

	ERA	W	L	Sv	G	GS	IP	BB	SO	Avg	H	2B	3B	HR	RBI	OBP	SLG	GF	IR	IRS	Hld	SvOp	SB	CS	GB	FB	G/F
1994 Season	9.20	0	2	1	16	0	14.2	13	10	.317	19	7	1	1	11	.440	.517	6	0	0	1	1	1	0	22	18	1.22
Last Five Years	2.78	11	20	134	262	0	269.0	115	258	.234	233	33	4	9	114	.315	.303	227	179	53	2	161	36	4	356	233	1.53

1994 Season

	ERA	W	L	Sv	G	GS	IP	H	HR	BB	SO		Avg	AB	H	2B	3B	HR	RBI	BB	SO	OBP	SLG
Home	8.59	0	0	0	7	0	7.1	11	1	5	6	vs. Left	.174	23	4	3	0	1	3	4	4	.321	.435
Away	9.82	0	2	1	9	0	7.1	8	0	8	4	vs. Right	.405	37	15	4	1	0	8	9	6	.511	.568

Last Five Years

	ERA	W	L	Sv	G	GS	IP	H	HR	BB	SO		Avg	AB	H	2B	3B	HR	RBI	BB	SO	OBP	SLG
Home	2.74	9	4	59	127	0	128.0	103	7	57	132	vs. Left	.208	505	105	17	0	4	52	58	131	.291	.265
Away	2.81	2	16	75	135	0	141.0	130	2	58	126	vs. Right	.262	489	128	16	4	5	62	57	127	.339	.342
Day	3.56	1	10	40	75	0	83.1	83	5	37	76	Inning 1-6	.143	7	1	0	0	0	0	0	2	.143	.143
Night	2.42	10	10	94	187	0	185.2	150	4	78	182	Inning 7+	.235	987	232	33	4	9	114	115	256	.316	.304
Grass	2.39	10	11	116	213	0	218.0	172	8	93	213	None on	.225	498	112	20	2	5	5	50	125	.299	.303
Turf	4.41	1	9	18	49	0	51.0	61	1	22	45	Runners on	.244	496	121	13	2	4	109	65	133	.329	.302
April	1.40	1	2	14	32	0	38.2	33	2	11	30	Scoring Posn	.241	319	77	10	2	2	104	52	92	.340	.304
May	1.54	1	2	24	45	0	52.2	39	2	26	55	Close & Late	.239	687	164	20	3	8	94	85	186	.321	.311
June	3.74	4	4	33	55	0	55.1	44	3	24	57	None on/out	.204	211	43	4	2	2	2	22	44	.285	.270
July	3.23	1	7	26	51	0	47.1	46	0	20	52	vs. 1st Batr (relief)	.238	231	55	6	1	3	25	26	53	.318	.312
August	4.15	2	2	19	42	0	39.0	42	2	19	27	First Inning Pitched	.246	859	211	30	3	7	105	94	214	.320	.312
September/October	2.50	2	3	18	37	0	36.0	29	0	15	37	First 15 Pitches	.240	732	176	25	3	7	77	70	184	.307	.311
Starter	0.00	0	0	0	0	0	0.0	0	0	0	0	Pitch 16-30	.218	216	47	7	0	2	31	36	62	.333	.278
Reliever	2.78	11	20	134	262	0	269.0	233	9	115	258	Pitch 31-45	.233	43	10	1	0	0	6	7	12	.340	.302
0 Days rest (Re)	3.23	2	5	39	58	0	61.1	66	2	22	60	Pitch 46+	.000	3	0	0	0	0	0	2	0	.400	.000
1 or 2 Days rest	2.37	7	8	68	122	0	121.1	95	4	54	128	First Pitch	.320	125	40	5	0	1	18	7	0	.353	.384
3+ Days rest	3.02	2	7	27	82	0	86.1	72	3	39	70	Ahead in Count	.153	471	72	13	2	1	29	0	222	.158	.195
Pre-All Star	2.42	6	11	78	148	0	160.0	131	7	67	153	Behind in Count	.335	218	73	11	2	5	42	53	0	.462	.472
Post-All Star	3.30	5	9	56	114	0	109.0	102	2	48	105	Two Strikes	.147	498	73	8	2	3	41	54	258	.232	.189

Pitcher vs. Batter (career)

Pitches Best Vs.	Avg	AB	H	2B	3B	HR	RBI	BB	SO	OBP	SLG	Pitches Worst Vs.	Avg	AB	H	2B	3B	HR	RBI	BB	SO	OBP	SLG
Ruben Sierra	.000	10	0	0	0	0	0	1	3	.091	.000	Mark McGwire	.444	9	4	0	0	1	4	3	3	.583	.778
Don Mattingly	.091	11	1	0	0	0	0	2	1	.231	.091	Danny Tartabull	.417	12	5	0	0	0	4	2	4	.500	.417
Steve Sax	.154	13	2	0	0	0	0	0	0	.154	.154												
Wally Joyner	.167	12	2	0	0	0	2	0	3	.154	.167												
Ellis Burks	.167	12	2	1	0	0	1	1	3	.231	.167												

Steve Ontiveros — Athletics
Age 34 – Pitches Right (groundball pitcher)

	ERA	W	L	Sv	G	GS	IP	BB	SO	Avg	H	2B	3B	HR	RBI	OBP	SLG	GF	IR	IRS	Hld	SvOp	SB	CS	GB	FB	G/F
1994 Season	2.65	6	4	0	27	13	115.1	26	56	.217	93	12	1	7	34	.271	.299	5	12	5	1	0	5	2	211	85	2.48
Last Five Years	2.45	6	6	0	46	13	143.1	35	75	.225	120	16	1	8	44	.280	.304	14	30	15	2	0	6	2	259	106	2.44

1994 Season

	ERA	W	L	Sv	G	GS	IP	H	HR	BB	SO		Avg	AB	H	2B	3B	HR	RBI	BB	SO	OBP	SLG
Home	2.54	2	3	0	13	6	60.1	43	4	13	30	vs. Left	.186	237	44	8	1	1	12	18	32	.243	.241
Away	2.78	4	1	0	14	7	55.0	50	3	13	26	vs. Right	.257	191	49	4	0	6	22	8	24	.306	.372
Starter	1.59	5	2	0	13	13	84.2	55	5	13	44	Scoring Posn	.253	87	22	4	0	1	25	5	15	.290	.333
Reliever	5.58	1	2	0	14	0	30.2	38	2	13	12	Close & Late	.119	42	5	1	0	0	3	1	7	.159	.143
0 Days rest (Re)	0.00	0	0	0	0	0	0.0	0	0	0	0	None on/out	.321	109	35	6	1	2	2	10	10	.383	.450
1 or 2 Days rest	6.60	1	0	0	7	0	15.0	17	1	7	7	First Pitch	.219	64	14	4	0	0	5	1	0	.231	.281
3+ Days rest	4.60	0	2	0	7	0	15.2	21	1	6	5	Ahead in Count	.168	190	32	5	0	3	14	0	45	.186	.242
Pre-All Star	3.26	5	2	0	21	7	69.0	63	3	19	32	Behind in Count	.296	98	29	2	1	3	7	15	0	.395	.429
Post-All Star	1.75	1	2	0	6	6	46.1	30	4	7	24	Two Strikes	.164	183	30	6	0	2	11	10	56	.219	.230

Jose Oquendo — Cardinals
Age 31 – Bats Both

	Avg	G	AB	R	H	2B	3B	HR	RBI	BB	SO	HBP	GDP	SB	CS	OBP	SLG	IBB	SH	SF	#Pit	#P/PA	GB	FB	G/F
1994 Season	.264	55	129	13	34	2	0	9	21	16	0	6	1	1	.364	.310	4	1	1	566	3.72	53	33	1.61
Last Five Years	.246	398	1072	98	264	33	12	2	79	179	121	1	23	4	4	.352	.305	27	13	10	4754	3.74	410	341	1.20

1994 Season

	Avg	AB	H	2B	3B	HR	RBI	BB	SO	OBP	SLG		Avg	AB	H	2B	3B	HR	RBI	BB	SO	OBP	SLG
vs. Left	.343	35	12	1	0	0	5	3	3	.385	.371	Scoring Posn	.310	29	9	0	0	0	9	8	3	.447	.379
vs. Right	.234	94	22	1	0	2	4	18	13	.357	.287	Close & Late	.333	18	6	0	0	0	4	3	1	.429	.333
Home	.293	58	17	2	0	2	6	14	5	.425	.397	None on/out	.250	36	9	0	0	1	0	0	5	.6	.341	.306
Away	.239	71	17	0	0	3	7	11	.308	.239	Batting #8	.271	107	29	2	0	2	6	19	9	.378	.327
First Pitch	.357	28	10	0	0	4	4	0	.438	.357	Batting #9	.200	15	3	0	0	0	0	2	5	.294	.200
Ahead in Count	.130	23	3	0	0	1	9	0	.364	.130	Other	.286	7	2	0	0	0	3	0	2	.286	.286
Behind in Count	.255	51	13	1	0	4	0	10	.255	.314	Pre-All Star	.274	95	26	2	0	2	8	19	8	.391	.337
Two Strikes	.254	59	15	1	0	8	16	.343	.322	Post-All Star	.235	34	8	0	0	0	1	6	5	.333	.235

Last Five Years

	Avg	AB	H	2B	3B	HR	RBI	BB	SO	OBP	SLG		Avg	AB	H	2B	3B	HR	RBI	BB	SO	OBP	SLG
vs. Left	.231	385	89	14	3	2	28	60	41	.335	.299	Scoring Posn	.260	250	65	7	5	0	.76	67	27	.404	.328
vs. Right	.255	687	175	19	9	0	51	119	80	.361	.309	Close & Late	.297	185	55	7	0	1	17	34	19	.407	.351
Groundball	.286	353	101	9	7	1	29	61	31	.390	.360	None on/out	.219	283	62	10	2	0	0	40	36	.316	.269
Flyball	.229	223	51	9	2	1	19	32	27	.324	.300	Batting #7	.255	137	35	4	1	1	11	25	21	.366	.321
Home	.251	518	130	13	5	1	39	83	49	.353	.301	Batting #8	.256	810	207	26	11	1	64	141	81	.364	.319
Away	.242	554	134	20	7	1	40	96	72	.351	.309	Other	.176	125	22	3	0	0	4	13	19	.252	.200
Day	.249	338	84	9	5	1	30	54	35	.346	.314	April	.252	147	37	4	3	0	13	30	18	.376	.320
Night	.245	734	180	24	7	1	49	125	86	.355	.301	May	.185	195	36	2	1	1	6	33	24	.300	.221
Grass	.225	293	66	8	3	0	23	50	46	.335	.273	June	.280	218	61	8	2	1	26	47	18	.401	.349
Turf	.254	779	198	25	9	2	56	129	75	.358	.317	July	.251	215	54	9	4	0	5	30	27	.344	.330
First Pitch	.330	185	61	10	2	1	20	13	0	.375	.422	August	.285	186	53	10	0	0	21	26	23	.369	.339
Ahead in Count	.276	243	67	8	3	0	21	88	0	.463	.333	September/October	.207	111	23	0	2	0	8	13	11	.290	.243
Behind in Count	.218	413	90	9	5	0	18	0	96	.217	.264	Pre-All Star	.244	618	151	16	8	2	47	118	69	.362	.316
Two Strikes	.199	467	93	13	3	1	25	70	121	.301	.246	Post-All Star	.249	454	113	17	4	0	32	61	52	.337	.304

Batter vs. Pitcher (since 1984)

Hits Best Against	Avg	AB	H	2B	3B	HR	RBI	BB	SO	OBP	SLG	Hits Worst Against	Avg	AB	H	2B	3B	HR	RBI	BB	SO	OBP	SLG
Paul Assenmacher	.556	9	5	0	0	0	1	2	1	.636	.556	Mark Portugal	.000	13	0	0	0	0	0	3	4	.188	.000
Norm Charlton	.417	12	5	1	0	1	3	3	0	.533	.750	Atlee Hammaker	.000	10	0	0	0	0	1	5	1	.333	.000
Tom Browning	.400	25	10	4	0	2	3	4	0	.483	.800	Dwight Gooden	.077	26	2	0	0	0	1	3	3	.111	.077
Frank Viola	.389	18	7	0	1	1	3	5	1	.500	.667	Mark Gardner	.091	11	1	0	1	0	1	2	2	.214	.091
Jose Rijo	.364	11	4	0	1	0	1	3	2	.500	.636	Kelly Downs	.100	10	1	0	0	0	1	2	2	.250	.100

Mike Oquist — Orioles
Age 27 – Pitches Right

	ERA	W	L	Sv	G	GS	IP	BB	SO	Avg	H	2B	3B	HR	RBI	OBP	SLG	CG	ShO	Sup	QS	#P/S	SB	CS	GB	FB	G/F
1994 Season	6.17	3	3	0	15	9	58.1	30	39	.319	75	15	0	7	36	.404	.472	0	0	5.40	2	84	1	0	82	69	1.19
Career (1993-1994)	5.79	3	3	0	20	9	70.0	34	47	.310	87	18	0	7	39	.391	.448	0	0	5.53	2	84	1	1	94	85	1.11

1994 Season

	ERA	W	L	Sv	G	GS	IP	H	HR	BB	SO		Avg	AB	H	2B	3B	HR	RBI	BB	SO	OBP	SLG
Home	8.04	2	3	0	8	6	31.1	39	5	17	22	vs. Left	.325	114	37	6	0	3	17	19	17	.416	.456
Away	4.00	1	0	0	7	3	27.0	36	2	13	17	vs. Right	.314	121	38	9	0	4	19	11	22	.391	.488

Jesse Orosco — Brewers
Age 38 – Pitches Left

	ERA	W	L	Sv	G	GS	IP	BB	SO	Avg	H	2B	3B	HR	RBI	OBP	SLG	GF	IR	IRS	Hld	SvOp	SB	CS	GB	FB	G/F
1994 Season	5.08	3	1	0	40	0	39.0	26	36	.222	32	15	0	7	36	.345	.340	5	33	9	8	4	8	0	41	45	0.91
Last Five Years	3.78	16	11	11	258	0	245.0	109	234	.241	222	36	3	24	137	.322	.365	94	386	102	35	22	21	10	272	267	1.02

1994 Season

	ERA	W	L	Sv	G	GS	IP	H	HR	BB	SO		Avg	AB	H	2B	3B	HR	RBI	BB	SO	OBP	SLG
Home	4.50	1	0	0	22	0	22.0	18	2	15	18	vs. Left	.263	57	15	2	0	1	6	7	14	.344	.351
Away	5.82	2	1	0	18	0	17.0	14	2	11	18	vs. Right	.195	87	17	3	0	3	15	19	22	.345	.333
Starter	0.00	0	0	0	0	0	0.0	0	0	0	0	Scoring Posn	.170	53	9	1	0	1	17	10	16	.303	.245
Reliever	5.08	3	1	0	40	0	39.0	32	4	26	36	Close & Late	.245	49	12	3	0	0	6	8	11	.351	.306
0 Days rest (Re)	9.45	0	0	0	11	0	6.2	9	1	8	6	None on/out	.194	31	6	2	0	0	0	6	2	.324	.258
1 or 2 Days rest	3.52	2	1	0	13	0	15.1	9	1	9	13	First Pitch	.478	23	11	2	0	1	7	2	0	.500	.696
3+ Days rest	4.76	1	0	0	16	0	17.0	14	2	9	17	Ahead in Count	.169	65	11	2	0	2	11	0	28	.191	.292
Pre-All Star	5.45	1	1	0	31	0	33.0	29	4	23	30	Behind in Count	.143	28	4	1	0	1	2	9	0	.351	.286
Post-All Star	3.00	2	0	0	9	0	6.0	3	0	3	6	Two Strikes	.127	71	9	1	0	1	8	15	36	.279	.183

Last Five Years

	ERA	W	L	Sv	G	GS	IP	H	HR	BB	SO		Avg	AB	H	2B	3B	HR	RBI	BB	SO	OBP	SLG
Home	3.48	8	9	7	133	0	137.0	121	14	53	134	vs. Left	.271	306	83	15	0	7	44	30	75	.335	.389
Away	4.17	8	2	4	125	0	108.0	101	10	56	100	vs. Right	.226	615	139	21	3	17	93	79	159	.316	.353
Day	4.48	5	5	6	92	0	80.1	70	13	36	69	Inning 1-6	.315	89	28	5	1	5	26	8	17	.374	.562
Night	3.44	11	6	5	166	0	164.2	152	11	73	165	Inning 7+	.233	832	194	31	2	19	111	101	217	.317	.344
Grass	3.77	13	11	10	220	0	212.2	192	23	91	202	None on	.238	441	105	21	1	11	11	47	114	.318	.365
Turf	3.90	3	0	1	38	0	32.1	30	1	18	32	Runners on	.244	480	117	15	2	13	126	62	120	.326	.365
April	4.10	1	3	2	35	0	26.1	24	1	20	22	Scoring Posn	.239	306	73	9	1	6	109	50	80	.338	.333
May	4.62	4	2	2	53	0	50.2	43	6	23	46	Close & Late	.225	374	84	17	1	5	47	44	99	.310	.316
June	4.38	1	2	0	48	0	49.1	42	4	20	51	None on/out	.245	192	47	10	1	5	5	23	39	.329	.385
July	2.72	3	1	1	45	0	39.2	40	3	23	54	vs. 1st Batr (relief)	.246	228	56	0	5	35	20	46	.310	.346
August	3.35	3	1	3	44	0	45.2	41	6	12	41	First Inning Pitched	.244	697	170	29	3	15	120	81	164	.323	.359
September/October	3.24	4	2	3	33	0	33.1	32	4	11	40	First 15 Pitches	.238	638	152	26	2	15	98	71	152	.315	.356
Starter	0.00	0	0	0	0	0	0.0	0	0	0	0	Pitch 16-30	.248	214	53	8	1	7	32	30	64	.343	.393
Reliever	3.78	16	11	11	258	0	245.0	222	24	109	234	Pitch 31-45	.237	59	14	2	0	2	6	8	17	.328	.373
0 Days rest (Re)	3.61	2	3	2	59	0	42.1	43	5	22	48	Pitch 46+	.300	10	3	0	0	0	1	0	1	.273	.300
1 or 2 Days rest	4.04	7	3	6	100	0	107.0	95	12	46	94	First Pitch	.350	123	43	8	1	5	24	18	0	.431	.553
3+ Days rest	3.57	6	3	2	99	0	95.2	84	7	41	92	Ahead in Count	.177	436	77	10	1	7	52	0	197	.179	.252
Pre-All Star	4.31	6	8	4	152	0	142.0	128	13	69	133	Behind in Count	.328	192	63	11	2	8	32	43	0	.451	.526
Post-All Star	3.06	10	3	7	106	0	103.0	94	11	40	101	Two Strikes	.140	444	62	12	1	5	45	48	234	.220	.205

Pitcher vs. Batter (since 1984)

Pitches Best Vs.	Avg	AB	H	2B	3B	HR	RBI	BB	SO	OBP	SLG	Pitches Worst Vs.	Avg	AB	H	2B	3B	HR	RBI	BB	SO	OBP	SLG
Terry Pendleton	.063	16	1	0	0	0	0	4	4	.250	.063	Harold Reynolds	.636	11	7	1	0	0	3	1	2	.667	.727
Chili Davis	.067	15	1	0	0	0	1	5	7	.300	.067	Andre Dawson	.545	11	6	0	1	0	3	1	2	.583	.909
Steve Sax	.071	14	1	0	0	0	0	2	0	.188	.143	Robin Ventura	.400	10	4	1	0	2	3	3	3	.538	1.100

Joe Orsulak — Mets
Age 33 – Bats Left

Pitcher vs. Batter (since 1984)

Pitches Best Vs.	Avg	AB	H	2B	3B	HR	RBI	BB	SO	OBP	SLG	Pitches Worst Vs.	Avg	AB	H	2B	3B	HR	RBI	BB	SO	OBP	SLG
Cal Ripken	.133	15	2	0	0	0	2	0	4	.188	.133	Candy Maldonado	.333	9	3	0	0	2	4	2	2	.417	1.000
Juan Samuel	.154	13	2	1	0	0	0	1	4	.214	.231	Kevin McReynolds	.308	13	4	0	0	2	4	3	1	.471	.769

Season Totals

	Avg	G	AB	R	H	2B	3B	HR	RBI	BB	SO	HBP	GDP	SB	CS	OBP	SLG	IBB	SH	SF	#Pit	#P/PA	GB	FB	G/F
1994 Season	.260	96	292	39	76	3	0	8	42	16	21	3	11	4	2	.299	.353	2	0	7	1031	3.24	127	86	1.48
Last Five Years	.277	614	1991	249	551	72	11	36	216	146	173	14	36	26	20	.328	.378	18	8	14	7276	3.35	786	587	1.34

1994 Season

	Avg	AB	H	2B	3B	HR	RBI	BB	SO	OBP	SLG		Avg	AB	H	2B	3B	HR	RBI	BB	SO	OBP	SLG
vs. Left	.214	42	9	1	0	0	3	0	3	.261	.238	Scoring Posn	.292	72	21	2	0	3	35	8	7	.333	.444
vs. Right	.268	250	67	2	0	8	39	16	18	.305	.372	Close & Late	.300	60	18	0	0	2	15	2	2	.333	.400
Groundball	.262	103	27	1	0	2	14	5	3	.291	.330	None on/out	.254	59	15	0	0	2	2	2	3	.279	.356
Flyball	.308	39	12	1	0	2	10	2	5	.372	.487	Batting #3	.268	153	41	2	0	3	24	10	13	.306	.340
Home	.303	132	40	1	0	4	25	10	5	.349	.402	Batting #5	.283	46	13	0	0	1	6	1	3	.298	.348
Away	.225	160	36	2	0	4	17	6	16	.256	.313	Other	.237	93	22	1	0	4	12	5	5	.287	.376
Day	.253	99	25	1	0	2	13	8	8	.312	.323	April	.224	49	11	0	0	1	5	3	3	.291	.286
Night	.264	193	51	2	0	6	29	8	13	.292	.368	May	.314	86	27	2	0	4	18	5	7	.351	.477
Grass	.259	224	58	1	0	7	36	13	14	.298	.357	June	.228	79	18	1	0	2	13	4	5	.253	.316
Turf	.265	68	18	2	0	1	6	3	7	.301	.338	July	.242	62	15	0	0	1	5	2	5	.266	.290
First Pitch	.306	62	19	0	0	1	11	2	0	.309	.355	August	.313	16	5	0	0	0	1	2	1	.389	.313
Ahead in Count	.254	67	17	3	0	2	10	10	0	.346	.388	September/October	.000	0	0	0	0	0	0	0	0	.000	.000
Behind in Count	.223	103	23	0	0	3	16	0	16	.243	.311	Pre-All Star	.255	247	63	3	0	8	39	13	19	.293	.364
Two Strikes	.256	90	23	0	0	4	17	4	21	.256	.389	Post-All Star	.289	45	13	0	0	0	3	3	2	.333	.289

1994 By Position

Position	Avg	AB	H	2B	3B	HR	RBI	BB	SO	OBP	SLG	G	GS	Innings	PO	A	E	DP	Fld Pct	Rng Fctr	In Zone	Zone Outs	Zone Rtg	MLB Zone
As Pinch Hitter	.154	13	2	0	0	1	4	1	0	.267	.385	15	0	---	---	---	---	---	---	---	---	---	---	---
As lf	.375	32	12	0	0	2	7	3	4	.432	.563	18	8	82.0	14	0	0	0	1.000	1.54	18	14	.778	.815
As cf	.186	43	8	0	0	1	2	1	1	.205	.256	13	11	100.1	23	0	0	0	1.000	2.06	27	24	.889	.824
As rf	.260	200	52	3	0	3	26	11	16	.294	.320	63	48	467.2	92	9	3	2	.971	1.94	117	90	.769	.826

Last Five Years

	Avg	AB	H	2B	3B	HR	RBI	BB	SO	OBP	SLG		Avg	AB	H	2B	3B	HR	RBI	BB	SO	OBP	SLG
vs. Left	.257	300	77	10	3	0	34	17	34	.308	.310	Scoring Posn	.283	459	130	19	1	10	181	63	48	.367	.394
vs. Right	.280	1691	474	62	8	36	182	129	139	.332	.390	Close & Late	.267	345	92	10	1	6	36	33	25	.337	.354
Groundball	.257	591	152	16	4	7	62	48	35	.314	.333	None on/out	.284	454	129	19	3	6	23	25	.323	.392	
Flyball	.281	359	101	18	3	9	50	32	36	.348	.423	Batting #2	.271	557	151	20	4	11	55	39	53	.319	.381
Home	.281	928	261	29	3	23	110	84	74	.342	.393	Batting #6	.288	416	120	20	1	11	49	28	44	.335	.421
Away	.273	1063	290	43	8	13	106	62	99	.316	.365	Other	.275	1018	280	32	6	14	112	79	76	.331	.360
Day	.250	583	146	19	3	8	53	55	57	.320	.334	April	.253	241	61	7	1	3	22	14	28	.301	.328
Night	.288	1408	405	53	8	28	163	91	116	.332	.396	May	.292	359	105	12	3	12	56	30	33	.351	.443
Grass	.278	1612	448	56	6	32	175	128	132	.333	.380	June	.261	406	106	10	1	6	51	26	34	.306	.335
Turf	.272	379	103	16	5	4	41	18	41	.308	.372	July	.304	408	124	23	1	7	34	28	26	.346	.417
First Pitch	.286	343	98	14	1	6	32	10	0	.305	.385	August	.295	315	93	15	3	4	34	24	31	.347	.400
Ahead in Count	.311	466	145	23	3	13	67	87	0	.417	.457	September/October	.237	262	62	5	2	4	19	24	21	.307	.317
Behind in Count	.234	803	188	21	4	9	69	0	148	.243	.304	Pre-All Star	.277	1168	323	40	6	25	141	79	107	.325	.385
Two Strikes	.221	700	155	18	4	11	49	47	173	.270	.306	Post-All Star	.277	823	228	32	5	11	75	67	66	.334	.368

Batter vs. Pitcher (since 1984)

Hits Best Against	Avg	AB	H	2B	3B	HR	RBI	BB	SO	OBP	SLG	Hits Worst Against	Avg	AB	H	2B	3B	HR	RBI	BB	SO	OBP	SLG
Rick Sutcliffe	.500	22	11	3	1	0	1	2	3	.542	.727	Andy Benes	.067	15	1	0	0	0	0	2	2	.222	.067
Alex Fernandez	.467	15	7	1	2	0	2	0	0	.467	.800	Greg Swindell	.091	11	1	0	0	0	0	0	1	.091	.091
Jack McDowell	.458	24	11	2	0	2	5	1	1	.480	.792	Kevin Appier	.167	18	3	0	0	0	0	1	1	.211	.167
Bill Gullickson	.417	24	10	5	0	1	4	2	1	.462	.750	Jeff Reardon	.167	12	2	0	0	0	0	0	0	.167	.167
Kevin Brown	.400	20	8	3	0	1	7	4	2	.500	.700	Doug Jones	.182	11	2	0	0	0	0	0	1	.182	.182

Junior Ortiz — Rangers
Age 35 – Bats Right (groundball hitter)

Season Totals

	Avg	G	AB	R	H	2B	3B	HR	RBI	BB	SO	HBP	GDP	SB	CS	OBP	SLG	IBB	SH	SF	#Pit	#P/PA	GB	FB	G/F
1994 Season	.276	29	76	3	21	2	0	0	9	5	11	1	1	0	1	.329	.303	0	4	0	323	3.76	36	10	3.60
Last Five Years	.254	342	873	69	222	34	2	0	82	55	88	13	28	2	9	.308	.298	1	13	2	3388	3.54	434	179	2.42

1994 Season

	Avg	AB	H	2B	3B	HR	RBI	BB	SO	OBP	SLG		Avg	AB	H	2B	3B	HR	RBI	BB	SO	OBP	SLG
vs. Left	.381	21	8	0	0	0	3	0	1	.409	.381	Scoring Posn	.389	18	7	1	0	0	8	4	3	.522	.444
vs. Right	.236	55	13	2	0	0	6	5	10	.300	.273	Close & Late	.308	13	4	0	0	0	4	1	2	.357	.308

Last Five Years

	Avg	AB	H	2B	3B	HR	RBI	BB	SO	OBP	SLG		Avg	AB	H	2B	3B	HR	RBI	BB	SO	OBP	SLG
vs. Left	.249	277	69	10	1	0	31	20	27	.308	.292	Scoring Posn	.296	223	66	11	0	0	79	26	21	.364	.345
vs. Right	.257	596	153	24	1	0	51	35	61	.307	.300	Close & Late	.273	110	30	4	0	0	11	5	11	.310	.309
Groundball	.177	181	32	5	0	0	9	11	32	.240	.204	None on/out	.233	215	50	7	1	0	0	15	19	.295	.274
Flyball	.272	180	49	6	0	0	14	12	18	.304	.306	Batting #8	.265	526	139	21	2	0	21	22	57	.339	.310
Home	.272	423	115	14	1	0	48	29	43	.330	.310	Batting #9	.247	522	129	24	0	0	43	21	57	.286	.293
Away	.238	450	107	20	1	0	34	26	45	.285	.287	Other	.264	125	33	2	0	0	18	12	14	.336	.296
Day	.249	317	79	12	0	0	26	21	32	.312	.300	April	.197	76	15	1	0	0	7	12	7	.311	.211
Night	.257	556	143	22	0	0	56	34	56	.305	.297	May	.249	193	48	14	0	0	19	7	20	.279	.321

303

	Avg	AB	H	2B	3B	HR	RBI	BB	SO	OBP	SLG		Avg	AB	H	2B	3B	HR	RBI	BB	SO	OBP	SLG
										Last Five Years													
Grass	.254	574	146	21	0	0	49	34	61	.308	.291	June	.298	141	42	6	1	0	18	7	15	.340	.355
Turf	.254	299	76	13	2	0	33	21	27	.307	.311	July	.289	180	52	5	1	0	19	8	21	.332	.328
First Pitch	.282	149	42	11	1	0	14	0	0	.291	.369	August	.233	116	27	3	0	0	8	14	9	.321	.259
Ahead in Count	.292	202	59	9	0	0	24	30	0	.386	.337	September/October	.228	167	38	5	0	0	11	7	16	.275	.257
Behind in Count	.203	369	75	9	1	0	27	0	75	.220	.233	Pre-All Star	.258	461	119	23	1	0	48	31	48	.314	.312
Two Strikes	.201	359	72	10	1	0	24	25	88	.266	.234	Post-All Star	.250	412	103	11	1	0	34	24	40	.300	.282
										Batter vs. Pitcher (since 1984)													
Hits Best Against	Avg	AB	H	2B	3B	HR	RBI	BB	SO	OBP	SLG	Hits Worst Against	Avg	AB	H	2B	3B	HR	RBI	BB	SO	OBP	SLG
Zane Smith	.563	16	9	2	0	0	1	1	1	.611	.688	Orel Hershiser	.000	11	0	0	0	0	1	0	0	.000	.000
Bobby Witt	.538	13	7	1	0	0	3	1	2	.571	.615	Tom Gordon	.077	13	1	0	0	0	1	1	3	.143	.077
Scott Sanderson	.444	18	8	1	0	0	0	0	1	.444	.500	Chuck Finley	.100	20	2	0	0	0	1	1	0	.143	.100
Jaime Navarro	.400	10	4	1	0	0	3	0	0	.571	.500	Sid Fernandez	.143	21	3	0	0	0	0	1	5	.182	.143
Bill Gullickson	.357	14	5	2	0	0	1	1	1	.400	.500	Joe Magrane	.143	14	2	0	0	0	0	0	1	.200	.143

Luis Ortiz — Red Sox
Age 25 – Bats Right

	Avg	G	AB	R	H	2B	3B	HR	RBI	BB	SO	HBP	GDP	SB	CS	OBP	SLG	IBB	SH	SF	#Pit	#P/PA	GB	FB	G/F
1994 Season	.167	7	18	3	3	2	0	0	6	1	5	0	0	0	0	.182	.278	0	1	3	74	3.22	7	6	1.17
Career (1993-1994)	.200	26	30	3	6	2	0	0	7	1	7	0	0	0	0	.206	.267	0	1	3	107	3.06	11	10	1.10

1994 Season

	Avg	AB	H	2B	3B	HR	RBI	BB	SO	OBP	SLG		Avg	AB	H	2B	3B	HR	RBI	BB	SO	OBP	SLG
vs. Left	.143	7	1	1	0	0	3	1	3	.222	.286	Scoring Posn	.222	9	2	1	0	0	6	0	2	.167	.333
vs. Right	.182	11	2	1	0	0	3	0	2	.154	.273	Close & Late	.000	4	0	0	0	0	0	1	.000	.000

Al Osuna — Dodgers
Age 29 – Pitches Left (flyball pitcher)

	ERA	W	L	Sv	G	GS	IP	BB	SO	Avg	H	2B	3B	HR	RBI	OBP	SLG	GF	IR	IRS	Hld	SvOp	SB	CS	GB	FB	G/F
1994 Season	6.23	2	0	0	15	0	8.2	4	7	.333	13	2	1	0	6	.395	.436	4	11	2	6	1	0	0	12	11	1.09
Career (1990-1994)	3.86	18	10	14	208	0	188.2	107	139	.224	151	26	3	17	84	.330	.347	61	155	33	34	27	6	2	197	255	0.77

1994 Season

	ERA	W	L	Sv	G	GS	IP	H	HR	BB	SO		Avg	AB	H	2B	3B	HR	RBI	BB	SO	OBP	SLG
Home	6.00	2	0	0	6	0	3.0	4	0	1	5	vs. Left	.350	20	7	1	0	0	3	2	5	.409	.400
Away	6.35	0	0	0	9	0	5.2	9	0	3	2	vs. Right	.316	19	6	1	1	0	3	2	2	.381	.474

Career (1990-1994)

	ERA	W	L	Sv	G	GS	IP	H	HR	BB	SO		Avg	AB	H	2B	3B	HR	RBI	BB	SO	OBP	SLG
Home	3.71	13	4	6	103	0	89.2	70	8	43	65	vs. Left	.244	254	62	9	0	7	37	38	57	.345	.362
Away	4.00	5	6	8	105	0	99.0	81	9	64	74	vs. Right	.212	420	89	17	3	10	47	69	82	.321	.338
Day	3.63	2	1	4	64	0	62.0	49	8	30	47	Inning 1-6	.196	56	11	0	0	5	11	5	15	.266	.464
Night	3.98	16	9	10	144	0	126.2	102	9	77	92	Inning 7+	.227	618	140	26	3	12	73	102	124	.336	.337
Grass	3.84	6	0	6	68	0	58.2	49	6	31	47	None on	.205	342	70	10	1	12	12	53	75	.318	.345
Turf	3.88	12	10	8	140	0	130.0	102	11	76	92	Runners on	.244	332	81	16	2	5	72	54	64	.342	.349
April	0.48	3	0	0	19	0	18.2	12	0	10	10	Scoring Posn	.230	183	42	5	1	4	66	44	41	.358	.333
May	4.76	3	5	4	38	0	34.0	27	4	21	27	Close & Late	.228	355	81	15	2	10	53	67	66	.349	.366
June	4.32	5	1	3	40	0	33.1	34	2	17	22	None on/out	.213	155	33	4	1	5	5	30	34	.348	.348
July	1.87	3	1	2	37	0	33.2	22	3	19	25	vs. 1st Batr (relief)	.241	174	42	7	2	5	17	24	33	.335	.391
August	3.77	1	2	2	33	0	28.2	26	1	16	19	First Inning Pitched	.235	519	122	23	2	11	66	70	95	.323	.351
September/October	6.02	3	1	3	41	0	40.1	30	7	24	36	First 15 Pitches	.228	474	108	20	2	11	54	60	90	.312	.348
Starter	0.00	0	0	0	0	0	0.0	0	0	0	0	Pitch 16-30	.206	160	33	5	0	1	13	36	38	.358	.256
Reliever	3.86	18	10	14	208	0	188.2	151	17	107	139	Pitch 31-45	.194	36	7	1	1	3	12	11	11	.367	.528
0 Days rest (Re)	3.78	7	5	4	60	0	52.1	42	6	31	29	Pitch 46+	.750	4	3	0	0	2	5	0	0	.800	2.250
1 or 2 Days rest	4.54	8	4	6	86	0	75.1	65	8	46	65	First Pitch	.310	84	26	6	0	4	15	10	0	.384	.524
3+ Days rest	3.10	3	1	4	62	0	61.0	44	3	30	45	Ahead in Count	.167	305	51	8	2	3	27	0	111	.166	.236
Pre-All Star	3.50	12	6	7	111	0	97.2	83	7	51	66	Behind in Count	.289	142	41	7	1	3	18	54	0	.485	.415
Post-All Star	4.25	6	4	7	97	0	91.0	68	10	56	73	Two Strikes	.147	319	47	9	2	3	30	43	139	.244	.216

Pitcher vs. Batter (career)

Pitches Best Vs.	Avg	AB	H	2B	3B	HR	RBI	BB	SO	OBP	SLG	Pitches Worst Vs.	Avg	AB	H	2B	3B	HR	RBI	BB	SO	OBP	SLG
Brett Butler	.000	7	0	0	0	0	0	5	3	.417	.000	Barry Bonds	.357	14	5	0	0	2	2	5	3	.526	.786
Eddie Murray	.083	12	1	0	0	0	3	1	3	.133	.083	Dave Justice	.333	12	4	0	0	1	3	4	1	.500	.583
Paul O'Neill	.100	10	1	1	0	0	2	5	0	.250	.200	Tony Gwynn	.333	12	4	0	0	0	1	0	0	.333	.333
Bobby Bonilla	.111	9	1	0	0	1	2	2	0	.250	.444												
Hal Morris	.154	13	2	1	0	0	2	0	2	.143	.154												

Dave Otto — Cubs
Age 30 – Pitches Left (groundball pitcher)

	ERA	W	L	Sv	G	GS	IP	BB	SO	Avg	H	2B	3B	HR	RBI	OBP	SLG	GF	IR	IRS	Hld	SvOp	SB	CS	GB	FB	G/F
1994 Season	3.80	0	1	0	36	0	45.0	22	19	.283	49	8	3	4	20	.367	.434	9	29	5	2	1	3	3	89	37	2.41
Last Five Years	5.14	10	22	0	102	38	295.2	113	130	.305	344	53	9	32	157	.369	.449	16	44	16	3	1	26	11	547	271	2.02

1994 Season

	ERA	W	L	Sv	G	GS	IP	H	HR	BB	SO		Avg	AB	H	2B	3B	HR	RBI	BB	SO	OBP	SLG
Home	3.90	0	1	0	19	0	27.2	29	4	9	13	vs. Left	.296	54	16	0	0	0	5	10	5	.406	.296
Away	3.63	0	0	0	17	0	17.1	20	0	13	6	vs. Right	.277	119	33	8	3	4	15	12	14	.348	.496
Starter	0.00	0	0	0	0	0	0.0	0	0	0	0	Scoring Posn	.235	51	12	2	1	1	15	12	10	.391	.373
Reliever	3.80	0	1	0	36	0	45.0	49	4	22	19	Close & Late	.364	33	12	2	2	0	5	2	1	.400	.545

1994 Season

	ERA	W	L	Sv	G	GS	IP	H	HR	BB	SO		Avg	AB	H	2B	3B	HR	RBI	BB	SO	OBP	SLG
0 Days rest (Re)	6.23	0	1	0	7	0	13.0	20	3	3	3	None on/out	.293	41	12	3	0	0	0	2	3	.326	.366
1 or 2 Days rest	2.05	0	0	0	18	0	22.0	18	1	14	13	First Pitch	.458	24	11	3	0	1	6	2	0	.500	.708
3+ Days rest	4.50	0	0	0	11	0	10.0	11	0	5	3	Ahead in Count	.221	68	15	3	1	1	3	0	18	.232	.338
Pre-All Star	4.17	0	1	0	25	0	36.2	39	3	18	15	Behind in Count	.275	51	14	0	2	2	8	13	0	.422	.471
Post-All Star	2.16	0	0	0	11	0	8.1	10	1	4	4	Two Strikes	.226	62	14	3	1	1	6	7	19	.304	.355

Last Five Years

	ERA	W	L	Sv	G	GS	IP	H	HR	BB	SO		Avg	AB	H	2B	3B	HR	RBI	BB	SO	OBP	SLG
Home	4.44	4	10	0	50	18	154.0	180	18	49	78	vs. Left	.324	247	80	9	0	2	33	26	18	.394	.385
Away	5.91	6	12	0	52	20	141.2	175	14	64	52	vs. Right	.300	916	275	44	9	30	124	87	112	.363	.466
Day	6.04	0	6	0	37	7	79.0	98	11	35	41	Inning 1-6	.296	868	257	40	4	21	113	86	100	.362	.424
Night	4.82	10	16	0	65	31	216.2	257	21	78	89	Inning 7+	.332	295	98	13	5	11	44	27	30	.391	.522
Grass	4.98	8	18	0	66	30	220.1	256	22	75	99	None on	.313	635	199	36	5	14	14	53	69	.368	.452
Turf	5.62	2	4	0	36	8	75.1	99	10	38	31	Runners on	.295	528	156	17	4	18	143	60	61	.371	.445
April	5.32	3	4	0	12	9	47.1	54	6	18	21	Scoring Posn	.305	315	96	14	3	11	128	41	34	.380	.473
May	5.56	2	2	0	19	7	56.2	70	7	28	24	Close & Late	.344	125	43	4	4	5	19	11	11	.399	.560
June	4.85	1	6	0	24	5	55.2	61	4	24	28	None on/out	.318	296	94	20	1	6	6	24	30	.373	.453
July	4.40	1	1	0	25	3	47.0	58	3	18	20	vs. 1st Batr (relief)	.404	57	23	3	0	2	8	7	4	.469	.561
August	5.71	2	6	0	17	9	58.1	73	9	17	25	First Inning Pitched	.322	338	109	14	3	8	53	45	36	.404	.453
September/October	4.70	1	3	0	5	5	30.2	39	3	8	12	First 15 Pitches	.336	301	101	12	3	8	40	39	23	.416	.475
Starter	5.13	9	20	0	38	38	214.0	251	23	72	96	Pitch 16-30	.274	237	65	9	2	4	27	24	35	.342	.380
Reliever	5.18	1	2	0	64	0	81.2	104	9	41	34	Pitch 31-45	.299	184	55	7	1	4	25	12	23	.345	.413
0 Days rest (Re)	5.00	0	1	0	11	0	18.0	23	4	3	6	Pitch 46+	.304	441	134	25	3	16	65	38	49	.362	.483
1 or 2 Days rest	4.66	1	1	0	24	0	29.0	34	3	17	15	First Pitch	.369	176	65	10	2	4	27	5	0	.389	.517
3+ Days rest	5.71	0	0	0	29	0	34.2	47	2	21	13	Ahead in Count	.225	409	92	11	3	8	37	0	112	.237	.325
Pre-All Star	5.14	7	12	0	64	21	175.0	201	18	75	79	Behind in Count	.346	361	125	19	4	13	63	56	0	.432	.529
Post-All Star	5.15	3	10	0	38	17	120.2	154	14	38	51	Two Strikes	.238	411	98	17	3	7	37	52	130	.330	.345

Pitcher vs. Batter (career)

Pitches Best Vs.	Avg	AB	H	2B	3B	HR	RBI	BB	SO	OBP	SLG	Pitches Worst Vs.	Avg	AB	H	2B	3B	HR	RBI	BB	SO	OBP	SLG
Bill Pecota	.182	11	2	2	0	0	0	0	0	.182	.364	Dave Gallagher	.455	11	5	2	0	1	2	0	1	.455	.909
Tom Brunansky	.182	11	2	1	0	0	1	1	1	.250	.273	Jody Reed	.438	16	7	2	0	0	4	0	1	.438	.563
Randy Milligan	.182	11	2	1	0	0	0	4	1	.438	.273	Don Mattingly	.364	11	4	2	0	0	2	0	0	.364	.545
Ellis Burks	.200	10	2	1	1	0	2	1	1	.273	.500												
Wade Boggs	.214	14	3	0	0	0	2	1	0	.267	.214												

Spike Owen — Angels

Age 34 – Bats Both

	Avg	G	AB	R	H	2B	3B	HR	RBI	BB	SO	HBP	GDP	SB	CS	OBP	SLG	IBB	SH	SF	#Pit	#P/PA	GB	FB	G/F
1994 Season	.310	82	268	30	83	17	2	3	37	49	17	1	4	2	8	.418	.422	0	3	0	1266	3.94	113	85	1.33
Last Five Years	.257	595	1865	217	479	95	20	20	158	240	198	2	36	24	26	.340	.361	28	19	16	8053	3.76	738	593	1.24

1994 Season

	Avg	AB	H	2B	3B	HR	RBI	BB	SO	OBP	SLG		Avg	AB	H	2B	3B	HR	RBI	BB	SO	OBP	SLG
vs. Left	.289	83	24	8	0	3	15	17	6	.416	.494	Scoring Posn	.453	53	24	5	0	0	31	14	3	.574	.547
vs. Right	.319	185	59	9	2	0	22	32	11	.419	.389	Close & Late	.344	32	11	1	1	0	5	10	3	.500	.438
Groundball	.328	64	21	3	1	0	9	14	4	.456	.406	None on/out	.288	80	23	6	0	2	2	9	5	.360	.438
Flyball	.333	48	16	4	1	2	11	8	1	.429	.583	Batting #1	.302	106	32	9	1	2	14	12	4	.373	.462
Home	.311	164	51	13	2	2	22	27	12	.408	.451	Batting #2	.354	113	40	6	1	1	18	21	9	.455	.451
Away	.308	104	32	4	0	1	15	22	5	.433	.375	Other	.224	49	11	2	0	0	5	16	4	.424	.265
Day	.324	68	22	4	1	3	13	12	3	.425	.544	April	.231	13	3	1	0	0	3	3	1	.375	.308
Night	.305	200	61	13	1	0	24	37	14	.416	.380	May	.233	30	7	1	0	0	3	9	3	.425	.267
Grass	.308	250	77	17	2	3	35	44	17	.412	.428	June	.317	104	33	9	1	2	13	12	4	.388	.481
Turf	.333	18	6	0	0	0	2	5	0	.500	.333	July	.318	88	28	4	1	1	14	16	5	.423	.420
First Pitch	.333	15	5	1	0	0	4	0	0	.333	.400	August	.364	33	12	2	0	0	4	9	4	.500	.424
Ahead in Count	.403	72	29	6	1	3	11	30	0	.578	.639	September/October	.000	0	0	0	0	0	0	0	0	.000	.000
Behind in Count	.290	124	36	6	1	0	14	0	14	.296	.355	Pre-All Star	.289	173	50	11	1	3	27	30	9	.397	.416
Two Strikes	.250	112	28	5	1	0	10	19	17	.364	.313	Post-All Star	.347	95	33	6	1	0	10	19	8	.456	.432

1994 By Position

Position	Avg	AB	H	2B	3B	HR	RBI	BB	SO	OBP	SLG	G	GS	Innings	PO	A	E	DP	Fld Pct	Rng Fctr	In Zone	Outs	Zone Rtg	MLB Zone
As 3b	.319	248	79	17	2	3	35	45	14	.423	.440	70	66	593.1	42	128	8	13	.955	2.58	182	149	.819	.826

Last Five Years

	Avg	AB	H	2B	3B	HR	RBI	BB	SO	OBP	SLG		Avg	AB	H	2B	3B	HR	RBI	BB	SO	OBP	SLG
vs. Left	.277	782	217	58	7	12	75	78	81	.342	.416	Scoring Posn	.251	422	106	20	3	1	125	82	55	.363	.320
vs. Right	.242	1083	262	37	13	8	83	162	117	.338	.322	Close & Late	.280	304	85	15	4	4	31	48	40	.374	.395
Groundball	.249	543	135	24	7	4	53	76	62	.338	.330	None on/out	.256	454	116	26	6	7	7	56	39	.337	.385
Flyball	.242	396	96	27	4	9	37	46	42	.319	.399	Batting #2	.290	458	133	25	4	4	43	50	34	.357	.389
Home	.240	870	209	45	7	9	73	113	91	.325	.339	Batting #8	.247	1007	249	49	14	11	78	141	109	.338	.357
Away	.271	995	270	50	13	11	85	127	107	.353	.381	Other	.243	400	97	21	2	5	37	49	33	.323	.343
Day	.271	539	146	26	8	12	57	71	68	.353	.416	April	.283	272	77	17	4	2	25	25	27	.340	.397
Night	.251	1326	333	69	12	8	101	169	130	.334	.339	May	.227	344	78	13	0	7	31	53	45	.333	.326
Grass	.265	896	237	41	8	11	87	120	98	.350	.365	June	.248	404	100	25	5	6	37	61	35	.344	.379
Turf	.250	969	242	54	12	9	71	120	100	.330	.358	July	.246	325	80	13	3	2	25	45	31	.334	.332
First Pitch	.280	189	53	11	1	4	19	12	0	.320	.413	August	.308	247	76	15	2	4	29	34	29	.376	.393
Ahead in Count	.331	514	170	36	10	8	62	143	0	.475	.486	September/October	.249	273	68	12	5	2	16	27	26	.315	.352
Behind in Count	.223	753	168	28	6	4	46	0	168	.223	.292	Pre-All Star	.252	1152	290	59	9	18	108	160	122	.342	.365

	Avg	AB	H	2B	3B	HR	RBI	BB	SO	OBP	SLG		Avg	AB	H	2B	3B	HR	RBI	BB	SO	OBP	SLG
							Last Five Years																
Two Strikes	.197	766	151	24	6	4	44	74	198	.267	.260	Post-All Star	.265	713	189	36	11	2	50	80	76	.336	.355
							Batter vs. Pitcher (since 1984)																
Hits Best Against	Avg	AB	H	2B	3B	HR	RBI	BB	SO	OBP	SLG	Hits Worst Against	Avg	AB	H	2B	3B	HR	RBI	BB	SO	OBP	SLG
Tom Browning	.500	24	12	4	1	1	2	1	1	.520	.875	Orel Hershiser	.000	13	0	0	0	0	0	2	2	.133	.000
Greg Swindell	.500	12	6	1	0	0	1	1	0	.538	.583	Bobby Witt	.000	13	0	0	0	0	0	2	2	.133	.000
Paul Assenmacher	.385	13	5	1	0	1	1	2	3	.467	.692	Chris Bosio	.000	10	0	0	0	0	0	1	1	.091	.000
Ken Hill	.357	14	5	0	2	0	2	3	1	.471	.643	Tom Candiotti	.034	29	1	0	0	0	0	2	2	.097	.034
David Wells	.333	15	5	3	0	1	0	1	.333	.733	Mike Bielecki	.042	24	1	0	0	0	1	5	.080	.042

Jayhawk Owens — Rockies
Age 26 – Bats Right (groundball hitter)

	Avg	G	AB	R	H	2B	3B	HR	RBI	BB	SO	HBP	GDP	SB	CS	OBP	SLG	IBB	SH	SF	#Pit	#P/PA	GB	FB	G/F
1994 Season	.250	6	12	4	3	0	1	0	1	3	3		0	1	0	0	.400	.417	0	0	1	54	3.60	2	4	0.50
Career (1993-1994)	.214	39	98	16	21	5	1	3	7	9	33	2	2	1	0	.294	.378	1	0	0	371	3.40	26	17	1.53

1994 Season

	Avg	AB	H	2B	3B	HR	RBI	BB	SO	OBP	SLG		Avg	AB	H	2B	3B	HR	RBI	BB	SO	OBP	SLG
vs. Left	.000	2	0	0	0	0	0	1	0	.333	.000	Scoring Posn	.333	3	1	0	0	0	0	0	1	.333	.333
vs. Right	.300	10	3	0	1	0	1	2	3	.417	.500	Close & Late	1.000	1	1	0	0	0	0	0	0	1.000	1.000

Tom Pagnozzi — Cardinals
Age 32 – Bats Right

	Avg	G	AB	R	H	2B	3B	HR	RBI	BB	SO	HBP	GDP	SB	CS	OBP	SLG	IBB	SH	SF	#Pit	#P/PA	GB	FB	G/F
1994 Season	.272	70	243	21	66	12	1	7	40	21	39	0	3	0	0	.327	.416	5	0	2	936	3.52	79	81	0.98
Last Five Years	.261	510	1737	143	454	92	10	25	205	118	233	7	35	13	19	.308	.369	27	12	17	6391	3.38	627	549	1.14

1994 Season

	Avg	AB	H	2B	3B	HR	RBI	BB	SO	OBP	SLG		Avg	AB	H	2B	3B	HR	RBI	BB	SO	OBP	SLG
vs. Left	.333	57	19	3	0	1	6	8	6	.415	.439	Scoring Posn	.235	81	19	2	0	2	29	12	16	.326	.333
vs. Right	.253	186	47	9	1	6	34	13	33	.299	.409	Close & Late	.171	35	6	1	0	0	3	5	9	.268	.200
Home	.246	114	28	6	1	2	19	10	16	.302	.368	None on/out	.280	50	14	4	0	1	1	2	7	.308	.420
Away	.295	129	38	6	0	5	21	11	23	.350	.457	Batting #7	.285	123	35	7	0	4	20	8	18	.328	.439
First Pitch	.295	44	13	5	0	3	8	2	0	.326	.614	Batting #8	.258	120	31	5	1	3	20	13	21	.326	.392
Ahead in Count	.364	55	20	2	1	3	14	14	0	.486	.600	Other	.000	0	0	0	0	0	0	0	0	.000	.000
Behind in Count	.210	105	22	5	0	0	11	0	34	.208	.257	Pre-All Star	.276	156	43	10	1	4	26	13	27	.331	.429
Two Strikes	.212	99	21	5	0	1	14	4	39	.243	.293	Post-All Star	.264	87	23	2	0	3	14	8	12	.320	.391

Last Five Years

	Avg	AB	H	2B	3B	HR	RBI	BB	SO	OBP	SLG		Avg	AB	H	2B	3B	HR	RBI	BB	SO	OBP	SLG
vs. Left	.267	591	158	31	3	11	67	49	84	.321	.386	Scoring Posn	.252	497	125	26	4	5	166	55	82	.319	.350
vs. Right	.258	1146	296	61	7	14	138	69	149	.301	.360	Close & Late	.196	321	63	11	0	3	27	22	53	.251	.259
Groundball	.250	613	153	32	1	8	67	44	80	.301	.344	None on/out	.258	403	104	20	2	4	4	22	48	.296	.347
Flyball	.224	326	73	16	4	3	34	29	54	.288	.325	Batting #7	.259	905	234	51	6	10	105	55	125	.302	.361
Home	.246	802	197	37	6	10	88	65	101	.311	.344	Batting #8	.265	790	209	38	4	15	93	60	99	.316	.380
Away	.275	935	257	55	4	15	117	53	132	.311	.390	Other	.262	42	11	3	0	0	7	3	9	.298	.333
Day	.282	490	138	30	3	9	75	35	51	.329	.410	April	.239	205	49	7	1	1	16	11	22	.274	.298
Night	.253	1247	316	62	7	16	130	83	182	.300	.353	May	.291	289	84	19	3	6	44	23	38	.347	.439
Grass	.305	499	152	32	3	9	74	30	65	.342	.435	June	.258	271	70	10	2	7	41	16	33	.297	.387
Turf	.244	1238	302	60	7	16	131	88	168	.295	.342	July	.247	332	82	15	3	3	38	27	54	.302	.337
First Pitch	.290	297	86	22	4	6	38	21	0	.335	.451	August	.239	343	82	23	1	6	33	23	46	.286	.364
Ahead in Count	.322	367	118	22	3	9	58	59	0	.412	.471	September/October	.293	297	87	18	0	2	33	18	40	.336	.374
Behind in Count	.220	783	172	32	2	8	73	0	211	.222	.296	Pre-All Star	.266	883	235	42	7	15	112	55	114	.309	.381
Two Strikes	.201	695	140	29	1	7	65	36	233	.245	.276	Post-All Star	.256	854	219	50	3	10	93	63	119	.307	.357

Batter vs. Pitcher (career)

Hits Best Against	Avg	AB	H	2B	3B	HR	RBI	BB	SO	OBP	SLG	Hits Worst Against	Avg	AB	H	2B	3B	HR	RBI	BB	SO	OBP	SLG
Terry Mulholland	.458	24	11	2	0	1	6	0	3	.440	.667	John Franco	.000	14	0	0	0	0	0	2	6	.125	.000
Tom Browning	.455	11	5	2	0	0	2	1	.538	.636	Mark Portugal	.000	12	0	0	0	0	0	1	1	.077	.000
John Smiley	.368	19	7	3	0	1	3	2	5	.429	.684	Norm Charlton	.000	10	0	0	0	0	0	1	2	.091	.000
Pete Schourek	.357	14	5	3	0	1	4	0	1	.400	.786	Mel Rojas	.077	13	1	0	0	0	0	3	.077	.077
Frank Castillo	.357	14	5	1	1	1	5	0	1	.357	.786	Bob Scanlan	.100	10	1	0	0	0	0	1	1	.182	.100

Lance Painter — Rockies
Age 27 – Pitches Left

	ERA	W	L	Sv	G	GS	IP	BB	SO	Avg	H	2B	3B	HR	RBI	OBP	SLG	CG	ShO	Sup	QS	#P/S	SB	CS	GB	FB	G/F
1994 Season	6.11	4	6	0	15	14	73.2	26	41	.302	91	19	3	9	46	.354	.475	0	0	6.35	5	90	8	2	118	87	1.36
Career (1993-1994)	6.07	6	8	0	25	20	112.2	35	57	.313	143	29	6	14	70	.359	.495	1	0	5.91	6	89	10	6	169	138	1.22

1994 Season

	ERA	W	L	Sv	G	GS	IP	H	HR	BB	SO		Avg	AB	H	2B	3B	HR	RBI	BB	SO	OBP	SLG
Home	6.88	2	3	0	7	7	35.1	46	4	13	15	vs. Left	.257	35	9	2	0	0	4	4	3	.333	.314
Away	5.40	2	3	0	8	7	38.1	45	5	13	26	vs. Right	.308	266	82	17	3	9	42	22	38	.357	.496
Starter	6.15	4	6	0	14	14	71.2	88	9	26	41	Scoring Posn	.312	77	24	6	2	3	36	11	10	.376	.558
Reliever	4.50	0	0	0	1	0	2.0	3	0	0	0	Close & Late	.500	2	1	0	0	0	0	1	1	.667	1.000
0-3 Days Rest (St)	0.00	0	0	0	0	0	0.0	0	0	0	0	None on/out	.329	79	26	3	0	2	2	4	12	.361	.443
4 Days Rest	4.87	3	3	0	8	8	44.1	52	5	16	30	First Pitch	.421	38	16	3	1	3	10	2	0	.439	.789
5+ Days Rest	8.23	1	3	0	6	6	27.1	36	4	10	11	Ahead in Count	.207	116	24	4	2	2	14	0	34	.210	.328
Pre-All Star	5.98	2	3	0	9	9	46.2	58	6	21	28	Behind in Count	.357	84	30	0	0	2	11	14	0	.449	.524

	ERA	W	L	Sv	G	GS	IP	H	HR	BB	SO		Avg	AB	H	2B	3B	HR	RBI	BB	SO	OBP	SLG
Post-All Star	6.33	2	3	0	6	5	27.0	33	3	5	13	Two Strikes	.198	126	25	4	2	3	20	10	41	.252	.333

Vince Palacios — Cardinals

Age 31 – Pitches Right (flyball pitcher)

	ERA	W	L	Sv	G	GS	IP	BB	SO	Avg	H	2B	3B	HR	RBI	OBP	SLG	CG	ShO	Sup	QS	#P/S	SB	CS	GB	FB	G/F
1994 Season	4.44	3	8	1	31	17	117.2	43	95	.246	104	21	2	16	58	.315	.418	1	1	2.91	11	93	4	7	128	122	1.05
Last Five Years	3.94	12	13	7	94	32	267.1	110	200	.239	233	41	4	29	118	.316	.379	2	4	4.01	16	83	9	15	278	325	0.86

1994 Season

	ERA	W	L	Sv	G	GS	IP	H	HR	BB	SO		Avg	AB	H	2B	3B	HR	RBI	BB	SO	OBP	SLG
Home	4.68	0	3	0	15	8	57.2	52	10	19	50	vs. Left	.240	196	47	5	1	9	27	19	42	.311	.413
Away	4.20	3	5	1	16	9	60.0	52	6	24	45	vs. Right	.251	227	57	16	1	7	31	24	53	.319	.423
Starter	4.44	2	7	0	17	17	97.1	86	12	31	78	Scoring Posn	.346	81	28	10	2	4	41	11	21	.394	.667
Reliever	4.43	1	1	1	14	0	20.1	18	4	12	17	Close & Late	.185	54	10	1	0	3	5	9	12	.308	.370
0-3 Days Rest (St)	11.57	0	0	0	1	1	4.2	8	2	2	2	None on/out	.256	117	30	5	0	7	7	10	20	.320	.479
4 Days Rest	4.50	1	5	0	10	10	60.0	43	8	18	51	First Pitch	.322	59	19	6	0	1	7	2	0	.344	.475
5+ Days Rest	3.31	1	2	0	6	6	32.2	35	2	11	25	Ahead in Count	.178	197	35	5	0	6	16	0	79	.189	.294
Pre-All Star	4.76	1	7	0	22	13	85.0	78	13	33	75	Behind in Count	.321	84	27	7	1	4	17	21	0	.440	.571
Post-All Star	3.58	2	1	1	9	4	32.2	26	3	10	20	Two Strikes	.163	209	34	3	0	3	13	20	95	.240	.220

Last Five Years

	ERA	W	L	Sv	G	GS	IP	H	HR	BB	SO		Avg	AB	H	2B	3B	HR	RBI	BB	SO	OBP	SLG
Home	3.59	5	5	2	49	16	143.0	119	14	61	108	vs. Left	.252	477	120	17	2	11	50	53	83	.327	.365
Away	4.34	7	8	5	45	16	124.1	114	15	49	92	vs. Right	.227	497	113	24	2	18	68	57	117	.306	.392
Day	4.10	0	3	3	20	6	59.1	41	8	28	44	Inning 1-6	.249	680	169	32	4	19	89	75	144	.322	.391
Night	3.89	12	10	4	74	26	208.0	192	21	82	156	Inning 7+	.218	294	64	9	0	10	29	35	56	.302	.350
Grass	4.28	2	5	4	25	8	61.0	63	8	22	40	None on	.212	580	123	19	1	14	14	64	115	.294	.321
Turf	3.84	10	8	3	69	24	206.1	170	21	88	160	Runners on	.279	394	110	22	3	15	104	46	85	.349	.464
April	2.23	2	0	1	19	3	44.1	30	3	20	37	Scoring Posn	.286	220	63	16	3	6	83	33	50	.366	.468
May	3.78	5	4	0	23	13	88.0	82	7	41	62	Close & Late	.226	137	31	5	0	5	14	19	23	.323	.372
June	6.05	2	6	1	20	10	58.0	59	7	23	48	None on/out	.246	252	62	11	0	9	9	27	43	.321	.397
July	3.89	2	2	0	13	4	41.2	35	9	16	30	vs. 1st Batr (relief)	.185	54	10	1	1	2	7	6	8	.262	.352
August	6.75	1	1	1	6	1	12.0	15	1	5	8	First Inning Pitched	.255	322	82	15	3	13	48	48	72	.348	.441
September/October	1.16	0	0	4	13	1	23.1	12	2	5	15	First 75 Pitches	.246	850	209	38	4	26	107	99	177	.325	.392
Starter	4.07	5	11	0	32	32	172.2	153	18	57	121	Pitch 76-90	.094	64	6	1	0	0	2	6	13	.169	.109
Reliever	3.71	7	2	7	62	0	94.2	80	11	53	79	Pitch 91-105	.304	46	14	2	0	1	6	4	7	.353	.413
0-3 Days Rest (St)	3.60	0	0	0	5	5	25.0	24	2	8	14	Pitch 106+	.286	14	4	0	0	2	3	1	3	.353	.714
4 Days Rest	5.08	2	8	0	16	16	83.1	73	11	31	63	First Pitch	.264	144	38	6	0	1	13	4	0	.284	.326
5+ Days Rest	2.94	3	3	0	11	11	64.1	56	5	18	44	Ahead in Count	.198	450	89	15	0	12	41	0	165	.203	.311
Pre-All Star	4.08	9	11	2	65	27	200.2	184	20	87	153	Behind in Count	.304	181	55	13	1	8	34	61	0	.470	.519
Post-All Star	3.51	3	2	5	29	5	66.2	49	9	23	47	Two Strikes	.173	468	81	10	1	6	32	45	200	.248	.237

Pitcher vs. Batter (career)

Pitches Best Vs.	Avg	AB	H	2B	3B	HR	RBI	BB	SO	OBP	SLG	Pitches Worst Vs.	Avg	AB	H	2B	3B	HR	RBI	BB	SO	OBP	SLG
Sid Bream	.091	11	1	0	0	0	1	4	0	.167	.091	Milt Thompson	.455	11	5	0	0	0	1	2	0	.538	.455
Tom Foley	.100	10	1	0	0	0	2	1	2	.182	.100	Craig Biggio	.400	10	4	0	0	1	1	1	2	.455	.700
Andre Dawson	.143	14	2	0	0	0	0	0	2	.143	.143	Tim Wallach	.333	12	4	0	0	1	5	0	0	.529	.417
Shawon Dunston	.167	18	3	0	0	1	2	2	5	.250	.333	Mariano Duncan	.333	12	4	0	0	1	3	1	3	.385	.583
Terry Pendleton	.182	11	2	0	0	0	1	0	2	.182	.182	Willie McGee	.333	9	3	0	1	0	1	2	1	.455	.556

Donn Pall — Cubs

Age 33 – Pitches Right (groundball pitcher)

	ERA	W	L	Sv	G	GS	IP	BB	SO	Avg	H	2B	3B	HR	RBI	OBP	SLG	GF	IR	IRS	Hld	SvOp	SB	CS	GB	FB	G/F
1994 Season	3.69	1	2	0	28	0	39.0	10	23	.311	51	6	2	4	20	.352	.445	7	14	6	3	0	2	2	68	38	1.79
Last Five Years	3.46	19	14	4	221	0	335.1	95	169	.258	329	47	6	33	161	.313	.381	48	231	87	39	8	27	11	554	331	1.67

1994 Season

	ERA	W	L	Sv	G	GS	IP	H	HR	BB	SO		Avg	AB	H	2B	3B	HR	RBI	BB	SO	OBP	SLG
Home	2.95	0	0	0	12	0	21.1	27	2	5	13	vs. Left	.333	54	18	3	0	1	5	3	7	.379	.444
Away	4.58	1	2	0	16	0	17.2	24	2	5	10	vs. Right	.300	110	33	3	2	3	15	7	16	.339	.445
Starter	0.00	0	0	0	0	0	0.0	0	0	0	0	Scoring Posn	.350	40	14	0	1	2	17	6	7	.426	.550
Reliever	3.69	1	2	0	28	0	39.0	51	4	10	23	Close & Late	.341	41	14	0	1	0	3	2	4	.372	.390
0 Days rest (Re)	0.00	0	0	0	1	0	2.0	1	0	0	1	None on/out	.286	42	12	4	0	0	0	0	6	.286	.381
1 or 2 Days rest	4.67	0	1	0	10	0	17.1	22	3	4	10	First Pitch	.333	27	9	1	0	1	3	0	0	.321	.481
3+ Days rest	3.20	1	1	0	17	0	19.2	29	1	6	12	Ahead in Count	.299	67	20	2	1	2	11	0	20	.309	.448
Pre-All Star	3.71	1	2	0	25	0	34.0	42	3	9	21	Behind in Count	.306	36	11	1	1	1	5	6	0	.405	.472
Post-All Star	3.60	0	0	0	3	0	5.0	9	1	1	2	Two Strikes	.267	60	16	1	1	2	4	4	23	.313	.417

Last Five Years

	ERA	W	L	Sv	G	GS	IP	H	HR	BB	SO		Avg	AB	H	2B	3B	HR	RBI	BB	SO	OBP	SLG
Home	4.00	11	5	3	115	0	175.2	183	18	50	96	vs. Left	.264	531	140	22	3	8	58	46	73	.324	.362
Away	2.87	8	9	1	106	0	159.2	146	15	45	73	vs. Right	.253	746	189	25	3	25	103	49	96	.306	.395
Day	3.99	6	7	0	65	0	108.1	120	15	34	40	Inning 1-6	.231	402	93	15	2	8	67	28	64	.285	.338
Night	3.21	13	7	4	156	0	227.0	209	18	61	129	Inning 7+	.270	875	236	32	4	25	94	67	105	.327	.401
Grass	3.57	17	12	3	183	0	272.0	271	29	81	137	None on	.243	717	174	27	4	18	18	38	103	.288	.367
Turf	2.98	2	2	1	38	0	63.1	58	4	14	32	Runners on	.277	560	155	20	2	15	143	57	66	.344	.400
April	1.92	1	2	0	32	0	51.2	43	3	8	20	Scoring Posn	.286	346	99	10	2	11	132	47	43	.368	.422
May	3.41	5	4	0	45	0	60.2	60	3	21	31	Close & Late	.262	408	107	13	2	6	33	40	50	.333	.350
June	3.12	2	3	1	43	0	57.2	52	7	14	24	None on/out	.247	304	75	11	2	9	9	12	42	.282	.385

307

Rafael Palmeiro — Orioles
Age 30 – Bats Left (flyball hitter)

Last Five Years (Pitching splits shown at top)

	ERA	W	L	Sv	G	GS	IP	H	HR	BB	SO		Avg	AB	H	2B	3B	HR	RBI	BB	SO	OBP	SLG
July	4.89	5	2	1	38	0	57.0	70	5	22	25	vs. 1st Batr (relief)	.254	201	51	6	2	5	30	11	23	.306	.378
August	3.52	3	3	1	33	0	53.2	54	6	14	31	First Inning Pitched	.260	704	183	21	6	18	121	59	86	.323	.384
September/October	3.79	3	0	1	30	0	54.2	50	9	16	29	First 15 Pitches	.258	709	183	24	6	19	101	43	80	.309	.389
Starter	0.00	0	0	0	0	0	0.0	0	0	0	0	Pitch 16-30	.255	377	96	9	0	10	42	33	67	.313	.358
Reliever	3.46	19	14	4	221	0	335.1	329	33	95	169	Pitch 31-45	.275	153	42	11	0	4	17	17	17	.349	.425
0 Days rest (Re)	4.00	4	0	0	20	0	27.0	24	4	8	14	Pitch 46+	.211	38	8	3	0	0	1	2	5	.250	.289
1 or 2 Days rest	3.68	7	8	1	95	0	134.2	139	14	37	77	First Pitch	.295	200	59	7	1	3	31	18	0	.360	.385
3+ Days rest	3.21	8	6	3	106	0	173.2	166	15	50	78	Ahead in Count	.219	556	122	16	1	17	70	0	141	.226	.344
Pre-All Star	3.09	9	9	1	134	0	189.1	179	14	54	95	Behind in Count	.305	262	80	11	2	10	40	44	0	.406	.477
Post-All Star	3.95	10	5	3	87	0	146.0	150	19	41	74	Two Strikes	.195	522	102	17	2	13	57	32	169	.244	.310

Pitcher vs. Batter (career)

Pitches Best Vs.	Avg	AB	H	2B	3B	HR	RBI	BB	SO	OBP	SLG	Pitches Worst Vs.	Avg	AB	H	2B	3B	HR	RBI	BB	SO	OBP	SLG
Gary Gaetti	.083	12	1	0	0	0	0	0	1	.154	.083	Rickey Henderson	.500	12	6	1	0	1	6	1	0	.538	.833
Joe Carter	.083	12	1	0	0	0	1	1	1	.154	.083	Mike Greenwell	.400	10	4	1	0	1	1	1	1	.455	.800
Tony Phillips	.143	21	3	0	0	0	2	2	2	.217	.143	Mark McGwire	.385	13	5	1	0	2	3	2	2	.500	.692
Travis Fryman	.167	12	2	0	0	2	0	0	1	.167	.167	Rafael Palmeiro	.364	11	4	2	0	1	2	3	0	.500	.818
Dean Palmer	.182	11	2	0	0	2	0	1	1	.167	.182	Julio Franco	.364	11	4	1	0	1	1	2	1	.462	.727

Season Totals

	Avg	G	AB	R	H	2B	3B	HR	RBI	BB	SO	HBP	GDP	SB	CS	OBP	SLG	IBB	SH	SF	#Pit	#P/PA	GB	FB	G/F
1994 Season	.319	111	436	82	139	32	0	23	76	54	63	2	11	7	3	.392	.550	1	0	6	1876	3.77	141	152	0.93
Last Five Years	.304	743	2870	477	872	183	15	122	443	307	362	26	71	38	15	.372	.506	47	11	36	11817	3.64	936	997	0.94

1994 Season

	Avg	AB	H	2B	3B	HR	RBI	BB	SO	OBP	SLG		Avg	AB	H	2B	3B	HR	RBI	BB	SO	OBP	SLG
vs. Left	.352	145	51	12	0	10	30	19	20	.424	.641	Scoring Posn	.330	106	35	11	0	5	53	20	15	.421	.575
vs. Right	.302	291	88	20	0	13	46	35	43	.375	.505	Close & Late	.340	50	17	5	0	2	7	6	10	.404	.560
Groundball	.312	109	34	11	0	4	19	10	15	.369	.523	None on/out	.341	91	31	5	0	8	8	4	9	.368	.659
Flyball	.314	86	27	6	0	9	22	18	9	.425	.698	Batting #3	.320	431	138	32	0	23	75	53	62	.392	.555
Home	.340	209	71	16	0	11	35	24	33	.401	.574	Batting #4	.200	5	1	0	0	0	1	0	1	.200	.200
Away	.300	227	68	16	0	12	41	30	30	.383	.529	Other	.000	0	0	0	0	0	0	1	0	1.000	.000
Day	.422	128	54	11	0	9	27	14	15	.483	.719	April	.348	89	31	8	0	7	18	12	13	.426	.708
Night	.276	308	85	21	0	14	49	40	48	.354	.481	May	.312	93	29	4	0	3	11	13	15	.391	.452
Grass	.328	378	124	29	0	21	69	48	56	.401	.571	June	.321	109	35	11	0	2	14	15	15	.408	.477
Turf	.259	58	15	3	0	2	7	6	7	.328	.414	July	.313	99	31	6	0	9	25	13	16	.383	.646
First Pitch	.384	73	28	8	0	3	7	1	0	.387	.616	August	.283	46	13	3	0	1	8	1	4	.298	.413
Ahead in Count	.409	110	45	9	0	10	34	19	0	.492	.764	September/October	.000	0	0	0	0	0	0	0	0	.000	.000
Behind in Count	.240	167	40	11	0	3	19	0	49	.240	.359	Pre-All Star	.332	328	109	25	0	15	52	45	47	.411	.546
Two Strikes	.215	172	37	9	0	5	22	34	63	.344	.355	Post-All Star	.278	108	30	7	0	8	24	9	16	.331	.565

1994 By Position

Position	Avg	AB	H	2B	3B	HR	RBI	BB	SO	OBP	SLG	G	GS	Innings	PO	A	E	DP	Fld Pct	Rng Fctr	In Zone	Outs	Zone Rtg	MLB Zone
As 1b	.319	436	139	32	0	23	76	54	63	.392	.550	111	110	976.2	958	67	4	86	.996	---	209	159	.761	.818

Last Five Years

	Avg	AB	H	2B	3B	HR	RBI	BB	SO	OBP	SLG		Avg	AB	H	2B	3B	HR	RBI	BB	SO	OBP	SLG
vs. Left	.302	847	256	43	5	31	133	73	114	.360	.475	Scoring Posn	.283	668	189	46	6	16	284	141	92	.395	.442
vs. Right	.304	2023	616	140	10	91	310	234	248	.377	.519	Close & Late	.263	437	115	23	2	20	64	43	64	.327	.462
Groundball	.309	745	230	49	5	27	98	63	91	.365	.497	None on/out	.325	603	196	39	3	31	31	35	65	.367	.554
Flyball	.305	626	191	36	6	37	125	83	66	.384	.559	Batting #2	.285	754	215	45	5	28	93	71	94	.351	.469
Home	.300	1393	418	87	10	62	215	163	180	.374	.510	Batting #3	.313	1753	548	121	9	77	295	190	224	.380	.524
Away	.307	1477	454	96	5	60	228	144	182	.370	.501	Other	.300	363	109	17	1	17	55	46	44	.377	.493
Day	.324	615	199	45	2	21	111	65	67	.386	.506	April	.281	391	110	25	4	17	62	30	50	.346	.496
Night	.298	2255	673	138	13	101	332	242	295	.368	.506	May	.305	518	158	28	3	16	67	54	66	.370	.463
Grass	.306	2441	747	149	15	109	392	271	301	.375	.513	June	.306	516	158	38	0	17	63	49	70	.370	.479
Turf	.291	429	125	34	0	13	51	36	61	.354	.462	July	.354	512	181	32	4	36	117	52	63	.409	.643
First Pitch	.335	376	126	28	2	16	52	33	0	.391	.548	August	.278	492	137	28	2	18	68	55	58	.357	.453
Ahead in Count	.368	748	275	63	4	45	146	147	0	.467	.643	September/October	.290	441	128	32	2	18	66	59	55	.373	.494
Behind in Count	.256	1167	299	58	3	30	144	0	304	.262	.388	Pre-All Star	.308	1609	495	102	10	60	233	163	206	.372	.495
Two Strikes	.228	1134	258	56	5	36	149	121	362	.306	.381	Post-All Star	.299	1261	377	81	5	62	210	144	156	.372	.519

Batter vs. Pitcher (career)

Hits Best Against	Avg	AB	H	2B	3B	HR	RBI	BB	SO	OBP	SLG	Hits Worst Against	Avg	AB	H	2B	3B	HR	RBI	BB	SO	OBP	SLG
Mike Jackson	.778	9	7	1	0	2	3	2	1	.833	1.556	Pat Hentgen	.000	12	0	0	0	0	0	2	2	.143	.000
Mark Leiter	.632	19	12	2	0	3	7	5	1	.708	1.211	Steve Bedrosian	.000	10	0	0	0	0	0	2	1	.167	.000
Rick Sutcliffe	.545	11	6	2	0	2	7	3	1	.643	1.273	John Smiley	.050	20	1	0	0	0	0	4	2	.208	.050
Hipolito Pichardo	.500	12	6	2	0	2	3	0	0	.538	1.167	Randy Johnson	.059	17	1	0	0	0	1	0	2	.059	.059
Bill Gullickson	.471	17	8	1	0	4	7	0	1	.471	1.235	Mike Mussina	.091	22	2	1	0	0	1	0	3	.125	.136

Dean Palmer — Rangers
Age 26 – Bats Right (flyball hitter)

	Avg	G	AB	R	H	2B	3B	HR	RBI	BB	SO	HBP	GDP	SB	CS	OBP	SLG	IBB	SH	SF	#Pit	#P/PA	GB	FB	G/F
1994 Season	.246	93	342	50	84	14	2	19	59	26	89	2	7	3	4	.302	.465	0	0	1	1446	3.90	91	113	0.81
Last Five Years	.231	474	1670	250	385	79	6	93	264	173	495	17	24	24	20	.307	.452	6	3	10	7475	3.99	376	549	0.68

1994 Season

	Avg	AB	H	2B	3B	HR	RBI	BB	SO	OBP	SLG		Avg	AB	H	2B	3B	HR	RBI	BB	SO	OBP	SLG
vs. Left	.276	76	21	2	0	4	13	7	24	.337	.461	Scoring Posn	.237	97	23	3	0	5	37	6	34	.286	.423
vs. Right	.237	266	63	12	2	15	46	19	65	.292	.466	Close & Late	.192	52	10	1	0	2	5	1	19	.208	.327
Groundball	.304	69	21	2	0	6	22	5	12	.347	.594	None on/out	.197	66	13	1	0	3	3	8	16	.293	.348
Flyball	.169	89	15	3	0	6	12	8	36	.237	.404	Batting #6	.256	242	62	9	1	13	41	19	62	.309	.463
Home	.225	187	42	8	0	11	37	12	51	.271	.444	Batting #7	.213	80	17	5	1	4	14	6	20	.276	.450
Away	.271	155	42	6	2	8	22	14	38	.337	.490	Other	.250	20	5	0	0	2	4	1	7	.318	.550
Day	.289	83	24	4	1	5	12	7	18	.352	.542	April	.233	73	17	4	1	1	9	3	18	.263	.356
Night	.232	259	60	10	1	14	47	19	71	.286	.440	May	.286	49	14	3	0	4	9	7	13	.386	.592
Grass	.247	292	72	12	2	15	50	22	70	.304	.455	June	.253	83	21	3	1	8	20	7	18	.315	.602
Turf	.240	50	12	2	0	4	9	4	19	.291	.520	July	.243	103	25	3	0	6	18	7	32	.291	.447
First Pitch	.300	30	9	2	1	3	10	0	0	.323	.733	August	.206	34	7	1	0	0	3	2	8	.250	.235
Ahead in Count	.435	62	27	2	0	9	21	12	0	.527	.903	September/October	.000	0	0	0	0	0	0	0	0	.000	.000
Behind in Count	.185	173	32	8	1	3	16	0	72	.190	.295	Pre-All Star	.270	248	67	11	2	17	49	20	61	.328	.536
Two Strikes	.138	174	24	6	1	3	13	14	89	.205	.236	Post-All Star	.181	94	17	3	0	2	10	6	28	.230	.277

1994 By Position

Position	Avg	AB	H	2B	3B	HR	RBI	BB	SO	OBP	SLG	G	GS	Innings	PO	A	E	DP	Fld Pct	Rng Fctr	In Zone	Outs	Zone Rtg	MLB Zone
As 3b	.245	339	83	14	2	19	59	26	87	.302	.466	91	90	775.2	50	181	22	7	.913	2.68	247	193	.781	.826

Last Five Years

	Avg	AB	H	2B	3B	HR	RBI	BB	SO	OBP	SLG		Avg	AB	H	2B	3B	HR	RBI	BB	SO	OBP	SLG
vs. Left	.257	401	103	16	0	27	66	52	127	.345	.499	Scoring Posn	.209	416	87	15	1	20	154	50	132	.297	.394
vs. Right	.222	1269	282	63	6	66	198	121	368	.295	.437	Close & Late	.210	271	57	11	1	16	36	32	90	.294	.435
Groundball	.240	363	87	12	3	25	80	44	96	.329	.496	None on/out	.277	376	104	23	1	22	22	43	94	.355	.519
Flyball	.211	408	86	25	0	27	64	44	137	.292	.471	Batting #6	.244	692	169	34	3	39	118	70	233	.315	.471
Home	.225	817	184	35	1	40	114	94	248	.312	.417	Batting #7	.214	457	98	22	3	27	69	42	139	.287	.453
Away	.236	853	201	44	5	53	150	79	247	.303	.485	Other	.226	521	118	23	0	27	77	59	146	.316	.426
Day	.253	399	101	26	2	24	73	34	112	.318	.509	April	.256	219	56	13	1	13	37	25	57	.335	.502
Night	.223	1271	284	53	4	69	191	139	383	.304	.434	May	.227	255	58	20	0	13	39	23	89	.298	.459
Grass	.229	1410	323	65	5	73	209	153	407	.310	.438	June	.255	271	69	14	2	17	59	34	68	.337	.509
Turf	.238	260	62	14	1	20	55	20	88	.294	.531	July	.231	359	83	9	2	20	57	34	101	.308	.435
First Pitch	.312	157	49	11	2	14	39	4	0	.347	.675	August	.219	283	62	11	1	14	35	23	85	.284	.413
Ahead in Count	.338	302	102	17	1	24	67	88	0	.489	.639	September/October	.201	283	57	12	0	16	37	34	95	.289	.413
Behind in Count	.169	850	144	30	1	31	95	0	418	.174	.316	Pre-All Star	.252	884	223	49	4	57	178	97	255	.330	.510
Two Strikes	.136	910	124	26	1	26	78	81	495	.209	.253	Post-All Star	.206	786	162	30	2	36	86	76	240	.282	.387

Batter vs. Pitcher (career)

Hits Best Against	Avg	AB	H	2B	3B	HR	RBI	BB	SO	OBP	SLG	Hits Worst Against	Avg	AB	H	2B	3B	HR	RBI	BB	SO	OBP	SLG
Bobby Witt	.417	12	5	1	0	3	6	2	3	.500	1.250	David Cone	.000	10	0	0	0	0	0	2	7	.167	.000
Jim Abbott	.389	18	7	0	0	2	5	5	3	.522	.722	Jeff Nelson	.000	10	0	0	0	0	0	2	7	.167	.000
Bill Wegman	.389	18	7	2	0	3	6	1	4	.421	1.000	Duane Ward	.000	9	0	0	0	0	0	3	5	.250	.000
Bob Welch	.375	8	3	1	0	1	3	3	1	.545	.875	Tim Belcher	.077	13	1	0	0	0	0	0	4	.077	.077
Bill Krueger	.333	9	3	1	0	1	5	3	1	.462	.778	John Smiley	.091	11	1	0	0	0	0	0	0	.091	.091

Erik Pappas — Cardinals
Age 29 – Bats Right

	Avg	G	AB	R	H	2B	3B	HR	RBI	BB	SO	HBP	GDP	SB	CS	OBP	SLG	IBB	SH	SF	#Pit	#P/PA	GB	FB	G/F
1994 Season	.091	15	44	8	4	1	0	0	5	10	13	1	1	0	0	.259	.114	0	0	3	247	4.26	16	14	1.14
Career (1991-1994)	.242	104	289	34	70	13	0	1	35	46	53	1	8	1	3	.342	.298	2	0	6	1409	4.12	106	90	1.18

1994 Season

	Avg	AB	H	2B	3B	HR	RBI	BB	SO	OBP	SLG		Avg	AB	H	2B	3B	HR	RBI	BB	SO	OBP	SLG
vs. Left	.125	8	1	0	0	0	4	2	2	.250	.125	Scoring Posn	.091	11	1	0	0	0	5	4	4	.278	.091
vs. Right	.083	36	3	1	0	0	1	8	11	.261	.111	Close & Late	.167	6	1	0	0	0	0	2	1	.375	.167

Craig Paquette — Athletics
Age 26 – Bats Right

	Avg	G	AB	R	H	2B	3B	HR	RBI	BB	SO	HBP	GDP	SB	CS	OBP	SLG	IBB	SH	SF	#Pit	#P/PA	GB	FB	G/F
1994 Season	.143	14	49	0	7	2	0	0	14	0	0	0	1	0	.143	.184	0	1	0	194	3.88	14	14	1.00
Career (1993-1994)	.210	119	442	35	93	22	4	12	46	14	122	0	4	7	5	.234	.360	2	2	5	1645	3.58	139	112	1.24

1994 Season

	Avg	AB	H	2B	3B	HR	RBI	BB	SO	OBP	SLG		Avg	AB	H	2B	3B	HR	RBI	BB	SO	OBP	SLG
vs. Left	.111	18	2	1	0	0	0	0	8	.111	.167	Scoring Posn	.125	8	1	0	0	0	0	0	3	.125	.125
vs. Right	.161	31	5	1	0	0	0	0	6	.161	.194	Close & Late	.000	7	0	0	0	0	0	0	2	.000	.000

Career (1993-1994)

	Avg	AB	H	2B	3B	HR	RBI	BB	SO	OBP	SLG		Avg	AB	H	2B	3B	HR	RBI	BB	SO	OBP	SLG
vs. Left	.214	154	33	5	2	5	19	5	37	.258	.370	Scoring Posn	.221	113	25	5	1	4	35	5	34	.252	.389
vs. Right	.208	288	60	17	2	7	31	5	71	.221	.354	Close & Late	.214	70	15	4	0	3	12	1	25	.225	.400
Groundball	.137	73	10	2	0	1	7	2	17	.160	.205	None on/out	.213	108	23	3	2	3	3	3	27	.234	.361
Flyball	.217	92	20	5	0	4	12	2	24	.232	.402	Batting #7	.217	166	36	7	2	4	14	4	50	.235	.355
Home	.222	185	41	8	2	8	14	8	59	.254	.405	Batting #8	.178	107	19	6	0	1	13	0	27	.176	.262
Away	.202	257	52	16	2	4	32	6	63	.220	.327	Other	.225	169	38	9	2	7	19	10	45	.268	.426

	Avg	AB	H	2B	3B	HR	RBI	BB	SO	OBP	SLG		Avg	AB	H	2B	3B	HR	RBI	BB	SO	OBP	SLG
												Career (1993-1994)											
Day	.218	142	31	8	1	4	11	4	42	.238	.373	April	.000	0	0	0	0	0	0	0	0	.000	.000
Night	.207	300	62	14	3	8	35	10	80	.232	.353	May	.000	0	0	0	0	0	0	0	0	.000	.000
Grass	.212	339	72	15	2	9	24	11	94	.237	.348	June	.241	145	35	10	1	4	19	1	42	.245	.407
Turf	.204	103	21	7	2	3	22	3	28	.224	.398	July	.220	91	20	5	0	1	6	3	20	.245	.308
First Pitch	.267	60	16	8	2	0	8	2	0	.286	.467	August	.181	105	19	4	2	5	13	7	33	.232	.400
Ahead in Count	.337	83	28	4	0	5	12	6	0	.382	.566	September/October	.188	101	19	3	1	2	8	3	27	.212	.297
Behind in Count	.119	226	27	5	1	4	19	0	105	.119	.204	Pre-All Star	.236	178	42	11	1	5	22	2	53	.243	.393
Two Strikes	.119	219	26	6	0	2	10	6	122	.142	.174	Post-All Star	.193	264	51	11	3	7	24	12	69	.228	.337

Mark Parent — Cubs — Age 33 – Bats Right

	Avg	G	AB	R	H	2B	3B	HR	RBI	BB	SO	HBP	GDP	SB	CS	OBP	SLG	IBB	SH	SF	#Pit	#P/PA	GB	FB	G/F
1994 Season	.263	44	99	8	26	4	0	3	16	13	24	1	5	0	1	.348	.394	1	1	2	459	3.96	36	24	1.50
Last Five Years	.239	151	377	32	90	18	0	12	48	35	75	2	8	1	1	.305	.382	4	9	3	1524	3.58	122	113	1.08

1994 Season

	Avg	AB	H	2B	3B	HR	RBI	BB	SO	OBP	SLG		Avg	AB	H	2B	3B	HR	RBI	BB	SO	OBP	SLG
vs. Left	.242	62	15	1	0	2	9	11	11	.351	.355	Scoring Posn	.217	23	5	1	0	0	9	4	8	.310	.261
vs. Right	.297	37	11	3	0	1	7	2	13	.341	.459	Close & Late	.429	14	6	0	0	2	5	1	3	.438	.857

Chan Ho Park — Dodgers — Age 22 – Pitches Right

	ERA	W	L	Sv	G	GS	IP	BB	SO	Avg	H	2B	3B	HR	RBI	OBP	SLG	GF	IR	IRS	Hld	SvOp	SB	CS	GB	FB	G/F
1994 Season	11.25	0	0	0	2	0	4.0	5	6	.294	5	1	0	1	5	.478	.529	1	0	0	0	0	0	5	2	2.50

1994 Season

	ERA	W	L	Sv	G	GS	IP	H	HR	BB	SO		Avg	AB	H	2B	3B	HR	RBI	BB	SO	OBP	SLG
Home	18.00	0	0	0	1	0	1.0	1	0	2	2	vs. Left	.222	9	2	1	0	0	3	5	3	.533	.333
Away	9.00	0	0	0	1	0	3.0	4	1	3	4	vs. Right	.375	8	3	0	0	1	2	0	3	.375	.750

Rick Parker — Mets — Age 32 – Bats Right

	Avg	AB	R	H	2B	3B	HR	RBI	BB	SO	HBP	GDP	SB	CS	OBP	SLG	IBB	SH	SF	#Pit	#P/PA	GB	FB	G/F
1994 Season	.063	8	16	1	1	0	0	0	0	2	0	0	0	0	.063	.063	0	2	0	52	2.89	7	4	1.75
Career (1990-1994)	.236	120	182	31	43	8	0	2	19	14	30	1	3	7	3	.294	.313	0	6	0	668	3.29	67	49	1.37

1994 Season

	Avg	AB	H	2B	3B	HR	RBI	BB	SO	OBP	SLG		Avg	AB	H	2B	3B	HR	RBI	BB	SO	OBP	SLG
vs. Left	.071	14	1	0	0	0	0	0	2	.071	.071	Scoring Posn	.000	1	0	0	0	0	0	0	0	.000	.000
vs. Right	.000	2	0	0	0	0	0	0	0	.000	.000	Close & Late	.000	1	0	0	0	0	0	0	0	.000	.000

Derek Parks — Twins — Age 26 – Bats Right (flyball hitter)

	Avg	G	AB	R	H	2B	3B	HR	RBI	BB	SO	HBP	GDP	SB	CS	OBP	SLG	IBB	SH	SF	#Pit	#P/PA	GB	FB	G/F
1994 Season	.191	31	89	6	17	6	0	1	9	4	20	2	2	0	1	.242	.292	0	1	0	344	3.58	23	29	0.79
Career (1992-1994)	.200	45	115	10	23	6	0	1	10	6	23	3	2	1	0	.258	.278	0	1	0	450	3.60	31	39	0.79

1994 Season

	Avg	AB	H	2B	3B	HR	RBI	BB	SO	OBP	SLG		Avg	AB	H	2B	3B	HR	RBI	BB	SO	OBP	SLG
vs. Left	.211	38	8	2	0	1	6	4	9	.302	.342	Scoring Posn	.250	24	6	2	0	0	6	2	5	.333	.333
vs. Right	.176	51	9	4	0	0	3	0	11	.192	.255	Close & Late	.143	7	1	0	0	0	0	0	3	.143	.143

Lance Parrish — Pirates — Age 39 – Bats Right (flyball hitter)

	Avg	G	AB	R	H	2B	3B	HR	RBI	BB	SO	HBP	GDP	SB	CS	OBP	SLG	IBB	SH	SF	#Pit	#P/PA	GB	FB	G/F
1994 Season	.270	40	126	10	34	5	0	3	16	18	28	1	5	1	1	.363	.381	1	1	1	558	3.80	35	44	0.80
Last Five Years	.244	395	1293	130	315	45	1	59	171	127	327	12	34	5	5	.315	.417	10	2	9	5558	3.85	383	402	0.95

1994 Season

	Avg	AB	H	2B	3B	HR	RBI	BB	SO	OBP	SLG		Avg	AB	H	2B	3B	HR	RBI	BB	SO	OBP	SLG
vs. Left	.265	34	9	2	0	1	2	1	5	.286	.412	Scoring Posn	.345	29	10	1	0	0	12	8	3	.474	.379
vs. Right	.272	92	25	3	0	2	14	17	23	.387	.370	Close & Late	.227	22	5	0	0	0	3	2	8	.280	.227
Home	.297	64	19	5	0	3	12	10	11	.395	.500	None on/out	.219	32	7	2	0	2	2	1	8	.242	.469
Away	.242	62	15	0	0	0	4	8	17	.329	.242	Batting #7	.315	54	17	2	0	2	9	8	14	.413	.463
First Pitch	.450	20	9	0	0	0	3	1	0	.478	.450	Batting #8	.239	67	16	3	0	1	6	9	13	.325	.328
Ahead in Count	.179	28	5	1	0	1	1	10	0	.395	.321	Other	.200	5	1	0	0	0	1	1	1	.333	.200
Behind in Count	.196	51	10	2	0	2	7	0	21	.196	.353	Pre-All Star	.283	92	26	2	0	2	13	14	22	.380	.370
Two Strikes	.224	58	13	3	0	2	8	7	28	.308	.379	Post-All Star	.235	34	8	3	0	1	3	4	6	.316	.412

Last Five Years

	Avg	AB	H	2B	3B	HR	RBI	BB	SO	OBP	SLG		Avg	AB	H	2B	3B	HR	RBI	BB	SO	OBP	SLG
vs. Left	.253	364	92	12	0	15	39	38	77	.322	.409	Scoring Posn	.245	314	77	9	0	11	104	41	79	.328	.379
vs. Right	.240	929	223	33	1	44	132	89	250	.312	.420	Close & Late	.174	230	40	2	0	7	23	20	80	.239	.274
Groundball	.257	338	87	12	1	14	47	39	85	.338	.423	None on/out	.226	296	67	11	0	17	17	20	79	.280	.436
Flyball	.243	296	72	13	0	16	39	26	78	.306	.449	Batting #6	.234	401	94	11	0	21	58	42	112	.315	.419
Home	.252	655	165	24	0	34	96	60	148	.316	.444	Batting #7	.257	420	108	12	1	22	58	41	96	.327	.448
Away	.235	638	150	21	1	25	75	67	179	.314	.389	Other	.239	472	113	22	0	16	55	44	119	.305	.388
Day	.241	311	75	10	0	15	48	31	80	.308	.418	April	.234	167	39	4	0	9	20	17	44	.310	.419
Night	.244	982	240	35	1	44	123	96	247	.317	.416	May	.253	229	58	10	0	11	39	27	54	.336	.441

Dan Pasqua — White Sox
Age 33 – Bats Left (flyball hitter)

Last Five Years

	Avg	AB	H	2B	3B	HR	RBI	BB	SO	OBP	SLG		Avg	AB	H	2B	3B	HR	RBI	BB	SO	OBP	SLG
Grass	.238	927	221	27	1	40	124	87	232	.310	.399	June	.298	178	53	6	0	9	28	19	35	.373	.483
Turf	.257	366	94	18	0	19	47	40	95	.328	.462	July	.249	261	65	8	1	12	37	27	64	.322	.425
First Pitch	.331	151	50	4	0	9	29	4	0	.358	.536	August	.213	240	51	7	0	11	26	22	75	.286	.379
Ahead in Count	.318	311	99	15	0	19	59	51	0	.409	.550	September/October	.225	218	49	10	0	7	21	15	55	.271	.367
Behind in Count	.171	578	99	14	0	19	50	0	259	.180	.294	Pre-All Star	.261	658	172	22	0	34	98	74	150	.342	.450
Two Strikes	.168	643	108	16	0	22	53	68	327	.251	.295	Post-All Star	.225	635	143	23	1	25	73	53	177	.287	.383

Batter vs. Pitcher (since 1984)

Hits Best Against	Avg	AB	H	2B	3B	HR	RBI	BB	SO	OBP	SLG	Hits Worst Against	Avg	AB	H	2B	3B	HR	RBI	BB	SO	OBP	SLG
Greg Hibbard	.500	18	9	0	0	2	3	2	1	.550	.833	Dennis Eckersley	.000	12	0	0	0	0	0	0	5	.000	.000
Tom Browning	.455	11	5	1	0	1	3	1	1	.538	.818	Todd Worrell	.000	11	0	0	0	0	0	2	4	.154	.000
Jose Rijo	.444	9	4	0	0	1	2	1	.545	.778	Scott Sanderson	.048	21	1	1	0	0	2	2	7	.125	.095
Kirk McCaskill	.412	17	7	1	0	3	4	0	5	.412	1.000	David Wells	.063	16	1	0	0	0	0	1	7	.118	.063
Bruce Hurst	.385	13	5	0	0	3	7	3	4	.500	1.077	Ben McDonald	.071	14	1	0	0	0	0	1	5	.133	.071

Dan Pasqua

	Avg	G	AB	R	H	2B	3B	HR	RBI	BB	SO	HBP	GDP	SB	CS	OBP	SLG	IBB	SH	SF	#Pit	#P/PA	GB	FB	G/F
1994 Season	.217	11	23	2	5	2	0	2	4	0	9	0	1	0	0	.217	.565	0	0	0	95	4.13	5	7	0.71
Last Five Years	.244	428	1206	164	294	77	10	44	181	161	269	6	21	3	6	.333	.434	13	3	12	5451	3.93	346	407	0.85

1994 Season

	Avg	AB	H	2B	3B	HR	RBI	BB	SO	OBP	SLG		Avg	AB	H	2B	3B	HR	RBI	BB	SO	OBP	SLG
vs. Left	.000	0	0	0	0	0	0	0	0	.000	.000	Scoring Posn	.125	8	1	0	0	1	3	0	3	.125	.500
vs. Right	.217	23	5	2	0	2	4	0	9	.217	.565	Close & Late	.000	7	0	0	0	0	0	0	3	.000	.000

Last Five Years

	Avg	AB	H	2B	3B	HR	RBI	BB	SO	OBP	SLG		Avg	AB	H	2B	3B	HR	RBI	BB	SO	OBP	SLG
vs. Left	.231	108	25	6	1	5	18	15	28	.331	.444	Scoring Posn	.224	326	73	17	6	11	127	58	76	.334	.414
vs. Right	.245	1098	269	71	9	39	163	146	241	.333	.433	Close & Late	.239	188	45	8	2	8	25	25	39	.327	.431
Groundball	.242	343	83	28	0	8	40	40	70	.321	.394	None on/out	.244	311	76	23	0	12	52	25	70	.305	.434
Flyball	.221	298	66	11	6	16	50	49	74	.335	.460	Batting #4	.274	533	146	37	6	23	95	68	104	.359	.495
Home	.271	564	153	36	6	19	82	87	117	.369	.457	Batting #6	.221	390	86	23	1	12	49	43	98	.296	.377
Away	.220	642	141	41	4	25	99	74	152	.300	.413	Other	.219	283	62	17	3	9	37	50	67	.333	.396
Day	.281	320	90	26	5	13	58	46	74	.373	.516	April	.248	141	35	7	1	7	25	17	46	.325	.461
Night	.230	886	204	51	5	31	123	115	195	.318	.404	May	.222	185	41	12	1	6	23	33	37	.336	.395
Grass	.240	1012	243	63	9	33	144	144	224	.335	.418	June	.258	186	48	11	2	9	31	18	41	.324	.484
Turf	.263	194	51	8	1	11	37	17	45	.319	.515	July	.272	217	59	16	2	9	39	34	43	.374	.488
First Pitch	.316	155	49	15	2	8	28	2	0	.325	.594	August	.215	233	50	14	1	4	22	28	53	.303	.335
Ahead in Count	.317	303	96	23	3	11	52	83	0	.464	.521	September/October	.250	244	61	17	3	9	41	31	49	.332	.455
Behind in Count	.174	495	86	22	3	15	56	0	200	.177	.321	Pre-All Star	.248	580	144	37	4	25	87	81	137	.338	.455
Two Strikes	.153	562	86	24	4	10	57	72	269	.220	.263	Post-All Star	.240	626	150	40	6	19	94	80	132	.328	.414

Batter vs. Pitcher (career)

Hits Best Against	Avg	AB	H	2B	3B	HR	RBI	BB	SO	OBP	SLG	Hits Worst Against	Avg	AB	H	2B	3B	HR	RBI	BB	SO	OBP	SLG
Luis Aquino	.400	15	6	1	0	2	3	1	2	.438	.867	Mike Mussina	.000	14	0	0	0	0	0	0	3	.000	.000
Mike Morgan	.385	13	5	0	0	2	2	4	4	.467	.846	Jose Guzman	.000	10	0	0	0	0	0	2	2	.167	.000
Scott Erickson	.368	19	7	2	0	3	5	0	4	.368	.947	Ben McDonald	.000	10	0	0	0	0	0	0	4	.286	.000
Steve Ontiveros	.333	15	5	0	0	3	5	2	6	.412	.933	Doug Jones	.077	13	1	0	0	0	1	0	5	.077	.077
Bill Wegman	.304	23	7	1	0	4	4	3	3	.385	.870	Mike Campbell	.077	13	1	0	0	0	0	1	2	.143	.077

Bob Patterson — Angels
Age 36 – Pitches Left (flyball pitcher)

	ERA	W	L	Sv	G	GS	IP	BB	SO	Avg	H	2B	3B	HR	RBI	OBP	SLG	GF	IR	IRS	Hld	SvOp	SB	CS	GB	FB	G/F
1994 Season	4.07	2	3	1	47	0	42.0	15	30	.229	35	10	0	6	22	.306	.412	11	49	11	10	1	0	2	33	58	0.57
Last Five Years	3.63	22	18	18	268	6	319.2	85	246	.255	308	58	5	37	157	.305	.403	104	194	60	47	27	10	16	317	416	0.76

1994 Season

	ERA	W	L	Sv	G	GS	IP	H	HR	BB	SO		Avg	AB	H	2B	3B	HR	RBI	BB	SO	OBP	SLG
Home	3.47	1	2	0	24	0	23.1	22	3	8	15	vs. Left	.229	70	16	6	0	1	8	5	13	.289	.357
Away	4.82	1	1	1	23	0	18.2	13	3	7	15	vs. Right	.229	83	19	4	0	5	14	10	17	.319	.458
Starter	0.00	0	0	0	0	0	0.0	0	0	0	0	Scoring Posn	.250	44	11	3	0	3	17	6	8	.353	.523
Reliever	4.07	2	3	1	47	0	42.0	35	6	15	30	Close & Late	.167	60	10	3	0	3	7	14	.254	.217
0 Days rest (Re)	2.45	1	2	1	11	0	14.2	8	0	5	14	None on/out	.219	32	7	1	0	1	1	4	6	.324	.344
1 or 2 Days rest	3.66	1	0	0	24	0	19.2	18	5	5	10	First Pitch	.190	21	4	1	0	1	2	2	0	.261	.381
3+ Days rest	8.22	0	1	0	12	0	7.2	9	1	5	6	Ahead in Count	.187	75	14	4	0	3	10	0	25	.208	.360
Pre-All Star	5.17	2	3	1	36	0	31.1	28	6	14	23	Behind in Count	.267	30	8	2	0	1	4	0	.353	.333
Post-All Star	0.84	0	0	0	11	0	10.2	7	0	1	7	Two Strikes	.162	68	11	3	0	3	12	9	30	.278	.324

Last Five Years

	ERA	W	L	Sv	G	GS	IP	H	HR	BB	SO		Avg	AB	H	2B	3B	HR	RBI	BB	SO	OBP	SLG
Home	3.83	12	9	9	129	3	162.1	158	21	44	129	vs. Left	.221	407	90	19	2	5	43	26	100	.269	.314
Away	3.43	10	9	9	139	3	157.1	150	16	41	117	vs. Right	.273	800	218	39	3	32	114	59	146	.323	.449
Day	4.58	4	5	6	73	0	76.2	71	12	20	56	Inning 1-6	.244	238	58	13	0	4	17	16	46	.292	.349
Night	3.33	18	13	12	195	5	243.0	237	25	65	190	Inning 7+	.258	969	250	45	5	33	130	68	200	.309	.417
Grass	3.54	9	8	6	135	2	150.0	148	16	42	119	None on/out	.243	678	165	39	3	17	49	43	136	.293	.385
Turf	3.71	13	10	12	133	4	169.2	160	21	43	127	Runners on	.270	529	143	19	2	20	140	42	110	.320	.427
April	3.40	5	2	0	41	0	45.0	39	5	9	35	Scoring Posn	.289	294	85	11	1	16	128	32	57	.351	.497
May	4.72	3	2	2	45	1	55.1	63	8	18	45	Close & Late	.247	421	104	17	1	14	58	37	97	.309	.392
June	3.13	4	6	5	48	0	60.1	57	7	17	40	None on/out	.280	289	81	17	1	8	18	52	.329	.429

Last Five Years

	ERA	W	L	Sv	G	GS	IP	H	HR	BB	SO		Avg	AB	H	2B	3B	HR	RBI	BB	SO	OBP	SLG
July	3.56	5	2	6	53	0	65.2	60	6	16	56	vs. 1st Batr (relief)	.277	242	67	12	1	7	37	15	53	.318	.421
August	2.83	2	4	2	45	1	54.0	47	7	16	35	First Inning Pitched	.261	805	210	34	4	26	129	58	174	.312	.410
September/October	4.35	3	4	3	36	0	39.1	42	4	9	35	First 15 Pitches	.255	754	192	33	2	22	102	45	155	.298	.391
Starter	3.94	2	2	0	6	6	29.2	31	3	7	18	Pitch 16-30	.245	314	77	15	3	12	44	34	66	.322	.427
Reliever	3.60	20	16	18	262	0	290.0	277	34	78	228	Pitch 31-45	.194	72	14	4	0	1	5	5	15	.244	.292
0 Days rest (Re)	3.67	8	5	4	45	0	56.1	44	4	17	51	Pitch 46+	.373	67	25	6	0	2	6	1	10	.382	.552
1 or 2 Days rest	3.97	6	7	7	128	0	129.1	126	22	34	96	First Pitch	.300	190	57	11	1	8	32	15	0	.346	.495
3+ Days rest	3.11	6	4	7	89	0	104.1	107	8	27	81	Ahead in Count	.198	602	119	20	1	13	49	0	216	.204	.299
Pre-All Star	3.78	15	10	9	154	5	183.1	175	23	51	144	Behind in Count	.330	197	65	17	0	8	30	35	0	.429	.538
Post-All Star	3.43	7	8	9	114	1	136.1	133	14	34	102	Two Strikes	.172	564	97	16	1	14	53	35	246	.225	.278

Pitcher vs. Batter (career)

Pitches Best Vs.	Avg	AB	H	2B	3B	HR	RBI	BB	SO	OBP	SLG	Pitches Worst Vs.	Avg	AB	H	2B	3B	HR	RBI	BB	SO	OBP	SLG
Darren Daulton	.077	13	1	0	0	0	0	1	2	.143	.077	Ryne Sandberg	.417	12	5	1	0	0	0	0	0	.417	.500
Dave Magadan	.111	9	1	0	0	0	3	2	4	.273	.222	Kevin McReynolds	.368	19	7	1	0	2	5	0	2	.368	.737
Paul O'Neill	.118	17	2	1	0	0	1	1	5	.167	.176	Tony Gwynn	.364	11	4	0	0	0	1	3	1	.500	.364
Eddie Murray	.143	14	2	0	0	1	0	3	.133	.143	Ozzie Smith	.357	14	5	1	0	1	1	3	.400	.643
Milt Thompson	.182	11	2	1	0	0	0	2	.182	.273	Todd Zeile	.333	12	4	2	0	1	4	0	2	.333	.750

John Patterson — Giants
Age 28 – Bats Both (groundball hitter)

	Avg	G	AB	R	H	2B	3B	HR	RBI	BB	SO	HBP	GDP	SB	CS	OBP	SLG	IBB	SH	SF	#Pit	#P/PA	GB	FB	G/F
1994 Season	.238	85	240	36	57	10	1	3	32	16	43	11	4	13	3	.315	.325	0	7	0	1024	3.74	117	49	2.39
Career (1992-1994)	.220	133	359	47	79	11	2	4	38	21	72	12	6	18	5	.286	.295	0	7	0	1485	3.72	160	80	2.00

1994 Season

	Avg	AB	H	2B	3B	HR	RBI	BB	SO	OBP	SLG		Avg	AB	H	2B	3B	HR	RBI	BB	SO	OBP	SLG
vs. Left	.088	34	3	1	0	0	3	5	7	.225	.118	Scoring Posn	.324	68	22	4	0	2	29	8	12	.425	.471
vs. Right	.262	206	54	9	1	3	29	11	36	.330	.359	Close & Late	.225	40	9	1	0	0	3	5	7	.367	.250
Home	.250	136	34	8	0	2	20	9	22	.320	.353	None on/out	.217	46	10	3	0	0	1	8	.234	.283
Away	.221	104	23	2	1	1	12	7	21	.308	.288	Batting #2	.251	179	45	6	1	3	26	11	32	.333	.346
First Pitch	.243	37	9	0	0	0	5	0	0	.300	.243	Batting #7	.282	39	11	3	0	4	2	6	.317	.359
Ahead in Count	.291	55	16	5	0	1	12	6	0	.361	.436	Other	.045	22	1	0	0	2	3	5	.160	.091
Behind in Count	.184	98	18	4	1	1	11	0	35	.238	.276	Pre-All Star	.225	182	41	8	1	3	25	10	34	.288	.330
Two Strikes	.207	111	23	3	0	1	8	10	43	.313	.261	Post-All Star	.276	58	16	2	0	0	7	6	9	.391	.310

Ken Patterson — Angels
Age 30 – Pitches Left (flyball pitcher)

	ERA	W	L	Sv	G	GS	IP	BB	SO	Avg	H	2B	3B	HR	RBI	OBP	SLG	GF	IR	IRS	Hld	SvOp	SB	CS	GB	FB	G/F
1994 Season	0.00	0	0	0	1	0	0.2	0	1	.000	0	0	0	0	0	.000	.000	0	0	0	0	0	0	0	1	0	0.00
Last Five Years	3.62	8	5	4	165	1	231.1	131	132	.240	201	34	5	25	122	.342	.383	41	228	62	11	8	19	12	265	294	0.90

1994 Season

	ERA	W	L	Sv	G	GS	IP	H	HR	BB	SO		Avg	AB	H	2B	3B	HR	RBI	BB	SO	OBP	SLG
Home	0.00	0	0	0	1	0	0.0	0	0	0	0	vs. Left	.000	1	0	0	0	0	0	0	0	.000	.000
Away	0.00	0	0	0	1	0	0.2	0	0	0	1	vs. Right	.000	0	0	0	0	0	0	0	1	.000	.000

Last Five Years

	ERA	W	L	Sv	G	GS	IP	H	HR	BB	SO		Avg	AB	H	2B	3B	HR	RBI	BB	SO	OBP	SLG
Home	4.03	4	2	3	83	1	118.1	107	15	68	75	vs. Left	.251	271	68	9	3	4	37	43	43	.351	.351
Away	3.19	4	3	1	82	0	113.0	94	10	63	57	vs. Right	.235	565	133	25	2	21	85	88	89	.337	.398
Day	2.65	4	1	0	55	1	71.1	48	6	43	45	Inning 1-6	.254	398	101	19	5	16	80	60	54	.349	.447
Night	4.05	4	4	4	110	0	160.0	153	19	88	87	Inning 7+	.228	438	100	15	0	9	42	71	78	.335	.324
Grass	3.54	7	4	3	132	1	185.2	158	19	106	114	None on	.260	439	114	22	3	11	11	62	68	.354	.399
Turf	3.94	1	1	1	33	0	45.2	43	6	25	18	Runners on	.219	397	87	12	2	14	111	69	64	.329	.365
April	4.05	0	0	0	22	0	26.2	27	8	13	11	Scoring Posn	.228	250	57	9	2	9	100	51	42	.347	.388
May	3.30	2	1	0	27	0	46.1	35	3	30	34	Close & Late	.248	109	27	5	0	4	15	27	25	.391	.404
June	6.14	1	1	1	22	0	36.2	36	7	22	12	None on/out	.240	196	47	11	1	3	3	23	32	.323	.352
July	1.55	1	1	2	30	0	40.2	30	1	16	29	vs. 1st Batr (relief)	.273	139	38	7	0	5	36	19	21	.352	.432
August	3.51	2	2	0	35	0	48.2	45	3	27	34	First Inning Pitched	.244	476	116	19	5	17	95	74	77	.342	.412
September/October	3.62	0	0	1	29	0	32.1	28	3	23	14	First 15 Pitches	.243	441	107	17	4	14	69	62	60	.334	.395
Starter	9.00	0	0	0	1	1	3.0	5	1	2	2	Pitch 16-30	.244	234	57	15	1	5	29	42	39	.352	.380
Reliever	3.55	8	5	4	164	0	228.1	196	24	129	130	Pitch 31-45	.216	97	21	2	0	2	13	16	19	.339	.299
0 Days rest (Re)	5.46	1	1	1	26	0	31.1	33	5	21	29	Pitch 46+	.250	64	16	0	0	4	11	11	14	.360	.438
1 or 2 Days rest	3.31	0	2	2	52	0	65.1	58	4	38	31	First Pitch	.264	125	33	8	0	3	21	9	0	.314	.400
3+ Days rest	3.21	7	2	1	86	0	131.2	105	15	70	70	Ahead in Count	.221	307	68	9	0	7	44	0	101	.224	.319
Pre-All Star	4.24	4	3	1	80	0	121.0	109	19	67	66	Behind in Count	.267	221	59	10	2	11	35	60	0	.415	.480
Post-All Star	2.94	4	2	3	85	0	110.1	92	6	64	66	Two Strikes	.181	342	62	8	0	7	42	62	132	.308	.266

Pitcher vs. Batter (career)

Pitches Best Vs.	Avg	AB	H	2B	3B	HR	RBI	BB	SO	OBP	SLG	Pitches Worst Vs.	Avg	AB	H	2B	3B	HR	RBI	BB	SO	OBP	SLG
Jody Reed	.200	10	2	0	0	0	1	1	1	.273	.200	Cecil Fielder	.625	8	5	0	0	3	8	3	3	.727	1.750
												Ruben Sierra	.375	8	3	0	0	1	3	3	0	.545	.750
												Mike Greenwell	.333	18	6	0	0	0	1	1	1	.368	.333
												Lou Whitaker	.308	13	4	2	0	1	3	3	2	.438	.462

Roger Pavlik — Rangers

Age 27 – Pitches Right

	ERA	W	L	Sv	G	GS	IP	BB	SO	Avg	H	2B	3B	HR	RBI	OBP	SLG	CG	ShO	Sup	QS	#P/S	SB	CS	GB	FB	G/F
1994 Season	7.69	2	5	0	11	11	50.1	30	31	.300	61	11	2	8	37	.394	.493	0	0	4.65	6	83	2	2	66	71	0.93
Career (1992-1994)	4.36	18	15	0	50	49	278.2	144	207	.263	278	43	9	29	116	.355	.403	3	0	4.42	31	96	20	16	341	314	1.09

1994 Season

	ERA	W	L	Sv	G	GS	IP	H	HR	BB	SO		Avg	AB	H	2B	3B	HR	RBI	BB	SO	OBP	SLG
Home	10.97	1	3	0	6	6	21.1	29	3	18	11	vs. Left	.291	110	32	4	2	4	22	19	15	.392	.473
Away	5.28	1	2	0	5	5	29.0	32	5	12	20	vs. Right	.312	93	29	7	0	4	15	11	16	.396	.516

Career (1992-1994)

	ERA	W	L	Sv	G	GS	IP	H	HR	BB	SO		Avg	AB	H	2B	3B	HR	RBI	BB	SO	OBP	SLG
Home	4.71	10	7	0	26	25	135.2	130	12	73	106	vs. Left	.250	572	143	21	6	13	61	83	112	.344	.376
Away	4.03	8	8	0	24	24	143.0	148	17	71	101	vs. Right	.279	484	135	22	3	16	55	61	95	.368	.436
Day	2.90	6	3	0	11	11	71.1	66	5	34	53	Inning 1-6	.264	919	243	36	9	23	106	128	179	.359	.398
Night	4.86	12	12	0	39	38	207.1	212	24	110	154	Inning 7+	.255	137	35	7	0	6	10	16	28	.331	.438
Grass	4.15	16	10	0	41	40	225.1	213	21	117	168	None on	.271	598	162	31	6	15	15	81	110	.363	.418
Turf	5.23	2	5	0	9	9	53.1	65	8	27	39	Runners on	.253	458	116	12	3	14	101	63	97	.346	.384
April	0.00	0	0	0	0	0	0.0	0	0	0	0	Scoring Posn	.248	246	61	7	1	10	89	37	53	.341	.407
May	6.00	2	3	0	9	9	42.0	53	5	27	28	Close & Late	.247	73	18	3	0	3	7	10	17	.333	.411
June	5.36	2	4	0	8	8	47.0	46	6	29	62	None on/out	.269	268	72	11	2	6	6	40	43	.370	.392
July	5.36	4	3	0	8	8	42.0	52	3	19	37	vs. 1st Batr (relief)	.000	1	0	0	0	0	0	0	0	.000	.000
August	3.87	5	3	0	13	12	74.1	71	11	29	60	First Inning Pitched	.321	193	62	13	2	5	35	31	37	.419	.487
September/October	2.70	5	2	0	12	12	73.1	56	4	40	50	First 75 Pitches	.271	739	200	31	9	18	88	110	139	.368	.410
Starter	4.38	18	15	0	49	49	277.2	278	29	143	206	Pitch 76-90	.245	147	36	4	0	6	16	19	37	.333	.395
Reliever	0.00	0	0	0	1	0	1.0	0	0	1	1	Pitch 91-105	.229	118	27	4	0	4	9	8	19	.287	.364
0-3 Days Rest (St)	2.13	1	0	0	4	4	25.1	14	2	15	12	Pitch 106+	.288	52	15	4	0	1	3	7	12	.373	.423
4 Days Rest	4.18	11	7	0	25	25	153.0	149	15	78	111	First Pitch	.389	149	58	9	1	6	17	2	0	.399	.584
5+ Days Rest	5.26	6	8	0	20	20	99.1	115	12	50	83	Ahead in Count	.189	438	83	12	1	14	39	0	176	.203	.317
Pre-All Star	5.66	6	8	0	20	20	103.1	119	11	63	70	Behind in Count	.294	272	80	12	5	8	39	82	0	.454	.463
Post-All Star	3.59	12	7	0	30	29	175.1	159	18	81	137	Two Strikes	.185	465	86	16	2	10	33	60	207	.287	.292

Pitcher vs. Batter (career)

Pitches Best Vs.	Avg	AB	H	2B	3B	HR	RBI	BB	SO	OBP	SLG	Pitches Worst Vs.	Avg	AB	H	2B	3B	HR	RBI	BB	SO	OBP	SLG
Joe Carter	.000	9	0	0	0	0	0	3	4	.250	.000	Travis Fryman	.556	9	5	0	0	0	2	1	1	.636	.556
Albert Belle	.111	9	1	1	0	0	0	1	0	.273	.222	Don Mattingly	.500	10	5	0	0	1	3	0	0	.615	.800
Kenny Lofton	.111	9	1	0	0	0	0	2	3	.273	.111	Tim Raines	.455	11	5	1	1	0	2	3	2	.571	.727
Lance Johnson	.143	14	2	0	0	0	1	2	2	.200	.143	Carlos Baerga	.417	12	5	3	0	0	2	0	2	.462	.667
Felix Jose	.154	13	2	0	0	0	1	3	4	.313	.154	Mickey Tettleton	.400	10	4	1	0	1	2	3	3	.455	.800

Bill Pecota — Braves

Age 35 – Bats Right

	Avg	G	AB	R	H	2B	3B	HR	RBI	BB	SO	HBP	GDP	SB	CS	OBP	SLG	IBB	SH	SF	#Pit	#P/PA	GB	FB	G/F
1994 Season	.214	64	112	15	24	5	0	2	16	16	16	0	3	1	0	.310	.313	1	1	1	522	4.02	47	36	1.31
Last Five Years	.256	465	1081	152	277	58	5	15	112	117	145	4	26	35	16	.330	.361	10	20	3	4564	3.73	423	319	1.33

1994 Season

	Avg	AB	H	2B	3B	HR	RBI	BB	SO	OBP	SLG		Avg	AB	H	2B	3B	HR	RBI	BB	SO	OBP	SLG
vs. Left	.179	39	7	3	0	0	5	4	6	.256	.256	Scoring Posn	.231	39	9	5	0	0	14	4	3	.295	.359
vs. Right	.233	73	17	2	0	2	11	12	10	.337	.342	Close & Late	.227	22	5	1	0	0	1	4	5	.346	.273
Home	.188	48	9	0	0	1	3	10	5	.328	.250	None on/out	.231	26	6	0	0	0	5	5	.355	.231
Away	.234	64	15	5	0	1	13	6	11	.296	.359	Batting #8	.277	47	13	3	0	2	9	10	4	.404	.468
First Pitch	.250	8	2	1	0	0	1	0	0	.250	.375	Batting #9	.242	33	8	1	0	0	3	4	5	.324	.273
Ahead in Count	.344	32	11	4	0	2	12	10	0	.500	.656	Other	.094	32	3	1	0	0	4	2	7	.143	.125
Behind in Count	.185	54	10	0	0	2	0	15	.185	.185	Pre-All Star	.208	106	22	4	0	2	14	15	15	.303	.302
Two Strikes	.130	54	7	0	0	1	6	16	.217	.130	Post-All Star	.333	6	2	1	0	0	2	1	1	.429	.500

Last Five Years

	Avg	AB	H	2B	3B	HR	RBI	BB	SO	OBP	SLG		Avg	AB	H	2B	3B	HR	RBI	BB	SO	OBP	SLG
vs. Left	.289	408	118	32	2	6	46	44	44	.358	.422	Scoring Posn	.258	260	67	16	1	3	91	50	29	.376	.362
vs. Right	.236	673	159	26	3	9	66	73	101	.314	.324	Close & Late	.266	188	50	10	0	0	15	25	31	.356	.319
Groundball	.265	381	101	19	0	6	48	40	48	.335	.362	None on/out	.252	250	63	13	0	3	3	19	35	.307	.340
Flyball	.241	241	58	16	2	3	21	43	63	.303	.361	Batting #2	.259	197	51	12	2	1	11	23	29	.339	.355
Home	.259	509	132	28	1	9	54	64	61	.344	.371	Batting #6	.278	313	87	15	2	3	39	30	41	.343	.367
Away	.253	572	145	30	4	6	58	53	84	.317	.351	Other	.243	571	139	31	1	11	62	64	75	.317	.359
Day	.292	318	93	17	1	4	38	37	43	.368	.390	April	.217	69	15	2	0	0	6	9	9	.308	.246
Night	.241	763	184	41	4	11	74	80	102	.314	.349	May	.237	139	33	7	0	2	22	8	17	.284	.331
Grass	.257	521	134	27	2	7	61	56	78	.328	.357	June	.306	183	56	12	0	4	22	24	30	.386	.437
Turf	.255	560	143	31	3	8	51	61	67	.333	.364	July	.264	261	69	12	2	1	24	24	44	.330	.337
First Pitch	.297	91	27	5	0	1	14	5	0	.340	.385	August	.243	218	53	15	2	6	19	23	23	.317	.413
Ahead in Count	.302	291	88	23	3	12	42	74	0	.445	.526	September/October	.242	211	51	10	1	2	19	29	22	.332	.327
Behind in Count	.211	469	99	17	0	2	39	0	123	.214	.260	Pre-All Star	.257	478	123	26	0	6	57	49	69	.327	.349
Two Strikes	.196	453	89	19	1	1	39	38	145	.260	.249	Post-All Star	.255	603	154	32	5	9	55	68	76	.333	.370

Batter vs. Pitcher (career)

Hits Best Against	Avg	AB	H	2B	3B	HR	RBI	BB	SO	OBP	SLG	Hits Worst Against	Avg	AB	H	2B	3B	HR	RBI	BB	SO	OBP	SLG
David Wells	.462	13	6	3	0	0	1	0	0	.462	.692	Brian Holman	.083	12	1	0	0	0	0	0	1	.083	.083
Randy Johnson	.364	11	4	1	0	2	2	5	0	.563	1.000	Jose DeLeon	.091	11	1	0	0	0	0	0	3	.091	.182
Charlie Hough	.333	12	4	1	1	4	2	1	.429	.833	Tom Bolton	.091	11	1	0	0	0	0	2	0	.091	.091
												Jack Morris	.091	11	1	0	0	0	1	1	.167	.091
												Danny Jackson	.143	14	2	1	0	0	1	3	.200	.143

Steve Peques — Pirates
Age 27 – Bats Right

	Avg	G	AB	R	H	2B	3B	HR	RBI	BB	SO	HBP	GDP	SB	CS	OBP	SLG	IBB	SH	SF	#Pit	#P/PA	GB	FB	G/F
1994 Season	.361	18	36	2	13	2	0	0	2	2	5	0	3	1	0	.395	.417	0	0	0	130	3.42	19	3	6.33

1994 Season

	Avg	AB	H	2B	3B	HR	RBI	BB	SO	OBP	SLG		Avg	AB	H	2B	3B	HR	RBI	BB	SO	OBP	SLG
vs. Left	.421	19	8	2	0	0	1	2	1	.476	.526	Scoring Posn	.333	9	3	0	0	0	2	1	0	.400	.333
vs. Right	.294	17	5	0	0	0	1	0	4	.294	.294	Close & Late	.429	7	3	0	0	0	1	1	1	.500	.429

Alejandro Pena — Pirates
Age 36 – Pitches Right (flyball pitcher)

	ERA	W	L	Sv	G	GS	IP	BB	SO	Avg	H	2B	3B	HR	RBI	OBP	SLG	GF	IR	IRS	Hld	SvOp	SB	CS	GB	FB	G/F
1994 Season	5.02	3	2	7	22	0	28.2	10	27	.206	22	7	0	4	12	.280	.383	15	5	0	2	8	2	0	23	43	0.53
Last Five Years	3.30	15	12	42	174	0	229.0	67	199	.242	207	32	3	21	96	.295	.360	114	137	37	13	51	26	5	235	295	0.80

1994 Season

	ERA	W	L	Sv	G	GS	IP	H	HR	BB	SO		Avg	AB	H	2B	3B	HR	RBI	BB	SO	OBP	SLG
Home	6.00	1	2	3	12	0	15.0	12	1	9	15	vs. Left	.179	56	10	4	0	2	6	8	12	.281	.357
Away	3.95	2	0	4	10	0	13.2	10	3	1	12	vs. Right	.235	51	12	3	0	2	6	2	15	.278	.412

Last Five Years

	ERA	W	L	Sv	G	GS	IP	H	HR	BB	SO		Avg	AB	H	2B	3B	HR	RBI	BB	SO	OBP	SLG
Home	3.77	6	5	15	84	0	102.2	92	11	39	86	vs. Left	.212	415	88	15	1	17	47	41	105	.282	.333
Away	2.92	9	7	27	90	0	126.1	115	10	28	113	vs. Right	.270	441	119	17	2	10	49	26	94	.308	.385
Day	3.80	3	4	15	54	0	73.1	69	5	17	64	Inning 1-6	.232	56	13	1	0	1	8	4	13	.281	.304
Night	3.06	12	8	27	120	0	155.2	138	16	50	135	Inning 7+	.243	800	194	31	3	20	88	63	186	.296	.364
Grass	3.13	8	7	25	112	0	146.2	135	14	43	119	None on	.230	499	115	18	1	12	12	31	110	.277	.343
Turf	3.61	7	5	17	62	0	82.1	72	7	24	80	Runners on	.258	357	92	14	2	9	84	36	89	.319	.384
April	3.70	0	1	5	20	0	24.1	23	2	5	20	Scoring Posn	.259	212	55	9	2	5	75	32	56	.354	.392
May	5.40	4	5	2	33	0	46.2	52	8	21	40	Close & Late	.227	418	95	13	1	9	55	40	98	.290	.328
June	4.09	5	2	8	33	0	44.0	42	4	11	38	None on/out	.175	206	36	5	0	5	5	11	42	.220	.272
July	2.34	3	2	11	34	0	42.1	31	2	15	38	vs. 1st Batr (relief)	.182	159	29	6	0	4	12	10	31	.231	.296
August	3.12	0	2	3	24	0	34.2	38	5	11	28	First Inning Pitched	.233	589	137	21	1	16	70	51	128	.292	.353
September/October	0.73	3	0	13	30	0	37.0	21	0	4	35	First 15 Pitches	.227	507	115	18	0	15	45	40	108	.282	.351
Starter	0.00	0	0	0	0	0	0.0	0	0	0	0	Pitch 16-30	.271	284	77	14	2	3	36	20	64	.317	.366
Reliever	3.30	15	12	42	174	0	229.0	207	21	67	199	Pitch 31-45	.240	50	12	0	1	3	14	6	19	.310	.460
0 Days rest (Re)	2.03	4	0	12	32	0	44.1	37	1	14	41	Pitch 46+	.200	15	3	0	0	0	1	1	8	.250	.200
1 or 2 Days rest	3.50	7	7	25	83	0	108.0	105	11	30	92	First Pitch	.302	129	39	6	0	5	15	13	0	.364	.465
3+ Days rest	3.76	4	5	5	59	0	76.2	65	9	23	66	Ahead in Count	.159	452	72	6	1	4	30	0	184	.161	.204
Pre-All Star	4.14	10	8	19	95	0	126.0	120	14	39	106	Behind in Count	.373	134	50	9	1	10	35	33	0	.488	.679
Post-All Star	2.27	5	4	23	79	0	103.0	87	7	28	93	Two Strikes	.150	448	67	8	1	2	20	21	199	.189	.185

Pitcher vs. Batter (since 1984)

Pitches Best Vs.	Avg	AB	H	2B	3B	HR	BB	SO	OBP	SLG	Pitches Worst Vs.	Avg	AB	H	2B	3B	HR	RBI	BB	SO	OBP	SLG
Gary Redus	.000	12	0	0	0	0	1	0	.077	.000	Darren Daulton	.500	8	4	1	0	1	7	2	2	.545	1.000
Ron Gant	.000	11	0	0	0	0	3	3	.000	.000	Ricky Jordan	.455	11	5	2	0	1	5	0	1	.500	.909
Dave Martinez	.077	13	1	0	0	0	1	3	.143	.077	Billy Hatcher	.450	20	9	4	0	1	5	0	5	.476	.800
Paul O'Neill	.083	12	1	0	0	0	0	3	.083	.083	Ken Caminiti	.429	14	6	1	1	1	1	2	.467	.857
Kevin Bass	.111	18	2	0	0	1	4	.158	.111	Will Clark	.333	15	5	1	0	3	3	1	.444	.800

Geronimo Pena — Cardinals
Age 28 – Bats Both (flyball hitter)

	Avg	G	AB	R	H	2B	3B	HR	RBI	BB	SO	HBP	GDP	SB	CS	OBP	SLG	IBB	SH	SF	#Pit	#P/PA	GB	FB	G/F
1994 Season	.254	83	213	33	54	13	1	11	34	24	54	6	3	9	1	.344	.479	1	4	1	952	3.84	55	71	0.77
Career (1990-1994)	.263	341	900	141	237	54	7	28	114	95	221	21	7	51	20	.344	.432	2	9	11	3898	3.76	260	265	0.98

1994 Season

	Avg	AB	H	2B	3B	HR	RBI	BB	SO	OBP	SLG		Avg	AB	H	2B	3B	HR	RBI	BB	SO	OBP	SLG
vs. Left	.280	75	21	5	0	4	10	9	23	.353	.507	Scoring Posn	.291	55	16	2	0	4	27	10	12	.420	.545
vs. Right	.239	138	33	8	1	7	24	15	31	.340	.464	Close & Late	.135	37	5	0	1	1	2	4	11	.238	.270
Home	.274	124	34	9	1	7	24	11	29	.353	.532	None on/out	.275	51	14	5	0	3	3	11	11	.403	.588
Away	.225	89	20	4	0	4	10	13	25	.333	.404	Batting #2	.282	71	20	4	0	5	8	4	13	.329	.549
First Pitch	.344	32	11	3	0	2	0	0	0	.382	.438	Batting #7	.270	115	31	9	1	4	22	16	29	.380	.470
Ahead in Count	.340	53	18	5	0	3	15	11	0	.463	.604	Other	.111	27	3	0	0	2	4	4	12	.226	.333
Behind in Count	.141	78	11	1	1	3	10	0	42	.152	.295	Pre-All Star	.229	157	36	6	0	7	24	17	42	.315	.401
Two Strikes	.160	100	16	1	0	6	14	13	54	.263	.410	Post-All Star	.321	56	18	7	1	4	10	7	12	.424	.696

Career (1990-1994)

	Avg	AB	H	2B	3B	HR	RBI	BB	SO	OBP	SLG		Avg	AB	H	2B	3B	HR	RBI	BB	SO	OBP	SLG
vs. Left	.311	341	106	24	1	14	48	35	79	.380	.510	Scoring Posn	.258	225	58	12	3	6	88	25	63	.346	.418
vs. Right	.234	559	131	30	6	14	66	60	142	.321	.385	Close & Late	.229	175	40	10	2	3	14	16	46	.306	.360
Groundball	.251	275	69	12	1	5	28	26	77	.325	.356	None on/out	.269	268	72	19	2	12	12	38	61	.362	.489
Flyball	.290	183	53	14	2	7	24	23	40	.384	.503	Batting #1	.260	246	64	13	1	5	21	26	52	.341	.382
Home	.274	442	121	28	4	14	54	51	100	.362	.450	Batting #7	.285	361	103	27	5	11	61	44	84	.372	.479
Away	.253	458	116	26	3	14	60	44	121	.326	.415	Other	.239	293	70	14	2	12	32	25	85	.310	.416
Day	.277	264	73	19	2	14	43	19	68	.323	.523	April	.227	119	27	6	0	4	11	18	33	.340	.378
Night	.258	636	164	35	5	14	71	76	153	.352	.395	May	.244	127	31	8	1	3	11	14	29	.319	.394
Grass	.259	259	67	16	3	7	39	22	71	.311	.425	June	.272	239	65	16	1	5	31	22	52	.347	.410
Turf	.265	641	170	38	4	21	75	73	150	.356	.435	July	.244	123	30	10	2	6	22	9	39	.301	.504
First Pitch	.333	126	42	10	1	6	19	1	0	.356	.571	August	.293	41	12	0	0	3	7	3	6	.367	.561
Ahead in Count	.385	221	85	18	3	8	40	44	0	.482	.602	September/October	.287	251	72	18	3	7	32	29	59	.370	.442

Career (1990-1994)

	Avg	AB	H	2B	3B	HR	RBI	BB	SO	OBP	SLG		Avg	AB	H	2B	3B	HR	RBI	BB	SO	OBP	SLG
Behind in Count	.174	385	67	13	2	7	31	0	182	.190	.273	Pre-All Star	.249	535	133	32	2	13	61	56	131	.329	.389
Two Strikes	.179	424	76	19	3	11	42	50	221	.275	.316	Post-All Star	.285	365	104	22	5	15	53	39	90	.364	.496

Batter vs. Pitcher (career)

Hits Best Against	Avg	AB	H	2B	3B	HR	RBI	BB	SO	OBP	SLG	Hits Worst Against	Avg	AB	H	2B	3B	HR	RBI	BB	SO	OBP	SLG
Danny Jackson	.500	18	9	2	0	1	3	1	0	.550	.778	Terry Mulholland	.071	14	1	1	0	0	1	2	5	.176	.143
Frank Castillo	.500	8	4	1	0	1	6	4	2	.615	1.000	Mel Rojas	.100	10	1	1	0	0	0	1	2	.182	.200
Steve Avery	.417	12	5	3	0	0	0	1	0	.462	.667	Doug Drabek	.125	16	2	1	0	0	4	0	5	.176	.188
Jim Bullinger	.400	5	2	3	0	1	5	2	0	.500	1.000	Dwight Gooden	.167	12	2	0	0	0	0	0	5	.167	.167
Greg W. Harris	.400	10	4	0	0	3	3	1	0	.455	1.300	John Burkett	.182	11	2	0	0	0	0	1	3	.250	.182

Tony Pena — Indians
Age 38 – Bats Right (groundball hitter)

	Avg	G	AB	R	H	2B	3B	HR	RBI	BB	SO	HBP	GDP	SB	CS	OBP	SLG	IBB	SH	SF	#Pit	#P/PA	GB	FB	G/F
1994 Season	.295	40	112	9	33	8	1	2	10	9	11	0	6	0	1	.341	.438	0	3	2	452	3.59	44	30	1.47
Last Five Years	.238	583	1781	184	423	82	5	19	171	138	242	8	75	20	15	.293	.321	4	35	13	7070	3.58	808	410	1.97

1994 Season

	Avg	AB	H	2B	3B	HR	RBI	BB	SO	OBP	SLG		Avg	AB	H	2B	3B	HR	RBI	BB	SO	OBP	SLG
vs. Left	.352	54	19	4	1	2	8	4	3	.390	.574	Scoring Posn	.333	24	8	2	1	0	8	2	5	.357	.500
vs. Right	.241	58	14	4	0	0	2	5	8	.297	.310	Close & Late	.133	15	2	0	0	0	1	1	2	.188	.333
Home	.300	40	12	3	0	1	2	3	4	.349	.450	None on/out	.303	33	10	2	0	0	0	2	4	.343	.364
Away	.292	72	21	5	1	1	8	6	7	.338	.431	Batting #8	.244	45	11	2	0	1	3	4	4	.300	.356
First Pitch	.381	21	8	2	0	0	1	0	0	.381	.476	Batting #9	.333	60	20	6	1	0	6	5	7	.379	.467
Ahead in Count	.250	28	7	0	0	2	3	6	0	.382	.464	Other	.286	7	2	0	0	1	1	0	0	.286	.714
Behind in Count	.280	50	14	5	1	0	5	0	11	.275	.420	Pre-All Star	.313	83	26	7	1	1	7	7	8	.363	.458
Two Strikes	.196	46	9	2	1	0	5	3	11	.240	.283	Post-All Star	.241	29	7	1	0	1	3	2	3	.281	.379

Last Five Years

	Avg	AB	H	2B	3B	HR	RBI	BB	SO	OBP	SLG		Avg	AB	H	2B	3B	HR	RBI	BB	SO	OBP	SLG
vs. Left	.281	509	143	22	1	14	64	29	52	.318	.411	Scoring Posn	.247	462	114	19	2	3	149	34	64	.295	.316
vs. Right	.220	1272	280	60	4	5	107	109	190	.284	.285	Close & Late	.244	295	72	12	1	2	21	26	52	.307	.312
Groundball	.237	413	98	19	1	2	40	31	53	.294	.303	None on/out	.229	414	95	19	1	5	5	42	52	.302	.316
Flyball	.242	417	101	22	0	7	40	42	78	.310	.345	Batting #8	.237	1053	250	48	2	10	102	87	137	.297	.315
Home	.241	875	211	47	2	9	86	75	125	.303	.330	Batting #9	.229	358	82	20	1	4	28	30	52	.291	.324
Away	.234	906	212	35	3	10	85	63	117	.284	.312	Other	.246	370	91	14	2	5	41	21	53	.285	.335
Day	.241	539	130	24	3	4	52	46	78	.301	.319	April	.256	266	68	14	0	4	26	5	31	.267	.353
Night	.236	1242	293	58	2	15	119	92	164	.290	.322	May	.246	345	85	16	2	3	27	24	48	.301	.330
Grass	.241	1500	361	71	4	16	149	127	203	.301	.325	June	.254	284	72	15	2	2	31	31	47	.325	.362
Turf	.221	281	62	11	1	3	22	11	39	.250	.299	July	.189	323	61	12	0	5	22	23	41	.246	.272
First Pitch	.327	309	101	16	2	5	44	2	0	.328	.440	August	.236	280	66	9	0	3	34	24	41	.294	.300
Ahead in Count	.284	380	108	15	1	7	47	79	0	.406	.384	September/October	.251	283	71	16	1	2	31	31	34	.325	.336
Behind in Count	.170	782	133	34	2	2	50	0	218	.177	.226	Pre-All Star	.245	1007	247	49	4	9	86	69	141	.295	.329
Two Strikes	.167	761	127	34	1	2	48	56	242	.228	.222	Post-All Star	.227	774	176	33	1	10	85	69	101	.292	.311

Batter vs. Pitcher (since 1984)

Hits Best Against	Avg	AB	H	2B	3B	HR	RBI	BB	SO	OBP	SLG	Hits Worst Against	Avg	AB	H	2B	3B	HR	RBI	BB	SO	OBP	SLG
Kenny Rogers	.545	11	6	2	0	0	1	0	0	.545	.727	Duane Ward	.000	11	0	0	0	0	1	2	1	.154	.000
Greg Hibbard	.462	13	6	0	0	1	3	1	1	.500	.692	Chris Bosio	.053	19	1	0	0	0	1	0	2	.100	.053
Jimmy Key	.455	33	15	2	0	2	6	0	1	.455	.697	Kirk McCaskill	.053	19	1	0	0	0	1	4	4	.100	.053
Terry Mulholland	.455	11	5	1	0	0	0	1	0	.500	.545	Jose Guzman	.083	12	1	0	0	0	0	0	1	.083	.083
Ben McDonald	.429	14	6	2	0	0	3	6	4	.600	.571	Jack Morris	.125	16	2	0	0	0	2	0	2	.125	.125

Terry Pendleton — Braves
Age 34 – Bats Both

	Avg	G	AB	R	H	2B	3B	HR	RBI	BB	SO	HBP	GDP	SB	CS	OBP	SLG	IBB	SH	SF	#Pit	#P/PA	GB	FB	G/F
1994 Season	.252	77	309	25	78	18	3	7	30	12	57	0	8	2	0	.280	.398	3	3	0	1178	3.64	107	84	1.27
Last Five Years	.283	672	2615	344	739	144	15	73	363	158	349	5	70	29	10	.322	.433	32	18	27	9764	3.46	1022	758	1.35

1994 Season

	Avg	AB	H	2B	3B	HR	RBI	BB	SO	OBP	SLG		Avg	AB	H	2B	3B	HR	RBI	BB	SO	OBP	SLG
vs. Left	.278	97	27	6	1	1	9	1	9	.286	.392	Scoring Posn	.284	74	21	6	1	1	22	4	16	.321	.432
vs. Right	.241	212	51	12	2	6	21	11	48	.278	.401	Close & Late	.154	39	6	0	0	0	1	4	8	.233	.154
Groundball	.274	106	29	6	1	3	11	2	22	.287	.434	None on/out	.339	59	20	3	1	1	1	1	14	.350	.475
Flyball	.167	48	8	1	1	1	3	3	7	.216	.292	Batting #3	.245	49	12	1	0	1	3	2	4	.275	.327
Home	.233	150	35	8	1	3	11	6	30	.263	.360	Batting #6	.259	193	50	15	3	4	18	9	37	.292	.430
Away	.270	159	43	10	2	4	19	6	27	.297	.434	Other	.239	67	16	2	0	2	9	1	16	.250	.358
Day	.236	106	25	5	0	2	13	6	22	.277	.340	April	.351	97	34	5	1	3	14	5	12	.382	.515
Night	.261	203	53	13	3	5	17	6	35	.282	.429	May	.132	106	14	0	1	2	5	1	21	.140	.208
Grass	.256	266	68	18	2	6	26	10	49	.283	.406	June	.256	43	11	7	0	0	4	3	12	.304	.419
Turf	.233	43	10	0	1	1	4	2	8	.267	.349	July	.250	24	6	0	0	1	0	1	7	.250	.375
First Pitch	.347	49	17	5	2	1	11	3	0	.385	.592	August	.333	39	13	6	1	1	6	3	5	.381	.615
Ahead in Count	.333	54	18	5	0	4	8	6	0	.400	.648	September/October	.000	0	0	0	0	0	0	0	0	.000	.000
Behind in Count	.171	146	25	7	0	0	4	0	51	.171	.219	Pre-All Star	.240	246	59	12	2	5	23	9	45	.267	.366
Two Strikes	.145	138	20	5	0	1	5	3	57	.163	.196	Post-All Star	.302	63	19	6	1	2	7	3	12	.333	.524

1994 By Position

Position	Avg	AB	H	2B	3B	HR	RBI	BB	SO	OBP	SLG	G	GS	Innings	PO	A	E	DP	Fld Pct	Rng Fctr	In Zone	Outs	Zone Rtg	MLB Zone
As 3b	.252	309	78	18	3	7	30	12	57	.280	.398	77	77	676.2	60	147	11	12	.950	2.75	201	168	.836	.826

Last Five Years

	Avg	AB	H	2B	3B	HR	RBI	BB	SO	OBP	SLG		Avg	AB	H	2B	3B	HR	RBI	BB	SO	OBP	SLG
vs. Left	.294	814	239	48	5	21	123	44	66	.326	.442	Scoring Posn	.294	708	208	40	4	23	287	67	96	.344	.459
vs. Right	.278	1801	500	96	10	52	240	114	283	.320	.429	Close & Late	.264	390	103	18	1	8	47	38	60	.327	.377
Groundball	.307	876	269	56	4	23	126	48	111	.341	.459	None on/out	.299	521	156	29	5	14	14	21	62	.327	.455
Flyball	.254	552	140	30	2	18	76	37	81	.302	.413	Batting #3	.299	1185	354	66	4	30	166	64	134	.332	.437
Home	.287	1302	374	77	7	44	193	81	174	.326	.459	Batting #6	.258	528	136	28	7	17	69	40	91	.309	.434
Away	.278	1313	365	67	8	29	170	77	175	.317	.407	Other	.276	902	249	50	4	26	128	54	124	.315	.427
Day	.281	734	206	30	3	23	112	36	103	.311	.424	April	.259	382	99	24	1	8	50	31	47	.311	.390
Night	.283	1881	533	114	12	50	251	122	246	.326	.436	May	.270	489	132	22	3	15	67	25	60	.301	.419
Grass	.295	1753	517	103	9	56	261	105	228	.333	.460	June	.305	453	138	27	4	11	64	21	71	.335	.455
Turf	.258	862	222	41	6	17	102	53	121	.299	.378	July	.257	439	113	19	0	12	52	19	58	.287	.383
First Pitch	.322	423	136	30	3	13	81	23	0	.353	.499	August	.289	463	134	24	3	11	66	31	63	.333	.425
Ahead in Count	.328	567	186	40	3	29	91	80	0	.409	.563	September/October	.316	389	123	28	4	16	64	31	50	.367	.532
Behind in Count	.235	1189	279	47	5	14	123	0	310	.234	.318	Pre-All Star	.274	1469	403	79	8	36	189	83	194	.311	.413
Two Strikes	.218	1102	240	42	6	15	114	47	349	.249	.308	Post-All Star	.293	1146	336	65	7	37	174	75	155	.335	.459

Batter vs. Pitcher (career)

Hits Best Against	Avg	AB	H	2B	3B	HR	RBI	BB	SO	OBP	SLG	Hits Worst Against	Avg	AB	H	2B	3B	HR	RBI	BB	SO	OBP	SLG
Bryan Hickerson	.625	16	10	1	0	1	3	0	0	.625	.875	Rod Beck	.071	14	1	0	0	0	0	0	5	.071	.071
Jose DeLeon	.542	24	13	3	2	0	3	3	2	.607	.833	Jeff Fassero	.077	13	1	1	0	0	0	1	4	.143	.154
Norm Charlton	.500	18	9	1	1	1	6	1	1	.526	.833	Dennis Eckersley	.143	14	2	0	0	0	0	0	3	.143	.143
Denny Neagle	.500	10	5	1	0	1	3	1	2	.545	.900	Jose DeJesus	.154	13	2	0	0	0	1	0	5	.154	.154
Shawn Boskie	.471	17	8	4	0	1	1	1	1	.500	.882	Steve Cooke	.154	13	2	0	0	0	0	1	0	.154	.154

Brad Pennington — Orioles
Age 26 – Pitches Left (flyball pitcher)

	ERA	W	L	Sv	G	GS	IP	BB	SO	Avg	H	2B	3B	HR	RBI	OBP	SLG	GF	IR	IRS	Hld	SvOp	SB	CS	GB	FB	G/F
1994 Season	12.00	0	1	0	8	0	6.0	8	7	.346	9	2	0	2	10	.500	.654	3	6	5	1	1	1	1	6	10	0.60
Career (1993-1994)	7.38	3	3	4	42	0	39.0	33	46	.279	43	9	0	9	45	.411	.506	19	51	18	6	8	4	2	39	48	0.81

1994 Season

	ERA	W	L	Sv	G	GS	IP	H	HR	BB	SO		Avg	AB	H	2B	3B	HR	RBI	BB	SO	OBP	SLG
Home	9.00	0	1	0	6	0	5.0	7	2	7	6	vs. Left	.875	8	7	2	0	1	6	2	0	.900	1.500
Away	27.00	0	0	0	2	0	1.0	2	0	1	1	vs. Right	.111	18	2	0	0	1	4	6	7	.333	.278

William Pennyfeather — Reds
Age 27 – Bats Right

	Avg	G	AB	R	H	2B	3B	HR	RBI	BB	SO	HBP	GDP	SB	CS	OBP	SLG	IBB	SH	SF	#Pit	#P/PA	GB	FB	G/F
1994 Season	.000	4	3	0	0	0	0	0	0	0	0	0	0	0	0	.000	.000	0	0	0	4	1.33	1	2	0.50
Career (1992-1994)	.196	40	46	6	9	1	0	0	2	0	6	0	0	0	2	.196	.217	0	0	0	136	2.89	19	17	1.12

1994 Season

	Avg	AB	H	2B	3B	HR	RBI	BB	SO	OBP	SLG		Avg	AB	H	2B	3B	HR	RBI	BB	SO	OBP	SLG
vs. Left	.000	0	0	0	0	0	0	0	0	.000	.000	Scoring Posn	.000	0	0	0	0	0	0	0	0	.000	.000
vs. Right	.000	3	0	0	0	0	0	0	0	.000	.000	Close & Late	.000	0	0	0	0	0	0	0	0	.000	.000

Eduardo Perez — Angels
Age 25 – Bats Right

	Avg	G	AB	R	H	2B	3B	HR	RBI	BB	SO	HBP	GDP	SB	CS	OBP	SLG	IBB	SH	SF	#Pit	#P/PA	GB	FB	G/F
1994 Season	.209	38	129	10	27	7	0	5	16	12	29	0	5	3	0	.275	.380	1	1	1	522	3.65	42	39	1.08
Career (1993-1994)	.233	90	309	26	72	13	0	9	46	21	68	2	9	8	4	.284	.375	1	1	2	1222	3.65	102	95	1.07

1994 Season

	Avg	AB	H	2B	3B	HR	RBI	BB	SO	OBP	SLG		Avg	AB	H	2B	3B	HR	RBI	BB	SO	OBP	SLG
vs. Left	.250	44	11	3	0	2	8	4	5	.313	.455	Scoring Posn	.211	38	8	3	0	2	13	4	12	.279	.447
vs. Right	.188	85	16	4	0	3	8	8	24	.255	.341	Close & Late	.250	20	5	1	0	0	3	2	5	.304	.300
Home	.210	62	13	4	0	3	6	7	15	.286	.419	None on/out	.138	29	4	2	0	0	0	4	7	.242	.207
Away	.209	67	14	3	0	2	10	5	14	.264	.343	Batting #5	.243	37	9	1	0	0	0	3	7	.300	.270
First Pitch	.360	25	9	2	0	0	4	1	0	.385	.440	Batting #6	.198	91	18	6	0	5	16	9	21	.267	.429
Ahead in Count	.269	26	7	1	0	3	5	2	0	.321	.654	Other	.000	1	0	0	0	0	0	0	1	.000	.000
Behind in Count	.131	61	8	3	0	2	5	0	26	.129	.279	Pre-All Star	.209	129	27	7	0	5	16	12	29	.275	.380
Two Strikes	.100	60	6	4	0	1	6	9	29	.214	.200	Post-All Star	.000	0	0	0	0	0	0	0	0	.000	.000

Melido Perez — Yankees
Age 29 – Pitches Right

	ERA	W	L	Sv	G	GS	IP	BB	SO	Avg	H	2B	3B	HR	RBI	OBP	SLG	CG	ShO	Sup	QS	#P/S	SB	CS	GB	FB	G/F
1994 Season	4.10	9	4	0	22	22	151.1	58	109	.238	134	32	4	16	68	.311	.394	1	0	4.82	15	105	9	7	190	167	1.14
Last Five Years	3.92	49	55	1	164	123	894.2	353	764	.242	807	146	21	89	375	.315	.372	14	4	4.25	67	104	65	47	1078	940	1.15

1994 Season

	ERA	W	L	Sv	G	GS	IP	H	HR	BB	SO		Avg	AB	H	2B	3B	HR	RBI	BB	SO	OBP	SLG
Home	3.59	4	1	0	12	12	82.2	72	9	29	57	vs. Left	.247	263	65	13	1	10	33	35	51	.337	.418
Away	4.72	5	3	0	10	10	68.2	62	7	29	52	vs. Right	.230	300	69	19	3	6	35	23	58	.287	.373
Day	3.84	4	2	0	10	10	65.2	59	7	26	39	Inning 1-6	.233	485	113	28	3	14	61	52	97	.309	.390
Night	4.31	5	2	0	12	12	85.2	75	9	32	70	Inning 7+	.269	78	21	4	1	2	7	6	12	.321	.423
Grass	3.47	9	3	0	19	19	132.1	114	12	45	93	None on	.214	345	74	11	1	11	11	32	66	.283	.348
Turf	8.53	0	1	0	3	3	19.0	20	4	13	16	Runners on	.275	218	60	21	3	5	57	26	43	.353	.468
April	3.62	2	1	0	4	4	27.1	24	4	10	19	Scoring Posn	.269	130	35	13	3	2	49	14	24	.338	.462
May	4.35	1	1	0	5	5	31.0	27	3	16	22	Close & Late	.318	44	14	4	0	1	5	9	9	.388	.409
June	3.34	3	1	0	5	5	35.0	35	4	12	24	None on/out	.186	140	26	5	0	6	6	18	26	.278	.221

1994 Season

	ERA	W	L	Sv	G	GS	IP	H	HR	BB	SO		Avg	AB	H	2B	3B	HR	RBI	BB	SO	OBP	SLG
July	3.55	2	0	0	5	5	38.0	29	3	11	30	vs. 1st Batr (relief)	.000	0	0	0	0	0	0	0	0	.000	.000
August	6.75	1	1	0	3	3	20.0	19	2	9	14	First Inning Pitched	.215	79	17	5	0	3	10	12	16	.312	.392
September/October	0.00	0	0	0	0	0	0.0	0	0	0	0	First 75 Pitches	.220	381	84	22	2	9	41	41	75	.300	.360
Starter	4.10	9	4	0	22	22	151.1	134	16	58	109	Pitch 76-90	.310	87	27	3	0	5	12	6	18	.355	.517
Reliever	0.00	0	0	0	0	0	0.0	0	0	0	0	Pitch 91-105	.197	66	13	5	1	1	8	8	15	.280	.348
0-3 Days Rest (St)	0.00	0	0	0	0	0	0.0	0	0	0	0	Pitch 106+	.345	29	10	2	1	1	7	3	1	.406	.586
4 Days Rest	4.15	6	4	0	13	13	89.0	80	7	29	61	First Pitch	.325	80	26	5	0	6	17	4	0	.356	.613
5+ Days Rest	4.04	3	0	0	9	9	62.1	54	9	29	48	Ahead in Count	.120	242	29	8	1	3	18	0	90	.123	.198
Pre-All Star	3.60	7	3	0	16	16	110.0	97	12	41	77	Behind in Count	.358	137	49	14	2	1	16	32	0	.479	.511
Post-All Star	5.44	2	1	0	6	6	41.1	37	4	17	32	Two Strikes	.130	246	32	9	1	6	24	22	109	.204	.248

Last Five Years

	ERA	W	L	Sv	G	GS	IP	H	HR	BB	SO		Avg	AB	H	2B	3B	HR	RBI	BB	SO	OBP	SLG
Home	4.30	19	25	0	79	57	408.0	385	42	160	344	vs. Left	.248	1641	407	68	11	39	180	191	380	.325	.374
Away	3.61	30	30	1	85	66	486.2	422	41	193	420	vs. Right	.235	1700	400	78	10	44	195	162	384	.304	.371
Day	4.45	13	15	0	44	40	249.0	242	30	114	192	Inning 1-6	.242	2619	634	117	17	67	318	279	611	.316	.376
Night	3.72	36	40	1	120	83	645.2	565	53	239	572	Inning 7+	.240	722	173	29	4	16	57	74	153	.310	.357
Grass	3.85	46	44	1	139	104	763.0	681	72	297	648	None on	.231	1982	457	79	9	52	52	200	461	.303	.358
Turf	4.37	3	11	0	25	19	131.2	126	11	56	116	Runners on	.258	1359	350	67	12	31	323	153	303	.331	.393
April	3.31	6	6	0	18	18	114.1	88	9	51	102	Scoring Posn	.266	753	200	37	7	18	264	92	178	.340	.405
May	4.00	9	12	0	29	28	189.0	163	20	88	163	Close & Late	.240	392	94	19	1	7	34	40	86	.311	.347
June	3.72	12	8	0	32	23	171.2	166	16	66	130	None on/out	.247	847	209	36	5	16	16	91	163	.321	.358
July	3.76	10	7	0	29	20	160.1	137	19	55	130	vs. 1st Batr (relief)	.371	35	13	3	0	1	9	2	8	.395	.543
August	4.66	6	13	0	30	20	150.2	144	10	54	131	First Inning Pitched	.269	599	161	23	5	18	94	73	138	.344	.414
September/October	3.98	6	9	1	26	14	108.2	109	9	39	108	First 75 Pitches	.242	2367	572	98	14	60	266	245	549	.314	.371
Starter	4.11	42	52	0	123	123	805.2	735	77	329	679	Pitch 76-90	.251	411	103	20	1	11	41	34	101	.307	.384
Reliever	2.22	7	3	1	41	0	89.0	72	6	24	85	Pitch 91-105	.213	338	72	17	2	7	38	40	68	.297	.337
0-3 Days Rest (St)	9.00	0	3	0	3	3	14.0	17	1	9	9	Pitch 106+	.267	225	60	11	4	5	30	34	46	.360	.418
4 Days Rest	3.93	28	30	0	74	74	490.2	440	39	201	401	First Pitch	.315	486	153	28	7	14	52	12	0	.331	.488
5+ Days Rest	4.19	14	19	0	46	46	301.0	278	37	119	269	Ahead in Count	.168	1492	251	43	7	17	125	0	648	.171	.241
Pre-All Star	3.71	31	29	0	89	76	531.2	463	51	221	438	Behind in Count	.321	760	244	50	6	26	108	195	0	.456	.505
Post-All Star	4.24	18	26	1	75	47	363.0	344	32	132	326	Two Strikes	.160	1579	253	41	6	27	134	146	764	.232	.245

Pitcher vs. Batter (career)

Pitches Best Vs.	Avg	AB	H	2B	3B	HR	RBI	BB	SO	OBP	SLG	Pitches Worst Vs.	Avg	AB	H	2B	3B	HR	RBI	BB	SO	OBP	SLG
Kirk Gibson	.000	10	0	0	0	0	0	4	1	.286	.000	Rene Gonzales	.583	12	7	1	0	0	2	2	3	.643	.667
Travis Fryman	.077	26	2	1	0	0	0	9		.077	.115	Brian McRae	.526	19	10	2	0	1	4	0	4	.526	.789
Scott Leius	.077	13	1	1	0	0	3	0	4	.077	.154	John Olerud	.500	16	8	3	0	0	1	9	3	.680	.688
Tom Brunansky	.080	25	2	2	0	0	0	7		.080	.160	Tim Salmon	.400	15	6	2	0	2	7	1	5	.438	.933
Brent Mayne	.100	10	1	0	0	0	1	0	3	.091	.100	Fred McGriff	.368	19	7	0	1	4	7	2	2	.429	1.105

Mike Perez — Cardinals   Age 30 – Pitches Right

	ERA	W	L	Sv	G	GS	IP	BB	SO	Avg	H	2B	3B	HR	RBI	OBP	SLG	GF	IR	IRS	Hld	SvOp	SB	CS	GB	FB	G/F
1994 Season	8.71	2	3	12	36	0	31.0	10	20	.391	52	8	1	5	29	.430	.579	18	12	2	6	14	2	0	34	45	0.76
Career (1990-1994)	3.40	19	10	20	205	0	227.1	72	136	.257	218	31	7	14	96	.314	.360	74	94	24	32	29	19	5	287	270	1.06

1994 Season

	ERA	W	L	Sv	G	GS	IP	H	HR	BB	SO		Avg	AB	H	2B	3B	HR	RBI	BB	SO	OBP	SLG
Home	11.93	1	2	4	18	0	14.1	32	2	6	8	vs. Left	.390	59	23	4	0	3	11	8	10	.479	.610
Away	5.94	1	1	8	18	0	16.2	20	3	4	12	vs. Right	.392	74	29	4	1	2	18	2	10	.388	.554
Starter	0.00	0	0	0	0	0	0.0	0	0	0	0	Scoring Posn	.325	40	13	2	0	1	21	3	6	.347	.450
Reliever	8.71	2	3	12	36	0	31.0	52	5	10	20	Close & Late	.390	82	32	5	1	2	17	6	13	.419	.549
0 Days rest (Re)	8.68	1	1	3	10	0	9.1	18	0	1	8	None on/out	.533	30	16	2	0	2	2	4	5	.588	.867
1 or 2 Days rest	10.29	1	1	4	17	0	14.0	26	4	6	8	First Pitch	.400	25	10	1	0	3	12	1	0	.414	.800
3+ Days rest	5.87	0	1	5	9	0	7.2	8	1	3	8	Ahead in Count	.339	59	20	4	1	1	4	0	19	.344	.492
Pre-All Star	8.10	2	2	12	35	0	30.0	49	4	9	19	Behind in Count	.423	26	11	2	0	0	7	5	0	.500	.500
Post-All Star	27.00	0	1	0	1	0	1.0	3	1	1	1	Two Strikes	.364	55	20	3	1	2	8	4	20	.413	.564

Career (1990-1994)

	ERA	W	L	Sv	G	GS	IP	H	HR	BB	SO		Avg	AB	H	2B	3B	HR	RBI	BB	SO	OBP	SLG
Home	3.32	14	5	8	95	0	114.0	110	4	32	61	vs. Left	.282	380	107	16	2	7	45	45	55	.359	.389
Away	3.49	5	5	12	110	0	113.1	108	10	40	75	vs. Right	.237	468	111	15	5	7	51	27	81	.276	.335
Day	4.44	5	3	8	71	0	79.0	79	6	27	52	Inning 1-6	.212	99	21	3	0	1	9	7	18	.264	.273
Night	2.85	14	7	12	134	0	148.1	139	8	45	84	Inning 7+	.263	749	197	28	7	13	87	65	118	.321	.371
Grass	3.25	5	3	7	61	0	63.2	61	6	23	48	None on	.251	491	123	17	6	8	8	30	80	.298	.358
Turf	3.46	5	7	13	144	0	163.2	157	8	49	88	Runners on	.266	357	95	14	1	6	88	42	56	.335	.361
April	2.28	4	2	6	38	0	55.1	48	2	13	41	Scoring Posn	.260	204	53	8	0	3	78	34	30	.348	.343
May	4.91	3	5	6	41	0	40.1	43	2	13	27	Close & Late	.268	422	113	13	5	9	49	43	68	.333	.386
June	3.70	2	2	3	43	0	41.1	37	4	18	26	None on/out	.262	214	56	6	4	6	6	12	26	.304	.411
July	4.43	1	2	0	20	0	20.1	29	1	8	9	vs. 1st Batr (relief)	.268	190	51	5	1	4	17	10	30	.304	.368
August	1.96	2	0	2	19	0	23.0	17	4	11	11	First Inning Pitched	.257	642	165	22	3	12	82	54	107	.311	.357
September/October	3.45	5	0	5	44	0	47.0	39	1	9	22	First 15 Pitches	.248	602	149	21	4	10	56	45	96	.297	.346
Starter	0.00	0	0	0	0	0	0.0	0	0	0	0	Pitch 16-30	.292	216	63	9	3	4	38	24	33	.364	.417
Reliever	3.40	19	10	20	205	0	227.1	218	14	72	136	Pitch 31-45	.200	30	6	1	0	0	2	3	7	.273	.233
0 Days rest (Re)	2.99	6	3	8	66	0	72.1	71	0	16	48	Pitch 46+	.000	0	0	0	0	0	0	0	0	.000	.000
1 or 2 Days rest	3.68	8	4	7	98	0	107.2	100	10	36	62	First Pitch	.313	131	41	7	1	6	26	8	0	.349	.519
3+ Days rest	3.42	5	3	5	41	0	47.1	47	4	20	26	Ahead in Count	.218	390	85	13	4	4	26	0	116	.220	.303
Pre-All Star	3.65	12	7	15	134	0	145.1	151	8	49	99	Behind in Count	.292	168	49	9	1	1	24	33	0	.400	.375

Career (1990-1994)

	ERA	W	L	Sv	G	GS	IP	H	HR	BB	SO		Avg	AB	H	2B	3B	HR	RBI	BB	SO	OBP	SLG
Post-All Star	2.96	7	3	5	71	0	82.0	67	6	23	37	Two Strikes	.192	370	71	8	3	3	27	31	136	.259	.254

Pitcher vs. Batter (career)

Pitches Best Vs.	Avg	AB	H	2B	3B	HR	RBI	BB	SO	OBP	SLG	Pitches Worst Vs.	Avg	AB	H	2B	3B	HR	RBI	BB	SO	OBP	SLG
Tim Wallach	.071	14	1	0	0	0	2	2	2	.176	.071	Marquis Grissom	.417	12	5	1	0	1	0	0	3	.417	.500
Jay Bell	.182	11	2	0	0	0	2	0	1	.182	.182	Jeff King	.364	11	4	0	0	1	3	0	1	.333	.636

Robert Perez — Blue Jays   Age 26 – Bats Right

	Avg	G	AB	R	H	2B	3B	HR	RBI	BB	SO	HBP	GDP	SB	CS	OBP	SLG	IBB	SH	SF	#Pit	#P/PA	GB	FB	G/F
1994 Season	.125	4	8	0	1	0	0	0	0	0	1	0	0	1	0	.125	.125	0	0	0	25	3.13	2	4	0.50

1994 Season

	Avg	AB	H	2B	3B	HR	RBI	BB	SO	OBP	SLG		Avg	AB	H	2B	3B	HR	RBI	BB	SO	OBP	SLG
vs. Left	.000	6	0	0	0	0	0	0	1	.000	.000	Scoring Posn	.000	3	0	0	0	0	0	0	0	.000	.000
vs. Right	.500	2	1	0	0	0	0	0	0	.500	.500	Close & Late	1.000	1	1	0	0	0	0	0	0	1.000	1.000

Yorkis Perez — Marlins   Age 27 – Pitches Left (flyball pitcher)

	ERA	W	L	Sv	G	GS	IP	BB	SO	Avg	H	2B	3B	HR	RBI	OBP	SLG	GF	IR	IRS	Hld	SvOp	SB	CS	GB	FB	G/F
1994 Season	3.54	3	0	0	44	0	40.2	14	41	.220	33	7	1	4	18	.291	.360	11	40	10	15	2	1	0	44	45	0.98
Career (1991-1994)	3.40	4	0	0	47	0	45.0	16	44	.216	35	9	1	4	21	.287	.358	11	45	12	15	3	1	1	47	48	0.98

1994 Season

	ERA	W	L	Sv	G	GS	IP	H	HR	BB	SO		Avg	AB	H	2B	3B	HR	RBI	BB	SO	OBP	SLG
Home	2.36	3	0	0	24	0	26.2	22	2	5	29	vs. Left	.194	67	13	1	1	2	10	4	23	.239	.328
Away	5.79	0	0	0	20	0	14.0	11	2	9	12	vs. Right	.241	83	20	6	0	2	8	10	18	.330	.386
Starter	0.00	0	0	0	0	0	0.0	0	0	0	0	Scoring Posn	.195	41	8	1	0	1	14	6	16	.313	.293
Reliever	3.54	3	0	0	44	0	40.2	33	4	14	41	Close & Late	.263	76	20	4	0	3	13	9	20	.341	.434
0 Days rest (Re)	2.00	1	0	0	10	0	9.0	4	0	1	14	None on/out	.184	38	7	0	1	1	1	2	9	.225	.316
1 or 2 Days rest	5.14	1	0	0	20	0	21.0	22	4	7	17	First Pitch	.231	13	3	0	0	1	1	2	0	.333	.462
3+ Days rest	1.69	1	0	0	14	0	10.2	7	0	6	10	Ahead in Count	.167	78	13	0	0	1	11	0	37	.167	.205
Pre-All Star	3.14	2	0	0	31	0	28.2	24	1	9	26	Behind in Count	.276	29	8	3	1	2	3	2	0	.344	.655
Post-All Star	4.50	1	0	0	13	0	12.0	9	3	5	15	Two Strikes	.161	87	14	3	0	1	13	9	41	.240	.230

Gerald Perry — Cardinals   Age 34 – Bats Left

	Avg	G	AB	R	H	2B	3B	HR	RBI	BB	SO	HBP	GDP	SB	CS	OBP	SLG	IBB	SH	SF	#Pit	#P/PA	GB	FB	G/F
1994 Season	.325	60	77	12	25	7	0	3	18	15	12	0	4	1	1	.435	.532	1	0	0	383	4.16	25	24	1.04
Last Five Years	.261	485	1025	132	268	50	6	22	145	109	148	4	28	37	20	.332	.386	12	0	10	4196	3.66	410	301	1.36

1994 Season

	Avg	AB	H	2B	3B	HR	RBI	BB	SO	OBP	SLG		Avg	AB	H	2B	3B	HR	RBI	BB	SO	OBP	SLG
vs. Left	.000	4	0	0	0	0	1	2	2	.333	.000	Scoring Posn	.294	34	10	4	0	0	15	7	8	.415	.412
vs. Right	.342	73	25	7	0	3	17	13	10	.442	.562	Close & Late	.263	19	5	1	0	2	9	8	5	.481	.632

Last Five Years

	Avg	AB	H	2B	3B	HR	RBI	BB	SO	OBP	SLG		Avg	AB	H	2B	3B	HR	RBI	BB	SO	OBP	SLG
vs. Left	.218	275	60	8	3	0	30	22	38	.277	.295	Scoring Posn	.280	307	86	23	3	2	117	54	47	.381	.394
vs. Right	.277	750	208	42	4	19	115	87	110	.351	.420	Close & Late	.244	238	58	8	2	8	47	39	44	.348	.395
Groundball	.276	308	85	18	2	5	43	41	28	.360	.396	None on/out	.248	218	54	8	0	7	7	16	20	.305	.381
Flyball	.265	223	59	7	3	7	38	28	44	.345	.417	Batting #3	.249	285	71	10	2	5	33	23	34	.309	.351
Home	.258	500	129	21	5	9	69	52	68	.328	.374	Batting #5	.286	189	54	12	2	2	23	14	26	.333	.402
Away	.265	525	139	29	1	13	76	57	80	.336	.398	Other	.260	551	143	28	2	15	89	72	88	.343	.399
Day	.297	293	87	16	2	9	46	29	34	.358	.457	April	.279	122	34	4	1	3	21	20	16	.375	.402
Night	.247	732	181	34	4	13	99	80	114	.322	.358	May	.266	192	51	13	1	3	36	19	23	.327	.391
Grass	.268	362	97	22	1	9	54	37	46	.336	.409	June	.257	179	46	10	1	5	23	16	24	.318	.408
Turf	.258	663	171	28	5	13	91	72	102	.330	.374	July	.248	238	59	12	0	8	28	23	44	.313	.399
First Pitch	.282	149	42	8	3	4	27	4	0	.301	.456	August	.298	171	51	6	3	1	24	17	23	.361	.386
Ahead in Count	.280	261	73	15	2	7	50	62	0	.415	.433	September/October	.220	123	27	5	0	2	13	14	18	.309	.309
Behind in Count	.221	429	95	13	1	5	32	0	119	.224	.291	Pre-All Star	.254	543	138	27	3	14	87	62	76	.327	.392
Two Strikes	.187	427	80	10	1	5	31	40	148	.257	.251	Post-All Star	.270	482	130	23	3	8	58	47	72	.337	.380

Batter vs. Pitcher (since 1984)

Hits Best Against	Avg	AB	H	2B	3B	HR	RBI	BB	SO	OBP	SLG	Hits Worst Against	Avg	AB	H	2B	3B	HR	RBI	BB	SO	OBP	SLG
Danny Cox	.550	20	11	2	0	0	2	2	1	.591	.650	Steve Avery	.000	11	0	0	0	0	0	2	1	.154	.000
Atlee Hammaker	.444	9	4	1	0	0	1	1	0	.545	.556	Dave Stewart	.000	10	0	0	0	0	0	1	2	.091	.000
Tom Browning	.429	21	9	2	0	1	2	0	2	.429	.667	Brian Holman	.063	16	1	0	0	0	1	1	1	.158	.125
Alejandro Pena	.412	17	7	2	0	1	3	2	1	.474	.706	Bobby Ojeda	.091	11	1	0	0	0	0	2	2	.091	.091
Dennis Martinez	.353	17	6	3	0	1	5	1	0	.389	.706	Goose Gossage	.100	10	1	0	0	0	2	0	2	.091	.100

Herbert Perry — Indians   Age 25 – Bats Right

	Avg	G	AB	R	H	2B	3B	HR	RBI	BB	SO	HBP	GDP	SB	CS	OBP	SLG	IBB	SH	SF	#Pit	#P/PA	GB	FB	G/F
1994 Season	.111	4	9	1	1	0	0	0	0	3	1	0	0	0	0	.357	.111	1	0	1	52	3.71	4	3	1.33

1994 Season

	Avg	AB	H	2B	3B	HR	RBI	BB	SO	OBP	SLG		Avg	AB	H	2B	3B	HR	RBI	BB	SO	OBP	SLG
vs. Left	.125	8	1	0	0	0	0	1	1	.273	.125	Scoring Posn	.000	0	0	0	0	0	0	1	2	.750	.000
vs. Right	.000	1	0	0	0	0	0	2	0	.667	.000	Close & Late	.000	2	0	0	0	0	0	1	0	.333	.000

Roberto Petagine — Astros
Age 24 – Bats Left

	Avg	G	AB	R	H	2B	3B	HR	RBI	BB	SO	HBP	GDP	SB	CS	OBP	SLG	IBB	SH	SF	#Pit	#P/PA	GB	FB	G/F
1994 Season	.000	8	7	0	0	0	0	0	0	1	3	0	0	0	0	.125	.000	0	0	0	39	4.88	1	2	0.50

1994 Season

	Avg	AB	H	2B	3B	HR	RBI	BB	SO	OBP	SLG		Avg	AB	H	2B	3B	HR	RBI	BB	SO	OBP	SLG
vs. Left	.000	0	0	0	0	0	0	0	0	.000	.000	Scoring Posn	.000	2	0	0	0	0	0	1	1	.333	.000
vs. Right	.000	7	0	0	0	0	0	1	3	.125	.000	Close & Late	.000	1	0	0	0	0	0	1	1	.500	.000

J.R. Phillips — Giants
Age 25 – Bats Left (flyball hitter)

	Avg	G	AB	R	H	2B	3B	HR	RBI	BB	SO	HBP	GDP	SB	CS	OBP	SLG	IBB	SH	SF	#Pit	#P/PA	GB	FB	G/F
1994 Season	.132	15	38	1	5	0	0	1	3	1	13	0	1	1	0	.150	.211	0	0	1	153	3.83	7	15	0.47
Career (1993-1994)	.185	26	54	2	10	1	1	2	7	1	18	0	1	1	0	.196	.352	0	0	1	210	3.75	11	20	0.55

1994 Season

	Avg	AB	H	2B	3B	HR	RBI	BB	SO	OBP	SLG		Avg	AB	H	2B	3B	HR	RBI	BB	SO	OBP	SLG
vs. Left	.000	3	0	0	0	0	1	0	1	.000	.000	Scoring Posn	.167	6	1	0	0	0	2	0	1	.143	.167
vs. Right	.143	35	5	0	0	1	2	1	12	.167	.229	Close & Late	.000	6	0	0	0	0	0	0	1	.000	.000

Tony Phillips — Tigers
Age 36 – Bats Both (groundball hitter)

	Avg	G	AB	R	H	2B	3B	HR	RBI	BB	SO	HBP	GDP	SB	CS	OBP	SLG	IBB	SH	SF	#Pit	#P/PA	GB	FB	G/F
1994 Season	.281	114	438	91	123	19	3	19	61	95	105	2	8	13	5	.409	.468	3	0	3	2357	4.38	167	86	1.94
Last Five Years	.281	722	2747	502	771	129	15	61	309	519	480	14	50	70	40	.395	.405	15	18	22	13557	4.08	1072	650	1.65

1994 Season

	Avg	AB	H	2B	3B	HR	RBI	BB	SO	OBP	SLG		Avg	AB	H	2B	3B	HR	RBI	BB	SO	OBP	SLG
vs. Left	.269	108	29	5	1	4	19	31	15	.429	.444	Scoring Posn	.224	98	22	3	3	2	40	20	29	.347	.378
vs. Right	.285	330	94	14	2	15	42	64	90	.402	.476	Close & Late	.351	57	20	2	0	4	14	18	14	.500	.596
Groundball	.337	101	34	3	2	6	16	18	23	.437	.584	None on/out	.322	180	58	6	0	9	9	35	41	.433	.506
Flyball	.305	105	32	5	0	8	19	21	23	.430	.581	Batting #1	.279	437	122	19	3	19	61	95	105	.408	.467
Home	.252	218	55	7	2	12	37	54	54	.399	.468	Batting #7	1.000	1	1	0	0	0	0	0	0	1.000	1.000
Away	.309	220	68	12	1	7	24	41	51	.419	.468	Other	.000	0	0	0	0	0	0	0	0	.000	.000
Day	.261	176	46	4	0	12	31	31	44	.370	.489	April	.263	80	21	2	0	3	15	18	17	.398	.400
Night	.294	262	77	15	3	7	30	64	61	.433	.454	May	.297	111	33	6	0	3	11	22	25	.414	.432
Grass	.268	370	99	14	3	14	49	78	88	.394	.435	June	.260	96	25	3	2	5	15	26	22	.411	.490
Turf	.353	68	24	5	0	5	12	17	17	.488	.647	July	.278	115	32	8	0	4	15	19	33	.387	.452
First Pitch	.278	36	10	3	0	3	9	2	0	.341	.611	August	.333	36	12	0	1	4	5	10	8	.478	.722
Ahead in Count	.436	101	44	7	1	9	19	40	0	.596	.792	September/October	.000	0	0	0	0	0	0	0	0	.000	.000
Behind in Count	.208	202	42	8	1	3	19	0	82	.206	.302	Pre-All Star	.271	339	92	14	2	14	47	71	79	.396	.448
Two Strikes	.207	237	49	6	1	3	20	53	105	.349	.278	Post-All Star	.313	99	31	5	1	5	14	24	26	.452	.535

1994 By Position

Position	Avg	AB	H	2B	3B	HR	RBI	BB	SO	OBP	SLG	G	GS	Innings	PO	A	E	DP	Fld Pct	Rng Fctr	In Zone	Outs	Zone Rtg	MLB Zone
As 2b	.367	30	11	1	0	2	5	8	5	.500	.600	12	8	75.0	18	36	1	6	.982	6.48	39	33	.846	.889
As lf	.280	382	107	16	3	16	54	83	96	.409	.463	104	99	852.1	236	6	5	1	.980	2.56	272	232	.853	.815

Last Five Years

	Avg	AB	H	2B	3B	HR	RBI	BB	SO	OBP	SLG		Avg	AB	H	2B	3B	HR	RBI	BB	SO	OBP	SLG
vs. Left	.290	809	235	40	4	23	96	167	104	.412	.435	Scoring Posn	.290	586	170	29	8	11	245	127	110	.408	.423
vs. Right	.277	1938	536	89	11	38	213	352	376	.387	.393	Close & Late	.272	368	100	19	1	11	50	80	74	.404	.418
Groundball	.293	704	206	24	4	17	79	121	113	.398	.411	None on/out	.285	1061	302	46	4	26	26	182	189	.391	.409
Flyball	.277	658	182	37	2	20	81	120	124	.388	.430	Batting #1	.281	2423	680	116	14	52	274	446	422	.392	.404
Home	.274	1341	368	51	6	31	156	285	248	.401	.391	Batting #2	.301	226	68	10	1	5	24	47	34	.422	.420
Away	.287	1406	403	78	9	30	153	234	232	.389	.419	Other	.235	98	23	3	0	4	11	26	24	.395	.388
Day	.280	904	253	39	3	27	117	162	162	.388	.419	April	.270	392	106	10	3	8	50	74	67	.383	.372
Night	.281	1843	518	90	12	34	192	357	318	.398	.398	May	.278	510	142	24	4	12	75	105	92	.402	.412
Grass	.276	2311	638	101	12	44	236	440	407	.392	.387	June	.249	473	118	23	3	14	56	105	89	.385	.400
Turf	.305	436	133	28	3	17	73	79	73	.411	.500	July	.300	530	159	34	2	11	53	94	102	.407	.434
First Pitch	.328	345	113	13	4	11	49	10	0	.351	.484	August	.300	420	126	17	2	11	42	77	75	.409	.429
Ahead in Count	.384	659	253	47	2	27	117	250	0	.550	.584	September/October	.284	422	120	21	1	5	33	64	65	.380	.374
Behind in Count	.216	1152	249	44	6	11	86	0	372	.218	.293	Pre-All Star	.274	1580	433	74	11	37	197	320	274	.395	.405
Two Strikes	.209	1328	277	44	6	15	96	258	480	.338	.285	Post-All Star	.290	1167	338	55	4	24	112	199	206	.395	.405

Batter vs. Pitcher (since 1984)

Hits Best Against	Avg	AB	H	2B	3B	HR	RBI	BB	SO	OBP	SLG	Hits Worst Against	Avg	AB	H	2B	3B	HR	RBI	BB	SO	OBP	SLG
Hipolito Pichardo	.600	10	6	1	0	0	0	3	0	.692	.700	Mark Leiter	.000	10	0	0	0	0	1	0	2	.000	.000
Wilson Alvarez	.500	14	7	1	0	0	1	5	2	.632	.571	John Habyan	.083	12	1	0	0	0	0	1	1	.154	.083
Carl Willis	.429	14	6	2	1	1	2	1	2	.467	.929	Brian Holman	.095	21	2	0	0	0	3	2	2	.167	.095
Todd Frohwirth	.375	8	3	2	0	1	2	4	0	.583	1.000	David Wells	.100	20	2	1	0	0	1	1	5	.143	.150
Pat Hentgen	.333	15	5	1	0	3	8	1	2	.375	1.000	Donn Pall	.143	21	3	0	0	0	2	2	1	.217	.143

Steve Phoenix — Athletics

Age 27 – Pitches Right

	ERA	W	L	Sv	G	GS	IP	BB	SO	Avg	H	2B	3B	HR	RBI	OBP	SLG	GF	IR	IRS	Hld	SvOp	SB	CS	GB	FB	G/F
1994 Season	6.23	0	0	0	2	0	4.1	2	3	.235	4	0	1	0	1	.316	.353	0	2	1	0	0	0	1	9	3	3.00

1994 Season

	ERA	W	L	Sv	G	GS	IP	H	HR	BB	SO		Avg	AB	H	2B	3B	HR	RBI	BB	SO	OBP	SLG
Home	0.00	0	0	0	0	0	0.0	0	0	0	0	vs. Left	.250	12	3	0	1	0	1	0	2	.250	.417
Away	6.23	0	0	0	2	0	4.1	4	0	2	3	vs. Right	.200	5	1	0	0	0	0	2	1	.429	.200

Mike Piazza — Dodgers

Age 26 – Bats Right

	Avg	G	AB	R	H	2B	3B	HR	RBI	BB	SO	HBP	GDP	SB	CS	OBP	SLG	IBB	SH	SF	#Pit	#P/PA	GB	FB	G/F
1994 Season	.319	107	405	64	129	18	0	24	92	33	65	1	11	1	3	.370	.541	10	0	2	1562	3.54	151	129	1.17
Career (1992-1994)	.312	277	1021	150	319	45	2	60	211	83	163	5	22	4	7	.364	.537	16	0	8	4064	3.64	391	298	1.31

1994 Season

	Avg	AB	H	2B	3B	HR	RBI	BB	SO	OBP	SLG		Avg	AB	H	2B	3B	HR	RBI	BB	SO	OBP	SLG
vs. Left	.351	94	33	6	0	7	23	10	19	.413	.638	Scoring Posn	.367	120	44	8	0	10	72	18	22	.447	.683
vs. Right	.309	311	96	12	0	17	69	23	46	.356	.511	Close & Late	.325	77	25	2	0	5	21	5	14	.366	.545
Groundball	.248	133	33	6	0	4	19	6	25	.281	.383	None on/out	.320	75	24	3	0	3	3	3	9	.346	.480
Flyball	.367	60	22	3	0	5	20	6	13	.433	.667	Batting #3	.315	375	118	17	0	24	91	33	59	.370	.552
Home	.275	193	53	6	0	13	39	10	41	.307	.508	Batting #4	.409	22	9	0	0	0	1	0	4	.409	.409
Away	.358	212	76	12	0	11	53	23	24	.424	.571	Other	.250	8	2	1	0	0	0	0	0	.250	.375
Day	.287	115	33	5	0	8	31	11	19	.349	.539	April	.290	93	27	4	0	4	20	2	18	.299	.462
Night	.331	290	96	13	0	16	61	22	46	.378	.541	May	.386	101	39	6	0	6	24	5	9	.415	.624
Grass	.300	317	95	13	0	19	72	28	57	.356	.521	June	.333	93	31	3	0	9	28	12	16	.410	.656
Turf	.386	88	34	5	0	5	20	5	8	.419	.614	July	.277	83	23	3	0	3	13	9	15	.355	.422
First Pitch	.413	63	26	1	0	9	23	8	0	.486	.857	August	.257	35	9	2	0	2	7	5	7	.350	.486
Ahead in Count	.342	76	26	4	0	5	21	14	0	.444	.592	September/October	.000	0	0	0	0	0	0	0	0	.000	.000
Behind in Count	.260	196	51	5	0	10	36	0	60	.258	.439	Pre-All Star	.325	320	104	13	0	21	76	21	53	.364	.563
Two Strikes	.236	182	43	8	0	7	29	11	65	.277	.396	Post-All Star	.294	85	25	5	0	3	16	12	12	.388	.459

1994 By Position

Position	Avg	AB	H	2B	3B	HR	RBI	BB	SO	OBP	SLG	G	GS	Innings	PO	A	E	DP	Fld Pct	Rng Fctr	In Zone	Outs	Zone Rtg	MLB Zone
As C	.317	397	126	17	0	24	90	33	64	.370	.542	104	99	860.2	640	38	10	3	.985	---	---	---	---	---

Career (1992-1994)

	Avg	AB	H	2B	3B	HR	RBI	BB	SO	OBP	SLG		Avg	AB	H	2B	3B	HR	RBI	BB	SO	OBP	SLG
vs. Left	.327	266	87	16	0	20	63	25	43	.383	.613	Scoring Posn	.333	288	96	10	0	18	152	36	46	.401	.556
vs. Right	.307	755	232	29	2	40	148	58	120	.358	.510	Close & Late	.271	188	51	7	1	7	29	13	33	.322	.431
Groundball	.264	288	76	11	0	10	46	19	50	.313	.406	None on/out	.338	216	73	9	0	15	15	11	29	.376	.588
Flyball	.326	181	59	7	1	17	50	14	39	.376	.657	Batting #3	.318	500	159	23	0	32	121	47	83	.377	.556
Home	.297	492	146	17	1	35	106	36	92	.344	.549	Batting #5	.295	336	99	12	2	19	61	21	57	.340	.512
Away	.327	529	173	28	1	25	105	47	71	.383	.526	Other	.330	185	61	10	0	9	29	15	23	.374	.530
Day	.327	269	88	14	0	18	60	26	43	.385	.580	April	.298	168	50	8	0	8	33	8	35	.324	.488
Night	.307	752	231	31	2	42	151	57	120	.357	.521	May	.365	197	72	9	0	10	43	10	27	.400	.563
Grass	.307	787	242	34	1	50	171	65	133	.361	.544	June	.317	189	60	7	1	16	48	17	31	.372	.619
Turf	.329	234	77	11	1	10	40	18	30	.375	.513	July	.284	176	50	6	1	9	28	17	27	.351	.483
First Pitch	.417	127	53	4	0	18	49	13	0	.469	.874	August	.311	119	37	6	0	9	25	15	15	.387	.588
Ahead in Count	.361	227	82	12	1	17	53	44	0	.465	.648	September/October	.291	172	50	9	0	8	34	16	28	.353	.483
Behind in Count	.260	477	124	16	1	21	73	0	139	.260	.430	Pre-All Star	.321	626	201	25	1	39	134	41	109	.362	.551
Two Strikes	.243	457	111	17	1	15	62	26	163	.284	.383	Post-All Star	.299	395	118	20	1	21	77	42	54	.368	.514

Batter vs. Pitcher (career)

Hits Best Against	Avg	AB	H	2B	3B	HR	RBI	BB	SO	OBP	SLG	Hits Worst Against	Avg	AB	H	2B	3B	HR	RBI	BB	SO	OBP	SLG
Tim Pugh	.625	8	5	0	0	0	3	0	0	.727	.625	Bud Black	.071	14	1	0	0	0	1	2	2	.188	.071
Greg Swindell	.462	13	6	1	0	2	4	2	1	.533	1.000	John Smoltz	.118	17	2	1	0	1	2	1	7	.167	.353
Greg W. Harris	.400	10	4	2	0	2	3	2	0	.500	.900	Andy Ashby	.133	15	2	1	0	0	0	1	3	.188	.200
Tom Glavine	.385	13	5	1	0	2	3	1	2	.429	.923	Jose Rijo	.143	14	2	0	0	0	2	1	5	.200	.143
Rene Arocha	.333	12	4	1	0	2	2	0	0	.333	.917	Mark Portugal	.190	21	4	0	0	2	6	2	2	.261	.476

Hipolito Pichardo — Royals

Age 25 – Pitches Right (groundball pitcher)

	ERA	W	L	Sv	G	GS	IP	BB	SO	Avg	H	2B	3B	HR	RBI	OBP	SLG	GF	IR	IRS	Hld	SvOp	SB	CS	GB	FB	G/F
1994 Season	4.92	5	3	3	45	0	67.2	24	36	.309	82	18	2	4	40	.379	.438	19	24	7	6	5	1	2	134	41	3.27
Career (1992-1994)	4.16	21	17	3	106	49	376.1	126	165	.281	413	95	4	23	171	.341	.398	21	32	9	7	5	20	12	684	334	2.05

1994 Season

	ERA	W	L	Sv	G	GS	IP	H	HR	BB	SO		Avg	AB	H	2B	3B	HR	RBI	BB	SO	OBP	SLG
Home	6.32	3	1	1	21	0	37.0	57	4	8	14	vs. Left	.322	121	39	8	2	1	14	8	10	.366	.446
Away	3.23	2	2	2	24	0	30.2	25	0	16	22	vs. Right	.299	144	43	10	0	3	26	16	26	.389	.431
Starter	0.00	0	0	0	0	0	0.0	0	0	0	0	Scoring Posn	.329	76	25	6	0	1	35	10	9	.424	.447
Reliever	4.92	5	3	3	45	0	67.2	82	4	24	36	Close & Late	.253	87	22	6	0	0	12	12	14	.374	.322
0 Days rest (Re)	3.86	1	1	0	6	0	7.0	14	0	1	3	None on/out	.295	61	18	4	1	2	2	4	10	.348	.443
1 or 2 Days rest	4.54	2	1	2	24	0	37.2	34	2	13	20	First Pitch	.257	35	9	2	0	1	4	5	0	.381	.371
3+ Days rest	5.87	2	1	1	15	0	23.0	34	2	10	13	Ahead in Count	.261	115	30	7	0	3	18	0	31	.286	.400
Pre-All Star	4.41	3	2	2	36	0	51.0	61	3	13	32	Behind in Count	.381	63	24	5	1	1	13	9	1	.446	.540
Post-All Star	6.48	2	1	1	9	0	16.2	21	1	11	4	Two Strikes	.269	119	32	4	0	3	14	10	36	.336	.378

Career (1992-1994)

	ERA	W	L	Sv	G	GS	IP	H	HR	BB	SO		Avg	AB	H	2B	3B	HR	RBI	BB	SO	OBP	SLG
Home	4.36	12	7	1	54	26	202.1	237	15	50	82	vs. Left	.301	698	210	48	3	9	83	61	55	.355	.417
Away	3.93	9	10	2	52	23	174.0	176	8	76	83	vs. Right	.263	771	203	47	1	14	88	65	110	.329	.381
Day	5.33	6	5	0	33	15	109.2	137	8	37	51	Inning 1-6	.283	1143	323	76	4	19	137	97	125	.340	.406
Night	3.68	15	12	3	73	34	266.2	276	15	89	114	Inning 7+	.276	326	90	19	0	4	34	29	40	.356	.371
Grass	3.98	6	7	2	39	17	126.2	128	6	58	57	None on	.280	776	217	53	3	12	12	70	89	.345	.402
Turf	4.25	15	10	1	67	32	249.2	285	17	68	108	Runners on	.283	693	196	42	1	11	159	56	76	.337	.394
April	5.06	1	2	1	19	4	48.0	54	1	12	29	Scoring Posn	.292	394	115	26	0	6	143	42	52	.355	.404
May	3.91	3	4	1	24	8	69.0	78	3	25	32	Close & Late	.260	131	34	8	0	1	15	16	18	.361	.344
June	3.55	5	3	0	20	10	78.2	75	4	32	35	None on/out	.282	354	100	25	2	6	6	35	41	.354	.415
July	3.93	5	5	1	20	10	84.2	94	10	21	31	vs. 1st Batr (relief)	.250	48	12	2	1	0	2	6	4	.368	.333
August	5.01	5	1	0	12	9	50.1	57	4	21	18	First Inning Pitched	.279	376	105	20	1	1	50	41	50	.355	.346
September/October	4.14	2	2	0	11	8	45.2	55	1	15	20	First 15 Pitches	.272	334	91	17	1	1	34	30	38	.337	.338
Starter	3.94	16	12	0	49	49	285.2	304	18	97	118	Pitch 16-30	.282	280	79	18	1	1	22	31	42	.360	.364
Reliever	4.86	5	5	3	57	0	90.2	109	5	29	47	Pitch 31-45	.303	234	71	15	0	7	33	16	24	.357	.457
0 Days rest (Re)	2.79	1	1	0	7	0	9.2	14	0	2	3	Pitch 46+	.277	621	172	45	2	14	82	49	61	.329	.424
1 or 2 Days rest	4.04	2	1	2	26	0	42.1	35	2	13	26	First Pitch	.302	215	65	14	1	4	29	8	0	.332	.433
3+ Days rest	6.28	2	3	1	24	0	38.2	60	3	14	18	Ahead in Count	.230	566	130	30	1	6	49	0	131	.239	.318
Pre-All Star	4.00	10	11	2	71	26	227.1	244	13	77	109	Behind in Count	.341	364	124	27	2	10	64	59	0	.430	.508
Post-All Star	4.41	11	6	1	35	23	149.0	169	10	49	56	Two Strikes	.227	591	134	22	1	6	42	59	165	.302	.298

Pitcher vs. Batter (career)

Pitches Best Vs.	Avg	AB	H	2B	3B	HR	RBI	BB	SO	OBP	SLG	Pitches Worst Vs.	Avg	AB	H	2B	3B	HR	RBI	BB	SO	OBP	SLG
Greg Vaughn	.000	10	0	0	0	0	0	2	1	.167	.000	Tony Phillips	.600	10	6	1	0	0	0	3	0	.692	.700
Felix Fermin	.077	13	1	0	0	0	0	0	0	.143	.077	Junior Felix	.556	9	5	2	0	0	3	3	2	.692	.778
Carlos Baerga	.083	12	1	1	0	0	4	1	1	.133	.167	Rafael Palmeiro	.500	12	6	2	0	2	3	0	0	.538	1.167
Mickey Tettleton	.091	11	1	1	0	0	0	0	3	.091	.182	Brady Anderson	.455	11	5	0	1	1	1	1	0	.500	.909
Joe Carter	.091	11	1	0	0	0	0	0	2	.167	.091	Edgar Martinez	.444	9	4	1	0	2	5	3	0	.583	1.222

Greg Pirkl — Mariners
Age 24 – Bats Right (flyball hitter)

	Avg	G	AB	R	H	2B	3B	HR	RBI	BB	SO	HBP	GDP	SB	CS	OBP	SLG	IBB	SH	SF	#Pit	#P/PA	GB	FB	G/F
1994 Season	.264	19	53	7	14	3	0	6	11	1	12	1	1	0	0	.286	.660	1	0	1	189	3.38	15	23	0.65
Career (1993-1994)	.237	26	76	8	18	3	0	7	15	1	19	1	3	0	0	.253	.553	1	0	1	257	3.25	22	34	0.65

1994 Season

	Avg	AB	H	2B	3B	HR	RBI	BB	SO	OBP	SLG		Avg	AB	H	2B	3B	HR	RBI	BB	SO	OBP	SLG
vs. Left	.316	38	12	3	0	5	9	1	7	.333	.789	Scoring Posn	.000	8	0	0	0	0	1	1	3	.182	.000
vs. Right	.133	15	2	0	0	1	2	0	5	.176	.333	Close & Late	.333	6	2	1	0	0	0	0	3	.333	.500

Erik Plantenberg — Mariners
Age 26 – Pitches Left (groundball pitcher)

	ERA	W	L	Sv	G	GS	IP	BB	SO	Avg	H	2B	3B	HR	RBI	OBP	SLG	GF	IR	IRS	Hld	SvOp	SB	CS	GB	FB	G/F
1994 Season	0.00	0	0	0	6	0	7.0	7	1	.174	4	0	0	0	1	.387	.174	2	3	1	1	0	0	1	15	3	5.00
Career (1993-1994)	3.78	0	0	1	26	0	16.2	19	4	.242	15	4	0	0	6	.434	.274	6	24	6	7	1	0	1	39	9	4.33

1994 Season

	ERA	W	L	Sv	G	GS	IP	H	HR	BB	SO		Avg	AB	H	2B	3B	HR	RBI	BB	SO	OBP	SLG
Home	0.00	0	0	0	4	0	5.0	3	0	6	1	vs. Left	.250	4	1	0	0	0	1	4	0	.625	.250
Away	0.00	0	0	0	2	0	2.0	1	0	1	0	vs. Right	.158	19	3	0	0	0	0	3	1	.304	.158

Phil Plantier — Padres
Age 26 – Bats Left (flyball hitter)

	Avg	G	AB	R	H	2B	3B	HR	RBI	BB	SO	HBP	GDP	SB	CS	OBP	SLG	IBB	SH	SF	#Pit	#P/PA	GB	FB	G/F
1994 Season	.220	96	341	44	75	21	0	18	41	36	91	5	8	3	1	.302	.440	6	1	2	1563	4.06	76	126	0.60
Career (1990-1994)	.246	409	1315	185	323	68	2	70	209	168	342	16	24	10	9	.336	.460	23	4	12	6080	4.01	306	437	0.70

1994 Season

	Avg	AB	H	2B	3B	HR	RBI	BB	SO	OBP	SLG		Avg	AB	H	2B	3B	HR	RBI	BB	SO	OBP	SLG
vs. Left	.152	92	14	0	0	6	9	10	24	.248	.348	Scoring Posn	.153	98	15	4	0	4	24	13	23	.274	.316
vs. Right	.245	249	61	21	0	12	32	26	67	.323	.474	Close & Late	.148	61	9	0	0	5	8	4	17	.212	.393
Groundball	.243	107	26	6	0	7	13	11	34	.314	.495	None on/out	.247	89	22	5	0	4	4	9	22	.316	.438
Flyball	.143	42	6	0	0	5	6	6	16	.294	.500	Batting #4	.234	192	45	13	0	13	26	21	50	.324	.505
Home	.193	161	31	11	0	7	18	21	41	.297	.391	Batting #5	.198	96	19	4	0	3	10	8	27	.257	.333
Away	.244	180	44	10	0	11	23	15	50	.307	.483	Other	.208	53	11	4	0	2	5	7	14	.300	.396
Day	.235	102	24	8	0	4	14	9	32	.307	.431	April	.250	72	18	6	0	6	9	9	18	.333	.583
Night	.213	239	51	13	0	14	27	27	59	.300	.444	May	.294	85	25	8	0	7	17	9	19	.375	.635
Grass	.220	268	59	17	0	14	34	31	67	.306	.440	June	.173	98	17	4	0	3	8	12	27	.281	.306
Turf	.219	73	16	4	0	4	7	5	24	.288	.438	July	.188	69	13	3	0	2	5	4	22	.233	.319
First Pitch	.192	26	5	1	0	3	7	3	0	.300	.577	August	.118	17	2	0	0	0	2	2	5	.200	.118
Ahead in Count	.295	78	23	3	0	9	16	17	0	.421	.679	September/October	.000	0	0	0	0	0	0	0	0	.000	.000
Behind in Count	.180	167	30	11	0	3	11	0	74	.192	.299	Pre-All Star	.224	281	63	18	0	16	34	32	71	.313	.459
Two Strikes	.194	180	35	13	0	5	14	15	91	.261	.350	Post-All Star	.200	60	12	3	0	2	7	4	20	.246	.350

1994 By Position

Position	Avg	AB	H	2B	3B	HR	RBI	BB	SO	OBP	SLG	G	GS	Innings	PO	A	E	DP	Fld Pct	Rng Fctr	In Zone	Zone Outs	Zone Rtg	MLB Zone
As lf	.224	335	75	21	0	18	41	36	88	.307	.448	91	89	773.0	159	5	2	0	.988	1.91	181	153	.845	.815

Career (1990-1994)

	Avg	AB	H	2B	3B	HR	RBI	BB	SO	OBP	SLG		Avg	AB	H	2B	3B	HR	RBI	BB	SO	OBP	SLG
vs. Left	.179	307	55	4	0	16	44	33	96	.267	.349	Scoring Posn	.225	373	84	23	2	20	143	68	97	.344	.458
vs. Right	.266	1008	268	64	2	54	165	135	246	.356	.494	Close & Late	.206	252	52	5	0	13	30	31	85	.296	.381
Groundball	.269	398	107	16	1	23	56	45	109	.350	.487	None on/out	.225	302	68	14	0	11	31	31	77	.304	.381
Flyball	.254	248	63	13	0	18	46	29	60	.344	.524	Batting #4	.243	379	92	21	0	29	72	58	96	.354	.528
Home	.238	677	161	31	2	34	109	80	167	.322	.440	Batting #5	.238	391	93	23	1	19	61	40	99	.309	.448
Away	.254	638	162	37	0	36	100	88	175	.350	.481	Other	.253	545	138	24	1	22	76	70	147	.341	.422
Day	.271	454	123	22	1	28	90	60	118	.359	.509	April	.249	189	47	14	0	10	26	20	49	.322	.481
Night	.232	861	200	46	1	42	119	108	224	.323	.434	May	.237	215	51	20	0	10	32	26	52	.331	.470
Grass	.237	1088	258	52	2	53	168	141	277	.328	.435	June	.226	265	60	9	1	13	38	28	71	.305	.415
Turf	.286	227	65	16	0	17	41	27	65	.371	.581	July	.244	246	60	8	0	9	24	20	64	.302	.386
First Pitch	.323	96	31	9	0	8	32	16	0	.422	.667	August	.277	177	49	5	1	14	42	37	38	.409	.554
Ahead in Count	.361	319	115	23	0	34	80	86	0	.496	.752	September/October	.251	223	56	12	0	14	47	37	68	.357	.493
Behind in Count	.176	641	113	21	2	18	70	0	282	.184	.300	Pre-All Star	.236	768	181	45	1	36	103	81	194	.315	.438
Two Strikes	.163	693	113	24	1	17	61	64	342	.239	.274	Post-All Star	.260	547	142	23	1	34	106	87	148	.363	.492

Batter vs. Pitcher (career)

Hits Best Against	Avg	AB	H	2B	3B	HR	RBI	BB	SO	OBP	SLG	Hits Worst Against	Avg	AB	H	2B	3B	HR	RBI	BB	SO	OBP	SLG
Pat Rapp	.455	11	5	2	0	0	1	3	1	.571	.636	Greg Maddux	.059	17	1	0	0	0	0	0	5	.059	.059
Bill Swift	.412	17	7	2	0	1	3	3	1	.500	.706	Erik Hanson	.100	10	1	0	0	0	0	1	5	.182	.100
Kevin Appier	.400	10	4	3	0	0	0	3	2	.538	.700	Charlie Hough	.143	14	2	0	0	0	0	2	1	.250	.143
Jose Guzman	.333	12	4	1	0	1	3	3	3	.467	.667	Mark Portugal	.167	12	2	0	0	0	0	1	2	.231	.167
Pete Smith	.333	12	4	0	0	2	6	1	3	.385	.833	Willie Banks	.200	10	2	0	0	0	0	1	4	.333	.200

Dan Plesac — Cubs
Age 33 – Pitches Left

	ERA	W	L	Sv	G	GS	IP	BB	SO	Avg	H	2B	3B	HR	OBP	SLG	GF	IR	IRS	Hld	SvOp	SB	CS	GB	FB	G/F
1994 Season	4.61	2	3	1	54	0	54.2	13	53	.279	61	11	1	9	31	.321	.461	14	33	7	14	3	2	2	87	45	1.93
Last Five Years	4.15	14	22	34	266	14	357.2	139	280	.264	358	70	6	41	212	.333	.415	116	293	101	30	54	19	13	428	414	1.03

1994 Season

	ERA	W	L	Sv	G	GS	IP	H	HR	BB	SO		Avg	AB	H	2B	3B	HR	RBI	BB	SO	OBP	SLG
Home	4.23	0	1	0	27	0	27.2	23	3	7	29	vs. Left	.188	69	13	3	0	1	6	4	23	.243	.275
Away	5.00	2	2	1	27	0	27.0	38	6	6	24	vs. Right	.320	150	48	8	1	8	25	9	30	.356	.547
Day	5.40	2	1	1	35	0	35.0	35	6	9	35	Inning 1-6	.154	13	2	0	0	0	1	6	14	.214	.154
Night	3.20	0	2	0	19	0	19.2	26	3	4	18	Inning 7+	.286	206	59	11	1	9	31	12	47	.327	.481
Grass	4.58	1	3	1	38	0	39.1	40	6	12	39	None on	.267	116	31	7	1	3	3	8	27	.320	.422
Turf	4.70	1	0	0	16	0	15.1	21	3	1	14	Runners on	.291	103	30	4	0	6	28	5	26	.321	.505
April	3.46	1	1	0	12	0	13.0	10	3	3	10	Scoring Posn	.246	65	16	4	0	4	24	1	16	.254	.492
May	3.86	0	1	0	14	0	14.0	15	0	4	15	Close & Late	.307	88	27	6	0	4	21	2	25	.319	.511
June	4.38	1	0	0	12	0	12.1	11	1	6	10	None on/out	.244	45	11	4	0	0	0	4	11	.306	.333
July	7.50	0	1	0	12	0	12.0	20	4	0	17	vs. 1st Batr (relief)	.184	49	9	4	0	0	5	5	18	.259	.265
August	2.70	0	1	0	4	0	3.1	5	1	0	1	First Inning Pitched	.283	166	47	9	0	8	30	10	36	.326	.482
September/October	0.00	0	0	0	0	0	0.0	0	0	0	0	First 15 Pitches	.272	136	37	9	0	3	15	7	29	.308	.404
Starter	0.00	0	0	0	0	0	0.0	0	0	0	0	Pitch 16-30	.300	70	21	2	0	6	16	5	18	.351	.586
Reliever	4.61	2	3	1	54	0	54.2	61	9	13	53	Pitch 31-45	.231	13	3	0	1	0	0	0	6	.231	.385
0 Days rest (Re)	5.82	0	0	0	16	0	17.0	22	3	5	16	Pitch 46+	.000	0	0	0	0	0	0	1	0	1.000	.000
1 or 2 Days rest	3.18	2	2	1	26	0	28.1	29	4	4	27	First Pitch	.364	33	12	2	0	1	7	0	0	.353	.515
3+ Days rest	6.75	0	1	0	12	0	9.1	10	2	4	10	Ahead in Count	.232	112	26	3	0	4	12	0	47	.239	.366
Pre-All Star	5.11	2	2	0	43	0	44.0	49	7	13	42	Behind in Count	.375	40	15	3	1	3	6	10	0	.500	.725
Post-All Star	2.53	0	1	1	11	0	10.2	12	2	0	11	Two Strikes	.209	115	24	3	0	4	12	3	53	.229	.339

Last Five Years

	ERA	W	L	Sv	G	GS	IP	H	HR	BB	SO		Avg	AB	H	2B	3B	HR	RBI	BB	SO	OBP	SLG
Home	4.97	5	11	16	127	6	168.1	175	19	69	145	vs. Left	.234	351	82	15	2	9	56	31	100	.302	.365
Away	3.42	9	11	18	139	8	189.1	185	22	70	135	vs. Right	.274	1007	276	55	4	32	156	108	180	.343	.432
Day	4.28	4	9	9	113	3	141.0	148	15	49	131	Inning 1-6	.253	442	112	27	3	12	64	48	85	.325	.410
Night	4.07	10	13	25	153	11	216.2	210	26	90	149	Inning 7+	.269	916	246	43	3	29	148	91	195	.337	.417
Grass	4.40	12	19	28	206	12	284.0	290	36	120	233	None on	.255	699	178	31	3	21	21	74	150	.329	.398
Turf	3.18	2	3	6	60	2	73.2	68	5	19	47	Runners on	.273	659	180	39	3	20	191	65	130	.336	.432
April	3.76	3	4	2	39	1	52.2	52	8	11	38	Scoring Posn	.279	383	107	26	3	12	170	46	80	.349	.457
May	5.24	3	8	8	40	3	55.0	56	7	25	49	Close & Late	.297	431	128	23	2	15	95	46	92	.368	.464
June	4.32	2	2	8	56	0	66.2	65	8	27	44	None on/out	.271	303	82	16	2	9	9	28	61	.338	.426
July	3.60	3	4	7	52	0	65.0	69	8	26	62	vs. 1st Batr (relief)	.261	226	59	15	2	6	38	21	47	.331	.425
August	3.29	4	6	5	41	3	54.2	44	9	23	40	First Inning Pitched	.266	823	219	47	3	28	150	82	158	.334	.433
September/October	4.66	2	3	4	38	7	63.2	72	3	27	47	First 15 Pitches	.273	735	201	43	3	23	112	73	134	.341	.434
Starter	4.83	3	4	0	14	14	69.0	70	7	32	51	Pitch 16-30	.232	336	78	14	0	11	53	36	80	.309	.372
Reliever	3.99	11	18	34	252	0	288.2	288	34	107	229	Pitch 31-45	.241	137	33	4	2	2	19	14	29	.309	.343
0 Days rest (Re)	4.24	2	4	2	56	0	57.1	64	8	23	44	Pitch 46+	.307	150	46	9	1	5	28	16	37	.364	.480
1 or 2 Days rest	3.52	4	7	17	112	0	125.1	120	13	41	103	First Pitch	.315	213	67	14	1	6	40	15	0	.366	.474
3+ Days rest	4.42	1	9	4	84	0	106.0	104	13	43	82	Ahead in Count	.206	651	134	28	0	14	85	0	241	.211	.313
Pre-All Star	4.37	5	9	21	152	4	197.2	196	25	71	153	Behind in Count	.371	248	92	14	2	15	53	81	0	.518	.625
Post-All Star	3.88	9	13	13	114	10	160.0	162	16	68	127	Two Strikes	.202	677	137	27	2	18	88	43	280	.251	.328

Pitcher vs. Batter (career)

Pitches Best Vs.	Avg	AB	H	2B	3B	HR	RBI	BB	SO	OBP	SLG	Pitches Worst Vs.	Avg	AB	H	2B	3B	HR	RBI	BB	SO	OBP	SLG
Dave Gallagher	.000	9	0	0	0	0	0	2	0	.182	.000	Brian Harper	.545	11	6	0	0	3	8	1	0	.583	1.364
Kent Hrbek	.000	8	0	0	0	0	2	1	1	.091	.000	Julio Franco	.455	11	5	0	0	1	1	2	1	.538	.727
Pete Incaviglia	.048	21	1	0	0	0	1	1	5	.091	.048	Cory Snyder	.455	11	5	1	0	2	8	0	1	.455	1.091
Roberto Alomar	.077	13	1	0	0	0	1	1	2	.143	.077	Lou Whitaker	.444	9	4	0	0	1	3	2	2	.500	.778

Pitcher vs. Batter (career)																			
Pitches Best Vs.	Avg	AB	H	2B	3B	HR	RBI	BB	SO	OBP	SLG	Pitches Worst Vs.	Avg	AB	H	2B	3B	HR	RBI	BB	SO	OBP	SLG
Pat Borders	.077	13	1	0	0	0	0	2	1	.200	.077	Wade Boggs	.375	16	6	2	1	0	5	1	5	.412	.625

Eric Plunk — Indians
Age 31 – Pitches Right (flyball pitcher)

	ERA	W	L	Sv	G	GS	IP	BB	SO	Avg	H	2B	3B	HR	RBI	OBP	SLG	GF	IR	IRS	Hld	SvOp	SB	CS	GB	FB	G/F
1994 Season	2.54	7	2	3	41	0	71.0	37	73	.231	61	10	4	3	24	.329	.333	18	42	9	8	7	12	3	82	58	1.41
Last Five Years	3.44	28	21	22	259	8	398.0	210	370	.245	369	64	13	37	193	.338	.378	100	305	100	36	34	53	17	431	448	0.96

1994 Season

	ERA	W	L	Sv	G	GS	IP	H	BB	SO		Avg	AB	H	2B	3B	HR	RBI	BB	SO	OBP	SLG
Home	4.01	6	1	0	18	0	24.2	19	1	16	15	vs. Left	.298	124	37	6	2	2	11	21	31	.408	.427
Away	1.75	1	1	3	23	0	46.1	42	2	21	58	vs. Right	.171	140	24	4	2	1	13	16	42	.255	.250
Starter	0.00	0	0	0	0	0	0.0	0	0	0	0	Scoring Posn	.198	96	19	3	1	1	22	17	23	.322	.281
Reliever	2.54	7	2	3	41	0	71.0	61	3	37	73	Close & Late	.243	111	27	4	3	3	14	17	33	.346	.414
0 Days rest (Re)	4.50	0	0	0	4	0	4.0	6	0	4	5	None on/out	.230	61	14	4	1	0	0	4	16	.277	.328
1 or 2 Days rest	2.11	4	2	3	23	0	42.2	30	0	24	47	First Pitch	.429	28	12	4	0	2	5	4	0	.515	.786
3+ Days rest	2.96	3	0	0	14	0	24.1	25	3	9	21	Ahead in Count	.130	146	19	1	2	0	13	0	68	.129	.164
Pre-All Star	2.70	7	2	1	29	0	53.1	44	2	30	52	Behind in Count	.275	40	11	3	0	0	2	23	0	.547	.350
Post-All Star	2.04	0	0	2	12	0	17.2	17	1	7	21	Two Strikes	.163	153	25	2	3	1	13	10	73	.213	.235

Last Five Years

	ERA	W	L	Sv	G	GS	IP	H	BB	SO		Avg	AB	H	2B	3B	HR	RBI	BB	SO	OBP	SLG
Home	3.76	21	7	9	122	5	186.2	176	19	97	154	vs. Left	.273	664	181	29	10	16	68	98	144	.368	.419
Away	3.15	7	14	13	137	3	211.1	193	18	113	216	vs. Right	.223	842	188	35	3	21	125	112	226	.314	.347
Day	2.35	13	7	7	90	2	137.2	123	3	95	136	Inning 1-6	.259	483	125	24	4	16	77	69	108	.352	.424
Night	4.01	15	14	15	169	6	260.1	246	34	115	234	Inning 7+	.239	1023	244	40	9	21	116	141	262	.330	.357
Grass	3.54	25	17	17	221	7	340.2	317	34	178	305	None on	.253	772	195	37	9	21	21	89	172	.331	.405
Turf	2.83	3	4	5	38	1	57.1	52	3	32	65	Runners on	.237	734	174	27	4	16	172	121	198	.344	.350
April	5.32	6	4	0	31	0	44.0	59	5	31	45	Scoring Posn	.226	504	114	23	3	8	153	90	133	.342	.331
May	3.65	1	3	3	46	0	66.2	57	4	40	63	Close & Late	.244	542	132	20	6	14	70	78	125	.337	.380
June	1.97	5	1	6	46	0	64.0	48	1	29	62	None on/out	.235	341	80	20	2	7	7	40	67	.317	.367
July	3.59	6	3	5	43	0	57.2	58	5	28	39	vs. 1st Batr (relief)	.234	222	52	11	0	4	34	22	51	.302	.338
August	3.32	5	3	5	49	4	86.2	71	13	46	94	First Inning Pitched	.227	803	182	31	9	17	116	111	210	.321	.351
September/October	3.42	5	7	3	44	4	79.0	76	9	36	67	First 15 Pitches	.230	677	156	26	8	15	94	81	167	.313	.359
Starter	4.60	0	3	0	8	8	45.0	48	8	24	38	Pitch 16-30	.220	423	93	18	3	7	40	66	117	.325	.326
Reliever	3.29	28	18	22	251	0	353.0	321	29	186	332	Pitch 31-45	.299	204	61	9	1	4	28	34	53	.399	.412
0 Days rest (Re)	3.52	5	4	9	48	0	64.0	61	5	31	59	Pitch 46+	.292	202	59	11	1	1	31	29	33	.381	.520
1 or 2 Days rest	3.10	12	7	8	120	0	157.0	138	14	91	153	First Pitch	.332	187	62	13	2	7	40	13	0	.377	.535
3+ Days rest	3.41	11	7	5	83	0	132.0	122	10	64	120	Ahead in Count	.162	730	118	16	5	6	55	0	323	.161	.222
Pre-All Star	3.62	16	9	12	136	0	189.0	175	12	110	176	Behind in Count	.352	284	100	19	2	14	53	101	0	.522	.581
Post-All Star	3.27	12	12	10	123	8	209.0	194	25	100	194	Two Strikes	.167	804	134	23	7	10	62	96	370	.256	.250

Pitcher vs. Batter (career)

Pitches Best Vs.	Avg	AB	H	2B	3B	HR	RBI	BB	SO	OBP	SLG	Pitches Worst Vs.	Avg	AB	H	2B	3B	HR	RBI	BB	SO	OBP	SLG
Cory Snyder	.000	11	0	0	0	0	0	1	4	.083	.000	Wally Joyner	.625	16	10	2	0	3	8	3	1	.684	1.313
Greg Vaughn	.000	11	0	0	0	0	0	2	3	.154	.000	Wade Boggs	.571	7	4	2	1	0	0	6	0	.769	1.143
Frank Thomas	.000	11	0	0	0	0	1	2	3	.154	.000	Paul Molitor	.556	18	10	1	1	1	6	5	3	.652	.889
Alex Cole	.000	10	0	0	0	0	0	2	4	.167	.000	Roberto Alomar	.545	11	6	1	0	0	1	1	1	.583	.818
Alan Trammell	.080	25	2	0	0	1	3	5	1	.179	.080	Kirk Gibson	.400	15	6	0	0	3	5	3	5	.500	1.000

Luis Polonia — Yankees
Age 30 – Bats Left (groundball hitter)

	Avg	G	AB	R	H	2B	3B	HR	RBI	BB	SO	HBP	GDP	SB	CS	OBP	SLG	IBB	SH	SF	#Pit	#P/PA	GB	FB	G/F
1994 Season	.311	95	350	62	109	21	6	1	36	37	36	4	7	20	12	.383	.414	1	2	1	1412	3.58	151	64	2.36
Last Five Years	.296	666	2510	364	744	90	33	6	188	207	270	9	51	195	94	.350	.366	19	23	15	9662	3.50	1152	516	2.23

1994 Season

	Avg	AB	H	2B	3B	HR	RBI	BB	SO	OBP	SLG		Avg	AB	H	2B	3B	HR	RBI	BB	SO	OBP	SLG
vs. Left	.185	54	10	2	0	0	4	7	16	.290	.222	Scoring Posn	.355	76	27	7	1	0	33	16	7	.468	.474
vs. Right	.334	296	99	19	6	1	32	30	20	.400	.449	Close & Late	.244	45	11	2	1	0	1	9	5	.370	.333
Groundball	.294	102	30	6	3	1	9	0	0	.357	.441	None on/out	.268	123	33	10	1	0	0	13	20	.343	.366
Flyball	.263	99	26	3	1	0	4	5	9	.298	.313	Batting #1	.309	311	96	19	6	1	32	30	28	.374	.418
Home	.295	173	51	11	3	0	12	22	22	.379	.393	Batting #8	.333	15	5	0	0	0	0	4	2	.500	.333
Away	.328	177	58	10	3	1	24	15	14	.387	.435	Other	.333	24	8	2	0	0	4	3	6	.407	.417
Day	.306	144	44	6	4	0	13	18	17	.384	.403	April	.281	64	18	5	1	0	9	11	8	.390	.391
Night	.316	206	65	15	2	1	23	19	19	.382	.422	May	.307	88	27	4	2	0	9	7	6	.358	.398
Grass	.312	295	92	19	4	1	31	31	30	.382	.414	June	.317	101	32	3	0	1	10	7	9	.373	.376
Turf	.309	55	17	2	2	0	5	6	6	.387	.418	July	.266	64	17	5	2	0	2	9	11	.356	.406
First Pitch	.333	63	21	3	1	0	3	1	0	.373	.413	August	.455	33	15	4	1	0	6	3	2	.514	.636
Ahead in Count	.406	69	28	8	2	0	16	26	0	.563	.580	September/October	.000	0	0	0	0	0	0	0	0	.000	.000
Behind in Count	.302	162	49	8	3	1	15	0	30	.307	.407	Pre-All Star	.304	280	85	14	3	1	28	32	29	.380	.386
Two Strikes	.282	149	42	5	1	1	12	10	36	.331	.349	Post-All Star	.343	70	24	7	3	0	8	5	7	.395	.529

1994 By Position

Position	Avg	AB	H	2B	3B	HR	RBI	BB	SO	OBP	SLG	G	GS	Innings	PO	A	E	DP	Fld Pct	Rng Fctr	In Zone	Zone Outs	Zone Rtg	MLB Zone
As Pinch Hitter	.400	10	4	1	0	0	4	2	2	.500	.500	11	0	---	---	---	---	---	---	---	---	---	---	---
As lf	.310	339	105	20	6	1	32	34	33	.378	.413	84	80	723.2	154	9	4	2	.976	2.03	177	151	.853	.815

323

Last Five Years

	Avg	AB	H	2B	3B	HR	RBI	BB	SO	OBP	SLG		Avg	AB	H	2B	3B	HR	RBI	BB	SO	OBP	SLG
vs. Left	.234	517	121	14	3	0	36	34	87	.282	.273	Scoring Posn	.330	509	168	24	7	1	176	58	50	.389	.411
vs. Right	.313	1993	623	76	30	6	152	173	183	.368	.390	Close & Late	.270	359	97	11	3	0	22	30	43	.327	.318
Groundball	.279	638	178	20	7	3	60	52	66	.334	.346	None on/out	.279	987	275	39	13	3	3	86	125	.338	.354
Flyball	.297	592	176	21	11	1	43	43	70	.344	.375	Batting #1	.296	2390	707	87	32	6	177	198	250	.350	.367
Home	.279	1237	345	41	17	3	90	102	136	.336	.347	Batting #2	.326	46	15	1	1	0	5	0	3	.319	.391
Away	.313	1273	399	49	16	3	98	105	134	.364	.384	Other	.297	74	22	2	0	0	6	9	17	.381	.324
Day	.313	729	228	36	12	0	51	68	84	.372	.395	April	.297	306	91	10	4	0	32	34	25	.367	.356
Night	.290	1781	516	54	21	6	137	139	186	.341	.354	May	.290	466	135	15	10	2	34	35	53	.338	.378
Grass	.290	2084	605	72	29	5	154	174	214	.346	.360	June	.284	472	134	13	3	1	38	32	54	.331	.331
Turf	.326	426	139	18	4	1	34	33	56	.373	.394	July	.294	439	129	18	7	1	22	31	46	.341	.374
First Pitch	.327	392	128	12	3	0	27	13	0	.352	.372	August	.322	410	132	20	5	2	40	37	40	.380	.410
Ahead in Count	.372	478	178	25	4	0	46	126	0	.500	.441	September/October	.295	417	123	14	4	0	22	38	52	.352	.348
Behind in Count	.270	1209	327	34	20	4	87	0	243	.272	.342	Pre-All Star	.289	1396	403	45	18	3	111	117	149	.344	.353
Two Strikes	.262	1063	278	34	15	5	83	67	270	.306	.336	Post-All Star	.306	1114	341	45	15	3	77	90	121	.358	.382

Batter vs. Pitcher (career)

Hits Best Against	Avg	AB	H	2B	3B	HR	RBI	BB	SO	OBP	SLG	Hits Worst Against	Avg	AB	H	2B	3B	HR	RBI	BB	SO	OBP	SLG
Mike Henneman	.545	11	6	0	0	0	2	1	0	.583	.545	Kenny Rogers	.000	14	0	0	0	0	0	1	3	.067	.000
Steve Farr	.500	18	9	4	0	0	2	2	2	.550	.722	Teddy Higuera	.000	11	0	0	0	0	0	1	3	.083	.000
Jose DeLeon	.500	14	7	0	1	0	1	1	0	.533	.643	Rick Sutcliffe	.056	18	1	0	0	1	0	1	1	.056	.167
Tim Leary	.471	17	8	3	0	2	7	2	1	.526	1.000	Greg Hibbard	.091	11	1	0	0	0	1	1	2	.167	.091
Kevin Appier	.469	32	15	3	1	0	4	2	2	.500	.625	Charlie Hough	.115	26	3	0	0	0	1	1	2	.148	.115

Jim Poole — Orioles — Age 29 – Pitches Left

	ERA	W	L	Sv	G	GS	IP	BB	SO	Avg	H	2B	3B	HR	RBI	OBP	SLG	GF	IR	IRS	Hld	SvOp	SB	CS	GB	FB	G/F
1994 Season	6.64	1	0	0	38	0	20.1	11	18	.372	32	5	1	4	20	.430	.593	10	45	8	10	2	0	2	26	26	1.00
Career (1990-1994)	3.06	6	3	3	144	0	126.2	53	94	.221	101	16	1	10	66	.298	.327	31	163	37	30	7	4	5	160	136	1.18

1994 Season

	ERA	W	L	Sv	G	GS	IP	H	HR	BB	SO		Avg	AB	H	2B	3B	HR	RBI	BB	SO	OBP	SLG
Home	6.57	1	0	0	21	0	12.1	17	1	9	11	vs. Left	.421	38	16	4	1	0	7	4	7	.476	.579
Away	6.75	0	0	0	17	0	8.0	15	3	2	7	vs. Right	.333	48	16	1	0	4	13	7	11	.397	.604
Starter	0.00	0	0	0	0	0	0.0	0	0	0	0	Scoring Posn	.292	24	7	3	0	1	15	8	5	.429	.542
Reliever	6.64	1	0	0	38	0	20.1	32	4	11	18	Close & Late	.310	29	9	2	1	1	9	5	4	.400	.552
0 Days rest (Re)	2.70	1	0	0	10	0	3.1	3	0	1	2	None on/out	.286	14	4	0	0	0	0	0	4	.286	.286
1 or 2 Days rest	5.40	0	0	0	14	0	8.1	12	1	4	7	First Pitch	.286	7	2	0	0	1	5	1	0	.333	.714
3+ Days rest	9.35	0	0	0	14	0	8.2	17	3	6	9	Ahead in Count	.286	42	12	3	1	0	5	0	16	.273	.405
Pre-All Star	6.75	1	0	0	33	0	18.2	29	4	9	16	Behind in Count	.533	15	8	0	0	2	6	3	0	.611	.933
Post-All Star	5.40	0	0	0	5	0	1.2	3	0	2	2	Two Strikes	.255	47	12	3	0	0	5	7	18	.339	.319

Career (1990-1994)

	ERA	W	L	Sv	G	GS	IP	H	HR	BB	SO		Avg	AB	H	2B	3B	HR	RBI	BB	SO	OBP	SLG
Home	2.63	6	1	1	80	0	78.2	53	3	32	54	vs. Left	.230	204	47	8	1	3	31	11	44	.269	.324
Away	3.75	0	2	2	64	0	48.0	48	7	21	40	vs. Right	.214	252	54	8	0	7	35	42	50	.319	.329
Day	2.67	2	0	1	39	0	33.2	24	1	16	27	Inning 1-6	.178	101	18	2	0	3	20	11	29	.257	.287
Night	3.19	4	3	2	105	0	93.0	77	9	37	67	Inning 7+	.234	355	83	14	1	7	46	42	69	.309	.338
Grass	2.58	6	2	3	123	0	111.2	81	6	48	80	None on	.207	222	46	7	1	4	4	19	42	.270	.302
Turf	6.60	0	1	0	21	0	15.0	20	4	5	14	Runners on	.235	234	55	9	0	6	62	34	52	.322	.350
April	5.06	1	0	0	16	0	10.2	12	2	2	8	Scoring Posn	.250	140	35	5	0	4	57	31	33	.369	.371
May	2.35	0	0	1	27	0	23.0	24	0	12	21	Close & Late	.207	140	29	5	1	2	24	16	29	.283	.300
June	5.28	1	0	0	25	0	15.1	14	3	7	14	None on/out	.196	92	18	2	0	0	0	8	19	.260	.217
July	3.38	0	1	1	17	0	18.2	14	0	6	12	vs. 1st Batr (relief)	.256	129	33	5	0	2	26	8	25	.291	.341
August	2.18	0	0	0	23	0	20.2	13	2	8	16	First Inning Pitched	.226	319	72	9	1	10	61	37	71	.300	.354
September/October	2.35	4	2	1	36	0	38.1	24	3	18	23	First 15 Pitches	.226	314	71	11	1	7	52	33	64	.295	.334
Starter	0.00	0	0	0	0	0	0.0	0	0	0	0	Pitch 16-30	.185	108	20	1	0	3	9	16	24	.288	.273
Reliever	3.06	6	3	3	144	0	126.2	101	10	53	94	Pitch 31-45	.310	29	9	4	0	0	5	4	4	.382	.448
0 Days rest (Re)	3.38	3	0	0	35	0	29.1	17	2	15	22	Pitch 46+	.200	5	1	0	0	0	0	0	2	.200	.200
1 or 2 Days rest	3.40	1	2	1	55	0	42.1	38	4	20	29	First Pitch	.271	48	13	1	0	1	10	12	0	.403	.354
3+ Days rest	2.62	2	1	2	54	0	55.0	46	4	18	43	Ahead in Count	.158	203	32	5	1	2	22	0	80	.155	.222
Pre-All Star	3.97	2	1	1	76	0	59.0	58	5	26	46	Behind in Count	.260	96	25	4	0	2	15	20	0	.385	.365
Post-All Star	2.26	4	3	2	68	0	67.2	43	5	27	48	Two Strikes	.143	196	28	5	0	1	17	21	94	.222	.184

Mark Portugal — Giants — Age 32 – Pitches Right

	ERA	W	L	Sv	G	GS	IP	BB	SO	Avg	H	2B	3B	HR	RBI	OBP	SLG	CG	ShO	Sup	QS	#P/S	SB	CS	GB	FB	G/F
1994 Season	3.93	10	8	0	21	21	137.1	45	87	.260	135	19	2	17	58	.324	.403	1	0	5.50	12	94	13	5	199	143	1.39
Last Five Years	3.51	55	37	1	136	129	811.2	289	536	.248	755	115	11	74	307	.315	.366	5	2	4.41	81	94	69	31	1175	812	1.45

1994 Season

	ERA	W	L	Sv	G	GS	IP	H	HR	BB	SO		Avg	AB	H	2B	3B	HR	RBI	BB	SO	OBP	SLG
Home	3.45	5	4	0	11	11	78.1	72	13	25	51	vs. Left	.244	258	63	5	1	11	35	30	42	.322	.399
Away	4.58	5	4	0	10	10	59.0	63	4	20	36	vs. Right	.276	261	72	14	1	6	23	15	45	.326	.406
Day	2.80	6	2	0	10	10	74.0	68	9	19	49	Inning 1-6	.265	441	117	17	2	12	46	42	73	.333	.395
Night	5.26	4	6	0	11	11	63.1	67	8	26	38	Inning 7+	.231	78	18	2	0	5	12	3	14	.268	.449
Grass	3.64	7	5	0	15	15	101.1	92	15	36	67	None on	.281	292	82	14	2	11	11	31	50	.360	.455
Turf	4.75	3	3	0	6	6	36.0	43	2	9	20	Runners on	.233	227	53	5	0	6	47	14	37	.276	.335
April	4.88	2	2	0	5	5	31.1	36	4	6	26	Scoring Posn	.239	113	27	2	0	3	40	12	24	.308	.336

1994 Season

	ERA	W	L	Sv	G	GS	IP	H	HR	BB	SO		Avg	AB	H	2B	3B	HR	RBI	BB	SO	OBP	SLG
May	3.35	2	2	0	6	6	40.1	31	5	17	28	Close & Late	.146	41	6	0	0	3	6	2	9	.186	.366
June	2.45	1	2	0	3	3	22.0	22	2	4	13	None on/out	.313	134	42	9	1	6	6	13	16	.378	.530
July	3.89	5	1	0	6	6	41.2	41	6	18	19	vs. 1st Batr (relief)	.000	0	0	0	0	0	0	0	0	.000	.000
August	18.00	0	1	0	1	1	2.0	5	0	0	1	First Inning Pitched	.203	74	15	4	0	1	6	6	16	.263	.297
September/October	0.00	0	0	0	0	0	0.0	0	0	0	0	First 75 Pitches	.269	379	102	15	2	10	39	36	61	.333	.398
Starter	3.93	10	8	0	21	21	137.1	135	17	45	87	Pitch 76-90	.221	68	15	3	0	3	8	6	15	.321	.397
Reliever	0.00	0	0	0	0	0	0.0	0	0	0	0	Pitch 91-105	.263	57	15	1	0	4	10	3	7	.300	.491
0-3 Days Rest (St)	0.00	0	0	0	0	0	0.0	0	0	0	0	Pitch 106+	.200	15	3	0	0	0	1	0	4	.200	.200
4 Days Rest	4.19	5	6	0	13	13	88.0	83	12	33	54	First Pitch	.292	89	26	5	1	3	14	2	0	.316	.472
5+ Days Rest	3.47	5	2	0	8	8	49.1	52	5	12	33	Ahead in Count	.217	212	46	5	0	4	18	0	75	.220	.297
Pre-All Star	3.54	7	6	0	16	16	106.2	98	14	36	74	Behind in Count	.297	118	35	4	0	6	14	25	0	.428	.483
Post-All Star	5.28	3	2	0	5	5	30.2	37	3	9	13	Two Strikes	.206	204	42	8	0	4	14	18	87	.274	.304

Last Five Years

	ERA	W	L	Sv	G	GS	IP	H	HR	BB	SO		Avg	AB	H	2B	3B	HR	RBI	BB	SO	OBP	SLG
Home	2.49	31	12	1	67	61	412.0	359	27	133	292	vs. Left	.237	1668	395	52	9	40	170	179	322	.311	.351
Away	4.57	24	25	0	69	68	399.2	396	47	156	244	vs. Right	.262	1373	360	63	2	34	137	110	214	.320	.385
Day	3.54	22	14	1	46	43	279.1	273	27	96	174	Inning 1-6	.243	2631	640	97	11	57	263	250	474	.311	.353
Night	3.50	33	23	0	90	86	532.1	482	47	193	362	Inning 7+	.280	410	115	18	0	17	44	39	62	.343	.449
Grass	4.66	18	21	0	55	54	328.2	333	45	132	209	None on	.249	1792	446	76	7	42	42	168	320	.316	.369
Turf	2.74	37	16	1	81	75	483.0	422	29	157	327	Runners on	.247	1249	309	39	4	32	265	121	216	.313	.362
April	4.13	9	9	0	22	22	133.0	138	9	36	88	Scoring Posn	.266	662	176	21	3	19	229	83	130	.344	.393
May	3.44	9	6	0	27	27	167.1	145	17	70	111	Close & Late	.277	231	64	8	0	9	25	23	37	.341	.429
June	3.23	5	8	0	22	22	147.2	126	13	45	100	None on/out	.268	790	212	36	5	26	26	86	120	.342	.425
July	3.38	13	5	0	24	24	141.1	151	17	53	90	vs. 1st Batr (relief)	.500	4	2	0	0	0	1	3	0	.714	.500
August	3.17	10	2	0	16	16	99.1	94	7	39	70	First Inning Pitched	.275	506	139	23	3	10	73	60	90	.349	.391
September/October	3.73	9	7	1	25	18	123.0	101	11	46	77	First 75 Pitches	.246	2305	567	86	10	47	228	222	416	.314	.353
Starter	3.44	54	35	0	129	129	806.0	744	73	280	534	Pitch 76-90	.239	402	96	16	1	15	42	33	61	.302	.396
Reliever	14.29	1	2	1	7	0	5.2	11	1	9	2	Pitch 91-105	.265	249	66	9	0	9	26	28	44	.339	.410
0-3 Days Rest (St)	2.42	2	0	0	4	4	26.0	19	1	10	19	Pitch 106+	.306	85	26	4	0	3	11	6	15	.348	.459
4 Days Rest	3.58	29	23	0	78	78	489.2	457	51	163	321	First Pitch	.296	467	138	22	2	13	61	9	0	.311	.435
5+ Days Rest	3.29	23	12	0	47	47	290.1	268	21	107	194	Ahead in Count	.192	1309	251	35	1	18	86	0	458	.194	.261
Pre-All Star	3.56	30	25	0	82	82	510.2	468	49	182	344	Behind in Count	.301	728	219	32	3	27	93	176	0	.438	.464
Post-All Star	3.44	25	12	1	54	47	301.0	287	25	107	192	Two Strikes	.170	1286	219	32	1	17	84	104	536	.234	.236

Pitcher vs. Batter (career)

Pitches Best Vs.	Avg	AB	H	2B	3B	HR	RBI	BB	SO	OBP	SLG	Pitches Worst Vs.	Avg	AB	H	2B	3B	HR	RBI	BB	SO	OBP	SLG
Jose Oquendo	.000	13	0	0	0	0	0	3	4	.188	.000	Vince Coleman	.545	11	6	1	1	0	0	1	2	.583	.818
Tom Pagnozzi	.000	12	0	0	0	0	0	1	1	.077	.000	Rickey Henderson	.500	8	4	1	0	1	3	2	0	.545	1.000
Matt Williams	.070	43	3	1	0	0	0	2	13	.111	.070	Moises Alou	.462	13	6	1	1	2	5	1	2	.467	1.154
Kevin Elster	.083	12	1	0	0	0	1	0	1	.077	.083	Darryl Strawberry	.421	19	8	1	0	3	6	3	7	.500	.947
Jeff Conine	.083	12	1	1	0	0	0	2	.083	.167	Jeff Blauser	.400	20	8	0	0	0	6	3	4	.478	.850

Ross Powell — Astros
Age 27 – Pitches Left (groundball pitcher)

	ERA	W	L	Sv	G	GS	IP	BB	SO	Avg	H	2B	3B	HR	RBI	OBP	SLG	GF	IR	IRS	Hld	SvOp	SB	CS	GB	FB	G/F
1994 Season	1.23	0	0	0	12	0	7.1	5	5	.240	6	0	0	0	0	.387	.240	1	6	0	2	0	0	0	10	4	2.50
Career (1993-1994)	3.42	0	3	0	21	0	23.2	11	22	.229	19	1	1	1	4	.326	.301	2	8	0	2	0	2	1	28	18	1.56

1994 Season

	ERA	W	L	Sv	G	GS	IP	H	BB	SO		Avg	AB	H	2B	3B	HR	BB	SO	OBP	SLG
Home	2.70	0	0	0	7	0	3.1	3	0	4	vs. Left	.273	11	3	0	0	0	2	3	.429	.273
Away	0.00	0	0	0	5	0	4.0	3	0	4	vs. Right	.214	14	3	0	0	0	3	2	.353	.214

Todd Pratt — Phillies
Age 28 – Bats Right

	Avg	G	AB	R	H	2B	3B	HR	RBI	BB	SO	HBP	GDP	SB	CS	OBP	SLG	IBB	SH	SF	#Pit	#P/PA	GB	FB	G/F
1994 Season	.196	28	102	10	20	6	1	2	9	12	29	1	0	3	0	.281	.333	0	0	1	495	4.34	34	26	1.31
Career (1992-1994)	.247	77	235	24	58	13	1	9	32	21	60	1	0	7	0	.310	.426	0	1	1	1075	4.15	75	62	1.21

1994 Season

	Avg	AB	H	2B	3B	HR	RBI	BB	SO	OBP	SLG		Avg	AB	H	2B	3B	HR	RBI	BB	SO	OBP	SLG
vs. Left	.235	34	8	2	0	0	4	4	.316	.294	Scoring Posn	.158	38	6	2	0	1	8	3	11	.220	.289
vs. Right	.176	68	12	4	1	2	9	8	25	.263	.353	Close & Late	.050	20	1	0	0	0	1	2	5	.136	.050

Tom Prince — Dodgers
Age 30 – Bats Right (flyball hitter)

	Avg	G	AB	R	H	2B	3B	HR	RBI	BB	SO	HBP	GDP	SB	CS	OBP	SLG	IBB	SH	SF	#Pit	#P/PA	GB	FB	G/F
1994 Season	.333	3	6	2	2	0	0	0	1	3	0	0	0	0	0	.429	.333	0	0	0	35	5.00	1	1	1.00
Last Five Years	.187	126	273	22	51	19	0	3	32	28	55	8	10	2	2	.277	.289	2	2	5	1134	3.59	82	102	0.80

1994 Season

	Avg	AB	H	2B	3B	HR	RBI	BB	SO	OBP	SLG		Avg	AB	H	2B	3B	HR	RBI	BB	SO	OBP	SLG
vs. Left	.000	3	0	0	0	0	1	2	.250	.000	Scoring Posn	1.000	1	1	0	0	0	1	0	0	1.000	1.000
vs. Right	.667	3	2	0	0	0	1	0	.667	.667	Close & Late	.000	0	0	0	0	0	0	0	0	1.000	.000

Kirby Puckett — Twins
Age 34 – Bats Right (groundball hitter)

	Avg	G	AB	R	H	2B	3B	HR	RBI	BB	SO	HBP	GDP	SB	CS	OBP	SLG	IBB	SH	SF	#Pit	#P/PA	GB	FB	G/F
1994 Season	.317	108	439	79	139	32	3	20	112	28	47	7	11	6	3	.362	.540	7	1	7	1532	3.18	170	143	1.19
Last Five Years	.312	722	2862	446	892	178	19	88	480	207	388	27	85	47	25	.360	.479	42	12	28	9984	3.18	1189	748	1.59

1994 Season

	Avg	AB	H	2B	3B	HR	RBI	BB	SO	OBP	SLG		Avg	AB	H	2B	3B	HR	RBI	BB	SO	OBP	SLG
vs. Left	.359	103	37	13	1	8	28	7	14	.389	.738	Scoring Posn	.364	140	51	11	2	8	88	18	13	.425	.643
vs. Right	.304	336	102	19	2	12	84	21	33	.353	.479	Close & Late	.344	61	21	6	0	1	13	4	9	.397	.492
Groundball	.345	110	38	8	0	6	33	7	8	.390	.582	None on/out	.274	73	20	3	0	3	3	8	7	.329	.438
Flyball	.304	79	24	5	0	4	19	6	13	.360	.519	Total	.317	439	139	32	3	20	112	28	47	.362	.540
Home	.366	232	85	23	2	12	72	19	23	.419	.638	Batting #3	.317	439	139	32	3	20	112	28	47	.362	.540
Away	.261	207	54	9	1	8	40	9	24	.296	.430	Other	.000	0	0	0	0	0	0	0	0	.000	.000
Day	.269	134	36	9	2	5	27	7	13	.310	.478	April	.348	112	39	11	0	2	26	2	10	.371	.500
Night	.338	305	103	23	1	15	85	21	34	.384	.567	May	.333	87	29	4	1	4	25	10	15	.390	.540
Grass	.230	148	34	6	0	6	26	5	14	.258	.392	June	.292	106	31	7	0	6	22	2	8	.309	.528
Turf	.361	291	105	26	3	14	86	23	33	.413	.615	July	.268	97	26	6	1	5	24	8	11	.342	.505
First Pitch	.404	104	42	12	1	3	29	6	0	.440	.625	August	.378	37	14	4	1	3	15	6	3	.455	.784
Ahead in Count	.356	90	32	7	0	5	19	12	0	.437	.600	September/October	.000	0	0	0	0	0	0	0	0	.000	.000
Behind in Count	.256	164	42	5	0	10	45	0	39	.467	.470	Pre-All Star	.321	340	109	24	1	14	81	17	37	.359	.521
Two Strikes	.220	150	33	7	0	7	37	10	47	.268	.407	Post-All Star	.303	99	30	8	2	6	31	11	10	.372	.606

1994 By Position

Position	Avg	AB	H	2B	3B	HR	RBI	BB	SO	OBP	SLG	G	GS	Innings	PO	A	E	DP	Fld Pct	Rng Fctr	In Zone	Outs	Zone Rtg	MLB Zone
As Designated Hitter	.246	57	14	2	1	4	14	3	13	.279	.526	13	13	---	---	---	---	---	---	---	---	---	---	---
As rf	.329	380	125	30	2	16	97	25	33	.376	.545	95	95	818.2	203	12	3	1	.986	2.36	250	201	.804	.826

Last Five Years

	Avg	AB	H	2B	3B	HR	RBI	BB	SO	OBP	SLG		Avg	AB	H	2B	3B	HR	RBI	BB	SO	OBP	SLG
vs. Left	.337	686	231	47	8	29	116	67	96	.392	.555	Scoring Posn	.322	779	251	51	6	27	369	107	121	.398	.507
vs. Right	.304	2176	661	131	11	59	364	140	292	.350	.455	Close & Late	.322	423	136	28	3	8	67	37	71	.380	.459
Groundball	.306	699	214	40	3	16	106	55	85	.358	.441	None on/out	.310	538	167	38	3	14	14	25	74	.349	.470
Flyball	.292	607	177	36	5	24	100	50	113	.350	.486	Batting #3	.313	2725	854	172	19	85	451	196	359	.362	.484
Home	.340	1478	502	102	14	46	271	116	205	.390	.521	Batting #4	.269	130	35	6	0	3	29	9	27	.324	.385
Away	.282	1384	390	76	5	42	209	91	183	.328	.435	Other	.429	7	3	0	0	0	0	2	2	.556	.429
Day	.305	857	261	56	9	30	141	71	115	.364	.496	April	.316	431	136	28	4	13	73	28	52	.362	.490
Night	.315	2005	631	122	10	58	339	136	273	.359	.472	May	.333	501	167	29	6	22	97	39	58	.378	.547
Grass	.283	1045	296	55	4	33	158	65	135	.328	.438	June	.303	535	162	35	3	21	93	29	62	.344	.497
Turf	.328	1817	596	123	15	55	322	142	253	.379	.503	July	.303	519	157	33	1	10	84	44	65	.362	.435
First Pitch	.399	692	276	56	5	27	145	28	0	.425	.611	August	.318	450	143	27	2	14	71	27	87	.360	.480
Ahead in Count	.357	572	204	42	3	16	98	100	0	.453	.524	September/October	.298	426	127	26	3	11	8	62	40	.357	.420
Behind in Count	.241	1122	270	47	6	26	150	0	335	.246	.363	Pre-All Star	.315	1649	519	107	13	60	287	112	193	.361	.505
Two Strikes	.205	1012	207	41	3	19	110	72	388	.258	.307	Post-All Star	.308	1213	373	71	6	28	193	95	195	.359	.445

Batter vs. Pitcher (career)

Hits Best Against	Avg	AB	H	2B	3B	HR	RBI	BB	SO	OBP	SLG	Hits Worst Against	Avg	AB	H	2B	3B	HR	RBI	BB	SO	OBP	SLG
Mike Birkbeck	.750	12	9	3	1	0	5	0	1	.750	1.167	David Cone	.077	13	1	0	0	0	0	3	7	.250	.077
Mike Gardiner	.600	10	6	2	0	1	3	1	1	.636	1.100	Bryan Harvey	.100	10	1	0	0	0	0	1	4	.182	.100
Mike Magnante	.533	15	8	1	0	2	6	1	0	.563	1.000	Danny Darwin	.125	32	4	0	0	0	2	0	9	.121	.125
Kenny Rogers	.500	18	9	3	0	2	5	3	3	.571	1.000	Dennis Eckersley	.136	22	3	0	1	0	3	0	5	.130	.227
Mike Jeffcoat	.500	12	6	1	2	0	5	0	2	.500	1.167	Rich DeLucia	.182	11	2	0	0	0	0	0	3	.182	.182

Tim Pugh — Reds
Age 28 – Pitches Right

	ERA	W	L	Sv	G	GS	IP	BB	SO	Avg	H	2B	3B	HR	RBI	OBP	SLG	CG	ShO	Sup	QS	#P/S	SB	CS	GB	FB	G/F
1994 Season	6.04	3	3	0	10	9	47.2	26	24	.314	60	7	3	5	35	.396	.461	1	0	4.91	3	84	5	1	76	54	1.41
Career (1992-1994)	4.93	17	20	0	48	43	257.1	98	136	.300	307	38	11	26	139	.364	.435	4	1	4.76	20	88	25	9	407	278	1.46

1994 Season

	ERA	W	L	Sv	G	GS	IP	H	HR	SO		Avg	AB	H	2B	3B	HR	RBI	BB	SO	OBP	SLG
Home	4.09	2	1	0	6	5	33.0	33	1	17	vs. Left	.298	94	28	2	3	2	15	14	7	.389	.447
Away	10.43	1	2	0	4	4	14.2	27	4	10	vs. Right	.330	97	32	5	0	3	20	12	17	.402	.474

Career (1992-1994)

	ERA	W	L	Sv	G	GS	IP	H	HR	BB	SO		Avg	AB	H	2B	3B	HR	RBI	BB	SO	OBP	SLG
Home	4.38	10	8	0	25	22	141.2	160	13	55	69	vs. Left	.327	505	165	22	9	14	73	61	55	.399	.489
Away	5.60	7	12	0	23	21	115.2	147	13	43	67	vs. Right	.275	517	142	16	2	12	66	37	81	.329	.383
Day	6.15	4	8	0	17	14	82.0	106	15	27	51	Inning 1-6	.307	889	273	35	11	24	132	89	116	.373	.452
Night	4.36	13	12	0	31	29	175.1	201	11	71	85	Inning 7+	.256	133	34	3	0	2	7	9	20	.303	.323
Grass	5.59	5	8	0	17	15	85.1	106	12	31	52	None on	.280	574	161	13	6	13	52	76	.345	.415
Turf	4.60	12	12	0	31	28	172.0	201	14	67	84	Runners on	.326	448	146	12	5	13	126	46	60	.387	.462
April	2.47	4	1	0	9	7	51.0	45	3	16	25	Scoring Posn	.325	249	81	8	3	6	109	33	31	.393	.454
May	8.19	2	7	0	11	11	51.2	81	8	20	19	Close & Late	.300	40	12	0	0	1	2	4	10	.364	.375
June	6.94	0	4	0	6	6	23.1	35	3	5	14	None on/out	.281	256	72	6	3	4	6	32	32	.338	.454
July	3.55	3	1	0	5	5	33.0	36	3	6	18	vs. 1st Batr (relief)	.500	4	2	1	0	0	0	1	1	.600	.750
August	7.76	2	3	0	6	6	29.0	40	5	14	18	First Inning Pitched	.356	194	69	6	3	4	42	28	25	.434	.479
September/October	3.12	6	4	0	11	8	69.1	70	4	27	34	First 75 Pitches	.293	836	245	31	10	21	114	79	113	.358	.429
Starter	4.94	17	19	0	43	43	246.0	293	25	93	127	Pitch 76-90	.309	110	34	4	1	3	13	10	18	.364	.445
Reliever	4.76	0	1	0	5	0	11.1	14	1	5	9	Pitch 91-105	.387	62	24	5	1	2	11	10	7	.449	.484
0-3 Days Rest (St)	1.29	1	0	0	1	1	7.0	4	0	1	2	Pitch 106+	.286	14	4	3	0	1	0	1	2	.375	.500
4 Days Rest	5.27	10	11	0	25	25	140.0	182	13	52	80	First Pitch	.352	199	70	7	2	9	38	3	0	.366	.543

	ERA	W	L	Sv	G	GS	IP	H	HR	BB	SO	Career (1992-1994)	Avg	AB	H	2B	3B	HR	RBI	BB	SO	OBP	SLG
5+ Days Rest	4.73	6	8	0	17	17	99.0	107	12	40	45	Ahead in Count	.231	445	103	7	4	9	43	0	122	.238	.326
Pre-All Star	5.31	8	12	0	28	23	140.2	173	17	53	68	Behind in Count	.363	226	82	16	4	6	38	52	0	.476	.549
Post-All Star	4.47	9	8	0	20	20	116.2	134	9	45	68	Two Strikes	.231	399	92	11	2	6	30	43	136	.312	.313

Pitcher vs. Batter (career)

Pitches Best Vs.	Avg	AB	H	2B	3B	HR	RBI	BB	SO	OBP	SLG	Pitches Worst Vs.	Avg	AB	H	2B	3B	HR	RBI	BB	SO	OBP	SLG
Ryan Thompson	.077	13	1	0	1	0	2	1	5	.143	.231	Mike Piazza	.625	8	5	0	0	0	0	3	0	.727	.625
Tony Fernandez	.143	14	2	1	0	0	0	1	0	.200	.214	Brett Butler	.550	20	11	2	1	1	4	1	2	.571	.900
Benito Santiago	.188	16	3	0	0	0	2	1	3	.235	.188	Jeff Conine	.545	11	6	0	0	1	3	1	2	.583	.818
Jeff Kent	.200	10	2	1	0	0	1	2	3	.308	.300	Fred McGriff	.444	9	4	0	1	1	4	2	1	.545	1.000
Bobby Bonilla	.231	13	3	0	0	1	5	1	3	.250	.462	Orestes Destrade	.375	8	3	0	0	1	4	3	2	.545	.750

Carlos Pulido — Twins
Age 23 – Pitches Left (flyball pitcher)

	ERA	W	L	Sv	G	GS	IP	BB	SO	Avg	H	2B	3B	HR	RBI	OBP	SLG	CG	ShO	Sup	QS	#P/S	SB	CS	GB	FB	G/F
1994 Season	5.98	3	7	0	19	14	84.1	40	32	.273	87	25	2	17	50	.352	.524	0	0	6.19	3	83	4	7	98	137	0.72

1994 Season

	ERA	W	L	Sv	G	GS	IP	H	HR	BB	SO		Avg	AB	H	2B	3B	HR	RBI	BB	SO	OBP	SLG
Home	7.06	2	5	0	10	9	43.1	52	12	21	17	vs. Left	.222	54	12	2	0	1	5	9	8	.323	.315
Away	4.83	1	2	0	9	5	41.0	35	5	19	15	vs. Right	.283	265	75	23	2	16	45	31	24	.358	.566
Starter	6.68	3	7	0	14	14	68.2	77	14	35	28	Scoring Posn	.250	68	17	6	1	3	28	9	7	.321	.500
Reliever	2.87	0	0	0	5	0	15.2	10	3	5	4	Close & Late	.000	0	0	0	0	0	0	0	0	.000	.000
0-3 Days Rest (St)	5.06	0	0	0	1	1	5.1	4	0	5	4	None on/out	.218	78	17	8	0	1	1	11	9	.315	.359
4 Days Rest	6.29	1	3	0	5	5	24.1	26	7	14	14	First Pitch	.359	39	14	4	1	3	16	0	0	.341	.744
5+ Days Rest	7.15	2	4	0	8	8	39.0	47	7	16	10	Ahead in Count	.220	118	26	4	1	4	13	0	24	.218	.373
Pre-All Star	5.45	3	5	0	16	11	72.2	73	13	33	27	Behind in Count	.314	102	32	9	0	7	13	22	0	.437	.608
Post-All Star	9.26	0	2	0	3	3	11.2	14	4	7	5	Two Strikes	.186	118	22	6	1	3	10	18	32	.292	.331

Eddie Pye — Dodgers
Age 28 – Bats Right

	Avg	G	AB	R	H	2B	3B	HR	RBI	BB	SO	HBP	GDP	SB	CS	OBP	SLG	IBB	SH	SF	#Pit	#P/PA	GB	FB	G/F
1994 Season	.100	7	10	2	1	0	0	0	0	1	4	0	0	0	0	.182	.100	0	1	0	43	3.58	4	1	4.00

1994 Season

	Avg	AB	H	2B	3B	HR	RBI	BB	SO	OBP	SLG		Avg	AB	H	2B	3B	HR	RBI	BB	SO	OBP	SLG
vs. Left	.333	3	1	0	0	0	0	0	1	.333	.333	Scoring Posn	.000	1	0	0	0	0	0	1	1	.500	.000
vs. Right	.000	7	0	0	0	0	0	1	3	.125	.000	Close & Late	.000	0	0	0	0	0	0	0	0	.000	.000

Paul Quantrill — Phillies
Age 26 – Pitches Right

	ERA	W	L	Sv	G	GS	IP	BB	SO	Avg	H	2B	3B	HR	RBI	OBP	SLG	GF	IR	IRS	Hld	SvOp	SB	CS	GB	FB	G/F
1994 Season	4.92	3	3	1	35	1	53.0	15	28	.308	64	15	0	7	36	.364	.481	9	21	12	3	4	3	3	79	62	1.27
Career (1992-1994)	3.78	11	18	3	111	15	240.1	74	118	.287	270	50	7	21	111	.342	.422	27	74	24	9	11	18	6	336	273	1.23

1994 Season

	ERA	W	L	Sv	G	GS	IP	H	HR	BB	SO		Avg	AB	H	2B	3B	HR	RBI	BB	SO	OBP	SLG
Home	4.30	1	1	1	17	0	23.0	22	2	8	18	vs. Left	.326	86	28	8	0	5	18	9	12	.398	.593
Away	5.40	2	2	0	18	1	30.0	42	5	7	10	vs. Right	.295	122	36	7	0	2	18	6	16	.338	.402
Starter	4.50	0	1	0	1	1	4.0	5	0	1	2	Scoring Posn	.318	66	21	5	0	1	28	9	10	.392	.439
Reliever	4.96	3	2	1	34	0	49.0	59	7	14	26	Close & Late	.414	29	12	4	0	2	8	3	3	.471	.759
0 Days rest (Re)	7.00	1	0	0	7	0	9.0	13	1	1	6	None on/out	.415	53	22	6	0	4	4	3	7	.466	.755
1 or 2 Days rest	4.50	1	2	1	13	0	20.0	20	4	7	8	First Pitch	.343	35	12	2	0	1	8	3	0	.385	.486
3+ Days rest	4.50	1	0	0	14	0	20.0	26	2	6	12	Ahead in Count	.230	87	20	6	0	1	5	0	27	.269	.333
Pre-All Star	4.41	3	3	1	32	1	51.0	57	7	13	27	Behind in Count	.346	52	18	3	0	2	16	6	0	.407	.519
Post-All Star	18.00	0	0	0	3	0	2.0	7	2	2	1	Two Strikes	.261	88	23	7	0	4	6	6	28	.330	.477

Career (1992-1994)

	ERA	W	L	Sv	G	GS	IP	H	HR	BB	SO		Avg	AB	H	2B	3B	HR	RBI	BB	SO	OBP	SLG
Home	3.50	6	8	3	59	8	139.0	153	10	41	66	vs. Left	.284	409	116	27	4	12	48	44	52	.359	.457
Away	4.17	5	10	0	52	7	101.1	117	11	33	52	vs. Right	.289	532	154	23	3	9	63	30	66	.327	.395
Day	4.48	0	5	2	32	4	64.1	70	9	24	30	Inning 1-6	.272	493	134	24	3	13	62	29	53	.315	.412
Night	3.53	11	13	1	79	11	176.0	200	12	50	88	Inning 7+	.304	448	136	26	4	8	49	45	65	.370	.433
Grass	3.74	6	16	2	81	12	182.2	204	18	53	90	None on	.276	526	145	33	4	14	14	22	70	.311	.433
Turf	3.90	5	2	1	30	3	57.2	66	3	21	28	Runners on	.301	415	125	17	3	7	97	52	48	.377	.407
April	2.10	2	0	0	14	0	25.2	24	3	7	17	Scoring Posn	.280	264	74	12	2	5	91	43	36	.377	.398
May	2.92	1	4	0	20	3	37.0	38	4	8	22	Close & Late	.371	167	62	12	2	4	25	18	24	.429	.539
June	4.80	3	3	1	19	5	54.1	64	5	12	21	None on/out	.297	232	69	19	1	6	6	10	36	.337	.466
July	3.53	3	3	1	17	3	43.1	51	5	10	30	vs. 1st Batr (relief)	.329	85	28	6	1	1	11	7	13	.385	.459
August	4.71	1	3	0	17	2	36.1	39	2	20	16	First Inning Pitched	.297	384	114	16	3	4	53	32	55	.354	.385
September/October	3.71	1	5	1	24	2	43.2	54	2	17	12	First 15 Pitches	.315	352	111	18	3	5	41	24	51	.362	.426
Starter	3.90	2	8	0	15	15	85.1	94	10	19	34	Pitch 16-30	.295	254	75	15	1	8	38	33	31	.378	.457
Reliever	3.72	9	10	3	96	0	155.0	176	11	55	84	Pitch 31-45	.205	132	27	2	2	3	12	7	16	.248	.318
0 Days rest (Re)	4.50	2	0	0	11	0	18.0	21	1	1	13	Pitch 46+	.281	203	57	15	1	5	20	10	20	.318	.438
1 or 2 Days rest	3.49	5	8	2	48	0	80.0	81	7	36	34	First Pitch	.363	157	57	7	1	4	18	20	0	.433	.497
3+ Days rest	3.79	2	2	1	37	0	57.0	74	3	18	37	Ahead in Count	.220	405	89	21	3	4	35	0	107	.231	.316
Pre-All Star	3.47	7	9	1	57	11	137.1	142	15	32	73	Behind in Count	.338	207	70	11	1	9	31	30	0	.423	.531
Post-All Star	4.19	4	9	2	54	4	103.0	128	6	42	45	Two Strikes	.233	408	95	21	4	7	45	24	118	.280	.355

		Pitcher vs. Batter (career)																	
Pitches Best Vs.	Avg	AB	H	2B	3B	HR	RBI	BB	SO	OBP	SLG	Pitches Worst Vs.	Avg	AB	H	2B	3B	HR	RBI	BB	SO	OBP	SLG
Jay Buhner	.100	10	1	0	0	0	0	3	4	.308	.100	Brian Harper	.500	12	6	0	0	0	6	0	1	.500	.500
Ken Griffey Jr	.222	9	2	1	1	0	0	2	3	.364	.556	Greg Vaughn	.417	12	5	1	0	2	3	1	0	.462	1.000
												Kirby Puckett	.364	11	4	1	0	0	2	0	1	.364	.455

Tom Quinlan — Phillies   Age 27 – Bats Right (groundball hitter)

	Avg	G	AB	R	H	2B	3B	HR	RBI	BB	SO	HBP	GDP	SB	CS	OBP	SLG	IBB	SH	SF	#Pit	#P/PA	GB	FB	G/F
1994 Season	.200	24	35	6	7	2	0	1	3	3	13	0	0	0	0	.263	.343	1	1	0	143	3.67	11	3	3.67
Career (1990-1994)	.173	38	52	8	9	3	0	1	5	3	23	1	0	0	0	.259	.288	1	1	0	229	3.88	15	5	3.00

1994 Season

	Avg	AB	H	2B	3B	HR	RBI	BB	SO	OBP	SLG		Avg	AB	H	2B	3B	HR	RBI	BB	SO	OBP	SLG
vs. Left	.083	12	1	0	0	0	0	0	7	.083	.083	Scoring Posn	.143	7	1	0	0	0	1	2	4	.333	.143
vs. Right	.261	23	6	2	0	1	3	3	6	.346	.478	Close & Late	.200	5	1	0	0	0	0	0	2	.200	.200

Tim Raines — White Sox   Age 35 – Bats Both

	Avg	G	AB	R	H	2B	3B	HR	RBI	BB	SO	HBP	GDP	SB	CS	OBP	SLG	IBB	SH	SF	#Pit	#P/PA	GB	FB	G/F
1994 Season	.266	101	384	80	102	15	5	10	52	61	43	1	10	13	0	.365	.409	3	4	3	1819	4.02	145	116	1.25
Last Five Years	.284	645	2416	424	685	84	29	47	272	359	237	12	38	179	44	.376	.401	28	19	24	10547	3.73	950	708	1.34

1994 Season

	Avg	AB	H	2B	3B	HR	RBI	BB	SO	OBP	SLG		Avg	AB	H	2B	3B	HR	RBI	BB	SO	OBP	SLG
vs. Left	.208	96	20	2	0	1	8	12	7	.303	.260	Scoring Posn	.337	95	32	5	1	3	41	20	12	.441	.505
vs. Right	.285	288	82	13	5	9	44	49	36	.385	.458	Close & Late	.317	60	19	3	0	2	12	9	5	.394	.467
Groundball	.259	116	30	5	1	2	15	12	9	.328	.371	None on/out	.268	112	30	3	3	3	16	12	.359	.429
Flyball	.272	103	28	3	1	6	19	19	14	.384	.495	Batting #1	.258	190	49	5	2	7	21	38	20	.378	.416
Home	.262	168	44	5	2	5	18	29	19	.367	.405	Batting #2	.282	181	51	10	3	3	31	21	22	.358	.420
Away	.269	216	58	10	3	5	34	32	24	.364	.412	Other	.154	13	2	0	0	0	0	2	1	.267	.154
Day	.283	106	30	2	2	3	16	14	11	.361	.425	April	.266	79	21	4	0	6	11	9	9	.376	.544
Night	.259	278	72	13	3	7	36	47	32	.367	.403	May	.247	81	20	1	2	1	9	19	8	.382	.346
Grass	.273	326	89	15	3	10	49	54	33	.375	.429	June	.266	94	25	7	1	8	12	13	.349	.351
Turf	.224	58	13	0	2	0	3	7	10	.308	.293	July	.286	105	30	7	1	2	21	11	11	.359	.429
First Pitch	.400	50	20	4	1	4	14	1	0	.404	.760	August	.240	25	6	2	0	0	3	5	2	.355	.320
Ahead in Count	.326	132	43	6	3	5	18	28	0	.441	.530	September/October	.000	0	0	0	0	0	0	0	0	.000	.000
Behind in Count	.161	124	20	3	1	0	9	0	32	.168	.202	Pre-All Star	.264	292	77	11	4	8	38	51	35	.373	.411
Two Strikes	.213	150	32	4	1	1	15	32	43	.352	.273	Post-All Star	.272	92	25	4	1	2	14	10	8	.340	.402

1994 By Position

Position	Avg	AB	H	2B	3B	HR	RBI	BB	SO	OBP	SLG	G	GS	Innings	PO	A	E	DP	Fld Pct	Rng Fctr	In Zone	Outs	Zone Rtg	MLB Zone
As lf	.270	378	102	15	5	10	52	60	42	.369	.415	97	93	832.1	203	3	4	1	.981	2.23	238	202	.849	.815

Last Five Years

	Avg	AB	H	2B	3B	HR	RBI	BB	SO	OBP	SLG		Avg	AB	H	2B	3B	HR	RBI	BB	SO	OBP	SLG
vs. Left	.278	731	203	16	5	9	81	98	60	.362	.350	Scoring Posn	.323	517	167	21	9	9	218	137	50	.451	.451
vs. Right	.286	1685	482	68	24	38	191	261	177	.382	.423	Close & Late	.289	419	121	12	3	10	57	77	35	.395	.403
Groundball	.276	711	196	30	8	4	69	99	78	.365	.357	None on/out	.276	832	230	27	10	20	94	83	.354	.405
Flyball	.297	526	156	11	6	16	63	97	49	.404	.432	Batting #1	.276	1625	446	54	18	32	158	247	163	.371	.390
Home	.287	1113	319	36	11	23	116	163	102	.378	.401	Batting #3	.288	375	108	10	4	7	51	58	36	.381	.392
Away	.281	1303	366	48	18	24	156	196	135	.374	.401	Other	.310	416	129	20	7	8	63	54	38	.387	.450
Day	.269	635	171	11	10	64	106	66	.371	.378	April	.240	292	70	9	2	8	35	38	28	.326	.366
Night	.289	1781	514	67	18	37	208	253	171	.377	.409	May	.301	409	123	12	9	8	41	81	49	.414	.433
Grass	.291	1805	525	63	20	35	194	272	174	.383	.406	June	.269	405	109	14	4	5	42	67	41	.370	.360
Turf	.262	611	160	21	9	12	78	87	63	.355	.385	July	.275	473	130	16	8	8	66	56	37	.357	.393
First Pitch	.313	368	115	10	3	9	44	14	0	.334	.429	August	.297	444	132	20	2	9	48	66	51	.384	.412
Ahead in Count	.334	808	270	37	12	23	113	181	0	.451	.495	September/October	.308	393	121	13	4	9	40	51	31	.388	.430
Behind in Count	.220	764	168	25	5	6	54	0	187	.228	.289	Pre-All Star	.272	1262	343	42	19	23	140	205	133	.372	.390
Two Strikes	.231	869	201	29	5	13	78	154	237	.352	.321	Post-All Star	.296	1154	342	42	10	24	132	154	104	.380	.412

Batter vs. Pitcher (since 1984)

Hits Best Against	Avg	AB	H	2B	3B	HR	RBI	BB	SO	OBP	SLG	Hits Worst Against	Avg	AB	H	2B	3B	HR	RBI	BB	SO	OBP	SLG
Ken Hill	.714	14	10	3	1	0	4	7	1	.810	1.071	Jason Grimsley	.000	10	0	0	0	0	0	3	0	.231	.000
Craig Lefferts	.476	21	10	3	1	1	5	3	2	.520	.857	Jack Armstrong	.063	16	1	0	0	0	1	1	2	.118	.063
Mark Leiter	.467	15	7	0	0	3	4	4	2	.579	1.067	Jose Mesa	.091	11	1	0	0	0	0	0	0	.091	.091
Roger Pavlik	.455	11	5	1	1	0	2	3	2	.571	.727	Steve Ontiveros	.091	11	1	0	0	0	0	1	1	.167	.091
Cris Carpenter	.429	7	3	0	1	0	1	4	0	.636	.714	Jim Deshaies	.095	21	2	0	0	0	1	0	2	.091	.095

Manny Ramirez — Indians   Age 23 – Bats Right (flyball hitter)

	Avg	G	AB	R	H	2B	3B	HR	RBI	BB	SO	HBP	GDP	SB	CS	OBP	SLG	IBB	SH	SF	#Pit	#P/PA	GB	FB	G/F
1994 Season	.269	91	290	51	78	22	0	17	60	42	72	0	6	4	2	.357	.521	4	0	4	1412	4.20	78	87	0.90
Career (1993-1994)	.254	113	343	56	87	23	0	19	65	44	80	0	9	4	2	.335	.487	4	0	4	1608	4.11	91	110	0.83

1994 Season

	Avg	AB	H	2B	3B	HR	RBI	BB	SO	OBP	SLG		Avg	AB	H	2B	3B	HR	RBI	BB	SO	OBP	SLG
vs. Left	.361	119	43	10	0	8	27	20	22	.447	.647	Scoring Posn	.295	78	23	7	0	6	44	14	17	.385	.615
vs. Right	.205	171	35	12	0	9	33	22	50	.292	.433	Close & Late	.171	35	6	5	0	1	5	5	12	.275	.400
Groundball	.365	52	19	4	0	6	10	8	12	.435	.788	None on/out	.261	69	18	3	0	3	3	9	22	.346	.435
Flyball	.298	84	25	8	0	5	25	8	17	.351	.571	Batting #6	.240	100	24	6	0	5	16	8	28	.291	.450

1994 Season

	Avg	AB	H	2B	3B	HR	RBI	BB	SO	OBP	SLG		Avg	AB	H	2B	3B	HR	RBI	BB	SO	OBP	SLG
Home	.203	138	28	12	0	9	31	18	38	.291	.486	Batting #7	.279	136	38	12	0	6	26	24	28	.383	.500
Away	.329	152	50	10	0	8	29	24	34	.416	.553	Other	.296	54	16	4	0	8	18	10	16	.406	.704
Day	.273	110	30	9	0	6	22	11	31	.336	.518	April	.313	64	20	5	0	6	21	9	15	.397	.672
Night	.267	180	48	13	0	11	38	31	41	.369	.522	May	.132	68	9	3	0	2	7	6	16	.200	.265
Grass	.249	249	62	20	0	15	56	37	67	.341	.510	June	.319	72	23	7	0	5	15	17	18	.444	.625
Turf	.390	41	16	2	0	2	4	5	5	.457	.585	July	.300	50	15	3	0	1	9	6	15	.362	.420
First Pitch	.375	24	9	1	0	4	8	2	0	.423	.917	August	.306	36	11	4	0	3	8	4	8	.375	.667
Ahead in Count	.348	69	24	6	0	5	17	16	0	.465	.652	September/October	.000	0	0	0	0	0	0	0	0	.000	.000
Behind in Count	.214	131	28	9	0	6	21	0	60	.211	.420	Pre-All Star	.258	217	56	16	0	13	46	35	53	.357	.512
Two Strikes	.185	146	27	7	0	7	24	24	72	.295	.377	Post-All Star	.301	73	22	6	0	4	14	7	19	.358	.548

1994 By Position

Position	Avg	AB	H	2B	3B	HR	RBI	BB	SO	OBP	SLG	G	GS	Innings	PO	A	E	DP	Fld Pct	Rng Fctr	In Zone	Zone Outs	Zone Rtg	MLB Zone
As rf	.288	267	77	21	0	17	58	40	65	.377	.558	84	79	675.2	150	7	1	2	.994	2.09	170	140	.824	.826

Pat Rapp — *Marlins*

Age 27 – Pitches Right (groundball pitcher)

	ERA	W	L	Sv	G	GS	IP	BB	SO	Avg	H	2B	3B	HR	RBI	OBP	SLG	CG	ShO	Sup	QS	#P/S	SB	CS	GB	FB	G/F
1994 Season	3.85	7	8	0	24	23	133.1	69	75	.266	132	21	7	13	60	.361	.415	2	1	4.12	13	95	10	13	210	129	1.63
Career (1992-1994)	4.06	11	16	0	43	41	237.1	114	135	.271	241	45	12	20	111	.357	.416	3	1	3.94	21	93	17	20	360	233	1.55

1994 Season

	ERA	W	L	Sv	G	GS	IP	H	HR	BB	SO		Avg	AB	H	2B	3B	HR	RBI	BB	SO	OBP	SLG
Home	4.65	4	5	0	13	12	69.2	79	8	31	39	vs. Left	.316	256	81	10	5	6	33	38	29	.405	.465
Away	2.97	3	3	0	11	11	63.2	53	5	38	36	vs. Right	.213	240	51	11	2	7	27	31	46	.314	.363
Day	4.67	1	2	0	5	5	27.0	31	3	14	15	Inning 1-6	.271	446	121	19	7	10	55	62	68	.366	.413
Night	3.64	6	6	0	19	18	106.1	101	10	55	60	Inning 7+	.220	50	11	2	0	3	5	7	7	.316	.440
Grass	4.09	7	6	0	21	20	112.1	117	12	56	65	None on	.279	276	77	10	6	8	40	41	.376	.446
Turf	2.57	0	2	0	3	3	21.0	15	1	13	10	Runners on	.250	220	55	11	1	5	52	29	34	.342	.377
April	5.30	1	1	0	4	4	18.2	24	2	9	8	Scoring Posn	.248	121	30	6	0	3	44	18	21	.349	.372
May	4.00	2	0	0	6	5	27.0	31	3	11	15	Close & Late	.200	20	4	2	0	1	2	3	.333	.450
June	3.89	1	3	0	6	6	37.0	35	3	21	19	None on/out	.246	126	31	3	5	3	16	16	.336	.421
July	2.50	2	2	0	5	5	36.0	26	3	17	24	vs. 1st Batr (relief)	1.000	1	1	0	0	0	0	0	0	1.000	1.000
August	4.91	1	2	0	3	3	14.2	16	2	11	9	First Inning Pitched	.290	93	27	4	3	1	18	16	10	.411	.430
September/October	0.00	0	0	0	0	0	0.0	0	0	0	0	First 75 Pitches	.286	367	105	16	6	8	47	53	58	.381	.428
Starter	3.88	7	8	0	23	23	132.1	131	13	68	74	Pitch 76-90	.164	67	11	4	0	1	3	8	9	.269	.269
Reliever	0.00	0	0	0	1	0	1.0	1	0	1	1	Pitch 91-105	.256	43	11	1	1	3	6	6	5	.347	.535
0-3 Days Rest (St)	0.00	0	0	0	0	0	0.0	0	0	0	0	Pitch 106+	.263	19	5	0	0	1	4	2	3	.333	.421
4 Days Rest	4.68	3	6	0	13	13	73.0	75	8	42	42	First Pitch	.313	67	21	2	2	0	6	2	0	.333	.403
5+ Days Rest	2.88	4	2	0	10	10	59.1	56	5	26	32	Ahead in Count	.192	213	41	6	1	3	18	0	61	.205	.272
Pre-All Star	4.06	5	5	0	18	17	95.1	97	9	52	53	Behind in Count	.336	113	38	11	0	2	5	17	41	0	.513	.593
Post-All Star	3.32	2	3	0	6	6	38.0	35	4	17	22	Two Strikes	.217	217	47	7	1	6	24	26	75	.311	.341

Randy Ready — *Phillies*

Age 35 – Bats Right

	Avg	G	AB	R	H	2B	3B	HR	RBI	BB	SO	HBP	GDP	SB	CS	OBP	SLG	IBB	SH	SF	#Pit	#P/PA	GB	FB	G/F
1994 Season	.381	17	42	5	16	1	0	1	3	8	6	0	1	0	1	.480	.476	0	0	0	196	3.92	18	9	2.00
Last Five Years	.248	295	723	102	179	30	3	7	76	132	97	3	14	8	5	.362	.326	4	7	9	3568	4.08	255	237	1.08

1994 Season

	Avg	AB	H	2B	3B	HR	RBI	BB	SO	OBP	SLG		Avg	AB	H	2B	3B	HR	RBI	BB	SO	OBP	SLG
vs. Left	.433	30	13	1	0	1	3	5	3	.514	.567	Scoring Posn	.333	9	3	1	0	0	2	1	2	.400	.444
vs. Right	.250	12	3	0	0	0	0	3	3	.400	.250	Close & Late	.000	7	0	0	0	0	0	3	1	.300	.000

Last Five Years

	Avg	AB	H	2B	3B	HR	RBI	BB	SO	OBP	SLG		Avg	AB	H	2B	3B	HR	RBI	BB	SO	OBP	SLG
vs. Left	.265	407	108	20	2	6	53	76	52	.378	.369	Scoring Posn	.269	193	52	10	0	1	63	47	26	.398	.337
vs. Right	.225	316	71	10	1	1	23	56	45	.341	.272	Close & Late	.300	140	42	5	0	2	16	35	23	.441	.379
Groundball	.249	253	63	10	1	2	25	42	31	.354	.320	None on/out	.223	166	37	8	0	1	1	21	17	.317	.289
Flyball	.221	122	27	6	0	2	13	24	20	.351	.320	Batting #2	.243	243	59	10	2	2	31	39	30	.343	.325
Home	.241	394	95	16	2	2	38	77	52	.363	.307	Batting #7	.197	117	23	6	1	0	9	23	15	.333	.265
Away	.255	329	84	14	1	5	38	55	45	.362	.350	Other	.267	363	97	14	0	5	36	70	52	.384	.347
Day	.228	237	54	10	1	2	24	50	33	.360	.304	April	.290	62	18	1	0	1	8	13	8	.416	.355
Night	.257	486	125	20	2	5	52	82	64	.363	.337	May	.304	79	24	3	0	1	14	19	9	.439	.380
Grass	.202	247	50	6	1	3	25	52	40	.337	.271	June	.234	64	15	3	0	0	7	5	12	.286	.281
Turf	.271	476	129	24	2	4	51	80	57	.376	.355	July	.208	120	25	5	1	3	15	22	25	.333	.342
First Pitch	.405	42	17	4	0	1	8	2	0	.444	.571	August	.230	204	47	8	1	2	18	39	23	.349	.309
Ahead in Count	.231	182	42	8	1	2	16	69	0	.439	.319	September/October	.258	194	50	10	1	0	14	34	20	.367	.320
Behind in Count	.236	343	81	13	1	2	32	0	78	.236	.297	Pre-All Star	.287	237	68	10	0	3	34	44	36	.396	.367
Two Strikes	.198	333	66	10	1	1	31	61	82	.243	.243	Post-All Star	.228	486	111	20	3	4	42	88	61	.345	.307

Batter vs. Pitcher (since 1984)

Hits Best Against	Avg	AB	H	2B	3B	HR	RBI	BB	SO	OBP	SLG	Hits Worst Against	Avg	AB	H	2B	3B	HR	RBI	BB	SO	OBP	SLG
Jamie Moyer	.500	14	7	2	1	0	2	0	0	.500	.786	Orel Hershiser	.000	11	0	0	0	0	0	1	1	.083	.000
Dwight Gooden	.500	12	6	1	1	0	0	1	2	.538	.750	Dennis Martinez	.154	13	2	0	0	0	1	0	4	.200	.154
Jim Deshaies	.429	14	6	2	0	1	7	6	1	.571	.786	Brian Barnes	.176	17	3	0	0	0	1	3	3	.300	.176
Fernando Valenzuela	.370	27	10	1	0	2	5	8	3	.514	.704	Alejandro Pena	.200	10	2	0	0	0	1	1	2	.273	.200
Steve Avery	.333	12	4	0	0	2	3	2	1	.429	.833	Mark Langston	.231	13	3	0	0	0	3	0	3	.231	.231

Jeff Reardon — Yankees
Age 39 – Pitches Right (flyball pitcher)

	ERA	W	L	Sv	G	GS	IP	BB	SO	Avg	H	2B	3B	HR	RBI	OBP	SLG	GF	IR	IRS	Hld	SvOp	SB	CS	GB	FB	G/F
1994 Season	8.38	1	0	2	11	0	9.2	3	4	.386	17	2	1	3	10	.426	.682	8	7	1	0	3	0	0	10	20	0.50
Last Five Years	3.64	16	15	101	233	0	240.0	57	155	.260	243	50	6	27	125	.306	.412	178	239	75	10	132	21	3	236	377	0.63

1994 Season

	ERA	W	L	Sv	G	GS	IP	H	HR	BB	SO		Avg	AB	H	2B	3B	HR	RBI	BB	SO	OBP	SLG
Home	5.06	1	0	0	5	0	5.1	10	1	3	3	vs. Left	.412	17	7	1	0	2	5	0	1	.412	.824
Away	12.46	0	0	2	6	0	4.1	7	2	0	1	vs. Right	.370	27	10	1	1	1	5	3	3	.433	.593

Last Five Years

	ERA	W	L	Sv	G	GS	IP	H	HR	BB	SO		Avg	AB	H	2B	3B	HR	RBI	BB	SO	OBP	SLG
Home	3.28	14	7	55	128	0	129.0	124	16	31	89	vs. Left	.273	461	126	24	3	15	54	35	52	.328	.436
Away	4.05	2	8	46	105	0	111.0	119	11	26	66	vs. Right	.246	475	117	26	3	12	71	22	103	.284	.389
Day	4.61	2	5	23	68	0	68.1	75	10	12	37	Inning 1-6	.000	5	0	0	0	0	0	0	1	.000	.000
Night	3.25	14	10	78	165	0	171.2	168	17	45	118	Inning 7+	.261	931	243	50	6	27	125	57	154	.307	.415
Grass	3.46	12	8	81	172	0	176.2	170	21	40	117	None on	.230	526	121	23	4	18	18	21	80	.264	.392
Turf	4.12	4	7	20	61	0	63.1	73	6	17	38	Runners on	.298	410	122	27	2	9	107	36	75	.357	.439
April	2.34	2	0	17	41	0	42.1	38	4	13	22	Scoring Posn	.282	266	75	18	1	8	103	29	51	.348	.447
May	4.20	2	2	22	42	0	40.2	39	4	7	26	Close & Late	.258	636	164	30	4	19	96	40	114	.305	.407
June	3.70	3	3	16	40	0	41.1	40	5	9	27	None on/out	.164	201	33	8	2	4	4	6	32	.196	.284
July	3.27	1	4	19	41	0	44.0	41	7	10	29	vs. 1st Batr (relief)	.228	219	50	11	1	3	20	10	36	.266	.329
August	3.74	1	3	15	31	0	33.2	40	4	8	27	First Inning Pitched	.260	803	209	44	5	21	111	47	136	.304	.406
September/October	4.74	7	3	12	38	0	38.0	45	3	10	24	First 15 Pitches	.263	714	188	38	6	19	80	38	108	.301	.413
Starter	0.00	0	0	0	0	0	0	0	0	0	0	Pitch 16-30	.241	199	48	10	0	7	38	17	42	.317	.397
Reliever	3.64	16	15	101	233	0	240.0	243	27	57	155	Pitch 31-45	.304	23	7	2	0	1	7	2	5	.346	.522
0 Days rest (Re)	3.03	6	4	33	62	0	59.1	55	5	16	35	Pitch 46+	.000	0	0	0	0	0	0	0	0	.000	.000
1 or 2 Days rest	3.69	7	8	45	93	0	97.2	106	12	18	77	First Pitch	.302	149	45	13	2	5	22	6	0	.344	.517
3+ Days rest	4.01	3	3	23	78	0	83.0	82	12	23	43	Ahead in Count	.226	477	108	20	2	14	57	0	136	.229	.365
Pre-All Star	3.16	8	6	62	138	0	142.1	128	15	32	88	Behind in Count	.310	158	49	8	0	4	24	29	0	.413	.437
Post-All Star	4.33	8	9	39	95	0	97.2	115	12	25	67	Two Strikes	.218	455	99	17	2	13	53	21	155	.254	.349

Pitcher vs. Batter (since 1984)

Pitches Best Vs.	Avg	AB	H	2B	3B	HR	RBI	BB	SO	OBP	SLG	Pitches Worst Vs.	Avg	AB	H	2B	3B	HR	RBI	BB	SO	OBP	SLG
Jay Buhner	.000	11	0	0	0	0	0	1	3	.083	.000	Harold Reynolds	.500	12	6	2	0	0	1	0	1	.500	.667
Ryne Sandberg	.071	14	1	0	0	0	2	0	4	.071	.071	Dan Pasqua	.429	7	3	1	0	0	1	4	1	.636	.571
Ozzie Guillen	.100	10	1	0	0	0	1	1	1	.167	.100	Jim Eisenreich	.417	12	5	3	0	0	2	1	1	.462	.667
Fred McGriff	.100	10	1	0	0	0	1	1	2	.250	.100	Danny Tartabull	.375	8	3	0	1	1	4	3	3	.545	1.000
Joe Orsulak	.167	12	2	1	0	0	0	0	0	.167	.167	Rickey Henderson	.357	14	5	0	0	0	0	4	1	.400	.571

Jeff Reboulet — Twins
Age 31 – Bats Right (groundball hitter)

	Avg	G	AB	R	H	2B	3B	HR	RBI	BB	SO	HBP	GDP	SB	CS	OBP	SLG	IBB	SH	SF	#Pit	#P/PA	GB	FB	G/F
1994 Season	.259	74	189	28	49	11	1	3	23	18	22	1	6	0	0	.327	.376	0	2	0	831	3.96	75	47	1.60
Career (1992-1994)	.242	256	566	76	137	26	2	5	54	72	86	4	12	8	7	.335	.322	0	14	1	2702	4.09	231	141	1.64

1994 Season

	Avg	AB	H	2B	3B	HR	RBI	BB	SO	OBP	SLG		Avg	AB	H	2B	3B	HR	RBI	BB	SO	OBP	SLG
vs. Left	.302	63	19	2	0	2	9	3	4	.333	.429	Scoring Posn	.283	53	15	7	0	2	22	7	9	.367	.528
vs. Right	.238	126	30	9	1	1	14	15	19	.324	.349	Close & Late	.238	21	5	2	0	0	4	4	5	.385	.333
Home	.286	105	30	4	0	2	13	11	15	.353	.381	None on/out	.294	34	10	1	0	0	0	7	4	.415	.324
Away	.226	84	19	7	1	1	10	7	8	.293	.369	Batting #2	.297	64	19	4	1	1	9	4	6	.338	.438
First Pitch	.400	15	6	1	0	0	0	0	0	.400	.467	Batting #9	.273	77	21	6	0	2	9	8	9	.341	.429
Ahead in Count	.333	48	16	6	0	1	8	14	0	.484	.521	Other	.188	48	9	1	0	0	5	6	7	.291	.208
Behind in Count	.239	88	21	3	1	0	11	0	20	.247	.295	Pre-All Star	.281	135	38	9	0	3	20	15	19	.358	.415
Two Strikes	.170	88	15	1	0	2	9	4	23	.215	.250	Post-All Star	.204	54	11	2	1	0	3	3	3	.246	.278

Career (1992-1994)

	Avg	AB	H	2B	3B	HR	RBI	BB	SO	OBP	SLG		Avg	AB	H	2B	3B	HR	RBI	BB	SO	OBP	SLG
vs. Left	.284	183	52	8	0	2	21	23	23	.361	Scoring Posn	.279	136	38	13	1	3	51	27	21	.396	.456
vs. Right	.222	383	85	18	2	3	38	55	63	.323	.303	Close & Late	.284	67	19	6	0	0	12	11	10	.392	.373
Groundball	.250	112	28	6	0	0	7	17	14	.354	.304	None on/out	.261	115	30	5	0	1	1	19	19	.366	.330
Flyball	.216	139	30	4	1	0	13	17	23	.308	.259	Batting #2	.268	179	48	7	1	3	20	23	25	.351	.369
Home	.238	286	68	9	1	3	26	35	48	.327	.308	Batting #9	.227	295	67	17	1	2	29	39	47	.322	.312
Away	.246	280	69	17	1	2	28	41	38	.344	.336	Other	.239	92	22	2	0	0	5	14	14	.344	.261
Day	.244	221	54	8	0	4	26	30	45	.335	.335	April	.173	75	13	2	0	2	8	13	9	.295	.280
Night	.241	345	83	18	2	1	28	46	41	.336	.313	May	.222	90	20	4	0	0	9	13	17	.320	.267
Grass	.256	207	53	13	0	2	23	31	25	.354	.348	June	.296	115	34	9	1	1	15	11	20	.372	.417
Turf	.234	359	84	13	2	3	31	45	61	.324	.306	July	.205	83	17	5	1	0	5	10	14	.298	.289
First Pitch	.319	47	15	3	1	0	3	0	0	.319	.426	August	.235	98	23	1	0	2	10	13	15	.321	.306
Ahead in Count	.296	108	32	8	0	1	15	48	0	.513	.398	September/October	.286	105	30	5	0	0	7	16	14	.380	.333
Behind in Count	.203	276	56	10	1	0	23	0	74	.211	.246	Pre-All Star	.228	302	69	15	1	3	32	39	49	.325	.315
Two Strikes	.191	304	58	10	1	2	26	29	86	.263	.253	Post-All Star	.258	264	68	11	1	2	22	37	37	.348	.330

Batter vs. Pitcher (career)

Hits Best Against	Avg	AB	H	2B	3B	HR	RBI	BB	SO	OBP	SLG	Hits Worst Against	Avg	AB	H	2B	3B	HR	RBI	BB	SO	OBP	SLG
Jim Abbott	.462	13	6	0	0	0	1	1	.500	.462	Juan Guzman	.118	17	2	0	1	0	3	5	.250	.235
Jack McDowell	.333	9	3	0	0	0	2	1	.455	.333	Roger Clemens	.182	11	2	1	0	0	1	3	2	.357	.273
												Randy Johnson	.200	15	3	1	0	0	1	2	3	.294	.267

Gary Redus — Rangers
Age 38 – Bats Right (flyball hitter)

	Avg	G	AB	R	H	2B	3B	HR	RBI	BB	SO	HBP	GDP	SB	CS	OBP	SLG	IBB	SH	SF	#Pit	#P/PA	GB	FB	G/F
1994 Season	.273	18	33	2	9	1	0	0	2	4	6	0	3	0	0	.351	.303	1	0	0	136	3.68	11	9	1.22
Last Five Years	.259	365	910	133	236	47	12	22	92	105	143	5	8	43	16	.335	.410	4	2	12	3962	3.83	296	327	0.91

1994 Season

	Avg	AB	H	2B	3B	HR	RBI	BB	SO	OBP	SLG		Avg	AB	H	2B	3B	HR	RBI	BB	SO	OBP	SLG
vs. Left	.375	16	6	0	0	0	0	3	3	.474	.375	Scoring Posn	.111	9	1	1	0	0	2	2	1	.273	.222
vs. Right	.176	17	3	1	0	0	2	1	3	.222	.235	Close & Late	.231	13	3	1	0	0	2	3	3	.375	.308

Last Five Years

	Avg	AB	H	2B	3B	HR	RBI	BB	SO	OBP	SLG		Avg	AB	H	2B	3B	HR	RBI	BB	SO	OBP	SLG
vs. Left	.266	628	167	34	10	15	58	69	93	.335	.424	Scoring Posn	.239	180	43	2	3	7	75	30	28	.338	.400
vs. Right	.245	282	69	13	2	7	34	36	50	.336	.379	Close & Late	.292	168	49	6	2	3	23	20	27	.366	.405
Groundball	.274	259	71	17	3	6	25	26	38	.345	.432	None on/out	.272	345	94	18	4	11	11	30	47	.332	.443
Flyball	.258	198	51	6	2	8	28	24	34	.333	.429	Batting #1	.258	608	157	38	7	14	55	60	91	.324	.413
Home	.264	447	118	24	6	8	50	53	60	.344	.398	Batting #3	.218	78	17	3	3	2	11	7	7	.281	.410
Away	.255	463	118	23	6	14	42	52	83	.327	.421	Other	.277	224	62	6	2	6	26	38	45	.381	.402
Day	.197	249	49	11	4	5	23	27	38	.274	.333	April	.216	116	25	3	3	2	11	10	10	.295	.345
Night	.283	661	187	36	8	17	69	78	105	.358	.439	May	.218	147	32	4	1	0	8	16	22	.289	.259
Grass	.248	407	101	16	5	12	45	45	71	.318	.400	June	.298	104	31	9	0	3	8	11	20	.361	.471
Turf	.268	503	135	31	7	10	47	60	72	.349	.417	July	.254	177	45	10	3	6	26	25	36	.348	.446
First Pitch	.345	113	39	8	1	4	26	4	0	.366	.540	August	.278	198	55	10	3	8	23	24	30	.351	.480
Ahead in Count	.340	244	83	13	7	10	32	52	0	.455	.574	September/October	.286	168	48	11	2	3	16	19	25	.354	.429
Behind in Count	.193	353	68	15	3	5	18	0	108	.199	.295	Pre-All Star	.238	411	98	19	5	7	33	40	63	.308	.360
Two Strikes	.169	391	66	20	1	5	21	49	143	.265	.263	Post-All Star	.277	499	138	28	7	15	59	65	80	.357	.451

Batter vs. Pitcher (since 1984)

Hits Best Against	Avg	AB	H	2B	3B	HR	BB	SO	OBP	SLG	Hits Worst Against	Avg	AB	H	2B	3B	HR	RBI	BB	SO	OBP	SLG
Roger McDowell	.444	9	4	1	0	0	2	1	.583	.556	Danny Jackson	.000	18	0	0	0	0	1	5	2	.217	.000
Randy Myers	.429	7	3	1	0	0	5	2	.667	.571	Greg Swindell	.000	16	0	0	0	0	2	3	1	.111	.000
Joe Magrane	.400	25	10	4	2	0	4	1	3	.429	.720	Alejandro Pena	.000	12	0	0	0	0	0	1	0	.077	.000
Chris Hammond	.368	19	7	2	2	0	2	4	2	.478	.684	Danny Cox	.059	17	1	0	0	0	1	0	2	.111	.059
Paul Kilgus	.364	11	4	2	1	0	2	1	.417	.727	Dwight Gooden	.067	15	1	1	0	0	1	1	5	.118	.133

Jeff Reed — Giants
Age 32 – Bats Left

	Avg	G	AB	R	H	2B	3B	HR	RBI	BB	SO	HBP	GDP	SB	CS	OBP	SLG	IBB	SH	SF	#Pit	#P/PA	GB	FB	G/F
1994 Season	.175	50	63	11	18	3	0	1	9	11	21	0	3	0	0	.254	.233	4	0	0	435	3.82	45	52	1.67
Last Five Years	.244	294	692	55	169	29	3	13	68	75	111	4	16	0	2	.316	.351	17	6	7	2973	3.81	280	188	1.49

1994 Season

	Avg	AB	H	2B	3B	HR	RBI	BB	SO	OBP	SLG		Avg	AB	H	2B	3B	HR	RBI	BB	SO	OBP	SLG
vs. Left	.133	15	2	0	0	0	0	1	3	.188	.133	Scoring Posn	.136	22	3	0	0	1	7	8	6	.367	.273
vs. Right	.182	88	16	3	0	1	7	10	18	.265	.250	Close & Late	.250	28	7	0	0	1	5	2	2	.300	.357

Last Five Years

	Avg	AB	H	2B	3B	HR	RBI	BB	SO	OBP	SLG		Avg	AB	H	2B	3B	HR	RBI	BB	SO	OBP	SLG
vs. Left	.244	78	19	4	0	4	11	11	17	.337	.449	Scoring Posn	.195	159	31	1	1	2	51	37	39	.338	.252
vs. Right	.244	614	150	25	3	9	57	64	94	.313	.339	Close & Late	.167	126	21	3	0	2	9	9	18	.219	.238
Groundball	.230	226	52	4	0	3	22	28	32	.314	.288	None on/out	.275	189	52	8	2	2	2	13	21	.322	.370
Flyball	.255	165	42	9	0	5	21	17	33	.319	.400	Batting #7	.236	263	62	14	0	2	21	31	55	.313	.312
Home	.244	328	80	18	2	8	35	33	52	.311	.384	Batting #8	.249	338	84	10	3	9	39	37	40	.319	.376
Away	.245	364	89	11	1	5	33	42	59	.320	.321	Other	.253	91	23	5	0	2	8	7	16	.313	.374
Day	.264	288	76	8	3	6	30	40	44	.352	.375	April	.193	88	17	0	0	8	13	18	.291	.261
Night	.230	404	93	21	0	7	38	35	67	.290	.334	May	.250	128	32	2	0	3	11	10	21	.307	.336
Grass	.248	351	87	12	0	8	28	32	61	.310	.350	June	.238	143	34	9	0	4	16	20	22	.329	.385
Turf	.240	341	82	17	3	5	40	43	50	.322	.352	July	.296	81	24	4	1	1	12	8	17	.356	.407
First Pitch	.272	81	22	4	0	1	7	8	0	.337	.358	August	.222	108	24	3	0	2	9	11	12	.292	.306
Ahead in Count	.323	192	62	9	1	6	28	42	0	.443	.474	September/October	.264	144	38	11	2	1	12	13	21	.323	.389
Behind in Count	.197	290	57	9	2	3	24	0	90	.194	.272	Pre-All Star	.227	375	85	11	1	9	36	47	66	.311	.333
Two Strikes	.172	309	53	7	1	3	19	20	111	.220	.230	Post-All Star	.265	317	84	18	2	4	32	28	45	.322	.372

Batter vs. Pitcher (career)

Hits Best Against	Avg	AB	H	2B	3B	HR	RBI	BB	SO	OBP	SLG	Hits Worst Against	Avg	AB	H	2B	3B	HR	RBI	BB	SO	OBP	SLG
Andy Benes	.440	25	11	1	0	2	6	4	3	.500	.720	Pete Harnisch	.000	7	0	0	0	0	1	4	2	.364	.000
Bob Tewksbury	.400	15	6	0	0	1	0	4	.400	.400	David Cone	.095	21	2	0	0	0	2	3	7	.208	.095
Tim Leary	.385	13	5	2	0	0	1	1	4	.429	.538	Kelly Downs	.111	9	1	0	0	0	0	1	1	.273	.111
Greg W. Harris	.357	14	5	2	0	0	2	2	.438	.500	Mike Morgan	.125	16	2	0	0	0	0	1	3	.125	.125
Danny Darwin	.333	15	5	3	1	0	2	2	.412	.667	Mike Bielecki	.125	16	2	0	0	0	1	3	3	.250	.125

Jody Reed — Brewers
Age 32 – Bats Right

	Avg	G	AB	R	H	2B	3B	HR	RBI	BB	SO	HBP	GDP	SB	CS	OBP	SLG	IBB	SH	SF	#Pit	#P/PA	GB	FB	G/F
1994 Season	.271	108	399	48	108	22	0	2	37	57	34	2	8	5	4	.362	.341	1	4	3	1777	3.82	162	108	1.50
Last Five Years	.274	691	2610	317	715	157	5	17	219	292	236	11	75	23	24	.348	.357	19	53	16	11087	3.72	980	783	1.25

1994 Season

	Avg	AB	H	2B	3B	HR	RBI	BB	SO	OBP	SLG		Avg	AB	H	2B	3B	HR	RBI	BB	SO	OBP	SLG
vs. Left	.218	78	17	4	0	0	1	22	7	.390	.269	Scoring Posn	.260	104	27	5	0	1	35	19	12	.370	.337
vs. Right	.283	321	91	18	0	2	36	35	27	.355	.358	Close & Late	.288	59	17	3	0	1	7	5	4	.354	.390
Groundball	.242	95	23	7	0	1	8	8	11	.301	.347	None on/out	.326	135	44	10	0	0	0	12	7	.381	.400

331

1994 Season

	Avg	AB	H	2B	3B	HR	RBI	BB	SO	OBP	SLG		Avg	AB	H	2B	3B	HR	RBI	BB	SO	OBP	SLG
Flyball	.253	95	24	2	0	1	12	11	5	.330	.305	Batting #1	.280	225	63	15	0	2	23	26	18	.356	.373
Home	.246	199	49	7	0	1	17	26	14	.333	.296	Batting #7	.238	84	20	5	0	0	8	15	7	.353	.298
Away	.295	200	59	15	0	1	20	31	20	.391	.385	Other	.278	90	25	2	0	0	6	16	9	.387	.300
Day	.315	124	39	9	0	2	17	21	7	.415	.435	April	.297	64	19	2	0	0	9	16	3	.434	.328
Night	.251	275	69	13	0	0	20	36	27	.338	.298	May	.230	100	23	5	0	0	4	12	12	.313	.280
Grass	.286	336	96	17	0	2	32	45	29	.369	.354	June	.309	97	30	6	0	1	9	13	8	.393	.402
Turf	.190	63	12	5	0	0	5	12	5	.329	.270	July	.223	94	21	6	0	1	12	14	7	.324	.319
First Pitch	.250	36	9	3	0	0	1	1	0	.270	.333	August	.341	44	15	3	0	0	3	2	4	.370	.409
Ahead in Count	.325	120	39	9	0	2	12	29	0	.456	.450	September/October	.000	0	0	0	0	0	0	0	0	.000	.000
Behind in Count	.229	175	40	7	0	0	14	0	30	.225	.269	Pre-All Star	.276	297	82	17	0	1	26	49	25	.379	.343
Two Strikes	.244	168	41	6	0	0	19	27	34	.345	.280	Post-All Star	.255	102	26	5	0	1	11	8	9	.309	.333

1994 By Position

Position	Avg	AB	H	2B	3B	HR	RBI	BB	SO	OBP	SLG	G	GS	Innings	PO	A	E	DP	Fld Pct	Rng Fctr	In Zone	Outs	Zone Rtg	MLB Zone
As 2b	.272	397	108	22	0	2	37	57	33	.364	.343	106	106	931.1	231	351	3	72	.995	5.62	373	337	.903	.889

Last Five Years

	Avg	AB	H	2B	3B	HR	RBI	BB	SO	OBP	SLG		Avg	AB	H	2B	3B	HR	RBI	BB	SO	OBP	SLG
vs. Left	.278	704	196	49	1	1	35	93	58	.362	.355	Scoring Posn	.279	566	158	32	1	1	190	114	53	.393	.345
vs. Right	.272	1906	519	108	4	16	184	199	178	.342	.358	Close & Late	.254	418	106	21	0	2	39	53	44	.340	.318
Groundball	.272	690	188	46	2	3	70	66	77	.339	.358	None on/out	.272	714	194	42	1	2	2	63	62	.332	.342
Flyball	.283	591	167	26	1	8	51	72	50	.358	.371	Batting #1	.269	832	224	47	2	6	65	94	75	.345	.352
Home	.275	1334	367	90	1	9	126	156	120	.352	.364	Batting #2	.283	1113	315	80	2	8	96	115	93	.351	.380
Away	.273	1276	348	67	4	8	93	136	116	.343	.350	Other	.265	665	176	30	1	0	58	83	68	.345	.326
Day	.268	817	219	51	1	5	74	105	69	.350	.351	April	.247	348	86	13	0	3	31	45	27	.336	.310
Night	.277	1793	496	106	4	12	145	187	167	.346	.360	May	.288	507	146	31	4	2	43	54	45	.356	.377
Grass	.280	2210	618	134	3	17	199	257	199	.355	.366	June	.272	441	120	34	0	3	39	42	38	.334	.370
Turf	.243	400	97	23	2	0	20	35	37	.308	.310	July	.281	449	126	32	0	5	41	53	48	.354	.385
First Pitch	.291	223	65	18	0	4	18	10	0	.325	.426	August	.266	459	122	25	1	2	31	37	40	.321	.338
Ahead in Count	.314	711	223	63	2	9	85	174	0	.445	.446	September/October	.283	406	115	22	0	2	34	61	38	.382	.352
Behind in Count	.241	1123	271	43	3	2	66	0	192	.243	.289	Pre-All Star	.277	1436	398	91	4	9	128	161	122	.349	.365
Two Strikes	.226	1070	242	41	1	2	58	105	236	.295	.272	Post-All Star	.270	1174	317	66	1	8	91	131	114	.345	.348

Batter vs. Pitcher (career)

Hits Best Against	Avg	AB	H	2B	3B	HR	RBI	BB	SO	OBP	SLG	Hits Worst Against	Avg	AB	H	2B	3B	HR	RBI	BB	SO	OBP	SLG
Willie Blair	.571	14	8	1	0	2	5	0	2	.571	1.071	Todd Frohwirth	.000	10	0	0	0	0	1	2	4	.167	.000
Tom Henke	.556	9	5	1	0	0	1	2	0	.636	.667	Mark Eichhorn	.083	12	1	0	0	0	0	2	3	.214	.083
Juan Guzman	.462	13	6	1	0	1	3	2	1	.533	.769	Steve Farr	.091	11	1	0	0	0	0	1	1	.167	.091
Scott Sanderson	.455	33	15	3	0	2	3	2	1	.486	.727	Duane Ward	.111	18	2	1	0	0	1	0	2	.111	.167
Randy Johnson	.385	13	5	4	0	0	6	4	.579	.692	David Wells	.120	25	3	0	0	0	2	1	.185	.120

Rick Reed — Reds Age 30 – Pitches Right

	ERA	W	L	Sv	G	GS	IP	H	BB	SO	Avg	H	2B	3B	HR	RBI	OBP	SLG	CG	ShO	Sup	QS	#P/S	SB	CS	GB	FB	G/F
1994 Season	5.94	1	1	0	4	3	16.2	7		12	.254	17	5	0	3	13	.333	.463	0	0	5.94	0	80	0	1	17	27	0.63
Last Five Years	4.34	7	11	0	40	30	182.2	42		95	.280	204	45	2	21	84	.325	.434	2	2	4.34	9	77	14	6	259	236	1.10

1994 Season

	ERA	W	L	Sv	G	GS	IP	H	HR	BB	SO		Avg	AB	H	2B	3B	HR	RBI	BB	SO	OBP	SLG
Home	3.60	1	0	0	1	1	5.0	6	0	1	3	vs. Left	.278	36	10	3	0	2	9	5	5	.366	.528
Away	6.94	0	1	0	3	2	11.2	11	3	6	9	vs. Right	.226	31	7	2	0	1	4	2	7	.294	.387

Last Five Years

	ERA	W	L	Sv	G	GS	IP	H	HR	BB	SO		Avg	AB	H	2B	3B	HR	RBI	BB	SO	OBP	SLG
Home	4.29	4	4	0	17	14	77.2	93	5	15	37	vs. Left	.226	372	84	24	1	11	46	25	50	.274	.384
Away	4.37	3	7	0	23	16	105.0	111	16	27	58	vs. Right	.337	356	120	21	1	10	38	17	45	.379	.486
Day	4.06	1	4	0	10	7	44.1	49	11	13	22	Inning 1-6	.279	646	180	36	2	17	70	39	87	.325	.420
Night	4.42	6	7	1	30	23	138.1	155	10	29	73	Inning 7+	.293	82	24	9	0	4	14	3	8	.326	.549
Grass	4.50	5	6	0	18	14	86.0	90	11	18	47	None on/out	.270	434	117	22	1	15	15	21	55	.309	.429
Turf	4.19	2	5	1	22	16	96.2	114	10	24	48	Runners on	.296	294	87	23	1	6	69	21	40	.347	.442
April	4.82	0	0	0	2	1	9.1	9	1	2	8	Scoring Posn	.275	167	46	9	0	5	58	16	25	.332	.419
May	7.36	1	1	0	2	2	7.1	8	2	5	4	Close & Late	.400	10	4	1	0	1	3	1	0	.455	.800
June	2.93	2	3	1	11	5	46.0	44	7	8	28	None on/out	.262	191	50	9	1	5	5	4	17	.288	.398
July	6.32	2	3	0	11	10	52.2	63	4	14	20	vs. 1st Batr (relief)	.600	10	6	0	0	2	4	0	1	.600	1.200
August	3.58	0	2	0	6	6	27.2	32	3	6	17	First Inning Pitched	.303	155	47	7	0	4	20	11	19	.349	.426
September/October	3.18	2	2	0	8	6	39.2	48	4	7	18	First 75 Pitches	.285	635	181	40	2	18	76	38	84	.331	.439
Starter	4.59	5	11	0	30	30	155.0	174	17	37	78	Pitch 76-90	.210	62	13	3	0	2	5	2	8	.234	.355
Reliever	2.93	2	0	1	10	0	27.2	30	4	5	17	Pitch 91-105	.348	23	8	1	0	1	1	2	2	.400	.429
0-3 Days Rest (St)	0.00	0	0	0	0	0	0.0	0	0	0	0	Pitch 106+	.250	8	2	1	0	0	2	0	1	.250	.375
4 Days Rest	4.33	4	6	0	17	17	89.1	99	8	23	54	First Pitch	.389	108	42	9	0	2	19	8	0	.438	.528
5+ Days Rest	4.93	1	5	0	13	13	65.2	75	9	14	24	Ahead in Count	.257	346	89	19	0	13	36	0	84	.261	.425
Pre-All Star	4.25	5	5	1	18	11	82.2	78	11	21	50	Behind in Count	.290	162	47	10	2	8	18	0	.364	.414
Post-All Star	4.41	2	6	0	22	19	100.0	126	10	21	45	Two Strikes	.218	303	66	18	0	12	32	16	95	.261	.396

Pitcher vs. Batter (career)

Pitches Best Vs.	Avg	AB	H	2B	3B	HR	RBI	BB	SO	OBP	SLG	Pitches Worst Vs.	Avg	AB	H	2B	3B	HR	RBI	BB	SO	OBP	SLG
Lenny Dykstra	.222	18	4	2	0	0	1	0	5	.263	.333	Charlie Hayes	.556	18	10	1	0	2	6	0	3	.556	.944
												Hubie Brooks	.333	15	5	0	0	1	4	0	2	.333	.533

Steve Reed — Rockies
Age 29 – Pitches Right

	ERA	W	L	Sv	G	GS	IP	BB	SO	Avg	H	2B	3B	HR	RBI	OBP	SLG	GF	IR	IRS	Hld	SvOp	SB	CS	GB	FB	G/F
1994 Season	3.94	3	2	3	61	0	64.0	26	51	.306	79	12	7	9	48	.374	.512	11	38	21	14	10	4	2	93	79	1.18
Career (1992-1994)	4.06	13	7	6	143	0	164.0	59	113	.275	172	29	9	24	103	.342	.465	27	104	38	24	16	13	9	243	175	1.39

1994 Season

	ERA	W	L	Sv	G	GS	IP	H	HR	BB	SO		Avg	AB	H	2B	3B	HR	RBI	BB	SO	OBP	SLG
Home	5.94	1	2	1	34	0	33.1	49	5	15	23	vs. Left	.379	95	36	4	1	5	21	14	16	.456	.600
Away	1.76	2	0	2	27	0	30.2	30	4	11	28	vs. Right	.264	163	43	8	6	4	27	12	35	.322	.460
Day	4.89	3	2	1	31	0	35.0	42	7	11	27	Inning 1-6	.327	52	17	3	1	2	12	7	14	.400	.538
Night	2.79	0	0	2	30	0	29.0	37	2	15	24	Inning 7+	.301	206	62	9	6	7	36	19	37	.367	.505
Grass	4.18	1	2	3	50	0	51.2	63	7	18	40	None on	.311	132	41	7	4	5	5	11	30	.372	.538
Turf	2.92	2	0	0	11	0	12.1	16	2	8	11	Runners on	.302	126	38	5	3	4	43	15	21	.375	.484
April	5.68	1	1	0	11	0	12.2	19	2	5	14	Scoring Posn	.316	79	25	4	2	4	42	11	18	.390	.570
May	1.23	0	0	1	14	0	14.2	11	1	4	14	Close & Late	.237	97	23	4	2	2	17	8	20	.304	.381
June	4.34	1	0	0	16	0	18.2	25	5	7	10	None on/out	.281	57	16	3	2	2	2	3	11	.317	.509
July	3.55	1	1	1	14	0	12.2	14	1	6	11	vs. 1st Batr (relief)	.268	56	15	3	3	3	16	4	11	.311	.589
August	6.75	0	0	1	6	0	5.1	10	0	4	2	First Inning Pitched	.289	201	58	9	6	6	40	21	40	.355	.483
September/October	0.00	0	0	0	0	0	0.0	0	0	0	0	First 15 Pitches	.275	171	47	8	5	6	35	15	36	.335	.485
Starter	0.00	0	0	0	0	0	0.0	0	0	0	0	Pitch 16-30	.371	70	26	4	2	2	10	10	13	.452	.571
Reliever	3.94	3	2	3	61	0	64.0	79	9	26	51	Pitch 31-45	.400	15	6	0	0	1	3	1	2	.471	.600
0 Days rest (Re)	5.08	1	1	2	25	0	28.1	38	6	10	21	Pitch 46+	.000	2	0	0	0	0	0	0	0	.000	.000
1 or 2 Days rest	2.30	1	1	1	28	0	27.1	27	3	12	28	First Pitch	.465	43	20	3	2	1	15	2	0	.500	.698
3+ Days rest	5.40	1	0	0	8	0	8.1	14	0	4	2	Ahead in Count	.215	130	28	4	2	5	16	0	43	.215	.392
Pre-All Star	3.35	3	1	1	45	0	51.0	60	8	17	43	Behind in Count	.326	43	14	2	2	2	8	11	0	.455	.605
Post-All Star	6.23	0	1	2	16	0	13.0	19	1	9	8	Two Strikes	.200	120	24	4	0	4	11	12	51	.272	.333

Career (1992-1994)

	ERA	W	L	Sv	G	GS	IP	H	HR	BB	SO		Avg	AB	H	2B	3B	HR	RBI	BB	SO	OBP	SLG
Home	5.89	8	5	2	79	0	91.2	112	18	35	54	vs. Left	.347	239	83	15	3	12	47	28	35	.420	.586
Away	1.74	5	2	4	64	0	72.1	60	6	24	59	vs. Right	.230	387	89	14	6	12	56	31	78	.291	.390
Day	5.68	5	4	3	53	0	58.2	69	13	21	46	Inning 1-6	.272	162	44	9	1	5	31	15	34	.335	.432
Night	3.16	8	3	3	90	0	105.1	103	11	38	67	Inning 7+	.276	464	128	20	8	19	72	44	79	.344	.476
Grass	4.38	10	6	5	115	0	135.2	148	21	45	88	None on	.269	357	96	15	6	13	13	27	70	.326	.454
Turf	2.54	3	1	1	28	0	28.1	24	3	14	25	Runners on	.283	269	76	14	3	11	90	32	43	.362	.480
April	6.95	2	1	0	19	0	22.0	31	6	9	18	Scoring Posn	.306	173	53	11	2	9	84	24	31	.384	.549
May	3.63	0	2	1	17	0	17.1	17	2	7	16	Close & Late	.218	216	47	9	3	5	31	21	39	.296	.356
June	3.23	3	0	0	24	0	30.2	34	6	9	16	None on/out	.265	147	39	7	3	6	6	13	29	.329	.476
July	4.19	3	3	2	29	0	34.1	39	4	13	25	vs. 1st Batr (relief)	.260	131	34	8	3	6	32	10	24	.308	.504
August	3.42	2	0	3	20	0	23.2	25	1	11	12	First Inning Pitched	.277	452	125	21	7	17	85	42	83	.340	.467
September/October	3.50	3	1	0	34	0	36.0	26	5	10	26	First 15 Pitches	.270	407	110	19	6	18	75	32	73	.325	.479
Starter	0.00	0	0	0	0	0	0.0	0	0	0	0	Pitch 16-30	.287	178	51	9	3	4	22	23	35	.377	.438
Reliever	4.06	13	7	6	143	0	164.0	172	24	59	113	Pitch 31-45	.314	35	11	1	0	2	6	4	5	.400	.514
0 Days rest (Re)	3.99	6	2	3	47	0	56.1	61	11	13	37	Pitch 46+	.000	6	0	0	0	0	0	0	0	.000	.000
1 or 2 Days rest	3.71	5	4	3	77	0	87.1	84	11	38	68	First Pitch	.424	85	36	5	2	2	20	6	0	.474	.600
3+ Days rest	5.75	2	1	0	19	0	20.1	27	2	8	8	Ahead in Count	.199	286	57	8	3	8	33	0	99	.207	.332
Pre-All Star	3.84	8	3	2	70	0	84.1	92	14	29	62	Behind in Count	.308	133	41	7	2	9	27	24	0	.409	.594
Post-All Star	4.29	5	4	4	73	0	79.2	80	10	30	51	Two Strikes	.191	277	53	10	1	7	31	28	113	.269	.310

Pitcher vs. Batter (career)

Pitches Best Vs.	Avg	AB	H	2B	3B	HR	RBI	BB	SO	OBP	SLG	Pitches Worst Vs.	Avg	AB	H	2B	3B	HR	RBI	BB	SO	OBP	SLG
Benito Santiago	.000	9	0	0	0	0	1	1	3	.091	.000	Jeff Bagwell	.333	9	3	1	0	1	4	2	1	.455	.778

Mike Remlinger — Mets
Age 29 – Pitches Left

	ERA	W	L	Sv	G	GS	IP	BB	SO	Avg	H	2B	3B	HR	RBI	OBP	SLG	CG	ShO	Sup	QS	#P/S	SB	CS	GB	FB	G/F
1994 Season	4.61	1	5	0	10	9	54.2	35	33	.261	55	13	0	9	27	.364	.450	0	0	3.46	4	100	3	2	67	67	1.00
Career (1991-1994)	4.52	3	6	0	18	15	89.2	55	52	.265	91	22	0	14	41	.364	.451	1	1	4.22	6	95	4	3	112	111	1.01

1994 Season

	ERA	W	L	Sv	G	GS	IP	H	HR	BB	SO		Avg	AB	H	2B	3B	HR	RBI	BB	SO	OBP	SLG
Home	3.86	1	2	0	4	4	25.2	22	3	17	15	vs. Left	.220	50	11	1	0	1	3	5	7	.286	.300
Away	5.28	0	3	0	6	5	29.0	33	6	18	18	vs. Right	.273	161	44	12	0	8	24	30	26	.387	.497

Rich Renteria — Marlins
Age 33 – Bats Right

	Avg	G	AB	R	H	2B	3B	HR	RBI	BB	SO	HBP	GDP	SB	CS	OBP	SLG	IBB	SH	SF	#Pit	#P/PA	GB	FB	G/F
1994 Season	.224	28	49	5	11	0	0	2	4	4	2	2	1	0	1	.269	.347	0	0	0	190	3.65	15	15	1.00
Last Five Years	.250	131	312	32	78	9	2	4	34	22	35	4	9	0	3	.307	.330	1	3	1	1281	3.75	119	96	1.24

1994 Season

	Avg	AB	H	2B	3B	HR	RBI	BB	SO	OBP	SLG		Avg	AB	H	2B	3B	HR	RBI	BB	SO	OBP	SLG
vs. Left	.250	24	6	0	0	2	3	1	0	.333	.500	Scoring Posn	.091	11	1	0	0	0	2	0	0	.091	.091
vs. Right	.200	25	5	0	0	0	1	0	4	.200	.200	Close & Late	.091	11	1	0	0	0	2	0	1	.091	.091

Carlos Reyes — Athletics
Age 26 – Pitches Right (groundball pitcher)

	ERA	W	L	Sv	G	GS	IP	BB	SO	Avg	H	2B	3B	HR	RBI	OBP	SLG	GF	IR	IRS	Hld	SvOp	SB	CS	GB	FB	G/F
1994 Season	4.15	0	3	1	27	9	78.0	44	57	.242	71	20	2	10	36	.342	.427	8	19	7	0	1	7	5	109	70	1.56

1994 Season

	ERA	W	L	Sv	G	GS	IP	H	HR	BB	SO		Avg	AB	H	2B	3B	HR	RBI	BB	SO	OBP	SLG
Home	2.66	0	1	0	12	5	40.2	29	3	19	28	vs. Left	.272	151	41	14	2	3	15	28	23	.388	.450
Away	5.79	0	2	1	15	4	37.1	42	7	25	29	vs. Right	.211	142	30	6	0	7	21	16	34	.289	.401
Starter	3.48	0	2	0	9	9	41.1	36	1	26	28	Scoring Posn	.234	77	18	4	0	2	24	14	14	.347	.364
Reliever	4.91	0	1	1	18	0	36.2	35	9	18	29	Close & Late	.200	25	5	2	0	0	0	4	3	.310	.280
0 Days rest (Re)	4.70	0	0	0	3	0	7.2	5	3	3	7	None on/out	.189	74	14	5	0	2	2	8	12	.268	.338
1 or 2 Days rest	3.75	0	1	1	7	0	12.0	8	0	3	9	First Pitch	.250	40	10	3	1	0	4	0	0	.250	.375
3+ Days rest	5.82	0	0	0	8	0	17.0	22	6	12	13	Ahead in Count	.174	115	20	5	1	3	9	0	40	.174	.313
Pre-All Star	4.50	0	2	1	24	6	62.0	56	10	40	50	Behind in Count	.303	66	20	7	0	4	12	22	0	.478	.591
Post-All Star	2.81	0	1	0	3	3	16.0	15	0	4	7	Two Strikes	.158	139	22	9	0	3	10	0	57	.272	.288

Harold Reynolds — Angels
Age 34 – Bats Both

	Avg	G	AB	R	H	2B	3B	HR	RBI	BB	SO	HBP	GDP	SB	CS	OBP	SLG	IBB	SH	SF	#Pit	#P/PA	GB	FB	G/F
1994 Season	.232	74	207	33	48	10	1	0	11	23	18	1	5	10	7	.310	.290	0	3	1	847	3.60	79	58	1.36
Last Five Years	.250	680	2423	347	605	123	19	15	203	287	169	16	41	96	54	.330	.335	9	43	22	10237	3.67	924	745	1.24

1994 Season

	Avg	AB	H	2B	3B	HR	RBI	BB	SO	OBP	SLG		Avg	AB	H	2B	3B	HR	RBI	BB	SO	OBP	SLG
vs. Left	.235	17	4	0	0	0	2	4	1	.381	.235	Scoring Posn	.190	42	8	3	0	0	11	6	4	.286	.262
vs. Right	.232	190	44	10	1	0	9	19	17	.303	.295	Close & Late	.231	39	9	1	0	0	2	4	5	.302	.256
Home	.205	117	24	10	0	0	8	11	14	.277	.291	None on/out	.203	59	12	1	1	0	0	8	5	.309	.254
Away	.267	90	24	0	1	0	3	12	4	.353	.289	Batting #1	.196	51	10	3	0	0	1	7	3	.300	.255
First Pitch	.344	32	11	1	0	0	2	0	0	.344	.375	Batting #8	.230	113	26	5	1	0	9	11	11	.298	.292
Ahead in Count	.200	55	11	4	1	0	4	15	0	.366	.309	Other	.279	43	12	2	0	0	1	5	4	.354	.326
Behind in Count	.250	76	19	3	0	0	2	0	12	.260	.289	Pre-All Star	.239	188	45	9	1	0	10	23	14	.324	.298
Two Strikes	.240	75	18	4	0	0	3	8	18	.313	.293	Post-All Star	.158	19	3	1	0	0	1	0	4	.158	.211

Last Five Years

	Avg	AB	H	2B	3B	HR	RBI	BB	SO	OBP	SLG		Avg	AB	H	2B	3B	HR	RBI	BB	SO	OBP	SLG
vs. Left	.250	648	162	32	2	6	61	43	.312	.315		Scoring Posn	.298	534	159	40	3	5	182	68	53	.366	.412
vs. Right	.250	1775	443	91	17	13	139	226	178	.337	.342	Close & Late	.277	401	111	18	2	4	57	40	55	.340	.362
Groundball	.248	596	148	42	1	6	50	78	65	.339	.352	None on/out	.227	749	170	38	9	3	3	94	67	.319	.314
Flyball	.244	549	134	23	6	3	41	61	41	.319	.324	Batting #1	.242	1128	273	60	7	7	91	145	93	.329	.326
Home	.261	1226	320	73	12	5	97	151	107	.344	.352	Batting #2	.263	600	158	30	8	3	49	58	67	.331	.348
Away	.238	1197	285	50	7	10	106	136	114	.316	.317	Other	.250	695	174	33	6	5	63	84	61	.332	.337
Day	.243	633	154	26	5	4	62	69	61	.320	.319	April	.236	369	87	15	4	2	33	25	25	.299	.314
Night	.252	1790	451	97	14	11	141	218	160	.334	.340	May	.266	485	129	25	3	0	38	64	44	.348	.330
Grass	.239	1292	309	61	8	9	118	143	124	.315	.320	June	.252	437	110	27	3	2	31	60	38	.347	.341
Turf	.262	1131	296	62	11	6	85	144	97	.348	.352	July	.249	398	99	18	2	4	34	48	32	.330	.334
First Pitch	.257	288	74	14	2	2	30	3	0	.275	.340	August	.235	366	86	18	1	3	28	46	39	.325	.314
Ahead in Count	.274	749	205	46	8	10	80	172	0	.404	.397	September/October	.255	368	94	20	6	4	39	36	43	.324	.375
Behind in Count	.231	906	209	41	4	1	51	0	174	.238	.288	Pre-All Star	.252	1434	362	73	10	5	115	172	115	.333	.328
Two Strikes	.221	896	198	36	5	2	57	110	221	.307	.279	Post-All Star	.246	989	243	50	9	10	88	115	106	.327	.345

Batter vs. Pitcher (since 1984)

Hits Best Against	Avg	AB	H	2B	3B	HR	RBI	BB	SO	OBP	SLG	Hits Worst Against	Avg	AB	H	2B	3B	HR	RBI	BB	SO	OBP	SLG
Jesse Orosco	.636	11	7	1	0	0	3	1	2	.667	.727	Ricky Bones	.071	14	1	0	0	0	1	1	0	.125	.071
Mike Henneman	.529	17	9	3	1	1	5	2	3	.600	1.000	Bobby Thigpen	.077	13	1	0	0	0	0	2	1	.200	.077
Steve Farr	.478	23	11	2	1	0	2	2	2	.520	.652	Danny Darwin	.091	22	2	1	0	0	1	0	1	.091	.136
Willie Fraser	.467	15	7	3	2	0	4	1	0	.471	.933	Scott Kamieniecki	.111	18	2	0	0	0	2	1	0	.111	.111
Danny Jackson	.444	9	4	2	1	0	0	1	1	.545	.889	David Wells	.148	27	4	0	0	0	1	0	5	.172	.148

Shane Reynolds — Astros
Age 27 – Pitches Right (groundball pitcher)

	ERA	W	L	Sv	G	GS	IP	BB	SO	Avg	H	2B	3B	HR	RBI	OBP	SLG	GF	IR	IRS	Hld	SvOp	SB	CS	GB	FB	G/F
1994 Season	3.05	8	5	0	33	14	124.0	21	110	.263	128	13	4	10	37	.302	.368	5	8	2	5	0	7	3	219	86	2.55
Career (1992-1994)	3.54	9	8	0	46	20	160.1	33	130	.284	181	25	7	12	60	.324	.401	5	14	5	5	0	13	4	283	118	2.40

1994 Season

	ERA	W	L	Sv	G	GS	IP	H	HR	BB	SO		Avg	AB	H	2B	3B	HR	RBI	BB	SO	OBP	SLG
Home	2.77	5	2	0	14	8	61.2	69	2	9	57	vs. Left	.306	235	72	6	2	4	15	9	50	.345	.400
Away	3.32	3	3	0	19	6	62.1	59	8	12	53	vs. Right	.223	251	56	7	2	6	22	12	60	.261	.339
Starter	2.54	5	4	0	14	14	88.2	89	8	14	76	Scoring Posn	.250	104	26	5	1	1	24	6	24	.304	.346
Reliever	4.33	3	1	0	19	0	35.1	39	2	7	34	Close & Late	.204	49	10	1	0	1	3	12	.264	.224
0 Days rest (Re)	13.50	0	0	0	2	0	1.1	3	0	1	2	None on/out	.304	125	38	3	2	2	5	22	.336	.408
1 or 2 Days rest	4.44	3	0	0	12	0	24.1	25	1	4	21	First Pitch	.370	81	30	3	0	3	8	3	0	.407	.519
3+ Days rest	2.79	0	1	0	5	0	9.2	11	2	11	Ahead in Count	.214	243	52	8	0	1	15	0	100	.227	.259
Pre-All Star	3.49	6	3	0	26	10	85.0	92	8	16	78	Behind in Count	.314	86	27	2	2	3	7	6	0	.359	.488
Post-All Star	2.08	2	2	0	7	4	39.0	36	2	5	32	Two Strikes	.189	238	45	4	1	1	13	12	110	.240	.227

334

Armando Reynoso — Rockies
Age 29 – Pitches Right

	ERA	W	L	Sv	G	GS	IP	BB	SO	Avg	H	2B	3B	HR	RBI	OBP	SLG	CG	ShO	Sup	QS	#P/S	SB	CS	GB	FB	G/F
1994 Season	4.82	3	4	0	9	9	52.1	22	25	.278	54	10	3	5	29	.366	.438	1	0	7.05	5	92	1	2	71	65	1.09
Career (1991-1994)	4.36	18	16	1	48	45	272.1	97	154	.282	297	53	16	33	142	.350	.456	5	0	5.39	20	97	13	9	380	311	1.22

1994 Season

	ERA	W	L	Sv	G	GS	IP	H	HR	BB	SO		Avg	AB	H	2B	3B	HR	RBI	BB	SO	OBP	SLG
Home	3.60	2	1	0	5	5	30.0	24	3	12	15	vs. Left	.277	101	28	5	0	3	16	11	8	.364	.416
Away	6.45	1	3	0	4	4	22.1	30	2	10	10	vs. Right	.280	93	26	5	3	2	13	11	17	.368	.462

Career (1991-1994)

	ERA	W	L	Sv	G	GS	IP	H	HR	BB	SO		Avg	AB	H	2B	3B	HR	RBI	BB	SO	OBP	SLG
Home	4.08	10	4	1	24	21	132.1	140	16	45	71	vs. Left	.286	535	153	34	10	17	75	48	78	.356	.482
Away	4.63	8	12	0	24	24	140.0	157	17	52	83	vs. Right	.277	519	144	19	6	16	67	49	76	.344	.430
Day	4.62	8	6	0	17	17	97.1	109	8	38	58	Inning 1-6	.286	941	269	47	15	29	131	85	135	.353	.460
Night	4.22	10	10	1	31	28	175.0	188	25	59	96	Inning 7+	.248	113	28	6	1	4	11	12	19	.325	.425
Grass	4.14	16	10	1	37	34	213.0	228	27	70	125	None on	.292	589	172	28	10	25	25	47	87	.356	.501
Turf	5.16	2	6	0	11	11	59.1	69	6	27	29	Runners on	.269	465	125	25	6	8	117	50	67	.342	.400
April	4.79	2	2	0	6	6	35.2	38	2	12	12	Scoring Posn	.245	277	68	17	4	4	103	41	44	.342	.379
May	3.39	4	4	0	10	10	69.0	71	8	25	47	Close & Late	.229	48	11	4	0	2	7	6	9	.327	.438
June	3.53	2	1	0	5	5	35.2	32	5	14	23	None on/out	.313	268	84	17	6	14	14	22	39	.376	.578
July	4.06	2	3	0	6	6	37.2	38	5	9	21	vs. 1st Batr (relief)	.333	3	1	0	0	0	0	0	1	.333	.333
August	5.31	5	4	0	12	12	61.0	74	8	27	32	First Inning Pitched	.352	199	70	15	3	9	38	12	22	.395	.593
September/October	5.40	3	2	1	9	6	33.1	44	5	10	19	First 75 Pitches	.282	804	227	39	12	25	104	68	111	.348	.454
Starter	4.42	18	16	0	45	45	268.2	293	32	97	153	Pitch 76-90	.304	115	35	8	2	4	16	12	19	.371	.513
Reliever	0.00	0	0	1	3	0	3.2	4	1	0	1	Pitch 91-105	.240	75	18	2	1	2	16	13	11	.344	.373
0-3 Days Rest (St)	0.00	0	0	0	0	0	0.0	0	0	0	0	Pitch 106+	.283	60	17	4	1	2	6	4	13	.338	.483
4 Days Rest	4.64	10	11	0	27	27	163.0	183	20	54	92	First Pitch	.377	162	61	4	4	6	35	3	0	.394	.562
5+ Days Rest	4.09	8	5	0	18	18	105.2	110	12	43	61	Ahead in Count	.203	419	85	16	4	7	38	0	128	.226	.310
Pre-All Star	3.62	10	8	0	24	24	159.1	158	17	56	90	Behind in Count	.367	259	95	25	6	12	47	56	0	.475	.649
Post-All Star	5.42	8	8	1	24	21	113.0	139	16	41	64	Two Strikes	.182	446	81	12	4	9	39	38	154	.264	.287

Pitcher vs. Batter (career)

Pitches Best Vs.	Avg	AB	H	2B	3B	HR	RBI	BB	SO	OBP	SLG	Pitches Worst Vs.	Avg	AB	H	2B	3B	HR	RBI	BB	SO	OBP	SLG
Bernard Gilkey	.000	12	0	0	0	0	0	2	1	.143	.000	Reggie Sanders	.700	10	7	0	1	3	5	1	1	.727	1.800
Luis Alicea	.083	12	1	1	0	0	0	1	1	.083	.167	Mariano Duncan	.500	10	5	0	0	1	3	1	0	.545	1.000
Ken Caminiti	.091	11	1	0	0	0	0	2	2	.231	.182	Royce Clayton	.500	10	5	1	1	1	5	2	0	.500	1.100
Barry Larkin	.111	9	1	1	0	0	1	2	0	.273	.222	Andy Van Slyke	.500	8	4	1	0	1	3	2	0	.636	1.000
Jeff King	.182	11	2	1	0	0	0	1	1	.182	.273	Ray Lankford	.400	10	4	1	0	2	3	4	1	.571	1.100

Arthur Rhodes — Orioles
Age 25 – Pitches Left (flyball pitcher)

	ERA	W	L	Sv	G	GS	IP	BB	SO	Avg	H	2B	3B	HR	RBI	OBP	SLG	CG	ShO	Sup	QS	#P/S	SB	CS	GB	FB	G/F
1994 Season	5.81	3	5	0	10	10	52.2	30	47	.254	51	9	2	8	29	.352	.438	3	2	5.30	2	96	4	1	56	73	0.77
Career (1991-1994)	5.56	15	19	0	50	50	268.2	140	196	.268	276	57	12	34	142	.355	.446	5	3	5.09	16	95	20	11	311	353	0.88

1994 Season

	ERA	W	L	Sv	G	GS	IP	H	HR	BB	SO		Avg	AB	H	2B	3B	HR	RBI	BB	SO	OBP	SLG
Home	7.91	1	2	0	4	4	19.1	19	3	10	20	vs. Left	.316	19	6	1	1	1	4	4	4	.417	.632
Away	4.59	2	3	0	6	6	33.1	32	5	20	27	vs. Right	.247	182	45	8	1	7	25	26	43	.344	.418

Career (1991-1994)

	ERA	W	L	Sv	G	GS	IP	H	HR	BB	SO		Avg	AB	H	2B	3B	HR	RBI	BB	SO	OBP	SLG
Home	6.16	7	11	0	24	24	128.2	129	21	69	103	vs. Left	.268	112	30	5	1	2	12	20	18	.376	.384
Away	5.01	8	8	0	26	26	140.0	147	13	71	93	vs. Right	.269	916	246	52	11	32	130	120	178	.353	.454
Day	7.76	3	8	0	17	17	80.0	98	17	45	71	Inning 1-6	.275	916	252	53	10	32	134	131	178	.365	.460
Night	4.63	12	11	0	33	33	188.2	178	17	95	125	Inning 7+	.214	112	24	4	2	2	8	9	18	.273	.339
Grass	5.46	13	14	0	41	41	222.1	219	29	124	163	None on	.249	599	149	33	8	20	20	80	111	.338	.431
Turf	6.02	2	5	0	9	9	46.1	57	5	16	33	Runners on	.296	429	127	24	4	14	122	60	85	.378	.469
April	9.08	2	4	0	8	8	37.2	42	10	22	35	Scoring Posn	.282	248	70	12	3	8	107	34	50	.358	.452
May	9.42	0	3	0	4	4	14.1	24	3	9	14	Close & Late	.316	38	12	1	2	1	7	3	7	.366	.526
June	9.64	0	0	0	1	1	4.2	7	2	3	9	None on/out	.250	260	65	13	4	8	8	40	55	.350	.423
July	2.14	3	0	0	5	5	33.2	22	1	13	29	vs. 1st Batr (relief)	.000	0	0	0	0	0	0	0	0	.000	.000
August	4.52	6	6	0	15	15	87.2	79	8	44	56	First Inning Pitched	.270	185	50	10	3	6	29	29	41	.362	.454
September/October	5.56	4	6	0	17	17	90.2	102	10	49	58	First 75 Pitches	.269	740	199	42	9	26	105	106	150	.359	.455
Starter	5.56	15	19	0	50	50	268.2	276	34	140	196	Pitch 76-90	.313	128	40	8	1	5	18	15	25	.386	.508
Reliever	0.00	0	0	0	0	0	0.0	0	0	0	0	Pitch 91-105	.250	96	24	3	2	3	12	11	10	.324	.417
0-3 Days Rest (St)	10.80	0	1	0	1	1	5.0	10	0	4	1	Pitch 106+	.203	64	13	4	0	0	7	8	11	.292	.266
4 Days Rest	4.00	9	7	0	23	23	144.0	126	16	62	114	First Pitch	.377	106	40	8	1	4	22	2	0	.385	.585
5+ Days Rest	7.22	6	11	0	26	26	119.2	140	18	74	81	Ahead in Count	.202	446	90	16	4	8	46	0	161	.207	.309
Pre-All Star	8.29	3	7	0	15	15	67.1	82	15	38	62	Behind in Count	.338	263	89	19	4	12	47	88	0	.500	.578
Post-All Star	4.65	12	12	0	35	35	201.1	194	19	102	134	Two Strikes	.184	489	90	15	5	9	50	50	196	.263	.290

Pitcher vs. Batter (career)

Pitches Best Vs.	Avg	AB	H	2B	3B	HR	RBI	BB	SO	OBP	SLG	Pitches Worst Vs.	Avg	AB	H	2B	3B	HR	RBI	BB	SO	OBP	SLG
Omar Vizquel	.000	11	0	0	0	0	0	1	0	.083	.000	Tim Salmon	.556	9	5	0	0	1	6	3	1	.692	.889
Juan Gonzalez	.063	16	1	0	0	0	0	0	7	.056	.063	Carlos Baerga	.455	11	5	0	0	1	2	0	3	.455	.727
Ken Griffey Jr	.071	14	1	0	0	1	2	1	2	.133	.286	Albert Belle	.417	12	5	2	0	2	7	3	2	.533	1.083
Dave Winfield	.083	12	1	0	0	0	1	0	3	.083	.083	Candy Maldonado	.375	8	3	0	0	1	3	3	3	.545	.750
Don Mattingly	.167	12	2	0	0	0	2	1	1	.231	.167	Pedro Munoz	.333	12	4	0	0	2	2	3	1	.333	.833

335

Karl Rhodes — Cubs
Age 26 – Bats Left

	Avg	G	AB	R	H	2B	3B	HR	RBI	BB	SO	HBP	GDP	SB	CS	OBP	SLG	IBB	SH	SF	#Pit	#P/PA	GB	FB	G/F
1994 Season	.234	95	269	39	63	17	0	8	19	33	64	1	6	4	3	.318	.387	1	3	2	1286	4.18	80	78	1.03
Career (1990-1994)	.233	202	549	70	128	28	3	13	41	71	113	2	5	14	7	.321	.366	7	4	4	2544	4.04	183	156	1.17

1994 Season

	Avg	AB	H	2B	3B	HR	RBI	BB	SO	OBP	SLG		Avg	AB	H	2B	3B	HR	RBI	BB	SO	OBP	SLG
vs. Left	.289	38	11	3	0	1	3	6	11	.386	.447	Scoring Posn	.132	53	7	4	0	0	9	8	13	.250	.208
vs. Right	.225	231	52	14	0	7	16	27	53	.307	.377	Close & Late	.314	51	16	5	0	1	4	7	14	.397	.471
Groundball	.234	94	22	5	0	4	8	8	23	.288	.415	None on/out	.324	111	36	8	0	6	6	15	26	.405	.559
Flyball	.205	39	8	2	0	1	4	5	12	.311	.333	Batting #1	.256	199	51	12	0	7	18	26	39	.342	.422
Home	.264	129	34	6	0	4	8	18	29	.351	.403	Batting #2	.107	28	3	1	0	1	1	5	9	.242	.250
Away	.207	140	29	11	0	4	11	15	35	.287	.371	Other	.214	42	9	4	0	0	2	2	16	.250	.310
Day	.265	166	44	11	0	7	13	23	37	.353	.458	April	.313	80	25	5	0	6	10	10	16	.396	.600
Night	.184	103	19	6	0	1	6	10	27	.261	.272	May	.194	93	18	6	0	1	5	11	24	.276	.290
Grass	.241	195	47	11	0	6	16	26	44	.330	.390	June	.218	55	12	2	0	0	3	7	11	.302	.255
Turf	.216	74	16	6	0	2	3	7	20	.284	.378	July	.200	35	7	3	0	0	1	3	10	.263	.371
First Pitch	.231	26	6	2	0	1	4	1	0	.259	.423	August	.167	6	1	1	0	0	0	2	3	.375	.333
Ahead in Count	.345	58	20	6	0	3	6	20	0	.513	.603	September/October	.000	0	0	0	0	0	0	0	0	.000	.000
Behind in Count	.183	126	23	4	0	1	3	0	51	.181	.238	Pre-All Star	.239	243	58	15	0	7	18	30	56	.322	.387
Two Strikes	.166	145	24	7	0	3	6	12	64	.228	.276	Post-All Star	.192	26	5	2	0	1	1	3	8	.276	.385

1994 By Position

Position	Avg	AB	H	2B	3B	HR	RBI	BB	SO	OBP	SLG	G	GS	Innings	PO	A	E	DP	Fld Pct	Rng Fctr	In Zone	Zone Outs	Zone Rtg	MLB Zone
As Pinch Hitter	.333	21	7	3	0	0	0	4	7	.440	.476	25	0	---	---	---	---	---	---	---	---	---	---	---
As lf	.125	8	1	0	0	1	2	3	.300	.125		15	1	33.2	9	1	0	0	1.000	2.67	10	9	.900	.815
As cf	.230	239	55	14	0	8	18	27	53	.309	.389	67	58	521.0	131	3	5	1	.964	2.31	152	131	.862	.824

Dave Righetti — Blue Jays
Age 36 – Pitches Left

	ERA	W	L	Sv	G	GS	IP	BB	SO	Avg	H	2B	3B	HR	RBI	OBP	SLG	GF	IR	IRS	Hld	SvOp	SB	CS	GB	FB	G/F
1994 Season	10.18	0	1	0	20	0	20.1	19	14	.278	22	3	1	5	22	.416	.532	7	5	2	1	2	3	1	27	23	1.17
Last Five Years	4.82	6	17	64	239	4	270.2	126	186	.262	271	40	8	32	142	.343	.409	141	218	59	14	78	19	13	352	327	1.08

1994 Season

	ERA	W	L	Sv	G	GS	IP	H	BB	SO		Avg	AB	H	2B	3B	HR	RBI	BB	SO	OBP	SLG
Home	7.00	0	1	0	9	0	9.0	8	2	5	vs. Left	.321	28	9	2	0	3	10	6	7	.441	.714
Away	12.71	0	0	0	11	0	11.1	14	3	14	vs. Right	.255	51	13	1	1	2	12	13	7	.403	.431

Last Five Years

	ERA	W	L	Sv	G	GS	IP	H	HR	BB	SO		Avg	AB	H	2B	3B	HR	RBI	BB	SO	OBP	SLG
Home	3.51	3	3	39	121	2	141.0	122	11	56	105	vs. Left	.239	289	69	11	3	9	48	25	58	.302	.391
Away	6.25	3	7	25	118	2	129.2	149	21	70	81	vs. Right	.271	746	202	29	5	23	94	101	128	.359	.416
Day	5.47	5	9	17	96	1	107.0	109	16	61	77	Inning 1-6	.275	131	36	7	2	5	24	15	16	.349	.473
Night	4.40	1	8	47	143	3	163.2	162	16	65	109	Inning 7+	.260	904	235	33	6	27	118	111	170	.342	.399
Grass	4.82	5	13	51	176	3	198.0	199	24	91	132	None on	.245	548	134	20	4	15	15	68	100	.333	.378
Turf	4.83	1	4	13	63	1	72.2	72	8	35	54	Runners on	.281	487	137	20	4	17	127	58	86	.354	.444
April	5.98	3	2	6	33	0	40.2	48	7	24	26	Scoring Posn	.246	281	69	11	2	9	105	39	50	.323	.395
May	5.22	4	6	7	37	0	39.2	50	2	21	28	Close & Late	.249	485	121	16	2	16	66	62	99	.338	.390
June	5.37	2	4	16	44	4	62.0	54	6	36	34	None on/out	.228	241	55	13	0	4	4	32	50	.326	.332
July	3.57	0	2	12	42	0	45.1	35	5	17	34	vs. 1st Batr (relief)	.204	211	43	8	0	8	22	22	46	.282	.355
August	3.38	0	2	12	44	0	48.0	40	9	10	40	First Inning Pitched	.247	790	195	28	7	24	108	100	150	.332	.391
September/October	5.66	1	3	11	34	0	35.0	44	3	18	24	First 15 Pitches	.246	684	168	24	6	23	78	70	124	.318	.399
Starter	8.68	0	2	0	4	4	18.2	20	2	9	5	Pitch 16-30	.297	256	76	13	1	5	47	45	49	.400	.414
Reliever	4.54	6	15	64	235	0	252.0	251	30	117	181	Pitch 31-45	.274	62	17	1	0	2	8	7	9	.352	.387
0 Days rest (Re)	4.17	0	2	15	35	0	36.2	40	5	11	33	Pitch 46+	.303	33	10	2	1	2	9	4	4	.378	.606
1 or 2 Days rest	4.35	2	10	36	112	0	118.0	115	9	50	70	First Pitch	.318	151	48	8	0	7	25	9	0	.358	.510
3+ Days rest	4.90	4	3	13	88	0	97.1	96	16	56	78	Ahead in Count	.223	458	102	15	6	7	49	0	162	.226	.328
Pre-All Star	5.39	5	11	31	132	4	157.0	166	17	88	99	Behind in Count	.306	235	72	12	1	9	38	70	0	.463	.481
Post-All Star	4.04	1	6	33	107	0	113.2	105	15	38	87	Two Strikes	.190	462	88	10	3	7	44	47	186	.270	.271

Pitcher vs. Batter (since 1984)

Pitches Best Vs.	Avg	AB	H	2B	3B	HR	RBI	BB	SO	OBP	SLG	Pitches Worst Vs.	Avg	AB	H	2B	3B	HR	RBI	BB	SO	OBP	SLG
Don Slaught	.000	13	0	0	0	0	1	6	.071	.000		Lou Whitaker	.583	12	7	1	0	1	3	4	1	.688	.917
Darnell Coles	.000	12	0	0	0	0	2	4	.200	.000		Terry Pendleton	.455	11	5	1	0	1	4	0	1	.455	.818
Dave Henderson	.000	10	0	0	0	2	0	0	.000	.000		Mike Greenwell	.417	12	5	1	0	1	2	3	0	.417	1.000
Tony Phillips	.182	11	2	0	0	0	1	2	2	.308	.182		Ruben Sierra	.417	12	5	0	0	1	5	0	1	.417	.667
Scott Fletcher	.222	18	4	0	0	0	1	1	.222	.222		Pete Incaviglia	.364	11	4	2	0	2	6	3	0	.500	1.091

Jose Rijo — Reds
Age 30 – Pitches Right (groundball pitcher)

	ERA	W	L	Sv	G	GS	IP	BB	SO	Avg	H	2B	3B	HR	RBI	OBP	SLG	CG	ShO	Sup	QS	#P/S	SB	CS	GB	FB	G/F
1994 Season	3.08	9	6	0	26	26	172.1	52	171	.265	177	31	4	16	68	.321	.396	2	0	4.75	19	111	22	8	240	145	1.66
Last Five Years	2.64	67	39	0	154	154	1042.0	291	893	.232	896	156	25	68	316	.287	.338	16	3	4.61	115	105	96	37	1412	902	1.57

1994 Season

	ERA	W	L	Sv	G	GS	IP	H	HR	BB	SO		Avg	AB	H	2B	3B	HR	RBI	BB	SO	OBP	SLG
Home	3.58	6	3	0	16	16	103.0	103	10	35	106	vs. Left	.275	316	87	16	2	7	36	36	75	.354	.405
Away	2.34	3	3	0	10	10	69.1	74	6	17	65	vs. Right	.256	351	90	15	2	9	32	16	96	.290	.387
Day	1.79	2	1	0	6	6	40.1	41	2	11	45	Inning 1-6	.270	596	161	30	4	15	65	49	147	.329	.409

336

1994 Season

	ERA	W	L	Sv	G	GS	IP	H	HR	BB	SO		Avg	AB	H	2B	3B	HR	RBI	BB	SO	OBP	SLG
Night	3.48	7	5	0	20	20	132.0	136	14	41	126	Inning 7+	.225	71	16	1	0	1	3	3	24	.257	.282
Grass	2.65	3	3	0	8	8	54.1	64	4	14	54	None on	.285	379	108	21	4	11	11	23	97	.333	.449
Turf	3.28	6	3	0	18	18	118.0	113	12	38	117	Runners on	.240	288	69	10	0	5	57	29	74	.307	.326
April	3.60	1	2	0	6	6	40.0	40	5	11	38	Scoring Posn	.226	186	42	6	0	1	47	22	53	.305	.274
May	2.84	2	1	0	6	6	38.0	40	3	14	33	Close & Late	.333	33	11	1	0	1	3	2	11	.371	.455
June	2.97	3	1	0	6	6	39.1	40	2	12	40	None on/out	.345	168	58	13	2	8	8	11	42	.396	.589
July	3.23	3	0	0	6	6	39.0	47	4	11	36	vs. 1st Batr (relief)	.000	0	0	0	0	0	0	0	0	.000	.000
August	2.25	0	2	0	2	2	16.0	10	2	4	24	First Inning Pitched	.362	116	42	9	2	4	22	11	21	.422	.578
September/October	0.00	0	0	0	0	0	0.0	0	0	0	0	First 75 Pitches	.279	434	121	24	4	14	50	32	100	.332	.449
Starter	3.08	9	6	0	26	26	172.1	177	16	52	171	Pitch 76-90	.223	94	21	5	0	2	10	3	29	.253	.340
Reliever	0.00	0	0	0	0	0	0.0	0	0	0	0	Pitch 91-105	.280	82	23	1	0	0	5	11	22	.366	.293
0-3 Days Rest (St)	0.00	0	0	0	0	0	0.0	0	0	0	0	Pitch 106+	.211	57	12	1	0	0	3	6	20	.286	.228
4 Days Rest	2.92	7	4	0	20	20	132.1	135	11	41	129	First Pitch	.319	91	29	7	1	2	12	0	0	.326	.484
5+ Days Rest	3.60	2	2	0	6	6	40.0	42	5	11	42	Ahead in Count	.199	312	62	9	1	4	18	0	131	.204	.272
Pre-All Star	3.06	8	4	0	20	20	129.1	135	12	42	123	Behind in Count	.333	126	42	8	2	4	21	26	0	.448	.524
Post-All Star	3.14	1	2	0	6	6	43.0	42	4	10	48	Two Strikes	.189	360	68	13	0	7	24	26	171	.245	.283

Last Five Years

	ERA	W	L	Sv	G	GS	IP	H	HR	BB	SO		Avg	AB	H	2B	3B	HR	RBI	BB	SO	OBP	SLG
Home	2.81	37	17	0	79	79	534.1	443	42	170	467	vs. Left	.249	2110	526	93	17	35	194	204	449	.317	.359
Away	2.46	30	22	0	75	75	507.2	453	26	121	426	vs. Right	.212	1749	370	63	8	33	122	87	444	.250	.313
Day	2.15	23	11	0	45	45	305.2	250	18	69	260	Inning 1-6	.234	3339	782	141	22	57	284	256	775	.290	.341
Night	2.85	44	28	0	109	109	736.1	646	50	222	633	Inning 7+	.219	520	114	15	3	11	32	35	118	.268	.323
Grass	2.37	19	16	0	47	47	327.0	294	19	68	275	None on	.238	2370	563	102	16	55	55	150	532	.285	.364
Turf	2.77	48	23	0	107	107	715.0	602	49	223	618	Runners on	.224	1489	333	54	9	13	261	141	361	.290	.298
April	3.26	5	8	0	21	21	141.0	125	10	36	123	Scoring Posn	.212	866	184	34	5	2	227	104	239	.294	.270
May	3.09	12	3	0	29	29	174.2	169	17	58	147	Close & Late	.247	255	63	8	1	7	20	15	61	.288	.369
June	3.21	10	7	0	28	28	190.2	160	14	44	179	None on/out	.246	1013	249	44	6	31	31	67	215	.297	.393
July	2.53	13	4	0	24	24	163.1	161	12	42	130	vs. 1st Batr (relief)	.000	0	0	0	0	0	0	0	0	.000	.000
August	2.16	12	10	0	25	25	175.1	132	11	54	158	First Inning Pitched	.263	586	154	31	5	7	59	57	122	.331	.369
September/October	1.78	15	7	0	27	27	197.0	149	4	57	156	First 75 Pitches	.237	2718	644	114	21	51	224	197	605	.290	.351
Starter	2.64	67	39	0	154	154	1042.0	896	68	291	893	Pitch 76-90	.214	505	108	26	0	6	48	36	125	.264	.301
Reliever	0.00	0	0	0	0	0	0.0	0	0	0	0	Pitch 91-105	.234	367	86	7	2	8	25	28	96	.290	.330
0-3 Days Rest (St)	0.84	3	1	0	4	4	32.0	15	1	8	25	Pitch 106+	.216	269	58	9	2	3	19	30	67	.293	.297
4 Days Rest	2.49	49	26	0	112	112	777.1	668	49	211	670	First Pitch	.297	543	161	30	10	5	61	7	0	.308	.416
5+ Days Rest	3.40	15	12	0	38	38	232.2	213	18	72	198	Ahead in Count	.166	1805	300	46	6	15	90	0	733	.170	.223
Pre-All Star	3.14	31	20	0	86	86	559.1	508	47	154	496	Behind in Count	.340	738	251	46	8	33	108	139	0	.443	.558
Post-All Star	2.07	36	19	0	68	68	482.2	388	21	137	397	Two Strikes	.152	1911	291	49	5	19	87	145	893	.214	.213

Pitcher vs. Batter (career)

Pitches Best Vs.	Avg	AB	H	2B	3B	HR	RBI	BB	SO	OBP	SLG	Pitches Worst Vs.	Avg	AB	H	2B	3B	HR	RBI	BB	SO	OBP	SLG
Greg Maddux	.000	11	0	0	0	0	0	0	4	.000	.000	Bernard Gilkey	.600	15	9	1	0	3	1	1	1	.625	.667
Tom Foley	.056	18	1	0	0	0	1	1	5	.105	.056	Rey Sanchez	.600	10	6	1	0	0	0	2	1	.667	.700
Rafael Belliard	.059	17	1	0	0	0	0	1	5	.111	.059	Darrin Fletcher	.444	18	8	2	0	2	4	2	2	.500	.889
Alan Trammell	.091	11	1	0	0	0	0	0	3	.091	.091	Lance Parrish	.444	9	4	0	0	1	3	2	1	.545	.778
Ramon Martinez	.091	11	1	0	0	0	0	0	3	.091	.091	Dave Martinez	.389	18	7	2	0	3	5	2	3	.450	1.000

Billy Ripken — Rangers

Age 30 – Bats Right (groundball hitter)

	Avg	G	AB	R	H	2B	3B	HR	RBI	BB	SO	HBP	GDP	SB	CS	OBP	SLG	IBB	SH	SF	#Pit	#P/PA	GB	FB	G/F
1994 Season	.309	32	81	9	25	5	0	0	6	3	11	0	2	2	0	.333	.370	0	1	0	304	3.58	37	16	2.31
Last Five Years	.248	426	1236	128	306	63	2	7	105	75	130	11	39	9	8	.295	.319	3	44	6	4635	3.38	541	327	1.65

1994 Season

	Avg	AB	H	2B	3B	HR	RBI	BB	SO	OBP	SLG		Avg	AB	H	2B	3B	HR	RBI	BB	SO	OBP	SLG
vs. Left	.387	31	12	2	0	0	1	1	4	.406	.452	Scoring Posn	.308	26	8	0	0	0	6	0	3	.308	.308
vs. Right	.260	50	13	3	0	0	5	2	7	.288	.320	Close & Late	.364	11	4	1	0	0	1	1	1	.417	.455

Last Five Years

	Avg	AB	H	2B	3B	HR	RBI	BB	SO	OBP	SLG		Avg	AB	H	2B	3B	HR	RBI	BB	SO	OBP	SLG
vs. Left	.278	425	118	24	0	2	31	29	41	.324	.348	Scoring Posn	.258	310	80	9	0	1	92	14	40	.298	.297
vs. Right	.232	811	188	39	2	5	74	46	89	.280	.303	Close & Late	.290	138	40	6	0	1	14	15	12	.368	.355
Groundball	.238	328	78	13	0	2	34	16	42	.278	.296	None on/out	.241	286	69	18	1	1	1	21	29	.295	.322
Flyball	.267	251	67	15	0	3	24	17	23	.317	.363	Batting #8	.267	270	72	15	0	2	27	16	24	.311	.344
Home	.262	581	152	32	1	5	63	42	58	.318	.346	Batting #9	.242	823	199	41	2	4	65	52	86	.292	.311
Away	.235	655	154	31	1	2	42	33	72	.275	.295	Other	.245	143	35	7	0	1	13	7	22	.283	.315
Day	.243	325	79	15	0	3	21	22	28	.295	.317	April	.206	199	41	10	0	0	14	13	24	.262	.256
Night	.249	911	227	48	2	4	84	53	102	.295	.319	May	.240	225	54	9	1	1	20	8	23	.273	.302
Grass	.240	1068	256	54	1	6	89	66	114	.288	.309	June	.255	267	68	16	2	2	23	13	28	.296	.322
Turf	.298	168	50	9	1	1	16	9	16	.341	.381	July	.281	167	47	9	0	2	10	11	10	.326	.371
First Pitch	.308	224	69	12	0	2	22	2	0	.325	.380	August	.265	147	39	8	0	0	17	15	12	.331	.320
Ahead in Count	.269	245	66	16	1	3	29	56	0	.400	.380	September/October	.247	231	57	15	1	2	21	15	24	.298	.346
Behind in Count	.223	547	122	19	1	4	45	0	117	.228	.267	Pre-All Star	.243	742	180	33	1	4	61	41	77	.289	.306
Two Strikes	.190	504	96	21	0	2	34	16	130	.221	.244	Post-All Star	.255	494	126	30	1	3	44	34	53	.305	.338

Batter vs. Pitcher (career)

Hits Best Against	Avg	AB	H	2B	3B	HR	RBI	BB	SO	OBP	SLG	Hits Worst Against	Avg	AB	H	2B	3B	HR	RBI	BB	SO	OBP	SLG
Bill Wegman	.647	17	11	0	1	0	5	1	1	.632	.824	Charles Nagy	.000	11	0	0	0	0	1	1	3	.083	.000
Storm Davis	.429	14	6	1	0	0	1	0		.467	.643	Dave Stewart	.071	14	1	0	0	0	1	0	3	.071	.143

Batter vs. Pitcher (career)

Hits Best Against	Avg	AB	H	2B	3B	HR	RBI	BB	SO	OBP	SLG	Hits Worst Against	Avg	AB	H	2B	3B	HR	RBI	BB	SO	OBP	SLG
David Wells	.412	17	7	2	0	1	1	3	0	.500	.706	Willie Fraser	.077	13	1	0	0	0	0	0	1	.077	.077
Paul Gibson	.400	10	4	0	0	0	1	1	1	.500	.400	Jack McDowell	.077	13	1	0	0	0	1	0	2	.077	.077
Scott Bankhead	.333	12	4	0	0	1	3	0	1	.333	.583	Roger Clemens	.133	15	2	0	0	0	0	0	0	.133	.133

Cal Ripken — Orioles — Age 34 – Bats Right

	Avg	G	AB	R	H	2B	3B	HR	RBI	BB	SO	HBP	GDP	SB	CS	OBP	SLG	IBB	SH	SF	#Pit	#P/PA	GB	FB	G/F
1994 Season	.315	112	444	71	140	19	3	13	75	32	41	4	17	1	0	.364	.459	3	0	4	1753	3.62	187	125	1.50
Last Five Years	.278	759	2972	408	825	148	16	106	435	296	261	27	78	15	9	.345	.445	69	1	33	11482	3.45	1212	957	1.27

1994 Season

	Avg	AB	H	2B	3B	HR	RBI	BB	SO	OBP	SLG		Avg	AB	H	2B	3B	HR	RBI	BB	SO	OBP	SLG
vs. Left	.345	110	38	3	0	2	16	6	10	.381	.427	Scoring Posn	.364	121	44	7	1	5	61	17	12	.434	.562
vs. Right	.305	334	102	16	3	11	59	26	31	.358	.470	Close & Late	.236	55	13	1	0	1	9	8	6	.328	.309
Groundball	.292	106	31	3	0	2	16	8	12	.356	.377	None on/out	.264	110	29	3	1	3	6	12	10	.314	.391
Flyball	.348	89	31	6	1	6	26	5	4	.375	.640	Batting #4	.336	286	96	12	2	10	57	23	24	.390	.497
Home	.305	203	62	9	1	5	36	18	20	.368	.433	Batting #5	.278	144	40	7	1	2	17	9	15	.316	.382
Away	.324	241	78	10	2	8	39	14	21	.359	.481	Other	.286	14	4	0	0	1	1	0	2	.286	.500
Day	.322	121	39	6	1	4	24	14	10	.399	.488	April	.340	94	32	6	1	1	19	5	6	.370	.457
Night	.313	323	101	13	2	9	51	18	31	.350	.449	May	.219	96	21	4	0	2	15	8	17	.274	.323
Grass	.322	379	122	16	3	10	69	30	35	.374	.459	June	.354	113	40	6	0	7	20	7	12	.393	.593
Turf	.277	65	18	3	0	3	6	2	6	.299	.462	July	.340	97	33	3	1	2	16	10	10	.418	.454
First Pitch	.321	53	17	3	0	1	5	3	0	.357	.434	August	.318	44	14	0	1	1	5	2	1	.348	.432
Ahead in Count	.346	127	44	6	0	5	23	16	0	.421	.512	September/October	.000	0	0	0	0	0	0	0	0	.000	.000
Behind in Count	.271	181	49	8	2	4	27	0	37	.280	.403	Pre-All Star	.306	337	103	17	1	12	65	27	33	.357	.469
Two Strikes	.237	173	41	9	2	3	25	13	41	.300	.364	Post-All Star	.346	107	37	2	2	1	10	5	8	.386	.430

1994 By Position

Position	Avg	AB	H	2B	3B	HR	RBI	BB	SO	OBP	SLG	G	GS	Innings	PO	A	E	DP	Fld Pct	Rng Fctr	In Zone	Outs	Zone Rtg	MLB Zone
As ss	.315	444	140	19	3	13	75	32	41	.364	.459	112	112	986.2	130	321	7	70	.985	4.11	383	361	.943	.889

Last Five Years

	Avg	AB	H	2B	3B	HR	RBI	BB	SO	OBP	SLG		Avg	AB	H	2B	3B	HR	RBI	BB	SO	OBP	SLG
vs. Left	.289	798	231	39	4	32	115	90	68	.360	.469	Scoring Posn	.279	731	204	41	5	24	313	150	72	.393	.447
vs. Right	.273	2174	594	109	12	74	320	206	193	.339	.437	Close & Late	.274	423	116	23	1	13	58	67	37	.372	.426
Groundball	.278	737	205	40	2	15	87	70	69	.342	.399	None on/out	.270	615	166	27	2	31	31	44	41	.326	.472
Flyball	.271	643	174	37	5	32	116	50	53	.325	.493	Batting #3	.270	1855	501	97	12	69	263	191	156	.341	.447
Home	.260	1441	375	65	6	48	206	152	134	.333	.414	Batting #5	.283	568	161	27	2	18	83	47	64	.339	.433
Away	.294	1531	450	83	10	58	229	144	127	.356	.475	Other	.297	549	163	24	2	19	89	58	41	.365	.452
Day	.285	825	235	35	3	35	132	94	62	.360	.462	April	.279	402	112	20	7	11	72	48	36	.360	.445
Night	.275	2147	590	113	13	71	303	202	199	.339	.439	May	.249	515	128	24	1	22	67	68	42	.338	.427
Grass	.276	2521	697	119	13	94	372	246	226	.343	.446	June	.323	561	181	33	1	21	80	48	45	.378	.497
Turf	.284	451	128	29	3	12	63	50	35	.354	.441	July	.253	506	128	21	1	17	76	63	46	.342	.399
First Pitch	.289	422	122	26	1	20	57	40	0	.354	.498	August	.288	482	139	21	4	18	80	37	44	.336	.461
Ahead in Count	.293	826	242	42	2	43	144	142	0	.393	.505	September/October	.271	506	137	29	2	17	60	32	48	.315	.437
Behind in Count	.265	1196	317	55	6	29	158	0	217	.272	.394	Pre-All Star	.278	1659	462	82	9	61	243	184	138	.354	.449
Two Strikes	.239	1069	255	49	10	17	129	100	261	.309	.351	Post-All Star	.276	1313	363	66	7	45	192	112	123	.334	.440

Batter vs. Pitcher (since 1984)

Hits Best Against	Avg	AB	H	2B	3B	HR	RBI	BB	SO	OBP	SLG	Hits Worst Against	Avg	AB	H	2B	3B	HR	RBI	BB	SO	OBP	SLG
Doug Jones	.556	18	10	3	0	1	6	2	2	.600	.889	David Cone	.000	11	0	0	0	0	0	0	2	.000	.000
Chuck Crim	.529	17	9	1	0	1	6	1	1	.556	.765	Bob Wickman	.067	15	1	0	0	0	1	3	3	.125	.067
Scott Lewis	.500	10	5	0	0	1	6	2	0	.583	.800	Steve Ontiveros	.077	13	1	0	0	0	1	1	2	.143	.077
David Wells	.409	22	9	2	0	3	6	1	2	.458	.909	Mike Morgan	.091	22	2	0	0	0	0	0	4	.091	.091
Carl Willis	.400	10	4	0	0	2	5	1	0	.455	1.000	Todd Van Poppel	.133	15	2	0	0	0	0	0	2	.133	.133

Bill Risley — Mariners — Age 28 – Pitches Right (flyball pitcher)

	ERA	W	L	Sv	G	GS	IP	BB	SO	Avg	H	2B	3B	HR	RBI	OBP	SLG	GF	IR	IRS	Hld	SvOp	SB	CS	GB	FB	G/F
1994 Season	3.44	9	6	0	37	0	52.1	19	61	.170	31	9	2	7	23	.246	.357	7	30	9	5	2	4	0	43	65	0.66
Career (1992-1994)	3.43	10	6	0	40	1	60.1	22	65	.177	37	10	2	8	26	.256	.359	8	30	9	5	2	6	0	48	75	0.64

1994 Season

	ERA	W	L	Sv	G	GS	IP	H	HR	BB	SO		Avg	AB	H	2B	3B	HR	RBI	BB	SO	OBP	SLG
Home	3.93	6	3	0	16	0	18.1	13	2	7	26	vs. Left	.184	87	16	5	1	2	7	11	20	.276	.333
Away	3.18	3	3	0	21	0	34.0	18	5	12	35	vs. Right	.158	95	15	4	1	5	16	8	41	.219	.379
Starter	0.00	0	0	0	0	0	0.0	0	0	0	0	Scoring Posn	.186	43	8	3	0	2	18	9	9	.315	.395
Reliever	3.44	9	6	0	37	0	52.1	31	7	19	61	Close & Late	.143	84	12	5	2	1	9	11	31	.237	.286
0 Days rest (Re)	2.79	4	1	0	8	0	9.2	4	1	4	13	None on/out	.174	46	8	2	2	3	3	4	20	.240	.500
1 or 2 Days rest	5.57	3	4	0	17	0	21.0	13	5	9	26	First Pitch	.211	19	4	0	0	1	5	4	0	.348	.368
3+ Days rest	1.66	2	1	0	12	0	21.2	14	1	6	22	Ahead in Count	.120	83	10	3	1	3	7	0	49	.118	.289
Pre-All Star	4.46	6	5	0	27	0	34.1	25	6	11	44	Behind in Count	.214	42	9	1	1	3	6	6	0	.313	.500
Post-All Star	1.50	3	1	0	10	0	18.0	6	1	8	17	Two Strikes	.118	102	12	4	0	3	9	6	61	.186	.245

Kevin Ritz — Rockies
Age 30 – Pitches Right (groundball pitcher)

	ERA	W	L	Sv	G	GS	IP	BB	SO	Avg	H	2B	3B	HR	RBI	OBP	SLG	CG	ShO	Sup	QS	#P/S	SB	CS	GB	FB	G/F
1994 Season	5.62	5	6	0	15	15	73.2	35	53	.303	88	25	2	5	40	.384	.455	0	0	5.38	4	87	6	3	113	59	1.92
Last Five Years	6.37	7	18	0	53	35	176.2	115	122	.296	207	44	2	10	104	.398	.407	0	0	4.64	7	78	23	8	267	155	1.72

1994 Season

	ERA	W	L	Sv	G	GS	IP	H	HR	BB	SO		Avg	AB	H	2B	3B	HR	RBI	BB	SO	OBP	SLG
Home	4.46	2	1	0	7	7	34.1	42	1	15	27	vs. Left	.273	139	38	15	0	3	19	21	26	.374	.446
Away	6.64	3	5	0	8	8	39.1	46	4	20	26	vs. Right	.331	151	50	10	2	2	21	14	27	.393	.464
Starter	5.62	5	6	0	15	15	73.2	88	5	35	53	Scoring Posn	.276	87	24	7	1	2	35	18	19	.409	.448
Reliever	0.00	0	0	0	0	0	0.0	0	0	0	0	Close & Late	.000	0	0	0	0	0	0	0	0	.000	.000
0-3 Days Rest (St)	1.50	0	0	0	1	1	6.0	6	0	0	5	None on/out	.338	71	24	6	1	1	1	7	10	.397	.493
4 Days Rest	7.14	2	6	0	9	9	40.1	53	3	20	24	First Pitch	.436	39	17	4	0	2	11	3	0	.465	.692
5+ Days Rest	4.28	3	0	0	5	5	27.1	29	2	15	24	Ahead in Count	.208	120	25	7	0	1	6	0	40	.234	.292
Pre-All Star	4.69	2	4	0	9	9	48.0	53	4	21	35	Behind in Count	.394	66	26	8	2	0	12	24	0	.549	.576
Post-All Star	7.36	3	2	0	6	6	25.2	35	1	14	18	Two Strikes	.185	135	25	9	0	1	9	8	53	.247	.274

Ben Rivera — Phillies
Age 27 – Pitches Right

	ERA	W	L	Sv	G	GS	IP	BB	SO	Avg	H	2B	3B	HR	RBI	OBP	SLG	CG	ShO	Sup	QS	#P/S	SB	CS	GB	FB	G/F
1994 Season	6.87	3	4	0	9	7	38.0	22	19	.274	40	8	1	7	25	.371	.486	0	0	4.97	2	87	5	3	51	52	0.98
Career (1992-1994)	4.52	23	17	0	67	49	318.1	152	219	.258	314	45	16	32	150	.343	.400	5	2	6.30	22	98	35	10	428	348	1.23

1994 Season

	ERA	W	L	Sv	G	GS	IP	H	HR	BB	SO		Avg	AB	H	2B	3B	HR	RBI	BB	SO	OBP	SLG
Home	4.74	2	1	0	4	4	24.2	21	4	13	12	vs. Left	.290	69	20	5	1	2	14	6	10	.347	.478
Away	10.80	1	3	0	5	3	13.1	19	3	9	7	vs. Right	.260	77	20	3	0	5	11	16	9	.389	.494

Career (1992-1994)

	ERA	W	L	Sv	G	GS	IP	H	HR	BB	SO		Avg	AB	H	2B	3B	HR	RBI	BB	SO	OBP	SLG
Home	4.32	11	7	0	32	25	158.1	150	13	74	118	vs. Left	.274	635	174	30	10	13	83	76	94	.354	.414
Away	4.72	12	10	0	35	24	160.0	164	19	78	101	vs. Right	.240	583	140	15	6	19	67	76	125	.332	.384
Day	4.45	5	7	0	18	12	83.0	77	13	35	59	Inning 1-6	.258	1015	262	37	14	28	138	133	189	.347	.405
Night	4.55	18	10	0	49	37	235.1	237	19	117	160	Inning 7+	.256	203	52	8	2	4	12	19	30	.323	.374
Grass	4.56	8	6	0	23	13	94.2	102	9	46	49	None on	.255	671	171	20	10	19	19	78	126	.336	.399
Turf	4.51	15	11	0	44	36	223.2	212	23	106	170	Runners on	.261	547	143	25	6	13	131	74	93	.352	.400
April	5.74	3	2	0	11	8	42.1	43	7	36	27	Scoring Posn	.231	325	75	12	4	7	112	52	64	.338	.357
May	4.68	2	3	0	11	6	42.1	55	2	27	21	Close & Late	.241	58	14	2	1	2	5	6	7	.323	.414
June	3.57	5	1	0	12	8	53.0	52	4	20	44	None on/out	.259	309	80	10	5	10	10	29	56	.326	.421
July	8.07	2	5	0	9	5	32.1	41	5	16	24	vs. 1st Batr (relief)	.286	14	4	0	0	1	0	4	0	.444	.500
August	3.64	7	3	0	12	11	76.2	65	4	24	51	First Inning Pitched	.271	255	69	8	5	6	41	38	46	.366	.412
September/October	3.77	4	3	0	12	11	71.2	58	10	29	52	First 75 Pitches	.257	903	232	32	12	25	117	113	165	.342	.402
Starter	4.65	22	15	0	49	49	286.1	279	31	132	199	Pitch 76-90	.222	117	26	4	2	4	14	16	20	.338	.393
Reliever	3.38	1	2	0	18	0	32.0	35	1	20	20	Pitch 91-105	.252	103	26	4	1	0	6	12	14	.342	.311
0-3 Days Rest (St)	0.00	0	0	0	1	1	9.0	4	0	4	9	Pitch 106+	.316	95	30	5	1	3	11	7	17	.363	.484
4 Days Rest	4.37	12	7	0	23	23	136.0	135	14	63	96	First Pitch	.306	186	57	8	3	4	23	3	0	.319	.446
5+ Days Rest	5.22	9	8	0	25	25	141.1	140	17	65	94	Ahead in Count	.188	537	101	14	7	7	46	0	175	.196	.279
Pre-All Star	4.98	11	7	0	38	24	148.1	167	15	90	101	Behind in Count	.350	266	93	11	4	11	46	88	0	.508	.545
Post-All Star	4.13	12	10	0	29	25	170.0	147	17	62	118	Two Strikes	.176	585	103	13	6	11	49	61	219	.260	.275

Pitcher vs. Batter (career)

Pitches Best Vs.	Avg	AB	H	2B	3B	HR	RBI	BB	SO	OBP	SLG	Pitches Worst Vs.	Avg	AB	H	2B	3B	HR	RBI	BB	SO	OBP	SLG
Bret Barberie	.071	14	1	0	0	0	0	0	5	.133	.071	Alex Arias	.667	9	6	0	0	0	2	1	1	.636	.667
Archi Cianfrocco	.100	10	1	1	0	0	1	0	2	.091	.200	Andy Van Slyke	.625	16	10	0	2	1	2	1	0	.647	1.063
Tim Wallach	.100	10	1	0	0	0	1	3	.182	.100	Tony Gwynn	.600	10	6	3	0	0	3	1	1	.636	.900
Dave Justice	.143	14	2	0	0	0	3	2	2	.294	.143	Larry Walker	.375	16	6	1	0	0	3	3	4	.500	.438
Carlos Garcia	.182	11	2	0	0	0	0	4	.182	.182	Jeff Blauser	.333	12	4	0	0	1	0	2	0	.385	.583

Luis Rivera — Mets
Age 31 – Bats Right

	Avg	G	AB	R	H	2B	3B	HR	RBI	BB	SO	HBP	GDP	SB	CS	OBP	SLG	IBB	SH	SF	#Pit	#P/PA	GB	FB	G/F
1994 Season	.279	32	43	11	12	2	1	3	5	4	14	2	1	0	1	.367	.581	0	0	0	189	3.86	14	9	1.56
Last Five Years	.234	443	1221	143	286	63	6	19	126	101	250	10	28	13	13	.297	.342	0	31	6	4925	3.60	372	366	1.02

1994 Season

	Avg	AB	H	2B	3B	HR	RBI	BB	SO	OBP	SLG		Avg	AB	H	2B	3B	HR	RBI	BB	SO	OBP	SLG
vs. Left	.261	23	6	2	0	1	2	0	10	.292	.478	Scoring Posn	.091	11	1	0	0	0	0	0	4	.091	.091
vs. Right	.300	20	6	0	1	2	3	4	4	.440	.700	Close & Late	.375	8	3	1	0	0	0	0	4	.375	.500

Last Five Years

	Avg	AB	H	2B	3B	HR	RBI	BB	SO	OBP	SLG		Avg	AB	H	2B	3B	HR	RBI	BB	SO	OBP	SLG
vs. Left	.229	371	85	23	1	4	27	40	67	.285	.353	Scoring Posn	.218	340	74	13	1	5	106	35	72	.288	.306
vs. Right	.236	850	201	40	5	12	86	74	163	.302	.338	Close & Late	.181	177	32	9	1	1	12	18	43	.256	.260
Groundball	.231	294	68	14	1	6	39	16	48	.275	.347	None on/out	.222	302	67	17	1	4	4	26	65	.290	.325
Flyball	.205	288	59	12	1	4	26	24	82	.268	.295	Batting #8	.219	178	39	6	0	2	25	15	32	.280	.287
Home	.228	588	134	34	0	11	71	50	114	.296	.342	Batting #9	.237	885	210	46	4	12	79	73	177	.298	.339
Away	.240	633	152	29	6	8	55	51	136	.298	.343	Other	.234	158	37	11	2	5	22	13	41	.309	.424
Day	.254	394	100	27	0	8	45	35	83	.320	.383	April	.211	114	24	6	1	0	4	13	26	.291	.281
Night	.225	827	186	36	6	11	81	66	167	.286	.323	May	.278	259	72	12	3	9	38	30	47	.355	.421
Grass	.235	1000	235	49	4	16	111	84	211	.299	.340	June	.225	275	62	14	1	9	24	23	60	.296	.305
Turf	.231	221	51	14	2	3	15	17	39	.286	.353	July	.229	214	49	14	1	5	19	16	39	.283	.374

	Avg	AB	H	2B	3B	HR	RBI	BB	SO	OBP	SLG		Avg	AB	H	2B	3B	HR	RBI	BB	SO	OBP	SLG
										Last Five Years													
First Pitch	.240	196	47	8	2	6	21	0	0	.246	.393	August	.208	168	35	7	1	4	24	8	36	.249	.333
Ahead in Count	.282	280	79	19	1	7	48	45	0	.378	.432	September/October	.230	191	44	10	0	1	19	11	42	.275	.298
Behind in Count	.195	527	103	17	3	6	37	0	214	.207	.273	Pre-All Star	.239	721	172	35	4	9	68	71	146	.312	.336
Two Strikes	.187	530	99	21	2	4	42	56	250	.269	.257	Post-All Star	.228	500	114	28	2	10	58	30	104	.274	.352
										Batter vs. Pitcher (career)													
Hits Best Against	Avg	AB	H	2B	3B	HR	RBI	BB	SO	OBP	SLG	**Hits Worst Against**	Avg	AB	H	2B	3B	HR	RBI	BB	SO	OBP	SLG
Tim Leary	.615	13	8	2	0	1	3	1	0	.643	1.000	Jim Deshaies	.000	12	0	0	0	0	0	0	5	.000	.000
Kenny Rogers	.500	12	6	3	1	0	3	0	2	.500	.917	Sid Fernandez	.000	12	0	0	0	0	0	2	3	.143	.000
Jaime Navarro	.462	13	6	0	0	1	4	1	0	.500	.692	Kevin Tapani	.000	11	0	0	0	0	0	0	3	.000	.000
Randy Johnson	.400	10	4	1	0	0	2	4	4	.571	.500	Dave Stewart	.071	14	1	0	0	0	0	2	3	.188	.071
Alex Fernandez	.381	21	8	0	0	1	1	1	5	.409	.524	Luis Aquino	.100	20	2	1	0	0	0	0	2	.100	.150

Kevin Roberson — Cubs

Age 27 – Bats Both (flyball hitter)

	Avg	G	AB	R	H	2B	3B	HR	RBI	BB	SO	HBP	GDP	SB	CS	OBP	SLG	IBB	SH	SF	#Pit	#P/PA	GB	FB	G/F
1994 Season	.218	44	55	8	12	4	0	4	9	2	14	2	3	0	0	.271	.509	0	0	0	231	3.92	16	15	1.07
Career (1993-1994)	.196	106	235	31	46	8	1	13	36	14	62	5	5	0	1	.256	.404	0	0	0	933	3.67	64	73	0.88

										1994 Season											
	Avg	AB	H	2B	3B	HR	RBI	BB	SO	OBP	SLG		Avg	AB	H	2B	3B	HR	RBI	BB	SO	OBP	SLG
vs. Left	.250	12	3	2	0	1	2	0	1	.250	.667	Scoring Posn	.300	10	3	0	0	1	4	0	1	.364	.600
vs. Right	.209	43	9	2	0	3	7	2	13	.277	.465	Close & Late	.217	23	5	0	0	2	3	1	8	.308	.565

Bip Roberts — Padres

Age 31 – Bats Both (groundball hitter)

	Avg	G	AB	R	H	2B	3B	HR	RBI	BB	SO	HBP	GDP	SB	CS	OBP	SLG	IBB	SH	SF	#Pit	#P/PA	GB	FB	G/F
1994 Season	.320	105	403	52	129	15	5	2	31	39	57	3	7	21	7	.383	.397	1	2	2	1640	3.65	181	68	2.66
Last Five Years	.300	601	2207	360	662	111	17	19	170	231	293	18	30	163	52	.369	.391	7	15	16	9124	3.67	1004	427	2.35

										1994 Season											
	Avg	AB	H	2B	3B	HR	RBI	BB	SO	OBP	SLG		Avg	AB	H	2B	3B	HR	RBI	BB	SO	OBP	SLG
vs. Left	.302	126	38	5	1	2	13	17	19	.385	.405	Scoring Posn	.360	75	27	2	2	1	29	12	12	.438	.480
vs. Right	.329	277	91	10	4	0	18	22	38	.382	.394	Close & Late	.338	68	23	0	0	0	6	12	9	.444	.338
Groundball	.355	121	43	7	2	1	10	12	13	.419	.471	None on/out	.290	169	49	8	3	0	0	17	24	.358	.373
Flyball	.333	45	15	2	1	0	3	8	6	.444	.422	Batting #1	.313	384	120	15	5	2	28	32	57	.368	.393
Home	.306	198	61	13	2	1	16	17	32	.367	.409	Batting #2	.467	15	7	0	0	0	3	7	0	.636	.467
Away	.332	205	68	2	3	1	15	22	25	.397	.385	Other	.500	4	2	0	0	0	0	0	0	.500	.500
Day	.319	116	37	3	0	1	9	8	16	.362	.371	April	.229	70	16	3	0	1	9	11	.325	.271
Night	.321	287	92	12	5	1	22	31	41	.391	.408	May	.301	83	25	2	2	1	13	15	9	.408	.410
Grass	.331	320	106	14	3	2	24	24	48	.379	.413	June	.391	110	43	3	2	0	9	7	19	.424	.455
Turf	.277	83	23	1	2	0	7	15	9	.394	.337	July	.282	103	29	6	1	0	6	5	15	.318	.359
First Pitch	.361	72	26	3	1	0	6	1	0	.365	.431	August	.432	37	16	1	0	1	2	3	3	.488	.541
Ahead in Count	.349	83	29	4	0	2	10	23	0	.486	.470	September/October	.000	0	0	0	0	0	0	0	0	.000	.000
Behind in Count	.319	166	53	6	2	0	8	0	46	.331	.380	Pre-All Star	.317	300	95	12	4	1	25	32	44	.382	.393
Two Strikes	.274	168	46	4	2	0	15	57	.344	.321	Post-All Star	.330	103	34	3	1	1	6	7	13	.384	.408

										1994 By Position											
Position	Avg	AB	H	2B	3B	HR	RBI	BB	SO	OBP	SLG	G	GS	Innings	PO	A	E	DP	Fld Pct	Rng Fctr	In Zone	Outs	Zone Rtg	MLB Zone
As 2b	.310	345	107	13	5	1	26	31	51	.368	.386	90	85	715.0	147	221	9	41	.976	4.63	249	222	.892	.889
As lf	.351	37	13	0	0	1	4	7	5	.467	.432	16	9	92.1	19	0	0	0	1.000	1.85	22	19	.864	.815

										Last Five Years											
	Avg	AB	H	2B	3B	HR	RBI	BB	SO	OBP	SLG		Avg	AB	H	2B	3B	HR	RBI	BB	SO	OBP	SLG
vs. Left	.275	735	202	37	2	9	57	65	88	.337	.367	Scoring Posn	.297	424	126	27	6	7	148	47	59	.360	.439
vs. Right	.313	1472	460	74	15	10	113	166	205	.384	.404	Close & Late	.282	355	100	8	2	3	34	43	54	.365	.341
Groundball	.322	796	256	46	7	7	65	81	88	.385	.423	None on/out	.300	946	284	43	9	6	6	98	126	.370	.384
Flyball	.288	400	115	18	1	3	25	40	61	.356	.360	Batting #1	.300	2053	615	105	16	17	155	209	275	.366	.391
Home	.296	1100	326	57	8	11	85	101	140	.360	.393	Batting #2	.330	94	31	4	0	1	8	14	7	.422	.404
Away	.304	1107	336	54	9	8	85	130	153	.377	.390	Other	.267	60	16	2	1	1	7	8	11	.353	.383
Day	.299	642	192	27	1	10	59	68	95	.370	.391	April	.239	372	89	14	4	3	24	43	49	.321	.323
Night	.300	1565	470	84	16	9	111	163	198	.368	.392	May	.301	455	137	21	4	3	44	65	61	.391	.385
Grass	.295	1312	387	50	12	9	97	107	172	.351	.381	June	.311	489	152	28	4	1	35	57	71	.364	.391
Turf	.307	395	275	61	5	6	73	124	121	.393	.407	July	.277	358	99	17	1	2	27	40	55	.349	.346
First Pitch	.374	382	143	24	5	6	48	6	0	.379	.510	August	.339	280	95	18	1	5	17	23	35	.389	.464
Ahead in Count	.341	431	147	36	3	6	46	157	0	.515	.483	September/October	.356	253	90	13	3	5	23	23	22	.412	.490
Behind in Count	.259	974	252	33	5	5	48	0	248	.268	.318	Pre-All Star	.283	1411	399	67	12	7	109	156	197	.357	.362
Two Strikes	.231	963	222	29	6	6	43	67	293	.288	.292	Post-All Star	.330	796	263	44	5	12	61	75	96	.389	.443

										Batter vs. Pitcher (career)											
Hits Best Against	Avg	AB	H	2B	3B	HR	RBI	BB	SO	OBP	SLG	**Hits Worst Against**	Avg	AB	H	2B	3B	HR	RBI	BB	SO	OBP	SLG
Shane Reynolds	.583	12	7	2	1	0	2	2	5	.667	.917	Wally Whitehurst	.000	12	0	0	0	0	0	1	0	3	.000	.000
Greg W. Harris	.583	12	7	1	0	0	1	0	0	.615	.667	Rick Honeycutt	.000	11	0	0	0	0	0	1	2	.083	.000
Gil Heredia	.538	13	7	3	0	0	3	0	1	.538	.769	Tim Belcher	.067	15	1	0	0	0	0	2	2	.176	.067
Greg Maddux	.485	33	16	4	0	0	3	7	4	.575	.606	Xavier Hernandez	.133	15	2	1	0	0	0	1	5	.188	.133
Jose DeLeon	.400	10	4	0	0	1	3	2	1	.500	.700	Joe Magrane	.143	14	2	0	0	0	0	1	2	.200	.143

Rich Robertson — Pirates
Age 26 – Pitches Left

	ERA	W	L	Sv	G	GS	IP	BB	SO	Avg	H	2B	3B	HR	RBI	OBP	SLG	GF	IR	IRS	Hld	SvOp	SB	CS	GB	FB	G/F
1994 Season	6.89	0	0	0	8	0	15.2	10	8	.313	20	6	1	2	13	.400	.531	1	5	1	1	0	2	0	24	23	1.04
Career (1993-1994)	6.57	0	1	0	17	0	24.2	14	13	.340	35	9	1	2	17	.415	.505	3	7	2	1	0	3	0	41	30	1.37

1994 Season

	ERA	W	L	Sv	G	GS	IP	H	HR	BB	SO		Avg	AB	H	2B	3B	HR	RBI	BB	SO	OBP	SLG
Home	4.82	0	0	0	6	0	9.1	11	1	5	5	vs. Left	.214	14	3	0	0	0	1	3	1	.353	.214
Away	9.95	0	0	0	2	0	6.1	9	1	5	3	vs. Right	.340	50	17	6	1	2	12	7	7	.414	.620

Alex Rodriguez — Mariners
Age 19 – Bats Right (groundball hitter)

	Avg	G	AB	R	H	2B	3B	HR	RBI	BB	SO	HBP	GDP	SB	CS	OBP	SLG	IBB	SH	SF	#Pit	#P/PA	GB	FB	G/F
1994 Season	.204	17	54	4	11	0	0	0	2	3	20	0	0	3	0	.241	.204	0	1	1	233	3.95	23	9	2.56

1994 Season

	Avg	AB	H	2B	3B	HR	RBI	BB	SO	OBP	SLG		Avg	AB	H	2B	3B	HR	RBI	BB	SO	OBP	SLG
vs. Left	.176	17	3	0	0	0	1	1	4	.222	.176	Scoring Posn	.091	11	1	0	0	0	2	0	4	.083	.091
vs. Right	.216	37	8	0	0	0	1	2	16	.250	.216	Close & Late	.222	9	2	0	0	0	0	0	4	.222	.222

Carlos Rodriguez — Red Sox
Age 27 – Bats Both (groundball hitter)

	Avg	G	AB	R	H	2B	3B	HR	RBI	BB	SO	HBP	GDP	SB	CS	OBP	SLG	IBB	SH	SF	#Pit	#P/PA	GB	FB	G/F
1994 Season	.287	57	174	15	50	14	1	1	13	11	13	0	3	1	0	.330	.397	0	7	0	719	3.74	74	44	1.68
Career (1991-1994)	.270	72	211	16	57	14	1	1	15	12	15	0	6	1	0	.309	.360	0	8	0	847	3.67	88	57	1.54

1994 Season

	Avg	AB	H	2B	3B	HR	RBI	BB	SO	OBP	SLG		Avg	AB	H	2B	3B	HR	RBI	BB	SO	OBP	SLG
vs. Left	.317	41	13	6	0	0	1	2	0	.349	.463	Scoring Posn	.412	34	14	3	0	0	12	3	3	.459	.500
vs. Right	.278	133	37	8	1	1	12	9	13	.324	.376	Close & Late	.400	25	10	3	0	0	2	3	3	.464	.520
Home	.316	114	36	12	1	0	8	5	6	.345	.439	None on/out	.140	43	6	3	0	0	0	4	5	.213	.209
Away	.233	60	14	2	0	1	5	6	7	.303	.317	Batting #2	.283	46	13	4	0	0	2	6	2	.365	.370
First Pitch	.333	12	4	2	0	0	0	0	0	.333	.500	Batting #9	.260	100	26	6	1	1	10	5	9	.295	.370
Ahead in Count	.294	51	15	5	0	0	4	6	0	.368	.392	Other	.393	28	11	4	0	0	1	0	2	.393	.536
Behind in Count	.269	78	21	4	0	0	5	0	12	.269	.321	Pre-All Star	.263	133	35	10	1	1	11	6	13	.295	.376
Two Strikes	.257	70	18	4	0	1	4	5	13	.307	.357	Post-All Star	.366	41	15	4	0	0	2	5	0	.435	.463

Henry Rodriguez — Dodgers
Age 27 – Bats Left (flyball hitter)

	Avg	G	AB	R	H	2B	3B	HR	RBI	BB	SO	HBP	GDP	SB	CS	OBP	SLG	IBB	SH	SF	#Pit	#P/PA	GB	FB	G/F
1994 Season	.268	104	306	33	82	14	2	8	49	17	58	2	9	0	1	.307	.405	3	1	4	1227	3.72	113	81	1.40
Career (1992-1994)	.244	233	628	64	153	31	2	19	86	36	127	2	12	1	1	.284	.390	4	2	6	2460	3.65	199	200	1.00

1994 Season

	Avg	AB	H	2B	3B	HR	RBI	BB	SO	OBP	SLG		Avg	AB	H	2B	3B	HR	RBI	BB	SO	OBP	SLG
vs. Left	.357	14	5	1	0	2	4	1	3	.400	.857	Scoring Posn	.380	79	30	6	2	2	40	4	14	.398	.582
vs. Right	.264	292	77	13	2	6	45	16	55	.303	.384	Close & Late	.188	48	9	0	0	1	6	7	14	.281	.250
Groundball	.212	99	21	2	2	2	14	6	26	.271	.333	None on/out	.273	66	18	3	0	2	2	6	12	.333	.409
Flyball	.195	41	8	1	0	0	2	0	7	.195	.220	Batting #5	.264	193	51	8	2	3	26	11	32	.306	.373
Home	.298	141	42	6	0	5	28	9	27	.340	.447	Batting #6	.242	62	15	5	0	3	9	2	14	.266	.468
Away	.242	165	40	8	2	3	21	8	31	.278	.370	Other	.314	51	16	1	0	2	14	4	12	.357	.451
Day	.342	76	26	4	0	2	13	5	16	.369	.474	April	.338	65	22	5	0	3	11	4	16	.377	.554
Night	.243	230	56	10	2	6	36	12	42	.286	.383	May	.310	84	26	4	1	2	13	8	9	.358	.452
Grass	.282	241	68	10	1	8	41	14	43	.320	.432	June	.250	72	18	3	1	0	10	4	13	.308	.319
Turf	.215	65	14	4	1	0	8	3	15	.257	.308	July	.185	54	10	2	0	2	11	1	7	.196	.333
First Pitch	.357	42	15	2	0	1	10	1	0	.386	.476	August	.194	31	6	0	0	1	4	0	13	.194	.290
Ahead in Count	.338	65	22	6	0	4	15	9	0	.408	.615	September/October	.000	0	0	0	0	0	0	0	0	.000	.000
Behind in Count	.213	141	30	4	2	3	15	0	46	.217	.333	Pre-All Star	.297	239	71	13	2	7	41	16	42	.342	.456
Two Strikes	.199	141	28	3	1	2	14	7	58	.240	.277	Post-All Star	.164	67	11	1	0	1	8	1	16	.174	.224

1994 By Position

Position	Avg	AB	H	2B	3B	HR	RBI	BB	SO	OBP	SLG	G	GS	Innings	PO	A	E	DP	Fld Pct	Rng Fctr	In Zone	Zone Outs	Zone Rtg	MLB Zone
As Pinch Hitter	.267	15	4	0	0	0	3	0	4	.267	.267	17	0	---	---	---	---	---	---	---	---	---	---	---
As 1b	.174	23	4	1	0	2	7	0	6	.240	.478	17	5	61.2	57	5	0	3	1.000	---	16	11	.688	.818
As lf	.280	254	71	12	1	6	36	16	46	.320	.406	85	70	575.2	132	3	2	0	.985	2.11	155	128	.826	.815

Career (1992-1994)

	Avg	AB	H	2B	3B	HR	RBI	BB	SO	OBP	SLG		Avg	AB	H	2B	3B	HR	RBI	BB	SO	OBP	SLG
vs. Left	.314	35	11	3	1	0	2	5	2	11	.351	.514	Scoring Posn	.269	171	46	9	2	5	63	10	40	.303	.433
vs. Right	.239	593	142	30	2	17	81	34	116	.280	.383	Close & Late	.195	113	22	5	0	1	9	9	28	.250	.265
Groundball	.225	204	46	10	2	6	26	9	49	.265	.382	None on/out	.221	149	33	9	0	3	3	12	34	.280	.342
Flyball	.224	98	22	3	0	0	9	5	20	.260	.255	Batting #5	.247	324	80	15	2	8	42	18	54	.287	.380
Home	.268	321	86	14	0	12	51	21	68	.312	.424	Batting #6	.189	132	25	7	0	4	14	8	35	.234	.333
Away	.218	307	67	17	2	7	35	15	59	.255	.355	Other	.279	172	48	9	0	7	30	10	38	.317	.453
Day	.269	175	47	9	0	5	22	11	38	.307	.406	April	.338	65	22	5	0	3	11	4	16	.377	.554
Night	.234	453	106	22	2	14	64	25	89	.275	.384	May	.286	91	26	4	1	2	13	9	12	.340	.418
Grass	.252	493	124	20	1	18	69	29	95	.292	.406	June	.259	85	22	5	1	0	11	4	17	.308	.353
Turf	.215	135	29	11	1	1	17	7	32	.257	.333	July	.198	111	22	5	0	4	17	2	16	.211	.351
First Pitch	.313	99	31	6	0	4	16	3	0	.340	.495	August	.241	158	38	6	0	6	23	7	40	.271	.392
Ahead in Count	.303	132	40	12	0	11	34	17	0	.377	.644	September/October	.195	118	23	8	0	3	9	10	26	.256	.339

	Avg	AB	H	2B	3B	HR	RBI	BB	SO	OBP	SLG		Avg	AB	H	2B	3B	HR	RBI	BB	SO	OBP	SLG
							Career (1992-1994)																
Behind in Count	.196	291	57	8	2	4	25	0	102	.197	.278	Pre-All Star	.283	279	79	15	2	8	45	17	52	.326	.437
Two Strikes	.176	289	51	8	1	3	23	16	127	.221	.242	Post-All Star	.212	349	74	16	0	11	41	19	75	.251	.352
							Batter vs. Pitcher (career)																
Hits Best Against	Avg	AB	H	2B	3B	HR	RBI	BB	SO	OBP	SLG	Hits Worst Against	Avg	AB	H	2B	3B	HR	RBI	BB	SO	OBP	SLG
Bret Saberhagen	.385	13	5	1	0	1	5	0	2	.357	.692	Bill Swift	.063	16	1	1	0	0	0	1	2	.118	.125
Darryl Kile	.308	13	4	1	0	0	2	1	3	.357	.385	Greg Maddux	.091	11	1	0	0	0	0	0	3	.091	.091
												Greg W. Harris	.176	17	3	0	0	1	2	0	2	.176	.353
												Willie Blair	.182	11	2	0	0	0	0	1	3	.250	.182
												Shane Reynolds	.200	15	3	1	0	0	0	1	1	.250	.267

Ivan Rodriguez — Rangers
Age 23 – Bats Right (groundball hitter)

	Avg	G	AB	R	H	2B	3B	HR	RBI	BB	SO	HBP	GDP	SB	CS	OBP	SLG	IBB	SH	SF	#Pit	#P/PA	GB	FB	G/F
1994 Season	.298	99	363	56	108	19	1	16	57	31	42	7	10	6	3	.360	.488	5	0	4	1405	3.47	163	93	1.75
Career (1991-1994)	.273	447	1536	175	420	79	6	37	187	89	227	12	51	14	11	.315	.405	10	14	15	5675	3.41	635	397	1.60

1994 Season

	Avg	AB	H	2B	3B	HR	RBI	BB	SO	OBP	SLG		Avg	AB	H	2B	3B	HR	RBI	BB	SO	OBP	SLG
vs. Left	.300	70	21	3	0	4	11	10	6	.388	.514	Scoring Posn	.309	94	29	5	0	2	38	14	12	.389	.426
vs. Right	.297	293	87	16	1	12	46	21	36	.354	.481	Close & Late	.295	61	18	2	0	2	11	6	9	.394	.426
Groundball	.282	85	24	4	0	3	6	5	10	.340	.435	None on/out	.300	80	24	4	0	4	6	8	6	.356	.500
Flyball	.236	89	21	5	0	6	18	11	9	.320	.494	Batting #2	.317	126	40	4	0	7	20	7	9	.356	.516
Home	.309	207	64	11	0	7	26	14	28	.360	.464	Batting #8	.287	115	33	9	0	3	12	11	13	.366	.443
Away	.282	156	44	8	1	9	31	17	14	.361	.519	Other	.287	122	35	6	1	6	25	13	20	.360	.500
Day	.301	73	22	5	0	5	16	10	7	.391	.575	April	.261	69	18	3	0	2	8	7	9	.342	.391
Night	.297	290	86	14	1	11	41	21	35	.352	.466	May	.269	67	18	5	1	3	11	12	12	.383	.507
Grass	.309	327	101	19	1	15	54	25	36	.368	.511	June	.337	83	28	6	0	3	15	5	12	.389	.518
Turf	.194	36	7	0	0	1	3	6	6	.295	.278	July	.333	105	35	4	0	6	19	6	5	.374	.543
First Pitch	.322	59	19	1	0	5	11	3	0	.359	.593	August	.231	39	9	1	0	2	4	1	4	.250	.410
Ahead in Count	.392	79	31	4	0	6	15	12	0	.489	.671	September/October	.000	0	0	0	0	0	0	0	0	.000	.000
Behind in Count	.211	171	36	8	0	4	25	0	40	.216	.327	Pre-All Star	.305	262	80	16	1	11	41	24	35	.376	.500
Two Strikes	.243	148	36	4	0	3	21	16	42	.323	.358	Post-All Star	.277	101	28	3	0	5	16	7	7	.318	.455

1994 By Position

Position	Avg	AB	H	2B	3B	HR	RBI	BB	SO	OBP	SLG	G	GS	Innings	PO	A	E	DP	Fld Pct	Rng Fctr	In Zone	Outs	Zone Rtg	MLB Zone
As c	.298	362	108	19	1	16	57	31	41	.361	.489	99	96	837.2	600	44	5	2	.992	---	---	---	---	---

Career (1991-1994)

	Avg	AB	H	2B	3B	HR	RBI	BB	SO	OBP	SLG		Avg	AB	H	2B	3B	HR	RBI	BB	SO	OBP	SLG
vs. Left	.274	354	97	19	0	9	45	28	47	.324	.404	Scoring Posn	.279	373	104	19	0	8	141	35	66	.336	.394
vs. Right	.273	1182	323	60	6	28	142	61	180	.313	.405	Close & Late	.297	256	76	4	2	4	31	17	40	.348	.375
Groundball	.254	347	88	17	1	5	36	14	43	.289	.352	None on/out	.300	337	101	20	2	10	10	17	35	.337	.460
Flyball	.240	362	87	22	1	13	41	26	73	.290	.414	Batting #7	.271	501	136	25	3	12	73	44	82	.329	.405
Home	.258	795	205	40	4	21	99	41	132	.296	.397	Batting #8	.285	393	112	23	0	6	34	15	55	.316	.389
Away	.290	741	215	39	2	16	88	48	95	.336	.413	Other	.268	642	172	31	3	19	80	30	90	.304	.414
Day	.313	304	95	19	1	9	45	22	37	.360	.470	April	.307	202	62	14	0	4	35	18	27	.370	.436
Night	.264	1232	325	60	5	28	142	67	190	.304	.389	May	.277	249	69	11	4	7	31	19	43	.330	.438
Grass	.274	1302	357	68	6	32	165	69	193	.313	.409	June	.296	213	63	11	0	8	32	11	33	.333	.460
Turf	.269	234	63	11	0	5	22	20	34	.326	.380	July	.283	329	93	16	1	9	37	20	38	.327	.419
First Pitch	.350	254	89	14	0	12	46	6	0	.368	.547	August	.254	299	76	19	0	6	35	10	40	.277	.378
Ahead in Count	.346	309	107	19	4	10	42	35	0	.414	.531	September/October	.234	244	57	8	1	3	17	11	46	.267	.311
Behind in Count	.212	745	158	32	0	10	75	0	201	.214	.295	Pre-All Star	.292	799	233	41	5	24	117	54	119	.341	.446
Two Strikes	.191	645	123	23	0	9	65	48	227	.249	.268	Post-All Star	.254	737	187	38	1	13	70	35	108	.286	.361

Batter vs. Pitcher (career)

Hits Best Against	Avg	AB	H	2B	3B	HR	RBI	BB	SO	OBP	SLG	Hits Worst Against	Avg	AB	H	2B	3B	HR	RBI	BB	SO	OBP	SLG
Ben McDonald	.500	14	7	3	0	0	2	1	3	.533	.714	Ricky Bones	.077	13	1	1	0	0	0	1	1	.143	.154
Jack Morris	.500	12	6	1	0	0	2	2	3	.600	.583	Mike Trombley	.091	11	1	0	0	0	0	0	5	.091	.091
John Doherty	.500	10	5	1	0	1	2	0	0	.583	.900	David Cone	.167	12	2	0	0	0	0	0	0	.167	.167
Greg Harris	.444	9	4	0	0	1	2	2	.545	.556	Kevin Tapani	.182	11	2	0	0	0	0	0	0	.182	.182
Alex Fernandez	.423	26	11	2	0	1	3	1	.483	.615	Scott Kamieniecki	.182	11	2	0	0	0	0	0	0	.182	.182

Rich Rodriguez — Cardinals
Age 32 – Pitches Left

	ERA	W	L	Sv	G	GS	IP	BB	SO	Avg	H	2B	3B	HR	RBI	OBP	SLG	GF	IR	IRS	Hld	SvOp	SB	CS	GB	FB	G/F
1994 Season	4.03	3	5	0	56	0	60.1	26	43	.270	62	14	2	6	30	.345	.426	15	29	8	15	3	3	2	70	75	0.93
Career (1990-1994)	3.22	15	14	4	283	2	355.0	148	212	.250	330	59	5	30	159	.326	.370	85	192	52	41	14	24	15	496	335	1.48

1994 Season

	ERA	W	L	Sv	G	GS	IP	H	HR	BB	SO		Avg	AB	H	2B	3B	HR	RBI	BB	SO	OBP	SLG
Home	5.90	1	2	0	28	0	29.0	35	4	18	22	vs. Left	.183	60	11	1	0	1	4	7	16	.269	.250
Away	2.30	2	3	0	28	0	31.1	27	2	8	21	vs. Right	.300	170	51	13	2	5	26	19	27	.372	.488
Day	4.50	1	1	0	19	0	20.0	23	2	7	13	Inning 1-6	.250	36	9	3	0	0	3	4	7	.341	.333
Night	3.79	2	4	0	37	0	40.1	39	4	19	30	Inning 7+	.273	194	53	11	2	6	27	22	36	.346	.443
Grass	2.55	1	0	0	14	0	17.2	17	1	5	9	None on	.252	123	31	6	2	2	9	23	.303	.382
Turf	4.64	2	5	0	42	0	42.2	45	5	21	34	Runners on	.290	107	31	8	0	4	28	17	20	.389	.477
April	5.91	1	1	0	10	0	10.2	10	1	6	6	Scoring Posn	.273	66	18	3	0	1	19	14	15	.402	.364
May	2.12	0	1	0	16	0	17.0	13	1	5	19	Close & Late	.284	81	23	3	0	3	14	8	22	.348	.432

1994 Season

	ERA	W	L	Sv	G	GS	IP	H	HR	BB	SO		Avg	AB	H	2B	3B	HR	RBI	BB	SO	OBP	SLG
June	1.20	1	0	0	12	0	15.0	17	0	7	8	None on/out	.250	56	14	2	1	2	2	2	8	.276	.429
July	8.16	0	2	0	13	0	14.1	18	3	6	7	vs. 1st Batr (relief)	.264	53	14	2	1	1	5	2	11	.291	.396
August	2.70	1	0	0	5	0	3.1	4	1	2	3	First Inning Pitched	.264	163	43	9	2	4	20	17	30	.335	.417
September/October	0.00	0	0	0	0	0	0.0	0	0	0	0	First 15 Pitches	.262	149	39	8	2	4	17	13	25	.321	.423
Starter	0.00	0	0	0	0	0	0.0	0	0	0	0	Pitch 16-30	.274	62	17	4	0	2	9	11	14	.387	.435
Reliever	4.03	3	5	0	56	0	60.1	62	6	26	43	Pitch 31-45	.308	13	4	2	0	0	4	0	3	.308	.462
0 Days rest (Re)	3.12	2	2	0	20	0	17.1	16	2	2	12	Pitch 46+	.333	6	2	0	0	0	0	2	1	.500	.333
1 or 2 Days rest	4.03	1	2	0	22	0	22.1	23	2	12	17	First Pitch	.367	30	11	3	0	1	2	4	0	.441	.567
3+ Days rest	4.79	0	1	0	14	0	20.2	23	2	12	14	Ahead in Count	.178	107	19	6	1	3	13	0	41	.185	.336
Pre-All Star	4.17	2	4	0	41	0	45.1	49	3	21	34	Behind in Count	.306	62	19	1	1	1	8	13	0	.421	.403
Post-All Star	3.60	1	1	0	15	0	15.0	13	3	5	10	Two Strikes	.200	110	22	9	1	2	10	9	43	.267	.355

Career (1990-1994)

	ERA	W	L	Sv	G	GS	IP	H	HR	BB	SO		Avg	AB	H	2B	3B	HR	RBI	BB	SO	OBP	SLG
Home	3.52	9	5	2	146	0	181.2	182	14	85	117	vs. Left	.231	424	98	13	1	9	49	53	69	.317	.330
Away	2.91	6	9	2	137	2	173.1	148	16	63	95	vs. Right	.259	896	232	46	4	21	110	95	143	.330	.390
Day	2.90	4	3	1	79	0	99.1	89	7	42	73	Inning 1-6	.232	340	79	17	2	8	45	29	56	.296	.365
Night	3.34	11	11	3	204	2	255.2	241	23	106	139	Inning 7+	.256	980	251	42	3	22	114	119	156	.336	.372
Grass	2.99	9	3	3	179	1	231.2	213	18	92	133	None on	.244	701	171	27	4	16	16	68	125	.313	.362
Turf	3.65	6	11	0	104	1	123.1	117	12	56	79	Runners on	.257	619	159	32	1	14	143	80	87	.341	.380
April	3.54	3	2	2	42	0	56.0	55	4	29	29	Scoring Posn	.250	380	95	19	1	7	122	69	53	.363	.361
May	2.29	5	5	0	49	1	59.0	48	3	19	39	Close & Late	.244	393	96	10	0	12	49	57	63	.341	.361
June	3.27	1	1	0	43	1	52.1	56	4	26	31	None on/out	.250	316	79	8	3	9	9	22	59	.299	.380
July	4.17	2	2	0	54	0	69.0	67	6	26	40	vs. 1st Batr (relief)	.260	258	67	10	3	7	35	20	42	.312	.403
August	3.09	3	1	0	49	0	58.1	47	6	27	33	First Inning Pitched	.249	844	210	37	5	15	113	104	138	.332	.358
September/October	2.83	1	3	2	46	0	60.1	57	5	21	40	First 15 Pitches	.251	828	208	36	5	17	95	85	125	.321	.368
Starter	3.00	0	1	0	2	2	9.0	7	1	4	6	Pitch 16-30	.239	348	83	15	0	12	45	52	62	.339	.385
Reliever	3.23	15	13	4	281	0	346.0	323	29	144	206	Pitch 31-45	.267	105	28	7	0	1	16	6	19	.306	.362
0 Days rest (Re)	3.55	6	3	1	70	0	78.2	60	9	31	40	Pitch 46+	.282	39	11	1	0	0	3	5	6	.364	.308
1 or 2 Days rest	3.19	5	8	2	135	0	161.0	165	12	70	101	First Pitch	.292	178	52	13	2	6	25	24	0	.376	.489
3+ Days rest	3.05	4	2	1	76	0	106.1	98	8	43	65	Ahead in Count	.178	583	104	16	1	7	46	0	187	.181	.245
Pre-All Star	3.30	10	10	2	152	2	193.2	188	17	87	112	Behind in Count	.321	324	104	18	2	15	63	76	0	.447	.528
Post-All Star	3.12	5	4	2	131	0	161.1	142	13	61	100	Two Strikes	.186	580	108	18	1	7	44	48	212	.250	.257

Pitcher vs. Batter (career)

Pitches Best Vs.	Avg	AB	H	2B	3B	HR	RBI	BB	SO	OBP	SLG	Pitches Worst Vs.	Avg	AB	H	2B	3B	HR	RBI	BB	SO	OBP	SLG
Steve Finley	.000	13	0	0	0	0	0	2	5	.133	.000	Marquis Grissom	.462	13	6	0	0	1	3	0	1	.500	.692
John Kruk	.000	10	0	0	0	0	0	2	2	.167	.000	Lenny Dykstra	.444	9	4	0	0	1	3	3	1	.583	.778
Darren Daulton	.091	11	1	0	0	0	1	1	2	.167	.091	Craig Biggio	.429	14	6	3	0	0	2	6	0	.600	.643
Dave Martinez	.100	10	1	0	0	0	0	1	5	.182	.100	Jeff Blauser	.385	13	5	3	0	0	1	2	0	.467	.615
Bret Barberie	.182	11	2	0	0	0	0	3	3	.182	.182	Bobby Bonilla	.308	13	4	2	0	1	4	1	3	.357	.692

Kenny Rogers — Rangers Age 30 – Pitches Left

	ERA	W	L	Sv	G	GS	IP	BB	SO	Avg	H	2B	3B	HR	RBI	OBP	SLG	CG	ShO	Sup	QS	#P/S	SB	CS	GB	FB	G/F
1994 Season	4.46	11	8	0	24	24	167.1	52	120	.260	169	38	4	24	83	.315	.442	6	2	5.54	14	113	4	6	251	173	1.45
Last Five Years	4.15	50	40	26	272	69	661.2	252	477	.263	651	145	18	69	336	.330	.415	11	2	5.13	39	102	17	24	891	733	1.22

1994 Season

	ERA	W	L	Sv	G	GS	IP	H	HR	BB	SO		Avg	AB	H	2B	3B	HR	RBI	BB	SO	OBP	SLG
Home	3.72	6	5	0	14	14	101.2	95	8	35	81	vs. Left	.311	90	28	4	1	8	19	4	20	.344	.644
Away	5.62	5	3	0	10	10	65.2	74	16	17	39	vs. Right	.252	560	141	34	3	16	64	48	100	.311	.409
Day	6.42	4	3	0	7	7	47.2	56	12	8	23	Inning 1-6	.271	531	144	30	4	19	72	44	90	.328	.450
Night	3.69	7	5	0	17	17	119.2	113	12	44	97	Inning 7+	.210	119	25	8	0	5	11	8	30	.258	.403
Grass	4.49	10	7	0	21	21	146.1	149	21	45	104	None on	.244	393	96	20	3	16	16	24	71	.288	.433
Turf	4.29	1	1	0	3	3	21.0	20	3	7	16	Runners on	.284	257	73	18	1	8	67	28	49	.354	.455
April	4.64	2	2	0	5	5	33.0	35	4	11	24	Scoring Posn	.244	160	39	13	0	4	54	17	36	.314	.400
May	4.30	1	1	0	6	6	44.0	49	4	11	24	Close & Late	.204	54	11	5	0	1	3	3	13	.246	.352
June	4.93	3	1	0	6	6	42.0	45	6	14	34	None on/out	.278	176	49	11	1	11	11	8	31	.310	.540
July	2.37	2	2	0	4	4	38.0	24	5	13	35	vs. 1st Batr (relief)	.000	0	0	0	0	0	0	0	0	.000	.000
August	10.45	0	2	0	2	2	10.1	16	5	3	3	First Inning Pitched	.347	101	35	8	0	6	19	13	23	.417	.604
September/October	0.00	0	0	0	0	0	0.0	0	0	0	0	First 75 Pitches	.268	411	110	22	2	16	51	39	68	.333	.448
Starter	4.46	11	8	0	24	24	167.1	169	24	52	120	Pitch 76-90	.302	86	26	6	1	5	12	1	16	.307	.570
Reliever	0.00	0	0	0	0	0	0.0	0	0	0	0	Pitch 91-105	.244	82	20	5	1	3	15	6	17	.295	.439
0-3 Days Rest (St)	3.52	0	1	0	1	1	7.2	8	1	1	3	Pitch 106+	.183	71	13	5	0	0	5	6	19	.244	.254
4 Days Rest	4.96	6	6	0	16	16	110.2	117	17	38	87	First Pitch	.315	92	29	8	1	5	13	0	0	.319	.587
5+ Days Rest	3.49	5	1	0	7	7	49.0	44	6	13	30	Ahead in Count	.186	274	51	11	1	4	17	0	95	.191	.277
Pre-All Star	4.53	10	4	0	19	19	133.0	142	17	43	94	Behind in Count	.367	147	54	12	2	10	33	28	0	.469	.680
Post-All Star	4.19	1	4	0	5	5	34.1	27	7	9	26	Two Strikes	.196	291	57	13	1	5	22	24	120	.261	.299

Last Five Years

	ERA	W	L	Sv	G	GS	IP	H	HR	BB	SO		Avg	AB	H	2B	3B	HR	RBI	BB	SO	OBP	SLG
Home	4.04	31	19	13	143	34	339.0	341	26	133	256	vs. Left	.247	466	115	25	4	13	63	34	99	.304	.401
Away	4.27	19	21	13	129	35	322.2	332	43	119	221	vs. Right	.267	2092	558	120	14	56	273	218	378	.336	.418
Day	6.00	7	9	6	47	14	120.0	142	24	38	79	Inning 1-6	.278	1482	412	86	14	42	201	150	244	.346	.440
Night	3.74	43	31	20	225	55	541.2	531	45	214	398	Inning 7+	.243	1076	261	59	4	27	135	102	233	.308	.374
Grass	4.24	44	34	24	230	59	562.0	569	60	217	410	None on	.250	1418	355	78	10	40	40	106	264	.305	.404
Turf	3.64	6	6	2	42	10	99.0	104	9	35	67	Runners on	.279	1140	318	67	8	29	296	146	213	.359	.428
April	4.80	5	7	2	31	13	95.2	97	10	36	68	Scoring Posn	.266	706	188	41	3	23	270	107	149	.359	.431

343

Last Five Years

	ERA	W	L	Sv	G	GS	IP	H	HR	BB	SO		Avg	AB	H	2B	3B	HR	RBI	BB	SO	OBP	SLG
May	5.51	10	7	1	45	16	130.2	158	15	57	83	Close & Late	.242	595	144	36	2	12	77	65	130	.318	.370
June	4.85	6	9	8	49	13	128.0	141	13	51	97	None on/out	.260	620	161	35	3	19	19	44	104	.310	.418
July	2.85	9	5	7	50	10	110.2	96	13	38	99	vs. 1st Batr (relief)	.242	182	44	8	1	1	20	15	43	.302	.313
August	3.67	11	5	3	53	9	103.0	99	12	38	65	First Inning Pitched	.265	889	236	50	6	23	145	108	193	.345	.413
September/October	2.69	9	7	5	44	8	93.2	82	6	32	65	First 75 Pitches	.266	2045	543	115	14	54	276	223	373	.339	.415
Starter	4.54	32	24	0	69	69	432.1	460	49	159	288	Pitch 76-90	.273	220	60	12	2	8	27	8	41	.296	.455
Reliever	3.41	18	16	26	203	0	229.1	213	20	93	189	Pitch 91-105	.254	173	44	9	2	6	24	13	30	.306	.434
0-3 Days Rest (St)	3.60	5	3	0	9	9	60.0	57	8	19	33	Pitch 106+	.217	120	26	9	0	1	9	8	33	.264	.317
4 Days Rest	4.63	16	10	0	36	36	231.1	250	29	80	160	First Pitch	.346	341	118	27	1	11	59	21	0	.381	.528
5+ Days Rest	4.79	11	11	0	24	24	141.0	153	20	60	95	Ahead in Count	.185	1113	206	45	6	13	95	0	391	.190	.271
Pre-All Star	4.95	25	25	13	141	46	394.1	438	47	159	283	Behind in Count	.347	628	218	40	9	32	119	124	0	.454	.592
Post-All Star	2.96	25	15	13	131	23	267.1	235	22	93	194	Two Strikes	.187	1159	217	56	8	14	100	107	477	.259	.286

Pitcher vs. Batter (career)

Pitches Best Vs.	Avg	AB	H	2B	3B	HR	RBI	BB	SO	OBP	SLG	Pitches Worst Vs.	Avg	AB	H	2B	3B	HR	RBI	BB	SO	OBP	SLG
Gary DiSarcina	.000	17	0	0	0	0	0	0	0	.000	.000	Mickey Tettleton	.533	15	8	3	0	0	2	5	4	.650	.733
Luis Polonia	.000	14	0	0	0	0	0	1	3	.067	.000	Kirby Puckett	.500	18	9	3	0	2	5	3	3	.571	1.000
Mark McLemore	.000	11	0	0	0	0	0	1	2	.083	.000	Luis Rivera	.500	12	6	3	1	0	3	0	2	.500	.917
Dick Schofield	.056	18	1	0	0	0	0	1	5	.105	.056	Randy Milligan	.444	9	4	3	0	0	1	4	2	.615	.778
Ozzie Guillen	.071	14	1	0	0	0	2	0	0	.071	.071	Mo Vaughn	.364	11	4	1	0	2	3	0	4	.417	1.000

Kevin Rogers — Giants
Age 26 – Pitches Left

	ERA	W	L	Sv	G	GS	IP	BB	SO	Avg	H	2B	3B	HR	RBI	OBP	SLG	GF	IR	IRS	Hld	SvOp	SB	CS	GB	FB	G/F
1994 Season	3.48	0	0	0	9	0	10.1	6	7	.250	10	3	0	1	5	.348	.400	2	4	1	1	0	0	0	18	11	1.64
Career (1992-1994)	3.17	2	4	0	79	6	125.0	47	95	.249	118	15	0	8	44	.323	.332	26	45	12	18	3	7	4	167	136	1.23

1994 Season

	ERA	W	L	Sv	G	GS	IP	H	HR	BB	SO		Avg	AB	H	2B	3B	HR	RBI	BB	SO	OBP	SLG
Home	0.00	0	0	0	5	0	6.0	5	0	3	5	vs. Left	.333	9	3	2	0	0	1	5	2	.571	.556
Away	8.31	0	0	0	4	0	4.1	5	3	3	2	vs. Right	.226	31	7	1	0	1	4	1	5	.250	.355

Career (1992-1994)

	ERA	W	L	Sv	G	GS	IP	H	HR	BB	SO		Avg	AB	H	2B	3B	HR	RBI	BB	SO	OBP	SLG
Home	2.89	1	1	0	38	3	65.1	63	4	28	51	vs. Left	.248	121	30	4	0	0	11	14	32	.341	.281
Away	3.47	1	3	0	41	3	59.2	55	4	19	44	vs. Right	.250	352	88	11	0	8	33	33	63	.317	.349
Day	1.97	2	1	0	44	1	59.1	48	2	22	47	Inning 1-6	.244	164	40	1	0	5	17	18	33	.321	.341
Night	4.25	0	3	0	35	5	65.2	70	6	25	48	Inning 7+	.252	309	78	14	0	3	27	29	62	.325	.327
Grass	2.86	2	2	0	61	3	91.1	87	5	34	71	None on	.249	249	62	8	0	6	6	28	54	.332	.353
Turf	4.01	0	2	0	18	3	33.2	31	3	13	24	Runners on	.250	224	56	7	0	2	38	19	41	.313	.308
April	4.56	0	1	0	18	0	25.2	24	3	20	17	Scoring Posn	.321	112	36	3	0	2	35	14	26	.403	.402
May	0.53	0	0	0	12	0	17.0	11	0	1	16	Close & Late	.308	159	49	9	0	2	17	15	28	.368	.403
June	2.53	0	1	0	9	0	10.2	10	0	3	8	None on/out	.225	111	25	1	0	1	1	10	26	.295	.261
July	3.38	0	0	0	10	0	13.1	12	0	2	8	vs. 1st Batr (relief)	.269	67	18	2	0	1	8	4	15	.319	.343
August	0.87	2	0	0	10	0	10.1	9	1	3	11	First Inning Pitched	.197	249	49	7	0	2	19	23	55	.272	.249
September/October	3.94	0	2	0	20	6	48.0	52	8	18	35	First 15 Pitches	.220	232	51	6	0	2	18	19	48	.283	.272
Starter	4.24	0	2	0	6	6	34.0	37	4	13	26	Pitch 16-30	.271	118	32	5	0	4	10	11	5	.348	.415
Reliever	2.77	2	2	0	73	0	91.0	81	4	34	69	Pitch 31-45	.265	49	13	2	0	1	8	5	9	.333	.367
0 Days rest (Re)	3.20	1	0	0	15	0	19.2	19	3	8	15	Pitch 46+	.297	74	22	2	0	1	8	12	13	.395	.365
1 or 2 Days rest	2.89	0	1	0	34	0	43.2	38	1	16	30	First Pitch	.333	63	21	5	0	2	10	5	0	.400	.508
3+ Days rest	2.28	1	1	0	24	0	27.2	24	0	10	24	Ahead in Count	.192	240	46	5	0	3	17	0	83	.198	.250
Pre-All Star	3.14	0	2	0	43	0	57.1	50	3	25	43	Behind in Count	.348	89	31	3	0	3	11	22	0	.482	.483
Post-All Star	3.19	2	2	0	36	6	67.2	68	5	22	52	Two Strikes	.183	235	43	4	0	1	13	20	95	.252	.213

Mel Rojas — Expos
Age 28 – Pitches Right

	ERA	W	L	Sv	G	GS	IP	BB	SO	Avg	H	2B	3B	HR	RBI	OBP	SLG	GF	IR	IRS	Hld	SvOp	SB	CS	GB	FB	G/F
1994 Season	3.32	3	2	16	58	0	84.0	21	84	.227	71	7	0	11	40	.283	.355	27	41	12	19	18	10	1	121	69	1.75
Career (1990-1994)	2.79	21	15	43	252	0	361.0	122	265	.224	298	62	2	28	151	.294	.345	96	172	50	54	59	39	6	494	380	1.30

1994 Season

	ERA	W	L	Sv	G	GS	IP	H	HR	BB	SO		Avg	AB	H	2B	3B	HR	RBI	BB	SO	OBP	SLG
Home	3.78	2	1	6	25	0	33.1	29	5	12	37	vs. Left	.225	169	38	4	0	7	23	15	47	.294	.373
Away	3.02	1	1	10	33	0	50.2	42	6	9	47	vs. Right	.229	144	33	3	0	4	17	6	37	.270	.333
Day	2.89	2	1	4	19	0	28.0	25	4	4	23	Inning 1-6	.000	3	0	0	0	0	1	0	2	.000	.000
Night	3.54	1	1	12	39	0	56.0	46	7	17	61	Inning 7+	.229	310	71	7	0	11	39	21	82	.286	.358
Grass	3.99	1	1	7	22	0	29.1	28	5	5	32	None on	.206	165	34	3	0	7	7	17	43	.292	.352
Turf	2.96	2	1	9	36	0	54.2	43	6	16	52	Runners on	.250	148	37	4	0	4	33	4	41	.273	.358
April	1.96	1	0	7	14	0	18.1	14	2	4	13	Scoring Posn	.229	83	19	2	0	3	29	4	22	.270	.361
May	1.33	1	1	3	11	0	20.1	8	3	6	21	Close & Late	.218	179	39	3	0	6	21	10	49	.269	.335
June	5.91	1	1	2	14	0	21.1	25	3	3	20	None on/out	.200	70	14	1	0	2	2	7	18	.273	.300
July	3.31	0	0	3	14	0	16.1	20	2	4	16	vs. 1st Batr (relief)	.170	53	9	2	0	1	3	16	.214	.264
August	4.70	0	0	1	5	0	7.2	4	1	4	8	First Inning Pitched	.219	196	43	4	0	6	28	12	50	.277	.332
September/October	0.00	0	0	0	0	0	0.0	0	0	0	0	First 15 Pitches	.212	165	35	3	0	5	20	9	41	.264	.321
Starter	0.00	0	0	0	0	0	0.0	0	0	0	0	Pitch 16-30	.214	117	25	3	0	4	13	11	32	.287	.359
Reliever	3.32	3	2	16	58	0	84.0	71	11	21	84	Pitch 31-45	.367	30	11	1	0	2	7	1	11	.387	.600
0 Days rest (Re)	3.43	1	0	8	16	0	21.0	18	3	5	23	Pitch 46+	.000	1	0	0	0	0	0	0	0	.000	.000
1 or 2 Days rest	3.35	2	1	8	34	0	48.1	41	5	14	48	First Pitch	.244	41	10	1	0	4	0	0	.262	.341

1994 Season

	ERA	W	L	Sv	G	GS	IP	H	HR	BB	SO		Avg	AB	H	2B	3B	HR	RBI	BB	SO	OBP	SLG
3+ Days rest	3.07	0	1	0	8	0	14.2	12	3	2	13	Ahead in Count	.182	170	31	5	0	4	17	0	73	.191	.282
Pre-All Star	3.24	3	2	15	44	0	66.2	52	9	15	63	Behind in Count	.283	53	15	1	0	4	11	7	0	.377	.528
Post-All Star	3.63	0	0	1	14	0	17.1	19	2	6	21	Two Strikes	.162	173	28	3	0	3	13	14	84	.232	.231

Career (1990-1994)

	ERA	W	L	Sv	G	GS	IP	H	HR	BB	SO		Avg	AB	H	2B	3B	HR	RBI	BB	SO	OBP	SLG
Home	3.08	12	6	16	117	0	160.2	125	15	53	118	vs. Left	.229	734	168	34	5	17	87	84	142	.307	.358
Away	2.56	9	9	27	135	0	200.1	173	13	69	147	vs. Right	.218	595	130	28	2	11	64	38	123	.277	.328
Day	2.86	9	6	10	74	0	104.0	87	10	32	67	Inning 1-6	.254	189	48	14	1	7	35	20	31	.332	.450
Night	2.77	12	10	33	178	0	257.0	211	18	90	198	Inning 7+	.219	1140	250	48	6	21	116	102	234	.287	.327
Grass	3.07	6	4	18	72	0	102.2	91	7	32	81	None on	.253	683	173	38	4	17	17	58	139	.317	.395
Turf	2.68	15	11	25	180	0	258.1	207	21	90	184	Runners on	.193	646	125	24	3	11	134	64	126	.269	.291
April	3.40	1	2	12	33	0	42.1	44	3	17	26	Scoring Posn	.193	398	77	16	3	7	121	56	82	.295	.302
May	1.76	3	3	5	38	0	56.1	39	4	20	40	Close & Late	.222	631	140	19	4	12	64	62	129	.295	.322
June	3.90	3	4	4	38	0	55.1	50	7	15	35	None out	.281	302	85	17	3	6	6	29	56	.344	.417
July	2.43	3	3	9	39	0	55.2	56	2	11	53	vs. 1st Batr (relief)	.235	221	52	9	1	5	21	19	48	.301	.353
August	2.44	4	3	7	54	0	85.0	53	6	32	69	First Inning Pitched	.221	828	183	40	4	15	115	76	169	.292	.333
September/October	3.12	7	0	6	50	0	66.1	56	6	27	42	First 15 Pitches	.220	769	169	36	2	13	87	66	153	.285	.322
Starter	0.00	0	0	0	0	0	0.0	0	0	0	0	Pitch 16-30	.212	425	90	20	5	7	45	49	86	.300	.332
Reliever	2.79	21	15	43	252	0	361.0	298	28	122	265	Pitch 31-45	.276	116	32	6	0	5	13	7	24	.317	.457
0 Days rest (Re)	2.71	8	4	14	59	0	79.2	67	10	32	64	Pitch 46+	.368	19	7	0	0	3	6	0	2	.350	.842
1 or 2 Days rest	2.87	10	9	22	137	0	201.0	164	10	65	149	First Pitch	.250	192	48	12	0	6	22	13	0	.301	.406
3+ Days rest	2.69	3	2	7	56	0	80.1	67	8	25	52	Ahead in Count	.171	654	112	24	1	9	54	0	235	.180	.252
Pre-All Star	2.87	9	9	27	121	0	172.2	146	15	57	122	Behind in Count	.301	266	80	16	4	10	47	54	0	.414	.504
Post-All Star	2.72	12	6	16	131	0	188.1	152	13	65	143	Two Strikes	.157	635	100	20	1	9	46	55	265	.231	.230

Pitcher vs. Batter (career)

Pitches Best Vs.	Avg	AB	H	2B	3B	HR	RBI	BB	SO	OBP	SLG	Pitches Worst Vs.	Avg	AB	H	2B	3B	HR	RBI	BB	SO	OBP	SLG
Wes Chamberlain	.000	11	0	0	0	0	0	0	3	.000	.000	Hal Morris	.533	15	8	2	0	1	2	0	1	.500	.867
Tom Pagnozzi	.077	13	1	0	0	0	0	0	3	.077	.077	Barry Bonds	.500	14	7	1	0	1	2	2	2	.588	.786
Jeff King	.077	13	1	1	0	0	1	1	1	.200	.154	Steve Finley	.500	8	4	0	1	0	5	2	0	.545	.750
Tony Gwynn	.083	12	1	0	0	0	2	0	0	.071	.083	John Kruk	.455	11	5	1	0	0	2	3	1	.571	.545
Mark Lemke	.100	10	1	0	0	0	0	0	6	.182	.100	Bobby Bonilla	.333	15	5	1	0	2	2	2	5	.412	.800

John Roper — Reds
Age 23 – Pitches Right

	ERA	W	L	Sv	G	GS	IP	BB	SO	Avg	H	2B	3B	HR	RBI	OBP	SLG	CG	ShO	Sup	QS	#P/S	SB	CS	GB	FB	G/F
1994 Season	4.50	6	2	0	16	15	92.0	30	51	.255	90	25	1	16	40	.318	.467	0	0	6.65	8	89	8	1	143	103	1.39
Career (1993-1994)	5.02	8	7	0	32	30	172.0	66	105	.274	182	39	5	26	84	.344	.465	0	0	6.80	13	89	18	5	255	191	1.34

1994 Season

	ERA	W	L	Sv	G	GS	IP	H	HR	BB	SO		Avg	AB	H	2B	3B	HR	RBI	BB	SO	OBP	SLG
Home	4.85	2	2	0	10	9	52.0	54	11	18	24	vs. Left	.321	159	51	13	1	10	23	18	17	.391	.604
Away	4.05	4	0	0	6	6	40.0	36	5	12	27	vs. Right	.201	194	39	12	0	6	17	12	34	.256	.356
Starter	4.32	6	2	0	15	15	91.2	88	16	30	50	Scoring Posn	.218	78	17	9	1	2	23	7	15	.273	.436
Reliever	54.00	0	0	0	1	0	0.1	2	0	0	1	Close & Late	.313	16	5	1	0	1	1	2	0	.333	.375
0-3 Days Rest (St)	0.00	0	0	0	0	0	0.0	0	0	0	0	None on/out	.274	95	26	8	0	4	4	6	17	.317	.484
4 Days Rest	4.40	5	1	0	10	10	61.1	64	11	21	29	First Pitch	.288	59	17	7	0	2	9	0	0	.297	.508
5+ Days Rest	4.15	1	1	0	5	5	30.1	24	5	9	21	Ahead in Count	.205	156	32	7	1	5	15	0	43	.210	.359
Pre-All Star	3.92	5	0	0	11	10	64.1	62	8	22	35	Behind in Count	.284	81	23	7	0	6	11	17	0	.414	.593
Post-All Star	5.86	1	2	0	5	5	27.2	28	8	8	16	Two Strikes	.241	145	35	7	1	6	16	13	51	.308	.428

Rich Rowland — Red Sox
Age 28 – Bats Right

	Avg	G	AB	R	H	2B	3B	HR	RBI	BB	SO	HBP	GDP	SB	CS	OBP	SLG	IBB	SH	SF	#Pit	#P/PA	GB	FB	G/F
1994 Season	.229	46	118	14	27	3	0	9	20	11	35	0	2	0	0	.295	.483	0	0	1	537	4.16	30	35	0.86
Career (1990-1994)	.219	84	201	21	44	7	0	9	25	22	60	0	5	0	0	.295	.388	1	1	1	910	4.04	56	53	1.06

1994 Season

	Avg	AB	H	2B	3B	HR	RBI	BB	SO	OBP	SLG		Avg	AB	H	2B	3B	HR	RBI	BB	SO	OBP	SLG
vs. Left	.245	49	12	0	0	4	7	4	13	.302	.490	Scoring Posn	.310	29	9	1	0	1	8	1	7	.333	.448
vs. Right	.217	69	15	3	0	5	13	7	22	.289	.478	Close & Late	.125	8	1	0	0	0	0	0	3	.125	.125
Home	.262	65	17	2	0	3	9	8	17	.342	.431	None on/out	.167	24	4	0	0	3	3	0	5	.167	.542
Away	.189	53	10	1	0	6	11	3	18	.232	.547	Batting #8	.255	55	14	3	0	5	12	6	17	.328	.582
First Pitch	.455	11	5	0	0	2	3	0	0	.455	1.000	Batting #9	.172	29	5	0	0	1	3	8	.250	.276
Ahead in Count	.409	22	9	1	0	4	9	6	0	.536	1.000	Other	.235	34	8	0	0	3	7	2	10	.278	.500
Behind in Count	.123	57	7	2	0	1	2	0	29	.123	.211	Pre-All Star	.202	84	17	2	0	6	15	7	27	.264	.440
Two Strikes	.109	64	7	1	0	2	4	5	35	.174	.219	Post-All Star	.294	34	10	1	0	3	5	4	8	.368	.588

Stan Royer — Red Sox
Age 27 – Bats Right

	Avg	G	AB	R	H	2B	3B	HR	RBI	BB	SO	HBP	GDP	SB	CS	OBP	SLG	IBB	SH	SF	#Pit	#P/PA	GB	FB	G/F
1994 Season	.167	43	66	3	11	5	0	1	3	0	21	0	1	0	0	.167	.288	0	0	1	241	3.65	25	13	1.92
Career (1991-1994)	.250	89	164	14	41	10	0	4	21	6	41	0	3	0	1	.266	.384	0	0	1	592	3.50	55	41	1.34

1994 Season

	Avg	AB	H	2B	3B	HR	RBI	BB	SO	OBP	SLG		Avg	AB	H	2B	3B	HR	RBI	BB	SO	OBP	SLG
vs. Left	.235	34	8	4	0	1	2	0	11	.235	.441	Scoring Posn	.231	13	3	1	0	0	2	0	5	.231	.308
vs. Right	.094	32	3	1	0	0	1	0	10	.094	.125	Close & Late	.231	13	3	2	0	0	0	0	2	.231	.385

Kirk Rueter — Expos

Age 24 – Pitches Left

	ERA	W	L	Sv	G	GS	IP	BB	SO	Avg	H	2B	3B	HR	RBI	OBP	SLG	CG	ShO	Sup	QS	#P/S	SB	CS	GB	FB	G/F
1994 Season	5.17	7	3	0	20	20	92.1	23	50	.294	106	20	0	11	50	.335	.442	0	0	8.38	5	73	4	5	139	109	1.28
Career (1993-1994)	3.99	15	3	0	34	34	178.0	41	81	.280	191	40	0	16	80	.320	.409	1	0	7.13	12	81	8	12	254	220	1.15

1994 Season

	ERA	W	L	Sv	G	GS	IP	H	HR	BB	SO		Avg	AB	H	2B	3B	HR	RBI	BB	SO	OBP	SLG
Home	6.05	3	1	0	10	10	41.2	58	6	9	23	vs. Left	.213	75	16	2	0	1	11	7	11	.286	.280
Away	4.44	4	2	0	10	10	50.2	48	5	14	27	vs. Right	.316	285	90	18	0	10	39	16	39	.349	.484
Starter	5.17	7	3	0	20	20	92.1	106	11	23	50	Scoring Posn	.348	69	24	4	0	4	41	6	6	.378	.580
Reliever	0.00	0	0	0	0	0	0.0	0	0	0	0	Close & Late	.250	8	2	1	0	1	1	1	1	.333	.750
0-3 Days Rest (St)	0.00	0	0	0	0	0	0.0	0	0	0	0	None on/out	.266	94	25	4	0	1	1	5	11	.310	.340
4 Days Rest	5.06	3	2	0	9	9	42.2	46	5	11	25	First Pitch	.293	58	17	3	0	0	10	1	0	.295	.345
5+ Days Rest	5.26	4	1	0	11	11	49.2	60	6	12	25	Ahead in Count	.226	159	36	8	0	6	17	0	44	.226	.390
Pre-All Star	5.68	4	2	0	15	15	65.0	78	7	15	38	Behind in Count	.455	77	35	5	0	4	16	12	0	.522	.675
Post-All Star	3.95	3	1	0	5	5	27.1	28	4	8	12	Two Strikes	.233	163	38	10	0	6	17	10	50	.280	.405

Scott Ruffcorn — White Sox

Age 25 – Pitches Right

	ERA	W	L	Sv	G	GS	IP	BB	SO	Avg	H	2B	3B	HR	RBI	OBP	SLG	CG	ShO	Sup	QS	#P/S	SB	CS	GB	FB	G/F
1994 Season	12.79	0	2	0	2	2	6.1	5	3	.455	15	2	1	1	8	.513	.667	0	0	2.84	0	72	4	0	12	10	1.20
Career (1993-1994)	9.92	0	4	0	5	4	16.1	15	5	.358	24	4	1	3	18	.464	.582	0	0	2.20	0	79	9	0	26	21	1.24

1994 Season

	ERA	W	L	Sv	G	GS	IP	H	HR	BB	SO		Avg	AB	H	2B	3B	HR	RBI	BB	SO	OBP	SLG
Home	0.00	0	0	0	0	0	0.0	0	0	0	0	vs. Left	.450	20	9	2	0	1	4	1	2	.455	.700
Away	12.79	0	2	0	2	2	6.1	15	1	5	3	vs. Right	.462	13	6	0	1	0	4	4	1	.588	.615

Bruce Ruffin — Rockies

Age 31 – Pitches Left (groundball pitcher)

	ERA	W	L	Sv	G	GS	IP	BB	SO	Avg	H	2B	3B	HR	RBI	OBP	SLG	GF	IR	IRS	Hld	SvOp	SB	CS	GB	FB	G/F
1994 Season	4.04	4	5	16	56	0	55.2	30	65	.253	55	9	0	6	30	.343	.378	39	6	5	21	5	1	86	42	2.05
Last Five Years	4.61	21	36	18	203	58	521.1	240	400	.279	569	117	12	43	276	.353	.411	56	113	41	14	26	34	21	788	483	1.63

1994 Season

	ERA	W	L	Sv	G	GS	IP	H	HR	BB	SO		Avg	AB	H	2B	3B	HR	RBI	BB	SO	OBP	SLG
Home	5.11	2	0	7	27	0	24.2	29	2	11	26	vs. Left	.286	49	14	1	0	2	8	11	13	.417	.429
Away	3.19	2	5	9	29	0	31.0	26	4	19	39	vs. Right	.244	168	41	8	0	4	22	19	52	.319	.363
Day	3.21	3	3	7	28	0	28.0	25	3	13	32	Inning 1-6	.200	5	1	0	0	0	0	2	2	.200	.200
Night	4.88	1	2	9	28	0	27.2	30	3	17	33	Inning 7+	.255	212	54	9	0	6	30	30	63	.346	.382
Grass	4.99	2	3	12	42	0	39.2	48	5	18	47	None on	.283	92	26	5	0	3	19	26	.405	.435
Turf	1.69	2	2	4	14	0	16.0	7	1	12	18	Runners on	.232	125	29	4	0	3	27	11	39	.293	.336
April	2.63	1	0	0	13	0	13.2	8	0	9	15	Scoring Posn	.214	70	15	1	0	2	24	9	24	.301	.314
May	2.77	1	2	5	13	0	13.0	8	2	4	14	Close & Late	.248	121	30	5	0	5	24	25	40	.373	.413
June	7.71	1	1	6	14	0	11.2	21	1	7	14	None on/out	.267	45	12	3	0	1	1	6	11	.353	.400
July	3.55	0	1	5	12	0	12.2	13	2	8	18	vs. 1st Batr (relief)	.286	49	14	3	0	2	5	7	16	.375	.469
August	3.86	1	1	0	4	0	4.2	5	1	2	4	First Inning Pitched	.262	191	50	8	0	5	28	25	58	.345	.382
September/October	0.00	0	0	0	0	0	0.0	0	0	0	0	First 15 Pitches	.261	138	36	7	0	4	16	16	41	.340	.399
Starter	0.00	0	0	0	0	0	0.0	0	0	0	0	Pitch 16-30	.250	72	18	1	0	2	12	14	23	.368	.347
Reliever	4.04	4	5	16	56	0	55.2	55	6	30	65	Pitch 31-45	.143	7	1	1	0	0	2	0	1	.125	.286
0 Days rest (Re)	2.12	0	2	7	20	0	17.0	13	1	9	22	Pitch 46+	.000	0	0	0	0	0	0	0	0	.000	.000
1 or 2 Days rest	4.56	2	2	7	23	0	23.2	25	4	13	30	First Pitch	.391	23	9	0	0	2	5	0	0	.391	.652
3+ Days rest	5.40	2	1	2	13	0	15.0	17	1	8	13	Ahead in Count	.190	116	22	6	0	3	16	0	52	.192	.319
Pre-All Star	4.09	3	4	14	45	0	44.0	40	3	25	53	Behind in Count	.367	30	11	1	0	5	23	0	.642	.400
Post-All Star	3.86	1	1	2	11	0	11.2	15	3	5	12	Two Strikes	.131	122	16	5	0	2	11	7	65	.180	.221

Last Five Years

	ERA	W	L	Sv	G	GS	IP	H	HR	BB	SO		Avg	AB	H	2B	3B	HR	RBI	BB	SO	OBP	SLG
Home	4.45	14	16	8	102	34	275.0	290	17	131	210	vs. Left	.256	468	120	22	0	7	73	68	94	.348	.348
Away	4.79	7	20	10	101	24	246.1	279	26	109	190	vs. Right	.286	1571	449	95	12	36	203	172	306	.354	.430
Day	4.90	10	12	8	79	19	185.1	207	17	80	145	Inning 1-6	.291	1445	420	90	11	34	217	162	264	.359	.439
Night	4.45	11	24	10	124	39	336.0	362	26	160	255	Inning 7+	.251	594	149	27	1	9	59	78	136	.337	.345
Grass	5.57	7	19	13	124	24	253.2	299	29	131	221	None on	.272	1068	290	65	4	20	20	120	210	.346	.396
Turf	3.70	14	17	5	79	34	267.2	270	14	109	179	Runners on	.287	971	279	52	8	23	256	120	190	.361	.428
April	4.71	4	4	0	27	8	65.0	78	4	36	44	Scoring Posn	.280	550	154	29	4	13	225	87	113	.359	.418
May	4.87	3	7	5	33	8	77.2	86	8	41	48	Close & Late	.254	291	74	13	0	6	34	47	71	.359	.361
June	4.69	6	5	6	38	13	109.1	122	8	42	83	None on/out	.277	483	134	31	3	8	8	52	95	.349	.404
July	4.39	3	8	5	38	14	112.2	121	13	52	89	vs. 1st Batr (relief)	.222	117	26	4	0	3	13	23	36	.353	.333
August	5.05	2	8	0	34	9	82.0	87	7	38	59	First Inning Pitched	.270	712	192	35	1	16	116	94	175	.352	.389
September/October	3.98	3	4	2	33	6	74.2	75	3	31	77	First 15 Pitches	.268	605	162	31	1	15	78	70	143	.343	.397
Starter	5.27	12	28	0	58	58	293.2	350	26	129	190	Pitch 16-30	.271	450	122	22	4	7	66	66	95	.362	.384
Reliever	3.76	9	8	18	145	0	227.2	219	17	111	210	Pitch 31-45	.288	319	92	24	5	9	39	63	65	.365	.436
0 Days rest (Re)	4.31	1	4	7	36	0	48.0	55	4	21	43	Pitch 46+	.290	665	193	40	3	16	93	65	99	.350	.432
1 or 2 Days rest	3.69	5	3	9	70	0	114.2	110	9	57	107	First Pitch	.336	283	95	17	3	7	64	19	0	.370	.491
3+ Days rest	3.46	3	1	2	39	0	65.0	54	4	33	55	Ahead in Count	.215	911	196	39	4	14	91	0	349	.216	.313
Pre-All Star	4.52	14	21	14	113	35	299.0	330	22	145	218	Behind in Count	.338	473	160	38	3	7	58	143	0	.490	.476
Post-All Star	4.74	7	15	4	90	23	222.1	239	21	95	182	Two Strikes	.193	889	172	31	4	19	84	78	400	.258	.301

Pitcher vs. Batter (career)

Pitches Best Vs.	Avg	AB	H	2B	3B	HR	RBI	BB	SO	OBP	SLG	Pitches Worst Vs.	Avg	AB	H	2B	3B	HR	RBI	BB	SO	OBP	SLG
Jeff Bagwell	.000	9	0	0	0	0	0	2	4	.182	.000	Keith Miller	.500	16	8	4	1	0	1	4	3	.600	.875
Fred McGriff	.083	12	1	0	0	0	0	1	5	.154	.083	Joe Girardi	.500	12	6	2	0	1	4	1	2	.538	.917
Ray Lankford	.125	16	2	0	0	0	0	3	4	.263	.125	Eric Davis	.455	22	10	5	0	1	5	5	4	.536	.818
Kevin Bass	.174	23	4	1	0	0	0	0	4	.174	.217	Ron Gant	.450	20	9	4	1	1	7	3	2	.522	.900
Billy Hatcher	.206	34	7	0	0	0	2	1	2	.229	.206	Matt Williams	.353	17	6	0	0	3	5	3	2	.450	.882

Johnny Ruffin — Reds
Age 23 – Pitches Right

	ERA	W	L	Sv	G	GS	IP	BB	SO	Avg	H	2B	3B	HR	RBI	OBP	SLG	GF	IR	IRS	Hld	SvOp	SB	CS	GB	FB	G/F
1994 Season	3.09	7	2	1	51	0	70.0	27	44	.223	57	8	3	7	26	.295	.359	13	30	8	11	3	2	0	97	72	1.35
Career (1993-1994)	3.26	9	3	3	72	0	107.2	38	74	.231	93	15	7	11	46	.298	.386	18	40	13	13	6	6	0	145	119	1.22

1994 Season

	ERA	W	L	Sv	G	GS	IP	H	HR	BB	SO		Avg	AB	H	2B	3B	HR	RBI	BB	SO	OBP	SLG
Home	2.89	4	1	1	28	0	37.1	36	5	12	21	vs. Left	.240	100	24	2	2	3	11	14	16	.330	.390
Away	3.31	3	1	0	23	0	32.2	21	2	15	23	vs. Right	.212	156	33	6	1	4	15	13	28	.271	.340
Day	1.64	3	0	0	16	0	22.0	15	3	6	11	Inning 1-6	.194	72	14	3	1	2	11	4	10	.234	.347
Night	3.75	4	2	1	35	0	48.0	42	4	21	33	Inning 7+	.234	184	43	5	2	5	15	23	34	.317	.364
Grass	4.18	3	1	0	16	0	23.2	14	2	12	19	None on	.235	153	36	5	0	6	6	16	28	.308	.386
Turf	2.53	4	1	1	35	0	46.1	43	5	15	25	Runners on	.204	103	21	3	3	1	20	11	16	.276	.320
April	2.25	1	0	0	9	0	12.0	11	0	8	5	Scoring Posn	.224	58	13	2	0	1	17	6	12	.288	.310
May	3.44	2	0	0	13	0	18.1	10	2	6	19	Close & Late	.258	128	33	3	0	1	3	10	16	.340	.367
June	2.45	0	0	0	11	0	14.2	13	2	4	6	None on/out	.258	66	17	4	0	2	2	7	8	.329	.409
July	3.44	3	2	1	13	0	18.1	19	1	8	11	vs. 1st Batr (relief)	.220	50	11	3	0	0	5	1	8	.235	.280
August	4.05	1	0	0	5	0	6.2	4	2	1	3	First Inning Pitched	.209	163	34	6	2	2	15	15	33	.274	.307
September/October	0.00	0	0	0	0	0	0.0	0	0	0	0	First 15 Pitches	.233	163	38	6	2	4	17	13	30	.288	.368
Starter	0.00	0	0	0	0	0	0.0	0	0	0	0	Pitch 16-30	.197	76	15	2	1	2	6	10	14	.267	.329
Reliever	3.09	7	2	1	51	0	70.0	57	7	27	44	Pitch 31-45	.200	15	3	0	0	1	2	4	0	.368	.400
0 Days rest (Re)	4.05	1	1	1	10	0	13.1	11	2	6	3	Pitch 46+	.500	2	1	0	0	0	1	0	0	.500	.500
1 or 2 Days rest	2.60	5	1	0	31	0	45.0	34	2	17	33	First Pitch	.250	40	10	2	1	0	4	3	0	.302	.350
3+ Days rest	3.86	1	0	0	10	0	11.2	12	3	4	8	Ahead in Count	.172	116	20	3	1	1	7	0	38	.172	.241
Pre-All Star	2.79	4	0	0	37	0	51.2	39	4	20	35	Behind in Count	.283	53	15	2	0	4	11	16	0	.437	.547
Post-All Star	3.93	3	2	1	14	0	18.1	18	3	7	9	Two Strikes	.171	105	18	3	1	0	7	8	44	.230	.219

Jeff Russell — Indians
Age 33 – Pitches Right

	ERA	W	L	Sv	G	GS	IP	BB	SO	Avg	H	2B	3B	HR	RBI	OBP	SLG	GF	IR	IRS	Hld	SvOp	SB	CS	GB	FB	G/F
1994 Season	5.09	1	6	17	42	0	40.2	16	28	.269	43	7	0	5	21	.335	.406	36	3	0	3	23	3	0	56	43	1.30
Last Five Years	3.14	13	22	120	247	0	258.1	97	189	.239	231	41	1	21	134	.308	.349	208	264	102	6	151	11	4	349	276	1.26

1994 Season

	ERA	W	L	Sv	G	GS	IP	H	HR	BB	SO		Avg	AB	H	2B	3B	HR	RBI	BB	SO	OBP	SLG
Home	5.89	0	3	9	20	0	18.1	25	3	7	15	vs. Left	.304	69	21	4	0	2	8	8	8	.385	.449
Away	4.43	1	3	8	22	0	22.1	18	2	9	13	vs. Right	.242	91	22	3	0	3	13	8	20	.297	.374
Starter	0.00	0	0	0	0	0	0.0	0	0	0	0	Scoring Posn	.400	35	14	3	0	2	17	7	5	.477	.657
Reliever	5.09	1	6	17	42	0	40.2	43	5	16	28	Close & Late	.270	100	27	4	0	5	20	15	19	.364	.460
0 Days rest (Re)	7.45	0	2	3	10	0	9.2	10	2	5	9	None on/out	.282	39	11	2	0	2	2	4	4	.349	.487
1 or 2 Days rest	4.60	0	2	7	17	0	15.2	18	1	3	6	First Pitch	.286	21	6	0	0	1	1	0	0	.318	.286
3+ Days rest	4.11	1	2	7	15	0	15.1	15	2	8	13	Ahead in Count	.253	83	21	6	0	1	6	0	25	.259	.361
Pre-All Star	4.65	0	5	13	32	0	31.0	30	3	13	20	Behind in Count	.214	28	6	0	0	3	6	6	0	.343	.536
Post-All Star	6.52	1	1	4	10	0	9.2	13	2	3	8	Two Strikes	.266	79	21	5	0	2	9	8	28	.337	.405

Last Five Years

	ERA	W	L	Sv	G	GS	IP	H	HR	BB	SO		Avg	AB	H	2B	3B	HR	RBI	BB	SO	OBP	SLG
Home	2.88	4	10	64	124	0	131.1	113	12	44	98	vs. Left	.249	457	114	23	1	6	61	48	72	.323	.344
Away	3.40	9	12	56	123	0	127.0	118	9	53	91	vs. Right	.229	510	117	18	0	15	73	49	117	.294	.353
Day	3.13	5	10	33	74	0	77.2	64	4	37	53	Inning 1-6	.143	7	1	0	0	0	0	0	1	.143	.143
Night	3.14	8	12	87	173	0	180.2	167	17	60	136	Inning 7+	.240	960	230	41	1	21	134	97	189	.305	.350
Grass	2.82	7	17	105	206	0	216.2	190	16	79	164	None on	.216	473	102	18	0	8	8	43	104	.285	.304
Turf	4.75	6	5	15	41	0	41.2	41	5	18	25	Runners on	.261	494	129	23	1	13	126	54	85	.329	.391
April	2.23	2	3	27	43	0	44.1	28	2	15	37	Scoring Posn	.243	304	74	11	1	4	104	40	49	.321	.326
May	3.75	2	6	29	54	0	57.2	57	5	21	38	Close & Late	.230	704	162	28	1	17	106	77	142	.304	.345
June	3.28	1	5	14	42	0	49.1	44	4	21	35	None on/out	.236	195	46	12	0	4	4	19	35	.307	.359
July	3.06	1	5	27	45	0	47.0	44	3	16	43	vs. 1st Batr (relief)	.287	223	64	14	0	5	29	20	39	.341	.417
August	3.31	2	3	14	33	0	32.2	32	5	10	22	First Inning Pitched	.248	822	204	36	1	18	122	79	162	.314	.360
September/October	2.96	5	0	9	30	0	27.1	26	2	14	14	First 15 Pitches	.235	716	168	31	1	17	93	64	142	.297	.352
Starter	0.00	0	0	0	0	0	0.0	0	0	0	0	Pitch 16-30	.262	233	61	10	0	4	38	25	39	.333	.356
Reliever	3.14	13	22	120	247	0	258.1	231	21	97	189	Pitch 31-45	.118	17	2	0	0	0	3	8	8	.400	.118
0 Days rest (Re)	3.48	3	6	29	55	0	54.1	54	5	25	48	Pitch 46+	.000	1	0	0	0	0	0	0	0	.000	.000
1 or 2 Days rest	2.92	5	11	58	114	0	123.1	108	8	48	82	First Pitch	.271	140	38	6	1	2	22	8	0	.305	.371
3+ Days rest	3.24	5	5	33	78	0	80.2	69	7	24	59	Ahead in Count	.202	495	100	21	0	7	56	0	165	.205	.287
Pre-All Star	3.22	6	16	79	156	0	170.2	147	11	62	128	Behind in Count	.301	173	52	9	0	7	36	47	0	.442	.474
Post-All Star	2.97	7	6	41	91	0	88.0	84	10	35	61	Two Strikes	.173	474	82	15	0	9	41	41	189	.240	.243

Pitcher vs. Batter (since 1984)

Pitches Best Vs.	Avg	AB	H	2B	3B	HR	RBI	BB	SO	OBP	SLG	Pitches Worst Vs.	Avg	AB	H	2B	3B	HR	RBI	BB	SO	OBP	SLG
Gary Gaetti	.048	21	1	0	0	0	1	1	6	.087	.048	Mike Greenwell	.615	13	8	1	0	2	11	2	2	.667	1.154
Joe Carter	.118	17	2	0	0	0	3	0	4	.105	.118	Dave Winfield	.500	14	7	3	0	0	5	3	4	.588	.714

Pitcher vs. Batter (since 1984)

Pitches Best Vs.	Avg	AB	H	2B	3B	HR	RBI	BB	SO	OBP	SLG	Pitches Worst Vs.	Avg	AB	H	2B	3B	HR	RBI	BB	SO	OBP	SLG
Mark McGwire	.125	16	2	0	0	0	1	1	4	.176	.125	Ellis Burks	.450	20	9	2	0	2	6	2	3	.500	.850
Lou Whitaker	.143	21	3	0	0	0	2	1	4	.182	.143	Wade Boggs	.429	14	6	2	0	1	1	4	1	.556	.786
Dave Valle	.154	13	2	0	0	0	4	0	0	.143	.154	Danny Tartabull	.353	17	6	4	0	1	5	2	3	.421	.765

Ken Ryan — Red Sox
Age 26 – Pitches Right (groundball pitcher)

	ERA	W	L	Sv	G	GS	IP	BB	SO	Avg	H	2B	3B	HR	RBI	SLG	GF	IR	IRS	Hld	SvOp	SB	CS	GB	FB	G/F
1994 Season	2.44	2	3	13	42	0	48.0	17	32	.256	46	9	1	1	13	.323	.333	26	11	0	5	16	4	1	80	30	2.67
Career (1992-1994)	3.26	9	5	15	96	0	105.0	51	86	.241	93	19	2	5	47	.332	.339	58	59	20	8	21	7	3	153	71	2.15

1994 Season

	ERA	W	L	Sv	G	GS	IP	H	HR	BB	SO		Avg	AB	H	2B	3B	HR	RBI	BB	SO	OBP	SLG
Home	4.21	1	2	7	21	0	25.2	29	1	9	17	vs. Left	.250	80	20	4	0	0	5	11	12	.341	.300
Away	0.40	1	1	6	21	0	22.1	17	0	8	15	vs. Right	.260	100	26	5	1	1	8	6	20	.308	.360
Starter	0.00	0	0	0	0	0	0.0	0	0	0	0	Scoring Posn	.143	49	7	0	0	1	11	6	13	.250	.204
Reliever	2.44	2	3	13	42	0	48.0	46	1	17	32	Close & Late	.254	122	31	6	1	1	12	13	19	.331	.328
0 Days rest (Re)	1.29	1	1	5	13	0	14.0	9	0	6	8	None on/out	.302	43	13	2	0	0	0	3	4	.348	.349
1 or 2 Days rest	3.98	1	2	4	18	0	20.1	26	1	7	8	First Pitch	.174	23	4	2	0	0	2	2	0	.240	.261
3+ Days rest	1.32	0	0	4	11	0	13.2	11	0	4	16	Ahead in Count	.224	85	19	4	0	0	5	0	28	.233	.271
Pre-All Star	2.16	2	2	7	30	0	33.1	32	1	16	25	Behind in Count	.385	39	15	0	1	1	4	11	0	.520	.513
Post-All Star	3.07	0	1	6	12	0	14.2	14	0	1	7	Two Strikes	.221	95	21	6	0	0	6	4	32	.253	.284

Bret Saberhagen — Mets
Age 31 – Pitches Right

	ERA	W	L	Sv	G	GS	IP	BB	SO	Avg	H	2B	3B	HR	RBI	SLG	CG	ShO	Sup	QS	#P/S	SB	CS	GB	FB	G/F
1994 Season	2.74	14	4	0	24	24	177.1	13	143	.254	169	37	7	13	55	.271	.389	4	0	5.28	18	104	8	4	245	178	1.38
Last Five Years	3.13	42	33	0	108	106	745.2	130	540	.248	695	119	24	51	252	.285	.363	21	4	4.31	70	102	34	30	1002	761	1.32

1994 Season

	ERA	W	L	Sv	G	GS	IP	H	HR	BB	SO		Avg	AB	H	2B	3B	HR	RBI	BB	SO	OBP	SLG
Home	2.93	4	2	0	8	8	61.1	58	3	7	54	vs. Left	.238	366	87	23	5	6	30	10	82	.256	.377
Away	2.64	10	2	0	16	16	116.0	111	10	6	89	vs. Right	.274	299	82	14	2	7	25	3	61	.289	.405
Day	3.71	3	2	0	6	6	43.2	45	4	5	35	Inning 1-6	.259	513	133	30	6	9	39	10	110	.276	.394
Night	2.42	11	2	0	18	18	133.2	124	9	8	108	Inning 7+	.237	152	36	7	1	4	16	3	33	.253	.375
Grass	3.00	8	4	0	15	15	108.0	108	7	10	95	None on	.252	437	110	28	5	10	10	6	102	.264	.407
Turf	2.34	6	0	0	9	9	69.1	61	6	3	48	Runners on	.259	228	59	9	2	3	45	7	41	.284	.355
April	3.76	3	1	0	5	5	38.1	37	2	4	23	Scoring Posn	.314	118	37	5	0	2	40	7	22	.353	.407
May	3.34	2	1	0	5	5	35.0	37	2	1	27	Close & Late	.273	99	27	5	1	1	1	2	22	.291	.374
June	3.20	3	2	0	6	6	39.1	39	4	3	40	None on/out	.283	184	52	13	1	7	7	2	39	.294	.478
July	1.43	4	0	0	6	6	50.1	38	3	3	41	vs. 1st Batr (relief)	.000	0	0	0	0	0	0	0	0	.000	.000
August	1.88	2	0	0	2	2	14.1	13	0	1	12	First Inning Pitched	.280	93	26	5	0	0	10	2	22	.299	.333
September/October	0.00	0	0	0	0	0	0.0	0	0	0	0	First 75 Pitches	.260	465	121	29	5	6	33	8	100	.274	.383
Starter	2.74	14	4	0	24	24	177.1	169	13	13	143	Pitch 76-90	.218	78	17	5	1	3	6	1	14	.225	.423
Reliever	0.00	0	0	0	0	0	0.0	0	0	0	0	Pitch 91-105	.243	70	17	3	0	3	10	3	21	.293	.414
0-3 Days Rest (St)	1.50	1	0	0	1	1	6.0	5	0	0	3	Pitch 106+	.269	52	14	0	1	1	6	1	8	.278	.365
4 Days Rest	2.87	9	2	0	17	17	122.1	123	8	12	96	First Pitch	.326	86	28	6	1	4	14	0	0	.333	.558
5+ Days Rest	2.57	4	2	0	6	6	49.0	41	5	1	44	Ahead in Count	.206	355	73	12	4	4	16	0	122	.207	.296
Pre-All Star	3.15	10	4	0	18	18	128.2	126	12	10	104	Behind in Count	.364	110	40	10	1	5	14	2	0	.375	.609
Post-All Star	1.66	4	0	0	6	6	48.2	43	1	3	39	Two Strikes	.181	343	62	14	4	3	19	11	143	.208	.271

Last Five Years

	ERA	W	L	Sv	G	GS	IP	H	HR	BB	SO		Avg	AB	H	2B	3B	HR	RBI	BB	SO	OBP	SLG
Home	2.81	18	15	0	50	50	349.0	305	19	67	258	vs. Left	.241	1404	338	58	18	30	142	84	289	.283	.372
Away	3.40	24	18	0	58	56	396.2	390	32	63	282	vs. Right	.256	1393	357	61	6	21	110	46	251	.287	.354
Day	3.30	10	15	0	34	34	242.2	214	21	47	177	Inning 1-6	.245	2229	545	94	22	38	199	110	437	.283	.358
Night	3.04	32	18	0	74	72	503.0	481	30	83	363	Inning 7+	.264	568	150	25	2	13	53	20	103	.292	.384
Grass	3.09	20	17	0	56	55	390.1	364	30	63	297	None on	.242	1768	427	71	16	33	33	69	353	.275	.356
Turf	3.17	22	16	0	52	51	355.1	331	21	67	243	Runners on	.260	1029	268	48	8	18	219	61	187	.301	.375
April	4.03	8	11	0	24	24	163.0	169	17	33	107	Scoring Posn	.267	521	139	26	5	13	195	41	94	.317	.411
May	2.39	13	4	0	24	24	180.2	157	9	27	130	Close & Late	.270	378	102	19	2	7	41	15	78	.303	.386
June	3.35	5	8	0	20	20	137.0	140	9	16	115	None on/out	.243	745	181	33	6	16	16	37	141	.282	.368
July	3.50	7	3	0	17	17	113.0	114	9	26	78	vs. 1st Batr (relief)	.000	2	0	0	0	0	0	0	0	.000	.000
August	1.22	6	1	0	9	9	66.1	39	1	11	48	First Inning Pitched	.238	404	96	17	4	6	39	26	81	.291	.344
September/October	3.57	3	6	0	14	12	85.2	76	8	17	62	First 75 Pitches	.242	1960	474	79	19	32	161	98	380	.282	.351
Starter	3.10	42	32	0	106	106	741.0	687	49	128	538	Pitch 76-90	.243	370	90	24	3	9	39	12	67	.264	.397
Reliever	7.71	0	1	0	2	0	4.2	8	2	2	2	Pitch 91-105	.260	285	74	11	0	5	27	14	61	.298	.351
0-3 Days Rest (St)	1.50	1	0	0	1	1	6.0	5	0	0	3	Pitch 106+	.313	182	57	5	2	5	25	6	32	.342	.445
4 Days Rest	2.62	26	19	0	63	63	453.1	387	27	71	335	First Pitch	.311	409	127	27	2	14	56	10	0	.327	.489
5+ Days Rest	3.90	15	13	0	42	42	281.2	295	22	57	200	Ahead in Count	.201	1401	281	40	11	14	86	0	469	.206	.275
Pre-All Star	3.15	24	23	0	72	72	509.1	491	36	80	367	Behind in Count	.318	509	162	28	4	16	64	45	0	.374	.483
Post-All Star	3.08	18	10	0	36	34	236.1	204	15	50	173	Two Strikes	.183	1357	249	42	9	14	83	75	540	.229	.259

Pitcher vs. Batter (career)

Pitches Best Vs.	Avg	AB	H	2B	3B	HR	RBI	BB	SO	OBP	SLG	Pitches Worst Vs.	Avg	AB	H	2B	3B	HR	RBI	BB	SO	OBP	SLG
Dave Valle	.000	9	0	0	0	0	2	2	2	.182	.000	Milt Thompson	.538	13	7	2	1	1	7	0	3	.538	1.077
Glenallen Hill	.063	16	1	0	0	0	0	7	0	.063	.063	Alvaro Espinoza	.529	17	9	2	1	0	1	0	1	.529	.765
Craig Biggio	.071	14	1	0	0	0	0	5	0	.071	.071	Sam Horn	.421	19	8	1	0	4	9	0	7	.421	1.105
Mike Devereaux	.077	13	1	0	0	0	1	0	3	.077	.077	Barry Bonds	.417	12	5	2	0	3	4	0	0	.417	1.333

Pitcher vs. Batter (career)																				
Pitches Best Vs.	Avg	AB	H	2B	3B	HR	RBI	BB	SO	OBP	SLG	Pitches Worst Vs.	Avg	AB	H	2B	3B	HR	RBI	BB	SO	OBP	SLG
Wil Cordero	.083	12	1	0	0	0	0	0	1	.083	.083	Albert Belle	.385	13	5	2	0	1	4	0	3	.429	.769

Chris Sabo — Orioles
Age 33 – Bats Right (flyball hitter)

	Avg	G	AB	R	H	2B	3B	HR	RBI	BB	SO	HBP	GDP	SB	CS	OBP	SLG	IBB	SH	SF	#Pit	#P/PA	GB	FB	G/F
1994 Season	.256	68	258	41	66	15	3	11	42	20	38	1	5	8	1	.320	.465	2	4	1	1044	3.63	72	92	0.78
Last Five Years	.270	613	2303	355	621	140	13	95	326	198	334	22	51	55	26	.331	.465	18	13	21	9329	3.65	704	895	0.79

1994 Season

	Avg	AB	H	2B	3B	HR	RBI	BB	SO	OBP	SLG		Avg	AB	H	2B	3B	HR	RBI	BB	SO	OBP	SLG
vs. Left	.278	72	20	3	1	4	11	9	5	.373	.514	Scoring Posn	.313	67	21	5	0	1	26	7	11	.390	.433
vs. Right	.247	186	46	12	2	7	31	11	33	.299	.446	Close & Late	.289	38	11	3	1	3	13	2	4	.325	.658
Home	.227	132	30	7	2	3	20	7	22	.277	.379	None on/out	.279	43	12	3	1	1	1	5	7	.354	.465
Away	.286	126	36	8	1	8	22	13	16	.364	.556	Batting #2	.270	159	43	9	1	8	30	11	26	.333	.491
First Pitch	.185	27	5	0	0	0	5	1	0	.214	.185	Batting #7	.230	61	14	4	2	2	9	6	9	.294	.459
Ahead in Count	.338	74	25	7	0	6	17	12	0	.430	.676	Other	.237	38	9	2	0	1	3	3	3	.310	.368
Behind in Count	.224	107	24	5	2	3	13	0	30	.257	.393	Pre-All Star	.251	211	53	13	3	7	33	12	31	.303	.441
Two Strikes	.180	111	20	5	2	2	12	7	38	.258	.315	Post-All Star	.277	47	13	2	0	4	9	8	7	.393	.574

Last Five Years

	Avg	AB	H	2B	3B	HR	RBI	BB	SO	OBP	SLG		Avg	AB	H	2B	3B	HR	RBI	BB	SO	OBP	SLG
vs. Left	.301	760	229	49	4	37	114	82	84	.374	.522	Scoring Posn	.264	595	157	36	2	25	233	69	95	.339	.457
vs. Right	.254	1543	392	91	9	58	212	116	250	.309	.437	Close & Late	.242	343	83	14	2	13	43	34	49	.311	.408
Groundball	.287	805	231	53	3	34	126	57	116	.338	.487	None on/out	.267	602	161	37	4	27	27	60	76	.340	.477
Flyball	.242	451	109	27	1	17	55	43	78	.309	.419	Batting #4	.285	463	132	32	3	20	68	38	62	.343	.497
Home	.284	1116	317	79	5	53	179	103	166	.346	.506	Batting #5	.258	534	138	31	3	25	89	37	88	.309	.468
Away	.256	1187	304	61	8	42	147	95	168	.316	.427	Other	.269	1306	351	77	7	50	169	123	184	.335	.453
Day	.256	625	160	37	3	20	76	64	102	.327	.421	April	.252	305	77	16	1	12	39	31	38	.327	.430
Night	.275	1678	461	103	10	75	250	134	232	.332	.482	May	.261	422	110	24	3	15	52	36	58	.321	.438
Grass	.254	878	223	41	5	31	115	62	122	.310	.418	June	.291	436	127	25	4	21	78	36	66	.351	.511
Turf	.279	1425	398	99	8	64	211	136	212	.343	.495	July	.273	417	114	26	3	16	58	44	60	.344	.460
First Pitch	.342	310	106	24	3	18	58	9	0	.368	.613	August	.280	379	106	30	3	18	50	25	58	.326	.517
Ahead in Count	.344	558	192	51	2	28	91	98	0	.440	.593	September/October	.253	344	87	19	0	13	49	26	54	.307	.422
Behind in Count	.220	974	214	37	5	30	110	0	263	.227	.360	Pre-All Star	.272	1323	360	76	10	52	190	116	185	.334	.463
Two Strikes	.183	966	177	35	4	23	91	84	334	.254	.299	Post-All Star	.266	980	261	64	3	43	136	82	149	.326	.469

Batter vs. Pitcher (career)

Hits Best Against	Avg	AB	H	2B	3B	HR	RBI	BB	SO	OBP	SLG	Hits Worst Against	Avg	AB	H	2B	3B	HR	RBI	BB	SO	OBP	SLG
Frank Viola	.545	11	6	1	0	1	2	4	2	.667	.909	Sid Fernandez	.037	27	1	1	0	0	0	2	6	.103	.074
Kelly Downs	.545	11	6	3	0	1	3	1	0	.583	1.091	Pete Harnisch	.059	17	1	0	0	0	0	3	7	.200	.059
Chris Nabholz	.500	14	7	3	1	2	5	2	0	.563	1.286	John Wetteland	.091	11	1	1	0	0	1	0	1	.091	.182
Steve Avery	.419	31	13	3	0	1	7	3	5	.472	.613	Larry Andersen	.125	16	2	0	0	0	1	1	6	.176	.125
Paul Assenmacher	.417	12	5	0	1	0	2	3	2	.533	.667	Mike Maddux	.154	13	2	0	0	0	0	0	3	.154	.154

Olmedo Saenz — White Sox
Age 24 – Bats Right

	Avg	G	AB	R	H	2B	3B	HR	RBI	BB	SO	HBP	GDP	SB	CS	OBP	SLG	IBB	SH	SF	#Pit	#P/PA	GB	FB	G/F
1994 Season	.143	5	14	2	2	1	0	0	0	0	5	0	0	1	0	.143	.286	0	1	0	60	4.00	4	2	2.00

1994 Season

	Avg	AB	H	2B	3B	HR	RBI	BB	SO	OBP	SLG		Avg	AB	H	2B	3B	HR	RBI	BB	SO	OBP	SLG
vs. Left	.000	12	0	0	0	0	0	0	5	.000	.000	Scoring Posn	.000	4	0	0	0	0	0	0	2	.000	.000
vs. Right	1.000	2	2	1	0	0	0	0	0	1.000	2.000	Close & Late	.000	1	0	0	0	0	0	0	0	.000	.000

A.J. Sager — Padres
Age 30 – Pitches Right (groundball pitcher)

	ERA	W	L	Sv	G	GS	IP	BB	SO	Avg	H	2B	3B	HR	RBI	OBP	SLG	GF	IR	IRS	Hld	SvOp	SB	CS	GB	FB	G/F
1994 Season	5.98	1	4	0	22	3	46.2	16	26	.325	62	15	1	4	34	.379	.476	4	15	6	0	0	5	2	97	37	2.62

1994 Season

	ERA	W	L	Sv	G	GS	IP	H	HR	BB	SO		Avg	AB	H	2B	3B	HR	RBI	BB	SO	OBP	SLG
Home	4.03	0	1	0	11	1	22.1	23	3	7	12	vs. Left	.324	74	24	4	0	2	11	10	11	.400	.459
Away	7.77	1	3	0	11	2	24.1	39	1	9	14	vs. Right	.325	117	38	11	1	2	23	6	15	.365	.487

Roger Salkeld — Mariners
Age 24 – Pitches Right (flyball pitcher)

	ERA	W	L	Sv	G	GS	IP	BB	SO	Avg	H	2B	3B	HR	RBI	OBP	SLG	CG	ShO	Sup	QS	#P/S	SB	CS	GB	FB	G/F
1994 Season	7.17	2	5	0	13	13	59.0	45	46	.314	76	15	4	7	44	.419	.496	0	0	4.58	2	90	5	2	53	94	0.56
Career (1993-1994)	6.26	2	5	0	16	15	73.1	49	59	.299	89	20	5	7	47	.398	.470	0	0	4.17	3	90	5	2	67	110	0.61

1994 Season

	ERA	W	L	Sv	G	GS	IP	H	HR	BB	SO		Avg	AB	H	2B	3B	HR	RBI	BB	SO	OBP	SLG
Home	4.34	2	3	0	6	6	29.0	26	2	23	24	vs. Left	.336	140	47	9	4	6	28	27	20	.444	.586
Away	9.90	0	2	0	7	7	30.0	50	5	22	22	vs. Right	.284	102	29	6	0	1	16	18	26	.385	.373

Tim Salmon — Angels
Age 26 – Bats Right (flyball hitter)

	Avg	G	AB	R	H	2B	3B	HR	RBI	BB	SO	HBP	GDP	SB	CS	OBP	SLG	IBB	SH	SF	#Pit	#P/PA	GB	FB	G/F
1994 Season	.287	100	373	67	107	18	2	23	70	54	102	5	3	1	3	.382	.531	2	0	3	1699	3.91	91	110	0.83
Career (1992-1994)	.276	265	967	168	267	54	3	56	171	147	260	11	10	7	10	.374	.512	8	0	12	4605	4.05	269	286	0.94

1994 Season

	Avg	AB	H	2B	3B	HR	RBI	BB	SO	OBP	SLG		Avg	AB	H	2B	3B	HR	RBI	BB	SO	OBP	SLG
vs. Left	.259	85	22	5	0	5	13	17	22	.387	.494	Scoring Posn	.287	94	27	5	0	5	43	23	27	.426	.500
vs. Right	.295	288	85	13	2	18	57	37	80	.380	.542	Close & Late	.317	60	19	3	0	3	17	5	16	.369	.517
Groundball	.261	88	23	5	0	2	16	10	25	.340	.386	None on/out	.319	69	22	2	1	7	7	4	16	.356	.681
Flyball	.253	79	20	1	1	9	19	12	28	.359	.633	Batting #3	.272	342	93	17	1	19	60	50	95	.370	.494
Home	.270	196	53	8	1	12	33	28	58	.364	.505	Batting #5	.407	27	11	1	1	4	8	4	7	.484	.963
Away	.305	177	54	10	1	11	37	26	44	.401	.559	Other	.750	4	3	0	0	0	2	0	0	.750	.750
Day	.228	92	21	3	0	4	11	16	27	.355	.391	April	.232	95	22	6	0	3	14	12	30	.315	.389
Night	.306	281	86	15	2	19	59	38	75	.391	.577	May	.375	104	39	7	1	8	27	17	26	.464	.692
Grass	.277	328	91	13	2	18	55	42	90	.365	.494	June	.232	95	22	3	0	5	14	15	28	.348	.421
Turf	.356	45	16	5	0	5	15	12	12	.491	.800	July	.277	47	13	2	0	3	8	4	8	.346	.511
First Pitch	.390	41	16	4	0	2	5	2	0	.432	.634	August	.344	32	11	0	1	4	7	6	10	.447	.781
Ahead in Count	.425	87	37	7	0	13	35	21	0	.532	.954	September/October	.000	0	0	0	0	0	0	0	0	.000	.000
Behind in Count	.202	168	34	7	1	4	18	0	86	.220	.327	Pre-All Star	.291	326	95	18	1	19	63	47	89	.386	.528
Two Strikes	.179	179	32	6	0	5	19	31	102	.305	.296	Post-All Star	.255	47	12	0	1	4	7	7	13	.352	.553

1994 By Position

Position	Avg	AB	H	2B	3B	HR	RBI	BB	SO	OBP	SLG	G	GS	Innings	PO	A	E	DP	Fld Pct	Rng Fctr	In Zone	Outs	Zone Rtg	MLB Zone
As rf	.285	372	106	18	2	23	68	54	102	.380	.530	99	97	871.2	219	9	8	1	.966	2.35	256	210	.820	.826

Career (1992-1994)

	Avg	AB	H	2B	3B	HR	RBI	BB	SO	OBP	SLG		Avg	AB	H	2B	3B	HR	RBI	BB	SO	OBP	SLG
vs. Left	.241	220	53	7	1	13	39	45	57	.376	.459	Scoring Posn	.276	246	68	15	0	13	111	65	72	.419	.496
vs. Right	.286	747	214	47	2	43	132	102	203	.373	.527	Close & Late	.276	163	45	7	0	8	29	20	48	.360	.466
Groundball	.281	199	56	15	0	8	41	29	49	.375	.477	None on/out	.310	203	63	10	1	15	15	14	50	.358	.591
Flyball	.227	225	51	9	1	16	39	41	70	.347	.489	Batting #3	.270	759	205	43	2	42	131	118	205	.371	.498
Home	.290	486	141	23	1	36	93	76	130	.386	.564	Batting #5	.299	134	40	8	1	11	28	23	36	.398	.619
Away	.262	481	126	31	2	20	78	71	130	.362	.459	Other	.297	74	22	3	0	3	12	6	19	.354	.459
Day	.264	261	69	13	0	10	37	33	70	.349	.429	April	.240	154	37	9	0	8	28	26	42	.346	.455
Night	.280	706	198	41	3	46	134	114	190	.383	.542	May	.335	206	69	13	1	12	45	33	56	.427	.583
Grass	.275	853	235	42	3	51	151	123	226	.369	.511	June	.251	183	46	10	0	10	29	31	50	.364	.470
Turf	.281	114	32	12	0	5	20	24	34	.407	.518	July	.281	153	43	8	0	12	32	21	34	.373	.569
First Pitch	.403	77	31	8	0	4	13	4	0	.443	.662	August	.257	179	46	6	2	11	27	20	50	.335	.497
Ahead in Count	.408	233	95	24	0	26	69	62	0	.528	.845	September/October	.283	92	26	8	0	3	10	16	28	.394	.467
Behind in Count	.195	436	85	14	1	16	57	0	208	.204	.342	Pre-All Star	.287	617	177	36	1	36	121	102	165	.389	.524
Two Strikes	.167	491	82	14	1	16	57	81	260	.289	.297	Post-All Star	.257	350	90	18	2	20	50	45	95	.345	.491

Batter vs. Pitcher (career)

Hits Best Against	Avg	AB	H	2B	3B	HR	RBI	BB	SO	OBP	SLG	Hits Worst Against	Avg	AB	H	2B	3B	HR	RBI	BB	SO	OBP	SLG
Arthur Rhodes	.556	9	5	0	0	1	6	3	1	.692	.889	Jim Deshaies	.000	11	0	0	0	0	0	1	3	.083	.000
Kevin Tapani	.444	9	4	1	0	1	2	1	4	.615	.889	Randy Johnson	.083	12	1	0	0	0	0	1	7	.154	.083
Dave Fleming	.444	9	4	0	0	2	2	4	0	.615	1.111	Aaron Sele	.083	12	1	1	0	0	1	1	5	.154	.167
Tim Leary	.444	9	4	1	0	1	5	2	1	.545	.889	Jimmy Key	.111	9	1	0	0	0	2	1	2	.182	.111
Melido Perez	.400	15	6	2	0	2	7	1	5	.438	.933	Ben McDonald	.158	19	3	0	0	0	0	3	3	.200	.158

Bill Sampen — Angels
Age 32 – Pitches Right

	ERA	W	L	Sv	G	GS	IP	H	BB	SO	Avg	H	2B	3B	HR	RBI	OBP	SLG	GF	IR	IRS	Hld	SvOp	SB	CS	GB	FB	G/F
1994 Season	6.46	1	1	0	10	0	15.1	13	9	.241	14	1	0	1	7	.405	.310	4	4	1	0	0	0	0	22	16	1.38
Career (1990-1994)	3.73	25	21	2	182	14	299.1	133	176	.274	312	48	4	26	152	.355	.392	54	111	37	15	8	50	15	425	333	1.28

1994 Season

	ERA	W	L	Sv	G	GS	IP	H	HR	BB	SO		Avg	AB	H	2B	3B	HR	RBI	BB	SO	OBP	SLG
Home	4.50	1	0	0	5	0	10.0	9	1	2	5	vs. Left	.276	29	8	1	0	1	7	4	5	.364	.414
Away	10.13	0	1	0	5	0	5.1	4	0	11	4	vs. Right	.207	29	6	0	0	0	0	9	4	.439	.207

Career (1990-1994)

	ERA	W	L	Sv	G	GS	IP	H	HR	BB	SO		Avg	AB	H	2B	3B	HR	RBI	BB	SO	OBP	SLG
Home	3.33	12	8	0	86	5	140.1	148	10	57	94	vs. Left	.286	562	161	25	2	13	82	78	71	.372	.407
Away	4.08	13	13	2	96	9	159.0	164	16	76	82	vs. Right	.262	576	151	23	2	13	70	55	105	.338	.377
Day	3.82	9	5	0	61	6	99.0	108	10	29	44	Inning 1-6	.256	489	125	19	1	13	59	52	73	.334	.378
Night	3.68	16	16	2	121	8	200.1	204	16	104	132	Inning 7+	.288	649	187	29	3	13	93	81	103	.371	.402
Grass	4.06	11	7	1	67	5	106.1	113	13	41	61	None on	.274	587	161	24	1	16	16	71	107	.358	.400
Turf	3.54	14	14	1	115	9	193.0	199	13	92	115	Runners on	.274	551	151	24	3	10	136	62	69	.352	.383
April	3.86	1	3	0	28	4	53.2	44	7	35	26	Scoring Posn	.262	347	91	17	3	8	130	51	50	.356	.398
May	3.88	7	1	0	41	2	58.0	61	6	23	42	Close & Late	.301	336	101	12	3	5	49	45	55	.388	.399
June	3.60	6	4	1	38	1	55.0	57	4	25	36	None out	.283	269	76	12	1	7	7	25	46	.352	.413
July	4.71	2	4	0	22	1	36.1	52	1	19	19	vs. 1st Batr (relief)	.299	154	46	6	1	5	31	14	26	.357	.448
August	3.34	4	5	1	22	0	32.1	30	4	11	18	First Inning Pitched	.280	576	161	28	1	16	96	78	92	.370	.415
September/October	3.23	5	5	0	28	6	64.0	68	4	20	35	First 15 Pitches	.280	546	153	24	1	15	71	59	75	.355	.410
Starter	3.88	4	5	0	14	14	62.2	63	8	29	31	Pitch 16-30	.268	321	86	14	2	5	47	41	56	.356	.371
Reliever	3.69	21	16	2	168	0	236.2	249	18	104	141	Pitch 31-45	.300	150	45	7	0	3	18	15	26	.369	.407
0 Days rest (Re)	3.63	4	4	1	31	0	44.2	57	4	16	22	Pitch 46+	.231	121	28	3	1	3	16	18	19	.340	.347
1 or 2 Days rest	4.81	7	10	0	79	0	97.1	110	8	51	64	First Pitch	.295	183	54	11	1	2	28	16	0	.365	.399
3+ Days rest	2.57	9	2	1	58	0	94.2	86	6	37	55	Ahead in Count	.219	517	113	11	2	10	45	0	154	.227	.313

Career (1990-1994)

	ERA	W	L	Sv	G	GS	IP	H	HR	BB	SO		Avg	AB	H	2B	3B	HR	RBI	BB	SO	OBP	SLG
Pre-All Star	3.83	15	9	1	118	7	183.1	187	18	85	111	Behind in Count	.374	230	86	13	1	7	48	66	0	.512	.530
Post-All Star	3.57	10	12	1	64	7	116.0	125	8	48	65	Two Strikes	.205	487	100	12	2	11	48	51	176	.288	.306

Pitcher vs. Batter (career)

Pitches Best Vs.	Avg	AB	H	2B	3B	HR	RBI	BB	SO	OBP	SLG	Pitches Worst Vs.	Avg	AB	H	2B	3B	HR	RBI	BB	SO	OBP	SLG
Andre Dawson	.091	11	1	0	0	0	0	1	2	.167	.091	Sid Bream	.500	10	5	0	0	1	3	0	2	.455	.800
Howard Johnson	.125	8	1	1	0	0	2	4	2	.417	.250	Barry Bonds	.429	7	3	0	0	2	4	4	1	.636	1.286
Ozzie Smith	.167	12	2	1	0	0	1	1	0	.214	.250	Ryne Sandberg	.333	15	5	0	0	0	2	3	2	.412	.733
Jose Lind	.167	12	2	0	0	1	2	5	2	.286	.167	Ron Gant	.333	9	3	0	0	1	1	2	2	.455	.667
Terry Pendleton	.200	10	2	0	0	0	1	1	2	.273	.200	Mark Grace	.308	13	4	2	0	0	4	1	1	.333	.692

Juan Samuel — Tigers
Age 34 – Bats Right (groundball hitter)

	Avg	G	AB	R	H	2B	3B	HR	RBI	BB	SO	HBP	GDP	SB	CS	OBP	SLG	IBB	SH	SF	#Pit	#P/PA	GB	FB	G/F
1994 Season	.309	59	136	32	42	9	5	5	21	10	26	3	4	5	2	.364	.559	0	0	2	591	3.91	47	37	1.27
Last Five Years	.260	534	1707	221	443	73	22	34	180	147	387	16	24	83	40	.322	.388	16	19	14	7239	3.80	629	403	1.56

1994 Season

	Avg	AB	H	2B	3B	HR	RBI	BB	SO	OBP	SLG		Avg	AB	H	2B	3B	HR	RBI	BB	SO	OBP	SLG
vs. Left	.269	52	14	2	2	1	7	5	13	.322	.442	Scoring Posn	.323	31	10	3	1	0	13	2	8	.395	.484
vs. Right	.333	84	28	7	3	4	14	5	13	.391	.631	Close & Late	.304	23	7	2	0	0	2	1	2	.333	.391
Home	.364	55	20	2	4	4	11	2	10	.379	.764	None on/out	.286	35	10	2	2	2	2	2	7	.324	.629
Away	.272	81	22	7	1	1	10	8	16	.355	.420	Batting #8	.333	45	15	3	2	2	11	2	5	.392	.622
First Pitch	.111	9	1	0	0	1	0	0	0	.200	.222	Batting #9	.304	46	14	4	1	1	5	3	8	.340	.500
Ahead in Count	.424	33	14	3	0	4	11	5	0	.475	.879	Other	.289	45	13	2	2	2	5	5	13	.360	.556
Behind in Count	.292	65	19	2	5	1	9	0	21	.303	.523	Pre-All Star	.303	89	27	5	3	4	12	10	15	.379	.562
Two Strikes	.203	64	13	2	2	1	4	5	26	.261	.344	Post-All Star	.319	47	15	4	2	1	9	0	11	.333	.553

Last Five Years

	Avg	AB	H	2B	3B	HR	RBI	BB	SO	OBP	SLG		Avg	AB	H	2B	3B	HR	RBI	BB	SO	OBP	SLG
vs. Left	.271	691	187	32	12	19	77	54	155	.326	.434	Scoring Posn	.252	389	98	15	5	6	137	62	98	.354	.362
vs. Right	.252	1016	256	41	10	15	103	93	232	.319	.356	Close & Late	.309	272	84	14	2	6	42	26	65	.373	.441
Groundball	.278	497	138	17	6	10	57	47	110	.344	.396	None on/out	.252	424	107	14	8	8	8	34	86	.314	.380
Flyball	.219	384	84	19	4	4	30	37	98	.290	.320	Batting #2	.293	502	147	19	6	10	55	45	115	.351	.414
Home	.261	777	203	27	12	15	87	70	176	.326	.385	Batting #7	.259	483	125	28	1	14	59	55	107	.343	.408
Away	.258	930	240	46	10	19	93	77	211	.318	.350	Other	.237	722	171	26	15	10	66	47	165	.286	.356
Day	.271	479	130	22	10	7	43	40	98	.331	.403	April	.245	253	62	9	2	6	28	26	71	.317	.368
Night	.255	1228	313	51	12	27	137	107	289	.318	.382	May	.285	235	67	11	2	3	22	17	53	.337	.387
Grass	.268	1144	307	52	15	26	127	96	257	.329	.408	June	.258	291	75	12	2	8	35	23	70	.308	.395
Turf	.242	563	136	21	7	8	53	51	130	.307	.346	July	.259	347	90	12	6	9	40	22	62	.312	.406
First Pitch	.339	192	65	12	3	4	29	10	0	.388	.495	August	.223	274	61	8	6	0	17	36	71	.317	.296
Ahead in Count	.388	363	141	24	5	20	70	67	0	.475	.647	September/October	.287	307	88	21	4	8	38	23	60	.341	.459
Behind in Count	.190	842	160	23	9	8	60	0	325	.198	.267	Pre-All Star	.266	895	238	36	9	21	102	70	210	.321	.397
Two Strikes	.167	863	144	19	9	6	50	66	387	.231	.231	Post-All Star	.252	812	205	37	13	13	78	77	177	.322	.378

Batter vs. Pitcher (since 1984)

Hits Best Against	Avg	AB	H	2B	3B	HR	RBI	BB	SO	OBP	SLG	Hits Worst Against	Avg	AB	H	2B	3B	HR	RBI	BB	SO	OBP	SLG
Bud Black	.526	19	10	1	1	2	3	2	0	.571	1.000	Mark Langston	.063	16	1	0	0	0	1	3	5	.211	.063
Mike Bielecki	.474	19	9	2	0	2	8	2	2	.478	.895	Bob Tewksbury	.083	12	1	0	0	0	0	1	2	.154	.083
Jim Gott	.417	12	5	1	0	1	3	0	2	.417	.750	Kent Mercker	.100	10	1	0	0	0	0	1	3	.182	.100
Rob Dibble	.400	10	4	0	0	1	7	0	4	.364	.800	Steve Avery	.129	31	4	1	0	0	2	0	6	.129	.161
John Dopson	.357	14	5	1	2	1	4	0	1	.357	.929	Danny Darwin	.133	15	2	0	0	0	1	3	.176	.133

Rey Sanchez — Cubs
Age 27 – Bats Right (groundball hitter)

	Avg	G	AB	R	H	2B	3B	HR	RBI	BB	SO	HBP	GDP	SB	CS	OBP	SLG	IBB	SH	SF	#Pit	#P/PA	GB	FB	G/F
1994 Season	.285	96	291	26	83	13	1	0	24	20	29	7	9	2	5	.345	.337	4	4	1	951	2.94	117	74	1.58
Career (1991-1994)	.274	288	913	86	250	38	6	1	73	49	71	13	24	5	7	.318	.332	12	18	5	2912	2.92	400	211	1.90

1994 Season

	Avg	AB	H	2B	3B	HR	RBI	BB	SO	OBP	SLG		Avg	AB	H	2B	3B	HR	RBI	BB	SO	OBP	SLG
vs. Left	.254	71	18	1	0	0	5	5	9	.338	.268	Scoring Posn	.284	67	19	5	0	0	22	7	8	.388	.358
vs. Right	.295	220	65	12	1	0	19	15	20	.347	.359	Close & Late	.355	62	22	1	0	0	2	5	7	.412	.371
Groundball	.305	95	29	4	0	0	7	3	13	.347	.347	None on/out	.329	70	23	3	0	0	0	5	6	.373	.371
Flyball	.220	50	11	2	0	0	5	2	7	.304	.260	Batting #2	.176	51	9	1	0	0	4	2	8	.222	.196
Home	.228	149	34	6	0	0	11	7	16	.281	.268	Batting #8	.302	179	54	10	1	0	15	13	17	.362	.369
Away	.345	142	49	7	1	0	13	13	13	.409	.408	Other	.328	61	20	2	0	0	5	5	4	.391	.361
Day	.247	178	44	7	1	0	13	14	18	.313	.298	April	.238	42	10	2	1	0	4	4	4	.313	.333
Night	.345	113	39	6	0	0	11	6	11	.395	.398	May	.289	45	13	0	0	0	3	3	3	.360	.289
Grass	.262	195	51	9	0	0	14	16	18	.330	.308	June	.296	81	24	3	0	0	8	5	7	.360	.333
Turf	.333	96	32	4	1	0	10	4	11	.369	.396	July	.311	90	28	5	0	0	6	5	9	.367	.367
First Pitch	.250	76	19	3	0	0	5	3	0	.278	.316	August	.242	33	8	3	0	0	6	0	6	.265	.333
Ahead in Count	.414	58	24	3	0	0	5	8	0	.478	.466	September/October	.000	0	0	0	0	0	0	0	0	.000	.000
Behind in Count	.242	120	29	4	0	0	9	0	27	.272	.275	Pre-All Star	.271	203	55	5	1	0	13	16	17	.338	.305
Two Strikes	.213	80	17	3	0	0	9	5	29	.330	.250	Post-All Star	.318	88	28	8	0	0	11	4	12	.362	.409

1994 By Position

Position	Avg	AB	H	2B	3B	HR	RBI	BB	SO	OBP	SLG	G	GS	Innings	PO	A	E	DP	Fld Pct	Rng Fctr	In Zone	Outs	Zone Rtg	MLB Zone
As 2b	.302	169	51	9	0	0	11	13	14	.366	.355	50	47	422.0	109	162	2	26	.993	5.78	169	154	.911	.889

351

1994 By Position

Position	Avg	AB	H	2B	3B	HR	RBI	BB	SO	OBP	SLG	G	GS	Innings	PO	A	E	DP	Fld Pct	Rng Fctr	In Zone	Outs	Zone Rtg	MLB Zone
As 3b	.351	37	13	2	0	0	5	0	4	.375	.405	17	8	91.0	6	31	2	2	.949	3.66	32	31	.969	.826
As ss	.231	78	18	2	1	0	8	7	10	.302	.282	30	17	189.1	37	82	5	24	.960	5.66	91	89	.978	.889

Career (1991-1994)

	Avg	AB	H	2B	3B	HR	RBI	BB	SO	OBP	SLG		Avg	AB	H	2B	3B	HR	RBI	BB	SO	OBP	SLG
vs. Left	.277	300	83	10	2	0	22	17	19	.324	.323	Scoring Posn	.292	178	52	11	2	0	68	18	17	.370	.376
vs. Right	.272	613	167	28	4	1	51	32	52	.316	.336	Close & Late	.274	186	51	2	0	0	9	10	16	.323	.285
Groundball	.249	325	81	14	2	0	26	14	28	.294	.305	None on/out	.281	263	74	9	1	1	1	14	16	.325	.335
Flyball	.272	162	44	7	1	1	20	10	15	.330	.346	Batting #1	.254	185	47	7	0	1	7	8	12	.296	.308
Home	.272	456	124	22	2	1	41	21	41	.312	.336	Batting #8	.300	444	133	27	6	0	44	31	34	.351	.387
Away	.276	457	126	16	4	0	32	28	30	.325	.328	Other	.246	284	70	4	0	0	22	10	25	.281	.261
Day	.265	517	137	20	3	1	47	28	40	.309	.321	April	.234	137	32	3	1	0	10	6	10	.269	.270
Night	.285	396	113	18	3	0	26	21	31	.331	.346	May	.298	84	25	1	1	0	6	4	8	.341	.333
Grass	.272	665	181	31	3	1	51	33	53	.313	.332	June	.335	215	72	11	4	0	23	13	14	.372	.423
Turf	.278	248	69	7	3	0	22	16	18	.332	.331	July	.266	222	59	12	0	0	14	15	17	.329	.320
First Pitch	.262	221	58	10	3	0	21	8	0	.289	.335	August	.255	200	51	11	0	1	16	7	17	.289	.325
Ahead in Count	.336	232	78	9	1	1	21	23	0	.393	.397	September/October	.200	55	11	0	0	0	4	4	5	.254	.200
Behind in Count	.226	318	72	12	1	0	19	0	66	.250	.270	Pre-All Star	.287	519	149	16	6	0	41	26	36	.327	.341
Two Strikes	.214	248	53	10	2	0	16	18	71	.270	.270	Post-All Star	.256	394	101	22	0	1	32	23	35	.307	.320

Batter vs. Pitcher (career)

Hits Best Against	Avg	AB	H	2B	3B	HR	RBI	BB	SO	OBP	SLG	Hits Worst Against	Avg	AB	H	2B	3B	HR	RBI	BB	SO	OBP	SLG
Jose Rijo	.600	10	6	1	0	0	0	2	1	.667	.700	Pete Harnisch	.000	11	0	0	0	0	0	1	2	.154	.000
Brian Barnes	.455	11	5	0	0	0	1	0	1	.455	.455	Dennis Martinez	.071	14	1	1	0	0	0	1	2	.133	.143
Bob Tewksbury	.400	10	4	0	0	0	2	0	0	.455	.400	Tom Glavine	.077	13	1	0	0	0	0	0	0	.077	.077
Steve Avery	.385	13	5	0	0	0	1	0	1	.385	.385	Jeff Fassero	.083	12	1	0	0	0	1	2	.154	.083
Ken Hill	.333	15	5	1	0	0	0	4	0	.500	.400	Greg Swindell	.091	11	1	0	0	0	0	0	0	.091	.091

Ryne Sandberg — Cubs
Age 35 – Bats Right

	Avg	G	AB	R	H	2B	3B	HR	RBI	BB	SO	HBP	GDP	SB	CS	OBP	SLG	IBB	SH	SF	#Pit	#P/PA	GB	FB	G/F
1994 Season	.238	57	223	36	53	9	5	5	24	23	40	1	6	2	3	.312	.390	0	0	0	977	3.96	89	55	1.62
Last Five Years	.296	645	2491	423	738	123	18	106	356	265	348	7	48	75	26	.362	.488	17	3	30	10677	3.82	955	727	1.31

1994 Season

	Avg	AB	H	2B	3B	HR	RBI	BB	SO	OBP	SLG		Avg	AB	H	2B	3B	HR	RBI	BB	SO	OBP	SLG
vs. Left	.154	65	10	1	1	2	6	10	9	.267	.292	Scoring Posn	.304	46	14	1	3	1	18	7	7	.396	.522
vs. Right	.272	158	43	8	4	3	18	13	31	.331	.430	Close & Late	.216	37	8	2	0	0	3	2	8	.256	.270
Home	.252	111	28	3	2	3	12	12	16	.325	.396	None on/out	.256	39	10	3	0	1	1	4	8	.326	.410
Away	.223	112	25	6	3	2	12	11	24	.298	.384	Batting #2	.262	122	32	6	3	4	16	12	23	.333	.459
First Pitch	.250	4	1	0	0	0	0	0	0	.250	.250	Batting #3	.219	96	21	3	2	1	8	10	17	.292	.323
Ahead in Count	.313	64	20	3	2	4	10	16	0	.457	.609	Other	.000	5	0	0	0	0	0	1	0	.167	.000
Behind in Count	.154	104	16	3	0	0	3	0	35	.154	.183	Pre-All Star	.238	223	53	9	5	5	24	23	40	.312	.390
Two Strikes	.134	97	13	3	1	1	5	7	40	.192	.216	Post-All Star	.000	0	0	0	0	0	0	0	0	.000	.000

Last Five Years

	Avg	AB	H	2B	3B	HR	RBI	BB	SO	OBP	SLG		Avg	AB	H	2B	3B	HR	RBI	BB	SO	OBP	SLG
vs. Left	.313	803	251	51	5	25	87	101	96	.388	.482	Scoring Posn	.305	534	163	23	8	25	252	90	74	.387	.519
vs. Right	.289	1688	487	72	13	81	269	164	252	.349	.491	Close & Late	.280	421	118	14	2	13	58	52	75	.357	.416
Groundball	.310	857	266	42	9	30	113	86	110	.370	.485	None on/out	.293	447	131	26	2	25	25	54	69	.371	.528
Flyball	.291	571	166	30	3	24	74	59	71	.358	.480	Batting #2	.303	1503	455	79	12	74	205	145	192	.363	.519
Home	.313	1250	391	67	11	64	204	145	168	.381	.538	Batting #3	.299	716	214	35	5	23	115	85	107	.370	.458
Away	.280	1241	347	56	7	42	152	120	180	.342	.438	Other	.254	272	69	9	1	9	36	35	49	.332	.393
Day	.310	1308	405	65	9	59	200	137	181	.372	.508	April	.246	313	77	13	4	6	31	30	41	.313	.371
Night	.281	1183	333	58	9	47	156	128	167	.350	.465	May	.304	530	161	32	2	25	79	59	82	.369	.513
Grass	.305	1772	540	88	15	80	271	191	237	.369	.507	June	.316	449	142	19	4	24	74	42	53	.372	.537
Turf	.275	719	198	35	3	26	85	74	111	.343	.441	July	.280	379	106	21	3	11	50	48	56	.359	.438
First Pitch	.420	131	55	9	1	11	30	8	0	.451	.756	August	.289	447	129	18	3	16	54	42	60	.348	.450
Ahead in Count	.354	622	220	49	7	38	109	154	0	.477	.638	September/October	.330	373	123	20	2	24	71	44	56	.397	.587
Behind in Count	.245	1219	299	42	3	32	133	0	298	.246	.363	Pre-All Star	.293	1420	416	71	11	58	204	152	195	.359	.481
Two Strikes	.227	1103	250	33	2	30	113	96	348	.288	.342	Post-All Star	.301	1071	322	52	7	48	152	113	153	.366	.497

Batter vs. Pitcher (since 1984)

Hits Best Against	Avg	AB	H	2B	3B	HR	RBI	BB	SO	OBP	SLG	Hits Worst Against	Avg	AB	H	2B	3B	HR	RBI	BB	SO	OBP	SLG
Randy Tomlin	.500	28	14	2	2	1	5	2	1	.533	.821	Mark Langston	.000	8	0	0	0	0	0	3	3	.273	.000
Jeff Brantley	.500	10	5	1	0	1	3	3	3	.643	.900	Jeff Reardon	.071	14	1	0	0	0	2	0	6	.071	.071
Omar Olivares	.478	23	11	1	0	2	3	4	1	.556	.783	John Wetteland	.100	10	1	0	0	0	1	3	1	.308	.100
Wally Whitehurst	.464	28	13	2	3	2	8	2	3	.500	.964	Paul Wagner	.111	9	1	0	0	0	0	2	2	.273	.111
Frank Viola	.375	24	9	1	0	3	5	7	6	.500	.792	Larry Andersen	.118	34	4	0	0	0	1	0	8	.114	.118

Deion Sanders — Reds
Age 27 – Bats Left

	Avg	G	AB	R	H	2B	3B	HR	RBI	BB	SO	HBP	GDP	SB	CS	OBP	SLG	IBB	SH	SF	#Pit	#P/PA	GB	FB	G/F
1994 Season	.283	92	375	58	106	17	4	4	28	32	63	3	5	38	16	.342	.381	1	2	2	1510	3.65	134	86	1.56
Last Five Years	.264	395	1193	194	315	44	28	25	106	91	207	9	16	102	37	.319	.411	4	5	6	4560	3.50	439	306	1.43

1994 Season

	Avg	AB	H	2B	3B	HR	RBI	BB	SO	OBP	SLG		Avg	AB	H	2B	3B	HR	RBI	BB	SO	OBP	SLG
vs. Left	.233	103	24	5	0	1	6	13	21	.316	.311	Scoring Posn	.307	75	23	5	1	0	22	6	8	.349	.400

1994 Season

	Avg	AB	H	2B	3B	HR	RBI	BB	SO	OBP	SLG		Avg	AB	H	2B	3B	HR	RBI	BB	SO	OBP	SLG
vs. Right	.301	272	82	12	4	3	22	19	42	.353	.408	Close & Late	.355	62	22	7	0	0	2	7	10	.414	.468
Groundball	.262	130	34	6	1	0	8	11	23	.324	.323	None on/out	.252	159	40	4	3	0	0	14	31	.324	.314
Flyball	.227	44	10	0	1	1	8	6	7	.320	.341	Batting #1	.285	372	106	17	4	4	28	32	62	.345	.384
Home	.314	191	60	12	2	2	13	18	31	.371	.429	Batting #4	.000	2	0	0	0	0	0	0	0	.000	.000
Away	.250	184	46	5	2	2	15	14	32	.312	.332	Other	.000	1	0	0	0	0	0	0	1	.000	.000
Day	.248	117	29	5	2	3	11	11	23	.328	.402	April	.340	94	32	6	0	3	15	13	10	.422	.500
Night	.298	258	77	12	2	1	17	21	40	.349	.372	May	.243	107	26	5	0	1	6	3	19	.261	.318
Grass	.304	240	73	10	2	4	24	22	38	.367	.413	June	.297	91	27	4	2	0	6	8	13	.354	.385
Turf	.244	135	33	7	2	0	4	10	25	.297	.326	July	.176	51	9	0	2	0	0	6	13	.276	.255
First Pitch	.310	58	18	3	0	1	11	1	0	.328	.414	August	.375	32	12	2	0	0	1	2	8	.429	.438
Ahead in Count	.376	101	38	6	2	3	8	15	0	.453	.564	September/October	.000	0	0	0	0	0	0	0	0	.000	.000
Behind in Count	.221	154	34	7	1	0	8	0	47	.231	.279	Pre-All Star	.292	305	89	15	3	4	27	26	46	.349	.400
Two Strikes	.193	150	29	7	1	0	8	16	63	.271	.253	Post-All Star	.243	70	17	2	1	0	1	6	17	.312	.300

1994 By Position

Position	Avg	AB	H	2B	3B	HR	RBI	BB	SO	OBP	SLG	G	GS	Innings	PO	A	E	DP	Fld Pct	Rng Fctr	In Zone	Zone Outs	Zone Rtg	MLB Zone
As cf	.282	372	105	16	4	4	28	32	62	.342	.379	91	88	787.0	209	2	2	0	.991	2.41	239	200	.837	.824

Last Five Years

	Avg	AB	H	2B	3B	HR	RBI	BB	SO	OBP	SLG		Avg	AB	H	2B	3B	HR	RBI	BB	SO	OBP	SLG
vs. Left	.214	224	48	7	5	3	15	19	54	.278	.330	Scoring Posn	.298	248	74	9	8	4	82	31	38	.371	.448
vs. Right	.276	969	267	37	23	22	91	72	153	.329	.429	Close & Late	.266	184	49	14	5	3	16	22	29	.349	.446
Groundball	.275	407	112	13	10	9	41	30	66	.327	.423	None on/out	.258	472	122	16	10	9	9	30	82	.310	.392
Flyball	.270	226	61	3	7	8	19	21	43	.337	.451	Batting #1	.274	960	263	34	26	20	83	69	161	.324	.426
Home	.271	575	156	26	12	11	51	49	104	.330	.416	Batting #2	.216	116	25	5	2	2	12	9	24	.289	.345
Away	.257	618	159	18	16	14	55	42	103	.310	.406	Other	.231	117	27	5	0	3	11	13	24	.311	.350
Day	.243	309	75	11	7	6	24	30	56	.319	.382	April	.295	271	80	14	8	8	31	28	40	.364	.494
Night	.271	884	240	33	21	19	82	61	151	.320	.421	May	.261	230	60	10	4	2	15	12	42	.299	.365
Grass	.263	833	219	28	18	19	76	69	148	.322	.408	June	.238	286	68	11	5	4	20	22	49	.294	.353
Turf	.267	360	96	16	10	6	30	22	59	.313	.417	July	.249	245	61	3	8	8	26	19	52	.307	.424
First Pitch	.307	212	65	7	5	6	29	4	0	.321	.472	August	.289	135	39	5	3	3	14	7	21	.333	.437
Ahead in Count	.340	285	97	18	7	6	33	41	0	.422	.516	September/October	.269	26	7	1	0	0	0	3	3	.345	.308
Behind in Count	.194	495	96	13	9	9	31	0	171	.203	.311	Pre-All Star	.263	870	229	37	22	16	74	68	151	.319	.411
Two Strikes	.174	471	82	9	8	7	46	207		.251	.272	Post-All Star	.266	323	86	7	6	8	32	23	56	.321	.409

Batter vs. Pitcher (career)

Hits Best Against	Avg	AB	H	2B	3B	HR	RBI	BB	SO	OBP	SLG	Hits Worst Against	Avg	AB	H	2B	3B	HR	RBI	BB	SO	OBP	SLG
David Cone	.600	10	6	0	0	1	1	1	1	.636	.900	Jack Armstrong	.083	12	1	0	0	1	1	0	4	.083	.333
John Burkett	.542	24	13	2	2	0	5	1	3	.577	.792	Doug Drabek	.087	23	2	1	0	0	1	1	4	.125	.130
Tim Belcher	.385	26	10	2	2	1	7	2	4	.448	.731	Shawn Boskie	.111	9	1	0	0	0	0	2	1	.273	.111
Curt Schilling	.385	13	5	0	1	1	5	3	2	.500	.769	Paul Wagner	.154	13	2	0	0	0	1	0	0	.143	.154
Orel Hershiser	.320	25	8	1	2	3	2	3	.370	.680		Dennis Martinez	.158	19	3	1	0	0	0	0	5	.158	.211

Reggie Sanders — Reds
Age 27 – Bats Right

	Avg	G	AB	R	H	2B	3B	HR	RBI	BB	SO	HBP	GDP	SB	CS	OBP	SLG	IBB	SH	SF	#Pit	#P/PA	GB	FB	G/F
1994 Season	.263	107	400	66	105	20	8	17	62	41	114	2	2	21	9	.332	.480	1	1	3	1793	4.01	112	117	0.96
Career (1991-1994)	.267	370	1321	224	353	62	18	50	184	140	339	11	19	65	27	.340	.455	10	4	12	5748	3.86	392	380	1.03

1994 Season

	Avg	AB	H	2B	3B	HR	RBI	BB	SO	OBP	SLG		Avg	AB	H	2B	3B	HR	RBI	BB	SO	OBP	SLG
vs. Left	.330	91	30	4	4	6	24	9	14	.386	.659	Scoring Posn	.263	118	31	4	3	5	46	16	34	.348	.475
vs. Right	.243	309	75	16	4	11	38	32	100	.316	.427	Close & Late	.264	72	19	4	1	2	9	8	24	.346	.431
Groundball	.293	133	39	7	4	6	15	9	33	.338	.541	None on/out	.234	94	22	4	1	3	3	5	27	.273	.394
Flyball	.278	54	15	4	1	1	3	11	20	.409	.444	Batting #3	.203	74	15	3	3	2	12	8	23	.289	.405
Home	.281	210	59	8	4	10	32	26	52	.363	.500	Batting #5	.281	235	66	10	4	11	37	22	63	.341	.498
Away	.242	190	46	12	4	7	30	15	62	.297	.458	Other	.264	91	24	7	1	4	13	11	28	.343	.495
Day	.233	120	28	7	2	3	17	14	39	.309	.400	April	.267	90	24	5	4	4	18	5	26	.320	.544
Night	.275	280	77	13	6	14	45	27	75	.342	.514	May	.271	96	26	4	1	5	13	12	32	.345	.490
Grass	.233	129	30	8	3	5	20	12	47	.292	.457	June	.276	87	24	6	2	4	18	6	19	.323	.529
Turf	.277	271	75	12	5	12	42	29	67	.351	.491	July	.268	97	26	4	1	3	9	12	26	.345	.423
First Pitch	.205	44	9	3	1	1	7	0	0	.200	.386	August	.167	30	5	1	0	1	4	6	11	.306	.200
Ahead in Count	.436	94	41	6	4	10	29	22	0	.542	.904	September/October	.000	0	0	0	0	0	0	0	0	.000	.000
Behind in Count	.222	180	40	7	3	3	17	0	85	.227	.344	Pre-All Star	.281	310	87	18	7	14	54	28	82	.341	.519
Two Strikes	.192	213	41	8	2	4	17	19	114	.262	.305	Post-All Star	.200	90	18	2	1	3	8	13	32	.301	.344

1994 By Position

Position	Avg	AB	H	2B	3B	HR	RBI	BB	SO	OBP	SLG	G	GS	Innings	PO	A	E	DP	Fld Pct	Rng Fctr	In Zone	Zone Outs	Zone Rtg	MLB Zone
As rf	.264	397	105	20	8	17	62	41	113	.334	.484	104	102	912.0	217	12	6	2	.974	2.26	231	207	.896	.826

Career (1991-1994)

	Avg	AB	H	2B	3B	HR	RBI	BB	SO	OBP	SLG		Avg	AB	H	2B	3B	HR	RBI	BB	SO	OBP	SLG
vs. Left	.309	411	127	18	8	19	65	40	71	.373	.547	Scoring Posn	.268	370	99	13	7	11	133	54	112	.358	.430
vs. Right	.248	910	226	37	10	31	119	100	268	.325	.413	Close & Late	.272	213	58	11	2	6	27	27	68	.358	.427
Groundball	.296	442	131	21	7	18	65	49	115	.367	.498	None on/out	.235	293	69	12	2	9	9	30	78	.307	.382
Flyball	.217	207	45	7	2	4	17	38	74	.343	.329	Batting #5	.269	353	95	16	5	13	48	31	94	.331	.453
Home	.267	663	177	34	8	24	97	83	164	.352	.451	Batting #6	.302	265	80	12	3	10	45	25	71	.361	.483
Away	.267	658	176	28	10	26	87	57	175	.326	.459	Other	.253	703	178	34	10	27	91	84	174	.336	.445

353

Career (1991-1994)

	Avg	AB	H	2B	3B	HR	RBI	BB	SO	OBP	SLG		Avg	AB	H	2B	3B	HR	RBI	BB	SO	OBP	SLG
Day	.245	387	95	21	4	10	58	47	110	.324	.398	April	.273	238	65	11	7	8	32	17	63	.326	.479
Night	.276	934	258	41	14	40	126	93	229	.346	.479	May	.293	225	66	11	1	11	35	33	60	.381	.498
Grass	.254	429	109	17	7	18	58	40	109	.318	.452	June	.250	260	65	13	3	9	40	20	63	.307	.427
Turf	.274	892	244	45	11	32	126	100	230	.350	.456	July	.279	215	60	11	3	7	28	20	51	.342	.456
First Pitch	.285	172	49	6	3	9	27	8	0	.315	.512	August	.257	191	49	9	2	9	26	30	49	.362	.466
Ahead in Count	.418	287	120	17	5	23	78	68	0	.531	.753	September/October	.250	192	48	7	2	6	23	20	53	.322	.401
Behind in Count	.208	620	129	28	8	9	48	0	270	.217	.323	Pre-All Star	.278	825	229	43	12	31	120	78	208	.341	.472
Two Strikes	.176	672	118	25	7	6	45	64	339	.250	.260	Post-All Star	.250	496	124	19	6	19	64	62	131	.337	.427

Batter vs. Pitcher (career)

Hits Best Against	Avg	AB	H	2B	3B	HR	RBI	BB	SO	OBP	SLG	Hits Worst Against	Avg	AB	H	2B	3B	HR	RBI	BB	SO	OBP	SLG
Armando Reynoso	.700	10	7	0	1	3	5	1	1	.727	1.800	Kevin Gross	.050	20	1	0	0	0	0	2	6	.136	.050
Chris Hammond	.556	9	5	1	2	1	6	2	0	.636	1.444	John Burkett	.111	18	2	1	0	0	3	2	1	.182	.167
Bruce Hurst	.500	14	7	2	0	1	3	0	3	.500	.857	John Smoltz	.130	23	3	0	0	1	2	0	11	.130	.261
Denny Neagle	.444	9	4	1	0	1	4	2	4	.545	.889	Steve Avery	.148	27	4	1	1	0	0	2	2	.207	.259
Willie Blair	.333	9	3	0	1	1	4	3	2	.462	.889	Pete Harnisch	.176	17	3	0	0	0	0	1	11	.222	.176

Scott Sanders — Padres
Age 26 – Pitches Right (groundball pitcher)

	ERA	W	L	Sv	G	GS	IP	BB	SO	Avg	H	2B	3B	HR	RBI	OBP	SLG	CG	ShO	Sup	QS	#P/S	SB	CS	GB	FB	G/F
1994 Season	4.78	4	8	1	23	20	111.0	48	109	.245	103	16	3	10	51	.326	.368	0	0	3.73	8	92	13	10	148	101	1.47
Career (1993-1994)	4.57	7	11	1	32	29	163.1	71	146	.251	157	22	4	14	80	.330	.366	0	0	4.13	11	92	17	14	234	143	1.64

1994 Season

	ERA	W	L	Sv	G	GS	IP	H	HR	BB	SO		Avg	AB	H	2B	3B	HR	RBI	BB	SO	OBP	SLG
Home	4.88	3	4	0	10	10	59.0	56	7	22	56	vs. Left	.305	203	62	7	3	5	30	33	47	.397	.443
Away	4.67	1	4	1	13	10	52.0	47	3	26	53	vs. Right	.188	218	41	9	0	5	21	15	62	.254	.298
Starter	4.95	4	8	0	20	20	107.1	101	10	48	108	Scoring Posn	.345	84	29	5	2	3	38	15	22	.423	.560
Reliever	0.00	0	0	1	3	0	3.2	2	0	0	1	Close & Late	.280	25	7	1	0	0	2	3	6	.357	.320
0-3 Days Rest (St)	16.20	0	1	0	2	2	3.1	9	2	2	4	None on/out	.194	108	21	1	0	2	2	12	28	.293	.259
4 Days Rest	3.88	3	3	0	11	11	69.2	57	5	31	68	First Pitch	.259	54	14	3	1	2	8	2	0	.281	.463
5+ Days Rest	6.03	1	4	0	7	7	34.1	35	3	15	36	Ahead in Count	.175	194	34	7	0	1	13	0	94	.191	.227
Pre-All Star	5.20	3	6	1	16	15	81.1	76	7	39	80	Behind in Count	.381	97	37	3	1	7	26	25	0	.496	.649
Post-All Star	3.64	1	2	0	7	5	29.2	27	3	9	29	Two Strikes	.164	207	34	5	1	1	9	21	109	.253	.213

Scott Sanderson — White Sox
Age 38 – Pitches Right (flyball pitcher)

	ERA	W	L	Sv	G	GS	IP	BB	SO	Avg	H	2B	3B	HR	RBI	OBP	SLG	CG	ShO	Sup	QS	#P/S	SB	CS	GB	FB	G/F
1994 Season	5.09	8	4	0	18	14	92.0	12	36	.296	110	26	1	20	48	.321	.534	1	0	7.24	7	91	8	6	106	134	0.79
Last Five Years	4.29	64	49	0	151	144	883.2	205	500	.271	936	180	25	124	421	.312	.445	11	5	5.24	72	93	62	32	1055	1256	0.84

1994 Season

	ERA	W	L	Sv	G	GS	IP	H	HR	BB	SO		Avg	AB	H	2B	3B	HR	RBI	BB	SO	OBP	SLG
Home	3.34	4	1	0	6	6	35.0	38	4	4	12	vs. Left	.324	173	56	12	1	10	20	8	15	.361	.578
Away	6.16	4	3	0	12	8	57.0	72	16	8	24	vs. Right	.273	198	54	14	0	10	28	4	21	.286	.495
Starter	4.79	8	3	0	14	14	82.2	99	15	10	34	Scoring Posn	.273	88	24	8	0	4	30	4	11	.301	.500
Reliever	7.71	0	1	0	4	0	9.1	11	5	2	2	Close & Late	.182	11	2	1	0	0	0	0	0	.250	.273
0-3 Days Rest (St)	7.50	1	0	0	1	1	6.0	8	0	3	3	None on/out	.366	101	37	5	1	6	6	3	7	.385	.614
4 Days Rest	3.86	3	2	0	6	6	37.1	37	6	6	15	First Pitch	.357	56	20	8	1	6	15	1	0	.368	.857
5+ Days Rest	5.26	4	1	0	7	7	39.1	54	9	1	16	Ahead in Count	.250	176	44	9	0	5	11	0	32	.257	.386
Pre-All Star	4.21	8	3	0	14	13	83.1	94	14	9	33	Behind in Count	.379	66	25	5	0	8	13	4	0	.414	.818
Post-All Star	13.50	0	1	0	4	1	8.2	16	6	3	3	Two Strikes	.250	168	42	7	0	5	15	7	36	.287	.381

Last Five Years

	ERA	W	L	Sv	G	GS	IP	H	HR	BB	SO		Avg	AB	H	2B	3B	HR	RBI	BB	SO	OBP	SLG
Home	4.43	27	25	0	68	67	406.2	427	67	100	228	vs. Left	.271	1733	470	78	15	68	217	126	238	.320	.451
Away	4.17	37	24	0	83	77	477.0	509	57	105	272	vs. Right	.270	1723	466	102	10	56	204	79	262	.304	.439
Day	3.94	18	17	0	50	47	296.2	286	36	74	180	Inning 1-6	.271	3115	845	162	23	116	399	189	458	.313	.450
Night	4.46	46	32	0	101	97	587.0	650	88	131	320	Inning 7+	.267	341	91	18	2	8	22	16	42	.306	.402
Grass	4.43	54	44	0	129	124	751.1	802	113	179	429	None on	.270	2108	569	116	15	74	74	105	297	.308	.444
Turf	3.47	10	5	0	22	20	132.1	134	11	26	71	Runners on	.272	1348	367	64	10	50	347	100	203	.319	.446
April	4.45	10	3	0	20	20	117.1	126	20	33	62	Scoring Posn	.276	713	197	37	6	22	280	70	118	.338	.438
May	3.03	16	5	0	27	26	172.0	165	18	30	95	Close & Late	.270	115	31	5	0	1	7	7	13	.323	.339
June	4.25	12	14	0	28	28	173.2	202	18	40	85	None on/out	.291	913	266	50	9	30	30	41	111	.326	.464
July	5.89	6	14	0	29	27	168.0	201	30	35	91	vs. 1st Batr (relief)	.167	6	1	0	0	0	1	1	0	.286	.167
August	3.80	11	5	0	24	22	135.0	124	21	41	94	First Inning Pitched	.279	588	164	27	6	24	89	40	107	.326	.468
September/October	4.28	9	8	0	23	21	117.2	118	17	26	73	First 75 Pitches	.270	2690	727	130	19	97	331	155	399	.310	.441
Starter	4.27	64	48	0	144	144	869.0	922	118	203	496	Pitch 76-90	.293	427	125	29	4	23	61	24	47	.332	.541
Reliever	5.52	0	1	0	7	0	14.2	14	6	2	4	Pitch 91-105	.228	246	56	12	1	4	24	13	37	.271	.333
0-3 Days Rest (St)	4.80	4	2	0	8	8	45.0	51	4	12	19	Pitch 106+	.301	93	28	9	1	0	5	13	17	.387	.419
4 Days Rest	4.30	39	33	0	93	93	574.0	603	76	146	332	First Pitch	.307	492	151	31	7	27	82	14	0	.330	.563
5+ Days Rest	4.10	21	13	0	43	43	250.0	268	38	45	145	Ahead in Count	.223	1667	372	69	8	34	151	0	433	.226	.335
Pre-All Star	4.12	41	25	0	85	84	524.1	571	70	115	271	Behind in Count	.352	694	244	53	6	34	106	95	0	.424	.592
Post-All Star	4.53	23	24	0	66	60	359.1	365	54	90	229	Two Strikes	.207	1588	328	56	8	37	149	96	500	.254	.322

Pitcher vs. Batter (since 1984)

Pitches Best Vs.	Avg	AB	H	2B	3B	HR	RBI	BB	SO	OBP	SLG	Pitches Worst Vs.	Avg	AB	H	2B	3B	HR	RBI	BB	SO	OBP	SLG
Cory Snyder	.000	11	0	0	0	0	0	0	4	.000	.000	Shane Mack	.556	18	10	1	0	3	6	1	2	.619	1.111
Lance Parrish	.048	21	1	1	0	0	2	2	7	.125	.095	Roberto Alomar	.524	21	11	2	1	1	5	3	3	.560	.857

Pitcher vs. Batter (since 1984)

Pitches Best Vs.	Avg	AB	H	2B	3B	HR	RBI	BB	SO	OBP	SLG	Pitches Worst Vs.	Avg	AB	H	2B	3B	HR	RBI	BB	SO	OBP	SLG
Alan Trammell	.111	18	2	1	0	0	0	1	0	.158	.167	Julio Franco	.500	18	9	1	0	2	4	3	0	.571	.889
Tino Martinez	.143	14	2	0	0	1	0	1	.133	.143	Robin Ventura	.471	17	8	1	0	2	8	3	2	.550	.882
Bob Zupcic	.154	13	2	0	0	3	0		.133	.154	Kirby Puckett	.458	24	11	5	0	2	7	3	2	.519	.917

Benito Santiago — Marlins — Age 30 – Bats Right

	Avg	G	AB	R	H	2B	3B	HR	RBI	BB	SO	HBP	GDP	SB	CS	OBP	SLG	IBB	SH	SF	#Pit	#P/PA	GB	FB	G/F
1994 Season	.273	101	337	35	92	14	2	11	41	25	57	1	11	1	2	.322	.424	1	2	4	1291	3.50	117	98	1.19
Last Five Years	.258	598	2116	223	545	84	16	62	273	133	366	13	59	26	29	.302	.400	11	3	26	7781	3.39	688	648	1.06

1994 Season

	Avg	AB	H	2B	3B	HR	RBI	BB	SO	OBP	SLG		Avg	AB	H	2B	3B	HR	RBI	BB	SO	OBP	SLG
vs. Left	.340	100	34	6	0	3	15	9	12	.391	.490	Scoring Posn	.329	79	26	2	0	5	34	9	19	.380	.544
vs. Right	.245	237	58	8	2	8	26	16	45	.292	.397	Close & Late	.269	52	14	0	0	1	9	3	11	.316	.327
Groundball	.267	101	27	3	0	5	12	8	13	.321	.446	None on/out	.300	80	24	5	2	3	3	2	7	.317	.525
Flyball	.241	58	14	1	1	2	11	3	14	.274	.397	Batting #5	.253	75	19	0	1	3	8	4	9	.291	.400
Home	.284	169	48	9	1	4	19	16	29	.344	.420	Batting #6	.262	202	53	9	0	7	24	12	40	.298	.411
Away	.262	168	44	5	1	7	22	9	28	.298	.429	Other	.333	60	20	5	1	1	9	9	8	.429	.500
Day	.301	83	25	5	2	4	18	10	15	.371	.554	April	.257	70	18	4	1	1	10	4	8	.303	.386
Night	.264	254	67	9	0	7	23	15	42	.304	.382	May	.319	69	22	2	1	1	6	8	10	.390	.420
Grass	.286	269	77	12	2	8	34	22	42	.339	.435	June	.247	85	21	3	0	4	10	6	17	.297	.424
Turf	.221	68	15	2	0	3	7	3	15	.250	.382	July	.247	77	19	3	0	3	10	5	16	.286	.403
First Pitch	.315	73	23	5	0	3	14	0	0	.307	.507	August	.333	36	12	2	0	2	5	2	6	.359	.556
Ahead in Count	.465	71	33	4	1	4	14	10	0	.518	.718	September/October	.000	0	0	0	0	0	0	0	0	.000	.000
Behind in Count	.163	141	23	1	1	2	6	0	49	.169	.227	Pre-All Star	.265	249	66	10	2	6	27	22	41	.325	.394
Two Strikes	.149	141	21	4	0	3	15	5	57	.236	.177	Post-All Star	.295	88	26	4	0	5	14	3	16	.312	.511

1994 By Position

Position	Avg	AB	H	2B	3B	HR	RBI	BB	SO	OBP	SLG	G	GS	Innings	PO	A	E	DP	Fld Pct	Rng Fctr	In Zone	Outs	Zone Rtg	MLB Zone
As c	.274	329	90	14	2	11	40	24	54	.321	.429	97	88	786.2	511	64	5	3	.991	---	---	---	---	---

Last Five Years

	Avg	AB	H	2B	3B	HR	RBI	BB	SO	OBP	SLG		Avg	AB	H	2B	3B	HR	RBI	BB	SO	OBP	SLG
vs. Left	.291	673	196	36	5	23	94	50	106	.338	.462	Scoring Posn	.264	564	149	20	5	20	218	46	102	.309	.424
vs. Right	.242	1443	349	48	11	39	179	83	260	.285	.371	Close & Late	.285	379	108	14	3	13	50	26	74	.335	.441
Groundball	.263	737	194	32	5	21	102	41	98	.303	.406	None on/out	.271	487	132	18	7	16	16	25	84	.311	.435
Flyball	.246	423	104	13	5	12	54	24	102	.282	.385	Batting #5	.253	936	237	33	4	26	136	57	160	.295	.380
Home	.266	1073	285	42	9	29	138	68	189	.311	.403	Batting #6	.257	834	214	35	8	29	99	49	151	.296	.422
Away	.249	1043	260	42	7	33	135	65	177	.293	.398	Other	.272	346	94	16	4	7	38	27	55	.335	.402
Day	.298	446	133	15	5	17	70	35	76	.350	.469	April	.284	384	109	17	2	11	52	19	55	.320	.424
Night	.247	1670	412	69	11	45	203	98	290	.289	.382	May	.235	439	103	16	2	10	52	28	75	.278	.349
Grass	.267	1605	428	59	13	51	220	101	275	.311	.415	June	.284	310	88	12	5	11	47	26	62	.345	.461
Turf	.229	511	117	25	3	11	53	32	91	.273	.354	July	.239	301	72	14	0	9	33	19	60	.281	.375
First Pitch	.337	416	140	23	3	17	78	7	0	.343	.529	August	.248	379	94	13	5	11	32	17	60	.281	.396
Ahead in Count	.322	453	146	22	3	19	74	53	0	.389	.510	September/October	.261	303	79	12	2	10	55	24	54	.315	.413
Behind in Count	.183	889	163	21	7	14	75	0	307	.190	.270	Pre-All Star	.259	1224	317	47	9	36	157	82	213	.307	.400
Two Strikes	.159	854	136	27	5	11	62	70	366	.229	.241	Post-All Star	.256	892	228	37	7	26	116	51	153	.296	.400

Batter vs. Pitcher (career)

Hits Best Against	Avg	AB	H	2B	3B	HR	RBI	BB	SO	OBP	SLG	Hits Worst Against	Avg	AB	H	2B	3B	HR	RBI	BB	SO	OBP	SLG
Allen Watson	.600	10	6	0	0	0	1	2	0	.667	.600	Dave Burba	.000	13	0	0	0	0	0	2	2	.133	.000
Paul Assenmacher	.500	10	5	1	0	0	2	2	2	.583	.600	Steve Reed	.000	9	0	0	0	0	1	1	3	.091	.000
Trevor Wilson	.462	13	6	2	1	1	7	2	2	.533	1.000	Doug Drabek	.045	22	1	0	1	0	3	1	4	.087	.136
Zane Smith	.419	31	13	4	0	5	10	2	3	.455	1.032	Marvin Freeman	.133	15	2	0	0	0	0	0	1	.133	.133
Rick Sutcliffe	.400	15	6	0	0	2	4	2	2	.471	.867	Chris Nabholz	.133	15	2	0	0	0	0	0	3	.133	.133

Mackey Sasser — Mariners — Age 32 – Bats Left

	Avg	G	AB	R	H	2B	3B	HR	RBI	BB	SO	HBP	GDP	SB	CS	OBP	SLG	IBB	SH	SF	#Pit	#P/PA	GB	FB	G/F
1994 Season	.000	3	4	0	0	0	0	0	0	0	0	0	0	0	0	.000	.000	0	0	0	13	3.25	2	2	1.00
Last Five Years	.265	374	831	74	220	44	4	14	115	42	78	3	24	0	0	.297	.378	17	1	15	2599	2.91	305	284	1.07

1994 Season

	Avg	AB	H	2B	3B	HR	RBI	BB	SO	OBP	SLG		Avg	AB	H	2B	3B	HR	RBI	BB	SO	OBP	SLG
vs. Left	.000	0	0	0	0	0	0	0	0	.000	.000	Scoring Posn	.000	0	0	0	0	0	0	0	0	.000	.000
vs. Right	.000	4	0	0	0	0	0	0	0	.000	.000	Close & Late	.000	1	0	0	0	0	0	0	0	.000	.000

Last Five Years

	Avg	AB	H	2B	3B	HR	RBI	BB	SO	OBP	SLG		Avg	AB	H	2B	3B	HR	RBI	BB	SO	OBP	SLG
vs. Left	.206	107	22	5	0	1	12	3	16	.223	.280	Scoring Posn	.278	223	62	13	1	7	100	22	24	.326	.439
vs. Right	.273	724	198	39	4	13	103	39	62	.306	.392	Close & Late	.195	190	37	11	0	3	29	13	23	.238	.300
Groundball	.311	235	73	11	0	5	39	8	13	.333	.421	None on/out	.283	191	54	11	1	2	4	4	14	.301	.387
Flyball	.240	192	46	12	2	4	30	7	21	.263	.385	Batting #6	.315	146	46	7	1	5	21	6	16	.338	.479
Home	.261	429	112	26	3	7	64	29	38	.305	.385	Batting #7	.270	252	68	17	1	4	39	16	15	.313	.393
Away	.269	402	108	18	1	7	51	13	40	.289	.371	Other	.245	433	106	20	2	5	55	20	47	.275	.335
Day	.298	265	79	14	3	9	24	.319	.419	April	.167	60	10	2	0	0	4	4	0	.215	.200
Night	.249	566	141	30	1	10	76	33	54	.288	.359	May	.324	108	35	7	1	3	15	6	12	.357	.491
Grass	.272	514	140	27	2	10	78	22	45	.300	.391	June	.279	183	51	9	2	1	23	11	14	.318	.366
Turf	.252	317	80	17	2	4	37	20	33	.293	.356	July	.365	148	54	13	1	6	37	3	10	.377	.588

Last Five Years

	Avg	AB	H	2B	3B	HR	RBI	BB	SO	OBP	SLG		Avg	AB	H	2B	3B	HR	RBI	BB	SO	OBP	SLG
First Pitch	.338	234	79	23	1	3	39	5	0	.344	.483	August	.210	181	38	9	0	2	16	9	20	.244	.293
Ahead in Count	.315	184	58	9	2	4	31	18	0	.373	.451	September/October	.212	151	32	4	0	2	20	9	16	.253	.278
Behind in Count	.187	283	53	9	1	3	22	0	68	.193	.258	Pre-All Star	.283	410	116	24	4	5	55	23	37	.320	.398
Two Strikes	.197	249	49	8	0	5	25	11	78	.233	.289	Post-All Star	.247	421	104	20	0	9	60	19	41	.275	.359

Batter vs. Pitcher (career)

Hits Best Against	Avg	AB	H	2B	3B	HR	RBI	BB	SO	OBP	SLG	Hits Worst Against	Avg	AB	H	2B	3B	HR	RBI	BB	SO	OBP	SLG
Mark Portugal	.444	18	8	1	1	1	5	1	2	.474	.778	Tim Belcher	.167	12	2	0	0	0	0	0	0	.167	.167
Ramon Martinez	.438	16	7	2	0	1	1	0	1	.471	.750	Pete Smith	.182	11	2	0	0	0	1	0	0	.167	.182
Bob Tewksbury	.385	13	5	1	0	0	1	0	1	.385	.462	Lee Smith	.200	15	3	1	1	0	3	0	2	.200	.400
Doug Drabek	.333	18	6	1	0	1	4	2	0	.381	.556	John Smoltz	.211	19	4	1	0	0	5	0	2	.238	.263
Jose DeLeon	.333	15	5	1	0	1	5	0	0	.333	.600	Greg Maddux	.214	28	6	1	0	0	4	1	3	.241	.250

Steve Sax — Athletics
Age 35 – Bats Right (groundball hitter)

	Avg	G	AB	R	H	2B	3B	HR	RBI	BB	SO	HBP	GDP	SB	CS	OBP	SLG	IBB	SH	SF	#Pit	#P/PA	GB	FB	G/F
1994 Season	.250	7	24	2	6	0	1	0	2	0	0	0	0	0	0	.250	.333	0	0	0	82	3.42	16	3	5.33
Last Five Years	.266	520	1977	251	526	93	9	19	154	141	134	9	45	111	35	.315	.351	9	25	18	7634	3.52	1069	438	2.44

1994 Season

	Avg	AB	H	2B	3B	HR	RBI	BB	SO	OBP	SLG		Avg	AB	H	2B	3B	HR	RBI	BB	SO	OBP	SLG
vs. Left	.455	11	5	0	0	0	0	0	0	.455	.455	Scoring Posn	.143	7	1	0	1	0	1	0	2	.143	.429
vs. Right	.077	13	1	0	1	0	1	0	2	.077	.231	Close & Late	.333	3	1	0	0	0	0	0	0	.333	.333

Last Five Years

	Avg	AB	H	2B	3B	HR	RBI	BB	SO	OBP	SLG		Avg	AB	H	2B	3B	HR	RBI	BB	SO	OBP	SLG
vs. Left	.279	627	175	39	1	6	43	52	26	.333	.373	Scoring Posn	.248	424	105	16	6	5	133	38	41	.304	.349
vs. Right	.260	1350	351	54	8	13	111	89	108	.307	.341	Close & Late	.265	309	82	13	2	2	28	23	23	.314	.340
Groundball	.252	539	136	21	0	6	45	40	45	.303	.325	None on/out	.260	561	146	28	1	8	8	35	31	.305	.357
Flyball	.266	443	118	24	5	2	36	36	29	.323	.357	Batting #1	.269	787	212	39	2	9	52	53	50	.316	.358
Home	.260	990	257	49	8	11	80	83	66	.316	.359	Batting #2	.268	970	260	45	6	8	81	74	71	.320	.352
Away	.273	987	269	44	1	8	74	58	68	.314	.343	Other	.245	220	54	9	1	2	21	14	13	.291	.323
Day	.290	559	162	29	4	4	54	48	33	.347	.377	April	.285	221	63	5	0	2	21	20	16	.344	.335
Night	.257	1418	364	64	5	15	100	93	101	.302	.341	May	.227	343	78	14	3	1	24	27	20	.283	.294
Grass	.262	1669	438	81	9	17	125	125	112	.313	.352	June	.282	333	94	15	1	3	28	24	23	.331	.360
Turf	.286	308	88	12	0	2	29	16	22	.325	.344	July	.274	321	88	21	2	6	31	25	23	.328	.408
First Pitch	.282	195	55	11	1	3	23	5	0	.309	.395	August	.246	378	93	19	1	1	23	24	33	.292	.310
Ahead in Count	.323	532	172	41	3	8	55	86	0	.413	.457	September/October	.289	381	110	19	2	6	27	21	19	.326	.396
Behind in Count	.221	866	191	24	2	5	52	0	123	.222	.270	Pre-All Star	.263	1009	265	40	4	9	80	78	67	.315	.337
Two Strikes	.226	729	165	25	2	6	41	47	134	.273	.291	Post-All Star	.270	968	261	53	5	10	74	63	67	.315	.366

Batter vs. Pitcher (since 1984)

Hits Best Against	Avg	AB	H	2B	3B	HR	RBI	BB	SO	OBP	SLG	Hits Worst Against	Avg	AB	H	2B	3B	HR	RBI	BB	SO	OBP	SLG
Todd Worrell	.600	10	6	2	1	0	1	1	0	.636	1.000	Randy Johnson	.038	26	1	1	0	0	0	2	4	.107	.077
Paul Gibson	.545	11	6	2	0	0	1	0	0	.545	.727	John Dopson	.087	23	2	0	0	0	0	3	1	.192	.087
Ben McDonald	.500	18	9	1	2	1	4	0	1	.474	.944	Jack Morris	.100	20	2	0	0	0	0	0	0	.100	.100
Dave Fleming	.500	14	7	4	0	0	1	1	0	.533	.786	Jose Rijo	.100	10	1	0	0	0	0	1	1	.182	.100
Mike Henneman	.417	12	5	1	0	1	3	2	2	.438	.750	Jeff Montgomery	.125	16	2	0	0	0	1	0	5	.125	.125

Bob Scanlan — Brewers
Age 28 – Pitches Right (groundball pitcher)

	ERA	W	L	Sv	G	GS	IP	BB	SO	Avg	H	2B	3B	HR	RBI	OBP	SLG	GF	IR	IRS	Hld	SvOp	SB	CS	GB	FB	G/F
1994 Season	4.11	2	6	2	30	12	103.0	28	65	.288	117	21	2	11	52	.339	.431	9	21	6	3	3	14	4	171	91	1.88
Career (1991-1994)	3.85	16	25	17	209	25	376.2	126	195	.269	386	78	10	26	188	.329	.391	79	136	42	37	26	30	18	655	301	2.18

1994 Season

	ERA	W	L	Sv	G	GS	IP	H	HR	BB	SO		Avg	AB	H	2B	3B	HR	RBI	BB	SO	OBP	SLG
Home	4.62	0	2	1	15	6	50.2	64	7	12	27	vs. Left	.269	197	53	8	2	5	24	17	43	.327	.406
Away	3.61	2	4	1	15	6	52.1	53	4	16	38	vs. Right	.306	209	64	13	0	6	28	11	22	.350	.455
Starter	3.68	2	3	0	12	12	78.1	84	7	21	44	Scoring Posn	.262	103	27	4	0	2	38	11	20	.328	.359
Reliever	5.47	0	3	2	18	0	24.2	33	4	7	21	Close & Late	.369	65	24	3	0	2	14	3	8	.386	.508
0 Days rest (Re)	0.00	0	0	0	1	0	1.1	2	0	0	0	None on/out	.196	97	19	2	0	2	2	8	15	.271	.278
1 or 2 Days rest	4.38	1	0	1	9	0	12.1	16	2	3	12	First Pitch	.383	60	23	4	1	2	13	2	0	.406	.583
3+ Days rest	7.36	0	2	0	8	0	11.0	15	2	4	9	Ahead in Count	.238	168	40	5	0	2	18	0	53	.250	.304
Pre-All Star	4.72	1	5	2	25	7	68.2	77	8	21	50	Behind in Count	.347	95	33	7	1	6	16	14	0	.431	.632
Post-All Star	2.88	1	1	0	5	5	34.1	40	3	7	15	Two Strikes	.217	175	38	6	0	3	15	12	65	.279	.303

Career (1991-1994)

	ERA	W	L	Sv	G	GS	IP	H	HR	BB	SO		Avg	AB	H	2B	3B	HR	RBI	BB	SO	OBP	SLG
Home	4.69	8	13	5	104	14	186.0	215	18	61	92	vs. Left	.263	700	184	38	7	12	94	71	105	.330	.389
Away	3.02	8	12	12	105	11	190.2	171	8	65	103	vs. Right	.274	737	202	40	3	14	94	55	90	.328	.393
Day	4.41	8	12	8	98	12	169.1	179	11	57	81	Inning 1-6	.272	606	165	32	7	10	76	51	79	.334	.398
Night	3.39	8	13	9	111	13	207.1	207	15	69	114	Inning 7+	.266	831	221	46	3	16	112	75	116	.325	.386
Grass	4.18	11	19	11	156	19	273.1	296	21	90	140	None on/out	.259	761	197	42	4	12	12	64	105	.322	.372
Turf	2.96	5	6	6	53	6	103.1	90	5	36	55	Runners on	.280	676	189	36	6	14	176	62	90	.336	.413
April	3.13	1	3	1	30	0	31.2	31	4	9	24	Scoring Posn	.271	420	114	23	3	7	156	51	62	.350	.390
May	3.84	4	4	2	39	5	72.2	70	4	24	42	Close & Late	.273	484	132	26	2	7	71	42	61	.327	.378
June	4.08	1	7	3	37	11	88.1	98	5	34	42	None on/out	.249	329	82	14	3	3	29	39	.320	.337
July	4.58	5	5	3	34	5	72.2	72	6	20	36	vs. 1st Batr (relief)	.244	164	40	7	0	4	23	13	22	.297	.360
August	2.96	3	3	6	33	4	67.0	65	3	22	31	First Inning Pitched	.260	691	180	39	1	15	102	68	105	.325	.385

Career (1991-1994)

	ERA	W	L	Sv	G	GS	IP	H	HR	BB	SO		Avg	AB	H	2B	3B	HR	RBI	BB	SO	OBP	SLG
September/October	4.06	3	2	3	36	0	44.1	50	4	17	20	First 15 Pitches	.248	606	150	35	2	11	74	60	84	.314	.366
Starter	3.96	4	7	0	25	25	147.2	167	9	47	69	Pitch 16-30	.289	349	101	19	2	6	47	30	49	.348	.407
Reliever	3.77	12	18	17	184	0	229.0	219	17	79	126	Pitch 31-45	.341	138	47	10	3	5	31	14	19	.410	.565
0 Days rest (Re)	3.88	3	4	7	55	0	55.2	56	5	17	28	Pitch 46+	.256	344	88	14	3	4	36	22	43	.303	.349
1 or 2 Days rest	3.64	7	11	5	81	0	113.2	102	9	45	68	First Pitch	.287	223	64	13	1	3	37	17	0	.337	.395
3+ Days rest	3.92	2	3	5	48	0	59.2	61	3	17	30	Ahead in Count	.243	609	148	21	6	7	62	0	167	.251	.332
Pre-All Star	3.77	7	17	5	121	18	224.2	227	15	76	126	Behind in Count	.306	330	101	32	2	13	55	60	0	.410	.533
Post-All Star	3.97	9	8	12	88	7	152.0	159	11	50	69	Two Strikes	.219	585	128	22	5	8	65	49	195	.284	.315

Pitcher vs. Batter (career)

Pitches Best Vs.	Avg	AB	H	2B	3B	HR	RBI	BB	SO	OBP	SLG	Pitches Worst Vs.	Avg	AB	H	2B	3B	HR	RBI	BB	SO	OBP	SLG
Tom Pagnozzi	.100	10	1	0	0	0	0	1	1	.182	.100	Todd Zeile	.600	10	6	2	0	0	3	1	0	.636	.800
Matt Williams	.125	16	2	1	0	0	2	0	2	.125	.188	Andres Galarraga	.429	14	6	1	0	0	3	0	0	.429	.500
Otis Nixon	.182	11	2	1	0	0	0	0	5	.182	.273	Felix Jose	.400	10	4	0	0	0	0	2	2	.500	.400
Tim Wallach	.200	15	3	1	0	0	1	0	3	.188	.267	Willie McGee	.364	11	4	2	0	0	4	0	0	.364	.545
Delino DeShields	.222	9	2	0	0	0	2	4	1	.429	.222	Marquis Grissom	.348	23	8	2	2	0	7	0	2	.333	.609

Steve Scarsone — Giants   Age 29 – Bats Right (flyball hitter)

	Avg	G	AB	R	H	2B	3B	HR	RBI	BB	SO	HBP	GDP	SB	CS	OBP	SLG	IBB	SH	SF	#Pit	#P/PA	GB	FB	G/F
1994 Season	.272	52	103	21	28	8	0	2	13	10	20	0	1	0	2	.330	.408	1	3	2	434	3.68	31	42	0.74
Career (1992-1994)	.250	114	236	40	59	17	0	4	28	16	64	0	1	0	3	.294	.373	1	8	3	954	3.63	58	84	0.69

1994 Season

	Avg	AB	H	2B	3B	HR	RBI	BB	SO	OBP	SLG		Avg	AB	H	2B	3B	HR	RBI	BB	SO	OBP	SLG
vs. Left	.302	53	16	4	0	1	7	7	10	.377	.434	Scoring Posn	.280	25	7	3	0	1	11	3	3	.333	.520
vs. Right	.240	50	12	4	0	1	6	3	10	.278	.380	Close & Late	.188	16	3	2	0	0	1	1	4	.235	.313

Jeff Schaefer — Athletics   Age 35 – Bats Right

	Avg	G	AB	R	H	2B	3B	HR	RBI	BB	SO	HBP	GDP	SB	CS	OBP	SLG	IBB	SH	SF	#Pit	#P/PA	GB	FB	G/F
1994 Season	.125	6	8	0	1	0	0	0	0	0	1	0	0	0	0	.125	.125	0	0	0	25	3.13	1	5	0.20
Last Five Years	.206	210	349	35	72	12	1	2	20	10	47	2	10	7	3	.232	.264	0	14	1	1203	3.19	123	104	1.18

1994 Season

	Avg	AB	H	2B	3B	HR	RBI	BB	SO	OBP	SLG		Avg	AB	H	2B	3B	HR	RBI	BB	SO	OBP	SLG
vs. Left	.000	1	0	0	0	0	0	0	0	.000	.000	Scoring Posn	.000	2	0	0	0	0	0	0	0	.000	.000
vs. Right	.143	7	1	0	0	0	0	0	1	.143	.143	Close & Late	.000	0	0	0	0	0	0	0	0	.000	.000

Last Five Years

	Avg	AB	H	2B	3B	HR	RBI	BB	SO	OBP	SLG		Avg	AB	H	2B	3B	HR	RBI	BB	SO	OBP	SLG
vs. Left	.248	153	38	7	0	1	6	6	22	.275	.314	Scoring Posn	.163	80	13	3	1	0	17	2	16	.190	.225
vs. Right	.173	196	34	5	1	1	14	4	25	.198	.224	Close & Late	.146	48	7	1	1	1	4	1	8	.163	.271
Groundball	.262	107	28	1	1	2	9	3	10	.286	.346	None on/out	.179	84	15	3	0	1	1	2	9	.198	.250
Flyball	.215	79	17	4	0	0	2	1	15	.225	.266	Batting #8	.209	91	19	4	0	0	5	5	15	.265	.253
Home	.178	157	28	5	1	0	11	4	24	.209	.223	Batting #9	.209	206	43	7	0	2	10	5	25	.226	.272
Away	.229	192	44	7	0	2	9	6	23	.251	.297	Other	.192	52	10	1	1	0	5	0	7	.192	.250
Day	.221	95	21	7	1	0	5	7	13	.282	.316	April	.229	48	11	2	0	1	3	2	3	.260	.333
Night	.201	254	51	5	0	2	15	3	34	.212	.244	May	.114	35	4	1	0	0	1	2	8	.162	.143
Grass	.203	158	32	6	0	2	7	5	20	.226	.278	June	.238	80	19	3	1	1	6	1	8	.244	.338
Turf	.209	191	40	6	1	0	13	5	27	.237	.251	July	.123	65	8	1	0	0	3	0	12	.123	.138
First Pitch	.306	72	22	7	0	0	5	0	0	.306	.403	August	.325	40	13	3	0	2	0	4	.325	.400
Ahead in Count	.194	67	13	3	1	0	6	5	0	.260	.269	September/October	.210	81	17	2	0	0	5	5	12	.273	.235
Behind in Count	.190	153	29	1	0	1	8	0	40	.194	.216	Pre-All Star	.194	196	38	7	1	2	10	5	24	.213	.270
Two Strikes	.159	132	21	1	0	0	4	5	47	.194	.167	Post-All Star	.222	153	34	5	0	0	10	5	23	.256	.255

Batter vs. Pitcher (career)

Hits Best Against	Avg	AB	H	2B	3B	HR	RBI	BB	SO	OBP	SLG	Hits Worst Against	Avg	AB	H	2B	3B	HR	RBI	BB	SO	OBP	SLG
Greg Hibbard	.364	11	4	1	0	1	1	0	2	.364	.727												

Rich Scheid — Marlins   Age 30 – Pitches Left

	ERA	W	L	Sv	G	GS	IP	BB	SO	Avg	H	2B	3B	HR	RBI	OBP	SLG	CG	ShO	Sup	QS	#P/S	SB	CS	GB	FB	G/F
1994 Season	3.34	1	3	0	8	5	32.1	8	17	.269	35	6	1	6	19	.321	.469	0	0	3.62	2	93	2	3	45	40	1.13
Career (1992-1994)	4.06	1	4	0	15	6	44.1	14	25	.272	49	9	1	8	26	.332	.467	0	0	2.64	2	89	2	3	63	56	1.13

1994 Season

	ERA	W	L	Sv	G	GS	IP	H	HR	BB	SO		Avg	AB	H	2B	3B	HR	RBI	BB	SO	OBP	SLG
Home	4.24	0	1	0	3	3	17.0	18	3	3	12	vs. Left	.176	17	3	0	0	0	2	2	3	.300	.176
Away	2.35	1	2	0	5	2	15.1	17	3	5	5	vs. Right	.283	113	32	6	1	6	17	6	14	.325	.513

Curt Schilling — Phillies   Age 28 – Pitches Right

	ERA	W	L	Sv	G	GS	IP	BB	SO	Avg	H	2B	3B	HR	RBI	OBP	SLG	CG	ShO	Sup	QS	#P/S	SB	CS	GB	FB	G/F
1994 Season	4.48	2	8	0	13	13	82.1	28	58	.270	87	15	0	10	38	.333	.410	1	0	2.95	5	102	6	1	89	109	0.82
Last Five Years	3.38	36	33	13	180	73	665.2	202	494	.241	603	109	13	47	259	.297	.351	18	6	3.83	50	107	28	23	838	707	1.19

1994 Season

	ERA	W	L	Sv	G	GS	IP	H	HR	BB	SO		Avg	AB	H	2B	3B	HR	RBI	BB	SO	OBP	SLG
Home	3.67	1	4	0	6	6	41.2	39	3	14	29	vs. Left	.248	161	40	9	0	3	16	11	30	.299	.360

1994 Season

	ERA	W	L	Sv	G	GS	IP	H	HR	BB	SO		Avg	AB	H	2B	3B	HR	RBI	BB	SO	OBP	SLG
Away	5.31	1	4	0	7	7	40.2	48	7	14	29	vs. Right	.292	161	47	6	0	7	22	17	28	.367	.460
Starter	4.48	2	8	0	13	13	82.1	87	10	28	58	Scoring Posn	.260	73	19	4	0	1	24	13	18	.375	.356
Reliever	0.00	0	0	0	0	0	0.0	0	0	0	0	Close & Late	.368	19	7	2	0	1	4	4	4	.480	.632
0-3 Days Rest (St)	0.00	0	0	0	0	0	0.0	0	0	0	0	None on/out	.262	84	22	6	0	4	4	5	14	.303	.476
4 Days Rest	4.22	1	6	0	9	9	59.2	63	5	20	34	First Pitch	.449	49	22	7	0	1	6	1	0	.471	.653
5+ Days Rest	5.16	1	2	0	4	4	22.2	24	5	8	24	Ahead in Count	.207	150	31	2	0	4	15	0	48	.217	.300
Pre-All Star	5.40	0	7	0	9	9	55.0	62	9	20	42	Behind in Count	.353	68	24	4	0	5	15	15	0	.470	.632
Post-All Star	2.63	2	1	0	4	4	27.1	25	1	8	16	Two Strikes	.184	147	27	1	0	3	11	12	58	.250	.252

Last Five Years

	ERA	W	L	Sv	G	GS	IP	H	HR	BB	SO		Avg	AB	H	2B	3B	HR	RBI	BB	SO	OBP	SLG
Home	3.18	22	18	5	93	37	359.2	314	19	113	274	vs. Left	.238	1321	315	59	8	24	126	122	259	.302	.350
Away	3.62	14	15	8	87	36	306.0	289	28	89	220	vs. Right	.244	1182	288	50	5	23	133	80	235	.293	.353
Day	4.61	6	14	4	47	26	199.0	216	19	58	150	Inning 1-6	.241	1640	395	66	7	35	167	125	317	.295	.354
Night	2.85	30	19	9	133	47	466.2	387	28	144	344	Inning 7+	.241	863	208	43	6	12	92	77	177	.301	.346
Grass	3.71	10	9	6	75	21	213.1	201	22	69	156	None on	.231	1500	347	61	7	30	30	101	283	.281	.341
Turf	3.22	26	24	7	105	52	452.1	402	25	133	338	Runners on	.255	1003	256	48	6	17	229	101	211	.320	.366
April	3.32	6	7	4	30	11	105.2	92	9	33	82	Scoring Posn	.256	547	140	29	3	8	199	77	140	.340	.364
May	3.95	4	7	3	29	12	109.1	102	12	38	90	Close & Late	.255	412	105	18	5	9	58	41	88	.321	.388
June	3.76	7	4	1	20	11	83.2	76	5	21	59	None on/out	.243	643	156	28	4	15	15	40	112	.288	.369
July	3.65	6	4	1	23	13	101.0	103	5	22	71	vs. 1st Batr (relief)	.312	93	29	7	0	2	11	11	19	.387	.452
August	3.02	5	4	1	38	14	140.0	126	10	54	102	First Inning Pitched	.246	619	152	35	3	7	86	70	130	.322	.346
September/October	2.86	8	5	3	40	12	126.0	104	6	34	90	First 75 Pitches	.241	1875	451	84	8	36	199	167	378	.302	.351
Starter	3.42	30	24	0	73	73	515.2	468	41	133	362	Pitch 76-90	.238	260	62	7	2	4	19	15	46	.283	.327
Reliever	3.24	6	9	13	107	0	150.0	135	6	69	132	Pitch 91-105	.249	209	52	11	2	5	25	8	39	.274	.392
0-3 Days Rest (St)	0.00	0	0	0	0	0	0.0	0	0	0	0	Pitch 106+	.239	159	38	7	1	2	16	12	31	.293	.333
4 Days Rest	3.47	18	17	0	47	47	331.2	317	22	75	235	First Pitch	.320	338	108	20	3	7	34	16	0	.348	.459
5+ Days Rest	3.33	12	7	0	26	26	184.0	151	19	58	127	Ahead in Count	.178	1238	220	38	4	14	87	0	440	.180	.249
Pre-All Star	4.05	17	24	8	87	39	327.0	316	28	99	251	Behind in Count	.330	466	154	33	4	14	77	102	0	.449	.509
Post-All Star	2.74	19	9	5	93	34	338.2	287	19	103	243	Two Strikes	.176	1214	214	38	3	17	91	84	494	.229	.255

Pitcher vs. Batter (career)

Pitches Best Vs.	Avg	AB	H	2B	3B	HR	RBI	BB	SO	OBP	SLG	Pitches Worst Vs.	Avg	AB	H	2B	3B	HR	RBI	BB	SO	OBP	SLG
Darrin Fletcher	.040	25	1	0	0	0	4	0	4	.038	.040	Charlie Hayes	.545	11	6	2	0	0	3	0	1	.545	.727
Eddie Murray	.077	26	2	0	0	0	2	6	.143	.077	Mark Lemke	.500	22	11	0	0	2	3	3	2	.560	.773
Jose Offerman	.083	12	1	0	0	0	1	5	.154	.083	Tony Gwynn	.500	18	9	3	0	1	3	0	1	.526	.833
Rick Wilkins	.083	12	1	0	0	0	1	2	.154	.083	Gary Sheffield	.455	11	5	1	0	1	3	5	1	.625	.818
Andujar Cedeno	.100	10	1	0	0	0	1	2	.182	.100	Ellis Burks	.417	12	5	0	0	2	5	1	2	.429	.917

Dick Schofield — Blue Jays
Age 32 – Bats Right

	Avg	G	AB	R	H	2B	3B	HR	RBI	BB	SO	HBP	GDP	SB	CS	OBP	SLG	IBB	SH	SF	#Pit	#P/PA	GB	FB	G/F
1994 Season	.255	95	325	38	83	14	1	4	32	34	62	4	2	7	7	.332	.342	0	8	2	1413	3.79	95	82	1.16
Last Five Years	.229	507	1595	186	366	50	9	9	122	213	299	14	20	32	19	.324	.289	9	40	7	7153	3.83	495	479	1.03

1994 Season

	Avg	AB	H	2B	3B	HR	RBI	BB	SO	OBP	SLG		Avg	AB	H	2B	3B	HR	RBI	BB	SO	OBP	SLG
vs. Left	.253	87	22	5	1	1	11	8	15	.320	.368	Scoring Posn	.265	68	18	4	0	1	28	7	16	.333	.368
vs. Right	.256	238	61	9	0	3	21	26	47	.336	.332	Close & Late	.125	56	7	0	0	0	1	6	13	.210	.125
Groundball	.325	80	26	3	0	1	13	9	12	.396	.400	None on/out	.279	86	24	3	0	0	5	10	326	.314
Flyball	.253	75	19	5	0	1	4	8	12	.325	.360	Batting #8	.254	59	15	3	0	2	6	8	9	.362	.407
Home	.241	141	34	5	1	2	12	14	26	.318	.333	Batting #9	.258	229	59	10	1	2	22	20	46	.317	.336
Away	.266	184	49	9	0	2	20	20	36	.341	.348	Other	.243	37	9	1	0	0	4	6	7	.364	.270
Day	.208	96	20	2	0	2	9	14	22	.309	.292	April	.257	35	9	1	0	0	3	4	8	.333	.286
Night	.275	229	63	12	1	2	23	20	40	.341	.362	May	.279	86	24	5	1	1	7	5	15	.319	.395
Grass	.209	134	28	5	0	0	9	12	26	.275	.246	June	.246	69	17	3	0	0	8	8	12	.329	.290
Turf	.288	191	55	9	1	4	23	22	36	.370	.408	July	.247	89	22	4	0	3	10	11	16	.346	.393
First Pitch	.270	37	10	2	0	1	6	0	0	.289	.405	August	.239	46	11	1	0	0	4	6	11	.327	.261
Ahead in Count	.234	64	15	2	1	1	8	16	0	.378	.344	September/October	.000	0	0	0	0	0	0	0	0	.000	.000
Behind in Count	.211	152	32	2	0	2	10	0	53	.221	.263	Pre-All Star	.268	224	60	11	1	3	24	23	42	.340	.366
Two Strikes	.229	153	35	5	0	2	13	18	62	.318	.301	Post-All Star	.228	101	23	3	0	1	8	11	20	.313	.287

1994 By Position

Position	Avg	AB	H	2B	3B	HR	RBI	BB	SO	OBP	SLG	G	GS	Innings	PO	A	E	DP	Fld Pct	Rng Fctr	In Zone	Zone Outs	Zone Rtg	MLB Zone
As ss	.255	325	83	14	1	4	32	34	62	.332	.342	95	94	834.1	150	235	11	58	.972	4.15	295	257	.871	.889

Last Five Years

	Avg	AB	H	2B	3B	HR	RBI	BB	SO	OBP	SLG		Avg	AB	H	2B	3B	HR	RBI	BB	SO	OBP	SLG
vs. Left	.219	471	103	14	3	4	43	77	80	.332	.287	Scoring Posn	.249	357	89	12	2	2	110	72	67	.374	.311
vs. Right	.234	1124	263	36	6	5	79	136	219	.321	.290	Close & Late	.184	266	49	4	0	1	14	33	62	.278	.211
Groundball	.259	474	123	13	2	2	40	56	75	.343	.306	None on/out	.211	399	84	10	2	2	2	46	73	.298	.261
Flyball	.186	312	58	15	1	2	20	45	72	.289	.270	Batting #8	.218	344	75	15	2	5	34	43	65	.306	.317
Home	.233	769	179	21	6	6	66	111	134	.331	.299	Batting #9	.237	797	189	21	6	3	61	105	160	.329	.290
Away	.226	826	187	29	3	3	56	102	165	.317	.280	Other	.225	454	102	14	1	1	27	65	74	.330	.267
Day	.212	433	92	10	3	4	42	64	80	.320	.277	April	.250	200	50	7	1	0	11	33	48	.364	.295
Night	.236	1162	274	40	6	5	80	149	219	.326	.293	May	.241	266	64	11	3	3	25	28	44	.315	.338
Grass	.229	1108	254	31	6	4	79	141	190	.320	.279	June	.220	296	65	8	0	1	18	45	48	.326	.257
Turf	.230	487	112	19	3	5	43	72	109	.334	.312	July	.215	293	63	9	0	0	26	31	59	.298	.287

Last Five Years

	Avg	AB	H	2B	3B	HR	RBI	BB	SO	OBP	SLG		Avg	AB	H	2B	3B	HR	RBI	BB	SO	OBP	SLG
First Pitch	.232	185	43	6	0	2	15	4	0	.251	.297	August	.234	286	67	6	1	0	21	46	54	.345	.262
Ahead in Count	.323	322	104	15	2	3	41	124	0	.509	.410	September/October	.224	254	57	9	4	1	21	30	46	.304	.303
Behind in Count	.183	758	139	15	4	3	38	0	252	.191	.226	Pre-All Star	.232	862	200	29	4	6	60	119	167	.330	.296
Two Strikes	.175	750	131	18	3	3	38	85	299	.266	.219	Post-All Star	.226	733	166	21	5	3	62	94	132	.318	.281

Batter vs. Pitcher (since 1984)

Hits Best Against	Avg	AB	H	2B	3B	HR	RBI	BB	SO	OBP	SLG	Hits Worst Against	Avg	AB	H	2B	3B	HR	RBI	BB	SO	OBP	SLG
Tim Leary	.556	9	5	1	0	1	6	3	0	.667	1.000	Mark Gubicza	.000	28	0	0	0	0	0	2	6	.067	.000
Jose Bautista	.500	12	6	0	0	0	1	4	0	.538	.500	Tom Henke	.000	12	0	0	0	0	0	1	5	.077	.000
Jeff Ballard	.450	20	9	1	0	1	3	0	0	.450	.650	Mitch Williams	.000	10	0	0	0	0	0	2	3	.167	.000
Bill Krueger	.438	16	7	3	1	0	4	3	2	.526	.750	Kenny Rogers	.056	18	1	0	0	0	0	1	5	.105	.056
Bill Swift	.421	19	8	1	0	1	7	0	2	.450	.632	Jose DeLeon	.067	15	1	1	0	0	0	0	3	.067	.133

Pete Schourek — Reds
Age 26 – Pitches Left

	ERA	W	L	Sv	G	GS	IP	BB	SO	Avg	H	2B	3B	HR	RBI	OBP	SLG	GF	IR	IRS	Hld	SvOp	SB	CS	GB	FB	G/F
1994 Season	4.09	7	2	0	22	10	81.1	29	69	.287	90	14	0	11	35	.351	.436	3	4	2	0	3	6	91	98	0.93
Career (1991-1994)	4.54	23	26	2	120	57	432.0	161	268	.281	477	97	15	40	222	.344	.427	16	35	15	5	4	40	15	551	518	1.06

1994 Season

	ERA	W	L	Sv	G	GS	IP	H	HR	BB	SO		Avg	AB	H	2B	3B	HR	RBI	BB	SO	OBP	SLG
Home	5.81	4	1	0	9	4	31.0	33	6	8	26	vs. Left	.413	80	33	6	0	4	12	6	12	.448	.638
Away	3.04	3	1	0	13	6	50.1	57	5	21	43	vs. Right	.244	234	57	8	0	7	23	23	57	.318	.356
Starter	3.56	4	2	0	10	10	55.2	61	7	19	50	Scoring Posn	.216	74	16	2	0	2	22	10	16	.318	.324
Reliever	5.26	3	0	0	12	0	25.2	29	4	10	19	Close & Late	.067	15	1	0	0	0	0	2	2	.176	.067
0 Days rest (Re)	27.00	0	0	0	1	0	0.2	3	1	1	2	None on/out	.291	79	23	4	0	4	4	10	21	.378	.494
1 or 2 Days rest	1.42	1	0	0	5	0	12.2	8	1	5	7	First Pitch	.342	38	13	2	0	1	4	3	0	.405	.474
3+ Days rest	8.03	2	0	0	6	0	12.1	18	2	4	10	Ahead in Count	.229	153	35	6	0	2	11	0	60	.232	.307
Pre-All Star	4.71	4	1	0	17	5	49.2	62	6	15	37	Behind in Count	.418	67	28	5	0	6	13	14	0	.512	.761
Post-All Star	3.13	3	1	0	5	5	31.2	28	5	14	32	Two Strikes	.205	161	33	6	0	2	12	12	69	.267	.280

Career (1991-1994)

	ERA	W	L	Sv	G	GS	IP	H	HR	BB	SO		Avg	AB	H	2B	3B	HR	RBI	BB	SO	OBP	SLG
Home	4.33	14	13	0	60	29	233.0	247	20	83	134	vs. Left	.304	434	132	20	5	9	53	46	61	.366	.435
Away	4.79	9	13	2	60	28	199.0	230	20	78	134	vs. Right	.273	1262	345	77	10	31	169	115	207	.336	.424
Day	4.83	10	8	0	41	21	166.0	167	16	61	112	Inning 1-6	.280	1329	372	80	12	27	162	121	211	.341	.419
Night	4.36	13	18	2	79	36	266.0	310	24	100	156	Inning 7+	.286	367	105	17	3	13	60	40	57	.353	.455
Grass	4.12	15	18	1	78	38	293.0	310	27	113	179	None on	.261	966	252	51	8	23	23	75	153	.317	.402
Turf	5.44	8	8	1	42	19	139.0	167	13	48	89	Runners on	.308	730	225	46	7	17	199	86	115	.377	.460
April	5.57	3	2	1	15	3	32.1	49	2	14	19	Scoring Posn	.290	431	125	27	2	7	170	70	73	.382	.411
May	4.83	4	5	1	22	7	69.0	74	6	32	43	Close & Late	.246	167	41	9	0	7	26	17	25	.314	.425
June	4.73	1	6	0	17	11	66.2	87	9	19	45	None on/out	.262	427	112	22	2	12	31	75	67	.317	.407
July	3.75	5	4	0	18	13	86.1	85	6	27	53	vs. 1st Batr (relief)	.245	49	12	2	0	2	8	9	10	.344	.408
August	5.35	2	4	0	27	8	70.2	81	11	32	48	First Inning Pitched	.291	419	122	21	2	11	70	52	74	.364	.430
September/October	4.04	8	5	0	21	15	107.0	101	6	37	60	First 15 Pitches	.278	352	98	13	3	8	37	35	62	.338	.401
Starter	4.29	17	24	0	57	57	336.0	364	29	114	202	Pitch 16-30	.302	321	97	21	2	7	56	41	49	.380	.445
Reliever	5.44	6	2	2	63	0	96.0	113	11	47	66	Pitch 31-45	.274	263	72	16	4	6	27	26	55	.342	.433
0 Days rest (Re)	9.00	0	0	0	6	0	8.0	14	2	7	5	Pitch 46+	.276	760	210	47	6	19	102	59	102	.331	.429
1 or 2 Days rest	5.52	2	1	1	28	0	44.0	54	4	19	33	First Pitch	.324	250	81	17	5	6	35	17	0	.369	.504
3+ Days rest	4.70	4	0	1	29	0	44.0	45	5	21	30	Ahead in Count	.211	710	150	28	3	8	60	0	239	.217	.293
Pre-All Star	4.84	9	14	2	61	26	200.2	248	18	73	121	Behind in Count	.351	436	153	34	5	18	74	79	0	.447	.576
Post-All Star	4.28	14	12	0	59	31	231.1	229	22	88	147	Two Strikes	.216	723	156	32	8	8	74	65	268	.286	.302

Pitcher vs. Batter (career)

Pitches Best Vs.	Avg	AB	H	2B	3B	HR	RBI	BB	SO	OBP	SLG	Pitches Worst Vs.	Avg	AB	H	2B	3B	HR	RBI	BB	SO	OBP	SLG
Ricky Gutierrez	.000	11	0	0	0	0	0	1	3	.083	.000	Joe Oliver	.545	11	6	3	0	1	4	0	2	.545	1.091
Alex Arias	.000	10	0	0	0	0	1	0	0	.167	.000	Ken Caminiti	.462	13	6	0	0	2	5	2	1	.533	.923
Marquis Grissom	.091	11	1	0	0	0	0	3	.091	.091	Jay Bell	.448	29	13	6	0	0	7	6	2	.541	.655
Steve Buechele	.091	11	1	0	0	0	1	2	5	.231	.091	Larry Walker	.444	9	4	0	0	1	1	2	1	.545	.778
Chuck Carr	.118	17	2	0	0	0	1	5	.211	.118	Brian Hunter	.364	11	4	1	0	3	7	1	2	.417	1.273

Erik Schullstrom — Twins
Age 26 – Pitches Right (flyball pitcher)

	ERA	W	L	Sv	G	GS	IP	BB	SO	Avg	H	2B	3B	HR	RBI	OBP	SLG	GF	IR	IRS	Hld	SvOp	SB	CS	GB	FB	G/F
1994 Season	2.77	0	0	1	9	0	13.0	5	13	.260	13	4	0	0	3	.339	.340	5	5	1	1	2	0	12	13	0.92

1994 Season

	ERA	W	L	Sv	G	GS	IP	H	HR	BB	SO		Avg	AB	H	2B	3B	HR	RBI	BB	SO	OBP	SLG
Home	11.57	0	0	0	3	0	2.1	5	0	1	3	vs. Left	.200	20	4	2	0	0	3	3	6	.304	.300
Away	0.84	0	0	1	6	0	10.2	8	0	4	10	vs. Right	.300	30	9	2	0	0	0	2	7	.364	.367

Jeff Schwarz — Angels
Age 31 – Pitches Right

	ERA	W	L	Sv	G	GS	IP	BB	SO	Avg	H	2B	3B	HR	RBI	OBP	SLG	GF	IR	IRS	Hld	SvOp	SB	CS	GB	FB	G/F
1994 Season	5.50	0	0	0	13	0	18.0	22	18	.219	14	3	0	0	14	.414	.266	5	9	6	0	1	0	21	16	1.31
Career (1993-1994)	4.17	2	2	0	54	0	69.0	60	59	.206	49	12	2	1	32	.367	.286	15	31	13	6	0	9	5	83	60	1.38

1994 Season

	ERA	W	L	Sv	G	GS	IP	H	HR	BB	SO		Avg	AB	H	2B	3B	HR	RBI	BB	SO	OBP	SLG
Home	6.28	0	0	0	10	0	14.1	12	0	18	12	vs. Left	.103	29	3	1	0	0	3	11	12	.350	.138

	ERA	W	L	Sv	G	GS	IP	H	HR	BB	SO		Avg	AB	H	2B	3B	HR	RBI	BB	SO	OBP	SLG
												1994 Season											
Away	2.45	0	0	0	3	0	3.2	2	0	4	6	vs. Right	.314	35	11	2	0	0	11	11	6	.468	.371

Tim Scott — Expos
Age 28 – Pitches Right

	ERA	W	L	Sv	G	GS	IP	BB	SO	Avg	H		2B	3B	HR	RBI	OBP	SLG	GF	IR	IRS	Hld	SvOp	SB	CS	GB	FB	G/F
1994 Season	2.70	5	2	1	40	0	53.1	18	37	.251	51		8	1	0	12	.318	.300	8	21	2	7	1	12	2	58	61	0.95
Career (1991-1994)	3.46	16	5	2	132	0	163.2	73	133	.257	161		27	6	8	68	.339	.357	42	62	21	14	6	36	6	191	179	1.07

1994 Season

	ERA	W	L	Sv	G	GS	IP	H	HR	BB	SO		Avg	AB	H	2B	3B	HR	RBI	BB	SO	OBP	SLG
Home	2.16	1	1	1	17	0	25.0	22	0	8	13	vs. Left	.177	96	17	3	0	0	3	12	22	.275	.208
Away	3.18	4	1	0	23	0	28.1	29	0	10	24	vs. Right	.318	107	34	5	1	0	9	6	15	.360	.383
Starter	0.00	0	0	0	0	0	0.0	0	0	0	0	Scoring Posn	.276	58	16	2	0	0	12	6	15	.354	.310
Reliever	2.70	5	2	1	40	0	53.1	51	0	18	37	Close & Late	.165	79	13	2	0	0	1	8	18	.241	.190
0 Days rest (Re)	1.86	3	1	0	8	0	9.2	7	0	5	5	None on/out	.200	50	10	2	1	0	0	2	9	.231	.280
1 or 2 Days rest	2.16	1	0	1	18	0	25.0	21	0	8	19	First Pitch	.400	30	12	2	1	0	1	2	0	.455	.533
3+ Days rest	3.86	1	1	0	14	0	18.2	23	0	5	13	Ahead in Count	.207	111	23	2	0	0	6	0	33	.214	.225
Pre-All Star	3.00	4	2	0	29	0	36.0	33	0	13	24	Behind in Count	.194	31	6	1	0	0	3	5	0	.306	.226
Post-All Star	2.08	1	0	1	11	0	17.1	18	0	5	13	Two Strikes	.167	102	17	4	0	0	4	11	37	.248	.206

Career (1991-1994)

	ERA	W	L	Sv	G	GS	IP	H	HR	BB	SO		Avg	AB	H	2B	3B	HR	RBI	BB	SO	OBP	SLG
Home	3.04	9	3	2	61	0	83.0	73	5	31	61	vs. Left	.197	289	57	7	2	4	28	49	78	.315	.277
Away	3.90	7	2	0	71	0	80.2	88	3	42	72	vs. Right	.308	338	104	20	4	4	40	24	55	.362	.426
Day	3.59	6	3	0	41	0	52.2	50	3	23	43	Inning 1-6	.261	138	36	5	0	1	20	19	35	.356	.319
Night	3.41	10	2	2	91	0	111.0	111	5	50	90	Inning 7+	.256	489	125	22	6	7	48	54	98	.335	.368
Grass	3.13	10	2	0	67	0	86.1	84	5	42	69	None on	.257	327	84	15	3	5	38	66	.343	.367
Turf	3.84	6	3	2	65	0	77.1	77	3	31	64	Runners on	.257	300	77	12	3	3	63	35	67	.335	.347
April	2.52	3	1	0	19	0	25.0	17	0	12	16	Scoring Posn	.279	179	50	8	1	1	56	31	44	.386	.352
May	5.13	2	1	0	25	0	33.1	40	2	16	25	Close & Late	.219	210	46	7	2	1	14	33	49	.332	.286
June	2.42	1	1	0	19	0	22.1	22	0	8	18	None on/out	.197	152	30	5	2	1	1	10	29	.247	.276
July	1.11	4	1	1	25	0	32.1	29	0	16	29	vs. 1st Batr (relief)	.220	123	27	3	2	1	11	8	26	.265	.301
August	3.16	3	1	0	25	0	31.1	29	2	9	27	First Inning Pitched	.268	436	117	18	5	6	58	51	98	.348	.374
September/October	7.45	3	0	1	19	0	19.1	24	4	12	18	First 15 Pitches	.281	366	103	15	5	5	45	37	69	.352	.391
Starter	0.00	0	0	0	0	0	0.0	0	0	0	0	Pitch 16-30	.225	187	42	8	0	2	16	25	47	.324	.299
Reliever	3.46	16	5	2	132	0	163.2	161	8	73	133	Pitch 31-45	.220	59	13	4	1	0	6	9	14	.324	.322
0 Days rest (Re)	4.12	4	2	0	18	0	19.2	20	1	12	11	Pitch 46+	.200	15	3	0	0	1	1	2	3	.294	.400
1 or 2 Days rest	3.20	8	1	2	64	0	78.2	82	4	30	66	First Pitch	.368	76	28	4	1	0	6	8	0	.437	.447
3+ Days rest	3.58	4	2	0	50	0	65.1	59	3	31	56	Ahead in Count	.231	333	77	14	4	1	27	0	109	.235	.306
Pre-All Star	3.30	8	4	0	72	0	92.2	88	2	41	67	Behind in Count	.222	108	24	2	1	4	18	28	0	.388	.370
Post-All Star	3.68	8	1	2	60	0	71.0	73	6	32	66	Two Strikes	.200	330	66	16	2	3	27	37	133	.282	.288

Rudy Seanez — Dodgers
Age 26 – Pitches Right

	ERA	W	L	Sv	G	GS	IP	BB	SO	Avg	H		2B	3B	HR	RBI	OBP	SLG	GF	IR	IRS	Hld	SvOp	SB	CS	GB	FB	G/F
1994 Season	2.66	1	1	0	17	0	23.2	9	18	.273	24		3	1	2	9	.340	.398	6	7	3	1	1	5	0	31	22	1.41
Last Five Years	5.76	3	2	0	49	0	59.1	43	50	.277	64		2	7	4	43	.391	.416	21	34	15	4	2	10	1	79	61	1.30

1994 Season

	ERA	W	L	Sv	G	GS	IP	H	HR	BB	SO		Avg	AB	H	2B	3B	HR	RBI	BB	SO	OBP	SLG
Home	0.82	1	0	0	8	0	11.0	8	0	3	8	vs. Left	.256	39	10	3	0	1	4	5	5	.348	.410
Away	4.26	0	1	0	9	0	12.2	16	2	6	10	vs. Right	.286	49	14	0	1	1	5	4	13	.333	.388

David Segui — Mets
Age 28 – Bats Both

	Avg	G	AB	R	H	2B	3B	HR	RBI	BB	SO	HBP	GDP	SB	CS	OBP	SLG	IBB	SH	SF	#Pit	#P/PA	GB	FB	G/F
1994 Season	.241	92	336	46	81	17	1	10	43	33	43	1	6	0	0	.308	.387	6	1	3	1365	3.64	127	104	1.22
Career (1990-1994)	.257	479	1310	150	337	67	1	25	157	134	153	2	47	4	2	.324	.367	17	10	12	5089	3.46	527	381	1.38

1994 Season

	Avg	AB	H	2B	3B	HR	RBI	BB	SO	OBP	SLG		Avg	AB	H	2B	3B	HR	RBI	BB	SO	OBP	SLG
vs. Left	.190	100	19	4	0	5	13	8	16	.250	.380	Scoring Posn	.232	82	19	4	0	1	29	15	11	.347	.317
vs. Right	.263	236	62	13	1	5	30	25	27	.332	.390	Close & Late	.278	72	20	3	0	2	5	4	10	.316	.403
Groundball	.281	96	27	4	0	1	11	8	9	.337	.354	None on/out	.179	56	10	3	0	2	2	5	5	.246	.339
Flyball	.213	61	13	4	0	2	6	4	16	.258	.377	Batting #6	.261	157	41	10	0	4	23	15	19	.326	.401
Home	.241	162	39	9	1	5	20	19	17	.319	.401	Batting #7	.200	85	17	2	1	2	6	9	9	.274	.318
Away	.241	174	42	8	0	5	23	14	26	.298	.374	Other	.245	94	23	5	0	4	14	9	15	.311	.426
Day	.242	95	23	4	0	3	16	17	16	.351	.379	April	.235	85	20	6	0	1	13	11	11	.320	.341
Night	.241	241	58	13	1	7	27	16	27	.290	.390	May	.232	82	19	1	0	6	14	13	11	.330	.463
Grass	.256	234	60	15	1	7	32	27	28	.333	.419	June	.324	68	22	7	0	3	10	3	13	.361	.559
Turf	.206	102	21	2	0	3	11	6	15	.248	.314	July	.171	70	12	3	1	0	5	3	5	.205	.243
First Pitch	.273	44	12	1	0	3	7	4	0	.327	.500	August	.258	31	8	0	0	0	1	3	3	.324	.258
Ahead in Count	.265	83	22	7	0	2	16	16	0	.376	.422	September/October	.000	0	0	0	0	0	0	0	0	.000	.000
Behind in Count	.205	146	30	5	1	4	10	0	34	.205	.336	Pre-All Star	.255	243	62	15	0	10	39	27	35	.328	.440
Two Strikes	.182	143	26	4	1	4	14	13	43	.250	.308	Post-All Star	.204	93	19	2	1	0	4	6	8	.253	.247

1994 By Position

Position	Avg	AB	H	2B	3B	HR	RBI	BB	SO	OBP	SLG	G	GS	Innings	PO	A	E	DP	Fld Pct	Rng Fctr	In Zone	Outs	Zone Rtg	MLB Zone
As 1b	.260	262	68	15	1	10	38	29	38	.332	.439	78	70	625.0	665	51	3	65	.996	---	135	108	.800	.818
As lf	.188	69	13	2	0	0	5	4	4	.233	.217	19	17	158.2	29	1	2	0	.938	1.70	33	28	.848	.815

Career (1990-1994)

	Avg	AB	H	2B	3B	HR	RBI	BB	SO	OBP	SLG		Avg	AB	H	2B	3B	HR	RBI	BB	SO	OBP	SLG
vs. Left	.261	460	120	22	0	12	55	37	61	.315	.387	Scoring Posn	.268	340	91	17	0	3	124	42	46	.339	.344
vs. Right	.255	850	217	45	1	13	102	97	92	.329	.356	Close & Late	.230	248	57	6	0	7	28	26	35	.301	.339
Groundball	.240	338	81	12	0	3	36	28	44	.295	.302	None on/out	.270	285	77	14	0	7	7	28	23	.335	.393
Flyball	.285	242	69	16	0	6	25	26	35	.354	.426	Batting #7	.246	419	103	22	1	8	43	50	54	.323	.360
Home	.254	658	167	36	1	14	87	70	80	.322	.375	Batting #8	.280	347	97	26	0	9	58	34	35	.339	.432
Away	.261	652	170	31	0	11	70	64	73	.326	.359	Other	.252	544	137	19	0	8	56	50	64	.316	.331
Day	.253	376	95	17	0	5	41	49	47	.336	.338	April	.240	154	37	10	0	1	21	22	19	.333	.325
Night	.259	934	242	50	1	20	116	85	106	.320	.379	May	.235	272	64	15	0	9	37	32	28	.315	.390
Grass	.264	1070	282	57	1	20	132	117	123	.334	.375	June	.327	245	80	17	0	6	36	20	29	.373	.469
Turf	.229	240	55	10	0	5	25	17	30	.279	.333	July	.238	223	53	11	1	4	20	16	23	.288	.350
First Pitch	.288	208	60	9	0	7	30	12	0	.324	.433	August	.256	195	50	3	0	1	13	23	25	.335	.287
Ahead in Count	.298	319	95	19	0	7	52	66	0	.412	.423	September/October	.240	221	53	11	0	4	30	21	29	.303	.344
Behind in Count	.209	550	115	20	1	8	38	0	131	.210	.293	Pre-All Star	.271	733	199	44	0	18	104	80	83	.341	.405
Two Strikes	.199	507	101	21	1	7	45	54	153	.277	.286	Post-All Star	.239	577	138	23	1	7	53	54	70	.303	.319

Batter vs. Pitcher (career)

Hits Best Against	Avg	AB	H	2B	3B	HR	RBI	BB	SO	OBP	SLG	Hits Worst Against	Avg	AB	H	2B	3B	HR	RBI	BB	SO	OBP	SLG
Roger Clemens	.455	11	5	1	0	0	3	1	0	.500	.545	Charlie Hough	.091	11	1	0	0	0	1	1	0	.167	.091
Erik Hanson	.455	11	5	0	0	1	2	0	2	.455	.727	Jimmy Key	.118	17	2	1	0	0	0	0	5	.118	.176
Danny Darwin	.455	11	5	3	0	0	1	0	1	.417	.727	Greg Harris	.143	14	2	1	0	0	4	2	5	.235	.214
Jack Morris	.381	21	8	1	0	0	1	2	1	.435	.429	Cal Eldred	.231	13	3	1	0	0	1	2	2	.286	.308
Mark Langston	.353	17	6	1	0	1	3	3	2	.450	.588	Wilson Alvarez	.231	13	3	0	0	0	2	0	1	.333	.231

Kevin Seitzer — Brewers
Age 33 – Bats Right

	Avg	G	AB	R	H	2B	3B	HR	RBI	BB	SO	HBP	GDP	SB	CS	OBP	SLG	IBB	SH	SF	#Pit	#P/PA	GB	FB	G/F
1994 Season	.314	80	309	44	97	24	2	5	49	30	38	2	7	2	1	.375	.453	1	4	3	1346	3.87	112	88	1.27
Last Five Years	.277	591	2122	282	588	117	13	28	240	227	217	10	52	33	25	.347	.384	11	19	20	8950	3.73	888	611	1.45

1994 Season

	Avg	AB	H	2B	3B	HR	RBI	BB	SO	OBP	SLG		Avg	AB	H	2B	3B	HR	RBI	BB	SO	OBP	SLG
vs. Left	.267	60	16	4	1	1	11	15	6	.413	.417	Scoring Posn	.403	77	31	7	0	2	45	14	9	.479	.571
vs. Right	.325	249	81	20	1	4	38	15	32	.364	.462	Close & Late	.342	38	13	4	0	1	8	1	3	.375	.526
Groundball	.429	49	21	5	1	1	13	3	4	.472	.633	None on/out	.214	56	12	7	0	1	1	6	7	.290	.393
Flyball	.241	87	21	7	0	0	4	9	8	.309	.322	Batting #2	.314	156	49	10	0	3	27	10	21	.353	.436
Home	.280	143	40	9	0	4	20	16	17	.358	.427	Batting #3	.288	80	23	8	0	0	9	15	8	.406	.388
Away	.343	166	57	15	2	1	29	14	21	.390	.476	Other	.342	73	25	6	2	2	13	5	9	.385	.562
Day	.290	107	31	6	2	1	15	12	13	.355	.411	April	.346	81	28	7	1	3	15	6	12	.391	.568
Night	.327	202	66	18	0	4	34	18	25	.386	.475	May	.267	30	8	2	1	0	2	2	3	.313	.400
Grass	.323	232	75	19	1	5	42	27	25	.394	.478	June	.327	55	18	3	0	1	13	6	5	.385	.474
Turf	.286	77	22	5	1	0	7	3	13	.313	.377	July	.291	110	32	7	0	1	14	10	14	.350	.436
First Pitch	.278	36	10	2	0	0	3	1	0	.297	.333	August	.333	33	11	5	0	0	5	6	4	.450	.485
Ahead in Count	.385	78	30	11	1	4	21	16	0	.479	.705	September/October	.000	0	0	0	0	0	0	0	0	.000	.000
Behind in Count	.240	129	31	5	0	1	13	0	34	.250	.302	Pre-All Star	.332	205	68	15	2	5	38	15	27	.375	.498
Two Strikes	.231	134	31	6	0	0	15	13	38	.307	.276	Post-All Star	.279	104	29	9	0	0	11	15	11	.375	.365

1994 By Position

Position	Avg	AB	H	2B	3B	HR	RBI	BB	SO	OBP	SLG	G	GS	Innings	PO	A	E	DP	Fld Pct	Rng Fctr	In Zone	Outs	Zone Rtg	MLB Zone
As 1b	.294	126	37	11	0	1	16	17	15	.382	.405	35	32	293.0	304	32	3	45	.991	---	64	53	.828	.818
As 3b	.311	167	52	12	2	3	27	11	22	.352	.461	43	43	349.1	25	72	8	6	.924	2.50	101	79	.782	.826

Last Five Years

	Avg	AB	H	2B	3B	HR	RBI	BB	SO	OBP	SLG		Avg	AB	H	2B	3B	HR	RBI	BB	SO	OBP	SLG
vs. Left	.290	606	176	39	6	12	83	86	52	.377	.434	Scoring Posn	.290	524	152	32	5	6	206	82	52	.376	.405
vs. Right	.272	1516	412	78	7	16	157	141	165	.334	.364	Close & Late	.294	340	100	21	4	4	44	28	39	.343	.397
Groundball	.306	517	158	25	7	4	54	45	42	.362	.404	None on/out	.248	537	133	31	2	7	7	49	65	.315	.352
Flyball	.259	509	132	31	3	6	54	59	49	.333	.367	Batting #1	.280	483	135	28	6	4	33	52	50	.351	.387
Home	.275	1034	284	55	6	17	120	122	97	.354	.389	Batting #2	.262	753	197	36	6	12	103	70	86	.325	.360
Away	.279	1088	304	62	7	11	120	105	120	.339	.380	Other	.289	886	256	53	6	12	104	105	81	.363	.403
Day	.259	680	176	40	3	7	75	81	74	.338	.357	April	.257	331	85	18	1	7	38	23	35	.307	.381
Night	.286	1442	412	77	10	21	165	146	143	.351	.397	May	.297	353	105	21	4	2	33	35	39	.362	.397
Grass	.267	1395	373	68	7	22	166	149	134	.337	.373	June	.299	421	126	24	3	5	54	48	33	.366	.406
Turf	.296	727	215	49	6	6	74	78	83	.365	.404	July	.262	393	103	17	4	4	45	46	48	.339	.356
First Pitch	.310	252	78	13	1	6	31	8	0	.335	.440	August	.264	314	83	19	1	5	43	45	31	.359	.379
Ahead in Count	.335	576	193	52	5	12	94	124	0	.449	.505	September/October	.277	310	86	18	0	5	31	30	31	.341	.384
Behind in Count	.227	876	199	28	3	8	72	0	183	.230	.293	Pre-All Star	.288	1247	359	69	10	16	147	119	125	.354	.398
Two Strikes	.208	862	179	28	2	5	71	92	217	.286	.262	Post-All Star	.262	875	229	48	3	12	93	108	92	.343	.365

Batter vs. Pitcher (career)

Hits Best Against	Avg	AB	H	2B	3B	HR	RBI	BB	SO	OBP	SLG	Hits Worst Against	Avg	AB	H	2B	3B	HR	RBI	BB	SO	OBP	SLG
Mark Gubicza	.563	16	9	3	1	0	4	1	0	.588	.875	Scott Bankhead	.000	11	0	0	0	0	2	2	5	.154	.000
Kevin Ritz	.500	10	5	2	0	0	2	5	1	.538	.700	Kevin Appier	.071	14	1	0	0	0	3	0	3	.071	.071
Jamie Moyer	.471	17	8	1	0	1	1	1	1	.500	.706	Alan Mills	.077	13	1	1	0	0	0	0	1	.077	.154

Batter vs. Pitcher (career)																			
Hits Best Against	Avg	AB	H	2B	3B	HR	RBI	BB	SO	OBP	SLG	Hits Worst Against	Avg	AB	H	2B	3B	HR	RBI	BB	SO	OBP	SLG
Erik Hanson	.450	20	9	2	0	0	2	7	2	.593	.550	Scott Erickson	.100	20	2	0	0	0	1	0	1	.100	.100
Greg Cadaret	.400	20	8	2	0	1	3	2	0	.455	.650	Kevin Campbell	.100	10	1	0	0	0	0	1	1	.182	.100

Aaron Sele — Red Sox   Age 25 – Pitches Right (groundball pitcher)

	ERA	W	L	Sv	G	GS	IP	BB	SO	Avg	H	2B	3B	HR	RBI	OBP	SLG	CG	ShO	Sup	QS	#P/S	SB	CS	GB	FB	G/F
1994 Season	3.83	8	7	0	22	22	143.1	60	105	.261	140	19	3	13	65	.343	.381	2	0	5.02	12	109	6	7	207	118	1.75
Career (1993-1994)	3.35	15	9	0	40	40	255.0	108	198	.251	240	43	4	18	102	.333	.360	2	0	5.12	24	108	14	8	364	208	1.75

1994 Season

	ERA	W	L	Sv	G	GS	IP	H	HR	BB	SO		Avg	AB	H	2B	3B	HR	RBI	BB	SO	OBP	SLG
Home	4.11	5	5	0	13	13	87.2	85	6	42	66	vs. Left	.293	270	79	13	3	8	38	36	46	.383	.452
Away	3.40	3	2	0	9	9	55.2	55	7	18	39	vs. Right	.229	266	61	6	0	5	27	24	59	.300	.308
Day	4.83	4	1	0	8	8	50.1	50	5	26	41	Inning 1-6	.260	462	120	16	3	11	58	51	90	.342	.379
Night	3.29	4	6	0	14	14	93.0	90	8	34	64	Inning 7+	.270	74	20	3	0	2	7	9	15	.345	.392
Grass	4.19	7	7	0	20	20	129.0	132	13	54	99	None on	.276	286	79	8	2	9	38	58	.373	.413	
Turf	0.63	1	0	0	2	2	14.1	8	0	6	6	Runners on	.244	250	61	11	1	4	56	22	47	.307	.344
April	2.56	3	0	0	5	5	31.2	26	3	14	27	Scoring Posn	.295	105	31	4	1	2	49	15	19	.383	.410
May	3.78	2	2	0	5	5	33.1	34	2	14	22	Close & Late	.182	22	4	0	0	0	1	3	6	.280	.182
June	4.89	1	2	0	5	5	35.0	38	1	13	25	None on/out	.237	131	31	3	0	5	5	18	26	.346	.374
July	4.60	1	2	0	5	5	31.1	28	7	12	18	vs. 1st Batr (relief)	.000	0	0	0	0	0	0	0	0	.000	.000
August	2.25	1	1	0	2	2	12.0	14	0	7	13	First Inning Pitched	.190	79	15	2	0	2	10	6	13	.273	.291
September/October	0.00	0	0	0	0	0	0.0	0	0	0	0	First 75 Pitches	.254	358	91	11	2	7	43	37	70	.335	.355
Starter	3.83	8	7	0	22	22	143.1	140	13	60	105	Pitch 76-90	.275	69	19	3	1	4	10	10	12	.370	.522
Reliever	0.00	0	0	0	0	0	0.0	0	0	0	0	Pitch 91-105	.267	60	16	3	0	2	7	7	13	.343	.417
0-3 Days Rest (St)	0.00	0	0	0	0	0	0.0	0	0	0	0	Pitch 106+	.286	49	14	2	0	0	5	6	10	.357	.327
4 Days Rest	2.11	6	1	0	11	11	76.2	66	5	28	51	First Pitch	.323	65	21	3	0	3	7	1	0	.353	.508
5+ Days Rest	5.81	2	6	0	11	11	66.2	74	8	32	54	Ahead in Count	.206	252	52	5	1	2	24	0	90	.220	.258
Pre-All Star	3.41	7	4	0	17	17	116.0	106	8	43	86	Behind in Count	.283	120	34	6	2	5	21	36	0	.444	.492
Post-All Star	5.60	1	3	0	5	5	27.1	34	5	17	19	Two Strikes	.219	260	57	7	1	4	26	23	105	.288	.300

Frank Seminara — Mets   Age 28 – Pitches Right (groundball pitcher)

	ERA	W	L	Sv	G	GS	IP	BB	SO	Avg	H	2B	3B	HR	RBI	OBP	SLG	GF	IR	IRS	Hld	SvOp	SB	CS	GB	FB	G/F
1994 Season	5.82	0	2	0	10	1	17.0	8	7	.303	20	4	1	2	11	.373	.485	5	2	0	0	3	1	31	18	1.72
Career (1992-1994)	4.12	12	9	0	47	26	163.2	75	90	.273	171	23	7	12	76	.354	.390	5	12	5	1	1	16	10	266	142	1.87

1994 Season

	ERA	W	L	Sv	G	GS	IP	H	HR	BB	SO		Avg	AB	H	2B	3B	HR	RBI	BB	SO	OBP	SLG
Home	3.12	0	0	0	5	0	8.2	10	0	2	2	vs. Left	.303	33	10	3	0	1	5	4	3	.378	.485
Away	8.64	0	2	0	5	1	8.1	10	2	6	5	vs. Right	.303	33	10	1	1	1	6	4	4	.368	.485

Scott Servais — Astros   Age 28 – Bats Right

	Avg	G	AB	R	H	2B	3B	HR	RBI	BB	SO	HBP	GDP	SB	CS	OBP	SLG	IBB	SH	SF	#Pit	#P/PA	GB	FB	G/F
1994 Season	.195	78	251	27	49	15	1	9	41	10	44	4	6	0	0	.235	.371	0	7	3	924	3.36	103	70	1.47
Career (1991-1994)	.222	256	751	63	167	38	1	20	94	47	122	14	19	0	0	.279	.356	4	17	6	2884	3.45	295	215	1.37

1994 Season

	Avg	AB	H	2B	3B	HR	RBI	BB	SO	OBP	SLG		Avg	AB	H	2B	3B	HR	RBI	BB	SO	OBP	SLG
vs. Left	.254	67	17	8	0	2	10	6	9	.311	.463	Scoring Posn	.215	79	17	4	1	2	31	1	18	.226	.367
vs. Right	.174	184	32	7	1	7	31	4	35	.206	.337	Close & Late	.080	25	2	0	0	1	4	1	6	.143	.200
Home	.150	133	20	8	0	3	19	6	28	.196	.278	None on/out	.154	52	8	1	0	2	2	1	10	.185	.288
Away	.246	118	29	7	1	6	22	4	16	.280	.475	Batting #7	.180	206	37	12	1	6	33	8	39	.218	.335
First Pitch	.277	47	13	4	0	3	9	0	0	.271	.553	Batting #8	.267	45	12	3	0	3	8	2	5	.313	.533
Ahead in Count	.231	52	12	4	0	2	7	3	0	.268	.423	Other	.000	0	0	0	0	0	0	0	0	.000	.000
Behind in Count	.140	114	16	5	1	3	18	0	41	.154	.281	Pre-All Star	.202	188	38	12	1	7	30	10	33	.255	.388
Two Strikes	.158	101	16	6	1	3	16	7	44	.225	.327	Post-All Star	.175	63	11	3	0	2	11	0	11	.172	.317

Career (1991-1994)

	Avg	AB	H	2B	3B	HR	RBI	BB	SO	OBP	SLG		Avg	AB	H	2B	3B	HR	RBI	BB	SO	OBP	SLG
vs. Left	.266	357	95	26	0	9	50	27	46	.322	.415	Scoring Posn	.229	205	47	8	1	4	73	16	37	.290	.337
vs. Right	.183	394	72	12	1	11	44	20	76	.239	.302	Close & Late	.186	113	21	6	0	2	9	5	18	.231	.292
Groundball	.247	239	59	11	0	5	34	12	36	.293	.356	None on/out	.222	171	38	10	0	4	4	4	30	.253	.351
Flyball	.261	134	35	10	0	4	17	13	25	.329	.425	Batting #7	.220	582	128	29	1	17	73	34	94	.273	.361
Home	.207	376	78	22	0	8	46	23	64	.262	.330	Batting #8	.260	127	33	8	0	3	19	12	18	.338	.394
Away	.237	375	89	16	1	12	48	24	58	.295	.381	Other	.143	42	6	1	0	0	2	1	10	.163	.167
Day	.234	239	56	11	0	5	30	17	33	.294	.343	April	.202	104	21	3	0	2	12	6	11	.246	.288
Night	.217	512	111	27	1	15	64	30	89	.271	.361	May	.232	142	33	10	1	6	17	4	30	.273	.444
Grass	.241	212	51	8	1	7	28	18	33	.309	.387	June	.241	158	38	7	0	5	25	12	26	.309	.380
Turf	.215	539	116	30	0	13	66	29	89	.266	.343	July	.208	183	38	10	0	3	19	10	25	.266	.311
First Pitch	.308	133	41	10	0	5	18	2	0	.312	.496	August	.135	89	12	2	0	4	11	6	14	.189	.292
Ahead in Count	.266	173	46	12	0	7	26	19	0	.335	.457	September/October	.333	75	25	6	0	0	10	9	16	.400	.413
Behind in Count	.160	319	51	11	1	5	34	0	110	.185	.248	Pre-All Star	.230	479	110	25	1	15	61	28	77	.287	.380
Two Strikes	.143	301	43	11	1	6	31	26	122	.227	.246	Post-All Star	.210	272	57	13	0	5	33	19	45	.264	.313

Batter vs. Pitcher (career)																							
Hits Best Against	Avg	AB	H	2B	3B	HR	RBI	BB	SO	OBP	SLG	Hits Worst Against	Avg	AB	H	2B	3B	HR	RBI	BB	SO	OBP	SLG
Chris Hammond	.462	13	6	0	1	3	0	2	.462	.692		Kevin Gross	.000	11	0	0	0	0	0	0	1	.000	.000

Batter vs. Pitcher (career)

Hits Best Against	Avg	AB	H	2B	3B	HR	RBI	BB	SO	OBP	SLG	Hits Worst Against	Avg	AB	H	2B	3B	HR	RBI	BB	SO	OBP	SLG
Bryan Hickerson	.444	9	4	1	0	1	2	2	1	.545	.889	Steve Avery	.077	13	1	0	0	0	0	1	1	.143	.077
Terry Mulholland	.375	16	6	3	0	1	3	0	4	.412	.750	Andy Benes	.100	10	1	0	0	1	1	1	4	.182	.400
Tom Candiotti	.333	18	6	1	1	0	2	0	3	.333	.500	Rheal Cormier	.182	11	2	1	0	0	0	0	2	.182	.273
												Mike Morgan	.231	13	3	0	0	0	1	1	2	.333	.231

Scott Service — Reds   Age 28 – Pitches Right

	ERA	W	L	Sv	G	GS	IP	BB	SO	Avg	H	2B	3B	HR	RBI	OBP	SLG	GF	IR	IRS	Hld	SvOp	SB	CS	GB	FB	G/F
1994 Season	7.36	1	2	0	6	0	7.1	3	5	.267	8	2	1	2	6	.333	.600	2	0	0	0	0	0	0	9	11	0.82
Last Five Years	5.82	3	4	2	40	0	60.1	24	59	.280	67	10	6	9	40	.346	.485	9	26	7	4	2	4	1	72	65	1.11

1994 Season

	ERA	W	L	Sv	G	GS	IP	H	HR	BB	SO		Avg	AB	H	2B	3B	HR	RBI	BB	SO	OBP	SLG
Home	19.29	0	1	0	2	0	2.1	6	1	2	1	vs. Left	.222	9	2	0	1	1	1	2	1	.364	.778
Away	1.80	1	1	0	4	0	5.0	2	1	1	4	vs. Right	.286	21	6	2	0	1	5	1	4	.318	.524

Jeff Shaw — Expos   Age 28 – Pitches Right

	ERA	W	L	Sv	G	GS	IP	BB	SO	Avg	H	2B	3B	HR	RBI	OBP	SLG	GF	IR	IRS	Hld	SvOp	SB	CS	GB	FB	G/F
1994 Season	3.88	5	2	1	46	0	67.1	15	47	.254	67	13	1	8	37	.295	.402	15	32	11	10	2	6	2	91	73	1.25
Career (1990-1994)	4.41	10	19	2	144	19	291.2	98	156	.275	310	61	4	39	159	.336	.439	38	107	39	14	7	17	8	449	309	1.45

1994 Season

	ERA	W	L	Sv	G	GS	IP	H	HR	BB	SO		Avg	AB	H	2B	3B	HR	RBI	BB	SO	OBP	SLG
Home	4.64	1	0	0	21	0	33.0	36	3	7	17	vs. Left	.267	101	27	5	0	4	14	10	20	.327	.436
Away	3.15	4	2	1	25	0	34.1	31	5	8	30	vs. Right	.245	163	40	8	1	4	23	5	27	.273	.380
Starter	0.00	0	0	0	0	0	0.0	0	0	0	0	Scoring Posn	.296	71	21	4	0	1	30	10	14	.365	.394
Reliever	3.88	5	2	1	46	0	67.1	67	8	15	47	Close & Late	.219	64	14	3	0	2	5	4	12	.265	.359
0 Days rest (Re)	2.84	1	1	0	8	0	12.2	14	2	4	6	None on/out	.206	63	13	1	1	3	3	2	10	.254	.397
1 or 2 Days rest	4.54	4	0	1	26	0	37.2	36	6	11	29	First Pitch	.298	57	17	5	0	2	9	2	0	.311	.491
3+ Days rest	3.18	0	1	0	12	0	17.0	17	0	0	12	Ahead in Count	.241	112	27	5	0	2	14	0	36	.252	.339
Pre-All Star	3.83	4	2	0	39	0	56.1	59	8	14	38	Behind in Count	.250	48	12	2	0	2	9	5	0	.321	.417
Post-All Star	4.09	1	0	1	7	0	11.0	8	0	1	9	Two Strikes	.213	108	23	3	0	3	10	8	47	.280	.324

Career (1990-1994)

	ERA	W	L	Sv	G	GS	IP	H	HR	BB	SO		Avg	AB	H	2B	3B	HR	RBI	BB	SO	OBP	SLG
Home	4.34	4	10	1	70	14	172.0	177	21	52	81	vs. Left	.309	508	157	27	1	18	67	53	59	.372	.472
Away	4.51	6	9	1	74	5	119.2	133	18	46	75	vs. Right	.246	621	153	34	3	21	92	45	97	.306	.412
Day	4.98	5	8	0	46	5	72.1	83	13	30	42	Inning 1-6	.265	631	167	36	3	22	88	56	87	.330	.436
Night	4.23	5	11	2	98	14	219.1	227	26	68	114	Inning 7+	.287	498	143	25	1	17	71	42	69	.344	.444
Grass	4.75	6	12	1	71	12	170.2	180	25	59	91	None on	.290	614	178	36	3	28	28	47	82	.350	.495
Turf	3.94	4	7	1	73	7	121.0	130	14	39	65	Runners on	.256	515	132	25	1	11	131	51	74	.320	.373
April	5.05	1	2	0	19	0	35.2	32	9	8	25	Scoring Posn	.265	287	76	12	1	6	115	42	47	.347	.376
May	3.73	2	4	0	25	8	60.1	59	9	21	33	Close & Late	.270	148	40	6	0	8	22	18	23	.349	.473
June	5.26	3	3	1	23	5	49.2	60	6	19	20	None on/out	.277	274	76	17	2	10	10	17	33	.327	.464
July	4.43	1	6	0	32	1	61.0	64	5	24	36	vs. 1st Batr (relief)	.194	108	21	3	0	3	21	11	20	.264	.306
August	3.68	1	3	1	26	3	51.1	49	4	15	27	First Inning Pitched	.276	503	139	21	3	14	87	44	81	.333	.414
September/October	4.81	2	1	0	19	1	33.2	46	6	11	15	First 15 Pitches	.266	467	124	17	3	16	70	37	69	.319	.418
Starter	5.95	4	10	0	19	19	84.2	108	13	37	38	Pitch 16-30	.264	296	78	21	0	9	41	25	50	.330	.426
Reliever	3.78	6	9	2	125	0	207.0	202	26	61	118	Pitch 31-45	.285	165	47	9	0	5	21	15	19	.342	.430
0 Days rest (Re)	3.38	2	3	0	23	0	32.0	33	7	10	10	Pitch 46+	.303	201	61	14	1	9	27	21	18	.378	.517
1 or 2 Days rest	3.87	4	3	1	61	0	97.2	88	10	33	72	First Pitch	.328	201	66	15	2	9	39	6	0	.349	.557
3+ Days rest	3.84	0	3	1	41	0	77.1	81	9	18	36	Ahead in Count	.246	463	114	19	1	11	47	0	125	.259	.363
Pre-All Star	4.31	6	11	1	80	14	169.0	175	25	57	93	Behind in Count	.288	240	69	16	0	11	38	50	0	.410	.492
Post-All Star	4.55	4	8	1	64	5	122.2	135	14	41	63	Two Strikes	.215	441	95	16	0	12	42	42	156	.294	.333

Pitcher vs. Batter (career)

Pitches Best Vs.	Avg	AB	H	2B	3B	HR	RBI	BB	SO	OBP	SLG	Pitches Worst Vs.	Avg	AB	H	2B	3B	HR	RBI	BB	SO	OBP	SLG
Ruben Sierra	.000	10	0	0	0	0	0	1	1	.091	.000												
Sammy Sosa	.077	13	1	1	0	0	1	0	2	.077	.154												
Steve Buechele	.091	11	1	1	0	0	0	0	1	.091	.182												

Danny Sheaffer — Rockies   Age 33 – Bats Right (groundball hitter)

	Avg	G	AB	R	H	2B	3B	HR	RBI	BB	SO	HBP	GDP	SB	CS	OBP	SLG	IBB	SH	SF	#Pit	#P/PA	GB	FB	G/F
1994 Season	.218	44	110	11	24	4	0	1	12	10	11	0	2	0	2	.283	.282	0	0	0	430	3.58	51	28	1.82
Last Five Years	.258	126	326	37	84	13	1	5	44	18	26	1	11	2	5	.293	.350	0	2	6	1161	3.29	166	79	2.10

1994 Season

	Avg	AB	H	2B	3B	HR	RBI	BB	SO	OBP	SLG		Avg	AB	H	2B	3B	HR	RBI	BB	SO	OBP	SLG
vs. Left	.227	22	5	1	0	0	3	4	0	.346	.273	Scoring Posn	.175	40	7	2	0	0	9	5	3	.267	.225
vs. Right	.216	88	19	3	0	1	9	6	11	.266	.284	Close & Late	.429	14	6	0	1	0	3	2	1	.500	.714

Gary Sheffield — Marlins
Age 26 – Bats Right (flyball hitter)

	Avg	G	AB	R	H	2B	3B	HR	RBI	BB	SO	HBP	GDP	SB	CS	OBP	SLG	IBB	SH	SF	#Pit	#P/PA	GB	FB	G/F
1994 Season	.276	87	322	61	89	16	1	27	78	51	50	6	10	12	6	.380	.584	11	0	5	1428	3.72	103	126	0.82
Last Five Years	.292	548	2035	307	595	112	12	92	340	209	210	27	54	64	32	.361	.495	24	5	33	7817	3.39	658	741	0.89

1994 Season

	Avg	AB	H	2B	3B	HR	RBI	BB	SO	OBP	SLG		Avg	AB	H	2B	3B	HR	RBI	BB	SO	OBP	SLG
vs. Left	.212	104	22	1	0	8	17	12	17	.299	.452	Scoring Posn	.338	77	26	7	0	8	48	25	15	.491	.740
vs. Right	.307	218	67	15	1	19	61	39	33	.416	.647	Close & Late	.195	41	8	0	1	2	8	11	10	.365	.390
Groundball	.270	100	27	3	1	8	19	8	14	.327	.560	None on/out	.356	45	16	1	0	3	6	4	4	.431	.578
Flyball	.340	53	18	5	0	5	17	7	6	.410	.717	Batting #3	.275	320	88	16	1	26	75	51	50	.380	.575
Home	.269	167	45	9	0	15	43	28	27	.382	.593	Batting #9	.500	2	1	0	0	1	3	0	0	.500	2.000
Away	.284	155	44	7	1	12	35	23	23	.378	.574	Other	.000	0	0	0	0	0	0	0	0	.000	.000
Day	.333	84	28	3	0	6	20	8	14	.398	.583	April	.317	82	26	5	1	10	23	17	14	.441	.768
Night	.256	238	61	13	1	21	58	43	36	.374	.584	May	.242	33	8	3	0	2	10	12	9	.444	.515
Grass	.279	262	73	15	1	22	66	48	46	.396	.595	June	.265	68	18	2	0	3	7	3	8	.301	.426
Turf	.267	60	16	1	0	5	12	3	4	.303	.533	July	.245	98	24	4	0	7	24	13	13	.348	.500
First Pitch	.289	38	11	1	1	5	9	7	0	.417	.763	August	.317	41	13	2	0	5	14	6	6	.388	.732
Ahead in Count	.400	50	20	6	0	8	25	29	0	.625	1.000	September/October	.000	0	0	0	0	0	0	0	0	.000	.000
Behind in Count	.266	158	42	7	0	9	31	0	40	.278	.481	Pre-All Star	.281	221	62	11	1	18	48	39	33	.392	.584
Two Strikes	.213	160	34	5	0	5	22	15	50	.285	.338	Post-All Star	.267	101	27	5	0	9	30	12	17	.353	.584

1994 By Position

Position	Avg	AB	H	2B	3B	HR	RBI	BB	SO	OBP	SLG	G	GS	Innings	PO	A	E	DP	Fld Pct	Rng Fctr	In Zone	Outs	Zone Rtg	MLB Zone
As rf	.274	321	88	16	1	26	76	51	50	.379	.573	87	86	743.2	153	7	5	2	.970	1.94	194	145	.747	.826

Last Five Years

	Avg	AB	H	2B	3B	HR	RBI	BB	SO	OBP	SLG		Avg	AB	H	2B	3B	HR	RBI	BB	SO	OBP	SLG
vs. Left	.294	606	178	28	4	28	100	67	57	.364	.492	Scoring Posn	.305	488	149	25	6	24	232	86	62	.396	.529
vs. Right	.292	1429	417	84	8	64	240	142	153	.359	.496	Close & Late	.336	295	99	10	5	12	56	45	33	.425	.525
Groundball	.287	675	194	35	4	29	104	64	66	.356	.480	None on/out	.293	375	110	24	2	13	13	27	28	.346	.472
Flyball	.283	406	115	20	1	13	64	35	48	.341	.433	Batting #3	.287	1491	428	76	8	77	255	161	159	.359	.504
Home	.307	1009	310	62	6	53	176	117	97	.383	.538	Batting #4	.309	220	68	9	3	9	38	20	25	.376	.500
Away	.278	1026	285	50	6	39	164	92	113	.338	.452	Other	.306	324	99	27	1	6	47	28	26	.358	.451
Day	.296	574	170	28	6	23	90	54	57	.358	.486	April	.298	379	113	24	3	19	70	50	45	.379	.528
Night	.291	1461	425	84	6	69	250	155	153	.362	.498	May	.298	325	97	20	2	14	55	39	34	.372	.502
Grass	.306	1599	490	96	12	79	274	182	172	.380	.530	June	.278	388	108	20	1	14	59	25	43	.324	.443
Turf	.241	436	105	16	0	13	66	27	38	.286	.367	July	.295	440	130	31	3	18	72	41	31	.363	.502
First Pitch	.347	363	126	23	4	18	55	17	0	.383	.581	August	.293	331	97	12	0	21	68	30	38	.352	.520
Ahead in Count	.339	419	142	28	3	25	96	122	0	.486	.599	September/October	.291	172	50	5	3	6	16	24	19	.364	.459
Behind in Count	.248	860	213	38	3	28	120	0	167	.255	.397	Pre-All Star	.297	1237	367	72	8	56	213	131	131	.364	.504
Two Strikes	.222	767	170	29	3	17	88	69	210	.288	.334	Post-All Star	.286	798	228	40	4	36	127	78	79	.356	.481

Batter vs. Pitcher (career)

Hits Best Against	Avg	AB	H	2B	3B	HR	RBI	BB	SO	OBP	SLG	Hits Worst Against	Avg	AB	H	2B	3B	HR	RBI	BB	SO	OBP	SLG
Curt Schilling	.455	11	5	1	0	1	3	5	1	.625	.818	Bob Tewksbury	.000	12	0	0	0	0	0	0	2	.000	.000
Omar Olivares	.455	11	5	2	0	1	2	2	2	.538	.909	Greg Hibbard	.083	12	1	0	0	0	1	0	0	.154	.083
Greg Harris	.444	9	4	1	0	1	3	2	0	.545	.889	Bobby Witt	.091	11	1	0	0	0	1	2	0	.231	.091
John Burkett	.417	12	5	1	0	3	6	1	0	.462	1.250	Tim Belcher	.133	15	2	0	0	0	2	0	2	.167	.133
Willie Blair	.333	21	7	1	0	4	8	2	1	.391	.952	Rheal Cormier	.143	14	2	0	0	0	0	1	1	.250	.143

Craig Shipley — Padres
Age 32 – Bats Right

	Avg	G	AB	R	H	2B	3B	HR	RBI	BB	SO	HBP	GDP	SB	CS	OBP	SLG	IBB	SH	SF	#Pit	#P/PA	GB	FB	G/F
1994 Season	.333	81	240	32	80	14	4	4	30	9	28	3	3	6	6	.362	.475	1	4	2	830	3.22	94	64	1.47
Last Five Years	.278	275	666	70	185	32	4	9	65	23	94	7	9	19	11	.308	.378	2	7	3	2158	3.06	250	185	1.35

1994 Season

	Avg	AB	H	2B	3B	HR	RBI	BB	SO	OBP	SLG		Avg	AB	H	2B	3B	HR	RBI	BB	SO	OBP	SLG
vs. Left	.383	94	36	7	1	0	9	5	11	.412	.479	Scoring Posn	.295	61	18	5	1	1	26	4	8	.338	.459
vs. Right	.301	146	44	7	3	4	21	4	17	.329	.473	Close & Late	.435	46	20	3	2	1	9	1	10	.469	.652
Home	.331	121	40	8	4	2	19	4	14	.349	.512	None on/out	.367	60	22	5	1	1	1	4		.377	.533
Away	.336	119	40	6	0	2	11	5	14	.375	.437	Batting #1	.310	42	13	4	0	0	3	1	3	.326	.405
First Pitch	.333	45	15	4	0	0	3	1	0	.375	.422	Batting #2	.342	114	39	5	3	1	15	7	10	.384	.465
Ahead in Count	.404	47	19	4	1	1	5	6	0	.463	.596	Other	.333	84	28	5	1	3	12	1	15	.349	.524
Behind in Count	.272	114	31	4	3	3	18	0	27	.276	.439	Pre-All Star	.340	156	53	9	3	2	19	9	18	.377	.474
Two Strikes	.250	96	24	2	2	2	13	2	28	.270	.375	Post-All Star	.321	84	27	5	1	2	11	0	10	.333	.476

Last Five Years

	Avg	AB	H	2B	3B	HR	RBI	BB	SO	OBP	SLG		Avg	AB	H	2B	3B	HR	RBI	BB	SO	OBP	SLG
vs. Left	.306	268	82	13	1	2	18	15	35	.334	.384	Scoring Posn	.289	149	43	11	1	2	56	9	17	.327	.416
vs. Right	.259	398	103	19	3	7	47	8	59	.283	.374	Close & Late	.301	143	43	9	2	2	19	2	25	.324	.434
Groundball	.268	235	63	9	0	1	16	6	31	.292	.319	None on/out	.283	184	52	11	1	2	4	28		.298	.386
Flyball	.276	127	35	9	0	2	13	3	20	.290	.394	Batting #2	.315	181	57	7	3	3	25	9	16	.354	.436
Home	.267	326	87	16	4	4	37	12	42	.294	.377	Batting #8	.258	132	34	6	0	1	7	4	24	.283	.326
Away	.288	340	98	16	0	5	28	11	52	.320	.379	Other	.266	353	94	19	1	5	33	10	54	.292	.368
Day	.252	214	54	9	1	3	16	9	32	.294	.346	April	.234	124	29	8	0	1	10	2	18	.244	.323
Night	.290	452	131	23	3	6	49	14	62	.314	.394	May	.288	66	19	3	1	2	14	2	4	.309	.455
Grass	.265	525	139	22	4	6	55	19	75	.293	.356	June	.281	114	32	2	2	0	9	8	19	.331	.333
Turf	.326	141	46	10	0	3	10	4	19	.360	.461	July	.321	131	42	11	1	1	14	4	16	.348	.443
First Pitch	.285	158	45	9	0	1	7	2	0	.315	.361	August	.266	109	29	3	0	3	8	3	17	.304	.376

	Avg	AB	H	2B	3B	HR	RBI	BB	SO	OBP	SLG		Avg	AB	H	2B	3B	HR	RBI	BB	SO	OBP	SLG
								Last Five Years															
Ahead in Count	.387	124	48	8	1	4	15	15	0	.450	.565	September/October	.279	122	34	5	0	2	10	4	20	.307	.369
Behind in Count	.219	292	64	10	3	4	33	0	89	.223	.315	Pre-All Star	.273	352	96	17	3	4	36	14	49	.303	.372
Two Strikes	.185	243	45	6	2	3	23	6	94	.207	.263	Post-All Star	.283	314	89	15	1	5	29	9	45	.313	.385
								Batter vs. Pitcher (career)															
Hits Best Against	Avg	AB	H	2B	3B	HR	RBI	BB	SO	OBP	SLG	Hits Worst Against	Avg	AB	H	2B	3B	HR	RBI	BB	SO	OBP	SLG
Greg Swindell	.444	9	4	1	0	0	1	1	1	.455	.556	Pat Rapp	.100	10	1	0	0	0	0	1	0	.182	.100
Orel Hershiser	.364	11	4	0	0	0	1	0	0	.417	.364	Tim Belcher	.182	11	2	0	0	0	2	0	1	.182	.182
Kevin Gross	.364	11	4	0	0	0	2	0	3	.364	.364	Jeff Fassero	.182	11	2	1	0	0	0	0	2	.182	.273
Greg Maddux	.333	15	5	1	0	0	1	0	3	.333	.400	Tom Browning	.200	10	2	0	0	1	2	1	2	.273	.500

Paul Shuey — Indians
Age 24 – Pitches Right

	ERA	W	L	Sv	G	GS	IP	BB	SO	Avg	H	2B	3B	HR	RBI	OBP	SLG	GF	IR	IRS	Hld	SvOp	SB	CS	GB	FB	G/F
1994 Season	8.49	0	1	5	14	0	11.2	12	16	.280	14	5	0	0	6	.419	.440	11	0	0	1	5	4	0	15	10	1.50

1994 Season

	ERA	W	L	Sv	G	GS	IP	H	HR	BB	SO		Avg	AB	H	2B	3B	HR	RBI	BB	SO	OBP	SLG
Home	6.43	0	0	3	8	0	7.0	8	1	5	10	vs. Left	.292	24	7	3	0	3	9	9	8	.485	.417
Away	11.57	0	1	2	6	0	4.2	6	0	7	6	vs. Right	.269	26	7	2	0	3	3	3	8	.345	.462

Terry Shumpert — Royals
Age 28 – Bats Right (flyball hitter)

	Avg	G	AB	R	H	2B	3B	HR	RBI	BB	SO	HBP	GDP	SB	CS	OBP	SLG	IBB	SH	SF	#Pit	#P/PA	GB	FB	G/F
1994 Season	.240	64	183	28	44	6	2	8	24	13	39	0	0	18	3	.289	.426	0	5	1	756	3.74	51	59	0.86
Career (1990-1994)	.220	284	747	86	164	33	8	14	77	50	150	6	16	41	19	.272	.341	0	17	6	2960	3.58	213	260	0.82

1994 Season

	Avg	AB	H	2B	3B	HR	RBI	BB	SO	OBP	SLG		Avg	AB	H	2B	3B	HR	RBI	BB	SO	OBP	SLG
vs. Left	.241	58	14	2	0	5	11	6	13	.313	.534	Scoring Posn	.220	41	9	3	0	1	15	6	12	.313	.366
vs. Right	.240	125	30	4	2	3	13	7	26	.278	.376	Close & Late	.290	31	9	0	0	2	6	2	8	.333	.484
Home	.221	95	21	3	1	2	9	8	20	.279	.337	None on/out	.184	49	9	2	1	1	1	5	9	.259	.327
Away	.261	88	23	3	1	6	15	5	19	.301	.523	Batting #8	.250	76	19	3	1	1	4	6	15	.305	.355
First Pitch	.500	20	10	2	0	2	6	0	0	.500	.900	Batting #9	.233	86	20	2	1	6	18	4	19	.264	.488
Ahead in Count	.351	37	13	1	0	3	7	4	0	.415	.622	Other	.238	21	5	1	0	1	2	3	5	.333	.429
Behind in Count	.144	90	13	2	2	1	7	0	34	.143	.244	Pre-All Star	.250	144	36	4	2	8	22	11	28	.301	.472
Two Strikes	.155	84	13	2	1	1	6	9	39	.237	.238	Post-All Star	.205	39	8	2	0	0	2	2	11	.244	.256

Career (1990-1994)

	Avg	AB	H	2B	3B	HR	RBI	BB	SO	OBP	SLG		Avg	AB	H	2B	3B	HR	RBI	BB	SO	OBP	SLG
vs. Left	.233	253	59	14	0	8	32	16	45	.288	.383	Scoring Posn	.254	185	47	11	2	2	60	18	47	.321	.368
vs. Right	.213	494	105	19	8	6	45	34	105	.264	.320	Close & Late	.278	108	30	4	3	3	13	8	20	.325	.454
Groundball	.160	200	32	5	3	1	14	12	44	.214	.230	None on/out	.203	187	38	8	3	3	17	38	.280	.326
Flyball	.244	201	49	8	3	5	16	15	39	.297	.388	Batting #8	.233	172	40	6	1	2	9	15	32	.302	.314
Home	.210	367	77	15	6	3	32	23	70	.262	.308	Batting #9	.221	535	118	25	7	11	66	31	107	.266	.355
Away	.229	380	87	18	2	11	45	27	80	.282	.374	Other	.150	40	6	2	0	1	2	4	11	.227	.275
Day	.166	187	31	5	3	5	17	13	49	.223	.305	April	.155	97	15	3	1	0	7	4	26	.186	.206
Night	.238	560	133	28	5	9	60	37	101	.288	.354	May	.277	224	62	15	4	5	34	6	36	.295	.446
Grass	.216	282	61	12	0	9	33	23	62	.275	.355	June	.205	127	26	2	0	7	15	13	25	.275	.386
Turf	.222	465	103	21	8	5	44	27	88	.270	.333	July	.223	139	31	5	2	1	10	13	22	.294	.309
First Pitch	.309	110	34	8	3	2	10	0	0	.321	.491	August	.253	87	22	5	1	0	6	11	23	.343	.333
Ahead in Count	.289	128	37	10	1	7	24	26	0	.404	.547	September/October	.110	73	8	3	0	1	5	3	18	.177	.192
Behind in Count	.171	380	65	10	4	3	31	0	134	.178	.242	Pre-All Star	.230	496	114	21	6	13	59	30	93	.272	.375
Two Strikes	.164	354	58	10	3	3	29	24	150	.222	.234	Post-All Star	.199	251	50	12	2	1	18	20	57	.272	.275

								Batter vs. Pitcher (career)															
Hits Best Against	Avg	AB	H	2B	3B	HR	RBI	BB	SO	OBP	SLG	Hits Worst Against	Avg	AB	H	2B	3B	HR	RBI	BB	SO	OBP	SLG
Scott Sanderson	.357	14	5	1	0	0	0	0	4	.357	.429	Chuck Finley	.063	16	1	0	0	0	0	1	2	.118	.063
												Mark Leiter	.091	11	1	0	0	0	0	0	2	.091	.091
												Jim Abbott	.167	12	2	1	0	0	0	0	3	.167	.250
												Kevin Brown	.176	17	3	0	0	0	0	0	5	.222	.176
												Bill Gullickson	.231	13	3	1	0	0	0	2	0	.214	.308

Ruben Sierra — Athletics
Age 29 – Bats Both

	Avg	G	AB	R	H	2B	3B	HR	RBI	BB	SO	HBP	GDP	SB	CS	OBP	SLG	IBB	SH	SF	#Pit	#P/PA	GB	FB	G/F
1994 Season	.268	110	426	71	114	21	1	23	92	23	64	0	14	8	5	.298	.484	4	0	11	1644	3.57	170	138	1.23
Last Five Years	.274	739	2926	411	801	159	20	103	492	225	406	1	74	72	18	.321	.447	52	0	48	11391	3.56	1108	952	1.16

1994 Season

	Avg	AB	H	2B	3B	HR	RBI	BB	SO	OBP	SLG		Avg	AB	H	2B	3B	HR	RBI	BB	SO	OBP	SLG
vs. Left	.327	156	51	11	1	10	38	14	25	.374	.603	Scoring Posn	.342	117	40	8	0	6	66	7	20	.348	.564
vs. Right	.233	270	63	10	0	13	54	9	39	.252	.415	Close & Late	.302	63	19	2	0	5	18	4	10	.338	.571
Groundball	.232	95	22	4	1	3	14	6	12	.272	.389	None on/out	.255	102	26	8	1	3	3	4	13	.283	.441
Flyball	.291	103	30	6	0	8	28	4	17	.301	.583	Batting #3	.250	76	19	2	0	7	17	4	16	.277	.553
Home	.255	208	53	9	1	11	43	17	31	.303	.466	Batting #4	.281	292	82	16	1	13	65	17	40	.312	.476
Away	.280	218	61	12	0	12	49	6	33	.293	.500	Other	.224	58	13	3	0	3	10	2	8	.250	.431
Day	.285	151	43	10	1	6	30	11	23	.330	.483	April	.214	103	22	5	0	7	19	6	17	.252	.466
Night	.258	275	71	11	0	17	62	12	41	.285	.484	May	.264	91	24	0	0	4	17	6	8	.306	.429
Grass	.253	375	95	16	1	20	77	22	60	.288	.461	June	.300	100	30	4	1	6	31	3	20	.308	.540

365

1994 Season

	Avg	AB	H	2B	3B	HR	RBI	BB	SO	OBP	SLG		Avg	AB	H	2B	3B	HR	RBI	BB	SO	OBP	SLG
Turf	.373	51	19	5	0	3	15	1	4	.370	.647	July	.278	90	25	5	0	5	17	6	13	.313	.500
First Pitch	.241	58	14	2	0	6	16	2	0	.258	.586	August	.310	42	13	4	0	1	8	2	6	.333	.476
Ahead in Count	.314	102	32	5	0	4	25	13	0	.378	.480	September/October	.000	0	0	0	0	0	0	0	0	.000	.000
Behind in Count	.276	181	50	11	1	10	41	0	56	.270	.514	Pre-All Star	.261	337	88	14	1	19	75	15	52	.287	.478
Two Strikes	.225	182	41	10	1	6	28	8	64	.255	.390	Post-All Star	.292	89	26	7	0	4	17	8	12	.337	.506

1994 By Position

Position	Avg	AB	H	2B	3B	HR	RBI	BB	SO	OBP	SLG	G	GS	Innings	PO	A	E	DP	Fld Pct	Rng Fctr	In Zone	Outs	Zone Rtg	MLB Zone
As Designated Hitter	.333	39	13	2	0	4	11	2	6	.349	.692	10	10	---	---	---	---	---	---	---	---	---	---	---
As rf	.257	381	98	19	1	19	79	21	58	.290	.462	97	96	817.1	153	8	9	2	.947	1.77	180	150	.833	.826

Last Five Years

	Avg	AB	H	2B	3B	HR	RBI	BB	SO	OBP	SLG		Avg	AB	H	2B	3B	HR	RBI	BB	SO	OBP	SLG
vs. Left	.310	930	288	60	6	33	166	82	114	.360	.494	Scoring Posn	.304	802	244	46	5	37	386	102	111	.363	.512
vs. Right	.257	1996	513	99	14	70	326	143	292	.302	.426	Close & Late	.269	475	128	18	2	20	92	55	75	.341	.442
Groundball	.287	767	220	44	6	20	127	50	94	.327	.438	None on/out	.275	668	184	47	6	18	18	41	81	.318	.445
Flyball	.275	669	184	36	4	26	105	59	90	.327	.457	Batting #3	.266	1230	327	59	8	45	207	96	171	.314	.437
Home	.262	1437	377	72	10	52	239	104	221	.309	.435	Batting #4	.282	1607	453	96	12	55	272	126	221	.330	.459
Away	.285	1489	424	87	10	51	253	121	185	.333	.459	Other	.236	89	21	4	0	3	13	3	14	.261	.382
Day	.266	773	206	41	6	23	123	67	103	.320	.424	April	.277	408	113	29	1	21	76	26	62	.317	.507
Night	.276	2153	595	118	14	80	369	158	303	.321	.456	May	.267	529	141	20	4	19	89	42	61	.317	.427
Grass	.265	2455	650	125	14	90	408	179	345	.310	.437	June	.306	526	161	30	6	18	97	45	79	.356	.489
Turf	.321	471	151	34	6	13	84	46	61	.375	.501	July	.262	504	132	29	2	18	87	36	66	.305	.435
First Pitch	.279	305	85	9	4	19	69	30	0	.333	.521	August	.261	505	132	31	5	11	61	31	80	.300	.408
Ahead in Count	.335	832	279	54	7	35	181	111	0	.407	.543	September/October	.269	454	122	20	2	16	82	45	58	.329	.427
Behind in Count	.231	1193	276	56	7	31	152	0	343	.229	.368	Pre-All Star	.282	1648	464	87	13	65	288	122	229	.327	.468
Two Strikes	.190	1142	217	41	4	28	122	74	406	.237	.306	Post-All Star	.264	1278	337	72	7	38	204	103	177	.313	.420

Batter vs. Pitcher (career)

Hits Best Against	Avg	AB	H	2B	3B	HR	RBI	BB	SO	OBP	SLG	Hits Worst Against	Avg	AB	H	2B	3B	HR	RBI	BB	SO	OBP	SLG
Bud Black	.667	21	14	4	0	2	7	1	0	.682	1.143	Cal Eldred	.000	13	0	0	0	0	1	1	2	.067	.000
Steve Farr	.500	22	11	2	0	1	3	2	7	.542	.727	Todd Frohwirth	.000	11	0	0	0	0	0	0	0	.000	.000
Julio Valera	.500	6	3	1	0	0	2	5	1	.727	.667	Gregg Olson	.000	10	0	0	0	0	0	1	3	.091	.000
Ken Patterson	.375	8	3	0	0	1	3	3	0	.545	.750	Jeff Shaw	.000	10	0	0	0	0	0	1	1	.091	.000
Rick Sutcliffe	.364	11	4	0	0	2	2	1	0	.417	.909	Ben McDonald	.037	27	1	0	0	0	0	0	0	.071	.037

Dave Silvestri — Yankees
Age 27 – Bats Right (flyball hitter)

	Avg	G	AB	R	H	2B	3B	HR	RBI	BB	SO	HBP	GDP	SB	CS	OBP	SLG	IBB	SH	SF	#Pit	#P/PA	GB	FB	G/F
1994 Season	.111	12	18	3	2	0	1	1	2	4	9	0	0	0	1	.261	.389	0	0	1	107	4.65	3	5	0.60
Career (1992-1994)	.231	26	52	10	12	1	3	2	7	9	15	0	0	2	1	.339	.481	0	0	1	258	4.16	14	17	0.82

1994 Season

	Avg	AB	H	2B	3B	HR	RBI	BB	SO	OBP	SLG		Avg	AB	H	2B	3B	HR	RBI	BB	SO	OBP	SLG
vs. Left	.111	9	1	0	0	1	2	1	3	.182	.444	Scoring Posn	.000	5	0	0	0	0	1	3	0	.333	.000
vs. Right	.111	9	1	0	1	0	0	3	6	.333	.333	Close & Late	.143	7	1	0	0	1	1	0	3	.143	.571

Mike Simms — Astros
Age 28 – Bats Right

	Avg	G	AB	R	H	2B	3B	HR	RBI	BB	SO	HBP	GDP	SB	CS	OBP	SLG	IBB	SH	SF	#Pit	#P/PA	GB	FB	G/F
1994 Season	.083	6	12	1	1	1	0	0	0	0	5	0	0	1	0	.083	.167	0	0	0	44	3.67	2	2	1.00
Career (1990-1994)	.209	82	172	23	36	8	0	5	21	20	56	1	4	2	0	.292	.343	0	0	2	770	3.95	52	45	1.16

1994 Season

	Avg	AB	H	2B	3B	HR	RBI	BB	SO	OBP	SLG		Avg	AB	H	2B	3B	HR	RBI	BB	SO	OBP	SLG
vs. Left	.000	3	0	0	0	0	0	0	1	.000	.000	Scoring Posn	.000	3	0	0	0	0	0	0	1	.000	.000
vs. Right	.111	9	1	1	0	0	0	0	4	.111	.222	Close & Late	.000	0	0	0	0	0	0	0	0	.000	.000

Don Slaught — Pirates
Age 36 – Bats Right

	Avg	G	AB	R	H	2B	3B	HR	RBI	BB	SO	HBP	GDP	SB	CS	OBP	SLG	IBB	SH	SF	#Pit	#P/PA	GB	FB	G/F
1994 Season	.288	76	240	21	69	7	0	2	21	34	31	3	5	0	0	.381	.342	2	1	1	989	3.54	112	53	2.11
Last Five Years	.306	440	1322	127	404	78	9	21	171	128	169	17	32	5	4	.370	.426	12	19	15	5086	3.39	487	386	1.26

1994 Season

	Avg	AB	H	2B	3B	HR	RBI	BB	SO	OBP	SLG		Avg	AB	H	2B	3B	HR	RBI	BB	SO	OBP	SLG
vs. Left	.367	60	22	4	0	0	1	10	6	.457	.433	Scoring Posn	.257	70	18	1	0	0	18	15	10	.384	.271
vs. Right	.261	180	47	3	0	2	20	24	25	.356	.311	Close & Late	.325	40	13	2	0	0	7	4	5	.391	.375
Home	.258	132	34	5	0	1	12	16	15	.351	.318	None on/out	.259	58	15	0	0	1	1	8	7	.348	.328
Away	.324	108	35	2	0	1	9	18	16	.417	.370	Batting #7	.297	118	35	2	0	0	9	15	18	.382	.314
First Pitch	.308	52	16	2	0	1	6	2	0	.333	.404	Batting #8	.267	86	23	3	0	2	8	11	10	.357	.372
Ahead in Count	.288	52	15	1	0	0	3	22	0	.493	.308	Other	.306	36	11	2	0	0	4	8	3	.432	.361
Behind in Count	.274	95	26	4	0	0	5	0	26	.296	.316	Pre-All Star	.301	176	53	6	0	2	18	28	21	.398	.369
Two Strikes	.237	93	22	4	0	1	10	10	31	.324	.312	Post-All Star	.250	64	16	1	0	0	3	6	10	.333	.266

Last Five Years

	Avg	AB	H	2B	3B	HR	RBI	BB	SO	OBP	SLG		Avg	AB	H	2B	3B	HR	RBI	BB	SO	OBP	SLG
vs. Left	.315	644	203	41	5	7	63	63	73	.378	.427	Scoring Posn	.307	358	110	18	1	2	132	55	50	.391	.380
vs. Right	.296	678	201	37	4	14	108	65	96	.363	.425	Close & Late	.299	254	76	11	2	5	42	29	35	.376	.417

Last Five Years

	Avg	AB	H	2B	3B	HR	RBI	BB	SO	OBP	SLG		Avg	AB	H	2B	3B	HR	RBI	BB	SO	OBP	SLG
Groundball	.317	463	147	25	1	6	64	46	59	.382	.415	None on/out	.297	310	92	21	2	8	8	26	36	.363	.455
Flyball	.289	242	70	17	1	8	31	33	34	.379	.467	Batting #6	.305	298	91	23	2	6	48	28	43	.363	.456
Home	.294	677	199	49	7	5	80	68	90	.361	.409	Batting #7	.303	831	252	45	6	10	96	83	107	.371	.408
Away	.318	645	205	29	2	16	91	60	79	.381	.443	Other	.316	193	61	10	1	5	27	17	19	.377	.456
Day	.263	293	77	20	1	6	37	40	41	.356	.399	April	.383	167	64	10	1	2	25	20	17	.458	.491
Night	.318	1029	327	58	8	15	134	88	128	.375	.433	May	.290	272	79	10	5	4	33	24	29	.348	.408
Grass	.333	357	119	19	0	9	53	25	47	.378	.462	June	.299	254	76	13	0	5	29	22	36	.358	.409
Turf	.295	965	285	59	9	12	118	103	122	.368	.412	July	.264	216	57	12	1	3	27	21	34	.333	.370
First Pitch	.383	274	105	21	3	7	42	10	0	.408	.558	August	.286	241	69	21	1	3	33	19	33	.342	.419
Ahead in Count	.372	328	122	22	2	6	52	70	0	.479	.506	September/October	.343	172	59	12	1	4	24	22	20	.422	.494
Behind in Count	.221	498	110	22	1	4	45	0	144	.233	.293	Pre-All Star	.313	766	240	37	7	14	100	75	99	.377	.435
Two Strikes	.199	487	97	19	2	7	45	46	169	.273	.290	Post-All Star	.295	556	164	41	2	7	71	53	70	.362	.414

Batter vs. Pitcher (since 1984)

Hits Best Against	Avg	AB	H	2B	3B	HR	RBI	BB	SO	OBP	SLG	Hits Worst Against	Avg	AB	H	2B	3B	HR	RBI	BB	SO	OBP	SLG
Jim Deshaies	.583	12	7	3	0	0	3	3	1	.625	.833	Dave Stewart	.000	19	0	0	0	0	2	2	5	.091	.000
John Smiley	.571	14	8	1	1	1	5	1	2	.563	1.000	Dave Righetti	.000	13	0	0	0	0	0	1	6	.071	.000
Mike Morgan	.500	12	6	1	0	2	4	3	0	.625	1.083	Mike Henneman	.000	10	0	0	0	0	0	1	3	.167	.000
Dennis Martinez	.400	20	8	2	1	1	3	1	0	.455	.750	Craig Lefferts	.091	11	1	0	0	0	0	0	0	.091	.091
Pete Harnisch	.368	19	7	2	0	2	9	2	1	.478	.789	Greg Maddux	.091	11	1	0	0	0	0	0	3	.091	.091

Heathcliff Slocumb — Phillies

Age 29 – Pitches Right (groundball pitcher)

	ERA	W	L	Sv	G	GS	IP	BB	SO	Avg	H	2B	3B	HR	RBI	OBP	SLG	GF	IR	IRS	Hld	SvOp	SB	CS	GB	FB	G/F
1994 Season	2.86	5	1	0	52	0	72.1	28	58	.262	75	15	0	0	37	.328	.315	16	30	13	18	5	5	4	111	66	1.68
Career (1991-1994)	3.88	11	6	2	164	0	209.0	99	141	.268	215	31	1	9	121	.347	.342	57	124	45	28	11	25	9	329	195	1.69

1994 Season

	ERA	W	L	Sv	G	GS	IP	H	HR	BB	SO		Avg	AB	H	2B	3B	HR	RBI	BB	SO	OBP	SLG
Home	3.12	1	0	0	26	0	34.2	36	0	14	33	vs. Left	.242	128	31	3	0	0	13	15	24	.326	.266
Away	2.63	4	1	0	26	0	37.2	39	0	14	25	vs. Right	.278	158	44	12	0	0	24	13	34	.330	.354
Day	2.88	4	0	0	18	0	25.0	23	0	10	18	Inning 1-6	.120	25	3	0	0	0	5	1	9	.143	.120
Night	2.85	1	1	0	34	0	47.1	52	0	18	40	Inning 7+	.276	261	72	15	0	0	32	27	49	.346	.333
Grass	2.28	3	0	0	20	0	27.2	27	0	11	18	None on	.234	145	34	6	0	0	0	11	26	.293	.276
Turf	3.22	2	1	0	32	0	44.2	48	0	17	40	Runners on	.291	141	41	9	0	0	37	17	32	.362	.355
April	2.45	2	0	0	10	0	14.2	17	0	2	11	Scoring Posn	.275	91	25	4	0	0	35	12	21	.346	.319
May	3.43	2	0	0	16	0	21.0	19	0	12	20	Close & Late	.265	151	40	7	0	0	22	17	29	.345	.311
June	2.12	0	1	0	13	0	17.0	17	0	10	11	None on/out	.209	67	14	3	0	0	0	2	9	.243	.254
July	3.14	1	0	0	9	0	14.1	15	0	3	10	vs. 1st Batr (relief)	.146	48	7	3	0	0	6	3	10	.192	.208
August	3.38	0	0	0	4	0	5.1	7	0	1	6	First Inning Pitched	.217	184	40	9	0	0	23	20	39	.295	.266
September/October	0.00	0	0	0	0	0	0.0	0	0	0	0	First 15 Pitches	.226	159	36	8	0	0	15	14	31	.290	.277
Starter	0.00	0	0	0	0	0	0.0	0	0	0	0	Pitch 16-30	.297	101	30	7	0	0	14	11	21	.368	.366
Reliever	2.86	5	1	0	52	0	72.1	75	0	28	58	Pitch 31-45	.320	25	8	0	0	0	6	3	6	.379	.320
0 Days rest (Re)	3.09	0	0	0	9	0	11.2	14	0	5	10	Pitch 46+	1.000	1	1	0	0	0	2	0	0	1.000	1.000
1 or 2 Days rest	3.02	3	1	0	36	0	50.2	55	0	20	40	First Pitch	.298	47	14	1	0	0	7	4	0	.365	.319
3+ Days rest	1.80	2	0	0	7	0	10.0	6	0	3	8	Ahead in Count	.197	132	26	3	0	0	15	0	46	.203	.220
Pre-All Star	2.76	4	1	0	42	0	58.2	59	0	26	46	Behind in Count	.404	47	19	6	0	0	9	12	0	.500	.532
Post-All Star	3.29	1	0	0	10	0	13.2	16	0	2	12	Two Strikes	.185	130	24	3	0	0	15	12	58	.259	.208

Career (1991-1994)

	ERA	W	L	Sv	G	GS	IP	H	HR	BB	SO		Avg	AB	H	2B	3B	HR	RBI	BB	SO	OBP	SLG
Home	3.22	4	2	2	83	0	109.0	109	3	46	84	vs. Left	.291	357	104	8	1	7	53	50	53	.380	.378
Away	4.59	7	4	0	81	0	100.0	106	6	53	57	vs. Right	.249	446	111	23	0	2	68	49	88	.320	.314
Day	5.22	6	3	2	73	0	91.1	102	4	46	64	Inning 1-6	.261	184	48	7	1	3	40	24	38	.336	.359
Night	2.83	5	3	0	91	0	117.2	113	5	53	77	Inning 7+	.270	619	167	24	0	6	81	75	103	.350	.338
Grass	3.74	8	3	2	103	0	130.0	131	6	65	85	None on	.235	387	91	13	0	2	3	38	63	.310	.284
Turf	4.10	3	3	0	61	0	79.0	84	3	34	56	Runners on	.298	416	124	18	1	7	119	61	78	.379	.397
April	3.66	4	2	1	31	0	39.1	36	2	13	24	Scoring Posn	.273	282	77	10	0	5	111	43	57	.355	.362
May	3.16	2	0	1	36	0	42.2	32	1	22	29	Close & Late	.279	276	77	11	0	3	44	44	43	.380	.351
June	2.06	2	2	0	44	0	52.1	44	1	33	31	None on/out	.222	176	39	6	0	1	1	13	25	.286	.273
July	6.14	3	0	0	20	0	29.1	46	2	9	20	vs. 1st Batr (relief)	.209	139	29	7	0	0	18	18	24	.305	.295
August	5.32	0	0	0	13	0	22.0	31	0	7	20	First Inning Pitched	.254	532	135	20	1	7	90	77	95	.346	.335
September/October	5.40	0	2	0	20	0	23.1	26	3	15	17	First 15 Pitches	.244	451	110	18	1	6	65	59	74	.330	.328
Starter	0.00	0	0	0	0	0	0.0	0	0	0	0	Pitch 16-30	.278	259	72	11	0	2	36	29	50	.354	.344
Reliever	3.88	11	6	2	164	0	209.0	215	9	99	141	Pitch 31-45	.290	62	18	2	0	0	11	9	13	.375	.323
0 Days rest (Re)	6.15	1	0	0	39	0	41.0	63	2	19	26	Pitch 46+	.484	31	15	0	0	1	9	2	4	.486	.581
1 or 2 Days rest	3.59	7	5	1	87	0	115.1	112	7	58	72	First Pitch	.304	115	35	1	0	1	17	12	0	.371	.339
3+ Days rest	2.73	3	1	1	38	0	52.2	40	0	22	43	Ahead in Count	.231	372	86	11	1	3	47	0	111	.235	.290
Pre-All Star	3.41	9	4	2	119	0	148.0	138	6	73	95	Behind in Count	.296	162	48	10	0	3	32	56	0	.466	.414
Post-All Star	5.02	2	2	0	45	0	61.0	77	3	26	46	Two Strikes	.204	368	75	9	1	3	45	30	141	.266	.258

Pitcher vs. Batter (career)

Pitches Best Vs.	Avg	AB	H	2B	3B	HR	RBI	BB	SO	OBP	SLG	Pitches Worst Vs.	Avg	AB	H	2B	3B	HR	RBI	BB	SO	OBP	SLG
Jay Bell	.000	12	0	0	0	0	1	7	0	.077	.000	Bret Barberie	.667	9	6	0	0	0	4	1	1	.727	.667

Aaron Small — Blue Jays
Age 23 – Pitches Right

	ERA	W	L	Sv	G	GS	IP	BB	SO	Avg	H	2B	3B	HR	RBI	OBP	SLG	GF	IR	IRS	Hld	SvOp	SB	CS	GB	FB	G/F
1994 Season	9.00	0	0	0	1	0	2.0	2	0	.500	5	0	0	1	2	.538	.800	1	0	0	0	0	0	0	5	3	1.67

1994 Season

	ERA	W	L	Sv	G	GS	IP	H	HR	BB	SO		Avg	AB	H	2B	3B	HR	RBI	BB	SO	OBP	SLG
Home	9.00	0	0	0	1	0	2.0	5	1	2	0	vs. Left	.714	7	5	0	0	1	1	1	0	.750	1.143
Away	0.00	0	0	0	0	0	0.0	0	0	0	0	vs. Right	.000	3	0	0	0	0	1	1	0	.200	.000

John Smiley — Reds
Age 30 – Pitches Left

	ERA	W	L	Sv	G	GS	IP	BB	SO	Avg	H	2B	3B	HR	RBI	OBP	SLG	CG	ShO	Sup	QS	#P/S	SB	CS	GB	FB	G/F
1994 Season	3.86	11	10	0	24	24	158.2	37	112	.275	169	32	2	18	71	.320	.421	1	1	6.18	14	97	16	7	204	185	1.10
Last Five Years	3.84	59	46	0	135	133	862.1	213	550	.259	846	167	22	82	358	.306	.399	12	4	4.82	76	93	85	46	1100	1038	1.06

1994 Season

	ERA	W	L	Sv	G	GS	IP	H	HR	BB	SO		Avg	AB	H	2B	3B	HR	RBI	BB	SO	OBP	SLG
Home	3.77	7	4	0	13	13	86.0	81	9	28	64	vs. Left	.248	109	27	3	0	3	11	12	16	.322	.358
Away	3.96	4	6	0	11	11	72.2	88	9	9	48	vs. Right	.281	506	142	29	2	15	60	25	96	.320	.435
Day	3.82	3	2	0	6	6	37.2	47	4	6	31	Inning 1-6	.278	543	151	28	2	16	66	33	100	.323	.425
Night	3.87	8	8	0	18	18	121.0	122	14	31	81	Inning 7+	.250	72	18	4	0	2	5	4	12	.299	.389
Grass	3.32	2	3	0	6	6	40.2	44	5	5	27	None on	.258	384	99	20	1	8	8	18	81	.298	.378
Turf	4.04	9	7	0	18	18	118.0	125	13	32	85	Runners on	.303	231	70	12	1	10	63	19	31	.356	.494
April	2.91	2	2	0	5	5	34.0	36	3	8	30	Scoring Posn	.326	135	44	8	1	7	54	15	17	.393	.556
May	3.48	2	4	0	6	6	41.1	45	6	8	29	Close & Late	.294	34	10	3	0	2	4	3	5	.351	.559
June	3.69	3	2	0	5	5	31.2	35	3	5	22	None on/out	.232	164	38	9	0	6	6	7	32	.267	.396
July	4.46	4	1	0	6	6	40.1	42	5	5	25	vs. 1st Batr (relief)	.000	0	0	0	0	0	0	0	0	.000	.000
August	6.35	0	1	0	2	2	11.1	11	1	7	6	First Inning Pitched	.271	96	26	5	0	5	15	9	16	.340	.479
September/October	0.00	0	0	0	0	0	0.0	0	0	0	0	First 75 Pitches	.268	455	122	24	1	12	50	26	83	.312	.404
Starter	3.86	11	10	0	24	24	158.2	169	18	37	112	Pitch 76-90	.326	95	31	5	1	5	15	6	16	.366	.558
Reliever	0.00	0	0	0	0	0	0.0	0	0	0	0	Pitch 91-105	.259	54	14	2	0	1	3	4	10	.310	.352
0-3 Days Rest (St)	0.00	0	0	0	0	0	0.0	0	0	0	0	Pitch 106+	.182	11	2	1	0	0	3	1	3	.308	.273
4 Days Rest	3.90	8	5	0	15	15	101.2	114	12	16	73	First Pitch	.359	117	42	6	1	9	30	1	0	.370	.658
5+ Days Rest	3.79	3	5	0	9	9	57.0	55	6	21	39	Ahead in Count	.215	298	64	15	1	1	18	0	97	.220	.282
Pre-All Star	3.49	9	8	0	18	18	121.1	131	14	23	91	Behind in Count	.367	98	36	8	0	5	14	17	0	.466	.602
Post-All Star	5.06	2	2	0	6	6	37.1	38	4	14	21	Two Strikes	.176	272	48	7	1	2	15	19	112	.235	.232

Last Five Years

	ERA	W	L	Sv	G	GS	IP	H	HR	BB	SO		Avg	AB	H	2B	3B	HR	RBI	BB	SO	OBP	SLG
Home	3.41	31	22	0	67	65	435.0	400	36	126	282	vs. Left	.248	545	135	21	8	11	56	45	76	.304	.376
Away	4.28	28	24	0	68	68	427.1	446	46	87	268	vs. Right	.261	2724	711	146	14	71	302	168	474	.306	.403
Day	3.69	21	12	0	40	40	258.1	266	18	48	153	Inning 1-6	.259	2804	725	140	21	71	327	185	490	.306	.399
Night	3.90	38	34	0	95	93	604.0	580	64	165	397	Inning 7+	.260	465	121	27	1	11	31	28	60	.303	.394
Grass	3.86	16	17	0	43	43	270.1	264	29	57	161	None on	.248	2035	504	110	11	46	46	123	364	.295	.380
Turf	3.83	43	29	0	92	90	592.0	582	53	156	389	Runners on	.277	1234	342	57	11	36	312	90	186	.323	.429
April	3.98	8	9	0	23	23	142.1	125	9	49	91	Scoring Posn	.302	709	214	39	5	23	268	58	104	.349	.468
May	3.98	12	10	0	25	25	158.1	166	17	32	104	Close & Late	.224	237	53	10	0	7	15	18	37	.277	.354
June	3.43	10	9	0	23	23	152.1	153	19	25	105	None on/out	.258	876	226	52	6	22	22	47	135	.300	.406
July	4.39	10	7	0	23	23	151.2	150	18	49	99	vs. 1st Batr (relief)	.000	2	0	0	0	0	0	0	0	.000	.000
August	3.76	11	5	0	21	21	138.2	145	11	34	85	First Inning Pitched	.267	525	140	25	4	18	73	44	95	.325	.432
September/October	3.40	8	6	0	20	18	119.0	107	8	24	66	First 75 Pitches	.257	2513	646	127	19	63	279	165	434	.305	.398
Starter	3.86	58	46	0	133	133	857.0	842	82	210	548	Pitch 76-90	.287	415	119	23	2	13	50	26	65	.327	.446
Reliever	0.00	1	0	0	2	0	5.1	4	0	3	2	Pitch 91-105	.227	238	54	7	0	4	20	17	38	.278	.307
0-3 Days Rest (St)	0.00	0	0	0	0	0	0.0	0	0	0	0	Pitch 106+	.262	103	27	10	1	2	9	5	13	.303	.437
4 Days Rest	3.58	44	28	0	91	91	605.2	580	55	139	387	First Pitch	.344	555	191	31	4	22	93	2	0	.346	.533
5+ Days Rest	4.55	14	18	0	42	42	251.1	262	27	71	161	Ahead in Count	.202	1603	324	66	11	20	125	0	483	.208	.294
Pre-All Star	3.93	34	30	0	79	79	503.1	502	49	120	329	Behind in Count	.329	594	194	44	4	23	84	122	0	.442	.534
Post-All Star	3.71	25	16	0	56	54	359.0	344	33	93	221	Two Strikes	.173	1464	253	47	8	21	98	89	550	.224	.259

Pitcher vs. Batter (career)

Pitches Best Vs.	Avg	AB	H	2B	3B	HR	RBI	BB	SO	OBP	SLG	Pitches Worst Vs.	Avg	AB	H	2B	3B	HR	RBI	BB	SO	OBP	SLG
Bret Barberie	.000	11	0	0	0	0	0	1	4	.083	.000	Don Slaught	.571	14	8	1	1	1	5	1	2	.563	1.000
Rick Parker	.000	9	0	0	0	0	0	2	1	.182	.000	Mark McGwire	.500	10	5	2	0	2	3	2	2	.615	1.300
Rafael Palmeiro	.050	20	1	0	0	0	0	4	2	.208	.050	Matt Williams	.469	32	15	3	0	7	15	3	5	.514	1.219
Howard Johnson	.091	44	4	1	0	0	1	1	12	.111	.114	Andre Dawson	.447	38	17	1	1	4	9	0	4	.447	.842
Dean Palmer	.091	11	1	0	0	0	0	3	3	.091	.091	Jeff Bagwell	.364	11	4	0	0	2	7	3	1	.500	.909

Dan Smith — Rangers
Age 26 – Pitches Left

	ERA	W	L	Sv	G	GS	IP	BB	SO	Avg	H	2B	3B	HR	RBI	OBP	SLG	GF	IR	IRS	Hld	SvOp	SB	CS	GB	FB	G/F
1994 Season	4.30	1	2	0	13	0	14.2	12	9	.281	18	4	0	2	7	.395	.438	2	8	3	2	1	2	0	18	21	0.86
Career (1992-1994)	4.66	1	5	0	17	2	29.0	20	14	.300	36	11	0	3	15	.397	.467	3	10	3	3	1	3	0	43	38	1.13

1994 Season

	ERA	W	L	Sv	G	GS	IP	H	HR	BB	SO		Avg	AB	H	2B	3B	HR	RBI	BB	SO	OBP	SLG
Home	5.79	1	2	0	7	0	9.1	12	2	9	6	vs. Left	.313	16	5	1	0	1	3	2	4	.389	.563
Away	1.69	0	0	0	6	0	5.1	6	0	3	3	vs. Right	.271	48	13	3	0	1	4	10	5	.397	.396

Dwight Smith — Orioles
Age 31 – Bats Left (groundball hitter)

	Avg	G	AB	R	H	2B	3B	HR	RBI	BB	SO	HBP	GDP	SB	CS	OBP	SLG	IBB	SH	SF	#Pit	#P/PA	GB	FB	G/F
1994 Season	.281	73	196	31	55	7	2	8	30	12	37	1	3	2	4	.324	.459	1	0	1	776	3.70	72	54	1.33
Last Five Years	.273	500	1180	160	322	56	12	31	137	89	206	8	16	32	27	.326	.419	6	2	8	4796	3.72	455	281	1.62

1994 Season

	Avg	AB	H	2B	3B	HR	RBI	BB	SO	OBP	SLG		Avg	AB	H	2B	3B	HR	RBI	BB	SO	OBP	SLG
vs. Left	.375	8	3	0	0	0	2	3	1	.500	.375	Scoring Posn	.350	40	14	2	0	1	20	4	5	.400	.475
vs. Right	.277	188	52	7	2	8	28	9	36	.313	.463	Close & Late	.265	34	9	1	0	0	5	3	7	.324	.294
Home	.235	98	23	3	1	2	8	6	15	.286	.347	None on/out	.342	38	13	1	0	3	3	5	6	.432	.605
Away	.327	98	32	4	1	6	22	6	22	.362	.571	Batting #2	.303	66	20	4	1	3	13	4	11	.343	.530
First Pitch	.458	24	11	1	0	1	2	1	0	.480	.625	Batting #7	.264	53	14	2	0	2	5	4	14	.316	.415
Ahead in Count	.192	52	10	3	0	1	7	5	0	.263	.308	Other	.273	77	21	1	1	3	12	4	12	.313	.429
Behind in Count	.264	91	24	2	2	4	14	0	36	.272	.462	Pre-All Star	.268	149	40	5	2	6	22	9	27	.313	.450
Two Strikes	.220	91	20	1	1	5	13	6	37	.276	.407	Post-All Star	.319	47	15	2	0	2	8	3	10	.360	.489

Last Five Years

	Avg	AB	H	2B	3B	HR	RBI	BB	SO	OBP	SLG		Avg	AB	H	2B	3B	HR	RBI	BB	SO	OBP	SLG
vs. Left	.238	80	19	5	0	2	12	5	22	.303	.375	Scoring Posn	.300	263	79	16	1	4	99	29	51	.362	.414
vs. Right	.275	1100	303	51	12	29	125	84	184	.328	.423	Close & Late	.253	237	60	10	1	4	28	17	42	.306	.354
Groundball	.266	425	113	19	4	7	46	27	74	.315	.379	None on/out	.265	355	94	19	4	15	15	26	55	.320	.468
Flyball	.255	263	67	10	5	6	29	25	53	.325	.399	Batting #1	.288	385	111	16	4	13	37	26	58	.334	.452
Home	.288	570	164	30	7	16	70	48	93	.345	.449	Batting #5	.241	245	59	11	1	5	20	16	34	.293	.355
Away	.259	610	158	26	5	15	67	41	113	.308	.392	Other	.276	550	152	29	7	13	80	47	114	.335	.425
Day	.280	575	161	29	6	14	74	44	95	.332	.424	April	.270	178	48	12	4	4	21	19	33	.338	.427
Night	.266	605	161	27	6	17	63	45	111	.320	.415	May	.301	266	80	13	4	10	26	13	37	.337	.492
Grass	.283	867	245	38	10	24	105	68	145	.336	.433	June	.232	241	56	8	0	8	24	13	47	.271	.365
Turf	.246	313	77	18	2	7	32	21	61	.298	.383	July	.277	141	39	4	3	2	17	8	22	.318	.390
First Pitch	.350	183	64	11	2	3	16	3	0	.366	.481	August	.303	155	47	7	1	5	19	14	31	.361	.458
Ahead in Count	.315	333	105	24	1	12	48	41	0	.390	.502	September/October	.261	199	52	12	2	2	30	23	36	.344	.372
Behind in Count	.180	449	81	9	5	8	38	0	178	.185	.276	Pre-All Star	.276	736	203	33	8	23	78	48	121	.322	.436
Two Strikes	.191	507	97	16	6	9	47	43	206	.256	.300	Post-All Star	.268	444	119	23	4	8	59	41	85	.333	.392

Batter vs. Pitcher (career)

Hits Best Against	Avg	AB	H	2B	3B	HR	RBI	BB	SO	OBP	SLG	Hits Worst Against	Avg	AB	H	2B	3B	HR	RBI	BB	SO	OBP	SLG
Omar Olivares	.471	17	8	3	1	1	6	1	3	.526	.941	John Smoltz	.000	19	0	0	0	0	0	0	2	.000	.000
Cris Carpenter	.455	11	5	3	0	0	1	1	2	.500	.727	Roger McDowell	.083	12	1	0	0	0	0	0	1	.154	.083
Jose DeLeon	.429	28	12	1	1	1	6	6	4	.529	.643	Mike Morgan	.125	16	2	0	0	0	0	1	4	.176	.125
Mark Gardner	.429	14	6	1	1	1	3	2	2	.471	.857	John Burkett	.167	18	3	0	0	0	0	0	2	.167	.167
David Cone	.375	16	6	1	1	1	3	2	1	.444	.750	Andy Ashby	.200	10	2	0	0	0	0	0	3	.182	.200

Lee Smith — Orioles
Age 37 – Pitches Right (flyball pitcher)

	ERA	W	L	Sv	G	GS	IP	BB	SO	Avg	H	2B	3B	HR	RBI	OBP	SLG	GF	IR	IRS	Hld	SvOp	SB	CS	GB	FB	G/F
1994 Season	3.29	1	4	33	41	0	38.1	11	42	.239	34	4	1	6	16	.290	.408	39	9	2	0	39	3	0	49	36	1.36
Last Five Years	2.83	18	25	200	305	0	327.1	93	316	.220	290	45	12	29	133	.286	.361	264	222	59	1	233	51	10	334	389	0.86

1994 Season

	ERA	W	L	Sv	G	GS	IP	H	HR	BB	SO		Avg	AB	H	2B	3B	HR	RBI	BB	SO	OBP	SLG
Home	3.00	0	2	15	19	0	18.0	17	2	5	18	vs. Left	.306	72	22	3	1	4	11	8	21	.366	.542
Away	3.54	1	2	18	22	0	20.1	17	4	6	24	vs. Right	.171	70	12	1	0	2	5	3	21	.205	.271
Starter	0.00	0	0	0	0	0	0.0	0	0	0	0	Scoring Posn	.200	40	8	0	0	1	9	1	11	.209	.275
Reliever	3.29	1	4	33	41	0	38.1	34	6	11	42	Close & Late	.218	119	26	1	1	5	15	11	36	.280	.370
0 Days rest (Re)	3.38	0	0	7	8	0	8.0	8	1	1	8	None on/out	.303	33	10	2	0	0	4	13	0	.378	.364
1 or 2 Days rest	1.32	0	1	14	15	0	13.2	9	1	2	16	First Pitch	.545	11	6	0	0	0	1	0	0	.583	.545
3+ Days rest	4.86	1	3	12	18	0	16.2	17	4	8	18	Ahead in Count	.218	87	19	2	1	4	10	0	36	.218	.402
Pre-All Star	2.25	1	2	29	34	0	32.0	25	4	6	37	Behind in Count	.250	16	4	1	0	0	2	7	0	.440	.313
Post-All Star	8.53	0	2	4	7	0	6.1	9	2	5	5	Two Strikes	.179	95	17	1	1	5	11	3	42	.204	.368

Last Five Years

	ERA	W	L	Sv	G	GS	IP	H	HR	BB	SO		Avg	AB	H	2B	3B	HR	RBI	BB	SO	OBP	SLG
Home	2.70	13	17	94	165	0	183.0	170	11	51	180	vs. Left	.239	700	167	26	8	18	82	72	188	.307	.376
Away	2.99	5	8	106	140	0	144.1	120	18	42	136	vs. Right	.229	536	123	19	4	11	51	21	128	.257	.341
Day	2.69	8	7	62	100	0	107.0	87	9	35	110	Inning 1-6	.000	0	0	0	0	0	0	0	0	.000	.000
Night	2.90	10	18	138	205	0	220.1	203	20	58	206	Inning 7+	.235	1236	290	45	12	29	133	93	316	.286	.361
Grass	2.61	5	5	83	114	0	117.1	100	11	39	110	None on	.233	682	159	28	10	14	14	44	151	.280	.365
Turf	2.96	13	20	117	191	0	210.0	190	18	54	206	Runners on	.236	554	131	17	2	15	119	49	165	.294	.356
April	1.39	4	2	41	52	0	58.1	35	1	16	56	Scoring Posn	.223	354	79	7	1	8	99	40	115	.295	.316
May	3.83	5	4	27	51	0	51.2	44	9	14	57	Close & Late	.234	1014	237	30	6	26	119	82	266	.289	.352
June	2.97	2	4	38	58	0	66.2	66	4	17	68	None on/out	.234	291	68	14	3	6	6	17	68	.276	.364
July	2.97	5	3	34	51	0	57.2	53	7	11	59	vs. 1st Batr (relief)	.248	286	71	14	6	19	16	69	0	.286	.367
August	3.42	1	7	35	49	0	50.0	56	5	14	39	First Inning Pitched	.239	1069	255	39	11	26	119	83	281	.291	.369
September/October	2.51	1	5	25	44	0	43.0	36	3	21	37	First 15 Pitches	.245	899	220	37	10	21	86	61	210	.291	.378
Starter	0.00	0	0	0	0	0	0.0	0	0	0	0	Pitch 16-30	.209	287	60	5	2	7	38	27	92	.274	.314
Reliever	2.83	18	25	200	305	0	327.1	290	29	93	316	Pitch 31-45	.200	45	9	2	0	1	8	5	13	.280	.311
0 Days rest (Re)	2.54	1	8	66	90	0	92.0	82	5	28	89	Pitch 46+	.200	5	1	1	0	0	1	0	1	.200	.400
1 or 2 Days rest	2.16	9	6	85	123	0	137.2	114	11	31	135	First Pitch	.320	147	47	6	3	5	22	16	0	.384	.503
3+ Days rest	4.05	8	11	49	92	0	97.2	94	13	34	92	Ahead in Count	.190	690	131	15	8	13	64	0	274	.189	.287
Pre-All Star	2.72	12	12	120	182	0	198.2	162	18	53	198	Behind in Count	.296	179	53	8	2	5	21	37	0	.409	.447
Post-All Star	3.01	6	13	80	123	0	128.2	128	11	40	118	Two Strikes	.168	677	114	16	6	14	61	40	316	.214	.272

Pitcher vs. Batter (since 1984)

Pitches Best Vs.	Avg	AB	H	2B	3B	HR	RBI	BB	SO	OBP	SLG	Pitches Worst Vs.	Avg	AB	H	2B	3B	HR	RBI	BB	SO	OBP	SLG
John Kruk	.000	15	0	0	0	0	0	1	6	.063	.000	Mariano Duncan	.500	16	8	0	2	1	7	0	1	.500	.938
Jay Bell	.000	10	0	0	0	0	0	1	5	.091	.000	Dwight Smith	.400	10	4	0	0	1	3	2	3	.462	.700
Rickey Henderson	.000	9	0	0	0	0	0	3	5	.250	.000	Barry Bonds	.400	10	4	1	0	2	4	1	3	.455	1.100
Kevin Bass	.105	19	2	0	0	0	0	0	5	.105	.105	Paul O'Neill	.333	6	2	0	0	1	2	5	1	.636	.833
Hubie Brooks	.118	17	2	1	0	0	0	0	7	.118	.176	Bobby Bonilla	.308	13	4	0	0	2	3	0	2	.308	.769

Lonnie Smith — Orioles — Age 39 – Bats Right (flyball hitter)

	Avg	G	AB	R	H	2B	3B	HR	RBI	BB	SO	HBP	GDP	SB	CS	OBP	SLG	IBB	SH	SF	#Pit	#P/PA	GB	FB	G/F
1994 Season	.203	35	59	13	12	3	0	0	2	11	18	1	2	1	0	.333	.254	0	0	1	293	4.07	13	20	0.65
Last Five Years	.280	479	1259	209	352	63	16	30	148	187	240	24	12	33	19	.379	.427	9	6	15	5591	3.75	365	428	0.85

1994 Season

	Avg	AB	H	2B	3B	HR	RBI	BB	SO	OBP	SLG		Avg	AB	H	2B	3B	HR	RBI	BB	SO	OBP	SLG
vs. Left	.286	42	12	3	0	0	1	8	10	.404	.357	Scoring Posn	.083	12	1	0	0	0	2	4	4	.294	.083
vs. Right	.000	17	0	0	0	0	1	3	8	.150	.000	Close & Late	.167	6	1	0	0	0	1	3	.286	.167

Last Five Years

	Avg	AB	H	2B	3B	HR	RBI	BB	SO	OBP	SLG		Avg	AB	H	2B	3B	HR	RBI	BB	SO	OBP	SLG
vs. Left	.303	551	167	33	6	14	64	82	97	.396	.461	Scoring Posn	.262	294	77	9	2	5	111	64	65	.385	.357
vs. Right	.261	708	185	30	10	16	84	105	143	.366	.400	Close & Late	.252	214	54	11	2	6	19	41	51	.385	.407
Groundball	.284	398	113	21	6	7	45	57	87	.380	.420	None on/out	.294	418	123	23	5	12	12	49	69	.379	.459
Flyball	.221	267	59	11	3	10	32	47	46	.346	.397	Batting #1	.318	529	168	27	9	12	53	69	77	.402	.471
Home	.294	633	186	33	6	17	74	92	121	.389	.445	Batting #3	.274	230	63	11	2	4	28	41	51	.388	.391
Away	.265	626	166	30	10	13	74	95	119	.369	.407	Other	.242	500	121	25	5	14	67	77	112	.351	.396
Day	.298	309	92	15	3	8	34	48	68	.394	.443	April	.200	135	27	4	2	2	16	21	34	.304	.304
Night	.274	950	260	48	13	22	114	139	172	.374	.421	May	.242	194	47	8	2	3	22	28	48	.346	.351
Grass	.286	889	254	47	11	22	108	129	166	.382	.438	June	.305	203	62	8	4	5	21	30	28	.398	.458
Turf	.265	370	98	16	5	8	40	58	74	.372	.400	July	.298	208	62	10	3	5	22	41	39	.422	.447
First Pitch	.346	246	85	16	4	7	29	3	0	.371	.528	August	.326	236	77	18	2	5	33	22	38	.396	.483
Ahead in Count	.330	285	94	17	1	11	46	97	0	.494	.512	September/October	.272	283	77	15	3	10	34	45	53	.378	.452
Behind in Count	.223	485	108	20	8	9	48	0	186	.243	.353	Pre-All Star	.248	588	146	22	8	11	61	87	121	.350	.369
Two Strikes	.211	545	115	21	9	5	46	86	240	.329	.310	Post-All Star	.307	671	206	41	8	19	87	100	119	.405	.477

Batter vs. Pitcher (since 1984)

Hits Best Against	Avg	AB	H	2B	3B	HR	RBI	BB	SO	OBP	SLG	Hits Worst Against	Avg	AB	H	2B	3B	HR	RBI	BB	SO	OBP	SLG
Mike Maddux	.556	9	5	1	0	0	1	2	2	.667	.667	Greg Swindell	.063	16	1	0	0	0	0	2	2	.118	.063
Ken Hill	.545	11	6	3	0	0	2	4	0	.667	.818	Ramon Martinez	.071	14	1	0	0	0	1	0	6	.067	.071
Norm Charlton	.412	17	7	1	1	2	3	2	4	.474	.941	Joe Magrane	.071	14	1	1	0	0	0	3	2	.235	.143
Dennis Cook	.412	17	7	1	0	3	6	0	1	.412	1.000	Teddy Higuera	.125	24	3	0	0	0	1	2	6	.185	.125
Mitch Williams	.400	5	2	1	1	0	3	8	2	.769	1.000	Chris Hammond	.154	13	2	0	0	0	1	2	4	.267	.154

Mark Smith — Orioles — Age 25 – Bats Right

	Avg	G	AB	R	H	2B	3B	HR	RBI	BB	SO	HBP	GDP	SB	CS	OBP	SLG	IBB	SH	SF	#Pit	#P/PA	GB	FB	G/F
1994 Season	.143	3	7	0	1	0	0	0	2	0	2	0	0	0	0	.143	.143	0	0	0	26	3.71	2	3	0.67

1994 Season

	Avg	AB	H	2B	3B	HR	RBI	BB	SO	OBP	SLG		Avg	AB	H	2B	3B	HR	RBI	BB	SO	OBP	SLG
vs. Left	.000	0	0	0	0	0	0	0	0	.000	.000	Scoring Posn	.500	2	1	0	0	0	2	0	1	.500	.500
vs. Right	.143	7	1	0	0	0	2	0	2	.143	.143	Close & Late	.500	2	1	0	0	0	2	0	0	.500	.500

Ozzie Smith — Cardinals — Age 40 – Bats Both (groundball hitter)

	Avg	G	AB	R	H	2B	3B	HR	RBI	BB	SO	HBP	GDP	SB	CS	OBP	SLG	IBB	SH	SF	#Pit	#P/PA	GB	FB	G/F
1994 Season	.262	98	381	51	100	18	3	3	30	38	26	0	2	6	3	.326	.349	3	10	4	1518	3.51	176	106	1.66
Last Five Years	.278	664	2506	356	697	111	15	8	214	284	147	4	40	137	35	.350	.344	14	42	23	10153	3.55	1264	629	2.01

1994 Season

	Avg	AB	H	2B	3B	HR	RBI	BB	SO	OBP	SLG		Avg	AB	H	2B	3B	HR	RBI	BB	SO	OBP	SLG
vs. Left	.262	126	33	10	0	2	9	10	10	.309	.389	Scoring Posn	.250	84	21	5	1	0	25	13	4	.337	.333
vs. Right	.263	255	67	8	3	1	21	28	16	.335	.329	Close & Late	.204	54	11	2	0	1	4	7	3	.290	.296
Groundball	.314	118	37	6	2	2	10	11	7	.366	.449	None on/out	.167	60	10	0	1	2	2	8	7	.265	.300
Flyball	.197	66	13	3	0	2	7	5	.274	.242	Batting #2	.271	343	93	17	3	3	30	32	24	.330	.364
Home	.284	183	52	8	3	1	18	16	16	.343	.377	Batting #8	.194	36	7	1	0	0	0	6	2	.310	.222
Away	.242	198	48	10	0	2	12	20	10	.311	.323	Other	.000	2	0	0	0	0	0	0	0	.000	.000
Day	.232	69	16	2	1	1	6	10	3	.325	.333	April	.192	78	15	2	1	0	7	13	4	.308	.244
Night	.269	312	84	16	2	2	24	28	23	.327	.353	May	.256	90	23	0	0	2	8	8	5	.310	.322
Grass	.188	112	21	5	0	0	8	13	5	.270	.232	June	.238	80	19	3	2	1	8	8	7	.307	.363
Turf	.294	269	79	13	3	3	22	25	21	.350	.398	July	.284	95	27	8	0	0	4	5	9	.314	.368
First Pitch	.296	54	16	3	0	3	2	0	.321	.352	August	.421	38	16	5	0	0	3	4	1	.476	.737
Ahead in Count	.288	118	34	6	1	2	12	25	0	.404	.407	September/October	.000	0	0	0	0	0	0	0	0	.000	.000
Behind in Count	.214	117	25	4	2	1	7	0	24	.214	.308	Pre-All Star	.240	279	67	8	3	3	25	29	22	.309	.323
Two Strikes	.202	124	25	6	1	1	5	11	26	.267	.290	Post-All Star	.324	102	33	10	0	0	5	9	4	.375	.422

1994 By Position

Position	Avg	AB	H	2B	3B	HR	RBI	BB	SO	OBP	SLG	G	GS	Innings	PO	A	E	DP	Fld Pct	Rng Fctr	In Zone	Outs	Zone Rtg	MLB Zone
As ss	.264	379	100	18	3	3	30	38	26	.328	.351	96	94	822.0	136	292	8	65	.982	4.69	362	317	.876	.889

Last Five Years

	Avg	AB	H	2B	3B	HR	RBI	BB	SO	OBP	SLG		Avg	AB	H	2B	3B	HR	RBI	BB	SO	OBP	SLG
vs. Left	.279	927	259	59	5	7	86	96	59	.344	.376	Scoring Posn	.265	615	163	27	5	1	193	88	36	.345	.330
vs. Right	.277	1579	438	52	10	4	128	188	88	.353	.325	Close & Late	.249	417	104	14	4	1	50	52	25	.330	.309
Groundball	.283	815	231	29	5	2	61	76	34	.340	.339	None on/out	.262	461	121	18	5	3	3	64	28	.354	.343
Flyball	.284	500	142	23	3	2	41	58	34	.358	.354	Batting #2	.285	2287	651	103	15	8	197	257	131	.355	.353
Home	.303	1296	393	63	10	4	118	156	75	.375	.377	Batting #8	.171	82	14	3	0	0	4	11	7	.269	.207
Away	.251	1210	304	48	5	4	96	128	72	.322	.309	Other	.234	137	32	5	0	0	13	16	9	.306	.270
Day	.272	632	172	30	5	2	53	55	27	.331	.345	April	.243	346	84	7	3	0	31	46	20	.329	.280
Night	.280	1874	525	81	10	6	161	229	120	.356	.344	May	.287	478	137	18	2	3	45	50	24	.355	.351
Grass	.240	659	158	31	2	0	51	65	40	.306	.293	June	.263	410	108	20	4	1	52	53	26	.347	.339
Turf	.292	1847	539	80	13	8	163	219	107	.365	.362	July	.303	458	139	25	0	0	26	50	34	.368	.358
First Pitch	.285	365	104	19	1	1	32	6	0	.293	.351	August	.283	427	121	15	5	3	31	49	23	.354	.363
Ahead in Count	.308	725	223	39	8	4	82	172	0	.439	.400	September/October	.279	387	108	26	1	1	29	36	20	.338	.359
Behind in Count	.242	897	217	24	3	1	51	0	122	.241	.279	Pre-All Star	.274	1393	382	55	9	4	138	163	83	.349	.335
Two Strikes	.236	918	217	29	2	1	60	102	147	.312	.276	Post-All Star	.283	1113	315	56	6	4	76	121	64	.350	.355

Batter vs. Pitcher (since 1984)

Hits Best Against	Avg	AB	H	2B	3B	HR	RBI	BB	SO	OBP	SLG	Hits Worst Against	Avg	AB	H	2B	3B	HR	RBI	BB	SO	OBP	SLG
Butch Henry	.600	10	6	2	0	0	0	1	0	.636	.800	Ramon Martinez	.080	25	2	0	0	0	1	6	3	.258	.080
Mark Davis	.500	20	10	1	0	1	3	2	2	.565	.700	Mike Morgan	.091	22	2	0	0	0	0	3	1	.200	.091
Bud Black	.455	11	5	1	0	1	2	0	0	.455	.818	Mark Portugal	.111	18	2	0	0	0	2	1	1	.158	.111
Marvin Freeman	.444	9	4	0	1	0	1	2	0	.545	.667	Joe Hesketh	.136	22	3	0	0	0	2	2	3	.208	.136
Mike Jackson	.375	8	3	1	0	2	3	1	.545	.750	Jim Gott	.143	14	2	0	0	0	1	0	2	.133	.143

Pete Smith — Mets
Age 29 – Pitches Right

	ERA	W	L	Sv	G	GS	IP	BB	SO	Avg	H	2B	3B	HR	RBI	OBP	SLG	CG	ShO	Sup	QS	#P/S	SB	CS	GB	FB	G/F
1994 Season	5.55	4	10	0	21	21	131.1	42	62	.285	145	29	4	25	74	.338	.505	1	0	4.32	7	95	4	7	189	141	1.34
Last Five Years	4.46	21	27	0	80	69	426.0	152	243	.263	425	80	11	59	193	.324	.435	6	1	4.69	30	91	42	21	568	492	1.15

1994 Season

	ERA	W	L	Sv	G	GS	IP	H	HR	BB	SO		Avg	AB	H	2B	3B	HR	RBI	BB	SO	OBP	SLG
Home	5.10	2	5	0	10	10	67.0	71	10	25	29	vs. Left	.302	235	71	10	2	8	27	25	18	.365	.464
Away	6.02	2	5	0	11	11	64.1	74	15	17	33	vs. Right	.270	274	74	19	2	17	47	17	44	.313	.540
Day	7.19	2	5	0	8	8	46.1	59	10	14	22	Inning 1-6	.284	455	129	26	4	24	71	35	58	.333	.516
Night	4.66	2	5	0	13	13	85.0	86	15	28	40	Inning 7+	.296	54	16	3	0	1	3	7	4	.377	.407
Grass	5.25	4	7	0	17	17	108.0	118	18	36	52	None on	.294	309	91	20	3	17	17	25	46	.349	.544
Turf	6.94	0	3	0	4	4	23.1	27	7	6	10	Runners on	.270	200	54	9	1	8	57	17	16	.320	.445
April	5.87	1	3	0	5	5	30.2	36	6	11	12	Scoring Posn	.295	112	33	5	0	4	46	10	13	.338	.446
May	4.14	2	2	0	6	6	41.1	39	8	10	15	Close & Late	.257	35	9	1	0	1	1	4	2	.333	.371
June	6.56	1	2	0	6	6	35.2	41	7	19	18	None on/out	.311	135	42	9	1	9	9	8	16	.354	.593
July	8.62	0	2	0	3	3	15.2	24	4	2	11	vs. 1st Batr (relief)	.000	0	0	0	0	0	0	0	0	.000	.000
August	1.13	0	1	0	1	1	8.0	5	0	0	6	First Inning Pitched	.298	84	25	4	3	5	15	5	8	.333	.595
September/October	0.00	0	0	0	0	0	0.0	0	0	0	0	First 75 Pitches	.264	383	101	21	4	17	50	28	51	.313	.473
Starter	5.55	4	10	0	21	21	131.1	145	25	42	62	Pitch 76-90	.405	74	30	3	0	6	16	6	7	.450	.689
Reliever	0.00	0	0	0	0	0	0.0	0	0	0	0	Pitch 91-105	.268	41	11	4	0	2	6	4	3	.326	.512
0-3 Days Rest (St)	0.00	0	0	0	0	0	0.0	0	0	0	0	Pitch 106+	.273	11	3	1	0	0	2	4	1	.467	.364
4 Days Rest	5.68	3	6	0	14	14	88.2	91	19	35	43	First Pitch	.316	76	24	7	0	4	19	4	0	.337	.566
5+ Days Rest	5.27	1	4	0	7	7	42.2	54	6	7	19	Ahead in Count	.216	213	46	9	2	12	23	0	56	.217	.446
Pre-All Star	5.54	4	8	0	19	19	118.2	128	23	42	55	Behind in Count	.344	131	45	7	1	4	14	21	0	.431	.504
Post-All Star	5.68	0	2	0	2	2	12.2	17	2	0	7	Two Strikes	.267	206	55	11	2	15	33	17	62	.322	.558

Last Five Years

	ERA	W	L	Sv	G	GS	IP	H	HR	BB	SO		Avg	AB	H	2B	3B	HR	RBI	BB	SO	OBP	SLG
Home	4.97	11	17	0	41	36	212.0	235	32	83	117	vs. Left	.286	854	244	41	7	23	92	95	96	.353	.431
Away	3.95	10	10	0	39	33	214.0	190	27	69	126	vs. Right	.237	765	181	39	4	36	101	57	147	.290	.439
Day	5.85	5	9	0	22	20	117.0	133	22	42	60	Inning 1-6	.264	1406	371	71	11	56	180	129	212	.323	.450
Night	3.93	16	18	0	58	49	309.0	292	37	110	183	Inning 7+	.254	213	54	9	0	3	13	23	31	.325	.338
Grass	4.44	18	22	0	64	57	348.2	345	46	127	204	None on	.273	971	265	51	8	35	35	97	153	.340	.450
Turf	4.54	3	5	0	16	12	77.1	80	13	25	39	Runners on	.247	648	160	29	3	24	158	55	90	.300	.412
April	3.41	5	6	0	14	13	89.2	83	8	31	63	Scoring Posn	.247	360	89	15	2	11	125	39	62	.309	.392
May	4.83	4	7	0	17	16	104.1	101	21	30	46	Close & Late	.224	116	26	3	0	2	7	13	14	.300	.302
June	6.12	3	8	0	21	20	103.0	116	15	48	59	None on/out	.293	430	126	27	4	20	20	30	57	.341	.514
July	7.75	1	5	0	9	8	36.0	55	12	12	22	vs. 1st Batr (relief)	.300	10	3	1	0	1	3	1	1	.364	.700
August	2.28	4	1	0	6	6	43.1	35	2	10	25	First Inning Pitched	.310	319	99	17	5	13	59	32	48	.368	.517
September/October	1.63	4	0	0	13	6	49.2	35	1	21	28	First 75 Pitches	.254	1254	319	62	11	45	146	117	201	.316	.429
Starter	4.59	20	27	0	69	69	408.0	414	58	146	232	Pitch 76-90	.303	195	59	9	0	9	30	18	24	.360	.487
Reliever	1.50	1	0	0	11	0	18.0	11	1	6	11	Pitch 91-105	.280	125	35	8	0	4	12	10	13	.333	.440
0-3 Days Rest (St)	1.13	0	1	0	1	1	8.0	4	0	1	4	Pitch 106+	.267	45	12	1	0	1	5	7	5	.365	.356
4 Days Rest	4.49	10	14	0	37	37	226.2	213	33	86	132	First Pitch	.307	251	77	20	1	11	44	11	0	.333	.526
5+ Days Rest	4.88	10	12	0	31	31	173.1	197	25	59	96	Ahead in Count	.200	734	147	22	6	18	65	0	219	.199	.320
Pre-All Star	4.94	13	23	0	57	53	319.0	327	49	115	184	Behind in Count	.349	367	128	23	2	15	46	78	0	.460	.545
Post-All Star	3.03	8	4	0	23	16	107.0	98	10	37	59	Two Strikes	.207	719	149	27	3	24	76	63	243	.269	.353

Pitcher vs. Batter (career)

Pitches Best Vs.	Avg	AB	H	2B	3B	HR	RBI	BB	SO	OBP	SLG	Pitches Worst Vs.	Avg	AB	H	2B	3B	HR	RBI	BB	SO	OBP	SLG
Milt Thompson	.000	13	0	0	0	0	2	1	.133	.000	Bobby Bonilla	.529	17	9	2	0	3	8	4	3	.591	1.176
Kevin Elster	.091	11	1	1	0	0	0	7	.091	.182	Jeff Conine	.462	13	6	1	1	1	4	2	2	.533	.923
Jose Offerman	.125	16	2	0	0	0	0	0	.125	.125	Will Clark	.414	29	12	0	0	4	7	5	4	.500	.828
Benito Santiago	.146	41	6	0	0	0	1	6	.167	.146	Andre Dawson	.368	19	7	2	0	8	0	1	.350	1.105

Pitches Best Vs.	Avg	AB	H	2B	3B	HR	RBI	BB	SO	OBP	SLG	Pitches Worst Vs.	Avg	AB	H	2B	3B	HR	RBI	BB	SO	OBP	SLG
Mackey Sasser	.182	11	2	0	0	0	1	0	0	.167	.182	Darryl Strawberry	.357	14	5	0	0	3	4	5	3	.526	1.000

Willie Smith — Cardinals
Age 27 – Pitches Right

	ERA	W	L	Sv	G	GS	IP	BB	SO	Avg	H	2B	3B	HR	RBI	OBP	SLG	GF	IR	IRS	Hld	SvOp	SB	CS	GB	FB	G/F
1994 Season	9.00	1	1	0	8	0	7.0	3	7	.300	9	1	0	4	7	.364	.733	2	1	0	1	1	1	0	10	9	1.11

1994 Season

	ERA	W	L	Sv	G	GS	IP	H	HR	BB	SO		Avg	AB	H	2B	3B	HR	RBI	BB	SO	OBP	SLG
Home	4.50	0	1	0	4	0	4.0	3	1	1	3	vs. Left	.222	9	2	0	0	1	1	2	3	.364	.556
Away	15.00	1	0	0	4	0	3.0	6	3	2	4	vs. Right	.333	21	7	1	0	3	6	1	4	.364	.810

Zane Smith — Pirates
Age 34 – Pitches Left (groundball pitcher)

	ERA	W	L	Sv	G	GS	IP	BB	SO	Avg	H	2B	3B	HR	RBI	OBP	SLG	CG	ShO	Sup	QS	#P/S	SB	CS	GB	FB	G/F
1994 Season	3.27	10	8	0	25	24	157.0	34	57	.270	162	26	2	18	59	.307	.409	2	1	3.55	16	89	13	4	306	118	2.59
Last Five Years	3.16	49	42	0	130	126	824.1	154	395	.264	827	128	25	61	307	.299	.380	17	9	3.85	81	91	82	22	1553	677	2.29

1994 Season

	ERA	W	L	Sv	G	GS	IP	H	HR	BB	SO		Avg	AB	H	2B	3B	HR	RBI	BB	SO	OBP	SLG
Home	2.73	5	3	0	14	14	99.0	96	11	14	34	vs. Left	.217	92	20	3	1	2	9	4	18	.245	.337
Away	4.19	5	5	0	11	10	58.0	66	7	20	23	vs. Right	.279	509	142	23	1	16	50	30	39	.319	.422
Day	3.83	4	2	0	7	7	42.1	46	6	10	10	Inning 1-6	.268	523	140	22	2	17	51	28	51	.303	.415
Night	3.06	6	6	0	18	17	114.2	116	12	24	47	Inning 7+	.282	78	22	4	0	1	8	6	6	.333	.372
Grass	2.70	4	2	0	6	6	36.2	32	5	9	12	None on	.284	370	105	16	1	13	13	15	44	.312	.438
Turf	3.44	6	6	0	19	18	120.1	130	13	25	45	Runners on	.247	231	57	10	1	5	46	19	13	.300	.364
April	3.16	3	1	0	5	5	31.1	23	7	7	12	Scoring Posn	.256	125	32	5	1	2	38	18	8	.342	.360
May	4.38	1	4	0	6	6	37.0	39	4	9	16	Close & Late	.262	61	16	3	0	0	5	3	5	.297	.311
June	2.58	4	1	0	6	6	38.1	44	3	5	13	None on/out	.282	163	46	5	1	5	5	5	20	.304	.417
July	4.01	1	2	0	6	5	33.2	45	3	11	13	vs. 1st Batr (relief)	.000	1	0	0	0	0	0	0	0	.000	.000
August	1.08	1	0	0	2	2	16.2	11	1	2	3	First Inning Pitched	.242	95	23	4	1	2	10	4	12	.273	.368
September/October	0.00	0	0	0	0	0	0.0	0	0	0	0	First 75 Pitches	.275	488	134	21	1	16	47	28	46	.313	.420
Starter	3.31	10	8	0	24	24	155.0	159	18	32	56	Pitch 76-90	.234	77	18	3	1	2	8	3	8	.259	.377
Reliever	0.00	0	0	0	1	0	2.0	3	0	2	1	Pitch 91-105	.250	28	7	2	0	0	3	3	3	.323	.321
0-3 Days Rest (St)	7.20	0	1	0	1	1	5.0	7	1	2	3	Pitch 106+	.375	8	3	0	0	0	1	0	0	.375	.375
4 Days Rest	3.26	6	4	0	13	13	85.2	93	7	17	27	First Pitch	.315	111	35	5	1	4	9	5	0	.345	.486
5+ Days Rest	3.08	4	3	0	10	10	64.1	59	10	13	26	Ahead in Count	.220	218	48	10	0	6	15	0	51	.218	.349
Pre-All Star	3.19	9	6	0	19	18	115.2	116	14	25	42	Behind in Count	.270	152	41	8	0	4	15	17	0	.341	.401
Post-All Star	3.48	1	2	0	6	6	41.1	46	4	9	15	Two Strikes	.222	216	48	9	0	6	18	12	57	.263	.347

Last Five Years

	ERA	W	L	Sv	G	GS	IP	H	HR	BB	SO		Avg	AB	H	2B	3B	HR	RBI	BB	SO	OBP	SLG
Home	2.71	30	16	0	68	66	454.1	452	30	76	234	vs. Left	.220	501	110	11	4	6	42	25	103	.256	.293
Away	3.70	19	26	0	62	60	370.0	375	31	78	161	vs. Right	.273	2628	717	117	21	55	265	129	292	.307	.396
Day	3.38	14	13	0	34	32	202.2	213	15	43	86	Inning 1-6	.263	2638	695	113	23	50	263	134	339	.299	.381
Night	3.08	35	29	0	96	94	621.2	614	46	111	309	Inning 7+	.269	491	132	15	2	11	44	20	56	.297	.375
Grass	4.09	8	13	0	26	25	149.2	159	15	35	61	None on	.256	1965	503	79	12	38	38	81	265	.286	.366
Turf	2.95	41	29	0	104	101	674.2	668	46	119	334	Runners on	.278	1164	324	49	13	23	269	73	130	.320	.402
April	2.37	11	4	0	18	18	121.2	108	12	20	60	Scoring Posn	.290	652	189	34	8	16	242	56	80	.343	.440
May	3.79	7	10	0	22	22	142.2	154	10	32	65	Close & Late	.244	320	78	9	0	4	28	13	40	.272	.309
June	3.45	7	12	0	26	26	161.2	173	12	38	71	None on/out	.275	847	233	42	4	18	18	24	125	.296	.398
July	3.62	8	8	0	25	23	149.0	165	12	34	66	vs. 1st Batr (relief)	.000	4	0	0	0	0	0	0	0	.000	.000
August	3.30	9	5	0	23	22	144.1	148	9	18	68	First Inning Pitched	.248	491	122	24	7	6	46	26	73	.288	.363
September/October	1.89	7	3	0	16	15	105.0	79	6	12	65	First 75 Pitches	.265	2449	649	106	22	46	234	123	306	.300	.383
Starter	3.16	49	42	0	126	126	818.1	822	61	150	392	Pitch 76-90	.255	381	97	11	3	9	42	16	55	.285	.370
Reliever	3.00	0	0	0	4	0	6.0	5	0	4	3	Pitch 91-105	.258	221	57	8	0	3	21	13	23	.299	.335
0-3 Days Rest (St)	2.90	4	2	0	10	10	62.0	60	5	9	41	Pitch 106+	.308	78	24	3	0	3	10	2	11	.325	.462
4 Days Rest	3.05	33	24	0	74	74	504.1	499	38	94	226	First Pitch	.294	503	148	23	4	13	55	16	0	.318	.433
5+ Days Rest	3.43	12	16	0	42	42	252.0	263	18	47	125	Ahead in Count	.203	1298	263	39	9	16	76	0	355	.204	.284
Pre-All Star	3.18	31	28	0	76	75	490.0	498	39	104	218	Behind in Count	.329	721	237	30	6	18	102	74	0	.389	.462
Post-All Star	3.12	18	14	0	54	51	334.1	329	22	50	177	Two Strikes	.209	1230	257	40	11	18	89	64	395	.249	.303

Pitcher vs. Batter (career)

Pitches Best Vs.	Avg	AB	H	2B	3B	HR	RBI	BB	SO	OBP	SLG	Pitches Worst Vs.	Avg	AB	H	2B	3B	HR	RBI	BB	SO	OBP	SLG
Kirt Manwaring	.000	16	0	0	0	0	0	0	1	.059	.000	Junior Ortiz	.563	16	9	2	0	0	1	1	1	.611	.688
Ron Darling	.077	13	1	0	0	0	0	8	0	.077	.077	Mitch Webster	.483	29	14	4	1	0	2	2	1	.516	.690
Terry Mulholland	.083	12	1	0	0	0	0	5	0	.083	.083	Benito Santiago	.419	31	13	4	0	5	10	2	3	.455	1.032
Greg Litton	.091	11	1	0	0	0	1	0	1	.091	.091	Chris James	.389	18	7	1	1	2	5	1	2	.421	.889
Andy Van Slyke	.100	20	2	0	0	0	0	8	1	.100	.100	Andujar Cedeno	.333	12	4	1	0	3	7	0	1	.333	1.167

Roger Smithberg — Athletics
Age 29 – Pitches Right (groundball pitcher)

	ERA	W	L	Sv	G	GS	IP	BB	SO	Avg	H	2B	3B	HR	RBI	OBP	SLG	GF	IR	IRS	Hld	SvOp	SB	CS	GB	FB	G/F
1994 Season	15.43	0	0	0	2	0	2.1	1	3	.500	6	0	0	1	4	.538	.750	2	1	0	0	0	0	2	3	0.67
Career (1993-1994)	4.09	1	2	3	15	0	22.0	8	7	.244	19	3	0	3	13	.322	.397	11	4	2	0	4	1	0	37	16	2.31

1994 Season

	ERA	W	L	Sv	G	GS	IP	H	HR	BB	SO		Avg	AB	H	2B	3B	HR	RBI	BB	SO	OBP	SLG
Home	13.50	0	0	0	1	0	1.1	3	0	1	2	vs. Left	.500	6	3	0	0	0	2	1	1	.571	.500

											1994 Season								
	ERA	W	L	Sv	G	GS	IP	H	HR	BB	SO		Avg	AB	H	2B	3B	HR	RBI	BB	SO	OBP	SLG
Away	18.00	0	0	0	1	0	1.0	3	1	0	1	vs. Right	.500	6	3	0	0	1	2	0	2	.500	1.000

John Smoltz — Braves
Age 28 – Pitches Right

	ERA	W	L	Sv	G	GS	IP	BB	SO	Avg	H	2B	3B	HR	RBI	OBP	SLG	CG	ShO	Sup	QS	#P/S	SB	CS	GB	FB	G/F
1994 Season	4.14	6	10	0	21	21	134.2	48	113	.239	120	19	3	15	65	.307	.378	1	0	4.28	12	102	2	4	152	154	0.99
Last Five Years	3.60	64	57	0	161	161	1086.0	395	854	.234	946	172	26	91	414	.303	.358	24	6	4.72	95	104	70	39	1308	1204	1.09

1994 Season

	ERA	W	L	Sv	G	GS	IP	H	HR	BB	SO		Avg	AB	H	2B	3B	HR	RBI	BB	SO	OBP	SLG
Home	5.01	2	7	0	13	13	79.0	77	11	33	61	vs. Left	.271	240	65	15	0	6	38	32	40	.357	.408
Away	2.91	4	3	0	8	8	55.2	43	3	15	52	vs. Right	.209	263	55	4	3	9	27	16	73	.256	.350
Day	4.58	2	5	0	9	9	57.0	53	8	19	46	Inning 1-6	.243	432	105	18	2	13	60	42	102	.313	.384
Night	3.82	4	5	0	12	12	77.2	67	7	29	67	Inning 7+	.211	71	15	1	1	2	5	6	11	.266	.338
Grass	4.47	4	8	0	17	17	106.2	100	14	40	89	None on	.225	307	69	10	2	7	7	24	76	.285	.339
Turf	2.89	2	2	0	4	4	28.0	20	1	8	24	Runners on	.260	196	51	9	1	8	58	24	37	.338	.439
April	3.72	2	2	0	4	4	29.0	25	3	8	29	Scoring Posn	.223	103	23	7	1	2	44	22	21	.353	.369
May	3.22	0	4	0	6	6	36.1	30	2	17	27	Close & Late	.300	40	12	0	1	1	4	3	7	.333	.425
June	3.51	4	1	0	5	5	33.1	26	6	7	31	None on/out	.265	136	36	6	1	5	5	11	26	.320	.434
July	6.00	0	3	0	6	6	36.0	39	4	16	26	vs. 1st Batr (relief)	.000	0	0	0	0	0	0	0	0	.000	.000
August	0.00	0	0	0	0	0	0.0	0	0	0	0	First Inning Pitched	.294	85	25	2	0	5	11	8	14	.347	.494
September/October	0.00	0	0	0	0	0	0.0	0	0	0	0	First 75 Pitches	.245	351	86	14	1	10	48	35	85	.317	.376
Starter	4.14	6	10	0	21	21	134.2	120	15	48	113	Pitch 76-90	.224	67	15	3	1	3	8	6	11	.288	.433
Reliever	0.00	0	0	0	0	0	0.0	0	0	0	0	Pitch 91-105	.213	47	10	0	0	2	5	3	10	.260	.340
0-3 Days Rest (St)	12.00	0	1	0	2	2	9.0	16	5	3	4	Pitch 106+	.237	38	9	2	1	0	4	4	7	.295	.342
4 Days Rest	3.12	3	5	0	9	9	66.1	50	6	20	58	First Pitch	.319	69	22	4	0	4	10	2	0	.347	.551
5+ Days Rest	4.10	3	4	0	10	10	59.1	54	4	25	51	Ahead in Count	.153	235	36	3	2	2	15	0	96	.159	.209
Pre-All Star	3.51	6	9	0	17	17	112.2	88	12	38	97	Behind in Count	.363	102	37	10	1	6	24	20	0	.463	.657
Post-All Star	7.36	0	1	0	4	4	22.0	32	3	10	16	Two Strikes	.163	246	40	4	0	2	15	26	113	.245	.203

Last Five Years

	ERA	W	L	Sv	G	GS	IP	H	HR	BB	SO		Avg	AB	H	2B	3B	HR	RBI	BB	SO	OBP	SLG
Home	3.66	29	29	0	81	81	543.1	485	54	190	421	vs. Left	.265	2234	593	104	18	45	234	259	360	.342	.389
Away	3.53	35	28	0	80	80	542.2	461	37	205	433	vs. Right	.196	1802	353	68	8	46	180	136	494	.253	.319
Day	3.41	15	18	0	41	41	285.0	241	27	99	247	Inning 1-6	.235	3364	789	141	21	74	352	331	734	.304	.355
Night	3.66	49	39	0	120	120	801.0	705	64	296	607	Inning 7+	.234	672	157	31	5	17	62	64	120	.300	.371
Grass	3.62	48	42	0	123	123	831.1	714	80	298	635	None on	.233	2420	563	106	12	50	50	209	510	.296	.348
Turf	3.53	16	15	0	38	38	254.2	232	11	97	219	Runners on	.237	1616	383	66	14	41	364	186	344	.313	.371
April	3.71	7	11	0	23	23	150.1	138	11	56	127	Scoring Posn	.236	881	208	39	12	22	311	145	219	.337	.383
May	3.88	9	13	0	29	29	194.2	172	14	80	147	Close & Late	.243	374	91	18	3	7	36	35	80	.308	.364
June	3.96	13	11	0	29	29	195.2	171	17	68	170	None on/out	.242	1060	256	45	7	22	22	87	207	.300	.359
July	4.03	11	8	0	28	28	183.0	162	18	70	139	vs. 1st Batr (relief)	.000	0	0	0	0	0	0	0	0	.000	.000
August	2.65	15	7	0	25	25	183.1	143	20	47	136	First Inning Pitched	.246	613	151	19	4	15	74	76	135	.329	.364
September/October	3.32	9	7	0	27	27	179.0	160	11	68	135	First 75 Pitches	.234	2787	652	112	15	56	268	279	612	.304	.345
Starter	3.60	64	57	0	161	161	1086.0	946	91	395	854	Pitch 76-90	.255	526	134	23	5	20	69	46	99	.316	.432
Reliever	0.00	0	0	0	0	0	0.0	0	0	0	0	Pitch 91-105	.194	413	80	18	3	8	37	35	83	.258	.310
0-3 Days Rest (St)	6.13	3	5	0	12	12	72.0	80	10	28	43	Pitch 106+	.258	310	80	19	3	7	40	35	60	.332	.406
4 Days Rest	3.27	46	34	0	108	108	749.0	647	62	276	584	First Pitch	.309	595	184	34	3	21	80	19	0	.332	.482
5+ Days Rest	3.84	15	18	0	41	41	265.0	219	19	91	227	Ahead in Count	.162	1799	291	47	12	20	141	0	713	.165	.235
Pre-All Star	3.83	32	39	0	90	90	599.2	522	47	233	492	Behind in Count	.324	905	293	63	6	31	105	201	0	.445	.509
Post-All Star	3.31	32	18	0	71	71	486.1	424	44	162	362	Two Strikes	.158	1871	295	43	10	21	128	175	854	.232	.225

Pitcher vs. Batter (career)

Pitches Best Vs.	Avg	AB	H	2B	3B	HR	RBI	BB	SO	OBP	SLG	Pitches Worst Vs.	Avg	AB	H	2B	3B	HR	RBI	BB	SO	OBP	SLG
Dwight Smith	.000	19	0	0	0	0	0	0	2	.000	.000	Al Martin	.636	11	7	2	0	1	4	3	3	.714	1.091
Orestes Destrade	.000	11	0	0	0	0	1	1	2	.083	.000	Mike LaValliere	.550	20	11	2	0	1	3	5	0	.640	.800
Dante Bichette	.000	10	0	0	0	0	2	4	0	.167	.000	Eric Davis	.500	26	13	2	0	4	6	5	3	.581	1.038
Jim Eisenreich	.000	9	0	0	0	0	1	2	0	.167	.000	Mike Aldrete	.500	8	4	1	1	0	1	3	0	.636	.875
Kirt Manwaring	.053	19	1	0	0	0	6	1	1	.053	.053	Dave Hollins	.429	7	3	2	0	0	3	3	0	.545	.714

J.T. Snow — Angels
Age 27 – Bats Both (flyball hitter)

	Avg	G	AB	R	H	2B	3B	HR	RBI	BB	SO	HBP	GDP	SB	CS	OBP	SLG	IBB	SH	SF	#Pit	#P/PA	GB	FB	G/F
1994 Season	.220	61	223	22	49	4	0	8	30	19	48	3	2	0	1	.289	.345	1	2	1	905	3.65	60	78	0.77
Career (1992-1994)	.232	197	656	83	152	23	2	24	89	79	141	5	12	3	1	.316	.383	6	9	7	2827	3.74	186	214	0.87

1994 Season

	Avg	AB	H	2B	3B	HR	RBI	BB	SO	OBP	SLG		Avg	AB	H	2B	3B	HR	RBI	BB	SO	OBP	SLG
vs. Left	.226	84	19	3	0	2	8	8	17	.301	.333	Scoring Posn	.265	49	13	1	0	4	25	10	9	.393	.531
vs. Right	.216	139	30	1	0	6	22	11	31	.281	.353	Close & Late	.175	40	7	0	0	1	2	11	.233	.175
Home	.252	143	36	4	0	7	21	9	32	.296	.427	None on/out	.250	52	13	1	0	1	1	12	.264	.327
Away	.163	80	13	0	0	1	9	10	16	.277	.200	Batting #6	.239	88	21	2	0	4	9	5	19	.280	.398
First Pitch	.314	35	11	1	0	0	4	1	0	.324	.343	Batting #7	.187	123	23	2	0	4	17	12	29	.275	.301
Ahead in Count	.231	52	12	1	0	4	10	9	0	.344	.481	Other	.417	12	5	0	0	0	4	2	0	.467	.417
Behind in Count	.176	91	16	2	0	3	9	0	39	.202	.297	Pre-All Star	.205	127	26	1	0	3	13	10	28	.273	.283
Two Strikes	.141	92	13	2	0	2	8	9	48	.233	.228	Post-All Star	.240	96	23	3	0	5	17	9	20	.308	.427

Career (1992-1994)

	Avg	AB	H	2B	3B	HR	RBI	BB	SO	OBP	SLG		Avg	AB	H	2B	3B	HR	RBI	BB	SO	OBP	SLG
vs. Left	.218	174	38	6	1	4	18	18	36	.299	.333	Scoring Posn	.230	152	35	5	0	8	66	24	32	.326	.421
vs. Right	.237	482	114	17	1	20	71	61	105	.322	.400	Close & Late	.196	107	21	2	1	0	8	17	31	.307	.234
Groundball	.288	125	36	5	1	4	19	16	26	.371	.440	None on/out	.226	137	31	3	1	7	7	14	29	.303	.416
Flyball	.246	142	35	8	0	6	23	15	28	.319	.430	Batting #6	.218	165	36	3	1	6	20	14	33	.278	.358
Home	.270	345	93	11	1	17	56	38	73	.339	.455	Batting #7	.211	142	30	5	0	6	29	26	58	.291	.320
Away	.190	311	59	12	1	7	33	41	68	.291	.302	Other	.262	244	64	11	1	12	40	39	50	.363	.463
Day	.195	200	39	7	1	8	24	22	52	.281	.360	April	.343	67	23	1	2	6	17	4	11	.389	.687
Night	.248	456	113	16	1	16	65	57	89	.331	.393	May	.124	89	11	1	0	4	11	15	21	.252	.270
Grass	.236	580	137	19	2	23	85	67	123	.316	.395	June	.241	166	40	6	0	2	19	17	33	.306	.313
Turf	.197	76	15	4	0	1	4	12	18	.315	.289	July	.220	159	35	6	0	5	21	16	36	.302	.352
First Pitch	.296	81	24	7	1	4	13	6	0	.356	.556	August	.183	60	11	2	0	3	7	11	14	.310	.367
Ahead in Count	.333	177	59	9	0	10	32	32	0	.431	.554	September/October	.278	115	32	7	0	4	14	16	26	.364	.443
Behind in Count	.169	266	45	6	0	7	25	0	119	.177	.271	Pre-All Star	.225	386	87	10	2	14	54	46	81	.311	.370
Two Strikes	.120	284	34	5	1	6	28	41	141	.233	.243	Post-All Star	.241	270	65	13	0	10	35	33	60	.324	.400

Batter vs. Pitcher (career)

Hits Best Against	Avg	AB	H	2B	3B	HR	RBI	BB	SO	OBP	SLG	Hits Worst Against	Avg	AB	H	2B	3B	HR	RBI	BB	SO	OBP	SLG
Kenny Rogers	.500	12	6	0	0	0	1	1	2	.538	.500	Roger Clemens	.000	15	0	0	0	0	1	1	9	.063	.000
Kevin Brown	.500	10	5	0	0	2	1	2	.500	.500	Wilson Alvarez	.000	11	0	0	0	0	0	1	3	.083	.000
Scott Kamieniecki	.333	9	3	1	0	0	1	0	2	.455	.444	Jimmy Key	.091	11	1	0	0	0	0	1	4	.167	.091
												Ben McDonald	.143	14	2	0	0	0	0	1	6	.200	.143
												Mike Mussina	.143	14	2	0	0	0	1	2	2	.250	.143

Cory Snyder — Dodgers

Age 32 — Bats Right (flyball hitter)

	Avg	G	AB	R	H	2B	3B	HR	RBI	BB	SO	HBP	GDP	SB	CS	OBP	SLG	IBB	SH	SF	#Pit	#P/PA	GB	FB	G/F
1994 Season	.235	73	153	18	36	6	0	6	18	14	47	1	5	0	1	.300	.392	4	1	2	664	3.88	35	47	0.74
Last Five Years	.246	534	1663	187	409	92	7	48	203	114	468	9	40	10	9	.296	.396	13	10	13	6510	3.60	479	483	0.99

1994 Season

	Avg	AB	H	2B	3B	HR	RBI	BB	SO	OBP	SLG		Avg	AB	H	2B	3B	HR	RBI	BB	SO	OBP	SLG
vs. Left	.250	100	25	4	0	5	16	8	34	.300	.440	Scoring Posn	.324	34	11	0	0	4	15	8	9	.432	.676
vs. Right	.208	53	11	2	0	1	6	13	.300	.302	Close & Late	.152	33	5	1	0	0	1	2	9	.200	.182		
Home	.250	64	16	2	0	1	8	11	15	.351	.328	None on/out	.237	38	9	3	0	0	0	3	14	.293	.316
Away	.225	89	20	4	0	5	10	3	32	.258	.438	Batting #6	.233	43	10	2	0	1	6	5	9	.306	.349
First Pitch	.207	29	6	0	0	1	4	4	0	.294	.310	Batting #7	.237	59	14	2	0	1	4	5	19	.303	.322
Ahead in Count	.346	26	9	0	0	3	6	4	0	.433	.808	Other	.235	51	12	2	0	4	8	4	19	.291	.510
Behind in Count	.219	64	14	1	0	2	5	0	31	.231	.328	Pre-All Star	.258	124	32	6	0	6	17	12	34	.326	.452
Two Strikes	.190	79	15	3	0	2	5	6	47	.247	.304	Post-All Star	.138	29	4	0	0	0	1	2	13	.188	.138

Last Five Years

	Avg	AB	H	2B	3B	HR	RBI	BB	SO	OBP	SLG		Avg	AB	H	2B	3B	HR	RBI	BB	SO	OBP	SLG
vs. Left	.244	672	164	37	1	21	73	48	179	.296	.396	Scoring Posn	.247	434	107	24	2	9	145	46	142	.317	.373
vs. Right	.247	991	245	55	6	27	130	66	289	.296	.397	Close & Late	.233	318	74	19	6	32	26	95	.292	.374	
Groundball	.259	552	143	32	4	17	86	35	136	.301	.424	None on/out	.214	393	84	23	0	12	12	21	120	.254	.364
Flyball	.240	317	76	16	2	6	31	24	91	.291	.360	Batting #4	.257	381	98	22	0	13	61	28	98	.312	.417
Home	.257	771	198	46	1	19	92	65	206	.316	.393	Batting #7	.220	436	96	23	1	15	53	31	128	.272	.381
Away	.237	892	211	46	6	29	111	49	262	.277	.399	Other	.254	846	215	47	6	20	89	55	242	.301	.395
Day	.261	529	138	29	1	22	87	32	142	.304	.444	April	.281	185	52	13	0	7	32	9	46	.313	.465
Night	.239	1134	271	63	6	26	116	82	326	.292	.374	May	.221	308	68	14	0	10	38	28	99	.291	.364
Grass	.248	1279	317	68	5	33	153	90	349	.298	.388	June	.309	340	105	26	3	17	57	20	91	.351	.553
Turf	.240	384	92	24	1	15	50	24	119	.286	.388	July	.210	367	77	20	3	4	34	20	101	.249	.313
First Pitch	.320	297	95	19	1	12	46	8	0	.342	.512	August	.223	264	59	12	1	4	21	20	76	.280	.322
Ahead in Count	.376	263	99	24	1	18	58	58	0	.489	.681	September/October	.241	199	48	7	0	6	21	17	55	.298	.367
Behind in Count	.180	822	148	31	2	14	61	0	389	.183	.274	Pre-All Star	.260	969	252	62	3	35	138	67	269	.310	.439
Two Strikes	.161	831	134	28	3	12	59	46	468	.207	.245	Post-All Star	.226	694	157	30	4	13	65	47	199	.275	.337

Batter vs. Pitcher (career)

Hits Best Against	Avg	AB	H	2B	3B	HR	RBI	BB	SO	OBP	SLG	Hits Worst Against	Avg	AB	H	2B	3B	HR	RBI	BB	SO	OBP	SLG
Bill Krueger	.667	9	6	3	0	0	3	1	1	.636	1.000	John Burkett	.000	12	0	0	0	0	0	1	7	.077	.000
Tim Leary	.583	12	7	1	0	2	8	0	2	.583	1.083	Scott Sanderson	.000	11	0	0	0	0	0	0	5	.000	.000
Dan Plesac	.455	11	5	1	0	2	8	0	2	.455	1.091	Eric Plunk	.000	11	0	0	0	0	0	1	4	.083	.000
Mark Williamson	.455	11	5	0	1	2	4	0	2	.455	1.182	Chuck Crim	.063	16	1	0	0	0	0	0	5	.063	.063
Steve Cooke	.364	11	4	0	0	2	4	0	2	.364	.909	Todd Stottlemyre	.063	16	1	0	0	0	0	1	5	.111	.063

Luis Sojo — Mariners

Age 29 – Bats Right

	Avg	G	AB	R	H	2B	3B	HR	RBI	BB	SO	HBP	GDP	SB	CS	OBP	SLG	IBB	SH	SF	#Pit	#P/PA	GB	FB	G/F
1994 Season	.277	63	213	32	59	9	2	6	22	8	25	2	2	2	1	.308	.423	0	3	1	823	3.63	82	64	1.28
Career (1990-1994)	.260	334	1072	126	279	40	6	17	100	45	82	3	14	15	5	.294	.356	0	31	3	3901	3.37	423	343	1.23

1994 Season

	Avg	AB	H	2B	3B	HR	RBI	BB	SO	OBP	SLG		Avg	AB	H	2B	3B	HR	RBI	BB	SO	OBP	SLG
vs. Left	.333	45	15	4	0	2	7	2	4	.362	.556	Scoring Posn	.265	49	13	2	0	2	18	1	7	.302	.429
vs. Right	.262	168	44	5	2	4	15	6	21	.290	.387	Close & Late	.387	31	12	3	1	0	5	1	5	.412	.548
Home	.250	76	19	2	0	4	12	5	14	.293	.434	None on/out	.215	65	14	2	1	2	2	1	5	.227	.369
Away	.292	137	40	7	2	2	10	3	11	.317	.416	Batting #1	.220	50	11	1	0	2	4	2	8	.250	.360
First Pitch	.318	22	7	0	1	2	5	0	0	.318	.455	Batting #2	.317	63	20	1	1	3	9	2	9	.348	.508
Ahead in Count	.348	46	16	2	0	3	8	7	0	.426	.587	Other	.280	100	28	7	1	1	9	4	8	.311	.400

1994 Season

	Avg	AB	H	2B	3B	HR	RBI	BB	SO	OBP	SLG		Avg	AB	H	2B	3B	HR	RBI	BB	SO	OBP	SLG
Behind in Count	.229	109	25	4	1	1	6	0	23	.243	.312	Pre-All Star	.258	163	42	5	1	5	18	7	21	.295	.393
Two Strikes	.250	100	25	4	1	2	10	1	25	.272	.370	Post-All Star	.340	50	17	4	1	1	4	1	4	.353	.520

Career (1990-1994)

	Avg	AB	H	2B	3B	HR	RBI	BB	SO	OBP	SLG		Avg	AB	H	2B	3B	HR	RBI	BB	SO	OBP	SLG
vs. Left	.260	304	79	16	1	2	22	18	23	.301	.339	Scoring Posn	.281	278	78	14	2	5	87	12	19	.314	.399
vs. Right	.260	768	200	24	5	15	78	27	59	.292	.363	Close & Late	.313	163	51	5	2	2	18	9	12	.358	.405
Groundball	.266	293	78	13	0	5	31	6	19	.282	.362	None on/out	.242	240	58	11	1	3	3	14	16	.289	.333
Flyball	.246	252	62	14	2	3	23	10	22	.278	.353	Batting #2	.249	470	117	17	5	11	54	19	38	.283	.377
Home	.246	476	117	14	0	7	48	28	35	.288	.319	Batting #8	.256	234	60	13	0	2	21	10	17	.296	.338
Away	.272	596	162	26	6	10	52	17	47	.300	.386	Other	.277	368	102	10	1	4	25	16	27	.308	.342
Day	.269	268	72	15	2	5	26	11	20	.299	.396	April	.258	62	16	2	1	0	5	1	4	.281	.323
Night	.257	804	207	25	4	12	74	34	62	.293	.343	May	.243	144	35	6	1	3	13	4	15	.268	.361
Grass	.269	777	209	30	5	10	67	32	49	.303	.359	June	.232	203	47	8	0	4	22	12	15	.279	.330
Turf	.237	295	70	10	1	7	33	13	33	.271	.349	July	.303	238	72	12	0	3	21	4	17	.320	.391
First Pitch	.298	124	37	4	1	2	15	0	0	.315	.395	August	.267	251	67	7	4	6	25	11	19	.298	.398
Ahead in Count	.331	236	78	13	1	8	29	35	0	.415	.496	September/October	.241	174	42	5	0	1	14	13	12	.300	.287
Behind in Count	.198	491	97	12	2	4	33	0	76	.205	.255	Pre-All Star	.250	480	120	19	5	8	47	17	42	.282	.354
Two Strikes	.192	422	81	10	1	4	29	10	82	.217	.249	Post-All Star	.269	592	159	21	4	9	54	28	40	.304	.358

Batter vs. Pitcher (career)

Hits Best Against	Avg	AB	H	2B	3B	HR	RBI	BB	SO	OBP	SLG	Hits Worst Against	Avg	AB	H	2B	3B	HR	RBI	BB	SO	OBP	SLG
Hipolito Pichardo	.545	11	6	1	0	0	4	0	1	.545	.636	Greg Hibbard	.091	11	1	0	0	0	1	0	1	.091	.091
Mark Gubicza	.529	17	9	1	0	1	8	0	0	.529	.765	Kevin Tapani	.143	14	2	0	0	0	0	0	0	.143	.143
Greg Swindell	.400	15	6	2	0	0	2	0	2	.400	.533	Randy Johnson	.176	17	3	1	0	0	1	1	4	.222	.235
Charlie Hough	.375	16	6	1	0	0	1	0	1	.375	.438	Chris Bosio	.182	11	2	0	0	0	0	0	3	.182	.182
Scott Sanderson	.316	19	6	3	0	0	1	0	1	.316	.474	Bob Welch	.182	11	2	0	0	0	1	0	1	.250	.182

Paul Sorrento — Indians

Age 29 – Bats Left

	Avg	G	AB	R	H	2B	3B	HR	RBI	BB	SO	HBP	GDP	SB	CS	OBP	SLG	IBB	SH	SF	#Pit	#P/PA	GB	FB	G/F
1994 Season	.280	95	322	43	90	14	0	14	62	34	68	0	7	0	1	.345	.453	6	1	3	1386	3.85	97	105	0.92
Last Five Years	.262	450	1411	187	369	70	3	59	213	159	320	4	36	4	6	.336	.441	26	2	11	6067	3.82	457	390	1.17

1994 Season

	Avg	AB	H	2B	3B	HR	RBI	BB	SO	OBP	SLG		Avg	AB	H	2B	3B	HR	RBI	BB	SO	OBP	SLG
vs. Left	.270	74	20	5	0	3	18	7	15	.329	.459	Scoring Posn	.360	89	32	6	0	3	45	12	25	.423	.528
vs. Right	.282	248	70	9	0	11	44	27	53	.350	.452	Close & Late	.286	56	16	4	0	3	7	3	14	.322	.518
Groundball	.265	68	18	3	0	1	10	8	21	.342	.353	None on/out	.377	61	23	4	0	3	3	6	5	.433	.590
Flyball	.247	73	18	5	0	3	15	8	11	.321	.438	Batting #6	.262	195	51	7	0	8	34	23	38	.335	.421
Home	.312	157	49	6	0	8	33	12	32	.359	.503	Batting #7	.246	65	16	2	0	2	10	4	12	.290	.369
Away	.248	165	41	8	0	6	29	22	36	.333	.406	Other	.371	62	23	5	0	4	18	7	18	.433	.645
Day	.229	105	24	4	0	3	16	15	30	.320	.352	April	.286	70	20	3	0	3	18	6	13	.333	.457
Night	.304	217	66	10	0	11	46	19	38	.359	.502	May	.293	58	17	1	0	3	7	7	7	.369	.466
Grass	.273	278	76	13	0	12	58	26	62	.332	.450	June	.197	76	15	3	0	0	8	10	18	.287	.237
Turf	.318	44	14	1	0	2	4	8	6	.423	.477	July	.329	79	26	5	0	6	23	8	21	.391	.620
First Pitch	.475	40	19	4	0	2	8	4	0	.523	.725	August	.308	39	12	2	0	2	6	3	9	.357	.513
Ahead in Count	.319	91	29	4	0	5	22	16	0	.421	.527	September/October	.000	0	0	0	0	0	0	0	0	.000	.000
Behind in Count	.186	129	24	3	0	5	19	0	55	.182	.326	Pre-All Star	.272	232	63	8	0	7	42	27	45	.344	.397
Two Strikes	.184	147	27	5	0	4	20	13	68	.245	.299	Post-All Star	.300	90	27	6	0	7	20	7	23	.351	.600

1994 By Position

Position	Avg	AB	H	2B	3B	HR	RBI	BB	SO	OBP	SLG	G	GS	Innings	PO	A	E	DP	Fld Pct	Rng Fctr	In Zone	Outs	Zone Rtg	MLB Zone
As 1b	.281	313	88	14	0	14	62	34	65	.349	.460	86	85	759.2	798	58	4	79	.995	---	182	149	.819	.818

Last Five Years

	Avg	AB	H	2B	3B	HR	RBI	BB	SO	OBP	SLG		Avg	AB	H	2B	3B	HR	RBI	BB	SO	OBP	SLG
vs. Left	.238	214	51	9	0	6	35	22	64	.310	.364	Scoring Posn	.251	363	91	17	1	13	146	57	89	.345	.410
vs. Right	.266	1197	318	61	3	53	178	137	256	.340	.454	Close & Late	.292	253	74	15	1	12	43	24	45	.351	.502
Groundball	.288	306	88	16	1	9	49	30	61	.352	.435	None on/out	.319	320	102	23	0	15	15	26	57	.374	.531
Flyball	.229	332	76	14	0	14	49	32	76	.296	.398	Batting #5	.255	719	183	45	1	27	94	83	158	.330	.433
Home	.287	687	197	37	1	31	106	83	150	.363	.479	Batting #6	.260	377	98	13	1	16	57	44	86	.336	.427
Away	.238	724	172	33	2	28	107	76	170	.309	.405	Other	.279	315	88	12	1	16	62	32	76	.347	.476
Day	.265	479	127	19	1	25	71	58	113	.342	.466	April	.258	233	60	11	0	9	39	18	55	.310	.421
Night	.260	932	242	51	2	34	142	101	207	.332	.428	May	.263	198	52	7	0	14	35	32	45	.364	.510
Grass	.271	1112	301	57	3	46	173	130	249	.346	.451	June	.258	240	62	9	0	5	26	28	52	.335	.358
Turf	.227	299	68	13	0	13	40	29	71	.296	.401	July	.264	284	75	14	1	13	49	27	70	.326	.458
First Pitch	.337	187	63	12	1	12	34	20	0	.397	.604	August	.270	215	58	13	0	10	31	23	43	.343	.470
Ahead in Count	.336	384	129	24	0	21	76	72	0	.438	.563	September/October	.257	241	62	16	2	8	33	31	55	.342	.440
Behind in Count	.195	570	111	19	2	18	63	0	255	.197	.330	Pre-All Star	.259	787	204	32	0	32	121	89	179	.333	.422
Two Strikes	.159	654	104	23	2	15	57	66	320	.237	.269	Post-All Star	.264	624	165	38	3	27	92	70	141	.340	.465

Batter vs. Pitcher (career)

Hits Best Against	Avg	AB	H	2B	3B	HR	RBI	BB	SO	OBP	SLG	Hits Worst Against	Avg	AB	H	2B	3B	HR	RBI	BB	SO	OBP	SLG
Bobby Witt	.625	16	10	1	0	1	2	6	3	.727	.875	David Cone	.071	14	1	0	0	0	0	1	3	.133	.071
Tom Bolton	.444	9	4	1	0	1	5	3	3	.583	.889	Danny Darwin	.091	11	1	0	0	0	0	1	2	.167	.091
Kirk McCaskill	.444	9	4	1	0	1	5	2	3	.545	1.111	Cal Eldred	.111	18	2	0	0	0	0	0	5	.158	.111
Kevin Tapani	.417	24	10	3	0	2	6	2	6	.462	.792	Ben McDonald	.143	28	4	0	0	0	2	1	7	.172	.143
Tom Gordon	.333	9	3	1	0	1	4	7	2	.625	.778	Roberto Hernandez	.182	11	2	0	0	0	2	0	2	.182	.182

Sammy Sosa — Cubs
Age 26 – Bats Right

	Avg	G	AB	R	H	2B	3B	HR	RBI	BB	SO	HBP	GDP	SB	CS	OBP	SLG	IBB	SH	SF	#Pit	#P/PA	GB	FB	G/F
1994 Season	.300	105	426	59	128	17	6	25	70	25	92	2	7	22	13	.339	.545	1	1	4	1752	3.83	130	124	1.05
Last Five Years	.253	600	2134	303	540	85	24	91	291	129	538	18	39	118	53	.299	.443	14	12	14	8491	3.68	638	588	1.09

1994 Season

	Avg	AB	H	2B	3B	HR	RBI	BB	SO	OBP	SLG		Avg	AB	H	2B	3B	HR	RBI	BB	SO	OBP	SLG
vs. Left	.336	113	38	1	2	9	17	11	22	.395	.619	Scoring Posn	.296	115	34	3	1	6	44	6	27	.320	.496
vs. Right	.288	313	90	16	4	16	53	14	70	.318	.518	Close & Late	.250	72	18	3	1	4	13	4	16	.282	.486
Groundball	.261	138	36	2	0	7	16	7	28	.297	.428	None on/out	.307	101	31	5	0	8	8	6	24	.346	.594
Flyball	.263	76	20	2	2	5	11	4	26	.301	.539	Batting #4	.333	96	32	4	1	6	20	4	14	.356	.583
Home	.285	228	65	8	6	11	33	16	43	.331	.518	Batting #5	.237	131	31	6	1	4	12	9	29	.296	.389
Away	.318	198	63	9	0	14	37	9	49	.349	.576	Other	.327	199	65	7	4	15	38	12	49	.360	.628
Day	.276	254	70	11	5	14	39	21	53	.332	.524	April	.225	80	18	2	1	2	9	7	18	.300	.350
Night	.337	172	58	6	1	11	31	4	39	.350	.576	May	.317	101	32	4	4	11	23	5	26	.349	.762
Grass	.312	308	96	13	6	19	56	21	62	.354	.578	June	.310	87	27	3	0	3	12	6	24	.347	.448
Turf	.271	118	32	4	0	6	14	4	30	.298	.458	July	.305	118	36	6	0	8	19	4	16	.325	.559
First Pitch	.350	60	21	3	1	2	11	1	0	.361	.533	August	.375	40	15	2	1	1	7	3	8	.419	.550
Ahead in Count	.453	75	34	5	3	8	21	8	0	.488	.920	September/October	.000	0	0	0	0	0	0	0	0	.000	.000
Behind in Count	.238	210	50	6	1	10	28	0	76	.278	.419	Pre-All Star	.287	310	89	12	5	19	50	20	74	.330	.542
Two Strikes	.199	211	42	5	2	8	18	16	92	.259	.355	Post-All Star	.336	116	39	5	1	6	20	5	18	.364	.552

1994 By Position

Position	Avg	AB	H	2B	3B	HR	RBI	BB	SO	OBP	SLG	G	GS	Innings	PO	A	E	DP	Fld Pct	Rng Fctr	In Zone	Outs	Zone Rtg	MLB Zone
As cf	.333	45	15	0	1	5	6	3	9	.375	.711	15	10	89.2	29	1	1	0	.968	3.01	32	28	.875	.824
As rf	.297	381	113	17	5	20	64	22	83	.335	.525	98	95	840.2	219	4	6	0	.974	2.39	244	209	.857	.826

Last Five Years

	Avg	AB	H	2B	3B	HR	RBI	BB	SO	OBP	SLG		Avg	AB	H	2B	3B	HR	RBI	BB	SO	OBP	SLG
vs. Left	.275	699	192	31	7	36	103	60	172	.332	.494	Scoring Posn	.243	547	133	22	6	21	190	42	143	.295	.420
vs. Right	.243	1435	348	54	17	55	188	69	366	.283	.419	Close & Late	.225	377	85	11	3	10	34	25	97	.276	.350
Groundball	.273	667	182	28	6	33	97	43	152	.323	.481	None on/out	.241	588	142	21	5	24	24	31	143	.285	.417
Flyball	.224	450	101	16	6	17	46	28	138	.273	.400	Batting #1	.263	429	113	19	6	20	60	29	109	.309	.476
Home	.258	1053	272	48	16	51	146	75	248	.311	.480	Batting #5	.248	536	133	22	5	23	61	36	116	.302	.437
Away	.248	1081	268	37	8	40	145	54	290	.288	.408	Other	.251	1169	294	44	13	48	170	64	313	.295	.435
Day	.238	915	218	34	11	45	128	63	230	.293	.447	April	.234	354	83	12	5	11	38	25	88	.290	.390
Night	.264	1219	322	51	13	46	163	66	308	.304	.441	May	.261	494	129	17	5	24	62	26	135	.300	.462
Grass	.258	1661	428	70	20	75	233	113	418	.309	.459	June	.266	399	106	14	8	18	60	23	102	.309	.476
Turf	.237	473	112	15	4	16	58	16	120	.266	.387	July	.255	365	93	22	3	16	53	14	72	.281	.463
First Pitch	.335	340	114	19	4	20	69	10	0	.350	.591	August	.258	287	74	10	1	14	43	26	72	.326	.446
Ahead in Count	.365	342	125	23	7	23	84	41	0	.429	.675	September/October	.234	235	55	10	2	8	35	15	69	.289	.396
Behind in Count	.183	1045	191	26	6	27	79	0	455	.192	.297	Pre-All Star	.254	1377	350	52	19	58	175	79	349	.298	.446
Two Strikes	.171	1067	182	27	8	28	80	74	538	.230	.290	Post-All Star	.251	757	190	33	5	33	116	50	189	.302	.439

Batter vs. Pitcher (career)

Hits Best Against	Avg	AB	H	2B	3B	HR	RBI	BB	SO	OBP	SLG	Hits Worst Against	Avg	AB	H	2B	3B	HR	RBI	BB	SO	OBP	SLG
Dave Nied	.556	9	5	3	0	1	4	1	0	.636	1.222	Dave Burba	.000	14	0	0	0	0	0	0	3	.000	.000
Orel Hershiser	.533	15	8	1	0	3	6	1	2	.563	1.200	Tim Belcher	.000	13	0	0	0	0	0	0	1	.000	.000
Willie Blair	.500	12	6	1	1	1	4	2	1	.571	1.000	John Smoltz	.053	19	1	0	1	0	1	1	10	.100	.158
Wally Whitehurst	.500	10	5	1	0	2	4	1	2	.545	1.200	Jeff Shaw	.077	13	1	1	0	0	0	0	2	.077	.154
Mike Moore	.462	13	6	2	1	1	3	1	1	.500	1.000	Omar Olivares	.100	10	1	0	0	0	0	1	1	.182	.100

Tim Spehr — Expos
Age 28 – Bats Right

	Avg	G	AB	R	H	2B	3B	HR	RBI	BB	SO	HBP	GDP	SB	CS	OBP	SLG	IBB	SH	SF	#Pit	#P/PA	GB	FB	G/F
1994 Season	.250	52	36	8	9	3	1	0	5	4	11	0	0	2	0	.325	.389	0	1	0	173	4.22	11	8	1.38
Career (1991-1994)	.218	142	197	29	43	14	1	5	29	19	49	2	2	5	0	.290	.376	1	2	3	914	4.01	65	56	1.16

1994 Season

	Avg	AB	H	2B	3B	HR	RBI	BB	SO	OBP	SLG		Avg	AB	H	2B	3B	HR	RBI	BB	SO	OBP	SLG
vs. Left	.143	14	2	0	0	0	0	2	2	.250	.143	Scoring Posn	.214	14	3	1	1	0	5	2	4	.313	.429
vs. Right	.318	22	7	3	1	0	5	2	9	.375	.545	Close & Late	.357	14	5	2	1	0	1	2	3	.438	.500

Bill Spiers — Brewers
Age 29 – Bats Left (groundball hitter)

	Avg	G	AB	R	H	2B	3B	HR	RBI	BB	SO	HBP	GDP	SB	CS	OBP	SLG	IBB	SH	SF	#Pit	#P/PA	GB	FB	G/F
1994 Season	.252	73	214	27	54	10	1	0	17	19	42	1	4	7	1	.316	.308	1	3	0	899	3.79	87	37	2.35
Last Five Years	.256	443	1347	187	345	48	14	12	145	99	197	8	35	42	24	.309	.339	3	29	11	5358	3.59	570	314	1.82

1994 Season

	Avg	AB	H	2B	3B	HR	RBI	BB	SO	OBP	SLG		Avg	AB	H	2B	3B	HR	RBI	BB	SO	OBP	SLG
vs. Left	.114	35	4	0	0	0	2	5	7	.184	.114	Scoring Posn	.259	58	15	3	0	0	16	3	11	.295	.310
vs. Right	.279	179	50	10	1	0	15	17	35	.342	.346	Close & Late	.250	40	10	2	0	0	2	1	13	.268	.300
Home	.291	86	25	3	0	0	9	6	16	.344	.326	None on/out	.204	54	11	1	0	0	20	4	16	.259	.222
Away	.227	128	29	7	1	0	8	13	26	.298	.297	Batting #1	.250	36	9	1	0	0	2	2	9	.289	.278
First Pitch	.286	28	8	1	0	0	3	1	0	.310	.321	Batting #2	.250	108	27	4	1	0	8	10	14	.319	.306
Ahead in Count	.304	56	17	3	1	0	12	0	0	.426	.393	Other	.257	70	18	5	0	0	7	7	19	.325	.329
Behind in Count	.218	78	17	3	0	0	1	0	34	.228	.256	Pre-All Star	.259	174	45	9	0	0	15	17	31	.328	.310
Two Strikes	.193	88	17	4	0	0	3	6	42	.253	.239	Post-All Star	.225	40	9	1	1	0	2	2	11	.262	.300

Last Five Years

	Avg	AB	H	2B	3B	HR	RBI	BB	SO	OBP	SLG		Avg	AB	H	2B	3B	HR	RBI	BB	SO	OBP	SLG
vs. Left	.201	304	61	6	2	2	26	27	54	.275	.253	Scoring Posn	.271	350	95	16	5	4	133	30	53	.320	.380
vs. Right	.272	1043	284	42	12	10	119	72	143	.319	.364	Close & Late	.283	240	68	7	4	1	30	14	41	.324	.358
Groundball	.258	356	92	10	6	3	46	36	47	.330	.346	None on/out	.231	342	79	10	3	3	12	54		.261	.304
Flyball	.245	265	65	11	2	5	27	22	47	.300	.358	Batting #2	.240	271	65	7	3	0	26	24	39	.308	.288
Home	.287	621	178	23	7	5	81	54	89	.344	.370	Batting #9	.270	821	222	32	9	11	93	54	109	.315	.371
Away	.230	726	167	25	7	7	64	45	108	.277	.313	Other	.227	255	58	9	2	1	26	21	49	.289	.290
Day	.245	387	95	16	5	3	41	33	68	.303	.336	April	.274	157	43	4	1	3	21	16	24	.341	.369
Night	.260	960	250	32	9	9	104	66	129	.311	.341	May	.212	241	51	10	1	0	20	19	44	.275	.261
Grass	.269	1121	301	40	12	10	126	85	162	.322	.352	June	.256	273	70	13	3	1	25	24	35	.318	.337
Turf	.195	226	44	8	2	2	19	14	35	.241	.274	July	.251	259	65	8	3	4	32	13	49	.285	.351
First Pitch	.277	206	57	7	1	1	22	2	0	.292	.335	August	.298	208	62	6	3	2	23	16	20	.346	.385
Ahead in Count	.313	294	92	13	2	4	40	68	0	.436	.412	September/October	.258	209	54	7	3	2	24	11	25	.300	.349
Behind in Count	.214	574	123	17	5	3	49	0	170	.220	.277	Pre-All Star	.250	747	187	31	6	5	81	63	119	.310	.328
Two Strikes	.213	563	120	20	5	6	60	29	197	.256	.298	Post-All Star	.263	600	158	17	8	7	64	36	78	.307	.353

Batter vs. Pitcher (career)

Hits Best Against	Avg	AB	H	2B	3B	HR	RBI	BB	SO	OBP	SLG	Hits Worst Against	Avg	AB	H	2B	3B	HR	RBI	BB	SO	OBP	SLG
Kevin Appier	.500	14	7	1	0	0	4	2	1	.563	.571	Greg Cadaret	.000	11	0	0	0	0	0	0	5	.000	.000
Scott Kamieniecki	.462	13	6	0	1	0	0	0	0	.500	.615	Erik Hanson	.100	20	2	0	0	0	0	0	5	.100	.100
Ben McDonald	.450	20	9	2	0	0	1	1	1	.476	.550	Tom Candiotti	.100	20	2	0	0	0	3	1	5	.136	.100
Scott Erickson	.444	9	4	0	0	0	1	3	0	.583	.444	Jose Mesa	.133	15	2	0	0	0	1	1	3	.176	.133
Mark Leiter	.375	8	3	0	0	1	1	3	2	.545	.750	Kevin Tapani	.136	22	3	1	0	0	4	0	6	.136	.182

Paul Spoljaric — Blue Jays
Age 24 – Pitches Left

	ERA	W	L	Sv	G	GS	IP	BB	SO	Avg	H	2B	3B	HR	RBI	OBP	SLG	CG	ShO	Sup	QS	#P/S	SB	CS	GB	FB	G/F
1994 Season	38.57	0	1	0	2	1	2.1	9	2	.417	5	2	0	3	8	.667	1.333	0	0	7.71	0	62	1	1	4	5	0.80

1994 Season

	ERA	W	L	Sv	G	GS	IP	H	HR	BB	SO		Avg	AB	H	2B	3B	HR	RBI	BB	SO	OBP	SLG
Home	99.99	0	0	0	1	0	0.1	3	2	3	0	vs. Left	.500	2	1	0	0	1	4	1	0	.667	2.000
Away	22.50	0	1	0	1	1	2.0	2	1	6	2	vs. Right	.400	10	4	2	0	2	4	8	2	.667	1.200

Jerry Spradlin — Marlins
Age 28 – Pitches Right

	ERA	W	L	Sv	G	GS	IP	BB	SO	Avg	H	2B	3B	HR	RBI	OBP	SLG	GF	IR	IRS	Hld	SvOp	SB	CS	GB	FB	G/F
1994 Season	10.13	0	0	0	6	0	8.0	2	4	.353	12	1	1	2	9	.368	.618	2	3	0	0	0	1	0	17	8	2.13
Career (1993-1994)	4.42	2	1	2	43	0	57.0	11	28	.265	56	8	5	6	35	.294	.436	18	25	10	0	3	5	2	89	68	1.31

1994 Season

	ERA	W	L	Sv	G	GS	IP	H	HR	BB	SO		Avg	AB	H	2B	3B	HR	RBI	BB	SO	OBP	SLG
Home	3.00	0	0	0	1	0	3.0	2	0	0	0	vs. Left	.571	14	8	1	1	1	4	1	3	.600	1.000
Away	14.40	0	0	0	5	0	5.0	10	2	2	4	vs. Right	.200	20	4	0	0	1	5	1	1	.217	.350

Ed Sprague — Blue Jays
Age 27 – Bats Right

	Avg	G	AB	R	H	2B	3B	HR	RBI	BB	SO	HBP	GDP	SB	CS	OBP	SLG	IBB	SH	SF	#Pit	#P/PA	GB	FB	G/F
1994 Season	.240	109	405	38	97	19	1	11	44	23	95	11	11	1	0	.296	.373	1	2	4	1632	3.67	122	124	0.98
Career (1991-1994)	.254	342	1158	111	294	59	2	28	144	77	230	24	36	2	3	.311	.381	4	4	11	4608	3.62	364	359	1.01

1994 Season

	Avg	AB	H	2B	3B	HR	RBI	BB	SO	OBP	SLG		Avg	AB	H	2B	3B	HR	RBI	BB	SO	OBP	SLG
vs. Left	.288	118	34	9	0	3	14	12	24	.356	.441	Scoring Posn	.202	104	21	4	1	2	31	7	30	.269	.317
vs. Right	.220	287	63	10	1	8	30	11	71	.270	.345	Close & Late	.238	63	15	3	0	1	5	1	17	.258	.333
Groundball	.298	104	31	7	0	0	11	2	24	.327	.365	None on/out	.248	101	25	3	0	3	3	10	25	.321	.366
Flyball	.216	97	21	5	0	3	9	3	22	.260	.361	Batting #6	.215	130	28	6	0	3	8	11	37	.304	.331
Home	.243	210	51	8	0	6	21	12	54	.306	.367	Batting #7	.247	239	59	12	0	7	31	11	51	.288	.385
Away	.236	195	46	11	1	5	23	11	41	.285	.379	Other	.278	36	10	1	1	1	5	1	7	.316	.444
Day	.221	136	30	2	1	6	13	11	33	.289	.382	April	.316	98	31	4	0	3	9	6	21	.364	.449
Night	.249	269	67	17	0	5	31	12	62	.299	.368	May	.187	91	17	5	0	1	5	6	27	.272	.275
Grass	.245	147	36	8	1	3	19	8	27	.296	.374	June	.196	92	18	5	0	2	6	4	24	.229	.315
Turf	.236	258	61	11	0	8	25	15	68	.295	.372	July	.190	84	16	2	0	4	14	4	15	.247	.357
First Pitch	.360	75	27	8	0	2	9	0	0	.364	.547	August	.375	40	15	3	1	1	10	3	8	.432	.575
Ahead in Count	.275	80	22	5	1	4	14	11	0	.372	.513	September/October	.000	0	0	0	0	0	0	0	0	.000	.000
Behind in Count	.189	175	33	4	0	2	11	0	72	.215	.246	Pre-All Star	.225	307	69	14	0	8	25	17	79	.278	.349
Two Strikes	.146	185	27	3	0	3	13	12	95	.221	.211	Post-All Star	.286	98	28	5	1	3	19	6	16	.349	.449

1994 By Position

Position	Avg	AB	H	2B	3B	HR	RBI	BB	SO	OBP	SLG	G	GS	Innings	PO	A	E	DP	Fld Pct	Rng Fctr	In Zone	Outs	Zone Rtg	MLB Zone
As 3b	.239	397	95	19	1	11	43	23	93	.297	.375	107	107	942.1	99	147	14	18	.946	2.35	216	182	.843	.826

Career (1991-1994)

	Avg	AB	H	2B	3B	HR	RBI	BB	SO	OBP	SLG		Avg	AB	H	2B	3B	HR	RBI	BB	SO	OBP	SLG
vs. Left	.269	364	98	24	0	8	39	35	68	.336	.401	Scoring Posn	.228	325	74	18	1	4	110	27	72	.298	.326
vs. Right	.247	794	196	35	2	20	105	42	162	.300	.372	Close & Late	.245	155	38	5	1	2	19	9	40	.300	.329
Groundball	.311	238	74	11	0	3	34	12	54	.353	.395	None on/out	.252	286	72	13	0	11	11	22	56	.312	.413
Flyball	.235	217	51	12	0	6	30	14	47	.289	.373	Batting #6	.274	288	79	13	1	10	31	22	63	.343	.431
Home	.268	579	155	30	1	18	81	35	116	.316	.416	Batting #7	.232	565	131	29	0	14	70	28	120	.277	.358
Away	.240	579	139	29	1	10	63	46	114	.306	.345	Other	.275	305	84	17	1	4	43	27	47	.342	.377

377

Career (1991-1994)

	Avg	AB	H	2B	3B	HR	RBI	BB	SO	OBP	SLG		Avg	AB	H	2B	3B	HR	RBI	BB	SO	OBP	SLG
Day	.262	374	98	18	1	16	64	27	77	.316	.444	April	.283	180	51	10	0	5	26	9	38	.320	.422
Night	.250	784	196	41	1	12	80	50	153	.309	.351	May	.266	222	59	12	0	6	27	19	51	.345	.401
Grass	.254	449	114	23	1	8	51	39	78	.324	.363	June	.229	258	59	12	0	6	26	10	64	.273	.345
Turf	.254	709	180	36	1	20	93	38	152	.302	.392	July	.223	211	47	9	1	6	21	11	37	.269	.360
First Pitch	.349	192	67	22	1	4	25	2	0	.371	.536	August	.291	175	51	9	1	3	29	13	25	.342	.406
Ahead in Count	.341	261	89	14	1	12	52	38	0	.431	.540	September/October	.241	112	27	7	0	2	15	15	15	.341	.357
Behind in Count	.175	503	88	12	0	7	41	0	186	.187	.241	Pre-All Star	.251	736	185	37	1	20	86	41	171	.303	.386
Two Strikes	.160	507	81	13	0	7	38	37	230	.227	.227	Post-All Star	.258	422	109	22	1	8	58	36	59	.324	.372

Batter vs. Pitcher (career)

Hits Best Against	Avg	AB	H	2B	3B	HR	RBI	BB	SO	OBP	SLG	Hits Worst Against	Avg	AB	H	2B	3B	HR	RBI	BB	SO	OBP	SLG
Joe Hesketh	.462	13	6	2	0	1	6	1	2	.467	.846	Kevin Appier	.000	13	0	0	0	0	0	0	6	.000	.000
Bob Welch	.429	14	6	0	0	1	2	1	0	.529	.643	Jimmy Key	.000	10	0	0	0	0	1	2	3	.167	.000
Charlie Hough	.429	14	6	3	0	0	2	1	2	.467	.643	Ricky Bones	.077	13	1	0	0	0	0	0	5	.077	.077
Rick Sutcliffe	.417	12	5	1	0	0	0	2	1	.533	.500	Fernando Valenzuela	.083	12	1	0	0	0	0	1	.083	.083
Kenny Rogers	.353	17	6	2	0	1	1	3	2	.450	.647	Cal Eldred	.083	12	1	0	0	0	0	0	2	.083	.083

Russ Springer — Angels
Age 26 – Pitches Right (flyball pitcher)

	ERA	W	L	Sv	G	GS	IP	BB	SO	Avg	H	2B	3B	HR	RBI	OBP	SLG	GF	IR	IRS	Hld	SvOp	SB	CS	GB	FB	G/F
1994 Season	5.52	2	2	2	18	5	45.2	14	28	.291	53	13	0	9	26	.340	.511	6	7	0	1	3	3	2	41	72	0.57
Career (1992-1994)	6.44	3	8	2	46	14	121.2	56	71	.296	144	27	1	20	80	.372	.478	14	18	5	3	3	17	3	115	203	0.57

1994 Season

	ERA	W	L	Sv	G	GS	IP	H	HR	BB	SO		Avg	AB	H	2B	3B	HR	RBI	BB	SO	OBP	SLG
Home	4.76	2	2	2	11	3	28.1	30	7	8	20	vs. Left	.347	95	33	7	0	7	17	6	12	.382	.642
Away	6.75	0	0	0	7	2	17.1	23	2	6	8	vs. Right	.230	87	20	6	0	2	9	8	16	.295	.368

Randy St. Claire — Blue Jays
Age 34 – Pitches Right (groundball pitcher)

	ERA	W	L	Sv	G	GS	IP	BB	SO	Avg	H	2B	3B	HR	RBI	OBP	SLG	GF	IR	IRS	Hld	SvOp	SB	CS	GB	FB	G/F
1994 Season	9.00	0	0	0	2	0	2.0	2	2	.444	4	1	0	0	5	.545	.556	2	1	1	0	0	1	2	1	2.00
Last Five Years	4.89	0	0	0	31	0	46.0	19	39	.291	52	12	0	5	27	.357	.441	8	68	24	0	1	4	73	33	2.21

1994 Season

	ERA	W	L	Sv	G	GS	IP	H	HR	BB	SO		Avg	AB	H	2B	3B	HR	RBI	BB	SO	OBP	SLG
Home	9.00	0	0	0	2	0	2.0	4	0	2	2	vs. Left	.400	5	2	1	0	0	3	1	1	.500	.600
Away	0.00	0	0	0	0	0	0.0	0	0	0	0	vs. Right	.500	4	2	0	0	0	2	1	1	.600	.500

Andy Stankiewicz — Astros
Age 30 – Bats Right

	Avg	G	AB	R	H	2B	3B	HR	RBI	BB	SO	HBP	GDP	SB	CS	OBP	SLG	IBB	SH	SF	#Pit	#P/PA	GB	FB	G/F
1994 Season	.259	37	54	10	14	3	0	1	5	12	12	1	2	1	1	.403	.370	0	2	0	271	3.93	14	17	0.82
Career (1992-1994)	.261	169	463	67	121	25	2	3	30	51	55	6	15	10	6	.342	.343	0	9	1	1902	3.59	168	139	1.21

1994 Season

	Avg	AB	H	2B	3B	HR	RBI	BB	SO	OBP	SLG		Avg	AB	H	2B	3B	HR	RBI	BB	SO	OBP	SLG
vs. Left	.278	18	5	2	0	1	5	5	3	.435	.556	Scoring Posn	.154	13	2	0	0	1	4	4	2	.353	.385
vs. Right	.250	36	9	1	0	0	0	7	9	.386	.278	Close & Late	.083	12	1	0	0	0	0	2	3	.214	.083

Career (1992-1994)

	Avg	AB	H	2B	3B	HR	RBI	BB	SO	OBP	SLG		Avg	AB	H	2B	3B	HR	RBI	BB	SO	OBP	SLG
vs. Left	.264	159	42	7	1	1	15	16	14	.343	.340	Scoring Posn	.277	83	23	4	1	1	25	12	14	.365	.386
vs. Right	.260	304	79	18	1	2	15	35	41	.341	.345	Close & Late	.226	84	19	5	0	0	6	8	10	.309	.286
Groundball	.267	135	36	7	1	0	8	11	17	.327	.333	None on/out	.270	159	43	7	0	1	1	17	19	.345	.333
Flyball	.264	125	33	9	0	1	13	12	.336	.360	Batting #1	.279	262	73	16	1	2	17	23	35	.340	.370
Home	.275	240	66	8	1	3	19	26	22	.348	.379	Batting #8	.252	111	28	4	1	1	9	18	9	.371	.333
Away	.247	223	55	11	1	0	11	25	33	.335	.305	Other	.222	90	20	5	0	0	4	10	11	.307	.278
Day	.282	156	44	11	0	1	6	13	17	.341	.372	April	.333	57	19	5	0	2	8	12	10	.457	.526
Night	.251	307	77	14	2	2	24	38	38	.342	.329	May	.302	53	16	5	0	0	5	2	5	.327	.396
Grass	.255	369	94	18	2	2	23	36	46	.327	.331	June	.276	123	34	7	1	1	7	17	19	.371	.374
Turf	.287	94	27	7	0	1	7	15	9	.396	.394	July	.183	104	19	2	0	0	3	9	14	.254	.202
First Pitch	.333	66	22	4	0	1	5	0	0	.338	.439	August	.290	62	18	3	0	0	3	3	4	.343	.339
Ahead in Count	.276	134	37	7	1	2	14	34	0	.423	.388	September/October	.234	64	15	3	1	0	4	8	3	.319	.313
Behind in Count	.183	164	30	2	0	0	5	0	48	.202	.195	Pre-All Star	.280	282	79	18	1	3	21	38	40	.372	.383
Two Strikes	.188	176	33	5	1	0	7	17	55	.270	.227	Post-All Star	.232	181	42	7	1	0	9	13	15	.291	.282

Batter vs. Pitcher (career)

Hits Best Against	Avg	AB	H	2B	3B	HR	RBI	BB	SO	OBP	SLG	Hits Worst Against	Avg	AB	H	2B	3B	HR	RBI	BB	SO	OBP	SLG
Randy Johnson	.333	12	4	1	0	0	0	2	1	.429	.417												

Mike Stanley — Yankees
Age 32 – Bats Right (flyball hitter)

	Avg	G	AB	R	H	2B	3B	HR	RBI	BB	SO	HBP	GDP	SB	CS	OBP	SLG	IBB	SH	SF	#Pit	#P/PA	GB	FB	G/F
1994 Season	.300	82	290	54	87	20	0	17	57	39	56	2	10	0	0	.384	.545	2	0	2	1318	3.96	83	99	0.84
Last Five Years	.279	478	1256	194	351	65	3	56	212	193	255	10	32	2	1	.377	.470	8	11	10	5858	3.96	352	428	0.82

1994 Season

	Avg	AB	H	2B	3B	HR	RBI	BB	SO	OBP	SLG		Avg	AB	H	2B	3B	HR	RBI	BB	SO	OBP	SLG
vs. Left	.316	114	36	6	0	9	27	15	20	.400	.605	Scoring Posn	.308	78	24	6	0	2	34	16	22	.429	.462

1994 Season

	Avg	AB	H	2B	3B	HR	RBI	BB	SO	OBP	SLG		Avg	AB	H	2B	3B	HR	RBI	BB	SO	OBP	SLG
vs. Right	.290	176	51	14	0	8	30	24	36	.374	.506	Close & Late	.293	41	12	3	0	0	3	6	6	.383	.366
Groundball	.309	81	25	4	0	6	22	10	19	.391	.580	None on/out	.306	72	22	5	0	5	5	6	13	.359	.583
Flyball	.255	51	13	2	0	2	6	6	8	.333	.412	Batting #5	.330	106	35	7	0	6	23	16	18	.418	.566
Home	.300	140	42	7	0	8	29	19	23	.384	.521	Batting #6	.276	98	27	5	0	6	16	14	20	.371	.510
Away	.300	150	45	13	0	9	28	20	33	.385	.567	Other	.291	86	25	8	0	5	18	9	18	.358	.558
Day	.261	115	30	8	0	5	18	10	30	.320	.461	April	.219	64	14	2	0	2	10	13	12	.351	.344
Night	.326	175	57	12	0	12	39	29	26	.423	.600	May	.227	44	10	2	0	3	7	2	9	.261	.477
Grass	.304	240	73	14	0	15	48	33	44	.388	.550	June	.302	63	19	4	0	4	12	10	14	.395	.556
Turf	.280	50	14	6	0	2	9	6	12	.368	.520	July	.369	84	31	7	0	7	20	12	17	.448	.702
First Pitch	.343	35	12	2	0	1	7	1	0	.378	.486	August	.371	35	13	5	0	1	8	2	4	.421	.600
Ahead in Count	.471	87	41	12	0	8	24	17	0	.547	.885	September/October	.000	0	0	0	0	0	0	0	0	.000	.000
Behind in Count	.156	109	17	4	0	2	11	0	51	.164	.248	Pre-All Star	.265	200	53	12	0	9	32	27	40	.352	.460
Two Strikes	.179	123	22	5	0	6	20	21	56	.299	.366	Post-All Star	.378	90	34	8	0	8	25	12	16	.456	.733

1994 By Position

Position	Avg	AB	H	2B	3B	HR	RBI	BB	SO	OBP	SLG	G	GS	Innings	PO	A	E	DP	Fld Pct	Rng Fctr	In Zone	Zone Outs	Zone Rtg	MLB Zone
As c	.307	257	79	17	0	15	53	34	47	.390	.549	72	66	584.2	391	30	3	1	.993	---	---	---	---	---

Last Five Years

	Avg	AB	H	2B	3B	HR	RBI	BB	SO	OBP	SLG		Avg	AB	H	2B	3B	HR	RBI	BB	SO	OBP	SLG
vs. Left	.286	623	178	30	2	33	113	112	112	.395	.499	Scoring Posn	.280	328	92	18	0	13	148	73	68	.409	.454
vs. Right	.273	633	173	35	1	23	99	81	143	.359	.441	Close & Late	.292	195	57	10	0	5	30	34	38	.397	.421
Groundball	.281	302	85	12	1	11	57	36	69	.362	.437	None on/out	.282	326	92	14	0	16	16	35	68	.357	.472
Flyball	.253	281	71	14	0	13	48	43	54	.358	.441	Batting #5	.323	300	97	14	0	21	69	44	49	.413	.580
Home	.293	611	179	31	2	32	130	97	109	.394	.507	Batting #7	.278	461	128	21	1	16	70	64	101	.368	.432
Away	.267	645	172	34	1	24	82	96	146	.361	.434	Other	.255	495	126	30	2	19	73	85	105	.364	.438
Day	.285	361	103	16	1	19	64	56	78	.385	.493	April	.241	141	34	3	0	4	22	28	22	.371	.348
Night	.277	895	248	49	2	37	148	137	177	.374	.460	May	.261	226	59	14	1	10	33	31	46	.346	.465
Grass	.282	1051	296	53	3	47	180	164	209	.380	.472	June	.252	262	66	12	0	11	42	36	62	.341	.424
Turf	.268	205	55	12	0	9	32	29	46	.360	.459	July	.357	255	91	15	2	20	60	29	46	.429	.667
First Pitch	.337	163	55	12	1	4	32	4	0	.359	.497	August	.275	193	53	13	0	4	24	31	38	.379	.404
Ahead in Count	.397	292	116	22	0	27	94	94	0	.537	.750	September/October	.268	179	48	8	0	7	31	38	41	.399	.430
Behind in Count	.186	547	102	18	1	11	42	0	213	.196	.283	Pre-All Star	.265	717	190	37	3	27	112	101	143	.355	.438
Two Strikes	.173	597	103	17	2	14	51	93	255	.288	.278	Post-All Star	.299	539	161	28	0	29	100	92	112	.406	.512

Batter vs. Pitcher (career)

Hits Best Against	Avg	AB	H	2B	3B	HR	RBI	BB	SO	OBP	SLG	Hits Worst Against	Avg	AB	H	2B	3B	HR	RBI	BB	SO	OBP	SLG
Tom Bolton	.500	10	5	1	1	1	2	2	2	.583	1.100	Kirk McCaskill	.000	11	0	0	0	0	0	1	5	.083	.000
Jamie Moyer	.389	18	7	4	0	0	5	0	2	.389	.611	Teddy Higuera	.000	9	0	0	0	0	1	2	2	.182	.000
Chuck Finley	.388	49	19	5	0	1	8	6	9	.455	.551	Rick Honeycutt	.091	11	1	1	0	0	0	2	3	.231	.182
Dave Fleming	.333	21	7	0	0	2	6	3	2	.417	.619	Bret Saberhagen	.154	13	2	0	0	0	1	1	2	.214	.154
Cal Eldred	.308	13	4	0	0	2	5	4	0	.308	.769	Greg Swindell	.158	19	3	1	0	0	2	2	9	.238	.211

Mike Stanton — *Braves*

Age 28 – Pitches Left

	ERA	W	L	Sv	G	GS	IP	BB	SO	Avg	H	2B	3B	HR	RBI	OBP	SLG	GF	IR	IRS	Hld	SvOp	SB	CS	GB	FB	G/F
1994 Season	3.55	3	1	3	49	0	45.2	26	35	.248	41	4	1	2	21	.359	.321	15	29	11	10	4	3	4	57	43	1.33
Last Five Years	4.13	17	19	47	258	0	246.1	100	183	.247	229	36	3	19	129	.324	.354	103	176	55	45	61	20	8	313	269	1.16

1994 Season

	ERA	W	L	Sv	G	GS	IP	H	HR	BB	SO		Avg	AB	H	2B	3B	HR	RBI	BB	SO	OBP	SLG
Home	2.93	3	1	1	28	0	30.2	27	1	19	23	vs. Left	.200	60	12	1	0	1	8	6	15	.290	.267
Away	4.80	0	0	2	21	0	15.0	14	1	7	12	vs. Right	.276	105	29	3	1	1	13	20	20	.397	.352
Starter	0.00	0	0	0	0	0	0.0	0	0	0	0	Scoring Posn	.271	48	13	2	1	0	17	6	13	.357	.354
Reliever	3.55	3	1	3	49	0	45.2	41	2	26	35	Close & Late	.279	68	19	3	0	1	12	11	14	.375	.368
0 Days rest (Re)	6.75	2	1	1	18	0	16.0	18	1	6	17	None on/out	.205	39	8	2	0	0	0	3	7	.262	.256
1 or 2 Days rest	2.35	1	0	1	17	0	15.1	16	1	12	11	First Pitch	.174	23	4	1	0	0	4	1	0	.200	.217
3+ Days rest	1.26	0	0	1	14	0	14.1	7	0	8	7	Ahead in Count	.194	72	14	1	1	1	6	0	29	.205	.278
Pre-All Star	3.72	3	1	2	36	0	36.1	32	2	21	30	Behind in Count	.375	32	12	1	0	1	5	10	0	.574	.500
Post-All Star	2.89	0	0	1	13	0	9.1	9	0	5	5	Two Strikes	.193	83	16	1	1	1	6	11	35	.295	.265

Last Five Years

	ERA	W	L	Sv	G	GS	IP	H	HR	BB	SO		Avg	AB	H	2B	3B	HR	RBI	BB	SO	OBP	SLG
Home	3.16	10	7	23	128	0	134.0	116	8	53	96	vs. Left	.212	302	64	7	0	7	32	40	83	.309	.305
Away	5.29	7	12	24	130	0	112.1	113	11	47	87	vs. Right	.264	624	165	29	3	12	97	60	100	.331	.378
Day	5.40	3	4	11	68	0	60.0	56	6	27	49	Inning 1-6	.114	44	5	0	0	1	5	11	20	.220	.114
Night	3.72	14	15	36	190	0	186.1	173	13	73	134	Inning 7+	.254	882	224	36	3	19	128	95	172	.329	.366
Grass	3.75	13	15	36	185	0	185.0	165	12	71	130	None on	.242	488	118	19	0	9	9	45	85	.312	.336
Turf	5.28	4	4	11	73	0	61.1	64	7	29	53	Runners on	.253	438	111	17	3	10	120	55	98	.336	.374
April	5.36	1	5	11	48	0	42.0	43	2	22	33	Scoring Posn	.265	272	72	11	2	5	107	35	61	.347	.375
May	5.40	2	2	14	44	0	43.1	43	3	6	30	Close & Late	.249	522	130	23	2	10	83	57	99	.325	.358
June	4.42	7	4	6	42	0	38.2	35	4	18	30	None on/out	.245	212	52	12	0	3	3	17	40	.304	.344
July	2.70	2	8	2	42	0	40.0	25	2	22	26	vs. 1st Batr (relief)	.212	231	49	12	0	1	26	23	51	.291	.277
August	4.24	0	2	40	40.1	34	3	18	34	First Inning Pitched	.246	753	185	31	2	16	115	83	155	.324	.356
September/October	2.57	5	4	2	42	0	42.0	48	0	7	30	First 15 Pitches	.239	674	161	29	1	13	85	66	132	.312	.343
Starter	0.00	0	0	0	0	0	0.0	0	0	0	0	Pitch 16-30	.286	213	61	7	2	6	41	30	38	.370	.423
Reliever	4.13	17	19	47	258	0	246.1	229	19	100	183	Pitch 31-45	.188	32	6	0	0	0	3	3	11	.257	.188
0 Days rest (Re)	5.51	6	7	14	79	0	67.0	68	4	27	58	Pitch 46+	.143	7	1	0	0	0	0	1	2	.250	.143

Last Five Years

	ERA	W	L	Sv	G	GS	IP	H	HR	BB	SO		Avg	AB	H	2B	3B	HR	RBI	BB	SO	OBP	SLG
1 or 2 Days rest	3.88	8	9	20	111	0	104.1	97	7	46	69	First Pitch	.285	137	39	7	0	2	26	14	0	.355	.380
3+ Days rest	3.24	3	3	13	68	0	75.0	64	8	27	56	Ahead in Count	.195	436	85	10	2	6	40	0	156	.195	.268
Pre-All Star	4.75	12	12	33	149	0	138.1	127	14	58	106	Behind in Count	.319	182	58	11	1	9	35	47	0	.461	.538
Post-All Star	3.33	5	7	14	109	0	108.0	102	5	42	77	Two Strikes	.185	454	84	13	2	7	42	39	183	.250	.269

Pitcher vs. Batter (career)

Pitches Best Vs.	Avg	AB	H	2B	3B	HR	RBI	BB	SO	OBP	SLG	Pitches Worst Vs.	Avg	AB	H	2B	3B	HR	RBI	BB	SO	OBP	SLG
Eddie Murray	.083	12	1	0	0	0	0	0	1	.083	.083	Ray Lankford	.400	10	4	0	0	1	3	1	4	.455	.700
Brett Butler	.100	10	1	0	0	0	1	3	1	.308	.100	Darren Daulton	.385	13	5	2	0	1	1	2	3	.467	.769
Luis Gonzalez	.111	9	1	0	0	0	1	3	3	.308	.111	Hal Morris	.333	12	4	0	0	0	0	4	4	.556	.333
Craig Biggio	.143	14	2	0	0	0	1	1	3	.200	.143	Barry Bonds	.333	9	3	2	0	0	1	5	1	.571	.556
Tony Fernandez	.182	11	2	0	0	0	3	0	0	.182	.182	Steve Finley	.308	13	4	1	0	0	0	2	3	.400	.385

Dave Staton — Padres
Age 27 – Bats Right (groundball hitter)

	Avg	G	AB	R	H	2B	3B	HR	RBI	BB	SO	HBP	GDP	SB	CS	OBP	SLG	IBB	SH	SF	#Pit	#P/PA	GB	FB	G/F
1994 Season	.182	29	66	6	12	2	0	4	6	10	18	0	3	0	0	.289	.394	0	0	0	304	4.00	24	16	1.50
Career (1993-1994)	.213	46	108	13	23	5	0	9	15	13	30	1	5	0	0	.303	.509	0	0	0	484	3.97	39	24	1.63

1994 Season

	Avg	AB	H	2B	3B	HR	RBI	BB	SO	OBP	SLG		Avg	AB	H	2B	3B	HR	RBI	BB	SO	OBP	SLG
vs. Left	.250	28	7	2	0	3	4	2	10	.300	.643	Scoring Posn	.000	12	0	0	0	0	0	1	2	.077	.000
vs. Right	.132	38	5	0	0	1	2	8	8	.283	.211	Close & Late	.167	12	2	1	0	1	2	5	.286	.500

Terry Steinbach — Athletics
Age 33 – Bats Right

	Avg	G	AB	R	H	2B	3B	HR	RBI	BB	SO	HBP	GDP	SB	CS	OBP	SLG	IBB	SH	SF	#Pit	#P/PA	GB	FB	G/F
1994 Season	.285	103	369	51	105	21	2	11	57	26	62	0	10	2	1	.327	.442	4	1	6	1391	3.45	147	98	1.50
Last Five Years	.275	578	2031	228	558	106	7	48	277	137	321	15	69	9	10	.322	.405	13	6	22	7692	3.47	779	579	1.35

1994 Season

	Avg	AB	H	2B	3B	HR	RBI	BB	SO	OBP	SLG		Avg	AB	H	2B	3B	HR	RBI	BB	SO	OBP	SLG
vs. Left	.343	140	48	11	1	6	24	13	23	.394	.564	Scoring Posn	.312	93	29	3	1	5	46	11	15	.364	.527
vs. Right	.249	229	57	10	1	5	33	13	39	.285	.367	Close & Late	.211	57	12	0	1	1	6	4	7	.262	.298
Groundball	.296	81	24	6	0	2	11	4	16	.326	.444	None on/out	.239	88	21	5	0	5	5	4	17	.272	.466
Flyball	.291	86	25	6	1	3	16	5	10	.323	.488	Batting #5	.318	129	41	6	2	4	25	13	24	.375	.488
Home	.302	172	52	10	2	5	22	12	33	.340	.471	Batting #6	.270	148	40	7	0	3	18	10	29	.313	.378
Away	.269	197	53	11	0	6	35	14	29	.315	.416	Other	.261	92	24	8	0	4	14	3	9	.278	.478
Day	.268	142	38	7	1	6	28	9	29	.307	.458	April	.325	77	25	4	1	6	19	7	15	.376	.636
Night	.295	227	67	14	1	5	29	17	33	.339	.432	May	.218	87	19	6	0	1	7	7	13	.277	.322
Grass	.294	306	90	18	2	9	43	23	55	.338	.454	June	.304	79	24	3	0	2	10	5	12	.341	.418
Turf	.238	63	15	3	0	2	14	3	7	.269	.381	July	.310	87	27	7	0	2	12	6	15	.351	.460
First Pitch	.385	65	25	7	1	5	19	4	0	.414	.754	August	.256	39	10	1	1	0	9	1	7	.256	.333
Ahead in Count	.321	78	25	8	0	1	10	9	0	.386	.462	September/October	.000	0	0	0	0	0	0	0	0	.000	.000
Behind in Count	.215	163	35	3	1	3	17	0	57	.212	.301	Pre-All Star	.284	278	79	16	1	10	42	22	46	.334	.457
Two Strikes	.214	159	34	5	0	5	19	13	62	.270	.340	Post-All Star	.286	91	26	5	1	1	15	4	16	.303	.396

1994 By Position

Position	Avg	AB	H	2B	3B	HR	RBI	BB	SO	OBP	SLG	G	GS	Innings	PO	A	E	DP	Fld Pct	Rng Fctr	In Zone	Outs	Zone Rtg	MLB Zone
As c	.288	333	96	19	2	10	53	19	53	.321	.447	93	90	754.1	568	59	1	2	.998	---	---	---	---	---

Last Five Years

	Avg	AB	H	2B	3B	HR	RBI	BB	SO	OBP	SLG		Avg	AB	H	2B	3B	HR	RBI	BB	SO	OBP	SLG
vs. Left	.299	606	181	37	2	23	86	48	89	.349	.480	Scoring Posn	.285	519	148	23	4	15	227	54	80	.345	.432
vs. Right	.265	1425	377	69	5	25	191	89	232	.310	.373	Close & Late	.233	326	76	8	1	2	38	24	53	.290	.282
Groundball	.265	570	151	30	2	8	68	26	90	.301	.367	None on/out	.236	470	111	24	1	11	31	77	.286	.362
Flyball	.281	449	126	23	2	15	69	30	69	.322	.441	Batting #5	.299	904	270	47	6	22	130	56	142	.341	.437
Home	.275	975	268	54	4	17	126	73	152	.325	.391	Batting #6	.256	628	161	30	0	13	82	46	108	.300	.366
Away	.275	1056	290	52	3	31	151	64	169	.319	.418	Other	.255	499	127	29	1	13	65	35	71	.305	.395
Day	.261	760	198	43	3	17	111	49	132	.305	.392	April	.286	287	82	18	1	11	45	21	48	.338	.470
Night	.283	1271	360	63	4	31	166	88	189	.332	.412	May	.247	417	103	23	0	9	43	29	63	.298	.367
Grass	.271	1680	456	83	5	39	225	119	254	.321	.396	June	.302	401	121	17	4	11	53	27	64	.347	.446
Turf	.291	351	102	23	2	9	52	18	67	.329	.444	July	.312	369	115	25	1	7	59	21	58	.347	.442
First Pitch	.330	351	116	20	2	11	63	8	0	.344	.493	August	.245	335	82	15	1	8	41	25	54	.300	.367
Ahead in Count	.323	468	151	40	2	14	71	72	0	.408	.506	September/October	.248	222	55	8	0	2	36	14	34	.295	.311
Behind in Count	.223	875	195	30	3	14	97	0	287	.229	.312	Pre-All Star	.281	1238	348	66	5	35	159	86	197	.330	.427
Two Strikes	.216	855	185	35	2	18	103	55	321	.265	.310	Post-All Star	.265	793	210	40	2	13	118	51	124	.310	.369

Batter vs. Pitcher (career)

Hits Best Against	Avg	AB	H	2B	3B	HR	RBI	BB	SO	OBP	SLG	Hits Worst Against	Avg	AB	H	2B	3B	HR	RBI	BB	SO	OBP	SLG
Scott Erickson	.583	12	7	1	0	0	0	0	0	.615	.667	Jose DeLeon	.000	10	0	0	0	0	0	2	3	.167	.000
Bruce Hurst	.545	11	6	4	0	0	1	0	3	.545	.909	Jeff Ballard	.063	16	1	0	0	0	0	1	1	.118	.063
Chuck Finley	.417	48	20	3	0	4	17	1	9	.440	.729	Jaime Navarro	.091	11	1	0	0	0	2	1	2	.167	.091
Kevin Tapani	.400	20	8	4	0	1	4	1	3	.429	.750	Randy Johnson	.111	36	4	0	0	2	4	13	.200	.111
Danny Darwin	.381	21	8	0	0	3	4	1	2	.409	.810	Bobby Witt	.133	15	2	0	0	1	0	5	.133	.133

Dave Stevens — Twins
Age 25 – Pitches Right (flyball pitcher)

	ERA	W	L	Sv	G	GS	IP	BB	SO	Avg	H	2B	3B	HR	RBI	OBP	SLG	GF	IR	IRS	Hld	SvOp	SB	CS	GB	FB	G/F
1994 Season	6.80	5	2	0	24	0	45.0	23	24	.302	55	10	2	6	33	.383	.478	6	17	3	1	0	3	4	46	74	0.62

1994 Season

	ERA	W	L	Sv	G	GS	IP	H	HR	BB	SO		Avg	AB	H	2B	3B	HR	RBI	BB	SO	OBP	SLG
Home	9.67	3	1	0	14	0	22.1	36	4	11	12	vs. Left	.268	71	19	5	0	0	10	13	4	.381	.338
Away	3.97	2	1	0	10	0	22.2	19	2	12	12	vs. Right	.324	111	36	5	2	6	23	10	20	.385	.568

Dave Stewart — Blue Jays
Age 38 – Pitches Right (flyball pitcher)

	ERA	W	L	Sv	G	GS	IP	BB	SO	Avg	H	2B	3B	HR	RBI	OBP	SLG	CG	ShO	Sup	QS	#P/S	SB	CS	GB	FB	G/F
1994 Season	5.87	7	8	0	22	22	133.1	62	111	.285	151	26	3	26	84	.362	.492	1	0	5.80	8	108	15	6	147	173	0.85
Last Five Years	4.14	64	48	0	150	150	987.2	401	647	.253	943	167	24	114	457	.327	.402	16	5	5.43	77	108	79	43	1127	1293	0.87

1994 Season

	ERA	W	L	Sv	G	GS	IP	H	HR	BB	SO		Avg	AB	H	2B	3B	HR	RBI	BB	SO	OBP	SLG
Home	4.38	4	3	0	12	12	78.0	78	13	37	69	vs. Left	.284	250	71	12	1	12	39	39	51	.378	.484
Away	7.97	3	5	0	10	10	55.1	73	13	25	42	vs. Right	.286	280	80	14	2	14	45	23	60	.346	.500
Day	8.36	2	2	0	5	5	28.0	40	10	17	17	Inning 1-6	.299	491	147	25	3	26	84	56	103	.373	.521
Night	5.21	5	6	0	17	17	105.1	111	16	45	94	Inning 7+	.103	39	4	1	0	0	0	6	8	.222	.128
Grass	7.34	2	2	0	6	6	34.1	42	10	14	23	None on	.247	295	73	14	3	17	17	32	55	.325	.488
Turf	5.36	5	6	0	16	16	99.0	109	16	48	88	Runners on	.332	235	78	12	0	9	67	30	56	.406	.498
April	5.67	2	2	0	6	6	39.2	44	9	15	30	Scoring Posn	.288	146	42	5	0	5	56	26	37	.393	.425
May	4.63	1	2	0	4	4	23.1	21	2	15	29	Close & Late	.133	30	4	1	0	0	0	4	7	.235	.167
June	6.83	2	3	0	5	5	29.0	41	5	17	21	None on/out	.250	132	33	8	0	5	5	10	27	.308	.424
July	4.45	2	1	0	5	5	30.1	28	6	6	25	vs. 1st Batr (relief)	.000	0	0	0	0	0	0	0	0	.000	.000
August	10.64	0	0	0	2	2	11.0	17	4	9	6	First Inning Pitched	.256	82	21	3	0	2	7	11	18	.354	.366
September/October	0.00	0	0	0	0	0	0.0	0	0	0	0	First 75 Pitches	.288	361	104	17	3	16	57	33	79	.353	.485
Starter	5.87	7	8	0	22	22	133.1	151	26	62	111	Pitch 76-90	.306	72	22	7	0	7	13	11	11	.398	.694
Reliever	0.00	0	0	0	0	0	0.0	0	0	0	0	Pitch 91-105	.291	55	16	1	0	2	9	9	11	.379	.418
0-3 Days Rest (St)	0.00	0	0	0	0	0	0.0	0	0	0	0	Pitch 106+	.214	42	9	1	0	1	5	9	10	.353	.310
4 Days Rest	6.58	2	4	0	11	11	67.0	78	17	28	51	First Pitch	.354	65	23	4	0	7	15	4	0	.403	.738
5+ Days Rest	5.16	5	4	0	11	11	66.1	73	9	34	60	Ahead in Count	.249	285	71	12	1	10	40	0	97	.253	.404
Pre-All Star	6.13	5	8	0	17	17	101.1	116	21	50	90	Behind in Count	.391	92	36	7	2	7	16	27	0	.521	.739
Post-All Star	5.06	2	0	0	5	5	32.0	35	5	12	21	Two Strikes	.215	297	64	11	1	8	40	31	111	.293	.340

Last Five Years

	ERA	W	L	Sv	G	GS	IP	H	HR	BB	SO		Avg	AB	H	2B	3B	HR	RBI	BB	SO	OBP	SLG
Home	3.43	33	19	0	76	76	525.0	458	56	194	359	vs. Left	.258	1781	459	86	11	47	224	216	277	.336	.398
Away	4.94	31	29	0	74	74	462.2	485	58	207	288	vs. Right	.248	1950	484	81	13	67	233	185	370	.319	.406
Day	3.84	27	14	0	47	47	325.2	294	39	110	211	Inning 1-6	.255	3176	810	147	24	95	408	340	556	.323	.406
Night	4.28	37	34	0	103	103	662.0	649	75	291	436	Inning 7+	.240	555	133	20	0	19	49	61	91	.315	.378
Grass	3.90	46	28	0	100	100	667.1	620	69	262	420	None on	.239	2182	521	92	14	67	232	366	.318	.386
Turf	4.64	18	20	0	50	50	320.1	323	45	139	227	Runners on	.272	1549	422	75	10	47	390	169	281	.344	.425
April	4.41	10	6	0	21	21	143.0	141	19	56	80	Scoring Posn	.259	851	220	41	7	25	333	117	160	.339	.411
May	3.86	9	8	0	24	24	147.0	129	14	70	113	Close & Late	.255	267	68	6	0	9	26	38	47	.345	.378
June	4.84	11	11	0	29	29	191.2	195	25	84	130	None on/out	.242	959	232	48	4	30	97	168	.317	.394
July	4.41	11	6	0	25	25	161.1	170	21	51	104	vs. 1st Batr (relief)	.000	0	0	0	0	0	0	0	0	.000	.000
August	4.31	11	11	0	27	27	181.2	162	24	82	105	First Inning Pitched	.286	574	164	30	5	15	82	72	98	.369	.434
September/October	2.87	12	6	0	24	24	163.0	150	11	58	115	First 75 Pitches	.247	2487	615	114	20	64	289	266	448	.323	.386
Starter	4.14	64	48	0	150	150	987.2	943	114	401	647	Pitch 76-90	.271	495	134	28	2	24	69	44	79	.328	.481
Reliever	0.00	0	0	0	0	0	0.0	0	0	0	0	Pitch 91-105	.247	421	104	12	2	14	56	45	72	.320	.385
0-3 Days Rest (St)	3.01	7	3	0	10	10	71.2	66	6	21	42	Pitch 106+	.274	328	90	13	0	12	43	46	48	.364	.424
4 Days Rest	4.39	39	34	0	101	101	662.0	641	79	275	424	First Pitch	.321	507	163	28	5	21	76	7	0	.338	.521
5+ Days Rest	3.79	18	11	0	39	39	254.0	236	29	105	181	Ahead in Count	.205	1783	366	56	9	37	177	0	554	.210	.309
Pre-All Star	4.52	33	29	0	82	82	527.2	509	71	224	349	Behind in Count	.307	759	233	42	8	36	124	211	0	.455	.526
Post-All Star	3.70	31	19	0	68	68	460.0	434	43	177	298	Two Strikes	.198	1782	353	60	8	34	164	183	647	.275	.298

Pitcher vs. Batter (since 1984)

Pitches Best Vs.	Avg	AB	H	2B	3B	HR	RBI	BB	SO	OBP	SLG	Pitches Worst Vs.	Avg	AB	H	2B	3B	HR	RBI	BB	SO	OBP	SLG
Don Slaught	.000	19	0	0	0	0	2	2	5	.091	.000	Mike Gallego	.556	9	5	0	1	1	3	2	0	.636	1.111
Gerald Perry	.000	10	0	0	0	0	0	1	2	.091	.000	Gregg Jefferies	.556	9	5	1	0	1	1	2	1	.636	1.000
Dave Clark	.059	17	1	0	0	0	1	0	4	.059	.118	Pat Kelly	.500	14	7	1	1	1	5	1	3	.563	.929
Billy Ripken	.071	14	1	1	0	0	1	0	3	.071	.143	Billy Hatcher	.500	8	4	0	1	0	4	1	0	.583	.750
Jeff Huson	.091	11	1	0	0	0	0	0	1	.091	.091	Danny Tartabull	.386	44	17	1	0	6	10	9	13	.500	.818

Phil Stidham — Tigers
Age 26 – Pitches Right

	ERA	W	L	Sv	G	GS	IP	BB	SO	Avg	H	2B	3B	HR	RBI	OBP	SLG	GF	IR	IRS	Hld	SvOp	SB	CS	GB	FB	G/F
1994 Season	24.92	0	0	0	5	0	4.1	4	4	.571	12	2	0	3	14	.615	1.095	0	7	2	0	0	1	8	6	1.33

1994 Season

	ERA	W	L	Sv	G	GS	IP	H	HR	BB	SO		Avg	AB	H	2B	3B	HR	RBI	BB	SO	OBP	SLG
Home	19.64	0	0	0	3	0	3.2	10	3	1	4	vs. Left	.667	6	4	0	0	1	3	3	2	.778	1.167
Away	54.00	0	0	0	2	0	0.2	2	0	3	0	vs. Right	.533	15	8	2	0	2	11	1	2	.529	1.067

381

Kelly Stinnett — Mets
Age 25 – Bats Right

	Avg	G	AB	R	H	2B	3B	HR	RBI	BB	SO	HBP	GDP	SB	CS	OBP	SLG	IBB	SH	SF	#Pit	#P/PA	GB	FB	G/F
1994 Season	.253	47	150	20	38	6	2	2	14	11	28	5	3	2	0	.323	.360	1	0	1	622	3.72	52	44	1.18

1994 Season

	Avg	AB	H	2B	3B	HR	RBI	BB	SO	OBP	SLG		Avg	AB	H	2B	3B	HR	RBI	BB	SO	OBP	SLG
vs. Left	.229	83	19	3	1	2	9	6	10	.278	.361	Scoring Posn	.304	23	7	3	1	0	11	6	3	.469	.522
vs. Right	.284	67	19	3	1	0	5	5	18	.377	.358	Close & Late	.148	27	4	2	0	0	4	3	8	.281	.222
Home	.262	61	16	1	0	0	3	5	10	.313	.279	None on/out	.219	32	7	0	0	0	0	2	5	.286	.219
Away	.247	89	22	5	2	2	11	6	18	.330	.416	Batting #2	.267	75	20	4	2	1	8	6	12	.341	.413
First Pitch	.290	31	9	0	1	0	2	1	0	.313	.355	Batting #8	.205	39	8	1	0	0	2	3	8	.295	.231
Ahead in Count	.400	30	12	1	1	2	7	5	0	.486	.700	Other	.278	36	10	1	0	1	4	2	8	.316	.389
Behind in Count	.208	72	15	5	0	0	5	0	24	.230	.278	Pre-All Star	.278	115	32	5	2	2	12	10	22	.354	.409
Two Strikes	.147	75	11	3	0	0	4	5	28	.220	.187	Post-All Star	.171	35	6	1	0	0	2	1	6	.216	.200

Kevin Stocker — Phillies
Age 25 – Bats Both

	Avg	G	AB	R	H	2B	3B	HR	RBI	BB	SO	HBP	GDP	SB	CS	OBP	SLG	IBB	SH	SF	#Pit	#P/PA	GB	FB	G/F
1994 Season	.273	82	271	38	74	11	2	2	28	44	41	7	3	2	2	.383	.351	8	4	4	1234	3.74	99	69	1.43
Career (1993-1994)	.298	152	530	84	158	23	5	4	59	74	84	15	11	7	2	.396	.383	19	8	5	2275	3.60	179	134	1.34

1994 Season

	Avg	AB	H	2B	3B	HR	RBI	BB	SO	OBP	SLG		Avg	AB	H	2B	3B	HR	RBI	BB	SO	OBP	SLG
vs. Left	.268	71	19	6	0	1	5	8	8	.350	.394	Scoring Posn	.266	64	17	2	1	0	25	18	6	.420	.328
vs. Right	.275	200	55	5	2	1	23	36	33	.394	.335	Close & Late	.333	57	19	5	0	0	4	9	13	.433	.421
Groundball	.215	65	14	2	1	0	7	17	6	.376	.277	None on/out	.313	67	21	5	0	0	0	10	7	.432	.388
Flyball	.222	36	8	2	1	0	4	5	14	.317	.333	Batting #7	.258	31	8	1	0	0	2	5	1	.351	.290
Home	.301	133	40	8	1	2	15	23	15	.405	.421	Batting #8	.271	229	62	9	2	1	22	37	39	.385	.341
Away	.246	138	34	3	1	0	13	21	26	.363	.283	Other	.364	11	4	1	0	1	4	2	1	.429	.727
Day	.237	76	18	5	1	0	8	15	12	.381	.329	April	.262	65	17	1	0	0	7	10	13	.385	.277
Night	.287	195	56	6	1	2	20	29	29	.384	.359	May	.000	0	0	0	0	0	0	0	0	.000	.000
Grass	.248	105	26	1	1	0	11	14	23	.362	.276	June	.259	81	21	5	0	0	6	16	12	.378	.321
Turf	.289	166	48	10	1	2	17	30	18	.397	.398	July	.300	90	27	4	1	0	11	12	14	.394	.367
First Pitch	.341	44	15	1	0	1	6	6	0	.404	.432	August	.257	35	9	1	1	2	4	6	2	.366	.514
Ahead in Count	.313	64	20	2	0	0	6	19	0	.476	.344	September/October	.000	0	0	0	0	0	0	0	0	.000	.000
Behind in Count	.186	118	22	1	2	0	10	0	41	.211	.229	Pre-All Star	.264	178	47	7	0	0	14	32	35	.387	.303
Two Strikes	.207	121	25	5	0	1	9	19	41	.317	.273	Post-All Star	.290	93	27	4	2	2	14	12	6	.376	.441

1994 By Position

Position	Avg	AB	H	2B	3B	HR	RBI	BB	SO	OBP	SLG	G	GS	Innings	PO	A	E	DP	Fld Pct	Rng Fctr	In Zone	Zone Outs	Zone Rtg	MLB Zone
As ss	.273	271	74	11	2	2	28	44	41	.383	.351	82	82	727.1	118	253	16	46	.959	4.59	314	273	.869	.889

Todd Stottlemyre — Blue Jays
Age 30 – Pitches Right

	ERA	W	L	Sv	G	GS	IP	BB	SO	Avg	H	2B	3B	HR	RBI	OBP	SLG	CG	ShO	Sup	QS	#P/S	SB	CS	GB	FB	G/F
1994 Season	4.22	7	7	1	26	19	140.2	48	105	.276	149	31	5	19	68	.340	.457	3	1	4.48	10	111	19	9	181	155	1.17
Last Five Years	4.32	58	55	1	151	141	913.1	324	532	.266	936	170	25	89	428	.332	.405	15	4	5.23	66	100	107	35	1246	1085	1.15

1994 Season

	ERA	W	L	Sv	G	GS	IP	H	HR	BB	SO		Avg	AB	H	2B	3B	HR	RBI	BB	SO	OBP	SLG
Home	3.82	4	3	1	12	9	68.1	59	11	23	54	vs. Left	.288	274	79	16	1	10	32	27	49	.356	.464
Away	4.60	3	4	0	14	10	72.1	90	8	25	51	vs. Right	.263	266	70	15	4	9	36	21	56	.323	.451
Day	2.67	2	0	0	6	4	30.1	25	2	13	24	Inning 1-6	.286	433	124	24	4	17	53	35	84	.344	.478
Night	4.65	5	7	1	20	15	110.1	124	17	35	81	Inning 7+	.234	107	25	7	1	2	15	13	21	.325	.374
Grass	4.93	2	2	0	9	5	38.1	50	5	19	27	None on/out	.271	328	89	21	4	12	12	19	61	.319	.470
Turf	3.96	5	5	1	17	14	102.1	99	14	29	78	Runners on	.283	212	60	10	1	7	56	29	44	.369	.439
April	3.63	3	0	1	8	1	17.1	16	0	7	10	Scoring Posn	.257	136	35	8	0	4	49	19	28	.346	.404
May	4.97	1	2	0	6	6	38.0	39	5	20	29	Close & Late	.351	57	20	6	0	1	12	11	9	.449	.509
June	2.97	1	3	0	5	5	39.1	29	7	10	35	None on/out	.267	146	39	7	3	7	7	5	28	.296	.500
July	5.18	0	2	0	5	5	33.0	48	4	4	22	vs. 1st Batr (relief)	.286	7	2	0	0	1	1	0	0	.286	.286
August	4.15	2	0	0	2	2	13.0	17	3	7	9	First Inning Pitched	.226	93	21	5	0	3	15	14	20	.342	.376
September/October	0.00	0	0	0	0	0	0.0	0	0	0	0	First 75 Pitches	.282	355	100	24	4	8	43	34	72	.348	.439
Starter	4.42	5	7	0	19	19	128.1	140	19	42	97	Pitch 76-90	.247	77	19	2	0	3	7	2	14	.266	.390
Reliever	2.19	2	0	1	7	0	12.1	9	0	6	8	Pitch 91-105	.333	69	23	4	1	6	13	7	8	.392	.681
0-3 Days Rest (St)	6.35	0	1	0	1	1	5.2	7	2	4	3	Pitch 106+	.179	39	7	1	0	2	5	5	11	.304	.359
4 Days Rest	3.67	2	2	0	8	8	56.1	63	7	14	43	First Pitch	.397	73	29	4	0	3	8	1	0	.423	.575
5+ Days Rest	4.88	3	4	0	10	10	66.1	70	10	24	51	Ahead in Count	.213	221	47	6	2	4	23	0	85	.220	.312
Pre-All Star	3.98	5	6	1	21	14	110.2	105	13	38	84	Behind in Count	.361	122	44	13	1	9	25	23	0	.459	.705
Post-All Star	5.10	2	1	0	5	5	30.0	44	6	10	21	Two Strikes	.170	241	41	5	1	6	21	24	105	.252	.274

Last Five Years

	ERA	W	L	Sv	G	GS	IP	H	HR	BB	SO		Avg	AB	H	2B	3B	HR	RBI	BB	SO	OBP	SLG
Home	4.20	33	24	1	73	68	462.2	448	48	148	274	vs. Left	.282	1749	493	89	12	42	201	182	212	.351	.419
Away	4.43	25	31	0	78	73	450.2	488	41	176	258	vs. Right	.251	1765	443	81	13	47	227	142	320	.313	.392
Day	4.22	16	15	0	45	41	262.1	256	26	101	143	Inning 1-6	.271	3008	814	148	22	82	387	290	450	.338	.416

Last Five Years

	ERA	W	L	Sv	G	GS	IP	H	HR	BB	SO		Avg	AB	H	2B	3B	HR	RBI	BB	SO	OBP	SLG
Night	4.35	42	40	1	106	100	651.0	680	63	223	389	Inning 7+	.241	506	122	22	3	7	41	34	82	.291	.338
Grass	4.18	20	21	0	58	53	331.2	342	32	134	188	None on	.260	2030	527	101	17	43	43	159	300	.320	.390
Turf	4.39	38	34	1	93	88	581.2	594	57	190	344	Runners on	.276	1484	409	69	8	46	385	165	232	.347	.426
April	4.28	14	5	1	27	20	138.2	137	8	56	79	Scoring Posn	.278	841	234	50	3	25	328	115	125	.358	.434
May	4.56	7	11	0	26	26	158.0	157	20	72	103	Close & Late	.257	218	56	10	1	3	21	22	39	.326	.353
June	3.54	11	10	0	25	23	168.0	167	19	43	91	None on/out	.284	910	258	43	9	25	25	59	126	.333	.433
July	4.82	11	10	0	24	24	142.0	166	10	51	87	vs. 1st Batr (relief)	.200	10	2	0	0	0	1	0	0	.200	.200
August	4.50	11	9	0	25	25	158.0	166	17	51	86	First Inning Pitched	.247	563	139	22	3	23	87	63	103	.328	.419
September/October	4.30	11	10	0	24	23	148.2	143	15	51	86	First 75 Pitches	.267	2555	681	125	19	61	312	239	394	.333	.402
Starter	4.36	55	55	0	141	141	895.0	924	89	318	517	Pitch 76-90	.267	453	121	20	4	13	57	43	61	.332	.415
Reliever	1.96	3	0	1	10	0	18.1	12	0	6	15	Pitch 91-105	.282	369	104	20	2	12	46	31	42	.339	.444
0-3 Days Rest (St)	2.77	0	1	0	2	2	13.0	12	2	6	6	Pitch 106+	.219	137	30	5	0	3	13	11	35	.289	.321
4 Days Rest	4.53	34	32	0	82	82	516.1	549	58	184	293	First Pitch	.333	499	166	26	2	21	93	14	0	.363	.519
5+ Days Rest	4.18	21	22	0	57	57	365.2	363	29	128	218	Ahead in Count	.214	1478	316	45	12	18	115	0	438	.224	.297
Pre-All Star	4.17	33	30	1	85	76	509.0	519	50	183	303	Behind in Count	.325	835	271	64	4	34	141	172	0	.435	.533
Post-All Star	4.50	25	25	0	66	65	404.1	417	39	141	229	Two Strikes	.191	1455	278	47	9	18	105	138	532	.267	.273

Pitcher vs. Batter (career)

Pitches Best Vs.	Avg	AB	H	2B	3B	HR	RBI	BB	SO	OBP	SLG	Pitches Worst Vs.	Avg	AB	H	2B	3B	HR	RBI	BB	SO	OBP	SLG
Joe Carter	.000	11	0	0	0	0	0	0	2	.000	.000	Albert Belle	.467	30	14	3	0	2	7	4	6	.529	.767
Jeff Huson	.000	9	0	0	0	0	0	2	1	.182	.000	Brian Harper	.444	18	8	0	1	2	8	0	0	.429	.889
Gary DiSarcina	.063	16	1	0	0	0	0	0	0	.063	.063	Harold Baines	.378	37	14	3	0	5	13	3	6	.425	.865
Cory Snyder	.063	16	1	0	0	0	1	1	5	.111	.063	Jose Canseco	.367	30	11	0	0	8	15	4	8	.457	1.167
Dante Bichette	.091	11	1	0	0	0	0	0	2	.091	.091	Rickey Henderson	.333	12	4	0	0	2	2	8	2	.600	.833

Doug Strange — Rangers

Age 31 – Bats Both

	Avg	G	AB	R	H	2B	3B	HR	RBI	BB	SO	HBP	GDP	SB	CS	OBP	SLG	IBB	SH	SF	#Pit	#P/PA	GB	FB	G/F
1994 Season	.212	73	226	26	48	12	1	5	26	15	38	3	6	1	3	.268	.341	0	4	2	847	3.39	97	58	1.67
Last Five Years	.235	273	813	91	191	43	1	13	92	68	123	7	20	9	7	.297	.338	5	14	7	3023	3.33	304	236	1.29

1994 Season

	Avg	AB	H	2B	3B	HR	RBI	BB	SO	OBP	SLG		Avg	AB	H	2B	3B	HR	RBI	BB	SO	OBP	SLG
vs. Left	.065	31	2	2	0	0	1	3	5	.143	.129	Scoring Posn	.234	64	15	4	0	0	17	6	13	.301	.297
vs. Right	.236	195	46	10	1	5	25	12	33	.289	.374	Close & Late	.250	52	13	3	1	0	6	3	11	.298	.346
Home	.214	126	27	6	1	3	18	10	19	.286	.349	None on/out	.184	49	9	4	0	0	2	2	3	.245	.388
Away	.210	100	21	6	0	2	8	5	19	.245	.330	Batting #7	.172	58	10	2	0	0	6	3	9	.226	.207
First Pitch	.297	37	11	3	0	2	5	0	0	.289	.541	Batting #8	.226	53	12	3	1	1	5	6	9	.295	.377
Ahead in Count	.292	48	14	5	0	1	11	7	0	.382	.458	Other	.226	115	26	7	0	4	15	6	20	.276	.391
Behind in Count	.133	105	14	1	0	3	0	36		.150	.143	Pre-All Star	.214	196	42	10	1	4	21	14	35	.274	.337
Two Strikes	.086	93	8	1	0	3	8	38		.167	.097	Post-All Star	.200	30	6	2	0	1	5	1	3	.226	.367

Last Five Years

	Avg	AB	H	2B	3B	HR	RBI	BB	SO	OBP	SLG		Avg	AB	H	2B	3B	HR	RBI	BB	SO	OBP	SLG
vs. Left	.207	164	34	8	0	0	15	13	28	.261	.256	Scoring Posn	.252	210	53	15	0	3	74	26	33	.331	.367
vs. Right	.242	649	157	35	1	13	77	55	95	.306	.359	Close & Late	.270	148	40	7	1	2	17	15	20	.335	.372
Groundball	.237	169	40	8	0	2	18	16	27	.306	.320	None on/out	.272	195	53	11	0	5	5	15	27	.327	.405
Flyball	.277	184	51	12	0	4	28	12	22	.328	.408	Batting #7	.202	208	42	11	0	1	15	15	29	.262	.269
Home	.257	444	114	28	1	7	60	39	60	.324	.372	Batting #8	.266	308	82	15	1	4	37	34	41	.335	.360
Away	.209	369	77	15	0	6	32	29	63	.264	.298	Other	.226	297	67	17	0	8	40	19	53	.280	.364
Day	.186	236	44	10	0	4	24	17	40	.243	.280	April	.260	100	26	4	0	5	18	6	21	.300	.450
Night	.255	577	147	33	1	9	68	51	83	.319	.362	May	.218	211	46	9	1	2	18	14	28	.276	.299
Grass	.247	683	169	38	1	12	85	61	101	.313	.359	June	.250	156	39	9	0	2	16	15	20	.318	.346
Turf	.169	130	22	5	0	1	7	7	22	.212	.231	July	.198	116	23	5	0	0	13	11	15	.271	.241
First Pitch	.272	162	44	11	0	2	15	5	0	.296	.377	August	.205	117	24	7	0	3	13	10	22	.266	.342
Ahead in Count	.298	171	51	14	0	6	37	34	0	.413	.485	September/October	.292	113	33	9	0	1	14	12	17	.362	.398
Behind in Count	.187	347	65	14	0	2	26	0	110	.195	.245	Pre-All Star	.233	503	117	23	1	9	55	38	76	.290	.336
Two Strikes	.123	310	38	8	0	2	15	29	123	.204	.168	Post-All Star	.239	310	74	20	0	4	37	30	47	.308	.342

Batter vs. Pitcher (career)

Hits Best Against	Avg	AB	H	2B	3B	HR	RBI	BB	SO	OBP	SLG	Hits Worst Against	Avg	AB	H	2B	3B	HR	RBI	BB	SO	OBP	SLG
Todd Stottlemyre	.400	10	4	0	0	0	2	0	0	.500	.400	Ron Darling	.000	10	0	0	0	0	0	1	1	.091	.000
Tom Gordon	.364	11	4	2	0	0	2	0	1	.364	.545	Alex Fernandez	.050	20	1	0	0	0	0	0	2	.050	.050
Tim Belcher	.333	12	4	1	0	0	1	0	0	.385	.417	David Cone	.100	10	1	1	0	0	0	1	1	.182	.200
Dave Stewart	.333	12	4	0	0	1	0	1	1	.333	.417	Jose Mesa	.167	12	2	0	0	0	1	1	2	.231	.167
Scott Erickson	.308	13	4	0	0	2	0	0	0	.308	.462	Jack McDowell	.182	11	2	0	0	0	0	0	1	.182	.182

Darryl Strawberry — Giants
Age 33 – Bats Left (flyball hitter)

	Avg	G	AB	R	H	2B	3B	HR	RBI	BB	SO	HBP	GDP	SB	CS	OBP	SLG	IBB	SH	SF	#Pit	#P/PA	GB	FB	G/F
1994 Season	.239	29	92	13	22	3	1	4	17	19	22	0	2	0	3	.363	.424	4	0	2	433	3.83	28	31	0.90
Last Five Years	.256	395	1395	223	357	53	6	79	261	199	310	10	18	29	20	.350	.472	28	0	15	6336	3.91	436	450	0.97

1994 Season

	Avg	AB	H	2B	3B	HR	RBI	BB	SO	OBP	SLG		Avg	AB	H	2B	3B	HR	RBI	BB	SO	OBP	SLG
vs. Left	.207	29	6	0	0	1	3	5	8	.324	.310	Scoring Posn	.273	22	6	0	0	1	14	10	6	.471	.409
vs. Right	.254	63	16	3	1	3	14	14	14	.380	.476	Close & Late	.000	8	0	0	0	0	0	4	2	.333	.000

Last Five Years

	Avg	AB	H	2B	3B	HR	RBI	BB	SO	OBP	SLG		Avg	AB	H	2B	3B	HR	RBI	BB	SO	OBP	SLG
vs. Left	.251	561	141	19	2	23	86	71	138	.336	.415	Scoring Posn	.282	401	113	9	2	27	189	88	87	.402	.516
vs. Right	.259	834	216	34	4	56	175	128	172	.359	.511	Close & Late	.225	227	51	6	0	10	36	41	61	.347	.383
Groundball	.255	436	111	18	1	27	86	50	91	.335	.486	None on/out	.229	310	71	11	0	17	17	38	67	.317	.429
Flyball	.243	276	67	8	1	20	64	39	88	.338	.496	Batting #3	.233	360	84	15	3	17	62	51	87	.328	.433
Home	.258	679	175	23	3	46	147	91	137	.345	.504	Batting #4	.262	846	222	34	1	53	166	115	183	.354	.493
Away	.254	716	182	30	3	33	114	108	173	.354	.443	Other	.270	189	51	4	2	9	33	33	40	.370	.455
Day	.251	418	105	16	2	17	77	62	85	.350	.421	April	.238	286	68	13	2	10	42	50	58	.355	.402
Night	.258	977	252	37	4	62	184	137	225	.350	.494	May	.202	193	39	4	0	13	32	28	55	.305	.425
Grass	.249	1026	255	39	4	59	189	145	214	.342	.467	June	.306	147	45	4	0	11	31	22	26	.404	.558
Turf	.276	369	102	14	2	20	72	54	96	.370	.488	July	.268	295	79	11	2	18	57	43	65	.360	.502
First Pitch	.302	162	49	4	3	14	35	14	0	.368	.623	August	.261	234	61	9	1	13	47	35	56	.355	.474
Ahead in Count	.367	341	125	15	0	32	98	102	0	.508	.692	September/October	.271	240	65	12	1	14	52	21	50	.326	.504
Behind in Count	.171	630	108	21	2	17	67	0	266	.176	.292	Pre-All Star	.246	711	175	25	3	39	119	108	154	.349	.454
Two Strikes	.174	705	123	24	2	21	82	71	310	.253	.304	Post-All Star	.266	684	182	28	3	40	142	91	156	.350	.491

Batter vs. Pitcher (since 1984)

Hits Best Against	Avg	AB	H	2B	3B	HR	RBI	BB	SO	OBP	SLG	Hits Worst Against	Avg	AB	H	2B	3B	HR	RBI	BB	SO	OBP	SLG
Bill Gullickson	.433	30	13	3	0	4	10	6	5	.514	.933	Trevor Wilson	.000	16	0	0	0	0	1	2	5	.111	.000
Mark Portugal	.421	19	8	1	0	3	6	3	7	.500	.947	Mitch Williams	.000	12	0	0	0	0	0	2	7	.143	.000
Greg W. Harris	.385	26	10	1	0	4	9	5	3	.469	.885	Rob Dibble	.000	10	0	0	0	0	0	2	6	.167	.000
Tommy Greene	.375	8	3	0	0	1	2	3	1	.545	.750	Ramon Martinez	.067	15	1	0	0	0	1	0	4	.067	.067
Pete Smith	.357	14	5	0	0	3	4	5	3	.526	1.000	Rob Murphy	.083	12	1	0	0	0	0	7	1	.077	.083

B.J. Surhoff — Brewers
Age 30 – Bats Left (groundball hitter)

	Avg	G	AB	R	H	2B	3B	HR	RBI	BB	SO	HBP	GDP	SB	CS	OBP	SLG	IBB	SH	SF	#Pit	#P/PA	GB	FB	G/F
1994 Season	.261	40	134	20	35	11	2	5	22	16	14	0	5	0	1	.336	.485	0	2	2	553	3.59	49	50	0.98
Last Five Years	.272	605	2145	261	584	108	14	27	290	165	172	5	49	49	33	.321	.373	20	31	33	7988	3.36	933	602	1.55

1994 Season

	Avg	AB	H	2B	3B	HR	RBI	BB	SO	OBP	SLG		Avg	AB	H	2B	3B	HR	RBI	BB	SO	OBP	SLG
vs. Left	.324	34	11	4	0	2	9	5	3	.400	.618	Scoring Posn	.314	35	11	4	0	2	18	4	5	.366	.600
vs. Right	.240	100	24	7	2	3	13	11	11	.313	.440	Close & Late	.250	24	6	2	0	2	8	4	2	.357	.583
Home	.253	79	20	5	2	2	15	12	7	.344	.443	None on/out	.241	29	7	2	1	1	1	2	3	.290	.483
Away	.273	55	15	6	0	3	7	4	7	.322	.545	Batting #3	.250	56	14	3	0	2	7	10	4	.353	.411
First Pitch	.214	14	3	1	1	0	1	0	0	.200	.429	Batting #7	.400	30	12	3	2	3	10	6	5	.500	.933
Ahead in Count	.265	34	9	3	1	2	7	8	0	.405	.588	Other	.188	48	9	5	0	2	5	0	5	.188	.292
Behind in Count	.273	55	15	4	0	2	10	0	11	.268	.455	Pre-All Star	.261	134	35	11	2	5	22	16	14	.336	.485
Two Strikes	.236	55	13	1	0	1	5	8	14	.328	.364	Post-All Star	.000	0	0	0	0	0	0	0	0	.000	.000

Last Five Years

	Avg	AB	H	2B	3B	HR	RBI	BB	SO	OBP	SLG		Avg	AB	H	2B	3B	HR	RBI	BB	SO	OBP	SLG
vs. Left	.281	552	155	26	4	9	90	44	56	.331	.391	Scoring Posn	.307	553	170	36	8	7	260	57	50	.355	.439
vs. Right	.269	1593	429	82	10	18	200	121	116	.318	.367	Close & Late	.255	365	93	15	1	6	54	30	39	.307	.351
Groundball	.279	559	156	35	3	5	87	38	34	.321	.379	None on/out	.254	496	126	19	1	9	9	30	39	.299	.351
Flyball	.275	459	126	16	5	4	47	41	40	.333	.357	Batting #3	.265	550	146	30	4	8	94	41	36	.309	.378
Home	.283	1056	299	50	9	16	153	90	83	.336	.393	Batting #7	.270	430	116	25	3	4	54	43	37	.335	.370
Away	.262	1089	285	58	5	11	137	75	89	.306	.354	Other	.276	1165	322	53	7	15	142	81	99	.322	.373
Day	.266	643	171	34	4	3	82	59	51	.326	.345	April	.179	240	43	8	1	2	29	19	27	.236	.246
Night	.275	1502	413	74	10	24	208	106	121	.319	.385	May	.231	316	73	11	3	4	45	24	25	.282	.323
Grass	.275	1830	503	93	13	25	238	146	146	.326	.381	June	.291	461	134	25	2	7	52	31	34	.335	.399
Turf	.257	315	81	15	1	2	52	19	26	.293	.330	July	.297	354	105	22	2	3	44	23	28	.336	.395
First Pitch	.336	298	100	12	6	3	61	6	0	.340	.446	August	.296	361	107	18	2	6	55	33	29	.353	.407
Ahead in Count	.290	631	183	36	3	13	94	92	0	.375	.418	September/October	.295	413	122	24	4	5	66	35	29	.344	.409
Behind in Count	.241	823	198	35	3	9	93	0	145	.242	.337	Pre-All Star	.256	1143	293	53	6	14	139	83	94	.304	.350
Two Strikes	.230	721	166	29	2	5	73	65	172	.294	.297	Post-All Star	.290	1002	291	55	8	13	151	82	78	.340	.400

Batter vs. Pitcher (career)

Hits Best Against	Avg	AB	H	2B	3B	HR	RBI	BB	SO	OBP	SLG	Hits Worst Against	Avg	AB	H	2B	3B	HR	RBI	BB	SO	OBP	SLG
Joe Grahe	.556	9	5	1	0	0	2	3	0	.667	.667	Bud Black	.000	10	0	0	0	0	1	0	0	.000	.000
Hipolito Pichardo	.545	11	6	3	0	0	2	0	0	.545	.818	Greg Swindell	.077	13	1	0	0	0	0	1	0	.077	.077
Jim Abbott	.529	17	9	2	0	0	2	1	0	.556	.647	Bill Gullickson	.077	13	1	0	0	0	1	1	0	.133	.077
Jamie Moyer	.500	12	6	3	0	0	2	1	0	.538	.750	Kevin Appier	.077	13	1	0	0	0	0	2	2	.200	.077
Scott Sanderson	.400	15	6	0	0	1	3	0	2	.375	.733	Jason Bere	.091	11	1	0	0	0	0	0	0	.091	.091

Rick Sutcliffe — Cardinals
Age 39 – Pitches Right

	ERA	W	L	Sv	G	GS	IP	BB	SO	Avg	H	2B	3B	HR	RBI	OBP	SLG	CG	ShO	Sup	QS	#P/S	SB	CS	GB	FB	G/F
1994 Season	6.52	6	4	0	16	14	67.2	32	26	.331	93	17	3	11	47	.402	.530	0	0	5.85	4	81	7	3	86	97	0.89
Last Five Years	5.06	38	36	0	105	101	589.0	237	274	.291	620	123	20	60	304	.357	.439	8	2	4.80	44	95	70	20	801	770	1.04

1994 Season

	ERA	W	L	Sv	G	GS	IP	H	HR	BB	SO		Avg	AB	H	2B	3B	HR	RBI	BB	SO	OBP	SLG
Home	7.11	3	2	0	9	9	38.0	61	6	19	17	vs. Left	.354	127	45	9	1	6	18	18	12	.434	.583
Away	5.76	3	2	0	7	5	29.2	32	5	13	9	vs. Right	.312	154	48	8	2	5	29	14	14	.374	.487
Starter	6.78	6	4	0	14	14	65.0	93	11	30	24	Scoring Posn	.386	70	27	5	1	4	38	15	9	.494	.657
Reliever	0.00	0	0	0	2	0	2.2	0	0	2	2	Close & Late	.143	7	1	0	0	0	0	2	1	.333	.143
0-3 Days Rest (St)	0.00	0	0	0	0	0	0.0	0	0	0	0	None on/out	.288	73	21	3	1	1	1	4	8	.325	.397
4 Days Rest	9.00	3	3	0	8	8	32.0	51	7	21	12	First Pitch	.459	37	17	4	0	3	11	1	0	.487	.811
5+ Days Rest	4.64	3	1	0	6	6	33.0	42	4	9	12	Ahead in Count	.301	103	31	5	2	3	10	0	23	.301	.476
Pre-All Star	6.35	5	3	0	14	12	56.2	81	9	26	23	Behind in Count	.310	87	27	7	1	4	21	15	0	.417	.552
Post-All Star	7.36	1	1	0	2	2	11.0	12	2	6	3	Two Strikes	.263	99	26	4	2	2	9	16	26	.365	.404

Last Five Years

	ERA	W	L	Sv	G	GS	IP	H	HR	BB	SO		Avg	AB	H	2B	3B	HR	RBI	BB	SO	OBP	SLG
Home	4.60	21	18	0	58	56	336.2	364	33	118	167	vs. Left	.294	1165	342	62	12	34	147	137	119	.366	.455
Away	5.67	17	18	0	47	45	252.1	313	27	119	107	vs. Right	.289	1158	335	61	8	26	157	100	155	.349	.423
Day	5.09	8	14	0	35	31	173.1	209	17	66	84	Inning 1-6	.288	2014	580	108	20	53	275	214	238	.357	.440
Night	5.04	30	22	0	70	70	415.2	468	43	171	190	Inning 7+	.314	309	97	15	0	7	29	23	36	.362	.430
Grass	5.07	25	26	0	73	71	424.0	478	47	154	200	None on	.289	1304	377	67	12	30	30	120	146	.353	.428
Turf	5.02	13	10	0	32	30	165.0	199	13	83	74	Runners on	.294	1019	300	56	8	30	274	117	128	.362	.453
April	4.49	7	7	0	18	16	100.1	106	9	39	50	Scoring Posn	.294	565	166	29	4	22	244	90	83	.380	.476
May	5.54	9	4	0	21	20	115.1	140	16	45	49	Close & Late	.262	149	39	4	0	3	11	13	23	.317	.349
June	4.74	8	5	0	16	16	95.0	115	7	36	38	None on/out	.299	589	176	27	3	11	11	53	58	.361	.411
July	6.78	2	9	0	15	15	85.0	110	12	36	44	vs. 1st Batr (relief)	.250	4	1	0	0	0	1	0	1	.250	.250
August	2.92	7	4	0	18	17	108.0	103	4	48	53	First Inning Pitched	.321	433	139	28	4	15	88	52	44	.391	.508
September/October	6.43	5	7	0	17	17	85.1	103	12	33	40	First 75 Pitches	.292	1695	495	95	15	42	221	180	202	.360	.440
Starter	5.05	38	36	0	101	101	583.1	670	60	233	270	Pitch 76-90	.253	257	65	9	2	7	31	26	29	.329	.385
Reliever	6.35	0	0	0	4	0	5.2	7	0	4	4	Pitch 91-105	.289	239	69	8	3	6	30	18	31	.335	.423
0-3 Days Rest (St)	11.72	1	3	0	4	4	17.2	28	4	7	10	Pitch 106+	.364	132	48	11	0	5	22	13	12	.419	.561
4 Days Rest	5.25	24	23	0	66	66	386.0	453	37	155	170	First Pitch	.351	291	102	17	3	9	55	10	0	.370	.522
5+ Days Rest	3.96	13	10	0	31	31	179.2	189	19	71	90	Ahead in Count	.245	831	204	32	8	15	76	0	229	.250	.357
Pre-All Star	5.10	25	19	0	61	58	342.1	404	37	133	155	Behind in Count	.305	737	225	45	4	23	104	118	0	.400	.471
Post-All Star	5.00	13	17	0	44	43	246.2	273	23	104	119	Two Strikes	.227	872	198	30	10	15	75	109	274	.315	.336

Pitcher vs. Batter (since 1984)

Pitches Best Vs.	Avg	AB	H	2B	3B	HR	RBI	BB	SO	OBP	SLG	Pitches Worst Vs.	Avg	AB	H	2B	3B	HR	RBI	BB	SO	OBP	SLG
Thomas Howard	.000	11	0	0	0	0	0	1	0	.000	.000	Scott Livingstone	.636	11	7	2	0	0	3	0	0	.636	.818
Mariano Duncan	.053	19	1	1	0	0	2	1	5	.100	.105	Rickey Henderson	.583	12	7	0	0	1	3	7	2	.737	.833
Luis Polonia	.056	18	1	0	1	0	1	0	1	.056	.167	Edgar Martinez	.571	14	8	3	1	0	1	3	2	.611	.929
Gary Redus	.063	16	1	0	0	0	1	3	3	.200	.063	Rafael Palmeiro	.545	11	6	2	0	2	7	3	1	.643	1.273
Cecil Fielder	.083	12	1	0	0	0	0	0	0	.083	.083	Larry Walker	.455	11	5	1	0	1	9	5	1	.625	.818

Dale Sveum — Mariners
Age 31 – Bats Both (flyball hitter)

	Avg	G	AB	R	H	2B	3B	HR	RBI	BB	SO	HBP	GDP	SB	CS	OBP	SLG	IBB	SH	SF	#Pit	#P/PA	GB	FB	G/F
1994 Season	.185	10	27	3	5	0	0	1	2	2	10	0	1	0	0	.241	.296	0	0	0	125	4.31	3	9	0.33
Last Five Years	.210	272	738	91	155	41	2	12	91	90	207	3	19	3	6	.295	.320	5	8	11	3458	4.07	197	228	0.86

1994 Season

	Avg	AB	H	2B	3B	HR	RBI	BB	SO	OBP	SLG		Avg	AB	H	2B	3B	HR	RBI	BB	SO	OBP	SLG
vs. Left	.500	2	1	0	0	0	1	0	1	.500	.500	Scoring Posn	.125	8	1	0	0	0	1	0	3	.125	.125
vs. Right	.160	25	4	0	0	1	2	2	9	.222	.280	Close & Late	.000	6	0	0	0	0	0	0	4	.000	.000

Last Five Years

	Avg	AB	H	2B	3B	HR	RBI	BB	SO	OBP	SLG		Avg	AB	H	2B	3B	HR	RBI	BB	SO	OBP	SLG
vs. Left	.218	262	57	15	1	3	26	35	81	.311	.317	Scoring Posn	.238	202	48	16	2	2	78	23	57	.307	.366
vs. Right	.206	476	98	26	1	9	65	55	126	.285	.321	Close & Late	.228	162	37	7	2	1	20	13	50	.284	.315
Groundball	.264	212	56	16	1	2	25	30	42	.351	.377	None on/out	.215	163	35	12	0	4	4	26	46	.326	.362
Flyball	.160	156	25	4	0	4	21	16	61	.233	.263	Batting #8	.201	154	31	4	0	4	12	29	44	.328	.305
Home	.191	377	72	19	0	5	43	50	97	.283	.281	Batting #9	.215	302	65	25	1	2	43	33	87	.292	.325
Away	.230	361	83	22	2	7	48	40	110	.307	.360	Other	.209	282	59	12	1	6	36	28	76	.278	.323
Day	.216	241	52	14	0	4	25	24	66	.286	.324	April	.164	73	12	1	0	0	5	7	21	.250	.178
Night	.207	497	103	27	2	8	66	66	141	.298	.318	May	.209	191	40	9	2	4	26	32	59	.321	.340
Grass	.221	553	122	29	2	10	71	64	142	.300	.327	June	.155	142	22	6	0	2	12	22	47	.267	.239
Turf	.178	185	33	12	0	2	20	26	65	.279	.297	July	.247	93	23	7	0	3	13	5	21	.287	.419
First Pitch	.319	72	23	6	0	1	12	0	0	.367	.444	August	.215	65	14	4	0	1	11	5	16	.268	.323
Ahead in Count	.359	142	51	11	0	5	29	46	0	.510	.542	September/October	.253	174	44	14	0	2	24	19	43	.320	.368
Behind in Count	.124	354	44	15	1	2	26	0	160	.125	.189	Pre-All Star	.192	459	88	18	2	8	49	62	139	.288	.292
Two Strikes	.111	405	45	15	0	5	34	39	207	.188	.185	Post-All Star	.240	279	67	23	0	4	42	28	68	.305	.366

Batter vs. Pitcher (career)

Hits Best Against	Avg	AB	H	2B	3B	HR	RBI	BB	SO	OBP	SLG	Hits Worst Against	Avg	AB	H	2B	3B	HR	RBI	BB	SO	OBP	SLG
Mark Eichhorn	.500	14	7	1	0	1	6	0	1	.500	.786	Bud Black	.000	12	0	0	0	0	0	2	4	.143	.000
Greg Cadaret	.364	11	4	2	0	0	2	2	6	.462	.545	Randy Johnson	.000	8	0	0	0	0	0	3	4	.273	.000

Batter vs. Pitcher (career)																		
Hits Best Against	Avg	AB	H	2B	3B	HR	RBI	BB	SO	OBP	SLG	Hits Worst Against	Avg	AB	H	2B	3B	HR	RBI	BB	SO	OBP	SLG
Paul Kilgus	.364	11	4	0	0	1	3	0	1	.364	.636	Roger Clemens	.083	24	2	1	0	0	0	2	12	.154	.125
Mark Gubicza	.333	12	4	1	1	0	3	5	4	.529	.583	Steve Farr	.100	10	1	0	0	0	1	2	5	.250	.100
John Farrell	.333	12	4	1	0	1	4	0	2	.333	.667	Jose Guzman	.125	24	3	1	0	0	2	0	8	.125	.167

Russ Swan — Indians
Age 31 – Pitches Left (groundball pitcher)

	ERA	W	L	Sv	G	GS	IP	BB	SO	Avg	H	2B	3B	HR	RBI	OBP	SLG	GF	IR	IRS	Hld	SvOp	SB	CS	GB	FB	G/F
1994 Season	11.25	5	11	4	81	12	8.0	7	2	.382	13	2	0	1	9	.488	.529	2	10	2	1	0	1	0	19	7	2.71
Last Five Years	4.67	14	20	11	166	18	260.0	120	106	.272	271	53	5	22	142	.350	.401	45	138	28	26	16	19	4	522	207	2.52

1994 Season

	ERA	W	L	Sv	G	GS	IP	H	HR	BB	SO		Avg	AB	H	2B	3B	HR	RBI	BB	SO	OBP	SLG
Home	9.45	0	1	0	8	0	6.2	8	1	7	2	vs. Left	.400	15	6	1	0	0	3	2	1	.471	.467
Away	20.25	0	0	0	4	0	1.1	5	0	0	0	vs. Right	.368	19	7	1	0	1	6	5	1	.500	.579

Last Five Years

	ERA	W	L	Sv	G	GS	IP	H	HR	BB	SO		Avg	AB	H	2B	3B	HR	RBI	BB	SO	OBP	SLG
Home	5.34	5	11	4	81	7	116.1	142	14	50	57	vs. Left	.214	280	60	6	0	1	30	29	34	.289	.246
Away	4.13	9	9	7	85	11	143.2	129	8	70	49	vs. Right	.294	717	211	47	5	21	112	91	72	.374	.462
Day	4.98	5	6	2	50	5	81.1	76	10	38	38	Inning 1-6	.249	445	111	29	4	8	67	52	47	.329	.387
Night	4.53	9	14	9	116	13	178.2	195	12	82	68	Inning 7+	.290	552	160	24	1	14	75	68	59	.367	.413
Grass	3.84	7	7	7	73	7	117.1	100	7	61	42	None on	.261	513	134	25	1	11	11	57	51	.336	.378
Turf	5.36	7	13	4	93	11	142.2	171	15	59	64	Runners on	.283	484	137	28	4	11	131	63	55	.364	.426
April	5.49	3	6	2	33	6	60.2	61	3	30	24	Scoring Posn	.267	303	81	14	2	6	114	43	42	.353	.386
May	6.00	3	4	0	28	4	48.0	56	6	27	22	Close & Late	.246	309	76	11	0	8	35	35	37	.321	.359
June	3.33	3	2	2	33	4	54.0	57	4	18	22	None on/out	.258	233	60	6	1	6	6	23	22	.327	.369
July	3.15	2	4	6	24	1	34.1	30	5	10	15	vs. 1st Batr (relief)	.305	128	39	6	0	2	22	12	14	.359	.398
August	7.43	0	2	1	18	0	23.0	31	3	15	9	First Inning Pitched	.283	494	140	21	2	7	67	54	58	.354	.377
September/October	3.38	3	2	0	30	3	40.0	36	1	20	14	First 15 Pitches	.282	472	133	21	2	8	57	47	44	.347	.386
Starter	4.88	4	9	0	18	18	94.0	89	7	40	36	Pitch 16-30	.257	230	59	12	0	4	31	38	29	.361	.361
Reliever	4.55	10	11	11	148	0	166.0	182	15	80	70	Pitch 31-45	.286	112	32	6	1	3	26	17	14	.379	.438
0 Days rest (Re)	2.43	4	2	2	36	0	37.0	26	0	22	16	Pitch 46+	.257	183	47	14	2	7	28	18	19	.325	.470
1 or 2 Days rest	5.03	4	5	6	64	0	73.1	85	8	31	32	First Pitch	.287	164	47	9	0	5	29	12	0	.339	.433
3+ Days rest	5.34	2	4	3	48	0	55.2	71	7	27	22	Ahead in Count	.228	386	88	16	3	3	47	0	86	.232	.308
Pre-All Star	4.73	10	14	7	107	15	179.0	187	15	79	72	Behind in Count	.319	248	79	13	2	10	39	64	0	.455	.508
Post-All Star	4.56	4	6	4	59	3	81.0	84	7	41	34	Two Strikes	.226	367	83	19	2	3	41	43	106	.311	.313

Pitcher vs. Batter (career)																		
Pitches Best Vs.	Avg	AB	H	2B	3B	HR	RBI	BB	SO	OBP	SLG	Pitches Worst Vs.	Avg	AB	H	2B	3B	HR	RBI	BB	SO	OBP	SLG
Lou Whitaker	.000	12	0	0	0	0	1	2	1	.143	.000	Ruben Sierra	.417	12	5	1	0	1	0	1	.417	.500
Lance Johnson	.000	11	0	0	0	0	0	0	0	.000	.000	Alan Trammell	.333	15	5	2	0	0	2	1	1	.353	.467
Don Mattingly	.091	11	1	0	0	0	1	3	2	.286	.091	Travis Fryman	.333	12	4	2	0	0	1	1	0	.385	.500
Wally Joyner	.100	10	1	0	0	0	2	1	0	.250	.100	Milt Cuyler	.333	12	4	0	0	0	1	1	1	.385	.333
Mike Greenwell	.154	13	2	1	0	0	1	1	3	.200	.154	Cecil Fielder	.313	16	5	2	0	0	4	2	1	.389	.438

Bill Swift — Giants
Age 33 – Pitches Right (groundball pitcher)

	ERA	W	L	Sv	G	GS	IP	BB	SO	Avg	H	2B	3B	HR	RBI	OBP	SLG	CG	ShO	Sup	QS	#P/S	SB	CS	GB	FB	G/F
1994 Season	3.38	8	7	0	17	17	109.1	31	62	.262	109	12	1	10	42	.313	.368	0	0	4.12	12	92	8	4	221	75	2.95
Last Five Years	2.56	46	25	24	207	81	725.0	176	386	.243	657	94	7	41	239	.293	.328	4	3	4.63	58	91	26	22	1456	460	3.17

1994 Season

	ERA	W	L	Sv	G	GS	IP	H	HR	BB	SO		Avg	AB	H	2B	3B	HR	RBI	BB	SO	OBP	SLG
Home	1.98	5	2	0	9	9	63.2	54	5	15	36	vs. Left	.268	228	61	9	1	5	29	19	18	.324	.382
Away	5.32	3	5	0	8	8	45.2	55	5	16	26	vs. Right	.255	188	48	3	0	5	13	12	44	.300	.351
Starter	3.38	8	7	0	17	17	109.1	109	10	31	62	Scoring Posn	.281	89	25	3	1	1	31	9	16	.340	.371
Reliever	0.00	0	0	0	0	0	0.0	0	0	0	0	Close & Late	.225	40	9	1	0	1	2	1	5	.244	.325
0-3 Days Rest (St)	0.00	0	0	0	0	0	0.0	0	0	0	0	None on/out	.243	111	27	0	0	5	5	8	19	.300	.378
4 Days Rest	2.34	5	2	0	9	9	61.2	61	6	15	39	First Pitch	.349	63	22	3	0	3	12	5	0	.391	.540
5+ Days Rest	4.72	3	5	0	8	8	47.2	48	4	16	23	Ahead in Count	.203	177	36	4	0	2	9	0	58	.203	.260
Pre-All Star	2.64	8	5	0	13	13	85.1	81	6	27	48	Behind in Count	.295	112	33	5	0	2	15	19	0	.394	.393
Post-All Star	6.00	0	2	0	4	4	24.0	28	4	4	14	Two Strikes	.171	164	28	1	1	4	9	7	62	.205	.274

Last Five Years

	ERA	W	L	Sv	G	GS	IP	H	HR	BB	SO		Avg	AB	H	2B	3B	HR	RBI	BB	SO	OBP	SLG
Home	2.09	24	12	10	97	40	356.2	298	20	87	188	vs. Left	.267	1421	379	59	4	27	143	116	148	.324	.371
Away	3.01	22	13	14	110	41	368.1	359	21	89	198	vs. Right	.217	1284	278	35	3	14	96	60	238	.256	.281
Day	2.67	27	11	5	75	40	320.2	287	25	74	165	Inning 1-6	.240	1856	446	66	5	31	169	136	270	.296	.331
Night	2.47	19	14	19	132	41	404.1	370	16	102	221	Inning 7+	.249	849	211	28	2	10	70	40	116	.295	.322
Grass	2.67	31	18	13	114	59	481.2	433	31	124	274	None on	.243	1575	383	48	3	28	28	95	238	.291	.331
Turf	2.33	15	7	11	93	22	243.1	224	10	52	112	Runners on	.242	1130	274	46	4	13	211	81	148	.294	.325
April	2.09	9	3	1	25	15	120.2	102	6	29	64	Scoring Posn	.219	603	132	24	4	6	185	63	88	.294	.302
May	3.18	11	5	6	39	13	124.1	123	10	34	68	Close & Late	.249	481	120	14	0	7	42	29	67	.296	.322
June	2.40	7	4	3	34	12	116.2	98	4	27	59	None on/out	.229	686	157	13	1	9	9	35	100	.273	.290
July	2.20	10	5	3	32	18	139.0	129	7	34	70	vs. 1st Batr (relief)	.228	114	26	4	1	0	13	6	15	.270	.281

(Top player - name not visible)

	ERA	W	L	Sv	G	GS	IP	H	HR	BB	SO		Avg	AB	H	2B	3B	HR	RBI	BB	SO	OBP	SLG
August	3.13	3	6	4	32	17	123.2	118	14	27	62	First Inning Pitched	.252	701	177	25	2	8	90	60	97	.314	.328
September/October	2.32	6	2	10	45	6	101.0	87	0	25	63	First 75 Pitches	.239	2277	544	80	5	33	202	158	325	.292	.322
Starter	2.69	41	20	0	81	81	538.0	481	37	131	295	Pitch 76-90	.247	259	64	9	1	3	22	16	40	.292	.324
Reliever	2.17	5	5	24	126	0	187.0	176	4	45	91	Pitch 91-105	.320	128	41	3	1	3	9	2	14	.336	.430
0-3 Days Rest (St)	1.20	2	0	0	2	2	15.0	5	0	5	6	Pitch 106+	.195	41	8	2	0	2	6	0	7	.195	.390
4 Days Rest	2.45	27	10	0	48	48	323.0	288	27	79	191	First Pitch	.310	465	144	14	2	11	57	18	0	.335	.419
5+ Days Rest	3.19	12	10	0	31	31	200.0	188	10	47	98	Ahead in Count	.188	1092	205	34	2	11	74	0	342	.196	.253
Pre-All Star	2.66	29	14	7	108	45	399.2	365	23	104	206	Behind in Count	.282	685	193	32	1	10	68	95	0	.370	.375
Post-All Star	2.43	17	11	17	99	36	325.1	292	18	72	180	Two Strikes	.174	997	173	23	3	13	59	63	386	.229	.242

Pitcher vs. Batter (career)

Pitches Best Vs.	Avg	AB	H	2B	3B	HR	RBI	BB	SO	OBP	SLG	Pitches Worst Vs.	Avg	AB	H	2B	3B	HR	RBI	BB	SO	OBP	SLG
Luis Alicea	.000	12	0	0	0	0	0	0	4	.000	.000	Dave Henderson	.615	13	8	1	0	0	2	1	0	.600	.692
Joe Oliver	.063	16	1	0	0	0	0	0	1	.063	.063	Kent Hrbek	.500	26	13	3	0	1	5	5	1	.581	.731
Marquis Grissom	.063	16	1	0	0	0	0	1	3	.063	.063	Darren Daulton	.444	18	8	3	0	2	6	3	2	.524	.944
Mariano Duncan	.091	22	2	0	0	0	1	0	7	.091	.091	Dante Bichette	.417	12	5	2	0	2	3	1	2	.462	1.083
Chuck Carr	.091	11	1	0	0	0	0	0	2	.091	.091	Fred McGriff	.400	25	10	2	0	3	7	1	0	.423	.840

Greg Swindell — Astros

Age 30 – Pitches Left (flyball pitcher)

	ERA	W	L	Sv	G	GS	IP	BB	SO	Avg	H	2B	3B	HR	RBI	OBP	SLG	CG	ShO	Sup	QS	#P/S	SB	CS	GB	FB	G/F
1994 Season	4.37	8	9	0	24	24	148.1	26	74	.302	175	36	0	20	68	.329	.467	1	0	5.34	12	89	10	11	203	177	1.15
Last Five Years	3.77	53	55	0	153	151	1005.0	185	640	.277	1086	205	23	106	422	.309	.423	17	4	4.46	86	96	55	54	1241	1247	1.00

1994 Season

	ERA	W	L	Sv	G	GS	IP	H	HR	BB	SO		Avg	AB	H	2B	3B	HR	RBI	BB	SO	OBP	SLG
Home	3.30	5	4	0	11	11	76.1	80	10	11	41	vs. Left	.350	100	35	6	0	2	8	8	13	.398	.470
Away	5.50	3	5	0	13	13	72.0	95	10	15	33	vs. Right	.292	480	140	30	0	18	60	18	61	.314	.467
Day	4.76	2	5	0	9	9	51.0	59	7	11	32	Inning 1-6	.308	491	151	31	0	16	59	24	67	.337	.468
Night	4.16	6	4	0	15	15	97.1	116	13	15	42	Inning 7+	.270	89	24	5	0	4	9	2	7	.286	.461
Grass	4.24	3	3	0	8	8	46.2	54	5	12	22	None on	.321	349	112	25	0	12	12	12	50	.345	.496
Turf	4.43	5	6	0	16	16	101.2	121	15	14	52	Runners on	.273	231	63	11	0	8	56	14	24	.306	.424
April	1.80	2	0	0	5	5	35.0	24	3	8	22	Scoring Posn	.282	117	33	6	0	2	42	11	15	.326	.385
May	4.06	2	1	0	6	6	44.1	49	6	7	15	Close & Late	.256	39	10	1	0	2	3	2	4	.293	.436
June	6.39	0	5	0	5	5	25.1	44	4	3	15	None on/out	.278	151	42	13	0	4	4	7	26	.314	.444
July	5.85	2	2	0	6	6	32.1	39	5	8	17	vs. 1st Batr (relief)	.000	0	0	0	0	0	0	0	0	.000	.000
August	4.76	1	1	0	2	2	11.1	19	2	0	5	First Inning Pitched	.315	92	29	5	0	4	13	5	12	.347	.500
September/October	0.00	0	0	0	0	0	0.0	0	0	0	0	First 75 Pitches	.317	439	139	25	0	14	52	19	59	.342	.469
Starter	4.37	8	9	0	24	24	148.1	175	20	26	74	Pitch 76-90	.250	72	18	5	0	5	7	6	9	.308	.528
Reliever	0.00	0	0	0	0	0	0.0	0	0	0	0	Pitch 91-105	.271	48	13	5	0	0	4	1	5	.280	.375
0-3 Days Rest (St)	0.00	0	0	0	0	0	0.0	0	0	0	0	Pitch 106+	.238	21	5	1	0	1	5	0	1	.238	.429
4 Days Rest	3.60	5	4	0	14	14	90.0	100	14	17	44	First Pitch	.340	100	34	7	0	3	16	1	0	.340	.500
5+ Days Rest	5.55	3	5	0	10	10	58.1	75	6	9	30	Ahead in Count	.238	261	62	14	0	13	0	67	0	.239	.326
Pre-All Star	3.86	6	6	0	18	18	116.2	128	16	22	58	Behind in Count	.423	123	52	11	0	11	30	11	0	.460	.780
Post-All Star	6.25	2	3	0	6	6	31.2	47	4	4	16	Two Strikes	.206	228	47	10	0	4	11	14	74	.254	.303

Last Five Years

	ERA	W	L	Sv	G	GS	IP	H	HR	BB	SO		Avg	AB	H	2B	3B	HR	RBI	BB	SO	OBP	SLG
Home	3.41	29	28	0	78	77	535.0	552	53	92	327	vs. Left	.290	676	196	39	6	12	59	38	109	.328	.419
Away	4.17	24	27	0	75	74	470.0	534	53	93	313	vs. Right	.275	3239	890	166	17	94	363	147	531	.305	.424
Day	4.21	17	19	0	46	45	288.1	326	40	46	176	Inning 1-6	.274	3266	894	171	22	91	372	158	545	.306	.423
Night	3.59	36	36	0	107	106	716.2	760	66	139	464	Inning 7+	.296	649	192	34	1	15	50	27	95	.322	.421
Grass	3.88	31	28	0	86	86	559.0	608	62	105	380	None on	.275	2392	657	135	15	62	62	99	410	.306	.421
Turf	3.63	22	27	0	67	65	446.0	478	44	80	260	Runners on	.282	1523	429	70	8	44	360	86	230	.314	.425
April	3.27	10	7	0	23	23	154.0	143	11	33	99	Scoring Posn	.274	835	229	35	4	20	296	62	137	.314	.398
May	4.12	8	3	0	28	28	187.2	209	25	41	106	Close & Late	.276	351	97	17	1	8	26	20	63	.314	.399
June	3.97	6	10	0	29	29	188.1	220	25	38	121	None on/out	.274	1042	286	71	11	33	33	38	179	.305	.459
July	3.63	10	9	0	25	24	161.0	161	15	31	102	vs. 1st Batr (relief)	.500	2	1	0	0	0	0	0	0	.500	.500
August	3.24	14	10	0	25	25	169.2	187	14	24	116	First Inning Pitched	.265	588	156	29	7	21	74	29	100	.300	.446
September/October	4.36	5	10	0	23	22	144.1	166	16	25	96	First 75 Pitches	.273	2897	792	144	18	76	305	144	485	.307	.414
Starter	3.79	53	55	0	151	151	1001.0	1084	106	185	635	Pitch 76-90	.281	531	149	32	4	22	63	22	85	.308	.480
Reliever	0.00	0	0	0	2	0	4.0	2	0	0	5	Pitch 91-105	.284	349	99	22	1	4	30	11	48	.301	.387
0-3 Days Rest (St)	3.94	0	2	0	3	3	16.0	20	3	2	14	Pitch 106+	.333	138	46	7	0	4	24	8	12	.367	.471
4 Days Rest	3.84	34	30	0	94	94	616.1	690	74	124	390	First Pitch	.310	670	208	39	3	21	93	8	0	.316	.472
5+ Days Rest	3.69	19	23	0	54	54	368.2	374	29	59	231	Ahead in Count	.226	1896	429	79	13	26	142	0	576	.228	.323
Pre-All Star	3.77	29	28	0	89	89	591.2	626	67	117	365	Behind in Count	.338	719	243	49	3	39	114	89	0	.407	.577
Post-All Star	3.77	24	27	0	64	62	413.1	460	39	68	275	Two Strikes	.208	1704	354	68	8	27	117	88	640	.248	.305

Pitcher vs. Batter (career)

Pitches Best Vs.	Avg	AB	H	2B	3B	HR	RBI	BB	SO	OBP	SLG	Pitches Worst Vs.	Avg	AB	H	2B	3B	HR	RBI	BB	SO	OBP	SLG
Gary Redus	.000	16	0	0	0	0	0	2	3	.111	.000	Andres Galarraga	.563	16	9	3	0	2	6	1	3	.588	1.125
Jeff Conine	.056	18	1	0	0	0	1	10	0	.105	.056	Kevin Mitchell	.500	12	6	1	0	2	3	0	0	.500	1.083
Lonnie Smith	.063	16	1	0	0	0	0	2	1	.118	.063	Dave Justice	.467	15	7	0	0	3	3	2	2	.529	1.067
B.J. Surhoff	.077	13	1	0	0	0	0	1	1	.077	.077	Mike Piazza	.462	13	6	1	0	2	4	2	1	.533	1.000
Joe Orsulak	.091	11	1	0	0	0	0	0	2	.091	.091	Marquis Grissom	.444	18	8	1	1	4	7	0	3	.444	1.278

Jeff Tabaka — Padres
Age 31 – Pitches Left (flyball pitcher)

	ERA	W	L	Sv	G	GS	IP	BB	SO	Avg	H	2B	3B	HR	RBI	OBP	SLG	GF	IR	IRS	Hld	SvOp	SB	CS	GB	FB	G/F
1994 Season	5.27	3	1	1	39	0	41.0	27	32	.213	32	8	3	1	22	.331	.327	10	26	5	1	1	4	1	43	44	0.98

1994 Season

	ERA	W	L	Sv	G	GS	IP	H	HR	BB	SO		Avg	AB	H	2B	3B	HR	RBI	BB	SO	OBP	SLG
Home	4.66	1	0	1	16	0	19.1	9	0	14	13	vs. Left	.321	56	18	5	1	0	14	14	7	.457	.446
Away	5.82	2	1	0	23	0	21.2	23	1	13	19	vs. Right	.149	94	14	3	2	1	8	13	25	.250	.255
Starter	0.00	0	0	0	0	0	0.0	0	0	0	0	Scoring Posn	.298	47	14	2	2	0	20	10	5	.414	.426
Reliever	5.27	3	1	1	39	0	41.0	32	1	27	32	Close & Late	.321	28	9	3	0	0	2	6	4	.441	.429
0 Days rest (Re)	7.27	1	0	0	10	0	8.2	15	0	6	8	None on/out	.143	35	5	1	0	0	0	4	12	.231	.171
1 or 2 Days rest	4.50	2	1	0	18	0	18.0	12	0	13	13	First Pitch	.167	18	3	0	0	0	2	1	0	.211	.167
3+ Days rest	5.02	0	0	1	11	0	14.1	5	1	8	11	Ahead in Count	.147	68	10	3	0	1	4	0	29	.147	.235
Pre-All Star	6.43	2	1	1	28	0	28.0	21	1	19	21	Behind in Count	.172	29	5	0	1	0	4	13	0	.429	.241
Post-All Star	2.77	1	0	0	11	0	13.0	11	0	8	11	Two Strikes	.195	82	16	5	1	1	13	12	32	.302	.341

Jeff Tackett — Orioles
Age 29 – Bats Right (groundball hitter)

	Avg	G	AB	R	H	2B	3B	HR	RBI	BB	SO	HBP	GDP	SB	CS	OBP	SLG	IBB	SH	SF	#Pit	#P/PA	GB	FB	G/F
1994 Season	.226	26	53	5	12	3	1	2	9	5	13	2	4	0	0	.317	.434	0	0	0	217	3.62	24	12	2.00
Career (1991-1994)	.217	135	327	35	71	14	2	7	42	37	71	4	4	2	0	.300	.336	1	9	5	1469	3.85	139	79	1.76

1994 Season

	Avg	AB	H	2B	3B	HR	RBI	BB	SO	OBP	SLG		Avg	AB	H	2B	3B	HR	RBI	BB	SO	OBP	SLG
vs. Left	.455	11	5	2	1	0	6	1	1	.500	.818	Scoring Posn	.278	18	5	2	1	0	7	2	2	.350	.500
vs. Right	.167	42	7	1	0	2	3	4	12	.271	.333	Close & Late	.333	3	1	0	0	1	0	0	1	.333	1.333

Kevin Tapani — Twins
Age 31 – Pitches Right

	ERA	W	L	Sv	G	GS	IP	BB	SO	Avg	H	2B	3B	HR	RBI	OBP	SLG	CG	ShO	Sup	QS	#P/S	SB	CS	GB	FB	G/F
1994 Season	4.62	11	7	0	24	24	156.0	39	91	.291	181	44	5	13	76	.335	.441	4	1	4.73	12	99	16	7	218	189	1.15
Last Five Years	3.95	67	50	0	156	155	1005.0	213	615	.267	1039	229	28	86	414	.306	.407	16	5	5.06	88	96	111	43	1418	1135	1.25

1994 Season

	ERA	W	L	Sv	G	GS	IP	H	HR	BB	SO		Avg	AB	H	2B	3B	HR	RBI	BB	SO	OBP
Home	3.33	8	3	0	13	13	94.2	92	6	17	54	vs. Left	.271	325	88	23	2	5	41	20	58	.311	.400
Away	6.60	3	4	0	11	11	61.1	89	7	22	37	vs. Right	.314	296	93	21	3	8	35	19	33	.361	.486
Day	4.59	4	1	0	8	8	51.0	57	3	15	26	Inning 1-6	.295	515	152	38	3	12	69	31	78	.338	.450
Night	4.63	7	6	0	16	16	105.0	124	10	24	65	Inning 7+	.274	106	29	6	2	1	7	8	13	.322	.396
Grass	7.79	1	2	0	7	7	32.1	56	4	14	19	None on	.281	360	101	27	2	7	7	16	49	.318	.425
Turf	3.78	10	5	0	17	17	123.2	125	9	25	72	Runners on	.307	261	80	17	3	6	69	23	42	.356	.464
April	7.90	1	2	0	5	5	27.1	44	2	12	11	Scoring Posn	.282	156	44	9	2	5	64	21	27	.357	.462
May	3.44	4	0	0	5	5	36.2	36	1	7	22	Close & Late	.294	68	20	3	1	1	6	7	10	.360	.412
June	1.85	3	3	0	6	6	43.2	42	1	11	30	None on/out	.280	161	45	16	0	3	4	19	16	.310	.435
July	7.79	1	2	0	6	6	32.1	45	7	6	22	vs. 1st Batr (relief)	.000	0	0	0	0	0	0	0	0	.000	.000
August	2.81	2	0	0	2	2	16.0	14	2	3	6	First Inning Pitched	.298	94	28	7	0	2	8	7	14	.356	.436
September/October	0.00	0	0	0	0	0	0.0	0	0	0	0	First 75 Pitches	.290	445	129	34	2	11	52	29	66	.337	.449
Starter	4.62	11	7	0	24	24	156.0	181	13	39	91	Pitch 76-90	.299	87	26	4	2	1	12	2	11	.311	.425
Reliever	0.00	0	0	0	0	0	0.0	0	0	0	0	Pitch 91-105	.311	61	19	3	1	1	11	3	10	.338	.443
0-3 Days Rest (St)	0.00	0	0	0	0	0	0.0	0	0	0	0	Pitch 106+	.250	28	7	3	0	0	1	5	4	.364	.357
4 Days Rest	4.37	8	5	0	16	16	107.0	118	11	26	61	First Pitch	.359	117	42	9	2	5	26	0	0	.355	.598
5+ Days Rest	5.14	3	2	0	8	8	49.0	63	2	13	30	Ahead in Count	.202	267	54	13	0	3	17	0	80	.207	.285
Pre-All Star	4.45	9	5	0	18	18	117.1	139	6	31	71	Behind in Count	.352	122	43	11	2	2	16	23	0	.452	.525
Post-All Star	5.12	2	2	0	6	6	38.2	42	7	8	20	Two Strikes	.206	257	53	14	0	3	17	15	91	.258	.296

Last Five Years

	ERA	W	L	Sv	G	GS	IP	H	HR	BB	SO		Avg	AB	H	2B	3B	HR	RBI	BB	SO	OBP	SLG
Home	3.43	40	23	0	76	76	526.2	524	33	110	327	vs. Left	.268	2124	569	130	21	44	234	115	351	.304	.411
Away	4.52	27	27	0	80	79	478.1	515	53	103	288	vs. Right	.266	1767	470	99	7	42	180	98	264	.308	.401
Day	3.39	23	10	0	46	46	294.1	290	23	57	192	Inning 1-6	.269	3286	883	198	23	73	368	175	528	.306	.410
Night	4.18	44	40	0	110	110	710.2	749	63	156	423	Inning 7+	.258	605	156	31	5	13	46	38	87	.304	.390
Grass	4.36	22	17	0	57	56	334.2	358	37	75	204	None on	.261	2382	622	139	15	59	59	121	391	.300	.406
Turf	3.75	45	33	0	99	99	670.1	681	49	138	411	Runners on	.276	1509	417	90	13	27	355	92	224	.314	.407
April	5.17	6	9	0	22	22	132.1	152	10	38	80	Scoring Posn	.267	893	238	49	8	15	311	69	146	.312	.390
May	4.41	14	12	0	30	30	189.2	217	20	42	133	Close & Late	.263	316	83	17	3	6	32	27	45	.320	.392
June	3.26	12	10	0	28	28	193.0	190	11	35	120	None on/out	.259	1033	268	68	10	30	9	41	167	.292	.432
July	4.27	13	5	0	31	30	181.1	197	18	30	97	vs. 1st Batr (relief)	.000	1	0	0	0	0	0	0	0	.000	.000
August	3.35	11	6	0	21	21	153.0	130	17	36	81	First Inning Pitched	.255	585	149	28	5	7	59	40	102	.303	.356
September/October	3.41	11	8	0	24	24	155.2	153	10	32	104	First 75 Pitches	.266	2907	772	180	19	64	304	154	457	.304	.407
Starter	3.96	67	50	0	155	155	1003.0	1037	86	213	614	Pitch 76-90	.283	492	139	21	7	15	60	19	69	.312	.445
Reliever	0.00	0	0	0	1	0	2.0	2	0	0	1	Pitch 91-105	.273	355	97	20	2	7	42	24	69	.317	.400
0-3 Days Rest (St)	3.93	1	1	0	6	6	36.2	40	3	5	22	Pitch 106+	.226	137	31	8	0	0	8	16	20	.305	.285
4 Days Rest	3.84	44	36	0	104	104	684.1	685	55	154	418	First Pitch	.324	678	220	61	6	21	99	2	0	.327	.525
5+ Days Rest	4.24	22	13	0	45	45	282.0	312	28	54	174	Ahead in Count	.212	1780	377	78	10	24	145	0	529	.216	.307
Pre-All Star	4.21	36	33	0	91	90	577.1	631	47	129	366	Behind in Count	.325	750	244	52	4	28	96	117	0	.414	.517
Post-All Star	3.60	31	17	0	65	65	427.2	408	39	84	249	Two Strikes	.207	1708	353	70	12	22	130	94	615	.251	.300

Pitcher vs. Batter (career)

Pitches Best Vs.	Avg	AB	H	2B	3B	HR	RBI	BB	SO	OBP	SLG	Pitches Worst Vs.	Avg	AB	H	2B	3B	HR	RBI	BB	SO	OBP	SLG
Luis Rivera	.000	11	0	0	0	0	0	3	0	.000	.000	Travis Fryman	.529	17	9	1	0	1	2	0	1	.556	.765
Candy Maldonado	.000	11	0	0	0	0	1	5	0	.083	.000	Tim Salmon	.444	9	4	1	0	1	2	4	1	.615	.889

Pitcher vs. Batter (career)

Pitches Best Vs.	Avg	AB	H	2B	3B	HR	RBI	BB	SO	OBP	SLG	Pitches Worst Vs.	Avg	AB	H	2B	3B	HR	RBI	BB	SO	OBP	SLG
Bret Boone	.000	10	0	0	0	0	0	2	2	.091	.000	Tim Raines	.429	21	9	1	1	1	4	2	1	.478	.714
Jeff Huson	.048	21	1	1	0	0	1	0	3	.048	.095	Paul Sorrento	.417	24	10	3	0	2	6	2	0	.462	.792
Gary DiSarcina	.100	20	2	0	0	0	0	0	3	.100	.100	Paul O'Neill	.357	14	5	1	0	2	4	0	5	.357	.857

Tony Tarasco — Braves
Age 24 – Bats Left

	Avg	G	AB	R	H	2B	3B	HR	RBI	BB	SO	HBP	GDP	SB	CS	OBP	SLG	IBB	SH	SF	#Pit	#P/PA	GB	FB	G/F
1994 Season	.273	87	132	16	36	6	0	5	19	9	17	0	5	5	0	.313	.432	1	0	3	513	3.56	57	42	1.36
Career (1993-1994)	.263	111	167	22	44	8	0	5	21	9	22	1	6	5	1	.298	.401	2	0	4	631	3.49	64	57	1.12

1994 Season

	Avg	AB	H	2B	3B	HR	RBI	BB	SO	OBP	SLG		Avg	AB	H	2B	3B	HR	RBI	BB	SO	OBP	SLG
vs. Left	.158	19	3	1	0	1	3	1	5	.200	.368	Scoring Posn	.294	34	10	3	0	1	12	3	0	.325	.471
vs. Right	.292	113	33	5	0	4	16	8	12	.331	.442	Close & Late	.212	33	7	2	0	1	4	1	5	.229	.364
Home	.323	62	20	2	0	2	10	4	8	.353	.452	None on/out	.194	31	6	1	0	0	0	1	4	.219	.226
Away	.229	70	16	4	0	3	9	5	9	.276	.414	Batting #3	.318	44	14	3	0	2	12	3	4	.347	.523
First Pitch	.269	26	7	0	0	0	0	0	0	.269	.269	Batting #9	.229	35	8	1	0	1	2	5	5	.317	.343
Ahead in Count	.206	34	7	3	0	2	8	6	0	.317	.471	Other	.264	53	14	2	0	2	5	1	8	.278	.415
Behind in Count	.279	43	12	1	0	1	5	0	13	.273	.372	Pre-All Star	.271	107	29	3	0	5	14	7	14	.310	.439
Two Strikes	.234	47	11	1	0	2	5	3	17	.280	.383	Post-All Star	.280	25	7	3	0	0	5	2	3	.321	.400

Danny Tartabull — Yankees
Age 32 – Bats Right

	Avg	G	AB	R	H	2B	3B	HR	RBI	BB	SO	HBP	GDP	SB	CS	OBP	SLG	IBB	SH	SF	#Pit	#P/PA	GB	FB	G/F
1994 Season	.256	104	399	68	102	24	1	19	67	66	111	9	11	1	1	.360	.464	3	0	4	1842	3.92	125	104	1.20
Last Five Years	.272	585	2130	346	579	130	6	121	414	362	596	6	44	10	7	.376	.509	32	0	18	10016	3.98	675	554	1.22

1994 Season

	Avg	AB	H	2B	3B	HR	RBI	BB	SO	OBP	SLG		Avg	AB	H	2B	3B	HR	RBI	BB	SO	OBP	SLG
vs. Left	.339	121	41	10	0	9	25	36	30	.490	.645	Scoring Posn	.248	113	28	9	0	4	46	25	35	.373	.434
vs. Right	.219	278	61	14	1	10	42	30	81	.294	.385	Close & Late	.200	55	11	2	0	1	10	9	20	.318	.291
Groundball	.264	106	28	3	0	5	18	12	24	.342	.434	None on/out	.288	104	30	6	0	10	10	13	31	.368	.635
Flyball	.305	95	29	9	0	8	19	13	29	.385	.653	Batting #4	.242	347	84	19	0	13	51	52	95	.339	.409
Home	.246	199	49	15	0	10	35	24	50	.326	.472	Batting #6	.351	37	13	4	1	3	7	6	12	.442	.757
Away	.265	200	53	9	1	9	32	42	61	.391	.455	Other	.333	15	5	1	0	3	9	8	4	.565	1.000
Day	.251	171	43	11	0	8	33	22	46	.333	.456	April	.267	86	23	6	0	4	17	15	23	.373	.477
Night	.259	228	59	13	1	11	34	44	65	.378	.469	May	.232	95	22	5	0	5	14	11	29	.306	.442
Grass	.265	340	90	22	1	17	53	51	91	.359	.485	June	.239	92	22	6	1	5	13	18	28	.360	.489
Turf	.203	59	12	2	0	2	14	15	20	.365	.339	July	.299	97	29	6	0	4	18	16	22	.398	.485
First Pitch	.296	54	16	4	0	3	7	2	0	.316	.537	August	.207	29	6	1	0	1	5	6	9	.361	.345
Ahead in Count	.402	87	35	6	0	9	27	35	0	.574	.782	September/October	.000	0	0	0	0	0	0	0	0	.000	.000
Behind in Count	.150	173	26	10	1	3	19	0	89	.149	.272	Pre-All Star	.241	307	74	20	1	15	49	47	91	.338	.459
Two Strikes	.118	187	22	8	0	3	14	29	111	.234	.209	Post-All Star	.304	92	28	4	0	4	18	19	20	.429	.478

1994 By Position

Position	Avg	AB	H	2B	3B	HR	RBI	BB	SO	OBP	SLG	G	GS	Innings	PO	A	E	DP	Fld Pct	Rng Fctr	In Zone	Outs	Zone Rtg	MLB Zone
As Designated Hitter	.224	303	68	17	1	13	42	41	90	.314	.416	78	74	---	---	---	---	---	---	---	---	---	---	---
As rf	.354	96	34	7	0	6	25	25	21	.488	.615	26	26	224.0	43	1	0	1.000	1.77	55	40	.727	.826

Last Five Years

	Avg	AB	H	2B	3B	HR	RBI	BB	SO	OBP	SLG		Avg	AB	H	2B	3B	HR	RBI	BB	SO	OBP	SLG
vs. Left	.281	663	186	41	2	40	122	172	168	.427	.529	Scoring Posn	.293	593	174	43	1	35	295	149	174	.427	.546
vs. Right	.268	1467	393	89	4	81	292	190	428	.351	.500	Close & Late	.290	331	96	27	1	15	61	56	82	.393	.514
Groundball	.282	531	150	34	0	20	89	77	129	.374	.460	None on/out	.263	562	148	36	2	42	42	62	159	.337	.559
Flyball	.276	518	143	35	1	40	112	89	162	.380	.579	Batting #4	.272	1735	472	109	5	97	332	284	472	.374	.508
Home	.260	1000	260	57	2	50	185	165	269	.363	.471	Batting #5	.241	224	54	9	0	15	49	52	75	.380	.482
Away	.282	1130	319	73	4	71	229	197	327	.388	.542	Other	.310	171	53	12	1	9	33	26	49	.401	.550
Day	.253	685	173	41	1	35	136	105	202	.348	.469	April	.275	276	76	20	2	11	52	44	82	.372	.482
Night	.281	1445	406	89	5	86	278	257	394	.389	.528	May	.229	380	87	18	0	16	56	51	117	.317	.403
Grass	.268	1481	397	92	3	91	296	258	425	.375	.519	June	.281	392	110	23	1	26	78	66	113	.383	.543
Turf	.280	649	182	38	3	30	118	104	171	.379	.487	July	.305	364	111	24	0	30	86	71	94	.415	.618
First Pitch	.350	277	97	20	2	23	59	27	0	.412	.686	August	.264	368	97	22	1	22	71	62	103	.371	.508
Ahead in Count	.371	458	170	37	1	38	118	174	0	.540	.705	September/October	.280	350	98	23	2	16	71	68	87	.400	.494
Behind in Count	.181	926	168	41	3	30	128	0	462	.180	.329	Pre-All Star	.261	1205	315	71	3	69	221	178	360	.353	.497
Two Strikes	.170	1080	184	40	2	40	157	161	596	.276	.322	Post-All Star	.285	925	264	59	3	52	193	184	236	.405	.524

Batter vs. Pitcher (career)

Hits Best Against	Avg	AB	H	2B	3B	HR	RBI	BB	SO	OBP	SLG	Hits Worst Against	Avg	AB	H	2B	3B	HR	RBI	BB	SO	OBP	SLG
Mike Morgan	.727	11	8	0	0	1	4	1	0	.750	1.000	David Cone	.000	12	0	0	0	0	0	2	3	.143	.000
Jaime Navarro	.480	25	12	1	0	3	8	4	8	.567	.880	John Farrell	.059	17	1	0	0	0	0	0	6	.059	.059
Mark Guthrie	.429	14	6	0	0	2	5	6	4	.600	.857	Tom Henke	.067	15	1	1	0	0	1	2	7	.176	.133
Bill Krueger	.375	16	6	0	0	4	10	3	5	.474	.938	Eric Plunk	.069	29	2	2	0	0	2	3	8	.156	.138
Jeff Reardon	.375	8	3	0	0	1	4	3	3	.545	1.000	Doug Jones	.167	12	2	0	0	0	0	4	0	.167	.167

Eddie Taubensee — Reds
Age 26 – Bats Left

	Avg	G	AB	R	H	2B	3B	HR	RBI	BB	SO	HBP	GDP	SB	CS	OBP	SLG	IBB	SH	SF	#Pit	#P/PA	GB	FB	G/F
1994 Season	.283	66	187	29	53	8	2	8	21	15	31	0	2	2	0	.333	.476	2	1	2	714	3.48	81	46	1.76
Career (1991-1994)	.247	290	838	83	207	36	4	22	99	72	169	2	15	5	1	.306	.378	11	2	7	3245	3.52	298	230	1.30

1994 Season

	Avg	AB	H	2B	3B	HR	RBI	BB	SO	OBP	SLG		Avg	AB	H	2B	3B	HR	RBI	BB	SO	OBP	SLG
vs. Left	.200	15	3	0	0	1	2	2	4	.294	.400	Scoring Posn	.243	37	9	2	1	0	10	7	8	.348	.378
vs. Right	.291	172	50	8	2	7	19	13	27	.337	.483	Close & Late	.184	38	7	2	0	1	3	4	6	.262	.316
Home	.235	102	24	3	1	2	10	7	10	.282	.343	None on/out	.314	35	11	0	1	2	2	0	4	.314	.543
Away	.341	85	29	5	1	6	11	8	21	.394	.635	Batting #7	.000	12	0	0	0	0	0	0	3	.000	.000
First Pitch	.174	23	4	1	0	1	1	1	0	.208	.348	Batting #8	.315	165	52	8	2	8	21	14	25	.365	.533
Ahead in Count	.385	52	20	2	1	2	7	10	0	.469	.577	Other	.100	10	1	0	0	0	0	1	3	.182	.100
Behind in Count	.210	81	17	3	0	4	10	0	28	.210	.395	Pre-All Star	.282	131	37	6	2	7	15	9	25	.329	.519
Two Strikes	.184	76	14	2	1	3	6	4	31	.225	.355	Post-All Star	.286	56	16	2	0	1	6	6	6	.344	.375

Career (1991-1994)

	Avg	AB	H	2B	3B	HR	RBI	BB	SO	OBP	SLG		Avg	AB	H	2B	3B	HR	RBI	BB	SO	OBP	SLG
vs. Left	.230	122	28	4	0	4	13	10	27	.293	.361	Scoring Posn	.221	213	47	7	1	2	63	34	46	.322	.291
vs. Right	.250	716	179	32	4	18	86	62	142	.308	.381	Close & Late	.200	150	30	6	0	3	14	12	32	.259	.300
Groundball	.229	323	74	12	1	7	29	24	70	.279	.337	None on/out	.307	179	55	6	2	6	6	11	28	.347	.464
Flyball	.263	152	40	8	2	3	18	10	31	.307	.401	Batting #7	.204	309	63	12	0	4	27	20	69	.252	.282
Home	.237	435	103	22	2	8	46	39	77	.299	.352	Batting #8	.273	487	133	24	4	18	71	50	89	.339	.450
Away	.258	403	104	14	2	14	53	33	92	.314	.407	Other	.262	42	11	0	0	0	1	2	11	.295	.262
Day	.245	261	64	11	2	11	32	28	55	.315	.429	April	.211	128	27	5	1	2	12	9	26	.261	.313
Night	.248	577	143	25	2	11	67	44	114	.301	.355	May	.190	153	29	5	0	2	10	18	29	.273	.261
Grass	.253	316	80	12	1	9	40	24	71	.305	.383	June	.282	85	24	4	2	5	20	9	20	.351	.553
Turf	.243	522	127	24	3	13	59	48	98	.306	.375	July	.328	128	42	5	0	6	20	9	21	.367	.516
First Pitch	.305	131	40	9	0	5	23	7	0	.341	.489	August	.221	163	36	3	0	7	17	11	37	.277	.399
Ahead in Count	.333	186	62	12	2	7	30	31	0	.423	.532	September/October	.271	181	49	8	1	0	20	16	34	.327	.326
Behind in Count	.181	397	72	10	1	6	29	0	147	.182	.257	Pre-All Star	.225	405	91	15	3	12	51	40	86	.293	.365
Two Strikes	.163	362	59	8	2	5	25	34	169	.235	.238	Post-All Star	.268	433	116	21	1	10	48	32	83	.318	.390

Batter vs. Pitcher (career)

Hits Best Against	Avg	AB	H	2B	3B	HR	RBI	BB	SO	OBP	SLG	Hits Worst Against	Avg	AB	H	2B	3B	HR	RBI	BB	SO	OBP	SLG
John Smoltz	.364	22	8	1	0	1	3	3	5	.440	.545	Mike Morgan	.071	14	1	0	0	0	0	1	4	.067	.071
Bill Swift	.364	11	4	0	0	1	1	1	4	.417	.636	Andy Benes	.100	10	1	0	0	0	0	1	3	.182	.100
John Burkett	.321	28	9	3	0	0	5	0	5	.321	.429	Pedro Astacio	.118	17	2	0	0	0	0	4	.118	.118
												Doug Drabek	.167	12	2	0	0	0	0	2	0	.286	.167
												Greg W. Harris	.182	11	2	0	0	0	0	1	1	.250	.182

Jesus Tavarez — Marlins
Age 24 – Bats Both

	Avg	G	AB	R	H	2B	3B	HR	RBI	BB	SO	HBP	GDP	SB	CS	OBP	SLG	IBB	SH	SF	#Pit	#P/PA	GB	FB	G/F
1994 Season	.179	17	39	4	7	0	0	0	4	1	5	0	0	1	1	.200	.179	0	1	0	146	3.56	18	11	1.64

1994 Season

	Avg	AB	H	2B	3B	HR	RBI	BB	SO	OBP	SLG		Avg	AB	H	2B	3B	HR	RBI	BB	SO	OBP	SLG
vs. Left	.150	20	3	0	0	0	1	0	4	.150	.150	Scoring Posn	.714	7	5	0	0	0	4	0	0	.714	.714
vs. Right	.211	19	4	0	0	0	3	1	1	.250	.211	Close & Late	.250	12	3	0	0	0	3	0	1	.250	.250

Julian Tavarez — Indians
Age 22 – Pitches Right (groundball pitcher)

	ERA	W	L	Sv	G	GS	IP	BB	SO	Avg	H	2B	3B	HR	RBI	OBP	SLG	CG	ShO	Sup	QS	#P/S	SB	CS	GB	FB	G/F
1994 Season	21.60	0	1	0	1	1	1.2	1	0	.500	6	2	0	1	6	.500	.917	0	0	10.80	0	46	1	0	5	5	1.00
Career (1993-1994)	7.22	2	3	0	9	8	38.2	14	19	.351	59	10	0	8	32	.403	.554	0	0	8.38	2	77	3	2	68	45	1.51

1994 Season

	ERA	W	L	Sv	G	GS	IP	H	HR	BB	SO		Avg	AB	H	2B	3B	HR	RBI	BB	SO	OBP	SLG
Home	0.00	0	0	0	0	0	0.0	0	0	0	0	vs. Left	.556	9	5	2	0	1	4	1	0	.600	1.111
Away	21.60	0	1	0	1	1	1.2	6	1	1	0	vs. Right	.333	3	1	0	0	0	2	0	0	.250	.333

Billy Taylor — Athletics
Age 33 – Pitches Right (groundball pitcher)

	ERA	W	L	Sv	G	GS	IP	BB	SO	Avg	H	2B	3B	HR	RBI	OBP	SLG	GF	IR	IRS	Hld	SvOp	SB	CS	GB	FB	G/F
1994 Season	3.50	1	3	1	41	0	46.1	18	48	.220	38	8	0	4	27	.299	.335	11	40	12	2	3	5	0	61	38	1.61

1994 Season

	ERA	W	L	Sv	G	GS	IP	H	HR	BB	SO		Avg	AB	H	2B	3B	HR	RBI	BB	SO	OBP	SLG
Home	4.01	1	2	0	20	0	24.2	22	3	13	22	vs. Left	.277	65	18	4	0	2	10	13	6	.405	.431
Away	2.91	0	1	1	21	0	21.2	16	1	5	26	vs. Right	.185	108	20	4	0	2	17	5	42	.226	.278
Starter	0.00	0	0	0	0	0	0.0	0	0	0	0	Scoring Posn	.278	54	15	4	0	3	25	6	11	.355	.519
Reliever	3.50	1	3	1	41	0	46.1	38	4	18	48	Close & Late	.290	31	9	2	0	1	5	7	7	.421	.452
0 Days rest (Re)	0.00	0	0	0	8	0	7.0	1	0	0	8	None on/out	.205	39	8	1	0	0	0	2	15	.262	.231
1 or 2 Days rest	4.82	1	2	0	22	0	28.0	30	3	16	28	First Pitch	.267	15	4	0	0	3	8	3	0	.389	.867
3+ Days rest	2.38	0	1	0	11	0	11.1	7	1	2	12	Ahead in Count	.191	89	17	7	0	0	8	0	40	.209	.270
Pre-All Star	3.76	1	3	1	35	0	40.2	37	3	17	43	Behind in Count	.267	30	8	1	0	1	7	11	0	.452	.400
Post-All Star	1.59	0	0	0	6	0	5.2	1	1	1	5	Two Strikes	.147	95	14	7	0	1	7	3	48	.190	.221

Kerry Taylor — Padres
Age 24 – Pitches Right

	ERA	W	L	Sv	G	GS	IP	BB	SO	Avg	H	2B	3B	HR	RBI	OBP	SLG	CG	ShO	Sup	QS	#P/S	SB	CS	GB	FB	G/F
1994 Season	8.31	0	0	0	1	1	4.1	1	3	.409	9	0	1	1	3	.458	.636	0	0	8.31	0	86	0	0	6	6	1.00
Career (1993-1994)	6.56	0	5	0	37	8	72.2	50	48	.287	81	11	2	6	48	.400	.404	0	0	4.46	2	78	13	3	83	80	1.04

1994 Season

	ERA	W	L	Sv	G	GS	IP	H	HR	BB	SO		Avg	AB	H	2B	3B	HR	RBI	BB	SO	OBP	SLG
Home	0.00	0	0	0	0	0	0.0	0	0	0	0	vs. Left	.400	10	4	0	1	0	1	1	1	.455	.600
Away	8.31	0	0	0	1	1	4.1	9	1	1	3	vs. Right	.417	12	5	0	0	1	2	0	2	.462	.667

Dave Telgheder — Mets
Age 28 – Pitches Right (flyball pitcher)

	ERA	W	L	Sv	G	GS	IP	BB	SO	Avg	H	2B	3B	HR	RBI	OBP	SLG	GF	IR	IRS	Hld	SvOp	SB	CS	GB	FB	G/F
1994 Season	7.20	0	1	0	6	0	10.0	8	4	.282	11	2	1	2	8	.404	.538	0	5	2	0	1	0	11	18	0.61
Career (1993-1994)	5.04	6	3	0	30	7	85.2	29	39	.277	93	21	3	12	47	.341	.464	7	10	5	1	0	5	5	109	116	0.94

1994 Season

	ERA	W	L	Sv	G	GS	IP	H	HR	BB	SO		Avg	AB	H	2B	3B	HR	RBI	BB	SO	OBP	SLG
Home	12.00	0	0	0	2	0	3.0	3	1	3	1	vs. Left	.333	15	5	1	0	0	2	2	2	.412	.400
Away	5.14	0	1	0	4	0	7.0	8	1	5	3	vs. Right	.250	24	6	1	1	2	6	6	2	.400	.625

Mickey Tettleton — Tigers
Age 34 – Bats Both (flyball hitter)

	Avg	G	AB	R	H	2B	3B	HR	RBI	BB	SO	HBP	GDP	SB	CS	OBP	SLG	IBB	SH	SF	#Pit	#P/PA	GB	FB	G/F
1994 Season	.248	107	339	57	84	18	2	17	51	97	98	5	4	0	1	.419	.463	10	0	3	1974	4.45	96	101	0.95
Last Five Years	.244	705	2331	371	568	106	10	127	384	535	665	13	33	8	21	.385	.461	52	0	23	12473	4.30	612	710	0.86

1994 Season

	Avg	AB	H	2B	3B	HR	RBI	BB	SO	OBP	SLG		Avg	AB	H	2B	3B	HR	RBI	BB	SO	OBP	SLG
vs. Left	.235	81	19	5	0	3	10	19	29	.376	.407	Scoring Posn	.217	83	18	2	0	5	35	32	24	.433	.422
vs. Right	.252	258	65	13	2	14	41	78	69	.431	.481	Close & Late	.250	48	12	2	0	5	10	9	13	.400	.604
Groundball	.250	80	20	8	2	5	9	19	20	.400	.588	None on/out	.280	82	23	2	1	5	5	15	23	.392	.512
Flyball	.291	79	23	2	0	6	14	34	20	.509	.544	Batting #5	.212	33	7	4	0	0	0	11	12	.409	.333
Home	.263	167	44	9	1	9	24	48	50	.431	.491	Batting #6	.255	271	69	13	2	14	45	80	75	.429	.472
Away	.233	172	40	9	1	8	27	49	48	.407	.436	Other	.229	35	8	1	0	3	6	6	11	.341	.514
Day	.192	130	25	2	0	6	16	40	37	.393	.346	April	.258	66	17	0	0	2	9	15	17	.402	.409
Night	.282	209	59	16	2	11	35	57	61	.435	.536	May	.318	85	27	6	1	6	17	28	20	.478	.624
Grass	.256	281	72	15	2	16	42	80	79	.427	.495	June	.222	72	16	3	0	6	11	21	21	.411	.514
Turf	.207	58	12	3	0	1	9	17	19	.382	.310	July	.207	87	18	4	1	0	8	21	31	.367	.310
First Pitch	.571	14	8	1	0	1	5	3	0	.647	.857	August	.207	29	6	1	0	2	6	12	9	.442	.448
Ahead in Count	.284	88	25	4	1	8	23	48	0	.529	.625	September/October	.000	0	0	0	0	0	0	0	0	.000	.000
Behind in Count	.211	133	28	8	0	4	10	0	69	.237	.361	Pre-All Star	.264	258	68	14	2	14	41	72	70	.429	.496
Two Strikes	.153	176	27	6	1	5	14	46	98	.342	.284	Post-All Star	.198	81	16	4	0	3	10	25	28	.389	.358

1994 By Position

Position	Avg	AB	H	2B	3B	HR	RBI	BB	SO	OBP	SLG	G	GS	Innings	PO	A	E	DP	Fld Pct	Rng Fctr	In Zone	Outs	Zone Rtg	MLB Zone
As Designated Hitter	.243	70	17	5	0	3	9	21	19	.419	.443	22	22								---	---	---	---
As c	.251	167	42	7	1	8	25	42	47	.406	.449	53	51	432.0	237	20	2	0	.992		---	---	---	---
As 1b	.116	43	5	2	0	2	3	14	15	.356	.302	24	12	123.2	103	10	3	7	.974	---	26	18	.692	.818
As rf	.345	55	19	4	1	4	14	16	16	.486	.673	17	17	134.0	24	0	0	1.000	1.61		32	23	.719	.826

Last Five Years

	Avg	AB	H	2B	3B	HR	RBI	BB	SO	OBP	SLG		Avg	AB	H	2B	3B	HR	RBI	BB	SO	OBP	SLG
vs. Left	.252	576	145	34	1	32	104	114	167	.372	.481	Scoring Posn	.240	578	139	19	3	34	261	201	166	.428	.460
vs. Right	.241	1755	423	72	9	95	280	421	498	.389	.455	Close & Late	.248	375	93	7	1	27	68	65	113	.366	.488
Groundball	.262	606	159	30	2	37	95	127	157	.390	.502	None on/out	.239	615	147	29	2	34	34	110	172	.356	.459
Flyball	.225	546	123	16	3	31	83	128	160	.371	.436	Batting #5	.244	1223	298	57	3	75	194	263	340	.377	.479
Home	.253	1132	286	57	6	66	188	274	332	.397	.489	Batting #6	.269	654	176	36	5	36	128	164	178	.417	.505
Away	.235	1199	282	49	4	61	196	261	333	.373	.435	Other	.207	454	94	13	2	16	62	108	147	.359	.350
Day	.238	787	187	33	3	37	114	180	234	.380	.428	April	.225	307	69	17	0	16	56	78	90	.380	.436
Night	.247	1544	381	73	7	90	270	355	431	.387	.478	May	.270	437	118	21	4	23	76	81	116	.383	.494
Grass	.250	1963	491	88	10	113	337	450	562	.390	.478	June	.266	440	117	13	3	38	95	98	124	.402	.568
Turf	.209	368	77	18	0	14	47	85	103	.357	.372	July	.219	448	98	21	1	18	56	95	145	.354	.391
First Pitch	.347	150	52	10	1	7	33	34	0	.466	.567	August	.219	379	83	15	1	16	52	103	97	.384	.391
Ahead in Count	.338	630	213	40	4	65	184	247	0	.518	.724	September/October	.259	320	83	19	1	16	49	80	93	.408	.475
Behind in Count	.175	954	167	33	2	23	81	0	497	.180	.286	Pre-All Star	.254	1347	342	59	8	83	248	287	382	.385	.494
Two Strikes	.161	1208	194	30	5	38	118	252	665	.308	.288	Post-All Star	.230	984	226	47	2	44	136	248	283	.384	.416

Batter vs. Pitcher (career)

Hits Best Against	Avg	AB	H	2B	3B	HR	RBI	BB	SO	OBP	SLG	Hits Worst Against	Avg	AB	H	2B	3B	HR	RBI	BB	SO	OBP	SLG
Kenny Rogers	.533	15	8	3	0	0	2	5	4	.650	.733	Erik Hanson	.048	21	1	0	0	1	1	3	11	.167	.190
Greg Hibbard	.500	16	8	3	0	2	4	1	3	.529	1.063	Scott Bankhead	.059	17	1	0	0	0	0	1	5	.105	.059
Bob Milacki	.500	14	7	1	0	1	5	4	2	.611	.786	Steve Farr	.067	15	1	0	0	0	0	3	10	.222	.067
Mark Eichhorn	.400	15	6	0	0	4	7	3	5	.474	1.200	Frank Viola	.083	24	2	1	0	1	3	3	7	.185	.167
Joe Hesketh	.400	15	6	1	0	2	3	2	5	.471	.933	Hipolito Pichardo	.091	11	1	1	0	0	0	3	1	.091	.182

Bob Tewksbury — Cardinals

Age 34 – Pitches Right (groundball pitcher)

	ERA	W	L	Sv	G	GS	IP	BB	SO	Avg	H	2B	3B	HR	RBI	OBP	SLG	CG	ShO	Sup	QS	#P/S	SB	CS	GB	FB	G/F
1994 Season	5.32	12	10	0	24	24	155.2	22	79	.304	190	42	6	19	90	.328	.481	4	1	5.20	12	90	14	3	283	146	1.94
Last Five Years	3.49	66	46	1	147	138	938.2	115	392	.279	1022	201	25	69	373	.302	.405	17	3	4.87	91	87	60	28	1588	971	1.64

1994 Season

	ERA	W	L	Sv	G	GS	IP	H	HR	BB	SO		Avg	AB	H	2B	3B	HR	RBI	BB	SO	OBP	SLG
Home	6.00	4	4	0	10	10	66.0	83	10	9	37	vs. Left	.295	329	97	21	3	8	42	11	39	.316	.450
Away	4.82	8	6	0	14	14	89.2	107	9	13	42	vs. Right	.313	297	93	21	3	11	48	11	40	.342	.515
Day	6.41	1	3	0	4	4	26.2	31	4	4	17	Inning 1-6	.313	537	168	38	6	14	79	22	68	.341	.484
Night	5.09	11	7	0	20	20	129.0	159	15	18	62	Inning 7+	.247	89	22	4	0	5	11	0	11	.247	.461
Grass	4.67	5	3	0	8	8	52.0	65	4	7	24	None on	.262	378	99	23	4	10	10	11	44	.286	.423
Turf	5.64	7	7	0	16	16	103.2	125	15	15	55	Runners on	.367	248	91	19	2	9	80	11	35	.390	.569
April	3.29	5	0	0	5	5	38.1	36	7	5	23	Scoring Posn	.350	157	55	14	2	6	72	10	28	.384	.580
May	5.62	3	2	0	6	6	41.2	51	5	8	22	Close & Late	.180	50	9	1	0	1	0	0	9	.180	.260
June	7.92	1	5	0	6	6	30.2	50	2	5	13	None on/out	.285	165	47	10	2	5	5	4	23	.302	.461
July	6.00	2	3	0	6	6	36.0	48	3	3	18	vs. 1st Batr (relief)	.000	0	0	0	0	0	0	0	0	.000	.000
August	1.00	1	0	0	1	1	9.0	5	2	1	3	First Inning Pitched	.250	88	22	4	0	1	7	4	10	.280	.330
September/October	0.00	0	0	0	0	0	0.0	0	0	0	0	First 75 Pitches	.310	480	149	33	6	14	70	20	61	.338	.492
Starter	5.32	12	10	0	24	24	155.2	190	19	22	79	Pitch 76-90	.288	80	23	4	0	3	9	2	9	.313	.455
Reliever	0.00	0	0	0	0	0	0.0	0	0	0	0	Pitch 91-105	.311	45	14	4	0	1	8	0	5	.311	.467
0-3 Days Rest (St)	8.44	0	1	0	2	2	10.2	15	2	1	6	Pitch 106+	.190	21	4	1	0	1	3	0	4	.190	.381
4 Days Rest	4.87	5	6	0	12	12	81.1	94	9	14	42	First Pitch	.345	119	41	8	0	5	25	1	0	.347	.538
5+ Days Rest	5.37	7	3	0	10	10	63.2	81	8	7	31	Ahead in Count	.237	287	68	19	3	2	22	0	70	.241	.345
Pre-All Star	4.94	10	7	0	19	19	125.2	146	14	19	63	Behind in Count	.405	126	51	13	1	7	29	13	0	.457	.690
Post-All Star	6.90	2	3	0	5	5	30.0	44	5	3	16	Two Strikes	.222	239	53	13	4	2	17	8	79	.248	.335

Last Five Years

	ERA	W	L	Sv	G	GS	IP	H	HR	BB	SO		Avg	AB	H	2B	3B	HR	RBI	BB	SO	OBP	SLG
Home	3.26	35	21	0	73	68	482.2	489	35	50	199	vs. Left	.279	2017	563	108	13	32	194	72	196	.301	.393
Away	3.73	31	25	1	74	70	456.0	533	34	65	193	vs. Right	.280	1640	459	93	12	37	179	43	196	.303	.419
Day	3.60	18	15	0	38	37	255.1	272	17	31	114	Inning 1-6	.284	3053	868	168	22	57	334	97	326	.307	.410
Night	3.45	48	31	1	109	101	683.1	750	52	84	278	Inning 7+	.255	604	154	33	3	12	39	18	66	.278	.379
Grass	3.29	19	13	0	41	39	265.1	304	22	33	122	None on	.273	2239	612	123	14	43	43	58	240	.295	.395
Turf	3.57	47	33	1	106	99	673.1	718	47	82	270	Runners on	.289	1418	410	78	11	26	330	57	152	.313	.415
April	3.28	10	4	1	24	17	126.1	136	10	18	64	Scoring Posn	.275	817	225	44	8	18	298	45	103	.306	.415
May	3.71	11	6	0	24	22	157.2	170	12	20	63	Close & Late	.229	262	60	12	1	4	16	9	32	.256	.328
June	3.63	14	9	0	26	26	171.0	192	11	21	69	None on/out	.265	957	254	52	7	16	16	29	102	.288	.385
July	3.27	8	12	0	27	27	176.1	192	12	22	86	vs. 1st Batr (relief)	.500	8	4	0	0	0	1	0	0	.444	.500
August	2.95	14	5	0	24	24	171.0	175	9	18	55	First Inning Pitched	.330	591	195	36	5	9	86	24	60	.351	.453
September/October	4.22	9	10	0	22	22	136.1	157	15	16	55	First 75 Pitches	.280	2998	838	162	22	62	314	95	314	.302	.410
Starter	3.46	65	46	0	138	138	922.1	1000	69	111	386	Pitch 76-90	.277	437	121	24	1	5	38	16	53	.304	.371
Reliever	4.96	1	0	1	9	0	16.1	22	0	4	6	Pitch 91-105	.299	174	52	13	2	1	17	3	15	.311	.414
0-3 Days Rest (St)	2.87	5	1	0	9	9	59.2	68	5	4	21	Pitch 106+	.229	48	11	2	0	1	4	1	10	.240	.333
4 Days Rest	3.33	34	30	0	76	76	514.0	551	34	58	230	First Pitch	.326	694	226	47	1	10	81	7	0	.331	.439
5+ Days Rest	3.77	26	15	0	53	53	348.2	381	30	49	135	Ahead in Count	.227	1618	368	68	14	22	120	0	363	.234	.328
Pre-All Star	3.34	38	23	1	84	75	524.2	558	35	63	225	Behind in Count	.344	790	272	61	6	25	104	73	0	.395	.532
Post-All Star	3.67	28	23	0	63	63	414.0	464	34	52	167	Two Strikes	.208	1329	277	53	11	17	88	35	392	.231	.303

Pitcher vs. Batter (career)

Pitches Best Vs.	Avg	AB	H	2B	3B	HR	RBI	BB	SO	OBP	SLG	Pitches Worst Vs.	Avg	AB	H	2B	3B	HR	RBI	BB	SO	OBP	SLG
Gary Sheffield	.000	12	0	0	0	0	0	0	2	.000	.000	Carlos Garcia	.538	13	7	1	0	0	3	1	1	.571	.615
Joe Girardi	.056	18	1	0	0	0	0	1	1	.150	.056	Lenny Harris	.538	13	7	2	0	0	1	0	0	.538	.692
Juan Samuel	.083	12	1	0	0	0	1	2	1	.154	.083	Wil Cordero	.462	13	6	2	0	0	0	1	3	.500	.615
Mickey Morandini	.115	26	3	0	0	0	0	0	3	.115	.115	Joe Carter	.455	11	5	0	0	2	3	1	0	.500	1.000
Todd Benzinger	.118	17	2	0	0	0	1	5	.167	.118	Rick Wilkins	.423	26	11	4	0	1	2	9	0	5	.423	.885

Bobby Thigpen — Mariners

Age 31 – Pitches Right

	ERA	W	L	Sv	G	GS	IP	BB	SO	Avg	H	2B	3B	HR	RBI	OBP	SLG	GF	IR	IRS	Hld	SvOp	SB	CS	FB	G/F
1994 Season	9.39	0	2	0	7	0	7.2	5	4	.353	12	4	0	3	11	.436	.735	3	9	5	0	0	0	6	18	0.33
Last Five Years	3.83	15	17	110	248	0	275.0	129	195	.259	267	41	5	29	158	.345	.393	190	275	87	4	137	18	9	326	303	1.08

1994 Season

	ERA	W	L	Sv	G	GS	IP	H	HR	BB	SO		Avg	AB	H	2B	3B	HR	RBI	BB	SO	OBP	SLG
Home	13.50	0	0	0	3	0	3.1	7	2	4	2	vs. Left	.273	11	3	2	0	0	0	1	2	.333	.455
Away	6.23	0	2	0	4	0	4.1	5	1	1	2	vs. Right	.391	23	9	2	0	3	11	4	2	.481	.870

Last Five Years

	ERA	W	L	Sv	G	GS	IP	H	HR	BB	SO		Avg	AB	H	2B	3B	HR	RBI	BB	SO	OBP	SLG
Home	4.09	10	8	48	122	0	134.1	138	15	60	106	vs. Left	.274	481	132	19	4	14	69	68	80	.361	.418
Away	3.58	5	9	62	126	0	140.2	129	14	69	89	vs. Right	.246	549	135	22	1	15	89	61	115	.332	.372
Day	4.72	3	8	31	72	0	80.0	82	9	46	59	Inning 1-6	.413	46	19	7	0	3	23	4	5	.472	.761
Night	3.46	12	9	79	176	0	195.0	183	20	83	136	Inning 7+	.252	984	248	34	5	26	135	125	190	.340	.376
Grass	3.47	12	12	97	206	0	228.1	209	22	107	163	None on	.252	503	127	19	3	13	13	58	104	.337	.380
Turf	5.59	3	5	13	42	0	46.2	58	7	22	32	Runners on	.266	527	140	22	2	16	145	71	91	.353	.406
April	5.02	1	3	16	40	0	43.0	42	8	26	29	Scoring Posn	.251	307	77	14	2	8	128	50	54	.353	.388
May	3.31	4	4	22	42	0	49.0	38	5	23	40	Close & Late	.230	635	146	20	3	16	97	93	144	.330	.346
June	2.25	2	2	18	40	0	40.0	35	4	22	31	None on/out	.208	212	44	4	0	7	7	33	48	.320	.325
July	3.90	5	3	17	44	0	55.1	57	7	22	39	vs. 1st Batr (relief)	.221	208	46	5	0	8	25	27	38	.325	.361
August	4.75	2	4	16	43	0	47.1	53	5	18	35	First Inning Pitched	.255	819	209	30	4	26	127	89	152	.334	.397

Last Five Years

	ERA	W	L	Sv	G	GS	IP	H	HR	BB	SO		Avg	AB	H	2B	3B	HR	RBI	BB	SO	OBP	SLG
September/October	3.57	1	2	17	40	0	40.1	42	1	18	21	First 15 Pitches	.253	703	178	23	3	25	100	71	124	.328	.401
Starter	0.00	0	0	0	0	0	0.0	0	0	0	0	Pitch 16-30	.268	269	72	15	2	3	42	53	62	.387	.372
Reliever	3.83	15	17	110	248	0	275.0	267	29	129	195	Pitch 31-45	.319	47	15	3	0	1	15	4	7	.370	.447
0 Days rest (Re)	2.37	4	2	44	60	0	60.2	49	7	21	48	Pitch 46+	.182	11	2	0	0	0	1	1	2	.250	.182
1 or 2 Days rest	4.02	8	11	43	109	0	125.1	122	10	74	93	First Pitch	.282	149	42	4	1	3	24	14	0	.353	.383
3+ Days rest	4.55	3	4	23	79	0	89.0	96	12	34	54	Ahead in Count	.213	484	103	19	2	10	54	0	163	.222	.322
Pre-All Star	3.39	10	9	65	138	0	154.0	140	19	79	118	Behind in Count	.372	180	67	8	0	12	44	70	0	.545	.617
Post-All Star	4.39	5	8	45	110	0	121.0	127	10	50	77	Two Strikes	.202	500	101	21	2	10	53	45	195	.274	.312

Pitcher vs. Batter (career)

Pitches Best Vs.	Avg	AB	H	2B	3B	HR	RBI	BB	SO	OBP	SLG	Pitches Worst Vs.	Avg	AB	H	2B	3B	HR	RBI	BB	SO	OBP	SLG
Tony Fernandez	.000	12	0	0	0	0	0	1	1	.077	.000	Julio Franco	.643	14	9	2	0	1	1	0	1	.643	1.000
Harold Reynolds	.077	13	1	0	0	0	0	2	1	.200	.077	Alan Trammell	.600	10	6	0	0	0	3	3	0	.692	.600
Geno Petralli	.111	18	2	0	0	0	1	0	5	.111	.111	Dave Winfield	.462	13	6	0	0	2	3	0	1	.462	.923
Darnell Coles	.143	14	2	0	0	0	1	0	0	.143	.143	Rafael Palmeiro	.400	5	2	1	0	0	2	6	0	.667	.600
Luis Polonia	.182	11	2	0	0	0	0	0	4	.182	.182	Mark McGwire	.385	13	5	0	0	2	3	1	2	.467	.846

Frank Thomas — White Sox
Age 27 – Bats Right (flyball hitter)

	Avg	G	AB	R	H	2B	3B	HR	RBI	BB	SO	HBP	GDP	SB	CS	OBP	SLG	IBB	SH	SF	#Pit	#P/PA	GB	FB	G/F
1994 Season	.353	113	399	106	141	34	1	38	101	109	61	2	15	2	3	.487	.729	12	0	7	2125	4.11	123	137	0.90
Career (1990-1994)	.326	644	2271	463	741	158	8	142	484	525	369	12	69	13	11	.449	.590	54	0	36	11556	4.06	706	758	0.93

1994 Season

	Avg	AB	H	2B	3B	HR	RBI	BB	SO	OBP	SLG		Avg	AB	H	2B	3B	HR	RBI	BB	SO	OBP	SLG
vs. Left	.385	104	40	5	1	12	23	26	12	.504	.798	Scoring Posn	.282	103	29	10	1	5	57	37	17	.449	.544
vs. Right	.342	295	101	29	0	26	78	83	49	.482	.705	Close & Late	.236	55	13	4	0	3	9	16	12	.403	.473
Groundball	.404	104	42	7	0	9	25	36	16	.538	.731	None on/out	.414	70	29	4	0	10	10	19	9	.539	.900
Flyball	.274	113	31	8	0	8	15	21	18	.393	.558	Batting #3	.354	398	141	34	1	38	101	109	61	.488	.731
Home	.385	179	69	12	1	22	50	52	24	.519	.832	Batting #8	.000	1	0	0	0	0	0	0	0	.000	.000
Away	.327	220	72	22	0	16	51	57	37	.461	.645	Other	.000	0	0	0	0	0	0	0	0	.000	.000
Day	.382	102	39	16	1	7	22	35	18	.532	.765	April	.295	88	26	6	0	8	20	21	14	.431	.636
Night	.343	297	102	18	0	31	79	74	43	.471	.717	May	.452	84	38	9	0	12	28	31	11	.593	.988
Grass	.364	338	123	30	1	36	93	101	45	.506	.778	June	.368	95	35	5	1	9	16	20	14	.479	.726
Turf	.295	61	18	4	0	2	8	8	16	.371	.459	July	.354	99	35	11	0	7	31	30	17	.489	.677
First Pitch	.375	48	18	5	0	8	20	10	0	.475	.979	August	.212	33	7	3	0	2	6	7	5	.350	.485
Ahead in Count	.445	119	53	13	1	13	35	55	0	.614	.899	September/October	.000	0	0	0	0	0	0	0	0	.000	.000
Behind in Count	.261	138	36	8	0	10	24	0	43	.268	.536	Pre-All Star	.383	303	116	27	1	32	78	84	42	.515	.795
Two Strikes	.271	170	46	11	0	12	33	44	61	.417	.547	Post-All Star	.260	96	25	7	0	6	23	25	19	.400	.521

1994 By Position

Position	Avg	AB	H	2B	3B	HR	RBI	BB	SO	OBP	SLG	G	GS	Innings	PO	A	E	DP	Fld Pct	Rng Fctr	In Zone	Zone Outs	Zone Rtg	MLB Zone
As Designated Hitter	.234	47	11	4	0	2	8	11	9	.373	.447	13	13	---	---	---	---	---	---	---	---	---	---	---
As 1b	.370	351	130	30	1	36	93	98	52	.503	.769	99	99	867.0	735	45	7	74	.991	---	137	104	.759	.818

Career (1990-1994)

	Avg	AB	H	2B	3B	HR	RBI	BB	SO	OBP	SLG		Avg	AB	H	2B	3B	HR	RBI	BB	SO	OBP	SLG
vs. Left	.362	636	230	44	3	50	134	150	90	.476	.676	Scoring Posn	.313	635	199	42	4	32	331	186	111	.451	.543
vs. Right	.313	1635	511	114	5	92	350	375	279	.439	.557	Close & Late	.293	355	104	22	2	17	81	82	70	.426	.510
Groundball	.358	589	211	35	2	33	123	143	92	.477	.593	None on/out	.336	437	147	32	1	32	32	80	71	.441	.634
Flyball	.313	527	165	45	3	35	104	116	98	.435	.609	Batting #3	.332	1799	598	130	3	123	398	410	260	.453	.613
Home	.342	1090	373	76	6	84	244	272	177	.471	.654	Batting #4	.292	342	100	20	3	13	60	85	76	.430	.482
Away	.312	1181	368	82	2	58	240	253	192	.429	.532	Other	.331	130	43	8	2	6	26	30	33	.453	.562
Day	.324	598	194	52	2	35	125	145	101	.451	.594	April	.274	292	80	20	2	15	61	63	54	.402	.510
Night	.327	1673	547	106	6	107	359	380	268	.449	.589	May	.348	359	125	28	0	28	90	101	61	.485	.660
Grass	.335	1898	635	135	8	127	424	455	300	.460	.615	June	.326	405	132	22	2	26	80	87	64	.445	.583
Turf	.284	373	106	23	0	15	60	70	69	.392	.466	July	.344	384	132	27	0	30	89	102	49	.476	.648
First Pitch	.419	260	109	26	0	24	78	43	0	.498	.796	August	.336	432	145	30	4	28	94	88	59	.445	.618
Ahead in Count	.402	669	269	58	4	59	180	261	0	.564	.765	September/October	.318	399	127	31	0	15	70	84	82	.433	.509
Behind in Count	.251	816	205	47	2	27	114	0	263	.253	.413	Pre-All Star	.324	1189	385	82	4	79	261	290	192	.454	.599
Two Strikes	.230	1009	232	49	4	37	145	221	369	.304	.396	Post-All Star	.329	1082	356	76	4	63	223	235	177	.444	.581

Batter vs. Pitcher (career)

Hits Best Against	Avg	AB	H	2B	3B	HR	RBI	BB	SO	OBP	SLG	Hits Worst Against	Avg	AB	H	2B	3B	HR	RBI	BB	SO	OBP	SLG
Mike Mussina	.619	21	13	4	0	4	6	4	1	.680	1.381	Danny Darwin	.000	15	0	0	0	0	0	3	1	.167	.000
Bob Milacki	.583	12	7	1	0	2	6	1	2	.615	1.167	Eric Plunk	.000	11	0	0	0	0	1	2	3	.154	.000
Joe Hesketh	.545	11	6	3	0	2	6	6	3	.706	1.364	Dennis Eckersley	.083	12	1	0	0	0	0	4	.083	.083
Luis Aquino	.545	11	6	1	0	3	6	2	0	.615	1.455	Mark Eichhorn	.091	11	1	0	0	0	1	0	2	.091	.091
Jamie Moyer	.500	10	5	1	0	1	3	3	1	.615	.900	Greg Harris	.125	16	2	0	0	0	1	3	5	.250	.125

Jim Thome — Indians
Age 24 – Bats Left (groundball hitter)

	Avg	G	AB	R	H	2B	3B	HR	RBI	BB	SO	HBP	GDP	SB	CS	OBP	SLG	IBB	SH	SF	#Pit	#P/PA	GB	FB	G/F
1994 Season	.268	98	321	58	86	20	1	20	52	46	84	0	11	3	3	.359	.523	5	1	1	1547	4.19	108	73	1.48
Career (1991-1994)	.255	212	690	101	176	38	4	30	95	90	170	7	21	8	5	.343	.452	9	1	8	3186	4.00	248	165	1.50

1994 Season

	Avg	AB	H	2B	3B	HR	RBI	BB	SO	OBP	SLG		Avg	AB	H	2B	3B	HR	RBI	BB	SO	OBP	SLG
vs. Left	.167	84	14	5	0	3	12	9	27	.247	.298	Scoring Posn	.259	81	21	5	1	4	32	18	25	.390	.494

1994 Season

	Avg	AB	H	2B	3B	HR	RBI	BB	SO	OBP	SLG		Avg	AB	H	2B	3B	HR	RBI	BB	SO	OBP	SLG
vs. Right	.304	237	72	15	1	18	43	37	57	.396	.603	Close & Late	.220	50	11	3	0	3	6	4	17	.278	.460
Groundball	.294	68	20	6	0	4	10	7	16	.360	.559	None on/out	.290	93	27	6	0	8	8	8	17	.347	.613
Flyball	.230	74	17	2	0	7	12	17	20	.374	.541	Batting #6	.217	60	13	2	0	4	8	8	18	.309	.450
Home	.295	149	44	13	0	10	26	22	32	.384	.584	Batting #8	.279	129	36	9	1	9	24	20	35	.376	.574
Away	.244	172	42	7	1	10	26	24	52	.337	.471	Other	.280	132	37	9	0	7	20	18	31	.364	.508
Day	.301	103	31	6	0	6	15	17	19	.397	.534	April	.234	64	15	4	0	3	7	9	21	.329	.438
Night	.252	218	55	14	1	14	37	29	65	.340	.518	May	.227	75	17	5	0	3	7	7	16	.293	.413
Grass	.266	267	71	19	1	16	43	43	66	.367	.524	June	.314	70	22	6	1	4	17	14	15	.429	.600
Turf	.278	54	15	1	0	4	9	3	18	.316	.519	July	.250	80	20	4	0	8	18	9	24	.322	.600
First Pitch	.467	30	14	4	0	5	9	3	0	.515	1.100	August	.375	32	12	1	0	2	3	7	8	.487	.594
Ahead in Count	.324	68	22	7	0	6	17	26	0	.505	.691	September/October	.000	0	0	0	0	0	0	0	0	.000	.000
Behind in Count	.220	141	31	4	1	3	14	0	65	.220	.326	Pre-All Star	.255	235	60	17	1	13	36	32	62	.345	.502
Two Strikes	.201	174	35	6	1	6	19	17	84	.272	.351	Post-All Star	.302	86	26	3	0	7	16	14	22	.396	.581

1994 By Position

Position	Avg	AB	H	2B	3B	HR	RBI	BB	SO	OBP	SLG	G	GS	Innings	PO	A	E	DP	Fld Pct	Rng Fctr	In Zone	Outs	Zone Rtg	MLB Zone
As 3b	.268	314	84	19	1	20	52	46	82	.360	.525	94	90	754.2	62	173	15	12	.940	2.80	227	188	.828	.826

Career (1991-1994)

	Avg	AB	H	2B	3B	HR	RBI	BB	SO	OBP	SLG		Avg	AB	H	2B	3B	HR	RBI	BB	SO	OBP	SLG
vs. Left	.193	161	31	10	0	4	20	20	44	.288	.329	Scoring Posn	.237	169	40	10	3	4	63	35	52	.357	.402
vs. Right	.274	529	145	28	4	26	75	70	126	.360	.490	Close & Late	.203	123	25	8	1	5	15	8	37	.256	.407
Groundball	.276	156	43	9	1	5	19	17	42	.350	.442	None on/out	.271	181	49	8	1	10	10	15	38	.327	.492
Flyball	.203	158	32	4	0	9	18	27	38	.321	.399	Batting #7	.250	216	54	17	1	5	28	25	43	.329	.407
Home	.261	364	95	22	3	16	51	45	76	.347	.470	Batting #8	.251	223	56	11	2	11	34	31	65	.345	.466
Away	.248	326	81	16	1	14	44	45	94	.340	.433	Other	.263	251	66	10	1	14	33	34	62	.354	.478
Day	.260	208	54	12	0	8	28	30	39	.358	.433	April	.234	64	15	4	0	3	7	9	21	.329	.438
Night	.253	482	122	26	4	22	67	60	131	.337	.461	May	.217	83	18	5	0	3	7	7	20	.278	.386
Grass	.250	592	148	34	4	25	80	79	137	.342	.448	June	.301	83	25	7	1	5	20	15	17	.408	.590
Turf	.286	98	28	4	0	5	15	11	33	.351	.480	July	.241	137	33	5	1	9	22	16	44	.321	.489
First Pitch	.392	74	29	7	0	6	18	5	0	.453	.730	August	.282	131	37	9	0	4	15	16	29	.364	.443
Ahead in Count	.343	172	59	18	1	11	34	50	0	.487	.651	September/October	.250	192	48	8	2	6	24	27	39	.348	.406
Behind in Count	.182	302	55	6	2	4	24	0	141	.181	.255	Pre-All Star	.251	287	72	19	1	14	40	36	79	.336	.470
Two Strikes	.185	351	65	8	3	9	33	35	170	.257	.302	Post-All Star	.258	403	104	19	3	16	55	54	91	.348	.439

Batter vs. Pitcher (career)

Hits Best Against	Avg	AB	H	2B	3B	HR	RBI	BB	SO	OBP	SLG	Hits Worst Against	Avg	AB	H	2B	3B	HR	RBI	BB	SO	OBP	SLG
Scott Erickson	.444	9	4	1	0	1	3	2	1	.545	.889	Kevin Tapani	.125	16	2	1	0	1	2	2	7	.211	.375
Bill Wegman	.444	9	4	2	0	0	2	1	1	.455	.667	Bill Gullickson	.188	16	3	0	0	0	0	1	3	.235	.188
Roger Clemens	.400	10	4	1	0	1	3	2	2	.462	.800	Aaron Sele	.231	13	3	2	0	0	0	2	5	.333	.385
Todd Stottlemyre	.313	16	5	0	0	0	1	0	3	.353	.313	Juan Guzman	.235	17	4	0	0	0	0	5	5	.235	.235
Alex Fernandez	.308	13	4	2	0	1	1	2	2	.357	.692	Kevin Brown	.235	17	4	1	0	0	2	1	6	.278	.471

Mark Thompson — *Rockies*   Age 24 – Pitches Right

	ERA	W	L	Sv	G	GS	IP	BB	SO	Avg	H	2B	3B	HR	RBI	OBP	SLG	CG	ShC	Sup	QS	#P/S	SB	CS	GB	FB	G/F
1994 Season	9.00	1	1	0	2	2	9.0	8	5	.400	16	4	2	2	8	.510	.750	0	0	10.00	0	95	3	0	16	13	1.23

1994 Season

	ERA	W	L	Sv	G	GS	IP	H	HR	BB	SO		Avg	AB	H	2B	3B	HR	RBI	BB	SO	OBP	SLG
Home	0.00	0	0	0	0	0	0.0	0	0	0	0	vs. Left	.294	17	5	1	0	1	2	7	1	.500	.529
Away	9.00	1	1	0	2	2	9.0	16	2	8	5	vs. Right	.478	23	11	3	2	1	6	1	4	.520	.913

Milt Thompson — *Astros*   Age 36 – Bats Left (groundball hitter)

	Avg	G	AB	R	H	2B	3B	HR	RBI	BB	SO	HBP	GDP	SB	CS	OBP	SLG	IBB	SH	SF	#Pit	#P/PA	GB	FB	G/F
1994 Season	.274	96	241	34	66	7	0	4	33	24	30	3	6	9	2	.346	.353	4	1	1	908	3.36	149	34	4.38
Last Five Years	.265	584	1533	204	407	60	15	24	158	151	239	12	25	77	26	.335	.371	28	7	4	5944	3.48	800	259	3.09

1994 Season

	Avg	AB	H	2B	3B	HR	RBI	BB	SO	OBP	SLG		Avg	AB	H	2B	3B	HR	RBI	BB	SO	OBP	SLG
vs. Left	.194	36	7	0	0	0	4	2	4	.256	.194	Scoring Posn	.373	67	25	3	0	2	30	12	5	.469	.507
vs. Right	.288	205	59	7	0	4	29	22	26	.361	.380	Close & Late	.233	43	10	1	0	0	2	6	6	.327	.256
Home	.306	124	38	6	0	4	26	13	11	.370	.452	None on/out	.262	61	16	2	0	0	0	4	8	.308	.295
Away	.239	117	28	1	0	0	7	11	19	.321	.248	Batting #6	.247	77	19	3	0	1	10	3	17	.275	.325
First Pitch	.340	50	17	2	0	1	6	3	0	.382	.440	Batting #7	.294	85	25	4	0	2	14	7	7	.358	.412
Ahead in Count	.310	58	18	3	0	2	14	15	0	.452	.466	Other	.278	79	22	0	0	1	9	14	6	.394	.316
Behind in Count	.183	93	17	2	0	1	8	0	28	.200	.237	Pre-All Star	.280	182	51	7	0	3	26	12	24	.333	.368
Two Strikes	.204	93	19	2	0	1	8	6	30	.260	.258	Post-All Star	.254	59	15	0	0	1	7	12	6	.380	.305

Last Five Years

	Avg	AB	H	2B	3B	HR	RBI	BB	SO	OBP	SLG		Avg	AB	H	2B	3B	HR	RBI	BB	SO	OBP	SLG
vs. Left	.197	309	61	9	2	1	16	18	61	.249	.249	Scoring Posn	.267	375	100	13	5	4	125	70	71	.381	.360
vs. Right	.283	1224	346	51	13	23	142	133	178	.356	.402	Close & Late	.252	325	82	18	3	3	35	39	59	.332	.354
Groundball	.290	500	145	18	5	4	63	49	72	.356	.370	None on/out	.311	367	114	19	1	7	7	29	36	.366	.425
Flyball	.252	317	80	13	3	5	22	27	60	.316	.360	Batting #6	.256	480	123	20	5	10	52	42	82	.319	.381
Home	.259	768	199	28	10	14	95	79	106	.330	.376	Batting #7	.279	376	105	9	3	4	43	33	64	.342	.412
Away	.272	765	208	32	5	10	63	72	131	.340	.366	Other	.264	677	179	31	7	10	63	76	93	.343	.375

	Avg	AB	H	2B	3B	HR	RBI	BB	SO	OBP	SLG		Avg	AB	H	2B	3B	HR	RBI	BB	SO	OBP	SLG
										Last Five Years													
Day	.260	484	126	20	5	9	49	44	67	.332	.378	April	.256	223	57	10	1	3	32	20	32	.321	.350
Night	.268	1049	281	40	10	15	109	107	172	.337	.368	May	.275	258	71	4	2	5	27	25	41	.347	.364
Grass	.275	484	133	18	5	5	35	50	85	.351	.364	June	.289	291	84	14	8	5	41	26	41	.348	.443
Turf	.261	1049	274	42	10	19	123	101	154	.328	.375	July	.244	312	76	11	3	4	29	39	44	.335	.337
First Pitch	.339	251	85	15	0	5	31	17	0	.381	.458	August	.297	222	66	13	1	4	15	24	44	.367	.419
Ahead in Count	.298	400	119	24	5	9	53	72	0	.408	.450	September/October	.233	227	53	8	0	3	14	17	37	.287	.308
Behind in Count	.209	618	129	11	7	6	47	0	203	.215	.278	Pre-All Star	.270	896	242	33	12	16	111	84	127	.338	.387
Two Strikes	.177	600	106	11	4	3	37	57	239	.254	.223	Post-All Star	.259	637	165	27	3	8	47	67	112	.331	.349
										Batter vs. Pitcher (career)													
Hits Best Against	Avg	AB	H	2B	3B	HR	RBI	BB	SO	OBP	SLG	Hits Worst Against	Avg	AB	H	2B	3B	HR	RBI	BB	SO	OBP	SLG
Bret Saberhagen	.538	13	7	2	1	1	7	0	3	.538	1.077	Pete Smith	.000	13	0	0	0	0	0	2	1	.133	.000
Roger McDowell	.500	26	13	0	0	0	4	1	2	.519	.500	Paul Assenmacher	.053	19	1	1	0	0	1	1	2	.100	.105
Jim Gott	.455	11	5	1	1	0	3	2	2	.538	.727	Tom Browning	.071	14	1	0	0	0	0	1	3	.133	.071
Pete Harnisch	.409	22	9	1	0	1	2	1	4	.458	.591	Tommy Greene	.133	15	2	1	0	0	1	0	1	.133	.200
Bill Gullickson	.409	22	9	3	1	1	2	1	0	.435	.773	Bob Welch	.167	24	4	0	0	0	0	0	5	.167	.167

Robby Thompson — Giants   Age 33 – Bats Right

	Avg	G	AB	R	H	2B	3B	HR	RBI	BB	SO	HBP	GDP	SB	CS	OBP	SLG	IBB	SH	SF	#Pit	#P/PA	GB	FB	G/F
1994 Season	.209	35	129	13	27	8	2	2	7	15	32	0	2	3	1	.290	.349	0	5	1	592	3.95	34	42	0.81
Last Five Years	.266	579	2056	293	547	109	13	69	225	200	395	27	31	46	13	.337	.432	4	40	13	8945	3.83	691	639	1.08

1994 Season

	Avg	AB	H	2B	3B	HR	RBI	BB	SO	OBP	SLG		Avg	AB	H	2B	3B	HR	RBI	BB	SO	OBP	SLG
vs. Left	.286	42	12	4	0	2	2	4	11	.348	.524	Scoring Posn	.107	28	3	0	0	0	4	6	12	.212	.107
vs. Right	.172	87	15	4	2	0	5	11	21	.263	.264	Close & Late	.263	19	5	1	0	0	1	5	3	.417	.316
Home	.206	68	14	2	1	1	6	8	19	.286	.309	None on/out	.370	27	10	4	0	1	1	2	5	.414	.630
Away	.213	61	13	6	1	1	1	7	13	.294	.393	Batting #2	.221	122	27	8	2	2	7	14	30	.299	.369
First Pitch	.286	14	4	2	0	0	2	0	0	.267	.429	Batting #3	.000	7	0	0	0	0	0	1	2	.125	.000
Ahead in Count	.345	29	10	2	1	2	2	6	0	.457	.690	Other	.000	0	0	0	0	0	0	0	0	.000	.000
Behind in Count	.103	58	6	1	0	0	2	0	23	.103	.121	Pre-All Star	.209	129	27	8	2	2	7	15	32	.290	.349
Two Strikes	.152	66	10	2	0	2	2	9	32	.253	.182	Post-All Star	.000	0	0	0	0	0	0	0	0	.000	.000

Last Five Years

	Avg	AB	H	2B	3B	HR	RBI	BB	SO	OBP	SLG		Avg	AB	H	2B	3B	HR	RBI	BB	SO	OBP	SLG
vs. Left	.294	669	197	49	3	23	76	71	114	.363	.480	Scoring Posn	.242	458	111	22	2	10	149	62	98	.330	.365
vs. Right	.252	1387	350	60	10	46	149	129	281	.325	.410	Close & Late	.231	346	80	15	1	7	39	31	67	.301	.341
Groundball	.245	693	170	31	4	18	70	56	113	.309	.380	None on/out	.262	435	114	29	3	19	41	45	85	.341	.474
Flyball	.251	370	93	23	3	13	43	31	79	.316	.435	Batting #2	.271	968	262	58	6	34	102	87	182	.336	.448
Home	.280	1016	284	56	10	41	127	118	190	.361	.475	Batting #6	.268	574	154	27	3	18	66	61	116	.345	.420
Away	.253	1040	263	53	3	28	98	82	205	.313	.390	Other	.255	514	131	24	4	17	57	52	97	.330	.416
Day	.295	841	248	43	8	33	110	89	153	.367	.483	April	.252	357	90	19	5	7	38	37	72	.323	.392
Night	.246	1215	299	66	5	36	115	111	242	.316	.398	May	.267	333	89	19	0	12	31	28	65	.329	.432
Grass	.281	1572	441	90	11	57	180	164	295	.354	.461	June	.266	357	95	17	1	12	46	35	66	.347	.420
Turf	.219	484	106	19	2	12	45	36	100	.282	.341	July	.261	314	82	14	2	11	30	28	56	.324	.424
First Pitch	.324	219	71	17	3	7	36	2	0	.342	.525	August	.309	391	121	25	4	19	53	37	68	.375	.540
Ahead in Count	.348	500	174	33	6	32	86	101	0	.493	.630	September/October	.230	304	70	15	1	8	27	35	68	.317	.365
Behind in Count	.209	929	194	34	2	21	62	0	328	.220	.318	Pre-All Star	.262	1155	303	59	6	36	134	112	215	.334	.417
Two Strikes	.181	950	172	32	2	19	56	95	395	.263	.279	Post-All Star	.271	901	244	50	7	33	91	88	180	.341	.452

Batter vs. Pitcher (career)

Hits Best Against	Avg	AB	H	2B	3B	HR	RBI	BB	SO	OBP	SLG	Hits Worst Against	Avg	AB	H	2B	3B	HR	RBI	BB	SO	OBP	SLG
Paul Assenmacher	.545	11	6	2	0	0	3	0	1	.583	.727	Ken Hill	.059	17	1	0	0	0	0	1	2	.111	.059
Alejandro Pena	.500	12	6	2	0	0	2	1	0	.538	.667	Todd Worrell	.077	13	1	0	0	0	0	0	3	.077	.077
Mike Maddux	.471	17	8	1	1	2	6	0	2	.471	1.000	Norm Charlton	.091	11	1	0	0	0	1	0	4	.091	.091
Tom Glavine	.452	42	19	1	1	3	6	4	6	.500	.881	Jamie Moyer	.091	11	1	0	0	0	1	1	2	.167	.091
Greg W. Harris	.391	23	9	3	1	2	4	5	5	.500	.870	Jay Howell	.118	17	2	0	0	0	3	0	9	.111	.118

Ryan Thompson — Mets   Age 27 – Bats Right

	Avg	G	AB	R	H	2B	3B	HR	RBI	BB	SO	HBP	GDP	SB	CS	OBP	SLG	IBB	SH	SF	#Pit	#P/PA	GB	FB	G/F
1994 Season	.225	98	334	39	75	14	1	18	59	28	94	10	8	1	1	.301	.434	5	7	3	1294	3.41	103	97	1.06
Career (1992-1994)	.234	208	730	88	171	40	4	32	95	55	199	13	15	5	10	.297	.432	11	8	6	2803	3.45	216	215	1.00

1994 Season

	Avg	AB	H	2B	3B	HR	RBI	BB	SO	OBP	SLG		Avg	AB	H	2B	3B	HR	RBI	BB	SO	OBP	SLG
vs. Left	.242	91	22	5	0	5	13	5	24	.303	.462	Scoring Posn	.235	85	20	7	1	1	33	14	22	.349	.376
vs. Right	.218	243	53	9	1	13	46	23	70	.300	.424	Close & Late	.246	65	16	2	0	1	6	9	22	.347	.323
Groundball	.259	112	29	8	1	3	20	5	33	.303	.429	None on/out	.214	84	18	2	0	4	4	21	.267	.381
Flyball	.208	53	11	2	0	4	12	7	20	.300	.472	Batting #7	.190	116	22	4	0	7	21	8	40	.264	.405
Home	.134	157	21	4	0	5	22	16	57	.229	.255	Batting #8	.259	162	42	7	1	8	28	17	40	.341	.463
Away	.305	177	54	10	1	13	37	12	37	.365	.593	Other	.196	56	11	3	0	3	10	3	14	.258	.411
Day	.186	113	21	4	0	6	22	5	34	.238	.381	April	.279	68	19	5	0	5	16	6	24	.364	.574
Night	.244	221	54	10	1	12	37	23	60	.331	.462	May	.171	70	12	3	0	5	19	6	21	.259	.429
Grass	.198	257	51	8	1	10	39	19	77	.272	.354	June	.268	97	26	2	1	3	12	6	20	.311	.402
Turf	.312	77	24	6	0	8	20	9	17	.393	.701	July	.209	67	14	3	0	5	12	9	20	.313	.478
First Pitch	.389	54	21	4	1	5	17	0	0	.463	.778	August	.125	32	4	1	0	0	3	9	.200	.156
Ahead in Count	.250	48	12	4	0	2	9	9	0	.368	.458	September/October	.000	0	0	0	0	0	0	0	0	.000	.000

395

1994 Season

	Avg	AB	H	2B	3B	HR	RBI	BB	SO	OBP	SLG		Avg	AB	H	2B	3B	HR	RBI	BB	SO	OBP	SLG
Behind in Count	.141	177	25	3	0	6	20	0	81	.155	.260	Pre-All Star	.239	259	62	11	1	15	50	16	75	.303	.463
Two Strikes	.129	163	21	3	0	6	19	12	94	.206	.258	Post-All Star	.173	75	13	3	0	3	9	12	19	.292	.333

1994 By Position

Position	Avg	AB	H	2B	3B	HR	RBI	BB	SO	OBP	SLG	G	GS	Innings	PO	A	E	DP	Fld Pct	Rng Fctr	In Zone	Outs	Zone Rtg	MLB Zone
As cf	.225	334	75	14	1	18	59	28	94	.301	.434	98	96	855.2	274	5	3	1	.989	2.93	313	262	.837	.824

Career (1992-1994)

	Avg	AB	H	2B	3B	HR	RBI	BB	SO	OBP	SLG		Avg	AB	H	2B	3B	HR	RBI	BB	SO	OBP	SLG
vs. Left	.227	220	50	13	0	6	15	14	56	.289	.368	Scoring Posn	.196	168	33	11	2	4	56	24	55	.305	.357
vs. Right	.237	510	121	27	4	26	80	41	143	.301	.459	Close & Late	.256	133	34	5	0	6	14	16	45	.342	.429
Groundball	.252	254	64	15	1	7	30	10	69	.288	.402	None on/out	.227	220	50	10	1	8	12	16	48	.277	.391
Flyball	.212	99	21	5	1	5	16	13	32	.313	.434	Batting #1	.241	249	60	17	2	5	17	12	61	.283	.386
Home	.202	337	68	13	1	13	46	30	106	.277	.362	Batting #8	.290	200	58	12	1	13	35	23	51	.371	.555
Away	.262	393	103	27	3	19	49	25	93	.315	.491	Other	.189	281	53	11	1	14	43	20	87	.255	.384
Day	.229	231	53	11	2	12	34	17	60	.292	.454	April	.222	108	24	6	1	5	17	8	37	.294	.435
Night	.236	499	118	29	2	20	61	38	139	.299	.423	May	.171	70	12	3	0	5	19	6	21	.259	.429
Grass	.225	512	115	20	3	23	70	40	149	.292	.410	June	.268	97	26	2	1	3	12	4	20	.311	.402
Turf	.257	218	56	20	1	9	25	15	50	.310	.482	July	.227	88	20	5	0	6	14	10	24	.314	.489
First Pitch	.398	108	43	10	3	7	23	10	0	.456	.741	August	.224	143	32	7	1	5	12	11	33	.288	.392
Ahead in Count	.339	115	39	14	1	5	16	24	0	.453	.609	September/October	.254	224	57	17	1	8	21	16	64	.305	.446
Behind in Count	.148	398	59	10	0	11	36	0	177	.158	.256	Pre-All Star	.224	299	67	12	2	15	51	18	88	.286	.428
Two Strikes	.137	366	50	10	0	11	33	21	199	.192	.254	Post-All Star	.241	431	104	28	2	17	44	37	111	.305	.434

Batter vs. Pitcher (career)

Hits Best Against	Avg	AB	H	2B	3B	HR	RBI	BB	SO	OBP	SLG	Hits Worst Against	Avg	AB	H	2B	3B	HR	RBI	BB	SO	OBP	SLG
Pat Rapp	.385	13	5	1	0	0	2	1	1	.429	.462	Dave Weathers	.000	11	0	0	0	0	0	0	3	.000	.000
Paul Wagner	.364	11	4	1	0	0	0	0	4	.364	.455	Doug Drabek	.091	11	1	0	0	0	0	2	3	.231	.091
												Zane Smith	.143	14	2	0	0	0	0	0	2	.143	.143
												Danny Jackson	.143	14	2	0	0	0	0	1	2	.200	.143
												Steve Avery	.167	12	2	0	0	0	0	0	2	.167	.167

Mike Timlin — Blue Jays

Age 29 – Pitches Right (groundball pitcher)

	ERA	W	L	Sv	G	GS	IP	BB	SO	Avg	H	2B	3B	HR	RBI	OBP	SLG	GF	IR	IRS	Hld	SvOp	SB	CS	GB	FB	G/F
1994 Season	5.18	0	1	2	34	0	40.0	20	38	.261	41	7	0	5	20	.352	.401	16	12	2	5	4	3	0	71	27	2.63
Career (1991-1994)	4.00	15	11	7	177	3	247.2	117	207	.256	243	25	1	18	137	.339	.341	74	111	42	24	17	27	8	437	152	2.88

1994 Season

	ERA	W	L	Sv	G	GS	IP	H	HR	BB	SO		Avg	AB	H	2B	3B	HR	RBI	BB	SO	OBP	SLG
Home	4.03	0	0	1	18	0	22.1	20	2	9	23	vs. Left	.296	71	21	5	0	1	6	10	19	.390	.408
Away	6.62	0	1	1	16	0	17.2	21	3	11	15	vs. Right	.233	86	20	2	0	4	14	10	19	.320	.395
Starter	0.00	0	0	0	0	0	0.0	0	0	0	0	Scoring Posn	.267	45	12	1	0	2	12	5	8	.365	.289
Reliever	5.18	0	1	2	34	0	40.0	41	5	20	38	Close & Late	.359	39	14	1	0	2	8	5	9	.444	.538
0 Days rest (Re)	9.00	0	0	0	3	0	3.0	3	1	3	5	None on/out	.222	36	8	0	0	1	1	3	9	.282	.306
1 or 2 Days rest	4.38	0	0	2	20	0	24.2	24	3	11	21	First Pitch	.429	21	9	4	0	0	3	0	0	.429	.619
3+ Days rest	5.84	0	1	0	11	0	12.1	14	1	6	12	Ahead in Count	.213	75	16	1	0	2	5	0	36	.234	.307
Pre-All Star	6.28	0	0	2	25	0	28.2	33	4	17	31	Behind in Count	.188	32	6	2	0	1	5	15	0	.447	.344
Post-All Star	2.38	0	1	0	9	0	11.1	8	1	3	7	Two Strikes	.167	72	12	1	0	2	6	5	38	.241	.264

Career (1991-1994)

	ERA	W	L	Sv	G	GS	IP	H	HR	BB	SO		Avg	AB	H	2B	3B	HR	RBI	BB	SO	OBP	SLG
Home	3.63	9	5	3	96	2	138.2	139	8	62	115	vs. Left	.293	416	122	17	1	8	61	64	76	.387	.397
Away	4.46	6	6	4	81	1	109.0	104	10	55	92	vs. Right	.227	533	121	8	0	10	76	53	131	.299	.298
Day	2.45	6	3	2	66	1	91.2	68	5	43	75	Inning 1-6	.270	267	72	5	0	3	49	36	57	.358	.322
Night	4.90	9	8	5	111	2	156.0	175	13	74	132	Inning 7+	.251	682	171	20	1	15	88	81	150	.331	.349
Grass	4.79	4	5	2	64	1	88.1	84	6	47	81	None on	.225	493	111	10	0	10	10	51	114	.298	.306
Turf	3.56	11	6	5	113	2	159.1	159	9	70	126	Runners on	.289	456	132	15	1	8	127	66	93	.381	.379
April	5.02	3	1	2	30	0	37.2	39	6	15	30	Scoring Posn	.280	289	81	10	0	3	115	52	64	.390	.346
May	5.12	1	2	2	34	0	38.2	42	3	24	32	Close & Late	.270	289	78	9	0	7	44	38	58	.355	.374
June	3.96	3	3	0	28	3	50.0	53	2	28	40	None on/out	.216	213	46	3	0	4	4	22	50	.289	.286
July	3.48	6	4	1	30	0	51.2	42	5	20	50	vs. 1st Batr (relief)	.250	148	37	4	0	3	22	23	29	.358	.338
August	4.32	0	0	2	20	0	33.1	35	1	15	24	First Inning Pitched	.275	604	166	18	0	14	100	73	122	.354	.374
September/October	2.23	2	1	2	35	0	36.1	32	1	15	25	First 15 Pitches	.282	529	149	18	1	11	78	54	92	.349	.382
Starter	1.84	1	1	0	3	3	14.2	10	0	7	10	Pitch 16-30	.220	273	60	4	0	5	36	44	74	.330	.289
Reliever	4.13	14	10	7	174	0	233.0	229	18	110	197	Pitch 31-45	.242	99	24	3	0	2	18	13	27	.333	.333
0 Days rest (Re)	4.67	3	0	0	28	0	34.2	33	2	20	28	Pitch 46+	.208	48	10	0	0	0	5	6	14	.296	.208
1 or 2 Days rest	3.85	6	7	4	85	0	121.2	112	10	49	101	First Pitch	.336	116	39	5	0	5	21	16	0	.417	.509
3+ Days rest	4.34	5	3	3	61	0	76.2	84	6	41	68	Ahead in Count	.223	488	109	9	1	5	62	0	179	.230	.277
Pre-All Star	4.24	8	6	3	101	3	144.1	144	12	71	128	Behind in Count	.297	185	55	7	0	3	31	63	0	.472	.384
Post-All Star	3.66	7	5	3	76	0	103.1	99	6	46	79	Two Strikes	.194	453	88	7	1	6	56	38	207	.262	.254

Pitcher vs. Batter (career)

Pitches Best Vs.	Avg	AB	H	2B	3B	HR	RBI	BB	SO	OBP	SLG	Pitches Worst Vs.	Avg	AB	H	2B	3B	HR	RBI	BB	SO	OBP	SLG
Julio Franco	.125	8	1	0	0	0	1	3	3	.364	.125	Cecil Fielder	.400	10	4	0	0	1	3	0	2	.364	.700
Carlos Baerga	.222	9	2	0	0	0	2	1	3	.273	.222	Paul Sorrento	.364	11	4	0	0	1	4	0	2	.364	.636

Ron Tingley — White Sox
Age 36 – Bats Right (groundball hitter)

	Avg	G	AB	R	H	2B	3B	HR	RBI	BB	SO	HBP	GDP	SB	CS	OBP	SLG	IBB	SH	SF	#Pit	#P/PA	GB	FB	G/F
1994 Season	.158	24	57	4	9	3	1	1	2	5	20	0	3	0	0	.226	.298	0	0	0	248	4.00	21	9	2.33
Last Five Years	.191	203	392	37	75	19	2	5	35	33	112	4	13	2	4	.266	.288	0	12	1	1744	3.92	146	87	1.68

1994 Season

	Avg	AB	H	2B	3B	HR	RBI	BB	SO	OBP	SLG		Avg	AB	H	2B	3B	HR	RBI	BB	SO	OBP	SLG
vs. Left	.211	19	4	2	0	0	0	1	5	.250	.316	Scoring Posn	.133	15	2	0	0	0	0	1	6	.188	.133
vs. Right	.132	38	5	1	1	1	2	4	15	.214	.289	Close & Late	.143	7	1	1	0	0	0	0	3	.143	.286

Last Five Years

	Avg	AB	H	2B	3B	HR	RBI	BB	SO	OBP	SLG		Avg	AB	H	2B	3B	HR	RBI	BB	SO	OBP	SLG
vs. Left	.190	142	27	7	0	1	11	10	38	.247	.261	Scoring Posn	.204	98	20	7	0	0	26	6	27	.262	.276
vs. Right	.192	250	48	12	2	4	24	26	74	.276	.304	Close & Late	.113	53	6	1	1	0	1	4	19	.175	.170
Groundball	.141	99	14	1	1	2	7	9	32	.220	.232	None on/out	.232	99	23	5	1	0	0	5	25	.269	.303
Flyball	.185	81	15	4	0	1	10	5	28	.250	.272	Batting #8	.180	178	32	8	1	4	18	20	61	.270	.303
Home	.235	183	43	12	2	3	22	20	48	.317	.372	Batting #9	.216	148	32	8	0	0	15	11	30	.278	.270
Away	.153	209	32	7	0	2	13	16	64	.219	.215	Other	.167	66	11	3	1	1	2	5	21	.225	.288
Day	.143	133	19	6	0	1	6	11	37	.219	.211	April	.077	26	2	2	0	0	0	2	6	.143	.154
Night	.216	259	56	13	2	4	29	25	75	.289	.328	May	.212	66	14	3	0	2	8	6	19	.278	.348
Grass	.199	342	68	17	2	5	32	30	95	.271	.304	June	.190	105	20	5	1	2	10	10	30	.267	.314
Turf	.140	50	7	2	0	0	3	6	17	.232	.180	July	.237	76	18	4	1	1	7	6	17	.293	.355
First Pitch	.242	33	8	3	0	1	7	0	0	.242	.424	August	.148	88	13	2	0	0	8	9	31	.248	.170
Ahead in Count	.315	73	23	6	0	2	8	20	0	.462	.479	September/October	.258	31	8	3	0	2	3	9	.324	.355
Behind in Count	.142	211	30	6	1	2	14	0	98	.157	.209	Pre-All Star	.182	220	40	10	1	5	19	18	59	.247	.305
Two Strikes	.126	215	27	6	2	1	13	16	112	.192	.186	Post-All Star	.203	172	35	9	1	0	16	18	53	.289	.267

Batter vs. Pitcher (since 1984)

Hits Best Against	Avg	AB	H	2B	3B	HR	RBI	BB	SO	OBP	SLG	Hits Worst Against	Avg	AB	H	2B	3B	HR	RBI	BB	SO	OBP	SLG
												Roger Clemens	.000	11	0	0	0	0	0	0	5	.000	.000

Lee Tinsley — Red Sox
Age 26 – Bats Both (groundball hitter)

	Avg	G	AB	R	H	2B	3B	HR	RBI	BB	SO	HBP	GDP	SB	CS	OBP	SLG	IBB	SH	SF	#Pit	#P/PA	GB	FB	G/F
1994 Season	.222	78	144	27	32	4	0	2	14	19	36	1	2	13	0	.315	.292	1	3	1	636	3.79	67	15	4.47
Career (1993-1994)	.215	89	163	29	35	5	0	3	16	21	45	1	3	13	0	.306	.301	1	3	1	727	3.85	70	20	3.50

1994 Season

	Avg	AB	H	2B	3B	HR	RBI	BB	SO	OBP	SLG		Avg	AB	H	2B	3B	HR	RBI	BB	SO	OBP	SLG
vs. Left	.214	56	12	2	0	0	3	8	13	.318	.250	Scoring Posn	.258	31	8	1	0	1	13	6	6	.368	.387
vs. Right	.227	88	20	2	0	2	11	11	23	.313	.318	Close & Late	.188	16	3	0	0	0	0	2	0	.188	.188
Home	.200	85	17	3	0	1	8	13	19	.303	.271	None on/out	.250	40	10	2	0	1	0	5	13	.333	.375
Away	.254	59	15	1	0	1	6	6	17	.333	.322	Batting #1	.138	29	4	1	0	0	2	10	5	.359	.172
First Pitch	.400	15	6	1	0	1	4	1	0	.444	.667	Batting #9	.288	73	21	3	0	2	8	3	21	.312	.411
Ahead in Count	.259	27	7	2	0	1	3	12	0	.487	.444	Other	.167	42	7	0	0	0	4	6	10	.286	.167
Behind in Count	.217	69	15	1	0	0	6	0	31	.217	.232	Pre-All Star	.194	98	19	2	0	1	10	18	24	.322	.245
Two Strikes	.171	70	12	1	0	1	4	6	36	.237	.186	Post-All Star	.283	46	13	2	0	1	4	1	12	.298	.391

Andy Tomberlin — Red Sox
Age 28 – Bats Left

	Avg	G	AB	R	H	2B	3B	HR	RBI	BB	SO	HBP	GDP	SB	CS	OBP	SLG	IBB	SH	SF	#Pit	#P/PA	GB	FB	G/F
1994 Season	.194	17	36	1	7	0	1	1	1	6	12	0	0	1	0	.310	.333	0	0	0	163	3.88	6	9	0.67
Career (1993-1994)	.244	44	78	5	19	0	2	2	6	8	26	1	0	1	0	.322	.372	0	0	0	344	3.95	21	16	1.31

1994 Season

	Avg	AB	H	2B	3B	HR	RBI	BB	SO	OBP	SLG		Avg	AB	H	2B	3B	HR	RBI	BB	SO	OBP	SLG
vs. Left	.000	2	0	0	0	0	0	1	1	.333	.000	Scoring Posn	.000	10	0	0	0	0	0	2	7	.167	.000
vs. Right	.206	34	7	0	1	1	1	5	11	.308	.353	Close & Late	.333	9	3	0	0	1	2	2	3	.455	.667

Randy Tomlin — Pirates
Age 29 – Pitches Left (groundball pitcher)

	ERA	W	L	Sv	G	GS	IP	BB	SO	Avg	H	2B	3B	HR	RBI	OBP	SLG	GF	IR	IRS	Hld	SvOp	SB	CS	GB	FB	G/F
1994 Season	3.92	0	3	0	10	4	20.2	10	17	.291	23	3	1	1	10	.371	.392	1	8	2	0	1	0	2	24	22	1.09
Career (1990-1994)	3.43	30	31	0	106	94	580.1	133	297	.268	590	123	20	37	220	.312	.392	1	10	3	0	1	47	32	923	590	1.56

1994 Season

	ERA	W	L	Sv	G	GS	IP	H	HR	BB	SO		Avg	AB	H	2B	3B	HR	RBI	BB	SO	OBP	SLG
Home	6.75	0	2	0	5	2	9.1	12	1	4	8	vs. Left	.259	27	7	0	1	0	5	3	10	.333	.333
Away	1.59	0	1	0	5	2	11.1	11	0	6	9	vs. Right	.308	52	16	3	0	1	5	7	7	.390	.423

Career (1990-1994)

	ERA	W	L	Sv	G	GS	IP	H	HR	BB	SO		Avg	AB	H	2B	3B	HR	RBI	BB	SO	OBP	SLG
Home	3.05	16	16	0	55	50	319.0	314	18	54	181	vs. Left	.240	429	103	17	3	6	42	30	87	.296	.336
Away	3.89	14	15	0	51	44	261.1	276	19	79	116	vs. Right	.274	1775	487	106	17	31	178	103	210	.313	.406
Day	3.78	6	11	0	32	26	171.1	187	14	39	80	Inning 1-6	.269	1917	515	112	19	29	194	113	256	.312	.392
Night	3.28	24	20	0	74	68	409.0	403	23	94	217	Inning 7+	.261	287	75	11	1	8	26	20	41	.313	.390
Grass	3.62	8	7	0	28	24	144.1	145	12	41	54	None on	.263	1301	342	67	10	23	23	82	171	.313	.383
Turf	3.36	22	24	0	78	70	436.0	445	25	92	243	Runners on	.275	903	248	56	10	14	197	51	126	.314	.405
April	3.06	7	2	0	15	14	82.1	70	7	24	41	Scoring Posn	.280	504	141	31	6	6	167	39	72	.330	.401
May	4.75	3	10	0	22	15	77.2	95	7	25	39	Close & Late	.257	167	43	9	1	5	15	12	25	.315	.413
June	2.62	9	1	0	11	10	68.2	62	4	14	40	None on/out	.292	575	168	33	5	11	11	39	68	.344	.424
July	4.07	4	6	0	15	14	86.1	101	6	21	35	vs. 1st Batr (relief)	.200	10	2	0	0	1	2	3	.333	.400

Career (1990-1994)

	ERA	W	L	Sv	G	GS	IP	H	HR	BB	SO		Avg	AB	H	2B	3B	HR	RBI	BB	SO	OBP	SLG
August	3.27	7	4	0	22	22	146.0	134	12	25	74	First Inning Pitched	.251	378	95	20	3	6	41	28	45	.303	.368
September/October	3.02	4	6	0	21	19	119.1	126	5	24	68	First 15 Pitches	.284	349	99	18	3	6	30	25	33	.331	.404
Starter	3.46	30	30	0	94	94	569.1	584	37	130	288	Pitch 16-30	.257	354	91	19	2	13	43	21	68	.302	.432
Reliever	1.64	1	0	0	12	0	11.0	6	0	3	9	Pitch 31-45	.247	368	91	20	1	1	22	14	54	.282	.315
0 Days rest (Re)	0.00	0	1	0	1	0	0.0	0	0	1	0	Pitch 46+	.273	1133	309	66	14	17	125	73	142	.319	.401
1 or 2 Days rest	0.00	0	0	0	4	0	3.2	2	0	0	2	First Pitch	.337	303	102	23	2	4	44	7	0	.356	.465
3+ Days rest	1.23	0	0	0	7	0	7.1	4	0	2	7	Ahead in Count	.226	953	215	38	7	15	80	0	250	.232	.327
Pre-All Star	3.67	15	16	0	53	43	250.1	261	17	67	130	Behind in Count	.285	523	149	41	5	9	51	81	0	.380	.434
Post-All Star	3.25	15	15	0	53	51	330.0	329	20	66	167	Two Strikes	.189	912	172	29	3	15	66	45	297	.231	.276

Pitcher vs. Batter (career)

Pitches Best Vs.	Avg	AB	H	2B	3B	HR	RBI	BB	SO	OBP	SLG	Pitches Worst Vs.	Avg	AB	H	2B	3B	HR	RBI	BB	SO	OBP	SLG
Darrin Jackson	.000	11	0	0	0	0	0	1	2	.083	.000	Barry Larkin	.714	14	10	4	1	1	4	1	0	.733	1.357
Fred McGriff	.042	24	1	0	0	0	2	4	8	.172	.042	Otis Nixon	.583	12	7	2	2	0	1	1	0	.615	1.083
Vince Coleman	.043	23	1	0	0	0	0	5	5	.043	.043	Sammy Sosa	.583	12	7	1	0	1	3	0	2	.583	.917
Andres Galarraga	.083	12	1	0	0	0	0	0	4	.083	.083	Pete Incaviglia	.538	13	7	3	0	1	5	0	1	.538	1.000
Charlie O'Brien	.125	16	2	0	0	0	0	1		.125	.125	Ryne Sandberg	.500	28	14	2	2	1	5	2	1	.533	.821

Salomon Torres — Giants
Age 23 – Pitches Right

	ERA	W	L	Sv	G	GS	IP	BB	SO	Avg	H	2B	3B	HR	RBI	OBP	SLG	CG	ShO	Sup	QS	#P/S	SB	CS	GB	FB	G/F
1994 Season	5.44	2	8	0	16	14	84.1	34	42	.292	95	21	3	10	49	.364	.468	1	0	3.20	6	90	4	4	129	106	1.22
Career (1993-1994)	4.95	5	13	0	24	22	129.0	61	65	.272	132	28	3	15	67	.357	.435	1	0	3.35	11	89	9	7	191	155	1.23

1994 Season

	ERA	W	L	Sv	G	GS	IP	H	HR	BB	SO		Avg	AB	H	2B	3B	HR	RBI	BB	SO	OBP	SLG
Home	5.88	2	6	0	9	9	49.0	57	5	27	25	vs. Left	.323	158	51	10	3	5	27	17	12	.380	.519
Away	4.84	0	2	0	7	5	35.1	38	5	7	17	vs. Right	.263	167	44	11	0	5	22	17	30	.349	.419
Starter	5.71	2	8	0	14	14	80.1	92	10	33	40	Scoring Posn	.292	72	21	6	0	3	33	8	9	.344	.500
Reliever	0.00	0	0	0	2	0	4.0	3	0	1	2	Close & Late	.714	7	5	2	0	1	5	1	0	.750	1.429
0-3 Days Rest (St)	9.00	0	0	0	1	1	5.0	9	1	1	2	None on/out	.286	84	24	4	1	3	3	9	15	.362	.464
4 Days Rest	6.12	1	4	0	6	6	32.1	35	5	17	18	First Pitch	.343	67	23	3	2	3	18	2	0	.382	.582
5+ Days Rest	5.02	1	4	0	7	7	43.0	48	4	15	20	Ahead in Count	.262	130	34	8	1	3	4	17	0	38	.272	.431
Pre-All Star	5.44	2	8	0	16	14	84.1	95	10	34	42	Behind in Count	.289	76	22	7	0	2	9	15	0	.398	.461
Post-All Star	0.00	0	0	0	0	0	0.0	0	0	0	0	Two Strikes	.264	129	34	9	0	3	13	17	42	.351	.403

Steve Trachsel — Cubs
Age 24 – Pitches Right

	ERA	W	L	Sv	G	GS	IP	BB	SO	Avg	H	2B	3B	HR	RBI	OBP	SLG	CG	ShO	Sup	QS	#P/S	SB	CS	GB	FB	G/F
1994 Season	3.21	9	7	0	22	22	146.0	54	108	.242	133	20	6	19	51	.312	.404	1	0	4.13	16	103	7	8	192	140	1.37
Career (1993-1994)	3.37	9	9	0	25	25	165.2	57	122	.240	149	23	7	23	59	.305	.410	3	0	3.97	18	103	9	8	213	162	1.31

1994 Season

	ERA	W	L	Sv	G	GS	IP	H	HR	BB	SO		Avg	AB	H	2B	3B	HR	RBI	BB	SO	OBP	SLG
Home	3.56	6	1	0	12	12	78.1	78	14	30	49	vs. Left	.212	250	53	8	1	6	22	26	50	.284	.324
Away	2.79	3	6	0	10	10	67.2	55	5	24	59	vs. Right	.268	299	80	12	5	13	29	28	58	.335	.472
Day	3.27	3	6	0	13	13	85.1	79	11	32	57	Inning 1-6	.228	461	105	15	4	16	44	47	91	.303	.382
Night	3.12	6	1	0	9	9	60.2	54	8	22	51	Inning 7+	.318	88	28	5	2	3	7	7	17	.361	.523
Grass	3.53	5	7	0	18	18	117.1	114	17	46	81	None on	.280	332	93	13	3	13	13	28	52	.342	.452
Turf	1.88	4	0	0	4	4	28.2	19	2	8	27	Runners on	.184	217	40	8	3	6	38	26	56	.268	.332
April	4.19	2	2	0	5	5	34.1	34	8	12	33	Scoring Posn	.140	121	17	3	1	1	23	16	37	.236	.207
May	4.81	2	1	0	6	6	33.2	41	4	9	23	Close & Late	.279	43	12	3	2	1	2	4	7	.340	.512
June	2.41	2	2	0	5	5	33.2	24	5	14	25	None on/out	.288	153	44	7	2	8	8	6	26	.314	.516
July	2.08	3	1	0	4	4	30.1	24	1	11	20	vs. 1st Batr (relief)	.000	0	0	0	0	0	0	0	0	.000	.000
August	1.29	0	1	0	2	2	14.0	10	1	8	7	First Inning Pitched	.197	71	14	1	0	0	1	15	16	.337	.211
September/October	0.00	0	0	0	0	0	0.0	0	0	0	0	First 75 Pitches	.236	382	90	13	4	12	35	37	72	.307	.385
Starter	3.21	9	7	0	22	22	146.0	133	19	54	108	Pitch 76-90	.250	80	20	4	0	3	10	6	16	.299	.413
Reliever	0.00	0	0	0	0	0	0.0	0	0	0	0	Pitch 91-105	.298	57	17	1	0	4	4	4	11	.344	.526
0-3 Days Rest (St)	0.00	0	0	0	0	0	0.0	0	0	0	0	Pitch 106+	.200	30	6	2	0	2	0	2	7	.342	.400
4 Days Rest	3.39	6	6	0	15	15	103.2	91	14	34	71	First Pitch	.280	93	26	1	0	6	12	3	0	.302	.484
5+ Days Rest	2.76	3	1	0	7	7	42.1	42	5	20	37	Ahead in Count	.180	250	45	5	3	4	18	0	83	.189	.272
Pre-All Star	3.58	7	6	0	18	18	118.0	113	17	40	92	Behind in Count	.320	103	33	8	1	6	13	28	0	.462	.592
Post-All Star	1.61	2	1	0	4	4	28.0	20	2	14	16	Two Strikes	.169	261	44	5	2	5	14	23	108	.240	.261

Alan Trammell — Tigers
Age 37 – Bats Right

	Avg	G	AB	R	H	2B	3B	HR	RBI	BB	SO	HBP	GDP	SB	CS	OBP	SLG	IBB	SH	SF	#Pit	#P/PA	GB	FB	G/F
1994 Season	.267	76	292	38	78	17	1	8	28	16	35	1	8	3	0	.307	.414	1	2	0	1150	3.70	102	95	1.07
Last Five Years	.290	464	1729	249	501	106	6	44	243	174	171	8	39	40	22	.356	.434	11	15	10	6948	3.59	594	565	1.05

1994 Season

	Avg	AB	H	2B	3B	HR	RBI	BB	SO	OBP	SLG		Avg	AB	H	2B	3B	HR	RBI	BB	SO	OBP	SLG
vs. Left	.297	91	27	6	0	3	7	6	11	.340	.462	Scoring Posn	.202	89	18	3	0	1	16	6	14	.253	.270
vs. Right	.254	201	51	11	1	5	21	10	24	.292	.393	Close & Late	.286	56	16	4	1	0	5	1	5	.310	.393
Groundball	.286	77	22	4	1	2	7	5	9	.337	.442	None on/out	.200	50	10	6	0	0	3	5		.245	.320
Flyball	.281	64	18	3	0	2	8	0	9	.281	.422	Batting #2	.205	73	15	3	0	0	4	5	8	.256	.247
Home	.299	154	46	8	1	6	19	10	15	.345	.481	Batting #8	.292	106	31	6	1	4	15	7	12	.342	.481
Away	.232	138	32	9	0	2	9	6	19	.264	.341	Other	.283	113	32	8	0	4	9	4	15	.308	.460

1994 Season

	Avg	AB	H	2B	3B	HR	RBI	BB	SO	OBP	SLG		Avg	AB	H	2B	3B	HR	RBI	BB	SO	OBP	SLG
Day	.224	98	22	4	0	1	7	10	12	.303	.296	April	.324	71	23	6	0	2	6	6	7	.385	.493
Night	.289	194	56	13	1	7	21	6	23	.310	.474	May	.298	57	17	3	0	0	6	4	5	.344	.351
Grass	.278	255	71	16	1	8	27	13	31	.316	.443	June	.329	73	24	5	1	4	11	1	7	.338	.589
Turf	.189	37	7	1	0	0	1	3	4	.250	.216	July	.136	66	9	3	0	1	3	3	13	.174	.227
First Pitch	.300	40	12	4	0	1	5	1	0	.317	.475	August	.200	25	5	0	0	1	2	2	3	.259	.320
Ahead in Count	.311	74	23	6	0	3	9	12	0	.407	.514	September/October	.000	0	0	0	0	0	0	0	0	.000	.000
Behind in Count	.215	121	26	4	0	3	8	0	31	.221	.322	Pre-All Star	.291	227	66	15	1	6	24	12	26	.329	.445
Two Strikes	.227	119	27	4	1	2	8	3	35	.246	.328	Post-All Star	.185	65	12	2	0	2	4	4	9	.232	.308

1994 By Position

Position	Avg	AB	H	2B	3B	HR	RBI	BB	SO	OBP	SLG	G	GS	Innings	PO	A	E	DP	Fld Pct	Rng Fctr	In Zone	Outs	Zone Rtg	MLB Zone
As Designated Hitter	.262	42	11	3	0	2	7	2	2	.295	.476	11	9	---	---	---	---	---	---	---	---	---	---	---
As SS	.272	246	67	14	1	6	21	14	31	.314	.411	63	61	540.0	117	180	10	43	.967	4.95	205	193	.941	.889

Last Five Years

	Avg	AB	H	2B	3B	HR	RBI	BB	SO	OBP	SLG		Avg	AB	H	2B	3B	HR	RBI	BB	SO	OBP	SLG
vs. Left	.278	540	150	35	1	21	78	61	48	.350	.463	Scoring Posn	.311	483	150	29	0	13	196	58	46	.380	.451
vs. Right	.295	1189	351	71	5	23	165	113	123	.358	.421	Close & Late	.247	247	61	15	1	1	28	24	28	.321	.328
Groundball	.295	488	144	26	3	12	67	36	48	.347	.434	None on/out	.268	313	84	23	2	9	9	21	30	.314	.441
Flyball	.298	372	111	26	1	8	44	40	37	.367	.438	Batting #2	.250	424	106	20	1	6	51	50	47	.331	.344
Home	.301	894	269	52	5	27	148	97	77	.371	.461	Batting #3	.293	764	224	51	1	22	124	86	65	.364	.449
Away	.278	835	232	54	1	17	95	77	94	.338	.406	Other	.316	541	171	35	4	16	68	38	59	.363	.484
Day	.286	588	168	30	2	16	83	64	64	.357	.425	April	.287	310	89	26	1	7	44	37	23	.370	.445
Night	.292	1141	333	76	4	28	160	110	107	.355	.439	May	.282	354	100	17	2	3	42	42	35	.358	.367
Grass	.288	1482	427	91	6	38	215	152	146	.355	.435	June	.287	334	96	16	1	12	48	25	34	.338	.449
Turf	.300	247	74	15	0	6	28	22	25	.358	.433	July	.280	257	72	16	0	4	24	27	33	.350	.389
First Pitch	.323	223	72	13	0	8	42	3	0	.329	.489	August	.327	266	87	20	2	10	50	23	24	.377	.530
Ahead in Count	.338	491	166	45	2	19	100	116	0	.463	.554	September/October	.274	208	57	11	0	8	35	20	22	.338	.442
Behind in Count	.245	697	171	32	1	12	64	0	151	.251	.346	Pre-All Star	.283	1082	306	64	4	23	138	114	105	.353	.413
Two Strikes	.254	661	168	35	3	13	65	48	171	.308	.375	Post-All Star	.301	647	195	42	2	21	105	60	66	.359	.470

Batter vs. Pitcher (since 1984)

Hits Best Against	Avg	AB	H	2B	3B	HR	RBI	BB	SO	OBP	SLG	Hits Worst Against	Avg	AB	H	2B	3B	HR	RBI	BB	SO	OBP	SLG
Bobby Thigpen	.600	10	6	0	0	0	3	3	0	.692	.600	Luis Aquino	.059	17	1	0	0	0	0	1	0	.111	.059
Jim Deshaies	.538	13	7	2	0	1	1	2	0	.600	.923	Eric Plunk	.080	25	2	0	0	0	1	3	5	.179	.080
Tom Gordon	.412	17	7	1	0	2	3	3	1	.500	.824	Jose Rijo	.091	11	1	0	0	0	0	0	0	.091	.091
Pat Hentgen	.375	8	3	1	0	1	1	3	0	.545	.875	Scott Sanderson	.111	18	2	1	0	0	0	1	0	.158	.167
Tony Fossas	.333	6	2	0	0	1	4	5	0	.636	.833	Willie Fraser	.133	15	2	0	0	0	1	2	0	.188	.133

Jeff Treadway — Dodgers

Age 32 – Bats Left (flyball hitter)

	Avg	G	AB	R	H	2B	3B	HR	RBI	BB	SO	HBP	GDP	SB	CS	OBP	SLG	IBB	SH	SF	#Pit	#P/PA	GB	FB	G/F
1994 Season	.299	52	67	14	20	3	0	0	5	5	8	1	1	1	1	.351	.343	0	4	1	263	3.37	28	16	1.75
Last Five Years	.291	444	1194	141	347	60	6	16	128	76	106	8	28	9	10	.335	.391	8	13	10	4265	3.28	402	420	0.96

1994 Season

	Avg	AB	H	2B	3B	HR	RBI	BB	SO	OBP	SLG		Avg	AB	H	2B	3B	HR	RBI	BB	SO	OBP	SLG
vs. Left	.143	14	2	0	0	0	0	1	2	.200	.143	Scoring Posn	.188	16	3	1	0	0	5	2	3	.263	.250
vs. Right	.340	53	18	3	0	0	5	4	6	.390	.396	Close & Late	.348	23	8	1	0	0	2	4	4	.448	.391

Last Five Years

	Avg	AB	H	2B	3B	HR	RBI	BB	SO	OBP	SLG		Avg	AB	H	2B	3B	HR	RBI	BB	SO	OBP	SLG
vs. Left	.253	182	46	5	0	4	20	15	18	.315	.346	Scoring Posn	.318	289	92	13	3	5	110	24	25	.361	.436
vs. Right	.297	1012	301	55	6	12	108	61	88	.338	.399	Close & Late	.265	185	49	7	2	2	28	16	20	.322	.357
Groundball	.290	362	105	18	2	3	29	18	33	.322	.376	None on/out	.262	248	65	12	1	5	5	11	23	.296	.379
Flyball	.282	266	75	12	0	4	28	22	27	.338	.372	Batting #2	.298	727	217	30	4	14	81	40	58	.336	.409
Home	.272	569	155	23	3	6	58	36	50	.319	.355	Batting #7	.314	172	54	13	1	2	27	10	16	.354	.436
Away	.307	625	192	37	3	10	70	40	56	.349	.424	Other	.258	295	76	17	1	0	20	26	32	.320	.322
Day	.299	331	99	13	2	4	39	24	34	.345	.387	April	.320	150	48	5	1	3	15	7	7	.350	.427
Night	.287	863	248	47	4	12	89	52	72	.330	.393	May	.319	188	60	7	2	4	24	11	11	.365	.441
Grass	.283	849	240	38	4	8	79	53	83	.328	.365	June	.307	212	65	10	0	2	22	14	26	.354	.410
Turf	.310	345	107	22	2	8	49	23	23	.350	.455	July	.276	214	59	11	0	5	26	13	19	.317	.397
First Pitch	.331	236	78	10	2	2	27	7	0	.352	.415	August	.272	235	64	7	0	2	16	16	21	.315	.328
Ahead in Count	.329	295	97	19	2	7	38	49	0	.422	.478	September/October	.262	195	51	14	0	0	25	15	22	.315	.364
Behind in Count	.237	486	115	20	1	2	37	0	96	.244	.294	Pre-All Star	.305	623	190	30	3	11	69	33	57	.344	.416
Two Strikes	.211	413	87	14	2	5	36	19	106	.251	.291	Post-All Star	.275	571	157	30	3	5	59	43	49	.325	.364

Batter vs. Pitcher (career)

Hits Best Against	Avg	AB	H	2B	3B	HR	RBI	BB	SO	OBP	SLG	Hits Worst Against	Avg	AB	H	2B	3B	HR	RBI	BB	SO	OBP	SLG
Rick Sutcliffe	.500	18	9	2	1	0	2	0	2	.500	.722	John Burkett	.143	28	4	1	0	0	2	1	4	.226	.250
Larry Andersen	.500	12	6	1	0	0	2	0	0	.500	.583	Paul Assenmacher	.182	11	2	0	0	0	2	0	1	.250	.182
Wally Whitehurst	.500	12	6	3	0	0	1	0	0	.500	.750	Greg Maddux	.188	32	6	0	0	0	1	1	1	.212	.188
Bob Tewksbury	.500	10	5	0	0	0	2	0	0	.583	.500	Tim Belcher	.207	29	6	2	0	0	2	3	3	.258	.276
Mark Gardner	.462	13	6	0	0	1	0	0	1	.462	.615	Craig Lefferts	.222	9	2	0	0	0	2	3	0	.364	.222

Ricky Trlicek — Red Sox
Age 26 – Pitches Right (groundball pitcher)

	ERA	W	L	Sv	G	GS	IP	BB	SO	Avg	H	2B	3B	HR	RBI	OBP	SLG	GF	IR	IRS	Hld	SvOp	SB	CS	GB	FB	G/F
1994 Season	8.06	1	1	0	12	1	22.1	16	7	.330	32	4	0	5	22	.425	.526	2	10	5	0	1	1	0	54	16	3.38
Career (1992-1994)	5.22	2	3	1	55	1	88.0	39	49	.269	93	17	3	8	59	.346	.405	20	49	17	1	2	7	1	178	54	3.30

1994 Season

	ERA	W	L	Sv	G	GS	IP	H	HR	BB	SO		Avg	AB	H	2B	3B	HR	RBI	BB	SO	OBP	SLG
Home	6.75	1	0	0	5	0	9.1	13	3	6	5	vs. Left	.327	52	17	1	0	3	15	7	2	.407	.519
Away	9.00	0	1	0	7	1	13.0	19	2	10	2	vs. Right	.333	45	15	3	0	2	7	9	5	.444	.533

Mike Trombley — Twins
Age 28 – Pitches Right

	ERA	W	L	Sv	G	GS	IP	BB	SO	Avg	H	2B	3B	HR	RBI	OBP	SLG	GF	IR	IRS	Hld	SvOp	SB	CS	GB	FB	G/F
1994 Season	6.33	2	0	0	24	0	48.1	18	32	.287	56	13	0	10	37	.353	.508	8	17	9	1	1	3	2	63	65	0.97
Career (1992-1994)	4.87	11	8	2	78	17	209.0	76	155	.280	230	58	6	30	128	.343	.476	16	46	20	9	6	12	11	271	249	1.09

1994 Season

	ERA	W	L	Sv	G	GS	IP	H	HR	BB	SO		Avg	AB	H	2B	3B	HR	RBI	BB	SO	OBP	SLG
Home	7.09	0	0	0	12	0	26.2	32	8	7	21	vs. Left	.263	76	20	2	0	4	14	7	9	.325	.447
Away	5.40	2	0	0	12	0	21.2	24	2	11	11	vs. Right	.303	119	36	11	0	6	23	11	23	.370	.546

Brian Turang — Mariners
Age 28 – Bats Right (flyball hitter)

	Avg	G	AB	R	H	2B	3B	HR	RBI	BB	SO	HBP	GDP	SB	CS	OBP	SLG	IBB	SH	SF	#Pit	#P/PA	GB	FB	G/F
1994 Season	.188	38	112	9	21	5	1	1	8	7	25	1	1	3	1	.242	.277	0	3	0	498	4.05	32	36	0.89
Career (1993-1994)	.222	78	252	31	56	16	2	1	15	24	45	3	4	9	3	.297	.313	0	4	0	1058	3.74	80	81	0.99

1994 Season

	Avg	AB	H	2B	3B	HR	RBI	BB	SO	OBP	SLG		Avg	AB	H	2B	3B	HR	RBI	BB	SO	OBP	SLG
vs. Left	.176	51	9	4	0	1	4	3	12	.222	.314	Scoring Posn	.217	23	5	1	1	1	8	3	3	.308	.478
vs. Right	.197	61	12	1	1	0	4	4	13	.258	.246	Close & Late	.125	16	2	0	0	0	1	1	1	.176	.125

Chris Turner — Angels
Age 26 – Bats Right

	Avg	G	AB	R	H	2B	3B	HR	RBI	BB	SO	HBP	GDP	SB	CS	OBP	SLG	IBB	SH	SF	#Pit	#P/PA	GB	FB	G/F
1994 Season	.242	58	149	23	36	7	1	1	12	10	29	1	2	3	0	.290	.322	0	1	2	643	3.94	52	41	1.27
Career (1993-1994)	.254	83	224	32	57	12	1	2	25	19	45	2	3	4	1	.315	.344	0	1	3	985	3.96	70	69	1.01

1994 Season

	Avg	AB	H	2B	3B	HR	RBI	BB	SO	OBP	SLG		Avg	AB	H	2B	3B	HR	RBI	BB	SO	OBP	SLG
vs. Left	.262	84	22	3	1	1	6	7	17	.319	.357	Scoring Posn	.241	29	7	2	0	0	10	4	9	.314	.310
vs. Right	.215	65	14	4	0	0	6	3	12	.254	.277	Close & Late	.273	22	6	2	0	0	2	1	9	.304	.364
Home	.197	71	14	4	1	1	4	3	15	.230	.324	None on/out	.256	43	11	2	1	1	1	3	9	.319	.419
Away	.282	78	22	3	0	0	8	7	14	.341	.321	Batting #7	.203	59	12	0	0	0	3	4	13	.262	.203
First Pitch	.158	19	3	0	1	0	0	0	0	.158	.263	Batting #8	.268	82	22	7	1	1	7	4	14	.299	.415
Ahead in Count	.160	25	4	2	0	0	2	7	0	.333	.240	Other	.250	8	2	0	0	0	2	2	2	.400	.250
Behind in Count	.218	78	17	2	0	0	3	0	28	.228	.244	Pre-All Star	.198	111	22	3	1	0	8	7	25	.248	.243
Two Strikes	.260	77	20	0	1	5	3	29		.296	.325	Post-All Star	.368	38	14	4	0	1	4	3	4	.415	.553

Matt Turner — Indians
Age 28 – Pitches Right (flyball pitcher)

	ERA	W	L	Sv	G	GS	IP	BB	SO	Avg	H	2B	3B	HR	RBI	OBP	SLG	GF	IR	IRS	Hld	SvOp	SB	CS	GB	FB	G/F
1994 Season	2.13	1	0	1	9	0	12.2	7	5	.241	13	4	0	0	14	.359	.315	2	12	11	0	3	1	1	18	20	0.90
Career (1993-1994)	2.79	5	5	1	64	0	80.2	33	64	.230	68	14	1	7	47	.312	.355	28	52	25	9	4	2	3	90	99	0.91

1994 Season

	ERA	W	L	Sv	G	GS	IP	H	HR	BB	SO		Avg	AB	H	2B	3B	HR	RBI	BB	SO	OBP	SLG
Home	3.38	0	0	0	5	0	5.1	9	0	3	0	vs. Left	.333	15	5	2	0	0	6	4	1	.474	.467
Away	1.23	1	0	1	4	0	7.1	4	0	4	5	vs. Right	.205	39	8	2	0	0	8	3	4	.311	.256

Tom Urbani — Cardinals
Age 27 – Pitches Left

	ERA	W	L	Sv	G	GS	IP	BB	SO	Avg	H	2B	3B	HR	RBI	OBP	SLG	CG	ShO	Sup	QS	#P/S	SB	CS	GB	FB	G/F
1994 Season	5.15	3	7	0	20	10	80.1	21	43	.302	98	22	2	12	43	.348	.492	0	0	4.37	3	88	3	6	128	93	1.38
Career (1993-1994)	4.93	4	10	0	38	19	142.1	47	76	.299	171	38	5	16	78	.351	.467	0	0	3.98	9	88	4	12	233	161	1.45

1994 Season

	ERA	W	L	Sv	G	GS	IP	H	HR	BB	SO		Avg	AB	H	2B	3B	HR	RBI	BB	SO	OBP	SLG
Home	4.78	1	4	0	10	5	43.1	47	7	11	25	vs. Left	.288	66	19	6	1	0	4	4	11	.342	.409
Away	5.59	2	3	0	10	5	37.0	51	5	10	18	vs. Right	.305	259	79	16	1	12	39	17	32	.349	.514
Starter	5.17	3	5	0	10	10	55.2	67	8	15	31	Scoring Posn	.333	87	29	5	0	4	32	7	12	.375	.529
Reliever	5.11	0	2	0	10	0	24.2	31	4	6	12	Close & Late	.200	20	4	1	0	1	3	2	4	.273	.400
0-3 Days Rest (St)	10.80	1	0	0	1	1	5.0	10	2	1	3	None on/out	.302	86	26	6	1	2	2	4	11	.333	.465
4 Days Rest	4.01	1	1	0	4	4	24.2	21	4	7	9	First Pitch	.377	53	20	3	0	4	8	0	0	.400	.660
5+ Days Rest	5.19	1	0	0	5	0	26.0	36	2	7	19	Ahead in Count	.237	118	28	8	0	4	17	0	38	.244	.407
Pre-All Star	5.04	1	5	0	15	5	50.0	58	6	16	21	Behind in Count	.298	94	28	6	0	2	11	13	0	.380	.426
Post-All Star	5.34	2	2	0	5	5	30.1	40	2	5	22	Two Strikes	.250	132	33	10	1	3	16	8	43	.291	.409

Ismael Valdes — Dodgers
Age 21 – Pitches Right (groundball pitcher)

	ERA	W	L	Sv	G	GS	IP	BB	SO	Avg	H	2B	3B	HR	RBI	OBP	SLG	GF	IR	IRS	Hld	SvOp	SB	CS	GB	FB	G/F
1994 Season	3.18	3	1	0	21	1	28.1	10	28	.206	21	4	2	2	8	.277	.343	7	7	2	1	0	4	0	39	20	1.95

1994 Season

	ERA	W	L	Sv	G	GS	IP	H	HR	BB	SO		Avg	AB	H	2B	3B	HR	RBI	BB	SO	OBP	SLG
Home	4.08	2	1	0	13	0	17.2	13	2	6	17	vs. Left	.260	50	13	4	1	2	6	5	10	.327	.500
Away	1.69	1	0	0	8	1	10.2	8	0	4	11	vs. Right	.154	52	8	0	1	0	2	5	18	.228	.192

Sergio Valdez — Red Sox
Age 29 – Pitches Right

	ERA	W	L	Sv	G	GS	IP	BB	SO	Avg	H	2B	3B	HR	RBI	OBP	SLG	GF	IR	IRS	Hld	SvOp	SB	CS	GB	FB	G/F
1994 Season	8.16	0	1	0	12	1	14.1	8	4	.391	25	3	0	4	12	.458	.625	2	5	2	1	0	4	1	28	16	1.75
Last Five Years	4.74	7	9	0	79	14	178.2	64	115	.266	184	37	2	27	98	.326	.442	20	60	20	2	1	22	7	261	200	1.30

1994 Season

	ERA	W	L	Sv	G	GS	IP	H	HR	BB	SO		Avg	AB	H	2B	3B	HR	RBI	BB	SO	OBP	SLG
Home	9.53	0	1	0	7	1	11.1	21	3	7	3	vs. Left	.435	23	10	2	0	2	5	1	1	.458	.783
Away	3.00	0	0	0	5	0	3.0	4	1	1	1	vs. Right	.366	41	15	1	0	2	7	7	3	.458	.537

Last Five Years

	ERA	W	L	Sv	G	GS	IP	H	HR	BB	SO		Avg	AB	H	2B	3B	HR	RBI	BB	SO	OBP	SLG
Home	4.42	4	3	0	39	6	91.2	95	12	26	52	vs. Left	.238	323	77	15	2	10	37	35	47	.311	.390
Away	5.07	3	6	0	40	8	87.0	89	15	38	63	vs. Right	.290	369	107	22	0	17	61	29	68	.340	.488
Day	6.65	1	4	0	26	5	44.2	56	11	14	29	Inning 1-6	.269	453	122	27	0	16	68	38	79	.323	.435
Night	4.10	6	5	0	53	9	134.0	128	16	50	86	Inning 7+	.259	239	62	10	2	11	30	26	36	.332	.456
Grass	4.98	5	8	0	48	11	128.1	136	22	46	85	None on	.255	392	100	19	1	16	16	38	69	.323	.431
Turf	4.11	2	1	0	31	3	50.1	48	5	18	30	Runners on	.280	300	84	18	1	11	82	26	46	.331	.457
April	6.75	0	0	0	6	0	5.1	6	0	3	3	Scoring Posn	.228	171	39	10	0	2	60	21	31	.303	.322
May	5.68	2	1	0	12	2	31.2	36	5	11	21	Close & Late	.280	75	21	3	0	1	8	6	14	.333	.360
June	5.28	1	3	0	23	2	46.0	43	10	20	31	None on/out	.247	170	42	8	0	8	18	24	.323	.435
July	9.82	0	3	0	12	2	18.1	31	7	7	10	vs. 1st Batr (relief)	.218	55	12	2	0	4	13	9	6	.323	.473
August	1.96	0	0	0	9	2	23.0	21	1	9	14	First Inning Pitched	.241	266	64	15	1	11	47	26	51	.306	.429
September/October	2.98	4	2	0	17	6	54.1	47	4	14	36	First 15 Pitches	.253	233	59	13	0	12	43	21	47	.314	.464
Starter	5.27	5	6	0	14	14	80.1	94	14	29	41	Pitch 16-30	.220	164	36	4	1	1	8	15	35	.285	.274
Reliever	4.30	2	3	0	65	0	98.1	90	13	35	74	Pitch 31-45	.281	89	25	4	0	6	20	16	16	.387	.528
0 Days rest (Re)	4.86	0	1	0	14	0	16.2	17	2	7	11	Pitch 46+	.311	206	64	16	1	8	27	12	23	.345	.515
1 or 2 Days rest	5.45	1	2	0	26	0	36.1	38	7	16	25	First Pitch	.291	134	39	13	0	5	23	1	0	.294	.500
3+ Days rest	3.18	1	0	0	25	0	45.1	35	4	12	38	Ahead in Count	.199	272	54	10	2	5	20	0	100	.196	.305
Pre-All Star	6.03	3	7	0	51	6	100.0	112	21	40	64	Behind in Count	.370	165	61	6	0	12	34	27	0	.456	.624
Post-All Star	3.09	4	2	0	28	8	78.2	72	6	24	51	Two Strikes	.142	275	39	7	2	4	20	35	115	.236	.225

Pitcher vs. Batter (career)

Pitches Best Vs.	Avg	AB	H	2B	3B	HR	RBI	BB	SO	OBP	SLG	Pitches Worst Vs.	Avg	AB	H	2B	3B	HR	RBI	BB	SO	OBP	SLG
Steve Finley	.222	9	2	0	0	0	0	2	1	.364	.222												

John Valentin — Red Sox
Age 28 – Bats Right (flyball hitter)

	Avg	G	AB	R	H	2B	3B	HR	RBI	BB	SO	HBP	GDP	SB	CS	OBP	SLG	IBB	SH	SF	#Pit	#P/PA	GB	FB	G/F
1994 Season	.316	84	301	53	95	26	2	9	49	42	38	3	3	3	1	.400	.505	1	5	4	1434	4.04	93	102	0.91
Career (1992-1994)	.289	286	954	124	276	79	5	25	140	111	132	7	17	7	5	.364	.461	3	25	9	4184	3.78	295	330	0.89

1994 Season

	Avg	AB	H	2B	3B	HR	RBI	BB	SO	OBP	SLG		Avg	AB	H	2B	3B	HR	RBI	BB	SO	OBP	SLG
vs. Left	.324	68	22	6	2	3	16	9	.448	.603	Scoring Posn	.313	83	26	10	0	3	41	20	9	.445	.542
vs. Right	.313	233	73	20	0	6	41	26	29	.384	.476	Close & Late	.318	44	14	4	0	1	5	5	4	.388	.477
Groundball	.365	52	19	7	0	0	7	6	9	.424	.500	None on/out	.271	59	16	4	0	1	1	6	6	.338	.390
Flyball	.320	75	24	6	1	3	13	9	8	.407	.547	Batting #2	.330	91	30	9	1	3	12	12	12	.408	.549
Home	.347	170	59	14	1	6	33	24	22	.425	.547	Batting #3	.317	120	38	10	0	4	24	19	14	.410	.500
Away	.275	131	36	12	1	3	16	18	16	.367	.450	Other	.300	90	27	7	1	2	13	11	11	.379	.467
Day	.305	118	36	11	0	1	19	12	15	.361	.424	April	.263	76	20	5	1	2	10	8	12	.337	.434
Night	.322	183	59	15	2	8	30	30	23	.424	.557	May	1.000	2	2	0	0	0	1	2	0	1.000	1.000
Grass	.315	260	82	23	1	7	40	33	34	.393	.492	June	.333	90	30	9	1	2	12	11	11	.406	.522
Turf	.317	41	13	3	1	2	9	9	4	.440	.585	July	.348	92	32	9	0	4	19	18	11	.452	.576
First Pitch	.483	29	14	4	1	1	5	0	0	.483	.793	August	.268	41	11	3	0	1	7	3	4	.318	.415
Ahead in Count	.329	85	28	6	1	5	14	27	0	.487	.600	September/October	.000	0	0	0	0	0	0	0	0	.000	.000
Behind in Count	.239	109	26	7	0	0	14	0	30	.254	.303	Pre-All Star	.338	201	68	19	2	6	29	28	26	.418	.542
Two Strikes	.231	134	31	7	0	2	18	15	38	.313	.328	Post-All Star	.270	100	27	7	0	3	20	14	12	.364	.430

1994 By Position

Position	Avg	AB	H	2B	3B	HR	RBI	BB	SO	OBP	SLG	G	GS	Innings	PO	A	E	DP	Fld Pct	Rng Fctr	In Zone	Outs	Zone Rtg	MLB Zone
As ss	.321	296	95	26	2	9	48	42	36	.406	.514	83	82	719.2	134	239	8	54	.979	4.66	284	267	.940	.889

Career (1992-1994)

	Avg	AB	H	2B	3B	HR	RBI	BB	SO	OBP	SLG		Avg	AB	H	2B	3B	HR	RBI	BB	SO	OBP	SLG
vs. Left	.265	230	61	20	3	7	21	37	31	.370	.470	Scoring Posn	.298	262	78	22	1	5	111	45	36	.399	.447
vs. Right	.297	724	215	59	2	18	119	74	101	.363	.459	Close & Late	.263	156	41	14	0	7	23	16	26	.333	.487
Groundball	.298	181	54	16	0	1	24	18	26	.363	.403	None on/out	.274	215	59	16	1	5	5	24	22	.353	.428
Flyball	.289	253	73	21	2	6	37	29	30	.364	.458	Batting #8	.315	257	81	24	0	7	41	27	43	.392	.490
Home	.303	501	152	43	2	14	81	65	77	.384	.481	Batting #9	.295	227	67	15	5	3	34	23	26	.362	.445
Away	.274	453	124	36	3	11	59	46	55	.342	.439	Other	.272	470	128	40	3	13	65	61	63	.356	.453

401

Career (1992-1994)

	Avg	AB	H	2B	3B	HR	RBI	BB	SO	OBP	SLG		Avg	AB	H	2B	3B	HR	RBI	BB	SO	OBP	SLG
Day	.310	323	100	28	2	5	54	36	48	.376	.455	April	.231	104	24	5	1	5	17	10	16	.299	.442
Night	.279	631	176	51	3	20	86	75	84	.358	.464	May	.274	95	26	5	1	0	9	10	19	.343	.347
Grass	.293	823	241	68	3	21	120	93	119	.366	.459	June	.298	168	50	13	1	4	26	20	25	.372	.458
Turf	.267	131	35	11	2	4	20	18	13	.353	.473	July	.302	192	58	20	1	4	29	26	26	.383	.479
First Pitch	.400	110	44	16	1	5	23	2	0	.416	.700	August	.281	210	59	20	1	6	25	20	26	.343	.471
Ahead in Count	.344	256	88	32	3	11	40	65	0	.471	.621	September/October	.319	185	59	16	0	6	34	25	20	.407	.503
Behind in Count	.219	370	81	15	1	3	44	0	106	.229	.289	Pre-All Star	.287	436	125	34	3	11	65	49	67	.356	.454
Two Strikes	.209	402	84	14	1	8	44	44	132	.294	.271	Post-All Star	.292	518	151	45	2	14	75	62	65	.372	.467

Batter vs. Pitcher (career)

Hits Best Against	Avg	AB	H	2B	3B	HR	RBI	BB	SO	OBP	SLG	Hits Worst Against	Avg	AB	H	2B	3B	HR	RBI	BB	SO	OBP	SLG
Dave Fleming	.545	11	6	1	0	2	2	0	.615	.909		Mark Langston	.000	11	0	0	0	0	1	2	3	.154	.000
Jaime Navarro	.455	11	5	1	0	1	3	2	2	.500	.818	Chris Bosio	.067	15	1	0	0	0	0	1	4	.125	.067
Scott Kamieniecki	.400	20	8	1	0	1	2	4	1	.500	.600	Dave Stewart	.167	18	3	0	0	0	1	3	2	.286	.167
Melido Perez	.368	19	7	3	0	1	4	1	4	.400	.684	Bill Wegman	.214	14	3	1	0	0	0	0	1	.214	.286
Jim Deshaies	.308	13	4	1	2	0	2	1	2	.357	.692	Ben McDonald	.231	13	3	1	0	0	0	0	5	.286	.308

Jose Valentin — Brewers
Age 25 – Bats Both (flyball hitter)

	Avg	G	AB	R	H	2B	3B	HR	RBI	BB	SO	HBP	GDP	SB	CS	OBP	SLG	IBB	SH	SF	#Pit	#P/PA	GB	FB	G/F
1994 Season	.239	97	285	47	68	19	0	11	46	38	75	2	1	12	3	.330	.421	1	4	2	1307	3.95	64	93	0.69
Career (1992-1994)	.238	120	341	58	81	20	2	12	54	45	91	3	2	13	3	.329	.413	2	6	3	1564	3.93	80	113	0.71

1994 Season

	Avg	AB	H	2B	3B	HR	RBI	BB	SO	OBP	SLG		Avg	AB	H	2B	3B	HR	RBI	BB	SO	OBP	SLG
vs. Left	.135	52	7	2	0	3	8	17	.246	.173		Scoring Posn	.268	82	22	4	0	3	35	14	16	.374	.427
vs. Right	.262	233	61	17	0	11	43	30	58	.350	.476	Close & Late	.098	41	4	1	0	0	3	8	17	.240	.122
Groundball	.217	69	15	6	0	2	13	3	14	.257	.391	None on/out	.207	58	12	7	0	1	1	6	17	.281	.379
Flyball	.317	63	20	5	0	6	18	11	18	.449	.397	Batting #8	.071	14	1	0	0	0	1	2	3	.188	.071
Home	.283	145	41	12	0	8	30	15	36	.356	.531	Batting #9	.247	267	66	18	0	11	44	35	72	.337	.438
Away	.193	140	27	7	0	3	16	23	39	.305	.307	Other	.250	4	1	1	0	0	1	1	0	.400	.500
Day	.236	89	21	4	0	5	17	14	21	.340	.449	April	.222	18	4	2	0	0	3	2	4	.300	.333
Night	.240	196	47	15	0	6	29	24	54	.326	.408	May	.217	69	15	6	0	2	8	7	13	.291	.391
Grass	.255	243	62	17	0	11	43	31	63	.342	.461	June	.287	87	25	5	0	3	15	6	26	.333	.448
Turf	.143	42	6	2	0	0	3	7	12	.265	.190	July	.217	83	18	6	0	4	15	18	27	.356	.434
First Pitch	.250	40	10	3	0	2	10	1	0	.286	.475	August	.214	28	6	0	0	2	5	5	5	.353	.429
Ahead in Count	.259	58	15	6	0	3	15	17	0	.416	.517	September/October	.000	0	0	0	0	0	0	0	0	.000	.000
Behind in Count	.201	139	28	9	0	4	14	0	66	.207	.353	Pre-All Star	.255	204	52	18	0	9	30	23	54	.330	.431
Two Strikes	.177	141	25	8	0	5	13	20	75	.264	.340	Post-All Star	.198	81	16	1	0	5	16	15	21	.330	.395

1994 By Position

Position	Avg	AB	H	2B	3B	HR	RBI	BB	SO	OBP	SLG	G	GS	Innings	PO	A	E	DP	Fld Pct	Rng Fctr	In Zone	Outs	Zone Rtg	MLB Zone
As 2b	.182	33	6	1	0	1	6	3	10	.250	.303	18	8	94.2	21	50	0	11	1.000	6.75	53	51	.962	.889
As ss	.246	252	62	18	0	10	40	34	65	.338	.437	83	80	697.1	129	285	20	60	.954	5.34	337	304	.902	.889

Fernando Valenzuela — Phillies
Age 34 – Pitches Left

	ERA	W	L	Sv	G	GS	IP	BB	SO	Avg	H	2B	3B	HR	RBI	OBP	SLG	CG	ShO	Sup	QS	#P/S	SB	CS	GB	FB	G/F
1994 Season	3.00	1	2	0	8	7	45.0	7	19	.247	42	8	0	8	16	.274	.435	0	0	3.60	4	98	2	2	65	63	1.03
Last Five Years	4.68	22	27	0	75	73	434.1	166	217	.272	458	106	7	48	214	.336	.429	10	4	4.91	35	100	31	23	612	536	1.14

1994 Season

	ERA	W	L	Sv	G	GS	IP	H	HR	BB	SO		Avg	AB	H	2B	3B	HR	RBI	BB	SO	OBP	SLG
Home	2.76	1	0	0	5	5	32.2	28	5	7	17	vs. Left	.212	33	7	1	0	1	3	0	4	.206	.333
Away	3.65	0	2	0	3	2	12.1	14	3	0	2	vs. Right	.255	137	35	7	0	7	13	7	15	.290	.460

Last Five Years

	ERA	W	L	Sv	G	GS	IP	H	HR	BB	SO		Avg	AB	H	2B	3B	HR	RBI	BB	SO	OBP	SLG
Home	4.08	14	10	0	40	40	245.0	248	21	87	120	vs. Left	.294	289	85	17	1	10	41	34	45	.364	.464
Away	5.47	8	17	0	35	33	189.1	210	27	79	97	vs. Right	.268	1394	373	89	6	38	173	132	172	.331	.422
Day	5.23	6	7	0	16	15	86.0	92	8	35	37	Inning 1-6	.279	1464	408	91	7	44	198	144	195	.342	.441
Night	4.55	16	20	0	59	58	348.1	366	40	131	180	Inning 7+	.228	219	50	15	0	4	16	22	22	.298	.352
Grass	5.14	17	23	0	56	55	313.2	346	35	125	167	None on	.254	969	246	60	3	26	26	89	135	.318	.402
Turf	3.51	5	4	0	19	18	120.2	112	13	41	50	Runners on	.297	714	212	46	4	22	188	77	82	.361	.465
April	4.86	1	4	0	7	6	33.1	34	4	10	20	Scoring Posn	.291	413	120	27	2	10	156	48	53	.356	.438
May	4.13	4	5	0	12	12	76.1	73	9	32	38	Close & Late	.250	96	24	5	0	0	8	14	7	.345	.302
June	3.88	4	6	0	15	15	92.2	88	9	40	53	None on/out	.277	441	122	30	1	11	11	32	55	.326	.424
July	3.21	6	4	0	15	14	98.0	90	8	24	36	vs. 1st Batr (relief)	.000	2	0	0	0	0	0	0	0	.000	.000
August	6.40	4	4	0	14	14	71.2	87	13	29	43	First Inning Pitched	.291	299	87	21	3	10	48	27	41	.347	.482
September/October	6.79	3	4	0	12	12	62.1	86	5	31	27	First 75 Pitches	.278	1209	336	79	5	34	158	116	157	.339	.436
Starter	4.70	22	27	0	73	73	432.1	458	48	166	217	Pitch 76-90	.284	190	54	10	1	7	25	23	25	.369	.458
Reliever	0.00	0	0	0	2	0	2.0	0	0	0	0	Pitch 91-105	.224	156	35	10	1	3	16	18	20	.305	.359
0-3 Days Rest (St)	6.75	1	1	0	2	2	9.1	9	2	6	7	Pitch 106+	.258	128	33	7	0	4	15	9	15	.304	.406
4 Days Rest	4.96	11	18	0	44	44	261.1	287	27	101	127	First Pitch	.361	238	86	19	0	9	42	5	0	.370	.555
5+ Days Rest	4.18	10	8	0	27	27	161.2	162	19	59	83	Ahead in Count	.209	652	136	27	2	12	52	0	161	.211	.311
Pre-All Star	3.90	10	18	0	39	38	235.0	224	26	91	121	Behind in Count	.362	398	144	36	4	15	63	78	0	.463	.585
Post-All Star	5.61	12	9	0	36	35	199.0	234	22	75	96	Two Strikes	.171	731	125	28	2	11	53	83	217	.257	.260

Pitcher vs. Batter (since 1984)

Pitches Best Vs.	Avg	AB	H	2B	3B	HR	RBI	BB	SO	OBP	SLG	Pitches Worst Vs.	Avg	AB	H	2B	3B	HR	RBI	BB	SO	OBP	SLG
Mike Aldrete	.000	8	0	0	0	0	1	3	2	.250	.000	Kenny Lofton	.500	8	4	3	0	0	1	3	1	.636	.875
Tom Foley	.077	13	1	0	0	0	0	4	0	.077	.077	Charlie Hayes	.455	11	5	2	0	0	1	0	1	.455	.636
Ed Sprague	.083	12	1	0	0	0	0	0	1	.083	.083	John Olerud	.444	9	4	0	0	1	1	3	0	.583	.778
Lloyd McClendon	.091	11	1	0	0	0	1	0	2	.083	.091	Paul Molitor	.375	16	6	0	0	1	2	2	0	.444	.563
Felix Fermin	.133	15	2	0	0	0	0	0	5	.133	.133	Randy Ready	.370	27	10	1	1	2	5	8	3	.514	.704

Dave Valle — Brewers   Age 34 – Bats Right

	Avg	G	AB	R	H	2B	3B	HR	RBI	BB	SO	HBP	GDP	SB	CS	OBP	SLG	IBB	SH	SF	#Pit	#P/PA	GB	FB	G/F
1994 Season	.232	46	112	14	26	8	1	2	10	18	22	2	3	0	2	.348	.375	2	2	0	535	3.99	37	36	1.03
Last Five Years	.229	544	1534	176	352	66	3	39	168	172	233	43	58	2	6	.323	.353	7	27	8	6511	3.65	595	474	1.26

1994 Season

	Avg	AB	H	2B	3B	HR	RBI	BB	SO	OBP	SLG		Avg	AB	H	2B	3B	HR	RBI	BB	SO	OBP	SLG
vs. Left	.265	34	9	3	1	1	6	8	3	.405	.500	Scoring Posn	.200	25	5	1	1	0	6	9	5	.412	.320
vs. Right	.218	78	17	5	0	1	4	10	19	.322	.321	Close & Late	.091	11	1	1	0	0	0	5	1	.286	.182
Home	.241	54	13	6	1	1	6	6	12	.317	.444	None on/out	.286	21	6	2	0	0	0	2	4	.375	.381
Away	.224	58	13	2	0	1	4	12	10	.375	.310	Batting #8	.206	34	7	4	0	0	1	4	5	.289	.324
First Pitch	.273	11	3	1	0	0	2	1	0	.333	.364	Batting #9	.159	44	7	1	0	1	2	4	11	.245	.250
Ahead in Count	.296	27	8	2	0	0	3	14	0	.537	.370	Other	.353	34	12	3	1	1	7	10	6	.511	.588
Behind in Count	.167	54	9	2	1	1	3	0	21	.196	.296	Pre-All Star	.219	96	21	5	1	2	9	13	21	.324	.354
Two Strikes	.214	56	12	2	1	2	5	3	22	.279	.393	Post-All Star	.313	16	5	3	0	0	1	5	1	.476	.500

Last Five Years

	Avg	AB	H	2B	3B	HR	RBI	BB	SO	OBP	SLG		Avg	AB	H	2B	3B	HR	RBI	BB	SO	OBP	SLG
vs. Left	.252	488	123	18	1	18	61	56	62	.343	.404	Scoring Posn	.218	404	88	19	1	6	124	45	68	.308	.314
vs. Right	.219	1046	229	48	2	21	107	116	171	.313	.329	Close & Late	.218	238	52	8	1	4	24	22	38	.305	.311
Groundball	.290	348	101	18	0	11	49	35	51	.372	.437	None on/out	.236	368	87	21	1	10	10	39	48	.328	.380
Flyball	.211	361	76	12	2	13	38	52	58	.320	.363	Batting #8	.240	1058	254	49	1	23	120	122	163	.335	.353
Home	.225	775	174	43	2	13	80	75	127	.308	.335	Batting #9	.182	231	42	6	1	8	23	23	36	.272	.320
Away	.235	759	178	23	1	26	88	97	106	.338	.370	Other	.229	245	56	11	1	8	25	27	34	.317	.380
Day	.237	393	93	18	1	13	37	46	62	.329	.387	April	.235	281	66	7	1	9	30	29	57	.317	.363
Night	.227	1141	259	48	2	26	131	126	171	.321	.341	May	.212	231	49	9	0	4	18	32	31	.325	.303
Grass	.250	635	159	23	2	24	84	82	104	.346	.406	June	.223	238	53	11	0	8	26	19	33	.302	.370
Turf	.215	899	193	43	1	15	84	90	129	.306	.315	July	.215	233	50	10	2	6	23	19	34	.293	.352
First Pitch	.252	163	41	13	0	7	31	5	0	.298	.460	August	.225	258	58	11	0	6	26	37	38	.329	.337
Ahead in Count	.300	400	120	17	1	16	62	110	0	.458	.468	September/October	.259	293	76	18	0	6	45	36	40	.360	.382
Behind in Count	.192	708	136	22	2	9	48	0	203	.214	.267	Pre-All Star	.223	837	187	30	3	23	80	89	133	.314	.349
Two Strikes	.193	673	130	27	2	10	50	57	233	.273	.284	Post-All Star	.237	697	165	36	0	16	88	83	100	.333	.357

Batter vs. Pitcher (career)

Hits Best Against	Avg	AB	H	2B	3B	HR	RBI	BB	SO	OBP	SLG	Hits Worst Against	Avg	AB	H	2B	3B	HR	RBI	BB	SO	OBP	SLG
Joe Hesketh	.538	13	7	1	0	1	6	2	1	.563	.846	Scott Erickson	.000	14	0	0	0	0	1	4	5	.300	.000
Mark Guthrie	.462	13	6	0	0	1	4	0	2	.462	.692	Bret Saberhagen	.000	9	0	0	0	0	0	2	2	.182	.000
Jeff Ballard	.458	24	11	0	0	3	10	3	1	.500	.833	Tom Gordon	.071	14	1	0	0	0	0	4	6	.278	.071
Ben McDonald	.417	12	5	2	0	1	3	1	5	.563	.583	Teddy Higuera	.074	27	2	1	0	0	1	4	5	.212	.111
Charles Nagy	.400	15	6	2	0	1	2	0	0	.400	.733	Jeff Russell	.154	13	2	0	0	0	0	4	0	.143	.154

Ty Van Burkleo — Rockies   Age 31 – Bats Left

	Avg	G	AB	R	H	2B	3B	HR	RBI	BB	SO	HBP	GDP	SB	CS	OBP	SLG	IBB	SH	SF	#Pit	#P/PA	GB	FB	G/F
1994 Season	.000	2	5	0	0	0	0	0	0	1	0	0	0	0	0	.000	.000	0	0	0	13	2.60	0	2	0.00
Career (1993-1994)	.132	14	38	2	5	3	0	1	1	6	10	0	0	0	1	.250	.289	0	0	0	162	3.68	12	11	1.09

1994 Season

	Avg	AB	H	2B	3B	HR	RBI	BB	SO	OBP	SLG		Avg	AB	H	2B	3B	HR	RBI	BB	SO	OBP	SLG
vs. Left	.000	0	0	0	0	0	0	0	0	.000	.000	Scoring Posn	.000	1	0	0	0	0	0	0	1	.000	.000
vs. Right	.000	5	0	0	0	0	0	1	0	.000	.000	Close & Late	.000	2	0	0	0	0	0	0	0	.000	.000

Todd Van Poppel — Athletics   Age 23 – Pitches Right (flyball pitcher)

	ERA	W	L	Sv	G	GS	IP	BB	SO	Avg	H	2B	3B	HR	RBI	OBP	SLG	CG	ShO	Sup	QS	#P/S	SB	CS	GB	FB	G/F
1994 Season	6.09	7	10	0	23	23	116.2	89	83	.250	108	23	2	20	72	.379	.451	0	0	5.86	8	95	9	3	117	155	0.75
Career (1991-1994)	5.74	13	16	0	40	40	205.1	153	136	.250	191	40	5	31	122	.376	.437	0	0	5.87	12	95	15	9	200	284	0.70

1994 Season

	ERA	W	L	Sv	G	GS	IP	H	HR	BB	SO		Avg	AB	H	2B	3B	HR	RBI	BB	SO	OBP	SLG
Home	5.29	3	6	0	11	11	63.0	57	11	44	45	vs. Left	.269	216	58	13	1	14	46	57	44	.415	.532
Away	7.04	4	4	0	12	12	53.2	51	9	45	38	vs. Right	.231	216	50	10	1	6	26	32	39	.339	.370
Starter	6.09	7	10	0	23	23	116.2	108	20	89	83	Scoring Posn	.327	110	36	9	1	5	52	22	21	.431	.564
Reliever	0.00	0	0	0	0	0	0.0	0	0	0	0	Close & Late	.150	20	3	1	0	0	1	1	6	.190	.200
0-3 Days Rest (St)	11.37	0	2	0	2	2	6.1	12	2	7	5	None on/out	.274	113	31	4	0	8	8	22	18	.393	.540
4 Days Rest	5.86	6	5	0	12	12	66.0	62	9	44	46	First Pitch	.392	51	20	0	0	7	14	1	0	.404	.804
5+ Days Rest	5.68	1	3	0	9	9	44.1	34	9	38	32	Ahead in Count	.189	185	35	8	0	5	23	0	70	.196	.314
Pre-All Star	6.62	5	7	0	17	17	87.0	82	14	63	56	Behind in Count	.308	107	33	9	1	5	24	46	0	.510	.551
Post-All Star	4.55	2	3	0	6	6	29.2	26	6	26	27	Two Strikes	.167	209	35	9	0	5	23	42	83	.310	.282

Andy Van Slyke — Pirates
Age 34 – Bats Left

	Avg	G	AB	R	H	2B	3B	HR	RBI	BB	SO	HBP	GDP	SB	CS	OBP	SLG	IBB	SH	SF	#Pit	#P/PA	GB	FB	G/F
1994 Season	.246	105	374	41	92	18	3	6	30	52	72	2	7	7	0	.340	.358	7	0	2	1657	3.84	158	82	1.93
Last Five Years	.288	616	2295	340	661	126	32	62	329	271	385	13	40	54	12	.362	.452	19	3	30	9982	3.81	826	684	1.21

1994 Season

	Avg	AB	H	2B	3B	HR	RBI	BB	SO	OBP	SLG		Avg	AB	H	2B	3B	HR	RBI	BB	SO	OBP	SLG
vs. Left	.255	106	27	6	2	1	8	12	19	.333	.377	Scoring Posn	.181	94	17	4	0	0	21	19	17	.325	.223
vs. Right	.243	268	65	12	1	5	22	40	53	.342	.351	Close & Late	.185	54	10	3	0	0	3	13	14	.343	.241
Groundball	.248	149	37	5	1	0	8	22	28	.345	.295	None on/out	.305	59	18	4	2	1	1	5	12	.359	.492
Flyball	.159	69	11	4	0	2	6	11	20	.284	.304	Batting #3	.246	309	76	16	2	6	27	47	60	.347	.369
Home	.265	200	53	9	2	4	16	23	37	.338	.390	Batting #5	.225	40	9	2	0	0	2	3	9	.279	.275
Away	.224	174	39	9	1	2	14	29	35	.341	.322	Other	.280	25	7	2	1	0	1	2	3	.333	.360
Day	.337	101	34	5	1	4	11	14	13	.417	.525	April	.210	81	17	3	0	1	4	10	13	.297	.284
Night	.212	273	58	13	2	2	19	38	59	.311	.297	May	.238	105	25	5	1	3	12	16	23	.344	.390
Grass	.238	84	20	2	1	2	9	11	16	.340	.357	June	.317	60	19	3	1	0	3	16	8	.455	.400
Turf	.248	290	72	16	2	4	21	41	56	.339	.359	July	.211	95	20	5	0	2	9	9	23	.283	.326
First Pitch	.263	57	15	4	0	0	3	6	0	.333	.333	August	.333	33	11	2	1	0	2	1	5	.353	.455
Ahead in Count	.317	82	26	6	1	2	11	23	0	.472	.488	September/October	.000	0	0	0	0	0	0	0	0	.000	.000
Behind in Count	.174	161	28	5	1	2	9	0	50	.172	.255	Pre-All Star	.257	284	73	13	2	6	24	46	55	.363	.380
Two Strikes	.192	167	32	6	0	3	12	23	72	.286	.281	Post-All Star	.211	90	19	5	1	0	6	6	17	.258	.289

1994 By Position

Position	Avg	AB	H	2B	3B	HR	RBI	BB	SO	OBP	SLG	G	GS	Innings	PO	A	E	DP	Fld Pct	Rng Fctr	In Zone	Outs	Zone Rtg	MLB Zone
As cf	.248	367	91	18	3	6	30	51	72	.341	.362	99	97	843.2	238	9	2	1	.992	2.63	293	229	.782	.824

Last Five Years

	Avg	AB	H	2B	3B	HR	RBI	BB	SO	OBP	SLG		Avg	AB	H	2B	3B	HR	RBI	BB	SO	OBP	SLG
vs. Left	.264	865	228	43	11	15	114	86	154	.331	.391	Scoring Posn	.290	596	173	31	10	10	230	97	106	.379	.426
vs. Right	.303	1430	433	83	21	47	215	185	231	.381	.489	Close & Late	.264	375	99	17	0	8	48	46	72	.338	.373
Groundball	.276	760	210	36	9	16	108	108	127	.366	.411	None on/out	.275	393	108	30	3	8	8	41	75	.348	.427
Flyball	.261	459	120	26	8	15	74	60	91	.342	.451	Batting #3	.291	2158	627	123	31	61	315	257	361	.365	.461
Home	.274	1152	315	64	14	30	163	122	187	.341	.432	Batting #5	.225	40	9	2	0	0	2	3	9	.279	.275
Away	.302	1143	345	62	18	32	166	149	198	.383	.472	Other	.258	97	25	1	1	1	12	11	15	.330	.320
Day	.310	639	198	40	8	23	91	70	114	.377	.505	April	.259	374	97	16	4	11	60	50	61	.344	.412
Night	.280	1656	463	86	24	39	238	201	271	.357	.431	May	.319	473	151	27	8	11	71	71	75	.411	.480
Grass	.315	631	199	29	8	23	96	81	105	.396	.496	June	.276	373	103	16	5	4	36	42	68	.346	.378
Turf	.278	1664	462	97	24	39	233	190	280	.349	.435	July	.278	352	98	21	6	14	57	47	60	.360	.491
First Pitch	.347	337	117	20	3	8	65	14	0	.374	.496	August	.293	307	90	15	5	11	38	31	57	.359	.482
Ahead in Count	.338	557	188	36	10	26	95	143	0	.470	.578	September/October	.293	416	122	31	4	11	57	30	64	.339	.466
Behind in Count	.227	963	219	39	14	12	98	0	304	.228	.334	Pre-All Star	.291	1365	397	69	18	34	193	180	233	.373	.442
Two Strikes	.214	1005	215	45	13	18	101	112	385	.290	.338	Post-All Star	.284	930	264	57	14	28	136	91	152	.347	.466

Batter vs. Pitcher (since 1984)

Hits Best Against	Avg	AB	H	2B	3B	HR	RBI	BB	SO	OBP	SLG	Hits Worst Against	Avg	AB	H	2B	3B	HR	RBI	BB	SO	OBP	SLG
Ben Rivera	.625	16	10	0	2	1	2	1	0	.647	1.063	Darryl Kile	.000	11	0	0	0	0	1	2	0	.143	.000
Frank Castillo	.526	19	10	1	0	1	2	5	1	3	.550	.947	Jeff Fassero	.071	14	1	1	0	0	1	2	6	.188	.143
Roger McDowell	.500	24	12	3	0	2	5	4	3	.571	.875	Rob Murphy	.083	12	1	1	0	0	0	1	4	.154	.167
Armando Reynoso	.500	8	4	1	0	1	3	2	0	.636	1.000	Bill Swift	.091	11	1	1	0	0	0	0	2	.091	.182
Shawn Boskie	.429	14	6	0	1	2	3	3	2	.526	1.000	Zane Smith	.100	20	2	0	0	0	0	0	8	.100	.100

John VanderWal — Rockies
Age 29 – Bats Left

	Avg	G	AB	R	H	2B	3B	HR	RBI	BB	SO	HBP	GDP	SB	CS	OBP	SLG	IBB	SH	SF	#Pit	#P/PA	GB	FB	G/F
1994 Season	.245	91	110	12	27	3	1	5	15	16	31	0	4	2	1	.339	.427	0	0	1	497	3.91	37	21	1.76
Career (1991-1994)	.235	323	599	71	141	22	8	15	73	68	115	1	12	11	4	.313	.374	4	0	3	2481	3.70	231	160	1.44

1994 Season

	Avg	AB	H	2B	3B	HR	RBI	BB	SO	OBP	SLG		Avg	AB	H	2B	3B	HR	RBI	BB	SO	OBP	SLG
vs. Left	.500	4	2	0	0	0	0	0	1	.500	.500	Scoring Posn	.310	29	9	1	1	1	9	4	9	.382	.517
vs. Right	.236	106	25	3	1	5	15	16	30	.333	.425	Close & Late	.103	29	3	0	1	0	2	3	11	.182	.172
Home	.250	48	12	2	0	1	5	7	16	.345	.354	None on/out	.350	20	7	0	0	1	1	2	3	.409	.500
Away	.242	62	15	1	1	4	10	9	15	.333	.484	Batting #5	.200	25	5	1	0	3	5	1	6	.231	.600
First Pitch	.273	22	6	1	0	3	6	0	0	.261	.727	Batting #9	.256	43	11	2	0	1	5	8	9	.373	.372
Ahead in Count	.444	18	8	1	0	2	6	3	0	.524	.833	Other	.262	42	11	0	1	1	7	5	16	.360	.381
Behind in Count	.200	50	10	1	0	2	0	25	.200	.260	Pre-All Star	.233	73	17	3	1	4	11	8	22	.305	.466
Two Strikes	.196	56	11	1	1	0	3	13	31	.348	.250	Post-All Star	.270	37	10	0	0	1	4	8	9	.400	.351

Career (1991-1994)

	Avg	AB	H	2B	3B	HR	RBI	BB	SO	OBP	SLG		Avg	AB	H	2B	3B	HR	RBI	BB	SO	OBP	SLG
vs. Left	.182	66	12	1	0	0	2	6	16	.247	.197	Scoring Posn	.247	178	44	11	3	3	54	24	43	.332	.393
vs. Right	.242	533	129	21	8	15	71	62	99	.321	.396	Close & Late	.161	124	20	1	2	1	11	21	36	.281	.226
Groundball	.238	214	51	8	3	8	27	31	31	.308	.416	None on/out	.242	330	4	1	5	5	9	17	.299	.411
Flyball	.206	107	22	3	1	3	0	8	16	25	.309	.252	Batting #3	.288	118	34	6	1	2	11	18	.354	.407
Home	.248	230	57	11	4	28	32	40	.342	.357	Batting #9	.200	95	19	4	0	1	9	16	20	.315	.274
Away	.228	369	84	11	7	11	45	36	75	.294	.385	Other	.228	386	88	12	7	12	53	41	77	.300	.389
Day	.249	233	58	6	5	3	27	27	46	.314	.356	April	.250	96	24	3	3	1	10	11	.333	.375
Night	.227	366	83	16	3	12	46	47	69	.313	.385	May	.264	87	23	3	1	4	13	9	23	.333	.460
Grass	.249	257	64	6	6	8	30	25	57	.314	.412	June	.253	79	20	1	0	4	16	9	17	.323	.405
Turf	.225	342	77	16	2	7	43	43	58	.312	.345	July	.234	124	29	1	0	3	14	16	24	.319	.315
First Pitch	.319	94	30	6	1	6	18	4	0	.340	.596	August	.234	94	22	3	1	2	9	16	15	.345	.351

	Avg	AB	H	2B	3B	HR	RBI	BB	SO	OBP	SLG		Avg	AB	H	2B	3B	HR	RBI	BB	SO	OBP	SLG
							Career (1991-1994)																
Ahead in Count	.264	140	37	4	4	4	21	31	0	.395	.436	September/October	.191	115	22	8	3	1	11	7	25	.236	.339
Behind in Count	.190	248	47	5	2	4	17	0	96	.193	.274	Pre-All Star	.259	317	82	10	4	10	43	37	62	.336	.410
Two Strikes	.163	264	43	5	2	1	22	33	115	.258	.208	Post-All Star	.209	282	59	12	4	5	30	31	53	.287	.333
							Batter vs. Pitcher (career)																
Hits Best Against	Avg	AB	H	2B	3B	HR	RBI	BB	SO	OBP	SLG	Hits Worst Against	Avg	AB	H	2B	3B	HR	RBI	BB	SO	OBP	SLG
Jose Rijo	.417	12	5	0	0	1	2	1	2	.462	.667	Omar Olivares	.067	15	1	0	0	0	0	0	2	.067	.067
Doug Drabek	.350	20	7	4	0	1	4	4	1	.458	.700	Ramon Martinez	.071	14	1	1	0	0	0	2	3	.188	.143
Bill Swift	.333	12	4	0	0	1	1	2	0	.429	.583	Kevin Gross	.143	14	2	0	0	0	1	0	4	.143	.143
												Andy Benes	.231	13	3	1	0	0	2	1	3	.266	.308

Tim Vanegmond — Red Sox
Age 26 – Pitches Right

	ERA	W	L	Sv	G	GS	IP	BB	SO	Avg	H	2B	3B	HR	RBI	OBP	SLG	CG	ShO	Sup	QS	#P/S	SB	CS	GB	FB	G/F
1994 Season	6.34	2	3	0	7	7	38.1	21	22	.255	38	6	2	7	25	.341	.463	1	0	6.57	3	91	6	0	51	47	1.09

1994 Season

	ERA	W	L	Sv	G	GS	IP	H	HR	BB	SO		Avg	AB	H	2B	3B	HR	RBI	BB	SO	OBP	SLG
Home	4.50	2	1	0	5	5	30.0	29	5	14	14	vs. Left	.250	60	15	4	1	3	14	14	9	.387	.500
Away	12.96	0	2	0	2	2	8.1	9	2	7	8	vs. Right	.258	89	23	2	1	4	11	7	13	.306	.438

William VanLandingham — Giants
Age 24 – Pitches Right (flyball pitcher)

	ERA	W	L	Sv	G	GS	IP	BB	SO	Avg	H	2B	3B	HR	RBI	OBP	SLG	CG	ShO	Sup	QS	#P/S	SB	CS	GB	FB	G/F
1994 Season	3.54	8	2	0	16	14	84.0	43	56	.223	70	18	1	4	31	.319	.325	0	0	6.32	8	91	15	3	98	104	0.94

1994 Season

	ERA	W	L	Sv	G	GS	IP	H	HR	BB	SO		Avg	AB	H	2B	3B	HR	RBI	BB	SO	OBP	SLG
Home	2.76	4	0	0	7	7	42.1	34	2	22	32	vs. Left	.242	149	36	10	0	0	12	17	14	.325	.309
Away	4.32	4	2	0	9	7	41.2	36	2	21	24	vs. Right	.206	165	34	8	1	4	19	26	42	.314	.339
Starter	3.68	8	2	0	14	14	78.1	68	4	39	52	Scoring Posn	.233	86	20	3	0	2	27	16	22	.356	.337
Reliever	1.59	0	0	0	2	0	5.2	2	0	4	4	Close & Late	.500	8	4	0	0	0	0	1	0	.500	.500
0-3 Days Rest (St)	2.13	2	0	0	2	2	12.2	13	0	6	6	None on/out	.177	79	14	6	0	0	0	10	12	.270	.253
4 Days Rest	3.93	3	1	0	7	7	36.2	35	3	20	28	First Pitch	.240	50	12	1	0	2	11	2	0	.269	.380
5+ Days Rest	4.03	3	1	0	5	5	29.0	20	1	13	18	Ahead in Count	.142	141	20	8	0	0	4	0	50	.141	.199
Pre-All Star	3.31	4	1	0	10	9	51.2	46	3	26	37	Behind in Count	.317	60	19	4	0	1	11	26	0	.523	.433
Post-All Star	3.90	4	1	0	6	5	32.1	24	1	17	19	Two Strikes	.160	144	23	8	0	6	15	56	0	.244	.215

Gary Varsho — Pirates
Age 34 – Bats Left

	Avg	G	AB	R	H	2B	3B	HR	RBI	BB	SO	HBP	GDP	SB	CS	OBP	SLG	IBB	SH	SF	#Pit	#P/PA	GB	FB	G/F
1994 Season	.256	67	82	15	21	6	3	0	5	4	19	2	1	0	1	.307	.402	1	2	0	323	3.59	24	19	1.26
Last Five Years	.247	392	574	78	142	33	8	10	62	43	110	5	7	17	5	.304	.385	5	6	3	2192	3.47	191	167	1.14

1994 Season

	Avg	AB	H	2B	3B	HR	RBI	BB	SO	OBP	SLG		Avg	AB	H	2B	3B	HR	RBI	BB	SO	OBP	SLG
vs. Left	.231	13	3	1	0	0	1	0	3	.286	.308	Scoring Posn	.150	20	3	0	1	0	3	3	7	.320	.250
vs. Right	.261	69	18	5	3	0	4	4	16	.311	.420	Close & Late	.211	19	4	1	2	0	1	2	4	.318	.474

Last Five Years

	Avg	AB	H	2B	3B	HR	RBI	BB	SO	OBP	SLG		Avg	AB	H	2B	3B	HR	RBI	BB	SO	OBP	SLG
vs. Left	.237	38	9	2	0	1	4	0	10	.275	.368	Scoring Posn	.221	149	33	8	1	5	49	18	36	.316	.389
vs. Right	.248	536	133	31	8	9	58	43	100	.306	.386	Close & Late	.227	150	34	9	3	0	12	11	29	.285	.327
Groundball	.231	225	52	12	4	3	19	16	37	.285	.360	None on/out	.272	162	44	13	1	1	1	9	30	.314	.383
Flyball	.278	126	35	7	1	4	16	6	25	.313	.444	Batting #6	.218	119	26	6	2	2	12	9	19	.271	.353
Home	.232	285	66	15	6	5	26	20	52	.288	.379	Batting #9	.247	178	44	9	3	4	18	12	39	.303	.399
Away	.263	289	76	18	2	5	36	23	58	.320	.391	Other	.260	277	72	18	3	4	32	22	52	.319	.390
Day	.299	204	61	19	3	5	31	12	28	.338	.495	April	.310	58	18	6	1	1	8	8	11	.406	.500
Night	.219	370	81	14	5	5	31	31	82	.286	.324	May	.215	79	17	5	2	0	6	7	18	.279	.329
Grass	.274	175	48	14	2	3	18	13	34	.323	.429	June	.213	127	27	5	2	1	12	8	26	.265	.307
Turf	.236	399	94	19	6	7	44	30	76	.296	.366	July	.271	155	42	10	3	4	20	12	24	.321	.452
First Pitch	.316	98	31	4	1	3	14	4	0	.346	.469	August	.190	63	12	2	0	5	1	17	21	.215	.222
Ahead in Count	.293	133	39	9	2	1	17	23	0	.401	.414	September/October	.283	92	26	5	0	4	11	7	14	.337	.467
Behind in Count	.188	266	50	16	3	4	20	0	99	.194	.316	Pre-All Star	.256	332	85	22	7	5	38	25	62	.312	.410
Two Strikes	.184	244	45	11	3	2	15	15	110	.229	.279	Post-All Star	.236	242	57	11	1	5	24	18	48	.293	.351

							Batter vs. Pitcher (career)																
Hits Best Against	Avg	AB	H	2B	3B	HR	RBI	BB	SO	OBP	SLG	Hits Worst Against	Avg	AB	H	2B	3B	HR	RBI	BB	SO	OBP	SLG
David Cone	.471	17	8	3	0	0	3	0	2	.471	.647	John Smoltz	.053	19	1	0	0	0	0	4	4	.217	.053
Andy Benes	.455	11	5	2	0	0	2	1	2	.500	.636	Dwight Gooden	.083	12	1	0	1	0	2	1	4	.154	.250
Darryl Kile	.417	12	5	0	1	1	2	1	3	.462	.833	Tommy Greene	.143	14	2	0	0	1	2	0	4	.143	.357
Mike Morgan	.375	16	6	1	0	1	0	3	0	.375	.563	Jose Rijo	.154	13	2	1	0	0	1	1	1	.214	.231
Bill Sampen	.364	11	4	1	0	0	1	0	0	.364	.455	Mark Gardner	.167	12	2	0	0	0	0	1	1	.167	.167

Greg Vaughn — Brewers
Age 29 – Bats Right (flyball hitter)

	Avg	G	AB	R	H	2B	3B	HR	RBI	BB	SO	HBP	GDP	SB	CS	OBP	SLG	IBB	SH	SF	#Pit	#P/PA	GB	FB	G/F
1994 Season	.254	95	370	59	94	24	1	19	55	51	93	1	6	9	5	.345	.478	6	0	1	1641	3.88	93	125	0.74
Last Five Years	.244	655	2364	365	576	120	12	116	389	295	550	13	36	43	33	.328	.452	24	11	23	10158	3.75	639	828	0.77

1994 Season

	Avg	AB	H	2B	3B	HR	RBI	BB	SO	OBP	SLG		Avg	AB	H	2B	3B	HR	RBI	BB	SO	OBP	SLG
vs. Left	.266	64	17	4	0	7	14	13	9	.390	.656	Scoring Posn	.238	101	24	6	0	3	31	26	26	.386	.386
vs. Right	.252	306	77	20	1	12	41	38	84	.335	.441	Close & Late	.094	53	5	1	0	0	0	5	18	.172	.113
Groundball	.262	84	22	8	0	5	15	9	14	.333	.536	None on/out	.273	77	21	6	1	2	2	9	20	.349	.455
Flyball	.305	95	29	5	1	4	15	12	22	.383	.505	Batting #3	.268	56	15	5	0	5	13	8	11	.359	.625
Home	.292	178	52	15	1	9	28	25	52	.377	.539	Batting #4	.246	260	64	16	1	8	33	38	70	.343	.408
Away	.219	192	42	9	0	10	27	26	41	.315	.422	Other	.278	54	15	3	0	6	9	5	12	.339	.667
Day	.259	112	29	6	0	8	19	17	25	.354	.527	April	.211	19	4	1	0	1	2	4	7	.333	.421
Night	.252	258	65	18	1	11	36	34	68	.341	.457	May	.232	99	23	6	0	8	21	13	25	.321	.535
Grass	.259	301	78	21	1	16	45	42	72	.351	.495	June	.287	101	29	8	1	9	20	22	22	.419	.653
Turf	.232	69	16	3	0	3	10	9	21	.321	.406	July	.275	109	30	8	0	1	10	8	27	.325	.376
First Pitch	.357	56	20	4	0	5	14	3	0	.400	.696	August	.190	42	8	1	0	0	2	4	12	.261	.214
Ahead in Count	.356	73	26	5	0	6	12	24	0	.510	.671	September/October	.000	0	0	0	0	0	0	0	0	.000	.000
Behind in Count	.139	158	22	5	1	2	10	0	71	.139	.222	Pre-All Star	.265	260	69	19	1	18	47	41	68	.366	.554
Two Strikes	.141	177	25	4	0	3	13	24	93	.244	.237	Post-All Star	.227	110	25	5	0	1	8	10	25	.292	.300

1994 By Position

Position	Avg	AB	H	2B	3B	HR	RBI	BB	SO	OBP	SLG	G	GS	Innings	PO	A	E	DP	Fld Pct	Rng Fctr	In Zone	Outs	Zone Rtg	MLB Zone
As Designated Hitter	.226	53	12	1	0	1	3	12	15	.364	.302	14	14	---	---	---	---	---	---	---	---	---	---	---
As lf	.256	316	81	23	1	18	52	39	78	.340	.506	81	81	701.0	162	5	3	0	.982	2.14	184	157	.853	.815

Last Five Years

	Avg	AB	H	2B	3B	HR	RBI	BB	SO	OBP	SLG		Avg	AB	H	2B	3B	HR	RBI	BB	SO	OBP	SLG
vs. Left	.253	616	156	34	4	29	93	100	121	.355	.463	Scoring Posn	.271	639	173	38	1	29	271	121	160	.378	.469
vs. Right	.240	1748	420	86	8	87	296	195	429	.318	.448	Close & Late	.189	365	69	10	0	10	43	50	96	.286	.299
Groundball	.251	585	147	31	5	22	99	60	121	.319	.434	None on/out	.231	592	137	31	6	32	32	61	120	.306	.466
Flyball	.235	536	126	21	2	31	87	66	144	.319	.455	Batting #4	.240	1098	264	52	4	49	169	157	261	.335	.429
Home	.255	1142	291	64	5	57	203	157	262	.344	.469	Batting #5	.251	470	118	26	3	25	91	52	109	.335	.479
Away	.233	1222	285	56	7	59	186	138	288	.313	.435	Other	.244	796	194	42	5	42	129	86	180	.320	.467
Day	.247	701	173	32	5	35	116	103	164	.344	.456	April	.272	243	66	16	2	15	45	41	57	.375	.539
Night	.242	1663	403	88	7	81	273	192	386	.321	.450	May	.228	429	98	19	1	27	83	62	103	.326	.466
Grass	.244	2018	492	102	10	102	339	250	459	.327	.456	June	.252	433	109	28	3	23	86	47	94	.328	.490
Turf	.243	346	84	18	2	14	50	45	91	.337	.428	July	.244	476	116	25	4	15	61	34	124	.296	.408
First Pitch	.291	392	114	20	2	28	80	17	0	.321	.528	August	.220	377	83	12	1	16	46	61	82	.328	.385
Ahead in Count	.321	552	177	36	6	40	133	140	0	.452	.625	September/October	.256	406	104	20	1	20	68	50	90	.337	.458
Behind in Count	.171	961	164	32	3	22	84	0	424	.175	.279	Pre-All Star	.255	1279	326	75	7	69	235	161	300	.340	.486
Two Strikes	.159	1079	172	40	2	29	106	137	550	.256	.281	Post-All Star	.230	1085	250	45	5	47	154	134	250	.314	.411

Batter vs. Pitcher (career)

Hits Best Against	Avg	AB	H	2B	3B	HR	RBI	BB	SO	OBP	SLG	Hits Worst Against	Avg	AB	H	2B	3B	HR	RBI	BB	SO	OBP	SLG
Doug Jones	.500	12	6	4	0	1	3	0	1	.500	1.083	Mark Guthrie	.000	13	0	0	0	0	0	1	4	.071	.000
Scott Erickson	.450	20	9	3	0	3	9	2	5	.500	1.050	Tim Leary	.000	11	0	0	0	0	1	2	3	.143	.000
Paul Quantrill	.417	12	5	1	0	2	3	1	0	.462	1.000	Eric Plunk	.000	11	0	0	0	0	0	2	5	.154	.000
Ron Darling	.381	21	8	2	0	3	5	6	1	.519	.905	Hipolito Pichardo	.000	10	0	0	0	0	0	2	1	.167	.000
Mike Moore	.375	24	9	2	1	4	6	6	1	.500	1.042	Mike Gardiner	.083	12	1	0	0	0	1	0	2	.077	.083

Mo Vaughn — Red Sox
Age 27 – Bats Left

	Avg	G	AB	R	H	2B	3B	HR	RBI	BB	SO	HBP	GDP	SB	CS	OBP	SLG	IBB	SH	SF	#Pit	#P/PA	GB	FB	G/F
1994 Season	.310	111	394	65	122	25	1	26	82	57	112	10	6	4	4	.408	.576	20	0	2	1752	3.78	96	106	0.91
Career (1991-1994)	.280	450	1507	214	422	87	4	72	272	209	352	23	35	13	11	.373	.486	52	0	16	6595	3.76	479	399	1.20

1994 Season

	Avg	AB	H	2B	3B	HR	RBI	BB	SO	OBP	SLG		Avg	AB	H	2B	3B	HR	RBI	BB	SO	OBP	SLG
vs. Left	.310	126	39	8	0	11	31	10	38	.386	.635	Scoring Posn	.327	113	37	10	1	6	54	28	34	.469	.593
vs. Right	.310	268	83	17	1	15	51	47	74	.418	.549	Close & Late	.278	54	15	3	0	3	11	14	9	.420	.500
Groundball	.236	72	17	7	0	3	8	13	21	.353	.458	None on/out	.264	91	24	5	0	6	6	7	30	.330	.516
Flyball	.323	99	32	8	0	4	14	13	23	.422	.525	Batting #3	.276	145	40	7	0	9	29	23	36	.387	.510
Home	.302	215	65	12	0	15	45	35	66	.411	.581	Batting #4	.352	199	70	15	1	14	47	25	65	.437	.648
Away	.318	179	57	13	1	11	37	22	46	.405	.587	Other	.240	50	12	3	0	3	6	9	11	.361	.480
Day	.358	148	53	6	0	11	29	21	47	.451	.622	April	.360	89	32	4	1	5	18	14	23	.448	.596
Night	.280	246	69	19	1	15	53	36	65	.382	.549	May	.290	93	27	6	0	8	18	11	26	.377	.613
Grass	.305	348	106	18	0	23	68	51	100	.406	.555	June	.290	93	27	5	0	6	22	12	25	.385	.538
Turf	.348	46	16	7	1	3	14	6	12	.423	.739	July	.272	81	22	6	0	5	16	9	27	.359	.531
First Pitch	.390	41	16	1	0	4	9	2	0	.621	.707	August	.368	38	14	4	0	2	8	11	11	.529	.632
Ahead in Count	.432	88	38	9	0	8	23	25	0	.557	.807	September/October	.000	0	0	0	0	0	0	0	0	.000	.000
Behind in Count	.214	201	43	9	0	4	32	0	97	.224	.358	Pre-All Star	.309	298	92	16	1	21	63	40	79	.399	.581
Two Strikes	.226	217	49	13	1	8	35	12	112	.268	.406	Post-All Star	.313	96	30	9	0	5	19	17	33	.436	.563

1994 By Position

Position	Avg	AB	H	2B	3B	HR	RBI	BB	SO	OBP	SLG	G	GS	Innings	PO	A	E	DP	Fld Pct	Rng Fctr	In Zone	Outs	Zone Rtg	MLB Zone
As 1b	.314	388	122	25	1	26	82	57	111	.414	.585	107	106	920.1	879	57	10	103	.989	---	167	132	.790	.818

Career (1991-1994)

	Avg	AB	H	2B	3B	HR	RBI	BB	SO	OBP	SLG		Avg	AB	H	2B	3B	HR	RBI	BB	SO	OBP	SLG
vs. Left	.261	402	105	22	0	28	91	38	111	.341	.525	Scoring Posn	.315	406	128	29	1	21	204	96	108	.439	.547
vs. Right	.287	1105	317	65	4	44	181	171	241	.384	.472	Close & Late	.250	240	60	7	2	9	35	32	54	.341	.408
Groundball	.259	270	70	15	0	10	44	41	57	.361	.426	None on/out	.251	378	95	24	1	18	18	39	90	.326	.463
Flyball	.262	382	100	19	0	17	54	48	90	.353	.445	Batting #4	.297	455	135	25	1	27	88	60	131	.385	.534
Home	.305	794	242	54	3	37	154	116	187	.398	.520	Batting #5	.280	539	151	39	2	24	89	69	103	.370	.494
Away	.252	713	180	33	1	35	118	93	165	.344	.449	Other	.265	513	136	23	1	21	95	80	118	.365	.437
Day	.313	515	161	27	0	26	101	85	118	.414	.517	April	.340	206	70	15	1	11	41	35	48	.433	.583
Night	.263	992	261	60	4	46	171	124	234	.351	.471	May	.277	213	59	9	1	11	37	34	56	.384	.484
Grass	.280	1313	368	73	3	62	234	186	303	.375	.482	June	.277	220	61	14	0	11	40	34	53	.384	.491
Turf	.278	194	54	14	1	10	38	23	49	.355	.515	July	.273	308	84	15	1	18	69	37	73	.355	.503
First Pitch	.365	181	66	9	0	12	35	49	0	.515	.613	August	.277	274	76	16	0	10	39	41	51	.375	.445
Ahead in Count	.388	361	140	34	1	21	88	97	0	.510	.662	September/October	.252	286	72	18	1	11	46	28	71	.326	.437
Behind in Count	.199	693	138	29	3	20	94	0	287	.211	.336	Pre-All Star	.290	755	219	41	3	42	152	118	187	.391	.519
Two Strikes	.181	742	134	30	1	22	91	63	352	.252	.313	Post-All Star	.270	752	203	46	1	30	120	91	165	.354	.453

Batter vs. Pitcher (career)

Hits Best Against	Avg	AB	H	2B	3B	HR	RBI	BB	SO	OBP	SLG	Hits Worst Against	Avg	AB	H	2B	3B	HR	RBI	BB	SO	OBP	SLG
Todd Van Poppel	.625	8	5	1	0	2	6	4	1	.750	1.500	Jack McDowell	.080	25	2	0	0	0	1	2	6	.148	.080
Kirk McCaskill	.538	13	7	1	0	2	6	2	0	.625	1.077	Wilson Alvarez	.091	11	1	0	0	0	2	4	3	.333	.091
Bob Welch	.455	11	5	2	0	2	3	1	2	.500	1.182	Tom Gordon	.133	15	2	0	0	0	0	0	5	.133	.133
Jimmy Key	.381	21	8	1	0	3	6	1	2	.409	.857	Pat Hentgen	.143	21	3	0	0	0	1	0	6	.143	.143
Kenny Rogers	.364	11	4	1	0	2	3	0	4	.417	1.000	Bill Wegman	.143	14	2	0	0	0	0	1	1	.200	.143

Randy Velarde — Yankees
Age 32 – Bats Right (groundball hitter)

	Avg	G	AB	R	H	2B	3B	HR	RBI	BB	SO	HBP	GDP	SB	CS	OBP	SLG	IBB	SH	SF	#Pit	#P/PA	GB	FB	G/F
1994 Season	.279	77	280	47	78	16	1	9	34	22	61	4	7	4	2	.338	.439	0	2	2	1123	3.62	98	76	1.29
Last Five Years	.264	458	1331	172	351	70	7	29	138	116	274	14	44	16	10	.327	.392	3	16	10	5483	3.69	520	321	1.62

1994 Season

	Avg	AB	H	2B	3B	HR	RBI	BB	SO	OBP	SLG		Avg	AB	H	2B	3B	HR	RBI	BB	SO	OBP	SLG
vs. Left	.278	126	35	7	0	5	10	9	25	.331	.452	Scoring Posn	.262	84	22	5	0	2	24	12	16	.354	.393
vs. Right	.279	154	43	9	1	4	24	13	36	.343	.429	Close & Late	.231	39	9	0	0	4	6	11	.333	.231
Groundball	.291	79	23	1	1	2	8	4	17	.329	.405	None on/out	.323	62	20	3	0	3	3	4	12	.373	.516
Flyball	.170	53	9	1	0	2	3	2	12	.200	.302	Batting #2	.235	68	16	3	0	3	7	4	17	.278	.412
Home	.230	126	29	5	0	3	10	11	26	.298	.341	Batting #8	.280	118	33	7	1	4	14	9	32	.336	.458
Away	.318	154	49	11	1	6	24	11	35	.371	.519	Other	.309	94	29	6	0	2	13	9	12	.380	.436
Day	.240	104	25	3	0	4	13	8	23	.298	.385	April	.326	43	14	4	0	0	5	5	6	.412	.419
Night	.301	176	53	13	1	5	21	14	38	.361	.472	May	.261	69	18	3	0	3	8	2	16	.297	.435
Grass	.281	228	64	11	0	7	21	19	49	.344	.421	June	.275	69	19	2	0	3	7	8	16	.351	.435
Turf	.269	52	14	5	1	2	13	3	12	.309	.519	July	.261	88	23	6	1	2	10	7	22	.316	.420
First Pitch	.306	36	11	3	0	2	5	0	0	.342	.556	August	.364	11	4	1	0	1	4	0	1	.364	.727
Ahead in Count	.429	70	30	6	1	3	11	12	0	.506	.671	September/October	.000	0	0	0	0	0	0	0	0	.000	.000
Behind in Count	.200	120	24	4	0	3	10	0	49	.207	.308	Pre-All Star	.270	222	60	10	0	7	21	17	47	.331	.410
Two Strikes	.134	119	16	2	0	3	6	10	61	.208	.151	Post-All Star	.310	58	18	6	1	2	13	5	14	.365	.552

1994 By Position

Position	Avg	AB	H	2B	3B	HR	RBI	BB	SO	OBP	SLG	G	GS	Innings	PO	A	E	DP	Fld Pct	Rng Fctr	In Zone	Outs	Zone Rtg	MLB Zone
As 3b	.303	89	27	5	0	4	13	9	15	.370	.494	27	22	195.0	12	42	6	3	.900	2.49	58	42	.724	.826
As ss	.260	150	39	9	1	4	19	9	38	.309	.413	49	36	335.2	58	127	11	26	.944	4.96	136	117	.860	.889

Last Five Years

	Avg	AB	H	2B	3B	HR	RBI	BB	SO	OBP	SLG		Avg	AB	H	2B	3B	HR	RBI	BB	SO	OBP	SLG
vs. Left	.297	522	155	30	3	16	50	48	95	.359	.458	Scoring Posn	.252	330	83	19	1	8	108	46	75	.344	.388
vs. Right	.242	809	196	40	4	13	88	68	179	.306	.350	Close & Late	.244	213	52	10	0	3	15	22	47	.315	.333
Groundball	.257	358	92	18	5	33	29	60	.320	.355	None on/out	.290	314	91	21	0	20	67	54	.338	.446
Flyball	.250	316	79	13	1	9	41	30	69	.313	.383	Batting #2	.254	307	78	18	2	6	27	26	52	.315	.384
Home	.265	618	164	31	0	10	65	61	114	.337	.364	Batting #8	.265	306	81	13	4	8	31	23	76	.326	.412
Away	.262	713	187	39	7	19	73	55	160	.318	.417	Other	.267	718	192	39	1	15	80	67	146	.333	.387
Day	.278	439	122	21	1	12	44	30	82	.328	.412	April	.246	179	44	11	0	4	17	15	37	.318	.374
Night	.257	892	229	49	6	17	94	86	192	.326	.382	May	.232	254	59	11	1	3	19	20	60	.302	.319
Grass	.264	1100	290	49	1	26	110	101	216	.330	.381	June	.262	164	43	5	1	6	17	16	32	.331	.415
Turf	.264	231	61	21	6	3	28	15	58	.310	.446	July	.276	203	56	17	2	5	17	17	46	.341	.453
First Pitch	.287	157	45	10	2	2	16	2	0	.311	.414	August	.285	246	70	10	1	5	32	23	46	.343	.394
Ahead in Count	.353	331	117	24	3	10	45	55	0	.446	.535	September/October	.277	285	79	16	2	6	36	22	54	.328	.411
Behind in Count	.193	585	113	21	1	9	36	0	229	.199	.279	Pre-All Star	.239	662	158	29	2	14	54	57	144	.309	.352
Two Strikes	.169	586	99	19	0	7	35	59	274	.237	.237	Post-All Star	.288	669	193	41	5	15	84	59	130	.345	.432

Batter vs. Pitcher (career)

Hits Best Against	Avg	AB	H	2B	3B	HR	RBI	BB	SO	OBP	SLG	Hits Worst Against	Avg	AB	H	2B	3B	HR	RBI	BB	SO	OBP	SLG
Mark Gubicza	.583	12	7	0	0	1	2	0	0	.583	.833	Kevin Brown	.000	9	0	0	0	0	0	1	1	.182	.000
Joe Hesketh	.556	18	10	3	0	1	2	2	0	.600	.889	David Wells	.059	17	1	0	0	0	0	1	5	.111	.059
Randy Johnson	.542	24	13	3	0	0	6	3	7	.593	.667	Kirk McCaskill	.083	12	1	1	0	0	0	1	4	.154	.167
Jaime Navarro	.455	11	5	0	0	0	2	5	2	.538	.455	Erik Hanson	.091	11	1	0	0	0	0	0	3	.091	.091
Mark Langston	.355	31	11	3	0	1	3	8	6	.475	.548	Greg Hibbard	.105	19	2	1	0	0	2	0	2	.105	.158

Robin Ventura — White Sox

Age 27 – Bats Left

	Avg	G	AB	R	H	2B	3B	HR	RBI	BB	SO	HBP	GDP	SB	CS	OBP	SLG	IBB	SH	SF	#Pit	#P/PA	GB	FB	G/F
1994 Season	.282	109	401	57	113	15	1	18	78	61	69	2	8	3	1	.373	.459	15	2	8	1864	3.93	128	127	1.01
Last Five Years	.272	730	2646	367	720	122	5	84	419	394	342	10	66	9	19	.365	.417	45	25	32	12140	3.91	987	814	1.21

1994 Season

	Avg	AB	H	2B	3B	HR	RBI	BB	SO	OBP	SLG		Avg	AB	H	2B	3B	HR	RBI	BB	SO	OBP	SLG
vs. Left	.270	122	33	4	1	4	27	8	27	.311	.418	Scoring Posn	.306	124	38	4	1	6	63	36	18	.440	.500
vs. Right	.287	279	80	11	0	14	51	53	42	.398	.477	Close & Late	.186	59	11	1	0	1	11	9	14	.296	.254
Groundball	.266	128	34	3	1	1	14	14	25	.333	.328	None on/out	.274	95	26	4	0	7	7	7	15	.337	.537
Flyball	.268	97	26	4	0	6	26	18	20	.381	.495	Batting #1	.000	1	0	0	0	0	0	0	1	.000	.000
Home	.275	182	50	4	0	8	33	29	35	.372	.429	Batting #5	.283	400	113	15	1	18	78	61	68	.374	.460
Away	.288	219	63	11	1	10	45	32	34	.374	.484	Other	.000	0	0	0	0	0	0	0	0	.000	.000
Day	.267	105	28	1	0	7	24	17	19	.365	.476	April	.315	92	29	6	0	6	21	12	23	.390	.576
Night	.287	296	85	14	1	11	54	44	50	.376	.453	May	.282	78	22	2	0	4	22	14	10	.389	.462
Grass	.285	351	100	9	1	15	67	53	64	.374	.444	June	.227	88	20	3	0	3	15	17	18	.349	.364
Turf	.260	50	13	6	0	3	11	8	5	.362	.560	July	.287	108	31	3	1	3	14	11	11	.347	.417
First Pitch	.421	38	16	3	0	2	5	12	0	.549	.658	August	.314	35	11	1	0	2	6	7	7	.429	.514
Ahead in Count	.404	99	40	6	0	6	32	33	0	.537	.646	September/October	.000	0	0	0	0	0	0	0	0	.000	.000
Behind in Count	.210	186	39	4	1	7	31	0	55	.216	.355	Pre-All Star	.268	298	80	12	1	15	65	45	56	.360	.466
Two Strikes	.173	202	35	4	1	6	24	15	69	.235	.292	Post-All Star	.320	103	33	3	0	3	13	16	13	.412	.437

1994 By Position

Position	Avg	AB	H	2B	3B	HR	RBI	BB	SO	OBP	SLG	G	GS	Innings	PO	A	E	DP	Fld Pct	Rng Fctr	In Zone	Outs	Zone Rtg	MLB Zone
As 3b	.284	394	112	15	1	18	76	61	68	.376	.464	108	107	930.0	80	176	18	21	.934	2.48	234	195	.833	.826

Last Five Years

	Avg	AB	H	2B	3B	HR	RBI	BB	SO	OBP	SLG		Avg	AB	H	2B	3B	HR	RBI	BB	SO	OBP	SLG
vs. Left	.255	826	211	36	3	16	116	113	158	.343	.364	Scoring Posn	.307	703	216	35	1	21	320	156	90	.419	.450
vs. Right	.280	1820	509	86	2	68	303	281	184	.374	.441	Close & Late	.261	426	111	18	1	10	65	51	60	.337	.378
Groundball	.267	697	186	36	2	12	101	94	81	.351	.376	None on/out	.236	564	133	25	2	20	20	62	75	.315	.394
Flyball	.265	623	165	39	1	24	109	91	84	.360	.446	Batting #2	.292	881	257	37	2	28	136	104	100	.366	.434
Home	.277	1263	350	52	2	45	216	201	166	.374	.428	Batting #5	.273	878	240	39	2	35	165	152	128	.377	.442
Away	.268	1383	370	70	3	39	203	193	176	.356	.407	Other	.251	887	223	46	1	21	118	138	114	.351	.377
Day	.287	711	204	33	1	26	107	103	105	.374	.446	April	.284	338	96	19	1	12	50	63	51	.395	.453
Night	.267	1935	516	89	4	58	312	291	237	.361	.407	May	.246	435	107	13	1	15	70	73	64	.352	.384
Grass	.271	2248	609	97	4	75	374	338	293	.365	.418	June	.279	494	138	22	1	13	67	70	76	.367	.407
Turf	.279	398	111	25	1	9	45	56	49	.365	.415	July	.268	534	143	21	0	22	85	56	50	.337	.434
First Pitch	.298	248	74	12	0	6	40	34	0	.382	.419	August	.278	410	114	23	1	12	75	56	46	.363	.427
Ahead in Count	.335	796	267	51	2	34	169	232	0	.481	.533	September/October	.280	435	122	24	0	10	72	76	55	.385	.405
Behind in Count	.226	1032	233	35	2	24	128	0	273	.228	.333	Pre-All Star	.267	1455	388	60	4	47	214	221	209	.361	.410
Two Strikes	.216	1135	245	39	3	31	144	125	342	.247	.337	Post-All Star	.279	1191	332	62	1	37	205	173	133	.369	.426

Batter vs. Pitcher (career)

Hits Best Against	Avg	AB	H	2B	3B	HR	RBI	BB	SO	OBP	SLG	Hits Worst Against	Avg	AB	H	2B	3B	HR	RBI	BB	SO	OBP	SLG
Tony Fossas	.500	8	4	0	0	1	2	4	2	.667	.875	Tom Gordon	.000	19	0	0	0	0	0	4	5	.174	.000
Scott Sanderson	.471	17	8	1	0	2	8	3	2	.550	.882	Mike Fetters	.000	8	0	0	0	0	0	3	0	.273	.000
Mike Gardiner	.421	19	8	0	0	3	5	0	3	.421	.895	Teddy Higuera	.083	12	1	0	0	0	1	1	5	.143	.083
Jesse Orosco	.400	10	4	1	0	2	3	3	3	.538	1.100	Bob Welch	.087	23	2	0	0	0	0	3	2	.192	.087
Pat Hentgen	.364	11	4	2	0	1	2	2	2	.462	.818	Kirk McCaskill	.091	11	1	0	0	0	0	1	2	.167	.091

Dave Veres — Astros

Age 28 – Pitches Right

	ERA	W	L	Sv	G	GS	IP	BB	SO	Avg	H	2B	3B	HR	RBI	OBP	SLG	GF	IR	IRS	Hld	SvOp	SB	CS	GB	FB	G/F
1994 Season	2.41	3	3	1	32	0	41.0	7	28	.247	39	5	1	4	20	.280	.367	7	31	10	3	1	4	1	61	48	1.27

1994 Season

	ERA	W	L	Sv	G	GS	IP	H	HR	BB	SO		Avg	AB	H	2B	3B	HR	RBI	BB	SO	OBP	SLG
Home	2.45	3	0	1	17	0	22.0	19	4	4	16	vs. Left	.254	63	16	2	0	2	7	5	10	.304	.381
Away	2.37	0	3	0	15	0	19.0	20	0	3	12	vs. Right	.242	95	23	3	1	2	13	2	18	.263	.358
Starter	0.00	0	0	0	0	0	0.0	0	0	0	0	Scoring Posn	.273	44	12	2	0	0	16	5	9	.333	.318
Reliever	2.41	3	3	1	32	0	41.0	39	4	7	28	Close & Late	.260	50	13	2	0	1	5	2	8	.302	.360
0 Days rest (Re)	2.84	1	1	0	4	0	6.1	3	1	1	6	None on/out	.156	32	5	1	1	0	0	1	9	.206	.250
1 or 2 Days rest	2.66	0	1	1	17	0	23.2	25	3	6	17	First Pitch	.105	19	2	1	0	0	0	1	0	.150	.158
3+ Days rest	1.64	2	1	0	11	0	11.0	11	0	0	5	Ahead in Count	.209	67	14	1	0	1	7	0	22	.214	.269
Pre-All Star	2.59	3	3	0	20	0	24.1	24	3	4	17	Behind in Count	.323	31	10	2	0	1	5	3	0	.382	.484
Post-All Star	2.16	0	0	1	12	0	16.2	15	1	3	11	Two Strikes	.221	68	15	1	0	1	11	3	28	.257	.279

Randy Veres — Cubs

Age 29 – Pitches Right (groundball pitcher)

	ERA	W	L	Sv	G	GS	IP	BB	SO	Avg	H	2B	3B	HR	RBI	OBP	SLG	GF	IR	IRS	Hld	SvOp	SB	CS	GB	FB	G/F
1994 Season	5.59	1	1	0	10	0	9.2	2	5	.308	12	1	0	3	12	.349	.564	1	11	7	2	1	0	19	9	2.11
Last Five Years	4.03	1	4	1	36	0	51.1	18	21	.259	50	6	0	8	34	.324	.415	13	34	13	3	9	0	85	56	1.52

1994 Season

	ERA	W	L	Sv	G	GS	IP	H	HR	BB	SO		Avg	AB	H	2B	3B	HR	RBI	BB	SO	OBP	SLG
Home	7.20	0	1	0	6	0	5.0	7	2	1	3	vs. Left	.462	13	6	0	0	3	7	1	0	.533	1.154
Away	3.86	1	0	0	4	0	4.2	5	1	1	2	vs. Right	.231	26	6	1	0	0	5	1	5	.250	.269

Fernando Vina — Mets
Age 26 – Bats Left

	Avg	G	AB	R	H	2B	3B	HR	RBI	BB	SO	HBP	GDP	SB	CS	OBP	SLG	IBB	SH	SF	#Pit	#P/PA	GB	FB	G/F
1994 Season	.250	79	124	20	31	6	0	0	6	12	11	12	4	3	1	.372	.298	0	2	0	490	3.27	47	32	1.47
Career (1993-1994)	.243	103	169	25	41	8	0	0	8	16	14	15	4	9	1	.360	.290	0	3	0	630	3.10	61	49	1.24

1994 Season

	Avg	AB	H	2B	3B	HR	RBI	BB	SO	OBP	SLG		Avg	AB	H	2B	3B	HR	RBI	BB	SO	OBP	SLG
vs. Left	.600	5	3	1	0	0	1	2	0	.714	.800	Scoring Posn	.280	25	7	1	0	0	6	2	1	.419	.320
vs. Right	.235	119	28	5	0	0	5	10	11	.355	.277	Close & Late	.161	31	5	1	0	0	1	3	3	.333	.194
Home	.264	72	19	5	0	0	5	4	7	.354	.333	None on/out	.222	36	8	4	0	0	0	4	5	.364	.333
Away	.231	52	12	1	0	0	1	8	4	.394	.250	Batting #1	.186	43	8	3	0	0	0	8	4	.386	.256
First Pitch	.310	29	9	2	0	0	1	0	0	.375	.379	Batting #9	.194	31	6	1	0	0	2	1	2	.324	.226
Ahead in Count	.172	29	5	2	0	0	3	9	0	.385	.241	Other	.340	50	17	2	0	0	4	3	5	.389	.380
Behind in Count	.256	43	11	1	0	0	1	0	9	.347	.279	Pre-All Star	.245	106	26	4	0	0	4	9	11	.355	.283
Two Strikes	.244	41	10	0	0	0	2	3	11	.367	.293	Post-All Star	.278	18	5	2	0	0	2	3	0	.458	.389

Frank Viola — Red Sox
Age 35 – Pitches Left

	ERA	W	L	Sv	G	GS	IP	BB	SO	Avg	H	2B	3B	HR	RBI	OBP	SLG	CG	ShO	Sup	QS	#P/S	SB	CS	GB	FB	G/F
1994 Season	4.65	1	1	0	6	6	31.0	17	9	.296	34	8	2	2	17	.381	.452	0	0	3.48	2	82	3	3	36	42	0.86
Last Five Years	3.34	58	48	0	140	140	933.2	292	535	.258	157	13	67	339		.316	.367	18	5	4.17	86	103	57	50	1395	946	1.47

1994 Season

	ERA	W	L	Sv	G	GS	IP	H	HR	BB	SO		Avg	AB	H	2B	3B	HR	RBI	BB	SO	OBP	SLG
Home	6.87	0	1	0	4	4	18.1	27	2	10	6	vs. Left	.222	18	4	1	0	0	2	0	2	.222	.278
Away	1.42	1	0	0	2	2	12.2	7	0	7	3	vs. Right	.309	97	30	7	2	2	15	17	7	.405	.485

Last Five Years

	ERA	W	L	Sv	G	GS	IP	H	HR	BB	SO		Avg	AB	H	2B	3B	HR	RBI	BB	SO	OBP	SLG
Home	3.45	33	24	0	72	72	475.1	498	31	134	288	vs. Left	.243	81	134	33	3	8	55	48	104	.299	.345
Away	3.24	25	24	0	68	68	458.1	416	36	158	247	vs. Right	.262	2921	764	124	10	59	284	244	431	.319	.371
Day	2.86	26	16	0	52	52	358.2	338	23	97	218	Inning 1-6	.262	2991	784	144	11	56	314	252	469	.320	.374
Night	3.65	32	32	0	88	88	575.0	576	44	195	317	Inning 7+	.238	547	130	13	2	11	25	40	66	.289	.329
Grass	3.32	44	39	0	109	109	727.0	719	51	214	421	None on	.260	2076	539	80	10	47	47	165	317	.316	.376
Turf	3.44	14	9	0	31	31	206.2	195	16	78	114	Runners on	.256	1462	375	77	3	20	292	127	218	.314	.354
April	2.19	14	4	0	23	23	156.0	133	5	40	87	Scoring Posn	.243	779	189	38	1	13	264	90	121	.317	.344
May	3.41	9	8	0	22	22	145.0	148	12	44	91	Close & Late	.235	341	80	5	2	6	19	26	35	.287	.314
June	3.91	8	9	0	23	23	156.1	166	13	51	85	None on/out	.256	925	237	37	6	22	22	67	133	.306	.381
July	2.85	10	8	0	24	24	161.1	149	11	63	82	vs. 1st Batr (relief)	.000	0	0	0	0	0	0	0	0	.000	.000
August	4.38	10	14	0	25	25	162.1	169	15	49	99	First Inning Pitched	.203	497	101	20	0	4	32	40	98	.261	.268
September/October	3.30	7	7	0	23	23	152.2	149	11	45	91	First 75 Pitches	.262	2468	646	118	8	43	234	200	403	.318	.368
Starter	3.34	58	48	0	140	140	933.2	914	67	292	535	Pitch 76-90	.280	464	130	21	3	10	54	35	56	.335	.403
Reliever	0.00	0	0	0	0	0	0	0	0	0	0	Pitch 91-105	.227	321	73	10	2	6	31	35	42	.302	.327
0-3 Days Rest (St)	3.34	5	3	0	9	9	59.1	51	3	18	34	Pitch 106+	.228	285	65	8	0	8	20	22	34	.283	.340
4 Days Rest	3.35	33	34	0	89	89	606.1	600	42	191	349	First Pitch	.332	578	192	32	1	19	83	12	0	.349	.490
5+ Days Rest	3.32	20	11	0	42	42	268.0	263	22	83	152	Ahead in Count	.190	1457	277	47	1	15	83	0	440	.193	.255
Pre-All Star	3.03	37	21	0	77	77	523.1	505	34	158	292	Behind in Count	.326	771	251	37	7	19	94	153	0	.434	.466
Post-All Star	3.75	21	27	0	63	63	410.1	409	33	134	243	Two Strikes	.191	1542	294	55	3	14	98	127	535	.253	.257

Pitcher vs. Batter (since 1984)

Pitches Best Vs.	Avg	AB	H	2B	3B	HR	RBI	BB	SO	OBP	SLG	Pitches Worst Vs.	Avg	AB	H	2B	3B	HR	RBI	BB	SO	OBP	SLG
Greg Gagne	.000	11	0	0	0	0	0	1	5	.083	.000	Chris Sabo	.545	11	6	1	0	1	2	4	2	.667	.909
Albert Belle	.059	17	1	1	0	0	3	1	4	.095	.118	Brian Harper	.500	10	5	1	0	1	1	3	0	.615	.900
Larry Walker	.083	12	1	0	0	0	0	5	0	.167	.083	Randy Milligan	.429	14	6	1	0	1	6	4	1	.556	.714
Kevin McReynolds	.083	12	1	0	0	0	2	2	0	.214	.083	Dante Bichette	.429	14	6	3	0	1	4	0	1	.400	.857
Ken Caminiti	.118	17	2	0	0	0	1	4	0	.167	.118	Ryne Sandberg	.375	24	9	1	0	3	5	7	6	.500	.792

Jose Vizcaino — Mets
Age 27 – Bats Both (groundball hitter)

	Avg	G	AB	R	H	2B	3B	HR	RBI	BB	SO	HBP	GDP	SB	CS	OBP	SLG	IBB	SH	SF	#Pit	#P/PA	GB	FB	G/F
1994 Season	.256	103	410	47	105	13	3	3	33	33	62	2	5	1	11	.310	.324	3	5	6	1661	3.64	172	100	1.72
Last Five Years	.263	470	1442	156	379	48	12	8	116	102	194	5	20	19	22	.310	.329	8	20	18	5439	3.43	632	303	2.09

1994 Season

	Avg	AB	H	2B	3B	HR	RBI	BB	SO	OBP	SLG		Avg	AB	H	2B	3B	HR	RBI	BB	SO	OBP	SLG
vs. Left	.280	107	30	2	0	0	11	8	16	.325	.299	Scoring Posn	.261	88	23	2	0	1	30	9	15	.311	.318
vs. Right	.248	303	75	11	3	3	22	25	46	.305	.333	Close & Late	.362	69	25	4	0	0	14	8	12	.430	.420
Groundball	.241	133	32	2	0	1	11	11	10	.302	.278	None on/out	.238	164	39	5	2	0	0	11	25	.290	.293
Flyball	.391	69	27	5	1	0	3	5	13	.432	.493	Batting #1	.257	339	87	10	3	3	26	31	56	.318	.330
Home	.223	184	41	1	2	1	10	17	25	.291	.266	Batting #2	.265	68	18	3	0	0	7	2	6	.282	.309
Away	.283	226	64	12	1	2	23	16	37	.327	.372	Other	.000	3	0	0	0	0	0	0	0	.000	.000
Day	.233	129	30	4	1	1	11	13	26	.295	.302	April	.300	80	24	2	1	2	6	11	18	.376	.425
Night	.267	281	75	9	2	2	20	36	318	.335		May	.257	101	26	3	1	0	8	8	15	.318	.307
Grass	.238	303	72	8	3	2	19	25	48	.295	.304	June	.257	105	27	0	1	1	13	5	11	.286	.305
Turf	.308	107	33	5	0	1	14	8	14	.357	.383	July	.237	93	22	6	0	0	4	7	14	.291	.301
First Pitch	.348	69	24	1	1	1	8	2	0	.361	.435	August	.194	31	6	0	0	1	0	2	4	.242	.258
Ahead in Count	.235	68	16	1	0	1	8	21	0	.413	.294	September/October	.000	0	0	0	0	0	0	0	0	.000	.000
Behind in Count	.230	196	45	6	2	1	13	0	54	.232	.296	Pre-All Star	.268	325	87	11	2	3	28	26	50	.320	.342
Two Strikes	.203	197	40	8	0	0	5	10	62	.245	.244	Post-All Star	.212	85	18	2	0	0	5	7	12	.274	.259

1994 By Position

Position	Avg	AB	H	2B	3B	HR	RBI	BB	SO	OBP	SLG	G	GS	Innings	PO	A	E	DP	Fld Pct	Rng Fctr	In Zone	Outs	Zone Rtg	MLB Zone
As ss	.255	408	104	13	3	3	32	33	62	.310	.324	102	99	871.1	137	291	13	55	.971	4.42	355	302	.851	.889

Last Five Years

	Avg	AB	H	2B	3B	HR	RBI	BB	SO	OBP	SLG		Avg	AB	H	2B	3B	HR	RBI	BB	SO	OBP	SLG
vs. Left	.269	379	102	9	3	0	27	30	45	.320	.309	Scoring Posn	.264	288	76	8	0	4	104	31	38	.322	.333
vs. Right	.261	1063	277	39	9	8	89	72	149	.307	.337	Close & Late	.271	251	68	9	0	1	33	21	38	.327	.319
Groundball	.243	522	127	14	2	1	28	31	59	.285	.284	None on/out	.247	446	110	14	5	2	2	36	59	.304	.314
Flyball	.302	268	81	10	2	2	20	17	41	.341	.377	Batting #1	.242	636	154	22	3	3	44	49	93	.296	.300
Home	.274	701	192	20	6	2	50	52	89	.322	.328	Batting #2	.289	436	126	16	7	2	35	26	49	.328	.372
Away	.252	741	187	28	6	6	66	50	105	.299	.331	Other	.268	370	99	10	2	3	37	27	52	.314	.330
Day	.267	679	181	24	6	2	50	48	102	.311	.328	April	.292	185	54	4	2	3	21	18	30	.346	.384
Night	.260	763	198	24	6	6	66	54	92	.309	.330	May	.285	281	80	5	3	0	15	19	29	.334	.324
Grass	.268	1104	296	37	10	6	89	77	147	.314	.336	June	.248	343	85	15	2	1	23	17	48	.280	.312
Turf	.246	338	83	11	2	2	27	25	47	.299	.308	July	.243	292	71	18	2	1	25	26	43	.305	.329
First Pitch	.332	265	88	8	3	1	32	5	0	.339	.396	August	.236	199	47	2	3	1	19	12	27	.280	.291
Ahead in Count	.302	288	87	11	2	1	32	65	0	.429	.365	September/October	.296	142	42	4	0	2	13	10	17	.338	.366
Behind in Count	.222	632	140	18	7	4	35	0	171	.222	.291	Pre-All Star	.266	943	251	34	8	4	68	62	124	.310	.332
Two Strikes	.214	608	130	22	2	4	31	31	194	.252	.276	Post-All Star	.257	499	128	14	4	4	48	40	70	.311	.325

Batter vs. Pitcher (career)

Hits Best Against	Avg	AB	H	2B	3B	HR	RBI	BB	SO	OBP	SLG	Hits Worst Against	Avg	AB	H	2B	3B	HR	RBI	BB	SO	OBP	SLG
Tim Belcher	.615	13	8	1	1	0	4	1	2	.667	.846	Greg Maddux	.083	12	1	0	0	0	1	1	4	.143	.083
Jim Gott	.500	10	5	0	0	0	1	1	2	.545	.500	Omar Olivares	.105	19	2	0	0	0	0	1	1	.150	.105
Tom Candiotti	.400	10	4	0	0	0	1	1	1	.455	.400	Zane Smith	.125	16	2	0	0	0	0	1	0	.176	.125
Orel Hershiser	.389	18	7	1	1	0	0	2	2	.450	.556	Ken Hill	.143	14	2	0	0	0	0	3	3	.143	.143
Mark Portugal	.357	14	5	2	0	0	2	0	3	.357	.500	Greg W. Harris	.176	17	3	0	0	0	1	0	1	.176	.176

Omar Vizquel — Indians

Age 28 – Bats Both (groundball hitter)

	Avg	G	AB	R	H	2B	3B	HR	RBI	BB	SO	HBP	GDP	SB	CS	OBP	SLG	IBB	SH	SF	#Pit	#P/PA	GB	FB	G/F
1994 Season	.273	69	286	39	78	10	1	1	33	23	23	0	4	13	4	.325	.325	0	11	2	1150	3.57	118	77	1.53
Last Five Years	.261	586	2010	217	524	63	13	6	144	168	191	6	40	51	34	.318	.314	2	51	11	8079	3.60	843	539	1.56

1994 Season

	Avg	AB	H	2B	3B	HR	RBI	BB	SO	OBP	SLG		Avg	AB	H	2B	3B	HR	RBI	BB	SO	OBP	SLG
vs. Left	.226	115	26	4	0	1	14	8	10	.274	.287	Scoring Posn	.369	84	31	1	1	0	31	8	3	.415	.405
vs. Right	.304	171	52	6	1	0	19	15	13	.358	.351	Close & Late	.325	40	13	2	1	0	9	3	4	.372	.425
Groundball	.300	60	18	2	1	0	12	1	5	.311	.367	None on/out	.200	60	12	1	0	1	5	6	6	.262	.267
Flyball	.270	63	17	2	0	1	6	7	3	.338	.349	Batting #2	.265	272	72	8	1	1	32	22	21	.318	.313
Home	.284	134	38	4	0	0	20	11	6	.333	.313	Batting #9	.429	14	6	2	0	0	1	1	2	.467	.571
Away	.263	152	40	6	1	1	13	12	17	.317	.336	Other	.000	0	0	0	0	0	0	0	0	.000	.000
Day	.253	99	25	2	1	0	18	9	11	.312	.293	April	.250	56	14	4	0	1	4	6	3	.317	.375
Night	.283	187	53	8	0	1	15	14	12	.332	.342	May	.000	0	0	0	0	0	0	0	0	.000	.000
Grass	.265	238	63	4	1	0	28	19	18	.317	.290	June	.388	67	26	3	0	0	10	6	3	.438	.433
Turf	.313	48	15	6	0	1	5	4	5	.365	.500	July	.214	117	25	1	0	0	9	7	9	.258	.222
First Pitch	.351	37	13	1	0	0	6	0	0	.342	.378	August	.283	46	13	2	1	0	10	4	8	.333	.370
Ahead in Count	.368	68	25	2	0	1	14	16	0	.482	.441	September/October	.000	0	0	0	0	0	0	0	0	.000	.000
Behind in Count	.203	128	26	5	0	0	8	0	20	.203	.242	Pre-All Star	.313	166	52	8	0	1	21	15	10	.368	.380
Two Strikes	.162	111	18	2	0	0	9	7	23	.212	.180	Post-All Star	.217	120	26	2	1	0	12	8	13	.264	.250

1994 By Position

Position	Avg	AB	H	2B	3B	HR	RBI	BB	SO	OBP	SLG	G	GS	Innings	PO	A	E	DP	Fld Pct	Rng Fctr	In Zone	Outs	Zone Rtg	MLB Zone
As ss	.270	285	77	9	1	1	33	23	23	.323	.319	69	68	612.2	114	204	6	53	.981	4.67	249	221	.888	.889

Last Five Years

	Avg	AB	H	2B	3B	HR	RBI	BB	SO	OBP	SLG		Avg	AB	H	2B	3B	HR	RBI	BB	SO	OBP	SLG
vs. Left	.221	520	115	20	0	2	44	39	43	.276	.271	Scoring Posn	.278	496	138	12	4	2	134	42	40	.332	.331
vs. Right	.274	1490	409	43	13	4	100	129	148	.333	.329	Close & Late	.261	345	90	11	5	0	22	27	30	.318	.322
Groundball	.251	447	112	12	4	0	31	41	40	.316	.302	None on/out	.260	539	140	19	3	3	3	60	68	.334	.323
Flyball	.285	435	124	16	2	2	38	42	33	.345	.345	Batting #1	.287	550	158	19	4	1	24	45	67	.344	.342
Home	.267	969	259	35	7	2	76	87	93	.327	.324	Batting #9	.254	843	214	23	5	3	62	74	73	.315	.304
Away	.255	1041	265	28	6	4	68	81	98	.309	.305	Other	.246	617	152	21	4	2	58	49	51	.300	.303
Day	.266	575	153	19	3	0	49	50	52	.326	.310	April	.222	207	46	6	1	2	17	25	17	.305	.290
Night	.259	1435	371	44	10	6	95	118	139	.315	.316	May	.274	234	64	4	3	0	15	18	21	.322	.316
Grass	.253	922	233	20	2	1	67	66	86	.303	.282	June	.320	322	103	16	1	0	22	35	29	.387	.376
Turf	.267	1088	291	43	11	5	77	102	105	.331	.341	July	.280	468	131	18	1	3	34	28	43	.322	.342
First Pitch	.332	265	88	10	1	2	23	2	0	.337	.389	August	.220	400	88	6	3	1	30	28	47	.270	.258
Ahead in Count	.311	418	130	14	2	2	42	95	0	.436	.368	September/October	.243	379	92	13	4	0	26	34	34	.309	.298
Behind in Count	.217	950	206	28	8	2	49	0	179	.219	.269	Pre-All Star	.285	923	263	32	6	4	67	89	83	.347	.346
Two Strikes	.187	828	155	24	7	3	50	71	191	.253	.244	Post-All Star	.240	1087	261	31	7	2	77	79	108	.293	.287

Batter vs. Pitcher (career)

Hits Best Against	Avg	AB	H	2B	3B	HR	RBI	BB	SO	OBP	SLG	Hits Worst Against	Avg	AB	H	2B	3B	HR	RBI	BB	SO	OBP	SLG
Juan Guzman	.500	24	12	2	0	0	2	5	2	.586	.583	Arthur Rhodes	.000	11	0	0	0	0	0	0	1	.083	.000
Chuck Crim	.500	10	5	0	0	3	1	0	0	.545	.500	David Wells	.077	13	1	0	0	0	1	0	3	.143	.077
Hipolito Pichardo	.455	11	5	0	0	0	0	2	1	.538	.455	Jeff Ballard	.083	12	1	0	0	0	1	1	0	.154	.083
Mike Gardiner	.364	11	4	0	1	0	2	1	0	.417	.545	Bob Welch	.095	21	2	0	0	0	3	2	2	.200	.095
Tom Candiotti	.353	17	6	0	0	1	1	1	1	.389	.647	Ron Darling	.167	18	3	0	0	0	0	0	1	.167	.167

Jack Voigt — Orioles
Age 29 – Bats Right (flyball hitter)

	Avg	G	AB	R	H	2B	3B	HR	RBI	BB	SO	HBP	GDP	SB	CS	OBP	SLG	IBB	SH	SF	#Pit	#P/PA	GB	FB	G/F
1994 Season	.241	59	141	15	34	5	0	3	20	18	25	1	0	0	0	.327	.340	1	1	2	594	3.64	47	54	0.87
Career (1992-1994)	.270	124	293	47	79	16	1	9	43	43	58	1	3	1	0	.363	.423	1	1	2	1286	3.78	87	107	0.81

1994 Season

	Avg	AB	H	2B	3B	HR	RBI	BB	SO	OBP	SLG		Avg	AB	H	2B	3B	HR	RBI	BB	SO	OBP	SLG
vs. Left	.293	41	12	2	0	2	8	3	8	.348	.488	Scoring Posn	.256	39	10	1	0	0	17	8	11	.380	.282
vs. Right	.220	100	22	3	0	1	12	15	17	.319	.280	Close & Late	.115	26	3	0	0	0	3	3	5	.207	.115
Home	.192	73	14	2	0	1	11	9	16	.277	.260	None on/out	.214	28	6	2	0	2	2	3	5	.290	.500
Away	.294	68	20	3	0	2	9	9	9	.380	.426	Batting #8	.227	22	5	1	0	0	2	5	1	.357	.273
First Pitch	.348	23	8	0	0	0	5	0	0	.375	.348	Batting #9	.231	91	21	0	0	2	10	9	21	.297	.319
Ahead in Count	.317	41	13	2	0	3	5	9	0	.440	.585	Other	.286	28	8	2	0	1	8	4	3	.394	.464
Behind in Count	.222	54	12	3	0	0	6	0	22	.214	.278	Pre-All Star	.244	135	33	5	0	3	20	15	24	.320	.348
Two Strikes	.154	52	8	2	0	0	5	9	25	.274	.192	Post-All Star	.167	6	1	0	0	0	0	3	1	.444	.167

Ed Vosberg — Athletics
Age 33 – Pitches Left (groundball pitcher)

	ERA	W	L	Sv	G	GS	IP	BB	SO	Avg	H	2B	3B	HR	RBI	OBP	SLG	GF	IR	IRS	Hld	SvOp	SB	CS	GB	FB	G/F
1994 Season	3.95	0	2	0	16	0	13.2	5	12	.320	16	2	1	2	9	.382	.520	2	12	3	2	1	1	2	26	8	3.25
Last Five Years	4.97	1	3	0	34	0	38.0	17	24	.264	37	5	3	5	26	.344	.450	7	20	4	2	1	7	3	69	34	2.03

1994 Season

	ERA	W	L	Sv	G	GS	IP	H	HR	BB	SO		Avg	AB	H	2B	3B	HR	RBI	BB	SO	OBP	SLG
Home	2.70	0	1	0	7	0	6.2	6	0	3	3	vs. Left	.321	28	9	1	1	1	3	1	5	.345	.536
Away	5.14	0	1	0	9	0	7.0	10	2	2	9	vs. Right	.318	22	7	1	0	1	6	4	7	.423	.500

Paul Wagner — Pirates
Age 27 – Pitches Right

	ERA	W	L	Sv	G	GS	IP	BB	SO	Avg	H	2B	3B	HR	RBI	OBP	SLG	CG	ShO	Sup	QS	#P/S	SB	CS	GB	FB	G/F
1994 Season	4.59	7	8	0	29	17	119.2	50	86	.293	136	27	1	7	68	.369	.401	1	0	4.06	8	96	12	5	190	108	1.76
Career (1992-1994)	4.24	17	16	2	79	35	274.0	97	205	.273	288	51	3	22	134	.336	.390	2	1	4.07	19	92	30	13	383	297	1.29

1994 Season

	ERA	W	L	Sv	G	GS	IP	H	HR	BB	SO		Avg	AB	H	2B	3B	HR	RBI	BB	SO	OBP	SLG
Home	3.93	6	4	0	16	9	68.2	75	4	19	49	vs. Left	.313	230	72	12	1	5	39	21	36	.375	.439
Away	5.47	1	4	0	13	8	51.0	61	3	31	37	vs. Right	.274	234	64	15	0	2	29	29	50	.363	.363
Starter	4.84	5	8	0	17	17	102.1	117	7	42	71	Scoring Posn	.309	136	42	9	0	3	60	22	25	.402	.441
Reliever	3.12	2	0	0	12	0	17.1	19	0	8	15	Close & Late	.353	34	12	3	0	0	4	1	4	.371	.441
0-3 Days Rest (St)	0.00	0	0	0	0	0	0.0	0	0	0	0	None on/out	.345	113	39	11	0	1	11	17	17	.413	.487
4 Days Rest	4.75	2	4	0	8	8	47.1	55	4	24	28	First Pitch	.284	67	19	3	0	1	11	4	0	.324	.373
5+ Days Rest	4.91	3	4	0	9	9	55.0	62	3	18	43	Ahead in Count	.231	221	51	10	0	1	21	0	80	.240	.290
Pre-All Star	4.51	5	7	0	18	16	101.2	113	6	43	72	Behind in Count	.402	102	41	11	0	4	26	25	0	.519	.647
Post-All Star	5.00	2	1	0	11	1	18.0	23	1	7	14	Two Strikes	.229	210	48	7	0	1	21	21	86	.309	.276

Matt Walbeck — Twins
Age 25 – Bats Both

	Avg	G	AB	R	H	2B	3B	HR	RBI	BB	SO	HBP	GDP	SB	CS	OBP	SLG	IBB	SH	SF	#Pit	#P/PA	GB	FB	G/F
1994 Season	.204	97	338	31	69	12	0	5	35	17	37	2	7	1	1	.246	.284	1	1	1	1155	3.22	147	112	1.31
Career (1993-1994)	.204	108	368	33	75	14	0	6	41	18	43	2	7	1	1	.244	.291	1	1	1	1284	3.29	159	122	1.30

1994 Season

	Avg	AB	H	2B	3B	HR	RBI	BB	SO	OBP	SLG		Avg	AB	H	2B	3B	HR	RBI	BB	SO	OBP	SLG
vs. Left	.254	59	15	4	0	1	10	1	5	.262	.373	Scoring Posn	.232	99	23	6	0	2	32	4	12	.267	.354
vs. Right	.194	279	54	8	0	4	25	16	32	.242	.265	Close & Late	.281	57	16	2	0	2	8	1	6	.305	.421
Groundball	.194	93	18	4	0	1	7	9	15	.265	.269	None on/out	.181	94	17	2	0	2	6	9	.230	.266
Flyball	.235	81	19	3	0	3	15	0	8	.235	.383	Batting #6	.146	41	6	0	0	4	1	4	.186	.171
Home	.203	172	35	10	0	0	12	12	17	.263	.262	Batting #8	.210	224	47	9	0	3	23	12	25	.249	.290
Away	.205	166	34	2	0	5	23	5	20	.227	.307	Other	.219	73	16	2	0	2	8	4	8	.269	.329
Day	.193	88	17	3	0	2	11	1	14	.202	.295	April	.198	81	16	0	0	10	2	9	.235	.222
Night	.208	250	52	9	0	3	24	16	23	.260	.280	May	.239	71	17	3	0	2	11	5	10	.286	.366
Grass	.200	120	24	2	0	4	18	4	14	.226	.317	June	.198	86	17	5	0	0	8	1	8	.207	.256
Turf	.206	218	45	10	0	1	17	13	23	.256	.266	July	.171	70	12	1	0	3	4	4	8	.216	.314
First Pitch	.242	66	16	2	0	2	7	1	0	.265	.364	August	.233	30	7	1	0	0	2	5	2	.343	.267
Ahead in Count	.257	70	18	2	0	0	8	7	0	.325	.286	September/October	.000	0	0	0	0	0	0	0	0	.000	.000
Behind in Count	.176	142	25	4	0	2	13	0	34	.181	.246	Pre-All Star	.198	263	52	10	0	3	31	10	31	.232	.270
Two Strikes	.150	120	18	4	0	2	14	9	37	.208	.233	Post-All Star	.227	75	17	2	0	2	4	7	6	.293	.333

1994 By Position

Position	Avg	AB	H	2B	3B	HR	RBI	BB	SO	OBP	SLG	G	GS	Innings	PO	A	E	DP	Fld Pct	Rng Fctr	In Zone	Zone Outs	Zone Rtg	MLB Zone
As c	.206	335	69	12	0	5	35	15	36	.244	.287	95	89	787.0	496	45	4	0	.993	---		---	---	---

Larry Walker — Expos
Age 28 – Bats Left (groundball hitter)

	Avg	G	AB	R	H	2B	3B	HR	RBI	BB	SO	HBP	GDP	SB	CS	OBP	SLG	IBB	SH	SF	#Pit	#P/PA	GB	FB	G/F
1994 Season	.322	103	395	76	127	44	2	19	86	47	74	4	7	15	5	.394	.587	5	0	6	1589	3.52	162	86	1.88
Last Five Years	.284	654	2319	364	658	147	16	99	380	259	461	26	39	97	34	.359	.489	42	4	26	9063	3.44	905	587	1.54

1994 Season

	Avg	AB	H	2B	3B	HR	RBI	BB	SO	OBP	SLG		Avg	AB	H	2B	3B	HR	RBI	BB	SO	OBP	SLG
vs. Left	.330	115	38	12	2	4	30	15	29	.410	.574	Scoring Posn	.316	117	37	10	2	5	61	15	20	.377	.564
vs. Right	.318	280	89	32	0	15	56	32	45	.387	.593	Close & Late	.296	54	16	5	1	2	12	13	10	.426	.537
Groundball	.322	118	38	11	2	9	32	11	19	.379	.678	None on/out	.366	112	41	17	0	5	5	13	22	.437	.652
Flyball	.329	73	24	8	0	0	11	7	17	.383	.438	Batting #4	.322	394	127	44	2	19	86	47	74	.395	.589
Home	.331	169	56	23	1	7	34	18	32	.401	.604	Batting #8	.000	1	0	0	0	0	0	0	0	.000	.000
Away	.314	226	71	21	1	12	52	29	42	.388	.575	Other	.000	0	0	0	0	0	0	0	0	.000	.000
Day	.217	120	26	9	0	5	20	15	29	.307	.417	April	.269	93	25	10	0	3	16	9	17	.340	.473
Night	.367	275	101	35	2	14	66	32	45	.432	.662	May	.299	97	29	14	1	3	14	13	22	.378	.557
Grass	.305	154	47	13	0	7	35	18	27	.373	.526	June	.353	85	30	7	1	6	24	12	19	.422	.671
Turf	.332	241	80	31	2	12	51	29	47	.407	.627	July	.355	93	33	9	0	4	24	7	13	.402	.581
First Pitch	.427	89	38	11	2	5	26	4	0	.463	.764	August	.370	27	10	4	0	3	8	6	3	.500	.852
Ahead in Count	.440	84	37	12	0	8	25	24	0	.559	.869	September/October	.000	0	0	0	0	0	0	0	0	.000	.000
Behind in Count	.197	152	30	13	0	2	20	0	59	.197	.322	Pre-All Star	.315	311	98	32	2	16	65	37	63	.386	.585
Two Strikes	.194	160	31	14	0	3	19	19	74	.276	.338	Post-All Star	.345	84	29	12	0	3	21	10	11	.423	.595

1994 By Position

Position	Avg	AB	H	2B	3B	HR	RBI	BB	SO	OBP	SLG	G	GS	Innings	PO	A	E	DP	Fld Pct	Rng Fctr	In Zone	Outs	Zone Rtg	MLB Zone
As 1b	.364	132	48	14	0	8	36	13	19	.423	.652	35	35	297.1	283	24	5	20	.984	---	52	46	.885	.818
As rf	.302	262	79	30	2	11	50	34	55	.381	.557	68	67	607.0	140	5	4	1	.973	2.15	146	129	.884	.826

Last Five Years

	Avg	AB	H	2B	3B	HR	RBI	BB	SO	OBP	SLG		Avg	AB	H	2B	3B	HR	RBI	BB	SO	OBP	SLG
vs. Left	.278	785	218	40	6	31	142	70	164	.345	.462	Scoring Posn	.272	644	175	38	7	19	260	117	133	.376	.441
vs. Right	.287	1534	440	107	10	68	238	189	297	.365	.503	Close & Late	.268	407	109	20	5	14	54	63	82	.368	.445
Groundball	.281	770	216	49	4	28	117	69	135	.345	.464	None on/out	.302	605	183	45	4	32	32	51	124	.360	.549
Flyball	.271	451	122	25	5	20	76	56	114	.354	.481	Batting #4	.295	1409	415	99	11	64	265	168	247	.372	.517
Home	.290	1050	304	75	8	47	184	118	211	.367	.510	Batting #5	.276	475	131	28	1	12	52	41	104	.338	.415
Away	.279	1269	354	72	8	52	196	141	250	.352	.471	Other	.257	435	112	20	4	23	63	50	110	.336	.480
Day	.237	676	160	30	6	30	106	78	159	.322	.432	April	.264	345	91	27	2	14	52	39	77	.344	.475
Night	.303	1643	498	117	10	69	274	181	302	.374	.512	May	.269	412	111	28	3	15	54	50	85	.349	.461
Grass	.284	719	204	33	6	34	125	86	141	.359	.488	June	.288	361	104	23	1	21	73	46	80	.368	.532
Turf	.284	1600	454	114	10	65	255	173	320	.358	.489	July	.274	401	110	17	3	17	65	33	85	.331	.459
First Pitch	.367	499	183	37	3	28	123	28	0	.409	.621	August	.314	398	125	31	2	17	71	42	60	.381	.530
Ahead in Count	.407	435	177	36	3	35	96	111	0	.522	.745	September/October	.291	402	117	21	5	15	65	49	74	.375	.530
Behind in Count	.185	1005	186	43	8	24	104	0	399	.191	.315	Pre-All Star	.272	1281	348	82	7	60	206	151	277	.350	.487
Two Strikes	.184	980	180	44	6	22	92	116	461	.272	.308	Post-All Star	.299	1038	310	65	9	39	174	108	184	.369	.491

Batter vs. Pitcher (career)

Hits Best Against	Avg	AB	H	2B	3B	HR	RBI	BB	SO	OBP	SLG	Hits Worst Against	Avg	AB	H	2B	3B	HR	RBI	BB	SO	OBP	SLG
Frank Seminara	.636	11	7	2	0	1	4	0	0	.636	1.091	Wally Whitehurst	.000	18	0	0	0	0	0	0	7	.000	.000
Greg W. Harris	.478	23	11	1	0	3	7	5	3	.571	.913	Roger Mason	.000	9	0	0	0	0	1	1	2	.091	.000
Anthony Young	.471	17	8	2	0	2	4	1	2	.500	.941	Frank Viola	.083	12	1	1	0	0	0	0	5	.083	.167
Rick Sutcliffe	.455	11	5	1	0	1	1	5	1	.625	.818	Mike Bielecki	.100	10	1	0	0	0	0	1	3	.182	.100
Tim Belcher	.429	14	6	3	0	1	4	1	2	.500	.857	Paul Assenmacher	.111	18	2	0	0	0	0	2	5	.200	.111

Tim Wallach — Dodgers
Age 37 – Bats Right (flyball hitter)

	Avg	G	AB	R	H	2B	3B	HR	RBI	BB	SO	HBP	GDP	SB	CS	OBP	SLG	IBB	SH	SF	#Pit	#P/PA	GB	FB	G/F
1994 Season	.280	113	414	68	116	21	1	23	78	46	80	4	12	0	2	.356	.502	2	0	2	1806	3.88	140	123	1.14
Last Five Years	.250	708	2631	292	657	128	9	78	370	220	420	24	55	10	19	.310	.394	25	1	29	10614	3.65	875	889	0.98

1994 Season

	Avg	AB	H	2B	3B	HR	RBI	BB	SO	OBP	SLG		Avg	AB	H	2B	3B	HR	RBI	BB	SO	OBP	SLG
vs. Left	.279	111	31	9	0	8	20	11	17	.341	.577	Scoring Posn	.284	109	31	7	1	8	51	19	21	.394	.587
vs. Right	.281	303	85	12	1	15	58	35	63	.362	.475	Close & Late	.171	70	12	1	0	3	12	7	16	.263	.314
Groundball	.279	122	34	6	0	8	24	17	24	.373	.525	None on/out	.288	118	34	7	0	4	4	11	21	.354	.449
Flyball	.235	68	16	3	0	3	10	4	12	.274	.412	Batting #4	.290	362	105	18	1	22	73	39	71	.364	.528
Home	.235	187	44	8	1	7	25	23	36	.326	.401	Batting #5	.224	49	11	3	0	1	5	7	8	.321	.347
Away	.317	227	72	13	0	16	53	23	44	.382	.586	Other	.000	3	0	0	0	0	0	0	1	.000	.000
Day	.295	122	36	8	1	7	23	10	24	.343	.549	April	.341	82	28	8	0	8	23	13	15	.443	.732
Night	.274	292	80	13	0	16	55	36	56	.361	.483	May	.209	110	23	4	1	3	14	10	26	.281	.345
Grass	.274	318	87	14	1	18	60	37	63	.353	.494	June	.240	96	23	0	0	7	18	10	13	.318	.469
Turf	.302	96	29	7	0	5	18	9	17	.368	.531	July	.300	90	27	5	0	2	16	10	20	.363	.422
First Pitch	.421	57	24	1	0	7	20	0	0	.424	.895	August	.417	36	15	3	0	3	7	3	6	.462	.750
Ahead in Count	.297	101	30	5	0	7	25	25	0	.433	.554	September/October	.000	0	0	0	0	0	0	0	0	.000	.000
Behind in Count	.200	185	37	5	0	6	19	0	65	.213	.324	Pre-All Star	.252	318	80	14	1	18	56	36	61	.334	.472
Two Strikes	.206	204	42	7	0	8	23	20	80	.286	.358	Post-All Star	.375	96	36	7	0	5	22	10	19	.430	.604

1994 By Position

Position	Avg	AB	H	2B	3B	HR	RBI	BB	SO	OBP	SLG	G	GS	Innings	PO	A	E	DP	Fld Pct	Rng Fctr	In Zone	Outs	Zone Rtg	MLB Zone
As 3b	.281	413	116	21	1	23	78	46	80	.357	.504	113	108	947.0	81	174	11	9	.959	2.42	232	190	.819	.826

Last Five Years

	Avg	AB	H	2B	3B	HR	RBI	BB	SO	OBP	SLG		Avg	AB	H	2B	3B	HR	RBI	BB	SO	OBP	SLG
vs. Left	.251	837	210	45	3	31	120	73	117	.312	.423	Scoring Posn	.254	712	181	34	5	22	280	93	128	.339	.409
vs. Right	.249	1794	447	83	6	47	250	147	303	.309	.381	Close & Late	.226	499	113	22	1	11	57	53	79	.308	.341
Groundball	.267	880	235	42	3	30	135	74	145	.325	.424	None on/out	.252	743	187	48	1	19	19	46	97	.298	.396
Flyball	.246	512	126	26	0	16	69	50	77	.318	.391	Batting #4	.263	1520	399	69	4	50	236	122	251	.320	.412
Home	.251	1197	300	60	6	30	163	109	192	.318	.386	Batting #5	.234	657	154	40	5	19	84	63	94	.303	.397
Away	.249	1434	357	68	3	48	207	111	228	.303	.401	Other	.229	454	104	19	0	9	50	35	75	.290	.330
Day	.265	725	192	36	4	28	105	63	132	.325	.441	April	.255	404	103	27	1	14	50	38	67	.323	.431
Night	.244	1906	465	92	5	50	265	157	288	.305	.376	May	.250	488	122	27	2	20	79	46	85	.320	.436
Grass	.254	1163	295	49	3	42	174	98	193	.314	.409	June	.255	499	127	22	1	15	77	40	65	.316	.393
Turf	.247	1468	362	79	6	36	196	122	227	.307	.382	July	.244	418	102	20	2	12	63	46	72	.318	.388
First Pitch	.301	402	121	25	1	18	57	10	0	.325	.502	August	.276	413	114	20	2	9	47	25	64	.318	.400
Ahead in Count	.277	581	161	32	3	22	112	110	0	.387	.456	September/October	.218	409	89	12	1	8	54	25	67	.264	.311
Behind in Count	.197	1181	233	44	3	24	129	0	363	.206	.301	Pre-All Star	.247	1564	386	84	4	54	225	148	250	.317	.409
Two Strikes	.183	1184	217	39	3	29	131	92	420	.249	.295	Post-All Star	.254	1067	271	44	5	24	145	72	170	.301	.372

Batter vs. Pitcher (since 1984)

Hits Best Against	Avg	AB	H	2B	3B	HR	RBI	BB	SO	OBP	SLG	Hits Worst Against	Avg	AB	H	2B	3B	HR	RBI	BB	SO	OBP	SLG
Marvin Freeman	.556	9	5	0	0	1	3	2	2	.636	.889	Mark Davis	.000	11	0	0	0	0	0	1	5	.083	.000
Randy Myers	.444	9	4	1	0	0	2	2	0	.583	.556	Jay Howell	.000	9	0	0	0	0	0	1	1	.091	.000
Bruce Ruffin	.429	28	12	3	1	2	8	1	2	.448	.821	Mike Perez	.071	14	1	0	0	0	2	2	2	.176	.071
Bob Welch	.391	23	9	2	0	2	3	0	4	.440	.739	Ben Rivera	.100	10	1	0	0	0	0	1	3	.182	.100
Tom Glavine	.367	60	22	5	1	5	12	5	2	.415	.733	Tim Leary	.118	17	2	0	0	0	0	0	8	.118	.118

Bruce Walton — Rockies   Age 32 – Pitches Right

	ERA	W	L	Sv	G	GS	IP	BB	SO	Avg	H	2B	3B	HR	RBI	OBP	SLG	GF	IR	IRS	Hld	SvOp	SB	CS	GB	FB	G/F
1994 Season	8.44	1	0	0	4	0	5.1	3	1	.273	6	2	0	1	5	.360	.500	2	0	0	0	0	1	0	9	9	1.00
Career (1991-1994)	8.21	2	0	0	27	0	34.0	15	18	.317	45	9	0	6	29	.381	.507	12	16	3	3	1	3	0	55	43	1.28

1994 Season

	ERA	W	L	Sv	G	GS	IP	H	HR	BB	SO		Avg	AB	H	2B	3B	HR	RBI	BB	SO	OBP	SLG
Home	19.29	0	0	0	2	0	2.1	5	1	3	1	vs. Left	.444	9	4	2	0	0	2	2	0	.545	.667
Away	0.00	1	0	0	2	0	3.0	1	0	0	0	vs. Right	.154	13	2	0	0	1	3	1	1	.214	.385

Jerome Walton — Reds   Age 29 – Bats Right (groundball hitter)

	Avg	G	AB	R	H	2B	3B	HR	RBI	BB	SO	HBP	GDP	SB	CS	OBP	SLG	IBB	SH	SF	#Pit	#P/PA	GB	FB	G/F
1994 Season	.309	46	68	10	21	4	0	1	9	4	12	0	2	1	3	.347	.412	0	1	0	270	3.70	22	16	1.38
Last Five Years	.241	305	787	124	190	33	4	8	48	83	152	9	14	24	15	.319	.324	1	8	5	3282	3.68	294	166	1.77

1994 Season

	Avg	AB	H	2B	3B	HR	RBI	BB	SO	OBP	SLG		Avg	AB	H	2B	3B	HR	RBI	BB	SO	OBP	SLG
vs. Left	.394	33	13	4	0	1	4	3	8	.444	.515	Scoring Posn	.190	21	4	1	0	1	7	2	6	.261	.381
vs. Right	.229	35	8	0	0	0	5	1	4	.250	.314	Close & Late	.263	19	5	0	0	1	7	2	5	.333	.474

Last Five Years

	Avg	AB	H	2B	3B	HR	RBI	BB	SO	OBP	SLG		Avg	AB	H	2B	3B	HR	RBI	BB	SO	OBP	SLG
vs. Left	.245	355	87	17	2	1	23	40	62	.325	.313	Scoring Posn	.192	156	30	3	1	1	38	23	40	.296	.244
vs. Right	.238	432	103	16	2	7	25	43	90	.314	.333	Close & Late	.209	139	29	5	1	2	16	12	33	.279	.302
Groundball	.223	260	58	7	0	1	17	23	59	.292	.262	None on/out	.268	325	87	19	1	7	7	28	53	.326	.397
Flyball	.213	178	38	7	1	2	8	27	29	.327	.298	Batting #1	.242	621	150	24	3	5	31	67	119	.321	.314
Home	.262	363	95	13	3	6	21	37	61	.330	.364	Batting #9	.209	43	9	1	0	2	3	5	11	.286	.372
Away	.224	424	95	20	1	2	27	46	91	.310	.290	Other	.252	123	31	8	1	1	14	11	22	.319	.358
Day	.252	365	92	12	4	3	24	41	67	.333	.332	April	.257	140	36	5	0	1	6	11	30	.323	.314
Night	.232	422	98	21	0	5	24	42	85	.307	.318	May	.253	190	48	9	2	0	16	33	33	.311	.321
Grass	.253	494	125	15	3	6	22	52	89	.329	.332	June	.243	181	44	9	0	2	15	23	33	.337	.326
Turf	.222	293	65	18	1	2	26	31	63	.302	.311	July	.219	32	7	3	0	1	4	3	9	.306	.406
First Pitch	.267	116	31	8	0	2	6	0	0	.293	.388	August	.226	115	26	2	0	2	8	13	24	.308	.296
Ahead in Count	.344	189	65	13	2	1	18	57	0	.494	.450	September/October	.225	129	29	5	2	2	6	17	23	.315	.341
Behind in Count	.182	351	64	8	2	4	17	0	134	.184	.251	Pre-All Star	.251	529	133	25	2	4	35	51	101	.323	.329
Two Strikes	.167	359	60	8	2	2	14	25	152	.225	.217	Post-All Star	.221	258	57	8	2	4	15	32	51	.311	.314

Batter vs. Pitcher (career)

Hits Best Against	Avg	AB	H	2B	3B	HR	RBI	BB	SO	OBP	SLG	Hits Worst Against	Avg	AB	H	2B	3B	HR	RBI	BB	SO	OBP	SLG
Bruce Hurst	.500	12	6	0	0	0	2	2	1	.571	.500	Bud Black	.091	11	1	0	0	0	0	2	1	.231	.091
Ron Darling	.467	15	7	2	0	0	0	0	1	.467	.600	Jose Rijo	.167	18	3	1	0	0	0	1	2	.211	.222
Alejandro Pena	.455	11	5	0	0	0	0	1	1	.538	.455	Dwight Gooden	.188	16	3	0	0	0	1	2	4	.278	.188
John Smiley	.400	20	8	0	0	2	4	0	5	.400	.700	Zane Smith	.200	15	3	1	0	0	0	0	4	.200	.267
Dennis Martinez	.364	11	4	2	0	0	2	1	1	.364	.818	Mike Morgan	.231	13	3	0	0	0	1	0	0	.231	.231

Turner Ward — Brewers   Age 30 – Bats Both

	Avg	G	AB	R	H	2B	3B	HR	RBI	BB	SO	HBP	GDP	SB	CS	OBP	SLG	IBB	SH	SF	#Pit	#P/PA	GB	FB	G/F
1994 Season	.232	102	367	55	85	15	2	9	45	52	68	3	9	6	2	.328	.357	4	0	5	1634	3.83	119	114	1.04
Career (1990-1994)	.235	254	722	104	170	31	5	15	93	93	124	4	20	12	6	.322	.355	6	7	9	3186	3.82	250	216	1.16

1994 Season

	Avg	AB	H	2B	3B	HR	RBI	BB	SO	OBP	SLG		Avg	AB	H	2B	3B	HR	RBI	BB	SO	OBP	SLG
vs. Left	.198	91	18	5	0	2	11	11	16	.286	.319	Scoring Posn	.258	93	24	6	2	1	35	21	15	.378	.398
vs. Right	.243	276	67	10	2	7	34	41	52	.342	.370	Close & Late	.302	53	16	3	0	4	8	12	7	.418	.585

1994 Season

	Avg	AB	H	2B	3B	HR	RBI	BB	SO	OBP	SLG		Avg	AB	H	2B	3B	HR	RBI	BB	SO	OBP	SLG
Groundball	.214	84	18	3	1	2	8	5	16	.261	.345	None on/out	.148	81	12	2	0	2	2	7	19	.216	.247
Flyball	.200	75	15	1	0	2	7	13	16	.322	.293	Batting #2	.221	86	19	2	0	3	9	8	15	.281	.349
Home	.259	158	41	8	1	3	24	24	29	.355	.380	Batting #3	.267	206	55	12	2	4	29	32	31	.369	.403
Away	.211	209	44	7	1	6	21	28	39	.307	.340	Other	.147	75	11	1	0	2	7	12	22	.267	.240
Day	.252	131	33	5	1	4	14	17	19	.336	.397	April	.313	80	25	6	1	4	19	18	12	.439	.563
Night	.220	236	52	10	1	5	31	35	49	.324	.335	May	.254	114	29	5	0	1	12	9	16	.307	.325
Grass	.232	284	66	11	2	5	36	43	52	.334	.338	June	.184	49	9	1	1	1	6	7	12	.286	.306
Turf	.229	83	19	4	0	4	9	9	16	.304	.422	July	.193	88	17	2	0	2	5	13	20	.304	.284
First Pitch	.254	59	15	2	1	2	7	2	0	.274	.424	August	.139	36	5	1	0	1	3	5	8	.250	.250
Ahead in Count	.275	80	22	4	0	2	8	37	0	.508	.400	September/October	.000	0	0	0	0	0	0	0	0	.000	.000
Behind in Count	.191	162	31	5	1	3	15	0	57	.199	.290	Pre-All Star	.246	284	70	14	2	6	39	36	49	.332	.373
Two Strikes	.206	170	35	9	1	4	22	13	68	.265	.341	Post-All Star	.181	83	15	0	0	3	6	16	19	.314	.301

1994 By Position

Position	Avg	AB	H	2B	3B	HR	RBI	BB	SO	OBP	SLG	G	GS	Innings	PO	A	E	DP	Fld Pct	Rng Fctr	In Zone	Outs	Zone Rtg	MLB Zone
As lf	.279	104	29	6	1	4	19	18	15	.385	.471	35	26	240.2	66	3	2	0	.972	2.58	71	64	.901	.815
As cf	.197	183	36	5	1	4	17	24	39	.292	.301	52	48	420.1	149	3	1	1	.993	3.25	177	146	.825	.824
As rf	.253	79	20	4	0	1	8	9	14	.330	.342	25	21	175.0	45	2	1	0	.979	2.42	50	43	.860	.826

Career (1990-1994)

	Avg	AB	H	2B	3B	HR	RBI	BB	SO	OBP	SLG		Avg	AB	H	2B	3B	HR	RBI	BB	SO	OBP	SLG
vs. Left	.266	173	46	11	1	3	23	20	26	.342	.393	Scoring Posn	.260	196	51	10	4	3	76	36	36	.361	.398
vs. Right	.226	549	124	20	4	12	70	73	98	.316	.342	Close & Late	.233	116	27	3	0	5	13	20	20	.343	.388
Groundball	.249	173	43	7	2	3	21	15	27	.306	.364	None on/out	.204	157	32	3	1	3	3	15	25	.273	.293
Flyball	.215	130	28	3	0	3	15	19	31	.320	.308	Batting #3	.269	216	58	12	2	4	31	33	31	.369	.398
Home	.215	311	67	14	3	5	37	38	58	.301	.328	Batting #7	.264	140	37	9	2	4	29	20	23	.352	.443
Away	.251	411	103	17	2	10	56	55	66	.338	.375	Other	.205	366	75	10	1	7	33	40	70	.283	.295
Day	.267	273	73	11	3	8	32	35	43	.348	.418	April	.268	157	42	10	1	6	26	22	23	.358	.459
Night	.216	449	97	20	2	7	61	58	81	.307	.316	May	.237	194	46	10	1	2	17	19	30	.304	.330
Grass	.242	480	116	19	2	8	59	68	85	.335	.340	June	.215	93	20	2	1	2	13	17	19	.342	.323
Turf	.223	242	54	12	3	7	34	25	39	.296	.384	July	.182	143	26	4	1	2	13	21	31	.287	.266
First Pitch	.259	108	28	5	2	3	18	3	0	.274	.426	August	.128	39	5	1	0	1	3	5	8	.234	.231
Ahead in Count	.236	157	37	7	0	3	16	59	0	.443	.338	September/October	.323	96	31	4	1	2	21	9	13	.374	.448
Behind in Count	.198	308	61	11	1	6	31	0	99	.204	.299	Pre-All Star	.233	503	117	25	4	10	61	60	87	.316	.358
Two Strikes	.195	338	66	14	2	7	39	31	124	.264	.311	Post-All Star	.242	219	53	6	1	5	32	33	37	.337	.347

Batter vs. Pitcher (career)

Hits Best Against	Avg	AB	H	2B	3B	HR	RBI	BB	SO	OBP	SLG	Hits Worst Against	Avg	AB	H	2B	3B	HR	RBI	BB	SO	OBP	SLG
Scott Erickson	.333	9	3	0	0	0	1	2	2	.455	.333	Tom Gordon	.000	6	0	0	0	0	0	5	0	.455	.000
												Chris Bosio	.063	16	1	0	0	1	1	1	2	.118	.250
												Mark Gubicza	.071	14	1	0	0	0	0	1	1	.071	.071
												Hipolito Pichardo	.182	11	2	0	0	0	3	0	1	.154	.182
												Ben McDonald	.200	10	2	0	0	0	2	0	3	.182	.200

Allen Watson — Cardinals

Age 24 – Pitches Left

	ERA	W	L	Sv	G	GS	IP	BB	SO	Avg	H	2B	3B	HR	RBI	OBP	SLG	CG	ShO	Sup	QS	#P/S	SB	CS	GB	FB	G/F
1994 Season	5.52	6	5	0	22	22	115.2	53	74	.286	130	34	4	15	66	.370	.477	0	0	5.37	8	87	17	5	150	147	1.02
Career (1993-1994)	5.13	12	12	0	38	37	201.2	81	123	.280	220	52	7	26	108	.353	.463	0	0	5.49	16	85	28	9	264	248	1.06

1994 Season

	ERA	W	L	Sv	G	GS	IP	H	HR	BB	SO		Avg	AB	H	2B	3B	HR	RBI	BB	SO	OBP	SLG
Home	5.19	3	3	0	11	11	59.0	56	6	31	43	vs. Left	.227	88	20	4	0	3	9	11	12	.333	.375
Away	5.88	3	2	0	11	11	56.2	74	9	22	31	vs. Right	.300	367	110	30	4	12	57	42	62	.379	.501
Starter	5.52	6	5	0	22	22	115.2	130	15	53	74	Scoring Posn	.341	123	42	9	3	5	50	10	24	.404	.585
Reliever	0.00	0	0	0	0	0	0.0	0	0	0	0	Close & Late	.278	18	5	2	0	0	0	2	2	.381	.389
0-3 Days Rest (St)	3.38	0	0	0	1	1	8.0	9	0	1	4	None on/out	.257	109	28	10	1	2	2	19	20	.372	.422
4 Days Rest	5.30	3	1	0	10	10	54.1	52	8	27	39	First Pitch	.313	80	25	5	1	5	13	0	0	.321	.588
5+ Days Rest	6.08	3	4	0	11	11	53.1	69	7	25	31	Ahead in Count	.236	178	42	9	2	3	20	0	62	.265	.360
Pre-All Star	5.10	6	4	0	17	17	90.0	90	13	45	57	Behind in Count	.355	110	39	11	0	6	24	25	0	.474	.618
Post-All Star	7.01	0	1	0	5	5	25.2	40	2	8	17	Two Strikes	.219	183	40	10	3	3	17	28	74	.344	.355

Gary Wayne — Dodgers

Age 32 – Pitches Left (flyball pitcher)

	ERA	W	L	Sv	G	GS	IP	BB	SO	Avg	H	2B	3B	HR	RBI	OBP	SLG	GF	IR	IRS	Hld	SvOp	SB	CS	GB	FB	G/F
1994 Season	4.67	1	3	0	19	0	17.1	6	10	.279	19	3	1	2	14	.359	.441	4	13	6	0	2	0	1	26	24	1.08
Last Five Years	4.18	11	10	3	171	0	178.2	68	123	.266	182	39	10	18	117	.334	.431	52	198	62	19	11	11	4	214	237	0.90

1994 Season

	ERA	W	L	Sv	G	GS	IP	H	BB	SO		Avg	AB	H	2B	3B	HR	RBI	BB	SO	OBP	SLG
Home	2.70	1	0	0	11	0	13.1	9	2	3	6	vs. Left	.233	30	7	1	0	1	7	3	4	.351	.367
Away	11.25	0	3	0	8	0	4.0	10	0	3	4	vs. Right	.316	38	12	2	1	1	7	3	6	.366	.500

Last Five Years

	ERA	W	L	Sv	G	GS	IP	H	HR	BB	SO		Avg	AB	H	2B	3B	HR	RBI	BB	SO	OBP	SLG
Home	5.28	4	3	1	83	0	93.2	102	14	36	70	vs. Left	.248	238	59	12	5	7	48	18	52	.306	.429
Away	2.96	7	7	2	88	0	85.0	80	4	32	53	vs. Right	.275	447	123	27	5	11	69	50	71	.349	.432
Day	5.06	1	4	0	52	0	48.0	59	8	16	30	Inning 1-6	.218	119	26	8	1	3	21	12	24	.296	.378
Night	3.86	10	6	3	119	0	130.2	123	10	52	93	Inning 7+	.276	566	156	31	9	15	96	56	99	.342	.442

Dave Weathers — Marlins

Age 25 – Pitches Right (groundball pitcher)

	ERA	W	L	Sv	G	GS	IP	H	HR	BB	SO	Avg	OBP	SLG	CG	ShO	Sup	QS	#P/S	#P/S	SB	CS	GB	FB	G/F
1994 Season	5.27	8	12	0	24	24	135.0	166	13	59	72	.306	.376	.439	0	0	4.27	14	90	4	5	228	139	1.64
Career (1991-1994)	5.26	11	15	0	55	30	198.2	243	18	91	122	.305	.378	.439	0	0	3.99	16	92	15	6	321	198	1.62

1994 Season

	ERA	W	L	Sv	G	GS	IP	H	HR	BB	SO		Avg	AB	H	2B	3B	HR	RBI	BB	SO	OBP	SLG
Home	5.27	6	7	0	14	14	80.1	104	6	39	41	vs. Left	.317	312	99	11	5	6	44	35	30	.389	.442
Away	5.27	2	5	0	10	10	54.2	62	7	20	31	vs. Right	.291	230	67	10	1	7	35	24	42	.359	.435
Day	5.48	1	2	0	4	4	23.0	28	1	15	14	Inning 1-6	.302	500	151	20	6	12	76	52	64	.369	.438
Night	5.22	7	10	0	20	20	112.0	138	12	44	58	Inning 7+	.357	42	15	1	0	1	3	7	8	.460	.452
Grass	5.45	7	11	0	20	20	114.0	142	12	52	60	None on	.317	281	89	11	2	7	7	30	42	.385	.445
Turf	4.29	1	1	0	4	4	21.0	24	1	7	12	Runners on	.295	261	77	10	4	6	72	29	30	.367	.433
April	2.10	4	1	0	5	5	34.1	34	4	12	17	Scoring Posn	.297	145	43	8	2	4	65	19	18	.376	.462
May	4.75	1	2	0	5	5	30.1	37	1	16	16	Close & Late	.320	25	8	0	0	1	2	4	5	.433	.440
June	3.52	2	3	0	6	6	38.1	41	2	14	18	None on/out	.346	136	47	6	1	4	4	11	14	.399	.493
July	10.17	1	4	0	6	6	23.0	36	4	13	15	vs. 1st Batr (relief)	.000	0	0	0	0	0	0	0	0	.000	.000
August	14.00	0	2	0	2	2	9.0	18	2	4	6	First Inning Pitched	.369	103	38	7	1	1	20	9	10	.421	.485
September/October	0.00	0	0	0	0	0	0.0	0	0	0	0	First 75 Pitches	.311	428	133	18	5	10	68	45	54	.377	.446
Starter	5.27	8	12	0	24	24	135.0	166	13	59	72	Pitch 76-90	.176	68	12	2	0	0	0	6	11	.243	.206
Reliever	0.00	0	0	0	0	0	0.0	0	0	0	0	Pitch 91-105	.444	36	16	1	1	2	8	5	4	.524	.694
0-3 Days Rest (St)	0.00	0	0	0	0	0	0.0	0	0	0	0	Pitch 106+	.500	10	5	0	0	1	3	3	3	.615	.800
4 Days Rest	4.85	5	7	0	15	15	85.1	96	7	32	50	First Pitch	.289	90	26	3	1	2	13	7	0	.347	.411
5+ Days Rest	5.98	3	5	0	9	9	49.2	70	6	27	22	Ahead in Count	.254	205	52	8	3	2	22	0	60	.257	.351
Pre-All Star	3.86	8	7	0	18	18	112.0	123	9	47	55	Behind in Count	.331	139	46	4	1	8	29	27	0	.441	.547
Post-All Star	12.13	0	5	0	6	6	23.0	43	4	12	17	Two Strikes	.234	218	51	8	2	2	19	25	72	.313	.321

Lenny Webster — Expos

Age 30 – Bats Right (groundball hitter)

	Avg	G	AB	R	H	2B	3B	HR	RBI	BB	SO	HBP	GDP	SB	CS	OBP	SLG	IBB	SH	SF	#Pit	#P/PA	GB	FB	G/F
1994 Season	.273	57	143	13	39	10	0	5	23	16	24	6	7	0	0	.370	.448	1	1	0	643	3.87	63	34	1.85
Last Five Years	.258	179	407	45	105	24	1	10	52	43	54	6	13	1	2	.337	.396	2	3	1	1663	3.62	179	107	1.67

1994 Season

	Avg	AB	H	2B	3B	HR	RBI	BB	SO	OBP	SLG		Avg	AB	H	2B	3B	HR	RBI	BB	SO	OBP	SLG
vs. Left	.303	76	23	8	0	2	12	7	8	.384	.487	Scoring Posn	.277	47	13	3	0	2	19	4	9	.382	.468
vs. Right	.239	67	16	2	0	3	11	9	16	.354	.403	Close & Late	.233	30	7	0	0	2	7	5	10	.343	.433
Home	.306	72	22	6	0	2	11	5	11	.383	.472	None on/out	.103	29	3	0	0	0	0	3	3	.212	.103
Away	.239	71	17	4	0	3	12	11	13	.357	.423	Batting #6	.270	89	24	5	0	5	15	11	16	.381	.494
First Pitch	.308	13	4	2	0	1	5	0	0	.400	.692	Batting #7	.240	25	6	3	0	0	3	2	2	.296	.360
Ahead in Count	.333	45	15	4	0	3	9	7	0	.455	.622	Other	.310	29	9	0	0	0	5	3	6	.394	.379
Behind in Count	.188	64	12	1	0	0	6	0	22	.200	.203	Pre-All Star	.296	98	29	7	0	4	20	9	17	.378	.490
Two Strikes	.227	66	15	3	0	1	9	9	24	.320	.318	Post-All Star	.222	45	10	3	0	1	3	7	7	.352	.356

Mitch Webster — Dodgers

Age 36 – Bats Both (flyball hitter)

	Avg	G	AB	R	H	2B	3B	HR	RBI	BB	SO	HBP	GDP	SB	CS	OBP	SLG	IBB	SH	SF	#Pit	#P/PA	GB	FB	G/F
1994 Season	.274	82	84	16	23	4	0	4	12	8	13	1	2	1	2	.344	.464	1	0	0	306	3.29	25	28	0.89
Last Five Years	.248	540	1158	156	287	50	18	26	135	87	208	8	14	40	22	.301	.389	8	25	14	4415	3.42	310	419	0.74

1994 Season

	Avg	AB	H	2B	3B	HR	RBI	BB	SO	OBP	SLG		Avg	AB	H	2B	3B	HR	RBI	BB	SO	OBP	SLG
vs. Left	.295	61	18	4	0	3	8	4	7	.348	.508	Scoring Posn	.214	28	6	0	0	0	7	3	4	.290	.214
vs. Right	.217	23	5	0	0	1	4	4	6	.333	.348	Close & Late	.333	30	10	2	0	1	3	3	4	.394	.500

Last Five Years (Dave Weathers)

	ERA	W	L	Sv	G	GS	IP	H	HR	BB	SO		Avg	AB	H	2B	3B	HR	RBI	BB	SO	OBP	SLG
Grass	4.28	3	3	0	95	0	94.2	98	12	40	72	None on	.262	332	87	24	2	10	10	27	58	.329	.437
Turf	4.07	8	7	3	76	0	84.0	84	6	28	51	Runners on	.269	353	95	15	8	8	107	41	65	.338	.425
April	3.19	1	6	0	35	0	31.0	29	1	13	22	Scoring Posn	.267	232	62	11	6	5	99	32	47	.341	.431
May	3.23	3	0	0	39	0	47.1	41	7	18	29	Close & Late	.252	214	54	8	3	4	28	24	38	.339	.374
June	9.00	0	1	0	28	0	25.0	44	3	13	14	None on/out	.253	154	39	12	1	5	5	12	32	.320	.442
July	3.60	0	1	0	14	0	15.0	16	0	4	10	vs. 1st Batr (relief)	.243	148	36	4	4	4	34	12	32	.304	.405
August	2.66	3	0	1	16	0	20.1	16	2	7	18	First Inning Pitched	.244	454	111	22	8	10	88	51	77	.318	.394
September/October	4.05	4	2	1	39	0	40.0	36	5	13	30	First 15 Pitches	.248	415	103	18	7	10	75	41	72	.314	.398
Starter	0.00	0	0	0	0	0	0.0	0	0	0	0	Pitch 16-30	.281	192	54	14	2	7	31	23	35	.365	.484
Reliever	4.18	11	10	3	171	0	178.2	182	18	68	123	Pitch 31-45	.317	63	20	6	1	1	10	4	15	.358	.492
0 Days rest (Re)	6.61	1	1	0	33	0	31.1	41	6	10	21	Pitch 46+	.333	15	5	1	0	0	1	0	1	.375	.400
1 or 2 Days rest	4.07	4	7	2	80	0	84.0	87	9	31	58	First Pitch	.296	98	29	8	1	2	13	12	0	.375	.459
3+ Days rest	3.13	6	2	1	58	0	63.1	54	3	27	44	Ahead in Count	.214	308	66	13	7	4	46	0	101	.226	.341
Pre-All Star	4.50	4	7	1	110	0	110.0	122	11	48	66	Behind in Count	.354	164	58	10	1	8	36	33	0	.455	.573
Post-All Star	3.67	7	3	2	61	0	68.2	60	7	20	57	Two Strikes	.166	301	50	13	6	1	37	23	123	.232	.259

Pitcher vs. Batter (career)

Pitches Best Vs.	Avg	AB	H	2B	3B	HR	RBI	BB	SO	OBP	SLG	Pitches Worst Vs.	Avg	AB	H	2B	3B	HR	RBI	BB	SO	OBP	SLG
Darren Daulton	.083	12	1	0	0	1	1	0	6	.083	.333												
Wally Joyner	.200	10	2	1	0	0	3	0	0	.182	.300												

415

Last Five Years

	Avg	AB	H	2B	3B	HR	RBI	BB	SO	OBP	SLG		Avg	AB	H	2B	3B	HR	RBI	BB	SO	OBP	SLG
vs. Left	.281	556	156	29	8	16	76	39	74	.328	.448	Scoring Posn	.242	302	73	13	5	6	105	28	63	.298	.377
vs. Right	.218	602	131	21	10	10	59	48	134	.277	.336	Close & Late	.270	281	76	12	4	8	38	33	56	.348	.427
Groundball	.243	338	82	14	7	7	39	25	64	.295	.388	None on/out	.288	257	74	17	4	5	5	22	45	.356	.444
Flyball	.244	307	75	13	5	8	38	22	51	.296	.397	Batting #2	.253	308	78	16	5	8	38	16	37	.291	.416
Home	.235	537	126	16	5	11	68	48	86	.298	.345	Batting #3	.272	206	56	5	3	3	21	12	35	.314	.369
Away	.259	621	161	34	13	15	67	39	122	.304	.428	Other	.238	644	153	29	10	15	76	59	136	.302	.384
Day	.255	364	93	22	5	6	45	23	74	.303	.393	April	.279	111	31	7	1	2	14	7	21	.320	.414
Night	.244	794	194	28	13	20	90	64	134	.301	.388	May	.230	269	62	6	8	7	32	26	57	.299	.390
Grass	.238	850	202	27	14	17	100	55	149	.285	.362	June	.229	240	55	5	3	3	25	16	49	.277	.313
Turf	.276	308	85	23	4	9	35	32	59	.345	.464	July	.286	234	67	14	4	6	25	11	30	.327	.457
First Pitch	.330	233	77	13	5	7	32	4	0	.342	.519	August	.243	169	41	10	0	5	23	15	28	.299	.391
Ahead in Count	.293	273	80	19	6	3	39	50	0	.399	.440	September/October	.230	135	31	8	2	3	16	12	23	.295	.385
Behind in Count	.171	468	80	12	3	8	31	0	179	.172	.261	Pre-All Star	.241	715	172	21	15	13	80	52	140	.293	.366
Two Strikes	.129	458	59	7	4	7	29	31	208	.184	.207	Post-All Star	.260	443	115	29	3	13	55	35	68	.315	.427

Batter vs. Pitcher (since 1984)

Hits Best Against	Avg	AB	H	2B	3B	HR	RBI	BB	SO	OBP	SLG	Hits Worst Against	Avg	AB	H	2B	3B	HR	RBI	BB	SO	OBP	SLG
Bruce Ruffin	.526	19	10	2	1	0	0	2	0	.591	.737	Tim Belcher	.059	17	1	0	0	0	0	1	5	.111	.059
Zane Smith	.483	29	14	4	1	0	2	2	1	.516	.690	Pete Harnisch	.071	14	1	0	0	0	0	1	3	.133	.071
Danny Darwin	.435	23	10	3	1	0	1	2	5	.500	.652	Randy Johnson	.071	14	1	0	0	0	1	2	5	.235	.071
Joe Boever	.375	8	3	1	0	0	2	2	4	.545	.500	Tom Glavine	.125	16	2	0	0	0	1	1	3	.176	.125
Ron Darling	.350	40	14	1	2	2	4	6	11	.426	.625	Greg Maddux	.136	22	3	0	0	0	0	1	0	.136	.227

Eric Wedge — Red Sox
Age 27 – Bats Right (flyball hitter)

	Avg	G	AB	R	H	2B	3B	HR	RBI	BB	SO	HBP	GDP	SB	CS	OBP	SLG	IBB	SH	SF	#Pit	#P/PA	GB	FB	G/F
1994 Season	.000	2	6	0	0	0	0	0	1	3	0	0	0	0	0	.143	.000	0	0	0	28	4.00	1	1	1.00
Career (1991-1994)	.233	39	86	13	20	2	0	5	12	14	25	0	0	0	0	.340	.430	0	0	0	403	4.03	17	27	0.63

1994 Season

	Avg	AB	H	2B	3B	HR	RBI	BB	SO	OBP	SLG		Avg	AB	H	2B	3B	HR	RBI	BB	SO	OBP	SLG
vs. Left	.000	3	0	0	0	0	0	1	1	.250	.000	Scoring Posn	.000	0	0	0	0	0	0	0	0	.000	.000
vs. Right	.000	3	0	0	0	0	0	2	0	.000	.000	Close & Late	.000	2	0	0	0	0	0	1	1	.333	.000

Bill Wegman — Brewers
Age 32 – Pitches Right (groundball pitcher)

	ERA	W	L	Sv	G	GS	IP	BB	SO	Avg	H	2B	3B	HR	RBI	SLG	CG	ShO	Sup	#P/S	QS	#P/S	CS	GB	FB	G/F
1994 Season	4.51	8	4	0	19	19	115.2	26	59	.303	140	29	5	14	56	.339	.478	0	0	7.16	8	92	5	4	207	114	1.82
Last Five Years	3.60	42	41	0	110	105	721.0	161	345	.266	739	150	16	77	288	.308	.414	20	3	5.02	57	99	44	24	1167	738	1.58

1994 Season

	ERA	W	L	Sv	G	GS	IP	H	HR	BB	SO		Avg	AB	H	2B	3B	HR	RBI	BB	SO	OBP	SLG
Home	4.08	5	2	0	11	11	68.1	76	7	13	35	vs. Left	.307	218	67	11	2	8	33	12	22	.340	.486
Away	5.13	3	2	0	8	8	47.1	64	7	13	24	vs. Right	.299	244	73	18	3	6	23	14	37	.337	.471
Starter	4.51	8	4	0	19	19	115.2	140	14	26	59	Scoring Posn	.284	102	29	10	2	0	34	6	17	.313	.422
Reliever	0.00	0	0	0	0	0	0.0	0	0	0	0	Close & Late	.429	7	3	1	0	0	0	1	0	.500	.571
0-3 Days Rest (St)	0.00	0	0	0	0	0	0.0	0	0	0	0	None on/out	.362	116	42	9	1	3	3	13	10	.426	.534
4 Days Rest	5.00	5	3	0	11	11	66.2	92	8	17	33	First Pitch	.357	70	25	4	2	0	6	0	0	.356	.471
5+ Days Rest	3.86	3	1	0	8	8	49.0	48	6	9	26	Ahead in Count	.239	180	43	7	1	3	13	0	50	.236	.339
Pre-All Star	4.20	6	2	0	14	14	83.2	101	8	18	46	Behind in Count	.290	124	36	9	2	4	19	10	0	.343	.492
Post-All Star	5.34	2	2	0	5	5	32.0	39	6	8	13	Two Strikes	.242	161	39	10	0	3	8	16	59	.307	.360

Last Five Years

	ERA	W	L	Sv	G	GS	IP	H	HR	BB	SO		Avg	AB	H	2B	3B	HR	RBI	BB	SO	OBP	SLG
Home	2.87	25	17	0	56	55	388.2	370	35	85	177	vs. Left	.251	1348	338	60	8	28	128	78	110	.291	.369
Away	4.44	17	24	0	54	50	332.1	369	42	76	168	vs. Right	.280	1434	401	90	8	49	160	83	235	.324	.456
Day	3.70	13	16	0	41	38	255.1	278	32	61	117	Inning 1-6	.265	2250	596	119	14	67	246	133	276	.308	.420
Night	3.54	29	25	0	69	67	465.2	461	45	100	228	Inning 7+	.269	532	143	31	2	10	42	28	69	.309	.391
Grass	3.37	37	32	0	93	89	619.0	618	67	140	293	None on	.269	1704	458	96	11	48	48	92	212	.310	.423
Turf	4.94	5	9	0	17	16	102.0	121	10	21	52	Runners on	.261	1078	281	54	5	29	240	69	133	.304	.401
April	2.73	6	4	0	15	14	105.1	98	6	20	46	Scoring Posn	.255	592	151	30	2	12	195	53	78	.309	.373
May	3.59	9	10	0	25	23	153.0	156	20	31	75	Close & Late	.300	257	77	18	0	7	30	20	37	.356	.451
June	4.59	7	9	0	23	23	135.1	153	19	37	68	None on/out	.289	745	215	40	7	29	29	43	82	.331	.478
July	4.06	9	9	0	18	18	128.2	144	16	22	54	vs. 1st Batr (relief)	.200	5	1	0	1	0	0	0	0	.200	.600
August	3.66	6	6	0	14	14	93.1	104	10	22	43	First Inning Pitched	.263	422	111	15	4	13	59	29	55	.312	.410
September/October	2.56	7	3	0	15	13	105.1	84	6	23	59	First 75 Pitches	.264	1985	524	96	13	60	215	117	247	.306	.416
Starter	3.60	42	41	0	105	105	712.1	732	77	160	337	Pitch 76-90	.252	377	95	30	1	9	26	19	45	.294	.408
Reliever	3.12	0	0	0	5	0	8.2	7	0	1	8	Pitch 91-105	.286	252	72	15	2	4	31	14	33	.330	.409
0-3 Days Rest (St)	4.58	0	3	0	3	3	17.2	19	3	4	6	Pitch 106+	.286	168	48	9	0	4	16	11	20	.331	.411
4 Days Rest	3.72	26	27	0	67	67	469.1	490	50	100	219	First Pitch	.297	444	132	26	4	18	57	8	0	.309	.495
5+ Days Rest	3.28	16	11	0	35	35	225.1	223	24	55	112	Ahead in Count	.224	1099	246	46	3	20	90	0	291	.231	.326
Pre-All Star	3.92	24	28	0	70	67	438.1	473	52	102	209	Behind in Count	.297	706	210	47	5	20	81	79	0	.367	.463
Post-All Star	3.09	18	13	0	40	38	282.2	266	25	59	136	Two Strikes	.201	1065	214	42	4	21	79	74	345	.258	.307

Pitcher vs. Batter (career)

Pitches Best Vs.	Avg	AB	H	2B	3B	HR	RBI	BB	SO	OBP	SLG	Pitches Worst Vs.	Avg	AB	H	2B	3B	HR	RBI	BB	SO	OBP	SLG
Brett Butler	.056	18	1	1	0	0	1	0	0	.056	.111	Billy Ripken	.647	17	11	0	1	0	5	1	1	.632	.824
Steve Buechele	.059	17	1	0	0	0	2	0	2	.111	.059	Mike Greenwell	.545	22	12	3	0	2	5	7	1	.655	.955
Spike Owen	.083	12	1	0	0	0	1	1	1	.154	.083	Scott Leius	.526	19	10	3	1	3	0	1	5	.526	.842

Pitcher vs. Batter (career)																			
Pitches Best Vs.	Avg	AB	H	2B	3B	HR	RBI	BB	SO	OBP	SLG	Pitches Worst Vs.	Avg	AB	H	2B	3B	HR	RBI	BB	SO	OBP	SLG
Hubie Brooks	.100	10	1	0	0	0	0	1	1	.182	.100	Sam Horn	.500	16	8	2	0	2	4	2	0	.556	1.000
Mark McLemore	.125	16	2	0	0	0	1	0	3	.125	.125	Dean Palmer	.389	18	7	2	0	3	6	1	4	.421	1.000

John Wehner — Pirates
Age 28 – Bats Right (groundball hitter)

	Avg	G	AB	R	H	2B	3B	HR	RBI	BB	SO	HBP	GDP	SB	CS	OBP	SLG	IBB	SH	SF	#Pit	#P/PA	GB	FB	G/F
1994 Season	.250	2	4	1	1	0	0	3	0	1	0	0	0	0	0	.250	.500	0	0	0	15	3.75	1	1	1.00
Career (1991-1994)	.239	123	268	30	64	14	0	0	14	25	50	0	4	6	0	.304	.291	3	4	0	1075	3.62	114	67	1.70

1994 Season

	Avg	AB	H	2B	3B	HR	RBI	BB	SO	OBP	SLG		Avg	AB	H	2B	3B	HR	RBI	BB	SO	OBP	SLG
vs. Left	.250	4	1	1	0	0	3	0	1	.250	.500	Scoring Posn	.500	2	1	1	0	0	3	0	0	.500	1.000
vs. Right	.000	0	0	0	0	0	0	0	0	.000	.000	Close & Late	.000	1	0	0	0	0	0	0	1	.000	.000

Walt Weiss — Rockies
Age 31 – Bats Both (groundball hitter)

	Avg	G	AB	R	H	2B	3B	HR	RBI	BB	SO	HBP	GDP	SB	CS	OBP	SLG	IBB	SH	SF	#Pit	#P/PA	GB	FB	G/F
1994 Season	.251	110	423	58	106	11	4	1	32	56	58	0	6	12	7	.336	.303	0	4	3	1787	3.68	195	78	2.50
Last Five Years	.250	549	1817	209	454	53	10	4	140	236	237	8	32	40	16	.336	.297	19	27	17	7736	3.68	778	434	1.79

1994 Season

	Avg	AB	H	2B	3B	HR	RBI	BB	SO	OBP	SLG		Avg	AB	H	2B	3B	HR	RBI	BB	SO	OBP	SLG
vs. Left	.323	96	31	3	0	1	8	13	8	.400	.385	Scoring Posn	.198	91	18	2	1	0	29	9	17	.262	.242
vs. Right	.229	327	75	8	4	0	24	43	50	.317	.278	Close & Late	.233	60	14	2	0	0	5	6	11	.303	.267
Groundball	.318	151	48	5	1	0	7	20	16	.398	.364	None on/out	.248	157	39	3	2	1	1	23	22	.344	.312
Flyball	.233	73	17	4	0	0	4	8	17	.301	.288	Batting #1	.273	300	82	10	4	1	25	39	39	.356	.343
Home	.262	214	56	1	4	1	18	23	32	.331	.318	Batting #2	.200	120	24	1	0	0	7	16	19	.290	.208
Away	.239	209	50	10	0	0	14	33	26	.342	.287	Other	.000	3	0	0	0	0	0	1	0	.250	.000
Day	.231	169	39	4	1	1	14	25	24	.327	.284	April	.272	92	25	2	1	1	9	11	14	.346	.348
Night	.264	254	67	7	3	0	18	31	34	.343	.315	May	.316	114	36	3	3	0	7	12	14	.381	.395
Grass	.254	339	86	5	4	1	28	43	46	.335	.301	June	.214	103	22	1	0	0	6	13	15	.297	.223
Turf	.238	84	20	6	0	0	4	13	12	.340	.310	July	.222	99	22	5	0	0	9	19	13	.347	.273
First Pitch	.373	59	22	2	0	0	8	0	0	.373	.407	August	.067	15	1	0	0	0	1	1	2	.125	.067
Ahead in Count	.330	100	33	2	1	1	12	29	0	.470	.400	September/October	.000	0	0	0	0	0	0	0	0	.000	.000
Behind in Count	.164	189	31	4	2	0	7	0	53	.164	.206	Pre-All Star	.272	342	93	9	4	1	26	46	45	.355	.330
Two Strikes	.174	184	32	3	2	0	5	27	58	.280	.212	Post-All Star	.160	81	13	2	0	0	6	10	13	.253	.185

1994 By Position

Position	Avg	AB	H	2B	3B	HR	RBI	BB	SO	OBP	SLG	G	GS	Innings	PO	A	E	DP	Fld Pct	Rng Fctr	In Zone	Outs	Zone Rtg	MLB Zone
As ss	.252	421	106	11	4	1	32	56	58	.338	.304	110	104	910.1	157	318	13	68	.973	4.70	387	328	.848	.889

Last Five Years

	Avg	AB	H	2B	3B	HR	RBI	BB	SO	OBP	SLG		Avg	AB	H	2B	3B	HR	RBI	BB	SO	OBP	SLG
vs. Left	.241	444	107	16	1	1	34	50	40	.317	.288	Scoring Posn	.219	416	91	10	3	0	130	72	60	.327	.257
vs. Right	.253	1373	347	37	9	3	106	186	197	.342	.299	Close & Late	.290	297	86	9	2	0	30	44	38	.379	.333
Groundball	.261	575	150	20	2	1	39	66	75	.341	.308	None on/out	.229	510	117	16	3	1	1	60	78	.313	.278
Flyball	.265	396	105	16	1	1	32	55	61	.351	.318	Batting #1	.272	345	94	12	4	1	25	47	41	.359	.339
Home	.233	915	213	17	6	2	65	117	130	.319	.271	Batting #8	.249	1047	261	33	4	3	87	129	143	.332	.297
Away	.267	902	241	36	4	2	75	119	107	.353	.323	Other	.233	425	99	8	2	0	28	60	53	.326	.261
Day	.244	626	153	20	4	3	51	83	85	.334	.304	April	.276	254	70	8	2	3	25	27	34	.344	.358
Night	.253	1191	301	33	6	1	89	153	152	.337	.293	May	.289	374	108	15	4	0	25	42	40	.363	.350
Grass	.249	1480	368	41	8	4	110	190	197	.334	.295	June	.243	374	91	8	2	1	24	40	48	.317	.283
Turf	.255	337	86	12	2	0	30	46	40	.344	.303	July	.222	361	80	12	1	0	32	49	48	.313	.260
First Pitch	.347	274	95	13	2	2	36	12	0	.371	.431	August	.256	238	61	6	1	0	21	36	36	.351	.290
Ahead in Count	.289	492	142	14	1	1	35	111	0	.416	.327	September/October	.204	216	44	4	0	0	13	42	31	.335	.222
Behind in Count	.174	729	127	20	4	1	42	0	213	.177	.217	Pre-All Star	.265	1129	299	36	9	4	88	131	133	.341	.323
Two Strikes	.184	745	137	16	3	1	40	109	237	.289	.217	Post-All Star	.225	688	155	17	1	0	52	105	104	.327	.253

Batter vs. Pitcher (career)

Hits Best Against	Avg	AB	H	2B	3B	HR	RBI	BB	SO	OBP	SLG	Hits Worst Against	Avg	AB	H	2B	3B	HR	RBI	BB	SO	OBP	SLG
Tim Leary	.583	12	7	1	0	0	4	1	0	.688	.667	Greg Maddux	.000	14	0	0	0	0	1	3	6	.176	.000
Scott Bankhead	.545	11	6	1	1	1	4	1	0	.583	1.091	Pete Harnisch	.000	9	0	0	0	0	0	2	2	.182	.000
Charles Nagy	.462	13	6	2	0	0	2	0	1	.462	.615	Jack McDowell	.048	21	1	0	0	0	1	0	4	.048	.048
Mark Williamson	.444	9	4	0	0	1	3	2	1	.545	.889	Jack Morris	.071	14	1	0	0	0	1	2	3	.176	.071
Omar Olivares	.375	8	3	2	0	0	3	1	0	.545	.625	Bill Krueger	.091	11	1	0	0	0	2	1	0	.167	.091

Bob Welch — Athletics
Age 38 – Pitches Right

	ERA	W	L	Sv	G	GS	IP	BB	SO	Avg	H	2B	3B	HR	RBI	OBP	SLG	GF	IR	IRS	Hld	SvOp	SB	CS	GB	FB	G/F
1994 Season	7.08	3	6	0	25	8	68.2	43	44	.290	79	16	3	10	55	.384	.482	4	13	2	1	1	5	4	85	86	0.99
Last Five Years	4.26	62	43	0	145	126	817.0	310	382	.267	835	139	19	99	379	.336	.419	8	13	2	1	1	43	44	1110	1021	1.09

1994 Season

	ERA	W	L	Sv	G	GS	IP	H	HR	BB	SO		Avg	AB	H	2B	3B	HR	RBI	BB	SO	OBP	SLG
Home	7.86	0	1	0	10	3	26.1	35	7	14	16	vs. Left	.331	139	46	9	3	5	35	27	24	.435	.547
Away	6.59	3	5	0	15	5	42.1	44	9	29	28	vs. Right	.248	133	33	7	0	5	20	16	20	.329	.414
Starter	9.53	0	5	0	8	8	34.0	47	8	25	25	Scoring Posn	.352	88	31	6	2	2	45	19	11	.455	.534
Reliever	4.67	3	1	0	17	0	34.2	32	2	18	19	Close & Late	.269	26	7	0	1	0	3	8	6	.441	.462
0 Days rest (Re)	0.00	0	0	0	1	0	0.0	0	0	0	0	None on/out	.373	67	25	0	0	5	5	9	13	.447	.672

1994 Season

	ERA	W	L	Sv	G	GS	IP	H	HR	BB	SO		Avg	AB	H	2B	3B	HR	RBI	BB	SO	OBP	SLG
1 or 2 Days rest	5.84	2	1	0	8	0	12.1	13	2	6	9	First Pitch	.381	42	16	2	0	1	6	1	0	.395	.500
3+ Days rest	4.03	1	0	0	9	0	22.1	19	0	12	10	Ahead in Count	.200	105	21	5	0	3	18	0	36	.204	.333
Pre-All Star	7.53	2	6	0	19	8	57.1	63	10	38	35	Behind in Count	.348	69	24	5	2	2	17	27	0	.526	.565
Post-All Star	4.76	1	0	0	6	0	11.1	16	0	5	9	Two Strikes	.209	115	24	1	1	3	19	15	44	.295	.365

Last Five Years

	ERA	W	L	Sv	G	GS	IP	H	HR	BB	SO		Avg	AB	H	2B	3B	HR	RBI	BB	SO	OBP	SLG
Home	3.73	31	19	0	68	50	405.1	403	35	136	206	vs. Left	.280	1648	462	75	15	42	199	174	184	.349	.421
Away	4.79	31	24	0	77	66	411.2	432	64	174	176	vs. Right	.253	1476	373	64	4	57	180	136	198	.322	.417
Day	4.04	23	15	0	50	43	291.2	285	35	113	149	Inning 1-6	.270	2690	725	119	15	86	335	268	332	.339	.421
Night	4.39	39	28	0	95	83	525.1	550	64	197	233	Inning 7+	.253	434	110	20	4	13	44	42	50	.323	.408
Grass	4.07	51	35	0	119	103	671.2	684	82	247	329	None on	.264	1852	489	79	9	64	64	169	201	.330	.420
Turf	5.14	11	8	0	26	23	145.1	151	17	63	53	Runners on	.272	1272	346	60	10	35	315	141	181	.346	.417
April	3.44	8	7	0	20	19	123.0	117	13	32	46	Scoring Posn	.291	694	202	34	8	20	275	92	111	.371	.450
May	4.52	9	10	0	28	26	167.1	173	24	70	79	Close & Late	.219	233	51	5	2	5	20	23	37	.297	.322
June	3.89	14	5	0	26	20	155.0	139	14	58	63	None on/out	.273	828	226	36	3	34	34	67	84	.329	.447
July	4.64	12	6	0	29	21	132.0	160	19	52	78	vs. 1st Batr (relief)	.278	18	5	1	0	1	1	1	3	.316	.500
August	4.08	12	4	0	21	19	123.2	124	13	42	66	First Inning Pitched	.277	556	154	26	2	18	76	43	68	.330	.428
September/October	5.04	7	11	0	21	21	116.0	122	16	56	50	First 15 Pitches	.281	537	151	27	1	24	54	35	50	.328	.469
Starter	4.25	58	42	0	126	126	777.1	797	97	290	361	Pitch 16-30	.262	488	128	18	2	13	63	51	82	.337	.387
Reliever	4.54	4	1	0	19	0	39.2	38	2	20	21	Pitch 31-45	.293	474	139	23	6	8	62	64	42	.381	.418
0 Days rest (Re)	0.00	0	0	0	0	0	0.0	0	0	0	0	Pitch 46+	.257	1625	417	71	10	54	200	160	208	.326	.412
1 or 2 Days rest	4.70	3	1	0	9	0	15.1	15	2	7	9	First Pitch	.289	505	146	26	4	23	76	12	0	.308	.493
3+ Days rest	4.44	1	0	0	10	0	24.1	23	0	13	12	Ahead in Count	.243	1271	309	55	6	23	114	0	297	.252	.350
Pre-All Star	4.12	36	24	0	84	72	484.2	486	62	169	208	Behind in Count	.315	739	233	35	7	35	131	162	0	.437	.524
Post-All Star	4.47	26	19	0	61	54	332.1	349	37	141	154	Two Strikes	.221	1246	275	49	5	25	112	136	382	.302	.328

Pitcher vs. Batter (since 1984)

Pitches Best Vs.	Avg	AB	H	2B	3B	HR	RBI	BB	SO	OBP	SLG	Pitches Worst Vs.	Avg	AB	H	2B	3B	HR	RBI	BB	SO	OBP	SLG
Darryl Strawberry	.053	19	1	0	0	0	0	2	7	.143	.053	Mo Vaughn	.455	11	5	2	0	2	3	1	2	.500	1.182
Pete Incaviglia	.056	18	1	0	0	0	1	1	7	.105	.056	Kirk Gibson	.417	12	5	2	0	2	5	3	3	.500	1.083
Steve Finley	.063	16	1	0	0	0	0	1	0	.118	.063	Eric Davis	.385	13	5	0	0	2	2	3	4	.500	.846
Mike LaValliere	.077	13	1	0	0	0	1	0	1	.143	.077	Kenny Lofton	.385	13	5	2	1	1	4	0	0	.385	.923
Vince Coleman	.095	21	2	0	0	0	1	3	9	.136	.095	Dean Palmer	.375	8	3	1	0	1	3	3	1	.545	.875

Bob Wells — Mariners
Age 28 – Pitches Right

	ERA	W	L	Sv	G	GS	IP	BB	SO	Avg	H	2B	3B	HR	RBI	OBP	SLG	GF	IR	IRS	Hld	SvOp	SB	CS	GB	FB	G/F
1994 Season	2.00	2	0	0	7	0	9.0	4	6	.242	8	2	0	0	6	.342	.303	2	10	4	0	0	1	1	9	11	0.82

1994 Season

	ERA	W	L	Sv	G	GS	IP	BB	SO		Avg	AB	H	2B	3B	HR	RBI	BB	SO	OBP	SLG
Home	1.93	1	0	0	4	0	4.2	4	0	2	vs. Left	.333	12	4	2	0	0	2	1	2	.385	.500
Away	2.08	1	0	0	3	0	4.1	0	0	2	vs. Right	.190	21	4	0	0	0	4	3	4	.320	.190

David Wells — Tigers
Age 32 – Pitches Left (flyball pitcher)

	ERA	W	L	Sv	G	GS	IP	BB	SO	Avg	H	2B	3B	HR	RBI	OBP	SLG	CG	ShO	Sup	QS	#P/S	SB	CS	GB	FB	G/F
1994 Season	3.96	5	7	0	16	16	111.1	24	71	.260	113	23	2	13	52	.302	.412	5	1	5.34	8	108	8	6	144	138	1.04
Last Five Years	3.98	49	41	6	172	113	805.2	196	493	.255	787	167	16	93	341	.303	.411	7	1	4.95	63	97	55	46	992	1033	0.96

1994 Season

	ERA	W	L	Sv	G	GS	IP	H	HR	BB	SO		Avg	AB	H	2B	3B	HR	RBI	BB	SO	OBP	SLG
Home	3.43	3	2	0	8	8	57.2	56	7	12	34	vs. Left	.253	75	19	1	0	2	12	0	17	.253	.347
Away	4.53	2	5	0	8	8	53.2	57	6	12	37	vs. Right	.262	359	94	22	2	11	40	24	54	.311	.426
Starter	3.96	5	7	0	16	16	111.1	113	13	24	71	Scoring Posn	.290	93	27	6	1	4	37	15	15	.385	.505
Reliever	0.00	0	0	0	0	0	0.0	0	0	0	0	Close & Late	.300	20	6	1	0	1	3	0	3	.300	.500
0-3 Days Rest (St)	3.86	1	0	0	1	1	7.0	7	1	0	6	None on/out	.297	118	35	3	1	5	5	1	22	.308	.466
4 Days Rest	4.40	2	4	0	9	9	59.1	64	9	17	44	First Pitch	.324	68	22	5	1	2	8	5	0	.370	.515
5+ Days Rest	3.40	2	3	0	6	6	45.0	42	3	7	21	Ahead in Count	.198	192	38	5	1	2	13	0	56	.198	.266
Pre-All Star	4.96	2	5	0	10	10	65.1	77	10	16	37	Behind in Count	.301	83	25	9	0	5	14	11	0	.396	.590
Post-All Star	2.54	3	2	0	6	6	46.0	36	3	8	34	Two Strikes	.224	205	46	5	1	5	17	8	71	.254	.332

Last Five Years

	ERA	W	L	Sv	G	GS	IP	H	HR	BB	SO		Avg	AB	H	2B	3B	HR	RBI	BB	SO	OBP	SLG
Home	3.40	24	15	3	85	51	394.2	367	49	86	239	vs. Left	.250	515	129	24	3	12	59	27	76	.302	.379
Away	4.53	25	26	3	87	62	411.0	420	44	110	254	vs. Right	.256	2566	658	143	13	81	282	169	417	.303	.417
Day	5.38	11	17	1	54	34	235.2	256	34	60	134	Inning 1-6	.254	2456	625	139	14	76	282	160	395	.303	.415
Night	3.39	38	24	5	118	79	570.0	531	59	136	359	Inning 7+	.259	625	162	28	2	17	59	36	98	.304	.392
Grass	4.24	30	27	2	86	69	462.1	455	50	112	295	None on	.251	1887	473	97	7	50	50	103	318	.294	.387
Turf	3.62	19	14	4	86	44	343.1	332	43	84	198	Runners on	.263	1194	314	74	9	43	291	93	175	.317	.448
April	3.48	7	6	3	27	14	98.1	84	12	22	51	Scoring Posn	.263	630	166	43	6	17	225	78	106	.342	.432
May	2.51	10	3	1	33	14	122.0	90	8	28	92	Close & Late	.294	327	96	16	2	9	33	18	50	.330	.437
June	4.25	10	8	1	29	23	161.0	165	19	51	115	None on/out	.267	809	216	39	2	22	22	41	140	.305	.402
July	3.89	12	7	0	29	29	185.0	180	26	38	98	vs. 1st Batr (relief)	.245	53	13	2	0	1	4	4	10	.310	.340
August	6.03	5	11	0	22	19	119.1	147	15	38	65	First Inning Pitched	.241	606	146	36	1	14	62	35	111	.283	.373
September/October	3.60	5	6	1	32	14	120.1	121	13	19	72	First 75 Pitches	.248	2389	592	123	12	70	248	153	388	.295	.397
Starter	4.02	46	38	0	113	113	718.2	702	84	176	434	Pitch 76-90	.292	343	100	20	2	16	47	23	49	.341	.501
Reliever	3.62	3	3	6	59	0	87.0	85	9	20	59	Pitch 91-105	.310	229	71	18	1	4	36	12	36	.351	.450

	ERA	W	L	Sv	G	GS	IP	H	HR	BB	SO	Last Five Years	Avg	AB	H	2B	3B	HR	RBI	BB	SO	OBP	SLG
0-3 Days Rest (St)	2.45	4	1	0	6	6	36.2	28	6	8	35	Pitch 106+	.200	120	24	6	1	3	10	8	20	.260	.342
4 Days Rest	4.36	25	24	0	69	69	437.1	443	57	114	275	First Pitch	.304	415	126	24	4	18	55	17	0	.333	.511
5+ Days Rest	3.64	17	13	0	38	38	244.2	231	21	54	124	Ahead in Count	.195	1327	259	50	6	20	103	0	421	.203	.287
Pre-All Star	3.65	30	19	5	99	61	446.0	410	51	114	290	Behind in Count	.321	772	248	55	5	39	120	99	0	.398	.557
Post-All Star	4.38	19	22	1	73	52	359.2	377	42	82	203	Two Strikes	.189	1347	254	61	6	21	101	80	493	.239	.290

Pitches Best Vs.	Avg	AB	H	2B	3B	HR	RBI	BB	SO	OBP	SLG	Pitches Worst Vs.	Avg	AB	H	2B	3B	HR	RBI	BB	SO	OBP	SLG
Joe Carter	.000	11	0	0	0	0	0	3	3	.214	.000	Andre Dawson	.500	14	7	5	0	0	1	0	2	.500	.857
Randy Velarde	.059	17	1	0	0	0	0	1	5	.111	.059	Juan Gonzalez	.438	16	7	0	0	2	7	2	1	.500	.813
Lance Parrish	.063	16	1	0	0	0	0	1	7	.118	.063	Cal Ripken	.409	22	9	2	0	3	6	1	2	.458	.909
Omar Vizquel	.077	13	1	0	0	0	0	1	3	.143	.077	Frank Thomas	.385	26	10	1	1	3	5	6	4	.500	.846
Jim Eisenreich	.091	11	1	0	0	0	0	0	0	.091	.091	Cecil Fielder	.385	13	5	0	0	2	5	5	2	.556	.846

Turk Wendell — Cubs
Age 28 – Pitches Right (groundball pitcher)

	ERA	W	L	Sv	G	GS	IP	BB	SO	Avg	H	2B	3B	HR	RBI	OBP	SLG	GF	IR	IRS	Hld	SvOp	SB	CS	GB	FB	G/F
1994 Season	11.93	0	1	0	6	2	14.1	10	9	.349	22	6	0	3	20	.432	.587	1	5	3	0	0	1	0	26	19	1.37
Career (1993-1994)	7.30	1	3	0	13	6	37.0	18	24	.305	46	10	0	3	27	.376	.430	2	7	3	0	0	2	0	62	38	1.63

1994 Season

	ERA	W	L	Sv	G	GS	IP	H	HR	BB	SO		Avg	AB	H	2B	3B	HR	RBI	BB	SO	OBP	SLG
Home	13.50	0	0	0	1	0	2.0	2	0	3	2	vs. Left	.333	33	11	3	0	1	6	6	3	.436	.515
Away	11.68	0	1	0	5	2	12.1	20	3	7	7	vs. Right	.367	30	11	3	0	2	14	4	6	.429	.667

Bill Wertz — Indians
Age 28 – Pitches Right (flyball pitcher)

	ERA	W	L	Sv	G	GS	IP	BB	SO	Avg	H	2B	3B	HR	RBI	OBP	SLG	GF	IR	IRS	Hld	SvOp	SB	CS	GB	FB	G/F
1994 Season	10.38	0	0	0	1	0	4.1	1	1	.409	9	5	0	0	6	.435	.636	0	1	0	0	0	0	0	6	8	0.75
Career (1993-1994)	4.08	2	3	0	35	0	64.0	33	54	.253	63	14	0	5	34	.342	.369	7	30	9	3	2	1	0	68	78	0.87

1994 Season

	ERA	W	L	Sv	G	GS	IP	H	HR	BB	SO		Avg	AB	H	2B	3B	HR	RBI	BB	SO	OBP	SLG
Home	0.00	0	0	0	0	0	0.0	0	0	0	0	vs. Left	.286	14	4	3	0	0	2	1	1	.333	.500
Away	10.38	0	0	0	1	0	4.1	9	0	1	1	vs. Right	.625	8	5	2	0	0	4	0	0	.625	.875

David West — Phillies
Age 30 – Pitches Left (flyball pitcher)

	ERA	W	L	Sv	G	GS	IP	BB	SO	Avg	H	2B	3B	HR	RBI	OBP	SLG	GF	IR	IRS	Hld	SvOp	SB	CS	GB	FB	G/F
1994 Season	3.55	4	10	0	31	14	99.0	61	83	.205	74	20	0	7	38	.320	.319	7	14	6	3	2	10	2	88	130	0.68
Last Five Years	4.34	22	30	3	160	56	431.1	238	333	.232	374	88	2	50	222	.333	.389	35	77	29	24	11	25	12	454	554	0.82

1994 Season

	ERA	W	L	Sv	G	GS	IP	H	HR	BB	SO		Avg	AB	H	2B	3B	HR	RBI	BB	SO	OBP	SLG
Home	3.12	3	3	0	15	6	49.0	32	2	31	40	vs. Left	.156	64	10	3	0	1	9	15	21	.321	.250
Away	3.96	1	7	0	16	8	50.0	42	5	30	43	vs. Right	.215	297	64	17	0	6	29	46	62	.320	.333
Starter	3.16	4	6	0	14	14	79.2	53	4	43	67	Scoring Posn	.219	96	21	6	0	1	29	23	26	.369	.313
Reliever	5.12	0	4	0	17	0	19.1	21	3	18	16	Close & Late	.286	49	14	1	0	2	10	13	6	.435	.429
0 Days rest (Re)	4.50	0	0	0	3	0	2.0	0	0	4	2	None on/out	.189	90	17	3	0	3	14	21	.298	.322	
1 or 2 Days rest	5.40	0	2	0	9	0	10.0	9	2	9	8	First Pitch	.229	48	11	3	0	0	3	2	0	.275	.292
3+ Days rest	4.91	0	2	0	5	0	7.1	12	1	5	6	Ahead in Count	.179	168	30	11	0	1	14	0	68	.179	.262
Pre-All Star	2.76	3	7	0	25	8	65.1	43	7	39	59	Behind in Count	.250	72	18	3	0	5	11	24	0	.433	.500
Post-All Star	5.08	1	3	0	6	6	33.2	31	0	22	24	Two Strikes	.153	189	29	9	0	1	14	35	83	.284	.217

Last Five Years

	ERA	W	L	Sv	G	GS	IP	H	HR	BB	SO		Avg	AB	H	2B	3B	HR	RBI	BB	SO	OBP	SLG
Home	4.89	9	13	2	75	25	191.1	165	22	110	175	vs. Left	.222	293	65	10	4	6	40	59	72	.358	.345
Away	3.90	13	17	1	85	31	240.0	209	28	128	158	vs. Right	.234	1318	309	78	3	44	182	179	261	.327	.398
Day	4.84	7	7	2	51	18	115.1	95	14	76	95	Inning 1-6	.241	1140	275	68	5	42	165	165	222	.337	.420
Night	4.16	15	23	1	109	38	316.0	279	36	162	238	Inning 7+	.210	471	99	20	2	8	57	73	111	.324	.312
Grass	4.27	8	12	1	57	23	164.1	160	20	87	113	None on	.215	927	199	48	5	22	22	123	183	.309	.348
Turf	4.38	14	18	2	103	33	267.0	214	30	151	220	Runners on	.256	684	175	40	2	28	200	115	150	.363	.443
April	3.63	1	6	1	22	4	44.2	35	8	28	38	Scoring Posn	.241	424	102	24	2	14	168	74	97	.351	.406
May	3.61	2	2	1	27	5	57.1	49	6	37	40	Close & Late	.212	236	50	7	2	5	38	47	56	.348	.322
June	4.59	3	6	0	21	10	66.2	62	8	28	63	None on/out	.221	411	91	20	2	14	14	45	75	.303	.382
July	4.06	8	5	0	32	17	113.0	104	10	60	85	vs. 1st Batr (relief)	.282	85	24	5	0	3	10	18	18	.413	.447
August	4.99	8	9	0	33	15	113.2	98	17	54	75	First Inning Pitched	.228	522	119	28	2	15	80	94	118	.351	.375
September/October	4.75	0	2	1	25	5	36.0	26	1	31	32	First 15 Pitches	.249	421	105	20	2	13	57	67	82	.357	.399
Starter	4.66	15	22	0	56	56	299.2	273	38	151	208	Pitch 16-30	.190	311	59	17	0	11	40	59	83	.323	.350
Reliever	3.62	7	8	3	104	0	131.2	101	12	87	125	Pitch 31-45	.235	243	57	11	1	9	34	33	58	.321	.399
0 Days rest (Re)	4.97	3	3	2	30	0	29.0	24	4	19	26	Pitch 46+	.241	636	153	40	4	17	91	79	110	.326	.396
1 or 2 Days rest	3.07	2	2	0	46	0	55.2	37	4	41	51	First Pitch	.295	217	64	20	2	10	50	7	0	.330	.544
3+ Days rest	3.45	2	3	0	28	0	47.0	40	4	27	48	Ahead in Count	.197	751	148	37	3	16	84	0	268	.200	.318
Pre-All Star	3.48	9	15	2	81	26	212.0	170	24	113	175	Behind in Count	.288	330	95	20	0	15	52	121	0	.477	.485
Post-All Star	5.17	13	15	1	79	30	219.1	204	26	151	158	Two Strikes	.171	797	136	33	3	16	81	110	333	.273	.280

Pitcher vs. Batter (career)

Pitches Best Vs.	Avg	AB	H	2B	3B	HR	RBI	BB	SO	OBP	SLG	Pitches Worst Vs.	Avg	AB	H	2B	3B	HR	RBI	BB	SO	OBP	SLG
Manuel Lee	.091	11	1	0	0	0	0	3	4	.286	.091	Sammy Sosa	.412	17	7	2	1	1	2	2	5	.474	.824

Pitcher vs. Batter (career)

Pitches Best Vs.	Avg	AB	H	2B	3B	HR	RBI	BB	SO	OBP	SLG	Pitches Worst Vs.	Avg	AB	H	2B	3B	HR	RBI	BB	SO	OBP	SLG
Ellis Burks	.100	10	1	1	0	0	1	1	0	.182	.200	Ken Griffey Jr	.400	15	6	1	0	2	3	1	3	.438	.867
Harold Reynolds	.154	13	2	0	0	0	0	2	0	.267	.154	Ruben Sierra	.364	11	4	2	0	0	2	3	1	.500	.545
Tony Fernandez	.182	11	2	0	0	0	1	1	0	.250	.182	Ron Karkovice	.364	11	4	1	0	1	5	1	2	.417	.727
Devon White	.188	16	3	0	0	0	1	0	5	.235	.188	Tony Phillips	.364	11	4	1	0	1	3	0	1	.364	.727

John Wetteland — Expos
Age 28 – Pitches Right (flyball pitcher)

	ERA	W	L	Sv	G	GS	IP	BB	SO	Avg	H	2B	3B	HR	RBI	OBP	SLG	GF	IR	IRS	Hld	SvOp	SB	CS	GB	FB	G/F
1994 Season	2.83	4	6	25	52	0	63.2	21	68	.202	46	5	3	5	29	.273	.316	43	29	9	0	35	6	0	63	76	0.83
Last Five Years	2.63	20	17	105	217	5	284.1	105	325	.210	217	30	8	20	120	.289	.312	169	122	34	0	131	40	7	267	312	0.86

1994 Season

	ERA	W	L	Sv	G	GS	IP	H	HR	BB	SO		Avg	AB	H	2B	3B	HR	RBI	BB	SO	OBP	SLG
Home	4.30	3	3	10	24	0	29.1	27	3	11	26	vs. Left	.205	132	27	2	2	4	16	12	35	.284	.341
Away	1.57	1	3	15	28	0	34.1	19	2	10	42	vs. Right	.198	96	19	3	1	1	13	9	33	.259	.281
Day	2.33	1	2	8	16	0	19.1	14	2	5	24	Inning 1-6	.000	0	0	0	0	0	0	0	0	.000	.000
Night	3.05	3	4	17	36	0	44.1	32	3	16	44	Inning 7+	.202	228	46	5	3	5	29	21	68	.273	.316
Grass	0.49	0	1	9	15	0	18.1	9	1	3	27	None on	.198	131	26	3	2	4	4	9	41	.255	.344
Turf	3.77	4	5	16	37	0	45.1	37	4	18	41	Runners on	.206	97	20	2	1	1	25	12	27	.296	.278
April	3.12	1	1	0	6	0	8.2	7	0	3	5	Scoring Posn	.219	64	14	2	1	0	23	8	17	.308	.281
May	2.41	1	2	6	12	0	18.2	10	1	9	21	Close & Late	.207	169	35	3	2	4	26	20	54	.294	.320
June	4.50	0	2	7	13	0	12.0	13	0	5	15	None on/out	.170	53	9	2	1	0	0	4	14	.228	.245
July	1.13	0	1	8	14	0	16.0	10	2	0	19	vs. 1st Batr (relief)	.213	47	10	1	1	0	3	4	13	.286	.277
August	4.32	2	0	4	7	0	8.1	6	2	4	8	First Inning Pitched	.233	176	41	5	3	3	25	11	48	.285	.347
September/October	0.00	0	0	0	0	0	0.0	0	0	0	0	First 15 Pitches	.224	134	30	4	3	3	17	8	29	.279	.366
Starter	0.00	0	0	0	0	0	0.0	0	0	0	0	Pitch 16-30	.187	75	14	1	0	1	9	7	31	.253	.240
Reliever	2.83	4	6	25	52	0	63.2	46	5	21	68	Pitch 31-45	.125	16	2	0	0	1	2	5	7	.318	.313
0 Days rest (Re)	2.16	1	0	13	16	0	16.2	10	2	3	17	Pitch 46+	.000	3	0	0	0	0	1	1	1	.250	.000
1 or 2 Days rest	3.22	3	5	11	28	0	36.1	28	3	17	37	First Pitch	.300	30	9	1	1	1	7	3	0	.364	.500
3+ Days rest	2.53	0	1	1	8	0	10.2	8	0	1	14	Ahead in Count	.159	126	20	1	3	1	2	0	58	.171	.254
Pre-All Star	3.12	2	6	14	35	0	43.1	34	2	17	48	Behind in Count	.333	27	9	1	0	1	8	6	0	.429	.481
Post-All Star	2.21	2	0	11	17	0	20.1	12	3	4	20	Two Strikes	.172	145	25	3	2	3	11	12	68	.241	.283

Last Five Years

	ERA	W	L	Sv	G	GS	IP	H	HR	BB	SO		Avg	AB	H	2B	3B	HR	RBI	BB	SO	OBP	SLG
Home	3.17	13	9	53	112	2	136.1	111	10	45	148	vs. Left	.207	588	122	16	4	13	68	63	191	.292	.315
Away	2.13	7	8	52	105	3	148.0	106	10	60	177	vs. Right	.213	447	95	14	4	7	52	42	134	.285	.309
Day	3.45	6	6	27	69	3	99.0	86	12	34	114	Inning 1-6	.262	126	33	6	0	3	22	13	30	.349	.381
Night	2.19	14	11	78	148	2	185.1	131	8	71	211	Inning 7+	.202	909	184	24	8	17	98	92	295	.281	.303
Grass	1.92	6	5	28	67	3	98.1	75	7	30	110	None on	.212	537	114	11	6	13	13	50	164	.285	.328
Turf	3.00	14	12	77	150	2	186.0	142	13	75	215	Runners on	.207	498	103	19	2	7	107	55	161	.293	.295
April	5.79	2	4	4	23	0	28.0	37	4	10	25	Scoring Posn	.218	325	71	14	1	4	96	43	105	.311	.305
May	4.02	3	4	18	43	3	62.2	51	8	24	74	Close & Late	.209	669	140	17	6	15	83	72	222	.290	.320
June	2.47	2	3	19	39	1	51.0	37	0	24	54	None on/out	.214	229	49	7	5	6	6	22	72	.283	.367
July	1.50	6	2	24	39	0	48.0	33	3	8	58	vs. 1st Batr (relief)	.242	190	46	8	3	4	20	18	53	.310	.379
August	2.52	4	3	20	32	0	39.1	33	4	22	49	First Inning Pitched	.209	727	152	22	7	13	87	68	221	.282	.312
September/October	0.65	3	1	20	41	0	55.1	26	1	17	65	First 15 Pitches	.214	588	126	20	5	10	58	55	155	.287	.316
Starter	7.23	0	3	0	5	5	18.2	23	3	8	18	Pitch 16-30	.198	329	65	6	3	8	42	29	129	.271	.307
Reliever	2.30	20	14	105	212	0	265.2	194	17	97	307	Pitch 31-45	.155	84	13	0	0	1	4	13	33	.273	.190
0 Days rest (Re)	1.66	4	3	38	60	0	70.2	54	4	17	78	Pitch 46+	.382	34	13	4	0	1	16	8	8	.500	.588
1 or 2 Days rest	2.78	14	8	43	98	0	126.1	93	8	59	148	First Pitch	.319	113	36	3	2	2	13	8	0	.374	.434
3+ Days rest	2.10	2	3	24	54	0	68.2	47	5	21	81	Ahead in Count	.146	575	84	10	3	8	45	0	276	.158	.216
Pre-All Star	3.44	10	12	50	121	5	162.0	139	13	61	180	Behind in Count	.351	148	52	9	1	6	37	48	0	.505	.547
Post-All Star	1.54	10	5	55	96	0	122.1	78	7	44	145	Two Strikes	.154	635	98	13	4	12	57	49	325	.222	.244

Pitcher vs. Batter (career)

Pitches Best Vs.	Avg	AB	H	2B	3B	HR	RBI	BB	SO	OBP	SLG	Pitches Worst Vs.	Avg	AB	H	2B	3B	HR	RBI	BB	SO	OBP	SLG
Jeff King	.059	17	1	0	0	0	1	1	7	.105	.059	Ozzie Smith	.556	9	5	0	0	0	2	2	1	.636	.556
Barry Larkin	.077	13	1	0	0	0	3	0	0	.071	.154	Kevin Mitchell	.500	8	4	0	0	0	1	3	1	.636	.500
Bobby Bonilla	.077	13	1	0	0	0	1	1	3	.143	.077	Craig Biggio	.417	12	5	0	0	2	6	3	4	.533	.917
Howard Johnson	.091	11	1	1	0	0	2	0	4	.091	.182	John Kruk	.375	8	3	1	0	1	2	3	3	.545	.875
Chris Sabo	.091	11	1	0	0	0	0	1	0	.091	.182	Andy Van Slyke	.308	13	4	2	0	1	4	2	5	.400	.692

Lou Whitaker — Tigers
Age 38 – Bats Left (flyball hitter)

	Avg	G	AB	R	H	2B	3B	HR	RBI	BB	SO	HBP	GDP	SB	CS	OBP	SLG	IBB	SH	SF	#Pit	#P/PA	GB	FB	G/F
1994 Season	.301	92	322	67	97	21	2	12	43	41	47	1	7	2	0	.377	.491	4	3	5	1385	3.72	98	109	0.90
Last Five Years	.275	611	2100	385	577	127	7	81	319	364	255	8	34	23	11	.380	.458	26	18	25	9732	3.87	650	749	0.87

1994 Season

	Avg	AB	H	2B	3B	HR	RBI	BB	SO	OBP	SLG		Avg	AB	H	2B	3B	HR	RBI	BB	SO	OBP	SLG
vs. Left	.278	36	10	2	0	1	8	5	7	.349	.417	Scoring Posn	.250	60	15	3	0	3	31	14	10	.367	.450
vs. Right	.304	286	87	19	2	11	35	36	40	.380	.500	Close & Late	.196	46	9	1	0	1	6	8	7	.309	.283
Groundball	.333	72	24	7	0	1	8	10	9	.405	.472	None on/out	.459	61	28	7	1	3	3	4	7	.492	.754
Flyball	.408	98	40	8	1	8	21	11	10	.464	.755	Batting #2	.305	311	95	21	2	12	43	40	46	.381	.502
Home	.318	154	49	9	1	8	26	22	23	.403	.545	Batting #8	.250	4	1	0	0	0	0	0	0	.250	.250
Away	.286	168	48	12	1	4	17	19	24	.352	.440	Other	.143	7	1	0	0	0	0	1	1	.250	.143
Day	.327	113	37	9	1	6	19	21	21	.430	.584	April	.310	58	18	3	0	4	6	8	5	.388	.569

1994 Season

	Avg	AB	H	2B	3B	HR	RBI	BB	SO	OBP	SLG		Avg	AB	H	2B	3B	HR	RBI	BB	SO	OBP	SLG
Night	.287	209	60	12	1	6	24	20	26	.346	.440	May	.250	64	16	3	0	4	14	9	15	.351	.484
Grass	.312	266	83	17	2	12	38	37	39	.394	.526	June	.244	82	20	8	1	2	13	14	14	.347	.439
Turf	.250	56	14	4	0	0	5	4	8	.290	.321	July	.308	78	24	3	1	1	7	9	11	.371	.410
First Pitch	.400	50	20	3	0	5	12	2	0	.400	.760	August	.475	40	19	4	0	1	3	1	2	.488	.650
Ahead in Count	.241	87	21	7	1	2	7	21	0	.385	.414	September/October	.000	0	0	0	0	0	0	0	0	.000	.000
Behind in Count	.242	120	29	5	0	3	21	0	38	.246	.358	Pre-All Star	.279	233	65	14	1	11	35	34	35	.369	.489
Two Strikes	.225	129	29	4	0	2	15	18	47	.322	.302	Post-All Star	.360	89	32	7	1	1	8	7	12	.398	.494

1994 By Position

Position	Avg	AB	H	2B	3B	HR	RBI	BB	SO	OBP	SLG	G	GS	Innings	PO	A	E	DP	Fld Pct	Rng Fctr	In Zone	Zone Outs	Zone Rtg	MLB Zone
As Pinch Hitter	.167	12	2	0	0	0	0	1	1	.231	.167	14	0	---	---	---	---	---	---	---	---	---	---	---
As 2b	.322	292	94	21	2	12	41	36	44	.393	.531	83	73	641.2	135	246	12	43	.969	5.34	272	253	.930	.889

Last Five Years

	Avg	AB	H	2B	3B	HR	RBI	BB	SO	OBP	SLG		Avg	AB	H	2B	3B	HR	RBI	BB	SO	OBP	SLG
vs. Left	.227	343	78	13	1	7	52	58	62	.342	.332	Scoring Posn	.287	506	145	29	1	26	231	96	64	.385	.502
vs. Right	.284	1757	499	114	6	74	267	306	193	.387	.482	Close & Late	.227	317	72	13	0	11	48	61	50	.350	.372
Groundball	.276	543	150	43	3	15	82	94	47	.381	.449	None on/out	.286	409	117	24	1	9	9	54	46	.369	.416
Flyball	.302	507	153	34	1	26	79	88	58	.404	.527	Batting #1	.268	250	67	18	2	8	29	39	33	.364	.452
Home	.284	1031	293	69	2	47	176	203	128	.401	.492	Batting #2	.290	1582	458	101	5	64	254	280	175	.394	.481
Away	.266	1069	284	58	5	34	143	161	127	.359	.425	Other	.194	268	52	8	0	9	36	45	47	.308	.325
Day	.267	678	181	46	2	21	90	129	75	.383	.434	April	.263	259	68	13	0	14	41	54	30	.388	.475
Night	.278	1422	396	81	5	60	229	235	180	.378	.469	May	.230	400	92	18	2	14	59	62	64	.335	.390
Grass	.276	1766	487	107	6	71	270	321	211	.385	.464	June	.292	411	120	32	2	18	61	79	48	.402	.511
Turf	.269	334	90	20	1	10	49	43	44	.352	.425	July	.316	354	112	24	3	8	45	51	37	.399	.469
First Pitch	.326	261	85	18	0	14	54	14	0	.349	.556	August	.310	352	109	22	0	18	66	74	38	.427	.526
Ahead in Count	.300	577	173	41	4	25	97	212	0	.483	.515	September/October	.235	324	76	18	0	9	47	44	38	.326	.373
Behind in Count	.230	839	193	40	2	18	104	0	197	.234	.347	Pre-All Star	.270	1178	318	67	6	50	176	215	150	.381	.464
Two Strikes	.221	896	198	37	1	25	104	132	255	.324	.348	Post-All Star	.281	922	259	60	1	31	143	149	105	.378	.449

Batter vs. Pitcher (since 1984)

Hits Best Against	Avg	AB	H	2B	3B	HR	RBI	BB	SO	OBP	SLG	Hits Worst Against	Avg	AB	H	2B	3B	HR	RBI	BB	SO	OBP	SLG
Dave Righetti	.583	12	7	1	0	1	3	4	1	.688	.917	Russ Swan	.000	12	0	0	0	0	1	2	1	.143	.000
Jeff Montgomery	.545	11	6	1	0	1	3	2	0	.615	.909	Rick Aguilera	.000	11	0	0	0	0	0	1	2	.083	.000
Scott Kamieniecki	.500	12	6	2	0	1	3	1	1	.538	.917	Steve Howe	.000	9	0	0	0	0	2	1	1	.182	.000
Dan Plesac	.444	9	4	0	0	1	3	2	2	.500	.778	Jeff Ballard	.063	16	1	0	0	0	1	0	5	.063	.063
John Farrell	.438	16	7	1	0	3	6	3	1	.526	1.063	Tom Henke	.074	27	2	0	0	0	0	1	6	.107	.074

Devon White — Blue Jays

Age 32 – Bats Both (groundball hitter)

	Avg	G	AB	R	H	2B	3B	HR	RBI	BB	SO	HBP	GDP	SB	CS	OBP	SLG	IBB	SH	SF	#Pit	#P/PA	GB	FB	G/F
1994 Season	.270	100	403	67	109	24	6	13	49	21	80	5	4	11	3	.313	.457	3	4	2	1726	3.97	150	91	1.65
Last Five Years	.260	680	2727	448	708	149	32	73	265	224	591	27	28	136	27	.320	.418	10	22	17	11721	3.88	995	654	1.52

1994 Season

	Avg	AB	H	2B	3B	HR	RBI	BB	SO	OBP	SLG		Avg	AB	H	2B	3B	HR	RBI	BB	SO	OBP	SLG
vs. Left	.306	124	38	7	3	4	15	4	22	.328	.508	Scoring Posn	.351	74	26	6	2	2	35	7	8	.405	.568
vs. Right	.254	279	71	17	3	9	34	17	58	.307	.434	Close & Late	.274	62	17	6	1	4	15	5	10	.328	.597
Groundball	.239	92	22	3	0	2	9	4	23	.293	.337	None on/out	.307	150	46	8	2	7	7	9	27	.358	.527
Flyball	.250	104	26	7	2	2	12	3	19	.271	.413	Batting #1	.269	402	108	24	6	13	48	21	80	.312	.455
Home	.275	193	53	11	3	5	21	9	41	.311	.440	Batting #8	1.000	1	1	0	0	0	1	0	0	1.000	1.000
Away	.267	210	56	13	3	8	28	12	39	.316	.471	Other	.000	0	0	0	0	0	0	0	0	.000	.000
Day	.317	126	40	9	1	8	18	7	26	.363	.595	April	.330	97	32	7	2	5	15	7	16	.393	.598
Night	.249	277	69	15	5	5	31	14	54	.291	.394	May	.275	102	28	4	1	2	9	3	23	.296	.392
Grass	.226	155	35	5	1	6	19	11	31	.286	.387	June	.235	98	23	6	0	3	11	5	18	.272	.388
Turf	.298	248	74	19	5	7	30	10	49	.331	.500	July	.268	82	22	6	3	3	11	4	15	.302	.524
First Pitch	.327	52	17	2	0	2	8	2	0	.386	.481	August	.167	24	4	1	0	0	2	2	8	.259	.208
Ahead in Count	.352	88	31	8	1	8	16	12	0	.422	.739	September/October	.000	0	0	0	0	0	0	0	0	.000	.000
Behind in Count	.182	181	33	6	3	2	12	0	67	.191	.282	Pre-All Star	.289	329	95	22	5	11	42	16	62	.328	.486
Two Strikes	.197	208	41	9	3	2	16	7	80	.230	.298	Post-All Star	.189	74	14	2	1	2	7	5	18	.250	.324

1994 By Position

Position	Avg	AB	H	2B	3B	HR	RBI	BB	SO	OBP	SLG	G	GS	Innings	PO	A	E	DP	Fld Pct	Rng Fctr	In Zone	Zone Outs	Zone Rtg	MLB Zone
As cf	.269	402	108	24	6	13	48	21	80	.312	.455	98	96	813.2	267	3	6	1	.978	2.99	301	265	.880	.824

Last Five Years

	Avg	AB	H	2B	3B	HR	RBI	BB	SO	OBP	SLG		Avg	AB	H	2B	3B	HR	RBI	BB	SO	OBP	SLG
vs. Left	.263	817	215	47	6	23	80	60	154	.318	.420	Scoring Posn	.231	567	131	28	7	11	182	69	137	.313	.363
vs. Right	.258	1910	493	102	26	50	185	164	437	.321	.417	Close & Late	.250	420	105	19	6	11	50	49	104	.333	.402
Groundball	.262	680	178	38	5	16	64	50	153	.318	.397	None on/out	.289	976	282	57	10	40	40	58	193	.337	.491
Flyball	.246	597	147	31	9	12	54	37	122	.292	.404	Batting #1	.263	2215	583	124	27	60	207	164	463	.319	.425
Home	.272	1351	367	87	21	36	139	107	283	.330	.447	Batting #2	.243	251	61	15	2	5	24	31	63	.326	.378
Away	.248	1376	341	62	11	37	126	117	308	.311	.390	Other	.245	261	64	10	3	8	34	29	65	.324	.398
Day	.302	814	246	55	10	27	80	62	181	.358	.494	April	.290	383	111	24	4	9	44	27	80	.348	.444
Night	.242	1913	462	94	22	46	185	162	410	.304	.386	May	.255	541	138	33	5	13	51	46	114	.316	.407
Grass	.234	1269	297	52	10	35	117	102	291	.293	.374	June	.261	509	133	29	7	13	47	43	108	.320	.440
Turf	.282	1458	411	97	22	38	148	122	300	.343	.457	July	.236	433	102	20	7	9	41	31	88	.293	.376
First Pitch	.334	326	109	25	5	13	46	3	0	.351	.561	August	.254	457	116	24	7	18	44	37	101	.313	.455

	Avg	AB	H	2B	3B	HR	RBI	BB	SO	OBP	SLG		Avg	AB	H	2B	3B	HR	RBI	BB	SO	OBP	SLG
												Last Five Years											
Ahead in Count	.367	534	196	49	9	36	92	121	0	.478	.695	September/October	.267	404	108	19	2	8	37	40	100	.335	.384
Behind in Count	.187	1322	247	48	8	15	66	0	497	.198	.269	Pre-All Star	.267	1589	424	99	20	43	165	127	332	.326	.435
Two Strikes	.178	1435	256	45	12	15	84	95	591	.234	.258	Post-All Star	.250	1138	284	50	12	30	100	97	259	.312	.394
												Batter vs. Pitcher (career)											
Hits Best Against	Avg	AB	H	2B	3B	HR	RBI	BB	SO	OBP	SLG	Hits Worst Against	Avg	AB	H	2B	3B	HR	RBI	BB	SO	OBP	SLG
Dave Fleming	.600	20	12	2	2	1	4	2	0	.609	1.050	Cal Eldred	.000	17	0	0	0	0	1	0	4	.000	.000
John Dopson	.467	15	7	0	0	2	4	0	2	.500	.867	Paul Gibson	.071	14	1	1	0	0	1	4	.188	.143
Edwin Nunez	.438	16	7	1	0	2	5	3	5	.526	.875	Bret Saberhagen	.114	35	4	2	0	0	0	0	9	.114	.171
Scott Kamieniecki	.429	14	6	0	1	2	4	0	3	.429	1.000	Mark Eichhorn	.118	17	2	1	0	0	2	0	6	.111	.176
Rick Sutcliffe	.313	16	5	2	0	2	2	2		.421	.813	Fernando Valenzuela	.143	14	2	1	0	0	1	0	2	.133	.214

Gabe White — Expos
Age 23 – Pitches Left (flyball pitcher)

	ERA	W	L	Sv	G	GS	IP	BB	SO	Avg	H	2B	3B	HR	RBI	OBP	SLG	CG	ShO	Sup	QS	#P/S	SB	CS	GB	FB	G/F
1994 Season	6.08	1	1	1	7	5	23.2	11	17	.261	24	10	2	4	13	.343	.543	0	0	4.18	2	76	5	1	21	40	0.53

1994 Season

	ERA	W	L	Sv	G	GS	IP	H	HR	BB	SO		Avg	AB	H	2B	3B	HR	RBI	BB	SO	OBP	SLG
Home	4.61	1	1	0	4	3	13.2	11	2	7	11	vs. Left	.273	11	3	0	0	1	3	5	.467	.455
Away	8.10	0	0	1	3	2	10.0	13	2	4	6	vs. Right	.259	81	21	8	2	4	12	8	12	.322	.556

Rick White — Pirates
Age 26 – Pitches Right

	ERA	W	L	Sv	G	GS	IP	BB	SO	Avg	H	2B	3B	HR	RBI	OBP	SLG	GF	IR	IRS	Hld	SvOp	SB	CS	GB	FB	G/F
1994 Season	3.82	4	5	6	43	5	75.1	17	38	.280	79	13	3	9	40	.329	.443	23	18	10	3	9	0	1	111	84	1.32

1994 Season

	ERA	W	L	Sv	G	GS	IP	H	HR	BB	SO		Avg	AB	H	2B	3B	HR	RBI	BB	SO	OBP	SLG
Home	4.25	2	3	3	21	2	36.0	37	4	9	19	vs. Left	.268	142	38	6	1	4	19	6	18	.296	.408
Away	3.43	2	2	3	22	3	39.1	42	5	8	19	vs. Right	.293	140	41	7	2	5	21	11	20	.361	.479
Starter	2.22	2	1	0	5	5	28.1	27	1	4	13	Scoring Posn	.236	72	17	1	0	1	29	9	7	.302	.292
Reliever	4.79	2	4	6	38	0	47.0	52	8	13	25	Close & Late	.257	74	19	2	1	4	15	7	12	.337	.473
0 Days rest (Re)	5.87	0	1	2	7	0	7.2	11	0	2	4	None on/out	.250	68	17	3	2	2	2	1	0	.301	.441
1 or 2 Days rest	5.33	2	3	3	22	0	27.0	33	7	7	15	First Pitch	.370	46	17	2	1	2	7	3	0	.408	.587
3+ Days rest	2.92	0	0	1	9	0	12.1	8	1	4	6	Ahead in Count	.230	139	32	5	2	3	16	0	35	.247	.360
Pre-All Star	4.98	2	5	6	37	1	47.0	54	7	13	23	Behind in Count	.377	53	20	4	0	3	12	7	0	.444	.623
Post-All Star	1.91	2	0	0	6	4	28.1	25	2	4	15	Two Strikes	.183	120	22	3	2	3	13	7	38	.241	.317

Rondell White — Expos
Age 23 – Bats Right (groundball hitter)

	Avg	G	AB	R	H	2B	3B	HR	RBI	BB	SO	HBP	GDP	SB	CS	OBP	SLG	IBB	SH	SF	#Pit	#P/PA	GB	FB	G/F
1994 Season	.278	40	97	16	27	10	1	2	13	9	18	3	1	1	3	.358	.464	0	0	0	423	3.88	44	20	2.20
Career (1993-1994)	.271	63	170	25	46	13	2	4	28	16	34	3	1	2	3	.342	.441	0	2	1	735	3.83	77	37	2.08

1994 Season

	Avg	AB	H	2B	3B	HR	RBI	BB	SO	OBP	SLG		Avg	AB	H	2B	3B	HR	RBI	BB	SO	OBP	SLG
vs. Left	.270	37	10	6	0	0	3	3	3	.341	.432	Scoring Posn	.308	26	8	2	0	1	10	5	6	.438	.500
vs. Right	.283	60	17	4	1	2	13	6	15	.368	.483	Close & Late	.222	18	4	1	0	0	3	3	.333	.278

Wally Whitehurst — Padres
Age 31 – Pitches Right (groundball pitcher)

	ERA	W	L	Sv	G	GS	IP	BB	SO	Avg	H	2B	3B	HR	RBI	OBP	SLG	CG	ShO	Sup	QS	#P/S	SB	CS	GB	FB	G/F
1994 Season	4.92	4	7	0	13	13	64.0	26	43	.319	84	12	2	8	32	.383	.471	0	0	3.66	5	84	5	5	95	53	1.79
Last Five Years	3.96	19	35	3	152	63	465.2	123	303	.276	497	89	15	40	215	.324	.408	0	0	3.88	20	81	29	26	750	389	1.93

1994 Season

	ERA	W	L	Sv	G	GS	IP	H	HR	BB	SO		Avg	AB	H	2B	3B	HR	RBI	BB	SO	OBP	SLG
Home	3.44	2	3	0	6	6	34.0	41	5	13	19	vs. Left	.333	126	42	5	1	3	9	18	21	.417	.460
Away	6.60	2	4	0	7	7	30.0	43	3	13	24	vs. Right	.307	137	42	7	1	5	23	8	22	.349	.482
Starter	4.92	4	7	0	13	13	64.0	84	8	26	43	Scoring Posn	.270	63	17	4	1	0	21	11	14	.378	.365
Reliever	0.00	0	0	0	0	0	0.0	0	0	0	0	Close & Late	.364	11	4	2	0	0	1	1	2	.417	.545
0-3 Days Rest (St)	0.00	0	0	0	0	0	0.0	0	0	0	0	None on/out	.300	70	21	3	0	3	3	1	14	.310	.471
4 Days Rest	4.72	3	4	0	8	8	40.0	50	5	15	28	First Pitch	.452	42	19	4	0	2	7	3	0	.489	.690
5+ Days Rest	5.25	1	3	0	5	5	24.0	34	3	11	15	Ahead in Count	.204	93	19	0	1	2	9	0	37	.204	.290
Pre-All Star	4.92	4	7	0	13	13	64.0	84	8	26	43	Behind in Count	.347	75	26	5	0	1	7	11	0	.437	.453
Post-All Star	0.00	0	0	0	0	0	0.0	0	0	0	0	Two Strikes	.270	111	30	3	1	4	13	12	43	.341	.423

Last Five Years

	ERA	W	L	Sv	G	GS	IP	H	HR	BB	SO		Avg	AB	H	2B	3B	HR	RBI	BB	SO	OBP	SLG
Home	3.54	9	19	1	74	29	224.0	229	21	55	143	vs. Left	.282	911	257	46	8	19	98	79	159	.339	.413
Away	4.36	10	16	2	78	34	241.2	268	19	68	160	vs. Right	.269	891	240	43	7	21	117	44	144	.308	.404
Day	4.86	2	13	1	53	19	133.1	163	17	34	87	Inning 1-6	.281	1384	389	72	14	32	164	99	231	.330	.423
Night	3.60	17	22	2	99	44	332.1	334	23	89	216	Inning 7+	.258	418	108	17	1	8	51	24	72	.305	.361
Grass	4.11	14	28	3	108	49	346.0	370	34	93	235	None on	.272	1052	286	48	9	22	22	54	177	.311	.397
Turf	3.53	5	7	0	44	14	119.2	127	6	30	68	Runners on	.281	750	211	41	6	18	193	69	126	.341	.424
April	4.36	3	6	1	22	8	64.0	70	8	17	38	Scoring Posn	.274	441	121	20	5	8	160	55	89	.351	.397
May	3.17	4	6	2	34	14	108.0	111	5	30	81	Close & Late	.281	196	55	11	1	2	25	13	26	.332	.378
June	3.46	4	7	0	27	14	91.0	97	9	32	55	None on/out	.281	467	131	24	5	14	14	18	65	.310	.443

Last Five Years

	ERA	W	L	Sv	G	GS	IP	H	HR	BB	SO		Avg	AB	H	2B	3B	HR	RBI	BB	SO	OBP	SLG
July	4.32	3	6	0	20	12	89.2	84	9	15	49	vs. 1st Batr (relief)	.272	81	22	4	0	1	14	6	8	.326	.358
August	4.47	2	5	0	19	9	54.1	67	3	12	32	First Inning Pitched	.272	558	152	24	5	10	74	36	103	.321	.387
September/October	4.76	3	5	1	30	6	58.2	68	6	17	48	First 75 Pitches	.274	1611	442	72	13	33	184	103	280	.320	.397
Starter	4.30	14	30	0	63	63	324.2	368	29	88	203	Pitch 76-90	.279	122	34	12	1	6	24	13	15	.355	.541
Reliever	3.19	5	5	3	89	0	141.0	129	11	35	100	Pitch 91-105	.317	63	20	5	1	1	6	7	8	.375	.476
0-3 Days Rest (St)	5.09	0	4	0	8	8	35.1	46	2	10	25	Pitch 106+	.167	6	1	0	0	0	1	0	0	.167	.167
4 Days Rest	4.55	8	18	0	36	36	192.0	214	18	57	119	First Pitch	.333	303	101	20	1	10	55	15	0	.362	.505
5+ Days Rest	3.51	6	8	0	19	19	97.1	108	9	21	59	Ahead in Count	.192	729	140	23	2	10	50	0	258	.198	.270
Pre-All Star	3.47	14	20	2	88	40	295.1	305	23	84	194	Behind in Count	.361	440	159	31	10	9	67	67	0	.445	.539
Post-All Star	4.81	5	15	1	64	23	170.1	192	17	39	109	Two Strikes	.196	789	155	25	3	17	68	41	303	.239	.300

Pitcher vs. Batter (career)

Pitches Best Vs.	Avg	AB	H	2B	3B	HR	RBI	BB	SO	OBP	SLG	Pitches Worst Vs.	Avg	AB	H	2B	3B	HR	RBI	BB	SO	OBP	SLG
Larry Walker	.000	18	0	0	0	0	0	0	7	.000	.000	Barry Bonds	.600	10	6	0	0	2	3	4	0	.714	1.200
Bip Roberts	.000	12	0	0	0	0	1	0	3	.000	.000	John Kruk	.500	12	6	1	0	1	3	0	1	.538	.833
Robby Thompson	.100	10	1	0	0	0	1	2	2	.182	.100	Mark Lemke	.500	10	5	0	2	0	0	3	0	.615	.900
Andres Galarraga	.111	18	2	0	0	0	0	0	3	.158	.111	Sammy Sosa	.500	10	5	1	0	2	4	1	2	.545	1.200
Todd Zeile	.143	21	3	0	0	1	1	3	2	.182	.143	Ryne Sandberg	.464	28	13	2	3	2	8	2	3	.500	.964

Mark Whiten — Cardinals
Age 28 – Bats Both (groundball hitter)

	Avg	G	AB	R	H	2B	3B	HR	RBI	BB	SO	HBP	GDP	SB	CS	OBP	SLG	IBB	SH	SF	#Pit	#P/PA	GB	FB	G/F
1994 Season	.293	92	334	57	98	18	2	14	53	37	75	1	8	10	5	.364	.485	9	0	2	1308	3.50	142	71	2.00
Career (1990-1994)	.259	541	1899	269	492	69	18	59	247	204	386	8	45	47	28	.331	.408	30	3	15	7571	3.55	768	454	1.69

1994 Season

	Avg	AB	H	2B	3B	HR	RBI	BB	SO	OBP	SLG		Avg	AB	H	2B	3B	HR	RBI	BB	SO	OBP	SLG
vs. Left	.293	99	29	3	0	4	8	6	20	.336	.444	Scoring Posn	.264	91	24	5	0	6	44	16	25	.378	.516
vs. Right	.294	235	69	15	2	10	45	31	55	.375	.502	Close & Late	.327	49	16	1	1	2	7	5	10	.382	.510
Groundball	.286	98	28	6	0	4	19	17	20	.391	.469	None on/out	.293	82	24	3	1	3	3	4	19	.333	.463
Flyball	.241	54	13	3	1	1	7	4	13	.300	.389	Batting #5	.292	171	50	9	1	8	28	20	35	.365	.497
Home	.272	151	41	4	0	6	18	20	37	.358	.417	Batting #6	.296	142	42	8	1	6	23	15	35	.365	.493
Away	.311	183	57	14	2	8	35	17	38	.368	.541	Other	.286	21	6	1	0	0	2	2	5	.348	.333
Day	.295	95	28	6	0	2	11	12	20	.376	.421	April	.219	32	7	1	0	0	0	5	14	.324	.250
Night	.293	239	70	12	2	12	42	25	55	.358	.510	May	.325	80	26	10	0	4	10	7	19	.379	.600
Grass	.330	97	32	7	1	3	20	10	17	.393	.515	June	.238	80	19	3	0	3	14	11	14	.337	.388
Turf	.278	237	66	11	1	11	33	27	58	.352	.473	July	.303	99	30	4	0	4	18	9	23	.358	.465
First Pitch	.424	66	28	2	1	3	12	8	0	.487	.621	August	.372	43	16	0	2	3	11	5	5	.429	.674
Ahead in Count	.397	78	31	9	1	5	18	14	0	.484	.731	September/October	.000	0	0	0	0	0	0	0	0	.000	.000
Behind in Count	.173	133	23	4	0	4	13	0	64	.173	.248	Pre-All Star	.292	226	66	15	0	9	33	25	56	.365	.478
Two Strikes	.186	145	27	5	0	6	16	15	75	.263	.345	Post-All Star	.296	108	32	3	2	5	20	12	19	.361	.500

1994 By Position

Position	Avg	AB	H	2B	3B	HR	RBI	BB	SO	OBP	SLG	G	GS	Innings	PO	A	E	DP	Fld Pct	Rng Fctr	In Zone	Outs	Zone Rtg	MLB Zone
As rf	.292	332	97	17	2	14	52	37	75	.363	.482	90	89	780.1	234	9	9	0	.964	2.80	262	222	.847	.826

Career (1990-1994)

	Avg	AB	H	2B	3B	HR	RBI	BB	SO	OBP	SLG		Avg	AB	H	2B	3B	HR	RBI	BB	SO	OBP	SLG
vs. Left	.266	533	142	20	3	18	56	56	98	.337	.417	Scoring Posn	.243	486	118	18	2	17	186	84	113	.348	.393
vs. Right	.256	1366	350	49	15	41	191	148	288	.329	.404	Close & Late	.235	332	78	9	2	10	40	44	70	.323	.364
Groundball	.247	575	142	23	5	14	80	55	125	.313	.377	None on/out	.266	485	129	19	5	13	13	33	97	.318	.406
Flyball	.257	378	97	11	4	13	50	54	67	.351	.410	Batting #5	.255	785	200	35	8	23	96	89	170	.330	.408
Home	.255	899	229	30	8	29	114	94	192	.327	.403	Batting #6	.274	631	173	19	7	23	93	57	120	.337	.436
Away	.263	1000	263	39	10	30	133	110	194	.335	.412	Other	.246	483	119	15	3	13	58	58	96	.325	.371
Day	.262	553	145	24	3	11	65	62	116	.335	.376	April	.269	260	70	4	3	9	38	26	68	.332	.412
Night	.258	1346	347	45	15	48	182	142	270	.330	.421	May	.269	335	90	21	3	7	38	37	74	.343	.412
Grass	.263	1044	275	43	11	24	117	121	203	.340	.395	June	.223	278	62	9	2	8	33	33	59	.310	.356
Turf	.254	855	217	26	7	35	130	83	183	.321	.423	July	.270	403	109	16	5	16	60	39	75	.337	.454
First Pitch	.330	349	115	10	1	15	50	22	0	.369	.493	August	.259	351	91	14	4	11	43	37	61	.326	.416
Ahead in Count	.334	458	153	20	7	19	81	88	0	.438	.533	September/October	.257	272	70	5	1	8	35	32	49	.336	.371
Behind in Count	.191	763	146	24	4	18	76	0	306	.197	.304	Pre-All Star	.265	982	260	39	9	31	131	105	221	.337	.418
Two Strikes	.174	820	143	27	5	16	70	94	386	.262	.278	Post-All Star	.253	917	232	30	9	28	113	99	165	.325	.397

Batter vs. Pitcher (career)

Hits Best Against	Avg	AB	H	2B	3B	HR	RBI	BB	SO	OBP	SLG	Hits Worst Against	Avg	AB	H	2B	3B	HR	RBI	BB	SO	OBP	SLG
Darryl Kile	.636	11	7	1	1	1	4	2	0	.692	1.182	Mike Moore	.143	14	2	0	0	0	0	0	3	.143	.143
Tom Glavine	.538	13	7	1	0	0	2	0	2	.538	.615	Jaime Navarro	.143	14	2	0	0	0	2	0	3	.143	.143
Chuck Finley	.500	16	8	3	1	0	2	3	.556	.813	Luis Aquino	.143	14	2	0	0	0	0	1	1	.200	.143
Anthony Young	.455	11	5	2	0	0	2	1	0	.500	.636	Bob Welch	.154	13	2	1	0	0	1	0	3	.154	.154
Kevin Brown	.333	18	6	1	0	2	6	4	4	.455	.722	John Burkett	.200	15	3	0	0	0	1	0	7	.200	.200

Matt Whiteside — Rangers
Age 27 – Pitches Right

	ERA	W	L	Sv	G	GS	IP	BB	SO	Avg	H	2B	3B	HR	RBI	OBP	SLG	GF	IR	IRS	Hld	SvOp	SB	CS	GB	FB	G/F
1994 Season	5.02	2	2	1	47	0	61.0	28	37	.286	68	12	0	6	39	.361	.412	16	39	12	7	3	2	2	88	64	1.38
Career (1992-1994)	4.17	5	4	6	127	0	162.0	62	89	.277	172	28	1	14	82	.342	.392	34	116	29	21	12	7	8	244	174	1.40

1994 Season

	ERA	W	L	Sv	G	GS	IP	H	HR	BB	SO		Avg	AB	H	2B	3B	HR	RBI	BB	SO	OBP	SLG
Home	3.89	1	0	0	29	0	41.2	39	3	12	24	vs. Left	.297	91	27	7	0	1	9	10	13	.366	.407
Away	7.45	1	2	1	18	0	19.1	29	3	16	13	vs. Right	.279	147	41	5	0	5	30	18	24	.357	.415
Starter	0.00	0	0	0	0	0	0.0	0	0	0	0	Scoring Posn	.319	72	23	3	0	0	29	12	12	.414	.361
Reliever	5.02	2	2	1	47	0	61.0	68	6	28	37	Close & Late	.222	54	12	2	0	0	6	6	13	.311	.259
0 Days rest (Re)	4.05	1	1	0	12	0	13.1	13	2	5	10	None on/out	.220	50	11	4	0	2	2	8	7	.328	.420
1 or 2 Days rest	5.40	0	1	1	25	0	35.0	42	4	15	22	First Pitch	.372	43	16	3	0	0	6	3	0	.404	.442
3+ Days rest	4.97	1	0	0	10	0	12.2	13	0	8	5	Ahead in Count	.274	106	29	6	0	3	13	0	29	.280	.415
Pre-All Star	4.63	2	1	0	37	0	46.2	50	4	19	30	Behind in Count	.306	49	15	2	0	2	13	14	0	.460	.469
Post-All Star	6.28	0	1	1	10	0	14.1	18	2	9	7	Two Strikes	.231	104	24	5	0	3	12	11	37	.310	.365

Career (1992-1994)

	ERA	W	L	Sv	G	GS	IP	H	HR	BB	SO		Avg	AB	H	2B	3B	HR	RBI	BB	SO	OBP	SLG
Home	3.15	3	1	0	68	0	97.0	88	7	28	52	vs. Left	.296	226	67	15	0	2	21	22	24	.360	.389
Away	5.68	2	3	6	59	0	65.0	84	7	34	37	vs. Right	.265	396	105	13	1	12	61	40	65	.332	.394
Day	5.83	2	2	1	26	0	29.1	43	1	16	18	Inning 1-6	.269	134	36	12	0	2	22	16	22	.351	.403
Night	3.80	3	2	5	101	0	132.2	129	13	46	71	Inning 7+	.279	488	136	16	1	12	60	46	67	.340	.389
Grass	3.64	4	2	5	106	0	141.0	139	12	51	78	None on	.259	328	85	16	0	8	8	26	50	.315	.381
Turf	7.71	1	2	1	21	0	21.0	33	2	11	11	Runners on	.296	294	87	12	1	6	74	36	39	.370	.405
April	3.71	0	0	0	14	0	17.0	15	0	5	9	Scoring Posn	.254	185	47	7	1	1	63	33	28	.363	.319
May	3.31	1	0	0	26	0	32.2	35	1	13	20	Close & Late	.239	209	50	6	1	3	20	15	37	.293	.321
June	5.45	2	0	2	26	0	34.2	42	7	10	21	None on/out	.254	142	36	7	0	4	4	12	19	.312	.387
July	3.12	1	0	2	22	0	26.0	26	2	9	14	vs. 1st Batr (relief)	.207	111	23	4	0	2	17	14	21	.294	.297
August	4.79	0	2	0	16	0	20.2	23	2	12	7	First Inning Pitched	.255	411	105	20	1	7	59	40	58	.322	.360
September/October	4.35	1	0	4	23	0	31.0	31	2	13	18	First 15 Pitches	.253	384	97	16	1	8	51	38	46	.321	.362
Starter	0.00	0	0	0	0	0	0.0	0	0	0	0	Pitch 16-30	.311	183	57	11	0	4	26	18	34	.371	.437
Reliever	4.17	5	4	6	127	0	162.0	172	14	62	89	Pitch 31-45	.342	38	13	0	0	1	1	4	7	.405	.421
0 Days rest (Re)	3.51	2	2	2	29	0	33.1	34	4	14	18	Pitch 46+	.294	17	5	1	0	1	4	2	2	.368	.529
1 or 2 Days rest	3.99	1	2	3	66	0	88.0	94	9	27	52	First Pitch	.359	103	37	3	0	5	18	9	0	.407	.534
3+ Days rest	5.09	2	0	1	32	0	40.2	44	1	21	19	Ahead in Count	.240	287	69	11	0	6	31	0	72	.245	.341
Pre-All Star	4.10	4	1	2	77	0	96.2	103	9	32	56	Behind in Count	.320	128	41	8	1	2	18	29	0	.446	.445
Post-All Star	4.27	1	2	5	50	0	65.1	69	5	30	33	Two Strikes	.219	278	61	12	0	6	28	24	89	.286	.327

Pitcher vs. Batter (career)

Pitches Best Vs.	Avg	AB	H	2B	3B	HR	RBI	BB	SO	OBP	SLG	Pitches Worst Vs.	Avg	AB	H	2B	3B	HR	RBI	BB	SO	OBP	SLG
Cecil Fielder	.083	12	1	0	0	1	2	1	5	.154	.333	Travis Fryman	.385	13	5	1	0	1	4	0	3	.385	.692

Darrell Whitmore — Marlins
Age 26 – Bats Left

	Avg	G	AB	R	H	2B	3B	HR	RBI	BB	SO	HBP	GDP	SB	CS	OBP	SLG	IBB	SH	SF	#Pit	#P/PA	GB	FB	G/F
1994 Season	.227	9	22	1	5	1	0	0	3	5	0	0	0	1	.320	.273	0	0	0	77	3.08	9	6	1.50
Career (1993-1994)	.206	85	272	25	56	9	2	4	19	13	77	5	8	4	3	.255	.298	0	2	0	1035	3.54	94	65	1.45

1994 Season

	Avg	AB	H	2B	3B	HR	RBI	BB	SO	OBP	SLG		Avg	AB	H	2B	3B	HR	RBI	BB	SO	OBP	SLG
vs. Left	.500	4	2	1	0	0	0	1	.500	.750		Scoring Posn	.200	5	1	0	0	0	0	1	2	.333	.200
vs. Right	.167	18	3	0	0	0	3	4	.286	.167		Close & Late	.167	6	1	0	0	0	0	0	1	.286	.167

Bob Wickman — Yankees
Age 26 – Pitches Right (groundball pitcher)

	ERA	W	L	Sv	G	GS	IP	BB	SO	Avg	H	2B	3B	HR	RBI	OBP	SLG	GF	IR	IRS	Hld	SvOp	SB	CS	GB	FB	G/F
1994 Season	3.09	5	4	6	53	0	70.0	27	56	.213	54	10	2	3	26	.287	.304	19	39	11	11	10	2	1	110	55	2.00
Career (1992-1994)	4.11	25	9	10	102	27	260.1	116	147	.264	261	50	9	18	125	.343	.387	28	63	17	13	18	30	11	469	213	2.20

1994 Season

	ERA	W	L	Sv	G	GS	IP	H	HR	BB	SO		Avg	AB	H	2B	3B	HR	RBI	BB	SO	OBP	SLG
Home	2.45	4	1	2	27	0	36.2	26	1	17	26	vs. Left	.236	89	21	5	2	1	11	17	13	.355	.371
Away	3.78	1	3	4	26	0	33.1	28	2	10	30	vs. Right	.201	164	33	5	0	2	15	10	43	.246	.268
Day	3.08	1	1	2	19	0	26.1	20	0	10	19	Inning 1-6	.000	9	0	0	0	0	0	0	2	.000	.000
Night	3.09	4	3	4	34	0	43.2	34	1	17	37	Inning 7+	.221	244	54	10	2	3	26	27	54	.296	.316
Grass	2.98	5	3	4	43	0	57.1	44	2	24	46	None on	.244	135	33	5	1	2	2	12	32	.311	.341
Turf	3.55	0	1	2	10	0	12.2	10	1	3	10	Runners on	.178	118	21	5	1	1	24	15	24	.261	.263
April	3.48	0	0	0	9	0	10.1	11	1	9	5	Scoring Posn	.210	62	13	4	1	1	23	12	15	.316	.355
May	1.23	1	0	2	11	0	14.2	6	0	2	18	Close & Late	.223	157	35	7	2	2	20	18	32	.298	.331
June	4.05	1	3	2	15	0	20.0	16	1	8	9	None on/out	.305	59	18	3	1	2	2	7	16	.379	.492
July	3.21	2	0	1	12	0	14.0	11	1	5	16	vs. 1st Batr (relief)	.167	48	8	2	0	1	6	4	15	.226	.271
August	3.27	0	0	0	6	0	11.0	10	0	3	8	First Inning Pitched	.225	151	34	7	2	3	19	15	36	.290	.358
September/October	0.00	0	0	0	0	0	0.0	0	0	0	0	First 15 Pitches	.252	143	36	6	3	1	14	29	0	.314	.371
Starter	0.00	0	0	0	0	0	0.0	0	0	0	0	Pitch 16-30	.117	77	9	2	1	0	7	7	20	.195	.169
Reliever	3.09	5	4	6	53	0	70.0	54	3	27	56	Pitch 31-45	.259	27	7	1	0	0	2	5	6	.375	.296
0 Days rest (Re)	3.18	1	2	0	14	0	17.0	12	0	8	8	Pitch 46+	.333	6	2	1	0	0	0	2	1	.375	.500
1 or 2 Days rest	2.43	3	1	5	28	0	40.2	29	1	13	38	First Pitch	.303	33	10	3	0	0	3	0	0	.342	.394
3+ Days rest	5.11	1	1	1	11	0	12.1	13	2	6	10	Ahead in Count	.139	122	17	3	0	2	6	0	50	.145	.213
Pre-All Star	3.06	4	3	5	39	0	50.0	39	2	21	37	Behind in Count	.333	48	16	2	1	2	6	14	0	.484	.417
Post-All Star	3.15	1	1	1	14	0	20.0	15	1	6	19	Two Strikes	.119	118	14	1	0	2	10	56	.189	.178

Career (1992-1994)

	ERA	W	L	Sv	G	GS	IP	H	HR	BB	SO		Avg	AB	H	2B	3B	HR	RBI	BB	SO	OBP	SLG
Home	3.09	15	2	3	52	12	128.1	107	5	52	72	vs. Left	.273	428	117	28	5	8	58	64	51	.367	.418
Away	5.11	10	7	7	50	15	132.0	154	13	64	75	vs. Right	.256	562	144	22	4	10	67	52	96	.324	.363
Day	3.31	12	2	2	37	9	98.0	89	5	46	54	Inning 1-6	.274	588	161	32	6	13	79	74	71	.358	.415
Night	4.60	13	7	7	65	18	162.1	172	13	70	93	Inning 7+	.249	402	100	18	3	5	46	42	76	.321	.346
Grass	3.73	22	6	8	85	22	214.2	211	15	91	124	None on	.285	522	149	23	3	12	12	60	80	.365	.410
Turf	5.91	3	3	2	17	5	45.2	50	3	25	23	Runners on	.239	468	112	27	6	6	113	56	67	.319	.361
April	4.30	2	0	0	12	3	29.1	29	3	20	11	Scoring Posn	.246	268	66	18	6	6	109	40	43	.341	.425
May	2.85	6	0	2	17	6	53.2	46	1	23	35	Close & Late	.264	231	61	11	3	4	35	24	39	.335	.390
June	4.73	3	4	3	20	5	45.2	53	4	18	21	None on/out	.286	245	70	13	1	6	6	23	36	.349	.420
July	4.71	4	2	1	18	3	36.1	35	5	17	28	vs. 1st Batr (relief)	.212	66	14	4	0	1	8	6	18	.284	.318
August	3.42	1	2	4	18	4	47.1	40	1	16	30	First Inning Pitched	.238	311	74	15	6	5	42	36	65	.317	.373
September/October	5.06	9	1	0	17	7	48.0	58	4	22	22	First 15 Pitches	.262	286	75	14	5	6	37	36	51	.346	.409
Starter	4.57	14	5	0	27	27	161.1	181	14	74	70	Pitch 16-30	.215	214	46	9	1	2	14	16	44	.277	.294
Reliever	3.36	11	4	10	75	0	99.0	80	4	42	77	Pitch 31-45	.254	138	35	5	2	4	21	16	13	.329	.406
0 Days rest (Re)	2.70	2	2	2	17	0	20.0	13	0	9	11	Pitch 46+	.298	352	105	22	1	6	53	48	39	.384	.418
1 or 2 Days rest	3.44	4	1	6	39	0	52.1	42	1	23	46	First Pitch	.294	160	47	9	0	2	18	7	0	.322	.388
3+ Days rest	3.71	5	1	2	19	0	26.2	25	3	10	20	Ahead in Count	.215	391	84	20	3	5	42	0	123	.224	.320
Pre-All Star	4.09	12	6	5	55	16	145.1	146	11	71	76	Behind in Count	.310	252	78	12	3	5	36	62	0	.448	.440
Post-All Star	4.15	13	3	5	47	11	115.0	115	7	45	71	Two Strikes	.212	392	83	18	4	6	49	47	147	.296	.324

Pitcher vs. Batter (career)

Pitches Best Vs.	Avg	AB	H	2B	3B	HR	RBI	BB	SO	OBP	SLG	Pitches Worst Vs.	Avg	AB	H	2B	3B	HR	RBI	BB	SO	OBP	SLG
Cal Ripken	.067	15	1	0	0	0	0	1	3	.125	.067	Leo Gomez	.462	13	6	1	0	0	3	1	0	.500	.538
Shane Mack	.083	12	1	0	0	0	0	2	4	.214	.083	Chris Hoiles	.444	9	4	0	0	2	3	3	3	.571	1.111
Dave Winfield	.118	17	2	1	0	0	2	1	7	.167	.176	Kirby Puckett	.400	10	4	0	0	0	1	3	1	.500	.400
Kevin Seitzer	.167	12	2	0	0	1	1	0	1	.167	.417	Frank Thomas	.400	10	4	1	0	1	5	1	0	.429	.800
Mark McLemore	.167	12	2	0	0	0	1	1	1	.231	.167	Paul Molitor	.333	12	4	1	0	0	3	0	1	.333	.417

Rick Wilkins — Cubs
Age 28 – Bats Left (flyball hitter)

	Avg	G	AB	R	H	2B	3B	HR	RBI	BB	SO	HBP	GDP	SB	CS	OBP	SLG	IBB	SH	SF	#Pit	#P/PA	GB	FB	G/F
1994 Season	.227	100	313	44	71	25	2	7	39	40	86	2	3	4	3	.317	.387	5	1	2	1413	3.95	85	88	0.97
Career (1991-1994)	.263	405	1206	163	317	66	4	51	156	137	294	11	17	9	9	.342	.451	27	9	4	5206	3.81	333	334	1.00

1994 Season

	Avg	AB	H	2B	3B	HR	RBI	BB	SO	OBP	SLG		Avg	AB	H	2B	3B	HR	RBI	BB	SO	OBP	SLG
vs. Left	.154	52	8	3	0	1	4	8	26	.267	.269	Scoring Posn	.235	68	16	7	0	1	30	15	13	.379	.382
vs. Right	.241	261	63	22	2	6	35	32	60	.327	.410	Close & Late	.148	54	8	1	0	1	5	9	16	.281	.222
Groundball	.194	108	21	9	1	1	10	11	29	.273	.324	None on/out	.173	81	14	8	0	0	6	27	.230	.296
Flyball	.158	38	6	2	0	2	9	11	.319	.368	Batting #6	.223	184	41	14	2	3	28	27	55	.324	.370
Home	.227	154	35	11	0	4	14	21	42	.328	.377	Batting #8	.280	50	14	5	0	2	7	7	13	.362	.500
Away	.226	159	36	14	2	3	25	19	44	.306	.396	Other	.203	79	16	6	0	2	4	6	30	.267	.354
Day	.207	188	39	15	0	3	19	27	52	.312	.335	April	.197	66	13	5	0	1	7	9	24	.289	.318
Night	.256	125	32	10	2	4	20	13	34	.324	.464	May	.253	79	20	8	0	2	6	9	26	.337	.430
Grass	.233	223	52	15	1	5	29	34	64	.338	.377	June	.192	73	14	5	1	1	10	8	19	.272	.329
Turf	.211	90	19	10	1	2	10	6	22	.258	.411	July	.242	66	16	7	1	2	12	10	16	.346	.470
First Pitch	.270	37	10	2	0	1	7	4	0	.341	.405	August	.276	29	8	0	0	1	4	4	4	.364	.379
Ahead in Count	.372	78	29	12	0	4	15	17	0	.484	.679	September/October	.000	0	0	0	0	0	0	0	0	.000	.000
Behind in Count	.129	140	18	5	2	1	9	0	72	.139	.214	Pre-All Star	.214	238	51	21	1	4	25	31	74	.305	.361
Two Strikes	.115	157	18	7	2	1	9	19	86	.171	.204	Post-All Star	.267	75	20	4	1	3	14	9	12	.353	.467

1994 By Position

Position	Avg	AB	H	2B	3B	HR	RBI	BB	SO	OBP	SLG	G	GS	Innings	PO	A	E	DP	Fld Pct	Rng Fctr	In Zone	Outs	Zone Rtg	MLB Zone
As Pinch Hitter	.000	9	0	0	0	0	0	3	2	.250	.000	12	0	---	---	---	---	---	---	---	---	---	---	---
As C	.234	304	71	25	2	7	39	36	84	.317	.398	95	83	754.0	546	51	4	4	.993	---	---	---	---	---

Career (1991-1994)

	Avg	AB	H	2B	3B	HR	RBI	BB	SO	OBP	SLG		Avg	AB	H	2B	3B	HR	RBI	BB	SO	OBP	SLG
vs. Left	.222	207	46	10	0	5	20	24	72	.315	.343	Scoring Posn	.256	277	71	16	1	11	106	65	68	.402	.440
vs. Right	.271	999	271	56	4	46	136	113	222	.348	.473	Close & Late	.242	227	55	10	0	10	28	33	60	.344	.419
Groundball	.271	420	114	23	1	17	54	46	89	.349	.452	None on/out	.234	299	70	17	1	5	19	82	.269	.348
Flyball	.201	224	45	7	0	14	26	29	66	.298	.379	Batting #6	.283	494	140	31	3	20	76	50	122	.352	.480
Home	.237	624	148	31	0	19	63	65	158	.316	.378	Batting #7	.222	315	70	15	1	9	30	42	74	.313	.362
Away	.290	582	169	35	4	32	93	72	136	.370	.529	Other	.270	397	107	20	0	22	50	45	98	.351	.486
Day	.215	666	143	33	1	19	63	71	169	.294	.353	April	.171	117	20	5	0	2	9	16	32	.269	.265
Night	.322	540	174	33	3	32	93	66	125	.401	.572	May	.276	156	43	12	0	7	12	16	49	.347	.487
Grass	.259	904	234	46	1	38	121	102	226	.339	.438	June	.314	236	74	16	2	14	46	23	48	.383	.576
Turf	.275	302	83	20	3	13	35	35	68	.354	.490	July	.252	282	71	14	1	12	36	28	68	.325	.436
First Pitch	.293	157	46	8	1	8	25	19	0	.376	.510	August	.238	239	57	9	0	7	27	17	59	.320	.364
Ahead in Count	.399	271	108	24	0	18	50	57	0	.502	.686	September/October	.295	176	52	10	1	9	26	27	38	.392	.517
Behind in Count	.177	558	99	22	3	15	54	0	253	.189	.308	Pre-All Star	.271	617	167	38	3	27	79	64	152	.344	.470
Two Strikes	.156	601	94	23	3	13	45	61	294	.244	.270	Post-All Star	.255	589	150	28	2	24	77	73	142	.340	.431

Batter vs. Pitcher (career)

Hits Best Against	Avg	AB	H	2B	3B	HR	RBI	BB	SO	OBP	SLG	Hits Worst Against	Avg	AB	H	2B	3B	HR	RBI	BB	SO	OBP	SLG
Rene Arocha	.667	9	6	0	0	1	2	2	0	.727	1.000	Curt Schilling	.083	12	1	0	0	0	0	1	2	.154	.083
Ken Hill	.500	22	11	4	0	2	5	2	3	.538	.955	Dennis Martinez	.100	10	1	1	0	0	0	2	3	.250	.200
Jack Armstrong	.500	8	4	1	0	2	3	3	0	.636	1.375	Andy Benes	.111	9	1	0	0	0	0	3	5	.333	.111

Batter vs. Pitcher (career)																		
Hits Best Against	Avg	AB	H	2B	3B	HR	RBI	BB	SO	OBP	SLG	Hits Worst Against	Avg	AB	H	2B	3B	HR	RBI	BB	SO	OBP	SLG
Willie Blair	.455	11	5	0	0	2	4	1	2	.500	1.000	David Cone	.154	13	2	1	0	0	1	1	6	.214	.231
Bob Tewksbury	.423	26	11	4	1	2	9	0	5	.423	.885	Jose Rijo	.227	22	5	0	0	0	0	0	3	.261	.227

Jerry Willard — Mariners
Age 35 – Bats Left (flyball hitter)

	Avg	G	AB	R	H	2B	3B	HR	RBI	BB	SO	HBP	GDP	SB	CS	OBP	SLG	IBB	SH	SF	#Pit	#P/PA	GB	FB	G/F
1994 Season	.200	6	5	1	1	0	0	1	3	1	0	0	0	0	0	.333	.800	0	0	0	34	5.67	1	2	0.50
Last Five Years	.214	73	70	4	15	1	0	4	15	5	18	0	5	0	0	.267	.400	1	0	0	323	4.31	17	26	0.65

1994 Season

	Avg	AB	H	2B	3B	HR	RBI	BB	SO	OBP	SLG		Avg	AB	H	2B	3B	HR	RBI	BB	SO	OBP	SLG
vs. Left	.000	0	0	0	0	0	0	0	0	.000	.000	Scoring Posn	.333	3	1	0	0	1	3	0	1	.333	1.333
vs. Right	.200	5	1	0	0	1	3	1	0	.333	.800	Close & Late	.250	4	1	0	0	1	3	1	0	.400	1.000

Bernie Williams — Yankees
Age 26 – Bats Both (groundball hitter)

	Avg	G	AB	R	H	2B	3B	HR	RBI	BB	SO	HBP	GDP	SB	CS	OBP	SLG	IBB	SH	SF	#Pit	#P/PA	GB	FB	G/F
1994 Season	.289	108	408	80	118	29	1	12	57	61	54	3	11	16	9	.384	.453	2	1	2	1840	3.87	176	110	1.60
Career (1991-1994)	.269	394	1556	229	419	93	11	32	185	191	253	9	37	42	29	.351	.405	7	6	8	6645	3.75	627	400	1.57

1994 Season

	Avg	AB	H	2B	3B	HR	RBI	BB	SO	OBP	SLG		Avg	AB	H	2B	3B	HR	RBI	BB	SO	OBP	SLG
vs. Left	.366	145	53	14	1	6	27	16	18	.426	.600	Scoring Posn	.243	115	28	3	0	5	44	15	13	.331	.400
vs. Right	.247	263	65	15	0	6	30	45	36	.362	.373	Close & Late	.263	57	15	2	0	0	9	9	8	.368	.298
Groundball	.240	100	24	10	0	1	12	16	14	.358	.370	None on/out	.346	104	36	8	0	5	5	18	13	.443	.567
Flyball	.302	96	29	4	1	4	10	16	10	.402	.490	Batting #1	.362	127	46	13	1	3	15	11	15	.413	.551
Home	.261	184	48	12	0	4	20	28	25	.358	.391	Batting #7	.260	223	58	15	0	9	34	39	27	.375	.448
Away	.313	224	70	17	1	8	37	33	34	.405	.504	Other	.241	58	14	1	0	0	8	11	12	.362	.259
Day	.224	161	36	8	0	3	17	18	17	.300	.329	April	.178	73	13	2	0	4	11	11	11	.291	.370
Night	.332	247	82	21	1	9	40	43	37	.435	.534	May	.282	78	22	5	0	2	12	16	13	.404	.423
Grass	.285	330	94	22	0	12	49	52	45	.382	.461	June	.316	95	30	11	0	4	19	18	13	.430	.558
Turf	.308	78	24	7	1	0	8	9	9	.393	.423	July	.327	113	37	6	0	2	10	12	14	.397	.434
First Pitch	.380	50	19	7	0	1	6	0	0	.373	.580	August	.327	49	16	5	1	0	5	4	3	.370	.469
Ahead in Count	.380	137	52	14	1	7	22	36	0	.506	.650	September/October	.000	0	0	0	0	0	0	0	0	.000	.000
Behind in Count	.189	143	27	3	0	2	14	0	42	.290	.252	Pre-All Star	.266	286	76	19	0	11	45	50	43	.378	.448
Two Strikes	.224	161	36	3	0	2	14	25	54	.335	.292	Post-All Star	.344	122	42	10	1	1	12	11	11	.400	.467

1994 By Position

Position	Avg	AB	H	2B	3B	HR	RBI	BB	SO	OBP	SLG	G	GS	Innings	PO	A	E	DP	Fld Pct	Rng Fctr	In Zone	Outs	Zone Rtg	MLB Zone
As cf	.289	405	117	29	1	12	55	61	54	.384	.454	107	104	938.2	277	7	3	1	.990	2.72	325	276	.849	.824

Career (1991-1994)

	Avg	AB	H	2B	3B	HR	RBI	BB	SO	OBP	SLG		Avg	AB	H	2B	3B	HR	RBI	BB	SO	OBP	SLG
vs. Left	.307	524	161	39	2	16	78	69	73	.386	.481	Scoring Posn	.268	395	106	19	2	10	151	45	55	.339	.403
vs. Right	.250	1032	258	54	9	16	107	122	180	.333	.366	Close & Late	.240	242	58	8	1	3	32	28	53	.322	.318
Groundball	.255	364	93	24	1	5	40	47	56	.346	.368	None on/out	.271	484	131	28	3	13	13	58	77	.351	.421
Flyball	.256	351	90	16	4	12	44	39	48	.332	.427	Batting #1	.263	886	233	52	9	18	101	100	153	.340	.403
Home	.269	733	197	44	5	13	84	96	102	.354	.396	Batting #6	.293	287	84	17	0	3	31	32	49	.366	.383
Away	.270	823	222	49	6	19	101	95	151	.348	.413	Other	.266	383	102	24	2	11	53	59	51	.364	.426
Day	.261	544	142	36	3	7	62	54	88	.329	.377	April	.224	165	37	8	1	6	23	23	30	.323	.394
Night	.274	1012	277	57	8	25	123	137	165	.362	.420	May	.258	128	33	6	1	2	15	22	25	.371	.367
Grass	.272	1303	355	76	9	29	165	163	190	.354	.411	June	.284	197	56	15	2	9	39	24	33	.363	.518
Turf	.253	253	64	17	2	3	20	28	55	.332	.372	July	.292	291	85	16	1	7	36	40	41	.380	.426
First Pitch	.315	213	67	21	0	4	31	3	0	.329	.469	August	.282	408	115	30	2	6	42	46	66	.356	.409
Ahead in Count	.341	422	144	35	4	13	56	110	0	.473	.536	September/October	.253	367	93	18	4	2	30	36	58	.320	.341
Behind in Count	.210	614	129	18	5	9	59	0	198	.218	.300	Pre-All Star	.252	579	146	30	4	20	86	77	101	.342	.421
Two Strikes	.199	657	131	21	5	10	54	78	253	.287	.292	Post-All Star	.279	977	273	63	7	12	99	114	152	.356	.395

Batter vs. Pitcher (career)

Hits Best Against	Avg	AB	H	2B	3B	HR	RBI	BB	SO	OBP	SLG	Hits Worst Against	Avg	AB	H	2B	3B	HR	RBI	BB	SO	OBP	SLG
Jamie Moyer	.500	18	9	5	0	0	3	0	2	.500	.778	Bob Milacki	.071	14	1	0	0	0	0	1	0	.133	.071
Bob Welch	.444	9	4	0	1	0	0	2	2	.545	.667	Tom Gordon	.100	10	1	1	0	0	1	0	4	.091	.200
Alex Fernandez	.400	15	6	1	0	1	1	2	1	.471	.667	Jack Morris	.105	19	2	0	0	0	0	0	3	.190	.105
Chuck Finley	.333	24	8	2	0	2	4	4	6	.429	.667	Erik Hanson	.133	15	2	0	0	0	0	0	3	.133	.133
Roger Pavlik	.333	9	3	0	0	1	1	2	0	.455	.667	Pat Hentgen	.167	18	3	0	0	0	1	0	2	.167	.167

Brian Williams — Astros
Age 26 – Pitches Right

	ERA	W	L	Sv	G	GS	IP	BB	SO	Avg	H	2B	3B	HR	RBI	OBP	SLG	CG	ShO	Sup	QS	#P/S	SB	CS	GB	FB	G/F
1994 Season	5.74	6	5	0	20	13	78.1	41	49	.343	112	24	1	9	60	.416	.505	0	0	7.01	4	87	6	4	125	91	1.37
Career (1991-1994)	4.72	17	16	3	80	36	268.2	125	163	.280	291	54	5	28	146	.359	.423	0	0	4.92	19	91	20	11	408	287	1.42

1994 Season

	ERA	W	L	Sv	G	GS	IP	H	HR	BB	SO		Avg	AB	H	2B	3B	HR	RBI	BB	SO	OBP	SLG
Home	6.14	1	1	0	8	5	29.1	43	5	16	22	vs. Left	.397	156	62	16	0	5	28	19	24	.466	.596
Away	5.51	5	4	0	12	8	49.0	69	4	25	27	vs. Right	.292	171	50	8	1	4	32	22	25	.372	.421
Starter	5.92	6	5	0	13	13	65.1	95	7	34	40	Scoring Posn	.355	107	38	5	0	3	44	16	19	.435	.486
Reliever	4.85	0	0	0	7	0	13.0	17	2	7	9	Close & Late	.333	15	5	0	0	1	3	2	1	.444	.533
0-3 Days Rest (St)	4.66	1	0	0	2	2	9.2	13	1	6	5	None on/out	.347	72	25	0	0	2	2	10	14	.434	.500

1994 Season

	ERA	W	L	Sv	G	GS	IP	H	HR	BB	SO		Avg	AB	H	2B	3B	HR	RBI	BB	SO	OBP	SLG
4 Days Rest	4.87	1	2	0	4	4	20.1	30	2	12	19	First Pitch	.397	58	23	5	0	2	9	3	0	.431	.586
5+ Days Rest	6.88	3	3	0	7	7	35.1	52	4	16	16	Ahead in Count	.250	116	29	8	1	2	17	0	42	.256	.388
Pre-All Star	5.55	5	5	0	16	12	71.1	100	8	38	44	Behind in Count	.427	96	41	7	0	4	26	22	0	.529	.625
Post-All Star	7.71	1	0	0	4	1	7.0	12	1	3	5	Two Strikes	.182	121	22	6	1	1	11	16	49	.283	.273

Career (1991-1994)

	ERA	W	L	Sv	G	GS	IP	H	HR	BB	SO		Avg	AB	H	2B	3B	HR	RBI	BB	SO	OBP	SLG
Home	4.66	6	6	2	35	16	119.2	132	13	54	83	vs. Left	.297	536	159	29	2	15	72	69	87	.379	.442
Away	4.77	11	10	1	45	20	149.0	159	15	71	80	vs. Right	.262	503	132	25	3	13	74	56	76	.337	.402
Day	4.86	5	7	0	25	11	76.0	86	8	49	47	Inning 1-6	.281	795	223	46	3	22	113	95	129	.358	.429
Night	4.67	12	9	3	55	25	192.2	205	20	76	116	Inning 7+	.279	244	68	8	2	6	33	30	34	.361	.402
Grass	4.41	4	7	1	26	11	83.2	83	9	41	49	None on	.276	543	150	29	3	12	12	70	90	.363	.407
Turf	4.86	13	9	2	54	25	185.0	208	19	84	114	Runners on	.284	496	141	25	2	16	134	55	73	.354	.440
April	5.19	1	2	1	10	2	26.0	28	3	15	14	Scoring Posn	.271	299	81	13	1	6	105	39	50	.349	.381
May	5.01	4	1	1	13	4	32.1	40	2	12	20	Close & Late	.321	109	35	3	0	5	20	15	15	.413	.486
June	3.86	6	3	2	20	8	67.2	67	6	31	42	None on/out	.298	252	75	12	0	7	7	29	49	.375	.429
July	4.80	5	3	0	16	11	69.1	75	7	28	45	vs. 1st Batr (relief)	.325	40	13	3	0	0	4	4	8	.386	.400
August	4.82	3	3	0	8	6	37.1	41	6	19	27	First Inning Pitched	.263	281	74	15	2	7	50	44	46	.365	.406
September/October	5.50	1	4	0	13	5	36.0	40	4	20	15	First 75 Pitches	.283	869	246	44	4	21	114	104	139	.361	.415
Starter	4.62	15	13	0	36	36	204.1	223	23	95	124	Pitch 76-90	.255	102	26	4	1	4	23	17	15	.366	.431
Reliever	5.04	2	3	3	44	0	64.1	68	5	30	39	Pitch 91-105	.321	56	18	5	0	3	9	4	7	.367	.571
0-3 Days Rest (St)	3.34	2	1	0	5	5	29.2	26	2	13	16	Pitch 106+	.083	12	1	1	0	0	0	2	0	.083	.167
4 Days Rest	5.29	7	6	0	15	15	83.1	96	13	45	66	First Pitch	.361	166	60	14	0	6	31	5	0	.385	.554
5+ Days Rest	4.43	6	6	0	16	16	91.1	101	8	37	42	Ahead in Count	.197	431	85	21	3	5	41	0	136	.201	.295
Pre-All Star	4.39	10	7	3	49	18	151.2	161	12	67	88	Behind in Count	.341	264	90	10	1	12	52	80	0	.491	.523
Post-All Star	5.15	7	9	0	31	18	117.0	130	16	58	75	Two Strikes	.179	413	74	17	3	5	34	40	163	.254	.271

Pitcher vs. Batter (career)

Pitches Best Vs.	Avg	AB	H	2B	3B	HR	RBI	BB	SO	OBP	SLG	Pitches Worst Vs.	Avg	AB	H	2B	3B	HR	RBI	BB	SO	OBP	SLG
Mike Lansing	.125	8	1	0	0	0	0	2	1	.364	.125	Mark Grace	.556	9	5	0	0	0	2	5	0	.714	.556
Darren Daulton	.125	8	1	0	0	0	1	4	2	.417	.125	Todd Zeile	.545	11	6	0	1	3	6	0	2	.545	1.545
Dave Justice	.167	12	2	0	0	1	3	0	3	.167	.417	Terry Pendleton	.538	13	7	0	0	1	6	0	3	.538	.769
Marquis Grissom	.167	6	1	0	0	0	1	4	1	.455	.167	Hal Morris	.500	14	7	3	0	0	4	1	0	.533	.714
Derrick May	.182	11	2	1	0	0	2	1	3	.250	.273	Gregg Jefferies	.500	10	5	1	0	1	4	3	0	.615	.900

Eddie Williams — Padres   Age 30 – Bats Right

	Avg	G	AB	R	H	2B	3B	HR	RBI	BB	SO	HBP	GDP	SB	CS	OBP	SLG	IBB	SH	SF	#Pit	#P/PA	GB	FB	G/F
1994 Season	.331	49	175	32	58	11	1	11	42	15	26	3	10	0	1	.392	.594	1	2	1	747	3.81	63	47	1.34
Last Five Years	.323	63	217	37	70	14	1	14	46	20	32	3	11	0	2	.386	.590	3	2	1	912	3.75	76	59	1.29

1994 Season

	Avg	AB	H	2B	3B	HR	RBI	BB	SO	OBP	SLG		Avg	AB	H	2B	3B	HR	RBI	BB	SO	OBP	SLG
vs. Left	.377	53	20	5	0	3	11	2	8	.393	.642	Scoring Posn	.375	64	24	4	1	4	33	4	6	.414	.656
vs. Right	.311	122	38	6	1	8	31	13	18	.391	.574	Close & Late	.290	31	9	2	1	3	7	2	7	.324	.710
Home	.329	76	25	5	0	5	17	5	14	.378	.592	None on/out	.292	48	14	4	0	2	2	4	10	.358	.500
Away	.333	99	33	6	1	6	25	10	12	.402	.596	Batting #4	.288	80	23	6	1	3	13	5	16	.329	.500
First Pitch	.600	15	9	3	0	3	5	1	0	.647	1.400	Batting #5	.400	55	22	4	0	3	13	4	7	.441	.636
Ahead in Count	.459	37	17	2	0	7	16	6	0	.545	1.081	Other	.325	40	13	1	0	5	16	6	3	.440	.725
Behind in Count	.276	87	24	4	1	0	13	0	22	.281	.345	Pre-All Star	.333	75	25	4	0	5	21	8	11	.414	.587
Two Strikes	.205	88	18	3	1	1	14	8	26	.276	.295	Post-All Star	.330	100	33	7	1	6	21	7	15	.374	.600

Gerald Williams — Yankees   Age 28 – Bats Right

	Avg	G	AB	R	H	2B	3B	HR	RBI	BB	SO	HBP	GDP	SB	CS	OBP	SLG	IBB	SH	SF	#Pit	#P/PA	GB	FB	G/F
1994 Season	.291	57	86	19	25	8	0	4	13	4	17	0	6	1	3	.319	.523	0	0	1	342	3.76	31	21	1.48
Career (1992-1994)	.239	114	180	37	43	12	3	7	25	5	34	2	8	5	3	.265	.456	0	0	1	671	3.55	61	60	1.02

1994 Season

	Avg	AB	H	2B	3B	HR	RBI	BB	SO	OBP	SLG		Avg	AB	H	2B	3B	HR	RBI	BB	SO	OBP	SLG
vs. Left	.277	65	18	7	0	3	11	4	14	.314	.523	Scoring Posn	.207	29	6	1	0	0	8	0	7	.200	.241
vs. Right	.333	21	7	1	0	1	2	0	3	.333	.524	Close & Late	.267	15	4	1	0	0	0	0	2	.267	.333

Matt Williams — Giants   Age 29 – Bats Right (flyball hitter)

	Avg	G	AB	R	H	2B	3B	HR	RBI	BB	SO	HBP	GDP	SB	CS	OBP	SLG	IBB	SH	SF	#Pit	#P/PA	GB	FB	G/F
1994 Season	.267	112	445	74	119	16	3	43	96	33	87	2	11	1	0	.319	.607	7	0	3	1643	3.40	134	162	0.83
Last Five Years	.267	719	2759	396	738	113	19	168	492	165	542	25	62	21	19	.312	.505	37	2	26	10004	3.36	858	952	0.90

1994 Season

	Avg	AB	H	2B	3B	HR	RBI	BB	SO	OBP	SLG		Avg	AB	H	2B	3B	HR	RBI	BB	SO	OBP	SLG
vs. Left	.298	104	31	3	0	16	27	12	16	.373	.788	Scoring Posn	.255	141	36	7	1	9	54	15	37	.325	.511
vs. Right	.258	341	88	13	3	27	69	21	71	.301	.551	Close & Late	.211	76	16	3	1	2	9	6	17	.274	.355
Groundball	.283	159	45	3	1	13	30	13	18	.337	.560	None on/out	.256	117	30	3	2	11	11	8	19	.304	.598
Flyball	.286	70	20	6	1	8	18	5	18	.342	.743	Batting #3	.204	98	20	1	0	6	15	6	21	.248	.398
Home	.265	219	58	8	1	20	49	20	51	.328	.584	Batting #4	.287	345	99	15	3	37	81	27	65	.340	.670
Away	.270	226	61	8	2	23	47	13	36	.311	.628	Other	.000	2	0	0	0	0	0	0	1	.000	.000
Day	.260	227	59	8	1	27	62	22	42	.325	.661	April	.281	89	25	1	0	10	19	8	12	.340	.652
Night	.275	218	60	8	2	16	34	11	45	.312	.550	May	.239	113	27	3	1	9	23	9	20	.293	.522

1994 Season

	Avg	AB	H	2B	3B	HR	RBI	BB	SO	OBP	SLG		Avg	AB	H	2B	3B	HR	RBI	BB	SO	OBP	SLG
Grass	.265	339	90	11	2	31	73	27	67	.319	.584	June	.208	101	21	3	1	10	16	9	24	.279	.554
Turf	.274	106	29	5	1	12	23	6	20	.319	.679	July	.343	108	37	6	0	11	32	6	22	.377	.704
First Pitch	.358	81	29	5	0	10	20	5	0	.391	.790	August	.265	34	9	3	0	3	6	1	9	.286	.618
Ahead in Count	.333	96	32	3	1	14	31	18	0	.439	.823	September/October	.000	0	0	0	0	0	0	0	0	.000	.000
Behind in Count	.200	190	38	3	2	14	32	0	72	.203	.458	Pre-All Star	.251	335	84	7	3	33	69	28	65	.310	.585
Two Strikes	.160	175	28	4	2	10	25	10	87	.214	.377	Post-All Star	.318	110	35	9	0	10	27	5	22	.348	.673

1994 By Position

Position	Avg	AB	H	2B	3B	HR	RBI	BB	SO	OBP	SLG	G	GS	Innings	PO	A	E	DP	Fld Pct	Rng Fctr	In Zone	Outs	Zone Rtg	MLB Zone
As 3b	.269	443	119	16	3	43	96	33	86	.320	.609	110	110	965.1	79	234	12	21	.963	2.92	277	253	.913	.826

Last Five Years

	Avg	AB	H	2B	3B	HR	RBI	BB	SO	OBP	SLG		Avg	AB	H	2B	3B	HR	RBI	BB	SO	OBP	SLG
vs. Left	.283	827	234	33	4	62	163	58	139	.330	.557	Scoring Posn	.273	750	205	31	5	42	322	73	168	.333	.496
vs. Right	.261	1932	504	80	15	106	329	107	403	.304	.482	Close & Late	.220	459	101	13	3	18	64	33	100	.278	.379
Groundball	.277	951	263	37	2	45	154	58	179	.322	.462	None on/out	.274	702	192	31	7	49	49	39	117	.316	.547
Flyball	.245	507	124	24	6	29	71	31	106	.300	.487	Batting #4	.276	1232	340	60	10	88	254	67	214	.315	.555
Home	.270	1367	369	56	13	85	248	83	270	.316	.516	Batting #5	.264	1226	324	43	9	65	192	76	265	.313	.473
Away	.265	1392	369	57	6	83	244	82	272	.308	.494	Other	.246	301	74	10	0	15	46	22	63	.295	.429
Day	.274	1223	335	50	8	93	246	68	225	.314	.556	April	.272	419	114	15	3	28	83	31	68	.323	.523
Night	.262	1536	403	63	11	75	246	97	317	.314	.464	May	.246	532	131	18	4	31	92	34	105	.293	.470
Grass	.273	2085	569	85	15	121	366	116	399	.314	.502	June	.251	470	118	22	2	28	86	21	103	.285	.485
Turf	.251	674	169	28	4	47	126	49	143	.306	.513	July	.297	441	131	19	4	31	91	28	96	.347	.569
First Pitch	.308	503	155	25	1	36	108	23	0	.341	.577	August	.247	450	111	21	3	20	54	23	96	.286	.440
Ahead in Count	.343	539	185	29	5	52	147	72	0	.416	.705	September/October	.298	447	133	18	3	30	86	28	74	.342	.553
Behind in Count	.215	1276	274	40	10	51	162	0	474	.221	.382	Pre-All Star	.260	1543	401	57	11	95	287	92	309	.304	.496
Two Strikes	.182	1163	212	37	10	43	135	61	542	.228	.342	Post-All Star	.277	1216	337	56	8	73	205	74	233	.322	.516

Batter vs. Pitcher (career)

Hits Best Against	Avg	AB	H	2B	3B	HR	RBI	BB	SO	OBP	SLG	Hits Worst Against	Avg	AB	H	2B	3B	HR	RBI	BB	SO	OBP	SLG
Ryan Bowen	.500	16	8	2	0	3	8	3	2	.579	1.188	Greg W. Harris	.038	26	1	0	0	0	2	3	.107	.038		
John Smiley	.469	32	15	3	0	7	15	3	5	.514	1.219	Rob Dibble	.067	15	1	0	0	0	0	9	.067	.067		
Danny Cox	.455	11	5	1	0	3	5	1	0	.500	1.364	Mark Portugal	.070	43	3	0	0	0	0	2	13	.111	.070
Greg Swindell	.438	16	7	1	0	2	5	1	2	.471	.875	Jim Bullinger	.083	12	1	0	0	0	0	1	6	.154	.083
Rheal Cormier	.400	15	6	0	0	3	4	0	1	.400	1.000	Pat Rapp	.091	11	1	0	0	0	0	0	3	.167	.091

Mike Williams — Phillies
Age 26 – Pitches Right

	ERA	W	L	Sv	G	GS	IP	BB	SO	Avg	H	2B	3B	HR	RBI	OBP	SLG	CG	ShO	Sup	QS	#P/S	SB	CS	GB	FB	G/F
1994 Season	5.01	2	4	0	12	8	50.1	20	29	.310	61	12	1	7	27	.368	.487	0	0	3.75	4	86	4	3	69	59	1.17
Career (1992-1994)	5.19	4	8	0	34	17	130.0	49	67	.276	140	33	4	15	72	.338	.446	1	0	4.95	5	85	11	7	187	161	1.16

1994 Season

	ERA	W	L	Sv	G	GS	IP	H	HR	BB	SO		Avg	AB	H	2B	3B	HR	RBI	BB	SO	OBP	SLG
Home	5.25	2	1	0	5	4	24.0	27	2	10	9	vs. Left	.304	115	35	10	0	3	16	14	19	.374	.470
Away	4.78	0	3	0	7	4	26.1	34	5	10	20	vs. Right	.317	82	26	2	1	4	11	6	10	.360	.512

Mitch Williams — Astros
Age 30 – Pitches Left (flyball pitcher)

	ERA	W	L	Sv	G	GS	IP	BB	SO	Avg	H	2B	3B	HR	RBI	OBP	SLG	GF	IR	IRS	Hld	SvOp	SB	CS	GB	FB	G/F
1994 Season	7.65	1	4	6	25	0	20.0	24	21	.269	21	2	0	4	15	.442	.449	18	5	3	2	8	2	0	22	24	0.92
Last Five Years	3.57	22	32	124	284	2	317.2	244	294	.227	262	59	7	19	153	.367	.340	230	313	96	5	152	38	8	288	379	0.76

1994 Season

	ERA	W	L	Sv	G	GS	IP	H	HR	BB	SO		Avg	AB	H	2B	3B	HR	RBI	BB	SO	OBP	SLG
Home	6.94	0	2	3	12	0	11.2	14	2	15	12	vs. Left	.148	27	4	0	1	3	5	8	.303	.259		
Away	8.64	1	2	3	13	0	8.1	7	2	9	9	vs. Right	.333	51	17	2	0	3	12	19	13	.507	.549
Starter	0.00	0	0	0	0	0	0.0	0	0	0	0	Scoring Posn	.269	26	7	2	0	1	11	8	6	.429	.462
Reliever	7.65	1	4	6	25	0	20.0	21	4	24	21	Close & Late	.289	38	11	1	0	2	10	12	10	.471	.474
0 Days rest (Re)	7.36	1	1	1	7	0	3.2	4	2	3	4	None on/out	.222	18	4	0	0	1	1	4	7	.364	.389
1 or 2 Days rest	5.91	0	2	4	12	0	10.2	8	1	14	12	First Pitch	.429	7	3	1	0	0	2	1	0	.500	.571
3+ Days rest	11.12	0	1	1	6	0	5.2	9	1	7	5	Ahead in Count	.275	40	11	0	0	1	6	0	13	.275	.375
Pre-All Star	7.65	1	4	6	25	0	20.0	21	4	24	21	Behind in Count	.273	11	3	0	0	1	4	17	0	.690	.545
Post-All Star	0.00	0	0	0	0	0	0.0	0	0	0	0	Two Strikes	.222	45	10	1	0	3	7	6	21	.314	.444

Last Five Years

	ERA	W	L	Sv	G	GS	IP	H	HR	BB	SO		Avg	AB	H	2B	3B	HR	RBI	BB	SO	OBP	SLG
Home	3.72	14	13	59	146	1	162.0	141	7	125	157	vs. Left	.217	249	54	10	2	3	34	46	64	.353	.309
Away	3.41	8	19	65	138	1	155.2	121	12	119	137	vs. Right	.230	904	208	49	5	16	119	198	230	.371	.348
Day	3.28	7	10	35	95	0	107.0	94	7	83	92	Inning 1-6	.325	40	13	4	3	1	7	4	6	.426	.650
Night	3.72	15	22	89	189	2	210.2	168	12	161	202	Inning 7+	.224	1113	249	55	4	18	142	237	290	.365	.329
Grass	3.68	6	9	38	99	1	110.0	99	12	79	86	None on	.232	513	119	25	0	8	119	120	.385	.327	
Turf	3.51	16	23	86	185	1	207.2	163	7	165	208	Runners on	.223	640	143	34	7	11	145	125	174	.352	.350
April	3.49	3	5	26	53	0	59.1	47	3	57	52	Scoring Posn	.210	405	85	20	5	7	129	83	105	.343	.336
May	3.93	1	8	19	55	0	55.0	46	7	40	53	Close & Late	.231	769	178	36	2	12	105	171	206	.376	.330
June	2.50	2	4	23	38	0	39.2	32	3	33	40	None on/out	.204	245	50	8	0	5	5	53	59	.356	.298
July	3.64	2	2	16	38	0	42.0	34	3	28	36	vs. 1st Batr (relief)	.218	225	49	10	3	11	55	55	.374	.302	
August	3.24	9	6	17	48	0	58.1	48	0	44	55	First Inning Pitched	.216	925	200	46	4	14	125	206	237	.365	.320
September/October	4.26	5	7	23	52	2	63.1	55	3	52	58	First 15 Pitches	.236	678	160	35	3	12	68	156	161	.386	.350

Last Five Years	ERA	W	L	Sv	G	GS	IP	H	HR	BB	SO		Avg	AB	H	2B	3B	HR	RBI	BB	SO	OBP	SLG
Starter	9.95	0	1	0	2	2	6.1	11	0	4	2	Pitch 16-30	.208	379	79	21	1	6	69	71	105	.338	.317
Reliever	3.44	22	31	124	282	0	311.1	251	19	240	292	Pitch 31-45	.197	76	15	2	2	1	11	13	22	.301	.316
0 Days rest (Re)	2.99	5	13	40	83	0	93.1	69	8	71	86	Pitch 46+	.400	20	8	1	1	0	5	4	6	.500	.550
1 or 2 Days rest	3.52	12	12	52	115	0	128.0	100	5	117	123	First Pitch	.252	111	28	3	2	1	18	14	0	.344	.342
3+ Days rest	3.80	5	6	32	84	0	90.0	82	6	52	83	Ahead in Count	.212	586	124	38	3	9	68	0	225	.216	.333
Pre-All Star	3.35	7	17	68	157	0	166.2	132	14	129	155	Behind in Count	.279	208	58	8	1	6	42	129	0	.557	.413
Post-All Star	3.81	15	15	56	127	2	151.0	130	5	115	139	Two Strikes	.193	654	126	38	3	10	71	101	294	.301	.306

Pitcher vs. Batter (career)

Pitches Best Vs.	Avg	AB	H	2B	3B	HR	RBI	BB	SO	OBP	SLG	Pitches Worst Vs.	Avg	AB	H	2B	3B	HR	RBI	BB	SO	OBP	SLG
Darryl Strawberry	.000	12	0	0	0	0	0	2	7	.143	.000	Kevin McReynolds	.556	9	5	3	0	1	2	2	2	.636	1.222
Dick Schofield	.000	10	0	0	0	0	0	2	3	.167	.000	Ray Lankford	.500	10	5	1	1	0	2	4	3	.643	.800
Mark Grace	.067	15	1	0	0	0	0	0	3	.067	.067	Ken Caminiti	.417	12	5	0	0	1	3	3	4	.533	.667
Tony Gwynn	.083	12	1	1	0	0	1	1	1	.154	.167	Lonnie Smith	.400	5	2	1	1	0	3	8	2	.769	1.000
Rex Hudler	.091	11	1	0	0	0	0	0	3	.091	.091	Kevin Bass	.333	15	5	2	0	2	5	0	4	.333	.867

Woody Williams — Blue Jays

Age 28 – Pitches Right (flyball pitcher)

	ERA	W	L	Sv	G	GS	IP	BB	SO	Avg	H	2B	3B	HR	RBI	OBP	SLG	GF	IR	IRS	Hld	SvOp	SB	CS	GB	FB	G/F
1994 Season	3.64	1	3	0	38	0	59.1	33	56	.205	44	11	1	5	22	.313	.335	14	20	3	5	0	5	1	47	79	0.59
Career (1993-1994)	3.92	4	4	0	68	0	96.1	55	80	.233	84	18	1	7	41	.336	.346	23	40	12	9	2	5	1	90	134	0.67

1994 Season	ERA	W	L	Sv	G	GS	IP	H	HR	BB	SO		Avg	AB	H	2B	3B	HR	RBI	BB	SO	OBP	SLG
Home	3.81	1	0	0	19	0	28.1	21	2	17	20	vs. Left	.184	98	18	3	0	0	6	17	28	.304	.214
Away	3.48	0	3	0	19	0	31.0	23	3	16	36	vs. Right	.222	117	26	8	1	5	16	16	28	.321	.436
Starter	0.00	0	0	0	0	0	0.0	0	0	0	0	Scoring Posn	.197	61	12	4	0	2	18	13	19	.346	.361
Reliever	3.64	1	3	0	38	0	59.1	44	5	33	56	Close & Late	.208	48	10	1	0	1	6	8	15	.328	.292
0 Days rest (Re)	0.00	0	0	0	2	0	2.0	0	0	0	0	None on/out	.255	51	13	3	0	2	2	8	10	.356	.431
1 or 2 Days rest	4.40	0	2	0	18	0	28.2	25	3	19	33	First Pitch	.172	29	5	0	0	1	2	1	0	.250	.276
3+ Days rest	3.14	1	1	0	18	0	28.2	19	2	14	23	Ahead in Count	.168	101	17	6	1	1	9	0	48	.167	.277
Pre-All Star	4.75	1	3	0	29	0	41.2	34	4	26	40	Behind in Count	.364	44	16	3	0	3	9	13	0	.500	.636
Post-All Star	1.02	0	0	0	9	0	17.2	10	1	7	16	Two Strikes	.127	110	14	2	1	1	8	19	56	.254	.191

Mark Williamson — Orioles

Age 35 – Pitches Right

	ERA	W	L	Sv	G	GS	IP	BB	SO	Avg	H	2B	3B	HR	RBI	OBP	SLG	GF	IR	IRS	Hld	SvOp	SB	CS	GB	FB	G/F
1994 Season	4.01	3	1	1	28	2	67.1	17	28	.278	75	15	2	9	34	.323	.448	4	30	9	3	2	4	1	104	86	1.21
Last Five Years	3.74	23	13	7	202	3	339.2	115	200	.268	349	70	7	32	182	.323	.406	57	364	128	33	17	24	11	509	349	1.46

1994 Season	ERA	W	L	Sv	G	GS	IP	H	HR	BB	SO		Avg	AB	H	2B	3B	HR	RBI	BB	SO	OBP	SLG
Home	4.12	1	0	0	14	1	39.1	44	6	8	12	vs. Left	.257	101	26	2	1	3	9	5	8	.296	.386
Away	3.86	2	1	1	14	1	28.0	31	3	9	16	vs. Right	.290	169	49	13	1	6	25	12	20	.339	.485
Starter	5.25	0	1	0	2	2	12.0	16	3	2	3	Scoring Posn	.246	65	16	5	0	1	22	8	9	.329	.369
Reliever	3.74	3	0	1	26	0	55.1	59	6	15	25	Close & Late	.259	27	7	1	0	2	3	2	3	.310	.519
0 Days rest (Re)	0.00	0	0	0	0	0	0.0	0	0	0	0	None on/out	.294	68	20	0	0	2	2	0	4	.294	.382
1 or 2 Days rest	3.82	3	0	0	14	0	33.0	36	4	9	15	First Pitch	.186	43	8	1	1	2	6	1	0	.205	.395
3+ Days rest	3.63	0	0	1	12	0	22.1	23	2	6	10	Ahead in Count	.264	129	34	6	0	3	10	0	25	.262	.380
Pre-All Star	3.91	3	0	1	23	0	46.0	52	6	13	20	Behind in Count	.408	49	20	4	0	3	7	9	0	.500	.673
Post-All Star	4.22	0	1	0	5	2	21.1	23	3	4	8	Two Strikes	.210	124	26	5	0	4	10	7	28	.252	.347

Last Five Years	ERA	W	L	Sv	G	GS	IP	H	HR	BB	SO		Avg	AB	H	2B	3B	HR	RBI	BB	SO	OBP	SLG
Home	2.92	14	5	1	98	1	172.1	157	18	49	84	vs. Left	.242	534	129	17	4	14	65	42	83	.296	.367
Away	4.57	9	8	6	104	2	167.1	192	14	66	116	vs. Right	.286	770	220	53	3	18	117	73	117	.342	.432
Day	3.48	9	4	6	62	1	101.0	96	10	35	57	Inning 1-6	.271	435	118	24	3	9	75	30	56	.315	.402
Night	3.85	14	9	1	140	2	238.2	253	22	80	143	Inning 7+	.266	869	231	46	4	23	107	85	144	.327	.407
Grass	3.51	22	8	6	177	3	292.2	292	26	96	166	None on	.259	687	178	37	2	19	19	50	95	.309	.402
Turf	5.17	1	5	1	25	0	47.0	57	6	19	34	Runners on	.277	617	171	33	5	13	163	65	105	.338	.410
April	2.70	2	1	1	25	0	50.0	47	3	23	34	Scoring Posn	.257	354	91	20	2	8	144	55	65	.342	.393
May	3.94	5	2	1	43	1	64.0	59	5	27	38	Close & Late	.248	435	108	21	2	12	50	50	71	.322	.389
June	2.96	6	1	2	44	0	76.0	75	7	18	39	None on/out	.278	302	84	12	2	9	9	14	34	.310	.421
July	4.15	6	4	0	34	1	65.0	68	7	18	35	vs. 1st Batr (relief)	.266	177	47	9	1	7	48	15	27	.313	.446
August	5.32	2	3	1	26	1	44.0	57	7	11	26	First Inning Pitched	.253	641	162	36	5	19	123	65	104	.315	.413
September/October	3.76	2	2	2	30	0	40.2	43	3	18	28	First 15 Pitches	.265	601	159	35	4	20	109	61	88	.327	.436
Starter	5.74	0	1	0	3	3	15.2	21	3	3	5	Pitch 16-30	.285	390	111	20	3	4	47	36	66	.340	.382
Reliever	3.64	23	12	7	199	0	324.0	328	29	112	195	Pitch 31-45	.238	189	45	7	0	4	13	10	32	.280	.339
0 Days rest (Re)	3.02	5	3	2	35	0	47.2	44	2	30	32	Pitch 46+	.274	124	34	8	0	4	13	8	14	.313	.435
1 or 2 Days rest	4.02	14	9	3	100	0	168.0	169	20	47	101	First Pitch	.323	195	63	9	1	7	36	15	0	.359	.487
3+ Days rest	3.32	4	0	2	64	0	108.1	115	7	35	62	Ahead in Count	.203	591	120	24	1	7	56	0	177	.201	.283
Pre-All Star	3.29	16	4	4	122	1	210.1	205	16	71	121	Behind in Count	.348	296	103	24	2	13	51	56	0	.445	.574
Post-All Star	4.45	7	9	3	80	2	129.1	144	16	44	79	Two Strikes	.188	579	109	21	3	11	60	43	200	.242	.292

Pitcher vs. Batter (career)

Pitches Best Vs.	Avg	AB	H	2B	3B	HR	RBI	BB	SO	OBP	SLG	Pitches Worst Vs.	Avg	AB	H	2B	3B	HR	RBI	BB	SO	OBP	SLG
Scott Fletcher	.083	12	1	1	0	0	2	1	0	.154	.167	Pat Kelly	.727	11	8	1	0	1	5	1	1	.750	1.091
Mark McLemore	.091	11	1	0	0	0	0	1	1	.167	.091	Travis Fryman	.583	12	7	4	0	0	5	0	1	.583	.917
Rafael Palmeiro	.100	10	1	0	0	0	1	1	0	.182	.100	Albert Belle	.455	11	5	2	0	2	6	1	3	.500	1.182

Pitcher vs. Batter (career)

Pitches Best Vs.	Avg	AB	H	2B	3B	HR	RBI	BB	SO	OBP	SLG	Pitches Worst Vs.	Avg	AB	H	2B	3B	HR	RBI	BB	SO	OBP	SLG
Ozzie Guillen	.111	18	2	0	0	0	3	0	2	.111	.111	Cory Snyder	.455	11	5	0	1	2	4	0	2	.455	1.182
Tony Fernandez	.167	12	2	0	0	0	3	0	1	.143	.167	Mark McGwire	.400	20	8	2	0	3	7	4	5	.500	.950

Carl Willis — Twins
Age 34 – Pitches Right

	ERA	W	L	Sv	G	GS	IP	BB	SO	Avg	H	2B	3B	HR	RBI	OBP	SLG	GF	IR	IRS	Hld	SvOp	SB	CS	GB	FB	G/F
1994 Season	5.92	2	4	3	49	0	59.1	12	37	.335	89	21	0	6	57	.359	.481	12	54	25	11	7	3	2	94	84	1.12
Last Five Years	3.43	20	10	11	201	0	285.2	59	179	.266	304	55	5	16	162	.301	.377	63	197	78	40	22	14	7	426	299	1.42

1994 Season

	ERA	W	L	Sv	G	GS	IP	H	HR	BB	SO		Avg	AB	H	2B	3B	HR	RBI	BB	SO	OBP	SLG
Home	5.45	1	2	2	26	0	33.0	44	2	8	21	vs. Left	.267	101	27	6	0	5	22	6	16	.306	.475
Away	6.49	1	2	1	23	0	26.1	45	4	4	16	vs. Right	.376	165	62	15	0	1	35	6	21	.393	.485
Starter	0.00	0	0	0	0	0	0.0	0	0	0	0	Scoring Posn	.361	97	35	6	0	2	47	8	17	.398	.485
Reliever	5.92	2	4	3	49	0	59.1	89	6	12	37	Close & Late	.305	105	32	4	0	1	16	5	12	.333	.371
0 Days rest (Re)	4.96	1	3	0	12	0	16.1	20	1	5	8	None on/out	.240	50	12	4	0	0	0	0	4	.240	.320
1 or 2 Days rest	5.60	1	0	2	23	0	27.1	40	3	3	17	First Pitch	.438	32	14	3	0	1	8	4	0	.500	.625
3+ Days rest	7.47	0	1	1	14	0	15.2	29	2	4	12	Ahead in Count	.269	130	35	9	0	1	17	0	32	.267	.362
Pre-All Star	6.17	1	3	3	38	0	46.2	68	5	10	32	Behind in Count	.411	56	23	6	0	3	18	5	0	.459	.679
Post-All Star	4.97	1	1	0	11	0	12.2	21	1	2	5	Two Strikes	.246	114	28	6	0	1	16	3	37	.263	.325

Last Five Years

	ERA	W	L	Sv	G	GS	IP	H	HR	BB	SO		Avg	AB	H	2B	3B	HR	RBI	BB	SO	OBP	SLG
Home	3.81	13	6	4	104	0	153.2	157	8	24	94	vs. Left	.269	428	115	23	3	9	58	31	61	.317	.400
Away	3.00	7	4	7	97	0	132.0	137	8	35	85	vs. Right	.264	679	179	42	2	7	104	28	118	.290	.362
Day	4.06	6	1	3	57	0	71.0	82	5	14	43	Inning 1-6	.286	297	85	17	2	4	59	12	55	.307	.397
Night	3.23	14	9	8	144	0	214.2	212	11	45	136	Inning 7+	.258	810	209	48	3	12	103	47	124	.298	.369
Grass	2.79	7	3	4	75	0	106.1	105	7	25	65	None on	.254	567	144	30	2	8	8	20	96	.281	.356
Turf	3.81	13	7	7	126	0	179.1	189	9	34	114	Runners on	.278	540	150	35	3	8	154	39	83	.320	.398
April	6.52	1	2	0	20	0	29.0	43	2	8	19	Scoring Posn	.287	341	98	24	2	3	136	32	61	.339	.396
May	4.89	2	1	4	35	0	46.0	52	2	13	24	Close & Late	.251	382	96	18	0	4	41	28	58	.300	.330
June	4.67	2	2	2	39	0	44.1	52	4	12	30	None on/out	.278	241	67	13	2	2	2	11	33	.312	.373
July	2.11	9	4	2	42	0	64.0	59	4	4	35	vs. 1st Batr (relief)	.288	184	53	10	0	2	46	12	34	.323	.375
August	2.01	3	1	3	30	0	58.1	51	1	8	30	First Inning Pitched	.282	635	179	38	3	11	127	39	101	.319	.403
September/October	2.45	3	0	1	35	0	44.0	37	3	14	41	First 15 Pitches	.269	620	167	39	2	10	107	36	90	.306	.387
Starter	0.00	0	0	0	0	0	0.0	0	0	0	0	Pitch 16-30	.258	306	79	19	3	3	33	18	58	.298	.369
Reliever	3.43	20	10	11	201	0	285.2	294	16	59	179	Pitch 31-45	.263	137	36	6	0	1	15	4	25	.282	.328
0 Days rest (Re)	4.98	4	3	3	30	0	34.1	43	1	7	19	Pitch 46+	.273	44	12	1	0	2	7	1	6	.298	.432
1 or 2 Days rest	3.27	8	2	4	103	0	129.1	130	7	24	85	First Pitch	.333	177	59	13	1	1	28	11	0	.372	.435
3+ Days rest	3.17	8	5	4	68	0	122.0	121	8	28	75	Ahead in Count	.222	546	121	28	2	7	60	0	164	.220	.319
Pre-All Star	4.94	9	7	6	109	0	144.0	170	11	34	87	Behind in Count	.300	227	68	17	2	5	44	25	0	.368	.458
Post-All Star	1.91	11	3	5	92	0	141.2	124	5	25	92	Two Strikes	.200	489	98	24	1	4	49	23	179	.235	.278

Pitcher vs. Batter (career)

Pitches Best Vs.	Avg	AB	H	2B	3B	HR	RBI	BB	SO	OBP	SLG	Pitches Worst Vs.	Avg	AB	H	2B	3B	HR	RBI	BB	SO	OBP	SLG
Paul Molitor	.000	12	0	0	0	0	0	1	0	.000	.000	Wade Boggs	.583	12	7	1	0	0	4	4	0	.688	.667
Travis Fryman	.063	16	1	1	0	0	1	0	2	.059	.125	Jay Buhner	.556	9	5	2	0	0	4	2	2	.636	.778
Mike Bordick	.091	11	1	0	0	0	0	0	0	.091	.182	Tony Phillips	.429	14	6	2	1	2	1	1	2	.467	.929
Ruben Sierra	.100	10	1	0	0	0	2	0	2	.091	.100	Cal Ripken	.400	10	4	0	0	2	3	1	3	.455	1.000
Mickey Tettleton	.154	13	2	1	0	0	0	0	4	.154	.231	Chili Davis	.400	10	4	0	0	2	3	1	3	.455	1.000

Dan Wilson — Mariners
Age 26 – Bats Right

	Avg	G	AB	R	H	2B	3B	HR	RBI	BB	SO	HBP	GDP	SB	CS	OBP	SLG	IBB	SH	SF	#Pit	#P/PA	GB	FB	G/F
1994 Season	.216	91	282	24	61	14	2	3	27	10	57	1	11	1	2	.244	.312	0	8	2	1070	3.53	106	74	1.43
Career (1992-1994)	.227	139	383	32	87	18	2	3	38	22	81	1	15	1	2	.269	.308	4	10	3	1506	3.59	140	94	1.49

1994 Season

	Avg	AB	H	2B	3B	HR	RBI	BB	SO	OBP	SLG		Avg	AB	H	2B	3B	HR	RBI	BB	SO	OBP	SLG
vs. Left	.225	71	16	4	1	2	7	4	11	.273	.394	Scoring Posn	.235	85	20	6	0	0	23	3	12	.256	.306
vs. Right	.213	211	45	10	1	1	20	6	46	.234	.284	Close & Late	.196	46	9	2	0	1	5	1	9	.213	.391
Groundball	.237	76	18	6	1	1	8	2	12	.256	.382	None on/out	.268	71	19	4	1	0	0	1	17	.278	.352
Flyball	.194	62	12	3	0	0	5	3	14	.242	.242	Batting #8	.181	155	28	5	1	0	8	5	34	.206	.226
Home	.179	106	19	7	1	1	10	4	26	.216	.292	Batting #9	.260	127	33	9	1	3	19	5	23	.289	.417
Away	.239	176	42	7	1	2	17	6	31	.261	.324	Other	.000	0	0	0	0	0	0	0	0	.000	.000
Day	.270	74	20	5	1	0	8	3	15	.308	.365	April	.167	54	9	3	1	0	1	4	10	.224	.259
Night	.197	208	41	9	1	3	19	7	42	.221	.293	May	.268	71	19	4	0	0	11	2	14	.293	.324
Grass	.227	141	32	6	1	2	13	4	25	.247	.326	June	.219	64	14	4	1	1	8	2	15	.239	.359
Turf	.206	141	29	8	1	1	14	6	32	.242	.298	July	.231	65	15	3	0	2	7	2	13	.254	.369
First Pitch	.347	49	17	7	1	1	12	0	0	.347	.592	August	.143	28	4	0	0	0	0	0	0	.143	.143
Ahead in Count	.311	61	19	2	1	0	5	5	0	.364	.393	September/October	.000	0	0	0	0	0	0	0	0	.000	.000
Behind in Count	.117	120	14	3	1	1	4	0	48	.123	.183	Pre-All Star	.237	215	51	12	2	3	23	9	42	.269	.353
Two Strikes	.098	122	12	3	0	0	6	0	57	.138	.139	Post-All Star	.149	67	10	2	0	0	4	1	15	.162	.179

1994 By Position

Position	Avg	AB	H	2B	3B	HR	RBI	BB	SO	OBP	SLG	G	GS	Innings	PO	A	E	DP	Fld Pct	Rng Fctr	In Zone	Outs	Zone Rtg	MLB Zone
As c	.216	282	61	14	2	3	27	10	57	.244	.312	91	84	722.0	602	41	9	2	.986	---	---	---	---	---

Willie Wilson — Cubs

Age 39 – Bats Both (groundball hitter)

	Avg	G	AB	R	H	2B	3B	HR	RBI	BB	SO	HBP	GDP	SB	CS	OBP	SLG	IBB	SH	SF	#Pit	#P/PA	GB	FB	G/F
1994 Season	.238	17	21	4	5	0	2	0	0	1	6	0	0	1	0	.273	.429	0	1	0	91	3.96	6	5	1.20
Last Five Years	.265	482	1239	158	328	53	17	3	118	95	211	10	28	80	21	.320	.342	5	8	8	4988	3.67	521	285	1.83

1994 Season

	Avg	AB	H	2B	3B	HR	RBI	BB	SO	OBP	SLG		Avg	AB	H	2B	3B	HR	RBI	BB	SO	OBP	SLG
vs. Left	.214	14	3	0	2	0	0	0	4	.214	.500	Scoring Posn	.000	4	0	0	0	0	0	0	3	.000	.000
vs. Right	.286	7	2	0	0	0	0	1	2	.375	.286	Close & Late	.500	4	2	0	0	0	0	0	2	.500	.500

Last Five Years

	Avg	AB	H	2B	3B	HR	RBI	BB	SO	OBP	SLG		Avg	AB	H	2B	3B	HR	RBI	BB	SO	OBP	SLG
vs. Left	.251	439	110	21	3	0	41	27	78	.294	.312	Scoring Posn	.261	307	80	15	6	1	112	27	56	.323	.358
vs. Right	.273	800	218	32	14	3	77	68	133	.334	.359	Close & Late	.261	218	57	6	2	1	20	20	45	.329	.321
Groundball	.292	342	100	14	7	1	36	18	51	.330	.383	None on/out	.216	315	68	10	4	1	1	26	67	.282	.283
Flyball	.268	287	77	19	2	1	31	20	53	.322	.359	Batting #6	.257	311	80	9	4	2	39	25	53	.316	.331
Home	.283	621	176	28	9	1	55	50	104	.339	.362	Batting #7	.287	422	121	20	6	1	46	41	67	.349	.370
Away	.246	618	152	25	8	2	63	45	107	.302	.322	Other	.251	506	127	24	7	0	33	29	91	.298	.326
Day	.238	437	104	18	7	0	32	29	71	.289	.311	April	.278	263	73	18	6	1	34	18	29	.329	.403
Night	.279	802	224	35	10	3	86	66	140	.337	.359	May	.215	209	45	7	3	0	15	19	41	.278	.278
Grass	.253	838	212	34	10	1	69	65	142	.310	.321	June	.269	212	57	8	1	0	19	19	42	.330	.316
Turf	.289	401	116	19	7	2	49	30	69	.342	.387	July	.284	225	64	6	4	0	25	17	38	.343	.347
First Pitch	.311	183	57	7	3	0	20	3	0	.335	.383	August	.245	155	38	5	2	1	13	11	31	.299	.323
Ahead in Count	.320	241	77	15	2	0	19	49	0	.430	.398	September/October	.291	175	51	9	1	1	12	11	30	.335	.371
Behind in Count	.213	592	126	16	5	2	47	0	175	.217	.267	Pre-All Star	.251	780	196	35	11	1	75	65	135	.312	.328
Two Strikes	.200	584	117	18	6	2	55	42	211	.255	.262	Post-All Star	.288	459	132	18	6	2	43	30	76	.334	.366

Batter vs. Pitcher (since 1984)

Hits Best Against	Avg	AB	H	2B	3B	HR	RBI	BB	SO	OBP	SLG	Hits Worst Against	Avg	AB	H	2B	3B	HR	RBI	BB	SO	OBP	SLG
Bud Black	.600	10	6	1	0	0	1	1	3	.636	.700	Steve Ontiveros	.000	14	0	0	0	0	0	1	2	.067	.000
Doug Drabek	.583	12	7	0	0	0	0	0	0	.583	.583	Jack McDowell	.000	13	0	0	0	0	0	0	4	.000	.000
Bobby Ojeda	.545	11	6	0	0	0	2	1	3	.583	.545	Chris Bosio	.045	22	1	0	0	0	2	0	6	.043	.045
Tom Gordon	.500	10	5	1	0	0	1	2	2	.583	.600	Jim Abbott	.091	11	1	0	0	0	3	0	2	.083	.091
Rich DeLucia	.455	11	5	2	0	0	4	1	0	.500	.636	Greg Swindell	.115	26	3	0	0	0	0	9		.115	.115

Dave Winfield — Indians

Age 43 – Bats Right

	Avg	G	AB	R	H	2B	3B	HR	RBI	BB	SO	HBP	GDP	SB	CS	OBP	SLG	IBB	SH	SF	#Pit	#P/PA	GB	FB	G/F
1994 Season	.252	77	294	35	74	15	3	10	43	31	51	0	7	2	1	.321	.425	5	1	2	1256	3.83	121	82	1.48
Last Five Years	.270	658	2467	344	667	123	14	106	391	266	436	4	71	13	10	.340	.460	24	5	20	10427	3.78	978	674	1.45

1994 Season

	Avg	AB	H	2B	3B	HR	RBI	BB	SO	OBP	SLG		Avg	AB	H	2B	3B	HR	RBI	BB	SO	OBP	SLG
vs. Left	.343	67	23	4	1	5	16	16	14	.470	.657	Scoring Posn	.229	83	19	4	0	3	34	16	16	.347	.386
vs. Right	.225	227	51	11	2	5	27	15	37	.270	.357	Close & Late	.279	43	12	3	0	1	9	4	5	.333	.419
Groundball	.247	85	21	2	1	4	16	5	14	.289	.435	None on/out	.240	75	18	3	2	2	2	5	10	.288	.413
Flyball	.295	61	18	3	1	3	12	6	8	.348	.525	Batting #4	.221	68	15	4	0	2	15	9	15	.308	.368
Home	.281	139	39	8	1	5	24	20	23	.369	.460	Batting #5	.261	203	53	11	2	7	27	18	31	.320	.438
Away	.226	155	35	7	2	5	19	11	28	.275	.394	Other	.261	23	6	0	1	1	1	4	5	.370	.478
Day	.264	87	23	5	1	5	21	9	18	.330	.517	April	.264	87	23	6	0	2	16	10	16	.340	.402
Night	.246	207	51	10	2	5	22	22	33	.317	.386	May	.260	77	20	4	0	4	15	9	12	.333	.468
Grass	.252	107	27	5	2	5	15	9	18	.308	.477	June	.225	80	18	5	1	2	8	9	12	.300	.388
Turf	.251	187	47	10	1	5	28	22	33	.329	.396	July	.316	38	12	0	2	2	4	2	5	.350	.579
First Pitch	.464	28	13	3	0	0	5	1	0	.467	.571	August	.083	12	1	0	0	0	0	1	6	.154	.083
Ahead in Count	.221	68	15	2	1	2	7	21	0	.404	.368	September/October	.000	0	0	0	0	0	0	0	0	.000	.000
Behind in Count	.197	132	26	7	1	4	18	0	39	.195	.356	Pre-All Star	.264	258	68	15	3	9	40	29	42	.336	.450
Two Strikes	.211	142	30	7	2	6	23	8	51	.252	.415	Post-All Star	.167	36	6	0	0	1	3	2	9	.211	.250

1994 By Position

Position	Avg	AB	H	2B	3B	HR	RBI	BB	SO	OBP	SLG	G	GS	Innings	PO	A	E	DP	Fld Pct	Rng Fctr	In Zone	Zone Outs	Zone Rtg	MLB Zone
As Designated Hitter	.254	291	74	15	3	10	43	30	49	.322	.430	76	76	---	---	---	---	---	---	---	---	---	---	---

Last Five Years

	Avg	AB	H	2B	3B	HR	RBI	BB	SO	OBP	SLG		Avg	AB	H	2B	3B	HR	RBI	BB	SO	OBP	SLG
vs. Left	.300	666	200	38	6	33	122	91	102	.383	.524	Scoring Posn	.258	679	175	34	3	29	280	113	113	.355	.445
vs. Right	.259	1801	467	85	8	73	269	175	334	.323	.437	Close & Late	.256	360	92	15	2	14	52	41	70	.328	.425
Groundball	.294	637	187	28	5	28	96	70	112	.362	.485	None on/out	.267	645	172	34	5	21	21	54	109	.327	.433
Flyball	.268	534	143	25	5	28	102	53	81	.331	.491	Batting #4	.271	1497	405	74	8	62	258	182	262	.348	.455
Home	.267	1194	319	53	6	56	192	143	218	.343	.462	Batting #5	.267	671	179	35	2	32	96	60	120	.326	.468
Away	.273	1273	348	70	8	50	199	123	218	.337	.459	Other	.278	299	83	14	4	12	37	24	54	.330	.472
Day	.254	670	170	31	3	28	106	74	136	.325	.434	April	.270	352	95	18	0	15	63	26	70	.318	.449
Night	.277	1797	497	92	11	78	285	192	300	.345	.470	May	.256	379	97	19	61	6	49	45	68	.326	.455
Grass	.264	1438	379	72	8	58	201	150	250	.332	.446	June	.273	444	121	24	5	20	70	51	74	.345	.484
Turf	.280	1029	288	51	6	48	190	116	186	.351	.481	July	.281	431	121	23	4	21	63	39	63	.342	.499
First Pitch	.360	236	85	21	3	13	55	14	0	.396	.640	August	.262	408	107	18	1	15	59	50	88	.343	.422
Ahead in Count	.343	597	205	38	3	37	112	144	0	.469	.603	September/October	.281	406	114	18	1	16	75	55	73	.362	.448
Behind in Count	.192	1120	215	34	5	34	131	0	362	.191	.322	Pre-All Star	.273	1369	374	70	10	64	216	135	233	.337	.479
Two Strikes	.198	1130	224	40	6	33	134	104	436	.264	.332	Post-All Star	.267	1098	293	53	4	42	175	131	203	.344	.437

Batter vs. Pitcher (since 1984)

Hits Best Against	Avg	AB	H	2B	3B	HR	RBI	BB	SO	OBP	SLG	Hits Worst Against	Avg	AB	H	2B	3B	HR	RBI	BB	SO	OBP	SLG
John Habyan	.667	12	8	3	0	0	4	2	1	.714	.917	Kenny Rogers	.067	15	1	0	0	0	0	3	6	.222	.067
Scott Bankhead	.474	19	9	4	0	2	7	3	3	.522	1.000	Arthur Rhodes	.083	12	1	0	0	0	1	0	3	.083	.083
Bobby Thigpen	.462	13	6	0	0	2	3	0	1	.462	.923	Brian Holman	.091	11	1	0	0	0	1	0	4	.083	.091
Brian Bohanon	.455	11	5	0	0	2	4	2	1	.538	1.000	Juan Guzman	.100	20	2	0	0	0	0	1	6	.143	.100
Jaime Navarro	.440	25	11	2	0	4	14	2	3	.481	1.000	Kelly Downs	.100	10	1	0	0	0	0	0	3	.182	.100

Bobby Witt — Athletics
Age 31 – Pitches Right

	ERA	W	L	Sv	G	GS	IP	BB	SO	Avg	H	2B	3B	HR	RBI	OBP	SLG	CG	ShO	Sup	QS	#P/S	SB	CS	GB	FB	G/F
1994 Season	5.04	8	10	0	24	24	135.2	70	111	.283	151	20	5	22	80	.367	.463	5	3	5.17	8	101	10	10	173	158	1.09
Last Five Years	4.34	52	54	0	140	136	859.1	459	670	.259	841	144	17	70	392	.350	.378	18	6	4.59	67	105	105	40	1130	886	1.28

1994 Season

	ERA	W	L	Sv	G	GS	IP	H	HR	BB	SO		Avg	AB	H	2B	3B	HR	RBI	BB	SO	OBP	SLG
Home	4.04	6	3	0	12	12	75.2	76	11	32	75	vs. Left	.310	294	91	14	4	12	47	45	59	.395	.507
Away	6.30	2	7	0	12	12	60.0	75	11	38	36	vs. Right	.250	240	60	6	1	10	33	25	52	.331	.408
Day	5.75	4	5	0	12	12	67.1	75	12	36	64	Inning 1-6	.294	472	139	17	5	20	76	67	90	.383	.479
Night	4.35	4	5	0	12	12	68.1	76	10	34	47	Inning 7+	.194	62	12	3	0	2	4	3	21	.231	.339
Grass	4.59	8	8	0	22	22	127.1	136	19	63	106	None on	.260	311	81	12	4	11	11	36	63	.339	.431
Turf	11.88	0	2	0	2	2	8.1	15	3	7	5	Runners on	.314	223	70	8	1	11	69	34	48	.403	.507
April	7.57	1	2	0	5	5	27.1	28	8	21	26	Scoring Posn	.256	129	33	3	1	7	57	24	34	.364	.457
May	6.15	1	3	0	6	6	33.2	49	8	15	23	Close & Late	.250	16	4	0	0	1	1	1	6	.294	.438
June	2.70	2	2	0	6	6	43.1	28	3	14	38	None on/out	.257	136	35	6	2	4	4	13	24	.322	.419
July	5.32	2	2	0	5	5	22.0	32	2	12	19	vs. 1st Batr (relief)	.000	0	0	0	0	0	0	0	0	.000	.000
August	3.86	0	1	0	2	2	9.1	14	1	8	5	First Inning Pitched	.247	85	21	6	0	2	16	22	17	.394	.388
September/October	0.00	0	0	0	0	0	0.0	0	0	0	0	First 75 Pitches	.279	373	104	13	4	16	63	52	70	.366	.464
Starter	5.04	8	10	0	24	24	135.2	151	22	70	111	Pitch 76-90	.328	58	19	2	0	3	9	8	11	.409	.517
Reliever	0.00	0	0	0	0	0	0.0	0	0	0	0	Pitch 91-105	.237	59	14	3	0	1	3	5	16	.318	.339
0-3 Days Rest (St)	6.75	0	1	0	1	1	4.0	7	1	3	2	Pitch 106+	.318	44	14	2	1	2	5	5	14	.380	.545
4 Days Rest	3.88	6	5	0	16	16	99.2	99	15	40	88	First Pitch	.342	73	25	2	2	4	13	3	0	.367	.589
5+ Days Rest	8.44	2	4	0	7	7	32.0	45	6	27	21	Ahead in Count	.210	257	54	8	3	6	23	0	95	.215	.335
Pre-All Star	4.81	7	8	0	19	19	116.0	117	20	55	95	Behind in Count	.374	107	40	5	0	6	22	35	0	.521	.589
Post-All Star	6.41	1	2	0	5	5	19.2	34	2	15	16	Two Strikes	.205	263	54	7	3	9	27	32	111	.293	.357

Last Five Years

	ERA	W	L	Sv	G	GS	IP	H	HR	BB	SO		Avg	AB	H	2B	3B	HR	RBI	BB	SO	OBP	SLG
Home	3.82	27	27	0	71	70	466.0	443	33	228	369	vs. Left	.262	1563	409	78	14	30	196	244	306	.359	.387
Away	4.94	25	27	0	69	66	393.1	398	37	231	301	vs. Right	.256	1685	432	66	3	40	196	215	364	.341	.370
Day	4.72	14	19	0	43	42	261.1	263	21	147	203	Inning 1-6	.263	2773	730	128	15	63	357	401	570	.355	.388
Night	4.17	38	35	0	97	94	598.0	578	49	312	467	Inning 7+	.234	475	111	16	2	7	35	58	100	.318	.320
Grass	4.36	43	47	0	122	119	748.2	740	60	396	578	None on	.252	1820	459	77	8	42	42	250	358	.344	.373
Turf	4.15	9	7	0	18	17	110.2	101	10	63	92	Runners on	.268	1428	382	67	9	28	350	209	312	.357	.386
April	4.51	5	9	0	21	20	125.2	119	16	77	95	Scoring Posn	.248	807	200	38	5	15	307	141	204	.350	.363
May	4.62	14	11	0	28	28	181.1	183	19	104	137	Close & Late	.230	261	60	8	2	4	22	36	52	.326	.322
June	3.70	9	10	0	24	24	158.0	138	11	76	121	None on/out	.266	828	220	40	4	17	17	94	146	.342	.385
July	4.73	9	7	0	22	20	121.2	139	13	52	106	vs. 1st Batr (relief)	.000	4	0	0	0	0	1	0	1	.000	.000
August	5.09	5	12	0	24	24	141.1	152	6	85	93	First Inning Pitched	.264	523	138	31	0	9	77	102	107	.381	.375
September/October	3.36	10	5	0	21	20	131.1	110	5	65	118	First 75 Pitches	.265	2239	593	02	13	49	289	323	455	.356	.388
Starter	4.40	52	54	0	136	136	842.1	828	70	453	654	Pitch 76-90	.237	401	95	14	0	8	41	44	76	.312	.332
Reliever	1.06	0	0	0	4	0	17.0	13	0	6	16	Pitch 91-105	.229	323	74	15	1	8	29	43	75	.326	.356
0-3 Days Rest (St)	7.27	3	5	0	9	9	43.1	60	6	25	32	Pitch 106+	.277	285	79	13	3	5	33	49	64	.381	.396
4 Days Rest	4.09	30	24	0	70	70	453.1	432	39	233	367	First Pitch	.314	456	143	21	4	11	62	11	0	.331	.450
5+ Days Rest	4.45	19	25	0	57	57	345.2	336	25	195	255	Ahead in Count	.192	1516	291	56	5	19	137	0	560	.193	.273
Pre-All Star	4.15	31	32	0	80	79	512.1	484	50	278	393	Behind in Count	.356	703	250	40	6	23	116	248	0	.518	.528
Post-All Star	4.62	21	22	0	60	57	347.0	357	20	181	277	Two Strikes	.174	1517	264	50	5	24	134	200	670	.271	.261

Pitcher vs. Batter (career)

Pitches Best Vs.	Avg	AB	H	2B	3B	HR	RBI	BB	SO	OBP	SLG	Pitches Worst Vs.	Avg	AB	H	2B	3B	HR	RBI	BB	SO	OBP	SLG
Spike Owen	.000	13	0	0	0	0	0	2	5	.133	.000	Paul Sorrento	.625	16	10	1	0	1	2	6	3	.727	.875
Bo Jackson	.000	11	0	0	0	0	0	2	6	.154	.000	Tino Martinez	.538	13	7	2	0	1	2	1	1	.571	.923
Sam Horn	.000	10	0	0	0	0	1	2	7	.154	.000	Chris Hoiles	.500	12	6	1	0	1	5	4	2	.625	.833
Pedro Munoz	.056	18	1	0	0	1	0	9	0	.056	.056	Dean Palmer	.417	12	5	1	0	3	6	2	3	.500	1.250
Andy Allanson	.071	14	1	0	0	0	4	0	0	.071	.071	Brady Anderson	.348	23	8	3	0	2	4	8	5	.516	.739

Mark Wohlers — Braves
Age 25 – Pitches Right (groundball pitcher)

	ERA	W	L	Sv	G	GS	IP	BB	SO	Avg	H	2B	3B	HR	RBI	OBP	SLG	GF	IR	IRS	Hld	SvOp	SB	CS	GB	FB	G/F
1994 Season	4.59	7	2	1	51	0	51.0	33	58	.264	51	10	4	1	39	.362	.373	15	43	17	7	2	7	2	66	38	1.74
Career (1991-1994)	3.92	17	7	7	146	0	154.0	82	133	.241	133	25	5	4	82	.338	.325	48	86	31	23	12	18	3	203	120	1.69

1994 Season

	ERA	W	L	Sv	G	GS	IP	H	HR	BB	SO		Avg	AB	H	2B	3B	HR	RBI	BB	SO	OBP	SLG
Home	5.08	3	2	0	27	0	28.1	29	0	14	32	vs. Left	.314	86	27	5	3	1	11	17	26	.419	.477
Away	3.97	4	0	1	24	0	22.2	22	1	19	26	vs. Right	.224	107	24	5	1	0	28	16	32	.315	.290

1994 Season

	ERA	W	L	Sv	G	GS	IP	H	HR	BB	SO		Avg	AB	H	2B	3B	HR	RBI	BB	SO	OBP	SLG
Day	2.60	4	1	0	19	0	17.1	20	0	6	17	Inning 1-6	.107	28	3	1	0	0	5	2	12	.161	.143
Night	5.61	3	1	1	32	0	33.2	31	1	27	41	Inning 7+	.291	165	48	9	4	1	34	31	46	.393	.412
Grass	4.24	6	2	0	39	0	40.1	42	1	19	48	None on	.230	87	20	3	3	1	1	11	28	.316	.368
Turf	5.91	1	0	1	12	0	10.2	9	0	14	10	Runners on	.292	106	31	7	1	0	38	22	30	.396	.377
April	3.00	3	0	0	11	0	12.0	9	1	8	13	Scoring Posn	.282	78	22	4	1	0	37	22	25	.415	.359
May	5.56	1	0	0	12	0	11.1	15	0	9	18	Close & Late	.276	76	21	4	1	0	16	17	22	.400	.395
June	3.07	1	0	0	13	0	14.2	13	0	5	14	None on/out	.243	37	9	1	3	1	1	5	12	.333	.514
July	5.73	2	2	0	11	0	11.0	10	0	9	10	vs. 1st Batr (relief)	.326	43	14	2	2	0	7	5	13	.388	.465
August	13.50	0	0	1	4	0	2.0	4	0	2	3	First Inning Pitched	.258	151	39	6	3	0	33	25	50	.356	.338
September/October	0.00	0	0	0	0	0	0.0	0	0	0	0	First 15 Pitches	.261	119	31	4	3	0	23	20	32	.359	.345
Starter	0.00	0	0	0	0	0	0.0	0	0	0	0	Pitch 16-30	.306	62	19	6	1	1	16	12	23	.403	.484
Reliever	4.59	7	2	1	51	0	51.0	51	1	33	58	Pitch 31-45	.083	12	1	0	0	0	0	1	3	.154	.083
0 Days rest (Re)	1.32	2	0	0	13	0	13.2	11	0	7	13	Pitch 46+	.000	0	0	0	0	0	0	0	0	.000	.000
1 or 2 Days rest	5.27	5	1	1	28	0	27.1	30	1	21	32	First Pitch	.320	25	8	0	1	0	6	8	0	.471	.400
3+ Days rest	7.20	0	1	0	10	0	10.0	10	0	5	13	Ahead in Count	.209	91	19	5	2	0	15	0	48	.200	.308
Pre-All Star	4.31	5	1	0	39	0	39.2	41	1	23	46	Behind in Count	.410	39	16	4	1	1	11	12	0	.538	.641
Post-All Star	5.56	2	1	1	12	0	11.1	10	0	10	12	Two Strikes	.167	108	18	4	0	0	13	13	58	.252	.204

Career (1991-1994)

	ERA	W	L	Sv	G	GS	IP	H	HR	BB	SO		Avg	AB	H	2B	3B	HR	RBI	BB	SO	OBP	SLG
Home	4.25	8	5	3	74	0	84.2	71	2	41	71	vs. Left	.268	250	67	8	4	3	26	47	61	.381	.368
Away	3.50	9	2	4	72	0	69.1	62	2	41	62	vs. Right	.218	303	66	17	1	1	56	35	72	.301	.290
Day	3.86	4	4	1	44	0	39.2	43	1	19	29	Inning 1-6	.149	47	7	3	0	0	9	3	16	.196	.213
Night	3.94	13	3	6	102	0	114.1	90	3	63	104	Inning 7+	.249	506	126	22	5	4	73	79	117	.350	.336
Grass	3.57	14	5	5	110	0	123.2	105	3	57	107	None on	.213	267	57	6	4	3	3	37	66	.311	.300
Turf	5.34	3	2	2	36	0	30.1	28	1	25	26	Runners on	.266	286	76	19	1	1	79	45	67	.362	.350
April	3.00	3	0	0	11	0	12.0	9	1	8	13	Scoring Posn	.250	188	47	11	1	0	75	41	46	.319	
May	4.97	1	0	0	14	0	12.2	15	0	9	19	Close & Late	.254	264	67	10	1	3	33	42	64	.359	.333
June	4.34	3	1	3	29	0	29.0	26	0	13	30	None on/out	.246	118	29	1	4	3	3	15	27	.336	.398
July	3.56	5	3	0	29	0	30.1	26	0	15	22	vs. 1st Batr (relief)	.220	127	28	2	3	0	9	13	30	.294	.283
August	3.60	2	1	3	25	0	25.0	20	0	17	20	First Inning Pitched	.244	431	105	19	4	1	69	63	105	.340	.313
September/October	4.00	3	2	1	38	0	45.0	37	3	20	29	First 15 Pitches	.238	365	87	15	4	2	47	52	80	.334	.318
Starter	0.00	0	0	0	0	0	0.0	0	0	0	0	Pitch 16-30	.266	158	42	9	1	2	31	28	44	.370	.373
Reliever	3.92	17	7	7	146	0	154.0	133	4	82	133	Pitch 31-45	.133	30	4	1	0	0	4	2	9	.206	.167
0 Days rest (Re)	3.68	5	1	1	35	0	36.2	38	1	18	32	Pitch 46+	.000	0	0	0	0	0	0	0	0	.000	.000
1 or 2 Days rest	3.99	10	4	4	75	0	79.0	68	3	44	66	First Pitch	.362	69	25	2	1	0	10	18	0	.483	.420
3+ Days rest	3.99	2	2	2	36	0	38.1	27	0	20	35	Ahead in Count	.167	269	45	11	2	1	36	0	109	.170	.234
Pre-All Star	4.04	8	2	3	64	0	62.1	59	1	31	68	Behind in Count	.365	104	38	8	1	3	24	26	0	.489	.548
Post-All Star	3.83	9	5	4	82	0	91.2	74	3	51	65	Two Strikes	.160	293	47	7	1	1	31	38	133	.258	.201

Tony Womack — Pirates

Age 25 – Bats Left

	Avg	G	AB	R	H	2B	3B	HR	RBI	BB	SO	HBP	GDP	SB	CS	OBP	SLG	IBB	SH	SF	#Pit	#P/PA	GB	FB	G/F
1994 Season	.333	5	12	4	4	0	0	0	1	2	3	0	0	0	0	.429	.333	0	0	0	57	4.07	5	3	1.67
Career (1993-1994)	.167	20	36	9	6	0	0	0	1	5	6	0	0	0	2	.268	.167	0	1	0	163	3.88	15	13	1.15

1994 Season

	Avg	AB	H	2B	3B	HR	RBI	BB	SO	OBP	SLG		Avg	AB	H	2B	3B	HR	RBI	BB	SO	OBP	SLG
vs. Left	.333	3	1	0	0	0	0	0	2	.333	.333	Scoring Posn	1.000	1	1	0	0	0	1	1	0	1.000	1.000
vs. Right	.333	9	3	0	0	0	1	2	1	.455	.333	Close & Late	.000	1	0	0	0	0	0	0	0	.000	.000

Brad Woodall — Braves

Age 26 – Pitches Left

	ERA	W	L	Sv	G	GS	IP	BB	SO	Avg	H	2B	3B	HR	RBI	OBP	SLG	CG	ShO	Sup	QS	#P/S	SB	CS	GB	FB	G/F
1994 Season	4.50	0	1	0	1	1	6.0	2	2	.227	5	2	0	2	3	.292	.591	0	0	1.50	1	89	1	0	9	7	1.29

1994 Season

	ERA	W	L	Sv	G	GS	IP	H	HR	BB	SO		Avg	AB	H	2B	3B	HR	RBI	BB	SO	OBP	SLG
Home	0.00	0	0	0	0	0	0.0	0	0	0	0	vs. Left	.500	2	1	1	0	0	0	0	0	.500	1.000
Away	4.50	0	1	0	1	1	6.0	5	2	2	2	vs. Right	.200	20	4	1	0	2	3	2	2	.273	.550

Tim Worrell — Padres

Age 27 – Pitches Right

	ERA	W	L	Sv	G	GS	IP	BB	SO	Avg	H	2B	3B	HR	RBI	OBP	SLG	CG	ShO	Sup	QS	#P/S	SB	CS	GB	FB	G/F
1994 Season	3.68	0	1	0	3	3	14.2	5	14	.170	9	3	1	0	6	.237	.264	0	0	5.52	1	73	1	0	17	15	1.13
Career (1993-1994)	4.76	2	8	0	24	19	115.1	48	66	.257	113	19	3	11	64	.326	.389	0	0	4.99	7	89	11	9	166	133	1.25

1994 Season

	ERA	W	L	Sv	G	GS	IP	H	HR	BB	SO		Avg	AB	H	2B	3B	HR	RBI	BB	SO	OBP	SLG
Home	4.70	0	0	0	2	2	7.2	5	0	3	8	vs. Left	.212	33	7	2	1	0	3	5	7	.316	.333
Away	2.57	0	1	0	1	1	7.0	4	0	2	6	vs. Right	.100	20	2	1	0	0	3	0	7	.095	.150

Todd Worrell — Dodgers
Age 35 – Pitches Right (flyball pitcher)

	ERA	W	L	Sv	G	GS	IP	BB	SO	Avg	H	2B	3B	HR	RBI	OBP	SLG	GF	IR	IRS	Hld	SvOp	SB	CS	GB	FB	G/F
1994 Season	4.29	6	5	11	38	0	42.0	12	44	.236	37	9	1	4	25	.291	.382	27	14	9	1	19	6	0	43	47	0.91
Last Five Years	3.79	12	9	19	140	0	144.2	48	139	.241	124	24	1	14	65	.302	.369	63	181	55	30	34	28	1	137	169	0.81

1994 Season

	ERA	W	L	Sv	G	GS	IP	H	HR	BB	SO		Avg	AB	H	2B	3B	HR	RBI	BB	SO	OBP	SLG
Home	2.19	4	2	5	20	0	24.2	13	2	7	24	vs. Left	.230	87	20	2	1	3	11	6	21	.287	.379
Away	7.27	2	3	6	18	0	17.1	24	2	5	20	vs. Right	.243	70	17	7	0	1	14	6	23	.295	.386
Starter	0.00	0	0	0	0	0	0.0	0	0	0	0	Scoring Posn	.270	37	10	2	1	0	18	3	11	.310	.378
Reliever	4.29	6	5	11	38	0	42.0	37	4	12	44	Close & Late	.227	119	27	5	0	3	22	12	30	.299	.345
0 Days rest (Re)	3.09	2	1	3	11	0	11.2	10	0	3	13	None on/out	.243	37	9	3	0	0	0	2	7	.282	.324
1 or 2 Days rest	5.29	4	2	3	14	0	17.0	16	2	6	15	First Pitch	.235	17	4	2	0	0	3	1	0	.278	.353
3+ Days rest	4.05	0	2	5	13	0	13.1	11	2	3	16	Ahead in Count	.205	88	18	2	0	2	12	0	38	.211	.295
Pre-All Star	2.40	4	4	7	27	0	30.0	19	2	10	30	Behind in Count	.379	29	11	5	0	2	8	5	0	.457	.759
Post-All Star	9.00	2	1	4	11	0	12.0	18	2	2	14	Two Strikes	.161	87	14	0	0	1	9	6	44	.213	.195

Last Five Years

	ERA	W	L	Sv	G	GS	IP	H	HR	BB	SO		Avg	AB	H	2B	3B	HR	RBI	BB	SO	OBP	SLG
Home	2.75	5	3	7	73	0	78.2	53	6	29	74	vs. Left	.229	288	66	10	1	10	37	26	78	.294	.375
Away	5.05	7	6	12	67	0	66.0	75	10	19	65	vs. Right	.255	243	62	14	0	4	28	22	61	.312	.362
Day	4.25	2	2	5	41	0	36.0	34	3	12	40	Inning 1-6	.000	0	0	0	0	0	0	0	0	.000	.000
Night	3.64	10	7	14	99	0	108.2	94	11	36	99	Inning 7+	.241	531	128	24	1	14	65	48	139	.302	.369
Grass	4.85	6	6	10	71	0	78.0	78	8	28	65	None on	.237	300	71	15	0	7	26	82	.302	.357
Turf	2.57	6	3	9	69	0	66.2	50	6	20	74	Runners on	.247	231	57	9	1	7	58	22	57	.303	.385
April	0.78	3	1	3	21	0	23.0	11	0	8	23	Scoring Posn	.218	142	31	6	1	2	46	14	35	.274	.317
May	5.51	2	2	0	19	0	16.1	19	3	6	17	Close & Late	.227	361	82	15	0	6	45	34	95	.293	.319
June	6.75	1	4	4	20	0	18.2	23	4	7	16	None on/out	.248	129	32	6	0	2	2	9	30	.297	.341
July	5.27	2	1	3	24	0	27.1	30	4	8	21	vs. 1st Batr (relief)	.214	131	28	5	0	3	9	5	32	.237	.321
August	3.09	4	1	3	32	0	32.0	30	1	9	31	First Inning Pitched	.238	463	110	21	1	9	54	38	118	.293	.346
September/October	2.63	0	0	6	24	0	27.1	15	2	10	26	First 15 Pitches	.248	395	98	19	1	8	39	32	95	.303	.362
Starter	0.00	0	0	0	0	0	0.0	0	0	0	0	Pitch 16-30	.232	125	29	5	0	5	23	14	38	.310	.392
Reliever	3.79	12	9	19	140	0	144.2	128	14	48	139	Pitch 31-45	.091	11	1	0	0	1	3	2	6	.214	.364
0 Days rest (Re)	2.81	4	1	6	36	0	32.0	27	2	9	32	Pitch 46+	.000	0	0	0	0	0	0	0	0	.000	.000
1 or 2 Days rest	4.41	7	4	3	62	0	67.1	60	6	25	62	First Pitch	.312	77	24	4	0	2	12	7	0	.365	.442
3+ Days rest	3.57	1	4	10	42	0	45.1	41	6	14	45	Ahead in Count	.210	271	57	11	0	5	29	0	115	.213	.306
Pre-All Star	3.86	7	8	8	67	0	67.2	59	8	24	69	Behind in Count	.279	86	24	7	0	6	18	19	0	.398	.570
Post-All Star	3.74	5	1	11	73	0	77.0	69	6	24	70	Two Strikes	.190	289	55	11	0	3	22	22	139	.248	.260

Pitcher vs. Batter (career)

Pitches Best Vs.	Avg	AB	H	2B	3B	HR	RBI	BB	SO	OBP	SLG	Pitches Worst Vs.	Avg	AB	H	2B	3B	HR	RBI	BB	SO	OBP	SLG
Eric Davis	.000	12	0	0	0	0	3	2	.200	.000	Steve Sax	.600	10	6	2	1	0	1	1	0	.636	1.000
Lance Parrish	.000	11	0	0	0	0	2	4	.154	.000	Howard Johnson	.545	11	6	0	0	4	9	6	1	.706	1.636
Kevin Bass	.077	13	1	0	0	0	1	0	2	.077	.077	Will Clark	.500	10	5	2	0	1	3	3	2	.615	1.000
Robby Thompson	.077	13	1	0	0	0	0	3	.077	.077	John Kruk	.500	8	4	1	0	0	1	3	3	.583	.625
Barry Larkin	.091	11	1	0	0	0	2	5	.091	.091	Juan Samuel	.368	19	7	3	1	1	7	0	3	.368	.789

Rick Wrona — Brewers
Age 31 – Bats Right

	Avg	G	AB	R	H	2B	3B	HR	RBI	BB	SO	HBP	GDP	SB	CS	OBP	SLG	IBB	SH	SF	#Pit	#P/PA	GB	FB	G/F
1994 Season	.500	6	10	2	5	4	0	1	3	1	1	0	0	0	0	.545	1.200	0	1	0	30	2.50	2	2	1.00
Last Five Years	.214	37	70	5	15	4	0	1	4	3	19	0	2	1	0	.247	.314	1	2	0	236	3.15	21	17	1.24

1994 Season

	Avg	AB	H	2B	3B	HR	RBI	BB	SO	OBP	SLG		Avg	AB	H	2B	3B	HR	RBI	BB	SO	OBP	SLG
vs. Left	.333	3	1	1	0	0	0	0	0	.333	.667	Scoring Posn	.500	4	2	2	0	0	2	0	1	.500	1.000
vs. Right	.571	7	4	3	0	1	3	1	1	.625	1.429	Close & Late	1.000	1	1	1	0	0	0	0	0	1.000	2.000

Anthony Young — Cubs
Age 29 – Pitches Right (groundball pitcher)

	ERA	W	L	Sv	G	GS	IP	BB	SO	Avg	H	2B	3B	HR	RBI	OBP	SLG	CG	ShO	Sup	QS	#P/S	SB	CS	GB	FB	G/F
1994 Season	3.92	4	6	0	20	19	114.2	46	65	.246	103	26	3	12	51	.318	.408	0	0	4.87	12	87	9	6	173	105	1.65
Career (1991-1994)	3.85	9	41	18	121	50	385.1	131	211	.265	388	69	14	32	188	.324	.397	2	0	3.92	29	86	37	15	640	352	1.82

1994 Season

	ERA	W	L	Sv	G	GS	IP	H	HR	BB	SO		Avg	AB	H	2B	3B	HR	RBI	BB	SO	OBP	SLG
Home	4.46	2	5	0	12	11	66.2	59	9	27	35	vs. Left	.310	197	61	17	0	8	24	30	29	.401	.518
Away	3.19	2	1	0	8	8	48.0	44	3	19	30	vs. Right	.189	222	42	9	3	4	27	16	36	.241	.311
Starter	3.96	4	6	0	19	19	113.2	103	12	46	64	Scoring Posn	.253	95	24	5	2	1	32	15	12	.345	.379
Reliever	0.00	0	0	0	1	0	1.0	0	0	0	1	Close & Late	.292	24	7	1	0	2	5	2	2	.346	.583
0-3 Days Rest (St)	1.50	0	0	0	1	1	6.0	8	0	2	6	None on/out	.261	115	30	9	0	1	1	5	19	.292	.365
4 Days Rest	3.37	3	3	0	11	11	69.1	59	6	25	34	First Pitch	.351	77	27	7	1	6	16	2	0	.363	.701
5+ Days Rest	5.40	1	3	0	7	7	38.1	36	6	19	24	Ahead in Count	.168	167	28	10	1	2	14	0	49	.168	.275
Pre-All Star	3.98	4	4	0	19	18	110.2	99	12	45	63	Behind in Count	.320	97	31	6	1	4	19	26	0	.456	.526
Post-All Star	2.25	0	2	0	1	1	4.0	4	0	1	2	Two Strikes	.152	158	24	8	0	4	18	65	.239	.203

Career (1991-1994)

	ERA	W	L	Sv	G	GS	IP	H	HR	BB	SO		Avg	AB	H	2B	3B	HR	RBI	BB	SO	OBP	SLG
Home	4.29	4	25	9	63	29	207.2	225	20	75	118	vs. Left	.301	754	227	45	8	19	100	81	103	.367	.458
Away	3.34	5	16	9	58	21	177.2	163	12	56	93	vs. Right	.227	710	161	24	6	13	88	50	108	.278	.332
Day	3.51	4	17	7	51	24	179.1	157	13	60	94	Inning 1-6	.266	1063	283	55	10	21	128	93	161	.324	.396
Night	4.15	5	24	11	70	26	206.0	231	19	71	117	Inning 7+	.262	401	105	14	4	11	60	38	50	.327	.399
Grass	3.81	6	30	14	90	38	288.0	289	23	104	164	None on	.244	848	207	37	7	16	16	71	144	.305	.361
Turf	3.98	3	11	4	31	12	97.1	99	9	27	47	Runners on	.294	616	181	32	7	16	172	60	67	.351	.446
April	4.69	2	4	0	17	7	55.2	65	6	20	33	Scoring Posn	.284	356	101	19	3	9	144	46	44	.356	.430
May	4.35	3	7	0	22	11	82.2	90	7	23	50	Close & Late	.286	241	69	6	2	10	45	25	30	.353	.452
June	4.25	0	13	0	18	17	101.2	101	9	46	55	None on/out	.256	375	96	18	2	4	4	25	60	.303	.347
July	2.77	2	4	8	22	5	48.2	42	1	13	30	vs. 1st Batr (relief)	.190	63	12	1	0	0	2	6	11	.261	.206
August	1.73	0	3	6	22	1	36.1	24	2	16	15	First Inning Pitched	.258	427	110	14	0	10	57	46	62	.330	.361
September/October	3.88	2	10	4	20	9	60.1	66	7	13	28	First 75 Pitches	.259	1263	327	57	11	21	152	113	187	.319	.371
Starter	3.96	4	26	0	50	50	295.2	304	26	93	170	Pitch 76-90	.315	124	39	7	1	7	21	10	13	.358	.556
Reliever	3.51	2	15	18	71	0	89.2	84	6	38	41	Pitch 91-105	.288	66	19	4	2	2	13	7	9	.356	.500
0-3 Days Rest (St)	2.63	1	1	0	5	5	27.1	28	2	11	17	Pitch 106+	.273	11	3	1	0	2	2	1	2	.333	.909
4 Days Rest	4.29	4	14	0	27	27	161.2	171	16	49	94	First Pitch	.310	245	76	12	4	11	48	15	0	.350	.527
5+ Days Rest	3.80	2	11	0	18	18	106.2	105	8	33	59	Ahead in Count	.216	635	137	26	3	9	62	0	175	.218	.309
Pre-All Star	4.33	6	27	3	67	39	270.0	282	23	97	158	Behind in Count	.320	334	107	20	4	9	52	71	0	.434	.485
Post-All Star	2.73	3	14	15	54	11	115.1	106	9	34	53	Two Strikes	.202	590	119	21	3	6	46	45	211	.259	.278

Pitcher vs. Batter (career)

Pitches Best Vs.	Avg	AB	H	2B	3B	HR	RBI	BB	SO	OBP	SLG	Pitches Worst Vs.	Avg	AB	H	2B	3B	HR	RBI	BB	SO	OBP	SLG
Ron Gant	.000	8	0	0	0	0	0	3	2	.333	.000	Andy Van Slyke	.600	10	6	0	0	0	0	1	0	.636	.600
Luis Alicea	.083	12	1	1	0	0	0	0	1	.083	.167	Larry Walker	.471	17	8	2	0	2	4	1	2	.500	.941
Tony Gwynn	.091	11	1	0	0	0	1	0	0	.091	.091	Darren Daulton	.455	11	5	3	1	0	2	2	1	.500	.909
Don Slaught	.154	13	2	0	0	0	0	0	0	.154	.154	Rick Wilkins	.400	15	6	1	0	2	6	1	3	.438	.867
Wes Chamberlain	.167	12	2	0	0	0	2	0	1	.167	.167	Dave Justice	.385	13	5	0	0	2	5	1	3	.429	.846

Eric Young — Rockies

Age 28 – Bats Right (groundball hitter)

	Avg	G	AB	R	H	2B	3B	HR	RBI	BB	SO	HBP	GDP	SB	CS	OBP	SLG	IBB	SH	SF	#Pit	#P/PA	GB	FB	G/F
1994 Season	.272	90	228	37	62	13	1	7	30	38	17	2	3	18	7	.378	.430	1	5	2	1046	3.80	88	69	1.28
Career (1992-1994)	.268	283	850	128	228	30	9	11	83	109	67	6	15	66	27	.353	.364	4	13	6	3655	3.71	372	216	1.72

1994 Season

	Avg	AB	H	2B	3B	HR	RBI	BB	SO	OBP	SLG		Avg	AB	H	2B	3B	HR	RBI	BB	SO	OBP	SLG
vs. Left	.215	65	14	2	0	1	3	10	7	.329	.292	Scoring Posn	.288	59	17	2	1	2	23	6	3	.362	.407
vs. Right	.294	163	48	11	1	6	27	28	10	.397	.485	Close & Late	.265	34	9	0	0	0	3	4	4	.342	.265
Home	.309	136	42	8	1	6	25	22	7	.404	.522	None on/out	.250	64	16	4	0	2	2	13	8	.377	.406
Away	.217	92	20	5	0	1	5	16	10	.339	.304	Batting #1	.298	131	39	9	1	3	19	22	9	.401	.450
First Pitch	.350	20	7	1	0	1	4	0	0	.350	.550	Batting #2	.200	60	12	4	0	3	6	8	4	.294	.417
Ahead in Count	.242	66	16	3	1	4	13	31	0	.480	.500	Other	.297	37	11	0	0	1	5	8	4	.422	.378
Behind in Count	.280	93	26	6	0	0	8	0	13	.292	.344	Pre-All Star	.278	162	45	11	0	6	21	29	9	.392	.457
Two Strikes	.266	94	25	9	0	1	9	7	17	.320	.394	Post-All Star	.258	66	17	2	1	1	9	9	8	.342	.364

Career (1992-1994)

	Avg	AB	H	2B	3B	HR	RBI	BB	SO	OBP	SLG		Avg	AB	H	2B	3B	HR	RBI	BB	SO	OBP	SLG
vs. Left	.266	259	69	7	3	2	22	29	23	.345	.340	Scoring Posn	.309	188	58	5	4	1	71	26	13	.393	.394
vs. Right	.269	591	159	23	6	9	61	80	44	.357	.374	Close & Late	.328	125	41	3	2	0	11	15	11	.397	.384
Groundball	.245	278	68	10	0	3	26	29	18	.319	.313	None on/out	.241	299	72	10	4	4	4	38	26	.330	.341
Flyball	.311	164	51	4	2	4	22	22	18	.394	.433	Batting #1	.264	571	151	24	8	4	50	73	43	.351	.356
Home	.298	430	128	13	8	9	64	66	25	.389	.428	Batting #2	.192	73	14	5	0	3	7	10	5	.289	.384
Away	.238	420	100	17	1	2	19	43	42	.315	.298	Other	.306	206	63	1	1	4	26	26	19	.382	.379
Day	.287	289	83	11	2	8	28	40	22	.378	.422	April	.256	117	30	3	2	4	16	17	6	.353	.419
Night	.258	561	145	19	7	3	55	69	45	.340	.333	May	.240	150	36	6	3	1	10	13	11	.305	.340
Grass	.284	648	184	24	8	11	73	93	46	.375	.397	June	.305	128	39	7	0	1	16	24	12	.419	.383
Turf	.218	202	44	6	1	0	10	16	21	.279	.257	July	.252	163	41	8	1	1	14	22	16	.339	.331
First Pitch	.286	91	26	2	0	2	12	3	0	.316	.374	August	.197	152	30	2	2	1	8	14	11	.269	.257
Ahead in Count	.277	238	66	6	1	5	31	75	0	.448	.374	September/October	.371	140	52	4	1	3	19	19	11	.444	.479
Behind in Count	.261	353	92	16	4	0	24	0	54	.267	.337	Pre-All Star	.266	458	122	20	5	7	44	62	33	.357	.378
Two Strikes	.250	344	86	17	5	3	22	31	67	.314	.355	Post-All Star	.270	392	106	10	4	4	39	47	34	.348	.347

Batter vs. Pitcher (career)

Hits Best Against	Avg	AB	H	2B	3B	HR	RBI	BB	SO	OBP	SLG	Hits Worst Against	Avg	AB	H	2B	3B	HR	RBI	BB	SO	OBP	SLG
Ramon Martinez	.455	11	5	1	0	0	0	2	0	.600	.545	Tommy Greene	.100	10	1	0	0	0	0	1	2	.182	.100
John Burkett	.438	16	7	1	1	0	1	0	0	.471	.625	Sid Fernandez	.100	10	1	0	0	0	1	3	2	.308	.100
Darryl Kile	.385	13	5	1	0	0	2	2	0	.467	.462	Steve Avery	.118	17	2	1	0	0	1	0	0	.118	.176
Bud Black	.385	13	5	0	1	1	3	0	1	.385	.769	John Roper	.125	8	1	0	0	0	0	3	2	.364	.125
Andy Benes	.357	14	5	2	1	0	2	0	2	.438	.643	Jose Rijo	.133	15	2	0	0	1	0	0	3	.133	.200

435

Ernie Young — Athletics
Age 25 – Bats Right

	Avg	G	AB	R	H	2B	3B	HR	RBI	BB	SO	HBP	GDP	SB	CS	OBP	SLG	IBB	SH	SF	#Pit	#P/PA	GB	FB	G/F
1994 Season	.067	11	30	2	2	1	0	0	3	1	8	0	0	1	0	.097	.100	0	0	0	120	3.87	8	7	1.14

1994 Season

	Avg	AB	H	2B	3B	HR	RBI	BB	SO	OBP	SLG		Avg	AB	H	2B	3B	HR	RBI	BB	SO	OBP	SLG
vs. Left	.063	16	1	0	0	0	1	1	3	.118	.063	Scoring Posn	.182	11	2	1	0	0	3	0	3	.182	.273
vs. Right	.071	14	1	1	0	0	2	0	5	.071	.143	Close & Late	.000	0	0	0	0	0	0	0	0	.000	.000

Gerald Young — Cardinals
Age 30 – Bats Both (groundball hitter)

	Avg	G	AB	R	H	2B	3B	HR	RBI	BB	SO	HBP	GDP	SB	CS	OBP	SLG	IBB	SH	SF	#Pit	#P/PA	GB	FB	G/F
1994 Season	.317	16	41	5	13	3	2	0	3	3	8	0	1	2	1	.364	.488	0	0	0	147	3.34	10	15	0.67
Last Five Years	.199	274	432	65	86	11	5	2	23	61	60	0	11	30	12	.296	.262	0	9	3	1960	3.88	192	124	1.55

1994 Season

	Avg	AB	H	2B	3B	HR	RBI	BB	SO	OBP	SLG		Avg	AB	H	2B	3B	HR	RBI	BB	SO	OBP	SLG
vs. Left	.278	18	5	2	1	0	3	1	4	.316	.500	Scoring Posn	.500	4	2	1	1	0	3	1	1	.600	1.250
vs. Right	.348	23	8	1	1	0	0	2	4	.400	.478	Close & Late	.143	7	1	0	0	0	0	0	2	.250	.143

Last Five Years

	Avg	AB	H	2B	3B	HR	RBI	BB	SO	OBP	SLG		Avg	AB	H	2B	3B	HR	RBI	BB	SO	OBP	SLG
vs. Left	.211	180	38	6	3	2	15	23	28	.298	.311	Scoring Posn	.188	85	16	4	1	0	21	24	12	.357	.259
vs. Right	.190	252	48	5	2	0	8	38	32	.296	.226	Close & Late	.136	110	15	2	0	0	5	12	23	.218	.173
Groundball	.141	156	22	0	1	1	3	25	21	.260	.173	None on/out	.205	156	32	1	3	2	2	15	24	.275	.288
Flyball	.232	95	22	5	1	0	9	15	14	.333	.305	Batting #1	.223	202	45	9	3	2	10	21	27	.295	.327
Home	.218	238	52	7	4	1	11	34	33	.314	.294	Batting #9	.165	79	13	0	0	2	12	16	.272	.190
Away	.175	194	34	4	1	1	12	27	27	.275	.222	Other	.185	151	28	2	1	0	11	28	17	.311	.212
Day	.094	106	10	0	1	0	2	20	17	.238	.113	April	.188	69	13	3	1	1	3	7	9	.263	.304
Night	.233	326	76	11	4	2	21	41	43	.316	.310	May	.153	85	13	1	1	0	3	7	10	.213	.188
Grass	.153	124	19	2	1	0	9	23	21	.286	.185	June	.138	29	4	0	0	1	2	5	2	.265	.241
Turf	.218	308	67	9	4	2	14	38	39	.301	.292	July	.241	83	20	5	2	0	9	13	17	.344	.349
First Pitch	.119	59	7	1	2	0	2	0	0	.119	.203	August	.222	81	18	1	0	0	3	10	8	.304	.235
Ahead in Count	.252	123	31	4	0	2	13	33	0	.403	.333	September/October	.212	85	18	1	1	0	3	19	14	.356	.247
Behind in Count	.158	158	25	3	3	0	4	0	50	.158	.215	Pre-All Star	.162	198	32	5	2	2	10	23	22	.247	.237
Two Strikes	.187	187	35	5	3	0	6	27	60	.290	.246	Post-All Star	.231	234	54	6	3	0	13	38	38	.337	.282

Batter vs. Pitcher (career)

Hits Best Against	Avg	AB	H	2B	3B	HR	RBI	BB	SO	OBP	SLG	Hits Worst Against	Avg	AB	H	2B	3B	HR	RBI	BB	SO	OBP	SLG
Jamie Moyer	.615	13	8	0	0	0	2	0	.667	.615	Roger McDowell	.000	12	0	0	0	0	0	2	2	.143	.000		
Ramon Martinez	.462	13	6	0	0	1	1	1	.500	.462	Mike Morgan	.000	11	0	0	0	0	1	0	1	.000	.000		
Joe Boever	.444	9	4	0	1	0	3	3	0	.583	.667	John Smiley	.056	18	1	0	0	0	4	2	.227	.056		
Pete Smith	.409	22	9	1	0	0	1	3	0	.480	.455	Greg W. Harris	.071	14	1	0	0	0	0	1	1	.133	.071		
John Smoltz	.333	18	6	2	0	0	0	4	3	.455	.444	Ron Darling	.083	12	1	0	0	0	1	1	3	.154	.083		

Kevin Young — Pirates
Age 26 – Bats Right (flyball hitter)

	Avg	G	AB	R	H	2B	3B	HR	RBI	BB	SO	HBP	GDP	SB	CS	OBP	SLG	IBB	SH	SF	#Pit	#P/PA	GB	FB	G/F
1994 Season	.205	59	122	15	25	7	2	1	11	8	34	1	3	0	2	.258	.320	2	2	1	515	3.84	35	34	1.03
Career (1992-1994)	.234	210	578	55	135	31	5	7	62	46	116	10	12	3	4	.297	.341	5	7	10	2457	3.77	170	197	0.86

1994 Season

	Avg	AB	H	2B	3B	HR	RBI	BB	SO	OBP	SLG		Avg	AB	H	2B	3B	HR	RBI	BB	SO	OBP	SLG
vs. Left	.118	34	4	1	0	0	3	11	.189	.147	Scoring Posn	.161	31	5	0	1	0	9	4	8	.250	.226		
vs. Right	.239	88	21	6	2	1	11	5	23	.284	.386	Close & Late	.333	24	8	2	1	0	5	0	4	.320	.500		
Home	.179	56	10	4	0	1	3	4	21	.230	.304	None on/out	.138	29	4	2	0	0	0	2	10	.194	.207		
Away	.227	66	15	3	2	0	8	4	13	.282	.333	Batting #8	.202	84	17	4	2	1	10	7	22	.272	.333		
First Pitch	.500	16	8	2	1	0	1	2	0	.579	.750	Batting #9	.250	12	3	2	0	0	0	0	5	.250	.417		
Ahead in Count	.389	18	7	2	1	1	7	3	0	.455	.778	Other	.192	26	5	1	0	0	1	1	7	.214	.231		
Behind in Count	.129	62	8	3	0	0	2	0	29	.129	.177	Pre-All Star	.205	122	25	7	2	1	11	8	34	.258	.320		
Two Strikes	.063	64	4	0	0	0	3	3	34	.104	.063	Post-All Star	.000	0	0	0	0	0	0	0	0	.000	.000		

Career (1992-1994)

	Avg	AB	H	2B	3B	HR	RBI	BB	SO	OBP	SLG		Avg	AB	H	2B	3B	HR	RBI	BB	SO	OBP	SLG
vs. Left	.216	204	44	12	0	3	14	20	42	.286	.319	Scoring Posn	.201	154	31	4	1	2	53	24	36	.296	.279
vs. Right	.243	374	91	19	5	4	48	26	74	.302	.353	Close & Late	.241	108	26	6	1	2	19	9	21	.298	.370
Groundball	.223	193	43	10	1	2	15	11	36	.278	.316	None on/out	.210	138	29	5	0	2	2	7	28	.259	.290
Flyball	.261	92	24	4	2	1	14	6	14	.300	.380	Batting #6	.236	191	45	6	2	3	28	20	29	.296	.335
Home	.230	287	66	17	1	7	39	28	59	.302	.369	Batting #8	.233	227	53	16	3	2	19	19	49	.296	.357
Away	.237	291	69	14	4	0	23	18	57	.292	.313	Other	.231	160	37	9	0	2	15	7	38	.269	.325
Day	.211	175	37	7	2	1	15	12	39	.266	.291	April	.225	111	25	3	1	2	16	10	31	.298	.324
Night	.243	403	98	24	3	6	47	34	77	.310	.362	May	.210	105	22	5	1	0	3	11	15	.298	.362
Grass	.240	175	42	7	4	0	18	11	31	.299	.326	June	.237	114	27	7	2	0	12	8	20	.294	.333
Turf	.231	403	93	24	1	7	44	35	85	.296	.347	July	.214	98	21	5	0	0	6	10	26	.280	.265
First Pitch	.381	84	32	7	1	1	17	5	0	.436	.520	August	.243	70	17	4	1	0	5	3	11	.280	.300
Ahead in Count	.237	118	28	6	2	1	16	19	0	.338	.373	September/October	.288	80	23	7	1	2	12	5	13	.322	.475
Behind in Count	.187	267	50	11	1	3	26	0	99	.198	.270	Pre-All Star	.223	386	86	17	4	5	42	29	83	.286	.326

	Avg	AB	H	2B	3B	HR	RBI	BB	SO	OBP	SLG	Career (1992-1994)	Avg	AB	H	2B	3B	HR	RBI	BB	SO	OBP	SLG
Two Strikes	.174	276	48	11	1	3	27	22	116	.244	.254	Post-All Star	.255	192	49	14	1	2	20	17	33	.318	.370

Batter vs. Pitcher (career)																							
Hits Best Against	Avg	AB	H	2B	3B	HR	RBI	BB	SO	OBP	SLG	Hits Worst Against	Avg	AB	H	2B	3B	HR	RBI	BB	SO	OBP	SLG
												Kevin Gross	.100	10	1	0	0	0	1	0	6	.167	.100
												Tom Glavine	.100	10	1	0	0	1	1	2	3	.250	.400
												Mark Portugal	.111	9	1	0	0	0	1	2	2	.273	.111

Eddie Zambrano — Cubs
Age 29 – Bats Right (flyball hitter)

	Avg	G	AB	R	H	2B	3B	HR	RBI	BB	SO	HBP	GDP	SB	CS	OBP	SLG	IBB	SH	SF	#Pit	#P/PA	GB	FB	G/F
1994 Season	.259	67	116	17	30	7	0	6	18	16	29	1	3	2	1	.353	.474	0	0	0	571	4.29	33	34	0.97
Career (1993-1994)	.263	75	133	18	35	7	0	6	20	17	32	1	4	2	1	.351	.451	0	0	0	636	4.21	37	40	0.93

1994 Season

	Avg	AB	H	2B	3B	HR	RBI	BB	SO	OBP	SLG		Avg	AB	H	2B	3B	HR	RBI	BB	SO	OBP	SLG
vs. Left	.279	68	19	3	0	4	13	12	12	.395	.500	Scoring Posn	.286	28	8	3	0	0	9	5	9	.412	.393
vs. Right	.229	48	11	4	0	2	5	4	17	.288	.438	Close & Late	.227	22	5	0	0	0	1	4	6	.346	.227
Home	.263	57	15	4	0	1	6	8	15	.354	.386	None on/out	.400	25	10	2	0	3	3	2	4	.444	.840
Away	.254	59	15	3	0	5	12	8	14	.353	.559	Batting #2	.235	34	8	1	0	1	2	3	6	.316	.353
First Pitch	.500	10	5	3	0	0	3	0	0	.500	.800	Batting #6	.333	15	5	1	0	2	4	8	5	.565	.800
Ahead in Count	.267	30	8	1	0	4	6	7	0	.405	.700	Other	.254	67	17	5	0	3	12	5	18	.306	.463
Behind in Count	.176	51	9	1	0	1	3	0	23	.176	.255	Pre-All Star	.253	87	22	5	0	5	16	14	23	.356	.483
Two Strikes	.179	56	10	1	0	1	5	9	29	.292	.250	Post-All Star	.276	29	8	2	0	1	2	2	6	.344	.448

Todd Zeile — Cardinals
Age 29 – Bats Right

	Avg	G	AB	R	H	2B	3B	HR	RBI	BB	SO	HBP	GDP	SB	CS	OBP	SLG	IBB	SH	SF	#Pit	#P/PA	GB	FB	G/F
1994 Season	.267	113	415	62	111	25	1	19	75	52	56	3	12	1	3	.348	.470	3	0	7	1906	4.00	148	154	0.96
Last Five Years	.266	695	2485	333	661	140	12	69	364	319	373	10	64	32	32	.348	.415	18	0	32	11299	3.97	913	792	1.15

1994 Season

	Avg	AB	H	2B	3B	HR	RBI	BB	SO	OBP	SLG		Avg	AB	H	2B	3B	HR	RBI	BB	SO	OBP	SLG
vs. Left	.299	107	32	9	0	7	24	16	8	.389	.579	Scoring Posn	.244	131	32	7	0	9	59	21	24	.342	.504
vs. Right	.256	308	79	16	1	12	51	36	48	.333	.432	Close & Late	.246	61	15	4	0	0	6	7	11	.324	.311
Groundball	.215	130	28	4	0	4	22	12	19	.274	.338	None on/out	.306	111	34	8	0	3	8	14	.358	.459
Flyball	.333	66	22	8	0	3	17	12	7	.427	.591	Batting #4	.251	307	77	18	0	13	51	41	39	.339	.436
Home	.307	199	61	13	1	9	35	21	24	.372	.518	Batting #5	.325	83	27	6	1	4	18	9	12	.387	.566
Away	.231	216	50	12	0	10	40	31	32	.327	.426	Other	.280	25	7	1	0	2	6	2	5	.333	.560
Day	.250	108	27	2	1	6	19	12	16	.320	.454	April	.238	80	19	4	0	7	14	10	12	.319	.550
Night	.274	307	84	23	0	13	56	40	40	.358	.476	May	.233	103	24	4	0	2	14	12	12	.311	.330
Grass	.248	113	28	7	0	6	22	21	20	.365	.469	June	.253	95	24	6	0	1	9	11	10	.333	.347
Turf	.275	302	83	18	1	13	53	31	36	.341	.470	July	.347	95	33	9	1	5	21	11	15	.407	.621
First Pitch	.308	26	8	4	0	0	3	0	0	.308	.462	August	.262	42	11	2	0	4	17	8	7	.392	.595
Ahead in Count	.284	95	27	6	0	9	29	33	0	.455	.632	September/October	.000	0	0	0	0	0	0	0	0	.000	.000
Behind in Count	.245	200	49	11	1	5	24	0	49	.254	.385	Pre-All Star	.250	308	77	15	1	11	41	36	39	.327	.412
Two Strikes	.219	196	43	9	1	3	17	19	56	.294	.321	Post-All Star	.318	107	34	10	0	8	34	16	17	.408	.636

1994 By Position

Position	Avg	AB	H	2B	3B	HR	RBI	BB	SO	OBP	SLG	G	GS	Innings	PO	A	E	DP	Fld Pct	Rng Fctr	In Zone	Outs	Zone Rtg	MLB Zone
As 3b	.269	413	111	25	1	19	75	52	56	.349	.472	112	109	960.0	66	224	12	24	.960	2.72	287	243	.847	.826

Last Five Years

	Avg	AB	H	2B	3B	HR	RBI	BB	SO	OBP	SLG		Avg	AB	H	2B	3B	HR	RBI	BB	SO	OBP	SLG
vs. Left	.285	783	223	48	4	23	118	107	108	.371	.444	Scoring Posn	.244	737	180	43	1	20	282	144	126	.358	.387
vs. Right	.257	1702	438	92	8	46	246	212	265	.337	.402	Close & Late	.237	448	106	19	3	3	39	57	84	.323	.313
Groundball	.249	820	204	43	5	16	112	105	116	.333	.372	None on/out	.291	626	182	36	1	22	62	61	87	.356	.457
Flyball	.247	485	120	24	3	17	80	60	77	.325	.414	Batting #4	.265	964	255	50	2	35	157	127	137	.347	.429
Home	.281	1217	342	69	7	36	187	161	164	.364	.438	Batting #5	.246	540	133	30	2	11	73	65	70	.327	.370
Away	.252	1268	319	71	5	33	177	158	209	.332	.394	Other	.278	981	273	60	8	23	134	127	166	.360	.426
Day	.283	647	183	38	4	19	95	87	102	.363	.442	April	.270	367	99	19	3	13	53	48	52	.351	.444
Night	.260	1838	478	102	8	50	269	232	271	.342	.406	May	.230	453	104	26	1	6	53	56	76	.313	.331
Grass	.253	692	175	44	2	19	97	88	122	.335	.405	June	.252	464	117	26	3	8	52	51	55	.326	.373
Turf	.271	1793	486	96	10	50	267	231	251	.353	.419	July	.302	460	139	27	3	20	82	54	73	.372	.504
First Pitch	.329	210	69	15	1	7	35	10	0	.354	.510	August	.288	375	108	14	1	11	62	40	59	.356	.419
Ahead in Count	.306	611	187	37	3	25	112	187	0	.462	.499	September/October	.257	366	94	28	1	11	62	70	58	.375	.429
Behind in Count	.221	1083	239	43	6	19	97	0	316	.225	.324	Pre-All Star	.258	1446	373	79	9	31	180	170	210	.334	.389
Two Strikes	.200	1154	231	48	5	18	115	121	373	.279	.297	Post-All Star	.277	1039	288	61	3	38	184	149	163	.367	.451

Batter vs. Pitcher (career)

Hits Best Against	Avg	AB	H	2B	3B	HR	RBI	BB	SO	OBP	SLG	Hits Worst Against	Avg	AB	H	2B	3B	HR	RBI	BB	SO	OBP	SLG
Bob Scanlan	.600	10	6	2	0	0	3	1	0	.636	.800	Randy Myers	.071	14	1	0	0	0	0	1	5	.133	.071
Brian Williams	.545	11	6	0	1	3	6	0	2	.545	1.545	Marvin Freeman	.077	13	1	0	0	0	1	1	6	.143	.077
Andy Ashby	.500	8	4	1	0	2	1	3	0	.636	1.000	Bryan Hickerson	.100	10	1	0	0	0	0	1	3	.182	.100

Batter vs. Pitcher (career)											Batter vs. Pitcher (career)									
Hits Best Against	Avg	AB	H	2B	3B	HR	RBI	BB	SO	OBP	SLG	Hits Worst Against	Avg	AB	H	2B	3B	HR	RBI	BB	SO	OBP	SLG
Jose DeJesus	.429	7	3	0	0	1	2	4	1	.636	.857	Bobby Ojeda	.111	18	2	0	0	0	2	1	4	.158	.111
Kent Mercker	.333	9	3	1	0	2	6	3	1	.500	1.111	Wally Whitehurst	.143	21	3	0	0	0	1	1	3	.182	.143

Bob Zupcic — White Sox

Age 28 – Bats Right (flyball hitter)

	Avg	G	AB	R	H	2B	3B	HR	RBI	BB	SO	HBP	GDP	SB	CS	OBP	SLG	IBB	SH	SF	#Pit	#P/PA	GB	FB	G/F
1994 Season	.196	36	92	10	18	4	1	1	8	4	17	0	2	0	1	.227	.293	0	4	1	374	3.70	32	33	0.97
Career (1991-1994)	.250	319	795	99	199	47	4	7	80	57	137	6	15	7	5	.303	.346	3	20	8	3191	3.60	232	287	0.81

1994 Season

	Avg	AB	H	2B	3B	HR	RBI	BB	SO	OBP	SLG		Avg	AB	H	2B	3B	HR	RBI	BB	SO	OBP	SLG
vs. Left	.191	68	13	4	0	1	7	4	14	.233	.294	Scoring Posn	.174	23	4	0	0	0	6	2	5	.231	.174
vs. Right	.208	24	5	0	1	0	1	0	3	.208	.292	Close & Late	.200	10	2	2	0	0	0	0	2	.200	.400

Career (1991-1994)

	Avg	AB	H	2B	3B	HR	RBI	BB	SO	OBP	SLG		Avg	AB	H	2B	3B	HR	RBI	BB	SO	OBP	SLG
vs. Left	.243	309	75	18	3	3	30	29	43	.309	.350	Scoring Posn	.281	178	50	13	1	2	71	16	37	.327	.399
vs. Right	.255	486	124	29	1	4	50	28	94	.298	.344	Close & Late	.279	129	36	12	0	2	22	12	20	.343	.419
Groundball	.339	174	59	15	0	3	26	11	23	.388	.477	None on/out	.168	167	28	8	0	3	3	10	29	.219	.269
Flyball	.218	202	44	8	0	3	19	15	41	.267	.302	Batting #2	.275	171	47	8	1	2	15	14	19	.335	.368
Home	.270	389	105	30	3	5	48	26	69	.320	.401	Batting #6	.335	185	62	16	1	2	29	12	31	.368	.465
Away	.232	406	94	17	1	2	32	31	68	.286	.293	Other	.205	439	90	23	2	3	36	31	87	.262	.287
Day	.279	294	82	19	3	4	30	27	65	.346	.405	April	.286	35	10	3	0	0	4	5	6	.366	.371
Night	.234	501	117	28	1	3	50	30	72	.276	.311	May	.273	121	33	12	1	0	8	9	27	.328	.388
Grass	.263	676	178	43	4	6	73	52	121	.318	.365	June	.281	121	34	9	1	2	13	7	18	.323	.421
Turf	.176	119	21	4	0	1	7	5	16	.214	.235	July	.263	167	44	10	0	3	21	16	24	.323	.377
First Pitch	.264	106	28	5	0	2	12	3	0	.279	.368	August	.204	167	34	5	0	1	14	8	32	.253	.251
Ahead in Count	.288	191	55	9	3	2	23	22	0	.364	.398	September/October	.239	184	44	8	2	1	20	12	30	.284	.321
Behind in Count	.199	367	73	22	0	2	31	0	124	.203	.275	Pre-All Star	.278	342	95	27	2	5	35	29	60	.335	.412
Two Strikes	.194	351	68	21	1	3	31	32	137	.265	.285	Post-All Star	.230	453	104	20	2	2	45	28	77	.277	.296

Batter vs. Pitcher (career)

Hits Best Against	Avg	AB	H	2B	3B	HR	RBI	BB	SO	OBP	SLG	Hits Worst Against	Avg	AB	H	2B	3B	HR	RBI	BB	SO	OBP	SLG
Jack McDowell	.400	10	4	1	0	0	1	2	2	.500	.500	Cal Eldred	.000	11	0	0	0	0	0	0	2	.000	.000
Mark Langston	.389	18	7	3	0	0	2	4	.450	.556	David Wells	.077	13	1	0	0	0	1	2	.143	.077		
Scott Kamieniecki	.357	14	5	1	0	0	4	0	3	.357	.429	Wilson Alvarez	.111	9	1	0	0	0	1	3	2	.333	.111
Bill Gullickson	.353	17	6	1	0	0	0	1	3	.389	.412	Jaime Navarro	.143	14	2	0	0	0	0	3	.143	.143	
												Scott Sanderson	.154	13	2	0	0	0	3	0	1	.133	.154

Team/League Profiles

One of the most popular additions to last year's *Player Profiles* book was the addition of Team and League Profiles. Here they are once again. You'll now be able to discover exactly how your favorite team batted against left-handed pitchers last year, and how the average major league hitter performs with two strikes on him (hint: not very well).

This section includes all 28 team profiles, an American League profile, a National League profile and a major league profile.

Major League Baseball

1994 Season	Avg	G	AB	R	H	2B	3B	HR	RBI	BB	SO	HBP	GDP	SB	CS	OBP	SLG	IBB	SH	SF	#Pit	#P/PA	GB	FB	G/F
	.270	3200	110266	15752	29743	5723	702	3306	14858	11131	19766	876	2425	2258	1032	.339	.424	1008	1207	992	461383	3.71	40274	30240	1.33

1994 Batting

	Avg	AB	H	2B	3B	HR	RBI	BB	SO	OBP	SLG		Avg	AB	H	2B	3B	HR	RBI	BB	SO	OBP	SLG
vs. Left	.272	30668	8343	1665	163	1011	4209	3228	5435	.342	.436	Scoring Posn	.271	28354	7694	1510	186	794	11136	4108	5428	.359	.422
vs. Right	.269	79598	21400	4058	539	2295	10649	7903	14331	.337	.420	Close & Late	.261	17220	4487	782	95	457	2357	1959	3396	.338	.397
Groundball	.273	31215	8525	1572	186	768	3994	2787	5458	.335	.409	None on/out	.271	27387	7426	1464	193	870	870	2300	4705	.331	.434
Flyball	.260	21787	5667	1128	144	771	3018	2293	4241	.332	.431	Leadoff	.275	13431	3688	679	132	233	1218	1480	2063	.349	.397
Home	.274	53901	14765	2882	372	1609	7382	5682	9561	.345	.431	Batting #3	.295	12745	3759	731	67	582	2250	1495	2029	.369	.500
Away	.266	56365	14978	2841	330	1697	7476	5449	10205	.333	.418	Cleanup	.288	12500	3604	706	54	634	2314	1421	2392	.362	.506
Day	.272	36330	9872	1913	240	1151	5042	3708	6642	.341	.433	April	.267	21957	5871	1151	139	708	3115	2384	4014	.341	.429
Night	.269	73936	19871	3810	462	2155	9816	7423	13124	.337	.420	May	.271	26046	7059	1339	185	740	3455	2709	4746	.341	.422
Grass	.269	71163	19157	3478	449	2214	9607	7304	12709	.339	.424	June	.272	25934	7047	1388	153	770	3481	2580	4532	.340	.426
Turf	.271	39103	10586	2245	253	1092	5251	3827	7057	.338	.425	July	.268	26344	7055	1341	165	805	3537	2512	4727	.334	.423
First Pitch	.332		982	114	627	2725		748	0	.365	.527	August	.272	9985	2711	504	60	283	1270	946	1747	.336	.419
Ahead in Count	.339	24831	8427	1717	202	1174	4588	5689	0	.460	.567	September/October	.000	0	0	0	0	0	0	0	0	.000	.000
Behind in Count	.209	48703	10166	1841	245	875	4540	0	16663	.215	.310	Pre-All Star	.270	83748	22597	4388	531	2531	11362	8582	15114	.340	.426
Two Strikes	.195	49423	9630	1830	226	910	4501	4674	19766	.268	.296	Post-All Star	.269	26518	7146	1335	171	775	3496	2549	4652	.335	.420

1994 Season	ERA	W	L	Sv	Opp	G	IP	BB	SO	Avg	H	2B	3B	HR	RBI	OBP	SLG	CG	ShO	Sup	QS	#P/S	SB	CS	GB	FB	G/F
	4.50	1599	1599	777	1168	3200	28586.1	11131	19766	.270	29743	5723	702	3306	14858	.339	.424	255	143	4.96	1566		97	2258	1032	40274	30240	1.33

1994 Pitching

	ERA	W	L	Sv	G	GS	IP	H	HR	BB	SO		Avg	AB	H	2B	3B	HR	RBI	BB	SO	OBP	SLG
Home	4.41	826	773	362	5340	1600	14674.2	14978	1697	5449	10205	vs. Left	.276	45042	12417	2280	322	1251	5969	5149	7621	.351	.424
Away	4.60	773	826	415	5303	1600	13911.2	14765	1609	5682	9561	vs. Right	.266	65224	17326	3443	380	2055	8889	5982	12145	.330	.425
Day	4.68	527	527	266	3590	1056	9394.0	9872	1151	3708	6642	Inning 1-6	.273	74078	20204	3969	484	2236	10139	7270	12939	.339	.430
Night	4.42	1072	1072	511	7053	2144	19192.1	19871	2155	7423	13124	Inning 7+	.264	36188	9539	1754	218	1070	4719	3861	6827	.337	.413
Grass	4.49	1031	1031	500	6888	2062	18477.0	19157	2214	7304	12709	None on	.264	61871	16362	3176	401	1866	1866	5508	11148	.329	.419
Turf	4.53	568	568	277	3755	1138	10109.1	10586	1092	3827	7057	Runners on	.276	48395	13381	2547	301	1440	12992	5623	8618	.351	.431
April	4.70	318	318	150	2161	638	5697.0	5871	708	2384	4014	Scoring Posn	.271	28354	7694	1510	186	794	11136	4108	5428	.359	.422
May	4.44	379	379	182	2547	758	6751.1	7059	740	2709	4746	Close & Late	.261	17220	4487	782	95	457	2357	1959	3396	.338	.397
June	4.51	377	377	185	2506	754	6714.2	7047	770	2580	4532	None on/out	.271	27387	7426	1464	193	870	870	2300	4705	.331	.434
July	4.49	381	381	192	2511	762	6834.2	7055	805	2512	4727	vs. 1st Batr (relief)	.262	6576	1724	344	46	201	1028	691	1373	.333	.420
August	4.26	144	144	68	918	288	2588.2	2711	283	946	1747	First Inning Pitched	.270	35693	9653	1796	237	1020	5876	4136	6824	.348	.420
September/October	0.00	0	0	0	0	0	0.0	0	0	0	0	First 75 Pits (SP)	.270	89259	24129	4642	570	2599	12148	9096	16195	.340	.422
Starters	4.55	1130	1136	0	3200	3200	19471.2	20413	2310	7075	12908	Pitch 76-90	.270	9661	2606	522	55	349	1281	882	1566	.333	.444
Relievers	4.40	469	463	777	7443	0	9114.2	9330	996	4056	6858	Pitch 91-105	.271	6945	1882	349	42	231	906	666	1195	.336	.433
0-3 Days Rest (SP)	5.51	33	48	0	130	130	707.0	852	92	281	454	Pitch 106+	.256	4401	1126	210	35	127	523	487	810	.331	.406
4 Days Rest	4.44	647	627	0	1777	1777	11164.0	11546	1275	3957	7438	First Pitch	.332	15851	5266	982	114	627	2725	748	0	.365	.527
5+ Days Rest	4.63	450	461	0	1293	1293	7600.2	8015	943	2837	5016	Ahead in Count	.209	48707	10166	1841	245	875	4540	0	16663	.215	.310
Pre-All Star	4.53	1216	1216	581	8105	2434	21702.2	22597	2531	8582	15114	Behind in Count	.339	24831	8427	1717	202	1174	4588	5690	0	.460	.567
Post-All Star	4.41	383	383	196	2538	766	6883.2	7146	775	2549	4652	Two Strikes	.195	49423	9630	1830	226	910	4501	4674	19766	.268	.296

Games Finished: 2945   Inherited Runners: 5065   Inherited Runners Scored: 1680   Holds: 905

National League

1994 Batting

	Avg	G	AB	R	H	2B	3B	HR	RBI	BB	SO	HBP	GDP	SB	CS	OBP	SLG	IBB	SH	SF	#Pit	#P/PA	GB	FB	G/F
1994 Season	.267	1606	55068	7422	14695	2784	377	1532	6973	5193	10147	451	1197	1141	529	.333	.415	559	758	455	226007	3.65	20569	14674	1.40

	Avg	AB	H	2B	3B	HR	RBI	BB	SO	OBP	SLG		Avg	AB	H	2B	3B	HR	RBI	BB	SO	OBP	SLG
vs. Left	.267	14979	3993	783	76	454	1878	1456	2713	.333	.420	Scoring Posn	.264	14057	3714	711	104	363	5216	1978	2793	.351	.407
vs. Right	.267	40089	10702	2001	301	1078	5095	3737	7434	.332	.413	Close & Late	.261	9027	2356	389	54	227	1195	1008	1810	.337	.391
Groundball	.268	18187	4866	897	116	434	2167	1526	3297	.326	.401	None on/out	.270	13799	3725	728	110	399	399	1055	2466	.326	.425
Flyball	.250	8692	2173	431	60	277	1121	889	1914	.322	.409	Leadoff	.278	6720	1867	316	70	115	562	720	1040	.351	.397
Home	.270	26925	7259	1393	193	718	3389	2602	4886	.336	.416	Batting #3	.294	6435	1895	348	36	274	1068	675	980	.361	.487
Away	.264	28143	7436	1391	184	814	3584	2591	5261	.329	.413	Cleanup	.293	6289	1842	373	28	327	1153	654	1205	.360	.517
Day	.266	18897	5034	961	125	561	2427	1798	3545	.333	.420	April	.262	10809	2832	556	70	329	1420	1100	2120	.333	.418
Night	.267	36171	9661	1823	252	971	4546	3395	6602	.332	.412	May	.265	13364	3547	644	91	353	1628	1311	2537	.333	.406
Grass	.265	31202	8267	1433	234	899	3931	2975	5828	.331	.412	June	.271	12812	3466	653	89	347	1637	1194	2252	.335	.417
Turf	.269	23866	6428	1351	143	633	3042	2218	4319	.334	.417	July	.268	13178	3533	685	93	371	1721	1184	2371	.331	.419
First Pitch	.333	8312	2767	501	61	315	1398	415	0	.368	.522	August	.269	4905	1317	246	34	132	567	404	867	.327	.413
Ahead in Count	.337	12084	4068	819	108	545	2126	2638	0	.453	.558	September/October	.000	0	0	0	0	0	0	0	0	.000	.000
Behind in Count	.205	24651	5052	914	129	406	2104	0	8641	.211	.302	Pre-All Star	.266	41822	11104	2103	280	1169	5268	4028	7851	.332	.413
Two Strikes	.192	24657	4726	893	126	410	2053	2130	10147	.260	.288	Post-All Star	.271	13246	3591	681	97	363	1705	1165	2296	.333	.419

1994 Pitching

	ERA	W	L	Sv	Opp	G	IP	BB	SO	Avg	H	2B	3B	HR	RBI	OBP	SLG	CG	ShO	Sup	QS	#P/S	SB	CS	GB	FB	G/F
1994 Season	4.21	802	802	411	603	1606	14356.2	5193	10147	.267	14695	2784	377	1532	6973	.333	.415	102	78	4.65	852	94	1141	529	20569	14674	1.40

	ERA	W	L	Sv	G	GS	IP	H	HR	BB	SO		Avg	AB	H	2B	3B	HR	RBI	BB	SO	OBP	SLG
Home	4.23	407	395	189	2767	803	7364.2	7436	814	2591	5261	vs. Left	.273	22542	6148	1142	170	562	2804	2481	3880	.346	.413
Away	4.19	395	407	222	2682	803	6992.0	7259	718	2602	4886	vs. Right	.263	32526	8547	1642	207	970	4169	2712	6267	.323	.415
Day	4.30	273	273	152	1931	548	4920.1	5034	561	1798	3545	Inning 1-6	.269	36900	9926	1920	255	1031	4691	3308	6670	.332	.419
Night	4.17	529	529	259	3518	1058	9436.1	9661	971	3395	6602	Inning 7+	.262	18168	4769	864	122	501	2282	1885	3477	.334	.406
Grass	4.15	455	455	236	3087	910	8164.0	8267	899	2975	5828	None on	.263	31286	8223	1569	215	875	875	2556	5837	.323	.411
Turf	4.30	347	347	175	2362	696	6192.2	6428	633	2218	4319	Runners on	.272	23782	6472	1215	162	657	6098	2637	4310	.344	.420
April	4.38	158	158	77	1090	318	2843.1	2832	329	1100	2120	Scoring Posn	.264	14057	3714	711	104	363	5216	1978	2793	.351	.407
May	4.04	195	195	101	1345	390	3496.2	3547	353	1311	2537	Close & Late	.261	9027	2356	389	54	227	1195	1008	1810	.337	.391
June	4.24	188	188	101	1257	376	3330.0	3466	347	1194	2252	None on/out	.270	13799	3725	728	110	399	399	1055	2466	.326	.425
July	4.34	190	190	96	1305	380	3416.2	3533	371	1184	2371	vs. 1st Batr (relief)	.259	3431	890	180	28	96	478	337	735	.328	.412
August	3.86	71	71	38	452	142	1270.0	1317	132	404	867	First Inning Pitched	.267	18365	4905	904	137	475	2801	1998	3518	.341	.409
September/October	0.00	0	0	0	0	0	0.0	0	0	0	0	First 75 Pits (SP)	.267	45606	12194	2312	311	1226	5814	4311	8513	.333	.412
Starters	4.23	560	564	0	1606	1606	9738.0	10013	1062	3221	6576	Pitch 76-90	.261	4753	1241	254	33	166	588	422	793	.325	.433
Relievers	4.16	242	238	411	3843	0	4618.2	4682	470	1972	3571	Pitch 91-105	.271	3174	860	157	20	102	386	299	554	.335	.429
0-3 Days Rest (SP)	5.22	16	27	0	72	72	389.1	467	47	138	227	Pitch 106+	.261	1535	400	61	13	38	185	161	287	.333	.392
4 Days Rest	4.14	303	296	0	846	846	5252.2	5333	546	1719	3623	First Pitch	.333	8312	2767	501	61	315	1398	415	0	.368	.522
5+ Days Rest	4.27	241	241	0	688	688	4096.0	4213	469	1364	2726	Ahead in Count	.205	24652	5052	914	129	406	2104	0	8641	.211	.302
Pre-All Star	4.19	611	611	312	4143	1224	10936.1	11104	1169	4028	7851	Behind in Count	.337	12084	4068	819	108	545	2126	2639	0	.453	.558
Post-All Star	4.29	191	191	99	1306	382	3420.1	3591	363	1165	2296	Two Strikes	.192	24657	4726	893	126	410	2053	2130	10147	.260	.288

Games Finished: 1504   Inherited Runners: 2360   Inherited Runners Scored: 791   Holds: 468

American League

1994 Season

	Avg	G	AB	R	H	2B	3B	HR	RBI	BB	SO	HBP	GDP	SB	CS	OBP	SLG	IBB	SH	SF	#Pit	#P/PA	GB	FB	G/F
1994 Season	.273	1594	55198	8330	15048	2939	325	1774	7885	5938	9619	425	1228	1117	503	.345	.434	449	449	537	235376	3.76	19705	15566	1.27

1994 Batting

	Avg	AB	H	2B	3B	HR	RBI	BB	SO	OBP	SLG		Avg	AB	H	2B	3B	HR	RBI	BB	SO	OBP	SLG
vs. Left	.277	15689	4350	882	87	557	2331	1772	2722	.351	.451	Scoring Posn	.278	14297	3980	799	82	431	5920	2130	2635	.366	.436
vs. Right	.271	39509	10698	2057	238	1217	5554	4166	6897	.342	.427	Close & Late	.260	8193	2131	393	41	230	1162	951	1586	.339	.402
Groundball	.281	13028	3659	675	70	334	1827	1261	2161	.347	.420	None on/out	.272	13588	3701	736	83	471	471	1245	2239	.337	.443
Flyball	.267	13095	3494	697	84	494	1897	1404	2327	.339	.446	Leadoff	.271	6711	1821	363	62	118	656	760	1023	.347	.397
Home	.278	26976	7506	1489	179	891	3993	3080	4675	.353	.446	Batting #3	.295	6310	1864	383	31	308	1182	820	1049	.376	.512
Away	.267	28222	7542	1450	146	883	3892	2858	4944	.336	.423	Cleanup	.284	6211	1762	333	26	307	1161	767	1187	.364	.494
Day	.278	17433	4838	952	115	590	2615	1910	3097	.350	.447	April	.273	11148	3039	595	69	379	1695	1284	1894	.349	.440
Night	.270	37765	10210	1987	210	1184	5270	4028	6522	.342	.428	May	.277	12682	3512	695	94	387	1827	1398	2209	.350	.438
Grass	.273	39961	10890	2045	215	1315	5676	4329	6881	.345	.433	June	.273	13122	3581	735	64	423	1844	1386	2280	.344	.435
Turf	.273	15237	4158	894	110	459	2209	1609	2738	.344	.436	July	.268	13166	3522	656	72	434	1816	1328	2356	.336	.427
First Pitch	.331	7539	2499	481	53	312	1327	333	0	.362	.533	August	.274	5080	1394	258	26	151	703	542	880	.345	.425
Ahead in Count	.342	12747	4359	898	94	629	2462	3051	0	.466	.575	September/October	.000	0	0	0	0	0	0	0	0	.000	.000
Behind in Count	.213	24052	5114	927	116	469	2436	0	8022	.218	.319	Pre-All Star	.274	41926	11493	2285	251	1362	6094	4554	7263	.347	.438
Two Strikes	.198	24766	4904	937	100	500	2448	2544	9619	.276	.304	Post-All Star	.268	13272	3555	654	74	412	1791	1384	2356	.338	.421

	ERA	W	L	Sv	Opp	G	IP	BB	SO	Avg	H	2B	3B	HR	RBI	OBP	SLG	CG	ShO	Sup	QS	#P/S	SB	CS	GB	FB	G/F
1994 Season	4.80	797	797	366	565	1594	14229.2	5938	9619	.273	15048	2939	325	1774	7885	.345	.434	153	65	5.27	714	101	1117	503	19705	15566	1.27

1994 Pitching

	ERA	W	L	Sv	G	GS	IP	H	HR	BB	SO		Avg	AB	H	2B	3B	HR	RBI	BB	SO	OBP	SLG
Home	4.59	419	378	173	2573	797	7310.0	7542	883	2858	4944	vs. Left	.279	22500	6269	1138	152	689	3165	2668	3741	.355	.435
Away	5.01	378	419	193	2621	797	6919.2	7506	891	3080	4675	vs. Right	.268	32698	8779	1801	173	1085	4720	3270	5878	.337	.434
Day	5.09	254	254	114	1659	508	4473.2	4838	590	1910	3097	Inning 1-6	.276	37178	10278	2049	229	1205	5448	3962	6269	.347	.441
Night	4.66	543	543	252	3535	1086	9756.0	10210	1184	4028	6522	Inning 7+	.265	18020	4770	890	96	569	2437	1976	3350	.340	.419
Grass	4.77	576	576	264	3801	1152	10313.0	10890	1315	4329	6881	None on	.266	30585	8139	1607	186	991	991	2952	5311	.334	.428
Turf	4.89	221	221	102	1393	442	3916.2	4158	459	1609	2738	Runners on	.281	24613	6909	1332	139	783	6894	2986	4308	.357	.442
April	5.01	160	160	75	1071	320	2853.2	3039	379	1284	1894	Scoring Posn	.278	14297	3980	799	82	431	5920	2130	2635	.366	.436
May	4.88	184	184	81	1202	368	3254.2	3512	387	1398	2209	Close & Late	.260	8193	2131	393	41	230	1162	951	1586	.339	.402
June	4.78	189	189	84	1249	378	3384.2	3581	423	1386	2280	None on/out	.272	13588	3701	736	83	471	1245	2239	.337	.443
July	4.63	191	191	96	1206	382	3418.0	3522	434	1328	2356	vs. 1st Batr (relief)	.265	3145	834	164	18	105	550	354	638	.340	.429
August	4.65	73	73	30	466	146	1318.2	1394	151	542	880	First Inning Pitched	.274	17328	4748	892	100	545	3075	2138	3306	.355	.431
September/October	0.00	0	0	0	0	0	0.0	0	0	0	0	First 75 Pits (SP)	.273	43653	11935	2330	259	1373	6334	4785	7682	.347	.433
Starters	4.87	570	572	0	1594	1594	9733.2	10400	1248	3854	6332	Pitch 76-90	.278	4908	1365	268	22	183	693	460	773	.341	.454
Relievers	4.65	227	225	366	3600	0	4496.0	4648	526	2084	3287	Pitch 91-105	.271	3771	1022	192	22	129	520	367	641	.337	.436
0-3 Days Rest (SP)	5.86	17	21	0	58	58	317.2	385	45	143	227	Pitch 106+	.253	2866	726	149	22	89	338	326	523	.330	.414
4 Days Rest	4.71	344	331	0	931	931	5911.1	6213	729	2238	3815	First Pitch	.331	7539	2499	481	53	312	1327	333	0	.362	.533
5+ Days Rest	5.04	209	220	0	605	605	3504.2	3802	474	1473	2290	Ahead in Count	.213	24055	5114	927	116	469	2436	0	8022	.218	.319
Pre-All Star	4.89	605	605	269	3962	1210	10766.1	11493	1362	4554	7263	Behind in Count	.342	12747	4359	898	94	629	2462	3051	0	.466	.575
Post-All Star	4.53	192	192	97	1232	384	3463.1	3555	412	1384	2356	Two Strikes	.198	24766	4904	937	100	500	2448	2544	9619	.276	.304

Games Finished: 1441 Inherited Runners: 2705 Inherited Runners Scored: 889 Holds: 437

Baltimore Orioles

1994 Record: 63 – 49

	Avg	G	AB	R	H	2B	3B	HR	RBI	BB	SO	HBP	GDP	SB	CS	OBP	SLG	IBB	SH	SF	#Pit	#P/PA	GB	FB	G/F
1994 Season	.272	112	3856	589	1047	185	20	139	557	438	655	39	89	69	13	.349	.438	23	16	35	16543	3.77	1337	1222	1.09

1994 Batting

	Avg	AB	H	2B	3B	HR	RBI	BB	SO	OBP	SLG		Avg	AB	H	2B	3B	HR	RBI	BB	SO	OBP	SLG
vs. Left	.283	978	277	50	3	38	143	114	158	.360	.457	Scoring Posn	.283	952	269	62	5	20	395	154	162	.376	.421
vs. Right	.268	2878	770	135	17	101	414	324	497	.345	.432	Close & Late	.243	535	130	21	4	10	72	65	105	.326	.353
Groundball	.276	899	248	43	3	31	132	96	159	.353	.434	None on/out	.278	948	264	39	5	50	50	97	150	.352	.488
Flyball	.252	779	196	30	5	29	116	112	129	.345	.415	Leadoff	.260	469	122	27	5	12	48	57	76	.351	.416
Home	.272	1830	498	82	6	75	278	214	320	.352	.446	Batting #3	.318	447	142	32	0	24	76	53	65	.388	.550
Away	.271	2026	549	103	14	64	279	224	335	.346	.430	Cleanup	.311	454	141	19	2	17	79	36	49	.365	.474
Day	.283	1123	318	56	9	39	179	122	185	.355	.453	April	.279	786	219	46	4	33	125	88	145	.353	.473
Night	.267	2733	729	129	11	100	378	316	470	.346	.432	May	.251	853	214	35	6	22	104	100	148	.331	.383
Grass	.278	3318	924	163	19	122	499	384	556	.356	.449	June	.284	979	278	48	2	39	143	106	150	.357	.457
Turf	.229	538	123	22	1	17	58	54	99	.303	.368	July	.273	877	239	36	7	38	140	109	162	.359	.460
First Pitch	.291	536	156	34	1	16	72	19	0	.321	.448	August	.269	361	97	20	1	7	45	35	50	.334	.388
Ahead in Count	.338	1004	339	54	6	58	192	209	0	.450	.577	September/October	.000	0	0	0	0	0	0	0	0	.000	.000
Behind in Count	.215	1582	340	66	9	32	167	0	540	.224	.329	Pre-All Star	.274	2950	808	144	15	113	438	340	494	.352	.448
Two Strikes	.190	1646	312	59	8	33	161	210	655	.287	.295	Post-All Star	.264	906	239	41	5	26	119	98	161	.339	.406

	ERA	W	L	Sv	Opp	G	IP	BB	SO	Avg	H	2B	3B	HR	RBI	OBP	SLG	CG	ShO	Sup	QS	#P/S	SB	CS	GB	FB	G/F
1994 Season	4.31	63	49	37	53	112	997.2	351	666	.263	1005	199	18	131	483	.327	.428	13	4	5.31	53	103	61	28	1327	1194	1.11

1994 Pitching

	ERA	W	L	Sv	G	GS	IP	H	HR	BB	SO		Avg	AB	H	2B	3B	HR	RBI	BB	SO	OBP	SLG
Home	4.73	28	27	16	172	55	498.0	520	70	167	324	vs. Left	.263	1393	367	61	6	35	172	134	227	.328	.391
Away	3.89	35	22	21	174	57	499.2	485	61	184	342	vs. Right	.263	2424	638	138	12	96	311	217	439	.326	.449
Day	4.58	19	13	11	105	32	283.0	256	43	113	196	Inning 1-6	.260	2547	661	143	13	85	322	239	434	.325	.426
Night	4.21	44	36	26	241	80	714.2	749	88	238	470	Inning 7+	.271	1270	344	56	5	46	161	112	232	.330	.431
Grass	4.41	55	41	33	299	96	861.0	872	119	309	569	None on	.260	2223	578	124	9	78	78	174	380	.317	.429
Turf	3.69	8	8	4	47	16	136.2	133	12	42	97	Runners on	.268	1594	427	75	9	53	405	177	286	.339	.426
April	4.81	15	8	12	77	23	204.0	193	34	70	152	Scoring Posn	.255	881	225	38	3	23	322	132	182	.345	.384
May	4.05	12	13	10	88	25	222.0	225	30	88	165	Close & Late	.247	627	155	19	3	22	78	71	128	.324	.392
June	4.71	16	12	8	89	28	250.1	285	31	82	152	None on/out	.264	976	258	52	4	26	26	64	173	.313	.406
July	4.44	13	13	6	71	26	231.0	228	32	80	144	vs. 1st Batr (relief)	.325	203	66	13	1	8	35	23	49	.391	.517
August	2.39	7	3	1	21	10	90.1	74	4	31	53	First Inning Pitched	.258	1076	278	59	4	36	169	121	238	.334	.421
September/October	0.00	0	0	0	0	0	0.0	0	0	0	0	First 75 Pits (SP)	.263	2950	775	159	11	97	381	275	548	.328	.423
Starters	4.54	46	34	0	112	112	709.1	713	102	241	454	Pitch 76-90	.260	350	91	17	4	12	39	29	44	.317	.434
Relievers	3.75	17	15	37	234	0	288.1	292	29	110	212	Pitch 91-105	.273	300	82	11	3	11	36	27	47	.332	.440
0-3 Days Rest (SP)	6.16	1	1	0	4	4	19.0	24	3	8	11	Pitch 106+	.263	217	57	12	0	11	27	20	27	.322	.470
4 Days Rest	4.42	30	25	0	72	72	470.2	461	66	150	298	First Pitch	.300	530	159	22	5	27	79	17	0	.326	.513
5+ Days Rest	4.67	15	8	0	36	36	219.2	228	33	83	145	Ahead in Count	.218	1731	377	70	8	41	166	0	558	.222	.339
Pre-All Star	4.45	50	36	33	280	86	766.1	788	107	267	530	Behind in Count	.317	794	252	56	2	40	128	160	0	.429	.544
Post-All Star	3.85	13	13	4	66	26	231.1	217	24	84	136	Two Strikes	.204	1774	362	77	6	41	182	174	666	.278	.324

Games Finished: 99   Inherited Runners: 215   Inherited Runners Scored: 51   Holds: 41

Boston Red Sox

1994 Record: 54 – 61

1994 Season	Avg	G	AB	R	H	2B	3B	HR	RBI	BB	SO	HBP	GDP	SB	CS	OBP	SLG	IBB	SH	SF	#Pit	#P/PA	GB	FB	G/F
	.263	115	3940	552	1038	222	19	120	523	404	723	31	86	81	38	.334	.421	40	38	33	16635	3.74	1394	1075	1.30

1994 Batting

	Avg	AB	H	2B	3B	HR	RBI	BB	SO	OBP	SLG		Avg	AB	H	2B	3B	HR	RBI	BB	SO	OBP	SLG
vs. Left	.258	1163	300	64	6	39	154	110	210	.325	.424	Scoring Posn	.278	1000	278	71	4	30	397	152	190	.368	.447
vs. Right	.266	2777	738	158	13	81	369	294	513	.338	.420	Close & Late	.252	580	146	30	3	16	79	68	109	.330	.397
Groundball	.250	719	180	39	2	15	80	66	131	.316	.373	None on/out	.237	984	233	40	6	29	29	82	180	.297	.378
Flyball	.267	1014	271	63	9	32	140	95	186	.335	.442	Leadoff	.272	471	128	19	1	2	32	67	72	.362	.329
Home	.277	2164	600	133	12	68	306	245	390	.352	.444	Batting #3	.277	441	122	24	1	20	88	61	68	.369	.472
Away	.247	1776	438	89	7	52	217	159	333	.312	.392	Cleanup	.295	458	135	31	1	27	89	38	118	.360	.544
Day	.284	1432	407	89	3	54	218	136	277	.349	.464	April	.267	798	213	45	8	31	126	93	133	.346	.460
Night	.252	2508	631	133	16	66	305	268	446	.326	.396	May	.269	860	231	48	5	27	122	77	143	.331	.430
Grass	.266	3437	914	192	14	102	449	346	629	.335	.419	June	.262	944	247	54	3	26	117	95	172	.331	.408
Turf	.247	503	124	30	5	18	74	58	94	.326	.433	July	.252	906	228	50	1	25	102	93	187	.322	.392
First Pitch	.329	557	183	39	4	27	100	35	0	.372	.558	August	.275	432	119	25	2	11	56	44	88	.350	.419
Ahead in Count	.328	881	289	64	5	45	159	220	0	.460	.565	September/October	.000	0	0	0	0	0	0	0	0	.000	.000
Behind in Count	.210	1768	372	71	7	26	161	0	625	.216	.303	Pre-All Star	.264	2930	773	168	17	96	405	297	510	.334	.431
Two Strikes	.191	1804	344	73	6	27	151	149	723	.255	.283	Post-All Star	.262	1010	265	54	2	24	118	107	213	.336	.391

1994 Season	ERA	W	L	Sv	Opp	G	IP	BB	SO	Avg	H	2B	3B	HR	RBI	OBP	SLG	CG	ShO	Sup	QS	#P/S	SB	CS	GB	FB	G/F
	4.93	54	61	30	46	115	1029.1	450	729	.276	1104	207	23	120	584	.351	.430	6	3	4.83	54	99	98	38	1413	1037	1.36

1994 Pitching

	ERA	W	L	Sv	G	GS	IP	H	HR	BB	SO		Avg	AB	H	2B	3B	HR	RBI	BB	SO	OBP	SLG
Home	4.83	31	33	17	225	64	585.0	640	67	249	421	vs. Left	.287	1607	461	88	13	43	223	208	285	.370	.438
Away	5.06	23	28	13	198	51	444.1	464	53	201	308	vs. Right	.269	2386	643	119	10	77	361	242	444	.338	.425
Day	4.88	23	19	12	152	42	374.2	409	45	170	294	Inning 1-6	.273	2653	724	142	17	75	396	307	497	.349	.424
Night	4.96	31	42	18	271	73	654.2	695	75	280	435	Inning 7+	.284	1340	380	65	6	45	188	143	232	.354	.442
Grass	4.86	48	53	28	367	101	905.1	972	111	384	660	None on	.274	2137	586	98	11	63	63	239	407	.352	.419
Turf	5.44	6	8	2	56	14	124.0	132	9	66	69	Runners on	.279	1856	518	109	12	57	521	211	322	.350	.443
April	4.25	17	7	11	87	24	213.2	202	26	89	161	Scoring Posn	.277	1038	288	58	8	29	442	153	197	.361	.433
May	4.51	13	12	6	89	25	219.2	235	19	88	161	Close & Late	.260	603	157	26	4	19	87	65	102	.336	.411
June	5.88	8	19	5	113	27	241.2	280	29	115	175	None on/out	.271	962	261	46	1	35	35	104	171	.347	.430
July	4.89	12	15	5	91	27	243.0	258	34	101	155	vs. 1st Batr (relief)	.279	269	75	11	0	10	41	32	44	.354	.431
August	5.09	4	8	3	43	12	111.1	129	12	57	77	First Inning Pitched	.295	1432	422	73	7	48	270	168	232	.371	.456
September/October	0.00	0	0	0	0	0	0.0	0	0	0	0	First 75 Pits (SP)	.281	3226	907	172	19	91	478	364	583	.355	.431
Starters	4.61	40	41	0	115	115	675.0	688	69	294	495	Pitch 76-90	.288	330	95	15	3	18	63	41	55	.367	.515
Relievers	5.54	14	20	30	308	0	354.1	416	51	156	234	Pitch 91-105	.220	245	54	11	1	8	26	22	50	.287	.371
0-3 Days Rest (SP)	8.00	0	1	0	3	3	9.0	14	1	8	6	Pitch 106+	.250	192	48	9	0	3	17	23	41	.330	.344
4 Days Rest	3.52	27	15	0	60	60	384.0	347	33	146	292	First Pitch	.324	518	168	37	2	17	103	30	0	.362	.502
5+ Days Rest	6.00	13	25	0	52	52	282.0	327	35	140	197	Ahead in Count	.226	1754	397	67	4	35	171	0	607	.232	.329
Pre-All Star	4.96	42	44	23	320	86	766.0	829	86	324	543	Behind in Count	.351	917	322	53	11	45	188	226	0	.476	.580
Post-All Star	4.85	12	17	7	103	29	263.1	275	34	126	186	Two Strikes	.212	1839	389	71	7	35	177	192	729	.289	.315

Games Finished: 109 Inherited Runners: 205 Inherited Runners Scored: 70 Holds: 42

California Angels — 1994 Record: 47–68

1994 Season Totals

	Avg	G	AB	R	H	2B	3B	HR	RBI	BB	SO	HBP	GDP	SB	CS	OBP	SLG	IBB	SH	SF	#Pit	#P/PA	GB	FB	G/F
1994 Season	.264	115	3943	543	1042	178	16	120	518	402	715	27	84	65	54	.334	.409	24	42	29	16413	3.69	1468	1024	1.43

1994 Batting

	Avg	AB	H	2B	3B	HR	RBI	BB	SO	OBP	SLG		Avg	AB	H	2B	3B	HR	RBI	BB	SO	OBP	SLG
vs. Left	.269	1184	318	64	4	40	153	129	217	.342	.431	Scoring Posn	.293	959	281	47	3	28	386	139	204	.378	.436
vs. Right	.262	2759	724	114	12	80	365	273	498	.331	.399	Close & Late	.275	614	169	26	1	15	95	69	132	.351	.394
Groundball	.257	935	240	42	3	16	102	87	177	.324	.359	None on/out	.245	994	244	42	3	34	34	79	175	.306	.396
Flyball	.273	843	230	38	5	38	129	65	159	.326	.465	Leadoff	.253	483	122	30	1	14	62	43	66	.317	.406
Home	.258	2122	548	93	9	74	274	225	402	.330	.415	Batting #3	.274	445	122	20	2	22	76	58	121	.360	.476
Away	.271	1821	494	85	7	46	244	177	313	.339	.401	Cleanup	.308	425	131	18	1	26	84	72	97	.405	.539
Day	.252	984	248	50	6	23	116	99	186	.325	.385	April	.264	865	228	40	2	22	113	86	165	.333	.391
Night	.268	2959	794	128	10	97	402	303	529	.337	.417	May	.287	937	269	46	8	27	139	101	153	.357	.440
Grass	.258	3513	907	151	15	111	463	357	641	.328	.404	June	.240	900	216	39	2	23	100	86	167	.310	.364
Turf	.314	430	135	27	1	9	55	45	74	.382	.444	July	.266	926	246	43	3	35	130	86	162	.330	.432
First Pitch	.335	543	182	26	1	20	90	18	0	.356	.497	August	.263	315	83	10	1	13	36	43	68	.352	.425
Ahead in Count	.311	867	270	52	5	45	149	213	0	.446	.539	September/October	.000	0	0	0	0	0	0	0	0	.000	.000
Behind in Count	.219	1787	392	62	8	35	174	0	604	.226	.322	Pre-All Star	.265	3060	812	144	12	86	405	309	545	.335	.405
Two Strikes	.192	1758	338	57	7	34	159	171	715	.268	.291	Post-All Star	.260	883	230	34	4	34	113	93	170	.331	.424

1994 Pitching

	ERA	W	L	Sv	Opp	G	IP	BB	SO	Avg	H	2B	3B	HR	RBI	OBP	SLG	CG	ShO	Sup	QS	#P/S	SB	CS	GB	FB	G/F
1994 Season	5.42	47	68	21	32	115	1027.0	436	682	.287	1149	236	19	150	624	.360	.467	11	4	4.76	45	101	83	38	1335	1186	1.13

	ERA	W	L	Sv	G	GS	IP	H	HR	BB	SO		Avg	AB	H	2B	3B	HR	RBI	BB	SO	OBP	SLG
Home	5.58	23	40	11	210	63	582.0	660	93	233	387	vs. Left	.306	1304	399	70	7	55	214	144	209	.379	.497
Away	5.20	24	28	10	162	52	445.0	489	57	203	295	vs. Right	.277	2705	750	166	12	95	410	292	473	.350	.453
Day	5.34	11	18	7	89	29	254.1	281	36	109	179	Inning 1-6	.289	2692	779	164	10	104	433	291	472	.360	.474
Night	5.44	36	50	14	283	86	772.2	868	114	327	503	Inning 7+	.281	1317	370	72	9	46	191	145	210	.360	.454
Grass	5.45	42	61	20	337	103	925.1	1042	137	385	599	None on	.275	2210	607	123	12	87	87	233	363	.348	.459
Turf	5.13	5	7	1	35	12	101.2	107	13	51	83	Runners on	.301	1799	542	113	7	63	537	203	319	.374	.477
April	5.12	9	16	4	79	25	221.1	248	30	88	130	Scoring Posn	.307	1042	320	64	4	39	473	145	183	.389	.488
May	5.38	14	13	7	88	27	241.0	271	29	110	179	Close & Late	.273	557	152	23	3	17	79	73	98	.365	.417
June	5.18	10	17	5	85	27	241.1	255	33	102	157	None on/out	.288	990	285	56	8	43	43	91	158	.351	.491
July	5.86	11	16	4	89	27	236.1	279	43	103	165	vs. 1st Batr (relief)	.324	225	73	13	2	8	47	25	30	.388	.507
August	5.69	3	6	1	31	9	87.0	96	15	33	51	First Inning Pitched	.299	1261	377	73	5	41	232	154	211	.383	.462
September/October	0.00	0	0	0	0	0	0.0	0	0	0	0	First 75 Pits (SP)	.288	3159	910	189	15	115	493	349	536	.363	.467
Starters	5.42	36	50	0	115	115	703.0	774	110	287	473	Pitch 76-90	.311	351	109	21	1	11	60	28	60	.358	.470
Relievers	5.42	11	18	21	257	0	324.0	375	40	149	209	Pitch 91-105	.255	275	70	14	2	10	35	27	56	.319	.429
0-3 Days Rest (SP)	0.00	0	0	0	0	0	0.0	0	0	0	0	Pitch 106+	.268	224	60	12	1	14	36	32	30	.359	.518
4 Days Rest	5.29	20	28	0	68	68	437.0	461	64	166	293	First Pitch	.326	558	182	43	1	20	82	22	0	.361	.514
5+ Days Rest	5.62	16	22	0	47	47	266.0	313	46	121	180	Ahead in Count	.226	1727	391	81	10	31	206	0	571	.235	.339
Pre-All Star	5.27	38	51	17	287	89	789.0	870	110	334	521	Behind in Count	.355	954	339	70	4	64	196	212	0	.470	.638
Post-All Star	5.90	9	17	4	85	26	238.0	279	40	102	161	Two Strikes	.216	1779	384	80	9	46	216	202	682	.300	.349

Games Finished: 104   Inherited Runners: 195   Inherited Runners Scored: 70   Holds: 22

Chicago White Sox — 1994 Record: 67 – 46

1994 Batting

	Avg	G	AB	R	H	2B	3B	HR	RBI	BB	SO	HBP	GDP	SB	CS	OBP	SLG	IBB	SH	SF	#Pit	#P/PA	GB	FB	G/F
1994 Season	.287	113	3942	633	1133	175	39	121	602	497	568	20	89	77	27	.366	.444	47	51	46	16919	3.71	1479	1079	1.37

	Avg	AB	H	2B	3B	HR	RBI	BB	SO	OBP	SLG		Avg	AB	H	2B	3B	HR	RBI	BB	SO	OBP	SLG
vs. Left	.281	1201	338	46	9	39	179	140	181	.355	.432	Scoring Posn	.272	1099	299	45	13	32	473	189	157	.369	.424
vs. Right	.290	2741	795	129	30	82	423	357	387	.371	.449	Close & Late	.274	572	157	20	9	17	89	75	92	.356	.430
Groundball	.295	1157	341	41	7	25	163	132	159	.365	.407	None on/out	.305	941	287	42	13	33	33	106	118	.377	.482
Flyball	.272	1043	284	48	9	34	145	117	170	.348	.433	Leadoff	.268	485	130	21	3	9	51	61	52	.345	.379
Home	.296	1798	533	82	17	62	284	223	241	.372	.464	Batting #3	.352	406	143	34	1	40	105	111	64	.487	.736
Away	.280	2144	600	93	22	59	318	274	327	.361	.426	Cleanup	.315	441	139	19	2	20	98	63	77	.403	.503
Day	.281	1087	305	52	13	33	162	136	171	.358	.443	April	.278	823	229	41	5	38	130	112	126	.364	.479
Night	.290	2855	828	123	26	88	440	361	397	.369	.444	May	.305	876	267	48	11	28	161	124	121	.391	.481
Grass	.291	3419	996	152	33	108	539	426	475	.369	.450	June	.281	913	257	32	11	21	119	110	140	.357	.410
Turf	.262	523	137	23	6	13	63	71	93	.352	.403	July	.289	1009	292	42	8	25	145	106	132	.355	.421
First Pitch	.361	593	214	31	9	21	115	37	0	.395	.550	August	.274	321	88	12	4	9	47	45	49	.363	.421
Ahead in Count	.357	928	331	61	13	43	208	258	0	.493	.589	September/October	.000	0	0	0	0	0	0	0	0	.000	.000
Behind in Count	.223	1680	375	52	8	33	172	0	472	.227	.323	Pre-All Star	.289	2998	865	144	30	98	475	386	441	.369	.455
Two Strikes	.220	1699	374	54	9	37	175	201	568	.303	.328	Post-All Star	.284	944	268	31	9	23	127	111	127	.357	.409

1994 Pitching

	ERA	W	L	Sv	Opp	G	IP	BB	SO	Avg	H	2B	3B	HR	RBI	OBP	SLG	CG	ShO	Sup	QS	#P/S	SB	CS	GB	FB	G/F
1994 Season	3.96	67	46	20	34	113	1011.1	377	754	.250	964	171	13	115	472	.317	.391	13	9	5.63	66	106	81	30	1160	1197	0.97

	ERA	W	L	Sv	G	GS	IP	H	HR	BB	SO		Avg	AB	H	2B	3B	HR	RBI	BB	SO	OBP	SLG
Home	3.39	34	19	8	148	53	483.0	430	43	153	361	vs. Left	.249	1604	400	67	9	51	193	177	317	.325	.398
Away	4.48	33	27	12	204	60	528.1	534	72	224	393	vs. Right	.251	2248	564	104	4	64	279	200	437	.312	.386
Day	4.17	20	12	9	101	32	285.0	272	28	118	200	Inning 1-6	.256	2597	665	112	11	81	321	243	489	.320	.401
Night	3.88	47	34	11	251	81	726.1	692	87	259	554	Inning 7+	.238	1255	299	59	2	34	151	134	265	.312	.370
Grass	3.87	62	36	19	304	98	881.1	838	98	324	667	None on	.253	2169	548	98	8	64	64	217	423	.323	.394
Turf	4.57	5	10	1	48	15	130.0	126	17	53	87	Runners on	.247	1683	416	73	5	51	408	160	331	.311	.374
April	3.99	13	10	4	69	23	207.1	188	24	95	146	Scoring Posn	.256	898	230	45	5	24	341	111	177	.331	.398
May	3.76	16	9	3	83	25	220.0	215	20	77	142	Close & Late	.253	629	159	30	0	17	93	68	135	.324	.382
June	4.28	14	13	5	87	27	241.2	224	28	94	168	None on/out	.243	964	234	46	4	31	31	89	169	.308	.395
July	3.65	19	10	7	83	29	261.1	245	28	85	226	vs. 1st Batr (relief)	.209	201	42	10	0	3	26	28	52	.302	.303
August	4.44	5	4	1	30	9	81.0	92	15	26	72	First Inning Pitched	.241	1120	270	48	6	39	171	128	256	.320	.399
September/October	0.00	0	0	0	0	0	0	0	0	0	0	First 75 Pits (SP)	.245	2932	717	121	10	87	350	287	585	.313	.382
Starters	3.91	53	31	0	113	113	743.2	729	86	249	521	Pitch 76-90	.293	379	111	17	1	15	62	30	64	.341	.462
Relievers	4.10	14	15	20	239	0	267.2	235	29	128	233	Pitch 91-105	.254	295	75	17	0	7	34	35	50	.335	.383
0-3 Days Rest (SP)	4.36	6	1	0	10	10	64.0	72	9	25	63	Pitch 106+	.248	246	61	16	2	6	26	25	55	.316	.402
4 Days Rest	3.66	24	17	0	58	58	393.0	368	46	130	264	First Pitch	.322	510	164	28	3	25	83	19	0	.346	.535
5+ Days Rest	4.14	23	13	0	45	45	286.2	289	31	94	194	Ahead in Count	.192	1808	347	53	8	29	143	0	636	.196	.278
Pre-All Star	3.95	52	34	15	272	86	767.0	722	80	301	546	Behind in Count	.323	778	251	51	1	35	135	191	0	.451	.526
Post-All Star	3.98	15	12	5	80	27	244.1	242	35	76	208	Two Strikes	.184	1871	345	56	6	31	150	164	754	.253	.270

Games Finished: 100   Inherited Runners: 163   Inherited Runners Scored: 53   Holds: 34

Cleveland Indians — 1994 Record: 66 – 47

1994 Season	Avg	G	AB	R	H	2B	3B	HR	RBI	BB	SO	HBP	GDP	SB	CS	OBP	SLG	IBB	SH	SF	#Pit	#P/PA	GB	FB	G/F
1994 Season	.290	113	4022	679	1165	240	20	167	647	382	629	18	81	131	48	.351	.484	40	33	38	16619	3.70	1407	1162	1.21

1994 Batting

	Avg	AB	H	2B	3B	HR	RBI	BB	SO	OBP	SLG		Avg	AB	H	2B	3B	HR	RBI	BB	SO	OBP	SLG
vs. Left	.269	1377	370	84	7	49	199	144	236	.336	.447	Scoring Posn	.303	1061	321	66	7	41	470	143	173	.378	.494
vs. Right	.301	2645	795	156	13	118	448	238	393	.359	.503	Close & Late	.269	639	172	27	2	25	86	60	122	.331	.435
Groundball	.305	842	257	52	3	32	129	65	133	.353	.488	None on/out	.298	990	295	62	3	46	46	90	153	.359	.506
Flyball	.281	1007	283	60	5	56	170	100	164	.347	.517	Leadoff	.341	481	164	34	9	12	59	55	59	.406	.524
Home	.300	1805	541	122	10	87	324	184	248	.364	.523	Batting #3	.313	495	155	34	2	23	93	13	57	.332	.529
Away	.281	2217	624	118	10	80	323	198	381	.340	.452	Cleanup	.342	441	151	35	2	36	103	60	74	.424	.676
Day	.294	1335	393	87	8	55	244	140	209	.359	.495	April	.290	806	234	44	4	34	132	77	110	.352	.481
Night	.287	2687	772	153	12	112	403	242	420	.347	.478	May	.275	857	236	51	6	34	114	75	138	.338	.468
Grass	.290	3387	981	205	16	139	553	325	528	.351	.483	June	.308	969	298	73	4	35	171	116	149	.378	.499
Turf	.290	635	184	35	4	28	94	57	101	.350	.490	July	.286	1001	286	50	4	47	164	75	172	.333	.485
First Pitch	.394	574	226	40	3	35	123	28	0	.418	.657	August	.285	389	111	22	2	17	66	39	60	.353	.483
Ahead in Count	.360	970	349	71	5	56	200	189	0	.463	.616	September/October	.000	0	0	0	0	0	0	0	0	.000	.000
Behind in Count	.207	1675	347	67	7	39	178	0	528	.211	.325	Pre-All Star	.295	2995	883	193	16	116	487	304	455	.359	.486
Two Strikes	.198	1713	340	61	8	48	202	163	629	.270	.327	Post-All Star	.275	1027	282	47	4	51	160	78	174	.326	.477

1994 Season	ERA	W	L	Sv	Opp	G	IP	BB	SO	Avg	2B	3B	HR	RBI	OBP	SLG	CG	ShO	Sup	QS	#P/S	SB	CS	GB	FB	G/F
1994 Season	4.36	66	47	21	38	113	1018.2	404	666	.275	1097	194	22	94	525	.346	.406	17	5	6.00	60	102	75	33	1549	973	1.59

1994 Pitching

	ERA	W	L	Sv	G	GS	IP	H	HR	BB	SO		Avg	AB	H	2B	3B	HR	RBI	BB	SO	OBP	SLG
Home	4.07	35	16	6	154	51	484.0	506	44	173	292	vs. Left	.280	1901	533	95	11	40	228	199	286	.350	.405
Away	4.63	31	31	15	181	62	534.2	591	50	231	374	vs. Right	.271	2081	564	99	11	54	297	205	380	.342	.407
Day	4.74	21	17	7	119	38	337.2	379	39	162	243	Inning 1-6	.278	2661	741	138	15	65	359	249	406	.343	.415
Night	4.18	45	30	14	216	75	681.0	718	55	242	423	Inning 7+	.269	1321	356	56	7	29	166	155	260	.350	.388
Grass	4.26	57	38	16	279	95	865.0	927	83	335	559	None on	.277	2165	600	110	16	52	52	174	365	.336	.415
Turf	4.96	9	9	5	56	18	153.2	170	11	69	107	Runners on	.274	1817	497	84	6	42	473	230	301	.356	.396
April	4.85	13	9	8	85	22	204.0	211	16	90	121	Scoring Posn	.277	1056	293	51	5	23	419	178	180	.378	.401
May	4.08	13	12	2	69	25	220.2	236	21	104	143	Close & Late	.265	654	173	33	4	12	90	74	128	.346	.382
June	4.44	18	9	4	78	27	245.0	275	29	88	178	None on/out	.292	984	287	51	7	26	26	70	147	.344	.437
July	4.03	15	13	5	68	28	250.0	260	23	77	136	vs. 1st Batr (relief)	.268	190	51	9	0	3	32	22	34	.355	.363
August	4.64	7	4	2	35	11	99.0	115	5	45	88	First Inning Pitched	.287	1115	320	55	4	21	188	144	200	.372	.400
September/October	0.00	0	0	0	0	0	0	0	0	0	0	First 75 Pits (SP)	.277	3053	846	148	18	71	409	329	515	.350	.407
Starters	4.28	48	30	0	113	113	731.1	784	69	251	446	Pitch 76-90	.280	407	114	17	1	17	59	22	64	.320	.452
Relievers	4.57	18	17	21	222	0	287.1	313	25	153	220	Pitch 91-105	.275	295	81	17	2	0	30	25	49	.342	.346
0-3 Days Rest (SP)	4.11	2	0	0	3	3	15.1	16	1	10	15	Pitch 106+	.247	227	56	12	1	6	27	28	38	.335	.388
4 Days Rest	3.95	33	16	0	74	74	498.2	515	43	155	284	First Pitch	.330	554	183	39	2	22	96	25	0	.363	.527
5+ Days Rest	5.05	13	14	0	36	36	217.1	253	25	86	147	Ahead in Count	.211	1761	371	55	11	20	160	0	572	.217	.288
Pre-All Star	4.33	51	33	15	253	84	758.2	799	73	301	486	Behind in Count	.361	929	335	62	3	38	177	196	0	.471	.557
Post-All Star	4.47	15	14	6	82	29	260.0	298	21	103	180	Two Strikes	.193	1706	330	52	12	17	144	183	666	.275	.268

Games Finished: 96   Inherited Runners: 204   Inherited Runners Scored: 63   Holds: 25

Detroit Tigers — 1994 Record: 53 – 62

1994 Season

	Avg	G	AB	R	H	2B	3B	HR	RBI	BB	SO	HBP	GDP	SB	CS	OBP	SLG	IBB	SH	SF	#Pit	#P/PA	GB	FB	G/F
1994 Season	.265	115	3955	652	1048	216	25	161	622	520	897	34	85	46	33	.352	.454	28	17	48	18338	4.01	1282	1101	1.16

1994 Batting

	Avg	AB	H	2B	3B	HR	RBI	BB	SO	OBP	SLG		Avg	AB	H	2B	3B	HR	RBI	BB	SO	OBP	SLG
vs. Left	.262	919	241	54	5	35	147	126	185	.348	.446	Scoring Posn	.265	1028	272	56	6	41	451	167	247	.360	.450
vs. Right	.266	3036	807	162	20	126	475	394	712	.353	.457	Close & Late	.230	569	131	25	1	18	77	70	135	.317	.373
Groundball	.290	938	272	61	10	30	146	113	186	.368	.472	None on/out	.273	974	266	58	7	40	40	111	215	.349	.470
Flyball	.272	960	261	50	4	52	164	125	209	.356	.495	Leadoff	.275	455	125	19	3	19	63	95	107	.399	.455
Home	.273	1954	533	103	18	85	333	280	446	.363	.474	Batting #3	.248	468	116	28	4	20	86	52	137	.321	.453
Away	.257	2001	515	113	7	76	289	240	451	.340	.435	Cleanup	.260	462	120	16	2	30	95	52	116	.334	.498
Day	.271	1527	414	68	13	64	251	213	341	.361	.458	April	.241	705	170	34	4	24	91	93	161	.332	.403
Night	.261	2428	634	148	12	97	371	307	556	.346	.452	May	.285	929	265	49	4	44	171	148	201	.384	.489
Grass	.269	3337	897	185	24	138	520	434	755	.354	.463	June	.275	973	268	62	8	42	160	117	208	.354	.485
Turf	.244	618	151	31	1	23	102	86	142	.337	.409	July	.256	968	253	56	8	36	149	113	249	.335	.438
First Pitch	.309	446	138	28	1	26	92	14	0	.335	.552	August	.256	360	92	15	1	15	51	49	78	.344	.428
Ahead in Count	.345	888	306	72	7	59	215	254	0	.483	.641	September/October	.000	0	0	0	0	0	0	0	0	.000	.000
Behind in Count	.203	1752	355	68	11	42	182	0	721	.208	.326	Pre-All Star	.267	3016	805	162	18	126	477	394	673	.353	.458
Two Strikes	.184	1954	360	63	10	46	183	252	897	.279	.297	Post-All Star	.259	939	243	54	7	35	145	126	224	.347	.443

	ERA	W	L	Sv	Opp	G	IP	BB	SO	Avg	H	2B	3B	HR	RBI	OBP	SLG	CG	ShO	Sup	QS	#P/S	SB	CS	GB	FB	G/F
1994 Season	5.38	53	62	20	34	115	1018.0	449	560	.282	1139	225	25	148	636	.356	.461	15	1	5.76	39	97	94	36	1469	1177	1.25

1994 Pitching

	ERA	W	L	Sv	G	GS	IP	H	HR	BB	SO		Avg	AB	H	2B	3B	HR	RBI	BB	SO	OBP	SLG
Home	5.04	34	24	11	183	58	530.0	577	76	217	307	vs. Left	.277	1790	496	32	11	54	262	229	240	.359	.426
Away	5.75	19	38	9	178	57	488.0	562	72	232	253	vs. Right	.287	2242	643	143	14	94	374	220	320	.353	.489
Day	6.12	19	26	9	154	45	394.1	469	70	172	220	Inning 1-6	.287	2732	783	151	19	103	460	295	362	.357	.473
Night	4.92	34	36	11	207	70	623.2	670	78	277	340	Inning 7+	.274	1300	356	64	6	45	176	154	198	.352	.436
Grass	5.39	46	51	18	309	97	865.1	951	132	389	467	None on	.272	2229	606	128	16	85	191	303	332	.332	.458
Turf	5.36	7	11	2	52	18	152.2	188	16	60	93	Runners on	.296	1803	533	97	9	63	551	258	257	.382	.464
April	6.00	7	14	5	66	21	183.0	210	29	105	96	Scoring Posn	.288	1109	319	59	5	43	488	192	178	.388	.466
May	5.53	16	11	6	90	27	237.2	272	33	102	131	Close & Late	.278	518	144	29	2	21	81	70	86	.363	.463
June	5.82	13	14	2	93	27	244.1	277	36	112	130	None on/out	.291	990	288	61	7	45	45	87	119	.350	.503
July	4.29	12	17	4	77	29	258.0	272	35	94	151	vs. 1st Batr (relief)	.233	223	52	11	2	7	26	23	49	.305	.395
August	5.68	5	6	3	35	11	95.0	108	15	36	52	First Inning Pitched	.260	1218	317	58	10	34	210	163	213	.348	.408
September/October	0.00	0	0	0	0	0	0	0	0	0	0	First 75 Pits (SP)	.283	3264	924	186	21	114	527	371	472	.357	.458
Starters	5.65	36	49	0	115	115	694.0	811	107	273	339	Pitch 76-90	.284	342	97	23	1	18	61	35	37	.352	.515
Relievers	4.81	17	13	20	246	0	324.0	328	41	176	221	Pitch 91-105	.267	225	60	9	1	10	27	24	29	.340	.449
0-3 Days Rest (SP)	8.01	2	6	0	9	9	48.1	74	9	16	28	Pitch 106+	.289	201	58	7	2	6	21	19	22	.348	.433
4 Days Rest	5.50	25	25	0	66	66	407.2	470	63	157	199	First Pitch	.353	604	213	42	6	28	117	51	0	.402	.581
5+ Days Rest	5.45	9	18	0	40	40	238.0	267	35	100	112	Ahead in Count	.227	1720	391	70	8	45	213	0	457	.232	.356
Pre-All Star	5.65	40	47	14	280	87	769.1	881	113	362	419	Behind in Count	.325	922	300	67	7	49	176	243	0	.466	.573
Post-All Star	4.56	13	15	6	81	28	248.2	258	35	87	141	Two Strikes	.216	1694	366	66	8	38	186	152	560	.283	.332

Games Finished: 100   Inherited Runners: 172   Inherited Runners Scored: 55   Holds: 33

Kansas City Royals
1994 Record: 64 – 51

1994 Season	Avg	G	AB	R	H	2B	3B	HR	RBI	BB	SO	HBP	GDP	SB	CS	OBP	SLG	IBB	SH	SF	#Pit	#P/PA	GB	FB	G/F
	.269	115	3911	574	1051	211	38	100	538	376	698	33	72	140	62	.335	.419	23	32	38	16133	3.67	1385	1062	1.30

1994 Batting

	Avg	AB	H	2B	3B	HR	RBI	BB	SO	OBP	SLG		Avg	AB	H	2B	3B	HR	RBI	BB	SO	OBP	SLG
vs. Left	.274	1109	304	66	13	26	147	99	174	.333	.427	Scoring Posn	.278	992	276	56	9	30	422	132	196	.359	.444
vs. Right	.267	2802	747	145	25	74	391	277	524	.336	.415	Close & Late	.274	621	170	32	4	17	93	62	113	.340	.420
Groundball	.264	766	202	34	5	11	87	69	124	.331	.364	None on/out	.245	969	237	56	11	19	82	150	.306	.384
Flyball	.272	987	268	60	14	31	165	100	183	.340	.455	Leadoff	.230	486	112	18	11	3	33	40	86	.286	.331
Home	.297	2006	596	133	27	41	309	210	327	.364	.452	Batting #3	.303	442	134	26	5	14	72	60	57	.386	.480
Away	.239	1905	455	78	11	59	229	166	371	.304	.384	Cleanup	.248	432	107	26	1	22	56	59	87	.350	.465
Day	.276	1115	308	63	11	32	168	110	209	.346	.439	April	.258	698	180	30	7	20	107	67	100	.327	.407
Night	.266	2796	743	148	27	68	370	266	489	.331	.411	May	.277	1003	278	56	11	26	151	106	197	.349	.433
Grass	.242	1463	354	61	6	45	172	124	265	.306	.384	June	.252	913	230	47	9	22	106	81	184	.313	.395
Turf	.285	2448	697	150	32	55	366	252	433	.352	.440	July	.273	962	263	48	7	26	128	93	161	.341	.419
First Pitch	.332	599	199	39	9	21	104	16	0	.352	.533	August	.299	335	100	30	4	6	46	29	56	.354	.466
Ahead in Count	.339	861	292	75	11	28	157	197	0	.461	.549	September/October	.000	0	0	0	0	0	0	0	0	.000	.000
Behind in Count	.209	1719	360	54	16	32	171	0	583	.215	.315	Pre-All Star	.265	2956	782	151	30	80	420	290	544	.332	.417
Two Strikes	.191	1726	329	64	12	26	151	162	698	.263	.287	Post-All Star	.282	955	269	60	8	20	118	86	154	.344	.424

1994 Season	ERA	W	L	Sv	Opp	G	IP	BB	SO	Avg	H	HR	RBI	OBP	SLG	CG	ShO	Sup	QS	#P/S	SB	CS	GB	FB	G/F
	4.23	64	51	38	51	115	1031.2	392	717	.260	1018	209	31	95	499	.328	.402	5	6	5.01	62	103	91	30	1494	979	1.53

1994 Pitching

	ERA	W	L	Sv	G	GS	IP	H	HR	BB	SO		Avg	AB	H	2B	3B	HR	RBI	BB	SO	OBP	SLG
Home	4.28	35	24	16	179	59	542.0	525	48	187	355	vs. Left	.271	1824	494	97	15	41	223	211	298	.346	.408
Away	4.17	29	27	22	183	56	489.2	493	47	205	362	vs. Right	.250	2095	524	112	16	54	276	181	419	.313	.396
Day	4.95	19	14	8	106	33	287.1	316	33	101	194	Inning 1-6	.259	2611	675	135	21	65	343	260	466	.326	.401
Night	3.95	45	37	30	256	82	744.1	702	62	291	523	Inning 7+	.262	1308	343	74	10	30	156	132	251	.334	.403
Grass	4.10	21	22	15	139	43	375.2	380	34	167	277	None on	.257	2228	572	116	21	48	48	183	418	.317	.392
Turf	4.31	43	29	23	223	72	656.0	638	61	225	440	Runners on	.264	1691	446	93	10	47	451	209	299	.342	.414
April	5.20	9	11	3	68	20	176.2	191	22	74	122	Scoring Posn	.255	1019	260	63	8	30	401	153	182	.345	.421
May	4.12	16	13	9	92	29	260.0	260	26	99	189	Close & Late	.260	668	174	35	5	13	85	73	131	.337	.386
June	3.54	15	13	9	86	28	244.1	244	21	80	157	None on/out	.267	983	262	52	10	19	70	176	.320	.398
July	4.39	18	10	12	86	28	260.1	239	19	110	188	vs. 1st Batr (relief)	.247	215	53	11	3	4	28	24	44	.329	.381
August	4.08	6	4	5	30	10	90.1	84	7	29	61	First Inning Pitched	.249	1166	290	59	7	30	190	134	228	.329	.389
September/October	0.00	0	0	0	0	0	0.0	0	0	0	0	First 75 Pits (SP)	.263	3076	810	167	26	81	409	308	545	.331	.414
Starters	4.30	46	37	0	115	115	732.1	714	65	278	511	Pitch 76-90	.261	345	90	21	1	4	39	31	62	.330	.362
Relievers	4.06	18	14	38	247	0	299.1	304	30	114	206	Pitch 91-105	.263	274	72	13	0	8	39	24	54	.320	.398
0-3 Days Rest (SP)	0.00	0	0	0	0	0	0.0	0	0	0	0	Pitch 106+	.205	224	46	8	4	2	12	29	56	.297	.304
4 Days Rest	4.35	26	22	0	70	70	457.1	455	35	168	318	First Pitch	.279	499	139	21	7	15	80	29	0	.319	.439
5+ Days Rest	4.22	20	15	0	45	45	275.0	259	30	110	193	Ahead in Count	.207	1774	368	71	9	30	164	0	590	.214	.308
Pre-All Star	4.26	45	42	23	276	87	772.0	776	79	289	535	Behind in Count	.346	859	297	64	7	32	157	182	0	.457	.548
Post-All Star	4.16	19	9	15	86	28	259.2	242	16	103	182	Two Strikes	.193	1806	348	76	9	30	155	181	717	.268	.295

Games Finished: 110   Inherited Runners: 174   Inherited Runners Scored: 52   Holds: 36

Milwaukee Brewers

1994 Record: 53 – 62

	Avg	G	AB	R	H	2B	3B	HR	RBI	BB	SO	HBP	GDP	SB	CS	OBP	SLG	IBB	SH	SF	#Pit	#P/PA	GB	FB	G/F
1994 Season	.263	115	3978	547	1045	238	21	99	510	417	680	33	84	59	37	.335	.408	30	28	38	16965	3.78	1379	1137	1.21

1994 Batting

	Avg	AB	H	2B	3B	HR	RBI	BB	SO	OBP	SLG		Avg	AB	H	2B	3B	HR	RBI	BB	SO	OBP	SLG
vs. Left	.255	872	222	55	3	29	112	117	131	.342	.424	Scoring Posn	.261	1044	272	62	5	26	403	155	188	.348	.404
vs. Right	.265	3106	823	183	18	70	398	300	549	.333	.403	Close & Late	.253	609	154	38	1	17	79	58	120	.324	.402
Groundball	.272	891	242	58	5	20	117	67	145	.329	.415	None on/out	.263	984	259	69	4	20	20	79	169	.321	.402
Flyball	.259	880	228	47	4	17	101	99	155	.335	.380	Leadoff	.276	490	135	29	2	3	44	49	59	.341	.361
Home	.271	1928	523	119	11	48	256	206	321	.344	.419	Batting #3	.258	445	115	29	2	11	60	71	64	.365	.407
Away	.255	2050	522	119	10	51	254	211	359	.326	.397	Cleanup	.251	458	115	24	2	10	53	51	98	.324	.378
Day	.282	1283	362	75	11	36	176	154	183	.359	.442	April	.266	747	199	39	8	18	106	82	119	.340	.412
Night	.253	2695	683	163	10	63	334	263	497	.323	.391	May	.259	985	255	59	5	20	108	89	170	.323	.390
Grass	.272	3271	889	199	19	81	431	353	543	.344	.419	June	.289	950	275	58	6	34	147	106	155	.364	.471
Turf	.221	707	156	39	2	18	79	64	137	.290	.358	July	.250	948	237	64	2	21	114	101	175	.324	.388
First Pitch	.302	500	151	31	7	16	75	20	0	.336	.488	August	.227	348	79	18	0	6	35	39	61	.306	.330
Ahead in Count	.319	934	298	74	6	39	165	214	0	.443	.536	September/October	.000	0	0	0	0	0	0	0	0	.000	.000
Behind in Count	.214	1755	376	77	5	29	155	0	565	.218	.313	Pre-All Star	.268	3025	811	180	19	76	397	308	518	.338	.416
Two Strikes	.203	1791	363	83	2	25	159	183	680	.279	.293	Post-All Star	.246	953	234	58	2	23	113	109	162	.324	.383

	ERA	W	L	Sv	Opp	G	IP	BB	SO	Avg	H	2B	3B	HR	RBI	OBP	SLG	CG	ShO	Sup	QS	#P/S	SB	CS	GB	FB	G/F
1994 Season	4.62	53	62	23	37	115	1036.0	421	577	.269	1071	221	25	127	558	.340	.433	11	3	4.75	48	100	117	28	1518	1136	1.34

1994 Pitching

	ERA	W	L	Sv	G	GS	IP	H	HR	BB	SO		Avg	AB	H	2B	3B	HR	RBI	BB	SO	OBP	SLG
Home	4.75	24	32	9	194	56	525.0	537	63	225	300	vs. Left	.273	1790	489	80	14	56	243	180	244	.339	.427
Away	4.49	29	30	14	173	59	511.0	534	64	196	277	vs. Right	.266	2192	582	141	11	71	315	241	333	.342	.437
Day	4.79	17	21	8	125	38	332.2	365	29	125	206	Inning 1-6	.272	2670	727	163	18	86	385	267	368	.339	.443
Night	4.54	36	41	15	242	77	703.1	706	98	296	371	Inning 7+	.262	1312	344	58	7	41	173	154	209	.342	.411
Grass	4.67	42	52	16	310	94	855.1	870	107	367	481	None on	.263	2235	588	123	10	73	73	223	324	.333	.425
Turf	4.38	11	10	7	57	21	180.2	201	20	54	96	Runners on	.276	1747	483	98	15	54	485	198	253	.349	.442
April	3.27	13	9	4	67	22	198.0	193	15	74	119	Scoring Posn	.263	1014	267	62	8	29	416	146	164	.352	.426
May	5.98	7	21	4	94	28	248.1	291	40	117	147	Close & Late	.266	591	157	24	1	18	87	77	97	.351	.401
June	4.10	17	10	6	87	27	248.0	237	29	97	137	None on/out	.257	978	251	55	4	35	35	104	134	.331	.428
July	4.58	13	14	8	85	27	245.2	246	31	85	124	vs. 1st Batr (relief)	.241	212	51	13	2	7	43	32	37	.343	.420
August	5.34	3	8	1	34	11	96.0	104	12	48	50	First Inning Pitched	.267	1228	328	65	6	35	227	161	199	.354	.415
September/October	0.00	0	0	0	0	0	0.0	0	0	0	0	First 75 Pits (SP)	.274	3146	863	182	19	98	465	349	469	.348	.438
Starters	4.77	37	44	0	115	115	716.2	768	90	259	361	Pitch 76-90	.235	383	90	16	3	12	41	30	50	.295	.386
Relievers	4.28	16	18	23	252	0	319.1	303	37	162	216	Pitch 91-105	.266	278	74	12	2	10	40	22	35	.320	.464
0-3 Days Rest (SP)	4.66	0	1	0	2	2	9.2	13	0	2	4	Pitch 106+	.251	175	44	11	1	4	12	20	23	.330	.394
4 Days Rest	4.95	22	32	0	70	70	445.2	469	55	173	227	First Pitch	.333	582	194	44	4	23	102	23	0	.360	.541
5+ Days Rest	4.48	15	11	0	43	43	261.1	286	35	84	130	Ahead in Count	.217	1644	356	70	9	37	173	0	476	.222	.338
Pre-All Star	4.73	39	48	15	277	87	780.0	819	96	326	445	Behind in Count	.303	956	290	63	7	41	168	213	0	.428	.513
Post-All Star	4.29	14	14	8	90	28	256.0	252	31	95	132	Two Strikes	.201	1689	340	74	6	35	164	185	577	.281	.314

Games Finished: 104   Inherited Runners: 196   Inherited Runners Scored: 70   Holds: 31

Minnesota Twins — 1994 Record: 53 – 60

1994 Season (Batting Summary)

	Avg	G	AB	R	H	2B	3B	HR	RBI	BB	SO	HBP	GDP	SB	CS	OBP	SLG	IBB	SH	SF	#Pit	#P/PA	GB	FB	G/F
1994 Season	.276	113	3952	594	1092	239	23	103	556	359	635	41	93	94	30	.340	.427	26	22	34	16016	3.63	1544	1112	1.39

1994 Batting

	Avg	AB	H	2B	3B	HR	RBI	BB	SO	OBP	SLG		Avg	AB	H	2B	3B	HR	RBI	BB	SO	OBP	SLG
vs. Left	.291	932	271	63	6	34	149	98	169	.360	.481	Scoring Posn	.274	1102	302	69	5	32	447	126	193	.348	.433
vs. Right	.272	3020	821	176	17	69	407	261	466	.334	.410	Close & Late	.281	541	152	34	1	11	84	45	81	.343	.409
Groundball	.296	1031	305	58	6	25	156	92	166	.359	.436	None on/out	.290	957	278	58	9	30	130	83	130	.352	.464
Flyball	.278	787	219	50	6	30	130	64	119	.335	.471	Leadoff	.308	478	147	41	6	8	53	51	68	.382	.469
Home	.290	2023	587	135	15	48	304	208	327	.359	.443	Batting #3	.320	466	149	34	3	22	118	34	51	.370	.547
Away	.262	1929	505	104	8	55	252	151	308	.320	.410	Cleanup	.272	438	119	22	2	16	87	53	56	.346	.441
Day	.272	1164	317	67	9	31	177	107	193	.339	.425	April	.274	884	242	50	4	16	121	104	154	.354	.394
Night	.278	2788	775	172	14	72	379	252	442	.340	.427	May	.280	820	230	66	7	17	127	72	156	.341	.440
Grass	.265	1394	370	76	5	46	189	109	203	.323	.426	June	.302	979	296	68	4	37	158	69	143	.352	.493
Turf	.282	2558	722	163	18	57	367	250	432	.350	.427	July	.248	921	228	40	7	24	100	73	136	.307	.384
First Pitch	.341	587	200	44	4	16	94	18	0	.362	.511	August	.276	348	96	15	1	9	50	41	46	.357	.402
Ahead in Count	.338	857	290	64	6	25	135	198	0	.462	.515	September/October	.000	0	0	0	0	0	0	0	0	.000	.000
Behind in Count	.227	1742	396	79	8	40	213	0	532	.235	.351	Pre-All Star	.280	3005	842	195	18	76	439	271	504	.343	.433
Two Strikes	.201	1703	343	72	4	38	196	141	635	.266	.315	Post-All Star	.264	947	250	44	5	27	117	88	131	.331	.407

1994 Season (Pitching Summary)

	ERA	W	L	Sv	Opp	G	IP	BB	SO	Avg	H	2B	3B	HR	RBI	OBP	SLG	CG	ShO	Sup	QS	#P/S	SB	CS	GB	FB	G/F
1994 Season	5.68	53	60	29	44	113	1005.0	388	602	.299	1197	275	24	153	655	.361	.494	6	4	5.32	37	95	85	53	1354	1328	1.02

1994 Pitching

	ERA	W	L	Sv	G	GS	IP	H	HR	BB	SO		Avg	AB	H	2B	3B	HR	RBI	BB	SO	OBP	SLG
Home	5.26	32	27	17	192	59	537.0	596	88	199	328	vs. Left	.287	1542	442	90	6	50	244	188	239	.362	.450
Away	6.15	21	33	12	193	54	468.0	601	65	189	274	vs. Right	.306	2467	755	185	18	103	411	200	363	.361	.521
Day	5.73	18	16	8	113	34	297.0	361	48	116	178	Inning 1-6	.296	2675	791	186	17	100	429	265	389	.360	.490
Night	5.66	35	44	21	272	79	708.0	836	105	272	424	Inning 7+	.304	1334	406	89	7	53	226	123	213	.363	.501
Grass	5.98	17	22	10	144	39	340.0	427	51	138	195	None on	.294	2176	639	150	8	86	86	200	298	.356	.489
Turf	5.52	36	38	19	241	74	665.0	770	102	250	407	Runners on	.304	1833	558	125	16	67	569	188	304	.367	.500
April	7.34	9	16	6	84	25	220.2	312	49	102	125	Scoring Posn	.298	1099	327	75	6	34	474	136	198	.367	.470
May	5.14	16	8	8	72	24	212.0	231	20	67	127	Close & Late	.300	523	157	29	3	17	82	39	96	.349	.465
June	4.72	15	12	8	97	27	240.1	267	37	96	161	None on/out	.283	953	270	73	1	33	33	92	123	.352	.466
July	5.80	7	20	5	98	27	239.0	280	35	89	138	vs. 1st Batr (relief)	.311	238	74	14	0	15	55	25	43	.378	.559
August	5.13	6	4	2	34	10	93.0	107	12	34	51	First Inning Pitched	.313	1356	424	85	7	60	282	146	225	.379	.518
September/October	0.00	0	0	0	0	0	0.0	0	0	0	0	First 75 Pits (SP)	.295	3306	976	218	17	126	543	325	505	.359	.486
Starters	5.84	37	45	0	113	113	641.0	764	99	254	363	Pitch 76-90	.295	352	104	26	3	12	48	23	50	.341	.489
Relievers	5.39	16	15	29	272	0	364.0	433	54	134	239	Pitch 91-105	.340	247	84	21	3	12	46	19	34	.384	.595
0-3 Days Rest (SP)	9.36	1	2	0	6	6	25.0	35	5	17	11	Pitch 106+	.317	104	33	10	1	3	18	21	13	.432	.519
4 Days Rest	5.94	22	31	0	69	69	399.2	478	65	164	233	First Pitch	.359	551	198	37	5	28	121	15	0	.374	.597
5+ Days Rest	5.24	14	12	0	38	38	216.1	251	29	73	119	Ahead in Count	.232	1635	379	82	8	41	195	0	495	.238	.367
Pre-All Star	5.84	42	44	24	291	86	761.2	923	124	303	464	Behind in Count	.372	1037	386	99	7	56	207	225	0	.482	.643
Post-All Star	5.18	11	16	5	94	27	243.1	274	29	85	138	Two Strikes	.209	1666	348	79	7	34	187	148	602	.275	.326

Games Finished: 107   Inherited Runners: 213   Inherited Runners Scored: 77   Holds: 34

New York Yankees

1994 Record: 70 – 43

	Avg	G	AB	R	H	2B	3B	HR	RBI	BB	SO	HBP	GDP	SB	CS	OBP	SLG	IBB	SH	SF	#Pit	#P/PA	GB	FB	G/F
1994 Season	.290	113	3986	670	1155	238	16	139	632	530	660	31	111	55	40	.374	.462	34	27	37	17672	3.83	1433	1107	1.29

1994 Batting

	Avg	AB	H	2B	3B	HR	RBI	BB	SO	OBP	SLG		Avg	AB	H	2B	3B	HR	RBI	BB	SO	OBP	SLG
vs. Left	.297	1315	391	82	2	54	216	188	239	.386	.486	Scoring Posn	.283	1116	316	66	1	32	465	206	201	.389	.430
vs. Right	.286	2671	764	156	14	85	416	342	421	.369	.450	Close & Late	.274	540	148	24	2	13	82	84	101	.376	.398
Groundball	.285	1014	289	53	6	27	167	117	161	.362	.429	None on/out	.297	958	285	58	4	40	40	106	158	.371	.492
Flyball	.271	985	267	46	3	41	136	124	150	.353	.449	Leadoff	.324	497	161	36	7	5	53	47	49	.388	.455
Home	.282	1920	542	111	5	63	271	230	313	.361	.444	Batting #3	.279	451	126	30	1	10	65	76	45	.381	.417
Away	.297	2066	613	127	11	76	361	300	347	.387	.479	Cleanup	.234	457	107	26	0	18	73	60	122	.324	.409
Day	.283	1567	444	95	6	56	245	198	261	.364	.459	April	.274	776	213	45	2	27	138	129	115	.380	.442
Night	.294	2419	711	143	10	83	387	332	399	.381	.464	May	.296	888	263	47	2	35	131	105	140	.370	.472
Grass	.290	3292	955	189	8	118	505	430	558	.373	.460	June	.284	950	270	56	4	32	147	135	160	.375	.453
Turf	.288	694	200	49	8	21	127	100	102	.379	.473	July	.297	966	287	57	5	35	151	115	186	.374	.475
First Pitch	.335	514	172	30	2	18	76	27	0	.372	.506	August	.300	406	122	33	3	10	65	46	59	.371	.470
Ahead in Count	.391	1008	394	91	7	58	234	285	0	.521	.668	September/October	.000	0	0	0	0	0	0	0	0	.000	.000
Behind in Count	.217	1655	359	74	6	34	192	0	539	.222	.331	Pre-All Star	.285	2958	844	167	8	106	456	401	494	.372	.455
Two Strikes	.212	1752	372	74	3	40	202	218	660	.302	.326	Post-All Star	.303	1028	311	71	8	33	176	129	166	.382	.483

	ERA	W	L	Sv	Opp	G	IP	BB	SO	Avg	H	2B	3B	HR	RBI	OBP	SLG	CG	ShO	Sup	QS	#P/S	SB	CS	GB	FB	G/F
1994 Season	4.34	70	43	31	45	113	1019.2	398	656	.267	1045	216	22	120	509	.335	.425	8	2	5.91	61	103	55	29	1516	1041	1.46

1994 Pitching

	ERA	W	L	Sv	G	GS	IP	H	HR	BB	SO		Avg	AB	H	2B	3B	HR	RBI	BB	SO	OBP	SLG
Home	4.18	33	24	17	169	57	523.0	521	62	178	335	vs. Left	.265	1149	305	63	6	34	156	118	193	.336	.419
Away	4.51	37	19	14	185	56	496.2	524	58	220	321	vs. Right	.267	2771	740	153	16	86	353	280	463	.334	.427
Day	4.75	25	20	13	140	45	405.1	426	54	159	243	Inning 1-6	.271	2599	704	146	13	77	338	273	426	.341	.426
Night	4.07	45	23	18	214	68	614.1	619	66	239	413	Inning 7+	.258	1321	341	70	9	43	171	125	230	.322	.422
Grass	4.14	60	34	28	290	94	854.2	854	100	336	547	None on	.268	2199	589	120	9	70	70	195	379	.331	.426
Turf	5.40	10	9	3	64	19	165.0	191	20	62	109	Runners on	.265	1721	456	95	13	50	439	203	277	.339	.423
April	4.38	15	8	8	76	23	205.1	207	26	96	130	Scoring Posn	.259	975	253	54	10	25	369	138	158	.343	.412
May	3.83	18	7	8	74	25	230.1	224	19	71	146	Close & Late	.244	616	150	34	4	13	85	55	113	.304	.375
June	4.67	14	13	6	85	27	237.0	261	32	94	145	None on/out	.272	971	264	66	5	27	27	81	161	.330	.434
July	4.39	17	10	9	84	27	246.0	253	35	97	171	vs. 1st Batr (relief)	.221	217	48	12	1	5	38	18	50	.275	.355
August	4.54	6	5	0	35	11	101.0	100	8	40	64	First Inning Pitched	.259	1146	297	62	11	30	166	124	212	.332	.411
September/October	0.00	0	0	0	0	0	0.0	0	0	0	0	First 75 Pits (SP)	.263	3045	800	164	19	84	375	314	536	.333	.412
Starters	4.41	51	29	0	113	113	729.1	759	87	282	440	Pitch 76-90	.298	372	111	18	1	19	57	40	50	.361	.505
Relievers	4.18	19	14	31	241	0	290.1	286	33	116	216	Pitch 91-105	.258	306	79	22	1	8	44	27	49	.318	.415
0-3 Days Rest (SP)	0.00	0	0	0	0	0	0.0	0	0	0	0	Pitch 106+	.279	197	55	12	1	9	33	17	21	.336	.487
4 Days Rest	4.57	35	24	0	76	76	494.0	539	52	188	296	First Pitch	.315	558	176	39	0	29	99	16	0	.337	.541
5+ Days Rest	4.05	16	5	0	37	37	235.1	220	35	94	144	Ahead in Count	.192	1642	315	64	8	25	148	0	560	.195	.286
Pre-All Star	4.40	50	35	24	265	85	762.2	798	89	292	486	Behind in Count	.334	945	316	67	9	40	145	216	0	.455	.551
Post-All Star	4.17	20	8	7	89	28	257.0	247	31	106	170	Two Strikes	.193	1685	325	59	6	31	172	166	656	.265	.290

Games Finished: 105   Inherited Runners: 174   Inherited Runners Scored: 53   Holds: 23

Oakland Athletics — 1994 Record: 51 – 63

	Avg	G	AB	R	H	2B	3B	HR	RBI	BB	SO	HBP	GDP	SB	CS	OBP	SLG	IBB	SH	SF	#Pit	#P/PA	GB	FB	G/F
1994 Season	.260	114	3885	549	1009	178	13	113	515	417	686	18	78	91	39	.330	.399	21	24	51	17013	3.87	1383	1115	1.24

1994 Batting

	Avg	AB	H	2B	3B	HR	RBI	BB	SO	OBP	SLG		Avg	AB	H	2B	3B	HR	RBI	BB	SO	OBP	SLG
vs. Left	.284	1366	388	71	7	50	219	165	235	.359	.456	Scoring Posn	.261	962	251	44	5	26	385	129	185	.335	.398
vs. Right	.247	2519	621	107	6	63	296	252	451	.314	.369	Close & Late	.235	537	126	17	2	14	70	69	114	.321	.352
Groundball	.266	892	237	35	3	26	113	84	147	.328	.399	None on/out	.257	954	245	51	2	29	93	152	.326	.406
Flyball	.245	925	227	51	3	34	138	107	171	.321	.417	Leadoff	.258	442	114	20	0	8	30	88	66	.385	.357
Home	.252	1846	465	78	11	51	228	226	333	.333	.389	Batting #3	.273	454	124	15	1	20	81	49	84	.342	.443
Away	.267	2039	544	100	2	62	287	191	353	.328	.409	Cleanup	.288	441	127	25	1	18	90	49	84	.354	.472
Day	.267	1459	390	72	4	43	201	164	265	.340	.411	April	.276	843	233	46	2	32	136	118	150	.365	.450
Night	.255	2426	619	106	9	70	314	253	421	.324	.393	May	.258	931	240	42	5	24	115	97	143	.326	.391
Grass	.254	3300	838	147	13	94	413	364	591	.327	.392	June	.258	883	228	45	2	21	106	79	168	.317	.385
Turf	.292	585	171	31	0	19	102	53	95	.351	.443	July	.259	874	226	38	3	29	123	97	152	.331	.408
First Pitch	.317	473	150	30	2	25	101	14	0	.336	.548	August	.232	354	82	7	1	7	35	26	73	.286	.316
Ahead in Count	.323	851	275	50	2	29	132	217	0	.456	.489	September/October	.000	0	0	0	0	0	0	0	0	.000	.000
Behind in Count	.206	1741	358	56	6	32	166	0	584	.208	.300	Pre-All Star	.267	3017	807	151	10	88	410	325	520	.337	.412
Two Strikes	.194	1850	358	65	3	40	178	186	686	.268	.297	Post-All Star	.233	868	202	27	3	25	105	92	166	.306	.357

	ERA	W	L	Sv	Opp	G	IP	BB	SO	Avg	H	2B	3B	HR	RBI	OBP	SLG	CG	ShO	Sup	QS	#P/S	SB	CS	GB	FB	G/F
1994 Season	4.80	51	63	23	36	114	1003.1	510	732	.257	979	172	24	128	560	.347	.416	12	9	4.92	46	94	60	45	1318	1059	1.24

1994 Pitching

	ERA	W	L	Sv	G	GS	IP	H	HR	BB	SO		Avg	AB	H	2B	3B	HR	RBI	BB	SO	OBP	SLG
Home	4.15	24	32	7	203	56	510.0	469	54	250	371	vs. Left	.271	1933	524	95	15	68	296	309	353	.371	.441
Away	5.47	27	31	16	219	58	493.1	510	74	260	361	vs. Right	.243	1873	455	77	9	60	264	201	379	.322	.390
Day	4.74	19	24	4	147	43	374.1	349	46	195	293	Inning 1-6	.264	2614	689	117	15	94	392	365	476	.356	.428
Night	4.84	32	39	19	275	71	629.0	630	82	315	439	Inning 7+	.243	1192	290	55	9	34	168	145	256	.327	.390
Grass	4.84	41	57	18	360	98	863.1	839	111	439	625	None on	.242	2119	512	88	14	68	68	256	390	.327	.393
Turf	4.56	10	6	5	62	16	140.0	140	17	71	107	Runners on	.277	1687	467	84	10	60	492	254	342	.371	.445
April	6.20	7	17	1	87	24	210.1	232	31	120	139	Scoring Posn	.291	969	282	52	5	30	417	173	200	.392	.448
May	5.38	8	19	5	98	27	236.0	246	40	139	183	Close & Late	.258	508	131	28	5	15	82	70	106	.348	.421
June	3.98	17	9	9	88	26	233.0	190	24	108	173	None on/out	.270	940	254	43	7	36	36	113	162	.352	.446
July	4.13	15	11	6	112	26	229.0	212	23	106	176	vs. 1st Batr (relief)	.239	272	65	14	4	9	49	26	66	.307	.419
August	3.88	4	7	2	37	11	95.0	99	10	37	61	First Inning Pitched	.273	1394	381	77	10	41	262	200	294	.363	.431
September/October	0.00	0	0	0	0	0	0.0	0	0	0	0	First 75 Pits (SP)	.261	3168	828	143	20	112	494	432	603	.352	.425
Starters	4.82	32	46	0	114	114	633.1	623	84	319	439	Pitch 76-90	.250	272	68	14	0	6	35	40	56	.352	.368
Relievers	4.77	19	17	23	308	0	370.0	356	44	191	293	Pitch 91-105	.220	200	44	7	0	5	14	22	39	.304	.330
0-3 Days Rest (SP)	4.35	1	3	0	6	6	31.0	30	3	21	27	Pitch 106+	.235	166	39	8	4	5	17	16	34	.303	.422
4 Days Rest	4.67	19	22	0	61	61	366.1	364	46	162	248	First Pitch	.320	518	166	26	3	24	96	19	0	.347	.521
5+ Days Rest	5.11	12	21	0	47	47	236.0	229	35	136	164	Ahead in Count	.182	1669	304	54	11	27	149	0	612	.190	.276
Pre-All Star	5.12	39	48	19	314	87	766.1	753	105	405	558	Behind in Count	.343	883	303	55	6	44	195	286	0	.500	.569
Post-All Star	3.76	12	15	4	108	27	237.0	226	23	105	174	Two Strikes	.168	1753	294	62	6	32	151	203	732	.258	.265

Games Finished: 102   Inherited Runners: 228   Inherited Runners Scored: 72   Holds: 23

Seattle Mariners — 1994 Record: 49 – 63

1994 Season	Avg	G	AB	R	H	2B	3B	HR	RBI	BB	SO	HBP	GDP	SB	CS	OBP	SLG	IBB	SH	SF	#Pit	#P/PA	GB	FB	G/F
	.269	112	3883	569	1045	211	18	153	549	372	652	26	86	48	21	.335	.451	42	48	32	16159	3.71	1438	1133	1.27

1994 Batting

	Avg	AB	H	2B	3B	HR	RBI	BB	SO	OBP	SLG		Avg	AB	H	2B	3B	HR	RBI	BB	SO	OBP	SLG
vs. Left	.287	1189	341	71	7	54	193	114	200	.350	.495	Scoring Posn	.271	948	257	50	5	36	388	145	163	.366	.448
vs. Right	.261	2694	704	140	11	99	356	258	452	.328	.432	Close & Late	.271	598	162	45	2	25	89	76	106	.356	.478
Groundball	.296	1040	308	71	4	35	167	92	158	.353	.473	None on/out	.272	979	266	61	3	40	40	73	153	.325	.463
Flyball	.253	928	235	43	4	37	117	91	172	.326	.428	Leadoff	.216	485	105	20	1	7	35	34	82	.270	.305
Home	.274	1494	409	100	8	63	239	184	274	.355	.478	Batting #3	.315	448	141	24	4	40	90	58	74	.394	.654
Away	.266	2389	636	111	10	90	310	188	378	.321	.434	Cleanup	.271	409	111	24	4	23	69	74	75	.387	.518
Day	.276	1136	314	59	7	44	161	104	200	.339	.457	April	.264	800	211	45	6	30	106	71	130	.325	.448
Night	.266	2747	731	152	11	109	388	268	452	.333	.448	May	.278	908	252	48	7	45	146	101	165	.352	.494
Grass	.264	1931	510	81	9	72	246	153	308	.319	.427	June	.255	920	235	54	2	35	123	102	150	.331	.433
Turf	.274	1952	535	130	9	81	303	219	344	.350	.474	July	.259	882	228	46	2	23	100	69	152	.314	.393
First Pitch	.326	546	178	36	2	31	108	33	0	.366	.570	August	.319	373	119	18	1	20	74	29	55	.367	.534
Ahead in Count	.360	914	329	63	7	57	184	174	0	.461	.631	September/October	.000	0	0	0	0	0	0	0	0	.000	.000
Behind in Count	.200	1667	333	71	6	39	158	0	543	.206	.320	Pre-All Star	.267	2981	796	159	17	121	418	297	498	.336	.454
Two Strikes	.194	1718	334	66	7	39	167	164	652	.268	.309	Post-All Star	.276	902	249	52	1	32	131	75	154	.331	.442

1994 Season	ERA	W	L	Sv	Opp	G	IP	BB	SO	Avg	H	2B	3B	HR	RBI	OBP	SLG	CG	ShO	Sup	QS	#P/S	SB	CS	GB	FB	G/F
	4.99	49	63	21	32	112	984.0	486	763	.274	1051	211	27	109	581	.357	.428	13	7	5.20	44	100	69	39	1393	1017	1.37

1994 Pitching

	ERA	W	L	Sv	G	GS	IP	H	HR	BB	SO		Avg	AB	H	2B	3B	HR	RBI	BB	SO	OBP	SLG
Home	4.95	22	22	9	150	44	402.0	403	44	186	324	vs. Left	.287	1292	371	76	12	32	193	183	223	.378	.439
Away	5.03	27	41	12	214	68	582.0	648	65	300	439	vs. Right	.267	2544	680	135	15	77	388	303	540	.346	.423
Day	5.53	12	21	6	106	33	285.0	339	34	135	222	Inning 1-6	.292	2681	782	155	20	79	429	331	470	.370	.453
Night	4.78	37	42	15	258	79	699.0	712	75	351	541	Inning 7+	.233	1155	269	56	7	30	152	155	293	.328	.371
Grass	5.03	22	33	11	175	55	472.2	521	56	249	362	None on	.262	2082	545	110	20	57	57	229	416	.338	.416
Turf	4.96	27	30	10	189	57	511.1	530	53	237	401	Runners on	.288	1754	506	101	7	52	524	257	347	.378	.443
April	3.81	10	13	2	72	23	203.0	193	23	102	144	Scoring Posn	.295	1045	308	54	3	30	462	183	197	.393	.448
May	5.60	11	16	4	88	27	230.0	260	26	128	153	Close & Late	.226	474	107	24	2	8	61	66	129	.324	.335
June	5.19	12	15	6	83	27	243.0	261	25	96	206	None on/out	.264	936	247	40	10	35	35	90	189	.331	.440
July	5.94	7	18	4	90	25	218.0	254	30	115	187	vs. 1st Batr (relief)	.295	220	65	11	1	8	45	28	47	.377	.464
August	3.30	9	1	4	31	10	90.0	83	5	45	73	First Inning Pitched	.268	1250	335	52	12	41	239	171	279	.356	.435
September/October	0.00	0	0	0	0	0	0	0	0	0	0	First 75 Pits (SP)	.273	3071	839	158	22	84	468	393	607	.357	.424
Starters	5.41	29	48	0	112	112	641.2	723	74	314	471	Pitch 76-90	.289	315	91	22	0	13	50	38	53	.367	.483
Relievers	4.21	20	15	21	252	0	342.1	328	35	172	292	Pitch 91-105	.305	236	72	12	3	8	40	28	43	.384	.483
0-3 Days Rest (SP)	6.52	1	2	0	5	5	29.0	36	3	9	18	Pitch 106+	.229	214	49	9	2	4	23	27	60	.316	.346
4 Days Rest	4.38	20	23	0	59	59	363.1	374	40	163	276	First Pitch	.384	463	178	34	4	15	91	31	0	.421	.572
5+ Days Rest	6.79	8	23	0	48	48	249.1	313	31	142	177	Ahead in Count	.201	1626	327	55	8	25	157	0	623	.208	.291
Pre-All Star	4.92	37	50	15	274	87	761.0	810	89	364	577	Behind in Count	.350	991	347	76	12	46	206	256	0	.482	.590
Post-All Star	5.25	12	13	6	90	25	223.0	241	20	122	186	Two Strikes	.181	1742	315	54	7	34	165	199	763	.270	.278

Games Finished: 99   Inherited Runners: 211   Inherited Runners Scored: 77   Holds: 22

Texas Rangers — 1994 Record: 52 – 62

1994 Season	Avg	G	AB	R	H	2B	3B	HR	RBI	BB	SO	HBP	GDP	SB	CS	OBP	SLG	IBB	SH	SF	#Pit	#P/PA	GB	FB	G/F
	.280	114	3983	613	1114	198	27	124	582	437	730	36	94	82	35	.353	.436	37	41	34	17171	3.79	1411	1080	1.31

1994 Batting

	Avg	AB	H	2B	3B	HR	RBI	BB	SO	OBP	SLG		Avg	AB	H	2B	3B	HR	RBI	BB	SO	OBP	SLG
vs. Left	.292	945	276	55	6	29	148	120	186	.372	.455	Scoring Posn	.292	1080	315	51	6	28	436	155	211	.377	.428
vs. Right	.276	3038	838	143	21	95	434	317	544	.348	.431	Close & Late	.270	641	173	27	2	17	105	86	146	.364	.398
Groundball	.298	908	271	39	5	29	152	92	150	.367	.448	None on/out	.290	964	280	56	5	27	27	90	161	.353	.443
Flyball	.276	1003	277	55	5	36	138	125	188	.358	.449	Leadoff	.254	489	124	24	5	3	35	41	86	.310	.342
Home	.281	2138	601	98	15	63	309	252	379	.359	.429	Batting #3	.268	447	120	23	1	28	97	69	114	.368	.512
Away	.278	1845	513	100	12	61	273	185	351	.347	.444	Cleanup	.310	436	135	21	4	16	80	64	67	.401	.486
Day	.284	990	281	56	3	29	142	98	191	.350	.434	April	.276	742	205	35	5	21	110	73	135	.343	.422
Night	.278	2993	833	142	24	95	440	339	539	.354	.437	May	.293	982	288	61	13	19	145	127	174	.375	.440
Grass	.284	3435	976	175	23	106	530	383	591	.359	.441	June	.280	964	270	47	4	38	159	105	183	.357	.455
Turf	.252	548	138	23	4	18	52	54	139	.320	.407	July	.276	987	272	42	4	34	130	103	178	.346	.430
First Pitch	.322	503	162	27	5	23	92	29	0	.363	.533	August	.256	308	79	13	1	12	38	29	60	.319	.422
Ahead in Count	.355	904	321	62	2	48	188	227	0	.483	.587	September/October	.000	0	0	0	0	0	0	0	0	.000	.000
Behind in Count	.215	1817	390	69	10	25	188	0	619	.220	.305	Pre-All Star	.285	3065	872	156	24	94	471	345	545	.360	.443
Two Strikes	.193	1866	361	73	12	30	178	178	730	.266	.294	Post-All Star	.264	918	242	42	3	30	111	92	185	.331	.414

1994 Season	ERA	W	L	Sv	Opp	G	IP	BB	SO	Avg	H	2B	3B	HR	RBI	OBP	SLG	CG	ShO	Sup	QS	#P/S	SB	CS	GB	FB	G/F
	5.45	52	62	26	46	114	1023.0	394	683	.288	1176	214	31	157	652	.351	.471	10	4	5.39	47	98	47	33	1559	1131	1.38

1994 Pitching

	ERA	W	L	Sv	G	GS	IP	H	HR	BB	SO		Avg	AB	H	2B	3B	HR	RBI	BB	SO	OBP	SLG
Home	4.73	31	32	16	222	63	575.0	646	67	199	390	vs. Left	.311	1640	510	90	18	78	292	187	275	.379	.530
Away	6.39	21	30	10	193	51	448.0	530	90	195	293	vs. Right	.272	2447	666	124	13	79	360	207	408	.333	.430
Day	6.21	10	18	3	93	28	240.2	283	43	96	155	Inning 1-6	.296	2767	819	151	23	107	455	256	439	.357	.483
Night	5.22	42	44	23	322	86	782.1	893	114	298	528	Inning 7+	.270	1320	357	63	8	50	197	138	244	.341	.444
Grass	5.21	49	49	24	364	98	888.2	999	128	334	591	None on	.273	2239	612	118	17	84	84	197	386	.335	.454
Turf	7.10	3	13	2	51	16	134.1	177	29	60	92	Runners on	.305	1848	564	96	14	73	568	197	297	.371	.491
April	5.54	9	12	3	81	21	190.0	226	24	69	130	Scoring Posn	.291	1088	317	62	8	42	482	126	198	.359	.479
May	5.65	14	14	7	99	28	250.0	305	41	99	149	Close & Late	.260	639	166	35	5	23	100	67	117	.331	.438
June	5.61	12	15	5	103	27	243.2	287	37	104	161	None on/out	.282	989	279	52	7	42	42	87	160	.343	.476
July	4.85	15	14	9	97	29	259.2	261	40	91	200	vs. 1st Batr (relief)	.243	268	65	13	2	7	55	25	53	.304	.384
August	6.10	2	7	2	35	9	79.2	97	15	31	43	First Inning Pitched	.298	1392	415	70	8	51	292	156	249	.368	.470
September/October	0.00	0	0	0	0	0	0.0	0	0	0	0	First 75 Pits (SP)	.291	3269	952	173	25	125	548	335	531	.359	.474
Starters	5.55	35	43	0	114	114	668.2	787	112	234	424	Pitch 76-90	.283	346	98	17	2	13	35	19	61	.320	.457
Relievers	5.28	17	19	26	301	0	354.1	389	45	160	259	Pitch 91-105	.303	264	80	13	2	16	52	24	44	.360	.549
0-3 Days Rest (SP)	5.07	3	3	0	8	8	55.0	58	8	19	33	Pitch 106+	.221	208	46	11	2	3	17	16	47	.276	.337
4 Days Rest	5.83	19	28	0	68	68	402.2	490	70	143	264	First Pitch	.355	566	201	37	8	18	100	20	0	.377	.616
5+ Days Rest	5.12	13	12	0	38	38	211.0	239	34	72	127	Ahead in Count	.230	1797	413	81	6	51	211	0	570	.236	.367
Pre-All Star	5.51	42	45	18	322	87	781.1	921	115	307	527	Behind in Count	.357	932	333	54	11	55	209	206	0	.471	.616
Post-All Star	5.29	10	17	8	93	27	241.2	255	42	87	156	Two Strikes	.218	1855	405	82	5	50	211	168	683	.288	.349

Games Finished: 104   Inherited Runners: 247   Inherited Runners Scored: 96   Holds: 40

Toronto Blue Jays — 1994 Record: 55 – 60

1994 Season Totals

	Avg	G	AB	R	H	2B	3B	HR	RBI	BB	SO	HBP	GDP	SB	CS	OBP	SLG	IBB	SH	SF	#Pit	#P/PA	GB	FB	G/F
1994 Season	.269	115	3962	566	1064	210	30	115	534	387	691	38	96	79	26	.336	.424	34	30	44	16780	3.76	1365	1157	1.18

1994 Batting

	Avg	AB	H	2B	3B	HR	RBI	BB	SO	OBP	SLG		Avg	AB	H	2B	3B	HR	RBI	BB	SO	OBP	SLG
vs. Left	.275	1139	313	57	9	41	172	108	201	.338	.449	Scoring Posn	.284	954	271	54	8	29	402	138	165	.367	.449
vs. Right	.266	2823	751	153	21	74	362	279	490	.335	.414	Close & Late	.236	597	141	27	7	15	62	64	110	.313	.380
Groundball	.268	996	267	49	8	12	116	89	165	.335	.369	None on/out	.264	992	262	44	8	34	34	74	175	.321	.427
Flyball	.260	954	248	56	8	27	108	80	172	.319	.420	Leadoff	.264	500	132	25	8	13	58	32	95	.312	.424
Home	.272	1948	530	100	15	63	278	193	354	.341	.436	Batting #3	.341	455	155	30	4	14	75	55	48	.409	.516
Away	.265	2014	534	110	15	52	256	194	337	.332	.412	Cleanup	.270	459	124	27	2	28	105	36	67	.318	.521
Day	.274	1231	337	63	12	51	175	129	226	.342	.469	April	.301	875	263	55	8	33	154	91	151	.368	.495
Night	.266	2731	727	147	18	64	359	258	465	.333	.404	May	.263	853	224	39	4	19	93	76	160	.325	.385
Grass	.259	1464	379	69	11	33	167	141	238	.327	.389	June	.241	885	213	52	3	18	88	79	151	.304	.367
Turf	.274	2498	685	141	19	82	367	246	453	.342	.444	July	.258	919	237	44	11	36	140	95	152	.332	.447
First Pitch	.331	568	188	46	3	17	85	25	0	.364	.512	August	.295	430	127	20	4	9	59	46	77	.366	.423
Ahead in Count	.314	880	276	45	12	39	144	196	0	.437	.525	September/October	.000	0	0	0	0	0	0	0	0	.000	.000
Behind in Count	.211	1712	361	61	9	31	159	0	567	.218	.311	Pre-All Star	.267	2970	793	171	17	86	396	287	522	.334	.423
Two Strikes	.211	1786	376	73	9	37	186	166	691	.282	.324	Post-All Star	.273	992	271	39	13	29	138	100	169	.343	.426

1994 Pitching Season Totals

	ERA	W	L	Sv	Opp	G	IP	BB	SO	Avg	H	2B	3B	HR	RBI	OBP	SLG	CG	ShO	Sup	QS	#P/S	SB	CS	GB	FB	G/F
1994 Season	4.70	55	60	26	37	115	1025.0	482	832	.266	1053	189	21	127	547	.348	.421	13	4	4.97	52	108	101	43	1300	1111	1.17

1994 Pitching

	ERA	W	L	Sv	G	GS	IP	H	HR	BB	SO		Avg	AB	H	2B	3B	HR	RBI	BB	SO	OBP	SLG
Home	4.16	33	26	13	172	59	534.0	512	64	242	449	vs. Left	.276	1731	478	84	9	52	226	201	352	.353	.425
Away	5.28	22	34	13	164	56	491.0	541	63	240	383	vs. Right	.259	2223	575	105	12	75	321	281	480	.344	.418
Day	5.00	21	15	9	109	36	322.1	333	42	139	274	Inning 1-6	.275	2679	738	136	17	88	386	321	575	.353	.433
Night	4.56	34	45	17	227	79	702.2	720	85	343	558	Inning 7+	.247	1275	315	53	4	43	161	161	257	.338	.396
Grass	5.21	14	27	8	124	41	359.1	398	48	173	282	None on	.256	2174	557	101	15	76	76	241	459	.335	.421
Turf	4.42	41	33	18	212	74	665.2	655	79	309	550	Runners on	.279	1780	496	88	6	51	471	241	373	.363	.421
April	5.28	14	10	3	73	24	216.1	233	30	110	179	Scoring Posn	.273	1064	291	52	4	30	414	164	241	.365	.414
May	5.04	10	16	2	78	26	227.0	241	23	109	194	Close & Late	.254	586	149	24	0	15	72	83	120	.355	.372
June	4.75	8	18	6	75	26	231.0	238	32	118	180	vs. 1st Batr (relief)	.269	972	261	43	8	38	38	103	197	.342	.447
July	3.78	17	10	12	75	27	240.2	235	26	95	195	vs. 1st Batr (relief)	.281	192	54	9	0	11	30	23	40	.355	.500
August	4.75	6	6	3	35	12	110.0	106	16	50	84	First Inning Pitched	.250	1174	294	46	3	38	177	168	270	.346	.392
September/October	0.00	0	0	0	0	0	0	0	0	0	0	First 75 Pits (SP)	.264	2988	788	140	17	88	394	354	647	.343	.410
Starters	4.94	44	45	0	115	115	714.1	763	94	319	595	Pitch 76-90	.264	364	96	24	1	13	44	54	67	.360	.442
Relievers	4.14	11	15	26	221	0	310.2	290	33	163	237	Pitch 91-105	.287	331	95	13	2	13	57	41	62	.363	.456
0-3 Days Rest (SP)	5.11	0	1	0	2	2	12.1	13	3	8	11	Pitch 106+	.273	271	74	12	1	13	52	33	56	.360	.469
4 Days Rest	5.06	22	23	0	60	60	391.1	422	51	173	323	First Pitch	.337	528	178	32	3	21	78	16	0	.365	.528
5+ Days Rest	4.78	22	21	0	53	53	310.2	328	40	138	261	Ahead in Count	.214	1767	378	54	8	32	180	0	695	.216	.308
Pre-All Star	4.99	38	48	14	251	86	765.0	804	96	379	626	Behind in Count	.339	850	288	61	7	44	175	239	0	.482	.582
Post-All Star	3.84	17	12	12	85	29	260.0	249	31	103	206	Two Strikes	.185	1907	353	49	6	46	188	227	832	.273	.289

Games Finished: 102   Inherited Runners: 108   Inherited Runners Scored: 30   Holds: 31

Atlanta Braves — 1994 Record: 68 – 46

	Avg	G	AB	R	H	2B	3B	HR	RBI	BB	SO	HBP	GDP	SB	CS	OBP	SLG	IBB	SH	SF	#Pit	#P/PA	GB	FB	G/F
1994 Season	.267	114	3861	542	1031	198	18	137	510	377	668	22	103	48	31	.333	.434	39	60	29	15847	3.64	1402	1075	1.30

1994 Batting

	Avg	AB	H	2B	3B	HR	RBI	BB	SO	OBP	SLG		Avg	AB	H	2B	3B	HR	RBI	BB	SO	OBP	SLG
vs. Left	.254	1226	311	65	4	36	154	117	205	.319	.401	Scoring Posn	.279	932	260	49	6	32	362	136	168	.362	.447
vs. Right	.273	2635	720	133	14	101	356	260	463	.340	.449	Close & Late	.270	564	152	30	3	21	81	59	107	.337	.445
Groundball	.266	1303	346	65	8	41	159	111	229	.326	.422	None on/out	.277	981	272	54	5	37	37	86	159	.339	.456
Flyball	.251	654	164	34	3	22	87	62	126	.314	.413	Leadoff	.290	480	139	25	4	9	46	46	64	.353	.415
Home	.266	1809	481	87	5	61	217	170	295	.331	.421	Batting #3	.295	455	134	26	4	20	75	43	64	.352	.501
Away	.268	2052	550	111	13	76	293	207	373	.336	.446	Cleanup	.320	435	139	27	1	36	100	53	78	.392	.634
Day	.280	1186	332	71	4	41	162	98	193	.336	.450	April	.286	804	230	38	3	31	113	74	139	.346	.456
Night	.261	2675	699	127	14	96	348	279	475	.332	.427	May	.255	901	230	36	4	31	104	67	157	.310	.407
Grass	.277	2928	810	148	15	104	388	279	484	.341	.444	June	.285	904	258	61	4	30	127	102	155	.359	.461
Turf	.237	933	221	50	3	33	122	98	184	.311	.403	July	.241	910	219	42	3	31	116	90	150	.311	.396
First Pitch	.329	641	211	42	4	25	117	31	0	.361	.524	August	.275	342	94	21	4	14	50	44	67	.357	.482
Ahead in Count	.364	844	307	58	6	58	184	177	0	.471	.653	September/October	.000	0	0	0	0	0	0	0	0	.000	.000
Behind in Count	.202	1642	332	69	3	28	110	0	550	.206	.299	Pre-All Star	.273	2899	791	152	13	99	375	269	494	.336	.437
Two Strikes	.185	1651	306	60	6	35	131	169	668	.263	.293	Post-All Star	.249	962	240	46	5	38	135	108	174	.326	.426

	ERA	W	L	Sv	Opp	G	IP	BB	SO	H	2B	3B	HR	RBI	OBP	SLG	CG	ShO	Sup	QS	#P/S	SB	CS	GB	FB	G/F
1994 Season	3.57	68	46	26	40	114	1026.1	378	865	242	929	175	17	76	418	.311	.356	16	8	4.75	72	103	90	32	1408	901	1.56

1994 Pitching

	ERA	W	L	Sv	G	GS	IP	H	HR	BB	SO		Avg	AB	H	2B	3B	HR	RBI	BB	SO	OBP	SLG
Home	3.77	31	24	11	179	55	506.0	467	37	185	433	vs. Left	.248	1306	324	67	6	19	140	156	296	.322	.352
Away	3.37	37	22	15	179	59	520.1	462	39	193	432	vs. Right	.239	2531	605	108	11	57	278	242	569	.305	.358
Day	3.36	23	11	8	114	34	308.0	275	27	111	262	Inning 1-6	.230	2527	582	121	6	52	251	229	595	.296	.345
Night	3.66	45	35	18	244	80	718.1	654	49	267	603	Inning 7+	.265	1310	347	54	11	24	167	149	270	.340	.378
Grass	3.39	56	30	20	271	86	785.0	703	56	274	676	None on	.235	2273	535	92	10	46	46	175	507	.293	.345
Turf	4.14	12	16	6	87	28	241.1	226	20	104	189	Runners on	.252	1564	394	83	7	30	372	203	358	.335	.371
April	3.09	15	8	5	73	23	210.0	174	14	78	197	Scoring Posn	.229	936	214	44	6	15	321	155	226	.332	.337
May	3.32	16	10	6	88	26	243.2	214	16	103	211	Close & Late	.268	624	167	24	3	9	81	78	133	.349	.359
June	4.45	17	10	7	88	27	238.2	242	24	92	199	None on/out	.243	988	240	44	6	23	23	70	225	.294	.369
July	3.65	14	14	6	82	28	249.1	227	16	80	194	vs. 1st Batr (relief)	.268	213	57	9	2	4	29	23	50	.343	.385
August	2.76	6	4	2	27	10	84.2	72	6	25	64	First Inning Pitched	.261	1209	315	60	7	24	176	157	277	.348	.381
September/October	0.00	0	0	0	0	0	0.0	0	0	0	0	First 75 Pits (SP)	.242	2957	717	146	12	52	326	301	685	.314	.353
Starters	3.28	52	33	0	114	114	773.0	665	61	249	642	Pitch 76-90	.233	403	94	17	4	12	36	29	94	.282	.385
Relievers	4.44	16	13	26	244	0	253.1	264	15	129	223	Pitch 91-105	.237	299	71	7	0	7	33	32	58	.311	.331
0-3 Days Rest (SP)	5.64	2	2	0	7	7	44.2	54	7	9	31	Pitch 106+	.264	178	47	5	1	5	23	16	38	.322	.388
4 Days Rest	3.12	26	19	0	57	57	394.2	335	27	132	320	First Pitch	.318	557	177	30	3	10	72	38	0	.359	.436
5+ Days Rest	3.16	24	12	0	50	50	333.2	276	27	108	291	Ahead in Count	.178	1828	325	50	6	26	145	0	725	.182	.254
Pre-All Star	3.58	52	33	20	272	85	772.2	695	58	289	672	Behind in Count	.329	748	246	61	6	29	127	168	0	.450	.543
Post-All Star	3.55	16	13	6	86	29	253.2	234	18	89	193	Two Strikes	.162	1854	301	51	2	22	121	171	865	.237	.228

Games Finished: 98   Inherited Runners: 123   Inherited Runners Scored: 48   Holds: 26

Chicago Cubs — 1994 Record: 49 – 64

	Avg	G	AB	R	H	2B	3B	HR	RBI	BB	SO	HBP	GDP	SB	CS	OBP	SLG	IBB	SH	SF	#Pit	#P/PA	GB	FB	G/F
1994 Season	.259	113	3918	500	1015	189	26	109	464	364	750	27	84	69	53	.325	.404	26	54	23	16048	3.66	1379	1029	1.34

1994 Batting

	Avg	AB	H	2B	3B	HR	RBI	BB	SO	OBP	SLG		Avg	AB	H	2B	3B	HR	RBI	BB	SO	OBP	SLG
vs. Left	.254	1073	273	42	8	35	124	110	204	.325	.406	Scoring Posn	.258	952	246	49	8	15	326	114	192	.338	.374
vs. Right	.261	2845	742	147	18	74	340	254	546	.324	.403	Close & Late	.261	686	179	25	1	19	78	71	148	.333	.383
Groundball	.263	1263	332	56	8	28	129	96	255	.317	.386	None on/out	.280	991	277	48	4	38	38	82	193	.336	.451
Flyball	.225	667	150	34	4	24	73	59	151	.294	.396	Leadoff	.281	484	136	27	3	21	42	40	82	.338	.479
Home	.244	1996	488	81	12	47	197	191	372	.313	.368	Batting #3	.275	459	126	22	3	10	49	47	75	.338	.401
Away	.274	1922	527	108	14	62	267	173	378	.337	.442	Cleanup	.307	450	138	22	3	14	66	45	52	.367	.462
Day	.254	2330	591	105	16	62	267	233	445	.324	.392	April	.255	721	184	38	8	18	90	73	149	.327	.405
Night	.267	1588	424	84	10	47	197	131	305	.326	.421	May	.265	950	252	47	6	35	130	101	195	.339	.438
Grass	.257	2796	718	127	19	70	328	280	526	.327	.391	June	.240	891	214	32	5	19	85	75	163	.301	.351
Turf	.265	1122	297	62	7	39	136	84	224	.318	.437	July	.284	1021	290	60	5	31	128	88	181	.343	.444
First Pitch	.312	557	174	25	5	19	96	19	0	.336	.478	August	.224	335	75	12	2	6	31	27	62	.287	.325
Ahead in Count	.343	860	295	62	8	45	132	181	0	.455	.591	September/October	.000	0	0	0	0	0	0	0	0	.000	.000
Behind in Count	.190	1824	347	66	5	23	138	0	654	.197	.270	Pre-All Star	.256	2958	756	138	20	81	345	290	571	.324	.398
Two Strikes	.175	1744	305	59	10	24	126	163	750	.250	.261	Post-All Star	.270	960	259	51	6	28	119	74	179	.325	.423

	ERA	W	L	Sv	Opp	G	IP	BB	SO	Avg	H	2B	3B	HR	RBI	OBP	SLG	CG	ShO	Sup	QS	#P/S	SB	CS	GB	FB	G/F
1994 Season	4.47	49	64	27	43	113	1023.2	392	717	.268	1054	185	26	120	520	.336	.420	5	5	4.40	57	95	75	46	1491	969	1.54

1994 Pitching

	ERA	W	L	Sv	G	GS	IP	H	HR	BB	SO		Avg	AB	H	2B	3B	HR	RBI	BB	SO	OBP	SLG
Home	4.35	20	39	13	212	59	552.0	563	71	194	382	vs. Left	.277	1674	464	79	9	46	205	192	283	.352	.418
Away	4.60	29	25	14	187	54	471.2	491	49	198	335	vs. Right	.262	2254	590	106	17	74	315	200	434	.323	.422
Day	4.64	28	39	18	246	67	619.1	643	75	245	425	Inning 1-6	.259	2563	665	122	16	76	345	288	478	.335	.409
Night	4.21	21	25	9	153	46	404.1	411	45	147	292	Inning 7+	.285	1365	389	63	10	44	175	104	239	.336	.442
Grass	4.25	36	45	21	285	81	746.2	750	87	273	513	None on	.269	2240	602	101	13	67	67	188	396	.329	.415
Turf	5.04	13	19	6	114	32	277.0	304	33	119	204	Runners on	.268	1688	452	84	13	53	453	204	321	.344	.427
April	5.74	6	15	3	76	21	186.2	214	31	76	151	Scoring Posn	.267	992	265	51	6	29	379	141	208	.353	.418
May	4.34	16	12	11	104	28	253.0	263	19	93	169	Close & Late	.296	638	189	27	7	18	96	53	116	.347	.445
June	3.62	10	16	7	87	26	234.0	194	23	105	158	None on/out	.287	989	284	56	6	32	32	76	171	.339	.453
July	4.62	15	15	5	97	28	259.0	277	33	91	180	vs. 1st Batr (relief)	.276	257	71	12	1	10	40	25	52	.337	.447
August	3.96	2	8	1	35	10	91.0	106	14	27	59	First Inning Pitched	.270	1328	358	49	5	45	197	138	230	.340	.416
September/October	0.00	0	0	0	0	0	0.0	0	0	0	0	First 75 Pits (SP)	.270	3263	882	149	21	101	449	331	607	.339	.422
Starters	4.53	35	45	0	113	113	679.0	674	76	267	476	Pitch 76-90	.240	333	80	19	1	9	31	26	52	.296	.384
Relievers	4.33	14	19	27	286	0	344.2	380	44	125	241	Pitch 91-105	.269	216	58	9	0	7	22	19	39	.328	.407
0-3 Days Rest (SP)	3.42	3	2	0	8	8	47.1	39	2	15	34	Pitch 106+	.293	116	34	8	4	3	18	16	19	.376	.509
4 Days Rest	5.07	15	28	0	60	60	364.0	385	46	140	237	First Pitch	.362	611	221	32	2	35	120	23	0	.386	.592
5+ Days Rest	4.00	17	15	0	45	45	267.2	250	28	112	205	Ahead in Count	.193	1713	330	63	9	25	139	0	616	.198	.284
Pre-All Star	4.60	36	50	22	304	86	779.1	795	90	310	552	Behind in Count	.334	874	292	46	9	45	166	224	0	.467	.562
Post-All Star	4.05	13	14	5	95	27	244.1	259	30	82	165	Two Strikes	.194	1715	332	66	7	22	139	144	717	.258	.279

Games Finished: 108 Inherited Runners: 172 Inherited Runners Scored: 57 Holds: 38

Cincinnati Reds

1994 Record: 66 – 48 – 1

1994 Season	Avg	G	AB	R	H	2B	3B	HR	RBI	BB	SO	HBP	GDP	SB	CS	OBP	SLG	IBB	SH	SF	#Pit	#P/PA	GB	FB	G/F
	.286	115	3999	609	1142	211	36	124	569	388	738	29	81	119	51	.350	.449	51	53	42	16771	3.72	1509	1052	1.43

1994 Batting

	Avg	AB	H	2B	3B	HR	RBI	BB	SO	OBP	SLG		Avg	AB	H	2B	3B	HR	RBI	BB	SO	OBP	SLG
vs. Left	.282	971	274	48	10	30	139	104	170	.351	.445	Scoring Posn	.298	1029	307	57	9	32	424	171	207	.390	.465
vs. Right	.287	3028	868	163	26	94	430	284	568	.349	.451	Close & Late	.265	701	186	38	2	19	101	101	144	.357	.407
Groundball	.283	1280	362	60	11	30	153	112	231	.342	.417	None on/out	.273	997	272	40	10	32	73	177		.327	.429
Flyball	.276	572	158	34	5	20	88	73	118	.358	.458	Leadoff	.310	480	149	26	7	10	44	64	71	.395	.456
Home	.283	2037	577	109	15	59	276	215	351	.352	.438	Batting #3	.284	472	134	25	8	13	83	37	78	.337	.453
Away	.288	1962	565	102	21	65	293	173	387	.347	.461	Cleanup	.299	441	132	24	1	32	89	62	87	.383	.576
Day	.281	1358	382	62	13	44	177	140	260	.351	.443	April	.276	756	209	38	5	22	116	79	149	.346	.427
Night	.288	2641	760	149	23	80	392	248	478	.349	.452	May	.289	1015	293	48	7	28	132	85	187	.343	.433
Grass	.295	1368	403	69	16	51	209	119	273	.351	.480	June	.301	919	277	40	2	25	138	89	159	.365	.467
Turf	.281	2631	739	142	20	73	360	269	465	.349	.433	July	.279	964	269	54	12	34	132	104	179	.349	.466
First Pitch	.312	536	167	29	3	23	96	33	0	.349	.506	August	.272	345	94	18	0	15	51	31	64	.338	.455
Ahead in Count	.375	935	351	65	16	41	181	205	0	.482	.611	September/October	.000	0	0	0	0	0	0	0	0	.000	.000
Behind in Count	.233	1797	418	78	10	40	195	0	606	.240	.354	Pre-All Star	.292	3056	892	172	29	88	445	291	558	.354	.454
Two Strikes	.209	1840	385	72	9	37	166	147	738	.271	.318	Post-All Star	.265	943	250	39	7	36	124	97	180	.335	.436

1994 Season	ERA	W	L	Sv	Opp	G	IP	BB	SO	Avg	H	2B	3B	HR	RBI	OBP	SLG	CG	ShO	Sup	QS	#P/S	SB	CS	GB	FB	G/F
	3.78	66	48	27	43	115	1038.1	339	799	.262	1037	181	22	117	458	.322	.407	6	6	5.28	65	96	78	39	1365	1118	1.22

1994 Pitching

	ERA	W	L	Sv	G	GS	IP	H	HR	BB	SO		Avg	AB	H	2B	3B	HR	RBI	BB	SO	OBP	SLG
Home	3.84	37	22	15	207	60	555.1	525	65	183	426	vs. Left	.274	1475	404	66	15	44	181	161	273	.347	.428
Away	3.71	29	26	12	169	55	483.0	512	52	156	373	vs. Right	.254	2489	633	115	7	73	277	178	526	.307	.394
Day	3.75	22	16	10	127	39	352.1	349	40	117	292	Inning 1-6	.275	2673	734	139	15	80	329	207	519	.330	.428
Night	3.79	44	32	17	249	76	686.0	688	77	222	507	Inning 7+	.235	1291	303	42	7	37	129	132	280	.307	.364
Grass	3.84	20	18	9	117	38	333.0	355	35	115	270	None on	.250	2333	584	111	14	74	74	176	500	.308	.405
Turf	3.75	46	30	18	259	77	705.1	682	82	224	529	Runners on	.278	1631	453	70	8	43	384	163	299	.342	.410
April	3.26	15	7	5	65	23	204.0	193	21	66	155	Scoring Posn	.261	964	252	46	4	20	322	124	194	.341	.380
May	4.15	14	15	5	91	29	258.0	260	27	95	193	Close & Late	.251	696	175	24	4	15	70	77	136	.328	.362
June	3.93	15	11	6	88	26	231.1	242	27	60	170	None on/out	.272	1014	276	61	7	39	70	206		.324	.462
July	3.39	17	10	7	97	27	255.0	262	26	84	196	vs. 1st Batr (relief)	.254	232	59	10	0	6	28	26	48	.331	.375
August	4.60	5	5	4	35	10	90.0	80	16	34	85	First Inning Pitched	.271	1297	352	54	10	40	192	141	244	.344	.421
September/October	0.00	0	0	0	0	0	0	0	0	0	0	First 75 Pits (SP)	.263	3279	861	157	20	98	385	281	646	.323	.412
Starters	3.97	42	29	0	115	115	701.1	740	83	201	537	Pitch 76-90	.268	351	94	15	2	11	45	27	67	.324	.416
Relievers	3.39	24	19	27	261	0	337.0	297	34	138	262	Pitch 91-105	.255	239	61	6	0	7	20	22	58	.318	.368
0-3 Days Rest (SP)	6.30	0	0	0	2	2	10.0	11	3	4	9	Pitch 106+	.221	95	21	3	0	1	8	9	28	.295	.284
4 Days Rest	4.04	29	17	0	72	72	438.1	490	52	117	342	First Pitch	.334	619	207	43	4	23	106	14	0	.352	.528
5+ Days Rest	3.74	13	12	0	41	41	253.0	239	28	80	186	Ahead in Count	.195	1828	356	56	9	24	120	0	662	.201	.275
Pre-All Star	3.73	52	35	20	282	88	788.0	795	84	253	596	Behind in Count	.349	802	280	51	7	45	146	172	0	.462	.599
Post-All Star	3.92	14	13	7	94	27	250.1	242	33	86	203	Two Strikes	.181	1857	336	57	6	26	121	153	799	.247	.260

Games Finished: 109 Inherited Runners: 147 Inherited Runners Scored: 50 Holds: 28

Colorado Rockies

1994 Record: 53 – 64

	Avg	G	AB	R	H	2B	3B	HR	RBI	BB	SO	HBP	GDP	SB	CS	OBP	SLG	IBB	SH	SF	#Pit	#P/PA	GB	FB	G/F
1994 Season	.274	117	4006	573	1098	206	39	125	540	378	761	23	96	91	53	.337	.439	33	50	36	16368	3.64	1535	969	1.58

1994 Batting

	Avg	AB	H	2B	3B	HR	RBI	BB	SO	OBP	SLG		Avg	AB	H	2B	3B	HR	RBI	BB	SO	OBP	SLG
vs. Left	.283	842	238	46	3	37	130	80	166	.344	.476	Scoring Posn	.260	1029	268	51	8	29	392	126	211	.335	.410
vs. Right	.272	3164	860	160	36	88	410	298	595	.336	.429	Close & Late	.258	590	152	30	5	15	87	65	123	.335	.402
Groundball	.274	1406	385	67	14	40	182	116	260	.327	.427	None on/out	.287	997	286	58	14	27	82	177	.343	.454
Flyball	.295	701	207	42	5	28	111	59	163	.347	.489	Leadoff	.274	474	130	20	5	5	51	66	56	.363	.369
Home	.298	1940	579	105	34	59	296	180	331	.359	.479	Batting #3	.289	502	145	33	2	26	92	24	90	.325	.518
Away	.251	2066	519	101	5	66	244	198	430	.317	.401	Cleanup	.312	475	148	25	0	32	88	22	101	.349	.566
Day	.274	1634	448	80	16	56	238	157	304	.339	.446	April	.275	768	211	37	8	36	119	72	153	.339	.484
Night	.274	2372	650	126	23	69	302	221	457	.337	.434	May	.260	957	249	36	10	29	107	87	215	.321	.410
Grass	.282	3138	885	153	37	97	443	311	581	.347	.447	June	.304	999	304	73	6	27	150	85	173	.362	.470
Turf	.245	868	213	53	2	28	97	67	180	.300	.408	July	.260	953	248	44	11	29	136	112	164	.337	.421
First Pitch	.340	591	201	41	4	19	106	24	0	.363	.519	August	.261	329	86	16	4	4	28	22	56	.307	.371
Ahead in Count	.352	888	313	53	12	48	181	196	0	.466	.601	September/October	.000	0	0	0	0	0	0	0	0	.000	.000
Behind in Count	.212	1807	383	64	16	37	159	0	650	.217	.327	Pre-All Star	.276	3120	861	164	26	102	424	286	613	.338	.443
Two Strikes	.196	1824	358	67	14	33	135	157	761	.263	.303	Post-All Star	.267	886	237	42	13	23	116	92	148	.335	.422

	ERA	W	L	Sv	Opp	G	IP	BB	SO	Avg	H	2B	3B	HR	RBI	OBP	SLG	CG	ShO	Sup	QS	#P/S	SB	CS	GB	FB	G/F
1994 Season	5.15	53	64	28	49	117	1031.0	448	703	.292	1185	240	45	120	602	.366	.462	4	5	5.00	47	90	87	44	1581	1028	1.54

1994 Pitching

	ERA	W	L	Sv	G	GS	IP	H	HR	BB	SO		Avg	AB	H	2B	3B	HR	RBI	BB	SO	OBP	SLG
Home	5.74	25	32	9	237	57	513.0	628	61	220	351	vs. Left	.304	1728	526	112	14	54	255	234	265	.391	.479
Away	4.57	28	32	19	209	60	518.0	557	59	228	352	vs. Right	.283	2332	659	128	31	66	347	214	438	.347	.449
Day	5.60	23	24	13	191	47	422.2	502	54	171	292	Inning 1-6	.298	2762	824	160	35	82	413	273	443	.366	.471
Night	4.84	30	40	15	255	70	608.1	683	66	277	411	Inning 7+	.278	1298	361	80	10	38	189	175	260	.367	.443
Grass	5.29	42	50	21	354	92	817.1	946	98	350	549	None on	.296	2165	640	129	22	62	62	215	369	.364	.461
Turf	4.63	11	14	7	92	25	213.2	239	22	98	154	Runners on	.288	1895	545	111	23	58	540	233	334	.369	.462
April	5.71	10	12	3	85	22	194.0	212	20	105	128	Scoring Posn	.273	1154	315	69	13	34	464	181	223	.373	.444
May	4.65	13	15	8	101	28	247.2	266	28	97	184	Close & Late	.273	524	143	30	4	14	88	79	113	.368	.426
June	5.51	13	16	8	117	29	255.0	312	31	113	170	None on/out	.289	976	282	51	11	29	29	96	178	.355	.453
July	4.87	14	14	8	106	28	249.2	289	33	93	169	vs. 1st Batr (relief)	.254	287	73	13	5	11	44	40	66	.347	.449
August	5.10	3	7	1	37	10	84.2	106	8	40	52	First Inning Pitched	.287	1549	445	88	21	43	282	202	305	.373	.454
September/October	0.00	0	0	0	0	0	0	0	0	0	0	First 75 Pits (SP)	.292	3521	1027	201	40	101	522	382	616	.365	.458
Starters	5.30	35	46	0	117	117	652.1	765	75	251	385	Pitch 76-90	.280	307	86	21	3	9	45	39	49	.364	.456
Relievers	4.90	18	18	28	329	0	378.2	420	45	197	318	Pitch 91-105	.324	170	55	17	2	8	28	18	29	.389	.588
0-3 Days Rest (SP)	5.35	0	4	0	6	6	35.1	48	5	16	21	Pitch 106+	.274	62	17	1	0	2	7	9	9	.366	.387
4 Days Rest	6.01	14	27	0	59	59	317.2	401	39	110	198	First Pitch	.387	564	218	39	8	22	113	31	0	.425	.601
5+ Days Rest	4.54	21	15	0	52	52	299.1	316	31	125	166	Ahead in Count	.231	1774	409	81	15	40	186	0	592	.239	.361
Pre-All Star	5.09	42	48	24	341	90	797.1	899	92	356	554	Behind in Count	.355	959	340	76	14	34	181	240	0	.482	.569
Post-All Star	5.35	11	16	4	105	27	233.2	286	28	92	149	Two Strikes	.207	1763	365	72	13	42	179	176	703	.284	.334

Games Finished: 113   Inherited Runners: 194   Inherited Runners Scored: 71   Holds: 40

Florida Marlins — 1994 Record: 51 – 64

1994 Batting

	Avg	G	AB	R	H	2B	3B	HR	RBI	BB	SO	HBP	GDP	SB	CS	OBP	SLG	IBB	SH	SF	#Pit	P/PA	GB	FB	G/F
1994 Season	.266	115	3926	468	1043	180	24	94	451	349	746	40	82	65	26	.330	.396	25	42	30	15902	3.62	1382	1085	1.27

	Avg	AB	H	2B	3B	HR	RBI	BB	SO	OBP	SLG		Avg	AB	H	2B	3B	HR	RBI	BB	SO	OBP	SLG
vs. Left	.271	1213	329	63	7	30	139	102	220	.331	.409	Scoring Posn	.264	944	249	46	3	25	341	130	206	.352	.398
vs. Right	.263	2713	714	117	17	64	312	247	526	.329	.390	Close & Late	.273	656	179	24	5	11	89	58	117	.332	.375
Groundball	.272	1193	324	44	7	26	127	86	219	.323	.386	None on/out	.270	1002	271	50	11	20	20	54	172	.311	.402
Flyball	.255	636	162	27	5	14	84	53	132	.314	.379	Leadoff	.272	496	135	21	3	5	36	36	74	.325	.357
Home	.270	1991	537	93	17	46	235	190	371	.337	.403	Batting #3	.282	439	124	20	1	27	85	63	70	.377	.517
Away	.261	1935	506	87	7	48	216	159	375	.322	.388	Cleanup	.304	454	138	28	6	16	79	40	99	.359	.498
Day	.272	1011	275	52	6	24	125	91	201	.339	.407	April	.255	803	205	44	3	27	104	83	179	.331	.418
Night	.263	2915	768	128	18	70	326	258	545	.326	.392	May	.264	917	242	38	6	15	99	101	176	.339	.368
Grass	.268	3171	849	152	23	77	377	304	607	.335	.403	June	.270	919	248	37	7	19	104	65	159	.321	.387
Turf	.257	755	194	28	1	17	74	45	139	.304	.364	July	.264	901	238	39	4	20	96	74	167	.325	.383
First Pitch	.364	605	220	34	4	27	105	15	0	.384	.567	August	.285	386	110	22	4	13	48	26	65	.335	.464
Ahead in Count	.317	798	253	48	4	24	108	191	0	.447	.477	September/October	.000	0	0	0	0	0	0	0	0	.000	.000
Behind in Count	.195	1837	359	58	6	26	145	0	660	.204	.276	Pre-All Star	.264	2972	784	133	18	67	341	284	567	.331	.388
Two Strikes	.187	1784	334	52	10	23	136	143	746	.253	.266	Post-All Star	.271	954	259	47	6	27	110	65	179	.325	.418

1994 Pitching

	ERA	W	L	Sv	Opp	G	IP	BB	SO	Avg	H	2B	3B	HR	RBI	OBP	SLG	CG	ShO	Sup	QS	#P/S	SB	CS	GB	FB	G/F
1994 Season	4.50	51	64	30	36	115	1015.0	428	649	.274	1069	180	47	120	546	.349	.437	5	7	4.15	57	91	59	52	1393	1197	1.16

	ERA	W	L	Sv	G	GS	IP	H	HR	BB	SO		Avg	AB	H	2B	3B	HR	RBI	BB	SO	OBP	SLG
Home	5.12	25	34	12	222	59	538.1	610	70	235	341	vs. Left	.282	1775	500	76	26	41	238	211	270	.361	.423
Away	3.80	26	30	18	193	56	476.2	459	50	193	308	vs. Right	.268	2126	569	104	21	79	308	217	379	.338	.448
Day	4.72	14	15	7	108	29	253.2	271	31	100	190	Inning 1-6	.280	2665	745	122	33	87	387	275	411	.350	.448
Night	4.42	37	49	23	307	86	761.1	798	89	328	459	Inning 7+	.262	1236	324	58	14	33	159	153	238	.346	.412
Grass	4.54	44	49	25	346	93	831.0	870	101	351	528	None on	.278	2158	601	104	26	68	208	361	347	.347	.445
Turf	4.30	7	15	5	69	22	184.0	199	19	77	121	Runners on	.269	1743	468	76	21	52	478	220	288	.351	.426
April	4.03	12	12	10	85	24	210.0	212	27	89	131	Scoring Posn	.268	1027	275	52	14	29	416	163	188	.363	.430
May	3.99	12	15	7	96	27	239.1	241	20	99	149	Close & Late	.247	596	147	28	6	11	69	95	120	.352	.369
June	4.44	12	15	2	88	27	235.1	268	25	99	145	None on/out	.266	962	256	42	13	24	24	81	153	.329	.412
July	5.27	9	17	5	105	26	234.0	247	33	101	157	vs. 1st Batr (relief)	.223	274	61	10	5	7	30	21	73	.281	.372
August	5.04	6	5	3	41	11	96.1	101	13	40	67	First Inning Pitched	.262	1388	364	55	19	35	222	155	264	.340	.405
September/October	0.00	0	0	0	0	0	0.0	0	0	0	0	First 75 Pits (SP)	.274	3350	919	154	42	98	475	360	573	.347	.433
Starters	4.57	31	49	0	115	115	647.2	704	78	266	367	Pitch 76-90	.248	306	76	15	1	11	29	31	40	.329	.412
Relievers	4.36	20	15	30	300	0	367.1	365	42	162	282	Pitch 91-105	.310	171	53	9	3	9	33	28	26	.407	.556
0-3 Days Rest (SP)	5.23	0	1	0	2	2	10.1	10	2	5	4	Pitch 106+	.284	74	21	2	1	2	9	9	10	.369	.419
4 Days Rest	4.96	16	27	0	58	58	326.2	371	36	137	194	First Pitch	.296	574	170	26	6	11	73	35	0	.343	.420
5+ Days Rest	4.14	15	21	0	55	55	310.2	323	40	124	169	Ahead in Count	.220	1676	369	68	18	32	175	0	540	.226	.339
Pre-All Star	4.19	41	47	25	309	88	777.2	812	86	327	500	Behind in Count	.349	902	315	46	14	55	174	226	0	.478	.614
Post-All Star	5.50	10	17	5	106	27	237.1	257	34	101	149	Two Strikes	.213	1717	365	70	17	38	191	165	649	.286	.340

Games Finished: 110   Inherited Runners: 198   Inherited Runners Scored: 53   Holds: 35

Houston Astros — 1994 Record: 66 – 49

1994 Season

	Avg	G	AB	R	H	2B	3B	HR	RBI	BB	SO	HBP	GDP	SB	CS	OBP	SLG	IBB	SH	SF	#Pit	#P/PA	GB	FB	G/F
1994 Season	.278	115	3955	602	1099	252	25	120	573	394	718	43	73	124	44	.347	.445	58	73	35	16321	3.63	1470	1063	1.38

1994 Batting

	Avg	AB	H	2B	3B	HR	RBI	BB	SO	OBP	SLG		Avg	AB	H	2B	3B	HR	RBI	BB	SO	OBP	SLG
vs. Left	.299	1126	337	86	7	39	207	132	184	.373	.492	Scoring Posn	.275	1119	308	75	9	33	445	159	206	.363	.447
vs. Right	.269	2829	762	166	18	81	366	262	534	.336	.427	Close & Late	.260	566	147	32	6	13	73	69	124	.345	.406
Groundball	.282	1320	372	83	7	33	172	116	234	.345	.430	None on/out	.280	986	276	59	8	33	69	175	.335	.456
Flyball	.228	623	142	31	6	28	95	69	161	.308	.432	Leadoff	.279	484	135	27	2	4	36	49	91	.356	.368
Home	.282	1983	559	138	11	57	290	184	377	.347	.449	Batting #3	.343	440	151	45	2	25	91	69	63	.434	.625
Away	.274	1972	540	114	14	63	283	210	341	.347	.442	Cleanup	.291	443	129	28	2	24	93	59	73	.372	.526
Day	.273	1212	331	80	6	40	167	114	226	.341	.448	April	.271	797	216	52	5	31	118	72	143	.334	.465
Night	.280	2743	768	172	19	80	406	280	492	.349	.444	May	.266	951	253	50	6	23	123	102	184	.340	.404
Grass	.265	1080	286	58	6	36	131	103	201	.331	.430	June	.263	906	238	57	4	27	117	79	183	.325	.424
Turf	.283	2875	813	194	19	84	442	291	517	.353	.451	July	.301	965	290	64	8	32	165	107	146	.375	.483
First Pitch	.336	598	201	48	3	31	128	43	0	.384	.582	August	.304	336	102	29	2	7	50	34	62	.375	.464
Ahead in Count	.354	868	307	76	6	31	151	191	0	.468	.562	September/October	.000	0	0	0	0	0	0	0	0	.000	.000
Behind in Count	.207	1762	365	81	10	35	165	0	629	.215	.324	Pre-All Star	.272	3015	820	187	20	96	421	294	569	.340	.443
Two Strikes	.210	1769	372	87	10	41	189	160	718	.281	.340	Post-All Star	.297	940	279	65	5	24	152	100	149	.370	.453

1994 Season (Pitching)

	ERA	W	L	Sv	Opp	G	IP	BB	SO	Avg	H	2B	3B	HR	RBI	OBP	SLG	CG	ShO	Sup	QS	#P/S	SB	CS	GB	FB	G/F
1994 Season	3.97	66	49	29	40	115	1029.2	367	739	.265	1043	191	19	102	460	.331	.402	9	6	5.26	64	95	85	36	1511	1034	1.46

1994 Pitching

	ERA	W	L	Sv	G	GS	IP	H	HR	BB	SO		Avg	AB	H	2B	3B	HR	RBI	BB	SO	OBP	SLG
Home	3.84	37	22	15	185	59	539.0	516	56	186	404	vs. Left	.278	1675	466	89	8	39	189	179	296	.351	.411
Away	4.11	29	27	14	198	56	490.2	527	46	181	335	vs. Right	.256	2255	577	102	11	63	271	188	443	.316	.395
Day	3.78	17	18	7	115	35	314.0	328	29	114	230	Inning 1-6	.277	2661	736	137	14	66	322	232	480	.336	.413
Night	4.05	49	31	22	268	80	715.2	715	73	253	509	Inning 7+	.242	1269	307	54	5	36	138	135	259	.320	.377
Grass	3.92	14	17	8	105	31	271.0	284	25	109	185	None on	.271	2199	595	106	14	59	59	187	440	.332	.412
Turf	3.99	52	32	21	278	84	758.2	759	77	258	554	Runners on	.259	1731	448	85	5	43	401	180	299	.330	.388
April	4.23	14	10	4	77	23	208.2	195	23	89	171	Scoring Posn	.255	1007	257	48	2	23	335	136	198	.341	.375
May	3.82	16	12	10	100	28	252.1	255	25	105	184	Close & Late	.229	625	143	17	0	19	73	67	135	.311	.347
June	3.86	14	13	7	88	27	238.0	245	25	80	166	None on/out	.273	970	265	52	11	23	23	86	193	.336	.421
July	4.15	16	11	5	88	27	240.2	251	20	76	164	vs. 1st Batr (relief)	.251	243	61	16	1	3	29	22	50	.317	.362
August	3.60	7	3	3	30	10	90.0	97	9	17	54	First Inning Pitched	.263	1268	333	65	5	32	181	146	256	.342	.397
September/October	0.00	0	0	0	0	0	0.0	0	0	0	0	First 75 Pits (SP)	.269	3213	863	151	15	78	373	292	617	.332	.398
Starters	4.11	47	35	0	115	115	709.2	744	75	240	478	First Pitch	.272	357	97	20	4	12	47	36	56	.343	.451
Relievers	3.66	19	14	29	268	0	320.0	299	27	127	261	Pitch 91-105	.233	245	57	14	0	10	30	22	42	.297	.412
0-3 Days Rest (SP)	3.24	1	1	0	3	3	16.2	15	2	6	13	Pitch 106+	.226	115	26	6	0	2	10	17	24	.326	.330
4 Days Rest	3.85	26	15	0	61	61	388.0	415	41	132	272	First Pitch	.330	578	191	33	4	20	82	0	22	.361	.505
5+ Days Rest	4.49	20	19	0	51	51	305.0	314	32	102	193	Ahead in Count	.197	1764	348	66	6	18	131	0	644	.203	.272
Pre-All Star	3.95	50	38	24	298	88	789.0	790	81	307	576	Behind in Count	.344	903	311	58	4	44	165	179	0	.449	.564
Post-All Star	4.04	16	11	5	85	27	240.2	253	21	60	163	Two Strikes	.175	1764	309	56	6	22	136	165	739	.251	.251

Games Finished: 106 Inherited Runners: 170 Inherited Runners Scored: 49 Holds: 35

Los Angeles Dodgers

1994 Record: 58 – 56

	Avg	G	AB	R	H	2B	3B	HR	RBI	BB	SO	HBP	GDP	SB	CS	OBP	SLG	IBB	SH	SF	#Pit	#P/PA	GB	FB	G/F
1994 Season	.270	114	3904	532	1055	160	29	115	505	366	687	19	89	74	37	.333	.414	33	51	31	16250	3.72	1477	1029	1.44

1994 Batting

	Avg	AB	H	2B	3B	HR	RBI	BB	SO	OBP	SLG		Avg	AB	H	2B	3B	HR	RBI	BB	SO	OBP	SLG
vs. Left	.263	1109	292	50	4	36	135	107	201	.327	.413	Scoring Posn	.286	947	271	44	8	31	385	137	178	.370	.448
vs. Right	.273	2795	763	110	25	79	370	259	486	.336	.415	Close & Late	.259	675	175	21	3	17	96	77	121	.334	.375
Groundball	.244	1237	302	49	7	23	138	89	231	.295	.351	None on/out	.275	991	273	40	9	30	30	71	171	.325	.425
Flyball	.256	618	158	19	4	21	83	67	136	.327	.401	Leadoff	.289	460	133	12	8	8	37	67	67	.380	.402
Home	.265	1820	482	61	9	47	216	175	315	.329	.386	Batting #3	.319	470	150	20	0	27	108	38	73	.369	.534
Away	.275	2084	573	99	20	68	289	191	372	.337	.440	Cleanup	.282	447	126	22	1	23	82	45	87	.351	.490
Day	.270	1135	307	50	12	39	168	100	209	.329	.439	April	.283	800	226	42	7	24	125	84	138	.352	.443
Night	.270	2769	748	110	17	76	337	266	478	.335	.404	May	.280	1000	280	43	11	29	134	97	181	.343	.432
Grass	.270	2964	801	114	19	89	369	288	519	.335	.412	June	.268	887	238	29	3	31	109	84	155	.332	.413
Turf	.270	940	254	46	10	26	136	78	168	.327	.423	July	.254	878	223	33	3	21	97	73	143	.314	.370
First Pitch	.330	616	203	32	9	30	108	25	0	.360	.557	August	.260	339	88	13	5	10	40	28	70	.314	.416
Ahead in Count	.297	798	237	40	7	35	124	163	0	.413	.496	September/October	.000	0	0	0	0	0	0	0	0	.000	.000
Behind in Count	.222	1738	385	51	8	35	162	0	576	.226	.320	Pre-All Star	.273	3016	822	124	22	91	395	284	533	.336	.419
Two Strikes	.208	1809	377	56	8	33	168	177	687	.281	.303	Post-All Star	.262	888	233	36	7	24	110	82	154	.325	.400

	ERA	W	L	Sv	Opp	G	IP	BB	SO	Avg	H	2B	3B	HR	RBI	OBP	SLG	CG	ShO	Sup	QS	#P/S	SB	CS	GB	FB	G/F
1994 Season	4.17	58	56	20	41	114	1014.0	354	732	.267	1041	190	31	90	476	.331	.401	14	5	4.72	67	102	90	33	1488	991	1.50

1994 Pitching

	ERA	W	L	Sv	G	GS	IP	H	HR	BB	SO		Avg	AB	H	2B	3B	HR	RBI	BB	SO	OBP	SLG
Home	3.48	33	22	8	162	55	507.0	454	49	144	373	vs. Left	.267	1922	514	100	18	51	238	215	320	.343	.418
Away	4.86	25	34	12	191	59	507.0	587	41	210	359	vs. Right	.267	1977	527	90	13	39	238	139	412	.319	.384
Day	4.16	19	14	8	107	33	288.0	293	29	111	200	Inning 1-6	.259	2591	671	130	15	62	310	231	492	.322	.393
Night	4.18	39	42	12	246	81	726.0	748	61	243	532	Inning 7+	.283	1308	370	60	16	28	166	123	240	.348	.417
Grass	3.88	47	40	15	266	87	785.1	765	73	254	576	None on	.260	2160	562	108	17	56	56	186	418	.323	.404
Turf	5.16	11	16	5	87	27	228.2	276	17	100	156	Runners on	.275	1739	479	82	14	34	420	168	314	.340	.397
April	4.33	11	12	4	80	23	207.2	207	22	79	162	Scoring Posn	.268	1014	272	46	7	15	360	126	192	.346	.372
May	3.87	17	12	5	88	29	258.1	263	20	81	190	Close & Late	.286	711	203	27	6	14	109	64	140	.349	.399
June	4.64	13	13	4	75	26	230.2	244	23	79	149	None on/out	.283	973	275	56	7	28	28	79	169	.341	.441
July	4.20	11	15	4	78	26	227.0	233	21	88	165	vs. 1st Batr (relief)	.297	212	63	15	1	2	28	19	49	.360	.406
August	3.39	6	4	3	32	10	90.1	94	4	27	66	First Inning Pitched	.277	1150	318	59	11	12	165	111	235	.343	.378
September/October	0.00	0	0	0	0	0	0.0	0	0	0	0	First 75 Pits (SP)	.269	2982	801	148	24	66	374	283	573	.335	.401
Starters	4.00	40	35	0	114	114	756.2	757	67	238	518	Pitch 76-90	.258	372	96	22	1	13	48	29	76	.314	.427
Relievers	4.69	18	21	20	239	0	257.1	284	19	116	214	Pitch 91-105	.257	300	77	11	3	7	28	23	47	.311	.383
0-3 Days Rest (SP)	3.94	1	2	0	5	5	29.2	34	2	12	16	Pitch 106+	.273	245	67	9	3	4	26	19	36	.326	.384
4 Days Rest	3.77	19	13	0	51	51	346.1	338	26	102	235	First Pitch	.364	613	223	34	4	17	102	28	0	.395	.515
5+ Days Rest	4.21	20	20	0	58	58	380.2	385	43	124	267	Ahead in Count	.210	1696	356	63	12	14	148	0	602	.214	.286
Pre-All Star	4.09	46	42	15	267	88	788.2	785	73	269	581	Behind in Count	.329	899	296	62	10	46	145	180	0	.442	.574
Post-All Star	4.47	12	14	5	86	26	225.1	256	17	85	151	Two Strikes	.193	1733	335	62	13	20	145	145	732	.258	.279

Games Finished: 100 Inherited Runners: 149 Inherited Runners Scored: 64 Holds: 24

Montreal Expos

1994 Record: 74 – 40

1994 Season	Avg	G	AB	R	H	2B	3B	HR	RBI	BB	SO	HBP	GDP	SB	CS	OBP	SLG	IBB	SH	SF	#Pit	#P/PA	GB	FB	G/F
1994 Season	.278	114	4000	585	1111	246	30	108	542	379	669	40	76	137	36	.343	.435	39	53	42	16275	3.61	1608	1065	1.51

1994 Batting

	Avg	AB	H	2B	3B	HR	RBI	BB	SO	OBP	SLG		Avg	AB	H	2B	3B	HR	RBI	BB	SO	OBP	SLG
vs. Left	.292	974	264	63	7	32	136	98	168	.360	.469	Scoring Posn	.264	1135	300	62	11	26	413	172	209	.356	.407
vs. Right	.273	3026	827	183	23	76	406	281	501	.337	.424	Close & Late	.295	611	180	32	8	17	93	85	118	.379	.457
Groundball	.279	1252	349	73	10	33	176	110	196	.338	.432	None on/out	.294	984	289	73	6	28	73	140	.349	.465	
Flyball	.264	677	179	38	7	22	90	67	138	.333	.439	Leadoff	.287	506	145	24	4	11	45	46	63	.344	.415
Home	.289	1773	513	130	12	42	244	174	305	.355	.447	Batting #3	.304	477	145	28	6	24	86	40	75	.356	.539
Away	.269	2227	598	116	18	66	298	205	364	.333	.426	Cleanup	.327	449	147	50	3	21	101	51	80	.392	.592
Day	.258	1252	323	76	7	35	150	124	240	.327	.414	April	.267	806	215	46	6	14	91	70	147	.330	.391
Night	.287	2748	788	170	23	73	392	255	429	.350	.445	May	.264	937	247	61	7	14	101	95	165	.334	.388
Grass	.266	1427	380	70	14	49	204	123	235	.328	.438	June	.305	969	296	62	5	37	165	102	151	.372	.494
Turf	.284	2573	731	176	16	59	338	256	434	.351	.434	July	.278	907	252	52	11	30	145	79	149	.340	.459
First Pitch	.372	613	228	45	7	30	125	29	0	.407	.615	August	.265	381	101	25	1	13	40	33	57	.326	.438
Ahead in Count	.349	975	340	82	9	38	174	205	0	.461	.568	September/October	.000	0	0	0	0	0	0	0	0	.000	.000
Behind in Count	.201	1728	348	74	10	22	142	0	571	.206	.294	Pre-All Star	.278	3069	854	187	23	84	421	292	528	.344	.436
Two Strikes	.202	1740	352	78	10	23	153	144	669	.266	.298	Post-All Star	.276	931	257	59	7	24	121	87	141	.341	.432

1994 Season	ERA	W	L	Sv	Opp	G	IP	BB	SO	Avg	H	2B	3B	HR	RBI	OBP	SLG	CG	ShO	Sup	QS	#P/S	SB	CS	GB	FB	G/F
1994 Season	3.56	74	40	46	60	114	1036.2	288	805	.247	970	173	25	100	435	.302	.381	4	8	5.08	62	89	99	32	1447	1042	1.39

1994 Pitching

	ERA	W	L	Sv	G	GS	IP	H	HR	BB	SO		Avg	AB	H	2B	3B	HR	RBI	BB	SO	OBP	SLG
Home	3.95	32	20	18	172	52	476.0	475	47	131	350	vs. Left	.241	1543	372	62	13	38	165	137	311	.307	.372
Away	3.23	42	20	28	201	62	560.2	495	53	157	455	vs. Right	.251	2380	598	111	12	62	270	151	494	.299	.386
Day	3.51	21	14	12	124	35	322.2	308	36	84	269	Inning 1-6	.250	2577	644	122	18	66	294	196	516	.306	.388
Night	3.58	53	26	34	249	79	714.0	662	64	204	536	Inning 7+	.242	1346	326	51	7	34	141	92	289	.295	.366
Grass	3.33	27	13	17	124	40	359.0	310	36	106	310	None on	.243	2317	562	105	15	58	58	153	461	.296	.376
Turf	3.68	47	27	29	249	74	677.2	660	64	182	495	Runners on	.254	1606	408	68	10	42	377	135	344	.311	.387
April	3.72	13	10	7	82	23	212.2	189	20	71	167	Scoring Posn	.252	937	236	41	8	27	328	101	210	.322	.399
May	3.18	15	12	9	89	27	246.0	228	29	62	206	Close & Late	.221	680	150	19	4	17	71	54	167	.283	.335
June	4.21	19	8	11	93	27	245.2	255	21	76	183	None on/out	.248	999	248	47	7	18	58	185	.296	.363	
July	3.46	18	8	13	76	26	231.1	212	24	53	182	vs. 1st Batr (relief)	.203	237	48	8	3	5	33	16	58	.253	.325
August	2.76	9	2	6	33	11	101.0	86	6	26	67	First Inning Pitched	.255	1300	331	58	11	32	186	87	262	.305	.390
September/October	0.00	0	0	0	0	0	0.0	0	0	0	0	First 75 Pits (SP)	.250	3383	846	144	23	82	381	246	701	.305	.379
Starters	3.62	53	39	0	114	114	671.0	622	63	195	488	Pitch 76-90	.245	302	74	18	2	9	28	23	57	.301	.407
Relievers	3.45	21	15	46	259	0	365.2	348	37	93	317	Pitch 91-105	.206	175	36	8	0	6	17	14	33	.268	.354
0-3 Days Rest (SP)	7.41	1	1	0	4	4	17.0	22	2	9	13	Pitch 106+	.222	63	14	3	0	3	9	5	14	.286	.413
4 Days Rest	3.07	29	8	0	53	53	331.1	279	22	88	262	First Pitch	.304	632	192	42	4	22	100	18	0	.324	.487
5+ Days Rest	3.99	23	16	0	57	57	322.2	321	39	98	213	Ahead in Count	.197	1884	371	60	9	34	154	0	683	.206	.292
Pre-All Star	3.71	54	33	31	290	87	792.2	753	77	231	635	Behind in Count	.311	746	232	37	8	29	113	119	0	.405	.499
Post-All Star	3.06	20	7	15	83	27	244.0	217	23	57	170	Two Strikes	.178	1855	331	57	7	34	128	151	805	.247	.272

Games Finished: 110   Inherited Runners: 167   Inherited Runners Scored: 50   Holds: 43

New York Mets — 1994 Record: 55 – 58

1994 Batting

	Avg	G	AB	R	H	2B	3B	HR	RBI	BB	SO	HBP	GDP	SB	CS	OBP	SLG	IBB	SH	SF	#Pit	#P/PA	GB	FB	G/F
1994 Season	.250	113	3869	506	966	164	21	117	477	336	807	52	70	25	26	.316	.394	40	59	31	16007	3.68	1308	1088	1.20

	Avg	AB	H	2B	3B	HR	RBI	BB	SO	OBP	SLG		Avg	AB	H	2B	3B	HR	RBI	BB	SO	OBP	SLG
vs. Left	.243	1076	262	45	3	36	117	90	221	.306	.391	Scoring Posn	.271	877	238	41	9	19	327	123	182	.359	.404
vs. Right	.252	2793	704	119	18	81	360	246	586	.320	.395	Close & Late	.262	756	198	28	0	25	103	77	172	.337	.398
Groundball	.253	1246	315	59	7	33	155	92	245	.309	.391	None on/out	.230	989	227	42	5	29	29	67	205	.285	.370
Flyball	.230	651	150	25	1	16	69	58	177	.300	.346	Leadoff	.252	461	116	16	4	5	35	44	76	.326	.336
Home	.252	1773	447	65	13	53	218	158	369	.320	.393	Batting #3	.262	454	119	16	1	15	62	42	77	.323	.401
Away	.248	2096	519	99	8	64	259	178	438	.312	.394	Cleanup	.300	437	131	26	2	19	71	57	109	.380	.499
Day	.257	1214	312	47	3	47	167	103	265	.323	.417	April	.264	761	201	36	2	29	103	81	169	.343	.431
Night	.246	2655	654	117	18	70	310	233	542	.312	.383	May	.248	942	234	39	6	32	125	88	203	.319	.404
Grass	.249	2827	705	109	19	86	348	252	597	.317	.393	June	.250	900	225	34	7	24	111	72	171	.313	.383
Turf	.250	1042	261	55	2	31	129	84	210	.311	.396	July	.245	906	222	41	4	28	108	70	185	.304	.392
First Pitch	.314	614	193	29	6	26	103	33	0	.355	.508	August	.233	360	84	14	2	4	30	25	79	.285	.317
Ahead in Count	.308	799	246	39	4	39	137	163	0	.426	.513	September/October	.000	0	0	0	0	0	0	0	0	.000	.000
Behind in Count	.194	1734	336	53	8	29	142	0	676	.204	.284	Pre-All Star	.248	2944	731	123	15	97	370	265	630	.317	.399
Two Strikes	.179	1812	324	61	7	31	150	140	807	.244	.272	Post-All Star	.254	925	235	41	6	20	107	71	177	.312	.376

1994 Pitching

	ERA	W	L	Sv	Opp	G	IP	BB	SO	Avg	H	2B	3B	HR	RBI	OBP	SLG	CG	ShO	Sup	QS	#P/S	SB	CS	GB	FB	G/F
1994 Season	4.13	55	58	35	49	113	1023.0	332	640	.271	1069	211	25	117	497	.328	.426	7	3	4.45	59	95	68	34	1517	1048	1.45

	ERA	W	L	Sv	G	GS	IP	H	HR	BB	SO		Avg	AB	H	2B	3B	HR	RBI	BB	SO	OBP	SLG
Home	4.40	23	30	17	174	53	489.0	527	60	168	302	vs. Left	.278	1778	494	102	11	48	212	171	270	.340	.429
Away	3.89	32	28	18	177	60	534.0	542	57	164	338	vs. Right	.265	2168	575	109	14	69	285	161	370	.319	.424
Day	5.08	18	18	14	120	36	322.1	360	53	107	200	Inning 1-6	.268	2584	692	138	17	78	307	208	410	.323	.425
Night	3.70	37	40	21	231	77	700.2	709	64	225	440	Inning 7+	.277	1362	377	73	8	39	190	124	230	.338	.428
Grass	4.31	39	45	24	258	84	758.1	806	93	246	492	None on	.272	2292	623	135	16	60	60	167	397	.324	.423
Turf	3.64	16	13	11	93	29	264.2	263	24	86	148	Runners on	.270	1654	446	76	9	57	437	165	243	.334	.430
April	5.34	11	11	7	67	22	199.0	217	31	67	124	Scoring Posn	.284	916	260	47	5	27	361	129	155	.366	.434
May	3.83	14	14	8	86	28	251.2	251	25	82	137	Close & Late	.276	767	212	41	6	18	101	74	133	.341	.416
June	4.59	9	18	6	77	27	237.0	257	32	76	170	None on/out	.277	1005	278	58	7	31	31	60	161	.321	.441
July	3.70	16	10	10	91	26	240.2	251	24	76	154	vs. 1st Batr (relief)	.279	222	62	17	1	4	32	13	36	.321	.419
August	2.38	5	5	4	30	10	94.2	93	5	31	55	First Inning Pitched	.281	1255	353	72	8	38	189	109	208	.340	.442
September/October	0.00	0	0	0	0	0	0.0	0	0	0	0	First 75 Pits (SP)	.265	3258	864	174	17	92	396	268	545	.322	.414
Starters	4.15	41	40	0	113	113	722.1	756	83	213	431	Pitch 76-90	.310	352	109	17	6	15	56	28	38	.360	.520
Relievers	4.10	14	18	35	238	0	300.2	313	34	119	209	Pitch 91-105	.292	226	66	17	0	8	28	22	41	.359	.473
0-3 Days Rest (SP)	5.50	1	3	0	7	7	36.0	43	4	16	14	Pitch 106+	.273	110	30	3	2	2	17	14	16	.352	.391
4 Days Rest	3.86	24	20	0	61	61	403.2	397	43	125	252	First Pitch	.340	626	213	40	4	30	113	32	0	.372	.561
5+ Days Rest	4.39	16	17	0	45	45	282.2	316	36	72	165	Ahead in Count	.214	1745	373	70	9	37	152	0	565	.215	.328
Pre-All Star	4.38	40	47	23	258	87	776.1	801	97	249	499	Behind in Count	.331	888	294	64	5	35	138	167	0	.434	.533
Post-All Star	3.36	15	11	12	93	26	246.2	268	20	83	141	Two Strikes	.201	1689	339	64	10	34	143	131	640	.260	.311

Games Finished: 106   Inherited Runners: 128   Inherited Runners Scored: 46   Holds: 25

Philadelphia Phillies — 1994 Record: 54 – 61

1994 Season (Team Totals)

	Avg	G	AB	R	H	2B	3B	HR	RBI	BB	SO	HBP	GDP	SB	CS	OBP	SLG	IBB	SH	SF	#Pit	#P/PA	GB	FB	G/F
1994 Season	.262	115	3927	521	1028	208	28	80	484	396	711	31	94	67	24	.332	.390	44	51	31	16207	3.65	1538	969	1.59

1994 Batting

	Avg	AB	H	2B	3B	HR	RBI	BB	SO	OBP	SLG		Avg	AB	H	2B	3B	HR	RBI	BB	SO	OBP	SLG
vs. Left	.246	1156	284	60	5	23	122	111	205	.315	.366	Scoring Posn	.277	1041	288	54	8	24	396	140	189	.359	.413
vs. Right	.268	2771	744	148	23	57	362	285	506	.339	.400	Close & Late	.243	668	162	26	4	8	75	78	130	.323	.329
Groundball	.278	1133	315	71	7	21	146	116	195	.344	.409	None on/out	.243	947	230	54	8	19	19	94	162	.318	.377
Flyball	.227	547	124	26	5	13	65	56	113	.300	.364	Leadoff	.267	453	121	31	6	7	35	84	60	.383	.408
Home	.267	1997	534	113	13	45	248	200	331	.336	.405	Batting #3	.279	451	126	23	4	11	63	54	82	.355	.421
Away	.256	1930	494	95	15	35	236	196	380	.328	.375	Cleanup	.253	450	114	22	2	13	67	45	90	.323	.398
Day	.251	1148	288	53	9	24	143	123	218	.326	.375	April	.250	787	197	40	4	18	106	92	146	.332	.380
Night	.266	2779	740	155	19	56	341	273	493	.334	.396	May	.290	986	286	70	4	29	129	91	186	.353	.457
Grass	.242	1434	347	67	10	25	170	157	285	.320	.355	June	.257	887	228	46	8	16	115	91	151	.327	.381
Turf	.273	2493	681	141	18	55	314	239	426	.339	.410	July	.252	911	230	41	9	12	107	96	166	.327	.357
First Pitch	.311	575	179	23	3	20	93	34	0	.350	.466	August	.244	356	87	11	3	5	27	26	62	.296	.334
Ahead in Count	.325	883	287	67	9	27	150	209	0	.453	.513	September/October	.000	0	0	0	0	0	0	0	0	.000	.000
Behind in Count	.203	1736	352	73	11	21	145	0	606	.209	.294	Pre-All Star	.263	2994	788	169	18	65	379	312	555	.336	.397
Two Strikes	.187	1740	325	67	9	24	141	153	711	.256	.277	Post-All Star	.257	933	240	39	10	15	105	84	156	.319	.369

1994 Pitching

	ERA	W	L	Sv	Opp	G	IP	BB	SO	Avg	H	2B	3B	HR	RBI	OBP	SLG	CG	ShO	Sup	QS	#P/S	SB	CS	GB	FB	G/F
1994 Season	3.85	54	61	30	42	115	1024.1	377	699	.261	1028	192	9	98	461	.328	.389	7	6	4.58	62	97	87	30	1426	1091	1.31

	ERA	W	L	Sv	G	GS	IP	H	HR	BB	SO		Avg	AB	H	2B	3B	HR	RBI	BB	SO	OBP	SLG
Home	3.53	34	26	21	185	60	548.0	524	40	198	380	vs. Left	.270	1504	406	71	2	31	184	156	270	.338	.382
Away	4.21	20	35	9	173	55	476.1	504	58	179	319	vs. Right	.256	2431	622	121	7	67	277	221	429	.321	.394
Day	3.97	15	20	11	110	35	303.2	294	28	117	221	Inning 1-6	.253	2617	663	123	8	76	308	241	472	.317	.394
Night	3.80	39	41	19	248	80	720.2	734	70	260	478	Inning 7+	.277	1318	365	69	1	22	153	136	227	.349	.381
Grass	4.19	15	26	8	130	41	358.1	379	45	132	248	None on	.259	2194	568	108	6	61	61	192	376	.322	.397
Turf	3.66	39	35	22	228	74	666.0	649	53	245	451	Runners on	.264	1741	460	84	3	37	400	185	323	.335	.380
April	4.31	9	14	4	72	23	200.1	209	22	89	142	Scoring Posn	.233	1037	242	45	3	20	350	136	224	.318	.340
May	4.30	15	13	8	98	28	253.0	269	25	112	190	Close & Late	.281	669	188	33	1	12	93	76	115	.357	.387
June	3.02	15	12	10	78	27	235.1	207	22	82	143	None on/out	.258	990	255	58	2	32	32	77	155	.315	.417
July	4.24	12	15	8	85	27	237.2	261	23	71	152	vs. 1st Batr (relief)	.266	218	58	17	0	3	24	20	38	.335	.385
August	2.76	3	7	0	25	10	98.0	82	6	23	72	First Inning Pitched	.260	1279	333	68	3	17	183	139	230	.337	.358
September/October	0.00	0	0	0	0	0	0.0	0	0	0	0	First 75 Pits (SP)	.260	3193	831	154	7	73	359	298	576	.325	.381
Starters	4.05	39	45	0	115	115	697.0	686	80	247	472	Pitch 76-90	.251	347	87	18	1	18	55	40	52	.326	.464
Relievers	3.41	15	16	30	243	0	327.1	342	18	130	227	Pitch 91-105	.283	247	70	14	1	4	29	26	39	.351	.397
0-3 Days Rest (SP)	3.68	2	2	0	4	4	22.0	23	2	7	11	Pitch 106+	.270	148	40	6	0	3	18	13	32	.341	.372
4 Days Rest	3.31	25	28	0	68	68	442.2	399	35	153	305	First Pitch	.311	553	172	32	1	14	80	24	0	.349	.448
5+ Days Rest	5.50	12	15	0	43	43	232.1	264	43	87	156	Ahead in Count	.209	1796	376	57	1	30	153	0	583	.214	.292
Pre-All Star	3.83	41	47	23	273	88	772.1	778	81	304	539	Behind in Count	.325	833	271	60	3	33	133	209	0	.455	.523
Post-All Star	3.89	13	14	7	85	27	252.0	250	17	73	160	Two Strikes	.194	1781	346	62	3	31	154	144	699	.257	.285

Games Finished: 108 Inherited Runners: 139 Inherited Runners Scored: 49 Holds: 29

Pittsburgh Pirates

1994 Record: 53 – 61

	Avg	G	AB	R	H	2B	3B	HR	RBI	BB	SO	HBP	GDP	SB	CS	OBP	SLG	IBB	SH	SF	#Pit	#P/PA	GB	FB	G/F
1994 Season	.259	114	3864	466	1001	198	23	80	435	349	725	22	88	53	25	.322	.384	29	36	28	15677	3.64	1461	1067	1.37

1994 Batting

	Avg	AB	H	2B	3B	HR	RBI	BB	SO	OBP	SLG		Avg	AB	H	2B	3B	HR	RBI	BB	SO	OBP	SLG
vs. Left	.270	966	261	59	5	23	114	81	182	.329	.413	Scoring Posn	.250	965	241	51	7	13	327	127	195	.333	.358
vs. Right	.255	2898	740	139	18	57	321	268	543	.320	.375	Close & Late	.276	591	163	29	8	14	94	60	122	.341	.423
Groundball	.256	1514	387	78	9	22	164	140	276	.320	.363	None on/out	.250	968	242	50	4	24	67	185	.302	.384
Flyball	.244	652	159	32	2	23	74	60	146	.309	.405	Leadoff	.261	483	126	22	3	8	39	34	87	.315	.369
Home	.273	2057	562	118	14	45	249	189	358	.335	.410	Batting #3	.243	441	107	21	2	10	41	58	79	.332	.367
Away	.243	1807	439	80	9	35	186	160	367	.307	.355	Cleanup	.272	452	123	23	1	14	74	33	93	.318	.420
Day	.260	1102	287	60	8	25	122	88	201	.317	.397	April	.245	713	175	35	5	10	78	73	156	.316	.351
Night	.259	2762	714	138	15	55	313	261	524	.324	.379	May	.266	939	250	46	7	19	106	97	166	.335	.391
Grass	.229	898	206	30	7	20	98	68	191	.287	.345	June	.263	902	237	43	7	25	121	89	155	.331	.409
Turf	.268	2966	795	168	16	60	337	281	534	.332	.396	July	.256	966	247	54	3	21	105	72	190	.309	.383
First Pitch	.333	606	202	38	3	13	69	27	0	.363	.470	August	.267	344	92	20	1	5	25	18	58	.308	.375
Ahead in Count	.308	861	265	60	7	28	144	193	0	.431	.491	September/October	.000	0	0	0	0	0	0	0	0	.000	.000
Behind in Count	.206	1741	358	68	7	27	152	0	610	.209	.299	Pre-All Star	.258	2903	748	144	20	64	340	285	559	.325	.387
Two Strikes	.190	1699	323	61	7	22	140	129	725	.250	.273	Post-All Star	.263	961	253	54	3	16	95	64	166	.312	.376

	ERA	W	L	Sv	Opp	G	IP	BB	SO	Avg	H	2B	3B	HR	RBI	OBP	SLG	CG	ShO	Sup	QS	#P/S	SB	CS	GB	FB	G/F
1994 Season	4.64	53	61	24	38	114	1005.2	370	650	.281	1094	231	25	117	552	.347	.443	8	2	4.17	62	91	78	31	1554	1038	1.50

1994 Pitching

	ERA	W	L	Sv	G	GS	IP	H	HR	BB	SO		Avg	AB	H	2B	3B	HR	RBI	BB	SO	OBP	SLG
Home	4.35	32	29	11	202	61	556.0	577	61	174	364	vs. Left	.282	1262	356	79	9	34	196	147	233	.359	.440
Away	4.98	21	32	13	197	53	449.2	517	56	196	286	vs. Right	.280	2632	738	152	16	83	356	223	417	.340	.445
Day	4.10	16	16	6	110	32	285.2	282	28	111	159	Inning 1-6	.285	2656	756	156	16	82	372	218	442	.342	.448
Night	4.85	37	45	18	289	82	720.0	812	89	259	491	Inning 7+	.273	1238	338	75	9	35	180	152	208	.357	.433
Grass	3.47	13	14	6	99	27	228.1	236	24	89	139	None on	.275	2182	599	119	16	69	69	150	387	.327	.439
Turf	4.98	40	47	18	300	87	777.1	858	93	281	511	Runners on	.289	1712	495	112	9	48	483	220	263	.370	.449
April	5.14	8	13	3	22	22	191.0	198	28	75	129	Scoring Posn	.284	1044	297	58	7	31	426	178	172	.385	.443
May	4.19	9	18	0	96	27	240.2	248	26	84	174	Close & Late	.263	620	163	36	5	16	86	73	102	.345	.415
June	4.24	17	10	11	90	27	237.2	258	25	72	141	None on/out	.295	963	284	54	11	26	26	70	151	.351	.455
July	5.24	11	9	7	101	28	247.1	289	31	104	156	vs. 1st Batr (relief)	.296	253	75	11	3	10	43	24	43	.366	.427
August	4.15	4	6	1	29	10	89.0	101	7	35	50	First Inning Pitched	.266	1289	343	70	9	34	212	140	231	.344	.413
September/October	0.00	0	0	0	0	0	0.0	0	0	0	0	First 75 Pits (SP)	.282	3277	924	199	20	99	481	324	552	.350	.446
Starters	4.29	35	47	0	114	114	680.0	731	78	204	420	Pitch 76-90	.272	334	91	22	1	9	36	24	55	.329	.425
Relievers	5.36	18	14	24	285	0	325.2	363	39	166	230	Pitch 91-105	.301	196	59	8	3	7	28	15	25	.347	.480
0-3 Days Rest (SP)	11.81	0	3	0	3	3	10.2	19	2	5	3	Pitch 106+	.230	87	20	2	1	2	7	7	18	.287	.345
4 Days Rest	4.61	19	24	0	61	61	363.0	399	41	109	211	First Pitch	.336	578	194	38	9	30	110	42	0	.381	.588
5+ Days Rest	3.64	16	20	0	50	50	306.1	313	35	90	206	Ahead in Count	.225	1753	394	78	8	31	169	0	567	.231	.331
Pre-All Star	4.52	41	45	19	307	86	756.2	804	87	274	496	Behind in Count	.344	863	297	71	7	39	162	190	0	.461	.578
Post-All Star	4.99	12	16	5	92	28	249.0	290	30	96	154	Two Strikes	.202	1704	344	66	4	24	152	138	650	.267	.288

Games Finished: 106   Inherited Runners: 201   Inherited Runners Scored: 63   Holds: 38

St. Louis Cardinals — 1994 Record: 53 – 61 – 1

1994 Season	Avg	G	AB	R	H	2B	3B	HR	RBI	BB	SO	HBP	GDP	SB	CS	OBP	SLG	IBB	SH	SF	#Pit	#P/PA	GB	FB	G/F
	.263	115	3902	535	1026	213	27	108	506	434	686	33	77	76	46	.339	.414	48	44	37	16515	3.71	1411	1133	1.25

1994 Batting

	Avg	AB	H	2B	3B	HR	RBI	BB	SO	OBP	SLG		Avg	AB	H	2B	3B	HR	RBI	BB	SO	OBP	SLG
vs. Left	.264	1108	293	59	5	30	124	127	199	.338	.408	Scoring Posn	.241	1027	248	48	6	34	388	171	212	.346	.399
vs. Right	.262	2794	733	154	22	78	382	307	487	.339	.417	Close & Late	.234	560	131	24	3	17	77	81	105	.335	.379
Groundball	.278	1236	344	66	8	30	167	138	213	.350	.417	None on/out	.255	961	245	48	9	26	26	92	192	.324	.405
Flyball	.235	620	146	36	5	14	67	92	121	.336	.377	Leadoff	.260	484	126	27	7	15	52	54	118	.339	.438
Home	.264	1866	493	106	15	50	237	199	338	.337	.417	Batting #3	.328	454	149	28	1	18	68	57	31	.401	.513
Away	.262	2036	533	107	12	58	269	235	348	.341	.412	Cleanup	.260	442	115	25	2	16	74	53	70	.341	.434
Day	.270	1058	286	59	8	30	128	126	184	.350	.426	April	.253	727	184	35	3	22	95	110	154	.355	.400
Night	.260	2844	740	154	19	78	378	308	502	.335	.410	May	.258	945	244	52	5	24	110	120	160	.342	.400
Grass	.246	1120	276	57	10	31	147	143	196	.332	.398	June	.247	861	213	48	7	20	96	136	192	.322	.389
Turf	.270	2782	750	156	17	77	359	291	490	.342	.421	July	.273	972	265	61	9	26	133	70	184	.321	.434
First Pitch	.333	531	177	34	5	13	70	31	0	.375	.490	August	.302	397	120	17	3	16	72	45	52	.378	.481
Ahead in Count	.327	917	300	65	6	43	176	219	0	.453	.553	September/October	.000	0	0	0	0	0	0	0	0	.000	.000
Behind in Count	.205	1658	340	68	12	29	160	0	576	.211	.313	Pre-All Star	.256	2846	729	151	19	75	339	339	521	.338	.402
Two Strikes	.188	1696	319	65	9	34	158	182	686	.271	.297	Post-All Star	.281	1056	297	62	8	33	167	95	165	.342	.449

1994 Season	ERA	W	L	Sv	Opp	G	IP	BB	SO	Avg	H	2B	3B	HR	RBI	OBP	SLG	CG	ShO	Sup	QS	#P/S	SB	CS	GB	FB	G/F
	5.14	53	61	29	40	115	1018.0	355	632	.289	1154	257	30	134	592	.351	.470	7	4	4.73	48	89	70	40	1472	1135	1.30

1994 Pitching

	ERA	W	L	Sv	G	GS	IP	H	HR	BB	SO		Avg	AB	H	2B	3B	HR	RBI	BB	SO	OBP	SLG
Home	5.27	23	33	9	224	56	512.0	573	66	185	335	vs. Left	.287	1468	421	94	9	45	195	146	227	.353	.455
Away	5.00	30	28	20	221	59	506.0	581	68	170	297	vs. Right	.291	2519	733	163	21	89	397	209	405	.349	.478
Day	5.45	11	19	8	128	31	274.0	305	34	97	178	Inning 1-6	.298	2706	806	184	22	80	406	236	400	.358	.471
Night	5.02	42	42	21	317	84	744.0	849	100	258	454	Inning 7+	.272	1281	348	73	8	54	186	119	232	.335	.468
Grass	4.69	19	14	12	120	33	284.0	328	39	95	149	None on	.267	2233	596	134	19	66	66	184	346	.328	.433
Turf	5.31	34	47	17	325	82	734.0	826	95	260	483	Runners on	.318	1754	558	123	11	68	526	171	286	.378	.517
April	5.18	12	9	6	81	22	194.2	212	28	60	133	Scoring Posn	.314	1080	339	75	10	36	440	129	196	.384	.502
May	5.03	14	14	10	120	28	248.2	286	35	92	168	Close & Late	.262	580	152	27	1	24	80	56	119	.330	.436
June	4.52	13	13	8	103	26	231.0	263	23	74	142	None on/out	.272	983	267	56	8	28	28	78	145	.328	.430
July	6.16	8	20	3	106	28	250.0	278	33	105	140	vs. 1st Batr (relief)	.268	298	80	12	2	10	32	27	67	.328	.423
August	4.13	6	5	2	35	11	93.2	115	15	24	49	First Inning Pitched	.287	1459	419	84	9	49	241	164	252	.359	.458
September/October	0.00	0	0	0	0	0	0.0	0	0	0	0	First 75 Pits (SP)	.288	3418	983	225	26	105	494	307	557	.349	.461
Starters	5.50	37	41	0	115	115	642.0	751	86	202	366	Pitch 76-90	.265	302	80	16	1	15	44	25	40	.328	.474
Relievers	4.52	16	20	29	330	0	376.0	403	48	153	266	Pitch 91-105	.357	185	66	12	3	9	38	18	24	.415	.600
0-3 Days Rest (SP)	6.02	3	2	0	10	10	58.1	77	9	12	30	Pitch 106+	.305	82	25	4	0	5	16	5	11	.356	.537
4 Days Rest	5.07	16	17	0	51	51	298.0	306	39	105	174	First Pitch	.340	635	216	49	2	32	119	25	0	.370	.575
5+ Days Rest	5.83	18	22	0	54	54	285.2	368	38	85	162	Ahead in Count	.226	1674	378	89	13	33	159	0	538	.235	.354
Pre-All Star	4.92	42	42	25	335	85	754.1	842	94	254	479	Behind in Count	.345	944	326	73	6	44	191	181	0	.446	.575
Post-All Star	5.77	11	19	4	110	30	263.2	312	40	101	153	Two Strikes	.217	1667	362	84	16	28	154	149	632	.287	.337

Games Finished: 108   Inherited Runners: 201   Inherited Runners Scored: 61   Holds: 53

San Diego Padres — 1994 Record: 47 – 70

	Avg	G	AB	R	H	2B	3B	HR	RBI	BB	SO	HBP	GDP	SB	CS	OBP	SLG	IBB	SH	SF	#Pit	#P/PA	GB	FB	G/F
1994 Season	.275	117	4068	479	1117	200	19	92	445	319	762	31	112	79	37	.330	.401	47	67	33	16163	3.58	1608	941	1.71

1994 Batting

	Avg	AB	H	2B	3B	HR	RBI	BB	SO	OBP	SLG		Avg	AB	H	2B	3B	HR	RBI	BB	SO	OBP	SLG
vs. Left	.279	1151	321	53	4	28	126	99	217	.338	.405	Scoring Posn	.239	1076	257	44	6	24	348	124	214	.315	.358
vs. Right	.273	2917	796	147	15	64	319	220	545	.326	.399	Close & Late	.265	737	195	28	4	17	83	59	149	.322	.383
Groundball	.269	1366	368	69	5	29	130	86	254	.313	.391	None on/out	.294	1010	297	67	6	22	22	72	192	.345	.438
Flyball	.253	474	120	20	2	14	55	49	102	.333	.392	Leadoff	.305	508	155	23	5	2	35	34	77	.353	.382
Home	.271	1915	519	101	9	51	225	176	387	.335	.413	Batting #3	.335	474	159	26	1	14	78	49	52	.394	.483
Away	.278	2153	598	99	10	41	220	143	375	.325	.390	Cleanup	.284	468	133	33	1	22	63	38	108	.346	.500
Day	.297	1241	368	68	3	26	144	85	229	.344	.419	April	.255	822	210	49	3	24	83	57	165	.307	.410
Night	.265	2827	749	132	16	66	301	234	533	.323	.393	May	.253	931	236	45	4	21	108	94	171	.324	.378
Grass	.278	3089	858	154	14	76	351	261	581	.335	.410	June	.290	971	282	41	8	19	110	89	166	.353	.408
Turf	.265	979	259	46	5	16	94	58	181	.312	.371	July	.283	992	281	51	3	20	108	64	196	.329	.401
First Pitch	.354	610	216	45	1	17	81	37	0	.400	.515	August	.307	352	108	14	1	8	36	15	64	.335	.420
Ahead in Count	.349	835	291	53	7	39	130	154	0	.448	.569	September/October	.000	0	0	0	0	0	0	0	0	.000	.000
Behind in Count	.219	1911	419	68	9	22	147	0	661	.222	.299	Pre-All Star	.267	3057	815	150	15	71	338	265	580	.328	.395
Two Strikes	.195	1838	358	61	6	21	145	127	762	.249	.269	Post-All Star	.299	1011	302	50	4	21	107	54	182	.336	.418

	ERA	W	L	Sv	Opp	G	IP	BB	SO	Avg	H	2B	3B	HR	RBI	OBP	SLG	CG	ShO	Sup	QS	#P/S	SB	CS	GB	FB	G/F
1994 Season	4.08	47	70	27	38	117	1045.2	393	862	.252	1008	178	42	99	483	.321	.392	8	6	4.12	62	95	99	45	1453	941	1.54

1994 Pitching

	ERA	W	L	Sv	G	GS	IP	H	HR	BB	SO		Avg	AB	H	2B	3B	HR	RBI	BB	SO	OBP	SLG
Home	3.85	26	31	14	189	57	523.0	461	57	187	436	vs. Left	.266	1780	473	75	22	31	199	218	344	.345	.385
Away	4.30	21	39	13	201	60	522.2	547	42	206	426	vs. Right	.242	2215	535	103	20	68	284	175	518	.302	.398
Day	3.94	16	19	11	118	35	308.1	287	24	119	256	Inning 1-6	.262	2703	707	126	29	72	332	235	598	.323	.410
Night	4.14	31	51	16	272	82	737.1	721	75	274	606	Inning 7+	.233	1292	301	52	13	27	151	158	264	.318	.356
Grass	4.04	39	50	23	297	89	810.0	759	83	286	674	None on	.247	2295	567	96	23	55	55	181	503	.306	.381
Turf	4.20	8	20	4	93	28	235.2	249	16	107	188	Runners on	.259	1700	441	82	19	44	428	212	359	.341	.408
April	4.40	7	17	5	86	24	216.2	213	23	98	184	Scoring Posn	.253	1042	264	49	15	29	380	155	229	.348	.413
May	3.66	11	17	5	86	28	243.2	240	19	96	198	Close & Late	.254	625	159	28	6	12	83	85	145	.343	.376
June	4.30	13	14	8	98	27	244.2	246	21	87	188	None on/out	.263	1007	265	48	11	27	27	73	220	.317	.413
July	4.21	10	18	4	93	28	252.0	235	27	87	212	vs. 1st Batr (relief)	.289	232	67	17	3	7	39	35	56	.385	.478
August	3.45	6	4	5	27	10	88.2	74	9	25	80	First Inning Pitched	.255	1313	335	62	13	28	191	163	274	.338	.386
September/October	0.00	0	0	0	0	0	0.0	0	0	0	0	First 75 Pits (SP)	.252	3282	828	148	31	80	402	327	700	.322	.389
Starters	4.13	32	52	0	117	117	706.0	691	74	224	592	Pitch 76-90	.264	329	87	12	5	11	40	32	66	.334	.432
Relievers	3.97	15	18	27	273	0	339.2	317	25	169	270	Pitch 91-105	.257	272	70	14	5	4	27	18	64	.306	.390
0-3 Days Rest (SP)	6.89	0	2	0	5	5	15.2	26	2	9	9	Pitch 106+	.205	112	23	4	1	4	14	16	32	.302	.366
4 Days Rest	3.86	23	31	0	68	68	435.2	402	44	137	370	First Pitch	.298	567	169	23	5	19	93	47	0	.353	.457
5+ Days Rest	4.42	9	19	0	44	44	254.2	263	28	78	213	Ahead in Count	.184	1833	337	57	12	32	151	0	758	.190	.280
Pre-All Star	4.26	35	54	19	303	89	795.0	785	74	306	649	Behind in Count	.333	869	289	51	12	31	139	190	0	.450	.526
Post-All Star	3.52	12	16	8	87	28	250.2	223	25	87	213	Two Strikes	.188	1887	354	66	19	34	167	156	862	.254	.297

Games Finished: 109   Inherited Runners: 173   Inherited Runners Scored: 56   Holds: 18

San Francisco Giants — 1994 Record: 55 – 60

	Avg	G	AB	R	H	2B	3B	HR	RBI	BB	SO	HBP	GDP	SB	CS	OBP	SLG	IBB	SH	SF	#Pit	#P/PA	GB	FB	G/F
1994 Season	.249	115	3869	504	963	159	32	123	472	364	719	39	72	114	40	.318	.402	47	65	27	15656	3.59	1481	1109	1.34

1994 Batting

	Avg	AB	H	2B	3B	HR	RBI	BB	SO	OBP	SLG		Avg	AB	H	2B	3B	HR	RBI	BB	SO	OBP	SLG
vs. Left	.237	988	234	44	4	39	111	98	171	.311	.408	Scoring Posn	.237	984	233	40	6	26	342	148	224	.335	.369
vs. Right	.253	2881	729	115	28	84	361	266	548	.320	.400	Close & Late	.236	666	157	22	2	14	65	68	130	.313	.338
Groundball	.254	1438	365	57	8	45	169	118	259	.316	.398	None on/out	.269	995	268	45	11	34	73	166	.322	.439	
Flyball	.257	600	154	33	6	18	80	65	130	.333	.422	Leadoff	.259	467	121	15	9	5	29	56	54	.343	.362
Home	.248	1968	488	86	14	56	241	201	386	.322	.391	Batting #3	.282	447	126	15	1	34	87	54	71	.359	.548
Away	.250	1901	475	73	18	67	231	163	333	.314	.413	Cleanup	.289	446	129	18	3	45	106	51	78	.363	.646
Day	.250	2016	504	98	14	68	269	216	370	.326	.414	April	.227	744	169	26	8	23	79	80	133	.302	.376
Night	.248	1853	459	61	18	55	203	148	349	.308	.389	May	.253	993	251	33	8	24	120	86	191	.317	.375
Grass	.251	2962	743	125	25	88	368	287	552	.321	.399	June	.232	897	208	37	6	28	89	83	175	.301	.380
Turf	.243	907	220	34	7	35	104	77	167	.307	.411	July	.278	932	259	49	8	36	145	85	171	.347	.464
First Pitch	.315	619	195	36	4	22	101	34	0	.356	.493	August	.251	303	76	14	2	12	39	30	49	.320	.429
Ahead in Count	.335	823	276	50	7	49	154	191	0	.458	.592	September/October	.000	0	0	0	0	0	0	0	0	.000	.000
Behind in Count	.179	1736	310	43	14	32	142	0	616	.188	.275	Pre-All Star	.240	2973	713	109	22	89	335	272	573	.307	.381
Two Strikes	.168	1711	288	47	11	29	115	139	719	.239	.259	Post-All Star	.279	896	250	50	10	34	137	92	146	.353	.471

	ERA	W	L	Sv	Opp	G	IP	BB	SO	Avg	H	2B	3B	HR	RBI	OBP	SLG	CG	ShO	Sup	QS	#P/S	SB	CS	GB	FB	G/F
1994 Season	3.99	55	60	33	44	115	1025.1	372	655	.262	1014	200	14	122	473	.330	.416	2	4	4.42	68	92	76	35	1463	1141	1.28

1994 Pitching

	ERA	W	L	Sv	G	GS	IP	H	HR	BB	SO		Avg	AB	H	2B	3B	HR	RBI	BB	SO	OBP	SLG
Home	3.71	29	31	16	217	60	550.0	536	74	201	384	vs. Left	.259	1652	428	70	8	41	207	178	222	.332	.386
Away	4.30	26	29	17	186	55	475.1	478	48	171	271	vs. Right	.264	2217	586	130	6	81	266	194	433	.328	.438
Day	3.88	30	30	19	213	60	545.2	537	73	194	371	Inning 1-6	.268	2615	701	140	11	72	315	239	414	.332	.413
Night	4.11	25	30	14	190	55	479.2	477	49	178	284	Inning 7+	.250	1254	313	60	3	50	158	133	241	.325	.422
Grass	3.95	44	44	27	315	88	796.2	776	104	295	519	None on	.262	2245	589	121	4	74	74	194	376	.328	.419
Turf	4.09	11	16	6	88	27	228.2	238	18	77	136	Runners on	.262	1624	425	79	10	48	399	178	279	.332	.411
April	3.29	12	11	6	78	23	208.0	187	19	58	146	Scoring Posn	.249	907	226	40	4	28	334	124	178	.331	.395
May	4.25	13	16	9	102	29	260.2	263	39	110	184	Close & Late	.246	672	165	28	1	28	95	77	136	.324	.415
June	3.86	8	19	3	87	27	235.2	233	23	99	128	None on/out	.255	980	250	45	3	39	39	81	154	.318	.427
July	3.59	19	8	12	100	27	243.0	221	27	75	150	vs. 1st Batr (relief)	.217	253	55	13	1	14	47	26	49	.288	.443
August	6.58	3	6	3	36	9	78.0	110	14	30	47	First Inning Pitched	.239	1281	306	60	6	46	184	146	250	.316	.403
September/October	0.00	0	0	0	0	0	0.0	0	0	0	0	First 75 Pits (SP)	.263	3230	848	162	13	101	397	311	565	.330	.415
Starters	4.10	41	42	0	115	115	700.0	727	79	224	404	Pitch 76-90	.251	358	90	22	1	12	48	33	51	.319	.419
Relievers	3.73	14	18	33	288	0	325.1	287	43	148	251	Pitch 91-105	.262	233	61	11	0	9	25	22	29	.325	.425
0-3 Days Rest (SP)	4.29	2	2	0	6	6	35.2	46	3	13	19	Pitch 106+	.313	48	15	5	0	0	3	6	10	.400	.417
4 Days Rest	4.07	22	22	0	66	66	402.2	416	55	132	251	First Pitch	.337	605	204	40	5	30	115	36	0	.380	.569
5+ Days Rest	4.13	17	18	0	43	43	261.2	265	21	79	134	Ahead in Count	.195	1688	330	56	2	30	122	0	566	.202	.284
Pre-All Star	3.80	39	50	22	304	89	796.1	770	95	299	523	Behind in Count	.327	854	279	63	3	36	146	194	0	.447	.534
Post-All Star	4.64	16	10	11	99	26	229.0	244	27	73	132	Two Strikes	.184	1671	307	60	3	33	123	142	655	.251	.282

Games Finished: 113　　Inherited Runners: 198　　Inherited Runners Scored: 74　　Holds: 36

Leader Boards

Here are the Leader Boards, one of our favorite sections of the book. You'll find top 10 lists, both for one and five years, in a number of statistical categories—stuff you don't see anywhere but here. As was the case last year, we've set minimum cutoffs for each stat split. The minimums vary from stat to stat, but the cutoff level for each one is designed to keep all but regulars off the list, while taking into account the frequency with which the stat occurs. That is why the cutoff for "1st Pitch" is much higher than "Full Count."

One item to keep in mind is that "Batting #9" includes American League players only. There are some good-hitting National League pitchers around, but only a few, and you won't find them in this section.

1994 Batting Leaders

Overall
(Minimum 350 PA)

Player, Team	AB	H	AVG
T GWYNN, SD	**419**	**165**	**.394**
J Bagwell, Hou	400	147	.368
P O'Neill, NYA	368	132	.359
A Belle, Cle	412	147	.357
F Thomas, ChA	399	141	.353
K Lofton, Cle	459	160	.349
W Boggs, NYA	366	125	.342
P Molitor, Tor	454	155	.341
M Alou, Mon	422	143	.339
H Morris, Cin	436	146	.335

LHP
(Minimum 100 PA)

Player, Team	AB	H	AVG
J BAGWELL, Hou	**105**	**48**	**.457**
F Fermin, Sea	105	42	.400
D Bichette, Col	105	42	.400
P Molitor, Tor	110	43	.391
F Thomas, ChA	104	40	.385
C Shipley, SD	94	36	.383
J Bell, Pit	106	40	.377
T Gwynn, SD	139	52	.374
J Kent, NYN	110	41	.373
A Belle, Cle	120	44	.367

RHP
(Minimum 135 PA)

Player, Team	AB	H	AVG
T GWYNN, SD	**280**	**113**	**.404**
P O'Neill, NYA	263	100	.380
H Morris, Cin	326	118	.362
K Lofton, Cle	290	104	.359
A Belle, Cle	292	103	.353
W Boggs, NYA	258	91	.353
R Jefferson, Sea	153	53	.346
C Baerga, Cle	281	97	.345
M Kingery, Col	264	91	.345
F Thomas, ChA	295	101	.342

Home
(Minimum 120 PA)

Player, Team	AB	H	AVG
A BELLE, Cle	**179**	**74**	**.413**
P O'Neill, NYA	176	72	.409
T Gwynn, SD	181	73	.403
F Thomas, ChA	179	69	.385
P Molitor, Tor	230	87	.378
J Bagwell, Hou	201	75	.373
J Eisenreich, Phi	148	55	.372
M Alou, Mon	186	69	.371
K Puckett, Min	232	85	.366
K Lofton, Cle	200	73	.365

Away
(Minimum 120 PA)

Player, Team	AB	H	AVG
T GWYNN, SD	**238**	**92**	**.387**
M Kingery, Col	163	59	.362
J Bagwell, Hou	199	72	.362
C Davis, Cal	177	64	.362
M Piazza, LA	212	76	.358
J Conine, Fla	221	79	.357
F McGriff, Atl	223	78	.350
B Butler, LA	227	79	.348
R Sanchez, ChN	142	49	.345
K Seitzer, Mil	166	57	.343

Groundball Pitchers
(Minimum 90 PA)

Player, Team	AB	H	AVG
A BELLE, Cle	**86**	**35**	**.407**
F Thomas, ChA	104	42	.404
T Gwynn, SD	133	52	.391
G Jefferies, StL	122	47	.385
W Clark, Tex	87	32	.368
P O'Neill, NYA	97	35	.361
J Franco, ChA	128	46	.359
K Griffey Jr, Sea	120	43	.358
K Lofton, Cle	90	32	.356
B Roberts, SD	121	43	.355

Grass
(Minimum 100 PA)

Player, Team	AB	H	AVG
T GWYNN, SD	**309**	**125**	**.405**
A Belle, Cle	344	130	.378
F Thomas, ChA	338	123	.364
J Frye, Tex	160	58	.363
P O'Neill, NYA	300	108	.360
J Bagwell, Hou	109	39	.358
H Morris, Cin	138	49	.355
K Lofton, Cle	388	137	.353
K Mitchell, Cin	92	32	.348
R Alomar, Tor	164	57	.348

Turf
(Minimum 100 PA)

Player, Team	AB	H	AVG
J BAGWELL, Hou	**291**	**108**	**.371**
P Molitor, Tor	292	108	.370
J Eisenreich, Phi	179	65	.363
K Puckett, Min	291	105	.361
M Alou, Mon	280	99	.354
W Joyner, KC	217	75	.346
S Mack, Min	204	70	.343
D Daulton, Phi	178	61	.343
F Fermin, Sea	187	64	.342
G Jefferies, StL	305	104	.341

Flyball Pitchers
(Minimum 90 PA)

Player, Team	AB	H	AVG
D BICHETTE, Col	**91**	**41**	**.451**
L Whitaker, Det	98	40	.408
K Lofton, Cle	118	45	.381
F Fermin, Sea	90	34	.378
W Joyner, KC	82	29	.354
P O'Neill, NYA	97	34	.351
C Ripken, Bal	89	31	.348
P Molitor, Tor	104	36	.346
R Alomar, Tor	94	32	.340
O Guillen, ChA	100	34	.340

Day
(Minimum 100 PA)

Player, Team	AB	H	AVG
R PALMEIRO, Bal	**128**	**54**	**.422**
T Gwynn, SD	116	48	.414
D Bell, SD	123	50	.407
K Lofton, Cle	148	59	.399
W Clark, Tex	92	36	.391
A Cole, Min	92	36	.391
P O'Neill, NYA	140	54	.386
F Thomas, ChA	102	39	.382
W Boggs, NYA	145	55	.379
H Morris, Cin	148	54	.365

Night
(Minimum 135 PA)

Player, Team	AB	H	AVG
T GWYNN, SD	**303**	**117**	**.386**
M Kingery, Col	171	66	.386
J Bagwell, Hou	288	109	.378
L Walker, Mon	275	101	.367
A Belle, Cle	267	97	.363
R Jefferson, Sea	115	41	.357
M Alou, Mon	285	100	.351
P Molitor, Tor	314	109	.347
R Sanchez, ChN	113	39	.345
F Thomas, ChA	297	102	.343

Scoring Position
(Minimum 75 PA)

Player, Team	AB	H	AVG
P MOLITOR, Tor	**112**	**46**	**.411**
K Seitzer, Mil	77	31	.403
K Bass, Hou	57	22	.386
D Justice, Atl	83	32	.386
P O'Neill, NYA	109	42	.385
J Kent, NYN	104	40	.385
H Rodriguez, LA	79	30	.380
L Gomez, Bal	66	25	.379
M Thompson, Hou	67	25	.373
O Vizquel, Cle	84	31	.369

1994 Batting Leaders

April
(Minimum 75 PA)

Player, Team	AB	H	AVG
P O'NEILL, NYA	**67**	**30**	**.448**
E Burks, Col	80	33	.412
T Gwynn, SD	76	30	.395
W Clark, Tex	76	30	.395
J Kent, NYN	88	33	.375
R Alomar, Tor	94	35	.372
M Alou, Mon	78	29	.372
G Jefferies, StL	76	28	.368
K Lofton, Cle	88	32	.364
S Javier, Oak	91	33	.363

May
(Minimum 100 PA)

Player, Team	AB	H	AVG
F THOMAS, ChA	**84**	**38**	**.452**
A Belle, Cle	89	37	.416
L Dykstra, Phi	102	40	.392
K Lofton, Cle	102	40	.392
T Gwynn, SD	97	38	.392
M Piazza, LA	101	39	.386
T Salmon, Cal	104	39	.375
B Bonilla, NYN	106	39	.368
C Davis, Cal	85	31	.365
D Mattingly, NYA	91	33	.363

June
(Minimum 100 PA)

Player, Team	AB	H	AVG
J BAGWELL, Hou	**99**	**39**	**.394**
B Roberts, SD	110	43	.391
T Gwynn, SD	106	41	.387
M Grissom, Mon	122	47	.385
D Justice, Atl	76	29	.382
H Morris, Cin	95	35	.368
F Thomas, ChA	95	35	.368
B Larkin, Cin	101	37	.366
A Belle, Cle	107	39	.364
J Franco, ChA	99	36	.364

July
(Minimum 100 PA)

Player, Team	AB	H	AVG
J BAGWELL, Hou	**88**	**36**	**.409**
P Molitor, Tor	107	42	.393
T Gwynn, SD	100	37	.370
B Bonds, SF	106	38	.358
L Walker, Mon	93	33	.355
F Thomas, ChA	99	35	.354
J Valentin, Bos	92	32	.348
T Zeile, StL	95	33	.347
H Morris, Cin	107	37	.346
P O'Neill, NYA	87	30	.345

August
(Minimum 50 PA)

Player, Team	AB	H	AVG
M HUFF, Tor	**45**	**17**	**.378**
M Vaughn, Bos	38	14	.368
J Olerud, Tor	48	17	.354
B Williams, NYA	49	16	.327
P Molitor, Tor	49	15	.306
O Vizquel, Cle	46	13	.283
K Lofton, Cle	43	12	.279
O Nixon, Bos	49	13	.265
T Zeile, StL	42	11	.262
J Carter, Tor	50	13	.260

September-October
(Minimum 1 PA)

Player, Team	AB	H	AVG
None.			

1st Pitch
(Minimum 90 PA)

Player, Team	AB	H	AVG
L WALKER, Mon	**89**	**38**	**.427**
K Puckett, Min	104	42	.404
O Guillen, ChA	88	32	.364
C Carr, Fla	91	32	.352
R Mondesi, LA	84	29	.345
F Fermin, Sea	86	29	.337
K Caminiti, Hou	84	28	.333
L Johnson, ChA	123	40	.325
J Kent, NYN	86	26	.302
M Lemke, Atl	88	25	.284

Ahead in Count
(Minimum 100 PA)

Player, Team	AB	H	AVG
J BAGWELL, Hou	**89**	**45**	**.506**
D Justice, Atl	82	41	.500
H Morris, Cin	100	48	.480
K Lofton, Cle	139	66	.475
M Stanley, NYA	87	41	.471
P O'Neill, NYA	98	45	.459
K Griffey Jr, Sea	109	50	.459
F Thomas, ChA	119	53	.445
L Walker, Mon	84	37	.440
C Davis, Cal	73	32	.438

Behind in Count
(Minimum 100 PA)

Player, Team	AB	H	AVG
T GWYNN, SD	**166**	**63**	**.380**
J Frye, Tex	109	35	.321
B Roberts, SD	166	53	.319
J Hammonds, Bal	104	33	.317
B Harper, Mil	124	39	.315
C Biggio, Hou	202	63	.312
W Boggs, NYA	151	47	.311
C Knoblauch, Min	207	64	.309
F Fermin, Sea	156	48	.308
L Polonia, NYA	162	49	.302

Two Strikes
(Minimum 100 PA)

Player, Team	AB	H	AVG
T GWYNN, SD	**131**	**52**	**.397**
W Boggs, NYA	171	57	.333
P Molitor, Tor	156	47	.301
M Kingery, Col	107	32	.299
A Belle, Cle	179	52	.290
F Fermin, Sea	124	36	.290
M Huff, Tor	94	27	.287
G Jefferies, StL	127	36	.283
W Joyner, KC	145	41	.283
J Bagwell, Hou	184	52	.283

Full Count
(Minimum 30 PA)

Player, Team	AB	H	AVG
I RODRIGUEZ, Tex	**16**	**8**	**.500**
D May, ChN	21	10	.476
W Joyner, KC	33	14	.424
K Stocker, Phi	19	8	.421
K Bass, Hou	17	7	.412
D Jackson, ChA	22	9	.409
J Bagwell, Hou	44	18	.409
M Piazza, LA	27	11	.407
M Blowers, Sea	37	15	.405
G Hill, ChN	25	10	.400

Close & Late
(Minimum 50 PA)

Player, Team	AB	H	AVG
C SHIPLEY, SD	**46**	**20**	**.435**
T Gwynn, SD	76	32	.421
P O'Neill, NYA	55	23	.418
M Grissom, Mon	70	29	.414
R Kelly, Atl	61	23	.377
B Butler, LA	72	27	.375
C Floyd, Mon	51	19	.373
M Grace, ChN	76	28	.368
E Martinez, Sea	41	15	.366
D Mattingly, NYA	44	16	.364

1994 Batting Leaders

Batting #1
(Minimum 120 PA)

Player, Team	AB	H	AVG
B WILLIAMS, NYA	127	46	.362
K Lofton, Cle	458	160	.349
C Biggio, Hou	150	52	.347
S Dunston, ChN	140	47	.336
J Browne, Fla	116	38	.328
B Roberts, SD	384	120	.313
C Knoblauch, Min	362	113	.312
B Butler, LA	354	110	.311
L Polonia, NYA	311	96	.309
R Kelly, Atl	196	59	.301

Batting #2
(Minimum 120 PA)

Player, Team	AB	H	AVG
T GWYNN, SD	136	59	.434
M Kingery, Col	120	48	.400
W Boggs, NYA	333	119	.357
S Owen, Cal	113	40	.354
C Shipley, SD	114	39	.342
J Frye, Tex	109	37	.339
E Martinez, Sea	129	41	.318
I Rodriguez, Tex	126	40	.317
K Seitzer, Mil	156	49	.314
R Alomar, Tor	389	120	.308

Batting #3
(Minimum 120 PA)

Player, Team	AB	H	AVG
J BAGWELL, Hou	180	75	.417
T Gwynn, SD	279	106	.380
F Thomas, ChA	398	141	.354
B Bonds, SF	192	68	.354
P Molitor, Tor	454	155	.341
H Morris, Cin	263	88	.335
M Alou, Mon	289	95	.329
G Jefferies, StL	391	127	.325
K Griffey Jr, Sea	433	140	.323
R Palmeiro, Bal	431	138	.320

Batting #4
(Minimum 100 PA)

Player, Team	AB	H	AVG
D BELL, SD	153	58	.379
S Mack, Min	110	40	.364
M Grace, ChN	91	33	.363
A Belle, Cle	412	147	.357
M Vaughn, Bos	199	70	.352
C Ripken, Bal	286	96	.336
W Clark, Tex	301	101	.336
S Sosa, ChN	96	32	.333
K Mitchell, Cin	305	100	.328
J Bagwell, Hou	220	72	.327

Batting #5
(Minimum 100 PA)

Player, Team	AB	H	AVG
P O'NEILL, NYA	209	81	.388
G Berroa, Oak	89	32	.360
M Greenwell, Bos	149	52	.349
M Alou, Mon	112	39	.348
G Hill, ChN	119	40	.336
J Eisenreich, Phi	117	39	.333
D Daulton, Phi	123	41	.333
M Stanley, NYA	106	35	.330
S Mack, Min	110	35	.318
T Steinbach, Oak	129	41	.318

Batting #6
(Minimum 100 PA)

Player, Team	AB	H	AVG
R GREER, Tex	111	41	.369
P Munoz, Min	109	40	.367
F Jose, KC	108	36	.333
D Jackson, ChA	347	111	.320
M Blowers, Sea	112	35	.313
M Huff, Tor	130	39	.300
W Cordero, Mon	150	45	.300
A Martin, Pit	91	27	.297
M Whiten, StL	142	42	.296
S Leius, Min	105	31	.295

Batting #7
(Minimum 75 PA)

Player, Team	AB	H	AVG
T EUSEBIO, Hou	128	41	.320
B Boone, Cin	283	89	.314
R Mondesi, LA	247	77	.312
R Greer, Tex	88	27	.307
C Hoiles, Bal	117	35	.299
D Slaught, Pit	118	35	.297
M Thompson, Hou	85	25	.294
B Mayne, KC	83	24	.289
S Berry, Mon	90	26	.289
T Pagnozzi, StL	123	35	.285

Batting #8
(Minimum 75 PA)

Player, Team	AB	H	AVG
F FERMIN, Sea	109	39	.358
S Berry, Mon	168	53	.315
E Taubensee, Cin	165	52	.315
B Barberie, Fla	177	55	.311
R Sanchez, ChN	179	54	.302
M Lemke, Atl	199	60	.302
A Cedeno, Hou	273	82	.300
M Lee, Tex	112	33	.295
M Mieske, Mil	92	27	.293
A Trammell, Det	106	31	.292

Batting #9
(Minimum 75 PA)

Player, Team	AB	H	AVG
S ALOMAR JR, Cle	83	30	.361
W Kirby, Cle	78	26	.333
F Fermin, Sea	83	27	.325
J Hammonds, Bal	89	27	.303
M Bordick, Oak	70	21	.300
M Gallego, NYA	64	19	.297
O Guillen, ChA	364	105	.288
L Tinsley, Bos	73	21	.288
E Beltre, Tex	84	24	.286
M Lee, Tex	207	58	.280

None On/None Out
(Minimum 75 PA)

Player, Team	AB	H	AVG
J BAGWELL, Hou	101	46	.455
P O'Neill, NYA	86	36	.419
A Cole, Min	82	34	.415
F Thomas, ChA	70	29	.414
W Clark, Tex	100	40	.400
M Alou, Mon	81	32	.395
A Belle, Cle	115	45	.391
L Walker, Mon	112	41	.366
K Griffey Jr, Sea	78	28	.359
K Lofton, Cle	190	68	.358

Pre-All Star
(Minimum 175 PA)

Player, Team	AB	H	AVG
T GWYNN, SD	308	118	.383
F Thomas, ChA	303	116	.383
P O'Neill, NYA	275	105	.382
K Lofton, Cle	341	129	.378
H Morris, Cin	335	120	.358
A Belle, Cle	325	116	.357
W Clark, Tex	303	107	.353
J Bagwell, Hou	305	106	.348
J Frye, Tex	150	52	.347
D Justice, Atl	256	88	.344

Post-All Star
(Minimum 100 PA)

Player, Team	AB	H	AVG
J BAGWELL, Hou	95	41	.432
T Gwynn, SD	111	47	.423
B Bonds, SF	98	40	.408
S Mack, Min	95	36	.379
M Stanley, NYA	90	34	.378
T Wallach, LA	96	36	.375
W Boggs, NYA	94	35	.372
B Barberie, Fla	97	36	.371
M Kingery, Col	90	33	.367
M Alou, Mon	102	37	.363

5-Year Batting Leaders

Overall
(Minimum 1850 PA)

Player	AB	H	AVG
T GWYNN	**2531**	**850**	**.336**
F Thomas	2271	741	.326
P Molitor	2782	896	.322
H Morris	1997	630	.315
K Griffey Jr	2725	852	.313
K Lofton	1678	524	.312
K Puckett	2862	892	.312
B Bonds	2432	755	.310
S Mack	2161	668	.309
J Bagwell	2075	641	.309

LHP
(Minimum 550 PA)

Player	AB	H	AVG
F THOMAS	**636**	**230**	**.362**
P Molitor	699	252	.361
S Mack	608	207	.340
K Puckett	686	231	.337
K Mitchell	548	182	.332
J Bagwell	700	232	.331
E Martinez	571	188	.329
J Franco	574	186	.324
K Lofton	506	163	.322
T Gwynn	975	314	.322

RHP
(Minimum 725 PA)

Player	AB	H	AVG
T GWYNN	**1556**	**536**	**.344**
H Morris	1483	503	.339
R Alomar	1944	628	.323
W Boggs	1775	567	.319
J Kruk	1491	475	.319
D Hamilton	1294	407	.315
B Bonds	1434	451	.315
L Dykstra	1385	433	.313
L Polonia	1993	623	.313
F Thomas	1635	511	.313

Home
(Minimum 650 PA)

Player	AB	H	AVG
F THOMAS	**1090**	**373**	**.342**
K Puckett	1478	502	.340
T Gwynn	1214	410	.338
J Franco	1123	375	.334
W Boggs	1264	420	.332
K Griffey Jr	1304	427	.327
P Molitor	1332	434	.326
S Mack	1024	328	.320
B Butler	1355	431	.318
C Baerga	1270	403	.317

Away
(Minimum 650 PA)

Player	AB	H	AVG
T GWYNN	**1317**	**440**	**.334**
B Bonds	1261	409	.324
P Molitor	1450	462	.319
D Slaught	645	205	.318
H Morris	997	315	.316
L Polonia	1273	399	.313
F Thomas	1181	368	.312
K Lofton	889	277	.312
J Bagwell	1039	321	.309
B Larkin	1226	378	.308

Groundball Pitchers
(Minimum 450 PA)

Player	AB	H	AVG
F THOMAS	**589**	**211**	**.358**
T Gwynn	882	299	.339
K Griffey Jr	650	217	.334
K Mitchell	588	195	.332
W McGee	724	239	.330
B Bonds	815	267	.328
W Boggs	652	210	.322
B Roberts	796	256	.322
J Kruk	793	253	.319
E Martinez	508	162	.319

Grass
(Minimum 550 PA)

Player	AB	H	AVG
T GWYNN	**1845**	**622**	**.337**
F Thomas	1898	635	.335
J Bagwell	605	195	.322
J Olerud	839	267	.318
K Lofton	1377	435	.316
A Van Slyke	631	199	.315
H Morris	592	186	.314
B Butler	2107	660	.313
B Bonds	1134	355	.313
J Franco	1889	590	.312

Turf
(Minimum 550 PA)

Player	AB	H	AVG
P MOLITOR	**983**	**347**	**.353**
T Gwynn	686	228	.332
K Puckett	1817	596	.328
W McGee	798	260	.326
K Griffey Jr	1612	514	.319
H Morris	1405	444	.316
K Mitchell	924	291	.315
S Mack	1293	404	.312
L Dykstra	1529	477	.312
R Alomar	1454	452	.311

Flyball Pitchers
(Minimum 450 PA)

Player	AB	H	AVG
P MOLITOR	**592**	**195**	**.329**
L Dykstra	382	125	.327
R Alomar	588	190	.323
K Hrbek	441	141	.320
K Griffey Jr	647	203	.314
F Thomas	527	165	.313
A Dawson	590	183	.310
R Henderson	437	135	.309
D Bichette	458	140	.306
W Clark	524	160	.305

Day
(Minimum 550 PA)

Player	AB	H	AVG
K GRIFFEY JR	**735**	**244**	**.332**
H Morris	613	203	.331
K Lofton	556	183	.329
W McGee	836	275	.329
F Thomas	598	194	.324
R Palmeiro	615	199	.324
P Molitor	844	268	.318
G Jefferies	777	246	.317
B Harper	588	186	.316
T Gwynn	761	239	.314

Night
(Minimum 725 PA)

Player	AB	H	AVG
T GWYNN	**1770**	**611**	**.345**
F Thomas	1673	547	.327
P Molitor	1938	628	.324
R Wilkins	540	174	.322
D Slaught	1029	327	.318
S Mack	1509	477	.316
B Bonds	1565	494	.316
K Puckett	2005	631	.315
J Bagwell	1514	474	.313
D Hamilton	1119	350	.313

Scoring Position
(Minimum 375 PA)

Player	AB	H	AVG
P MOLITOR	**684**	**242**	**.354**
B Bonds	611	208	.340
T Gwynn	562	187	.333
L Polonia	509	168	.330
T Raines	517	167	.323
K Puckett	779	251	.322
W Boggs	564	181	.321
D Mattingly	619	198	.320
D Hamilton	430	137	.319
B Larkin	624	198	.317

5-Year Batting Leaders

April
(Minimum 300 PA)

Player	AB	H	AVG
J KRUK	**337**	**113**	**.335**
T Gwynn	427	143	.335
B Butler	410	134	.327
R Alomar	424	138	.325
J Olerud	346	112	.324
P O'Neill	316	101	.320
K Puckett	431	136	.316
W Clark	409	127	.311
K Griffey Jr	407	125	.307
C Biggio	385	118	.306

May
(Minimum 400 PA)

Player	AB	H	AVG
T GWYNN	**518**	**187**	**.361**
F Thomas	359	125	.348
P Molitor	538	186	.346
L Dykstra	434	149	.343
W Joyner	463	155	.335
K Puckett	501	167	.333
C Knoblauch	378	124	.328
J Kruk	373	120	.322
J Franco	401	129	.322
B Bonds	458	147	.321

June
(Minimum 400 PA)

Player	AB	H	AVG
G JEFFERIES	**462**	**161**	**.348**
W McGee	370	123	.332
F Thomas	405	132	.326
W Clark	442	144	.326
R Alomar	492	160	.325
T Gwynn	487	158	.324
C Ripken	561	181	.323
J Olerud	415	133	.320
R Sandberg	449	142	.316
L Dykstra	370	117	.316

July
(Minimum 400 PA)

Player	AB	H	AVG
R PALMEIRO	**512**	**181**	**.354**
S Mack	431	151	.350
F Thomas	384	132	.344
C Baerga	413	141	.341
W Boggs	449	153	.341
J Olerud	379	129	.340
B Butler	498	168	.337
K Griffey Jr	506	170	.336
P Molitor	430	144	.335
B Bonds	460	154	.335

August
(Minimum 300 PA)

Player	AB	H	AVG
T GWYNN	**457**	**164**	**.359**
J Franco	321	110	.343
B Roberts	280	95	.339
P Molitor	517	175	.338
F Thomas	432	145	.336
M Grace	503	167	.332
K Griffey Jr	436	141	.323
L Polonia	410	132	.322
B Bonilla	408	130	.319
S Mack	431	137	.318

September-October
(Minimum 300 PA)

Player	AB	H	AVG
E MURRAY	**438**	**153**	**.349**
M Greenwell	307	104	.339
S Mack	339	112	.330
R Sandberg	373	123	.330
B Gilkey	272	89	.327
J Franco	335	108	.322
T Fernandez	426	137	.322
F Thomas	399	127	.318
C Baerga	435	138	.317
T Pendleton	389	123	.316

1st Pitch
(Minimum 450 PA)

Player	AB	H	AVG
K PUCKETT	**692**	**276**	**.399**
K Griffey Jr	436	171	.392
H Baines	425	159	.374
L Walker	499	183	.367
F McGriff	402	147	.366
P Molitor	435	158	.363
F Jose	447	161	.360
B Bonds	350	126	.360
W Clark	425	153	.360
B Bonilla	495	176	.356

Ahead in Count
(Minimum 550 PA)

Player	AB	H	AVG
K MITCHELL	**447**	**183**	**.409**
L Walker	435	177	.407
J Kruk	580	234	.403
F Thomas	669	269	.402
K Griffey Jr	626	250	.399
H Morris	500	198	.396
F McGriff	660	259	.392
S Mack	453	177	.391
W Clark	584	228	.390
J Bagwell	506	197	.389

Behind in Count
(Minimum 550 PA)

Player	AB	H	AVG
T GWYNN	**995**	**313**	**.315**
G Jefferies	1030	294	.285
L Polonia	1209	327	.270
P Molitor	1091	295	.270
B Harper	970	260	.268
C Baerga	1187	318	.268
C Knoblauch	953	253	.265
C Ripken	1196	317	.265
D Hamilton	772	202	.262
D Magadan	761	198	.260

Two Strikes
(Minimum 550 PA)

Player	AB	H	AVG
T GWYNN	**790**	**245**	**.310**
G Jefferies	934	246	.263
L Dykstra	895	235	.263
L Polonia	1063	278	.262
P Molitor	1045	272	.260
D Magadan	850	220	.259
D Hamilton	753	193	.256
C Knoblauch	823	210	.255
A Trammell	661	168	.254
W Boggs	1225	309	.252

Full Count
(Minimum 150 PA)

Player	AB	H	AVG
T GWYNN	**133**	**45**	**.338**
D Smith	121	40	.331
L Dykstra	225	74	.329
D Jackson	123	39	.317
W Boggs	301	94	.312
S Javier	178	55	.309
M Blowers	101	31	.307
J Bagwell	209	64	.306
P Molitor	223	68	.305
D Hamilton	174	53	.305

Close & Late
(Minimum 275 PA)

Player	AB	H	AVG
T GWYNN	**435**	**153**	**.352**
D Hamilton	255	89	.349
E Martinez	301	104	.346
G Sheffield	295	99	.336
M Grace	486	163	.335
W McGee	383	128	.334
L Dykstra	320	104	.325
B Butler	472	152	.322
K Puckett	423	136	.322
K Hrbek	302	96	.318

5-Year Batting Leaders

Batting #1
(Minimum 650 PA)

Player	AB	H	AVG
P MOLITOR	1158	361	.312
K Lofton	1647	513	.311
W Boggs	1252	382	.305
L Dykstra	2126	646	.304
B Roberts	2053	615	.300
B Butler	2497	747	.299
M Grissom	926	276	.298
S Mack	699	208	.298
L Polonia	2390	707	.296
S Finley	617	180	.292

Batting #2
(Minimum 650 PA)

Player	AB	H	AVG
T GWYNN	944	322	.341
E Martinez	612	202	.330
J Franco	673	216	.321
R Sandberg	1503	455	.303
R Alomar	2290	686	.300
W McGee	874	261	.299
J Treadway	727	217	.298
C Knoblauch	1153	341	.296
R Ventura	881	257	.292
B Larkin	693	201	.290

Batting #3
(Minimum 650 PA)

Player	AB	H	AVG
T GWYNN	1444	487	.337
F Thomas	1799	598	.332
P Molitor	1500	493	.329
K Puckett	2725	854	.313
J Bagwell	1292	404	.313
R Palmeiro	1753	548	.313
K Griffey Jr	2389	743	.311
G Jefferies	1696	526	.310
H Morris	732	226	.309
D Bichette	786	242	.308

Batting #4
(Minimum 550 PA)

Player	AB	H	AVG
A GALARRAGA	1148	369	.321
J Kruk	792	252	.318
J Franco	676	215	.318
B Bonds	514	160	.311
J Bagwell	556	171	.308
K Mitchell	1846	551	.298
L Walker	1409	415	.295
F McGriff	2113	622	.294
A Belle	1970	576	.292
E Murray	1385	394	.284

Batting #5
(Minimum 550 PA)

Player	AB	H	AVG
J OLERUD	1352	434	.321
M Greenwell	843	268	.318
B Bonds	1603	495	.309
J Franco	482	148	.307
F Jose	733	225	.307
P O'Neill	991	304	.307
B Harper	831	249	.300
T Steinbach	904	270	.299
C Davis	544	161	.296
C Hayes	727	214	.294

Batting #6
(Minimum 550 PA)

Player	AB	H	AVG
B HARPER	1007	307	.305
J Eisenreich	683	203	.297
E Burks	681	201	.295
L Gonzalez	502	145	.289
D Jackson	674	194	.288
T Zeile	541	151	.279
M Whiten	631	173	.274
M Tettleton	654	176	.269
R Thompson	574	154	.268
M Nokes	571	148	.259

Batting #7
(Minimum 375 PA)

Player	AB	H	AVG
D SLAUGHT	831	252	.303
C Hoiles	355	107	.301
B Boone	364	108	.297
L Johnson	1223	353	.289
W Wilson	422	121	.287
G Pena	361	103	.285
M Thompson	376	105	.279
M Stanley	461	128	.278
I Rodriguez	501	136	.271
B Surhoff	430	116	.270

Batting #8
(Minimum 375 PA)

Player	AB	H	AVG
R SANCHEZ	444	133	.300
K Stocker	478	141	.295
F Fermin	627	181	.289
I Rodriguez	393	112	.285
J Reed	368	104	.283
J Girardi	486	136	.280
D Segui	347	97	.280
C Hayes	483	133	.275
S Livingstone	425	117	.275
E Taubensee	487	133	.273

Batting #9
(Minimum 375 PA)

Player	AB	H	AVG
S ALOMAR JR	436	132	.303
O Guillen	1773	497	.280
M Bordick	450	123	.273
B Spiers	821	222	.270
S Fletcher	472	126	.267
P Meares	527	138	.262
J Lind	441	114	.259
M Lee	1072	277	.258
G Gagne	1117	286	.256
F Fermin	697	178	.255

None On/None Out
(Minimum 375 PA)

Player	AB	H	AVG
F THOMAS	437	147	.336
E Martinez	493	164	.333
J Bagwell	469	156	.333
J Kruk	511	169	.331
R Palmeiro	603	196	.325
J Olerud	522	168	.322
B Harper	508	162	.319
R Alomar	584	186	.318
P Molitor	768	243	.316
H Morris	421	132	.314

Pre-All Star
(Minimum 700 PA)

Player	AB	H	AVG
T GWYNN	1584	540	.341
H Morris	953	315	.331
F Thomas	1189	385	.324
K Lofton	975	314	.322
P Molitor	1509	480	.318
W McGee	1296	412	.318
K Puckett	1649	519	.315
D Slaught	766	240	.313
J Kruk	1286	402	.313
K Griffey Jr	1533	476	.310

Post-All Star
(Minimum 650 PA)

Player	AB	H	AVG
S MACK	1082	366	.338
B Roberts	796	263	.330
F Thomas	1082	356	.329
T Gwynn	947	310	.327
P Molitor	1273	416	.327
J Franco	940	306	.326
B Butler	1203	381	.317
C Baerga	1147	362	.316
K Griffey Jr	1192	376	.315
M Grace	1262	395	.313

1994 Pitching Leaders

Overall
(Minimum 115 IP)

Pitcher, Team	IP	ER	ERA
G MADDUX, Atl	202.0	35	1.56
S Ontiveros, Oak	115.1	34	2.65
B Saberhagen, NYN	177.1	54	2.74
D Drabek, Hou	164.2	52	2.84
R Clemens, Bos	170.2	54	2.85
D Cone, KC	171.2	56	2.94
J Fassero, Mon	138.2	46	2.99
S Reynolds, Hou	124.0	42	3.05
M Mussina, Bal	176.1	60	3.06
J Rijo, Cin	172.1	59	3.08

Home
(Minimum 55 IP)

Pitcher, Team	IP	ER	ERA
G MADDUX, Atl	97.0	19	1.76
B Swift, SF	63.2	14	1.98
P Hentgen, Tor	92.1	21	2.05
A Fernandez, ChA	88.2	22	2.23
A Ashby, SD	71.1	20	2.52
S Ontiveros, Oak	60.1	17	2.54
K Hill, Mon	62.2	18	2.59
P Astacio, LA	82.0	24	2.63
Z Smith, Pit	99.0	30	2.73
R Clemens, Bos	78.2	24	2.75

Away
(Minimum 55 IP)

Pitcher, Team	IP	ER	ERA
G MADDUX, Atl	105.0	16	1.37
B Munoz, Phi	60.2	11	1.63
B Jones, NYN	71.0	14	1.77
J Burkett, SF	67.0	14	1.88
B Henry, Mon	56.2	12	1.91
J Fassero, Mon	68.2	15	1.97
M Mussina, Bal	83.2	19	2.04
D Drabek, Hou	77.1	18	2.09
J Rijo, Cin	69.1	18	2.34
J Key, NYA	77.0	22	2.57

April
(Minimum 25 IP)

Pitcher, Team	IP	ER	ERA
R BONES, Mil	40.2	5	1.11
G Maddux, Atl	48.1	6	1.12
G Swindell, Hou	35.0	7	1.80
B Swift, SF	34.2	7	1.82
J Burkett, SF	41.0	9	1.98
D Weathers, Fla	34.1	8	2.10
T Pugh, Cin	25.0	6	2.16
C Hough, Fla	32.1	9	2.51
A Sele, Bos	31.2	9	2.56
S Karsay, Oak	28.0	8	2.57

May
(Minimum 25 IP)

Pitcher, Team	IP	ER	ERA
C HAMMOND, Fla	29.2	2	0.61
D Drabek, Hou	49.0	9	1.65
R Clemens, Bos	35.0	7	1.80
W Alvarez, ChA	39.0	8	1.85
G Maddux, Atl	37.2	8	1.91
D Cone, KC	51.0	11	1.94
A Ashby, SD	43.0	10	2.09
J Fassero, Mon	41.2	10	2.16
S Avery, Atl	41.1	10	2.18
M Mussina, Bal	40.0	10	2.25

June
(Minimum 25 IP)

Pitcher, Team	IP	ER	ERA
R JOHNSON, Sea	44.0	6	1.23
A Watson, StL	29.1	4	1.23
B Munoz, Phi	38.2	6	1.40
P Hentgen, Tor	38.0	6	1.42
J Hamilton, SD	46.0	9	1.76
K Tapani, Min	43.2	9	1.85
C Eldred, Mil	51.0	13	2.29
T Gordon, KC	31.0	8	2.32
S Trachsel, ChN	33.2	9	2.41
S Cooke, Pit	36.0	10	2.50

July
(Minimum 25 IP)

Pitcher, Team	IP	ER	ERA
G MADDUX, Atl	42.0	5	1.07
B Saberhagen, NYN	50.1	8	1.43
J Bullinger, ChN	38.1	7	1.64
J McDowell, ChA	58.2	11	1.69
S Ontiveros, Oak	40.0	8	1.80
E Hanson, Cin	32.2	7	1.93
R Clemens, Bos	36.2	8	1.96
J Fassero, Mon	26.1	6	2.05
S Trachsel, ChN	30.1	7	2.08
M Freeman, Col	32.2	8	2.20

August
(Minimum 12 IP)

Pitcher, Team	IP	ER	ERA
B McDONALD, Bal	16.1	1	0.55
S Avery, Atl	16.0	1	0.56
G Maddux, Atl	26.0	2	0.69
Z Smith, Pit	16.2	2	1.08
T Gordon, KC	16.0	2	1.13
K Gross, LA	15.0	2	1.20
M Mussina, Bal	15.0	2	1.20
G Heredia, Mon	14.1	2	1.26
S Trachsel, ChN	14.0	2	1.29
J Hesketh, Bos	13.0	2	1.38

September-October
(Minimum 1 IP)

Player, Team	AB	H	AVG
None.			

Grass
(Minimum 55 IP)

Pitcher, Team	IP	ER	ERA
G MADDUX, Atl	154.0	24	1.40
C Hammond, Fla	58.1	14	2.16
M Eichhorn, Bal	59.1	15	2.28
B Swift, SF	78.0	20	2.31
R Johnson, Sea	91.2	25	2.45
S Ontiveros, Oak	109.1	30	2.47
K Foster, ChN	57.2	16	2.50
M Freeman, Col	93.1	27	2.60
E Plunk, Cle	59.0	18	2.75
D Cone, KC	70.2	22	2.80

Turf
(Minimum 55 IP)

Pitcher, Team	IP	ER	ERA
P HENTGEN, Tor	100.1	25	2.24
B Saberhagen, NYN	69.1	18	2.34
C Bosio, Sea	82.2	27	2.94
B Henry, Mon	71.2	24	3.01
D Cone, KC	101.0	34	3.03
S Reynolds, Hou	92.0	31	3.03
P Martinez, Mon	90.1	31	3.09
D West, Phi	64.0	22	3.09
B Munoz, Phi	59.2	21	3.17
D Jackson, Phi	124.1	44	3.18

1st Batter
(Minimum 35 BFP)

Pitcher, Team	AB	H	AVG
B RISLEY, Sea	31	4	.129
H Slocumb, Phi	48	7	.146
Y Perez, Fla	41	6	.146
M Gardiner, Det	34	5	.147
J Briscoe, Oak	32	5	.156
G Lloyd, Mil	38	6	.158
M Munoz, Col	49	8	.163
D Eckersley, Oak	42	7	.167
B Wickman, NYA	48	8	.167
M Rojas, Mon	53	9	.170

1994 Pitching Leaders

Overall
(Minimum 425 BFP)

Pitcher, Team	AB	H	AVG
R CLEMENS, Bos	609	124	.204
D West, Phi	361	74	.205
G Maddux, Atl	726	150	.207
D Cone, KC	623	130	.209
R Johnson, Sea	612	132	.216
S Ontiveros, Oak	428	93	.217
P Martinez, Mon	523	115	.220
K Mercker, Atl	409	90	.220
D Drabek, Hou	599	132	.220
S Avery, Atl	559	127	.227

LHB
(Minimum 90 BFP)

Pitcher, Team	AB	H	AVG
L AQUINO, Fla	79	12	.152
R Nen, Fla	93	15	.161
M Eichhorn, Bal	96	17	.177
T Scott, Mon	96	17	.177
D Burba, SF	101	18	.178
W Williams, Tor	98	18	.184
B Risley, Sea	87	16	.184
S Ontiveros, Oak	237	44	.186
H Carrasco, Cin	96	19	.198
S Avery, Atl	80	16	.200

RHB
(Minimum 150 BFP)

Pitcher, Team	AB	H	AVG
T JONES, Hou	144	22	.153
E Plunk, Cle	140	24	.171
D Cone, KC	283	49	.173
P Martinez, Mon	231	42	.182
J DeLeon, ChA	148	27	.182
R Clemens, Bos	290	54	.186
S Sanders, SD	218	41	.188
A Young, ChN	222	42	.189
J Brantley, Cin	131	26	.198
K Appier, KC	280	56	.200

None On/None Out
(Minimum 100 BFP)

Pitcher, Team	AB	H	AVG
R JOHNSON, Sea	165	28	.170
M Perez, NYA	140	26	.186
D West, Phi	90	17	.189
B Munoz, Phi	104	20	.192
S Sanders, SD	108	21	.194
R Bones, Mil	174	34	.195
B Scanlan, Mil	97	19	.196
K Mercker, Atl	111	22	.198
A Fernandez, ChA	174	35	.201
C Hough, Fla	115	24	.209

None On
(Minimum 175 BFP)

Pitcher, Team	AB	H	AVG
D WEST, Phi	201	38	.189
W VanLandingham, SF	178	34	.191
S Sanders, SD	254	52	.205
M Rojas, Mon	165	34	.206
R Johnson, Sea	398	83	.209
G Maddux, Atl	469	98	.209
T Van Poppel, Oak	239	50	.209
J Fassero, Mon	334	70	.210
V Palacios, StL	265	56	.211
K Mercker, Atl	267	57	.213

Runners On
(Minimum 175 BFP)

Pitcher, Team	AB	H	AVG
R CLEMENS, Bos	234	42	.179
S Trachsel, ChN	217	40	.184
D Cone, KC	228	43	.189
D Drabek, Hou	222	43	.194
J Bere, ChA	230	45	.196
P Martinez, SD	139	28	.201
G Maddux, Atl	257	52	.202
J Hamilton, SD	161	33	.205
S Ontiveros, Oak	171	36	.211
P Martinez, Mon	203	44	.217

1st Pitch
(Minimum 90 BFP)

Pitcher, Team	AB	H	AVG
A FERNANDEZ, ChA	95	17	.179
A Ashby, SD	108	25	.231
G Maddux, Atl	131	31	.237
D Martinez, Cle	112	27	.241
M Moore, Det	104	26	.250
J Key, NYA	96	24	.250
C Nagy, Cle	96	24	.250
K Hill, Mon	98	25	.255
R Bones, Mil	100	26	.260
B Jones, NYN	117	32	.273

Two Strikes
(Minimum 100 BFP)

Pitcher, Team	AB	H	AVG
B RISLEY, Sea	102	12	.118
B Wickman, NYA	118	14	.119
J Bullinger, ChN	166	20	.120
K Mercker, Atl	223	27	.121
D Burba, SF	147	18	.122
G Maddux, Atl	313	39	.125
A Rhodes, Bal	96	12	.125
W Williams, Tor	110	14	.127
H Carrasco, Cin	93	12	.129
M Perez, NYA	246	32	.130

Scoring Position
(Minimum 90 BFP)

Pitcher, Team	AB	H	AVG
S TRACHSEL, ChN	121	17	.140
D Cone, KC	120	18	.150
D Drabek, Hou	119	18	.151
R Clemens, Bos	121	19	.157
G Maddux, Atl	148	24	.162
P Martinez, SD	86	14	.163
J Hamilton, SD	79	14	.177
B Munoz, Phi	99	18	.182
T Jones, Hou	84	16	.190
J Bere, ChA	115	22	.191

Ahead in Count
(Minimum 100 BFP)

Pitcher, Team	AB	H	AVG
D BURBA, SF	134	16	.119
M Perez, NYA	242	29	.120
K Mercker, Atl	204	26	.127
E Plunk, Cle	146	19	.130
G Maddux, Atl	352	46	.131
B Wickman, NYA	122	17	.139
J Bullinger, ChN	164	23	.140
B Ayala, Sea	106	15	.142
R Nen, Fla	106	15	.142
R Clemens, Bos	282	40	.142

Behind in Count
(Minimum 100 BFP)

Pitcher, Team	AB	H	AVG
D DRABEK, Hou	126	30	.238
M Mussina, Bal	110	27	.245
J Hamilton, SD	84	21	.250
P Martinez, Mon	98	25	.255
R Martinez, LA	176	45	.256
J Abbott, NYA	160	41	.256
S Avery, Atl	131	34	.260
T Belcher, Det	171	45	.263
W Alvarez, ChA	140	37	.264
B Jones, NYN	157	42	.268

Close & Late
(Minimum 35 BFP)

Pitcher, Team	AB	H	AVG
D COX, Tor	38	4	.105
S Ontiveros, Oak	42	5	.119
P Astacio, LA	64	9	.141
P Hentgen, Tor	70	10	.143
B Risley, Sea	84	12	.143
M Portugal, SF	41	6	.146
R Clemens, Bos	70	11	.157
T Jones, Hou	127	20	.157
S Howe, NYA	88	14	.159
M Jackson, SF	110	18	.164

5-Year Pitching Leaders

Overall
(Minimum 600 IP)

Pitcher	IP	ER	ERA
B SWIFT	**725.0**	**206**	**2.56**
G Maddux	1237.0	359	2.61
J Rijo	1042.0	306	2.64
R Clemens	1108.2	343	2.78
K Appier	995.1	327	2.96
D Martinez	1075.2	360	3.01
D Drabek	1125.0	382	3.06
B Saberhagen	745.2	259	3.13
D Cone	1119.2	389	3.13
Z Smith	824.1	289	3.16

Home
(Minimum 275 IP)

Pitcher	IP	ER	ERA
B SWIFT	**356.2**	**83**	**2.09**
M Portugal	412.0	114	2.49
G Maddux	600.2	173	2.59
Z Smith	454.1	137	2.71
B Saberhagen	349.0	109	2.81
J Rijo	534.1	167	2.81
K Appier	478.0	151	2.84
D Drabek	591.1	187	2.85
S Fernandez	344.2	109	2.85
C Eldred	290.1	92	2.85

Away
(Minimum 275 IP)

Pitcher	IP	ER	ERA
J RIJO	**507.2**	**139**	**2.46**
D Cone	562.2	161	2.58
R Clemens	542.1	158	2.62
G Maddux	636.1	186	2.63
M Mussina	347.1	112	2.90
B Swift	368.1	123	3.01
K Appier	517.1	176	3.06
D Martinez	538.2	187	3.12
A Benes	535.0	190	3.20
J Key	486.0	173	3.20

April
(Minimum 100 IP)

Pitcher	IP	ER	ERA
R CLEMENS	**187.0**	**41**	**1.97**
B Swift	120.2	28	2.09
F Viola	156.0	38	2.19
Z Smith	121.2	32	2.37
G Maddux	175.0	47	2.42
K Hill	137.2	40	2.62
C Bosio	168.2	51	2.72
B Wegman	105.1	32	2.73
J Key	154.1	47	2.74
M Mussina	114.1	36	2.83

May
(Minimum 100 IP)

Pitcher	IP	ER	ERA
T GREENE	**105.1**	**25**	**2.14**
B Saberhagen	180.2	48	2.39
D Wells	122.0	34	2.51
D Cone	203.2	57	2.52
M Mussina	113.1	33	2.62
R Clemens	219.2	67	2.75
D Drabek	201.2	63	2.81
G Maddux	206.2	66	2.87
T Glavine	210.0	68	2.91
D Martinez	187.1	61	2.93

June
(Minimum 100 IP)

Pitcher	IP	ER	ERA
B SWIFT	**116.1**	**31**	**2.40**
T Candiotti	191.2	52	2.44
J McDowell	208.1	61	2.64
R Johnson	175.2	52	2.66
K Appier	177.1	57	2.89
C Nagy	121.0	39	2.90
D Martinez	212.2	70	2.96
D Kile	104.2	36	3.10
M Langston	197.0	68	3.11
J DeLeon	124.1	43	3.11

July
(Minimum 100 IP)

Pitcher	IP	ER	ERA
B SWIFT	**139.0**	**34**	**2.20**
R Clemens	189.0	51	2.43
T Candiotti	206.1	56	2.44
J Rijo	163.1	46	2.53
K Appier	201.2	58	2.59
G Maddux	213.1	63	2.66
D Darwin	107.2	34	2.84
F Viola	161.1	51	2.85
K Rogers	110.2	35	2.85
R Martinez	192.1	63	2.95

August
(Minimum 90 IP)

Pitcher	IP	ER	ERA
G MADDUX	**227.2**	**52**	**2.06**
J Rijo	175.1	42	2.16
D Darwin	126.0	32	2.29
J McDowell	211.0	61	2.60
J Smoltz	183.1	54	2.65
K Appier	173.1	53	2.75
O Olivares	139.2	44	2.84
T Gordon	138.0	44	2.87
R Clemens	198.1	64	2.90
D Drabek	176.1	57	2.91

September-October
(Minimum 75 IP)

Pitcher	IP	ER	ERA
J RIJO	**197.0**	**39**	**1.78**
P Astacio	91.1	19	1.87
Z Smith	105.0	22	1.89
B Swift	101.0	26	2.32
M Mussina	118.1	31	2.36
D Martinez	131.2	35	2.39
G Maddux	198.0	53	2.41
C Nabholz	137.2	37	2.42
S Fernandez	122.2	33	2.42
K Appier	137.0	37	2.43

Grass
(Minimum 275 IP)

Pitcher	IP	ER	ERA
D ECKERSLEY	**284.1**	**73**	**2.31**
J Rijo	327.0	86	2.37
G Maddux	903.0	264	2.63
M Eichhorn	290.0	85	2.64
B Swift	481.2	143	2.67
J Brantley	313.2	98	2.81
R Clemens	940.1	298	2.85
B Saberhagen	390.1	134	3.09
K Appier	425.0	148	3.13
S Avery	705.0	247	3.15

Turf
(Minimum 275 IP)

Pitcher	IP	ER	ERA
G MADDUX	**334.0**	**95**	**2.56**
D Drabek	874.2	260	2.68
M Portugal	483.0	147	2.74
J Rijo	715.0	220	2.77
K Appier	570.1	179	2.82
D Martinez	711.0	225	2.85
N Charlton	279.0	90	2.90
T Glavine	315.2	102	2.91
J Fassero	292.2	95	2.92
D Cone	491.0	160	2.93

1st Batter
(Minimum 175 BFP)

Pitcher	AB	H	AVG
K MERCKER	**146**	**26**	**.178**
J Brantley	231	45	.195
R Beck	205	40	.195
D Righetti	211	43	.204
T Fossas	239	49	.205
R Aguilera	268	55	.205
P Assenmacher	297	61	.205
R Dibble	209	43	.206
D Ward	286	59	.206
S Bedrosian	192	40	.208

5-Year Pitching Leaders

Overall
(Minimum 2250 BFP)

Pitcher	AB	H	AVG
R JOHNSON	3788	796	.210
S Fernandez	2448	519	.212
D Cone	4111	917	.223
R Clemens	4074	914	.224
G Maddux	4561	1053	.231
D Martinez	4009	927	.231
J Rijo	3859	896	.232
P Harnisch	3468	811	.234
J Smoltz	4036	946	.234
K Appier	3716	871	.234

LHB
(Minimum 450 BFP)

Pitcher	AB	H	AVG
B HARVEY	472	86	.182
R Dibble	547	107	.196
T Henke	542	108	.199
M Langston	583	120	.206
T Wilson	442	91	.206
J Wetteland	588	122	.207
G Olson	505	105	.208
R Beck	518	109	.210
P Assenmacher	488	103	.211
A Pena	415	88	.212

RHB
(Minimum 825 BFP)

Pitcher	AB	H	AVG
M JACKSON	745	141	.189
J Smoltz	1802	353	.196
J DeLeon	1014	205	.202
D Ward	782	159	.203
S Fernandez	1999	421	.211
G Maddux	1952	412	.211
R Johnson	3424	723	.211
J Rijo	1749	370	.212
D Cone	1754	372	.212
P Harnisch	1514	322	.213

None On/None Out
(Minimum 550 BFP)

Pitcher	AB	H	AVG
R JOHNSON	975	204	.209
B Hurst	699	157	.225
B McDonald	862	195	.226
K Appier	956	217	.227
B Swift	686	157	.229
P Harnisch	915	210	.230
J Guzman	642	148	.231
R Clemens	1071	250	.233
J DeLeon	547	128	.234
R Bones	609	143	.235

None On
(Minimum 925 BFP)

Pitcher	AB	H	AVG
R JOHNSON	2217	446	.201
S Fernandez	1601	337	.210
J Fassero	934	199	.213
D West	927	199	.215
G Maddux	2813	624	.222
P Harnisch	2067	462	.224
B McDonald	2013	453	.225
R Clemens	2482	559	.225
K Appier	2197	502	.228
D Cone	2446	559	.229

Runners On
(Minimum 925 BFP)

Pitcher	AB	H	AVG
S FERNANDEZ	847	182	.215
D Cone	1665	358	.215
D Martinez	1525	330	.216
R Johnson	1571	350	.223
R Clemens	1592	355	.223
C Eldred	801	179	.223
J Rijo	1489	333	.224
T Gordon	1291	292	.226
W Alvarez	825	190	.230
J Boever	873	203	.233

1st Pitch
(Minimum 450 BFP)

Pitcher	AB	H	AVG
J KEY	499	136	.273
G Maddux	759	209	.275
T Candiotti	456	126	.276
D Martinez	613	172	.281
M Morgan	639	181	.283
C Hough	458	131	.286
J McDowell	647	187	.289
R Clemens	512	148	.289
B Welch	505	146	.289
G Hibbard	544	158	.290

Two Strikes
(Minimum 550 BFP)

Pitcher	AB	H	AVG
R DIBBLE	639	67	.105
R Johnson	2148	281	.131
B Harvey	531	70	.132
M Jackson	707	95	.134
D Ward	832	115	.138
X Hernandez	590	82	.139
G Maddux	1907	267	.140
P Martinez	488	69	.141
N Charlton	617	89	.144
K Mercker	739	107	.145

Scoring Position
(Minimum 450 BFP)

Pitcher	AB	H	AVG
J BRANTLEY	454	83	.183
D Cone	975	182	.187
M Rojas	398	77	.193
D Martinez	902	183	.203
J Montgomery	439	90	.205
R Clemens	866	181	.209
M Williams	405	85	.210
J Rijo	866	184	.212
S Fernandez	461	98	.213
C Eldred	463	99	.214

Ahead in Count
(Minimum 550 BFP)

Pitcher	AB	H	AVG
R DIBBLE	616	74	.120
R Johnson	2005	280	.140
D Ward	826	119	.144
J Wetteland	575	84	.146
K Mercker	676	101	.149
M Jackson	673	106	.157
S Fernandez	1323	212	.160
G Maddux	2043	330	.162
E Plunk	730	118	.162
J Smoltz	1799	291	.162

Behind in Count
(Minimum 550 BFP)

Pitcher	AB	H	AVG
D MARTINEZ	800	215	.269
B Swift	685	193	.282
C Nabholz	546	155	.284
R Tomlin	523	149	.285
P Harnisch	653	189	.289
D Drabek	910	264	.290
B Black	650	190	.292
C Hammond	511	150	.294
T Wilson	471	139	.295
J Mesa	525	155	.295

Close & Late
(Minimum 175 BFP)

Pitcher	AB	H	AVG
P MARTINEZ	258	47	.182
P Harnisch	246	45	.183
R Johnson	375	69	.184
R Clemens	476	89	.187
B Harvey	661	129	.195
T Wilson	167	33	.198
P Hentgen	159	32	.201
B Black	183	37	.202
T Jones	179	37	.207
K Appier	410	85	.207

About STATS, Inc.

My name is Rob Neyer, and I envy Steve Moyer. Steve, our longtime Director of Operations, used to have the assignment of writing the annual "About STATS, Inc." I use the word "writing" loosely, because with the change of a few commas here and there, the same "About STATS, Inc." seemed to appear year after year.

It wasn't Steve's fault; it's just that there wasn't much new to report, because STATS' growth was almost entirely related to one sport—baseball.

Now it's my job to write about STATS. Regrettably for me but happily for you, I've got a tougher time than Steve ever did. Why? Well, we're still growing—a year ago, we were ranked 144th on the "Inc. 500" list of fastest-growing privately-held companies—and it's far more than just baseball now. In 1992, we inaugurated our in-depth coverage of football, and you can see the results all over the place, from TNT's and ESPN's NFL coverage to *Pro Football Revealed*, our first football book.

But it goes beyond baseball and football. Starting this fall, STATS has its own reporter networks covering both the NHL *and* the NBA, so you can imagine the kinds of products we'll have available in the near future. Of immediate interest to you will be our real-time coverage, via STATS On-Line. Given a computer, a modem, and a reasonable fee, you can follow literally *any* game in any of the four major professional leagues, *as it happens*.

Of course, STATS is the leader in innovative fantasy games, from *Bill James Fantasy Baseball* to *BJFB: The Winter Game* to *STATS Fantasy Football* to *STATS Fantasy Hoops*. Can *STATS Fantasy Hockey* be far behind?

That's just the start. All the big players are looking to build on-ramps to the info superhighway, and STATS will be both building our own and providing construction materials for the others. How will we do it? Aside from our brilliant staff, everything depends on two things: our customers, and our network of diligent and dedicated reporters. If you'd like to be a customer (again), a reporter, or both, write us at:

STATS, Inc.
8131 Monticello Ave.
Skokie, IL 60076-3300

... or call us at 1-800-63-STATS (outside the U.S., make that 708-676-3322). We're looking forward to having you along for the ride.

Glossary

There are quite a few abbreviations in the book, with which most of you are probably familiar. But for the sake of completeness, here is a rundown of all the abbreviations, plus descriptions of many of the categories for the stat splits and some of the formulas used.

For Hitters:
Avg=batting average, G=games played, AB=at bats, R=runs scored, H=hits, 2B=doubles, 3B=triples, HR=home runs, RBI=runs batted in, BB=walks, SO=strikeouts, HBP=times hit by pitch, GDP=times grounded into double play, SB=stolen bases, CS=caught stealing, OBP=on base percentage, SLG=slugging percentage, IBB=intentional walks received, SH=sacrifice hits, SF=sacrifice flies, #Pit=number of pitches offered to the hitter, #P/PA=average number of pitches per plate appearance, GB=number of fair ground balls hit (hits, outs and errors), FB=number of fly balls hit (excludes line drives), G/F=ratio of grounders to fly balls.

For Fielders:
G=number of games the player appeared at that position, GS=number of starts the player made, Innings=number of innings played at that position, PO=putouts, A=assists, E=errors, DP=double plays turned, Fld.Pct=fielding percentage, Rng.Fctr=Range Factor, In Zone=balls hit in the player's area, Outs=number of outs resulting from a ball hit to a player, Zone Rtg=Zone Rating (see below), MLB Zone=major league average zone rating for that position.

For Pitchers:
ERA=earned run average, W=wins, L=losses, Sv=saves, G=games pitched, GS=games started, IP=innings pitched, BB=walks issued, SO=strikeouts, Avg.=opposition batting average against the pitcher, H=hits allowed, 2B=doubles allowed, 3B=triples allowed, HR=homers allowed, RBI=RBI's allowed, OBP=on base percentage against the pitcher, SLG=slugging percentage against the pitcher, CG=complete games, ShO=shutouts, Sup=run support per nine innings, GF=games finished, IR=inherited runners, IRS=inherited runners who scored, QS=quality starts, Hld=holds, SvOp=save opportunities, SB=stolen bases against the pitcher, CS=times runners were caught stealing while the pitcher was on the mound, GB=groundballs hit

against the pitcher (hits, outs and errors), FB=fly balls hit against the pitcher (excludes line drives), G/F=ratio of grounders to flies.

Formulas and Definitions

OBP = (H + BB + HBP) / (AB + BB + HBP + SF); SLG = Total Bases / At Bats; Fld.Pct. = (PO + A) / (PO + A + E); Rng.Fctr. = (PO + A) * 9 / defensive innings played, or the average number of plays a fielder makes over a nine-inning game. Zone Rating = The Zone Rating measures all the balls hit in the area where a fielder can reasonably be expected to record an out, then counts the percentage of outs actually made. Thus, a zone rating of .889, like Mickey Morandini had last year, means that he got 218 outs on the 234 balls hit into his general area last year, or 88.9%. GF = games in which the pitcher was the last reliever in the game. Hold = A pitcher gets a hold when he enters the game in a save situation, records at least one out, and leaves the game having never relinquished the lead. A player cannot finish the game and get a hold, nor can he get credit for a hold and a save in the same game.

Player Breakdowns

There are three styles of player breakdowns in this book. The first is for all the Regulars, the second is for Subs and the final type is for the "cup-of-coffee" players. We defined Regulars as being any batters with 300 or more plate appearances last season or pitchers with either 125+ innings or 50 appearances. (We lowered the qualifying levels for Regulars due to the strike-shortened nature of the season. Usually, the levels are 325 plate appearances for batters and either 162+ innings or 60 appearances for pitchers.) Subs are hitters with between 125 and 299 plate appearances or pitchers who threw between 60 and 124.2 innings last year or appeared in between 25 and 49 games. The final type of player includes everyone else who appeared in a game in 1994. What this means is that the Regulars have stat splits in every category, the Subs have splits in most categories and the fringe players have just a couple of listings. There are only so many ways you can breakdown Tom Goodwin's two at bats last year.

The multi-year section (career or five-year) is shown for any hitter whose career exceeds his 1994 playing time by 325+ appearances or for any pitcher whose career exceeds his 1994 playing time by 162 innings or 60 games.

Starting pitchers have slightly different formats than relief pitchers. In the top section, starters have stats for CG, ShO, Sup, QS and #P/S. For relievers, defined as pitchers with more games relieved than started, we show GF, IR, IRS, Hld and SvOp. In the stat breakdowns, starters have statistics based on longer rest between starts and higher pitch levels per outing.

Breakdown Categories

Most of the categories are fairly straight forward, but below is some information that could make a few of them a little less ambiguous.

The "1994 Season" label refers to his total stats for last year, even if he got traded midway through the season. So Jeff Russell's line is for both the Red Sox and the Indians. The next line is either the pitcher's performance since 1990, or his career if he debuted since 1990.

AGE indicates how old the player will be on July 1, 1995, or midway through next season.

GROUNDBALL and FLYBALL are a hitter's stats against pitchers that induce mostly grounders or flies, respectively. So Travis Fryman's "Groundball" line is his performance against pitchers like Jim Abbott, who throw mostly grounders. If a player's Groundball/Flyball ratio is less than 1.00, then he is a Flyball hitter. If the ratio is greater then 1.50, then he is a Groundball hitter. Anything else is classified as neutral. The same cutoffs are used for pitchers in classifying them as flyball/groundball pitchers. Also, anybody with less then 50 plate appearances is automatically called neutral.

DAY/NIGHT designations differ between the leagues. Officially, night games in the National League are those that start after 5:00 p.m., while night games in the AL are those that begin after 6:00 p.m. So a game starting at 5:30 in Yankee Stadium is a day game while one in Shea Stadium at the same time is a night contest. We avoid this silliness by calling all games starting after 5:00 p.m. night games. GRASS is grass and TURF is artificial turf.

FIRST PITCH refers to the first pitch of a given at bat, and any walks listed here are intentional walks. For hitters, AHEAD IN COUNT includes 1-0, 2-0, 3-0, 2-1, and 3-1. BEHIND IN COUNT includes 0-1, 0-2, 1-2, and 2-2. For pitchers, it's the opposite.

SCORING POSITION is having at least one runner at either second or third base. CLOSE AND LATE occurs when a) the game is in the seventh inning or later and b) the batting team is either leading by one run, tied, or has the potential tying run on base, at bat or on deck. NONE ON/OUT is when there are no outs and the bases are empty (generally leadoff situations).

INNING 1-6 and INNING 7+ refer to the actual innings in which a pitcher worked. NONE ON/RUNNERS ON is the status of the baserunners.

VS. 1ST BATR (RELIEF) is what happened to the first batter a reliever faced. FIRST INNING PITCHED is the result of the pitcher's work until he recorded three outs.

The NUMBER OF PITCHES section shows the results of balls put into play while his pitch count was in that range.

All of the above is the same for the multi-year data as well.

In the PITCHER/BATTER MATCHUPS, the following conditions must be met before a player is added to the list: a) There must be greater than 10 plate appearances between the batter and the pitcher; and b) Batters must have a .300 average against a pitcher to be considered as a "Hits Best Against" candidate, and pitchers must limit hitters to under .250 to be listed under "Pitches Best Vs.". Thus, not all hitters will have five pitchers that qualify, and not all pitchers will have five batters that qualify.

— *Michael Coulter*

STATS INC.
Star-Studded Line-Up...

Item #HB95
$17.95

Bill James Presents:
STATS 1995 Major League Handbook

- Career data for every 1994 major leaguer
- STATS' and Bill James' exclusive 1995 projections
- Stadium data: how the ballparks affect the stats
- Lefty/righty pitcher and hitter breakdowns
- Managerial tendencies

Bill James Presents:
STATS 1995 Minor League Handbook

- Year-by-year career statistical data for AAA and AA players
- Bill James' exclusive Major League Equivalencies
- AAA lefty/righty pitching and hitting splits
- 1994 Class A player stats

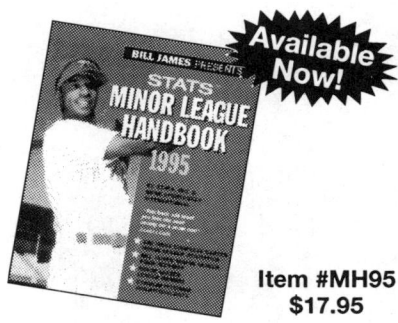

Item #MH95
$17.95

Item #PP95
$17.95

STATS 1995 Player Profiles

- 1994 exclusive breakdowns for pitchers and hitters, over 30 in all: lefty/righty, home/road, clutch situations, ahead/behind in the count, month-by-month, etc.
- Complete breakdowns by player for the last five seasons
- Team and league profiles

STATS 1995 Baseball Scoreboard

- Entertaining and lively essays
- Professional insight into how baseball and statistics really work
- Used by writers, broadcasters and pro teams
- Answers questions fans always ask

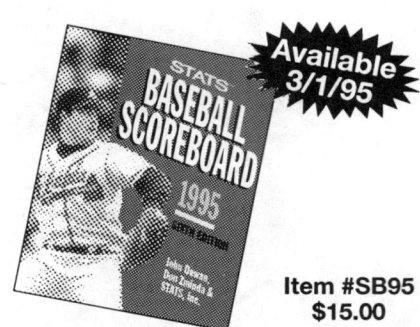

Item #SB95
$15.00

The Scouting Notebook: 1995

- Detailed scouting reports on more than 700 players
- Complete coverage of every major leaguers' strengths and weaknesses
- Essential information on each team's hottest prospects
- Unique pitcher information

Item #SN95
$16.00

STATS 1995 Minor League Scouting Notebook

- Reports on over 300 prospects — well-known and obscure
- Prospects assigned a grade from A to C-minus
- Top 50 prospects rated
- Stat lines for each player

Item #MN95
$12.95

Bill James Presents: STATS 1995 Batter Versus Pitcher Match-Ups!

Item #BP95
$6.99

- Complete stats for pitchers facing batters with 5 or more career at-bats against them
- Player performance by ballpark
- Special leader boards
- Pocket-sized and affordably priced

STATS Basketball Scoreboard 1994-95

- Complete career stats for active players
- Entertaining and lively essays
- Professional insight into how basketball and statistics really work
- Used by broadcasters, writers, and pro teams

Item #SK95
$15.00

Item #PF94
$15.00

Pro Football Revealed: The 100-Yard War

- An in-depth look at each NFL team, complete with stats, analysis and a "favorite play" diagram
- Detailed statistical breakdowns on players, teams and coaches
- Professional insight perfect for fantasy play

Order from STATS INC. Today!
Use Order Form in This Book, or Call 1-800-63-STATS or 708-676-3322!

Bill James Fantasy Baseball
The Winter Game

"Called Shot" II!

"Babe Ruth facing Sandy Koufax...he steps out of the box, points down the right field line, the fans are on their feet here at Camden Yards...HOLY COW!" The days of Bob Gibson, Mickey Mantle, Joe DiMaggio, Grover Cleveland Alexander...and Butch Metzger and Ed Kranepool...are back! You remember them, but now you're their owner and manager. Using players and ballparks from all eras of Major League Baseball, **Bill James Fantasy Baseball: The Winter Game** allows you to operate the team of your dreams.

> *"With The Winter Game there is no off-season."*
> Bill James

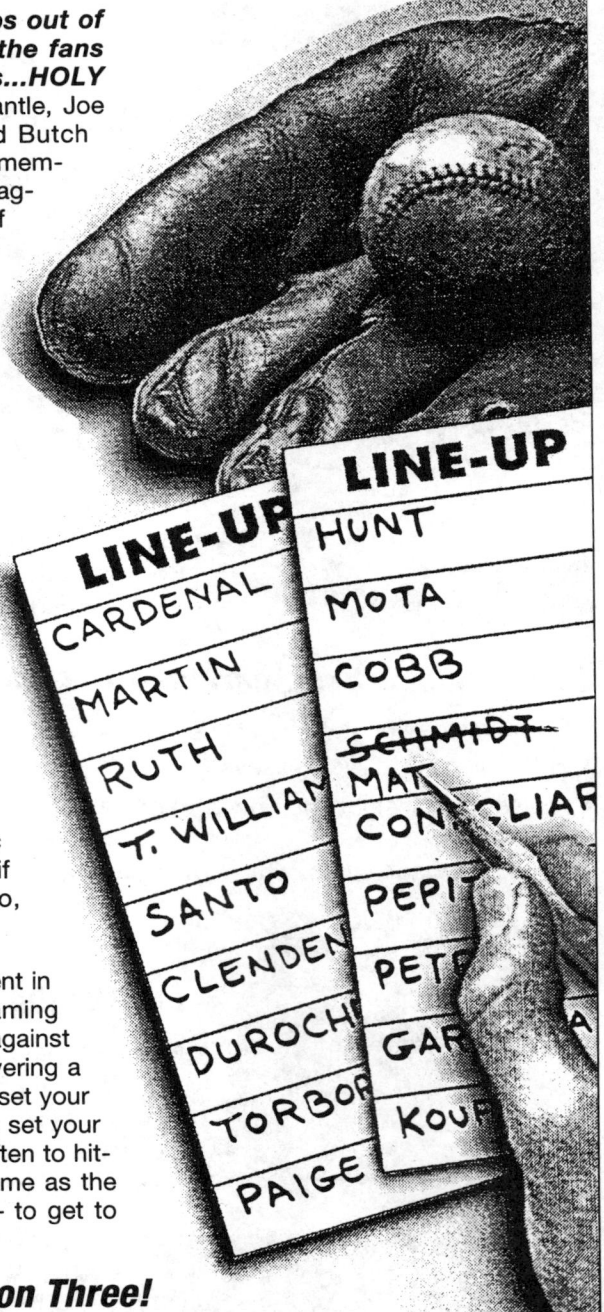

The Winter Game gives you the chance to relive the great and not-so-great players of baseball's past and your memories. Sign your players and manage all aspects of game play. To keep up with your progress, you'll receive a detailed weekly report (including a boxscore from each of your games) and special league newsletter.

The Winter Game is not about numbers, but abilities. For example, Babe Ruth may or may not hit 60 home runs, but he will hit for terrific average and power and walk like crazy, and if you need him to pitch, he can do that, too, though it will cut into his hitting.

You are the owner and Cy Young is a free agent in the most sophisticated pastime in sports gaming today. In *The Winter Game* you'll compete against 11 other owners in a head-to-head format covering a 154-game season. You build your personnel, set your lineups (versus right and left-handed pitchers), set your pitching rotation (and relievers), decide how often to hit-and-run, bunt, steal, etc. Your goal is the same as the thousands of managers throughout history — to get to the World Series!

Leagues Forming Now For Season Three!

Bill James Fantasy Baseball

Bill James Fantasy Baseball enters its seventh season of offering baseball fans the most unique, realistic and exciting game fantasy sports has to offer.

You draft a 25-player roster and can expand to as many as 28. Players aren't "ranked" like in rotisserie leagues — you'll get credit for everything a player does, like hitting homers, driving in runs, turning double plays, pitching quality outings and more!

Also, the team which scores the most points among all leagues, plus wins the World Series, will receive the John McGraw Award — a one-week trip to the Grapefruit League in spring training, a day at the ballpark with Bill James and a new fantasy league named in their honor!

Unique Features Include:

- Live fantasy experts — seven days a week
- The best weekly reports in the business, detailing who is in the lead, win-loss records, MVP's, and team strengths and weaknesses
- On-Line computer system with a world of information including daily updates of fantasy standings and stats
- Over twice as many statistics as rotisserie
- Transactions that are effective the very next day!

All this, all summer long for less than $5 per week!

STATS On-Line

STATS On-Line is your LIVE link to the most accurate, up-to-the-minute sports information available anywhere. All you need is a computer and a modem. **STATS On-Line** will provide the rest!

ALL NEW—STATS On-Line now provides LIVE game boxscores for all sports!

STATS On-Line is the only all-sports on-line with the kind of sports information true fans need: live updates of all player and team results as they happen, play-by-play. Plus, you'll have access to the detailed STATS, Inc. database, including exclusive STATS information, complete player info, transactions... even download stat files for your fantasy league!

Live Boxscores

Get updates from each sporting event as it happens around the country. You'll get complete player stats for every game without waiting for the morning paper!

All Sports, All The Time

Whether you follow baseball, football, basketball, hockey, or all four, **STATS On-Line** has something for you. Detailed football information, updated daily, gives fans the real story behind game day. Basketball and hockey fans have access to all players and teams. And STATS On-Line baseball coverage is unmatched!

Sign up for STATS On-Line today and experience a world of sports information you've never seen before!

Order from STATS INC. Today!
Use Order Form in This Book, or Call 1-800-63-STATS or 708-676-3322!

STATS INC Order Form

Name _____ Phone _____
Address _____ Fax _____
City _____ State _____ Zip _____

Method of Payment (U.S. Funds Only):
❏ Check/Money Order   ❏ Visa   ❏ MasterCard
Cardholder Name _____
Credit Card Number _____ Exp. _____
Signature _____

BOOKS

Qty	Product Name	Item #	Price	Total
	STATS 1995 Major League Handbook	HB95	$17.95	
	1995 Major League Hndbk. (Comb-bnd)	HC95	$19.95	
	STATS 1995 Projections Update	PJUP	$9.95	
	The Scouting Notebook: 1995	SN95	$16.00	
	STATS 1995 Player Profiles	PP95	$17.95	
	1995 Player Profiles (Comb-bound)	PC95	$19.95	
	STATS 1995 Minor Lg. Scouting Ntbk.	MN95	$12.95	
	STATS 1995 Minor League Handbook	MH95	$17.95	
	1995 Minor League Hndbk. (Comb-bound)	MC95	$19.95	
	STATS 1995 BVSP Match-Ups!	BP95	$6.99	
	STATS 1995 Baseball Scoreboard	SB95	$15.00	
	STATS 1994-95 Basketball Scoreboard	SK95	$15.00	
	Pro Football Revealed-The 100 Yd. War	PF94	$15.00	
	For previous editions, circle appropriate years:			
	Major League Handbook 91 92 93 94		$9.95	
	The Scouting Report 92 94		$16.00	
	Player Profiles 93 94		$9.95	
	Minor League Handbook 92 93 94		$9.95	
	BVSP Match-Ups! 94		$3.99	
	Baseball Scoreboard 91 92 93 94		$9.95	
	Basketball Scoreboard 94		$9.95	

FANTASY GAMES & STATSfax

Qty	Product Name	Item #	Price	Total
	BJFB: The Winter Game	WG	$129.00	
	How to Win The Winter Game (book)	WGBK	$16.95	
	Winter Game STATSfax	WFX5	$20.00	
	STATS Fantasy Hoops	SFH	$85.00	
	SFH STATSfax/5-day	SFH5	$20.00	
	SFH STATSfax/7-day	SFH7	$25.00	
	STATS Fantasy Football	SFF	$59.00	
	SFF STATSfax/3-day	SFF3	$15.00	
	Bill James Fantasy Baseball	BJFB	$89.00	
	BJFB STATSfax/5-day	SFX5	$20.00	
	BJFB STATSfax/7-day	SFX7	$25.00	

STATS ON-LINE

Qty	Product Name	Item #	Price	Total
	STATS On-Line/Basic Plan	ONLE	$30.00	
	STATS On-Line/Full Access Plan	ONLP	$90.00	

For faster service, call 1-800-63-STATS or 708-676-3322, or fax this form to STATS at 708-676-0821

1st Fantasy Team Name (ex. Colt 45's): _____ _____
   What Fantasy Game is this team for? _____
2nd Fantasy Team Name (ex. Colt 45's): _____ _____
   What Fantasy Game is this team for? _____
NOTE: $1.00/player is charged for all roster moves and transactions.

For Bill James Fantasy Baseball & BJFB: The Winter Game:
Would you like to play in a league drafted by Bill James?   ❏ Yes   ❏ No

TOTALS

	Price	Total
Product Total (excl. Fantasy Games and On-Line)		
For first class mailing in U.S. add:	+$2.50/book	
Canada—all orders—add:	+$3.50/book	
Order 2 or more books—subtract:	-$1.00/book	
IL residents add 8.5% sales tax		
Subtotal		
Fantasy Games & On-Line Total		
GRAND TOTAL		

FREE Information Kits:
❏ STATS Reporter Networks
❏ BJFB: The Winter Game
❏ Bill James Fantasy Baseball
❏ STATS On-Line
❏ STATS Fantasy Hoops
❏ STATS Fantasy Football
❏ STATS Year-end Reports
❏ STATSfax

PP95

Mail to: STATS, Inc., 8131 Monticello Ave., Skokie, IL 60076-3300